Georg Urban, Jörg Neumann, Klaus Löffelmann, Alexander Köller

Microsoft SQL Server 2008 R2 – Das Entwicklerbuch

Georg Urban, Jörg Neumann, Klaus Löffelmann, Alexander Köller:
Microsoft SQL Server 2008 R2 – Das Entwicklerbuch
Copyright © 2011 by O'Reilly Verlag GmbH & Co. KG

Das in diesem Buch enthaltene Programmmaterial ist mit keiner Verpflichtung oder Garantie irgendeiner Art verbunden. Autor, Übersetzer und der Verlag übernehmen folglich keine Verantwortung und werden keine daraus folgende oder sonstige Haftung übernehmen, die auf irgendeine Art aus der Benutzung dieses Programmmaterials oder Teilen davon entsteht. Die in diesem Buch erwähnten Software- und Hardwarebezeichnungen sind in den meisten Fällen auch eingetragene Marken und unterliegen als solche den gesetzlichen Bestimmungen. Der Verlag richtet sich im Wesentlichen nach den Schreibweisen der Hersteller.

Das Werk, einschließlich aller Teile, ist urheberrechtlich geschützt. Jede Verwertung außerhalb der engen Grenzen des Urheberrechtsgesetzes ist ohne Zustimmung des Verlags unzulässig und strafbar. Das gilt insbesondere für Vervielfältigungen, Übersetzungen, Mikroverfilmungen und die Einspeicherung und Verarbeitung in elektronischen Systemen.

15 14 13 12 11 10 9 8 7 6 5 4 3 2 1
13 12 11

ISBN 978-3-86645-514-6

© 2011 O'Reilly Verlag GmbH & Co. KG
Balthasarstraße 81, 50670 Köln
Alle Rechte vorbehalten

Korrektorat: Kristin Grauthoff, Lippstadt
Fachlektorat: Uwe Thiemann, Ratingen; Thorsten Kansy, Nidderau
Satz: Silja Brands, Uta Berghoff, ActiveDevelop, Lippstadt (www.ActiveDevelop.de)
Layout: Gerhard Alfes, mediaService, Siegen (www.media-service.tv)
Umschlaggestaltung: Hommer Design GmbH, Haar (www.HommerDesign.com)
Gesamtherstellung: Kösel, Krugzell (www.KoeselBuch.de)

Für meine Ursel, für die ich immer da sein werde!
Georg Urban

*Für Adriana, aus so vielen Gründen, die selbst dieses Buch
doppelt so dick werden lassen würden …*
Klaus Löffelmann

Für Brina, alleine schaffen wir es nicht …
Alexander Köller

Inhaltsverzeichnis

Einleitung	XXVII
Wer sind Sie (der Leser)?	XXVIII
Wer sind wir (die Autoren)?	XXVIII
Aufbau des Buchs	XXIX
Teil A: SQL Server-Grundlagen	XXIX
Teil B: Transact SQL & die Datenbankmaschine	XXX
Teil C: Clients für den SQL Server entwickeln	XXX
Teil D: Datenbankobjekte mit .NET entwickeln	XXX
Teil E: Beyond relational	XXXI
Die Begleit-CD	XXXI
Support	XXXI
Die Website zum Buch	XXXII
Danksagungen	XXXII
Teil A – SQL Server-Grundlagen	1
1 Szenarien für SQL Server-Entwickler	3
Klassische relationale Datenbanken	4
.NET Inside	6
Neue Programmierparadigmen in ADO.NET	8
XML in der Datenbank	9
Gekoppelte Systeme und SOA	11
Webservices	11
Service Broker	12
Verteilte Daten	13
SQL Server Integration Services	13
Replikation	14
Verteilte Abfragen	14
Datenanalyse und Darstellung	15
Reporting Services	15
Analysis Services	16
Immer Online: 24*7-Betrieb mit SQL Server	18
Desktop und mobile Anwendungen	19
SQL Server Express Edition	19
SQL Server Compact Edition 3.5	22

2 SQL Server-Grundlagen — 23
- Erste Schritte mit den Beispielprojekten — 24
- Die Komponenten von SQL Server — 26
  - Die Datenbankmaschine — 26
  - SQL Server-Dienste — 47
  - Die Systemdatenbanken — 49
  - SQL Server-Editionen im Vergleich — 50
  - Hochverfügbarkeit — 52
- Sicherheit — 55
  - Authentifizierung — 55
  - Berechtigungen — 56
  - Überwachung — 57
  - Codesicherheit — 57
  - Kryptographie — 58

3 SQL Server 2008 R2: Das ist neu — 61
- Das ist neu für Entwickler — 62
  - Neu für Entwickler in SQL Server 2008 — 62
  - Das kommt in Release 2 hinzu — 65
- Das könnten Sie vermissen — 66
  - Notification Services — 67
  - Systemeigene Webdienste — 67
  - SQL Server-Oberflächenkonfiguration — 68

4 Das Arbeitsbeispiel dieses Buchs — 69
- Übersicht über die netShop-Datenbank — 70
  - Die Aufgabenstellung im Demo-Szenario — 70
  - Installation der Beispieldatenbank(en) — 71
- Der Aufbau der netShop-Datenbank — 73
  - Das Tabellenschema — 73
  - Bestell- und Kundendaten — 75
  - Katalogdaten — 76
  - Archivdaten — 79
  - Protokollierung — 79
  - Weitere Datenbankobjekte — 80
- Berechtigungen, Tabellen, Schemata und Synonyme — 80

Teil B – Transact-SQL & die Datenbankmaschine — 83

5 Die Grundlagen von Transact-SQL — 85
- Transact-SQL ist tot – es lebe Transact-SQL! — 86
  - SQL, Transact-SQL und die ANSI-Standards — 87
  - Erweiterungen — 88

Inhaltsverzeichnis

Neues in Transact-SQL nach SQL Server 2000	89
Übersicht über Transact-SQL	91
Mit T-SQL-Befehlen arbeiten	91
Die elementaren SQL-Befehle	94
Syntax und Schreibweisen	97
Formatierung des Quelltextes	100

6 Werkzeuge für T-SQL-Entwickler: Managementstudio & Co. 101

SQL Server Management Studio	103
Server registrieren	104
Mit dem Objekt-Explorer arbeiten	104
T-SQL-Code bearbeiten	108
Vorlagen verwenden	121
Wichtige Tastenkombinationen	123
Visual Studio 2008-Datenbankprojekte und der Server Explorer	124
Server-Explorer	125
Debugger für gespeicherte Prozeduren	126
Visio für den Datenbankentwickler	129
Die Möglichkeiten von Visio	130
Dokumentation durch Reverse Engineering	131
Visual Studio Team Edition for Database Professionals	138
Verwaltung eines Datenbankmodells	140
Vergleich von Schemata	147
Vergleich von Daten	148
Refactoring in einer Datenbank	148
Automatisieren von Datenbanktests	150

7 Datenbanken einrichten und verwalten 155

Die Speicherplatzverwaltung von SQL Server	156
Grundlagen der SQL Server-Speicherwaltung	157
Datendateien	158
Das Transaktionsprotokoll	161
Dateigruppen	166
Anlegen einer Datenbank	169
Anlegen einer Datenbank im Management Studio	169
Anlegen einer Datenbank mit Transact-SQL	172
Anlegen einer SQL Server-Datenbank in Visual Studio	173
Dateigruppen anlegen	174
Datenbankoptionen einstellen	175
Sortierungen	178
Die Wiederherstellungsoptionen einer Datenbank	181
Wiederherstellungsmodelle und Sicherungsstrategien	183

Datenbanken verwalten **185**
    Überblick über die Speicherverwendung verschaffen **185**
    Datenbankdateien vergrößern oder neu anfügen **186**
    Datenbankdateien verkleinern oder löschen.. **187**
    Eine Datenbank Offline schalten **190**
    Eine Datenbank vom Server trennen oder anhängen **191**
    Eine Datenbank löschen... **194**
Datenbanksnapshots **194**
Performance-Überlegungen **199**
    Grundregeln.. **199**
    High Performance-Konfigurationen **200**

8 Tabellen planen und einrichten **201**
Bestandteile von SQL Server-Tabellen **202**
SQL Server-Systemdatentypen **205**
    Numerische Datentypen **205**
    Datums- und Zeitangaben **207**
    Zeichenketten.. **215**
    Binärdaten **217**
    XML-Daten **218**
    Spezielle Datentypen **218**
    SQL Server- und .NET Framework-Datentypen **220**
    SQL Server- und ANSI-Datentypen **221**
Feldeigenschaften **222**
    Null/Not Null **222**
    Sortierung.. **222**
    Identität... **223**
    RowGuid.. **223**
    Erweiterte Eigenschaften.. **223**
Einschränkungen.. **223**
    Primärschlüssel... **224**
    Fremdschlüssel.. **224**
    Eindeutigkeit **224**
    Wertebereich **225**
    Standardwert **225**
Tabellen in der Benutzeroberfläche einrichten **225**
    Der Tabellendesigner... **225**
    Der Ordner Schlüssel... **227**
    Der Ordner Einschränkungen.. **230**
Datenbankdiagramme einsetzen **230**
    Ein erstes Datenbankdiagramm mit dem Assistenten anlegen **231**
    Die Darstellung von Tabellen ändern **233**
    Eine Tabellenbeziehung definieren **234**

Eine Tabelle einfügen oder löschen **234**
Die Druckansicht verbessern **234**
Tabellen in T-SQL anlegen und verwalten **235**
Eine Tabelle mit T-SQL anlegen.. **236**
Den Primärschlüssel hinzufügen: PRIMARY KEY **237**
Abhängigkeit zu anderen Tabellen deklarieren: FOREIGN KEY **238**
Standardwerte vorgeben: DEFAULT... **240**
Wertebereiche einschränken: CHECK.. **241**
Die Eindeutigkeit von Spalten festlegen: UNIQUE **241**
Eine Einschränkung löschen oder deaktivieren **241**
Eine berechnete Spalte anlegen.. **242**
Eine Spalte hinzufügen oder löschen **242**
Aliasdatentypen in T-SQL **243**
Systeminformation zu Datenbanktabellen **244**
INFORMATION_SCHEMA-Sichten für Tabellen **245**
Katalogsichten und Prozeduren für Datenbanktabellen... **245**
Temporäre Tabellen und Tabellenvariablen **248**
Temporäre Tabellen anlegen und verwenden **249**
Temporäre Tabellen versus Tabellenvariablen **251**
Sehr breite Tabellen mit SPARSE DATA optimieren **253**
Ein Szenario für sehr breite Tabellen... **254**
Spalten mit Sparse-Attribut einsetzen **256**

9   Daten abfragen und auswerten... **261**
SELECT FROM WHERE à la SQL Server.. **262**
Einfache Abfragen mit SELECT **262**
Ergebnisspalten umbenennen... **265**
Ausdrücke in der SELECT-Liste.. **265**
T-SQL-Variablen in der SELECT-Liste füllen.. **266**
Duplikate im Ergebnis vermeiden **267**
Datensätze mit ORDER BY sortieren **268**
Ergebnismengen mit TOP einschränken **269**
Datensätze mit der WHERE-Klausel selektieren... **272**
Vergleichsoperatoren **272**
Logische Operatoren in der WHERE-Klausel... **274**
Zeichenkettenvergleiche mit LIKE.. **275**
Datum und Uhrzeit vergleichen **276**
Neue Tabellen mit SELECT INTO anlegen.. **278**
Tabellen mit relationalen Operatoren verknüpfen **279**
Tabellen mit JOIN verknüpfen **279**
Tabellenverknüpfungen ohne Join-Operator **287**
Abfrageergebnisse mit UNION kombinieren **288**

INTERSECT und EXCEPT	**289**
Vorrang der Mengenoperatoren	**291**
Daten aggregieren und gruppieren	**292**
Aggregatfunktionen	**292**
Die Behandlung von NULL-Werten	**294**
Beispiele für den Einsatz von Aggregatfunktionen	**295**
Gruppierungen mit GROUP BY und HAVING	**297**
Variable Gruppierungen mit Grouping Sets	**302**
Mit den Funktionen GROUPING und GROUPING_ID feststellen, welche Zeilen gruppiert wurden	**306**
ROLLUP, CUBE und COMPUTE BY	**308**
Abfrageergebnisse nummerieren und partitionieren	**311**
Unterabfragen	**316**
Grundlagen von Unterabfragen	**317**
Unterabfragen in einer WHERE-Klausel	**319**
Spezielle Operatoren für Unterabfragen	**320**
Korrelierte Unterabfragen	**323**
Unterabfragen in der T-SQL-Programmierung	**324**
Abfragen als Tabellen: Abgeleitete Tabellen	**326**
Common Table Expressions und rekursive Abfragen	**328**
Ergebnisse pivotieren	**332**
Der PIVOT-Operator	**333**
Pivottabellen ohne den PIVOT-Operator generieren	**338**
Eine Pivotierung mit dem UNPIVOT-Operator umkehren	**339**
NULL IS NULL IS NULL	**340**
Stichproben mit TABLESAMPLE generieren	**343**
Die Verwendung von TABLESAMPLE	**343**
Eine Alternative zu TABLESAMPLE	**344**
Verteilte Abfragen	**345**
Einrichten eines Verbindungsservers	**345**
Ad hoc-Remoteabfragen	**347**

10 Daten manipulieren ... **349**

Daten einfügen mit INSERT INTO	**350**
INSERT INTO eines Datensatzes	**350**
INSERT INTO mehrerer Datensätze	**351**
INSERT INTO einer Datensatzmenge	**352**
Mit IDENTITY arbeiten	**352**
UPDATE	**354**
UPDATE mit direkten Werten	**355**
UPDATE mit Werten aus anderen Tabellen	**355**
DELETE	**357**
DELETE auf der Grundlage von Daten aus anderen Tabellen	**357**

	TRUNCATE TABLE	**358**
	Masseneinfügen mit BULK INSERT	**358**
	Mit der OUTPUT-Klausel sehen, was passiert	**361**
	Einer für Alle: MERGE	**362**
	Der Aufbau des MERGE-Kommandos	**364**
	MERGE in Data Warehouses	**365**
	MERGE versus INSERT, UPDATE und DELETE	**369**
11	**Mit Transact-SQL programmieren**	**373**
	Programmiersprachenelemente in T-SQL	**374**
	T-SQL-Skripte, Batches und gespeicherte Prozeduren	**374**
	Codeblöcke	**377**
	Kommentare	**377**
	Meldungen mit PRINT	**378**
	Verwendung von Variablen	**379**
	Bedingungen mit IF...ELSE	**385**
	Schleifen mit WHILE	**387**
	Sprünge mit GOTO	**388**
	Dynamische Befehlsausführung mit EXECUTE	**388**
	Die Verarbeitung mit RETURN beenden	**390**
	SET-Anweisungen	**390**
	Ausdrücke in T-SQL	**392**
	Operatoren	**392**
	CASE-Ausdrücke	**400**
	Eingebaute Funktionen in T-SQL	**402**
12	**Indizierung und Partitionierung**	**411**
	Erste Beispiele	**413**
	Abfragepläne	**417**
	Grundlagen zu SQL Server-Indizes	**419**
	Datenstrukturen und Suchverfahren	**420**
	Füllfaktor	**428**
	Zugriffsoperatoren	**429**
	Indexstatistiken und Abfragepläne	**430**
	Indizes anlegen	**432**
	Technische Grenzen von Indizes	**432**
	Indizes im Management Studio anlegen	**433**
	Indizes mit T-SQL bearbeiten	**435**
	Indizes pflegen und optimieren	**437**
	Informationen zu Indizes finden und auswerten	**437**
	Indizes und Statistiken mit T-SQL warten	**439**
	Statistiken automatisch aktualisieren	**442**

Volltextindizes verwenden ... **443**
    Grenzen konventioneller Indizes ... **443**
    Volltextindizierung ... **445**
    Einen Volltextindex im Managementstudio anlegen ... **445**
    Komponenten der Volltextindizierung ... **450**
    Volltextindizes versus relationale Indizes ... **452**
    Volltextindizes mit T-SQL anlegen und warten ... **453**
    Dokumente indizieren ... **454**
    Volltextabfragen in T-SQL ... **456**
    Mit Stopwortlisten arbeiten ... **458**
    Volltextindzes aufbereiten ... **459**
Indizes richtig planen ... **461**
    Indizes auswählen ... **461**
    Abgedeckte Indizes ... **462**
    Indizes mit Include-Spalten ... **463**
    Indizes auf berechneten Spalten ... **464**
    Gefilterte Indizes ... **464**
Partitionierte Tabellen ... **465**
    Eine Partitionierungsfunktion vorbereiten ... **469**
    Ein Partitionierungsschema anlegen ... **470**
    Abfragen gegen partitionierte Tabellen ... **472**

13 Sicherheit ... **477**
Serverbenutzer, Datenbankbenutzer, Schemata und Rollen ... **478**
    Verbindungen und Benutzer ... **479**
    Schemata ... **493**
    Namensauflösung ... **495**
    Verwaiste Benutzer in einer Datenbank ... **496**
Berechtigungen und Rollen ... **499**
    Das Rechtesystem auf Serverebene ... **500**
    Berechtigungen in der Datenbank verwalten ... **502**
Kryptographie in der Datenbank ... **512**
    Spalteninformationen in einer Datenbank verschlüsseln ... **513**
    Transparente Datenbankverschlüsselung ... **517**

14 Sichten ... **523**
Mit Sichten arbeiten ... **527**
    Sichten in der Entwicklungsumgebung anlegen ... **527**
    Sichten mit T-SQL bearbeiten ... **528**
    ORDER BY und TOP in Sichten ... **530**
    Beispiele für Sichten ... **532**
    Daten über Sichten ändern ... **533**
    Die Sichtdefinition verbergen ... **534**

Sichten mit Schemabindung ... **535**
Sichten und Sicherheit ... **536**
Performance-Überlegungen ... **539**
    Abfrageleistung von Sichten ... **539**
    Indizierte Sichten ... **541**
    Partitionierte Sichten ... **543**

15 Gespeicherte Prozeduren ... **549**
Konzepte: Die Wahrheit über gespeicherte Prozeduren ... **550**
Mit gespeicherten Prozeduren arbeiten ... **552**
    Gespeicherte Prozeduren anlegen ... **553**
    Gespeicherte Prozeduren in T-SQL bearbeiten ... **555**
    Gespeicherte Prozeduren mit einfachen Parametern ... **561**
    Tabellen als Parameter ... **566**
    Gespeicherte Prozeduren und Sicherheit ... **573**
Ausnahmebehandlung ... **576**
    TRY-CATCH-Blöcke ... **577**
    RAISERROR ... **581**
Beispiele für gespeicherte Prozeduren ... **584**
    Eine Prozedur für das Aktualisieren von Informationen ... **584**
    Eine Prozedur für das Anlegen eines neuen Artikels ... **585**
    Eine Prozedur für das Löschen eines Kunden ... **587**
    Eine Prozedur für das Vorbereiten einer Auftragsübersicht ... **588**
Performance-Überlegungen ... **589**
    SET NOCOUNT ON ... **590**
    Lebensphasen einer gespeicherten Prozedur ... **591**
    Performanceprobleme bei gespeicherten Prozeduren ... **592**
    Spezielle Prozeduren für Datenschnittstellen ... **597**
Systemprozeduren und erweiterte gespeicherte Prozeduren ... **599**

16 Benutzerdefinierte Funktionen ... **601**
Einsatz benutzerdefinierter Funktionen ... **602**
    Benutzerdefinierte Funktionen in T-SQL ... **602**
    Benutzerdefinierte Funktionen im SQL Server Management Studio anlegen ... **603**
Skalarwertfunktionen ... **604**
Inline-Funktionen ... **608**
Tabellenwertfunktionen mit mehreren Anweisungen ... **610**
    Der Operator APPLY ... **612**
Tabellenwertige Parameter ... **613**
Performance-Überlegungen ... **614**
    Performance-Probleme bei Skalarwertfunktionen ... **614**
    Die Performance von APPLY ... **617**

17 Trigger und Ereignisbenachrichtigungen ... **619**
Trigger in Datenbanken ... **620**
Konzepte für DML-Trigger ... **622**
    Arbeitsweise von DML-Triggern ... **623**
    Daten in Triggern abrufen ... **624**
Mit Triggern in Transact-SQL arbeiten ... **626**
    Trigger anlegen ... **626**
    Die Anzahl der Änderungsdatensätze feststellen ... **629**
    Die Trigger-Operation feststellen ... **630**
    Herausfinden, welche Spalten geändert wurden ... **631**
    INSTEAD OF-Trigger ... **633**
    Trigger und Transaktionen ... **634**
    Verschachtelte und rekursive Trigger ... **636**
Tipps für DML-Trigger ... **637**
    Trigger, die Ergebnisse an den Client liefern ... **637**
    Trigger, die Meldungen an den Client liefern ... **638**
    Den ersten oder letzten Trigger für eine Tabelle festlegen ... **638**
    Trigger und Sicherheit ... **639**
    Trigger und Einschränkungen ... **639**
    Trigger und Replikation ... **639**
    Verzögerte Namensauflösung für Trigger ... **640**
Einsatzmöglichkeiten und Beispiele für DML-Trigger ... **640**
    Trigger für die Protokollierung von Datenänderungen ... **640**
    Trigger für die Protokollierung von Spaltenänderungen ... **643**
    Trigger für die Überprüfung von Integritätsbedingungen ... **646**
    Trigger für die Durchsetzung von Geschäftsregeln ... **647**
    Trigger für die Pflege von Datenzusammenhängen ... **647**
    Trigger für die Bildung von laufenden Summen ... **648**
    Trigger für das Aktualisieren von Sichten ... **649**
DDL-Trigger ... **651**
    DDL-Trigger anlegen ... **651**
    Trigger für Logon-Ereignisse ... **653**
Ereignisbenachrichtigungen statt DDL-Trigger einsetzen ... **655**

18 Transaktionen und Sperren ... **657**
Transaktionen ... **658**
    Transaktionskonzepte ... **658**
    Transaktionen in Transact-SQL ... **660**
    Transaktionen verfolgen ... **662**
    Explizite Transaktionen und Fehlerzustände ... **664**
    Rollback bei nichtkritischen Fehlern mit XACT_ABORT erzwingen ... **668**
    Nicht COMMIT-fähige Transaktionen ... **669**
    Implizite Transaktionen ... **671**

Inhaltsverzeichnis

Verschachtelte Transaktionen und Savepoints	**672**
Verteilte Transaktionen	**676**
Sperren	**678**
Lost Update	**678**
Dirty Read	**680**
Non-Repeatable Read	**681**
Das Phantom-Problem	**682**
Das Sperrverhalten von SQL Server	**682**
Das Sperrverhalten beeinflussen	**684**
Snapshot-Isolation	**686**
Sperren im Detail	**691**
Sperrinformationen anzeigen	**700**

19 Serverseitige T-SQL-Cursor **707**

Ein erster T-SQL-Cursor	**709**
Mit T-SQL-Cursor arbeiten	**712**
Das Deklarieren eines Cursors	**712**
Das Öffnen eines Cursors	**714**
Das Abholen der Ergebnisse	**714**
Das Schließen und Entfernen eines Cursors	**715**
Beispiele für T-SQL-Cursor	**715**
Aufheben sämtlicher Benutzerverbindungen einer Datenbank	**715**
Simulation einer Kreuztabelle	**717**
Datensatzänderungen auf der Basis eines Cursors	**720**

20 Performance-Optimierungen **723**

Messwerkzeuge	**724**
Der Windows Performance-Monitor	**724**
Profiler	**733**
Eine Ablaufverfolgung einrichten	**734**
Serverseitige Traces	**736**
Datenbankoptimierungsratgeber	**738**
Messungen mit Transact-SQL	**743**
Das Performance Data Warehouse	**744**
Die Ausführung von T-SQL steuern	**751**
Tabellenhinweise	**752**
Abfragehinweise	**756**
Hinweise für relationale Operationen	**756**
Hinweise für die Planerstellung und -verwendung	**758**
Einen Abfrageplan vorgeben	**759**

21 Administration für Entwickler ... **761**
SQL Server installieren und konfigurieren ... **762**
Voraussetzungen ... **762**
Installation des SQL Server ... **763**
Installation der Express Edition ... **773**
Den SQL Server aktualisieren ... **773**
Basiskonfiguration einer Server-Instanz ... **776**
Datenbanken sichern und wiederherstellen ... **781**
Backup-Verfahren ... **783**
Wiederherstellungsverfahren ... **784**
Backup und Restore im Management Studio ... **785**
Wiederherstellung eines kompletten Servers ... **788**
Backup und Restore mit T-SQL ... **788**
T-SQL-Kommandos für das Prüfen von Datenbanken ... **790**
Administrationsaufgaben automatisieren ... **792**
Aufträge automatisiert ausführen ... **792**
Wartungspläne ... **794**
Ausfallsicherheit konfigurieren ... **796**
Protokollversand ... **796**
Datenbankspiegelung ... **798**
Failover Cluster ... **803**

Teil C – Clients für den SQL Server entwickeln ... **805**

22 Datenzugriff mit ADO.NET ... **807**
Die Architektur von ADO.NET ... **808**
ADO.NET als zentrales Framework für den Datenzugriff ... **808**
Das verbundene Modell von ADO.NET ... **809**
Das verbindungslose Modell von ADO.NET ... **810**
Eine Verbindung zum Server aufbauen ... **812**
Die Verbindungszeichenfolge ... **812**
Die SqlConnection-Klasse ... **816**
Die Rolle des Verbindungspools ... **818**
Vorhandene SQL Server-Instanzen ermitteln ... **819**
Verbindungen mit Berechtigungen steuern ... **820**
Daten ermitteln und manipulieren ... **822**
T-SQL-Statements mit der Command-Klasse absetzen ... **822**
Zugriffsart bestimmen ... **827**
Parametrisierte Abfragen absetzen ... **828**
Umgang mit SQL Server-Datentypen ... **830**
Command vs. SQL-String ... **837**
Gespeicherte Prozeduren aufrufen ... **838**

Das verbindungslose Modell **840**
    Das DataSet als universeller Datenspeicher **840**
    Spalten definieren **841**
    Primärschlüssel definieren **842**
    Einschränkungen für Tabellen festlegen **842**
    Tabellen mit DataRelation verbinden **844**
    Berechnete Spalten erstellen **846**
    Zeilen hinzufügen **847**
    Zeilen entfernen **848**
    Zeilen selektieren **848**
    Weitere Möglichkeiten der Selektion **849**
    Daten aggregieren **850**
    Serialisierung von Objekten **851**
Daten aktualisieren **857**
    Änderungen ermitteln **858**
    Daten mit Commands aktualisieren **860**
    Daten mit der SqlDataAdapter-Klasse aktualisieren **861**
    Umgang mit Parallelität **864**
    Synchronisation von serverseitig generierten Werten **869**
    Daten mit gespeicherten Prozeduren aktualisieren **870**
    Command-Erstellung mit der SqlCommandBuilder-Klasse automatisieren **875**
    Massenaktualisierungen optimieren **885**
Verwendung von typisierten DataSets **886**
    Aufbau eines typisierten DataSets **887**
    TableAdapter und TableAdapterManager **888**
    Erstellung von typisierten DataSets mit Visual Studio **889**
    Umgang mit verknüpften Tabellen **900**
    Typisierte DataSets an die Oberfläche binden **903**
Umgang mit binären Daten **912**
    Binäre Daten abrufen **913**
    Binäre Daten speichern **914**
Umgang mit XML-Daten **915**
    XML-Daten mit der FOR XML-Klausel abrufen **915**
    Auf das ermittelte XML zugreifen **917**
    Umgang mit dem XML-Datentyp **918**
    XML-Daten transformieren **918**
Fehlerbehandlung **922**
    SQL Server-Fehler verarbeiten **922**
    Verbindungsunabhängige Fehlerbehandlung **924**
    Logische Fehler **926**

23 Transaktionaler Datenzugriff 929
Warum clientseitige Transaktionen? 930
Klassische ADO.NET-Transaktionen 930
    Den Isolationslevel festlegen 932
Das System.Transaction-Modell 933
    Der Lightweight Transaction Manager 934
    Transaktionen erstellen 934
    Das explizite Programmiermodell 934
    Das implizite Programmiermodell 937
    Das Promotion-Konzept 942
    Umgang mit parallel laufenden Threads 944
Fazit 945

24 Erweiterte Themen 947
Multiple Active Resultsets (MARS) 948
    Daten mit MARS ermitteln 949
    Einschränkungen 950
Asynchroner Datenzugriff 951
    Die Verbindungszeichenfolge für den asynchronen Zugriff konfigurieren 952
    Die asynchronen Methoden der SqlCommand-Klasse 952
    Threads synchronisieren 953
    Weitere Möglichkeiten 954
Ergebnisse mit Abfragebenachrichtigungen überwachen 954
    Die Funktionsweise von Abfragebenachrichtigungen 954
    Abfragebenachrichtigungen in SQL Server aktivieren 955
    Abfragebenachrichtigungen mit ADO.NET 957
    Änderungen analysieren 958
    Verwendung von Abfragebenachrichtigungen in Windows-Anwendungen 960
Große Datenmengen mit SqlBulkCopy kopieren 961
Anbieterunabhängiger Datenzugriff 963
    Verfügbare ADO.NET-Datenanbieter ermitteln 965
    Verfügbare Datenbankserver ermitteln 965
Abrufen von Datenbankmetadaten 966
Information Schema Views 966
    Aufbau der Information Schema Views 966
    Zugriff auf Information Schema Views 967
Datenbankschema über SqlConnection ermitteln 968
Die Metadaten einer Abfrage ermitteln 971
Metadaten mit SMO ermitteln 972
    Das SMO-Klassenmodell 972
    Server und Datenbankobjekte ermitteln 973
Datenzugriffsanalyse 975
    SQL Server-Anbieterstatistiken 975

25 Daten an die Oberfläche binden ... 979
Datenbindung in Windows Forms ... 980
Einfache Datenbindung ... 980
Komplexe Datenbindung ... 982
Eingaben validieren ... 987
Bindungsfähige Datenklassen erstellen ... 990
Die Schnittstelle INotifyPropertyChanged ... 991
Die Schnittstelle IEditableObject ... 992
Die Schnittstelle IDataErrorInfo ... 994
Anzeigeattribute ... 996
Die Schnittstellen IBindingList und ICollectionChanged ... 999

26 Einführung in Language Integrated Query (LINQ) ... 1001
Wie funktioniert LINQ prinzipiell ... 1005
Der Aufbau einer LINQ-Abfrage ... 1009
Kombinieren von LINQ-Abfragen und verzögertes Ausführen von LINQ-Abfragen ... 1015
Faustregeln für das Erstellen von LINQ-Abfragen ... 1018
Kaskadierte Abfragen ... 1018
Gezieltes Auslösen von Abfragen mit ToArray oder ToList ... 1019
Verbinden mehrerer Auflistungen zu einer neuen ... 1020
Implizite Verknüpfung von Auflistungen ... 1020
Explizite Auflistungsverknüpfung mit Join ... 1022
Gruppieren von Ergebnissen ... 1023
Gruppieren von Listen aus mehreren Auflistungen ... 1025
Group Join ... 1028

27 LINQ to SQL ... 1029
Object Relational Mapper (O/RM) ... 1030
Objekt-relationale Unverträglichkeit – Impedance Mismatch ... 1031
LINQ to SQL oder LINQ to Entities – was ist besser, was ist die Zukunft? ... 1032
Hat LINQ to SQL eine Zukunft? ... 1032
Entscheidungshilfe – Gegenüberstellung der wichtigsten Features von LINQ to SQL und LINQ to Entities ... 1034
Wie es bisher war – ADO.NET 2.0 vs. LINQ in .NET 3.5 ... 1036
LINQ to SQL am Beispiel – Die ersten Schritte ... 1038
Protokollieren der generierten T-SQL-Befehle ... 1046
Verzögerte Abfrageausführung und kaskadierte Abfragen ... 1048
Eager- und Lazy-Loading – Steuern der Ladestrategien bei 1:n-Relationen ... 1049
Trennen des Abfrageergebnisses vom Kontext ... 1055
Daten verändern, speichern, einfügen und löschen ... 1056
Datenänderungen mit SubmitChanges an die Datenbank übermitteln ... 1057
Einfügen von Datensätzen mit InsertOnSubmit ... 1058
Daten löschen mit DeleteOnSubmit ... 1062

	Transaktionen	**1064**
	TransactionScope (Transaktionsgültigkeitsbereich)	**1064**
	Verwenden der Transaktionssteuerung des DataContext	**1065**

28 LINQ to Entities – Programmieren mit dem Entity Framework ... **1067**

	Voraussetzungen für das Verstehen dieses Kapitels	**1069**
	Technische Voraussetzungen	**1069**
	Prinzipielle Funktionsweise eines Entity Data Model (EDM)	**1069**
	LINQ to Entities – ein erstes Praxisbeispiel	**1071**
	Nachträgliches Ändern des Entitätscontainernamens	**1076**
	Abfrage von Daten eines Entitätsmodells	**1078**
	Abfrage von Daten mit LINQ to Entities-Abfragen	**1079**
	Wie Abfragen zum Datenprovider gelangen – Entity SQL (eSQL)	**1080**
	Anpassen des Namens der Entitätenmenge	**1081**
	Generierte SQL-Anweisungen unter die Lupe nehmen	**1081**
	Lazy- und Eager-Loading in Entity Framework	**1083**
	Anonymisierungsvermeidung bei Abfragen in verknüpften Tabellen	**1087**
	Kompilierte Abfragen	**1089**
	Daten verändern, speichern, einfügen und löschen	**1090**
	Datenänderungen mit SaveChanges an die Datenbank übermitteln	**1091**
	Einfügen von verknüpften Daten in Datentabellen	**1092**
	Daten aus Tabellen löschen	**1093**
	Ausblick	**1094**

29 Mit SQL Server Compact Edition entwickeln ... **1097**

	SQL Server Compact in der Übersicht	**1099**
	Merkmale mobiler SQL Server-Datenbanken	**1099**
	Datenaustausch mit einem SQL Server	**1102**
	Die Arbeitsumgebung	**1103**
	Mit mobilen SQL Server-Datenbanken arbeiten	**1103**
	Szenario: Artikeldaten mobil erfassen	**1104**
	SQL Server Compact Edition installieren	**1104**
	Mobile Datenbanken mit dem Management Studio anlegen und verwalten	**1104**
	Datenbanken und Tabellen einrichten	**1105**
	Die Replikation einrichten	**1108**
	Das IIS-System vorbereiten	**1112**
	Ein Abonnement einrichten und testen	**1115**
	Datenbanken warten	**1116**
	Mobile SQL Server-Anwendungen entwickeln	**1117**
	Ein Projekt einrichten	**1117**
	Datenverbindungen, Verweise und Datenquellen konfigurieren	**1118**
	DataGrid für die Anzeige von Artikeldaten einfügen	**1118**
	Das DataGrid mit einer Combobox filtern	**1120**

Formular für die Datenbearbeitung hinzufügen	**1121**
ADO.NET mit SQL Server Compact verwenden	**1122**
Cursororientiertes Arbeiten mit SqlCeResultSet	**1123**
Daten mit SQL Server synchronisieren	**1125**
Offline-Clients und das Sync Framework	**1127**
Ein paar Grundbegriffe	**1127**
Sync Framework versus Merge-Replikation und RDA	**1129**
Unidirektionale Synchronisation mit Visual Studio	**1130**
Synchronisation mit dem Designer einrichten	**1130**
Synchronisation selbst programmieren	**1135**

Teil D – Datenbankobjekte mit .NET entwickeln **1145**

30 Mit der SQLCLR arbeiten **1147**

.NET Inside: Die Common Language Runtime im SQL Server	**1149**
Einsatzmöglichkeiten für verwalteten Code in einer Datenbank	**1149**
Wann SQLCLR einsetzen?	**1150**
Die Rolle der Common Language Runtime	**1152**
Der SQL Server als Laufzeithost	**1153**
Grundlagen der SQLCLR-Entwicklung	**1156**
Die SQLCLR-Laufzeitumgebung aktivieren	**1156**
Eine SQLCLR-Assembly erstellen	**1158**
Eine SQLCLR-Assembly importieren und T-SQL-Objekte deklarieren	**1158**
Assemblys und SQLCLR-Objekte im Objekt-Explorer	**1160**
Assemblys und SQLCLR-Objekte in den Metadaten	**1161**
Aktualisieren von Assemblys	**1162**
Einschränkungen	**1163**
SQLCLR-Objekte mit Visual Studio entwickeln	**1164**
Ein SQLCLR-Datenbankprojekt anlegen	**1164**
Eine gespeicherte Prozedur für die SQLCLR schreiben	**1166**
Attribute	**1170**
Ein Testskript vorbereiten	**1170**
SQLCLR-Code debuggen	**1173**
Projekteigenschaften einstellen	**1177**
Ausliefern von SQLCLR-Objekten	**1178**
Sicherheit	**1179**
T-SQL-Sicherheit für die SQLCLR-Objekte	**1179**
SQLCLR-Sicherheit	**1180**
SQLCLR-Datentypen	**1184**

31 Datenbankobjekte mit der SQLCLR entwickeln **1187**

Klassen für das Arbeiten mit der SQLCLR	**1188**
Informationen mit der SqlPipe an den Aufrufer senden	**1188**

- Auf die Umgebung mittels SqlContext zugreifen ... **1191**
- Impersonalisierung mit SqlContext ... **1192**
- Serverseitiger Datenzugriff ... **1192**
- Ausnahmen ... **1199**
- Gespeicherte Prozeduren ... **1200**
  - Eine gespeicherte Prozedur anlegen ... **1200**
  - Das Attribut SqlProcedure ... **1201**
  - Parameter ... **1202**
  - Rückgabewert ... **1204**
  - Beispiele ... **1205**
- Trigger ... **1211**
  - Das Attribut SqlTrigger ... **1213**
  - Die Klasse SqlTriggerContext ... **1213**
  - SQLCLR-Trigger zur Überwachung von Geschäftsregeln ... **1215**
  - DDL-Trigger zur Überwachung von Strukturänderungen ... **1216**
- Skalare Funktionen ... **1216**
  - Das Attribut SqlFunction ... **1217**
  - T-SQL oder SQLCLR – was ist schneller? ... **1218**
  - Beispiele ... **1220**
- Tabellenwertige Funktionen ... **1222**
  - Das Attribut SqlFunction in tabellenwertigen Funktionen ... **1222**
  - Implementierung ... **1222**
  - Beispiele ... **1226**
- Benutzerdefinierte Aggregate ... **1228**
  - Das Attribut SqlUserDefinedAggregate ... **1228**
  - Implementierung ... **1229**
  - Ausliefern eines benutzerdefinierten Aggregats ... **1232**
  - Beispiele ... **1232**
- Benutzerdefinierte Datentypen ... **1234**
  - Das Attribut SqlUserDefinedType ... **1235**
  - Implementierung eines benutzerdefinierten Datentyps ... **1236**
  - Aktualisieren eines bereitgestellten UDTs ... **1241**
  - Benutzerdefinierte Methoden und Eigenschaften ... **1243**
  - Benutzerdefinierte Serialisierung ... **1246**
  - Validieren der Parameter und Werte ... **1247**
- Tipps für SQLCLR-Typen in der Clientprogrammierung ... **1250**
  - UDTs in einem DataReader ... **1250**
  - UDTs disconnected verwenden ... **1251**
  - UDTs in Parametern ... **1253**
- Performance ... **1254**
  - Monitoring von SQLCLR-Objekten ... **1254**
  - Indizierung von UDTs ... **1255**

32 SQL Server mit .NET verwalten 1257
Grundlagen der Server Management Objects 1261
Feststellen, welche SQL Server es gibt............ 1262
Eine Verbindung mit einer SQL Server-Instanz herstellen 1264
Das SMO-Objektmodell 1265
SMO-Programmierverfahren............ 1267
Instanziieren und Zerstören von SMO-Objekten............ 1267
Capture-Modus............ 1268
Scripting 1269
Transaktionen in SMO............ 1270
Ausnahmebehandlung 1271
SMO und WMI 1274
Praktische Beispiele 1277
Eine neue Datenbank einrichten 1277
Belegten und freien Speicherplatz anzeigen 1278
Server- und Datenbankbenutzer anlegen............ 1279
Eine vollständige Datenbanksicherung durchführen............ 1280
Eine vorhandene Tabelle ändern............ 1281
Datenbankobjekte in andere Datenbanken kopieren............ 1282
Eine Assembly installieren und eine Funktion einrichten............ 1284
Einen Wartungsjob einrichten............ 1285
Globale Suche nach Objektnamen 1286
Ein Skript für alle Tabellen und Beziehungen generieren 1287

Teil E – Beyond relational 1289

33 Streaming-Daten mit FILESTREAM verarbeiten 1291
Grundlagen............ 1292
Speicheroptionen für große Dateien (BLOBs) 1292
Das FILESTREAM-Konzept 1293
Kompatibilität mit anderen SQL Server-Features 1294
Wann FILESTREAM einsetzen? 1295
FILESTREAM-Speicherung aktivieren 1296
Das FILESTREAM-Feature aktivieren 1296
Mit FILESTREAM in T-SQL arbeiten 1298
Das Beispielszenario 1298
Filestream-Speicherung in einer Datenbank vorbereiten............ 1298
Filestream-Daten in einer Tabelle verwenden............ 1299
Daten mit T-SQL bearbeiten............ 1299
Filestream-Daten in Clients verwenden 1303
FILESTREAM-Tipps............ 1305

34 Geoinformationen mit geography und geometry verarbeiten ... 1307
Geodaten und der SQL Server ... 1308
Einsatzgebiete ... 1308
Standards für Geodaten in der Datenbank ... 1309
Die Erde ist rund – oder nicht? Referenzsysteme ... 1310
Geodaten in SQL Server-Datenbanken verwenden ... 1311
Die Datentypen geometry und geography ... 1312
Geodaten in Tabellen verwalten ... 1314
geometry und geography im Detail ... 1322
Einschränkungen und Randbedingungen ... 1322
Methoden für Geodatentypen ... 1326
Indizes für Geodaten ... 1331
Daten geocodieren ... 1334
Geodaten visualisieren ... 1336
Geodaten in den Reporting Services ... 1336
Geodaten in Anwendungen ... 1339

35 Hierarchische Daten mit hierarchyid verarbeiten ... 1341
(T-)SQL und hierarchische Daten ... 1342
Alternativen zu hierarchyid ... 1342
Mit hierarchischen Daten arbeiten ... 1344
Der Datentyp hierarchyid ... 1344
Szenario ... 1345
Hierachische Spalten anlegen ... 1346
Werte einfügen ... 1347
In Hierarchyid-Daten navigieren ... 1351
Die Strukturen einer Hierarchie verändern ... 1354
Hierarchische Spalten indizieren ... 1356

36 Von XML nach T-SQL und zurück ... 1359
Die OPENXML-Methode ... 1361
Zusammenfassung ... 1363
Die FOR XML-Klausel ... 1364
Einführung ... 1364
Die XML RAW-Option ... 1364
Die XML AUTO-Option ... 1365
Die XML EXPLICIT-Option ... 1367
Neue FOR XML-Features ... 1368
TYPE-Direktive ... 1369
PATH-Direktive ... 1370
Namensräume ... 1372
Rekursive XML-Dokumente ... 1376

XSINIL-Direktive **1377**
Zusammenfassung **1378**

37 Der xml-Datentyp **1379**
Der xml-Datentyp **1380**
   Einschränkungen und Standardwerte **1381**
   Verwendung von Triggern und berechneten Spalten **1381**
   Typisierte xml-Spalten **1382**
   Umwandeln bestehender varchar()- oder text-Spalten in xml-Spalten **1384**
Abfragen aus xml-Datentypen **1384**
   Grundsätzliches zur Verwendung von Namensräumen **1385**
   query-Methode **1389**
   value-Methode **1390**
   exist-Methode **1392**
   modify-Methode **1392**
   nodes-Methode **1397**
   Zusammenfassung **1397**
XML-Indizierung **1398**
   Primärer Index **1398**
   Sekundärer XML Path-Index **1399**
   Sekundärer XML Value-Index **1399**
   Sekundärer XML Property-Index **1399**
   Erstellung und Pflege von XML-Indizes **1399**
Zusammenfassung **1401**

38 Asynchrone Verarbeitung mit dem Service Broker **1403**
Grundlagen **1404**
Konversation **1405**
   Nachrichten **1405**
   Dialoge **1405**
   Konversationsgruppen **1406**
Datenbankobjekte **1406**
   Nachrichtentypen **1407**
   Verträge **1409**
   Warteschlangen **1410**
   Dienste **1413**
   Senden und Empfangen von Nachrichten **1413**
Sicherheit **1416**
   Remotedienstbindungen **1417**
   Routen **1417**
   Endpunkte **1420**
Beispielanwendung **1421**
   Datenbankobjekte **1422**

39 Complex Event Processing mit StreamInside **1431**
    Installationsvoraussetzungen **1433**
    Programmiermodelle **1433**
        Implicit Server **1434**
        Explicit Server **1434**
        IObservable/IObserver **1434**
    Beispiel **1434**
    Ereignisse **1435**
        Point **1435**
        Interval **1435**
        Edge **1435**
        CTI **1435**
    Adapter **1436**
        Enqueuing **1438**
        Adapter-Factory **1439**
    Datenströme **1439**
    Abfragen **1441**
        Templates **1442**
        Bindungen **1442**
    Deployment **1443**
        Gehostete DLL **1444**
        Stand-alone Server **1444**
        Andere Szenarien **1444**
    Monitoring **1445**
        PowerShell **1445**
        Event Flow Debugger **1445**
    Zusammenfassung **1446**

Stichwortverzeichnis **1447**

Über die Autoren **1469**

Einleitung

Das zweite SQL Server Entwicklerbuch ist endlich fertig! Es ist noch umfangreicher geworden als das erste. Und wir sind stolz drauf! SQL Server 2008 R2 hat gegenüber der Version 2005 noch einmal einen mächtigen Sprung getan. Deswegen ist das »Entwicklerbuch« auch nicht einfach nur ein Update geworden, sondern es musste in großen Teilen neu geschrieben oder gründlich überarbeitet werden. An unser altes Buch einfach ein Kapitel »Neuigkeiten« anzuhängen, wäre dem tollen Produkt SQL Server 2008 R2 einfach nicht gerecht geworden.

Damit unsere Inhalte überhaupt noch zwischen zwei Buchdeckel passen, haben wir einige Themen ausgelagert,[1] damit wir uns vertieft um die eigentliche Entwicklung kümmern konnten. Wir stärken unsere »Kernkompetenzen«!

Was Sie hier in den fünf Buchteilen finden, ist ein großer Teil unserer Kenntnisse und Erfahrungen in der Arbeit mit dem SQL Server 2008 R2. Wenn es nach uns gegangen wäre, dann hätte dieses Buch noch mindestens 1000 Seiten mehr besitzen können, aber das wäre ja auch irgendwie unpraktisch – oder? So haben wir uns bemüht, die Inhalte zu komprimieren und die Kernpunkte knapp und präzise rüber zu bringen, aber auch nichts auszulassen, was Ihnen in der täglichen Arbeit helfen kann.

Dieses Buch gehört vermutlich nicht zu denjenigen, die Sie mit einem guten Glas Wein in der Hand vor dem offenen Kamin lesen (aber warum eigentlich nicht?). Am sinnvollsten erscheint es uns, wenn Sie unser Buch an Ihrem Arbeitsplatz nutzen. Wir würden uns wünschen, dass Sie dieses Buch neben Ihre Tastatur legen, damit Sie alle Beispiele sofort ausprobieren können und das Buch Ihnen als tägliche Referenz bei Ihrer Entwicklertätigkeit dienen kann (klar – wir ahnen, dass Sie dieses Buch nicht von vorne bis hinten lesen werden. Ist schon in Ordnung so!). Apropos Beispiele: Es sind über tausend Codebeispiele geworden! Wir finden, dass sich das sehen lassen kann.

Viele Entwickler – das wissen wir aus eigener Erfahrung – lesen Bücher zwischendurch in der S-Bahn, auf Flughäfen, abends im Hotelzimmer. Der Autor dieser Einleitung liest EDV-Bücher am liebsten in der Badewanne. Zugegeben: Dafür ist unser »Entwicklerbuch« mit seinen zweieinhalb Kilogramm nicht so gut geeignet. Aber überall sonst sollten Sie es nutzen können: Durch die Erklärung der Quellcode-Beispiele, durch Grafiken und Screenshots sollen Sie in die Lage versetzt werden, »im Kopf zu entwickeln«. Zurück vor Ihrem Rechner können Sie unsere Programmschnipsel sofort laufen lassen und kreativ abändern.

Wir haben zu unserem Buch »Microsoft SQL Server 2005 – Das Entwicklerbuch« sehr viel positive Resonanz erhalten. Wir würden uns freuen, wenn es diesmal wieder so wäre. Auf jeden Fall wünschen wir Ihnen aber sehr viel Freude beim Lesen und viel Erfolg mit Ihren SQL Server-Projekten!

Auch für dieses Buch gilt wieder: Wenn wir es nicht zufällig selbst geschrieben hätten – wir würden es uns kaufen!

---

[1] Beispielsweise wird es mit »Microsoft SQL Server Integration Services« ein komplettes Buch von unserem ehemaligen Autor Bernd Jungbluth zu genau diesem Thema geben.

Wer sind Sie (der Leser)?

Wenn Sie professionell mit dem SQL Server zu tun haben, dann ist das hier Ihr Buch! Natürlich geht es in erster Linie um das Entwickeln von Datenbankanwendungen, aber auch Administratoren, die sich mit den Konzepten und der Praxis der SQL Server-Programmierung beschäftigen möchten, sind hier gut aufgehoben. Viele der besprochenen Techniken und Hintergrundinformationen lassen sich auch für die Wartung von SQL Servern einsetzen und Themen wie Indizierung, Sicherheit, Abfrageoptimierung und Monitoring gehen auch »Alle« etwas an. In vielen Fällen lassen sich die Jobrollen des Entwicklers und des Administrators im Datenbankbereich auch gar nicht voneinander trennen. Das Implementieren einer »ordentlichen« SQL Server-Lösung besteht neben der Programmlogik häufig auch aus viel »Physik«.

Unser Buch ist auch sehr gut für »Umsteiger« von ORACLE oder DB2 geeignet und ebenso für Aufsteiger von »Access«, »MySQL« oder »PostgreSQL«.

Falls Sie sich als EDV-Trainer mit der Programmierung des SQL Servers beschäftigen: Hier finden Sie viele Anregungen und eine Menge fertiger Codebeispiele.

Auch als reinrassiger .NET-Programmierer, der in seinen Anwendungen den SQL Server einsetzt, ziehen Sie Nutzen aus diesem Buch. Was auf dem Server in der Transact-SQL oder .NET-Verarbeitung langsam abläuft, holen Sie mit dem schönsten C#-Client nicht mehr auf. Das Buch soll Sie inspirieren, sich mit der Funktionsweise des SQL Server und dessen nativer Programmiersprache T-SQL auseinander zu setzen. Damit können Sie Ihre Anwendungen *wirklich* schnell machen und Sie sparen Programmierarbeit in Ihren Komponenten oder Ihrer Client/Server-Anwendung.

Dieses Buch ist keine Einführung in die elementaren Grundlagen der Datenbankentwicklung. Sie sollten wissen, was eine relationale Datenbank ist und sich unter einer Normalform etwas vorstellen können. Es schadet auch nicht, wenn Sie schon Erfahrungen mit anderen Datenbanksystemen gesammelt haben. Andererseits setzen wir aber *keinerlei* Kenntnisse über SQL Server voraus. Wir beginnen bei Null. Sie können erwarten, dass Sie eine gründliche Einführung in die Entwicklung mit dem SQL Server 2008 R2 erhalten, bis hin zu fortgeschrittenen Implementierungs- und Optimierungstechniken.

Falls Sie vorhaben, sich für eine Microsoft Zertifizierung im Datenbankbereich zu qualifizieren (MCITP: Database Administrator oder Database Developer), dann bereitet Sie das Durcharbeiten dieses Buchs ergänzend auf die Prüfungen 70-432, 70-433 und 70-451 vor. Nähere Informationen zu dem Zertifizierungsangebot finden Sie unter *http://www.microsoft.com/learning*.

Wer sind wir (die Autoren)?

Unsere Namen sind Jörg Neumann, Klaus Löffelmann, Alexander Köller und Georg Urban. Wir alle arbeiten schon lange Jahre auf den Gebieten IT, Entwicklung und dem SQL Server.

Jörg Neumann beschäftigt sich ausführlich mit der Entwicklung von SQL Server-basierten Lösungen in .NET. Die Einführungen zu ADO.NET und dem clientseitigen Zugriff im Buchteil C stammen von ihm. Klaus Löffelmann, ein langjähriger Vorreiter auf dem Gebiet der Architekturen, hat sich intensiv mit den Themen LINQ und dem Entity Framework auseinandergesetzt und die entsprechenden Kapitel beigesteuert. Alexander Köller – als Experte für die Entwicklung mit .NET und XML-Technologien – hat sich um die exotischeren Themen »Service Broker« und »Complex Event Processing« sowie um XML gekümmert. Georg Urban ist der »Servermann« im Team und hat die ersten beiden Buchteile und den Teil D geschrieben. Außerdem stammen von ihm die Kapitel über die SQL Server Compact Edition sowie die Verarbeitung von Streaming-Daten und Geoinformationen.

Weitere sachdienliche Hinweise zu unseren Personen finden Sie im Anhang und auf der Website dieses Buchs.

Aufbau des Buchs

Aus der Erfahrung vieler Workshops, Trainings und anderer Buchprojekte heraus haben wir uns dazu entschlossen, dieses Buch vor dem Hintergrund eines *eigenen* durchgängigen und konkreten Szenarios zu schreiben. Dieser Weg ist steinig, dass können Sie uns glauben. Da unterscheidet sich der Entwurf einer Datenbank für ein Buchbeispiel, über das sich vier Leute die Köpfe heiß reden, nicht von einem »wirklichen« Projekt. Uns hat dieses Vorgehen jedenfalls geholfen, auf dem Boden zu bleiben und anstelle abstrakten Philosophierens die im Buch vorgestellten Technologien anhand konkreter Aufgabenstellungen zu demonstrieren. Wir hoffen, dass Ihnen der Hintergrund unserer Datenbankanwendung genau so dabei hilft, sich in den SQL Server 2008 R2 hinein zu denken.

Wir haben die Fülle des Materials in fünf Buchteile gegliedert, um Ihnen die Übersicht zu erleichtern. Zur besseren Orientierung folgt an dieser Stelle eine kurze Übersicht, was Sie in den einzelnen Teilen erwartet.

Teil A: SQL Server-Grundlagen

Der erste Teil des Buchs erledigt die notwendige Grundlagenarbeit für die restlichen Teile dieses Buchs. Falls Sie den SQL Server bis jetzt noch nicht gut kennen, werden Sie hier zunächst einmal mit dessen Möglichkeiten vertraut gemacht. Außerdem geht es um die SQL Server Architektur. Wenn Sie es eilig haben, dann können Sie dieses »Warming Up« zunächst einmal überschlagen und direkt die Kapitel lesen, die Sie am brennendsten interessieren. Es ist aber nicht ganz unwahrscheinlich, dass Sie hin und wieder zurückblättern werden, um das eine oder andere Konzept nachzulesen.

Ganz bewusst haben wir auf eine Einführung in den Entwurf relationaler Datenbanken verzichtet. Wir gehen davon aus, dass Sie sich damit auskennen. Es gibt Myriaden guter Bücher zu diesem Thema auf dem Markt, sodass wir an dieser Stelle Papier gespart haben. Worauf wir allerdings nicht verzichten *konnten*, ist eine kurze Erläuterung des Datenmodells unseres Arbeitsbeispiels – der netShop-Datenbank. Diese finden Sie in Kapitel vier, welches Sie als Referenz benutzen können, wenn Ihnen irgendetwas an den Codebeispielen der folgenden Buchteile seltsam vorkommt und Sie den Hintergrund der Beispielabfragen oder .NET-Routinen genauer verstehen möchten.

Teil B: Transact SQL & die Datenbankmaschine

Im zweiten Teil betreten Sie die klassische Welt der relationalen Datenbankprogrammierung. Dass dies der umfangreichste Teil unseres Buchs geworden ist, sollte Sie eigentlich nicht verwundern: Trotz der hervorragenden Möglichkeiten, die sich mit den XML- und .NET-Angeboten im SQL Server ergeben, bleibt der Kern des Datenzugriffs *immer* relational und SQL-basiert. Sicher wird es in der zukünftigen Weiterentwicklung des SQL Server so sein, dass Sie das weniger spüren – mit dem Entity Framework und LINQ stehen Ihnen Datenzugriffsebenen zur Verfügung, die eine Abstraktion von den Eigenarten eines Datenbankservers erlauben. Wenn es aber ans »Eingemachte« – um die maximale Performance – oder um die Verwendung neuer Serverfeatures geht, dann kommen Sie um die Programmierung in T-SQL nicht herum.

Wenn Sie in Ihrem »klassischen« clientseitigen Code Abfragen für den SQL Server formulieren möchten, egal ob Sie das direkt tun (zum Beispiel mittels eines *Command*-Objekts) oder verpackt in einem ADO.NET Data Adapter, dann ist es sowieso wichtig, T-SQL ganz genau kennen zu lernen.

Der zweite Buchteil behandelt die Sprachgrundlagen von T-SQL, geht intensiv auf einen effektiven Aufbau von Tabellen und Indizes ein, führt über die verschiedenen elementaren Programmierelemente bis hin zur Transaktionsverarbeitung und Optimierungen.

Teil C: Clients für den SQL Server entwickeln

Der dritte Teil des Buchs bietet zunächst einen schnellen Einstieg in die Entwicklung von Clients, die auf ADO.NET basieren. Es werden die verschiedenen Objekte und Verfahren vorgestellt, die Sie bei der Cliententwicklung einsetzen können. Über diese Grundlagen hinaus werden Sie mit vertiefenden Themen vertraut gemacht, wie der Transaktionsverarbeitung und der Datenzugriffsanalyse. Außerdem geht es um das naheliegende Thema der datenorientierten GUI-Programmierung.

In der zweiten Hälfte des dritten Teils geht es um die aktuellen Ansätze der Datenzugriffsprogrammierung in der .NET-Welt – natürlich immer vor dem Hintergrund der SQL Server-Plattform. Nach einer Einführung in das Thema LINQ (Language Integrated Queries) wird das Entity Framework vorgestellt. Das Entity Framework ist Microsofts objektrelationaler Layer für Clientktentwickler. Der Einsatz des Entity Framework kann den Aufbau Ihrer Anwendungen deutlich vereinfachen und verbessern.

Den Abschluss des dritten Teils bildet ein Blick auf den SQL Server in der Compact Edition. Mit diesem lassen sich mobile Anwendungen und lose gekoppelte Clients bequem programmieren.

Teil D: Datenbankobjekte mit .NET entwickeln

Die Integration des .NET-Framework in den SQL Server, verbunden mit der Möglichkeit, die Datenbankobjekte, gespeicherte Prozeduren, Trigger, Funktionen, Aggregate und benutzerdefinierte Typen in einer .NET-Sprache zu programmieren, ist eine famose Erweiterung der Möglichkeiten für SQL Server-Entwickler. Im dritten Buchteil werden die Konzepte der Integration von CLR-Objekten in die relationale Programmierumgebung vorgestellt (SQLCLR) und deren Anwendung gezeigt.

Zum Abschluss gibt es einen Ausblick auf die administrative Programmierung des Servers mittels seines .NET-Objektmodells SMO (Server Management Objects).

Teil E: Beyond relational

Der SQL Server macht dem Entwickler eine Reihe von Angeboten in Form diverser Datentypen und Services, die auf den Technologien und Entwicklungsverfahren aufbauen, welche in den ersten vier Teilen des Buchs erläutert wurden.

Da bei der Entwicklung mittels dieser Angebote SQL oft eine eher untergeordnete Rolle spielt, haben wir den fünften Buchteil »Beyond relational« genannt. Dieser Begriff stammt ursprüglich aus dem Marketing Slang von Microsoft, beschreibt aber tatsächlich sehr gut, um was es geht. Es liegt uns sehr am Herzen, dass Sie als Entwickler diese erweiterten Möglichkeiten des SQL Server nicht übersehen, sondern sich damit vertraut machen, was der SQL Server für spezielle Anwendungsszenarien in petto hat.

Es geht unter anderem um die Verwaltung von großen Streaming-Daten, die in Datenbanken (eigentlich) nichts zu suchen haben; das Ablegen, Suchen und Manipulieren von Geodaten in einer SQL Server-Datenbank, sowie einen vereinfachten Ansatz für den Umgang mit hierarchischen Informationen.

Natürlich darf auch das Thema XML nicht fehlen, für das es in SQL Server einen eigenen Datentyp gibt und das Datenzugriffe mittels XPath und XQuery-Sprachkonstrukte erlaubt.

Zum Schluss des fünften Teils werden zwei sehr elaborierte Techniken vorgestellt: Der SQL Server Service Broker ist ein sehr performanter Service für die asynchrone Verarbeitung von Nachrichten. Ganz neu eingeführt wurde mit der Version 2008 R2 das Thema Complex Event Processing. Die StreamInsight-Technologie stellt eine Plattform für das Auswerten großer Ereignisströme in Echtzeit dar.

Schauen Sie sich den Teil E an, wenn Sie auf der Suche nach neuen Lösungen und Anregungen sind. Es könnte sich lohnen!

Die Begleit-CD

Die Begleit-CD enthält die Datenbanken, Projekte und Dateien, die Ihnen helfen werden, die Theorie sofort in die Praxis umzusetzen. Sicherlich ist der effektivste Weg, um mit Hilfe unseres Buchs die Entwicklung des SQL Server 2008 R2 in den Griff zu kriegen, das direkte Ausprobieren und Nachvollziehen des Quellcodes. Sie können *alle* Beispiele sofort laden und laufen lassen. Code to Go! Experimentieren Sie mit den Beispielen und passen Sie diese an eigene Erfordernisse an.

Support

Wir haben selbstverständlich alles unternommen, um die Korrektheit dieses Buchs und seiner Begleit-CD zu gewährleisten. Microsoft Press bietet Kommentare und Korrekturen für seine Bücher im Web unter *http://www.microsoft-press.de/support.asp* an. Wenn Sie Kommentare, Fragen oder Ideen zu diesem Buch haben, senden Sie diese bitte per E-Mail an *presscd@microsoft.com*. Bitte beachten Sie, dass über diese Adressen kein Support für Microsoft-Produkte angeboten wird. Wenn Sie Hilfe zu Microsoft-Produkten benötigen, kontaktieren Sie bitte den Microsoft Online Support unter *http://support.microsoft.com*.

Über die Website zum Entwicklerbuch können Sie direkt mit uns Autoren Kontakt aufnehmen. Die URL der Website lautet: *http://www.sqlentwicklerbuch.de*.

Die Website zum Buch

Auf unserer Buch-Website finden Sie ebenfalls die aktuellen Updates – plus zusätzlicher Informationen rund um das »Entwicklerbuch«. Auf der Seite »Ask the Authors« gibt es ein Kontaktformular, mit dessen Hilfe Sie Fragen und Anregungen zu den einzelnen Themen des Buchs loswerden können. Wir würden uns freuen, von Ihnen zu hören!

So gerne wir auch *alle* Fragen zu SQL Server beantworten würden, leider reicht unsere Zeit nicht. Allgemeine Fragen werden Sie entweder direkt bei Microsoft los oder in den entsprechenden Newsgroups, Blogs und Communities. Auf der Seite »Ressourcen« bieten wir eine entsprechende Link-Sammlung an (das sind die Ressourcen, die *wir* bis jetzt kennen. Falls *Sie* einen Tipp haben: her damit!).

Danksagungen

Georg Urban dankt seinen hoch geschätzten Kollegen von ixto, LM IT AG und der Microsoft GmbH, die es ihm nachgesehen haben, dass er hin und wieder nach einer »Buchnacht« morgens noch etwas mehr Kaffee als sonst gebraucht hat. Er dankt besonders seiner Lebenspartnerin, seiner Familie und Freunden für Ihre Geduld und freut sich, dass sie ihn jetzt wieder häufiger sehen werden.

Alexander Köller dankt zunächst Georg für die Möglichkeit, wieder ein Teil des Ganzen zu sein. Außerdem meiner Familie für eure Geduld an so manchem Wochenende und Thomas Bonke für die Freiheiten, die ich bei meiner Projektplanung dafür bekommen habe.

Wir alle danken auch dieses Mal ganz herzlich unserem MS-Press-Projektleiter Thomas Braun-Wiesholler, dessen Geduld wir wieder auf eine große Probe gestellt haben: Thomas, das nächste Buch wird bestimmt pünktlich fertig! Wir haben auch schon wieder zu viele Seiten gefüllt – tut uns leid. Unsere Leser wird es aber (hoffentlich) freuen.

Zu guter Letzt gilt natürlich unser besonderer Dank unseren geduldigen und aufmerksamen Lektoren Uwe Thiemann und Thorsten Kansy für ihre Unterstützung!

Berlin, den 31. 10. 2010

Teil A

SQL Server-Grundlagen

In diesem Teil:

Szenarien für SQL Server-Entwickler	3
SQL Server-Grundlagen	23
SQL Server 2008 R2 : Das ist neu	61
Das Arbeitsbeispiel dieses Buchs	69

Kapitel 1

Szenarien für SQL Server-Entwickler

In diesem Kapitel:

Klassische relationale Datenbanken	4
.NET Inside	6
Neue Programmierparadigmen in ADO.NET	8
XML in der Datenbank	9
Verteilte Daten	13
Datenanalyse und Darstellung	15
Immer Online: 24*7-Betrieb mit SQL Server	18
Desktop und mobile Anwendungen	19

Dieses erste Kapitel verfolgt zwei wichtige Ziele: Es soll Ihnen einen Überblick über das »Objekt der Begierde« – SQL Server 2008 vermitteln und wir möchten Ihnen Lust darauf machen, den Server näher kennen zu lernen.

SQL Server 2008 hat mit einem klassischen Datenbankmanagementsystem (DBMS) vor allen Dingen die drei Buchstaben S, Q und L im Namen gemein. Ansonsten bietet er über das effektive Management von relationalen Datenbanken hinaus viele sinnvolle Angebote für Datenbankentwickler. Der Begriff einer Datenmanagementplattform, den Microsoft für diesen Server geprägt hat, ist daher mehr als zutreffend. Wenn Sie die Möglichkeiten kennen, dann können Sie viel eigenen Entwicklungsaufwand sparen und es bringt Sie sicher auf neue Ideen für Ihre Projekte. Anhand einiger Einsatzszenarien stellen wir einige der wichtigsten Highlights von SQL Server vor.

Klassische relationale Datenbanken

Microsofts SQL Server ging mit der Version 4.21 als reinrassiger relationaler Datenbankserver an den Start und auch heute noch bildet die relationale Datenbankmaschine den Kern von SQL Server. Als Entwickler braucht man Sie sicher nicht von den Vorteilen einer Datenbank als Datenspeicher zu überzeugen. Im Gegensatz zu einer dateibasierten Datenhaltung profitieren Sie von bequemen Zugriffsmechanismen und einer an das relationale Datenmodell angepassten Abfragesprache. Die Datenbank-Programmiersprache Transact-SQL ist die Microsoft-Implementierung der (mehr oder weniger) standardisierten Datenbanksprache SQL (Structured Query Language).

Warum Transact-SQL heute so ist, wie es ist, hat mit der Geschichte von SQL Server zu tun. Der wurde nämlich in einer Koproduktion von Microsoft, Ashton-Tate und Sybase Ende der 80er Jahre entwickelt. Sybase hatte zu diesem Zeitpunkt schon ein Datenbankmanagementsystem auf dem Markt. Sybase SQL Server 3.0 konnte unter UNIX und VMS betrieben werden. 1989 gab es dann zum ersten Mal SQL Server für OS/2 (Version 1.0). Das erste Produkt unter dem Namen »Microsoft SQL Server« kam 1992 auf den Markt – immer noch für OS/2. Mit dem Erscheinen von NT 3.1 gab es dann zeitgleich das erste SQL Server Release für ein Microsoft Betriebssystem: SQL Server 4.21. Die Codebasis war aber weiterhin die des Sybase Servers. Der Version 4.21 und auch den nachfolgenden Versionen, die von Microsoft entwickelt wurden – 6.0 und 6.5 –, merkte man die Herkunft deutlich an. Die Speicherplatzverwaltung beispielsweise kannte »Medien« fester Größe, ein Überbleibsel aus VMS-Zeiten. Vor allen Dingen aber die Programmiersprache Transact-SQL erinnert an diese Zeit. Transact-SQL wurde ursprünglich von Sybase entworfen und innerhalb von Microsoft SQL Server weiterentwickelt. Im Grunde müsste man von Sybase Transact-SQL und Microsoft Transact-SQL reden. Sybase-Entwickler kommen wunderbar mit Microsoft SQL Server zurecht. Schlüsselworte und Syntax der zentralen Sprachelemente sind immer noch identisch – allerdings hat »unser« SQL Server im Laufe der Zeit eine Menge sinnvoller Sprachelemente spendiert bekommen, während Sybase Transact-SQL noch sehr stark an die ursprüngliche Variante erinnert.[1]

Falls Sie noch nicht viel mit Microsoft SQL Server zu tun hatten, oder sich noch einmal vergewissern wollen, mit was für einem System Sie da eigentlich die ganze Zeit arbeiten, folgt hier Steckbrief des relationalen Servers:

---

[1] Wer sich davon überzeugen möchte, für den gibt es in der Link-Sammlung im Dokumentenordner der Buch-CD die Adresse der Sybase-Sprachdefinition.

- **Standardtreue** Es gibt eine Menge offizieller ANSI-Standards für die Structured Query Language. Trotzdem können sich zwei SQL-Indianer verschiedener Stämme (Datenbanksysteme) nicht miteinander verständigen, jedenfalls nicht, wenn die proprietären Hersteller-Spracherweiterungen eingesetzt werden. Beschränkt man sich bei der Server-Programmierung auf den ANSI 92 Entry-Level, dann gibt es meistens keine Probleme bei einer Portierung. Alle anderen ANSI-Level und Standards werden nur teilweise eingehalten. Auch wenn Sie vorhaben, eine Datenschicht zu implementieren, die sich auf andere Systeme migrieren lässt, müssen Sie nicht auf die bequemen und mächtigen Spracherweiterungen von T-SQL verzichten. Sie sollten dann allerdings die Geschäftslogik in Prozeduren verpacken, um saubere Schnittstellen zu definieren. Die »Innereien« der Prozeduren – Ihren Programmcode – müssen Sie natürlich konvertieren. Das ist wegen der Einfachheit der Serversprachen aber kein kompliziertes, höchstens ein langwieriges Unterfangen.

- **Intelligente Optimierung** Das Wunderbare an der deklarativen Datenbankabfragesprache T-SQL ist, dass Sie auf einem gut erforschten mathematischen Modell beruht: der relationalen Algebra. Ist ein Stapel (Batch) von T-SQL-Kommandos erst einmal in eine standardisierte interne Darstellung überführt (algebraisiert), dann beginnt der Optimierer in der Datenbankmaschine mit der Arbeit und findet auf der Grundlage der Datenstrukturen, Tabelleninhalte und Indizes den optimalen Plan für die Abarbeitung der Abfragen. SQL Server verfügt über einen kostenbasierten Optimierer, der sogar die Anzahl der verfügbaren Prozessoren und die Menge an verfügbarem Arbeitsspeicher in Betracht zieht.

- **Spracherweiterungen** Durch prozedurale Erweiterungen wird T-SQL zu einer Programmiersprache, die dafür geeignet ist, einfache serverseitige Logik zu entwickeln. Das Hauptanwendungsgebiet ist sicher das Schreiben der so genannten gespeicherten Prozeduren. Es gibt einen minimalen, aber ausreichenden Sprachumfang für die Implementierung der Geschäftslogik. Die Kargheit der Sprache – die mit nur einer Entscheidungs-, einer einzigen Schleifenstruktur und ausschließlich skalaren lokalen Variablen auskommt – wird durch die hohe Ausführungsgeschwindigkeit wettgemacht. Für komplexe serverseitige Aufgabenstellungen bietet sich in SQL Server 2008 die Verwendung von .NET-basierten Datenbankobjekten (wie benutzerdefinierte Datentypen oder gespeicherte Prozeduren) an.

  Spracherweiterung gibt es aber auch im relationalen Bereich. In SQL Server 2008 ist es möglich, rekursive Abfragen durch Common Table Expressions zu programmieren. Nummerierte Ergebnismengen werden durch Ranking Functions möglich, Kreuztabellenabfragen durch das Schlüsselwort *PIVOT* und vieles mehr. Sie sollten sich immer erst nach solch einer T-SQL-Variante umsehen, bevor Sie eine Datenoperation selbst programmieren. So sparen Sie Entwicklungs- und Ausführungszeit.

- **Skalierbarkeit** Skalierbarkeit hat bei Datenbankmanagementsystemen entweder mit steigenden Benutzer- und Abfragezahlen oder wachsenden Datenmengen zu tun. Antwortzeiten und Durchsatz in einem akzeptablen Bereich zu halten, ist in einem großen Datenbanksystem eine anspruchsvolle Aufgabe. In SQL Server sind verschiedene Komponenten vorhanden, die zur Skalierbarkeit beitragen. Es gibt Caching-Mechanismen für T-SQL-Befehlsstapel, die verhindern, dass ähnliche Kommandos erneut für die Ausführung vorbereitet und kompiliert werden müssen (*Plan Caching*). Ein Sperren-Manager kümmert sich darum, dass die Datensatzsperren möglichst effizient gesetzt werden (*Lock Manager*). In Systemen mit mehreren Prozessoren können viele der aufwändigen Operationen parallelisiert werden (*Query Parallelism*). Die Liste der Optimierungen ist verdammt lang.

- **Management großer Datenmengen** Eine Anwendung, die unter Laboranwendungen in der Entwicklungsumgebung ausgezeichnet funktioniert, kann im Echtbetrieb unter der Last großer Datenmengen »einknicken«. SQL Server verfügt dabei über viele Funktionen, die den Umgang mit großen Datenmengen erleichtern. Das beginnt mit der Möglichkeit, die Objekte in einer Datenbank über Dateigruppen geschickt zu verteilen und Zugriffe parallel auszuführen, was mit cleveren Indizierungsverfahren zu tun hat. Partitionierte Tabellen, Sichten und Indizes wurden mit SQL Server 2005 eingeführt. SQL Server 2008 hat ausgesprochen mächtige Features für sehr große Datenbanken mit an Bord: Komprimierung von Tabellen und Indizes, sowie Backup-Komprimierung. Das spart nicht nur Speicherplatz, sondern auch Zeit, nämlich die Zeit, die für das Übertragen der Daten von den Festplatten in den Arbeitsspeicher des SQL Server benötigt wird.

- **Autotuning** Eine der wichtigsten Designvorgaben von SQL Server war von Anfang an, die Entwickler und Administratoren mit so wenig technischen Details wie möglich zu belasten. Keine Frage – andere DBMS sind auch performant, aber es werden viel tiefere Kenntnisse des Systems benötigt, um diese Performance zu erreichen. Die allermeisten Stellschrauben bei SQL Server werden von diesem selbst fein justiert (Autotuning), während andere Datenbanksysteme es beispielsweise erforderlich machen, zwischen verschiedenen Speicherstrukturen auszuwählen. Dennoch ist unbedingt notwendig, sich mit der Arbeitsweise von SQL Server vertraut zu machen. Direkt »aus der Dose« läuft jeder SQL Server zwar schon sehr ordentlich – mit der richtigen Konfiguration und Programmierung kann er aber höllisch schnell werden.

Es gibt eine große Anzahl von Erweiterungen des relationalen Kerns, die Sie natürlich auch in diesem Buch kennen lernen werden. Volltextsuche, XML in der Datenbank, die Möglichkeit, SQL Server Objekte in .NET-Programmiersprachen mithilfe des .NET Framework zu implementieren, sind nur ein paar davon. Wie man es auch dreht und wendet: An den relationalen Funktionen führt kein Weg vorbei. Ein Entwickler wird immer gute Transact-SQL-Kenntnisse benötigen, um das Optimum aus seinen SQL Server-Anwendungen herauszuholen. Auch in den Zeiten von LINQ.

.NET Inside

Die klassischen relationalen Abfragesprachen für Datenbanksysteme, wie Transact-SQL, weisen drei typische Merkmale auf: Sie sind unglaublich schnell, simpel aufgebaut und mehr oder weniger standardisiert. Die Muttersprache SQL ist hervorragend dafür geeignet, effiziente Datenbankabfragen zu liefern. Sie lässt sich besonders leicht analysieren, algebraisieren und optimieren. Die zu Grunde liegende relationale Algebra ist vollständig beschrieben und sehr gut erforscht – eine Freude für jede Datenbankmaschine. Auch die Ausführung der kleinen prozeduralen Programmiersprachenanteile in Transact-SQL geschieht mit einer atemberaubenden Geschwindigkeit. Ein kurzer Blick auf den Sprachumfang und die Syntax von T-SQL reicht vollkommen aus, um das zu erklären. Transact-SQL ähnelt mehr einer einfachen Batch- oder Assemblersprache, als einer »richtigen« Programmiersprache.

Was für die Datenbankmaschine von Vorteil ist, das ist für Menschen (hier »Entwickler genannt«) nicht immer schön. Eine große Menge der möglichen Geschäftsprobleme lassen sich zweifellos gut in einem relationalen Schema abbilden. Es gibt aber eine vermutlich fast genau so große Menge, bei der die Übersetzung etwas holprig wirkt. Da geht es um Themen wie die Abbildung hierarchischer Strukturen beliebiger Tiefe (hier bieten die T-SQL Common Table Expressions und der neue Datentyp *HierarchyID* aber endlich Auswege). Es geht um die Umsetzung objektorientierter Prinzipien wie Vererbung oder Polymorphie: Ein Kundendatensatz ist ein spezialisierter Adress-Datensatz. Schließlich geht es ganz schlicht und ergreifend um das Fehlen elementarer aber nützlicher Basisdatentypen wie Arrays oder Records (Arrays soll es erst in der nächsten SQL Server-Generation als Datentyp geben).

Betrachtet man das Zusammenspiel zwischen Client- und Serverprogrammierung, dann wird man feststellen, dass ein sehr gut durchdachtes objektorientiertes Design der Geschäftsobjekte einer Anwendung sich häufig nur mit einigem Aufwand in einer Datenbank umsetzen lässt. Das dazu notwendige objektrelationale Mapping kann handgemacht oder automatisiert sein. Es gibt viele gute Tools dafür, die sich sogar in Visual Studio integrieren lassen. Das Mapping besteht in der Regel aus vielen »dummen« Wrappern um die Tabellen einer Datenbank. Über diese werden die Datenzugriffsmethoden zur Verfügung gestellt. Hier klafft eine Lücke in den Ausdrucksmöglichkeiten der verschiedenen Programmiersprachen, die – entlehnt aus der Elektrotechnik – gerne als Impedanz-Fehlanpassung bezeichnet wird (so – jetzt *klingt* das Problem gleich viel besser). Arbeitet man in der .NET-Entwicklung mit typisierten ADO.NET-Datasets anstelle von Geschäftsobjekten, die man von Grund auf selbst implementiert hat, dann stellen sich einige der Probleme nicht mehr so dramatisch dar. Was bleibt ist, je nach Architektur der Anwendung, aber immer noch die Notwendigkeit, serverseitigen Code in T-SQL zu formulieren. Das ist für viele Applikationsentwickler eine ungeliebte Aufgabe – während es für viele Datenbankentwickler eine geliebte Aufgabe ist.

Microsoft hat nicht den Weg anderer Datenbankhersteller beschritten, welche die SQL:1999- und SQL:2003-Standards zur objektrelationalen Erweiterung von SQL umgesetzt haben, sondern einen eigenen, leistungsfähigen Weg entwickelt, die Mängel des ursprünglichen SQL auszugleichen: Es handelt sich um die Integration der Common Language Runtime in die Datenbankmaschine. Zu Beginn der Entwicklung der Vorgängerversion (SQL Server 2005) war nur die Möglichkeit vorgesehen, gespeicherte Prozeduren in Visual Basic.NET schreiben zu können. Gott sei Dank haben sich die schlauen Köpfe im Entwicklungsteam das anders überlegt und so ist etwas richtig Gutes daraus geworden. Serverseitiger Code kann seit SQL Server 2005 in Sprachen wie VB.NET oder C# geschrieben werden, die Möglichkeiten der Base Class Library stehen zur Verfügung, und es lassen sich mit .NET nicht nur gespeicherte Prozeduren implementieren, sondern insgesamt diese Datenbankobjekte:

- Gespeicherte Prozeduren
- Trigger
- Benutzerdefinierte Funktionen
- Benutzerdefinierte Datentypen
- Aggregatfunktionen

Das bietet phantastische neue Möglichkeiten für Entwickler. Allerdings darf man dabei nicht übersehen, dass für den Datenzugriff weiterhin T-SQL eingesetzt wird, und zwar über einen serverseitigen, im Prozessraum der Datenbankmaschine gehosteten Datenprovider. Das Implementieren komplexer Geschäftslogik in der Datenbank selbst wird durch die .NET-Programmierung deutlich komfortabler. Die Ablösung von Prozeduren, die keinen oder nur einfachen proceduralen Code beinhalten, lohnt sich dagegen nicht. Hier macht T-SQL weiterhin einen guten und schnellen Job. Betrachten Sie ».NET-Inside« einfach als einen zusätzlichen Weg, den Sie in Abhängigkeit von der Gesamtarchitektur Ihrer Anwendung gewinnbringend einsetzen können. Im Buchabschnitt »Serverobjekte mit .NET programmieren« erhalten Sie eine Menge Anregungen, wie Sie typische »Real Live«-Aufgabenstellungen, die Ihnen in T-SQL Bauchschmerzen bereiten würden, unter Einsatz der SQLCLR (SQL Server Common Language Runtime) mit ein paar Zeilen Code und einem Lächeln schnell lösen können.

Die Impedanz-Fehlanpassung ist damit jedoch noch nicht gelöst. Parallel zu SQL Server 2008 ist glücklicherweise das .NET Framework 3.5 erschienen, welches ausgesprochen nützliche Erweiterungen zu ADO.NET enthält, die wir Ihnen in diesem Buch selbstverständlich nicht vorenthalten möchten. Und ja: Es gibt *jetzt* eine Lösung für das Impedanz-Problem!

Neue Programmierparadigmen in ADO.NET

Der SQL Server 2008 ist eine moderne und stabile Datenbankmanagementplattform, die – wenn sie richtig verwendet wird – höllisch schnell die Kommandos der Datenbankprogrammiersprache T-SQL verarbeiten kann. Das reicht natürlich noch nicht aus, um gute Anwendungen zu programmieren. Dazu braucht es gute *Entwickler*. Und aus eigener Erfahrung (als Trainer und Consultant) kann ich sagen, dass sich die Anwendungsentwickler (manchmal despektierlich »Programmierer«[2] genannt) kategorisch in zwei große Klassen unterteilen lassen: Zum einen diejenigen, die sich gerne mit (Transact-) SQL beschäftigen und denen es Spaß macht, sich mit einem guten Datenbanklayout der Optimierung Ihrer SQL-Statements zu beschäftigen. Zum anderen diejenigen, die sich am liebsten mit der Konstruktion Ihrer Business-Objektmodelle beschäftigen (was nichts Verwerfliches ist) und für die der SQL Server einfach eine »Persistenzschicht« darstellt (*diese* Sichtweise ist schon ein wenig verwerflich). Für die zweite Klasse von Entwicklern stellt das gute alte SQL irgendwie ein finsteres Relikt aus dem letzten Jahrtausend dar (was zumindest, was das Jahrtausend angeht, auch stimmt), welches in der Datenzugriffsschicht immer nur für Ärger, Schreibarbeit und Abhängigkeit von bestimmten Datenbankservern sorgt. Na ja, wer sich mit (dem alten) ADO.NET auskennt, weiß, dass man sich das Schreiben der Datenzugriffe schon etwas flüssiger vorstellen könnte.

Doch die Rettung ist nahe! Und zwar in Form zweier neuer Konzepte in ADO.NET, die mit der Version 3.5 (bzw. 3.5 SP1 – Entity Framework) fest in das .NET Framework integriert wurden:

- **Language Integrated Queries (LINQ)** Das LINQ-Konzept erlaubt die Formulierung von Datenbankabfragen mit den Mitteln der Programmiersprache selbst. In »klassischem« ADO.NET werden die Datenbankabfragen in der Programmiersprache des jeweiligen Datenbankservers formuliert und als Textstring zum Server geschickt, der – wenn alles gut geht – mit einem Dataset antwortet. Dieses Vorgehen hat ein paar Nachteile: Die Query Strings werden erst auf dem Server ausgewertet – Fehler werden also erst spät gefunden; es gibt keine Unterstützung durch IntelliSense; der Code kann etwas länglich geraten. Und so weiter. LINQ-fähige Programmiersprachen (wie Visual Basic.NET und C#) stellen Operatoren zur Verfügung, die *direkte* Abfragen ohne den Umweg über ADO.NET-Objekte, wie z. B. *SQLCommand* ermöglichen. In Kapitel 27 (»LINQ TO SQL«) finden Sie Beispiele. Diese Programmiersprachen mussten zunächst einmal »LINQ-fähig« gemacht werden, wobei Konzepte wie Lambda-Ausdrücke, anonyme Typen und implizite Variablentypisierung eine gewisse Rolle spielen.[3] LINQ ermöglicht in diesen Sprachen nun nicht nur die Abfrage von Datenbankdaten – passende *LINQ-Provider*, wie LINQ to XML, LINQ to MAPI oder LINQ to SQL (eigentlich müsste man sagen: LINQ to SQL Server) erlauben die Abfrage unterschiedlicher Speichersysteme mit ein und derselben Abfragesprache: Eine feine Sache! Wie sich die LINQ-Performance gegenüber klassischem ADO.NET-Zugriff verhält, ist von vielen Faktoren abhängig. LINQ kann prinzipiell mit T-SQL-Querystrings mithalten (wenn Sie alle »Sicherheitsratschläge« beachten und die Datenbank »linkfreundlich« gestaltet ist).

---

[2] Heutzutage stellt das Wort »Programmier« in manchen Kreisen fast eine Beleidigung dar. Ich kann das nicht ganz nachvollziehen und wäre persönlich *gerne* ein guter Programmierer. Grüße gehen hiermit an die Software-Architekten und Application-Designer dieser Welt!

[3] Diese Konzepte zu erläutern, würde den Rahmen dieses Buchs definitiv sprengen. Gute Erläuterungen finden Sie in den Materialien auf der Buch-CD.

- **ADO.NET Entity Framework** Das ADO.NET Entity Framework ist das objektrelationale Mapping-Framework, mit welchem Microsoft die Lücke zwischen den clientseitigen Objektmodellen und dem Datenbankserver zu schließen gedenkt – sprich: Das Impedanz-Fehlanpassungs-Problem löst. Die Datenbanktabellen werden auf Objekte der Businesslogik abgebildet. Der Entwickler muss beispielsweise nicht mehr wissen, durch welche Tabelle(n) sein Geschäftsobjekt »Kunde« in der Datenbank implementiert ist. Das können durchaus mehrere sein, während ein »Kunde« in der Programmiersprache aus einer einzelnen Klasse besteht. Nach der Erstellung eines *Entity Data Models (EDM)* kümmert sich das *Entity Framework* um die passenden Mappings. Abfragen gegen die Objekte des EDM werden in einem SQL-Derivat formuliert: *Entity SQL*. Oder – und hier schließt sich der Kreis – in LINQ. Der Provider *LINQ to Entities* macht das möglich. Alles Notwendige zur Arbeit mit dem ADO.NET-Entity Framework erfahren Sie in Kapitel 28 (»LINQ to Entities – Programmieren mit dem Entity Framework«).

XML in der Datenbank

Die Speicherung von Daten im XML-Format und die Speicherung von Daten im Format eines relationalen Datenbankmanagementsystems könnten unterschiedlicher nicht sein. XML-Textdokumente sind selbst beschreibend, »geschwätzig« und nehmen keine Rücksicht auf den Speicherplatz. Daten in Datenbankdateien sind binär codiert, »unverständlich« und auf optimale Speicherplatzausnutzung und schnellen Zugriff hin programmiert. Dieser Vergleich soll keine Wertung darstellen! Schließlich sind die Entwicklungsziele der beiden Technologien ursprünglich sehr verschieden gewesen. Die *eXtensible Markup Language* wurde aus der Metasprache *Standard Generalized Markup Language* (SGML) heraus entwickelt, um einen allgemeinen Standard für menschen- und maschinenlesbare Dokumente zu schaffen. Man kann als Mitglied der hart arbeitenden IT-Arbeiterklasse gar nicht dankbar genug dafür sein, dass es die Entwicklung hin zu XML und den vielen davon abstammenden Technologien, wie XML-Schemata (XSD), Extensible Stylesheet Language Transformation (XSLT), XQuery, XPath, XPointer, und so weiter und so weiter und last, not least die XML-basierten Webservices gibt. XML-Technologien werden immer mehr zum Mittel der Wahl, um Interoperabilität zwischen Systemen herzustellen.

XML ist optimal für die Speicherung generischer, aber nichtsdestotrotz klar und eindeutig beschreibbarer Dokumente geeignet und für den Austausch dieser Dokumente zwischen Organisationen und deren EDV-Systemen. Das Datenformat der SQL Server-Datendateien dagegen ist optimal für das effektive Speichern »konventioneller« Geschäftsdaten geeignet. Nun ist es aber in der Praxis so, dass die in XML-Dokumenten enthaltenen Daten ebenfalls effizient gespeichert werden müssen, und dass die in SQL Server-Datendateien vergrabenen Informationen mit anderen Systemen ausgetauscht werden sollen. Mit dem Abspeichern hunderter von XML-Dokumenten in einem Verzeichnis eines Dateiservers und dem Durchsuchen jedes einzelnen Dokuments mit der entsprechenden XQuery-Abfrage wird man nicht richtig glücklich werden, was die Effizienz angeht. Und mit dem Versenden einer 20 GB großen SQL Server-Datenbankdatei einer Axapta-Installation an eine Firma, die ein SAP-System unter ORACLE betreibt, wird man nicht richtig glücklich werden, was den reibungslosen Datenaustausch und die Konvertierung der Daten angeht (ja ich weiß – auf *solche* Ideen wären Sie nie gekommen; das sind wirklich extreme Beispiele). Es liegt nahe, die Vorteile beider Technologien miteinander zu verknüpfen, um das Beste aus beiden Welten zu bekommen.

Es gibt auf dem Feld der reinrassigen XML-Datenbanksysteme ein paar mehr oder weniger experimentelle Systeme und es gibt den Tamino XML Server als ein sehr weit ausgereiftes Produkt. Diese Server speichern ausschließlich XML-Daten und verwenden die diversen XML-Sprachen für das Speichern, Abfragen und Manipulieren. Der Haken bei dieser Philosophie ist zweifellos, dass *lupenreine* XML-Applikationen in der wirklichen Welt doch eher noch die Ausnahme darstellen und die klassischen Datenbankmanagementsysteme bei typischen Geschäftsanwendungen immer noch klar die Nase vorn haben, was die Leistungsfähigkeit angeht. Hersteller wie Microsoft und andere beschreiten daher einen sehr attraktiven zweiten Weg: Sie bieten relationale Datenbankmanagementsysteme an, die XML-fähig sind. Hat man solch eine heterogene Datenbank zur Verfügung, kann man sich als Entwickler je nach Aufgabenstellung für die eine oder andere Variante entscheiden oder sogar beide Ansätze kombinieren. SQL Server 2008 stellt mit dem Datentyp *xml* die Möglichkeit zur Verfügung, in jeder beliebigen Tabelle neben relationalen Daten auch XML-Dokumente zu speichern.

Ein dritter Weg stellt die Abbildung von XML-Dokumenten auf relationale Tabellen und Beziehungen dar. In SQL Server besteht diese Möglichkeit schon seit der Version 7.0. Die Transact-SQL-Funktion *OPENXML* ist in der Lage, ein XML-Dokument zu parsen und daraus eine virtuelle Tabelle (ein *Rowset*) zu machen, deren Datenzeilen dann in der Datenbank gespeichert werden können. Umgekehrt existiert mit der Klausel *FOR XML*, die in jedem *SELECT*-Abfragekommando eingesetzt werden darf, ein Mechanismus, der aus Tabelleninhalten ein wohlgeformtes XML-Dokument generiert. Das kann in einfachen Szenarien schon vollkommen ausreichend sein, aber das direkte Speichern von XML-Dokumenten in der Datenbank hat diverse Vorteile:

- **Die Datenstrukturen sind dynamisch**: Daten, die über XML-Dokumente ausgetauscht werden, sind semistrukturiert und die Schemata unterliegen häufig Änderungen. Ein gutes Beispiel dafür sind Artikelkataloge, die von großen Herstellern im XML-Format zur Verfügung gestellt werden. Mit der Einführung neuer Produktlinien werden in der Regel neue Beschreibungsattribute fällig. Das ist für die resultierenden XML-Dokumente kein Problem – bei der Speicherung in einem relationalen System müssten jedoch die Tabellen angepasst werden. Bei Änderungen in der hierarchischen Struktur müssen möglicherweise sogar neue Tabellen und Beziehungen angelegt werden.

- **Die Dokumente können geprüft werden**   Beim Einfügen in eine XML-Spalte überprüft SQL Server auf jeden Fall die *Wohlgeformtheit* des Dokuments. Sicherheitshalber sollte man gleich erwähnen, dass auch XML-Fragmente zugelassen werden. Dies sind »Teilbäume« eines XML-Dokuments, die kein Wurzel-Element besitzen, ansonsten aber den XML-Regeln genügen. Als Entwickler können Sie zusätzlich festlegen, dass auch die *Validität* der eingefügten Dokumente überprüft werden soll. Dazu werden ein oder mehrere XSD-Schemata in einer Schemasammlung hinterlegt. Bei Operationen auf den XML-Daten kann ein Schema aus einer Sammlung für die Validierung der Ergebnisse verwendet werden.

- **Die Dokumente können indiziert werden**   Daten in einer Spalte vom Typ *xml* lassen sich mit einem Volltextindex belegen. Dadurch kann der Inhalt der Dokumente erschlossen werden, ohne dass die Namen von Elementen oder Attributen mit indiziert werden. Zur Schaffung möglichst schneller Zugriffspfade für *SELECT*-Abfragen lassen sich darüber hinaus spezielle XML-Indizes einrichten.

- **Es können XML-Methoden verwendet werden**   Für das Navigieren, Abfragen und Manipulieren von XML-Daten gibt es XML-typische Methoden, wie XQuery. Sie können diese Methoden in *SELECT*-Abfragen einsetzen, um Daten in XML-Spalten zu durchsuchen. Dabei können Sie innerhalb einer Abfrage ohne Probleme auf XML-Daten und Nicht-XML-Daten zugleich zugreifen. Mit einem *UPDATE* unter Verwendung der XML-Methoden lassen sich XML-Dokumente direkt in der Datenbank ändern, ohne dass sie aus den Datenstrukturen ausgelesen, geändert und neu gespeichert werden müssten.

Wenn Sie es in Ihrer Entwicklerpraxis mit XML-Dokumenten zu tun haben, dann sollten Sie sich auf jeden Fall mit dem fünften Teil dieses Buchs (»Beyond relational«) beschäftigen. SQL Server bietet hervorragende Möglichkeiten für den Umgang mit XML-Daten.

Gekoppelte Systeme und SOA

Verlässt man mit seinen Anwendungen das Entwicklungslabor, gelangt man in die unübersichtliche Wirklichkeit der EDV-Systeme, von denen es viele gibt, mit denen die eigene Applikation reden muss und viele, die sich für die Daten in der Applikation interessieren.

Weil das alles so wichtig ist, fliegt seit einiger Zeit ein neues »Buzz Word« umher: Service Oriented Architecture. SOA kann man auf die eine oder andere Art definieren, aber im Kern geht es darum, »lose gekoppelte Systeme« interoperabel zu machen. Dabei stellen EDV-Systeme Daten und Logik auf standardisierte Weise im Netzwerk zur Verfügung. Die Implementierung von SOA ist ganz eng mit dem Thema Webservices (und einigen unterstützenden Technologien) verbunden.

Webservices

Reizvoll an Webservices ist ihre plattformunabhängige und standardisierte Form der Kommunikation. Wenn zwischen Systemen nichts anderes mehr geht, dann geht zumindest noch ein Webservice. Welche Technologie zur Implementierung verwendet wird, ist vollkommen transparent, und so kann man Java-Anwendungen unter Unix mit .NET-Anwendungen unter Windows oder mit Host-Anwendungen kommunizieren lassen. Das geht auch wunderbar im Internet oder Extranet. Das Protokoll *SOAP (Simple Object Access Protocol)*, das sich hinter den »klassischen« Webservices verbirgt, ist nicht zwangsläufig an HTTP gebunden. SQL Server stellt Webservices allerdings ausschließlich über HTTP-Endpunkte zur Verfügung.

Wie bei so manch anderer Komponente von SQL Server 2008 gab es auch schon früher die Möglichkeit, Webservices in Form eines Features Packs zu implementieren, SQLXML genannt. Damit konnte man schon recht komfortabel aus gespeicherten Prozeduren Webdienste machen und diese veröffentlichen. Dabei spielten IIS (Internet Information Server bzw. Internet Information Services), ein ISAPI-Filter für IIS und OLE DB die entscheidenden Rollen. Mit anderen Worten: Der Weg vom Aufruf des Webservice durch einen Client bis hin zur SQL Server-Datenbankmaschine war nicht eben kurz und die Leistungsfähigkeit dadurch eingeschränkt. Bereits seit SQL Server 2005 ist SOAP zu einem First Class-Kommunikationskanal von SQL Server geworden. Externe Software ist nicht mehr notwendig, um HTTP-Webservices mit SQL Server zu implementieren. SQL Server benötigt einzig den von Windows XP SP2 und Windows 2003 bereitgestellten Kernel-Treiber *http.sys* und daher keinen installierten IIS. Ein Webservice ist mit dem T-SQL-Kommando *CREATE ENDPOINT ... FOR HTTP* schnell angelegt. Gespeicherte Prozeduren und benutzerdefinierte Funktionen können als Methoden eines Webservice vereinbart werden. Außerdem gibt es noch die bequeme – aber gefährliche – Variante, beliebige T-SQL-Batches über den Webservice ausführen zu können. Mit dem Anlegen eines HTTP-Endpunkts ist der Webservice tatsächlich schon fertig. Über den im *CREATE*-Kommando vereinbarten URI-Pfad kann der Service erreicht werden, und bei der Angabe des Parameters *?WSDL* im http-Aufruf liefert der Server brav die Beschreibung des neuen Service in Form eines XML-WDSL-Dokuments (Web Services Description Language). Nach dem Konfigurieren der Sicherheit für den Endpunkt ist der Webservices bereit, verwendet zu werden. Das ist wirklich einfach!

ACHTUNG Das Kommando *CREATE ENDPOINT* ist in SQL Server 2008 offiziell abgekündigt worden. Damit werden die nativen SQL Server-SOAP Webservices in der nächsten SQL Server-Version höchstwahrscheinlich nicht mehr zur Verfügung stehen. Ich halte das für ausgesprochen bedauerlich, da die SQL Server-Webservices sehr schnell implementiert werden können und aus vorhandenen Prozeduren ganz einfach Webmethoden gemacht werden können. Bei neuen Entwicklungen sollten Sie abwägen, ob Sie mit CREATE ENDPOINT arbeiten wollen oder auf eine Alternative ausweichen, die außerhalb der T-SQL-Programmierung angesiedelt ist. Zum Beispiel:

ASP.NET-Webservices Diese sind Visual Studio-Entwicklern natürlich schon lange bekannt und haben sich in der Praxis gut bewährt.

ADO.NET Data Services Diesen neueren Ansatz sollten Sie sich auf jeden Fall einmal ansehen, wenn Sie auf der Suche nach einem Weg sind, Daten aus Ihrem SQL Server über das Web zu transportieren. Der innovative Ansatz besteht hier in der Verwendung eines Entity Data Models für die Abstraktion der Zugriffsschicht. Der Transport via http funktioniert hierbei nicht mit dem SOAP-Protokoll, sondern durch *REST (Representational State Transfer)*.[4]

Service Broker

Der Service Broker ist sicherlich zugleich eine der interessantesten aber auch am wenigsten intuitiv verständlichen Komponenten von SQL Server 2008. Dass Sie die Beschreibung des Service Brokers gerade hier im Abschnitt »Gekoppelte Systeme und SOA« finden, ist (kein) reiner Zufall, denn der Service Broker hat viel mit der Skalierbarkeit von Systemen zu tun, die miteinander kommunizieren. Das können sowohl separate Systeme sein, zum Beispiel zwei Applikationen, die über Webservices miteinander verbunden sind, als auch sehr eng gekoppelte Subkomponenten *eines* Systems. Innerhalb des SQL Server wird der Service Broker von der Datenbankmaschine selbst verwendet, und es kann unter Umständen sogar Sinn ergeben, in einer Benutzeranwendung den Broker *innerhalb* einer Datenbank einzusetzen. Doch was macht der Service Broker überhaupt?

Die Aufgabe des Service Brokers ist es, asynchrone Kommunikation sicherzustellen. Dabei werden Nachrichten über Warteschlangen gesendet und empfangen. Wenn Sie jetzt sofort an das Microsoft Message Queuing Subsystem von Windows denken (MSMQ), dann liegen Sie gedanklich vollkommen richtig. Konzeptionell geht es hier um das gleiche Thema. Die Bereitstellung dieser Technologie innerhalb des SQL Server hat aber diverse Vorteile:

- **Integrierte Einrichtung und Verwaltung** Sie sind als SQL-Entwickler nicht darauf angewiesen, zwei verschiedene Systeme einzusetzen. Die Service Broker-Objekte werden in der normalen Routine der Datenbank mit administriert. Die Warteschlangen (die als SQL Server-Tabellen implementiert sind) werden mit einem gewöhnlichen Backup gesichert und durch die Hochverfügbarkeitsmechanismen des Servers geschützt.
- **Vereinheitlichtes Programmiermodell** T-SQL wird für die Datenbankabfragen *und* die Nachrichtenverarbeitung eingesetzt.
- **Transaktionale Nachrichtenverarbeitung** Mit Service Broker-Warteschlangen können relativ leicht nachrichtenbasierte verteilte Transaktionen implementiert werden, ohne dass ein spezieller Transaktionsmonitor verwendet werden müsste.

Bleibt noch zu klären, wie denn überhaupt Anwendungen von der asynchronen Nachrichtenverarbeitung des Service Brokers profitieren können. Es folgen die möglichen Vorteile:

- **Verbesserte Antwortzeiten** Prozeduren müssen nicht auf den Abschluss der Bearbeitung nach einem Aufruf eines langsamen Teilprozesses warten, sondern können sofort weiterarbeiten. Bei einer Erhöhung der Last werden die Antwortzeiten nicht überproportional länger.

---

[4] Gute Informationen zu dem ADO.NET Data Services Framework finden Sie ebenfalls in der Materialsammlung auf der CD.

- **Lastverteilung**   Eine Nachricht in einer Warteschlange kann durch einen Empfänger auf einer anderen Maschine verarbeitet werden
- **Verzögerte Bearbeitung**   Nachrichten können in einer Warteschlange gespeichert werden, bis sie von einem Batch Job (beispielsweise zum Tagesabschluss) verarbeitet werden
- **Parallelisierung**   Durch die Verteilung auf mehrere Warteschlangen können Nachrichten parallel verarbeitet werden
- **Lose Kopplung**   Service Broker-Warteschlangen können genau wie Webservices der Kopplung von Anwendungen dienen. In diesem Fall werden natürlich SQL Server-basierte Anwendungen verbunden.

Verteilte Daten

Nachdem Sie gerade kennen gelernt haben, wie Sie verteilte Anwendungen verbinden können, wird jetzt die Perspektive ein wenig gedreht und es geht darum, wie SQL Server mit verteilten Daten arbeiten kann.

SQL Server Integration Services

Auf dem Feld des Datenmanagements gibt es den Begriff *Extract-Transform-Load (ETL)*, der bestimmte, wiederkehrende Operationen treffend beschreibt: Das Abholen von Daten aus einer Datenquelle, wie einem Host, einer Transferdatei oder einem Datenbankmanagementsystem. Das Transformieren der Daten in ein Format, in welchem diese optimal weiterverwendet werden können. Und das Laden der Daten in ein Zielsystem, wie eine Datenbank, die Teil eines Data Warehouse-Systems ist. Die Microsoft-Variante von ELT heißt *SQL Server Integration Services (SSIS)* und wurde zusammen mit SQL Server 2005 entwickelt.

Daten werden in einer typischen IT-Umgebung häufig in vielen verschiedenen Systemen und in vielen verschiedenen Formaten gespeichert. Möchte man diese externen Daten in eigene Anwendungen importieren, dann ist dieser Vorgang in den allerwenigsten Fällen ein einfaches Kopieren der Daten. Die Daten müssen möglicherweise überhaupt erst einmal abgeholt (vielleicht per FTP-Dateitransfer oder durch eine Abfrage eines entfernten Datenbankservers), bereinigt, validiert, von den Datenstrukturen her angepasst werden usw. Da können eine Menge Programmieraufgaben anfallen und eine Menge Jobs eine Rolle spielen. Die SSIS vereinfachen viele der notwendigen Aufgaben, indem Sie eine Vielzahl fertiger Funktionsbausteine »out-of-the-box« mitbringen.

Mit dem SSIS-Designer im Business Intelligence Studio können Sie mächtige ETL-Pakete entwickeln. Die Architekten der SSIS haben sich wirklich Mühe gegeben, clevere und saubere Konzepte zu entwickeln, welche die Arbeit mit den SSIS zu einem Vergnügen machen. Datenfluss- und Kontrollfluss sind sauber voneinander getrennt, und die Datenverbindungen können übersichtlich verwaltet werden. Es steht eine Vielzahl von Transformations-Tasks zur Verfügung, von einfachen Mappings bis hin zu Fuzzy-Logik-Algorithmen. Die Steuerung des Kontrollflusses ist im Grunde eine visuelle Programmieroberfläche, mit Elementen wie Entscheidungsstrukturen, konditionalen Schleifen und Blöcken.

Wir finden die SSIS so gut, dass wir ihnen im Integration Services-Teil dieses Buchs vier große Kapitel gewidmet haben.

Replikation

Falls Sie vorhaben, mit SQL Server Filialsysteme zu entwickeln, oder die Daten zwischen zwei Firmenstandorten zu synchronisieren, dann sollten Sie sich unbedingt einmal mit den Replikationsfähigkeiten von SQL Server beschäftigen. Replikationsmechanismen sind eine klassische Methode von Datenbankservern, Informationen, die an verschiedenen Orten liegen, durch Synchronisation auf der Datenebene abzugleichen. Ziel ist, den Datenzugriff für Anwender und Applikationen möglichst transparent zu halten. Die Programmierer von Datenbankanwendungen sollen sich nach Möglichkeit nicht um die Details der Implementierung der Synchronisation kümmern müssen, sondern so arbeiten können, als hätten Sie es mit einer lokalen Datenbasis zu tun. In SQL Server gibt es verschiedene Arten von Replikation:

- **Transaktionale Replikation** Dieser Replikationstyp ist besonders gut für verbundene Umgebungen geeignet und kann dann eine hohe Performance erzielen. Die Latenzzeit zwischen einer Änderung und der Synchronisation ist besonders kurz. Besonders einfach lässt sich diese Art der Replikation in Topologien mit einem zentralen *Verleger* und verteilten *Abonnenten* einrichten, wenn die Daten nur an einer Stelle geändert werden sollen. Prinzipiell sind auch Szenarien denkbar, bei denen an mehreren Orten Änderungen vorgenommen werden – diese Verfahren bieten aber keine Konfliktauflösung an.

- **Merge-Replikation** Die ist nicht ganz so »flott« wie eine transaktionale Replikation, funktioniert dafür aber auch reibungslos, wenn Abonnenten tagelang offline waren und bietet sowohl vordefinierte und selbst definierbare Konfliktauflösungsverfahren. Damit werden auch sofort die typischen Anwendungsfälle klar: Merge-Replikation lässt sich ausgezeichnet für »Travelling Users« einsetzen. Deswegen ist SQL Server Express Edition auch als Client für die Merge-Replikation einsetzbar und für SQL Server Mobile stellt diese einen wichtigen Weg dar, die Daten zwischen einem Smart Device und einem SQL Server-Verleger abzugleichen.

- **Snapshot-Replikation** Sie ist das Brut-Force-Verfahren unter den Replikationstypen. Wie der Name schon sagt, werden komplette Tabellen oder Teile von Tabellen als Schnappschüsse an die Abonnenten übermittelt. Wegen der großen Datenmengen ist die Übertragung langsam, verteilte Änderungen sind nicht möglich und insgesamt eignet sich das Verfahren vor allem in Spezialsituationen. Wann immer komplette Batches übertragen werden sollen, wie die Transaktionen eines Tages oder sich selten ändernde Stammdatentabellen und dabei eine möglichst sichere Methode gesucht wird, kommt Snapshot-Replikation in Betracht. Eines ist die Snapshot-Replikation nämlich ganz sicher: *stabil*.

Bei der Auswahl des richtigen Replikationsverfahrens gibt es einige Parameter zu überdenken. Jedes dieser Verfahren ist in SQL Server unterschiedlich realisiert und dadurch ergeben sich unter anderem technische Einschränkungen oder Auswirkungen auf den Aufbau der Datenbank, die Sie als Entwickler kennen und berücksichtigen sollten. Beispielsweise müssen Sie bei der transaktionalen Replikation jede Tabelle mit einem Primärschlüssel versehen. Das ist natürlich sowieso eine gute Idee, aber vielleicht ist ja gerade Ihre Datenbank anders aufgebaut. Außerdem müssen Sie bei der Programmierung von Triggern ein paar Randbedingungen beachten, die es ohne transaktionale Replikation nicht gäbe. Solche Feinheiten gilt es bei jedem Replikationstyp zu berücksichtigen. Leider hat es das Thema Replikation nicht mehr in dieses Buch geschafft. Das holen wir in einer zukünftigen Ausgabe oder auf der Website nach.

Verteilte Abfragen

Möchten Sie mit Daten aus unterschiedlichen Datenquellen arbeiten, die nicht in Ihrer Serverinstanz, sondern in verschiedenen externen Datenquellen lagern, dann ist es natürlich verlockend, die Daten nicht hin und her schieben zu müssen, sondern sie an Ort und Stelle zu belassen und eine Möglichkeit zu haben, die Daten *direkt* abzufragen. Diese Möglichkeit gibt es in SQL Server 2008. Es sind die *verteilten Abfragen* oder noch genauer: die verteilten *heterogenen* Abfragen. Verteilte Abfragen basieren auf OLE DB-Datenprovidern. Alles, wofür es einen passenden OLE DB-Provider gibt, kann in Form einer verteilten Abfrage angesprochen werden: von der ASCII-Textdatei, über Access-Datenbanken bis hin zu Datawarehouse-Daten auf einem Teradata Server. Notfalls tut es auch ein ODBC-Treiber, denn für eine ODBC-Datenquelle gibt es einen universellen OLE DB-Provider.

Werden die externen Datenquellen regelmäßig abgefragt und sollen die Abfragen sich nahtlos in die lokale T-SQL-Programmierung einfügen, kann man über so genannte *Verbindungsserver* nachdenken. Ein Verbindungsserver ist für die Datenbankmaschine ein logischer Server, hinter dem sich die notwendigen Verbindungsinformationen für verteilte Abfragen verbergen, wie die Parameter für den OLE DB-Provider und die Sicherheitsinformationen. Zusätzlich kann es Ausführungshinweise geben, die SQL Server bei der Verarbeitung unterstützen. Dabei geht es um Fragen wie: »Verfügt der entfernte Server über eine kompatible Sortierung der Daten?«

Datenanalyse und Darstellung

Es muss nicht immer eine komplette Datawarehouse-Installation sein, wenn es um die Themen Datenanalyse und Darstellung geht. Fast alle Anwendungen profitieren auf die eine oder andere Art von Berichten und für einige Anwendungen sind *OLAP*-Funktionen sinnvoll. Wobei OLAP für *Online Analytical Processing* steht und damit für die Möglichkeit, auch große Datenmengen schnell und interaktiv zu untersuchen. Von den Business Intelligence-Technologien in SQL Server 2008 können viele Anwendungen profitieren. »Offiziell« gehören dazu die schon erwähnten Integration Services, die Reporting Services und die Analysis Services.

Reporting Services

Berichte über die Inhalte einer Datenbank zu erstellen, ist für Entwickler kein großes Kunststück. Schließlich ist in Visual Studio eine Entwicklerversion von Crystal Reports bereits integriert. Wer mehr Funktionalität benötigt, der greift auf die Vollversion oder eines der anderen Reporting-Tools zu. Damit kann man dann in einer Clientanwendung Berichte anzeigen lassen.

Was ist aber, wenn Berichte automatisiert erstellt und verteilt werden sollen? Dies möglichst in verschiedenen Formaten und mit Parametern, die in Abhängigkeit von den Empfängern mit Argumenten versehen werden. Was ist mit dem Erstellen von Versionen von Berichten und dem Caching von Berichtsdaten für lange laufende Abfragen? Hier kommen die serverbasierten Reporting Services ins Spiel. Die sind im Kern als Windows-Dienst mit den dazu gehörenden SQL Server-Datenbanken implementiert. Der Dienst stellt die notwendigen Basisfunktionen zur Verfügung, wie eine Rendering Engine für die verschiedenen Ausgabeformate (HTML, PDF, EXCEL, WORD, CSV, TIFF und XML), die Authentifizierungsmechanismen und die Schnittstelle zum Auftragsplanungssystem der Serverinstanz. Client-Anwendungen können über Webservices mit dem Report Server kommunizieren, um Berichtsdefinitionen hochzuladen oder einen generierten Bericht abzuholen. Außerdem gibt es eine einfache ASP.NET-basierte Berichtsmanager-Webanwendung, mit der Administratoren die Berichte eines Servers verwalten können oder die als Ausgangspunkt für ein Report-Portal dienen kann.

Berichte können über einen URL aufgerufen und in einem interaktiven Viewer angezeigt werden. Eine besonders einfache Variante der Integration in eigene Anwendungen ist die Ansteuerung eines Webbrowsers oder die Verwendung eines Webbrowser-Steuerelements. Visual Studio Entwickler haben es mal wieder besser: Die können nämlich einfach das *ReportViewer*-Steuerelement aus der Toolbox einsetzen. Das *ReportViewer*-Control gibt es in Varianten für Webforms oder Winforms. Beide Controls erlauben sowohl das serverseitige Rendering, wie auch das clientseitige Rendering. Die Engine ist in den Steuerelementen eingebaut.

Entwickler erstellen ihre Berichtslayouts in der entsprechenden Visual Studio-Projektschablone »Berichtsserver-Projekt«. Diese GUI ist unter dem Namen *Berichtsdesigner* bekannt. In der Standard- und der Enterprise Edition von SQL Server wird zusätzlich ein vereinfachter *Berichtsgenerator* angeboten, der es Benutzern ermöglicht, ihre eigenen Berichte zusammenzustellen, ohne das sehr technisch ausgerichtete Visual Studio zu benutzen. Die benutzerfreundliche Oberfläche des Berichtsgenerators ist stark an Office 2007 angelehnt.[5]

Analysis Services

Leistungsfähige und *bezahlbare* Datenbankmanagementsysteme wie SQL Server 2008 sind in Verbindung mit rapide sinkenden Kosten für Speichermedien nicht ganz schuldlos an einem Trend in der IT, der in den letzten Jahren immer mehr spürbar wird: der Datenexplosion in den Unternehmen. Als Microsoft mit SQL Server 7.0 als Showcase die Anwendung Terraserver erfand – eine Bilddatenbank für Satellitenfotos –, da staunte man noch über eine Datenbank, in der sich fast zwei TB Informationen befanden. Auf Fotos aus dieser Zeit (1998) sieht man einen kleinen Schreibtisch als »Konsole«, umgeben von schrankgroßen Racksystemen für die RAID-Arrays. Darin steckten damals 9 GB (!) Festplatten und man brauchte eine Menge davon. Heutzutage (2010) findet man im Consumerbereich bereits Festplatten, von denen eine einzige ein TB fassen kann, um all die vielen MP3-Dateien, DVDs und digitalen Urlaubsvideos zu speichern, die zuhause so anfallen. Natürlich ist die Datendichte bei den Serverplatten ebenfalls ungefähr um den Faktor 30 gestiegen und niemand erschreckt sich mehr.

Im Unternehmensumfeld hat man es weniger mit Streaming Media-Daten zu tun (obwohl einige Administratoren da sicher ganz anderer Meinung sind) als vielmehr mit riesigen Mengen von Informationen über Geschäftsvorfälle. Nachdem inzwischen fast alle Vorgänge elektronifiziert sind, fallen an allen Ecken und Enden Tracking-Informationen an – und die wollen ausgewertet sein. Das sagt jedenfalls mit berechtigtem Interesse die Geschäftsführung.

Die Daten mit den Integration Services einzusammeln und in relationalen Datenbanken zu speichern, ist überhaupt kein Problem. Vielleicht stecken die operationalen Daten ja bereits in einer SQL Server-Datenbank und müssen nur noch ausgewertet werden. Aber da gibt es überraschenderweise Probleme. Mit klassischen relationalen Datenbankservern können Sie hervorragend Transaktionen verarbeiten und Daten sammeln. Die schnelle Auswertung größerer Datenmengen kann dagegen langatmig werden. Eine Datenbank gleichzeitig für eine schnelle Transaktionsverarbeitung und dynamisches und effektives Reporting zu optimieren, ist nahezu unmöglich. Der Aufbau des Datenbankschemas in einem OLTP-System ist auf das reibungslose Einfügen und Bearbeiten von Datenzeilen hin optimiert. Ein normalisiertes Schema ist eine wichtige Voraussetzung für das Funktionieren der Datenbankanwendungen. Auswertungen leiden wegen der großen Anzahl zu verknüpfender Tabellen. Auch die Indizierung kann nur in die eine oder andere Richtung ausgerichtet werden. Während man sich für das schnelle Auffinden und Aggregieren von Daten jede Menge Indizes wünscht, werden die *INSERT*-, *UPDATE*- und *DELETE*-Operationen durch übermäßige Indizierung ausgebremst. Geht es nur um eine begrenzte Anzahl von Werten, die schnell zur Verfügung

---

[5] Wenn Sie mehr über die Reporting Services erfahren möchten, dann sollten Sie zum Buch »Microsoft SQL Server 2008 Reporting Services - Das Praxisbuch: Unternehmensweites Reporting leicht gemacht« greifen.

gestellt werden müssen, dann kann man mit Tricks wie mitlaufenden Summenspalten arbeiten (gezielte Denormalisierung). Bei der Enterprise-Edition von SQL Server helfen indizierte Sichten sowie partitionierte Tabellen und Indizes weiter. Dennoch bleibt das Problem bestehen, dass große Berichtsläufe und umfangreiche Auswertungen das gleichzeitige Bearbeiten von Geschäftsvorfällen natürlich beeinträchtigen.

Der (inzwischen) klassische Ansatz für die Lösung dieser Problematik ist die Trennung von Transaktions- und Analysedaten. Tabellen für die Berichtserstellung werden in eine zweite Datenbank kopiert. Diese Datenkopien können jetzt sehr dicht indiziert werden und es bietet sich an, die Datenstrukturen für Auswertungen zu optimieren. Im Data Warehousing werden dazu so genannte Stern- und Schneeflocken-Schemata eingesetzt.

Die Analysis Services gehen aber noch einen Schritt weiter und bieten hoch optimierte Datenstrukturen für Analysedaten. Das Datenformat ist nicht relational, sondern *multidimensional*, die Daten werden nicht in Tabellen, sondern in *Würfeln* (Englisch: *Cubes*) gehalten. Auswertungen der Informationen solch eines Würfels gehen in Sekundenschnelle vor sich, und dies selbst bei Datenmengen, bei denen eine normale T-SQL-Abfrage einige Minuten bis Stunden laufen würde. Mit den Analysis Services lässt sich so genanntes *Online Analytical Processing (OLAP)* realisieren. OLAP-Abfragen werden schnell und interaktiv ausgeführt, und es stehen typische Würfel-Operationen, wie *Slicing, Pivotierung, Drill Down* oder *Roll Up* zur Verfügung. Der Benutzer kann mit Excel oder spezialisierten OLAP-Werkzeugen die Analysen ad hoc durchführen. Das wäre mit »normalen« T-SQL-Befehlen in »normalen« Datenstrukturen nicht so »schwerelos« machbar. Zu jeder neuen Benutzerabfrage würde in diesem Fall ein vermutlich hochkomplexer T-SQL-Befehl generiert und ausgeführt – mit einer Wartezeit von vielen Sekunden oder Minuten. Das kann bei Abfragen, die gegen Analysis Services Cubes laufen, nicht passieren. Die meisten der möglichen Aggregate liegen bereits berechnet im Cube. Die fehlenden Werte können schnell aus Stützwerten berechnet werden.

Wenn Sie Transact-SQL näher betrachten, dann finden Sie im *SELECT*-Befehl Optionen wie *WITH CUBE* oder *WITH ROLLUP*. Tatsächlich sollen damit Würfel-Sichtweisen auf relationale Datenstrukturen ermöglicht werden. Das ist in der Praxis aber untauglich – außer Sie machen sehr gerne und lange Kaffeepausen. *ROLLUP* und *CUBE* berechnen die Aggregate erst zum Zeitpunkt der Abfrageausführung und erzeugen die Rollups und Cubes dann im Arbeitsspeicher (oder der temporären Datenbank des SQL Server – *tempdb*). Nicht immer eine gute Idee.

Eine gute Idee für das Vorbereiten von Auswertungen ist dagegen der Einsatz der Analysis Services. Im Entwicklerbuch haben diese leider keinen Platz gefunden,[6] aber wir möchten die wichtigsten Highlights für Entwickler nicht verschweigen:

- **Speichermodelle** Die Analysis Services machen verschiedene Angebote für die optimale Datenspeicherung: MOLAP, ROLAP und HOLAP. MOLAP (»M« steht für multidimensional) ist die native Speicherform multidimensionaler Daten. Durch spezielle Indizes und diverse »Speichertricks« ist hier die Anfrageleistung am höchsten. MOLAP-Cubes können aber leider physische Limits erreichen, sodass die anderen Speicherverfahren eingesetzt werden müssen: in ROLAP (»R« = relational) werden die Daten eines Würfels komplett in relationaler Form abgelegt (mit Bergen an Indizes), und HOLAP (»H« = hybrid) stellt einen schönen Kompromiss dar, bei dem nur die vorausberechneten Aggregate in MOLAP gespeichert werden, die Basisdaten aber relational. Beim Entwurf des Speicherlayouts wird mit

---

[6] Wir legen Ihnen das Buch »Business Intelligence und Reporting mit SQL Server 2008, Microsoft Press, ISBN 978-3-86645-657-02« als gute Einführung in diese Thematik ans Herz.

Unterstützung eines Assistenten ein Kompromiss zwischen Abfrageleistung und Speicherbedarf gefunden werden. *Alle* denkbaren Aggregate und Teilaggregrate im Voraus zu berechnen, führt zu einer erneuten Datenexplosion und zwar einer dramatischen. Die »Intelligenz« der Datenspeicherung gehört zur hohen Kunst der Analysis Services.

- **MDX**   SQL ist eine gute Abfragesprache für relationale Daten, kann aber mit Daten in Würfeln rein gar nichts anfangen. Daher wurde die Abfragesprache Multidimensional Expressions (MDX) entwickelt. MDX kennt viele sinnvolle Operatoren und Funktionen, mit denen sich typische Aufgaben wie Slicings, nicht-additive Aggregationen, Zeitreihenvergleiche und vieles mehr durch mächtige Ausdrücke kurz und knapp formulieren lassen. Selbstverständlich kommt MDX mit multidimensionalen Daten gut zurecht und erlaubt eine präzise Definition der Ergebnis-*Würfel*. Dass die Ergebnisse von Cubeabfragen selbst wieder Cubes darstellen, stellt eine zusätzliche Herausforderung für Cliententwickler dar, die in ihren GUIs ja nur zwei Dimensionen zur Verfügung haben.

- **XML for Analysis (XMLA)**   XMLA ist ein SOAP-basiertes Protokoll für den Zugriff auf Würfeldaten im Web und anderswo. XMLA ist ein Industriestandard. Derzeit beteiligen sich Microsoft, Hyperion und das SAS-Institut an der Standardisierung.

- **ADOMD.NET**   ADOMD.NET ist der Datenprovider, den Sie für die Kommunikation mit den Analysis Services einsetzen können. ADO.NET kommuniziert über XMLA mit den Services, erlaubt das Senden von MDX-Abfragen an den Server und nimmt Ergebnisse in Form von CellSets, AdomdDataReaders und System.Xml.XmlReaders entgegen. Sie ahnen es sicher: Die ersten beiden Klassen sind die multidimensionalen Geschwister der ADO.NET-Datasets und -DataReaders.

- **Data Mining-Algorithmen**   Berichte, Charts und andere Auswertungen lassen sich relativ leicht erstellen, wenn die OLAP-Würfel erst einmal vorbereitet sind. Dazu muss man aber wissen, welche Maßzahlen (Measures) überhaupt von welchen Faktoren (Dimensionen) abhängig sind. Abhängigkeiten in großen Datenmengen zu finden, ist die Aufgabenstellung des Data Mining. SQL Server bringt je nach Edition bis zu 11 verschiedene Data Mining-Algorithmen mit: von Entscheidungsbäumen über Bayes-Algorithmen bis hin zu neuronalen Netzwerken.

- **Unified Dimensional Model (UDM)**   UDM ist ein Ansatz für die Modellierung, der es ermöglicht, über verschiedene heterogene Datenquellen hinweg ein integriertes Datenmodell zu entwickeln. Für den Benutzer eines UDM-Modells ist transparent, aus welchen Quellen die Informationen stammen, die er analysieren möchte. Potenziell verringert sich dadurch die Notwendigkeit, Daten mehrfach zu halten und zu transportieren (jedenfalls solange es die Auswertungszeiten hergeben).

- **Analysis Services Management Objects (AMO)**   Soll die Administration der Analysis Services-Umgebung automatisiert werden, dann können dafür die .NET-Namespaces der Analysis Services Management Objects eingesetzt werden, um Verwaltungsanwendungen zu programmieren.

Natürlich gibt es für einen Analysis Services-Entwickler eine Menge Werkzeuge, Designer und Assistenten für das Aufbauen der Datenstrukturen, das Entwickeln der Objekte, der MDX-Abfragen, das Tuning und so weiter. Die Angebote in Visual Studio und im SQL Server Management Studio sind wirklich gut!

Immer Online: 24*7-Betrieb mit SQL Server

Die Datenbank entwerfen und implementieren, die Anwendung programmieren und ausliefern, das ist es – *noch nicht ganz*. Falls Ihre Datenbankanwendung eine unternehmenskritische ist (ist sie doch – oder?), dann werden Sie sich sicher dafür interessieren, wie man mit SQL Server eine möglichst hohe Verfügbarkeit auf der Datenschicht erreicht. Handelt es sich bei Ihrer Anwendung um eine Mittelschicht- oder Webanwendung (oder beides)? – Dann müssen sich die Überlegungen natürlich auch auf die weiteren Programmschichten erstrecken, die auf den Applikationsservern installiert sind. Bei Windows Server sollte man sich mit Network Load Balancing (für IP-Anwendungen) und den Cluster-Diensten vertraut machen – aber das ist wieder ein anderes Buch. Für SQL Server gibt es wirklich ein reichhaltiges Angebot von Mechanismen für die Verfügbarkeit und Ausfallsicherheit:

- Database Mirroring
- Server Clustering
- Log Shipping
- Replikation (Merge oder Peer-to-Peer)
- Storage Area Networks (SAN)
- Automatisierte Backup / Restores

Die Verfahren unterscheiden sich unter anderem danach, ob es gemeinsame Ressourcen gibt, die einen möglichen Single-Point-of-Failure darstellen. Das ist zum Beispiel beim Mirroring nicht der Fall, wohl aber beim Clustering. Ein weiteres Unterscheidungskriterium ist die Ebene, auf der die Redundanz gebildet wird. Das ist beim Mirroring die Datenbankebene, beim Clustering eine vollständige Instanz, bei einem SAN sind es die Dateien. Ein automatisiertes Failover bei Nicht-Erreichbarkeit eines Datenbankservers gibt es nur beim Mirroring und beim Clustering. Je nach Budget und Administrationspower sollte es jeder Entwickler in Zusammenarbeit mit den Administratoren schaffen, eine ausfallsichere Lösung auf die Beine zu stellen. Ein heißer Kandidat wird für viele SQL Server 2008-Anwender die Datenbankspiegelung sein.

Desktop und mobile Anwendungen

Nicht immer brauchen Entwickler den großen Datenbankserver für ihre Anwendungen, der Dutzende von Benutzern parallel bedient. Auch für Anwendungen, die auf einem Desktop laufen, ist es sinnvoll, eine solide Datenbankmaschine einzusetzen anstatt die Daten in eigenen Dateiformaten oder als serialisierte ADO.NET-Datasets zu speichern. Die allermeisten Entwickler arbeiten inzwischen auch genau so, machen sich das Programmiererleben dadurch leichter und verwöhnen ihre Auftraggeber mit exquisiten Zugriffszeiten und gut wartbaren Applikationen. Anders als im Servermarkt der »großen Maschinen«, wo die Zahl der Anbieter sich inzwischen stark konsolidiert hat (auf, na sagen wir, fünf Player) gibt es im Desktop-Bereich noch eine Menge Engines, aus denen man als auswählen könnte. Im Microsoft-Umfeld steht darüber hinaus noch die kleine aber feine Office-Software Access zur Verfügung, die es ermöglicht, zügig und mit vergleichsweise geringem Programmieraufwand gute Datenbankanwendungen für Einzelanwender und kleine Organisationen zu erstellen.

SQL Server Express Edition

Für Leute, die mit Visual Studio entwickeln, hat Microsoft schon ab der ersten Version den bevorzugten Weg klar und deutlich aufgezeigt, indem es eine geschrumpfte Version von SQL Server – die SQL Server Desktop Engine (MSDE) – mit der Entwicklungsumgebung gebündelt hat. Mit SQL Server 2008 ist auch die kleine Ausgabe der Serversoftware gründlich renoviert worden und bietet Möglichkeiten, die vormals ausschließlich dem »großen« SQL Server vorbehalten waren. Für kleinere Anwendungen ist die *SQL Server Express Edition* hervorragend geeignet und hat so nebenbei den Vorteil, dass sie keinen Cent Lizenzgebühren kostet. Also gibt es keine Ausrede, Ihre Desktop-Applikation *nicht* auf der Grundlage der Express Edition zu entwickeln und zu vertreiben. In der folgenden Liste finden Sie die wichtigsten Merkmale des »lütten Servers« in knapper Form zusammengestellt.

- **Programmierbarkeit** Der Transact-SQL Code, den Sie für die Express Edition schreiben, ist zu 100% auf den größeren Versionen lauffähig. Verwenden Sie .NET-Assemblys, um SQL Server-Objekte zu entwickeln, dann gilt das Gleiche. Sie können Ihre Anwendungen jederzeit völlig schmerzfrei portieren, ohne irgendeine Anpassung vornehmen zu müssen. Ziehen Sie ein Backup in der Express Edition und spielen Sie es via Restore ein – das war's. Die Unterschiede betreffen die verfügbaren Features. Den Befehl *CREATE QUEUE* können Sie beispielsweise deswegen nicht ausführen, weil es in der Express Edition eben keinen Service Broker gibt.

- **Performance** Es wird nur auf einem Prozessor gearbeitet. Das schränkt die Anzahl der gleichzeitig »machbaren« Benutzer und den Durchsatz natürlich ein. Die Express Version darf sich maximal 1 GByte Arbeitsspeicher reservieren und die Größe einer Datenbank ist auf 4 GByte beschränkt. Es gibt keine 64 Bit-Version. Sie können aber ein Setup auf einem 64 Bit-System vornehmen und der Server wird dann im Windows on Windows-Modus betrieben. Ansonsten gibt es keine künstlichen Bremsen, wie noch zu Zeiten der MSDE. Bei der wurden maximal 5 Clientanfragen gleichzeitig verarbeitet (technisch ausgedrückt waren maximal 5 Workerthreads parallel aktiv).

- **Keine Auftragsverwaltung** Einen *Agent* für regelmäßige Wartungstätigkeiten, wie das Sichern der Datenbanken oder das Reindizieren kennt die Express Edition leider nicht. Da sind dann Sie als Entwickler gefragt. Es gibt eine Menge Möglichkeiten, dieses Manko kreativ auszugleichen. Mit T-SQL oder den Server Management Objects – der .NET-Verwaltungs-API von SQL Server – können Sie jede nur denkbare Aufgabe zur Hege und Pflege einer Datenbank erledigen. Zusätzlich muss nur noch ein Scheduler entwickelt werden, das war's dann auch schon. In Visual Studio gibt es eine Projektvorlage für einen Windows-Dienst. Die bietet sich an.

- **Management Studio Express** Klar, auf Ihrem Entwicklungsrechner können Sie die SQL Server Express Edition ganz einfach mit dem normalen Management Studio administrieren. Dieses dürfen Sie aber auf gar keinen Fall an Ihre Kunden weitergeben. Um für den Servicefall eine Möglichkeit zu haben, mal eben einen Blick auf die Datenbanken einer Express Edition zu werfen, können Sie Management Studio Express einsetzen. Das gibt es als kostenlosen Download und fühlt sich überall dort zuhause, wo SQL Server Express installiert ist. Sie können es allerdings nicht auf einem Rechner installieren, auf dem bereits das »große« Management Studio läuft.

- **Merge-Replikation** Gerade für Satellitenanwendungen auf Notebooks, die hin und wieder mit einer zentralen Datenbank synchronisiert werden müssen aber ansonsten völlig getrennt von dieser operieren, bietet sich mit der Merge-Replikation ein SQL Server-Mechanismus an, der ein stabiles Framework für den Datenabgleich zur Verfügung stellt. Im Gegensatz zu MSDE gibt es SQL Server Express Merge-Replikation nur als Abo (siehe Kapitel 2, Abschnitt »SQL Server-Editionen im Vergleich«).

- **XCOPY-Verteilung von Datenbanken** Wenn Sie neue Anwendungen und Datenbanken an Zielrechner verteilen möchten, auf denen die Express Edition bereits installiert ist, dann können Sie die Datenbanken einfach durch das Kopieren der primären Datenbankdatei auf die PCs »installieren«. Die Datenbank wird beim ersten Verbinden einer Applikation mit SQL Server Express in den Server eingehängt (*attached*) und die notwendige Protokolldatei generiert, wenn in der Verbindungszeichenfolge das Attribut *AttachDBFilename=Pfad* vorhanden ist. Der Wermutstropfen: Datenbanken, die in einer Replikation eingebunden werden sollen, können *nicht* auf diese Weise verteilt werden.

- **Benutzerinstanzen** Eine Besonderheit der Express Edition ist die Möglichkeit, mit Benutzerinstanzen zu arbeiten. Diese laufen – ganz konträr zum Prinzip eines Datenbankservers – im Prozessraum der Benutzerapplikation ab und werden mit dem Sicherheitskontext des interaktiven Benutzers versehen. Benutzerinstanzen sind als Methode gedacht, die Datenbankzugriffe in einem deutlich eingeschränkten Sicherheitsumfeld isoliert ablaufen zu lassen. »Bösartige Software« kann so nicht über SQL Server-Methoden in das Betriebssystem vordringen. Eine Benutzerinstanz wird aus einer laufenden Elterninstanz heraus erzeugt, indem in der Verbindungszeichenfolge das Attribut *user instance=true* mit angegeben wird.

- **Volltextsuche** In der *Advanced Services*-Ausführung wird SQL Server Express nicht nur mit der reinen Datenbankmaschine, sondern zusätzlich mit dem SQL Server-Volltextdienst ausgeliefert. Das ist eine prima Angelegenheit, wie ich finde. Volltextindizierung kann man als Entwickler an vielen Stellen gut gebrauchen, bei denen es um das Suchen in großen Textfeldern, XML-Daten oder in Dokumenten, die in einer Datenbank hinterlegt sind, geht.

- **Reporting Services** Die sind ebenfalls in der *Advanced Services*-Variante zu finden. Sowohl der Report Server, der dem Anzeigen der Berichte dient, wie auch der Berichtsdesigner sind in abgespeckter Version enthalten. Ein phantastisches Feature für Web- und andere Applikationen.

Möchte man die SQL Server Express Edition mit eigenen Anwendungen ausliefern (und dafür ist sie im Grunde ja gedacht), dann ist die Integration in das Setup-Programm auf verschiedene Arten möglich. Sie können die *Setup.exe* mit einem Parameter */Settings* in einer CMD-Datei aufrufen und die Einstellungen in einer INI-Datei übergeben. Sie können ein .NET-Programm schreiben, welches die Klasse *Process* verwendet, um das Setup zu starten, und haben damit alle Möglichkeiten in der Hand, verschiedene Fälle bei der Installation abzudecken (»Gibt es schon ein installiertes SQL Server 2008 auf dem Rechner?«). Die Installation der Express Engine lässt sich sogar in ein Visual Studio Click Once-Deployment-Szenario integrieren.[7]

Die allerneuesten Versionen der SQL Server Express Edition können Sie sich jeweils als Download direkt bei Microsoft besorgen. Aktuelle Service Packs sind bereits integriert. Das vereinfacht die Auslieferung noch einmal. Je nach Aufgabenstellung benötigen Sie ein anderes Paket. Da die Auswahl der Komponenten ein wenig unübersichtlich sein kann, folgt hier eine kurze Übersicht der Downloads:

- **SQL Server 2008 Express Edition Runtime** Das ist die Express-Datenbankmaschine »pur« ohne irgendwelchen zusätzlichen Schnickschnack, wie Verwaltungsoberfläche oder Volltextsuche.

- **SQL Server Management Studio Express** Das ist die lizenzfreie, abgespeckte Variante der Verwaltungsoberfläche für die Express Edition.

- **SQL Server 2008 Express Edition with Advanced Services** Das ist das Paket aus der Express Engine, mit den Reporting Services, der Volltextsuche und SQL Server Management Studio Express.

- **SQL Server 2008 Books Online** Die Dokumentation für die Express Edition ist inzwischen in die Gesamtdokumentation integriert. Bei Bedarf gibt es deren aktuelle Version ebenfalls als Download.

Nach dem Herunterladen sollten Sie sich Online bei Microsoft registrieren. Damit sind Sie rechtlich im grünen Bereich und Sie können sofort damit beginnen, Ihre Anwendungen mit der Express Edition zu vertreiben.

---

[7] In den Materialien auf der Begleit-CD-ROM finden Sie ein gutes Whitepaper, welches das Vorgehen beschreibt.

SQL Server Compact Edition 3.5

Was Desktop-Applikationen recht ist, kann Anwendungen für mobile Geräte nur billig sein: die Verwendung von »richtigen« Datenbanken als Datenspeicher. Die Argumente sind genau diejenigen, die für den Einsatz der Express Edition im Desktop-Umfeld sprechen: leichteres Datenmanagement und mehr Komfort beim Programmieren. Einen *vollständigen* Datenbankserver wird man kaum brauchen – eine Verwaltung verschiedener Benutzer und ein Rechtesystem ist auf einem Smartphone doch recht überflüssig. Andere Funktionen eines Datenbankservers sind dagegen hoch willkommen: hocheffiziente Datenspeicherung, SQL als Abfragesprache, ja sogar Transaktionen können Sinn machen. Um Missverständnissen vorzubeugen: Die Compact Edition kann durchaus auch für Desktop-Applikationen genutzt werden. Das ist dann sinnvoll, wenn nach einer wirklich kompakten und völlig administrationsfreien (ja, eben!) Datenbankmaschine gesucht wird. Vielleicht sind sie selbst schon Nutzer von SQL Server Compact, ohne es zu ahnen. Der Windows Media Player nutzt diese Technologie für die Verwaltung der Medienbibliotheken.

- *SQL Server Compact Edition* bietet eine Menge an Funktionalität. Das ist erstaunlich – vor allem wenn man in Betracht zieht, dass sie mit einem wirklich kleinen Memory-Footprint (ca. 2–3 MB) auskommt. Speicherplatz ist auf Smart Devices im Moment noch die Mangelressource Nummer eins. Die Compact Edition 3.5 läuft derzeit unter einer großen Anzahl von Betriebssystemen. Bei den älteren Betriebssystemen funktionieren die neuen, sichereren Verschlüsselungsalgorithmen nicht. Die genauen Details zur Unterstützung finden Sie in der Onlinedokumentation zu SQL Server Compact Edition. Dies sind die unterstützten Systeme:
    - Windows CE 4.2
    - Windows Mobile 2003 für Pocket PC
    - Windows CE 5.0
    - Windows CE 6.0
    - Windows Mobile Version 5.0
    - Windows Mobile Version 6.0
    - Windows Server 2003
    - Windows XP
    - Windows Vista
    - Windows 7

Um Daten zwischen dem mobilen SQL Server und einem stationären Gerät austauschen zu können, wird ActiveSync (ab Version 4.0) oder die Websynchronisierung benötigt. SQL Server Management Studio ist prachtvoll dazu geeignet, mobile SQL Server-Datenbanken zu verwalten und mit Visual Studio 2008 ist die Entwicklung im Grunde ein Kinderspiel. In Kapitel 29 (»MIT SQL Server Compact Edition entwickeln«) finden Sie eine Übersicht über die wesentlichen Merkmale der Compact Edition, damit Sie deren Leistungsfähigkeit besser beurteilen können. Und natürlich wird vorgestellt, wie Sie eine mobile Anwendung entwickeln.

Wenn Sie ADO.NET3.5 und SQL Server 2008 einsetzen, dann können Sie die erweiterten Möglichkeiten der Synchronization Services nutzen. Dies ist die etwas modernere Variante, welche das standardisierte Microsoft Sync Framework nutzt.

Kapitel 2

SQL Server-Grundlagen

In diesem Kapitel:
Erste Schritte mit den Beispielprojekten 24
Die Komponenten von SQL Server 26
Sicherheit 55

In diesem Kapitel geht es darum, einen Überblick über die Architektur von SQL Server zu gewinnen. Die Betrachtung erfolgt aus der Vogelperspektive. Ziel der Operation ist es, die grundlegenden Bausteine von SQL Server, Konzepte und Begriffe kennen zu lernen. Das ist nicht nur für das Durcharbeiten der nachfolgenden Kapitel wichtig, sondern gehört auch zu Ihrem Rüstzeug, wenn Sie beginnen, tiefer in die Programmierung des Servers einzusteigen. Die notwendigen Details zur SQL Server-Architektur lernen Sie dann, wenn es sinnvoll erscheint, in den passenden Kapiteln kennen.

Neben der Theorie werden einige Aspekte von SQL Server in kleinen praktischen Experimenten vorgestellt. Falls Sie noch gar nicht mit SQL Server gearbeitet haben, entsteht da ein kleines Henne-Ei-Problem, da die Werkzeuge des Servers erst in Kapitel 7 beschrieben werden. Nach der Einführung im ersten Abschnitt dieses Kapitels werden Sie aber problemlos in der Lage sein, im Management Studio ruckzuck eine Verbindung mit »Ihrem« SQL Server herzustellen und die ersten Codeschnipsel aus den Beispielprojekten auszuführen. Wenn Sie SQL Server noch gar nicht installiert haben, dann ist jetzt eine gute Gelegenheit. Ziehen Sie das Kapitel 21 zu Rate. Dort wird der Setup-Vorgang genau erklärt.

Erste Schritte mit den Beispielprojekten

Dieses Buch ist so aufgebaut, dass Sie alles, was Sie im Text kennen lernen, sofort selbst ausprobieren können. Dazu haben meine Mitautoren und ich uns ein konkretes Anwendungsbeispiel ausgedacht, das in allen Teilen des Buchs verwendet wird. So müssen Sie nur noch die entsprechenden Projekte im Management Studio, dem Visual Studio oder dem Business Intelligence Studio öffnen und können die Demos sofort nachvollziehen. Sie sind natürlich herzlich dazu eingeladen, die Beispiele abzuwandeln, eigene Experimente anzustellen und das Letzte aus dem Server herauszukitzeln.

Gemeinsame Grundlage aller Beispiele ist die Datenbank *netShop*. Deren Aufbau und das Einrichten werden im nächsten Kapitel erklärt. Im aktuellen Kapitel kommen wir noch ohne eine Benutzerdatenbank aus. Um mit den Beispielprojekten von der CD-ROM arbeiten zu können, kopieren Sie diese mithilfe des Tools von der Buch-CD-ROM auf Ihre Festplatte in ein Zielverzeichnis Ihrer Wahl. Voreingestellt ist *C:\SQLEntwicklerbuch2008*, Sie können den Ort aber ohne Probleme ändern. Die Aufteilung der Projekte, des Codes und der Hilfsdateien entspricht genau der Kapitelaufteilung dieses Buchs (Abbildung 2.1).

Um beispielsweise mit den T-SQL-Demos für das aktuelle Kapitel zu arbeiten, können Sie einfach im Dateisystem einen Doppelklick auf der Datei *Kapitel 02 – Basics.ssmssqlproj* ausführen. Dann öffnet sich das SQL Server Management Studio und das Projekt »Kapitel 02 – Basics« wird im Projektmappen-Explorer angezeigt. Ist das Management Studio bereits gestartet, dann öffnet man das Projekt über *Datei/Öffnen/Projekt/Projektmappe/Pfad zu den Beispielen/Kapitel 02 – Basics.ssmssqlproj*. Im Projektmappen-Explorer, der sich nach dem Installieren des Management Studios, wenn die grafische Benutzeroberfläche noch nicht angepasst wurde, am rechten Fensterrand befindet, liegen die T-SQL-Beispiele in einzelnen SQL-Dateien, die entsprechend der Listingnummerierung im Text beschriftet sind (Abbildung 2.2).

Probieren Sie doch am besten gleich einmal das Listing 2.1 aus. Dies ist das »Hallo Welt« von SQL Server. Die Versionsnummer wird abgefragt und angezeigt. Öffnen Sie die Datei *03.01 SQL Server meldet sich mit seiner Versionsnummer.sql* durch einen Doppelklick oder das Kontextmenü. Das Management Studio stellt jetzt eine Verbindung zum lokalen SQL Server her und stellt den Inhalt der Datei im T-SQL-Editor dar.

```
SELECT @@version
```

Listing 2.1 SQL Server meldet sich mit seiner Versionsnummer

Erste Schritte mit den Beispielprojekten

> **TIPP** Lassen Sie sich nicht irritieren, wenn Sie beim Öffnen einer SQL Server-Datei ein Anmeldedialogfeld zu sehen bekommen. Die T-SQL-Beispiele sind so abgespeichert worden, dass beim Öffnen einer Datei versucht wird, eine Verbindung zum ersten installierten SQL Server (der *Standardinstanz*) unter dem interaktiven Benutzerkonto herzustellen (*Windows-Authentifizierung*). Falls das nicht funktioniert, dann melden Sie sich mit den passenden Benutzerinformationen an Ihrem Server an. Leider können Sie die hinterlegten Verbindungsinformationen nicht so einfach für *alle* T-SQL-Skriptdateien anpassen. In Kapitel 6 zeige ich Ihnen dafür aber einen Workaround, den Sie für die späteren Demos einsetzen können.

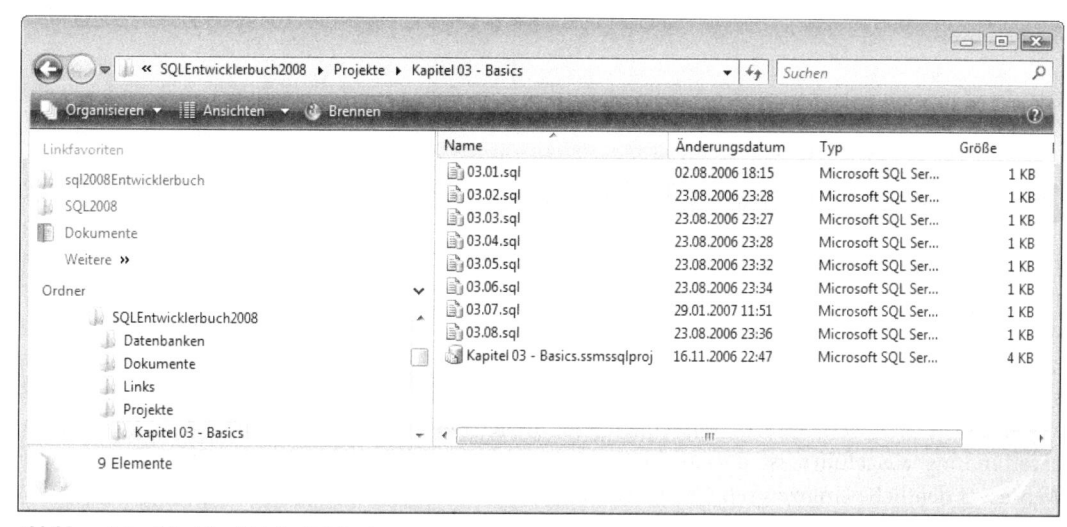

Abbildung 2.1 Beispielprojekte im Dateisystem

Die in einer Datei enthaltenen T-SQL-Befehle können Sie einfach durch das Symbol *Ausführen* starten. Die Resultate der Verarbeitung durch SQL Server finden Sie anschließend im Fenster *Ergebnisse*, Fehler- oder Erfolgsmeldungen im Fenster *Meldungen*. In diesem Fall sollte SQL Server seine Versionsnummer liefern, sowie die Meldung *(1 Zeile(n) betroffen)*. Passiert das so, dann ist er frisch und munter und die Arbeit kann beginnen (Abbildung 2.3)! Die Funktionen des Management Studios, Tricks und Kniffe lernen Sie noch ganz genau in Kapitel 6 kennen. Im Moment ist es ausreichend, T-SQL-Dateien einfach ausführen zu können.

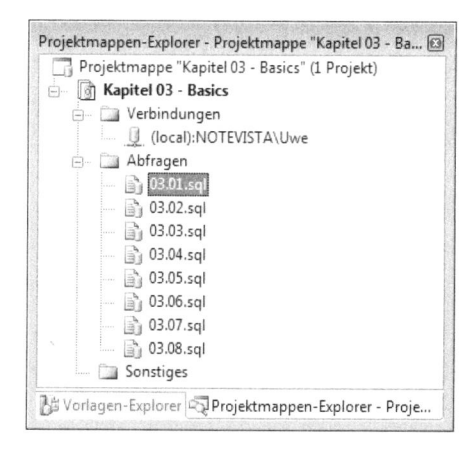

Abbildung 2.2 T-SQL-Beispiele im Projektmappen-Explorer

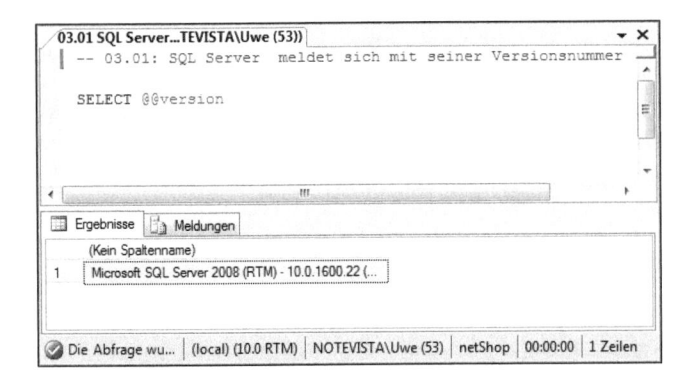

Abbildung 2.3 T-SQL Code im Editor

Die Komponenten von SQL Server

Der Aufbau der Software, die wir unter dem Namen SQL Server kennen, unterscheidet sich ganz elementar vom Aufbau eines Desktop-Datenbanksystems wie zum Beispiel Access. Access ist daraufhin optimiert, eine Datenbank für einen einzelnen Anwender oder einer kleinen Arbeitsgruppe zur Verfügung zu stellen. Die eigentliche Arbeit wird von der Jet-Engine geleistet, die man wahlweise als Access-Datenbankmaschine oder auch als OLE DB-Provider für den Datenzugriff auf MDB-Dateien betrachten kann. Je nach Perspektive ist die eine oder andere Sichtweise richtig. Tatsächlich wird die Jet-Engine im Prozessraum jeder zugreifenden Benutzerverbindung ausgeführt, ist also nicht multiuserfähig, was beispielsweise der Skalierbarkeit auf einem Webserver deutliche Grenzen setzt.

Die Datenbankmaschine von SQL Server ist im Gegensatz zur Jet-Engine ein Dienst des Betriebssystems – genauer: ein Netzwerkdienst – und darauf ausgelegt, viele (sehr viele) Benutzerverbindungen gleichzeitig zu bearbeiten. Ein echtes Serversystem eben, das kontinuierlich im Hintergrund eines Rechners läuft und darauf wartet, von den Clients in Anspruch genommen zu werden. Die Datenbankmaschine ist klar und deutlich aus verschiedenen Subkomponenten aufgebaut. Welche das sind, wie diese zusammenspielen und welche weiteren Bausteine es rund um die Datenbankmaschine noch so gibt – darum geht es jetzt.

Die Datenbankmaschine

Egal, wie viele Services und Frameworks es in SQL Server gibt: Die meisten sind von einem hoch effizient arbeitenden Kern abhängig, der sich um die Speicherung großer Datenmengen, dem extrem schnellen Suchen und Datenmanipulationen kümmert. Dieser innerste Teil eines Datenbankmanagementsystems wird als *Datenbankmaschine* bezeichnet.

Instanzen und Datenbanken

Eine so genannte *Instanz* von SQL Server besteht aus einer Anzahl von Diensten, einer Menge von Metainformationen, die in Systemdatenbanken gespeichert sind und den Benutzerdatenbanken, welche die Daten derjenigen Applikationen enthalten, die diese Instanzen nutzen. Die Dienste einer Instanz verwenden Ressourcen des Computers, wie Prozessoren und Arbeitsspeicher (Abbildung 2.4). Die Ressourcenverwaltung ist einer der Gründe dafür, warum es überhaupt Instanzen gibt.

Man kann der relationalen Datenbankmaschine einer Instanz bestimmte Prozessoren (oder Prozessorkerne) und eine bestimmte Menge Hauptspeicher zuweisen und das bei einer anderen Instanz anders halten. Durch die Trennung von Instanzen ist es möglich, administrativ vollständig voneinander getrennte Datenbanksysteme auf ein und demselben Server zu implementieren. Die Instanzen können mit unterschiedlichen Diensten von SQL Server ausgestattet sein, auf verschiedenen Versionen des Servers basieren (Hauptversionsnummer, Service Pack oder Hotfix) und vor allen Dingen sind die Serverbenutzer voneinander isoliert. Eine separate Instanz ist tatsächlich der einzige Weg, ein Datenbanksystem von einem zweiten Administrator verwalten zu lassen, der nur eine Teilmenge der Datenbank »sehen« soll. In einer Clusterumgebung können Instanzen dafür genutzt werden, Active-Active-Cluster aufzubauen.

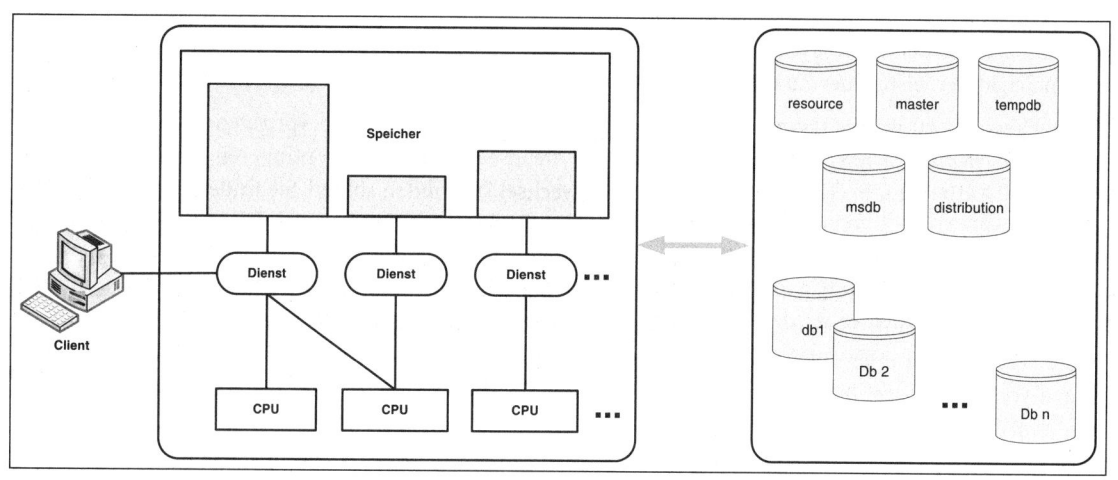

Abbildung 2.4 Instanzen und Datenbanken

Prozesse und Threads

Der SQL Server-Dienst ist ein Multiusersystem. Zu einem Zeitpunkt können dutzende oder hunderte von Benutzerverbindungen bestehen, die Abfragen bearbeiten lassen. Da das Verwalten einer großen Menge von parallelen Programmaktivitäten eine knifflige Angelegenheit ist, liegt hierin ein wesentlicher Teil der Performance eines Datenbanksystems begründet. Innerhalb des SQL Server-Dienstes werden gleichzeitig viele *Threads* oder *Fibers* (das sind »abgespeckte« Windows-Threads) parallel ausgeführt. Die meisten dieser Threads befinden sich in einem Thread-Pool und führen als so genannte Workerthreads Benutzerabfragen aus. Das Verteilen der eingehenden Workloads aus den Benutzerverbindungen auf die Workerthreads muss möglichst schnell und intelligent erfolgen.

Es gibt eine interessante Historie in Sachen Threadverwaltung bei SQL Server: Bis einschließlich der Version 6. haben sich die SQL Server-Entwickler voll auf das Betriebssystem verlassen, was die Threadplanung – das *Scheduling* – betrifft. Das ist prinzipiell natürlich vollkommen in Ordnung, führt aber zu suboptimaler Performance. Dafür gibt es mindestens zwei Gründe. Der erste ist darin zu sehen, dass ein externer Scheduler des Betriebssystems beim Umschalten zwischen zwei Threads einen Kontextwechsel durchführen muss. Der Prozessor wechselt in den Kernelmode und dann zurück in den Usermode. Das bedeutet einen zusätzlichen Overhead, unter anderem weil Benutzerdaten auf den Stack gerettet und gelesen werden müssen und der Wechsel an sich Prozessortakte verschlingt. Es ist also gut, mit so wenig Kontextwechseln wie möglich auszukommen. Das ist bei Verwendung des Windows Standard-Schedulings aber schwierig.

Ein zweiter Grund, der gegen einen externen Scheduler spricht, ist die Tatsache, dass SQL Server für diesen eine »Black Box« ist. Auch das ist wieder in Ordnung, wenn man an die Aufgaben des Betriebssystems denkt. Da müssen natürlich die Threads sämtlicher laufender Prozesse möglichst fair behandelt werden und Windows verwendet aus diesem Grund einen so genannten *preemptiven Scheduler*[1]. Das bedeutet, dass alle Threads beim Starten »Zeit« zugewiesen bekommen – das so genannte Quantum, ein kleiner Integer-Wert (zum Beispiel 36 unter Windows Server 2003) – und so lange laufen, wie das Quantum durch das Herunterzählen mit jedem Clock-Interrupt noch nicht den Wert 0 erreicht hat. Es besteht zusätzlich die Möglichkeit, dass Threads, die mit einer höheren Priorität laufen, Threads einer niedrigeren Priorität von sich aus beenden. Wenn man an einen Datenbankserver denkt, kann diese Funktionsweise unter Umständen dazu führen, dass umfangreiche Abfragen sehr lange laufen – weil sie ständig durch einen anderen Thread unterbrochen werden. Eine dynamischere Aufteilung der Prozessorzeit erscheint sinnvoll. Das kann aber nur ein Scheduler leisten, der Zugriff auf die internen Zustände in der Datenbankmaschine hat.

Mit der Version 7.0 war es dann so weit: SQL Server bekam seinen eigenen »privaten« Scheduler. Dieser *User Mode Scheduler (UMS)* trat an, das SQL Server-Thread-Management zu optimieren, indem die meisten Scheduling-Aktivitäten im User Mode ohne Kontextwechsel stattfinden sollten. Sie finden diesen Scheduler in SQL Server 7.0 und 2000 Installationen übrigens im *BINN* Verzeichnis: Es ist die kleine *ums.dll*. Diese versteckt die Details des SQL Server-Thread-Managements gegenüber dem Betriebssystem. Da diese »SQL Server-Threads« etwas anders funktionieren als die Betriebssystem-Threads, nennt man diese *Worker Threads* oder auch einfach *Worker*. Ein SQL Server-Worker kann – je nach Konfiguration der Datenbankengine – als Thread oder auch als Fiber realisiert sein. Für Windows ist immer nur ein einzelner aktiver Thread von SQL Server auf einem Prozessor (Kernel) sichtbar. Intern arbeitet der User Mode Scheduler nach dem kooperativen Prinzip. Dadurch werden die meisten Wechsel in den Kernel Mode überflüssig. Einen *kooperativen Scheduler* kann man aber nur dort einsetzen, wo sich alle beteiligten Threads an die Spielregeln halten und nicht versuchen, einen Prozessor komplett zu okkupieren. Daher ist die Verwendung eines solchen Scheduler zwar innerhalb eines Systems wie SQL Server möglich, aber nicht in einem Betriebssystem (Anwendungen sollen einen Rechner nicht »abschießen« können).

Nach dem Starten des SQL Server 7.0- oder SQL Server 2000-Datenbankdienstes wird für jeden vorhandenen Prozessor (Kernel) ein eigener UMS eingerichtet. Jeder Scheduler verwaltet die auflaufenden Threads in fünf verschiedenen Listen: Worker List, Work Requests, Runnable List, Waiter List und die I/O List. In der Worker List werden die verfügbaren Prozessor-Threads für den SQL Server-Dienst verwaltet. In der Standardkonfiguration sind das bis zu 255 Workerthreads. Die Zahl kann aber je nach der Anzahl verfügbarer CPUs angepasst werden. Pro Prozessorkern verwaltet ein UMS bis zu 32 Workerthreads.

Eingehende Benutzerverbindungen, auch Sitzungen genannt, verwaltet die Datenbankmaschine als *SQL Server-Prozesse*. Diese haben natürlich nichts mit Betriebssystemprozessen gemeinsam. Ein SQL Server-Prozess ist durch eine eindeutige Nummer gekennzeichnet, die *spid* und lebt, solange die Benutzerverbindung aufrecht erhalten wird. Um die Befehle abzuarbeiten, die über die Benutzerverbindung zum Server geschickt werden, fordert ein Prozess einen Thread aus der Worker List an. Gibt es einen freien, dann kann die Verarbeitung sofort beginnen, ansonsten muss ein neuer Workerthread erzeugt werden oder – falls die konfigurierte Obergrenze erreicht ist – die Anforderung in die Waiter List eingetragen werden. Die Work Requests stellen die atomaren Arbeitseinheiten für die Workerthreads dar. Es handelt sich um SQL Server

---

[1] Der genaue Name des Scheduling-Algorithmus lautet Multilevel Feedback Queue. Wer sich für solch schmackhafte technische Details interessiert, dem sei die Begleit-CD mit ihren Materialien ans Herz gelegt.

Befehlsstapel (Batches), also eine Menge von T-SQL-Befehlen, die gemeinsam an den Server übertragen werden. Ein Workerthread läuft so lange, bis ein Stapel abgearbeitet wurde. Vorher findet kein Wechsel zu einem anderen SQL Server-Prozess statt. In Kapitel 5 »Die Grundlagen von Transact-SQL« werden Sie die logische Seite der T-SQL-Batches kennen lernen und feststellen, dass bestimmte Einschränkungen – vor allem der Gültigkeitsbereich lokaler Variablen und die Fehlerbehandlung – direkt aus dieser Art des Thread-Managements abgeleitet werden können. So gibt es beispielsweise keine globalen Variablen, weil SQL Server keine Zustände zwischen den Thread-Wechseln speichert. Der Scheduler ist auf optimale Performance hin ausgelegt.

In SQL Server 2005 ist das Scheduling noch einmal deutlich verbessert worden. Ein großes Manko des »alten« UMS war das simple Verfahren, mit dem eingehende Verbindungen (also SQL Server-Prozesse) auf die verfügbaren Scheduler verteilt wurden, sowie die Tatsache, dass der Zusammenhang zwischen Benutzerverbindung und UMS »klebrig« war. Eine einmal vorgenommene Zuordnung wurde nie wieder getrennt. Neue Verbindungen wurden immer demjenigen UMS zugewiesen, der am wenigsten bestehende Verbindungen aufwies. So ein Verfahren *kann* ganz in Ordnung sein, falls auf dem SQL Server Verbindungen nur kurz aufrechtgehalten und dann wieder neu aufgebaut werden. Es kann aber auch *sehr* problematisch sein, wenn es nur wenige Verbindungen gibt, die über lange Zeit aufrechtgehalten werden und die einkommende Last zwischen diesen Verbindungen sehr ungleichmäßig verteilt ist.

Solch ein Verhalten kann vor allem bei einer Middleware-Architektur auftreten. Da gibt es häufig nur eine Verbindung zur Datenbankmaschine. Nehmen Sie an, dass über eine einzelne, ständig bestehende Verbindung 90% der Last für einen SQL Server-Dienst generiert wird, der über zwei Prozessoren verfügt. Weitere Verbindungen werden parallel dazu sporadisch auf- und wieder abgebaut. Dann wird einer der Prozessoren immer hoch ausgelastet sein und der andere sich langweilen. Die zusätzlichen Verbindungen haben entweder Glück, weil sie auf dem freien Prozessor laufen dürfen oder müssen auf dem ausgelasteten Prozessor lange Wartezeiten in Kauf nehmen.

Den Begriff und die Komponente User Mode Scheduler findet man seit SQL Server 2005 nicht mehr. Es gibt jetzt den *Non Preemptive Scheduler* - alternativ *SOS Scheduler* genannt. Auch in SQL Server 2008 gibt es pro Kernel einen Scheduler. Die T-SQL-Batches, die über Benutzerverbindungen den Server erreichen, können jetzt allerdings auf jedem beliebigen Scheduler ausgeführt werden, nicht nur dem, der beim Herstellen der Verbindung ausgewählt wurde. Welcher genommen wird, ist von der aktuellen Arbeitsauslastung der Scheduler abhängig. Dabei erhält der zuletzt verwendete eine leichte Bevorzugung. Die Parameter, die hierbei eine Rolle spielen, tragen die selbst erklärenden Namen *load_factor* und *runnable_tasks_count*.

Die maximale Anzahl von Workerthreads, die im Thread Pool von SQL Server gehalten werden, kann – genau wie bei den Vorgängerversionen – konfiguriert werden. Dafür ist der Parameter *max worker threads* verantwortlich. Dieser steht nun nicht mehr standardmäßig auf dem Wert 255, sondern es ist eine 0 eingetragen. SQL Server konfiguriert sich jetzt auch an dieser Stelle selbst. Wen die Formel interessiert:

```
If Anzahl_der_Kerne <= 4 Then
    max worker threads = 256
Else
    256 + ((Anzahl_der_Kerne -4) * 8
End If
```

Auf einer 64-Bit-Plattform ersetzen Sie 256 durch 512 und 8 durch 16. Den Parameter *max worker threads* werden Sie in den allermeisten Fällen kaum noch selbst konfigurieren müssen.

Neben den »Arbeitern« (Workerthreads), die *direkt* etwas für die Benutzer eines Datenbankservers tun, gibt es zusätzlich noch eine Menge Hintergrund-Threads (*System Threads*), die sich um fortlaufende Aufgaben kümmern. Unter anderem gehören dazu das Schreiben von geänderten Speicherseiten (*Dirty Pages*) in die Dateien der Benutzerdatenbanken, das Verwalten von Sperren für Transaktionen, das Überwachen des Puffercaches und viele weitere Aufgaben.

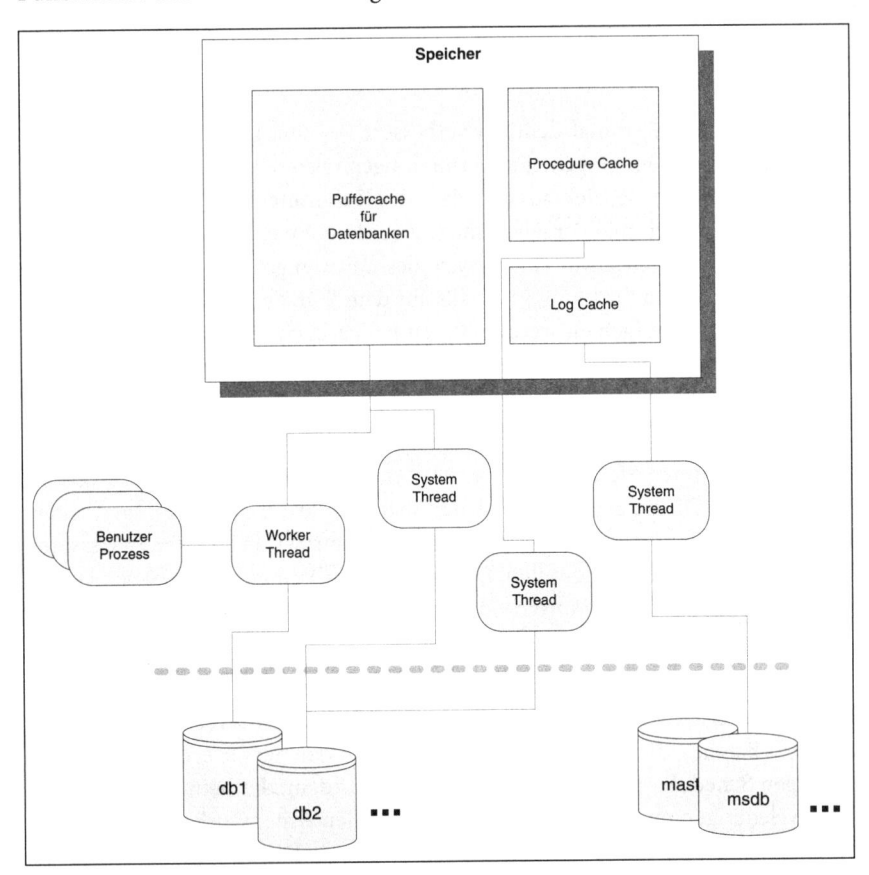

Abbildung 2.5
Prozesse und Threads

Non Uniform Memory Architecture – NUMA

Es ist nicht ganz unwahrscheinlich, dass der geneigte Leser in seinem Serverraum *keine* Hardware stehen hat, die eine so genannte *Non Uniform Memory Architecture (NUMA)* unterstützt. Immer noch (zum Stichtag des Erscheinungstermins dieses Buchs) gibt es nur wenige der »großen Kisten« der wichtigsten Serverhersteller, die eine NUMA-Hardware anbieten. Ich spare mir hier die Schleichwerbung. Sie können ja mal »googlen«. Dieser Trend hat sicher damit zu tun, dass Serverarbeitsspeicher kein *so* teures Gut mehr ist, welches sorgfältig auf Anwendungen verteilt werden müsste. Obwohl es nicht sicher ist, dass die NUMA-Technologie irgendwann einmal Mainstream wird, hat die NUMA-*Fähigkeit* von SQL Server bereits heute Auswirkungen auf einige Details seiner Architektur. Und in großen Datacenter-Installationen kann diese auch genutzt werden. Es lohnt sich also ein ganz kurzer Blick auf diese Technologie.

Bei NUMA geht es um Multiprozessorsysteme, die über *viele* Prozessoren und extrem viel Hauptspeicher verfügen. Der verfügbare Hauptspeicher wird den Prozessoren über verschiedene Busse zur Verfügung gestellt und kann dynamisch an die CPUs verteilt werden. Dabei gibt es sehr schnellen lokalen Speicher und langsameren entfernten Speicher. Für das Management der Ressourcen werden *Knoten* definiert, denen man die Ressourcen Prozessoren und Speicher zuordnen kann. Und auch andere Komponenten eines Rechners, vor allen Dingen die Bussysteme, lassen sich einem Knoten zuschlagen. In der SQL Server 2008-Architektur taucht der Begriff des Knotens an verschiedenen Stellen auf. Vor allen Dingen beim Thread- und Speichermanagement orientiert sich der Server schon jetzt am Konzept der Knoten. So können Sie sicher sein, dass SQL Server auch auf einem NUMA-System ordentlich betrieben und verwaltet werden kann. Software, die nicht NUMA-fähig ist, würde auf solch einem Hochleistungsserver Schwierigkeiten bekommen. Läuft SQL Server auf einem UMA-System (flacher Hauptspeicher und es gibt nur globale Ressourcen), geht er von einem einzigen Knoten aus, in welchem sich alle Prozessoren befinden.

Das SQL Server Operating System – SQLOS

Mit der Version 2005 ging die kontinuierliche Entwicklung von SQL Server noch einen revolutionären Schritt weiter. Genau wie der User Mode Scheduler in SQL Server 7.0 eine Abstraktion von Funktionen des Betriebssystems bedeutete, wurden nun weitere Funktionen für das Ressourcenmanagement und die Ausführungsumgebung abstrahiert und *in* den Serverdienst verlagert (Abbildung 2.6). Die beiden wichtigsten Funktionsblöcke stellen das Thread-Scheduling und das Speichermanagement dar.

SQL Server bekommt auf diese Art ein internes Mini-Betriebssystem. Dieses eigene kleine Betriebssystem von SQL Server bietet eine Menge Vorteile. Neben der optimierten Ressourcenverwaltung für die Belange eines Datenbankmanagementsystems sind es vor allen Dingen die klar definierten Schnittstellen des SQLOS für die Funktionen der Datenbankmaschine, die um diesen Kern herum programmiert werden können. Letzten Endes war der Schritt hin zum SQLOS obligatorisch, weil das Hosting der .NET Common Language Runtime dies verlangt. Nicht das Betriebssystem, *sondern SQL Server selbst* ist der Host für die *SQL Server Common Language Runtime (SQLCLR)*. Erst damit beginnt der wirkliche Spaß. Die CLR fordert Ihre Threads und Ihren Speicher beim SQL Server-OS an. Das unterscheidet sich dramatisch von anderen .NET-Implementierungen in IBM- und ORACLE-Datenbanksystemen, bei denen gespeicherte .NET-Prozeduren außerhalb des Prozessräume der Server ablaufen.

Das SQLOS bietet Schnittstellen an, über welche seine inneren Zustände untersucht werden können. In Transact-SQL gibt es in Form der *Dynamic Management Views (DMV)* viele Möglichkeiten, diese Schnittstellen abzufragen. Diese Systemsichten erlauben einen tiefen Einblick in die Arbeit der Datenbankmaschine und anderer SQL Server-Bestandteile. Später in diesem Kapitel im Abschnitt »Metadatenschnittstellen« wird es weitere Informationen dazu geben.

Falls Sie sich beispielsweise einmal anschauen möchten, was die Scheduler einer SQL Server-Instanz so treiben, dann stellen Sie dazu eine Verbindung zum entsprechenden Datenbankdienst her und setzen das in Listing 2.2 aufgeführte Kommando ab. Im Ergebnis erhalten Sie ausführliche Informationen über den augenblicklichen Zustand der Scheduler.

```
SELECT
   parent_node_id, scheduler_id, status, cpu_id, current_tasks_count, load_factor
FROM
   sys.dm_os_schedulers
```

Listing 2.2 DMV liefert Übersicht über die Scheduler

Die ausgewählten Spalten stellen nur einen kleinen Ausschnitt der möglichen Informationen dar. Im Beispiel-Ergebnis können Sie erkennen, dass man es mit einem System zu tun hat, das über einen Prozessor verfügt (*cpu_id=255*), aber über mehrere Kernel, deswegen gibt es zwei Scheduler, die für Benutzerverbindungen verwendet werden (*status=VISIBLE ONLINE*). Die anderen Scheduler werden für interne Aufgaben verwendet. Der Wert für *parent_node_id* ist 0, weil man es mit einem UMA-System zu tun hat. Der Scheduler 255 (*scheduler_id*) tanzt ein bisschen aus Reihe. Er dient der Herstellung einer *Dedicated Administrator Connection (DAC)*. Das ist eine reservierte Benutzerverbindung, die ein Administrator öffnen kann, wenn die Standardverbindungen nicht mehr funktionieren. Für das Scheduling werden die Werte in *current_tasks_count, work_queue_count* und *load_factor* herangezogen.

parent_node_id	scheduler_id	status	cpu_id	current_tasks_count	work_queue_count	load_factor
0	0	VISIBLE ONLINE	255	7	0	8
0	1	VISIBLE ONLINE	255	11	0	10
0	257	HIDDEN ONLINE	255	1	0	1
32	255	VISIBLE ONLINE (DAC)	255	2	0	1

Auch den Workerthreads können Sie auf die Finger schauen. Das Ergebnis von Listing 2.3 gibt eine Liste der Threads im SQL Server-Prozess aus. Über die Speicheradresse wird ein Thread innerhalb des SQLOS identifiziert. Echte SQL Server-Workerthreads haben in der Spalte *is_preemptive* eine 0. Steht hier eine 1, dann gehört der Thread zu »externem Code«. Das kann zum Beispiel eine Windows-DLL sein, die im Adressraum von SQL Server ausgeführt wird. Wird der SQL Server-Dienst im Fibermode ausgeführt, haben die Workerthreads in *is_fiber* eine 1. In Kapitel 20 wird die Anwendung des Fibermodus genauer erklärt. Kränkelnde Threads erkennt man an einer »1« in der Spalte *is_sick* (es handelt sich dabei um Probleme mit Sperren), den Prozessor, welcher den Thread ausführt, findet man in *affinity*, die zugestandene Zeitscheibe in *start_quantum* und den Grund für den letzten Wartezustand in *last_wait_type* – und so weiter, und so weiter. Dynamic Management Views erlauben wirklich tiefe Einblicke in die Arbeitsweise von SQL Server.

```
SELECT
    worker_address, is_preemptive, is_fiber, is_sick, affinity, start_quantum,
    last_wait_type
FROM
    sys.dm_os_workers
```

Listing 2.3 DMV liefert Übersicht über Worker-Threads

worker_address	is_preemptive	is_fiber	is_sick	affinity	start_quantum	last_wait_type
0x00B480E8	0	0	0	1	38124623457030	LOGMGR_QUEUE
0x00C5A0E8	0	0	0	2	38106526382152	MISCELLANEOUS
0x00C5C0E8	1	0	0	2	159271839563	SNI_CRITICAL_SECTION
0x03D0A0E8	0	0	0	2	39237232519800	LAZYWRITER_SLEEP
0x03EB20E8	1	0	0	2	161343480592	REQUEST_FOR_DEADLOCK_SEARCH
0x03EB80E8	0	0	0	2	33888995381235	CHECKPOINT_QUEUE
0x03DD40E8	0	0	0	1	165034939275	ONDEMAND_TASK_QUEUE
0x03EF00E8	0	0	0	1	39237896614762	SQLTRACE_BUFFER_FLUSH
0x041720E8	0	0	0	2	197225457285	BROKER_TRANSMITTER
0x03CDC0E8	0	0	0	0	161335411440	SLEEP_TASK

Die zweite Hauptaufgabe des SQLOS neben dem Thread-Management ist die dynamische Verwaltung des SQL Server-Speichers. Natürlich benötigt der SQL Server Arbeitsspeicher für alle möglichen Zwecke, aber aus der Perspektive eines SQL Server-Entwicklers stehen die folgenden Punkte im Mittelpunkt des Interesses:

- **Puffercache** Die Daten einer SQL Server-Datenbank werden sowohl auf der Festplatte wie auch im Hauptspeicher in Form von Datenseiten (von 8 kB Größe) verwaltet. Alle Änderungen – *INSERT*-, *UPDATE*- und *DELETE*-Anweisungen – werden innerhalb von Datenseiten im Speicher ausgeführt. Nach dem Wegschreiben der geänderten Datenseiten (Dirty Pages) in die Dateien einer Datenbank oder dem Lesen von Seiten durch *SELECT* versucht SQL Server die Seiten solange wie möglich im Speicher zu behalten, um nachfolgende Zugriffe zu beschleunigen. Die Seiten liegen im Puffercache, dem bei weitem größten Speicherbereich von SQL Server.

- **Plancache** Das Vorbereiten der T-SQL-Batches und das Kompilieren der Ausführungspläne nimmt Zeit in Anspruch, die gerade auf Datenbanksystemen mit hoher Benutzerlast deutlich spürbar ist. Die Wiederverwendung der binären Ausführungspläne ist ein wesentliches Mittel, die Prozessorlast zu vermindern. Der Plancache enthält die direkt ausführbaren Abfragepläne. Vor der Kompilierung eines neuen Plans wird zunächst einmal überprüft, ob im Plancache ein wieder verwendbarer Plan vorhanden ist.

- **Lock Memory** Im Lock Memory werden die Sperrobjekte von SQL Server gehalten. Das Koordinieren von Transaktionen wird durch Sperren von Daten- und Indexeinträgen geregelt. Pro gesetzte Sperre – zum Beispiel auf einen Datensatz – gibt es ein oder auch mehrere Sperrobjekte in diesem Speicherbereich.

- **Workspace Memory** Workspace Memory ist Arbeitsspeicher, der den Workerthreads zur Verfügung gestellt wird, um die Abfragen zu verarbeiten.

- **Protokoll-Cache** Der Protokoll-Cache dient dem getrennten Caching von Protokolleinträgen. Transaktionen werden in SQL Server durch ein so genanntes *Write Ahead Protocol (WAL)* implementiert. Details dazu finden Sie in Kapitel 7. Kurz gesagt werden in den Protokolldateien die Änderungen an den SQL Server-Daten mitverfolgt.

Natürlich benötigen die ausführbaren Dateien von SQL Server selbst Arbeitsspeicher. Der »Footprint« dafür ist mit ein paar MB aber vergleichsweise klein, wenn man die anderen Speicherbereiche betrachtet. In der Architektur des SQLOS kümmern sich Subsysteme, die auf den schönen Namen *Memory Clerks* hören, um die Verwaltung einzelner Speicherbereiche. Die Memory Clerks werden im SQLOS vom *Ressource Monitor* überwacht. Der kümmert sich darum, dass die Verwendung des Speichers gleichmäßig verteilt ist und informiert die Memory Clerks über Speicherengpässe.

Auch zum Speichermanagement soll es ein kleines Experiment in Form einer Abfrage einer DMV geben. Führen Sie den Befehl in Listing 2.4 aus, wird eine Übersicht sämtlicher Speicherseiten ausgegeben, die sich gerade im Puffercache von SQL Server befinden (die Ergebnistabelle zeigt natürlich nur einen kleinen Ausschnitt). In der Resultatsmenge findet man unter anderem die Speicheradresse der Seite (*database_id, file_id* und *page_id*), den Typ der Seite und die Spalte *is_modified* zeigt an, ob es sich um eine *Dirty Page* handelt.

```
SELECT
   database_id, file_id, page_id, page_type, is_modified
FROM
   sys.dm_os_buffer_descriptors
```

Listing 2.4 DMV liefert eine Übersicht der Seiten im Puffercache

In der dritten Hauptabteilung des SQLOS geht es um die Ein-/Ausgabeoperationen. Da Operationen, die auf dem Festplatten-Subsystem ausgeführt werden, natürlich um Größenordnungen langsamer sind, als Operationen, die im Hauptspeicher ablaufen, ist die Optimierung der Festplattenzugriffe eine kritische Angelegenheit für ein DBMS. Ähnlich wie bei der Speicherverwaltung, kümmern sich auch hierbei wieder verschiedene kleinere OS-Komponenten um die notwendigen Operationen. Zu denen gehören die folgenden:

- **Transport der Speicherseiten zwischen Puffercache und Disk-Subsystem** Die Aufgabe des Lesens der Datenseiten von den Festplatten und das Zurückschreiben ist Sache des *Buffer Managers*. Das klingt im ersten Augenblick vielleicht trivial, ist aber mit einigen interessanten Fragestellungen verbunden. Falls sich die angeforderte Datenseite nicht im Puffercache befindet, wird sie zuerst aus einer SQL Server-Datei gelesen. Je nach Art des Zugriffs wird entschieden, ob ein *Read-Ahead* versucht werden soll oder nicht. Ein Read-Ahead, bei welchem SQL Server immer 64 Datenseiten (512 KB) auf einen Schlag aus einer Datei liest, bringt Vorteile, wenn die Daten auch tatsächlich alle benötigt werden. Dann kann die Verarbeitung der Daten und das Lesen überlappend vonstatten gehen. Beim Schreiben von Dirty Pages aus dem Puffercache in die Datenbank wird versucht, möglichst viele Seiten für einen gemeinsamen Schreibvorgang zu sammeln. Da das Schreiben im Windows-Betriebssystem generell in Blöcken erfolgt, ist das Schreiben einzelner 8 KB-Seiten weniger effizient. Puffercache-I/O-Operationen erfolgen immer asynchron.

- **Schreiben des Transaktionsprotokolls** Durch das Write-Ahead-Protokoll von SQL Server wird sichergestellt, dass die Änderungen immer *vor* den geänderten Speicherseiten des Puffercaches auf Disk geschrieben werden. Die Geschwindigkeit, mit der das passiert, ist entscheidend für die Arbeitsgeschwindigkeit, mit welcher der Server arbeitet, da nach dem Abschluss einer Transaktion die Protokolleinträge immer synchron geschrieben werden müssen. Verantwortlich für das Schreiben des Transaktionsprotokolls ist der *Log Manager*.

- **Management von Festplattenspeicherplatz** Beim Einrichten neuer Datenbankdaten und beim Vergrößern von Datenbanken muss Speicherplatz in den Datendateien reserviert und initialisiert werden. Beim Reorganisieren wird Speicherplatz zusammengefasst. Auf der I/O-Ebene kümmert sich der *Database Manager* um diese Operationen.

Eng verbunden mit dem Speicher- und I/O-Management ist das Thema der physikalischen Strukturen der SQL Server-Daten- und Protokolldateien. Näheres dazu finden Sie in Kapitel 7.

Auch für I/O-orientierte Aspekte gibt es Analysemöglichkeiten per DMV. Die wichtigste ist ohne Zweifel *sys.dm_io_virtual_file_stats*. Diese dynamische Managementsicht liefert statistische Informationen zu einer Datenbankdatei, wobei besonders die Angaben zu Wartezeiten auf Probleme mit dem Disk-Subsystem hinweisen können. Diese DMV ist übrigens in Wirklichkeit eine Funktion – sie nimmt Parameter entgegen. Beim Aufruf, wie in Listing 2.5, werden die ID einer Datenbank und die Nummer der Datei übergeben. Im Beispiel werden alle Datendateien der wichtigsten SQL Server-Datenbank, das ist die *master*-Datenbank, untersucht. Im Ergebnis findet man die momentane Dateigröße (*size_on_disk_bytes*), die Lesevorgänge (*num_of_reads, num_of_bytes_read*) und eben die Wartezeiten (*io_stall_read_ms*).

```
SELECT
    file_id, num_of_reads, num_of_bytes_read, io_stall_read_ms, size_on_disk_bytes
FROM
    sys.dm_io_virtual_file_stats(DB_ID(N'master'), NULL)
```

Listing 2.5 DMV liefert Informationen zu Datenbankdateien

Die Komponenten von SQL Server

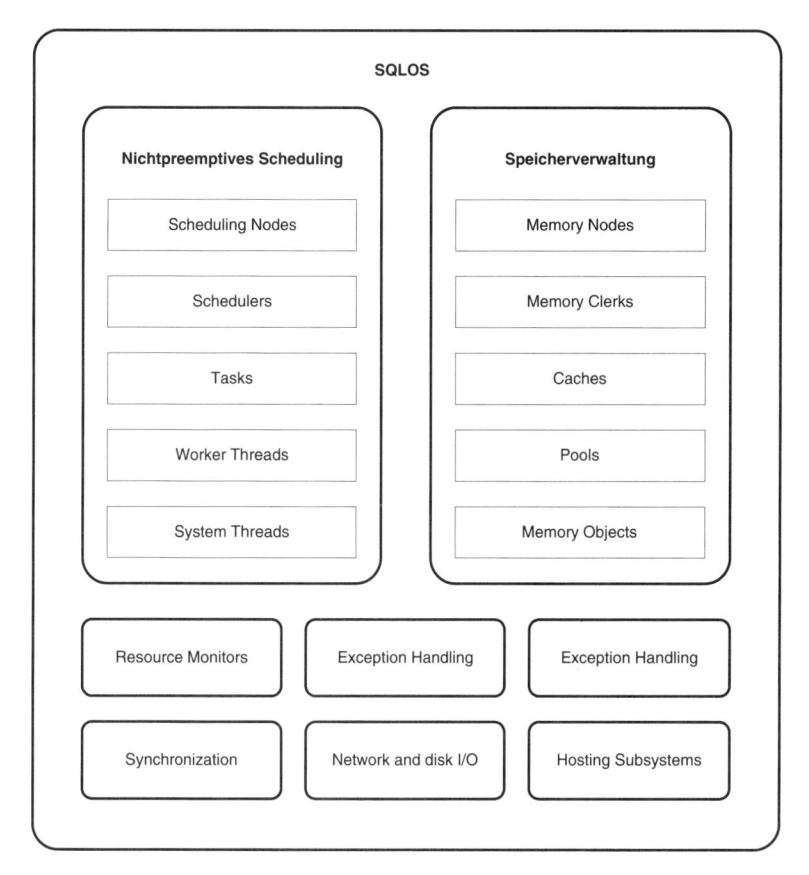

```
┌─────────────────────────────────────────────────────────┐
│                         SQLOS                           │
│  ┌──────────────────────┐  ┌──────────────────────┐     │
│  │ Nichtpreemptives     │  │  Speicherverwaltung  │     │
│  │    Scheduling        │  │                      │     │
│  │  [Scheduling Nodes]  │  │   [Memory Nodes]     │     │
│  │  [Schedulers]        │  │   [Memory Clerks]    │     │
│  │  [Tasks]             │  │   [Caches]           │     │
│  │  [Worker Threads]    │  │   [Pools]            │     │
│  │  [System Threads]    │  │   [Memory Objects]   │     │
│  └──────────────────────┘  └──────────────────────┘     │
│                                                         │
│  [Resource Monitors] [Exception Handling] [Exception Handling] │
│  [Synchronization]   [Network and disk I/O] [Hosting Subsystems] │
└─────────────────────────────────────────────────────────┘
```

Abbildung 2.6 Das SQLOS

Die Art und Weise, wie das SQLOS das Betriebssystem im User Mode gegenüber den restlichen Komponenten der SQL Server-Software versteckt, würde es für die Entwickler von SQL Server im Prinzip einfach machen, das System auf verschiedenen Betriebssystemen zu implementieren. Aber keine Angst: Noch beginnt der Name jedes dieser Betriebssysteme mit der Zeichenfolge »Windows« (XP, 2000, 2003 und Vista).

Die Datenbankmaschine

Das SQLOS stellt wichtige Basisfunktionalitäten zur Verfügung. Wie sieht es aber mit den speziellen Funktionen aus, die ein Datenbankmanagementsystem ausmachen? Zum SQL Server-Dienst gehören noch vier weitere wichtige Subsysteme, durch welche die grundsätzliche Architektur vervollständigt wird: die *Relationale Maschine (Relational Engine)*, die *Speichermaschine (Storage Engine)*, die *SQL Common Language Runtime* und die *Metadatenschnittstelle* (Abbildung 2.7). Diese Komponenten stellen zusammengenommen das dar, was man im Allgemeinen als eine *Datenbankmaschine* bezeichnet. Das ist der nackte Kern eines Datenbankmanagementsystems, der ausreicht, um Datenbanken optimal mit Datensätzen zu füllen und abfragen zu können.

Innerhalb der Datenbankmaschine ist die Relationale Maschine für die Vorverarbeitung der eintreffenden Transact-SQL-Stapel zuständig. Der prinzipielle Ablauf ist schnell erklärt: Der T-SQL-*Parser* untersucht die T-SQL-Befehle auf syntaktische Richtigkeit und Korrektheit der referenzierten Datenbankobjekte. Der *Algebraizer* bringt die Kommandos auf eine interne Normalformdarstellung, die weitere Manipulationen erlaubt. Der *Optimizer* ermittelt anhand der ihm zur Verfügung stehenden Informationen über Inhalte der

Datenbank und zur Verfügung stehender Indizes den bestmöglichen *Abfrageplan (Query Plan)*. Dieser besteht aus einer Reihe von Operationen, die nacheinander oder parallel ausgeführt werden müssen, um das Abfrageergebnis zu liefern. Der letzte Schritt der Verarbeitung besteht in der Kompilierung des Abfrageplans in eine prozessorausführbare Form.

Die Speichermaschine bildet die Ablaufumgebung der ausgeführten Abfragepläne. In ihr sind die möglichen Operatoren in Form physischer *Zugriffsmethoden (Access Methods)* implementiert. Die Speichermaschine kümmert sich um das High-Level-Management der Serverressourcen wie Sperren oder Transaktionsobjekte, die für das Ausführen der Abfragen benötigt werden. Sie steuert auch die Zugriffe des SQLOS auf die Festplatten.

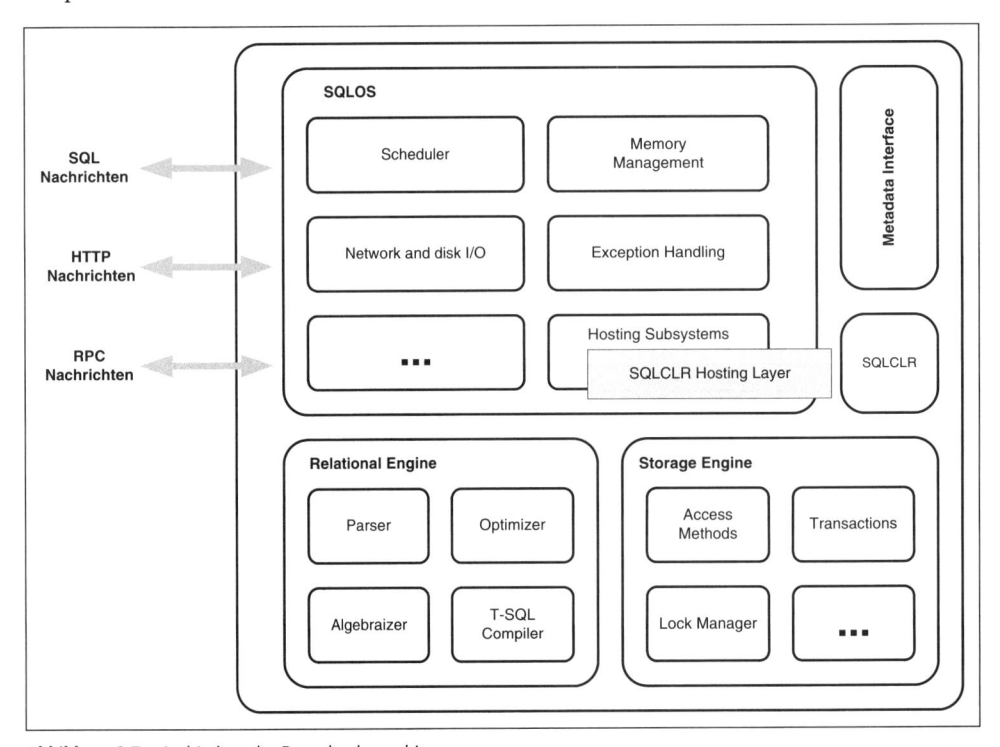

Abbildung 2.7 Architektur der Datenbankmaschine

Eine Teilkomponente des SQLOS ist dafür zuständig, dass die Common Language Runtime innerhalb der Datenbankmaschine gehostet werden kann. Der *SQLCLR Hosting Layer* in den Hosting Subsystems stellt einen spezialisierten .NET Runtime Host dar (ähnlich wie ASP.NET ein spezialisierter .NET Runtime Host ist). Ein Runtime Host ist dafür zuständig, die .NET Runtime-Umgebung zu laden und Assemblys darin auszuführen. SQL Server 2008 kann ausschließlich mit dem .NET Framework 3.5 SP1 oder höher zusammenarbeiten.[2] Dieses stellt ein Interface zur Verfügung, welches es dem Host erlaubt, Einfluss auf bestimmte interne Aktivitäten zu nehmen. Dazu gehören das Laden der Assemblys an sich, das Threading, die I/O-Verarbeitung, die Ereignisbehandlung und andere Kernaufgaben.

---

[2] Das .NET Framework 3.5 SP1 wird mit dem Setup von SQL Server auf dem Computer installiert.

SQL Server nutzt die volle Bandbreite dieser Eingriffsmöglichkeiten, um die CLR an die Bedürfnisse eines Datenbankmanagementsystems anzupassen und in das Ressourcenmanagement zu integrieren. Ein Beispiel: Wenn dem Resource Manager von SQL Server der Speicherplatz ausgeht, dann kann er nicht nur die SQL Server Memory Clerks informieren, sondern auch die SQLCRL darauf hinweisen, dass es höchste Eisenbahn für eine gründliche Garbage Collection wird. Die SQLCLR fordert ihren Speicher letzten Endes auch über eine Memory Clerk Speicherstruktur an.

Vor allen Dingen überlässt SQL Server der SQLCLR nicht die Verwaltung eines eigenen Thread Pools. So wird aus dem preemptiven Standard-Pooling der CLR das kooperative Pooling des SQLOS.

Kommunikation

Wenn sich SQL Server und seine Standard-Clients unterhalten (HTTP-Webservice-Clients sind hier nicht gemeint), verwenden sie dazu ein Protokoll auf Anwendungsebene, welches den Namen *Tabular Data Stream (TDS)* trägt. Dieses Protokoll ist perfekt dazu geeignet, T-SQL-Abfragen zu SQL Server zu schicken und die Ergebnis-*Rowsets* zurück zum Client zu schicken. Die Datenströme des TDS-Protokolls benötigen ein Vehikel, welches die Verbindung und den Transport übernimmt. SQL Server stellt dafür verschiedene Kommunikationsmechanismen zur Verfügung. Die *Server Network Interface*-Protokollschicht *(SNI)* ist die Ebene im SQL Server Protokollstack, die das Verpacken in eines der möglichen Transportprotokolle besorgt. SNI ist der Nachfolger der früheren Netzwerkbibliotheken (Net Libraries), die Sie möglicherweise noch von SQL Server 2000 her kennen.

Folgende Kommunikationswege stehen zwischen verschiedenen Clients und dem Server zur Verfügung:

- **Shared Memory** Shared Memory ist kein Transportprotokoll im üblichen Sinne sondern eine Windows-Funktionalität, die es Prozessen ermöglicht, über gemeinsam genutzte Speicherbereiche in ihrem virtuellen Adressraum miteinander zu kommunizieren. SNI kümmert sich um die Synchronisation der Speicherzugriffe über die entsprechenden Windows-APIs. Shared Memory kann selbstverständlich nur dann verwendet werden, wenn sich beide Prozesse auf ein und derselben Maschine befinden. Dann ist es ein sehr schneller Weg, Daten auszutauschen und daher wird es von SQL Server auch automatisch ausgewählt, wenn keine anderen Vorgaben vorhanden sind.

- **Named Pipes** Named Pipes sind ein Windows-Interprozess-Kommunikationsmechanismus, der den Datenaustausch analog dem Schreiben und Lesen von Dateien als FIFO-Puffer realisiert. Diese Art der Kommunikation und den Begriff *Named Pipe* findet man in verschiedenen Betriebssystemen, vor allem in UNIX-Derivaten. Die Adressierung von Named Pipes erfolgt nach dem UNC-Standard in der Form *Servername**Pipe**PipeName*. Der Servername kann dabei der NetBIOS-Name, eine IP-Adresse oder die Abkürzung ».« (ein Punkt) für den lokalen Server sein. Named Pipes können innerhalb eines Netzwerks benutzt werden, wenn eines der Transportprotokolle installiert ist, welche das Common Internet File Protocol unterstützen: unter anderem TCP/IP, NetBUI oder IPX.

- **TCP/IP** Über das Standardprotokoll TCP/IP muss man wohl nicht viele Worte verlieren, und das mache ich auch nicht.

- **VIA** VIA steht für *Virtual Interface Adapter*, ein Protokoll, das Microsoft vor ein paar Jahren gemeinsam mit Hardwareherstellern entwickelt hat, um hoch performanten Netzwerkverkehr mit möglichst wenig Overhead zwischen Servern zu ermöglichen. Das kann Ethernet aber schon längere Zeit noch schneller, besser und billiger, sodass VIA keine Rolle mehr spielt. Das Protokoll ist aus Gründen der Abwärtskompatibilität weiterhin vorhanden, aber standardmäßig abgeschaltet.

Es drängt sich jetzt ein wenig die Frage auf, welches Protokoll unter welchen Bedingungen verwendet werden sollte. In speziellen Fällen ist die Antwort sofort klar: Shared Memory wird verwendet, wenn der SQL Server-Client und SQL Server sich auf ein und derselben Maschine befinden. Das ist immer bei Desktop-Anwendungen der Fall, recht häufig bei kleineren ASP.NET-Applikationen anzutreffen und auch bei Middleware-Architekturen eine mögliche Alternative.

TCP/IP *müssen* Sie einsetzen, wenn auf SQL Server über das Internet oder ein Extranet zugegriffen wird. In einem schnellen lokalen Netzwerk spielt es keine große Rolle, ob TCP/IP oder Named Pipes eingesetzt wird. TCP/IP ist das schlankere Protokoll und verbraucht weniger Netzwerkbandbreite. Named Pipes bieten zwar im Prinzip ein Plus an Funktionalität – als Entwickler von SQL Server-Applikationen kann Ihnen das aber egal sein, da TCP/IP das TDS-Protokoll genauso zuverlässig, aber eben effizienter transportiert. Named Pipes spielen daher unter Umständen bei bestimmen »historischen« SQL Server-Anwendungen oder Netzwerkumgebungen (IPX) noch eine Rolle, können ansonsten aber vernachlässigt werden. Nach einer frischen Installation einer SQL Server-Instanz sind nicht alle Protokolle aktiviert und müssen bei Bedarf erst einmal über den SQL Server-Konfigurations-Manager eingeschaltet werden.

Und damit ist die Zeit für ein paar praktische Experimente gekommen! Falls Ihre Ergebnisse von den hier gezeigten abweichen, überprüfen Sie am besten im SQL Server-Konfigurations-Manager, ob sämtliche Protokolle aktiviert sind und der SQL Server-Browser gestartet wurde.

Die dynamische Managementsicht *sys.dm_exec_connections* gestattet es Ihnen zu überprüfen, welche Verbindungen zum SQL Server-Dienst gemacht wurden und welche Protokolle dazu verwendet wurden. Lassen Sie einmal das folgende Beispielskript im T-SQL-Editor ablaufen:

```
SELECT
    session_id, connect_time, net_transport, protocol_type, encrypt_option,
    local_net_address, local_tcp_port
FROM
    sys.dm_exec_connections
```

Listing 2.6 Anzeigen der aktuellen Verbindungen

Je nachdem, was gerade auf Ihrem Server los ist, welche Dienste im Hintergrund laufen und welche T-SQL-Editorfenster Sie zusätzlich geöffnet haben, kann es jetzt eine ganz unterschiedliche Anzahl an Serververbindungen geben. Auf meinem Rechner sind nur zwei Verbindungen vorhanden, deren Daten so aussehen:

session_id	connect_time	net_transport	protocol_type	encrypt_option	local_net_address	local_tcp_port
51	2009-07-28 12:22:45.877	Shared memory	TSQL	FALSE	NULL	NULL
52	2009-07-28 12:22:46.147	Shared memory	TSQL	FALSE	NULL	NULL

Momentan gibt es also zwei Verbindungen, die über Shared Memory hergestellt wurden. In der Spalte *protocol_type* finden Sie das verwendete Anwendungsprotokoll. *TSQL* meint das für SQL Server spezifische TDS-Protokoll, als Alternative kommt noch SOAP in Frage, wenn die Verbindung über einen Webservice hergestellt wird.

Ein Client kann nun explizit ein spezielles Protokoll anfordern. Das geht auch im Management Studio: Öffnen Sie eine neue leere T-SQL-Abfrage über das Menükommando *Datei/Neu/Datenbankmodul-Abfrage*. Es öffnet sich das Dialogfeld zur Einstellung der Anmeldungs- und Verbindungseigenschaften. Klicken Sie auf *Optionen>>*, um zu den Eigenschaften zu gelangen (Abbildung 2.8). Hier lässt sich aus der Dropdown-Liste gezielt eines der vorhandenen Protokolle auswählen. Nach dem Verbinden wird ein neues Editorfenster geöffnet, das über TCP/IP mit dem Server kommuniziert. Das können Sie leicht überprüfen, indem Sie Listing 2.6 erneut laufen lassen. Es erscheint eine zusätzliche Ergebniszeile mit diesen Eigenschaften:

Die Komponenten von SQL Server

```
session_id  connect_time            net_transport  protocol_type  encrypt_option  local_net_address  local_tcp_port
53          2006-07-28 13:04:15.597 TCP            TSQL           FALSE           192.168.2.5        1466
```

Zu der neuen Verbindung wird TCP als Transportmechanismus angezeigt und zusätzlich die Werte *192.168.2.5* als *local_net_address*, sowie *1466* als *local_tcp_port*. Dies sind die TCP/IP-Einstellungen für SQL Server, mit dem das Management Studio eine Verbindung hergestellt hat. Der SQL Server-Browser-Dienst hat den Instanznamen und das angegebene Transportprotokoll benutzt, um eine Verbindung mit der Datenbankmaschine herzustellen, die unter dieser Adresse läuft.

Abbildung 2.8 Ändern des Protokolls in den Verbindungseigenschaften

Administratoren können sich dazu entscheiden, SQL Server-Instanzen im Netzwerk zu verstecken, sodass Sie vom Browser-Dienst ignoriert werden. Das Scannen der Server und das Verbinden werden dadurch ein wenig erschwert. Clients können sich dann nur noch mit dem Server verbinden, indem Sie dessen Adresse vollständig angeben, bei TCP/IP unter Einbeziehung der Port-Nummer. Mögliche Beispiele sind *meinserver:1466* oder 192.168.2.5:1466.

Soll die Verbindung über eine Named Pipe hergestellt werden, benötigen Sie deren Namen. Sie finden die Voreinstellung in der *SQL Server-Netzwerkkonfiguration* des SQL Server-Konfigurations-Managers unter den Eigenschaften für Named Pipes. Ein Beispiel dafür ist *\\.\pipe\MSSQL\sql\query*. Starten Sie, wie gerade beschrieben, einmal eine neue Abfrage, und geben Sie diesen Pipe-Namen in das Feld *Servername* des Dialogfelds ein. Belassen Sie den Wert für die Dropdown-Liste *Netzwerkprotokoll* auf *Standard*. Sie werden feststellen, dass im Management Studio ein neues Abfragefenster geöffnet wird, welches über eine Named Pipe verbunden ist. Die Auswahl des Transportprotokolls können Sie aus der Client-Programmierung heraus festlegen, indem Sie den Verbindungsparameter *Network* in einer Verbindungszeichenfolge für ODBC oder OLEDB verwenden. Mit dem Wert *TCP/IP* zum Beispiel legen Sie eben diese Kommunikationsart fest.

Ein wichtiges neues Konzept seit SQL Server 2005 sind die Kommunikations-*Endpunkte (Endpoints)*. In den früheren SQL Server-Versionen ging es sehr übersichtlich zu, was die möglichen Verbindungen mit einer SQL Server-Instanz anging. Die Kommunikation lief auf Anwendungsebene ausschließlich über das für SQL Server spezifische Tabular Data Stream Protocol (TDS) ab. Auf der Transportebene gab es die Protokolle, die gerade vorgestellt wurden, und ein paar weitere, die inzwischen obsolet sind (u.a. Banyan Vines und Apple Talk). Jede Client-Zugriffsbibliothek benutzte TDS, um mit dem SQL Server zu kommunizieren. Bei den Sicherheitseinstellungen konnten Benutzerkonten entweder zugelassen werden oder nicht. Punkt.

Mit dem Konzept der Endpunkte wird es machbar, viele verschiedene Kommunikationswege einzurichten, die für unterschiedliche Anwendungsprotokolle zur Verfügung stehen, unterschiedlichen Sicherheitsansprüchen genügen und für verschiedene Anwendungen genutzt werden können. Die Kommunikation wird viel feiner konfigurierbar. Neue Endpunkte können für die Transportprotokolle HTTP und TCP eingerichtet werden und für die folgenden *payloads* (Einsatzzwecke) genutzt werden:

- **TSQL**   Das ist das klassische TDS-Protokoll für T-SQL-Batches und Ergebnisse.
- **SOAP**   Das ist das Webservice-Protokoll. Falls Sie dieses für einen eigenen Webservice nutzen möchten, sollten Sie beachten, dass Microsoft die Unterstützung für native SQL Server Webservices (leider!) mit SQL Server 2008 abgekündigt hat.
- **SERVICE BROKER**   Das ist das Protokoll für Service Broker-Nachrichten.
- **DATABASE MIRRORING**   Das ist das Protokoll für die Datenbank-Spiegelung.

Für jeden neu eingerichteten Endpunkt kann festgelegt werden, wer ihn benutzen darf – so können Sie Intranet-Benutzer von Webbenutzern trennen, bestimmen, ob die Kommunikation verschlüsselt abläuft (und wie verschlüsselt wird), wie die Authentifizierung abläuft und so fort. Eine Übersicht über die in einer Instanz aktivierten Endpunkte erhalten Sie mit einer DMV, wie in Listing 2.7 vorgestellt.

Im Beispiel-Ergebnis sehen Sie die Standardendpunkte, die vorhanden sind, wenn alle Protokolle einer Instanz aktiviert wurden, sowie einen weiteren Endpunkt für das Mirroring. Neue Endpunkte richten Sie über das Kommando *CREATE ENDPOINT* ein. Das Starten und Stoppen von Endpunkten führen Sie ebenfalls über T-SQL durch. Die SQL Server Management Tools erlauben in der Version 2008 nur noch das Löschen von Endpunkten in der GUI.

```
SELECT
    name, protocol_desc, type_desc, state_desc
FROM
    sys.endpoints
```

Listing 2.7   DMV liefert eine Übersicht der Endpunkte

name	protocol_desc	type_desc	state_desc
Dedicated Admin Connection	TCP	TSQL	STARTED
TSQL Local Machine	SHARED_MEMORY	TSQL	STARTED
TSQL Named Pipes	NAMED_PIPES	TSQL	STARTED
TSQL Default TCP	TCP	TSQL	STARTED
TSQL Default VIA	VIA	TSQL	STARTED
netShopPrincipal	TCP	DATABASE_MIRRORING	STARTED

Client APIs für SQL Server

Vom Client aus betrachtet gibt es nicht nur unterschiedliche Protokolle, sondern auch diverse Interfaces, die ein Verbinden mit SQL Server ermöglichen:

- OLE DB
- ODBC
- JDBC

- ADO.NET
- ADO

Damit Clients mit SQL Server kommunizieren *und* seine Möglichkeiten dabei in *vollem* Umfang nutzen können, muss auf dem Client-Computer der *SQL Server Native Client* installiert sein. Nur durch den SQL Native Client werden exklusive SQL Server Features, wie das automatische Failover bei der Datenbankspiegelung, die speziellen SQL Server-Datentypen (*XML*, *varchar(MAX)*, *geography* etc.) und Query Notifications voll unterstützt. Der SQL Native Client enthält sowohl den SQL OLE DB Provider, den SQL Server ODBC-Treiber, wie auch den *System.Data.SqlClient*-Namespace, der es ermöglicht, in einer ADO.NET-Programmierung über den Native Client ohne die Umwege über OLE DB oder ODBC direkt mit SQL Server 2008 zu kommunizieren.

Microsoft beschreitet hier einen neuen Weg. Während bisher die verfügbaren Datenzugriffskomponenten immer als Bündel ausgeliefert wurden, gibt es den SQL Native Client nun als separates Paket. Dies müssen Sie mit Ihrer Applikation verteilen, wenn Sie Funktionen des SQL Native Client nutzen möchten. In der Linksammlung zu diesem Buch finden Sie die aktuellen Webadressen für den Download und die Dokumentation. Durch das Setup der Clientkomponenten im Zuge der SQL Server 2008-Installation auf Ihrem Entwicklerrechner haben Sie den SQL Native Client automatisch mit installiert. Wenn Sie nicht mit ADO.NET entwickeln (und dabei vernünftigerweise *System.Data.SqlClient* einsetzen), sondern beispielsweise über ODBC auf SQL Server 2008 zugreifen möchten, dann geht das völlig problemlos. Während der ODBC-Datenquellenkonfiguration (Abbildung 2.9) wählen Sie dazu einfach den ODBC-Treiber *SQL Server Native Client 10.0* aus, und Sie bekommen anschließend die ganz normalen ODBC-Einstellmöglichkeiten zu sehen. Es gibt keine speziellen Parameter – mit einer Ausnahme: Sie können den Namen eines Spiegelservers für das Failover vereinbaren.

In den Verbindungszeichenfolgen, die Sie aus einer Programmierung heraus verwenden, gibt es einige besondere SQL Server Schlüsselworte und Parameter. In einem Connectionstring (einer Verbindungszeichenfolge) für ADO.NET verwenden Sie den Parameter *Provider=SQLNCLI*, um den SQL Native Client anzusprechen. Um Schwierigkeiten mit den neuen Datentypen zu vermeiden, können Sie zusätzlich die Einstellung *DataTypeCompatibility=80* vornehmen. Zusätzliche Parameter sind unter anderem *FailoverPartner* (erklärt sich von allein, oder?) und *MarsConn*; damit aktivieren Sie die *Multiple Active Result Sets* – Kapitel 22 erläutert diese Funktion des Servers genauer.

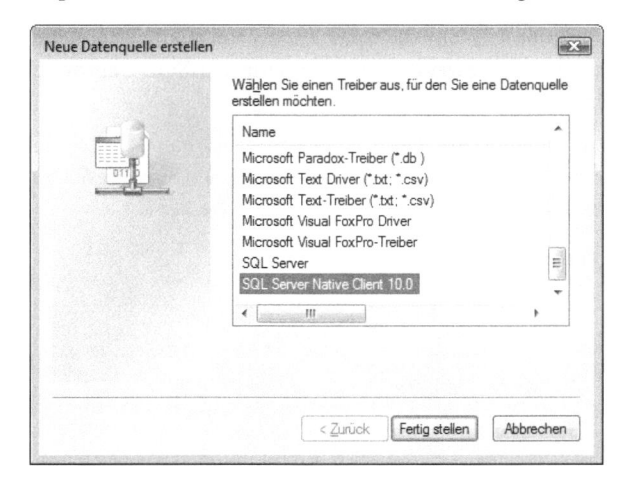

Abbildung 2.9 ODBC-Datenquelle mit SQL Native Client

Metadatenschnittstellen

Für den neugierigen Entwickler ist es immer interessant, das System, gegen das er »anprogrammiert«, genau beobachten zu können. Die Möglichkeiten dazu sind seit SQL Server 2005 durch die Einführung einer neuen und vereinheitlichten Metadatenschnittstelle stark verbessert worden. Statische und dynamische Systeminformationen werden über Systemsichten und -Funktionen bereitgestellt. Die Metadatenobjekte von SQL Server können Sie in der Entwicklertätigkeit vielfältig einsetzen. Sie können dem SQLOS auf die Finger schauen, Dinge wie die Speicherverwendung überwachen, Wartezeiten und Blockierungen messen. Auch für die Dokumentation einer Datenbank sind sie gut geeignet. Um ein wenig Systematik in die riesige Menge der Metadatenobjekte zu bringen, ist es sinnvoll, die folgende Einteilung (analog zur Onlinedokumentation) zu verwenden:

- **Katalogsichten** Diese bilden das Nachschlagewerk, über welches man sich die Objekte des Servers und der Datenbanken sowie deren Eigenschaften anzeigen lassen kann. Katalogsichten sind sehr gut für die Dokumentation geeignet.

- **Information Schema Views** Ähnlich wie Katalogsichten dienen Information Schema Views der Auflistung von Objekten. Sie tun das so, wie es in den ANSI-SQL-Spezifikationen vorgeschrieben ist. Das ist letzten Endes auch der Grund für ihr Vorhandensein in SQL Server. Information Schema Views stellen Objektinformationen standardisiert zur Verfügung – liefern aber leider viel weniger Informationen als die proprietären Katalogsichten.

- **Kompatibilitätssichten** Da sich seit SQL Server 2005 die Metadatenschnittstellen so dramatisch geändert haben, besteht die Gefahr, dass ältere Programme, die Informationen direkt aus den SQL Server 2000-Systemtabellen bezogen haben, nach einer Portierung auf den neuen Server nicht mehr funktionieren. Kompatibilitätssichten stellen sicher, dass solche Probleme nicht auftreten. So gab es in früheren Versionen von SQL Server die Systemtabelle *sysusers,* die man abfragen konnte, um eine Liste der Benutzer in einer Datenbank zu erhalten. Diese Systemtabelle wurde durch die Katalogsicht *sys.database_principals* ersetzt. Gleichzeitig gibt es in der aktuellen Version des Servers eine Sicht *sysusers*. Sie können sich allerdings nicht darauf verlassen, dass dies in zukünftigen Versionen auch der Fall sein wird und müssen Ihre alten Programme entsprechend anpassen.

- **Dynamic Management Views und Funktionen** Die DMVs sind ein wirkliches Highlight seit SQL Server 2005. Mit ihrer Hilfe lassen sich die internen Zustände des SQLOS und der wichtigsten Subsysteme präzise überwachen. Sie können eingesetzt werden, um problematische Codesequenzen in der Programmierung zu identifizieren sowie Hardwaremängeln auf die Spur zu kommen, und sie helfen ganz allgemein beim Optimieren von Datenbanken und Anwendungen. Im Transact-SQL-Teil dieses Buchs werden Ihnen eine Menge DMVs begegnen.

In den vorherigen Abschnitten haben Sie ja schon Beispiele dafür kennen gelernt, was man so alles mit DMVs abfragen kann. Damit Sie einen Eindruck davon bekommen, welche Informationen Katalogsichten liefern, folgt an dieser Stelle ein kleines Beispiel dazu:

```
-- Konfigurationsparameter der aktuellen Serverinstanz
SELECT * FROM sys.configurations

-- Die Datenbanken in der aktuellen Serverinstanz
SELECT * FROM sys.databases

-- Die Objekte in einer Datenbank
SELECT * FROM sys.objects
```

Listing 2.8 Ein paar Abfragen mit Katalogsichten

Es gibt eine große Anzahl von Systemsichten und die Orientierung fällt gerade am Anfang nicht leicht. Neben den durchaus brauchbaren Beschreibungen in den Books Online hat Microsoft eine »Landkarte« herausgegeben, auf welcher die Systemsichten und vor allen Dingen die *Beziehungen* zwischen diesen dargestellt sind (die sind manchmal nicht ganz offensichtlich). Sie finden das PDF-Dokument in den Materialien zu diesem Buch.

Verbindungsserver

Das Konzept der *Verbindungsserver (Linked Server)* ermöglicht ein besonders elegantes Arbeiten mit externen Datenquellen. Im Grunde kann jede beliebige ODBC- oder OLE DB-Datenquelle zu einem Verbindungsserver gemacht werden. Ist dies geschehen, dann kann von einem Client aus auf die Datenbestände dieser Datenquelle zugegriffen werden, so als befänden sich diese auf SQL Server selbst. Für den Anwender ist es vollkommen transparent, wo sich die Daten seiner Applikation befinden. Entsprechende Berechtigungen vorausgesetzt, kann er aus seiner Anwendung heraus Daten bearbeiten, die sich beispielsweise auf einem Oracle-Server befinden. Es ist sogar problemlos möglich, in einer einzigen Abfrage Daten aus verschiedenen Verbindungsservern miteinander zu verknüpfen. Der Client ist dabei nur mit SQL Server direkt verbunden. Dieser stellt bei Bedarf die weiteren notwendigen Netzwerkverbindungen her, meldet sich bei den Verbindungsservern an und führt Abfragen auf diesen aus. Wurden Tabellen über einen Verbindungsserver eingebunden, dann kann über ein vierteiliges Namensschema auf diese zugegriffen werden: *server.datenbank.schema.tabelle*. Je nach Datenquelle sind da Varianten möglich. Bei einer Access-Datenbanktabelle fallen beispielsweise zwei Bestandteile raus und übrig bleibt die Form *server...tabelle*.

Verbindungsserver kann man über das Management Studio oder mit T-SQL einbinden. Der Server bekommt dabei einen logischen Namen, über den er in der Programmierung angesprochen werden kann, außerdem müssen die Eigenschaften des OLE DB-Providers konfiguriert werden. Vor der Einrichtung des Verbindungsservers sollten eventuell benötigte Netzwerkclients für Datenbankmanagementsysteme installiert und gut getestet worden sein. Bei der Einrichtung liegt der Teufel häufig im Detail. Das Funktionieren ist bisweilen von der richtigen Provider- oder Treiberversion abhängig und kann hin und wieder ein wenig »Fummelei« bedeuten. Natürlich wird man auf einen verbundenen Server nicht »einfach so« ohne Authentifizierung zugreifen können, sondern muss sich an diesem ordentlich über ein Benutzerkonto anmelden. Dafür gibt es verschiedene Möglichkeiten: von der Verwendung eines einzelnen Remote-Benutzerkontos, über das Durchreichen der lokalen SQL Server-Anmeldung, bis hin zu einem Mapping von lokalen auf Remotekonten.

Hat die Verbindung geklappt, kann es losgehen mit den verteilten Abfragen. Das SQL Kommando *SELECT * FROM RemoteSQLServer.netShop.SalesDepartment.Customers* fragt beispielsweise Kundeninformationen aus einer Datenbank *netShop* des verbundenen Servers *RemoteSQLServer* ab. Die Ergebnisdatenmenge kann im lokalen SQL Server beliebig weiterverarbeitet werden. Nicht immer ist es möglich, diesen direkten Weg zu beschreiten. Vor allen Dingen dann, wenn der Zielserver eine abweichende Syntax verlangt. In solch einem Fall kann mit der T-SQL-Funktion *OPENQUERY* eine Passthrough-Abfrage eingesetzt werden, die den Abfragetext am Syntaxcheck vorbei direkt an den Verbindungsserver schickt und eine Ergebnismenge an die Datenbankmaschine zurückliefert. Mit dem T-SQL-Befehl *SELECT * FROM OPENQUERY(netShopOLAP, 'SELECT [product].children ON COLUMNS, [store].children ON ROWS FROM sales WHERE [unit sales]')* wird eine in der Sprache MDX formulierte Analyseabfrage an den entfernten Server *netShopOLAP* geschickt, hinter dem sich ein Analysis Services-Cube verbirgt.

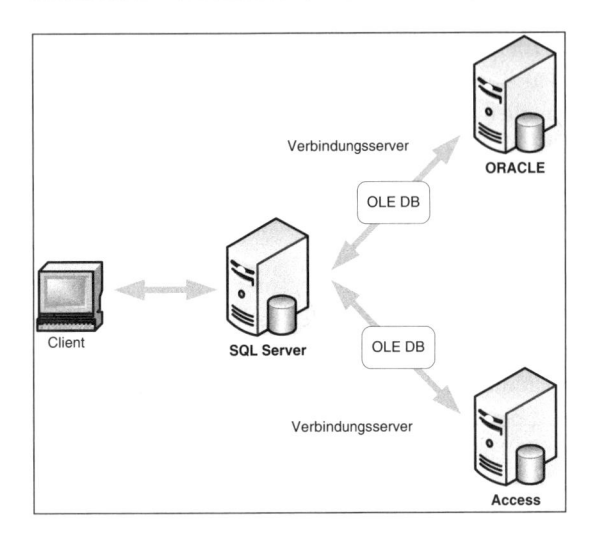

Abbildung 2.10 Verteilte heterogene Abfrage

SQL Server auf 64-Bit-Systemen

Die allerwichtigste Betriebssystemressource für ein Datenbankmanagementsystem ist ganz eindeutig der Hauptspeicher. Noch vor den Prozessoren, dem Bussystem und dem Festplatten-Subsystem bestimmt die Menge und Zugriffsgeschwindigkeit des Hauptspeichers ganz entscheidend die Gesamtperformance des Systems. Ein Prozessor mit 32-Bit-Adressraum kann einem Betriebssystem maximal 4 GByte für die direkte Adressierung zur Verfügung stellen (ein 32-Bit-Pointer gibt eben nur $2^{32} \approx 4$ Mrd. Adressen her). Unter Windows 2000 oder 2003 können von diesem Adressraum maximal 3 GByte für Anwendungen zur Verfügung gestellt werden (und auch dann nur, wenn der Schalter /3 GByte in der *Boot.ini* eingesetzt wird, anderenfalls stehen nur 2 GByte zur Verfügung).

Aktuelle 32-Bit-Prozessoren kennen einen erweiterten Adressierungsmodus, Physical Address Extension genannt, der durch die Verwendung eines Offsets erlaubt, bis zu 64 GByte Hauptspeicher zu verwenden. Windows unterstützt diesen erweiterten Adressraum durch die Betriebssystemerweiterung *Address Windowing Extension (AWE)*. Ohne AWE kann ein Prozess nur bis zu 4 GByte Hauptspeicher nutzen, mit AWE im Prinzip den gesamten Adressraum. Allerdings müssen dazu spezielle Systemaufrufe verwendet werden, die einen deutlichen Overhead erzeugen und der AWE-Speicher ist nicht ohne weiteres für beliebige Zwecke nutzbar. Das schränkt die Verwendung deutlich ein. Bei SQL Server wird AWE-Speicher ausschließlich für den Puffer-Cache eingesetzt und für nichts sonst. Das bedeutet, dass der Prozedurcache, der Log Cache, der Verbindungsspeicher, der Speicher für Sperren und andere wichtige Speicherbereiche nicht von dem zusätzlichen Systemspeicher profitieren können.

Auf einem 64-Bit-Server können theoretisch 2^{64} Adressen, das sind 17.179.869.184 GByte Hauptspeicher direkt adressiert werden. Derzeit (Herbst 2009) können von Windows Server 2008 allerdings »nur« 2 TByte verwendet werden. In den Windows-Versionen der nächsten Generation könnten bis zu 8 TByte direkt durch Benutzerprozesse adressierbar sein. Einige der 64-Bit-Vorteile sind:

- **Großer Adressraum** 1-TByte-Speicher sind direkt, ohne den Umweg über eine API, verwendbar
- **Verbesserte Parallelverarbeitung** 64-Bit-Chips enthalten Features, welche die Performance bei der Parallelverarbeitung steigern
- **Verbesserte Busarchitektur** Die Busarchitektur der neuen 64-Bit-Chipsätze ist breiter *und* schneller. Der Durchsatz zwischen Cache und Prozessor wird deutlich erhöht.

Falls man noch Beweise für die Vorteile von 64-Bit-Systemen sucht, dann sollte man einen Blick auf die Benchmarks des *Transaction Processing Councils* (TPC) werfen. Im TPC-C Test schaffen es nur noch 64-Bit-Installationen bis ganz nach oben. Vom zusätzlichen Speicher profitieren alle SQL Server-Speichermodule. Beispielsweise können sehr viele komplexe Abfragepläne im Speicher gehalten werden, was zu weniger Rekompilierungen führt und die Prozessoren entlastet. Und selbstverständlich wird durch einen großen Bufferpool durch das Caching von Datenseiten das I/O-Subsystem deutlich entlastet. Viele Operationen – beispielsweise große *JOIN*-Abfragen zwischen Tabellen, die infolge von Speichermangel auf den Festplatten (in der *tempdb*-Datenbank) hätten ausgeführt werden müssen, können direkt im Hauptspeicher ablaufen. Dies alles sind Performance-Booster par excellence. Auf einem 64-Bit-Betriebssystem können Sie prinzipiell auch eine 32-Bit-Instanz von SQL Server installieren. Diese läuft dann im einem 32-Bit-Subsystem des Servers (welches auf den schönen Namen WOW64 hört). Das funktioniert allerdings *nicht* für Cluster-Installationen und es gibt auch keine guten Gründe dafür.

SQL Datenbankmail

In SQL Server 2008 gibt es einen bequemen, einfach zu nutzenden Weg aus einer Datenbankanwendung heraus Mails zu verschicken. Die *SQL Datenbankmail*-Komponente ist Bestandteil der Datenbankmaschine (läuft aber aus Sicherheitsgründen als getrennter Prozess) und hat ein paar pfiffige Eigenschaften, die sie zum Mittel der Wahl werden lassen, wenn es darum geht, aus einer Anwendung heraus E-Mails zu verschicken.

- Der Mailversand erfolgt über SMTP, wobei Failsave-Konten angegeben werden können. Die Anwendungen müssen sich nicht selbst um die Ausfallsicherheit kümmern.

- Der Mailversand läuft asynchron im Hintergrund ab. Selbst wenn Sie – zum Beispiel bei Massenmailings – einen ganzen Berg von Mails versenden möchten, hält das Ihre Anwendungen nicht auf. Datenbankmail verwendet intern Warteschlangen des Service Brokers, um E-Mails zu verarbeiten. Nach der Übergabe der Nachricht an den Broker – das dauert nur ein paar Millisekunden – kann die aufrufende Prozedur sofort weiterarbeiten.

- Datenbankmail ist 64-Bit- und clusterfähig. Das ist eigentlich selbstverständlich. Ich erwähne es nur, weil die in früheren SQL Server-Versionen vorhandene SQL Mail-Schnittstelle diese Eigenschaften nicht aufwies.

Nachdem Datenbankmail über die Benutzeroberfläche oder T-SQL konfiguriert wurde, ist das Versenden von Nachrichten mit der gespeicherten Prozedur *sp_send_dbmail* möglich. Neben dem Senden »gewöhnlicher« Nachrichten können Ergebnismengen von Abfragen als Anhang im Textformat verschickt werden.

Tracing, Profiling und Auditing

Eine typische Aufgabenstellung für Datenbankentwickler oder -administratoren ist die Überwachung der Aktivitäten in der Datenbankmaschine. Anlässe dafür kann es viele geben: Möglicherweise müssen in sensitiven Anwendungen die Datenzugriffe genau protokolliert werden, fehlerhafter Anwendungscode soll ermittelt werden oder es sollen für Performanceuntersuchungen die »teuersten« Abfragen gefunden werden. Der SQL Server stellt für das Monitoring von Aktivitäten nicht nur ein, sondern gleich mehrere Verfahren und Werkzeuge zur Verfügung.

SQL Trace ist eine Komponente der Datenbankmaschine, die Ereignisse auf dem Server abfangen und protokollieren kann. SQL Trace wird entweder für serverseitige Traces genutzt – dann werden die Traces per T-SQL eingerichtet (mit Prozeduren wie *sp_trace_setevent* oder *sp_trace_setstatus*) oder im Tool *SQL Server Profiler* eingesetzt. Mithilfe des Profilers können Traces bequem in einer Benutzeroberfläche eingerichtet werden. Der Profiler ist allerdings nichts anderes als ein Wrapper für die SQL Trace-Funktionalitäten. Es stehen jede Menge

Events zur Verfügung, die ausgewertet werden können. *SQL:BatchCompleted* beispielsweise zeigt an, dass ein T-SQL-Befehlsstapel vollständig ausgeführt wurde. In den Informationen zu diesem Event werden unter anderem der SQL-Text, sowie Ausführungszeiten und IO-Aufwände zur Verfügung gestellt.

SQL Server Audit ist ein alternatives Monitoring-Verfahren, das dann eingesetzt werden kann, wenn es nur um die reine Aufzeichnung der T-SQL-Befehle geht, die von Benutzern in einer Datenbank oder auf dem Server ausgeführt werden. Die Audits enthalten keine zusätzlichen Informationen, die für eine Optimierung von Anwendungen herangezogen werden könnten. Audits wurden mit SQL Server 2008 neu eingeführt und sollten immer dann benutzt werden, wenn es um die reine Sicherheitsüberwachung geht. Gegenüber den Traces verbrauchen Audits viel weniger Ressourcen und können so problemlos auf einem belasteten Produktivserver eingesetzt werden. Hinter den Audits steht die Technologie der Extended Events und *diese* wird jetzt erklärt.

Extended Events

Eine unscheinbare aber wichtige Neuerung, die mit SQL Server 2008 eingeführt wurden stellen die *Extended Events* (XE) dar. Wie andere Bestandteile der SQL Server Datenbankmaschine (Beispiel: Services Broker) wird das SQL Server Extended Events-System intern genutzt, kann aber potenziell auch von Programmierern oder Administratoren verwendet werden. Die XE sind eine *sehr* leichtgewichtige Möglichkeit, Ereignisse in der SQL Server-Datenbankmaschine zu überwachen. SQL Server Audits basieren auf dieser leichtgewichtigen Methode.

Extended Events können darüber hinaus viel mehr und tief in der Datenbankmaschine versteckte Ereignisse abfangen. Daher können XE prinzipiell genutzt werden, um kniffeligen SQL Server-Problemen auf die Schliche zu kommen. Beispielsweise könnten Sie mit XEs herausfinden, ob bei einer Update-Operation so genannte Page Splits in einer Tabelle auftreten, die sich negativ auf die Performance auswirken. Dazu existiert ein Event Objekt *page_split*.

SQL Server Affinicados könnten mithilfe von Extended Events unglaublich tief in die Arbeit der Datenbankmaschine Einblick nehmen. Das Fehlen einer Benutzeroberfläche und die steile Lernkurve bei der Anwendung werden allerdings die meisten Entwickler und Admins vom Einsatz abhalten. Außerdem ist für die sinnvolle Interpretation häufig ein sehr gutes grundlegendes Verständnis der SQL Server-Interna notwendig, mit dem man sich »normalerweise« nicht belasten will.

Glücklicherweise kommen Sie bei den meisten Problemen, die Ihnen in Ihrem Programmiereralltag mit dem SQL Server begegnen, auch ohne die XEs aus. Die in diesem Buch vorstellten Werkzeuge und Verfahren werden Ihnen dabei helfen. Sollten Sie aber vorhaben, ein neues revolutionäres SQL Server-Monitoringwerkzeug auf den Markt zu bringen, dann sind Extended Events genau das Richtige für Sie. Da XEs ein sehr spezielles Thema sind, werden Sie in unserem Entwicklerbuch nichts weiter dazu erfahren. In einem gewissen Umfang helfen die SQL Server Books Online weiter, häufig werden Sie aber auf Quellen im Internet angewiesen sein, wenn es um Detailfragen geht. Da hilft Ihnen unsere Linksammlung auf der CD weiter.

Ein paar technische Daten der Datenbankmaschine

Falls Sie sich fragen, ob es technische Begrenzungen beim Einsatz von SQL Server gibt – dann lautet die Antwort »ja klar«. Nur liegen die meisten der »harten Grenzen« so hoch, dass Sie die vermutlich nie erreichen werden. In vielen Fällen wird Ihre Hardware der limitierende Faktor sein. In Tabelle 2.1 finden Sie einige Grenzwerte für die 64-Bit-Datenbankmaschine.

Die Komponenten von SQL Server

Objekt	Maximaler Wert
T-SQL-Befehlsstapel	65.536 * Netzwerk-Paketgröße
Bytes in Datenzeile	8060 – durch die Verwendung von Überlaufspeicherplatz können Datensätze aber sehr viel größer werden.
Bytes in kurzem Stringdatentyp	8000
Bytes in BLOB-Datentyp	2 GB (*FILESTREAM* –Blobs ermöglichen beliebig große Objekte).
Bytes in einem Indexeintrag	900
Client-Verbindungen	32.767
Instanzen pro Server	50
Spalten in Index/Schlüssel	16 (kann durch *INCLUDE*-Spalten erweitert werden)
Spalten in Tabelle	1024 (kann durch *SPARSE*-Spalten erweitert werden)
Zeilen in Tabelle	Prinzipiell unbegrenzt
Größe einer Datenbank	524.272 TB
Dateien pro Datenbank	32.767
Dateigröße	16 TB
Protokolldateigröße	2 TB
Datenbanken pro Instanz	32.767
Anzahl Sperren	60% des SQL Server Speichers, bis zu 2.147.483.647
Objekte in einer Datenbank	2.147.483.647
Nicht-gruppierte Indizes pro Tabelle	256
Gruppierte Indizes pro Tabelle	1

Tabelle 2.1 Ein paar Spezifikationen für die Datenbankmaschine (64 Bit)

SQL Server-Dienste

Wie bereits erwähnt, gibt es mehr als einen Windows-Dienst, der zu einer SQL Server-Instanz gehören kann. Es besteht sogar die Möglichkeit, dass Sie bei der Arbeit mit SQL Server selbst neue Dienste generieren. Dies ist der Fall, wenn Sie mit den Notification Services arbeiten. Die folgende Auflistung gibt eine Übersicht über die Standarddienste:

- **SQL Server** Der SQL Server-Dienst (*sqlserver.exe*) ist der Kern des Datenbankmanagementsystems. Er enthält die Bestandteile der Datenbankmaschine und die Kommunikationsschnittstellen, über welche sich Clients mit der Datenbankmaschine verbinden können. Um mit SQL Server arbeiten zu können, wird mindestens der laufende SQL Server-Dienst benötigt. SQL Server Express Edition besteht in der Basisversion ausschließlich aus diesem Dienst.

- **SQL Server-Agent** Der Agent (*sqlagent.exe*) ist gewissermaßen der Hausmeister von SQL Server. Über diesen Dienst wird das Jobplanungssystem realisiert. Die Aufgaben des »Agenten« sind ausgesprochen vielfältig. Unter anderem kümmert er sich darum, dass Sicherungs- und Wartungsjobs durchgeführt werden, dass die Replikation funktioniert und dass SQL Server-Ereignisse verarbeitet werden. Der SQL Server-Agent ist ein so genannter abhängiger Dienst, der ohne einen gestarteten SQL Server-Dienst nicht läuft und mit diesem automatisch heruntergefahren wird. In den allermeisten Fällen sind auf einem Server sowohl der Server- als auch der Agent-Dienst aktiviert.

- **SQL Server-Browser** Der Browser-Dienst (*sqlbrowser.exe*) stellt sicher, dass die verschiedenen Instanzen von SQL Server auf einer Maschine gefunden werden und dass sich Clients über die Angabe des logischen Instanznamens (z. B. *MeinServer\MeineInstanz*) mit einer Instanz verbinden können. Das bedeutet aber nicht, dass der Browser *unbedingt* laufen muss. Clients der Datenbankmaschine können sich problemlos mit dieser verbinden, indem Sie den TCP/IP-Port oder die gewünschte Named Pipe explizit angeben. Läuft die Standardinstanz unter dem Port 1433, so kann man sich zumindest mit dieser auch ohne Nennung des Ports verbinden. Bestimmte Funktionen funktionieren ohne den Browser allerdings nicht mehr. So zum Beispiel das Auflisten der Server (im Management Studio oder den SQL Server Management Objects).

- **SQL Server Integration Services** Die Pakete, die Sie für die Erledigung von *Extract Transfer Load (ETL)-Aufgaben* entwerfen können, werden durch die Integration Services-Ablaufumgebung ausgeführt. Der SSIS-Hilfsdienst (*MsDtsSrvr.exe*) muss dann laufen, wenn Sie Pakete von SQL Server aus in einer geplante Ausführung starten möchten oder SQL Server Agent die Ausführung überwachen soll.

- **SQL Full-text Filter Daemon Launcher** SQL Server beherrscht neben den Standardindizes auch die Volltextindizierung bzw. Suche. Datenbanken, in denen Dokumente (ASCII, HTML, Word, usw.) gespeichert werden oder die umfangreiche Textspalten beinhalten, kommen als Kandidaten für die Volltextsuche in Betracht. Beginnend mit SQL Server 2008 wird die Volltextindizierung von der Datenbankmaschine selbst übernommen. In früheren SQL Server-Versionen wurde dazu ein externer Dienst verwendet (MSFTESQL): Dieser ist nun abgeschafft. Dennoch gibt es einen weiteren Dienst, der mit der Volltextindizierung in Zusammenhang steht. Der SQL Full-Text Filter Daemon Launcher (MSSQLFDLauncher) kümmert sich einzig und allein darum, dass Volltextfilter geladen werden können. Und zwar in so genannte Filter Daemon Host-Prozesse (*fdhost.exe*). Volltextfilter kümmern sich darum, dass Textinformationen aus Formaten wie Word- oder Powerpoint-Dateien geladen werden können.

- **SQL Server Reporting Services** Für das Management der Berichte auf einem Report Server, sowie das Rendering in eins der Ausgabeformate, das Caching, die Auslieferung von Berichten per E-Mail und was es sonst noch alles für Funktionen im »SQL Server-Berichtswesen« gibt, wird der Reporting Services-Dienst (*ReportingServices.exe*) benötigt.

- **SQL Server Analysis Services** SQL Server ist mehr als ein reines relationales Datenbankmanagementsystem. Für Aufgabenstellungen, die in den Bereich des Data Warehousing fallen, bringt der Server die Analysis Services (*msmdsrv.exe*) mit. Dieser Dienst kümmert sich um die Aufbereitung und Bereitstellung so genannter multidimensionaler Daten. Diese »Abteilung« von SQL Server (inklusive eigener Management-Oberfläche) wird beim Setup vollkommen getrennt behandelt und muss nur dann installiert werden, wenn es sicher erscheint, dass Data Warehouse- und OLAP-Funktionen benötigt werden.

In der Liste sind die Namen so angegeben, wie sie auch im SQL Server-Konfigurations-Manager verwendet werden. Das sind die »friendly names« der Dienste. Die im Windows-Taskmanager sichtbaren Bezeichnungen sind zusätzlich im Text erwähnt. Mit der Express Edition wird im einfachsten Fall nur der SQL Server-Dienst installiert. Die »Edition with Advanced Services« stellt aber auch die Reporting Services und die Volltextsuche zur Verfügung.

Die Systemdatenbanken

Wie es sich für einen »ordentlichen« Datenbankserver gehört, speichert SQL Server alle wichtigen Systeminformationen, die er zum Arbeiten benötigt, in separaten Datenbanken ab. Es gibt zu einer SQL Server-Installation keinerlei Konfigurationsdateien, und auch bei den Registry-Einträgen hält sich SQL Server angenehm zurück. Um die Arbeitsweise von SQL Server besser verstehen zu können, sollte man sich über die Aufgaben der verschiedenen Systemdatenbanken informieren. Dazu dient die folgende Liste.

- **resource** Diese Datenbank ist an der Verwaltungsoberfläche von SQL Server, dem Management Studio, nicht sichtbar. Die Dateien der *resource*-Datenbank können Sie aber im *Binn*-Verzeichnis einer SQL Server-Instanz finden. Sie heißen *mssqlsystemresource.mdf* und *mssqlsystemresource.ldf*. Mit der *resource*-Datenbank werden die Systemobjekte von SQL Server ausgeliefert. Sie enthält den Code der gespeicherten Systemprozeduren, Sichten und Funktionen, sowie die Definitionen der Systemtabellen. Diese Objekte werden in die anderen Systemdatenbanken der Instanz und auch in die Benutzerdatenbanken eingeblendet. Die *resource*-Datenbank enthält keine Systeminformationen – man kann sie sich als Container für ausführbaren Code, ähnlich einer DLL vorstellen. Dadurch, dass die Systemobjekte an einer zentralen Stelle der Instanz abgelegt sind, werden Operationen wie das Einspielen von Service Packs stark vereinfacht. Es müssen nun nicht mehr sämtliche System- und Benutzerdatenbanken gepatcht werden, sobald ein Service Pack eingespielt wird.

- **master** Dies ist die wichtigste Systemdatenbank einer SQL Server-Instanz. Hier findet der SQL Server-Dienst die Informationen darüber, welche Benutzerdatenbanken er verwalten soll, welche Benutzer über das Netzwerk auf ihn zugreifen dürfen und welche Parameter, zum Beispiel für die Speicherzuteilung, aktuell gültig sind. Ist die *master*-Datenbank nicht vorhanden oder fehlerhaft, so schlägt der Start des SQL Server-Dienstes fehl. Sie müssen die *master*-Datenbank unbedingt bei den Datensicherungen berücksichtigen. Machen Sie ausschließlich Backups der Benutzerdatenbanken, so können Sie bei einem Restore-Versuch unangenehme Überraschungen erleben!

- **msdb** Die *msdb*-Datenbank umfasst wichtige Informationen für die Administration von SQL Server-Datenbanken. Auf diese Systemdatenbank greift der SQL Server Agent-Dienst zu, um festzustellen, welche Jobs gerade anliegen. Im Zusammenhang mit der Datensicherung spielt die *msdb* eine wichtige Rolle, da sie die Sicherungskataloge enthält. Beim Einspielen eines Backup zu einer bestimmten Datenbank stellt Ihnen die *msdb* die Informationen zur Verfügung, wann welches Backup auf welchem Medium gelaufen ist und macht Vorschläge zur Rücksicherung der Datenbank. Genau wie die *master*-Datenbank sollten Sie die *msdb* regelmäßig durch ein Backup sichern, um in einer Recovery-Situation den Sicherungskatalog zur Verfügung zu haben (und außerdem sichern Sie dadurch natürlich die Daten zur Auftragsplanung).

- **tempdb** Die *tempdb* ist eine Hilfsdatenbank von SQL Server, die, wie der Name bereits andeutet, temporäre Daten enthält. Um die Daten in der *tempdb* müssen Sie sich nicht kümmern. Wohl aber müssen Sie sich darum kümmern, dass die *tempdb* auf einem sehr schnellen Laufwerk liegt. Das ist *mindestens* genau so wichtig, wie das Unterbringen Ihrer Benutzerdatenbanken auf schnellen Platten. SQL Server verwendet diese Datenbank bei vielen Operationen, zum Beispiel bei großen Joins oder Sortiervorgängen. Es ist generell sinnvoll, die *tempdb* auf eine getrennte (Scratch-) Platte zu legen und mit mehreren Dateien für die *temdb* zu arbeiten.

    Die *tempdb* wird mit jedem Neustart von SQL Server gelöscht und neu angelegt. Außerdem können Sie die Objekte in der *tempdb* nicht direkt sehen. In diesem Sinne unterscheidet sich die *tempdb* von allen anderen Datenbanken. Behalten Sie immer im Kopf, dass SQL Server die Daten in der *tempdb* – dabei kann es sich zum Beispiel um temporäre Tabellen handeln – auf den Festplatten Ihres Servers anlegt, und nicht etwa im Arbeitsspeicher. Daher dauert der Zugriff auf temporäre Daten im Prinzip auch genauso lange wie der Zugriff auf die »normalen« Daten Ihrer Benutzerdatenbanken. Arbeiten Sie sehr intensiv mit temporären Tabellen, was generell nicht unbedingt empfehlenswert, aber manchmal kaum zu vermeiden ist, dann wächst der Speicherplatzbedarf der *tempdb* natürlich an. Sie sollten das bei der Speicherverwaltung der *tempdb* berücksichtigen und die Dateien so einstellen, dass diese bei Bedarf durch SQL Server vergrößert werden können.

- **model** Die *model*-Datenbank ist die am wenigsten wichtige Systemdatenbank. Sie haben im Grunde nie mit ihr zu tun und müssen sie auch nicht sichern. Dennoch sollten Sie die *model*-Datenbank nie löschen (das ist bei Systemdatenbanken glücklicherweise auch nicht so einfach möglich). Beim Anlegen einer neuen Datenbank werden nämlich die Systemtabellen aus der *model*-Datenbank in die neue Datenbank kopiert. Fehlt die *model*-Datenbank, so schlägt das Erstellen neuer Datenbanken fehl.

- **distribution** Diese Datenbank wird dann angelegt, wenn ein Verteiler für die Replikation konfiguriert wird. Sie enthält in Replikationsszenarien, je nach Art der Replikation, zwischengespeicherte Daten, die auf ihre Verteilung warten, Abonnentenlisten und jede Menge Verlaufsinformationen.

Über die Inhalte dieser Systemdatenbanken hinaus verwaltet SQL Server noch weitere Informationen. Diese sind jedoch spezifisch für die jeweiligen Benutzerdatenbanken und liegen daher in deren *Datenbankkatalogen*.

Systemtabellen und Systembasistabellen

Die Systeminformationen von SQL Server werden in den Datenbanken natürlich nicht »irgendwie« ablegt, sondern nach relationaler Manier in Form so genannter Systemtabellen. Zu seligen SQL Server 2000-Zeiten war es ein beliebtes Hobby vieler SQL Server-Administratoren und -Entwickler herauszufinden, was in den einzelnen Tabellen verborgen war (nicht alles war dokumentiert) und wie man die Inhalte nutzbringend einsetzen konnte. Diese Zeiten sind nun endgültig vorbei und das ist auch gut so. Auf die Kerntabellen – Systembasistabellen genannt – kann man nicht mehr so einfach zugreifen. Für die Abfrage der Systeminformationen stehen mit den neuen Systemsichten und -Funktionen ausgefeilte Schnittstellen zur Verfügung, sodass das auch gar nicht mehr notwendig sein sollte. Und herumspielen sollte man mit den Einträgen in Systemtabellen sowieso besser nicht.

Die Basistabellen tragen Namen wie *sys.sysdbreg*. Dies ist beispielsweise eine Tabelle aus der *master*-Datenbank, in der sämtliche verfügbare Benutzerdatenbanken einer Instanz eingetragen sind. Falls Sie es vor Neugier nicht aushalten können: Durch die Verwendung einer *Dedicated Administrator Connection (DAC)* zu einer SQL Server-Instanz wird es möglich, die Inhalte von Systemtabellen auszulesen. Das ist aber nur als äußerstes Mittel für den Notfall gedacht. Alle Datenbanken enthalten einen gemeinsamen Satz von Systemtabellen. In *master* und den anderen Systemdatenbanken sind ein paar zusätzliche für den Systemkatalog enthalten. Es gibt einige wenige sichtbare Systemtabellen, die vor allen Dingen für administrative Zwecke genutzt werden. Ein Beispiel dafür sind die Tabellen, durch die SQL Server seinen Sicherungskatalog in der *msdb*-Datenbank verwaltet.

SQL Server-Editionen im Vergleich

Bevor Sie den Einsatz von SQL Server in einem Kundenprojekt planen, sollten Sie sich auf jeden Fall gut überlegen, welche Edition des Servers zum Einsatz kommen soll. Davon ist nicht nur die Skalierbarkeit Ihrer Anwendung abhängig, die verschiedenen Editionen unterscheiden sich auch deutlich, was die unterstützten Funktionen angeht. Auf der einen Seite lassen sich natürlich Lizenzkosten sparen, wenn kein überdimensionierter SQL Server angeschafft wird. Auf der anderen Seite kann es ein böses Erwachen geben, wenn man erst nach der Installation feststellt, dass ein bestimmtes Feature, auf das sich die Anwendung verlässt, leider gar nicht vorhanden ist. Wichtig ist die Feststellung, dass Sie eine Datenbank jederzeit ohne Umstellungsaufwand in einer anderen Edition betreiben können.

Um Ihnen den Überblick zu erleichtern, haben wir die wichtigsten Punkte zusammengestellt und kommentiert. Den Link zur vollständigen Übersicht auf der Microsoft Website finden Sie in der Linkliste auf der Buch-CD. Außerdem gibt es dort Dokumente, die einen detaillierten Vergleich zwischen der Standard- und Enterprise-Edition vornehmen. Da die Compact Edition in diesem Zusammenhang keine Rolle spielen kann, werden vier Editionen miteinander verglichen: Express, Workgroup, Standard und Enterprise.

Skalierbarkeit und Performance

In Bezug auf die Leistungsfähigkeit ist es entscheidend, wie viele CPUs und RAM von der Datenbankmaschine unterstützt werden und ob der Server im nativen 64-Bit-Modus laufen kann. Die Werte finden Sie in Tabelle 2.2. Bemerkenswert ist, dass bei den Prozessoren tatsächlich die CPUs und nicht etwa die Kerne gezählt werden. Dies gilt freundlicherweise auch für die Lizenzierung auf Prozessorbasis. So kann es *nicht* passieren, dass bei der Installation der Standardedition von vier physisch vorhandenen Dual-Core-Prozessoren nur zwei genutzt werden.

Neben der Tatsache, dass die Anzahl der verwendeten Prozessoren bei einer Enterprise Edition ausschließlich von Ihrem Geldbeutel abhängig ist, gibt es hier ein paar zusätzliche Funktionen, die den Umgang mit großen Datenmengen und die Effizienz von Abfragen verbessern können. Die Partitionierung von Tabellen, Indizes und Sichten ist solch ein Enterprise Feature. In den betreffenden Kapiteln wird Anwendung und Wirkungsweise genau erklärt.

Feature	Express	Workgroup	Standard	Enterprise	Anmerkungen
CPUs	1	2	4	Kein Limit	Beinhaltet Multicore-Unterstützung
RAM	1 GB	4 GB	Wie OS	Wie OS	
64-Bit-Unterstützung	X	X	X	X	
Datenbankgröße	4 GB	unbegrenzt	unbegrenzt	unbegrenzt	
Partitionierung				X	
Parallele Indexoperationen				X	
Indizierte Views				X	

Tabelle 2.2 Feature-Vergleich Skalierbarkeit und Performance

Mit der Version 2008 wurden Einschränkungen in der 64-Bit-Unterstützung für die Express- und Workgroup-Edition aufgehoben. In SQL Server 2005 sind diese Editionen noch reine 32-Bit-Systeme, die auf einem 64-Bit-System im Windows-On-Windows-Emulationsmodus (WOW) betrieben werden müssen. Die 64-Bit-Vorteile bleiben also verwehrt. Damit konnte die Workgroup-Edition nur bis zu 3 GByte Speicher verwenden. Die 1 GByte-Speichergrenze der Express Edition ist so oder so eine künstliche Einschränkung.

Hochverfügbarkeit

Beim Thema Hochverfügbarkeit verläuft eine deutliche Grenze zwischen der Workgroup und der Standard-Edition. Wichtige Verfahren wie Clustering und Datenbank-Spiegelung gibt es erst ab der Standard-Edition aufwärts. Auch hier finden sich bei der Enterprise-Edition wieder Funktionen, die vor allen Dingen für Datenbanken im Data Warehouse-Umfeld interessant sind. So zum Beispiel die Möglichkeit, Indizes online neu aufzubauen, ohne dass Benutzerzugriffe auf die zu Grunde liegende Tabelle eingeschränkt wären (also offline zu gehen). Auch das teilweise Laden aus einem Backup ist so implementiert, dass die nicht betroffenen Teile einer Datenbank online bleiben können.

Feature	Express	Workgroup	Standard	Enterprise	Anmerkungen
Datenbank-Spiegelung			X*	X	*: Safety full on als einziger Modus
Failover Clustering			16 Knoten	2 Knoten	
Protokollversand		X	X	X	
Online-Systemänderungen	X	X	X	X	
Online-Indizierung				X	
Online-Restore				X	
Fast Recovery				X	

Tabelle 2.3 Feature-Vergleich zur Hochverfügbarkeit

Programmierbarkeit

In Sachen Programmierbarkeit ergibt sich ein fast homogenes Bild! Die einzigen Einschränkungen gibt es bei der Express-Edition. Die kann nur als Empfänger von Service Broker-Nachrichten dienen und nicht als Sender. Da Datenbank-Mail auf den Broker aufsetzt, fällt auch diese Funktion flach. Das schmerzt ein bisschen.

Feature	Express	Workgroup	Standard	Enterprise	Anmerkungen
Stored Procedures, Trigger und Views	X	X	X	X	
T-SQL-Verbesserungen	X	X	X	X	
CLR Integration	X	X	X	X	
User-defined Types	X	X	X	X	
Geodatentypen	X	X	X	X	
Entity Framework-Unterstützung	X	X	X	X	
Native XML	X	X	X	X	
XQuery	X	X	X	X	
Notification Services	X	X	X	X	▶

Feature	Express	Workgroup	Standard	Enterprise	Anmerkungen
Service Broker	X*	X	X	X	*: Nur als Abonnent
Datenbank-Mail		X	X	X	
Volltextabfragen	X*	X	X	X	*: In der Advanced Edition

Tabelle 2.4 Feature-Vergleich Programmierbarkeit

Administration

Ins Auge springt hier sofort die Tatsache, dass es unterschiedliche Verwaltungsoberflächen für die freie und die Bezahleditionen von SQL Server gibt. Außerdem stehen die Tuning-Werkzeuge *Profiler* und *Database Tuning Advisor* erst ab der Standard-Edition zur Verfügung. Die Express-Version lässt zusätzlich die Möglichkeiten zur Auftragsplanung vermissen.

Feature	Express	Workgroup	Standard	Enterprise	Anmerkungen
Auto Tuning	X	X	X	X	
Express Manager	X				Einfache Admin-Oberfläche (Download)
Management Studio		X	X	X	Plus BI Development Studio
Profiler			X	X	
Database Tuning Advisor			X	X	
SQL Agent		X	X	X	

Tabelle 2.5 Feature-Vergleich Administration

Sicherheit

Bei SQL Server 2008 müssen Sie speziell bei den Sicherheitsfunktionen die Unterschiede zwischen den Editionen beachten! Die transparente Datenverschlüsselung, das neue Auditing und ein Schlüsselmanagement, welches sich nahtlos in eine vorhandene PKI-Infrastruktur einbetten lässt, finden Sie nur in der Enterprise Edition.

Feature	Express	Workgroup	Standard	Enterprise	Anmerkungen
Tracing, Authentifizierungs- und Autorisierungsfunktionen	X	X	X	X	
Data Encryption und Key Management	X	X	X	X	
Integration mit Baseline Security Analyzer	X	X	X	X	
Integration mit Microsoft Update	X	X	X	X	
Transparente Datenverschlüsselung				X	
Erweitertes Key Management				X	
Auditing				X	

Tabelle 2.6 Feature-Vergleich Sicherheit

Integration und Interoperabilität

Zwei wichtige Funktionsblöcke fallen unterhalb der Standard-Edition raus: die Integration Services und die Webservices. Auch bei der Replikation gibt es deutliche Einschränkungen zu vermelden.

Feature	Express	Workgroup	Standard	Enterprise	Anmerkungen
Import/Export	X	X	X	X	
Integration Services			X	X	
Integration Services mit erweiterten Transformationen				X	Zum Beispiel Fuzzy-Operationen
Merge-Replikation	X*	X**	X	X	*: Nur Abonnent **: Publiziert an max. 25 Abonnenten
Transaktionale Replikation	X*	X**	X	X	*: Nur Abonnent **: Publiziert an max. 5 Abonnenten
Oracle-Replikation				X	Oracle-Datenbank als Publisher
Web Services (HTTP Endpoints)			X	X	Native Web Services, WSDL, und Web Authentifizierung

Tabelle 2.7 Feature-Vergleich Integration und Interoperabilität

Business Intelligence

Betrachtet man die Funktionen, durch die Business Intelligence-Anwendungen unterstützt werden, dann ist auf den ersten Blick klar, dass Workgroup- und Express-Editionen als Grundlage für rein relationale Datenbanken dienen und erst ab der Standard-Edition multidimensionale Datenspeicherung ins Spiel kommt. Sehr spannend ist die Tatsache, dass die Reporting Services in allen Editionen vorhanden sind, wenn auch in Express und Workgroup leicht abgespeckt.

Feature	Express	Workgroup	Standard	Enterprise	Anmerkungen
Report Server	X	X	X	X	
Report Builder		X	X	X	
Reporting-Datenquellen	X*	X*	X	X	*: Nur lokaler Server. Nur relationale Daten
Datenkomprimierung				X	
BI Development Studio	X*	X*	X	X	*: Nur Report Designer
Analysis Services			X	X	
Unified Dimensional Model			X	X	▶

Feature	Express	Workgroup	Standard	Enterprise	Anmerkungen
Advanced Business Analytics				X	
Cube Partitionierung				X	
Data Mining			X	X	
Text Mining				X	

Tabelle 2.8 Feature-Vergleich Business Intelligence

Sicherheit

SQL Server ist seit jeher ein beliebtes Angriffsziel für Hacker. Viele SQL Server-Professionals werden sich noch an Slammer-Würmer und andere Attacken erinnern, denen mit Patches und Service Packs ein Ende bereitet werden musste (vor allem mit dem legendären SP3a von SQL Server 2000). Seit der Version 2005 ist es erfreulicherweise sehr still geworden, um SQL Server Hacks. Auch SQL Server 2008 setzt dem Angreifer definitiv einiges entgegen.

Sowohl dem Administrator als auch dem Entwickler bieten sich eine Menge Funktionen, um SQL Server-Instanzen und die zusätzlichen Dienste abzusichern. An ein paar Dinge muss man sich zunächst einmal gewöhnen, zum Beispiel dass das Prinzip »Off-by-default« (sinngemäß: *erstmal ausgeschaltet*) konsequent umgesetzt wurde: Sicherheitsrelevante Funktionen müssen vorerst aktiviert werden, bevor sie benutzt werden können.

Natürlich geht es beim Thema Sicherheit nicht nur um Erfinder böswilliger Software. Der Server und die auf diesem gespeicherten Daten sollen gegen das Ausspionieren und unberechtigtes Verändern geschützt werden. Die Mittel zur Verteidigung kann man in die folgenden Kategorien unterteilen:

- Authentifizierung
- Berechtigungen
- Überwachung
- Codesicherheit
- Kryptographie

Authentifizierung

Die Authentifizierung gegenüber dem Server, also das Identifizieren eines zugelassenen Benutzers, kann entweder komplett von SQL Server übernommen werden – SQL Server Authentifizierung – oder Windows und SQL Server teilen sich die Arbeit – Integrierte Authentifizierung. Die Authentifizierung ist Endpunkt-basiert. Das ermöglicht es, verschiedene Benutzer für verschiedene Kommunikationsendpunkte zuzulassen. So kann es Benutzer geben, die über HTTP-Webservices auf SQL Server zugreifen können und entsprechend authentifiziert werden, aber nicht über TCP/IP oder Shared Memory. Das wird über die Vergabe der *CONNECT*-Berechtigung für Endpunkte eingestellt.

Der Windows-Authentifizierungsprozess ist per se sicher. Wenn Sie dieser Tatsache nicht vertrauen, wird es schwierig für Sie, überhaupt eine Applikation unter Windows einzusetzen. Bei der integrierten Authentifizierung überprüft SQL Server nur noch, ob ein von Windows geprüfter Benutzer auch als Benutzer von SQL Server eingetragen ist. Die Kommunikation zwischen Client und Server kann verschlüsselt werden, wenn Sie dies entsprechend konfigurieren.

Die Kommunikation, die bei der SQL Server-Authentifizierung eines Benutzers notwendig ist, findet *immer* verschlüsselt statt. Falls ein SSL-Zertifikat installiert ist, benutzt SQL Server dieses. Falls nicht, dann generiert SQL Server ein 512-Bit-Zertifikat, mit dem die Anmeldeinformationen bei der Übertragung verschlüsselt werden. Darum müssen Sie sich als Entwickler überhaupt nicht kümmern. Eine weitere schöne Funktion von SQL Server 2008 ist die Möglichkeit, Passwortrichtlinien auch für durch SQL Server authentifizierte Benutzer einzusetzen, genau wie das unter Windows selbst möglich ist.

Berechtigungen

Zu Zeiten von SQL Server 2000 war die Menge an Objekten, die auf dem Server oder in einer Datenbank abgesichert werden konnten, noch deutlich überschaubarer als bei SQL Server 2008. Um in der riesigen Anzahl der schützenswerten Objekte, die es in SQL Server gibt, Ordnung zu schaffen wurde ein klares Konzept aus *Prinzipalen*, *Berechtigungen* und *sicherungsfähigen Elementen* geschaffen. Als Prinzipale werden Identitäten bezeichnet, an die Berechtigungen vergeben werden können. Das können »echte« Benutzer sein, die ein Konto in Windows oder SQL Server besitzen, aber auch Windows-Benutzergruppen oder Anwendungen. Welche sicherungsfähigen Elemente mit welchen Rechten versehen werden können, ist davon abhängig, auf welcher Objektebene man sich gerade befindet. Das fängt im Grunde schon außerhalb von SQL Server im Betriebssystem an. Es ist möglich, dass Prinzipale entweder direkt oder über Proxys auf Elemente des Betriebssystems zugreifen (zum Beispiel bei Datenimporten oder dem Ausführen von Aufträgen). Dann benötigen die verwendeten Windows-Konten natürlich ausreichende Befugnisse – das wird hin und wieder übersehen.

Innerhalb einer SQL Server-Instanz geht es in der Sicherungshierarchie mit dem Datenbankserver selbst weiter. Die wichtigste Berechtigung ist hier *CONNECT* für das sicherungsfähige Element *Endpoint*. Je nach Aufgabenstellung kommen Berechtigungen wie *CREATE* für das Element *Database* hinzu. Damit ein *Serverbenutzer* überhaupt in einer Datenbank arbeiten darf, muss er zunächst als *Datenbankbenutzer* in dieser angelegt werden. In der Datenbank gibt es in SQL Server 2008 wiederum zwei Ebenen, über die man beim Entwurf eines Sicherungskonzeptes nachdenken kann: die Datenbankobjekte selbst und die Schemata. Ein *Schema* (im Sinne des Berechtigungssystems) ist kurz gesagt eine Sammlung von Datenbankobjekten. Genauer: Datenbankobjekte wie Tabellen oder Sichten *gehören* einem Schema und nicht etwa einem Benutzer. Den Prinzipalen einer Datenbank (Benutzer, Rollen und Anwendungsrollen) können direkte Berechtigungen für die Objektverwendung gegeben werden oder – und das ist häufig der bessere Weg – Berechtigungen für Schemata.

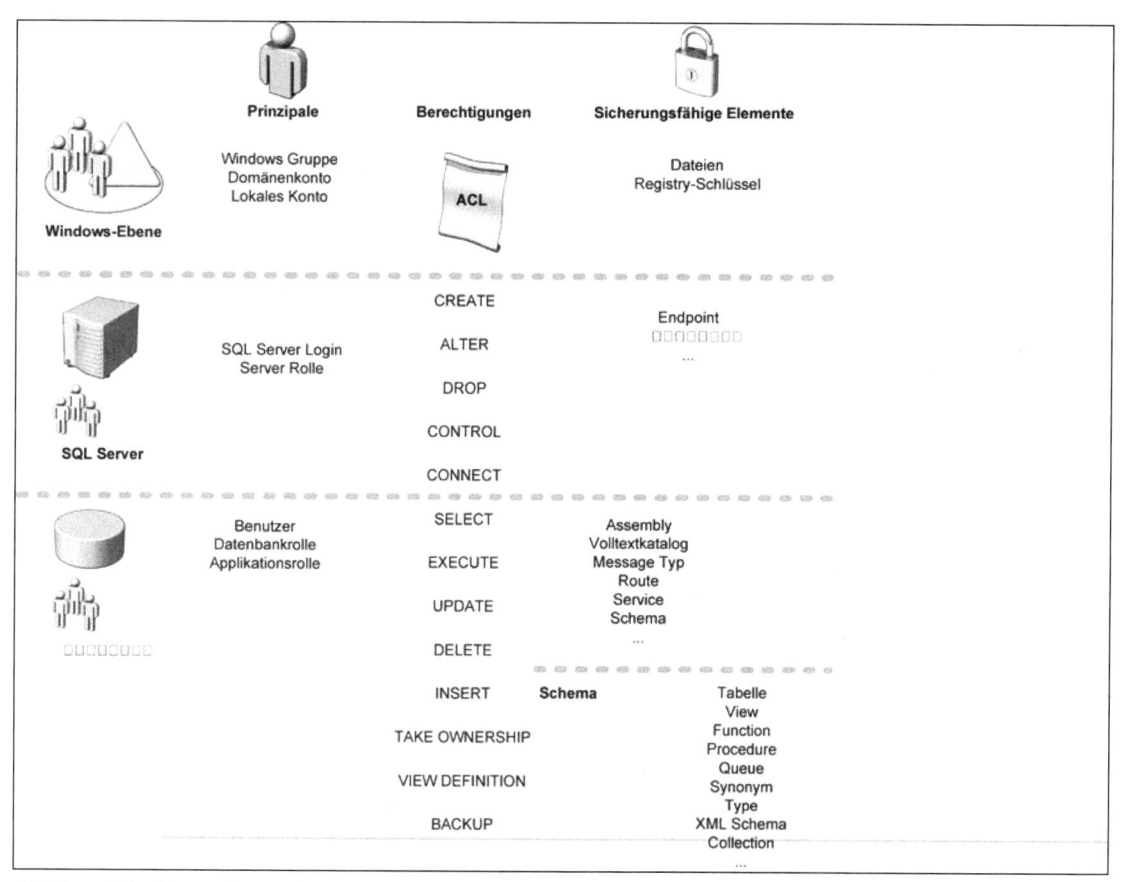

Abbildung 2.11 Die Berechtigungshierarchie von SQL Server

Überwachung

Sicherheitsrelevante Ereignisse lassen sich für eine SQL Server-Instanz protokollieren. Im einfachsten Fall sind das die erfolgreichen und/oder fehlgeschlagenen Anmeldeversuche. Diese können in den eigens für SQL Server vorhandenen, sowie in den Windows-Ereignisprotokollen aufgezeichnet werden. Das klappt übrigens auch für die Analysis Services. Braucht man eine genauere Überwachung, dann können SQL Server-Audits eingesetzt werden, um jeden einzelnen Zugriff zu protokollieren. Damit lässt sich Sicherheit nach den C2-oder auch nach den Common Criteria-Standards erreichen, falls das notwendig sein sollte. Der Administrator hat nichts weiter zu tun, als in den Servereigenschaften im Management Studio die betreffenden Häkchen zu setzen.

Codesicherheit

Mit der Möglichkeit, .NET-Code in der Datenbankmaschine auszuführen, ergeben sich jede Menge neue Anwendungsfelder in der Datenbankprogrammierung – leider auch für die »bösen Jungs«. Datenbankadministratoren werden sich sicher die Frage stellen, was der Code in einer Assembly, die installiert werden soll, überhaupt tut. Im Gegensatz zu Klartext-Prozedurcode (den man bei der Einrichtung gespeicherter T-SQL-Prozeduren schlicht und ergreifend braucht), ist der Administrator hier auf die Aussagen der Programmierer angewiesen. Die Schnittstellen der Assemblys sind zwar klar und deutlich sichtbar. Aber was ist mit Nebeneffekten? Die Berechtigungen der Code Access-Sicherheit von .NET können für Zugriffe auf Ressourcen außerhalb von SQL Server so festgelegt werden, so wie das für jeden .NET-Code unter Windows gilt. Die SQL Server-Host-Richtlinien erlauben zusätzlich eine einfache Konfiguration für Zugriffe innerhalb der Datenbankmaschine. Es gibt drei simple Stufen – SAFE, EXTERNAL ACCESS und UNSAFE –, die beim Importieren einer Assembly in die Datenbank festgelegt werden können. Bei der Ausführung ergeben sich die effektiven Rechte des Codes aus den Berechtigungen der Maschinenrichtlinien, Benutzerrichtlinien und den Host-Richtlinien.

Falls man noch genauer festlegen möchte, was der Code in einer Datenbank (T-SQL oder .NET basiert) darf und was nicht, dann kann dieser Code mit einem Zertifikat signiert werden. Einer signierten Prozedur können Rechte auf Datenbankobjekte gegeben oder auch entzogen werden. Wenn Benutzer eine signierte Prozedur ausführen, bekommen Sie die (zusätzlichen) Rechte zugewiesen. Auf diese Art und Weise lassen sich die möglichen Operationen auf den Objekten in einer Datenbank präzise steuern.

Einen genauen Überblick über das Thema Sicherheit bekommen Sie in Kapitel 13.

Kryptographie

Funktionen für das Verschlüsseln von Datenbankinformationen standen bereits vor dem Erscheinen von SQL Server 2005 ganz weit oben auf dem Wunschzettel von SQL Server-Entwicklern. Der schönste Zugriffsschutz nützt schließlich herzlich wenig, wenn Eindringlinge es schaffen, die Datenbankdateien zu entwenden, um die Inhalte in aller Ruhe auf einem anderen Server zu untersuchen, oder auch ganz einfach die Dateien an Ort und Stelle mit einem guten Hexeditor zu untersuchen. Da findet man schon jede Menge lesbarer Daten.

Verschlüsselung wird aber auch benötigt, um die Datenübertragung zwischen Client und Server sicherer zu machen. SQL Server 2008 stellt eine vollständige Infrastruktur für die Generierung und Verwaltung von Zertifikaten und eine Anzahl von Kryptographiefunktionen zur Verfügung, sodass sich für den Entwickler gute Ansätze bieten, die Datenbankapplikationen abzusichern. Es werden keine externen Bibliotheken benötigt und es besteht keine Notwendigkeit, eigene Kryptographieroutinen zu entwickeln. Eine Schlüssel-Hierarchie ist notwendig, weil die Schlüssel, die für die Ver- oder Entschlüsselung verwendet werden, natürlich selbst geschützt werden müssen. Das passiert zum Beispiel auch im Hauptspeicher. Die Wurzel der Hierarchie ist der Service Master Key, der aus dem Dienstkonto des SQL Server-Dienstes abgeleitet und mit der Windows-DAPI verschlüsselt wird. Der Service Master Key dient dem Verschlüsseln des Datenbank Master Keys und so geht es weiter. Schlussendlich können einzelne Tabelleninhalte mit Kryptographiefunktionen wie *EncryptByKey*, *EncryptByAsmKey* oder *EncryptByCert* Daten verschlüsselt in einer Datenbank abgelegt werden.

Mit SQL Server 2008 wird das Thema Kryptographie noch einmal vereinfacht. In der Enterprise Edition gibt es die Funktion der transparenten Datenverschlüsselung. Mit dieser lässt sich eine komplette Datenbank verschlüsseln, ohne dass Änderungen an der Anwendungsprogrammierung notwendig wären (daher der Begriff »transparent«). Ein Administrator kann sich entscheiden, die Verschlüsselung für eine bestimmte Datenbank zu aktivieren und er kann die Verschlüsselung jederzeit wieder entfernen. So schön die Verschlüsselungs-Infrastruktur auch ist: Beim Betrieb der SQL Server-Instanz muss daran gedacht werden, die Informationen über die Verschlüsselungsmethoden gut zu dokumentieren, beziehungsweise die Master Keys durch ein Backup zu sichern. Speziell kann eine durch transparente Datenverschlüsselung gesicherte Datenbank ohne den passenden Datenbank-Masterkey aus einem Backup nicht mehr zurück gesichert werden.

Sicherheit

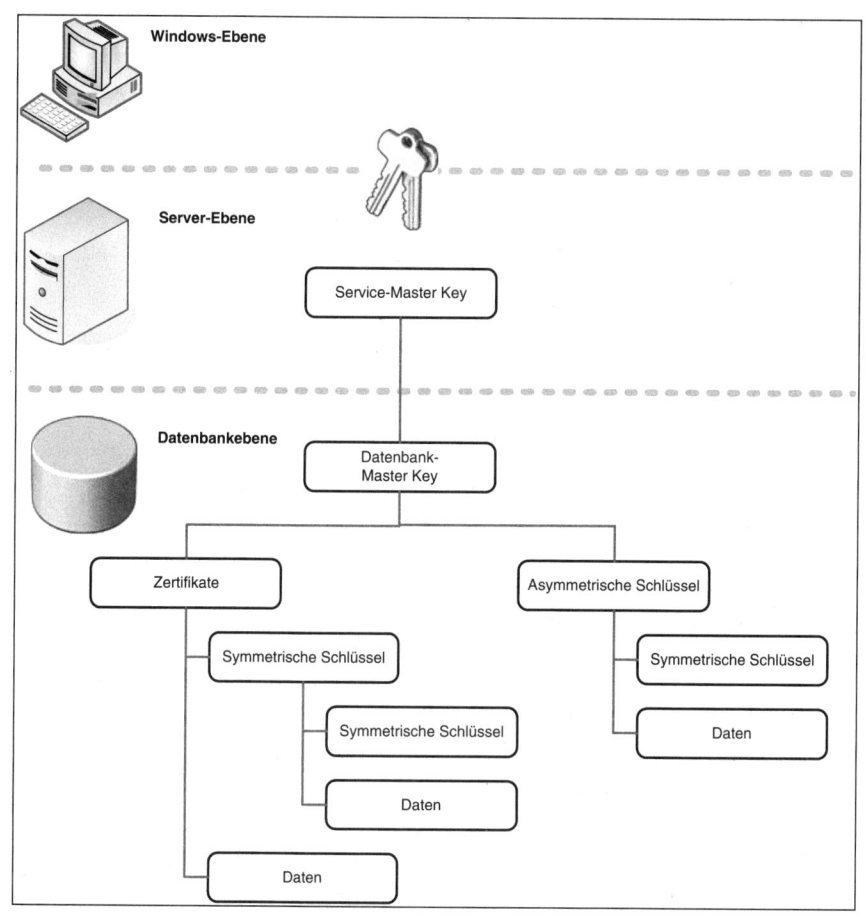

Abbildung 2.12 Die Verschlüsselungshierarchie von SQL Server

Kapitel 3

SQL Server 2008 R2: Das ist neu

In diesem Kapitel:
Das ist neu für Entwickler 62
Das könnten Sie vermissen 66

Falls Sie sich mit SQL Server 2005 (oder 2000) schon gut auskennen, haben wir hier die wichtigsten Highlights der neuen Versionen für Sie zusammengestellt. Seit dem Erscheinen des Entwicklerbuchs für den SQL Server 2005 hat es einen großen und einen kleinen Versionssprung gegeben. Mit SQL Server 2008 hat sich für Entwickler mehr getan, als es auf dem ersten Blick den Anschein hat. Es lohnt sich daher, die neuen Features etwas genauer zu betrachten, um herauszufinden, welche Sie sinnvoll in Ihren Projekten einsetzen können. SQL Server 2008 R2 ist ein halber Versionssprung und das drückt sich auch in den Neuerungen aus. In *R2* sind die meisten Verbesserungen auf dem Gebiet der Business Intelligence Funktionen und des Data Warehousing zu finden. Dennoch ist mit der neuen *StreamInsight*-Technologie auch etwas für Entwickler mit an Bord. Aber der Reihe nach.

Das ist neu für Entwickler

Damit Sie sich im Versions-Wirrwarr nicht verlaufen, habe ich die neuen Funktionen fein säuberlich nach den SQL Server-Versionen aufgeführt, in denen Sie zum ersten Mal erschienen sind. Die SQL Server 2008-Features stehen auch komplett in der R2-Version zur Verfügung. Natürlich hat sich auch so einiges für Administratoren und Business Intelligence-Anwender getan. Die Beschreibung dieser Neuerungen überlassen wir aber den Books Online.

Neu für Entwickler in SQL Server 2008

Neben neuen Datentypen und Änderungen in der T-SQL-Programmiersprache hat es auch einige Verbesserungen in der Datenbankmaschine gegeben. Dazu zählen die Datenkomprimierung, verbesserte Partitionsverarbeitung, verbesserte Abfragepläne für so genannte »Star Join Queries« und der Ressource Govenor.

Neue Datentypen für Datum und Zeit

Darauf haben SQL Server-Entwickler lange warten müssen: reinrassige Datums- und Zeitdatentypen, welche die bisherigen Datentypen *datetime* und *smalldatetime* ersetzen. Diese Änderung kommt sehr unscheinbar daher, ist aber aus verschiedenen Blickwinkeln wichtig: Datenbankanwendungen werden durch die neuen Datentypen portabler (nicht zuletzt können dadurch Anwendungen einfacher auf den SQL Server migriert werden). Auch, wenn man »nur« den SQL Server benutzt, bedeuten die neuen Datentypen einen Fortschritt. Die Wertebereiche und die Genauigkeiten vergrößern sich – für technische Anwendungen reichte bisweilen die Auflösung von *datetime* nicht aus – und man bekommt endlich einen Datumstyp ohne die lästigen Zeitanteile. Das spart ein paar Codezeilen und vor allen Dingen auch Speicherplatz. Die neuen Datentypen tragen selbsterklärende Namen, wie *date* und *time*. Dazu kommt *datetime2*. Dieser Datentyp erweitert schlicht und ergreifend den Wertebereich und die Genauigkeit des alten *datetime*-Typs. Abgerundet wird das Ganze durch *datetimeoffset*. Dies ist ein Datentyp, der auch mit Zeitzonen zurechtkommt. In Kapitel 8 (»Tabellen planen und einrichten«) werden diese neuen Typen genau mit Beispielen vorgestellt.

Die neuen Datums- und Zeittypen lassen sich schnell erklären, sind aber erstaunlicherweise das Feature, welches bei der Entwicklung von SQL Server 2008 am meisten Aufwand versursacht hat. Zur Implementierung musste nämlich die Datenbankmaschine angefasst werden und das ist natürlich eine kritische Sache. Die anderen neuen Datentypen dagegen sind benutzerdefinierte Typen auf der Basis von .NET.

Neue Datentypen für geographische Informationen

Die Speicherung und Verarbeitung von räumlichen Informationen in Datenbanksystemen ist für eine Menge kommerzieller und technischer Anwendungen von hohem Wert. In SQL Server 2008 wurden die Datentypen *geometry* und *geography* eingeführt, mit denen planare und geographische Daten in SQL Server abgelegt werden können. Vernünftigerweise haben die SQL Server-Entwickler dabei international gültige Standards berücksichtigt und zwar diejenigen des Open Geospatial Consortium (OGC). Dadurch ist SQL Server kompatibel zu vielen bestehenden geographischen Informationssystemen und die Daten können relativ leicht ausgetauscht werden. Die Geodatentypen stellen dem Entwickler viele nützliche Methoden zur Verfügung, sodass auch Programmierer, die sich noch nicht intensiv mit dem Thema Geodatenverarbeitung auseinandergesetzt haben, sich relativ leicht in das Thema einarbeiten und Ihre Anwendungen um geographische Funktionen erweitern können. In SQL Server 2008 R2 wurden die Reporting Services um die Fähigkeit erweitert, Landkarten und Informationen aus dem SQL Server Datentyp *geography* darzustellen. Damit lassen sich die eigenen Geoinformationen sehr schön visualisieren. Kapitel 34 (»Geoinformationen mit geography und geometry verarbeiten«) stellt vor, wie man mit Geodaten in SQL Server umgeht.

Ein neuer Datentypen für hierarchische Informationen

In SQL Server 2008 wurde noch ein weiterer nützlicher Benutzerdatentyp eingeführt: *hierarchyid*. Dieser Datentyp adressiert eine Herausforderung, bei der sich Datenbankentwickler häufig etwas schwer tun – den Umgang mit hierarchischen Informationen. Relationale Datenbanksysteme können Hierarchien nur indirekt abbilden und manipulieren. Beispielsweise durch die Verwendung einer zusätzlichen Tabellenspalte, welche den Schlüssel des übergeordneten Elements enthält. Lösungen in SQL können etwas unübersichtlich oder auch unperformant ausfallen. Der Datentyp *hierarchyid* entlastet den Entwickler und bietet Methoden für typische Aufgabenstellungen an, die bei der Verarbeitung hierarchischer Daten anfallen. In Kapitel 35 (»Hierarchische Daten mit hierachyid verarbeiten«) wird vorgestellt, wie Sie mit diesem Datentyp arbeiten. Es wird aber auch vorgestellt, welche Möglichkeiten SQL bietet – so können Sie sich zwischen den Varianten entscheiden.

Neue Speicherverfahren für Tabellen

Das Spalten-Attribut *FILESTREAM* ermöglicht die Speicherung großer BLOB-Inhalte außerhalb der SQL Server-Datenstrukturen im Dateisystem. Das ist speziell für umfangreiche Streaming-Inhalte eine gute Option und bringt verschiedene technische Vorteile mit sich: Beispielsweise verbessert sich die Performance beim Abrufen der Dateien und der SQL Server-Puffercache füllt sich nicht mit sinnlosen Datenseiten. Die Programmierung ist dabei nahtlos in die Standard T-SQL-Verfahren eingebettet, sodass Filestream-Daten wie ganz normale Spalten behandelt werden können. Für den clientseitigen Zugriff stehen API-Funktionen zur Verfügung, die unter anderem einen direkten Zugriff auf die Filestream-Dateien, eingebettet in eine SQL Server-Transaktion, ermöglichen. Kapitel 33 (»Streaming-Daten mit FILESTREAM verarbeiten«) stellt die Verwaltung von Filestream-Daten in SQL Server vor.

Die zweite spektakuläre Neuerung betrifft die maximale Breite von Tabellen. Die war zwar schon vor SQL Server 2008 mit 1024 Spalten durchaus üppig. Es gibt aber Klassen von Anwendungen, bei denen diese Grenze durchaus gesprengt werden konnte. Durch die Verwendung des Attributs *SPARSE* beim Anlegen einer neuen Tabellenspalte kann die 1024 Spalten-Obergrenze geknackt werden. Sparse-Spalten werden anders verwaltet und zählen nicht mit. So werden Tabellen möglich, die bis zu 30.000 Spalten enthalten. In der Praxis viel wichtiger kann eine zweite Eigenschaft von Sparse-Spalten sein: Leere Spalten belegen keinen Speicherplatz. Um Sparse-Daten optimal abfragen zu können, kann der Einsatz so genannter *Column Sets* notwendig sein. Wenn Sie jetzt gründlich verwirrt sind – keine Sorge, Kapitel 8 (»Tabellen planen und einrichten«) liefert die Details.

Neuerungen in Transact-SQL

In der Datenbanksprache von SQL Server – Transact SQL – hat es zwar keine Revolutionen gegeben, es sind aber viele nützliche Kleinigkeiten eingebaut worden, die das Programmieren erleichtern. Hier die wichtigsten Neuerungen in einer kurzen Übersicht. Die Details finden Sie in den Kapiteln des Buchteils B, in denen es um das Arbeiten mit T-SQL geht.

- **Verbundoperatoren** Neu in T-SQL sind Operatoren, die eine Änderung durchführen und das Ergebnis sofort zuweisen. Beispiel: *SET @x += 1*. Nett.

- **Grouping Sets** Grouping Sets erweitern die Möglichkeit der *GROUP BY*-Klausel in einem *SELECT*-Kommando. Durch sie können in einem einzigen *Select* Gruppierungen nach vielen unterschiedlichen Spaltenkombinationen durchgeführt werden und nicht nur nach einer einzigen. Damit lassen sich Auswertungen, für die früher verschiedene Abfragen notwendig gewesen wären, in einer einzigen kombinieren.

- **MERGE** Das neue *MERGE*-Kommando verbindet die Möglichkeiten der *INSERT*-, *UPDATE*- und *DELETE*-Kommandos miteinander. Das ist besonders für Synchronisationen zwischen Tabellen interessant. Da *MERGE* mehrere Arbeitsschritte in einem Durchlauf erledigen kann, spart der Befehl bei großen Tabellen viel Zeit, was gerade bei umfangreichen Data Warehouse-Anwendungen interessant ist.

- **Tabellenwertige Parameter** Vor SQL Server 2008 konnten an Prozeduren und Funktionen nur skalare Werte übergeben werden. Das war lästig und führte zu wiederholten Aufrufen der immer gleichen Prozeduren oder zu Workarounds, basierend auf XML-Daten oder Strings. Alles wenig performant. Tabellenwertige Parameter ermöglichen endlich die Übergabe einer vollständigen Datensatzmenge an eine T-SQL-Prozedur oder -Funktion.

- **Zeilenkonstruktoren** Das ist ein nettes kleine Goody, welches es Ihnen erlaubt, viele Datenzeilen in einem einzelnen *INSERT* anzulegen

Verbesserungen in der Datenbankmaschine

Auch in der Datenbankmaschine hat es viele Verbesserungen gegeben. Datenkomprimierung ist ein Killer-Feature, wenn es um große Tabellen oder Indizes geht. Sie können in SQL Server 2008 die Indizierung für jedes verfügbare Speicherelement aktivieren (Heap, gruppierter Index, nicht gruppierter Index, Partition). Das spart Speicherplatz und kann gleichzeitig große Abfragen schneller machen. Das Gleiche gilt für Backups.

Nicht ganz so offensichtlich sind Verbesserungen im Abfrageverhalten. Dazu zählen verbesserte Abfragepläne bei Abfragen in partitionierten Tabellen, die Möglichkeit Abfragepläne durch so genannte *Plan Guide*s zu fixieren, sowie verbesserte Pläne für typische Data Warehouse-Abfragen (*Star Join Queries*).

Verbessertes Tracking von Abhängigkeiten

Für einen Entwickler sollte das eigentlich keine Rolle spielen, aber viele Administratoren werden es zu schätzen wissen, dass SQL Server bessere Aussagen drüber treffen kann, welche Objekte voneinander abhängig sind. Dazu schaut sich SQL Server unter anderem den Programmtext in gespeicherten Prozeduren an und stellt fest, welche Objekte in Ausdrücken referenziert werden. Für die Ergebnisse werden zum Teil neue Systemsichten, wie *sys.sql_expression_dependencies* zur Verfügung gestellt.

Das kommt in Release 2 hinzu

SQL Server 2008 R2 bietet dem Entwickler nicht allzu viel Neues. Die Datenbankmaschine wurde überarbeitet und die verbesserte Leistungsfähigkeit kommt den SQL Server-Datenbankanwendungen ganz automatisch zu Gute. SQL Server kann jetzt auf bis zu 256 Kernen ausgeführt werden und es gibt kleinere Tuningmaßnahmen bei den Abfrageplänen. Transact SQL hat sich gegenüber der Vorgängerversion nicht geändert. Für Business Intelligence-Anwender ist das Thema *Self Service BI* in Form von *PowerPivot* und dem *Report Builder 3.0* hinzugekommen.

Dennoch gibt es zwei Themenbereiche, bei denen sich Entwickler austoben können. Die seien hier kurz angerissen.

Complex Event Processing mit StreamInsight

Complex Event Processing (CEP) ist ein Teilgebiet der Programmierung, welches für die allermeisten Entwickler Neuland bedeuten wird. Zugegeben: Es ist auch ein Spezialgebiet – nichtsdestotrotz ein sehr interessantes. Worum geht es? In einigen – oft technischen – Anwendungen müssen sehr umfangreiche Ereignisströme verarbeitet werden. Das können hunderttausende Ereignisse pro Sekunde sein. In manchen dieser Anwendungen kommt dazu, dass die Reaktionszeiten sehr kurz sein müssen. Im Bereich der Fertigungsautomatisierung gibt es beispielsweise die häufig genannte Anforderung, innerhalb von 10 ms auf Ereignisse reagieren zu müssen. Was CEP-Anwendungen von traditionellen Datenbankanwendungen unterscheidet ist die Tatsache, dass die Daten »im Fluss« verarbeitet werden und nicht erst nachdem sie in einem Datencontainer – also einer Datenbank – abgespeichert wurden. Durch ein Framework, wie SQL Server *StreamInsight*, soll es dem Entwickler einfach gemacht werden, diese Aufgabe zu meistern. StreamInsight – der Name deutet darauf hin – ist ein Framework, welches sich besonders gut dafür eignet, *Abfragen* gegen einen Ereignisstrom auszuführen. Diese sind nicht in T-SQL zu formulieren, sondern in einem speziellen LINQ-Dialekt.

Anwendungen der beschriebenen Art sind gar nicht *so* selten, wie man vielleicht unterstellen würde. Ein paar Beispiele könnten sein:

- Anwendungen, die in einer Fertigungsstraße dafür sorgen, dass wesentliche Parameter eingehalten werden. Dazu müssen Daten aus sehr vielen Sensoren eingesammelt und ausgewertet werden.
- Anwendungen, die in einem Netzwerk nach Einbruchsversuchen fahnden und dabei nach ungewöhnlichen Mustern suchen
- Anwendungen, die im Finanzbereich so genanntes »algorithmic trading« unterstützen und schnell auf Informationen aus verschiedensten Quellen reagieren müssen
- Anwendungen, die große »intelligente« Energieversorgungsnetzwerke steuern – so genannte »Soft Grids«
- Anwendungen, die auf die Besucherinteraktionen in sehr großen Websites reagieren. Ein Show Case, der mit StreamInsight realisiert wurde, ist die Site »Sunday Football«. Die Webdarstellung und die Werbeinhalte können sich schnell an die Zuschauergemeinde anpassen, indem die IP-Ströme analysiert werden.

Diese Beispiele sollten deutlich machen, worum es geht. In Kapitel 39 (»Complex Event Processing mit StreamInsight«) werden wir die Grundlagen des neuen Frameworks vorstellen.

Master Data Management mit den Master Data Services

Ein nicht zu unterschätzendes Problem in vielen Unternehmen ist die Verwaltung und der Abgleich der »Stammdaten«, welche die Basis der Geschäftsoperationen bilden. Das hat damit zu tun, dass diese Daten häufig in verschiedenen Versionen in unterschiedlichen EDV-Systemen vorgehalten werden. Unternehmen ändern heutzutage häufig durch Zukäufe oder Umstrukturierungen Ihre EDV-Landschaft und die Stammdaten müssen in den verschiedenen Tochterunternehmen synchronisiert werden. Das Thema *Master Data Management (MDM)* nimmt häufig dann schnell an Bedeutung zu, wenn im Rahmen eines BI- oder Reporting-Projekts die Stammdaten (Produktdaten, Kundendaten, Lieferantendaten, …) in einer konsolidierten Form benötigt werden. Da wird dann möglicherweise offenbar, dass es keine »single source of truth« gibt. MDM bietet eine Möglichkeit, durch die Schaffung eines zentralen Repositories und zentraler Stammdatenprozesse die Dinge zu bereinigen. Die *Master Data Services (MDS)* in SQL Server 2008 R2 sind die Microsoft Variante solch eines MDM-Systems. Die MDS bestehen im Wesentlichen aus einem Repository in Form einer SQL Server-Datenbank, einer einfachen Weboberfläche zur Verwaltung des Repositories und dessen Inhalten, sowie einer Menge vordefinierter Web- und anderer APIs, mit denen man Metadaten und Stammdaten definieren, verschieben und regelbasiert überwachen kann. Auch die Integration Services können in Verbindung mit den MDS genutzt werden.

Da die MDS eng mit dem Thema Business Intelligence verknüpft sind, überlassen wir in Anbetracht des Platzmangels in unserem Entwicklerbuch dieses Feld im Moment schweren Herzens anderen Autoren.

Das könnten Sie vermissen

Mit jeder neuen Version von SQL Server kann es passieren, dass bislang vorhandene Features aus dem Produkt entfernt werden oder dass das Entfernen für zukünftige Versionen in Aussicht gestellt wird – letzteres nennt man eine »Abkündigung«. Ein Grund dafür kann sein, dass SQL Server noch mehr an die ANSI-Standards angepasst werden soll und dafür »schmutzige« T-SQL-Sprachelemente entfernt werden müssen. Das große Aufräumen hat in dieser Hinsicht allerdings schon beim Versionswechsel auf SQL Server 2005 stattgefunden. Beispielsweise wurde die Nicht-Standard-Syntax »*=« für einen Outer Join entfernt. Mit SQL Server 2008 sind in T-SQL viele nützliche Dinge hinzugekommen – entfernt wurde nichts. Kommen Sie allerdings von SQL Server 2000, dann müssen Sie schon sehr gut aufpassen – hier gibt es viele »Breaking Changes«. Werfen Sie dazu einen Blick auf den Tipp im Kasten.

Andere Features verschwinden aus SQL Server, weil sie von der Nutzergemeinde nur spärlich angenommen werden und der Aufwand für die weitere Entwicklung und Wartung eingespart werden soll. Wieder andere werden entfernt, weil Sie nicht in die Gesamtstrategie passen und eine ähnliche Funktion in Windows, .NET oder Visual Studio genutzt werden soll.

Sie sollten die Einträge zu den abgekündigten Features in der Onlinedokumentation ernst nehmen und sich gut überlegen, ob Sie in Ihrer Entwicklung auf ein Feature setzen möchten, welches in einer der nächsten SQL Server-Versionen nicht mehr verfügbar ist. Diese Entscheidung ist nicht unbedingt eindeutig. Es gibt SQL Server-Funktionen, die Ihnen in einem Projekt einen schnellen Vorteil bieten. Da kann man dann schon mal schwach werden. Ein gutes Beispiel dafür sind die in den SQL Server integrierten und per T-SQL konfigurierbaren SOAP-Webservices. Via einfacher T-SQL DDL-Kommandos lassen sich ruckzuck Webmethoden aus gespeicherten Prozeduren machen und veröffentlichen. Tolle Sache! Aber leider (und meiner bescheidenen Meinung nach recht unverständlich) sind die systemeigenen SQL Server-Webdienste mit SQL Server 2008 abgekündigt worden. Dennoch kann es sinnvoll sein, dieses Feature einzusetzen, weil Sie damit sehr schnell eine SOAP-Schnittstelle für Ihre Datenbank entwickeln können. Natürlich sollten Sie sich parallel dazu um einen Plan B kümmern, wenn Sie eines Tages die nächste oder übernächste Version von SQL Server einsetzen wollen oder müssen. In welcher Version ein abgekündigtes Feature dann tatsächlich verschwindet, lässt sich leider nicht sagen.

> **TIPP** Möchten Sie eine Datenbankanwendung von SQL Server 2000 auf SQL Server 2008 upgraden, dann untersuchen Sie diese am besten mit dem *Updateratgeber*, den Sie vom Setup-Medium installieren können oder sich in der aktuellen Version im Internet besorgen. Der Ratgeber durchforstet Ihre Datenbanken nach kritischem Code und kann das auch für SQL Server-Skripte oder Profiler-Traces tun. Der Microsoft Partner Scalability Experts stellt einen kostenlosen *Upgrade Assistant* zur Verfügung, mit dem Sie Ihre Anwendung noch genauer untersuchen können. Dieses Tool haben wir der Buch-CD beigefügt. Wenn es um reine T-SQL-Syntaxabweichungen zwischen den verschiedenen Versionen geht, dann können Sie in den Datenbankoptionen einen Kompatibilitätsgrad einstellen, der Ihrer aktuellen Datenbankversion entspricht. Vorsicht: Damit können Sie keine abgeschalteten Features reanimieren! Beispielsweise lässt sich damit in SQL Server 2008 die veraltete »*=«-Syntax für Outer Joins weiter nutzen. In einem Kompatibilitätsgrad unterhalb 100 können Sie gleichzeitig die *neuen* Funktionen von SQL Server 2008 nicht nutzen. Dumme Sache – vermutlich werden Sie Ihre Anwendung doch lieber auf die neue Syntax umstellen wollen. Die beiden genannten Werkzeuge helfen Ihnen dabei, die entsprechenden Stellen in Ihrem Projekt zu identifizieren.

Notification Services

Die Notification Services sind mit SQL Server 2008 sang und klanglos aus dem Produkt entfernt worden. Das war für viele Entwickler ein erstaunlicher und zum Teil schmerzhafter Bruch mit der Regel, dass eine Funktion vor dem endgültigen Entfernen zunächst einmal abgekündigt wird. Zugegeben – es hat nicht allzu viele Entwicklungen gegeben, bei denen die SSNS eine Rolle spielten (mir persönlich sind genau zwei bekannt geworden) – für diese war es allerdings frustrierend. Die Notification Services waren ein Framework innerhalb des SQL Server, mit denen sich Anwendungen für das massenhafte Versenden von Nachrichten auf der Basis vordefinierter Ereignisse fast vollständig deklarativ erstellen ließen. Die SSNS haben viele nützliche Funktionen für die Skalierbarkeit und Zuverlässigkeit solcher Anwendungen bereits an Bord gehabt, ohne dass Entwickler sich darum hätten kümmern müssen. Eigentlich eine feine Sache – sei's drum: Die SSNS gibt es in SQL Server 2008 einfach nicht mehr. Punkt.

Systemeigene Webdienste

Wie schon erwähnt: Die eigenen Webdienste von SQL Server werden in einer der zukünftigen SQL Server-Versionen abgeschafft und damit natürlich auch all die praktischen T-SQL-Befehle, die damit zu tun haben, vor allem *CREATE ENDPOINT* (für SOAP/http). Das Abschaffen der SQL Server-Webdienste fällt sicher in die Kategorie »Strategische Endscheidung«. Microsoft legt den Entwicklern nahe, die Möglichkeiten zu nutzen, die von ADO.NET beziehungsweise der Windows Communication Foundation (WCF) angeboten werden. Das ist für hartgesottene T-SQL-Entwickler leider nur ein schwacher Trost, denn das Erstellen von Webdiensten mit reiner T-SQL-Codierung fällt damit leider flach und man muss sich mit Programmiersprachen wie C# oder VB.NET auseinander setzen. Dazu kommt dann bei ASP.NET noch der Aufwand, einen Webserver aufzusetzen und ein paar administrative Dinge mehr. Schade also.

SQL Server-Oberflächenkonfiguration

Obwohl dieses Thema eigentlich mehr mit der Administration zu tun hat, ist dieser dritte große Punkt auch für Entwickler interessant, die bis jetzt mit SQL Server 2005 gearbeitet haben. In dieser SQL Server-Version gab es ein praktisches Tool, mit dem man viele sicherheitsrelevante Einstellungen von einem einzigen Punkt aus vornehmen konnte. Dieses Tool trug den verwirrenden Namen *SQL Server Oberflächenkonfiguration*, womit die Angriffsoberfläche gemeint war, die SQL Server bietet. Die Konfigurationsmöglichkeiten sind mit SQL Server in das deklarative Managementframework gewandert. Im Management Studio können Sie durch einen Rechtsklick auf einen registrierten Server und das Kontext-Kommando *Facets / Oberflächenkonfiguration* einige der gewohnten Einstellungen erreichen. In Kapitel 30 (»Mit der SQLCLR arbeiten«) wird diese Konfigurationsmöglichkeit beispielsweise genutzt, um die .NET-Laufzeitumgebung in SQL Server zu aktivieren.

Kapitel 4

Das Arbeitsbeispiel dieses Buchs

In diesem Kapitel:
Übersicht über die netShop-Datenbank   70
Der Aufbau der netShop-Datenbank   73
Berechtigungen, Tabellen, Schemata und Synonyme   80

Wir haben uns für dieses Buch vorgenommen, Ihnen das Entwickeln mit SQL Server 2008 nicht trocken theoretisch, sondern anhand vieler praktischer Beispiele nahezubringen. Damit Sie beim Lesen die Demos und Codebeispiele sofort ausprobieren können, gibt es auf der CD zum Buch eine Beispieldatenbank, die in allen fünf Teilen des Buchs eine Rolle spielen wird. Von den Transact SQL-Beispielen, über die .NET-Programmierung bis hin zu den nicht relationalen Programmiermethoden: Sie können den Programmcode sofort laufen lassen, mit den Beschreibungen in den Kapiteln vergleichen und natürlich eigene Experimente anstellen. Die einzelnen Kapitel bauen, was die Demodaten angeht, nicht aufeinander auf. Sie müssen beim Lesen und Experimentieren keine feste Reihenfolge einhalten und können jederzeit aus der Datensicherung den ursprünglichen Zustand der Datenbank wiederherstellen, falls mal ein Unglück passiert ist.

Ganz bewusst haben wir uns dafür entschieden, *nicht* die Standard-Beispieldatenbank von SQL Server – AdventureWorks – zu verwenden. Diese ist sicher clever und vorbildlich aufgebaut. Für unsere Zwecke aber etwas zu komplex. Damit man aus den Beispielen des Buchs schnell Nutzen ziehen kann, sollte man sich möglichst schnell in das Datenmodell hineindenken können und deswegen gibt es bei uns zur Darstellung eines Kunden nur eine Tabelle und nicht gleich ein halbes Dutzend. Manchmal ist small eben doch beautiful. Ein Hinweis für die SQL Server-»Veteranen« in der Leserschaft. Falls Ihnen der ein oder andere Aspekt unserer *netShop*-Datenbank aus der guten alten Northwind-Datenbank[1] bekannt vorkommt, so ist das kein Zufall. Aufgabenstellung und Struktur der Datenbank sind ähnlich. Wir haben unsere Datenbank allerdings mit ein paar zusätzlichen Tabellen versehen, eine Menge Daten hineingepumpt und mit den neuen Möglichkeiten von SQL Server realisiert. Viel Spaß beim Ausprobieren!

Übersicht über die netShop-Datenbank

Eine neue Technologie im luftleeren Raum kennen zu lernen (oder ein Buch darüber zu schreiben), ist schwierig. Daher haben wir uns entschlossen, eine Beispieldatenbank für ein konkretes Anwendungsszenario zu entwickeln. Dessen Hintergrund und die daraus resultierende Datenbanklösung werden in den nächsten Abschnitten kurz beschrieben. Sie können den Text und die Diagramme als Referenz benutzen, wenn Sie die Demos in den verschiedenen Kapiteln bearbeiten.

Die Aufgabenstellung im Demo-Szenario

Die netShop-Datenbank soll die Datenhaltung für einen Webshop erledigen. Es geht um Artikel, Kunden und Bestellungen. Das liefert ein gutes Beispiel für ein übersichtliches Datenbankschema, da eine Webshop-Software in der Regel nicht ein komplettes Warenwirtschaftssystem abbildet, sondern häufig als Frontend für ein bestehendes ERP-System, wie SAP, Dynamics AX oder individuelle Geschäftslösungen eingesetzt wird. Die Datenbank bildet daher nur das ab, was mit der direkten Implementierung des Shops zu tun hat. Das macht die Aufgabenstellung übersichtlicher – dennoch sind die Anforderungen komplex genug, um alle Aspekte der Datenbankentwicklung mit SQL Server 2008 exemplarisch erörtern zu können: Es steckt wirklich viel drin.

Bei der Verwendung als »Store Frontend« müssen unter anderem die Daten des Webshops mit dem ERP-System synchronisiert werden. Dazu können die SQL Server-Integration Services verwendet werden, oder auch Webservices implementiert werden. Soll in kleineren Umgebungen der Webshop »stand alone« betrieben werden können, benötigt er eine Management-Oberfläche. Da kommt die Entwicklung eines .NET-Clients ins Spiel. Für geographische Auswertungen der Verkäufe bietet sich der neue Datentyp *geography* an. Und so weiter.

---

[1] Den legendären Kunden „ALFKI" (Alfreds Futterkiste) aus Northwind konnten wir aber leider nicht reanimieren. Er ruhe in Frieden!

Da ganz sicher keine zwei Implementierungen eines Shopsystems einander gleichen, soll das Datenbankschema unterschiedliche Arten der Verwendung zulassen. Zum Beispiel könnte auf der Grundlage der Struktur ein Webshop gebaut werden, bei dem der Kunde nach einer Anmeldung seine Kundendaten selbst pflegen kann. Es ist aber auch denkbar, dass ohne ein Kunden-Login direkt bestellt werden kann. Es ist möglich, dass bestimmte Tabellen für eine konkrete Umsetzung benutzt werden, andere wiederum nicht. Es ist auch denkbar, dass weitere Tabellen hinzugefügt werden müssen. Die netShop-Datenbank ist als kleinster gemeinsamer Nenner gedacht.

Installation der Beispieldatenbank(en)

Für die Installation der netShop-Beispieldatenbank benötigen Sie auf Ihrer Festplatte ca. 500 MByte für die SQL Server Datenbankdateien und noch einmal ca. 300 MByte für das Entpacken der Datensicherung – insgesamt also ungefähr 800 MByte. Für die Demos zum Thema Indizierung in Kapitel 12 (»Indizierung und Partitionierung«) können Sie bei dieser Gelegenheit noch die Beispieldatenbank *PerformanceDB* einspielen. Da es in dieser um »ordentliche« Datenmengen geht, müssen Sie für die installierte Datenbank etwa 3,5 GByte Plattenplatz einplanen. Für das Auspacken der Backup-Datei werden zusätzlich noch einmal ca. 3,5 GByte benötigt.

Da das Einspielen der beiden Datenbanken nahezu identisch verläuft, beschreibe ich an dieser Stelle nur den Umgang mit *netShop*.

Hier also die Schritt-für-Schritt-Anleitung für das Einrichten der netShop-Demodatenbank. Als Vorbereitung sollten zunächst einmal die Demodateien mithilfe des Tools von der Buch-CD auf die Festplatte kopiert werden. Das Standardverzeichnis *C:\SQLEntwicklerbuch2008* können Sie beliebig ändern, Sie müssen das nur bei den nachfolgenden Schritten berücksichtigen.

1. Packen Sie die Datei *netShop.zip*, die sich im Verzeichnis *C:\SQLEntwicklerbuch2008\Datenbanken* befindet, aus. Das Verzeichnis enthält jetzt die Dateien *netShop.bak* und *netShopRestore.sql*. Wenn es der Platz auf Ihrem PC hergibt, dann lassen Sie am besten die Backupdatei in diesem Verzeichnis stehen. So können Sie später jederzeit den Ausgangszustand der Demodaten rekonstruieren.

2. Die Wiederherstellung der netShop-Datenbank können Sie über das GUI des Management Studio mit dem entsprechenden Dialogfeld oder per T-SQL-Skript ausführen. Kapitel 21 (»Administration für Entwickler«) zeigt, wie ein Wiederherstellungsvorgang über die Benutzeroberfläche en detail abläuft. Schlagen Sie dieses auf, wenn Sie sich über die Feinheiten informieren möchten. Falls Sie den SQL Server bis jetzt noch gar nicht installiert haben, liefert dieses Kapitel die entsprechende Anleitung dazu. Im Moment kommen Sie aber ohne diese Informationen aus: Das Skript *netShopRestore.sql* lassen Sie im T-SQL-Editor des Management Studios ablaufen. Die ausführliche Beschreibung des Editors finden Sie in Kapitel 6 (»Werkzeuge für T-SQL-Entwickler«). Hier folgt aber jetzt gleich eine Schnellanleitung, damit Sie sofort durchstarten können und keine Zeit mit Blättern vergeuden.

3. Starten Sie das SQL Server Management Studio: *Start / Alle Programme / Microsoft SQL Server 2008 R2 / SQL Server Management Studio.*

4. Verbinden Sie sich mit Ihrem SQL Server 2008 R2. Verwenden Sie dazu die *Windows-Authentifizierung*, wenn Sie SQL Server mit den Standardvorgaben installiert haben (siehe Abbildung 4.1). Wahlweise können Sie natürlich mit einem anderen, von Ihnen festgelegten, SQL Server-Konto arbeiten.

5. Klicken Sie in der Standard-Symbolleiste des Management Studio auf *Neue Abfrage*, um ein neues T-SQL-Abfragefenster zu erzeugen.

6. Der Menübefehl *Datei / Öffnen / Datei...* ermöglicht Ihnen nun, die Skriptdatei *netShopRestore.sql* aus dem Verzeichnis *C:\SQLEntwicklerbuch2008\Datenbanken* zu laden. Das Editorfenster sieht dann so aus, wie in Abbildung 4.2 dargestellt.

7. Sie werden nun an den mit Kommentaren gekennzeichneten Stellen anstelle der Original-Dateipfade Ihre eigenen Pfade angeben müssen. Anstelle des Pfades *D:\Daten\netShop_data.mdf* geben Sie also beispielsweise den Pfad zu *Ihrem* Datenverzeichnis an (hinter dem Schlüsselwort TO). Die Dateinamen selbst sollten Sie nicht ändern. Zur *netShop*-Datenbank gehören insgesamt vier Dateien.

8. Führen Sie das Skript über das Symbol *Ausführen* aus (das ist das Symbol mit dem Ausrufezeichen). Beobachten Sie die Meldungen im Fenster unterhalb des Editors. Verläuft die Wiederherstellung erfolgreich, dann sehen Sie anschließend Zeilen in der Art:
   ```
   RESTORE DATABASE hat erfolgreich X-tausend Seiten in Y Sekunden verarbeitet ( Z MByte/s).
   Sie können jetzt mit dem netShop arbeiten!
   ```

9. Sie sollten jetzt Ihre angepasste Version des Wiederherstellungsskripts speichern. Es empfiehlt sich vor dem Bearbeiten jedes Kapitels, die Datenbank erneut aus der Sicherung einzuspielen, damit Sie einen einheitlichen Ausgangszustand für die Demos haben.

10. Für die Arbeit mit den Beispielen werden keine speziellen Benutzerkonten benötigt. Achten Sie darauf, in der Datenbank mit den Berechtigungen eines Datenbankbesitzers (*dbo*) zu arbeiten. Dies ist immer der Fall, wenn Sie als lokaler Administrator auf eine SQL Server-Instanz zugreifen. Sie können sich auch über das bei der SQL Server-Installation vergebene sa-Kennwort (siehe Kapitel 13 – »Sicherheit«) mit dem Server verbinden. Damit sind Sie Besitzer jeder Datenbank.

HINWEIS Beachten Sie, dass das Wiederherstellung-Skript eine vorhandene *netShop*-Datenbank löscht. Falls Sie also eigene Ergänzungen zu den Beispielen retten wollen, dann sollten Sie eine Sicherung durchführen, bevor Sie das Skript laufen lassen. Sie werden Probleme mit dem Wiederherstellung-Skript bekommen, falls es aktive Verbindungen zur *netShop*-Datenbank gibt. Falls Sie also gerade mit der Datenbank gearbeitet haben, dann schließen Sie zuerst alle offenen Fenster und beenden Sie alle Clientprogramme, die auf die Datenbank zugreifen. Erst dann sind das Löschen und die anschließende Wiederherstellung möglich.

Abbildung 4.1 Anmeldung beim SQL Server

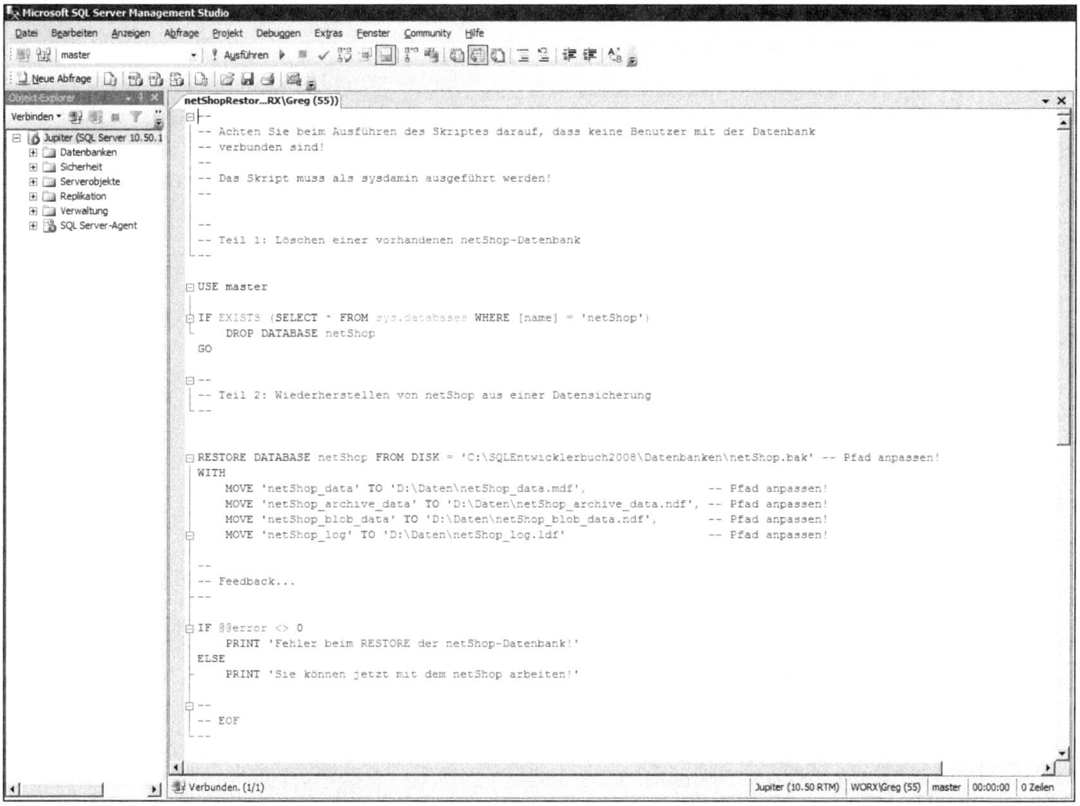

Abbildung 4.2 T-SQL-Editor mit geladenem Restore-Skript

Der Aufbau der netShop-Datenbank

Zu einer Beschreibung einer Datenbank gehört das so genannte Datenbankschema – das beschreibt den spaltenweisen Aufbau der einzelnen Tabellen und die Beziehungen zwischen diesen – sowie die Definition von Einschränkungen und Geschäftsregeln auf der Datenschicht. Für das Verständnis der Beispieldatenbank ist es zunächst einmal ausreichend, sich ein wenig im Datenbankschema zurechtzufinden. In der »Auslieferungsversion« der Demodatenbank sind zwar einige wenige Einschränkungen definiert (Spalten-Eindeutigkeit, Wertebereiche), aber keine komplexeren Geschäftsregeln; diese werden im Zuge der weiteren Implementierungen hinzugefügt.

Das Tabellenschema

Die folgende kurze Übersicht soll es Ihnen erleichtern, die Beispiele in diesem Buch besser nachvollziehen zu können. Sie können das Datenbankschema immer wieder gut als Referenz einsetzen. Bei der Beschreibung geht es an dieser Stelle nur um die Grundlagen, die Sie benötigen, um das Gesamtkonzept zu verstehen. In den verschiedenen Kapiteln des Buchs werden dann bei Bedarf weitere Details der Implementierung erläutert. Wichtig: Es gibt tausend (und eine) Art, ein Datenmodell zu einer gegebenen Aufgabenstellung zu entwickeln. Das Schema der netShop-Datenbank ist nur einer von vielen möglichen Lösungsansätzen. Manche Dinge hätte man sicher eleganter lösen können, manche Entwurfsprinzipien sind nicht durchgängig eingehalten worden. In den meisten Fällen hat das damit zu tun, dass die Datenbank für die Demonstration verschiedener Techniken herhalten muss und wir für eine bestimmte SQL Server-Funktion eine passende Tabelle brauchten. Dennoch ist der Aufbau typisch für eine kleine Datenbanklösung und wurde so (oder so ähnlich) auch schon in der Praxis erprobt. Die Visio-Grafik in Abbildung 4.3 gibt eine Übersicht über die Haupttabellen der Datenbank. Diese Darstellung ist durch Reverse-Engineering aus der echten netShop-Datenbank entstanden und auf die Namen der Tabellen, Primär- und Fremdschlüssel reduziert.

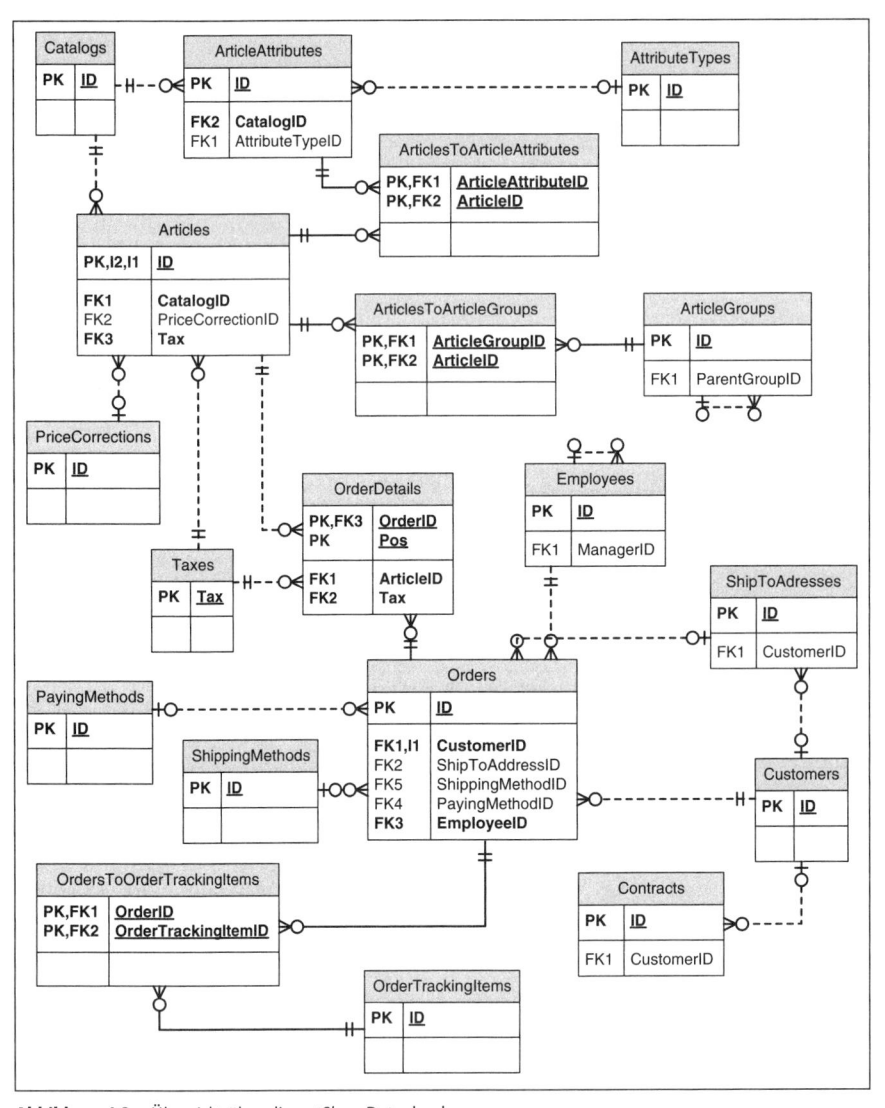

Abbildung 4.3 Übersicht über die *netShop*-Datenbank

Eine Besonderheit des Datenbankschemas ist die konsistente Verwendung künstlicher Primärschlüssel auf der 1-Seite einer 1-zu-N-Beziehung. Künstliche Schlüssel enthalten Werte, die nicht aus den Datensätzen selbst stammen, sondern automatisch erzeugt werden. Der Datentyp dieser Schlüssel ist ganzzahlig (*int*) mit der Eigenschaft *IDENTITY*. Auf diese Art hergestellte Verknüpfungen können von SQL Server besonders schnell ausgewertet werden. Für die Speicherung der *echten* Schlüssel wie Artikelnummer oder Kundennummer wird zusätzlich ein Feld *Code* vorgesehen.

Bestell- und Kundendaten

Die Datenbank lässt sich in drei Bereiche aufteilen: Bestellverwaltung, Katalogverwaltung und Kundenverwaltung. Die Speicherung der Bestellungen ist auf eine sehr direkte Art über zwei Tabellen gelöst. In der Tabelle *Orders* werden die zentralen Bestelldaten, wie Datum, Online-Bestellnummer, Kunde etc. gehalten (Abbildung 4.4). In der abhängigen Tabelle *OrderDetails* gibt es die Einzelheiten zu den Bestellpositionen. Die *Orders*-Tabelle bezieht sich auf verschiedene Referenztabellen wie *Employees* (Mitarbeiter, der die Bestellung bearbeitet), *ShippingMethods* (hinterlegte Versandarten) und *PayingMethods* (hinterlegte Bezahlarten). Einzig die Tabelle *Employees* weist eine kleine Besonderheit auf – die Tabelle referenziert sich selbst. In der Mitarbeiter-Datenbank sind die Vorgesetzten-Angestellten-Verhältnisse durch Referenzen innerhalb der Tabelle über die Spalten *ID* und *ManagerID* abgelegt.

Für die Nachverfolgung von Bestellungen eignen sich die beiden Tabellen *OrderTrackingItems* und *OrdersToOrderTrackingItems*. In *OrderTrackingItems* können Schlagworte für den Zustand einer Bestellung hinterlegt werden. Bei der ersten Installation sind hier die Werte »Eingang«, »Lieferung begonnen«, »Geliefert«, »Storniert« und »Abgeschlossen« hinterlegt. In der Verknüpfungstabelle *OrdersToOrderTrackingItems* lässt sich zu einem Schlüssel eines Datensatzes aus *Orders* (Feld *OrderID*) der entsprechende Schlüssel aus *OrderTrackingItems* (Feld *OrderTrackingItemID*) mit einem Datum hinterlegen. So lässt sich eine Bestellungsverfolgung implementieren. Soll das Tracking noch feiner sein, so kann ein Manager des Shops die Begriffe in *OrderTrackingItems* einfach erweitern.

Die zentrale Tabelle der Kundenverwaltung ist die Tabelle *Customers*. Diese ist ganz geradeaus entworfen worden und enthält keine Besonderheiten. Soll dem Kunden erlaubt werden, abweichende Lieferadressen einzugeben, dann landen diese in *ShipToAdresses*. Lieferadressen sind natürlich einerseits den Kunden zugeordnet, andererseits aber auch den Bestellungen, da die Adresse pro Bestellung ausgewählt werden kann. Ist das Feld *ShipToAddressID* in *Orders* leer, also (NULL), dann bedeutet dies, dass an die primäre Kundenadresse in *Customers* geliefert werden soll. Die Tabelle *Contracts* dient der Speicherung von Lieferverträgen (und ist vor allen Dingen ein Beispiel für die Volltextsuche – dazu gleich mehr).

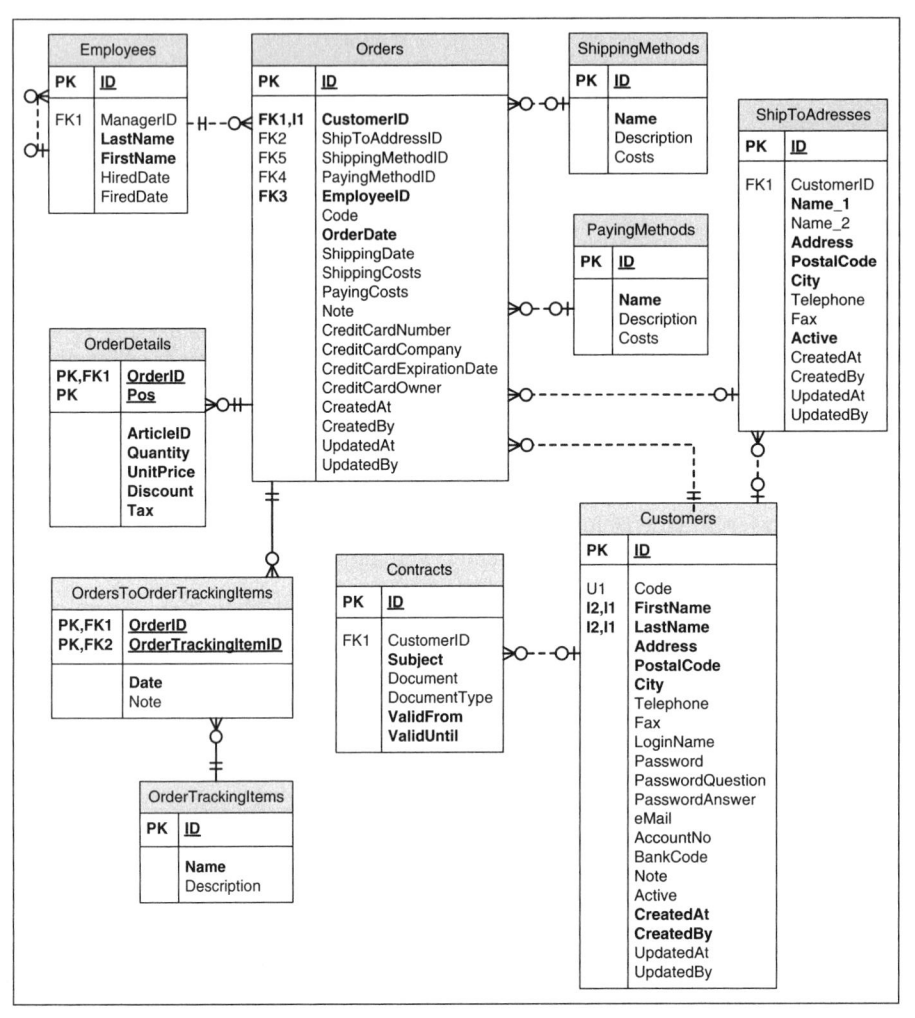

Abbildung 4.4 Tabellen für Bestellungen und Kunden

Katalogdaten

Die zentrale Tabelle für die Verwaltung der Katalogdaten ist die Artikeltabelle *Articles*. Um diese herum sind verschiedene Tabellen zur näheren Beschreibung des Warenbestandes angeordnet (Abbildung 4.5). Hier gibt es eine Konstruktion, die eine kurze Erläuterung verdient. Die netShop-Datenstruktur soll leicht auf die Bedürfnisse unterschiedlicher Nutzer anpassbar sein. So verlangen verschiedene Shop-Implementierungen abweichende Attribute für die Artikelbeschreibung. Während bei einem Buch Merkmale wie Autor, Verlag, Erscheinungsjahr oder Seitenzahl eine Rolle spielen können, sieht die Beschreibung für Oberhemden ganz anders aus. Dort interessieren der Hersteller, die Größe, die Farbe, das Material und anderes mehr. Im netShop ist dieser Wunsch nach Flexibilität dadurch umgesetzt worden, dass in der Tabelle *Articles* nur die allgemein gültigen Eigenschaften eines Artikels hinterlegt sind: Name, Preis, Bilder und Ähnliches. Die

Der Aufbau der netShop-Datenbank

Beschreibungen der Attribute findet man dann in der getrennten Tabelle *ArticleAttributes*. Hier findet man die für eine Artikelklasse (Bücher, Hemden, etc.) hinterlegten Eigenschaften. In einem Shopsystem spricht man allerdings häufig nicht von einer Klasse, sondern von einem Katalog – was nicht so ganz der landläufigen Verwendung dieses Begriffs entspricht. Eine Menge von zusammengehörigen Attributen steht immer zu einem Datensatz in der Tabelle *Catalogs* in Beziehung. Dieser Eintrag gibt also die Art der Beschreibung eines Artikels vor. In der Tabelle *ArticlesToArticleAttributes* wird dann die Verknüpfung von Artikeln und Attributen vorgenommen. Diese Tabelle enthält die konkreten Werte für einen bestimmten Artikel. Damit an der Benutzeroberfläche einer Shopapplikation einfache Wertüberprüfungen vorgenommen werden können, muss jedem Attribut in *ArticleAttributes* über den Fremdschlüssel *AttributTypeID* noch ein »Datentyp« (zum Beispiel »Text«, »Zahl«, »Datum«) aus der Tabelle *AttributTypes* zugewiesen werden.

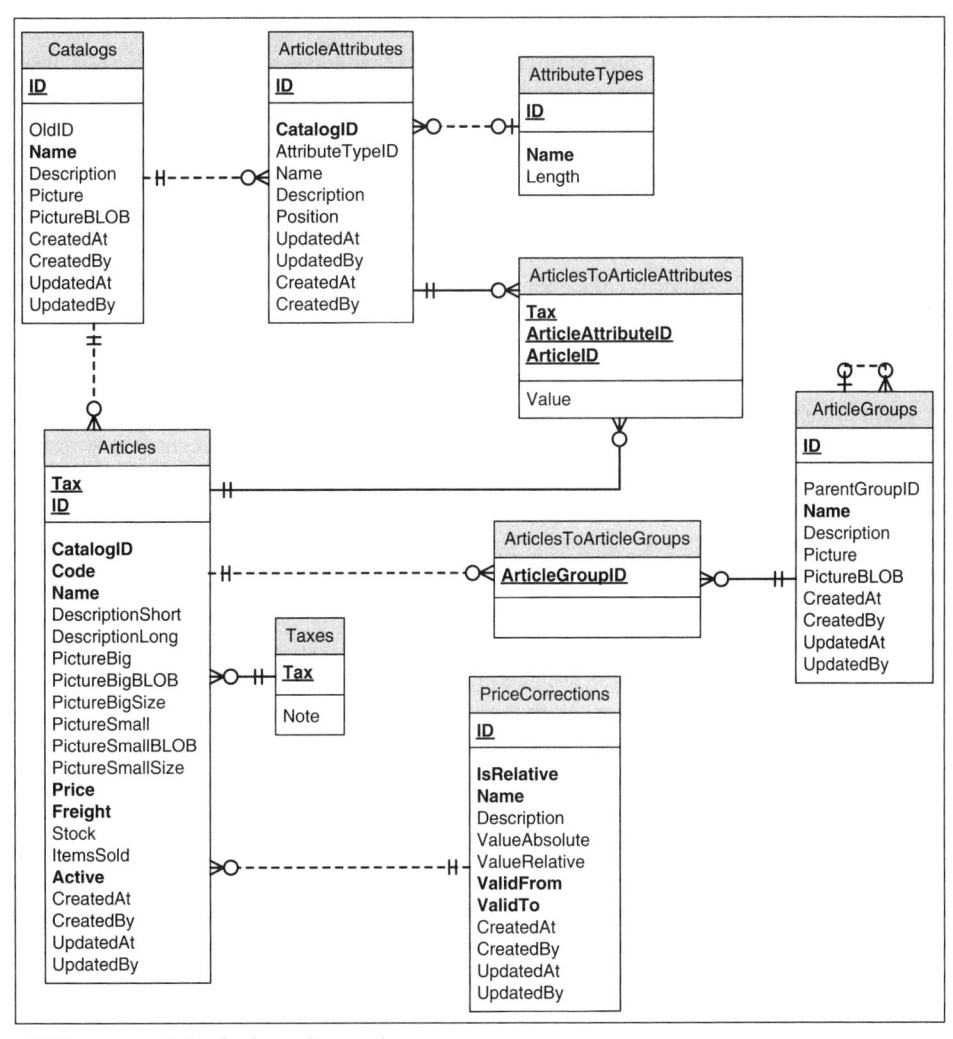

Abbildung 4.5 Tabellen für die Katalogverwaltung

Würde man die Artikelbeschreibung nicht auf diese Art und Weise realisieren, so müssten für verschiedene Artikelklassen jeweils eigene Tabellen aufgebaut werden. Kommt eine neue Artikelklasse hinzu, so sind die Datenbank und – je nach Programmierung – auch die Applikation anzupassen. Diese Methode der Umsetzung von dynamischen Eigenschaften wird als *Open Schema* bezeichnet. Bei der Implementierung muss darauf geachtet werden, dass die Konsistenz der Datenbank nicht verletzt werden kann. Im Klartext ausgedrückt: Gehört ein Artikel (Datensatz in *Articles*) zu einem bestimmten Katalog (Datensatz in *Catalogs*), dann müssen diesem Artikel *jederzeit alle* Eigenschaften (Datensätze in *ArticleAttributes*) zugeordnet sein, die für diesen Katalog gesetzt wurden. Die Tabelle *ArticleToArticleAttributes* muss entsprechend gepflegt werden, wenn ein neuer Artikel angelegt wird, gelöscht wird oder einem anderen Katalog zugewiesen wird. Das ist eine Aufgabe, die in einem Datenbankserver hervorragend durch so genannte Trigger gelöst werden kann. Die stellen sicher, dass diese *Denormalisierung* der Datenstrukturen nicht zu fehlerhaften Zuständen in der Datenbank führt. In SQL Server 2008 gibt es weitere Möglichkeiten, mit einem Open Schema umzugehen: Sie könnten die Artikelbeschreibungen als XML-Dokumente ablegen. Sie könnten mit einer einzelnen, sehr breiten Tabelle unter Verwendung der *SPARSE*-Eigenschaft von Tabellenspalten arbeiten. Tabellen mit *SPARSE*-Spalten können bis zu 30.000 Spalten beinhalten und speichern leere Werte nicht ab. Oder Sie könnten einen »pfiffigen« .NET-basierten Benutzerdatentyp erfinden, der die Artikeleigenschaften dynamisch zur Verfügung stellt. Neben den Katalogen existiert in der netShop-Datenbank noch eine weitere Beschreibungsmöglichkeit für Artikel. Das sind die Artikelgruppen – dargestellt über die Tabelle *ArticleGroups*. In der realen Welt könnten Artikelgruppen so illustre Namen wie »Weiße Ware« oder »Braune Ware« tragen. In der brauen Ware (Unterhaltungselektronik) gäbe es dann wieder Artikel, die aus verschiedenen Katalogen stammen. LCD-Fernseher haben eben andere Eigenschaften (»Diagonale«, »Tuner«, »Surround«) als portable MP3-Player (»Speicher«, »Gewicht«, »Akkulaufzeit«). Ergibt sich langsam ein Bild? Artikelgruppen lassen sich für verschiedene Zwecke einsetzen. Neben der Zusammenfassung von Artikeln zu Gruppen, die es dem Käufer einfacher machen sollen, sich zu orientieren, können auch andere Gruppen gebildet werden: »Auslaufartikel«, »Neuheiten« und so weiter. So lässt sich die Präsentation im Shop steuern. Durch diese mehrfache Zuordnungsmöglichkeit entsteht zwischen den Artikeln und den Artikelgruppen insgesamt eine M:N-Beziehung. Diese wird über die Verknüpfungstabelle *ArticlesToArticleGroups* implementiert. Auch die *ArticleGroups*-Tabelle ist – genau wie *Employees* – selbstreferenzierend. Dadurch lassen sich aus Artikelgruppen so genannte »Artikelpyramiden« machen. Das sind Hierarchien von Artikelgruppen.

Schlussendlich wäre ein ordentlicher Shop nichts ohne häufige Rabattaktionen. In der Tabelle *PriceCorrections* lassen sich daher temporäre Korrekturen für Artikelpreise hinterlegen. Diese lassen sich als absoluter Wert (»Sparen Sie einen Euro!«) oder als relativer Wert (»Alles um 10% reduziert!«) darstellen. Die Einträge in *PriceCorrections* stehen in keiner Verbindung zu Artikelgruppen oder Katalogen. Sie sind eine weitere Dimension der Beschreibung von Artikeln. Die Zuordnung kann der Entwickler an andere Tabellen knüpfen oder es kann den Shopbetreibern vollständig selbst überlassen werden, welche Artikel eine Preisreduktion erfahren. Wie auch immer: Ein Datensatz in *PriceCorrections* hat immer ein Anfangs- und ein Enddatum, das auch eingegeben werden muss.

In verschiedenen Tabellen der Datenbank findet man Datentypen für das Ablegen großer Objekte – LOB (Large Objects) und BLOB-Daten (Binary Large Objects). In der Katalogverwaltung geht es dabei vor allen Dingen um das Ablegen von Bildinformationen. Die Spalte *PictureBigBLOB* kann beispielsweise eine Artikeldarstellung enthalten, die direkt in der Datenbank abgelegt ist. Die Spalte *PictureBig* liefert den ursprünglichen Dateinamen dazu. Eine Besonderheit stellt die Spalte *Document* in der *Contracts*-Tabelle dar. Hier können komplette Word-, PDF- oder andere Dokumente abgelegt werden. Diese werden von SQL Server nicht nur verwaltet, sondern auch durch Volltextindizierung inhaltlich erschlossen. Dazu benötigt die Datenbankmaschine zusätzlich noch die Spalte *DocumentType*. In dieser ist die Art des Dokuments hinterlegt: ».DOC«, ».TXT« und so weiter.

Archivdaten

Zu guter Letzt gibt es in der netShop-Datenbank noch einen Bereich für Daten, die nicht mehr aktuell sind, aber für Auswertungen noch im Zugriff gehalten werden sollen. Dieser setzt sich aus den Tabellen zusammen, deren Namen das Präfix »Archive_« enthalten (Abbildung 4.6). In diese Tabellen sollen ausschließlich zu archivierende Daten aus den aktiven Tabellen geladen und anschließend abgefragt werden. Änderungen und Löschungen gibt es nicht. Struktur der Tabellen und die Beziehungen untereinander entsprechen genau den Originaltabellen, allerdings werden in den Archivtabellen keine Schlüssel gebildet. Der Vorteil in dieser Abtrennung besteht darin, dass die archivierten Daten bei Abfragen nicht mehr durchsucht werden müssen, der Aufwand der Reindizierung sich vermindert und die Daten physisch auf andere Laufwerke gelegt werden können (über so genannte Dateigruppen).

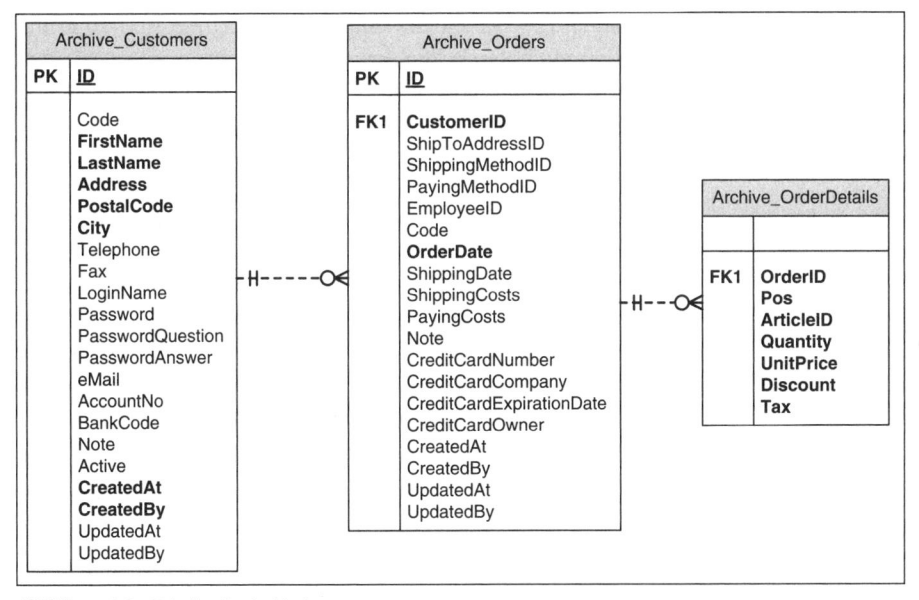

```
┌─────────────────────┐      ┌─────────────────────────┐
│ Archive_Customers   │      │    Archive_Orders       │
├─────────────────────┤      ├─────────────────────────┤
│ PK │ ID             │      │ PK  │ ID                │
├─────────────────────┤      ├─────────────────────────┤
│    │ Code           │      │ FK1 │ CustomerID        │
│    │ FirstName      │      │     │ ShipToAddressID   │
│    │ LastName       │      │     │ ShippingMethodID  │
│    │ Address        │      │     │ PayingMethodID    │       ┌─────────────────────┐
│    │ PostalCode     │      │     │ EmployeeID        │       │ Archive_OrderDetails│
│    │ City           │      │     │ Code              │       ├─────────────────────┤
│    │ Telephone      │      │     │ OrderDate         │       │ FK1 │ OrderID       │
│    │ Fax            │──H──o│     │ ShippingDate      │──H──o │     │ Pos           │
│    │ LoginName      │      │     │ ShippingCosts     │       │     │ ArticleID     │
│    │ Password       │      │     │ PayingCosts       │       │     │ Quantity      │
│    │ PasswordQuestion      │     │ Note              │       │     │ UnitPrice     │
│    │ PasswordAnswer │      │     │ CreditCardNumber  │       │     │ Discount      │
│    │ eMail          │      │     │ CreditCardCompany │       │     │ Tax           │
│    │ AccountNo      │      │     │ CreditCardExpirationDate  └─────────────────────┘
│    │ BankCode       │      │     │ CreditCardOwner   │
│    │ Note           │      │     │ CreatedAt         │
│    │ Active         │      │     │ CreatedBy         │
│    │ CreatedAt      │      │     │ UpdatedAt         │
│    │ CreatedBy      │      │     │ UpdatedBy         │
│    │ UpdatedAt      │      └─────────────────────────┘
│    │ UpdatedBy      │
└─────────────────────┘
```

Abbildung 4.6 Tabellen für Archivdaten

Protokollierung

Einige wichtige Tabellen verfügen über vier gleichartige Spalten, die einem einfachen Tracking der Benutzeraktionen in der Datenbank dienen. Die beiden Spalten *CreatedAt* und *CreatedBy* halten fest, wann und durch wen der betreffende Datensatz angelegt wurde. In *UpdatedAt* und *UpdatedBy* sind das Datum und der Benutzer der letzten Änderung zu finden. Diese vier Felder werden auf der Datenbankebene vollautomatisch gepflegt, ohne dass sich die Frontend-Entwickler darum kümmern müssten. Als Beispiel für eine ausführliche Verfolgung von Aktionen in der Datenbank dient die Tabelle *Journal*. In Kapitel 17 (»Trigger«) wird vorgestellt, wie man so eine zentrale Protokolltabelle automatisch pflegt.

Weitere Datenbankobjekte

Abgesehen von den Tabellen und den Beziehungen, die über Primär- und Fremdschlüssel definiert sind, findet man im Ausgangszustand der netShop-Datenbank nicht allzu viele Objekte. Im Wesentlichen gibt es noch *Trigger* und *Indizes*.

Trigger – das sind spezielle Prozeduren, die SQL Server ausführt, wenn sich die Daten in einer Tabelle ändern – werden eingesetzt, um Werte in der Datenbank automatisch zu setzen. Zum einen werden Trigger in den Tabellen *ArticleAttributes* und *Articles* einsetzt, um das Open Schema in der Datenbank zu pflegen. Zum anderen verfügen alle Tabellen, welche die Spalten *UpdatedAt* und *UpdatedBy* besitzen, über Trigger. Diese tragen den letzten Bearbeiter und das letzte Bearbeitungsdatum in die Tabellen ein (die Spalten *CreatedAt* und *CreatedBy* können über Standardwerte in den Tabellen vorgegeben werden).

Indizes werden für sämtliche Fremdschlüsselfelder in der Datenbank eingesetzt. Dies, in Verbindung mit dem »kurzen« Datentyp int für Schlüssel und Fremdschlüsselfelder, ermöglicht effektive Abfragen über verknüpfte Tabellen (JOINs). Weitere Indizes sind auf Spalten gesetzt, von denen bereits klar ist, dass sie in Suchen eine Rolle spielen werden: *Articles.Code*, *Articles.Name*, *Orders.Code* und so weiter.

Keine Sorge – wie Sie mit Triggern arbeiten und wie die Indizierung einer Datenbank an die speziellen Bedürfnisse einer Applikation angepasst wird, das erfahren Sie in den Kapiteln 17 (»Trigger«) und 12 (»Indizierung und Partitionierung«) noch ganz genau.

Berechtigungen, Tabellen, Schemata und Synonyme

Das Berechtigungssystem ist in der Demodatenbank recht einfach gehalten. Es gibt vier Benutzergruppen (*Rollen*), die unterschiedliche Aufgaben in einer Datenbankanwendung durchführen sollen.

- *Mitarbeiter in der Verkaufsabteilung* (Benutzerrolle *SalesDepartment*) können Kunden und Bestelldaten bearbeiten und Artikeldaten einsehen. Sie haben daher für die Tabellen in Abbildung 4.4 volle Berechtigungen und Leseberechtigungen für die Katalogtabellen.

- *Mitarbeiter in der Produktabteilung* (Benutzerrolle *ProductDepartment*) pflegen den Produktkatalog, legen Artikel an, setzen Preise fest und haben daher volle Zugriffsrechte auf die Tabellen in Abbildung 4.5

- *Shopmanager* (Benutzerrolle *ShopManagement*) dürfen alle Tabellen bearbeiten, auch die Nachschlagetabellen *ShippingMethods, PayingMethods, OrderTrackingItems* sowie die Tabelle *Employees*

- *Mitarbeiter in der Entwicklungsabteilung* (Benutzerrolle *DevelopmentDepartment*) sind in jeder Tabelle als Besitzer eingetragen und dürfen daher neben den Daten auch die Definition der Tabellen ändern

In der netShop-Datenbank wird mit so genannten Schemata gearbeitet, um die Rechte möglichst einfach verwalten zu können. Für den Augenblick können Sie sich ein Schema einfach als eine Sammlung von Objekten vorstellen, die einen gemeinsamen Besitzer und gemeinsame Anforderungen an die Benutzerrechte haben. Den Benutzergruppen werden in der Datenbank die notwendigen Rechte also nicht für jedes Objekt einzeln gegeben, sondern über Schemata. Tabelle 4.1 gibt eine Übersicht über die verwendeten Schemata und Datenbanktabellen.

Tabelle	Schema	Beschreibung
Journal	Internal	Protokollierung von Datenänderungen
Employees	Management	Mitarbeiterinformationen
OrderTrackingItems	Management	Nachschlagetabelle für die Ablaufverfolgung
PayingMethods	Management	Nachschlagetabelle für Bezahlarten
ShippingMethods	Management	Nachschlagetabelle für Versandarten
ArticleAttributes	Products	Artikelmerkmale in einem Katalog
ArticleGroups	Products	Artikelgruppen
Articles	Products	Artikelinformationen
ArticlesToArticleAttributes	Products	Festlegung von Artikelmerkmalen
ArticlesToArticleGroups	Products	Zuordnung von Artikeln zu Artikelgruppen
AttributeTypes	Products	Datentypen für Artikelmerkmale
Catalogs	Products	Artikelkataloge
PriceCorrections	Products	Temporäre Preiskorrekturen
Taxes	Products	Nachschlagetabelle für Steuersätze
Archive_Customers	Sales	Archiv für Kundeninformationen
Archive_OrderDetails	Sales	Archiv für Bestellpositionen
Archive_Orders	Sales	Archiv für Bestellungen
Contracts	Sales	Lieferverträge
Customers	Sales	Kundeninformationen
OrderDetails	Sales	Bestellpositionen
Orders	Sales	Bestellungen
OrdersToOrderTrackingItems	Sales	Ablaufverfolgung von Bestellungen
ShipToAdresses	Sales	Versandadressen

Tabelle 4.1 Übersicht über die *netShop*-Tabellen

Ein Objekt wird in SQL Server 2008 über sein Schema und seinen Namen angesprochen. Die Kundentabelle also über *Sales.Customers*. Dies ist die empfohlene Art, SQL-Befehle zu formulieren und so wird auch in den Beispielen dieses Buchs gearbeitet. Um aber kürzere Schreibweisen zu ermöglichen, wurden in der netShop-Datenbank so genannte *Synonyme* vereinbart. Jeder Tabellenname existiert noch einmal als Synonym. Daher funktioniert prinzipiell die Bezeichnung *Customers* für die Kundentabelle ebenso.

Teil B

Transact-SQL & die Datenbankmaschine

In diesem Teil:

Die Grundlagen von Transact-SQL	85
Werkzeuge für T-SQL-Entwickler: Managementstudio & Co.	101
Datenbanken einrichten und verwalten	155
Tabellen planen und einrichten	201
Daten abfragen und auswerten	261
Daten manipulieren	349
Mit Transact-SQL programmieren	373
Indizierung & Partitionierung	411
Sicherheit	477
Sichten	523
Gespeicherte Prozeduren	549
Benutzerdefinierte Funktionen	601
Trigger und Ereignisbenachrichtigungen	619
Transaktionen und Sperren	657
Serverseitige T-SQL-Cursor	707
Performance-Optimierungen	723
Administration für Entwickler	761

/ Kapitel 5

Die Grundlagen von Transact-SQL

In diesem Kapitel:
Transact-SQL ist tot – es lebe Transact-SQL! 86
Übersicht über Transact-SQL 91

Bevor es in den nächsten Kapiteln um das »Eingemachte« der serverseitigen Programmierung mit Transact-SQL geht, sollen an dieser Stelle einige wichtige Grundbegriffe geklärt werden. Außerdem erhalten Sie einen kurzen Überblick über den Charakter und Umfang der Datenbanksprache T-SQL.

Transact-SQL ist tot – es lebe Transact-SQL!

Zu Zeiten, als es noch keine frei verfügbare Beta-Version von dem damals aktuellen SQL Server 2005 gab und Microsoft angekündigt hatte, dass die Common Language Runtime in den Datenbankserver wandern würde, kursierten wilde Gerüchte, dass es nun bald nicht mehr notwendig sei, Transact-SQL einzusetzen, um Anwendungen für SQL Server zu entwickeln. Mit der ersten technischen Preview wurde dann schnell klar, wie die Wirklichkeit aussehen sollte und Sie können es mithilfe des Buchs, welches Sie in Händen halten, jederzeit überprüfen. Für das Entwickeln von SQL Server-Anwendungen brauchen Sie weiterhin T-SQL, auch bei der inzwischen aktuellen SQL Server-Version 2008. Wie umfangreich Ihre Kenntnisse über Transact-SQL sein müssen, hängt von Faktoren, wie Ihrer Anwendungsarchitektur, Ihrer Job-Rolle und Ihren persönlichen Programmiervorlieben ab.

Transact-SQL ist also nicht tot. Es riecht auch kein bisschen seltsam, sondern erfreut sich allerbester Gesundheit. Seit SQL Server 2005 ist T-SQL sogar noch gewachsen. Nicht viel, aber ein bisschen. Das sind gute Nachrichten für den erfahrenen Datenbankprogrammierer, der alle Probleme am liebsten durch einen cleveren SQL-Befehl lösen möchte. Dazu gehören erfahrungsgemäß immer wieder auch Dinge, die sich mit einem prozeduralen Ansatz besser lösen ließen. Durch die Integration der CLR in den Kern der Datenbankmaschine ist das jetzt viel einfacher direkt auf dem Server möglich.

Für den erfahrenen Applikationsprogrammierer, der alle Probleme am liebsten durch clevere objektorientierte oder prozedurale Algorithmen direkt in seiner Lieblingsprogrammiersprache (C++, C#, VB.NET, welche auch immer) lösen will, ist das vielleicht eine kleine Enttäuschung. Erfahrungsgemäß gehören dazu aber auch Dinge, die sich mit einem Stück T-SQL-Code effizienter lösen ließen. Wie auch immer: Zwischen der relationalen Welt eines im Kern klassischen Datenbankservers und der objektorientierten Welt moderner Programmiersprachen klafft jedenfalls eine Lücke, die es zu überbrücken gilt. Dieser Zustand wird gerne als »Impedanzanpassungs-Problematik« bezeichnet.

Die vom Ansatz her unterschiedlichen Modellierungen müssen aufeinander abgebildet werden. Dieses *Objektrelationale Mapping (O/RM)* lässt sich automatisiert erledigen – es gibt inzwischen eine Vielzahl von Werkzeugen auf dem Markt. Man kann sich auch eigene Pattern zurechtlegen oder schlimmstenfalls seine Datenzugriffsschicht mit jedem Projekt von Grund auf neu manuell programmieren. Ursprünglich sollten in ADO.NET 2.0 mit den so genannten *Object Spaces* ein (in der .NET-Welt) standardisiertes Verfahren für objektrelationales Mapping integriert werden. Das funktionierte allerdings nicht besonders gut und wurde zunächst einmal auf Eis gelegt.

Mit der Einführung des .NET Framework 3.5 Ende 2007 gab es dann gute Nachrichten aus dem Hause Microsoft. Die erste Version der LINQ-Technologie wurde veröffentlicht. LINQ steht für *Language Integrated Query*. Es geht darum, die Sprachelemente für das Abfragen und Manipulieren von Datenbankobjekten *direkt* in Programmiersprachen zu integrieren. Und es geht noch um viel mehr – nämlich die unterschiedlichen Repräsentationen der Daten (Objekte) »automatisch« und für den Programmierer transparent aufeinander abzubilden. LINQ sollt gewissermaßen zur Lingua Franca der (Daten-) Abfragesprachen werden, ein universeller Dialekt, mit dem man XML-Dokumente und relationale Datenbanken auf identische Weise ansprechen kann. Sie lernen LINQ im dritten Teil dieses Buchs noch genauer kennen. Dort wird unter anderem die LINQ-Variante LINQ to SQL besprochen, die im Kontext der SQL Server Programmierung wichtig ist.

LINQ schließt aber noch nicht die Lücke zwischen den verschiedenen Modellierungswelten. Dafür ist das ADO.NET Entity Framework zuständig, welches im August 2008 im Zusammenhang mit dem Service Pack 1 für das .NET Framework 3.5 das Licht der Welt erblickte. Dies ist nun endlich die Microsoft Version eines objektrelationalen Mapping-Framework. Das Entity Framework soll das logische Schema der Datenbank von seinen Implementierungsdetails befreien und als konzeptuelles Schema der Anwendung präsentieren. Das tut das Entity Framework 3.5 auch – allerdings nicht so gut, effektiv und fehlerfrei, wie die Entwicklergemeinde sich das gewünscht hätte. Und so wird es mit Visual Studio 10 und dem .NET Framework 4.0 eine zweite Version des Framework geben, welche die Kinderkrankheiten überwinden soll.

Wie auch immer: Auch wenn LINQ und das Entity Framework eines Tages robust und effektiv laufen, so ist man als Entwickler von SQL Server-Datenbankanwendungen doch gut beraten, keinen allzu großen Bogen um die native Programmiersprache Transact-SQL zu schlagen. Wenn es um die Optimierung von Anwendungen geht, wird es weiterhin notwendig sein »T-SQL zu sprechen«. Für die serverseitige mengenorientierte Verarbeitung großer Datenmengen wird es auch weiterhin wichtig sein, »T-SQL zu denken«. In vielen Anwendungen wird die Abstraktionsschicht zwischen Anwendung und Datenbankserver weiterhin durch die Datenbankobjekte *Gespeicherte Prozedur, Sicht und Benutzerdefinierte Funktion* ergänzt werden. Also beschäftigen wir uns jetzt mit der Gegenwart *und der Zukunft* der SQL Server-Programmierung und die heißt: Transact-SQL.

SQL, Transact-SQL und die ANSI-Standards

Die Datenbanksprache SQL ist Datenbankentwicklern heutzutage so geläufig, dass es einem beinahe so vorkommt, als hätte es nie eine andere Abfragesprache gegeben. Ausnahmen stellen vielleicht noch die diversen X-Base-Dialekte dar, deren gemeinsame Wurzeln im ehemals weit verbreiteten Desktop-Datenbanksystem dBASE liegen. Tatsächlich hat die Structured Query Language den Siegeszug der relationalen Datenbanksysteme überhaupt erst möglich gemacht. Der wesentliche Grund ist zweifellos in der Tatsache zu sehen, dass es sich bei SQL im Kern um eine standardisierte Sprache handelt. Dies macht es dem Entwickler innerhalb gewisser Grenzen möglich, Anwendungen auf Datenbank-Managementsystemen verschiedener Hersteller einzusetzen, was ihm eine größere Unabhängigkeit von den Softwareanbietern verschafft. Die großen ERP-Systeme wie SAP lassen sich ohne Probleme auf dem einen oder anderen Datenbanksystem implementieren, da bei diesen mit den SQL-Standards gearbeitet und ein großer Bogen um die herstellerspezifischen Erweiterungen geschlagen wird.

Die Structured Query Language wurde im Rahmen eines experimentellen relationalen Datenbanksystems (System R) in den Siebzigerjahren des letzten Jahrhunderts bei IBM ins Leben gerufen. Die erste Version trug noch den Namen SEQUEL: Structured English Query Language. An der Namensgebung wird deutlich, in welche Richtung die Entwickler gedacht haben. SQL ist eine deklarative Programmiersprache, die klar strukturiert und einfach – fast natürlich – gelesen und geschrieben werden soll. So wie sich der Satz »Wähle bitte Namen und Vornamen aller Kunden, die aus Berlin kommen und sortiere die Ergebnisse nach der Postleitzahl« sich durch *SELECT Name_1, Name_2 FROM Customers ORDER BY PostalCode* formulieren lässt. Soviel zur Absicht. Komplexe Sachverhalte in einer deklarativen Sprache auszudrücken, kann erstaunlich knifflig sein, und die sich ergebenden SQL-Befehle dann doch recht schwer lesbar. Und manche Sprachkonstrukte sind wirklich alles andere als intuitiv.

Interessanterweise ist SEQUEL (bzw. SQL) nicht streng relational. Jedenfalls nicht nach den Maßstäben von F.J.Codd, einem der Erfinder des relationalen Datenmodells. Codd trieb als IBM-Mitarbeiter die Entwicklung des relationalen Gedankens voran, wurde aber aus verschiedenen Gründen (vor allem monetären – IBM wollte seine eigenen hierarchischen Systeme nicht gefährden) nicht optimal unterstützt. Codd entwickelte die Theorie relationaler Systeme unabhängig weiter – daraus entstanden die legendären zwölf Codd'schen Regeln, an denen sich »echte« relationale Systeme zu messen hatten. Kein einziges, der am Markt erfolgreichen Datenbankmanagementsysteme dürfte sich heutzutage nach diesen Kriterien wirklich »relational« nennen. Aber das sind letztlich akademische Betrachtungen (die dennoch Spaß machen). Eine der in der Datenmodellierung verwendeten Normalformen trägt (zum Teil) seinen Namen: die Boyce-Codd-Normalform.

SEQUEL wurde schon bald umgetauft und dann tatsächlich zunächst von Oracle in kommerziellen Produkten eingesetzt. Bereits 1986 wurde der erste SQL-Standard definiert, und dies sogar von zwei Normungsgremien gemeinsam: dem American National Standards Institute (ANSI) und der International Standards Organisation (ISO). Die 1986er SQL-Version wird als SQL-86 oder SQL1 bezeichnet und hat heutzutage keine Bedeutung mehr. Im Jahre 1992 dann wurde der Standard SQL-92 (SQL2) geschaffen. Dieser stellt die Grundlage der derzeit gebräuchlichen Sprachvarianten dar. Jedes Datenbank-Managementsystem, das etwas auf sich hält, versteht die Grundlagen von SQL-92 – so natürlich auch SQL Server, dessen Sprachumfang die Konstrukte des so genannten Entry Level enthält. Dass SQL Server nicht den vollständigen SQL-92-Sprachumfang unterstützt, ist übrigens kein Mangel, denn der Entry Level enthält alle grundlegenden Befehle, die für das Anlegen, Abfragen und Bearbeiten notwendig sind.

Andere renommierte Datenbank- Managementsysteme haben diesen Standard durchaus erst einige Zeit nach der Microsoft-Implementierung erreicht. Inzwischen haben sich die Standards weiterentwickelt. In SQL-99 (SQL3) sind so wichtige Dinge wie Objektorientierung und damit Merkmale wie Typ-Klassen, Vererbung und Methoden einführt, ohne den klassischen relationalen Bereich aufzugeben. Auch, wie die JAVA-Anbindung geschehen sollte, ist hier definiert. Es ist allerdings wahrscheinlich, dass die großen Hersteller SQL-99 in absehbarer Zeit nicht vollständig umsetzen werden (vielleicht sogar nie). Zu weit sind die eigenen Entwicklungen vorangeschritten und inzwischen scheint es eher wieder en vogue zu sein, eigene Ansätze durchzusetzen. Oracle verlässt sich da auf Java *im* Server, Microsoft natürlich auf .NET. Dennoch sind in der aktuellen SQL Server-Generation einige Anteile aus SQL-99 zu finden, beispielsweise die Möglichkeit rekursiver Abfragen. Inzwischen gibt es bereits SQL:2003. Die wesentlichen Neuerungen in diesem Standard bestehen in der Beschreibung eines XML-Datentypen. Den findet man auch in SQL Server 2008. Allerdings entspricht die Implementierung nicht den SQL:2003-Standards. Und ehrlich gesagt ist das überhaupt nicht schlimm (wenn man von der Portierbarkeit einmal absieht). Die SQL-Standards selbst erscheinen an vielen Stellen nicht 100% ausgereift.

Erweiterungen

Mit Standards ist das so eine Sache. Das beginnt schon mit der Frage, wie standardisiert die Standards wirklich sind. Womit gemeint ist: Wie präzise lassen sich die Vorgaben überhaupt beschreiben? Sind Unschärfen möglich oder sind sogar absichtlich Möglichkeiten zur Interpretation offen gelassen worden?

Der Umfang der Spezifikation von SQL-92 betrug ca. 600 Seiten. Niemand (zumindest niemand außerhalb einer Universität) hätte allerdings den umständlich formulierten Standard direkt gelesen, um sich über SQL zu informieren. Das klassische Buch zum Thema SQL-Standards von Christopher Date »A Guide to THE SQL STANDARD« umfasst ebenfalls fast 600 Seiten und enthält solch erhellende Formulierungen wie »vermutlich meint der Standard an dieser Stelle…« oder »hier widerspricht sich der Standard selbst«. SQL-99 bringt es schon auf mehr als 3000 Seiten und es gibt noch zusätzliche Ergänzungen zu den ursprünglichen Dokumenten. Dennoch bleiben manche Fragestellungen etwas unklar. Was bedeutet zum Beispiel die Einhaltung der Transaktionsisolationsstufe READ COMMITED *ganz genau* für das Verhalten des Datenbankservers? Das haben verschiedene Datenbankhersteller durchaus unterschiedlich beantwortet. Und die

Konsequenzen sind dabei nicht unbedingt nur akademischer Natur. Sämtliche Datenbankproduzenten haben ihre eigene Interpretation des »SQL-Standards« entwickelt und vor allen Dingen den Sprachumfang um viele nützliche Funktionen erweitert. Damit müssen Sie als Entwickler leben.

Wenn Sie also irgendwo in der SQL Server Dokumentation lesen, dass dieses oder jenes Feature neu eingeführt wurde, um T-SQL kompatibel zum ANSI-Standard zu machen, dann lächeln Sie ab jetzt milde, freuen sich darüber, dass es diese praktische Funktion jetzt gibt, um Ihnen das Leben zu erleichtern und denken sich ansonsten Ihren Teil dazu.

Da in den SQL-Standards leider nicht alle Dinge festgelegt sind, die zur Programmierung eines Datenbanksystems benötigt werden – dies betrifft vor allem die prozeduralen Anteile –, hat jeder Datenbankhersteller eigene Spracherweiterungen entwickelt. Beim SQL Server ist so die proprietäre Sprache Transact-SQL (T-SQL) entstanden, bei Oracle die proprietäre Sprache PL/SQL, bei IBM die proprietäre Sprache DB2 UDB SQL, bei MySQL – aber lassen wir das...

Die Grundlagen von T-SQL stammen noch aus jenen Tagen, als das erste SQL Server als Jointventure der Firmen Sybase und Microsoft entwickelt wurde. Die Hersteller gingen damals schnell wieder getrennte Wege, die gemeinsame Sprache blieb. Sowohl die Programmiersprache von Microsoft SQL Server wie auch des Sybase Server haben als Grundlage immer noch das damals entwickelte T-SQL. Bei SQL Server wurde es mit den Versionen 7.0, 2000, 2005 und 2008 jeweils leicht überarbeitet und erweitert. T-SQL ist eine »klassische« Datenbanksprache. Man merkt ihr ihre Wurzeln an, die zum Teil noch auf die gute alte Großrechnerwelt zurückzuführen sind. Es ist eine sehr einfache Sprache, die teilweise mehr an eine Batch- als an eine ordentliche Programmiersprache erinnert. Ein richtig strukturiertes Programmieren ist damit kaum möglich, die dafür notwendigen Sprachanteile sind sehr karg. Mit T-SQL lassen sich keine »schönen« Programme schreiben, dafür ist es sehr leicht zu erlernen und kann vom Server sehr schnell verarbeitet werden. Zum Schreiben gespeicherter Prozeduren für die serverseitige Datenbankprogrammierung und die Entwicklung von T-SQL-Skripts für administrative Zwecke reicht es auf jeden Fall aus.

HINWEIS   Eine Datenbankentwicklung strikt nach den SQL Standards zu erledigen, ist eine Angelegenheit, die sehr schnell akademisch wird. Ein gutes Beispiel ist das Schlüsselwort TOP, welches der SQL Server (und auch Access) kennt. TOP schneidet eine Ergebnismenge nach einer vorgegebenen Anzahl von Datensätzen ab. Eine sehr praktische Sache, gerade wenn es um Berichte oder das »Windowing« von Ergebnismengen geht. Dummer Weise ist diese Funktion in den SQL Standards nicht vorgesehen (*akademisch* betrachtet *könnte* der Grund dafür sein, dass das Abschneiden einer Ergebnismenge keine echte Mengenoperation ist). ORACLE und MySQL kennen TOP nicht. In ORACLE kann man ein Konstrukt *rownum < N* verwenden und in MySQL gibt es das Schlüsselwort LIMIT am Ende eines SELECT-Befehls. Sollte man also aus Gründen der Portabilität auf TOP verzichten? Man kann »TOP-frei« entwickeln, aber wenn man das mit SQL Bestandteilen macht, die von jedem DBMS verstanden werden, dann kommen dabei umständliche und schlecht zu optimierenden Konstrukte heraus. Also: Lassen Sie's drin. Wenn Sie eines Tages mit Ihrer serverseitigen Programmierung doch mal auf einen anderen Server wechseln müssen (nicht, dass wir das empfehlen würden), dann stellt Ihnen der Hersteller dieses Servers in der Regel einen *Migrations-Assistenten* zur Verfügung (so jedenfalls heißen diese Tools bei Microsoft), mit dem Sie Ihren Servercode in den neuen Dialekt konvertieren können. Clientseitig haben Sie in weiser Voraussicht ja vielleicht bereits mit einem objektrelationalen Mapper gearbeitet (siehe oben), sodass hier wenig zu tun ist.

Neues in Transact-SQL nach SQL Server 2000

An dieser Stelle möchte ich eine ganz kurze Übersicht über die Neuerungen in Transact-SQL geben, damit Sie sich als Datenbankentwickler ein Bild davon machen können, welche Verbesserungen Sie erwarten können. Die tiefer gehenden Untersuchungen der neuen Sprachfeatures finden Sie dann in den nachfolgenden Kapiteln dieses Buchteils. Kennen Sie T-SQL noch nicht, dann können Sie diesen kurzen Abschnitt getrost überspringen und sich nach und nach in die Sprache T-SQL hineinlesen und -arbeiten.

Neu in SQL Server 2005

- **Fehlerbehandlung** seit Transact-SQL 2005 gibt es endlich eine ordentliche Fehlerbehandlung, wie Sie sie ganz ähnlich aus Programmiersprachen wie C# oder Visual Basic kennen. Die T-SQL-Schlüsselworte dazu lauten *TRY* und *CATCH*.

- **Neue Relationale Operatoren** Die vorhandenen relationalen Operatoren wie *JOIN* oder *UNION* werden um weitere nützlich Varianten ergänzt. Dies sind *INTERSECT*, mit dem Sie die Schnittmenge zweier Tabellen bilden können und *EXCEPT*, mit dem Sie die Komplementärmenge erhalten. *PIVOT* ermöglicht die Darstellung eines Abfrageergebnisses als Kreuztabelle und mit *UNPIVOT* (hätten Sie's gewusst?) kehren Sie eine Pivotierung wieder um. *APPLY* stellt eine Möglichkeit dar, mit der Sie in einer Abfrage eine Tabelle mit einer benutzerdefinierten Funktion über ein *JOIN* verbinden können.

- **Tabellenausdrücke und rekursive Abfragen** Über so genannte Tabellenausdrücke lassen sich temporäre benannte Ergebnismengen innerhalb von *SELECT*-, *INSERT*-, *UPDATE*- und *DELETE*-Kommandos bilden. Für sich betrachtet ist dies noch nicht so richtig revolutionär, aber da es sich eben um *Ausdrücke* handelt, kann man über die neue *WITH*-Klausel (genau diese definiert Tabellenausdrücke) rekursive Abfragen bilden und hier wird die Angelegenheit spannend.

- **Entnahme von Stichproben** Wenn Sie eine zufällig über eine Tabelle hinweg verteilte Anzahl von Datensätzen auswählen möchten, dann ist der neue Bestandteil *TABLESAMPLE* einer *FROM*-Klausel genau das Richtige für Sie

- **Kaskadierende referentielle Integrität** Die Schlüsselworte *CASCADE*, *SET NULL*, *SET DEFAULT* ermöglichen die automatisierte Weitergabe von Änderungen am Primärschlüssel einer Tabelle an abhängige Tabellen

- **Vereinfachter Umgang mit BLOB-Daten** Während die »alten« Datentypen und Kommandos für den Umgang mit großen Datenobjekten, also Typen wie *text* und *image* beziehungsweise Befehle wie *UPDATEXT* und *WRITETEXT*, weiter existieren, können Sie sich doch das Leben als Programmierer deutlich einfacher machen, wenn Sie auf die neue Möglichkeit setzen, die Längenangabe *max* für variante Datentypen einzusetzen. So erhalten Sie Typdeklarationen wie *varchar(max)*, *nvarchar(max)* und *varbinary(max)*. Diese erlauben einen ganz »natürlichen« Umgang mit BLOBs, ohne die Verwendung so genannter Textpointer.

- **Nummerierung von Ergebnismengen** Sortierte Ergebnismengen lassen sich in SQL Server 2005 und 2008 sehr einfach mit einer Rangfolgennummer versehen. Für diese Aufgabe stehen verschiedene, so genannte Ranking-Funktionen zur Verfügung, als da wären: *RANK*, *DENSE_RANK*, *NTILE* und *ROW_NUMBER*.

- **Erweiterung des TOP-Schlüsselworts** Die Einschränkung von Ergebnismengen über den Zusatz *TOP* wird dynamischer, da sich in Verbindung mit diesem Schlüsselwort jetzt auch Ausdrücke angeben lassen

Neu in SQL Server 2008

In der Version 2008 hat es für T-SQL vor allen Dingen einen Feinschliff gegeben, was die Sprache selbst angeht, sowie einen neuen Befehl (MERGE) und neue Datentypen. Die weiteren Änderungen resultieren aus neuen Funktionalitäten der Datenbankmaschine und des »Drumherums« und wurden bereits in Kapitel 3 (»SQL Server 2008: Das ist neu«) vorgestellt.

- **Deklaration und Initialisierung von Variablen** Das kann jetzt in einer einzigen Anweisung passieren (DECLARE @i AS INT = 0)
- **Zusammengesetzte Operatoren:** Wie in »richtigen Hochsprachen« kann der Zuweisungsoperator »=« nun mit Operatoren verknüpft werden, um kompaktere Befehle schreiben zu können (zum Beispiel »+=«)
- **Tabellenkonstruktion in der VALUES-Klausel** In einer einzelnen VALUES-Klausel können nun gleich mehrere Datenzeilen konstruiert werden
- **Verbessertes CONVERT** Die Konvertierung zwischen Zeichenketten und Binärdaten wurde erweitert.
- **Neue Datums- und Zeit-Datentypen** Endlich gibt es getrennte Datentypen für Datum (*date*) und Zeit (*time*). Andere Datentypen verbessern Genauigkeit und Wertebereich (*datetime2*) und fügen Unterstützung für Zeitzonenoffsets hinzu (*datetimeoffset*).
- **Tabellentypen und tabellenwertige Parameter** Tabellen werden als Parameter für gespeicherte Prozeduren und Funktionen zugelassen. Um einen solchen Parameter einsetzen zu können muss in der Datenbank zunächst einmal ein benutzerdefinierter Tabellentyp definiert werden. Auch das ist neu.
- **MERGE-Kommando** Das MERGE-Kommando verbindet UPDATE-, INSERT- und DELETE-Operationen in einem einzelnen Befehl. Dabei können typische Synchronisationsaufgaben einfacher formuliert werden und werden zum Teil auch schneller ausgeführt.
- **Grouping Sets** Grouping Sets ermöglichen es, in einem einzigen SELECT-Kommando Gruppierungen nach unterschiedlichen Spalten vorzunehmen. Ein GROUP BY GROUPING SETS ist eine sehr praktische Angelegenheit, wenn es um das Auswerten von Daten geht.

Übersicht über Transact-SQL

T-SQL-Befehle können Sie am einfachsten mit dem T-SQL-Editor des Management-Studios eingeben, untersuchen und ausführen. Mit diesem Werkzeug lässt sich auch die Struktur der Sprache am besten untersuchen. Natürlich gilt das hier Gesagte auch für T-SQL-Befehlsfolgen, die Sie mit dem ADO.NET-Objekt *Command* zum Server schicken oder den von Programmen wie Access oder Crystal Reports generierten Code.

Mit T-SQL-Befehlen arbeiten

Die Handhabung des T-SQL-Editors im Management Studio wird noch ganz ausführlich in Kapitel 6 erläutert. Jetzt soll es mehr um die Prinzipien der Verarbeitung gehen, die der Sprache T-SQL zugrunde liegen. Die allereinfachste Art von Anfrage, die Sie an SQL Server schicken können, sieht aus wie im folgenden Beispiel gezeigt:

```
SELECT @@VERSION
```

Listing 5.1 Das »Hallo Welt« des SQL Server

Der Befehl *SELECT* leitet eine Auswahlabfrage ein. In der vorgestellten Mini-T-SQL-Abfrage wird eine globale Systemvariable ausgewertet. Diese liefert die Version der installierten Datenbankserver-Software und die Version des Betriebssystems zurück. Ein Client wie der T-SQL-Editor kann nach der Authentifizierung gegenüber dem Datenbankserver und dem Aufbau einer Netzwerkverbindung zu diesem einen so genannten T-SQL-Befehlsstapel an die Server zur Verarbeitung übergeben. Ist die Abfrage für den Server verständlich, stimmen also die Syntax und die Bezüge, dann wertet SQL Server diese aus und generiert einen Ergebnis-Datenstrom. Dieser wird vom Client verarbeitet und kann dann dargestellt werden. Das Ergebnis der Beispielabfrage sieht im Ergebnisfenster des T-SQL-Editors ungefähr so aus:

```
Microsoft SQL Server 2008 - 10.0.1600.22 (Intel X86)
    Jun  9 2008 14:43:34
    Copyright (c) 1988-2008 Microsoft Corporation
    Developer Edition on Windows NT 6.0 <X86> (Build 6001: Service Pack 1)
(1 Zeile(n) betroffen)
```

Auf diese Art zeigt SQL Server seine eigenen Versionsinformationen an. Neben der Versionsnummer und den Sub-Nummern, mit denen sich übrigens installierte Service Packs identifizieren lassen, gibt es auch eine Klartext-Anzeige der installierten Edition. Neben den eigentlichen Daten liefert SQL Server noch Metainformationen zum Ergebnis zurück. Das kann eine Beschreibung des Aufbaus der Datensätze sein sowie zusätzliche Informationen wie die Anzahl der verarbeiteten Datensätze (*1 Zeile(n) betroffen*). Natürlich fragen Clients in der Regel eher die Inhalte von Datenbanktabellen als Versionsnummern ab. Die einfachste Form zeigt das nächste T-SQL-Beispiel: Dies liest die Kundeninformationen der *netShop*-Datenbank aus, welche sich in der Tabelle *Customers* befinden:

```
SELECT * FROM Customers
```

Listing 5.2   Einfachste aller Abfragen

Das Ergebnis wird vom T-SQL-Editor in Tabellenform dargestellt (hier nur ein Ausschnitt):

ID	Code	Name_1	Name_2	Address
1	0000001	Ute	Schmidt	Sackführerdamm 53
2	0000002	Marina	Abegg	Sulzbeckstraße 94
3	0000003	Yvonne	Abegg	Pfauenkehre 57

Kann SQL Server mit dem übergebenen Befehlsstapel nichts anfangen, weil dieser einen Fehler enthält, dann wird statt der Ergebnisdatenmenge eine Fehlerbeschreibung an den Client ausgeliefert. Beispielsweise führt der T-SQL-Befehl *SELECT * FROM Customer* zu einer Fehlermeldung, weil in der Datenbank keine Tabelle namens *Customer* existiert:

```
Server: Nachr.-Nr. 208, Ebene 16, Status 1, Zeile 1
Ungültiger Objektname 'Customer'.
```

Je nach verwendeter Datenzugriffstechnologie, wie ODBC, OLE DB, ADO oder ADO.NET greifen Sie in der Anwendungsprogrammierung etwas unterschiedlich auf die Metadaten, die Meldungen des Servers und die Datensätze selbst zu. In Teil C dieses Buchs wird beschrieben, welche Möglichkeiten ADO.NET 3.5 bietet.

In SQL Server-Datenbanken werden Ihnen neben globalen Variablen, Tabellen und Sichten so genannte gespeicherte Prozeduren und Funktionen zur Verfügung gestellt, die von ihrer Funktion her mit Prozeduren und Funktionen vergleichbar sind, die Sie aus prozeduralen Programmiersprachen her kennen. Prozeduren von SQL Server rufen Sie mit dem Befehl *EXECUTE* auf. Genau wie bei der Ausführung eines *SELECT*-Kommandos kann dabei eine Ergebnismenge zum Client geschickt werden. Es kann sogar sein, dass mehr als eine Ergebnismenge vom Server gesendet wird. Ein Beispiel dazu:

```
EXEC sp_help
```

Listing 5.3   Aufruf einer gespeicherten Prozedur

Diese kurze SQL-Anweisung ruft die gespeicherte Prozedur *sp_help* auf, welche Informationen über jene Objekte liefert, die sich in der aktuellen Datenbank befinden. Wird das Kommando in der *netShop*-Datenbank ausgeführt, dann bekommt der Client die folgenden Ergebnisse zu sehen (dargestellt sind nur die ersten paar Zeilen):

```
Name                  Owner   Object_type
vwCustomers           dbo     view
Archive_Customers     dbo     user table
Archive_OrderDetails  dbo     user table
Archive_Orders        dbo     user table
```

Tatsächlich öffnet der T-SQL-Editor noch ein weiteres Ergebnisfenster unterhalb des ersten, da die gespeicherte Prozedur zwei Ergebnismengen ausgibt. Im zweiten Ergebnisfenster werden die so genannten benutzerdefinierten Datentypen der Datenbank angezeigt.

Ein wichtiges Konzept bei der Arbeit mit Datenbankservern ist das der Benutzerverbindung. Eine physische Netzwerkverbindung, die ein Client mit SQL Server herstellt, wird in Bibliotheken wie ADO.NET durch ein *Connection*-Objekt repräsentiert. Auf dem Server ist eine Benutzerverbindung einem *Benutzerprozess* zugeordnet. Das ist ein logischer Begriff – technisch gesehen wird ein Benutzerprozess durch Threads (jeweils einer zu einem Zeitpunkt) innerhalb von SQL Server Services realisiert. Ein Benutzerprozess stellt die Ablaufumgebung für Transact-SQL-Befehle zur Verfügung, die auf SQL Server ausgeführt werden sollen. Der T-SQL-Editor zeigt die ID des Prozesses, der mit einem Abfragefenster assoziiert ist, hinter dem Namen des verbundenen Benutzers in Klammern an. In T-SQL bekommen Sie diese ID – auch Session-ID genannt – über die Abfrage einer Systemvariablen heraus:

```
SELECT @@SPID
```

Listing 5.4 Abfrage der Session-ID für eine Verbindung

Bei der Arbeit mit SQL Server ist es wichtig, sich immer zu vergegenwärtigen, dass an einer Benutzerverbindung (Session, Benutzerprozess – wie auch immer) viele Einstellungen hängen: der aktuelle Datenbankkontext, die Spracheinstellungen, das Transaktionsverhalten. Außerdem gibt es viele Zustände, die eng mit einer Benutzerverbindung assoziiert sind: Werte lokaler Variablen, temporäre Objekte und der Zustand von Transaktionen.

Wie SQL Server Abfragen verarbeitet

Als Entwickler von Datenbankanwendungen kümmern Sie sich zunächst nur um die Logik Ihrer Befehle. Wie SQL Server diese verarbeitet, kann Ihnen im Grunde egal sein – solange Ihre Programme fehlerfrei und performant ablaufen. Diese Haltung drückt sich interessanterweise auch in den Werkzeugen aus, die Ihnen Microsoft zur Verfügung stellt. Im Visual Studio können Sie über die Datenverbindungen im Server Explorer auf die Objekte einer Datenbank zugreifen, problemlos neue Tabellen anlegen und T-SQL-Abfragen entwickeln – Sie können aber die physische Implementierung nicht beeinflussen. Welche Indizes es gibt, wie die Dateistruktur einer Datenbank aussieht – diese Dinge regeln Sie im Management Studio.

Mit Ihren T-SQL-Abfragen teilen Sie dem Server mit, was getan werden soll und lassen dabei unberücksichtigt, wie die Befehle dann tatsächlich von der Datenbankmaschine ausgeführt werden. Im Grunde ist dies auch der richtige Ansatz. Die deklarative Programmiersprache SQL dient der Formulierung der Aufgabenstellung, der Datenbankserver kümmert sich um die optimale Ausführung. So viel zur Theorie. Leider sieht die Praxis nicht ganz so einfach aus. Bisweilen kämpfen Entwickler großer Datenbanken mit ihren Abfragen gegen zig Megabyte von Daten an, möglicherweise verteilt über sehr viele Tabellen. Die Abfragen und gespeicherten Prozeduren können sehr komplex werden. Und SQL Server hat sich bei der Verarbeitung nicht nur um Ihre Anwendung, sondern parallel um viele Applikationen gleichzeitig zu kümmern und dabei oft hunderte von Abfragen pro Sekunde zu verarbeiten. Das ist keine leichte Aufgabe.

SQL Server geht bei der Verarbeitung von Abfragen auf die folgende Art und Weise vor:

- Der vom Client empfangene SQL-Befehlsstapel wird zunächst auf korrekte Syntax hin untersucht
- Anschließend werden die Objektnamen geprüft. Existiert ein in der Abfrage referenziertes Objekt nicht in der Datenbank, so wird ein Fehler generiert und genau wie im Fall einer fehlerhaften Syntax der komplette Befehlsstapel abgebrochen.
- Von der relationalen Maschine des SQL Server wird die Formulierung der Abfrage anschließend in eine Standardform gebracht und dann optimiert. Anhand der vorhandenen Daten und Indizes wird ein möglichst effektiver Abfrageplan berechnet. In diesem Plan wird exakt beschrieben, welche Operationen in welcher Reihenfolge auszuführen sind.
- Der Abfrageplan wird kompiliert und die darin enthaltenen Anweisungen von der Storage Engine abgearbeitet. Dabei findet unter anderem die Behandlung von Transaktionen statt.

Ganz schön aufwändig, nicht wahr? Dies ist auch der Grund dafür, warum SQL Server die Befehlsstapel, die Sie ihm geschickt haben, nicht sofort vergisst. Die binären Datenbankpläne, die er daraus entwickelt, werden noch eine Zeit lang in einem besonderen Cache-Bereich aufgehoben. Trifft eine Abfrage ein, die sich von einer zwischengespeicherten nicht in der Struktur, sondern nur durch unterschiedliche Parameter unterscheidet, dann kann SQL Server den binären Abfrageplan erneut verwenden und spart drei von vier Ausführungsschritten ein. Auch die gespeicherten Prozeduren von SQL Server werden in diesem Cache vorgehalten. Mit dem T-SQL-Editor können Sie übrigens genau überprüfen, welcher Plan von SQL Server für eine bestimmte Abfrage verwendet wird und so unter anderem die Korrektheit Ihrer Indizierung testen. Zu den Themen Ausführungspläne, Plancaching und Performance-Tuning finden Sie in Kapitel 15 und Kapitel 20, die sich mit gespeicherten Prozeduren und Abfrageoptimierung beschäftigen, noch viele weiterführende Informationen.

Die elementaren SQL-Befehle

In den folgenden Abschnitten gibt es eine kurze Übersicht über die in T-SQL enthaltenen Standardbefehle. In SQL ist es eine alte Sitte, die Befehle in verschiedene Klassen aufzuteilen. Auch wenn das ein wenig akademisch erscheint, dient es doch der Übersicht. Aus diesem Grunde – und weil mir kein besserer Weg eingefallen ist – stelle ich die Kommandos in der bewährten und allseits beliebten Reihenfolge vor.

DDL – die Data Definition Language

Die Kommandos der Data Definition Language dienen dem Anlegen neuer Datenbankobjekte, dem Ändern vorhandener Objekte und dem Löschen von Objekten. Bei der Definition einer neuen Datenbank werden die neuen Objekte wie Datenbanken, Tabellen und Sichten von den meisten Programmierern (außer den ganz hartgekochten) sicher mit den entsprechenden Werkzeugen von SQL Server oder des Visual Studios angelegt. Für die Erstellung von Setup-Skripts oder die dynamische Erzeugung temporärer Server-Objekte ist die Kenntnis der entsprechenden SQL-Kommandos jedoch nützlich. Die DDL-Befehle werden häufig auch dort eingesetzt, wo es um das Anlegen und die Wartung von gespeicherten Prozeduren oder Funktionen mithilfe des Management Studios geht. Zur DDL gehören diese drei Befehle:

- *CREATE*
- *ALTER*
- *DROP*

Die Bezeichnungen sind im Grunde vollkommen selbst erklärend. Mit CREATE werden neue Server-Objekte angelegt, beispielsweise wird mit dem folgenden Kommando eine Tabelle namens *MyAddresses* in einer Datenbank erzeugt und gespeichert.

```
CREATE TABLE MyAddresses
(
    ID INT IDENTITY NOT NULL,
    Name_1 VARCHAR (50),
    Name_2 VARCHAR(50)
    -- usw..
)
```

Listing 5.5 Anlegen eines Datenbankobjekts

Natürlich gibt es unendlich viele verschiedene Objekte, die man in einer Datenbank anlegen könnte. In SQL Server 2008 zum Beispiel auch eine Assembly:

```
CREATE ASSEMBLY MyAssembly
FROM 'D:\Projekte\myAssembly\bin\debug\myAssembly.dll'
WITH PERMISSION_SET = SAFE
```

Listing 5.6 Anlegen einer Assembly

Selbstverständlich wird in diesem zweiten Beispiel nicht der Programmcode der Assembly definiert – den gab es vorher schon. Es wird ein *ASSEMBLY*-Datenbankobjekt angelegt, dazu die passende Assembly aus dem Dateisystem geladen und mit einer Sicherheitseinstellung versehen. Letzten Endes werden bei der Ausführung eines *CREATE*-Kommandos Einträge in Systemtabellen von SQL Server vorgenommen, um dadurch ein neues Objekt zu definieren. Dieses ist dann anschließend im so genannten Systemkatalog vorhanden.

Der Befehl *ALTER* ist für das Ändern bereits vorhandener Objekte vorgesehen. Im Falle einer Tabelle kann so beispielsweise eine weitere Spalte angehängt werden. Dies zeigt das nächste Codebeispiel.

```
ALTER TABLE MyAdresses ADD MobileFon VARCHAR(20) NULL
```

Listing 5.7 Tabellendefinition ändern

Sie können auch ein *ASSEMBLY*-Datenbankobjekt mit einer anderen Assembly-Datei verknüpfen, um so ein Update durchzuführen. Die Syntax dazu ist wieder ganz einfach:

```
ALTER ASSEMBLY MyAssembly
FROM 'D:\Projekte\myAssembly\bin\debug\myAssembly2006.dll'
WITH PERMISSION_SET = SAFE
```

Listing 5.8 Assembly ändern

Das Löschen von Objekten mit *DROP* geht sehr einfach und schnell. Sie werden die Tabelle *My Addresses* mit dem folgenden Kommando sofort wieder los.

```
DROP TABLE MyAddresses
```

Listing 5.9 Objekt löschen

Mit der Tabelle werden alle dazu gehörenden Daten, Indizes, Volltextindizes und Trigger praktischerweise gleich mit entfernt. Wird die Tabelle andererseits selbst von darauf aufbauenden Objekten benötigt – da kommen vor allem Sichten in Frage, dann ist das Löschen unter Umständen nicht möglich. Näheres dazu finden Sie im Kapitel über Sichten. In solchen Situationen müssen Sie zunächst die übergeordneten Objekte entfernen, bevor es weitergehen kann.

Ein Assembly-Datenbankobjekt werden Sie genauso einfach wieder los. Hier werden freundlicherweise alle abhängigen Assemblys gleich mit entfernt, außer Sie möchten das nicht und geben die Option *WITH NO DEPENDENTS* an:

```
DROP ASSEMBLY myAssembly
```

Listing 5.10 Assembly löschen

Denken Sie dran: Wenn Sie den *DROP*-Befehl nicht zufällig innerhalb einer Transaktion ausführen, dann sind Sie das betreffende Objekt endgültig los! Wenn Ihnen das in einer heißen Kundendatenbank »aus Versehen« passiert, kann das leicht zu verstärktem grauem Haarwuchs führen. Denken Sie also an eine Datenbanksicherung, exportieren Sie die betreffende Tabelle oder machen Sie einen Datenbankschnappschuss, wenn Sie sich nicht 100% sicher sind. Ach ja – und Transact-SQL ist generell eine gute Wahl gegenüber der Verwendung der rechten Maustaste. Sie haben einen kleinen Moment länger Zeit, um über Ihren Befehl nachzudenken.

DCL – die Data Control Language

Zur Gruppe der Data Control Language-Kommandos gehören die Befehle, über welche Sicherheitseinstellungen vorgenommen werden können. Im Einzelnen sind dies:

- *GRANT*
- *REVOKE*
- *DENY*

Berechtigungen werden bei SQL Server entweder für die Ausführung von Befehlen der *Data Manipulation Language (DML wirdim folgenden Abschnitt erklärt)* oder für das Bearbeiten bestimmter Datenbankobjekte mittels der DDL gegeben. Möchten Sie dem Benutzer *Peter* die Erlaubnis erteilen, Daten aus einer Tabelle *MyAddresses* lesen zu können, dann tun Sie das mit dem folgenden *GRANT*-Kommando:

```
GRANT SELECT ON MyAddresses TO Peter
```

GRANT ist also für die Erteilung von Berechtigungen zuständig. Mit *REVOKE* machen Sie eine Einstellung wieder rückgängig:

```
REVOKE SELECT ON MyAddresses FROM Peter
```

Für komplexere Fälle ist *DENY* gedacht. Der Benutzer Peter könnte in verschiedenen Rollen einer SQL Server-Datenbank Mitglied sein. Darunter befindet sich möglicherweise eine Rolle, welche die Leseberechtigung auf die Tabelle *My Addresses* besitzt – diese würde Peter automatisch erben. Will man eine Berechtigung explizit verbieten, dann geht das über das *DENY*-Kommando:

```
DENY SELECT ON MyAddresses TO Peter
```

Nach der Ausführung dieses *DENY* kann nun Peter garantiert nichts mehr aus der Tabelle *My Addresses* lesen. Ein *DENY*-Verbot hat immer höchste Priorität. In einem System, wie SQL Server, welches hundertprozentige Sicherheit garantieren muss, können Sie alles und jedes mit Berechtigungen versehen, nicht nur die Programmierobjekte. Da es erstaunlicherweise im standardisierten SQL keine Befehle gibt, mit denen man neue Benutzer einrichten kann, geht hier jedes Datenbank-Managementsystem eigene Wege. Bei SQL Server verwendet man dazu löblicherweise seit der Version 2005 sehr geradlinig DDL-Befehle. So können Sie mit *CREATE LOGIN* einen neuen Serverbenutzer anlegen und mit *CREATE USER* einen neuen Benutzer in einer Datenbank.

DML – die Data Manipulation Language

Mit den folgenden vier Befehlen werden Sie bei Ihrer Arbeit als Datenbankentwickler sicher am häufigsten zu tun haben. Aus diesen Befehlen setzt sich ein Bereich des SQL zusammen, der als Data Manipulation Language bezeichnet wird, also als Sprache zur Bearbeitung von Daten. Es sind die Kommandos:

- SELECT
- INSERT
- UPDATE
- DELETE

Spitzfindige Zeitgenossen trennen das SELECT noch einmal ab und erheben es zur Data Query Language (DQL). Im Allgemeinen – und die SQL Server Onlinedokumentation sieht es genauso – ist das nicht üblich. Das am allerhäufigsten in SQL verwendete Kommando ist sicher SELECT, mit dem Daten vom Server abgerufen werden. Im einfachsten Fall geben Sie die zu lesenden Spalten und den Namen der Quelltabelle an, und los geht es:

```
SELECT Name_1, Name_2, Postalcode, City FROM Customers
```

Damit fragen Sie vier Spalten aus der Kundentabelle unserer Beispieldatenbank *netShop* ab. Genau wie das SELECT (für die Auswahl) tragen die drei übrigen Kommandos der DML sprechende Namen: Mit INSERT fügen Sie neue Datensätze in eine Tabelle ein, mit UPDATE ändern Sie vorhandene Datensätze und DELETE ist für das Löschen zuständig. Die DML wird in diesem Teil des Buchs ganz ausführlich erläutert.

T-SQL-Erweiterungen für die Programmierung

So schön eine deklarative Programmiersprache wie SQL auch ist: In der Praxis der Datenbankentwicklung wird man um prozedurale Anteile nicht ganz herumkommen, speziell wenn es um serverseitige Prozeduren geht. Wie schon erwähnt, sind hier die Datenbankhersteller jeweils eigene Wege gegangen und haben entsprechende Erweiterungen in Ihre SQL-Dialekte eingebaut. In T-SQL sind diese eher schmal ausgefallen. Ein Entwickler muss sich mit den folgenden Befehlen zufrieden geben:

- DECLARE
- SET
- IF
- WHILE
- EXECUTE
- TRY-CATCH

Mit dem DECLARE-Kommando können Sie lokale Variablen deklarieren, denen man mit SET einen Wert zuweist. In der Abteilung Kontrollstrukturen findet man das IF für Entscheidungen und WHILE für bedingte Schleifen. Gespeicherte Prozeduren werden mit EXECUTE aufgerufen und TRY-CATCH-Blöcke dienen der strukturierten Fehlerbehandlung. Das war's auch schon!

Syntax und Schreibweisen

Beim Schreiben von T-SQL-Anweisungsfolgen sollten Sie ein paar einfache Grundregeln beachten. Diese Regeln helfen einerseits SQL Server, Ihre Programmtexte besser zu verstehen, andererseits aber auch Ihnen selbst, den Überblick in Ihren Quelltexten zu behalten.

Die Verwendung von Bezeichnern

In Ihren Transact-SQL-Programmen müssen Sie eine Menge Namen für alle möglichen Objekte, von den Tabellen, über Bezeichnungen von Beziehungen zwischen Tabellen, bis hin zu Variablen erfinden. Diese Bezeichner unterliegen den Einschränkungen, die in den folgenden Abschnitten aufgeführt werden.

Reservierte Worte

Wie in jeder anderen Programmiersprache gibt es auch in Transact-SQL eine ganze Anzahl von Begriffen, deren Verwendung für eigene Bezeichner nicht gestattet ist. Da es sich bei T-SQL um eine Datenbanksprache handelt, betrifft dies natürlich auch die Vergabe von Tabellen- und Spaltennamen. Vermeiden Sie es also, eine Bezeichnung wie *Alter*, *Index* oder *Name* zu verwenden. Selbst wenn das Anlegen der Tabelle zunächst einmal funktioniert, kann es passieren, dass Sie keine Änderungen mehr über die Benutzeroberfläche durchführen können, weil der automatisch generierte Code Schwierigkeiten bereitet. In der Programmierung mit T-SQL können Sie diese Problem allerdings dadurch umgehen, dass Sie solche »gefährlichen« Bezeichnungen in eckige Klammern einschließen. Mit Klammerschreibweise funktionieren dann auch SQL-Befehle wie dieser hier:

```
SELECT [Name] FROM [Index]
```

Listing 5.11   Reservierte Bezeichner in Klammerschreibweise

Die offizielle ANSI-SQL-Schreibweise verwendet übrigens Anführungsstriche statt eckiger Klammern. Es müsste dort also "Index" statt [Index] heißen. Diese Form ist allerdings bei SQL Server unüblich und auch schwerer lesbar.

Lassen Sie die eckigen Klammern weg, so erhalten Sie anstelle eines Ergebnisses folgende Fehlermeldung:

```
Server: Nachr.-Nr. 156, Schweregrad 15, Status 1, Zeile 1
Falsche Syntax in der Nähe des Alter-Schlüsselwortes.
```

Vorsichtshalber sollten Sie möglichst auf reservierte Worte als Bezeichner verzichten. Welche Begriffe reserviert sind, ergibt sich aus der T-SQL-Sprachdefinition. Eine Liste finden Sie in der Online-Dokumentation, wenn Sie den Suchbegriff *Reservierte Schlüsselwörter* eingeben. Die meisten davon werden Sie in diesem Buch noch näher kennen lernen.

Bildung von Namen

T-SQL-Bezeichner dürfen 128 Zeichen lang sein, beginnen immer mit einem Buchstaben oder einem der Zeichen #, @, _ und dürfen Buchstaben und Ziffern sowie diese Sonderzeichen enthalten: #, $, @, _. Ein »#« oder »@« sollten Sie als erstes Zeichen auf jeden Fall vermeiden, da SQL Server durch diese Symbole temporäre Objekte beziehungsweise Variablen kennzeichnet. Hat man es mit Namen von Spalten und Tabellen zu tun, die nicht diesen Regeln entsprechen, so gelingt der Zugriff, genau wie bei den reservierten Bezeichnern, über die Schreibweise mit eckigen Klammern:

```
SELECT * FROM [Order Details]
```

Listing 5.12   Klammerschreibweise für Bezeichner mit Leerzeichen

Leerzeichen sollten Sie auf jeden Fall vermeiden. Sie machen sich das Schreiben von T-SQL-Code nur unnötig schwer. Bei der Verwendung von Umlauten kommt es darauf, ob Sie Ihre Datenbank eines Tages möglicherweise mit einem exotischen Zeichensatz versehen wollen. Dann könnte es Probleme geben. Bei einer der in der westlichen Welt üblichen SQL Server-*Sortierungen* (eine Sortierung ist ein Zeichensatz plus Verarbeitungsregeln) für eine Datenbank werden Umlaute problemlos verarbeitet.

Objekt-Präfixe

Wie in Kapitel 13 noch ganz ausführlich beschrieben wird, gehört jedes Objekt in einer SQL Server-Datenbank zu einem bestimmten *Schema*. Für den Augenblick reicht es zu wissen, dass über Schemata Objekte zusammengefasst werden, die gemeinsame Sicherheitsanforderungen aufweisen. Ein Schema hat außerdem einen Besitzer in der Datenbank. Zu den T-SQL-Regeln gehört es, dass Sie jedes Objekt mit dem Schemanamen qualifizieren müssen. Befinden sich aber alle Objekte (Tabellen, Sichten etc.), die Sie mit Ihren T-SQL-Befehlen ansprechen möchten, in der aktuellen Datenbank und gehören außerdem all diese Objekte zum Standardschema der Datenbank (*dbo*), brauchen Sie sich um die Präfixe der Objektnamen eigentlich nicht kümmern. Das Kommando

```
SELECT * FROM Customers
```

gibt problemlos sämtliche Kundeninformationen der Tabelle Customers in der aktuellen Datenbank zurück. Ganz so reibungslos geht dies schon nicht mehr, falls sich mehr als eine Kundentabelle in der Datenbank befindet. Es ist prinzipiell möglich, dass mehrere Objekte gleichen Namens und Typs in ein und derselben Datenbank vorhanden sind, die zu verschiedenen Schemata gehören. So könnte eine Kopie der Kundentabelle in einem Schema *Archive* existieren, damit veraltete Kundendatensätze getrennt von den aktuellen Kundeninformationen verwaltet werden können. Die Strukturen der beiden Tabellen müssen dabei nicht identisch sein. In diesem Szenario wären also zwei Varianten der Tabelle in der Datenbank vorhanden. Diese Tatsache muss dann im *SELECT*-Befehl berücksichtigt werden:

```
SELECT * FROM Archive.Customers
```

liefert die Datensätze der Archivtabelle zurück. Der Schemaname wird über das Präfix *Archive* angegeben. Präfix und Objektname sind durch einen Punkt getrennt. Die Angabe des Präfixes *dbo* ist optional, weil es sich um das Standardschema handelt.

Ein Präfix muss auch dann mit angegeben werden, wenn sich das angesprochene Objekt in einer anderen Datenbank des Servers befindet, als diejenige, in deren Kontext eine Abfrage ausgeführt wird. Es ist jederzeit möglich, Abfragen über Datenbankgrenzen hinweg zu erstellen. Der Name der Datenbank muss dann dem Objektnamen und dem Schemanamen vorangestellt werden, wieder durch einen Punkt von der restlichen Bezeichnung getrennt. Soll beispielsweise die Tabelle *Customers* in der Datenbank *Copy* ausgewertet werden, während der aktuelle Datenbankkontext die *netShop*-Datenbank ist, so lautet die korrekte Form:

```
SELECT * FROM Copy.dbo.Customers
```

Wenn Sie, so wie in diesem Beispiel, ein Objekt im Standardschema einer Datenbank adressieren, dann können Sie wieder die Schemabezeichnung weglassen. Allerdings nicht die beiden Punkte. Abgekürzt lautet die Abfrage also:

```
SELECT * FROM Archiv..Customers
```

Sie können in T-SQL auch Objekte eines entfernten Datenbankservers direkt ansprechen. Dies ermöglichen die so genannten Verbindungsserver. Solch ein »verbundener« Server muss dabei noch nicht einmal ein SQL Server sein, sondern kann auch eine Oracle-, DB2- oder sonstige Datenbankmaschine darstellen. In Kapitel 9 wird unter dem Stichwort »Verteilte Abfragen« erklärt werden, wie Sie eine Verbindung zu einer externen Datenquelle einrichten. Sie können eine Abfrage anschließend direkt auf einen Verbindungsserver schicken, indem Sie als allererstes Präfix den logischen Servernamen mit angeben:

```
SELECT * FROM BackupServer.Copy.dbo.Customers
```

Diese Anweisung liest die Tabelle *Customers* des Schemas *dbo* vom Server *BackupServer* aus der Datenbank *Copy*. Damit haben Sie die vollständige vierteilige Form der Qualifizierung eines Objektnamens kennen gelernt. Zusammengefasst lautet diese:

```
Servername.Datenbankname.Schemaname.Objektname
```

Je nach Kontext, in dem die SQL-Befehle ablaufen, können – wie gerade gezeigt – Teile der Präfixe weggelassen werden.

Formatierung des Quelltextes

Im Gegensatz zu Sprachen wie Visual Basic.NET, erlaubt T-SQL eine ausgesprochen freie Gestaltung des Quelltextes. Sie können Schlüsselworte, Objektnamen, Variablen und Konstanten ganz frei über die Zeilen Ihrer Programmdateien hinweg verteilen. Durch Einrückungen geben Sie Ihren Programmen Struktur. Auch einzelne SQL-Befehle lassen sich so besser darstellen, beispielsweise ein *SELECT*:

```
SELECT
    ID, Code, Name_1, Name_1, City, Telephone
FROM
    Customers
WHERE
    ID > 5000
ORDER BY
    ID
```

Es hat sich allgemein eingebürgert, die SQL-Schlüsselworte in Großbuchstaben zu schreiben. Die Namen selbstdefinierter Tabellen, Spalten und anderer Objekte werden in »normaler« Schreibweise, also zum Beispiel nach Pascal-Notation in gemischter Schreibung notiert. Die vom System vordefinierten gespeicherten Prozeduren dagegen in Kleinbuchstaben. Es gibt einige Ausnahmen, bei denen es sich in der Regel um besondere Objektnamen handelt, die »traditionell« eine bestimmte Schreibung haben. Finden Sie Ihren eigenen Weg! Aber halten Sie den konsequent durch. Ob SQL Server bei den Bezeichnungen von Benutzerobjekten eine Unterscheidung zwischen Groß- und Kleinschreibung bemerkt, hängt von der Standardsortierung in der der Datenbank ab. Die Voreinstellung lautet: keine Unterscheidung zwischen Groß- und Kleinschreibung.

Das Semikolon als Trennzeichen für Kommandos

Sie werden in den Syntaxbeschreibungen und Beispielen der Onlinedokumentation hinter jedem Kommando ein Semikolon finden, in den T-SQL-Beispielen dieses Buchs an den meisten Stellen nicht. Was ist richtig? Bei SQL Server war es bis zur Version 2005 nicht üblich, ein Semikolon als Trennzeichen zu verwenden. Ganz im Gegensatz zu anderen Servern, wie Oracle oder DB2, die das Semikolon am Ende eines jeden SQL Befehls auf jeden Fall brauchen. Auch in SQL Server 2008 können Sie an den allermeisten Stellen in Ihrem Programmtext auf dieses Trennzeichen verzichten. Es gibt nur eine einzige Ausnahme: Sobald Sie das Schlüsselwort *WITH* in seiner neuen Bedeutung als so genannte *Common Table Expression (CTE)* verwenden, müssen Sie den so genannten CTE-Ausdruck vom vorangehenden Programmtext durch ein Semikolon abtrennen. Ansonsten ergibt der Syntaxcheck einen Fehler, da *WITH* auch als optionaler Bestandteil *innerhalb* verschiedener T-SQL-Kommandos vorkommt.

Kapitel 6

Werkzeuge für T-SQL-Entwickler: Managementstudio & Co.

In diesem Kapitel:

SQL Server Management Studio	103
Visual Studio 2008-Datenbankprojekte und der Server Explorer	124
Visio für den Datenbankentwickler	129
Visual Studio Team Edition for Database Professionals	138

Entwickler brauchen gute Werkzeuge! Entwickler von Datenbankanwendungen brauchen Tools, die ihnen helfen, Datenbanken zu entwerfen, physisch zu implementieren, zu optimieren und zu dokumentieren. Für die Entwicklung von SQL Server-Lösungen stellt Ihnen Microsoft drei Arbeitsumgebungen zur Verfügung: das SQL Server Management Studio, eine der Visual Studio Editionen für Softwareentwickler (Standard- oder Professional-Edition oder die Microsoft Visual Studio Team System 2008 Development Edition) und die Version für den Datenbankprofi: Visual Studio 2008 Team Edition for Database Professionals.

Um die Verwirrung vollständig zu machen, hat Microsoft eine zusätzliche Version herausgebracht, die »Visual Studio Team System 2008 Database Edition GDR«. Diese teilt schon viele Gene mit den Datenbank-Tools in Visual Studio 2010 und ist die empfohlene Visual Studio-Variante, wenn Sie noch nicht mit Visual Studio 2010 arbeiten. Diese neue Version kann zwar frei im Download beschafft werden, lässt sich aber nur dann installieren, wenn eine passende Visual Studio Team System Edition bereits auf Ihrem Rechner installiert ist.

Welche Umgebung Sie einsetzen, ist von mindestens zwei Faktoren abhängig: dem Schwerpunkt Ihrer Entwicklertätigkeit und Ihren persönlichen Vorlieben. Arbeiten Sie vor allem serverorientiert mit Transact-SQL und kümmern Sie sich neben der reinen Logikprogrammierung auch um die Implementierung eines Servers, der Dateien und Indizes und die Optimierung der Datenbankabfragen, dann ist das Management Studio genau das Richtige für Sie. Findet diese Tätigkeit im Rahmen eines Teams statt, welches Microsoft Team System einsetzt oder suchen Sie eine Umgebung für das Testen Ihres T-SQL-basierten Datenbankcodes dann kommt *Team Data* ins Spiel.

Arbeiten Sie in der Rolle eines Applikationsentwicklers hauptsächlich mit einer .NET-Programmiersprache und greifen Sie im Rahmen dieser Tätigkeit auf SQL Server zu, um Datenbankobjekte anzulegen oder Abfragen zu entwerfen, dann führt kein Weg an Visual Studio Professional oder der »Team Edition for Software Developers« vorbei. Über den *Server Explorer* haben Sie aus Visual Studio-Objekten jederzeit Zugriff auf die T-SQL-Programmierobjekte des Servers (Tabellen, Sichten, gespeicherte Prozeduren und Funktionen). Visual Studio ist natürlich eine hervorragende Umgebung für das Entwickeln, Testen und Debuggen von gespeicherten Prozeduren und anderen Datenbankobjekten, die mit .NET in der SQLCLR implementiert werden sollen. Das Arbeiten mit der entsprechende Projektschablone *SQL Server Projekt* stellen wir im dritten Teil dieses Buchs vor.

Nicht in jedem Fall lässt sich die Welt so klar und eindeutig aufteilen, wie gerade beschrieben. Daraus kann das Dilemma der »Qual der Wahl« entstehen oder ein Wechseln zwischen den Welten. Für das, was ich meine, gibt es einige Beispiel, unter anderem das Entwickeln gespeicherter Prozeduren, die in T-SQL geschrieben sind. Prinzipiell spricht nichts dagegen, dies in Visual Studio zu erledigen. Sie können die Prozeduren anlegen, debuggen und direkt in Ihrem .NET-Code testen. Allerdings werden Sie dabei einigen Komfort vermisse: Im Management Studio können Sie die benötigten Objektbezeichner bequem per Drag & Drop aus dem Objektbrowser besorgen; sich von IntelliSense helfen lassen; Sie können sich den Abfrageplan der Datenbankmaschine anzeigen lassen; sehen die definierten Indizes und können bei Bedarf zusätzliche anlegen; Sie können Ausführungszeiten auswerten und performancekritische Stellen identifizieren. Es spricht also einiges dafür mit zwei Umgebungen zu arbeiten. Wenn Ihre Jobrolle nicht klar für die eine oder andere Entwicklungsumgebung spricht – es soll ja auch Ein-Mann-Entwicklerteams geben – dann werden Sie sich halt Ihren eigenen Werkzeug-Mix zurechtlegen müssen, zu dem auch noch Werkzeuge von Drittanbietern gehören können (zum Beispiel für den Datenbankentwurf und die Dokumentation). Es bringt einen nicht gerade um, könnte aber eleganter gelöst sein.

Im dritten Teil dieses Kapitels stelle ich *Visio Professional* als ein Werkzeug vor, mit dem Sie Ihre Datenbanken gut graphisch dokumentieren können. Visio ist der Allrounder für grafische Darstellungen und macht auch in Datenbankprojekten eine gute Figur.

HINWEIS   Mit dem neuen Visual Studio 2010 ändert sich auch bei der Datenbankentwicklung etwas. Vor allen Dingen gibt es keine getrennte Edition für den Datenbankentwickler mehr. Die Funktionen sind in Visual Studio 2010 Premium und Visual Studio 2010 Ultimate bereits enthalten. Der Leistungsumfang und die Bedienung entsprechen im Großen und Ganzen allerdings den, in diesem Kapitel vorgestellten, Möglichkeiten. Sie werden sich schnell zurechtfinden. Und das Schönste ist: Die Lizenzen sind deutlich preiswerter geworden.

SQL Server Management Studio

Das SQL Server Management Studio (SSMS) ist die Heimat des Datenbankadministrators, aber auch das Werkzeug für den Transact-SQL-orientierten Datenbankentwickler. Schon auf den ersten Blick kann man die Verwandtschaft zwischen dem Management Studio und Visual Studio erkennen.[1] Und tatsächlich baut SSMS auch auf einer Visual Studio Shell auf. Viele Konzepte und Handgriffe sind identisch. So ist auch die Oberfläche des Management Studios modular aufgebaut. Je nach Bedarf können Sie Fenster einblenden und an einer beliebigen Stelle des Bildschirms andocken oder zu Registern zusammenfassen. Abbildung 6.1 ist daher nur *ein* Beispiel für eine Management Studio-Oberfläche. Diese kann die folgenden Fenster enthalten:

- **Registrierte Server**   Hier finden Sie Server-Instanzen, für die Sie Verbindungsinformationen hinterlegt haben
- **Objekt-Explorer**   Hier werden sämtliche Objekte einer Datenbank angezeigt und hier können Sie fast alle Objekte anlegen. Der Objekt-Explorer ist auch der Dreh- und Angelpunkt für die meisten administrativen Aufgaben.
- **T-SQL-Editor**   In der Mitte des Bildschirms bearbeiten Sie Ihren T-SQL-Code. Alternativ können dort Informationen in so genannten *Zusammenfassungen* oder *Berichten* angezeigt werden. Neben dem T-SQL-Editor gibt es weitere Editoren, zum Beispiel für XML oder MDX (eine der Abfragesprachen im OLAP-Umfeld).
- **Projektmappen-Explorer**   Müssen Sie mit vielen T-SQL-Skripten gleichzeitig hantieren, dann können Sie diese zu *Projekten* zusammenfassen. In einer *Projektmappe* wiederum befinden sich mehrere Projekte.
- **Vorlagen-Explorer**   Das Management Studio stellt Ihnen diverse T-SQL-Schablonen zur Verfügung, die Ihnen anfangs das Leben erleichtern können, indem Sie fertige Codefragmente nehmen und weiter entwickeln
- **Eigenschaften-Fenster**   Das aus der Arbeit mit Visual-Studio bekannte Eigenschaftenfenster spielt im Management Studio eine eher untergeordnete Rolle. Es wird aber immer dann benötigt, wenn Sie mit einem der Designer arbeiten. Sie können dieses Fenster auch geschlossen lassen und bei Bedarf mit F4 einblenden.
- **Dynamische Hilfe**   Über das Hilfemenü können Sie eine mitlaufende Hilfefunktion aktivieren. Im Fenster *Dynamische Hilfe* werden Ihnen kontextbezogen praktische Hilfelinks angezeigt.

---

[1]   Der Wegfall des Enterprise Managers in SQL Server 2005, einer Anwendung die auf der Windows Management Console basiert, stellte einen Kulturschock für die meisten Administratoren dar. Visual Studio Entwickler fühlen sich im Management Studio dagegen sofort wohl.

Es gibt natürlich noch weitere Fenster, die aber mehr mit der Administration von SQL Server-Instanzen zu tun haben und daher an dieser Stelle nicht erläutert werden sollen. Ich stelle jetzt vor, wie die wichtigsten Datenbankaufgaben im Management Studio erledigt werden, damit Sie einen schnellen Einstieg bekommen. Details zu bestimmten Themen wie dem Anlegen von Tabellen und den Einstellungen von Tabelleneigenschaften finden Sie jeweils in den passenden Kapiteln. Hier geht es mehr um das Kennenlernen und die erste Übersicht.

Server registrieren

Wenn Sie regelmäßig mit einer bestimmten SQL Server-Instanz arbeiten, dann sollten Sie diese zunächst einmal registrieren. Dabei hinterlegen Sie Verbindungsinformationen im Management Studio, über die Sie sich jederzeit mit einem Server verbinden können, um eine Abfrage für diesen Server zu schreiben oder den Objekt-Browser anzeigen zu lassen. Zu den Eigenschaften einer SQL Server-Registrierung gehören Informationen, wie die Art der Authentifizierung, Name und Kennwort bei SQL Server-Authentifizierung, Einstellungen zum Netzwerkprotokoll, der Verschlüsselung, Time Out-Werte und eine Beschreibung der Serverinstanz. Sie können diese Einstellungen für einen einzelnen Server oder eine ganze SQL Server-Farm in eine Datei exportieren und in ein anderes Management Studio importieren, um Ihre Server von verschiedenen Standorten aus zu verwalten.

Für registrierte Server wird jederzeit der Dienststatus angezeigt und Sie können eine Instanz starten, anhalten oder beenden. Was die Arbeit mit den verschiedenen Diensten einer SQL Server-Instanz stromlinienförmiger macht, ist die Tatsache, dass Sie auf die Analysis Services, die Reporting Services, die Integration Services und sogar auf mobile SQL Server ganz genauso, wie auf den relationalen SQL Server zugreifen können. Das ist eine praktische Angelegenheit, denn schließlich hat es der Administrator oder Entwickler häufig mit diesen verschiedenen Systemen gleichzeitig zu tun. Was Sie dann mit den registrierten Servern im Einzelnen anfangen können, unterscheidet sich jeweils ein bisschen voneinander. Sie können jedenfalls immer den Objekt-Explorer verwenden, um sich ein Bild über die Inhalte der Server zu machen und für eine registrierte Analysis Services-Instanz können Sie mit entsprechenden Editoren MDX-, DMX-, XML- oder XMLA-Abfragen entwickeln. Der Schwerpunkt liegt aber insgesamt mehr auf den Verwaltungsaufgaben.

Mit dem Objekt-Explorer arbeiten

Für die Arbeit mit einer ganz bestimmten Serverinstanz öffnen Sie den Objektbaum des Objekt-Explorers entweder über einen rechten Mausklick auf den Servernamen im Kontextmenü des Fensters *Registrierte Server* oder Sie verbinden sich ad hoc mit einer Instanz über die Schaltfläche *Verbinden* in der Symbolleiste des Objekt-Explorers. Für den Entwickler sind zunächst einmal sämtliche Ordner des Explorers interessant, die sich direkt unterhalb einer Datenbank befinden. Hier liegen alle Datenbankobjekte, an denen er seine Kreativität erproben kann (Abbildung 6.2). Eine Ebene höher findet man die Objekte des Servers (da könnten für einen Entwickler zum Beispiel *Endpunkte*, *Verbindungsserver* oder *Trigger* spannend sein) und den Ordner *Replikation* – eine weitere potenzielle Spielfläche. Der Objekt-Explorer liefert nützliche Zusatzinformationen über die dargestellten Objekte. Zu den Tabellen werden nicht nur deren Spalten, sondern auch Schlüssel, Einschränkungen, Trigger, Indizes und Statistiken angezeigt. Bei den gespeicherten Prozeduren sind die Parameter aufgeführt. Außerdem lassen sich einige Objekte, unter anderem die Prozeduren, Trigger und Funktionen, über einen rechten Mausklick direkt in einem neuen Editorfenster für das Bearbeiten öffnen.

SQL Server Management Studio

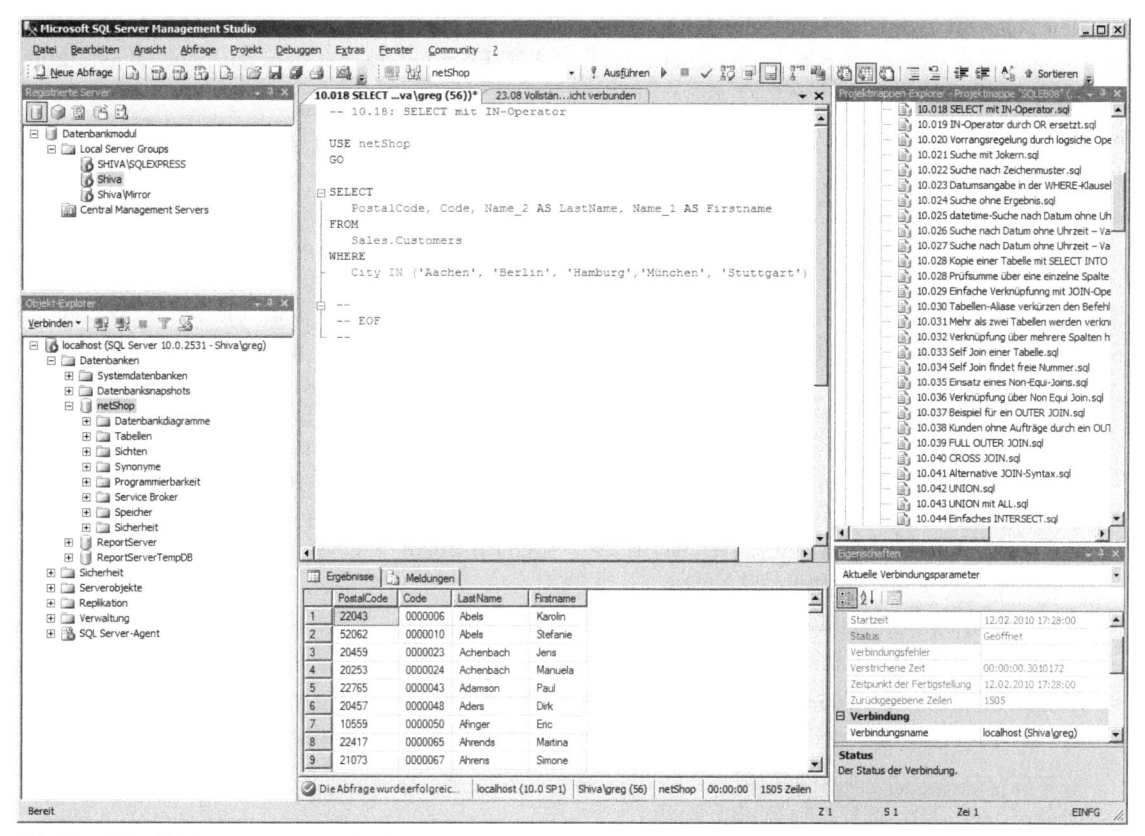

Abbildung 6.1 SQL Server Management Studio

In der Symbolleiste des Objekt-Explorers finden Sie eine Filtermöglichkeit für Datenbankobjekte. Diese ist aktiv, wenn ein passender Ordner ausgewählt wurde. Dann lassen sich Tabellen, Sichten oder Prozeduren nach *Name*, *Schema* oder *Erstellungsdatum* filtern.

Sehr wichtig ist auch das Symbol *Aktualisieren*. Dieses können Sie verwenden, um eine aktuelle Darstellung der Objekte zu bekommen. Die Informationen aus den Systemtabellen von SQL Server werden dabei neu ausgelesen und im Benutzerinterface präsentiert. Denken Sie daran – es gibt keinen Mechanismus, der die Darstellungen im Management Explorer automatisch auffrischt. Wenn ein anderer Entwickler neue Objekte anlegt, dann bekommen Sie das erst nach einer Aktualisierung mit. Dies ist ein *per Design*-Verhalten und so auch vollkommen in Ordnung. Auch nach Änderungen, die Sie direkt mittels T-SQL im Abfrageeditor vornehmen, werden Ihnen diese erst nach dem Aktualisieren angezeigt. Einzig Änderungen, die mit Designern vorgenommen wurden, die Sie direkt aus dem Objekt-Explorer aufgerufen haben, führen zu einem automatischen Refresh.

Alles, was Sie im Objekt-Explorer mit den Objekten anstellen können, finden Sie in den Kommandos der Kontextmenüs der jeweiligen Ordner und Objektsymbole. Vieles ist standardisiert. Unter den »Rechtsklick-Befehlen« befinden sich die folgenden:

- **Neu**   Dies ist immer der oberste Eintrag im Kontextmenü. Startet den zum Ordnerinhalt passenden Designer. Dieser generiert beim Speichern das *CREATE*-Kommando, mit dem das neue Objekt in der Datenbank angelegt wird.
- **Ändern**   Der zum ausgewählten Objekt passende Designer öffnet sich. Dieser generiert beim Speichern das *ALTER*-Kommando, mit dem die Änderungen in der Datenbank festgeschrieben werden.
- **Skript für**   Beim Arbeiten mit T-SQL-Code ist es sehr bequem, mal eben die SQL-Definition eines Objekts »ziehen« zu können. Diese Skripts können in der Zwischenablage gespeichert, in eine Datei geschrieben oder gleich in einem neuen Abfragefenster geöffnet werden. Die Möglichkeiten unterscheiden sich leicht, je nach ausgewähltem Datenbankobjekt. Abbildung 6.3 zeigt die Möglichkeiten für Tabellen. Sie können Code-Rümpfe für die DML-Befehle erzeugen oder auch den Programmtext für das Anlegen einer Tabelle generieren. Das Ergebnis der Skriptgenerierung können Sie im Fensterausschnitt in Abbildung 6.4 bewundern. Leider können Sie die Art und Weise, wie die Skripte erzeugt werden, an dieser Stelle überhaupt nicht beeinflussen. Für meinen Geschmack werden zu viele Dinge geskriptet (im Beispiel so genannte *COLLATE*-Befehle, das sind die Sortierungseinstellungen, für jede einzelne Spalte), sodass man vor der Weiterverwendung des Codes diesen erst einmal säubern muss. In Kapitel 32 »Den SQL Server mit .NET verwalten« zeige ich Ihnen, wie Sie sich relativ einfach einen eigenen Skriptgenerator schreiben können.
- **Filter**   Schränkt die Auswahl der angezeigten Objekte entsprechend der Filterbedingungen ein. Entspricht der Schaltfläche in der Symbolleiste.
- **Aktualisieren**   Die Metainformationen zum ausgewählten Objekt beziehungsweise zu den Objekten in einem Ordner werden neu geladen. Entspricht der entsprechenden Schaltfläche in der Symbolleiste.

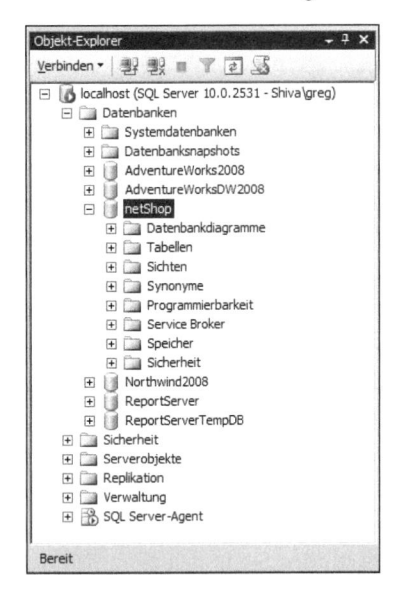

Abbildung 6.2   Relationaler Server im Objekt-Explorer

Die objektspezifischen Befehle erkläre ich in den nächsten Kapiteln jeweils dort, wo die Arbeit mit den einzelnen Datenbankobjekten vorgestellt wird.

Mit den eingebauten Skripting-Funktionen des Objekt-Explorers können Sie ein Erstellungsskript für die gesamte Datenbank generieren lassen oder Skripte für einzelne Objekte generieren.

SQL Server Management Studio

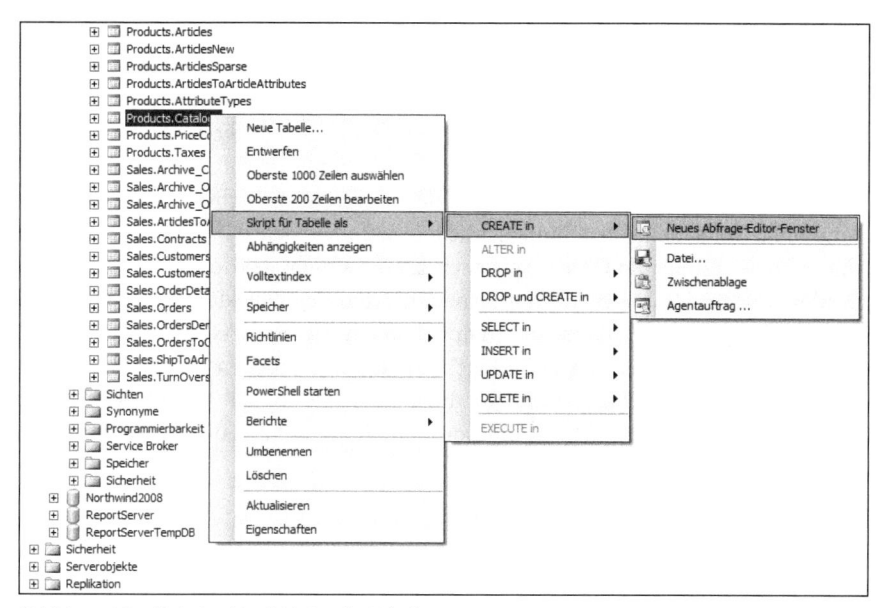

Abbildung 6.3 Skripting-Möglichkeiten für Tabellen

Wenn Sie für Dokumentationszwecke oder für das schnelle Erstellen einer Kopie einer Tabellenstruktur die entsprechenden Erstellungsbefehle benötigen, dann wählen Sie aus dem Kontextmenü der markierten Tabelle das Kommando *Skript für Tabelle als...* und entscheiden sich für den Ort, an dem das Skript abgelegt werden soll (Abbildung 6.3). Das Skript wird dann beispielsweise in einem neuen Editorfenster angezeigt, wo Sie es weiter bearbeiten können (Abbildung 6.4).

```sql
USE [netShop]
GO

/****** Object:  Table [Products].[Catalogs]    Script Date: 02/12/2010 18:07:17 ******/
SET ANSI_NULLS ON
GO

SET QUOTED_IDENTIFIER ON
GO

SET ANSI_PADDING ON
GO

CREATE TABLE [Products].[Catalogs](
    [ID] [int] IDENTITY(1,1) NOT NULL,
    [Name] [varchar](50) NOT NULL,
    [Description] [varchar](2000) NULL,
    [Picture] [varbinary](max) NULL,
    [CreatedAt] [smalldatetime] NULL,
    [CreatedBy] [varchar](50) NULL,
    [UpdatedAt] [smalldatetime] NULL,
    [UpdatedBy] [varchar](50) NULL,
    [Timestamp] [timestamp] NULL,
 CONSTRAINT [PK_Catalogs_1] PRIMARY KEY CLUSTERED
(
    [ID] ASC
)WITH (PAD_INDEX = OFF, STATISTICS_NORECOMPUTE = OFF, IGNORE_DUP_KEY = OFF, ALLOW_ROW_LOCKS = ON, ALLOW_PAGE_LOCKS = ON)
) ON [PRIMARY]

GO

SET ANSI_PADDING OFF
GO
```

Abbildung 6.4 Teil eines Tabellenerstellungsskripts

Bei Bedarf können Sie mithilfe des Management Studios ein vollständiges komplettes Skript zur Einrichtung sämtlicher Objekte Ihrer Datenbank generieren lassen. Solch ein Datenbank-Erstellungsskript ist eine gute Dokumentationshilfe (leider gibt es »out of the box« auch keine andere). Es kann auch zur Einrichtung einer neuen Datenbank dienen, die nur die Struktur, aber keine Daten enthalten soll. Sie finden den betreffenden Assistenten im Kontextmenü des Ordnersymbols einer Datenbank unter dem Eintrag *Tasks/Skripts generieren...*. Der Vorgang besteht aus mehreren Schritten, wobei der wichtigste sicherlich die Auswahl der Skriptoptionen ist (Abbildung 6.5). Unter den Einstellmöglichkeiten befinden sich die Optionen *'IF NOT EXISTS' einschließen* – damit werden bestehende Objekte gleichen Namens nicht gelöscht; *Skriptsortierung* – damit können Sie entscheiden, ob Zeichensätze und Sortierreihenfolgen der Objekte mit in das Skript aufgenommen werden; *Skripterstellung für Serverversion* – damit können Sie abwärtskompatible Skripts erstellen; und natürlich können Sie präzise festlegen, welche Eigenschaften von Tabellen und Sichten Sie im Skript aufnehmen möchten. Falls Sie ein Erstellungsskript für die Datenbank an sich benötigen, also die Dateien und Einstellungen, dann finden Sie die passende Funktion »eine Etage höher«, nämlich unter *Skript für Datenbank als* im Kontextmenü.

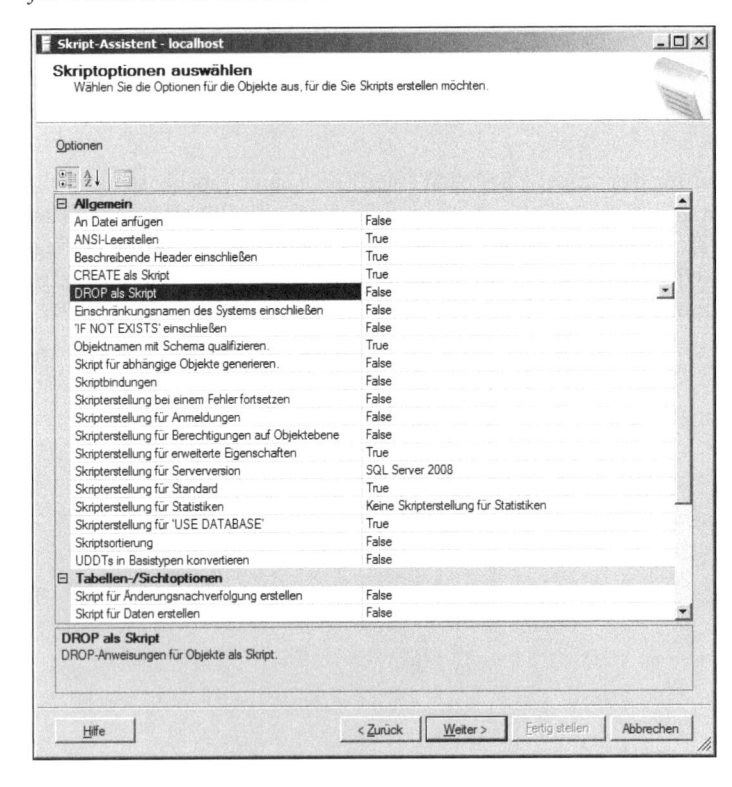

Abbildung 6.5 Optionen für das Anlegen eines SQL-Datenbankerstellungsskripts

T-SQL-Code bearbeiten

Der T-SQL-Editor des Management Studios unterstützt Sie recht ordentlich beim Schreiben der Programmtexte. Es handelt sich um einen einfachen Quellcodeeditor, der die üblichen Funktionen mitbringt. Leider ist der Editor ein bisschen zurückhaltend, was die Offenlegung seiner Kommandos angeht. Manche können Sie nur über Tastenkombinationen erreichen. Andere sind quasi »undokumentiert«. Daher hier die Funktionsübersicht:

- **IntelliSense** IntelliSense hilft Ihnen beim flüssigen Schreiben von T-SQL-Code. Genau, wie in anderen Programmiersprachen bietet Ihnen IntelliSense in T-SQL Ergänzungen zum gerade eingetippten Programmtext an und macht Sie auf mögliche Fehler aufmerksam. Das klappt in vielen Situationen schon sehr gut. Das Schreiben von *SELECT*-Abfragen können Sie mithilfe von IntelliSense fast vollkommen automatisieren, wenn Sie daran denken, zunächst den oder die Tabellennamen zuerst zu schreiben und erst dann die Spalten auswählen. So ganz ohne ein Gefühl für die Spaltennamen wird es aber nicht gehen, da Ihnen IntelliSense neben den Bezeichnern, die direkt mit den gerade bearbeiteten Objekten zu tun haben, noch einen ganzen Sack an Funktionen, globalen Variablen und leider auch nicht ganz passender Objekte anbietet (Abbildung 6.6). Hilfreich ist die Verwendung von Aliasnamen für Tabellen. Die machen alles klar. Hilfreich ist die Tastenkombination [Strg]+[ ] um die verfügbaren Elemente anzeigen zu lassen. Mit [↹] fügen Sie einen ausgewählten Bezeichner in den Programmtext ein.

  IntelliSense findet auch Syntaxfehler und falsche Bezeichnungen (Abbildung 6.7). Die markierten Syntaxfehler sollten Sie erst dann genauer untersuchen, wenn Sie einen Befehl vollständig geschrieben haben. Dadurch erledigt sich Manches von selbst. Bezeichnungen werden eventuell als fehlerhaft gemeldet, wenn seit dem Öffnen des Abfragefensters neue Objekte angelegt wurden. In diesem müssen Sie über das Kommando *Bearbeiten/IntelliSense/Lokalen Cache aktualisieren* die IntelliSense-Objekte neu einlesen lassen. Es gibt auch eine Tastenkombination: [Strg]+[⇧]+[R].

  IntelliSense ist noch nicht vollständig oder perfekt, kann aber an vielen Stellen nützliche Dienste leisten, beispielsweise bei der Arbeit mit lokalen Variablen oder Parametern.

- **Syntax-Highlighting** Bei der Eingabe von Text überprüft der Editor automatisch, ob es sich bei einem Wort um ein T-SQL-Schlüsselwort (blau), den Namen einer Systemprozedur (braun), eine Systemvariable (rosa) oder ein Systemobjekt (hellgrün) handelt. Diese Bezeichnungen dürfen nur in ihrem fest vorgegebenen Kontext verwendet werden. Eine beliebte Fehlerquelle in SQL-Programmtexten ist die Verwendung von reservierten Bezeichnungen wie *Alter*, *Index*, *Name* und so weiter. Durch die Farbgebung können Probleme sofort erkannt und vermieden werden. Zusätzlich werden Kommentare (dunkelgrün) und Textliterale (rot) gekennzeichnet. Wenn Sie möchten, können Sie die Farbgebung anpassen. Das funktioniert über den Menübefehl *Extras/Optionen/Umgebung/Schriftarten und Farben*.

- **Lesezeichen** Bei der Arbeit an langen Skripten oder Prozeduren kann das Markieren wichtiger Stellen eine enorme Arbeitserleichterung sein. Die Funktion *Lesezeichen*, die in anderen Microsoft-Entwicklungsumgebungen über Symbole zur Verfügung gestellt wird, können Sie im T-SQL-Editor nur über Tastenkombinationen erreichen: [Strg]+[F2] erstellt dabei ein neues Lesezeichen, mit [F2] setzen Sie den Cursor auf das nächste Lesezeichen und mit [⇧]+[F2] geht man eine Markierung zurück.

- **Textzeilen aufsuchen** Über die Tastenkombination [Strg]+[G] können Sie direkt in eine bestimmte Zeile springen. Sehr nützlich ist die (nahezu unsichtbare) Funktion für das Aufsuchen einer Fehlerstelle. Meldet SQL Server nach der Interpretation einer T-SQL-Befehlsfolge einen oder mehrere Syntaxfehler zurück, dann werden diese im Meldungsfenster des Editors rot dargestellt. Durch einen Doppelklick auf eine Fehlermeldung setzen Sie den Cursor automatisch auf jene Stelle im Quelltext, die den Fehler ausgelöst hat.

- **Texte einrücken** T-SQL-Text kann frei formatiert werden. Im Gegensatz zu Visual Basic.NET sind keinerlei Restriktionen für die Verteilung von Programmcode auf Textzeilen zu beachten. Selbstverständlich ist es trotzdem sinnvoll, Programmtexte übersichtlich durch Einrückungen zu gliedern. Ein automatisiertes Einrücken, wie Sie es eventuell von Visual Studio her kennen, gibt es leider nicht. Allerdings können Sie Textblöcke insgesamt ein- bzw. ausrücken, indem Sie einen Textblock markieren und `Tab` oder `⇧`+`Tab` drücken. In der Symbolleiste des Editors (Abbildung 6.6) finden Sie entsprechende Schaltflächen.

- **Auskommentieren** Über die Symbolleiste können Sie Quellcode durch Zeilenkommentare automatisch auskommentieren oder eine Auskommentierung rückgängig machen. Die entsprechenden Tastenkombinationen lauten `Strg`+`C` für das Auskommentieren und `Strg`+`⇧`+`C` für das Rückgängig machen.

- **Teilweises Ausführen von Quellcode** Wenn Sie im Editor einen Textbereich markieren und die Ausführung starten, dann wird nur der T-SQL-Code innerhalb der Markierung zum Server geschickt. Dadurch können Sie Teile Ihres Codes testen, ohne den gesamten Text zu starten. Möglicherweise muss die Markierung dabei aber so weit vergrößert werden, dass Sie die Deklaration von Variablen, die innerhalb des Blockes verwendet werden, miterfassen.

- **Syntaxcheck** Sie können den T-SQL-Code im Editor auch nur überprüfen lassen, ohne ihn anschließend gleich auszuführen. Klicken Sie dazu auf das blaue Häkchen in der Symbolleiste oder verwenden Sie die Tastenkombination `Strg`+`F5`.

- **T-SQL-Hilfe** Vom Editor aus können Sie direkt Hilfe zu Transact-SQL-Befehlen anfordern. Dazu müssen Sie das Schlüsselwort markieren (es können auch mehrere Worte sein) und anschließend `F1` drücken. Sie werden dann direkt zu den relevanten Stellen der Online-Dokumentation geleitet. Lassen Sie die Markierung weg, dann erhalten Sie die Hilfeeinträge zum T-SQL-Editor selbst.

- **Vollbildmodus für den Editor** Mit `⇧`+`Alt`+`↵` schalten Sie das Editorfenster in den Vollbildmodus oder zurück, was eine feine Sache für sehr große Quelltextdateien ist

Abbildung 6.6 Symbolleiste des T-SQL-Editors

Jedes einzelne Abfragefenster im Editor steht für eine ganz bestimmte Verbindung mit einem SQL Server und für eine aktuelle Datenbank. Die Information darüber, mit welchem Server Sie verbunden sind, welches Benutzerkonto dafür verwendet wurde und welche Datenbank gerade Ihren Kontext darstellt, finden Sie im Statusbereich eines Abfragefensters. Zusätzlich gibt es Informationen zur Prozessnummer Ihrer Verbindung (in Klammern hinter dem Benutzerkonto), den Datenbanknamen, den letzten Ausführungsstatus, die Ausführungszeit des letzten Befehls, die Anzahl der Ergebniszeilen und die aktuelle Cursorposition im Editorbereich.

Sie können jederzeit ein weiteres Editorfenster erzeugen. Aus dem Objekt-Explorer heraus verwenden Sie dazu am besten den Befehl *Neue Abfrage* aus dem Kontextmenü eines Datenbankordners. Sie werden dann automatisch mit dieser Datenbank verbunden. Falls Sie ein neues Editorfenster für die aktuelle Datenbank öffnen möchten, dann klicken Sie dazu auf die Schaltfläche *Neue Abfrage* in der Standardsymbolleiste des Management Studios. Sie haben damit dann auch eine weitere Verbindung zu einer Datenbank aufgebaut und können eine parallele Benutzersitzung simulieren. Zwischen den einzelnen Fenstern kann beliebig mit der Tastenkombination `Strg`+`Tab` gewechselt werden.

Achten Sie beim Arbeiten mit dem Editor immer darauf, welche Datenbank gerade voreingestellt ist. Diese Information finden Sie in dem entsprechenden Dropdown-Feld der Symbolleiste. Sämtliche Befehle, die Sie in den Textbereich eingeben, werden im Kontext dieser Datenbank ausgeführt. Sie können die Datenbank durch die Auswahl eines Eintrages in diesem Feld oder auch durch einen T-SQL-Befehl wechseln.

```
USE netShop
```

Dieses Kommando macht die *netShop*-Datenbank zur voreingestellten. Probieren Sie es einmal aus: Geben Sie dieses Kommando ein und führen Sie die Abfrage aus – und die Anzeige wechselt auf *netShop*.

Das Öffnen und Speichern von Dateien, das Drucken und ähnliche Standardfunktionen finden Sie im Management Studio dort, wo Sie diese erwarten – nämlich im Menü *Datei*. Daher verzichte ich hier auf weitere Ausführungen.

Ergebnis- und Meldungsfenster

Nachdem Sie eine Abfrage im Editorbereich eingetippt haben, führen Sie diese anschließend mit [F5] oder *Ausführen* aus. Die vom Datenbankserver gelieferten Datensätze werden im Ergebnisfenster angezeigt und können nun untersucht werden. Direkt ändern, sortieren oder filtern können Sie die Daten hier allerdings nicht. Die Darstellung der Ergebnisse kann unterschiedlichen Anforderungen angepasst werden. Voreingestellt ist die Anzeige der Ergebnisse in einem Raster (Abbildung 6.7). Dies ist für Ergebnismengen in Datensatzform optimal, allerdings für Textmengen, wie sie bei umfangreichen Statusausgaben anfallen, weniger geeignet. Über das Menü *Abfrage/Ergebnisse in/Ergebnis in Text* kann vom Raster- in den Textmodus gewechselt werden (Abbildung 6.8). Enthält das Abfrageergebnis Spalten mit XML-Daten, dann werden in den entsprechenden Zellen des Ergebnisses Links angezeigt. Potenziell kann auch nur eine einzelne Zelle angezeigt werden und zwar dann, wenn die Abfrage genau ein XML-Dokument liefert. Das Ergebnis in der Tabellenansicht ist dann ein Hyperlink. Nach dem Klick auf den Link wird das XML-Fragment im XML-Editor des Management Studios dargestellt. Dies ist ein einfacher Texteditor, der aber eine XML-Struktur darstellen kann und Elemente und Attribute farbig einfärbt (Abbildung 6.9).

Möchten Sie die Abfrageergebnisse in einer Datei speichern, so steht dafür ein sehr einfaches Spaltenformat zur Verfügung. Der Export wird durch die Auswahl von *Ergebnisse in Datei* und das anschließende erneute Ausführen einer Abfrage gestartet. Neben dem eigentlichen Ergebnis einer Abfrage gibt der SQL Server Informationen zur Ausführung zurück. Dies können Fehlermeldungen sein, die Anzahl der Ergebnisdatensätze oder Ausführungszeiten. Sie erreichen diese Ergebnisanzeige über das Registerblatt *Meldungen*.

	ID	Code	FirstName	LastName	Address	PostalCode	City	Telephone	Fax
1	1	0000001	Abegg	Abegg	Sackführerdamm	34357	Reinhardshagen	(05544) 10 38 62	(05544) 10 38 62
2	2	0000002	Abegg	Abegg	Sulzbeckstraße	01654	Meißen	(03521) 41 99 18	(03521) 41 99 18
3	3	0000003	Abegg	Abegg	Pfauenkehre	19224	Hagenow	(03883) 10 26 21	(03883) 10 26 21
4	4	0000004	Abel	Abel	Bauführerweg	26925	Elsfleth	(04404) 20 51 47	(04404) 20 51 47
5	5	0000005	Abel	Abel	Glashütter Weg	37447	Wieda	(05586) 38 22 93	(05586) 38 22 93
6	6	0000006	Abels	Abels	Schudomastraße	22043	Hamburg	(040) 97 62 00	(040) 97 62 00
7	7	0000007	Abels	Abels	Zellerweg	08646	Bad Brambach	(037438) 90 56 12	(037438) 90 56 12
8	8	0000008	Abels	Abels	Rablstraße	01572	Riesa	(03525) 86 28 07	(03525) 86 28 07
9	9	0000009	Abels	Abels	Muspillistraße	37694	Marienmünster	(05276) 08 78 05	(05276) 08 78 05
10	10	0000010	Abels	Abels	xyz	31855	Aerzen	(05154) 33 69 61	(05154) 33 69 61
11	11	0000011	Abrath	Abrath	Mannhardtstraße	47144	Duisburg	(0203) 94 22 69	(0203) 94 22 69
12	12	0000012	Abrath	Abrath	Leinestraße	32451	Porta Westfalica	(05706) 11 15 95	(05706) 11 15 95
13	13	0000013	Abrath	Abrath	Comeniusstraße	36427	Bad Salzungen	(03695) 45 69 31	(03695) 45 69 31
14	14	0000014	Achelis	Achelis	Thomasstraße	33516	Bielefeld	(0521) 22 97 97	(0521) 22 97 97
15	15	0000015	Achelis	Achelis	Gärtnerstraße	24917	Flensburg	(0461) 59 49 00	(0461) 59 49 00
16	16	0000016	Achelis	Achelis	Pfarrsiedlung	25893	Niebüll	(04661) 03 45 41	(04661) 03 45 41
17	17	0000017	Achelis	Achelis	Amortstraße	04109	Leipzig	(0341) 15 01 07	(0341) 15 01 07
18	18	0000018	Achenbach	Achenbach	Britzer Damm	39357	Calvörde	(039051) 82 80 89	(039051) 82 80 89

Abbildung 6.7 Ergebnisse im Raster

```
 Ergebnisse
 ID           Code                          Name_1                          Name_2
 ----------   ---------------------------   ---------------------------     ----------
 1            0000001                       Franz-Ferdinand                 Schmidt
 2            0000002                       Marina                          Abegg
 3            0000003                       Yvonne                          Peters
 4            0000004                       Felix                           Abel
 5            0000005                       Julia                           Abel
 6            0000006                       Karolin                         Abels
 7            0000007                       Niklas                          Abels
```

Abbildung 6.8 Ergebnisse in Textform

```
XML_F52E2B61-1...805F49916B1.xml
  <Sales.Customers ID="1"  Code="0000001" Name_1="Franz-Ferdinand" Name_2="Schmidt" Address="Sackführerdamm 53"
  <Sales.Customers ID="2"  Code="0000002" Name_1="Marina" Name_2="Abegg" Address="Sulzbeckstraße 94" PostalCode
  <Sales.Customers ID="3"  Code="0000003" Name_1="Yvonne" Name_2="Peters" Address="Pfauenkehre 57" PostalCode="
  <Sales.Customers ID="4"  Code="0000004" Name_1="Felix" Name_2="Abel" Address="Bauführerweg 87" PostalCode="269
  <Sales.Customers ID="5"  Code="0000005" Name_1="Julia" Name_2="Abel" Address="Glashütter Weg 94" PostalCode="
  <Sales.Customers ID="6"  Code="0000006" Name_1="Karolin" Name_2="Abels" Address="Schudomastraße 54" PostalCode
  <Sales.Customers ID="7"  Code="0000007" Name_1="Niklas" Name_2="Abels" Address="Zellerweg 99" PostalCode="086
  <Sales.Customers ID="8"  Code="0000008" Name_1="Ralph" Name_2="Abels" Address="Rablstraße 27" PostalCode="015
  <Sales.Customers ID="9"  Code="0000009" Name_1="Sophie" Name_2="Abels" Address="Muspillistraße 14" PostalCode
  <Sales.Customers ID="10" Code="0000010" Name_1="Stefanie" Name_2="Abels" Address="Gradestraße 28" PostalCode
  <Sales.Customers ID="11" Code="0000011" Name_1="Anja" Name_2="Abrath" Address="Mannhardtstraße 83" PostalCode
```

Abbildung 6.9 XML-Ergebnisse im Editor

HINWEIS Werden von einer Abfrage Geodaten ausgeliefert, dann werden diese graphisch dargestellt. Wie das genau funktioniert stellt das Kapitel 34 »Geoinformationen mit geography and geometry verarbeiten« vor.

Bezeichnungen aus dem Objekt-Explorer übernehmen

IntelliSense ist eine tolle Sache, hat aber Grenzen. Als Alternative für den direkten Zugriff auf Datenbankobjekte können Sie den Objekt-Explorer nutzen. Bei geöffnetem Objekt-Explorer haben Sie jederzeit Zugriff auf die Objektbezeichnungen in einer Datenbank und können diese per Drag & Drop in Ihren Programmcode übernehmen. Sie sparen damit jede Menge Tipparbeit und vermeiden banale Schreibfehler. Wenn Sie einen kompletten Ordner wie *Spalten* in den Editor ziehen, dann werden sämtliche Namen daraus kommagetrennt in den Quelltext eingetragen.

Der Abfragedesigner

Einfache Abfragen können Sie sicher problemlos direkt in den Abfrageeditor eintippen. Je mehr Tabellen allerdings in einem *SELECT*-Kommando verarbeitet werden, desto mühseliger und Zeit raubender wird vor allen Dingen das Einrichten der verknüpfenden *JOIN*-Klauseln. Glücklicherweise gibt es im Editor einen integrierten Designer für das Entwerfen von Abfragen. Diesen Abfragedesigner finden Sie an verschiedenen Stellen des Management Studios wieder, und auch in Visual Studio gibt es dieses Werkzeug, sodass es sich lohnt, an dieser Stelle einmal die Möglichkeiten auszuloten.

Innerhalb des Management Studios wird der Abfragedesigner in einem modalen Fenster geöffnet und verfügt weder über eine Symbolleiste noch über ein Menü. Sämtliche Funktionen werden über Kontextmenüs zur Verfügung gestellt. Etwas freundlicher stellt sich derselbe Designer in Visual Studio dar. Dort integriert er sich nahtlos in die Entwicklungsoberfläche und bietet seine Befehle übersichtlich über ein eigenes Menü und eine Symbolleiste an. Der Leistungsumfang ist jedoch identisch.

Sie können den Abfragedesigner im T-SQL-Editor jederzeit über einen rechten Mausklick aufrufen. Der Kontextbefehl heißt etwas irreführend *Abfrage im Editor entwerfen* – die Tastenkombination dazu lautet Strg + ⇧ + Q. Wenn Sie vorher ein vollständiges SELECT-, INSERT-, UPDATE- oder DELETE-Kommando markiert haben, dann wird dieses automatisch in den Designer geladen. Sie können dann auf graphischem Wege Tabellen hinzufügen, Spalten auswählen, Filterbedingungen setzen und so fort. Wenn Sie den Designer über die Schaltfläche OK schließen, wird die entworfene Abfrage in das T-SQL-Editorfenster eingesetzt. Leider hat der Designer etwas eigenwillige Vorstellungen von der Formatierung der Abfrage und zerstört auch eine vorhandene Formatierung. So werden Sie diese Funktion normalerweise nur für den ersten Entwurf – speziell eines Joins – verwenden. Hierfür ist sie aber sehr nützlich.

Der Fensteraufbau des Abfragedesigners ist einfach und klar (Abbildung 6.10). Die Oberfläche ist in drei Bereiche aufgeteilt: Einen *Diagramm*-Bereich, in dem die Tabellen und Verknüpfungen der Abfrage dargestellt werden, einen *Kriterien*-Bereich, der die ausgewählten Spalten, die Abfragebedingungen und Sortierungen enthält, sowie einen *SQL*-Bereich, in welchem das generierte SQL-Kommando angezeigt wird und bearbeitet werden kann.

Neue Tabellen fügen Sie in den Diagrammbereich über das Kommando *Tabelle hinzufügen...* ein. An dieses gelangt man durch Rechtsklick auf einen leeren Fleck innerhalb des Bereichs. Damit öffnet man das Kontextmenü des Diagrammbereichs. Es lassen sich selbstverständlich nicht nur Basistabellen einfügen, sondern auch Sichten und Tabellenfunktionen.

Enthält der Designer mehr als eine Tabelle und stehen die Tabellen in einer referenziellen Beziehung zueinander, dann wird automatisch eine Verknüpfungslinie zwischen den Tabellen eingetragen und der *FROM*-Klausel ein *JOIN*-Ausdruck für die Verknüpfung der Tabellen hinzugefügt. Gibt es keine bestehende Datenbankrelation zwischen den Tabellen, dann erstellen Sie die Beziehung einfach per Drag & Drop. Eine neue Beziehungslinie im Diagramm stellt zunächst immer einen *INNER JOIN* dar. Das Bedeutet – ganz knapp erklärt (die Details erhalten Sie in Kapitel 9 »Daten abfragen und auswerten«), dass nur diejenigen Datensätze angezeigt werden, bei denen die Schlüsselfelder beider Tabellen übereinstimmen. Im Beispiel der Abbildung also die Kombinationen aus *Customers* (Kunden) und *Orders* (Bestellungen), bei denen es für den Primärschlüssel *ID* in der *Customers*-Tabelle eine Entsprechung im Fremdschlüsselfeld *CustomerID* der *Orders*-Tabelle gibt. Kunden ohne Aufträge werden nicht angezeigt. Möchten Sie das ändern, so können Sie durch einen rechten Mausklick auf die Verknüpfungslinie deren Eigenschaften ändern. In den Optionen des Dialogfelds können Sie zwischen *Alle Zeilen von Customers (SalesDepartment)* und *Alle Zeilen von Orders (SalesDepartment)* wählen. Programmiertechnisch betrachtet richten Sie damit den einen oder anderen *OUTER JOIN* ein. Sie können auch beide Optionen aktivieren und so einen *FULL JOIN* einstellen. Die Änderungen werden im SQL-Arbeitsbereich synchron angepasst.

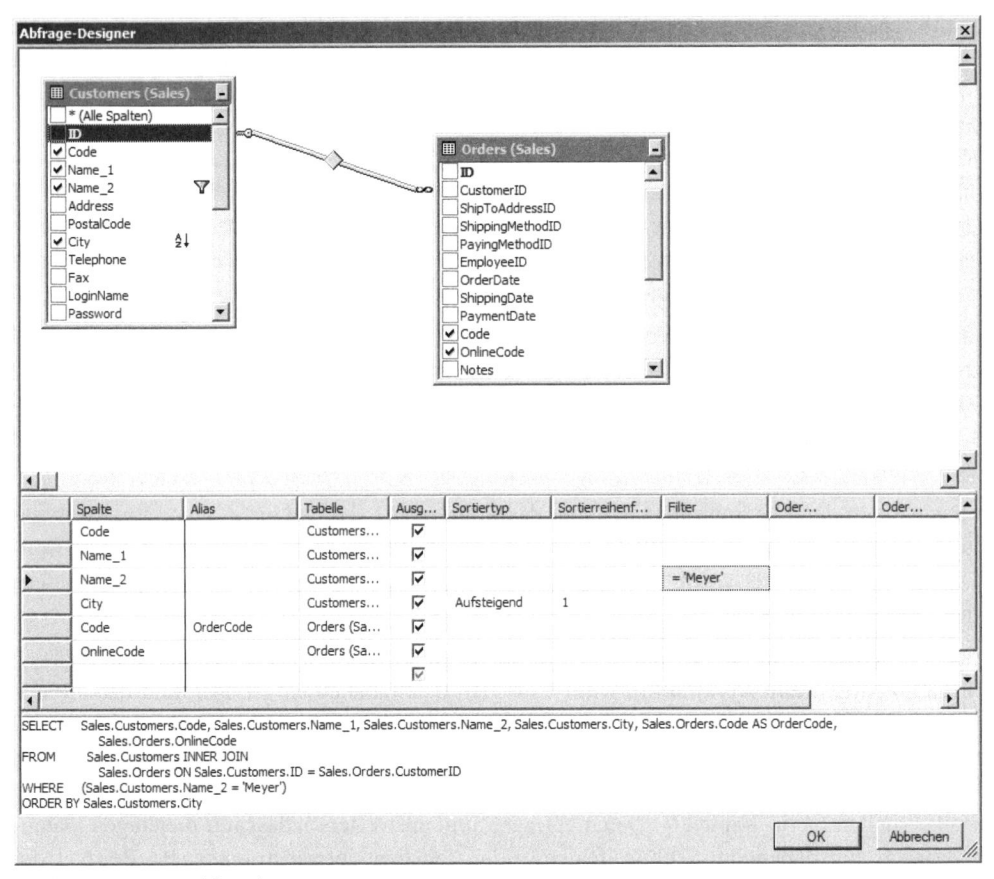

Abbildung 6.10 Der Abfragedesigner

Auch in den Eigenschaften des Diagrammbereichs an sich finden sich interessante Einstellmöglichkeiten. Diese betreffen die Abfrage insgesamt. Über *DISTINCT*-Werte lässt sich beispielsweise das Abfrageergebnis auf die eindeutigen Datensätze einschränken und über einen *Top-Ausdruck* die Ausgabe der Ergebnismenge nach einer bestimmten Anzahl Datensätze abschneiden.

Felder fügen Sie der Abfrage über das Ankreuzen des Feldnamens in einer Tabellenbox oder durch die Auswahllisten in *Spalte* und *Tabelle* des Kriterienrasters hinzu. Berechnete Ausdrücke werden direkt in das Gitter anstelle des Feldnamens eingetragen. Die Bezeichnung für das berechnete Feld können Sie anschließend in der *Alias*-Spalte vergeben. Die Alias-Spalte kommt auch dann ins Spiel, wenn mehrere Felder mit gleichem Namen ausgewählt wurden. Dann können Sie eine der Spalten umbenennen. Als Alternative dazu bietet sich die Vergabe von Aliasnamen für die angezeigten Tabellen an. Diese können Sie in den Eigenschaften einer Tabelle einstellen.

Sollen Tabellenfelder nur als Auswahlkriterium genutzt, nicht aber angezeigt werden, so geschieht das Ausblenden über das Entfernen des Häkchens bei *Ausgabe*. Schließlich bestimmen Sie über die Spalten *Sortierungsart* und *Sortierreihenfolge* noch die Anordnung der Ergebnismenge. Hier sind die Optionen *Aufsteigend* und *Absteigend* sowie die Eingabe der Reihenfolge als Ziffer möglich.

Die Filterkriterien für die Abfrage werden in die gleichnamige Spalte eingetragen. Dort hinein gehören der Auswahloperator und der Vergleichswert, also zum Beispiel LIKE 'Me%er%', wenn Sie die verschiedenen Meiers in den Nachnamen suchen. Bei der Eingabe der Kriterien müssen Sie ein wenig aufpassen. Der Designer errät nicht so perfekt, was Sie vorhaben, wenn einzelne Teile eines Ausdrucks weggelassen werden. Tragen Sie mehrere Ausdrücke untereinander in die Kriterienspalte ein, so werden diese im SQL-Ausdruck durch ein AND miteinander verknüpft. Für OR stehen die restlichen Spalten des Rasters mit der Bezeichnung Oder... im Spaltenkopf zur Verfügung.

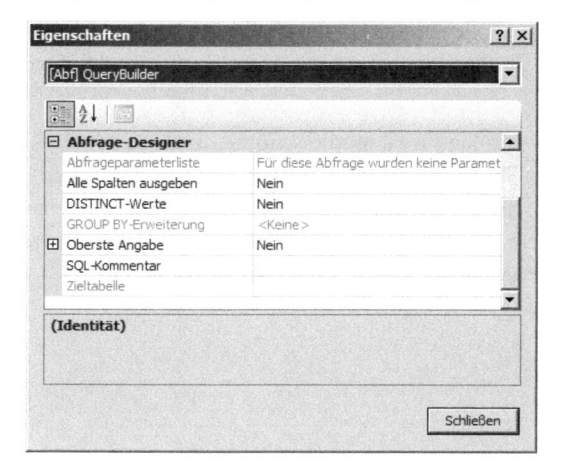

Abbildung 6.11 Eigenschaften der Abfrage

Alternativ zur Arbeit mit dem Kriterienraster können Sie Änderungen auch direkt im SQL-Bereich durchführen. In diesem Fall passt der Designer nach Möglichkeit das Aussehen der anderen Bereiche Ihren Eingaben an. Schwierig wird das nur bei Syntaxfehlern. Tritt ein solcher bei der Auswertung Ihrer Abfrage auf, so werden nach einer entsprechenden Fehlermeldung der Diagrammbereich und eventuell auch das Raster so lange ausgeblendet, bis Sie das Problem behoben haben. Bei bestimmten SELECT-Varianten, zum Beispiel dem UNION, steigt der Designer leider Gottes gleich zu Anfang aus und findet keine adäquate Darstellung.

Auch Gruppierungen und Aggregatfunktionen können bequem über das Kriterienraster eingegeben werden. Dazu muss zunächst der Diagramm-Kontextbefehl *Gruppe hinzufügen nach* ausgeführt werden. Dadurch wird eine neue Spalte in das Raster eingeblendet. Die Bezeichnung lautet: *Gruppieren nach*. Über Kombinationslistenfelder kann jetzt die Bedeutung jedes einzelnen Felds entweder als Bestandteil der GROUP BY Klausel, als Grundlage einer Aggregatfunktion oder als Ausdruck (bei berechneten Feldern) festgelegt werden.

Schlussendlich lässt sich über die Funktion *Typ ändern* der Charakter der Abfrage ändern. Sie können aus einer SELECT-Abfrage eine INSERT-, UPDATE-, DELETE- oder CREATE TABLE-Abfrage machen. Vorsicht: Das ist eine Einbahnstraße. Beim Wechsel des Abfragetyps gehen Informationen verloren.

Nachdem Sie Ihre Abfrage vollständig aufgebaut haben, können Sie diese über OK in das Editorfenster an der Cursorposition einfügen. Eine Abfrage lässt sich jederzeit wieder mit dem Designer bearbeiten, indem Sie den Abfragetext vollständig markieren und danach den Abfragedesigner öffnen. Der Text der markierten Abfrage wird dann automatisch übernommen.

HINWEIS Die gerade bearbeitete Abfrage lässt sich leider nicht direkt im Designer ausführen. Dieser muss zunächst geschlossen werden. Ich würde gerne mal den Entwickler kennen lernen, der sich das ausgedacht hat...

Projekte verwalten

Das Arbeiten mit dem Management Studio ähnelt an vielen Stellen der Arbeit mit Visual Studio. Besonders deutlich wird das in den Transact-SQL-Projekten sichtbar. In einem Datenbankentwicklungsprojekt werden häufig sehr viele Objekte erzeugt. Da ist es wichtig, nicht den Überblick zu verlieren. Prinzipiell können Sie die Objekte auch direkt in der Datenbank erstellen und ändern. Für Dokumentationszwecke und für den Fall, dass Ihre Entwicklungsdatenbank den Weg in das Nirvana antritt, lohnt sich die Verwendung von *CREATE*-Skripten. Diese lassen sich zu Datenbankprojekten und Projektmappen zusammenfassen. Projekte sind auch ein guter Weg für das Zusammenarbeiten von mehreren Teamkollegen und die Versionsverwaltung, denn das Management Studio bietet Schnittstellen für Quellcodeverwaltungs-Plugins an. Das kann dann Visual Source Safe oder auch ein Plugin des Team Foundation Server sein.[2]

Das Arbeiten mit den Projekten ist sehr simpel, besonders wenn Sie Visual Studio schon einmal »in der Hand hatten«. Sie können in einem Projekt Serververbindungen, Skriptdateien und sonstige Dateien verwalten – alles nicht besonders spektakulär, aber nützlich. Ganz praktisch ist die Hinterlegung von Verbindungsinformationen, gerade dann, wenn Sie mit mehreren Servern arbeiten. Durch einen Doppelklick auf den Namen einer Verbindung legen Sie eine Abfrage für einen bestimmten Server und eine bestimmte Datenbank an.

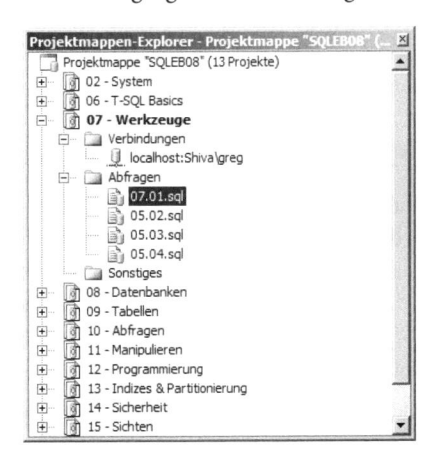

Abbildung 6.12 Die Projektmappe für die Buchbeispiele

TIPP Es gibt mindestens drei wirklich lästige Beschränkungen des Projektmappen-Explorers: man kann den Speicherort von Projekten nicht nachträglich ändern, man kann Elemente in einem Projektordner nicht sortieren und man kann den voreingestellten Server für eine Abfrage nicht global ändern. Der dritte Punkt ist Ihnen vielleicht schon beim Ausprobieren der Beispiele aufgefallen. Wenn Ihr SQL Server 2008 nicht als Standardinstanz installiert ist und damit über *localhost* angesprochen werden kann, dann meldet sich beim Öffnen einer Abfrage das Verbindungsdialogfeld und Sie müssen Server und Datenbank aufs Neue auswählen. Es gibt einen Workaround für den Umgang mit diesen Problemen: Das direkte Editieren der Projektdateien.

Die Informationen zu einer Projektmappe finden Sie in einer einfachen Textdatei mit der Endung *ssmssln* im Stammverzeichnis der Projektmappe. Nehmen Sie, nach der Herstellung eines Backups dieser Datei, einen Editor Ihrer Wahl zur Hand – Notepad reicht vollkommen – und beginnen Sie furchtlos mit dem Editieren. Für jedes Projekt gibt es in dieser Datei einen Eintrag in der Art:

---

[2] Sie können jedes Quellcodeverwaltungssystem nutzen, das mit Visual Studio kompatibel ist. Die Open Source-Systeme verfügen in der Regel über einen passenden Agenten.

```
Project("{4F2E2C19-372F-40D8-9FA7-9D2138C6997A}")
= "06 - T-SQL Basics", "06 - T-SQL Basics\06 - T-SQL Basics.ssmssqlproj", "{CA6EDEA5-B14C-4D45-9890-
2CFE9A85E96C}"
EndProject
```

Die zweite Angabe hinter dem Gleichheitszeichen ist der relative Pfad zur Projektdatei (mit der Endung ssmssqlproj). Diesen können Sie bei Bedarf ersetzen. Dieses Verfahren ist vor allem dann sinnvoll, wenn Sie eine komplette Projektmappe neu organisieren möchten. Einzelne Projektordner verschieben Sie einfach und binden diese dann neu über Hinzufügen/Vorhandenes Projekt... ein. Dabei geben Sie den Speicherort der Projektdatei an.

Die Reihenfolge der Projektelemente im Projektmappen-Explorer entspricht standardmäßig schlicht der Reihenfolge, in welcher sie angelegt wurden. Sie können diese Reihenfolge durch direktes Editieren der Projektdateien ändern. Diese liegen in einem einfachen XML-Format vor. Falls Sie keinen XML-Editor besitzen, dann empfehle ich Ihnen, einfach eine Kopie der zu ändernden Projektdatei anzulegen und mit der Endung XML zu versehen. Anschließend können Sie die Datei dann mit dem Management Studio in dessen eingebautem XML-Editor öffnen. Um dann beispielsweise die Reihenfolge der Skripts zu ändern, suchen Sie nach einem Element *LogicalFolder* und dem Wert *Abfragen* für das Attribut *Name*. Hier liegen die *Filenode*-Elemente, welche die Skriptdateien beschreiben. Es folgt ein Ausschnitt aus einer Projektdatei

```
...
<LogicalFolder Name="Abfragen" Type="0">
    <Items>
        <FileNode Name="05.01.sql">
            <AssociatedConnectionMoniker>...</AssociatedConnectionMoniker>
            <AssociatedConnSrvName>Shiva</AssociatedConnSrvName>
            <AssociatedConnUserName/>
            <FullPath>05.01</FullPath>
        </FileNode>
        <FileNode Name="05.02.sql">
...
```

Um die Dateien in die gewünschte Reihenfolge zu bringen, müssen Sie den *kompletten* Knoten an die richtige Position verschieben.

Nun zum letzten Workaround: Nachdem Sie ein komplettes Projekt auf einen neuen Server verschoben haben, können Sie den alten Servernamen in einer Projektdatei durch schlichtes »Suchen und Ersetzen« gegen den neuen Namen austauschen, um das lästige Nachfragen beim Öffnen einer Skriptdatei zu verhindern. Bei einem Transport von T-SQL-Projekten von meinem Notebook auf meinen Desktop-PC könnte ich beispielsweise *Ganesha* durch *Shiva* ersetzen. Genauso einfach können Sie den Namen der zu verbindenden Datenbank in einer Projektdatei durch einen anderen ersetzen. Generell ist es natürlich keine schlechte Idee mit den neutralen Bezeichnern *localhost* beziehungsweise *local* zu arbeiten.

Und noch ein Tipp: Auf der CD zum Buch finden Sie ein Tool zum Sortieren von Projektdateien, welches sich in das Management Studio integrieren lässt. Es hat den schönen Namen *SortSQLFilesInProject.exe* und funktioniert gut in Lösungen, die aus nicht zu vielen Teilprojekten bestehen.

Abfragen analysieren

Eine der interessantesten Funktionen im T-SQL-Editor verbirgt sich hinter der Schaltfläche *Geschätzten Ausführungsplan anzeigen* in der Symbolleiste. Damit können Sie sofort Ihre entwickelten T-SQL-Befehle auf ihr Performance-Verhalten hin untersuchen. SQL-Skripte im Editorfenster lassen sich daraufhin analysieren, wie SQL Server sie auszuführen gedenkt, welche Zugriffsmethoden eingesetzt werden, wie die Reihenfolge der Abarbeitung aussieht, wie hoch der vermutete Aufwand ist und andere Dinge mehr.

Kapitel 6: Werkzeuge für T-SQL-Entwickler: Managementstudio & Co.

Außerdem können die tatsächlichen Ausführungszeiten und der I/O-Aufwand, der bei der Ausführung einer Abfrage entsteht, verfolgt werden. Über das Menükommando *Abfrage/Abfrageoptionen/Erweitert* können Sie SQL Server mitteilen, dass er diese *Abfragestatistiken* zusätzlich zum Ergebnis liefern soll.

Und als dritte Möglichkeit zur Analyse und Verbesserung der Abfrageleistung verfügt der T-SQL-Editor über eine direkte Schnittstelle zum *Datenbankmodul-Optimierungsratgeber* von SQL Server, mit dessen Hilfe der gerade bearbeitete SQL-Code auf fehlende oder falsche Indizes hin untersucht werden kann. All diese Funktionen sollen hier anhand eines Beispiels kurz vorgestellt werden.

Wenn Sie die folgende Abfrage im Editor laufen lassen, so werden im Ergebnisbereich die Kunden aus Berlin angezeigt und zwar nach ihrer Postleitzahl aufsteigend sortiert:

```
SELECT *
FROM Sales.Customers
WHERE City = 'Berlin'
ORDER BY Postalcode
```

Listing 6.1 Zu analysierende Abfrage

Im Statusbereich des Editorfensters wird als Ausführungszeit für diese Abfrage der Wert 00:00:00 angezeigt. Die Dauer der Zeitspanne vom Versenden an den Server bis zur vollständigen Auslieferung des Ergebnisses lag unter einer Sekunde.

Dies sieht zunächst einmal ausreichend schnell aus, könnte jedoch einfach darin begründet sein, dass die Tabelle *Customers* in der *netShop*-Datenbank mit ihren 10.000 Datensätzen SQL Server nicht vor allzu große Aufgaben stellt. Da im parallelen Datenbankbetrieb mit ein paar Dutzend Benutzern auf einem Server jedes bisschen gesparte Zeit wichtig ist, lohnt sich ein genaueres Hinschauen. Vielleicht gibt es ja doch noch Optimierungspotenzial? Zur weiteren Untersuchung dieser Abfrage kann man sich den so genannten *Geschätzten Ausführungsplan* anzeigen lassen. Klicken Sie dazu auf das entsprechende Symbol oder verwenden Sie die Tastenkombination [Strg]+[L]. Nun erscheint anstelle der Ergebnismenge die grafische Darstellung des Abfrageplans, wie in Abbildung 6.13 zu sehen.

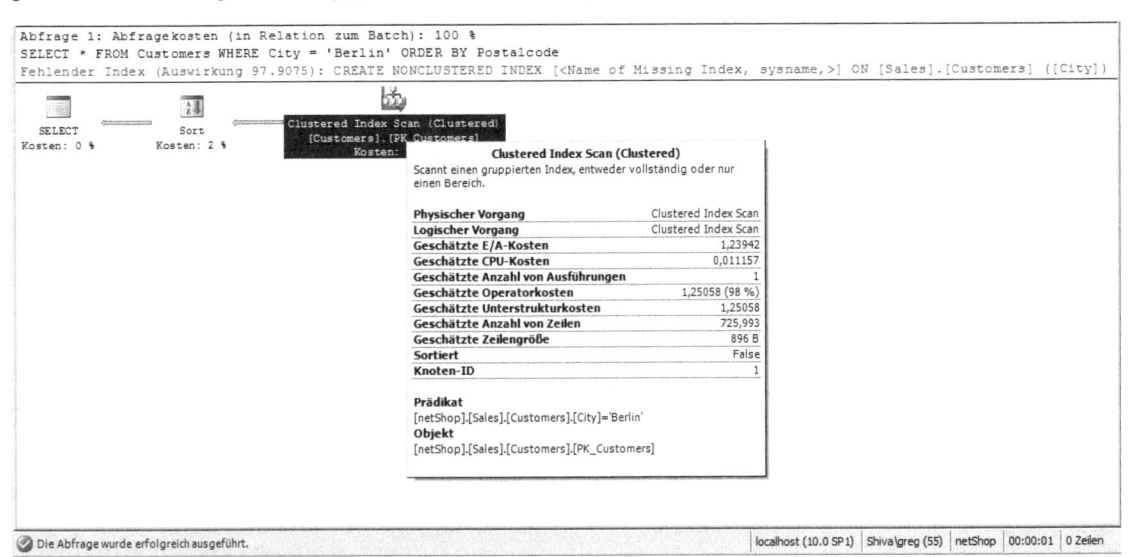

Abbildung 6.13 Abfrageplan im T-SQL-Editor

Von *rechts nach links* sind hier die Schritte dargestellt, die SQL Server ausführen wird, bis die Abfrage vollständig abgearbeitet ist. Wenn Sie den Mauszeiger über die Symbole der Grafik bewegen, erhalten Sie zu jedem Schritt weitere Informationen, welche die Datenbankmaschine zur Auswahl des optimalen Abfrageplanes heranzieht. Das rechte Symbol steht zum Beispiel für das Durchsuchen der Tabelle *Customers* nach den Kunden aus Berlin. Dazu wird der physikalische Operator *Clustered Index Scan* eingesetzt – wie Sie im Kapitel über Indizierung noch lernen werden bedeutet das ein Durchsuchen der gesamten Tabelle, was ungünstig ist. Im zweiten Schritt müssen die Ergebnisse entsprechend der *ORDER BY*-Klausel sortiert werden. Dafür ist der Operator *Sort* zuständig. Zum Schluss müssen die gefundenen und sortierten Datenzeilen nur noch ausgegeben werden. Im letzten Symbol *SELECT* wird die Aufwandsschätzung für den Plan zusammengefasst. Wenn Sie noch genauere Informationen brauchen, dann können Sie einen Knoten markieren und sich das Eigenschaftenfenster anzeigen lassen.

Um genaue Informationen über den *tatsächlichen* Aufwand zu erhalten, der mit der Ausführung dieser Abfrage verbunden ist, können Sie sich mit den Abfrageergebnissen zusätzliche statistsche Auswertungen zu Ausführungszeiten und den Plattenzugriffen ausgeben lassen. Schalten Sie dazu über *Abfrage/Abfrageoptionen/Erweitert* die Optionen *SET STATISTICS TIME* und *SET STATISTICS IO* ein. Wenn Sie die Abfrage jetzt noch einmal starten, wird diese von SQL Server ganz normal verarbeitet. Zusätzlich zu den Ergebnisdatensätzen erscheinen im Meldungsfenster jetzt Angaben zu den Ausführungszeiten und zum Aufwand für das Lesen bzw. Schreiben von Datensätzen. So sehen diese Werte im Meldungsfenster aus:

```
SQL Server-Analyse- und Kompilierzeit:
, CPU-Zeit = 0 ms, verstrichene Zeit = 1 ms.
SQL Server-Analyse- und Kompilierzeit:
, CPU-Zeit = 0 ms, verstrichene Zeit = 1 ms.

(744 Zeile(n) betroffen)
'Customers'-Tabelle. Scananzahl 1, logische Lesevorgänge 1670, physikalische Lesevorgänge 0, Read-Ahead-
Lesevorgänge 0, logische LOB-Lesevorgänge 0, physikalische LOB-Lesevorgänge 0, Read-Ahead-LOB-
Lesevorgänge 0.

SQL Server-Ausführungszeiten:
, CPU-Zeit = 47 ms, verstrichene Zeit = 203 ms.
```

Man erkennt, dass die Abfrage in 203 ms ausgeführt wurde. Und es wird angezeigt, dass für die Beantwortung dieser Abfrage 1670 Lesevorgänge notwendig waren, also 1670 * 8 KB pro Datenseite = 13360 KB zur Bearbeitung in den Speicher transportiert und gescannt werden mussten. Also immerhin ca. 13 MB. Das ist im »Labor« eines Entwicklungs-PCs kein großer Aufwand für den Server. Vor allem, da es sich ausschließlich um logische Lesevorgänge handelt, da sämtliche Informationen nach einem früheren Abfragen der *Customers*-Tabelle noch im Puffer-Cache vorlagen. Der Wert für die physischen Lesevorgänge ist gleich Null. Da man von den idealen Bedingungen *Single User-Betrieb* und *Tabellen im Arbeitsspeicher* in der Praxis besser nicht ausgeht, sollte noch getestet werden, ob durch eine verbesserte Indizierung eventuell Ressourcen für diesen SQL-Befehl eingespart werden können.

In der Regel führt eine gute Indizierung zu deutlich weniger Leseaufwand. Werfen Sie noch einmal einen Blick auf die Abbildung 6.1. Sie erkennen dort, dass SQL Server einen Hinweis gibt, welcher zusätzliche Index die Abfrage beschleunigen kann. Dies ist bereits ein erster guter Hinweis. Mithilfe des Tools *Datenbankmodul-Optimierungsratgeber* können Sie die Analyse aber noch genauer durchführen.

Nach dem Starten des *Datenbankmodul-Optimierungsratgeber* aus dem Editor heraus mit Standardoptionen liefert dieser im Ergebnisfenster Vorschläge für eine Verbesserung der Indizierung (Menü *Abfrage/Abfrage mit dem Datenbankmodul-Optimierungsratgeber optimieren*). Die Abfrage kann tatsächlich noch optimiert werden. Der Ratgeber schlägt unter anderem das Anlegen eines zusammengesetzten Index aus *City* und

PostalCode vor (Abbildung 6.14). Wenn Sie die Empfehlungen für schlüssig halten, können Sie diese direkt anwenden und Indizes anlegen (oder auch löschen) lassen. Befolgt man in diesem Fall die Empfehlungen des Ratgebers und führt die ursprüngliche Abfrage noch einmal mit dem neu angelegten Index aus, dann schrumpft der I/O-Aufwand auf 3 Leseoperationen und die Ausführungsdauer auf 1 ms!

Schon an diesem kleinen Beispiel wird deutlich, dass in Abfragen häufig ein ziemliches Optimierungspotenzial steckt. In den Kapiteln 12 (»Indizierung & Partitionierung«) und 20 (»Performance-Optimierungen«) wird ausführlich gezeigt, wie Sie dieses Problem angehen können. Dabei werden die gerade angedeuteten Möglichkeiten der Abfrageanalyse vertieft, ferner gezeigt, wie man den grafischen Abfrageplan liest und durch Optimierung von Indizierung und serverseitigem Code effektivere Anwendungen schreiben kann.

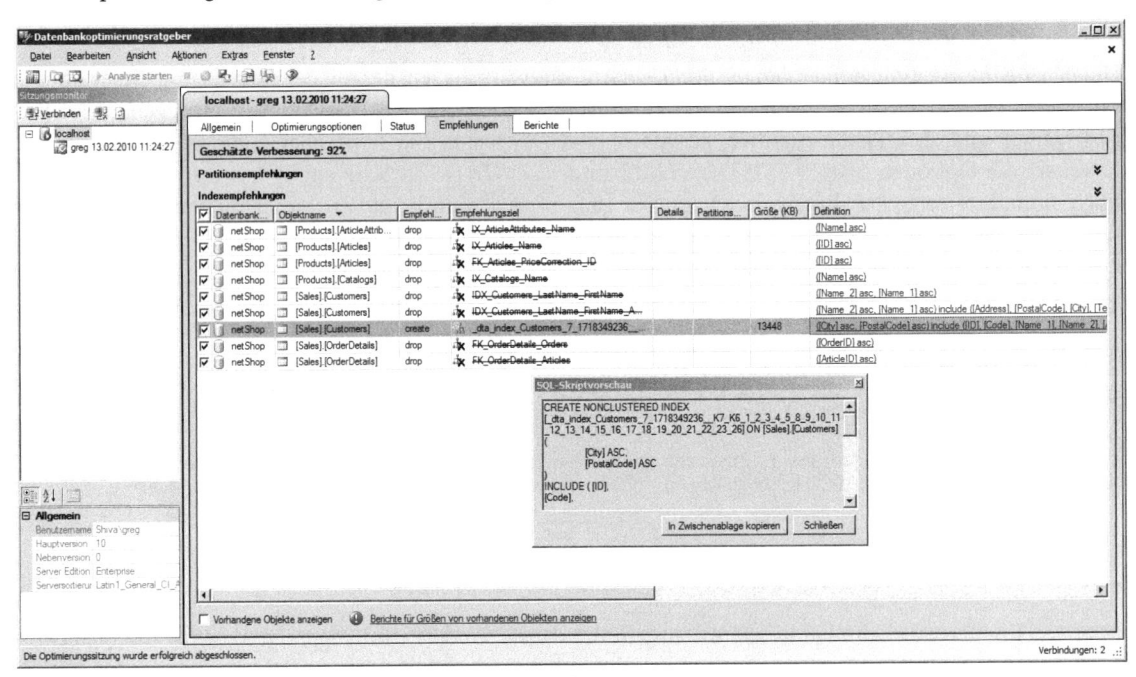

Abbildung 6.14 Vorschläge des Datenbankmodul-Optimierungsratgebers

T-SQL-Code debuggen

Schmerzlich vermisst wurde in der 2005er-Version von SQL Server eine Möglichkeit, T-SQL Code direkt im Editor zu debuggen. Das funktionierte nur über einen Umweg über das Visual Studio und nur für gespeicherte Prozeduren. Zum Glück hat sich das komplett geändert – der eingebaute Debugger bietet alles, was man für das Entwickeln braucht. Sie können den angezeigten Programmtext direkt debuggen. Wenn Sie eine gespeicherte Prozedur, eine Funktion oder einen Trigger debuggen möchten müssen Sie zunächst einen Aufruf formulieren.

Über [Alt]+[F5] oder das Symbol *Debuggen* (das grüne Dreieck) starten Sie den Debugger. Der Debugger hält beim ersten ausführbaren Befehl (Abbildung 6.15). Erst jetzt können Sie explizite Haltepunkte definieren. Die verfügbaren Debug-Befehle finden Sie nun im Menü *Debuggen*. Typische Kommandos sind der *Einzelschritt* [F11] und der *Prozedurschritt* [F10]. Lokale Variablen und Parameter in Prozeduren und Funktionen finden Sie im Fenster *Lokal* (Abbildung 6.16), außerdem können Sie eigene Überwachungsausdrücke formulieren.

Für das Debuggen einer vorhandenen gespeicherten Prozedur einer Datenbank legen sie zunächst ein Stückchen Quellcode an, mit dem Sie diese Prozedur aufrufen und dabei die Parameter bestücken (Abbildung 6.17). Nach dem Starten des Debuggers hält dieser beim EXEC-Kommando und Sie können über einen *Einzelschritt* in die Prozedur eintauchen.

```
-- 07.03: Beispielcode für den Debugger

DECLARE @intID int                      -- Kunden-ID
DECLARE @strNeuesPasswort varchar(50)   -- Neues PWD
DECLARE @strKundenName varchar(50)      -- Kundenname


-- Kunde auswählen

SET @intID = 1

-- Check: Kunde vorhanden?

IF NOT EXISTS ( SELECT * FROM Sales.Customers WHERE [ID] = @intID ) RETURN

-- OK - wir brauchen den Nachnamen

SET @strKundenName = ( SELECT Name_2 FROM Sales.Customers WHERE [ID] = @intID )

-- das neue Passwort besteht aus einigen Buchstaben des Kundennamens

SET @strNeuesPasswort =
SUBSTRING(@strKundenName, CAST( RAND() * LEN (@strKundenName) AS int ), 1)
SET @strNeuesPasswort =
```

Abbildung 6.15 T-SQL-Code im Debugger

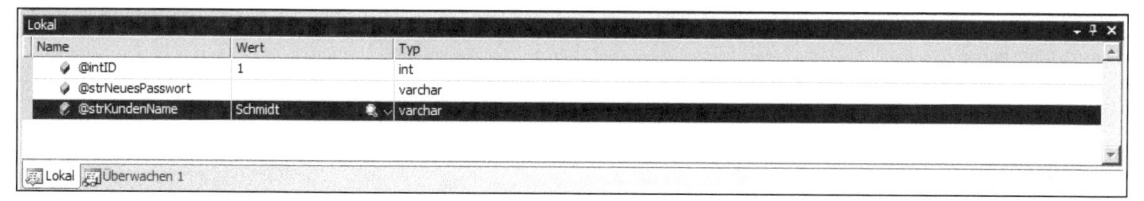

Name	Wert	Typ
@intID	1	int
@strNeuesPasswort		varchar
@strKundenName	Schmidt	varchar

Abbildung 6.16 Lokale Variablen

```
DECLARE @Password varchar(20)
EXEC Sales.CustomersNewpassword 1, @Password
```

Abbildung 6.17 Aufruf für gespeicherte Prozedur

Vorlagen verwenden

Ein nettes »Nice to have« des Management Studios sind die Vorlagen für SQL-Befehlsfolgen. Für Kommandos, die Sie ständig verwenden, werden Sie die zwar nicht einsetzen wollen, aber bei Objekten, die Sie nicht jeden Tag anlegen, kann Sie eine Vorlage bei der zum Teil sperrigen T-SQL-Syntax unterstützen. Das ist eine gute Alternative zum üblichen Copy and Paste aus der Online-Hilfe. Falls Ihnen also nicht präsent ist, wie Sie mit der Hilfe von SQL Server und T-SQL eine E-Mail verschicken können, dann verwenden Sie einfach die Vorlage *Simple Database Mail Configuration* und tragen Werte für die Platzhalter ein. Außerdem – und hier wird die Sache interessant – können Sie die Vorlagensammlung um eigene ergänzen. So lassen sich Codefragemente hinterlegen, die immer wieder benötigt werden. Ein gutes Anwendungsgebiet ist das Hinterlegen von Kommentarblöcken. Dies erinnert ein bisschen an die Code-Snippets, die Sie in Visual Studio 2008-Projekten einsetzen können und ist auch so gemeint.

Die T-SQL-Vorlagen sind über den Vorlagen-Explorer zu erreichen. Falls dieser gerade nicht sichtbar ist, dann blenden Sie ihn über *Ansicht/Vorlagen-Explorer* wieder ein (Abbildung 6.18).

Hat man die benötigte Vorlage im Objektkatalog gefunden, so erzeugt man über einen Doppelklick (oder den Kontextbefehl *Öffnen*) ein neues Editorfenster, welches den Programmcode enthält. Die SQL-Skripte enthalten Parameter, die nun durch den eigentlichen Programmtext (in der Regel sind das Bezeichner) zu ersetzen sind, um zu einem echten Stück T-SQL-Code zu gelangen. Diese Parameter sind im Text einer Vorlage in spitze Klammern eingeschlossen und haben einen dreiteiligen Inhalt. Durch Kommata getrennt wird an der ersten Stelle ein Hinweis auf die Bedeutung des Parameters gegeben, an der zweiten Stelle folgt der Datentyp, an der dritten ein exemplarischer Wert. Das folgende T-SQL-Beispiel ist ein Auszug aus der E-Mail-Vorlage, bei dem die Parameter einen SMTP-Server konfigurieren.

```
-- Account information. Replace with the information for your account.
    SET @account_name = '<account_name,sysname,SampleAccount>';
    SET @SMTP_servername = '<SMTP_servername,sysname,your SMTP server name>';
    SET @email_address = '<email_address,nvarchar(128),sender email address>';
    SET @display_name = '<display_name,nvarchar(128),name of the sender>';
```

Listing 6.2 Ausschnitt aus einer Vorlage

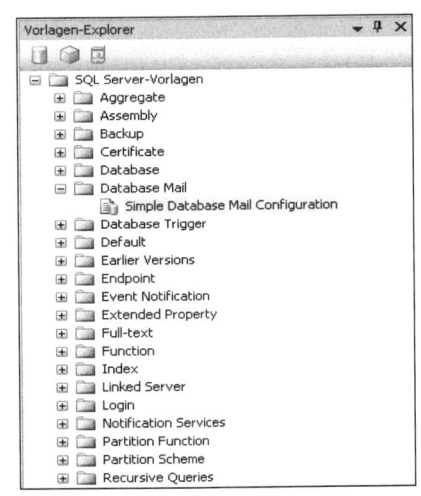

Abbildung 6.18 Ausschnitt aus dem Vorlagen-Explorer

Sie können die Parameter nun manuell im Editor ersetzen oder die bequeme Möglichkeit eines Dialogfelds nutzen, welches Sie über *Abfrage/Vorlageparameter ersetzen* oder die Tastenkombination [Strg]+[⇧]+[M] öffnen.

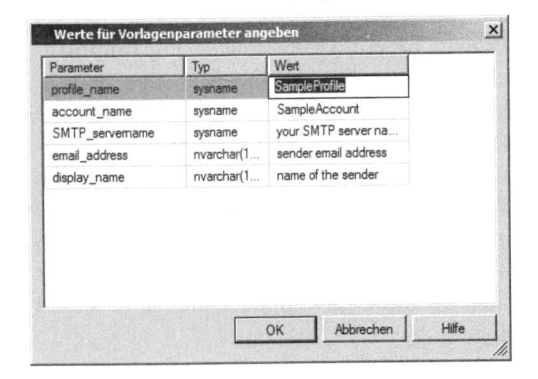

Abbildung 6.19 Ersetzen von Vorlagenparameter

SQL Server Management Studio

Eigene Vorlagendateien legen Sie über den Kontextbefehl *Neu* im Vorlagen-Explorer an. Die Parameter erzeugen Sie über die Spitze-Klammer-Schreibweise. Durch neue Ordner lassen sich Ihre Vorlagen weiter strukturieren.

HINWEIS Vorhandene eigene Vorlagen integrieren Sie am einfachsten direkt in die Ordnerstruktur, die Sie im Windows-Anwendungsverzeichnis des angemeldeten Benutzers unter dem Pfad *Anwendungsdaten\Microsoft\Microsoft SQL Server\100\Tools\Shell\Templates* finden. Dort hinterlegte SQL-Textdateien werden nach einem Neustart des Management Studios im Vorlagen-Explorer angezeigt. Ein paar Beispielvorlagen für standardisierte Prozedur- und Funktionsköpfe und Kommentierungen finden Sie in den Beispielen zum Buch im Verzeichnis *T-SQL-Vorlagen*.

Wichtige Tastenkombinationen

Zum Abschluss dieses Abschnitts finden Sie hier die wesentlichen Tastenkombinationen des T-SQL-Editors als Referenz in einer Tabelle zusammengestellt. Einige Funktionen wie *Abfrage ausführen* können – historisch bedingt – über verschiedene Varianten erreicht werden.

Tastenkombination	Funktion
F5 / Alt + X	Abfrage ausführen
Strg + F5	Nur Syntaxcheck ausführen, Code nicht ausführen
Alt + F5	Debugger starten
Strg + C	Codezeile auskommentieren
Strg + ⇧ + C	Kommentar vor Codezeile entfernen
Strg + F2	Lesezeichen setzen oder entfernen
F2	Zum nächsten Lesezeichen wechseln
⇧ + F2	Zum vorherigen Lesezeichen wechseln
Strg + G	Zu einer bestimmten Zeile gehen
Strg + S	Aktuelles Editorfenster speichern
Strg + ⇧ + S	Alle Editorfenster speichern
Strg + ␣	IntelliSense: Objektauswahl einblenden
Strg + ⇧ + R	IntelliSense: Cache aktualisieren
F1	Books Online zum markierten Text aufrufen
⇧ + Alt + ↵	Editor in Vollbildmodus schalten und zurück
⇥	Einzug erhöhen
⇧ + ⇥	Einzug reduzieren
Strg + ⇥	Zwischen Abfragefenstern wechseln
F10	Prozedurschritt im Debugger
F11	Einzelschritt im Debugger

Tabelle 6.1 Tastenkombinationen des T-SQL-Editors

> **TIPP** Wenn Sie gewohnt sind, mit flinken Fingern den Query Analyzer von SQL Server 2000 zu bedienen, wissen Sie sicher zu schätzen, dass Sie im Management Studio auch mit dem alten Tastaturlayout arbeiten können. Sie können dies über *Extras/Optionen/Umgebung/Tastatur* einstellen. Hier können Sie auch Ihre eigenen Lieblings-Hilfsprozeduren auf Tastenkombinationen legen.

Visual Studio 2008-Datenbankprojekte und der Server Explorer

Da es in diesem zweiten Buchteil ausschließlich um das Arbeiten mit T-SQL geht, möchte ich an dieser Stelle nur einen bestimmten Projekttyp von Visual Studio 2008 vorstellen: das *Datenbankprojekt*. Möchten Sie CLR-basierte Objekte anlegen oder mit den Integration Services arbeiten, dann stehen dafür andere Projektschablonen zur Verfügung, die im vierten Buchteil besprochen werden.

An ein neues Datenbankprojekt kommen Sie über *Datei / Neu / Andere Projekttypen / Datenbank*. Dieser Projekttyp ist speziell darauf ausgelegt, Datenbankobjekte anzulegen und T-SQL-Skripte zu verwalten. Den *einen* Bestandteil eines Datenbankprojekts – den Server-Explorer – können Sie allerdings in jedem Visual Studio Projekt verwenden. Der andere Teil besteht schlicht aus der Möglichkeit, T-SQL-Skriptdateien in einer Visual Studio-Projektmappe verwalten zu können. Hiermit werden Sie sofort zurechtkommen, wenn Sie sich mithilfe der vorherigen Abschnitte mit dem Projektmappen-Explorer des Management Studios vertraut gemacht haben oder Visual Studio kennen. Der T-SQL-Editor ist in beiden Arbeitsumgebungen derselbe. Allerdings können Sie in Visual Studio 2008 keine T-SQL-Skripte debuggen. Das wird erst in Visual Studio 2010 funktionieren.

Beim Anlegen eines Datenprojekts werden Sie als erstes gefragt, welchen *Datenbankverweis* Sie verwenden möchten. Falls Sie in Ihrer Visual Studio-Umgebung noch nicht mit Datenbanken gearbeitet haben, werden Sie jetzt den ersten Verweis hinzufügen (Abbildung 6.20). Hinter einem Datenbankverweis verbergen sich schlicht die Verbindungsinformationen zu einem Server und einer bestimmten Datenbank – im Server-Explorer werden die Verweise auch vernünftiger Weise *Datenverbindungen* genannt. Im Explorer können Sie jederzeit über das Öffnen einer Datenverbindung auf die Objekte einer Datenbank zugreifen. Und Sie können den vorhandenen Verbindungen jederzeit eine neue hinzufügen. Dieses Vorgehen ähnelt stark dem Registrieren eines DatenbankServer im Management Studio. Nur dass Sie hier zusätzlich eine Datenbank spezifizieren.

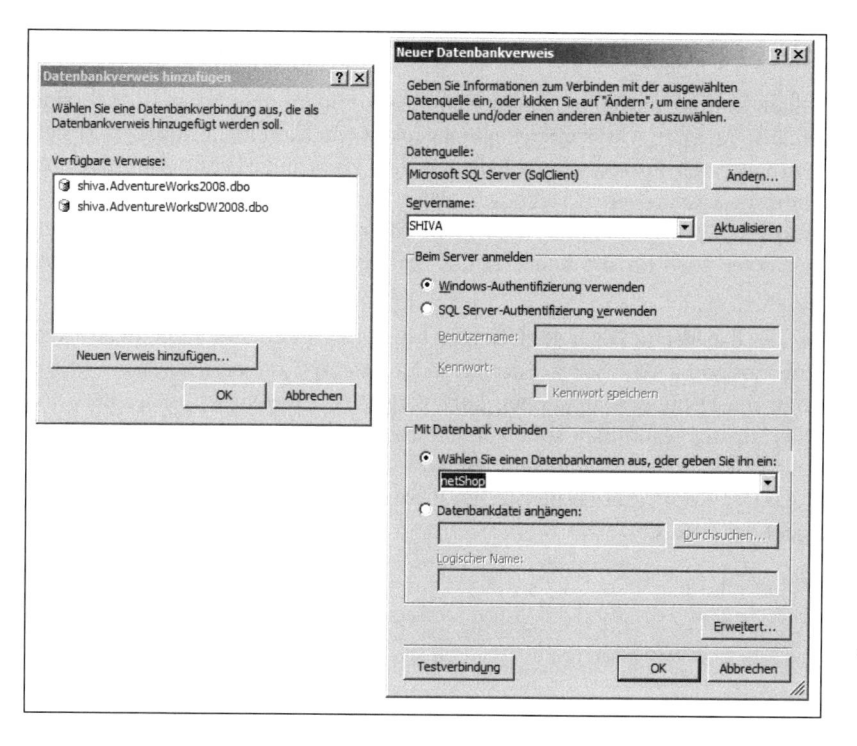

Abbildung 6.20
Hinzufügen eines Datenbankverweises

Server-Explorer

Der Server-Explorer ist das Werkzeug, mit dem sich Datenbankobjekte direkt, ohne Programmierung, erstellen und verändern lassen. Einmal abgesehen von den abweichenden Bezeichnungen stehen Ihnen hier dieselben Möglichkeiten und Designer zur Verfügung, die auch das Management Studio für die Arbeit mit T-SQL-Programmierobjekten bietet. Die klassischen *logischen* Programmierobjekte (Sichten, gespeicherte Prozeduren und Funktionen) werden ebenfalls unterstützt, genau wie das Anlegen von Datenbankdiagrammen und Fremdschlüsselbeziehungen.

Wenn Sie im Server-Explorer eine neue Sicht anlegen möchten (hier spaßiger Weise *Ansicht* genannt), dann können Sie dies mit dem Abfragedesigner tun, der sich schön in die GUI einbettet.

Abbildung 6.21 Datenverbindungen im Server-Explorer

Debugger für gespeicherte Prozeduren

Bei der Arbeit an größeren Projekten kommt unweigerlich der Zeitpunkt, an dem man feststellt, dass eine Funktion oder Prozedur nicht genau so arbeitet, wie es ursprünglich geplant war. Und nicht immer lässt sich der Fehlergrund direkt aus dem Verhalten der Prozedur erschließen, sodass Werkzeuge benötigt werden, um dem Fehler auf die Schliche zu kommen. Ohne einen Debugger bleibt Ihnen allerhöchstens die primitive Möglichkeit, mit den *SELECT*- und *PRINT*-Kommandos einen Trace zu erzeugen. Wie Sie bereits gesehen haben sind diese Zeiten mit SQL Server 2008 für die Benutzer des Management Studios vorbei, dank des eingebauten Debuggers.

In Visual Studio stehen dem Entwickler dagegen in Form des Debuggers für Prozeduren und Funktionen etwas eingeschränktere Möglichkeiten zur Verfügung. Am Beispiel der Prozedur *Sales.spCustomersNewPassword* aus der *netShop*-Datenbank werden nun die Debugger-Funktionen kurz vorgestellt. Obwohl Sie möglicherweise noch nicht mit Transact-SQL in Berührung gekommen sind, können Sie das folgende Beispiel sicher ohne größere Probleme nachvollziehen. T-SQL ist eben eine sehr einfache Programmiersprache. Es folgt ein kurzer Blick auf den Programmtext. Der Kopf einer gespeicherten Prozedur legt den Namen und die Parameterliste fest. In Transact-SQL sieht das so aus:

```
CREATE PROCEDURE Sales.spCustomersNewPassword
(
   @ID int,
   @Password varchar(50) = NULL OUTPUT)
```

Sales.spCustomersNewPassword erwartet als Eingabeparameter die ID eines Kunden, dies ist in der Datenbank der eindeutige Schlüssel der Kundentabelle. Nach einem einfachen Algorithmus wird ein neues Kennwort für diesen Kunden generiert, danach in der Datenbank im Kundendatensatz abgelegt und als Ausgabeparameter der Prozedur zurückgegeben. Hinter dem T-SQL-Schlüsselwort *AS* folgt die Deklaration zweier Variablen, die für den Ablauf benötigt werden:

```
DECLARE @strNeuesPasswort varchar(50)
DECLARE @strKundenName varchar(50)
```

Die nächste Zeile prüft, ob es einen Kunden mit der übergebenen ID überhaupt gibt. Falls nicht, wird die Prozedur mit einem *RETURN* beendet.

```
IF NOT EXISTS ( SELECT * FROM Customers WHERE [ID] = @ID )
RETURN -1
```

Anschließend wird der Nachname des Kunden aus der *Customers*-Tabelle gelesen und mit der *SET*-Anweisung einer Variablen zugewiesen.

```
SET @strKundenName =
( SELECT Name_1 FROM Customers WHERE [ID] = @ID )
```

Die nächsten Programmzeilen bauen mithilfe von zufällig aus dem Nachnamen ausgewählten Buchstaben und Zufallszahlen ein neues Passwort auf:

```
SET @strNeuesPasswort =
  SUBSTRING(@strKundenName, CAST( RAND() * LEN (@strKundenName) AS int ), 1)
   SET @strNeuesPasswort = @strNeuesPasswort
     + SUBSTRING(@strKundenName, CAST( RAND() * LEN (@strKundenName) AS int ), 1)
...
So geht das weiter bis zu:
UPDATE Customers SET [Password] = @strNeuesPasswort
```

Dies ist das Abspeichern des neuen Kennworts in die Datenbank, und mit der Rückgabe des Kennworts über den zweiten Parameter endet die Prozedur:

```
SET @Password = @strNeuesPasswort
```

Den kompletten Text der Prozedur finden Sie in Listing 6.3.

Sie starten den Debugging-Vorgang für diese Prozedur über den Server-Explorer. Nach dem Markieren des Objekts beginnt der Spaß durch einen Klick auf den Kontextmenübefehl *Einzelschritt in gespeicherte Prozedur*. Wenn Sie das zum ersten Mal machen müssen Sie kurz die Firewall konfigurieren – dabei hilft Ihnen netter Weise Visual Studio. Unter Windows 7 muss Visual Studio als Administrator gestartet werden, damit Sie sich mit dem SQL Server verbinden dürfen. Es öffnet sich ein Dialogfenster, über das Sie die gespeicherte Prozedur mit Parameterwerten versorgen können. Diese werden für die allererste Ausführung genutzt und zusätzlich für eine spätere Wiederverwendung abgespeichert (Abbildung 6.22).

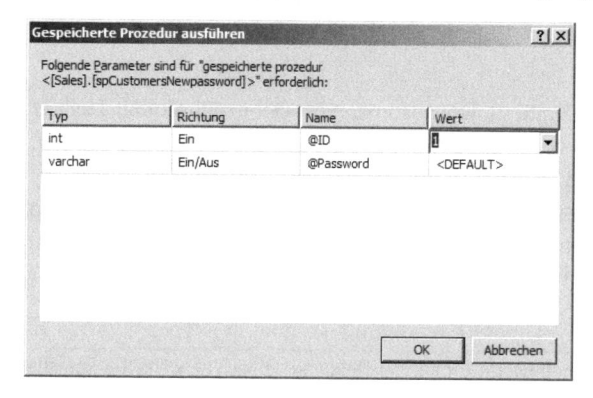

Abbildung 6.22 Voreinstellung der Parameterwerte

Im Beispiel der sp*CustomersNewPassword*-Prozedur muss nur der Input-Parameter *@ID* mit einem Wert belegt werden. Für nicht benötigte Parameter können Sie aus der Dropdown-Liste entweder *<DEFAULT>* (Standardwert aus Prozedurdefinition verwenden) oder *<NULL>* (kein Wert) auswählen. Nach *OK* wird die Prozedur in SQL Server gestartet und der Debugger an den SQL Server-Prozess angehängt um die Ablaufverfolgung zu ermöglichen. Die Prozedur wird an der ersten ausführbaren Position angehalten und Sie können jetzt wie gewohnt Variablen auswählen, die überwacht werden sollen. Abbildung 6.23 zeigt einen Ausschnitt aus einer Debugging-Session. Über F10 können Sie einen Einzelschritt durchführen und die Änderungen der Variablenwerte verfolgen. Das Handling entspricht dem im Management Studio.

Abbildung 6.23 Prozedur im Debugger-Fenster

Nach der Ausführung des letzten ausführbaren Befehls der Prozedur werden die Parameterwerte und der Returncode im Ausgabefenster ausgegeben (Abbildung 6.24).

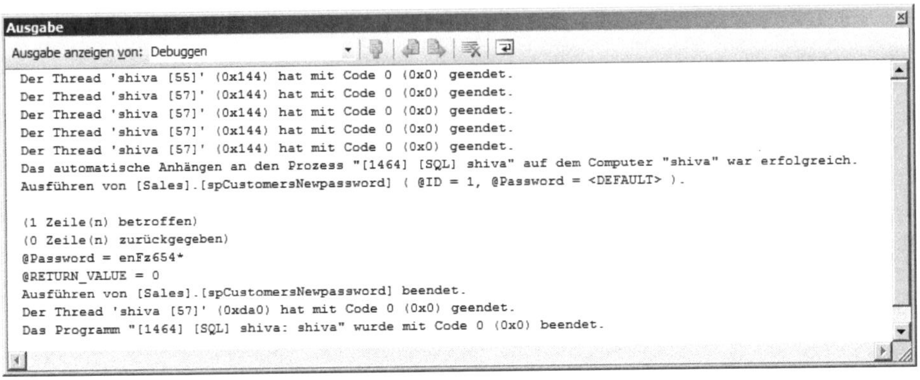

```
Ausgabe
Ausgabe anzeigen von: Debuggen
Der Thread 'shiva [55]' (0x144) hat mit Code 0 (0x0) geendet.
Der Thread 'shiva [57]' (0x144) hat mit Code 0 (0x0) geendet.
Der Thread 'shiva [57]' (0x144) hat mit Code 0 (0x0) geendet.
Der Thread 'shiva [57]' (0x144) hat mit Code 0 (0x0) geendet.
Der Thread 'shiva [57]' (0x144) hat mit Code 0 (0x0) geendet.
Das automatische Anhängen an den Prozess "[1464] [SQL] shiva" auf dem Computer "shiva" war erfolgreich.
Ausführen von [Sales].[spCustomersNewpassword] ( @ID = 1, @Password = <DEFAULT> ).

(1 Zeile(n) betroffen)
(0 Zeile(n) zurückgegeben)
@Password = enFz654*
@RETURN_VALUE = 0
Ausführen von [Sales].[spCustomersNewpassword] beendet.
Der Thread 'shiva [57]' (0xda0) hat mit Code 0 (0x0) geendet.
Das Programm "[1464] [SQL] shiva: shiva" wurde mit Code 0 (0x0) beendet.
```

Abbildung 6.24 Output nach Beenden des Debugging

Obwohl der T-SQL-Debugger nicht alle Funktionen unterstützt, wie ansonsten im Debuggen üblich, stellt er doch eine große Hilfe für den Entwickler von SQL Server-Prozeduren und -Funktionen dar. Eine *wirklich* tolle Eigenschaft des Debuggings in Visual Studio ist übrigens die Möglichkeit, über verschiedenen Anwendungsschichten hinweg zu debuggen (vorausgesetzt, Sie schalten das in den Projekteigenschaften ein). Wenn Sie zum Beispiel an einer ASP.NET-Anwendung arbeiten, die in C# geschrieben ist, können Sie mit dem Aufruf einer Webseite in den C#-Code eintreten und von dort aus in eine aufgerufenen T-SQL-Prozedur und wieder zurück!

TIPP Bei der Eingabe von Datumsinformationen als Parameterwerte kommt der Debugger je nach verwendeter Sprache der Software oder Spracheinstellung aus dem Tritt. Verwenden Sie hier am besten das internationale ISO-Format: Schreiben Sie also statt »31.01.2009« besser »2009-01-31«.

```sql
CREATE PROCEDURE Sales.spCustomersNewpassword
(
    @ID int,
    @Password varchar(50) = NULL OUTPUT
)
AS
DECLARE @strNeuesPasswort varchar(50)
DECLARE @strKundenName varchar(50)

-- Check: Kunde vorhanden?
IF NOT EXISTS ( SELECT * FROM Customers WHERE [ID] = @ID ) RETURN -1

-- OK - wir brauchen den Nachnamen
SET @strKundenName = ( SELECT Name_1 FROM Customers WHERE [ID] = @ID )

-- das neue Passwort besteht aus einigen Buchstaben des Kundennamens
SET @strNeuesPasswort =
SUBSTRING(@strKundenName, CAST( RAND() * LEN (@strKundenName) AS int ), 1)
SET @strNeuesPasswort =
@strNeuesPasswort + SUBSTRING(@strKundenName, CAST( RAND() * LEN (@strKundenName) AS int ), 1)
SET @strNeuesPasswort =
@strNeuesPasswort + SUBSTRING(@strKundenName, CAST( RAND() * LEN (@strKundenName) AS int ), 1)
SET @strNeuesPasswort =
@strNeuesPasswort + SUBSTRING(@strKundenName, CAST( RAND() * LEN (@strKundenName) AS int ), 1)
```

```
-- ...und ein paar zufälligen Zahlen
SET @strNeuesPasswort = @strNeuesPasswort + CAST( CAST( RAND() * LEN (@strKundenName) AS int ) AS
varchar(1))
SET @strNeuesPasswort = @strNeuesPasswort + CAST( CAST( RAND() * LEN (@strKundenName) AS int ) AS
varchar(1))
SET @strNeuesPasswort = @strNeuesPasswort + CAST( CAST( RAND() * LEN (@strKundenName) AS int ) AS
varchar(1))
SET @strNeuesPasswort = @strNeuesPasswort + CAST( CAST( RAND() * LEN (@strKundenName) AS int ) AS
varchar(1))

-- neues Passwort speichern
UPDATE Customers SET [Password] = @strNeuesPasswort WHERE ID = @ID
SET @Password = @strNeuesPasswort
RETURN 0
```

Listing 6.3 Die Beispielprozedur

Visio für den Datenbankentwickler

Wenn es um das Entwerfen oder Dokumentieren von Datenbanken geht, machen die bisher beschriebenen Werkzeuge nicht unbedingt die beste Figur. Bisweilen wäre es schön, ein Tool in der Hand zu haben, mit dem man im Team ein Datenmodell entwickeln kann, ohne es gleich in SQL Server zu implementieren, und dann am besten noch mit einer grafischen Darstellung, die man problemlos per E-Mail an einen Kollegen schicken und die direkt mit Standardprogrammen betrachtet werden kann. Genauso wichtig ist natürlich eine übersichtliche Dokumentation vorhandener Datenstrukturen.

Die Datenbankdiagramme des Management Studios sind ausreichend, wenn es um das Einrichten von Datenbanken, die Definition von Tabellen und das Herstellen von relationalen Beziehungen geht. Abgesehen von wirklich kleinen Datenmodellen sind die Möglichkeiten für eine brauchbare Dokumentation nicht wirklich hinreichend. Die grafische Darstellung weist starke Einschränkungen auf: Das Anordnen vieler Tabellen über mehrere Seiten hinweg wird schnell problematisch und das Drucken bereitet häufig Kopfzerbrechen. Übersichten, mit denen man die Tabellendefinitionen, Datentypen usw. ausdrucken kann, sind gar nicht vorgesehen. Kein Wunder, dass in manchen Entwicklungsprojekten das Datenbank-Repository (Dokumente oder Metadatenbanken, welche die Beschreibung der Datenstrukturen enthalten) in Excel oder Word gepflegt werden. Natürlich gibt es einige gute Programme auf dem Markt, mit denen sich die Entwurfs- und Dokumentationsaufgaben sehr professionell erledigen lassen. Beliebte Beispiele sind der Sybase Powerdesigner, ERWin oder das E/R-Studio. Häufig enthalten diese Anwendungen noch zusätzliche Funktionen für die Verwaltung von Requirements oder das Change-Management. Falls Sie dies alles nicht benötigen und die hohen Kosten für die Programme in dieser Liga scheuen, geht es auch anders.

In der Professional Edition des Visual Studio 2005 ist als Zugabe Microsoft Visio for Enterprise Architects enthalten. Sie haben richtig gelesen: Visual Studio *2005*. In der 2008er-Version ist Visio nicht mehr vorhanden – und was so richtig so *richtig* nervt: Selbst, wenn Sie Visio for Enterprise Architects besitzen können Sie es nur dann installieren, wenn sich Visual Studio 2005 auf Ihrem PC befindet. Ärgerlich!

Für Dokumentationszwecke können Sie allerdings auch andere Visio Versionen einsetzen: Visio 2003/2007 Professional oder Visio 2010 Premium bieten zumindest die Reverse Engineering-Möglichkeiten, mit denen sich Datenbanken dokumentieren lassen. Auch das ist schon eine sehr nützliche Sache.

Visio stammt ursprünglich aus der Office Suite und ist dort – nomen est omen – der Experte für die Diagrammerstellung. Visio ist ein Allroundtalent. In der Software sind Vorlagen für Flussdiagramme, Netzwerke und Geschäftsprozesse, aber auch für so »handfeste« Themen wie Baupläne und Verfahrenstechnik enthalten. Visio lässt sich an verschiedenen Stellen in IT- und Entwicklungsprojekten sinnvoll nutzen – eben da, wo es um Visualisierungen geht. Gemeinsam erarbeitete Projektergebnisse lassen sich durch ein Diagramm oft einfacher darstellen als durch ein aufwändiges Textdokument (die Konzept-Grafiken in diesem Buch wurden mit Visio erstellt). Beispielsweise können Sie UML-Diagramme verwenden, um die Software zu planen, oder Sie nutzen Visio zur Erstellung von Infrastrukturdiagrammen, um die Systemseite Ihrer Lösung darzustellen. Ein eigener Bereich beschäftigt sich mit der Darstellung von Datenbanken.

Die Möglichkeiten von Visio

Microsoft SQL Server kennt seit der Version 7.0 so genannte Datenbankdiagramme, die eine einfache Schemadarstellung einer Datenbank ermöglichen. Man kann innerhalb eines Datenbankdiagramms direkt neue Tabellen anlegen, Beziehungen per Drag & Drop einrichten und Kommentare hinzufügen. Eine Skalierung für die Druckausgabe und das Anzeigen der Druckseiten werden rudimentär unterstützt. Die Funktionen von Visio gehen deutlich darüber hinaus. Es folgen die wichtigsten Merkmale:

- **Bessere Darstellungsmöglichkeiten** In einem Visio-Diagramm lassen sich mehr Eigenschaften einer Datenbankstruktur grafisch darstellen als in SQL Server-Datenbankdiagrammen. Dazu gehören unter anderem Indizes und Fremdschlüssel. Es werden allgemein übliche Notationen angeboten wie »Krähenfüße« für die Darstellung von Beziehungen. Ein kleines, aber wichtiges, Schmankerl besteht darin, eine Tabelle mehrfach auf einem Diagramm unterbringen zu können. Damit vermeiden Sie Beziehungslinien über mehrere Seiten hinweg, die sich oft nur schwer nachvollziehen lassen.

- **Unterstützung für weitere Datenbankobjekte** Neben Tabellen können in Visio auch Sichten, gespeicherte Prozeduren und Funktionen dokumentiert werden. Sichten können direkt in einem Diagramm angezeigt und Codes über Berichte ausgegeben werden. Leider schließt das keine Assemblys mit ein.

- **Professionelle Zeichenwerkzeuge** Da Visio-Datenbankdiagramme in der ganz normalen Visio-Umgebung erstellt werden, können Sie die Diagramme nach Belieben um vordefinierte Grafikobjekte oder eigene Zeichnungen ergänzen. Sie haben die Seitenränder besser im Griff und können exakter positionieren. Über Hintergrundblätter lassen sich Standard-Projektinfos einblenden, Sie können mit Zeichnungsebenen arbeiten und vieles mehr.

- **Portabilität** Ein großes Manko der SQL Server-Diagramme ist, dass sie fest mit der Datenbank verbunden sind. Es gibt keine Möglichkeit, einem Projektpartner »mal eben« ein Diagramm zur Verfügung zu stellen, damit eine gemeinsame Diskussion geführt werden kann. Leider kann ein Diagramm auch nicht Bestandteil eines automatisch erstellten SQL-Skripts werden. Ein Diagramm kann praktisch nur über eine Datenbanksicherung weitergegeben werden, was bei gefüllten Datenbanken eine lästige Angelegenheit ist. Visio-Dateien lassen sich dagegen problemlos verschicken.

- **Export und Veröffentlichung** Visio bietet verschiedene Exportmöglichkeiten für Datenbankdiagramme an. Neben den pixelorientierten Formaten wie JPEG oder GIF finden sich auch Vektorformate wie SVG oder das Autocad-Datenaustauschformat DXF. Die Veröffentlichung im HTML-Format wird direkt unterstützt. Das Schöne dabei ist, dass beim Öffnen der Datei ein Visio-Viewer eingeblendet wird, der einfache Operationen wie das Navigieren zwischen Zeichnungsseiten, Zoom oder das Suchen nach Objekten unterstützt. Sie ahnen es schon: Den vollen Leistungsumfang erhalten Sie bei der Verwendung des Internet Explorers. In anderen Browsern steht Ihnen nur eine Auswahlfunktion für die Seiten zur Verfügung.

- **Konzeptioneller Datenbankentwurf** Diese Visio-Spezialität gibt es im Enterprise Manager naturgemäß überhaupt nicht. Visio stellt Ihnen Vorlagen zur Verfügung, mit denen Sie ein Datenbankdesign in relationaler, objektrelationaler oder Express-G-Darstellung entwerfen können. Freundlicherweise erlaubt das Programm die Verwendung von Datentypen, die vom Zieldatenbanksystem unabhängig sind. Damit können Sie dann einen gemeinsamen Entwurf erstellen und wahlweise z. B. in SQL Server und parallel in ORACLE implementieren lassen. Eine Darstellung als Entity-Relationship-Diagramm ist leider nicht möglich. Dies stellt sicher keine größere Einschränkung dar, da Sie ein E/R-Diagramm auch mit einem Standarddiagramm zeichnen können.
- **Berichtsmöglichkeiten** In Visio lassen sich aus der Tabellenstruktur bzw. einem Teildiagramm zu einer Datenbank Berichte erstellen, die den Tabellenaufbau in Listenform wiedergeben. Diese Berichte sind eine sinnvolle Grundlage für die Datenbankdokumentation und können Bestandteil des Systemhandbuchs werden, welches an den Kunden (egal, ob es sich um einen internen oder externen handelt) übergeben wird.

Die Datenbankfunktionen von Visio Enterprise Architect werden nun anhand der *netShop*-Datenbank vorgestellt. Die fertige Visio-Mappe finden Sie im Verzeichnis *Visio* auf der Buch-CD.

Dokumentation durch Reverse Engineering

Es soll nun zunächst darum gehen, die Möglichkeiten zur Untersuchung und Dokumentation einer bereits vorhandenen Datenbank vorzustellen. Falls Sie über eine der weiter vorn beschriebenen Visio-Editionen verfügen, sind Sie herzlich aufgefordert, Visio zu installieren, um die Beschreibungen praktisch nachzuvollziehen. Die Bedienung unterscheidet sich von Version zu Version kaum: Auch in der allerneuesten Variante – Visio 2010 – kann man unter der aktualisierten Oberfläche noch sehr gut die alten Dialoge und Designer erkennen.

Ein Datenbankmodelldiagramm vorbereiten

Die Reverse Engineering-Funktionen, die man benötigt, um aus einer vorhandenen Datenbank ein Visio-Datenmodell zu generieren, stehen nur im Diagrammtyp *Datenbankmodelldiagramm* zur Verfügung. Dies erscheint auch vernünftig, da diese Diagrammart am besten für Dokumentationszwecke geeignet ist. Ein Datenbankmodelldiagramm ist keine einfache Visio-Grafik. Die Datenstrukturen und Objekte einer Datenbank werden in einem Modell hinterlegt. Die Zeichnung wird aus den Modelldaten generiert und Sie können über die Zeichnungsobjekte das Modell verändern, Eigenschaften einstellen, neue Tabellen hinzufügen und so weiter.

Legen Sie also ein neues Diagramm an und wählen Sie diesen Zeichnungstyp aus. Nach dem Anlegen einer neuen Zeichnung sollten Sie zunächst einmal ein paar Grundeinstellungen vornehmen. Die wichtigsten Dinge finden Sie unter *Datei/Seite einrichten*.

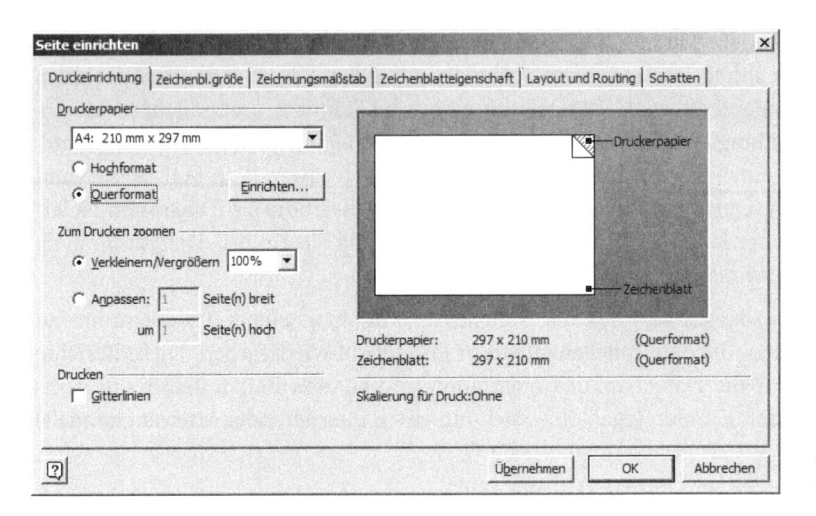

Abbildung 6.25 Seiteneinstellungen für ein neues Diagramm

Nachdem Sie die Druckerpapiergröße festgelegt haben, sollten Sie einen Blick auf das Register *Zeichenblattgröße* werfen. Visio macht eine Unterscheidung zwischen der tatsächlichen Blattgröße, die Ihr Drucker verwendet, und der Größe des virtuellen Zeichenblattes, die Ihnen für die Diagramme zur Verfügung gestellt wird. Wenn Ihr Datenbankdiagramm so umfangreich ist, dass es auf mehreren Blättern untergebracht werden muss, dann wählen Sie an dieser Stelle eine entsprechende Größe aus. Beim Zeichnen müssen Sie sich dann nicht um die Seitenbegrenzungen kümmern. Visio übernimmt beim Drucken das Verteilen des Diagramms auf mehrere Druckerseiten. Ein praktikabler Weg ist die Verwendung einer ISO-Standardgröße als logische Blattgröße (zum Beispiel A2, wenn Sie vier A4-Blätter bedrucken möchten). Zur Orientierung können Sie im Menü *Ansicht* die Option *Seitenumbruch* aktivieren. Damit haben Sie die Möglichkeit, die Verteilung der Zeichenobjekte auf den Blättern zu kontrollieren. Die Seitenränder werden als graue Bereiche auf der Zeichenoberfläche angedeutet. Im einfachsten Fall entspricht das Zeichenblatt der Seitengröße des Druckerpapiers. Notfalls können Sie durch eine Skalierung (Register *Zeichnungsmaßstab*) den Inhalt etwas stauchen. Für ein brauchbares Diagramm der netShop-Datenbank werden bereits mehrere DIN-A4-Blätter benötigt. Eine Darstellung im Querformat ist häufig die bessere Variante.

Bevor nun die Visio-Datenbankfunktionen näher untersucht werden, sollen die Strukturinformationen der netShop-Datenbank eingelesen werden.

Reverse Engineering einer Datenbank durchführen

Visio kommuniziert immer via ODBC mit einem Datenbankserver. Man benötigt folglich eine ODBC-Datenquelle, um mit der Beispieldatenbank arbeiten zu können. Sie können die Datenquelle außerhalb von Visio über den üblichen Weg *Verwaltung/Datenquellen* einrichten oder auch direkt in der Visio-Oberfläche. Ich stelle die zweite Variante vor. Wenn Sie in Visio mit einem Datenbankmodelldiagramm arbeiten, dann erscheint ein neues Menü in der Visio-Benutzeroberfläche mit der Bezeichnung *Datenbank*. In diesem Menü ist für Sie zunächst der Befehl *Reverse-Engineering…* von Interesse. Dieser startet den entsprechenden Visio-Assistenten. Als erstes müssen Angaben zur Datenquelle gemacht werden. Aus der oberen Dropdown-Liste wird der *interne* Visio-Treiber für den Datenbankserver ausgewählt. In der Liste stehen als Einträge beispielsweise IBM DB2, Informix oder eben SQL Server zur Verfügung. Die Auswahl des korrekten Visio-Treibers ist die Grundlage für die spätere Modellbildung. Das Programm entnimmt die Informationen über die Fähigkeiten des Datenbanksystems, über verfügbare Felddatentypen etc. diesem Treiber. Wie man der Optik des Assistenten unschwer ansehen kann, hat dieser schon ein paar Jahre auf dem Buckel. Auch die Verwendung von ODBC ist nicht ganz up to date – sei's drum, es funktioniert alles ganz ordentlich.

In der Liste *Datenquellen* werden die für den angemeldeten Benutzer verfügbaren ODBC-Datenquellen aufgeführt. Ist für Ihre Datenbank noch keine Datenquelle eingerichtet worden, dann können Sie über die Schaltfläche *Neu* an Ort und Stelle eine neue anlegen. Sie gelangen damit zu den Standarddialogfeldern des ODBC-Managers. Unsinnigerweise können Sie auf diese Art aus Versehen einen logischen SQL Server-Treiber zum Beispiel mit einem physikalischen Access-ODBC-Treiber kombinieren. Sinnvoll ist das natürlich nicht.

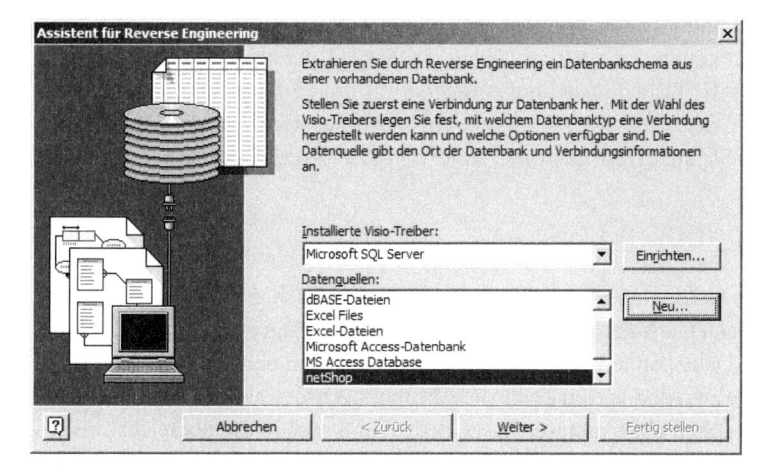

Abbildung 6.26 Einrichten einer Datenquelle für Visio

Im nächsten Schritt des Assistenten legen Sie dann fest, welche Datenbankobjekte Sie in das Reverse Engineering einbeziehen möchten. Geht es Ihnen nur um die Tabellenstruktur, dann reicht die Auswahl der Optionen *Tabellen, Primärschlüssel und Fremdschlüssel*. Damit lassen sich dann schon die Tabellen, die Felder und die Relationen zwischen den Tabellen abbilden. Für eine umfangreichere Dokumentation lassen sich zusätzlich Sichten oder Trigger etc. auswählen. Im Falle des *netShop*-Diagramms sollen alle von Visio akzeptierten Objekte importiert werden (Abbildung 6.27).

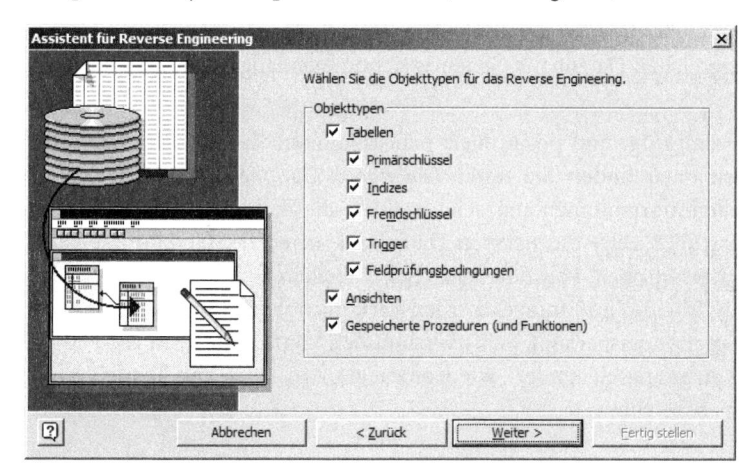

Abbildung 6.27 Festlegung der zu dokumentierenden Objekte

In den nachfolgenden Schritten des Assistenten können Sie dann noch gezielt einzelne Objekte ein- oder ausschließen und abschließend festlegen, ob ein erstes Diagramm automatisch angelegt werden soll. Das ist die Funktion *Shapes dem aktuellen Zeichenblatt hinzufügen*. Ein von Visio generiertes Diagramm kann sowohl Tabellen wie auch Sichten enthalten. Auch wenn Ihre Datenbank viele Tabellen (zum Beispiel ein paar Dutzend) enthält, sollten Sie ein Diagramm probeweise automatisch generieren lassen. Die Autorouting-Funktion von Visio liefert in vielen Fällen eine brauchbare Anordnung der Tabellen-Shapes. Sie können dann anschließend die Verteilung auf die verschiedenen Seiten des Zeichenblatts vornehmen, wobei es notwendig sein kann, das Zeichenblatt zu vergrößern.

Bei der Einrichtung des *netShop*-Diagramms schlage ich einen anderen Weg ein, verzichte also auf das Standarddiagramm und schließe den Assistenten mit *Fertig stellen* ab. Visio benötigt jetzt je nach Komplexität des Datenbankaufbaus ein paar Sekunden oder Minuten, bis die Informationen aus der Datenbank extrahiert sind und das interne Visio-Datenbankmodell aufgebaut ist. Sobald der Import der Strukturen abgeschlossen ist, erscheint automatisch die Liste *Tabelle und Ansichten* im linken Bereich der Programmoberfläche, angefüllt mit den Objekten der *netShop*-Datenbank. Im Visio-Fenster *Ausgabe* (im unteren Bereich des Visio-Bildschirms) können Sie sich Informationen über den Ablauf des Reverse Engineering-Vorgangs anzeigen lassen.

Ein Datenbankdiagramm bearbeiten

Zur weiteren Gestaltung des Diagramms werden nun die benötigten Tabellen einfach auf die Oberfläche des Zeichenblatts gezogen und dort angeordnet. Ganz genau wie bei den SQL Server-Diagrammen ergibt es Sinn, mehrere Diagramme für umfangreiche Datenbanken einzurichten. Dazu legen Sie einfach über das Menü *Einfügen* weitere Zeichenblätter an. Dabei werden automatisch die Einstellungen des aktuellen Blattes übernommen, können aber anschließend von Ihnen angepasst werden (z. B. die Größe des Zeichenbereichs).

Sobald sich zwei Tabellen auf der Zeichenfläche befinden, zwischen denen im Modell eine Beziehung existiert, fügt Visio automatisch eine Verbindungslinie zwischen diesen ein. Seien Sie beim Anordnen der Tabellen auf dem Zeichenblatt vorsichtig! Bewegen Sie, soweit es geht, nur die Tabellen-Shapes und überlassen Sie nach Möglichkeit die Anordnung der Verbindungslinien der Visio-Routing-Funktion. Falls Sie versehentlich eine Verbindungslinie löschen oder einen Endpunkt lösen, heben Sie damit auch die Relation im Datenbankmodell auf. Sie müssen die Verknüpfung dann manuell neu herstellen. Das Routing funktioniert in Visio so gut, dass Sie sich in vielen Fällen gar nicht mit den Linien herumschlagen müssen. Machen Sie bei Bedarf von der Möglichkeit Gebrauch, dass Sie eine Tabelle mehrfach auf ein Diagramm ziehen können. Damit lassen sich in sehr umfangreichen Datenbank-Schemazeichnungen lange und unübersichtliche Verbindungswege vermeiden.

Nachdem Sie die gewünschten Tabellen eingefügt und positioniert haben, können Sie noch das Aussehen anpassen. Die Einstellungsmöglichkeiten dazu finden Sie unter *Datenbank/Optionen/Dokument...* Hier legen Sie zum Beispiel fest, welche Tabelleninformationen angezeigt und wie die Verbindungslinien für die Relationen dargestellt werden. Abbildung 6.28 zeigt die *netShop*-Datenbank in einer Standard-Tabellendarstellung. Dabei werden die Primärschlüssel oben, von den restlichen Tabellenfeldern durch eine Linie getrennt, angezeigt. Auch die Fremdschlüsselfelder und Indizes werden hervorgehoben. Zur Darstellung der Beziehungen habe ich die Krähenfuß-Notation ausgewählt. Selbstverständlich können Sie auch die Datentypen anzeigen lassen und zusätzliche Zeichnungselemente – wie Kommentare in Form von Textfeldern – einfügen und mit dem neuen Diagramm abspeichern.

Visio für den Datenbankentwickler

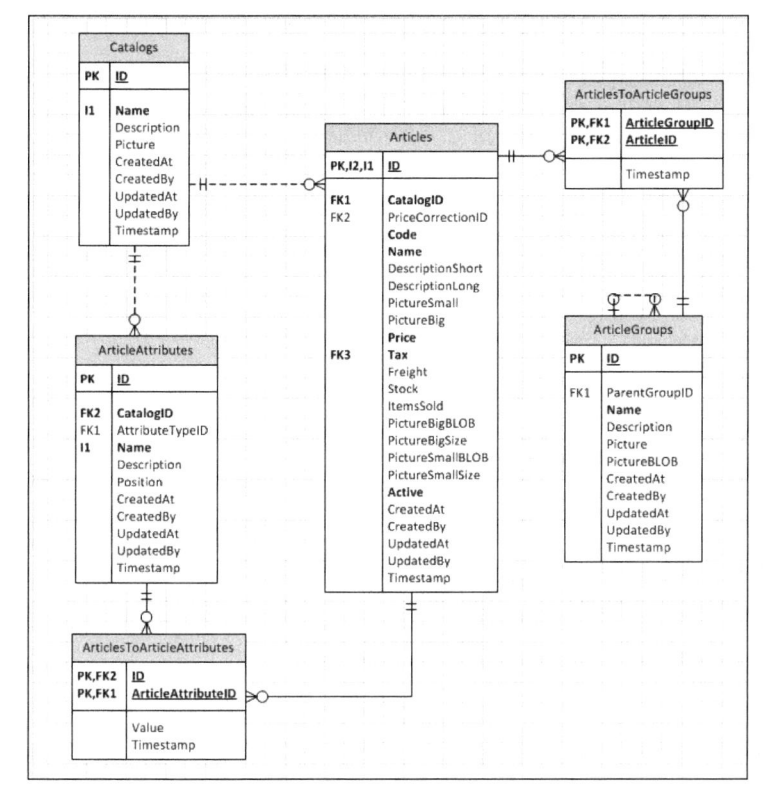

Abbildung 6.28 Ausschnitt aus dem relationalem Schema der *netShop*-Datenbank in Visio

Einzelne Datenbankobjekte lassen sich genauer untersuchen und ändern, indem Sie die entsprechenden Shapes auswählen und sich Details dazu im Fenster Datenbankeigenschaften am unteren Bildrand anzeigen lassen.

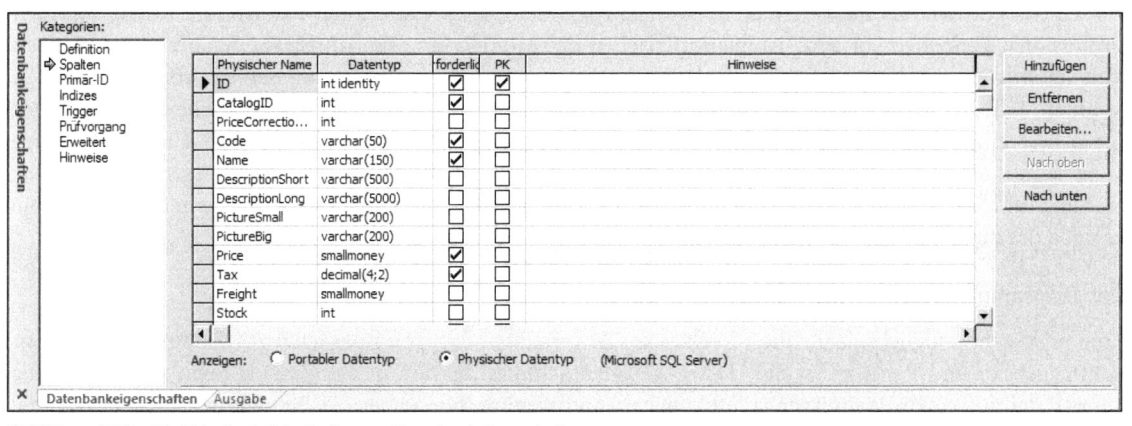

Abbildung 6.29 Die Tabelle *Articles* im Fenster Datenbankeigenschaften

Für eine technische Dokumentation ist es sehr sinnvoll mit einem standardisierten Hintergrundblatt zu arbeiten. Dieses kann Standardinformationen wie Projektnamen, Versionsnummer und -datum, Aktualisierungsdatum etc. enthalten. Sie können sich beim Anlegen eines neuen Blatts entscheiden, aus diesem ein Hintergrundblatt zu machen. Später können Sie über *Seite einrichten* die Funktion eines Blatts nachträglich ändern oder auch einen neuen Hintergrund auswählen.

Auffrischen des Visio-Modells

Ändert sich die Struktur Ihrer Datenbank nach einiger Zeit, so können Sie das Visio-Modell automatisch anpassen lassen. Dazu steht die Funktion *Datenbank/Modell/Aktualisieren...* zur Verfügung. Diese führt ein Reverse Engineering gegen die angegebene Datenquelle durch und vergleicht die Ergebnisse mit dem aktuellen Modell in Ihrem Dokument. Werden Abweichungen festgestellt, dann bekommen Sie diese in einem Dialog präsentiert. Abbildung 6.30 zeigt die Nachricht des Programms, nachdem auf dem Datenbankserver ein zusätzliches Feld in die Tabelle *Customers* eingefügt wurde. Sie können die Änderungen bestätigen und damit werden diese in das Modell übernommen. In jedem betroffenen Diagramm werden die Aktualisierungen auch sofort angezeigt.

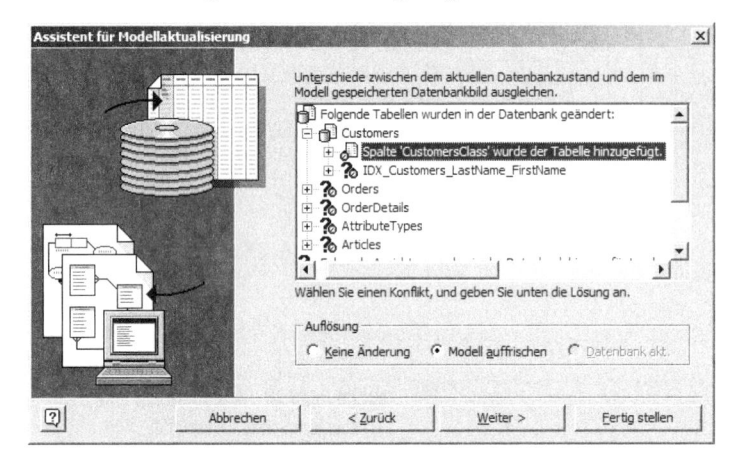

Abbildung 6.30 Änderungen im Datenmodell werden synchronisiert

Diese Aktualisierungsfunktion ist eine nützliche Angelegenheit für die fortlaufende Pflege der Datenbankdokumentation. Bei der Änderung einer Datenbank muss das Visio-Diagramm nicht komplett weggeworfen werden, sondern kann inkrementell ergänzt werden. Dadurch bleiben Formatierungen, Anmerkungen oder zusätzliche grafische Elemente erhalten. In allen Versionen außer Visio Enterprise Architect 2003 und den Professional Versionen vor 2007 ist das Auffrischen des Modells eine Einbahnstraße. Während in früheren Versionen Änderungen, die im Visio Dokument vorgenommen wurden, an den Server propagiert werden konnten, fällt das in der aktuellen Version weg. Visio Datenbankmodelldiagramme dienen also in erster Linie der reinen Dokumentation. Ein Roundtrip Engineering ist damit nicht möglich. Eine *vollständige* Datenbank können Sie aber sehr wohl aus einem Visio-Datenbankdiagramm anlegen lassen. Dabei haben Sie die Wahl: Entweder Sie lassen die Objekte der Datenbank direkt auf dem Server generieren oder Sie können das dafür notwendige DDL-Skript als Textdatei anlegen lassen.

Das Diagramm im Web veröffentlichen

Eine praktische Möglichkeit für die Projektarbeit in verteilten Gruppen oder auch zur Kommunikation mit Auftraggebern und Partnern ist die HTML-Veröffentlichungsfunktion in Visio. Sie können mit dieser eine Visio-Datei auf einem Webserver veröffentlichen und ermöglichen dabei die Betrachtung der Diagramme auch denjenigen Benutzern, die Visio nicht lokal auf ihrem Rechner installiert haben. Der Microsoft Internet Explorer muss ab der Version 5.5 aufwärts vorhanden sein. Das Veröffentlichen selbst ist eine Kleinigkeit. Über *Datei/als Webseite speichern* geben Sie zunächst einmal den Ort an, wo die HTML- und Hilfsdateien gespeichert werden sollen. Die Schaltfläche *Als Webseite veröffentlichen* ermöglicht weitere Einstellungen. Sie können hier unter anderem die Bildschirmauflösung und das bevorzugte Grafikformat (wie auch ein Fallback-Format für ältere Browser) angeben.

Nach der Erstellung der HTML-Seiten kann man das Diagramm direkt im Browser ausprobieren. Im linken Bereich stehen ein paar nützliche Funktionen zur Verfügung. Diese sind in JavaScript realisiert, sodass die entsprechende Option im Internet Explorer aktiviert sein muss. Dort finden Sie:

- **Gehe zu Seite** Damit können Sie direkt zu einem Zeichenblatt navigieren
- **Verschieben und Zoomen** Diese Funktionen dürften Ihnen von elektronischen Routenplanern her bekannt sein. Sie können bei großen Diagrammen den Ausschnitt festlegen und ein- bzw. auszoomen.
- **Details** Dies ist eher eine Funktion des Zeichenblattes. Zu ausgewählten Objekten werden Detailinformationen angezeigt.
- **Suchseiten** Diese Option ermöglicht das Suchen von Objekten in großen Diagrammen

Datenbankberichte

Eine praktische Angelegenheit sind die Berichte, die Sie in Visio über das entsprechende Kommando *Datenbank/Bericht* erreichen. Für die meisten Anwendungsfälle kommen dabei die Tabellenberichte in Frage. In diesen lassen sich sämtliche wichtigen Tabelleneigenschaften ausgeben. Interessant sind beispielsweise die Indexübersichten, die Sie erstellen können. Der Umfang der angezeigten Informationen lässt sich relativ fein steuern und die Berichte lassen sich nicht nur drucken, sondern auch als RTF-Datei exportieren. Abbildung 6.32 zeigt ein Beispiel.

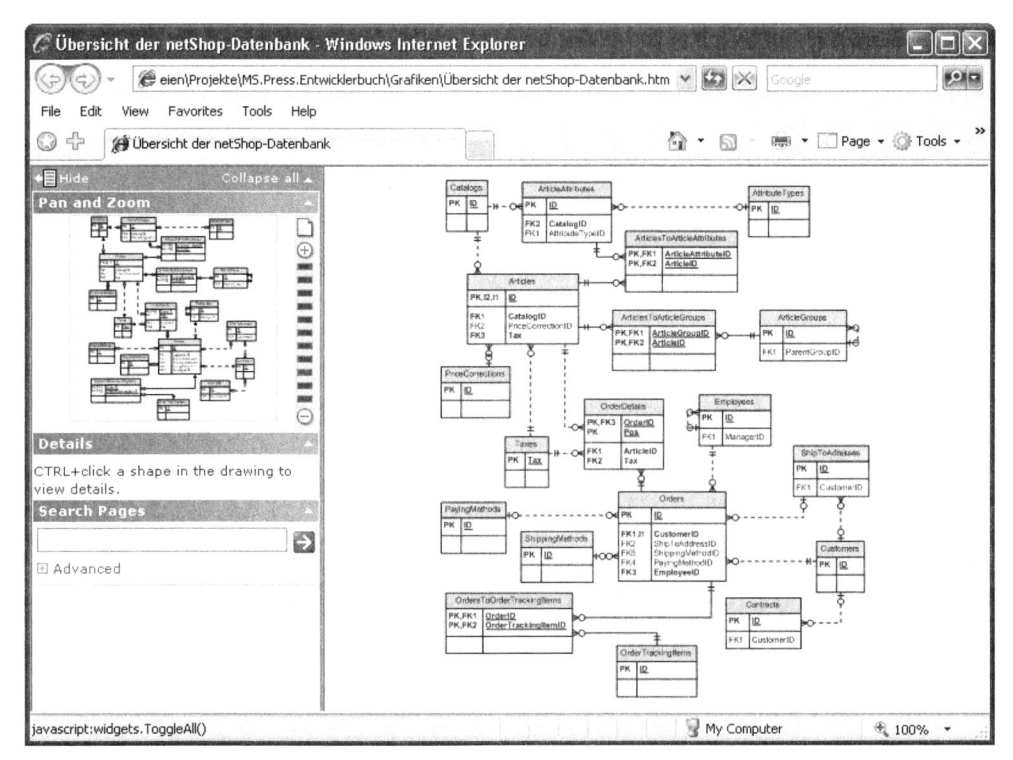

Abbildung 6.31 Visio-Diagramm im Internet Explorer

Archive_Customers

Anmerkungen:	10000
Besitzer:	SalesDepartment
Ziel-DB-Name:	netShop2005
Anzahl der Spalten:	22
Anzahl der Indizes:	0
Anzahl der Fremdschlüssel:	0
Codes:	0
Typ:	Tabelle
Erweiterte Attribute:	
Clustered PK	Nein

Spalten	Datentyp	NULL zulassen	Wert/Bereich
ID	int	Nicht zulässig	
Code	varchar(50)	Zulässig	
LastName	varchar(50)	Nicht zulässig	
FirstName	varchar(50)	Zulässig	
Address	varchar(50)	Zulässig	
PostalCode	varchar(15)	Zulässig	
City	varchar(50)	Nicht zulässig	
Telephone	varchar(50)	Zulässig	
Fax	varchar(50)	Zulässig	
LoginName	varchar(50)	Zulässig	
Password	varchar(50)	Zulässig	

Abbildung 6.32 Kopf eines Tabellenberichtes aus Visio

Unterschiede zwischen den Visio-Versionen

Falls Sie durch das Lesen dieses Kapitels auf den Geschmack gekommen sind und Visio in der Praxis einsetzen möchten, kommt an dieser Stelle eine kurze Übersicht der Abweichungen zwischen den Versionen, damit Sie eine Orientierung für die Auswahl der Software haben. Dies sind die wesentlichen Einschränkungen von Visio Professional/Premium gegenüber der Entwicklerversion.

- Sie können in Visio Professional/Premium keine Datenbank entwerfen und anschließend auf einem Datenbankserver implementieren. Natürlich können Sie ein Datenbankdiagramm anlegen, es fehlen aber die Möglichkeiten zur Generierung eines SQL-Skripts und zur Implementierung des Datenbankentwurfs auf einem Server.
- Es fehlen die Berichtsmöglichkeiten, die den Ausdruck von Übersichten zum Datenbankmodell gestatten. So einleuchtend und intuitiv Datenbankdiagramme auch sind, für viele Anwendungen möchte man doch das Datenbank-Repository in verbaler Form vorliegen haben. Dies ist unter anderem eine Anforderung bestimmter Dokumentationsstandards und damit Teil des kompletten Lieferpaketes zu einem Auftrag.

Alles in allem können Sie Visio ganz gut für Datenbank-Dokumentationszwecke in einem Projekt einsetzen. Der Entwicklungsprozess selbst wird allerdings nicht vollständig unterstützt. Natürlich gibt es in Visio noch eine Menge Feinheiten zu entdecken Da wären die verschiedenen Import- und Exportmöglichkeiten, die Verwendung benutzerdefinierter Eigenschaften in Shapes, die Programmierbarkeit und manch anderes. Probieren Sie es aus!

Visual Studio Team Edition for Database Professionals

Visual Studio Team System ist eine Sammlung von Visual Studio Entwicklungsumgebungen und dem zentralen Team Foundation Server für die verschiedenen Rollen in einem Entwicklerteam: (Software-) Architekten, Entwickler, Tester, Projektmanager. Für letztere Rolle stehen als Frontend allerdings »nur« Office-Werkzeuge zur Verfügung. Mit der *Visual Studio Team Edition for Database Professionals* kamen als letzte schließlich auch die Datenbankentwickler zum Zuge. So ein langer Name muss natürlich sofort abgekürzt werden: »Team Data« oder »VSDBPro« sind übliche Synonyme (merken Sie was? 3- und 4-Letter-Words gehen langsam zur Neige. Wir sind inzwischen schon bei 7- und 8-Letter-Words angekommen). Coole Datenbankentwickler nennen Ihr Werkzeug auch gerne liebevoll: »Data Dude«.

Wie schon ganz am Anfang dieses Kapitels erwähnt, wird der Data Dude mit Visual Studio 2010 abgeschafft und wandert in die »normalen« Professional- und Premium-Editionen. Das ist eine sehr vernünftige Idee: So gut wie jeder Entwickler speichert seine Daten in eine Datenbank und benötigt beim Entwickeln auch Unterstützung für das Testen von Datenbankcode (zumindest *sollte* das so sein). Die wirklich guten und nützlichen Data Dude-Funktionen werden durch diese Änderungen hoffentlich in der Zukunft von mehr Entwicklern genutzt. Die Data Dude-Funktionen sind auch gerade dann interessant, wenn mehrere Entwickler gemeinsam an einer Datenbank arbeiten dürfen. Hier können offline Datenmodelle und Differenzskripte eine sehr gute Unterstützung leisten.

Um es gleich ganz klar und deutlich zu sagen: VSDBPro ist kein *Design*-Werkzeug für relationale Datenbanken! Es geht nicht darum, aus Use-Cases oder anderen High-Level-Beschreibungen objektrelationale (ORM) oder relationale Modelle abzuleiten und vielleicht sogar die passenden Klassen in einer Programmiersprache Ihrer Wahl dazu generieren zu lassen. Es handelt sich genauso wenig um ein Werkzeug für das (grafische) Dokumentieren von Datenbanken! Diese Domänen bleiben weiterhin Werkzeugen wie ERWin, ER/Studio, Powerdesigner und Case Tools vorbehalten. Die Schwerpunkte der Aufgaben liegen in der aktuellen Version von VSDBPro ganz eindeutig beim Change Management von Datenbankstrukturen im Entwicklungsprozess und beim Unit Testing von Datenbankcode. Der Leistungsumfang stellt sich folgendermaßen dar:

- **Pflege von Datenbankschemata** Sämtliche Objekte einer SQL Server-Datenbank können in einem VSDBPro verwaltet und unter Source Code-Kontrolle gestellt werden. Die Objekte werden dabei als Skripte verwaltet. Es gibt keinen direkten Weg von einem Skript zu einem graphischen Designer und zurück. Das Schema einer Datenbank wird in einer Offline-Version verwaltet. Änderungen können zunächst einmal lokal durchgeführt und getestet werden bevor sie in einer zentralen Entwicklungsdatenbank oder einem Produktivserver eingespielt werden.

- **Deployment** Der Vorgang des Deployments von Schemaänderungen lässt sich mit VSDBPro verfeinern. Es sind verschiedene Aktionen denkbar, wie das automatische Sichern einer Datenbank, an der Änderungen vorgenommen werden sollen, dem Ausführen selbst definierter Skripts vor und nach dem Deployment und dem Festlegen der Art und Weise, wie Änderungen an bestehenden Objekten durchgeführt werden sollen.

- **Vergleich von Datenbankschemata** Abweichungen von verschiedenen Versionen einer Datenbank können herausgefunden werden. VSDBPro kann Differenzskripte erzeugen, um die Zieldatenbank auf den gleichen Stand zu bringen, wie die Referenzdatenbank.

- **Vergleich von Daten** Auch für das Auffinden von Abweichungen in den Daten selbst gibt es eine Funktion

- **Unit Tests** Für die Programmierobjekte in einem Schema lassen sich Tests definieren. Die im Projekt definierten Testszenarien können beispielsweise dazu genutzt werden, um Regressionstests durchzuführen. Werden Änderungen am Schema vorgenommen, dann dienen die Testszenarien dazu, die Auswirkungen zu überprüfen. Das Testen von T-SQL-Code lässt sich dadurch automatisieren.

- **Testdaten-Generator** Einerseits ist es in einem Datenbankprojekt wichtig, eine ausreichend große Testdatenmenge zur Verfügung haben. Andererseits ist es wichtig, klar definierte und exakt gleiche Ausgangsdaten zur Verfügung zu haben, bevor Testläufe durchgeführt werden. VSDBPro unterstützt diese Anforderungen.

- **T-SQL-Editor** Auch Visual Studio-Anwender erhalten mit den VSDBPro einen T-SQL-Editor, der allerdings im Moment hinter den Leistungsumfang des Editors im Management Studio zurück hinkt. Mit Visual Studio 2010 wird es Verbesserungen geben – beispielsweise IntelliSense.

- **Refactoring** Das Refactoring in VSDBPro beschränkt sich im Wesentlichen auf das kontrollierte Umbenennen von Objekten. Das ist zwar nicht sehr viel, aber allein schon diese Funktion ist wirklich nützlich. Sie können die Auswirkungen der Umbenennungen im Voraus prüfen und dann automatisch über sämtliche Objekte in der Datenbank hinweg durchführen.
- **Einbettung in Team System** Falls in Ihrem Unternehmen bereits mit dem Visual Studio Team System gearbeitet wird, dann dürfte die Entscheidung für VSDBPro eine leichte sein. Selbstverständlich ist das Werkzeug voll in Team System integriert und die Datenbank-»Jungs« können auf diese Art und Weise voll in die Entwicklungsprozesse eingebunden werden. Falls Sie sich noch nicht mit den Möglichkeiten von Team System beschäftigt haben, nur so viel: Team System verbessert die Zusammenarbeit und das Controlling in Softwareprojekten. Projektpläne, Aufgaben, Code und Testergebnisse können in einem zentralen Repository verwaltet werden. Die neue Visual Studio-Version für den Datenbankprofi schließt eine zentrale Lücke in den Team-Rollen. Auch Datenbankentwickler können jetzt Ihre *Work Items* über das Team System zugeteilt bekommen und Ihre Ergebnisse einchecken.

VSDBPro ist auf jeden Fall sinnvoll für Anwender von Team System und in diesem demnächst auch ohne zusätzliche Lizenzgebühren enthalten. Ob es für Sie Sinn macht, VSDBPro als Stand Alone-Version einzusetzen, können Sie nach dieser kurzen Einführung hoffentlich besser entscheiden. Das Beste ist natürlich wie immer das Ausprobieren. Eine Demoversion können Sie jederzeit von der Microsoft Website downloaden. So können Sie die eine oder andere im Anschluss beschriebene Funktion gleich selbst nachvollziehen.

Einzelne Aspekte der Arbeit mit VSDBPro sollen nun anhand kleiner »Praxissplitter« demonstriert werden.

HINWEIS Die folgenden Beschreibungen beziehen sich auf die beim Entstehen dieses Buchs aktuelle Version der Datenbanktools: »Visual Studio Team System 2008 Database Edition GDR R2«. Dies ist die Vorläuferversion zu den zukünftigen »Visual Studio Database Development Tools« in Visual Studio 2010. Um mit der Version zu arbeiten benötigen Sie als Grundlage das »Visual Studio Team System 2008 Database Edition SP1« oder die Team Suite. Dann können Sie die GDR R2-Edition einfach downloaden und über die bestehende Visual Studio-Version installieren.

Verwaltung eines Datenbankmodells

Am Anfang der Arbeit mit VSDBPro steht die Einrichtung eines ersten Datenbankschemas, welches als Referenz für das weitere Vorgehen dient. Grundsätzlich kann man sich – mindestens – zwei verschiedene Wege vorstellen, wie man zu dem Schema kommt. Steht man am Anfang einer Datenbankentwicklung, so kann man mit einem leeren Projekt starten, die notwendigen Tabellen und anderen Objekte anlegen und nach und nach an einen gemeinsamen Projektserver ausliefern.

Der zweite Weg besteht in einem Reverse Engineering einer bestehenden Datenbank. Sämtliche Objekte lassen sich in kurzer Zeit in das Schema eines VSDBPro-Projekts importieren.

Ein dritter Weg besteht darin, das grundlegende Layout eines Datenbankschemas mit einem Designwerkzeug zu erstellen. Das können auch die Designer des Management Studios oder des Server Explorers in Visual Studio sein. Damit lassen sich die Tabellen einer Datenbank und die Beziehungen zwischen diesen schnell einrichten. Eine Aufgabe, die sicher niemand gerne mithilfe von T-SQL-Skripts erledigt. Nach einem Import in ein VSDBPRO-Projekt kann dann das Change Management in diesem Werkzeug erfolgen.

Ein Datenbankprojekt anlegen

Das Anlegen eines neuen Projekts passiert wie gewohnt. Die passenden Vorlagen finden Sie unter *Datenbankprojekte/SQL Server 2008*. Ein Vorteil des aktuellen VSDBPro ist, dass es mit verschiedenen SQL Server-Versionen zurechtkommt. Für den Einstieg empfiehlt es sich, unbedingt mit dem Assistenten zu beginnen (Abbildung 6.33). Sie werden dann Assistenten-typisch durch die Schritte für das Anlegen eines Datenbankprojekts geführt.

Ganz am Anfang werden Sie noch dem Projekttyp gefragt. Hierbei geht es darum, auf welcher Ebene Sie programmieren möchten: Server oder Datenbank. In den meisten Fällen geht es natürlich um eine Datenbankentwicklung (Abbildung 6.34). Sie legen hier auch eine sehr wichtige Einstellung für die Organisation der Projektdateien fest. Diese lassen sich nämlich entweder nach dem Schema oder nach dem Projekttyp zusammenfassen. Für größere Datenbank, bei denen viele Objekte in verschiedenen Schemata untergebracht sind, ist die erste Variante ganz sicher die bessere. Diese Einstellung betrifft unter anderem die Darstellung der Dateien im Projektordner.

Der nachfolgende Schritt ist unspektakulär. Allerdings sollen Sie darauf achten, die Einstellung der Datenbanksortierfolge zu kontrollieren und anzupassen. Abbildung 6.35 zeigt eine sinnvolle Variante.

Anschließend geht es um die Auswahl der zu importierenden Datenbank (Abbildung 6.36). Die Optionen dürften selbst erklärend sein. Der Assistent schlägt Ihnen vor, nicht mehr als 1000 Objekte in getrennten Dateien unterzubringen. In der Praxis ist es aber nicht so kritisch, wenn Sie hier einen höheren Wert verwenden.

Zu guter Letzt wird die Zieldatenbank für das Deployment der Objekte aus dem neuen Projekt eingestellt (Abbildung 6.37). Das kann ein gemeinsame Integrationsdatenbank sein, wenn mehrere Entwickler an einem gemeinsamen Projekt arbeiten, eine Testdatenbank oder die Produktivdatenbank. Das ist von der Konfiguration des Projekts abhängig. Interessante Einstellungen sind hier die Möglichkeit, die Zieldatenbank vor dem Ausliefern von Änderungen zu sichern und zu entscheiden, ob inkrementelle Änderungen verwendet werden sollen. Keine Sorge: Einstellungen, die Sie hier machen, können Sie später problemlos in den Projekteigenschaften ändern.

Nach *Fertig stellen* beginnt der Import in die Dateistrukturen des VSDBPro-Projekts. Dabei wird eine Ordnerstruktur erstellt, die der gewählten Organisation der Datenbankobjekte entspricht und es werden Skriptdateien für die einzelnen Objekte in den Ordnern angelegt. Zusätzlich wird eine zentrale *dbmdl*-Datei angelegt, die eine Offline-Darstellung des Datenbankmodells mit allen seinen Objekte enthält. Frühe Data Dude-Versionen haben SQL Server Express verwendet, um das Datenbankmodell zu speichern. Das ist inzwischen nicht mehr notwendig.

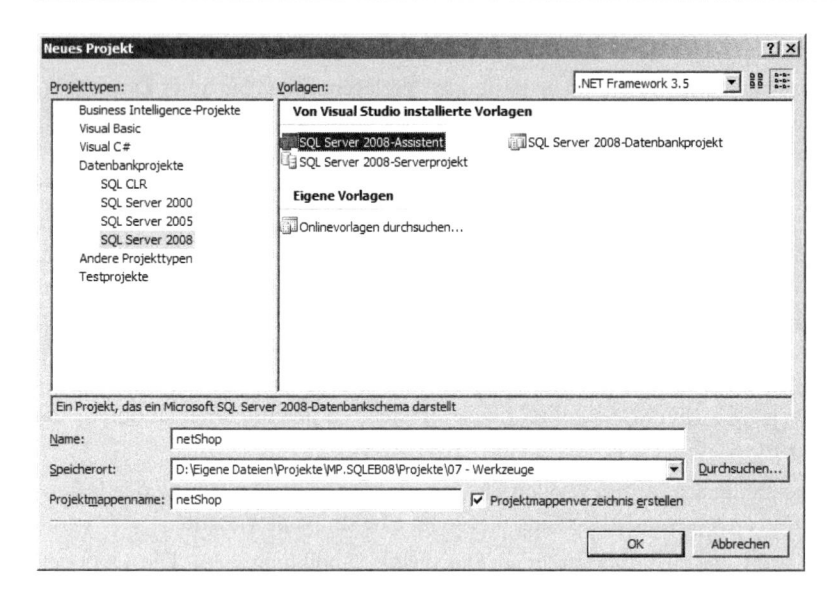

Abbildung 6.33 Neues VSDBPro-Projekt beginnen

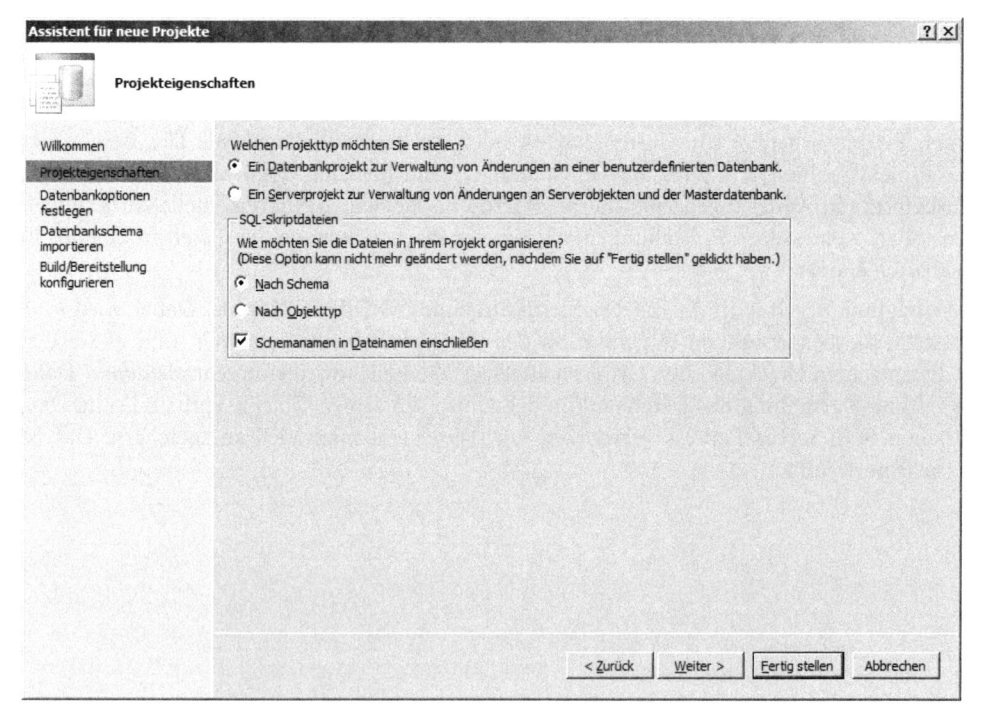

Abbildung 6.34 Projekteigenschaften einstellen

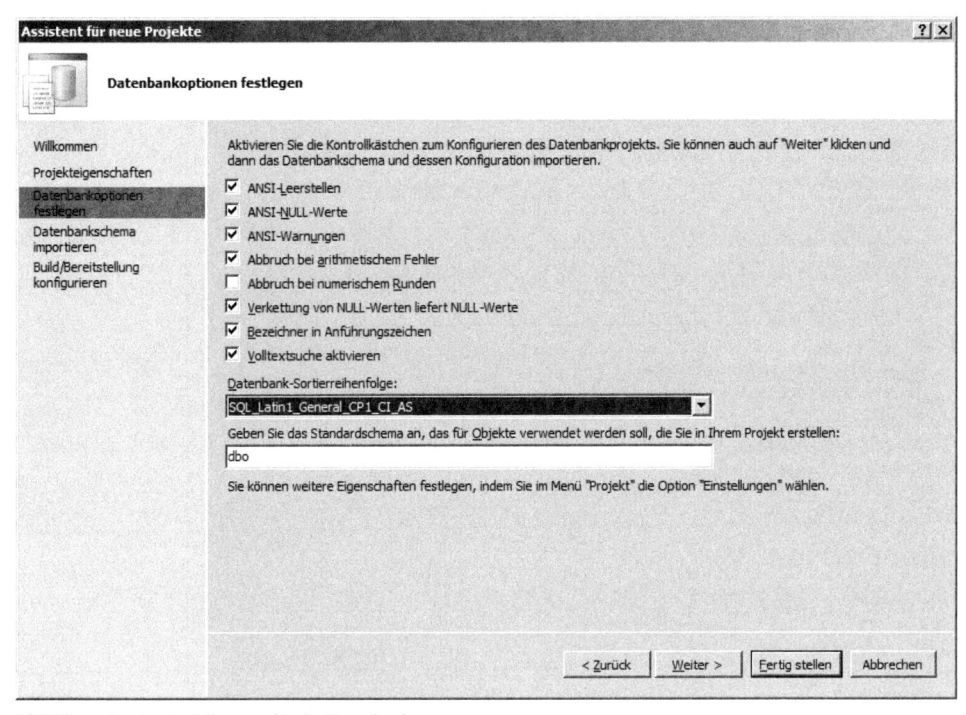

Visual Studio Team Edition for Database Professionals

Abbildung 6.35 Einstellungen für die Datenbank

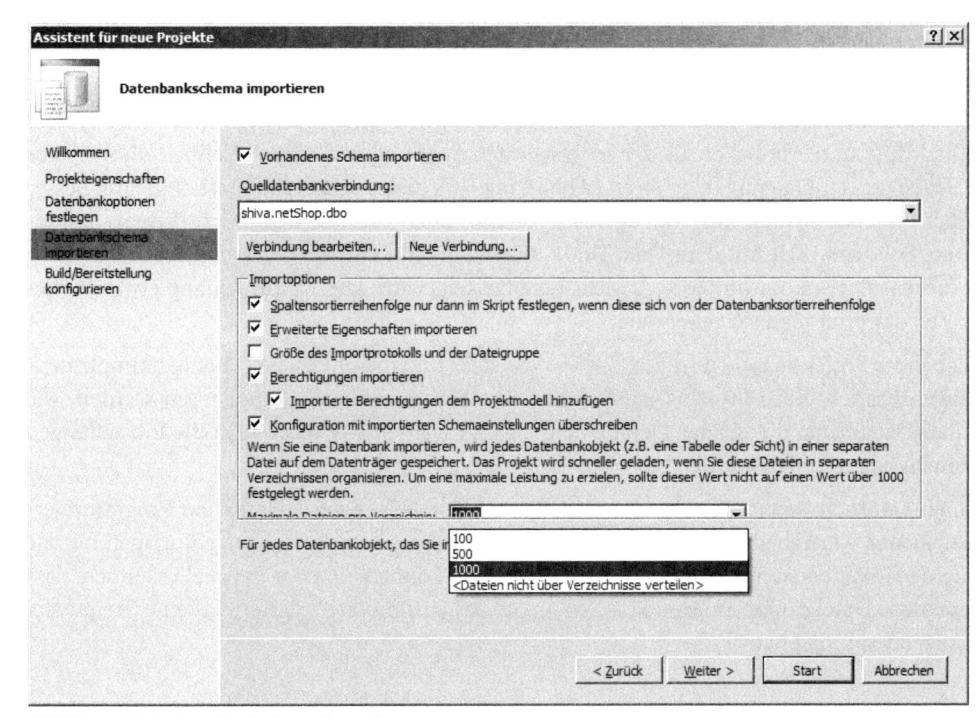

Abbildung 6.36 Datenbankschema importieren

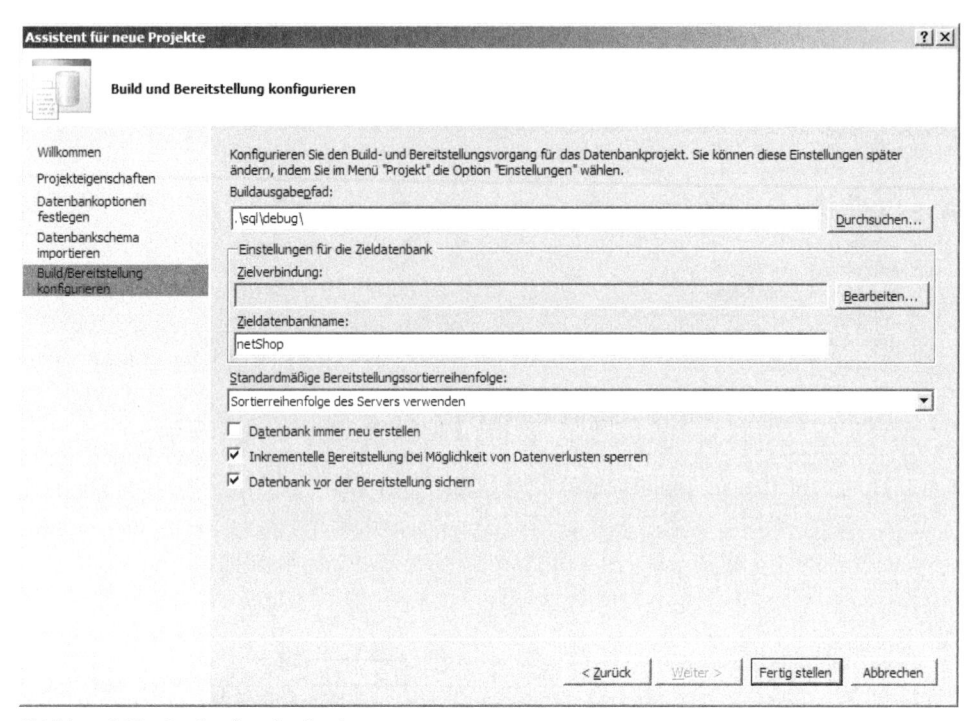

Abbildung 6.37 Bereitstellung konfigurieren

Darstellung einer Datenbank in Visual Studio

Nach dem Re-Engineering einer Datenbank findet man die generierten Skripte im Projektmappen-Explorer wieder. Es gibt zwei Ansichten: In der normalen Projektansicht findet man *alle* Artefakte, die zum Projekt gehören, dazu Hilfsskripte und Ähnliches. In der so genannten *Schemaansicht* ausschließlich die Objekte, die direkt zu den Schemata der Datenbank gehören (Abbildung 6.38). Diese Darstellung ist eindeutig besser aufgeräumt als die Projektansichten im Management Studio oder den herkömmlich Visual Studio-Datenbankprojekten. Bei der Arbeit mit dem Data Dude müssen Sie hin und wieder zwischen den Ansichten wechseln, da nicht jede Funktion in jeder Ansicht bereitgestellt wird. Das ist am Anfang etwas irritierend, nach kurzer Zeit gewöhnt man sich aber daran.

Die Logik innerhalb einer Projektmappe ist diese: Ein Projekt steht für eine physische Datenbankimplementierung. In den Eigenschaften eines Projekts kann daher eine Serververbindung angegeben werden, wie auch der Name einer Datenbank, die für das Deployment genutzt werden soll. Aber auch die Einstellungen der Datenbank können hier geändert werden.

Dem Projekt können natürlich weitere Objekte hinzugefügt werden. Neben den klassischen Programmierobjekten für Datenbanken, wie Tabellen oder gespeicherte Prozeduren, gibt es jede Menge Vorlagen für alle möglichen Aspekte der Datenbankentwicklung. In Abbildung 6.39 können Sie zum Beispiel erkennen, dass sich im Projekt eine neue Dateigruppe anlegen lässt. Wenn Sie das ausprobieren, dann wird eine Skriptdatei angelegt, die den folgenden Inhalt hat:

```
-- Do not change the database name.
-- It will be properly coded for build and deployment
-- This is using sqlcmd variable substitution
ALTER DATABASE [$(DatabaseName)]
    ADD FILEGROUP [BigData]
```

Listing 6.4 Skript für eine neue Dateigruppe

Sie erkennen hier ein Grundprinzip des Data Dudes: Alles ist Skript! Ob man das gut findet ist sicher auch eine Frage der persönlichen Vorlieben.

Einen Riesen-Vorteil bei der Arbeit mit VSDBPro ist die Überwachung der Konsistenz der Datenbankobjekte. Im Management Studio und auch in den klassischen Datenbanktools von Visual Studio bekommen Sie einfach nicht so leicht mit, wenn etwas im Datenbankmodell nicht stimmt. In VSDBPro dagegen werden in der Schemaansicht und im gewohnten Visual Studio-Fenster *Fehlerliste* Probleme angezeigt, die in den Objekten des Modells vorhanden sind. Das sind einerseits noch nicht bereinigte Syntaxfehler in den Skripten, die beim letzten Build aufgefallen sind und andererseits – und dies ist der große Sprung gegenüber den anderen Tools – nicht aufzulösende Abhängigkeiten zwischen den Objekten. Das können umbenannte Spalten sein oder gelöschte Tabellen. Im VSDBPro fallen Probleme sofort auf (Abbildung 6.40).

Abbildung 6.38 Schemaansicht eines VSDBPro-Projekts

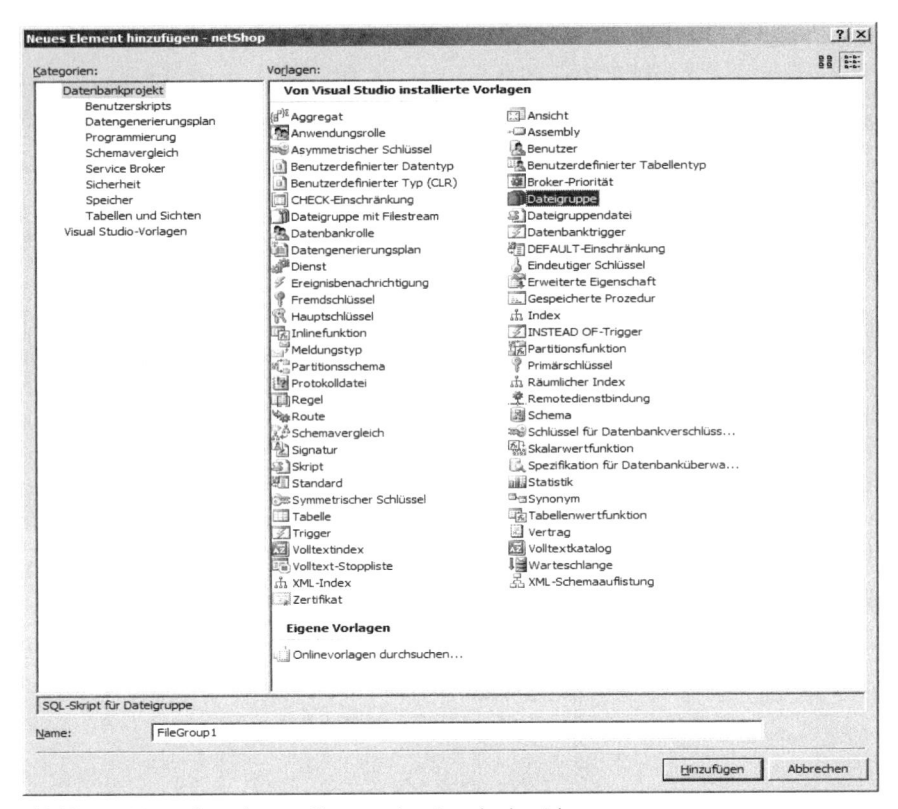

Abbildung 6.39 Vorlagen für neue Elemente eines Datenbankprojekts

Abbildung 6.40 Problem in einem Datenmodell

Objektänderungen durchführen und ausliefern

Wie bereits erwähnt arbeitet VSDBPro vollständig skriptorientiert. Wenn Sie beispielsweise der *netShop*-Tabelle *Sales.Customers* eine neue Spalte hinzufügen möchten, dann wählen Sie in einer der beiden Projektansichten die Tabelle aus und verwenden den Befehl *Öffnen* aus dem Kontextmenü. Daraufhin wird das Erstellungsskript für diese Tabelle in den T-SQL-Editor geladen und Sie fügen die neue Spaltendefinition direkt in den Quellcode ein.

Bevor Sie die Änderungen an die Zieldatenbank ausliefern können, müssen Sie – ganz so, als würden Sie in einem Programmiersprachenprojekt arbeiten – ein Build durchführen: Menü *Erstellen/netShop erstellen*. Beim Erstellen werden alle Dateien des Projekts auf Ihre Syntax und Konsistenz geprüft. Vor dem Bereitstellen über *Erstellen/netShop bereitstellen* wird der Build automatisch ausgeführt. Treten dabei Fehler auf, dann müssen Sie diese zunächst einmal aus der Welt schaffen, bevor es weiter gehen kann. Warnungen sollten Sie zwar beachten, diese verhindern das Ausliefern standardmäßig aber nicht. Einstellungen zum Build und zur Bereitstellung finden Sie unter den Eigenschaften des Projekts im Projektmappen-Explorer.

Vergleich von Schemata

Nachdem Änderungen an der lokalen Version des Schemas durchgeführt wurden, oder auch Schemaänderungen durch andere Entwickler im zentralen Entwicklungsserver durchgeführt wurden, kann es an der Zeit sein, die Schemata zu synchronisieren. Dazu dient die Funktion *Daten/Datenvergleich*. Sie können damit nicht nur das Schema Ihres Projekts mit einer Datenbank vergleichen, sondern auch zwei beliebige Datenbanken miteinander. Die Anwendung ist einfach. Nachdem Sie Quelle und Ziel ausgewählt haben, vergleicht VSDBPro zunächst *alle* Objekte miteinander und stellt die Unterschiede fest. Um die Angelegenheit übersichtlicher zu gestalten, können Sie anschließend Filter einsetzen, um sich beispielsweise nur die geänderten Objekte anzeigen zu lassen. Jede Abweichung lässt sich im Anschluss daran noch explizit bestätigen oder ausschließen bevor es an die Generierung eines Schema Update-Skripts oder das sofortige Update der Ziel-Datenbank geht. Ein Skript macht sich natürlich immer etwas besser, da man es zu Dokumentationszwecken aufheben kann.

Soll nicht der Zielserver angepasst werden, sondern das lokale Projekt, dann wählt man am Anfang die Datenverbindungen entsprechend aus. Einen Vergleich in beide Richtungen gibt es leider nicht. So muss man den Schemavergleich und das Update eventuell in zwei Schritten durchführen.

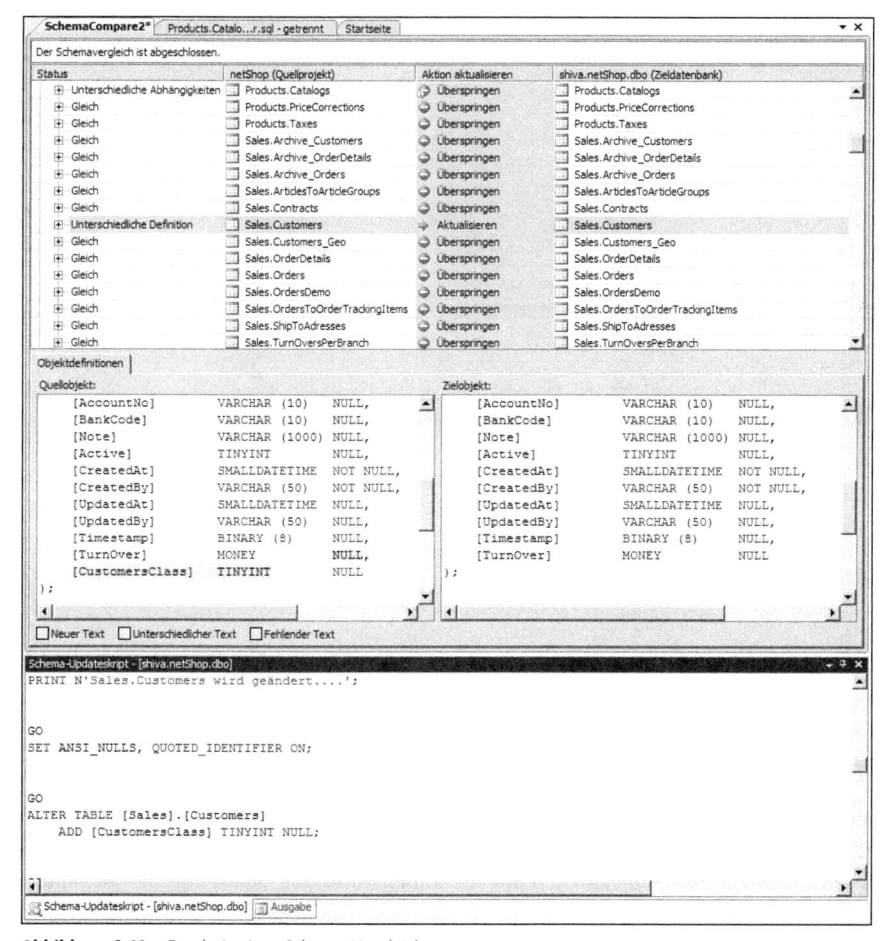

Abbildung 6.41 Ergebnis eines Schema-Vergleichs

Vergleich von Daten

Hin und wieder kann es beim Entwickeln einer Lösung sehr nützlich sein, ein Werkzeug zu besitzen, das die *Inhalte* von Tabellen vergleichen kann. So lässt sich unter anderem in Testläufen feststellen, welche Änderungen durch eine Applikation in einer Datenbank vorgenommen wurden und ob das den Erwartungen entspricht. Die entsprechende Funktion ist wieder sehr leicht anzuwenden. Nach der Auswahl der Quell- und Zielverbindung kann man die zu untersuchenden Tabellen und Sichten auswählen oder einfach alles vergleichen lassen. VSDBPro benötigt zur Identifizierung der Datensätze jeweils eine eindeutige Spalte.

In Abbildung 6.42 findet man das Ergebnis eines Vergleichs. Im Ziel ist in der Tabelle *Sales.Orders* ein zusätzlicher Datensatz vorhanden. Auch beim Datenvergleich gilt das gerade zum Schemavergleich Gesagte: Sie können ein Update-Skript generieren lassen (und vorher einzelne Datensätze ausschließen), welches das Ziel an die Quelle anpasst. Das ist wieder unidirektional. Am Anfang des Update-Skripts finden Sie einige Kommentare, die Ihnen erklären, was bei der Ausführung in der Zieldatenbank passieren wird und den wertvollen Hinweis, das Ziel zu sichern, was sicher keine schlechte Idee ist.

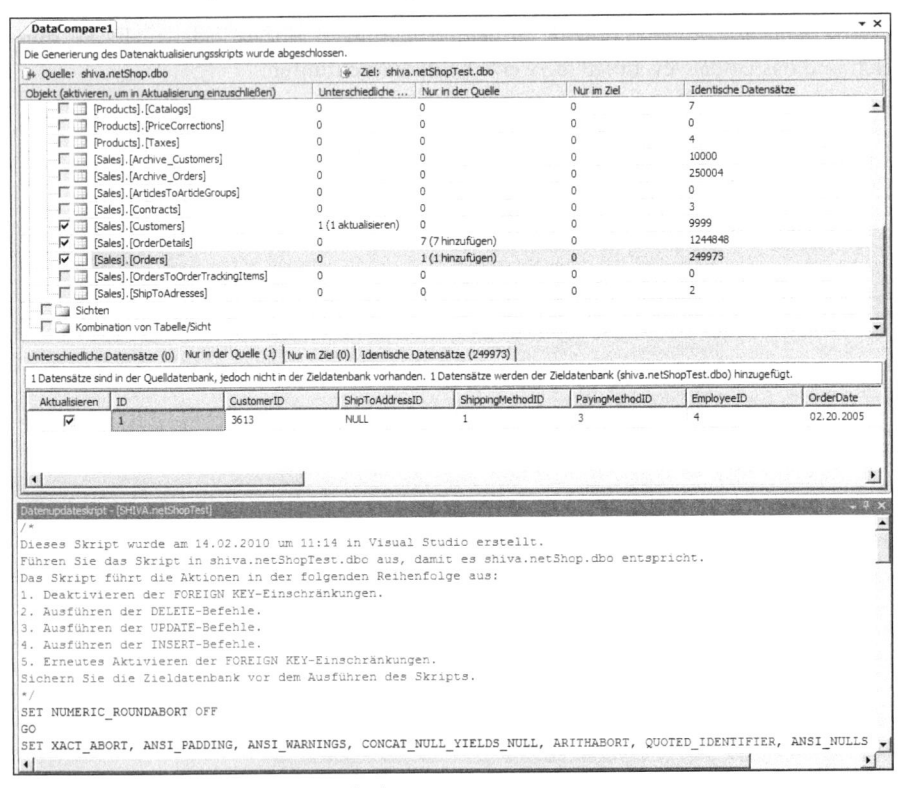

Abbildung 6.42 Ergebnis eines Datenvergleichs

Refactoring in einer Datenbank

Eines der üblichen Probleme in jedem Projekt (nicht nur in Datenbankprojekten) ist eine unglückliche Namensvergabe, die nachträglich angepasst werden soll. Die Änderung, beispielsweise eines Spaltennamens, kann natürlich sehr heikel sein, wenn andere Objekte sich auf die Tabelle und den Spaltennamen beziehen. Sinn eines automatisierten Refactorings ist unter anderem die Anpassung des geänderten Namens in allen abhängigen Objekten.

Visual Studio Team Edition for Database Professionals

In SQL Server 2008 werden die Abhängigkeiten zwischen den Objekten besser nachvollzogen als in Vorgängerversionen. Ein automatisches »Durchreichen« von Änderungen finden Sie im Management Studio aber nicht. Diese Funktion verbirgt sich hinter dem »gelungenen« Namen *Daten/Umgestalten* im VSDBPro-Menü. Es gibt noch andere Refactoring-Möglichkeiten. Insgesamt haben die die folgenden Funktionen zur Verfügung:

- **Umbenennen**   Systematisches Umbenennen eines Elements im gesamten Datenmodell
- **Verweise auf einen Server oder eine Datenbank umbenennen**   Wenn in Abfragen Verbindungsserver oder Datenbanken referenziert werden – also ein mehrteiliger Objektname verwendet wird – dann können durch diese Funktion die entsprechenden Namensanteile global ausgetauscht werden
- **In Schema verschieben**   Passt die vollqualifizierten Referenzen auf ein Objekt an, nachdem dieses in ein anderes Schema verschoben wurde
- **Platzhalter erweitern**   Ersetzt das Symbol »*« in SELECT-Befehlen durch die vollständige Spaltenliste
- **Vollqualifizierte Namen**   Ersetzt Bezeichner ohne Angabe des Schemanamens durch den vollqualifizierten Namen

In Abbildung 6.43 sieht man die Informationen, die von VSDBPro vor dem Ändern eines Spaltennamens angeboten werden.

Das Refactoring von Spaltennamen ist leider – ganz genau wie das Ändern von Tabellen an sich – nicht komplett »schmerzfrei« gelöst. Leider wirft SQL Server die betreffende Tabelle einfach komplett weg, ohne die enthaltenen Daten zu retten. Der einzige »Komfort« ist eine kleine Warnung. Das ist, milde ausgedrückt, suboptimal. Ansonsten werden viele Entwickler doch wieder direkt im Management Studio arbeiten, denn dieses verhindert einen Datenverlust automatisch.

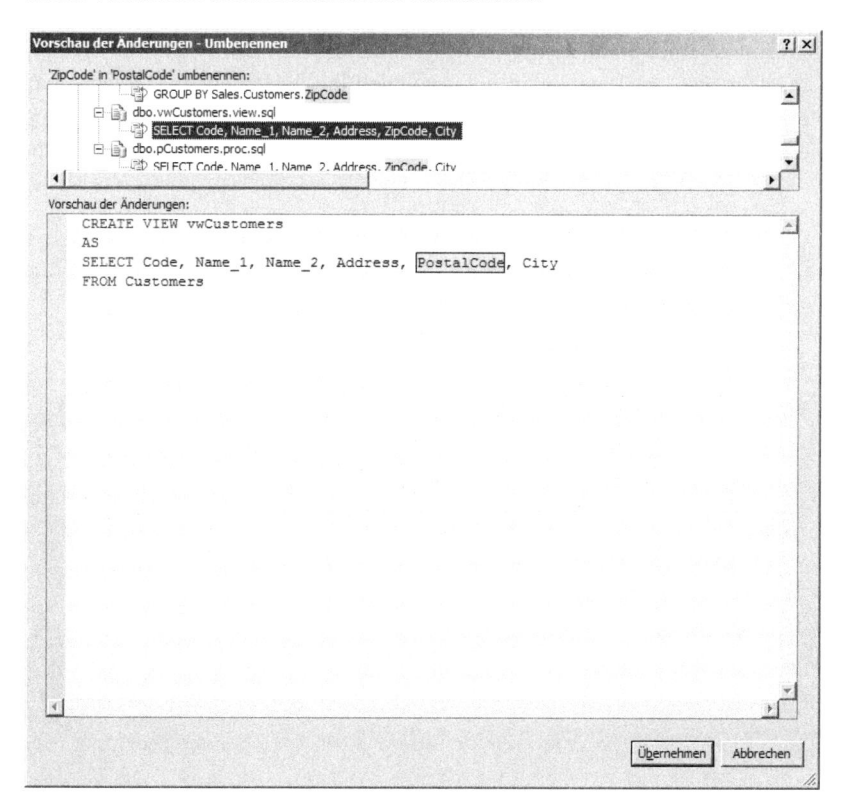

Abbildung 6.43   Vorschau auf die Änderungen bei einer Umbenennung

Automatisieren von Datenbanktests

Allein schon die Möglichkeit, serverseitigen T-SQL-Code in ein Testverfahren einzubinden, macht VSDBPro attraktiv. Das ordentliche Testen von Code ist eine aufwändige Angelegenheit und wird daher gerne »vergessen«. Werkzeuge setzen die Schwelle beim Einsatz von Testverfahren herab. Dennoch ist der Aufbau von Testszenarien natürlich mit einem gewissen Aufwand verbunden. Das beginnt mit der Bereitstellung konsistenter Testdatenmengen.

Generierung von Testdaten

Um Datenbankanwendungen zu testen, sollen Daten in ausreichender Menge generiert werden. Für das Auffüllen der *netShop*-Datenbank wurden eigens T-SQL-Scripts geschrieben. Im VSDBPro können die *Data Generation Plans* einem Entwickler einen Großteil der Arbeit abnehmen. Die erzeugten Daten sind dabei allerdings weitgehend zufällig. Das hilft nicht in jeder Situation weiter, ist aber für viele Test durchaus ausreichend. Nach dem Anlegen eines neuen Data Generation Plans (über *Hinzufügen* im Projektmappen-Explorer) wird ein Designer angezeigt, in welchem man einfach die Anzahl der zu generierenden Daten pro Tabelle einträgt, Aussagen über Abhängigkeiten zwischen Tabellen macht und die Art und Weise definiert, wie Spalten gefüllt werden sollen (Abbildung 6.44).

Für das Erzeugen von Testdaten stehen verschiedene »Generatoren« zur Verfügung. Im einfachsten Fall kann man mit Zufallswerten arbeiten. Wenn es etwas realistischer zugehen soll, dann können die Werte durch SQL-Abfragen zur Verfügung gestellt werden (*Datengebundener Generator*) oder, wenn es um Textfelder geht (speziell solche, die Codes beinhalten), kann mit regulären Ausdrücken gearbeitet werden. Was sich nicht trivial lösen lässt, ist die Abhängigkeit von Spaltenwerten untereinander, also beispielsweise das Eintragen einer passenden Postleitzahl zu einer Stadt. Andererseits ist es schön, dass die Daten für abhängige Tabellen völlig problemlos angelegt werden. Wenn man eine wohlgefüllte Testdatenbank erzeugt hat, dann sollte man diese als Kopie vorhalten, falls man statische Testdaten benötigt. Vor der Durchführung eines Testlaufs müssen dann die Daten der Entwicklungsdatenbank per T-SQL-Skripte aus der Testdatenbank einkopiert werden.

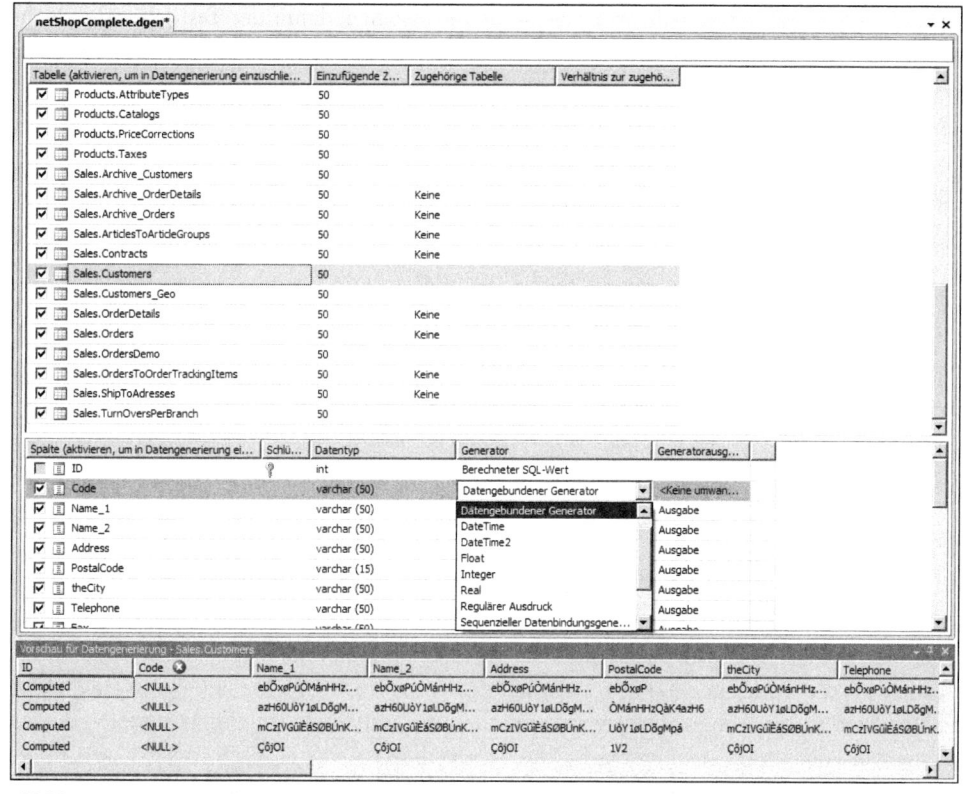

Abbildung 6.44 Designer für einen Data Generation Plan

Unit Tests

Mithilfe von Unit Tests werden im Allgemeinen Klassen und deren Methoden Tests unterzogen. In einer T-SQL-Umgebung hat man es mit gespeicherten Prozeduren, benutzerdefinierten Funktionen und Triggern zu tun. Etwas einfacheren Programmierobjekten also. In Visual Studio gibt es einen speziellen Projekttyp für das Durchführen von automatisierten Tests – ein Testprojekt eben.

Bevor Sie Unit Tests für Ihre Datenbankobjekte entwickeln müssen Sie zunächst einmal ein Testprojekt einrichten. Dabei geben Sie unter anderem an, gegen welche Datenbank die Tests ausführt werden sollen und ob vor der Durchführung der Tests ein Datengenerierungsplan ausgeführt werden soll oder ein Deployment eines Projekts passieren soll. Das Sie beim Anlegen eines *Datenbankkomponententests* implizit eine Visual Basic-Testklasse erstellt hat keine tiefere Bedeutung, wenn Sie nur mit T-SQL-Code arbeiten möchten. Wenn Sie einen Unit Test für eine Prozedur erstellen möchten, dann können Sie diese aber auch einfach im Projekt-Explorer auswählen und den Kontextbefehl *Komponententest erstellen...* verwenden. Abbildung 6.45 zeigt, wie ein Test für die Prozedur *Sales.spCustomersCountByCity* (Listing 6.5) angelegt wird.

Im Codefenster definiert ein Entwickler den Aufruf der Prozedur, gibt Argumente für Parameter an und so weiter. Zu diesem Aufruf (oder diesen Aufruf*en*) können nun ein oder mehrere Testbedingungen definiert werden, die erfüllt sein müssen, damit der Test als erfolgreich gilt. Im Beispiel findet man eine Bedingung vom Typ *Skalarwert*. Hier wird – wie der Name schon sagt – ein bestimmter Wert in einer Ergebnismenge ausgewertet. Für das Argument »Berlin« wird also immer der Wert 744 erwartet. Ist das der Fall, dann gilt dieser Test als erfolgreich absolviert. Die zweite Testbedingung dieses Beispieltests ist eine Bedingung für die

Ausführungszeit. Das Ergebnis muss innerhalb von 5 Sekunden erscheinen, damit der Test fehlerfrei duchlaufen wird.

```sql
CREATE PROCEDURE Sales.spCustomersCountByCity
    @City varchar(50) = NULL
AS
IF (@City IS NULL)
    RETURN -1
ELSE
    BEGIN
        RETURN ( SELECT COUNT(*) FROM Sales.Customers WHERE City = @City )
    END
```

Listing 6.5 Einfache Beispielprozedur

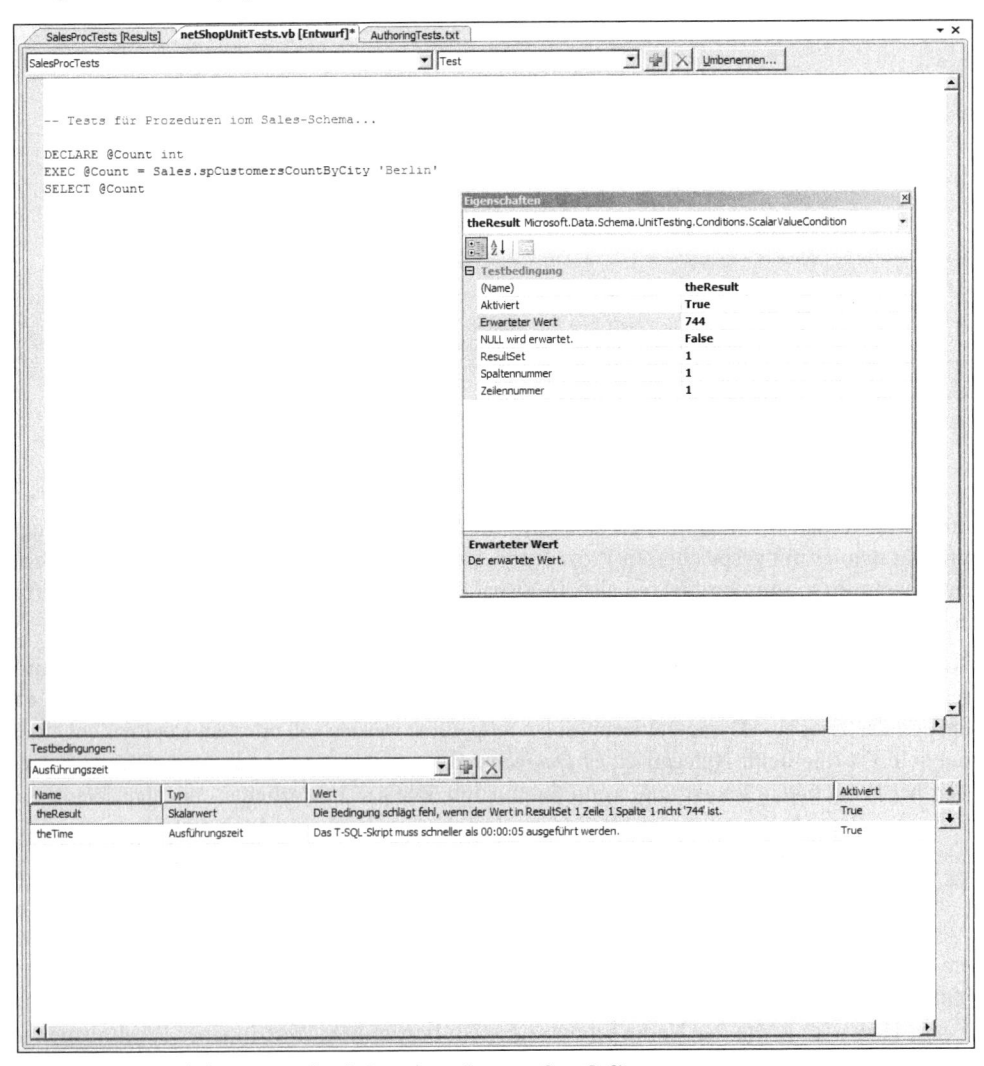

Abbildung 6.45 Einfacher Unit Test für die Prozedur *spCustomersCountByCity*

Zu einem Testprojekt ließe sich natürlich noch einiges mehr berichten: Tests können zu Gruppen zusammengefasst werden, es kann mit verschiedenen Konfigurationen gearbeitet werden, das optimale Testmanagement muss gefunden werden – aber das ist schon wieder ein anderes Buch.

Statische Codeanalyse

Der letzte Teil von VSDBPro beschäftigt sich mit der statischen Codeanalyse. Wie der Name schon sagt, geht es bei der statischen Codeanalyse um die Untersuchung von Quellcode, der nicht ausgeführt wird. Der Code wird auf die Einhaltung von Codierungsregeln und – soweit das geht – Best Practices hin untersucht.

VSDBPro wird mit einem vorgefertigten Regelsatz ausgeliefert. In den Einstellungen eines Projekts können Sie festlegen, welche dieser Regeln angewendet werden sollen und ob eine Regelverletzung als Fehler gelten soll. Dies würde ein Deployment der Datenbank verhindern. Ein Blick auf die Abbildung 6.46 ist sehr instruktiv. Ich denke unter einer Regel, wie »Vermeiden Sie die Verwendung von SELECT *...« kann man sich etwas vorstellen. Potenziell lässt sich der Satz dieser Regeln erweitern. Leider ist dies in der Praxis aber so aufwändig, dass in Projekten die Zeit dafür zu knapp sein wird.

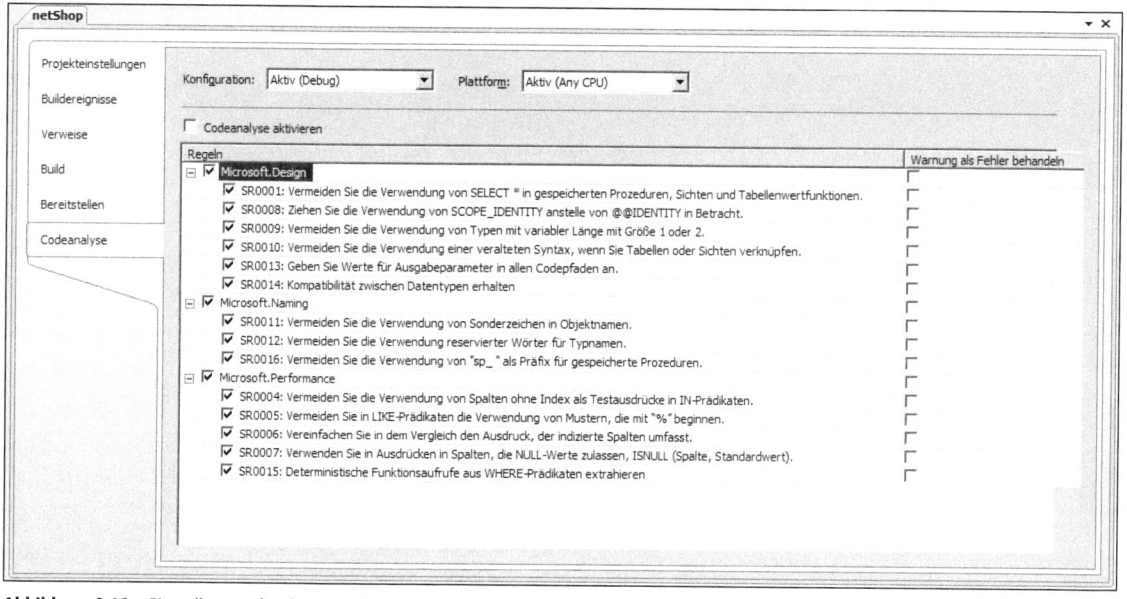

Abbildung 6.46 Einstellungen für die statische Codeanalyse

Die zum Zeitpunkt des Schreibens dieses Buchs vorliegende Version »Visual Studio Team System 2008 Database Edition GDR R2« zeigt viele gute Ansätze, aber auch noch »Luft nach oben« in manchen Details. Allerdings gibt es auch nichts Vergleichbares auf dem Werkzeugmarkt. Wenn Sie über das Team System oder ein passendes MSDN-Abo verfügen, gehört Ihnen ja sowieso eine Version dieses Tools: Beschaffen Sie sich eine Version und testen Sie diese! Für das Entwickeln größerer Datenbankanwendungen im Team bietet der Data Dude viele Vorteile – er hilft den T-SQL-Code konsistent und fehlerfrei zu halten und durch Tests die Codequalität zu sichern. Und auch, wenn Sie nicht im Team arbeiten, können Sie sicher die eine oder andere Funktion gut nutzen und ein Tool ersetzen, für das Sie ansonsten ein paar Dutzend Euro oder mehr hinblättern müssten.

Kapitel 7

Datenbanken einrichten und verwalten

In diesem Kapitel:

Die Speicherplatzverwaltung von SQL Server	156
Anlegen einer Datenbank	169
Datenbanken verwalten	185
Datenbanksnapshots	194
Performance-Überlegungen	199

In diesem Kapitel geht es um die wesentlichen Grundlagen des Speichermanagements von SQL Server, es werden verschiedenen Verfahren für das Anlegen neuer Datenbanken vorgestellt und gezeigt, wie Sie typische Aufgaben im Umgang mit Datenbanken und Datenbankdateien lösen können. Warum soviel Theorie? Ein Beispiel: Mich erreichte einmal der ausgesprochen dringliche telefonische Hilferuf eines Kunden. Die Datenbank »stand« und damit auch die Applikation. Es konnten keine Daten mehr eingefügt werden. Der Administrator hatte den Fall bereits untersucht und festgestellt, dass innerhalb einiger Wochen eine Datenbankdatei, das so genannte Transaktionsprotokoll, unbemerkt sehr stark gewachsen war, bis es die Festplatten des üppigen RAID-Systems vollständig ausfüllte. Was ihm seltsam erschien: Die eigentliche Datenbankdatei, welche bei SQL Server die Tabellen und andere Objekte beinhaltet, hatte eine Größe von nur 50 GByte, das Transaktionsprotokoll, welches – der Name deutet es bereits an – die Änderungen an einer Datenbank protokolliert, war bereits über 200 GByte groß.

Der Kunde vermutete ein Problem bei der SQL Server-Software. Die Ferndiagnose ergab schnell, dass SQL Server unschuldig war. Die Datenbank wurde mit Standardoptionen eingerichtet, was bedeutet, dass der Server keine Transaktionen »vergisst«. Das Protokoll wächst immer weiter, und dies ist ein durchaus sinnvolles Verhalten. Warum, das erfahren Sie in den folgenden Abschnitten und auch, wie eine Datenbank eingerichtet wird, um Stillstand zu vermeiden.

Die Speicherplatzverwaltung von SQL Server

Bevor ich Sie mit dem Anlegen neuer Datenbanken vertraut mache, möchte ich Ihnen zunächst einmal vorstellen, wie SQL Server mit Speicherplatz umgeht, da diese Kenntnisse für das Planen *jeder* Datenbank wesentlich sind. Geht es nur um kleine Desktop-Datenbanken mit ein paar Dutzend MB Inhalt, dann braucht man sich in der Regel keine besonders ausführlichen Gedanken zu machen. Aber schon bei einem Abteilungs-System mit SQL Server Express, der ja bis zu 4 GByte große Datenbanken verwalten kann, führt die Einhaltung von ein paar einfachen Grundregeln zu leistungsfähigeren und sichereren Systemen. Ganz anders sieht es bei High-End-ERP-Systemen und Applikationen aus, die wirklich große Datenmengen verkraften müssen. Typische ERP-Systeme managen Datenbankgrößen, bei denen es um einige hundert GB gehen kann, und bei Data Warehouse Datenspeichern kommen schon einmal Terrabytes zusammen. Bei diesen Größenordnungen ist die Planung des Dateilayouts essentiell und genau so wichtig, wie ein gutes Datenbankdesign. Die Grundlagen sind aber für alle Systeme identisch und die Implementierungsprinzipien ebenfalls.

SQL Server benutzt pro Datenbank mindestens zwei Dateien, die ganz unterschiedliche Aufgaben übernehmen. Bei großen Systemen ist es üblich, dass die Daten auf eine Vielzahl von Dateien verteilt sind, die sich auf unterschiedlichen physikalischen Laufwerken befinden. Dadurch kann sowohl die Leistungsfähigkeit als auch die Ausfallsicherheit einer Datenbank spürbar gesteigert werden.

Die SQL Server-Grundlagen, die Sie an dieser Stelle kennen lernen werden, helfen Ihnen bei Projekten *jeder* Größe. Ein elementares Verständnis des internen Aufbaus einer SQL Server-Datenbank ist für eine Vielzahl von Fragestellungen, vom ersten Einrichten einer Datenbank auf einem gegebenen Server über Backup- und Restore-Fragestellungen bis hin zur Indizierung und zum Tuning notwendig. Ich beginne die Übersicht über die SQL Server-Speicherstrukturen »ganz oben« mit dem Verwaltungseintrag in der Master-Datenbank und erkläre anschließend den Aufbau der Datenbankdateien bis hinab zu einigen elementaren Speicherstrukturen.

Grundlagen der SQL Server-Speicherwaltung

Wenn eine neue Datenbank auf einer SQL Server-Instanz angelegt wird, trägt diese eine neue Zeile in eine Systemtabelle der Master-Datenbank (*master*) ein. Über die Katalogsicht *sys.databases* können Sie auf die gespeicherten Informationen lesend zugreifen. In dem Datensatz der Systemtabelle werden unter anderem der logische Name einer Datenbank, ihr momentaner Status (zum Beispiel *online* oder *offline*) sowie der Pfad zur allerersten und gleichzeitig wichtigsten Datendatei hinterlegt. Bei SQL Server können Sie den Namen der Datenbank und der Datendateien völlig frei vergeben. Natürlich macht es Sinn, in den Bezeichnungen der Datendateien den Datenbanknamen auftauchen zu lassen, um die Zuordnung zu erleichtern. Die Clients von SQL Server verbinden sich über den Instanznamen und dem logischen Datenbanknamen mit einer bestimmten Datenbank. Der Eintrag in der Systemtabelle für die *netShop*-Beispieldatenbank dieses Buchs sieht folgendermaßen aus, wobei nur die wichtigsten Spalten dargestellt sind, welche von *sys.databases* geliefert werden:

Name	database_id	owner_sid	state_desc	create_date	user_access_desc
netShop	7	0x010515...	ONLINE	08.01.2003...	MULTI_USER

Sie können diese Informationen mit einem Skript, wie dem folgenden abfragen:

```
USE master
SELECT * FROM sys.databases WHERE [Name] = 'netShop'
```

Listing 7.1 Datenbankinformationen abfragen

> **HINWEIS** Für SQL Server 2000-Kenner: Die Kataloginformationen in der 2008er-Version unterscheiden sich dramatisch von denen in 2000. Zum Beispiel wird der Pfad zur primären Datei nicht mehr angezeigt und die Spaltennamen sind überarbeitet worden. Ihre alten Programme und Skripte laufen aber immer noch, da eine Kompatibilitätssicht *sysdatabases* eingeführt wurde, die exakt die Informationen der gleichnamigen alten Systemtabelle enthält.

Das ist auch schon alles, was zu einer Datenbank in den Systemtabellen der *master*-Datenbank zu finden ist. Sämtliche weiteren Informationen befinden sich in den eigentlichen Datenbankdateien selbst. Da der Server nur sehr wenige Informationen zu einer Datenbank verwaltet (eben genau eine Zeile in einer Tabelle des Systemkatalogs), sind die meisten Datenbankoperationen sehr einfach durchzuführen. Möchte man eine Datenbank aus einem Server aushängen (der Vorgang heißt in der GUI *trennen*), um die Dateien auf andere Festplatten zu verschieben – ein Vorgang, der *Detach* genannt wird – dann muss eben nur dieser eine Eintrag aus der Systemtabelle entfernt werden.

Zu jeder SQL Server-Datenbank gehört eine *primäre Datei*. Diese besitzt für gewöhnlich die Dateinamenserweiterung *MDF*. Sie können der Datei beim Anlegen zwar problemlos eine andere Namenserweiterung mitgeben, sollten sich aber besser an den Standard halten, um Verwechslungen zu vermeiden. Die primäre Datei enthält die zu einer Datenbank gehörenden Systemtabellen. Sie bildet gewissermaßen die Seele einer Datenbank und ihr Verlust kann schlimme Folgen haben. Die interne Verwaltung einer Datenbank ist vollständig davon abhängig, dass deren Systemtabellen, die in der Gesamtheit den so genannten Datenbankkatalog bilden, vorhanden und konsistent sind. Eine der grundlegenden Informationen, die SQL Server in der primären Datei findet, ist die Liste der zu einer Datenbank gehörenden weiteren Datenbankdateien. Diese können Sie über die Katalogsicht *sys.database_files* abfragen. Das geht allerdings nur innerhalb des korrekten Datenbankkontextes.

```
USE netShop
SELECT * FROM sys.database_files
```

Listing 7.2 Dateiinformationen abfragen

Das Ergebnis sieht, wieder etwas vereinfacht dargestellt, so aus:

fileid	type_desc	growth	state_desc	name	physical_name	size
1	ROWS	1280	ONLINE	netShop_data	D:\Daten\netshop_data.mdf	13184
2	LOG	1280	ONLINE	netShop_log	D:\Daten\netshop_log.ldf	128
3	ROWS	1280	ONLINE	netShop_archive_data	D:\Daten\netShop_archive_data	2560
4	ROWS	1280	ONLINE	netShop_blob_data	D:\Daten\netShop_blob_data.ndf	13184

Im dargestellten Beispiel haben Sie es mit einer Datenbank zu tun, die sich aus vier Dateien zusammensetzt: einer primären Datei mit dem logischen Namen *netShop_data* und dem Speicherort *D:\Daten\netshop_data.mdf*, einer so genannten Transaktionsprotokolldatei mit dem logischen Namen *netShop_log* und dem Speicherort *D:\Daten\netshop_log* sowie zwei weiteren Datendateien, die als sekundäre Datendateien bezeichnet werden. In den Systemsichten befinden sich noch weitere interessante Informationen für SQL Server, beispielsweise der aktuelle Umfang der in der Datei gespeicherten Daten (wird als *size* angezeigt) oder die in der Datenbank gesetzten Optionen (als Klartext in der Spalte *status_desc* zu sehen). Es wäre auch denkbar, dass für einzelne Dateien eine maximale Größe für den Speicherplatz angegeben wird und Sie festlegen, dass Dateien automatisch bis zu dieser Obergrenze vergrößert werden dürfen. Solche Werte landen natürlich ebenfalls in den Systemtabellen und können über die Systemsicht *sys.database_files* abgefragt werden. Auf diese und andere Einstellungen kommen wir später noch zu sprechen.

Datendateien

Die Daten, die der SQL Server in den Tabellen einer Datenbank speichert, die Indexdaten und die von Entwicklern angelegten Datenbankobjekte werden in den SQL Server Datendateien gespeichert. Man unterscheidet primäre und sekundäre Datendateien.

Neben den Informationen des Datenbankkatalogs enthält die primäre Datei einer Datenbank im Normalfall auch Benutzerdaten. Während die Systemtabellen nur einen ganz geringen Anteil des Speicherplatzes ausmachen (ca. 1 bis 2 MByte), können die eigentlichen Daten im Laufe der Zeit sehr umfangreich werden. Da stellt sich natürlich die Frage, ob es eine Obergrenze für die Größe von Datenbankdateien gibt. SQL Server verwendet ganz normale NTFS-Dateien und diese können maximal so groß werden wie das logische Laufwerk, auf dem sie sich befinden. Theoretisch kann NTFS Dateien von einer Größe bis zu 18 Terabyte verwalten. Eine Ausdehnung über mehrere Laufwerksbuchstaben hinweg ist nicht möglich, jedoch lässt sich über einen logischen Laufwerksbuchstaben ein RAID-System mit vielen Festplatten ansprechen und damit werden auch sehr große Dateien machbar. Die Verwendung von FAT 32-Dateien ist zwar möglich, macht allerdings auf einem »richtigen« Datenbankserver aus Leistungs- und Sicherheitsgründen überhaupt keinen Sinn.

Reicht der Plattenplatz auf einem logischen Laufwerk nicht aus, dann können einer Datenbank jederzeit weitere Dateien hinzugefügt werden. Diese heißen *sekundäre Datendateien* und bekommen traditionell die Endung NDF.[1] Um die Verteilung der Daten brauchen Sie sich nicht zu kümmern. Hat der Server mehr als eine Datenbankdatei zur Verfügung, dann verteilt er die Daten möglichst gleichmäßig proportional zum verfügbaren Speicherplatz über alle Dateien hinweg. Dieses Verhalten kann bei großen Systemen auf RAID-Laufwerken für die Optimierung des Datenzugriffs genutzt werden.

Die elementare Verwaltungseinheit für Speicherplatz innerhalb einer SQL Server-Datendatei ist die *Speicherseite*. Ähnlich wie ein Betriebssystem teilt der Server die zu verwaltenden Informationen in Einheiten auf, die über ein Adressierungsverfahren angesprochen werden können. Eine Speicherseite (*Page*) ist genau 8 KByte groß. I/O-Operationen auf kleinster Ebene werden über diese Datenstruktur abgewickelt. Zieht man interne Verwaltungsinformationen ab, so können auf einer Seite 8.060 Byte an Daten untergebracht werden. Der restliche Platz auf einer Seite wird zwischen einem Seiten-Header mit Systeminformationen (96 Byte) und einer Zeilenoffsettabelle am Ende einer Seite aufgeteilt. Im Header sind u. a. die Seitennummer, der Typ der Seite (z. B. Daten, Index, Text/Image, ...) und der freie Speicherplatz verzeichnet. Die Zeilenoffsettabelle enthält den Anfang jeder einzelnen Datenzeile auf der Speicherseite. Aus diesem physikalischen Aufbau entstehen Randbedingungen für die Programmierung: So kann ein einzelner Datensatz auf einer Seite zunächst einmal nicht größer als 8060 Byte werden, da Datensätze nicht über Seiten hinweg verteilt werden können. Die maximale Größe einer Spalte vom Datentyp *varchar* beträgt 8.000 Byte.

In SQL Server 2008 müssen Sie als Programmierer nicht befürchten, dass Ihr Programm auf einen Fehler läuft, wenn der Speicherplatz für dynamisch verwaltete Datentypen (wie varchar, nvarchar) eine Speicherseite überschreitet. In diesem Fall werden von der Datenbankmaschine einzelne Spalten, beginnend mit der größten, in spezielle Überlauf-Datenbereiche verschoben. Diese Speicherbereiche sind anders (vor allem nicht so effektiv) organisiert und haben keine Einschränkung für den verfügbaren Speicherplatz. Sie sollten beim Entwurf von Tabellen dennoch darauf achten, dass Ihre Daten nach Möglichkeit auf einer Speicherseite Platz finden. Der Zugriff ist dann wesentlich effektiver möglich und das gilt für jede Art von Operation – Abfragen, Sortierungen und Aktualisierungen. Bei der Verwendung eines so genannten gruppierten Index (mehr dazu erfahren Sie im Indexkapitel) sind Überlaufdaten nicht erlaubt. Es gibt spezielle Datentypen wie *varchar(max)*, *image* oder *xml*, die prinzipiell außerhalb der normalen Speicherseiten gehalten werden. Für eine Spalte von dieser Art findet man innerhalb einer Datenseite nur einen Zeiger auf eine B-Baumstruktur.

Es kann bei der Planung umfangreicher Tabellen sinnvoll sein, über den Speichernutzung von Datenseiten nachzudenken. Haben die Datensätze zum Beispiel eine feste Größe von 4 KByte, dann wird fast 50% des Plattenplatzes verschenkt und das Lesen ist entsprechend langsamer, da eine viel zu große Datenmenge (mit leerem Inhalt) zwischen Festplatte und Arbeitsspeicher transportiert werden muss.

---

[1] Vielleicht fragen Sie sich, wie es zu den Bezeichnungen *MDF* und *NDF* kommt. MDF steht für *Master Data File* und NDF für *Secondary Data File*. Es wird auf ewig ein Rätsel bleiben, warum die Abkürzung für die sekundären Dateien nicht »SDF« lautet. Möglicherweise waren diese Buchstaben schon vergeben, als der liebe Gott die Akronyme verteilt hat.

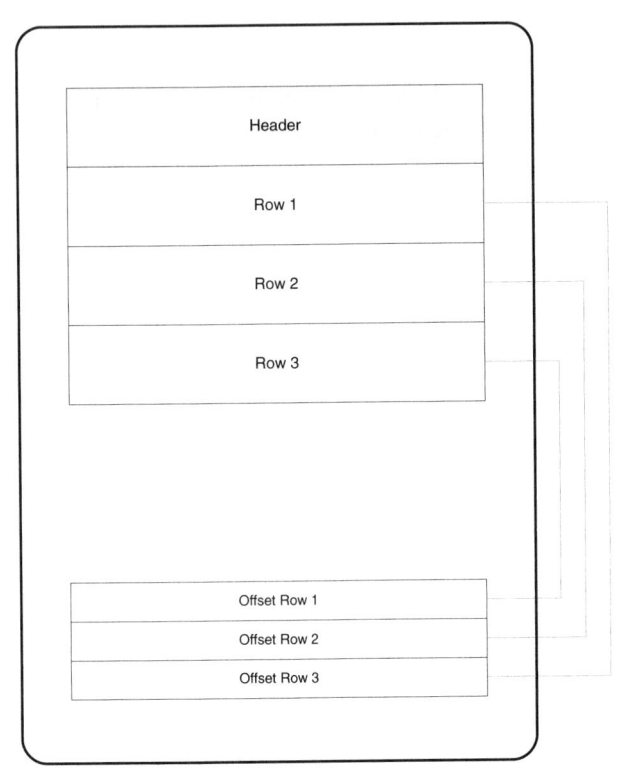

Abbildung 7.1 Aufbau einer Datenseite

SQL Server-Datenstrukturen können Sie nicht ohne weiteres direkt betrachten. Experimentierfreudige Leser sollten aber einmal ein undokumentiertes T-SQL-Kommando ausprobieren. Mit *DBCC PAGE* können Sie den Inhalt einer Datenseite anzeigen lassen. Vor dem Absetzen des Kommandos müssen Sie allerdings die Auswertung über ein so genanntes *Traceflag* aktivieren. Mit dem folgenden Skript lassen Sie den Inhalt der ersten Datenseite in der ersten Datendatei der *netShop*-Datenbank ausgeben.

```
DBCC TRACEON (3604)
DBCC PAGE (netShop, 1, 1)
```

Listing 7.3 Anzeigen der ersten Datenseite einer Datenbank

Die einzelnen Datenseiten werden von der Speicher-Maschine zur Vereinfachung von physikalischen Operationen zur nächst größeren Einheit, den *Blöcken* (*Extents*), zusammengefasst. Diese haben immer eine feste Größe von acht Seiten, sind also 64 KByte groß. SQL Server verwendet nach Möglichkeit komplette Blöcke für den Transport von Daten zwischen den Festplatten und dem Hauptspeicher. Sie können bei SQL Server weder die Seiten- noch die Blockgröße beeinflussen, wie es bei anderen Datenbanksystemen bisweilen möglich ist. Nicht ganz zufällig ist jedoch ein 64-KByte-Block unter NTFS sowieso die optimale Größe für Lese- und Schreibvorgänge, sodass der physikalische Datenzugriff für SQL Server unter Windows bereits optimiert ist.

Die Speicherplatzverwaltung von SQL Server

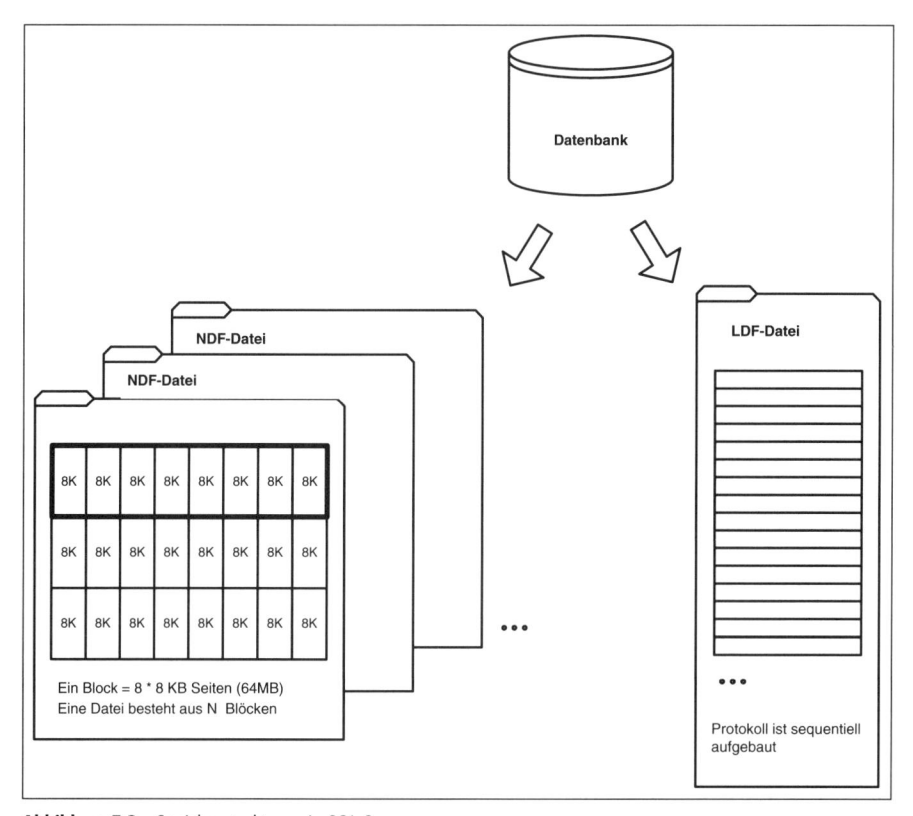

Abbildung 7.2 Speicherstrukturen in SQL Server

Mit den in diesem Abschnitt dargestellten Informationen können Sie bereits die grundlegenden Aufgabenstellungen, welche beim Arbeiten mit SQL Server-Datenbanken anfallen (Einrichten, Sichern, Verschieben etc.), verstehen und ausführen. Vermutlich ahnen Sie aber schon, dass neben den Elementen Datei, Datenseite und Datenblock noch weitere Strukturen notwendig sind, um Tabellen, Indizes und andere Objekte in den physischen Dateien zu verwalten. So gibt es in jeder Datei neben einem *Datei-Header* weitere Bereiche mit so wohlklingenden Namen wie *Page Free Space*, *Global Allocation Map*, *Secondary Global Allocation Map* und andere mehr. All diese helfen SQL Server beim Auffinden von Informationen, beim Suchen nach freiem Speicherplatz und beim Überprüfen von Daten. Die wichtigsten Konzepte werden im Kapitel über Indizierung erläutert, weil es da um die Optimierung der physischen Datenzugriffe geht.

Das Transaktionsprotokoll

Im Gegensatz zur Access-Jet Engine, einigen MySQL-Varianten und anderen, einfacheren Datenbanksystemen verfügt SQL Server über ausgewachsene und sichere Transaktionsmechanismen. Transaktionen sind ein wichtiges Prinzip bei Datenbankservern und dienen der Konsistenzerhaltung Ihrer Datenbestände. Zur Erinnerung: Transaktionen arbeiten nach dem »Ganz oder gar nicht«-Prinzip. Eine Operation darf in einer Datenbank entweder vollständig oder aber überhaupt nicht ausgeführt werden. Ein teilweises Ändern von Daten würde die Logik innerhalb des Systems gefährden. Die folgende Abbildung stellt das klassische Beispiel einer Transaktion dar. Die Operation ist in einer Art Meta-SQL-Sprache beschrieben, in Wirklichkeit sähen die Befehle natürlich etwas komplizierter aus:

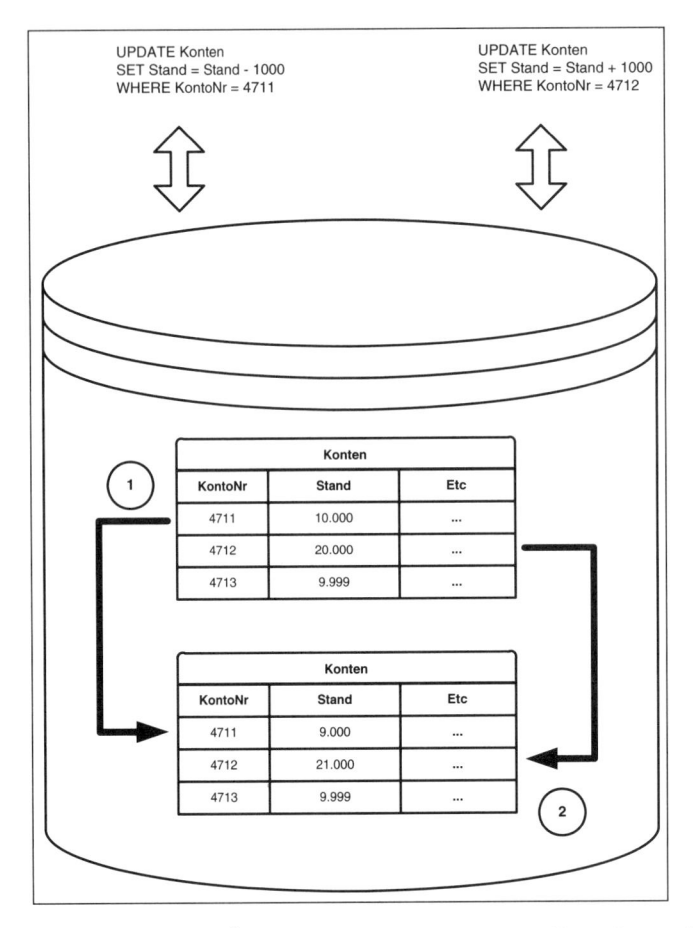

```
UPDATE Konten                    UPDATE Konten
SET Stand = Stand - 1000         SET Stand = Stand + 1000
WHERE KontoNr = 4711             WHERE KontoNr = 4712
```

	Konten		
1	KontoNr	Stand	Etc
	4711	10.000	...
	4712	20.000	...
	4713	9.999	...

	Konten		
	KontoNr	Stand	Etc
	4711	9.000	...
	4712	21.000	...
	4713	9.999	...
			2

Abbildung 7.3 Die Transaktion *Überweisung*

Die Transaktion »Überweisung« ist nur dann vollständig und komplett abgeschlossen, wenn von einem Konto 1000 Euro abgehoben und auf das andere Konto 1000 Euro eingezahlt wurden. Im Datenbanksystem sind dafür Änderungen an (mindestens) zwei Datensätzen erforderlich. Die Datenbankmaschine führt die beiden Operationen *nacheinander* aus. Problematisch kann es werden, wenn das UPDATE für das Konto 4711 bereits durchgeführt wurde und danach ein fataler Fehler auftritt, z.B. ein Festplattencrash. Der Server kann in diesem Fall die zweite Operation nicht ausführen, das UPDATE auf Konto 4712 fehlt. Damit sind die Daten in einem inkonsistenten Zustand: 1000 Euro sind verloren gegangen. So etwas darf natürlich nicht vorkommen und die Transaktionsmechanismen von SQL Server stellen auch spätestens nach der Reparatur und dem Neustart des Systems sicher, dass das erste UPDATE rückgängig gemacht wird. Die Transaktion wird vollständig »vergessen«, das System ist wieder konsistent. Der Server hat ein *ROLLBACK* durchgeführt. Physisch wird diese Transaktionssicherheit über das Transaktionsprotokoll realisiert. Ich möchte nun kurz die wichtigsten Verfahren und Begriffe erläutern.

Das Transaktionsprotokoll von SQL Server ähnelt im Gegensatz zu den Datendateien vom Aufbau her eher einer sequenziellen Datei. Schreiboperationen werden am Ende des Protokolls vorgenommen. Erhält SQL Server in einer Transaktion Befehle für das Ändern von Daten, so wird der Beginn der Transaktion im

Protokoll markiert, danach liest die Speicher-Maschine zunächst die betroffenen Speicherseiten aus den Datenbankdateien in den Arbeitsspeicher. Der dafür vorgesehene Speicherbereich im Adressraum von SQL Server wird *Puffercache* genannt. Hier können die Daten bearbeitet werden.

Der Server führt nun die für die Transaktion notwendigen Änderungen auf den Seiten im Arbeitsspeicher durch. Diese Seiten werden jetzt als *Dirty Pages* bezeichnet. Sobald die Modifikationen an einer Seite beendet sind, wird der Inhalt dieser Seite zunächst aus dem Pufferspeicher ins Transaktionsprotokoll geschrieben. Dort wird der Zustand der Seite sowohl vor als auch nach der Datenänderung hinterlegt. Man spricht daher auch von einem *Before-Image* und einem *After-Image*. Dieser Schreibvorgang verläuft immer synchron zu den Datenänderungen. Erst wenn ein Schreibvorgang korrekt und vollständig beendet wurde, kann SQL Server weiterarbeiten. Ansonsten verbleiben die Seiten mit den geänderten Daten zunächst im Arbeitsspeicher, bis sämtliche von der Transaktion betroffenen Seiten vollständig verarbeitet wurden. Mit dem Abschluss sämtlicher Operationen einer Transaktion wird ein *COMMIT*-Eintrag im Protokoll aufgezeichnet.

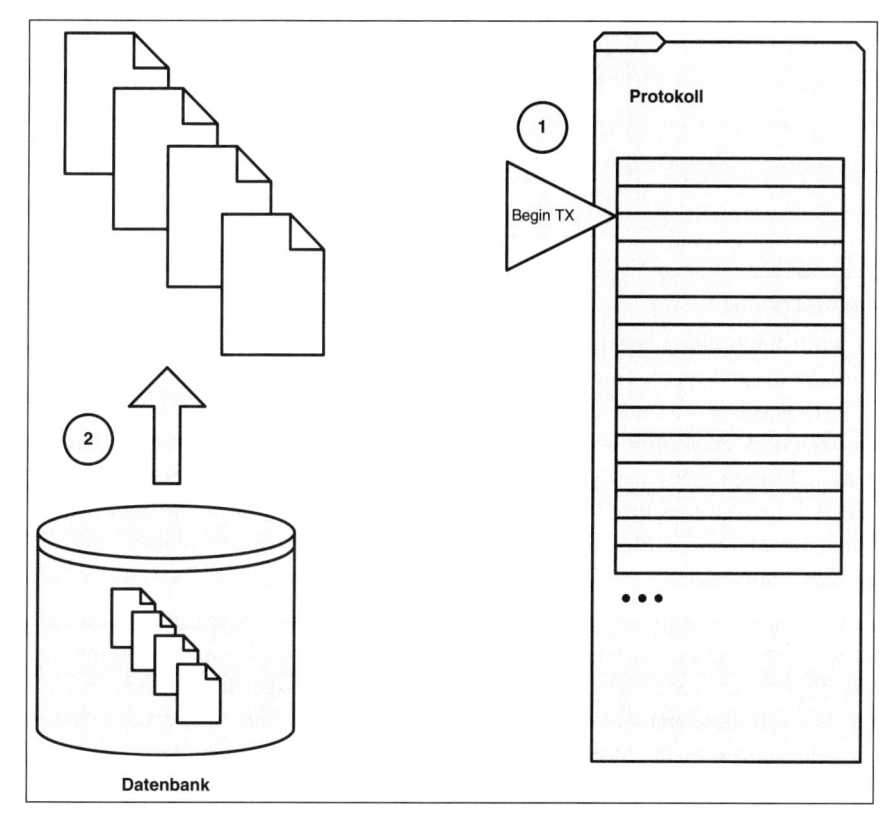

Abbildung 7.4 Start einer Transaktion

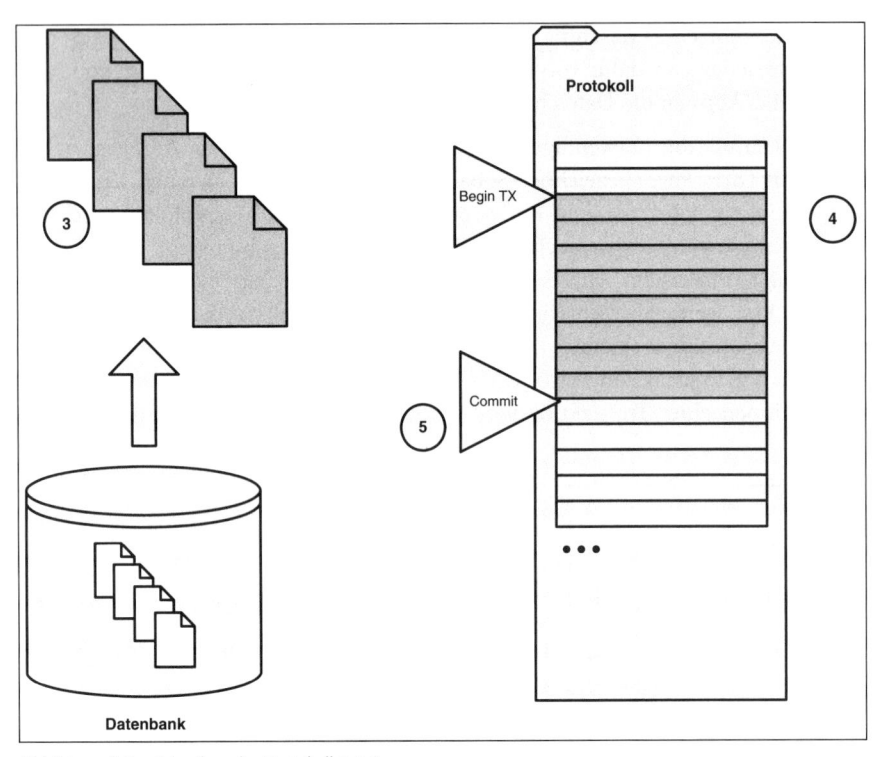

Abbildung 7.5 Schreiben der Protokolleinträge

In regelmäßigen Abständen wird durch einen speziellen SQL Server-Prozess ein so genannter Prüfpunkt (*CHECKPOINT*) ausgelöst. Findet dieser Prozess eine abgeschlossene Transaktion im Protokoll vor, so leitet er das Zurückschreiben der Dirty Pages in die Datendateien ein. Dieser Vorgang kann, je nach Serverauslastung, zwischen ein paar Sekunden oder auch Minuten dauern. Es handelt sich im Gegensatz zum Schreiben in das Protokoll um einen asynchronen Schreibvorgang. SQL Server übergibt die Speicherblöcke an das Betriebssystem und kümmert sich nicht weiter um die Verarbeitung. Erst wenn auch die letzte Seite an das Betriebssystem zum Schreiben übergeben wurde, setzt SQL Server durch eine weitere Markierung die Transaktion im Protokoll auf den Status *inaktiv*.

Für die Clients, die sich für die Inhalte der geänderten Seiten interessieren, ist es dabei prinzipiell uninteressant, ob sich diese im Arbeitsspeicher oder bereits wieder auf der Festplatte befinden. Sie werden so oder so problemlos gefunden. Da der Zugriff auf eine Datenseite, die sich noch im Arbeitsspeicher befindet, natürlich schneller erfolgen kann, als wenn diese erst von der Festplatte gelesen werden muss, werden die Seiten nach dem Wegschreiben der Änderungen nicht sofort aus dem Puffer-Cache geschubst, sondern möglichst lange dort gehalten. Wenn der Speicherplatz im Cache zunehmend eng wird, überschreibt der Server die alten Seiten allmählich.

Die Speicherplatzverwaltung von SQL Server

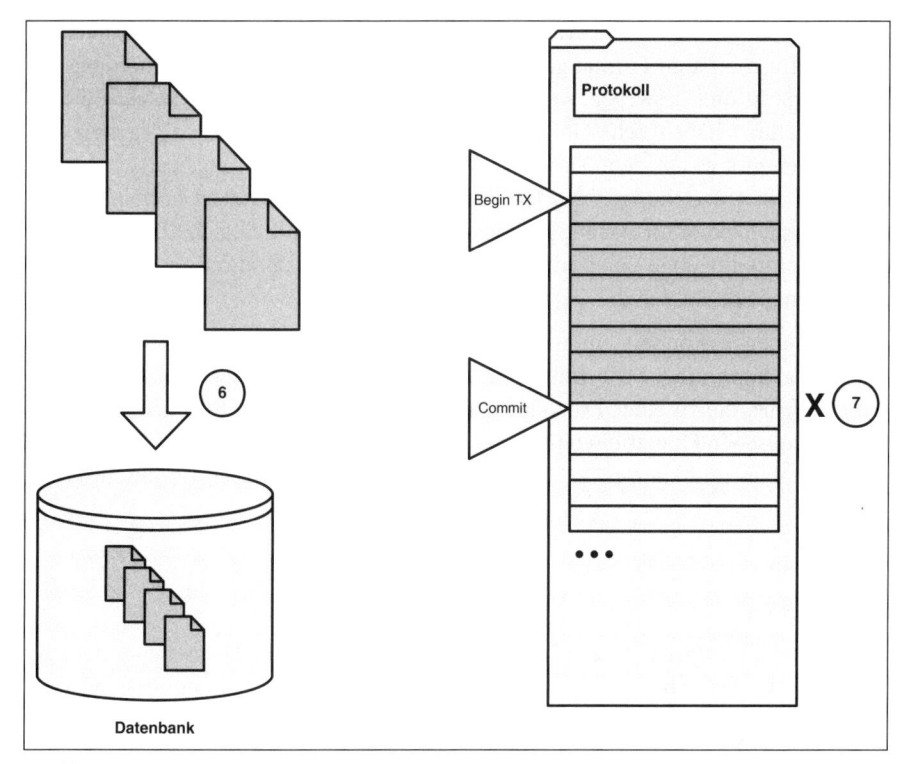

Abbildung 7.6 Die Transaktion wird inaktiv

Der gerade beschriebene Prozess kann durch Störungen der Hard- und Software eines Systems an verschiedenen Punkten unterbrochen werden. Tritt ein Hardwareproblem (ein so genannter *fataler Fehler*) auf, der z.B. zum Abbruch einer Schreiboperation führt, kann es sein, dass der Beginn der Transaktion im Protokoll vermerkt wurde, aber kein Ende-Eintrag zu finden ist. Die Transaktionen bleiben *offen*. Nach dem Neustart von SQL Server wird durch den Startprozess ein *Rollback* durchgeführt und sämtliche Einträge der offenen Transaktion aus dem Protokoll entfernt. Die Transaktion hat gewissermaßen gar nicht stattgefunden. War die Transaktion allerdings bereits als beendet, jedoch nicht als inaktiv markiert, so führt der Server ein *Roll Forward* durch und übernimmt die Änderungen, die im Protokoll aufgezeichnet waren, erneut in die Datendateien. So wird sichergestellt, dass auch wirklich *alle* Seiten in der Datenbank landen.

Die Art und Weise, wie SQL Server mit dem Transaktionsprotokoll umgeht, bezeichnet man als *Write Ahead-Protokollierung*. Damit wird ausgedrückt, dass Änderungen immer zuerst im Protokoll und dann in der Datenbank landen. Die Geschwindigkeit, mit der die Speichermaschine das Protokoll schreiben kann, ist für die Gesamtleistung einer Datenbank von entscheidender Bedeutung. Da es sich um einen synchronen Schreibvorgang handelt, muss der Server immer auf das OK des Festplattensystems warten, bis er weiterarbeiten kann!

ACHTUNG Der letzte Punkt ist so wichtig, dass ich ihn noch einmal betonten möchte: Die Geschwindigkeit, mit der der SQL Server Änderungen verarbeiten kann wird in erster Linie *nicht* von der Geschwindigkeit der Schreiboperationen in den Datendateien bestimmt, sondern von der Schreibgeschwindikeit in den *Transaktionsprotokolldateien*. Haben Sie also bei der Platzierung der Dateien die Wahl, dann geben Sie einer Protokolldatei die schnellere Platte.

Leider gibt es keine bequeme Möglichkeit, die Inhalte des Transaktionsprotokolls direkt sichtbar zu machen. Die Daten werden in einem effektiven binären Format geschrieben, das sich zudem komplett von dem der Datendateien unterscheidet. Schade ist dies deswegen, weil bei einem lesbaren Protokoll die Befehle, die zu Änderungen in der Datenbank geführt haben, sehr einfach kontrolliert oder auch gezielt rückgängig gemacht werden könnten. Inzwischen gibt es auf dem Markt für SQL Server-Tools allerdings entsprechende Werkzeuge. Mit denen lassen sich die Aufzeichnungen des Transaktionspotokolls im Klartext nachvollziehen und einige Tools bieten sogar Möglichkeiten für nachträgliche Änderungen. Auf der Begleit-CD zu diesem Buch finden Sie in Ressourcensammlung einige Links zu Herstellern solcher Tools und die ein oder andere Version zum Ausprobieren können Sie direkt von der CD installieren.

Es gibt aber wie bei den Datenseiten zumindest einen undokumentierten Befehl, mit dem Sie sich das Transaktionsprotokoll ausgeben lassen können. Die Informationen sind sehr üppig, allerdings auch sehr »technisch« – Sie können die Befehle, die zu einer Datenänderung geführt haben (*INSERT, UPDATE;* …) nicht direkt sehen, aber die physikalischen Operationen in den Datenstrukturen nachvollziehen. Dies ähnelt dem Arbeiten mit einem Disassembler und kann in seltenen Situationen tatsächlich auch für ein »Debugging« benutzt werden.

```
DBCC LOG (netShop, 3)
```

Listing 7.4 Anzeigen des Transaktionsprotokolls

Transaktionen, die einmal im Protokoll festgehalten wurden, vergisst SQL Server nicht. Dies ist eine elementare Sicherheitsmaßnahme. Geht die Datenbank verloren und existieren sowohl noch mindestens eine gültige Vollsicherung wie ein fortlaufendes Transaktionsprotokoll, so kann die Datenbank aus dem Protokoll vollständig wiederhergestellt werden, auch wenn die Datensicherung schon ein paar Wochen alt ist. Natürlich kann man ein Protokoll nicht ewig wachsen lassen. Denken Sie an das einführende Beispiel zu diesem Kapitel. Irgendwann wird die Protokolldatei keinen Platz mehr auf den Festplatten finden und dann können auch keine Änderungen mehr in der Datenbank durchgeführt werden. Es gibt verschiedene Möglichkeiten, das Protokoll zu verkleinern. Dabei geht es immer darum, die inaktiven Einträge zu entfernen. Das Transaktionsprotokoll kann explizit durch den Administrator abgeschnitten werden, SQL Server kann dieses automatisiert tun oder man sichert das Transaktionsprotokoll innerhalb einer so genannten inkrementellen Datensicherung, wobei es auch geleert wird.

Dateigruppen

Verwenden Sie in einer großen Datenbank mehrere Datendateien, so überlassen Sie es normalerweise SQL Server, die Verteilung der Objekte auf die einzelnen Dateien vorzunehmen. Die Datenblöcke einer einzelnen Tabelle können sich problemlos über viele Dateien erstrecken. Sind mehrere Dateien vorhanden, so versucht der Server diese proportional zu dem enthaltenen Speicherplatz möglichst gleichmäßig zu füllen. Es gibt speziell bei großen Datenbanksystemen gute Gründe, die Verteilung der Daten auf die verschiedenen Dateien selbst zu steuern. In umfangreichen Datenbanken mit Dutzenden bis Hunderten von Gigabyte an Daten können dadurch verschiedene Wartungsaufgaben vereinfacht und die Datenbankzugriffe weiter optimiert werden. Der Einstieg in das Thema Dateigruppen soll am Beispiel der *netShop*-Datenbank illustriert werden. Betrachten Sie dazu Abbildung 7.7.

Durch Dateigruppen lassen sich innerhalb einer Datenbank Speicherbereiche bilden. Eine Dateigruppe stellt eine Zusammenstellung physikalischer Datenbankdateien dar. Im einfachsten Fall kann eine Dateigruppe aus einer einzelnen Datei bestehen. Das wäre dann die Master-Datei in der *Primary*-Dateigruppe. Dadurch, dass Sie die Dateien verschiedener Gruppen gezielt auf bestimmten Laufwerken platzieren, lässt sich steuern, welche Dateigruppe welche Festplatten verwendet. Beim Anlegen von Tabellen und anderen Objekten können diese dann ganz explizit bestimmten Dateigruppen als Speicher-Container zugewiesen werden.

Abbildung 7.7 stellt die Zuordnungen im Zusammenhang dar. Die Beispiel-Datenbank *netShop* ist, damit sie auch ein starkes Wachstum der Datenmengen aushalten kann, in die Dateigruppen »Primary«, »Blobs« und »Archiv« aufgeteilt.

Die Dateigruppe *Primary* ist in einer Datenbank immer vorhanden und bildet die Standardgruppe des Systems. Geben Sie beim Einrichten einer Datenbank keine eigenen Gruppennamen an, dann landen alle Daten in dieser Standard-Dateigruppe. Auf jeden Fall befinden sich mindestens die Systeminformationen dort. *Primary* wird im Beispiel der *netShop*-Datenbank auf die übliche Art genutzt: Diese Gruppe enthält die primäre Datei *netShop_data.mdf*. Neben dem Datenbankkatalog befinden sich hier die Daten, mit denen die Benutzer aktuell arbeiten, also Transaktionen durchführen. In einer zweiten Gruppe – *Blobs* – ist die Datei *netShop_blob_data.ndf* enthalten. In der *netShop*-Datenbank können *Binary Large Objects* abgelegt werden, unter anderem sind das Bilder zu den Produkten oder XML-Daten. BLOB- und nicht Nicht-BLOB-Daten behindern sich zwar aufgrund der SQL Server-Datenstrukturen im laufenden Betrieb nicht, beim Reorganisieren von Tabellen macht das Abtrennen von BLOB-Daten und das Verlagern auf ein weiteres Laufwerk durchaus Sinn.

Schließlich gibt es noch die Gruppe *Archiv*: Dort sind Tabellen zu finden, die historische Daten darstellen. Die Zeilen der Tabellen in *Archiv* sollen nicht mehr verändert, sondern nur noch gelesen werden. Durch das Abtrennen von nicht mehr aktiven Daten, die nur noch für das Reporting genutzt werden, können die aktiven Tabellen klein gehalten werden, was die Zugriffe stark beschleunigt.

Dieses Layout der *netShop*-Datenbank stellt den Ausgangszustand dar. Sollte es später dazu kommen, dass eine Datei ihr Wachstumslimit erreicht hat, weil das von ihr benutzte Laufwerk keinen weiteren Speicherplatz mehr anbietet, dann lässt sich in die zugehörige Dateigruppe einfach eine weitere Datei einhängen, ohne dass die Datenbankanwendungen etwas davon mitbekommen. Sobald SQL Server mehr als eine Datei in einer Dateigruppe vorfindet, beginnt er damit, die Daten auf diese Dateien, proportional zum jeweils verfügbaren Speicherplatz, zu verteilen. Welche Datenblöcke einer Tabelle einer Dateigruppe in welcher Datei landen, lässt sich nicht steuern. Bestandteile einer großen Tabelle können sich ohne weiteres in mehreren Dateien befinden. Das ist vollkommen transparent.

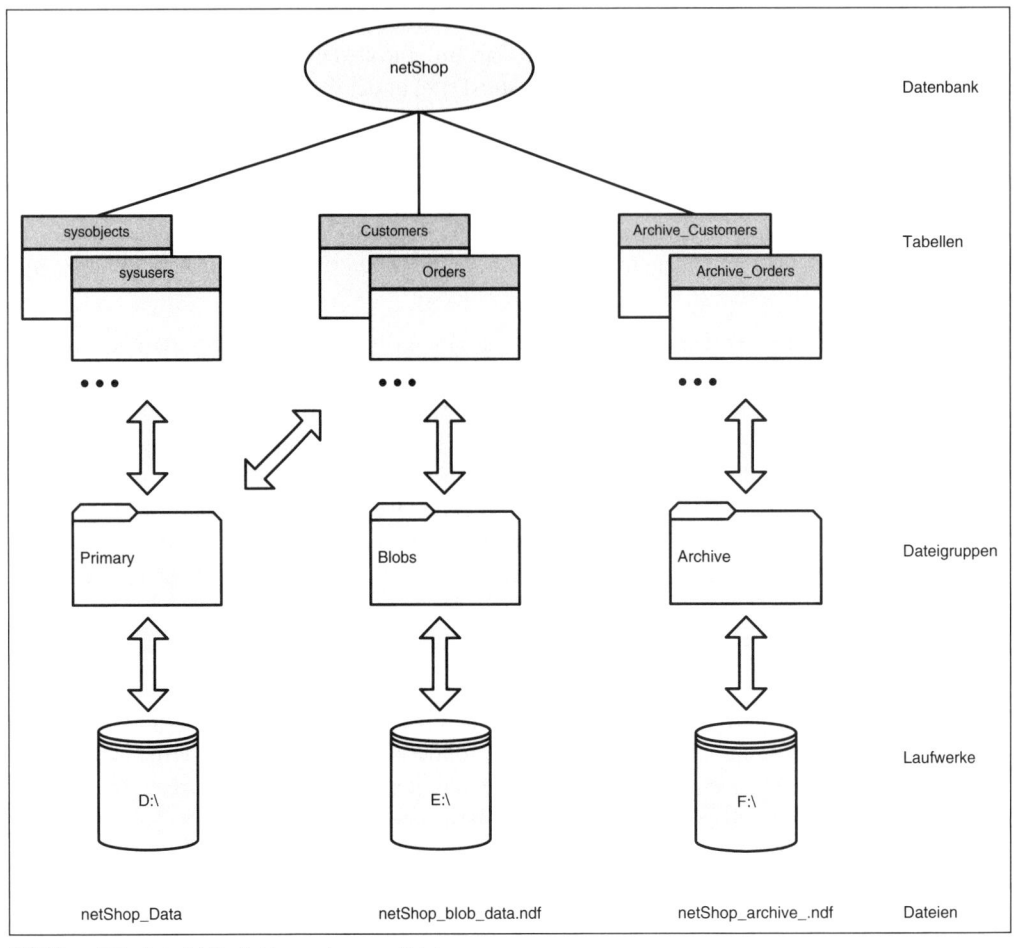

Abbildung 7.7 Beispiel für die Verwendung von Dateigruppen

Jeder einzelnen Datei der *netShop*-Datenbank kann eine eigene logische Festplatte zugeordnet werden. Dabei lässt sich durchaus auch mehr als eine Datei auf einer Platte unterbringen. Im Fall der primären Datei kann das Sinn machen, da die Systemdaten auch bei einer großen Datenbank nur ein paar Megabyte ausmachen und eine zusätzliche echte Datendatei auf dem Laufwerk sinnvoll ist, um es besser auszunutzen. Die Dateien verschiedener Dateigruppen sollten sich keine Konkurrenz auf den Festplatten machen, sobald man es mit großen Datenbanken zu tun hat. Im Allgemeinen legen Sie auf einer Festplatte zunächst immer genau eine Datei einer Dateigruppe an. Die Ausnahmen von dieser Regel und die Behandlung von RAID-Systemen folgen in Kürze.

Was sind nun die Vorteile bei dieser Aufteilung in Dateigruppen?

- Objekte können explizit mit Hardware verknüpft werden: Im *netShop*-Beispiel wäre es möglich, den aktiven Tabellen die schnellste Platte zuzuweisen, während die Archiv-Gruppe, auf die nicht so häufig zugegriffen wird, auf langsamere Platten ausgelagert wird

- Teilsicherungen werden ermöglicht. In SQL Server stellen Dateigruppen (und nicht etwa Dateien!) die kleinste Einheit für Datensicherungen dar. Durch die Abtrennung in einen aktiven und einen historischen Bereich kann das Sichern der für den aktuellen Betrieb relevanten Daten stark beschleunigt werden. So können auch im laufenden Betrieb Vollsicherungen dieser Daten gefahren werden. Die historischen Daten werden nur nach einer Ergänzung dieses Datenbestandes gesichert. Auf diese Weise kann das Sicherungsvolumen deutlich reduziert werden.

- Einzelne Bereiche einer Datenbank lassen sich mit einem Schreibschutz versehen. Das Ändern von Daten kann für einzelne Dateigruppen verboten werden. So bleiben historische Daten auch tatsächlich historisch.

- Dateigruppen können zur Optimierung eingesetzt werden. Es gibt Verfahren zur Performance-Steigerung, die auf der Verwendung von Dateigruppen und Dateien basieren. Am Ende dieses Kapitels finden Sie einige Hinweise dazu.

Planen Sie eine Datenbank, bei der es nur um ein paar zig GB Datenvolumen geht, dann sollten Sie es mit der Verwendung von Dateigruppen und Dateien nicht übertreiben. Stellen Sie nach einiger Zeit Flaschenhälse beim Lesen oder Schreiben von Daten fest, dann können Sie das Datei-Layout immer noch überarbeiten. Sind von Anfang an Dateigruppen in der Datenbank vorhanden und die Tabellen auf diese verteilt (auch wenn die Dateien zunächst einmal auf demselben Laufwerksbuchstaben liegen), dann sparen Sie sich später eventuell das Umkopieren der Tabellendaten. Planen Sie allerdings eine Datenbank für ein Data Warehouse, dann macht die Verwendung von Dateigruppen und die genaue Steuerung der Datenverteilung ganz sicher Sinn.

Anlegen einer Datenbank

Wenn Sie an Datenbank-Projekten arbeiten, gibt es (mindestens) drei Wege für das Anlegen einer neuen SQL Server-Datenbank. Die besten und umfangreichsten Möglichkeiten bietet naturgemäß das Management Studio. Sie können eine Datenbank auch auf eine einfache Art und Weise aus dem Fenster *Server-Explorer* heraus direkt in der Visual Studio-Umgebung anlegen – allerdings stehen dabei praktisch keine Konfigurationsmöglichkeiten zur Verfügung. Für das Vorbereiten eines Setup-Skripts und die Automatisierung des Anlegens ist das Arbeiten mit T-SQL die Variante der Wahl.

Anlegen einer Datenbank im Management Studio

Zunächst möchte ich vorstellen, wie Sie mithilfe des Management Studios eine neue Datenbank anlegen. Dabei werde ich auf die verschiedenen Optionen eingehen, die Ihnen hierbei zur Verfügung stehen. Die Verwendung des Management Studios ist sicherlich die komfortabelste Variante für das administrative Arbeiten mit Datenbanken.

Wenn Sie im Objekt-Explorer und dort im Kontextmenü des Ordners *Datenbanken* den Befehl *Neue Datenbank* auswählen, öffnet sich das entsprechende Dialogfeld. Hier können Sie gleich die wichtigsten Angaben für das Anlegen einer neuen Datenbank machen. Mindestens die folgenden Optionen sollten Sie sorgfältig betrachten:

- **Allgemein/Datenbankname** Das ist der logische Name der Datenbank, der vom Server und den Clients verwendet wird. Sie sollten sich bei der Wahl des Namens möglichst auf eine Zusammenstellung aus Buchstaben, Ziffern und dem Unterstrich beschränken. Der Server »schluckt« zwar auch alle möglichen Sonderzeichen inklusive dem Leerzeichen, doch können verschiedene Clients mit solch einem Namen Probleme bekommen. Den Namen einer Datenbank können Sie später jederzeit ändern.

- **Allgemein/Datendateien** Hier geht es um die logischen und physischen Dateinamen für Daten- und Protokolldateien sowie den reservierten Speicherplatz. Versuchen Sie eine ungefähre Schätzung der Dateigrößen vorzunehmen. Es ist sinnvoll, die Dateien nicht zu klein anzulegen, da das Vergrößern im laufenden Betrieb immer etwas Zeit in Anspruch nimmt. Besonders beim Laden einer Datenbank macht sich dies später bemerkbar. Ansonsten sollten Sie das automatische Vergrößern einer Datei erlauben und auch hierbei großzügig mit den Werten umgehen. 10% der Startgröße sind sicher ein brauchbarer Wert, der allerdings besser direkt in Megabyte angegeben werden sollte. Ohne besonderen Grund sollten Sie den Speicherplatz nicht nach oben limitieren. Damit stellt die Größe des Laufwerks die Begrenzung für den Speicherplatz einer Datei dar. Als Richtwert für die Startgröße des Transaktionsprotokolls können Sie 50% der Datendateigröße annehmen.

- **Optionen/Sortierungsname** Eine *Sortierung* ist die Kombination aus einem Zeichensatz, einer Sortierfolge und Regeln für Vergleichsoperationen. Sie können an dieser Stelle eine Sortierung für die neue Datenbank einstellen, die von der Standardsortierung des Servers abweicht. Das kann bei fremdsprachlichen Applikationen notwendig sein, sagen wir »Hindi«. Wenn Sie der Meinung sind, dass es keinen Anlass für eine besondere Sortierung gibt, was in unserem Sprachraum mit lateinischer Schrift sehr wahrscheinlich ist, dann verwenden Sie einfach den Eintrag *Latin1_General_CI_AS*. Bei einer Standard-Serverinstallation wird dies auch der Wert für den Eintrag *<Serverstandard>* sein, der die Vorgabe darstellt. Da es beim Thema Sortierungen viele Missverständnisse gibt, folgen in einem nachfolgenden Absatz die wichtigsten Grundlagen dazu.

- **Dateigruppen** Diese sollten Sie nur dann verwenden, wenn sie wirklich nutzbringend sind. Sie können im Zweifelsfall immer mit der Primary-Dateigruppe starten und das Dateilayout später erweitern.

> **ACHTUNG** Auf *eine* Einstellung sollten Sie ganz besonders achten: die Sortierung nämlich. Sie können den *Sortierungsnamen* einer Datenbank zwar nachträglich ändern, vorhandene Zeichendaten werden aber nicht etwa automatisch korrekt umcodiert! Verwenden Sie also am besten von Anfang an die korrekte Sortierung für Ihre Datenbank.

Anlegen einer Datenbank

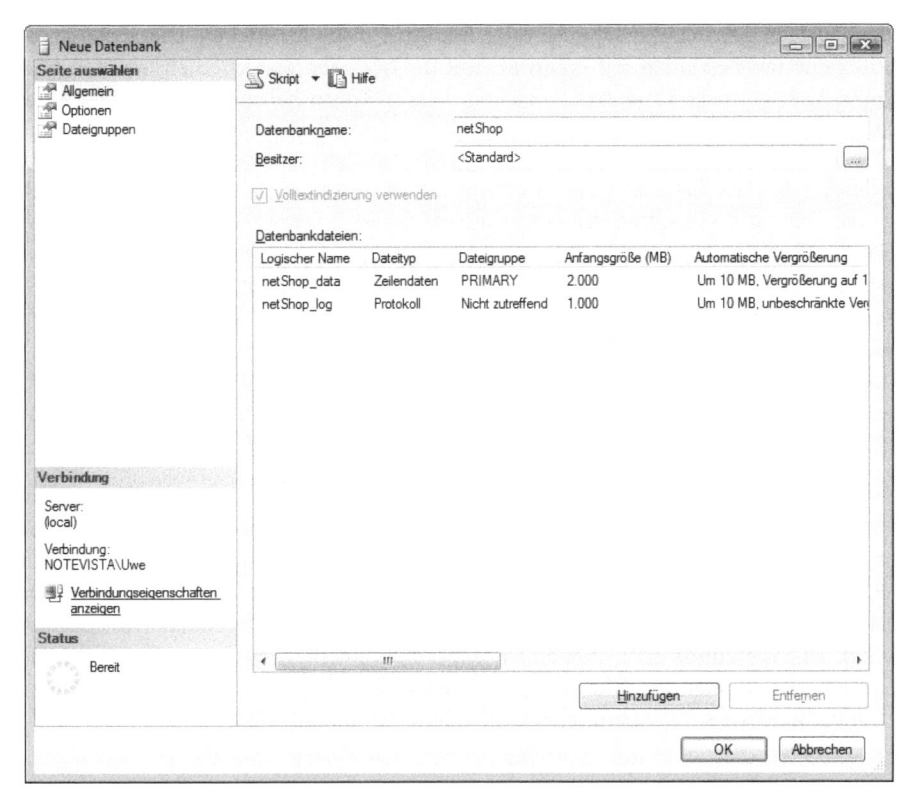

Abbildung 7.8 Neue Datenbank anlegen

Sobald Sie das Einrichten der Datenbank mit *OK* starten, trägt SQL Server den neuen Datenbanknamen im Systemkatalog ein und beginnt mit dem Anlegen der Dateien. Diese werden bis zu ihrer Startgröße mit »leeren Bytes« gefüllt, sodass das Anlegen bei sehr großen Datenbanken durchaus einige Minuten in Anspruch nehmen kann. Neben dem direkten Start des Anlegens können Sie im Dialogfeld über die Schaltfläche *Skript* ein Erstellungsskript für Ihre neue Datenbank erzeugen. T-SQL-Skripte sind eine hervorragende Möglichkeit, Einstellungen einer Datenbank zu dokumentieren.

Es gibt ein Detail beim Anlegen einer Datenbank, welches, wenn man ihm keine Beachtung schenkt, später für reichlich Verwirrung sorgen kann. Es geht um den Besitzer der neuen Datenbank. Wenn Sie die gleichnamige Eigenschaft auf ihrem Standardwert belassen – SQL Server zeigt das als *<Standard>* an – dann wird der aktuell über das Management Studio mit dem Server verbundene Benutzer als Besitzer der Datenbank eingetragen. Das ist bei Verwendung von Windows-Sicherheit das aktuell angemeldete interaktive Benutzerkonto. Zum Beispiel *shiva\greg* (so, jetzt kennen Sie mein Benutzerkonto). Bei Verwendung der SQL Server-Authentifizierung ist es das Konto, mit dem die Anmeldung an SQL Server durchgeführt wurde. Das könnte das Konto *sa* sein.

Welches Konto Sie oder SQL Server als Besitzer der Datenbank auswählen, ist vollkommen egal – solange Sie die Datenbank nicht auf eine andere Maschine verschieben. Befindet sich der neue Rechner in einer anderen Domäne, dann werden Sie Berechtigungsproblematiken erleben. Sie können plötzlich keine Objekte mehr in der Datenbank anlegen oder bestimmte Kommandos nicht mehr ausführen. Das hat dann damit zu tun, dass das Windows-Benutzerkonto in der neuen Domäne nicht existiert oder eine andere SID besitzt. Sie müssen dann den Besitzer der Datenbank explizit neu setzen und alles funktioniert wieder. Es ist übrigens egal, ob Sie die Datenbank per *BACKUP/RESTORE* oder *Detach/Attach* verschieben. Die Sicherheits-ID wandert mit. Diese Probleme tauchen nicht auf, wenn Sie mit der SQL Server-Sicherheit arbeiten und den Serverbenutzer *sa* zum Besitzer Ihrer Datenbank machen. Dieses Konto hat auf jedem Server eine identische Sicherheits-ID.

> **TIPP** Wenn es wahrscheinlich ist, dass Ihre Datenbank irgendwann einmal verschoben wird, dann wählen Sie den Besitzer sorgfältig aus. Gibt es kein Konto, das vollkommen identisch auf den verschiedenen Servern existiert, dann machen Sie sich mit den Methoden für die Zuweisung eines neuen Besitzers vertraut oder verwenden Sie den SQL Server-Benutzer *sa*. Das Konto *sa* ist in jeder SQL Server-Instanz vorhanden. Es handelt sich um das Standard-Administratorkonto. Es gehört zu den Best Practices des SQL Server dieses Konto zu deaktivieren. Auch ein deaktiviertes *sa*-Konto können Sie aber problemlos zum Besitzer einer Datenbank machen.

Anlegen einer Datenbank mit Transact-SQL

Bei der Arbeit an Datenbankprojekten ist es gar nicht so ungewöhnlich, auf Transact-SQL zurückzugreifen, wenn es um das Anlegen von SQL Server-Datenbanken geht. Ein Vorteil ist darin zu sehen, dass man mit den T-SQL-Befehlen, die zur ersten Einrichtung der Datenbank benötigt werden, die Grundlage für ein Setup-Skript bereits in Händen hält. Dieses kann man später zum Beispiel für das erneute Einrichten der Datenbank auf einem Produktivsystem oder für das Erstellen einer Setup-Software verwenden. Das Anlegen einer Datenbank mit T-SQL ist im Grunde sehr simpel. Die Optionen entsprechen exakt denen, die Sie bereits von der Benutzeroberfläche her kennen. Mit dem folgenden kurzen Befehl erstellen Sie die Datenbank *netShopSmall* auf dem verbundenen Datenbankserver:

```
CREATE DATABASE netShopSmall
```

Nach dem Ausführen des Kommandos im T-SQL-Editor haben Sie eine Datenbank angelegt, für die SQL Server lauter Standardoptionen eingesetzt hat. Sie können die Eigenschaften der Datenbank im Management Studio betrachten. Nachdem Sie ein Skript ausgeführt haben, durch welches ein neues Objekt angelegt wurde, sollten Sie zunächst einmal den passenden Ordner des Objekt-Explorers aktualisieren, erst dann können Sie das Objekt auch sehen. Die neuen Datenbankdateien sind mit 3 und 1 MB recht klein und werden darüber hinaus im Standard-Datenverzeichnis von SQL Server angelegt. Schlimmstenfalls befindet sich dies unterhalb des Programmverzeichnisses der SQL Server-Instanz. Kein wirklich optimaler Ort für Ihre Datenbankdateien.

Eine genauere Kontrolle über die Eigenschaften der Datenbank erhalten Sie über die weiteren Optionen des *CREATE*-Kommandos. Ein Beispiel:

```
CREATE DATABASE netShopSmall
ON
    ( NAME = netShop_Data,
      FILENAME = 'D:\Daten\netShopSmall_Data.mdf',
      SIZE = 2000MB,
      MAXSIZE = 20000MB,
      FILEGROWTH = 50MB )
LOG ON
    ( NAME = netShop_Log,
      FILENAME = 'D:\Daten\netShopSmall_Log.ldf',
      SIZE = 1000MB,
      FILEGROWTH = 20MB )
```

Listing 7.5 Datenbank mit T-SQL anlegen

Mit diesem Kommando werden die Dateien von *netShopSmall* in einem speziellen Datenverzeichnis mit einer Startgröße von ca. 2GB für die Datendatei und 1 GB für die Protokolldatei angelegt. Auch die Werte für die Maximalgröße und das Dateiwachstum sind mit geeigneten Werten voreingestellt. Sie geben im *CREATE DATABASE*-Befehl hinter dem Schlüsselwort *ON* die Werte für die erste Datendatei – die Masterdatei – an. Auf die Schlüsselworte *LOG ON* folgt anschließend die Definition für die erste Protokolldatei. Möchten Sie mehr als eine Datei vereinbaren, dann trennen Sie die einzelnen Definitionen jeweils durch ein Komma. Insgesamt hat der Befehl damit die folgende Syntax:

```
CREATE DATABASE database_name
   [ ON
      [ [PRIMARY] filespec > [ ,...n ] ]
      [ , < filegroup > [ ,...n ] ] ]
   [ LOG ON { < filespec > [ ,...n ] } ]
   [ COLLATE collation_name ]
```

Wenn Sie die Option *COLLATE* weglassen, dann verwendet der Server automatisch die voreingestellte Standardsortierung der Instanz.

Anlegen einer SQL Server-Datenbank in Visual Studio

Der Arbeitsgang für das Anlegen einer Datenbank in Visual Studio ist recht überschaubar. Sie erledigen das aus dem Server-Explorer heraus über einen rechten Mausklick auf den Ordner *Datenverbindungen* mit dem Kontext-Menübefehl *Neue SQL Server-Datenbank erstellen*. Im Dialogfeld wählen Sie einen Server aus, geben gültige Verbindungsinformationen an und bestimmen einen Namen für die neue Datenbank. Das war's. Nach *OK* wird eine Datenbank mit Standardoptionen angelegt. Ganz genau wie oben bei *CREATE DATABASE* beschrieben. Inzwischen wissen Sie ja, dass das für die Entwicklung einer kleinen Lösung ausreicht, wenn Sie aber mit realistischen Datenmengen arbeiten wollen oder einen vernünftigen Speicherort vorgeben möchten, dann sollten Sie gleich zum Management Studio oder Transact-SQL greifen.

Abbildung 7.9 Datenbank in Visual Studio anlegen

Dateigruppen anlegen

Für eine neue oder existierende Datenbank können Dateigruppen eingerichtet werden. Das ist im Management Studio schnell getan. Sie finden die entsprechenden Eigenschaften auf der Seite *Dateigruppen* (Abbildung 7.10). Hier können Sie gleich die Eigenschaften einer neuen Gruppe einstellen. Falls alle neu angelegten Objekte automatisch in Dateien dieser Gruppe landen sollen, dann aktivieren Sie die Option *Standard*. Zu einem späteren Zeitpunkt, nachdem eine Gruppe beispielsweise mit Archivdaten gefüllt wurde, kann die Option *schreibgeschützt* ins Spiel kommen. Da es bei den Dateigruppen um logische Objekte geht und die Physik erst später in Form der einer Gruppe zugeordneten Dateien hinzukommt, gibt es keine weiteren Einstellmöglichkeiten. Sie können direkt zur Seite *Dateien* wechseln, um neue Datendateien für eine Gruppe anzulegen.

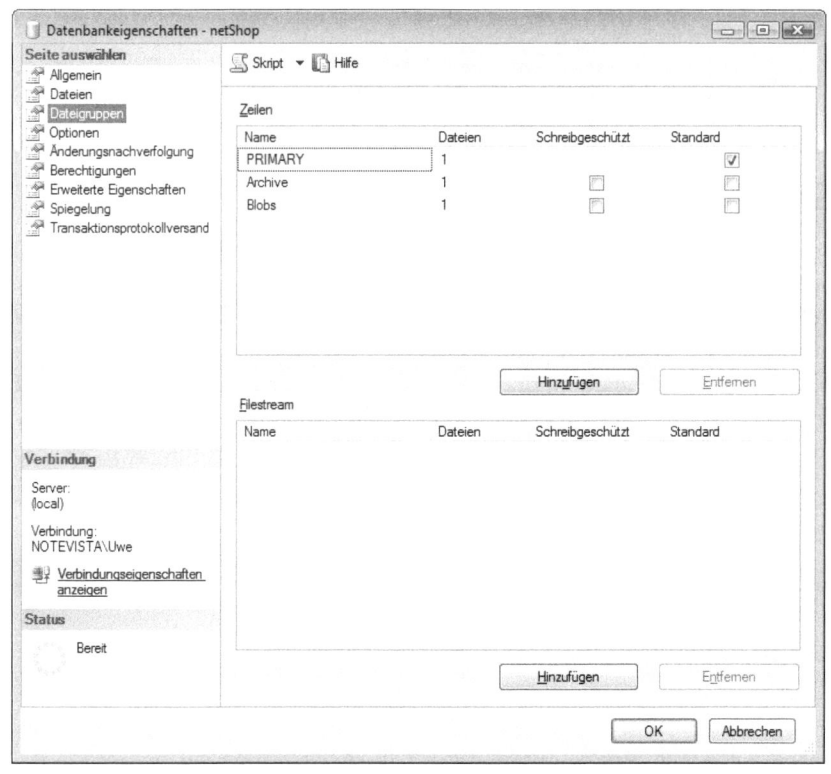

Abbildung 7.10 Eigenschaften von Dateigruppen

In T-SQL sieht das Ganze folgendermaßen aus: Mit dem Kommando

```
ALTER DATABASE netShopSmall
ADD FILEGROUP Archive
```

Listing 7.6 Anlegen einer Dateigruppe mit T-SQL

wird der *netShop*-Datenbank die Dateigruppe *Archiv* hinzugefügt. Eine neue Datei, die dieser Gruppe zugeordnet werden soll, kann dann wie folgt erzeugt werden:

```
ALTER DATABASE netShopSmall
ADD FILE
(  NAME = netShop_Archiv,
   FILENAME = 'd:\daten\netShopSmall_Archiv.ndf',
   SIZE = 500MB,
   MAXSIZE = 1000MB,
   FILEGROWTH = 50MB )
TO FILEGROUP Archive
```

Listing 7.7   Datei zu Dateigruppe hinzufügen

Den Schreibschutz für eine Dateigruppe stellt man bei Bedarf mit diesem Befehl ein:

```
ALTER DATABASE netShopSmall
MODIFY FILEGROUP Archive READONLY
```

Listing 7.8   Schreibschutz für Dateigruppe setzen

Datenbankoptionen einstellen

Nachdem Sie eine Datenbank auf SQL Server angelegt haben, müssen Sie in der Regel noch weitere Einstellungen in dieser vornehmen. Am einfachsten geht das natürlich wieder im Management Studio. Alternativ können Sie T-SQL einsetzen oder – und das ist besonders für Entwickler interessant, die in der objektorientierten .NET-Welt bleiben möchten – Sie verwenden die Namensräume der Server Management Objects (SMO. Egal welche Methode Sie einsetzen – die Datenbankoptionen, *die* zur Verfügung stehen, sind überall gleich. An dieser Stelle geht es zunächst einmal darum, die Administrationsoberfläche kennen zu lernen. Hier sind die Anwender des Visual Studios wieder einmal im Nachteil. Die Einstellungen für eine Datenbank per GUI lassen sich nur im Management Studio vornehmen.

Das Dialogfeld für die *Datenbankeigenschaften* (Abbildung 7.11) erreichen Sie, wie üblich, über einen rechten Mausklick auf den Datenbanknamen im Objekt-Explorer. Es gibt auf der Seite *Optionen* folgende wichtige Einstellmöglichkeiten:

- **Sortierung**   Hier können Sie die Sortierung einer Datenbank ändern. Das korrekte Speichern und Wiedergeben ist aber nur für *neue* Zeichendaten gewährleistet. Seien Sie also vorsichtig und lesen Sie den Abschnitt zu Sortierungen weiter unten.

- **Wiederherstellung**   Hinter dieser Bezeichnung verbergen sich die Einstellmöglichkeiten für das Transaktionsprotokoll. Diese können das Leistungsverhalten und die Datensicherheit wesentlich beeinflussen. Daher erkläre ich die Wiederherstellungsoptionen im Anschluss noch ausführlich.

- **Kompatibilität**   SQL Server kennt so genannte Kompatibilitätsmodi für eine Datenbank. Durch die Auswahl eines speziellen Modus kann man erreichen, dass sich SQL Server 2008 im Kontext einer Datenbank beispielsweise wie SQL Server 2000 verhält. Dies betrifft vor allem kleinere Abweichungen im Verhalten der Datenbankmaschine sowie Syntaxänderungen bei Transact-SQL, die beim Übergang von einer Serverversion zur nächsten aufgetreten sind. Beispielsweise würde eine Applikation, die spezielle T-SQL-Befehle von SQL Server 2000 verwendet, auf SQL Server 2008 Fehlermeldungen generieren. Die Auswahl der entsprechenden Option kann dies unterdrücken. Natürlich ist dadurch nicht automatisch sichergestellt, dass die Programme auch einwandfrei laufen. Funktionen des Servers, die mit einer höheren Version abgeschafft wurden, bleiben abgeschafft und werden nicht etwa simuliert. Es geht also eher um kleinere Syntaxabweichungen. Diese sind übrigens ab der Version 2005 so gering und T-SQL ist so weit abwärtskompatibel, dass die Verwendung dieser Einstellung im Grunde nicht mehr notwendig ist. Möchten Sie aber eine unter SQL Server 2000 programmierte Datenbank in SQL Server 2008 laufen lassen, dann ist die Kompatibilitätseinstellung unter Umständen hilfreich. Gibt es in Ihrem T-SQL-Code beispielsweise den Operator *= für ein Outer Join, dann fallen Sie in SQL Server 2008 damit auf die Nase. Stellen Sie den Kompatibilitätslevel auf *80* (das ist SQL Server 2000) ein, dann versteht der SQL Server diese veraltete Syntaxform wieder.

Die nachfolgend beschriebenen Einstellmöglichkeiten finden Sie etwas versteckt unter *Weitere Optionen*.

- **Automatisch** Hinter dieser wunderschönen Bezeichnung verbergen sich verschiedene Prozesse, die im Wesentlichen gemeinsam haben, dass sie vom Server eben automatisch gestartet werden.

  Mit Automatisch verkleinern erlauben Sie dem Server, eine Datenbank, deren Dateigröße im Laufe der Zeit angewachsen ist, zur Einsparung von Speicherplatz zu reorganisieren. Sie sollten hiervon keinen Gebrauch machen! Der Zeitpunkt der Dateiverkleinerung ist bei der Verwendung dieser Option nicht beeinflussbar, was im laufenden Betrieb zu ganz deutlichen Performance-Problemen führen kann, wenn parallel intensive Benutzeraktivitäten stattfinden.

  Die Voreinstellung *True* Häkchen bei *Statistiken automatisch erstellen* und *Statistiken automatisch aktualisieren* sollten Sie dagegen keinesfalls entfernen. Damit der SQL Server Indizes optimal einsetzen kann, muss er Informationen zu den Daten in den indizierten Tabellen sammeln. Das passiert beim Erstellen oder Reorganisieren der Indizes. Sind keine Statistiken vorhanden oder sind sie veraltet, dann werden betroffene Indizes nicht mehr verwendet! Mit den beiden Statistikoptionen erlauben Sie dem Server, bei Bedarf Statistiken (neu) zu erstellen. Mehr dazu finden Sie in Kapitel 11.

  Automatisch Schließen sorgt in einer Datenbank dafür, dass Verwaltungsinformationen einer Datenbank aus dem Arbeitsspeicher entfernt werden, sobald die letzte Benutzerverbindung abgebaut ist. Die Effekte sind kaum spürbar und sollte Ihre Applikation schnell Verbindungen zu einer Datenbank ab- und wieder aufbauen, dann verwenden Sie diese Einstellung besser nicht, da das erste Verbinden mit der Datenbank verzögert wird.

- **Status** Hier kann der Zugriff auf eine Datenbank eingeschränkt werden.

  Die Option *Datenbank schreibgeschützt* erklärt sich von selbst. Wenn Sie eine Datenbank auf read-only setzen wollen, dann bietet Ihnen SQL Server beim Schließen des Dialogs *Datenbankeigenschaften* freundlicherweise an, vorhandene Benutzerverbindungen zu schließen. Dies ist für die Durchsetzung dieser und anderer Einstellungen notwendig. Die Anwender müssen sich anschließend neu verbinden.

  Zugriff beschränken ist wichtig, wenn in der Datenbank administrative Aufgaben durchgeführt werden sollen, bei denen Aktivitäten »normale« Benutzer stören könnten. Ein Beispiel dafür wäre die Überprüfung einer Datenbank nach der Wiederherstellung aus einem Backup. *Multiple* ist der Standard – es können sich beliebige (und beliebig viele) Benutzer verbinden. Mit *Restricted* lassen Sie nur Mitglieder von administrativen Rollen (*db_owner*, *db_creator* und *sysadmin*) als Benutzer in einer Datenbank zu. *Single* ist noch restriktiver: Es wird genau *eine* Verbindung durch einen administrativen Benutzer gestattet. Diese Option sollte für intensive Tests der internen Datenstrukturen verwendet werden.

- **Wiederherstellung** SQL Server stellt zwei Überprüfungsverfahren für Schreibvorgänge von Datenseiten zur Verfügung: *CheckSum* und *TornPageDetection*. *CheckSum* ist das neuere und vollständigere Verfahren. Beim Schreiben einer Seite auf Disk wird eine Prüfsumme über den Seiteninhalt berechnet und im Seiten-Header abgespeichert. Diese Prüfsumme wird auch beim Lesen ausgewertet und der Server schlägt Alarm, wenn gespeicherte und neu berechnete Summen voneinander abweichen. Die Benut-

Anlegen einer Datenbank

zerverbindung wird gelöst und die Fehlermeldung 824 taucht in den Protokollen auf. *TornPageDetection* ist eine einfachere Konsistenzüberprüfung der geschriebenen Datenseite und kann nicht alle Fehler entdecken. Lassen Sie also den Standard – *CheckSum* – aktiviert, auch wenn sich die E/A-Vorgänge dadurch minimal verlangsamen. Die Sicherheit einer Datenbank geht auf jeden Fall vor.

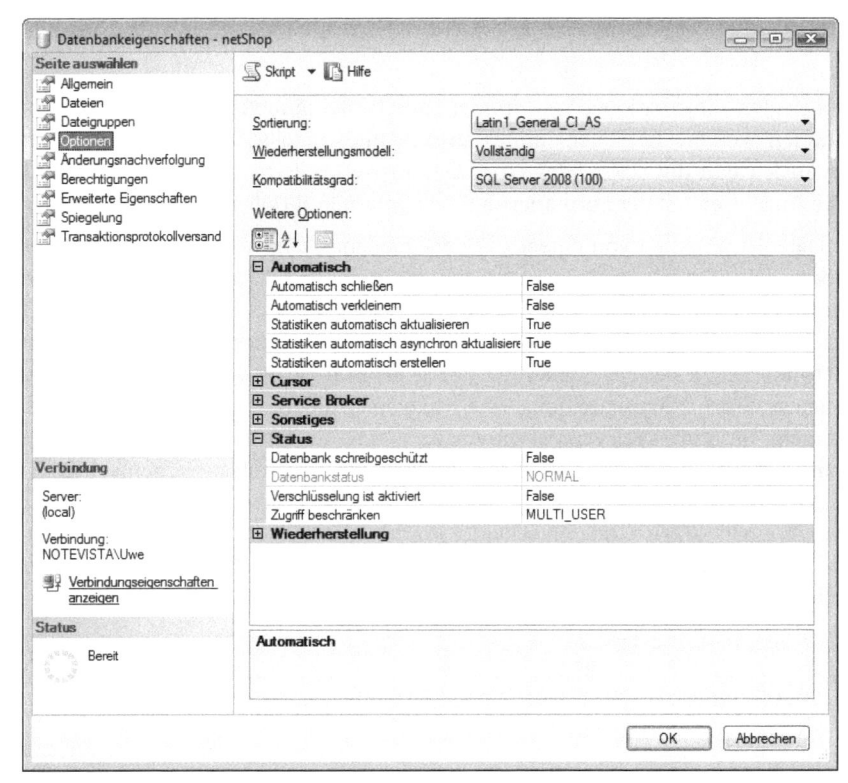

Abbildung 7.11 Eigenschaften einer Datenbank

Optionen, die Sie nicht in dieser Beschreibung gefunden haben, beeinflussen verschiedene weitere Details bei der Verarbeitung von T-SQL durch den Server. Sie werden an den passenden Stellen in diesem Buch erläutert.

Möchten Sie Datenbankoptionen ohne die Hilfe der Benutzeroberfläche einstellen, können Sie das mit dem T-SQL Kommando *ALTER DATABASE* in Verbindung mit dem Schlüsselwort *SET* tun. Die Verwendung ist einfach:

```
ALTER DATABASE netShopSmall
SET READ_ONLY
```

Listing 7.9 Datenbank-Schreibschutz mit T-SQL setzen

> **TIPP** Einige SET-Kommandos können in der Datenbank nicht ausgeführt werden, wenn es Sperren (und seien es nur Lesesperren in ihr gibt). Sie können den Befehl um die Option WITH ROLLBACK IMMEDIATE ergänzen, um offene Transaktionen abzubrechen und den Zustand der Datenbank sofort zu ändern.

Für *ALTER DATABASE* stehen Ihnen die Optionen zur Verfügung, die im Management Studio angeboten werden und darüber hinaus noch ein paar mehr. Wiederum andere werden in der GUI nicht unter den Datenbankeigenschaften eingestellt, sondern über Kommandos im Kontextmenü einer Datenbank. Ein Beispiel dafür ist die Option *OFFLINE*, die in Kürze vorgestellt wird.

Sortierungen

Die in einer Datenbank abgelegten Informationen sind immer codiert. Bei numerischen Daten, Datumsabgaben und Binärinformationen werden die Daten immer auf ein und dieselbe Art in den SQL Server-Datenstrukturen abgelegt. Auch wenn die *Darstellung* eines Datumswertes, je nach Client unterschiedlich ausfallen kann – das ist eine Angelegenheit der Formatierung – die internen Bitfolgen sind immer gleich.

Bei Zeichenketten, die in Datenbankspalten von einem der verschiedenen Character-Datentypen abgelegt werden, ist das ganz anders. Die Textinformationen werden entsprechend nationaler Gepflogenheiten codiert. Wie das genau geschieht, wird in SQL Server durch die so genannte Sortierung festgelegt. Eine Sortierung entscheidet darüber, welche Codepage (Zeichentabelle) zur Speicherung von Textinformationen eingesetzt wird, welche Besonderheiten bei der Sortierung durch die SQL-Klausel ORDER BY zu berücksichtigen sind, ob beim Suchen Groß-/Kleinschreibung eine Rolle spielen soll, wie Akzente berücksichtigt werden und noch anderes mehr. Besonders relevant ist die Auswahl einer Sortierung, wenn die Informationen Platz sparend in einem so genannten Single Byte Character Set (SBCS) abgelegt werden sollen. Dabei wird pro Zeichen ein Byte aufgewendet – in der entsprechenden Codepage, welche über die Umsetzung der Darstellung eines Zeichens in einen ASCII-Code entscheidet, finden also 256 Zeichen Platz. Das hat zur Folge, dass es verschiedene Codepages für verschiedene Sprachräume geben muss. SQL Server kennt einige der üblichen Standard-Codepages. Die Tabelle 7.1 zeigt einen Ausschnitt aus diesen.

Codepage-Nummer	Bezeichnung
1252	Latein-1 (ANSI)
1251	Kyrillisch
1250	Mitteleuropäisch
850	Mehrsprachig (MS DOS)
437	US Englisch (MS DOS)

Tabelle 7.1 Ein paar Codepages von SQL Server

In unseren Breiten kommt in den allermeisten Fällen eine Codierung über die so genannte ANSI-Codepage 1252 in Frage. Diese Zeichentabelle ist in Abbildung 7.12 dargestellt. Gerade für asiatische Sprachen reichen die 256 möglichen Zeichen bei Weitem nicht aus. Hier müssen Double Byte Character Sets mit bis zu 65.536 Zeichen verwendet werden. Auch für diese existieren entsprechende Codepages.

Ein Entwickler kann eine Sortierung nicht selbst definieren, er kann nur aus den vorbereiteten Angeboten von SQL Server auswählen. Die Sortierungen von SQL Server haben sprechende Namen. Beispiele sind *Latin1_General_CI_AS* oder *German_Phonebook_CS_AI*. Der erste Teil des Namens steht für die verwendete Codepage. Im ersten wie im zweiten Fall liegt der Sortierung die Codepage 1252 zu Grunde. Die sprechenden Namen sind also nicht ganz eindeutig. Der zweite Namensteil beschreibt die Sortierfolge, in welcher die Zeichen der unterliegenden Codepage angeordnet sind. Eine Sortiertabelle ist auf jeden Fall erforderlich, denn normalerweise sind die Zeichen einer Codepage nicht so sortiert, wie man dies als »menschlicher« Benutzer erwarten würde. Beispielsweise folgen die Kleinbuchstaben in der Codepage 1252 als getrennter Block den

Großbuchstaben. Würde binär sortiert, dann käme das kleine »a« hinter dem großen »B«, was natürlich keinen Sinn macht. Umlaute fielen, wie Sonderzeichen in den zweiten Teil der Tabellen, hinter die »7-Bit-Grenze«.

Für eine Codepage lassen sich, je nach Anwendungszweck, mehrere Sortiertabellen mit unterschiedlichen Sortierreihenfolgen definieren. Um diese zu unterscheiden, werden eindeutige Namen verwendet: »General« steht für eine möglichst allgemein einsetzbare Variante, »Phonebook« für eine Anordnung der Zeichen, wie sie in einem Telefonbuch (in unserem Beispiel einem Deutschen) zu finden ist. Tatsächlich gibt es auch die Einstellung *BIN* für rein binäre Vergleiche und Sortierungen. Diese sollten Sie nur dann verwenden, wenn das Suchen in den Daten so performant wie möglich passieren soll und die Reihenfolge bei Sortierungen *wirklich* keine Rolle spielt – beziehungsweise die über die Codepage definierte Sortierung in Ordnung ist. Immer daran denken: Sortierungen können Sie nicht so einfach ändern – besser keine Experimente mit Echtdaten durchführen!

	00	01	02	03	04	05	06	07	08	09	0A	0B	0C	0D	0E	0F
00	NUL 0000	STX 0001	SOT 0002	ETX 0003	EOT 0004	ENQ 0005	ACK 0006	BEL 0007	BS 0008	HT 0009	LF 000A	VT 000B	FF 000C	CR 000D	SO 000E	SI 000F
10	DLE 0010	DC1 0011	DC2 0012	DC3 0013	DC4 0014	NAK 0015	SYN 0016	ETB 0017	CAN 0018	EM 0019	SUB 001A	ESC 001B	FS 001C	GS 001D	RS 001E	US 001F
20	SP 0020	! 0021	" 0022	# 0023	$ 0024	% 0025	& 0026	' 0027	(0028	) 0029	* 002A	+ 002B	, 002C	- 002D	. 002E	/ 002F
30	0 0030	1 0031	2 0032	3 0033	4 0034	5 0035	6 0036	7 0037	8 0038	9 0039	: 003A	; 003B	< 003C	= 003D	> 003E	? 003F
40	@ 0040	A 0041	B 0042	C 0043	D 0044	E 0045	F 0046	G 0047	H 0048	I 0049	J 004A	K 004B	L 004C	M 004D	N 004E	O 004F
50	P 0050	Q 0051	R 0052	S 0053	T 0054	U 0055	V 0056	W 0057	X 0058	Y 0059	Z 005A	[005B	\ 005C	] 005D	^ 005E	_ 005F
60	` 0060	a 0061	b 0062	c 0063	d 0064	e 0065	f 0066	g 0067	h 0068	i 0069	j 006A	k 006B	l 006C	m 006D	n 006E	o 006F
70	p 0070	q 0071	r 0072	s 0073	t 0074	u 0075	v 0076	w 0077	x 0078	y 0079	z 007A	{ 007B	| 007C	} 007D	~ 007E	DEL 007F
80	€ 20AC		‚ 201A	ƒ 0192	„ 201E	… 2026	† 2020	‡ 2021	ˆ 02C6	‰ 2030	Š 0160	‹ 2039	Œ 0152		Ž 017D	
90		' 2018	' 2019	" 201C	" 201D	• 2022	– 2013	— 2014	˜ 02DC	™ 2122	š 0161	› 203A	œ 0153		ž 017E	Ÿ 0178
A0	NBSP 00A0	¡ 00A1	¢ 00A2	£ 00A3	¤ 00A4	¥ 00A5	¦ 00A6	§ 00A7	¨ 00A8	© 00A9	ª 00AA	« 00AB	¬ 00AC	- 00AD	® 00AE	¯ 00AF
B0	° 00B0	± 00B1	² 00B2	³ 00B3	´ 00B4	µ 00B5	¶ 00B6	· 00B7	¸ 00B8	¹ 00B9	º 00BA	» 00BB	¼ 00BC	½ 00BD	¾ 00BE	¿ 00BF
C0	À 00C0	Á 00C1	Â 00C2	Ã 00C3	Ä 00C4	Å 00C5	Æ 00C6	Ç 00C7	È 00C8	É 00C9	Ê 00CA	Ë 00CB	Ì 00CC	Í 00CD	Î 00CE	Ï 00CF
D0	Ð 00D0	Ñ 00D1	Ò 00D2	Ó 00D3	Ô 00D4	Õ 00D5	Ö 00D6	× 00D7	Ø 00D8	Ù 00D9	Ú 00DA	Û 00DB	Ü 00DC	Ý 00DD	Þ 00DE	ß 00DF
E0	à 00E0	á 00E1	â 00E2	ã 00E3	ä 00E4	å 00E5	æ 00E6	ç 00E7	è 00E8	é 00E9	ê 00EA	ë 00EB	ì 00EC	í 00ED	î 00EE	ï 00EF
F0	ð 00F0	ñ 00F1	ò 00F2	ó 00F3	ô 00F4	õ 00F5	ö 00F6	÷ 00F7	ø 00F8	ù 00F9	ú 00FA	û 00FB	ü 00FC	ý 00FD	þ 00FE	ÿ 00FF

Abbildung 7.12 Die Codepage 1252

Es sind noch weitere Verfeinerungen möglich. Zum Beispiel, was die Unterscheidung zwischen groß und klein geschriebenen Zeichen (Buchstaben) angeht. Dies betrifft die Bildung von Vergleichsausdrücken, zum Beispiel in einer *WHERE*-Klausel. Der dritte Teil einer Sortierungsbezeichnung gibt an, ob Suche unter Berücksichtigung der Groß-/Kleinschreibung stattfindet (case sensitive) – *CS* – oder nicht (case insensitive) – *CI* –.

Schlussendlich geht es noch um die Frage, wie der Server mit Akzenten umgehen soll. Dies wird in den Kürzeln im vierten Teil der Bezeichnung ausgedrückt. Steht hier ein *AS*, dann werden diese ausgewertet, bei einem *AI* nicht. OK: Bei DBCS-Unicode-Datensätzen gibt es noch mehr Einstellmöglichkeiten. Deren Erklärung überlasse ich aber den Books Online.

Gott sei Dank muss man sich als Entwickler in den meisten Fällen nicht ausführlich mit diesem Thema auseinandersetzen. In unserem Sprachraum stellt *Latin1_General_CI_AS* den Standard dar. Diese Sortierung wird auch beim Setup eines Deutschen oder Englischen SQL Server vorgeschlagen und bildet dann sowohl die Grundlage für die Systemdatenbanken wie auch die Standardvorgabe beim Anlegen neuer Datenbanken. Sollten Sie tatsächlich einmal davon abweichen müssen, können Sie die Einstellung pro Datenbank oder sogar pro Tabellenspalte festlegen. Seien Sie dabei aber vorsichtig: Eine falsch gewählte Sortierung werden Sie nachträglich nicht mehr so einfach los. Eine Übersicht über die verfügbaren Sortierungen einer SQL Server-Instanz bekommen Sie nicht etwa in der Dokumentation, sondern über eine Systemfunktion.

```
SELECT * FROM fn_helpcollations()
```

Listing 7.10 Anzeigen der vorhandenen Sortierungen

Welche Sortierung für eine vorhandene Datenbank tatsächlich eingestellt ist, finden Sie über eine Katalogsicht mit einer T-SQL-Abfrage analog dem folgenden Beispiel heraus:

```
SELECT collation_name FROM sys.databases
WHERE [name] = 'netShop'
```

Listing 7.11 Abfrage der Sortierungseinstellung einer Datenbank

Beim Arbeiten mit internationalen Daten muss man immer mit Schwierigkeiten rechnen, wenn verschiedene Sortierungen verwendet werden. Dazu ein kleines Beispiel. Nehmen Sie an, in die *netShop*-Datenbank sollen Kundendaten aus verschiedenen Filialen importiert werden. Dazu wurde der Import-Assistent eingesetzt und die Sortierungseinstellungen beibehalten. Dadurch ergeben sich Tabellen mit unterschiedlichen Sortierungen für Textinformationen wie in Listing 7.12.

Sortierungen können nicht nur auf Datenbankebene, sondern auch auf Spalten- oder Ausdrucksebene vereinbart werden. Die Tabelle *CustomersGermany* enthält keine Angaben über die zu verwendende Sortierung in der Spalte *LastName*, daher wird die Standardsortierung der Datenbank angewendet. In der *netShop*-Datenbank ist das *Latin1_General_CI_AS*. In der Tabelle *CustomersMacedonia* dagegen ist explizit über die *COLLATE*-Klausel die Sortierung *Macedonian_FYROM_90_CI_AI* vereinbart. Die Angabe einer bestimmten Sortierung kann bei der Anwendungsentwicklung notwendig sein, um die korrekte Darstellung im Zeichensatz des Clients zu gewährleisten. Das Feld *LastName* in *CustomersMacedonia* kann außerdem Zeichen eines DBCS-Zeichensatzes speichern, um die diakritischen und andere Zeichen abspeichern zu können. Es werden 2 Byte pro Zeichen verwendet (der Datentyp ist *nvarchar* dazu mehr im nächsten Kapitel). Beim Einfügen einer Textkonstante in so ein Feld muss darauf geachtet werden, das Präfix »N« vor der Zeichenkette zu verwenden, sonst gehen eventuell Informationen verloren und es werden nur die Zeichen des Basiszeichensatzes gespeichert. Daher lautet der Wert *N'Ğryşniźkŷ'*.[2]

```
-- Tabellen anlegen

CREATE TABLE CustomersGermany
( ID int,
  LastName varchar(100))

CREATE TABLE CustomersMacedonia
( ID int,
  LastName nvarchar(100) COLLATE Macedonian_FYROM_90_CI_AI)
```

---

[2] Ehrlich gesagt kenne ich mich mit der mazedonischen Sprache nicht besonders gut aus. Jeder Zusammenhang des Kundennamens Ğryşniźkŷ mit einer lebenden Person wäre daher zufällig und ist nicht beabsichtigt.

```
-- Beispieldaten

INSERT CustomersMacedonia VALUES (1, N'Ğryşni k ')
INSERT CustomersGermany VALUES (1, N'Ğryşni k ')


-- Suche nach identischen Kundennamen: Versuch 1 geht schief

SELECT * FROM CustomersMacedonia cm JOIN CustomersGermany  cg ON cm.Lastname = cg.Lastname

-- Suche nach identischen Kundennamen: Versuch 2 klappt


SELECT * FROM CustomersMacedonia cm JOIN CustomersGermany cg ON cm.Lastname   = cg.Lastname COLLATE
Latin1_General_CI_AI
```

Listing 7.12 Arbeiten mit verschiedenen Sortierungen

Spannend wird es immer, wenn Daten in verschiedenen Sortierungen in Ausdrücken verwendet oder konvertiert werden sollen. Sollen beispielsweise identische Kundennamen in den beiden Tabellen gesucht werden, so bietet sich dazu eine Verknüpfung der Tabellen durch ein *JOIN* an (alle Informationen dazu finden Sie in Kapitel 9). Der Versuch im ersten *SELECT*-Befehl geht schief. SQL Server meldet sich mit der folgenden Fehlermeldung:

```
Meldung 468, Ebene 16, Status 9, Zeile 1
Ein Sortierungskonflikt zwischen "Latin1_General_CI_AS" und "Macedonian_FYROM_90_CI_AI"
im equal to-Vorgang kann nicht aufgelöst werden.
```

Begegnet einem als Entwickler diese Meldung, dann kann man versuchen, im verursachenden Konflikt den Ausdruck durch den *COLLATE-Operator* zu beheben. Durch *COLLATE* wird eine Ad-Hoc-Konvertierung der Sortierung vorgenommen. In diesem Fall im Vergleichsausdruck, der für das *JOIN* eingesetzt wird: *cm.Lastname = cg.Lastname COLLATE Latin1_General_CI_AS*. Das zweite *SELECT* läuft tatsächlich ordentlich und die gleichen Kundennamen werden gefunden. Da die Konvertierung bisweilen zu abweichenden Darstellungen führt, ist immer Vorsicht angesagt.

TIPP   Wenn Sie das Beispiel im T-SQL-Projekt von der CD nachvollziehen möchten, dann werden Sie feststellen das die Sonderzeichen nicht richtig dargestellt werden: Die Zeichenkette wird als *N'?ry?ni?k?'* dargestellt. Lassen Sie sich dadurch nicht irritieren.

Die Wiederherstellungsoptionen einer Datenbank

Am Anfang des aktuellen Kapitels haben Sie bereits kennen gelernt, wie SQL Server mit Transaktionen umgeht und welche Rolle das Transaktionsprotokoll einer Datenbank dabei spielt. Jede neue Datenbank ist zunächst so eingerichtet, dass SQL Server sich wirklich alle nur denkbaren Änderungen an Datenbanken recht ausführlich »merkt«. Das führt sehr schnell zu sehr großen Log-Dateien, mit denen bei der Administration des Servers umgegangen werden muss.

Es sind viele Anwendungsfälle für Datenbanken denkbar, bei denen mit viel weniger Overhead gearbeitet werden kann. Eine SQL Server-Datenbank, die nachts geladen und aus der tagsüber nur gelesen wird, kommt prinzipiell ganz ohne Transaktionsprotokoll aus. Beim Lesen aus einer Datenbank treten keine

Benutzer-Transaktionen auf, die zu registrieren wären, und im Fall eines Verlustes könnte die Datenbank komplett neu geladen werden. Das vollständige Abschalten des Protokolls ist bei SQL zwar nicht möglich, aber Sie können beeinflussen, wie lange SQL Server inaktive Transaktionen im Protokoll aufhebt. Denken Sie dabei immer daran, dass es einen engen Zusammenhang zwischen den hier vorgestellten Wiederherstellungsoptionen und Ihrer Sicherungsstrategie für eine Datenbank gibt. Kurz gesagt: Wenn Sie auf eine vollständige Protokollierung verzichten und dennoch eine zeitnahe Wiederherstellung benötigen, dann müssen Sie entsprechend oft die gesamte Datenbank sichern.

SQL Server kennt die nachfolgend beschriebenen Wiederherstellungsmodelle. In Klammern finden Sie die Bezeichnungen, die man in T-SQL für das programmatische Einstellen der Optionen mit *ALTER DATABASE* benötigt:

- **Vollständig (FULL)** Sämtliche Operationen werden detailliert in das Transaktionsprotokoll geschrieben. Dies betrifft auch Vorgänge wie das Erstellen eines neuen Indexes oder das Auffüllen einer Datenbank mit Massendaten. Dabei fallen unter Umständen sehr viele Protokollinformationen an. Die Datenbank ist jederzeit aus einer Grundsicherung und dem Transaktionsprotokoll bis zum Zeitpunkt der letzten durchgeführten Transaktion wieder herstellbar, wenn nur die Datendateien von einem Crash betroffen sind. Dieses Wiederherstellungsmodell lässt die Protokolldateien so lange anwachsen, bis eine Protokollsicherung durchgeführt oder das Transaktionsprotokoll explizit abgeschnitten wird.

- **Einfach (SIMPLE)** Im einfachen Wiederherstellungsmodell wird das Transaktionsprotokoll vom Server regelmäßig abgeschnitten. Das passiert nach der Auslösung eines Checkpoints. Enthält das Protokoll inaktive Transaktionen, also Transaktionen, die mit einem *COMMIT* versehen und bereits erfolgreich in die Datenbank geschrieben wurden, dann löscht der Server diese aus dem Log. Das Transaktionsprotokoll wird in diesem Modell nur temporär während der Verarbeitung von Transaktionen benutzt. Es ermöglicht dem Programmierer das Zurücksetzen der Datenbank in einen Zustand vor Ausführung einer Transaktion. Da die Informationen im Protokoll bereits nach kürzester Zeit nicht mehr vollständig sind, ist es nicht möglich, die Datenbank aus diesem wiederherzustellen. Ein Rücksichern kann einzig und allein aus einer Datensicherung erfolgen. In diesem Modus ist es sehr unwahrscheinlich, dass das Transaktionsprotokoll »überläuft«. Außerdem verläuft das Einfügen von Massendaten schneller.

- **Massenprotokolliert (BULK_LOGGED)** Dieses Modell verbindet Eigenschaften der ersten beiden Modi. Das Transaktionsprotokoll wird auch hier nicht abgeschnitten. Es kann also für das Recovery einer Datenbank benutzt werden. Gleichzeitig ist in diesem Modell die Menge an Informationen, die beim Laden der Datenbank, beim Indizieren und ähnlichen Massenoperationen im Protokoll generiert werden, geringer. Natürlich gibt es auch einen Nachteil: Sind massenprotokollierte Daten im Protokoll vorhanden, dauert eine inkrementelle Datensicherung länger und die Sicherungssätze werden umfangreicher.

Ein Wiederherstellungsmodell kann sehr einfach über den Eigenschaftendialog der Datenbank im Management Studio ausgewählt werden (Seite *Optionen*). Doch Vorsicht: Nicht alle Änderungen treten sofort in Kraft! Wenn Sie vom einfachen in das vollständige Modell wechseln wollen, dann *müssen* Sie anschließend unbedingt eine vollständige Datenbanksicherung durchführen. Tun Sie das nicht, dann bleibt die Datenbank (möglicherweise unbemerkt) im Modus *Einfach* und die Protokolleinträge werden weiterhin abgeschnitten. Dieses Verhalten des Servers ist im Prinzip logisch, denn das vollständige Wiederherstellungsmodell macht keinen Sinn, wenn es keine Basisdatensicherung gibt, auf die das Transaktionsprotokoll aufsetzen kann. Allerdings ist es auch ausgesprochen verwirrend, weil der Administrator nicht darauf hingewiesen wird.[3]

---

[3] Dazu kommt leider noch, dass die Online-Dokumentation an dieser Stelle, na sagen wir »etwas zurückhaltend« ist.

Beim Anlegen einer Datenbank auf den »großen« Editionen von SQL Server, also Workgroup, Standard oder Enterprise, befindet sich eine Datenbank zunächst im vollen Wiederherstellungsmodell. Legen Sie dagegen eine Datenbank auf der Express-Edition an, dann wird das einfache Wiederherstellungsmodell eingestellt.

HINWEIS Bei SQL Server 2000 war es notwendig, auch beim Wechsel vom vollständigen in den einfachen Modus eine Vollsicherung durchzuführen. Dieser Schritt fällt vernünftigerweise in der aktuellen Serverversion weg.

In Transact-SQL sieht die Auswahl eines Modells folgendermaßen aus:

```
ALTER DATABASE database
SET
RECOVERY FULL | BULK_LOGGED | SIMPLE
```

Wenn man in Betracht zieht, dass nach dem Einschalten des vollständigen Wiederherstellungsmodells die Datenbank gesichert werden muss, dann besteht ein Skript für das Umschalten aus mindestens zwei Befehlen:

```
ALTER DATABASE netShopSmall
SET
RECOVERY FULL
BACKUP DATABASE netShop TO DISK = 'D:\Backup\netShopSmall.bak'
```

Listing 7.13 Wechseln des Wiederherstellungsmodus

Nach dem Einstellen der Option mit dem *ALTER DATABASE*-Kommando wird durch *BACKUP DATABASE* eine Sicherheitskopie in einem Sicherungsverzeichnis auf dem *D:*-Laufwerk angelegt.

Wiederherstellungsmodelle und Sicherungsstrategien

Welche Wiederherstellungsoptionen für das Transaktionsprotokoll in einer Datenbank eingestellt sind, beeinflusst viele Funktionen von SQL Server, da das Protokoll von den SQL Server-Entwicklern als Grundlage für allerlei Datenverteilungsmechanismen wie Transaktionale Replikation, Log Shipping oder Datenbankspiegelung benutzt wird.

Die Häufigkeit und Art und Weise, wie Sie Sicherungen für eine bestimmte Datenbank durchführen, ist von verschiedenen Faktoren, wie der Änderungshäufigkeit, dem für Sicherungen zur Verfügung stehende Platz auf Ihren Speichermedien, der maximal zur Verfügung stehenden Wiederherstellungszeit und dem Transaktionszeitraum abhängig, der schlimmstenfalls verloren gehen darf. Sie können durch die Wahl des geeigneten Wiederherstellungsmodells und Sicherungsverfahrens garantiert die für Ihre Zwecke am besten geeignete Lösung finden. Die meisten Situationen werden durch eine der drei nachfolgend beschriebenen Methoden abgedeckt werden.

- **Regelmäßiges vollständiges Backup**
  Bei dieser Methode werden in regelmäßigen Abständen Vollsicherungen der Datenbank durchgeführt. SQL Server schreibt die gefüllten Datenseiten aus den Datendateien auf das Sicherungsmedium. Im einfachsten Fall findet dann eine Rücksicherung über das Einspielen der letzten Vollsicherung statt. Das Transaktionsprotokoll wird nicht angetastet und ist in den meisten Fällen auf einfache Wiederherstellung eingestellt, damit es nicht überläuft. Prinzipiell ist es auch denkbar, dass Sie – vor allen Dingen wenn sich die Datendateien und die Transaktionsprotokolldateien auf verschiedenen physikalischen Laufwerken befinden – das aktuelle, vollständig erhaltene Transaktionsprotokoll im Crashfall für das Restore einsetzen möchten. Damit können Sie möglichst viele Datenänderungen, die zwischen der letzten Datensicherung und dem Ausfallzeitpunkt liegen, wiederherstellen.

Verlieren Sie bei einem Crash nur die Datendateien, dann ist es möglich, eine letzte Notfallsicherung des laufenden Transaktionsprotokolls durchzuführen. In solch einem Fall, bei dem die Datenbank nicht mehr erreichbar ist, müssen Sie eine spezielle Variante des Backup-Befehls einsetzen:

```
BACKUP LOG netShop WITH NO_TRUNCATE
```

Listing 7.14 Notsicherung des Transaktionsprotokolls mit T-SQL

Auch im Management Studio können Sie diese Art einer Sicherung durchführen. Die Einstellung lautet *Protokollfragment sichern und Datenbank im Wiederherstellungsmodus belassen*. Wobei man lernt, dass diese spezielle Art einer Protokollsicherung, die auch aktive Transaktionen enthält, *Protokollfragmentsicherung* genannt wird. Das Wiederherstellungsmodell muss bei dieser Strategie natürlich auf *Vollständig* oder *Massenprotokolliert* eingestellt sein.

Das Datenbankwiederherstellungsmodell *Vollständig* in Verbindung mit ausschließlichen Vollsicherungen zu verwenden, funktioniert nur bei Datenbankbanken, in denen sehr wenige Änderungen passieren, die Datenbank also mehr oder weniger Read Only verwendet wird. Läuft das Transaktionsprotokoll voll und können die Log-Dateien nicht mehr vergrößert werden, dann sind keine Änderungen mehr in der Datenbank möglich. Um diesen Zustand zu verlassen, müssen Sie einfach die Datenbank in den Wiederherstellungsmodus *Einfach* versetzen. Dann sollte das Protokoll intern abgeschnitten werden[4] und es gibt wieder Platz für neue Transaktionen.

```
ALTER DATABASE netShopSmall
SET
RECOVERY SIMPLE
```

Listing 7.15 Wechsel in den einfachen Wiederherstellungsmodus

Leser, die mit SQL Server 2000 oder 2005 vertraut sind, werden den Befehl BACKUP LOG WITH NO_TRUNCATE für das Abschneiden des Transaktionsprotokolls kennen. Diesen gibt es in SQL Server 2008 nicht mehr. Ändern Sie bei Bedarf Ihre Skripte.

- **Regelmäßige vollständige und inkrementelle Backups**

Dieses Verfahren wird von allen größeren ERP-Systemen eingesetzt. Es besteht aus einer Mischung aus Voll- und Transaktionsprotokollsicherungen, die einander abwechseln. In regelmäßigen Abständen – zum Beispiel nachts, wenn sich keine Benutzer im System befinden – werden vollständige Sicherungen durchgeführt. Diese Aktion in eine benutzerarme Zeit zu legen hat bei größeren Datenbanken den Vorteil, dass keine Performanceeinbußen im Betrieb spürbar werden. Tagsüber laufen in einem Abstand von beispielsweise fünfzehn Minuten Transaktionsprotokollsicherungen. Damit beschränken Sie den maximalen Datenverlust genau auf die Arbeit dieser fünfzehn Minuten. Im Notfall können Sie mit einer Protokollfragmentsicherung auch noch mehr herausholen.

Die regelmäßigen Transaktionsprotokollsicherungen sind sehr schlank und können ausgesprochen effektiv im laufenden Betrieb durchgeführt werden. Das Management Studio unterstützt Sie bei der Verwaltung der Sicherungsmedien, sodass Sie bei einer Rücksicherung keine Sorge haben müssen, dass Sie

---

[4] Es gibt bisweilen Situationen in denen der SQL Server das Transaktionsprotokoll nicht zurücksetzen kann. In diesem Fall hilft bisweilen ein Neustart des SQL Server – dabei wird automatisch ein Recovery der Datenbank durchgeführt.

die Reihenfolge der Einzelsicherungen vertauschen. Denn bei einer Wiederherstellung müssen Sie Folgendes tun: zunächst die letzte verfügbare Vollsicherung einspielen und anschließend die einzelnen Transaktionsprotokollsicherungen in genau der richtigen Abfolge. Logischerweise muss bei dieser Sicherungsstrategie das vollständige oder massenprotokollierte Wiederherstellungsmodell aktiviert sein.

- **Inkrementelle in Kombination mit differentiellen Backups**

    Um bei sehr großen Datenbanken die Backup- und Restore-Zeiten abzukürzen, können Vollsicherungen gegen Differenzsicherungen ausgetauscht werden. Da es bei einem differentiellen Backup um die Sicherung der geänderten Datenseiten gegenüber der letzten Vollsicherung geht, spielt hier das Transaktionsprotokoll wieder keine Rolle. Es gelten die Anmerkungen zu den Vollsicherungen. Bei einem Restore einer Datenbank, zu der alle drei Sicherungstypen existieren, wird zunächst als Basis der weiteren Operationen die Vollsicherung eingespielt, danach die jüngste differentielle Sicherung und anschließend die verbleibenden Transaktionsprotokollsicherungen.

Setzen Sie oder der Administrator Ihrer Datenbanklösung entweder den Protokollversand oder Datenbankspiegelung ein, dann muss für die zu schützende Datenbank zwangsläufig entweder das Wiederherstellungsmodell *Vollständig* oder *Massenprotokolliert* aktiviert sein. Der Protokollversand basiert auf einem *BACKUP-COPY-RESTORE*-Verfahren für das Transaktionsprotokoll. Durch Agent-Aufträge gesteuert werden fortlaufend inkrementelle Sicherungen durchgeführt, auf einen Standby-Server kopiert und dort wiederhergestellt. Beim Spiegeln einer Datenbank werden Einträge, die in ein lokales Transaktionsprotokoll geschrieben werden sollen, über einen Kommunikations-Endpunkt auf einen Spiegelserver übertragen und dort parallel in das Log der gespiegelten Datenbank geschrieben. In einem kontinuierlichen Redo-Prozess wird diese zweite Datenbank durch die Protokolleinträge synchron gehalten. Beide Verfahren – man kann es sich vorstellen – benötigen ein Protokoll, welches keine Lücken aufweist.

Datenbanken verwalten

Nachdem sich Ihre Datenbank eine Zeit lang in Benutzung befindet, kommen irgendwann verschiedene Wartungsaufgaben auf Sie zu. Vielleicht wurde neue Hardware angeschafft und muss in das System integriert werden oder eine Festplatte soll abgeschaltet werden. Ich beschreibe in den nachfolgenden Abschnitten die wichtigsten Aufgaben, die bei der Arbeit mit Speicherplatz anstehen können. Auch hier müssen Sie wieder mit dem Management Studio oder T-SQL arbeiten. In Visual Studio können Sie allerhöchstens eine Datenbank löschen.

Überblick über die Speicherverwendung verschaffen

Um sich einen Überblick zu verschaffen, wie die Speicherplatzbelegung in einer Datenbank aktuell aussieht, können Sie ganz einfach einen der eingebauten Administrationsberichte des SQL Server Management Studios verwenden. Sie erreichen diesen Bericht über einen Rechtklick aus den Datenbanknahmen im Objekt Explorer und den Kontextbefehl *Berichte/Standardberichte/Datenträgerverwendung*. Abbildung 7.13 zeigt den Bericht für die *netShop*-Datenbank. Offensichtlich ist hier alles im »grünen Bereich«. In den Datendateien und im Transaktionsprotokoll ist noch genügend Platz vorhanden.

Können die Dateien nicht mehr vergrößert werden, dann wird es Zeit neue anzulegen oder zu versuchen, die Daten zu komprimieren. Diese Vorgänge werden in den nachfolgenden Abschnitten beschrieben.

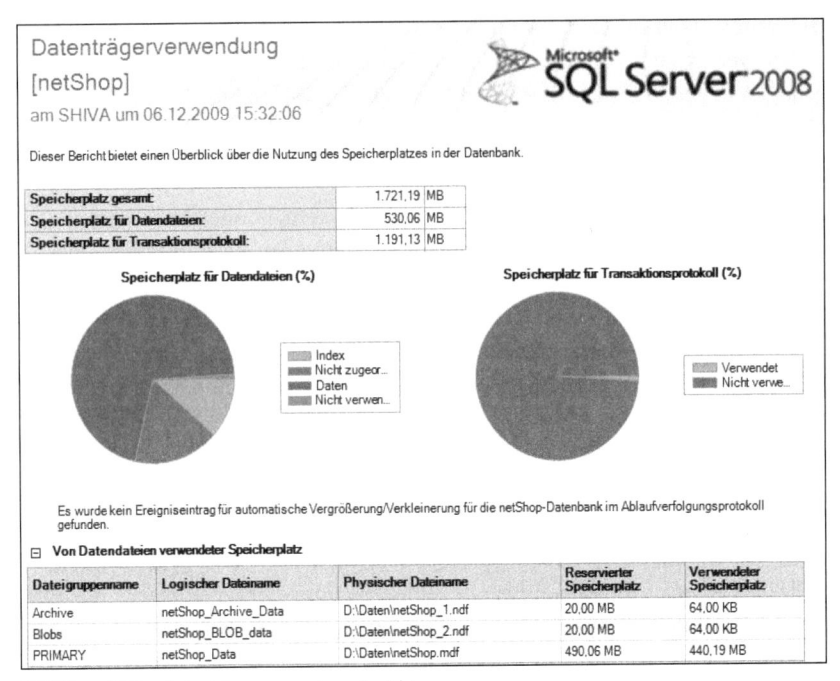

Abbildung 7.13 Datenträgerverwendungsbericht

Datenbankdateien vergrößern oder neu anfügen

Das Vergrößern einer Datei ist vollkommen unproblematisch und kann jederzeit im laufenden Betrieb vorgenommen werden. Ist die Datei nicht für automatisches Vergrößern eingestellt worden (was ganz eindeutig die beste Variante darstellt), dann können Sie neuen Speicherplatz anfügen, indem Sie im Management Studio einfach einen höheren Wert in das Feld *Anfangsgröße (MB)*[5] des Eigenschaftendialogfelds der Datenbank eintragen. Nach einem Klick auf *OK* wird die Datei sofort auf den neuen Wert erweitert.

Soll die Datenbank auf eine weitere Festplatte ausgedehnt werden, so müssen Sie eine Datei anfügen – und auch das geht in diesem Dialog ganz leicht. Sie vergeben den neuen logischen Dateinamen und stellen Pfad sowie Speicheroptionen ein. Fertig! Benötigt SQL Server neuen Speicherplatz für Datenbankobjekte, so wird er die neue leere Datei schon nach kurzer Zeit nutzen.

In Transact-SQL sehen die beiden Verfahren ebenfalls recht übersichtlich aus. Beispielsweise kann man die Datendatei der *netShopSmall*-Datenbank mit dem nachfolgend gezeigten Kommando auf 3 GB vergrößern:

```
ALTER DATABASE netShop
MODIFY FILE
( NAME = netShopSmall_data, SIZE = 3GB )
```

Listing 7.16 Vergrößern einer Datenbankdatei

---

[5] Die Eigenschaft *Anfangsgröße* ist tatsächlich nur beim allerersten Anlegen einer Datenbank eine *Anfangs*-Größe. Später gibt sie den aktuell genutzten Speicherplatz an. In SQL Server 2000 hieß diese Eigenschaft *Reservierter Speicher*. Das waren noch schöne (semantisch korrekte) Zeiten.

Eine neue Datei wird durch die *ADD FILE*-Option hinzugefügt:

```
ALTER DATABASE netShopSmall
ADD FILE
( NAME = netShop_data_2, FILENAME = "D:\Daten\netShopSmall_data_2.ndf",
  SIZE = 1GB )
```

Listing 7.17   Hinzufügen einer Datei

Datenbankdateien verkleinern oder löschen

Das Verkleinern einer Datenbank funktioniert nicht, wie man vielleicht annehmen würde, über den Eintrag eines niedrigeren Wertes in das Feld *Anfangsgröße*! Probieren Sie es aus. Nach dem *OK* wird zwar nicht gemeckert, es passiert aber auch nichts weiter. Das Verkleinern einer Datei ist ein komplexer Vorgang, für den verschiedene Optionen verfügbar sind. Im Management Studio gibt es daher einen speziellen Befehl im Kontextmenü einer Datenbank: *Tasks/verkleinern*. Sie können sich dann noch zwischen den Varianten *Datenbank* und *Dateien* entscheiden, bevor sich die eigentlichen Dialogfelder öffnen. Wählen Sie Datenbank, dann können Sie sämtliche Daten-Dateien einer Datenbank auf einen Schlag verkleinern.

Besonders effektiv ist die Verwendung der Option *Dateien vor dem Freigeben von nicht benötigtem Speicherplatz neu organisieren*. Dies entspricht einer Reorganisation der internen Speicherstrukturen, wobei fragmentierte Datenseiten und Blöcke wieder vollständig aufgefüllt werden. Dies kann bei einer Datenbank, die längere Zeit intensiv in Gebrauch war, zu einer spürbaren Leistungssteigerung führen. Lassen Sie sich von dem zweiten Satz *Diese Option kann sich negativ auf die Leistung auswirken* nicht irritieren. Dabei geht es nur um Leistungseinbußen, die für verbundene Benutzer während der Reorganisation deutlich spürbar sind. Nach dem Abschluss der Prozedur geht alles flotter! Normalerweise sollten Sie solche systemnahe Operationen in Datenbanken zu einem Zeitpunkt vornehmen, an dem diese gerade nicht verwendet werden.

Nach dem Komprimieren der Datenstrukturen wird freier Speicherplatz der Dateien an das Betriebssystem zurückgegeben. Einen gewissen Anteil an sofort verfügbarem freiem Speicher in den Daten-Dateien sollte man dem Server zubilligen, damit er nicht sofort wieder mit dem Vergrößern beginnen muss. Auch dieser Vorgang nimmt ja Zeit in Anspruch. Sie reservieren freien Speicher durch die entsprechende Prozentangabe im Dialogfeld. Tragen Sie beispielsweise dort den Wert 10% ein und kann der Server durch Reorganisation den Speicherplatz in den Dateien auf 800 MByte reduzieren, dann werden 80 MByte für zukünftiges Wachstum im Voraus reserviert.

Einzelne Dateien verkleinern Sie über das Dialogfeld, welches Sie in Abbildung 7.14 sehen. In diesem können Sie auswählen, ob Sie mit Daten- oder Transaktionsprotokolldateien arbeiten möchten. Auch hier gibt es eine Option für das Reorganisieren der Dateien. Sehr nützlich für Datendateien ist die Funktion *Datei durch Migrieren ihrer Daten zu anderen Dateien in der gleichen Dateigruppe leeren*. Diese Funktion entfernt sämtlich Objekte aus der betreffenden Datenbankdatei. Dies ist die Voraussetzung für das Löschen einer Datei. Nachdem Sie die Datei geleert haben, führen Sie das eigentliche Löschen dann im Eigenschaftendialogfeld der Datenbank durch.

Eine Log-Datei wird durch das Abschneiden des Transaktionsprotokolls allein nicht verkleinert. Erst durch die Anwendung der Funktion *Datenbank verkleinern* oder *Datei verkleinern* wird der nicht mehr benötigte Speicherplatz wieder freigegeben. Falls das nicht *sofort* passiert, müssen Sie sich keine Sorgen machen. Es kann sein, dass SQL Server beim nächsten Checkpoint in der Datenbank noch einige Schreiboperationen durchführen muss, bevor das Verkleinern starten kann. Es ist auch nicht schlimm, wenn das Transaktionsprotokoll nach dem Verkleinern noch einige zig MB groß ist. Das ist dem internen Aufbau geschuldet. Eventuell sind auch noch viele nicht abgeschlossene Protokolleinträge vorhanden. Diese können Sie versuchsweise durch einen Neustart des Servers loswerden. Bei diesem gezielt eingeleiteten Recovery entfernt SQL Server Reste aktiver Einträge aus dem Log. Falls anschließend immer noch ein »Datensumpf« in den Protokolldateien zu existieren scheint, dann vergessen Sie die ganze Angelegenheit einfach! Ein paar MB stören weder Sie noch SQL Server.

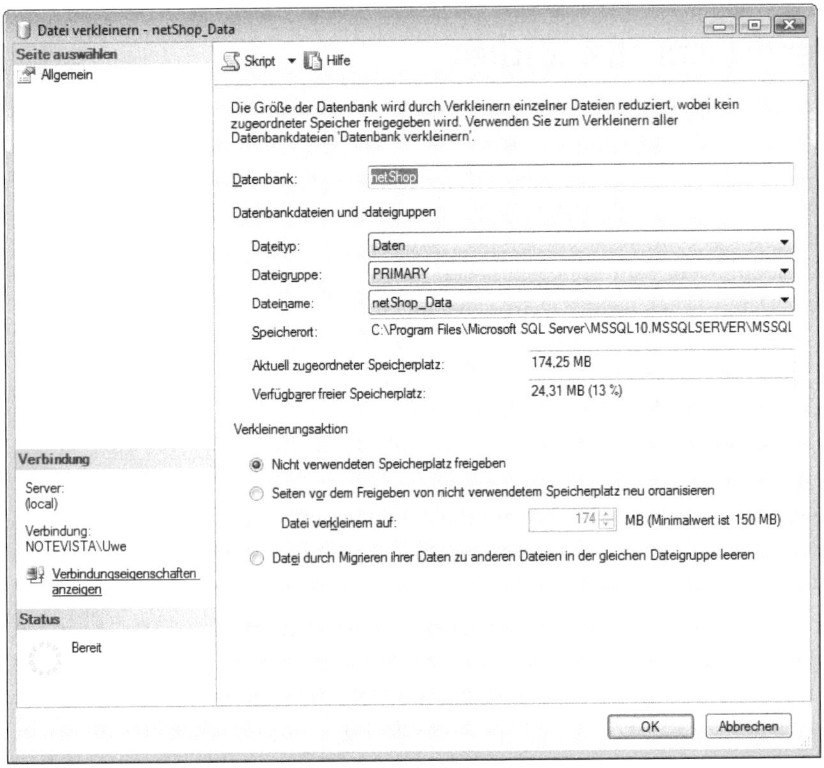

Abbildung 7.14 Verkleinern von Datenbankdateien

In Transact-SQL sehen die Verfahren so aus, wie Sie es mit der Hilfe der folgenden Beispiele nachvollziehen können. Sie komprimieren eine Datenbank auf diese Art und Weise:

```
DBCC SHRINKDATABASE (netShop, 20)
```

Listing 7.18 Verkleinern einer Datenbank in T-SQL

Der Speicherplatz der *netShop*-Datenbank wird maximal zusammengefasst, 20% freier Speicher zugebilligt und der Rest aus den Dateien entfernt. DBCC ist übrigens der SQL Server-Befehl für systemnahe Aufgabenstellungen. Sie werden ihm in diesem Buch noch öfter begegnen, wenn es um das intensive Testen, Reorganisieren oder Reparieren geht. DBCC muss immer im Kontext der zu bearbeiteten Datenbank ausgeführt werden.

Abbildung 7.15 zeigt die Datenträgerverwendung nach dem Ausführen des DBCC-Kommandos. Die Datendateien haben sich nicht verändert, da sie schon bei der Zielgröße lagen. Recht viel Platz ist durch das Verkleinern des Transaktionsprotokolls frei geworden. Über 1 GB wurden eingespart.

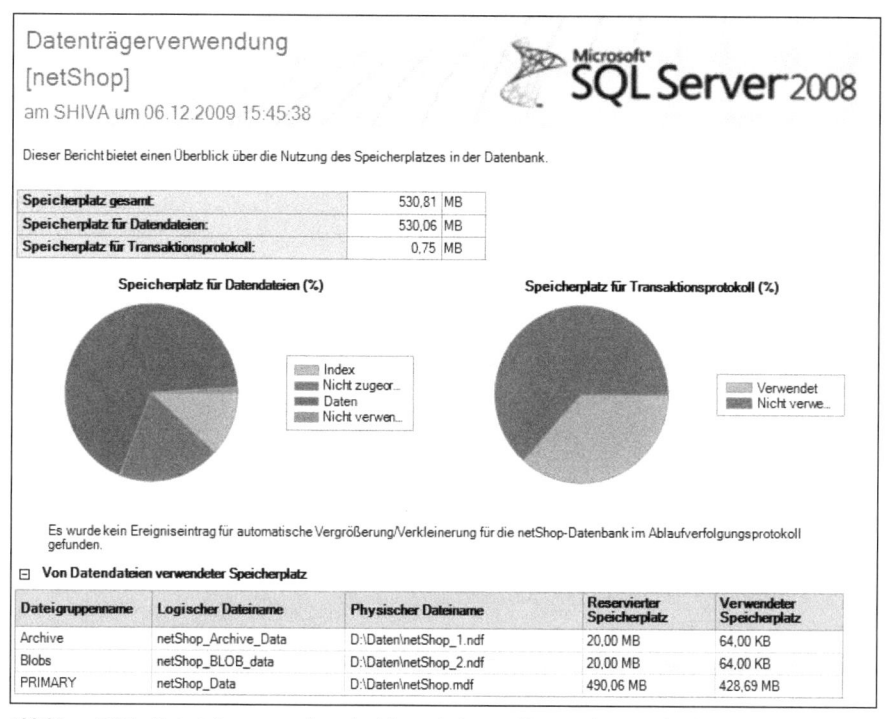

Abbildung 7.15 Datenträgerverwendungsbericht nach dem Verkleinern der Datenbank

Das DBCC-Kommando kann auch für das Verkleinern einzelner Dateien eingesetzt werden:

```
DBCC SHRINKFILE (netShop_Data)
```

Listing 7.19 Verkleinern einer einzelnen Datei in T-SQL

Dieses Kommando verkleinert die Datei *netShop_Data* durch das Reorganisieren der Datenseiten maximal und gibt überflüssigen Speicherplatz an das Betriebssystem frei. Der folgende Befehl dagegen schneidet ausschließlich freien Speicherplatz am Ende der Datei ab und löst kein Komprimieren der Datenseiten aus. Sie können es verwenden, wenn einer Datenbank versehentlich zuviel Speicherplatz zugewiesen wurde.

```
DBCC SHRINKFILE (netShop_Data, TRUNCATEONLY)
```

Listing 7.20 Freigabe freien Speichers in T-SQL

Das Ergebnis des Kommandos nach Listing 7.19 können Sie in der Abbildung 7.16 bewundern. Tatsächlich konnte noch ein wenig Luft aus der Datendatei gelassen werden und die Datenbank ist noch einmal 60 MB kleiner geworden. Zwei Dinge gelten im Zusammenhang mit dem Verkleinern von Datenbanken und Datenbankdateien anzumerken. Zum einen ist das Verkleinern eine sehr gute Option wenn Sie das Verschieben einer sehr großen Datenbank vorbereiten möchten. Bei einem Trennen und Wiederanfügen einer Datenbank auf einem anderen Server müssen Sie die leeren Datenseiten bzw. den leeren Speicher im Transaktionsprotokoll nicht mitschleppen. Bei einem Restore einer Datenbank auf einem anderen Server stellen Sie durch das Komprimieren vor dem Backup sicher, dass die Datenbank auf dem neuen Server nicht zu viel Speicherplatz frisst.

Zum anderen sollten Sie es mit dem Komprimieren von Daten- und Protokolldateien nicht übertreiben. Lassen Sie ruhig genügend »Luft« in den Dateien. So kann der SQL Server Daten schneller einfügen und es ist auch vorteilhaft, wenn bei Updates Seiten verschoben werden müssen.

Datenträgerverwendung [netShop]
am SHIVA um 06.12.2009 15:57:46

Dieser Bericht bietet einen Überblick über die Nutzung des Speicherplatzes in der Datenbank.

Speicherplatz gesamt:	503,50	MB
Speicherplatz für Datendateien:	468,63	MB
Speicherplatz für Transaktionsprotokoll:	34,88	MB

Speicherplatz für Datendateien (%)
- Index
- Nicht zugeor...
- Daten
- Nicht verwen...

Speicherplatz für Transaktionsprotokoll (%)
- Verwendet
- Nicht verwe...

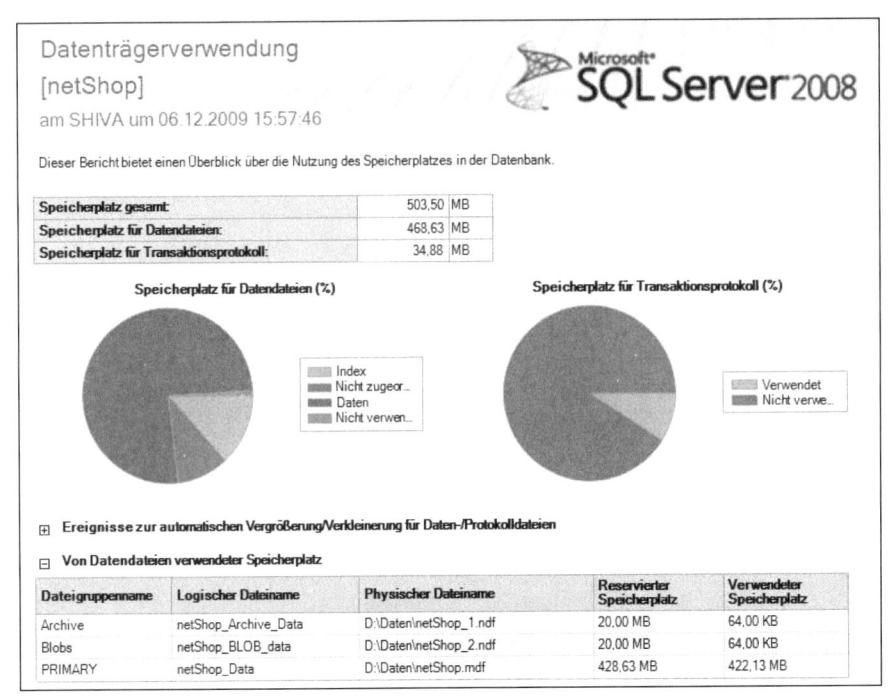

Ereignisse zur automatischen Vergrößerung/Verkleinerung für Daten-/Protokolldateien

Von Datendateien verwendeter Speicherplatz

Dateigruppenname	Logischer Dateiname	Physischer Dateiname	Reservierter Speicherplatz	Verwendeter Speicherplatz
Archive	netShop_Archive_Data	D:\Daten\netShop_1.ndf	20,00 MB	64,00 KB
Blobs	netShop_BLOB_data	D:\Daten\netShop_2.ndf	20,00 MB	64,00 KB
PRIMARY	netShop_Data	D:\Daten\netShop.mdf	428,63 MB	422,13 MB

Abbildung 7.16 Ergebnis nach dem Verkleinern einer Datendatei mit Reorganisation

Im letzten Beispiel wird vorgestellt, wie Sie eine Datei auf eine bestimmte Zielgröße bringen können:

```
DBCC SHRINKFILE (netShop_Data, 100)
```

Listing 7.21 Verkleinern auf Zielgröße in T-SQL

Damit wird versucht, durch Reorganisation die Datei auf die Zielgröße von 100 MByte zu reduzieren.

Eine Datenbank Offline schalten

Solange der SQL-Dienst auf dem Serverrechner aktiv ist, befinden sich sämtliche Datenbanken, die von ihm verwaltet werden, in dessen exklusivem Zugriff. Möchten Sie mit Datenbankdateien arbeiten, ohne gleich SQL Server vollständig herunterzufahren, dann können Sie einzelne Datenbanken offline nehmen. Anschließend sind dann beispielsweise Wartungsarbeiten an Festplatten möglich, wobei die Dateien unter anderem kopiert werden können. Befindet sich eine Datenbank im Offline-Status, so wird sie vom Server schlicht ignoriert, während die Benutzer mit den anderen Datenbanken ganz normal weiterarbeiten können.

Im Management Studio verwenden Sie das Kommando *Tasks/Offline schalten*, um eine Datenbank zu deaktivieren. Im Anschluss an diesen Vorgang wird die Datenbank über ein entsprechendes Symbol dargestellt und mit einem entsprechenden Kommentar versehen.

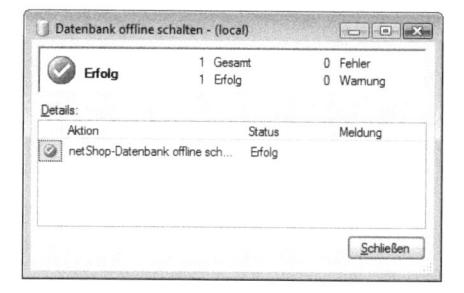

Abbildung 7.17 Datenbank offline schalten

Das Offline-Nehmen einer Datenbank ist eine jener Operationen, die nicht funktionieren, wenn es noch Benutzerverbindungen in diese Datenbank gibt. Während es im Management Studio dann schwierig wird – man könnte den Sperrmonitor öffnen und die Benutzerverbindungen mühsam einzeln löschen – gibt es in T-SQL die Möglichkeit, das Trennen der Verbindungen zu erzwingen. Die Klausel *WITH ROLLBACK IMMEDIATE* löst das Problem. Eine weitere nützliche Hilfe für solche Aktionen ist eine gespeicherte Prozedur, die in Kapitel 19 als Beispiel für systemnahes Arbeiten vorgestellt wird. Die Prozedur *sp_ChangeDBStatus* zeigt, wie man mithilfe eines T-SQL-Cursors und der Metadatenschnittstelle offene Benutzerverbindungen schließen kann. Das folgende Beispiel zeigt, wie man mit T-SQL eine Datenbank Offline schaltet und dabei aktive Benutzerverbindungen automatisch löschen kann:

```
ALTER DATABASE netShop
SET OFFLINE
WITH ROLLBACK IMMEDIATE
```

Gibt es keine aktiven Benutzer in der Datenbank, führen Sie das Offline-Schalten in T-SQL wie im folgenden Beispiel gezeigt durch:

```
ALTER DATABASE netShop
SET OFFLINE
```

Listing 7.22 Offline schalten mit T-SQL

Dieses Kommando schließt eine Datenbank und kennzeichnet sie im Systemkatalog als nicht verfügbar. Lassen Sie sich den Inhalt von *sys.databases* anzeigen, werden Sie feststellen, dass die Spalte *state* auf den Wert 6 gewechselt ist und in *state_desc* wird *OFFLINE* angezeigt. Beachten Sie, dass Sie für das Ausführen dieses Skripts in den Kontext der Master-Datenbank wechseln sollten. Ansonsten verhindert Ihre eigene Datenbankverbindung die Ausführung des *ALTER*-Befehls. Eine Datenbank wird an der Benutzeroberfläche über *Tasks/Online schalten* oder über die Option *ONLINE* in T-SQL wieder in Betrieb genommen.

```
ALTER DATABASE netShop
SET ONLINE
```

Listing 7.23 Online nehmen mit T-SQL

Eine Datenbank vom Server trennen oder anhängen

Soll eine Datenbank permanent vom Server entfernt werden, ohne sie gleichzeitig zu löschen, dann führen Sie diese Operation am besten mit dem Kontextbefehl *Tasks/Trennen* durch. Durch diese Funktion werden die Hinweise auf diese Datenbank aus dem Systemkatalog gelöscht. Die Dateien bleiben vollständig erhalten, aber der Server hat die Datenbank »vergessen«. Befinden sich noch Benutzer in der Datenbank, so müssen deren Verbindungen vor dem Trennen deaktiviert werden. Im Dialogfeld *Datenbank trennen* bietet SQL Server dies als freundlichen Service gleich mit an.

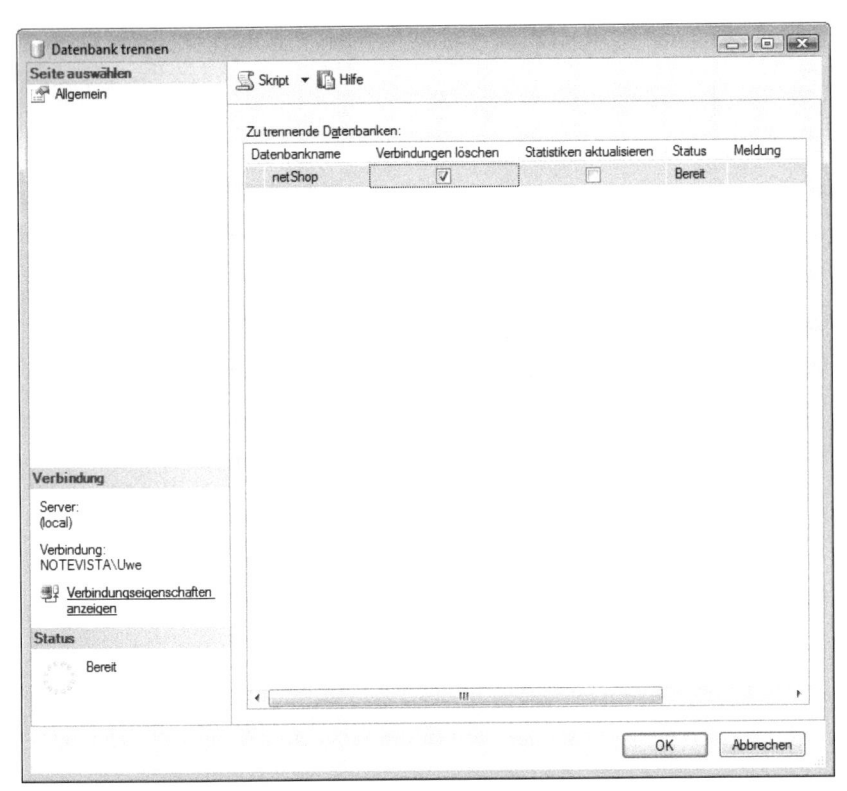

Abbildung 7.18 Trennen einer Datenbank im Management Studio

Rechnen Sie damit, dass SQL Server nach dem Anklicken der Schaltfläche *OK* einige Zeit benötigt, um die Benutzerverbindungen aufzuheben. In einer stark frequentierten Datenbank kann dies durchaus einige Minuten in Anspruch nehmen.

Das Trennen (*Detach*) und erneute Anhängen (*Attach*) einer Datenbank stellt eine sehr gute Möglichkeit für das Verschieben von Datenbankdateien dar. Dies kann notwendig werden, wenn Sie nach dem Einbau neuer Festplatten Dateien auf diese bewegen wollen. Auch für das Kopieren einer Datenbank auf einen anderen Server können Sie diese Methode verwenden. Nach dem Verschieben oder Bereitstellen von Dateien auf einer neuen Maschine müssen Sie dem Server mitteilen, wo sich die Dateien einer Datenbank jetzt befinden. Dies wird durch das Dialogfeld für das Anhängen ermöglicht. Sie finden dieses im Kontextmenü des Ordners *Datenbanken* im Management Studio. Nachdem Sie als erstes die primäre Datendatei ausgewählt haben, werden die restlichen Dateien mit ihrem logischen Namen und dem jeweiligen Pfad angezeigt, so wie diese in der primären Datei der Datenbank hinterlegt wurden. Sie können jetzt bei Bedarf neue Speicherorte angeben. Kontrollieren Sie nach dem Anhängen einer Datenbank auf alle Fälle den eingestellten Besitzernamen. Das Management Studio trägt hier den Server-Benutzer ein, der die Operation durchgeführt hat. Diesen Namen sollten Sie unbedingt durch den »sa«, also den Serveradministrator, ersetzen.

Nebenbei bemerkt: Beim Anhängen einer Datenbank können Sie bei Bedarf auf das Einhängen des alten Transaktionsprotokolls verzichten. SQL Server legt dann ein neues Protokoll im Standard-Datenverzeichnis an. Da in diesem Fall kein Recovery der Datenbank möglich ist, gehen evtl. einzelne Transaktionen verloren. Dennoch ist sichergestellt, dass sich die Datenbank nach dem Anhängen in einem konsistenten Zustand befindet.

Datenbanken verwalten

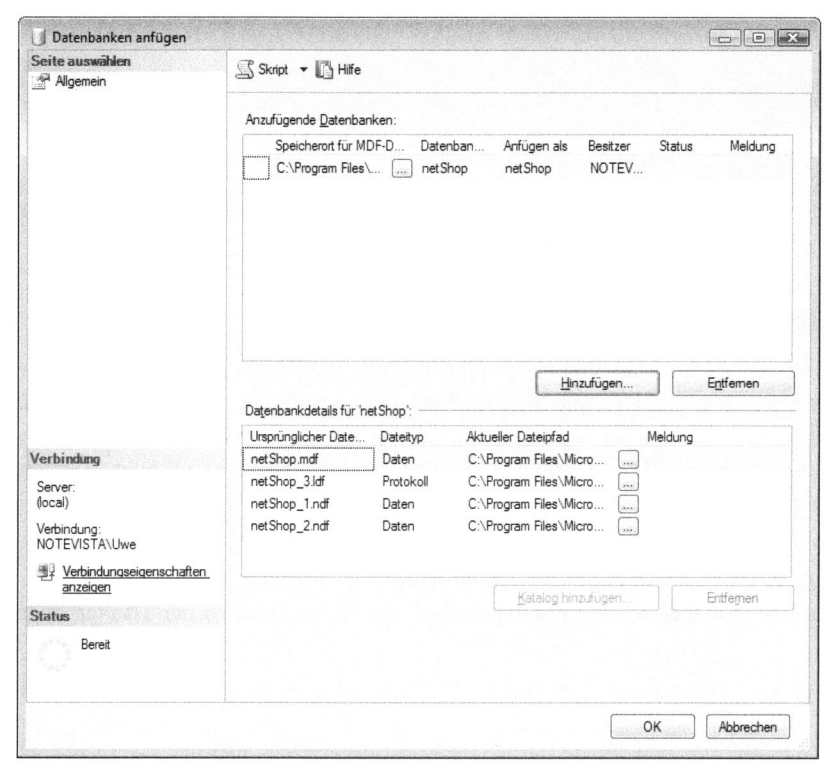

Abbildung 7.19 Dialog *Datenbank anfügen*

Auch für das Trennen und Anhängen von Datenbanken gibt es natürlich die entsprechenden T-SQL-Alternativen. Für das Trennen einer Datenbank ist eine gespeicherte Systemprozedur vorgesehen:

```
EXEC sp_detach_db 'netShop'
```

Listing 7.24 Trennen einer Datenbank in T-SQL

Dies trennt beispielsweise die *netShop*-Datenbank von der Server-Instanz. Auch beim Trennen per SQL dürfen natürlich keine Benutzer mit der Datenbank verbunden sein. Das Kommando *CREATE DATABASE* mit der Option *FOR ATTACH* hängt eine Datenbank wieder ein.

```
CREATE DATABASE netShop
ON PRIMARY
   ( FILENAME = 'D:\Daten\netShop_data.mdf'),
   ( FILENAME = 'D:\Daten\netShop_archive_data.ndf'),
   ( FILENAME = 'D:\Daten\netShop_blob_data.ndf')
LOG ON
   ( FILENAME = 'D:\Daten\netShop_log.ldf')
FOR ATTACH
```

Listing 7.25 Anhängen einer Datenbank mit T-SQL

Diese Variante von *CREATE DATABASE* ist vom Aufbau her identisch mit derjenigen, die eine neue Datenbank anlegt. Sie müssen hier nur die physikalischen Dateinamen angeben. Die anderen Informationen wie die logischen Dateinamen und Dateioptionen entnimmt der Server direkt den Dateien. Befinden sich alle Dateien vor dem Einhängen physisch noch am gleichen Ort, dann können Sie den Befehl abkürzen.

```
CREATE DATABASE netShop
ON PRIMARY
   ( FILENAME = 'D:\Daten\netShop_data.mdf')
FOR ATTACH
```

Listing 7.26 Vereinfachtes Anhängen einer Datenbank mit T-SQL

SQL Server verwendet in diesem Fall die Informationen aus der MDF-Datei, um die restlichen Dateien zu finden.

Eine Datenbank löschen

Das Löschen einer Datenbank ist sowohl im Management Studio, als auch in T-SQL sehr einfach (manch schreckensbleicher Administrator würde sagen: zu einfach). Im Objekt-Explorer finden Sie im Kontextmenü einer Datenbank den Befehl *Löschen*. Einzige Voraussetzung für das Löschen einer Datenbank ist, dass keine Benutzer diese benutzen dürfen und dass die Datenbank sich nicht in einer Replikation befindet. Solange noch Verbindungen in eine Datenbank bestehen, wird der Befehl nicht ausgeführt.

Bei SQL Server haben Sie die Möglichkeit, die Benutzer anzurufen, um sie zu bitten, ihre Clients zu schließen – oder Sie gehen den harten Weg und verwenden die Option *Bestehende Verbindungen schließen*. Nach dem *OK* ist es zu spät, es sich noch einmal anders zu überlegen. Sie können das Löschen der Dateien jetzt nicht mehr aufhalten.

Mithilfe von Transact-SQL wird eine Datenbank über einen *DROP*-Befehl mit der folgenden einfachen Syntax gelöscht.

```
DROP DATABASE database_name [ ,...n ]
```

Wie beim Löschen über die Benutzeroberfläche werden auch hierbei sämtliche Dateien einer Datenbank automatisch entfernt.

```
DROP DATABASE netShop
```

löscht also die *netShop*-Datenbank logisch vom Server und gibt gleichzeitig den benutzten Speicherplatz wieder frei.

Datenbanksnapshots

Mit SQL Server 2005 wurde eine neue Technik eingeführt, die für verschiedene Entwicklerzwecke kreativ genutzt werden kann – vorausgesetzt, Sie setzen die Enterprise Version von SQL Server ein, denn nur in dieser stehen *Datenbanksnapshots* zur Verfügung. Diese erlauben das Anlegen eines statischen Abbildes einer Datenbank »on the fly«. Damit können Sie beispielsweise verschiedene Zustände einer Datenbank den Tag über festhalten, um zeitintensive Berichte darüber laufen zu lassen. Sie können Snapshots als Sicherheitsmaßnahme vor kribbeligen Änderungen an Echtdaten als Verfahren einsetzen, eine schnelle Sicherung einer Datenbank anzulegen, bevor Aktionen durchgeführt werden, die bei Bedarf schnell wieder rückgängig gemacht werden sollen. Bei großen Datenbanken klappt das in vielen Fällen wesentlich schneller als es die Verwendung von Backup/Restore zuließe. Auch in Verbindung mit Hochverfügbarkeitslösungen machen Datenbanksnapshots Sinn. Setzen Sie Datenbankspiegelung ein, dann können Sie mithilfe von Snapshots Read Only-Kopien der gespiegelten Datenbank erzeugen, um diese für Auswertungen zugänglich zu machen.

Datenbanksnapshots

Snapshots werden immer auf der lokalen Serverinstanz angelegt, können also nicht, wie Datenbanksicherungen transportiert werden. In einem Snapshot sind sämtliche Datenbankobjekte, inklusive gespeicherter Prozeduren, Sichten, Assemblys und so weiter enthalten. Eine Applikation kann daher mit einem Snapshot ganz genau so arbeiten, wie mit der Live-Datenbank. Allerdings darf nur lesend zugegriffen werden. Das Anlegen eines Snapshots funktioniert nur über Transact-SQL und nicht in der GUI – ist aber genau so einfach, wie das Anlegen einer Datenbank:

```
CREATE DATABASE netShop_01_morning
ON
( NAME = netShop_data,
  FILENAME = 'D:\Daten\netShop_data_morning.dat' ),
( NAME = netShop_archive_data,
  FILENAME = 'D:\Daten\netShop_archive_data_morning.dat' ),
( NAME = netShop_blob_data,
  FILENAME = 'D:\Daten\netShop_archive_blob_morning.dat' )
AS SNAPSHOT OF netShop
```

Listing 7.27 Anlegen eines Datenbanksnapshots

Für jede in einer Datenbank vorhandene Datendatei – aber nicht für die Protokolldateien – muss eine Snapshotdatei angelegt werden. Weiter ist – einmal abgesehen von einer sinnvollen Benennung – nichts zu beachten. Nach dem Anlegen eines Snapshots erscheint dieser sofort im Objektbrowser des Management Studios und Sie können direkt auf die Datenbankobjekte und deren Eigenschaften zugreifen (Abbildung 7.20).

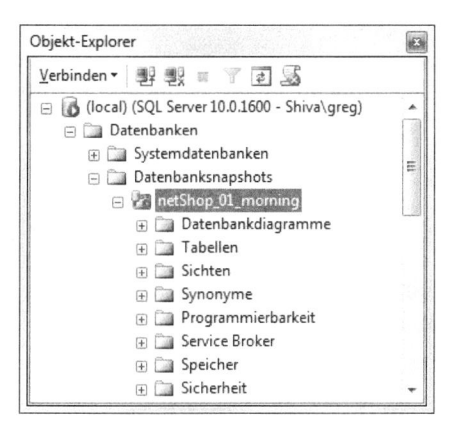

Abbildung 7.20 Snapshot im Management Studio

Auf der Festplatte werden die Dateien eines Snapshots als so genannte Sparse Files abgelegt, um den Speicherplatz möglichst effizient zu verwalten. Der Trick ist dabei folgender: Direkt nach dem Anlegen befindet sich keine einzige Datenseite im Snapshot, sondern nur Pointer auf die Datenseiten der Ursprungsdatenbank. Bei einer Operation wie *SELECT* werden die Zugriffe auf die aktuellen Seiten umgeleitet. Ändert sich nun der Inhalt der Datenbank, dann muss der alte Zustand im Snapshot erhalten bleiben. Also fügt SQL Server die alten Datenseiten vor der Änderung in die Snapshotdateien ein und diese wachsen ein bisschen. Macht man sich diese Arbeitsweise nicht klar und hat man noch keine Erfahrungen mit Sparse Files (ein Feature von NTFS 5), dann erscheinen einige Effekte in Verbindung mit Datenbanksnapshots anfangs etwas eigenartig. Zum Beispiel zeigt der Windows Explorer als Dateigröße des Anfangs-Snapshots einen Wert an, der nahezu identisch mit dem der entsprechenden Datendatei ist. Ein Blick auf die Eigenschaften der Datei ist aufschlussreich (Abbildung 7.21).

Der Wert für die Eigenschaft *Größe auf Datenträger* entspricht der tatsächlichen Reservierung von Speicherplatz und ist anfangs um Größenordnungen kleiner als die (virtuelle) Größe. Löschen Sie eine größere Anzahl Datensätze, dann wird der belegte Speicherplatz in der Datenbank (vor allem nach einer Komprimierung) kleiner, der in den Snapshotdateien aber entsprechend größer. Es gilt: Snapshots sind eine prima Sache für verschiedene Aufgabenstellungen und eine sinnvolle Ergänzung des Mirroring. Allzu viele Snapshots sollten aber nicht gleichzeitig existieren, da jede einzelne Datenänderung ja in allen durchgeführt werden muss, was der Performance gar nicht gut tut. Sie können aber problemlos den Tag über ein paar Snapshots anlegen, um verschiedene Zustände einer Datenbank miteinander vergleichen zu können oder Ähnliches.

Abbildung 7.21 Eigenschaften einer Snapshotdatei

Durch das folgende Kommando werden eine Menge Datensätze aus der *netShop*-Datenbank gelöscht. In der Datenbank selbst wird dadurch Speicherplatz frei. Die Snapshotdatei füllt sich aber an, da in Ihr die gelöschten Datenseiten eingefügt werden, um den ursprünglichen Zustand der Datenbank wieder zu spiegeln.

```
DELETE FROM Sales.OrderDetails
```

Listing 7.28 Löschen von Datensätzen aus der *netShop*-Datenbank

Dass sich die Snapshotdatei vergrößert hat, können Sie wieder ganz einfach im Dateisystem überprüfen. Abbildung 7.22 zeigt die Eigenschaften nach dem Löschen der ca. 1,2 Millionen Datensätze an. Die Datei ist real um ca. 129 MB gewachsen.

Potentiell können Sie beliebig viele Datenbanksnapshots anlegen. Sie müssen nur darauf achten, dass Sie passende Namen für die Snapshots selbst und die die verschiedenen Datendateien verwenden. Das sollte so wie im nächsten Skriptbeispiel aussehen.

```
CREATE DATABASE netShop_02_noon
ON
( NAME = netShop_data,
  FILENAME = 'D:\Daten\netShop_data_noon.dat' ),
( NAME = netShop_archive_data,
  FILENAME = 'D:\Daten\netShop_archive_data_noon.dat' ),
```

```
( NAME = netShop_blob_data,
  FILENAME = 'D:\Daten\netShop_archive_blob_noon.dat' )
AS SNAPSHOT OF netShop
```

Listing 7.29   Ein zweiter Snapshot für die netShop-Datenbank

Der Windows-Explorer zeigt für die neue Snapshot-Datendatei *netShop_data_noon.dat* exakt denselben reservierten Speicherplatz wie für die erste Datei an. Intern sieht es wieder ganz anders aus (siehe Abbildung 7.23). Die interne Dateigröße ist noch ein bisschen kleiner, als diejenige des ersten Snapshots. Das ist auch logisch, denn die Datenbank enthält nach dem Löschen der großen Datensatzmenge viel weniger Datenseiten, für die es Pointer geben muss.

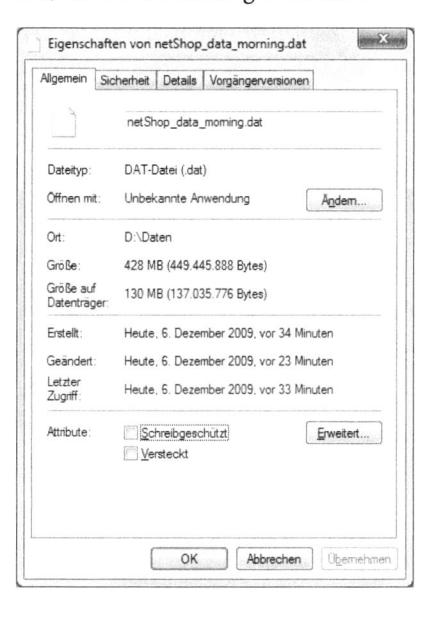

Abbildung 7.22   Snapshotdatei nach dem Löschen von Datensätzen

Abbildung 7.23   Datei für den zweiten Snapshot

Es lässt sich sehr leicht überprüfen, dass in den verschiedenen Snapshots unterschiedliche Zustände der *netShop*-Datenbank festgehalten wurden. Das nachfolgen Testskript führt ein und dieselbe Abfrage in den beiden Versionen aus.

```
USE netShop_01_morning
SELECT COUNT(*) FROM Sales.OrderDetails

USE netShop_02_noon
SELECT COUNT(*) FROM Sales.OrderDetails
```

Listing 7.30 Test der Datenmengen in den beiden Snapshots

Das erste SELECT liefert das Ergebnis *1.245.000*. Das entspricht der ursprünglichen Datensatzmenge der Tabelle *OrderDetails*. Das zweite SELECT liefert das Ergebnis *0*. Beim »Schießen« des zweiten Snapshots waren die Datensätze ja bereits gelöscht.

Es ist jederzeit möglich, die aktuelle Datenbank auf den Stand eines beliebigen Datenbanksnapshots zu bringen. Dies passiert durch das Einfügen der Datenseiten aus dem Snapshot in die Datenbank. In T-SQL verwenden Sie dafür den Befehl *RESTORE*, wie beim Rücksichern aus einer ganz gewöhnlichen Datenbanksicherung. Das einzige, was Sie dabei beachten müssen, ist, dass Sie alle Snapshots, die nach dem zu wiederherstellenden Snapshot angefertigt wurden, zuerst mit einem *DROP DATABASE* loswerden müssen. Danach setzen Sie ein *RESTORE*-Kommando ab, wie es im nachfolgenden Listing zu sehen ist.

```
USE master

DROP DATABASE netShop_02_noon
GO

RESTORE DATABASE netShop
FROM DATABASE_SNAPSHOT = 'netShop_01_morning'
GO

DROP DATABASE netShop_01_morning
GO
```

Listing 7.31 Wiederherstellen eines Datenbankzustandes aus einem Snapshot

Das *USE master* vor dem eigentlichen *RESTORE-Befehl* verhindert, dass sich das Skript selbst blockiert. Bei einem *RESTORE* darf es keine Benutzerverbindungen in die Datenbank geben. Schließen Sie sämtliche überflüssige Datenbankfenster, wenn Sie Probleme beim Ausführen des Skripts bekommen. Nach dem Ausführen des Skripts befindet sich die netShop-Datenbank in exakt demselben Zustand, wie beim Anlegen des ersten Snapshots. Die gelöschten Datensätze sind wieder da.

Möchten Sie Datenbanksnapshots einfach wieder loswerden, ohne einen bestimmten Zustand der Ursprungsdatenbank wiederherzustellen, dann entfernen Sie einfach alle Snapshots mit DROP DATABASE. Denken Sie daran, dass Snapshots Performancefresser sind und heben Sie sie nicht zu lange auf.

Performance-Überlegungen

Aus all den Dingen, die ich bis jetzt in diesem Kapitel vorgestellt habe, lassen sich wichtige Grundregeln für das Einrichten von Datenbanken ableiten. Auch für Entwickler ist es auf jeden Fall sinnvoll, sich mit diesen Themen auseinanderzusetzen. Wenn Sie Glück haben, hilft Ihnen ein erfahrener Datenbankadministrator bei grundsätzlichen Entscheidungen. Nach meinen Erfahrungen ist es allerdings genauso gut möglich, dass *Sie* dem Administrator das eine oder andere wichtige Detail nahe bringen müssen. Davon ausgenommen sind natürlich all die gewissenhaften Administratoren, die ich in meinen Beratungen und Projekten kennen gelernt habe und von denen ich lernen durfte!

Denken Sie daran, dass die Implementierung von Datenbanken immer aus der Suche nach einem Optimum aus Leistungsfähigkeit und Sicherheit besteht.

Grundregeln

- Trennen Sie die Datendateien und das Transaktionsprotokoll nach Möglichkeit physisch. Aufgrund der unterschiedlichen Schreib-/Leseanforderungen werden Sie eine sofortige Steigerung des Durchsatzes feststellen.

- Trennen Sie die Dateien des Betriebssystems von den Daten Ihrer Datenbank. Verwenden Sie nach Möglichkeit hierfür eine getrennte Platte und keine Partition. Achten Sie darauf, dass die Windows-Auslagerungsdatei nicht auf einer Platte liegt, die von SQL Server genutzt wird.

- Auch für RAID-Systeme gelten im Prinzip diese Regeln. Da Sie allerdings bei »normalen« OLTP-Projekten normalerweise nicht mit mehreren hundert GB an Daten arbeiten werden, können Sie Benutzerdaten und Transaktionsprotokoll auch ruhig gemeinsam auf einem RAID-System des Levels 5 unterbringen. Damit erhalten Sie immer noch einen guten Kompromiss in Bezug auf Performance und Wartungsfreundlichkeit des Festplattensystems.

- Verwenden Sie nicht mehr als eine Datenbankdatei für ein physikalisches Laufwerk. Es bringt keine Vorteile mit sich, wenn Sie mit mehr als einer Datei pro Festplatte arbeiten, erhöht dagegen aber unter Umständen den Verwaltungsaufwand.

- Führen Sie Dateigruppen nur nach gründlicher Analyse der Anforderungen und der Daten ein. Für »kleine« Datenbanken, mit bis zu einem Dutzend GB Größe, sind die Vorteile bei der Verwendung von Dateigruppen eher klein. Sie erhöhen aber den Aufwand für die Administration. Gründe für die Verwendung von Dateigruppen sollten Sie in erster Linie in den Möglichkeiten der Teilsicherungen und des Schreibschutzes sehen.

- Machen Sie sich mit der Hardware des Servers vertraut. Festplatten-Controller mit Schreib-/Lese-Cache bringen natürlich enorme Geschwindigkeitsvorteile. Hier gilt: Für das Lesen sind Controller mit Cache *immer* gut. Beim Schreiben muss man sich Gedanken machen: Was passiert, wenn die Festplatte versagt? Sind die Daten erst einmal im Festplatten-Cache, so entdeckt SQL Server das Problem eventuell nicht. Wenn Sie nicht sicherstellen können, dass der Batteriepuffer »hält«, bis Sie die Platte ausgetauscht haben, dann schalten Sie den Schreib-Cache sinnvollerweise ab. So hat Ihre Datenbank bessere Überlebenschancen.

- Zu jeder Datenbank gehört eine Sicherungsstrategie! Diese muss gleichzeitig Anforderungen der Performance-Optimierung und der Datensicherheit berücksichtigen.

- Platzieren Sie die Systemdatenbank *tempdb* sorgfältig. Trennen Sie diese von allen anderen Datenbanken ab und verwenden Sie schnellen Speicher. In *tempdb* werden von SQL Server eine Menge Operationen durchgeführt (Sortierungen, Join-Operationen). Verwenden Sie für die *tempdb* nach Möglichkeit mehrere Platten und legen Sie mehrere Dateien für die *tempdb* an.

Mit diesen Empfehlungen kommt man bei den meisten Datenbanken, die einem in der täglichen SQL Server-Entwicklerpraxis begegnen können, schon sehr weit. Haben Sie es aber mit großen Data Warehouse-Datenbeständen zu tun oder müssen Sie das letzte bisschen Geschwindigkeit aus Ihrer SQL Server-Konfiguration herauskitzeln, dann kommen noch weitere Maßnahmen in Betracht.

High Performance-Konfigurationen

- Arbeiten Sie mit einem RAID-System, und stellen Sie fest, dass SQL Server dessen maximalen I/O-Durchsatz nicht richtig ausnutzt, dann können Sie folgenden Kniff versuchen: Legen Sie für die Daten, die auf diesem RAID gespeichert werden sollen, eine eigene Dateigruppe an. Fügen Sie für jedes physikalische Laufwerk des RAID eine logische SQL Server-Datenbankdatei hinzu. SQL Server verwendet für jede Datenbankdatei einen eigenen Thread für I/O-Operationen. Diese Parallelisierung bringt Vorteile, wenn zu einer Dateigruppe viele Harddisk-Spindeln gehören.

- Verwenden Sie für die Datendateien entweder RAID Level 01 oder 10. Aufgrund der Schreib-/Lesemuster für Datendateien ist es sinnvoll, diese möglichst über die Platten zu verteilen. Dadurch, dass keine Redundanzinformationen werden müssen (wie bei RAID 5), werden Schreibzugriffe schneller. Dies kombinieren Sie mit einer Spiegelung der Platten für das Transaktionsprotokoll. Entsprechend der Schreibvorgänge für das Log macht eine Verteilung der Daten hierfür keinen Sinn. Das durch das Spiegeln abgesicherte Protokoll sorgt in Verbindung mit dem vollständigen oder massenprotokollierten Wiederherstellungsmodus dafür, dass die Datenbank den Ausfall einer Datenplatte überlebt. Diese Konfiguration ist schnell, stellt aber gleichzeitig etwas höhere Anforderungen an den Administrator. Speziell in einer Crash-Situation muss sich dieser über jeden seiner Schritte vollständig im Klaren sein.

- Bei großen Tabellen macht eine physikalische Trennung von Index und Datenseiten Sinn. Auf diese Weise kann SQL Server Scan-Vorgänge parallelisieren. Bereits während der Index noch gelesen wird, können gefundene Datensätze in den Arbeitsspeicher geladen und weiter verarbeitet werden.

Ebenfalls für (sehr) große Tabellen ist die Methode der Partitionierung gedacht. Diese steht allerdings nur in der Enterprise Edition zur Verfügung. Partitionierte Tabellen lassen sich anhand der Werte in einer Schlüsselspalte in Speicherbereiche aufteilen. Sie unterstützen die Datenbankmaschine durch das Festlegen einer Partitionierung bei Suchoperationen in großen Datenmengen. Über den Umweg von Dateigruppen können Sie die Partitionen einer Tabelle sogar auf unterschiedlichen Speichermedien ablegen. Denkt man an eine Partitionierung über eine Datumsspalte, so könnte man die aktuellen Daten des laufenden Geschäftsjahres auf einem schnellen neuen Festplattensystem ablegen, historische Daten – die nur selten benötigt werden – auf einem langsamen *Legacy-RAID*. Partitionierung funktioniert für Daten und Indizes. In Kapitel 12 wird das Prinzip erklärt.

Kapitel 8

Tabellen planen und einrichten

In diesem Kapitel:

Bestandteile von SQL Server-Tabellen	202
SQL Server-Systemdatentypen	205
Feldeigenschaften	222
Einschränkungen	223
Tabellen in der Benutzeroberfläche einrichten	225
Datenbankdiagramme einsetzen	230
Tabellen in T-SQL anlegen und verwalten	235
Systeminformation zu Datenbanktabellen	244
Temporäre Tabellen und Tabellenvariablen	248
Sehr breite Tabellen mit SPARSE DATA optimieren	253

In diesem Kapitel geht es um *das* elementare Objekt eines relationalen Datenbanksystems, die Tabelle, aus der Perspektive eines SQL Server-Entwicklers. Sie lernen dabei zunächst einmal als Grundlage die Bestandteile von SQL Server-Tabellen kennen und dann die Datentypen, die Ihnen SQL Server anbietet. Anschließend geht es darum, wie mithilfe der Designwerkzeuge der »Studios« (Management Studio beziehungsweise Visual Studio) Tabellen eingerichtet, Eigenschaften festgelegt und Beziehungen hergestellt werden. Die SQL Server-Datenbankdiagramme sind ein wunderbares Werkzeug, mit dessen Hilfe Sie das komplette Schema einer Datenbank, also die einzelnen Tabellen und die Relationen zwischen diesen bearbeiten können.

Im dritten großen Abschnitt dieses Kapitels stelle ich vor, wie Sie mit Hilfe von T-SQL Tabellen anlegen. Dabei lernen Sie dann auch sämtliche Feinheiten kennen, die Ihnen bei der Definition von Datenstrukturen in T-SQL zur Verfügung stehen. Es wird unter anderem geklärt, wie Sie mit Einschränkungen Regeln für Tabellen definieren, berechnete Spalten anlegen und vieles mehr.

Falls Sie mit wirklich großen Tabellen arbeiten müssen, dann kann das Thema Partitionierung für Sie wichtig werden. Dabei geht es darum, Daten *einer* Tabelle auf mehrere Datenträger zu verteilen, um dadurch Performance und Administrierbarkeit zu steigern.Zum Schluss dreht sich alles um temporäre Tabellen. Diese spielen in der Praxis der serverseitigen Programmierung in vielen Anwendungsfällen eine wichtige Rolle.

HINWEIS Auch bei der Arbeit mit Tabellen hat sich in SQL Server 2008 einiges getan. In SQL Server 2008 sind neue Datentypen hinzugekommen (*date, time, datetime2, geography, geometry*) und es gibt neue Attribute für Tabellenspalten (*SPARSE, FILESTREAM*). Die neuen Datentypen werden im vorliegenden Kapitel erläutert. Die neuen Attribute – mit denen Sie über das Arbeiten mit üblichen relationalen Daten hinausgehen können – werden ausführlich im Kapitel 33 »Streaming-Daten mit FILESTREAM verarbeiten« behandelt

Bestandteile von SQL Server-Tabellen

Es ist höchst wahrscheinlich, dass Sie in Ihrer Entwicklertätigkeit bereits mit Datenbankmanagementsystemen, wie Access, XBase-Systemen, Oracle oder MySQL gearbeitet haben. Da es sich bei diesen Systemen im Kern um *Relationale Datenbankmanagementsysteme* handelt (bei Oracle mit objektrelationalen Erweiterungen), ist Ihnen das Konzept der Tabelle gut bekannt. Andererseits weichen Bezeichnungen und Datenbankobjekte, gerade wenn man an die XBase-Welt denkt, doch deutlich von denen der Serverwelt ab. Und auch in dieser gibt es unterschiedliche Sichtweisen. Gott sei Dank werden viele Dinge durch die SQL-Standards definiert. Allerdings gibt es herstellerspezifische (sinnvolle) Erweiterungen oder (lästige) Interpretationen dieser Standards, sodass man sich nicht darauf verlassen kann, dass man Konzepte und Verfahren, die man bei der Arbeit mit dem einen RDBMS kennen gelernt hat, ohne Brüche auf ein zweites System übertragen kann.

Daher geht es jetzt zunächst um die Klärung der Grundlagen – den Bausteinen einer SQL Server-Tabelle, bevor das praktische Arbeiten mit Tabellen beschrieben wird.

- **Spalten** Spalten sind die grundlegenden Informationseinheiten von SQL Server-Tabellen. Diese verfügen über einen innerhalb der Tabelle eindeutigen Spaltennamen, einen Datentyp und zusätzliche Eigenschaften. Durch die Auswahl des Datentyps werden Speicherformat und -platz festgelegt. Bei jeder Art von Programmierung, egal ob mit oder ohne Datenbankeinsatz, entscheidet das Design der Datenstrukturen über Effektivität und Komfort des Datenzugriffs. Wenn es um die Implementierung großer Datenbanken geht, entscheidet die Wahl der passenden Datentypen mit über die Performance der Gesamtanwendung.

- **Systemdatentypen** Über die Auswahl eines Datentyps legen sie elementar fest, welche Informationen in einer Spalte gespeichert werden dürfen. Bei manchen Datentypen geben Sie zusätzlich den zu reservierenden Speicherplatz und bei numerischen Typen die Genauigkeit der Datenspeicherung an. SQL Server kennt sämtliche Datentypen der SQL-Standards und darüber hinaus noch ein paar zusätzliche Varianten, sowie feinere Einstellmöglichkeiten.

- **Benutzerdefinierte Datentypen** Kommen in verschiedenen Tabellen Spalten mit identischer Bedeutung vor, zum Beispiel *Postleitzahl*, dann ist es sinnvoll, an jeder Stelle dieselbe Spaltendefinition zu verwenden. T-SQL ermöglicht dies über das Konzept der *Benutzerdefinierten Datentypen*. In SQL Server 2008 werden die benutzerdefinierten Datentypen in der Dokumentation *Aliasdatentypen* genannt. Das macht es einfacher, sie von selbstdefinierten Datentypen zu unterscheiden, die auf der Common Language Runtime basieren. Auf der Benutzeroberfläche des Management Studios bleibt es bei dem althergebrachten Begriff. Sie finden die Aliasdatentypen dort im Ordner *Programmierbarkeit / Datentypen / Benutzerdefinierte Datentypen*. Ein Aliasdatentyp bezieht sich immer auf einen der vorhandenen Systemdatentypen – in diesem Zusammenhang auch *Basisdatentyp* genannt. Es wird eine neue Bezeichnung vergeben und die NULL-Fähigkeit des Datentyps festgelegt. Zusätzlich können dem neuen Typ ein Standardwert und eine Gültigkeitsregel mitgegeben werden. Diese gelten dann automatisch in jeder Tabelle, die diesen Typ verwendet – eine praktische Angelegenheit. Leider ist es in T-SQL nicht direkt möglich, komplexe oder objektrelationale Datentypen zu definieren, was die Anwendbarkeit einschränkt. Aber damit kommen wir dann gleich zum nächsten Element, welches Sie in einer SQL Server-Tabelle finden können.

- **Benutzerdefinierte SQLCLR-Datentypen** Wenn es darum geht, »intelligente« Datentypen zu verwenden, dann können Sie in SQL Server 2008 Datentypen auf der Basis von CLR-Assemblys definieren. Damit lassen Sie sich dann ausprogrammierte Objekte in der Datenbank ablegen, mit allen Vorteilen, welche dies bietet: Deklarierbarkeit von Eigenschaften, benutzerdefinierten Operatoren und Methoden. Diese Art von selbstdefinierten Datentypen bezeichnet man im SQL Server Slang als Benutzerdefinierte Typen (*user defined types*). Sie werden recht häufig auf die Abkürzung *UDT* stoßen. Im vierten Teil dieses Buchs (»Serverobjekte mit .NET programmieren«) erfahren Sie alles Notwendige darüber. CLR-Datentypen werden auch im Management Studio als *Benutzerdefinierte Typen* bezeichnet. Den Ordner finden Sie direkt unter *Programmierbarkeit / Benutzerdefinerte Typen*. Es gilt also: Benutzerdefinierte *Daten*typen sind die »klassischen« in T-SQL definierten Typen; Benutzerdefinierte Typen sind die mithilfe der SQLCLR definierten Typen.

- **Spalteneigenschaften** Das Verhalten von Tabellenfeldern in der Programmierung wird über zusätzliche Eigenschaften mit bestimmt. Ob in einer Spalte leere Werte erlaubt sind, wird zum Beispiel über die NULL-Fähigkeit (*nullable*-Eigenschaft) festgelegt. Diese Eigenschaft kann bei der Definition einer Spalte die Werte *NULL* bzw. *NOT NULL* annehmen. Durch das Setzen der Eigenschaft *IDENTITY()* wird eine Spalte zu einer so genannten Identitätsspalte. Die Werte in einer solchen werden nicht explizit vergeben, sondern über einen internen Zähler festgelegt. Einer Spalte vom Datentyp *uniqueidentifier* kann die Eigenschaft *ROWGUID* zugewiesen werden. Damit kann diese Spalte in Replikationsszenarien eine besondere Rolle spielen, nämlich eine Datenzeile eindeutig, über Datenbank- und Servergrenzen hinweg, kennzeichnen. Es gibt natürlich noch viele andere Eigenschaften. Und es gibt noch einen verwirrenden Fakt: Merkmale von Datentypen, die man landläufig unter dem Begriff *Eigenschaften* zusammenfassen würde, werden teilweise genau so bezeichnet (und in SQL Server deklariert) und teilweise als *Einschränkungen*. Das erscheint etwas willkürlich. Man darf den SQL Server-Entwicklern aber keine Vorwürfe machen – diese Trennung ist bereits in den SQL-Standards so angelegt.

- **Einschränkungen** Einschränkungen, auch Constraints genannt, legen zusätzliche Merkmale von Tabellenspalten fest, über welche Gültigkeitsregeln formuliert werden können. SQL Server hält sich dabei strikt an die Vorgaben des SQL-92-Standards. Aus diesem Grund werden neben Regeln im engeren Sinn (*CHECK*-Constraints), der Primärschlüssel einer Tabelle (*PRIMARY KEY*-Constraint), die Eindeutigkeit von Spalteninhalten (*UNIQUE*-Constraint) sowie die Festlegung von Beziehungen (*PRIMARY KEY*-Constraint) mittels Einschränkungen festgelegt. In T-SQL werden einer Tabelle Einschränkungen über das Schlüsselwort *CONSTRAINT* hinzugefügt. In der Benutzeroberfläche finden Sie nur die *CHECK*- und *UNIQUE*-Constraints im Ordner *Einschränkungen*. Den Primärschlüssel legen Sie vernünftigerweise durch einen Mausklick im Tabellendesigner fest und die *FOREIGN KEY*-Constraints entweder im Ordner *Schlüssel* oder per Drag & Drop in einem Datenbankdiagramm. Einschränkungen beziehen sich bei SQL Server immer auf genau eine *Tabelle*. Es gibt keine Regeln, die über mehrere Tabellen hinweg deklariert werden können (»ein Datensatz darf sich nicht gleichzeitig in der Kundentabelle und in der Archivtabelle« befinden). So genannte »Assertions« kennt SQL Server leider nicht. Als Alternative lassen sich aber problemlos Trigger einsetzen, die zur prozeduralen Überwachung von Zuständen eingesetzt werden können.

- **Berechnete Spalten** SQL Server kennt die Möglichkeit, Tabellenwerte automatisch berechnen zu lassen. Vielen SQL Server 2000-Programmierern ist diese Möglichkeit nicht so geläufig, da eine berechnete Spalte nicht über die Benutzeroberfläche angelegt werden konnte. Mit SQL Server 2008 ist es aber möglich, die Formel für eine berechnete Spalte direkt in den Visual Database Tools anzugeben. Was aber noch wichtiger ist: In SQL Server 2008 können Sie den Wert einer berechneten Spalte persistent machen. In diesem Fall reserviert die Datenbankmaschine in den Datenstrukturen entsprechend Speicherplatz und nach jeder Aktualisierung steht in der berechneten Spalte der neue Wert zur Verfügung. Dass sich persistente berechnete Spalten dann auch noch mit einem Index versehen lassen, macht die Freude des Entwicklers komplett – er erhält eine bequeme Möglichkeit, Werte in einer Datenbank automatisiert berechnen zu lassen und auf diese effizient zugreifen zu können. Getreu der alten »Datenbanker«-Regel, dass man keine, über explizite Applikationsprogrammierung berechneten Werte, in der Datenbank abspeichern soll, die sich auch über einen Datenbankmechanismus automatisiert berechnen lassen (Trigger, Sichten, berechnete Spalten). Berechnete Spalten, die nicht persistent sind, werden genau wie Sichten erst beim Ausführen einer Abfrage berechnet. Das bedeutet natürlich einen entsprechenden Overhead.

- **Indizes** Während bei Tabellen, die einige Dutzend oder hunderte Datensätze umfassen, das Einrichten von Indizes zur Performance-Steigerung nicht notwendig ist, kommt man doch bei größeren Tabellen um das Anlegen garantiert nicht herum. Indizes bieten SQL Server über zusätzliche Zugriffspfade Möglichkeiten an, Abfragen effektiver zu verarbeiten, weil vor allen Dingen der Leseaufwand reduziert wird. Da dieses Thema eine so ausgesprochen zentrale Rolle bei der Entwicklung von SQL Server-Applikationen spielt, ist ihm ein eigenes Kapitel gewidmet. Durch eine geeignete Indizierung halten Sie eine Tabelle auch bei stark steigender Zahl der Datensätze performant. Durch eine unzureichende Indizierung bewirken Sie das Gegenteil.

- **Trigger** Unter Triggern versteht man Prozeduren, die fest zu einer Tabelle gehören und dann ausgelöst (getriggert) werden, wenn sich die Daten in der Tabelle ändern, also beispielsweise ein neuer Datensatz hinzugefügt wird. Über Trigger lassen sich unterschiedlichste Aufgabenstellungen in einer Datenbank lösen. Mit ihnen lassen sich komplexe Integritätsregeln in einem Datenbankdesign realisieren, mitlaufende Summen bilden, automatische E-Mail-Benachrichtigungen versenden und so weiter. Ihrer Kreativität sind bei der Gestaltung von Triggern wenige Grenzen gesetzt. Das gilt natürlich besonders für Trigger, die in .NET-Assemblys realisiert sind. Mit diesen steht Ihnen die Funktionalität des .NET Framework zur Verfügung.

- **Zeilen** Das sind die aus Spalten bestehenden »Datensätze«. Ich denke, Sie wissen schon, was gemeint ist.

SQL Server-Systemdatentypen

Der folgende Abschnitt stellt sämtliche auf SQL Server verfügbaren Datentypen vor und gibt Hinweise zur deren Verwendung.

Numerische Datentypen

Zahlen kommen in einer SQL Server-Datenbank in den unterschiedlichsten »Geschmacksrichtungen« vor. Zunächst einmal gibt es die gebräuchlichen Datentypen für ganzzahlige Werte, die sämtlich die Abkürzung »int« im Namen tragen: *tinyint, smallint, int* und *bigint*. Diese nehmen zwischen 1 und 8 Byte Speicherplatz ein. Die Speicherdarstellung (Wortlänge) der Datentypen ist unabhängig davon, ob SQL Server auf einer 32-Bit- oder 64-Bit-Maschine läuft. Die reservierten Bytes und genauen Wertebereiche können Sie der Tabelle 8.1 entnehmen.

Ein spezieller Typ ist das *bit*. Dieser stellt, nomen est omen, eben ein Bit, also die Werte 0 oder 1, dar. Da SQL Server nicht über einen logischen Datentyp verfügt, kann der Datentyp *bit* als Ersatz benutzt werden. Bei der Programmierung muss man nur darauf Acht geben, dass die Datenzugriffskomponenten dies auch so verstehen. Bei ADO.NET ist das überhaupt kein Problem. Eine Spalte vom SQL Server-Datentyp *bit* wird implizit in den .NET-Typ *Boolean* konvertiert. Für eine explizite Konvertierung steht zusätzlich der Typ *SqlBoolean* zur Verfügung. Auch die visuellen Komponenten in WinForms beziehungsweise ASP.NET, wie das *DatagridView* verstehen *bit* korrekt als logischen Wert. Bei Komponenten, die noch für die COM-Programmierung geschrieben wurden, ist das nicht unbedingt der Fall, und man muss evtl. auf *tinyint ausweichen* (um *True* als –1 darstellen zu können). Um Platz zu sparen, legt SQL Server acht Spalten vom Datentyp *bit* in einem einzelnen Byte ab. Das Fehlen eines expliziten logischen Datentyps kann man nicht unbedingt SQL Server ankreiden. Tatsächlich ist auch in Standard-SQL ein solcher nicht vorgesehen.

Bei den Datentypen für Kommazahlen muss wie üblich zwischen den Typen für Festkommazahlen und solchen für Gleitkommazahlen unterschieden werden. Im Allgemeinen empfiehlt es sich, dem Festkomma-Datentyp *decimal* den Vorzug vor den Gleitkomma-Typen *float* und *real* zu geben. Eine Zahl vom Typ *decimal* nimmt zwar mehr Speicherplatz in Anspruch, ermöglicht aber exakte Vergleiche. Daher spricht man auch von exakten numerischen Typen. Die Verwendung von Zahlen mit einer festen Anzahl von Nachkommastellen vermeidet Rundungsfehler und Probleme mit Vergleichsoperatoren in Abfragen. Bei *decimal* lassen sich die Stellenzahl und die Anzahl der Nachkommastellen exakt festlegen. SQL Server erlaubt Festkommazahlen mit bis zu 38 numerischen Stellen. Eine Spalte vom Datentyp *decimal(10,4)* kann z.B. Zahlen im Wertebereich von -99.999.999,9999 bis 99.999.999,9999 aufnehmen. Für das Speichern verwendet der Server 9 Byte. Die in der Defnition einer Dezimalzahl in Klammern angegeben Werte werden offiziell als *Genauigkeit (Precision)* und *Dezimalstellen(Scale)* bezeichnet. Der Speicherplatzbedarf richtet sich nach der vom Entwickler festgelegten Länge der Zahl. Tabelle 8.2 gibt den Zusammenhang zwischen der Genauigkeit und den reservierten Bytes an. Für den Typ *decimal* existiert aus historischen Gründen noch das Synonym *numeric*. Funktional gibt es keine Unterschiede zwischen diesen beiden Datentypen.

Datentyp	Erläuterung	Wertebereich	Bytes
bit	Ganzzahliger Wert	0 oder 1	1 Byte für die ersten 8 Bit-Spalten etc.
tinyint	Ganzzahliger Wert	0 bis 255	1
smallint	Ganzzahliger Wert	-32.768 bis 32.767	2

Datentyp	Erläuterung	Wertebereich	Bytes
int	Ganzzahliger Wert	-2^31 bis 2^31 -1	4
bigint	Ganzzahliger Wert	-2^63 bis 2^63-1	8
decimal(p,s)	Festkommazahl. Anzahl der Stellen (p = Precision) und Nachkommastellen (s = Scale) können festgelegt werden	-10^38 + 1 bis 10^38 −1	5 bis 17, je nach Anzahl der Stellen (p)
vardecimal	Entspricht *decimal*. Die Daten werden mit variabler Länge gespeichert.	-10^38 + 1 bis 10^38 −1	Abhängigkeit von den gespeicherten Werten
numeric(p,s)	Entspricht *decimal*. Der Name ist historisch bedingt.	-10^38 + 1 bis 10^38 −1	5 bis 17, je nach Anzahl der Stellen (p)
money	Währungsangaben	-2^63 bis 2^63 - 1	8
smallmoney	Währungsangaben	-214.748,3648 bis +214.748,3647	4
float(n)	Gleitkommazahl. N gibt die Anzahl Bits zur Speicherung der Mantisse an.	-1.79E + 308 bis 1.79E + 308	4 (bis n=24) oder 8 Byte (bis n=53)
real	Gleitkommazahl. Synonym für *float(24)*.	-3.40E + 38 bis 3.40E + 38	4

Tabelle 8.1 Datentypen für numerische Werte im Überblick

Genauigkeit	Speicherplatz in Bytes
1 bis 9	5
10 bis 19	9
20 bis 28	13
29 bis 38	17

Tabelle 8.2 Genauigkeit und Speicherplatz beim Datentyp *decimal*

Mit SQL Server 2005 SP 2 wurde ein weiterer Datentyp hinzugefügt: *vardecimal*. Das war eine ausgesprochen gute Idee der SQL Server-Entwickler. Speziell in großen Data Warehouses oder in ERP-Anwendungen, wie SAP, nehmen Spalten vom Typ decimal in der Regel sehr viel Speicherplatz ein. Potenziell ermöglicht der Datentyp vardecimal eine komprimierte Speicherung dieser Daten und ist nicht so starr, wie der normale decimal Datentyp. Wird in eine *vardecimal*-Spalte ein kleiner Zahlenwert – zum Beispiel eine 0 – eingetragen, dann speichert SQL Server diesen Wert platzsparender ab, als Sie das beim Anlegen der Spalte definiert haben. Angenommen, Sie haben bei der Definition der Tabelle damit gerechnet, dass eine *decimal*-Spalte Zahlen mit einer maximalen Stellenzahl von 10 Vorkomma- und 2 Nachkommastellen enthalten kann. Damit werden in jedem *decimal*-Datensatz 9 Byte für die Speicherung aufgewendet. In diesen Fall könnte der Wert 0 mit genügsamen 3 Byte abgespeichert werden. Sie sparen umso mehr Speicherplatz, je großzügiger Sie die Spalte angelegt haben und je häufiger dann tatsächlich kleiner Werte eingetragen werden.

Natürlich gilt auch hier: Keine Rose ohne Dornen. Das Speichern von *vardecimal*-Typen, aber auch das Lesen der Daten, ist etwas zeitaufwändiger, als das Verarbeiten der normalen *decimal*-Daten. Geht es um das platzsparende Ablegen sehr großer Tabellen oder das Einsparen von Zeit beim Durchsuchen großer Datenmengen, dann kann *vardecimal* eine Option sein. In der Praxis werden Sie hier aber nur durch Ausprobieren schlauer, da das Verhalten sehr stark von den tatsächlich gespeicherten Daten abhängt.

ACHTUNG Der Datentyp vardecimal kann bedenkenlos eingesetzt werden, wenn Sie in SQL Server 2005 arbeiten und funktioniert auch in SQL Server 2008 tadellos. Sie können sich aber nicht darauf verlassen, dass *vardecimal* in zukünftigen Versionen noch existiert. Tatsächlich hat mit dem Erscheinen von SQL Server 2008 schon wieder die Abkündigung stattgefunden. Für die Komprimierung von Daten sollten Sie in neuen Projekten mit SQL Server 2008 unbedingt die neuen Verfahren verwenden, die am Ende dieses Kapitels erläutert werden. Wichtig ist außerdem: Sowohl *vardecimal*, wie auch die neuen zeilen- oder seitenbasierten Komprimierungsverfahren stehen nur in der SQL Server Enterprise-Edition zur Verfügung!

Reicht der Wertebereich von *decimal* nicht aus, dann kann auf den Datentyp *float* ausgewichen werden (nur dann). Dieser stellt eine Gleitkommazahl mit bis zu 15 Nachkommastellen dar. Einer Spalte vom Datentyp *float* kann bei SQL Server 2008 die Länge der Mantisse mitgegeben werden. Es gibt *float(24)*- und *float(53)*-Zahlen. Per Definition könnten Sie zwar andere Werte für die Mantisse angeben, diese werden aber von SQL Server nicht beachtet. Eine Zahl vom Typ *float(24)* kann das Synonym *real bekommen*. Alles klar?

Speziell für Währungsgaben vorgesehen, aber nicht zwingend dafür vorgeschrieben, ist der Datentyp *money*. Er stellt eine Festkommazahl mit der festen Dezimalstellenzahl 4 dar und wird in 8 Byte abgelegt. Die Nachkommastellenzahl 4 kann für die Speicherung kaufmännischer Berechnungen wünschenswert sein, für manche Zwecke, wie der Speicherung von Preisinformationen, sollten Sie eher eine *decimal*-Spalte mit der Nachkommastellenzahl 2 bevorzugen. Damit vermeiden Sie das Einschleichen überflüssiger Nachkommastellen mit nachfolgenden Rundungsproblemen. Ein Vorteil, der *eventuell* in der Verwendung des Datentyps *money* gesehen werden könnte, liegt in der Tatsache begründet, dass Clients beim Anzeigen einer Zahl dieses Typs automatisch das in den Systemeinstellungen des PCs hinterlegte Format für Währungsangaben verwendet. Sie sollten gut überlegen, ob dies ein sinnvolles Verhalten für Ihre Anwendung darstellt. So kann derselbe Wert auf einem deutschen Client in Euro und auf einem amerikanischen als Dollar dargestellt werden. Da dies in vielen Fällen eher ein Nachteil ist, kann man generell anstelle von *currency* den Datentyp *decimal* in Erwägung ziehen. Wenn Sie Speicherplatz sparen möchten, können Sie bei eingeschränktem Wertebereich auch den Typ *smallmoney* einsetzen.

In der Tabelle 8.1 sind die bisherigen Informationen zusammengefasst. Sie zeigt die numerischen Datentypen von SQL Server.

Datums- und Zeitangaben

SQL Server kennt insgesamt sechs Datentypen, die zur Speicherung von Datums- und Zeitangaben genutzt werden können. Wie so vieles andere auch, hat das ganz schlicht historische Gründe. Bis einschließlich SQL Server 2005 existierten ausschließlich die Datentypen *datetime* und *smalltime*. Beide Datentypen sind »gemischte Typen«, denn sie enthalten Datums- *und* Zeitinformationen. Da dies nicht immer sinnvoll ist können sich Programmierer seit SQL Server 2008 über die neuen Datentypen *date* und *time* freuen, die ganz puristisch entweder das eine oder das andere speichern. Zusätzlich gibt es jetzt den Datentyp *datetime2*, der den Speicherbereich des alten *datetime*-Typs erweitert, sowie *datetimeoffset*, der es ermöglicht eine Zeitzone mit zu verwalten. Tabelle 8.3 gibt eine erste Übersicht über die vorhandenen Datentypen.

Datentyp	Erläuterung	Wertebereich	Bytes
datetime	Datums- und Zeitwerte mit der Genauigkeit von einer Dreihundertstelsekunde	1. Januar 1753 bis zum 31. Dezember 9999	8
smalldatetime	Datums- und Zeitwerte mit der Genauigkeit von einer Minute	1. Januar 1900 bis zum 6. Juni 2079	4
date	Reine Datumsangabe	01. Januar 0001 bis 31. Dezember 9999	3

Datentyp	Erläuterung	Wertebereich	Bytes
time	Reine Zeitangabe mit einer Genauigkeit von bis zu 100 Nanosekunden	00:00:00.0 bis 23:59:59.9999999	3 bis 5
datetime2	Datums- und Zeitwerte mit der Genauigkeit von bis zu 100 Nanosekunden	01. Januar 0001 00:00:00.0 bis 31. Dezember 9999 23:59:59.9999999	6 bis 8
datetimeoffset	Wie *datetime2* mit der zusätzlichen Möglichkeit einen Zeitzonen-Offset in Stunden und Minuten zu speichern	01. Januar 0001 00:00:00.0 bis 31. Dezember 9999 23:59:59.9999999	8 bis 10

Tabelle 8.3 Datentypen für Zeitangaben

datetime, smalldatetime

Beide Datentypen speichern immer sowohl ein Datum wie auch eine Uhrzeit ab. Die Typen *datetime* und *smalldatetime* unterscheiden sich dabei im darstellbaren Zeitraum und in der Auflösung, mit der sie dieses tun. Während *datetime* Angaben vom Jahr 1753 bis zum Jahr 9999 mit einer Genauigkeit von einer Dreihundertstelsekunde speichern kann, umfasst *smalldatetime* nur einen Bereich von 1900 bis 2079 mit einer Minute Auslösung. Kommen Sie mit dem Wertebereich von *smalldatetime* aus, dann können Sie diesen Typ verwenden, um so pro gespeicherten Wert 2 Byte einzusparen. Der Vorteil bei der Verwendung dieser Datentypen – wie auch bei den anderen Datums- und Zeitdaten, ist vor allem darin zu sehen, dass es vordefinierte Funktion für das Rechnen mit Datums- und Zeitangaben gibt. Dazu zählen *DATEDIFF*, *DATEADD* und andere.

Einen Wert für eine Datumsspalte geben Sie in T-SQL als Zeichenkette an. Ein gültiger Wert ist beispielsweise »01.09.2009 10:00«. Welche Werte vom Server akzeptiert werden und wie eine mögliche Konvertierung geschieht, ist von den Client-Ländereinstellungen und den aktuellen Optionen der Datenzugriffsbibliotheken abhängig. Lässt man die Uhrzeit weg, dann trägt SQL Server den Wert »00:00:00:000« ein. Das steht – in Stunden, Minuten, Sekunden und Millisekunden ausgedrückt – für Mitternacht. Lässt man dagegen den Datumsanteil fort, dann wird das Standarddatum »01.01.1900« ergänzt. Datumsspalten sind ein prima Kandidat für kleinere Probleme in T-SQL-Ausdrücken. Daher gehe ich im Kapitel 9 über *SELECT*-Abfragen darauf noch einmal ein. Die meisten Sorgen können Sie damit beseitigen, dass Sie die neuen Datentypen *date* oder *time* einsetzen.

Binden Sie Datumsfelder in Ihrem Client direkt an eine WinForm oder WebForm, dann werden Sie in den allermeisten Fällen keine Probleme mit Datumskonvertierungen haben. Auch die entsprechenden .NET-Datentypen verstehen sich natürlich prachtvoll mit dem SQL Server. Beim Aufbau einer Clientverbindungen handeln die Clientbibliotheken und der SQL Server die Einstellungen in der Regel korrekt aus. Arbeiten Sie direkt in T-SQL, dann müssen Sie bei der Bildung von Datumszeichenfolgen ein wenig darauf achten, dass der SQL Server Sie auch versteht. Ein kurzes Skriptbeispiel (Listing 8.1) illustriert dies.

```
DECLARE @theDate AS datetime

-- Datumsangabe in Deutschem Format
SET @theDate = '01.10.2009'
SELECT @theDate AS InputDeutsch

-- Datumsangabe im internationalen Format
SET @theDate = '2009-10-01'
SELECT @theDate AS InputInternational
```

SQL Server-Systemdatentypen

```
-- Datumsangabe im verkürzten ISO-Format
SET @theDate = '20091001'
SELECT @theDate AS InputISO

-- Amerikanische Schreibweise
SET @theDate = '10/01/2009'
SELECT @theDate AS InputAmerikanisch

-- Festlegung der Session-Sprache kann helfen
SET LANGUAGE 'us_english'
SET @theDate = '10/01/2009'
SELECT @theDate AS InputSetLanguage

-- Reihenfolge in der Datumsangabe explizit festlegen
SET DATEFORMAT ymd
SET @theDate = '2009-10-01'
SELECT @theDate AS InputSetDateFormat

-- Datum aus Systemzeit füttern
SET @theDate = GETDATE()
SELECT @theDate AS InputGetDate
```

Listing 8.1 *datetime*-Werte formatieren

Auch wenn wir in diesem Buch noch nicht darüber gesprochen haben wie man in T-SQL mit Variablen arbeitet, sollte Ihnen dieses Beispiel keinerlei Probleme bereiten. Es wird eine lokale Variable *@theDate* vom Typ *datetime* angelegt, die mit unterschiedliche formatierten Datumsstrings gefüllt wird. Anschließend werden die Werte jeweils sofort per *SELECT* wieder zurück gegeben.

Verwenden Sie Deutsche Ländereinstellungen auf dem Client und einen Deutsch eingestellten Server, dann werden Sie (wie ich) die das folgende Ergebnis sehen:

InputDeutsch
2009-10-01   00:00:00.000

InputInternational
2009-01-10 00:00:00.000

InputISO
2009-10-01 00:00:00.000

InputAmerikanisch
2009-01-10 00:00:00.000

Changed language setting to us_english.

InputSetLanguage
2009-10-01 00:00:00.000

InputSetDateFormat
2009-10-01 00:00:00.000

InputGetDate
2009-10-01 14:38:44.343

Zunächst einmal fällt auf, dass der SQL Server unabhängig von den Eingabeformaten oder Einstellungen das Ergebnis immer in einem standardisierten ISO-Format zurückliefert. Das lässt sich nicht weiter beeinflussen. Benötigen Sie ein spezielles Ausgabeformat, dann hilft Ihnen die Funktion CONVERT weiter. Die Reihenfolge der Datumsbestandteil ist Datum-Monat-Tag.

Das Deutsche Datumsformat '01.10.2009' versteht der SQL Server sofort, wenn Client und Server entsprechend eingestellt sind. Mit dem internationalen ANSI Format '2009-10-01' hat er allerdings Probleme, im Ergebnis sind Monat und Tag vertauscht. Das verkürzte ISO-Format '20091001' klappt dann wieder, während das Amerikanische '10/01/2009' nicht automatisch erkannt wird und ebenfalls falsch interpretiert wird. Abhilfe können so genannte SET-Einstellungen schaffen, mit denen man Grundeinstellungen für eine Benutzerverbindung festlegt. SET LANGUAGE legt beispielsweise die möglichen Datumsformate und die Sprache der Systemmeldungen fest. Im T-SQL-Editor gelten diese Einstellungen genau für ein Abfragefenster. In einer Clientprogrammierung gelten sie so lange, bis eine Verbindung geschlossen wird. Nach dem Absetzen von SET LANGUAGE 'us_english' bringt der Server Monat und Tag für einen Amerikanisch formierten String in die richtige Reihenfolge. Das Kommando SET DATEFORMAT ymd hat dieselbe Wirkung und würde den Vorrang vor SET LANGUAGE genießen, falls beide SET-Befehl zugleich verwendet werden.

Wenn Sie sich einen Datumswert über die Systemfunktion GETDATE besorgen, dann werden Sie keinerlei Probleme mit dem korrekten Format bekommen. In der *datetime*-Variablen wird jetzt zusätzlich die Zeit abgelegt.

date und time

Diese beiden Datentypen stellen seit SQL Server 2008 die »reinrassigen« Varianten für die Speicherung von Datums- und Zeitangaben dar. Warum sollten Sie diese überhaupt in Betracht ziehen, wo es doch die praktischen *datetime*-Typen gibt? Unter anderem aus den folgenden Gründen:

- **Wertebereich**   Manchmal kann die Tatsache, dass Sie mit einem *date*-Datum Jahresangaben von 1 bis 9999 verarbeiten können, schon ausschlaggebend sein. Wichtig für technische Anwendungen, wie Meßwerterfassung, kann bei *time*-Zeitangaben die höhere Auflösung von bis zu 100 Nanosekunden sein. Auch das beendet manche Diskussion sehr schnell.

- **Speicherplatz**   Reicht es in Ihrer Anwendung aus, reine Datumsangaben zu verwalten, dann sparen Sie mit *date* gegenüber *smalldatetime* pro Wert ein Byte. Zugegeben, das klingt ein wenig erbsenzählerisch, aber es gibt Datenbanken, die sehr schnell sehr groß werden. Und dann haben Sie einen »Quick Win« durch die Verwendung von *date*.

- **Einfachere Programmierung**   *datetime* kann in der Entwicklung lästig sein, wenn in der Datenbank Zeitangaben abgespeichert werden (müssen), Sie aber häufig Abfragen schreiben, in denen nur das Datum benötigt wird. Dann müssen Sie unbedingt darauf achtgeben, dass sich durch den Zeitteil keine Fehler im Abfrageergebnis einschleichen. Durch eine Aufteilung in einen reinen Datums- und in einen Zeitwert schließen Sie diese Probleme schon bei der Konstruktion der Datenbank aus.

Der letzte Punkt soll durch ein Beispiel veranschaulicht werden.

```
INSERT INTO Sales.Orders (CustomerID, OrderDate, CreatedAt)
VALUES ( 10000, GETDATE(), '01.12.2009')
INSERT INTO Sales.Orders (CustomerID, OrderDate, CreatedAt)
VALUES ( 10000, GETDATE(), '01.12.2009 12:00')
INSERT INTO Sales.Orders (CustomerID, OrderDate, CreatedAt)
VALUES ( 10000, GETDATE(), '31.12.2009 00:00')
INSERT INTO Sales.Orders (CustomerID, OrderDate, CreatedAt)
VALUES ( 10000, GETDATE(), '31.12.2009 12:00')
```

Listing 8.2   Probleme mit *datetime* – Testdaten

SQL Server-Systemdatentypen

In Listing 8.2 passiert etwas ganz Alltägliches. Es werden ein paar Werte an die *netShop*-Tabelle *Sales.Orders* angehängt. Die Spalte *CreatedAt*, die vom Typ *datetime* ist, wird dabei explizit gefüllt. Teilweise mit, teilweise ohne Zeitanteile. Diese Daten sollen abgefragt werden.

Die erste Abfrage (Listing 8.3) soll Datensätze liefern, die an einem bestimmten Tag erfasst wurden, nämlich am *'01.12.2009'*.

```
SELECT * FROM Sales.Orders WHERE CreatedAt = '01.12.2009'
```

Listing 8.3 Datensätze an einem bestimmten Tag – Versuch

Im Ergebnis dieser Abfrage gibt es nur einen Datensatz, nämlich den allerersten, der eingefügt wurde und eine reine Datumsangabe enthält. Die Bestellung von zwölf Uhr Mittags fehlt. Um alle Datensätze eines Tages herauszufiltern, muss die Abfrage leicht abgewandelt werden.

```
SELECT * FROM Sales.Orders WHERE CreatedAt >= '01.12.2009' AND CreatedAt < '31.12.2009'
```

Listing 8.4 Datensätze an einem bestimmten Tag – korrekte Variante

Programmierer sind ja teilweise eigenwillige Menschen und möchten Dinge »eleganter« lösen. Ich habe beispielsweise Programmierer schon eine Abfrage in der folgenden Art schreiben sehen, bei der das zu suchende Datum über die Funktion *CONVERT* in ein Standardformat ohne Zeitanteile überführt wird.

```
SELECT * FROM Sales.Orders WHERE CONVERT(char(10),CreatedAt, 104 )= '01.12.2009'
```

Listing 8.5 Datensätze an einem bestimmten Tag – mit CONVERT

Durch die Verwendung des Formatcodes *104* werden die Werte der Spalte *CreatedAt* in das deutsche Standardformat überführt. Der String-Vergleich mit *'01.12.2009'* klappt problemlos und liefert die korrekten Ergebnisse. Dennoch sollten Sie, zumindest bei größeren Tabellen, die mehr als ein paar Tausend Datensätze enthalten, von der Variante nach Listing 8.5 absehen. Der Grund dafür ist die Tatsache, dass die Anwendung einer Funktion auf eine Spalte in einem Abfrageausdruck verhindert, dass ein Spaltenindex benutzt wird. In Kapitel 12 »Indizierung & Partitionierung« wird das noch genauer erklärt werden.

Geht es um die Abfrage einer größeren Zeiteinheit, wie Monat oder Jahr, dann sieht man häufig die Verwendung der speziellen Datumsfunktionen, wie im folgenden Beispiel. Diese Abfrage liefert sämtliche Bestellungen, die in einem bestimmten Monat angelegt wurden.

```
SELECT * FROM Sales.Orders WHERE YEAR(CreatedAt) = 2009 AND MONTH(CreatedAt) = 12
```

Listing 8.6 Datumsbereich mit YEAR, MONTH abfragen

Auch diese Abfrage arbeitet wieder tadellos, leidet aber, genau wie die Abfrage mit *CONVERT* bei großen Tabellen unter Performanceproblemen. Die bessere Variante ist im nächsten Beispiel zu sehen.

```
SELECT * FROM Sales.Orders WHERE CreatedAt >= '01.12.2009' AND CreatedAt < '01.01.2010'
```

Listing 8.7 Datumsbereich abfragen – korrekte Variante

HINWEIS Wenn Sie für die Angabe der Datumsgrenzen mit BETWEEN arbeiten möchten, dann können Sie kein Datum ohne Zeitanteil verwenden. Geben Sie zum Beispiel als obere Grenze *'31.12.2009'* an, dann fehlen die Datensätze des letzten Tages mit Zeitanteil. Geben Sie als obere Grenze *'01.01.2010'* dann erhalten Sie überflüssige Datensätze des Folgetages, nämlich diejenigen, die exakt auf diesem Datum liegen.

Zu den neuen Datentypen *date* und *time* lässt sich ansonsten nicht viel sagen. Die Anwendung ist ganz »geradeaus«. Bei einer *time*-Spalte können Sie einstellen, mit wie vielen Nachkommastellen die Sekunden gespeichert werden sollen. Das wird im nächsten Abschnitt über *datetime* genauer besprochen. Für die Speicherung werden drei bis fünf Bytes benötigt.

datetime2

Der in SQL Server 2008 neu eingeführte Datentyp *datetime2* stellt eine Erweiterung der bisherigen *datetime*-Datentypen dar. Der Datumsbereich reicht von *'01.01.0001'* bis *'31.12.9999'*. Die Auflösung beträgt 100 Nanosekunden und die maximale Anzahl der Nachkommastellen für die Sekunden ist sieben. Der größte Uhrzeitwert ist damit *'23:59:59.9999999'*.

Bei der Deklaration einer Spalte oder Variablen vom Typ *datetime2* geben Sie, mit welcher Genauigkeit die Werte gespeichert werden sollen. Dazu folgt ein einfaches Beispiel.

```
DECLARE @theDate AS datetime2(3)

SET @theDate = SYSDATETIME()

SELECT CAST(@theDate AS varchar(23)) AS ActualDateTime
```

Listing 8.8 Verwendung von *sysdatetime2*

In diesem Mini-Skript wird eine lokale Variable vom Typ *datetime2* und der Genauigkeit 3 angelegt. Mit anderen Worten: Es können Tausendstel Sekunden gespeichert werden. Die neue Funktion *SYSDATETIME* liefert Systemdatum und -zeit in der maximalen Genauigkeit und Auflösung des *datetime2*-Typs. Ein Ergebnis des Skripts könnte so aussehen:

```
ActualDateTime
2009-11-28    17:55:22.475
```

Die explizite Konvertierung in den Zeichenketten-Datentyp *varchar* habe ich übrigens vorgenommen, damit das Ergebnis bei einer Ausgabe im Textformat korrekt angezeigt wird. Ohne das *CAST* werden immer zwei Nachkommastellen angezeigt.

Je mehr Nachkommastellen Sie vereinbaren, desto mehr Bytes muss der SQL Server für das Ablegen eines *datetime2*-Werts aufbringen. Das reicht von sechs bis acht Byte.

Sie werden *datetime2* dann einsetzen, wenn Sie den vergrößerten Wertebereich und eine Kombination aus Datums- und Zeitangabe brauchen. Dabei müssen Sie auf eine unangenehme Besonderheit dieses Datentyps achten. *datetime2* verhält sich anders als *datetime* und *smalldatetime* in Bezug auf die Interpretation von Datumsstrings. Das ist besonders dann ärgerlich, wenn Sie in einer vorhandenen Datenbankapplikation eine Erweiterung einer *datetime*-Spalte auf *datetime2* vornehmen möchten. Sie müssen sich dabei nämlich gut überlegen, welche Auswirkungen das haben kann.

Listing 8.9 zeigt »Gotcha« Nummer eins: Die beiden Datentypen verhalten sich unterschiedlich, wenn es um den Additionsoperator geht.

```
DECLARE @theDate datetime = '2010-10-01'
SELECT @theDate + 1
GO
```

```
DECLARE @theDate datetime2 = '2010-10-01'
SELECT @theDate + 1
GO
```

Listing 8.9 Verwirrung bei *datetime* und *datetime2* – Addition

Der Datentyp *datetime* kommt problemlos mit der Addition zurecht. Auf das Datum wird ein Tag addiert (Subtraktion eines Integers wäre genauso möglich). *datetime2* dagegen kann nicht mit Operatoren verwendet werden. Der zweite Teil des Skripts liefert einen Fehler. Sie umgehen diese Inkompatibilitäten indem Sie konsequent die Funktionen *DATEADD* und *DATEDIFF* anstelle der Operatoren einsetzen.

Gotcha Nummer zwei betrifft die Interpretation von Datumsstrings. Und zwar ausgerechnet dann, wenn es um ANSI-Stringformate geht. Das nächste Skript zeigt die dabei auftretenden Schmerzen.

```
DECLARE @theDateTime AS datetime,
        @theDateTime2 As datetime2

SET @theDateTime = '2009-10-01'
SET @theDateTime2 = '2009-10-01'

SELECT @theDateTime AS theDateTime, @theDateTime2 AS theDateTime2
```

Listing 8.10 Verwirrung bei *datetime* und *datetime2* – Datumsangaben

So sieht das Ergebnis aus:

```
theDateTime              theDateTime2
2009-01-10  00:00:00.000  2009-10-01  00:00:00.00
```

Im Gegensatz zu *datetime* interpretiert *datetime2* das internationale Datumsformat richtig. Und zwar unabhängig von Session-Einstellungen via *SET LANGUAGE* oder *SET DATEFORMAT*.

HINWEIS Meiner Meinung nach gibt es noch ein zweites Problem mit *datetime2*. Und das ist der unsägliche Name »datetime2«. Die SQL Server-Entwickler haben damit zum ersten Mal die Tür zu potenziellen weiteren kruden Datentypbezeichnungen eines Typs aufgestoßen, wie man sie von anderen Datenbanksystemen her kennt: varchar2, varbinary2 usw... Auch kennen die SQL Standards so etwas wie *datetime2* nicht.

datetimeoffset

Der letzte Typ in der Reihe der Datums- und Zeitdatentypen hört auf den schönen Namen *datetimeoffset* und damit ist schon viel erklärt: *datetimeoffset* ermöglicht die zusätzliche Speicherung eines Zeitoffsets zu einer Datums-/Zeitangabe. Mit anderen Worten: Sie können ein Offset abspeichern, das durch eine Zeitzone bedingt ist und die Abweichung gegenüber der standardisierten UTC[1]-Zeit angibt. Punkt. Ansonsten verhält sich *datetimeoffset* wie *datetime2*.

Die Betonung liegt hier auf *speichern*. SQL Server stellt keine erweiterten Funktionen zur Verfügung, wie beispielsweise die Berücksichtigung der Sommer-/Winterzeitumstellung. Benannten Zeitzonen gibt es auch nicht, es wird ausschließlich mit den Offsetstrings gerechnet, die eine Stunden- und Minutenangabe mit Vorzeichen enthalten. Die osteuropäische Zeit hat beispielsweise ein Offset von zwei Stunden gegenüber UTC: »+2:00«.

---

[1] UTC steht für *Universal Time Coordinated* – im Deutschen »Koordinierte Weltzeit« genannt.

Auch hier folgen wieder ein paar Beispiele, die zeigen sollen, was geht und was nicht. Das erste Skript stellt verschiedene Möglichkeiten vor, eine *datetimeoffset*-Variable mit der Systemzeit (und dem Datum) zu belegen.

```
DECLARE @theDateTimeOffset AS datetimeoffset

SET @theDateTimeOffset = SYSDATETIME()
SELECT @theDateTimeOffset

SET @theDateTimeOffset = SYSDATETIMEOFFSET()
SELECT @theDateTimeOffsetSET @theDateTimeOffset = SYSUTCDATETIME()
SELECT @theDateTimeOffset
```

Listing 8.11 *datetimeoffeset*-Werte aus dem System

Die Systemfunktion *SYSDATETIME* ist Zeitzonen-agnostisch (was für ein Wort!). Die Ausgabe des ersten Selects lautet daher:

```
theDateTimeOffsetFromSYSDATETIME
2009-10-28  20:15:57.9005974
```

In der Variablen *@theDateTimeOffset* ist der Offset 0 gespeichert, der als *+00:00* ausgegeben wird.

Das zweite Select gibt einen Wert aus, der mithilfe der Funktion *SYSDATETIMEOFFSET* gebildet wurde. *SYSDATETIMEOFFSET* kennt sehr wohl die Zeitzone, die in den regionalen Einstellungen des Rechners eingestellt ist, auf welchem der SQL Server installiert ist (Nomen est Omen) und trägt den entsprechenden Offset ein. Das schlägt sich im Ergebnis nieder:

```
theDateTimeOffsetFromSYSDATETIMEOFFSET
2009-10-28  20:15:57.9005974  +01:00
```

Als Offset wird +01:00 angezeigt, was nicht weiter verwunderlich ist, da die Zeitzone auf meinem Entwicklungs-PC »(UTC+01:00) Amsterdam, Berlin, Bern, Rom, Stockholm, Wien« lautet.

Die dritte Funktion *SYSUTCDATETIME* liefert eine Angabe, die kein Offset besitzt und in die UTC-Zeit umgerechnet ist:

```
theDateTimeOffsetFromSYSUTCDATETIME
2009-10-28  19:15:57.9005974  +00:00
```

Das abschließende Skriptbeispiel zeigt ein paar einfache Operationen mit Werten vom Typ *datetimeoffset*. In diesem werden zwei *datetimeoffset*-Variablen mit ein und derselben Zeit, aber unterschiedlichen Offsets belegt und diese Zeiten dann miteinander verglichen. Achten Sie beim Nachvollziehen des Beispiels auch auf die Kommentare im Programmcode.

```
DECLARE @theTime AS DATETIME2
DECLARE @theTimeOffsetUSA AS DATETIMEOFFSET
DECLARE @theTimeOffsetMEZ AS DATETIMEOFFSET

-- Ausgangszeitpunkt festlegen. Ohne Offset.
SET @theTime = '2009-10-01 19:45:50.123'

-- Aus lokaler Zeit UTC mit Offset machen. Zeitzone = USA (Eastern Time)
SET @theTimeOffsetUSA = TODATETIMEOFFSET (@theTime, '-07:00')
```

```
-- ...und so wird ein Offset verändert. Zeitzone = Mitteleuropäische Zeit.
SET @theTimeOffsetMEZ = SWITCHOFFSET(@theTimeOffsetUSA, '+01:00')

-- Zwischenergebnis
SELECT @theTimeOffsetUSA AS theTimeOffsetUSA, @theTimeOffsetMEZ AS theTimeOffsetMEZ

-- Ist das nun gleich?
IF @theTimeOffsetUSA = @theTimeOffsetMEZ PRINT 'Ist gleich...' ELSE PRINT 'Ungleich...'

-- Und können wir eine Differenz zwischen den beiden Zeiten feststellen?
SELECT DATEDIFF (hh, @theTimeOffsetUSA, @theTimeOffsetMEZ )
```

Listing 8.12 Mit *datetimeoffset* arbeiten

Nacheinander passieren hier die folgenden Dinge: Eine *datetime2*-Variable wird mit einem Datum und einer Zeit vorbelegt. *TODATETIMEOFFSET* konvertiert diesen Wert in einen Wert vom Typ *datetimeoffset*, wobei ein konkretes Offset hinzugefügt wird. Mittels *SWITCHOFFSET* wird aus der USA-Zeit eine analoge mitteleuropäische gemacht. Die mitteleuropäische Zeit läuft der UTC eine Stunde voraus. Das schlägt sich dann im Zwischenergebnis nieder:

theTimeOffsetUSA	theTimeOffsetMEZ
2009-10-01 10:45:50.1230000 -07:00	2009-10-01 16:45:50.1230000 +01:00

Bei der Anwendung von *SWITCHOFFSET* muss der Programmierer selbst darauf achten, dass eine eventuelle Sommerzeitumstellung berücksichtigt wird.

Die beiden *datetimeoffset*-Werte werden nun miteinander verglichen. Das Ergebnis lautet Ist gleich... Die Differenz in Stunden zwischen diesen beiden Werten ist entsprechend 0. Alles ist gut. Der SQL Server kommt mit Zeitangaben in unterschiedlichen Zeitzonen zurecht und rechnet diese intern in UTC-Zeit um. Der Vergleich zwischen dem USA *datetimeoffset*-Wert und dem ursprünglichen *datetime2*-Wert liefert das Ergebnis -7. Für den *datetime2*-Wert wird also das Offset *0:00* = UTC-Zeit unterstellt.

Zeichenketten

Bei der Speicherung von Zeichenketten-Informationen haben Sie bei SQL Server die Qual der Wahl. Es gibt eine Menge Varianten, zwischen denen Sie sich entscheiden müssen. Zunächst einmal spielt es eine Rolle, ob Sie den Speicherplatz statisch oder dynamisch vergeben wollen. Der Datentyp *char* ist für Textfelder geeignet, die mit einer festen Länge operieren. Den verwendeten Speicherplatz legen Sie beim Anlegen der Spalte fest. Um präzise zu sein: Die vollständige Definition des Datentyps besteht aus der Angabe des Typnamens *char*, gefolgt von der Feldlänge z.B. *char(100)*. Für ein Textfeld mit diesem Datentyp wird beim Anlegen eines neuen Datensatzes auf jeden Fall die volle Feldlänge an Speicherplatz reserviert, unabhängig davon, wie viel später tatsächlich benötigt wird. In der Regel verschenkt man bei der Verwendung dieses Datentyps eine Menge Platz. Die Verwendung ist allerhöchstens dann sinnvoll, wenn in einer sehr großen Tabelle sehr häufig Update-Operationen mit Textfeldern durchgeführt werden. SQL Server kann diese Änderungen in Feldern fester Länge im Allgemeinen effektiver als in Feldern mit variabler Textlänge durchführen, da sich die Länge der Datensätze dabei nicht ändern kann. Daher bleiben bei den Updates die Datensätze an Ort und Stelle, es wird nur eine Datenseite erfasst, es passieren keine Seitensplits und eventuell auch keine Änderungen in den Indizes.

Für die meisten Anwendungsfälle macht es mehr Sinn, über den Datentyp *varchar* nachzudenken. Dieser definiert eine Textspalte mit einer dynamischen Speicherplatzbelegung. Bei der Vereinbarung einer Spalte mit diesem Datentyp legen Sie gleichzeitig die Obergrenze für den zu nutzenden Speicherplatz fest: *varchar(100)* steht für ein variables Textfeld mit einer maximalen Länge von 100 Zeichen. Pro Zeichen wird ein Byte Speicherplatz reserviert. Ein Feld vom Typ *varchar* kann nicht größer als 8000 Zeichen sein.

> **HINWEIS** Sie haben im vorherigen Kapitel über das Anlegen von Datenbanken bereits kennen gelernt, dass ein einzelner Datensatz in einer SQL Server-Datenbank größer als eine Standard 8 KByte-Datenseite werden kann. Bei der Verwendung des Typs *varchar* ist es problemlos möglich, eine Tabelle zu definieren, bei der sich die maximalen Feldlängen zu mehr als 8060 Bytes (das ist der freie Platz auf einer Datenseite) addieren lassen. Solange der tatsächliche Speicherplatzbedarf unter dieser magischen Grenze bleibt, werden die Daten auf einer einzelnen Speicherseite angelegt, ist die Grenze überschritten, dann verschiebt der Server Datensätze in den Überlaufbereich, was die Zugriffe deutlich langsamer macht. Versuchen Sie also auch bei der Arbeit mit varianten Datentypen nach Möglichkeit, die Datensätze auf einer Speicherseite zusammenzuhalten.

Bei manchen Anwendungen ist es notwendig, Unicode-Daten in Textspalten abzulegen. Dies kommt dann infrage, wenn Sie einen Zeichensatz von mehr als 255 Zeichen Umfang verwenden oder in einer Spalte Mehrsprachigkeit realisieren wollen. Für die Speicherung von Unicode-Daten verwendet SQL Server den so genannten Universal Character Set-Zeichensatz UCS-2. Das ist ein »Double Byte Character Set« (DBCS), das heißt für das Speichern eines Zeichens werden zwei Byte verwendet. Die entsprechenden Datentypen heißen *nchar* und *nvarchar*. Diese entsprechen ihren Verwandten *char* und *varchar*, nur dass eben 2 Byte zur Speicherung eines einzelnen Zeichens aufgewendet werden. Damit ist denn auch *nvarchar(4000)* die größtmögliche Spaltendefinition für den Unicode-Datentyp. Das »n« in *nchar* beziehungsweise *nvarchar* steht übrigens für »National«. Die Herkunft erklärt sich aus den offiziellen ANSI-Datentypbezeichnungen, die etwas weiter hinten in diesem Kapitel aufgelistet werden.

Benötigt man mehr Speicherplatz für das Ablegen von großen Textfeldern, dann kommt einer der LOB-Datentypen von SQL Server ins Spiel (*LOB = Large Object*): *varchar(max)* oder *text*. Auch hier gibt es Unicode-Varianten. Diese heißen – Sie haben es geahnt – *nvarchar(max)* und *ntext*. Die Verwendung der Option *max* zusammen mit einem Zeichendatentyp ist die aktuelle, mit SQL Server 2005 eingeführte Variante. Sie können in einer Spalte vom Datentyp *varchar(max)* bis zu 2 GByte an Textinformationen speichern. Und das Großartige dabei ist: In T-SQL unterschiedet sich die Behandlung eines *max*-Datentyps nicht von der eines »kurzen« Datentyps. Es stehen dieselben Operatoren zur Verfügung, Sie können lokale Variablen deklarieren, umfangreiche Daten als Parameter übergeben, die üblichen Zeichenkettenfunktionen anwenden und so weiter. Wenn Sie an dieser Stelle ein »na und« denken, dann haben Sie vermutlich nie mit SQL Server 2000 und dem *text*-Datentyp arbeiten müssen, der früher für das Speichern eines Text-LOBs verantwortlich war. Auch in einer Spalte vom Typ *text* können Sie problemlos 2 GByte-Daten unterbringen. Allerdings ist das Arbeiten damit nicht so ganz »geradeaus«. Direkte Wertzuweisungen sind nicht möglich, es gibt T-SQL-Anweisungen wie *WRITETEXT* und *UPDATETEXT*, mit denen Daten eingefügt und geändert werden können. T-SQL-Variablen und Parameter lassen sich nicht definieren, Stringfunktionen können keine Anwendung finden. Kurz gesagt: Es ist ein Graus! In neuen SQL Server-Anwendungen sollten Sie unbedingt mit der *max*-Option arbeiten und in »geerbten« Datenbanken am besten *text*-Spalten in *varchar(max)*-Spalten konvertieren. In SQL Server 2008 sind die Datentypen *text* und *ntext* zwar weiterhin vorhanden, aber abgekündigt. Mit dem Ableben in der nächsten SQL Server Version ist zu rechnen.

Für die *varchar(max)*-Spalten gelten in Bezug auf die Speicherung standardmäßig genau die Bedingungen, die für *varchar()* auch gelten. Solange die Daten noch auf eine Datenseite passen, werden diese von SQL Server auch dort abgelegt, ansonsten außerhalb der Seite. In der Seite selbst werden dann nur maximal 72

Bit mit Zeigern auf externe Datenstrukturen gespeichert. Bei *text*-Spalten sieht es standardmäßig so aus, dass ein 16-Bit-Pointer auf die Wurzel einer externen B-Baum-Struktur verweist. Dieses Standardverhalten können Sie in einem beschränkten Umfang beeinflussen. Im T-SQL-Abschnitt dieses Kapitels erkläre ich das genauer. Spalten, die einen LOB-Datentyp besitzen, können nicht mit Standardindizes indiziert werden. Das Suchen von Informationen kann recht lange dauern. Generell gilt: Verwenden Sie nach Möglichkeit die »kürzeren« Datentypen. Eine mögliches Hilfsmittel zur Abfragebeschleunigung in Text-LOBs ist die Verwendung von Volltext-Indizes. Kapitel 12»Indizierung & Partitionierung« stellt diese vor.

Damit haben Sie die Datentypen für Zeichenketten vollständig kennen gelernt. In der Tabelle (Tabelle 8.4) finden Sie eine Übersicht:

Datentyp	Erläuterung	Bytes
char(n)	Zeichenkette mit fester Länge	1 bis 8000 Zeichen eines einfachen Zeichensatzes (SBCS)
varchar(n)	Zeichenkette mit variabler Länge	1 bis 8000 Zeichen eines einfachen Zeichensatzes (SBCS)
nchar(n)	Unicode-Zeichenkette mit fester Länge	1 bis 4000 Zeichen eines Unicode-Zeichensatzes (DBCS)
nvarchar(n)	Unicode-Zeichenkette mit variabler Länge	1 bis 4000 Zeichen eines Unicode-Zeichensatzes (DBCS)
varchar(max), nvarchar(max)	große Zeichenkette mit variabler Länge – kompatibel	bis zu 2GB Textdaten bzw. Unicode-Textdaten
text, ntext	große Zeichenketten variabler Länge – nicht kompatibel. Sollte nicht mehr verwendet werden.	bis zu 2GB Textdaten bzw. Unicode-Textdaten

Tabelle 8.4 SQL Server-Datentypen für Zeichenketten

Binärdaten

Die nachfolgend beschriebenen Datentypen sind für Informationen geeignet, die sich weder als Text, Zahl, noch als Datum interpretieren lassen. Es handelt sich um Typen, die für das Speichern von Bit-Mustern geeignet sind, wie z.B. kryptografische Schlüssel oder ähnliche Informationen. Am wahrscheinlichsten ist sicherlich, dass Sie in Spalten vom Datentyp *binary(max)* – das ist das Äquivalent zum Typ *varchar(max)* – komplette Dateien ablegen. Das können Multimediainformationen wie Bilder oder Sounds sein, aber genauso gut Word-Dateien, Programmtexte und so weiter. Diese Daten werden einfach so, wie sie sind, ohne jede Codierung in der Datenbank abgelegt. Solche BLOBs (Binary Large Objects) lassen sich zwar, genau wie die großen Textdatentypen, nicht mit einem normalen Index versehen – für bestimmte strukturierte Dateiarten – das sind beispielsweise HTML-, Excel-, Powerpoint-, Word-, XML- und verschiedene Sourcecode-Dateien – können aber Volltextindizes eingerichtet werden. Damit lassen sich auch große Dokumente effektiv erschließen. Wie bei den LOB-Feldern gilt auch hier zunächst die Obergrenze von 2 GByte. Ab SQL Server 2008 haben Sie allerdings die Möglichkeit durch die Verwendung des FILESTREAM-Atributes in der Spaltendefinition beliebig große Objekte im Dateisystem abzulegen. Kapitel 33 »Streaming-Daten mit FILESTREAM verarbeiten« enthält mehr Details zu diesem Thema.

Es spricht überhaupt nichts dagegen, BLOBS direkt in der Datenbank zu speichern. Vielen Programmierern scheint das Speichern im Dateisystem immer noch sympatischer zu sein. Wählen Sie die für Ihre Anwendung am besten geeignete Variante und denken Sie an das FILESTREAM-Attribut. Wenn Sie Volltextsuche benötigen, verwenden Sie auf jeden Fall die Speicherung im SQL Server –mit oder ohne FILESTREAM. BLOB-Daten in Ihrer Datenbank werden vom ganz normalen SQL Server-Backup mit gesichert, und die Gefahr, dass die BLOBs und die weiteren Daten eines Datensatzes asynchron werden, ist kleiner, als bei einer externen Speicherung, da Sie bei Änderungen mit Transaktionen arbeiten können. Speichern Sie größere Datenmengen in BLOBS ab, die *in* der Tabelle gespeichert werden, dann ist es sicher sinnvoll, über eine Trennung von Spalten, die sich *in* den Datenseiten und BLOB-Spalten, die sich *außerhalb* von Datenseiten befinden, nachzudenken. Durch die Verteilung auf unterschiedliche Dateigruppen können Sie die I/O-Operationen voneinander trennen. Das kann deutliche Performance-Vorteile bringen.

Auch bei den BLOBs gibt es eine aktuelle und eine historische Variante. Die Vorteile der neuen »Datentypen für umfangreiche Werte« habe ich im letzten Abschnitt erklärt. Den Datentyp *image* sollten Sie nicht mehr einsetzen. Tabelle 8.5 zeigt die binären Datentypen noch einmal im Zusammenhang.

Datentyp	Erläuterung	Bytes
binary(n)	binäre Informationen mit fester Länge	1 bis 8000 Byte
varbinary(n)	binäre Informationen mit variabler Länge	1 bis 8000 Byte
varbinary(max)	großes Feld für Binärinformationen – kompatibel	bis zu 2 GByte
image	großes Feld für Binärinformationen – nicht kompatibel	bis zu 2 GByte

Tabelle 8.5 SQL Server-Datentypen für Binärinformationen

XML-Daten

Der SQL Server-Datentyp *xml* ist für ganz besondere LOBs geeignet: XML-Dokumente oder XML-Fragmente. Diese Informationen werden nicht »einfach so« abgelegt, sondern nach den Regeln der XML-Kunst behandelt. Beim Speichern überprüft SQL Server die *Wohlgeformtheit* des Dokuments. Zu einer XML-Spalte lassen sich ein oder mehrere *XML-Schemata* hinterlegen. Über diese kann dann die *Validität* der einzufügenden Daten geprüft werden.. Für eine XML-Spalte sind Methoden wie *query()* definiert, die XML-typische Abfrage- und Updatefunktionen zur Verfügung stellen. Schließlich macht es nicht viel Sinn, mengenorientierte SQL-Befehle auf XML-Daten loszulassen. Da spielen eher XPath- und XQuery-Ausdrücke eine Rolle. Schlussendlich gibt es spezialisierte XML-Indizes, die einen effektiven Zugriff auf die Informationen in XML-Dokumenten gestatten. Was Sie mit diesem besonderen Datentyp so alles anstellen können, präsentieren wir Ihnen in Teil E dieses Buchs.

Datentyp	Erläuterung	Bytes
xml	Wohlgeformte oder valide XML-Dokumente und Fragment	Bis 2 GByte

Tabelle 8.6 SQL Server-Datentypen für Binärinformationen

Spezielle Datentypen

Was jetzt noch übrig bleibt, ist eine Reihe von Datentypen für besondere Einsatzzwecke. In dieser »Abteilung für Vermischtes« gibt es keine explizite Reihenfolge.

rowversion

Eine Spalte vom Datentyp *rowversion* bzw.*timestamp* eignet sich für die eindeutige Kennzeichnung von Datensätzen *innerhalb* einer Datenbank. *rowversion* ist die aktuelle Bezeichnung und *timestamp* die historische. Für jede Datenbank führt SQL Server einen Zähler mit, der bei jedem *INSERT*- und *UPDATE*-Vorgang inkrementiert wird. Eine Spalte vom Type *rowversion* bekommt mit jeder Einfüge- oder Aktualisierungsoperation einen neuen Wert zugewiesen. Daher ist *rowversion* weder mit *IDENTITY*-Spalten vergleichbar, noch handelt es sich um einen Zeitstempel, wie der alte Name *timestamp* nahelegt. *rowversion* kommt auch im ANSI-Standard vor. Doch Vorsicht: *rowversion* entspricht funktional nicht dem offiziellen Standard). Ein *rowversion*-Wert lässt sich nicht direkt interpretieren. Eine beliebte Einsatzmöglichkeit ist das Feststellen von Änderungen an Datensätzen. Über den Vergleich von *timestamp/rowversion*-Spalten lässt sich sofort feststellen, ob SQL Server einen Datensatz »angefasst« hat (was nicht bedeutet, dass es auch wirklich Änderungen gibt). Dieser Mechanismus wird zum Beispiel von Clientbibliotheken benutzt, um festzustellen, ob sich Datensätze während einer getrennten Bearbeitung auf dem Server geändert haben.

Dies ist auch der Grund dafür, warum es in allen Tabellen der netShop-Datenbank eine Spalte vom Typ *timestamp* gibt. Auch ADO.NET zieht Nutzen aus dem Vorhandensein einer *timestamp/rowversion*-Spalte.

uniqueidentifier

Der Datentyp *uniqueidentifier* stellt gewissermaßen die Globalisierung eines *timestamp* dar. Ein Global Unique Identifier (GUID) ist ein garantiert eindeutiger Wert, wobei sich die Eindeutigkeit nicht nur auf eine einzelne Datenbank bezieht, sondern universell ist. Der Algorithmus zur Bildung des 128-Bit-GUIDs stellt sicher, dass es keine zwei identischen Werte geben wird. Heute nicht und auch nicht morgen (na ja – jedenfalls wäre dieser Fall *sehr* unwahrscheinlich). GUIDs werden an allen Ecken und Enden in der IT eingesetzt: in der Registry, im .NET-Framework und so weiter. SQL Server stellt über die Systemfunktion *NEWID()* einen eigenen Generator zur Verfügung. GUID-Werte sehen so wie dieses Beispiel aus: »936DA01F-9ABD-4d9d-80C7-02AF85C822A8«. Zwischen den Bindestrichen befindet sich jeweils eine Folge von hexadezimalen Ziffern. Verwenden Sie die *NEWID()*-Funktion als Standardwert für eine Spalte, dann haben Sie einen perfekten künstlichen Primärschlüssel geschaffen.

sql_variant

Der Datentyp *sql_variant* eignet sich für das Anlegen von Spalten, die unterschiedliche Informationen aufnehmen sollen. Eine *sql_variant*-Spalte ist für den Datenbankprogrammierer so ein bisschen dass, was der Datentyp *Object* für einen OO-Entwickler ist: ein Platzhalter für das Speichern beliebiger Werte. Enthält eine Tabelle eine Spalte von diesem Datentyp, so kann im ersten Datensatz eine Zeichenkette gespeichert werden (*varchar*), in dem nächsten eine Datumsinformation (*datetime*), im dritten eine ganze Zahl (*int*) und so weiter. Zulässig sind alle »kurzen« SQL Server-Datentypen, also keine LOB-, BLOB- oder XML- und auch keine *timestamp*-Werte. *sql_variant*-Spalten eignen sich somit für dynamische Tabellendefinitionen, sollten aber nur sparsam eingesetzt werden, da die feste Vergabe eines Datentyps an eine Spalte wesentlich effektiver ist. Eine *sql_variant*-Spalte übernimmt automatisch den in ihr gespeicherten Basisdatentyp und kann bis zu 8016 Byte groß werden (8000 Byte Inhalt und 16 Byte für das Typkennzeichen).

hierachyid

In SQL Server 2008 neu eingeführt, vereinfacht der Datentyp *hierarchyid* die Verwaltung von Baumstrukturen in SQL Server. Da dies etwas Besonderes ist, was wenig mit den traditionellen Datentypen in Datenbanken zu tun hat ist hierarchyid ein eigenes Kapitel im Abschnitt E dieses Buchs gewidmet (Kapitel 35).

geometry und geography

Auch diese beiden Typen sind keine klassischen Datentypen, wie man sie in der SQL-Standards findet. Mit geometry und geography können Sie ortsbezogene Daten in Datenbanken ablegen, abfragen und manipulieren. SQL Server 2008 enthält eine sehr gute Implementierung für solcherlei Daten. Auch dieses wichtige und spannende Thema finden Sie in Abschnitt E (Kapitel 34).

cursor und table

Die verbleibenden T-SQL-Datentypen *cursor* und *table* können nicht für die Definition von Tabellen eingesetzt werden, sondern spielen in der Programmierung eine Rolle. Der Datentyp *table* wird Ihnen bereits am Ende dieses Kapitels begegnen, wenn es um die temporären Tabellen geht und der Typ *cursor* im Kapitel über die serverseitige Cursorprogrammierung. Abschließend nun die Übersicht über die Spezialtypen in Tabellenform.

Datentyp	Erläuterung	Wertebereich	Bytes
rowversion	eindeutige Kennzeichnung von Datensätzen innerhalb einer Datenbank	8 Byte zufällige Binärinformation	8
uniqueidentifier	eindeutige Kennzeichnung von Datensätzen über Datenbankgrenzen hinweg	16 Byte zufällige Binärinformation	16
sql_variant	Datentyp für die Aufnahme beliebiger Informationen	entspricht dem Basis-Datentyp	Basisdatentyp plus 16 Byte
hierarchyid	Ermöglicht den einfachen Aufbau und die effiziente Verwaltung von hierarchischen (baumartigen) Datenstrukturen	nicht anwendbar.	Variante Länge von bis zu 892 Bytes
geometry und geography	Speicherung räumlicher Informationen	nicht anwendbar.	Variante Länge von bis zu 2 GB
cursor	Nimmt Verweis auf einen serverseitigen Cursor auf.	nicht anwendbar	unbekannt
table	Enthält eine Tabelle	nicht anwendbar	Wie die enthaltene Tabelle

Tabelle 8.7 Spezielle SQL Server-Datentypen

SQL Server- und .NET Framework-Datentypen

Falls Sie sich inzwischen die berechtigte Frage stellen, welche SQL Server-Datentypen denn eigentlich mit welchen Datentypen des .NET Framework korrespondieren – hier folgt die Antwort in Form einer Übersichtstabelle (Tabelle 8.8). Die Tabelle ist folgendermaßen aufgebaut: In der ersten Spalte finden Sie den T-SQL Datentyp. Daneben ist die entsprechende *GetType*-.NET-Methode aufgeführt, mit der man die Daten aus einem *column*-Objekt ohne Konvertierung lesen kann. Man erhält den Wert dann im entsprechenden *SQLType*-Format (Spalte drei). Den passenden .NET-Datentyp, in den man den Wert bei Bedarf explizit oder implizit konvertieren muss, finden Sie in Spalte vier.

SQL Server-Datentyp	GetType	SQLType	.NET Native Type
bigint	GetInt64	SqlInt64	Long
binary	GetBytes	SqlBytes	Byte()
bit	GetBoolean	SqlBoolean	Boolean
char	GetString	SqlString	String
datetime	GetDateTime	SqlDateTime	DateTime
decimal	GetDecimal	SqlDecimal	Decimal
float	GetDouble	SqlDouble	Double
image	GetBytes	SqlBytes	Byte()

SQL Server-Systemdatentypen

SQL Server-Datentyp	GetType	SQLType	.NET Native Type
int	GetInt32	SqlInt32	Int32
money	GetDecimal	SqlMoney	Decimal
nchar	GetString	SqlString	String
ntext	GetString	SqlString	String
nvarchar	GetString	SqlString	String
real	GetSingle	SqlSingle	Single
smalldatetime	GetDateTime	SqlDateTime	DateTime
smallint	GetInt16	SqlInt16	Short
smallmoney	GetDecimal	SqlMoney	Decimal
sql_variant	GetValue	SqlValue	Object
text	GetString	SqlString	String
timestamp	GetBytes	SqlBytes	Byte()
tinyint	GetByte	qlByte	Byte
uniqueidentifier	GetGuid	SqlGuid	Guid
varbinary	GetBytes	SqlBytes	Byte()
varchar	GetString	SqlString	String

Tabelle 8.8 SQL Server Datentypen und ihre .NET-Äquivalente

SQL Server- und ANSI-Datentypen

Die in diesem Kapitel vorgestellten Bezeichnungen für Datentypen sind die durch SQL Server geprägten Namen. Diese werden in der Praxis auch allgemein verwendet. Tatsächlich ist es aber auch möglich, alternative Bezeichnungen zu verwenden, die den offiziellen SQL-92-Standards entsprechen. Dort werden Zeichenketten mit variabler Länge beispielsweise als *character varying* und nicht als *varchar* bezeichnet. Die Akzeptanz dieser Synonyme durch SQL Server macht es etwas einfacher, Datenbanken auf SQL Server zu portieren. Falls Sie eine Datenbankapplikation von einem anderen Datenbankmanagementsystem auf SQL Server portieren, kann es für Sie interessant sein, zu erfahren, wie sich die SQL Server und ANSI-Datentypen zueinander verhalten. Die Datentypen von SQL Server, das können Sie der Tabelle 8.9 unschwer entnehmen, stellen eine Obermenge der ANSI-Datentypen dar. Während in den Werkzeugen nur die SQL Server-Typen angezeigt werden, verträgt SQL Server in T-SQL Tabellendeklarationen, die ANSI-Typen verwenden. Solange importierte Tabellenerstellungsskripte also nur die Synonyme aus Tabelle 8.9 verwenden, können Sie diese problemlos in SQL Server ablaufen lassen.

SQL Server	ANSI
varbinary	binary varying
varchar	char varying
char	character
char(1)	character
char(n)	character(n)

SQL Server	ANSI
varchar(n)	character varying(n)
decimal	Dec
float	Double precision
real	float[(n)] for n = 1-7
float	float[(n)] for n = 8-15
int	integer
nchar(n)	national character(n)
nchar(n)	national char(n)
nvarchar(n)	national character varying(n)
nvarchar(n)	national char varying(n)
ntext	national text
timestamp	rowversion

Tabelle 8.9 SQL Server und ANSI-Datentypen

Feldeigenschaften

Beim Anlegen neuer Felder in einer SQL Server-Tabelle können Sie diesen gleich ein paar Grundeinstellungen mitgeben. Vor dem SQL-92-Hintergrund werden die folgenden Attribute *Feldeigenschaften* genannt, und nicht Einschränkungen – die kommen gleich dran. Die Unterscheidung zwischen Eigenschaft und Einschränkung ist nur teilweise philosophischer Natur, denn während Sie praktisch zu jedem beliebigen Zeitpunkt eine Einschränkung hinzufügen oder entfernen können, ist dies zumindest für die Eigenschaften Identität und Sortierung nicht so ohne weiteres möglich.

Null/Not Null

Spalten, für die *NOT NULL* gesetzt ist, müssen immer einen Wert besitzen. Bei Zeichenketten-Feldern darf dieser Wert allerdings auch aus einer leeren Zeichenfolge (") bestehen. Das Einfügen eines Leerstrings können Sie auf der Seite von SQL Server nicht so ohne weiteres verhindern. Wird diese Eigenschaft nicht explizit angegeben, dann geht der SQL Server von *NOT NULL* aus.

Sortierung

Diese Einstellung haben Sie bereits im vorherigen Kapitel für Datenbanken an sich kennen gelernt. Die Datenbankeigenschaft *Sortierung*, mit der Sie Einstellungen in Bezug auf den Zeichensatz, das Suchverhalten und eben die Sortierung machen, können Sie auf Spaltenebene außer Kraft setzen und durch eine andere Sortierfolge ersetzen. Eine Einsatzmöglichkeit dafür sind mehrsprachige Anwendungen, bei der Texte in mehreren Zeichensätzen parallel vorgehalten werden müssen. Falls Sie die Eigenschaft Sortierung nachträglich ändern möchten (das geht), müssen Sie eventuell die bereits abgelegten Daten explizit konvertieren. Dafür steht die T-SQL-Klausel *COLLATE* zur Verfügung. Diese kann in T-SQL-Zeichenfolgenausdrücken eingesetzt werden, um die Sortierung explizit zu konvertieren. Vorsicht: Hier ist ausführliches Testen angesagt!

Primärschlüssel

Eine Primärschlüssel-Einschränkung (*PRIMARY KEY*) stellt die Identität von Datensätzen innerhalb einer Tabelle sicher. Ein Primärschlüssel ist der Personalausweis einer Tabelle und wird für diverse Aufgabenstellungen vorausgesetzt. Für die Herstellung von Tabellenbeziehungen in einer Datenbank muss die Haupttabelle über einen Primärschlüssel verfügen. SQL Server lässt zwar auch Spalten mit eine *UNIQUE*-Einschränkung auf der 1-Seite einer Beziehung zu, die Verwendung der Primärschlüssel-Einschränkung ist aber klarer und konzeptionell sauberer. Datenbankentwurfs- und Dokumentationstools gehen in der Regel davon aus, dass diese Einschränkung verwendet wird, um den Primärschlüssel festzulegen.

Primärschlüssel können aus einer oder mehreren Tabellenspalten gebildet werden. Für keine der eingeschlossenen Spalten darf in der Tabellendefinition das Eintragen *NULL* erlaubt sein. Mit anderen Worten: Die Eigenschaft *NOT NULL* muss gesetzt sein. SQL Server legt für die Durchsetzung der Primärschlüssel-Einschränkung immer einen eindeutigen Index an. Das hat zur Folge, dass Sie maximal 16 Spalten in einen Primärschlüssel einschließen können. Unter uns: Falls Sie vorhaben, über den Primärschlüssel Beziehungen zu anderen Tabellen herzustellen, dann sollten Sie den Schlüssel so kurz wie möglich halten. Gleichzeitig sollten Sie nach Möglichkeit durch die Wahl eines geeigneten Datentyps JOIN-Operationen optimieren. Setzen Sie am besten einen ganzzahligen numerischen Datentyp ein. Notfalls tut es auch ein char-Datentyp von fester, aber kurzer Länge.

In vielen Fällen bietet sich die Verwendung der *IDENTITY*-Eigenschaft in Verbindung mit der Primärschlüssel-Einschränkung an. Sie erhalten auf diese Weise ohne viele Umstände einen automatisch generierten künstlichen Primärschlüssel. Benötigen Sie zusätzlich einen sprechenden Schlüssel, dann legen Sie einfach entsprechende Felder mit der *UNIQUE*-Einschränkung an (s. o.). Die Verwendung des *uniqueidentifier*-Datentyps kann eine praktische Angelegenheit sein. Sie sollten bei sehr großen Tabellen, die häufig miteinander verknüpft werden (mehrere Millionen Datensätze auf jeder Seite), aber auf jeden Fall einen Performance-Check machen.

Fremdschlüssel

Durch die Fremdschlüssel-Einschränkung (*FOREIGN KEY*) werden in SQL Server die Abhängigkeiten zwischen Tabellen festgelegt. Diese Beziehungen lassen sich mit zusätzlichen Eigenschaften versehen. Sie können Beziehungen mit referenzieller Integrität einrichten und dabei die so genannte Kaskadierung für das Löschen und Aktualisieren von Datensätzen einschalten. Aber es gibt noch weitere Möglichkeiten für das Kaskadieren wie das automatische Setzen eines Standardwertes.

Eindeutigkeit

Sollen die Werte in einer oder auch mehreren Spalten innerhalb einer Tabelle immer eindeutig sein, so kann dies durch die Eindeutigkeits-Einschränkung (*UNIQUE*) erreicht werden. Für die Durchsetzung dieser Einschränkung richtet SQL Server immer einen neuen eindeutigen Index ein. Sie können genauso gut selbst einen eindeutigen Index erstellen und damit den gleichen Effekt erzielen. Die Unterschiede zwischen den beiden Verfahren bestehen wieder in den Metainformationen, die durch sie generiert werden. Man könnte sagen, dass die Verwendung der UNIQUE-Einschränkung das offizielle Verfahren darstellt. Verwenden Sie es! Es hat Vorteile bei der Dokumentation einer Datenbank, da entsprechende Werkzeuge eine Einschränkung anders behandeln als einen einfachen Index. Auch bei der Portierung einer Datenbank auf eine andere Serverplattform ist die explizite Verwendung von *UNIQUE* das sicherere Verfahren.

Identität

SQL Server bietet eine bequeme Möglichkeit an, Datensätze mit einer automatischen Nummerierung zu versehen. Die Spalte eines ganzzahligen Datentyps (oder auch des Typs *decimal*, wenn keine Dezimalstellen definiert sind), erlaubt das Setzen der Eigenschaft *Identität (Identity)*. Bei der Definition einer Identitätsspalte kann ein beliebiger Startwert und eine beliebige Schrittweite mitgegeben werden. So man bei Bedarf auch mit einer hohen Zahl starten und durch die Angabe eines negativen Inkrements rückwärts zählen. Die Schrittweite muss dabei wiederum ganzzahlig sein. Minimal- und Maximalwerte für eine Identitätsspalte sind vom ausgewählten Datentyp abhängig. Es findet kein »Umklappen« statt, wenn ein Grenzwert erreicht wird, und »verbrauchte« Zählerwerte, also Löcher, die durch das Löschen von Datensätzen entstehen, werden nicht wieder aufgefüllt. Sie können allerdings durch die Verwendung der Sitzungsoption *IDENTITY_INSERT* das direkte Setzen von Werten ermöglichen. Pro Tabelle kann es nur eine einzige Spalte mit der *Identity*-Eigenschaft geben.

RowGuid

Diese Eigenschaft dient der Kennzeichnung einer Spalte vom Datentyp *uniqueidentifier*. Über diese zusätzliche Metadateninformation teilt man einer Applikation mit, dass diese Spalte tatsächlich global eindeutige Werte enthält und dass dies nicht nur potenziell so ist. GUID-Werte können in einer Spalte durchaus doppelt vorkommen, wenn sie durch *INSERT*-Anweisungen eingefügt werden. Durch das Setzen dieser Eigenschaft teilen Sie SQL Server mit, dass er die Inhalte dieser Spalte zur eindeutigen Kennzeichnung der Datensätze in verteilten Anwendungen benutzen kann. SQL Server verwendet Spalten mit dieser Eigenschaft daher intern in bestimmten Replikationsszenarien (Merge-Replikation).

Erweiterte Eigenschaften

Neben den vordefinierten Eigenschaften können Sie einer Tabelle oder Tabellenspalte noch beliebig viele selbst definierte Eigenschaften hinzufügen. In den Microsoft-Designtools werden die so genannten erweiterten Eigenschaften beispielsweise für Dokumentationszwecke genutzt. Eine erweiterte Eigenschaft eines Datenbankobjektes besteht aus einer beliebigen Bezeichnung und einem beliebigen Wert vom Typ *sql_variant*. Für die Metainformationen, die in erweiterten Eigenschaften abgelegt werden, bieten sich viele kreative Möglichkeiten an: das Hinterlegen von Versionsinformationen für eine Tabelle, die Vorgabe einer Eingabemaske für ein Textfeld auf dem Client oder Text für ein Label, das zusammen mit dem Textfeld angezeigt wird.

Einschränkungen

Einschränkungen (Constraints) dienen der Durchsetzung ganz *elementarer* Geschäftsregeln in einer Datenbank. Komplexere Sachverhalte können Sie mit diesem deklarativen Vorgehen zwar nicht abbilden, aber die Einschränkungen, welche sich darstellen lassen, werden von SQL Server extrem schnell überprüft. Die Algorithmen zur Überwachung von Einschränkungen sind tief im Kern der Datenbankmaschine verankert und werden daher ausgesprochen effektiv verarbeitet. Andere Methoden, wie Trigger und gespeicherte Prozeduren, haben einen viel höheren Overhead, bieten aber ein deutliches Plus an Funktionalität. Es ist im Allgemeinen sinnvoll, beim Entwurf einer Datenbank diejenigen Regeln, die Sie über Einschränkungen definieren können, auch wirklich zu nutzen.

Wertebereich

Diese Art der Einschränkung wird auch als Gültigkeitsregel (*CHECK*-Einschränkung) bezeichnet. Über einen Ausdruck, der einer SQL Where-Klausel entspricht, können Sie die erlaubten Werte für eine Spalte definieren. Entspricht ein übergebener Wert nicht der Bedingung, so wird ein Ausnahmefehler generiert. Leider können Sie bei SQL Server keine benutzerdefinierte Meldung hinterlegen. Dadurch wird Ihre Fehlerbehandlung eventuell etwas komplizierter. Bei der *CHECK*-Einschränkung sind Ausdrücke erlaubt, die Werte aus zwei Tabellenspalten miteinander vergleichen. Allerdings müssen die beiden Spalten aus der Tabelle stammen, in welcher die Einschränkung definiert ist.

Standardwert

Die Einschränkung *Standardwert* (*DEFAULT*) legt einen Wert für eine Tabellenspalte fest, wenn bei der Einfügeoperation mit *INSERT* nichts weiter über diese Spalte ausgesagt wird. Sie können entweder eine Konstante, eine Systemfunktion oder eine benutzerdefinierte Funktion angeben. Das kann durchaus eine CLR-basierte Funktion sein, was interessante Perspektiven ermöglicht. Der Wert wird beim Speichern des Datensatzes generiert.

Tabellen in der Benutzeroberfläche einrichten

Ob Sie Datenbanktabellen im Server-Explorer Ihrer Visual Studio-Projekte oder im Management Studio einrichten, ist zu einem großen Teil Geschmackssache. Hier wie dort stehen Ihnen nämlich die Designer der MS Visual Database Tools mit identischen Funktionen zur Verfügung. Nur die Einbindung in die Entwicklungsumgebungen und die Bezeichnungen unterscheiden sich leicht. Ich beziehe mich in diesem Abschnitt auf die Begriffe des Management Studios. Sie werden aber sicher überhaupt keine Schwierigkeiten damit haben, die Erklärungen auf das Visual Studio zu übertragen. Wenn es allerdings über das Anlegen der elementaren Datenstrukturen hinaus um die Definition zusätzlicher Objekte wie Indizes geht, dann sind Sie auf das Management Studio angewiesen.

Der Tabellendesigner

Neue Tabellen können Sie im Objekt-Explorer über einen Rechtsklick auf den Ordner *Tabellen* anlegen, indem Sie den Kontextbefehl *Neue Tabelle…* verwenden. Die Spalten und ihre Eigenschaften richten Sie im Tabellendesigner-Fenster ein (Abbildung 8.1). Im oberen Bereich des Fensters geht es dabei um die elementaren Angaben Name, Datentyp und die *NULL*-Zulässigkeit. Im unteren Bereich verfeinern Sie je nach vergebenem Datentyp die Angaben weiter. Hier können Sie beispielsweise bei numerischen Feldern vom Typ *decimal* die Genauigkeit (Gesamtstellenzahl), die Anzahl der Dezimalstellen und einen Standardwert vorgeben. Weitere typische Einstellmöglichkeiten betreffen die Identität und die Formel für eine berechnete Spalte. Nutzen Sie das Attribut *Beschreibung!* Sie können hier einer Tabellenspalte einen kurzen beschreibenden Text mitgeben. Solch ein Kommentar wird, wie andere zusätzliche Informationen, in den so genannten erweiterten Tabelleneigenschaften gespeichert. Für die Beschreibung wird eine erweiterte Eigenschaft *MS_Description* angelegt. Ich erkläre weiter unten, was es damit auf sich hat. Jedenfalls macht die Zuordnung eines Kommentars auf jeden Fall Sinn und Datenbank-Dokumentationstools (und auch Client-Tools wie Access) kennen die Standardeigenschaften und werten sie aus.

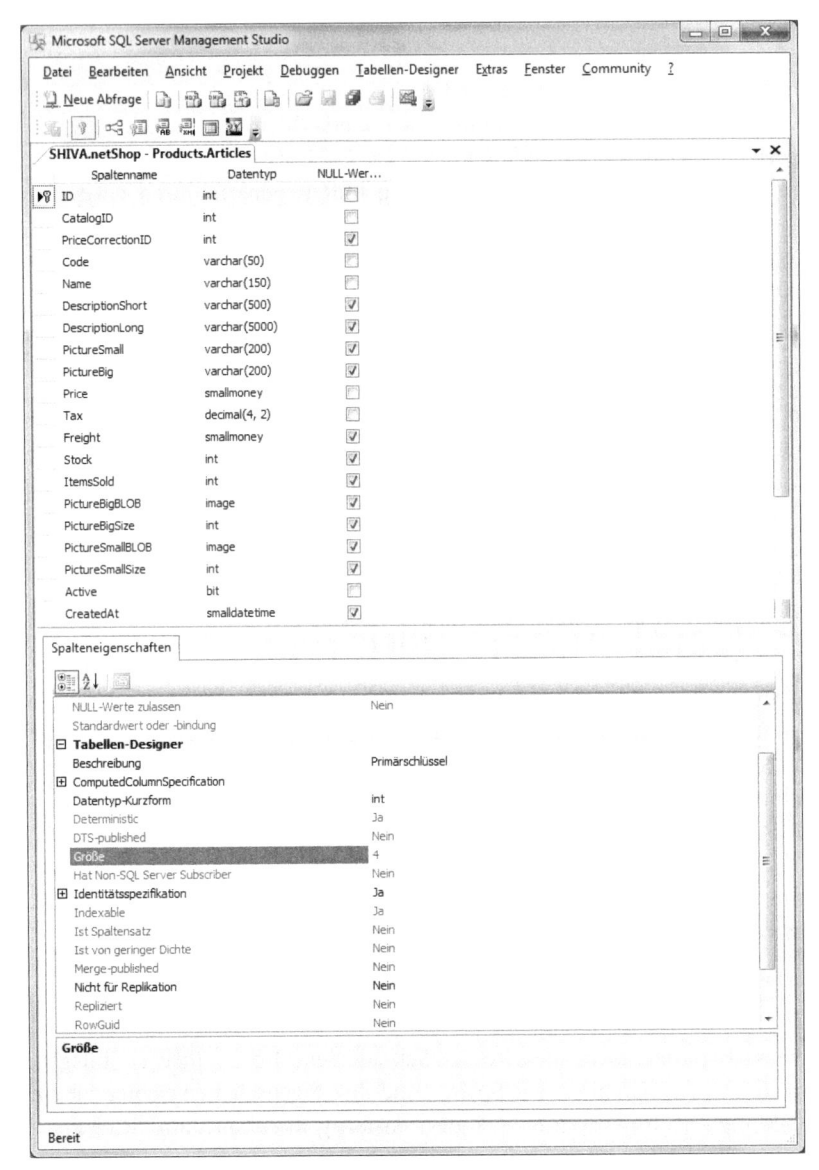

Abbildung 8.1 Spaltendefinitionen im Tabellendesigner

Verschiedene andere Eigenschaftenfelder bleiben *immer* ausgegraut. Sie dienen der Information. Das Feld *Größe* zeigt den für die Speicherung der Spalte aufzuwendenden Speicherplatz an. Für eine ganze Zahl vom Typ *int* sind das beispielsweise 4 Byte. Das Feld *Merge-Published* enthält den Wert *Ja*, wenn die Spalte in einer Merge-Replikation verwendet wird und so fort.

Verwenden Sie im Entwurfsmodus einer Tabelle den Befehl *Ansicht/Eigenschaftenfenster* (Alternativ können Sie F4 verwenden), dann gelangen Sie zu wichtigen grundlegenden Eigenschaften der Tabelle selbst.

Hier ist besonders die Eigenschaft *Schema* interessant. Sie können hier die Tabelle einem anderen Schema zuordnen. Vorsicht: Bereits vergebene Berechtigungen gehen dabei möglicherweise verloren. Hinter dem Attribut mit dem äußerst wohlklingenden Namen *Reguläre Datenbereichsspezifikation* verbirgt sich die Möglichkeit, die Tabellendaten in einer bestimmten Dateigruppe oder Partition anzulegen. Auch für die BLOBs der Tabelle lässt sich eine getrennte *Text-/Imagedateigruppe* definieren, um die Zugriffe zu optimieren. Sie erinnern sich (Kapitel 7 » Datenbanken einrichten und verwalten«): Über eine Dateigruppe können Sie festlegen, auf welchen physikalischen Speichern Ihre SQL Server-Objekte angelegt werden. Arbeiten Sie mit nur einer einzelnen Daten-Dateigruppe, dann ist immer der Standardname *Primary* eingestellt.

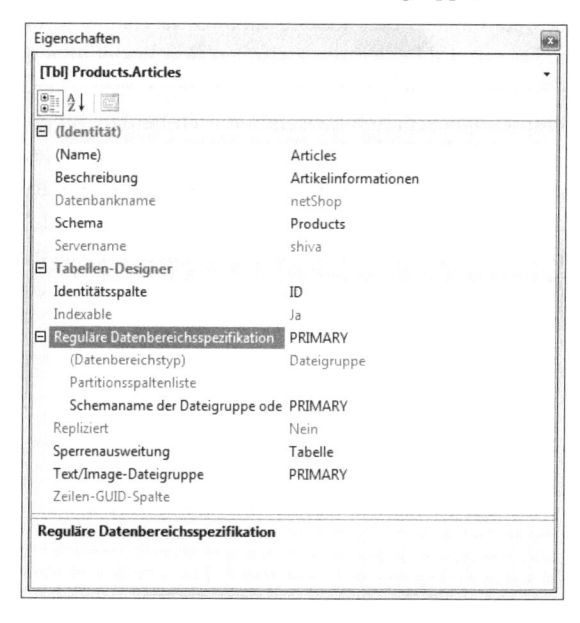

Abbildung 8.2 Tabelleneigenschaften

Die Eigenschaft *Zeilen-GUID-Spalte* können Sie dann einstellen, wenn sich Spalten vom Typ *uniqueidentifier* in der Tabelle befinden. Die hier ausgewählte Spalte dient dann der eindeutigen Identifikation von Tabellenzeilen über mehrere Serverinstanzen hinweg. Dieses Eigenschaftenfeld ist, genau wie die Identitätsspalte, allerdings nur eine Dopplung der Angebote des Tabellenentwurfsfensters.

Der Ordner Schlüssel

Ist eine neue Tabelle erst einmal angelegt, dann können Sie weitere Einstellungen über die Objekte in den Unterordnern vornehmen, die dieser Tabelle im Objekt-Explorer zugeordnet sind (Abbildung 8.3). Im Ordner *Schlüssel* finden Sie die Primär- und Fremdschlüssel, die in einer Tabelle definiert sind und können über das Anlegen eines Fremdschlüssels eine neue Beziehung in der Datenbank herstellen. Sie arbeiten also immer von der N-Seite einer Beziehung aus.

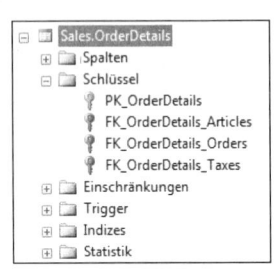

Abbildung 8.3 Objekte, die zu einer Tabelle gehören

Ein Beispiel: Innerhalb der *netShop*-Beispieldatenbank referenziert die Tabelle *Sales.OrderDetails* drei andere Tabellen, unter anderem die Tabelle *Sales.Orders*. Das ist die Beziehung zwischen den Bestellungen und den Bestellpositionen – zu jeder Bestellung können beliebig viele Bestellpositionen eingetragen werden, es gibt also eine 1:N-Beziehung. Soll etwas an den Beziehungseigenschaften zwischen diesen beiden Tabellen eingestellt werden, so geschieht das im Dialogfeld *Fremdschlüsselbeziehungen* (Abbildung 8.4). Dieses öffnen Sie über das Kontextmenü *Ändern* zu einem Schlüsselnamen. Hier lassen sich sämtliche Eigenschaften einer FOREIGN KEY-Beziehung definieren. Das sind zunächst einmal natürlich die Spalten, über welche zwei Tabellen miteinander in Beziehung stehen. Nach dem Start des entsprechenden Designers im Eigenschaftenfeld *Tabellen- und Spaltenspezifikation* gelangen Sie in das Auswahldialogfeld, das es Ihnen gestattet, die Spalten aus der Primär- und Fremdschlüsseltabelle einander zuzuordnen (Abbildung 8.5).

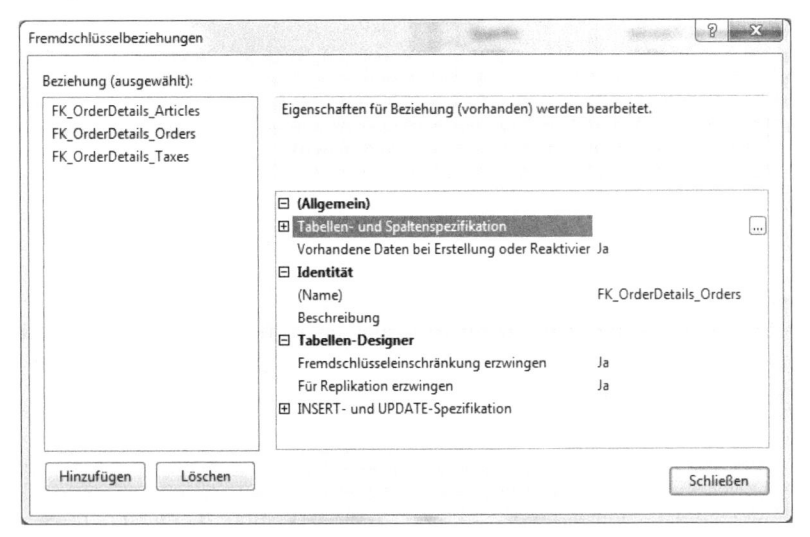

Abbildung 8.4 Dialogfeld Fremdschlüsselbeziehungen

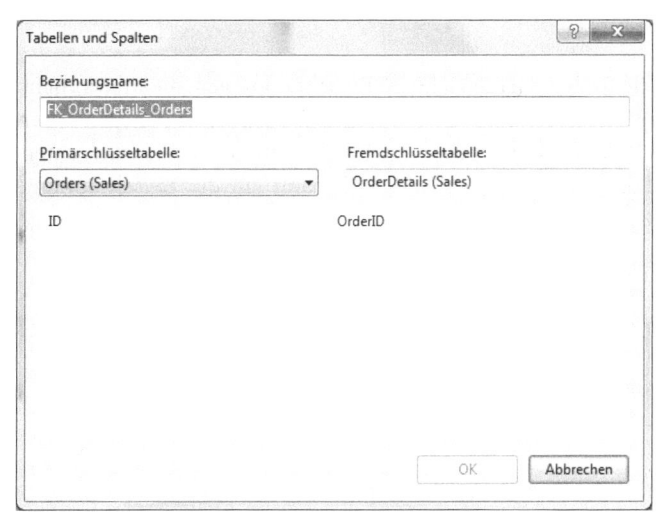

Abbildung 8.5 Felder für eine Fremdschlüsselbeziehung auswählen

Nach dieser Grundeinrichtung können Sie noch diverse Feineinstellungen vornehmen. Wenn Sie beispielsweise die Option *Vorhandene Daten bei Erstellung oder Reaktivierung prüfen* setzen, dann führt SQL Server einen Testlauf gegen die vorhandenen Daten in den Tabellen durch und lässt die Einrichtung nur zu, wenn alles in Ordnung ist. Bemerkenswert ist, dass Sie für jede Beziehung einen eigenen individuellen Namen erfinden müssen, der in der gesamten Datenbank eindeutig ist – das ist die Eigenschaft *(Name)*. Für SQL Server ist eine Relation zwischen Tabellen ein ganz normales Datenbankobjekt und benötigt damit einen Namen. Da dieser Beziehungsname an verschiedenen Stellen in den Visual Database Tools oder einer Dokumentation zu sehen ist, sollte die Bezeichnung aussagekräftig sein. Freundlicherweise sind die von SQL Server vorgeschlagenen Bezeichnungen aber gut verwendbar (wie *FK_OrderDetails_Order*), sodass Sie von der Aufgabe des Namenerfindens befreit sind, wenn Sie nicht unbedingt eigene Namensregeln verwenden möchten.

Die nächste wichtige Option im Abschnitt »Der Tabellendesigner« ist die Eigenschaft *Fremschlüsseleinschränkung erzwingen*. Nur wenn hier ein *Ja* eingetragen ist, setzt SQL Server die eingestellte Beziehung in der Datenbank auch tatsächlich durch. Wenn eine Applikation versucht, einen Datensatz in die Tabelle *OrderDetails* einzutragen, deren Fremdschlüsselwert nicht in *Orders* existiert, dann bricht die Datenbankmaschine diese Operation mit einem Fehler ab. Ist die Option abgeschaltet, dann besteht die Beziehung zwischen den Tabellen nur konzeptionell und dient eher Dokumentationszwecken. Das kann in bestimmten Situationen sogar sinnvoll sein, unter anderem dann, wenn SQL Server eine zyklische Abhängigkeit zu erkennen *meint*. Sie müssen in diesem Fall als Entwickler die Korrektheit der Daten durch andere Mittel durchsetzen – beispielsweise mit der Hilfe von Triggern. Die weiteren Eigenschaften beschäftigen sich mit den Details der Verarbeitung der *FOREIGN KEY*-Einschränkung. Ich erkläre die Möglichkeiten im T-SQL-Abschnitt ausführlich.

Der Ordner Einschränkungen

Im Unterordner *Einschränkungen* zu einer Tabelle finden Sie die *CHECK*-Einschränkungen, die im Moment definiert sind (und nur diese – also zum Beispiel keine *DEFAULT*-Einschränkungen). Das Anlegen einer neuen Einschränkung mit dem Dialogfeld ist kinderleicht. Sie geben im Eigenschaftenfeld *Ausdruck* einen Vergleichsausdruck an. Dieser wird beim *Schließen* überprüft. Ist alles OK, dann gilt die Einschränkung sofort in der Datenbank. Die Optionen im Abschnitt »Der Tabellendesigner« sind mit denen des Dialogs *Fremdschlüsselbeziehungen* identisch.

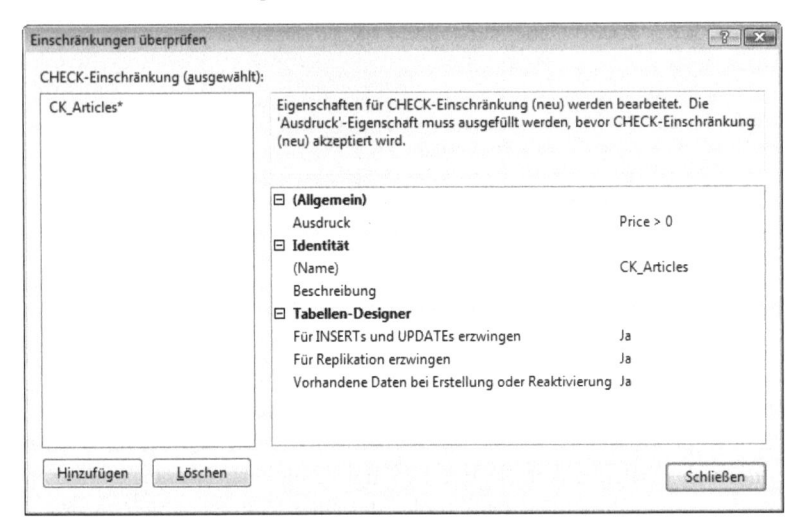

Abbildung 8.6 Dialogfeld Einschränkungen überprüfen

Datenbankdiagramme einsetzen

SQL Server-Datenbankdiagramme, die Sie im entsprechenden Objektordner des Management Studios finden, sind eine einfache Möglichkeit, Tabellen und Beziehungen unter einer grafischen Oberfläche zu gestalten. Mithilfe von Datenbankdiagrammen können Sie sich Übersichtsgrafiken über das Datenbankschema einrichten, direkt neue Tabellen anlegen und Beziehungen zwischen diesen konfigurieren. Sind Ihre Datenbanken nicht wahnsinnig umfangreich, sondern bestehen »nur« aus bis zu ein paar Dutzend Tabellen, dann stehen die Chancen gut, dass Sie außer den Datenbankdiagrammen keine weiteren Werkzeuge für das Anlegen und Dokumentieren Ihrer Datenbank benötigen.

In einem Datenbankdiagramm lassen sich die Eigenschaften von Tabellen und Beziehung sehr intuitiv anlegen und verändern. Da es möglich ist, zu einer Datenbank beliebig viele Diagramme anzulegen, können Sie verschiedene Teilaspekte einer Datenbank getrennt darstellen und die Diagrammgröße in einem übersichtlichen Rahmen halten. Damit bekommt man auch große Datenbanken gut in den Griff. In der *netShop*-Datenbank gibt es beispielsweise ein Diagramm namens *Standard* für jene Tabellen, die im täglichen Betrieb benötigt werden, sowie ein zweites Diagramm *Archiv*, welches die Tabellen enthält, in denen historische Verlaufsinformationen abgelegt werden. Weitere Einsatzmöglichkeiten wären in thematischen Zusammenfassungen aus einem komplexen Datenbankschema zu sehen. So können Tabellen, die zur Kundenverwaltung gehören, von den Tabellen der Artikelstammdatenverwaltung getrennt betrachtet werden.

Zugegeben – die Datenbankdiagramme sind wirklich nützlich, aber sicher nicht perfekt. Gerade in Bezug auf die grafische Darstellung bleiben doch noch manche Wünsche offen. Bevor Sie nun aber viel Geld in die Hand nehmen, um sich ein mächtigeres Dokumentationswerkzeug anzuschaffen, sollten Sie sich einmal mit den Möglichkeiten von Visio beschäftigen. In Kapitel 6 habe ich Visio als Werkzeug für den Datenbankentwurf vorgestellt.

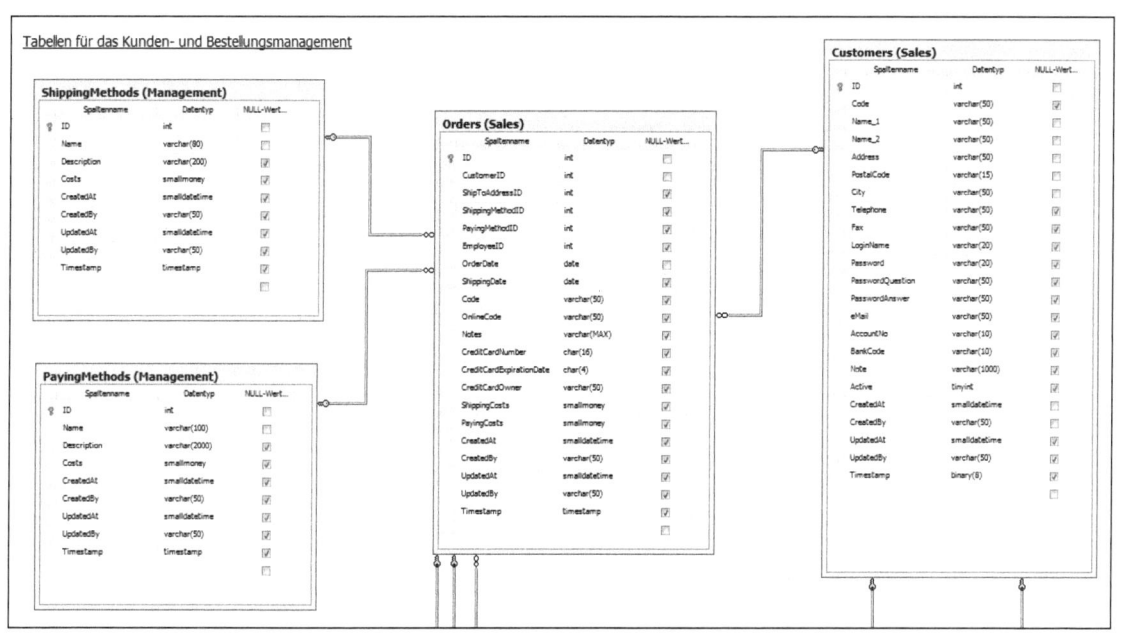

Abbildung 8.7 Ausschnitt aus dem *netShop*-Datenbankdiagramm

In den nächsten Abschnitten stelle ich kurz die wichtigsten Handgriffe vor, die beim Arbeiten mit Datenbankdiagrammen vorkommen. Kurz vor allen Dingen deshalb, weil vieles sich intuitiv erschließt.

Ein erstes Datenbankdiagramm mit dem Assistenten anlegen

Eine schnelle und bequeme Möglichkeit, zu einer Datenbank ein erstes Diagramm für bereits vorhandene Tabellen anzulegen, bietet das Management Studio über die Funktion *Neues Diagramm* im Kontextmenü des Diagrammordners an. Nach dem Auswählen von bestehenden Tabellen legt der Designer ein Diagramm mit einem automatisch berechneten Layout an.

Bestehen *PRIMARY KEY* oder *FOREIGN KEY*-Abhängigkeiten zwischen den eingefügten Tabellen, dann werden die entsprechenden Verbindungslinien automatisch generiert. In vielen Fällen klappt das recht ordentlich, sodass Sie schon eine ganz gute Übersicht bekommen. Natürlich werden Sie die Darstellung noch optimieren wollen, indem Sie die Tabellen auf dem Blatt verschieben und die Verbindungslinien manuell »routen«. Falls Sie dabei über das Ziel hinausgeschossen sind (also etwas zu viel »optimiert« haben und die Verbindungslinien schon Knoten bilden), können Sie sich vom Diagrammdesigner helfen lassen. Markieren Sie einfach die betroffenen Tabellen und wählen Sie *Auswahl anordnen* aus dem Kontextmenü. Damit starten Sie den automatischen Verteilungsalgorithmus für die ausgewählten Tabellen neu. Abbildung 8.8 zeigt das Standarddiagramm der Archivtabellen, wie es automatisch angelegt wurde.

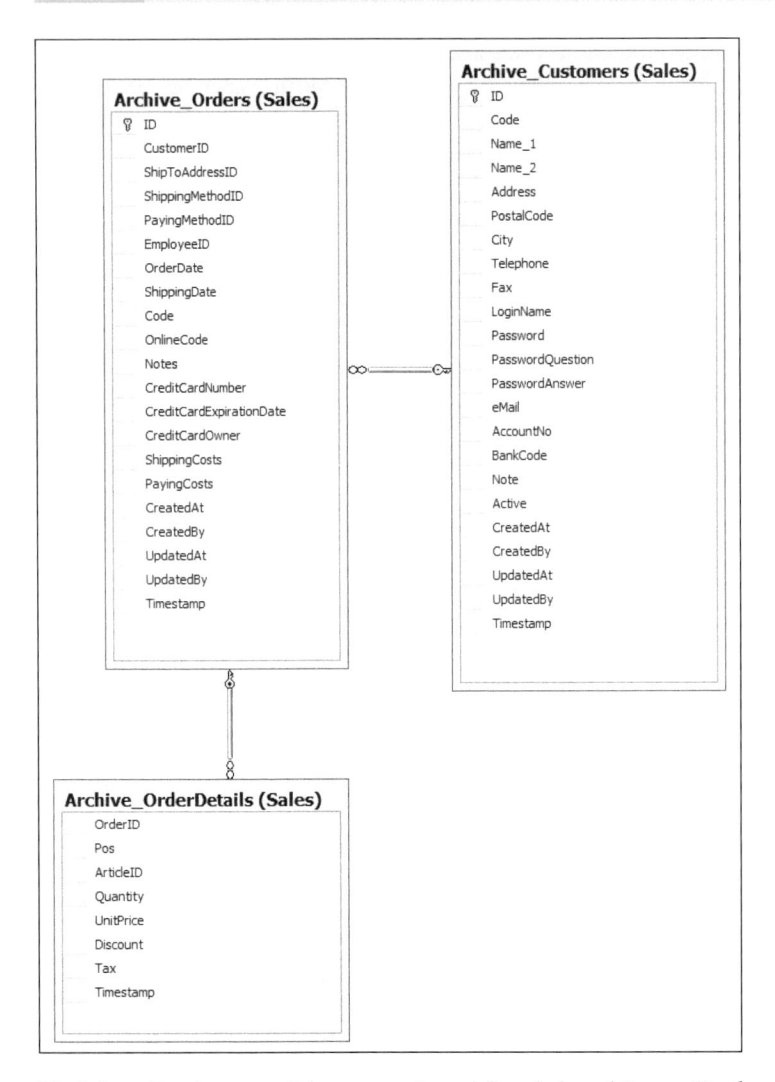

Abbildung 8.8 Automatisch angelegtes Diagramm

Nachdem Sie ein erstes Diagramm eingerichtet haben, können Sie damit beginnen, Datenbankänderungen direkt in diesem vorzunehmen. Spaltendefinition ändern Sie direkt in einer Tabellen-Box. Die meisten Dinge können Sie über entsprechende Kontextmenübefehle einstellen. Führen Sie einfach einen Rechtsklick auf das Diagrammblatt, eine Tabelle oder eine Beziehung aus. Es gibt eine bemerkenswerte Ausnahme: Eine Spaltendefinition lässt sich innerhalb einer Tabelle nicht so einfach mit der Maus verschieben. Stattdessen schneiden Sie diese mit `Strg`+`X` aus und können sie mit `Strg`+`V` an einer anderen Stelle wieder einfügen.

Die erweiterten Eigenschaften der dargestellten Tabellen, Spalten, Beziehungen und des Diagramms selbst erreichen Sie über das Symbol *Eigenschaftenfenster* in der Standardsymbolleiste. Damit erreichen Sie auch die Einstellungen, die Sie im Tabellendesigner am unteren Bildrand finden.

Die Darstellung von Tabellen ändern

Die Anpassung der Tabellenansicht ist eine ausgesprochen nützliche Angelegenheit. Sie können die Darstellung der einzelnen Tabellen an die Erfordernisse spezieller Aufgabenstellungen anpassen. So ist es möglich, zu einer Tabelle ausschließlich den Namen anzeigen zu lassen, wenn es um eine komprimierte Darstellung des kompletten Datenbankschemas gehen soll. Auf der anderen Seite kann eine Tabelle auch mit ihren Spaltennamen und -eigenschaften präsentiert werden. Diese Möglichkeit kann als detaillierte Referenz benutzt werden. Eine weitere Möglichkeit ist die Verwendung zusätzlicher Kommentarfelder, die innerhalb eines Diagramms eine ergänzende Dokumentation erlauben.

Die Optionen zur Darstellung erscheinen im Kontextmenü, wenn Sie eine oder mehrere Tabellen ausgewählt haben. Sie können dann im Untermenü *Tabellensicht* festlegen, wie umfangreich die zu einer Tabelle dargestellten Informationen sein sollen. Für ein Übersichtsschema ist die Variante *Nur Name* geeignet. Damit werden die Spalten vollkommen ausgeblendet und nur die Tabellennamen angezeigt. Die Option *Spaltennamen* ist die normale Einstellung: Feldnamen und Schlüsselsymbol erscheinen. Das Diagramm entspricht der Darstellung in Abbildung 8.8. Möchten Sie eine Tabelle direkt im Schema bearbeiten, dann wechseln Sie am besten in die Ansicht *Standard*. In dieser können Sie den Datentyp und die Eigenschaft NOT NULL direkt setzen. Die weiteren Einstellmöglichkeiten finden Sie im Eigenschaftenfenster. Zu guter Letzt können Sie über die Variante *Benutzerdefiniert* selbst über die Art der Darstellung entscheiden. Über das Kommando *Benutzerdefinierte Einstellungen ändern* erreichen Sie ein Dialogfeld, in welchem Sie auswählen können, welche Informationen angezeigt werden. In Abbildung 8.9 ist eine benutzerdefinierte Ansicht dargestellt, welche die wichtigsten Tabelleninformationen enthält. Leider lassen sich die vergebenen Indizes nicht direkt in einem Diagramm anzeigen und eine Tabellenbox, für die mehrere Eigenschaften ausgewählt wurden, wird rasch zu breit. Andere Tools (sogar Visio) erlauben hier komprimierte Darstellungen über Symbole und Schriftarten.

Customers (Sales)			
Spaltenname	Datentyp-Kurzform	NULL zulassen	Beschreibung
⚷ ID	int	Nein	Primärschlüssel
Code	varchar(50)	Ja	Kundennummer aus dem Backend-System
Name_1	varchar(50)	Nein	Vorname des Kunden
Name_2	varchar(50)	Nein	Nachname des Kunden
Address	varchar(50)	Nein	Straße
PostalCode	varchar(15)	Nein	Postleitzahl
City	varchar(50)	Nein	Stadt
Telephone	varchar(50)	Ja	Telefonnummer
Fax	varchar(50)	Ja	Telefaxnummer
LoginName	varchar(20)	Ja	Benutzername für das Online-System
Password	varchar(20)	Ja	Kennwort für das Online-System
PasswordQuestion	varchar(50)	Ja	Kennwort-Erinnerungsfrage
PasswordAnswer	varchar(50)	Ja	Kennwort-Antwort
eMail	varchar(50)	Ja	eMail-Adresse
AccountNo	varchar(10)	Ja	Kontonummer
BankCode	varchar(10)	Ja	Bankleitzahl
Note	varchar(1000)	Ja	Anmerkungen
Active	tinyint	Ja	
CreatedAt	smalldatetime	Nein	
CreatedBy	varchar(50)	Nein	
UpdatedAt	smalldatetime	Ja	
UpdatedBy	varchar(50)	Ja	
AddressLocation	geography	Ja	
Timestamp	timestamp	Ja	

Abbildung 8.9 Benutzerdefinierte Tabellenansicht

Eine Tabellenbeziehung definieren

Ein Datenbankschema ist der ideale Ort, um Beziehungen zwischen Tabellen einzurichten. Das geschieht ganz intuitiv durch das Ziehen des Primärschlüsselfeldes der Haupttabelle auf das passende Feld der abhängigen Tabelle. Wird die Beziehung über mehr als eine Spalte hergestellt, dann fügen Sie die weiteren Spalten direkt im angezeigten Verknüpfungsdialog hinzu. Leider lassen sich die Beziehungen zwischen zwei Tabellen nicht automatisch so darstellen, dass man anhand einer Verbindungslinie sofort erkennen kann, über welche Felder die Relation zwischen zwei Tabellen definiert wurde und Fremdschlüsselfelder werden auch nicht besonders hervorgehoben. Möglicherweise ist Ihnen diese Darstellungsform aus der Arbeit mit Access in Zusammenhang mit der Jet-Engine bekannt. Versuchen Sie am besten erst gar nicht solch eine Optik manuell zu gestalten. Durch Umformatierungen geht die Positionierung schnell wieder verloren.

Eine Tabelle einfügen oder löschen

Sie können jederzeit innerhalb eines Diagramms eine neue Tabelle anlegen. Mit dem Speichern des Diagramms wird diese dann in der Datenbank erzeugt. Über die Funktion *Tabelle aus Datenbank löschen* werden Sie eine Tabelle endgültig los. Möchten Sie eine Tabelle dagegen nur aus der aktuellen Ansicht entfernen, dann wählen Sie den Befehl *Aus Diagramm entfernen*. Über *Tabelle hinzufügen* können Sie eine vorhandene Tabelle in ein Diagramm einfügen. Das geht leider nur einmal. So kommt es bei umfangreichen Diagrammen häufig zu sehr langen Beziehungslinien. Eventuell kann es für Sie sinnvoll sein, zusätzliche Diagramme anzulegen, um so etwas zu verhindern. In der *netShop*-Datenbank gibt es beispielsweise neben dem großen Diagramm *Standard* jeweils Teildiagramme für die Tabellen der einzelnen Schemata: *Management*, *Products* und *Sales*. Das ist eine gute Idee für eigene Projekte.

Die Druckansicht verbessern

Datenbankschemata neigen dazu, schnell zu wachsen und nach kurzer Zeit den Rahmen zu sprengen, der durch eine DIN-A4-Seite vorgegeben ist. Diagramme wie auch kleinere ERP-Systeme beinhalten leicht mehrere Hundert Tabellen und können daher schön als Tapete im Entwicklerbüro genutzt werden. SQL Server-Diagramme kommen auch mit mittelgroßen Schemata noch recht brauchbar zurecht. Hier spielen zwei Funktionen eine Rolle, die dem Datenbank-Designer das Leben erleichtern: Erstens lassen sich SQL Server-Diagramme für den Ausdruck skalieren, wodurch man mehr Informationen auf einem Blatt unterbringt. Und zweitens ist es möglich, sich im Entwurfsmodus die Seitenränder anzeigen zu lassen, sodass man bei größeren Diagrammen, die gedruckt werden sollen, eine präzise Verteilung der Tabellen auf die Blätter vornehmen kann.

Über *Seitenumbrüche anzeigen* können Sie sich im Diagramm die Begrenzungen der einzelnen Blätter anzeigen lassen. So können Sie die Tabellen eines großen Diagramms sehr gut auf verschiedenen Druckseiten platzieren und die Verbindungslinien gezielter planen. Führen Sie einen rechten Mausklick auf das Diagramm aus und wählen Sie den Befehl im Kontextmenü aus. Auf diese Weise lassen sich sehr hübsche »Datenbanktapeten« erzeugen. Bei der zweiten Option geht es um die Skalierung für den Druck. In den meisten Fällen macht es Sinn, ein Diagramm im Ausdruck etwas zu verkleinern, um so mehr Informationen auf einem Blatt unterzubringen. Den Punkt *Druckskalierung* erreichen Sie über den Menübefehl *Datei/Seite einrichten*.

Sie können übrigens ausgewählte Tabellen und Beziehungen nicht direkt über die Zwischenablage in andere Programme importieren, um diese dort zu verwenden. Das geht nur für das gesamte Diagramm. Und zwar über den Kontextbefehl *Diagramm in die Zwischenablage kopieren*. Wenn Ihr Diagramm nicht zu viele Tabellen enthält und der Zoom-Faktor richtig eingestellt ist, lassen sich damit durchaus brauchbare Ergebnisse erzielen.

WICHTIG So schön die Möglichkeiten des Management Studios auch sind. Bei Datenbanken, die Datenmengen in realistischen Größenordnungen enthalten, wird das Bearbeiten bestehender Tabellen problematisch. Das Anlegen einer neuen Spalte, aber auch schon das Einstellen einer Spalteneigenschaft kann in vielen Fällen nicht an der Oberfläche durchgeführt werden, wenn die Tabelle mit Daten gefüllt ist. Bei jeder Änderung wird die Tabelle komplett umkopiert, was Zeit und Prozessorlast in Anspruch nimmt und häufig zu Timeouts sowie einer fehlerhaften Darstellung im Management Studio führt. Am besten gewöhnt man sich bei gefüllten Datenbanken gleich an, mit T-SQL zu arbeiten. Glücklicherweise beschäftigt sich der nächste Teil dieses Kapitels genau damit.

Tabellen in T-SQL anlegen und verwalten

Bei der Bearbeitung eines Projektes werden Sie vermutlich kaum Tabellen mit den Möglichkeiten von Transact-SQL einrichten wollen. Schließlich gibt es bequeme Werkzeuge dafür im Management Studio und auch im Visual Studio. Dennoch gibt es eine Reihe guter Gründe, sich mit den wichtigsten Befehlen für das Anlegen von Tabellen und der Definition von Tabelleneigenschaften bekannt zu machen. Den Grund, »das Management Studio schafft es einfach nicht«, habe ich gerade schon erwähnt. Aber es gibt noch weitere. Ein Anlass für den Einsatz von T-SQL kann die Notwendigkeit sein, bestehende Datenbanken automatisiert auf einen neuen Versionsstand zu bringen. Wenn eine Applikation einige dutzende oder hunderte Mal (ich drücke Ihnen die Daumen!) bei Kunden installiert wurde, brauchen Sie Verfahren, auf all den ausgelieferten Datenbanken Tabellen hinzufügen oder auch Änderungen an vorhandenen Tabellen durchführen zu können, ohne dass die bereits vorhandenen Daten in Mitleidenschaft gezogen werden. Eine gute Möglichkeit ist die Verwendung von T-SQL-Aktualisierungsskripts. Diese können Sie mit einem Upgrade verteilen und durch ein Setup-Programm ausführen lassen.

Auch für die Grundeinrichtung einer Datenbank sind Skripte eine brauchbare Variante – wenn auch im Einspielen eines Backups eine schnelle Alternative besteht. Befindet sich eine Datenbank in der Entwicklung, dann ist es keine schlechte Idee, mit den entsprechenden Werkzeugen des Management Studios regelmäßig ein Skript anzulegen, mit dem Sie notfalls die gesamte Datenbank rekonstruieren können. Dies gibt Ihnen eine zusätzliche Sicherheit vor dem Verlust Ihrer Arbeitsergebnisse, falls beim Backup der Datenbank (das Sie auf jeden Fall automatisiert durchführen sollten) Probleme auftreten. Die Kenntnis der notwendigen T-SQL-Befehle hilft Ihnen, ein automatisch generiertes Skript zu verstehen und bei Bedarf anpassen zu können. Zu guter Letzt werden beim relationalen Programmieren hin und wieder temporäre Tabellen oder Tabellenvariablen benötigt, die Sie mit den entsprechenden T-SQL-Kommandos anlegen und bearbeiten müssen.

Eine Tabelle mit T-SQL anlegen

Das folgende Beispiel zeigt, wie mithilfe von T-SQL eine neue Tabelle eingerichtet wird. Die Struktur entspricht der *Articles*-Tabelle der *netShop*-Datenbank.

```
CREATE TABLE Products.ArticlesNew (
    [ID] int IDENTITY (1, 1) NOT NULL,
    CatalogID int NULL,
    PriceCorrectionID int NULL,
    Code varchar(50) NULL,
    [Name] varchar(150) NOT NULL,
    DescriptionShort varchar(200) NULL,
    DescriptionLong varchar(max) NULL,
    PictureSmall varchar(200) NULL,
    PictureBig varchar(200) NULL,
    Price smallmoney NOT NULL,
    Freight smallmoney NULL,
    Tax decimal(4, 2) NULL,
    Active tinyint NULL,
    CreatedAt smalldatetime NULL,
    CreatedBy varchar (50) NULL,
    UpdatedAt smalldatetime NULL,
    UpdatedBy varchar (50) NULL )
```

Listing 8.13 Tabelle anlegen

Der *CREATE TABLE*-Befehl, mit dem in SQL neue Tabellen angelegt werden, ist vom Aufbau her recht einfach. Nach der Festlegung des Tabellennamens folgt, eingeschlossen in runden Klammern, die Spaltenliste. In dieser werden die Spaltennamen, die Datentypen und Feldlängen sowie die elementaren Eigenschaften *NULL* oder *NOT NULL* festgelegt. Dabei steht *NOT NULL* natürlich für eine Spalte, die nicht leer sein darf. Zusätzlich wird schon beim Anlegen einer Spalte festgelegt, ob diese automatisch generierte Werte enthalten soll. Das Schlüsselwort *IDENTITY* in Verbindung mit dem Startwert und der Schrittweite erledigt dies. Für eine *IDENTITY*-Spalte ist jeder ganzzahlige Datentyp geeignet, sogar *numeric*. Beachten Sie, dass die Felder *[ID]* und *[Name]* in eckige Klammern gesetzt sind, da diese Bezeichnungen reservierte SQL Server-Begriffe sind.

Die weiteren Eigenschaften der Spalten, die Sie unter dem Stichwort Einschränkungen (*Constraints*) kennen gelernt haben, können je nach Art der Einschränkung direkt in der Spaltenliste mit angegeben oder in einem getrennten Befehlsblock hinzugefügt werden. Einschränkungen, die man zusammen mit einer Spalte definiert, werden dementsprechend *Einschränkungen auf Spaltenebene* genannt, Einschränkungen, die getrennt definiert werden, als *Einschränkungen auf Tabellenebene*. Funktional gibt es keinen Unterschied zwischen den beiden Arten.

Sie können jederzeit Einschränkungen zu einer Tabelle hinzufügen oder diese wieder entfernen. Dazu wird das *CREATE TABLE*-Kommando in Verbindung mit *ADD CONSTRAINT* beziehungsweise *DROP CONSTRAINT* eingesetzt. Details folgen in den weiteren Abschnitten dieses Kapitels.

Soll die neue Tabelle auf einer bestimmte Dateigruppe angelegt werden, oder möchten Sie Large Object-Spalten auf einer getrennten Dateigruppe anlegen (was ein guter Tuning-Mechanismus sein kann), dann kommt das Schlüsselwort *ON* ins Spiel, hinter dem Speicheroptionen angegeben werden können. Listing 8.13 ließe sich damit so erweitern, dass die Tabelle *ArticlesNew* auf einer Dateigruppe namens *NewData* und die Daten der Spalte *DescriptionLong* (die hat den Datentyp *varchar(max)*) auf einer Dateigruppe namens *Blobs* gespeichert würden.

```
CREATE TABLE Products.ArticlesNew (
   [ID] int IDENTITY (1, 1) NOT NULL,
   CatalogID int NULL,
   …
   UpdatedAt smalldatetime NULL,
   UpdatedBy varchar (50) NULL )
ON
   NewData TEXTIMAGE_ON Blobs
```

Listing 8.14 LOBs aus der Tabelle verbannen

Das Serververhalten bei der Verwendung großer Datentypen lässt sich nach dem Anlegen einer neuen Tabelle noch etwas genauer mit der gespeicherten Prozedur *sp_tableoption* konfigurieren. Mit dem Aufruf *EXEC sp_tableoption 'ArticlesNew ', 'large value types out of row', 1* weisen Sie SQL Server an, Spalten von einem der Typen *Text, varchar(max), nvarchar(max), varbinary(max)* und *xml* prinzipiell außerhalb der Datenseiten zu speichern, die für die Basistabelle verwendet werden. Weiter vorn in diesem Kapitel haben Sie gelernt, dass Daten dieser Typen standardmäßig in den Datenzeilen abgelegt werden, solange noch Platz in der Zeile ist und die Größe des BLOBs 8.000 Bytes nicht überschreitet. Die Tabelleneinstellung *large value types out of row* gilt nur für die neuen SQL Server– BLOB-Datentypen. Falls sich in Ihrer Datenbank Spalten der Typen *text*, *ntext* oder *image* befinden, dann steuern Sie die Speicherung über die Option *text in row*. »OFF« bedeutet hier, dass nur 16 Byte Textpointer in der Datenzeile abgelegt wird. Dies ist die Voreinstellung.

Den Primärschlüssel hinzufügen: PRIMARY KEY

Besteht der Primärschlüssel einer Tabelle aus einer *einzelnen* Spalte, dann kann die Deklaration desselben direkt in die Spaltendefinition einfließen. Im Fall der *ArticlesNew*-Tabelle bildet die Spalte *ID* den Primärschlüssel. Im *CREATE*-Kommando schlägt sich das folgendermaßen nieder (ich lasse die unveränderten Teile des Befehls der Übersicht halber weg):

```
CREATE TABLE Products.ArticlesNew (
[ID] int IDENTITY (1, 1) NOT NULL PRIMARY KEY,
…
```

Durch das Hinzufügen der Schlüsselworte *PRIMARY KEY* machen Sie aus einer normalen Spalte den Primärschlüssel der Tabelle. Dies funktioniert übrigens nur dann, wenn gleichzeitig *NOT NULL* gesetzt ist. Wenn der Primärschlüssel einer Tabelle aus mehr als einer Spalte gebildet wird, müssen Sie zu einer anderen Syntaxvariante greifen. Der Primärschlüssel lässt sich in diesem Fall unter Zuhilfenahme des Schlüsselwortes *CONSTRAINT* im Anschluss an die eigentliche Tabellendefinition deklarieren. Dann hat man es mit einer Einschränkung auf Tabellenebene zu tun. Soll in unserem Beispiel der Schlüssel aus den Spalten *ID* und *CatalogID* zusammengesetzt werden, dann muss das ursprüngliche Kommando auf die folgende Art modifiziert werden:

```
CREATE TABLE Products.ArticlesNew (
   [ID] int IDENTITY (1, 1) NOT NULL,
   CatalogID int NOT NULL,
   …
   UpdatedAt smalldatetime NULL ,
   UpdatedBy varchar (50) NULL

   CONSTRAINT PK_ArticlesNew PRIMARY KEY
   ( [ID], CatalogId ))
```

Listing 8.15 Zusammengesetzten Primärschlüssel definieren

Eine Besonderheit dieser Schreibweise besteht darin, dass Sie der Einschränkung einen Namen geben müssen. Dies kann ein wenig lästig werden, sodass man am besten Standardnamen verwendet, wie es das Beispiel zeigt. Das Präfix *PK* des Namens *PK_Articles* deutet auf die Bedeutung der Einschränkung als Primärschlüssel (*PRIMARY KEY*) hin und stellt eine übliche Konvention dar.

Soll einer Tabelle nachträglich ein Primärschlüssel hinzugefügt werden, dann geschieht das mit der Syntaxform, die in Listing 8.16 vorgestellt wird. Die vorhandene Definition des Primärschlüssels wird entfernt und eine neue hinzugefügt.

```
ALTER TABLE Products.ArticlesNew
DROP
    CONSTRAINT PK_ArticlesNew
GO

ALTER TABLE Products.ArticlesNew
ADD
    CONSTRAINT PK_ArticlesNew
    PRIMARY KEY ([ID])
```

Listing 8.16 Primärschlüssel nachträglich hinzufügen

Wenn Sie in einer Tabelle einen Primärschlüssel definieren, dann fügt SQL Server dieser automatisch einen Index hinzu. Dieser dient der Sicherstellung der Eindeutigkeit der Werte in den Primärschlüsselspalten. Sie können als Entwickler die Art und Weise, wie dieser Index gebildet wird, beeinflussen, um dessen Performance an die Anforderungen Ihrer Anwendung anzupassen. Dazu dienen ein paar optionale Schlüsselworte. Das nächste Beispiel legt einen Primärschlüssel an und definiert gleichzeitig die physikalischen Indexoptionen. Was es mit diesen auf sich hat, stellt Kapitel 12 vor »Indizierung & Partitionierung«. In diesem Fall wird der Index etwas »lockerer« gebildet, was gut ist, wenn für die Tabelle viele *Insert*-Aktionen erwartet werden.

```
ALTER TABLE Products.ArticlesNew
ADD
    CONSTRAINT PK_ArticlesNew
    PRIMARY KEY CLUSTERED ([ID]) WITH FILLFACTOR=80
```

Listing 8.17 Primärschlüssel mit Indexoptionen

Abhängigkeit zu anderen Tabellen deklarieren: FOREIGN KEY

Die Einschränkung *FOREIGN KEY*, über die Beziehungen zwischen Tabellen eingerichtet werden, kann ebenfalls auf Spalten- oder auf Tabellenebene festgelegt werden. Beim direkten Anlegen innerhalb der Spaltendefinition kann natürlich auch hier nur auf eine einzelne Spalte Bezug genommen werden. In der *netShop*-Datenbank gehört jeder Datensatz in der *ArticlesNew*-Tabelle zu einem bestimmten Katalog. Die Kataloge sind in der Tabelle *Catalogs* angelegt. Die Beziehung zwischen der Fremdschlüsselspalte *CatalogId* in *ArticlesNew* und dem Primärschlüssel in *Catalogs* kann man auf die folgende Art und Weise anlegen:

```
CREATE TABLE Products.ArticlesNew (
    [ID] int IDENTITY (1, 1) NOT NULL,
    CatalogID int NOT NULL
        FOREIGN KEY REFERENCES Catalogs ([ID]) ON DELETE CASCADE,
    ...
```

Die Fremdschlüsseleinschränkung wird in diesem Codeausschnitt über die Klausel *FOREIGN KEY REFERENCES* angelegt. Das optionale *ON DELETE CASCADE* legt fest, dass für die neue Beziehung eine Löschweitergabe eingerichtet wird. Beim Entfernen eines Datensatzes aus der *Catalogs*-Tabelle werden also die zugeordneten Datensätze aus der *ArticlesNew*-Tabelle gleich mit entfernt. Eine *FOREIGN KEY*-Einschränkung, die getrennt von der Spaltenliste verwendet wird, kann die folgende Form haben:

```
CONSTRAINT FK_Articles_Catalogs FOREIGN KEY
(CatalogId, CatalogGroupId)
REFERENCES Catalogs ([Id], GroupId)
```

In diesem (hypothetischen) Fall wird eine Fremdschlüsselbeziehung zwischen der *ArticlesNew*- und einer *Catalogs*-Tabelle deklariert, die über zwei Felder definiert ist. Hinter dem *FOREIGN KEY*-Schlüsselwort wird eine Spaltenliste angegeben, die sich auf die aktuelle Tabelle (also *ArticlesNew*) bezieht. Auf *REFERENCES* folgt dann die Spaltenliste für die referenzierte Tabelle (also *Catalogs*). Die Reihenfolge der Spalten muss natürlich in beiden Listen übereinstimmen.

So sieht das Hinzufügen einer Fremdschlüsselbeziehung zu einer bestehenden Tabelle mittels T-SQL aus:

```
ALTER TABLE Products.ArticlesNew
ADD
   CONSTRAINT FK_ArticlesNew_Catalogs FOREIGN KEY (CatalogId)
   REFERENCES Products.Catalogs([Id])
```

Listing 8.18 Tabellenbeziehung nachträglich hinzufügen

In SQL Server können Sie zusätzlich zu der einfachen Spezifikation einer *FOREIGN KEY*-Beziehung sehr präzise festlegen, was passieren soll, wenn sich auf der 1-Seite der Beziehung etwas ändert. Durch ein Löschen eines Datensatzes mit *DELETE* oder dem Ändern eines Primärschlüsselwertes mit *UPDATE* kann es sein, dass Datensätze auf der N-Seite der Beziehung verwaisen. Durch das Festlegen entsprechender Gegenmaßnahmen können Sie das verhindern. Es gibt die folgenden Optionen:

- **NO ACTION** Es wird keine Änderung in der abhängigen Tabelle durchgeführt und die Operation in der Haupttabelle wird unter Ausgabe einer Fehlermeldung rückgängig gemacht
- **CASCADE** Die Änderungen werden von der Haupttabelle an die abhängige Tabelle übertragen. Bei einem Löschvorgang werden die zugeordneten Datensätze in der Detailtabelle ebenfalls gelöscht. Ändert sich durch ein *UPDATE* ein Wert in der Haupttabelle, so wird diese Änderung in den betreffenden Datensätzen der N-Seite ebenfalls durchgeführt.
- **SET NULL** Bei einem *DELETE* oder *UPDATE* in der Haupttabelle werden die Fremdschlüsselwerte in der abhängigen Tabelle auf *NULL* gesetzt.
- **SET DEFAULT** Wie *SET NULL*, nur dass die Fremdschlüsselspalten auf die voreingestellten Standardwerte gesetzt werden. Ist für eine Fremdschlüsselspalte kein Standardwert definiert, dann setzt der Server auch hier eine NULL ein.

Es folgt die Definition einer Beziehung zwischen *Catalogs* und *ArticlesNew*, bei der beim Entfernen eines Katalog-Datensatzes die darin enthaltenen Artikeldatensätze nicht gelöscht werden, sondern das Feld *CatalogID* den Wert *NULL* enthalten. Das dürfte in der Praxis der bessere Weg sein. Für das *UPDATE* wird gleichzeitig eine Änderungsweitergabe definiert.

```
ALTER TABLE Products.ArticlesNew
ADD
   CONSTRAINT FK_ArticlesNew_Catalogs FOREIGN KEY (CatalogId)
   REFERENCES Products.Catalogs([Id]) ON DELETE SET NULL ON UPDATE CASCADE
```

Listing 8.19 Tabellenbeziehung mit kaskadierenden Aktionen

Standardwerte vorgeben: DEFAULT

Da Standardwerte in SQL Server nur spaltenweise über konstante Werte, einfache Systemfunktionen oder skalare benutzerdefinierte Funktionen (UDFs) gebildet werden können, verwendet man in der Regel die Spalten-Schreibweise. Die Definition erfolgt über das Schlüsselwort *DEFAULT*, wie es das folgende Beispiel zeigt:

```
…
Freight smallmoney CONSTRAINT DEFAULT (1),
CONSTRAINT DF_ArticlesNew_Tax DEFAULT Sales.fnDefaultTax() FOR Tax,
…
CreatedAt smalldatetime CONSTRAINT DEFAULT (getdate()),
CreatedBy varchar (50) CONSTRAINT DEFAULT (user_name()),
```

Dem Feld *Freight* (das sind die Frachtkosten) wird hier die Konstante 1 als Standardwert zugewiesen. Das Feld Tax wird über die benutzerdefinierte Funktion *Sales.fnDefaultTax()* gefüllt. Das Feld *CreatedAt*, welches das Erstellungsdatum des Datensatzes beinhalten soll, bekommt über die Systemfunktion *getdate()* das aktuelle Rechnerdatum plus Uhrzeit zugewiesen und das Feld *CreatedBy* den Namen des Datenbankbenutzers, der den Datensatz anlegt. Dies wird über die Verwendung der Systemfunktion *user_name()* sichergestellt. Standardwerte mit etwas mehr Pfiff können Sie in SQL Server mit der Hilfe von Triggern implementieren. Das nächste Codebeispiel zeigt auch dieses Mal wieder das nachträgliche Hinzufügen der Einschränkungen. Außerdem wird die Funktion *Sales.fnDefaultTax()* vorgestellt, die den Standardwert vorgibt.

```
-- Kleine Beispielfunktion

CREATE FUNCTION Sales.fnDefaultTax() RETURNS decimal(4,2)
AS
BEGIN
   RETURN 0.07
END
GO

-- los geht's

ALTER TABLE Products.ArticlesNew
ADD
   CONSTRAINT DF_Freight DEFAULT 1 FOR FREIGHT
   CONSTRAINT DF_ArticlesNew_Tax DEFAULT Sales.fnDefaultTax() FOR Tax,
   CONSTRAINT DF_ArticlesNew_CreatedAt DEFAULT getdate() FOR CreatedAt,
   CONSTRAINT DF_ArticlesNew_CreatedBy DEFAULT user_name() FOR CreatedBy
```

Listing 8.20 Standardwerte vorgeben

Wertebereiche einschränken: CHECK

Einen Wertebereich für eine Tabellenspalte können Sie mit der Einschränkung *CHECK* eingrenzen. Die Definition des Bereichs erfolgt durch einen einfachen logischen Ausdruck. Bezieht sich die Bedingung der *CHECK*-Einschränkung auf nur eine Spalte, so ist auch hier die Spaltenschreibweise möglich. Mit der folgenden Deklaration wird beispielsweise festgelegt, dass der Preis eines Artikels nicht negativ sein darf:

```
...
Price smallmoney CHECK (Price > 0)
```

Obwohl es ja klar ist, dass sich diese Einschränkung auf das Feld *Price* beziehen soll, müssen Sie dennoch den Spaltennamen in der Bedingung angeben. Sonst hat man es nicht mit einem vollständigen logischen Ausdruck zu tun und SQL Server beschwert sich mit einer Fehlermeldung. Außerdem können Sie sich nur auf den Namen der Spalte beziehen, in welcher die Einschränkung angelegt wird. Für *CHECK*-Einschränkungen, die sich auf mehr als eine Spalte beziehen sollen, müssen Sie die Tabellenschreibweise verwenden. Dies zeigt das nächste Beispiel, mit dem festgelegt wird, dass das Änderungsdatum für einen Datensatz immer größer als das Erstellungsdatum sein muss.

```
ALTER TABLE Products.ArticlesNew
ADD
    CONSTRAINT CK_Created_Updated CHECK ( CreatedAt >= UpdatedAt )
```

Listing 8.21 CHECK-Einschränkung einrichten

Die in der *CHECK*-Einschränkung angegebenen Spalten müssen aus der aktuellen Tabelle stammen. Es ist nicht möglich, Einschränkungen über Tabellengrenzen hinweg zu definieren.

Die Eindeutigkeit von Spalten festlegen: *UNIQUE*

Hin und wieder möchten Sie erreichen, dass die Werte in einer Spalte oder Spaltenkombination eindeutig sind. Dies festzulegen ist genau so einfach wie die Deklaration des Primärschlüssels. Sie verwenden das Schlüsselwort *UNIQUE* innerhalb der Spaltendefinition, indem Sie es hinter dem Spaltennamen angeben:

```
...
Code varchar(50) UNIQUE
```

Da eine *UNIQUE*-Einschränkung genau wie ein *PRIMARY KEY* technisch gesehen auf einem eindeutigen Index basiert, gibt es hier exakt die gleichen Optionen wie bei der Primärschlüsseleinschränkung, die dem neu zu erstellenden Index mitgegeben werden können. Eine *UNIQUE*-Einschränkung über mehrere Spalten hinweg muss wieder als Tabelleneinschränkung formuliert werden.

Eine Einschränkung löschen oder deaktivieren

Eine Einschränkung entfernen Sie wie gewohnt mit dem *DROP* Befehl. Den Primärschlüssel aus Listing 8.16 zum Beispiel dem folgenden Kommando.

```
ALTER TABLE Products.ArticlesNew
DROP CONSTRAINT PK_ArticlesNew
```

Listing 8.22 Primärschlüssel entfernen

Beim Löschen eines Primärschlüssels oder einer *UNIQUE*-Einschränkung wird der dafür implementierte Index gleich mit entfernt. Hin und wieder ist es sinnvoll, eine Einschränkung zu löschen und anschließend gleich wieder neu anzulegen. Besonders häufig kommt das beim Massenimport von Daten vor. Dabei können die über Einschränkungen angelegten Indizes Probleme bereiten, weil Zeit für das Einfügen der neuen Schlüssel verloren geht. Eine Kombination aus *DROP* und *CREATE* macht Sinn, wenn in eine umfangreiche Tabelle *sehr viele* (60 % und mehr) neue Daten eingefügt werden. *CHECK*-Einschränkungen und *FOREIGN KEY*-Einschränkungen können aber auch temporär deaktiviert werden. Das Deaktivieren eines Fremdschlüssels ist bei einem *BULK INSERT* ebenfalls sinnvoll – vorausgesetzt natürlich, dass die einzufügenden Daten in Ordnung sind.

```
ALTER TABLE Products.ArticlesNew
NOCHECK CONSTRAINT FK_ArticlesNew_Catalogs
```

Listing 8.23 Deaktivieren eines Fremdschlüssels

Eine berechnete Spalte anlegen

Natürlich ist es auch direkt in T-SQL möglich, berechnete Spalten anzulegen. Bei der Definition wird kein Datentyp angegeben. Der Typ ergibt sich aus den zu Grunde liegenden Spalten – bei Bedarf kann ein *CAST* eingesetzt werden. Hinter der Angabe des Spaltennamens folgt nach dem Schlüsselwort *AS* ein Berechnungsausdruck. Das optionale *PERSISTED* legt fest, dass die Werte permanent in der Datenbank gespeichert werden. Ein Beispiel:

```
ALTER TABLE Products.ArticlesNew
ADD
    GrossPrice AS Price * (1 + Tax / 100) PERSISTED
```

Listing 8.24 Berechnete Spalte anfügen

Eine Spalte hinzufügen oder löschen

Sie können in T-SQL die Definition einer vorhandenen Spalte nicht löschen. Dazu müssen Sie die Spalte löschen und anschließend neu anlegen. So, wie im folgenden Skriptbeispiel:

```
ALTER TABLE Products.ArticlesNew
DROP COLUMN Code

ALTER TABLE Products.ArticlesNew
ADD Code varchar(100)
```

Listing 8.25 Spalte löschen und mit neuer Definition anlegen

DROP COLUMN verwenden Sie natürlich auch dann, wenn Sie eine Spalte ganz einfach loswerden möchten (für immer). Spalteninhalte, die Sie retten möchten, können Sie in einer temporären Tabelle zwischenlagern. Damit Sie es etwas einfacher haben folgt hier eine Variante, die Sie sofort einsetzen können.

```
-- dies gehört vor's ALTER ... DROP...
SELECT ID, Code
INTO
    #SaveCode
FROM
    Products.ArticlesNew
```

```
-- und dies hinter das ALTER … ADD…
UPDATE Products.ArticlesNew
SET
   Code = s.Code
FROM
   Products.ArticlesNew a INNER JOIN #SaveCode s
ON
   a.ID = s.ID
```

Listing 8.26 Spalteninhalt retten

Das »Lattenkreuz« (#) vor dem Tabellennamen *SaveCode*, bedeutet, dass diese Tabelle nur temporär angelegt werden soll. Mehr zum Thema temporäre Tabellen folgt in Kürze in diesem Kapitel.

Aliasdatentypen in T-SQL

An dieser Stelle geht es um benutzerdefinierte Datentypen, die Sie direkt in T-SQL definieren können, um relationale Datentypen also, und nicht um Datentypen, die Sie mit der Hilfe von .NET-Assemblys implementieren (die finden Sie in Teil D des Buchs). Benutzerdefinierte T-SQL-Datentypen sind mir, ehrlich gesagt, noch nicht so wahnsinnig oft in der Praxis begegnet. Aber da man hin und wieder doch eine Datenbank »erbt«, in der diese eingesetzt werden und weil Sie vielleicht Gefallen an den UDTs finden, folgt hier eine knappe (aber vollständige) Einführung.

Benutzerdefinierte T-SQL-Datentypen werden in SQL Server 2008 auch als Aliasdatentypen bezeichnet. Dies beschreibt ihre Funktion ganz gut, denn letzten Endes entsteht ein Aliasdatentyp einfach durch die Vergabe eines neuen Namens an einen Standard-Systemtyp. So können Sie einen benutzerdefinierten Datentyp »Plz« auf Basis des Datentyps *char(5)* definieren. Der neue Typ lässt sich anschließend in Tabellendefinitionen ganz genau wie ein eingebauter Datentyp verwenden. Ein – kleiner – Vorteil bei der Verwendung benutzerdefinierter Datentypen ist darin zu sehen, dass diese mit einem Standardwert und einer Gültigkeitsregel versehen werden können. Diese greifen dann überall dort, wo der Aliasdatentyp Verwendung findet. Änderungen am Standardwert oder der Regel können zentral an einer Stelle durchgeführt werden. Leider gilt das nicht für die Definition des Datentyps selbst. Diese kann nachträglich nicht mehr verändert werden.

Da die Anwendung der DDL-Befehle und gespeicherten Systemprozeduren zur Definition von Aliasdatentypen, Standardwerten und Regeln nicht sonderlich kompliziert ist und ein Skriptbeispiel mehr als tausend Worte sagt, folgt an dieser Stelle ein Codeschnipsel, der die Verfahren vorstellt.

```
CREATE TYPE erpcode
FROM
   char(6) NOT NULL
GO

-- eine Regel definieren
CREATE RULE erpcode_rule
AS
@value LIKE '[A-Z][A-Z][0-9][0-9][0-9][0-9]'
GO
```

```
-- die Regel an einen Alias-Datentyp binden
EXEC sp_bindrule 'erpcode_rule', 'erpcode'
GO

-- einen Standardwert definieren
CREATE DEFAULT erpcode_default
AS
'AA0000'
GO

-- den Standardwert an einen Aliasdatentyp binden
EXEC sp_bindefault 'erpcode_default', 'erpcode'

-- den Datentyp in einer Tabelle verwenden
ALTER TABLE Products.ArticlesNew
ADD
    Erp erpcode

-- …und Testen: Dieser Befehl liefert einen Fehler
INSERT Products.ArticlesNew
(CatalogID, Code, Name, Erp, Price, Tax, Active)
VALUES
(1, '5001', 'Glennfiddich', 'A1B234', 15, 0.07, 1)
```

Listing 8.27 Definition eines Aliasdatentypen mit Default und Regel

Der Nutzen der Aliasdatentypen ist doch eher beschränkt und wird zusätzlich noch durch einen höheren Verwaltungsaufwand erkauft. Möchte man zum Beispiel eine Tabelle, die benutzerdefinierte Datentypen enthält, in eine andere Datenbank verschieben, so müssen die benutzerdefinierten Typen selbstverständlich ebenfalls (und zwar vor der Tabelle) verschoben werden.

Wenn schon eigene Datentypen eingesetzt werden sollen, dann gleich solche, die auf der *SQLCLR* basieren, würde ich vorschlagen. Damit hat man dann die ganze Bandbreite der Möglichkeiten der SQL Server .NET-Programmierung zur Verfügung.

HINWEIS Es gibt noch eine weitere Variante eines benutzerdefinierten Datentyps: Der *benutzerdefinierte Tabellentyp*. Da dieser aber nur im Zusammenhang mit der Definition von Parametern für gespeicherte Prozeduren bzw. Funktionen interessant ist, finden Sie eine genauere Beschreibung in Kapitel 15 »Gespeicherte Prozeduren«.

Systeminformation zu Datenbanktabellen

Für das Abfragen von Metadaten stellt T-SQL mehr oder weniger »offizielle« Varianten zur Verfügung. Die so genannten Informationsschemasichten sind in SQL-92 genormt. Dadurch können die Informationen auf eine standardisierte Weise abgefragt werden, egal ob es sich um eine Oracle- oder SQL Server-Datenbank handelt. Der Nachteil dieser Sichten ist darin zu sehen, dass alle Informationen zum logischen Aufbau einer Datenbank zwar tadellos geliefert werden, die Information bezüglich der »Physik« jedoch sehr spärlich ausfallen. Wenn es um die Berechnung des von einer Tabelle aktuell benutzten Speicherplatzes und ähnlicher Fragestellungen geht, dann ist es an der Zeit, auf die von SQL Server 2008 bereitgestellten Systemsichten und gespeicherte Prozeduren zurückzugreifen. Über die Katalogsichten greifen Sie auf die interne Beschreibung der Objekte einer Datenbank zu und können Informationen über die Speicherplatzbelegung von Tabellen abfragen.

INFORMATION_SCHEMA-Sichten für Tabellen

Der Name *INFORMATION_SCHEMA*-Sicht für die genormten ANSI-Sichten liegt in der Tatsache begründet, dass all diese dem Sicherheitsschema gleichen Namens gehören. Die Sichten selbst haben dann nahe liegende Bezeichnungen wie *TABLES*, *COLUMNS*, *CHECK_CONTRAINTS* und so weiter. Der Vorteil dieser Sichten ist – wie schon erwähnt – die Standardisierung. Der Nachteil ist die Unvollständigkeit. Den kompletten Aufbau einer Datenbank können Sie mit diesen Sichten nicht dokumentieren, es geht mehr um punktuelle Informationen. Es folgen ein paar Beispiele.

Über die folgende Abfrage finden Sie heraus, welche Tabellen und benutzerdefinierte Sichten sich in einer Datenbank befinden. Sie muss im Kontext der zu untersuchenden Datenbank ausgeführt werden.

```
SELECT * FROM INFORMATION_SCHEMA.TABLES
```

Listing 8.28 Abfrage von INFORMATION_SCHEMA.TABLES

Die nachstehende Tabelle zeigt drei Datensätze des Ergebnisses aus der *netShop*-Datenbank. Bei der Arbeit mit *INFORMATION_SCHEMA*-Sichten lernen Sie so nebenbei die offiziellen ANSI-Bezeichnungen für Datenbankobjekte kennen. So lautet der Begriff für eine SQL Server-Datenbank beispielsweise *TABLE CATALOG*. ADO.NET-Programmierern wird das bekannt vorkommen. In einem Connectionstring gibt es das Attribut *Initial Catalog*, welches die Tabellensammlung (= Datenbank) eines relationalen Datenbankservers bezeichnet, mit der man sich verbinden will. Der Wert in der Spalte *TABLE_TYPE* gibt an, ob es sich um eine Tabelle (*BASE_TABLE*) oder Sicht (*VIEW*) handelt.

TABLE_CATALOG	TABLE_SCHEMA	TABLE_NAME	TABLE_TYPE
netShop	Products	PriceCorrections	BASE TABLE
netShop	Products	ArticleGroups	BASE TABLE

Möchten Sie die Spalten und deren Eigenschaften zu einer Tabelle dokumentieren, dann steht dafür die Sicht *COLUMNS* zur Verfügung. Eine Abfrage, mit der Sie einige der wichtigsten Merkmale der Spalten der *Customers*-Tabelle abfragen können, finden Sie im nächsten Beispiel. Ich denke, die Spaltenbezeichnungen der ANSI-Sicht sind selbsterklärend.

```
SELECT
    COLUMN_NAME, ORDINAL_POSITION, DATA_TYPE, NUMERIC_PRECISION, IS_NULLABLE
FROM
    INFORMATION_SCHEMA.COLUMNS
WHERE
    TABLE_NAME = 'Customers'
```

Listing 8.29 Abfrage von INFORMATION_SCHEMA.COLUMNS

COLUMN_NAME	ORDINAL_POSITION	DATA_TYPE	NUMERIC_PRECISION	IS_NULLABLE
Code	2	varchar	NULL	YES
Name_1	3	varchar	NULL	NO

Katalogsichten und Prozeduren für Datenbanktabellen

Die ANSI-Sichten sind zwar standardisiert, liefern aber nur recht karge Informationen zu den Objekten. Deutlich weiter bei der Erforschung von Datenstrukturen kommen Sie mit den proprietären Katalogsichten von SQL Server. Die folgende Liste stellt diejenigen vor, die für Tabellen relevant sind.

- **sys.tables** Die zentrale Auskunftssicht zu den Tabellen. Viele Spalten sind von der übergreifenden Sicht *sys.objects* geerbt. Vor allen Dingen die Schlüsselspalte *object_id*.
- **sys.columns** Enthält die Spaltendefinitionen für alle Objekte, die Spalten enthalten (Tabellen, Sichten, tabellenwertige Funktion)
- **sys.computed_columns** Gibt die Definition von berechneten Spalten zurück
- **sys.default_constraints** Liefert die in Tabellen definierten Standardwerte
- **sys.foreign_keys** Listet die in Tabellen enthaltenen Fremdschlüsseleinschränkungen auf
- **sys.foreign_key_columns** Liefert die Spaltendefinitionen zu den Fremdschlüsseln
- **sys.identity_columns** Liefert die Spalten mit gesetzter *IDENTITY*-Eigenschaft
- **sys.checkconstraints** Listet die *CHECK*-Einschränkungen der Tabellen
- **sys.key_constraints** Listet die Primärschlüssel- und Eindeutigkeitseinschränkungen der Tabellen

Die erste einfache Abfrage liefert ein paar der wichtigsten Informationen zu Tabellen. Viele Eigenschaften werden Ihnen aus dem bisherigen Kapitel bekannt vorkommen.

```
SELECT
    name,                           -- Name der Tabelle
    object_id,                      -- Objektschlüssel
    schema_id,                      -- ID des Schemas, zu dem das Objekt gehört
    create_date,                    -- Erzeugungsdatum
    modify_date,                    -- Änderungsdatum
    is_ms_shipped,                  -- interne Tabelle
    lob_data_space_id,              -- ID der Dateigruppe / Partitionsschemas für LOB-Daten
    lock_on_bulk_load,              -- beim Massenladen immer Tabellensperre benutzen
    is_replicated,                  -- Tabelle wird repliziert (Transaktional oder Snapshot)
    is_merge_published,             -- Tabelle wird repliziert (Merge)
    text_in_row_limit,              -- Obergrenze für Textdaten in der Zeile (Text, Image)
    large_value_types_out_of_row    -- Grosse Datentypen werden extern gespeichert
                                    --   (varchar(max), varbinary(max), xml)
FROM
    sys.tables
ORDER BY
    name
```

Listing 8.30 Basisinformationen zu Tabellen

Möchte man den Aufbau einer Tabelle dokumentieren, so setzt man dazu die Sicht *sys.columns* ein. Um an die Klartextnamen der verwendeten Datentypen zu gelangen, kann man ein *JOIN* mit der Katalogsicht *sys.names* einsetzen. Die Einschränkung der Ausgabe über das Schema und den Objektnamen gelingt durch das Heraussuchen der entsprechenden IDs aus den Sichten *sys.objects* und *sys.schemas*. Auf diese Art werden in der folgenden Abfrage die Informationen zu der *netShop*-Tabelle *Products.Articles* aufbereitet.

```
SELECT
    sc.name,
    column_id,
    st.name,
    sc.max_length,
    sc.precision,
    sc.scale,
```

```
        sc.collation_name,
        sc.is_nullable,
        is_rowguidcol,
        is_identity,
        is_computed,
        is_xml_document
FROM
    sys.columns sc
INNER JOIN
    sys.types st
ON
    sc.system_type_id = st.system_type_id
WHERE
    object_id
IN
    ( SELECT object_id FROM sys.objects
      WHERE name = 'Articles' AND schema_id IN ( SELECT schema_id FROM sys.schemas
      WHERE name = 'Products' ))
ORDER BY
    column_id
```

Listing 8.31 Spaltendefinition einer Tabelle

Zum Abschluss noch ein weiteres nützliches T-SQL-Beispiel. Es geht darum, eine Übersicht der Tabellen einer Datenbank anzuzeigen, wobei die Ausgabe nach den Schemata sortiert sein soll *und* die Kommentare zu den Tabellen, die man im Management Studio hinterlegen kann, angezeigt werden. Das mit den Kommentaren ist der knifflige Teil der Abfrage. Über die Systemsicht *sys.extended_properties* werden die so genannten erweiterten (also benutzerdefinierten) Eigenschaften von Objekten zur Verfügung gestellt. Die Beschreibungen, die in den Microsoft Datenbanktools pflegbar sind, findet man über den Wert *'MS_DESCRIPTION'* in der Spalte *name*. Zur Verknüpfung muss die Spalte *major_id* verwendet werden, und gleichzeitig dürfen nur diejenigen Zeilen angezeigt werden, die *keinen* Eintrag in der Spalte *minor_id* besitzen, denn sonst würden auch die erweiterten Eigenschaften von Tabellen*spalten* angezeigt werden.

```
SELECT
    ss.name, st.name, sep.value, create_date, modify_date, object_id
FROM
    sys.tables st
LEFT OUTER JOIN
    sys.schemas ss
ON
    st.schema_id = ss.schema_id
LEFT OUTER JOIN
    sys.extended_properties sep
ON
    st.object_id = sep.major_id
WHERE
    is_ms_shipped = 0
AND
    sep.Name = 'MS_DESCRIPTION'
AND
    (sep.minor_id = 0) OR (sep.minor_id IS NULL)
ORDER BY
    ss.name, st.name
```

Listing 8.32 Kompakte Übersicht über die Tabellen einer Datenbank

Eine schöne Übersicht über die verschiedenen Aspekte einer Tabelle, vom Aufbau bis zu der Speicherplatzverwendung, bekommen Sie über die Systemprozedur *sp_help* in Verbindung mit einem Tabellennamen. Probieren Sie einfach mal den folgenden Aufruf aus.

```
EXEC sp_help 'Sales.Customers'
```

Listing 8.33 Systeminformationen über *sp_help* abfragen

Möchte man den von Tabellen belegten Speicherplatz untersuchen, dann lernt man en passant die interne Sicht von SQL Server auf die Speicherplatzverwaltung kennen. Die Auswertung besteht aus mehreren Schritten und beginnt Bottom Up mit der Sicht *sys.allocation_units*. Diese Sicht liefert den von einer *Partition* belegten Speicherplatz in Datenseiten zurück. Eine Partition stellt einen Wertebereich in einer Datenmenge dar, der nach einem Partitionsschlüssel gebildet wird. Dazu in Kürze mehr. Im einfachsten Fall hat eine Tabelle oder ein Index genau eine Partition, es können aber auch mehrere sein. *sys.allocation_units* liefert nicht nur den reservierten und benutzten Speicherplatz in Partitionen, sondern darüber hinaus die genaue Verwendung: Datenzeilen (*IN_ROW_DATA*), Überlaufzeilen (*ROW_OVERFLOW_DATA*) oder große Objekte (*LOB_DATA*). Über die Sicht *sys.allocation_units* gelangt man nicht *direkt* zu *sys.tables* sondern erstaunlicherweise zunächst einmal zu *sys.indexes*. Das hat mit der Indexarchitektur des Servers zu tun, in der eine Tabelle selbst einen Index darstellen kann (Näheres finden Sie in Kapitel 12). Insgesamt können Sie mit einer Abfrage wie der folgenden eine Speicherplatzuntersuchung für eine Tabelle starten. Ein Wert von 0 oder 1 in der Spalte *index_id* stellt sicher, dass man es mit einer Tabelle an sich und keinem zusätzlichen Index zu tun hat.

```sql
SELECT
    a.type_desc, a.total_pages, a.used_pages, a.data_pages,
    CAST(a.data_pages * 8 / 1024 AS int) AS data_in_MB
FROM
    sys.indexes as i
    JOIN sys.partitions as p ON p.object_id = i.object_id and p.index_id = i.index_id
    JOIN sys.allocation_units as a ON a.container_id = p.partition_id
    JOIN sys.tables tbl on i.object_id = tbl.object_id
WHERE
    (tbl.name=N'Customers' and SCHEMA_NAME(tbl.schema_id)=N'Sales')
AND
    i.index_id IN (0,1)
```

Listing 8.34 Speicherplatzbelegung für ein Objekt

Temporäre Tabellen und Tabellenvariablen

In der T-SQL-Entwicklung kann es immer wieder einmal notwendig (oder einfach nur bequem) sein, dass Sie kurzfristig Speicherplatz für Tabellendaten nutzen, den Sie schnell und effektiv anlegen und dann ebenso schnell wieder loswerden möchten. Temporäre Tabellen können beispielsweise dann verwendet werden, wenn Sie umfangreiche relationale Operationen durchführen möchten, die aus mehreren aufeinander folgenden Verarbeitungsschritten bestehen. Eine temporäre Tabelle nimmt die Zwischenergebnisse auf und Datenmanipulationen können durchgeführt werden ohne die Originaldaten zu verändern. Vermeiden Sie in Ihrem Programmcode für die beschriebenen Aufgabenstellungen auf jeden Fall das Anlegen und Löschen normaler SQL Server-Tabellen. Sie ruinieren damit die Kompaktheit der internen Datenstrukturen und der Verwaltungs-Overhead ist viel zu groß. SQL Server stellt Ihnen temporäre Objekte zur Verfügung, für die er Speicherplatz in der *tempdb*-Datenbank reserviert. Dieser nicht-permanente Speicher wird zwar physisch auch auf den Festplatten der Server-Instanz angelegt, ist aber auf die temporäre Verwendung hin optimiert. Durch das Verlagern der *tempdb* auf ein separates Plattensystem lassen sich die Zugriffe auf die Benutzer- und temporären Tabellen optimieren.

Von der Programmierung her betrachtet unterscheidet sich die Arbeit mit temporären Tabellen nicht wesentlich von der Arbeit mit permanenten Tabellen. SQL Server nimmt Ihnen das Aufräumen der Daten nach der Benutzung ab, sodass die *tempdb* nicht vollläuft. Außerdem stellt er sicher, dass kein anderer Prozess auf Ihre lokalen temporären Daten zugreifen kann. Nicht immer tut die Verwendung von temporären Tabellen der Performance Ihrer Anwendungen gut. Wenn Sie in Ihrer Aufgabenstellung SQL-Kommandos finden, die ohne Zwischenschritte auskommen, dann haben Sie damit in vielen Fällen auch die leistungsfähigere Variante programmiert. SQL Server kann dann die Abfrage insgesamt optimieren und den besten Ausführungsplan finden. Auch verbraucht das Schreiben in die *tempdb*-Datenbank mehr Zeit als eine vergleichbare In-Memory-Lösung.

Da Sie in vielen Fällen temporäre Tabellen aber nicht umgehen können, geht es in den folgenden Abschnitten um die Grundlagen und den sinnvollen Einsatz. Neben den »echten« temporären Tabellen können Sie – solange die Datenmengen nicht zu groß werden – auch Tabellenvariable verwenden. Vor- und Nachteile beider Varianten werden im Folgenden gegenübergestellt.

Temporäre Tabellen anlegen und verwenden

Temporäre Tabellen werden in Transact-SQL durch ein oder zwei dem eigentlichen Namen vorangestellte Nummernsymbole »#« gekennzeichnet. Dabei gelten die folgenden Regeln:

- Tabellen, die mit einem einfachen Nummernsymbol gekennzeichnet sind, existieren nur innerhalb der Serververbindung, in der sie angelegt werden. Sie sind lokal definiert. Clients, die eine andere Serververbindung benutzen, können auf diese Tabellen nicht zugreifen. Wird die Verbindung durch den Client gelöst, so werden die darin angelegten temporären Objekte automatisch aus der *tempdb*-Datenbank gelöscht. Dies vereinfacht die Arbeit mit den temporären Tabellen ein wenig aus Programmierersicht. Man muss sich keine eindeutigen Namen einfallen lassen und auch das Aufräumen entfällt. Selbstverständlich können Sie eine temporäre Tabelle auch explizit mit einem *DROP* löschen, um den Speicherplatz nach der Benutzung sofort wieder freizugeben.

- Legen Sie eine temporäre Tabelle in einer gespeicherten Prozedur an, dann ist die Lebensdauer der Tabelle auf die Ausführungszeit der Prozedur beschränkt

- Tabellen, die mit zwei vorangestellten Lattenkreuzen gekennzeichnet werden, sind global in der gesamten Datenbank sichtbar. Sämtliche Programme in allen Verbindungen können auf diese Tabellen zugreifen. Dies kann gewünscht sein, wenn es sich beispielsweise um Nachschlagetabellen handelt; es kann aber auch zu Problemen führen, wenn zwei Transaktionen gleichzeitig diese Tabellen bearbeiten möchten. Dann greifen die normalen Sperrmechanismen von SQL Server und die Verarbeitungsgeschwindigkeit kann aufgrund dieses Konkurrenzverhaltens leiden. Globale temporäre Tabellen werden dann automatisch gelöscht, wenn die Verbindung, in der diese erstellt wurden, beendet ist und keine T-SQL-Befehle diese Tabelle mehr verwenden.

- Das Anlegen temporärer Tabellen erfolgt genau wie das Anlegen normaler Tabellen entweder über das *CREATE*-Kommando oder ein *SELECT INTO*

- Im Prinzip können Sie für eine temporäre Tabelle ganz genau die Eigenschaften und Einschränkungen einstellen, die auch für normale Tabellen gelten. Auch Indizierung ist möglich. Fremdschlüssel sinnvollerweise nicht.

Diese Grundlagen sollen jetzt anhand einfacher Experimente demonstriert werden. Wenn Sie in einem Abfrageeditorfenster das folgende Kommando absetzen, dann wird die temporäre Tabelle *#Customers* angelegt, die in ihrem Aufbau exakt der ursprünglichen Kundentabelle *Customers* der *netShop*-Datenbank entspricht.

```
SELECT * INTO #Customers FROM Sales.Customers
```

Listing 8.35 Temporäre Tabelle anlegen

Die Tabelle *#Customers* wird Ihnen im Management Studio weder in der Datenbank *netShop* noch in *tempdb* angezeigt. Dies kann verwirren und es gibt keine echte Begründung dafür. Es handelt sich um eine Eigenart der GUI, dass temporäre Objekte ignoriert werden. Dass die Tabelle tatsächlich vorhanden ist, können Sie durch ein Test-*SELECT* sehr einfach überprüfen. Der nachfolgende Befehl liefert die Datensatzzahl. Sie müssen ihn in derselben Verbindung wie in Listing 8.35 ausführen:

```
SELECT COUNT(*) FROM #Customers
```

Listing 8.36 Abfrage der temporären Tabelle

Der angezeigte Wert entspricht dem der Original-Tabelle:

```
(Kein Spaltenname)
10000
```

Auf die frisch angelegte temporäre Tabelle können Sie problemlos via *SELECT* zugreifen, ohne sich Gedanken machen zu müssen, wo SQL Server die Daten abgelegt hat. Dass diese tatsächlich in der Systemdatenbank *tempdb* abgelegt sind, können Sie durch das Abfragen einer Katalogsicht in der *tempdb*-Datenbank feststellen.

```
SELECT [Name], object_id FROM tempdb.sys.objects ORDER BY NAME
```

Listing 8.37 Objekte in der *tempdb*-Datenbank

In der Ergebnismenge taucht die frisch angelegte Tabelle erwartungsgemäß gleich am Anfang auf. So sehen die ersten drei Ergebniszeilen des Tests aus:

Name	object_id
#Customers_____000000000004	213575799
EventNotificationErrorsQueue	2009058193
QueryNotificationErrorsQueue	1977058079

Neben dem Namen der temporären Tabelle (der durch den SQL Server mittels eines Suffixes eindeutig gemacht wurde), erscheint in der Ausgabe die eindeutige ID des Objekts.

Um zu testen, ob die Tabelle *#Customers* auch tatsächlich lokal in Bezug auf die Benutzerverbindung ist, öffnen Sie einfach ein weiteres Fenster im Abfrageeditor. Dies entspricht der Einrichtung einer neuen Verbindung durch einen weiteren Benutzer. Setzen Sie im neuen Fenster exakt den gleichen Testbefehl wie in Listing 8.36 ab, so meldet SQL Server den folgenden Fehler:

```
Meldung 208, Ebene 16, Status 0, Zeile 1
Ungültiger Objektname '#Customers'.
```

Die Tabelle ist folglich für andere Benutzer tatsächlich unsichtbar. Führt man dagegen die Abfrage der *sys.objects*-View aus dem zweiten Abfragefenster aus, so sieht man, dass die Tabelle noch besteht. Sie ist eben nur einer anderen Verbindung zugeordnet. Schließen Sie anschließend das erste Fenster (also dasjenige mit der Tabellenerstellungsabfrage) und schauen Sie sich dann die Einträge von *sys.objects* in der *tempdb*-Datenbank an, so werden Sie feststellen, dass die temporäre Tabelle *#Customers* jetzt verschwunden ist. SQL Server hat beim Beenden der Verbindung aufgeräumt und das temporäre Objekt entfernt. In keinem der Fenster läuft jetzt mehr das Test-*SELECT*.

Ein zweiter Test zeigt das Verhalten einer globalen temporären Tabelle. Eine solche haben Sie nach dem Ausführen des nachstehenden T-SQL-Kommandos angelegt.

```
SELECT * INTO ##Customers FROM Customers
```

Listing 8.38 Anlegen einer globalen temporären Tabelle

Der Testbefehl kann nun von jeder beliebigen Verbindung aus gestartet werden. Die globale Tabelle wird immer gefunden.

```
SELECT COUNT(*) FROM ##Customers
```

Listing 8.39 Abfragen der globalen temporären Tabelle

Nach dem Schließen des Fensters, in welchem das Listing 8.38 ausgeführt wurde, ist auch die zugeordnete Verbindung gelöscht worden und damit die globale Tabelle aus der *tempdb*. Für das Löschen einer globalen temporären Tabelle gilt die folgende Regel: Wird die Verbindung geschlossen, in der die globale temporäre Tabelle erstellt wurde *und* greift keine andere Verbindung mehr auf diese temporäre Tabelle zu, dann wird die globale temporäre Tabelle automatisch gelöscht.

Temporäre Tabellen versus Tabellenvariablen

Als Alternative zu einer temporären Tabelle können Sie auch an den Einsatz von Tabellenvariablen denken. In einer lokalen Variable vom Typ *table* können Sie ganz genau, wie in einer temporären Tabelle auch, relationale Zwischenergebnisse ablegen. Die Datensatzmengen können zwar im Prinzip beliebig groß sein – da die Daten aber im Arbeitsspeicher gehalten werden, ist Vorsicht angesagt. Die Deklaration einer Tabellenvariablen schließt die Definition von Spaltennamen mit ein. Dies ähnelt ein wenig dem Anlegen einer normalen Tabelle in T-SQL. Bis auf diesen Unterschied entspricht das Arbeiten mit einer Tabellenvariablen der Arbeit mit einer gewöhnlichen T-SQL-Variablen, was Deklaration und Gültigkeitsbereich angeht. Die Verwendung ist naturgemäß eine völlig andere – eine Tabellenvariable lässt sich nicht in einem Ausdruck verwenden. Sie können also auch einen Tabelleninhalt nicht durch eine Zuweisung an eine zweite Tabellenvariable weitergeben. Eine Variable vom Datentyp *table* kann (fast) überall dort eingesetzt werden, wo eine persistente oder temporäre Tabelle erlaubt ist. Sie verwenden also die üblichen T-SQL-Befehle für das Einfügen oder Auslesen von Daten, wie es das folgende Beispiel demonstriert:

```
DECLARE @tblBerlinCustomers table
(ID int, LastName varchar(50), City varchar(50))

INSERT INTO @tblBerlinCustomers
SELECT ID, Name_2, City
FROM Customers
WHERE City = 'Berlin'

SELECT * FROM @tblBerlinCustomers
```

Listing 8.40 Verwendung einer Tabellenvariablen

Mit Tabellenvariablen können auf bequeme Weise Mengenoperationen durchgeführt werden. Ein nützliches Beispiel dafür ist die Neubildung von Schlüsseln, die auf einer bestimmten Reihenfolge basieren sollen. Das nachfolgende Programmstück generiert neue Codes für die Artikel der *netShop*-Datenbank. Diese sollen anhand der Reihenfolge gebildet werden, in welcher die Artikel in der Datenbank angelegt wurden (Feld *Products.Articles.CreatedAt*). Der »Trick« dabei ist folgender: In der Tabellenvariablen wird neben der Spalte *ID* – dies ist die Referenz zur Original-Artikeltabelle – eine Autowertspalte *Number_New* verwendet, durch die eingefügte Datensätze in der Reihenfolge des Anlegens aufsteigend nummeriert werden. Die berechnete Spalte *Code_New* konvertiert die Nummern dann nur noch in den *varchar*-Datentyp und versieht sie mit führenden Nullen, wie es in der *Products.Articles*-Tabelle vorgesehen ist. Zum Abschluss werden die Codes in der Artikeltabelle aus der Tabellenvariablen aktualisiert.

```sql
-- Hilfs-Tabellenvariable deklarieren

DECLARE @tblArticleCodes table
(
    ID int,
    Number_New int IDENTITY(1,1),
    Code_New AS
        REPLICATE ( '0', 5 - LEN (CAST( Number_New AS varchar(5))))
      + CAST( Number_New AS varchar(5)))

-- Datensätze sortiert in die Tabellenvariable eintragen

INSERT INTO @tblArticleCodes
    ( ID )
SELECT
    ID
FROM
    Articles
ORDER BY
    CreatedAt ASC

-- Testausgabe

SELECT * FROM @tblArticleCodes

-- die neuen Codes in der Artikeltabelle eintrage

UPDATE Articles
SET
    Code =
    ( SELECT Code_New
      FROM   @tblArticleCodes AC
      WHERE  AC.ID = Articles.ID )
```

Listing 8.41 Bildung neuer Codes über Hilfsvariable

Dem geneigten Betrachter stellt sich nun die Frage, wann Tabellenvariablen als Ersatz für temporäre Tabellen genutzt werden sollten. Um eine Antwort zu finden, sollte man sich die wichtigsten Eigenschaften von Tabellenvariablen vor Augen führen:

- Tabellenvariablen werden im Arbeitsspeicher angelegt, temporäre Tabellen auf der Festplatte. Der Arbeitsspeicher ist in den meisten Fällen die effektivere Variante. Problematisch wird dieses Speicherverfahren dann, wenn es um größere Datenmengen geht und die Ressource Speicher in SQL Server zur Neige geht. Parallel ausgeführte Abfragen leiden darunter und im Extremfall muss der Server Speicherseiten auslagern, was das Arbeitstempo dann radikal verlangsamt. Die Reservierung von einigen zig MB stellt auf einem ausgewachsenen Server eventuell gar kein Problem dar. Es ist allerdings stark von der Datenbankapplikation selbst und von den weiteren Datenbanken, die der Server verarbeitet, abhängig, ob die Verwendung großer Tabellenvariablen Schwierigkeiten bereitet oder nicht.

- Eine Tabellenvariable verhält sich wie eine gewöhnliche lokale Variable, was ihren Gültigkeitsbereich angeht. Temporäre Tabellen können bei Bedarf global verwendet werden, Tabellenvariablen leben nur innerhalb des Gültigkeitsbereichs, in welchem sie deklariert wurden. Beim Verlassen eines Batches, beim Austritt aus einer gespeicherten Prozedur oder einer benutzerdefinierten Funktion werden die temporären Daten sofort gelöscht.

- Operationen auf Tabellenvariablen nehmen nicht an Transaktionen teil. Dadurch werden weitaus weniger Sperren gesetzt als bei Verwendung temporärer Tabellen. Dies spart Ausführungszeit. Die Transaktionssicherheit bleibt in jedem Fall gewährleistet, da der Gültigkeitsbereich ja lokal ist. Kommt es zu einem *ROLLBACK*, dann sind die Daten in einer Tabellenvariablen davon *nicht* betroffen.

- Eine Tabellenvariable kann nicht durch ein *SELECT INTO* angelegt werden. Die Spaltendeklaration hat immer explizit zu erfolgen.

- In Abfragen, die einen Zugriff auf Tabellenvariablen beinhalten, werden niemals parallele Abfragepläne in Betracht gezogen. Dies kann ein Nachteil sein, wenn es um die Auswertung in großen Datenbeständen geht.

- Daten in Tabellenvariablen können nicht indiziert werden. Auch das kann bei größeren Datenmengen ein Nachteil sein.

Zusammengefasst lässt sich sagen, dass Tabellenvariablen die schlankere Variante der temporären Tabellen darstellen. Immer dann, wenn die Daten nur lokal in einer Prozedur benötigt werden und wenn die Datenmenge nur ein paar KB groß ist, sollten Sie zu den Variablen greifen. Dadurch werden Ihre Programme deutlich schneller.

Sehr breite Tabellen mit SPARSE DATA optimieren

SQL Server hat eine Obergrenze von 1024 Spalten für das Anlegen von Tabellen. In den allermeisten Fällen werden Sie damit problemlos auskommen. Hin und wieder hatte ich schon Kunden für die diese Einschränkung ein Problem war. Die Standardmethode besteht dann darin eine zweite »Overflow-Tabelle« anzulegen, welche weitere Spalten aufnehmen kann und die beiden Tabellen durch eine Fremdschlüsselbeziehung fest miteinander zu verknüpfen. Das drückt bei sehr langen Tabellen natürlich auf die Performance, da beim Anzeigen der Daten eine Join-Operation ausgeführt werden muss. Auch die Entwicklung eines Clients wird durch das Tabellensplit ein wenig komplizierter, als nötig, so dass man sich hin und wieder eine Möglichkeit wünscht, die Einschränkung der Spaltenzahl sprengen zu können. In SQL Server 2008 ist dies glücklicher Weise möglich.

Ein Szenario für sehr breite Tabellen

Ein spezielles Problem stellen Tabellen dar, die sehr breit sind und gleichzeitig über sehr viele fehlende Werte verfügen (also NULL-Werte). Dieses Problem kann dann auftreten, wenn in einer Tabelle Datensätze von einem »Objekttyp« existieren, zu dem es viele unterschiedliche Ausprägungen gibt Ein Beispiel dafür wäre eine Artikeltabelle, welche die Attribute vieler unterschiedlicher Artikelarten aufnehmen soll. Wenn Sie beispielsweise gleichzeitig Bücher, CDs und DVDs verkaufen, dann ist es so, dass zur Beschreibung dieser unterschiedlichen Artikelarten verschiedene Spalten angelegt werden müssten. In etwa: Autor, Seitenzahl, Art des Einbands für Bücher. Interpret, Stilrichtung für CDs. Regisseur, Genre für DVDs. Darüber hinaus gibt es natürlich noch gemeinsame Spalten, wie Titel und Preis. In der *netShop*-Datenbank ist diese Problematik auf eine klassische Art und Weise, nämlich als so genanntes »Open Schema« abgelegt. In der Tabelle *Products.Articles* werden nur die gemeinsamen Informationen verwaltet. Die variablen Informationen sind abgetrennt und werden in den Tabellen *Product.AttributeTypes*, *Products.Attributes* und *Products.ArticlesToArticleAttributes* verwaltet. Die Attribute eines Artikels können damit jederzeit dynamisch erweitert werden. Die Programmierung einer GUI für die Eingabe in ein Open Schema ist in der Regel simpel. Im einfachsten Fall werden die Attribute untereinander in einer Tabelle angezeigt. Abbildung 8.10 zeigt ein Beispiel, wie das in einem netShop-Client aussehen könnte.[2]

Im Screenshot ist ein Artikel des neu eingeführten Kataloges »Feine Geister« zu sehen. Im offenen Schema der *netShop*-Datenbank wird beim Anlegen eines neuen Katalogs ein Datensatz in der Tabelle *Products.Catalogs* hinzugefügt. Anschließend werden die Attribute durch Hinzufügen von Datensätzen in der Tabelle *Products.Attributes* festgelegt. Für den Katalog »Feine Geister« sieht das in der Datenbank dann in etwa folgendermaßen aus:

```
Tabelle: Products.Catalogs

ID  Name
7   Feine Geister


Tabelle: Products.Attributes


ID  CatalogID  Name              Description
8   7          Kategorie         Art der Spiritouse (Brände, Whiskey, Liköre,…)
9   7          Herkunft          Land und Region der Herkunft
10  7          Hersteller        Firma oder Erzeuger
11  7          Farbe             NULL
12  7          Duft              NULL
13  7          Geschmack         NULL
14  7          Preis pro Liter   NULL
```

Damit ist dann sozusagen ein Datenbankobjekt von Typ »Feine Geister« definiert worden, ohne dass an der Datenbankstruktur etwas geändert werden müsste. Für neue Attribute werden anstelle neuer Spalten neue Datensätze hinzugefügt.

Die konkrete Festlegung der Attribute für ein Objekt (also einem Artikel) passiert dann in der Tabelle *Products.ArticlesToArticleAttributes*. Für das Beispiel nach Abbildung 8.10 sieht das ungefähr so aus:

---

[2] Mithilfe der *netShop*-Datenbank wurden jahrelang gesunde Sachen, wie Obst und Gemüse verkauft. In der Version 2008 kommt der Genuss hinzu.

Sehr breite Tabellen mit SPARSE DATA optimieren

Tabelle: Products.Articles

ID	CatalogID	Code	Name
120	7	00105	Bushmills Three Woods 16 Years

Tabelle:

ArticleAttributeID	ArticleID	Value
8	120	Single Malt Whiskey
9	120	Irland
10	120	Old Bushmills Distillery
11	120	Dunkler bernsteinfarbener Ton
12	120	Fruchtig, nach Honig und Vanille
13	120	Äußerst komplex, fruchtig, nach Nüssen, Malz, mit einem süßen Hauch …
14	120	67 €

Diese Verwendung eines offenen Schemas eignet sich im Prinzip gut für das Verwalten von Datenbankobjekten, die stark variierende Merkmale aufweisen, hat aber durch die Verteilung von Daten auf bisweilen viele Tabellen eventuell Nachteile bei der Ausführungsgeschwindigkeit.

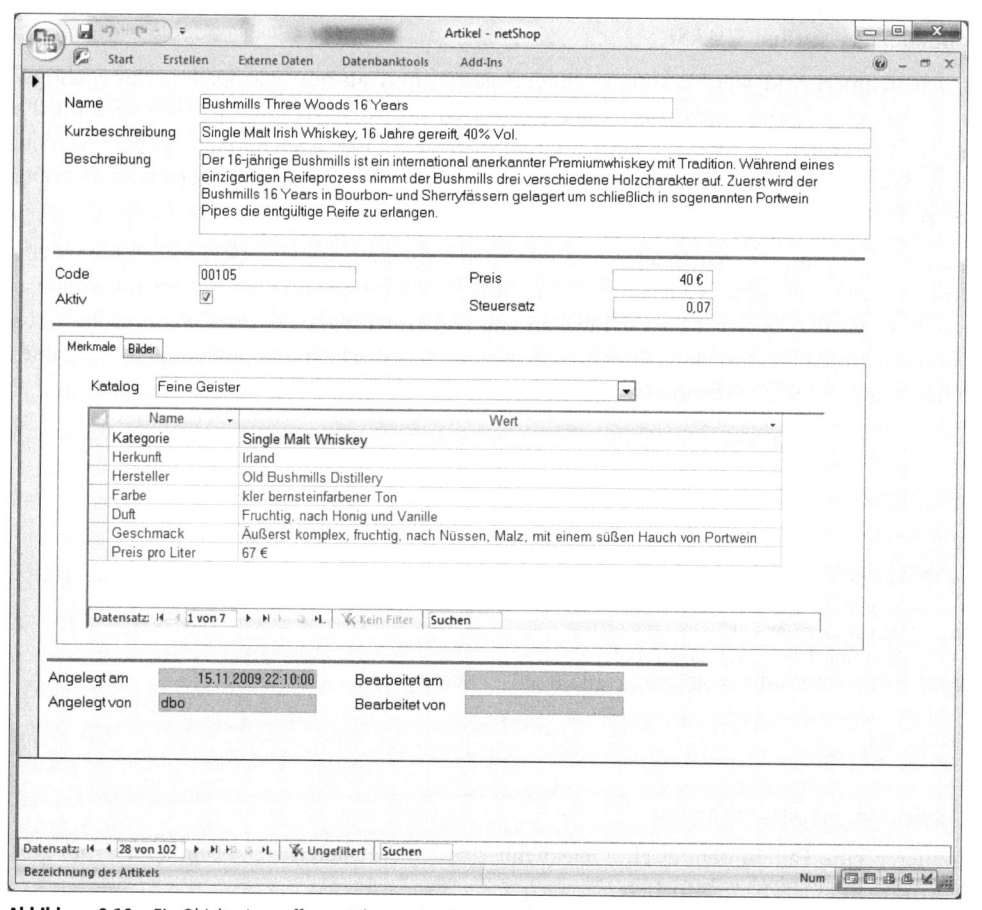

Abbildung 8.10 Ein Objekt eines offenen Schemas in einem *netShop*-Client

Etwas umständlicher gestaltet sich die Ausgabe der Attribute eines Offenen Schemas, wenn beispielsweise ein Bericht erstellt werden soll. Hierzu werden die Attribute einem Objekt in einem einzelnen Ergebnisdatensatz benötigt. Im *Beispiel* der netShop-Datenbank müssen dazu die Daten aus mindestens drei Tabellen verknüpft und vor allen Dingen pivotiert werden. In Transact-SQL ist das zwar ohne größere Probleme möglich. In vielen Fällen wird es allerdings notwendig sein, für jeden der möglichen Objekttypen, d der vorkommen kann, eine eigene Abfrage zu schreiben.

Insgesamt erscheint es natürlich sehr verlockend, darüber nachzudenken, einfach alle möglichen Attribute aller Objektausprägen in eine große Tabelle zu »werfen« und diese bei Bedarf zu füllen. Stellt man sich eine solche Artikeltabelle in der *netShop*-Datenbank vor, dann würden beim Eintrag eines neuen Artikels vom Typ »Feine Geister« Spalten gefüllt, die den Merkmalen *Kategorie, Herkunft, Hersteller, Farbe, Duft, Geschmack, Preis pro Liter* entsprechen. Bei einem Artikel vom Typ »Obst und Gemüse« wären natürlich andere Spalten gefragt und so käme es in jedem Datensatz zu vielen Spalten, die den Wert *Null* enthalten.

Spalten mit Sparse-Attribut einsetzen

In SQL Server 2008 ist es möglich die Limitierung auf 1024 Spalten zu knacken und Tabellen zu definieren, die bis zu 30.000 Spalten haben können. Es dürfen weiterhin nur 1024 »klassische« Spalten angelegt werde, alle anderen bekommen das Attribut *SPARSE*.

Spalten, die als *sparse* definiert sind, werden komplett anders gespeichert, als normale Spalten. Der wichtigste Punkt ist hier: Enthält eine *Sparse-Spalte (Spalte mit geringer Dichte)* den Wert NULL, dann wird für die Speicherung kein Platz reserviert. Je nach Art der Daten können so 20-40% Speicherplatz gespart werden. Dies ist aber nicht das Hauptanliegen von Sparse-Spalten. Es geht vor allen Dingen darum, sehr breite Tabellen erzeugen zu können.

Das folgende Skriptbeispiel zeigt, wie man Spalten mit dem Sparse-Attribut anlegt. Da wirklich sehr breite Tabellen vorgestellt werden sollen, geht es ausnahmsweise einmal nicht um die *netShop*-Datenbank, sondern um ein hypothetisches Beispiel. Es werden zwei Tabellen angelegt: *TableWithoutSparseColums* enthält nur »echte« Spalten und zwar 1024 Stück davon. *TableWithSparseColumns* dagegen 3 »echte« und 1021 Sparse-Spalten. Das Schlüsselwort *SPARSE* wird einfach an die Spaltendefinition angehängt.

```
CREATE TABLE TableWithoutSparseColumns (
    ID INT IDENTITY, Name VARCHAR (100), Type INT,
    c0004 INT NULL, c0005 INT NULL, c0006 INT NULL, ...
    ...
    -- und soweiter, bis
    ... c1024 INT NULL );

CREATE TABLE TableWithSparseColumns (
    ID INT IDENTITY, Name VARCHAR (100), Type INT,
    c0004 INT SPARSE NULL, c0005 INT SPARSE NULL, c0006 INT SPARSE NULL, ...
    ...
    -- und so weiter, bis
    ... c1024 INT SPARSE NULL );
```

Listing 8.42 Breite Tabellen ohne und mit Sparse-Attribute

Die Tabellen simulieren eine Fall, in dem es ein Objekt mit 3 festen Attributen (*ID*, *Name* und *Type*) gibt, sowie eine große Anzahl frei belegbarer Attribute.

Im nächsten Listing werden ein paar wenige Datenzeilen in die beiden Tabellen eingefügt (jeweils identische).

Sehr breite Tabellen mit SPARSE DATA optimieren

```sql
-- nicht SPARSE
INSERT INTO TableWithoutSparseColumns
    (DocName, Doctype) VALUES ('aaaa', 1)
INSERT INTO TableWithoutSparseColumns
    (DocName, Doctype, c0945) VALUES ('bbbb', 2, 46);
...
INSERT INTO TableWithoutSparseColumns
    (DocName, Doctype, c0233, c0234,c0235,c0236) VALUES ('eeee', 4, 12, 34, 46, 66)

-- SPARSE
INSERT INTO TableWithSparseColumns
    (DocName, Doctype) VALUES ('aaaa', 1)
INSERT INTO TableWithSparseColumns
    (DocName, Doctype, c0945) VALUES ('bbbb', 2, 46);
...
INSERT INTO TableWithSparseColumns
    (DocName, Doctype, c0233, c0234,c0235,c0236) VALUES ('eeee', 4, 12, 34, 46, 66)
```

Listing 8.43 Ein paar Datensätze für die Tabellen

Um herauszufinden, wie viel Speicherplatz für diese Datensätze aufgebracht werden muss, kann man das nächste Skript laufen lassen. Dieses nutzt die dynamische Managementsicht *sys.dm_db_index_physical_stats* um die durchschnittliche Zeilenlänge anzeigen zu lassen.

```sql
SELECT [avg_record_size_in_bytes], *
    FROM sys.dm_db_index_physical_stats (
    DB_ID ('netShop'),
    OBJECT_ID ('TableWithoutSparseColumns'),
    NULL, NULL, 'DETAILED');

SELECT [avg_record_size_in_bytes], *
    FROM sys.dm_db_index_physical_stats (
    DB_ID ('netShop'),
    OBJECT_ID ('TableWithSparseColumns'),
    NULL, NULL, 'DETAILED');
```

Listing 8.44 Zeilengrößen ohne und mit Sparse-Spalten

Das Ergebnis zeigt, dass bei der klassischen Speicherung *4248 Byte*, also fast 4 kB verbraucht werden und bei der Speicherung mit Sparse-Spalten nur *54,6 Byte*. In der Tabelle *TableWithoutSparseColumns* werden für jede *int*-Spalte in jedem Datensatz jeweils 4 Byte reserviert, egal ob eine *NULL* darin steht oder ein echter Wert. Die Sparse-Speicherung benötigt diesen Speicherplatz nicht. Sie können sich leicht selbst ausrechnen, welche Ersparnisse Sie dadurch bei sehr großen Tabellen erzielen können!

Einen wirklich sehr bemerkenswerten Effekt werden Sie bemerken, wenn Sie die beiden Tabellen abfragen. So wie dem folgenden, sehr simplen, Beispiel.

```sql
SELECT * FROM TableWithoutSparseColumns;
SELECT * FROM TableWithSparseColumns
```

Listing 8.45 Tabellen abfragen

Überraschender Weise dauert es bei beiden Tabellen enorm lange, bis die Ergebnisse zurückgeliefert werden. Auf meinem – recht flotten – Entwicklungs-PC über *20* Sekunden! Und das bei einer Ergebnismenge von nur 5 Datensätzen.

Woran liegt das? Der Effekt ist dadurch zu erklären, dass der SQL Server zusammen mit jedem Abfrageergebnis die Metadaten – also die Spaltendefinitionen - zurückliefern muss. Die sind, man kann es bei diesem Beispiel erahnen, recht umfangreich. Auch für dieses Problem gibt es eine Lösung. Man kann den SQL Server dazu überreden, die Daten der Sparse-Spalten ressourcenschonender zurückzuliefern. Allerdings muss die Client-Programmierung entsprechend angepasst werden, da die Werte für die Sparse-Spalten – und zwar nur diejenigen, die einen Wert enthalten – als XML-Dokument geschickt werden. Um diese Funktion verwenden zu können, muss die Tabelle *TableWithSparseColumns* anders angelegt werden. Nämlich unter Verwendung eines so genannten *Column Sets* (*Spaltensatz*). Das sieht dann folgendermaßen aus:

```
CREATE TABLE TableWithSparseColumns (
    ID INT IDENTITY, Name VARCHAR (100), Type INT,

    SparseColumns xml COLUMN_SET FOR ALL_SPARSE_COLUMNS,

    c0004 INT SPARSE NULL, c0005 INT SPARSE NULL, c0006 INT SPARSE NULL, usw.
```

Listing 8.46 Sparse-Spalten mit *Column Set*

Es wird also eine weitere Spalte *SparseColumns* vom Typ *xml* angelegt. Mit dem Attribut COLUMN_SET FOR ALL_SPARSE_COLUMNS wird die Funktion für die neue Spalte festgelegt. Sie ist nicht dafür gedacht Werte aufzunehmen, sondern die Ergebnisse von Abfragen, in denen Sparse-Spalten vorkommen, auszuliefern. In der Version 2008 des SQL Servers gilt ein Column Set immer für alle Spalten einer Tabelle, daher FOR ALL_SPARSE_COLUMNS. In zukünftigen Versionen wird sich das womöglich feiner steuern lassen.

Führen Sie die Abfrage nach Listing 8.45 mit dieser Tabelle und den Testdatensätze noch einmal aus, dann werden Sie zwei Dinge feststellen: Erstens wird das Ergebnis in Sekundenbruchteilen geliefert und zweitens sieht das Ergebnis des SELECT * plötzlich ganz unerwartet aus:

ID	Name	Type	SparseColumns
1	aaaa	1	NULL
2	bbbb	2	<c0945>46</c0945>
3	cccc	3	<c0334>44</c0334>
4	dddd	4	<c0233>12</c0233><c0234>34</c0234>
5	eeee	4	<c0233>12</c0233><c0234>34</c0234><c0235>46</c0235><c0236>66</c0236>

(5 Zeile(n) betroffen)

Es werden nur noch die Nicht-Sparse-Spalten ausgegeben, sowie die Spalte *SparesColumns*. Letztere enthält die Werte der Sparse-Spalten der Zeile (untypisiert), sowie eine *NULL*, wenn keine Sparse-Spalte der Zeile einen Wert enthält.

Natürlich können Sie Sparse-Spalten in einer SELECT-Liste auch direkt ansprechen. Dann erhalten Sie wieder ein ganz normales Abfrageergebnis.

```
SELECT Name, c0233, c0945 FROM TableWithSparseColumns;
```

Listing 8.47 Direkte Abfrage von Sparse-Spalten

Diese Abfrage liefert das folgende Ergebnis, welches ganz normal weiterverarbeitet werden kann, ohne XML parsen zu müssen.

Name	c0233	x0945
aaaa	NULL	NULL
bbbb	NULL	46
cccc	NULL	NULL
dddd	12	NULL
eeee	12	NULL

Selbstverständlich können Sie auch eine Column Set-Spalte explizit abfragen.

Zu guter Letzt muss noch erwähnt werden, dass Sparse Columns und Columns Sets nicht in jeder Situation geeignet sind. Es gibt *eine Menge* Einschränkungen, von denen an dieser Stelle nur einige wichtige aufgelistet werden:

- **NOT NULL** Darf auf Sparse-Spalten nicht definiert sein. Logisch, oder?
- **SQLCLR Datentypen** Sind nicht erlaubt. Weder benutzerdefinierte, noch systemdefinierte, wie *geometry*.
- **LOB-Typen** Die veralteten Typen *text*, *image*, *ntext* werden nicht unterstützt
- **Berechnete Spalten** Sparse-Spalten dürfen nicht berechnet sein

Es gibt noch einige Dinge mehr zu beachten. Für die Column Sets gibt es noch weitere Einschränkungen – wie zum Beispiel, dass diese sich mit Replikation nicht vertragen.

ACHTUNG Überprüfen Sie in der SQL Server Onlinedokumentation unbedingt sämtliche Randbedingungen für den Einsatz von »Spalten mit geringer Dichte«, bevor Sie diese Funktion in Ihrer SQL Server-Entwicklung nutzen. Sie schützen sich vor unangenehmen Überraschungen.

HINWEIS Im Zusammenhang mit Sparse-Spalten spielen gefilterte Indizes eine große Rolle. Was es damit auf sich hat wird in Kapitel 12 »Indizierung & Partitionierung« noch ganz genau erklärt werden.

Kapitel 9

Daten abfragen und auswerten

In diesem Kapitel:

SELECT FROM WHERE à la SQL Server	262
Datensätze mit der WHERE-Klausel selektieren	272
Neue Tabellen mit SELECT INTO anlegen	278
Tabellen mit relationalen Operatoren verknüpfen	279
Daten aggregieren und gruppieren	292
Abfrageergebnisse nummerieren und partitionieren	311
Unterabfragen	316
Abfragen als Tabellen: Abgeleitete Tabellen	326
Common Table Expressions und rekursive Abfragen	328
Ergebnisse pivotieren	332
NULL IS NULL IS NULL	340
Stichproben mit TABLESAMPLE generieren	343
Verteilte Abfragen	345

Nachdem Sie in den letzten beiden Kapiteln eine kurze Übersicht über die Datenbankprogrammiersprache Transact-SQL und die Werkzeuge bekommen haben, mit denen Sie Transact-SQL-Code schreiben können, geht es jetzt so richtig los. Sie lernen den wichtigsten SQL-Befehl überhaupt, das *SELECT*, ganz intim aus der Nähe kennen. Vermutlich enthalten ungefähr 80% der T-SQL-Abfragen, die Sie schreiben werden, aller Wahrscheinlichkeit nach dieses Kommando.

Der *SELECT*-Rundflug beginnt. Die meisten der Leser werden wissen, wie man Abfragen mit *SELECT* formuliert, um Daten aus einer relationalen Datenbank zu extrahieren. Dennoch lohnt es sich ganz sicher, auch die ersten Abschnitte wenigstens kurz zu streifen. Gerade, wenn Sie nicht schon längere Zeit mit SQL Server gearbeitet haben oder auch von einem anderen Datenbanksystem wie Oracle, MySQL oder Access zu SQL Server wechseln, können Sie sicher die eine oder andere Überraschung erleben – eine Syntaxvariante womöglich, die in Ihrem vertrauten Datenbanksystem üblich ist, in SQL Server aber streng verboten. Oder umgekehrt. Auch routinierte SQL Server-Entwickler können sicher noch die eine oder andere Feinheit entdecken, die Ihnen vorher so vielleicht gar nicht bewusst war. Und es gibt natürlich neue Dinge zu entdecken, die so nur SQL Server 2008 zur Verfügung stellt.

Denken Sie beim Durcharbeiten des Kapitels wieder daran, dass Sie sämtliche T-SQL-Beispiele auf dem Begleitmedium des Buchs finden. So können Sie die praktischen Beispiele sofort im T-SQL-Editor des Management Studios nachvollziehen. Alle Demos beziehen sich auf unsere netShop-Datenbank. Deren Aufbau wurde in Kapitel 4 erläutert. Schlagen Sie also dort bei Bedarf noch einmal nach, wenn Ihnen etwas in der Konstruktion der Datenbank rätselhaft vorkommt.

SELECT FROM WHERE à la SQL Server

Einfache Abfragen mit SELECT

Wir beginnen die *SELECT*-Tour mit der einfachsten Grundform des Befehls. Dieser hat den folgenden Aufbau:

```
SELECT <select_list>
FROM <table_source>
[WHERE] <search_condition>
[ORDER BY] <order_expression [ ASC | DESC ]>
```

Hinter dem Schlüsselwort *SELECT* folgt die Angabe, welche Felder der angesprochenen Tabellen im Ergebnis angezeigt werden sollen. Diesen Bereich einer Abfrage bezeichnet man im Allgemeinen als *SELECT*-Liste oder -Klausel. Schränken Sie in Ihrer Programmierung die Feldliste nach Möglichkeit auf die tatsächlich benötigten Spalten ein. Dadurch können Sie unnötigen Netzwerkverkehr vermeiden und verringern die Zeit, die benötigt wird, um das Ergebnis von SQL Server an Ihren Client auszuliefern. Die *FROM*-Klausel gibt die Herkunft der Daten an. Die Tabellenquelle (*table_source*) kann in Transact-SQL eine Basistabelle, eine Sicht, eine verknüpfte Tabelle, eine abgeleitete Tabelle (was das ist, wird weiter hinten in diesem Kapitel erläutert) oder eine so genannte Rowset-Funktion sein. Stammen die Daten aus verschiedenen Quellen, so werden diese über den Operator *JOIN* miteinander verknüpft. Dazu kommen wir später noch. Über die *WHERE*-Klausel werden die Einschränkungen der Abfrage definiert. Dies sind ein oder mehrere logische Ausdrücke, die über Abfrageoperatoren Feldinhalte filtern. Ein einfaches *SELECT*-Beispiel ist im Folgenden dargestellt. Diese Abfrage liefert Informationen über Kunden in Berlin, wobei die Ergebnisse nach dem Nachnamen der Kunden (Spalte *Name_2*) sortiert sind:

```
SELECT
   Code, Name_2, Name_1
FROM
   Sales.Customers
WHERE
   City = 'Berlin'
ORDER BY Name_2
```
Listing 9.1 Einfaches SELECT-Kommando

In der allereinfachsten Form einer Abfrage mit *SELECT* können Sie sowohl die *WHERE*-Klausel wie auch das *ORDER BY* weglassen. Sie legen die Spalten fest, die ausgegeben werden sollen, geben eine Tabelle an oder auch mehrere verknüpfte und los geht es. Es gibt ein paar Feinheiten in der *SELECT*-Liste und in der *FROM*-Klausel, die ich kurz erläutern möchte. Die nachfolgende Variante kennen Sie unter Garantie schon:

```
SELECT
   *
FROM
   Sales.Customers
```
Listing 9.2 SELECT-Liste mit *

Das Symbol »*« in der *SELECT*-Liste ist ein abkürzender Ausdruck. Wird es anstatt konkreter Spaltennamen eingesetzt, so gibt SQL Server sämtliche Spalten der angesprochenen Tabellenquellen zurück und zwar in der Reihenfolge, wie diese in den Tabellen definiert sind. Dies kann für das Testen von Abfragen oder in anderen speziellen Situationen eine gute Möglichkeit sein, sollte aber in der Programmierung vermieden werden. Einerseits werden in der Regel zu viele Daten »über die Leitung geschickt«, andererseits greifen bestimmte Indizes nicht mehr so gut, wenn Sie »*« verwenden. Im Indexkapitel wird dieses Verhalten genauer erläutert.

Bisweilen beschwert sich SQL Server über ein *SELECT*-Kommando, weil in den Bezeichnungen für Spalten oder Tabellen reservierte Worte oder Leerzeichen vorkommen. Man kann den Server in so einem Fall durch die Verwendung einer veränderten Syntax davon überzeugen, das Kommando zu akzeptieren und die angegebenen Bezeichnungen als »ordentliche« Namen zu verstehen. Schließen Sie die fraglichen Namen in eckige Klammern ein: »[« und »]«. Bei der Entwicklung eigener Datenbanken empfiehlt es sich nach Möglichkeit, durch die Wahl geeigneter Spalten- und Tabellennamen solche Probleme gar nicht erst aufkommen zu lassen. Aus diesem Grunde finden Sie in der netShop-Datenbank auch kein Beispiel für so einen Fall. Sie können das Verhalten von SQL Server bei der Verwendung ungültiger Bezeichner aber leicht simulieren, indem Sie das folgende Kommando absetzen:

```
SELECT
   *
FROM
   Order Details
```
Listing 9.3 Problematischer Bezeichner in einem T-SQL-Kommando

Hier wird der nicht erlaubte Name *Order Details* anstelle von *OrderDetails* verwendet. Der Server meckert zu Recht und liefert eine Fehlermeldung.

```
Meldung 156, Ebene 15, Status 1, Zeile 4
Falsche Syntax in der Nähe des 'Order'-Schlüsselwortes.
```

Durch das Leerzeichen gerät der T-SQL-Interpreter aus dem Tritt und das Wort *Order* wird als Schlüsselwort interpretiert – was es auch ist. Sie haben diese Bezeichnung ja gerade als Bestandteil des *SELECT*-Kommandos kennen gelernt. Der Text der Fehlermeldung ist in solchen Situationen eventuell etwas überraschend. Daher der Hinweis: Können Sie eine Fehlermeldung von SQL Server nicht mit Ihrem Programmtext in Übereinstimmung bringen, dann ziehen Sie auf jeden Fall auch die Möglichkeit der nicht erlaubten Verwendung reservierter Bezeichner in Betracht. Der SQL Editor im Management Studio unterstützt Sie dabei durch sein Syntax-Highlighting. Die Abhilfe sieht so aus:

```
SELECT * FROM [Order Details]
```

Durch den Einschluss in eckige Klammern wird SQL Server davon abgehalten, »Order Details« falsch zu interpretieren. Natürlich können Sie den Befehl im netShop-Kontext nicht ausführen, da es nur eine Tabelle *OrderDetails*, nicht aber *[Order Details]* gibt. SQL Server meldet sich mit:

```
Ungültiger Objektname 'Order Details'
```

Falls Sie schon einmal mit Access entwickelt haben, dann dürfte Ihnen diese Schreibweise geläufig sein. Der Vollständigkeit halber muss erwähnt werden, dass die offizielle ANSI SQL-92-Syntax etwas anders aussieht. In dieser verwendet man statt der eckigen Klammern doppelte Anführungsstriche, um den Syntaxcheck für eine Zeichenfolge zu unterdrücken. Das Beispiel sieht damit dann so aus:

```
SELECT * FROM "Order Details"
```

Auch dieses Kommando würde der SQL Server problemlos korrekt interpretieren. In dieser Schreibweise ist übrigens auch der Grund dafür zu sehen, dass Sie in T-SQL Zeichenketten nicht durch doppelte (wie zum Beispiel aus VB.NET bekannt), sondern durch einfache Anführungsstriche kennzeichnen müssen. Begriffe in doppelten Anführungsstrichen versucht SQL Server standardmäßig als Spalten- oder Tabellennamen auszuwerten. Als Beispiel dafür dient ein *SELECT*-Beispiel, bei dem im nächsten Listing der Suchbegriff »Berlin« in doppelte Anführungszeichen gesetzt wurde:

```
SELECT
    Code, Name_1, Name_2
FROM
    Sales.Customers
WHERE
    City = "Berlin"
ORDER BY
    Name_2
```

Listing 9.4 Eine Zeichenkette in doppelten Anführungszeichen versteht SQL Server nicht

Und so meckert SQL Server, wenn Sie versuchen, die Abfrage auszuführen:

```
Meldung 207, Ebene 16, Status 1, Zeile 6
Ungültiger Spaltenname 'Berlin'
```

Durch den Einschluss in die Gänsefüßchen bewegen Sie den Server dazu, das Wort »Berlin« als die Bezeichnung einer Spalte zu interpretieren.

SELECT FROM WHERE à la SQL Server

HINWEIS Das Verhalten bei der Auswertung von Anführungszeichen kann bei SQL Server durch die Einstellung *QUOTED_IDENTIFIER* in einer Benutzerverbindung verändert werden. Dies ist zum Beispiel dann praktisch, wenn Sie SQL Code von einem anderen Datenbankserver, der andere Voreinstellungen kennt, auf Microsoft SQL Server portieren wollen. Mit dem Befehl:

```
SET QUOTED_IDENTIFIER OFF
```

stellen Sie das Verhalten so um, dass sowohl einfache wie auch doppelte Anführungszeichen als Textbegrenzer interpretiert werden. Der SQL Native Client stellt übrigens standardmäßig beim Verbindungsaufbau mit dem SQL Server *QUOTED_IDENTIFIER* immer auf *ON* ein. Dies müssen Sie berücksichtigen und eventuell ändern, wenn von Ihrem Client aus doppelte Anführungsstriche *nicht* für Objektbezeichner genutzt werden sollen.

Ergebnisspalten umbenennen

Hin und wieder ist es sinnvoll, den Ergebnisspalten einer *SELECT*-Anweisung für die Anzeige, beispielsweise in einem Bericht, einen anderen Namen zu geben. Damit kann unter anderem die Lesbarkeit erhöht werden. In SQL verwenden Sie zu diesem Zweck ein so genanntes *Spalten-Alias*. So ein Alias ist eine beliebige Bezeichnung (die aber wieder den SQL Server-Namensregeln genügen muss), die Sie hinter dem Original-Spaltennamen, gefolgt vom Schlüsselwort *AS*, angeben. Am einfachsten macht man sich das wieder durch ein Beispiel klar:

```
SELECT
    Code AS [Kunden-Nr], Name_2 AS Nachname, Name_1 AS Vorname
FROM
    Sales.Customers
```

Listing 9.5 SELECT-Liste mit Aliasnamen

Hier werden die englischen Feldnamen ins Deutsche übersetzt. Interessant an diesem Beispiel ist der Alias [*Kunden-Nr*]. Aufgrund des Sonderzeichens im Namen muss auch der Aliasname in eckige Klammern eingeschlossen werden. Aliasnamen werden Sie auf jeden Fall auch dann verwenden wollen, wenn in einer *SELECT*-Liste berechnete Werte in Form von Ausdrücken vorkommen. Womit wir auch schon beim nächsten Thema wären.

Ausdrücke in der *SELECT*-Liste

Anstelle eines Spaltennamens dürfen in einer *SELECT*-Liste auch Ausdrücke zur Berechnung neuer Werte aus vorhandenen Spalteninhalten eingesetzt werden. Dafür kommen die üblichen arithmetischen Operatoren (+, -, *, /), Funktionen oder auch Unterabfragen in Betracht. Den exakten Aufbau von T-SQL-Ausdrücken werden Sie im entsprechenden Abschnitt des Kapitels 11 »Mit Transact-SQL programmieren«, noch ausführlich kennen lernen. An dieser Stelle soll die Verwendung von Ausdrücken in der *SELECT*-Liste wieder durch ein Beispiel illustriert werden.

```
SELECT
    OrderID,
    Pos,
    Quantity,
    Unitprice,
    Quantity * UnitPrice AS GrossPrice,
```

```
    Quantity * UnitPrice - Quantity * Unitprice * Discount AS NetPrice
FROM
    Sales.OrderDetails
```

Listing 9.6 SELECT-Liste mit Ausdrücken

Zwei Dinge sind an diesem Codeausschnitt bemerkenswert: Erstens bekommen Ausdrücke, wie hier zu sehen, normalerweise einen Aliasnamen. Wird dieser nicht angegeben, so liefert SQL Server das Ergebnis der Abfrage zwar aus, die Spalte mit dem Ausdruck hat dann allerdings in der Ergebnismenge keine Bezeichnung. Dies kann in der Client-Programmierung umständlich sein, da Sie dann nur über einen Index auf die entsprechenden Spalten zugreifen können und bei der Datenbindung in Formularen und Berichten wird dies generell zu Problemen führen.

Die zweite Besonderheit betrifft den Ausdruck *Quantity * UnitPrice:* Dieser berechnet in der Beispielabfrage den Bruttopreis einer Bestellposition. Die berechnete Spalte erhält den Aliasnamen *GrossPrice*. In anderen Datenbanksystemen wie Access wäre es kein Problem, mit dem neu vergebenen Namen weiterzuarbeiten und diesen in nachfolgenden berechneten Spalten einzusetzen. Dies funktioniert in SQL Server leider nicht. Aus diesem Grund wird im Beispiel der Ausdruck *Quantity * UnitPrice* in der zweiten berechneten Spalte (*NetPrice*) auch schlicht wiederholt. Den Versuch einer abgekürzten Schreibweise in der Art

```
GrossPrice - GrossPrice * Discount AS NetPrice
```

quittiert der SQL Server mit der Fehlermeldung

```
Ungültiger Spaltenname 'GrossPrice'.
```

Es ist tatsächlich nicht nur so, dass man durch diese kleine Schwäche von SQL Server ein wenig mehr Schreibarbeit hat, der Server berechnet dummer Weise den Ausdruck bei der Ausführung der Abfrage auch doppelt.[1]

T-SQL-Variablen in der SELECT-Liste füllen

Hin und wieder benötigt man in der serverseitigen Programmierung die Möglichkeit, Werte aus einer Abfrage in Variablen zu übernehmen, um mit diesen in einer Prozedur weiter zu arbeiten. Die Syntax des *SELECT*-Befehls bietet dafür einen ganz einfachen Ansatz. Sie können in einer *SELECT*-Liste Spalten an Variablen zuweisen. Die Werte aus den Spalten werden dann nicht an den Client zurückgegeben, sondern stehen nach der Ausführung von *SELECT* in den lokalen Variablen. Das folgende Beispiel demonstriert, wie eine Kundenadresse per *SELECT* an entsprechende Variablen übergeben werden kann.

```
DECLARE
    @LastName AS varchar(50),
    @FirstName AS varchar(50),
    @Address AS varchar(50),
    @Postalcode AS varchar(50),
    @City AS varchar(50)
```

---

[1] OK, OK. Der geneigte Leser sieht natürlich *sofort*, dass man den Ausdruck für *NetPrice* vereinfachen kann: *Quantity * (Unitprice - Discount)*. Das Beispiel illustriert aber hübsch eine Besonderheit von SQL Server.

```
SELECT
    @FirstName = Name_1,
    @LastName  = Name_2,
    @Address   = Address,
    @Postalcode = Postalcode,
    @City = @City
FROM
    Sales.Customers
WHERE
    ID = 1
PRINT 'Nachname: ' + @LastName
PRINT 'Vorname:  ' + @FirstName
PRINT 'Straße:   ' + @Address
PRINT 'PLZ:      ' + @Postalcode
PRINT 'Stadt:    ' + @City
```

Listing 9.7 Variablenübergabe in einer SELECT-Liste

Im vorstehenden T-SQL-Code wird die Adresse des Kunden mit der *ID* 1 an die lokalen Variablen übergeben. Lässt man diese Einschränkung auf einen einzelnen Datensatz weg, dann werden alle Datensätze des Abfrageergebnisses komplett durchlaufen und der *letzte* Datensatz geliefert, den der SQL Server gemäß seines gewählten Abfrageplans zurückgibt.

Die einen einzelnen Datensatz ergebende Filterung mit einer *WHERE*-Klausel ist also auf jeden Fall notwendig. Auch deshalb, weil SQL Server nur skalare Datentypen für Variablen kennt und damit eben nur ein Wert pro Tabellenspalte übergeben werden kann (Tabellenvariablen lässt die Syntax hier nicht zu).

Eine zweite Einschränkung muss noch erwähnt werden. Was Sie leider nicht machen können: in einem einzelnen *SELECT*-Befehl Werte an Variablen übergeben und gleichzeitig die Werte aus anderen Spalten in ein Abfrageergebnis einfließen lassen. Dafür sind auf jeden Fall zwei *SELECT*-Anweisungen notwendig.

Duplikate im Ergebnis vermeiden

In bestimmten Situationen ist es sinnvoll, sich nur Datensätze zurückgeben zu lassen, die sich nicht wiederholen. Ein Beispiel: Es soll eine Liste der Orte angezeigt werden, in denen sich die Kunden des netShop befinden. Dazu dient das folgende SQL-Kommando:

```
SELECT City FROM Sales.Customers ORDER BY City
```

Die Ergebnisliste enthält viele Städte mehrfach. In der folgenden Tabelle sieht man die ersten fünf Ergebnisse dieser Abfrage in der netShop-Datenbank:

City
Adelebsen
Adelebsen
Adelebsen
Aerzen
Aerzen

Um diesen Effekt zu verhindern und die Duplikate zu entfernen, kann die Abfrage mithilfe des Schlüsselworts *DISTINCT* neu formuliert werden:

```
SELECT DISTINCT City FROM Sales.Customers ORDER BY City
```

Listing 9.8 SELECT mit DISTINCT

In der Ergebnismenge wird jetzt der Name jeder Stadt nur ein einziges Mal aufgeführt:

```
City
Adelebsen
Aerzen
Affinghausen
Ahaus
Ahlersted
```

Wichtig ist an dieser Stelle die Bemerkung, dass die Reduktion der Datensätze ausschließlich über die in der *SELECT*-Liste der Abfrage ausgewählten Spalten und Zeilen vorgenommen wird. Also über die *angezeigten* Datensätze. Falls Sie schon einmal mit der Access Jet-Engine programmiert haben, dann wissen Sie sicherlich, dass diese über eine erweiterte Version des *DISTINCT* verfügt, nämlich *DISTINCTROW*. Bei dieser wird der gesamte Datensatz, also auch der »unsichtbare« Teil untersucht. Diese Variante steht in SQL Server nicht zur Verfügung. Soll jede einzelne Spalte zum Vergleich herangezogen werden, dann müssen auch alle Spalten in die *SELECT*-Liste aufgenommen werden.

Datensätze mit ORDER BY sortieren

Sie dürfen sich bei der Ausführung einer Abfrage *nie* darauf verlassen, dass die Ergebnisdatensätze in einer bestimmten Reihenfolge ausgegeben werden, da SQL Server per Definition keinerlei interne Datensatznummerierung oder Ähnliches kennt. Die Zeilen ein und derselben Tabelle können durch unterschiedliche Abfragen in verschiedenen Anordnungen ausgegeben werden. Dies ist unter anderem von den Bedingungen in der *WHERE*-Klausel, den vorhandenen Indizes und der physikalischen Anordnung der Datensätze auf der Festplatte abhängig. Geben Sie also, wenn eine bestimmte Sortierung der Daten notwendig ist, diese konkret über die *ORDER BY*-Klausel an. Den Schlüsselworten *ORDER BY* folgt eine Feldliste. Zusätzlich kann die Sortierrichtung angegeben werden. Auch hier dient wieder ein kleines Beispiel der Veranschaulichung:

```
SELECT
    PostalCode, Code, Name_2 AS Lastname, Name_1 AS Firstname
FROM
    Sales.Customers
ORDER BY
    PostalCode ASC, Lastname DESC
```

Listing 9.9 SELECT mit ORDER BY

Durch diesen SQL-Text werden Kundeninformationen ausgegeben, die in erster Linie nach der Postleitzahl aufsteigend sortiert sind. Gibt es mehr als einen Kunden in einem Postleitzahlengebiet, dann erfolgt die Sortierung nach Kundennamen absteigend. Dies ist der zweite Teil des *ORDER BY*. Das Beispiel macht deutlich, dass in der *ORDER BY*-Liste Aliase durchaus erlaubt sind.

Verallgemeinert ausgedrückt gelten also die folgenden Regeln für die *ORDER BY*-Klausel: Auf die beiden Schlüsselworte folgt eine Liste von Ausdrücken, durch Kommata getrennt, in der Reihenfolge der gewünschten Sortierung. Ein solcher Ausdruck kann ein Spaltenname, ein Spalten-Alias (ja genau: *ORDER BY* »versteht« einen Alias), ein allgemeiner T-SQL-Ausdruck oder auch eine Zahl sein, die eine Spaltenposition in der *SELECT*-Liste darstellt. Optional kann nach einem *ORDER BY*-Ausdruck der Begriff *ASC* für aufsteigende Sortierung (ascending) oder *DESC* für absteigende Sortierung (descending) angegeben werden. Fehlt der optionale Teil, so wird aufsteigende Sortierung unterstellt. In der Syntax sieht das kurz und knapp so aus:

```
ORDER BY {order_by_expression [ COLLATE collation_name ] [ ASC | DESC ] } [ ,...n]
```

Falls Sie mit Textdaten aus verschiedenen Quellen arbeiten, für die unterschiedliche Sortierungen eingestellt sind, kann es sein, dass die Sortierreihenfolge nicht Ihren Erwartungen entspricht. Sie können aber jederzeit einem Sortierausdruck in der *ORDER BY*-Klausel über *COLLATE* eine spezielle Sortierfolge mitgeben. Möchten Sie zum Beispiel die Kundeninformationen nach dem Nachnamen in der Deutschen Telefonbuchsortierung sortiert ausgeben lassen, dann geht das mit der folgenden Klausel:

```
ORDER BY LastName COLLATE German_PhoneBook_CI_AS ASC
```

Ergebnismengen mit TOP einschränken

Es gibt viele Fälle, in den es sinnvoll ist, die Anzahl der Datensätze einzuschränken, die vom Server ausgeliefert werden. Ein gutes Beispiel dafür ist die Erstellung einer Grafik auf der Grundlage von Datenbankinhalten. Würde man für die netShop-Datenbank eine Umsatzgrafik pro Artikel einrichten wollen, dann hätte diese einige Dutzend Säulen anzuzeigen und wäre kaum mehr zu gebrauchen. Hier ist eine Einschränkung auf die ersten, sagen wir zehn »Umsatzbringer« sinnvoll. In solch einem Fall bietet es sich an, das *SELECT*-Kommando mit dem Schlüsselwort *TOP* zu verbinden. Das folgende T-SQL-Beispiel gibt die ersten 20 Datensätze der Artikeltabelle aus:

```
SELECT TOP 20
    *
FROM
    Products.Articles
ORDER BY
    Price DESC
```

Listing 9.10 TOP schränkt die Ergebnismenge ein

Dieses Kommando zeigt die 20 teuersten Artikel absteigend sortiert an. Die Anwendung des Zusatzes *TOP* ist ganz einfach: Sie geben ihn im einfachsten Fall direkt hinter *SELECT* an und lassen eine Zahl folgen, die festlegt, nach wie vielen Datenzeilen die Auslieferung des Ergebnisses abgeschlossen werden soll. Sinnvoll ist dies in der Regel nur mit einer gleichzeitigen Sortierung der Ergebnisdatensätze. Natürlich geht noch ein bisschen mehr. Das verrät ein Blick auf die Syntax.

```
TOP (expression) [PERCENT] [WITH TIES]
```

Die Anzahl der auszugebenden Zeilen können Sie also auch dynamisch über einen Ausdruck (*expression*) festlegen. Im einfachsten Fall ist das eine Konstante oder eine Variable. Der Ausdruck liefert entweder einen absoluten Wert oder auch einen relativen Anteil, bezogen auf das Gesamtergebnis. Dazu verwenden Sie das Schlüsselwort *PERCENT,* wie es das nächste Beispiel zeigt:

```
SELECT TOP 20 Percent
    *
FROM
    Products.Articles
ORDER BY
    Price DESC
```

Listing 9.11 TOP mit relativer Angabe

Im Ergebnis stehen dann die »obersten« zwanzig Prozent der Produkte, nach dem Preis absteigend sortiert.

In den meisten Fällen ist es recht sinnlos, *TOP* ohne eine Sortierung zu verwenden, doch trotzdem ist es prinzipiell möglich. Was man dann erhält, ist eine Art Stichprobe aus der Ergebnismenge.

Dadurch, dass Sie in Verbindung mit *TOP* einen Ausdruck angeben können, lässt es sich recht dynamisch arbeiten. Dies war in SQL Server-Versionen vor der 2005er-Version gar nicht möglich. Verwenden Sie beispielsweise das *SELECT* für die Ergebnisausgabe in einer gespeicherten Prozedur, dann können Sie einen Parameter der Prozedur verwenden, um die Grenze für *TOP* festzulegen. Dies wird im folgenden Codefragment angedeutet. Beachten Sie, dass in diesem Fall der Variablenname in runde Klammern gehört.

```
CREATE PROCEDURE OrdersGet
   ...
   @MaxRows int
AS
...
SELECT TOP (@MaxRows)

FROM
   Sales.Orders
ORDER BY
   OrderDateDESC
```

Es gibt noch einen kleinen Trick im Zusammenhang mit *TOP*: Verwendet man es in seiner Grundform, so kann das Ergebnis einen leicht verfälschenden Eindruck hinterlassen. Betrachten Sie als Beispiel einmal die nächste Abfrage, welche die fünf teuersten Produkte aus dem netShop anzeigen soll:

```
SELECT TOP 5
   Price, Code
FROM
   Products.Articles
ORDER BY
   Price DESC
```

Listing 9.12 TOP ohne TIES

So sieht das Ergebnis aus:

Price	Code
30,00	00003
30,00	00002
20,00	00001
18,00	00005
18,00	00027

Das Ergebnis besteht natürlich aus genau fünf Datensätzen. Wo steckt das Problem? Wie »befohlen«, werden bei *TOP* 5 nur die ersten fünf Datensätze angezeigt. Dies kann missverständlich sein. Es wird ein Artikel unterdrückt, der ebenfalls einen Preis von 18 Euro hat. Dieser fällt bei der standardmäßigen Art der Formulierung ohne Warnung unter den Tisch. Welche Artikel genau aus der 18-Euro-Preisklasse angezeigt werden, ist von den zusätzlichen Sortiereinstellungen abhängig, beziehungsweise zufällig. Um solche Probleme zu vermeiden, kann man das einfache *TOP* in den Ausdruck *TOP n WITH TIES* umformulieren. Bei dieser Variante überprüft SQL Server, ob am Ende der Ergebnismenge noch weitere Datensätze vorkommen, deren Werte mit dem letzten ausgegebenen Datensatz identisch sind. Gibt es solche, dann werden sie ebenfalls an den Client ausgeliefert. Diesen Effekt kann man in netShop leicht durch den folgenden Befehl überprüfen:

```
SELECT TOP 5 WITH TIES
   Price, Code
FROM
   Products.Articles
ORDER BY
   Price DESC
```

Listing 9.13 TOP mit TIES

SELECT FROM WHERE à la SQL Server

In diesem Fall wird ein weiterer Artikel ausgegeben, es erscheinen 6 Ergebniszeilen:

```
Price  Code
30,00  00003
30,00  00002
20,00  00001
18,00  00005
18,00  00027
18,00  00028
```

Es kann vorkommen, dass Sie in »legacy« T-SQL-Code anstelle von *TOP* eine andere Konstruktion sehen, mit der man ebenfalls die Anzahl der ausgelieferten Datensätze einstellen kann. Das sieht dann ungefähr so aus wie im nächsten Beispiel und liefert ein Ergebnis, welches dem von *TOP* entspricht.

```
SET ROWCOUNT 50

SELECT
    *
FROM
    Sales.Orders
ORDER BY
    OrderDate

SET ROWCOUNT 0
```

Listing 9.14   SET ROWCOUNT

Die Verbindungsoption *SET ROWCOUNT* sorgt dafür, dass die Übertragung von Datensätzen nach der eingestellten Zahl einfach abbricht. Diese Konstruktion sollte nicht mehr eingesetzt werden, da sie nicht nur umständlicher zu schreiben ist, sondern auch für langsameren Code sorgen kann, da SQL Server eine Einschränkung, die direkt mittels *TOP* angegeben wird, besser optimieren kann. Außerdem zählt *SET ROWCOUNT* mit der Version 2008 des SQL Server zu den abgekündigten Features und wird zukünftig nicht mehr unterstützt.

Zum Abschluss noch die folgende Bemerkung: *TOP* können Sie nicht nur in Verbindung mit der *SELECT*-Klausel einsetzen, sondern auch mit *INSERT*, *UPDATE* und *DELETE*. Allerdings werden bei diesen Befehlen die Datenzeilen immer zufällig ausgewählt, sodass dieser Einsatz sicher nur für sehr spezielle Aufgabenstellungen in Betracht kommt – unter anderem für das zufällige Ändern einer Anzahl von Datensätzen.

HINWEIS   Wenn Sie vorhaben, Code für verschiedene Datenbankserver zu schreiben, müssen Sie vorsichtig sein, was die Verwendung von *TOP* angeht. *TOP* ist kein ANSI SQL-Schlüsselwort. Natürlich benötigt man diese Funktion recht häufig, sodass sogar eine eigene Bezeichnung dafür geprägt wurde: »Top N Query«. Überraschender Weise gibt es in ANSI SQL überhaupt keine Formulierung für das Abschneiden einer Ergebnismenge nach den ersten N Datensätzen. Das ist von der theoretischen Seite her betrachtet nicht ganz verkehrt, weil das Abschneiden keine echte Mengenoperation ist. Allerdings ist diese Betrachtung natürlich arg akademisch. Und so kocht hier jeder Datenbankserver sein eigenes Süppchen. MySQL zum Beispiel verwendet das Schlüsselwort *LIMIT* und in ORACLE können Sie über die Zeilennummerierung via *ROWNUM* einschränken: ...*WHERE ROWNUM <= 10* in ORACLE entspricht *TOP 10* beim SQL Server.

Datensätze mit der WHERE-Klausel selektieren

In diesem Abschnitt geht es darum, wie Sie im dritten Abschnitt des *SELECT*-Kommandos – der *WHERE*-Klausel – Ihre Selektionskriterien bilden können. Die allereinfachste Grundform einer Suchbedingung sollte keinerlei Probleme bereiten.

```
SELECT
    PostalCode, Code, Name_2 AS LastName, Name_1 AS Firstname
FROM
    Sales.Customers
WHERE
    City = 'Berlin'
```

Listing 9.15 Einfache Abfrage mit WHERE

Vergleichsoperatoren

Neben dem einfachen Gleichheitsoperator, der einen Spalteninhalt direkt mit einem Ausdruck vergleicht, gibt es natürlich noch weitere Vergleichsoperatoren, die ich für Sie in Tabelle 9.1 zusammengestellt habe.

Operator	Bedeutung	Beispiel
=	Exakt gleich	Code = '0000050'
<>	Ungleich	Code <> '0000050'
<	Kleiner	Code <= '0000050
<=	Kleiner gleich	Code <= '0000050
>	Größer	Code > '0000050
=>	Größer gleich	Code => '0000050'
BETWEEN	Wert liegt in einem bestimmten Bereich	Code BETWEEN '0000010' AND '0000020'
LIKE	Unscharfer Zeichenketten-Vergleich	Code LIKE '1%'
IS NULL	Spalte ist leer	Code IS NULL
IS NOT NULL	Spalte ist nicht leer	Code IS NOT NULL
IN	Wert ist in einer Liste enthalten	Code IN ('0000050', '0000060', '0000070')

Tabelle 9.1 Operatoren in einer WHERE-Klausel

Es gibt tatsächlich noch weitere Operatoren, die allerdings nur in Verbindung mit Unterabfragen Sinn ergeben. Darüber erfahren Sie mehr im entsprechenden Abschnitt dieses Kapitels. Die ersten paar Operatoren sollten Ihnen keine Schwierigkeiten bereiten: =, <>, <, <=, > und => funktionieren ganz genauso, wie Sie es von fast allen Programmiersprachen her gewohnt sind. Die Anwendung setzt nicht voraus, dass die zu vergleichende Spalte einen numerischen Datentyp besitzt. Diese Vergleichsoperatoren sind genauso gut auf Textwerte oder Datumsangaben anwendbar. Bei Zeichenketten-Vergleichen ist das Ergebnis der Operation davon abhängig, welche Sortierfolge für die Datenbank bzw. Spalte eingestellt ist. Es gilt hier, wie ganz allgemein bei Datenbanksystemen, die Warnung vor der Verwendung des =-Operators bei Spalten mit einem Fließkomma-Datentyp wie *real* oder *float*. Aufgrund von Rundungsproblematiken kann es vorkommen, dass Sie Ihre Werte nicht mehr wiederfinden. Ziehen Sie den Datentyp *decimal* in Betracht, falls Sie mit solchen Problemen zu kämpfen haben.

Mittels *BETWEEN* können Sie sich Werte aus einem bestimmten Bereich besorgen. Auch dies funktioniert wieder mit jedem beliebigen Datentyp. Beachten Sie, dass die Ränder des Wertebereichs mit im Ergebnis erscheinen. Die Bedingung

```
Code BETWEEN '0000010' AND '0000020'
```

enthält also die Werte '0000010' und '0000020', wenn diese in den Tabellen enthalten sind. *BETWEEN* ist im Grunde eine Abkürzung für den Abfrageausdruck

```
(Code => '0000010') AND (Code <= '0000020')
```

Welche der beiden Varianten Sie verwenden ist egal. Der SQL Server-Optimierer normalisiert die Abfrage sowieso.

```
SELECT
    PostalCode, Code, Name_2 AS LastName, Name_1 AS Firstname
FROM
    Sales.Customers
WHERE
    Code BETWEEN '0000010' AND '0000020'
```

Listing 9.16 BETWEEN-Abfrage

Der Abfrageoperator *IS NULL* erlaubt die Suche nach fehlenden Werten – also Spalten in einem Datensatz, die keinen Standardwert besitzen und in die noch nie ein Wert eingefügt wurde, oder Spalten, aus denen Werte durch das Einfügen des expliziten Wertes *NULL* gelöscht wurden.

Durch den folgenden Abfrageausdruck werden Kunden selektiert, für die es keine Faxnummer gibt:

```
Fax IS NULL
```

So sieht die vollständige Abfrage aus.

```
SELECT
    PostalCode, Code, Name_2 AS LastName, Name_1 AS Firstname
FROM
    Sales.Customers
WHERE
    Fax IS NULL
```

Listing 9.17 IS NULL-Abfrage

Die Verwendung des Operators *IN* erspart, wie im Beispiel in der Tabelle 9.1 angedeutet, einfach einige Tipparbeit, wenn Sie eine Menge unterschiedlicher Werte mit einem Spalteninhalt vergleichen wollen. Als Alternative könnte man jeden einzelnen Wert durch ein Gleichheitszeichen mit der Spalte vergleichen und die einzelnen Ausdrücke durch *OR* verknüpfen. Das wird dann natürlich ein etwas längerer Ausdruck. Betrachten Sie dazu das nächste SQL-Beispiel:

```
SELECT
    PostalCode, Code, Name_2 AS LastName, Name_1 AS Firstname
FROM
    Sales.Customers
WHERE
    City IN ('Aachen', 'Berlin', 'Hamburg', 'München', 'Stuttgart')
```

Listing 9.18 SELECT mit IN-Operator

Soll diese Abfrage ohne das *IN* neu formuliert werden, dann erhalten Sie den äquivalenten *SELECT*-Befehl wie folgt:

```
SELECT
    PostalCode, Code, Name_2 AS LastName, Name_1 AS Firstname
FROM
    Sales.Customers
WHERE
    City = 'Aachen'  OR City = 'Berlin' OR City = 'Hamburg'
OR City = 'München' OR City = 'Stuttgart'
```

Listing 9.19 IN-Operator durch OR ersetzt

Neben der abkürzenden Schreibweise bei der direkten Formulierung von T-SQL-Abfragen ist *IN* eine praktische Möglichkeit für die Client-Programmierung, wenn Vergleichswerte durch Benutzer in einem Frontend dynamisch ausgewählt werden können. Die Liste der anzuzeigenden Werte kann dann durch einfaches Anhängen gebildet werden.

Logische Operatoren in der WHERE-Klausel

Die Abfrageausdrücke in mehrteiligen *WHERE*-Klauseln verknüpfen Sie durch die logischen Operatoren *AND*, *OR* und *NOT*. Bei SQL Server gilt folgende Vorrangregel: Zuerst wird ein *NOT*, dann ein *AND* und danach ein *OR* ausgewertet. Durch runde Klammern kann die Auswertungsreihenfolge explizit festgelegt werden. Verwenden Sie am besten, wie im nachfolgenden Beispiel zu sehen, Klammerungen, um alles deutlich zu machen – das schadet nie:

```
SELECT
    PostalCode, Code, Name_2 AS LastName, Name_1 AS Firstname
FROM
    Sales.Customers
WHERE
    City = 'Berlin'
AND
(
    Name_2 Like 'Allen'
OR
    Name_2 LIKE 'Armstrong'
)
```

Listing 9.20 Vorrangregelung durch logische Operatoren

Diese Abfrage liefert Kunden aus Berlin zurück, deren Nachnamen »Allen« oder »Armstrong« lauten. Lassen Sie die runden Klammern weg, dann bekommen Sie es mit den Berliner Kunden namens »Allen« zu tun oder mit Kunden, die »Armstrong« heißen (egal, wo die Letzteren wohnen).

> **HINWEIS**   Vielleicht sind Ihnen alternative Schreibweisen für bestimmte Operatoren geläufig, z. B. != für <> oder <> NULL für *IS NOT NULL*. Verwenden Sie diese besser nicht! Einige dieser Schreibweisen sind veraltet und werden möglicherweise in zukünftigen Server-Versionen nicht mehr unterstützt. Andere wiederum sind von speziellen Datenbankeinstellungen abhängig. Das macht das Arbeiten unnötig kompliziert.

Zeichenkettenvergleiche mit LIKE

Der *LIKE*-Operator ermöglicht in SQL Zeichenketten-Vergleiche unter Verwendung von Platzhalterzeichen. Tabelle 9.2 gibt eine Übersicht über die Möglichkeiten.

SQL Server	Bedeutung	SQL Server-Beispiel
%	An dieser Stelle dürfen beliebige Zeichen oder auch gar keines vorkommen	LIKE '%9'
_	Es darf genau ein beliebiges Zeichen vorkommen. Das Zeichen darf nicht weggelassen werden.	LIKE '_000090'
[ ]	Zeichen aus einer vorgegebenen Menge von Symbolen sind hier gestattet. Dabei können die erlaubten Zeichen entweder aufgezählt (z. B. abc) oder durch einen Bereich angegeben werden (z. B. a-c).	LIKE '00000[15]0'
[^]	Bestimmte Zeichen sind an dieser Stelle nicht erlaubt	LIKE '00000[^15]0'

Tabelle 9.2 Jokerzeichen für den LIKE-Operator

Zwei Beispiele sollen die Anwendung dieser Sonderzeichen in Verbindung mit dem *LIKE*-Operator veranschaulichen. Die erste Abfrage liefert alle Kunden zurück, deren Nachname mit »Meyer« beginnt und sich auf beliebige Art und Weise fortsetzt. Gleichzeitig muss der Kunden-Code mit der Zeichenfolge »00055« starten, worauf genau zwei weitere Zeichen folgen müssen, die aus einer beliebigen Symbolmenge stammen dürfen.

```
SELECT
    Name_2 AS LastName, Code
FROM
    Sales.Customers
WHERE
    Name_2 LIKE 'Meyer%' AND Code LIKE '00055__'
```

Listing 9.21 Suche mit Jokern

Dies ist ein Auszug aus der Ergebnismenge:

LastName	Code
Meyer	0005572
Meyers	0005573
Meyer-Delius	0005578

Die nächste Abfrage liefert alle Kunden zurück, deren Nachname entweder »Meyer« oder »Meier« lautet und in deren Kunden-Code an der vorletzten Stelle keine »7« vorkommt.

```
SELECT
    Name_2 As LastName, Code
FROM
    Sales.Customers
WHERE
    Name_2 LIKE 'Me[iy]er' AND Code LIKE '%[^7]_'
```

Listing 9.22 Suche nach Zeichenmuster

> **TIPP** Falls Sie von einem Access-Hintergrund kommen kennen Sie als Platzhalterzeichen »*« und »?« anstelle von »%« und »_«. Diese können Sie in SQL Server nicht verwenden!

Datum und Uhrzeit vergleichen

In Standard SQL und auch im SQL Server-Transact-SQL werden Datums- und Zeitangaben wie Zeichenketten formatiert, also in einfache Anführungsstriche eingeschlossen. Für das Datum und die Zeit sind unterschiedliche Formate möglich. Welche Darstellungsweise von SQL Server akzeptiert wird, ist dummerweise davon abhängig, wie die Client-Einstellungen des Betriebssystems für Datum und Uhrzeit aussehen und über welche Datenzugriffsschicht auf SQL Server zugegriffen wird. ODBC und OLE DB nehmen je nach Einstellung Anpassungen von Client- an die Serverformate vor. Auch Ihre Lieblingsprogrammiersprache und Ablaufumgebung kann einige Vorstellungen davon haben, wie Datumsangaben aussehen, wenn diese an Datenbankserver übergeben werden. Arbeiten Sie in .NET, mit dem Native Provider für SQL Server 2008 auf einem standardmäßig eingestellten deutschen Client, dann werden Sie keine Probleme bekommen und Sie können das Datum wie gewohnt formatieren. Mit dem *SELECT*-Kommando des folgenden Beispiels fischen Sie die letzten Aufträge des Jahres 2008 aus der *netShop*-Datenbank:

```
SELECT
   ID, CustomerID, OrderDate
FROM
   Sales.Orders
WHERE
   OrderDate = '31.12.2008'
```

Listing 9.23 Datumsangabe in der WHERE-Klausel

Die Formatierung der Datumsangabe entspricht also der im Deutschen üblichen Schreibweise: Tag, Monat, Jahr. Getrennt werden die Datumsbestandteile hier durch einen Punkt; man hätte alternativ auch einen Schrägstrich verwenden können '31/12/2008' und auch die Schreibweise '31-12-2008' bereitet dem Server keine Schwierigkeiten, wie auch '2008-12-31'. Wichtig ist nur, dass die Reihenfolge der Datumsbestandteile entweder dem eingestellten Gebietsschema oder der ISO-Reihenfolge entspricht. Führen Sie diese Abfrage im Query Analyzer aus, dann wird folgender Datensatz gefunden:

ID	CustomerID	OrderDate
1515	2354	2008-12-31
2230	7629	2008-12-31
2890	5734	2008-12-31
3533	2042	2008-12-31
3754	5544	2008-12-31

Die Formatierung der Datumsausgabe im Ergebnisfenster des Query Editors entspricht standardmäßig der ISO-Norm, folgt also dem Schema Jahr-Monat-Tag. Bei Bedarf können Sie die *Ausgabeformate* mithilfe der T-SQL-Funktion *CONVERT* anpassen. Da es sich bei *OrderDate* der Spalte um eine Spalte des Datentyps *date* handelt, liefert SQL Server natürlich kein Zeitfragment zurück.

Datumsabfragen, die auf eine Spalte vom Datentyp *date* ausgeführt werden sind vollkommen unproblematisch, der Server gibt ganz einfach das Ergebnis zurück, welches Sie anfragen. Anders sieht das beim Datentyp *datetime* aus. Daraus, dass es sich beim *datetime*-Datentyp um einen zusammengesetzten Datentyp für Datums- und Zeitangaben handelt, können bei der Entwicklung von Abfragen lästige Probleme entstehen. Diese treten dann auf, wenn in einer *datetime*-Spalte neben einem Datum zusätzlich eine Zeitangabe enthalten ist. Das passiert typischerweise dann, wenn Sie eine Spalte mit der Funktion *GETDATE* füllen oder Daten aus einem System übernehmen, welches neben dem Datum auch die Uhrzeit erfasst. Sobald eine *datetime*-Spalte einen Zeitanteil enthält, muss man diesen bei den Abfragen berücksichtigen, damit keine Ergebnisse verloren gehen.

Datensätze mit der WHERE-Klausel selektieren

Zur Illustration soll wieder ein Beispiel aus der *netShop*-Datenbank dienen: Jede Tabelle der Datenbank enthält eine Spalte *CreatedAt*, in welcher über einen Standardwert automatisiert das Datum und die Uhrzeit des Anlegens eines Datensatzes eingetragen wird. In der *Orders*-Tabelle kann die Spalte zum Beispiel dafür genutzt werden, um festzustellen, zu welchen Tageszeiten die meisten Verkäufe getätigt werden. Für den treuen Kunden des *netShop* mit der ID 1 – das ist der einzige Kunde, der gleich am Jahresanfang 2009 eingekauft hat – sieht das zum Beispiel so aus:

ID	CustomerID	OrderDate	CreatedAt
250000	1	2009-01-01 00:00:00	2009-01-01 15:15:00

Versucht man über die Spalte *CreatedAt* die Aufträge zu suchen, die am 01.01.2009 in die Datenbank aufgenommen wurden, dann könnte man es mit dieser Abfrage versuchen:

```
SELECT
    ID, CustomerID, OrderDate
FROM
    Sales.Orders
WHERE
    CreatedAt = '01.12.2009'
```

Listing 9.24 Datumssuche ohne Ergebnis

Das Ergebnis sieht allerdings so aus:

```
(0 row(s) affected)
```

Es wird bei *datetime* also ganz exakt – auch unter Einbeziehung der Uhrzeit – verglichen. Zur Lösung der Problematik bieten sich verschiedene Verfahren an. Beim ersten wird das Gleichheitszeichen durch eine Bereichssuche ersetzt:

```
SELECT
    ID, CustomerID, OrderDate
FROM
    Sales.Orders
WHERE
    CreatedAt >= '01.01.2009' AND CreatedAt < '02.01.2009'
```

Listing 9.25 *datetime*-Suche nach Datum ohne Uhrzeit – Variante 1

Das zweite Verfahren nutzt eine eingebaute Systemfunktion von SQL Server: *DATEDIFF*. Mit deren Hilfe wird der Unterschied zwischen dem Vergleichswert und dem Spalteninhalt in Tagen berechnet. Ist dieser gleich null, so sind die Werte, bezogen auf den Datumsanteil, identisch:

```
SELECT
    ID, CustomerID, OrderDate
FROM
    Sales.Orders
WHERE
    DATEDIFF(dd, CreatedAt, '01.01.2009') = 0
```

Listing 9.26 Suche nach Datum ohne Uhrzeit – Variante 2

Eine dritte – oft gesehene – Variante verwendet die Standardfunktionen zur Herauslösung eines Datumsanteils, wie *YEAR, MONTH, DAY, DATEPART*. Möchte man beispielsweise die Bestellungen finden, die für den Kunden mit der ID 1 im Januar 2008 angelegt wurden, dann geht das mit dem Einsatz dieser Systemfunktionen so:

```
SELECT
   ID, CustomerID, OrderDate
FROM
   Sales.Orders
WHERE
   YEAR(CreatedAt) = 2008 AND MONTH(CreatedAt) = 1
```

Listing 9.27 Suche nach Datum ohne Uhrzeit – Variante 3

Alle drei Varianten liefern die gewünschten Ergebnisse. Die Verwendung von Funktionen, wie in Listing 9.26 und Listing 9.27 zu sehen, kann bei größeren Datenmengen allerdings zu einer langsamen Ausführung führen, da der SQL Server Indizes, die auf der Suchspalte liegen, nicht verwenden kann.

Mehr zum Thema Systemfunktionen erfahren Sie in Kapitel 11. Wie Sie die Performance von Abfragen überprüfen und verbessern können, wird unter anderem in Kapitel 20 dieses Buchs nachzulesen sein.

Neue Tabellen mit SELECT INTO anlegen

Neue Tabellen auf der Grundlage von vorhandenen Daten können Sie in T-SQL mittels des Befehls *SELECT INTO* anlegen. So etwas ist für die Datenarchivierung, den Datentransport oder auch für Backup-Aufgaben nützlich, wenn Sie vor umfangreichen Datenänderungen die Sicherheitskopie einer Tabelle anlegen wollen. Auch im Zusammenhang mit temporären Tabellen wird der Befehl häufig genutzt. Das *SELECT INTO* legt eine neue Tabelle auf der Basis einer vorhandenen Tabellenherkunft oder Sicht an. Dabei werden automatisch die Bezeichnungen und Datentypen der Spalten aus der Tabellenquelle übernommen, weitere Eigenschaften wie Schlüssel, Einschränkungen oder Indizes allerdings nicht. Der Aufbau des Kommandos ist der Syntaxbeschreibung zu entnehmen:

```
SELECT      <select_list>
INTO        new_table
FROM        <table_source>
[WHERE]     <search_condition>
[ORDER BY]  <sort_ condition>
```

Das nachfolgende Beispiel legt eine vollständige frische Kopie der Kundendaten der *netShop*-Datenbank an:

```
SELECT *
INTO Sales.Archive_Customers
FROM Sales.Customers
```

Listing 9.28 Kopie einer Tabelle mit SELECT INTO anlegen

Voraussetzung für die Ausführung ist, dass die Zieltabelle noch nicht existiert. Bei Bedarf kann die Tabelle vor dem *SELECT INTO* mit

```
DROP TABLE Sales.Archive_Customers
```

gelöscht werden. Eine auf diese Art angelegte Kopie einer Tabelle ist kein vollkommen identisches Duplikat. Die Namen der Spalten und deren Datentypen sowie die Tabelleninhalte werden »eins zu eins« übernommen. Spalteneigenschaften, Einschränkungen und Indizes müssen bei Bedarf nachträglich hinzugefügt werden.

ACHTUNG Die Verwendung des *SELECT INTO* ist ausgesprochen beliebt, wenn es gilt (temporäre) Kopien von Tabellen anzulegen. Der SQL-Standard legt die Verwendung des Befehls nahe und die Verwendung ist sehr bequem. Es kann allerdings auch Schwierigkeiten mit diesem Kommando geben: Wenn Sie mittels *SELECT INTO* eine größere Datenmenge in eine neue Tabelle kopieren, dann kann es zu unangenehmen Wartezeiten kommen. Das hat damit zu tun, dass beim Anlegen einer Tabelle exklusive Sperren auf Systemtabellen gelegt werden. Diese Sperren werden aufrecht erhalten, bis die Datensätze vollständig in die neue Tabelle kopiert worden sind. Das Anlegen der neuen Tabelle und das Einfügen bilden eine gemeinsame implizite Transaktion. Die exklusiven Sperren verhindern, dass *SELECT INTO*-Befehle parallel ausgeführt werden können. Das gilt auch für Operationen, die in der *tempdb*-Datenbank ablaufen. Auch andere Operationen, die auf die gesperrten Systemtabellen zugreifen möchten, müssen warten. Bei kleineren Tabellen, wie die der *netShop*-Datenbank, die maximale ein paar hunderttausend Datensätze umfassen, wird Sie dieser Effekt aber kaum stören, da die Wartezeiten eher klein sind. Wenn sich der Effekt – beispielsweise bei der Arbeit mit großen Data Warehouse-Tabellen – unangenehm bemerkbar macht, dann verwenden Sie einfach einen *CREATE TABLE*-Befehl in Verbindung mit einem anschließenden *INSERT INTO*. Damit reduzieren Sie die Zeit der exklusiven Schemasperren auf ein Minimum.

TIPP Wenn Sie eine Möglichkeit suchen, in Ihrer Client-Programmierung einen vollständigen Klon einer Tabelle mit sämtlichen Eigenschaften anzulegen, dann sollten Sie einen Blick in Kapitel 32 werfen (»Den SQL Server mit .NET verwalten«). Mithilfe der .NET-basierten Server Management Objects (SMO) können Sie auf einfache Art und Weise eine Tabelle duplizieren.

Tabellen mit relationalen Operatoren verknüpfen

In SQL ist das Arbeiten mit Tabellen ein bisschen wie Mengenlehre. Das ist auch kein Wunder, da die zugrunde liegende relationale Algebra stark auf den Konzepten der Mengenlehre aufbaut. Beschäftigt man sich etwas genauer mit den Grundlagen relationaler Datenbanksysteme, dann wird man feststellen, dass jede Tabelle an sich bereits eine Relation darstellt.[2] So päpstlich wird das normalerweise allerdings nicht betrachtet – im Allgemeinen werden die Beziehungen *zwischen* den Tabellen als Relationen bezeichnet. Durch Operationen können aus vorhandenen Tabellen neue gebildet werden, wie auch aus Mengen neue gebildet werden können. Die Schnittmenge ähnelt dem *INTERSECT*-Operator, die Vereinigungsmenge dem *UNION*. Andere relationale Operationen, wie die Projektion (Spaltenauswahl in der *SELECT*-Liste), die Selektion (Zeilenauswahl in der *WHERE*-Klausel) oder den Verbund (Verknüpfung von Tabellen durch *JOIN*) gibt es so nur in der Tupel-orientierten relationalen Algebra. Es hat sich eingebürgert, die in diesem Abschnitt beschriebenen Operatoren und ein paar weitere als »relationale« zu bezeichnen, obwohl es viel mehr davon gibt.

Drücken wir also ein Auge zu, folgen der besseren Orientierung halber dem allgemeinen Sprachgebrauch und schauen uns an, wie man in T-SQL Tabellen miteinander verknüpft.

Tabellen mit JOIN verknüpfen

Stammen die benötigten Daten in einer *SELECT*-Anweisung aus mehreren untereinander in Verbindung stehenden Tabellen, dann müssen diese miteinander verknüpft werden. Das ist die Aufgabe des *JOIN*-Operators. Dieser kann Bestandteil der *FROM*-Klausel einer Abfrage sein. Je nach Aufgabenstellung können Verknüpfungen unterschiedlich realisiert werden. Die folgenden Abschnitte geben einen vollständigen

---

[2] Wen die grundlegenden Betrachtungen interessieren, dem seien die Bücher von Christopher Date empfohlen. Dieser Vertreter der »reinen Lehre« stellt die relationale Theorie klar und eindeutig dar (und lässt dabei kein gutes Haar an den aktuellen Umsetzungen).

Überblick über die möglichen Varianten. Wenn Sie schon mit anderen Datenbanksystemen gearbeitet haben, dann ist Ihnen möglicherweise eine abweichende Syntax für die Verknüpfung von Tabellen bekannt, die ohne das Schlüsselwort JOIN auskommt. Prinzipiell versteht SQL Server diese JOIN-lose Syntax genauso gut, wie die offizielle Variante. Dennoch sollten Sie sich angewöhnen, mit JOIN zu arbeiten. Dafür gibt es ein paar gute Gründe: Die JOIN-Syntax ist in ANSI-SQL definiert, und Sie schreiben Ihre Abfragen konform zu diesem Standard. Die Non-JOIN-Syntax ist zwar kürzer und lässt sich schneller schreiben – Fehler im Ausdruck, speziell eine fehlende Verknüpfung zwischen zwei Tabellen lassen sich allerdings schwerer entdecken, weil diese vom Syntaxcheck nicht automatisch abgefangen werden. Und last, not least führen die beiden Verknüpfungsvarianten in bestimmten Situationen sogar zu unterschiedlichen Abfrageergebnissen.

Inner Join

Im einfachsten Fall werden zwei Tabellen über gemeinsame Spalten miteinander verknüpft. Das Ergebnis enthält nur diejenigen Einträge, bei denen sowohl in der »linken« als auch der »rechten« Tabelle derselbe Wert vorkommt. Diese Verknüpfung wird als INNER JOIN bezeichnet. Die Teilsyntax dafür lautet:

```
<table_source> [INNER] JOIN <table_source> ON <search_condition>
```

Interessant ist hier besonders der Term *search_condition*. Im Gegensatz zu einfacheren Datenbankmanagementsystemen (wie Access), die für Verknüpfungen ausschließlich den Vergleichsoperator = (»Equal«) zur Verfügung stellen, sind in T-SQL auch andere Operatoren möglich: <, <=, >, >=, <>, sogar LIKE könnte eingesetzt werden. Dies gestattet ein sehr flexibles Arbeiten mit Verknüpfungen und die ein oder andere »Abkürzung«. Auch in ANSI-SQL ist eine Verknüpfung auf diese Art und Weise definiert. Die Verwendung des Gleichheitszeichens stellt nur eine Möglichkeit unter vielen – wenn auch die wahrscheinlichste – dar. Es gibt sogar einen speziellen Namen für diese Operation: EQUI JOIN.

Damit sieht also ein ganz einfaches Beispiel für ein INNER JOIN in T-SQL so aus:

```
SELECT
    Customers.ID, Name_2 AS Lastname, Orders.ID, Orders.OrderDate
FROM
    Sales.Customers
INNER JOIN
    Sales.Orders
ON
    Sales.Customers.ID = Sales.Orders.CustomerID
ORDER BY
    Sales.Customers.ID, Sales.Orders.ID
```

Listing 9.29 Einfache Verknüpfung mit JOIN-Operator

Diese sind die ersten 5 Zeilen des Ergebnisses:

CustomerID	Lastname	OrderID	OrderDate
1	Schmidt	26027	2005-09-10
1	Schmidt	27320	2008-03-25
1	Schmidt	29052	2007-01-24
1	Schmidt	46067	2008-12-17

Es werden die Kunden und ihre Aufträge aus der *netShop*-Datenbank angezeigt. In der SELECT-Liste eines JOIN müssen die Tabellennamen als Präfixe zu den Spaltennamen angegeben werden, sobald es zu Verwechselungen kommen kann, d.h. Spalten gleichen Namens in mehr als einer Tabellenquelle vorkommen. Gleiches gilt für die Suchbedingung.

Zur Abkürzung des SQL-Textes können die Tabellennamen in der *FROM*-Klausel mit einem so genannten Tabellenalias versehen werden, der dann im *SELECT* oder auch hinter dem *ON* verwendet werden darf. Die Abfrage lässt sich damit etwas kürzer folgendermaßen formulieren:

```
SELECT
    c.ID, Name_2 AS Lastname, o.ID, OrderDate
FROM
    Sales.Customers AS c
INNER JOIN
    Sales.Orders AS o
ON
    c.ID = o.CustomerID
ORDER BY
    c.ID, o.ID
```

Listing 9.30 Tabellenaliase verkürzen den Befehl

Hier bekommt die Tabelle *customers* das Kürzel *c* zugewiesen und die Tabelle *Orders* das Kürzel *o*. Für die Verwendung von Aliasnamen gelten dieselben Regeln, die auch allgemein für T-SQL-Bezeichner eingehalten werden müssen. Üblicherweise lässt man bei der Vergabe des Alias das optionale *AS* weg, aber das ist natürlich Geschmackssache.

Sollen mehr als zwei Tabellen verknüpft werden, so hängt man einfach ein weiteres *JOIN* an die *FROM*-Klausel an. Die Reihenfolge, in der die Tabellen aufgeführt sind, spielt dabei keine Rolle, nur die Suchbedingungen müssen stimmen. Das Beispiel von gerade wird jetzt so erweitert, dass zu den Aufträgen zusätzlich die Artikel der Bestellpositionen angezeigt werden:

```
SELECT
    c.ID As CustomerID, Name_2 AS Lastname, o.ID AS OrderID, OrderDate, ArticleID,
    Quantity, UnitPrice
FROM
    Sales.Customers c
INNER JOIN
    Sales.Orders o ON c.ID = o.CustomerID
INNER JOIN
    Sales.OrderDetails od ON o.ID = od.OrderID
SELECT
    c.ID As CustomerID, Name_2 AS Lastname, o.ID AS OrderID, OrderDate, ArticleID,
    Quantity, UnitPrice
FROM
    Sales.Customers c
INNER JOIN
    Sales.Orders o ON c.ID = o.CustomerID
INNER JOIN
    Sales.OrderDetails od ON o.ID = od.OrderID
```

Listing 9.31 Mehr als zwei Tabellen werden verknüpft

Sie können die Abfrage durch das Anfügen zusätzlicher Tabellen per *JOIN* theoretisch immer weiter vergrößern, bis Sie die Obergrenze von 256 möglichen Tabellenquellen erreichen. Die Reihenfolge, in der Sie die Tabellen aufführen spielt keine Rolle und beeinflusst die Abfrageausführung nicht. Wichtig ist nur, dass die Tabellen sinnvoll miteinander verknüpft sind.

Tabellen können auch über mehr als eine Spalte miteinander verbunden sein. In diesem Fall erweitern Sie einfach die verknüpfende Suchbedingung um weitere Ausdrücke, die über ein logisches UND verbunden werden. Das folgende *SELECT* stellt solch einen Fall dar. Hier wird untersucht, bei welchen Kunden sich Rechnungs- und Lieferadresse in derselben Straße befinden. Die Verknüpfung findet über vier Spalten statt:

```
SELECT
    c.ID, Code, c.Name_2 AS LastName, c.Address, c.PostalCode, c.City
FROM
    Sales.Customers c
INNER JOIN
    Sales.ShipToAdresses sta
ON
    c.ID = sta.CustomerID
AND
    c.Address = sta.Address
AND
    c.PostalCode  = sta.PostalCode
AND
    c.City = sta.City
```

Listing 9.32 Verknüpfung über mehrere Spalten hinweg

Self Join

Tabellen, die über ein *JOIN* miteinander verknüpft werden, müssen nicht notwendigerweise unterschiedlich sein, sprich: Man kann eine Tabelle bei Bedarf auch mit sich selbst verknüpfen. Das ist ein naheliegendes Vorgehen, wenn sich im Datenmodell die Tabelle selbst referenziert. In der netShop-Datenbank ist das bei der Tabelle *Employees* der Fall. In dieser Tabelle sind Mitarbeiter-Informationen gespeichert. In jeder Zeile dieser Tabelle gibt es zusätzlich zum Primärschlüssel *ID* eines Mitarbeiterdatensatzes einen Verweise auf den Datensatz, der zum Vorgesetzten gehört: *ManagerID*. Beispiel: Der Mitarbeiter »Urban« (*ID 6*) ist der Mitarbeiterin »Herrmann« unterstellt (*ID 2*). Vorgesetzter von »Herrmann« ist »Schirmer« (*ID 1*). Dieser Mitarbeiter befindet sich ganz oben auf der Leiter, denn im Feld *ManagerID* befindet sich eine NULL – es gibt also keinen Vorgesetzten.

Die folgende Abfrage gibt eine einfache Mitarbeiterliste los. Zu jedem Mitarbeiter wird der Vorgesetzte angezeigt. Um das zu erreichen wird die Tabelle über ein *INNER JOIN* mit sich selbst verknüpft. Bei solch einem Self Join ist die Verwendung von Aliasnamen obligatorisch, da die Spaltennamen in der *SELECT*-Liste auf gar keinen Fall eindeutig sein können. Schlaue Aliasnamen helfen bei der »Denkarbeit«: In Listing 9.33 steht *e* beispielsweise für *Employee* und *m* für *Manager*. So lässt sich die Bedeutung der Spalten besser auseinanderhalten.

```
SELECT
    e.ID, e.LastName, m.ID AS ManagerID, m.LastName AS ManagerLastName
FROM
    Management.Employees e
INNER JOIN
    Management.Employees m ON e.ManagerID = m.ID
ORDER BY
    e.LastName
```

Listing 9.33 *Self Join* einer Tabelle

> **TIPP** Beschäftigt man sich etwas näher mit der Abfrage aus Listing 9.33, dann entstehen schnell neue Begehrlichkeiten. So eine Mitarbeiterliste, geordnet nach dem Nachnamen ist ja ganz nett, cleverer wäre aber eine Sortierung in der hierarchischen Reihenfolge der Organisationsstruktur. Solche rekursiven Abfragen sind mit Self Joins nur umständlich zu realisieren (bzw. unmöglich, wenn die Rekursionstiefe nicht festgelegt ist). Am Ende dieses Kapitels finden Sie im Abschnitt über »Common Table Expressions« eine einfache Lösung für rekursive Abfragen und eine verbesserte Version der Mitarbeiterliste.

Das zweite Self Join-Beispiel löst ein übliches Problem bei der Behandlung von Primärschlüsseln, die über eine fortlaufende Nummerierung gebildet werden sollen – also möglicherweise unter Einsatz der *IDENTITY*-Eigenschaft einer SQL Server-Tabellenspalte. Ist das Löschen in einer Tabelle erlaubt, in welcher die Schlüssel fortlaufend sein sollen, dann entstehen Löcher in der Nummerierung, die geschlossen werden müssen. Die nachfolgende Abfrage liefert die *erste* Lücke in solch einer Tabelle und kann sinnvoll in gespeicherten Prozeduren eingesetzt werden, um einen neuen Primärschlüssel zu vergeben, der auf den ersten freien Platz fallen soll.

Vor der eigentlichen Abfrage wird zunächst einmal eine temporäre Kopie der netShop *Orders*-Tabelle angelegt und mit drei Löchern versehen. Danach kommt gleich das *SELECT* (die Befehle müssen innerhalb einer gemeinsamen Benutzerverbindung ausgeführt werden, damit die temporäre Tabelle *#Orders* genutzt werden kann).

Die Abfrage selbst sucht Schlüssel, zu denen kein Nachfolger existiert. Dazu wird die Tabelle *#Orders* mit sich selbst verknüpft. Dies geschieht nicht direkt, sondern über einen Ausdruck: *o1.ID = o2.ID + 1*. Diese Ausdruck ist eben genau dann *Wahr*, wenn es zu einer ID in *#Orders* keinen Nachfolger gibt. Wegen des *RIGHT OUTER JOIN* liefert die Abfrage aber auch an solchen Stellen eine Ergebniszeile, in der dann die Spalten auf der linken Seite des Joins leer sind. Genau diese Zeilen müssen untersucht werden: *o1.ID IS NULL* liefert die passende Einschränkung. Da nur die niedrigste freie Nummer interessiert wird abschließend *MIN(o2.ID + 1)* verwendet, um tatsächlich auch nur diese auszugeben.

```sql
-- temporäre Test-Tabelle anlegen
SELECT *
INTO #Orders
FROM Sales.Orders

-- drei Lücken in der fortlaufenden Nummerierung erzeugen
DELETE FROM #Orders
WHERE
    ID IN ( 100000, 100001, 100005 )

-- diese Abfrage findet die *erste* frei Nummer
SELECT MIN(o2.ID + 1)
FROM
    #Orders o1
RIGHT OUTER JOIN
    #orders o2 ON o1.ID = o2.ID + 1
WHERE
    o1.ID IS NULL
```

Listing 9.34 *Self Join* findet freie Nummer

Non Equi Join

Jetzt möchte ich zwei kurze Beispiele für die Verwendung von Joins geben, die einmal keine *Equi Joins* sind, also nicht den Gleichheitsoperator für die Verknüpfung nutzen. Dies soll zeigen, wie allein schon mithilfe cleverer *JOIN*-Ausdrücke komplexe Fragestellungen direkt auf dem Server gelöst werden können, ohne das relationale Modell zu verlassen – sprich: ohne auf das sequenzielle Durchlaufen von Datensätzen zurückzugreifen.

Im ersten Beispiel soll herausgefunden werden, welche Kunden am selben Ort wohnen, wie andere Kunden aus der *Customers*-Tabelle. Als Ergebnis ist eine übersichtliche Liste gefragt, die den Kunden-Code, Kundennamen und Postleitzahl anzeigt – sowie Kundennummer und Nachname und eines zweiten Kunden, der aus dem gleichen Ort kommt. Dazu kann das folgende *SELECT*-Kommando eingesetzt werden:

```
SELECT
    cu1.Code, cu1.Name_2 AS LastName1, cu1.PostalCode, cu2.Code, cu2.Name_2 AS LastName2
FROM
    Sales.Customers cu1 INNER JOIN Sales.Customers cu2
ON
    cu1.City = cu2.City
AND
    cu1.Postalcode = cu2.Postalcode
AND
    cu1.Code > cu2.code
ORDER BY
    cu1.Name_2
```

Listing 9.35   Einsatz eines NON-EQUI-JOINS

In diesem *SELECT* wird die *Customers*-Tabelle über die Felder *City* und *Postalcode* mit sich selbst verglichen. Hier muss wieder mit Aliasnamen für die Tabellen gearbeitet werden (wie im letzten Abschnitt erklärt). Wäre die Suchbedingung damit schon abgeschlossen, so enthielte das Ergebnis zwar bereits die korrekten Datensätze, allerdings mit sehr vielen Wiederholungen. Jedes Pärchen würde zweimal aufgeführt (mit vertauschten Namen) und außerdem jeder Kunde mit sich selbst verknüpft. Die Verwendung des Größer-Operators als zusätzliche Einschränkung in der Suchbedingung verhindert genau dies. Als Nebeneffekt wird in den ersten beiden Ergebnisspalten der Kunde mit dem höheren Kunden-Code angezeigt. Führen Sie zum Vergleich einmal die Beispielabfrage ohne den *AND*-Teil aus oder ersetzen Sie das > durch <>, um zu sehen wie sich das Ergebnis verändert.

Das zweite Beispiel geht vom folgenden Szenario aus: Es soll eine Liste der netShop-Aufträge aus dem ersten Quartal 2004 erstellt werden aus der hervorgeht, welcher Mitarbeiter mit der Bearbeitung eines Auftrags zu tun gehabt haben könnte (weil er zum Bestellzeitpunkt bereits engagiert war). In der netShop-Datenbank sind die Mitarbeitertabelle (*Employees*) und die Auftragstabelle (*Orders*) weder direkt noch indirekt miteinander verknüpft. Das Join kann aber über das Einstellungsdatum (*HiredDate*) und das Auftragsdatum (*OrderDate*) erfolgen. Wenn der Mitarbeiter zum Zeitpunkt der Bestellung schon angestellt war, dann ist *e.HiredDate >= o.OrderDate*.

```
SELECT
    Code, OrderDate, e.LastName
FROM
    Sales.Orders o
INNER JOIN
    Management.Employees e ON e.HiredDate >= o.OrderDate
WHERE
    OrderDate BETWEEN '01.01.2004' AND '31.01.2004'
ORDER BY
    Code ASC, e.Lastname
```

Listing 9.36   Verknüpfung über *Non Equi Join*

Aus dem Ergebnis wird klar, dass die Mitarbeiter *Hermann, Müller, Schmidt* und *Urban* bereits den allerersten Auftrag (*0000001*) »mitbekommen haben«.

Code	OrderDate	LastName
0000001	2004-01-01	Hermann
0000001	2004-01-01	Müller
0000001	2004-01-01	Schmidt
0000001	2004-01-01	Urban
...		

Mit dem Auftrag *0001697* kam dann der Mitarbeiter *Mayer* hinzu.

Code	OrderDate	LastName
...		
0001697	2004-01-01	Hermann
0001697	2004-01-01	Mayer
0001697	2004-01-01	Müller
0001697	2004-01-01	Schmidt
0001697	2004-01-01	Urban
...		

Verknüpfungen von Tabellen über Zeitbereiche sind ein typisches Anwendungsgebiet der ansonsten eher selten eingesetzten Non Equi Joins.

Outer Join

Nicht immer liefert ein Inner Join genau das Ergebnis, welches Sie sich wünschen. Im ersten Beispiel für den *JOIN*-Operator wurden genau diejenigen Kunden angezeigt, für die bereits eine Bestellung vorliegt (Listing 9.29). Alle anderen Kunden-Datensätze wurden ausgefiltert. Dieses Verhalten kann in Berichten unerwünscht sein. Möglicherweise ist es ja gerade interessant, die Kunden *ohne* Bestellung zu sehen. Ein *OUTER JOIN* stellt dies sicher. Die Teilsyntax für ein *OUTER JOIN* sieht folgendermaßen aus:

```
<table_source> { LEFT / RIGHT / FULL }[OUTER] JOIN
<table_source> ON <search_condition>
```

Bei einem *LEFT OUTER JOIN* (auch kurz *LEFT JOIN* genannt) werden die Datensätze der links stehenden Tabelle immer vollständig angezeigt, die der rechten Tabelle nur dann, wenn auch tatsächlich eine Verknüpfung vorliegt. Die Begriffe »rechts« und »links« beziehen sich dabei schlicht auf die Reihenfolge im Programmcode. Damit kann man das erste Join-Beispiel wie folgt neu formulieren:

```
SELECT
    c.ID AS CustomerID, Name_2 AS Lastname, o.ID AS OrderID, OrderDate
FROM
    Sales.Customers AS c
LEFT OUTER JOIN
    Sales.Orders AS o
ON
    c.ID = o.CustomerID
ORDER BY
    c.ID, o.ID
```

Listing 9.37 Beispiel für ein OUTER JOIN

In der Ergebnisdatenmenge werden jetzt auf jeden Fall alle Kunden-Datensätze angezeigt. Bei den Kunden ohne Auftrag sind die Felder *o.ID* und *OrderDate* leer, d.h. sie enthalten *NULL*-Werte.

Möchten Sie erreichen, dass nur die Datensätze einer Tabelle angezeigt werden, die keine Entsprechung in einer abhängigen Tabelle besitzen, dann können Sie das durch den Einsatz des *IS NULL*-Vergleichsoperators sehr einfach erzielen. Die Abfrage mit *IS NULL* erfolgt dabei am besten auf eine Schlüsselspalte oder eine Spalte, die nicht *NULL* sein darf, um Fehler durch (auf natürliche Weise) fehlende Werte auszuschließen:

```
SELECT
    c.ID AS CustomerID, Name_2 AS Lastname, o.ID AS OrderID, OrderDate
FROM
    Sales.Customers AS c
LEFT OUTER JOIN
    Sales.Orders AS o
ON
    c.ID = o.CustomerID
WHERE
    o.ID IS NULL
ORDER BY
    c.ID, o.ID
```

Listing 9.38 Kunden ohne Aufträge durch ein OUTER JOIN suchen

Lassen Sie diese Abfrage ausführen, dann erhalten Sie als Ergebnis diejenigen Kunden, für die noch kein Auftrag in der netShop-Datenbank angelegt wurde. Und tatsächlich existiert ein solcher Datensatz:

CustomerID	Lastname	OrderID	OrderDate
10000	Wuesthoff	NULL	NULL

Ein *RIGHT JOIN* funktioniert im Prinzip ganz genauso wie ein *LEFT JOIN*, nur dass selbstverständlich die rechte Tabelle vollständig angezeigt wird.

Der *FULL JOIN* (eigentlich *FULL OUTER JOIN*) schließlich stellt die Maximalvariante eines *OUTER JOIN* dar. Er zeigt die Datensätze sowohl der rechten als auch der linken Tabelle vollständig an. Ein Beispiel dafür liefert die nachfolgend dargestellte Abfrage. Es wird der Zusammenhang zwischen Kunden und Artikeln dargestellt. Dabei werden sowohl Kunden angezeigt, die noch keine Artikel bestellt haben, wie auch Artikel, die noch nie in Bestellungen aufgetaucht sind:

```
SELECT DISTINCT
    c.Code AS CustomerCode, c.Name_2 AS LastName, a.Code AS ArticleCode, a.Name AS ArticleName
FROM
    Sales.Customers c
FULL OUTER JOIN
    Sales.Orders o
ON
    c.ID = o.CustomerID
FULL  OUTER JOIN
    Sales.OrderDetails od
ON
    o.ID = od.OrderID
FULL OUTER  JOIN
    Products.Articles a
ON
    od.ArticleID = a.ID
WHERE
    (o.CustomerID IS NULL
OR
    od.ArticleID IS NULL)
```

Listing 9.39 FULL OUTER JOIN

Und tatsächlich gibt es in netShop auch jeweils einen Beispieldatensatz.

CustomerCode	LastName	ArticleCode	ArticleName
NULL	NULL	00101	Pritzwalker Preussen Pils
0009994	Wuesthoff	NULL	NULL

Cross Join

Deutlich seltener als die anderen Varianten setzt man in der Regel einen *Cross Join* ein. Ein solcher kommt ohne eine Suchbedingung für die Verknüpfung aus und bildet sämtliche Kombinationsmöglichkeiten aus den Datensätzen zweier Tabellen. Deshalb gibt es für einen Cross Join auch die Bezeichnung *Unrestricted Join*. Die Syntax ist entsprechend etwas einfacher als bei den vorherigen Varianten.

```
<table_source> CROSS JOIN <table_source>
```

Ich benutze *CROSS JOIN* in einem Projekt hin und wieder für die schnelle Erzeugung großer Testdatenmengen. Das folgende *SELECT* generiert beispielsweise sämtliche Kombinationen aus Kundennamen und Artikel-Codes des netShop:

```
SELECT
    cu.Code, ar.Code
FROM
    Sales.Customers cu CROSS JOIN Products.Articles ar
```

Listing 9.40 CROSS JOIN

Dieses »Aufspannen« sämtlicher Kombinationen von Datensätzen zweier Tabellen ist natürlich nichts anderes als deren Kartesisches Produkt und entsprechend umfangreich. Bei der Anfangsfüllung der netShop-Datenbank mit 10.000 Kunden und 101 Artikeln werden von der Abfrage 1.010.000 Datensätze geliefert.

Tabellenverknüpfungen ohne Join-Operator

Wie schon eingangs erwähnt, wird dem einen oder anderen Leser die gerade vorgestellte Schreibweise für das Verknüpfen von Tabellen etwas umständlich anmuten. Tatsächlich ist es auch in SQL Server 2008 noch möglich, eine alternative Schreibweise zu verwenden, die von anderen Datenbanksystemen her bekannt ist (und die deswegen oft für den Standard gehalten wird, was aber nicht stimmt). In dieser Schreibweise werden in der *FROM*-Klausel einfach die Tabellennamen, durch Kommata getrennt, aufgelistet und die Verknüpfungen zwischen den Tabellen erst in der *WHERE*-Klausel bekannt gemacht. Das einfache Join-Einführungsbeispiel lässt sich damit auch so schreiben:

```
SELECT
    c.ID, Name_2 AS LastName, o.ID, o.OrderDate
FROM
    Sales.customers c, Sales.Orders o
WHERE
    c.ID = o.CustomerID
```

Listing 9.41 Alternative JOIN-Syntax

Dies wird von SQL Server problemlos akzeptiert. Viele Programmierer lieben diese Form des *JOIN*. Trotzdem sollte man sie, wenn möglich, nicht mehr benutzen. Erstens entspricht diese Syntax nicht den SQL-Standards, was eine Portierung des Codes auf ein anderes Datenbanksystem eventuell aufwändig machen kann. Access beispielsweise kommt mit dieser Variante überhaupt nicht zurecht. Zweitens führt die Verwendung dieser Syntax spätestens beim *OUTER JOIN* zu Problemen, da der Operator »*=«, der in der alternativen Syntax für einen *OUTER JOIN* eingesetzt werden muss, in SQL Server seit der Version 2005 nicht mehr verwendet werden darf. Sie könnten zwar durch eine Herabstufung des Kompatibilitätsmodus einer Datenbank auf die Version 2000 diese Syntaxform wieder erlauben (*SET COMPATIBILITY_LEVEL 80*) – aber damit würden Sie alle neuen Sprach-Features nicht mehr nutzen können. Das ist also nur für Legacy-Anwendungen interessant.

Um keine Missverständnisse aufkommen zu lassen: Es gibt Situationen, in der die veraltete Join-Syntax Ihnen helfen kann etwas einfacher lesbaren Code zu schreiben. Speziell dann, wenn im Join-Ausdruck Funktionen und Berechnungen vorkommen, ist das denkbar. Verwenden Sie in solchen Fällen ruhig die alternative Syntax. Wenn Sie sich etwas Zeit nehmen, werden Sie allerdings in der Regel eine ähnliche gute Formulierung unter Verwendung des JOIN-Schlüsselworts finden.

Abfrageergebnisse mit UNION kombinieren

In Datenbanken kommt es immer wieder vor, dass ganz ähnlich aufgebaute Datenstrukturen auf verschiedene Tabellen verteilt sind. Ein häufig anzutreffendes Beispiel dafür sind Adressinformationen, die beispielsweise in Kundentabellen, Mitarbeitertabellen und Lieferantentabellen geführt werden können. Dies entspricht zwar nicht der »reinen« Datenbanklehre, die in so einem Fall eine gemeinsame Adresstabelle mit Verknüpfungen zu den anderen Tabellen vorschlagen würde. Doch in der Praxis sind solche Konstruktionen viel zu aufwändig und haben auch diverse weitere Nachteile, unter anderem für die Leistungsfähigkeit von Abfragen, sodass man diese Variante selten antrifft. Möchte man nun die verteilten Adressinformationen für eine globale Liste wieder zusammenführen, dann ist für die meisten Einsatzzwecke die Verwendung aufeinander folgender Abfragen ungünstig, da diese auch mehrere Ergebnismengen liefern, was die Programmierung des Clients etwas aufwändiger macht, obwohl es prinzipiell natürlich möglich ist, mehrere Datasets nacheinander vom Server abzuholen. Einen nicht selbst programmierten Client kann die Rückgabe mehrerer Ergebnismengen vor ernste Probleme stellen. Für einen Reporting Service-Bericht beispielsweise wäre dieses Vorgehen ungeeignet.

Eine Möglichkeit für das Zusammenführen des Gesamtergebnisses auf dem Server wäre die Verwendung temporärer Zwischentabellen, die aus verschiedenen Abfragen per *INSERT* gefüllt werden. Einfacher und vor allen Dingen auch wesentlich effektiver ist die Verwendung des SQL *UNION*-Operators in einer *SELECT*-Abfrage. Mit dessen Hilfe lassen sich zwei oder auch mehrere Abfrageergebnisse miteinander kombinieren. Die Syntax ist sehr einfach:

```
SELECT...
    UNION [ALL]
SELECT...
    UNION [ALL]
SELECT...
    [...n]
```

Sie formulieren also einfach zwei oder mehr *SELECT*-Abfragen und verknüpfen diese über das Schlüsselwort *UNION*. Dabei müssen Sie nur ein paar simple, nahe liegende Grundregeln beachten: Die Anzahl der Spalten in den *SELECT*-Listen müssen übereinstimmen und die Datentypen der übereinander liegenden Spalten miteinander kompatibel sein. Sie können Probleme durch explizite Typkonvertierung lösen. Das ist alles. Für die Inhalte der Spalten interessiert sich SQL Server nicht besonders. Der Programmierer ist für die Logik verantwortlich. Die Namen der Ergebnisspalten entnimmt SQL Server der zuerst aufgeführten Abfrage. Das folgende Beispiel aus der netShop-Datenbank fügt die Adressinformationen aus der Kunden- und der Mitarbeitertabelle zu einer gemeinsamen Ergebnismenge zusammen:

```
SELECT
    Name_2 AS LastName, Name_1 AS FirstName, Address, PostalCode, City
FROM
    Sales.Customers
UNION
```

```
SELECT
    LastName, FirstName, Address, PostalCode, City
FROM
    Management.Employees
ORDER BY
    LastName, PostalCode, City
```

Listing 9.42 UNION

Wie Sie dem Beispiel entnehmen können, lässt sich das Ergebnis einer *UNION*-Abfrage auch sortieren. Es ist genau ein einziges *ORDER BY* hinter dem letzten *SELECT* gestattet. Die Feldnamen beziehen sich auf die Spaltenliste der ersten Abfrage. Der *UNION*-Operator hat übrigens die überraschende Eigenart, dass er selbstständig Duplikate aus der Ergebnismenge entfernt. Er arbeitet dabei ganz genau wie das *DISTINCT*-Schlüsselwort in einer *SELECT*-Liste. Um Missverständnissen vorzubeugen (jedenfalls gab es dieses Missverständnis eine Zeit lang bei mir selbst): Es werden alle Dubletten entfernt, nicht etwa nur die, die sich aus der Überlagerung der beiden Ergebnismengen zusätzlich ergeben haben. Möchte man alle Datensätze anzeigen lassen, dann ergänzt man einfach das *UNION* durch den Modifikator *ALL*.

```
SELECT
    Name_2 AS LastName, Name_1 AS FirstName, Address, PostalCode, City
FROM Sales.Customers
    UNION ALL
...
```

Listing 9.43 UNION mit ALL

INTERSECT und EXCEPT

Es geht weiter mit der T-SQL-Mengenlehre! In SQL Server 2005 wurden zwei neue Operatoren eingeführt, mit denen sich weitere Mengenoperationen auf Tabellen bezogen ausführen lassen (auch ein *UNION* ist ja im Grunde nichts anderes als die Bildung einer Vereinigungsmenge). Beide Operatoren sind nicht lebensnotwendig für den T-SQL-Programmierer, da sich die Ergebnisse auch mit entsprechend formulierten *INNER JOIN*s erzielen lassen. Die Würze liegt auch hier mal wieder in der Kürze. *INTERSECT* und *EXCEPT* lassen sehr kurze und prägnante Formulierungen zu, wie es sich an den nun folgenden Beispielen sehr gut nachvollziehen lässt.

INTERSECT

Mit *INTERSECT* können Sie herausfinden, ob zwei Tabellen in einer bestimmten Anzahl Spalten vollständig übereinstimmen. In der Sprache der Mengenlehre ausgedrückt heißt das natürlich »die Schnittmenge bilden«. Damit lassen sich unter anderem Dubletten in verschiedenen Tabellen einer Datenbank entdecken. Wenn Sie zum Beispiel in der netShop-Datenbank eine Untersuchung durchführen möchten, ob es Kundendatensätze gibt, die sowohl in der Tabelle *Customers* als auch in der Archivtabelle *Customers_Archive* vorliegen, dann lässt sich diese Aufgabe sehr einfach mit dem folgenden *SELECT*-Kommando erledigen.

```
SELECT * FROM Sales.Customers
INTERSECT
SELECT * FROM Sales.Archive_Customers
```

Listing 9.44 Einfaches INTERSECT

Da diese Abfrage den Stern-Joker in den *SELECT*-Listen verwendet, werden die beiden Tabellen auf vollkommene Identität überprüft und diejenigen Datensätze zurückgeliefert, die in beiden Tabellen exakt dieselben Werte besitzen. Genau, wie bei *UNION* werden dabei nur diejenigen Datensätze ausgeben, die sich voneinander unterscheiden. Im Gegensatz zu *UNION* existiert aber kein *ALL*.

Die *-Variante funktioniert natürlich nur, wenn die Tabellen identisch aufgebaut sind. Natürlich möchten Sie nicht immer die kompletten Datensätze auswerten, vielleicht sind Kunden ja nur innerhalb der Stadt umgezogen, aber immer noch dieselben Kunden. Sie können selbstverständlich auch die zu vergleichenden Spalten gezielt auswählen. Dies zeigt das nächste Beispiel:

```
SELECT Name_2 AS LastName, Name_1 AS FirstName, City FROM Sales.Customers
INTERSECT
SELECT Name_2 AS LastName, Name_1 AS FirstName, City FROM Sales.Archive_Customers
```

Listing 9.45 INTERSECT mit expliziter Spaltenangabe

Bei den Spaltenangaben gilt das bereits für *UNION* Gesagte: Die Spalten müssen in der richtigen Reihenfolge übereinander liegen und typenkompatibel sein. Ansonsten gibt es nichts weiter zu beachten.

An dieser Stelle folgt nun, wie versprochen, die Konstruktion des *INTERSECT* via *JOIN*. Betrachten Sie dazu den nächsten Codeschnipsel:

```
SELECT
    cust.Name_2 AS LastName, cust.Name_1 AS FirstName, cust.City
  FROM
    Sales.Customers cust
  INNER JOIN
    Sales.Archive_Customers arccust
  ON
    cust.Name_2 = arccust.Name_2
  AND
    cust.Name_1 = arccust.Name_1
  AND
    cust.City = arccust.City
```

Listing 9.46 INTERSECT mit JOIN nachgebaut

Die Formulierung ist deutlich erkennbar viel weitschweifiger. Und hier werden nur drei Spalten miteinander verglichen! Beim einführenden *INTERSECT*-Beispiel wäre eine *JOIN*-Klausel für über 20 Spalten zu formulieren gewesen. Und das ohne Hilfe des Query-Designers – dieser mag die Mengenoperatoren überhaupt nicht. Dies ist übrigens nicht der einzige Unterschied zwischen diesen beiden *SELECT*-Anweisungen. SQL Server entwirft leicht unterschiedliche Abfragepläne für die Ausführung der Abfragen. Genauer: Es werden leicht höhere Kosten für die Abfrage mit *INTERSECT* geschätzt. Wenn Sie die Beispiele in der netShop-Datenbank nachvollziehen, werden Sie allerdings feststellen, dass sich die Ausführungszeiten und der I/O-Aufwand nicht voneinander unterscheiden. Bei größeren oder anders indizierten Tabellen kann dies jedoch eine Rolle spielen. Behalten Sie diese Tatsache also im Hinterkopf, falls Sie Schwierigkeiten bei den Ausführungszeiten von *INTERSECT*-Operationen bekommen.

Möchten Sie zusätzlich zu den Spalten, die Sie direkt im *INTERSECT* angegeben haben, noch weitere Informationen ausgeben, dann müssen Sie diese über ein *JOIN* an das Ergebnis des *INTERSECT* anknüpfen. Da das nicht *direkt* geht, ist ein Umweg über eine temporäre Tabelle, Tabellenvariable, abgeleitete Tabelle notwendig oder der Einsatz einer *Common Table Expression* (*CTE* – ein paar Seiten weiter hinten erfahren Sie mehr dazu) notwendig, um das Zwischenergebnis festzuhalten. Im nächsten T-SQL-Beispiel wird eine CTE eingesetzt, um an die Datensätze, die identisch sowohl in der *Customers* wie auch der *Archive_Customers*-Tabelle enthalten sind, die Auftragsinformationen aus der *Orders*-Tabelle anzuhängen. Die CTE bildet dabei die temporäre Ergebnismenge *T*, die dann im *SELECT* über ein *INNER JOIN* weiter verknüpft wird.

```
WITH T AS
( SELECT * FROM Sales.Customers
  INTERSECT
  SELECT * FROM Sales.Archive_Customers )
SELECT * FROM t INNER JOIN Sales.Orders o ON t.ID = o.customerid
```

Listing 9.47 Ergebnis eines INTERSECTS weiter verwenden

Verknüpfen Sie eine Tabelle über *INTERSECT* mit sich selbst, dann können Sie schnell testen, ob sich Dubletten in ihr befinden. Im Gegensatz zu einem Self Join sind Aliasnamen hier überflüssig.

```
SELECT Name_2 AS LastName, Name_1 AS FirstName, City FROM Sales.Customers
INTERSECT
SELECT Name_2 AS LastName, Name_1 AS FirstName, City FROM Sales.Customers
```

Listing 9.48 Einfacher Dublettentest mit INTERSECT

Im Ergebnis sind *9992* Kundendatensätze enthalten. Die netShop *Customers*-Tabelle enthält aber *10.000* Datensätze. Es sind also Dubletten vorhanden. Das lässt sich mit der *INTERSECT*-Probe sehr schnell feststellen. Nur welche? Dazu verwendet man am besten die »klassische« Abfrage nach Listing 9.68.

EXCEPT

Der *EXCEPT*-Operator bildet in nahe liegender Weise die Komplementärmenge zweier Tabellen. Durch den nachfolgenden *SELECT*-Befehl werden diejenigen Datensätze der Kundtabelle ausgegeben, die keine Entsprechung in der Archivtabelle besitzen.

```
SELECT *  FROM Sales.Customers
EXCEPT
SELECT * FROM Sales.Archive_Customers
```

Listing 9.49 EXCEPT

Im Gegensatz zum *INTERSECT*-Operator hat *EXCEPT* eine Richtung. Das Ergebnis unterscheidet sich, je nach der Reihenfolge in der die zu verknüpfenden Tabellen aufgeführt sind. Möchten Sie herausfinden, welche Datensätze aus der Archivtabelle nicht in der Kundentabelle enthalten sind, dann drehen Sie den Spieß einfach um.

```
SELECT *  FROM Sales.Archive_Customers
EXCEPT
SELECT * FROM Sales.Customers
```

Listing 9.50 EXCEPT umgekehrt

Vorrang der Mengenoperatoren

Genau wie die Operatoren in T-SQL-Ausdrücken, gelten für die Mengenoperatoren Vorrangregeln. *INTERSECT* wird als erstes ausgeführt, ansonsten gilt die Reihenfolge »Links nach Rechts«. Durch Runde Klammern kann die Auswertungsreihenfolge explizit festgelegt werden

Daten aggregieren und gruppieren

Sie sollten sich in all Ihren Datenbankprojekten angewöhnen, Auswertungen in großen Datenmengen nach Möglichkeit auf dem Server vorzubereiten. Das geht viel schneller als in jeder nur erdenklichen .NET-Programmiervariante auf dem Client oder in der Mittelschicht. Setzen Sie für das Erstellen von Berichten die SQL Server 2008-Reporting Services nicht serverseitig ein, sondern Tools wie »Crystal Reports«, »List and Label« oder auch die Office-Webkomponenten, dann ist es eine gute Idee, die wesentlichen Aggregationen und Gruppierungen mit T-SQL in Form von Sichten oder gespeicherten Prozeduren durch SQL Server durchführen zu lassen, auch wenn Ihr Berichtstool summieren und gruppieren kann. Netzwerk und Anwender werden es Ihnen danken.

Für die Zusammenfassung von Daten und der Berechnung von Werten in einer Auswahl von Datensätzen gibt es in Standard-SQL eine Vielzahl von Funktionen, die SQL Server natürlich aus dem Effeff beherrscht – und darüber hinaus noch einige mehr.

Aggregatfunktionen

Für Auswertungen und Berichte stellt SQL die Aggregatfunktionen zur Verfügung. Diese werden eingesetzt, um Berechnungen über die Feldinhalte einer Datensatzmenge hinweg durchzuführen. Mit dem folgenden SQL-Ausdruck erhalten Sie das Datum des letzten Auftrags und die Gesamtzahl der vorliegenden Bestellungen aus der Auftragstabelle zurückgeliefert:

```
SELECT
    MIN (OrderDate) AS NewestOrder,
    COUNT (*) AS OrderCount
FROM Sales.Orders
```

Listing 9.51 Aggregatfunktionen in einer Abfrage

Die einfachen Aggregatfunktionen wie Summe (*SUM*) oder Minimum (*MIN*) unterscheiden sich bei den meisten SQL-Dialekten nicht. SQL Server kennt allerdings noch paar sinnvolle Ergänzungen zu den elementaren Aggregatfunktionen. Die Tabelle im Anschluss bietet eine vollständige Übersicht über die in Transact-SQL vorhandenen Aggregatfunktionen. Einige Funktionen besitzen die Optionen *ALL* bzw. *DISTINCT*. Dabei bezieht *ALL* immer sämtliche Werte der zu Grunde liegenden Datenmenge in das Ergebnis mit ein. *DISTINCT* berücksichtigt ausschließlich die voneinander verschiedenen Werte. Diese Optionen sind zwar auch bei *MIN* und *MAX* vorhanden, beeinflussen die Berechnung allerdings nicht. Geben Sie in einem Ausdruck weder *ALL* noch *DISTINCT* explizit an, so wird immer *ALL* als Standard unterstellt. Die Funktionen können auch auf einen Ausdruck (*expression*) angewendet werden, im einfachsten Fall arbeitet man allerdings mit der direkten Angabe einer Spaltenbezeichnung.

Funktion	Resultat
AVG ([ALL | DISTINCT] expression)	Der Mittelwert aller über alle Datensätze hinweg berechnet. Dabei werden NULL-Werte nicht berücksichtigt.
CHECKSUM_AGG ([ALL | DISTINCT] expression)	Diese Aggregatfunktion wird im Zusammenhang mit den Prüfsummen-Funktionen von SQL Server eingesetzt.
COUNT ({ [ALL | DISTINCT] expression] | * })	Die Anzahl der Datensätze. Wird ein Spaltenname angegeben, so werden nur die nicht leeren Werte dieser Spalte in der Ergebnismenge gezählt. Bei der Angabe des Sternchens (*) werden alle Zeilen gezählt.

Daten aggregieren und gruppieren

Funktion	Resultat
COUNT_BIG ({ [ALL | DISTINCT] expression } | *)	Entspricht von der Funktion und der Anwendung her COUNT, der Ergebnisdatentyp ist aber immer ein bigint, während COUNT einen int liefert
GROUPING (column_name)	Kennzeichnet eine Zeile, die der Ergebnismenge durch einen ROLLUP- oder CUBE-Operator hinzugefügt wurde. Dies wird im Abschnitt zu GROUP BY genauer erläutert.
MAX ([ALL | DISTINCT] expression)	Liefert das Maximum der Datensätze
MIN ([ALL | DISTINCT] expression)	Liefert das Minimum der Datensätze
SUM ([ALL | DISTINCT] expression)	Berechnet die Summe über die Ergebnismenge
STDEV (expression)	Liefert die statistische Standardabweichung der Werte über alle Datensätze
STDEVP (expression)	Liefert die statistische Standardabweichung der Grundgesamtheit der Werte über alle Datensätze
VAR (expression)	Liefert die statistische Varianz der Werte über alle Datensätze
VARP (expression)	Liefert die statistische Varianz der Population über alle Datensätze

Tabelle 9.3 Aggregatfunktionen in T-SQL

Einige erste einfache Beispiele verdeutlichen die Verwendung der Aggregatfunktionen. Die nachfolgende Abfrage berechnet den Durchschnittspreis für alle Artikel. Außerdem die minimalen und maximalen Preise. Für jede aggregierte Spalte wird ein Alias angegeben. Das ist sinnvoll, weil die Anwendung einer Aggregatfunktion auf eine Spalte einen Ausdruck darstellt und im Ergebnis kein Spaltenname angezeigt würde.

```
SELECT
    AVG(Price) AS AvgPrice,
    MIN(Price) AS MinPrice,
    MAX(Price) AS MaxPrice
FROM
    Products.Articles
```

Listing 9.52 Abfrage mit AVG, MIN, MAX

Das Ergebnis dieser Abfrage besteht aus einer einzelnen Datenzeile, welche die aggregierten Daten enthält.

AvgPrice	MinPrice	MaxPrice
9,41585	2,00	30,00

AVG ist eine der Funktionen, die sich mit *DISTINCT* kombinieren lassen. In Listing 9.53 wird der Durchschnittspreis über die verschiedenen Einzelpreise hinweg berechnet. Das ist sozusagen ein nicht gewichteter Mittelwert. Die *DISTINCT*-Option ist speziell für statistische Berechnungen interessant. Die Ausdrücke *AVG(Price)* und *AVG(DISTINCT Price)* liefern vollkommen unterschiedliche Ergebnisse. Probieren Sie's aus.

```
SELECT
    AVG(DISTINCT Price) AvgDistinctPrice,
    AVG(Price) AS AvgPrice
FROM
    Products.Articles
```

Listing 9.53 AVG mit DISTINCT

Das ist das Ergebnis:

AvgDistinctPrice	AvgPrice
11,4333	9,415

Die dritte Abfrage berechnet die Umsätze der netShop-Datenbank über alle Datensätze hinweg. Dazu muss zunächst auf der Ebene der einzelnen Bestellpositionen eine Umsatzberechnung durchgeführt werden.

```
SELECT
   SUM(Quantity * UnitPrice) AS SumGrossPrice,
   SUM(Quantity * UnitPrice - Discount)  AS SumNetPrice
FROM
   Sales.OrderDetails
```

Listing 9.54 SUM mit Ausdruck

Das Ergebnis sieht so aus:

SumGrossPrice	SumNetPrice
160509945.500000	149537104.500000

Die Behandlung von NULL-Werten

Die Verarbeitung von Tabellenspalten, die keinen Inhalt besitzen, also den Wert *NULL* enthalten, verdient im Zusammenhang der Anwendung von Aggregatfunktionen besondere Beachtung. Dies trifft auf sämtliche statistische Funktionen zu (*AVG, STDEV etc.*), aber auch auf die *COUNT*-Funktion.

Bei *COUNT* ist immer die Unterscheidung wichtig, ob alle Datensätze im Ergebnis gezählt werden sollen oder die vorhandenen Werte in einer Spalte. Die nächste Abfrage verdeutlicht das. Es werden alle Kunden gezählt und dazu alle Kunden, zu denen eine Faxnummer in der Datenbank existiert, der entsprechende Eintrag also nicht *NULL* ist.

COUNT mit Angabe eines Feldnamens liefert die Anzahl der nicht leeren Werte in einer Spalte. Die Variante *COUNT(*)* dagegen immer die Anzahl sämtlicher Datenzeilen, die in einer Ergebnismenge vorkommen.

```
SELECT
   COUNT(*) AS CountCustomers,
   COUNT(Fax) AS CountCustomersWithFax
FROM
   Sales.Customers
```

Listing 9.55 Abfrage mit COUNT

Die *AVG*-Aggregatfunktion liefert das arithmetische Mittel über eine Datensatzmenge. Zur Berechnung der Durchschnittsfrachtkosten aller Artikel kann man die folgende Abfrage verwenden.

```
SELECT
   AVG(Freight) AS AvgFreight
FROM
   Products.Articles
```

Listing 9.56 Durchschnitt mit AVG

Diese liefert in der netShop-Datenbank das folgende Ergebnis:

0.3529

Falls es in der Artikeltabelle fehlende Einträge für die Frachtkosten geben sollte, die Spalte also *NULL* ist, dann werden die betreffenden Datensätze nicht zur Berechnung des Durchschnittswertes herangezogen. Achtung: Der Datenbankwert *NULL* wird nicht etwa wie der Zahlenwert Null behandelt! Wäre das so, dann würde der Durchschnitt mit jedem weiteren *NULL* auf jeden Fall sinken. Davon, dass dem nicht so ist, kann man sich sehr leicht überzeugen. Die folgende Abfrage löscht die Werte für die Frachtkosten in den ersten drei Artikeln.

```
UPDATE Products.Articles
SET
    Freight = NULL
WHERE
    ID IN ( 1, 2, 3 )
```

Listing 9.57 Werte auf NULL setzen

Führt man den SQL-Befehl in Listing 9.56 noch einmal aus, nachdem in den drei Datensätzen der Wert für das Feld *Freight* auf *NULL* gesetzt wurde, dann berechnet SQL Server das folgende Ergebnis:

0,3331

Gleichzeitig sendet SQL Server folgende Warnung an den Client:

Warnung: Ein NULL-Wert wird durch einen Aggregat- oder sonstigen SET-Vorgang gelöscht.

Der durchschnittliche Frachtbetrag steigt also leicht an. Dies liegt daran, dass die Frachtkosten in den ausgewählten Datensätzen unterdurchschnittlich hoch waren.

Beispiele für den Einsatz von Aggregatfunktionen

Es folgen einige exemplarische Anwendungen für die soeben vorgestellten Funktionen.

Eine Warenkorb-Analyse mit COUNT DISTINCT durchführen

Eine übliche Fragestellung im Zusammenhang mit Verkaufssystemen ist, wie viele Artikel ein Kunde im Laufe der Zeit bestellt hat. Und in vielen Fällen wird dies noch weiter spezifiziert, etwa mit: Wie viele *verschiedene* Artikel waren es? Die folgende Abfrage löst dieses Problem durch den Einsatz des Zusatzes *DISTINCT* vor dem Ausdruck, der mit *COUNT* ausgewertet werden soll. Zusätzlich berechnet diese Abfrage den Gesamtumsatz, der mit einem bestimmten Kunden gemacht wurde. Dazu wird die Aggregatfunktion *SUM* mit einem Ausdruck verwendet. Da die Daten aus verschiedenen Tabellen stammen, müssen diese durch ein Join verknüpft werden.

```
SELECT
    COUNT (od.ArticleID) AS CountArticles,
    COUNT (DISTINCT od.ArticleID) AS CountUniqueArticles,
    SUM(Quantity * UnitPrice) AS SumSales
FROM
    Sales.Customers cu INNER JOIN Sales.Orders ord
ON
    cu.ID = ord.CustomerID
INNER JOIN
    Sales.OrderDetails od
```

```
ON
    ord.Id = od.OrderId
WHERE
    Cu.Code = '0000010'
```

Listing 9.58 COUNT DISTINCT im Einsatz

So ungefähr sieht das Ergebnis der Abfrage aus:

CountArticles	CountUniqueArticles	SumSales
191	85	18379.000000

In der ersten Spalte ist das direkte Ergebnis der Artikelzählung in den Bestellpositionen der Aufträge dieses Kunden zu sehen. Wiederholungen sind erlaubt. Die zweite Spalte zeigt das bereinigte Ergebnis und die dritte gibt den Umsatz dieses Kunden wieder.

> **TIPP** Beim Einsatz von Aggregatfunktionen gilt, was schon bei der Erläuterung der *SELECT*-Liste gesagt wurde. Ohne die Angabe eines Alias-Namens hat eine berechnete Spalte keinen Namen. Daher wurden in der Abfrage auch die beiden AS-Schlüsselworte verwendet, um den Ergebnissen sinnvolle Bezeichnungen zu geben.

Prüfsummen mit CHECKSUM_AGG bilden

Dieses Beispiel liegt mir am Herzen, weil es eine mit SQL Server 2000 eingeführte Aggregatfunktion vorstellt, die wenig bekannt, gleichwohl jedoch sehr praktisch ist. Doch bevor es um das Aggregieren von Prüfsummen geht, soll zunächst gezeigt werden, wie man diese in SQL Server überhaupt (und zwar sehr einfach) bilden kann. Mittels der skalaren Funktion *CHECKSUM* lässt sich eine Prüfsumme über einen Ausdruck oder eine Spalte bilden. Ein einfaches Beispiel dafür sieht so aus:

```
SELECT CHECKSUM(Name_1) FROM Sales.Customers
```

Listing 9.59 Prüfsumme über eine einzelne Spalte

Auf der Grundlage eines Feldinhaltes, in diesem Fall der Vorname des Kunden, wird eine eindeutige ganze Zahl berechnet. Dieser Wert kann für weitere Vergleiche herangezogen werden. Um genau zu sein, ist *CHECKSUM* eine Hash-Funktion. Mit dieser können Sie zum Beispiel für sehr lange *varchar*-Spalten einen effektiven Hash-Index konstruieren. *CHECKSUM* lässt sich allerdings nicht auf Spalten der Typen *text*, *ntext*, *image*, *xml*, *sql_variant* und *cursor* oder benutzerdefinierte CLR-Datentypen anwenden.

Was lässt sich damit erreichen? Es kann zum Beispiel ausgesprochen effektiv überprüft werden, ob Spalteninhalte unterschiedlich sind. Richtig spannend erscheint diese Funktion nach einem Blick auf die Syntax:

```
CHECKSUM ( * | expression [ ,...n ] )
```

CHECKUM kann also nicht nur auf einzelne Spalten, sondern auch auf mehrere Ausdrücke angewandt werden. Durch den *-Operator wird die Prüfsummenbildung auf eine gesamte Tabellenzeile ausgedehnt, wodurch die Gleichheit zweier Tabellenzeilen sehr einfach getestet werden kann. Dieser Test verläuft bei der Verwendung des Prüfsummenverfahrens ungleich schneller als beispielsweise bei einem Vergleich jedes einzelnen Feldes über eine *WHERE*-Klausel.

```
SELECT CHECKSUM(*) FROM Sales.Customers
```

Listing 9.60 Prüfsummen über alle Spalten der Kundentabelle

Dieses Kommando liefert die Prüfsummen sämtlicher Datensätze der Kundentabelle. Möchte man die Prüfsumme auf die gesamte Tabelle ausdehnen, dann darf man dazu nicht *SUM* verwenden. Bei der einfachen Addition der einzelnen Werte könnten sich Änderungen an verschiedenen Datensätzen gegenseitig aufheben, dass es trotz der Abweichungen insgesamt wieder zum gleichen Ergebnis käme. Aus diesem Grund gibt es eine passende Aggregatfunktion *CHECKSUM_AGG*, die es ermöglicht, die einzelnen Checksummen einer Ergebnismenge zu addieren, sodass das Ergebnis wieder eindeutig wird. Mit dem folgenden *SELECT*-Befehl ist es möglich, eine Prüfsumme der Kundentabelle zu berechnen:

```
SELECT CHECKSUM_AGG (CHECKSUM(*)) FROM Sales.Customers
```

Listing 9.61   Prüfsumme für die Kundentabelle

Auf diese Weise lässt sich wunderbar und schnell prüfen, ob zwei Versionen einer Tabelle sich *unterscheiden*. Dies kann zum Beispiel nach dem Einspielen von Daten aus einer Sicherung sinnvoll sein. Aber Vorsicht: *CHECKSUM* und die binäre Variante *CHECKSUM_BINARY* sind nicht 100% narrensicher! Wenn die berechneten Hash-Werte voneinander abweichen, dann kann man sicher sein, dass die zwei Tabellenzeilen *nicht* identisch sind. Dummerweise kann es bei identischen Hash-Werten vorkommen, dass es dennoch Abweichungen gibt. Die Online-Dokumentation legt eine »schwache Chance« nahe. Um auf Nummer sicher zu gehen, sollten Sie nach einem ersten Check, der identische Werte liefert, eine zweite Runde nachschieben, in der Sie die Spalten direkt vergleichen.[3] Trotz dieses Mankos lassen sich mit *CHECK_SUM* Zeiten für umfangreiche Vergleiche drastisch reduzieren.

Gruppierungen mit GROUP BY und HAVING

Neben dem Gesamtergebnis über alle Datensätze hinweg, das mit den Aggregatfunktionen berechnet werden kann, sind oft eine Gruppierung der Datensätze und eine Bildung von Teilergebnissen erwünscht. Die Zusammenfassung der Daten kann nach einzelnen Spalten oder auch nach Ausdrücken erfolgen. Sie verwenden die *GROUP BY*-Klausel, um eine Gruppierung der Daten zu erreichen. Diese ist immer hinter der *WHERE*-Bedingung und vor dem *ORDER BY* zu finden und die Syntax hat die vereinfachte Form:

```
GROUP BY { <column_expression>
    | ROLLUP ( <composite element list> )
    | CUBE ( <composite element list> )
    | GROUPING SETS ( <grouping set list> )
    | <grand total> }[ ,...n ]
```

ACHTUNG   Bei SQL Server 2008 hat sich beim *GROUP BY* einiges getan. Neben der immer noch erlaubten, veralteten, nicht ISO-konformen Variante können Sie jetzt endlich die »offizielle« Version der Klausel verwenden. Die Unterschiede sind teilweise diffizil (zum Beispiel *CUBE* statt *WITH CUBE*). Vor allen Dingen sind aber die Grouping Sets neu eingeführt worden. Verwenden Sie bei neuen Projekten unbedingt die ISO-Variante!

Beachten Sie bitte, dass SQL Server die Gruppen nicht automatisch nach den Gruppierungsspalten sortiert, wie es bei anderen Datenbanksystemen (etwa in Access mit der Jet-Engine) der Fall ist. Möchten Sie eine spezielle Sortierung des Ergebnisses erzielen, so ist auf jeden Fall ein *ORDER BY* hinzuzufügen. Eine Auswertung der Kundenumsätze mit einer Zusammenfassung der Ergebnisse pro Kunde sieht damit so aus:

---

[3] In den Books Online wird zusätzlich die Funktion *HASHBYTES* erwähnt. Diese ist zwar präziser als *CHECKSUM*, aber leider immer noch nicht perfekt.

```
SELECT
    cu.Code, SUM ( Quantity * unitprice  ) As Sales
FROM
    Sales.Customers cu
INNER JOIN
    Sales.Orders o ON cu.ID = o.CustomerID
INNER JOIN
    Sales.OrderDetails od ON o.ID = od.OrderId
GROUP BY
    cu.Code
ORDER BY
    cu.Code
```

Listing 9.62 Abfrage mit Gruppierungen

Dies sind die ersten drei Ergebniszeilen:

Code	Sales
0000001	18578.500000
0000002	15087.000000
0000003	11964.000000

Sobald Sie das Schlüsselwort *GROUP BY* verwenden, betrachtet SQL Server den Inhalt der *SELECT*-Klausel besonders kritisch. Es sind jetzt nur noch Spalten oder Ausdrücke erlaubt, die entweder über eine Aggregatfunktion zusammengefasst werden oder Bestandteil des *GROUP BY* sind. Natürlich können Sie die Ergebnisse auch nach einer berechneten oder aggregierten Spalte sortieren lassen. Leider reicht es hierbei nicht, den Aliasnamen des Ausdrucks zu verwenden, was in der Syntax des »kleinen DBMS« Access ohne weiteres möglich ist, sondern Sie müssen den kompletten Ausdruck wiederholen. Im nachfolgenden Beispiel werden die Umsätze nach Jahr und Quartal zusammengefasst. Das passiert mit den entsprechenden Datumsfunktionen, die in einem einzigen Ausdruck zusammengefasst werden.

```
SELECT
    CAST(YEAR(OrderDate) AS char(4)) + '/Q' + CAST(DATEPART(qq, OrderDate) AS CHAR(1)) AS Period,
    SUM ( Quantity * unitprice  ) As Sales
FROM
    Sales.Customers cu
INNER JOIN
    Sales.Orders o ON cu.ID = o.CustomerID
INNER JOIN
    Sales.OrderDetails od ON o.ID = od.OrderId
GROUP BY
    CAST(YEAR(OrderDate) AS char(4)) +  + '/Q' + CAST(DATEPART(qq, OrderDate) AS CHAR(1))
ORDER BY
    Period DESC
```

Listing 9.63 Gruppierung nach einem Ausdruck

Auch hier wieder die ersten drei Ergebniszeilen:

Period	Sales
2009/Q1	307.000000
2008/Q4	15897699.500000
2008/Q3	15915360.000000

Natürlich ist es auch möglich, eine Gruppierung über mehrere Spalten hinweg durchzuführen. Zu diesem Zweck werden einfach mehrere Spalten in die GROUP BY-Liste aufgenommen. Die Zusammenfassung der Daten findet dann »von links nach rechts« statt. Erweitert man den in Listing 9.62 vorgestellten SELECT-Befehl um diese Möglichkeit, dann kann man beispielsweise eine Kategorisierung der Bestellsummen nach Ort, Postleitzahl und Kunden vornehmen:

```
SELECT
    cu.City,
    cu.PostalCode,
    cu.Code AS CustomerCode,
    SUM ( Quantity * unitprice  ) As Sales
FROM
    Sales.Customers cu
INNER JOIN
    Sales.Orders o ON cu.ID = o.CustomerID
INNER JOIN
    Sales.OrderDetails od ON o.ID = od.OrderId
GROUP BY
    cu.City, cu.PostalCode, cu.Code
ORDER BY
    cu.City, cu.PostalCode, cu.Code
```

Listing 9.64 Gruppierung über mehrere Spalten

Betrachtet man die ersten Datensätze des Ergebnisses – für die beiden Orte Aachen und Adelebsen – so wird die Wirkung einer Gruppierung über mehrere Spalten hinweg sofort anschaulich klar.

City	Postalcode	CustomerCode	Sales
Aachen	52062	0000010	18379.000000
Aachen	52062	0006770	19643.500000
Aachen	52080	0007937	18183.000000
Aachen	52080	0008683	15208.000000
Adelebsen	37139	0005608	19108.500000
Adelebsen	37139	0006427	12924.500000
Adelebsen	37139	0006506	17550.500000

In Aachen findet man zwei Postleitzahlen mit jeweils zwei Kundennummern.

Hin und wieder kommt es vor, dass Sie in einem gruppierten Ergebnis zusätzliche Spalten anzeigen möchten, die weder zur Aggregation herangezogen werden, noch zur Gruppenbildung. Nach der Regel, dass jede Spalte, die in der SELECT-Liste vorkommt, entweder in eine Aggregatfunktion »verpackt« werden oder in der GROUP BY-Klausel auftauchen muss, geht das eigentlich gar nicht. Hier müssen Sie zu einem Trick greifen: Verwenden Sie einfach eine »unschädliche« Aggregatfunktion für die zusätzliche Spalten (wie MIN oder MAX) oder fügen Sie Spalten so in die GROUP BY-Liste ein, dass die Logik nicht verändert wird. Das nächste Beispiel verwendet die Variante der Erweiterung der Gruppierungsliste, um zusätzlich zum Kunden-Code, den Namen und die Straße anzeigen zu lassen. Die Extraspalten *name_2* und *Address* werden an das Ende der GROUP BY-Liste angehängt. So wird die Gruppierung nicht beeinflusst, da sowohl der Nachname, wie auch die Straße vollständig vom Kundencode abhängig sind.

```
SELECT
    cu.City,
    cu.PostalCode,
    cu.Code AS CustomerCode,
    cu.Name_2 AS LastName,
```

```
    cu.Address,
    SUM ( Quantity * unitprice ) As Sales
FROM
    Sales.Customers cu
INNER JOIN
    Sales.Orders o ON cu.ID = o.CustomerID
INNER JOIN
    Sales.OrderDetails od ON o.ID = od.OrderId
GROUP BY
    cu.City, cu.PostalCode, cu.Code, cu.Name_2, cu.Address
ORDER BY
    cu.City, cu.PostalCode, cu.Code
```

Listing 9.65 Gruppierung mit zusätzlichen Spalten in der GROUP BY-Liste

Die Ergebnisse und die Reihenfolge der Datenzeilen entsprechen denen aus Listing 9.64, ergänzt um die zusätzlichen Informationen.

City	Postalcode	CustomerCode	LastName	Address	Sales
Aachen	52062	0000010	Abels	Gradestraße 28	18379.000000
Aachen	52062	0006770	Reimers	Kabelweg 93	19643.500000
Aachen	52080	0007937	Spurrier	Rochowstraße 29	18183.000000
Aachen	52080	0008683	Veltmann	Baubergerstraße 92	15208.000000
Adelebsen	37139	0005608	Michulencak	Juliusstraße 15	19108.500000
Adelebsen	37139	0006427	Pfülf	Hundhammerweg 52	12924.500000
Adelebsen	37139	0006506	Plaene	Döbelner Weg 80	17550.500000

Unter der Verwendung von zusätzlichen Aggregatfunktionen lässt sich die letzte Abfrage auch anders formulieren. Die *SELECT*-Liste sieht dann so aus:

```
SELECT
    cu.City,
    cu.PostalCode,
    cu.Code AS CustomerCode,
    MIN(cu.Name_2) AS LastName,
    MIN(cu.Address) AS Address,
    SUM ( Quantity * unitprice ) As Sales
FROM
    ...
```

Listing 9.66 Gruppierung mit zusätzlichen Spalten und Aggregatfunktionen

Aus der *GROUP BY*-Liste können die Felder *Name_2* und *Address* dann wieder entfernt werden (sie stören aber auch nicht weiter).

ACHTUNG Während Sie bei vielen T-SQL-Konstrukten die Wahl haben, wie Sie die Anfrage formulieren, weil der SQL Server-Optimierer die Unterschiede einfach »wegoptimiert« müssen Sie bei der Angabe zusätzlicher Spalten in einer Gruppierung sehr gut aufpassen, welches der beiden Verfahren Sie verwenden. Die Abfrage nach Listing 9.65 mit zusätzlicher Pseudogruppierung ist mehr als doppelt so schnell, wie die Abfrag mit zusätzlichen Aggregatfunktionen! Diese Beobachtung bedeutet nicht, dass Sie die zusätzlichen Spalten generell in die *GROUP BY*-Liste aufnehmen sollten. Es kann auch Abfragen geben, in denen das Aggregatfunktions-Verfahren besser funktioniert. Verwenden Sie im Zweifel eine der im Kapitel 20 »Performance-Optimierungen« beschriebenen Methoden, um die optimale Variante zu finden.

Im Zusammenhang mit *GROUP BY* – und tatsächlich auch nur in diesem Kontext – kann das *HAVING*-Schlüsselwort eingesetzt werden. Es dient der Filterung der angezeigten Gruppen. Während sich die normale Einschränkung durch ein *WHERE* auf die Datensätze bezieht, die noch nicht zusammengefasst wurden, geht es bei *HAVING* darum, ausschließlich Gruppen auszugeben, die einem bestimmten Kriterium genügen. *HAVING* ist also in gewissem Sinne das *WHERE* für aggregierte Daten. Sie geben das Schlüsselwort hinter dem *GROUP BY* in der folgenden Art an:

```
HAVING <search_condition>
```

Eine Abfrage, die jene netShop-Kunden aus Berlin anzeigt, deren Gesamtumsatz über 1.000 Euro beträgt, kann mittels *HAVING* so geschrieben werden:

```
SELECT
    cu.Code, SUM ( Quantity * unitprice ) As Sales
FROM
    Sales.Customers cu
INNER JOIN
    Sales.Orders o ON cu.ID = o.CustomerID
INNER JOIN
    Sales.OrderDetails od ON o.ID = od.OrderId
WHERE
    cu.City = 'Berlin'
GROUP BY
    cu.Code
HAVING
    SUM ( Quantity * unitprice ) > 1000
ORDER BY
    cu.Code
```

Listing 9.67 Auswahl von Gruppen über HAVING

Mittels *GROUP BY* und *HAVING* lässt sich eine alltägliche Aufgabenstellung recht einfach lösen: Das Suchen nach Duplikaten in einer Tabelle. Das Prinzip ist simpel: Die zu untersuchenden Spalten werden in die *GROUP BY*-Liste aufgenommen und dann werden via *HAVING* alle Gruppen selektiert, die mehr als einen Datensatz beinhalten – also Dubletten enthalten.

```
SELECT
    Name_2 AS LastName, Name_1 AS FirstName, City
FROM
    Sales.Customers
GROUP BY
    Name_2, Name_1, City
HAVING
    COUNT (*) > 1
```

Listing 9.68 Dublettensuche mit GROUP BY und HAVING

Tatsächlich findet man in der netShop-Kundentabelle ein paar Duplikate in Bezug auf Namen und Stadt. Diese Tatsache war Ihnen ja schon seit Listing 9.48 klar – da wurde mittels *INTERSECT* ein schneller Test durchgeführt, *ob* es Dubletten gibt.

Die vollständigen Datensätze können Sie mit der nächsten Abfrage ausgeben lassen. Es wird eine abgeleitete Tabelle eingesetzt, welche die Dublettensuche durchführt. Das Ergebnis wird dann über einen Join mit der Kundentabelle verknüpft. Mehr zum Thema »abgeleitete Tabellen« finden Sie weiter hinten in diesem Kapitel.

```
SELECT
    *
FROM
    Sales.Customers C
INNER JOIN

    (
        SELECT

            Name_2 AS LastName, Name_1 AS FirstName, City
        FROM
            Sales.Customers
        GROUP BY
            Name_2, Name_1, City
        HAVING
            COUNT (*) > 1
    ) AS T
ON
    C.Name_1 = T.FirstName
AND
    C.Name_2 = T.LastName
AND
    C.City = T.City
```

Listing 9.69 Vollständige Datensätze zu den Dubletten anzeigen

Variable Gruppierungen mit Grouping Sets

Eine wunderbare Neuerung in SQL Server 2008 sind die so genannten Grouping Sets, mit deren Hilfe Sie gruppierte Abfragen sehr schön »aufbohren« können, um auch komplexere Auswertungen direkt in einem einzelnen *SELECT*-Befehl zu formulieren. Außerdem nähert sich T-SQL durch die neuen Schlüsselworte *GROUPING SET* weiter an den ISO-Standard an.

Um was geht es?

Standardgruppierungen über mehrere Spalten, die mit einer einzelnen *GROUP BY*-Liste arbeiten, ermöglichen eine Zusammenfassung nur auf eine bestimmte Art und Weise. Dabei werden größere Gruppen immer weiter in kleinere Gruppen unterteilt, bis die gewünschte Ebene für die Aggregationen erreicht ist. Der Server liefert zwar Zusammenfassungen zum Client zurück, aber nicht die Detailinformationen oder die Gesamtsumme über alle Gruppen hinweg. Außerdem werden die Daten, wie im vorherigen Abschnitt erläutert, nur auf eine einzige Art und Weise zusammengefasst: in der Reihenfolge der Spaltenliste des *GROUP BY*. Diese Einschränkungen verhindern unter anderem, dass Berichte vollständig auf dem Server vorbereitet werden können.

Für dynamische Auswertungen wäre es jedoch wünschenswert, Zusammenfassungen nach unterschiedlichen Kriterien durchführen zu können, ohne jedes Mal einen neuen *SELECT*-Befehl gegen den Server laufen lassen zu müssen. Da mit dem Standard-*SELECT* diese Dinge nicht möglich sind, müssen von Client-Auswertungswerkzeugen oft viele verschiedene Abfragen generiert werden, die dann nacheinander ausgeführt werden, oder – was oft eine sehr langsame Lösung bedeutet – die Daten werden überhaupt nicht aggregiert vom Server bezogen und erst durch den Client in Gruppen zusammengefasst.

Die Abfrage in Listing 9.64 ist ein typisches Beispiel für ein *GROUP BY* über mehrere Spalten: Umsätze werden nach Ort, Stadt und Kunde zusammengefasst. Die Aggregierung findet immer auf der untersten Ebene der Hierarchie statt. Möchte man Zwischensummen sehen – beispielsweise die Umsätze, zusammengefasst nach Postleitzahlen oder Städten, dann benötigt man weitere Abfragen. Mit dem relationalen Operator

Daten aggregieren und gruppieren

UNION könnte man die Teilergebnisse dann bereits auf dem Server wieder zu einem Gesamtergebnis zusammenfassen. Alternativ (und dies ist das übliche Verfahren) bekommt der Client mehr zu tun. In einem Berichtstool könnten in einem so genannten Gruppenwechsel die Zwischensummen nachträglich berechnet werden, was für kleinere Ergebnismengen auch vollkommen problemlos ist. Hat man es aber mit richtig *großen* Datenmengen zu tun, dann gilt wieder die goldene Regel: »rechne auf dem Server und das Leben wird leichter«.

Ein erstes Grouping Sets-Beispiel zeigt, wie man Zwischensummen erzeugt und der Abfrage ein Gesamtergebnis hinzufügt:

```
SELECT
    cu.City,
    cu.PostalCode,
    cu.Code AS CustomerCode,
    SUM ( Quantity * unitprice  ) As Sales
FROM
    Sales.Customers cu
INNER JOIN
    Sales.Orders o ON cu.ID = o.CustomerID
INNER JOIN
    Sales.OrderDetails od ON o.ID = od.OrderId
GROUP BY GROUPING SETS
(
    (cu.City, cu.PostalCode, cu.Code),
    (cu.City, cu.PostalCode),
    (cu.City),
    ()
)
ORDER BY
    cu.City, cu.PostalCode, cu.Code
```

Listing 9.70 *Grouping Sets erzeugen Teilergebnisse und Gesamtergebnis*

Die Anwendung von Grouping Sets ist denkbar einfach. Hinter den Schlüsselworten *GROUP BY GROUPING SETS* geben Sie in runden Klammern eine Anzahl von *GROUP BY*-Listen an, nach denen gruppiert werden soll. Besteht so eine Liste aus mehr als einer Spalte, dann gehört sie ebenfalls in runde Klammern. Eine »leere« Klammerung steht für das Gesamtergebnis. In der Beispielabfrage wird also die ursprüngliche Gruppierung nach *cu.City, cu.PostalCode, cu.Code* verwendet und zusätzliche Gruppierungen nach *cu.City, cu.PostalCode* und nach *cu.City* werden hinzugefügt. Außerdem wird über *()* das Gesamtergebnis ergänzt.

Im Ergebnis sieht das so aus:

```
City        Postalcode  CustomerCode  Sales
NULL        NULL        NULL          160509945.500000
Aachen      NULL        NULL          71413.500000
Aachen      52062       NULL          38022.500000
Aachen      52062       0000010       18379.000000
Aachen      52062       0006770       19643.500000
Aachen      52080       NULL          33391.000000
Aachen      52080       0007937       18183.000000
Aachen      52080       0008683       15208.000000
Adelebsen   NULL        NULL          49583.500000
Adelebsen   37139       NULL          49583.500000
Adelebsen   37139       0005608       19108.500000
...
```

Vergleichen Sie die Abfragergebnisse aus diesem Listing und aus Listing 9.64 einmal in Ruhe miteinander, um die Wirkungsweise von Grouping Sets zu untersuchen.

Auffällig ist natürlich, dass einige Zeilen zur Ergebnismenge hinzugekommen sind und dass in den neuen Zeilen einige Spalten den Wert *NULL* enthalten. Diese Zeilen enthalten jeweils zusätzlich Zusammenfassungen einer höheren Ebene. Die Bildung solcher Werte wird auch als *ROLLUP* bezeichnet, dazu später mehr.

In der ersten Ergebniszeile findet sich das Gesamtergebnis für den berechneten Wert *Sales*. Da alle anderen Spalten *NULL* sind, haben wir es hier mit dem Gesamtumsatz für *alle* Aufträge zu tun. Der Wert wurde für das Grouping Set *()* gebildet.

Danach folgt die Zusammenfassung nach der ersten Stadt. Die zweite Zeile enthält ausschließlich einen Wert für *City*: »Aachen«. Die Zahl in *Sales* stellt damit die Summe aller Umsätze in diesem Ort dar. Die dritte Zeile, mit den beiden Werten in *City* und *PostalCode*, liefert die Summe für die Kombination dieser beiden Werte. Nach Abarbeitung der ersten Gruppierungen auf unterster Ebene (Postleitzahlen) springt das Ergebnis eine Gruppierungsebene höher. Und so fort, bis alle 13205 Ergebniszeilen ausgegeben wurden.

Die Gruppen der Grouping Sets werden scheinbar in umgekehrter Reihenfolge angezeigt – das liegt aber am *ORDER BY* welches die *NULL*-Werte nach vorn sortiert.

An dieser Stelle möchte ich noch kurz den Beweis antreten, dass sich Grouping Sets auch durch mehrere Abfragen ersetzen lassen, die durch UNIONs verbunden sind. Etwa so:

```
SELECT
    NULL AS City,
    NULL AS PostalCode,
    NULL AS CustomerCode,
    SUM ( Quantity * unitprice ) As Sales
FROM
    Sales.Customers cu
INNER JOIN
    Sales.Orders o ON cu.ID = o.CustomerID
INNER JOIN
    Sales.OrderDetails od ON o.ID = od.OrderId
UNION

SELECT
    Cu.City AS City,
    NULL AS PostalCode,
    NULL AS CustomerCode,
    SUM ( Quantity * unitprice ) As Sales
FROM
-- der FROM-Teil ist überall gleich…
GROUP BY
    Cu.City

UNION

SELECT
    Cu.City,
    CU.PostalCode,
    NULL AS CustomerCode,
    SUM ( Quantity * unitprice ) As Sales
FROM
-- der FROM-Teil ist überall gleich…
```

```
GROUP BY
    Cu.City, CU.PostalCode

UNION

SELECT
    Cu.City,
    CU.PostalCode,
    Cu.Code AS CustomerCode,
    SUM ( Quantity * unitprice ) As Sales
FROM
-- der FROM-Teil ist überall gleich...
GROUP BY
    Cu.City, CU.PostalCode, Cu.Code

ORDER BY
    City, PostalCode, CustomerCode
```

Listing 9.71 Alternative für GROUPIN SETS mit UNION

Mit den Grouping Sets verhält es sich, wie mit vielen »neuen« T-SQL-Sprachvarianten, die mit SQL Server 2005 oder 2008 eingeführt wurden: Die Funktionalität konnte auch früher schon abgebildet werden, allerdings aufwändiger und mit *viel* mehr Schreibarbeit.

Schön an den Grouping Sets ist, dass man die Gruppierungen völlig frei zusammenstellen kann. Im nächsten Beispiel werden die Verkäufe jeweils getrennt nach Orten und Kunden zusammengefasst.

```
SELECT
    cu.City,
    cu.Code AS CustomerCode,
    SUM ( Quantity * unitprice   ) As Sales
FROM
    Sales.Customers cu
INNER JOIN
    Sales.Orders o ON cu.ID = o.CustomerID
INNER JOIN
    Sales.OrderDetails od ON o.ID = od.OrderId
GROUP BY GROUPING SETS
(
    cu.City,
    cu.Code,
    ()
)
ORDER BY
    cu.City, cu.Code
```

Listing 9.72 Grouping Sets mit alternativen Gruppierungen

Im Ergebnis erscheinen hinter der Globalsumme entsprechend der Sortierung zunächst die Werte für die Kundennummern, dann folgen die Zusammenfassungen für die einzelnen Städte.

City	CustomerCode	Sales
NULL	NULL	160509945.500000
NULL	0000001	18578.500000
NULL	0000002	15087.000000
usw.		
Aachen	NULL	71413.500000
Adelebsen	NULL	49583.500000
Aerzen	NULL	54225.000000
...		

Mit den Funktionen GROUPING und GROUPING_ID feststellen, welche Zeilen gruppiert wurden

Wenn Sie mit Grouping Sets arbeiten – oder auch mit den Operatoren *ROLLUP* und *CUBE,* die im Anschluss erklärt werden, dann haben Sie unter Umständen mit Problem zu kämpfen, welches darin besteht, festzustellen, welche *NULL*-Werte durch eine Gruppierung entstanden sind und welche *NULL*-Werte sich ganz »natürlich« durch fehlende Werte in der Datenbank ergeben.

Man macht sich die Problematik am besten wieder einmal durch ein kleines Beispiel aus der netShop-Datenbank klar. Die folgende Abfrage wertet die Umsätze pro Produktkatalog und Artikel aus.

```
SELECT
    c.Name,
    a.Code,
    SUM ( Quantity * unitprice  ) As Sales
FROM
    Products.Catalogs c
LEFT OUTER JOIN
    Products.Articles a ON c.ID = a.CatalogID
LEFT OUTER JOIN
    Sales.OrderDetails od ON a.ID = od.ArticleID
GROUP BY GROUPING SETS
(
    (c.Name, a.code),
    c.Name,
    ()
)
ORDER BY
    c.Name, a.code
```

Listing 9.73 Umsatzauswertung nach Katalogen und Artikeln

Die Abfrage muss man nicht mehr genauer erklären. Auch das Ergebnis sollte nach den bisherigen Erläuterungen keine Überraschungen bereiten. Nur ganz am Ende tauchen zwei Datensätze auf, die für Verwirrung sorgen könnten.

```
Name   Code   Sales
...
Weine  NULL   NULL
Weine  NULL   NULL
```

Im Produktkatalog »Weine« gibt es noch keine Artikel, deswegen tauchen auch keine Artikelcodes auf und es gibt keine Umsätze. Einem menschlichen Betrachter wird das bei dieser recht übersichtlichen Anzahl von Spalten schnell klar werden. Sollen die Ergebnisse einer Abfrage mit Grouping Sets aber auf einem Client noch weiter verarbeitet werden, dann kann es sehr nützliche sein »echte« *NULL*-Werte von den zusätzlichen, durch Aggregation entstandenen, *NULL*-Werten zu unterscheiden. Die Funktion *GROUPING* ist genau dafür zuständig. *GROUPING* erwartet als Parameter eine Spalte, die im *GROUP BY* verwendet wird und liefert eine 1 in Zeilen in denen eine *NULL* durch eine Aggregation der Werte dieser Spalten entstanden ist. Eine 0 im Ergebnis deutet dagegen auf fehlende Werte hin.

Die nachfolgende Abfrage entspricht Listing 9.73, nur dass die *SELECT*-Liste mit passenden *GROUPING*-Funktionen versehen wurde.

Daten aggregieren und gruppieren

```
SELECT
    c.Name,
    GROUPING(c.name) AS GroupingName,
    a.Code,
    GROUPING(a.code) AS GroupingCode,
    SUM ( Quantity * unitprice ) As Sales
FROM
-- ab hier alles wie im letzten Listing
```

Listing 9.74 GROUPING-Funktion

Die *GROUPING*-Funktion, stellt im Ergebnis eindeutig klar, wie NULLen zustande kommen.

Name	GroupingName	Code	GroupingCode	Sales
NULL	1	NULL	1	160509945.500000
Biere	0	NULL	1	5328823.500000
Biere	0	00047	0	1786176.000000
Biere	0	00050	0	1768578.000000
usw.				
Weine	0	NULL	0	NULL
Weine	0	NULL	1	NULL

Die erste Zeile liefert einen Wert, der sowohl nach der Artikelcode wie auch dem Katalognamen aggregiert wurde. Daher liefert *GROUPING* zweimal eine Eins. Die Eins in *GroupingName* ist die einzige in dieser Spalte. Die Zweite Zeile enthält die Zusammenfassung für den Artikelkatalog *Biere*. Daher ist der Wert von *GroupingCode* hier eine Eins. Am Ende des Ergebnisses sind die Verhältnisse jetzt auch geklärt. Die allerletzte Zeile stellt die Zusammenfassung für den Katalog *Weine* dar und die vorletzte den einzigen Artikeleintrag für diesen Katalog: Ein *NULL*-Wert für den Artikelcode. Es gibt noch keine Artikel in diesem Katalog. *GROUPING* liefert also eine *0*, die bedeutet, dass hier *nicht* gruppiert wurde, sondern dass die Datenbank in der Untergruppe keine Werte enthält.

GROUPING_ID ähnelt der Funktion *GROUPING* insofern untersucht wird, ob eine Gruppierung vorliegt. Der wesentliche Unterschied besteht darin, dass *GROUPING_ID* gleich mehrere Spalten auf einmal untersuchen kann. Dafür übergeben Sie *GROUPING_ID* die Spalten, die untersucht werden sollen. Beispielsweise *GROUPING_ID (c.Name, a.Code)*. *GROUPING_ID* liefert ein Bitmuster zurück, dem Sie entnehmen können, welche Spalte aggregiert wurde. Der Wert 2 bedeutet, dass nach dem Katalognamen gruppiert wurde, der Wert 1 zeigt eine Gruppierung nach dem Artikelcode an. Die 3 steht logischer Weise für die Gesamtsumme. Das folgende Listing demonstriert das Prinzip. Da sich ab der *FROM*-Klausel wieder nichts ändert wird nur die *SELECT*-Liste gezeigt.

```
SELECT
    CASE GROUPING_ID ( c.Name, a.Code )
        WHEN 3 THEN 'Summe über alles'
        WHEN 1 THEN 'Summe ' + c.Name
        WHEN 0 THEN c.Name
    END AS CatalogName,
    a.Code AS ArticleCode,
    SUM ( Quantity * Unitprice ) As Sales
FROM
-- ab hier alles wie im letzten Listing
```

Listing 9.75 GROUPING_ID-Funktion

Und so sieht das im Ergebnis aus:

```
CatalogName    ArticleCode    Sales
Summe          über           alles            NULL              160509945.500000
Summe          Biere          NULL             5328823.500000
Biere          00047          1786176.000000
Biere          00050          1768578.000000
...
```

ROLLUP, CUBE und COMPUTE BY

Obwohl Sie mit den Gouping Sets alle nur denkbaren Gruppierungsvarianten konstruieren können, gibt es noch weitere Möglichkeiten in T-SQL, die mit der Gruppierung von Daten zu tun haben. Die ersten beiden könnten Ihnen schon bei der Beschreibung der *GROUP BY*-Syntax aufgefallen sein: Es handelt sich um die Optionen *ROLLUP* und *CUBE*. *ROLLUP* und *CUBE* sind im ISO-Standard definiert. Ganz im Gegensatz zu der dritten und letzten Gruppierungsvariante *COMPUTE BY*, die es nur in T-SQL gibt.

ROLLUP und *CUBE* stellen, genau wie die Grouping Sets, Ergebnismengen zur Verfügung, die eventuell ein wenig interpretiert müssen (wobei die *GROUPING* und *GROUPING_ID*-Funktionen helfen) und die man mit Standardclients und Berichtswerkzeugen nicht so ohne weiteres auswerten kann. *COMPUTE BY* liefert sogar *mehrere* Ergebnismengen und zusätzliche Informationen, die man insgesamt nicht einmal mehr als relational bezeichnen kann.

Da dieses Buch sich aber auch an Entwickler wendet, die mittels .NET ihren Client selbst programmieren können, sollte das kein Hinderungsgrund sein, der vom Einsatz dieser Möglichkeiten abhält. Für intensive Datenanalysen machen die hier gezeigten Syntaxvarianten durchaus Sinn. Also der Reihe nach.

Rollup

Ich beginne die Vorstellung mit dem *GROUP BY*-Zusatz *ROLLUP*. Wird dieser in Verbindung mit einem *GROUP BY* eingesetzt, das mehrere Spalten einbezieht, so liefert SQL Server neben den normalen Ergebnisdatensätzen zusätzlich *sämtliche* Zwischensummen, die in der Hierarchie der *GROUP BY*-Spalten möglich sind. Ich verdeutliche dies am Beispiel der Abfrage mit dem *GROUP BY* über drei Spalten, das Sie im Abschnitt über *GROUP BY* kennen gelernt haben. Der einzige Unterschied liegt in der Ergänzung von *ROLLUP*. Der Code sieht damit so aus:

```sql
SELECT
    cu.City,
    cu.PostalCode,
    cu.Code AS CustomerCode,
    SUM ( Quantity * unitprice  ) As Sales
FROM
    Sales.Customers cu
INNER JOIN
    Sales.Orders o ON cu.ID = o.CustomerID
INNER JOIN
    Sales.OrderDetails od ON o.ID = od.OrderId
GROUP BY ROLLUP
(
    cu.City, cu.PostalCode, cu.Code
)
ORDER BY
    cu.City, cu.PostalCode, cu.Code
```

Listing 9.76 GROUP BY mit ROLLUP

Diese unscheinbare Änderung verändert das Ergebnis dramatisch. So sehen die ersten paar Ergebniszeilen aus:

```
City    Postalcode  CustomerCode  Sales
NULL    NULL        NULL          160509945.500000
Aachen  NULL        NULL          71413.500000
Aachen  52062       NULL          38022.500000
Aachen  52062       0000010       18379.000000
Aachen  52062       0006770       19643.500000
...
```

Wenn Ihnen das irgendwie bekannt vorkommt, dann haben Sie vollkommen Recht: Die Abfrage liefert exakt dasselbe Ergebnis, wie Listing 9.70. Und nicht nur das: Der SQL Server wertet die beiden Abfragen auch vollkommen identisch aus. Das können Sie leicht an den Abfrageplänen der Abfragen ablesen. Mit anderen Worten: *ROLLUP* ist eine verkürzende Schreibweise für Grouping Sets, die dazu genutzt wird, sämtliche mögliche Zwischenergebnisse für eine *GROUP BY*-Liste zu bilden.

Cube

Der zweite *GROUP BY*-Zusatz, *CUBE*, setzt dieses Prinzip noch weiter fort. Dieser ergänzt die Ausgabe um weitere Aggregate: die Summen für jeden *CustomerCode*, für jede Kombination aus *PostalCode* und *CustomerCode* sowie für jede Kombination aus *City* und *CustomerCode* bzw. umgekehrt. Mit anderen Worten: Die Zusammenfassungen werden für jede mögliche Spaltenkombination berechnet. Dies ist die winzige Codeänderung mit der großen Wirkung:

```
...
GROUP BY CUBE
(
    cu.City, cu.PostalCode, cu.Code
)
...
```

Listing 9.77 GROUP BY mit CUBE

Und dies ist der oberste Teil der Ergebnismenge – man erkennt die Zusammenfassungen nach dem Kundencode:

```
City  PostalCode  CustomerCode  Sales
NULL  NULL        NULL          160509945.500000
NULL  NULL        0000001       18578.500000
NULL  NULL        0000002       15087.000000
NULL  NULL        0000003       11964.000000
...
```

Das Prinzip, welches von *ROLLUP* und *CUBE* verfolgt wird, weist in eine interessante Richtung, die letzten Endes in die *OLAP*-Technologie mündet. Auch dort spielen Würfel, Cubes genannt, eine entscheidende Rolle. Die werden allerdings nicht mit jeder Abfrage aufs Neue berechnet, sondern von den Analysis-Services persistent gespeichert und müssen regelmäßig aktualisiert werden. Mittels *ROLLUP* können Drilldowns und eben Rollups ad hoc zur Verfügung gestellt werden. *CUBE* berechnet online einen Hypercube mit sämtlichen denkbaren Aggregationen zu einer Spaltenauswahl.

ROLLUP, *CUBE* und die Grouping Sets können für Datenanalysen und das Reporting sehr nützlich sein. Ob Sie diese Optionen tatsächliche anwenden können, ist von der Struktur Ihrer Datenbank und von den Datenmengen abhängig. Neben der Schwierigkeit, die Ergebnismenge auf dem Client interpretieren zu müssen, kann die Berechnung der zahlreichen Aggregate dem Server bei einer großen Datenbasis einiges an

Performance abverlangen. In der Praxis sollten Sie *ROLLUP* und *CUBE* daher unbedingt auf einer vernünftigen Testdatenmenge ausprobieren. Falls Sie aber beispielsweise umfangreiche Auswertungen auf einer Datenbank*kopie* durchführen, dafür macht SQL Server 2008 viele Angebote – von Replikation bis zum Mirroring –, dann sind diese Funktionen wirklich recht bequem einsetzbar.

COMPUTE BY

Jetzt sei noch in aller Kürze anhand eines Beispiels eines der letzten »Exoten« des Transact-SQL vorgestellt: das *COMPUTE BY*. Diese Ergänzung eines *SELECT*-Befehls ist nicht auf *GROUP BY* angewiesen, sondern kann mit einfachem *SELECT* verwendet werden. Ziel ist die Ausgabe von Detaildatensätzen und die Berechnung von Zwischensummen, nachdem sich der Wert in einer vorgegebenen Spalte geändert hat. Dies ist im Grunde das gleiche Vorgehen, das auch die meisten Berichtsgeneratoren verwenden, wenn Summen erstellt werden. Betrachten Sie das folgende Beispiel:

```
SELECT
    cu.City,
    ar.Code AS ArticleCode,
    cu.Code AS CustomerCode,
    ( Quantity * unitprice ) As Sales
FROM
    Sales.Customers cu INNER JOIN Sales.Orders o
ON
    cu.[id] = o.CustomerID
INNER JOIN
    Sales.OrderDetails od
ON
    o.[Id] = od.OrderId
INNER JOIN
    Products.Articles ar
ON
    od.ArticleID = ar.ID
ORDER BY
    cu.City, ar.Code, cu.Code
COMPUTE SUM ( Quantity * unitprice ) BY cu.City, ar.Code
```

Listing 9.78 SELECT mit COMPUTE BY

Das *COMPUTE BY* gehört immer an das Ende einer Abfrage. Es enthält die Vorschrift, über welchen Aggregatausdruck die Zwischenergebnisse gebildet werden sollen und welche Spalten die Bildung einer Zwischensumme auslösen. Ein *SELECT*, das auf diese Art gebildet wurde, liefert nicht nur eine Ergebnismenge aus, sondern gleich mehrere. Hier sind Ausschnitte aus den ersten vier zu sehen:

City	ArticleCode	CustomerCode	Sales
Aachen	00001	0005608	220.000000
Aachen	00001	0005608	260.000000
Aachen	00001	0005608	120.000000

...

Sum
2560.000000

```
City    ArticleCode  CustomerCode  Sales
Aachen  00002        0000010       420.000000
Aachen  00002        0006770       330.000000
Aachen  00002        0007937        30.000000
...


Sum
990.000000
```

Bei jedem Wechsel der Artikelnummer wird eine Zwischensumme für die betreffende Gruppe gebildet. Die Summe wird in einer getrennten Ergebnismenge an den Client ausgeliefert. Danach beginnt wiederum eine neue Datensatzmenge für die Details der nächsten Artikelnummer und so fort. Dieses an sich clevere Verfahren wird leider von keinem Standard-Client unterstützt. In einer individuellen ADO.NET-Programmierung lässt sich dieses Verfahren allerdings durchaus nutzbringend einsetzen.

Abfrageergebnisse nummerieren und partitionieren

Es kommt gar nicht mal so selten vor, dass die Ergebniszeilen einer Abfrage mit einer Nummerierung versehen werden müssen. Ein einfaches Beispiel dafür stellt eine Liste der zwanzig umsatzstärksten Kunden dar. Unter Verwendung von ORDER BY und TOP ist der erste Teil der Aufgabenstellung schnell gelöst und eine absteigende Liste der Top-Kunden generiert.

```sql
SELECT TOP 20 c.ID, Name_2 AS LastName, SUM (Quantity * UnitPrice) AS SumOrders
FROM
    Sales.Customers  c
INNER JOIN
    Sales.Orders o
ON
    c.ID = o.CustomerID
INNER JOIN
    Sales.OrderDetails od
ON
    o.ID = od.OrderID
GROUP BY
    c.ID, Name_2
ORDER BY
    SUM (Quantity * UnitPrice) DESC
```

Listing 9.79 Die 20 umsatzstärksten Kunden

Hat man keine speziellen Funktionen zur Verfügung, mit denen man eine Nummerierung hinzufügen kann – und das war bei SQL Server vor der Version 2005 der Fall – dann ist das simple Erstellen einer zusätzlichen Spalte, die eine fortlaufende Nummer beinhaltet, eine lästige Angelegenheit. Eine Klasse von Lösungen, die für SQL Server 2000 funktionieren, basiert auf der Verwendung einer temporären Tabelle, die eine IDENTITY-Spalte enthält und in welche die Ergebnisse sortiert eingefügt werden. Die zweite Klasse von Lösungen basiert auf der Verwendung eines Cursors, bei dem die Nummerierung über einen Ausdruck gebildet wird. Beide Ansätze führen zu einer umständlichen Programmierung und sind nicht gerade befriedigend, wenn es um schnelle Ergebnisse geht. Soll die Nummerierung darüber hinaus nicht einfach fortlaufend sein, dann kommen nur noch Cursor in Frage und die Geschwindigkeit leidet noch mehr.

Die so genannten Ranking-Funktionen von SQL Server 2005 sind daher ein echter Segen für viele typische Abfragen. Denken Sie kurz über die unscheinbare Aufgabenstellung »Versand eines E-Mailings an *jeden zehnten* Kunden« nach. Auch da verfällt man leicht auf des »Abholen« von Datensätzen in einer Schleife, einen mitlaufenden Zähler und die Bildung eines temporären Resultats. Mithilfe der Ranking-Funktionen können Sie eine relationale Lösung finden, die garantiert um Zehnerpotenzen schneller arbeitet. Ergebnisse können mit Ranking Funktionen nicht nur nummeriert werden – die Nummerierung kann für gruppierte Daten sogar in Abschnitten, *Partitionen* genannt, erfolgen.

Es stehen vier verschiedene Ranking-Funktionen zur Verfügung:

- **ROW_NUMBER** Die *ROW_NUMBER*-Funktion liefert eine fortlaufende Nummerierung für Datensätze in einer Ergebnismenge. Die Syntax sieht so aus:

```
ROW_NUMBER() OVER ([<partition_by_clause>] <order_by_clause>).
```

Über die *ORDER BY*-Klausel legt man fest, wie die Reihenfolge der Nummerierung gebildet wird. Die optionale *PARTITION BY*-Klausel dient der Unterteilung der Nummern in Gruppen, deren Nummerierung jeweils mit einer 1 beginnt.

- **RANK** Wie der Name schon sagt liefert *RANK* eine Rangfolge für Datensätze. Die Syntax entspricht der *ROW_NUMBER*-Syntax.

- **DENSE_RANK** Auch *DENSE_RANK* liefert eine Rangfolge. Deren Nummerierung ist aber im Gegensatz zur *RANK*-Funktion immer fortlaufend.

- **NTILE** Teilt eine Ergebnismenge in N-Gruppen auf und nummeriert diese durch

Die Arbeitsweise dieser Funktionen kann man sich anhand einfacher Beispiele schnell klar machen. Eine einfache Durchnummerierung einer Ergebnismenge kriegt man mit der *ROW_NUMBER*-Funktion sofort hin. Der einzige »Knackpunkt« besteht in der Angabe der Sortierfolge der Nummerierung, die auf keinen Fall fehlen darf. Das *ORDER BY* für die fortlaufende Nummer könnte dabei problemlos vom *ORDER BY* der eigentlichen Abfrage abweichen, was den Ansatz sehr flexibel macht. Die Datensätze selbst werden wie immer entsprechend der *ORDER BY*-Klausel der Abfrage angeordnet. Das nachstehende Listing ist ein Ausschnitt der vollständigen Abfrage. Es ändert sich gegenüber Listing 9.79 nur die *SELECT*-Liste.

```
SELECT TOP 20
    ROW_NUMBER() OVER (ORDER BY SUM (Quantity * UnitPrice) DESC) AS Number,
    c.ID, Name_2 AS LastName, SUM (Quantity * UnitPrice) AS SumOrders
FROM …
```

Listing 9.80 Ergebnisse mit ROW_NUMBER durchnummerieren

Und so sehen die ersten drei Ergebniszeilen aus:

Number	ID	LastName	SumOrders
1	596	Bitters	32358.500000
2	481	Hickman	31326.500000
3	3236	Hauswaldt	30209.000000
…			

Was im vorherigen Beispiel lästig erscheint – die Notwendigkeit für *ROW_NUMBER* einen kompletten *ORDER BY*-Ausdruck schreiben zu müssen – ist dann hilfreich, wenn die Sortierung des Ergebnisses und die Nummerierung voneinander abweichen sollen. Das nächste Kommando sortiert die Datensätze nach dem Nachnamen, nummeriert wird aber weiter nach dem Umsatz.

```
SELECT TOP 20
    ROW_NUMBER() OVER (ORDER BY SUM (Quantity * UnitPrice) DESC) AS Number,
    c.ID, Name_2 AS LastName, SUM (Quantity * UnitPrice) AS SumOrders
FROM
...
ORDER BY
    LastName
```

Listing 9.81 Abweichende ROW-NUMBER-Sortierung

Und hier wieder die ersten drei Ergbebniszeilen:

Number	ID	LastName	SumOrders
5841	2	Abegg	15087.000000
8598	3	Abegg	11964.000000
4610	5	Abel	16241.000000

Die Partitionierung (Unterteilung) der Ergebnismenge in verschiedene, durchnummerierte Abschnitte stellt das nächste Beispiel vor. Es geht darum, die Kunden an einem Ort zusammenzufassen und jeweils *pro Ort* die Kunden nach dem Umsatz zu nummerieren. Die gesamte Ergebnismenge soll nach Städten und dem Umsatz sortiert sein. Die Unterteilung eines Ergebnisses wird durch das zusätzliche Schlüsselwort *PARTITION* geleistet. Auf dieses folgt die Spalte, beziehungsweise der Ausdruck, nach der oder dem die Partitionierung durchgeführt werden soll. Das nächste Listing zeigt, wie das geht.

```
SELECT TOP 20
    ROW_NUMBER() OVER (PARTITION BY City ORDER BY SUM (Quantity * UnitPrice) DESC) AS Number,
    City, c.ID, Name_2, SUM (Quantity * UnitPrice) AS SumOrders
FROM
    Sales.Customers  c
INNER JOIN
    Sales.Orders o
ON
    c.ID = o.CustomerID
INNER JOIN
    Sales.OrderDetails od
ON
    o.ID = od.OrderID
GROUP BY
    c.ID, Name_2, City
ORDER BY
    City ASC, SUM (Quantity * UnitPrice) DESC
```

Listing 9.82 Ergebnisse mit PARTITION BY unterteilen

Auch hier wieder die ersten paar Ergebniszeilen. Mit jeder neuen Stadt beginnt die Nummerierung wieder bei 1. Dafür sorgt der Ausdruck *PARTITION BY City*:

Number	City	ID	LastName	SumOrders
1	Aachen	6775	Reimers	19643.500000
2	Aachen	10	Abels	18379.000000
3	Aachen	7942	Spurrier	18183.000000
4	Aachen	8689	Veltmann	15208.000000
1	Adelebsen	5608	Michulencak	19108.500000
2	Adelebsen	6511	Plaene	17550.500000

Ein Merkmal der *ROW_NUMBER*-Funktion ist, dass innerhalb einer Partition niemals die gleiche Nummer ein zweites Mal vergeben wird. Dieses Verhalten ist für viele Abfragen genau richtig, bei anderen sieht es etwas eigenartig aus. Kommen in der *ORDER BY*-Sortierung gleiche Werte vor, so haben die Datenzeilen dennoch verschiedene Nummern. Auch dazu gibt es wieder ein T-SQL-Beispiel. Die nächsten Codeschnipsel werden etwas kürzer und einfacher, um Platz und Gehirnzellen zu sparen. Sie haben ja bereits kennen gelernt, dass die *ORDER BY*-Klausel für die *ROW_NUMBER*-Funktion Ausdrücke und Aggregate enthalten darf (das gilt auch für die *PARTITION BY*-Klausel). Mit dem nächsten *SELECT*-Befehl sollen die Artikel des netShops einfach aufsteigend nach ihrem Preis sortiert und nummeriert werden.

```
SELECT
    ROW_NUMBER() OVER (ORDER BY Price ASC) AS Number, Name, Price
FROM
    Products.Articles
ORDER BY
    Price ASC
```

Listing 9.83   ROW_NUMBER nummeriert immer fortlaufend

Dies ist ein Ausschnitt aus dem Ergebnis:

Number	Name	Price
1	Weissbrot	2,00
2	Bananensaft	2,00
3	Orangensaft	2,00
4	Kürbis	3,00
...		

Diese Art der Bildung der Werte ist problematisch, wenn die Reihenfolge der Ergebnisse eine Wertung (neudeutsch: »Ranking«) darstellt und nicht nur eine Orientierungshilfe. Schreiben Sie beispielsweise eine Anwendung für die Auswertung eines Fahrradrennens, dann müssen Teilnehmer, die über eine identische Endzeit verfügen, auf dem gleichen Platz landen. *ROW_NUMBER* wäre dafür also nicht geeignet. Stattdessen könnten Sie es mit der Funktion *RANK* versuchen. In Listing 9.84 wird einfach die eine durch die andere Funktion ausgetauscht. Die *OVER*-Klausel bleibt, so wie sie ist, bestehen; der Rest der Abfrage ebenso.

```
SELECT
    RANK() OVER (ORDER BY Price ASC) AS Number, Name, Price
FROM
    Products.Articles
ORDER BY
    Price ASC
```

Listing 9.84   Rangfolgenbildung mit RANK

Und dieses Ergebnis liefert SQL Server:

Rank	Name	Price
1	Weissbrot	2,00
1	Bananensaft	2,00
1	Orangensaft	2,00
4	Kürbis	3,00

Hmm – das ist vielleicht immer noch nicht das Wahre. Die ersten drei Ergebnisse sind jetzt auf »Platz 1« zusammengefasst. Dies entspricht den Erwartungen. Der nächste Rang ist dann gleich die Nummer vier (intern lief der Zähler weiter). Das kann in Spezialfällen in Ordnung sein, häufiger ist aber eine fortlaufende Bildung der Ränge gefragt. Genau diese Art der Nummerierung liefert die *DENSE_RANK*-Funktion.

```sql
SELECT
    DENSE_RANK() OVER (ORDER BY Price ASC) AS Number, Name, Price
FROM
    Products.Articles
ORDER BY
    Price ASC
```

Listing 9.85 Fortlaufende Rangfolgenbildung mit DENSE_RANK

So ist es richtig:

Rank	Name	Price
1	Weissbrot	2,00
1	Bananensaft	2,00
1	Orangensaft	2,00
2	Kürbis	3,00

Auch die *RANK*- und *DENSE_RANK*-Funktionen lassen sich ohne Probleme partitionieren. Die Syntax entspricht genau derjenigen bei der *ROW_NUMBER*-Variante. In Listing 9.86 werden die Ränge nach den Preisen für jeden Artikelkatalog getrennt gebildet.

```sql
SELECT
    c.Name AS CatalogName,
    DENSE_RANK() OVER (PARTITION BY c.ID ORDER BY Price ASC) AS Number,
    a.Name, Price
FROM
    Products.Articles a
INNER JOIN
    Products.Catalogs c
ON
    a.CatalogID = c.ID
ORDER BY
    c.name, Price ASC
```

Listing 9.86 Partitionierte Rangfolgenbildung mit DENSE_RANK

CatalogName	Rank	Name	Price		
Biere	1	Pritzwalker	Preussen	Pils	7,00
Biere	2	Brandenburger	Dunkel		10,50
Biere	2	Prignitzer	Landmann		10,50
Biere	2	Brandenburger	Blond		10,50
Brot	1	Weissbrot	2,00		
Brot	1	Körnerbrot	2,00		
Brot	2	Krustenbrot	3,00		
usw					

Die vierte und letzte Ranking-Funktion tut nichts anderes, als die Datensätze der Partitionen in eine bestimmte Anzahl von Gruppen zusammenzufassen. Falls Sie sich einmal mit dem Thema Statistik befasst haben, dann werden Sie den Begriff des N-Tiles kennen, von dem der Name der Funktion abgeleitet ist. Möchte man also die Artikel in zehn gleich große Gruppen unterteilen (um Untersuchungen über diese Gruppen anzustellen), dann geht das mit dem Befehl in Listing 9.87. Lässt sich die Anzahl der Datensätze in den Partitionen (in diesem Fall gibt es nur eine einzige) nicht ohne Rest durch die Anzahl der N-Tile teilen, dann erhalten Gruppen eine um 1 höhere Mitgliederzahl.

```
SELECT
    NTILE(20) OVER (ORDER BY Price ASC) AS NTile,
    Name, Price
FROM
    Products.Articles
ORDER BY
    Price ASC
```

Listing 9.87 NTILE bildet gleich große Gruppen

NTile	Name	Price
1	Bauernbrot	2,00
1	Tomatensaft	2,00
1	Multivitaminsaft	2,00
1	Gemüsesaft	2,00
1	Kirschsaft	2,00
1	Weissbrot	2,00
2	Bananensaft	2,00
2	Orangensaft	2,00
2	Ananassaft	2,00
2	Frühlingszwiebeln	3,00
2	Krustenbrot	3,00
3	Körnerbrot	3,00

usw.

Unterabfragen

Unterabfragen sind – kurz und knapp formuliert – Abfragen, die ein Ergebnis liefern, welches in einem T-SQL-Ausdruck oder in einem SQL-Befehl verwendet werden kann.

Die mit dem Schlüsselwort *SELECT* formulierten Unterabfragen, auch Subselect genannt, sind ein mächtiges Werkzeug für die Lösung komplexer Aufgabenstellungen. Sie können an vielen Stellen innerhalb der T-SQL-Programmierung eingesetzt werden. Unterabfragen werden, ähnlich wie andere »fortgeschrittene« Abfragetechniken, die Sie noch kennen lernen werden, leider nicht direkt von den Abfragedesignern unterstützt.

Unterabfragen kommen in T-SQL in zwei Varianten vor: Entweder sie liefern einen einzelnen Wert zurück oder sie stellen eine Liste von Werten zur Verfügung, die aus einer einzelnen Tabellenspalte stammen.

An folgenden Stellen können Sie Unterabfragen sinnvoll einsetzen:

- Als Bestandteil einer *WHERE*-Klausel: Innerhalb einer *WHERE*-Klausel ist es mittels Unterabfragen möglich, Vergleichswerte aus anderen Tabellen zu beziehen oder eine Werteliste für den *IN*-Operator dynamisch aufzubauen
- In einer *SELECT*-Liste: Unterabfragen können in berechneten Ausdrücken der *SELECT*-Liste einer Abfrage benutzt werden. Sie gestatten die Berechnung von Werten auf der Grundlage von Tabellendaten aus der aktuellen oder auch weiteren Tabellen der Datenbank. Diese Werte können in der *SELECT*-Liste sofort weiterverarbeitet werden.
- In einem T-SQL-Ausdruck: In Transact-SQL können Unterabfragen, die einen einzelnen Wert zurückliefern, an jeder Stelle benutzt werden, wo auch eine Konstante oder einfache Variable erlaubt ist. Speziell sind Subselect-Anweisungen dazu geeignet, Variablen über eine Unterabfrage direkt mit Berechnungsergebnissen aus einer Datenbank zu füllen. Und auch in Entscheidungsstrukturen kann man sie direkt einsetzen, um zu Vergleichswerten zu kommen.

- Als Teil eines *UPDATE-* oder *DELETE*-Kommandos: Eine Unterabfrage innerhalb eines SQL-Befehls kann auch dazu verwendet werden, Änderungen in einer Tabelle auf der Grundlage von Daten aus anderen Tabellen durchzuführen oder Datensätze für das Löschen auszusuchen.

In den folgenden Abschnitten stelle ich die Grundlagen und die drei vier Einsatzmöglichkeiten von Sub-*SELECT*-Anweisungen vor. Außerdem geht es um das spezielle Thema der so genannten korrelierten Unterabfragen. Mehr zum Thema Unterabfragen mit *UPDATE* und *DELETE* erfahren Sie im Kapitel 10 »Daten manipulieren«.

Grundlagen von Unterabfragen

Unterabfragen sind schlicht und einfach *SELECT*-Kommandos, die als »Abfrage in einer Abfrage« verwendet und dadurch gekennzeichnet werden, dass man sie in runde Klammern einschließt. Außerdem gelten einige Besonderheiten, von denen ich die wichtigsten hier zusammengefasst habe:

- Möchten Sie eine Unterabfrage in einer *FROM*-Klausel einsetzen – das ist bisweilen sinnvoll, um einen sehr großen Abfrageausdruck zu unterteilen – dann muss ein Aliasname für die Unterabfrage angegeben werden
- Wird die Unterabfrage in einer *WHERE*-Klausel eingesetzt, dann darf in der *SELECT*-Liste nur eine einzelne Spalte beziehungsweise ein einzelner Ausdruck angegeben werden. Für die Auswertung einer Spaltenliste wird der Vergleichsoperator *IN* oder einer der sonstigen Operatoren (>, >=, <>, ...) in Verbindung mit den Schlüsselworten *ANY* oder *ALL* verwendet.
- Eine Unterabfrage, die in einem Ausdruck eingesetzt wird, darf nur einen einzelnen Wert liefern. Man kann sich die Abfrage in diesem Zusammenhang wie eine Funktion vorstellen: SQL Server überprüft diese Regel bei der Ausführung und liefert eine entsprechende Fehlermeldung, wenn sie nicht eingehalten wird. Normalerweise erreicht man die Reduzierung auf einen einzelnen Wert durch die Verwendung einer Aggregatfunktion (*MIN*, *MAX* etc.) oder einer *WHERE*-Klausel mit Gleichheitsoperator.
- In Verbindung mit Unterabfragen kann der spezielle Operator *EXISTS* verwendet werden. SQL Server gibt aus einer Unterabfrage, die über ein *EXIST* angesprochen wird, keine Ergebnismenge zurück, sondern in einem logischen Wert die Information, ob diese Abfrage Daten enthält oder nicht.

Es gibt noch ein paar Kleinigkeiten mehr, die aber in der Praxis nicht so wahnsinnig interessant sind und über die Sie schon ordentlich stolpern werden, wenn es an der Zeit ist. Beispielsweise darf ein *ORDER BY* in einem Sub-*SELECT* nur im Zusammenhang mit *TOP* eingesetzt werden – da SQL Server Sie in einer freundlichen Fehlermeldung auf diesen Umstand hinweist, mache ich mir keine Sorgen, dass Sie hier etwas falsch machen werden. An dieser Stelle folgen jetzt Beispiele für Unterabfragen, die alle auf gültige Weise formuliert sind.

```
( SELECT SUM(Quantity * UnitPrice) FROM Sales.OrderDetails )
```

Listing 9.88 Unterabfrage mit Aggregatfunktion

Dieses Subselect liefert genau einen Wert zurück. Dies wird durch die Aggregatfunktion *SUM* sichergestellt. Das Ergebnis stellt den Gesamtumsatz der Bestellungen in der netShop-Datenbank dar. Dieser wird aus den Einzelumsätzen der Bestellpositionen berechnet, die man in der *OrderDetails*-Tabelle vorfindet.

```
( SELECT OrderDate FROM Sales.Orders WHERE [ID] = 1 )
```

Listing 9.89 Unterabfrage mit WHERE-Klausel

Auch dieses Subselect liefert genau einen Wert. In diesem Fall sorgt eine Einschränkung in der *WHERE*-Klausel dafür, dass der Fall ist. Die Spalte *ID* ist die Schlüsselspalte der *Orders*-Tabelle. Durch Vergleich mit einem festen Wert wird die Rückgabe von genau einem Wert sichergestellt. Es handelt sich um das Datum des allerersten in der Datenbank abgelegten Auftrages.

```
( SELECT [ID] FROM Sales.Orders WHERE OrderDate = '01.12.2008' )
```

Listing 9.90 Unterabfrage, die eine Werteliste liefert

Das letzte Beispiel einer Unterabfrage gibt eine Wertemenge aus. Es handelt sich um die Liste der Auftragsnummern der Bestellungen vom 01.12.2008.

In den folgenden Abschnitten stelle ich die Anwendung von Sub-*SELECT*-Anweisungen in praktischen Beispielen vor.

Unterabfragen in einer Select-Liste

Subselects sind eine wunderbar einfache Möglichkeit, Ausdrücke in einer *SELECT*-Liste mit berechneten Werten zu füttern. Das folgende Beispiel gibt davon einen Eindruck. Mit dieser Abfrage werden die Umsatzahlen für Kunden berechnet. Außerdem wird ermittelt, wie hoch der prozentuale Anteil eines Kunden am Gesamtumsatz ist. Der Gesamtumsatz über alle Bestellungen hinweg wird dabei mittels Sub-*SELECT* ermittelt und in einer dritten Spalte noch einmal »pur« ausgegeben:

```
SELECT
    cu.Code,
    cu.Name_2,
    SUM(Quantity * UnitPrice) AS Sales,
    SUM(Quantity * UnitPrice) /
    ( SELECT SUM(Quantity * UnitPrice) FROM Sales.OrderDetails ) * 100 AS PercentSales,
    ( SELECT SUM(Quantity * UnitPrice) FROM Sales.OrderDetails ) AS TotalSales
FROM
    Sales.Customers cu
INNER JOIN
    Sales.Orders ord ON cu.id = ord.customerid
INNER JOIN
    Sales.OrderDetails od ON ord.id = od.OrderId
GROUP BY
    cu.code, cu.Name_2
ORDER BY
    cu.Code
```

Listing 9.91 Unterabfragen in einer SELECT-Liste

Das Ergebnis der Abfrage sieht in etwa so aus:

Code	LastName	Sales	PercentSales	TotalSales
0000001	Abegg	18578.500000	0.011500	160509945.500000
0000002	Abegg	15087.000000	0.009300	160509945.500000
0000003	Abegg	11964.000000	0.007400	160509945.500000

Das Spannende an dieser Abfrage steckt im Ausdruck in der vierten Spalte, über den der relative Anteil des Kunden am Gesamtumsatz berechnet wird. Hier haben wir es mit einer Unterabfrage zu tun, die per Aggregatfunktion den Gesamtumsatz ermittelt. Zu diesem Wert wird der Einzelumsatz eines Kunden in Bezug gesetzt. Hier muss eine wichtige Bemerkung für den aufmerksamen Leser gemacht werden: Sie brauchen keine Angst zu haben, dass SQL Server das Sub-*SELECT* für jeden einzelnen Ergebnisdatensatz aufs Neue aufruft.[4] Dies wäre natürlich fatal für die Auswertungsgeschwindigkeit der Abfrage. Der Server ist hier im Bilde, dass ein einzelner Aufruf vollkommen ausreichend ist, um den Gesamtumsatz zu berechnen und trennt diese Berechnung ab. Allerdings wird für die zusätzliche Ausgabe in der letzten Spalte die Unterabfrage ein zweites Mal ausgeführt. Das Ergebnis kann ohne den Einsatz einer Variablen nicht zwischengespeichert werden.

> **TIPP** Wenn Sie eine oder mehrere Unterabfragen in einer Abfrage verwenden, dann kann die Fehlersuche dadurch deutlich komplexer werden. Testen Sie die Subselect-Abfragen am besten getrennt aus. Denken Sie auch an die Möglichkeit des teilweisen Ausführens einer Abfrage, die Ihnen der Query Analyzer bietet. Markieren Sie dazu den Abfragetext der Unterabfrage und lösen Sie dann die Ausführung aus. Es wird nur der markierte Text zu SQL Server geschickt.

Unterabfragen in einer WHERE-Klausel

Unterabfragen innerhalb des *WHERE*-Abschnitts können Ihnen helfen, Aufgabenstellungen zu lösen, die ansonsten nur sehr umständlich oder gar nicht in einer einzelnen Abfrage zu formulieren sind. Gelingt es Ihnen nicht, eine Lösung zu finden, bei der eine Unterabfrage eingesetzt wird, dann bleibt Ihnen häufig nur der Umweg über das Zwischenspeichern von Ergebnissen in Variablen oder temporären Tabellen. Das muss nicht in jedem Fall langsamer als eine Variante sein, die mit einem einzelnen SQL-Kommando auskommt, ist es aber tatsächlich in vielen Situationen. Daher sollten Sie nach Möglichkeit die Formulierung mit einem Subselect anstreben. Man hat es hier mit Aufgabenstellungen zu tun, die man sich aus mehreren Schritten zusammengesetzt vorstellen kann. Ich möchte das wieder mit einer Beispielabfrage illustrieren.

Ein typischer Anwendungsfall für Unterabfragen ist die Beschaffung eines Vergleichswertes für einen Abfrageausdruck. Angenommen, Sie möchten sich Informationen über die Aufträge anzeigen lassen, die am letztmöglichen Tag eingegangen sind. Dazu muss zunächst einmal festgestellt werden, an welchem Tag überhaupt zuletzt Bestellungen aufgenommen wurden. Mit diesem Datum werden dann die Datensätze in der Auftragstabelle verglichen. Die folgende Abfrage löst dieses Problem in einem Schritt:

```
SELECT
    Code, CustomerID
FROM
    Sales.Orders
WHERE
    OrderDate = ( SELECT MAX(OrderDate) FROM Sales.Orders )
```

Listing 9.92 Unterabfrage in einer WHERE-Klausel

Übrigens wird eine Unterabfrage, die in einem *SELECT* eingebaut ist (egal wo) als innere Abfrage und der umgebende SQL-Text als äußere Abfrage bezeichnet. Die Ausführung eines *SELECT*-Befehls mit Unterabfragen kann man sich so vorstellen, dass SQL Server zunächst die inneren Abfragen abarbeitet, um danach die äußeren Abfragen mit den berechneten Werten zu versorgen. Das nächste, etwas umfangreichere, Beispiel macht dies noch deutlicher. Die Aufgabenstellung ist für eine einzelne Abfrage recht komplex, kann aber wunderbar mithilfe von Sub-*SELECT*-Anweisungen gelöst werden. Es soll eine Liste jener Artikel

---

[4] Dies war übrigens nicht in jeder SQL Server-Version der Fall. An solchen Beispielen kann man gut erkennen, dass der SQL Server Query Optimizer im Laufe der Zeit immer cleverer wird.

erstellt werden, deren Umsätze über dem durchschnittlichen Artikelumsatz liegen. Dazu muss zunächst einmal der Mittelwert der Artikelumsätze berechnet werden. Anschließend geht es um den Vergleich der Einzelumsätze mit diesem Wert. Eine Lösung liefert diese Abfrage:

```
SELECT
    ar.Code, ar.[name], SUM(Quantity * UnitPrice)
FROM
    Products.Articles ar
INNER JOIN
    Sales.OrderDetails od ON ar.Id = od.ArticleID
GROUP BY
    ar.Code, ar.name
HAVING
    SUM(Quantity * UnitPrice ) >
    ( SELECT SUM(Quantity * UnitPrice) FROM Sales.OrderDetails ) /
    ( SELECT COUNT(*) FROM Products.Articles )
ORDER BY
    ar.Code
```

Listing 9.93 Unterabfrage in einer HAVING-Klausel

Diese Abfrage verwendet sogar zwei Subselect-Anweisungen: Die »untere« bestimmt die Artikelanzahl und die »obere« den Gesamtumsatz in allen Auftragspositionen. Daraus wird der mittlere Umsatz pro Artikel berechnet, der in der *HAVING*-Klausel dazu dient, die Artikel zu finden, deren kumulierter Umsatz überdurchschnittlich ist.

Spezielle Operatoren für Unterabfragen

Bis jetzt habe ich Unterabfragen vorgestellt, die einzelne Werte liefern – aber auch Unterabfragen, die eine *Wertemenge* zurückliefern, findet man in *WHERE*-Klauseln recht häufig. Im Zusammenhang mit dieser Einsatzmöglichkeit spielen spezielle Abfrageoperatoren eine Rolle, die ich für Sie in Tabelle 9.4 zusammengestellt habe. Diese Operatoren vergleichen einen skalaren Wert, der zum Beispiel aus einer Tabellenspalte stammen kann, mit einer Wertemenge, die entweder aus einer Unterabfrage stammt oder direkt über die Schreibweise (wert1, wert2, ..., wertN) angegeben wird. Den Operator *IN* haben Sie schon am Anfang des Kapitels kennen gelernt, da dieser häufig auch ohne Unterabfragen eingesetzt wird.

Operator	Bedeutung	Anwendung
IN	Vergleicht mit einer Werteliste, die durch eine Unterabfrage definiert wird	Spalte IN Sub-SELECT
ANY	Wird in Verbindung mit einem Vergleichsoperator angewendet (=, <, >, ...). Die Bedingung ist erfüllt, wenn der Wert auf der linken Seite des Ausdrucks kleiner (oder größer, ...) als mindestens ein Wert ist, der vom Sub-*SELECT* geliefert wird.	Spalte > ANY Sub-SELECT
ALL	Wird ebenfalls in Verbindung mit einem Vergleichsoperator angewendet (=, <, >, ...). Die Bedingung ist erfüllt, wenn der Wert auf der linken Seite des Ausdrucks kleiner (oder größer, ...) als alle Werte ist, die vom Sub-*SELECT* geliefert werden.	Spalte > ALL Sub-SELECT
EXISTS	Ist in logischen T-SQL-Ausdrücken zu gebrauchen. Liefert den Wahrheitswert wahr, wenn die Unterabfrage mindestens einen Datensatz zurückliefern würde.	EXISTS Sub-SELECT

Tabelle 9.4 Abfrageoperatoren für Unterabfragen

Am besten macht man sich den Einsatz von Subselect-Abfragen unter Verwendung dieser Operatoren wieder an ein paar griffigen Beispielen deutlich.

Unterabfragen mit IN

Die folgende Abfrage liefert Information über Artikel, die noch nie in einer Bestellung vorgekommen sind.

```
SELECT
    Code, [name]
FROM
    Products.Articles
WHERE
    ID NOT IN ( SELECT ArticleID FROM Sales.OrderDetails )
```

Listing 9.94 Unterabfrage in WHERE-Klausel mit IN

Die Unterabfrage generiert eine Liste der Artikel-*ID*s, die in den Bestellpositionen vorkommen. Über das *NOT IN* werden nur die Datensätze der äußeren Abfrage selektiert, bei denen die Artikel-*ID* nicht in dieser Liste vorkommt. Abfragen dieser Art kann man normalerweise durch eine Form ersetzen, die mit einem *JOIN* statt mit einem Subselect arbeitet. Ich gebe hier einmal die Alternative an:

```
SELECT
    Code, [name]
FROM
    Products.Articles ar
LEFT OUTER JOIN
    Sales.OrderDetails od
ON
    ar.ID = od.ArticleID
WHERE
    ArticleID IS NULL
```

Listing 9.95 Unterabfrage als Join formuliert

Vom Standpunkt der Performance her betrachtet spielt es keine Rolle, welche der beiden Varianten Sie in Ihrer Programmierung verwenden. SQL Server führt nach seiner Analyse des SQL-Quelltextes und der Optimierung beide Abfragen auf die gleiche Art und Weise aus. Persönlich halte ich in vielen Situationen die erste Schreibweise für ein wenig lesbarer, aber letzten Endes bleibt das natürlich Geschmackssache.

Unterabfragen mit ANY und ALL

Neben dem *IN*-Operator ist es auch möglich, die üblichen Vergleichsoperatoren (=, <, >, ...) in Verbindung mit Unterabfragen einzusetzen. Diese müssen dann allerdings mit einem der Schlüsselworte *ANY* oder *ALL* verbunden werden, damit SQL Server sie akzeptiert. Im Allgemeinen spielen die mit *ANY/ALL* gebildeten Anfragen keine allzu große Rolle in der Praxis – weil es auch für sie in der Regel alternative Formulierungen gibt. Damit Sie aber nicht das Gefühl bekommen, dass Ihnen etwas entgeht, stelle ich in aller Kürze vor, was sich dahinter verbirgt. Die Beispielabfrage sieht folgendermaßen aus:

```
SELECT Code, Name, Price FROM Products.Articles
WHERE
    ID = 1
AND
    Price > ALL ( SELECT UnitPrice FROM Sales.OrderDetails WHERE ArticleID = 1 )
```

Listing 9.96 Unterabfrage mit ALL

Ziel der Abfrage ist es, zu untersuchen, ob es Datensätze in *OrderDetails* gibt, bei denen der Verkaufspreis für den Artikel mit dem *Code 00001* über dem aktuellen Preis für den Artikel mit der ID 1 liegt oder zumindest gleich ist. Die Werte in *OrderDetails.UnitPrice* können aufgrund von Preisänderungen, Rabatten etc. von den *aktuellen* Artikelpreisen in der Spalte *Articles.Price* – in den Stammdaten abweichen. Ist der Artikel *00001* derzeit teurer als es in *allen* Bestelldetails der Fall ist, dann soll der Artikeldatensatz mit dem aktuellen Preis ausgegeben werden.

Durch die Unterabfrage wird für den Artikel mit dem *Code 0001* eine Liste der in den Bestellpositionen vorkommenden Verkaufspreise (*UnitPrice*) aufgestellt. Falls der aktuelle Preis höher ist als *alle* Preise in den Bestellpositionen, dann wird der Datensatz des Artikels angezeigt, sonst nicht. Umgekehrt formuliert: Findet sich *ein* Verkaufspreis in den Bestellpositionen, der höher ist als der aktuelle Preis oder gleich hoch, dann gibt es kein Ergebnis. Es lassen sich wieder alternative Formulierungen finden. Sehr nahe liegend ist diese hier:

```
SELECT Code, Name, Price FROM Products.Articles
WHERE
    ID = 1
AND
    Price > ( SELECT MAX(UnitPrice) FROM Sales.OrderDetails WHERE ArticleID = 1)
```

Listing 9.97   ALL durch MAX ersetzt

Auch eine *JOIN*-Variante ließe sich ohne Schwierigkeiten finden. Eine Verallgemeinerung der Abfrage in Listing 9.96, die *alle* Datensätze in der Tabelle *Articles* untersuchen kann, finden Sie im Abschnitt über korrelierte Unterabfragen.

Tauscht man das *ALL* gegen ein *ANY* aus, dann wird von der äußeren Abfrage ein Artikel geliefert, wenn der aktuelle Preis in *Price* größer als *irgendein beliebiger* Wert der Unterabfrage ist. Dies entspricht einer Formulierung mit der Aggregatfunktion *MIN*. Sie ahnen es schon: Auch ohne *ANY* und *ALL* ist das Leben als SQL-Entwickler schön.

```
SELECT Code, Name, Price FROM Products.Articles
WHERE
    ID = 1
AND
    Price > ANY ( SELECT UnitPrice FROM Sales.OrderDetails WHERE ArticleID = 1)
```

Listing 9.98   Unterabfrage mit ANY

Unterabfragen mit EXISTS

Der *EXISTS*-Operator liefert eine wunderbar einfache und schnelle Möglichkeit, zu überprüfen, ob eine Abfrage Werte liefert oder nicht – und wird genau zu diesem Zweck in der T-SQL-Programmierung verwendet. Das folgende kleine Beispiel könnte in einer gespeicherten Prozedur eingesetzt werden. Abhängig davon, ob an einem bestimmten Tag eine Bestellung vorliegt, soll eine Meldung ausgegeben werden:

```
IF EXISTS ( SELECT * FROM Sales.Orders WHERE OrderDate = '01.12.2008' )
    PRINT 'Es liegen Aufträge vor!'
```

Listing 9.99   Unterabfrage mit EXISTS

Aufgrund einer uralten »SQL-Programmiertradition« sieht man bei dieser Form der Unterabfrage selten eine Spaltenliste im *SELECT*, sondern fast immer das *-Symbol. Dem Abfrage-Optimierer von SQL Server ist es nicht wichtig, welche Form Sie benutzen – die Abfrage wird immer darauf hin optimiert, ob es mindestens *eine* Ergebniszeile gibt.

Korrelierte Unterabfragen

Eine spezielle Version der Unterabfragen – *korrelierte Unterabfragen* – ist besonders knifflig zu konstruieren, aber gleichzeitig sehr effektiv und mächtig in der Ausführung. Daher lohnt sich hier die Vorstellung dieses Prinzips auf jeden Fall. Bei den bisherigen Formen der Subselect-Abfragen wurden diese innerhalb einer Abfrage jeweils einmal von SQL Server ausgewertet. Bei korrelierten Unterabfragen sieht das ganz anders aus: Diese werden in Art einer Programmschleife immer wieder mit wechselnden Werten aufgerufen. Wann passiert das? Genau dann, wenn die Unterabfrage einen Bezug zur äußeren Abfrage enthält, und zwar in Form einer Spalte, die zu einer der äußeren Tabellen gehört. Ist diese Ausgangssituation gegeben, dann wird die Unterabfrage für jeden Datensatz der äußeren Abfrage einmal aufgerufen. Die referenzierte Spalte hat dabei genau den Wert, der bei der Abarbeitung der äußeren Abfrage durch SQL Server gerade vorliegt.

Mit einer korrelierten Unterabfrage lässt sich das Beispiel aus Listing 9.96 verallgemeinern. Es wird für *jeden* Datensatz aus der Artikeltabelle untersucht, ob es mindestens einen gleich hohen oder höheren Verkaufspreis in den Bestellpositionen gibt. Die Beziehung zwischen der inneren und der äußeren Abfrage wird hier über den Ausdruck *ArticleID = Articles.ID* in der *WHERE*-Klausel hergestellt.

```
SELECT Code, Name, Price FROM Products.Articles
WHERE
   Price > ALL ( SELECT UnitPrice FROM Sales.OrderDetails WHERE ArticleID = Articles.ID)
```

Listing 9.100   Korrelierte Unterabfrage

Im Ergebnis finden sich zwei Datensätze:

```
Code    Name           Price
00001   Artischocken   21,00
00101   Pritzwalker    Preussen Pils  7,00
```

Der Artikel mit dem Code *00001* wird angezeigt, weil sein Preis tatsächlich höher ist, als alle Verkaufspreise in den Bestellpositionen. Der Artikel *00101* wird angezeigt, weil er noch nie verkauft wurde. Damit ist die Unterabfrage leer.

Das folgende Beispiel zeigt eine schöne Einsatzmöglichkeit für korrelierte Unterabfragen (es ist eine der »Lieblingsabfragen« für diesen Abfragetyp). Es handelt sich um eine Variante der Abfrage in Listing 9.34. Es geht um die Aufrechterhaltung einer fortlaufenden Nummerierung von Datensätzen, falls das Löschen in der Tabelle erlaubt ist. Der folgende SQL-Befehl liefert das erste »Loch« in einer fortlaufenden Nummerierung auf äußerst effektive Weise:

```
...
SELECT
  Min( [ID] + 1 ) AS FirstFreeID
FROM
  #Orders o1
WHERE
  NOT EXISTS
    ( SELECT * FROM #Orders o2
      WHERE o2.[ID] = (o1.ID + 1) )
```

Listing 9.101   Korrelierte Unterabfrage findet erste Lücke in einer Nummerierung

Die Abfrage arbeitet wie das Listing 9.34 mit einer Kopie der *Orders*-Tabelle. Führen Sie diese Abfrage aus, dann werden Sie feststellen, dass diese in der recht umfangreichen *Orders*-Tabelle sehr flott ausgeführt wird.

Um zu verstehen, wie diese Abfrage mit korrelierter Unterabfrage arbeitet, stellt man sich am besten vor, dass die äußere Abfrage Datensatz für Datensatz durchlaufen wird. Dabei nimmt natürlich auch die Schlüsselspalte *ID* jeden prinzipiell möglichen Wert an. Bearbeitet SQL Server dabei beispielsweise den Datensatz mit der *ID* 5000, dann wird die Unterabfrage mit diesem Wert für *od1.ID* aufgerufen. Dies ist dann die Referenz auf die äußere Tabelle. In der *WHERE*-Klausel der Unterabfrage wird geprüft, ob es in der *#Orders*-Tabelle einen Nachfolger für diesen Schlüsselwert gibt. Ist dies nicht der Fall, hat die Unterabfrage kein Ergebnis. Sie ist leer und der Operator *NOT EXISTS* stellt dies fest. Damit ist die Abfragebedingung der äußeren Abfrage erfüllt und als Ergebnis wird die aktuelle *ID* plus 1 zurückgegeben. Dies ist genau die festgestellte Lücke. Durch die Aggregatfunktion *MIN* wird dann noch sichergestellt, dass nur die erste Lücke gemeldet wird, ansonsten gibt diese Abfrage nämlich *mindestens* noch den Wert `MAX(ID)` + 1 zurück, also die erste unbelegte Nummer hinter dem »Ende« der *Customers*-Tabelle.

Puh, das ist, wie gesagt, etwas knifflig, wird aber auf dem Server sehr schnell ausgeführt. Eine Variante, die Sie in .NET programmieren, müsste ähnlich arbeiten und würde für das Finden des Ergebnisses viel mehr Zeit benötigen. Daraus leitet sich ein allgemeiner Tipp ab: Versuchen Sie nach Möglichkeit für ein gegebenes Problem eine Lösung zu finden, die von SQL Server auf relationale Weise verarbeitet werden kann. Dies ist in sehr vielen Fällen die schnellste Variante.

Das waren einige Möglichkeiten, die die Verwendung von Unterabfragen im Zusammenhang mit *SELECT* bieten. Im nächsten Kapitel werden Ihnen die Subselect-Anweisungen noch einmal begegnen, wenn es um das Ändern von Datensätzen geht. Den Abschluss dieses Abschnitts zu Unterabfragen bildet ein Blick auf Unterabfragen in der T-SQL-Programmierung.

Unterabfragen in der T-SQL-Programmierung

Unterabfragen können nicht nur in SQL-Befehlen benutzt werden, sondern auch in der T-SQL-Programmierung. Werfen Sie einen Blick auf die Syntaxdefinition für Ausdrücke in Transact-SQL, dann werden Sie feststellen, dass skalare Unterabfragen (*scalar_subqueries*) dort erlaubt sind. Wenn die Unterabfrage also genau einen Wert liefert, kann sie überall dort eingesetzt werden, wo Konstanten, Variablen oder andere Funktionen erlaubt sind. Dies bedeutet, dass Sie zum Beispiel Variablenbelegungen ohne große Umschweife direkt mittels einer Unterabfrage vornehmen können.

Das folgende Beispiel zeigt, wie mit einer Unterabfrage der Wert einer lokalen Variablen festgelegt werden kann und anschließend in einer Abfrage verwendet wird. Es handelt sich dabei um eine Erweiterung der Abfrage in Listing 9.91 die Sie weiter vorn im Abschnitt über die Verwendung von Unterabfragen in *SELECT*-Listen kennen gelernt haben.

```
DECLARE @monTotalSales money

SET @monTotalSales = ( SELECT SUM(Quantity * UnitPrice) FROM Sales.OrderDetails )

SELECT
    cu.Code,
    cu.Name_2 AS LastName,
    SUM( Quantity * UnitPrice ) AS Sales,
    SUM( Quantity * UnitPrice ) / @monTotalSales * 100 AS PercentSales,
    @monTotalSales AS TotalSales
FROM
    Sales.Customers cu INNER JOIN Sales.Orders ord
ON
```

```
      cu.id = ord.customerid
  INNER JOIN Sales.OrderDetails od
  ON
      ord.id = od.OrderId
  GROUP BY
      cu.code, cu.Name_2
  ORDER BY
      cu.Code
```

Listing 9.102 Unterabfrage füllt Variable für ein SELECT

Diese Abfrage bestimmt zu jedem Kunden dessen Umsatz und den prozentuale Anteil am Gesamtumsatz. Die Ergenisse sind mit denen aus Listing 9.91 identisch.

Im SQL-Skript wird zunächst die lokale Variable *@monTotalSales* deklariert. Anschließend wird diese über eine Unterabfrage mit einem Wert belegt, und zwar mit dem berechneten Gesamtumsatz über alle Aufträge hinweg. Auch bei der Verwendung in T-SQL-Ausdrücken müssen Sub-*SELECT*-Anweisungen in runde Klammern eingeschlossen werden. Die lokale Variable wird anschließend in der *SELECT*-Liste der Abfrage verwendet. Anstatt die Variable einzusetzen, hätte man die Unterabfrage auch direkt zweimal in der Abfrage einsetzen können. Die berechneten Ergebnisse wären identisch. Warum also die Variable? Wird eine Unterabfrage zweimal in einem SQL-Kommando eingesetzt, dann wird diese auch zweimal von SQL Server ausgeführt, SQL Server merkt sich also nicht das Ergebnis der ersten Ausführung, um den Wert zu substituieren. Handelt es sich um eine große Datenmenge, dann dauert die Ausführung entsprechend lange. Durch den geschickten Einsatz von Variablen kann, wie hier gezeigt, in bestimmten Fällen also deutlich Zeit gespart werden.

Auch die *IF*-Entscheidung in T-SQL erlaubt die Verwendung einer Unterabfrage. Im nächsten T-SQL-Beispiel wird getestet, ob der Wert einer lokalen Variablen (der über einer Unterabfrage belegt wird) über dem Durchschnittsumsatz für die Artikel in den Auftragspositionen liegt. Davon abhängig verzweigt das Programm.

```
DECLARE @ArticleTurnover money

SET @ArticleTurnover = ( SELECT SUM(UnitPrice * Quantity) FROM Sales.OrderDetails WHERE ArticleID = 1 )

IF @ArticleTurnover > ( SELECT AVG(UnitPrice * Quantity) FROM Sales.OrderDetails )
    PRINT ('Toller Artikel')
ELSE
    PRINT ('Lahmer Artikel')
```

Listing 9.103 Unterabfrage in einer IF-Bedingung

Während Sie eine Unterabfrage in einer *IF*-Konstruktion bedenkenlos einsetzen können, sollten Sie in einer *WHILE*-Schleife tunlichst darauf verzichten. Die Unterabfrage wird in jedem Schleifendurchlauf *erneut* ausgeführt – auch wenn sich das Ergebnis zwischen den Aufrufen nicht ändern würde. Das bringt jede Programmierung zum Erliegen. Gehen Sie also besser nicht so vor, wie es der folgende Programmausschnitt zeigt.

```
DECLARE @OrderID int

SET @OrderID = 1

WHILE @OrderID < ( SELECT MAX(ID) FROM Sales.Orders WHERE OrderDate < '01.12.2008' )
```

```
BEGIN
    -- Tu irgendwas Schlaues
    SET @OrderID = @OrderID + 1
END
```

Listing 9.104 Unterabfrage in einer WHILE-Bedingung

Sobald Sie die Unterabfrage mit der Hilfe einer Variablen aus dem Schleifenkopf herausziehen, ist wieder alles in Butter und Ihre Programmierung T-SQL-typisch höllisch schnell.

```
DECLARE @OrderID int
DECLARE @MaxOrderID int

SET @OrderID = 1
SET @MaxOrderID = ( SELECT MAX(ID) FROM Sales.Orders WHERE OrderDate < '01.12.2008' )

WHILE @OrderID < @MaxOrderID

BEGIN
    -- Tu irgendwas Schlaues
    SET @OrderID = @OrderID + 1
END
```

Listing 9.105 Unterabfragen in WHILE-Bedingung wird vermieden

Eine häufige Aufgabenstellung in T-SQL-Skripten ist die Überprüfung, ob ein bestimmtes Objekt existiert. Dazu wird dann eine der Katalogsichten mittels Unterabfrage abgefragt. Im Falle einer Tabelle wäre das *sys.tables*. Das folgende Skript legt eine neue Version der Archivtabelle *Sales.Archive_Customers* an, nachdem eine existierende Archivtabelle bei Bedarf gelöscht wurde.

```
IF EXISTS ( SELECT * FROM sys.tables WHERE name = 'Archive_Customers' AND schema_id = SCHEMA_ID('Sales')
)
BEGIN
    PRINT 'Tabelle wird gelöscht'
    DROP TABLE Sales.Archive_Customers
END

SELECT *
INTO Sales.Archive_Customers
FROM Sales.Customers
```

Listing 9.106 Mit EXISTS das Vorhandensein eines Objekts testen

Abfragen als Tabellen: Abgeleitete Tabellen

Eine *abgeleitete Tabelle* ist so etwas, wie eine Unterabfrage – nur dass diese Abfrage keinen einzelnen Wert oder eine Werteliste liefert, sondern eine komplette Tabelle. Dementsprechend sind die Einsatzzwecke auch komplett andere.

Abgeleitete Tabellen werden auch *Tabellenausdrücke (Table Expressions)* oder *tabellenwertige Unterabfragen (Table Valued Subqueries)* genannt. Sie können überall dort verwendet werden, wo eine »Tabellenherkunft« angegeben werden darf. Vor allen Dingen ist das natürlich eine *FROM*-Klausel. Das folgende (sinnlose) Beispiel zeigt eine erste abgeleitete Tabelle.

Abfragen als Tabellen: Abgeleitete Tabellen

```
SELECT
    *
FROM
    ( SELECT * FROM Sales.Orders ) AS O
```

Listing 9.107 Abgeleitete Tabelle

Diese Abfrage zeigt, dass ein Tabellenausdruck einfach ein *SELECT*-Befehl in runden Klammern, versehen mit einem Alias ist. Diese »virtuelle Tabelle« wird wie eine ganz normale Basistabelle verwendet. Das macht in diesem Fall natürlich keinen Sinn, da man den Tabellennamen *Orders* auch direkt hinschreiben könnte.

In umfangreichen Abfragen können abgeleitete Tabellen eingesetzt werden, um zu »natürlicheren« Formulierungen zu kommen. So kann häufig auf den Einsatz temporärer Tabellen oder Tabellenvariablen verzichtet werden. Abgeleitet Tabellen ermöglichen es auch, komplizierte Abfragen in Teilschritte zu zerlegen, die dann nacheinander ausgeführt werden. Eine abgeleitete Tabelle lebt nur für die Ausführungsdauer des Kommandos, in der sie definiert ist.

Es gibt einige wenige Regeln, die Sie bei der Definition abgeleiteter Tabellen berücksichtigen müssen:

- Alle Spalten benötigen unbedingt Namen
- Alle Spaltennamen müssen eindeutig sein
- *ORDER BY* ist nicht erlaubt, außer es wird *TOP* angegeben

Eine sehr einfache Anwendung für abgeleitete Tabellen ist die Vergabe von Alias-Namen in einem Ergebnis, die in Ausdrücken, *GROUP BY* usw. weiter verwendet können. In einer inneren Abfrage werden Berechnungen nur einmal ausgeführt und mit einem Namen versehen. In der äußeren Abfrage können die berechneten Werte dann einfach weiter verwendet werden. Ein Beispiel dazu:

```
SELECT
    T.SalesNet, T.SalesNet * 1.19 AS Sales
FROM
    ( SELECT Quantity * UnitPrice AS SalesNet FROM Sales.OrderDetails ) AS T
GROUP BY T.SalesNet
ORDER BY SalesNet
```

Listing 9.108 Abgeleitete Tabelle zur Definition von Aliasnamen

In der abgeleiteten Tabelle, die den Alias *T* besitzt, wird ein Ausdruck berechnet, der dann in der *SELECT*-Liste und im *GROUP BY* weiterverwendet werden kann. Auf diese Weise spart man sich die Wiederholung der Ausdrücke.

Im nächsten Beispiel wird vorgestellt, wie man mithilfe von abgeleiteten Tabellen eine Aufgabe in Teilschritten lösen kann. Es geht darum, festzustellen, in welchen Jahren mehr als 9.000 *verschiedene* Kunden beim netShop bestellt haben. Ein routinierter SQL-Entwickler kann die notwendige Abfrage vielleicht in einem »Atemzug« hinschreiben. Wenn man allerdings nicht sofort auf die passende Formulierung kommt, dann spricht nichts dagegen eine Abfrage Schritt für Schritt aufzubauen (und entsprechend zu kommentieren). So wie im folgenden Listing.

```
SELECT OrderYear, NumCusts
FROM
    -- Kundenzahlen über Jahre aggregieren
    ( SELECT
        OrderYear, COUNT(DISTINCT CustomerID) AS NumCusts
```

```
       FROM
         -- Jahre & Kunden
         ( SELECT YEAR(OrderDate) AS OrderYear, CustomerID FROM Sales.Orders ) AS D1
       GROUP BY OrderYear
    ) AS D2
WHERE
    NumCusts > 9000
```

Listing 9.109 Abgeleitete Tabellen für eine schrittweise Problemlösung

Die Abfrage besteht aus zwei ineinander verschachtelten abgeleiteten Tabellen und einer äußeren Abfrage. In der innersten Abfrage *D1* wird aus dem Auftragsdatum *OrderDate* das Jahr gebildet und die Kundennummer hinzugefügt. Die abgeleitete Tabelle *D2* aggregiert die Kundenzahlen über die Jahre. Das COUNT DISTINCT sorgt dafür, dass jeder Kunde nur einmal gezählt wird. Die äußere Abfrage kümmert sich dann nur noch darum, dass die Ergebnisse gefiltert werden. Ineinander verschachtelte Tabellenausdrücke werden von innen nach außen ausgewertet.

Durch einfaches »Draufschauen« wird man entdecken, dass es eine kürzere Formulierung für die Abfrage nach Listing 9.109 gibt.

```
SELECT
    YEAR(OrderDate), COUNT(DISTINCT CustomerID) AS NumCusts
FROM
    Sales.Orders
GROUP BY
    YEAR(OrderDate)
HAVING
    COUNT(DISTINCT CustomerID) > 9000
```

Listing 9.110 Alternative Abfrage

Letzten Endes wird die alternative Abfrage einfach durch das Ersetzen der inneren in die äußeren Abfragen gebildet. Da der SQL Server bei der Suche nach dem optimalen Abfrageplan nichts anderes tut, braucht man sich auch in diesem Fall wieder keine Sorgen zu machen, dass durch eine »bequeme« Formulierung die Abfrage langsam wird. Die Abfragepläne sind vollkommen identisch. Verwenden Sie also abgeleitete Tabellen ruhig, wenn Sie dadurch die Lösung für eine Aufgabenstellung leichter finden.

Common Table Expressions und rekursive Abfragen

Ein SQL-Feature, welches mit SQL Server 2005 eingeführt wurde, sind die so genannten *Common Table Expressions«* (CTE) und die damit verbundene *WITH*-Klausel in einer Abfrage. Falls Sie schon einmal mit der wunderbaren Abfragesprache für multidimensionale Daten – MDX – zu tun hatten, dann wird Ihnen die Verwendung der Common Table Expressions sofort klar sein. In MDX gibt es die *WITH*-Klauseln schon länger. Falls nicht, dann stellen Sie sich die CTEs am besten als temporäre Tabellen vor, um deren explizite Erstellung und Löschung Sie sich nicht selbst kümmern müssen. Im Grunde sind Common Table Expressions benannte abgeleitete Tabellen. Die definierenden *WITH*-Klauseln sind übrigens offiziell in SQL:99 definiert.

Bisweilen können T-SQL-Abfragen wirklich sehr umfangreich werden. Da kann es dann sinnvoll sein, eine Abfrage in einzelne Schritte zu zerlegen, deren Ergebnisse in virtuelle Tabellen zwischengespeichert werden, besonders wenn die Resultate eines Schrittes in *mehreren* nachfolgenden Schritten wiederverwendet werden können. Common Table Expressions sind eine sehr elegante Möglichkeit, benannte Abfrageergebnisse innerhalb eines *SELECT*-, *INSERT*-, *UPDATE*- oder *DELETE*-Kommandos zu definieren und auch gleich einzusetzen.

Am besten wird das an einem Beispiel deutlich. Die Aufgabenstellung: Es geht darum, eine Liste zu erstellen, die eine Auswertung über Umsätze mit Kunden und Artikeln enthält. In den Spalten der Liste sollen neben Kunden-*ID* und Name des Kunden, der Umsatz mit diesem Kunden pro Artikel, der Umsatz für den Artikel überhaupt, sowie der Anteil des Kundenumsatzes am gesamten Umsatz des Artikels angezeigt werden. Mit dieser Liste kann ein Shop-Manager also herausfinden, ob es Kunden gibt, die sich für bestimmte Artikel besonders stark interessieren. Wenn man über diese Fragestellung nachdenkt, wird man feststellen, dass eine direkte Lösung in einem einzelnen *SELECT* gar nicht so einfach ist. Das hat damit zu tun, dass Aggregationen für den Umsatz auf zwei verschiedenen Stufen benötigt werden. Ansätze zur Lösung sind die Verwendung von Unterabfragen, abgeleitete Tabellen oder temporären Tabellen. Wobei man darauf achtgeben muss, nicht durch korrelierte Unterabfragen in ein Performance-Loch zu fallen. Die Verwendung von Common Table Expressions ähnelt zwar der Verwendung von temporären Tabellen, allerdings gibt man dem Optimierer der Datenbankmaschine die Gelegenheit, den günstigsten Abfrageplan für *alle* notwendigen Operationen zu suchen. Und das kann deutlich günstiger ausfallen als die sequenzielle Erstellung und Abarbeitung temporärer Tabellen (vor allem durch die Einbeziehung paralleler Operatoren im Abfrageplan).

Bei der Arbeit mit Common Table Expressions denkt man am besten zunächst darüber nach, welche Teil-Ergebnismengen benötigt werden. In diesem Fall ist es praktisch, die aggregierten Umsätze nach *ArticleID* und die aggregierten Umsätze nach *CustomerID* und *ArticleID* zur Verfügung zu haben. Die Abfragen sind schnell gefunden (Listing 9.111 und Listing 9.112).

```
SELECT ArticleID, SUM(Quantity * UnitPrice) AS SumOrderSales
FROM Sales.OrderDetails
GROUP BY ArticleID
```

Listing 9.111 Umsätze pro Artikel

```
SELECT
    CustomerID, ArticleID, SUM(Quantity * UnitPrice) AS SumOrderSales
FROM
    Sales.Orders o INNER JOIN Sales.OrderDetails od
ON
    o.ID = od.OrderID
GROUP BY
    CustomerID, ArticleID
```

Listing 9.112 Umsätze pro Kunde und Artikel

Nun müssen aus den Teilabfragen Common Table Expressions gemacht werden. Da diese nicht autark existieren können, folgt anschließend sofort das *SELECT*-Kommando, in welchem sie eingesetzt werden. Listing 9.113 zeigt, wie das funktioniert. Jede CTE bekommt einen Namen und erhält eine Spaltenliste, über welche die virtuelle Tabelle (also die abgeleitete Tabelle) definiert wird.

```
WITH ArticleSales(ArticleID, SumOrderSales ) AS
(
    SELECT ArticleID, SUM(Quantity * UnitPrice) AS SumOrderSales
    FROM Sales.OrderDetails
    GROUP BY ArticleID
),
```

```
ArticleSalesPerCustomer (CustomerID, ArticleID, SumOrderSalesCustomer) AS
(
   SELECT
      CustomerID, ArticleID, SUM(Quantity * UnitPrice) AS SumOrderSales
   FROM
      Sales.Orders o INNER JOIN Sales.OrderDetails od
   ON
      o.ID = od.OrderID
   GROUP BY
      CustomerID, ArticleID
)
SELECT
   c.ID, c. Name_2 AS LastName, aspd.ArticleID, SumOrderSalesCustomer, SumOrderSales,
   (SumOrderSales / SumOrderSalesCustomer ) AS Ratio
FROM
   Sales.Customers c
INNER JOIN
   ArticleSalesPerCustomer aspd ON c.ID = aspd.CustomerID
INNER JOIN
   ArticleSales [as] ON aspd.ArticleID = [as].ArticleID
ORDER BY
   c.ID, ArticleID
```

Listing 9.113 Abfrage mit Common Table Expressions

Die Syntax der Common Table Expressions ist übersichtlich:

```
[ WITH <common_table_expression> [ ,...n ] ]
<common_table_expression>::=
      expression_name [ ( column_name [ ,...n ] ) ]
   AS ( CTE_query_definition )
```

Die *CTE_query_definition* ist ein *SELECT*-Kommando, das den Bedingungen genügen muss, die auch für abgeleitete Tabellen gelten. Sie können vor einem *SELECT*, *UPDATE*, *INSERT*, *DELETE* ein oder mehrere CTEs definieren und dann direkt in der Abfrage verwenden (oder auch nicht). Im Zusammenhang mit der Syntax für CTEs gilt die Besonderheit, dass ein Befehl direkt vor dem *WITH* mit einem Semikolon abgeschlossen werden muss. Was ansonsten also in T-SQL nur optional ist, wird hier zur Pflicht. Das folgende Beispiel führt zu einer Fehlermeldung:

```
PRINT 'Jetzt geht''s los...'

WITH ArticleSales(ArticleID, SumOrderSales ) AS
(...
```

Listing 9.114 Befehle vor CTEs müssen mit einem Semikolon beendet werden

Setzen Sie hinter dem Kommando *PRINT 'Jetzt geht''s los...'* ein Semikolon, dann ist alles in Ordnung.

Ein echtes Schmankerl der CTEs ist die Tatsache, dass sich mit deren Hilfe rekursive Abfragen schreiben lassen. Das ist eine Möglichkeit, die in Transact-SQL bis vor SQL Server 2005 schmerzlich vermisst wurde. Bei der Auswertung von rekursiven Beziehungen in einer Datenbank musste bis jetzt entweder auf – zum Teil sehr aufwändige – Cursor zurückgegriffen werden oder es wurden statische SQL-Konstrukte eingesetzt. Bei denen musste die Rekursionstiefe aber erstens begrenzt sein und zweitens nicht allzu groß, da nämlich das Durchlaufen der Ebenen von im Voraus formuliertem Programmtext erledigt werden musste. Mit CTEs kann man nun dagegen sehr einfach und elegant rekursive Abfragen formulieren. Diese haben einen im

Common Table Expressions und rekursive Abfragen

Prinzip immer gleichen Aufbau: Es gibt mindestens zwei Teil-*SELECT*-Anweisungen und einen Mengenoperator. Das erste *SELECT* bildet den Anker der Rekursion, das zweite stellt den rekursiven Aufruf sicher und der Mengenoperator (*UNION, UNION ALL, INTERSECT* oder *EXCEPT*) kümmert sich um die Bildung der Ergebnismenge. In Pseudo-Code geschrieben sieht das dann so aus:

```
WITH RekursiveCTE (Feldliste) AS
(
    -- Anker-SELECT
    SELECT…
    FROM…
    WHERE…

    UNION ALL | UNION | INTERSECT | EXCEPT

    -- Rekursives SELECT
    SELECT…
    FROM
        -- Referenz auf die CTE
        …RekursiveCTE…
)
SELECT | INSERT | UPDATE | DELETE
FROM RekursiveCTE
```

Wichtig ist, dass das Anker-*SELECT vor* dem rekursiven Aufruf definiert sein muss und dass in einem rekursiven *SELECT* ein Bezug auf die äußere definierende CTE erfolgt. In den meisten Fällen wird das in der *FROM*-Klausel stattfinden, wobei *JOIN*-Klauseln ohne weiteres erlaubt sind. Schon ist die Rekursion fertig! Gestartet wird die Auswertung über die auf die CTE folgende Anweisung.

In Listing 9.115 ist eine Anwendung für eine rekursive Anfrage zu sehen. In der *netShop*-Datenbank gibt es die Möglichkeit, in der Mitarbeitertabelle *Employees* das Angestellten-Vorgesetzten-Verhältnis über die Spalte *ManagerID* einzutragen. In dieser ist in jedem Datensatz der Schlüssel des Datensatzes des direkten Vorgesetzten eingetragen. Der »Chef des Ladens« hat in dieser Spalte den Eintrag *NULL* Die Abfrage liefert eine Liste der Angestellten, beginnend mit dem Chef und dann Mitarbeitern auf jeder Hierarchiestufe. Dazu wird im Anker der Datensatz mit einer *NULL* in *ManagerID* gesucht und ausgegeben. Dieser bildet dann das erste Element der Rekursion. Die rekursive Abfrage sucht nun alle Elemente die mit dem Startelement in Verbindung stehen (*e.ManagerID = eh.ID*) und das *UNION ALL* fügt diese dem Ergebnis hinzu. Und so weiter, und so weiter, und so weiter.

```
WITH EmployeeHierachy ( Level, LastName, FirstName, ManagerID, ID ) AS
(
    SELECT 1, Lastname, FirstName, NULL, ID
    FROM Management.Employees
    WHERE ManagerID IS NULL

    UNION ALL

    SELECT Level + 1, e.Lastname, e.FirstName, e.ManagerID, e.ID
    FROM Management.Employees e
    INNER JOIN
    EmployeeHierachy eh
    ON
    e.ManagerID = eh.ID
)
SELECT * FROM EmployeeHierachy ORDER BY Level, LastName
```

Listing 9.115 Rekursive Abfrage zur Auswertung einer Hierarchie

Das Ergebnis dieser Abfrage sieht dann so aus:

```
Level   LastName          FirstName    ManagerID  ID
1       Schirmer          Hannes       NULL       1
2       Braun-Wieshöller  Thomas       1          12
2       Dröge             Ruprecht     1          3
2       Hermann           Ursula       1          2
2       Jungbluth         Bernd        1          4
2       Köller            Alexander    1          5
2       Mayer             Paul         1          10
2       Schröder          Carlo        1          11
3       Meyer             Karl         5          8
3       Müller            Peter        2          7
3       Urban             Georg        2          6
4       Schmidt           Christian    8          9
```

Eine rekursive Abfrage wird dann abgebrochen, wenn das rekursive *SELECT* keine neuen Datensätze mehr liefert. Das kann nach einer großen Anzahl von Rekursionen sein oder sogar – falls die Abfrage fehlerhaft formuliert ist – niemals. Um eine »Endlosschleife« zu verhindern, begrenzt SQL Server die Rekursionstiefe per Default auf 100. Falls Sie das ändern möchten, dann können Sie dazu den Abfragehinweis *MAXRECURSION* einsetzen. Dieser nimmt Werte von 0 (= keine Einschränkung) bis 32.767 entgegen und setzt die maximale Rekursionstiefe für die Abfrage entsprechend. Die Neuformulierung von Listing 9.115 finden Sie im nächsten Codeschnipsel:

```
WITH EmployeeHierachy ( Level, LastName, FirstName, ManagerID, ID ) AS
( …
SELECT * FROM EmployeeHierachy ORDER BY Level, LastName
OPTION (MAXRECURSION 0)
```

Listing 9.116 Rekursive Abfrage ohne Restriktion der Tiefe

Ergebnisse pivotieren

Relationale Datenbanksysteme liefern immer mehr oder weniger flache Tabellen als Ergebnisse von Abfragen (sieht man einmal von den T-SQL-Erweiterungen wie *CUBE*, *ROLLUP* und *COMPUTE BY* ab). Oft wünscht man sich, erweiterte Darstellungsformen zu haben, wie Matrixanordnungen oder Kalenderdarstellungen. In Office-Programmen wie Access oder Excel kennt man die Kreuz- oder Pivottabelle, die gut dazu geeignet ist, übersichtliche Auswertungen von Zusammenhängen zu liefern. In Excel können Sie beispielsweise relativ leicht ohne SQL-Kenntnisse und ohne Programmierung einen Pivotbericht einrichten, in welchem dargestellt wird, welcher Artikel in welchen Stückzahlen über die Jahre hinweg verkauft wurde. Die entstehende Pivottabelle ist in Abbildung 9.1 zu sehen.

Der SQL-Dialekt in der Access Jet-Engine kennt das Schlüsselwort *TRANSFORM*, um relationale Daten in eine Kreuztabellenform zu bringen. Bis zur Version 2005 von SQL Server haben Datenbankentwickler solch eine einfache Möglichkeit auf dem Server schmerzlich vermisst. Mit dem Operator *PIVOT* ist diese nun vorhanden und kann sinnvoll für die Aufbereitung von Daten eingesetzt werden.

Neben der Anwendung für Datenanalysen kann der *PIVOT*-Operator auch sinnvoll dafür eingesetzt werden, Daten die in einem so genannten offenen Schema vorliegen in eine relationale Form zu bringen. In der netShop-Datenbank liegen die Artikelattribute in einem offenen Schema vor. Die Attribute hier sind keine Spalten in der Artikeltabelle, sondern Datensätze in der Tabelle *ArticleAttributes*. Durch Anfügen weiterer Zeilen an die Tabelle *ArticleAttributes* lassen sich die Attribute von Artikeln beliebig ergänzen.

Ergebnisse pivotieren

Der umgekehrte Fall zur Anwendung von *PIVOT* ist genauso gut denkbar. Hin und wieder bekommt man es gerade bei Datenimporten mit einem Tabellenaufbau zu tun, der nicht in Normalform vorliegt, sondern bei dem Daten – häufig handelt es sich dabei um Zeitinformationen – »flach« abgelegt wurden: In verschiedenen Spalten ein und derselben Zeile der Importtabelle befinden sich Werte für verschiedene Zeitpunkte. So etwas ist für die Verarbeitung in einem relationalen Datenbanksystem schlecht geeignet. Hier sollten die Werte in verschiedenen Datensätzen stehen – in Paaren aus einer Zeitangabe und dem entsprechenden Wert. Mithilfe des *UNPIVOT*-Operators lassen sich flache Darstellungen sehr leicht »kippen«, um sie an ein relationales Schema anzupassen.

Die folgenden Abschnitte geben Auskunft über die verschiedenen Anwendungsmöglichkeiten von *PIVOT* und *UNPIVOT*.

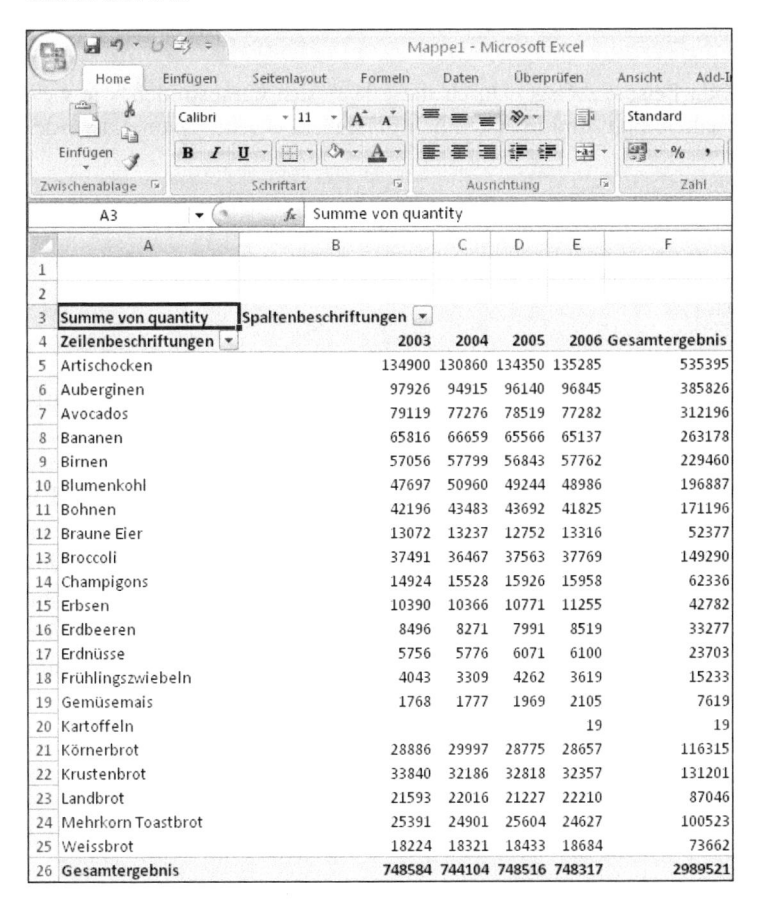

Zeilenbeschriftungen	2003	2004	2005	2006	Gesamtergebnis
Artischocken	134900	130860	134350	135285	535395
Auberginen	97926	94915	96140	96845	385826
Avocados	79119	77276	78519	77282	312196
Bananen	65816	66659	65566	65137	263178
Birnen	57056	57799	56843	57762	229460
Blumenkohl	47697	50960	49244	48986	196887
Bohnen	42196	43483	43692	41825	171196
Braune Eier	13072	13237	12752	13316	52377
Broccoli	37491	36467	37563	37769	149290
Champignons	14924	15528	15926	15958	62336
Erbsen	10390	10366	10771	11255	42782
Erdbeeren	8496	8271	7991	8519	33277
Erdnüsse	5756	5776	6071	6100	23703
Frühlingszwiebeln	4043	3309	4262	3619	15233
Gemüsemais	1768	1777	1969	2105	7619
Kartoffeln				19	19
Körnerbrot	28886	29997	28775	28657	116315
Krustenbrot	33840	32186	32818	32357	131201
Landbrot	21593	22016	21227	22210	87046
Mehrkorn Toastbrot	25391	24901	25604	24627	100523
Weissbrot	18224	18321	18433	18684	73662
Gesamtergebnis	748584	744104	748516	748317	2989521

Abbildung 9.1 Kreuztabelle in Excel

Der PIVOT-Operator

Daten zu pivotieren bedeutet in einem Datenbankmanagementsystem die distinkten Werte einer Spalte zu nehmen und daraus Spaltenköpfe einer Ergebnis-Kreuztabelle zu generieren. Zusätzlich sind in einer Kreuztabelle Zeilenköpfe vorhanden (das sind die Werte in der ersten Ergebnisspalte) und im mittleren Bereich stecken aggregierte Daten. Abbildung 9.1 veranschaulicht das gut.

Als erstes übersichtliches Beispiel für das Pivotieren soll eine Untersuchung der Daten in der netShop-Tabelle *Articles* durchgeführt werden. In dieser Tabelle sind neben der Artikelnummer (*Code*), und dem Namen (*Name*) auch Felder für die Zuordnung zu einem Katalog und dem Status des Artikels (*Active*) vorhanden. Es soll eine Kreuztabelle entstehen, die in den Spaltenköpfen anzeigt, ob ein Artikel aktiv oder inaktiv ist, in den Zeilenköpfen soll die Nummer des Kataloges erscheinen und im Innern der Tabelle die Anzahl der aktiven beziehungsweise inaktiven Artikel angezeigt werden. Die nachfolgend dargestellte Ergebnistabelle stellt ein Beispiel für die gewünschte Ausgabe dar.

CatalogID	IsInactive	IsActive
1	78	0
2	7	0
3	2	0
4	10	0
5	3	1

Genau dieses Ergebnis liefert die folgende Beispielabfrage. Durch diese lässt sich herausfinden, wie viele Artikel in den einzelnen Katalogen enthalten sind, und übersichtlich darstellen, welche davon aktiv oder inaktiv sind.

```
SELECT
    CatalogID, [1] AS IsActive, [0] AS IsInactiv
FROM
    ( SELECT CatalogID, Active, ID FROM Products.Articles ) AS P
PIVOT ( Count(ID) FOR Active IN ([0],[1])) AS PVT
```

Listing 9.117 Ein erstes PIVOT-Beispiel

Hätten Sie das genau so erwartet? Da die Anwendung des *PIVOT*-Operators ein wenig gewöhnungsbedürftig ist, soll das Beispiel Schritt-für-Schritt erläutert werden. Sofort verständlich ist die äußere *SELECT*-Klausel. In dieser werden, wie üblich, die Ergebnisspalten definiert. Im Beispiel ist allerdings nur der erste Bezeichner ein tatsächlicher Spaltenname. Die zweite und dritte Spalte sind über Werte, nämlich 0 und 1, definiert, die aus der Spalte *Active* stammen. Damit nicht die Zahlen an sich, sondern logische Begriffe als Spaltenköpfe erscheinen, werden die Aliasnamen *IsActiv* für den Wert 1 und *IsInactiv* für den Wert 0 definiert. Interessant ist die Schreibweise von 0 und 1 in eckigen Klammern. Diese muss angewendet werden, damit SQL Server die Zahlen nicht als konstante Werte interpretiert sondern als Spaltennamen, die von *PIVOT*-Ausdruck geliefert werden. Wird solch eine Aufbereitung der Spaltennamen nicht benötigt, dann lässt sich ein *PIVOT*-Ausdruck vereinfachen, wie das folgende Codebeispiel zeigt.

```
SELECT
    *
FROM
    ( SELECT CatalogID, Active, ID FROM Products.Articles ) AS P
PIVOT ( Count(ID) FOR Active IN ([0],[1])) AS PVT
```

Listing 9.118 Vereinfachtes PIVOT-Beispiel

Das Ergebnis dieser Abfrage sieht dann so aus, wie in der zweiten Tabelle dargestellt.

CatalogID	0	1
1	0	78
2	0	7
3	0	2
4	0	10
5	1	3

Eine weitere Besonderheit stellt die *FROM*-Klausel dar. Hier wird die Tabelle *Articles* nicht direkt angegeben, sondern eine abgeleitete Tabelle verwendet, die *ausschließlich* die benötigten Spalten für die Kreuztabelle enthält. Die Spalte *CatalogID* wird für die Zeilenköpfe eingesetzt, *Active* für die Spaltenköpfe, und *ID* wird für die Aggregatfunktion *COUNT* eingesetzt, welche im Innern der Tabelle erscheint. Diese Form *muss* beim Pivotieren in T-SQL unbedingt eingehalten werden, ansonsten klappt die Zusammenfassung der Werte nicht. Probieren Sie das einmal aus, indem Sie die Abfrage nach Listing 9.118 verwenden, aber anstelle der Unterabfrage die Tabelle *Articles* direkt einsetzen. Das nächste Listing stellt ein entsprechendes Beispiel dar. Allerdings wird *Articles* nicht direkt verwendet, da *PIVOT* nicht mit den BLOB-Spalten *PictureBigBLOB* und *PictureSmallBLOB* zurechtkommt.

```
SELECT
    ID, CatalogID, PriceCorrectionID, Code, Name, DescriptionShort, DescriptionLong, PictureSmall,
PictureBig,
    Price, Tax, Freight, Stock, ItemsSold, PictureBigSize, PictureSmallSize, Active
INTO
    #Articles
FROM
    Products.Articles

SELECT
    *
FROM
    #Articles
PIVOT ( Count(ID) FOR Active IN ([0],[1])) AS PVT
```

Listing 9.119 PIVOT mit einer Tabelle als Quelle funktioniert nicht

Die Abfrage wird in diesem Fall ohne Murren ausgeführt, liefert aber 101 Datensätze zurück. Dies ist exakt die Zeilenzahl der Tabelle *Articles*. Es wird für jeden Datensatz der Basistabelle ein Datensatz in der Pivottabelle generiert. Intuitiv würde man nicht unbedingt mit diesem Verhalten rechnen. Es gibt aber eine nützliche Analogie in SQL. Denken Sie an die Syntax für eine Abfrage, die *GROUP BY* verwendet. Hier sind Sie verpflichtet, in der *SELECT*-Klausel ausschließlich Spalten zu verwenden, die entweder der Gruppierung dienen, oder auf die eine Aggregatfunktion angewendet wird. Bei der Datenquelle für ein *PIVOT* führen überzählige Spalten zwar nicht zu einem Syntaxfehler, verhindern aber den korrekten Aufbau der Ergebnistabelle.

Es geht weiter mit der Erläuterung zu Listing 9.118. Auf das Schlüsselwort *PIVOT* folgend, wird nun endlich die Art und Weise definiert, wie das Pivotieren erfolgen soll. Den ersten Teil bildet die Angabe der Aggregatfunktion und den zweiten Teil die Angabe der Pivotspalte (hinter dem *FOR*), sowie – und das ist vielleicht die überraschendste Formulierung im gesamten *PIVOT*-Ausdruck – das Schlüsselwort *IN*, gefolgt von einer *Spaltenliste*. In dieser Spaltenliste tragen Sie die distinkten Werte aus der Pivotspalte ein, die tatsächlich im Ergebnis erscheinen sollen. Das müssen Sie tatsächlich für jeden Wert erledigen. Die Erklärung folgt gleich. Auch hier gilt wieder einmal: Es müssen gültige SQL Server-Bezeichner verwendet werden. Das Weglassen der eckigen Klammern führt sofort zu einem Syntaxfehler.

Nachdem der *PIVOT*-Operator mit einem praktischen Beispiel eingeführt wurde, ist es nun an der Zeit, die formale Syntax nachzureichen. Es lohnt sich, diese sehr aufmerksam und in Ruhe zu betrachten. Dadurch erledigen sich viele Annahmen (oder sagen wir lieber »Hoffnungen«) in Bezug auf die Flexibilität und Leistungsfähigkeit von selbst. Am besten geht man auch hier schrittweise vor. Ein *PIVOT*-Ausdruck kann, wie auch das Beispiel zeigt, als Tabellenquelle (*table_source*) in der *FROM*-Klausel eines *SELECT*-Kommandos erscheinen. Der entsprechende Ausschnitt aus der Teilsyntax der *FROM*-Klausel sieht so aus:

```
[ FROM { <table_source> } [ ,...n ] ]
<table_source> ::=
{…
   | <pivoted_table>
…}
```

Dann braucht man noch die Definition der Pivottabelle

```
<pivoted_table> ::=  table_source PIVOT <pivot_clause> table_alias
```

und der Pivotklausel an sich

```
<pivot_clause> ::=
   ( aggregate_function ( value_column )
     FOR pivot_column
     IN ( <column_list> )
   )
```

sowie, zu guter Letzt, die Spaltenliste

```
<column_list> ::= column_name [ , ... ].
```

Wenn man genau hinschaut, dann entdeckt man hier ein paar schlechte Nachrichten. Folgende Einschränkungen der T-SQL-Pivotierungen gibt es:

- Es kann nur ein einzelnes Aggregat gebildet werden. Es ist nicht möglich, zugleich eine Summe und einen Durchschnitt zu berechnen.
- Es sind keine hierarchischen Darstellungen möglich. Es kann nicht nach den Jahren, den Monaten und Tagen pivotiert werden.
- Die Spaltenliste in der Pivot-Klausel ist statisch! Die Bezeichnungen müssen explizit angegeben werden und können nicht durch einen Ausdruck berechnet werden.

Nachdem nun ein paar kleine, verschämte Programmiererträne getrocknet sind, fallen einem doch vielleicht ein paar sinnvolle Anwendungen für den *PIVOT*-Operator sein. Natürlich gilt auch hier: Die Verarbeitung durch SQL Server ist mal wieder unverschämt schnell und schlägt selbstgemachte Lösungen um Längen.

Da die Anwendung des *PIVOT*-Operators anfangs ein wenig ungewohnt erscheint, folgt an dieser Stelle ein »Kochrezept« für das Schreiben einer pivotierten *SELECT*-Abfrage. Als Beispiel sollen die Umsätze der Kunden in den Jahren 2004 bis 2009 ausgewertet werden.

1. Entwickeln Sie zunächst die Abfrage für die Tabellenquelle. Diese muss die Basistabellen für sämtliche Felder enthalten, aus denen sich die gewünschte Pivot-Tabelle zusammensetzt.

   In der netShop-Datenbank müssen für das Anwendungsbeispiel die Tabellen *Orders* und *OrderDetails* ausgewertet, werden. Zusätzliche Informationen über den Kunden entnimmt man der Tabelle *Customers*. Für die Pivot-Darstellung werden die Spalten *Code*, *LastName*, *OrderYear* (Jahr der Bestellung) und *Turnover* (Umsatz) benötigt. Die folgende Abfrage liefert die notwendigen Informationen:

```
SELECT
   cust.Code,
   cust.Name_2 AS LastName,
   Year(ord.OrderDate) AS OrderYear,
   od.Quantity * od.UnitPrice AS Turnover
```

Ergebnisse pivotieren

```
FROM
    Sales.Customers cust
INNER JOIN
    Sales.Orders ord
ON
    cust.ID = ord.CustomerID
INNER JOIN
    Sales.OrderDetails od
ON
    ord.ID = od.OrderID
```

2. Ergänzen Sie nun das äußere *SELECT* und schließen Sie die Abfrage als abgeleitete Tabelle in runde Klammern ein. Erstellen Sie bei Bedarf eine *SELECT*-Liste mit Spaltennamen oder verwenden Sie den *-Joker. Vergeben Sie einen Aliasnamen. Sie können diesen Teil der Anweisung jetzt getrennt testen.

```
SELECT
    *
FROM
(   SELECT
        cust.Code,
        …
) AS P
```

3. Nun fehlt noch der *PIVOT*-Operator mit der Angabe der Aggregatfunktion und der Werteliste.

```
PIVOT (Sum (Turnover) FOR OrderYear IN ([2004], [2005], [2006], [2007], [2008], [2009])) AS PVT
```

Insgesamt ergibt sich damit die folgende *PIVOT*-Abfrage:

```
SELECT * FROM
(   SELECT
        cust.Code,
        cust. Name_2 AS LastName,
        Year(ord.OrderDate) AS OrderYear,
        od.Quantity * od.UnitPrice AS Turnover
    FROM
        Sales.Customers cust
    INNER JOIN
        Sales.Orders ord ON cust.ID = ord.CustomerID
    INNER JOIN
        Sales.OrderDetails od ON ord.ID = od.OrderID ) AS T
PIVOT (Sum (Turnover) FOR OrderYear IN ([2004], [2005], [2006], [2007], [2008], [2009])) AS PVT
```

Listing 9.120   PIVOT-Abfrage liefert Umsatzzahlen pro Kunde und Jahr

Die ersten drei Ergebniszeilen sehen dann so aus:

Code	LastName	2004	2005	2006	2007	2008	2009
0000001	Schmidt	NULL	2605.0000001156	2472.000000	4900.500000	8171.000000	307.000000
0000002	Abegg	NULL	1279.0000003817	3527.000000	2110.000000	3787.500000	NULL
0000003	Peters	NULL	2306.5000002236	1362.000000	4508.000000	8294.000000	NULL

Pivottabellen ohne den PIVOT-Operator generieren

Natürlich sollten Sie auf alle Fälle die soeben beschriebene *PIVOT*-Klausel in Betracht ziehen, wenn Sie Kreuztabellen in T-SQL erzeugen wollen und Ihre Anforderungen nicht mit den beschriebenen Einschränkungen für *PIVOT* kollidieren. Das ist dann der einfachste und auch effektivste Weg. Kommen Sie mit den dargestellten Möglichkeiten aber partout nicht aus, dann naht hier Abhilfe! Kreuztabellen lassen auf dem Server auch anders generieren. Zwei verschiedene Ansätze sind denkbar, die ich beide in Grundzügen aufzeigen möchte. Der erste Ansatz kommt mit – zugegebenermaßen komplexeren – relationalen Befehlen aus und der zweite ist ein prozeduraler Ansatz, was nach schlechterer Performance riecht, aber zumindest eine clientseitige Verarbeitung um Längen schlägt, wenn es um große Datenmengen geht.

Im nächsten T-SQL-Beispiel wird das zweite Kreuztabellenbeispiel ohne *PIVOT*, aber mit relationalen Mitteln gelöst und gleichzeitig erweitert. Der Trick dabei besteht in der Verwendung von Ausdrücken in der *SELECT*-Liste, in denen Summen nur für die Werte gebildet werden, die für die entsprechende Pivotspalte gültig sind.

```
SELECT
    cust.Code,
    cust.Name_2 AS LastName,
    SUM ( CASE Year (ord.OrderDate)
        WHEN 2004 THEN od.Quantity * od.UnitPrice ELSE 0 END ) AS [Sum 2004],
    SUM ( CASE Year (ord.OrderDate)
        WHEN 2004 THEN 1 ELSE 0 END ) AS [Count 2004],
    SUM ( CASE Year (ord.OrderDate)
        WHEN 2005 THEN od.Quantity * od.UnitPrice ELSE 0 END ) AS [Sum 2005],
    SUM ( CASE Year (ord.OrderDate)
        WHEN 2005 THEN 1 ELSE 0 END ) AS [Count 2005],
    ...

    SUM ( CASE Year (ord.OrderDate)
        WHEN 2009 THEN od.Quantity * od.UnitPrice ELSE 0 END ) AS [Sum 2009],
    SUM ( CASE Year (ord.OrderDate)
        WHEN 2009 THEN 1 ELSE 0 END ) AS [Count 2009],

    SUM ( od.Quantity * od.UnitPrice  ) AS [Total Sum],
    COUNT(*)
FROM
    Sales.Customers cust
INNER JOIN
    Sales.Orders ord ON cust.ID = ord.CustomerID
INNER JOIN
    Sales.OrderDetails od ON ord.ID = od.OrderID
GROUP BY
    cust.Code, cust.Name_2
ORDER BY
    cust.Code
```

Listing 9.121   Pivottabelle ohne PIVOT-Operator

Der Vorteil dieses Verfahrens besteht darin, dass sich die Berechnungen der Pivot-Spalten für jede Spalte individuell gestalten lassen. So wurde im letzten Beispiel die Bestellsumme um die Anzahl der Bestellungen ergänzt Da man *COUNT* bei diesem Verfahren nicht direkt verwenden kann, wird als Trick ein Ausdruck verwendet. In den rechten beiden Spalten erscheinen zusätzlich eine Gesamtsumme und die gesamte Bestellanzahl. Eine dynamische Lösung, bei der auch die Spaltenköpfe aus den Werten einer Tabelle generiert werden können, finden Sie in Kapitel 19 (»Serverseitige T-SQL-Cursor«) im Abschnitt »Simulation einer Kreuztabelle«.

Eine Pivotierung mit dem UNPIVOT-Operator umkehren

Der *UNPIVOT*-Operator, man kann es sich denken, macht aus Daten, die in einem pivotierten Format vorliegen, normalisierte Daten. Da nicht-normalisierte Daten recht häufig bei einem Datenimport aus nicht-relationalen Systemen vorkommen, soll *UNPIVOT* anhand eines entsprechenden Beispiels vorgestellt werden.

Dies ist das Szenario: Die netShop-Datenbank soll um die Möglichkeit erweitert werden, die eigenen Umsätze pro Artikel mit den Umsätzen aus anderen Niederlassungen zu vergleichen. Dazu wird eine neue Tabelle angelegt, die den Artikelcode, den Filialcode, das Jahr und den Umsatz enthält. Da der Artikelcode in jeder Niederlassung identisch ist (wie es sich für einen weltweit operierenden Gemüseladen gehört), kann die neue Tabelle ohne Probleme über das Feld *Code* mit der bestehenden Tabelle *Articles* verknüpft werden. Die Umsatztabelle kann mit dem folgenden *CREATE*-Kommando erstellt werden.

```sql
CREATE TABLE Sales.TurnOversPerBranch
( ArticleCode varchar(20),
  BranchCode varchar(10),
  Year int,
  TurnOver smallmoney )
```

Listing 9.122   Anlegen der Umsatztabelle

Die zu importieren Umsatzdaten stammen aus dem Zentralrechner des Unternehmens und sind nur in einem Flat-File-Format verfügbar, bei dem jeweils ein Artikel in einer Zeile steht und darauf folgend die Umsatzzahlen der einzelnen Jahre, also in etwa so:

```
BranchCode;ArticleCode;2003;2004;2005;2006
Elbonia;0000001;10.000;15.000;9.000;17:000
Elbonia;0000002;20.000;35.000;18.000;12.000
...
```

Die Daten werden zunächst einmal in eine Zwischentabelle eingefügt, um Sie anschließend in die neu angelegte Umsatztabelle *TurnOversPerBranch* zu übernehmen. Diese Importtabelle wird durch den nächsten Codeschnipsel simuliert.

```sql
CREATE TABLE Import
( BranchCode varchar(10),
  ArticleCode varchar(20),
  [2003] smallmoney,
  [2004] smallmoney,
  [2005] smallmoney,
  [2006] smallmoney )
INSERT IMPORT VALUES ('Elbonia', '00001', 10000, 15000, 9000, 17000)
INSERT IMPORT VALUES ('Elbonia', '00002', 20000, 35000, 18000, 12000)
INSERT IMPORT VALUES ('Sibiria', '00001', 5000, 12000, 80000, 11000)
INSERT IMPORT VALUES ('Sibiria', '00002', 80000, 5000, 10000, 7000)
```

Listing 9.123   Demo-Importtabelle

Was ohne den *UNPIVOT*-Operator jetzt zu einer wirklich umständlichen Angelegenheit würde, ist mit diesem schnell erledigt: das Übernehmen der Jahreszahlen in die Spalte *Year* und das Zuordnen der Umsatzzahlen. Der entsprechende Befehl sieht so aus:

```
INSERT TurnOversPerBranch
SELECT BranchCode, ArticleCode, [Year], TurnOver
FROM
( SELECT BranchCode, ArticleCode, [2003],[2004], [2005], [2006] FROM IMPORT ) AS T
UNPIVOT ( TurnOver FOR [Year] IN ( [2003], [2004], [2005], [2006] )) AS UP
```

Listing 9.124 Daten mit UNPIVOT relational machen

Wenn Sie die Syntax für den *PIVOT*-Operator verinnerlicht haben, dann ist *UNPIVOT* eine Kleinigkeit. Sie können den Befehl auch in der gleichen Reihenfolge aufbauen. Im inneren *SELECT* werden wieder die Spalten aus der Quelltabelle ausgewählt. In der Klammer hinter dem *UNPIVOT*-Schlüsselwort steht an erster Stelle die Zielspalte. Auf das *IN* folgt eine Spaltenliste der zu bearbeitenden Werte. Spalten, die im *SELECT* vorkommen und keine Zielspalte sind, wie auch keinem Wert entsprechen, werden einfach so ausgegeben, wie sie sind. In diesem Fall sind das *BranchCode* und *ArticleCode*.

Nach dem Ausführen von Listing 9.124 enthält die Zieltabelle die folgenden Datensätze (Ausschnitt):

BranchCode	ArticleCode	Year	TurnOver
Elbonia	00001	2003	10000,00
Elbonia	00001	2004	15000,00
Elbonia	00001	2005	9000,00
Elbonia	00001	2006	17000,00
Elbonia	00002	2003	20000,00
Elbonia	00002	2004	35000,00
Elbonia	00002	2005	18000,00
Elbonia	00002	2006	12000,00
Sibiria	00001	2001	5000,00

NULL IS NULL IS NULL

In den Spalten relationaler Datenbanken findet man neben »normalen« Daten auch einen sehr speziellen Wert: *NULL*. Eigentlich ist es kein Wert im üblichen Sinne, sondern der Hinweis darauf, dass ein definierter Eintrag fehlt, der Wert »unbekannt« ist. *NULL* ist in jedem Datentyp enthalten. *NULL* kommt aber auch in Ausdrücken der Programmiersprache Transact-SQL vor – und da wird es interessant.

In T-SQL können logische Ausdrücke (und dazu zählen natürlich auch die Ausdrücke in Abfragebedingungen) zu den Werten *wahr, falsch* und *unbekannt (unknown)* ausgewertet werden. Dies entspricht einer so genannten dreiwertigen Logik. Zu den Besonderheiten von T-SQL zählt nun aber das Nicht-Vorhandensein eines Datentyps für logische Werte und damit auch das Nicht-Vorhandensein von logischen Konstanten. Die durch Vergleichsoperatoren gebildeten logischen Werte sind zwar implizit vorhanden, können aber nur direkt in einer *IF*-Entscheidung oder in einer *WHERE*-Klausel verwendet werden. Ein in einer *WHERE*-Klausel geprüfter Datensatz wird genau dann ausgegeben, wenn die Suchbedingung den logischen Wert *wahr* liefert.

Eine weitere Besonderheit ist die Art und Weise wie mit einem nicht vorhandenen Wert (bzw. dem Wert *unknown*) in einer Tabelle umgegangen wird. Bei der Definition von Suchbedingungen müssen Sie darauf achten, dass durch das Vorhandensein des Wertes *NULL* an einer beliebigen Stelle im Abfrageausdruck der gesamte Wert des Ausdrucks immer zu *NULL* ausgewertet wird. Das Abfrageergebnis ist dann leer. Dies ist auch der Grund dafür, warum Sie nicht mit der folgenden Abfrage nach Kundendatensätzen suchen können, für die kein Anmeldename eingetragen wurde:

```
SELECT
    *
FROM
    Sales.Customers
WHERE
    LoginName = NULL
```
Listing 9.125 Unglückliche Verwendung von NULL

Diese Abfrage liefert ein vollständig leeres Ergebnis, da der Vergleich mit dem Wert *NULL* immer das Ergebnis *NULL* ergibt und nicht etwa *wahr* für *NULL = NULL*. Möchten Sie auf das Vorhandensein des Wertes *NULL* in einer Spalte testen, dann verwenden Sie dazu den Operator *IS NULL*. Die folgende *WHERE*-Klausel liefert das gewünschte Ergebnis:

```
...
WHERE
    LoginName IS NULL
```
Listing 9.126 Verwendung von NULL mit dem IS-Operator

Die gegenteilige Abfrage – ob eine Spalte nicht leer ist – liefert der Ausdruck *Spalte IS NOT NULL* und nicht *Spalte <> NULL*.

Wenn man sich an die dreiwertige Logik von SQL gewöhnt hat, dann sollte die Berücksichtigung von *NULL*-Werten in den meisten Situationen kein Problem darstellen. Es gibt aber doch ein paar Feinheiten und auch Fallstricke auf die Sie aufpassen müssen. Bei manchen Abfragen stellt sich schlicht die Frage, wie das Ergebnis zu interpretieren ist – also eine Betrachtung von mehr philosophischer Natur. Nehmen Sie an, Sie möchten die Anzahl der Kunden in der Archivtabelle *Archive_Customers* feststellen, die nicht in der »Kirchstraße« wohnen. Dazu könnten Sie die folgende Abfrage einsetzen:

```
SELECT
    Count(*)
FROM
    Sales.Archive_Customers
WHERE
    Address NOT LIKE 'Kirchstraße%'
```
Listing 9.127 Abfrage liefert auch NULL-Werte

Das Ergebnis enthält *9994* Datensätze. Tatsächlich gibt es aber nur 5 Datensätze, bei denen »Kirchstraße« in *Address* vorkommt. Bei einer Gesamtzahl von 10.000 Sätzen könnte man also eher mit einer Ergebnismenge von 9995 Datensätzen rechnen.

Für einen Anwender, der mal eben eine Abfrage schreibt kann dieser Effekt verwirrend sein. Vermutlich würde jeder der folgenden Aussage zustimmen: »Kunden wohnen entweder in einer Straße, deren Bezeichnung *Kirchstraße* lautet oder sie wohnen in einer Straße, deren Bezeichnung nicht *Kirchstraße* lautet«. Damit ließe sich die Tabelle *Customers* in zwei Teilmengen aufteilen. Listing 9.127 liefert die Menge der Kunden, die nicht in der Kirchstraße wohnen. Die folgende Abfrage die Kunden, die der Kirchstraße wohnen.

```
SELECT
    *
FROM
    Sales.Archive_Customers
WHERE
    Address LIKE 'Kirchstraße%'
```
Listing 9.128 Spaltenwert enthält »Kirchstraße«

Führen Sie die beiden Abfragen nacheinander in der netShop-Datenbank aus, dann erhalten Sie als Ergebnisse 5 und 9994. Die Tabelle *Archive_Customers* enthält aber 10.000 Zeilen. Es ist ein Datensatz »verloren gegangen«.

Das liegt daran, dass in der dreiwertigen SQL-Logik das Gegenteil von NOT NULL eben nicht *wahr* ist. Damit fehlt in der ersten Abfrage ein Datensatz. In der Tabelle *Archive_Customers* ist die Spalte *Address* so eingestellt, dass diese NULL-Werte enthalten darf. Und es ist auch tatsächlich *ein* Datensatz eingeschmuggelt worden, der eine NULL in *Address* enthält. Daher bedeutet die Abfrage: »Das Ergebnis enthält die Kunden die nicht in der Kirchstraße wohnen, aber nur Kunden, bei denen die Straße bekannt ist«.

Was Ihnen hier sicher ganz klar und offensichtlich erscheint, kann in der Hektik des Programmiererlebens schon mal übersehen werden und das führt dann zu teilweise überraschenden Ergebnissen. Behalten Sie also die NULL im Auge!

Möchten Sie die NULL-Werte ausschließen, dann formulieren Sie dazu die WHERE-Klausel entsprechend um:

```
...
WHERE
    (Address NOT LIKE 'Kirchstraße%') OR (Address IS NULL)
```

Listing 9.129   NULL-Werte werden ausgeschlossen

Es folgt ein weiteres Beispiel, welches hervorragend geeignet ist, Programmiererwetten abzuschließen. Ausnahmsweise stammen die Daten einmal nicht aus der netShop-Datenbank, sondern werden aus Gründen der Übersichtlichkeit neu angelegt. Also – schauen Sie sich einmal den nachfolgenden SQL-Code an und versuchen Sie herauszufinden, welches Ergebnis das Skript nach dem Ausführen im T-SQL-Editor liefert.

```
CREATE TABLE Tabelle1(col1 INT)
INSERT INTO Tabelle1 VALUES(1)
INSERT INTO Tabelle1 VALUES(7)
INSERT INTO Tabelle1 VALUES(6)

CREATE TABLE Tabelle2(col1 INT)
INSERT INTO Tabelle2 VALUES(3)
INSERT INTO Tabelle2 VALUES(7)
INSERT INTO Tabelle2 VALUES(NULL)

SELECT * FROM Tabelle1 WHERE
    col1 NOT IN(SELECT col1 FROM Tabelle2)
```

Listing 9.130   NULL in Unterabfrage

Die SELECT-Abfrage soll ganz offensichtlich diejenigen Datensätze liefern, deren (einziger) Wert nicht in der zweiten Tabelle vorkommt. Ganz klar gehört also der Wert 7 nicht zum Ergebnis, da er mit Sicherheit in *Tabelle2* enthalten ist. Wie ist es nun mit den restlichen Zahlen aus *Tabelle1*? Weder zu 1 noch zu 6 lässt sich mit Bestimmtheit sagen, ob diese Werte in *Tabelle2* vorkommen. Der Ausdruck NOT IN kann nämlich nicht zu *wahr* werden, wenn mit NULL verglichen wird. Das Ergebnis der Abfrage ist tatsächlich vollständig leer.

Den Wert NULL können Sie in INSERT- und UPDATE-Befehlen verwenden, um ihn direkt in eine Spalte einzufügen. Auf leicht inkonsequente Weise wird dazu dann üblich der Zuweisungsoperator »=« verwendet. In einem SELECT mit DISTINCT werden alle NULLen zu einem Ergebnis zusammengefasst. Das ist an anderen Stellen dann wieder nicht so eindeutig der Fall. Schlagen Sie im Stichwortverzeichnis unter *UNIQUE* nach oder lesen Sie das Kapitel über Indizes, wenn Sie herausfinden möchten, wie dort mit dem Wert Null umgegangen wird.

Zu guter Letzt müssen Sie darauf achten, dass in Aggregatfunktionen Spalten, die den Wert *NULL* enthalten, nicht berücksichtigt werden. SQL Server liefert eine entsprechende Warnmeldung, wenn Ergebnisse sich durch diese *NULL*-Eliminierung verändern.

Stichproben mit TABLESAMPLE generieren

Es gibt verschiedene Aufgabenstellungen, bei denen es wichtig sein kann, nicht komplette Tabellen abzufragen, sondern zufällig ausgewählte Datensätze. T-SQL stellt dafür eine spezielle Variante in der der *FROM*-Klausel zur Verfügung – das *TABLESAMPLE*-Schlüsselwort. Es ermöglicht zum Beispiel das Ziehen einer Stichprobe aus einer sehr großen Tabelle, um Programmcode damit zu testen. Der Vorteil von *TABLESAMPLE* liegt in der hohen Ausführungsgeschwindigkeit auch bei großen Datenmengen. *TABLESAMPLE* ist so schnell, weil nur aus den zufällig ausgewählten Datenseiten gelesen wird und nicht die komplette Tabelle gescannt werden muss. Der Nachteil von *TABLESAMPLE* ist darin zu sehen, dass die Größe der Stichprobe doch sehr weit von Ihrer Vorgabe abweichen kann, egal ob Sie nun eine Angabe als Prozentsatz oder eine absolute Anzahl Zeilen vorgegeben haben. Die Abweichung kann unter Umständen bis zu 100% betragen! Sind alle Datenseiten einer Tabelle gleichmäßig gefüllt, dann liefert der Operator einigermaßen vorhersagbare Werte. Ist die Größe der Stichprobe relativ klein oder schwankt der Füllgrad der Datenseiten stark, dann wird *TABLESAMPLE* sehr unberechenbar.

Für statistische Auswertungen ist *TABLESAMPLE* also nicht geeignet. Benötigen Sie die hohe Geschwindigkeit von *TABLESAMPLE* nicht, dann können Sie mit alternativen Methoden arbeiten, die eine exaktere Zahl von Datensätzen liefern. Ich stelle ein Verfahren im übernächsten Abschnitt vor. Doch zunächst geht es um das »echte« *TABLESAMPLE*.

Die Verwendung von TABLESAMPLE

Benötigen Sie eine Stichprobe von *ungefähr* 1.000 Datensätzen aus der *Orders*-Tabelle in der netShop-Datenbank (die 250.000 Datensätze enthält), dann kommen Sie mit dem folgenden Befehl sehr schnell zu einem Ergebnis.

```
SELECT * FROM
Sales.Orders TABLESAMPLE (1000 ROWS)
```

Listing 9.131   Stichprobe mit absoluter Größe

Wenn Sie die Abfrage mehrfach ausführen, dann schwanken die Werte mehr oder weniger stark um den Wert 1.000. Mit jedem Aufruf werden neue Datenseiten ausgewählt, die unterschiedliche Mengen von Datensätzen der *OrderDetails*-Tabelle enthalten. Ein Ergebnis nahe der 1.000 ist eher ein Glücksfall.

Etwas (aber nicht viel) freundlicher gestalten sich die Abweichungen, wenn die Größe der Stichprobe als Prozentzahl angegeben wird. Im Allgemeinen gilt, dass die Abweichung je kleiner und vorhersagbarer wird, desto größer die zu untersuchende Tabelle ist.

```
SELECT * FROM
Sales.Orders TABLESAMPLE (10 PERCENT)
```

Listing 9.132   Stichprobe mit relativer Größe

Wenn die Daten in der Stichprobe konstant bleiben sollen, weil das für das Testen so benötigt wird, dann kann man zusätzlich das Schlüsselwort REPEATABLE mit einer Angabe für die Saat der Zufallszahlenbildung angeben.

```
SELECT * FROM
Sales.Orders TABLESAMPLE (10 PERCENT) REPEATABLE(4711);
```

Listing 9.133   Wiederholbare Stichprobenauswahl

Eine Alternative zu TABLESAMPLE

Kommt es nicht so sehr auf die Geschwindigkeit an, mit der die Stichprobe gebildet wird, sondern benötigen Sie für Auswertungen eine Stichprobe in möglichst exakter Größe, müssen Sie selbst Hand anlegen. Eine nahe liegende Variante ist ein iteratives Verfahren, bei dem Sie in einer Zählschleife, deren Durchlaufzahl der Stichprobengröße entspricht, zufällige Schlüssel generieren lassen und anschließend die Zeilen aus der Originaltabelle in eine temporäre Tabelle speichern. Wird ein Schlüssel zufällig doppelt ausgewählt, dann muss ein neuer gebildet werden. Das Verfahren ist recht »teuer« und auch nur sinnvoll, wenn in der Tabelle die Schlüssel ohne Lücken vorhanden sind.

Etwas flotter geht es mit dem folgenden Verfahren. Es macht sich zunutze, dass in SQL Server 2008 das *TOP*-Schlüsselwort mit einem Ausdruck verwendet werden kann. In dem Beispielcode werden T-SQL-Variablen und Ausdrücke verwendet. T-SQL als Programmiersprache wird zwar erst in Kapitel 11 erläutert, aber diese Mini-Anwendung bereitet Ihnen sicher keine Probleme. Zunächst werden mit dem Schlüsselwort *DECLARE* zwei lokale Variablen deklariert. In *@SizeOfSampleInPercent* wird vorgegeben, wie groß die Stichprobe, in Prozent ausgedrückt, sein soll. Die absolute Zeilenzahl wird daraus und aus der Unterabfrage *(SELECT COUNT(*) FROM OrderDetails)* berechnet. Der eigentliche Trick besteht in der Verwendung einer Tabellenvariablen, die beide Spalten des zusammengesetzten Schlüssels aus *OrderDetails* enthält und einer zusätzlichen Spalte vom Typ *uniqueidentifier*. Beim Füllen der Tabellenvariablen werden für die Spalte *RandomKey* durch die *NEWID*-Funktion zufällige eindeutige Werte generiert. Verknüpft man die ursprüngliche Tabelle mit der Tabellenvariablen über ein *JOIN*, sortiert das Ganze nach der Zufallsspalte und schneidet das Ergebnis via *TOP* nach der Anzahl der gewünschten Zeilen ab, dann erhält man eine brauchbare zufällige Stichprobe. Deren Güte ist von der Art abhängig, wie *NEWID* implementiert ist. Nach Maßstäben der Statistik sind die Werte sicher nicht »zufällig genug«, für einfache Tests reicht es aber allemal. Da SQL Server leider nicht, wie andere DBMS, brauchbare Sampling-Verfahren zur Verfügung stellt, bleibt notfalls nur die Entwicklung eigener Algorithmen.

```
DECLARE @SizeOfSampleInPercent AS tinyint
DECLARE @SizeOfSampleInRows AS bigint

SET @SizeOfSampleInPercent = 5
SET @SizeOfSampleInRows = ( SELECT COUNT(*) FROM Sales.OrderDetails ) * @SizeOfSampleInPercent / 100

DECLARE @KeyTable AS TABLE
(
OrderID int, Pos tinyint, RandomKey uniqueidentifier DEFAULT NEWID()
)

INSERT @KeyTable (OrderID, Pos) SELECT OrderID, Pos FROM Sales.OrderDetails
```

```
SELECT TOP (@SizeOfSampleInRows) od.*
FROM
    Sales.OrderDetails od
INNER JOIN
    @KeyTable kt ON od.OrderId = kt.OrderId AND ( od.Pos = kt.Pos)
ORDER BY RandomKey
```

Listing 9.134 Ein Ersatz für Tablesample

Verteilte Abfragen

Nicht immer liegen alle Daten, die von einer Anwendung benötigt werden, zentral auf einem einzelnen SQL Server. Sehr häufig müssen in einer betrieblichen Umgebung Daten zwischen verschiedenen Systemen ausgetauscht werden. Wie Sie in den Kapiteln 1 und 2 gesehen haben, gibt es dafür verschiedene Ansätze. Über die Integration Services von SQL Server können Daten zwischen verschiedenen Datenbankquellen und Zielen *verschoben* werden. Per Replikation ist eine kontinuierliche Replikation zwischen Servern möglich. Viel direkter ist der Weg über Verbindungsserver oder ad hoc Remoteabfragen. Die Daten bleiben an Ort und Stelle, können aber aus T-SQL heraus direkt abgefragt oder auch geändert werden. Die verteilten Abfragen von SQL Server sind – im Gegensatz zur Replikation – nicht auf Datenbankmanagementsysteme eingeschränkt. Sie können alle Datenquellen einbinden, für die Sie einen passenden OLE DB-Anbieter finden: Datendateien, die im Dateisystem liegen, Excel-Tabellen, Informationen aus einem Verzeichnisdienst – die Möglichkeiten sind grenzenlos.

Einrichten eines Verbindungsservers

Ein *Verbindungsserver* ist ein Serverobjekt, hinter dem sich die Verbindungsinformationen für eine OLE DB-Datenquelle und weitere Informationen verbergen. Zu den Informationen, die hinterlegt werden können, zählen einerseits Sicherheitsinformationen wie die zu verwendenden Benutzerkonten für den Remotezugriff, und andererseits ein paar Informationen, die dem SQL Server bei seinen verteilten Abfragen helfen.

Ob Sie einen Verbindungsserver einrichten, ist davon abhängig, ob Sie einen permanenten administrativen Punkt zur Verfügung stellen wollen, von dem aus auf eine bestimmte Datenquelle zugegriffen werden kann. Ein Verbindungsserver macht die Verwendung verteilter Abfragen transparenter und erlaubt das direkte Schreiben von Abfragen im vierteiligen Namensschema *server.datenbank.schema.objekt*. Sie können auch ohne einen Verbindungsserver entfernte Daten abfragen, indem Sie ad hoc Abfragen verwenden. Vergessen Sie dabei aber nicht, dass diese Option zunächst in der SQL Server-Oberflächenkonfiguration aktiviert werden muss. In T-SQL können Sie dazu mit *sp_configure* die Option »Ad Hoc Distributed Queries« einschalten.

Das Einrichten eines Servers geschieht mit der gespeicherten Systemprozedur *sp_addlinkedserver*. Am unkompliziertesten ist es, die Verbindung zu einem zweiten SQL Server herzustellen. Das folgende T-SQL-Beispiel macht genau das.

```
EXEC sp_addlinkedserver
    @server = 'SQLEXPRESS',
    @srvproduct = 'SQL Server'
```

Listing 9.135 Einrichten eines Verbindungsservers

Im *@server*-Parameter wird der Netzwerkname des entfernten SQL Server angegeben. Der Parameter *@srvproduct* wird in diesen Fall auf »SQL Server« gesetzt. Bei allen anderen OLE DB-Anbietern können Sie bei *@server* einen *beliebigen* logischen Namen angeben und der Produktname bleibt frei. Zusätzlich müssen Sie den weiteren Parameter *@provider* mit dem Namen eines installierten OLE DB-Anbieters füllen (zum Beispiel »*MSDAORA*« für den Microsoft Oracle-Anbieter) und den Parameter *@datasrc* mit der Bezeichnung einer OLE DB-Datenquelle (zum Beispiel den Oracle-Netzwerknamen, wie er in der TNS-Datei vereinbart ist). Die notwendigen Netzwerktreiber müssen *zusätzlich* installiert sein (zum Beispiel die Oracle-Network Library). Eine Übersicht über die registrierten Verbindungsserver und deren Einstellungen erhalten Sie über die Katalogsicht *sys.server*.

Der Verbindungsserver ist jetzt zwar bekannt, aber ohne Hinweise zu den Sicherheitskonten klappt in den meisten Fällen noch keine Verbindung. Im Moment werden noch die Konteninformationen des am SQL Server angemeldeten Benutzers an den entfernten Server durchgereicht. Eine genaue Kontrolle über die zu verwendenden Sicherheitskonten erlaubt die Prozedur *sp_addlinkedsrvlogin*. Im einfachsten Fall verbinden sich alle Benutzer über ein gemeinsames Remotekonto mit dem Verbindungsserver. Der zu verwendende Benutzername und das Passwort werden wie folgt vereinbart:

```
EXEC sp_addlinkedsrvlogin
    @rmtsrvname = 'SQLEXPRESS',
    @rmtuser = 'netShopQueries',
    @rmtpassword = 'isjaguti'
```

Listing 9.136 Anlegen eines Sicherheitskontos für einen Verbindungsserver

Man kann genauso gut auch nur den lokalen Konten, die sich verbinden dürfen, einzelne Remotekonten zuordnen.

Eine dritte Aufgabe kann darin bestehen, Einstellungen für den Verbindungsserver vorzunehmen. Dazu dient die Prozedur *sp_serveroption*. Aus dem Blickwinkel der Abfrageleistung ist die wichtigste Frage, wie es mit den Sortierungen der Textinformationen auf dem Verbindungsserver aussieht. Überhaupt keine Probleme gibt es, wenn die lokalen und entfernten Sortierungen kompatibel sind. Dann nämlich kann jedes *ORDER BY* schon auf dem entfernten Server ausgeführt werden, ohne dass die abgefragten Datensätze über das Netzwerk wandern müssen. SQL Server teilen Sie diesen Zustand über diesen Aufruf mit:

```
EXEC sp_serveroption 'SQLEXPRESS', 'collation compatible', 'true'
```

Listing 9.137 Einstellungen für einen Verbindungsserver

Nachdem diese Grundeinstellungen vorgenommen wurden, kann es sofort losgehen. Eine Kundentabelle, die in einer Version der netShop-Datenbank auf dem Verbindungsserver *SQLExpress* enthalten ist, fragen Sie mit dem folgenden Kommando ab.

```
SELECT * FROM SQLEXPRESS.netShop.SalesDepartment.Customers
```

Listing 9.138 Remoteabfrage in T-SQL-Syntax

Je nach Art des Verbindungsservers kann es sein, dass einer der mittleren Namensbestandteile wegfällt. So müssen bei Access Datenbank- und Schemanamen weggelassen werden.

```
SELECT * FROM JetNetShop...Customers
```

Listing 9.139 Verteilte Abfrage für eine Access-Datenbank

Es ist problemlos möglich, die Daten aus mehreren Servern in einer Abfrage miteinander zu verbinden. Die nächste Abfrage untersucht, ob es auf dem lokalen Server, in einer Express Instanz oder in einer Access Jet-Datenbank identische Daten gibt. Man muss bei Abfragen dieser Art natürlich beachten: Die Tabellen der Verbindungsserver werden zunächst einmal komplett an die lokale Datenbankmaschine übertragen, wo sie ausgewertet werden. Das kann bei diesen, so genannten heterogenen verteilten Abfragen, dann schon ein paar Sekunden dauern.

```
SELECT * FROM Customers
INTERSECT
SELECT * FROM SQLEXPRESS.netShop.SalesDepartment.Customers
INTERSECT
SELECT * FROM JetNetShop...Customers
```

Listing 9.140   Abfrage über drei Server hinweg

Falls in der Abfrage eines Verbindungsservers Syntaxelemente vorkommen, die SQL Server nicht kennt, dann löst der T-SQL-Befehl einen Fehler aus. Der Ausweg besteht in der Verwendung der Funktion *OPEN-QUERY*. Die Funktion ermöglicht die Übergabe einer Abfrage, die in einer beliebigen Sprache formuliert ist. SQL Server übergibt den Text direkt an den OLE DB-Anbieter und nimmt das Ergebnis als Rowset entgegen. Mit einem Aliasnamen versehen kann die Ergebnismenge sogar in einem lokalen *JOIN* weiter verarbeitet werden. Das Beispiel Listing 9.141 zeigt, wie eine MDX-Abfrage an einen Analysis Services Cube geschickt werden kann. An den Sprachbestandteilen *ON COLUMS*, *ON ROWS* und der seltsamen *WHERE*-Klausel würde sich die relationale Maschine normalerweise verschlucken. Eingepackt als Pass-Through-Abfrage mit *OPENQUERY* interessiert sie sich nicht mehr dafür.

```
SELECT *
FROM OPENQUERY (netShopAnalysis,
   'SELECT [product].children ON COLUMNS,
   [store].children ON ROWS
   FROM sales WHERE [unit sales]'
```

Listing 9.141   Eine MDX Abfrage wird an einen Verbindungsserver geschickt

Damit Remoteabfragen kürzer formuliert werden können, bietet es sich an Synonyme zu verwenden. Diese funktionieren auch für Verbindungsserver.

```
CREATE SYNONYM CustomersExpress
FOR SQLEXPRESS.netShop.SalesDepartment.Customers

SELECT * FROM CustomersExpress
```

Listing 9.142   Synonym für eine Remote-Tabelle

Ad hoc-Remoteabfragen

Es gibt noch eine weitere Variante, mit der Sie Datenquellen außerhalb des SQL Server anzapfen können und für die Sie keinen permanenten Verbindungsserver einrichten müssen. Bevor Sie allerdings solche Abfragen ausführen können, müssen Ad hoc-Abfragen in der Serverinstanz überhaupt erst einmal erlaubt werden. Das folgende Beispiel zeigt, wie *sp_configure* eingesetzt wird, um das Feature freizuschalten.

```
EXEC sp_configure 'Ad Hoc Distributed Queries', 1
RECONFIGURE
```

Listing 9.143   Ad hoc-Abfragen aktivieren

Ab jetzt können Sie die Funktion *OPENROWSET* verwenden, um direkt auf eine OLEDB-Datenquelle zuzugreifen. Unter anderen können Sie mittels *OPENROWSET* XML-Dateien importieren.

Im nächsten Listing wird ein einfacher Zugriff auf eine Access Jet-Datenbank vorgestellt, bei dem eine Tabelle namens *Orders* gelesen wird

```
SELECT *
FROM
    OPENROWSET('Microsoft.Jet.OLEDB.4.0', 'D:\Daten\netShopAccess.mdb';'admin';'', Orders)
```

Listing 9.144 *OPENROWSET* greift auf Jet zu

Das letzte Beispiel in diesem Kapitel zeigt, wie man eine XML-Datei importiert werden kann. Wie die importierten Daten dann weiterverarbeitet werden können, wird ganz genau in den Kapiteln 36 und 37 erläutert.

```
DECLARE @NewArticles AS xml

SET @NewArticles =
(
SELECT *
FROM
    OPENROWSET(BULK 'D:\Daten\NewArticles.xml', SINGLE_CLOB ) AS X
)

SELECT   @NewArticles
```

Listing 9.145 *OPENROWSET* liest XML-Daten ein

Kapitel 10

Daten manipulieren

In diesem Kapitel:
Daten einfügen mit INSERT INTO	350
UPDATE	354
DELETE	357
TRUNCATE TABLE	358
Masseneinfügen mit BULK INSERT	358
Mit der OUTPUT-Klausel sehen, was passiert	361
Einer für Alle: MERGE	362

Wenn es nicht nur um das Abfragen von Tabelleninhalten, sondern um das Ändern von Daten geht, dann kommen die restlichen *DML*-Befehle von T-SQL zum Einsatz: *INSERT, UPDATE, DELETE, TRUNCATE TABLE* und *MERGE*. Bei einer serverseitigen Datenbankprogrammierung in T-SQL werden Sie diese Befehle in Ihren gespeicherten Prozeduren und Triggern einsetzen. Ob sie auch in einer clientseitigen oder Mittelschicht-Entwicklung zum Einsatz kommen, hängt von Ihren Programmiervorlieben und der Architektur Ihres Projekts ab. Falls Sie ADO.NET *DataAdapter* verwenden, so können Sie die *DML*-Kommandos automatisch generieren lassen. Für eigene Performance-Optimierungen und auch einfach nur für das Auswerten einer Ablaufverfolgung des Profilers ist es natürlich sinnvoll, die Möglichkeiten der verschiedenen Befehle genau zu kennen.

Daten einfügen mit INSERT INTO

Mit *INSERT INTO* werden neue Datensätze in einer Tabelle angefügt. Es gibt verschiedene Anwendungsformen dieses Kommandos. Man kann diesen Befehl in der Datenbankprogrammierung verwenden, um einzelne Datensätze an eine Tabelle anzufügen. Es ist damit aber auch möglich, größere Datenmengen aus einer Quell- in eine Zieltabelle zu verschieben. Zusätzlich bietet SQL Server eine spezielle Variante für das Massenladen einer Tabelle an. Alle drei Versionen werden jetzt nacheinander vorgestellt.

INSERT INTO eines Datensatzes

Das schlichte *INSERT INTO* ermöglicht das Einfügen eines einzelnen Datensatzes in eine Zieltabelle. Die einfachste Syntaxform sieht folgendermaßen aus:

```
INSERT [INTO] table_name
VALUES ( { DEFAULT | NULL | expression } [ ,...n ] )
```

Mit dieser Schreibweise fügen Sie einen neuen Datensatz in die Tabelle *table_name* ein. Sämtliche Tabellenspalten müssen in der richtigen Reihenfolge angegeben werden. Möchten Sie einen Wert auslassen, so können Sie ganz explizit eine Datenbank-*NULL* verwenden oder Sie überlassen SQL Server mit *DEFAULT* die Generierung eines Standardwertes. Die Tabellendefinition muss das natürlich erlauben. Das folgende einfache Beispiel legt einen neuen Artikel in der *netShop*-Datenbank an.

```
INSERT Products.Articles
VALUES
(1, NULL, '9999', 'Hokkaido', NULL, NULL, NULL, NULL, 1.0, 0.07, 0, 10, NULL, DEFAULT, DEFAULT, NULL,
NULL, 1, DEFAULT,     DEFAULT, NULL, NULL, DEFAULT)
```

Listing 10.1 Einfaches INSERT

Es sind nur Werte für diejenigen Felder angegeben, die entsprechend der Tabellendefinition einen Wert benötigen. Also Felder, welche die Eigenschaft *NOT NULL* haben und keinen Standardwert für die betreffende Spalte besitzen. Eine *IDENTITY*-Spalte lassen Sie in der Werteliste einfach aus. Das betrifft im Beispiel die Schlüsselspalte *ID* der Tabelle *Products.Articles*.

Noch einfacher wird das *INSERT*, wenn in den neuen Datensatz ausschließlich Standardwerte eingetragen werden sollen. Die Syntax ist recht übersichtlich:

```
INSERT [INTO] table_name
DEFAULT VALUES
```

Mit dem folgenden *INSERT* kann beispielsweise ein leerer Datensatz in der *netShop*-Katalogtabelle angelegt werden. Das funktioniert, weil die Spalteneigenschaften in *Catalogs* das zulassen – für die *NOT NULL*-Spalte *Name* ist ein Standardwert vorgesehen und die anderen Spalten erlauben eine *NULL*.

```
INSERT INTO Products.Catalogs
DEFAULT VALUES
```

Listing 10.2 INSERT nur mit Standardwerten

INSERT INTO mehrerer Datensätze

SQL Server 2008 kennt eine neue Syntaxvariante, die es ermöglicht, mit einem einzelnen SELECT gleich mehrere Datenzeilen anzulegen. Den T-SQL-Programmierer lässt das eher kalt, für den Entwickler einer Datenzugriffsschicht bietet sich dadurch die Möglichkeit, etwas schlankere *INSERT-Befehlsstapel* generieren zu können. In Listing 10.3 werden fünf neue Datensätze mit einem einzelnen *INSERT* eingefügt. Dazu werden einfach mehrere Spaltenlisten – jeweils durch ein Komma voneinander getrennt – aneinandergehängt. Jede einzelne Spaltenliste muss den gerade genannten Anforderungen genügen und die Listen müssen alle dieselbe Anzahl Elemente enthalten.

```
INSERT Products.ArticleGroups
VALUES
( 10, 'Malt', 'Ausschließlich aus Malz', NULL, NULL, DEFAULT, DEFAULT, DEFAULT, DEFAULT, DEFAULT ),
( 10, 'Grain', 'Aus Mais, Weizen, ungemälzter Gerste', NULL, NULL, DEFAULT, DEFAULT, DEFAULT, DEFAULT,
    DEFAULT ),
( 10, 'RYE', 'WHISKY AUS ROGGEN', NULL, NULL, DEFAULT, DEFAULT, DEFAULT, DEFAULT, DEFAULT ),
( 10, 'BOURBON', 'WHISKEY AUS MAIS', NULL, NULL, DEFAULT, DEFAULT, DEFAULT, DEFAULT, DEFAULT ),
( 10, 'CORN', 'WHISKEY AUS MAIS', NULL, NULL, DEFAULT, DEFAULT, DEFAULT, DEFAULT, DEFAULT )
```

Listing 10.3 INSERT mehrerer Datensätze

Natürlich ist es nicht immer schön, in einem *INSERT*-Befehl sämtliche Spalten angeben zu müssen, vor allem bei langen Datensätzen und wenn viele Werte überhaupt nicht benötigt werden. In diesem Fall kann man die zu füllenden Spalten in einer Liste explizit benennen. Dies ist die dritte Syntaxform, die ich Ihnen vorstellen möchte:

```
INSERT [INTO] table_name
(column_list)
VALUES ( { DEFAULT | NULL | expression } [ ,...n] )
```

Ein neuer Artikel kann damit wie folgt angelegt werden:

```
INSERT Products.Articles
    ( CatalogID, Code, [Name], Price, Freight, Tax, Active )
VALUES
    ( 5, '9999', 'Hokkaido', 1.0, 0.0.7, 1 )
```

Listing 10.4 INSERT mit expliziten Spaltennamen

Die Reihenfolge der Spalten spielt dabei keinerlei Rolle, nur muss die Anordnung der Ausdrücke in der Werteliste natürlich mit der Anordnung der Felder in der Spaltenliste übereinstimmen.

INSERT INTO einer Datensatzmenge

Möchten Sie Datensätze aus einer Tabelle in eine andere übertragen, so können Sie dazu ebenfalls mit dem *INSERT* arbeiten. Als Datenherkunft kann eine Basistabelle, eine Sicht, eine Tabellenwertfunktion oder auch eine gespeicherte Prozedur eingesetzt werden. In der Syntaxbeschreibung stellt sich das dann so dar:

```
INSERT [INTO] table_name
(column_list)
derived-table | execute-statement
```

Diese Schreibweise ähnelt stark der vorhin beschriebenen Grundform, nur, dass anstelle des Schlüsselwortes *VALUES* und der Werteliste ein *SELECT*-Befehl (nichts anderes ist eine *derived_table*) oder der Aufruf einer gespeicherten Prozedur mit *EXECUTE* folgt. Die Reihenfolge und die Datentypen der Felder in der Spaltenliste und der Felder, die von *SELECT* beziehungsweise von der Prozedur geliefert werden, müssen auch hier kompatibel sein. Am einfachsten macht man sich die Funktionalität wieder über Beispiele klar. Das erste demonstriert, wie ausgewählte Datensätze aus der *Sales.Customers*-Tabelle in die Archivtabelle *Archive_Customers* verschoben werden können:

```
INSERT INTO
    Sales.Archive_Customers
( ID, Code, Name_1, Name_2, Address, PostalCode, City, Telephone, eMail )
SELECT
    ID, Code, Name_1, Name_2, Address, PostalCode, City, Telephone, eMail
FROM
    Sales.Customers
WHERE
  Active = 0
```

Listing 10.5 INSERT, welches auf einem SELECT basiert

Die Verwendung einer gespeicherten Prozedur als Datenquelle ist ähnlich einfach:

```
INSERT INTO Sales.Archive_Customers
    (ID, Code, Name_1, Name_2, Address, PostalCode, City, Telephone, eMail)
EXECUTE Sales.spGetCustomersForArchive
```

Listing 10.6 INSERT auf Basis einer gespeicherten Prozedur

In diesem Fall werden die Datensätze von der Prozedur *Sales.spGetCustomersForArchive* geliefert. Wie Sie gespeicherte Prozeduren auf dem SQL Server anlegen, können Sie in Kapitel 15 nachlesen.

Mit IDENTITY arbeiten

Den letzten IDENTITY-Wert beschaffen

Es gibt in der T-SQL-Programmierung immer wieder Situationen, in denen es notwendig ist, den zuletzt erzeugten Wert einer Spalte, für die die *IDENTITY*-Eigenschaft gesetzt ist, auszulesen. Ein typisches Beispiel dafür ist eine gespeicherte Prozedur, die von ADO.NET aus via *ExecuteNonQuery* aufgerufen wird, einen Datensatz einfügt und als Referenz auf diesen Datensatz den letzten *IDENTITY*-Wert als Return-Parameter zurückgeben soll. *Ein Verfahren sollten Sie auf gar keinen Fall einsetzen* (ich sage das nur, weil ich so etwas ab und zu *gesehen* habe) – Beispiel: *SELECT MAX*(ID) *FROM* Orders. Dieser Codeabschnitt liefert zwar die höchste ID aus der Tabelle *Orders* zurück, für die Auswertung muss allerdings ein Scan der Tabelle oder eines Index durchgeführt werden und Sie können sich überhaupt nicht sicher sein, dass der gelieferte Wert tatsächlich aus Ihrem Datensatz stammt, da andere Prozesse parallel weitere *INSERT*s durchgeführt haben können. Es geht einfacher und schneller! SQL Server stellt gleich mehrere Verfahren zur Verfügung,

- **@@IDENTITY** Diese globale Variable liefert den letzten *IDENTITY*-Wert zurück, der in der Benutzerverbindung generiert wurde. Dies ist die klassische Variante, die in SQL Server schon lange existiert. *@@IDENTITY* liefert garantiert keine Werte, die von parallelen Transaktionen anderer Benutzerverbindungen eingefügt wurden, und es ist schnell. Es gibt einen kleinen Haken. Wenn Ihr *INSERT* Daten in eine Tabelle einfügt, für die ein Trigger definiert ist, der wiederum ein *INSERT* für eine weitere Tabelle ausführt, dann wird der *IDENTITY*-Wert für die zweite Operation geliefert.
- **SCOPE_IDENTITY()** Diese Systemfunktion liefert ebenfalls den letzten generierten *IDENTITY*-Wert der Benutzerverbindung, schränkt die Rückgabe aber auf Werte ein, die aus dem Gültigkeitsbereich dieser Funktion stammen (gespeicherte Prozedur, Batch, etc.). *SCOPE_IDENTITY* vermeidet also die Trigger-Problematik von *@@IDENTITY* und sollte bevorzugt einsetzt werden.
- **IDENT_CURRENT('table_name')** Interessieren Sie sich einmal gerade *nicht* für einen *IDENTITY*-Wert, der lokal in Ihrer Benutzersession erzeugt wurde, sondern ganz allgemein für den letzten in einer Tabelle generierten Wert, dann ist *IDENT_CURRENT* genau das Richtige für Sie

Die verschiedenen Verfahren werden immer auf ähnliche Weise angewendet. Ein Beispiel für *SCOPE_IDENTITY()* finden Sie im nachfolgenden T-SQL-Beispiel. In den meisten Fällen würde man den *IDENTITY*-Wert sicher nicht einfach ausgeben, sondern als Rückgabe-Parameter einer Prozedur verwenden.

```
DECLARE @LastIdent int

INSERT INTO Sales.Customers
(Name_1, Name_2, Address, PostalCode, City, Telephone)
VALUES
('Peter', 'Müller', 'Müllerstraße 100', '11345', 'Berlin', '030/456789')

SET @LastIdent = SCOPE_IDENTITY()

SELECT @LastIdent
```

Listing 10.7 Den letzten generierten IDENTITY-Wert besorgen

INSERT in eine IDENTITY-Spalte

Hin und wieder kann es notwendig sein, auch eine Spalte zu füllen, für welche die *IDENTITY*-Eigenschaft eingestellt ist. Dies ist zum Beispiel der Fall, wenn ein Schlüsselwert bei einer Datenübernahme aus einem Fremdsystem explizit gesetzt werden soll. Eine andere Anwendung ist das Schließen einer Lücke in einer fortlaufenden Nummerierung, nachdem ein Datensatz gelöscht wurde. Lücken in einer Nummerierung können sogar durch abgebrochene oder durch ein *ROLLBACK* zurückgesetzte Transaktionen entstehen. Durch das Rollback einer Transaktion werden zwar die in eine Tabelle eingefügten Datensätze wieder entfernt, der aktuelle *IDENTITY*-Wert bleibt trotzdem auf dem letzten Stand (ein kleines Beispiel dafür, wie vorsichtig man mit dem Begriff *Transaktion* umgehen muss).

Normalerweise ist das direkte Einfügen eines Wertes in eine *IDENTITY*-Spalte nicht möglich. Bei Bedarf kann der Vorgang allerdings durch ein so genanntes *SET*-Kommando für eine Benutzerverbindung erlaubt werden. Das Eintragen eines Kunden in die *netShop*-Datenbank unter expliziter Füllung der Schlüsselspalte *ID* mit einem Wert zeigt das folgende Skriptbeispiel:

```
SET IDENTITY_INSERT Sales.Customers ON

INSERT INTO Sales.Customers
(ID, Name_1, Name_2, Address, PostalCode, City, Telephone)
VALUES
(99999, 'Peter', 'Müller', 'Müllerstraße 100', '11345', 'Berlin', '030/456789')

SET IDENTITY_INSERT  Sales.Customers OFF
```

Listing 10.8 INSERT in eine IDENTITY-Spalte

Sie müssen sich allerdings keine Sorgen machen, dass weitere Benutzerverbindungen die Einstellung erben oder dass diese Ihre Verbindung überlebt. *SET*-Kommandos arbeiten immer auf Sitzungsebene. Man fragt sich natürlich, mit welchem *IDENTITY*-Wert SQL Server nach so einer expliziten Einfügeoperation weiter arbeitet. Es ist tatsächlich der vom Programmierer angegebene. Falls es zu Kollisionen zwischen automatisch erzeugten und eingefügten Werten kommt, fällt das nur auf, wenn auf der Spalte ein eindeutiger Index liegt. Es gibt einen Systembefehl, mit dem Sie feststellen können, welcher Identitätswert gerade aktuell ist.

```
DBCC CHECKIDENT ('Product.Customers', NORESEED)
```

Listing 10.9 Den aktuellen Identitätswert lesen

Dieses *DBCC*-Kommando muss unbedingt mit dem vollständigen Tabellennamen gefüttert werden. Ein Synonym wird nicht akzeptiert. Als Ausgabe erhalten Sie den aktuellen, in den Systemtabellen hinterlegten Wert und den letzten in der Tabelle verwendeten Wert. Sie können den Zähler bei Bedarf auf einen neuen Wert festlegen.

```
DBCC CHECKIDENT ('Sales.Customers', RESEED, 4711)
```

Listing 10.10 Aktuellen Identitätswert festlegen

Nachdem Sie Listing 10.10 ausgeführt haben und ein *INSERT* ausführen wollen, bei dem Sie sich auf den automatisch generierten Wert verlassen, werden Sie Pech haben und SQL Server meldet sich mit einer Fehlermeldung. Den neu generierten Schlüsselwert gibt es aber natürlich schon. Sie kommen schnell auf einen sinnvollen Zustand, indem Sie das nachfolgende Kommando ausführen:

```
DBCC CHECKIDENT ('Sales.Customers', RESEED)
```

Listing 10.11 Identitätswert an Spalteninhalt anpassen

Dieser Befehl passt den aktuellen Identitätswert an den höchsten Wert in der Spalte an.

UPDATE

Auch bei *UPDATE* kann man, ähnlich wie bei *INSERT*, verschiedene Grundformen unterscheiden. Die einfache Variante führt eine Änderung in den ausgewählten Datensätzen auf der Grundlage von direkt angegebenen Werten durch. Ein Aktualisieren von Datensätzen mit berechneten Werten aus weiteren Tabellen ist die zweite Form.

UPDATE mit direkten Werten

Eine Datenaktualisierung mittels *UPDATE* hat die folgende allgemeine Syntax:

```
UPDATE { table_name | view_name }
    SET column_name = {expression | DEFAULT | NULL}[,...n]
[WHERE <search_condition>]
```

Sie geben nach dem Schlüsselwort *UPDATE* die Tabelle oder Sicht an, welche die zu ändernden Datensätze enthält. Auf das *SET* folgt die Zuweisung eines Wertes zu einem Spaltennamen. Es ist auch möglich, mehrere Zuweisungen, durch Kommata getrennt, anzugeben, um mehrere Felder auf einen Schlag zu aktualisieren. Genau wie in einem *SELECT* kann über eine *WHERE*-Klausel die Auswahl der betroffenen Daten durchgeführt werden.

Die Erhöhung der Preise um 5 Prozent im Artikelstamm von *netShop* für die Artikel im Katalog 2 ist mit dem *UPDATE*-Kommando eine Kleinigkeit:

```
UPDATE Products.Articles
    SET Price = Price * 1.05
WHERE
    CatalogID = 2
```

Listing 10.12 Einfaches UPDATE

Innerhalb eines einzelnen *UPDATE*-Befehls kann nur eine einzelne Tabelle aktualisiert werden.

UPDATE mit Werten aus anderen Tabellen

Die Aktualisierung der Zeilen in einer Tabelle kann auch über Werte erfolgen, die auf der Grundlage von vorhandenen Datenbankdaten berechnet werden. Populäre Beispiele dafür sind mitlaufende Summen oder Zähler in Tabellen, die regelmäßig auf dem neuesten Stand gehalten werden müssen. Ein Beispiel dafür liefert die Artikeltabelle der *netShop*-Datenbank. In dieser befindet sich das Feld *ItemsSold*, das über die verkauften Einheiten Auskunft geben soll. Dieses Feld muss auf der Grundlage der Tabelle *OrderDetails* aktualisiert werden; dort sind die Bestellpositionen mit den Bestellmengen der Artikel hinterlegt. Ein *UPDATE*-Kommando, das die Aktualisierung des Wertes in der Spalte *ItemsSold* durchführt, kann wie folgt formuliert werden:

```
UPDATE Products.Articles
SET
    ItemsSold =
    (
        SELECT SUM(Quantity) FROM Sales.OrderDetails
        WHERE OrderDetails.ArticleID = Articles.ID
    )
```

Listing 10.13 UPDATE auf der Basis einer zweiten Tabelle

Wie Sie sehen, wird zur Berechnung der verkauften Stückzahlen eine Unterabfrage verwendet. Um es noch präziser auszudrücken: Es wird eine korrelierte Unterabfrage eingesetzt. Natürlich darf in einem Artikel-Datensatz dem Feld *ItemsSold* nur die Summe zugewiesen werden, die sich tatsächlich auf die Verkäufe des betreffenden Artikels bezieht. Dies wird über die *WHERE*-Klausel in der Unterabfrage erreicht, welche das Sub-Select mit der äußeren Abfrage korreliert. Sie erinnern sich: Eine korrelierte Unterabfrage wird für jeden Datensatz der äußeren Tabelle einmal ausgeführt und verwendet dabei die gerade aktuellen Werte aus dieser.

Es gibt noch eine zweite Art und Weise, wie man Datensätze auf der Basis weiterer Tabellen aktualisieren kann: das *UPDATE* mit einer *FROM*-Klausel. Da dies eine gebräuchliche T-SQL-Variante ist, folgt hier die Vorstellung der Syntax.

```
UPDATE { table_name | view_name }
    SET column_name = {expression | DEFAULT | NULL}[,...n]
FROM <table_source>
```

Die Datenquelle in der *FROM*-Klausel kann zwar laut Syntax eine einzelne Tabelle, Sicht oder abgeleitete Tabelle sein, aber wirklich Sinn bekommt das Ganze nur dann, wenn Sie ein *JOIN* zwischen der zu aktualisierenden Tabelle und der Tabelle einsetzen, welche die Daten für das *UPDATE* liefert. Ein weiteres Beispiel soll das verdeutlichen. Dabei geht es um die folgende Aufgabenstellung: Die Nachnamen in der Kundentabelle sollen für diejenige Datensätze, die sich gleichzeitig in *Customers* wie auch der Archivtabelle befinden, aus *Archive_Customers* aktualisiert werden. Die Kundendaten werden aus den Archivdaten zurückgesetzt.

```
UPDATE Sales.Customers
SET Name_2 = Sales.Archive_Customers.Name_2
FROM Sales.Customers
    INNER JOIN Sales.Archive_Customers
    ON (Customers.ID = Archive_Customers.ID);
GO
```

Listing 10.14 UPDATE mit FROM

In der *FROM*-Klausel wird die zu aktualisierende Tabelle mit weiteren Tabellen verknüpft, die dann auch die Werte liefern. Schreibt man dieses *UPDATE* wieder mit einer Unterabfrage, dann sieht das im einfachsten Fall so aus:

```
UPDATE Sales.Customers
SET Name_2 =
(   SELECT Name_2
    FROM Sales.Archive_Customers
    WHERE Customers.ID = Archive_Customers.ID )
```

Listing 10.15 UPDATE mit Unterabfrage geschrieben

Vorsicht: Diese Form funktioniert nur, wenn es zu jedem Datensatz in der zu aktualisierenden Tabelle einen passenden Datensatz in der Archivtabelle gibt. Ist das nicht der Fall, dann wird versucht, einen leeren Wert (*NULL)* einzutragen! So etwas kann Ihnen mit der *FROM*-Variante nicht passieren. Abgesehen davon ist es in Bezug auf die Ausführungsgeschwindigkeit Geschmackssache, welche der beiden Formen Sie verwenden. SQL Server entwirft für beide Versionen exakt denselben Ausführungsplan. Die Abfragen werden also gleich schnell ausgeführt. Probieren Sie es einmal aus! Soll Ihr T-SQL-Code portierbar bleiben, dann spricht das natürlich dafür, der Standard-SQL-Variante, also der Unterabfrage, den Vorzug zu geben.

Vorsicht ist angesagt, wenn das Ergebnis des Joins mehr als eine Zeile pro Datensatz der aktualisierenden Tabelle liefert. Zum einen ist das Ergebnis nicht deterministisch. Welcher Wert aus welcher Quelldatenzeile eingetragen wird, ist von der Ausführungsreihenfolge der Datenbankmaschine abhängig. Zum anderen müssen Sie daran denken, dass die Regel gilt: Jede Datenzeile wird bei einem *UPDATE* nur ein einziges Mal aktualisiert. Man könnte versucht sein, das nächste T-SQL-Snippet für eine Umformulierung des Beispiels aus Listing 10.13 zu halten. Aufgrund der »Nur-einmal-Regel« stimmt das aber nicht. Das Ergebnis der Abfrage besteht in der zufälligen Addition von genau einem Wert zu dem bereits vorhandenen in jeder Datenzeile.

```
UPDATE Products.Articles
SET ItemsSold = ItemsSold + Quantity
FROM Sales.OrderDetails
      WHERE OrderDetails.ArticleID = Articles.ID
```

Listing 10.16 Ungültiges Ergebnis für UPDATE mit FROM

DELETE

Das *DELETE*-Kommando ist das einfachste in der Reihe der SQL-Basisbefehle. Es wird folgendermaßen geschrieben:

```
DELETE [FROM] { table_name | view_name } [WHERE search_condition ]
```

Sollen alle inaktiven Kunden gelöscht werden, dann sieht die entsprechende SQL-Formulierung so aus:

```
DELETE FROM Sales.Customers WHERE Active = 0
```

Listing 10.17 Datensätze löschen

Mehr lässt sich dazu im Grunde nicht sagen, außer: Sie sollten besser die *WHERE*-Klausel nicht vergessen! Einmal gelöschte Datensätze kriegen Sie allerhöchstens mit einem *Back Out*, also der Wiederherstellung aus einer Transaktionsprotokollsicherung bis zu einem bestimmten Zeitpunkt, wieder zurück. Das kann sehr unangenehm sein und ist in den meisten Fällen keine brauchbare Option.

DELETE auf der Grundlage von Daten aus anderen Tabellen

Nicht immer haben Sie es bei der Formulierung der *WHERE*-Klausel in einem *DELETE*-Befehl mit einer Bedingung zu tun, die sich ausschließlich auf die aktuelle Tabelle bezieht. Hin und wieder ist es so, dass eine Auswertung in einer weiteren Tabelle geschehen muss und dann darüber die zu löschenden Datensätze selektiert werden. Das entsprechende Handwerkszeug haben Sie bereits kennen gelernt und es wird Sie kaum überraschen, dass es sich wieder einmal um eine Unterabfrage handelt.

Im nachfolgenden SQL-Beispiel geht es darum, die Kunden aus dem Archiv zu löschen, mit denen im *netShop* schon über ein Jahr kein Geschäft mehr gemacht wurde. Zu diesem Zweck wird eine Unterabfrage formuliert, welche diejenigen Kunden-IDs aus der Auftragstabelle selektiert, bei denen das der Fall ist. Mit dieser Schlüsselmenge wird dann die äußere Abfrage versorgt – und dies ist die entsprechende Löschabfrage:

```
DELETE Sales.Archive_Customers
WHERE
    ID IN ( SELECT CustomerID FROM Sales.Archive_Orders
            WHERE DATEDIFF (yy, OrderDate, GETDATE()) > 1 )
```

Listing 10.18 Zu löschende Daten über Unterabfrage auswählen

An dieser Stelle dann noch für Entwickler, die Unterabfragen nicht leiden können, die T-SQL-Variante mit *FROM*. Es gilt wieder: Die Abfragepläne unterscheiden sich nicht.

```
DELETE FROM Sales.Archive_Customers
FROM Sales.Archive_Customers INNER JOIN Sales.Archive_Orders
    ON Archive_Customers.ID = Archive_Orders.CustomerID
WHERE DATEDIFF (yy, Archive_Orders.OrderDate, GETDATE()) > 1
```

Listing 10.19 DELETE FROM-Variante

TRUNCATE TABLE

Möchten Sie Tabelleninhalte ganz besonders schnell loswerden, dann können Sie anstelle des *DELETE* das *TRUNCATE TABLE*-Kommando einsetzen. Es hat auf logischer Ebene die gleiche Wirkung wie der Befehl *DELETE FROM* ohne Angabe einer Einschränkung, löscht also immer die gesamte Tabelle. *TRUNCATE TABLE* läuft jedoch viel schneller ab, weil nicht jede einzelne Löschung im Transaktionsprotokoll vermerkt wird, sondern die gesamte Operation als Block. Außerdem werden weniger Systemressourcen in Anspruch genommen. Das Kommando wird häufig dafür eingesetzt, große Tabellen von temporären Daten zu befreien, die beispielsweise beim Datenimport anfallen. Die Syntax ist ganz einfach:

```
TRUNCATE TABLE table_name
```

Und die Anwendung auch. Betrachten Sie den Befehl in Listing 10.20.

```
TRUNCATE TABLE Sales.Archive_Customers
```

Listing 10.20   Tabelle abschneiden

Dieser Befehl löscht in wenigen Sekunden auch eine sehr große *Sales.Archive_Customers*-Tabelle. Folgende Einschränkungen müssen Sie allerdings beim Einsatz dieses Befehls beachten:

- Die Tabelle, die gelöscht werden soll, darf nicht von einer anderen Tabelle referenziert werden. Es darf also keine *FOREIGN KEY*-Einschränkung in einer anderen Tabelle geben, die auf die zu löschende Tabelle verweist. Wenn solch eine Referenz vorliegt, dann weigert sich SQL Server, den Befehl überhaupt auszuführen. Das gilt auch dann, wenn für die *FOREIGN KEY*-Einschränkung das Attribut NOCHECK CONSTRAINT eingestellt wurde. In diesem Fall findet keine echte Überwachung der Fremdschlüsselbeziehung statt. Dennoch kann *TRUNCATE TABLE* nicht verwendet werden.
- Trigger werden beim Löschen nicht ausgelöst. Trigger können in einer Datenbanklösung dafür eingesetzt werden, die Integrität der Daten sicherzustellen. Ihnen ist in diesem Buch ein ganzes Kapitel gewidmet. Arbeiten Sie auf diese Art und Weise mit Triggern, dann müssen Sie natürlich mit dem *TRUNCATE TABLE*-Kommando besonders umsichtig umgehen.
- Die Tabelle darf nicht in einer indizierten Sicht beteiligt sein
- Der aktuelle *IDENTITY*-Wert wird auf den Startwert zurückgesetzt. Dies stellt normalerweise gegenüber dem einfachen *DELETE* ohne *WHERE*-Klausel sogar einen Vorteil dar.

Masseneinfügen mit BULK INSERT

Für den komfortablen Transport von Daten gibt es in SQL Server 2008 die SQL Server Integration Services (SSIS). Neben all den wunderbaren und komplexen Möglichkeiten, die von den Integration Services für den Datenaustausch zur Verfügung gestellt werden, ist es dennoch gut, Möglichkeiten zur Verfügung zu haben, um einfach mal eine Tabelle aus einer externen Datei befüllen zu können.

Wenn die SSIS nicht zur Verfügung stehen, weil die verwendete Edition von SQL Server diese nicht enthält,[1] oder wenn es auf extreme Performance bei Datenimporten ankommt, dann kommen die hier vorgestellten Möglichkeiten ins Spiel. Sollen Daten aus nur einer einzigen (dafür aber möglicherweise sehr großen) externen Tabelle übernommen werden, dann bieten sich zwei einfache, aber ausgesprochen wirkungsvolle Methoden an: das Kommandozeilen-Tool *bcp* oder der T-SQL *BULK INSERT*-Befehl.

---

[1] Die SSIS gibt es nur in der Standard- oder Enterprise Edition von SQL Server.

bcp ermöglicht den Transport einer einzelnen Datendatei in eine Datenbanktabelle hinein oder aus einer Tabelle beziehungsweise Abfrage heraus. Die Formatvarianten, in welchen die externen Daten vorliegen können, sind nicht gerade üppig. Es können entweder ein *bcp*-internes Format oder einfache Textformate verwendet werden. Der Einsatz von *bcp* beim Datenimport geht häufig mit der Verwendung von temporären Tabellen einher, da die Daten im Anschluss an das Einfügen zunächst noch in das gewünschte Format gebracht werden müssen. Den mangelnden Komfort macht *bcp* durch seine enorme Geschwindigkeit wett. *bcp* generiert keine einzelnen *INSERT*s, auch keine Batches von *INSERT*s, was man eventuell vermuten könnte, sondern verwendet eine direktere Schreibmethode, um die neuen Zeilen an die Datenstrukturen einer Tabelle anzufügen. Die über das TDS-Protokoll an die Datenbankmaschine gesendeten Daten werden über die *Bulk Copy Program-API* in ein OLE DB-Rowset konvertiert und können dann sofort in die SQL Server-Dateien geschrieben werden. *bcp* ist natürlich dann besonders schnell, wenn es lokal auf dem SQL Server ausgeführt wird, weil dann das Shared Memory-Transportprotokoll eingesetzt werden kann.

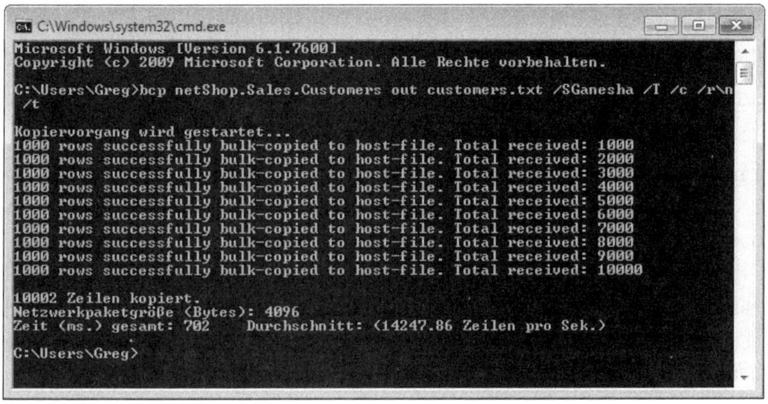

Abbildung 10.1 Export mit dem bcp-Utility

Der Transact-SQL-Befehl *BULK INSERT* macht einen Datenimport noch einmal schneller. Die Möglichkeiten für das Einfügen entsprechen denen des *bcp*-Programms. Allerdings gibt es keine Exportfunktion. Zugegeben: Das Kommando *BULK INSERT* ist nicht unbedingt ein Meisterwerk an Komfort und Flexibilität, dafür aber sehr performant[2] und einfach in der Handhabung. Der Befehl wird direkt im Prozessraum der Datenbankmaschine verarbeitet. Das steigert die Import-Performance noch einmal. Die Verwendung ist simpel. Der Code in Listing 10.21 führt einen Massenimport in die Kundentabelle durch. Die Parameter entsprechen denen des Exports aus Abbildung 10.1. Im Beispiel geht es um eine Datei im kommabegrenzten Format. *KEEPNULLS* legt fest, dass beim Einfügen einer Zeile die in der Zieltabelle vereinbarten Standardwerte nicht angewendet werden sollen. Der Befehl funktioniert nur dann, wenn die Datenstrukturen der Import-Datei und der Tabelle exakt übereinstimmen.

Zusätzlich wird die Option *TABLOCK* verwendet. Dadurch setzt die Datenbankmaschine eine Tabellensperre, anstatt jeden eingefügten Datensatz zu sperren. Es gibt noch eine Anzahl weiterer Schalter, die das Import-Tempo beeinflussen:

- **FIRE_TRIGGERS**   *INSERT*-Trigger sind standardmäßig deaktiviert, wenn mit *BULK INSERT* gearbeitet wird. *FIRE_TRIGGERS* aktiviert diese Trigger. Die feuern allerdings erst nach dem Abschluss ei-

---

[2] Aufgrund der Leistungsfähigkeit des Kommandos wird es in SSIS tatsächlich als spezieller Task zur Verfügung gestellt.

nes Batches und verarbeiten dann alle Zeilen, die durch den Batch eingefügt worden sind. Ohne Trigger verläuft der Import natürlich deutlich schneller.

- **ORDER** Wenn Daten in eine Tabelle eingefügt werden sollen, die als gruppierter Index implementiert ist (siehe Kapitel 12), dann kann sehr viel Zeit eingespart werden, wenn die externen Daten in der Sortierfolge der Indexschlüssel vorliegen. Ist das gegeben, dann teilt man das der Datenbankmaschine über die *ORDER*-Option mit und diese kann Ihre Einfügestrategie optimieren. Keine Sorge: Der Server bemerkt von sich aus, wenn Sie diese Option versehentlich angewandt haben, und wechselt wieder zum normalen Ladeverhalten.
- **BATCHSIZE** Im Normalfall werden alle Daten in einem riesigen »Stapel« an die Datenbankmaschine übertragen. Schlägt dabei ein Teilvorgang fehl, so wird das gesamte *BULK INSERT* rückgängig gemacht, da immer Transaktionen verwendet werden. Tritt so etwas (zum Beispiel wegen Netzwerkproblemen) hin und wieder auf, dann kann man versuchen, mit mehreren Batches zu arbeiten, deren Größe über *BATCHSIZE* festgelegt wird. Dann hat man es mit vielen kleineren Transaktionen zu tun. Alternativ kann auch die in einem Batch enthaltene Anzahl Zeilen spezifiziert werden (*ROWS_PER_BATCH*).
- **CHECK_CONSTRAINTS** Legt fest, dass Einschränkungen ausgewertet werden sollen. Sie ahnen es: Dieser Schalter ist standardmäßig ebenfalls deaktiviert.

Bei Ladevorgängen, die zu viel Zeit in Anspruch nehmen, kann man noch über weitere Maßnahmen nachdenken. Ist die Importdatenmenge verglichen mit der Datenmenge in der Tabelle groß, dann kann man darüber nachdenken, die Indizes der Tabelle fallen zu lassen und nach dem Import neu aufzubauen. Als Daumenregel gilt: Liegt ein gruppierter Index auf einer Tabelle, dann bringt dieses Verfahren einen Vorteil, wenn mehr als 30% neue Daten geladen werden. Ist nur ein einzelner nicht gruppierter Index vorhanden, dann sollten es schon 100% neuer Daten sein. Ein paralleles Laden aus mehreren Dateien ist möglich und macht auch Sinn – es muss dann auf jeden Fall der *TABLOCK*-Hinweis gegeben werden.

Generell ist die Geschwindigkeit beim Massenladen sehr stark vom Wiederherstellungsmodus einer Datenbank abhängig. Beim einfachen Wiederherstellungsmodell werden die Protokolldateien am wenigsten in Anspruch genommen. Dennoch ist der Vorgang transaktional (nur ist kein Back Out der eingefügten Daten möglich). Nach dem vollständigen *BULK INSERT* werden die temporären Protokolleinträge wieder gelöscht. Beim vollständigen Wiederherstellungsmodell dagegen wird jede einzelne Datenzeile protokolliert, was die Protokolldateien schnell sehr groß werden lässt und natürlich Zeit in Anspruch nimmt. Es empfiehlt sich als Kompromiss, zumindest temporär in das massenprotokollierte Wiederherstellungsmodell zu wechseln. In diesem werden die Daten blockweise protokolliert, was Zeit und Protokollplatz spart. Der Befehl an sich ist:

```
BULK INSERT
    Sales.Customers
FROM 'C:\SQLEntwicklerbuch\Projekte\Kapitel 10 - Manipulieren\customers.txt'
WITH
( DATAFILETYPE = 'char',
    FIELDTERMINATOR = ';',
    ROWTERMINATOR = '\n',
    KEEPNULLS,
    TABLOCK )
```

Listing 10.21 Datenimport mit BULK INSERT

> **TIPP** Sie können Daten aus einer Importdatei auch in einem *SELECT* verwenden. Dafür steht die Funktion *OPENROWSET* (*BULK*...) zur Verfügung.

Mit der OUTPUT-Klausel sehen, was passiert

Es gibt hin und wieder den Wunsch, die durch ein *INSERT, UPDATE* oder *DELETE* geänderten Daten zu protokollieren oder in der Clientapplikation auszuwerten. Dafür kann in SQL Server 2008 jeder dieser Befehle mit der *OUTPUT*-Klausel verwendet werden. Potenziell lassen sich dafür auch Trigger einsetzen, wenn allerdings die Datenstrukturen nicht verändert werden dürfen oder die Protokollierung nur in wenigen Situationen sinnvoll erscheint, dann lohnt es sich, *OUTPUT* zu ergänzen.

OUTPUT arbeitet, ganz genau wie Trigger, die Sie etwas später in diesem Buch kennen lernen werden, mit temporären virtuellen Tabellen, die nur in Ihrer Benutzersitzung sichtbar sind und nirgendwo sonst. Diese Tabellen leben auch nur für die kurze Dauer eines Befehls. Die virtuelle Tabelle *INSERTED* enthält dabei die durch ein *INSERT* eingefügten Datenzeilen und *DELETED* die gelöschten. Bei einem *UPDATE* werden sowohl *INSERTED* als auch *DELETED* verwendet, um die Zustände nach und vor der Änderung anzuzeigen.

Das folgende Beispiel zeigt, wie *OUTPUT* mit einem *INSERT* verwendet wird, um die Inhalte von Datenzeilen, die in eine Tabelle übertragen werden, als Datensatzmenge an den Client zu übertragen. Dort können diese beispielsweise an ein DataGrid gebunden werden.

```
INSERT Sales.Archive_Orders
OUTPUT INSERTED.*
SELECT * FROM Sales.Orders
```

Listing 10.22 INSERT, das mit OUTPUT eine Ergebnismenge produziert

OUTPUT kann auch dazu benutzt werden, eine serverseitige Tabelle zu füllen. Dazu wird das *INTO*-Schlüsselwort verwendet. Listing 10.22 könnte mit *OUTPUT INSERTED.* INTO LogTable* leicht angepasst werden, um eine Protokolltabelle namens *LogTable* zu füllen.

Möchten Sie zum Beispiel nach einem UPDATE an vielen Datensätzen feststellen, was eigentlich passiert ist, so geht das mit diesem Verfahren sehr einfach. Mit dem nächsten Befehl werden die Preise aller Artikel um fünf Prozent erhöht und gleich ausgerechnet, was die durchschnittliche absolute Preiserhöhung pro Artikel ist.

```
DECLARE @PriceIncrease TABLE ( Increase real )

UPDATE Products.Articles
   SET Price *= 1.05
OUTPUT inserted.Price - deleted.Price INTO @PriceIncrease

SELECT AVG( Increase ) FROM  @PriceIncrease
```

Listing 10.23 Weiterverarbeitung der Ergebnisse von OUTPUT

Eine weitere Möglichkeit der Verwendung der OUTPUT-Daten besteht darin, diese an eine äußere Abfrage zu übergeben, welche die Ergebnismenge weiter verarbeitet. Ein einfaches SELECT in der äußeren Abfrage erlaubt der SQL Server nicht, wohl aber ein INSERT. Damit können Sie das letzte Beispiel etwas anders formulieren.

```
INSERT INTO @PriceIncrease
SELECT * FROM
(
UPDATE Products.Articles
    SET Price *= 1.05
OUTPUT inserted.Price - deleted.Price AS Increase
) AS T
```

Listing 10.24 Variante für die Weiterverarbeitung der Ergebnisse von OUTPUT

Welches Verfahren Sie einsetzen, ist auch in diesem Fall mal wieder Ihnen überlassen. Der SQL Server bereitet in beiden Fällen exakt denselben Abfrageplan vor.

OUTPUT ist eine praktische Sache, es gibt allerdings einige Einschränkungen zu beachten, von denen die wichtigsten hier genannt werden:

- Das Ziel für OUTPUT darf nicht auf einem Verbindungsserver liegen
- Das Ziel darf keine Trigger, CHECK- oder FOREIGN KEY-Einschränkungen besitzen
- In INSERT EXECUTE-Anweisungen funktioniert OUTPUT nicht

Einer für Alle: MERGE

Eine der T-SQL-Verbesserungen in SQL Server 2008 ist die Einführung des neuen Kommandos *MERGE*. *MERGE* ist dafür gedacht, zwei Tabellen zu synchronisieren. Es fasst dazu die DML-Befehle *INSERT, UPDATE* und *DELETE* zusammen. Die Verwendung von *MERGE* ermöglicht es Ihnen, den Code, der für das Abgleichen zweier Tabellen notwendig ist, kürzer und eleganter zu formulieren. Das heißt nicht, dass Quell- und Zieltabelle nach dem Ausführen von MERGE genau den gleichen Datenstand haben, vielmehr haben Sie es selbst vollständig in der Hand festzulegen, was passiert, wenn *MERGE* Unterschiede zwischen den beiden Tabellen entdeckt. In manchen Situationen wird für *MERGE* darüber hinaus ein effektiverer Abfrageplan generiert. Und Last-but-not-Least trägt *MERGE* dazu bei, dass SQL Server noch ein Stück kompatibler zu den ANSI-Standards und zu anderen Datenbanksystemen wird.

Da *MERGE* ein recht umfangreiches Kommando ist, nähert man sich ihm am besten schrittweise an. Dazu ein erstes Beispiel. Mit dem folgenden T-SQL-Befehl wird ein Abgleich zwischen den Tabellen *Sales.OrderDetails* und *Sales.Archive_OrderDetails* durchgeführt und zwar auf die folgende Art und Weise:

- Ist ein Auftragsdetail-Datensatz noch nicht in der Archivtabelle vorhanden, so wird der Datensatz dort eingefügt
- Ist ein Auftragsdetail bereits in der Archivtabelle vorhanden, so werden die Spalten in der Archivtabelle aus den Spalten der *OrderDetails*-Tabelle aktualisiert
- Ist ein Auftragsdetail-Datensatz in der Archivtabelle vorhanden, aber nicht in der *OrderDetails*-Tabelle, dann wird er aus der Archivtabelle gelöscht

Mit anderen Worten: Die Zieltabelle *Sales.Archive_OrderDetails* wird an die Quelltabelle *Sales.OrderDetails* angepasst.

Nach dem Ausführen des Befehls haben die *OrderDetails*-Tabelle und die Archivtabelle einen identischen Datenstand in Bezug auf die Anzahl der Datensätze und einiger ausgewählter Spalten. So sieht das erste MERGE-Beispiel aus:[3]

```
MERGE Sales.Archive_OrderDetails AS AOD
USING
    Sales.OrderDetails AS OD
ON
    ( AOD.OrderID = OD.OrderID ) AND ( AOD.Pos = OD.Pos )
WHEN NOT MATCHED BY TARGET THEN
    INSERT ( OrderID, Pos, ArticleID, Quantity, UnitPrice, Discount, Tax )
    VALUES ( OrderID, Pos, ArticleID, Quantity, UnitPrice, Discount, Tax )
WHEN MATCHED THEN
    UPDATE SET
    AOD.ArticleID = AOD.ArticleID,
    AOD.Quantity = AOD.Quantity,
    AOD.UnitPrice = AOD.UnitPrice,
    AOD.Discount = AOD.Discount
WHEN NOT MATCHED BY SOURCE THEN
    DELETE;
```

Listing 10.25 MERGE gleicht zwei Tabellen ab

Wenn Sie diesen Befehl in der *netShop*-Datenbank starten, dann müssen Sie sich ein paar Sekunden gedulden, bis der SQL Server sich zurückmeldet. Schließlich gibt es in der *OrderDetails*-Tabelle ca. 1,2 Millionen Datensätze.

Eine syntaktische Besonderheit des OUTPUT-Befehls ist, dass Sie am Ende unbedingt ein Semikolon setzen müssen.

Sie können sich natürlich darauf verlassen, dass Listing 10.1 ordentlich funktioniert. Wenn Sie aber ganz genau wissen wollen, was der *MERGE*-Befehl da eigentlich so treibt, dann bietet es sich an, eine Protokollierung mittels *OUTPUT* einzufügen. *OUTPUT* passt ganz hervorragend zu *MERGE* und im Zusammenhang mit diesem Kommando kennt es nicht nur die virtuellen Tabellen *Inserted* und *Deleted*, sondern zusätzlich noch eine weitere Spalte namens *$action*, die vom *MERGE*-Befehl generiert wird und die die Operation anzeigt, welche von MERGE auf die Zieltabelle angewendet wurde. Sie hängen die OUTPUT-Klausel einfach an das Ende des MERGE-Kommandos und verschieben das Semikolon entsprechend nach hinten. Etwa so:

```
...
WHEN NOT MATCHED BY SOURCE THEN
    DELETE;
OUTPUT $action, Inserted.*, Deleted.*;
```

Ansonsten funktioniert OUTPUT auch mit MERGE ganz genau so, wie im letzten Abschnitt vorgestellt.

---

[3] Das Beispielskript von der Buch-CD ist ein wenig umfangreicher aufgebaut. Es enthält einige vorbereitende Kommandos für die Erzeugung von Testdaten und verwendet eine Transaktion mit einem ROLLBACK, damit keine Quelldaten geändert werden.

Der Aufbau des MERGE-Kommandos

Das MERGE Kommando lässt sich in die folgenden Abschnitte zerlegen.

- **MERGE-Klausel**   Legt die Zieltabelle fest
- **USING-Klausel**   Legt die Quelle fest. Kann eine Tabelle, Sicht, abgeleitete Tabelle usw. sein.
- **ON-Klausel**   Legt die Verknüpfung zwischen Quelle und Ziel fest. Funktioniert wie bei einem Join.
- **WHEN-Klausel**   Legt fest, was passieren soll, wenn die Datensätze übereinstimmen oder Datensätze in der Quelle oder im Ziel fehlen.

In einem WHEN-Teil kann eine zusätzliche Filterbedingung eingebaut werden. Dadurch lassen sich die Aktionen noch feiner steuern. Im MERGE-Kommando nach Listing 10.25 kommt es zu überflüssigen Updates, da die Spalten im WHEN MATCHED-Teil auch dann aktualisiert werden, wenn sich gar nichts geändert hat. Das lässt sich durch einen zusätzlichen Filter leicht verhindern.

```
MERGE Sales.Archive_OrderDetails AS AOD
USING
   Sales.OrderDetails AS OD
ON
   ( AOD.OrderID = OD.OrderID ) AND ( AOD.Pos = OD.Pos )
WHEN NOT MATCHED BY TARGET THEN
   INSERT ( OrderID, Pos, ArticleID, Quantity, UnitPrice, Discount, Tax )
   VALUES ( OrderID, Pos, ArticleID, Quantity, UnitPrice, Discount, Tax )

WHEN MATCHED AND
   (
         AOD.ArticleID <> AOD.ArticleID
         AOD.Quantity <> AOD.Quantity
      OR AOD.UnitPrice <> AOD.UnitPrice
      OR AOD.Discount <> AOD.Discount
   )
THEN
UPDATE SET
   AOD.ArticleID = AOD.ArticleID,
   AOD.Quantity = AOD.Quantity,
   AOD.UnitPrice = AOD.UnitPrice,
   AOD.Discount = AOD.Discount

WHEN NOT MATCHED BY SOURCE THEN
   DELETE;
```

Listing 10.26   Verbessertes MERGE mit Filterbedingungen

Je nachdem, wie viele UPDATE-Operationen eingespart werden, bringt die Verwendung des Filters dramatische Vorteile bei der Ausführungsgeschwindigkeit.

Für die WHEN-Zweige gibt es ganz genau die drei folgenden Möglichkeiten. Jede Variante kann weggelassen werden oder unterschiedlich oft auftreten.

- **WHEN MATCHED**   Aktion, die ausgeführt wird, wenn passende Datensätze gefunden wurden. Das kann ein UPDATE oder DELETE sein (kein INSERT!) und kann maximal zwei Mal aufgeführt werden. Der eine Zweig muss ein UPDATE aufweisen, der andere ein DELETE. Der erste Zweig *muss* einen Filter enthalten. Der zweite Zweig wird nur dann ausgeführt, wenn der Filter nicht greift.

- **WHEN NOT MATCHED [BY TARGET]** Für Datensätze, die im Ziel fehlen, kann hier ein INSERT definiert werden. Diese Klausel darf nur einmal vorkommen.
- **WHEN NOT MATCHED [BY SOURCE]** Aktion, die ausgeführt wird, wenn Datensätze im Ziel, aber nicht in der Quelle vorkommen. Die Anwendung entspricht dem Fall WHEN MATCHED.

MERGE in Data Warehouses

Wenn man über das Kommando *MERGE* redet, dann kommt man an einem speziellen Anwendungsgebiet nicht vorbei: Data Warehouses. Leser, denen das Thema Data Warehousing nicht fremd ist, ahnen bereits, dass man das MERGE-Kommando gewinnbringend einsetzen kann, um so genannte Dimensionstabellen in Data Warehouses auf einem aktuellen Stand zu halten. Das stimmt auch. Es gibt Tools anderer Datenbankhersteller für das Befüllen von Data Warehouses, in denen *MERGE*-Kommandos praktisch die gesamte Arbeit machen.

Mit MERGE lässt sich die Pflege einer so genannten *Langsam veränderlichen Dimension (Slowly Changing Dimension, SCD)* vereinfachen. Der Einsatz von MERGE in einem Integration Services Paket (in einer SQL Task) kann Performancevorteile gegenüber der Standard SCD-Task bringen. Gerade wenn es um große Datenmengen (einige zigtausend Datensätze) und enge Zeitfenster für die Aktualisierung geht, kann das hilfreich sein. Allerdings lassen sich mit MERGE dummerweise nicht alle Fälle *direkt* in einem *einfachen* Befehl abdecken. Aber es funktioniert mit einem kleinen Trick.

Ohne zu sehr in die Details das Data Warehouse Designs einzusteigen, folgt an dieser Stelle eine kleine Erklärung, um was es überhaupt geht.

Daten in Data Warehouses lassen sich in so genannte Faktendaten oder in Dimensionsdaten unterteilen. Faktendaten liefern eine Aussage darüber, was passiert ist (z.B. Umsätze, verkaufte Einheiten, Kosten), Dimensionsdaten ermöglichen eine Analyse der Fakten (z.B. Zeit, Ort, Kunde). In einem Data Warehouse könnte eine Kunden-Dimensionstabelle so aussehen:

```
CREATE TABLE dimCustomers(
    ID int IDENTITY(1,1) NOT NULL PRIMARY KEY CLUSTERED ,
    Code varchar(50) NULL,
    Name_1 varchar(50) NOT NULL,
    Name_2 varchar(50) NOT NULL,
    PostalCode varchar(15) NOT NULL,
    City varchar(50) NOT NULL)
```

Listing 10.27 Eine Dimensionstabelle für Kunden

Eine Dimensionstabelle enthält den Satz an Attributen, der notwendig ist, die Daten zu analysieren. Alles was darüber hinaus nicht notwendig ist, wird weggelassen. Eventuell werden noch redundate Informationen hinzugefügt, um das Abfragen der Daten zu erleichtern. Beispielsweise könnte eine erweiterte Version der Tabelle *dimCustomers* noch Spalten, wie z.B. *Country* (Bundesland), enthalten – obwohl die Information in *PostalCode* enthalten ist. Und so könnte eine Dimensionstabelle aussehen, die nur zwei Datensätze enthält:

ID	Code	Name_1	Name_2	PostalCode	City
1	4711	Peter	Müller	12045	Berlin
2	9999	Hans	Schmidt	40567	Hamburg

Die Spalte *ID* ist der Schlüssel in der DWH-Tabelle, die Spalte *Code* ist der Geschäftsschlüssel, der aus dem operationalen System übernommen wird. *Code* ist in der *netShop*-Datenbank ja ein Schlüsselkandidat und entspricht der Klartext-Kundennummer, der Primärschlüssel in der *netShop*-Kundentabelle ist ein Surrogatschlüssel (auch dort *ID* genannt). Es spricht nichts dagegen, eher viel dafür, im DWH den Klartext-Schlüssel als Attribut mitzuführen.

Dimensionstabellen enthalten häufig keine statische Information. Abgesehen vom Geschäftsschlüssel können sich Spalteninhalte ändern. Beispielsweise kann ein Kunde in eine neue Stadt ziehen und bekommt eine neue Postleitzahl (und einen neuen Ort). Was passiert dann in der Dimensionstabelle? Ein einfaches Überschreiben der alten Postleitzahl verändert die Auswertungen. Die bereits mit dem Kunden gemachten Umsätze fallen plötzlich dem neuen Postleitzahlgebiet zu. Was also tun? Man unterscheidet im DWH-Design vier verschiedene Varianten, mit Änderungen an Spaltenwerten umzugehen. Die Änderungen, die in Slowly Changing Dimensions vorgenommen werden können, werden wie folgt kategorisiert:

- **Typ 0** Änderungen werden verboten. Der Datensatz bleibt, wie er ist. Ändert sich das betroffene Attribut, dann muss im Quellsystem ein neuer Kundendatensatz angelegt werden, der auch einen neuen Geschäftsschlüssel bekommt. Das wird in der Regel wenig praktikabel sein. Bei bestimmten Attributen kann es aber sinnvoll sein, Änderungen an DWH-Werten einfach zu verbieten. Beispielsweise wird sich das Geschlecht oder das Geburtsdatum eines Kunden eher selten ändern.

- **Typ 1** Änderungen werden direkt in der Spalte ausgeführt. Das ist in der Regel interessant für Spalten, die nicht für Auswertungen herangezogen werden, sondern in erster Linie als zusätzliche Beschreibung dienen. Es spricht zum Beispiel nichts dagegen, den Nachnamen eines Kunden im DWH zu ändern (vielleicht hat der Kunde geheiratet). Der Datensatz behält seine Schlüsselwerte bei. Geändert wird nur die betroffene Spalte. Lässt man Änderungen an Spalten zu, die für Analysen herangezogen werden, dann »ändert man dadurch die Vergangenheit«. Typ 1-Dimensionsänderungen haben Orwellsche Züge.

- **Typ 2** Der Datensatz wird historisiert. Es wird in der Dimensionstabelle eine neue Version des Datensatzes angelegt. In dieser Version steht der neue Attributwert. Die historisierten Datensätze stehen mit den ursprünglichen Datensätzen über den Geschäftsschlüssel in Verbindung, der sich natürlich nie ändern darf. Eine Dimensionstabelle, die Typ 2-Änderungen zulässt, wird mit zusätzlichen Spalten versehen, die angeben, in welchem Zeitraum der Datensatz gültig war und zur Vereinfachung häufig noch eine Spalte, die den aktuellen Datensatz markiert. Da dies die eigentlich spannende Variante ist, wird dies gleich noch genauer vorgestellt.

- **Typ 3** Das Attribut wird in zusätzlichen Spalten des Datensatzes historisiert. Ändert sich der Attributwert, dann wird der alte Wert in eine zusätzliche Spalte des Datensatzes eingetragen. Diese heißt dann zum Beispiel *Postalcode_old*. Zusätzlich wird auch hier bei Bedarf das Historisierungsdatum abgespeichert. Es ist sofort klar, dass dieses Verfahren sich nicht dafür eignet, viele Historisierungen durchzuführen. Es ist eher für Sonderfälle interessant, die singulär auftreten, wie die komplette Umstellung von Verkaufsregionen nach der Fusion zweier Firmen.

Um also Typ 2-Dimensionsänderungen verwalten zu können, muss die Beispieltabelle *dimCustomers* noch ergänzt werden. Etwa so:

```
CREATE TABLE dimCustomers(
    ID int IDENTITY(1,1) NOT NULL PRIMARY KEY CLUSTERED ,
    Code varchar(50) NULL,
    Name_1 varchar(50) NOT NULL,
    Name_2 varchar(50) NOT NULL,
    PostalCode varchar(15) NOT NULL,
    City varchar(50) NOT NULL,
    ValidFrom date,
    ValidTo date,
    IsActual bit
)
```

Listing 10.28 Dimensionstabelle für Kunden mit Möglichkeit der Historisierung

In den Spalten *ValidFrom* und *ValidTo* wird der Gültigkeitszeitraum der Datensätze vermerkt. *IsActual* zeigt den aktuell gültigen Datensatz an und enthält eine *1* für den letzten Datensatz und *0* in allen anderen Datensätzen. So sieht eine Historisierung für den Kunden mir der Kundennummer *9999* in der Beispieltabelle aus.

```
ID  Code  Name_1  Name_2   PostalCode  City     ValidFrom   ValidTo     IsActual
1   4711  Peter   Müller   12045       Berlin   2009-02-01              1
2   9999  Hans    Schmidt  40567       Hamburg  2008-10-15  2009-05-31  0
3   9999  Hans    Schmidt  40567       Hamburg  2009-06-01              1
```

Nachdem die Theorie geklärt ist, kann es jetzt mit der Umsetzung der Synchronisation mit dem MERGE-Kommando beginnen. Sollen nur Typ 1-Änderungen berücksichtigt werden, dann findet man den passenden MERGE-Befehl fast auf Anhieb.

```
MERGE INTO dbo.dimCustomers AS DC
USING
    Sales.Customers AS C
ON
    (C.Code = DC.Code)

-- Typ 1-Änderung: geänderte Attributwerte überschreiben

WHEN MATCHED AND DC.PostalCode <> C.PostalCode
THEN
    UPDATE SET DC.PostalCode = C.PostalCode

-- Neue Datensätze einfach anhängen

WHEN NOT MATCHED BY TARGET
THEN
    INSERT ( Code, Name_1, Name_2, PostalCode, City, ValidFrom, ValidTo, IsActual )
    VALUES ( Code, Name_1, Name_2, PostalCode, City, getdate(), NULL, 1 );
```

Listing 10.29 MERGE-Befehl für Typ 1-Änderungen

Nach dem, was Sie in diesem Kapitel über das MERGE-Kommando erfahren haben, ist der Befehl in Listing 10.29 sicher selbsterklärend und funktioniert ohne Probleme.

Schön wäre es natürlich, wenn die Änderungen an der Spalte *PostalCode* zu einer Historisierung – also der Generierung neuer Datensätze führen könnte. Das nachfolgende Codebeispiel stellt einen ersten Versuch dar. Die einzige Änderung findet im *NOT MATCHED*-Zweig des Befehls statt. Das ursprüngliche *UPDATE* ist durch ein *INSERT* ersetzt worden.

```
MERGE INTO dbo.dimCustomers AS DC
USING
    Sales.Customers AS C
ON
    (C.Code = DC.Code)

-- Typ 2-Änderung: Neuen Datensatz erzeugen.

WHEN MATCHED AND DC.PostalCode <> C.PostalCode
THEN
    INSERT ( Code, Name_1, Name_2, PostalCode, City, ValidFrom, ValidTo, IsActual )
    VALUES ( Code, Name_1, Name_2, PostalCode, City, getdate(), NULL, 1 );
… weiter wie vorher
```

Listing 10.30 MERGE-Befehl für Typ 2-Änderungen – erste Näherung

Eigentlich wäre das die naheliegende Variante. Doch leider, leider gibt das die MERGE-Syntax nicht her. Anstatt den Befehl getreulich abzuarbeiten, meckert SQL Server. Bei gefundenen Datensätzen ist ein INSERT nicht erlaubt:

```
Meldung 10711, Ebene 15, Status 1, Zeile 9
Eine Aktion des 'INSERT'-Typs ist in der 'WHEN MATCHED'-Klausel einer MERGE-Anweisung nicht zulässig.
```

Es wäre ja auch zu schön gewesen, wenn das so einfach ginge (wäre es wirklich). Man kann es aber trotz dieser Einschränkung schaffen, die Verarbeitung einer langsam veränderlichen Dimension in einem einzelnen MERGE-Befehl zu erledigen. Dazu wird ein kleiner Trick verwendet. Der besteht darin, die Daten, die vom zusätzlichen Modifikator OUTPUT erzeugt werden, als Input für ein äußeres INSERT zu verwenden. Das nächste Codebeispiel zeigt, wie das funktioniert.

```
INSERT dbo.dimCustomers
( Code, Name_1, Name_2, PostalCode, City, ValidFrom, ValidTo, IsActual )
SELECT
    Code, Name_1, Name_2, PostalCode, City, ValidFrom, ValidTo, IsActual
FROM
(
    MERGE INTO dbo.dimCustomers AS DC
    USING
        Sales.Customers AS C
    ON
        (C.Code = DC.Code)

    -- Typ 2-Änderung für PostalCode: Enddatum und Flag setzen

    WHEN MATCHED AND DC.PostalCode <> C.PostalCode
    THEN
        UPDATE SET DC.IsActual = 0, DC.ValidTo = DATEADD ( dd, -1, GETDATE())

    -- Neue Datensätze einfach anhängen

    WHEN NOT MATCHED BY TARGET
    THEN
        INSERT ( Code, Name_1, Name_2, PostalCode, City, ValidFrom, ValidTo, IsActual )
        VALUES ( Code, Name_1, Name_2, PostalCode, City, GETDATE(), NULL, 1 )

    -- Den Eingabestrom aus der Kundentabelle als Output des MERGE-Kommandos umleiten

    OUTPUT $Action, C.Code, C.Name_1, C.Name_2, C.PostalCode, C.City, GETDATE(), NULL, 1
)
AS T(Action, Code, Name_1, Name_2, PostalCode, City, ValidFrom, ValidTo, IsActual)

-- ... aber nur die Zeilen verwenden, für die ein UPDATE durchgeführt wurde

WHERE
    Action = 'UPDATE'
```

Listing 10.31 Typ 2-Änderungen mit MERGE/INSERT in einem einzelnen Befehl

Das funktioniert tatsächlich reibungslos, hat aber natürlich ein wenig von der ursprünglichen Übersichtlichkeit des MERGE-Kommandos eingebüßt. Durch Erweiterung des Filters im *WHEN MATCHED*-Zweig lassen sich ganz einfach weitere Typ 2-Spalten in dem Befehl ausnehmen, ohne dass die Performance sich verändern würde. Charmant wäre es nun, wenn man die notwendigen Updates für die Behandlung von Typ

1-Spalten gleich in den Befehl mit einbauen könnte. Das geht wiederum nicht. Denn dazu wäre ein weiterer *NOT MATCHED*-Zweig mit einem Filter erforderlich, der die Typ 1-Spalten abfragt und ein passendes *UPDATE*-Kommando enthält. Hier schlägt dann aber erneut die Syntax zu, die solch einen zweiten Zweig verbietet. Man braucht also mindestens zwei Anweisungen für die vollständige Verarbeitung einer Dimensionstabelle, die Typ 0- bis Typ 2-Änderungen enthält.

Der geneigte Entwickler fragt sich vermutlich, ob es sich lohnt, solch kleine T-SQL-Monster zu programmieren, wie man sie in Listing 10.31 sieht. Die Funktionalität lässt sich schließlich mit mehreren INSERT-, UPDATE- und DELETE-Befehlen ebenso gut realisieren und auch etwas einfacher testen. Ob es Performancevorteile bei MERGE gibt, untersuchen wir im nächsten Abschnitt.

MERGE versus INSERT, UPDATE und DELETE

Viele der Sprachvarianten in ANSI SQL stellen nur unterschiedliche Schreibweisen für ein und dieselbe Funktionalität dar und ermöglichen häufig eine verkürzte Schreibweise, bieten aber keine Verbesserung der Performance oder – wenn man nicht aufpasst – möglicherweise eine Verschlechterung. Bei MERGE sieht das ganz ähnlich aus. MERGE kann Vorteile bei der Ausführungsgeschwindigkeit bringen, muss es aber nicht.

Die grundsätzliche Funktionalität des MERGE-Befehls basiert auf den Algorithmen, die auch bei Joins Verwendung finden. Der SQL Server führt eine Verknüpfung zwischen Quelle und Ziel anhand der ON-Bedingung durch, wie er es auch bei einem Join tun würde. Dadurch findet er die übereinstimmenden Zeilen. Ein MERGE kann daher auch durch passende INSERTs, UPDATEs und DELETEs ersetzt werden, die auf Joins basieren, wie sie in der ON-Klausel vorkommen. Das wird am Beispiel des MERGE-Kommandos nach Listing 10.26 vorgestellt, welches eine Archivtabelle mit einer operationalen Tabelle abgleicht.

Im folgenden T-SQL-Schnipsel geht es darum, Datensätze im Ziel zu ergänzen, die dort noch nicht vorhanden sind. Dazu muss ein OUTER JOIN verwendet werden.

```
INSERT Sales.Archive_OrderDetails
    ( OrderID, Pos, ArticleID, Quantity, UnitPrice, Discount, Tax )
SELECT
    OD.OrderID, OD.Pos, OD.ArticleID, OD.Quantity, OD.UnitPrice, OD.Discount, OD.Tax
FROM
    Sales.Archive_OrderDetails AOD
RIGHT OUTER JOIN
    Sales.OrderDetails OD ON AOD.OrderID = OD.OrderID AND AOD.Pos = OD.Pos
WHERE
    AOD.OrderID IS NULL
```

Listing 10.32   INSERT ersetzt den WHEN NOT MATCHED BY TARGET-Zweig

Das nächste Beispiel zeigt, wie man das UPDATE in übereinstimmenden Datensätzen nachbaut. Der Filter aus dem MERGE-Befehl wandert in die Where-Klausel.

```
UPDATE Sales.Archive_OrderDetails
    SET ArticleID = OD.ArticleID, Quantity = OD.Quantity, UnitPrice = OD.UnitPrice, Discount =
OD.Discount
FROM
    Sales.Archive_OrderDetails AOD
INNER JOIN
    Sales.OrderDetails OD ON AOD.OrderID = OD.OrderID AND AOD.Pos = OD.Pos
WHERE
```

```
        AOD.ArticleID <> OD.ArticleID
    OR AOD.Quantity  <> OD.Quantity
    OR AOD.UnitPrice <> OD.UnitPrice
    OR AOD.Discount  <> OD.Discount
```

Listing 10.33 UPDATE ersetzt den WHEN MATCHED-Zweig

Und zuletzt müssen noch die Datensätze aus der Archiv-Tabelle gelöscht werden, für die es keine Entsprechung in der operationalen Tabelle gibt. Das funktioniert wieder mit einem OUTER JOIN (dieses Mal auf der linken Seite).

```
DELETE FROM Sales.Archive_OrderDetails
FROM
    Sales.Archive_OrderDetails AOD
LEFT OUTER JOIN
    Sales.OrderDetails OD ON AOD.OrderID = OD.OrderID AND AOD.Pos = OD.Pos
WHERE
    OD.OrderID IS NULL
```

Listing 10.34 DELETE ersetzt den WHEN NOT MATCHED BY SOURCE-Zweig

Um festzustellen, wie die Ausführungszeiten für diese drei Befehle sind, wenn sie in einem Batch gemeinsam ausgeführt werden, kann man das Skript nach Listing 10.35 ausführen.

```
INSERT Sales.Archive_OrderDetails
...
UPDATE Sales.Archive_OrderDetails
...
DELETE FROM Sales.Archive_OrderDetails
...
```

Listing 10.35 INSERT, UPDATE und DELETE in einem Batch

In den Skripts, die zu Listing 10.26 und Listing 10.35 gehören, sind jeweils Befehle für das Messen der Performance eingebaut: *SET STATISTICS IO ON* und *SET STATICTICS TIME ON*. Das erste SET-Kommando schaltet Ausgaben ein, mit denen Sie überprüfen können, welche Tabelle wie häufig »angefasst wurde« und wie viele Datenseiten von einer Abfrage betroffen sind. Das zweite SET-Kommando ermöglicht die Überprüfung der Dauer verschiedener Ausführungsschritte. Wie das genau funktioniert, können Sie in den Kapiteln 12 (»Indizierung & Partitionierung«) und Kapitel 20 (»Performance-Optimierungen«) nachlesen. Die Informationen sind aber sicher einigermaßen verständlich. Natürlich kann man auch die grobe Anzeige der Ausführungszeit zu Rate ziehen, die in der Statusleiste des Abfragefensters angezeigt wird.

Wenn man zwei Abfragevarianten miteinander vergleichen will, dann muss man faire Ausgangsbedingungen schaffen. Mit dem Kommando *DBCC DROPCLEANBUFFERS* kann der Puffercache geleert werden. Ich führe zu testende Abfragen gerne zunächst mit einem leeren Puffercache aus und anschließend noch ein paar Mal mit einem gefüllten Cache (vorausgesetzt die Daten der Abfrage passen in den Cache).

Überprüft man die beiden Abfragevarianten miteinander, dann ergeben sich die folgenden Beobachtungen: Der MERGE-Befehl wird bei kaltem Cache in 7,8 Sekunden ausgeführt, bei warmem Cache in 2,2 Sekunden. Die drei getrennten Befehle werden bei kaltem Cache in 12 Sekunden ausgeführt, bei warmem Cache in 4,0 Sekunden. MERGE hat die Nase vorn.

Betrachtet man die Ausgaben, die von SET STATISTICS IO geliefert werden, dann fällt auf, dass die Zieltabelle *Sales.Archive_OrderDetails* drei Mal durchlaufen wird. Das ist verdächtig. Die Ursache ist darin begründet, dass die Archivtabelle nicht von Anfang an indiziert ist. Das ist auch optimal, wenn nur Anfügeoperationen durchgeführt werden sollen. Für MERGE und Joins ist das aber kontraproduktiv. Es empfiehlt sich die Tabelle nach den Spalten zu indizieren, über die in der ON-Klausel verknüpft wird. In der Tabelle *Sales.OrderDetails* ist diese Indizierung sowieso schon vorhanden, da die betreffenden Spalten (*OrderID* und *Pos*) den Primärschlüssel bilden. Das folgende Skript erzeugt den passenden Index in der Zieltabelle.

```
CREATE CLUSTERED INDEX IX_Archive_OrderDetails_OrderID_Pos ON Sales.Archive_OrderDetails
(
    OrderID ASC, Pos ASC
)
```

Listing 10.36 Index für die Zieltabelle

Lässt man MERGE jetzt noch einmal gegen die Variante mit den drei Befehlen antreten, dann verbessern sich beide Varianten. Bei MERGE verbessert sich die Ausführungszeit bei kaltem Cache nur leicht auf 6,7 Sekunden, bei warmem Cache aber noch mal deutlich auf 1,6 Sekunden. Die INSERT-UPDATE-DELETE-Variante verbessert sich bei kaltem Cache auch nur leicht auf 10,3 Sekunden und bei warmem Cache sehr deutlich auf 2,6 Sekunden. Dennoch ist die MERGE-Variante im Schnitt immerhin um den Faktor 1,6 (bei warmem Cache) schneller. Tatsächlich wird im indizierten Fall die Zieltabelle auch nur noch einmal durchlaufen und die einzelnen INSERT-, UPDATE- und DELETE-Befehle durchlaufen die Tabelle natürlich jeweils erneut (immerhin tun Sie das mit den richtigen Indizes sehr flott).

Wenn Sie also Zeit sparen wollen, dann sollten Sie – wenn der richtige Anwendungsfall vorliegt und die Datenmengen nicht zu klein sind – an den Einsatz des MERGE-Befehls denken. Es lohnt sich.

Kapitel 11

Mit Transact-SQL programmieren

In diesem Kapitel:
Programmiersprachenelemente in T-SQL 374
Ausdrücke in T-SQL 392
Eingebaute Funktionen in T-SQL 402

Also gut – bringen wir es hinter uns: Die Vorstellung von Transact-SQL als Programmiersprache. Über die Sprachkonstrukte der DDL, DML und DCL hinaus bietet T-SQL einfache Elemente an, wie sie auch in »richtigen« Entwicklersprachen vorkommen. Es lässt sich nicht leugnen: Der Sprachumfang von T-SQL ist klein (winzig), die Sprache ist nicht gerade elegant (hässlich) und erinnert mehr an eine einfache Batch-Sprache wie man sie aus Betriebssystemumgebungen kennt, als an eine echte prozedurale Programmiersprache. Aber es gibt auch einen Vorteil. Aufgrund des einfachen (primitiven) Aufbaus lässt sich eine Sprache wie T-SQL unglaublich schnell analysieren, optimieren und übersetzen (höllisch schnell). Und genau diese Eigenschaften werden von einer Datenbanksprache erwartet, die in erster Linie dazu benutzt wird, Skripte, einfache Prozeduren und Trigger zu schreiben.

Die prozeduralen Anteile von T-SQL kommen aber auch da ins Spiel, wo Sie als gelernter Hardcore-Datenbankprogrammierer einfach keine Lust haben, sich mit der CLR in SQL Server 2008 zu beschäftigen, sondern die Probleme direkt in der relationalen Welt angehen möchten. Ich gehe jede Wette ein: Wenn Sie die Lösung eines Problems direkt in T-SQL gefunden haben, dann dürfte es recht schwierig werden, die Performance über eine .NET-Programmierung zu erreichen oder gar zu übertreffen. Es gibt natürlich viele Gründe *für* den Einsatz echter Programmiersprachen wie C# oder VB.NET in den Prozeduren oder Funktionen einer Datenbank. Verwenden Sie am besten je nach Architektur Ihrer Anwendung und der Projektkonstellation die geeignete Variante.

Programmiersprachenelemente in T-SQL

Für das Schreiben von einfachen T-SQL-Prozeduren benötigen Sie Sprachelemente wie Befehle zur Speicherung von Werten in Variablen und zur Steuerung des Programmablaufs. Genau diese bekommen Sie hier und nicht mehr. Diese Knappheit hat einen hübschen Seiteneffekt: Die prozeduralen Anteile von T-SQL können Sie in ein paar Minuten vollständig kennen lernen. Machen Sie es sich also an Ihrem Schreibtisch bequem, starten Sie das Management Studio und lernen Sie *jetzt* Transact-SQL als Programmiersprache in 30 Minuten kennen.

> **HINWEIS** Ein Hinweis: T-SQL kennt eine strukturierte Ausnahmebehandlung. Da diese vor allen Dingen in gespeicherten Prozeduren genutzt wird und sich in diesem Zusammenhang auch viel besser erklären lässt, finden Sie die Erläuterungen dazu in Kapitel 15 (»Gespeicherte Prozeduren«).

T-SQL-Skripte, Batches und gespeicherte Prozeduren

Bevor es um die einzelnen T-SQL-Befehle gehen soll, sind noch ein paar Grundbegriffe zu klären. T-SQL-Programme kommen in verschiedenen Varianten vor. Die einfachste Form sind Skriptdateien, die ein Stück Programm enthalten und als Textdateien auf der Festplatte gespeichert werden. Skripte finden oft da Anwendung, wo es um die Administration des Servers oder einer Datenbank geht. Als Entwickler kann man Skripte beispielsweise dazu nutzen, um in einem Setup-Programm eine Datenbank einzurichten oder Datenbanken, die sich bereits beim Kunden befinden, durch Anpassung von Datenstrukturen auf einen neuen Versionsstand zu bringen. Dazu müssen unter anderem neue Tabellen angelegt oder vorhandene angepasst werden. Skripte werden normalerweise einfach in den Abfrageeditor des Management Studios geladen und ausgeführt. Eine andere Möglichkeit der Ausführung von Skriptdateien stellt das Kommandozeilen-Werkzeug *sqlcmd* dar. Mit diesem kann eine Skriptdatei auf einem Server ausgeführt werden, ohne das Management Studio zu bemühen. Einsatzweck dieser Variante ist natürlich der administrative Einsatz in Windows Batch-Dateien. Die Verwendung von *sqlcmd* in Verbindung mit einer Skriptdatei, die T-SQL-Kommandos enthält, zeigt das folgende Kommandozeilen-Beispiel:

```
sqlcmd -i E:\Batches\DatenImport.sql -o -S Herakles E:\Batches\Log.txt
```

Dieser Aufruf von *sqlcmd* startet die Skriptdatei *DatenImport.sql* auf dem Server *Herakles*, wobei die von SQL Server während der Ausführung generierten Meldungen in der Datei *Log.txt* gesammelt werden.

Auch in Aufträgen des SQL Server-Agents lassen sich Skriptdateien wirkungsvoll einsetzen. Da T-SQL-Skripte bei der Administration gerade großer SQL Server-Installationen eine wichtige Rolle spielen, lassen sie sich an allen möglichen Stellen in der Benutzeroberfläche des Management Studios automatisch erzeugen. Anstatt Kommandos direkt auszuführen, lassen sich die entsprechenden Kommandos skripten, um sie in Agent-Aufträgen oder Skriptdateien zu verwenden.

SQL-Befehle werden vom Server in *Stapeln*, Batches genannt, verarbeitet. Alles, was Sie von einem Client aus über den Query Editor oder aus einer .NET-Programmierung mit der ADO.NET-Methode *ExecuteNonQuery* als Text auf den Server schicken, wird von diesem als Batch behandelt. Im einfachsten Fall ist also ein T-SQL-Skript ein einzelner Befehlsstapel. Die Befehle werden gemeinsam analysiert, optimiert und ausgeführt. Für einen SQL-Batch gelten gewisse Regeln, die Sie als Programmierer einzuhalten haben. Dies sind die wichtigsten:

- *CREATE*-Befehle gehören an den Anfang eines Batches: Wenn Sie mit einem SQL-Skript Tabellen oder andere SQL Server-Objekte anlegen wollen, verwenden Sie dafür irgendeine Form des *CREATE*-Kommandos. Dieses muss immer das erste in einem T-SQL-Befehlsstapel sein
- Sie können Objekte in einem einzelnen Batch nicht löschen und anschließend neu anlegen. Dafür sind mindestens zwei getrennte Stapel notwendig.
- Die Batch-Größe ist begrenzt. Die offizielle Definition lautet 65.536 * Netzwerk-Paketgröße. Da die Größe eines Netzwerkpakets normalerweise 4 KByte beträgt, stellt diese Einschränkung für normale SQL-Skripte keine echte Behinderung dar. Ladeprogramme für Datenbanken, die große Datenmengen verarbeiten, müssen diesen Grenzwert allerdings berücksichtigen. Allerdings ist es sowieso (vor allem aus Performancegründen) sinnvoll, wenn Sie für das Massenladen die entsprechenden Objekte von ADO.NET nutzen (vor allem die *SqlBulkCopy*-Klasse), den T-SQL Befehl *BULK INSERT* einsetzen oder auch die Integration Services bemühen.

Entwickeln Sie eine Datenbankapplikation mithilfe des T-SQL-Abfrage-Editors, ist es in vielen Fällen nützlich, gleich mehrere Batches in einem einzelnen Skript zu schreiben. Damit kann man die oben genannten Regeln einhalten, ohne den Programmtext auf mehrere Dateien verteilen zu müssen. Auch bei der Fehlerbehandlung kann dies vorteilhaft sein: Läuft SQL Server bei der Verarbeitung eines Stapels auf einen Fehler, so wird nur der aktuelle Stapel abgebrochen, jedoch nicht das gesamte Skript. Natürlich müssen Sie darüber nachdenken, ob dieses Verhalten für Ihre Applikation genau das Richtige ist: Ein »Ganz-oder-gar-nicht«-Verhalten ist durch ein Skript mit mehreren Batches nicht zu erreichen. Zur Sicherheit: Mit Transaktionen hat das alles auch nichts zu tun. Eine Batch ist eine Ausführungseinheit ohne transaktionale Eigenschaften, aber natürlich können Sie mit Transaktionen in einer Batch arbeiten.

Das folgende Skriptbeispiel löscht zwei Tabellen in einer Datenbank und legt diese anschließend neu an. Zur Aufteilung der Datei in verschiedene Befehlsstapel wird das Steuerwort *GO* benutzt:

```
USE netShop
GO

DROP TABLE myCustomers
DROP TABLE myArticles
```

```
GO

CREATE TABLE myCustomers
(
        [ID] int,
        LastName varchar(50),
        Address varchar(50)
)

CREATE TABLE myArticles
(
        [ID] int,
        [Name] varchar(50),
        Price money
)
```

Listing 11.1 Einfaches Batch-Beispiel

Starten Sie dieses Skript das erste Mal, dann »meckert« der SQL Server bei den beiden DROP-Befehlen, weil die beiden Tabellen noch nicht existieren. Lassen Sie sich davon nicht irritieren. Obwohl der zweite Stapel wegen dieses Fehlers abgebrochen wird führt der SQL Server die nachfolgenden CREATE-Kommandos im dritten Stapel ohne Probleme aus.

Der T-SQL-Editor schickt in diesem Fall drei komplett separate Batches zum SQL Server, die von diesem auch getrennt verarbeitet werden. Wichtig: Das *GO* ist kein Bestandteil der Sprache T-SQL! Es ist ausschließlich dem T-SQL-Editor und dessen zeilenorientiertem Verwandten *sqlcmd* bekannt und dient in beiden Programmen als Steuerungskommando. Wenn Sie möchten, dann können Sie im T-SQL-Editor sogar einen anderen Metabefehl anstelle von *GO* definieren. Selbstverständlich kann das letzte *GO* in einem Skript, wie im Beispiel zu sehen, auch weggelassen werden. Der letzte Batch wird dann durch das Textende begrenzt.

In diesem Skript haben Sie einen weiteren T-SQL-Befehl kennen gelernt: *USE*. Dieses Kommando wechselt den aktuellen Datenbankkontext. Alle nachfolgenden Operationen werden in der Datenbank ausgeführt, die hinter dem *USE* angegeben wird. Ein *USE* gehört im Grunde an den Anfang jedes Skripts. Dadurch verhindern Sie, dass die Skript-Befehle aus Versehen in der falschen Datenbank ausgeführt werden. Meine Skripte liefen früher bevorzugt in *master*-Datenbanken ab, die sich dann nach und nach mit Objekten füllten, die dort nichts zu suchen hatten. Irgendwann habe ich mir das obligatorische *USE* angewöhnt, und die Administratoren sind seither wieder viel netter zu mir.

Führen Sie T-SQL Batches aus ADO.NET heraus aus, so ist das natürlich etwas anderes. Der Kontext wird hier über die *ConnectionString*-Eigenschaften festgelegt. Trotzdem könnten Sie ein *USE* zum Server schicken, um nach dem Verbindungsaufbau den Datenbankkontext zu ändern.

Die dritte und letzte Einsatzmöglichkeit für T-SQL-Programmfragmente sind die klassischen Programmierobjekte des Servers, also gespeicherte Prozeduren, Trigger und benutzerdefinierte Funktionen. Im Gegensatz zu den Skripten, die als Datei außerhalb von SQL Server gespeichert werden, gehören diese Objekte, nachdem sie einmal angelegt sind, fest zu Ihrer Datenbank und können jederzeit aufgerufen werden. An dieser Stelle möchte ich nur ein ganz kurzes Beispiel für eine Prozedur geben. In Kapitel 15 wird die Programmierung mit gespeicherten Prozeduren dann noch ganz genau erläutert.

```
CREATE PROCEDURE myCustomersAndArticles
AS
SELECT * FROM myCustomers
SELECT * FROM myArticles
```

Listing 11.2 Einfache gespeicherte Prozedur

Durch diese T-SQL-Befehlsfolge wird eine neue gespeicherte Prozedur in einer Datenbank angelegt. Diese führt zwei T-SQL-*SELECT*-Befehle nacheinander aus. Im Gegensatz zu Skripten lassen sich Prozeduren nicht in verschiedene Batches aufteilen. Eine Prozedur stellt immer einen Befehlstapel für sich dar.

Codeblöcke

Wie in anderen Programmiersprachen auch gibt es in T-SQL die Möglichkeit eine Anzahl Anweisungen zu einem gemeinsam auszuführenden Block zusammenzufassen. Codeblöcke werden in Verbindung mit den beiden vorhandenen Kontrollstrukturen *IF* und *WHILE* eingesetzt. Ein Codeblock wird durch die Schlüsselworte *BEGIN* und *END* vom restlichen Programmtext abgegrenzt. Der folgende Codeschnipsel fasst drei Abfragen zusammen.

```
BEGIN
    SELECT * FROM Sales.Customers
    SELECT * FROM Sales.Orders
    SELECT * FROM Sales.OrderDetails
END
```

Listing 11.3 Codeblock mit BEGIN und END

Kommentare

Zu einem Programmtext gehören selbstverständlich auch beschreibende Kommentare. Diese kommen in T-SQL in zwei »Geschmacksrichtungen« vor: Es gibt Zeilenkommentare und Blockkommentare. Die Anwendung ist schnell erklärt. Alles, was sich in einer Programmzeile hinter einem doppelten Minuszeichen (--) befindet, wird ignoriert. Der Kommentar reicht bis zum Zeilenumbruch, die nächste Zeile ist wieder ganz normaler Programmtext. Das sieht dann so aus:

```
SELECT * FROM Sales.Customers      -- alle Kunden besorgen
SELECT * FROM Products.Articles    -- alle Artikel besorgen
```

Listing 11.4 Zeilenkommentare

Einen Blockkommentar beginnen Sie mit der Zeichenfolge /* und beenden ihn mit der Zeichenfolge */. Er kann sich über beliebig viele Zeilen erstrecken, muss aber spätestens am Ende des Batch abgeschlossen sein, sonst generiert der Server einen Syntaxfehler. Natürlich kann ein Blockkommentar auch innerhalb einer Zeile begonnen und wieder beendet werden. Folgendes Beispiel zeigt die Verwendung:

```
SELECT * FROM Sales.Customers

/*
Damit haben wir uns alle Kunden besorgt.
Sic!
*/

SELECT * FROM Sales.Orders
```

Listing 11.5 Blockkommentar

Vermeiden Sie es, einen Blockkommentar in einem anderen Blockkommentar zu verschachteln. Dies könnte zwar in bestimmten Situation beim Testen nützlich sein, um Codeblöcke auszukommentieren, jedoch kommt SQL Server damit leider gar nicht gut zurecht und liefert schwer interpretierbare Ergebnisse.

Meldungen mit PRINT

Der Befehl *PRINT* ist dafür geeignet, auf dem Server Meldungen zu generieren, die vom Client ausgewertet werden können. Beispielsweise stellt der T-SQL-Editor diese Nachrichten im Register *Meldungen* des Ergebnisfensters dar. Auf diese Art und Weise können in größeren Skripten und Prozeduren Hinweise zur Ausführung generiert werden, die dann beim Ablauf als Protokoll zur Verfügung stehen, um damit Fehlern auf die Schliche zu kommen.

Wie Sie auf dem SQL Server mit *PRINT* generierte Meldungen in der Clientprogrammierung abfangen können, ist von der verwendeten Datenschnittstelle abhängig. ODBC kann beispielsweise ohne Probleme zwischen Fehlermeldungen und Informationsmeldungen unterscheiden. Führen Sie auf dem Server das Kommando *PRINT* aus, dann erhält der Client einen Returncode vom Typ ODBC-*SQL_SUCCESS_WITH_INFO*. Allgemeine OLE DB-Anbieter unterscheiden nicht zwischen Fehler- und Informationsmeldungen. Ganz anders der native SQL-Client-Anbieter. Bei diesem führen nur die »echten« Server-Fehlermeldungen zur einer *SQLException*. In ADO.NET können Sie *PRINT*-Meldungen über das Einrichten eines *InfoMessage*-Ereignisbehandlers abfangen. Die Anwendung von *PRINT* ist serverseitig sehr simpel:

```
PRINT 'Hallo Welt!'
```

Listing 11.6 Meldung mit PRINT

Das Ergebnis sieht im T-SQL-Editor-Meldungsfenster dann so aus, wie in Abbildung 11.1 zu sehen.

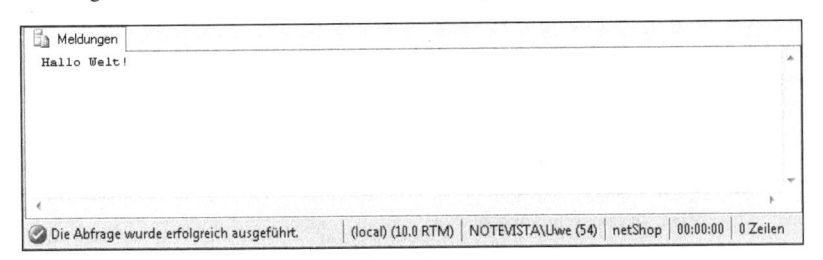

Abbildung 11.1 Ausgabe von PRINT im Abfrageeditor

Auch die Syntax bereitet keinerlei Probleme:

```
PRINT msg_str | @local_variable | string_expr
```

PRINT verarbeitet alles, was so als Text daherkommt. Eine Variable, eine Funktion oder ein Ausdruck werden von dem Befehl akzeptiert, solange sie einen Wert in einem der Text-Datentypen zurückliefern (*varchar*, *char* etc.). Wie allgemein in T-SQL üblich, muss ansonsten mittels der Funktion *CAST* explizit konvertiert werden:

```
PRINT CAST ( @intCustomerID AS varchar(10) )
```

Mehr zum Thema Konvertierung von Datentypen erfahren Sie in Kürze.

> **TIPP** Prinzipiell ist es auch möglich, via *SELECT* Texte an den Client zu schicken. Das folgende Mini-Beispiel zeigt das:
>
> ```
> SELECT 'Hallo Welt!'
> ```

Auf dem Client kommt der Text in diesem Fall als Ergebnismenge an. Genauer: als Ergebnismenge, die aus genau einer einzelnen Zeile und einer einzelnen Spalte besteht. Ein *InfoMessage*-Event wird natürlich nicht gefeuert. Die Textmeldung lässt sich in ADO.NET hervorragend mit der Funktionsmethode *ExecuteScalar()* eines *Command*-Objekts entgegennehmen.

Verwendung von Variablen

Es geht weiter mit den wichtigsten Elementen einer Programmiersprache, den Variablen. Diese müssen in T-SQL vor ihrer Verwendung deklariert werden. Dabei wird der Datentyp festgelegt, der einem jener möglichen T-SQL-Datentypen entspricht, die Sie auch für die Definition einer Tabellenspalte einsetzen können. Einige Datentypen wie *varchar* oder *varbinary* erfordern die zusätzliche Festlegung des maximalen Speicherplatzes. Die Vereinbarung der Variablen kann an einer beliebigen Stelle in einem SQL-Programmtext erfolgen, muss aber natürlich vor dem Einsatz der Variablen passiert sein – nichts Besonderes an dieser Stelle. Der Übersichtlichkeit halber empfiehlt es sich, die verwendeten Variablen am Anfang des Batch oder der Prozedur zu vereinbaren. Die Benennung von Variablen ist im Prinzip frei, jedoch muss ein Variablenname immer von einem »@« eingeleitet werden. Auf diese Art unterscheidet der Server Variablen und andere Objekte – nicht gerade elegant, die Analyse von T-SQL-Programmtexten wird durch diesen Trick allerdings noch mal schneller. Ansonsten sind die SQL Server-Namensregeln einzuhalten. Dies ist die Syntax einer Variablendeklaration mit dem Schlüsselwort *DECLARE*:

```
DECLARE @local_variable data_type [ ,...n ]
```

Mit den folgenden Befehlen werden zwei Variablen deklariert:

```
DECLARE @CountCustomers int
DECLARE @Customername varchar(50)
```

Listing 11.7 Deklaration lokaler Variablen

Der Gültigkeitsbereich von benutzerdefinierten T-SQL-Variablen ist immer lokal und bezieht sich auf den umgebenden Batch beziehungsweise die gespeicherte Prozedur. Außerhalb des definierenden Befehlsstapels ist die Variable unbekannt. Diese Tatsache ist bei der Skriptprogrammierung bisweilen etwas lästig, stört aber beim Einsatz von Prozeduren nicht weiter. Es folgen ein paar wichtige Hinweise zur Arbeit mit Variablen:

- Es ist möglich, eine Variable gleich bei der Deklaration mit einem Wert zu belegen
- Variablen, die noch nicht initialisiert wurden, haben den Wert *NULL*
- Es gibt nur einfache Variablen: Arrays (Felder) und Records (zusammengesetzte Typen) sind in T-SQL nicht bekannt. Auf den ersten Blick eine Einschränkung, aber in der Server-»Denke« eine sinnvolle. SQL Server 2008 stellt Ihnen zwei Alternativen zur Verfügung. Und diese werden in den nächsten beiden Punkten erklärt.
- Sie können jederzeit eine lokale Variable in einem CLR-basierten Benutzerdatentyp deklarieren und auf diese Weise strukturierte Informationen verwenden. Die Möglichkeiten, die daraus entstehen, sind faszinierend. Der Haken an der Sache ist der Aufwand, der dafür betrieben werden muss. Außerdem kann die Performance darunter leiden.
- Zu den SQL Server-Systemdatentypen gehört auch *table*. Diesen Typ können Sie verwenden, um Aufgaben zu erledigen, die in einer anderen Programmierumgebung ein Fall für strukturierte Arrays sind. In einer relationalen Datenbankumgebung stellt der *table*-Typ eine ganz natürliche Möglichkeit für die Verwaltung von dynamischen temporären Informationen dar.

Im Gegensatz zu den benutzerdefinierten Variablen, die nur lokal verwendet werden dürfen, gibt es globale Variablen, die vom System vordefiniert sind. Diese Variablen stehen in jedem Kontext zur Verfügung. Sie dienen in der Regel zur Abfrage von Serverparametern, dem Auffangen von Fehlercodes und ähnlichen Dingen. Der folgende Skriptausschnitt stellt ein paar Variablen vor, die Kommentare beschreiben den Einsatz:

```
SELECT @@idle
-- Idle-Zeit des Servers in ms
SELECT @@version
-- Installierte Server-Version mit Service Pack
SELECT @@langid
-- Sprache der Server-Installation
SELECT @@packet_errors
-- Übertragungsfehler seit dem Starten der Instanz
SELECT @@error
-- Fehlercode des letzten ausgeführten Befehls
```

Listing 11.8 Globale Systemvariablen

Die Belegung von Variablen mit Werten erfolgt (leicht anachronistisch) über ein spezielles Kommando: *SET*. Die Syntax des Befehls sieht so aus:

```
SET @lokale_variable = ausdruck
```

Auf das Schlüsselwort *SET* folgt der Variablenname und nach dem Zuweisungsoperator = der Ausdruck, der den Wert für die Variable liefert. Dieser kann auf unterschiedlichste Art und Weise gebildet werden: Konstanten, Variablen, Ausdrücke mit Konstanten, Variablen, Operatoren und Funktionen etc., eben ganz so, wie man das bei einer prozeduralen Sprache erwartet. Wichtig ist nur, dass der Datentyp des Ausdrucks mit dem Datentyp der lokalen Variablen kompatibel ist. Da sind bei SQL Server enge Grenzen gesetzt. In vielen Fällen werden Sie mit einer der beiden Systemfunktionen *CAST* oder *CONVERT* eine explizite Konvertierung vornehmen müssen. Darüber hinaus ist es aber auch möglich, SQL-Unterabfragen einzusetzen, die genau einen Wert zurückliefern. Folgendes Codebeispiel zeigt verschiedene Möglichkeiten für die Wertebelegung von lokalen Variablen:

```
DECLARE @Customername varchar(50) = 'Nobody'
DECLARE @CountCustomers int = 0

SET @Customername = 'Müller'
PRINT @Customername

SET @CountCustomers = ( SELECT COUNT(*) FROM Sales.Customers )
PRINT @CountCustomers
```

Listing 11.9 Wertebelegung für lokale Variablen

Die beiden Variablen werden im Skkriptbeispiel bei ihrer Deklaration jeweils mit Standardwerten vorbelegt. Anschließend wird die Variable *@Customername* wird direkt mit einem konstanten Textwert belegt. *@CountCustomers* dagegen bekommt den Inhalt durch eine Abfrage – genauer: eine skalare Unterabfrage – zugewiesen. Unterabfragen lassen sich hervorragend einsetzen, um Variablen mit Werten zu füllen. Sie dürfen in Verbindung mit einer Wertzuweisung allerdings nur einen einzelnen Wert zurückliefern.

Eine ausgesprochen praktische Angelegenheit ist das direkte Füllen von Variablen in der *SELECT*-Liste einer Abfrage. Damit können mehrere Variabl   en auf einen Schlag durch eine Abfrage gefüllt werden. Sie fügen dazu die Wertzuweisung direkt in die *SELECT*-Liste ein, in diesem Fall ohne das Schlüsselwort *SET*. Die Datentypen der Spalte und der Variablen müssen zueinander kompatibel sein.

```
DECLARE @vchrCustomerName varchar(50)
DECLARE @vchrCustomerCity varchar(50)
DECLARE @vchrCustomerTelephone varchar(20)
```

```
SELECT
    @vchrCustomerName = Name_2,
    @vchrCustomerCity = City,
    @vchrCustomerTelephone = Telephone
FROM
    Sales.Customers
WHERE
    ID = 1
PRINT @vchrCustomerName
PRINT @vchrCustomerCity
PRINT @vchrCustomerTelephone
```

Listing 11.10 Variablenbelegung durch SELECT

Auf diese Art und Weise können mehrere Werte aus einer Datenzeile sehr ökonomisch in einen Satz von Variablen übernommen werden. Im Gegensatz zu einer Variante, die Unterabfragen verwendet, wird die Abfrage dabei nur ein einziges Mal ausgeführt. Übrigens müssen Sie sich entscheiden, was die Verwendung des *SELECTs* angeht: Entweder Sie geben damit eine Ergebnismenge an einen Client zurück oder Sie verwenden es für die Variablenbelegung. Mischen können Sie die Varianten nicht.

Einsatzmöglichkeiten von lokalen Variablen

Nachdem Sie wissen, wie Variablen deklariert und mit Werten belegt werden, stelle ich jetzt die Stellen vor, an denen diese in Programmtexten verwendet werden können, um einen Wert zu übergeben. Dass Variablen innerhalb eines T-SQL-Ausdrucks verwendet werden können, dürfte keine Überraschung darstellen. Der nächste Codeschnipsel zeigt ein einfaches Beispiel:

```
DECLARE @vchrCustomerLastName varchar(25)
DECLARE @vchrCustomerFirstName varchar(25)
DECLARE @vchrCustomerFullName varchar(50)

SET @vchrCustomerLastName = 'Müller'
SET @vchrCustomerFirstName = 'Peter'

SET @vchrCustomerFullName =
    @vchrCustomerLastName + ', ' + @vchrCustomerFirstName

PRINT @vchrCustomerFullName
```

Listing 11.11 Variablen in Ausdrücken

Der Wert der Variablen *@vchrCustomerFullName* wird also aus dem Inhalt zweier anderer Variablen und einer Textkonstanten gebildet. Während dieses Beispiel nun nicht gerade besonders aufregend ist, eröffnet die direkte Verwendung von Variablen in SQL-Befehlen eine Reihe sehr praktischer Einsatzmöglichkeiten. In einem *SELECT*-Befehl kann eine Variable sowohl in der *SELECT*-Liste als auch in der *WHERE*-Klausel verwendet werden.

```
DECLARE @intCatalogID int
DECLARE @monPricePlus money

SET @intCatalogID = 1
SET @monPricePlus = .5

SELECT
    ID, Code, Name, Price + @monPricePlus AS newPrice
FROM
```

```
    Products.Articles
WHERE
    CatalogID = @intCatalogID
```

Listing 11.12 Variablen in einem SELECT-Befehl

Die Variable *@monPricePlus* wird in einem Ausdruck der *SELECT*-Liste verwendet, um einen korrigierten Preis anzuzeigen; die Variable *@intCatalogID* dient der Auswahl der betroffenen Datensätze. In einer realen Programmierung werden die Variablen natürlich nicht direkt mit einem Wert belegt, sondern durch Parameter oder berechnete Werte.

Leider (leider, leider!) ist es nicht möglich, Variablen für die Angabe eines Tabellennamens in einem *SELECT*-Kommando oder einer Spalte in einer *ORDER BY*-Klausel zu verwenden. Ginge dies, dann wäre es möglich, sehr flexible SQL-Befehle zu konstruieren. Falls Sie eine Möglichkeit suchen, so etwas umzusetzen, dann lesen Sie bitte weiter hinten in diesem Kapitel nach: Dort wird der *EXECUTE*-Befehl beschrieben, der einen Ausweg in Form von dynamisch konstruierten T-SQL-Befehlen bietet.

Generell gilt die folgende Aussage, wenn es um den Einsatz von Variablen in T-SQL-Befehlen geht: Variablen dürfen dort verwendet werden, wo auch T-SQL-Ausdrücke erlaubt sind. Es folgen zwei Beispiele für *INSERT*- und *UPDATE*-Befehle:

```
DECLARE @intID int, @intCatalogID int, @vchrCode varchar(10), @vchrName varchar(50), @monPrice
smallmoney

SET @intCatalogID = 1
SET @vchrCode = '4711'
SET @vchrName = 'Hokkaido'
SET @monPrice = 1.2

INSERT Products.Articles
( CatalogID, Code, Name, Price )
VALUES
( @intCatalogID, @vchrCode, @vchrName, @monPrice )
```

Listing 11.13 Variablen in einem INSERT-Kommando

```
DECLARE @decFactor decimal(4,2)
SET @decFactor = 1.1

UPDATE Products.Articles
    SET Price = Price * @decFactor
```

Listing 11.14 Variablen in einem UPDATE-Kommando

Vordefinierte Systemvariablen

Neben den benutzerdefinierten lokalen Variablen gibt es eine Anzahl vordefinierter Variablen, die global in jeder Benutzerverbindung und jedem Gültigkeitsbereich zur Verfügung stehen. Diese Variablen werden durch ein doppeltes @-Zeichen im Präfix gekennzeichnet. SQL Server stellt Ihnen in diesen Variablen wertvolle Informationen zur Verfügung, die Sie gut in Ihren T-SQL-Programmen gebrauchen können. In der Tabelle 11.1 habe ich ein paar der nützlichsten Systemvariablen für Sie zusammengestellt. Anschließend folgen einige Anwendungsbeispiele.

An dieser Stelle ein kleiner Hinweis in eigener Sache: In der SQL Server-Online-Dokumentation werden die Systemvariablen seit SQL Server 2000 unter den Funktionen geführt. Allein schon die Art und Weise, wie die Variablen benutzt werden, zeigt, dass dies eigentlich nicht korrekt ist. Ich bleibe daher beim Begriff der (globalen) Systemvariable und hoffe weiterhin auf Besserung.

Systemvariable	Bedeutung
@@DBTS	Gibt den nächsten Timestamp-Wert zurück, den der SQL Server vergeben wird
@@ERROR	Liefert den letzten Ausführungscode einer T-SQL-Anweisung zurück
@@IDENTITY	Liefert den zuletzt von SQL vergebenen Wert für eine Spalte mit der Eigenschaft IDENTITY zurück
@@LANGID	Zeigt die Sprach-ID für die Benutzerverbindung an
@@LANGUAGE	Damit kann die aktuell eingestellte Sprache für eine Verbindung abgefragt werden
@@LOCK_TIMEOUT	Liefert die eingestellte Sperren-Wartezeit für eine Verbindung
@@MAX_PRECISION	Liefert die maximal mögliche Genauigkeit für die Datentypen decimal (bzw. numeric) zurück.
@@ROWCOUNT	Damit kann abgefragt werden, wie viele Ergebniszeilen von der Ausführung einer Abfrage betroffen waren
@@SERVERNAME	Gibt den Servernamen aus
@@SERVICENAME	Liefert die Bezeichnung für den Registrierschlüssel zurück, unter welcher diese Instanz von SQL Server zu finden ist
@@VERSION	Damit kann die installierte SQL Server-Version sowie die Version des Betriebssystems abgefragt werden, unter der SQL Server läuft

Tabelle 11.1 Globale Systemvariablen

Allen Systemvariablen ist gemeinsam, dass sie nur gelesen und nicht gesetzt werden können. Die meisten Variablen liefern allgemeine Einstellungen der Verbindung oder des Servers zurück. Ein gutes Beispiel dafür ist die @@VERSION-Variable. Mit dieser kann man Informationen zur installierten SQL Server-Software abfragen. Dies lässt sich für Fernwartungsaufgaben leicht in eigene Applikationen einbauen:

```
SELECT @@version
```

Listing 11.15 Abfragen der Serverversion

Dieser kurze SQL-Befehl liefert auf meinem PC im T-SQL-Editor die Ausgabe:

```
Microsoft SQL Server 2008 - 10.0.1600.22 (Intel X86)
    Jul 9 2009 14:43:37
    Copyright (c) 1988-2008 Microsoft Corporation
    Developer Edition on Windows NT 6.0 (Build 6001: Service Pack 1)
```

Aus der Ausgabe lässt sich Version und Service Pack der installierten Betriebssystemsoftware direkt ablesen. Bei SQL Server ist die Information zum installierten Service Pack in der Versionsnummer eingebaut. Die Sub-Release-Nummer steht für das erste öffentliche Release von SQL Server in der Version 10.0. Informationen darüber, wie Sie aus der Versionsnummer auf das Service Pack schließen können, erhalten Sie jederzeit auf den Webseiten von Microsoft.

TIPP Wenn Sie die Versionsinformationen in relationaler Form benötigen, also als Ergebnistabelle, dann können Sie dazu das T-SQL-Kommando *SELECT SERVERPROPERTY('productversion'), SERVERPROPERTY ('productlevel'), SERVERPROPERTY ('edition')* einsetzen. Die aus älteren Versionen des Servers bekannte Systemprozedur *xp_ver* existiert nicht mehr.

Sehr nützlich ist die *@@IDENTITY*-Variable, mit deren Hilfe Sie nach dem Einfügen eines neuen Wertes in eine Tabelle mit Identity-Spalte den zuletzt von SQL Server generierten Wert abfragen und weiter verarbeiten können (siehe auch Kapitel 10 »Daten manipulieren«). Das folgende T-SQL-Beispiel demonstriert, wie man dies ausnutzen kann, um in *netShop* nach dem Einfügen eines neuen Auftragsdatensatzes (Tabelle *Customers*) die Auftragsdetails in der abhängigen Tabelle (*OrderDetails*) zu aktualisieren. In der netShop-Beispieldatenbank ist für die Spalte *ID* in der Tabelle *Orders* die Eigenschaft *Identity (1,1)* gesetzt. Mit jedem *INSERT* wird ein neuer Wert von SQL Server generiert.

```
DECLARE @intOrderID int

-- Auftrag anlegen

INSERT Sales.Orders
    (CustomerID, EmployeeID, OrderDate, ShippingCosts)
VALUES
    ( 1000, 1, '2009-06-01', 5 )

-- ID des neuen Kunden besorgen

SET @intOrderID = @@IDENTITY

-- Auftragspositionen zuordnen

INSERT Sales.OrderDetails
(OrderID, Pos, ArticleID, Quantity, UnitPrice, Discount, Tax)
VALUES
(@intOrderID, 1, 20, 10, 8, 0, 0.07)

INSERT Sales.OrderDetails
(OrderID, Pos, ArticleID, Quantity, UnitPrice, Discount, Tax)
VALUES
(@intOrderID, 2, 30, 20, 12, 0, 0.07)
```

Listing 11.16 Verwendung von @@IDENTITY

Die interessante Zeile ist in der Mitte des Codeabschnitts zu finden. Über die Zuweisung des Wertes von *@@IDENTITY* an die lokale Variable wird der neue Wert für die Kunden-*ID* zwischengespeichert. So kann in späteren Programmabschnitten eine Referenz auf den eingefügten Datensatz vorgenommen werden. Im Beispiel wird für die beiden neuen Datensätze in *OrderDetails* der *IDENTITY*-Wert als Fremdschlüssel eingetragen.

Eine weitere nützliche Systemvariable ist *@@ROWCOUNT*. Diese wird häufig in Prozeduren eingesetzt, um festzustellen, wie viele Datensätze von der Ausführung eines Befehls betroffen waren. Dies betrifft sowohl ein *SELECT* wie auch ein *UPDATE* und ebenso die weiteren Befehle der DML. *@@ROWCOUNT* muss immer direkt nach einer Abfrage eingesetzt werden, um das korrekte Ergebnis zu erhalten.

Viele SQL Server-Clients wie beispielsweise der T-SQL-Editor im Management Studio oder auch Access fragen nach der Ausführung eines Kommandos genau diese Variable ab, um dem Benutzer eine Auskunft über den Erfolg der Ausführung zu geben.

Es folgt ein einfaches Beispiel:

```
UPDATE Products.Articles
SET
    Price = Price / 1.1
PRINT @@ROWCOUNT
```

Listing 11.17 Anzeige der betroffenen Ergebnisse mit @@ROWCOUNT

Im Meldungsfenster wird der Wert 57 angezeigt, da die *netShop*-Datenbank Anfangs genau 57 Artikel enthält. Es kann in manchen Situationen wichtig sein, herauszufinden, welche Spracheinstellungen für die aktuelle Benutzerverbindung gelten. Das wird zwischen der Datenbankschnittstelle und dem Server normalerweise automatisch anhand der Regionaleinstellungen des Client-Betriebssystems ausgehandelt. Zur Kontrolle der tatsächlich benutzten Sprachversion können die folgenden T-SQL-Befehle dienen:

```
SELECT @@LANGID
SELECT @@LANGUAGE
```

Listing 11.18 Abfrage der Spracheinstellungen

Bis hier hin haben Sie T-SQL-Befehle kennen gelernt, mit denen man Variablen verarbeiten kann, Ausdrücke berechnet und Nachrichten an den Client ausgibt. Natürlich ist eine Programmiersprache noch nicht vollständig, solange alle Programme nur sequenziell ablaufen können. Es fehlen noch die Kommandos, mit denen man den Ablauf steuern kann und Verzweigungen oder Schleifen baut. Diese Befehle, es sind wahrhaftig nicht allzu viele, werden in den weiteren Abschnitten vorgestellt.

Bedingungen mit IF...ELSE

Selbstverständlich gibt es in Transact-SQL einen Befehl, mit dem Programmverzweigungen realisiert werden können. Und naheliegenderweise lautet das Schlüsselwort dafür: *IF*. Ansonsten lässt sich sagen, dass man es mit einer sehr knappen Syntax zu tun hat. Dieser fehlt das *THEN*, wie Sie es möglicherweise von Visual Basic.NET her gewohnt sind. Eine Verzweigung sieht daher in T-SQL folgendermaßen aus:

```
DECLARE @vchrZeitraum varchar(10)
SET @vchrZeitraum = '2008/1'

IF @vchrZeitraum = '2008/1'
    SELECT Count(*) FROM Sales.ORDERS
    WHERE OrderDate BETWEEN '01.01.2008' AND '30.06.2008'
ELSE
    SELECT Count(*) FROM Sales.ORDERS
    WHERE OrderDate BETWEEN '01.07.2008' AND '31.12.2008'
```

Listing 11.19 Bedingung mit IF

Diese Abfrage liefert als Ergebnis die Auftragszahlen des ersten oder zweiten Halbjahres 2008 zurück, je nachdem, ob die Zeichenketten-Variable *@vchrZeitraum* den Wert *2008/1* enthält oder nicht. Die allgemeine Syntax der Verzweigung ist simpel:

```
IF Boolean_expression
    { sql_statement | statement_block }
[ ELSE
    { sql_statement | statement_block }
```

Hinter dem Schlüsselwort *IF* folgt wie üblich ein logischer Ausdruck und danach ein beliebiger T-SQL-Befehl. Ist der logische Ausdruck gültig, hat er also den Wert *TRUE,* dann wird das T-SQL-Kommando hinter dem *IF* ausgeführt, ansonsten übersprungen. In der Online-Dokumentation ist das etwas unklar dargestellt: Der *ELSE*-Zweig wird tatsächlich angesprungen, wenn der Ausdruck *FALSE* ist, aber auch wenn er *UNKNOWN* ist. Eine genauere Untersuchung folgt weiter hinten beim Thema Vergleichsoperatoren.

Soll die Ausführung von mehr als einem Befehl von der Auswertung des Ausdrucks abhängig gemacht werden, dann müssen diese Befehle zu einem *BEGIN…END*-Block zusammengefasst werden. Das folgende Beispiel zeigt, wie das geht:

```
DECLARE @vchrZeitraum varchar(10)
SET @vchrZeitraum = '2008/1'

IF @vchrZeitraum = '2008/1'
    BEGIN
        PRINT 'Anzahl der Aufträge im ersten Halbjahr: '
        SELECT Count(*) FROM Sales.ORDERS
            WHERE OrderDate BETWEEN '01.01.2008' AND '30.06.2008'
    END
```

Listing 11.20   IF mit Block

Schreibt man dieses Beispiel ohne die Klammerung der beiden ausführbaren Zeilen durch *BEGIN* und *END,* dann ist nur die Ausführung des *PRINT*-Befehls vom Ergebnis der Bedingung abhängig. Das *SELECT* würde auf jeden Fall von SQL Server ausgeführt werden. Die Sprache T-SQL kennt keine expliziten Konstanten für die Darstellung der logischen Werte *True* und *False*. Sie müssen außerdem im Auge behalten, dass es einen dritten logischen Wert gibt – *Unknown* – der dann zutrifft, wenn ein Operand in einem Ausdruck den Datenbankwert *NULL* besitzt. Im Abschnitt über die T-SQL-Ausdrücke folgen noch weitere Informationen zu diesem Thema.

Sehr bequem ist die Verbindung des *IF*-Befehls mit einer Unterabfrage im logischen Ausdruck. In jedem T-SQL-Ausdruck können Sie ein Sub-*SELECT* direkt dort verwenden, wo ein einzelner Wert auftauchen darf. Dies sieht dann so aus:

```
IF
(   SELECT Count(*) FROM Sales.ORDERS
    WHERE OrderDate BETWEEN '01.01.2008' AND '30.06.2008' )
>
(   SELECT Count(*) FROM Sales.ORDERS
    WHERE OrderDate BETWEEN '01.07.2008' AND '31.12.2008' )
    PRINT 'Es gibt mehr Bestellungen im ersten Halbjahr!'
ELSE
    PRINT 'Es gibt mehr Bestellungen im zweiten Halbjahr!'
```

Listing 11.21   Bedingung mit Unterabfragen

Dieser T-SQL-Batch gibt einen von zwei Texten aus, je nachdem, ob es mehr Aufträge im ersten oder im zweiten Halbjahr 2008 gibt.

Sehr häufig sieht man in SQL-Skripten Konstruktionen wie die im folgenden Beispiel. Über das Abfragen einer Katalogsicht wird per Sub-*SELECT* festgestellt, ob ein bestimmtes Objekt in der Datenbank existiert. Falls ja, so wird dieses mit *DROP* entfernt (um ein anderes Objekt gleichen Namens erstellen zu können).

```
IF EXISTS(SELECT * FROM sys.objects WHERE [Name] = 'CustView')
DROP VIEW CustView
GO
CREATE VIEW CustView AS Select Code, [Name_2] FROM Sales.Customers
```

Listing 11.22 Abfrage, ob Objekt existiert

Schleifen mit WHILE

T-SQL kennt eine einfache Schleifenkonstruktion. Die Syntax ist erwartungsgemäß übersichtlich:

```
WHILE Boolean_expression
    { sql_statement | statement_block }
    [BREAK]
    { sql_statement | statement_block }
    [CONTINUE]
```

Ganz anders als in Sprachen wie Visual Basic, die verschiedene bequeme Schleifen-Konstrukte anbieten (*Do While … Loop, Do Until … Loop*), gibt es in T-SQL nur die *Während*-Schleife. Die Schleifenbedingung wird immer am Anfang geprüft. Auch hier gilt: Hat der logische Ausdruck, der auf das Schlüsselwort *WHILE* folgt, den Wert *True*, dann wird der direkt folgende T-SQL-Befehl ausgeführt – und zwar so lange, bis der logische Ausdruck nicht mehr gültig ist. Soll mehr als ein Befehl im Schleifenrumpf erscheinen, dann wird wiederum ein *BEGIN…END*-Block benötigt. T-SQL kennt die speziellen Schleifen-Befehle *BREAK* und *CONTINUE*. Mit *BREAK* kann die Schleifenverarbeitung sofort abgebrochen werden und *CONTINUE* führt einen Sprung von einer beliebigen Stelle des Schleifenrumpfs an den Schleifenanfang aus.

In der »normalen« T-SQL Programmierung kommen Schleifen eigentlich eher selten vor. Durch die Möglichkeiten des mengenorientierten SQL werden diese einfach nicht benötigt. Solange Sie eine Formulierung in SQL finden, sollten Sie eine Programmierung, wie sie im folgenden Beispiel zu sehen ist, am besten vermeiden. T-SQL-Befehle arbeiten um Größenordnungen schneller als die schnellste Programmschleife.

```
DECLARE @intCustomerID int
DECLARE @intMaxCustomerID int

SET @intCustomerID = 1
SET @intMaxCustomerID = ( SELECT COUNT(*) FROM Sales.Customers )

WHILE @intCustomerID <= @intMaxCustomerID
   BEGIN
      SELECT Code, Name_2
      FROM Sales.Customers WHERE [ID] = @intCustomerID
      SET @intCustomerID = @intCustomerID + 10
   END
```

Listing 11.23 Schleife mit WHILE

Durch dieses SQL-Skript werden die Daten jedes zehnten Kunden ausgegeben. So etwas ist in »normalem« SQL zumindest nicht ganz einfach zu formulieren. Im Skript werden zunächst einmal zwei Variablen definiert: eine Laufvariable für die Schleife und eine Variable, über die die Obergrenze für den Schleifendurchlauf festgelegt werden kann. Diese wird per Unterabfrage mit der Anzahl der Datensätze in der *Customers*-Tabelle vorbelegt (klappt natürlich nur dann richtig, wenn es keine Lücken in der *ID*-Spalte gibt). Innerhalb des Schleifenrumpfs finden dann die Ausgabe von Kundendaten und das Weitersetzen des Zählers statt.

Richtig gut können Sie die T-SQL *WHILE*-Schleife in Verbindung mit der Programmierung so genannter Cursor einsetzen. Dort kommen Sie ohne das Kommando nicht aus. In Kapitel 19, welches T-SQL-Cursor behandelt, finden Sie alles Wissenswerte darüber.

Sprünge mit GOTO

Klar – ein *GOTO* sollte man in einer strukturierten Programmierung nicht verwenden. Man muss es niemandem mehr erklären: »Sprünge« sollten in einem ordentlichen Programm nicht vorkommen. Es gab in T-SQL bis zur Version 2000 tatsächlich auch nur eine einzige »Entschuldigung« für den Einsatz von *GOTO*: die Konstruktion von zentralen Fehlerbehandlungsroutinen in Prozeduren. Mit SQL Server 2008 zählt auch diese Entschuldigung nicht mehr. Es gibt endlich die Möglichkeit einer strukturierten Fehlerbehandlung.

Nur zur Vollständigkeit: Dies ist die Syntax für die Deklaration einer Sprungmarke:

```
label:
```

Und dies ist die Syntax für die Verwendung des *GOTO*-Kommandos:

```
GOTO label
```

Ein kleines historisches Beispiel sieht folgendermaßen aus:

```
UPDATE Customers SET Code = '00010' WHERE [ID] = 100
IF @@Error <> 0 GOTO ErrorHandler
…
RETURN

ErrorHandler:

    PRINT 'Fehler beim Ändern von Kundendaten!'
    RETURN
```

So – und nun vergessen Sie das alles sofort wieder!

Dynamische Befehlsausführung mit EXECUTE

Es gibt immer mal wieder Situationen in der T-SQL-Programmierung, in denen man sich wünscht, dass über T-SQL-Variablen nicht nur die Inhalte einer *SELECT*-Liste oder einer *WHERE*-Klausel, sondern auch die abgefragten Tabellen, die Sortierfolge, die Art der Verknüpfung zwischen Tabellen etc. beeinflussbar wären. Mit anderen Worten: Es wäre nützlich, wenn man ganze SQL-Befehle dynamisch ausführen könnte.

Mit dem Kommando *EXECUTE* (beziehungsweise *EXEC*) kann man einerseits gespeicherte Prozeduren aufrufen, andererseits aber auch Zeichenketten (also *varchar*-Variablen) als eine T-SQL-Befehlsfolge interpretieren lassen. Diese dynamische Konstruktion von T-SQL-Befehlen ist ein ausgesprochen beliebter Ansatz für das Schreiben von Prozeduren und Funktionen auf dem Server, die variabel auf unterschiedlichen Tabellen oder Spalten arbeiten sollen, unterschiedliche Sortierungen durchführen sollen – kurz universell einsetzbar sein sollen. Die Interpretation von Zeichenketten als T-SQL-Kommandos kommt meistens dort ins Spiel, wo dem Einsatz von lokalen Variablen durch die restriktive T-SQL-Syntax Grenzen gesetzt sind. Das ist leider sehr häufig der Fall: Es können eben in der *SELECT-* oder *ORDER BY*-Klausel keine Tabellennamen oder Spaltennamen dynamisch durch eine Variable angegeben werden.

Für diese Verwendung von *EXEC* verändert sich die Syntax des Befehls nur ganz leicht.

```
EXEC [ UTE ] ( { @string_variable | [N] 'tsql_string' } [+ ...n] )
```

An *EXEC* werden also eine (oder mehrere) Zeichenkettenvariable oder auch Konstante übergeben. Der wesentliche Unterschied zum Aufruf einer gespeicherten Prozedur besteht im Einschluss der Argumente in runde Klammern. So sieht ein Beispiel aus:

```
EXEC ( 'SELECT * FROM Sales.Customers ORDER BY [ID] ASC' )
```

Listing 11.24 Ausführung einer Zeichenketten-Konstante als T-SQL-Befehl

Natürlich macht es in den allermeisten Situationen keinen Sinn, einfach eine Konstante zu übergeben. Das Kommando wird in der Regel aus verschiedenen Bestandteilen zusammengebaut. Der nächste T-SQL-Befehlsstapel stellt vor, wie das geht.

```
-- @Modus und @Sort seien Parameter einer SP
-- die ganzzahligen Argumente könnten aus einer .NET-Enumeration stammen
-- das wird hier simuliert...
DECLARE @Modus int
DECLARE @Sort int

SET @Modus = 1
SET @Sort = 2

DECLARE @SQL varchar(1000)

DECLARE @Table sysname              -- der Name der Tabelle
DECLARE @OrderBy varchar(100)       -- die Sortierfolge

IF @Modus = 1
    SET @Table = 'Sales.Customers'
ELSE
    SET @Table = 'Sales.Archive_Customers'

IF @Sort = 1
    SET @OrderBy = 'ASC'
ELSE
    SET @OrderBy = 'DESC'
SET @SQL = 'SELECT * FROM ' + @Table + ' ORDER BY [ID]' + @OrderBy

EXEC ( @SQL )
```

Listing 11.25 Dynamische Konstruktion eines SELECT-Kommandos

In diesem Beispiel werden der Tabellenname und die Sortierrichtung in Abhängigkeit von anderen Werten festgelegt. Besonders sinnvoll ist dieses Vorgehen innerhalb einer gespeicherten Prozedur. Dieser können die steuernden Kriterien dann als Parameter übergeben werden. Für kleinere Codeabschnitte, wie den hier vorgestellten, ist die Verwendung von *EXEC* gut geeignet, um die Unzulänglichkeiten von T-SQL auszubügeln. Es gibt aber auch Nachteile. Längere Codeabschnitte auf diese Art und Weise zu generieren wird sehr schnell unübersichtlich und fehlerträchtig. Da bietet sich dann als gute Alternative der Einsatz von serverseitigem .NET-Code an, da mit diesem umfangreiche dynamische Prozeduren sauberer implementiert werden können. Der zweite Haken besteht in der Tatsache, dass der dynamische T-SQL-Code in einer neuen Benutzerverbindung läuft und so temporäre Objekte, die in diesem erzeugt werden, nicht in der aufrufenden Prozedur sichtbar sind.

> **TIPP** Es gibt noch einen weiteren, aber nicht so schwer wiegenden Haken bei der Arbeit mit *EXEC*: Sie können sich im Management Studio den geschätzten Ausführungsplan nicht anzeigen lassen. Es ist jedoch problemlos möglich, den tatsächlich benutzten zu betrachten. Schalten Sie die entsprechende Funktion über *Abfrage / Tatsächlichen Ausführungsplan einschließen* ein. Dann erhalten Sie zusammen mit Ihrem Abfrageergebnis den grafischen Plan angezeigt.

Die Verarbeitung mit RETURN beenden

Das Kommando *RETURN* beendet einen T-SQL-Befehlsstapel oder eine T-SQL-Prozedur. In benutzerdefinierten Funktionen wird *RETURN* gleichzeitig eingesetzt, um den Rückgabewert an den Aufrufer auszuliefern. *RETURN* wird häufig in Verbindung mit der Fehlerbehandlung eingesetzt. Batches können abgebrochen werden, wenn die Verarbeitung nicht sinnvoll erscheint:

```
IF NOT EXISTS (SELECT * FROM Sales.Customers)
BEGIN
    PRINT 'Es gibt eine Kundendaten - Verarbeitung wird gestoppt!'
    RETURN
END
```

Listing 11.26 Batch durch RETURN abbrechen

Mit *RETURN* wird der Batch abgebrochen, in dem sich der Befehl befindet. Gibt es noch weitere Batches im ausgeführten SQL-Skript, dann wird die Ausführung mit diesen weiter fortgesetzt. Wird *RETURN* innerhalb einer gespeicherten Prozedur verwendet (nur da!), dann kann dem Befehl eine ganze Zahl als Ergebnis mitgegeben werden. Dieser Wert lässt sich per *ADO.NET* auf dem Client auswerten – als Parameter vom Typ *Return*.

SET-Anweisungen

Das Schlüsselwort *SET* haben Sie in diesem Kapitel bereits als Befehl kennen gelernt, mit dem einer lokalen Variablen ein Wert zugewiesen wird. *SET* führt allerdings, wie andere T-SQL-Schlüsselworte auch, ein Doppelleben. Mit der zweiten Form von *SET* legen Sie Einstellungen für die aktuelle SQL Server-Sitzung fest. Unter den so genannten *SET*-Optionen befinden sich Einstellungen bezüglich der Verarbeitung von Sperren und Transaktionen, allgemeine Festlegungen zur Verarbeitung von Anweisungen und Festlegungen zur Einhaltung der SQL-92-Kompatibilität. Mit dem folgenden T-SQL-Befehl legen Sie beispielsweise fest, dass SQL Server die Ergebnisdatensätze nicht zählen soll:

```
SET NOCOUNT ON
SELECT * FROM Sales.Customers
```

Listing 11.27 SET NOCOUNT ON unterdrückt die Anzeige der Anzahl der Datensätze

Lassen Sie diese Anweisung im T-SQL-Editor laufen und führen Sie anschließend im gleichen Fenster ein beliebiges *SELECT* aus, so werden Sie feststellen, dass die Ergebnisdatensätze zwar wie üblich angezeigt werden, aber die sonst übliche Ausgabe der Anzahl verarbeiteter Datensätze im Ergebnisfenster unterbleibt. *SET NOCOUNT* wird häufig im Zusammenhang mit gespeicherten Prozeduren und Triggern eingesetzt, um zu vermeiden, dass sich ein Client durch die zusätzliche Ausgabe der Anzahl irritieren lässt. In den entsprechenden Kapiteln erfahren Sie mehr darüber. Natürlich können Sie das Zählen auch wieder einschalten:

```
SET NOCOUNT OFF
```

Listing 11.28 NOCOUNT ausschalten

Damit haben Sie auch schon das Muster für das Aktivieren und Deaktivieren von *SET*-Optionen kennen gelernt. Dass sich eine *SET*-Option tatsächlich nur auf die aktuelle Server-Verbindung bezieht, können Sie leicht dadurch überprüfen, dass Sie ein neues Fenster im T-SQL-Editor öffnen (damit erzeugen Sie bekanntlich eine neue Verbindung) und die *SELECT*-Abfrage noch einmal ausführen. Sie erhalten wieder die üblichen Meldungen inklusive Datensatzanzahl.

Beim Setzen von Verbindungsoptionen müssen Sie auf einige Randbedingungen achten. Die wichtigsten habe ich hier zusammengestellt:

- Verwenden Sie das *SET*-Kommando innerhalb einer gespeicherten Prozedur, dann gelten die gesetzten Einstellungen nur während der Laufzeit der Prozedur. Nach Beendigung derselben vergisst SQL Server die neuen Werte wieder.
- *SET*-Einstellungen sind mächtiger als die voreingestellten Datenbankoptionen. Diese können also mit einem *SET* temporär außer Kraft gesetzt werden.
- Werden innerhalb einer Datenbankverbindung Einstellungen mit *SET* vorgenommen, dann gelten diese auch für Objekte, die über T-SQL-Befehle in *anderen* Datenbanken angesprochen werden (also bei Verwendung der Syntaxform *Datenbankname.Schemaname.Objektname*).

Es folgen einige beispielhafte *SET*-Optionen. Weitere finden Sie an verschiedenen Stellen dieses Buchs und die komplette Liste natürlich in der Online-Hilfe zu SQL Server.

Option	Anwendung	Beispiel
SET DATEFIRST	Legt fest, mit welchem Tag die Woche in Datumsberechnungen beginnen soll	*SET DATEFIRST 1* bestimmt den Montag als ersten Tag der Woche
SET DATEFORMAT	Legt die Reihenfolge der Datumsbestandteile fest, die bei der Eingabe von Datumsangaben verwendet werden soll	*SET DATEFORMAT dmy* legt die Reihenfolge auf Tag, Monat, Jahr fest, sodass ein Datum in der Art *31.01.2006* angegeben werden kann
SET IDENTITY_INSERT	Legt fest, ob in eine Tabellenspalte mit der Eigenschaft IDENTITY Werte explizit eingefügt werden dürfen	*SET IDENTITY_INSERT customers ON* schaltet das Einfügen in die IDENTITY-Spalte für die Tabelle Customers ein
SET TEXTSIZE	Legt fest, wie viele Byte in einem einzigen Feld des Datentyps *text* vom Server zurückgegeben werden	*SET TEXTSIZE 0* setzt die maximale Anzahl Bytes auf den Standardwert (4 KByte) zurück
SET ROWCOUNT	Legt eine Obergrenze für die Anzahl der vom Server bearbeiteten Ergebnisdatensätze fest	*SET ROWCOUNT 100* beendet die Verarbeitung der nachfolgenden Befehle nach dem hundertsten Datensatz (gilt auch für Datenänderungen)
SET ANSI_DEFAULTS	Legt fest, ob sich SQL Server in dieser Sitzung möglichst ANSI-konform verhalten soll	*SET ANSI_DEFAULTS ON* schaltet die wesentlichen ANSI-Optionen ein

Tabelle 11.2 SET-Optionen

Ausdrücke in T-SQL

In diesem Buch war schon des Öfteren von T-SQL-Ausdrücken die Rede. Da es in diesem Kapitel um T-SQL als Programmiersprache geht, ist es an der Zeit, einmal genauer zu betrachten, wie ein solcher Ausdruck eigentlich genau aussehen darf. Wie in allen anderen Sprachen ist ein T-SQL-Ausdruck ein Gebilde, das aus Elementen (genauer: Symbolen) besteht, die einen Wert liefern können. Es folgt die Syntax für einen T-SQL-Ausdruck:

```
{ constant
    | scalar_function
    | [ alias. ] column
    | local_variable
    | ( expression )
    | ( scalar_subquery )
    | { unary_operator } expression
    | expression { binary_operator } expression }
```

Ein einfacher Ausdruck besteht aus einer Konstanten, Funktion, Tabellenspalte oder Unterabfrage. Die Anwendung von Funktionen und Unterabfragen ist auf diejenigen eingeschränkt, die einen einzelnen Wert zurückliefern. Man spricht hier von skalaren Funktionen oder Unterabfragen. Diese elementaren Ausdrücke können miteinander kombiniert werden, sodass komplexere Gebilde entstehen, die wiederum einen Wert liefern. Die Verknüpfung wird von Operatoren übernommen.

Operatoren

T-SQL verfügt über eine reiche Auswahl von Operatoren. Viele werden Ihnen aus Ihrer gewohnten Programmiersprache bekannt vorkommen. Einige haben auf dem SQL Server andere Symbole und wieder andere gibt es nur auf dem Server. An dieser Stelle bekommen Sie eine vollständige Übersicht geliefert. Wo es notwendig erscheint, wird die Anwendung durch ein Beispiel demonstriert.

Mathematische Operatoren

Hier gibt es keine Besonderheiten. Die mathematischen Operatoren sehen ganz vertraut aus. Denken Sie daran: Werden in einem arithmetischen Ausdruck Werte eingesetzt sind, die von einem der »ungefähren« numerischen Typen (*float*, *real*) sind, dann kommt es sehr schnell zu Rundungsproblematiken. Sind die beteiligten Operatoren von unterschiedlichen Datentypen, dann wird der Operator, dessen Datentyp-Rang niedriger ist, in den Typ vom höheren Rang konvertiert (keine Sorge – dazu folgen in Kürze weitere Informationen). An dieser Stelle kann man sich schon merken, dass ganzzahlige Daten in Festkommadatentypen und diese wiederum in Fließkommdatentypen konvertiert werden.

Operator	Anwendung
+	Addition
-	Subtraktion
*	Multiplikation
/	Division
%	Modulo: der Rest einer ganzzahligen Division zurück. Beispiel: 10 % 3 = 1.

Tabelle 11.3 Mathematische Operatoren

Verknüpfungsoperator für Zeichenfolgen

In T-SQL gibt es genau einen Operator für Zeichenketten. Mit diesem können Sie zwei Zeichenfolgen miteinander verknüpfen. Alle anderen Operationen werden durch vordefinierte Funktionen erledigt. Fügen Sie einen Textwert vom Typ *char* an einen *varchar*-Typ, dann ist das Ergebnis vom Typ *varchar*.

Operator	Anwendung
+	Verknüpfung zweier Zeichenketten: Beispiel: 'Müller' + ', ' + 'Peter' = 'Müller, Peter'

Tabelle 11.4 Verknüpfungsoperator für Zeichenfolgen

Falls die beiden Zeichenfolgenoperatoren in unterschiedlichen Sortierungen kodiert sind, dann wird die Ergebniszeichenfolge in derjenigen Sortierung kodiert, die nach den so genannten Sortierungsprioritätsregeln (uff!) ausgewählt wird. Dem sind aber sehr enge Grenzen gesetzt und die wichtigste der Regeln bedeutet für die Praxis: Werte aus zwei Tabellenspalten mit unterschiedlichen Sortierungen können nicht implizit einander konvertiert werden und der +-Operator löst eine Ausnahme aus. In solchen Fällen kann mit der *COLLAGE*-Anweisung eine explizite Konvertierung durchgeführt werden.

Bitweise Operatoren

Diese können auf ganzzahlige Datentypen und auf binäre Zeichenfolgen (*binary*) angewendet werden. Zwei Werte werden Bit für Bit miteinander verglichen. Das Ergebnis ist eine ganze Zahl, deren Bit-Stellen den einzelnen Vergleichsergebnissen entspricht.

Operator	Anwendung
&	Bitweises AND. Beispiel: 1 & 3 = 1 (00000001 & 00000011 = 00000001)
|	Bitweises OR. Beispiel: 1 | 3 = 3 (00000001 & 00000011 = 00000011)
~	Bitweises exklusives OR. Beispiel: 1 ~ 3 = 2 (00000001 & 00000011 = 00000010)

Tabelle 11.5 Bitweise Operatoren

Vergleichsoperatoren

Diese entsprechen exakt denen, die Sie bereits bei der Erläuterung der *WHERE*-Klausel kennen gelernt haben. Durch diese Operatoren lassen sich zwei Werte vergleichen und als Ergebnis wird ein logischer Wert gebildet: *TRUE, FALSE* oder *UNKNOWN*. Die Operatoren können von jedem beliebigen Datentyp sein, mit der Ausnahme der (B)LOB-Datentypen *image, text* und *ntext*.

Operator	Anwendung
=	Gleich
>	Größer als
<	Kleiner als
>=	Größer gleich
<=	Kleiner gleich
<>	Ungleich

Tabelle 11.6 Vergleichsoperatoren

Wie schon weiter vorne und in Kapitel 9 erwähnt, gilt in T-SQL Folgendes: Das Ergebnis einer Vergleichsoperation ist zwar ein logischer Wert, doch gibt es merkwürdigerweise keinen boolschen Datentyp! Das bedeutet in der Praxis beispielsweise, dass Sie keine Tabellenspalten definieren können, denen man das Ergebnis einer Vergleichsoperation direkt zuweisen könnte. Auch können Ergebnisse von Vergleichsoperatoren nicht an einen Client ausgegeben werden. Ebenso gibt es keine echten logischen Konstanten. Die oben angegebenen Werte *TRUE, FALSE* und *UNKNOWN* existieren sozusagen nur virtuell innerhalb der SQL Server-Datenbankmaschine während der Auswertung von Ausdrücken, können aber vom Programmierer nicht explizit verwendet werden.

Vergleichsoperatoren dienen daher ausschließlich der Anwendung in einer *WHERE*-Klausel oder der Programmsteuerung. Diese – leicht exotisch anmutenden – Tatsachen lassen sich im T-SQL-Editor leicht überprüfen. Das folgende *SELECT* müsste als Ergebnis einen logischen Wert ausgeben:

```
SELECT 1 = 1
```

Listing 11.29   Ergebnis eines logischen Ausdrucks kann nicht zurückgegeben werden

Wenn Sie dieses Beispiel allerdings ausprobieren, so erhalten Sie als Ergebnis die folgende Fehlermeldung:

```
Meldung 102, Ebene 15, Status 1, Zeile 1
Falsche Syntax in der Nähe von '='.
```

Auch das folgende Beispiel funktioniert nicht (natürlich gibt es auch keine andere logische Konstante für den Wert *Wahr*, das können Sie mir glauben):

```
SELECT TRUE
```

Listing 11.30   Der Wert TRUE existiert nicht

Dies läuft ebenfalls auf eine Fehlermeldung hinaus. Die folgenden Beispiele verdeutlichen, wie sich der Unterschied zwischen (den nicht vorhandenen) expliziten und impliziten logischen Werten darstellt. Der nächste Codeausschnitt funktioniert wieder nicht:

```
IF TRUE
  PRINT 'Hallo Welt'
```

Listing 11.31   Klappt nicht

Wohl aber der folgende Codeschnipsel:

```
IF 1 = 1
  PRINT 'Hallo Welt'
```

Listing 11.32   Klappt

Der Ausdruck *1 = 1* wird ausgewertet und intern ein Wahrheitswert gebildet. Da dieser *TRUE* lautet, wird das *PRINT*-Kommando ausgeführt. Das Fehlen der logischen Datentypen ist natürlich für den geübten C#- oder VB.NET-Entwickler eine lästige Angelegenheit, stellt aber in den meisten Fällen keine wirkliche Behinderung dar. Ungewohnt ist möglicherweise auch die dreiwertige Logik von Datenbankmanagementsystemen. Der logische Wert *UNKNOWN* kommt immer dann ins Spiel, wenn einer der Operanden in einem Vergleichsausdruck keinen bestimmten Wert hat. Dieser Zustand wird in SQL durch den speziellen Wert *NULL* repräsentiert. Folgendes Beispiel demonstriert das:

Ausdrücke in T-SQL

```
DECLARE @i int

IF (@i = 0) OR (@i <> 0)
   PRINT 'TRUE'
ELSE
   PRINT 'FALSE'
```
Listing 11.33 Dreiwertige Logik in Aktion

Das Ergebnis der Abfrage lautet *FALSE*. Kennt man die »Vorgeschichte« nicht, dann ist das eventuell ein bisschen überraschend. In einer zweiwertigen Logik wäre die ganzzahlige Variable entweder gleich 0 oder ungleich 0. Bei SQL Server ist das anders. Die lokale Variable *@i* wird zwar deklariert, aber nicht initialisiert. Per Definition hat sie damit den Wert *NULL*. Jeder Vergleichsausdruck, in dem ein Bestandteil den Wert *NULL* hat, bekommt automatisch den Wert *UNKNOWN* als Ergebnis zugewiesen. Und da der *Ix*-Zweig ausschließlich für Werte erreicht wird, die *TRUE* sind, landet man immer im *ELSE*-Zweig.

Aber was passiert eigentlich, wenn man zwei Operatoren ohne Wert miteinander vergleicht? Der nächste T-SQL-Ausschnitt gibt die Antwort.

```
DECLARE @i int
DECLARE @j int

IF @i = @j
   PRINT 'TRUE'
ELSE
   PRINT 'FALSE'
```
Listing 11.34 NULL kann nicht mit »=« verglichen werden

Auch dieses Mal lautet das Ergebnis *FALSE*. Standardmäßig liefert der Vergleich zweier *NULL*-Werte eben auch einen *UNKNOWN*-Wert. Dies ist auch das von ANSI vorgegebene Verhalten. Falls Sie das stört, können Sie innerhalb einer Benutzerverbindung auch ein anderes Verhalten erzwingen. Sie verwenden dazu eine so genannte *SET*-Option.

```
SET ANSI_NULLS OFF

DECLARE @i int
DECLARE @j int

IF @i = @j
   PRINT 'TRUE'
ELSE
   PRINT 'FALSE'
```
Listing 11.35 Nicht-ANSI-Verhalten

Jetzt wird der logische Ausdruck *NULL = NULL* tatsächlich zu *TRUE* ausgewertet. Bei der Standard-Einstellung für SQL Server-Verbindungen (ANSI ist *ON*) muss man über einen Umweg gehen, um die beiden »leeren« Variablen auswerten zu können. Probieren Sie das mal aus:

```
DECLARE @i int
DECLARE @j int

IF @i IS NULL AND @j IS NULL OR @i = @j
   PRINT 'TRUE'
ELSE
   PRINT 'FALSE'
```
Listing 11.36 Work Around für ANSI

Logische Operatoren

Auch die logischen Verknüpfungsoperatoren sind bei der Besprechung der *WHERE*-Klausel bereits aufgetaucht. An dieser Stelle geht es darum, die logischen Operatoren im Kontext der Programmierung zu betrachten. Logische Operatoren vergleichen entweder die Ergebnisse anderer Ausdrücke miteinander (*AND, OR, NOT*) oder werden in Zusammenhang mit den Vergleichsoperatoren eingesetzt, um Vergleiche mit einer Werteliste oder einer Unterabfrage zu erlauben (*ALL, ANY, SOME*). Die Operatoren *BETWEEN* und *LIKE* stellen im Grunde selbst weitere Vergleichsoperatoren dar und werden bei SQL Server offenbar in die Kategorie der logischen Operatoren gepackt, weil ihr Ergebnis ein logischer Wert ist. Der verbleibende Operator *EXISTS* wird in Verbindung mit einer Unterabfrage eingesetzt.

Operator	Anwendung
ALL	*TRUE*, falls alle Vergleiche mit einer Werteliste zutreffen. Beispiel: *2 = ALL (1, 2, 3)* liefert *FALSE*.
AND	*TRUE*, falls beide verknüpften Ausdrücke selbst *TRUE* ergeben. Beispiel: *(1 = 1) AND (2 = 2)* liefert *TRUE*.
ANY	*TRUE*, falls mindestens ein Vergleich mit einer Werteliste *TRUE* ergibt. Beispiel: *2 = ALL (1, 2, 3)* liefert *TRUE*.
BETWEEN	*TRUE*, falls der linke Wert innerhalb eines vorgegebenen Bereichs liegt. Beispiel: *2 BETWEEN 1 AND 3* liefert *TRUE*.
EXISTS	*TRUE*, falls die nachfolgende Unterabfrage mindestens ein Ergebnis enthält: *EXISTS (SELECT * FROM Customers)* liefert *TRUE*, wenn die Kundentabelle nicht leer ist.
IN	*TRUE*, falls der linke Operand mindestens mit einem Wert in einer Werteliste übereinstimmt. Beispiel: *2 IN (1, 2, 3)* liefert *TRUE*.
LIKE	*TRUE*, falls der Textvergleich zutrifft. Beispiel: *'Meier' LIKE 'Me_er'* liefert *TRUE*.
R	*TRUE*, falls einer der verknüpften Ausdrücke selbst *TRUE* ergibt. Beispiel: *(1 = 0) AND (2 = 2)* liefert *TRUE*.
NOT	Negation eines logischen Ausdrucks. Beispiel: *NOT (1=1)* liefert *FALSE*.
SOME	Funktioniert ganz genau wie *ANY*

Tabelle 11.7 Logische Operatoren

Konvertierung von Datentypen

Möchten Sie in einem T-SQL-Ausdruck zwei Werte durch einen Operator miteinander verbinden, dann müssen die Datentypen dieser Ausdrücke kompatibel sein. T-SQL kennt, wie andere Programmiersprachen, eine automatische implizite Konvertierung und eine explizite Konvertierung über Systemfunktionen. Der impliziten Konvertierung von Datentypen sind in T-SQL sehr enge Grenzen gesetzt. Wenn Sie zum ersten Mal mit SQL Server arbeiten, dann wird Ihnen vermutlich auf einmal klar, wie bequem in dieser Hinsicht doch »Ihre« Programmiersprache ist. In T-SQL lassen sich mehr oder weniger nur Subtypen eines bestimmten Datentyps in andere Subtypen dieses Datentyps umwandeln. So können Sie problemlos eine Zeichenkette fester Länge (also einen *char*-Datentyp) und eine Zeichenkette varianter Länge miteinander konkatenieren. Das Ergebnis erhält in so einem Fall den umfangreicheren Datentyp zugewiesen.

Damit eine implizite Konvertierung durchgeführt werden kann, muss diese zwischen den entsprechenden Datentypen überhaupt erst einmal zugelassen sein. Dies ist zum Beispiel vom Typ *timestamp* in den Typ *char* der Fall, umgekehrt aber nicht. Einige Konvertierungen funktionieren weder implizit noch explizit. *XML*-Daten können Sie beispielsweise nicht in Zahlen konvertieren. Ist die Konvertierung erlaubt, dann wird der Zieldatentyp anhand einer Datentyprangfolge ausgewählt, die in Tabelle 11.8 dargestellt ist. Diese liest sich so: Wenn einer der beiden Operatoren vom Typ *varchar* ist (Rang 23) und der andere vom Typ *sql_variant* (Rang 2), dann bekommt das Ergebnis den Typ mit dem höheren Rang – in diesem Fall *sql_variant*. Die höchste Priorität haben somit Werte von einem benutzerdefinierten Datentyp.

Rang	Datentyp
1	benutzerdefiniert
2	sql_variant
3	xml
4	datetimeoffset
5	datetime2
6	datetime
7	smalldatetime
8	date
9	time
10	float
11	real
12	decimal
13	money
14	smallmoney
15	bigint
16	int
17	smallint
18	tinyint
19	bit
20	ntext
21	text
22	image
23	timestamp
24	uniqueidentifier
25	nvarchar
26	nchar
27	varchar
28	char
29	varbinary
30	binary (niedrigster)

Tabelle 11.8 Rangfolge der Datentypen

Konvertierungen von Zahlen oder von Datumsangaben in Zeichenketten und ähnliche Umwandlungen müssen explizit erfolgen. Für die Durchführung von Typumwandlungen stellt T-SQL die Standardfunktion *CAST* aus SQL-92 sowie eine SQL Server-typische Funktion zur Verfügung: *CONVERT*. Ist *CAST* in der Anwendung etwas intuitiver, so weist *CONVERT* ein paar zusätzliche Möglichkeiten auf.

Typumwandlung mit CAST

Die *CAST*-Funktion lässt sich sehr einfach einsetzen, wie das folgende Anwendungsbeispiel zeigt. In diesem soll aus der Spalte *Code* der Kundentabelle und dem Anlegedatum des Datensatzes eine berechnete Spalte erzeugt werden. Das einfache Verknüpfen der beiden Spalten durch den Operator + reicht nicht aus. SQL Server würde einen Fehler melden, weil die beiden Datentypen nicht miteinander vereinbar sind. So sieht dagegen ein funktionierender Code aus:

```
SELECT
    Name_2 AS LastName,
    Code + ': ' + CAST(UpdatedAt AS varchar(20)) AS CodeAndDate
FROM
    Sales.Customers
```

Listing 11.37   Explizite Konvertierung mit CAST

Dies ist die erste Ergebniszeile der Abfrage:

```
LastName   CodeAndDate
Abegg      0000001: Sep 21 2006  1:07PM
```

Hinter dem Schlüsselwort *CAST* wird also innerhalb von runden Klammern zunächst der Ausdruck angegeben, dessen Ergebnisdatentyp konvertiert werden soll. Danach folgen ein *AS* und die Angabe des Zieldatentyps. Diese Syntax von *CAST* lässt sich leicht merken und bequem einsetzen. An manchen Stellen, gerade bei Konvertierungen von Datums- und Zeitangaben, wünschte man sich jedoch mehr Kontrolle über die Formatierung. Wie der Auszug aus der Ergebnisdatenmenge zeigt, verwendet *CAST* eine spezielle (US-amerikanische) Darstellung von Datumsangaben. Dies ist innerhalb einer Programmierung bedeutungslos, kann bei der direkten Ausgabe in einem Bericht jedoch unerwünscht sein. An solchen Stellen müssen Sie auf die *CONVERT*-Funktion zurückgreifen, die eine genaue Spezifikation des Formates erlaubt. Ansonsten sollten Sie bei *CAST* bleiben, allein schon deshalb, weil es dem SQL-Standard entspricht.

Typumwandlung mit CONVERT

CONVERT wird, wie bereits erwähnt, vor allen Dingen in Verbindung mit Datums-/Zeitangaben benutzt, um eine bestimmte Darstellung zu erzielen. Die Syntax der *CONVERT*-Funktion hat die folgende Form:

```
CONVERT ( data_type [ ( length ) ] , expression [ , style ] )
```

Bei der Anwendung von *CONVERT* wird also als erster Parameter der Zieldatentyp (bei Zeichentypen ergänzt um die Länge) erwartet, dann folgt der Quellausdruck. Optional – und da wird es interessant – kann die Darstellungsform von Datumswerten als Stil mit angegeben werden. Das modifizierte Beispiel von vorhin zeigt die Anwendung:

```
SELECT
    Name_2 AS LastName,
    Code + ': ' + CONVERT(varchar(20), UpdatedAt, 104 )
    AS CodeAndDate
FROM
    Sales.Customers
```

Listing 11.38   Explizite Konvertierung mit CONVERT

Lässt man diese Anfrage laufen, so ändert sich das Ergebnis in die Form:

LastName CodeAndDate
Abegg   0000001:21.09.2006

Man erhält also eine hier zu Lande übliche Darstellung des Datumswertes. Der Stil wird über einen numerischen Code festgelegt. Eine Übersicht über die möglichen Varianten finden Sie in der Tabelle 11.9.

Codejahr 2-stellig	Codejahr 4-stellig	Land	Darstellung
–	0 oder 100 (*)	Standard	mon dd yyyy hh:mi AM (oder PM)
1	101	USA	mm/dd/yy
2	102	ANSI	yy.mm.dd
3	103	Britisch/Französisch	dd/mm/yy
4	104	Deutsch	dd.mm.yy
5	105	Italienisch	dd-mm-yy
6	106	–	dd mon yy
7	107	–	Mon dd, yy
8	108	–	hh:mm:ss
–	9 oder 109 (*)	Standardwert + Millisekunden	mon dd yyyy hh:mi:ss:mmm AM (oder PM)
10	110	USA	mm-dd-yy
11	111	JAPAN	yy/mm/dd

Tabelle 11.9 Varianten für Darstellung eines Datumswertes

Konvertierung von NULL-Werten mit ISNULL

Auch bei den Typumwandlungen nimmt der spezielle Wert *NULL* (nicht vorhanden) eine besondere Position ein. Im Abschnitt über Ausdrücke und Operatoren haben Sie bereits kennen gelernt, dass ein Ausdruck sofort insgesamt den Wert *NULL* annimmt, sobald einer der Teiloperanden diesen Wert besitzt. Das kann in vielen Fällen bei der Ausgabe von Abfrageergebnissen oder in der T-SQL-Programmierung sehr lästig sein. Es wäre wünschenswert, die Datenbank-*NULL* in einen frei zu vergebenden Standardwert wie »nicht vorhanden«, 0 oder »« (leere Zeichenfolge) umsetzen zu können. Hier hilft die spezielle Funktion *ISNULL* aus T-SQL weiter. Sie leistet genau diese Umsetzung. Es wird geprüft, ob der Wert eines Ausdrucks *NULL* ist. Trifft dies zu, so wird anstelle der *NULL* ein fest definierter Wert zurückgegeben. Der Datentyp der Rückgabe entspricht dabei exakt demjenigen des Ersetzungsausdrucks, wie er nach den SQL Server-Regeln für Typkonvertierungen gebildet wird. Im Zweifelsfall verwendet man einfach ein *CAST* um den Typ explizit festzulegen. Das folgende *SELECT* erzeugt eine einfache Telefonliste der *netShop*-Kunden. Ist keine Faxnummer vorhanden, so wird ein entsprechender Text ausgegeben.

```
SELECT
    Code, Name_2, TelePhone, ISNULL( 'unbekannt', Fax) AS Fax FROM Sales.Customers
```

Listing 11.39 Ausgabe eines Standardwertes für eine NULL in der Faxnummer

Hier ein kurzer Blick auf die ersten Ergebniszeilen:

```
Code     Name_2    TelePhone        Fax
0000001  Schmidt   (05544) 10 38 62 unbekannt
0000002  Abegg     (03521) 41 99 18 unbekannt
0000003  Peters    (03883) 10 26 21 unbekannt
```

Selbstverständlich kann *ISNULL* auch sinnvoll in der T-SQL-Programmierung eingesetzt werden, beispielsweise wenn es um das Belegen von Variablen mit Werten aus Unterabfragen geht. Das spart ein paar zusätzliche Programmzeilen ein:

```
DECLARE @sales money

SET @sales = ISNULL(
(
   SELECT
      SUM(Quantity * UnitPrice)
   FROM
      Sales.Orders ord
   INNER
      JOIN Sales.OrderDetails od
   ON
      ord.id = od.OrderId
   WHERE
      CustomerID = 99999
), 0)

PRINT CAST( @sales AS varchar(10))
```

Listing 11.40 Verwendung von ISNULL bei der Variablenbelegung

Die lokale Variable *@sales* wird hier über eine Unterabfrage mit einem Wert belegt, der dem Gesamtumsatz eines bestimmten Kunden entspricht. Hat der ausgewählte Kunde überhaupt noch keine Bestellung aufgegeben, so bekommt *@sales* den Wert *NULL* zugewiesen und alle nachfolgenden Berechnungen nehmen ebenfalls den Wert *NULL* an. Im Beispiel wird die Datenbank-*NULL* durch die Zahl 0 ersetzt. Liefert die Unterabfrage einen Wert, so wird dieser benutzt, um die Variable zu belegen.

CASE-Ausdrücke

Eine praktische Angelegenheit für die Umsetzung von Werten sind die T-SQL-*CASE*-Ausdrücke. Achtung: Das T-SQL-*CASE* hat überhaupt nichts mit der Ablaufsteuerung zu tun. zu tun. Die T-SQL-Variante berechnet einen neuen Wert aus vorhandenen Daten durch eine Fallunterscheidung. Ein kleines Beispiel demonstriert dies:

```
DECLARE @tax decimal(4,2)

SET @tax = ( SELECT tax FROM Products.Articles WHERE Id = 1 )

PRINT CASE @tax
         WHEN 0.19 THEN 'Normaler Satz'
         WHEN 0.07 THEN 'Halber Satz'
         WHEN 0    THEN 'Befreit'
      END
```

Listing 11.41 Ausdruck mit CASE

In diesem Codeausschnitt wird der Mehrwertsteuersatz eines bestimmten Artikels ausgegeben. Dieser Satz ist als Dezimalzahl in den Artikeln hinterlegt. Das *CASE* kann verwendet werden, um aus diesem Zahlenwert einen Text zu generieren. Diese Umsetzung von Werten in Klartext-Ausgaben ist einer der Klassiker der Anwendung von *CASE*.

In der im ersten Beispiel vorgestellten Form folgt auf das Schlüsselwort *CASE* ein Ausdruck, der ausgewertet und mit den Werten hinter den *WHEN*-Schlüsselworten verglichen wird. Trifft ein Vergleich zu, so erhält der *CASE*-Ausdruck den Wert hinter dem *THEN* zugewiesen. Solch eine Konstruktion ist natürlich in der Programmierung hilfreich, kann aber prinzipiell auch über Verzweigungen mit *IF* realisiert werden. *CASE* lässt sich aber auch direkt in der *SELECT*-Liste einer Abfrage einsetzen und ist da in bestimmten Fällen unersetzlich. Ich stelle diese Einsatzmöglichkeit in einem SQL-Befehl dar, welcher den Steuersatz für *alle* Artikel als Klartext ausgibt.

```
SELECT
    ID, Code, Name,
    CASE tax
        WHEN 0.19 THEN 'Normaler Satz'
        WHEN 0.07 THEN 'Halber Satz'
        WHEN 0    THEN 'Befreit'
    END
    AS TextTax
FROM
    Products.Articles
```

Listing 11.42 *CASE-Ausdruck in einer SELECT-Liste*

Es ist also möglich, den Wert hinter dem *CASE* direkt aus einer Tabellenspalte zu beziehen. Die T-SQL-Syntax sieht das vor. So sieht das im Ergebnis aus:

ID	Code	Name	TextTax
1	00001	Artischocken	Halber Satz
2	00002	Auberginen	Halber Satz
3	00003	Avocados	Halber Satz

Was Sie gerade kennen gelernt haben, ist die einfache Form eines *CASE*-Ausdrucks. In der Syntax-Darstellung ist diese folgendermaßen definiert:

```
CASE input_expression
    WHEN when_expression THEN result_expression
        [ ...n ]
    [
        ELSE else_result_expression
    ]
END
```

Anstatt der Konstanten, die ich im letzten Beispiel für die Vergleichswerte und die möglichen Ergebnisse verwendet habe, ist es also auch möglich, allgemeine Ausdrücke zu verwenden. Dadurch werden clevere Konstruktionen ermöglicht. Leider sind Unterabfragen hier nicht gestattet. Aber auch das *CASE* selbst hat noch mehr in petto, es gibt nämlich noch die so genannte komplexe *CASE*-Funktion. Zunächst die Theorie in der Syntaxdarstellung:

```
CASE
    WHEN boolean_expression THEN result_expression
        [ ...n ]
```

```
    [
        ELSE else_result_expression
    ]
END
```

Der Unterschied zur ersten Form besteht darin, dass kein Vergleichsausdruck (hinter dem Schlüsselwort *CASE*) mehr benötigt wird und die *WHEN*-Ausdrücke durch logische Ausdrücke ersetzt sind. Während erstere nur dafür da sind, einen Vergleichswert zu bilden, können die logischen Ausdrücke beliebig gestaltet werden. Dadurch können hinter jedem *WHEN* Auswertungen angestellt werden, die sich z. B. auf ganz verschiedene Tabellen beziehen. Der *CASE*-Ausdruck erhält dabei den Wert desjenigen Teilausdrucks zugewiesen, dessen Bedingung als erste greift.

Eingebaute Funktionen in T-SQL

SQL Server verfügt über ein reichhaltiges Angebot an vordefinierten Funktionen. Darunter gibt es viele, die den üblichen Funktionen ähneln, wie sie in jeder Programmiersprache vorkommen. Darüber hinaus sind auch jede Menge SQL Server-spezifische Funktionen vorhanden. Diese liefern Informationen über Metadaten von SQL Server-Objekten, zu Sicherheitseinstellungen oder Details zur aktuellen Konfiguration des Servers. In den folgenden Abschnitten stelle ich Auszüge aus dem umfangreichen Angebot der Transact-SQL-Funktionen vor. Es gibt noch jede Menge weiterer Funktionen, aber es macht keinen Sinn, in diesem Buch die Books Online abzudrucken. Falls Ihnen etwas fehlt, dann schauen Sie am besten in der Transact-SQL-Referenz unter *Funktionen* nach. Dort finden Sie die vollständige Liste nach Kategorien aufgeteilt. Bei den hier vorgestellten handelt es sich um Funktionen, die einem im praktischen Alltag der SQL Server-Entwicklung immer wieder einmal begegnen.

Die vom System vordefinierten Funktionen, welche man in T-SQL-Ausdrücken einsetzen kann, werden üblicherweise als skalare Funktionen bezeichnet. Das bedeutet, dass genau ein Wert zurückgeliefert wird. Diese werden hier präsentiert. Neben der Auflistung der wesentlichen Funktionen aus dem jeweiligen Anwendungsbereich stelle ich in den folgenden Abschnitten die Anwendung in praktischen Beispielen vor.

T-SQL-Funktionen, die vor allen Dingen in Abfragen eingesetzt werden, wie Aggregatfunktionen, Rowset-Funktionen und Ranking-Funktionen finden Sie in Kapitel 9, bei dem sich alles um Abfragen mit *SELECT* dreht.

Zeichenketten-Funktionen

Die Zeichenketten-Funktionen umfassen das übliche Angebot, wie man es von einfachen prozeduralen Sprachen her kennt. Leider verwendet T-SQL oft ungewöhnliche Bezeichnungen und auch die Parameter sind für den geübten .NET-Programmierer etwas gewöhnungsbedürftig angeordnet. Wie dem auch sei, die folgende Tabelle 11.10 verschafft Ihnen einen Überblick.

Funktion	Aufgabe
ASCII (expression)	Liefert den ASCII-Code des ersten Zeichens des Ausdrucks
CHAR (int_expression)	Wandelt einen ASCII-Code in das entsprechende Zeichen um
CHARINDEX (expression1, expression2 [, start_location])	Sucht das Auftreten der Zeichenfolge expression1 in der Zeichenfolge expression2. Optional kann eine Startposition mit angegeben werden. ▶

Funktion	Aufgabe
DIFFERENCE (character_expression, character_expression)	Gibt den Unterschied zwischen zwei SOUNDEX-Ähnlichkeitswerten als ganze Zahl zurück. Siehe auch dort und in den Beispielen.
LEFT(character_expression, integer_expression)	Liefert den linken Teil einer Zeichenfolge mit einer bestimmten Anzahl Zeichen zurück
LEN (string_expression)	Gibt die Länge der Zeichenfolge zurück
LOWER (character_expression)	Setzt die Zeichenfolge in Kleinbuchstaben um
LTRIM (character_expression)	Entfernt führende Leerzeichen
NCHAR (integer_expression)	Liefert das Standard-Unicode-Zeichen, welches über den ganzzahligen Ausdruck definiert ist
PATINDEX ('%pattern%' , expression)	Durchsucht eine Zeichenfolge nach dem Vorkommen eines Musters. Liefert die Startposition des Musters zurück.
QUOTENAME	Formt eine Zeichenfolge, die Sonderzeichen enthält, so um, dass ein korrekter SQL Server-Bezeichner entsteht
REPLACE ('string_expression1' , 'string_expression2 , 'string_expression3')	Ersetzt die Vorkommen einer Zeichenfolge in einem Textausdruck durch eine andere Zeichenfolge
REPLICATE (character_expression , integer_expression)	Bildet eine Zeichenkette durch Replizierung eines Zeichenfolgenausdrucks
REVERSE (character_expression)	Dreht die Zeichenfolge um
RIGHT (character_expression , integer_expression)	Liefert eine Anzahl Zeichen vom rechten Ende des Zeichenausdrucks zurück
RTRIM (character_expression)	Entfernt Leerzeichen vom Ende des Zeichenausdrucks
SOUNDEX (character_expression)	Erzeugt einen Code für einen phonetischen Vergleich von Zeichenfolgen-Ausdrücken
SPACE (integer_expression)	Liefert eine Zeichenfolge, die aus einer vorgegebenen Anzahl Leerzeichen besteht
STR (float_expression [, length [, decimal]])	Konvertiert numerische Daten in eine Zeichenfolge
STUFF (character_expression , start , length , character_expression)	Fügt eine zweite Zeichenfolge in die erste ein
SUBSTRING (expression ,start , length)	Bildet eine Teilzeichenkette aus dem Zeichenfolgenausdruck, ab einer bestimmten Funktion, mit einer bestimmten Länge
UNICODE (character_expression)	Gibt den Unicode-Wert des ersten Zeichens der Zeichenfolge zurück
UPPER (character_expression)	Wandelt eine Zeichenkette in Großbuchstaben um

Tabelle 11.10 Zeichenkettenfunktionen in T-SQL

Ein paar der oben aufgeführten Funktionen möchte ich durch kleinere Beispiele veranschaulichen. Es beginnt zunächst mit ein paar »Fingerübungen« – der Vorstellung von Funktionen, wie Sie Ihnen aus Ihrer Lieblingsprogrammiersprache her bekannt vorkommen dürften. Die erste Demo verbindet ein paar dieser Funktionen, um aus Kundendaten einen Logik-Namen vorzuschlagen:

```
SELECT
    LOWER(LEFT('Müller', 3)) + LOWER(LEFT('Peter', 3)) +
    UPPER(LEFT('Berlin',2))
```

Listing 11.43 Einfache Zeichenkettenfunktionen

Dieser Ausdruck ergibt die Zeichenfolge *mülpetBE*. Diese und ähnliche Funktionen – wie *LEN, LEFT, RIGHT, UPPER, LOWER* und so weiter – lassen sich leicht erschließen. SQL Server hat jedoch interessante Spezialitäten »auf Lager«, die man sich einmal ansehen sollte. Recht praktisch ist z. B. die Funktion *REPLACE*, wenn es darum geht, die gewohnten Jokerzeichen in einer Suche durch die SQL Server-Varianten zu ersetzen. Das folgende Beispiel ersetzt das Sonderzeichen »*« durch »%« und das »?« durch »_«. Dieses Verfahren lässt sich gut in gespeicherten Prozeduren einsetzen, die direkt von einem Web- oder Windows-Client aus eingesetzt werden. Der Benutzer kann mit den vertrauten Jokern »*« und »_« arbeiten und die Prozedur setzt diese in die Ersetzungszeichen von T-SQL um.

```
SELECT *
FROM Sales.Customers
WHERE LastName LIKE REPLACE(REPLACE ('Me?er*', '?','_'), '*', '%')
```

Listing 11.44 Zeichenersetzung mit Replace

Mit der Funktion *CHARINDEX* lässt sich das Auftreten einer Zeichenfolge innerhalb einer anderen Zeichenfolge finden und die Position ausgeben:

```
SELECT CHARINDEX ( ',', 'Peter, Müller' )
```

Listing 11.45 Teilzeichenfolge mit CHARINDEX suchen

Dieser Ausdruck sucht nach dem Vorkommen des Kommas in der Zeichenfolge. Wenn dieses gefunden wird, dann liefert die Funktionen die Position (hier: 6), ansonsten wird der Wert 0 zurückgegeben. Eine sehr nützliche Erweiterung der Funktionalität der *CHARINDEX*-Funktion bietet *PATINDEX*. Bei einer Suche mit *PATINDEX* können nämlich dieselben Zeichenmuster verwendet werden, die auch im Zusammenhang mit dem *LIKE*-Operator erlaubt sind. Dies sind natürlich vor allen Dingen die Sonderzeichen *, _ und explizite Zeichenlisten. Der Ausdruck im nachfolgenden Beispiel liefert die Position des ersten Vorkommens des Suchmusters %M[a,e][i,y]er% in einer Zeichenkette. Das können dann die Worte *Maier, Mayer, Meier* oder *Meyer* sein.

```
SELECT PATINDEX ('%M[a,e][i,y]er%', 'Sehr geehrter Herr Meyer...')
```

Listing 11.46 Zeichenmuster mit PATINDEX suchen

Als Ergebnis wird der Wert 20 geliefert.

Sehr spannend sind *SOUNDEX* und *DIFFERENCE*, die man in einer erweiterten Textsuche einsetzen kann. Die *SOUNDEX*-Funktion generiert aus einer Zeichenkette anhand phonetischer Merkmale einen Code. Dabei führen identisch klingende Zeichenfolgen zu demselben Ergebnis. Man darf hier keine komplette phonetische Analyse erwarten, in einfachen Suchen funktioniert *SOUNDEX* allerdings ganz ordentlich. Hier ein erstes Beispiel:

```
SELECT SOUNDEX ('Schmidt'), SOUNDEX ('Schmitt'),  SOUNDEX ('Schmit')
```

Listing 11.47 Phonetische Vergleiche mit SOUNDEX

Alle drei Ausdrücke führen zum gleichen *SOUNDEX*-Wert, nämlich: S253. Auf die Kunden-Tabelle der *netShop*-Datenbank angewandt sieht eine phonetische Suche so aus:

```
SELECT Name_2, Name_1
FROM Sales.Customers
WHERE SOUNDEX (Name_2) = SOUNDEX ('Schmidt')
```

Listing 11.48 SOUNDEX-Suche

Es werden also die *Schmidts* und ähnlich klingende Namen gesucht. Im Ergebnis kommen unter anderem die folgenden Datensätze vor:

Name_2	Name_1
Schindler	Felix
Schmidt	Paul
Schmidt	Petra
Schmidt-Tychsen	Karolin
Schmits-Siebel	Christine
Schmits-Siebel	Katrin
Schmittmann	Alexander
Schmittmann	Doreen
Schmitz	Klaus
Schmitz	René
Schneider	Sven
Schniewied	Jana
Schniewied	Marcel

Die Ergebnismenge enthält eine ganze Menge brauchbarer Vorschläge, jedoch auch eine Anzahl merkwürdiger (z.B. *Schneider*). Dennoch kann man mittels *SOUNDEX* sehr einfach ein alternatives Suchverfahren implementieren, das dem Benutzer eine unscharfe Suche ohne die Verwendung von Jokerzeichen ermöglicht. Als Ergänzung zu dieser Funktion ist *DIFFERENCE* gedacht: Diese Funktion berechnet die Abweichung zwischen zwei *SOUNDEX*-Codes. Direkt kann man diese nicht voneinander subtrahieren (jedenfalls macht das keinen Sinn). So sieht die Anwendung aus:

```
SELECT DIFFERENCE ('Maier', 'Meyer')
```

Listing 11.49 Vergleich mit DIFFERENCE

Dieser Ausdruck liefert den Wert 4. Dies ist die minimal mögliche Abweichung, die übrigens auch geliefert wird, wenn Sie *Maier* mit *Maier* vergleichen. Fragen Sie mich bitte nicht, warum das so ist und nicht irgendein anderer Wert die kleinstmögliche Abweichung definiert. Leider gibt es keine Informationen zu den verwendeten Algorithmen. Ein Wert unter 4 bedeutet, dass eine spürbare Abweichung festgestellt wurde – bis hin zum Wert 0, der für *keine Übereinstimmung* steht. Weitere Experimente verdeutlichen dies:

```
SELECT DIFFERENCE ('Maier', 'Meer')     -- ergibt 4
SELECT DIFFERENCE ('Maier', 'Meter')    -- ergibt 3
SELECT DIFFERENCE ('Maier', 'Geier')    -- ergibt 3
SELECT DIFFERENCE ('Maier', 'Schulze')  -- ergibt 0
```

Listing 11.50 Experimente mit DIFFERENCE

Datums- und Zeitfunktionen

T-SQL geht etwas restriktiver mit Datums- und Zeitwerten um, als das in anderen Programmiersprachen der Fall ist. So können Werte vom Datentyp *datetime* beispielsweise nicht direkt addiert und subtrahiert werden. Durch eine Reihe eingebauter Funktionen werden jedoch alle Möglichkeiten zur Verfügung gestellt, die man üblicherweise benötigt.

Funktion	Aufgabe
DATEADD (datepart , number, date)	Addiert eine Periode zu einer Datumsangabe und liefert ein neues Datum (*datetime* oder *time*) zurück. Die Einheit der Periode wird über den Parameter *datepart* bestimmt.
DATENAME (datepart , date)	Liefert den Klartextnamen eines Datumsteils als Zeichenkette (*nvarchar*) zurück. Um welchen Teil es sich handelt, wird über *datepart* festgelegt.
DATEPART (datepart , date)	Liefert einen beliebigen Teil eines Datums als ganze Zahl (*int*) zurück. Der Teil des Datums wird über den *datepart*-Parameter bestimmt.
DAY (date)	Liefert den Tag zu einem Datum als ganze Zahl (*int*)
GETDATE ()	Gibt das Serverdatum zurück
GETUTCDATE()	Liefert das Serverdatum als UTC (Universal Time Coordinate oder Greenwich Mean Time) zurück
MONTH (date)	Liefert den Monat zu einem Datum als ganze Zahl (*int*)
YEAR (date)	Liefert das Jahr zu einem Datum als ganze Zahl (*int*)

Tabelle 11.11 Datumsfunktionen in T-SQL

Für einen Teil der Funktionen müssen Sie wissen, welche *DATEPART*-Kürzel erlaubt sind. Um Ihnen das Nachschlagen zu ersparen, hier die Liste:

Einheit	Lange Form	Abkürzung
Jahr	year	yy, yyyy
Quartal	quarter	qq, q
Monat	month	mm, m
Tag des Jahres	dayofyear	dy, y
Tag	day	dd, d
Woche	week	wk, ww
Stunde	hour	hh
Minute	minute	mi, n
Sekunde	second	ss, s
Millisekunde	millisecond	ms

Tabelle 11.12 Kürzel für die DATEPART-Funktion

Es folgen auch an dieser Stelle wieder einige Beispiele für die Anwendung der Funktionen. Über *DATENAME* beispielsweise können Datumsbestandteile als lesbarer Klartext angezeigt werden. Möchten Sie in Erfahrung bringen, auf welchen Wochentag ein bestimmtes Datum fällt, so geht dies, wie im folgenden Beispiel demonstriert:

```
SELECT DATENAME (weekday, '01.08.2009')
```

Listing 11.51 Name des Tages mit DATENAME ausgeben

Dieses Datum fällt auf einen *Samstag*, dies wird im Ergebnis genau so ausgegeben, wenn auf dem Client die entsprechenden Regionaleinstellungen vorliegen. Der nachfolgende Ausdruck ermöglicht die Darstellung des Jahres und des Quartals einer Bestellung als Zeichenkette. Als Ergebnis dieser Abfrage wird der Text *Q3.2009* angezeigt.

```
SELECT
    'Q'
+   CAST( DATEPART (QQ, '01.08.2009') AS VARCHAR(2) )
+   '.'
+   CAST( DATEPART (YYYY, '01.08.2009') AS VARCHAR(4) )
```

Listing 11.52 Datumsteile mit DATEPART isolieren

Möchte man zu einem Datum eine Zeitspanne addieren, so greift man zur *DATEADD*-Funktion. Auch bei dieser ist es wieder notwendig, eine Einheit für die Berechnung festzulegen. Der folgende T-SQL-Ausdruck berechnet das Datum in vier Wochen vom heutigen Tag aus. Das aktuelle Datum (das Systemdatum des Datenbankservers) wird dabei von *GETDATE* geliefert.

```
SELECT DATEADD( ww, 4, GETDATE() )
```

Listing 11.53 Datumswerte mit DATEADD addieren

Den Unterschied zwischen zwei Datumsangaben schließlich berechnet die *DATEDIFF*-Funktion. Im letzten Beispiel dieses Abschnitts wird die Zeitspanne zwischen zwei Datumsangaben in Monaten berechnet:

```
SELECT DATEDIFF(mm, GETDATE(), '01.08.2009')
```

Listing 11.54 Abstand zwischen zwei Datumswerten mit DATEDIFF berechnen

Mathematische Funktionen

Es folgt die Beschreibung mathematischer Funktionen. Um eine bessere Übersichtlichkeit zu gewährleisten, habe ich diejenigen weggelassen, von denen man getrost annehmen kann, dass sie in normalen Datenbankapplikationen nicht vorkommen: die geometrischen Funktionen. Haben Sie einmal vor, ein geografisches Auskunftssystem mithilfe von T-SQL zu realisieren, dann finden Sie die Funktionen *ACOS*, *ASIN*, *ATAN* etc. natürlich in den Books Online beschrieben. Na ja – oder Sie verwenden dazu die Methoden der Systemdatentypen *geometry* und *geography* (siehe Kapitel 34 »Geoinformationen mit geography and geometry verarbeiten«).

Funktion	Aufgabe
ABS (numeric_expression)	Liefert den Absolutwert des Ausdrucks
CEILING (numeric_expression)	Gibt die kleinste ganze Zahl zurück, die größer oder gleich dem Ausdruck ist
EXP (float_expression)	Liefert den Exponentialwert des Ausdrucks zur Basis e
FLOOR (numeric_expression)	Gibt die größte ganze Zahl zurück, die kleiner oder gleich dem Ausdruck ist
LOG (float_expression)	Liefert den natürlichen Logarithmus des Ausdrucks
LOG10 (float_expression)	Liefert den Logarithmus zur Basis 10 des Ausdrucks
POWER (numeric_expression , y)	Erhebt den Ausdruck zur *y*-ten Potenz
RAND ([seed])	Liefert einen Zufallswert zwischen den Grenzen 0 und 1. *seed* ist ein ganzzahliger Startwert zur Initialisierung der Zufallszahlenfolge
ROUND (numeric_expression , length [, function])	Rundet einen Ausdruck auf eine bestimmte Genauigkeit nach einem bestimmten Verfahren. *length* gibt die Anzahl Nachkommastellen vor. Über *function* wird festgelegt, ob gerundet oder abgeschnitten wird. ▶

Funktion	Aufgabe
SIGN (numeric_expression)	Liefert das Vorzeichen des Ausdrucks
SQUARE (float_expression)	Quadriert den Ausdruck
SQRT (float_expression)	Liefert die Quadratwurzel zum Ausdruck

Tabelle 11.13 Mathematische Funktionen in T-SQL

Es folgt ein Skript mit ein paar einfachen Beispielen:

```
SELECT ABS (-123.45)       -- ergibt 123,45
SELECT CEILING (-123.45)   -- ergibt 123,00
SELECT SIGN (-123.45)      -- ergibt -1
```

Listing 11.55 Mathematische Funktionen

Speziell in kaufmännischen Anwendungen werden häufiger Möglichkeiten für das Runden von Ausdrücken benötigt. Daher werden hier die Möglichkeiten der *ROUND*-Funktion etwas genauer betrachtet. Im einfachen Fall wird *ROUND* mit zwei Parametern ausgeführt, nämlich dem zu rundenden Ausdruck und der Genauigkeit. Drei Beispiele machen das klar:

```
SELECT ROUND (123.45, 2) -- ergibt 123,45
SELECT ROUND (123.45, 1) -- ergibt 123,50
SELECT ROUND (123.45, 0) -- ergibt 123,00
```

Listing 11.56 Ausdrücke runden

Eine Besonderheit der T-SQL-Rundungsfunktion ist, dass auch links vom Komma gerundet werden kann. Möchte man dies erreichen, so muss ein negativer Wert als Genauigkeit angegeben werden.

```
SELECT ROUND (123.45, -3) -- ergibt .00
SELECT ROUND (123.45, -2) -- ergibt 100.00
SELECT ROUND (123.45, -1) -- ergibt 120.00
```

Listing 11.57 *Links* runden

Anstatt einen Ausdruck zu runden, können Kommastellen auch einfach abgeschnitten werden. Dazu muss ein dritter Parameter angeben werden und ungleich 0 sein.

```
SELECT ROUND (123.45, 1, 1) -- ergibt 123,40
```

Listing 11.58 Stellen abschneiden

Im Gegensatz zum Beispiel weiter oben wurde der Wert durch einfaches Kürzen auf eine einzige Nachkommastelle berechnet.

Sicherheitsfunktionen

Sicherheitsfunktionen erlauben Abfragen über das Berechtigungssystem des Servers oder einer Datenbank. In Applikationen sind vor allen Dingen die vier nachfolgend aufgeführten Funktionen nützlich:

Eingebaute Funktionen in T-SQL

Funktion	Aufgabe
HAS_DBACCESS ('database_name')	Stellt fest, ob der angemeldete Benutzer Zugriff auf eine bestimmte Datenbank hat
Has_perms_by_name (securable , securable_class, permission)	Stellt fest, ob der angemeldete Benutzer ein bestimmtes Recht auf einem Sicherheitsobjekt besitzt
IS_MEMBER ({ 'group' | 'role' })	Stellt fest, ob der angemeldete Benutzer Mitglied in einer bestimmten Datenbankrolle oder Windows-Gruppe ist
IS_SRVROLEMEMBER ('role' [, 'login'])	Stellt fest, ob der Benutzer Mitglied in einer bestimmten Serverrolle ist
USER	Gibt den Namen des angemeldeten Benutzers zurück
SYSTEM_USER	Gibt den Systemnamen des aktuellen Benutzers zurück

Tabelle 11.14 Sicherheitsfunktionen in T-SQL

Das Verständnis dieser Funktionen sollte keine Probleme bereiten. Mit *HAS_DBACCESS* lässt sich feststellen, ob der in der aktuellen Serververbindung angemeldete Benutzer überhaupt die Berechtigung besitzt, eine bestimmte SQL Server-Datenbank abzufragen.

```
SELECT HAS_DBACCESS ('netShop')
```

Listing 11.59 Hat der aktuelle Benutzer Zugriff auf die netShop-Datenbank?

Dieser Befehl liefert eine 1, wenn der aktuelle Benutzer berechtigt ist, die *netShop*-Datenbank zu benutzen, ansonsten eine 0. Da Sie beim Ausprobieren dieser Abfrage höchstwahrscheinlich mit Systemadministrator-Privilegien in SQL Server arbeiten, sollte dies auf jeden Fall gegeben sein. Die Funktion *IS_MEMBER* gibt dagegen eine 1 zurück, wenn der aktuelle Nutzer Mitglied in der angegebenen Rolle der aktuellen Datenbank ist.

```
SELECT IS_MEMBER ('db_owner')
```

Listing 11.60 Ist der angemeldete Benutzer Mitglied von db_owner?

Das Ergebnis der Abfrage ist eine 1, wenn Sie als Systemadministrator arbeiten. Damit sind Sie nämlich in jeder Datenbank als Mitglied in der Rolle der Datenbankbesitzer eingetragen. Über die Möglichkeit, die Mitgliedschaft eines Benutzers in einer bestimmten Datenbankrolle festzustellen, können Sie beispielsweise Anpassungen in der Benutzeroberfläche zentral vom SQL Server aus steuern. Durch das Eintragen von Benutzern in verschiedene Rollen einer Datenbank lassen sich per Programmierung verschiedene Menüs für unterschiedlich berechtigte Benutzer zur Verfügung stellen. Mit *IS_MEMBER* lässt sich darüber hinaus feststellen, ob der aktuelle Benutzer zu einer bestimmten Benutzergruppe des Betriebssystems gehört. Dies ist ein Beispiel:

```
SELECT IS_MEMBER ('Vordefiniert\Administratoren')
```

Listing 11.61 Ist der Benutzer ein lokaler Windows-Administrator?

Um *IS_MEMBER* auf diese Art und Weise zu verwenden, geben Sie einfach den Namen einer Gruppe Ihres Systems in der Schreibweise *Domäne\Gruppe* an. Der Beispielbefehl zeigt, wie sich das auf den lokalen Rechner anwenden lässt. Der Name der Domäne lautet hier immer *Vordefiniert*. Das Ergebnis ist eine 1, wenn der Benutzer in der lokalen Gruppe der Administratoren eingetragen ist. Mit der verwandten Funktion *IS_SRVROLEMEMBER* können Sie herausfinden, ob der Benutzer in einer bestimmten Serverrolle des SQL Server vorhanden ist.

Die Funktion *USER* liefert den Namen des angemeldeten Benutzers in der Datenbank zurück:

```
SELECT USER
```

Listing 11.62 Benutzer in der Datenbank

Hier gibt es keinen Tippfehler: Obwohl es sich bei *USER* um eine T-SQL-Funktion handelt, werden keine runden Klammern verwendet! Hier sehen Sie eine der Merkwürdigkeiten von Transact-SQL, die sich nur durch die Historie dieser Programmiersprache erklären lassen. Das Beispiel liefert das Ergebnis *dbo*, falls Sie als Administrator des SQL Server angemeldet sind. Die Zusammenhänge werden in Kapitel 13 (»Sicherheit«) ausführlich erläutert. Auch der Betriebssystembenutzer kann abgefragt werden, allerdings mit einer anderen Funktion:

```
SELECT SYSTEM_USER
```

Listing 11.63 Benutzer im Betriebssystem

Auf meinem PC lautet das Ergebnis: *SHIVA\gurban*. Abschließend noch eine kurze Erklärung zu der hilfreichen Funktion *HAS_PERMS_BY_NAME*. Mit dieser lässt sich überprüfen, ob der aktuelle Benutzer eine bestimmte Berechtigung für bestimmte Server- oder Datenbankobjekte besitzt. Ein Blick auf die Syntax zeigt, dass die Funktion etwas allgemeiner formuliert ist. Mit dem ersten Argument wird der Name eines Securables, also eines *sicherungsfähigen Elements*, übergeben, das zweite Argument ist die Klasse des Elements, dass kann zum Beispiel *LOGIN, DATABASE* oder *OBJECT* sein. Dann folgt noch die Berechtigung, die abgeklopft werden soll. So sieht ein Beispiel aus:

```
SELECT HAS_PERMS_BY_NAME('Sales.Customers', 'OBJECT', 'SELECT')
```

Listing 11.64 Berechtigungen für ein Objekt testen

Das Ergebnis dieser Abfrage ist eine 1, wenn der angemeldete Benutzer die *SELECT*-Berechtigung für die Tabelle *Sales.Customers* in der aktuellen Datenbank besitzt. Mit der Unterstützung durch eine Katalogsicht, lässt sich recht einfach eine Abfrage bauen, die sämtliche *SELECT*-Berechtigungen für Tabellen in einer Datenbank abfragt:

```
SELECT
    has_perms_by_name(name, 'OBJECT', 'SELECT') AS OK, *
FROM
    sys.tables
```

Listing 11.65 SELECT-Berechtigungen für alle Tabellen untersuchen

Im Sicherheitssystem des SQL Server sind noch weitere Funktionen enthalten, unter anderem für das Verschlüsseln und Entschlüsseln von Daten. Diese Kryptografiefunktionen werden in Kapitel 13 vorgestellt.

Kapitel 12

Indizierung und Partitionierung

In diesem Kapitel:

Erste Beispiele	413
Abfragepläne	417
Grundlagen zu SQL Server-Indizes	419
Indizes pflegen und optimieren	437
Volltextindizes verwenden	443
Indizes richtig planen	461
Partitionierte Tabellen	465

Wenn es darum geht, in einer realen Datenbankanwendung zufrieden stellende Zugriffszeiten zu erzielen, dann ist die Implementierung des Datenbankdesigns mit dem Anlegen von Tabellen und Einschränkungen noch lange nicht beendet. Sie kommen am Thema Indizierung nicht vorbei, sobald es um halbwegs große Tabellen geht. Sogar für eine nach SQL Server-Begriffen lächerlich kleine – Datenbank, wie unser *netShop*-Demo eine ist, können Sie locker Abfragen schreiben, die einen Server ein paar Minuten lahmlegen. Jedenfalls wenn es keine Indizierung gibt. Auch bei nur 10.000 Kundendatensätzen, 100.000 Bestellungen und 500.000 Bestellpositionen können Sie in ungünstigen Fällen Operationen mit sehr hohen Kardinalitäten erzeugen. Das kluge Anlegen von Indizes kann die Leistungsfähigkeit Ihrer Datenbanklösung enorm verbessern. Indizes sind neben der Wahl eines guten Datenbankdesigns das zentrale Mittel zur Entwicklung einer schnellen Datenbankapplikation. Was bei der Indizierung verschenkt wird, kann man auch durch eine noch so pfiffige Programmierung des Clients nicht wieder wettmachen. Allerdings gibt es auch einen Haken: Durch die Wahl falscher Indizes und durch ungenügende Indexwartung können Sie Ihre Anwendung genauso gut zu einer »lahmen Ente« machen.

Bevor später in diesem Kapitel die präzise technische Definitionen von Indizes folgt, an dieser Stelle zum Warmwerden und weil sich dieses Vorgehen in Büchern über Datenbankentwicklung gehört, kurz die populärwissenschaftliche Erklärung dafür, warum es sich lohnt, in einer Datenbank Indizierung einzusetzen. Indizes stellen in Systemen, die Daten verwalten, spezielle *Zugriffspfade* für das Finden von Informationen dar. Nehmen Sie als Beispiel das Buch, welches Sie gerade in Händen halten. Versuchen Sie jetzt alle vorkommen des Begriffes *gespeicherte Prozedur* zu finden. Als jemand, der schon mal ein Sachbuch gelesen hat, werden Sie jetzt sicher nicht anfangen und die ca. 1.000 Seiten von vorne bis hinten durchsuchen (Zugriffspfad 1 – SQL Server nennt so etwas einen Tabellenscan [*Table Scan*]). Es ist natürlich sinnvoller, den Index aufzuschlagen und dort den Begriff *gespeicherte Prozedur* nachzuschlagen (Zugriffspfad 2 – *Index Seek*). Danach können Sie direkt zu den im Index angegebenen Seiten springen (*Bookmark Lookup*) und sparen jede Menge Suchzeit ein. Alternativ können Sie auch das Inhaltsverzeichnis zu Rate ziehen und stoßen dort auf ein Kapitel »Gespeicherte Prozeduren«. Nehmen Sie einmal an, dass Sie Seiten, die diesen Begriff enthalten, *ausschließlich* in diesem Kapitel finden (und Seiten, die den Begriff *Trigger* enthalten, ausschließlich im Kapitel »Trigger« etc. – ein »ideales« Buch also), dann erhalten Sie ein ungefähres Bild eines *gruppierten Index*. Auch für die Suche in einem gruppierten Index gibt es einen speziellen Zugriffspfad – *Clustered Index Seek*). Zugriffspfade können in *IT*-Systemen auf tausendundeine Art realisiert werden: Listen, Hashtables, ausgeglichene Bäume, nicht-ausgeglichene Bäume, Binärbäume und so weiter. SQL Server beschränkt sich im relationalen Bereich auf drei wesentliche Strukturen: *Heaps*,[1] *gruppierte Indizes* und *nicht gruppierte Indizes*.

So – nach diesem »Hallo Welt!« für Indizes hier ein kurze Überblick über dieses Kapitel: Zunächst wird in einem einführenden Beispiel vorgestellt, wie stark sich die Leistung indizierter von der nicht indizierter Zugriffe unterscheidet. Danach werden die wichtigsten Grundbegriffe und Datenstrukturen vorgestellt, die mit SQL Server-Indizes zu tun haben, bevor es um das Anlegen von Indizes geht. Danach werden grundlegende Vorschläge für die Auswahl von Indizes gemacht, die Wartung und Hege bestehender Indizes wird vorgestellt und ein Werkzeug (der *Datenbankmodul-Optimierungsratgeber*), das beim Auffinden weiterer sinnvoller Indizierungen helfen kann. Zu den spezielleren Indexthemen gehören die Indizierung von Sichten, die sehr interessant für Auswertungsanwendungen ist, und die Verwendung von Volltextindizes, die bei dokumentenorientierten Anwendungen hilft. Zum Abschluss gibt es noch weitere Tipps und Verfahren für das Optimieren von Abfragen. Los geht's!

---

[1] Vorsicht: Ein SQL Server-Heap entspricht nicht der allgemein in der Informatik verwendeten Definition!

Erste Beispiele

Die Effekte, die bei der Verwendung von Indizes auftreten, lassen sich natürlich besonders gut an größeren Tabellen demonstrieren. Die folgenden Beispiele demonstrieren die Unterschiede zwischen Zugriffen über Indizes und nicht indizierte Zugriffe auf Tabellen. Damit Sie die Demos selbst nachvollziehen können, habe ich in den Beispieldateien zu diesem Buch die Datenbank *PerformanceDB* untergebracht. Ausgepackt und in SQL Server 2008 eingespielt nehmen die Dateien der *PerformanceDB* ungefähr 3 GByte auf Ihrer Festplatte ein. Man muss tatsächlich schon ordentlich »in die Vollen gehen«, um auf einem der heutzutage üblichen schnellen Desktop-PCs Leistungsunterschiede deutlich spürbar werden zu lassen. Doch Achtung: Was Ihnen beim Testen in Ihrer Entwicklungsumgebung noch sehr schnell vorkommt, wird auf einem Produktivserver, auf dem sich viele Benutzer die Prozessoren, den Speicher und die Bussysteme teilen müssen, sehr rasch sehr viel langsamer. Tun Sie also Ihr Möglichstes, um zu schnellen Abfragen zu kommen!

Um die Beispiele mit der *PerformanceDB* nachvollziehen zu können, suchen Sie sich einfach ein stilles Plätzchen auf Ihrer Festplatte und packen Sie die ZIP-Datei aus. Die extrahierte Backup-Datei sollten Sie ohne weiteres in Ihrer SQL Server 2008-Instanz wiederherstellen können. Das Vorgehen des Einspielens der Beispieldatenbanken ist in Kapitel 4 (»Das Arbeitsbeispiel dieses Buchs«) beschrieben. Schlagen Sie also bei Bedarf dort nach und folgen Sie den Anweisungen. Achten Sie darauf, als Namen der Datenbank buchstabengetreu **PerformanceDB** einzutippen, dann brauchen Sie die Beispielskripte nicht anzupassen. Spezielle Benutzerkonten sind nicht vorgesehen.

Zunächst einmal soll es um das Betrachten von Datenzugriffen gehen, die nicht durch Indizierung unterstützt werden. Die Tabelle *Sales* der *PerformanceDB*-Datenbank enthält genau 10 Millionen Datensätze und besitzt keinerlei Indizes. Sie hat einen sehr einfachen und kompakten Aufbau, denn sie besteht nur aus numerischen Informationen: Spalten, die auf _ID enden, sind Fremdschlüssel zu Stammdaten wie Produktnummern (*Product_ID*) oder Kunden (*Customer_ID*). Dazu kommen dann noch Informationen wie Umsätze (*Store_sales*) oder verkaufte Einheiten (*Unit_sales*). Ein einzelner Datensatz hat eine Länge von nur 44 Byte. Als Beispiel für einen T-SQL-Befehl, der alle Datensätze »anfassen« muss, ist eine Aggregatfunktion gut geeignet. Um beispielsweise die Anzahl der Datensätze in der *Sales*-Tabelle zu bestimmen, lässt sich der folgende T-SQL-Befehl einsetzen:

```
SELECT COUNT(*) FROM Sales
```

Listing 12.1 Zählen aller Datensätze in der *Sales*-Tabelle

Das Ergebnis lautet 10.000.000 (sic!) und wird auf meinem PC bei »warmem Hauptspeicher« (die Tabelle wurde schon einmal gelesen) nach noch nicht einmal einer Sekunde ausgeliefert. Dazu zwei Hinweise: Verwenden Sie zum Testen von Abfragen nach Möglichkeit Aggregatfunktionen wie *COUNT* und lassen Sie keine Ergebnismenge an den Client ausliefern. Wenn 10 Millionen Datensätze über das Netzwerk gehen, dann nimmt die Übertragungsgeschwindigkeit einen gehörigen Einfluss auf das Resultat Ihrer Messung. Unter Nicht-Laborbedingungen haben Antwortzeiten dann fast gar keine Aussagekraft mehr. Außerdem wollen Sie ja nicht daran schuld sein, dass Ihre Mitarbeiter während Ihrer Tests keine Freude mehr an der Arbeit im Firmennetz haben. Außerdem dauert das Darstellen der Ergebnismenge im T-SQL-Editor *viel* länger als die eigentliche Abfrage selbst. Ein *SELECT * FROM Sales* dauert auf meinem PC schon 1 Minute und 30 Sekunden, bis das Ergebnis vollständig sichtbar ist.

Sicherheitshalber sollten Sie kontrollieren, ob der Abfrageplan Ihrer Testabfrage mit Aggregatfunktionen der Originalabfrage ohne Aggregatfunktion bei den wichtigen Zugriffsoperatoren noch entspricht. Sonst erhalten Sie natürlich keinen realistischen Vergleichswerte und müssen mit der Originalabfrage arbeiten (und dabei eventuell ein paar Kaffeepausen einplanen).

Die T-SQL-Performance einzelner Abfragen testen Sie am besten außerhalb eines Produktivnetzwerks mit einem Server- und einem Client-PC, damit die Verarbeitung der Ergebnisse auf der Clientseite SQL Server nicht beeinflusst. Der zweite Hinweis lautet: Führen Sie die Abfrage mehrfach nacheinander aus. So ist gewährleistet, dass die Antwortzeiten stabil werden. Der SQL Server-Pufferspeicher ist nach dem ersten Lauf Ihrer Abfrage wohl gefüllt und greift dann nicht mehr auf die Festplatte zu. Vorausgesetzt natürlich, dass die Tabelle überhaupt noch in den Arbeitsspeicher passt. Das zweite und dritte Ergebnis sollte gleich schnell im Ergebnisfenster erscheinen und deutlich weniger Zeit benötigen als das erste. Das Verhältnis ist von Ihrer Hardware abhängig, vor allem von der Lesegeschwindigkeit Ihrer Festplatte und vom Durchsatz des Bussystems.

Bei meinen Tests waren die nachfolgenden Abfragen ungefähr um den Faktor 20 schneller als die erste. Natürlich dürfen auch keine parallelen Prozesse Ihren Rechner oder den SQL Server bremsen. Noch genauer wird Ihre Untersuchung, wenn Sie die statistischen Auswertungen im T-SQL-Editor aktivieren. Schalten Sie also im Management Studio über das Menü *Abfrage/Abfrageoptionen/Erweitert* sowohl *STATISTICS IO* wie auch *STATISTICS TIME* ein.

Sie können auch in T-SQL die *SET*-Optionen *SET STATISTICS IO* oder *SET STATISTICS TIME* verwenden, um die Leistungswerte zusammen mit dem Anfrageergebnis ausgeben zu lassen.

Nachdem Sie die Abfrage erneut haben laufen lassen, finden Sie die relevanten Auswertungen in den *Meldungen* unterhalb des Eintrags *(1 Zeile(n) betroffen)*. Die folgenden Angaben sind für die Beurteilung der Abfrageleistung besonders interessant:

```
'Sales'-Tabelle. Scananzahl 3, logische Lesevorgänge 66066, physikalische Lesevorgänge 0, Read-Ahead-
Lesevorgänge 0, logische LOB-Lesevorgänge 0, physikalische LOB-Lesevorgänge 0, Read-Ahead-LOB-Lesevorgänge 0.

SQL Server-Ausführungszeiten:
   , CPU-Zeit = 875 ms, verstrichene Zeit = 475 ms.
SQL Server-Analyse- und Kompilierzeit:
   , CPU-Zeit = 0 ms, verstrichene Zeit = 1 ms.
```

Was bedeuten diese Werte? Um die Zeilen der *Sales*-Tabelle zu zählen, wurde diese von SQL Server *gescannt*. Mit anderen Worten: SQL Server musste die Seiten der Tabelle komplett von vorne nach hinten durchlaufen. Dabei waren 66066 Datenseiten zu lesen. Es gab ausschließlich *logische Lesevorgänge*, da sich diese Datenseiten nach dem ersten Ausführen bereits im SQL Server-Cache befanden. Die Festplatte wurde nicht in Anspruch genommen, so sind die Null-Werte bei allen anderen Lesevorgängen zu erklären. Die Zeit, die SQL Server für die Bearbeitung des Befehls benötigt, setzt sich aus der eigentlichen Rechenzeit (*CPU-Zeit*) und Zeiten für das Lesen der Daten sowie für ein paar andere Dinge – unter anderem das Vorbereiten der Abfrage – zusammen. Für diese Abfrage pendelt sich die Gesamt-Ausführungszeit (verstrichene Zeit) auf meinem PC bei ungefähr 0,5 Sekunden ein.

Wie beeinflusst nun ein Abfragekriterium die Ausführung? Dies wird mit dem nachfolgenden *SELECT*-Befehl überprüft, der die Datensätze zu einer bestimmten Produktnummer sucht. Die Abfrage zählt 6.486 Datensätze.

```
SELECT COUNT(*) FROM Sales WHERE Product_ID = 777
```

Listing 12.2   Abfrage mit einfachem Kriterium

Die statistischen Werte ändern sich praktisch nicht! Sowohl die Anzahl der Lesevorgänge als auch die Ausführungszeiten stimmen mit der ersten Abfrage überein. Der Grund dafür liegt in der Tatsache begründet, dass sich auch die Abfragestrategie von SQL Server im Kern nicht geändert hat. Es werden immer noch sämtliche Datensätze gescannt. Der zusätzliche Aufwand für die weiteren Operationen wie das Auswählen und das Zählen der Datensätze ist so gering, dass er praktisch nicht gemessen werden kann. Die wesentliche Last entsteht durch das Lesen der Datensätze. In einem dritten Experiment sollen jetzt neue Datensätze an die *Sales*-Tabelle angefügt werden. Die Tabelle *Sales_new* enthält eine kleine unsortierte Testdatenmenge von 1.000 neuen Datensätzen. Diese werden mit dem folgenden Kommando an die große Tabelle angefügt:

```
INSERT sales SELECT * FROM sales_new
```

Listing 12.3 Zum Vergleich: INSERT in nichtindizierte Tabelle

Und dies sind die Ergebnisse (die »0-Vorgänge« habe ich weggelassen):

```
'Sales'-Tabelle. Scananzahl 0, logische Lesevorgänge 1006, ….
'Sales_new'-Tabelle. Scananzahl 1, logische Lesevorgänge 7, ….

SQL Server-Ausführungszeiten:
, CPU-Zeit = 15 ms, verstrichene Zeit = 5 ms.
```

Das Einfügen der Datensätze läuft sehr rasch ab. Es handelt sich offenbar um eine wenig aufwändige Operation.

Um herauszufinden, wie sich Indizierungen auf das Abfrageverhalten auswirken, werden die drei Experimente mit einer indizierten Variante der *Sales*-Tabelle wiederholt. Diese trägt den Namen *Sales_idx_cl* und liegt fix und fertig in der Datenbank. Sie unterscheidet sich von der originalen *Sales*-Tabelle dadurch, dass in ihr drei Indizes für wichtige Spalten angelegt wurden: ein gruppierter Index *Customer_ID* sowie nicht gruppierte Indizes *Product_ID* und *Store_ID*. Die Messungen werden mit exakt den Befehlen wiederholt, die Sie gerade gesehen haben. Zunächst geht es wieder um das Zählen der Datensätze.

```
SELECT COUNT(*) FROM Sales_idx_cl
```

Listing 12.4 Zählen der Datensätze in indizierter Tabelle

Das Ergebnis: Die Abfrage benötigt ca. 400 ms zur Ausführung und es werden 27.649 Datenseiten abgefragt. So sieht eine typische Auswertung aus:

```
'Sales_idx_cl'-Tabelle. Scananzahl 3, logische Lesevorgänge 27649, physikalische Lesevorgänge 0, Read-Ahead-
Lesevorgänge 0, logische LOB-Lesevorgänge 0, physikalische LOB-Lesevorgänge 0, Read-Ahead-LOB-Lesevorgänge 0.

SQL Server-Ausführungszeiten:
, CPU-Zeit = 811 ms, verstrichene Zeit = 411 ms.
```

Zwei Beobachtungen sind bemerkenswert: Die Anzahl der Lesezugriffe ist um ca. 60 Prozent reduziert und die Auswertungszeit um etwa 20 Prozent kürzer geworden. Die Indizes tragen offenbar dazu bei, dass die *COUNT(*)*-Aggregatfunktion auch ohne *WHERE*-Klausel deutlich schneller abläuft. Nicht spektakulär – aber es wurde immerhin ein wenig Zeit gespart. Nachdem, was man bereits jetzt über die Funktion eines Index weiß, ist zu vermuten, dass ein Index die zweite Abfrage – bei der über den Ausdruck *WHERE Product_ID = 777* gezielt nach Produkten gesucht wird –, besonders stark beschleunigt, denn in dem Suchargument steckt ja gerade eines der indizierten Felder.

```
USE PerformanceDB
SELECT COUNT(*) FROM Sales_idx_cl WHERE Product_ID = 777
```

Listing 12.5 Einfache Abfrage indizierter Tabelle

Dies sind die statistischen Werte der Abfrage (wieder für einen »warmen« Cache):

```
'Sales_idx_cl'-Tabelle. Scananzahl 1, logische Lesevorgänge 22, physikalische Lesevorgänge 0, Read-Ahead-
Lesevorgänge 0, logische LOB-Lesevorgänge 0, physikalische LOB-Lesevorgänge 0, Read-Ahead-LOB-Lesevorgänge 0.

SQL Server-Ausführungszeiten:
, CPU-Zeit = 0 ms, verstrichene Zeit 1 ms.
```

Tatsächlich: Der Index stellt sich als echter Performance-Booster für die Suche nach einer bestimmten Produktnummer heraus. Die Anzahl der Lesevorgänge ist von über 60.000 auf 22 gesunken, also ca. um den Faktor 3.000! Die Gesamtausführungszeit der Abfrage liegt bei 1 ms. Mit anderen Worten: Spielen Abfragen der *Product_ID*-Spalte in der *Sales*-Tabelle in einer Anwendung regelmäßig eine Rolle, dann sollte diese unbedingt indiziert werden. Da es in Anwendungen aber neben dem *SELECT* genauso um das *INSERT*-Kommando und die anderen DML-Befehle geht, muss auch der dritte Test erneut ausgewertet werden, bei dem das Anfügen von Daten durchgespielt wird.

```
INSERT Sales_idx_cl SELECT * FROM sales_new
```

Listing 12.6 INSERT in indizierte Tabelle

Das Anhängen der 1.000 neuen Datensätze an die *Sales*-Tabelle geht mit den folgenden Werten vonstatten:

```
'Sales_idx_cl'-Tabelle. Scananzahl 0, logische Lesevorgänge 13413, physikalische Lesevorgänge 0, Read-Ahead-
Lesevorgänge 24, ….
'Worktable'-Tabelle. Scananzahl 2, logische Lesevorgänge 2032, ….
'Sales_new'-Tabelle. Scananzahl 7, logische Lesevorgänge 7, ….

SQL Server-Ausführungszeiten:
, CPU-Zeit = 62 ms, verstrichene Zeit = 126 ms.
```

Das Anfügen der neuen Datensätze verläuft also 25 Mal langsamer ab, als im nicht indizierten Fall. Es werden auch deutlich mehr Datensätze gelesen. Bemerkenswert bei diesem Experiment ist außerdem die Tatsache, dass die *erste* Ausführung hier *wesentlich* langsamer ist als nachfolgende. Die pendeln sich bei ca. 25 ms ein. Dies würde man nicht unbedingt erwarten, da sich sowohl die Tabelle *Sales_idx* als auch die Tabelle *Sales_new* nach den ersten Versuchen schon vollständig im Arbeitsspeicher befanden. Der Grund für die Verzögerung der ersten Abfrage hat in diesem Fall nichts mit der Situation im Speicher zu tun, sondern mit den Datenstrukturen auf der Festplatte: Die Indizes der *Sales_idx_cl*-Tabelle sind bei der ersten Ausführung noch wie frisch erstellt und sehr dicht gepackt. Da beim Einfügen der neuen Datensätze viele Informationen in die Indizes einzusortieren sind, gibt es für SQL Server einiges zu restrukturieren, um den nötigen Platz zu schaffen. Bei der nachfolgenden Ausführung waren die Indizes dann schon ein wenig »aufgelockert« und das Einsortieren neuer Informationen wesentlich leichter zu bewerkstelligen. Bei weiteren Ausführungen ist die Dauer des Vorgangs dann wieder konstant. Das Indizieren hat den *INSERT*-Befehl insgesamt ein wenig gebremst.

> **TIPP** Bei Untersuchungen in der vorgestellten Art sollte man immer auf eine »faire« Ausgangssituation für die Abfragen achten. Neben der Variante, die Messungen mit einem warmen Puffercache durchzuführen, gibt es auch die Möglichkeit, den Cache abzukühlen. Da Sie sicher keine Lust haben, nach jeder Messung SQL Server neu zu starten, können Sie dazu das Kommando *DBCC DROPCLEANBUFFERS* einsetzen. Dies entfernt die gecachten Datenseiten aus dem Arbeitsspeicher. Führt man die erste *SELECT COUNT(*)*-Abfrage jeweils mit leerem Cache aus, dann liegt die Zugriffszeit im nicht indizierten Fall bei ca. 9 und im indizierten Fall bei ca. 6 Sekunden. Dass das Verhältnis sich etwas zugunsten der indizierten Tabelle verschiebt (der indizierte Fall ist jetzt ca. 30 Prozent schneller), hat damit zu tun, dass sich die physikalischen Lesevorgänge und der Transport der Datenseiten von der Festplatte in den Arbeitsspeicher deutlich bemerkbar machen.

Abfragepläne

Um zu verstehen, wieso sich die Performance der Beispiele so stark unterscheidet, ist es sinnvoll, sich anzuschauen, wie SQL Server die Abfragen verarbeitet. Hier kommt die Fähigkeit des T-SQL-Editors im Management Studio ins Spiel, die Abfragepläne grafisch darzustellen. Die Pläne sind das Ergebnis eines Optimierungsvorgangs, bei dem die relationale Maschine das für eine Aufgabenstellung günstigste Vorgehen ermittelt. An der grafischen Darstellung lassen sich die *physischen Operatoren* ablesen, die SQL Server verwendet, um das Ergebnis auszuliefern. Die physikalischen Operatoren sind die Zugriffsalgorithmen, die *tatsächlich* im Speicher und auf den Festplatten ausgeführt werden müssen, und stellen des Pendant zu den logischen Operatoren dar, die durch die T-SQL-Abfragen definiert werden. Bei der ersten Abfrage (Listing 12.1), die ja einfach die Anzahl der Datensätze in der Tabelle *Sales* feststellt, wird ein Tabellen-Scan verwendet, um jeden einzelnen Datensatz zu zählen (Abbildung 12.1)

```
Abfrage 1: Abfragekosten (in Relation zum Batch): 100 %
SELECT COUNT(*) FROM Sales
```

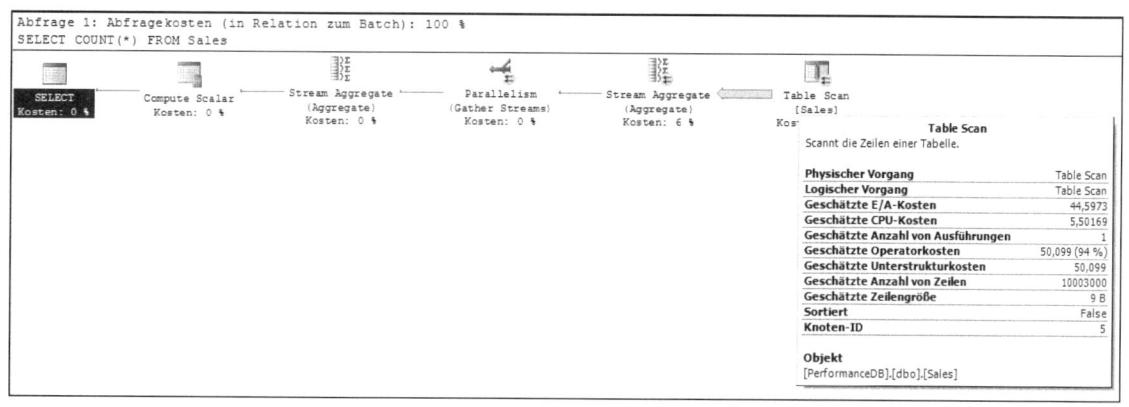

Abbildung 12.1 Abfrage durch einen Tabellen-Scan

Dieselbe Abfrage, ausgeführt in der indizierten Version der Tabelle *Sales_idx_cl*, wurde etwas schneller ausgeführt. Dies sollte sich im Abfrageplan ausdrücken. So ist es auch: Am Anfang der Operationen – einen Plan muss man von rechts nach links lesen – steht jetzt der Operator *Index Scan* (Abbildung 12.2). Das Zählen von Datensätzen verläuft in einem Index schneller, weil weniger Datenseiten zu durchlaufen sind. Die anderen Operatoren sind gleich geblieben. Ein *Stream Aggregat* bildet einfach eine laufende Summe oder ein anderes Aggregat in einem Datenstrom. Ein Compute Scalar-Operator ist dafür verantwortlich, einen berechneten Ausdruck zu bilden (in diesem Fall wird allerdings nur ein bereits »fertiger« Wert weitergegeben) und der SELECT-Operator liefert eine Ergebnismenge an den Client zurück. In beiden Versionen des Abfrageplans hat sich SQL Server dazu entschieden einen Teil der physischen Operatoren zu parallelisieren – also auf zwei CPUs (bzw. Kernen) auszuführen: den Tabellen-Scan und das Stream Aggregate. Der Operator Parallelism fasst diese getrennten Ausführungszweige wieder zusammen.

HINWEIS Die Detailinformationen zu einem Abfrageoperator bekommen Sie übrigens zu sehen, wenn Sie die Maus über das entsprechende Symbol bewegen. *Noch* genauer werden die Informationen, wenn Sie das Operatorsymbol anklicken und via F4 das Eigenschaftenfenster öffnen.

Die Verbesserung der Abfrageleistung kommt ganz eindeutig durch die Verwendung des Index und den damit ermöglichten schnelleren Operator zustande. Die Messungen für die Beispielanfragen hatten ja auch ergeben, dass für das Zählen in der indizierten Tabelle nur ungefähr ein Drittel der Datenmenge gegenüber der nicht indizierten Tabelle verarbeitet werden musste.

```
Abfrage 1: Abfragekosten (in Relation zum Batch): 100 %
SELECT COUNT(*) FROM Sales_idx_cl
```

```
                                                                Index Scan (NonClustered)
                Stream Aggregate    Parallelism    Stream Aggregate    [Sales_idx_cl].[Sales_idx_noncl_pro...
SELECT  Compute Scalar  (Aggregate)  (Gather Streams)  (Aggregate)     Kosten: 89 %
Kosten: 0 %  Kosten: 0 %  Kosten: 0 %    Kosten: 0 %   Kosten: 10 %

                                                     Index Scan (NonClustered)
                                                     Scannt einen nicht gruppierten Index, entweder vollständig
                                                     oder nur einen Bereich.

                                                     Physischer Vorgang              Index Scan
                                                     Logischer Vorgang               Index Scan
                                                     Geschätzte E/A-Kosten           20,1461
                                                     Geschätzte CPU-Kosten           5,50228
                                                     Geschätzte Anzahl von Ausführungen   1
                                                     Geschätzte Operatorkosten       25,6484 (89 %)
                                                     Geschätzte Unterstrukturkosten  25,6484
                                                     Geschätzte Anzahl von Zeilen    10004000
                                                     Geschätzte Zeilengröße          9 B
                                                     Sortiert                        False
                                                     Knoten-ID                       5

                                                     Objekt
                                                     [PerformanceDB].[dbo].[Sales_idx_cl].
                                                     [Sales_idx_noncl_product_id]
```

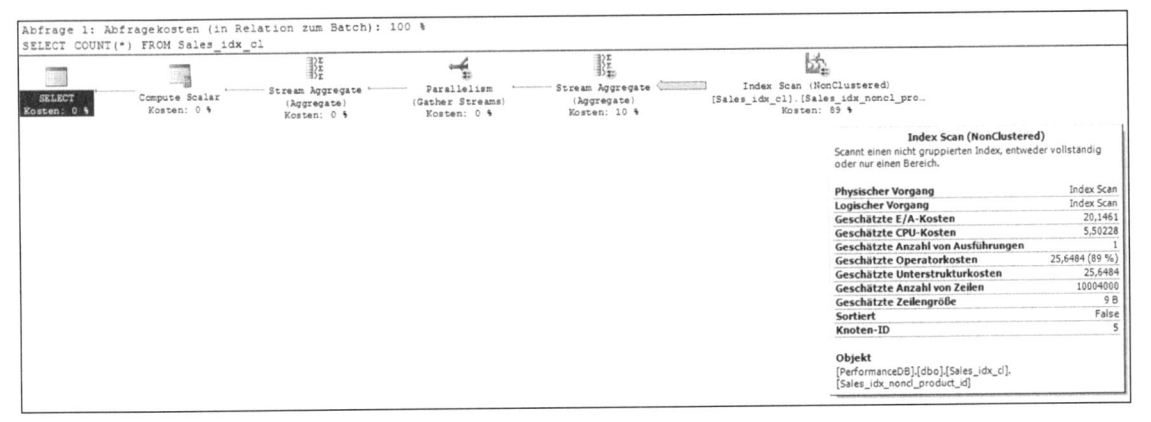

Abbildung 12.2   Abfrage durch einen Index-Scan

Ein Index verringert in erster Linie den Aufwand für das Lesen von Datensätzen. Das wird im Fall der zweiten Abfrage (Listing 12.2), bei der gezielt nach Datensätzen gesucht wurde, noch sehr viel deutlicher. Bei der nicht indizierten Tabelle Sales ändert die Verwendung einer Bedingung rein gar nichts an der Abfrageleistung gegenüber der Abfrage ohne *WHERE*-Klausel: Zeit und Anzahl gelesener Seiten blieben gleich. Schaut man sich den Plan an, dann wird das sofort verständlich. Er stimmt vollkommen mit dem ersten Abfrageplan überein (Abbildung 12.3). SQL Server scannt wieder sämtliche Tabellenseiten, um die Produkte mit der Nummer 777 zu finden. Etwas anderes bleibt ihm auch nicht übrig.

```
Abfrage 1: Abfragekosten (in Relation zum Batch): 100 %
SELECT COUNT(*) FROM Sales WHERE Product_ID = 777
Fehlender Index (Auswirkung 99.9206): CREATE NONCLUSTERED INDEX [<Name of Missing Index, sysname,>] ON [dbo].[Sales] ([product_id])

                Stream Aggregate    Parallelism    Stream Aggregate    Table Scan
SELECT  Compute Scalar  (Aggregate)  (Gather Streams)  (Aggregate)     [Sales]
Kosten: 0 %  Kosten: 0 %  Kosten: 0 %    Kosten: 0 %   Kosten: 5 %     Kosten: 95 %
```

Abbildung 12.3   WHERE-Klausel wird durch Tabellen-Scan aufgelöst

HINWEIS   Betrachten Sie Abbildung 12.3 genauer, dann wird Ihnen auffallen, dass die Grafiken zwar identisch sind, aber der SQL Server einen wichtigen Tipp hinzugefügt hat (*Fehlender Index*...). Über den Abfrageplan gibt Ihnen die Datenbankmaschine eine Indizierungsempfehlung. Diese Hinweise sind für mich eines der neuen Highlights in der SQL Server Version 2008: Ihnen wird als Entwickler sofort ein Optimierungspotential aufgezeigt, dass Sie überdenken sollten. Großartig!

Betrachtet man den Abfrageplan, der von SQL Server für die Produktsuche in der indizierten Tabelle gefunden wurde, dann fällt sofort der neue Operator *Index Seek* ins Auge (Abbildung 12.4). Dieser ist für die dramatische Verbesserung der Abfrageleistung verantwortlich. Wird eine Datenmenge gezielt über einen Index eingeschränkt, dann kann dieser seine ganzen Vorteile ausspielen. Natürlich geht es wieder um die Zahl der Lesevorgänge, die bei einer Suche von wenigen Datensätzen in einer großen Datenmenge durch die Verwendung eines Index radikal reduziert wird.

```
Abfrage 1: Abfragekosten (in Relation zum Batch): 100 %
SELECT COUNT(*) FROM Sales_idx_cl WHERE Product_ID = 777

                          Stream Aggregate     Index Seek (NonClustered)
SELECT  Compute Scalar    (Aggregate)          [Sales_idx_cl].[Sales_idx_noncl_pro...
Kosten: 0 %  Kosten: 0 %  Kosten: 15 %         Kosten: 85 %
```

Abbildung 12.4   WHERE-Klausel wird durch *Index Seek* aufgelöst

Im dritten Experiment der einführenden Beispiele ging es um das Einfügen von Datensätzen. Dabei erfolgte das *INSERT* der neuen Datensätze in die indizierte Tabelle langsamer als das Einfügen in die nicht indizierte Tabelle. Auch in diesem Fall lässt sich eine Begründung für das unterschiedliche Verhalten in den Abfrageplänen finden. Schon auf den ersten Blick wird klar, dass sich diese deutlich voneinander unterschieden (Abbildung 12.5) und Abbildung 12.6). In beiden Fällen muss zunächst die Tabelle *Sales_new* durch einen Scan eingelesen werden. Da unterscheiden sich die Abfragen noch nicht. Auch der anschließende Top-Operator ist in beiden Plänen vorhanden. In diesem Fall eigentlich überflüssig (so etwas kommt in den besten Abfrageplänen vor), schränkt er bei Bedarf eine Ergebnismenge ein. In die nicht indizierte *Sales*-Tabelle werden die Datensätze jetzt durch den Operator Table *Insert* eingefügt. Dieser ist relativ unaufwändig, da er im Großen und Ganzen einfach neue Datenseiten an das Ende einer Tabelle anhängt und diese anschließend mit Datensätzen füllt.

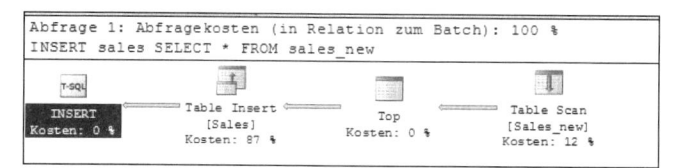

Abbildung 12.5 Einfügen in eine nicht indizierte Tabelle

Wird dagegen die indizierte Tabelle *Sales_idx* mit neuen Datensätzen versorgt, dann kümmern sich andere physikalische Operatoren um das Einfügen der Datensätze. Der erste trägt den Namen *Clustered Index Insert*. Eine Tabelle mit einem gruppierten Index wird, effektiv physikalisch in der Reihenfolge des Indexschlüssels sortiert, auf einem Speichermedium abgelegt. Das Einsortieren von Daten in solch eine geordnete Datenstruktur dauert naturgemäß deutlich länger als das einfache Anhängen an eine Tabelle. Besitzt die Tabelle noch weitere Indizes – und das ist hier der Fall – dann müssen auch diese mit dem Einfügen jedes weiteren neuen Datensatzes aktualisiert werden. Dafür sind die beiden *Index Insert*-Operatoren zuständig – pro Index wird davon einer benötigt. Zur Optimierung der Ausführung verwendet SQL Server in diesem Plan temporäre Arbeitstabellen, diese werden von den *Table Spool*-Operatoren aufgebaut. Der *Sequence*-Operator führt schlussendlich das eigentliche Einfügen der Datensätze durch.

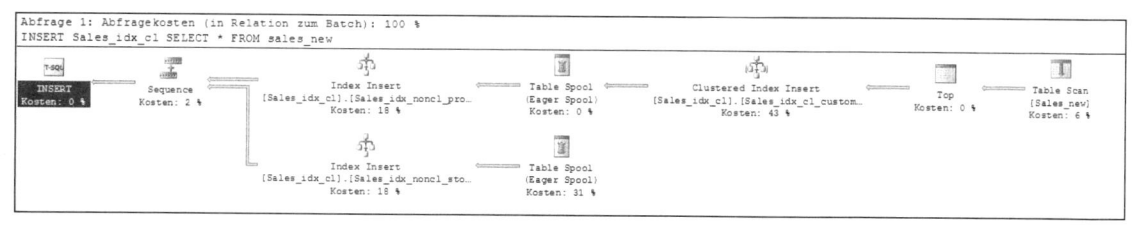

Abbildung 12.6 Einfügen in eine indizierte Tabelle

Grundlagen zu SQL Server-Indizes

Will man sich intensiver mit den Indizierungsmechanismen von SQL Server beschäftigen, so kommt man zweifellos um ein wenig Theorie nicht herum. In Kapitel 7 wurden bereits der Aufbau von SQL Server-Datenbanken und die Grundbegriffe der Speicherplatzverwaltung erläutert. Jetzt steigen wir noch tiefer in die SQL Server-Datenstrukturen ein, um die Hintergründe zu klären und die Prinzipien für eine gute Indizierungsstrategie aufzudecken.

Als Datenbankprogrammierer ist es für Sie eine banale Tatsache, dass Sie über Indizes Such- und Sortiervorgänge stark beschleunigen können. Aber wie funktioniert das eigentlich genau? Indizes sind Datenstrukturen, die getrennt von den eigentlichen Datenbanktabellen aufgebaut werden, und optimale Sucheigenschaften besitzen. Bei SQL Server werden spezielle balancierte Bäume eingesetzt, *B-Bäume* genannt (das führende »B« geht auf den Nachnamen des Erfinders, Rudolph Bayer, zurück.[2] In diesen Bäumen darf jeder Knoten beliebig viele Nachfolgerknoten besitzen. Diese Datenstrukturen werden deshalb auch gerne *B*-Bäume* genannt). Auch Indexbäume bestehen aus 8 KByte großen Seiten. In diesen werden die Werte aus Tabellenspalten abgelegt, nach denen besonders schnell gesucht werden soll. Man spricht von den *Schlüsselspalten* eines Index, die insgesamt den *Indexschlüssel* bilden. Ähnlich dem Index in einem Buch wird durch die komprimierte Darstellung das Suchen stark beschleunigt. Das liegt daran, dass die kompakten Informationen einer Indexseite viel schneller in den Hauptspeicher geladen und durchsucht werden können als die viel umfangreicheren Datenseiten. Außerdem verläuft eine Suche in der geordneten hoch optimierten Indexstruktur viel schneller. Wird ein Eintrag auf einer Indexseite gefunden, dann gelangt der Server von dort über einen Verweis auf den eigentlichen vollständigen Datensatz. Die Organisation in einem Baum reduziert den durchschnittlichen Suchaufwand erheblich. Damit Sie besser nachvollziehen können, was im Innern von SQL Server vor sich geht, wenn Informationen gesucht werden, werden die verschiedenen Zugriffsverfahren erläutert.

Datenstrukturen und Suchverfahren

Hat man es mit einer Tabelle zu tun, die nicht indiziert ist, dann spricht man im SQL Server-Jargon von einem *Heap*. Im Heap sind die Speicherblöcke mit den Datenseiten einfach mehr oder weniger linear in einer Datendatei des Servers abgelegt. Damit die Datenbankmaschine weiß, welche Blöcke und die darin enthaltenen Datenseiten zu einer Tabelle gehören, gibt es in den Dateien so genannte *Index Allocation Map*-Seiten. Über ein Bitmuster ist in einer IAM-Seite die Zuordnung von Blöcken zu Tabellen verzeichnet. So kann SQL Server bei einem Scan schnell alle Seiten finden, die zu einer Tabelle gehören. Doch halt: Ein *bisschen* komplizierter ist der Aufbau eines Heaps schon. Während bei SQL Server 2000 die Beschreibung hier beinahe schon zu Ende wäre, geht es bei SQL Server 2005 und 2008 noch ein wenig weiter. Das hat damit zu tun, dass der neue Server zum einen Tabellen partitionieren kann, und es Datensätzen zum anderen erlaubt ist, größer als eine Datenseite zu werden. Dafür werden dann so genannte Überlaufbereiche reserviert. Nimmt man noch die LOB-Daten (*varchar(max), xml, text, image*) hinzu, die SQL Server wiederum etwas anders behandelt als »normale« Tabellen oder Überlaufbereiche, dann kann SQL Server insgesamt drei verschiedene Arten von Daten in einem Heap verwalten:

- **IN_ROW_DATA**   Das sind die eigentlichen Datenseiten
- **LOB**-DATA   Das sind die Daten großer Objekte, wie *varchar(max)*- oder *xml*-Spalten
- **ROW_OVERFLOW_DATA**   Das sind die Seiten, die Überlaufspalten enthalten

Eine Tabelle *kann* – muss aber nicht – in Abschnitte aufgeteilt werden, die man als Partitionen bezeichnet. Am Ende dieses Kapitels wird gezeigt, wie Partitionierung in großen Tabellen, ähnlich wie die Indizierung, die Abfrageleistung deutlich erhöhen kann. Sie werden in den entsprechenden Abschnitten auch lernen, dass Partitionierung in bestimmten Situationen verwendet werden muss, weil Indizes nicht mehr »greifen«. Eine Tabelle besteht aus mindestens einer Partition. Gibt es mehrere Partitionen, dann wird die Datenverteilung über eine Partitionierungsfunktion und ein Partitionierungsschema gesteuert.

---

[2] In den Internet-Wikis gibt es sehr gute Beiträge zu Rudolph Bayer und seinen B-Bäumen.

Ein Heap kann nun in jeder Partition genau eine *Allocation Unit* (etwa: *Zuordnungseinheit*) von einem dieser drei Typen enthalten. Solch eine *Zuordnungseinheit* kann als Heap oder gruppierter Index organisiert sein. Sie können jederzeit einen Blick auf die Partitionen und Allocation Units einer Tabelle werfen, indem Sie die entsprechenden Management Views benutzen. Die folgende Abfrage zeigt die Partitionen der *Sales*-Tabelle in der *PerformanceDB*-Datenbank an.

```
SELECT * FROM sys.partitions
WHERE object_id = object_id('dbo.Sales')
```

Listing 12.7 Partitionsinformationen zu einer Tabelle anschauen

Und so sieht das Ergebnis aus (nur die relevanten Spalten):

partition_id	object_id	index_id	partition_number	hobt_id	rows
46502875365376	709577566	0	1	46502875365376	10000000

Die *Sales*-Tabelle besteht also aus einer einzigen Partition. Außerdem ist sie als Heap organisiert. Der Server kennzeichnet das durch den Eintrag 0 in der Spalte *index_id*. So nebenbei: Fällt Ihnen bei der Spalte *rows* etwas auf? In dieser findet man die Anzahl der Zeilen einer Tabelle. Hätte SQL Server zur Beantwortung der Abfrage in Listing 12.1 einfach hier nachgeschaut, dann wäre das Ergebnis nach wenigen Millisekunden »da« gewesen. Aber SQL Server ist eine ehrliche Haut und hat sich die Mühe gemacht, die Datensätze wirklich zu zählen, denn der Wert in *rows* ist nicht immer aktuell.

Wie geht es von hier aus weiter? In einer anderen Systemsicht sind die Speicherobjekte – die *Allocation Units* – zu einer Partition verzeichnet. Die Verknüpfung zu der Spalte *partition_id* in der Sicht *sys.partitions* wird in *sys.system_internals_allocation_units* über die Spalte mit dem Namen *allocation_unit_id* hergestellt. In meiner Beispielabfrage habe ich zur Vereinfachung hier die *ID* der Partition direkt eingetragen. Der passende *JOIN* zwischen den Tabellen dürfte Ihnen aber sicher überhaupt keine Mühe bereiten.

```
SELECT * FROM sys.system_internals_allocation_units
WHERE allocation_unit_id = 46502875365376
```

Listing 12.8 Reservierte Allocation Units zu einer Partition

Die Abfrage liefert diese Zeile:

type_desc	filegroup_id	total_pages	used_pages	first_iam_page
IN_ROW_DATA	1	66104	60204	0x2300000001000

Im Ergebnis findet man Informationen zu den Allocation Units der Partition. Für die *Sales*-Tabelle existiert nur ein Eintrag, da weder Large Object-Daten, noch Überlaufspalten vorhanden sind. Und jetzt kommt's: Die Spalte *first_iam_page* zeigt auf die erste IAM-Seite für die Allocation Unit vom Typ *IN_ROW_DATA* – Bingo! In der Index Allocation Map sind die Nummern derjenigen Blöcke eingetragen, die zu der entsprechenden Allocation Unit (der Partition einer Tabelle) gehören. So kann SQL Server die dazu gehörenden Seiten identifizieren. Reicht eine einzige IAM-Seite nicht aus, um die Blöcke einer Tabelle zu verwalten, dann werden mehrere verkettete IAM-Seiten verwendet.

Für das Suchen von Daten in einem Heap steht SQL Server genau eine Methode zur Verfügung: Er muss die Blöcke und Datenseiten der betreffenden Tabelle vollständig vom Anfang bis zum Ende durchlaufen und die Informationen jedes einzelnen Datensatzes untersuchen. Das kann recht aufwändig werden. Im Beispiel der *Sales*-Tabelle aus den Experimenten im vorigen Abschnitt mussten 60.204 Datenseiten verarbeitet werden. Da eine einzelne Seite genau 8 KByte groß ist, waren also über 470 MByte Daten von der Festplatte zu lesen, über das Bus-System in den Arbeitsspeicher zu transportieren, vom Prozessor zu durchsuchen und so weiter. Das dauert ein paar Augenblicke. Die Abbildung 12.7 fasst die Abläufe noch einmal graphisch zusammen.

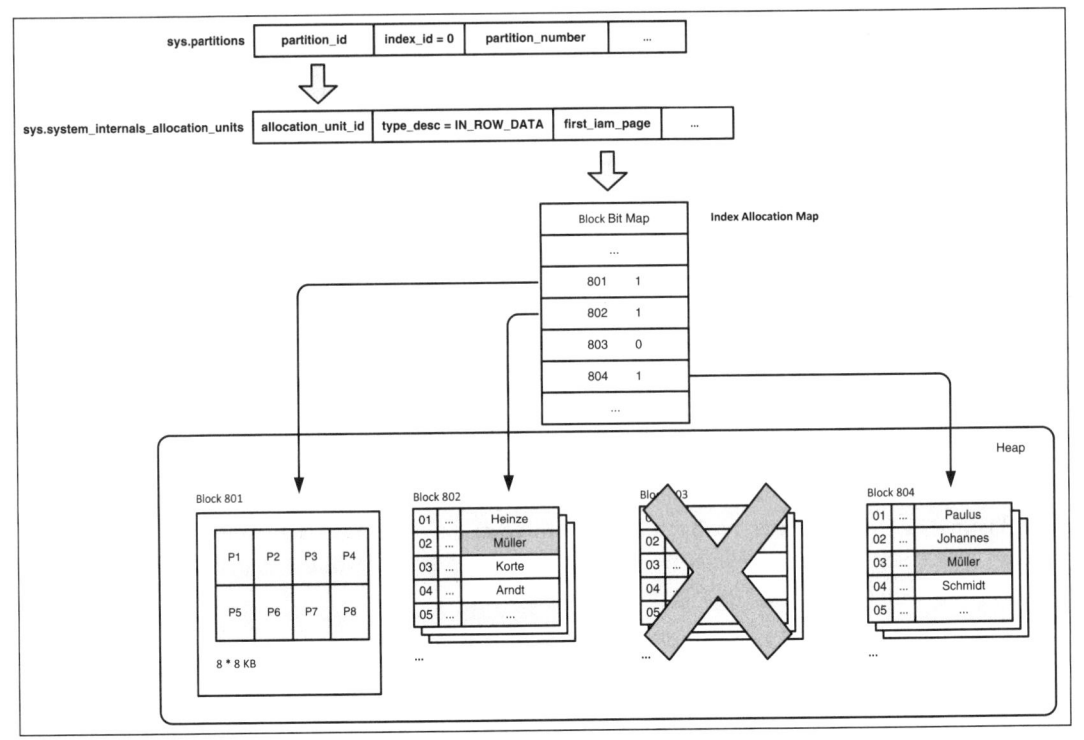

Abbildung 12.7 Die Suche in einer *Heap*-Datenstruktur

Zum Vergleich nun die Suche über einen einfachen Index: Die Standard-Indexstruktur von SQL Server ist der so genannte *nicht gruppierte Index* (wie es zu dem Namen kommt, erfahren Sie in Kürze). Dessen Funktionsweise soll nun anhand der Abbildung 12.8 erläutert werden. Der Indexbaum ist hier über die Schlüsselspalte Nachname einer Kundentabelle errichtet worden. Genau wie die Inhalte von Tabellen sind auch die Indexinformationen in 8 KByte großen Speicherseiten organisiert. In einem Index befinden sich allerdings nur die Schlüsselspalten und Verknüpfungszeiger auf einer Seite, sodass sich viel mehr Informationen zu einem Schlüssel auf einer Seite befinden können, als auf einer normalen Datenseite Platz hätten. Denn diese enthält ja alle zusätzlichen Spalten des gesamten Datensatzes.

Der Einstieg in einen Index findet über eine Startseite, die Indexwurzel (*root*), statt. Auf dieser (wie auf jeder anderen Indexseite) liegen Stichproben der Schlüsselspalte, in der Sortierfolge des Index angeordnet, vor. Es beginnt der Indexdurchlauf für die Suche nach einem bestimmten Schlüsselwert (z. B. *Müller*). SQL Server durchsucht die einzelnen Einträge und wendet dabei den folgenden Algorithmus an: Findet SQL Server auf der Seite einen Eintrag, der in der Sortierfolge hinter dem zu suchenden Wert steht, dann nimmt er den Verweis des Vorgängereintrags und folgt diesem zur nächsten Indexseite. Findet er eine exakte Übereinstimmung, dann folgt er dem Verweis dieses Eintrages (*Müller* wird im Beispiel auf der ersten Indexseite gefunden). Ist der zu suchende Wert in der Sortierung über allen Einträgen der Seite eingeordnet, dann folgt er dem Verweis des letzten Eintrages. Auf diese Weise wird der Indexbaum durchlaufen, bis die letzte Ebene des Indexbaums erreicht ist (*Blattebene* oder *Leaf-Level*).

Wird der Eintrag gefunden, dann folgt SQL Server wiederum einem Verweis. Es handelt sich in diesem Fall dann um den Verweis auf einen Datensatz in der Heap-Datenstruktur. Über die so genannte *Row-ID (RID)* sind die Datensätze in einem Heap eindeutig adressiert. Die RID besteht aus der Dateinummer, der Seiten-

Grundlagen zu SQL Server-Indizes

nummer und der Position des Datensatzes auf der Seite (Beispiel *4:706:02*). Da ein Schlüsselwert mehrfach in einem Index vorkommen kann, muss der letzte Schritt möglicherweise mehrere Male ausgeführt werden, wobei jedes Mal eine andere Datenseite »angesprungen« werden kann. Der Heap ist nämlich unsortiert, und die Werte können beliebig auf dessen Datenseiten verteilt sein.

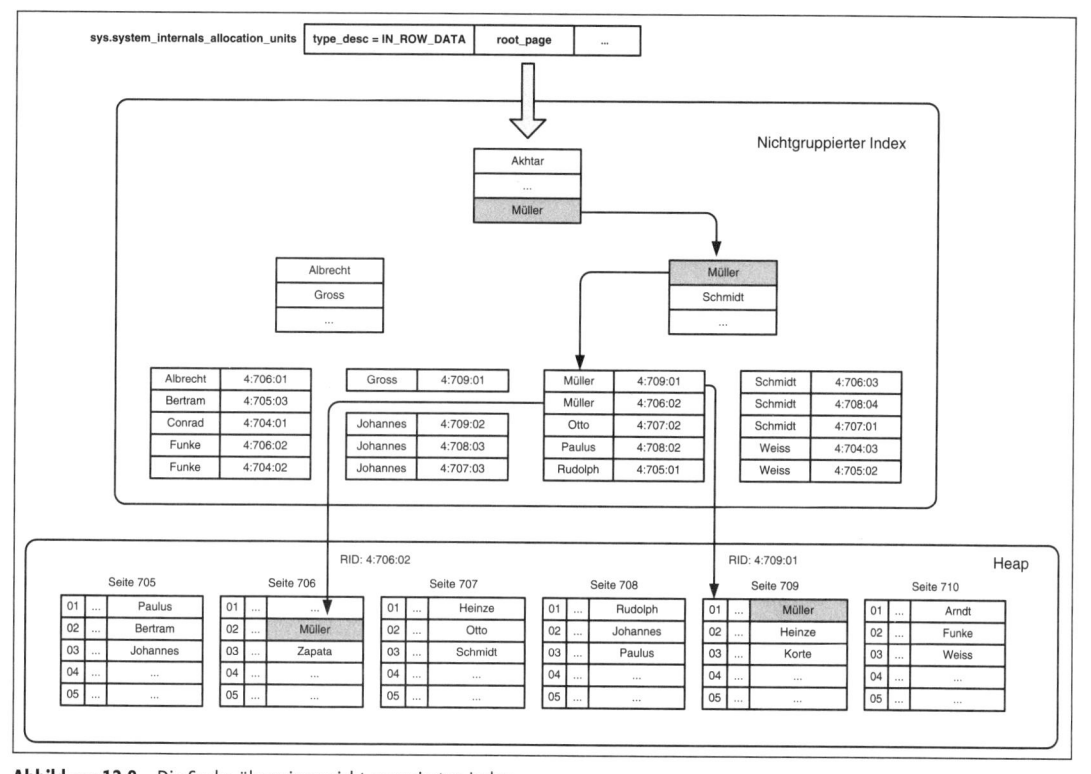

Abbildung 12.8 Die Suche über einen nicht gruppierten Index

Natürlich ist es möglich, sich genauere Informationen auch zu den Indizes zu besorgen. Ausgangspunkt ist wieder eine Abfrage, welche die Partitionen liefert. Das nachfolgende Kommando fragt die Daten für die Tabelle *sales_idx_noncl* ab. Diese Tabelle besteht aus einem Heap und drei nicht gruppierten Indizes.

```
SELECT * FROM sys.partitions
WHERE object_id = object_id('sales_idx_noncl')
```

Listing 12.9 Partitionsinformationen zu einer indizierten Tabelle anschauen

Für die Tabelle *Sales_idx_noncl* wirft diese Abfrage der Sicht *sys.partitions* die folgenden vier Datensätze aus (wieder nur die hier relevanten Spalten):

partition_id	object_id	index_id	partition_number	hobt_id	rows
72057594038321152	821577965	0	1	72057594038321152	10000000
72057594038386688	821577965	2	1	72057594038386688	10000000
72057594038452224	821577965	3	1	72057594038452224	10000000
72057594038517760	821577965	4	1	72057594038517760	10000000

Auch hier hat man es mit einer einzigen Partition zu tun (*partition_number=1*). Aber es gibt insgesamt vier Einträge: einen für die Tabelle selbst (*index_id = 0*) und drei weitere für »echte« Indizes, die zusätzlich zum Heap existieren. Den nächsten Schritt kennen Sie schon. Wir machen uns mit dem Wert aus der Spalte *partition_id* auf in die Systemsicht *sys.system_internals_allocation_units*. Genau, wie der Heap selbst, hat auch ein nicht gruppierter Index hier mindestens einen Eintrag. Dieses Mal ist es allerdings der Wert aus der Spalte *root_page*, der auf die eigentliche Datenstruktur verweist. Bei einem nicht gruppierten Index ist dies die Wurzelseite des B-Baums.

Zu Indizes finden Sie noch weitere interessante Informationen in den Katalogsichten. Sämtliche Indizes einer Tabelle können Sie beispielsweise mit einer Abfrage in der folgenden Art anzeigen lassen.

```
SELECT object_id, name, index_id, type, type_desc
FROM sys.indexes
WHERE object_Id = object_id('dbo.Sales_idx_noncl')
```

Listing 12.10 Indizes zu einer Tabelle anzeigen lassen

object_id	name	index_id	type	type_desc
81577965	NULL	0	0	HEAP
821577965	Sales_idx_noncl_customer_id	2	2	NONCLUSTERED
821577965	Sales_idx_noncl_porduct_id	3	2	NONCLUSTERED
821577965	Sales_idx_noncl_store_id	4	2	NONCLUSTERED

Im Ergebnis wird neben dem Klartextnamen und der Nummer des Index in der Tabelle auch der Typ angegeben. Auf wichtige Informationen, die Sie in den weiteren Feldern dieser Sicht finden, komme ich in Kürze noch zu sprechen. Möchten Sie dokumentieren, aus welchen Spalten sich ein Index zusammensetzt, dann bietet sich dazu die Katalogsicht *sys.index_columns* an.

Ein echter »Bringer« bei der Untersuchung der Indexstrukturen ist die Systemfunktion *sys.dm_db_index_physical_stats*. Diese liefert Informationen über den aktuellen physischen Aufbau eines Index. Sie können an den Ergebnissen ablesen, aus wie vielen Ebenen ein Index besteht, wie viele Indexseiten jede Ebene umfasst, wie dicht diese Seiten gepackt sind und ähnliche Dinge mehr. Mit dem nachfolgenden T-SQL-Befehl wird der Index mit der *index_id* 3 aus der *Sales_idx_noncl*-Tabelle untersucht.

```
SELECT index_level, avg_fragmentation_in_percent, page_count, avg_page_space_used_in_percent,
record_count
FROM sys.dm_db_index_physical_stats
(
    DB_ID(N'PerformanceDB'),
    object_id(N'PerformanceDB.dbo.sales_idx_noncl'),
    3,
    NULL,
    'DETAILED'
)
```

Listing 12.11 Zustandsinformationen zu einem Index

Die folgende Ausgabe zeigt eine Auswahl der Ergebnisspalten. Für jede Ebene des Indexbaums wird eine Zeile mit statistischen Werten ausgegeben. Die Blattebene hat den *index_level* 0. Dort muss es für die *Sales_idx_noncl*-Tabelle 10.000.000 Indexeinträge geben – für jeden Datensatz im Heap genau einen Eintrag. Die Indexseiten sind auf der ersten Ebene und der Blattebene gut gefüllt und wenig fragmentiert. Die einzelne Wurzelseite hat noch eine Menge Platz für neue Einträge. Dieser Index ist »gesund« und effektiv.

index_level	avg_fragmentation_in_%	page_count	avg_page_space_used_in_%	record_count
0	0,0269372362395618	22273	99,816790214974	10000000
1	0	67	97,101704966642	22273
2	0	1	10,0568322213986	67

> **TIPP** Falls Sie noch mit SQL Server 2005 arbeiten, ist die Anwendung dieser Systemfunktion ein bisschen hakelig. Man führt diese am besten in der *master*-Datenbank aus, sonst kann es zu nicht erklärbaren Problemen kommen. Gleichzeitig muss man darauf achten, dass man den Namen der zu untersuchenden Tabelle vollständig qualifiziert. Ansonsten liefert *object_id* den Wert *NULL* und es werden immer alle Indizes zu der Tabelle ausgewertet.

Dass eine Indexsuche sehr viel effektiver als eine im Heap abläuft, konnte man sehr deutlich an den Ergebnissen der Messungen im ersten Abschnitt ablesen. Nur 22 Seiten (also 176 KByte) Daten mussten im indizierten Fall durchsucht werden, um die Verkäufe des Produktes mit der Nummer 777 zu finden, gegenüber von mehr als 66.000 Seiten im nicht indizierten Fall. Wie die Abfrage der physikalischen Werte des Index *Sales_idx_noncl_product_id* gezeigt hat, besteht dieser aus drei Ebenen. Für die Beantwortung der Abfrage mussten nur 2 Indexseiten ab der Wurzel durchsucht werden, um schließlich auf der Blattebene sämtliche Zeiger auf die Datensätze im Heap zu finden. In diesem waren die benötigten Datenzeilen auf nur 20 Seiten verteilt. Das war ein glücklicher Zufall und hat nichts mit der Indizierung an sich zu tun. Der Index stellt nur sicher, dass die relevanten Seiten aus dem Heap möglichst schnell geladen werden können.

Die dritte mögliche Variante der Datenstrukturen ist der *gruppierte Index*. Bei diesem bilden die Datenseiten der Tabelle selbst einen Teil des Index und liegen, nach dem Indexschlüssel sortiert, in einer Datendatei vor. Da ein gruppierter Index, genau wie ein nicht gruppierter, mehrere gleiche Einträge für einen Indexschlüssel erlauben kann (also beispielsweise mehrere *Müllers*), liegen dann die Datensätze zu einem identischen Schlüsselwert als Gruppe nebeneinander auf der Festplatte. Von dieser Eigenart leitet sich denn auch der Name dieses Indextyps ab. Im Englischen wird der Begriff *Clustered Index* verwendet. Jetzt kennen Sie gleichzeitig auch die Herkunft des Namens *nicht gruppierter Index*. Dies ist eben ein Index, bei dem die Basistabelle nicht in gruppierter Form vorliegt. Während der nicht gruppierte Index (*Nonclustered Index*) die allgemein »übliche« Form darstellt, stellt der gruppierte im Grunde schon einen Sonderfall dar.

Und so funktioniert die Suche im gruppierten Index: Über die Wurzelseite des B-Baumes, der hier nicht so hoch wie bei einem nicht gruppierten ist, weil die Blätter ja schon zur Tabelle selbst gehören, wird der Einstieg in den Index gemacht und zunächst exakt so gesucht wie im nicht gruppierten Fall. Ist der Eintrag in den Indexseiten gefunden worden, dann gibt es auch hier wieder einen Verweis auf die Tabelle – allerdings nicht per RID auf den eigentlichen Datensatz, sondern per *Seiten-ID* (*Page-ID*, *PID*) auf die Datenseite. In dieser muss dann noch mal kurz nach dem Datensatz gefahndet werden, der dem gesuchten Schlüsselwert entspricht.

Es kann nur maximal einen gruppierten Index pro Tabelle geben, da ja die Sortierung der Tabellendaten nur auf eine Art und Weise vorgenommen werden kann (es wären prinzipiell zwar Sub-Sortierungen denkbar – aber das interessiert SQL Server nicht). Natürlich stellt sich die Frage, warum es überhaupt zwei Indexvarianten gibt. Es gilt: Der nicht gruppierte Index ist universeller in der Anwendung und lässt sich im Prinzip immer einsetzen, um *WHERE* oder *ORDER BY*-Klauseln zu unterstützen. Ein gruppierter Index kommt dann ins Spiel, wenn Tabellen häufig in einer bestimmten Standardsortierung ausgegeben werden oder größere Tabellenbereiche mit einer Bereichsabfrage (*BETWEEN*) »am Stück« ausgegeben werden sollen. Auch bei der Verknüpfung von Tabellen durch den *JOIN*-Operator mit anschließender Ausgabe von Spalteninhalten ist ein gruppierter Index hilfreich. Das ist auch der Grund dafür, warum SQL Server beim Anlegen eines Primärschlüssels automatisch einen gruppierten Index erzeugt, wenn man ihm nichts anderes vorgibt. Das ist in den meisten Fällen auch in Ordnung. Wird eine Tabelle nicht in Join-Konstrukten verwendet, ist die Schreibgeschwindigkeit wichtiger als die Lesegeschwindigkeit, oder werden in erster Linie einzelne Datensätze gelesen, dann sollte man auf einen gruppierten Index verzichten. Man spart dadurch den zusätzlichen Overhead, den ein gruppierter Index beim Einfügen von Daten und beim Reorganisieren in Anspruch nimmt. Nicht gruppierte Indizes benötigen einen geringeren Pflegeaufwand.

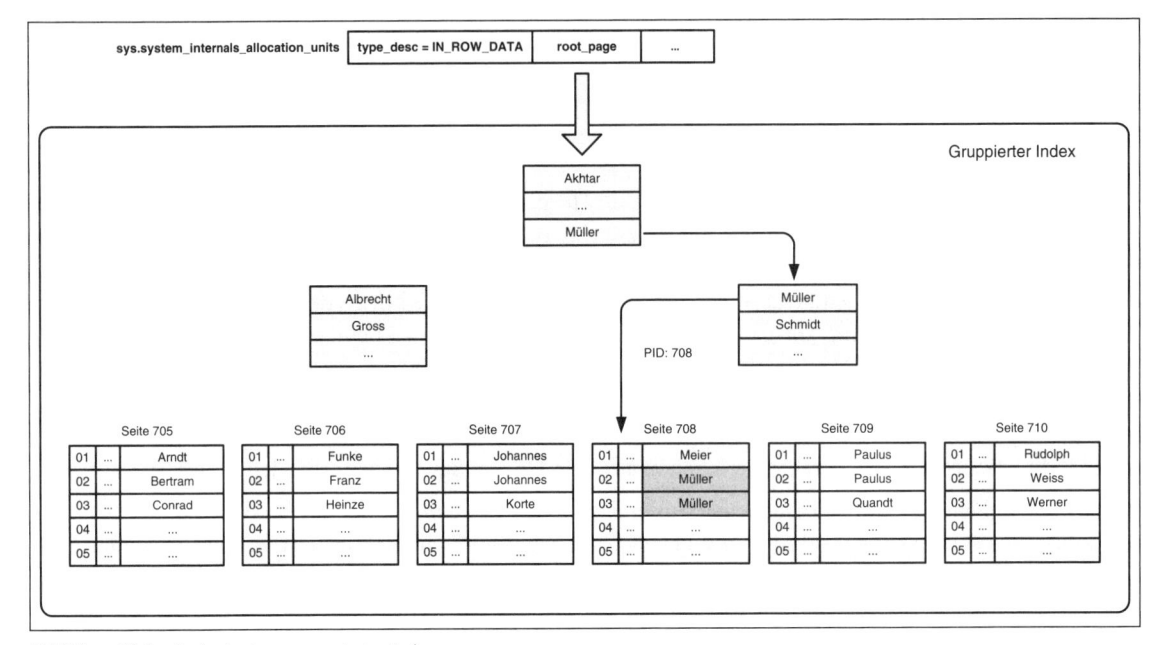

Abbildung 12.9 Suche in einem gruppierten Index

Die Unterscheidung der verschiedenen Indextypen ist natürlich auch in den Systeminformationen sichtbar. Schaut man sich die Einträge für die Tabelle *Sales_idx_cl* via *sys.partitions* an (Listing 12.12), dann findet man hier einen Index mit *index_id* = 1. Solch ein Index ist immer ein gruppierter, stellt damit also die Basistabelle in sortierter Form dar – so, wie ein Index mit *index_id* = 0 eigentlich die Basistabelle in nicht sortierter Form darstellt (also ein Heap ist). Lassen Sie sich davon nicht verwirren!

```
SELECT * FROM sys.partitions
WHERE object_id = object_id('sales_idx_cl')
```

Listing 12.12 Partitionsinformationen für Tabelle mit gruppiertem Index

Und so sieht das Ergebnis aus:

partition_id	object_id	index_id	partition_number	hobt_id	rows
322734953398272	629577281	1	1	322734953398272	10000000
604209930108928	629577281	2	1	604209930108928	10000000
885684906819584	629577281	3	1	885684906819584	10000000

Und immer noch gibt es eine weitere Möglichkeit, Daten zu organisieren: Was ist eigentlich in der Datenbank los, wenn Sie gleichzeitig einen gruppierten sowie nicht gruppierte Indizes in einer Tabelle definieren? In diesem Fall reagiert SQL Server sehr speziell und nicht durch den Programmierer beeinflussbar – auch wenn das manchmal sehr wünschenswert wäre. Zur Erklärung des Prinzips betrachten Sie am besten einmal die Abbildung 12.10.

Da es in dieser Situation keinen Heap gibt, sondern eben einen gruppierten Index, muss sich der nicht gruppierte Index auf diesen beziehen. Das ist nicht weiter verwunderlich; dafür aber umso erstaunlicher ist die Tatsache, dass der nicht gruppierte Index auf einmal anders aufgebaut wird. Die Verweise, die von dessen Blattebene ausgehen, sind in diesem Fall nämlich keine *RIDs*, also Zeiger auf Datensätze, sondern so genannte *Clustering Keys* – logische Schlüssel des unterliegenden gruppierten Index. Wurde dieser beispielsweise über den Nachnamen einer Kundentabelle gebildet (wie im Beispiel der Abbildung), dann sind als

Verweise in der Blattebene des nicht gruppierten Index tatsächlich die Namen eingetragen. Ist der gruppierte Index nicht eindeutig, dann müssen die Werte der Clustering Keys durch das Anhängen eines numerischen Wertes künstlich eindeutig gemacht werden. Diese Zahl, mit dem hübschen Namen *Uniquifier* ist ein 4-Byte-Integer. Aus den diversen Einträgen *Müller* im Schlüssel eines gruppierten Index, werden so *Müller1*, *Müller2* und so weiter. Insgesamt lassen sich ca. 2 Milliarden *Müllers* als Clustering Keys bilden. Eine Suche verläuft in einem nicht gruppierten Index *über einem gruppierten Index* ganz normal. Sobald die Blattebene erreicht ist, erfolgt aber kein Sprung zur Datenzeile oder -seite, sondern es wird eine weitere Suche im gruppierten Index nach dem Clustering Key begonnen. Das Verfahren kennen Sie inzwischen schon. Die Indexzugriffe über einen nicht gruppierten Index werden einen Tick langsamer.

Wozu all dieser Aufwand? Es gibt spezielle Situationen, in denen diese indirekten Verweise Sinn machen – vor allem, wenn es um den folgenden Vorgang geht: Werden regelmäßig viele Updates in einer Tabelle mit einem gruppierten Index so durchgeführt, dass sich die Positionen von Datensätzen immer wieder verschieben, dann müssten die zusätzlich bestehenden nicht gruppierten Indizes zum Teil aufwändig aktualisiert werden, wenn diese keinen logischen, sondern einen physikalischen Verweis auf die Datensätze des gruppierten Index besäßen. Das ist eine zeitraubende Angelegenheit. Durch die Verwendung des Clustering Keys ändern sich die Daten eines nicht gruppierten Index aber überhaupt nicht, wenn sich die Position eines Datensatzes im gruppierten Index verschiebt. In den meisten Datenbanken sind häufige Operationen in dieser Art aber eher eine exotische Ausnahmesituation, sodass dieses Verhalten von SQL Server eventuell keinen Vorteil bringt. Dagegen können sich durch die spezielle Bildung des Clustering Keys die nicht gruppierten Indizes stark aufblähen, die Suche darin ein wenig langsamer werden und auch die Wartung der Indizes wird aufwändiger sein. Strikte Regeln zur Verwendung von gruppierten und nicht gruppierten Indizes gibt es nicht – dazu ist die Indizierung zu stark von der Anwendung abhängig. Nach dem Durcharbeiten dieses Kapitels sollten Sie aber etwas schlauer sein. Und zusätzlich kann Ihnen der *Datenbankoptimierungsratgeber* bei der Wahl der richtigen Indizes helfen.

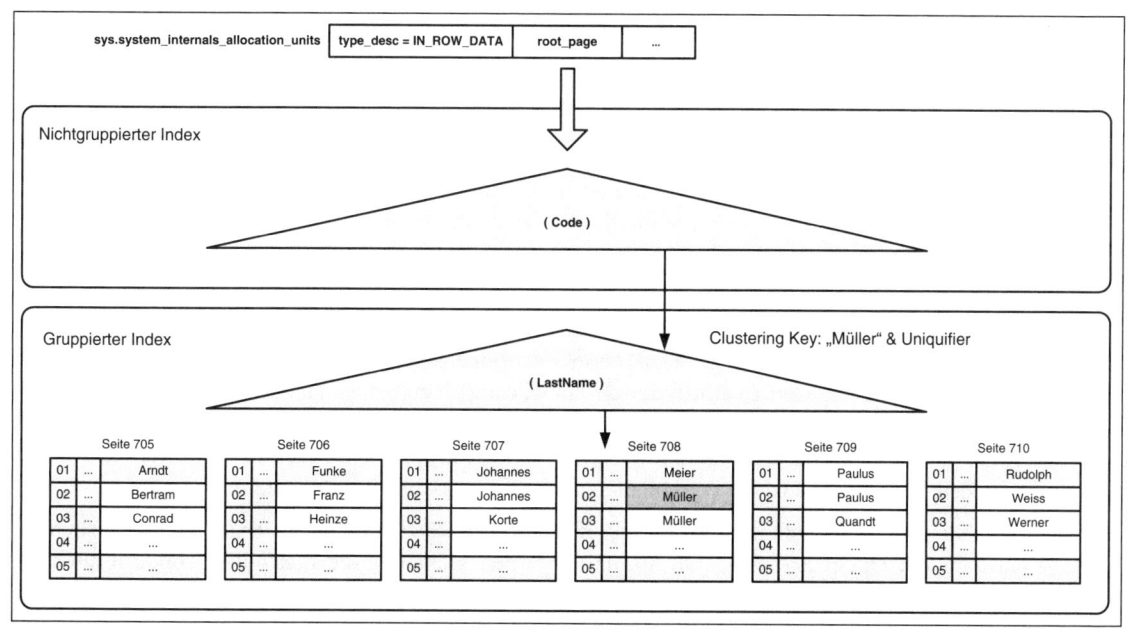

Abbildung 12.10 Ein nicht gruppierter über einem gruppierten Index

> **HINWEIS**   Wenn Sie gleichzeitig mit gruppierten und nicht gruppierten Indizes in einer Tabelle arbeiten möchten, dann beachten Sie bitte, dass Sie immer zuerst den gruppierten Index und danach die nicht gruppierten Indizes anlegen. Gehen Sie in der umgekehrten Reihenfolge vor, löscht SQL Server beim Erstellen des gruppierten Index alle vorhandenen nicht gruppierten Indizes und erstellt diese komplett neu. Das kann einen riesigen Aufwand bedeuten. Gleiches gilt natürlich auch für das Reorganisieren vorhandener Indizes.

Füllfaktor

Neben der Wahl der richtigen Indexstruktur gibt es noch einen weiteren Parameter, mit dem Sie die Physik eines Index beeinflussen können – den *Füllfaktor* (*Fillfactor*). Über den Füllfaktor können Sie festlegen, wie stark die Blattseiten eines Index mit Einträgen gefüllt werden sollen. Der Füllfaktor entscheidet mit darüber, wie sich Ihr Index bei Abfrage-, aber auch bei Einfüge- und Aktualisierungsoperationen verhält.

Wie die Indizierungsversuche vom Anfang des Kapitels sehr anschaulich gezeigt haben, wird durch das Anlegen von Indizes die Abfrageleistung in einer Tabelle stark verbessert, die Einfügeleistung jedoch herabgesetzt. Besonders deutlich tritt dieser Effekt bei einer frisch indizierten Tabelle zu Tage und wird nach dem ersten Einfügen einer relativ großen Anzahl von Datensätzen deutlich abgeschwächt. Ist auf einer Blattseite kein Platz mehr für einen neuen Indexeintrag, dann muss diese geteilt werden. Da bei einem solchen Vorgang aber der Indexbaum zumindest teilweise neu ausbalanciert werden muss, damit er nicht unausgeglichen wächst, zieht das weitere Operationen (auch Teilungen) im Inneren des Baumes nach sich. Das kostet Zeit. Wird auf jeder Blattseite ein wenig Platz für neue Einträge gelassen, dann finden Teilungen weitaus weniger häufig statt und *INSERT*- und *UPDATE*-Operationen laufen schneller ab.

Mit einem Füllfaktor von 90 legen Sie beispielsweise fest, dass die Blattseiten beim Anlegen und Reorganisieren nur zu 90% gefüllt werden und 10% des verfügbaren Platzes für das Einsortieren neuer Datensätze zur Verfügung steht. Dieser Wert ist in der Regel ein guter Kompromiss zwischen den *SELECT*- und *INSERT*-Anforderungen. Der Standard-Füllfaktor »0«, mit dem alle neuen Indizes angelegt werden, wenn Sie nichts anderes vorgeben, lässt alle Blattseiten bis auf einen einzigen Slot (das ist ein Speicherplatz für einen Datensatz) vollständig auffüllen. Das ist eher gut für die Abfrageleistung; bei *INSERT*-Anweisungen kommt es relativ schnell zum Split von Indexseiten. Generell gilt: Je größer eine Tabelle ist, desto kleiner kann der reservierte Platz auf den einzelnen Blattseiten sein. Wenn die Indexschlüssel der hereinkommenden Daten statistisch einigermaßen gut verteilt sind, werden auch die Indexeinträge gut verteilt und der insgesamt zur Verfügung stehende Platz kann als zusammenhängend betrachtet werden.

Sie können einen Füllfaktor sowohl bei nicht gruppierten wie auch gruppierten Indizes angeben. Da beim gruppierten Index die Blattseiten ja mit den Datenseiten der Tabelle identisch sind, legen Sie durch die Angabe eines Füllfaktors fest, wie viele Datensätze auf eine Seite passen. Auch das kann eine interessante Tuning-Option sein. Passt kein neuer Datensatz mehr auf eine Seite eines gruppierten Index, dann wird auch diese gesplittet, eine neue Seite »am Ende« der Tabelle angehängt, die Datensätze verteilt und ein Link zu dieser Seite eingefügt. Es findet – im Gegensatz zu einem Split in einem nicht gruppierten Index – keine sofortige Neuorganisation der Daten statt. So fragmentiert ein gruppierter Index im Lauf der Zeit immer mehr und die Zeit für das sequenzielle Durchlaufen der Datenstruktur nimmt immer mehr zu.

In Zusammenhang mit dem Füllfaktor kennt SQL Server die zusätzliche Option *PAD_INDEX*. Geben Sie diese gemeinsam mit einem *FILLFACTOR* an, dann werden nicht nur die Blattseiten, sondern auch die inneren Seiten eines Indexbaums entsprechend der Füllfaktor-Angabe belegt. Die Effekte sind nicht so deutlich spürbar. Die Verwendung von *PAD_INDEX* ist in erster Linie für Tabellen sinnvoll, die einen sehr hohen Grad von *INSERT*-Operationen aushalten müssen. Durch das Freihalten von zusätzlichem Speicherplatz in den Baumseiten vermindert *PAD_INDEX* den Umfang der von einem Ausbalancieren betroffenen Indexseiten. Wird *PAD_INDEX* nicht angegeben, dann werden die inneren Seiten des Baumes bis auf einen freien Platz vollständig aufgefüllt.

Was Sie auch immer in Bezug auf den Füllfaktor als sinnvollen Wert für einen bestimmten Index herausfinden und festlegen – Sie müssen dafür Sorge tragen, dass dieser Füllfaktor auf Dauer auch erhalten bleibt, denn SQL Server kümmert sich nicht automatisch darum. Zwar kann ein nicht gruppierter Index nicht entarten – also zum Beispiel durch das ständige Auffüllen mit sequenziell aufsteigenden Indexschlüsseln zu einer Liste werden – die Seiten können aber im Laufe der Zeit stark unterschiedlich gefüllt sein und das Verhalten beim Einfügen neuer Daten und auch beim Abfragen der Daten wird ein wenig unberechenbarer. Durch regelmäßiges Reorganisieren eines Index verhindern Sie dies.

Zugriffsoperatoren

Dem aufmerksamen Leser (also Ihnen!) ist nicht entgangen, dass in den Abfrageplänen zu den Beispielen am Kapitelanfang diverse unterschiedliche Operatoren für das Zählen und Suchen nach Daten benutzt wurden. Es gibt eine Vielzahl *logischer* und *physikalischer Operatoren* und das Erläutern jedes einzelnen davon würde, wie es so schön heißt, den Rahmen dieses Buchs sprengen. Sie müssen als SQL Server-Entwickler auch ganz sicher nicht alle Operatoren kennen, um schnelle und gute Applikationen schreiben zu können. An dieser Stelle sollen aber ein paar der wichtigsten vorgestellt werden, die in Verbindung mit indiziertem Datenzugriff vorkommen können. Das hilft Ihnen, die von SQL Server generierten Abfragepläne besser beurteilen und schlecht gewählte Pläne identifizieren zu können. Sie haben richtig gelesen: Auch SQL Server rät schon mal daneben und dann kann es Zeit werden für ein manuelles Abfragetuning. Es geht im Folgenden um

- **Logische Operatoren**   Diese beschreiben, *was* zu tun ist, um eine Abfrage bearbeiten
- **Physische Operatoren**   Diese beschreiben, *wie* etwas zu tun ist

Die meisten der logischen Operatoren existieren gleichzeitig als physikalische Operatoren. So stellt *Filter* eine logische wie auch physikalische Operation dar. Es gibt auch eine kleine Anzahl rein physikalischer Operatoren, wie *Parallelism* – dieser verteilt Datenströme auf verschiedene Prozessoren.

- **Tabellen-Scan**   Sämtliche Datenseiten eines Heap werden nach einem Argument aus einer *WHERE*-Klausel durchsucht
- **Nonclustered Index Seek**   Führt eine Suche im Indexbaum eines nicht gruppierten Index durch
- **Nonclustered Index Scan**   Durchsucht die Blattseiten eines nicht gruppierten Index durch einen Scan
- **Clustered Index Seek**   Führt eine Suche im Indexbaum eines gruppierten Index durch
- **Clustered Index Scan**   Durchsucht die Blattseiten eines gruppierten Index durch einen Scan
- **Index Spool**   Baut aus einem Eingabedatenstrom eine so genannte Spool-Datei auf, auf der ein temporärer Index errichtet wird, der anschließend nach den gesuchten Werten durchsucht werden kann
- **Sort**   Sortiert die Eingabemenge, um ein *ORDER BY* zu realisieren, für welches kein Index gefunden werden kann

In Kapitel 20, in dem es um erweiterte Optimierungsmöglichkeiten geht, werden zusätzliche Operatoren – und zwar für *JOIN*-Konstrukte und Aggregatbildung – vorstellt.

Indexstatistiken und Abfragepläne

Es ist die Aufgabe des Abfrageoptimierers in der relationalen Datenbankmaschine für eine Abfrage den optimalen Ausführungsplan zu finden. Für triviale Abfragen à la SELECT * FROM sales.customers ist das natürlich sehr einfach. Der Optimierer kann aus einer Bibliothek von Plänen den einzig sinnvollen auswählen. Möglicherweise befindet sich bereits ein fix und fertig kompilierter Abfrageplan, der zur Abfrage passt und wieder verwendet werden kann, im Cache von SQL Server. Dies wird untersucht, bevor es mit der Verarbeitung der Abfrage weitergeht. Wird kein trivialer oder gecachter Plan gefunden, dann wird der SQL-Text der Abfrage in eine Baumdarstellung gebracht (algebraisiert), Sichten werden expandiert und den Bezeichnern SQL Server-Objekte zugeordnet. Nach der Umsetzung in die logische Baumstruktur kann der Optimierer einige Vereinfachungen und Standardisierungen anwenden, die auf jeden Fall einen Vorteil bringen. Diese Möglichkeiten sind aber arg eingeschränkt. Mit steigender Anzahl von Tabellen und Operatoren wird die Angelegenheit schnell komplexer. An dieser Stelle spielt der kostenbasierte Optimierer von SQL Server seine ganze Stärke aus. Zielstellung ist dabei nicht nur eine Abfrage möglichst schnell auszuführen, es soll auch nicht allzu lange dauern, bis erste Ergebnisse an den Client zurückgegeben werden können, damit es zu keinem Timeout kommt. Die Abfrage soll nach Möglichkeit nicht alle Ressourcen von SQL Server auffressen und vom Eintreffen der Abfrage über das Optimieren, bis hin zum Start der Ausführung soll möglichst wenig Zeit vergehen. Es gibt also eine Vielzahl unterschiedlicher, teils widersprüchlicher, Kriterien, die der Optimierer unter einen Hut bringen muss. Das kostenbasierte Verfahren hat sich dabei gut bewährt und ist über die SQL Server-Generationen hinweg immer weiter verfeinert worden.

Der Input für den Optimierer besteht aus dem logischen Abfragebaum, verschiedenen Metadateninformationen, wie Einschränkungen, Spaltentypen, Indizes und vor allen Dingen den so genannten *Statistiken* zu den Indizes und eventuell auch zu den nicht-indizierten Spalten. In den Statistiken ist, etwas verkürzt ausgedrückt, die Verteilung der Datenwerte eines Index (oder Heaps) hinterlegt. Nach getaner Arbeit liefert der Optimierer einen kompilierten Plan, der aus den physikalischen Operatoren besteht. Die Funktionalität des Optimierers basiert auf der Anwendung von Transformationen. Durch Transformationen können Varianten eines Plans generiert werden, die dasselbe Ergebnis liefern, aber unterschiedlich effektiv sind. Beispielsweise ist es in den meisten Fällen sinnvoller, zuerst die Ergebnismenge durch eine Filterung zu reduzieren und erst dann einen *JOIN* auszuführen. Durch die frühe Filterung wird die Eingangsdatenmenge für den relativ teuren *JOIN* vermindert, während eine Filterung nach dem *JOIN* sogar auf einen vergrößerten Datenstrom arbeiten müsste. Solch eine Regel ist sehr einsichtig und eine Anzahl solcher, immer gültigen, Transformationen werden als Heuristiken angewendet. Für die komplizieren Fälle werden alternative physische Implementierungen untersucht und auf der Grundlage von im Datenbankserver hinterlegten Datenverteilungs-Statistiken miteinander verglichen. Der Optimierer bewertet dazu jeden Operator mit Kosten für den E/A-Aufwand und den CPU-Aufwand. Diese Kosten werden in »virtuellen« Millisekunden ausgedrückt.[3] In die Schätzung gehen die Eingangsdatenmenge ein (die für den Leseaufwand entscheidend ist), sowie die Kosten für die Verarbeitung. Es wird auch geschätzt, wie groß der Ausgangsdatenstrom eines Operators ist, da ein Plan ja als Ganzes betrachtet werden muss. Der Optimierer vergleicht verschiedene mögliche Pläne miteinander, um ein Optimum zu finden. Wie intensiv diese Suche verläuft, ist unter anderem davon abhängig, wie hoch die Kosten für einen Plan sind. Je höher die Kosten, desto mehr lohnt sich eine vertiefte Suche. In den meisten Fällen steht am Ende der Optimierung ein sehr guter bis guter Plan, sodass nur selten nachgebessert werden muss.

---

[3] Wenn Ihnen jemand erzählt, dass es sich bei den Werten um die standardisierten Ausführungszeiten auf einem geheimen Server in Redmond handelt – hören Sie nicht drauf. Das ist ein moderner Mythos. Wirklich.

Entscheidend für die Güte der entwickelten Pläne ist die Aktualität der Statistiken. Zu jedem einzelnen Index führt SQL Server eine Statistikseite (auch Statistik-BLOB genannt) mit. Auf dieser befindet sich ein Histogramm von bis zu 200 Indexschlüsseln.

Sie können die Statistik zu einem Index sogar anschauen. Der Befehl dazu heißt DBCC SHOW_STATISTICS. Er wird angewendet, wie es in diesem T-SQL-Beispiel zu sehen ist:

```
DBCC SHOW_STATISTICS ( 'sales_idx_noncl', 'Sales_idx_noncl_customer_id' )
```

Listing 12.13 Statistik für einen Index anzeigen

Sie geben also als ersten Parameter den Tabellennamen an und als zweiten den Indexnamen. Die Informationen werden in Form von drei Ergebnismengen geliefert. Am Anfang stehen die allgemeinen Informationen in zwei getrennten Zeilen.

Name	Updated	Rows	Rows_Sampled	Steps	Density	Avg.keylen.	String_Index
Sales_idx_noncl...	Jan 10 2010	10000000	10000000	191	0,00091...	4	NO

All density	Average Length	Columns
0,0001144689	4	customer_id

Hier finden Sie unter anderem das Datum der letzten Aktualisierung der Statistik (*Updated*), die Anzahl der untersuchten Zeilen (*Rows sampled*) und der Gesamtzahl der Datenzeilen im Index (*Rows*). Allein schon dieser Wert ist für den Optimierer interessant, weil er in Verbindung mit dem Wert *Average key length* eine Aussage über die Größe eines Scans liefert. Die Dichte (*Density*) eines Index liefert einen Wert dafür, wie selektiv ein Index ist, wie stark er also eine Abfrage einschränken kann. Die Dichte für einen einzelnen Wert wird schlicht aus dem Kehrwert der Anzahl seiner Vorkommen in einer Tabelle berechnet (1/N). Kommt ein Wert in einer Tabelle genau einmal vor, dann ist die Dichte 1 (1/1). Das wäre optimal – Schlüsselwerte und eindeutige Indizes haben diesen Wert. Kommt ein Wert in einer Tabelle 99 Mal vor, dann ist die Dichte 0,01 (1/99). Ein Index wäre für diesen Wert wenig effektiv. Die Dichte des gesamten Index ist der Mittelwert aus den einzelnen Dichten der Indexschlüsseleinträge. Je höher der Wert für die Dichte, desto besser funktioniert der Index. Sie haben es jetzt sicher schon erraten: Die Gesamtdichte kann maximal den Wert 1 annehmen und das ist bei einem Primärschlüsselindex oder bei einem eindeutigen Index *immer* der Fall.

Im Anschluss wird das Histogramm selbst ausgegeben. In diesem werden Informationen zu den untersuchten Schlüsseln gezeigt. Diese bilden die Obergrenzen der Histogrammschritte (*RANGE_HI_KEY*). Der Wert *RANGE_ROWS* zeigt an, wie viele Schlüssel in das Intervall unterhalb eines Schritts fallen, wie viele Werte mit der Grenze identisch sind (*EQ_ROWS*), wie viele von den Schlüsselwerten verschieden sind (*DISTINCT_RANGE_ROWS*) und wie häufig Duplikate in einem Intervall zu finden sind (*AVG_RANGE_ROWS*). So sieht ein Auszug des Histogramms nach Listing 12.10 aus:

RANGE_HI_KEY	RANGE_ROWS	EQ_ROWS	DISTINCT_RANGE_ROWS	AVG_RANGE_ROWS
3	0	1200	0	1
76	34198	3160	50	683,96
158	51118	3560	63	811,3969
...				
10281	35240	880	32	1101,25

Anhand der Statistik zu einem Index kann der Optimierer schätzen, wie viele Ergebnisse zu einer Einschränkung (zum Beispiel *WHERE customer_id = 1000*) in einem Index vermutlich gefunden werden und berechnet daraus die Kosten. Ist die zu erwartende Ergebnismenge klein gegenüber der Tabellengröße, dann lohnt sich der Einsatz eines Index normalerweise. Man spricht dann von einer hohen Selektivität des Index beziehungsweise der Abfrage. Bei einer niedrigen Selektivität müssen bisweilen viele Datenseiten angefasst werden. Irgendwann ist dann der Punkt erreicht, an dem die Suche in einem Index mit anschließendem Auslesen der Tabellenseite tatsächlich teurer wird als der direkte Tabellen-Scan! Das kann man sich an einem einfachen Beispiel klar machen. Nehmen Sie einmal an, es gäbe in einer Kundentabelle eine Spalte für das Geschlecht des Kunden. Diese kann zwei verschiedene Werte annehmen, zum Beispiel 0 und 1, wenn der Datentyp *bit* ist. Ist der Anteil weiblicher und männlicher Kunden in der Tabelle einigermaßen ausgeglichen – sagen wir 55% zu 45% – und ist Verteilung der Werte über die Datensätze hinweg einigermaßen ausgeglichen, dann haben *beide* Schlüssel eine geringe Dichte. Werden in einer Abfrage nun die männlichen Kunden gesucht, dann gibt es auf jeder Datenseite mindestens einen Treffer. Bei der Auswertung der Abfrage muss also sowieso jede Datenseite gelesen werden. Da ist es für SQL Server sinnvoll, zu einem Tabellen-Scan zu greifen. Die Indexsuche wäre hier überflüssig und verlangsamt die Abfrage nur.

Es sieht gleich ganz anders aus, wenn es zum Beispiel nur 5% männlicher und 95% weiblicher Kunden gäbe. Da lohnt sich der Einsatz eines Index, wenn die männlichen Kunden gesucht werden, ist aber kontraproduktiv, wenn es um die weiblichen geht. Die Statistik entscheidet!

Die statischen Daten von Indizes müssen immer auf einen aktuellen Stand gehalten werden. Sonst kann es eben passieren, dass der Optimierer einen falschen Operator auswählt. Die Statistiken werden auf jeden Fall beim Reindizieren (das sowieso sinnvoll ist) neu erstellt, können aber auch explizit eingesammelt werden oder werden von der Datenbankmaschine asynchron neu berechnet. Dazu gleich mehr.

Indizes anlegen

Indizes lassen sich bequem über die Benutzeroberflächen des Management Studios anlegen. Es stehen hier sämtliche Optionen zur Verfügung, die überhaupt nur möglich sind. Da für Einrichtungs- und Wartungsskripte (und zum besseren Verständnis) die entsprechenden Transact-SQL-Kommandos nützlich sind, werden hier auch diese vorgestellt. Doch bevor es um die Implementierung von Indizes in SQL Server-Datenbanken geht folgen an dieser Stelle ein paar Einschränkungen, die Sie beachten müssen.

Technische Grenzen von Indizes

- An einem zusammengesetzten Index können bis zu 16 Spalten beteiligt sein. Es ist allerdings nur in echten Ausnahmefällen sinnvoll, über so lange zusammengesetzte Indizes nachzudenken.
- Die Länge eines einzelnen Indexschlüsseleintrages darf 900 Byte nicht überschreiten. Das wird von SQL Server erst beim Eintragen eines neuen Indexeintrags überprüft. Vorsicht ist also bei Spalten von variabler Länge angesagt.
- Spalten bestimmter Datentypen können nicht indiziert werden. Das sind Spalten vom Typ *ntext*, *text*, *image*, *varchar(max)*, *nvarchar(max)* und *varbinary(max)*. XML-Daten werden mit speziellen XML-Indizes versehen. CLR-basierte Datentypen können nicht mit Standardverfahren indiziert werden.
- Pro Tabelle können Sie einen gruppierten und bis zu 999 nicht gruppierte Indizes vergeben. Übertreiben Sie es aber nicht. Indizes verbrauchen Platz und nehmen zusätzliche Leistung bei *INSERT*-, *UPDATE*- und *DELETE*-Operationen in Anspruch. In einer schreibgeschützten Datenbank könnten Sie sich allerdings so richtig austoben.

Indizes im Management Studio anlegen

Die Indizes zu einer Tabelle finden Sie im Objekt-Explorer im Ordner *Indizes* und eben dort auch das Kontextkommando *Neuer Index*.... Die Einstellmöglichkeiten, die für das Neuanlegen eines Index eine Rolle spielen, sind komplett im Dialogfeld *Neuer Index* zusammengefasst (Abbildung 12.11). Ein Index braucht – wie alle SQL Server-Objekte – einen eindeutigen Namen. Ich persönlich verwende gerne, genau wie SQL Server selbst es tut, das Präfix »IX« für Index-Bezeichner, aber das ist reine Geschmackssache. Es ist ganz sicher sinnvoll, sich ein eindeutiges Namensschema zu überlegen, etwas in der Art Tabellennamen plus Spaltennamen – *IX_Customers_City* wäre ein Beispiel. Das hilft Ihnen bei der Auswertung von Abfrageplänen und anderen Performanceuntersuchungen. In der folgenden Liste finden Sie die wichtigsten Optionen für das Anlegen eines neuen Index.

- **Allgemein/Indextyp**   Der neu angelegte Index wird entweder als gruppierter oder nicht gruppierter Index angelegt. Das stellen Sie hier ein.

- **Allgemein/Indexschlüsselspalten**   Hier legen Sie die Spalten fest, aus denen der Indexschlüssel gebildet werden soll. Bei zusammengesetzten Indizes *müssen* Sie darüber nachdenken, in welcher Rangfolge Sie die Spalten von oben nach unten anordnen. Eine Spalte, die weiter oben in der Liste steht, wird vor den anderen ausgewertet. Und daher sollte sie eine Abfrage stärker einschränken. Ein Beispiel: Möchten Sie in der *netShop*-Datenbank einen kombinierten Index aus den Spalten *Postalcode* (Postleitzahl) und *City* (Ort) bilden, dann sollte das Feld *Postalcode* an erster Stelle eingetragen werden und danach erst das Feld *City*, da die Postleitzahl die Suche stärker einschränkt (eine bestimmte Postleitzahl führt im Allgemeinen zu weniger Treffern als ein bestimmter Ort). Die Festlegung der Reihenfolge ist auch dann wichtig, wenn es vorkommen kann, dass eine Sortierung über den Index vorgenommen wird. Allein schon die Existenz des betreffenden Index lässt diesen Fall als recht wahrscheinlich erscheinen. Soll in unserem Beispiel eine Abfrage nach *Postalcode* und *City* sortiert werden, so kann SQL Server den neuen Index als Unterstützung verwenden. Geben Sie daher auf jeden Fall sinnvolle Sortierreihenfolgen vor, also z. B. für *Postalcode* und *City* jeweils aufsteigend. Die Sortierung erfolgt entsprechend der voreingestellten Standard-Sortierfolge für die Datenbank oder der speziell eingestellten Sortierfolge für die betroffene Spalte.

- **Allgemein/Eindeutig**   Durch Setzen dieser Eigenschaft können Sie einen Index erstellen, der nur eindeutige Werte zulässt. Als Alternative dazu können Sie eine *UNIQUE*-Einschränkung verwenden. Technisch gesehen unterscheiden sich die Varianten nicht. Wenn Ihre Datenbank durch ein Dokumentierwerkzeug geschickt werden soll und Sie Wert auf ein ordentliches Repository legen, dann macht eine *UNIQUE*-Einschränkung für Sie eventuell mehr Sinn.

- **Optionen/Doppelte Werte ignorieren**   Diese Option ist im Zusammenhang mit der Eindeutigkeit wichtig. Haben Sie einen eindeutigen Index erstellt, so wird das Einfügen eines doppelten Schlüssels im Normalfall immer überprüft und abgewehrt. Also auch dann, wenn Sie mit einem einzelnen SQL-Befehl bei einem Tabellenimport Millionen gültiger Datensätze einfügen und nur eine einzige Dublette darin vorhanden ist. Der eine ungültige Datensatz lässt die gesamte Operation mit einer Fehlermeldung scheitern. Es wird überhaupt kein Datensatz eingefügt. *Doppelte Werte ignorieren* verändert dieses Verhalten. Die gültigen Datensätze werden in die Tabelle aufgenommen und deren Schlüssel in den Index eingetragen – die anderen einfach ignoriert. Ob Sie diese Variante verwenden möchten, hängt von der Aufgabenstellung und Ihrem Gewissen ab. Konzeptionell ist die Standardvariante natürlich »sauberer«.

- **Optionen/Statistiken automatisch neu berechnen**   Lassen Sie den Haken hier auf jeden Fall gesetzt! Sie haben im letzten Abschnitt ja die Bedeutung von Indexstatistiken kennen gelernt. Ohne eine aktuelle Indexstatistik ignoriert SQL Server einen Index einfach. Durch das Setzen der Option erlauben Sie SQL Server eine veraltete Statistik ad hoc zu aktualisieren. Dies ist allerdings nur der Rettungsfallschirm! Da der Server erst beim Berechnen des Ausführungsplans einer Abfrage merkt, dass ein Index veraltet ist und genau dann die Statistiken »zieht«, müssen einzelne Benutzer eventuell sehr lange auf die Abfrageausführung warten. Besser ist es, die Indizes regelmäßig zu reorganisieren oder die Statistiken explizit neu zu berechnen.

- **Optionen/Bei Indexzugriffen Zeilensperren verwenden** Auch hier ist die Standardoption in den meisten Fällen »das, was Sie wollen«. Bei Updates werden nicht nur in den Tabellen Sperren gesetzt, sondern auch in den Indizes. Ändern viele Benutzer gleichzeitig Datensätze, dann sind Sperren auf Zeilenebene das Verfahren, welches zu den wenigsten Zeitverlusten durch Blockierungen führt. SQL Server kann aufgrund seines dynamischen Sperrverhaltens in geeigneten Situationen aber auch automatisch auf Seitensperren oder Tabellensperren ausweichen, wenn das sinnvoll erscheint. Das Verändern dieses Standardverhaltens ist nur dann sinnvoll, wenn in Ihrer Datenbank regelmäßig sehr wenige Prozesse sehr viele Datensätze gleichzeitig einfügen oder ändern möchten. Ansonsten müssen Sie unbedingt Zeilensperren erlauben.

- **Optionen/Bei Indexzugriffen Seitensperren verwenden** Wenn Sie diese Option aktivieren, dann erlauben Sie SQL Server das Setzen von Sperren auf einzelne Indexseiten. Das heißt natürlich nicht, dass nun ausschließlich Seitensperren verwendet werden (jedenfalls nicht, solange Sie Zeilensperren erlauben). Der Sperrmanager entscheidet dynamisch über die Art der zu setzenden Sperren. Ist hier kein Haken gesetzt – dies ist die Standardoption –, dann lässt SQL Server bei einer Sperreneskalation Seitensperren für Indizes aus und geht gleich auf eine Tabellensperre über (so verhält sich SQL Server 2000 übrigens immer). Falls in Ihrer Anwendung störende Tabellensperren auftreten, dann sollten Sie SQL Server erlauben, Seitensperren auf Indexebene zu verwenden.

- **Optionen/Zwischenergebnis von Sortierungen in tempdb speichern** Hier geht es darum, wo temporärer Speicherplatz für den Aufbau und das Reorganisieren von Indizes reserviert werden soll. Die *tempdb*-Datenbank ist die sinnvolle und voreingestellte Variante. Liegt die *tempdb*-Datenbank auf einem getrennten Festplattensystem, dann belasten Indexwartungsvorgänge den Zugriff auf die operative Datenbank nicht – falls die Wartung einmal während der Benutzungszeit der Datenbank durchgeführt werden muss.

- **Optionen/Füllfaktor festlegen** Das ist die *FILLFACTOR*-Einstellung für einen Index, also der prozentuale Füllgrad für Seiten auf Blattebene. Hinter der Option *Index mit Leerstellen auffüllen* verbirgt sich die *PAD_INDEX*-Einstellung. Wären Sie darauf gekommen? Ein Kreuzchen hier bewirkt, dass auch die Seiten zwischen der Wurzel und den Blättern mit dem angegebenen Füllfaktor angelegt werden.

- **Optionen/Onlineverarbeitung…** Die Benutzer können mit der Basistabelle weiter arbeiten, während ein nicht gruppierter Index erstellt wird. Dies ist mit dem Parameter *ONLINE = ON* des *CREATE INDEX*-Befehls identisch und steht nur in der Enterprise Edition von SQL Server zur Verfügung.

- **Optionen/Maximalen Grad an Parallelität festlegen** In der Enterprise Edition des SQL Server können Indexoperationen auf mehrere CPUs verteilt werden. Das macht bei wirklich umfangreichen Tabellen und Indizes (in Data Warehouse-Größenordnungen) Sinn. Die Voreinstellung 0 steht für eine dynamische Festlegung während der Generierung des Abfrageplans. Mit dem Wert 1 begrenzen Sie die Ausführung auf eine einzelne CPU.

- **Optionen/Index verwenden** Das wollen Sie doch sicher – oder nicht?

Uff – das waren eine Menge Einstellmöglichkeiten. Was es mit dem Thema *Eingeschlossene Spalten* und *Filter* auf sich hat, erfahren Sie im Abschnitt »Indizes richtig planen«. Ein Mittel zur Performancesteigerung von Indizes ist das Verlagern auf eine von der Basistabelle getrennte Dateigruppe – die dann allerdings auch physikalisch von den Dateien der Tabelle getrennt sein muss. Die Zugriffe auf Index und Heap (oder gruppierten Index) können dann durch parallele Threads ausgeführt werden. Dadurch beginnt die Auslieferung der Daten schneller und ist kontinuierlicher. Die Dateigruppe für das Speichern der Indexseiten wählen Sie unter *Speicher* aus. In diesem Register können Sie einen Index auch auf ein Partitionsschema legen, um den Speicherplatz weiter zu optimieren. Die Partitionierungsmechanismen von SQL Server für Tabellen habe ich in Kapitel 8 (»Tabellen planen und anlegen«) erklärt. Die Partitionierung von Indizes funktioniert im Prinzip ganz genauso.

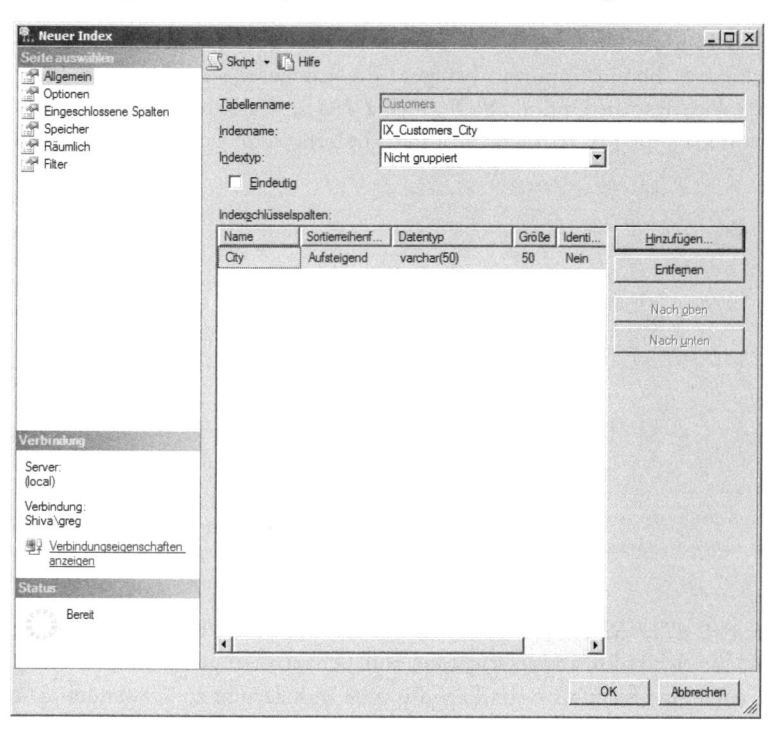

Abbildung 12.11 Neuer Index im Management Studio

Indizes mit T-SQL bearbeiten

Die Erstellung eines Index mit Transact-SQL sieht im einfachsten Fall so aus, wie es im nachfolgenden Codeschnipsel für die *netShop*-Datenbank gezeigt wird:

```
CREATE INDEX IX_Customers_PostalCode_City
ON Sales.Customers(PostalCode, City)
```

Listing 12.14 Index mit T-SQL anlegen

Dieses Kommando legt in der aktuellen Datenbank einen neuen Index mit dem Namen *IX_Customers_PostalCode_City* neu an. Wie bei anderen DDL-Befehlen auch dürfen bei der Angabe des Tabellennamens keine Synonyme vergeben werden. Da im Kommando keine weiteren Optionen vorgegeben sind, werden Standardeinstellungen verwendet. Diese lauten: *NONCLUSTERED*, nicht *UNIQUE*, aufsteigende Sortierfolge und als Füllfaktor 0%. Den vollen Umfang der Optionen findet man in der Syntax-Beschreibung für den Befehl *CREATE INDEX*:

```
CREATE [ UNIQUE ] [ CLUSTERED | NONCLUSTERED ] INDEX index_name
    ON <object> ( column [ ASC | DESC ] [ ,...n ] )
    [ INCLUDE ( column_name [ ,...n ] ) ]
    [ WHERE <filter_predicate> ]
```

```
[ WITH ( <relational_index_option> [ ,...n ] ) ]
[ ON { partition_scheme_name ( column_name ) | filegroup_name | default
[ FILESTREAM_ON { filestream_filegroup_name | partition_scheme_name | "NULL" } ]
```

Ergänzt wird der Basisbefehl noch um verschiedene Erstellungsoptionen. Diese lassen sich, genau wie die Parameter des *CREATE INDEX*-Kommandos selbst, ohne viel Phantasie einsetzen zu müssen, mit den Einstellungen der Benutzeroberfläche in Übereinstimmung bringen, die ich gerade erklärt habe. Dem geneigten Leser wird nicht entgangen sein, dass die Option *DROP_EXISTING* und die entsprechende GUI-Variante (*Index neu erstellen*) noch »offen« sind. Das wird sich in Kürze ändern, wenn es um die Indexwartung geht.

```
<relational_index_option> ::=
{ PAD_INDEX = { ON | OFF }
  | FILLFACTOR = fillfactor
  | SORT_IN_TEMPDB = { ON | OFF }
  | IGNORE_DUP_KEY = { ON | OFF }
  | STATISTICS_NORECOMPUTE = { ON | OFF }
  | DROP_EXISTING = { ON | OFF }
  | ONLINE = { ON | OFF }
  | ALLOW_ROW_LOCKS = { ON | OFF }
  | ALLOW_PAGE_LOCKS = { ON | OFF }
  | MAXDOP = max_degree_of_parallelism
  | DATA_COMPRESSION = { NONE | ROW | PAGE }
    [ ON PARTITIONS ( { <partition_number_expression> | <range> }
    [ , ...n ] ) ] }
```

Hinter dem reservierten Bezeichner *CREATE INDEX* folgt der Indexname und hinter dem Schlüsselwort *ON* die Bezeichnung der Tabelle, für die der Index angelegt werden soll. Schaut man genau hin, so findet man in der Syntax die Möglichkeit, auch eine Sicht als Grundlage für eine Indizierung zu verwenden. Die dadurch erzeugten indizierten Sichten sind eine Spezialität von SQL Server in der Enterprise Edition. In Kapitel 14 (»Sichten«) finden Sie weitere Informationen dazu. In Klammern folgt jetzt eine Spaltenliste, wobei hinter jeder einzelnen Spalte über die Schlüsselworte *ASC* (aufsteigend) beziehungsweise *DESC* (absteigend) die Sortierrichtung festgelegt werden kann. Wie allgemein in T-SQL üblich, werden weitere Optionen durch *WITH* eingeleitet. *PAD_INDEX* und *FILLFACTOR* legen die Füllfaktor-Einstellungen fest, *IGNORE_DUP_KEY* entspricht der Option *Doppelte Werte ignorieren* aus der Benutzeroberfläche und *STATISTICS_NORECOMPUTE* ist das Gegenteil (!) der Option *Statistiken automatisch neu berechnen*.

Unter Verwendung einiger der gerade erläuterten Optionen kann ein *CREATE INDEX*-Kommando so aussehen wie im nächsten T-SQL-Beispiel:

```
CREATE UNIQUE INDEX IX_Customers_PostalCode_City
ON Sales.Customers (PostalCode DESC, City)
WITH ( Fillfactor = 80, PAD_INDEX = ON )
```

Listing 12.15 Anlegen eines Index mit Optionen

Dieses Kommando ist zwar syntaktisch korrekt, würde aber in der *netShop*-Datenbank nicht ausgeführt werden können, das die Postleitzahlen in der Kundentabelle natürlich nicht eindeutig sind.

Das Löschen eines bestehenden Index hat eine vergleichsweise einfache Syntax. Diese sieht im Kern so aus:

```
DROP INDEX index_name ON <object>
…
<object> ::=
{ [ database_name. [ schema_name ] . | schema_name. ] table_or_view_name }
```

Weil 's so schön ist, hier das Kommando, mit dem Sie den Beispielindex wieder los werden:

```
DROP INDEX IX_Customers_PostalCode_City ON Sales.Customers
```

Listing 12.16 Index löschen

Dies ist die neue Syntaxform, die mit SQL Server 2008 eingeführt wurde. Für Datenbanken die in einem rückwärtskompatiblen Modus laufen, müssen Sie den Befehl anders formulieren: *DROP INDEX Customers.IX_Customers_PostalCode_City*.

Etwas überraschen kann vielleicht die Tatsache, dass Sie neben der Indexbezeichnung auf alle Fälle den Tabellennamen angeben müssen, obwohl ein Indexname innerhalb einer Datenbank auf jeden Fall eindeutig ist.

Beim Löschen eines gruppierten Index werden die nicht gruppierten Indizes der betreffenden Tabelle sofort gelöscht und wieder neu aufgebaut, da sich ja deren Struktur ändert. Das kann zu einem nicht zu unterschätzenden Aufwand führen, wenn es um große Tabellen geht.

TIPP   Vielleicht begegnet Ihnen in SQL Server 2005 einmal die Möglichkeit, Indizes zu »deaktivieren«. Damit Sie sich nicht zu viel davon versprechen und daran die Zähne ausbeißen, hier der Hinweis: Ein mit dem Kommando *ALTER INDEX … DISABLE* deaktivierter Index wird nicht weiter gepflegt und muss beim Aktivieren komplett neu aufgebaut werden. Das Löschen und neue Anlegen eines Index ist für den Programmierer kaum aufwändiger. Da sich SQL Server beim Deaktivieren eines Index die Metainformationen merkt, kann man allerdings in einer GUI, wie dem Management Studio, einen Befehl das für das Reaktivieren des Index sehr einfach implementieren und der Anwender muss die Spalten und Optionen nicht neu einstellen.

Indizes pflegen und optimieren

Um die Leistungsfähigkeit einer Datenbank aufrechtzuerhalten, sollten die internen Datenstrukturen regelmäßig optimiert werden. Ganz genau wie die Dateien eines Betriebssystems unterliegen SQL Server-Tabellen (egal ob in einem Heap oder gruppierten Index organisiert) einer gewissen Fragmentierung, die besonders beim Aktualisieren, Löschen und Wiederauffüllen von Datensätzen mit variabler Länge auftritt. Auch die nicht gruppierten Indizes verlieren im Laufe der Zeit an Effektivität. Die B-Baumstrukturen werden von SQL Server zwar immer ausbalanciert, aber nicht automatisch reorganisiert, sodass die Indizes an Dichte verlieren und die Bäume höher als notwendig wachsen können, was die Zugriffspfade verlängert.

Informationen zu Indizes finden und auswerten

Natürlich stellt die Datenbankmaschine auch zu den Indizes viele Informationen in Form von Systemsichten zur Verfügung. Die statischen Metadaten finden Sie in den Katalogsichten *sys.indexes* und *sys.index_columns*. Eine Übersicht der in einer Datenbank vorhandenen Indizes liefert beispielsweise die folgende Abfrage. Glücklicherweise. Solch eine Möglichkeit lässt das Management Studio doch arg vermissen und die Dokumentation der Indizierung einer Datenbank ist bei der Entwicklung mehr als hilfreich.

```
SELECT
    so.name,                    -- Name des Objekts (der Tabelle)
    si.type_desc,               -- Art des Index (HEAP, CLUSTERED, NONCLUSTERED)
    si.name,                    -- Name des Index
    is_unique,                  -- Index ist eindeutig
    is_primary_key,             -- Index setzt Primary-Key-Einschränkung durch
    is_unique_constraint,       -- Index setzte UNIQUE-Einschränkung durch
    fill_factor,                -- Füllfaktor, mit dem Index erstellt / reorganisiert wurde
    is_padded,                  -- PADINDEX ist eingeschaltet
    is_hypothetical,            -- Kein echter Index, sondern Spaltenstatistik
    allow_row_locks,            -- Zeilensperren sind erlaubt
    allow_page_locks            -- Seitensperren sind erlaubt
FROM
    sys.indexes si
INNER JOIN
    sys.objects so ON si.object_id = so.object_id
WHERE
    is_ms_shipped = 0
ORDER BY
    so.name, si.type_desc
```

Listing 12.17 Indizes in einer Datenbank anzeigen lassen

Über die Spalte *object_id* kann die Sicht *sys.indexes* mit dem Objektkatalog verbunden werden, um den Namen der indizierten Tabelle zu beschaffen. Über das Flag *is_ms_shipped* lassen sich Systemtabellen aus dem Ergebnis ausschließen. Die Abfrage liefert zu jeder Tabelle mindestens eine Zeile zurück. Wenn die Tabelle nicht als gruppierter Index organisiert ist oder es keinen nicht gruppierten Index gibt, dann liefert die Spalte *type_desc* den Wert HEAP. Interessant ist die Spalte *is_hypothetical*. Die Datenbankmaschine sammelt unter bestimmten Umständen statistische Informationen zu Spalten, ohne dass ein »echter« Index definiert wäre. Solche Pseudoindizes werden durch eine »1« in dieser Spalte identifiziert.

Die vitalen Informationen zu Indizes liefern die entsprechenden dynamischen Managementsichten (beziehungsweise Funktionen). In der Praxis ist die Funktion *sys.dm_db_index_physical_stats* diejenige, die am besten Auskunft über den Zustand eines Index gibt. Die Verwendung von Indizes können Sie sehr gut anhand der Funktion *sys.dm_db_index_usage_stats* untersuchen und die durchgeführten physikalischen Operationen, inklusive Wartezuständen, anhand der Funktion *sys.dm_db_index_operational_stats*. Die restlichen Sichten (deren Namen alle mit dem Präfix *dm_db_missing_index* beginnen) liefern Informationen über Indizes, die sich der Optimierer bei der Erstellung von Abfrageplänen gewünscht hätte, die es aber (noch) gar nicht gibt. Diese Informationen können für spätere Optimierungen verwendet werden.

Es folgen praktische Beispiele zu den ersten drei Sichten. Wie »fit« ein bestimmter Index ist, kann man, der schon am Anfang des Kapitels kurz vorgestellten Funktion *sys.dm_db_index_physical_stats* entnehmen. Diese macht Angaben über die Größe eines Index und den Fragmentierungsgrad. In Listing 12.1 hatten Sie eine Anwendung kennen gelernt, bei der ein ganz bestimmter Index untersucht wurde. Das nächste T-SQL-Beispiel stellt als sinnvolle weitere Variante vor, wie Sie sich schnell eine Übersicht über alle relevanten Indizes Ihrer Anwendung beschaffen können und wartungsbedürftige Indizes identifizieren.

Leider (und untypischerweise) lässt die Funktion *sys.dm_db_index_physical_stats* keine direkte Verknüpfung mit anderen Tabellen über *APPLY* zu (siehe Books Online). In Listing 12.18 wird daher als Workaround eine Tabellenvariable als Puffer benutzt, um die Klartext-Informationen zu den Tabellen- und Indexnamen über einen *JOIN* mit *sys.objects* zu besorgen.

```sql
DECLARE @stats AS TABLE
    ( object_id int,
      index_id int,
      index_type_desc varchar(100),
      avg_fragmentation_in_percent decimal(5,2))

-- Fragmentierungsinformationen abfragen
INSERT @stats
SELECT
    object_id, index_id, index_type_desc, avg_fragmentation_in_percent
FROM
    sys.dm_db_index_physical_stats ( DB_ID(N'PerformanceDB'), NULL, NULL, NULL, 'LIMITED' )

-- Fragmentierungsinformationen aufbereiten
SELECT
    so.name, si.name, s.index_type_desc, s.avg_fragmentation_in_percent
FROM
    PerformanceDB.sys.objects so
INNER JOIN
    @stats s ON so.object_id = s.object_id
INNER JOIN
    PerformanceDB.sys.indexes si ON so.object_id = si.object_id AND s.index_id = si.index_id
WHERE
    s.avg_fragmentation_in_percent > 10
```

Listing 12.18 Stark fragmentierte Indizes suchen

Im Skript wird die Funktion *sys.dm_db_index_physical_stats* im Modus *LIMITED* eingesetzt. In diesem werden nur die Fragmentierungsinformationen für die Blattebene eines Index ausgegeben. Diese sind für die Beurteilung der Leistungsfähigkeit gerade die relevanten. Als Daumenregel kann angenommen werden, dass eine Fragmentierung von über 10 Prozent behandlungsbedürftig ist.

Indizes und Statistiken mit T-SQL warten

Der zentrale T-SQL-Befehl für die Wartung von Indizes ist das *ALTER INDEX*-Kommando. Da es eine ganze Menge Optionen für das Reorganisieren und den Neuaufbau von Indizes gibt, hat man als Entwickler ein wenig die Qual der Wahl. Es lohnt sich also die Möglichkeiten genauer unter die Lupe zu nehmen, um in jeder Situation die richtige Methode zu finden. Es folgt die Basis-Syntax für *ALTER INDEX*:

```
ALTER INDEX { index_name | ALL } ON <object>
    { REBUILD
        [[ WITH ( <rebuild_index_option> [ ,...n ] )]
          | [ PARTITION = partition_number
            [ WITH ( <single_partition_rebuild_index_option> [ ,...n ] )]]]
      | DISABLE
      | REORGANIZE [ PARTITION = partition_number ]
        [ WITH ( LOB_COMPACTION = { ON | OFF } ) ]
      | SET ( <set_index_option> [ ,...n ] )
```

Für die Index-Wartung sind die beiden Schlüsselworte *REORGANIZE* und *REBUILD* zuständig. Beim Reorganisieren eines Index mittels *REORGANIZE* wird nur die Blattebene bearbeitet, *REBUILD* führt dagegen einen kompletten Neuaufbau eines Index durch. Mit *DISABLE* kann man einen Index »ausschalten« und *SET* erlaubt das Setzen von Feineinstellungen zu einem Index.

Dieses hier sind die wichtigsten Argumente für *ALTER INDEX*:

- **ALL**   Die Option *ALL* ermöglicht die Behandlung sämtlicher Indizes einer Tabelle auf einen Schlag. Ansonsten wird immer nur ein einzelner Index bearbeitet.

- **REBUILD**   Der Index wird komplett von der Wurzel an neu aufgebaut. Bei einem *Rebuild*-Vorgang (Neuaufbau) kann der Aufbau des Index nicht geändert werden. Es ist aber möglich, Grundeinstellungen für den Index neu zu setzen. Dazu gehören *FILLFACTOR*, *PAD_INDEX* und die Optionen, die über das *SET*-Schlüsselwort vergeben werden können.

  Sie können SQL Server über die *REBUILD*-Optionen vorschreiben, wie der Rebuild-Vorgang durchgeführt werden soll: mit *ONLINE = ON* ermöglichen Sie die Durchführung als Online-Operation. Der Index kann weiter benutzt werden – dies ist ein Feature der Enterprise Edition. *ONLINE = OFF* verhindert das Ändern von Daten in der unterliegenden Tabelle. Das Lesen ist aber möglich. Bei großen Indizes führen Sie die Operationen am besten in der *tempdb*-Datenbank durch. Befindet sich diese auf einem getrennten Laufwerk (das sollte nach Möglichkeit der Fall sein), dann entlastet das die Datenzugriffe in der Datenbank deutlich. Der Schalter hierfür lautet *SORT_IN_TEMPDB = ON*. Auf jeden Fall ist ein kompletter Rebuild ein Vorgang, der die Datenbankmaschine stark belastet. In vielen Fällen bleibt nur das Verlegen in eine benutzerfreie Zeit.

- **REORGANIZE**   Diese Operation ähnelt ein wenig dem Defragmentieren von Festplattenstrukturen. Die Sortierung der Index-Blattseiten wird wieder hergestellt, was einem Scan guttut. Außerdem werden die Seiten wieder bis zu ihrem ursprünglichen Füllfaktor aufgefüllt. Dadurch müssen beim Durchsuchen des Index weniger Seiten gelesen werden. Durch das Komprimieren komplett geleerte Indexseiten werden aus dem Baum entfernt.

  Das Reorganisieren eines Index kann problemlos durchgeführt werden während Abfragen diesen verwenden. Es handelt sich um einen Online-Vorgang. Es werden wenig Ressourcen benötigt und kaum Sperren gesetzt. Allerdings kann das Reorganisieren sehr lange dauern, wenn ein Index bereits stark fragmentiert ist. Dann lohnt es sich, den Index komplett neu aufzubauen.

- **WITH LOB_COMPACTION**   Diese Option (sie ist die Standardeinstellung) bewirkt das Komprimieren von Datenstrukturen für LOBs (*image*, *text*, *ntext*, *varchar(max)*, *nvarchar(max)*, *varbinary(max)* und *xml*). Der Vorteil liegt hier in der möglichen Platzersparnis und in der verbesserten Geschwindigkeit beim Lesen dieser Objekte.

  In einem gruppierten Index können LOB-Objekte direkt in den Spalten vorkommen (allerdings werden die LOB-Datenstrukturen außerhalb der Tabellendaten gespeichert). In einem nicht-gruppierten Index können LOB-Daten nur durch die *INCLUDE*-Option des *CREATE INDEX*-Befehls eingeschlossen werden. Enthält ein Index LOB-Daten, dann werden diese beim Reorganisieren automatisch mit behandelt (dazu mehr am Ende dieses Kapitels). Bei sehr großen gruppierten Indizes möchten Sie das eventuell vermeiden, um Zeit zu sparen.

- **PARTITION**   Bei einem partitionierten Index können einzelne Partitionen gewartet werden. Man gibt dazu hinter dem Schlüsselwort *PARTITION* einfach deren Nummer an.

- **DISABLE**   Das temporäre Desaktivieren eines Index ist im Grunde nur in Verbindung mit der Indexwartung sinnvoll. Durch das *DISABLE* wird ein nicht gruppierter Index tatsächlich (bis auf die Metadaten) gelöscht. Das mag vor einem Rebuild-Vorgang erwünscht sein, da ansonsten mehr als der doppelte Platz bei der Indexerstellung notwendig ist. Das Reaktivieren besteht einfach in einem Rebuild.

HINWEIS Ist für eine Datenbankanwendung eine hohe Verfügbarkeit gefordert (wie bei einem 7/24 Betrieb), dann wünscht man sich ein Management der Datenbank, in dem alle Operationen Online möglich sind und ohne ein dediziertes, benutzerfreies Datenbankfenster auskommen. Dennoch wäre es schön, Indizes regelmäßig neu erstellen zu können. *REBUILD WITH ONLINE=ON* ist in vielen Fällen hilfreich, hat aber seine Grenzen: Die speziellen Indextypen für XML-Daten und Geodatentypen können nur offline reindiziert werden. Dasselbe gilt für indizierte LOB-Spalten (wie *nvarchar(max)*, *varbinary(max)*, usw.). Auch partitionierte Indizes können nicht online neu aufgebaut werden, ebenso gruppierte Indizes, die eine LOB-Spalte beinhalten. Das sind die wichtigsten Einschränkungen. Schlagen Sie am besten in den Books Online unter dem Stichwort *ALTER INDEX* nach, um die weniger wichtigen (aber lästigen) herauszufinden.

Ein Anhaltspunkt für die Entscheidung, wann ein Index reorganisiert und wann er neu aufgebaut werden soll, liefert diese Regel: Bei einer Fragmentierung unter 30% sollte *REORGANIZE* durchgeführt werden, ansonsten *REBUILD*. Dieser Wert bezieht sich auf die Spalte *avg_fragmentation_in_percent* der Management-Sicht *sys.dm_db_index_physical_stats*.

Mit dem folgenden Kommando reorganisieren Sie sämtliche Indizes der Tabelle *Customers* in der *netShop*-Datenbank. Voraussetzung für diese Operation ist die Erlaubnis, Seitensperren auf dem Index verwenden zu dürfen. Das müssen Sie eventuell entsprechend einstellen. Bei der Verwendung von *ALTER INDEX* sind keine Synonyme erlaubt.

```
ALTER INDEX ALL ON Sales.Customers REORGANIZE
```

Listing 12.19 Indizes einer Tabelle reorganisieren

Das nächste Beispiel zeigt, wie Sie durch eine Rebuild-Operation gezielt den Füllfaktor eines Index ändern können.

```
ALTER INDEX IX_Customers_Code ON SalesDepartment.Customers REBUILD
WITH ( FILLFACTOR = 60)
```

Listing 12.20 Ein Index wird neu aufgebaut und bekommt einen andern Füllfaktor

HINWEIS In SQL Server 2000 wurde die Indexpflege noch mit den Kommandos *DBCC INDEXDEFRAG* und *DBCC DBREINDEX* durchgeführt. Diese sollten Sie nicht mehr verwenden. Allerdings werden diese Kommandos in Wartungsplänen für eine SQL Server 2000-Instanz immer noch verwendet und für abwärtskompatible Datenbanken stehen sie noch zur Verfügung.

Eine alternative Methode für den Neuaufbau eines Index besteht in der Verwendung des *CREATE INDEX*-Befehls mit der Option *DROP EXISTING*. Dabei lässt sich der Indexschlüssel ändern. Auf den ersten Blick könnte man vermuten, dass es keinen Unterschied macht, ob man einen Index mit *DROP INDEX* löscht und mit *CREATE* anlegt. Tatsächlich kann die Datenbankmaschine aber in verschiedenen Situationen Nutzen aus einem vorhandenen Index ziehen. Beispielsweise, wenn dem Indexschlüssel eine zusätzliche Spalte am Ende angefügt wird, die Sortierung sich ansonsten aber nicht ändert. In so einem Fall nutzt der Server den vorhandenen Index für den Aufbau des neuen. Die Beschleunigung werden Sie aber erst dann zu spüren bekommen, wenn es um einige hundert MB große Indizes geht.

Neben der Wartung der Indizes an sich dürfen auch die Statistiken nicht vergessen werden. Beim ersten Anlegen eines Index wird die Statistikseite für einen Index erstellt – *wenn Daten in der Tabelle enthalten sind*. Wird die Datenbank durch ein Erstellungsskript angelegt, dann ist das nicht der Fall. Die Statistiken werden bei einem Rebuild-Vorgang aktualisiert (*REBUILD*) – aber nicht beim Reorganisieren (*REORGANIZE*). Wenn in Ihrem Wartungsplan für eine Datenbank der Neuaufbau der Indizes vorgesehen ist, dann sind Sie also aus dem Schneider. Andernfalls sollten Sie darauf achten, dass die Statistiken regelmäßig für alle Tabellen neu erstellt werden. In T-SQL steht dazu der Befehl UPDATE STATISTICS zur Verfügung. Ein Beispiel:

```
UPDATE STATISTICS Sales.Customers
```

Listing 12.21 Statistiken auf den neuesten Stand bringen

Damit werden alle Statistiken für die Kundentabelle des *netShops* aktualisiert. Natürlich bieten die SQL Server-Wartungspläne auch die Möglichkeit an, die Statistiken einer Datenbank neu zu generieren. Das *UPDATE* von Statistiken spielt immer dann eine Rolle, wenn *REBUILD*-Operationen nur sehr selten vorgenommen werden können. Bei der Anwendung des Kommandos *UPDATE STATISTICS* lässt sich einstellen, wie groß die Stichprobe ist. Das wird über die Optionen *FULLSCAN* beziehungsweise *SAMPLE* geregelt. Wird weder SAMPLE noch FULLSCAN angegeben, dann wählt der Optimierer automatisch eine sinnvolle Stichprobengröße.

Statistiken automatisch aktualisieren

Wenn die richtigen Optionen in einer Datenbank aktiv sind, dann kümmert sich SQL Server notfalls selbst darum, die Statistiken auf den neuesten Stand zu bringen. Unter Umständen führt das leider zu Wartezeiten bei der Ausführung von Abfragen. So sollten die entsprechenden Einstellungen in den Datenbanken auf jeden Fall gemacht werden, aber in erster Linie als Fail Save-Funktion betrachtet werden. So sehen die verschiedenen Datenbankoptionen aus:

- **AUTO_CREATE_STATISTICS** SQL Server verwendet nicht nur Statistiken zu Indizes sondern auch solche, die sich auf nicht indizierte Spalten beziehen. Wird eine nicht indizierte Spalte in einer Abfrage verwendet und benötigt SQL Server für die Erstellung eines optimalen Abfrageplans Informationen zur Datenverteilung in dieser, dann erstellt die Datenbankmaschine eine schnelle ad hoc-Statistik um die Datenverteilung zu untersuchen.

- **AUTO_UPDATE_STATISTICS** Haben sich seit dem letzten Aktualisieren einer Statistik mehr als 20% der Daten geändert, dann betrachtet der Server die Statistik als veraltet. Der betreffende Index könnte eventuell unklug verwendet werden. SQL verwendet daher einen Index mit veralteter Statistik sicherheitshalber nicht. Falls aber *AUTO_UPDATE_STATISTICS = ON* in der Datenbank gesetzt ist, nimmt SQL Server vor dem Erstellen des Plans eine Stichprobe, um die Statistik zu aktualisieren. Da dieser Vorgang synchron mit dem Analysieren einer Abfrage stattfindet, kommt es bisweilen zu sehr langen Wartezeiten beim Verarbeiten einzelner Abfragen. Wird dieselbe Abfrage nach kurzer Zeit erneut ausgeführt, geht alles sehr rasant, da die Statistiken jetzt wieder direkt genutzt werden können.

- **AUTO_UPDATE_STATISTICS_ASYNC** Das ist eine sinnvolle Alternative zum synchronen Statistik-Update. Stellt SQL Server beim Verarbeiten einer Abfrage fest, dass die Statistik eines benötigten Index veraltet ist, dann markiert SQL Server diese als veraltet. Die Abfrage wird mit der vorhandenen Statistik ausgeführt und die betreffende Statistik durch einen Hintergrundprozess aktualisiert. Dadurch gibt es keine zusätzlichen Wartezeiten während der Analysephase einer Abfrage, der Plan kann aber schlecht gewählt sein.

Die automatischen Funktionen führen in vielen Fällen zu suboptimalen Statistiken. Besser ist es, Indizes regelmäßig neu aufzubauen oder – wenn die Zeit dazu nicht reicht – möglichst ausführliche Statistiken mittels *UPDATE STATISTICS* zu ziehen.

Volltextindizes verwenden

Bis jetzt haben Sie in diesem Kapitel »klassische« Indizes kennen gelernt, wie sie in allen relationalen Datenbanksystemen, aber auch in anderen Datenbankmanagementsystemen wie BTrieve- oder XBase-Systemen auf jeden Fall verwendet werden, um die Zugriffsgeschwindigkeit zu steigern. Diese Indizes sind hervorragend geeignet, um in den üblichen Geschäftsanwendungen eingesetzt zu werden, bei denen es um das Suchen in numerischen Daten, Datumsangaben und kurzen Textfeldern geht. Viele Datentypen, vor allem diejenigen, die für das Speichern von BLOB- oder LOB-Daten verantwortlich sind, können überhaupt nicht indiziert werden. Und selbst wenn die Indizierung einer Spalte möglich wäre, weil mit String-Datentypen gearbeitet wird und die Länge der Schlüssel 900 Byte nicht übersteigt, gibt es doch viele Fälle, in denen die klassische Indizierung nicht befriedigend arbeitet oder sogar ganz versagt. Das tritt vor allem dann ein, wenn so genannte *Volltextsuchen* in einer Tabelle durchgeführt werden sollen. Bei Volltextsuchen werden alle Felder einer Tabelle durchsucht, die einen textbasierten Inhalt haben. Es spielt dabei normalerweise keine Rolle, wo in den Spalten der gesuchte Begriff vorkommt und möglicherweise spielen einfach linguistische Aspekte eine Rolle.

Grenzen konventioneller Indizes

Nehmen Sie einmal an, Sie möchten für die *netShop*-Datenbank eine schnelle Suchfunktion für Kundendaten realisieren. Benutzer geben über ein Textfeld ein Wort ein, welches dann »irgendwo« in den sinnvollen Spalten der *Customers*-Tabelle gesucht wird. Der Benutzer soll sich keinen Kopf machen müssen, wo die Informationen abgelegt sind. Vielleicht hat er ja den Nachnamen des Kunden mit dem Vornamen verwechselt. Vielleicht erinnert er sich nur ungefähr an einen Gesprächsbrocken aus einem Telefonat und der gesuchte Begriff, sagen wir *Berlin*, könnte die Stadt, in welcher der Kunde wohnt, der Name oder Teil einer Notiz gewesen sein. Auf den ersten Blick könnte eine Indizierung, welche diese Aufgabe unterstützt, so aussehen:

```
CREATE INDEX FT_Customers_Code ON SalesDepartment.Customers (Code)
CREATE INDEX FT_Customers_FirstName ON SalesDepartment.Customers (FirstName)
CREATE INDEX FT_Customers_LastName ON SalesDepartment.Customers (LastName)
CREATE INDEX FT_Customers_Address ON SalesDepartment.Customers (Address)
CREATE INDEX FT_Customers_City ON SalesDepartment.Customers (City)
CREATE INDEX FT_Customers_LoginName ON SalesDepartment.Customers (LoginName)
CREATE INDEX FT_Customers_eMail ON SalesDepartment.Customers (eMail)
```

Listing 12.22 Indizierung für eine schnelle Kundensuche (?)

Für jede plausible Spalte der zukünftigen Volltextsuche wird ein eigener Index angelegt. Da die Spalten in den zukünftigen Abfragen durch *AND* und *OR* kombiniert werden müssen, ist das im Prinzip der richtige Weg. Versuchen Sie die Memospalte *Note* mit zu indizieren, dann meckert SQL Server gleich herum: Der Index kann nicht angelegt werden, weil die Spalte bereits bis zu 1.200 Zeichen beinhaltet. Beim Anlegen eines Index ist aber bei 900 Zeichen Schluss. Das muss man zunächst einmal so akzeptieren, obgleich das ein wenig schade ist, denn ein Notizfeld ist natürlich ein guter Kandidat für eine Volltextsuche. Und jetzt folgt das Beispiel einer Abfrage, welche den Begriff *Satrup* in Volltextmanier in der *Customers*-Tabelle sucht. Ihnen darf ich es ja verraten – *Satrup* ist ein Ort im Norden Deutschlands. Der Wert *Sartrup* wurde gewählt, weil die Selektivität einer Abfrage für diesen Wert hoch ist. *Sartrup* kommt fünf Mal in 10.000 Datensätzen vor. Wenn es um eine exakte Abfrage (ohne *LIKE*) dieses Werts ginge, dann würde von SQL Server zweifellos der schnelle Suchoperator Index Seek gewählt werden.

```
SELECT * FROM SalesDepartment.Customers
WHERE
    Code LIKE '%Satrup%'
```

```
OR
    FirstName LIKE '%Satrup%'
OR
    LastName LIKE '%Satrup%'
OR
    Address LIKE '%Satrup%'
OR
    City LIKE '%Satrup%'
OR
    LoginName LIKE '%Satrup%'
OR
    eMail LIKE '%Satrup%'
```

Listing 12.23 *Volltextsuche nach dem Begriff Satrup*

Die Ausführungsgeschwindigkeit ist bei der relativ kleinen Datenmenge von 10.000 Kunden »ganz o. k.«. Auf meinem Test-PC braucht der Server ca. 100 ms. Ein Blick auf die I/O-Statistiken zeigt aber, dass ca. 1.600 Datenseiten gelesen werden mussten. Das wäre verdächtig viel, wenn die Indizes tatsächlich greifen würden. Die Anzeige des geschätzten Abfrageplans bestätigt die böse Vermutung: SQL Server arbeitet mit einem kompletten Scan des gruppierten Index – er durchsucht also alle Datenseiten der Tabelle! *Ein Grund* dafür besteht darin, dass sich die Statistiken der sechs Spalten überlagern, dadurch die Selektivität der Abfrage insgesamt gering wird, und SQL Server einen Tabellen-Scan wählt.

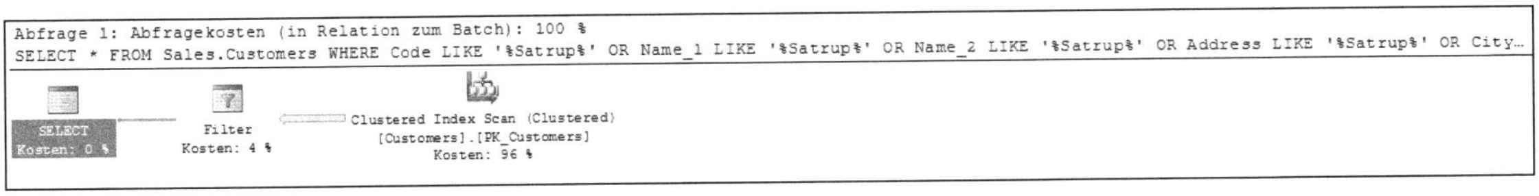

```
Abfrage 1: Abfragekosten (in Relation zum Batch): 100 %
SELECT * FROM Sales.Customers WHERE Code LIKE '%Satrup%' OR Name_1 LIKE '%Satrup%' OR Name_2 LIKE '%Satrup%' OR Address LIKE '%Satrup%' OR City...

    SELECT          Filter             Clustered Index Scan (Clustered)
    Kosten: 0 %     Kosten: 4 %        [Customers].[PK_Customers]
                                       Kosten: 96 %
```

Abbildung 12.12 *Der Abfrageplan für die Suche nach Satrup*

Es gilt noch eine wichtige Kleinigkeit zu klären – zumindest für Programmierer, die schon mit SQL Server 7.0 oder 2000 gearbeitet haben. Da wäre nämlich jede Suche mit einem Suchargument *LIKE '%Satrup%'* eine hoffnungslose Angelegenheit gewesen. Die alte Datenbankmaschine konnte für *LIKE*-Abfragen mit einem Joker im String-Präfix überhaupt keine Indizes einsetzen. Dass diese Einschränkung bei SQL Server 2008 Gott sei Dank keine Rolle mehr spielt, zeigt der folgende Test:

```
SELECT * FROM SalesDepartment.Customers
WHERE
    City LIKE '%Satrup%'
```

Listing 12.24 *Zum Vergleich – Suche in nur einer Spalte*

SQL Server greift ganz brav zum Index *FT_Customers_FT_Customers_City* (Abbildung 12.13). Dieses Verfahren ist auch sehr gut geeignet, da im Ergebnis nur 5 Datenzeilen vorkommen. Die Datenbankmaschine kann zwar nicht zur effektivsten Methode – dem Index Seek – greifen, dass wird durch das führende Jokerzeichen »%« verhindert, aber ein Index Scan auf den Blattseiten ist möglich und bringt eine Verbesserung um den Faktor 40, da nur noch 40 Indexseiten durchsucht werden müssen.

Bei größeren Datenmengen wird aus den 100 ms für die Volltextsuche via vollständigem Scan schnell mal eine Minute und mehr. Außerdem lassen sich »intelligentere« Abfragen nur mit noch höherem Aufwand realisieren. Soll beispielsweise nicht die Teilzeichenkette, sondern das *Wort* »Berlin« gesucht werden, dann sieht es richtig düster aus. Denken Sie einmal über eine Implementierung nach! Sie müssten den Begriff durch verschiedene Trennzeichen isolieren (»,«, ».«, »;«, »!«, »?« etc.). Im Abfragekriterium wären daher diverse Ausdrücke mit Zeichenkettenfunktion gefragt, was die Auswertung noch langsamer macht. Hier kommen SQL Server-Volltextindizes ins Spiel.

```
Abfrage 1: Abfragekosten (in Relation zum Batch): 100 %
SELECT * FROM Sales.Customers WHERE City LIKE '%Satrup%'
```

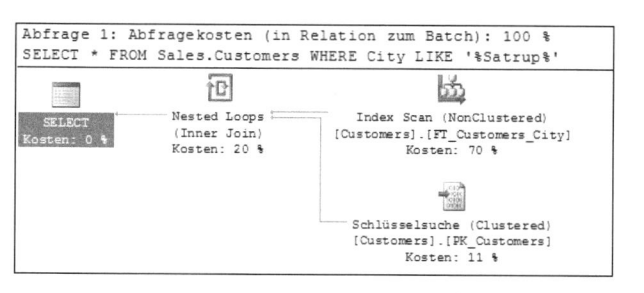

```
  SELECT         Nested Loops            Index Scan (NonClustered)
 Kosten: 0 %     (Inner Join)            [Customers].[FT_Customers_City]
                 Kosten: 20 %            Kosten: 70 %

                                   Schlüsselsuche (Clustered)
                                   [Customers].[PK_Customers]
                                   Kosten: 11 %
```

Abbildung 12.13   Abfrageplan für *Satrup* in der Spalte City

Volltextindizierung

Um zu demonstrieren, wie sich die Handhabung der Volltextindizes von der normalen Indizierung unterscheidet und welche Vorteile diese bringt, soll in einer schnellen Demonstration ein erster Volltextindex aufgebaut und abgefragt werden.

Einen Volltextindex im Managementstudio anlegen

Bevor Sie mit einem Volltextindex arbeiten können, müssen die entsprechenden Softwarekomponenten auf Ihrer SQL Server-Instanz installiert sein. Das lässt sich bei Bedarf jederzeit über das SQL Server-Setup nachholen. Wichtig dabei ist aber: Wurde vor der nachträglichen Installation der Volltextindizierung bereits ein Service Pack für die betreffende SQL Server-Instanz eingespielt, dann sollten Sie dieses Service Pack nach der Installation der Volltextindizierung auf jeden Fall *erneut* einspielen, um die neuen Komponenten zu aktualisieren.

Achten Sie außerdem darauf, dass der Dienst *Full-textFilter Daemon Launchers* gestartet ist. Das kontrollieren Sie am einfachsten im *SQL Server Configuration Manager* (siehe Abbildung 12.14). Dieser Dienst muss laufen, damit ein Volltextindex aufgebaut werden kann.

Name	Status	Startmodus	Anmelden als	Prozess-ID	Diensttyp
SQL Full-text Filter Daemon Launcher (MSSQLSERVER)	Wird ausgeführt	Manuell	NT AUTHORITY\LOCALSERVICE	3128	Full-text Filter Daemon Launcher
SQL Server (MSSQLSERVER)	Wird ausgeführt	Automatisch	LocalSystem	1920	SQL Server
SQL Server (SQLEXPRESS)	Wird ausgeführt	Automatisch	LocalSystem	1860	SQL Server
SQL Server Analysis Services (MSSQLSERVER)	Wird ausgeführt	Automatisch	LocalSystem	1532	Analysis Server
SQL Server Browser	Beendet	Andere (Boot, Syste...	NT AUTHORITY\LOCALSERVICE	0	SQL Browser
SQL Server Integration Services 10.0	Wird ausgeführt	Automatisch	LocalSystem	1700	SSIS Server
SQL Server Reporting Services (MSSQLSERVER)	Wird ausgeführt	Automatisch	LocalSystem	2076	ReportServer
SQL Server-Agent (MSSQLSERVER)	Wird ausgeführt	Manuell	LocalSystem	3256	SQL Agent

Abbildung 12.14   Dienststatus des SQL Server *Full-textFilter Daemon Launchers*

Sind die Voraussetzungen gegeben, so ist das Anlegen eines Volltextindex in der GUI des Management Studios keine schwierige Angelegenheit.

Führen Sie dazu am besten im Objekt-Explorer einen Rechtsklick auf den gewünschten Tabellennamen aus, und wählen Sie aus dem Kontextmenü *Volltextindex/Volltextindex definieren...* Anschließend müssen Sie zunächst einen eindeutigen Index aussuchen, über den die Datensätze der Basistabelle im Volltextindex gekennzeichnet werden sollen (Abbildung 12.15). Dieser Index stellt gewissermaßen die Verknüpfung zwischen dem Volltextindex und der relationalen Datenbankmaschine her. Die Einträge in einem Volltextindex zeigen nicht direkt auf die Datenseiten der Basistabelle, sondern auf die Einträge im gewählten eindeutigen Index. Im einfachsten Fall wählen Sie einfach den Primärschlüssel der Tabelle aus. Im nächsten Schritt markieren Sie die infrage kommenden Tabellenspalten. Angezeigt werden alle, deren Datentyp entweder *char*, *varchar*, *varchar(max)*, *text*, *image* oder einer deren Unicode-Äquivalente ist. Zusätzlich müssen Sie nach festlegen, aus welchem Sprachraum die Textinformationen stammen, damit die linguistischen Algorithmen richtig funktionieren. Die Sache mit der Typspalte spielt für dieses Beispiel noch keine Rolle. Es geht weiter mit *Weiter*.

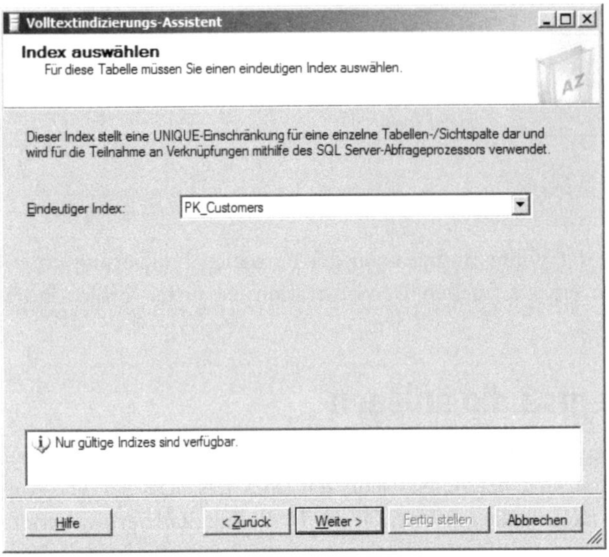

Abbildung 12.15   Auswahl des primären Index

Abbildung 12.16   Auswahl der Spalten für einen Volltextkatalog

Während der vorhergehende Schritt beim Anlegen eines Volltextindex – die Auswahl der Spalten – sich nur wenig vom Anlegen eines normalen Index unterscheidet, stößt man an dieser Stelle auf eine Besonderheit bei der Volltextindizierung. Es geht um die Auswahl einer Methode für die so genannte *Änderungsnachverfolgung*. Die klassischen relationalen Indizes sind nach jeder Änderungsoperation in einer Tabelle sofort auf dem aktuellen Stand. Darum kümmert sich die Datenbankmaschine *sofort* bei der Ausführung eines DML-Befehls. Das Aktualisieren von Volltextindizes erfolgt hingegen asynchron und es stehen verschiedene

Verfahren zur Verfügung: automatische und manuelle. Durch die Wahl der Option *Automatisch* kann man SQL Server den Zeitpunkt des Pflegens der Einträge in einem Volltextindex selbst überlassen. Das passiert relativ zeitnah, sorgt während des Ausführung aber für einen deutlichen Overhead in transaktionslastigen Anwendungen. Das Identifizieren neuer Volltextindexeinträge erfolgt durch eine Komponente innerhalb des eigentlichen SQL Server-Prozesses – den *Gatherer*) –, das Eintragen in die Indexstrukturen durch den so genannten *Indexschreiber*. Mit SQL Server 2008 sind die wesentlichen Komponenten für das Management von Volltextabfragen in den Kern der Datenbankmaschine integriert worden. Dadurch werden die Erstellung der Indizes und die Volltextabfragen deutlich effektiver ausgeführt.

Die verschiedenen Modi der Änderungsnachverfolgung verhalten sich wie folgt:

- **Automatisch:** Die Indexinformationen werden gesammelt und asynchron in den Index eingetragen
- **Manuell:** Die Indexeinträge werden gesammelt. Der Volltextindex aber *nicht* automatisch aktualisiert.
- **Änderungen nicht nachverfolgen:** Die Indexeinträge werden *nicht* automatisch gesammelt und natürlich wird der Volltextindex nicht automatisch aktualisiert

Für die Optimierung einer Anwendung kann es notwendig sein, das Sammeln der Volltextdaten manuell durch einen Job zu steuern. Zu diesen Themen gleich mehr. Für die ersten Experimente ist die Voreinstellung *Automatisch* vollkommen in Ordnung. Beachten Sie die aktivierte Option *Vollständige Auffüllung bei der Indexerstellung starten* – nach dem Abschluss des Assistenten wird der Volltextindex automatisch aufgebaut.

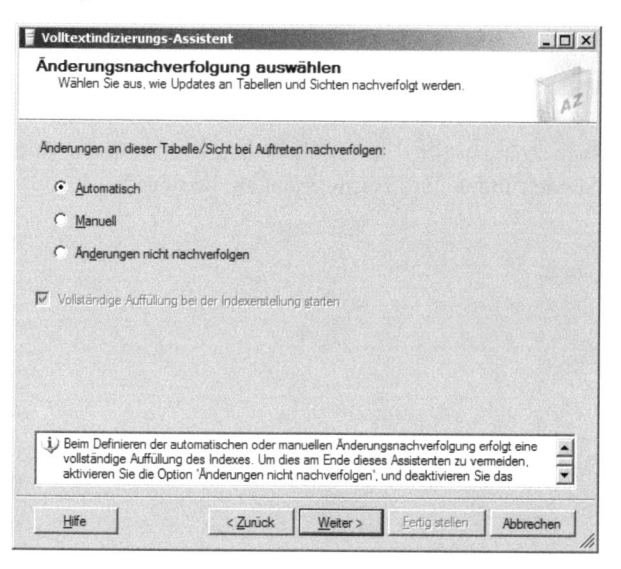

Abbildung 12.17 Auswahl des Änderungsverfolgungsmodus

Bei der Auswahl des so genannten *Volltextkatalogs* – das passiert im nächsten Dialogfeld – wird dann endgültig klar, dass ein Volltextindex nur wenig mit einem Standardindex gemein hat. Die Indexdaten werden komplett außerhalb der relationalen Indizes in getrennten Datenbankstrukturen abgelegt. Diese werden als Volltextkataloge bezeichnet. Ein Volltextkatalog stellt eine Sammlung von Volltextindizes dar, die gemeinsam verwaltet werden. Wie Sie die Kataloge für Ihre Anwendung organisieren, ist in erster Linie davon abhängig, wie umfangreich die darin enthaltenen Informationen sind. So können Sie einen oder auch mehrere Kataloge für eine Datenbank verwenden. Aber keine Sorge: Ein paar Gigabyte Indexinformationen pro indizierter Tabelle hält jeder Katalog aus. Anfangs können Sie alle Volltextindizes zu einer Datenbank bedenkenlos in einem gemeinsamen Katalog speichern. Im Beispiel bekommt daher der Katalog den Namen der Datenbank (Abbildung 12.18). Legen Sie die Kataloge für sehr umfangreiche Volltextindizes am besten auf getrennten Dateigruppen an. Das kann – genau wie das Auslagern großer relationaler Indizes auf getrennte Dateigruppen (und Datenträger) – das Durchsuchen beschleunigen.

Die Option *Unterscheidung nach Akzent* ist selbsterklärend – über die *Volltext-Stoppliste* wird noch geredet werden.

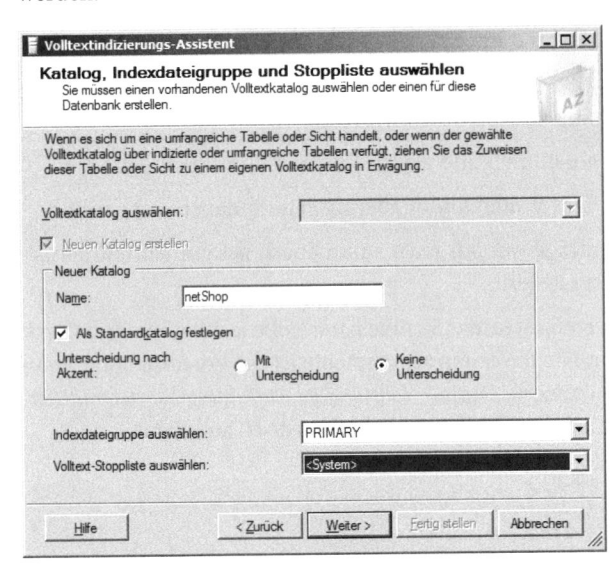

Abbildung 12.18 Name des Katalogs und Auswahl des Speicherorts

Es folgt nun ein optionaler Schritt, über den Sie einen Zeitplan für das Auffüllen definieren können, und nach der abschließenden Zusammenfassung legen Sie den Index über *Fertig stellen* an. Das Feedback sollte so aussehen wie in Abbildung 12.19

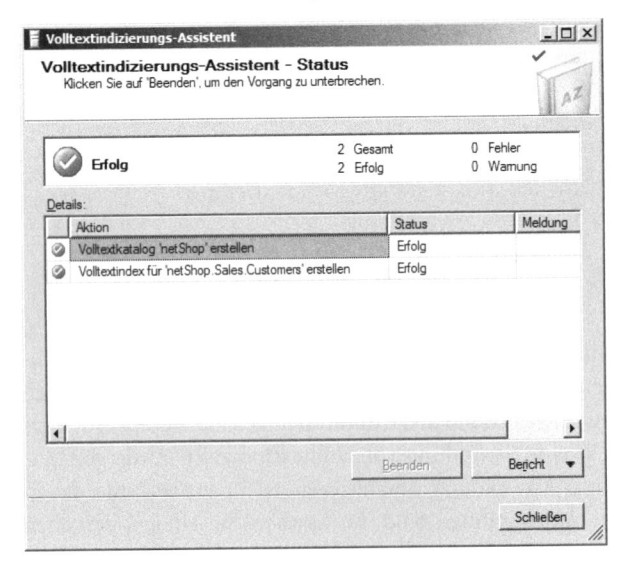

Abbildung 12.19 Der Assistent meldet den erfolgreichen Abschluss

So – das wäre geschafft. Bevor das Auffüllen beginnt und Sie Abfragen gegen den Index richten können, muss dieser zunächst aktiviert und aufgebaut werden. Bei SQL Server 2008 passiert das automatisch, wenn Sie an die Option *Vollständige Auffüllung bei der Indexerstellung starten* gedacht haben. In älteren SQL Server-Versionen muss ein neu definierter Index für eine Tabelle in einem zusätzlichen Schritt überhaupt erst aktiviert werden. Wählen Sie aus dem Kontextmenü der Tabelle den Befehl *Volltextindex/Volltextindex aktivieren*.

Den neuen Volltextkatalog mit dem ersten Index finden Sie im Management Studio unter *Speicher/ Volltextkataloge*. Über die *Eigenschaften* können Sie neue Indizes hinzufügen, aber auch die Auffüllung steuern. SQL Server braucht ein paar Sekunden, um den Index zum ersten Mal aufzubauen. Den Status eines Index können Sie ebenfalls in diesem Dialogfeld betrachten. Nach kurzer Zeit sollten Sie in der Eigenschaft *Elementzahl* den Wert 10.000 finden. Dann ist die Indizierung der Kundentabelle abgeschlossen. Im Feld *Anzahl eindeutiger Schlüssel* finden Sie die Zahl der gefundenen Suchbegriffe. Diese liegt bei ungefähr 36.000.

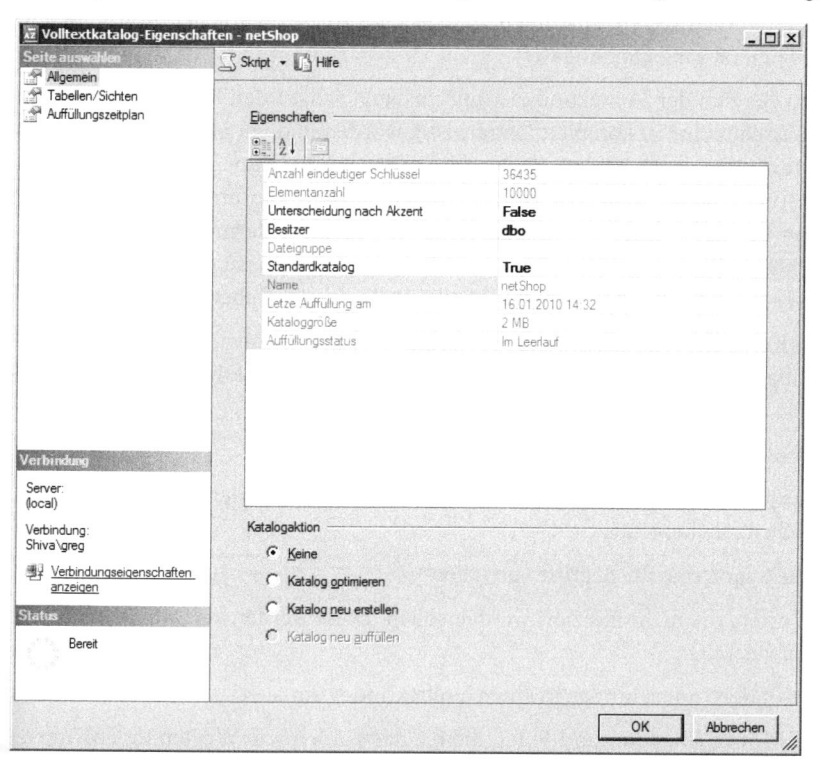

Abbildung 12.20 Der aufbereitete Volltextkatalog

Es ist Zeit, die Beispielabfrage mit der Hilfe des neuen Index auszuprobieren. Volltextabfragen werden von SQL Server *nicht* automatisch als Zugriffsvariante gewählt. Als Programmierer müssen Sie eine Volltextsuche explizit anfordern. Eine Möglichkeit dafür ist das *CONTAINS*-Prädikat in einer *WHERE*-Klausel, welches in der nächsten T-SQL-Abfrage zum Einsatz kommt:

```
SELECT
    *
FROM
    Customers
WHERE
    CONTAINS( * , '"*Satrup*"' )
```

Listing 12.25 »Echte« Volltextabfrage mit dem Begriff *Satrup*

Die Ausführung dauert auf dem Test-PC ca. 1 ms, ist also um den Faktor 100 schneller als die Abfrage, die ohne Volltextsuche auskommen musste! Es waren nur 15 Datenseiten zu lesen.

Die Beschleunigung von Textsuchen ist nicht das einzige Argument, welches für die Verwendung von Volltextindizes spricht. Volltextindizes bieten darüber hinaus noch so praktische Dinge wie automatische Worttrennung (und das für verschiedene Sprachen), die Möglichkeit, gespeicherte Word-, Excel-, Powerpoint- und HTML-Dokumente zu indizieren, und Suchergebnisse nach ihrer Relevanz bewerten zu lassen. Insgesamt sind all diese Features eine hochinteressante Alternative für dokumentenorientierte Anwendungen, aber auch für Business-Datenbanken, wie die Beispieldatenbank *netShop*.

Komponenten der Volltextindizierung

Um Volltextindizes optimal planen und einsetzen zu können, ist es wichtig, die wesentlichen Konzepte und Verfahren zu kennen. Diese werden jetzt ganz *kurz* erläutert.

Bei SQL Server 2008 hat sich im Bereich der Volltextindizierung im Vergleich zu den Vorgängerversionen technisch eine Menge getan. Die Architektur ist komplett überarbeitet worden und vor allen Dingen werden fast alle Aktivitäten die zur Volltextindizierung gehören durch die Datenbankmaschine selbst durchgeführt und nicht mehr durch einen externen Dienst (*MSFTESQL.EXE*). Neben der Eliminierung des Aufwands für die Interprozess-Kommunikation ist ein wichtiger Vorteil der neuen Architektur darin zu sehen, dass der Optimierer von SQL Server 2008 endlich Statistiken über Volltextindizes zur Verfügung hat. Die neue Volltextsuche wird auch als *integrierte Volltextsuche* (*Integrated Full-text Search*, *iTFS*) bezeichnet.

SQL Server 2008 verwendet also Komponenten *in* seinem *MSSQLSERVICE*-Dienst sowie einen zusätzlichen Hilfsdienst außerhalb der Datenbankmaschine zur Implementierung der Volltextfunktionen. Die wichtigsten Bestandteile sind:

- **Volltext-Engine**: Führt die Volltextabfragen durch
- **Volltext-Gatherer**: Hauptaufgabe ist es, neben dem Monitoring der Volltextindizierung neue Daten zu finden und an den Volltextdienst zu übergeben
- **Thesaurus**: XML-Dateien, die Synonyme für Begriffe verwalten
- **Stopwortlisten**: Liste von Worten, die nicht indiziert werden sollen. Diese werden als Datenbankobjekte mit eigenen DML-Befehlen verwaltet.
- **Indexschreiber**: Trägt die gefunden Indexeinträge in einen Volltextindex ein
- **Filterdaemon-Host**: Hosted Protokollhandler und Filter, die für das Finden von Worten in Dokumenten benötigt werden. Das ist eine externe Komponente (*fdhost.exe*), die von dem Dienst (*MSSQLFDLauncher*) gestartet wird.
- **Filterdaemon-Manager**: Überwacht den Zustand des Filterdaemon-Hosts

Dass es sich bei einer Volltextsuche um keine normale Abfrage handelt, wird am Abfrageplan aus Abbildung 12.21 deutlich. Die Abfrage des Index wird durch den Operator *Table Valued Function* (*FulltextMatch*) geleistet. Da vom Volltextindex nur die gespeicherten Schlüssel des primären Index zurückgegeben werden, wird noch eine zweite Indexoperation (*Clustered Index Seek*) benötigt, um die eigentlichen Datensätze zu suchen.

Sie können die Arbeit des Volltextsystems an verschiedenen Stellen beeinflussen. Sehr leicht lassen sich die Stopwortlisten bearbeiten, in welchen die zu ignorierenden Füllworte einer Sprache verzeichnet sind. Fällt Ihnen auf, dass bestimmte Worte, nach denen Sie suchen, nicht gefunden werden, dann lohnt sich ein Blick in die Standardlisten, die von SQL Server ausgeliefert werden (dazu gleich mehr im T-SQL-Teil). Beispielsweise ist das schöne Wort »potztausend« in der Liste enthalten und wird nicht in einen Volltextindex aufgenommen. Löschen Sie einfach die problematischen Worte aus der Liste (oder fügen Sie neue hinzu) und lassen Sie die Volltextkataloge neu erstellen. Anschließend werden diese Worte gefunden.

Bei Volltextsuchen können Sie mit Thesauri arbeiten, um automatische Suchen nach Synonymen für Worte zu ermöglichen. Die Zuordnung der Synonyme findet in XML-Dateien statt, die sich im *MSSQL/FTData*-Datenverzeichnis befinden. Abgesehen von einigen Beispielen sind die Thesaurus-Dateien zunächst leer. Listing 12.26 zeigt die Deutschen Thesaurus-Datei, wie Sie nach der Installation des SQL Server aussieht. Deren Dateiname lautet *tsdeu.xml*.

Die Ergänzung um eigene Synonyme ist relativ simpel. In einem *Expansion Set* (das ist der XML-Tag *expansion*) enthaltene Begriffe werden wechselseitig ergänzt. Befindet sich in einem Suchargument der Begriff *IE*, so wird auch nach *IE5* und *Internet Explorer* gesucht. In einem *Replacement Set* vorhandene Begriffe werden durch andere vollständig ersetzt (dies ist das XML-Tag *replacement*). Der Suchbegriff *NT5* wird im Beispiel durch *Windows 2000* ersetzt. Nachdem Sie die Datei bearbeitet haben können Sie den neuen Thesaurus mit der gespeicherten Prozedur *sys.sp_fulltext_load_thesaurus* aktivieren. Der müssen Sie als Parameter *lcid* den Code für die Sprache mitgeben. Für das Deutsche wäre das: *1031*.

HINWEIS Sie müssen SQL Server 2008 nach dem Aktualisieren eines Thesaurus *nicht* neu starten, wie Sie es vielleicht aus den älteren Server-Versionen gewohnt sind.

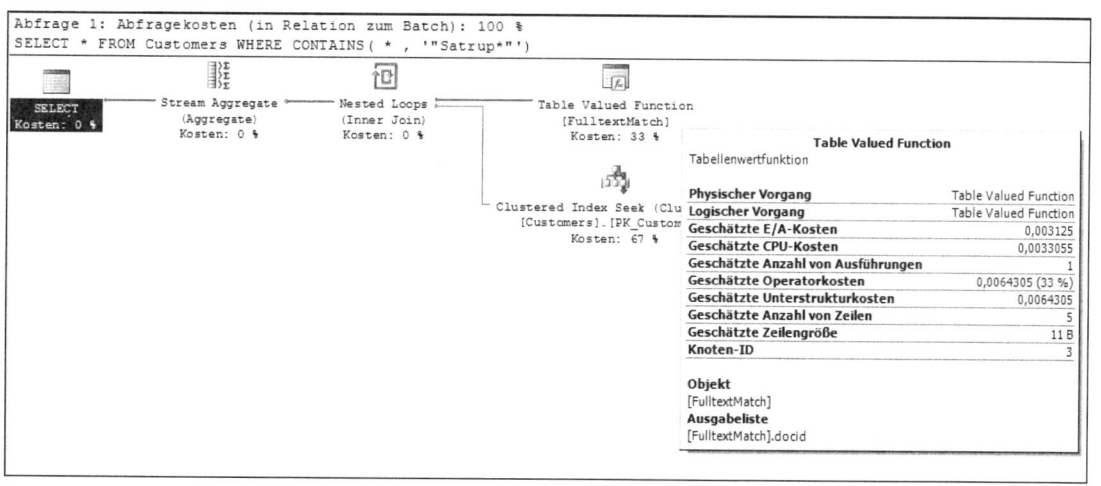

```
Abfrage 1: Abfragekosten (in Relation zum Batch): 100 %
SELECT * FROM Customers WHERE CONTAINS( * , '"Satrup*"')
```

Abbildung 12.21 Volltextoperation im Abfrageplan

```xml
<XML ID="Microsoft Search Thesaurus">
<!-- Commented out (SQL Server 2008)
    <thesaurus xmlns="x-schema:tsSchema.xml"><diacritics_sensitive>0</diacritics_sensitive>
        <expansion>
            <sub>Internet Explorer</sub>
            <sub>IE</sub>
```

```
                <sub>IE5</sub>
            </expansion>
            <replacement>
                <pat>NT5</pat>
                <pat>W2K</pat>
                <sub>Windows 2000</sub>
            </replacement>
            <expansion>
                <sub>run</sub>
                <sub>jog</sub>
            </expansion>
        </thesaurus>
    -->
</XML>
```

Listing 12.26 Standard Thesaurus-Datei

Eine weitere Möglichkeit, den Funktionsumfang von Volltextindizierung zu erweitern, ist die Installation zusätzlicher Filter. Verschiedene Anbieter stellen die dafür notwendigen *iFilter* zur Verfügung. Einige (wie den PDF-iFilter von Adobe) gibt es sogar kostenfrei. Dazu in Kürze mehr.

Volltextindizes versus relationale Indizes

Die spezielle Indizierungsvariante der Volltextindizes hat in diesem Buch nicht ohne Grund einen eigenen Abschnitt bekommen, da sie sich doch in vielen wichtigen Punkten von der normalen Indizierung unterscheidet. In der nachfolgenden Liste finden Sie eine Zusammenstellung der wichtigsten Abweichungen:

- Volltextindizes werden nicht automatisch aktualisiert. Während Sie sich bei Standard-Indizes selbstverständlich nicht darum kümmern müssen, dass bei einer Änderung der Daten der Index aktualisiert werden muss, benötigen Volltextindizes eine explizite Auffrischung. Zwischen den Aktualisierungs-Intervallen sind die Indizes nicht auf dem neuesten Stand. Sie können zwar eine automatische Änderungsnachverfolgung aktivieren – explizite Auffüllungsjobs sind wegen des hohen Ressourcenbedarfs aber häufig der bessere Weg.

- Volltextindizes werden – ganz im Gegensatz zu Standardindizes – nicht automatisch verwendet. SQL Server bezieht sie nicht ohne weiteres in seinen Abfrageplan ein. Für Volltextsuchen werden spezielle Volltextoperatoren zur Verfügung gestellt: *CONTAINS*, *FREETEXT*, *CONTAINSTABLE* und *FREETEXTTABLE*.

- Pro Tabelle können Sie genau einen Volltextindex anlegen. Eine Sammlung von Volltextindizes wird als Volltextkatalog bezeichnet. Dieser dient der Steuerung des Auffrischens der Volltextindizes. Alle in einem Volltextkatalog enthaltenen Indizes werden gemeinsam aufgefrischt.

- Volltextindizes besitzen Filtermöglichkeiten für übliche Dokumententypen wie HTML oder DOC. Indiziert werden nur die eigentlichen Inhalte, nicht die Steuerbefehle. Das ist erstens sehr sinnvoll und spart zweitens eine Menge Platz im Index.

- Sie können Volltextindizes auf Spalten vom Datentyp *text* und ebenso auf lange *varchar*-Spalten anwenden, die normalerweise überhaupt nicht indiziert werden könnten. Die maximale Länge von Indexschlüsseln üblicher Indizes beträgt schließlich 900 Byte.

- Volltextindizes werden außerhalb der normalen SQL Server-Datenstrukturen in getrennten Dateien verwaltet. Das müssen Sie unter anderem beim Verschieben von Datenbanken berücksichtigen. In SQL Server 2005 können Volltextindizes in ein Backup mit einbezogen werden.

Volltextindizes mit T-SQL anlegen und warten

Einen Volltextindex können Sie in jeder Benutzerdatenbank recht problemlos anlegen. Falls es noch keinen Volltextkatalog in dieser Datenbank gibt, dann können Sie einen solchen mit dem T-SQL-Kommando *CREATE FULLTEXT CATALOG* vorbereiten. Die Syntax dazu ist recht überschaubar:

```
CREATE FULLTEXT CATALOG catalog_name
    [ON FILEGROUP filegroup ]
    [IN PATH 'rootpath']
    [WITH <catalog_option>]
    [AS DEFAULT]
    [AUTHORIZATION owner_name ]
```

Beim Anlegen eines neuen Volltextkataloges müssen Sie eine Einstellung besonders sorgfältig vornehmen. Die erste ist die Dateigruppe. SQL Server legt für die Verwaltung der Volltextindizierung neue interne Systemtabellen an. Diese landen in der angegebenen Dateigruppe. Außerdem – und das ist der eigentliche springende Punkt – wird ein Volltextkatalog so behandelt, als wäre er eine Datei der entsprechenden Dateigruppe. Bei einer Vollsicherung der Dateigruppe werden die Volltextindizes praktischerweise gleich mit im Sicherungssatz gespeichert. Je nach Aufgabenstellung der Datenbank, Datenvolumen der Volltextindizes, Anforderungen an deren Aktualität und so weiter kann es eine gute Wahl sein, für die Volltextkataloge eine getrennte Dateigruppe anzulegen. Volltextindizes können stark wachsen. Über die Wahl der Dateigruppe lassen sich unterschiedliche Wartungsanforderungen umsetzen.

Außerdem gilt wieder: Eine physische Abtrennung der Volltextdateien von den übrigen Dateien der SQL Server-Instanz bringt zusätzliche Performance. Das kennen Sie inzwischen bereits von den Protokolldateien, der *tempdb*-Datenbank und den Indizes her. Und natürlich vom Windows-System selbst. Die Option *IN PATH* spielt bei SQL Server 2008 keine Rolle mehr. In *Legacy-Datenbanken* ist hier der Pfad zu den externen Indexdateien eingetragen.

Nach dem Anlegen eines Volltextkatalogs können Sie diesem beliebig viele Volltextindizes hinzufügen. Die (Teil-)Syntax ist ganz geradeaus:

```
CREATE FULLTEXT INDEX ON table_name
    [(column_name [TYPE COLUMN type_column_name]
        [LANGUAGE language_term] [,...n])]
    KEY INDEX index_name [ON fulltext_catalog_name]
    [WITH
        {CHANGE_TRACKING {MANUAL | AUTO | OFF [, NO POPULATION]}} ]
```

Hinter dem Namen der Tabelle, die indiziert werden soll, geben Sie eine Spaltenliste an. Zu jeder Spalte kann dann optional noch die Sprache und – falls es sich um eine Dokumentenspalte handelt – der Name eines Dokumenttyps angegeben werden. Im folgenden T-SQL-Beispiel wird ein Volltextindex zur Artikeltabelle (*Articles*) in einem Katalog *netShop* angelegt. Dieser wird bei Bedarf vorher neu angelegt – und dazu gleich auch eine passende Dateigruppe. Die Aktualisierung soll manuell erfolgen. Deswegen wird als Option *WITH CHANGE_TRACKING OFF, NO POPULATION* verwendet.

```
IF NOT EXISTS ( SELECT * FROM sys.fulltext_catalogs WHERE [Name] = 'netShop')
BEGIN
   IF NOT EXISTS ( SELECT * FROM sys.filegroups WHERE [Name] = 'Fulltext')

   -- Dateigruppe vorbereiten
      BEGIN
         ALTER DATABASE netShop
            ADD FILEGROUP Fulltext
         ALTER DATABASE netShop
            ADD FILE ( Name = netShop_Fulltext, FILENAME = 'D:\Daten\netShop_Fulltext.ndf' )
            TO FILEGROUP Fulltext
      END

-- Volltextkatalog anlegen
CREATE FULLTEXT CATALOG netShop
   ON FILEGROUP Fulltext
   AS DEFAULT
END

-- Index für die Artikelbeschreibungen
CREATE FULLTEXT INDEX ON Products.Articles
( Name LANGUAGE German,
   DescriptionShort LANGUAGE German,
   DescriptionLong LANGUAGE German )
KEY INDEX PK_Articles ON netShop
WITH CHANGE_TRACKING OFF, NO POPULATION
```

Listing 12.27 Volltextindex für die Artikeltabelle im Katalog *netShop* anlegen

Für das Auffüllen des Index ist das Kommando *ALTER FULLTEXT INDEX* zuständig. Nach dem Anlegen mit T-SQL ist die Volltextindizierung bereits aktiviert. Es muss jetzt ein vollständiges Auffüllen eingeleitet werden.

```
ALTER FULLTEXT INDEX ON Products.Articles
START FULL POPULATION
```

Listing 12.28 Einen Volltextindex vollständig auffüllen

Wenn in der Basistabelle eine Spalte vom Typ *timestamp* vorhanden ist, dann können Sie mit dem Schlüsselwort *INCREMENTAL* (anstelle von *FULL*) auch nur die geänderten Einträge hinzufügen lassen. Ist für den Volltextindex das *Change tracking* aktiviert, dann lässt sich mittels *START UPDATE* eine zusätzliche Aktualisierung erzwingen.

> **TIPP** In seltenen Fällen kann es passieren, dass das Auffüllen nicht gelingt. In diesem Fall sollte der Katalog des Index über das Kommando *ALTER FULLTEXT CATALOG* mit der Option *REBUILD* komplett neu aufgebaut werden. Eventuell müssen Sie das sogar regelmäßig als Auftrag planen. Auch nach dem Restore einer Datenbank kann es notwendig sein, dieses Kommando zu verwenden, um die Volltextindizes neu aufzubauen.

Dokumente indizieren

Volltextindizes können nicht nur als Methode zur Steigerung der Abfragegeschwindigkeit eingesetzt werden, sie vereinfachen auch die Programmierung von Anwendungen, bei denen die Suche nach Textinformationen im Vordergrund steht, wie etwa Dokumenten- oder Content-Management-Systeme. Es ist problemlos möglich Dateien, die Dokumente enthalten, in einer SQL Server-Datenbank zu speichern.

Volltextindizes verwenden

Komplette, zu indizierende Dokumente müssen Sie in einer BLOB-Spalte vom Typ *varbinary(max)* unterbringen. Der Datentyp *image* wäre zwar prinzipiell auch möglich, sollte aber ab SQL Server 2005 nicht mehr verwendet werden. In einer obligatorischen Zusatzspalte vom Typ *varchar()* müssen Sie Angaben über den Dateityp des Dokuments machen. Wenn man in der Online-Hilfe von SQL Server herauszufinden versucht, welche Typen ein frisch installierter SQL Server hier unterstützt, kann man leicht verzweifeln und eine vollständige Liste wird man nicht finden. Das Beste ist, sich einfach die Beschreibungen der installierten Filter über die Katalogsicht *sys.fulltext_document_types* ausgeben zu lassen. Im Ergebnis finden Sie die Dateinamenserweiterung für den Dokumenttyp, den Pfad zur installierten *DLL* und sogar deren Class-*ID*. In einem frisch installierten SQL Server 2008 finden Sie die Filter, die in Tabelle 12.1 gelistet sind (und ein paar mehr, die aber alle reine ASCII-Textfilter darstellen). In der Dokumententypspalte wird der Dokumententyp *inklusive* dem führenden Punkt angegeben. Einen Filter für eine Word-Datei geben Sie also so an: *.doc*.

Dokumentyp-Kürzel	Filter
.htm, .asp, .aspx, .ascx	Webseiten, die als einfache HTML-Seiten oder auch als ASP-Seiten formatiert sind
.xml	XML-Dokumente in verschiedenen Formaten. Wenn die Dokumentenspalte nicht gemischte Inhalte aufnehmen soll (also XML, Word, TXT, je nach Datensatz), sondern immer pures XML, dann sollten Sie auf jeden Fall gleich zum XML-Datentyp greifen.
.rtf	Dokument im Rich Text Format
.doc, .dot	Word-Dokumente und -Vorlagen
.xls, .xlt	Excel-Dokumente und -Vorlagen
.ppt, .pot	Powerpoint-Dokumente und -Vorlagen
.url	Weblinks
.c, .cpp, .cmd, .bat, .vbs etc.	Diverse Sourcecodeformate
.txt	Simple ASCII-Textdateien

Tabelle 12.1 Dokumententypen für Volltextindex-Filter

Standardmäßig sind für die Suche in SQL Server-Datenbanken Filter für Office, HTML, XML und die Basisfilter des Search Service installiert. Allerdings handelt es sich bei den Office-Dokumenttypen nur um die alten Versionen – die vor Office 2007. Blöd. Glücklicherweise kann man iFilter nachladen und glücklicherweise stellt Microsoft selbst iFilter für die eigenen Anwendungen zur Verfügung.[4] Das Filter Pack für Office 2007 unterstützt die folgenden Dateitypen: *.docx, .docm, .pptx, .pptm, .xlsx, .xlsm, .xlsb, .zip, .one, .vdx, .vsd, .vss, .vst, .vdx, .vsx* und *.vtx*.

Um die neuen Filter zu installieren führen Sie einfach das passende Setup (x86 oder x64) auf dem SQL Server Rechner aus. Der Installer ist schlicht programmiert, funktioniert aber ganz ordentlich.

Das Setup ist aber erst die »halbe Miete«. Die neuen iFilter sind jetzt zwar unter Windows bekannt, aber noch nicht in SQL Server. Mit der Hilfe einer Systemprozedur lässt sich das ändern:

```
exec sp_fulltext_service 'verify_signature', 0
exec sp_fulltext_service 'load_os_resources', 1
```

Listing 12.29 Integration weiterer iFilter in den SQL Server

---

[4] Auf der Begleit-CD zu diesem Buch finden Sie das Office 2007-Filter Pack. Falls Sie Office 2010 einsetzen möchten, dann bringt Sie eine Internetsuche nach den entsprechenden Begriffen schnell zum Download,

Der erste Aufruf der Prozedur sorgt dafür, dass auch *nicht signierte* iFilter geladen werden können. Das spielt bei den Microsoft Filtern keine Rolle, muss bei anderen Filtern aber evtl. aktiviert sein. Zum Beispiel für den Adobe-iFilter. Laden Sie neue iFilter am besten aus vertrauenswürdigen Quellen herunter. Die zweite Zeile bewegt SQL Server dazu, die unter Windows installierten iFilter zu laden. Nach dem Ausführen der Prozedur müssen Sie die SQL Server-Instanz zunächst einmal neu starten. Anschließend stehen die Filter zur Verfügung und werden auch in der Systemsicht *sys.fulltext_document_types* sichtbar.

> **TIPP** So nett es auch ist, Office-Dokumente indizieren zu können – *das* Format, welches in der Dokumentenverwaltung so gut wie immer eine Rolle spielt, heißt natürlich PDF. Dummerweise interessiert sich der Volltextindizierungsmechanismus zunächst einmal nicht für dieses Format – sprich: Es ist kein passender Filter *out of the box* installiert. Die Firma Adobe stellt freundlicherweise für die Microsoft-Suchdienste einen eigenen iFilter für PDF-Dokumente zur Verfügung. Den kann man sich wiederum im Download besorgen und auf der Maschine installieren, auf welcher SQL Server läuft. Bei Adobe finden Sie eine ganz ordentliche Dokumentation zu diesem Thema.

Als Beispiel für eine Tabelle, die Dokumente enthält, finden Sie in der *netShop*-Datenbank die Tabelle *Contracts* im Schema *Sales*. In dieser sind Lieferverträge und Konditionen in verschiedenen Formaten abgelegt. Die eigentlichen Dokumente befinden sich in der Spalte *Document*, die Typinformationen in *DocumentType*. Ein SELECT * liefert die folgenden Einträge:

ID	CustomerID	Subject	Document	DocumentType	ValidFrom	...
1	2	Liefervertrag über…	0xD0CF11E0…	.doc	2006-06-01	
2	2	Rahmenvertrag zu…	0x11DC0000…	.rtf	2007-12-31	
3	3	Konditionen für…	0x4A121B01…	.txt	2008-12-31	

Um die Indizierung für diese Dokumente zu aktivieren und einen neuen Index im *netShop*-Katalog zu erzeugen können Sie das folgende Kommando verwenden:

```
CREATE FULLTEXT INDEX ON Sales.Contracts
( Document TYPE COLUMN DocumentType LANGUAGE German )
KEY INDEX PK_Contracts
ON [netShop]
WITH ( CHANGE_TRACKING AUTO )
```

Listing 12.30 Aktivieren der Volltextindizierung für eine Dokumentenspalte

Volltextabfragen in T-SQL

Nach all diesen Vorbereitungen soll es jetzt nun endlich um den Einsatz von Volltextabfragen in der Programmierung gehen. Für die Abfrage von Volltextindizes müssen Sie in T-SQL die speziellen Volltextprädikate verwenden. Das erste – CONTAINS – wurde im Listing 12.25 für die Suche nach dem Begriff *Satrup* in den diversen Feldern der Kundentabelle eingesetzt: …WHERE CONTAINS(*, '"*Satrup*"'). Das Prädikat CONTAINS untersucht in dieser Schreibweise sämtliche Spalten eines Volltextindex nach einem Suchbegriff. Alternativ kann die zu durchsuchende Spalte auch direkt ausgewählt werden. Das ist natürlich noch einmal schneller.

```
SELECT *
FROM Sales.Customers
WHERE CONTAINS( City , '"*Satrup*"')
```

Listing 12.31 Volltextsuche in einer bestimmten Spalte

Lassen Sie die Jokerzeichen aus dem Suchausdruck weg, dann wird ganz gezielt nach *Worten* gesucht. Ein Wort wird vom umgebenden Text durch eines der üblichen sprachspezifischen Trennzeichen (».«, »!«, »,«, »;«, Leerzeichen etc.) abgetrennt. Die nächste Volltextabfrage sucht das *Wort* »Satrup« in der Spalte *City*.

```
SELECT *
FROM Sales.Customers
WHERE CONTAINS( City , '"Satrup"')
```

Listing 12.32 Wortsuche in einer bestimmten Spalte

Das zweite Prädikat, welches Sie für eine Volltextabfrage einsetzen können, heißt *FREETEXT*. Es erwartet einen oder mehrere Suchbegriffe in einer Freitextzeichenkette. Diese Zeichenkette kann aus einzelnen Worten, Phrasen oder ganzen Sätzen bestehen. Nach einer Analyse und Extraktion der relevanten Bestandteile wie Substantive, Verben und Adjektiven wird der Index nach diesen durchsucht. Diese einfache lexikalische Analyse hat natürlich nichts mit einem KI-Verfahren zu tun, ist aber ganz nützlich. Ein Beispiel:

```
SELECT
    Code,
    Name,
    DescriptionShort
FROM
    Products.Articles
WHERE
    FREETEXT ( *, 'Zeig mir Bier aus der Prignitz')
```

Listing 12.33 Suche mit dem FREETEXT-Prädikat

Das Ergebnis zeigt, dass die Suchbegriffe aus verschiedenen Spalten stammen. Und es zeigt, dass die relevanten Begriffe nicht exakt vorkommen müssen (*Prignitzer* statt *Prignitz*), sowie über ODER-Operatoren miteinander verknüpft sind.

Code	Name	DescriptionShort
00047	Prignitzer Landmann	Naturtrübes helles Bier aus dem Norden.
00050	Brandenburger Blond	Untergäriges Bier aus Brandenburg

Beide Prädikate, sowohl *CONTAINS* wie auch *FREETEXT* gibt es auch als Quellen für Rowsets in den Varianten *CONTAINSTABLE* und *FREETEXTTABLE*. Das Spannende an den Ergebnistabellen ist, dass sie eine Spalte *RANK* erhalten, die eine Gewichtung des Ergebnisses liefert. Zusätzlich ist nur noch die Schlüsselspalte aus der Basistabelle enthalten. Die letzte Abfrage lautet umformuliert so:

```
SELECT *
FROM FREETEXTTABLE (Articles, *, 'Brandenburger Bier' )
```

Listing 12.34 Verwendung von FREETEXTTABLE

Das Ergebnis sieht folgendermaßen aus:

KEY	RANK
15	0
47	75
50	75
54	25
72	0

Es ist nun überhaupt kein Problem, mithilfe eines *JOIN*s zur ursprünglichen Tabelle dem Benutzer ein bewertetes Suchergebnis zu liefern, wie man es von Suchmaschinen her kennt.

```
SELECT
   Name, DescriptionShort, Rank
FROM
   Articles AS a
JOIN
   FREETEXTTABLE (Articles , * , 'Brandenburger Bier' ) AS FT ON A.[ID] = FT.[Key]
ORDER
   BY RANK DESC
```

Listing 12.35 Ausgabe eines bewerteten Suchergebnisses

Es folgt die kurze Ergebnistabelle.

Name	DescriptionShort	Rank
Prignitzer Landmann	Naturtrübes helles Bier aus dem Norden.	75
Brandenburger Blond	Untergäriges Bier aus Brandenburg	75
Brandenburger Dunkel	Unser bestes Brandenburger Biobier aus der Mark!	25
Braune Eier	Braune Eier von glücklichen Hühnern aus Brandenburger Freilandhaltung.	0
Braune Eier	Braune Eier von glücklichen Hühnern aus Brandenburger Freilandhaltung.	0

Mit Stopwortlisten arbeiten

Stopwortlisten sind ein wichtiges Mittel für die Optimierung von Volltextindizes. Mit ihnen lassen sich Füllworte definieren, die nichts zum Suchergebnis beitragen und dadurch kann die Indexgröße deutlich verkleinert werden. Die vordefinierten Stopworte können Sie über die Systemsicht *sys.fulltext_system_stopwords* abfragen. Dabei filtern Sie am besten nach der lcid der Sprache. Ungefähr so:

```
SELECT stopword
FROM sys.fulltext_system_stopwords
WHERE language_id = 1031
ORDER BY stopword
```

Listing 12.36 Vordefinierte Stopworte auflisten

Dies sind die ersten paar Einträge:

stopword
$
0
1
2
3
4
5
6
7
8
9
a
ab
aber
abseits
abzüglich
...

Stopwortlisten werden normalerweise je nach der Domäne der Anwendung individuell zusammengestellt. Sie haben in den Beispielen, die sich mit dem Anlegen eines Volltextindex beschäftigten bereits mitbekommen, dass man die Liste für einen Index individuell festlegen kann.

Eine neue Stopwortliste legt man mit dem folgenden Kommando an. Im Beispiel wird der Inhalt einer vorhandenen Liste (der Systemliste) in die neue Liste kopiert. Diesen Part können Sie auch weglassen und eine leere Liste erzeugen.

```
CREATE FULLTEXT STOPLIST netShopStopList
FROM SYSTEM STOPLIST
```

Listing 12.37 Neue Stopwortliste erstellen

Neue Einträge erstellen Sie über das *ALTER STOPLIST ADD*-Kommando:

```
ALTER FULLTEXT STOPLIST netShopStopList ADD 'Käfighaltung' LANGUAGE German;
ALTER FULLTEXT STOPLIST netShopStopList ADD 'Legebatterie' LANGUAGE German;
ALTER FULLTEXT STOPLIST netShopStopList ADD 'Massentierhaltung' LANGUAGE German;
-- usw.
```

Listing 12.38 Stopworte für die neue Liste

Sie können per T-SQL einem vorhandenen Volltextindex eine andere Stopwortliste zuweisen.

```
ALTER FULLTEXT INDEX ON Products.Articles
SET STOPLIST = netShopStopList
```

Listing 12.39 Zuweisen einer neuen Stopwortliste

Volltextindzes aufbereiten

Wie schon erwähnt, kann es sinnvoll sein, das Aufbereiten eines Volltextindexes zu verzögern, damit der Server im Transaktionsbetrieb nicht belastet wird. Wird der Index in den Modi *Manuell* oder *Änderungen nicht nachverfolgen* für die Änderungsnachverfolgung betrieben, dann müssen Sie sich selbst darum kümmern, dass ein Volltextindex regelmäßig aufbereitet wird. Ansonsten arbeiten die Volltextabfragen auf einem veralteten Datenstand. Wie das Aufbereiten mittels T-SQL und in der GUI funktioniert wird jetzt ganz kurz vorgestellt.

Die T-SQL-Syntax ist sehr simpel. Das erste Beispiel demonstriert, wie ein Volltextindex durch ein differentielles Update auf den aktuellen Datenstand gebracht wird. Dies ist eine sinnvolle Option für den Änderungsnachverfolgungsmodus *Manuell*. Die protokollierten Änderungen werden durch dieses Kommando in den Index geschrieben. Da Volltextindizes keine Namen besitzen wird im Befehl der Tabellennamen verwendet, um den richtigen Index zu adressieren.

```
ALTER FULLTEXT INDEX ON Products.Articles
START UPDATE POPULATION
```

Listing 12.40 Änderungen in einem Volltextindex inkrementell verarbeiten

Sie können das Schlüsselwort *FULL* verwenden, um den Volltextindex komplett neu aufzubauen, wenn der Modus auf *Änderungen nicht nachverfolgen* eingestellt ist.

Das zweite Beispiel zeigt, wie Sie im Management Studio bequem einen Job für den SQL Server Agent erstellen können, der einen Index nächtlich aufbereitet.

Sie öffnen dazu einfach das Eigenschaftenfenster für den Volltextkatalog im Ordner *Speicher/ Volltextkataloge* und wechseln zunächst auf die Seite *Tabellen/Sichten*, wo Sie die Einstellung für die Änderungsnachverfolgung kontrollieren sollten (Abbildung 12.22). Auf der Seite *Auffüllungszeitplan* können Sie dann den neuen Job vorbereiten. Nach dem Klick auf *Neu* öffnet sich das Dialogfeld, in welchem Sie den Zeitplan für den Agent Job einstellen können. Alle Indizes des Katalogs werden gemeinsam aufbereitet. Nachdem Sie die passenden Einstellungen vorgenommen haben, können Sie sich entweder ein Erstellungsskript generieren lassen oder direkt den Auftrag im Agent anlegen lassen.

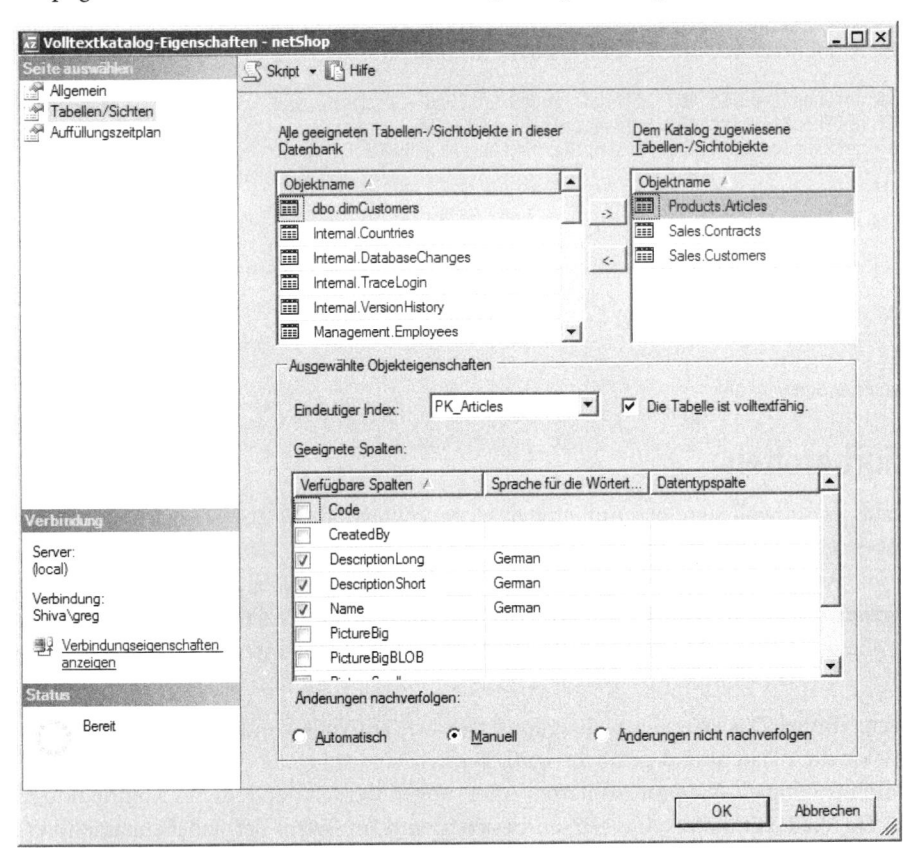

Abbildung 12.22 Grundeinstellungen für einen Volltextindex

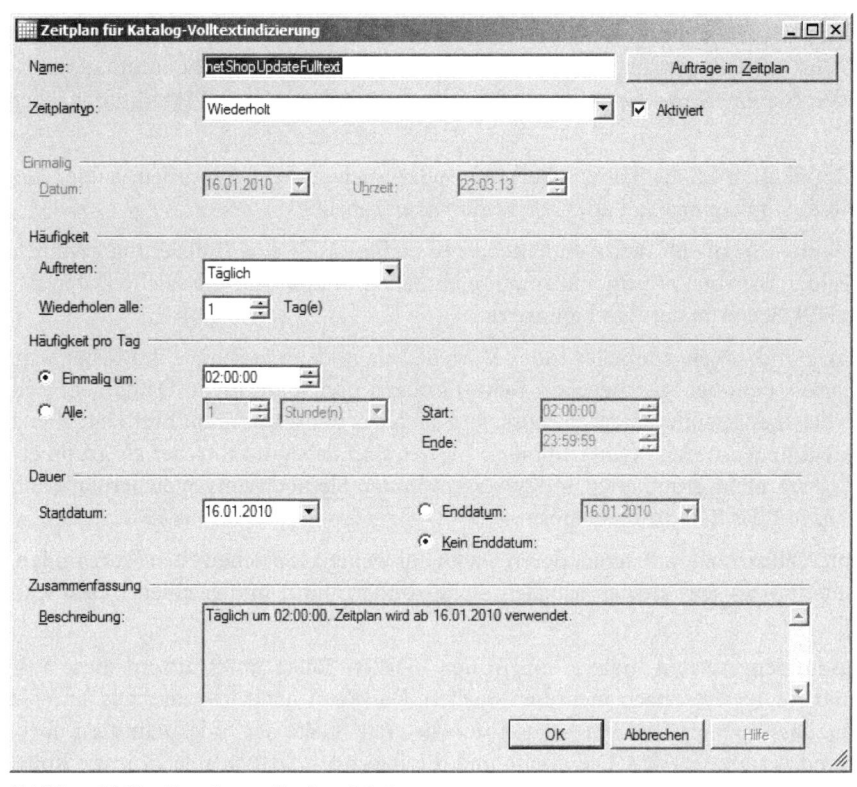

Abbildung 12.23 Einstellungen für einen Zeitplan

Indizes richtig planen

Wie Tabellen einer Datenbank indiziert werden sollten, lässt sich im Detail nur dann festlegen, wenn man die Anwendung genau kennt (ansonsten könnte SQL Server die Indizes ja auch gleich selbst aussuchen). Dennoch gibt es ein paar allgemeine Regeln und Indizierungstechniken, die man in den meisten Fällen zumindest in Betracht ziehen kann.

Indizes auswählen

Wie Sie sich nach den einführenden Beispielen dieses Kapitels vorstellen können, trägt die Wahl der richtigen Indizes enorm zur Leistungssteigerung Ihrer Anwendung bei. Sie sollten jetzt allerdings auf gar keinen Fall daran gehen, all jene Spalten Ihrer Tabellen mit Indizes zu versehen, die auch nur halbwegs »indexverdächtig« sind. Für das *INSERT*- und *UPDATE*-Kommando stellen Indizes eine gewisse Bremse dar. Außerdem sind SQL Server-Indizes ausgesprochen speicherhungrige Wesen. Die Tabelle *Sales* aus den Beispielen in der Datenbank *PerformanceDB* ist im nicht indizierten Zustand ca. 260 MByte groß, mit den Indizes ca. 800 MByte. Jeder zusätzliche Index verlangsamt natürlich auch das Reorganisieren einer Datenbank und erhöht den Speicherplatzbedarf für eine Datensicherung. Einige Anhaltspunkte für die Wahl von Indizes habe ich in der folgenden Liste zusammengestellt.

- Indizieren Sie auf jeden Fall die Fremdschlüsselfelder einer Tabelle. Auch wenn Sie die entsprechende Einschränkung, also *FOREIGN_KEY*, explizit eingerichtet haben, legt SQL Server nicht automatisch einen Index an. Verwenden Sie einen mehrspaltigen Index, wenn es sich um eine Verknüpfung über mehrere Felder handelt.
- Felder, die von Ihrer Applikation häufig für das Sortieren oder Suchen genutzt werden, sollten Sie indizieren. Indizieren Sie aber auf keinen Fall etwa *alle* Felder Ihrer Tabellen.
- Spalten, die nur wenige unterschiedliche Werte enthalten, sind nicht gut für eine Indizierung geeignet. Extreme Bespiele sind Felder, die eine Ja/Nein-Information enthalten. Indizes, für die solche Daten definiert sind, werden von SQL Server in der Regel ignoriert.
- Wenn Sie sich nicht sicher sind, ob ein spezieller Index Vorteile bringt, dann lassen Sie ihn lieber weg. Jeder Index, den Sie anlegen, benötigt Speicherplatz. Beim Einfügen und Ändern von Daten geht Zeit verloren, weil der Inhalt des Index gepflegt werden muss, und auch das Reorganisieren Ihrer Datenbank verlangsamt sich mit jedem neuen Index. Nichtgruppierte Indizes sind dabei unkritischer als gruppierte. Durch einen überflüssigen nicht gruppierten Index verschwenden Sie höchstens Speicherplatz. Ein gruppierter Index verlangsamt das Reindizieren enorm.
- Es lohnt sich nicht, kleine Tabellen zu indizieren, deren Daten auf wenigen Speicherseiten Platz finden. SQL Server verwendet die Indizes sehr kleiner Tabellen nicht, sondern führt immer einen Index-Scan durch.

Gehen Sie sparsam mit zusammengesetzten Indizes um. In den meisten Fällen unterstützten diese ausschließlich das Sortieren und Aggregieren nach mehreren Spalten. Das kann natürlich durchaus sinnvoll sein. Denken Sie aber daran, dass in einer *WHERE*-Klausel nur die erste Spalte der Indexdefinition überhaupt in Betracht gezogen und verwendet wird. Die zweite und die folgenden Spalten spielen keine Rolle! Indizes, die *WHERE*-Klauseln unterstützen, sind also einspaltig. Mehrspaltige Indizes können aber in Form so genannter *abgedeckter Indizes* eine Menge »Power« bringen. Darum geht es jetzt.

Abgedeckte Indizes

Einen speziellen Platz im Thema Indizierung nehmen die abgedeckten Indizes (Covered Indizes) ein. Diese entfalten ihre Wirkung zwar nur in bestimmten Abfragen, sind dann aber echte Performance-Booster. Betrachten Sie dazu einmal die folgende Abfrage, die wieder aus der *netShop*-Datenbank stammt:

```
SELECT Name_2 AS LastName, Name_1 AS Firstname
FROM Sales.Customers
WHERE Name_2 LIKE 'M%'
ORDER BY Name_2, Name_1
```

Listing 12.41   *Typische Abfrage in der netShop-Datenbank*

Diese Abfrage wird benutzt, um eine sortierte Liste jener Kunden zu erzeugen, deren Nachname mit dem Buchstaben »M« beginnt. Angezeigt werden nur der Nachname und der Vorname. *SELECT*-Befehle in dieser Art werden häufig eingesetzt, um dem Benutzer Auswahlmöglichkeiten in Form von Listenfeldern zur Verfügung zu stellen. Kommen solche Abfragen an mehreren Stellen in Ihrer Applikation vor, dann sollte unbedingt die folgende Art der Indizierung in Betracht gezogen werden:

```
CREATE INDEX IDX_Customers_LastName_FirstName_City
ON Sales.Customers(Name_2, Name_1, City)
```

Listing 12.42   *Anlegen eines abgedeckten Index für die vorherige Abfrage*

Dieser Index macht die Abfrage in der *netShop*-Datenbank um mehr als das 50fache schneller! Doch wieso? Wenn Sie die Spalten betrachten, die in den verschiedenen Klauseln des *SELECT*-Befehls vorkommen und mit den Spalten, die im Index vorhanden sind, vergleichen, dann werden Sie feststellen, dass sämtliche Spalten der Abfrage im Indexschlüssel enthalten sind. Außerdem entspricht die Reihenfolge der Spalten bei *ORDER BY* genau der Spaltenreihenfolge im Index. In solchen Fällen sagt man, dass die Abfrage vom Index abgedeckt wird. Um zu verstehen, warum dies ein so großer Vorteil ist, wirft man am besten mal wieder einen Blick auf den Abfrageplan (Abbildung 12.24). Dieser ist sehr kurz. Die einzige physikalische Operation des Plans (abgesehen von der Rückgabe der Datensätze) besteht in einem Index Seek. Da sämtliche Informationen, die vom *SELECT* ausgegeben werden, Teil des Index sind, der durchsucht wird, muss kein Lesen der eigentlichen Datenseiten erfolgen. Auch entfallen zusätzliche Sortierungsoperationen, da die Daten im Index ja bereits in der richtigen Weise angeordnet sind.

Abgedeckte Indizes können sehr gut eingesetzt werden, um Abfragen zu beschleunigen, wenn es auf sparsame Verwendung von Speicherplatz nicht so sehr ankommt und wenn die *SELECT*-Kommandos gegenüber den *INSERT*s überwiegen. Sie können abgedeckte Indizes quasi zur Bildung von Ausschnitten aus »breiten« Tabellen (Tabellen mit vielen Spalten) bilden, um auf die am häufigsten benötigten Spalten besonders schnell lesend zugreifen zu können. Eine natürliche Grenze für den Einsatz abgedeckter Indizes bildet die Begrenzung der Indexschlüssellänge auf 900 Byte. Um diese zu umgehen wurde mit SQL Server 2005 eine neue Indexvariante eingeführt. Und zu dieser kommen wir jetzt.

```
Abfrage 1: Abfragekosten (in Relation zum Batch): 100 %
SELECT Name_2 AS LastName, Name_1 AS Firstname, City FROM Sales.Customers WHERE Name_2 LIKE 'M%' ORDER BY Name_2, Name_1

    SELECT              Index Seek (NonClustered)
   Kosten: 0 %         [Customers].[IDX_Customers_LastName...
                              Kosten: 100 %
```

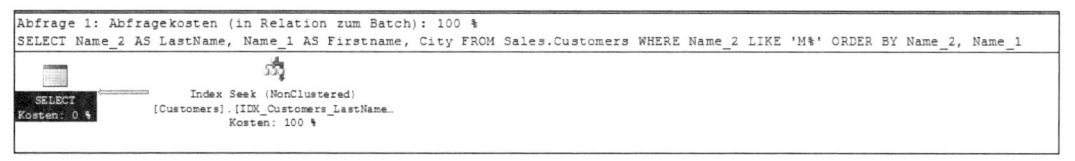

Abbildung 12.24 Abfrageplan zu einem Covered Index

Indizes mit Include-Spalten

Die *INCLUDE*-Klausel des *CREATE INDEX*-Kommandos in SQL Server dient dem Speichern zusätzlicher Spalten in einem Indexbaum, die nicht Teil des Indexschlüssels sind. Dadurch kann ein nicht gruppierter Index viel mehr Abfragen abdecken. Hinter dem Schlüsselwort *INCLUDE* kann eine Liste mit Spalten angegeben werden, die noch nicht im Indexschlüssel verwendet wurden. Die Werte dieser Spalten werden gemeinsam mit den Indexschlüsseln auf den Blattseiten des Index abgelegt. Von dort können sie direkt ausgegeben werden, wenn der Indexeintrag gefunden wurde und die Abfrage ausschließlich Spalten aus dem Index selbst und den zusätzlich eingeschlossenen Spalten enthält. In den zusätzlichen Spalten kann *nicht* gesucht werden, sie dienen einzig und allein der Ausgabe von Informationen. Als Beispiel wird der vorhin angelegte Index um die Kundenadresse ergänzt.

```
CREATE INDEX IDX_Customers_LastName_FirstName_Adress
ON SalesDepartment.Customers(Name_1, Name_2)
INCLUDE (Address, Postalcode, City, Telephone, eMail)
```

Listing 12.43 Ein Index mit eingeschlossenen Spalten

Für die Bearbeitung der nächsten Abfrage verwendet SQL Server den neuen Index, da er diese hervorragend abdeckt, und der Optimierer vernünftigerweise annimmt, dass die Indexsuche aus der Ausgabe der Datensätze aus dem Index heraus deutlich effektiver ist, als das Lesen der Datensätze aus der Tabelle. Betrachten Sie den Abfrageplan, dann besteht dieser wiederum aus einer einzelnen Indexoperation. In der Ausgabeliste des Operators erscheinen alle Felder, die von der Abfrage benötigt werden.

```sql
SELECT
    Name_2 AS LastName, Name_1 AS Firstname, Address, Postalcode, City, Telephone, eMail
FROM Sales.Customers
WHERE LastName LIKE 'M%'
ORDER BY Name_2, Name_1
```

Listing 12.44 Abfrage, die den abgedeckten Index mit Include-Spalten nutzt

Indizes auf berechneten Spalten

Es ist ohne Probleme möglich, auch die berechneten Spalten in einer Tabelle zu indizieren. Interessanterweise muss die Spalte dafür noch nicht einmal persistent sein (Eigenschaft *PERSISTED*). Ein paar andere Bedingungen müssen dabei allerdings erfüllt werden. Die folgende Liste gibt einen Überblick.

- Der Ausdruck, mit dem der Spaltenwert berechnet wird, muss deterministisch sein. Das heißt: Bei gleichen Operanden liefert der Ausdruck exakt das gleiche Ergebnis. Funktionen wie *getdate()* dürfen im Ausdruck nicht vorkommen.
- Verwendete Funktionen müssen ein präzises Ergebnis liefern. Die Datentypen *float* und *real* sind also nicht erlaubt.
- Alle Spalten, die im Ausdruck verwendet werden, müssen aus derselben Tabelle kommen, in welcher sich die berechnete Spalte befindet
- Es dürfen keine CLR-Ausdrücke verwendet werden

Berechnete Spalten, für welche die Eigenschaft *PERSISTED* gesetzt ist, deren Werte also tatsächlich in den Datenstrukturen der Tabelle abgelegt werden, besitzen *nur* die Einschränkung, dass der Ausdruck deterministisch sein muss. Wird ein Wert in eine Tabelle eingetragen, der in einem Ausdruck eine Rolle spielt, dann wird eben zunächst der Ausdruck berechnet und abgelegt und anschließend der Index auf den neuesten Stand gebracht.

Gefilterte Indizes

Die einzige Neuigkeit, die SQL Server 2008 in Bezug auf die relationale Indizierung mitgebracht hat, sind die *gefilterten Indizes*. Ein gefilterter Index besitzt ein *WHERE*-Prädikat, welches die Menge der Datenzeilen einschränkt, die sich im Index befinden. Es werden also nicht mehr alle Datenzeile in die Blattebene des Index aufgenommen, sondern nur noch diejenigen, die zum *WHERE*-Prädikat passen.

Wozu soll das Gut sein?

Bei gefilterten Indizes geht es darum, die Indexgröße zu reduzieren und dadurch die Effektivität der Indizierung zu steigern. Bei sehr großen Tabellen ist die Einsparung von *überflüssigen* Speicherplatz im Index ein gern gesehener Effekt. In manchen Indizes gibt es Schlüsselwerte, die nichts zur Verbesserung der Abfrageleistung beitragen, weil diese so häufig vorkommen, dass der Wert für die Dichte in den Statistiken so schlecht ist, dass der Optimierer für diese Werte nie zu einem Index Seek oder Index Scan greifen würde, sondern zu einem Scan der Tabelle beziehungsweise des gruppierten Index. Ein Beispiel aus der *PerformanceDB* soll das verdeutlichen.

In der *PerformanceDB* gibt es die Tabelle *Sales_Partial*, die der *Sales*-Tabelle entspricht, aber sehr viele Lücken bei den Kundennummern aufweist. Sprich: Die Spalte *customer_id* enthält sehr viele *NULL*-Werte. Tatsächlich sind es ca. 52% der Zeilen, die eine *NULL* in dieser Spalte enthalten. Der nicht gruppierte Index *Sales_Partial_idx_noncl_customer_id*, den es in der Tabelle zu dieser Spalte gibt, ist wirkungslos, wenn die Datensätze gefunden werden sollen, die keine Kundennummer enthalten, etwa so:

```
SELECT * FROM dbo.Sales_Partial WHERE customer_id IS NULL
```

Listing 12.45 Datensätze ohne Kundennummern finden

Eine Abfrage der Spalte *customer_id* wird *immer* zu einem Tabellenscan führen und das ist auch korrekt so, da die Anzahl der Ergebnisse dieser Abfrage so hoch ist.

Der Index *Sales_Partial_idx_noncl_customer_id* nimmt ca. 180 MB Speicherplatz auf der Platte ein, davon ist gut die Hälfte verschenkt. Ein gefilterter Index hilft, dass zu vermeiden. Das nächste Kommando legt einen solchen Index an. Wie alle gefilterte Indizes ist auch dieser ein nicht gruppierter Index.

```
CREATE NONCLUSTERED INDEX Sales_Partial_idx_noncl_customer_id_filtered ON dbo.Sales_Partial
(
    customer_id ASC
)
WHERE customer_id IS NOT NULL
```

Listing 12.46 Gefilterten Index anlegen

Der erstellte Index ist tatsächlich nur halb so groß, wie der ursprüngliche und funktioniert genauso gut. Dieses Beispiel zeigt einen ganz offensichtlichen Anwendungsfall für gefilterte Indizes. Insgesamt bieten sich die folgenden Szenarien für den Einsatz gefilterter Indizes an:

- Tabellen, bei denen eine gewisse Wertemenge nicht richtig indiziert und daher ausgeschlossen werden kann, weil die Dichte der Schlüssel zu hoch ist. Das *IS NOT NULL*-Prädikat ist dabei die häufigste Variante.
- Partitionierte Tabellen (was das ist wird im letzten Abschnitt dieses Kapitels erklärt), bei denen pro Partition ein gefilterter Index verwendet werden könnte
- Sehr große Tabellen, mit sehr vielen verschiedenen Werten. Durch mehrere, nicht überlappende gefilterte Indizes kann die Genauigkeit der einzelnen Index-Statistiken erhöht werden. Die Qualität der Abfragepläne kann sich erhöhen.

HINWEIS Mit SQL Server 2008 wurde eine weitere Technik eingeführt, die geradezu nach gefilterten Indizes »schreit«: Tabellen mit Sparse Columns. Da Indizes in solchen Tabellen in der Regel sehr viele *NULL*-Werte enthalten kann man mit gefilterten Indizes eine Menge Speicherplatz einsparen.

Partitionierte Tabellen

Wenn »Ihre« Datenbanklösung eine kleinere Verwaltungsanwendung ist, die auf einer Standard- oder Workgroup-Edition von SQL Server läuft und nicht auf der Enterprise Version (Achtung: Es »riecht« nach großen Datenmengen!), dann müssen Sie sich höchstwahrscheinlich über die Themen, die in diesem Abschnitt angesprochen werden, keine allzu großen Gedanken machen. Geht es in Ihrer Datenbankanwendung aber um Datensammelei in großem Stil, oder programmieren Sie gerade die Basis für eine Datawarehouse-Anwendung, dann wird das Thema Partitionierung von Tabellen für Sie von einiger Bedeutung sein.

Datenbankgrößen von einigen Hundert Megabyte oder ein paar Terrabyte sind heutzutage keine Seltenheit mehr. Werden Transaktionen über mehrere Jahre hinweg aufgehoben, dann können ohne weiteres sehr große Tabellen entstehen, die dann besondere Anforderungen an das Datenmanagement stellen. In solchen Fällen muss sich der Implementierer der Datenbank in Zusammenarbeit mit dem Systemadministrator, der für die Bereitstellung von Speicherplatz und das Durchführen der Datensicherungen verantwortlich ist, Gedanken darüber machen, wie der Zugriff auf die Daten performant gehalten werden, wie sich die großen Datenmengen sinnvoll in einer Backup-Strategie einbinden lassen und so fort. Das Partitionieren von Tabellen- und Indexdaten ist eine Methode, mit der die Zugriffsgeschwindigkeit und auch die Handhabbarkeit großer Tabellen gesteigert werden kann. Unter Partitionieren versteht man das Aufteilen der Datensätze in verschiedene Datenbereiche anhand eines Partitionierungsschlüssels. Sie helfen damit der Datenbankmaschine Scans in großen Datenmengen schneller durchzuführen. *Zusätzlich* besteht die Möglichkeit, die Partitionen auf verschiedene Dateigruppen zu legen und damit auf unterschiedliche physikalische Datenträger zu speichern. Durch die Partitionierung einer Tabelle lassen sich unter anderem die folgenden Verbesserungen erzielen:

- Abfragen, die ein Suchargument besitzen, welches sich auf den Partitionierungsschlüssel bezieht, können sehr viel schneller ausgeführt werden, weil eine verhältnismäßig kleine Datenmenge durchsucht werden muss. Typische Schlüssel sind Kerninformationen, nach denen häufig gesucht wird. Beispiele sind Artikelnummern, Filialen oder Zeitperioden.

- Genau wie eine Basistabelle selbst lassen sich die dazugehörigen Indizes partitionieren. Indexsuchen können dadurch beschleunigt werden. Außerdem werden Operationen des Datenmanagements dadurch »schmerzfreier«: Es ist möglich, nur eine Teilmenge eines großen Index zu reorganisieren und das Masseneinfügen neuer Daten so zu organisieren, dass jeweils eine neue Partition verwendet wird. Dadurch wird das Nachpflegen der Indexinformationen weniger aufwändig, da eben wieder nur ein Teil des Gesamtindex aktualisiert werden muss.

- Die Daten einer Tabelle lassen sich durch Partitionierung verhältnismäßig einfach auf verschiedene Laufwerksbuchstaben verteilen. »Aktive« Daten können dabei auf schnellere (teure) Speichermedien gelegt werden. Historische Daten, die nur sehr selten angefasst werden, bleiben auf den langsameren alten Medien. Sie können den Datenbereichen verschiedene RAID-Level zuordnen: die tagesaktuellen Daten auf einem flotten RAID 01, die drei Jahre alten Daten auf einem System ohne Redundanz – weil Sie kaum angefasst werden und sich notfalls schnell aus einer Sicherung wieder einspielen lassen.

- Die aktiven Daten können einem anderen Sicherungsrhythmus unterzogen werden als die historischen Daten. Dadurch wird Platz auf den Sicherungsmedien und Zeit eingespart.

- Partitionierung kann auch dafür eingesetzt werden, den Datenumfang in Tabellen einfach zu ändern. Dabei geht es nicht um die Physik, sondern um die Logik. Es macht Sinn Tabellen, die häufig abgefragt werden, nicht zu stark durch nicht mehr benötigte Daten anwachsen zu lassen. Durch eine so genannte Partitionsumschaltung können Datenblöcke sehr schnell virtuell zwischen Tabellen bewegt werden. Physisch bleiben Sie an Ort und Stelle.

Partitionierung können Sie ausschließlich in der Enterprise- beziehungsweise der Developer-Edition des Servers einsetzen. Die folgenden Datenbankobjekte werden benötigt, wenn Sie eine Tabelle partitionieren möchten:

- **Partitionierungsfunktion** Über eine Partitionierungsfunktion werden die Wertebereiche für die Partitionen der Tabellendaten vorgegeben. Diese Funktion wird zunächst vollkommen unabhängig von einer Tabelle definiert. Sie liefert für einen Eingangswert eine Ordnungsnummer zurück, über die im späteren Einsatz eine bestimmte Partition angesprochen werden kann. Sie besitzt nur einen einzelnen Parameter und verträgt nicht alle Datentypen als Input. Im Großen und Ganzen sind die Typen erlaubt, die auch indiziert werden können.

- **Dateigruppen** Was Dateigruppen sind, haben Sie am Anfang dieses Kapitels bereits kennen gelernt. Da es beim Thema Partitionierung immer um größere Datenmengen geht, gibt es in der Datenbank vermutlich sowieso schon mehr als eine Dateigruppe. Sie können die Partitionen einer Tabelle einer einzigen Dateigruppe zuordnen. Das darf auch die *PRIMARY*-Gruppe sein – dies ist aber in der Regel nicht sinnvoll. Wenn Sie die Daten physisch verteilen möchten, benötigen Sie mehrere Dateigruppen (und Dateien). Maximal kann es eine 1:1-Beziehung zwischen den Partitionen und den Dateigruppen geben. Entsprechend der Anzahl der von Ihnen für eine Tabelle geplanten Partitionen und deren Zuordnung zu Dateigruppen müssen in der Datenbank zunächst einmal Dateien und Dateigruppen vorbereitet werden.

- **Partitionierungsschema** Kombiniert man eine Partitionierungsfunktion mit der notwendigen Anzahl Dateigruppen, dann enthält man ein Partitionierungsschema. Für Tabellen und Indizes kann anstelle einer gewöhnlichen Dateigruppe ein Partitionierungsschema als Speicherort angegeben werden. Wird das gemacht, dann verteilt SQL Server Daten, die durch ein *INSERT* dieser Tabelle (diesem Index) hinzugefügt werden, automatisch in eine der zu Grunde liegenden Dateigruppen, Welche das ist, ist von der Auswertung der Partitionierungsfunktion abhängig. Ein Partitionierungsschema kann von mehreren Tabellen oder Indizes genutzt werden.

- **Partitionierungsschlüssel** Das Partitionieren der Datensätze einer Tabelle wird immer anhand der Werte aus einer bestimmten Spalte durchgeführt. Diese bezeichnet man als Partitionierungsschlüssel. Die Werte müssen dabei nicht eindeutig sein – lassen Sie sich von dem Begriff *Schlüssel* nicht in die Irre führen.

Am besten macht man sich die Zusammenhänge wieder an einem praktischen Beispiel klar. Dazu soll das folgende Szenario dienen: Der weltweit operierende Webshop, der auf der *netShop*-Datenbank aufbaut, ist so erfolgreich, dass die Menge der gespeicherten Archivdaten stark anwächst. Suchoperationen sollen durch eine Partitionierung der Auftragstabelle beschleunigt werden. Es wird beschlossen, die Bestellungen entsprechend des Bestellzeitpunktes nach Jahren zu partitionieren. Da Auswertungen recht häufig nach dem Jahr durchgeführt werden, ist dies aus der Sicht der Abfragen eine gute Wahl. Zunächst einmal soll aber untersucht werden, was die Knackpunkte bei Abfragen über das Auftragsdatum sind.

In der Tabelle *Sales.Orders* gibt es drei Indizes. Den gruppierten Index *PK_Orders* für den Primärschlüssel. Dieser enthält die Spalte *ID*. Den nicht gruppierten Index *FK_Orders_Customers* mit dem Schlüssel *CustomerID*. Sowie den nicht gruppierten Index *IX_Orders_OrderDate* mit dem Schlüssel *OrderDate*. Letzterer soll Abfragen über das Auftragsdatum beschleunigen. Ob dies tatsächlich funktioniert zeigen die nächsten beiden Abfragen.

```
SELECT * FROM Sales.Orders WHERE OrderDate = '01.01.2008'
SELECT * FROM Sales.Orders WHERE OrderDate BETWEEN '01.01.2008' AND '31.12.2008'
```

Listing 12.47 Abfragen über das Auftragsdatum

Die Abfragepläne in Abbildung 12.25 zeigen, dass der Index auf der Datumsspalte wie erwartet genutzt wird. Für die erste Abfrage, die nur 269 Zeilen für einen einzelnen Auftragstag liefert, greift der Server zu einer Indexsuche. Prachtvoll! Für die zweite Abfrage, die alle Aufträge eines Jahres liefert wird der Index *IX_Orders_OrderDate* nicht genutzt, sondern ein Scan des Clustered Index durchgeführt. Da der gruppierte Index nach der Spalte *ID* aufgebaut ist bedeutet dies, dass die gesamte Tabelle gelesen wird. Dies ist ein nicht unerheblicher Auswand – die statistischen Werte belegen es:

```
(269 Zeile(n) betroffen)
'Orders'-Tabelle. Scananzahl 1, logische Lesevorgänge 835, physische Lesevorgänge 0, Read-Ahead-Lesevorgänge 0,
logische LOB-Lesevorgänge 0, physische LOB-Lesevorgänge 0, Read-Ahead-LOB-Lesevorgänge 0.

SQL Server-Ausführungszeiten:
, CPU-Zeit = 0 ms, verstrichene Zeit = 183 ms.

(99340 Zeile(n) betroffen)
'Orders'-Tabelle. Scananzahl 1, logische Lesevorgänge 4612, physische Lesevorgänge 0, Read-Ahead-Lesevorgänge
0, logische LOB-Lesevorgänge 0, physische LOB-Lesevorgänge 0, Read-Ahead-LOB-Lesevorgänge 0.

SQL Server-Ausführungszeiten:
, CPU-Zeit = 202 ms, verstrichene Zeit = 1981 ms.
```

Die Ergebnismenge für die zweite Abfrage erscheint dem Optimierer zu groß für einen indexzugriff. Ist das tatsächlich so? Was wäre, wenn man SQL Server zwingt, den Index zu verwenden. Das ist mittels eines entsprechendem Indexhinweises möglich (in Kapitel 20 »Performance-Optimierungen«, erfahren Sie mehr darüber). Die folgende Variante der zweiten Abfragen schreibt der Datenbankmaschine die Verwendung des Index vor.

```
SELECT * FROM Sales.Orders WITH ( INDEX (IX_Orders_OrderDate) )
WHERE OrderDate BETWEEN '01.01.2008' AND '31.12.2008'
```

Listing 12.48 Abfrage mit Indexhinweis

Diese Abfrage führt zu den folgenden Ausführungsstatistiken.

```
(99340 Zeile(n) betroffen)
'Orders'-Tabelle. Scananzahl 1, logische Lesevorgänge 304363, physische Lesevorgänge 0, Read-Ahead-Lesevorgänge
6, logische LOB-Lesevorgänge 0, physische LOB-Lesevorgänge 0, Read-Ahead-LOB-Lesevorgänge 0.

SQL Server-Ausführungszeiten:
, CPU-Zeit = 530 ms, verstrichene Zeit = 2051 ms.
```

Diese Variante der Abfrage benötigt das 65fache der Leseoperationen. Der Optimierer hatte also Recht: Ein Tabellenscan ist die bessere Form der Ausführung. Das ist schade, denn Abfragen, die das Auftragsjahr mit einbeziehen sind in der *netShop*-Datenbank sehr häufig und eine optimale Performance wünschenswert. Der Schlüssel dazu ist die Partitionierung der Tabelle *Sales.Orders*.

Eine Partitionierung weist den Datensätzen, die zu einem Partitionsschlüssel (beispielsweise einem Auftragsjahr) gehören, einen festen Speicherplatz auf dem Datenträger zu. Dadurch muss die Datenbankmaschine für eine Suche dieses Schlüsselwerts nicht durch einen Scan die komplette Tabelle lesen, sondern kann gezielt die Daten aus einer Partition holen.

```
Abfrage 1: Abfragekosten (in Relation zum Batch): 17 %
SELECT * FROM Sales.Orders WHERE OrderDate = '01.01.2008'
```

```
              Nested Loops          Index Seek (NonClustered)
  SELECT      (Inner Join)          [Orders].[IX_Orders_OrderDate]
  Kosten: 0 % Kosten: 0 %           Kosten: 0 %

                                    Schlüsselsuche (Clustered)
                                    [Orders].[PK_Orders]
                                    Kosten: 99 %
```

```
Abfrage 2: Abfragekosten (in Relation zum Batch): 83 %
SELECT * FROM Sales.Orders WHERE OrderDate BETWEEN '01.01.2008' AND '31.12.2008'
```

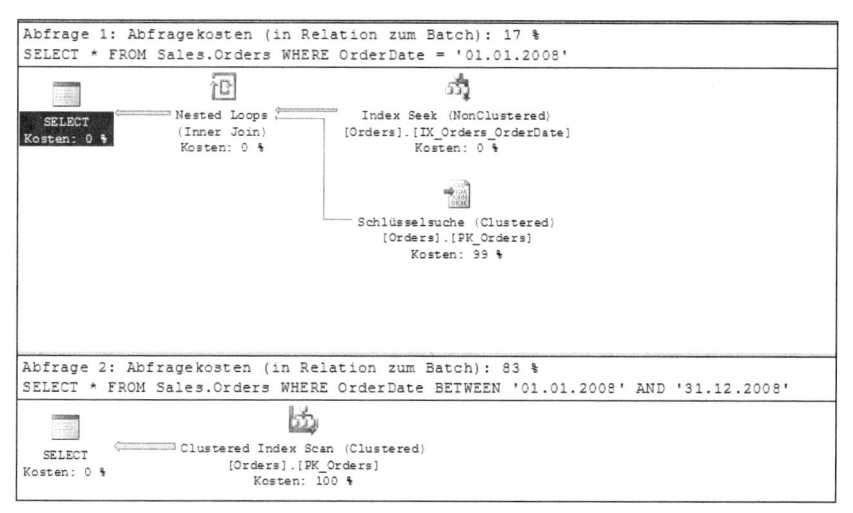

```
  SELECT      Clustered Index Scan (Clustered)
  Kosten: 0 % [Orders].[PK_Orders]
              Kosten: 100 %
```

Abbildung 12.25 Abfragepläne für die Datumsabfragen

Es wird nun vorgestellt, wie eine Tabelle partitioniert werden kann. In einem ersten Schritt wird eine neue partitionierte Tabelle *Orders_Partioned* eingerichtet. Das bringt schon sehr viel und reicht für viele Anwendungen vollständig aus. Im zweiten Schritt werden die Daten zusätzlich auf verschiedene Laufwerke verteilt, was für extrem große Tabellen (in der Größenordnung von hunderten GB) eine weitere Optimierung darstellt. Aber lassen Sie uns eins nach dem anderen machen.

Eine Partitionierungsfunktion vorbereiten

Zunächst einmal wird die Partitionierungsfunktion benötigt. Diese nimmt Werte vom Typ *date* entgegen und unterteilt diese nach den Jahren. Die Funktion hat das folgende Aussehen:

```sql
CREATE PARTITION FUNCTION pfYears (smalldatetime)
AS RANGE RIGHT
FOR VALUES
(
    '01.01.2005',
    '01.01.2006',
    '01.01.2007',
    '01.01.2008',
    '01.01.2009',
    '01.01.2010',
    '01.01.2011',
    '01.01.2012',
    '01.01.2013',
    '01.01.2014',
    '01.01.2015'
)
```

Listing 12.49 Anlegen einer Partitionierungsfunktion

An diesem Beispiel lassen sich verschiedene Eigenarten der Syntax des *CREATE PARTITION FUNCTION*-Befehls gut erläutern. Diese unterscheidet sich nämlich dramatisch von dem Anlegen einer normalen benutzerdefinierten Funktion, die Sie in Kapitel 16 kennen lernen werden. Zunächst einmal besteht die Definition des Eingangsparameters schlicht aus der Angabe eines der SQL-Systemdatentypen. Dabei sind LOB-Datentypen, *Timestamp*, Aliasdatentypen und auch *CLR*-Benutzerdatentypen nicht erlaubt. In der

Werteliste hinter der FOR VALUES-Klausel werden die Intervallgrenzen für die Partitionsbereiche festgelegt. In vorliegenden Fall werden Datumsangaben für die Trennung der Wertebereiche verwendet. Die Anzahl der Grenzwerte und damit die Anzahl der Partitionen (Anzahl der Grenzwerte + 1) wird *statisch* festgelegt und lässt sich später nicht mehr so ganz einfach ändern. Dies ist auch der Grund dafür, warum es in Listing 12.49 nicht nur vergangene, sondern auch zukünftige Datumsangaben gibt. Arbeiten Sie vorausschauend und planen Sie großzügig. Überlegen Sie, wie lange Ihre Applikation leben wird (oder wie lange Sie noch in Ihrer Firma arbeiten möchten).

Sie können zur Definition eines Grenzwertes eine abgespeckte Form von T-SQL-Ausdrücken einsetzen: Variablen und Funktionen sind möglich. Ausgesprochen wichtig ist das Schlüsselwort *RIGHT* für die Bereichsdefinition. Durch die Angabe von elf Werten, wie im Beispiel, legen Sie 12 Partitionsbereiche fest. Da stellt sich die Frage, wie die Zugehörigkeit der Intervallgrenzen genau definiert ist. Das Schlüsselwort *RIGHT* legt fest, dass die Intervalle rechts von den Werten liegen und mit diesen beginnen. Das erste Intervall besteht hier also aus den Datumswerten, die kleiner als der '01.01.2005' sind. Es reicht bis zum kleinsten Wert, der durch den Parameterdatentyp dargestellt werden kann. Das zweite Intervall beginnt mit dem Datum '01.01.2005' und endet vor '01.01.2005'. Im Intervall ganz rechts liegen alle Werte ab '01.01.2015' bis hin zum höchsten darstellbaren Wert. Entsprechend bedeutet die Angabe von *LEFT*, dass die Grenzwerte zu dem linken Intervall gehören. In das Beispiel eingesetzt würde die erste Partition also Werte bis zum '01.01.2005' (einschließlich) umfassen – und so fort.

Ein Partitionierungsfunktion macht also nichts anderes als völlig »abstrakt« zu einem Eingangswert ein ganzzahliges Ergebnis zu liefern. Diese ganze Zahl steht für die Nummer einer Partition. Insgesamt ist die Syntax für die Definition einer Partitionierungsfunktion also nicht weiter kompliziert und sieht insgesamt so aus:

```
CREATE PARTITION FUNCTION partition_function_name ( input_parameter_type )
AS RANGE [ LEFT | RIGHT ]
FOR VALUES ( [ boundary_value [ ,...n ] ] )
```

Ein Partitionierungsschema anlegen

Der zweite Schritt bei der Partitionierung einer Tabelle besteht in der Vorbereitung von Speicherplatz auf einer oder mehreren Dateigruppen. In der *netShop*-Datenbank ist die Standarddateigruppe *PRIMARY* für das Speichern der aktuellen Daten vorgesehen. Da diese auch für die partitionierte Tabelle verwendet werden soll, müssen zunächst keine neuen Dateien und Dateigruppen angelegt werden und es geht direkt weiter mit dem Partitionierungsschema. Die Zuordnung von Partitionierungsfunktion und Dateigruppen ist in diesem Fall schnell gemacht. Da es nur eine einzige Dateigruppe gibt, muss das Schlüsselwort *ALL* in die Definition aufgenommen werden.

```
CREATE PARTITION SCHEME psYears
AS PARTITION pfYears
ALL TO ([PRIMARY])
```

Listing 12.50 Anlegen eines Partitionierungsschemas

Die dritte Aktion besteht im Anlegen einer neuen Tabelle. Diese ist von der Struktur her identisch mit der Tabelle *Sales.Orders*. Beim *CREATE TABLE* wird im Anschluss an das Schlüsselwort *ON* das zu verwendende Partitionierungsschema angegeben und dabei die Spalte übergeben, welche den Partitionierungsschlüssel bilden soll. Das geschieht mit dem Ausdruck *ON psYears(OrderDate)*.

Partitionierte Tabellen

```sql
CREATE TABLE Sales.Archive_Orders_Partitioned(
    ID int NOT NULL,
    CustomerID int NOT NULL,
    ...
    UpdatedAt smalldatetime NULL,
    UpdatedBy varchar(50) NULL,
    [Timestamp] [timestamp] NULL )
ON psYears (OrderDate)
```

Listing 12.51 Anlegen einer partitionierten Tabelle

Um die Wirkung der Partitionierung zu überprüfen, soll die neue Auftragstabelle mit den Daten der vorhandenen (nicht partitionierten) gefüllt werden.

```sql
INSERT INTO Sales.Orders_Partitioned
( ID,
  CustomerID,
  ShipToAddressID,
  ...
  UpdatedBy )
SELECT
  ID,
  CustomerID,
  ShipToAddressID,
  ...
  UpdatedBy
FROM
  Sales.Orders
```

Listing 12.52 Testdaten für die partitionierte Tabelle

Ob die Partitionierung wie gewünscht eingerichtet wurde, lässt sich mit einfachen Tests überprüfen. Das nächste T-SQL-Skript zeigt, wie Sie feststellen können, welche *Partitionsnummer* die Partitionierungsfunktion für bestimmte Eingangswerte liefert.

```sql
SELECT $PARTITION.pfYears ('31.12.2004')
SELECT $PARTITION.pfYears ('01.01.2005')
SELECT $PARTITION.pfYears ('01.01.2015')
```

Listing 12.53 Checks für die Partitionierungsfunktion

Die Ergebnisse lauten: *2, 2, 12*.

Mithilfe des Ausdrucks *$PARTITION.pfYears* lässt sich eine Abfrage formulieren, mit der sich feststellen lässt, wie sich die Datenzeilen einer Tabelle auf die Partitionen verteilen.

```sql
SELECT
    $PARTITION.pfYears(OrderDate) AS Partition,
    MIN(Year(OrderDate)),
    COUNT(*) AS [COUNT]
FROM
    Sales.Orders_Partitoned
GROUP BY
    $PARTITION.pfYears(OrderDate)
ORDER
    BY Partition
```

Listing 12.54 Werteverteilung für die Partitionierung

Das ist das Ergebnis:

Partition	OrderYear	COUNT
1	2004	10111
2	2005	25000
3	2006	40063
4	2007	75455
5	2008	99340
6	2009	5

Abfragen gegen partitionierte Tabellen

Die Daten liegen jetzt separiert nach dem Auftragsjahr in den Partitionen der Tabelle *Sales.Orders_Partitoned* vor. Haben sich die Mühen gelohnt?

Als erster Test wird die problematische Abfrage eines Auftragsjahrs gegen die neue Tabelle ausgeführt.

```
SELECT * FROM Sales.Orders_Partitioned WHERE OrderDate BETWEEN '01.01.2008' AND '31.12.2008'
```

Listing 12.55 Abfrage gegen die partitionierte Tabelle

Jetzt werden nur noch ca. 1.800 Seiten gelesen, anstelle von ca. 4.600 – eine Verbesserung um den Faktor 2,7. Im Abfrageplan schlägt sich die Partitionierung wieder, wie in Abbildung 12.26 zu sehen. Auf den ersten Blick sieht der Abfrageplan nicht wirklich gut aus, weil als Operator ein *Table Scan* angezeigt wird. Betrachtet man diesen aber genauer, dann stellt man fest, dass die Eigenschaft *Partitioniert* auf *True* steht. Das bedeutet, dass der Optimierer die Partitionierung erkannt hat und verwendet. Alle Partitionen, die für das Ergebnis der Abfrage keine Rolle spielen werden weggelassen und der Scan nur in der Partition für das Jahr 2008 durchgeführt. Das ist die Partition 5. Das Fortlassen der überflüssigen Partitionen aus dem Scan bezeichnet man als Partitionseliminierung.

Die Partition für das Jahr 2008 enthält bei weitem die meisten Daten aller Partitionen. Es wäre interessant zu sehen, wie sich die Zugriffszeiten bei den anderen Partitionen verhalten. Für den Test kann man das Skript in Listing 12.56 verwenden.

```
SET STATISTICS IO ON
SET STATISTICS TIME ON

-- unpartitionierte Tabelle

-- Partition 1
SELECT * FROM Sales.Orders
WHERE OrderDate BETWEEN '01.01.2004' AND '31.12.2004'
-- Partition 2
SELECT * FROM Sales.Orders
WHERE OrderDate BETWEEN '01.01.2005' AND '31.12.2005'
-- Partition 3
SELECT * FROM Sales.Orders
WHERE OrderDate BETWEEN '01.01.2006' AND '31.12.2006'

usw., bis

-- Partitionierte Tabelle
...
```

```
-- Partition 4
SELECT * FROM Sales.Orders_Partitioned
WHERE OrderDate BETWEEN '01.01.2007' AND '31.12.2007'
-- Partition 5
SELECT * FROM Sales.Orders_Partitioned
WHERE OrderDate  BETWEEN '01.01.2008' AND '31.12.2008'
-- Partition 6
SELECT * FROM Sales.Orders_Partitioned
WHERE OrderDate  BETWEEN '01.01.2009' AND '31.12.2009'
```

Listing 12.56 Testskript für Zugriffsvergleich

Die Tabelle 12.2 liefert eine Übersicht der Ergebnisse. Bei den Abfragen gegen die nichtpartitionierte Tabelle bewirken die ersten fünf Abfragen das Lesen einer konstant hohen Seitenzahl. Dafür sind Tabellenscans verantwortlich. Die sechste Abfrage der Datensätze aus dem Jahr 2009 fällt wesentlich günstiger aus. Hier setzt der SQL Server eine Indexsuche ein. Im Jahr 2009 gibt es nur 5 Aufträge. Die Anzahl der gelesenen Seiten ist bei der partitionierten Variante proportional zu der Anzahl der Datensätze in den Partitionen. Je weniger Datensätze in den Partitionen enthalten sind, desto günstiger stellt sich die Partitionierung dar. Für das Jahr 2009 wird nur eine einzelne Datenseite gelesen. Das ist sogar performanter als die Indexsuche im Vergleichsfall. Die Partitionierung war ein voller Erfolg!

In Verbindung mit einer klugen Indizierung lassen sich Abfragen auf Partitionen noch weiter beschleunigen und umfangreiche Indizes sind wiederum selbst partitionierbar. Hat man vor Indizes einer partitionierten Tabelle ebenfalls zu partitionieren, dann sollte man dafür auf jeden Fall dieselbe Funktion und dasselbe Schema verwenden. Man spricht in diesem Fall von einer ausgerichteten Partitionierung.

Partitions-Nr.	Jahr	Seiten ohne Partitionierung	Seiten mit Partitionierung
1	2004	4.612	187
2	2005	4.612	461
3	2006	4.612	738
4	2007	4.612	1.389
5	2008	4.612	1.829
6	2009	21	1

Tabelle 12.2 Vergleich der Abfrageleistungen

Die Partitionierung lässt sich in Verbindung mit einem erweiterten Datenmanagement einsetzen, wenn die Daten auf verschiedene Dateigruppen verteilt werden. In unserem Beispiel könnten die wenig benötigten Daten aus dem letzten Jahrzehnt, die selten abgefragt werden, auf ein langsames Laufwerk ausgelagert werden. Um dies in einer Demo zu simulieren, werden eine neue Datei, eine neue Dateigruppe und ein neues Partitionierungsschema angelegt. Anschließend wird die Tabelle *Sales.Orders_Partitioned* gelöscht und neu auf diesem Schema erzeugt und gefüllt. In der Realität wäre jetzt natürlich der Zeitpunkt gekommen, sich über das Layout der Laufwerke Gedanken zu machen. Listing 12.57 zeigt alle Operationen im Zusammenhang. Interessant ist die Art und Weise, wie die Partitionen den Dateigruppen zugeordnet werden. Es muss jede verwendete Dateigruppe in der Reihenfolge der Partitionsnummern angegeben werden. Wenn Dateigruppen für das Speichern mehrerer Partitionen genutzt werden sollen, dann geben Sie diese Dateigruppen einfach mehrfach an. Da die Partitionierungsfunktion nach Listing 12.49 über 11 Intervallgrenzen verfügt, müssen 12 Dateigruppen angegeben werden.

```
Abfrage 1: Abfragekosten (in Relation zum Batch): 100 %
SELECT * FROM Sales.Orders_Partitioned WHERE OrderDate BETWEEN '01.01.2008' AND '31.12.2008'
```

Table Scan (Heap)
Kosten: Scannt die Zeilen einer Tabelle.

Physischer Vorgang	Table Scan
Logischer Vorgang	Table Scan
Geschätzte E/A-Kosten	1,34024
Geschätzte CPU-Kosten	0,107967
Geschätzte Anzahl von Ausführungen	1
Geschätzte Operatorkosten	1,44821 (100 %)
Geschätzte Unterstrukturkosten	1,44821
Geschätzte Anzahl von Zeilen	97866,4
Geschätzte Zeilengröße	4266 B
Partitioniert	True
Sortiert	True
Knoten-ID	0

Prädikat
[netShop].[Sales].[Orders_Partitioned].[OrderDate]
>=CONVERT_IMPLICIT(date,[@1],0) AND [netShop].[Sales].
[Orders_Partitioned].[OrderDate]<=CONVERT_IMPLICIT(date,
[@2],0)

Objekt
[netShop].[Sales].[Orders_Partitioned]

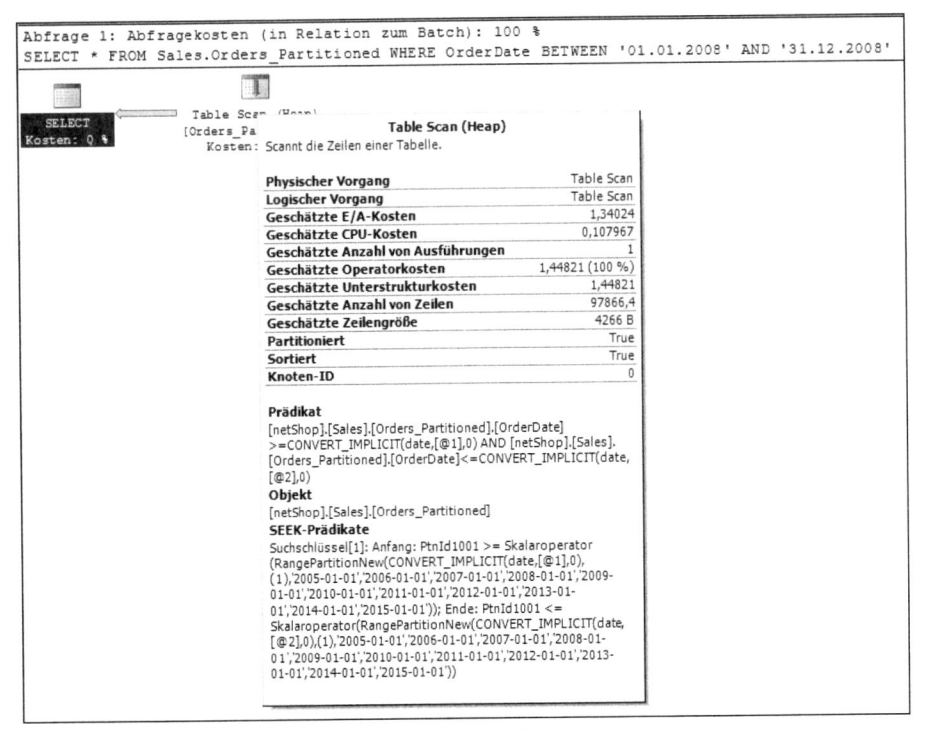

SEEK-Prädikate
Suchschlüssel[1]: Anfang: PtnId1001 >= Skalaroperator
(RangePartitionNew(CONVERT_IMPLICIT(date,[@1],0),
(1),'2005-01-01','2006-01-01','2007-01-01','2008-01-01','2009-
01-01','2010-01-01','2011-01-01','2012-01-01','2013-01-
01','2014-01-01','2015-01-01')); Ende: PtnId1001 <=
Skalaroperator(RangePartitionNew(CONVERT_IMPLICIT(date,
[@2],0),(1),'2005-01-01','2006-01-01','2007-01-01','2008-01-
01','2009-01-01','2010-01-01','2011-01-01','2012-01-01','2013-
01-01','2014-01-01','2015-01-01'))

Abbildung 12.26   Zugriff auf partitionierte Tabelle im Abfrageplan

```
-- 12 neue Dateigruppen

ALTER DATABASE netShop ADD FILEGROUP Orders_UP_TO_2005
ALTER DATABASE netShop ADD FILEGROUP Orders_FROM_2005
...
ALTER DATABASE netShop ADD FILEGROUP Orders_FROM_2015

-- 12 neue Dateien

-- Daten bis 2005
ALTER DATABASE netShop
ADD FILE
(
   NAME = 'Orders_UP_TO_2005',
   FILENAME = 'D:\Daten\Orders_UP_TO_2005',
   SIZE = 5 MB,
   FILEGROWTH = 5 MB
)
TO FILEGROUP Orders_UP_TO_2005


-- Daten ab 2005
ALTER DATABASE netShop
ADD FILE
(
   NAME = 'Orders_FROM_2005',
   FILENAME = 'D:\Daten\Orders_FROM_2005',
   SIZE = 5 MB,
   FILEGROWTH = 5 MB
)
```

```sql
TO FILEGROUP Orders_FROM_2005

...
-- Daten ab 2015
ALTER DATABASE netShop
ADD FILE
(
    NAME = 'Orders_FROM_2015',
    FILENAME = 'D:\Daten\Orders_FROM_2015',
    SIZE = 5 MB,
    FILEGROWTH = 5 MB
)
TO FILEGROUP Orders_FROM_2015

-- Partitionierungsschema für das Verteilen der Daten auf die Dateigruppen
CREATE PARTITION SCHEME psYearsWithFileGroups
AS
PARTITION pfYears
TO
(
    Orders_UP_TO_2005,
    Orders_FROM_2005,
    ...
    Orders_FROM_2015
)

DROP TABLE Sales.Orders_Partitioned
GO

CREATE TABLE Sales.Orders_Partitioned
(
    ID int NOT NULL,
    CustomerID int NOT NULL,
    ShipToAddressID int NULL,
    ...
)
ON psYearsWithFileGroups(OrderDate)
```

Listing 12.57 Partitionierung mit physikalischer Verteilung der Daten

Das sind noch nicht alle Möglichkeiten, die die Partitionierung bietet. Zum Beispiel können Sie mit dem Kommando *ALTER TABLE SWITCH* Daten in Bruchteile von Sekunden zwischen Partitionen verschieben, die in verschiedenen Tabellen liegen. Damit lassen sich Datensätze ohne Auswand in eine Archivtabelle verschieben und bei Bedarf wieder zurückholen. Mittels *ALTER PARTITION FUNCTION* lässt sich via *SPLIT* eine Partition teilen oder mit *MERGE* zwei Partitionen zusammenführen. Es gibt einiges zu entdecken. Denken Sie bei großen Tabellen (50 GB und mehr) unbedingt über den Einsatz von Partitionierung nach!

Kapitel 13

Sicherheit

In diesem Kapitel:
Serverbenutzer, Datenbankbenutzer, Schemata und Rollen	478
Berechtigungen und Rollen	499
Kryptographie in der Datenbank	512

Kennen Sie das *Konto sa* des SQL Servers? Es handelt sich um das Standardkonto des Systemadministrators. Es gibt gar nicht so wenige SQL Server-Anwendungen, die dieses Konto benutzen, um auf eine Datenbank zuzugreifen. Für den Entwickler ist das eine bequeme Angelegenheit, denn das *sa*-Konto besitzt auf dem Server selbst und in jeder Datenbank die maximalen Berechtigungen. Hacker, die sich für SQL Server interessieren, wissen das leider auch. Vielleicht ist es keine schlechte Idee, in bestimmten Umgebungen, vor allem auf Webservern, einen Zugang über das *sa*-Konto überhaupt nicht zu ermöglichen. Der zweite Nachteil bei der Verwendung solch eines mächtigen Kontos: Eine Anwendung, die als Systemadministrator auf dem SQL Server arbeitet, darf einfach alles. Dies ist eine kitzlige Angelegenheit, wenn noch weitere Datenbanken in der Serverinstanz existieren. Auf diese sollte nach Möglichkeit nur ganz gezielt zugegriffen werden können. »Unfälle« haben häufig schlimme Folgen, bisweilen auch für Sie als Entwickler (na ja – manchmal kommt ein graues Haar dazu). Es ist höchste Zeit, sich mit den vielfältigen Möglichkeiten der SQL Server-Sicherheit vertraut zu machen und Berechtigungen wohldosiert einzusetzen.

Zweifellos benötigt nicht jedes Projekt ein ausgeklügeltes Benutzer- und Berechtigungssystem. Dies ist von der Komplexität der Applikation, vom IT-Umfeld und von der Art und Weise abhängig, wie die Datenbank der Applikation eingesetzt wird (dürfen auch andere Anwendungen die Datenbank benutzen?). Arbeiten Sie beispielsweise mit der Express-Version, so empfiehlt es sich, eine eigene Server-Instanz zu verwenden, auf der sich keine Datenbanken tummeln dürfen, die nicht zu Ihrer Anwendung gehören. Das vereinfacht schon manches. Eventuell kommen Sie hier mit einem einzelnen Benutzerkonto aus und regeln die Zugriffe in Ihrer Applikation. In diesem Fall werden Sie bestimmt verhindern wollen, dass Benutzer an Ihrer Anwendung vorbei auf die Datenbank zugreifen können, denn dann wäre ja überhaupt kein Schutz vor fatalen Aktionen mehr möglich. Das in diesem Kapitel erläuterte Konzept der Applikationsrollen ist ein Weg, so einen En-passant-Zugriff zu verhindern.

Seit SQL Server 2005 ist das Sicherheitssystem des Datenbankservers stark überarbeitet und auch erweitert worden. Das hat natürlich nicht zuletzt damit zu tun, dass diese Version eine Menge neuer Objekte kennt, die abgesichert werden müssen – denken Sie an Assemblys in einer Datenbank und was man alles damit anfangen *könnte*. Es gibt aber nicht nur neue Objekte, die es verdienen abgesichert zu werden, es gibt auch zusätzliche Kommunikationswege, die geschützt werden müssen. Um das in den Griff zu bekommen, wurde das System aus *Prinzipalen, sicherungsfähigen Elementen* und *Berechtigungen* eingeführt, welches bereits in Kapitel 2 im Überblick vorgestellt wurde.

Das vorliegende Kapitel vermittelt in knapp gefasster Form die praktischen Handgriffe und Verfahren wie das Anlegen von Benutzern und die Vergabe von Berechtigungen. Da wir uns gerade im Teil des Buchs befinden, der sich mit der relationalen Datenbankmaschine beschäftigt, geht es in diesem Kapitel auch um deren Sicherheitsmodell. Die verschiedenen weiteren Dienste von SQL Server (wie Analysis Services, Reporting Services) verfügen über ihre eigenen Sicherheitskonzepte, die sich teilweise von dem hier vorgestellten Modell unterscheiden.

Serverbenutzer, Datenbankbenutzer, Schemata und Rollen

Im folgenden Text geht es zunächst um die Prinzipale, die im Rahmen einer Datenbankanwendung am häufigsten eingesetzt werden: Benutzer, Schemata und Rollen. Es geht um die Authentifizierung von Benutzern, wie diese auf einem Server und in den Datenbanken angelegt werden und die Verwaltung der Berechtigungshierarchie. Den Abschluss bildet ein Beispiel dafür, wie Informationen in einer Datenbank mithilfe der Kryptographiefunktionen von SQL Server verschlüsselt werden können.

Verbindungen und Benutzer

SQL Server ist als Windows-Netzwerkdienst implementiert. Damit Benutzer seine Dienste in Anspruch nehmen können, muss es ihnen im ersten Schritt überhaupt erst mal gelingen, eine Netzwerkverbindung zu diesem Dienst aufzubauen. Auf dieser obersten Schicht greifen die ganz normalen Windows-Sicherheitsmechanismen. Davon soll aber nicht die Rede sein. Wir gehen davon aus, dass sich der Client mit dem Server verbinden darf. Danach kommen die SQL Server-Sicherheitsmechanismen ins Spiel.

Authentifizierung

Aufgrund seiner Architektur verwendet SQL Server ein im Kern zweischichtiges Sicherheitsmodell: Die erste Schicht kümmert sich darum, dass überhaupt nur zugelassene Benutzer eine Netzwerkverbindung zum Server aufbauen können. Da ja eine SQL Server-Instanz für viele Datenbanken zuständig ist, muss zusätzlich in jeder einzelnen Datenbank noch ein weiteres Berechtigungssystem existieren. In diesem werden die Benutzerrechte in Bezug auf die vorhandenen Datenbankobjekte festgelegt – und dies ist die zweite Schicht.

Es gibt zwei verschiedene Authentifizierungsmethoden, die für eine Verbindung mit SQL Server eingesetzt werden können. Die erste wird als Windows-Authentifizierung bezeichnet und lässt ausschließlich bereits von Windows (7, Vista, XP, 2003, 2000 oder NT 4.0) überprüfte Benutzer zu. Solche Benutzer haben sich bereits durch einen Anmeldevorgang gegenüber dem Betriebssystem legitimiert. Das kann entweder lokal auf einer Workstation oder durch das Login in einer Domäne geschehen sein. Die Authentifizierung wird durch eine lokale Sicherheitsinstanz (*Local Security Authority – LSA*) der Workstation, des Servers oder des Domänencontrollers durchgeführt. Baut ein auf diese Art gegenüber Windows authentifizierter Benutzer über einen Client eine Netzwerkverbindung zum SQL Server auf, so wird die Login-Information über das Netzwerkprotokoll zum SQL Server transportiert. Um genau zu sein: Der Sicherheitskontext, der von einer Windows-Sicherheitsauthorität geprüft worden ist, wird dem Server mitgeteilt und außerdem die Tatsache, dass die Verbindung authentifiziert ist. Der Server überprüft nun, ob der Benutzer (genauer: die *SID* aus dem so genannten *Access Token*) in der *master*-Datenbank eingetragen ist, und lässt die Verbindung entweder zu oder lehnt sie ab. Eine Verbindung, die auf diese Art zustande kommt, wird auch als vertraute Verbindung (*Trusted Connection*) bezeichnet.

Die zweite Methode arbeitet mit nicht vertrauten Verbindungen. Diese Authentifizierungsmethode muss bisweilen dort eingesetzt werden, wo die Netzwerkumgebung keine vertrauten Verbindungen zulässt oder sich diese schlecht verwalten lassen. Bei dieser Verbindungsart werden der Benutzername und das Passwort über das Netzwerk an den SQL Server übertragen und von diesem überprüft. Man spricht daher auch von SQL Server-Authentifizierung. Die Übertragung der Anmeldeinformationen im Login-Paket erfolgt auf jeden Fall verschlüsselt. Sie können SQL Server im SQL Server-Konfigurations-Manager mitteilen, welches Zertifikat er für die Verschlüsselung von Protokollinformationen verwenden soll (Abbildung 13.1). Ist hier nichts eingetragen, dann verwendet SQL Server ein selbst generiertes Zertifikat. Es ist keine schlechte Idee, auch den übrigen Netzwerkverkehr nach dem Anmeldevorgang zu verschlüsseln. Über die Eigenschaft *Verschlüsselung erzwingen* in den Protokolleigenschaften erreichen Sie genau dies. Das gilt natürlich auch für vertraute Verbindungen. Selbst wenn serverseitig nichts eingestellt wurde, kann der Client eine verschlüsselte Übertragung anfordern. Auch das sollten Sie sicherheitshalber in Ihrer Programmierung berücksichtigen.

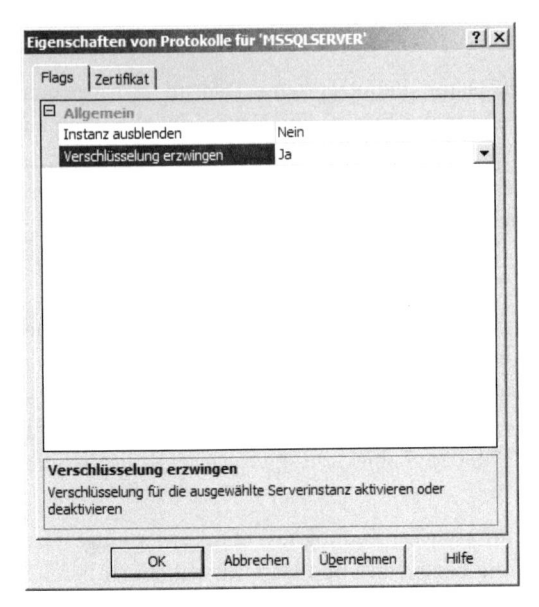

Abbildung 13.1 Protokolleigenschaften im SQL Server-Konfigurations-Manager

Ob die SQL Server-Authentifizierung für eine Instanz überhaupt zugelassen ist, wird über die Servereigenschaften im Management Studio festgelegt. Sie finden diesen Punkt im Eigenschaftendialog für eine Serverinstanz auf der Seite *Sicherheit* (Abbildung 13.2). Hier wählen Sie *SQL Server und Windows* aus, wenn die SQL Server-Sicherheit verwendet werden soll. Damit aktivieren Sie beide Authentifizierungsverfahren. Diese Einstellung wird daher als gemischter Modus (*Mixed Mode*) bezeichnet. Der empfohlene Standard ist *Windows-Authentifizierungs*modus. Interessant sind an dieser Stelle die Optionen zur Protokollierung. Darauf gehe ich im nächsten Abschnitt ein.

Möchten Sie die Protokolleigenschaften oder das Dienstkonto von Ihrer Applikation aus konfigurieren, dann geht das nicht mit T-SQL. Stattdessen können Sie dazu die Server Management Objects, speziell die Klassen des Namensraums *Microsoft.SqlServer.Management.Smo.Wmi* einsetzen. Mehr dazu finden Sie in Kapitel 32.

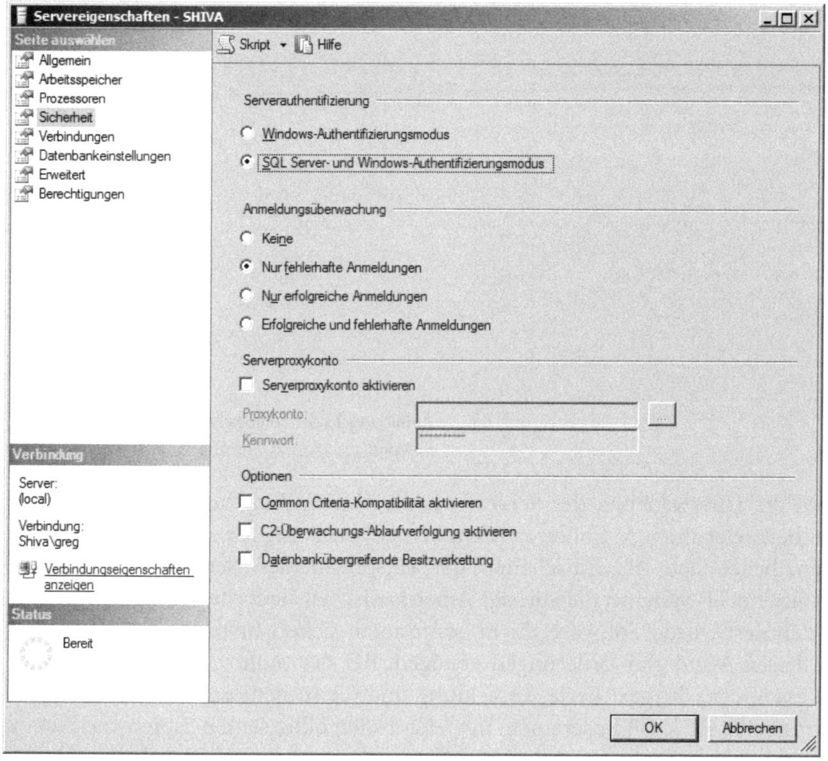

Abbildung 13.2 Sicherheitseinstellungen in den Servereigenschaften

Protokollierung von Sicherheitsvorgängen

In einem sicheren System ist es notwendig, Einbruchsversuche rechtzeitig zu entdecken. SQL Server bietet die Möglichkeit, sowohl erfolgreiche wie auch fehlgeschlagene Anmeldevorgänge in den Serverprotokollen zu vermerken. An der Verwaltungsoberfläche stellen Sie das in den Servereigenschaften ein (Abbildung 13.2). In der Programmierung funktioniert das mit den Server Management Objects. Die Protokollierung im Rahmen der so genannten Common Criteria Kompabilität oder die C2-Protokollierung lassen sich auch über T-SQL aktivieren. Was sich genau hinter diesen Begriffen verbirgt und wie Sie mit diesen Überwachungsmodi arbeiten wird in Kürze erklärt.

Die einfachste Möglichkeit besteht in der Überwachung von Anmeldevorgängen und deren Protokollierung in den SQL Server-Protokollen und im Windows-Anwendungsprotokoll. Das hat unter anderem den Vorteil, dass die auftretenden Ereignisse durch eine Systemmanagementsoftware abgefangen werden können. Abbildung 13.3 zeigt den Eintrag für eine fehlerhafte Anmeldung im Windows-Anwendungsprotokoll. Gibt es irgendwelche Gründe, die gegen diese Art der Protokollierung sprechen, dann können Sie auch ein SQL Server-Profiler-Protokoll einsetzen. Dieses lässt sich nun wieder durch T-SQL konfigurieren: *sp_trace_setevent*, *sp_trace_setstatus* und andere gespeicherte Systemprozeduren erlauben eine präzise Steuerung des Profilers.

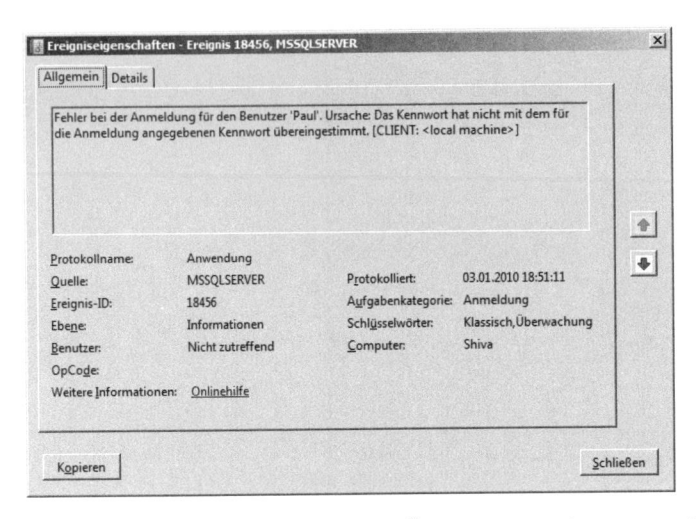

Abbildung 13.3 Fehlgeschlagene Anmeldung im Windows-Ereignisprotokoll

Noch einen Schritt weiter geht die Überwachung des Servers bei der Verwendung von C2-Audit-Protokollen. Falls wirklich alle sicherheitsrelevanten Aktionen auf dem Server beziehungsweise in den Datenbanken überwacht werden sollen, bietet sich das Einschalten der entsprechenden Serveroption an. C2-Sicherheit ist eine Sicherheitsstufe für IT-Systeme, die von der Amerikanischen Behörde »National Computer Security Center (NCSC)« definiert wurde. Software, die in bestimmten sicherheitsrelevanten Kontexten eingesetzt werden soll, muss diesen Mindestanforderungen genügen. Bei der Stufe C2 geht es vor allen Dingen um den Zugriff auf Ressourcen, die gesicherte Anmeldung und die lückenlose Überwachung von Zugriffen. Was der US-Regierung recht ist, kann unsereinem in vielen Fällen billig sein. Beispielsweise dann, wenn es Ihren Auftraggeber nach einer präzisen Zugriffsüberwachung verlangt. In T-SQL schalten Sie die Überwachung mit den folgenden Kommandos ein.

```
sp_configure 'show advanced options', 1
RECONFIGURE
GO

EXEC sp_configure 'c2 audit mode',1
RECONFIGURE
```

Listing 13.1 Einschalten der C2-Überwachung

Der erste Teil des Skripts (der vor dem *GO*) ist optional und muss nur dann ausgeführt werden, wenn Sie in Ihrer Serverinstanz die erweiterten Konfigurationsoptionen noch nicht aktiviert hatten. Es schadet aber nicht, wenn das Skript insgesamt ausgeführt wird. Nach dem Neustart der Instanz werden für *sämtliche* Serveroperationen die sicherheitsrelevanten Informationen in Profiler-Protokolldateien gespeichert. Diese liegen immer im Standard-Datenverzeichnis der SQL Server-Instanz (ein Grund mehr, dieses Verzeichnis nicht auf einer Systemplatte anzulegen). Das Dateiformat ist das ganz normale SQL Server Profiler-Format, sodass eine Protokolldatei mit diesem Werkzeug geöffnet und analysiert werden kann (Abbildung 13.4). Die C2-Überwachung sollte wirklich nur dann verwendet werden, wenn es gute Gründe dafür gibt, beispielsweise besondere rechtliche Vorschriften genau dies verlangen. Das Schreiben des Protokolls nimmt ein paar Prozent Leistung der Server-Prozessoren in Anspruch, die Datenmenge wird sehr schnell riesig groß (bei jeweils 200MB Dateigröße legt SQL Server eine neue Datei an) und man muss sich Gedanken um das Management der Protokolldateien machen. Geht dem Server der Speicherplatz aus und kann er keine weiteren Einträge mehr ins Protokoll schreiben, dann stellt er einfach komplett seine Arbeit ein – das verlangen die C2-Vorschriften so. Seien Sie also gewappnet.

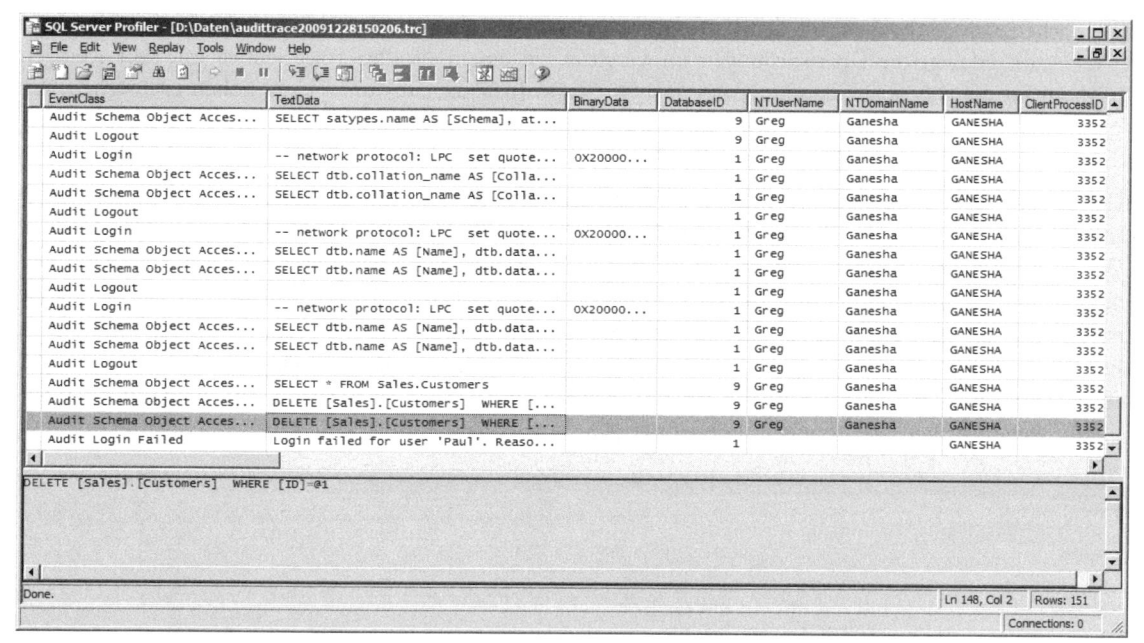

Abbildung 13.4 C2 Profiler-Protokoll

> **TIPP** Im Prinzip können Sie in SQL Server natürlich beliebige Traces anlegen. Das SQL Server Profiler-Werkzeug bietet dazu eine leicht zu bedienende Arbeitsumgebung an. In Kapitel 20 (»Performance-Optimierungen«) wird noch genauer erklärt werden, wie Sie mit dem Profiler arbeiten. Für eine ständige Sicherheitsüberwachung empfiehlt sich allerdings ein so genanntes serverseitiges Trace. Dieses wird mit Transact-SQL eingerichtet und erfordert nicht, dass der Profiler gestartet werden muss. Serverseitige Traces werden ebenfalls in Kapitel 20 vorgestellt. Eine neue Variante der SQL Server Sicherheitsüberwachung können Sie in der SQL Server 2008 Enterprise Edition einsetzen: Das Auditing. Der nächste Abschnitt erläutert die Anwendung.

Seit SQL Server 2005 SP2 erfüllt die Datenbankmaschine den neuen Sicherheitsstandard *Common Criteria*. Im Gegensatz zum C2 Standard ist die Common Criteria-Zertifizierung keine nationale Angelegenheit, sondern ein internationaler Standard (mit einem Schwerpunkt auf Europa). Verabschiedet wurde dieser Standard von über 25 Staaten und ist auch als ISO Norm anerkannt worden. SQL Server 2005 SP2 und SQL Server 2008 sind Common Criteria zertifiziert und seit Frühjahr 2008 ist die Zertifizierung auch vom Deutschen Bundesamt für Sicherheit in der Informationstechnik (BSI) bestätigt worden. Der Screenshot in Abbildung 13.2 zeigt, dass Sie SQL Server für Common Criteria »fit machen können«[1]. Das schließt allerdings *keine* automatische Protokollierung aller wichtigen Ereignisse ein. Dafür müssen Sie selbst sorgen.

SQL Server Audit

Setzen Sie oder Ihre Kunden den SQL Server 2008 in der Enterprise Edition ein, dann erhalten Sie damit eine zusätzliche Möglichkeit für die Protokollierung von Benutzeraktionen: *SQL Server Audit* (*SQL Server Überwachung*). Sie erledigen mit dem SQL Server Audit ähnliche Dinge, wie mit einem Profiler Trace, vor allem das

---

[1] Je nach dem Common Criteria Level, den Sie erreichen möchten, sind zusätzliche Schritte, wie das Ausführen von Skripten, notwendig. Hier hilft die Online-Dokumentation weiter.

Überwachen von Aktivitäten auf dem SQL Server selbst oder auch in einer bestimmten Datenbank. SQL Server Audit erledigt die Überwachungen im Vergleich zu einem Profiler Trace jedoch mit sehr weniger Overhead für die Datenbankmaschine, was für SQL Server Instanzen, die unter einer hohen Last stehen, ein Vorteil sein kann. Dazu wurde von den SQL Server-Entwicklern eine neue Schnittstelle in der Datenbankmaschine implementiert (die *Extended Events*), welche sehr smart in den SQL Server-Kern eingebettet ist.

Wie fast alle Verwaltungsaufgaben können Sie das Einrichten eines Audits an der Benutzeroberfläche oder mittels T-SQL einrichten. Im Management Studio finden Sie die entsprechenden Funktionen in den Ordnern *Überwachungen, Serverüberwachungsspezifikationen* auf der obersten Ebene und im Ordner *Datenbank-Überwachungsspezifikation*, der für jede Datenbank vorhanden ist. Es ist nicht weiter schwer ein neues Audit zu erstellen. Das soll am Beispiel einer Überwachung für die *netShop*-Datenbank vorgestellt werden. Ein Rechtsklick auf den Ordner *Überwachungen* startet das Einrichten mithilfe des Kontextbefehls *Neue Überwachung...* Außer dem Namen der Überwachung und dem Dateipfad (wenn Sie als Ziel Dateien verwenden) müssen Sie nichts weiter einstellen. Die Optionen sind selbsterklärend. In Abbildung 13.5 sehen Sie ein Beispiel.

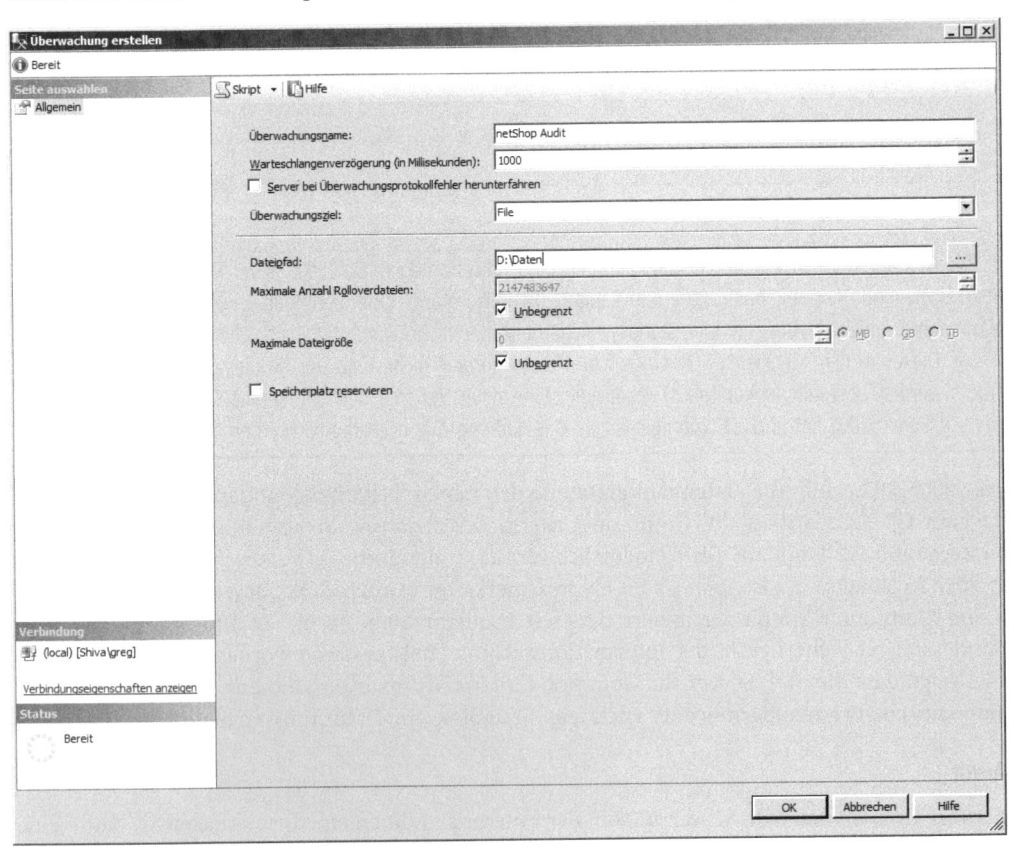

Abbildung 13.5   Einrichten einer neuen Überwachung

In einem zweiten Schritt spezifizieren Sie die Details des Audits. Wenn Sie eine bestimmte Datenbank überwachen möchten, dann wechseln Sie zunächst in den betreffenden Datenbankordner. Anschließend führen Sie einen Rechtsklick auf den Ordner *Datenbank-Überwachungsspezifikationen* aus und wählen den Kontextbefehl *Neue Datenbank-Überwachungsspezifikation...* (das hätten Sie sich beinahe auch so gedacht – stimmt's?).

Nach der Vergabe eines Namens für die neue Spezifikation und das obligatorische Anhängen an eine vorhandene Überwachung können Sie nun auswählen, was alles protokolliert werden soll (*Überwachungsaktionstyp*). Der Screenshot in Abbildung 13.6 zeigt eine Variante, mit der man in der *netShop*-Datenbank herausfinden kann, welche Datenbankobjekte via SELECT-Befehl abgefragt wurden. Dazu wurde als *Überwachungsaktionstyp* SELECT ausgewählt und die Überwachung auf die drei wichtigsten Schemata der *netShop*-Datenbank angewendet. Damit die Abfragen *aller* Benutzer in das Audit-Protokoll gelangen, wurde als *Prinzipalname* jeweils die feste Datenbankrolle *public* eingetragen. Wie weiter hinten in diesem Kapitel noch genauer beschrieben wird, sind sämtliche Benutzer einer Datenbank automatisch in dieser Rolle enthalten. Für einen einfachen Fall war's das schon.

Nachdem Sie sowohl die Überwachungsspezifikation, wie auch die Überwachung selbst gestartet haben (jeweils durch einen Rechtsklick und *...aktivieren*), beginnt der SQL Server, die Protokolldateien zu schreiben.

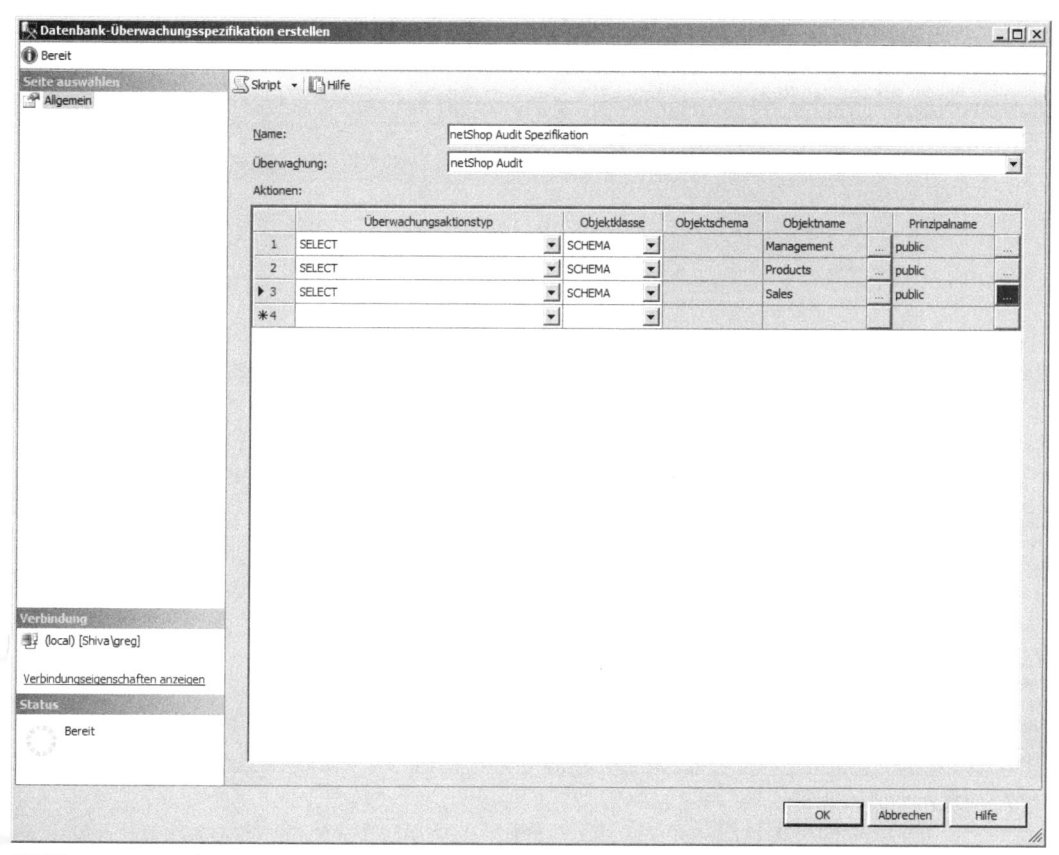

Abbildung 13.6 Einrichten einer Spezifikation auf Datenbankebene

Eine Audit-Protokolldatei können Sie direkt im Management-Studio öffnen. Das geht mit dem Kontextbefehl *Überwachungsprotokolle anzeigen* im Ordner *Überwachungen* des Objekt-Explorers. Der Protokolldatei-Viewer bietet rudimentäre Unterstützung beim Betrachten der Ereignisse (Abbildung 13.7). Immerhin gibt es die Möglichkeit die Ereignisse ein wenig zu filtern. Für größere Datenmengen ist der Protokolldatei-Viewer allerdings nicht geeignet. Hier müssen Sie mit T-SQL arbeiten, um die Daten zu importieren und zu analysieren.

T-SQL ist in vielen Fällen auch das Mittel der Wahl, wenn es um das Anlegen der Audits geht. Schließlich können Sie nicht immer in der Nähe sein, wenn ein Audit vorbereitet und gestartet werden soll.

Ein Skript, mit dem eine neue Überwachung und eine Datenbank-Überwachungsspezifikation vorbereitet und gestartet werden finden Sie in Listing 13.2. Das Listing funktioniert ganz geradeaus: Zunächst wird im Kontext der *master*-Datenbank überprüft, ob bereits ein Audit namens *netShopAudit* existiert. Falls ja, wird dieses angehalten und gelöscht. Anschließend wird ein neues Audit angelegt. Die Schreibverzögerung (*QUEUE_DELAY*) beträgt 1 Sekunde und nach einem Fehler im Auditiervorgang soll die SQL Server-Instanz nicht heruntergefahren werden (*ON__FAILURE = CONTINUE*). Nach dem Wechsel in den Kontext der *netShop*-Datenbank wird eine vorhandene Datenbank-Überwachungsspezifikation *netShopAuditSpec* entfernt, neu angelegt und dabei gleich gestartet (WITH (STATE = ON)). Die Spezifikation ist kurz und knapp aufgebaut: Die Klausel ADD(SELECT, INSERT, UPDATE, DELETE ON DATABASE::netShop BY public) definiert die Überwachung sämtlicher DML-Befehle für alle Benutzer. Damit lässt sich also ein komplettes Auditing für die Überwachung der Datenänderungen aufbauen.

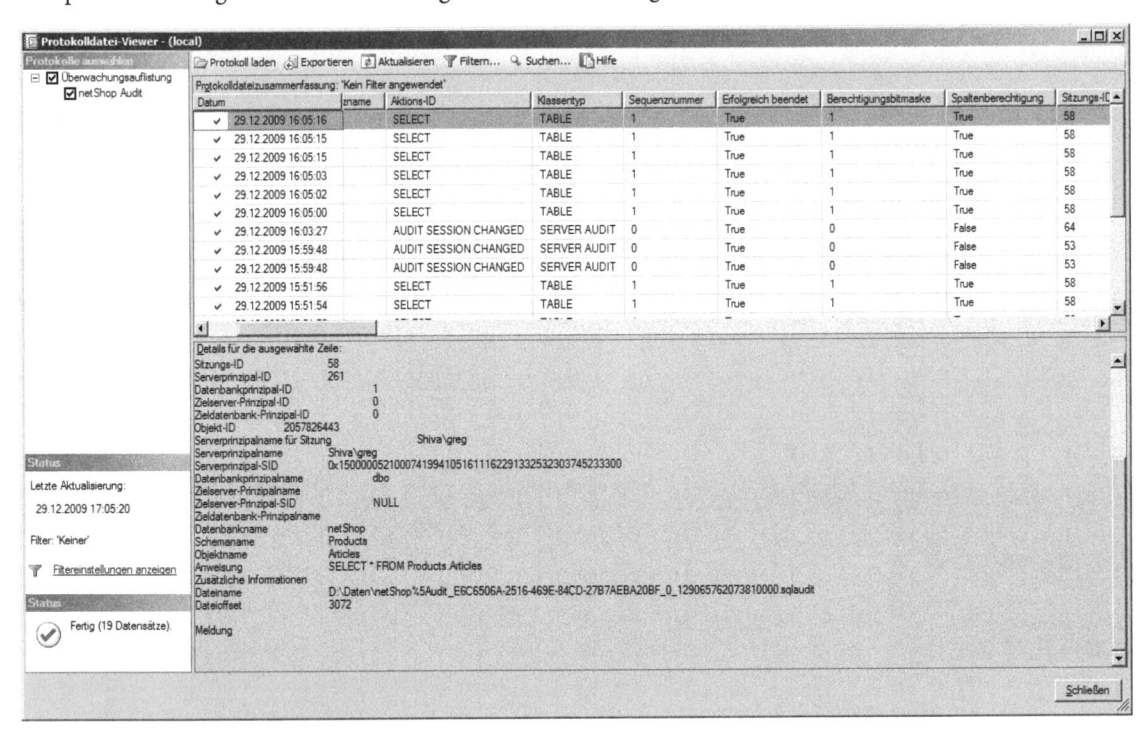

Abbildung 13.7 Audit-Protokoll im Viewer

```
USE master

IF  EXISTS (SELECT * FROM sys.server_audits WHERE name = 'netShopAudit')
BEGIN
    ALTER SERVER AUDIT netShopAudit WITH (STATE = OFF)
    DROP SERVER AUDIT netShopAudit
END
GO
```

Serverbenutzer, Datenbankbenutzer, Schemata und Rollen

```
CREATE SERVER AUDIT netShopAudit
   TO FILE ( FILEPATH ='D:\Daten\' )
   WITH ( QUEUE_DELAY = 1000, ON_FAILURE = CONTINUE);

USE netShop

IF  EXISTS (SELECT * FROM sys.database_audit_specifications WHERE name = 'netShopAuditSpec')
BEGIN
   ALTER DATABASE AUDIT SPECIFICATION netShopAuditSpec WITH (STATE = OFF)
   DROP DATABASE AUDIT SPECIFICATION netShopAuditSpec
END
GO

CREATE DATABASE AUDIT SPECIFICATION netShopAuditSpec
FOR SERVER AUDIT netShopAudit
   ADD( SELECT, INSERT, UPDATE, DELETE ON DATABASE::netShop BY public)
WITH (STATE = ON);

USE master

ALTER SERVER AUDIT netShopAudit WITH (STATE = ON);
```

Listing 13.2 Skript für das Vorbereiten und aktivieren eines Audits

Für eine exakte Analyse umfangreicher Audit-Protokolldateien empfiehlt es sich, diese in eine SQL Server-Tabelle zu importieren, die den Anforderungen der Analyse genügt. Für den Importvorgang steht die T-SQL-Funktion *fn_get_audit_file* zur Verfügung. Die praktische Anwendung wird in Listing 13.3 demonstriert. Genau, wie bei der Anwendung des Protokoll-Viewers kann für die Auswahl der zu lesenden Audit-Dateien ein Dateimuster angegeben werden (*.sqlaudit). Möchten Sie die Audit-Dateien nach der Art der ausgeführten Operation filtern, dann geben Sie dazu das betreffende Kürzel für die Spalte *action_id* an. »DL« steht beispielsweise für DELETE. Die Codes finden Sie in der Online-Dokumentation unter dem Begriff *Berechtigungstypcode*.

```
CREATE TABLE Internal.Audit
(
   event_time datetime2,
   action_id char(4),
   succeeded bit,
   session_id int,
   session_server_principal_name sysname,
   database_name sysname,
   schema_name sysname,
   object_name sysname,
   statement nvarchar(4000)
)
INSERT INTO Internal.Audit
SELECT
   event_time, action_id, succeeded, session_id, session_server_principal_name, database_name,
schema_name,
   object_name, statement
FROM
   sys.fn_get_audit_file ('D:\Daten\*.sqlaudit',default,default);
GO

SELECT * FROM Internal.Audit WHERE action_id = 'DL'
```

Listing 13.3 Import von Auditdaten in eine Protokolltabelle

Server-Anmeldungen verwalten

Das Anlegen einer so genannte Server-Anmeldung (im englischen als *Login* bezeichnet), ist der erste Schritt für das Zulassen eines Benutzers oder einer Benutzergruppe auf einer SQL Server-Instanz. Eine Anmeldung wird immer für eine bestimmte Authentifizierungsmethode angelegt: Windows- oder SQL Server. Im nächsten, einfachen T-SQL-Beispiel wird sämtlichen Benutzern der Maschine, auf welcher die SQL Server-Instanz läuft, Zugang zu dieser gewährt. Das kann für Desktop-Anwendungen interessant sein, die von mehreren Anwendern auf einem PC genutzt werden.

```
CREATE LOGIN [VORDEFINIERT\Benutzer] FROM WINDOWS
   WITH DEFAULT_DATABASE = netShop
```

Listing 13.4 Windows-Anmeldung anlegen

Im allgemeinen Fall geben Sie hinter den Schlüsselworten *CREATE LOGIN* einfach ein Benutzerkonto in der Form »Domäne\Konto« an. Es kann sich um eine »echte« Netzwerkdomäne oder eine lokale Benutzergruppe handeln – wie gerade gesehen. Die zusätzliche Option *DEFAULT_DATABASE* legt den Standard-Ausführungskontext für die Anmeldung fest. Dieser kann jederzeit durch die Verbindungszeichenfolge einer OLE DB oder ODBC-Verbindung geändert werden und hat noch nichts damit zu tun, ob der Benutzer die Datenbank überhaupt benutzen *darf*.

Eine SQL Server-authentifizierte Anmeldung lässt sich ähnlich einfach vorbereiten, wie das nächste Beispiel zeigt.

```
CREATE LOGIN Greg
   WITH PASSWORD = 'sesam',
   DEFAULT_DATABASE = netShop
```

Listing 13.5 SQL Server-Anmeldung anlegen

Eine feine Angelegenheit für Anwendungen, die mit SQL Server-Sicherheit arbeiten, kann das automatische Durchsetzen von Kennwortrichtlinien sein. Läuft die SQL Server-Instanz auf einem Windows 2003 oder 2008 Server oder Windows XP SP2 und später, dann lässt sich die Überwachung der Richtlinien aktivieren, die innerhalb der Domäne beziehungsweise des Servers gelten. In T-SQL sieht das folgendermaßen aus:

```
CREATE LOGIN Greg
   WITH PASSWORD = 'pas%$worlD',
   DEFAULT_DATABASE = netShop,
   CHECK_POLICY = ON,
   CHECK_EXPIRATION = ON
```

Listing 13.6 SQL Server-Anmeldung mit Kennwortrichtlinienprüfung

Nach dem Setzen von *CHECK_POLICY = ON* wird die Überwachung sofort aktiv. Ein schwaches Kennwort, wie in Listing 13.5 verwendet, hätte jetzt keine Chance mehr. In einer Windows 2000-Umgebung kann diese Einstellung zwar auch gemacht werden, führt aber nur zur Anwendung von einem minimalen Regelsatz – so darf das Kennwort nicht leer sein. Über *CHECK_EXPIRATION* wird im Beispiel gleichzeitig die Richtlinie für die Passwort-Lebensdauer aus Windows übernommen. Für das Ändern eines vorhandenen Passworts gibt es keinen speziellen T-SQL-Befehl. Sie können in Ihrer Anwendung das *ALTER LOGIN*-Kommando verwenden, mit dem auch alle anderen Einstellungen für eine Anmeldung vorgenommen werden. Die aus älteren Serverversionen bekannte Systemprozedur *sp_password* sollte nicht mehr verwendet werden.

```
ALTER LOGIN Greg
   WITH PASSWORD = '#as%$worD'
```

Listing 13.7 Ändern des SQL Server-Passworts

Eine Server-Anmeldung werden Sie durch das entsprechende *DROP*-Kommando wieder los. Das funktioniert sofort, wenn der Anmeldung noch kein Datenbankbenutzer zugeordnet war, ansonsten müssen Sie zuerst die Benutzer aus allen Datenbanken entfernen.

```
DROP LOGIN Greg
```

Listing 13.8 Anmeldung löschen

Metainformationen zu Serverbenutzern

Jetzt soll es noch darum gehen, wie Sie sich in Transact-SQL eine Liste der vorhandenen Server-Logins beschaffen können. In Kapitel 2 – da wurde die Sicherheitsarchitektur von SQL Server vorgestellt – habe ich das Konzept der Prinzipale in SQL Server 2008 erläutert. Eine Anmeldung, die Sie mithilfe der soeben gezeigten Befehle anlegen, ist nichts anderes als ein Prinzipal auf Serverebene. Sie erhalten die allgemeine Übersicht der Server-Prinzipale über die Katalogsicht *sys.server_principals*. Diese können Sie nach den Windows- beziehungsweise SQL Server-Anmeldungen filtern, indem Sie die Spalte *type* nach »U«, »G« oder »S« filtern. Damit erhalten Sie Anmeldungen, die auf einem Windows-Benutzer (U) bzw. einer Windows-Gruppe (G) basieren oder eine SQL Server-Anmeldung (S) darstellen. Der nachfolgende Codeschnipsel zeigt, wie Sie eine kompakte Übersicht der Serverbenutzer einer Instanz generieren können.

```
SELECT
    name,
    principal_id,
    sid,
    type_desc,
    is_disabled
FROM
    sys.server_principals
```

Listing 13.9 Server-Anmeldungen anzeigen lassen

Ein kleiner Ausschnitt des Ergebnisses zeigt, dass sowohl vordefinierte Prinzipale, wie »sa« oder »public« angezeigt werden, wie auch benutzerdefinierte. Die Spalte *sid* ist besonders interessant. Sie wird uns in diesem Kapitel noch einmal begegnen. Bei SQL Server-Logins enthält diese Spalte die vom Datenbankserver generierte interne *ID,* bei Windows-Logins die *SID* des Betriebssystems.

name	principal_id	sid	type_desc	is_disabled
sa	1	0x01	SQL_LOGIN	0
public	2	0x02	SERVER_ROLE	0
sysadmin	3	0x03	SERVER_ROLE	0
...				
VORDEFINIERT\Administratoren	257	0x01020000...	WINDOWS_GROUP	0
SHIVA\ASPNET	262	0x01050000...	WINDOWS_LOGIN	0
SHIVA\Greg	276	0x01050000...	WINDOWS_LOGIN	0
VORDEFINIERT\Benutzer	277	0x01020000...	WINDOWS_GROUP	0
Greg	282	0x7FC9B552...	SQL_LOGIN	0

Wenn Sie sich für die speziellen Eigenschaften der SQL Server-authentifizierten Anmeldungen interessieren, dann setzen Sie am besten gleich die aus der Systemsicht *sys.server_principals* abgeleitete Form *sys.sql_logins* ein.

Anmeldeinformationen verwalten

Falls Sie von »Ihrem« SQL Server aus per Verbindungsserver, Replikation oder mithilfe anderer Techniken auf ein externes Datenbanksystem, eine Applikation oder einen Webservice zugreifen möchten, dann werden Sie dazu Anmeldeinformationen verwenden, die sich von der Server-Anmeldung Ihrer SQL Server-Instanz unterscheiden. SQL Server 2008 bietet Ihnen an, diese zusätzlichen Informationen für Ihre Anwendungen zu verwalten. Im Deutschen wird das entsprechende Datenbankobjekt unter leichter Verwechselungsgefahr als *Anmeldeinformation* bezeichnet, im Amerikanischen als *Credential*. Die Informationen, die als Anmeldeinformation gespeichert sind, werden immer für den Zugriff auf eine *externe* Ressource verwendet. Über den T-SQL-Befehl CREATE CREDENTIAL werden ein logischer Name, eine *Identität (Identity)* und ein *Geheimnis (Secret)* angelegt. In den meisten Fällen wird sich hinter der Identität ein Benutzerkonto verbergen und hinter dem Geheimnis ein Passwort. Damit das Geheimnis auch wirklich geheim bleibt verschlüsselt SQL Server es beim Anlegen sofort. Ein Beispiel:

```
CREATE CREDENTIAL Greg_ERP WITH IDENTITY = 'Gregor',
SECRET = 'Pa$$w#*rd'
```

Listing 13.10 Hinterlegen einer Anmeldeinformation

Eine hinterlegte Anmeldinformation kann anschließend mit einer oder mehreren SQL Server-Anmeldungen verknüpft werden. Danach lässt sich anstelle des eigentlichen Server-Benutzernamens (Login) die gespeicherte Anmeldeinformation für die Kommunikation einsetzen. Der nächste T-SQL-Ausschnitt verbindet den Server-Benutzer »Greg« mit der Anmeldeinformation »Greg_ERP«.

```
ALTER LOGIN greg
    WITH CREDENTIAL = Greg_ERP
```

Listing 13.11 Verbinden einer Anmeldung mit Anmeldeinformationen

Datenbankbenutzer

Mit dem Vorbereiten einer Anmeldung auf dem Server kann sich nun ein Benutzer mit der Instanz verbinden. Damit aber auch mit einer Datenbank gearbeitet werden kann, sind noch weitere Schritte notwendig. Zunächst einmal muss ein Datenbankbenutzer eingerichtet und mit einem Serverbenutzer verbunden werden.

Im zweischichtigen Sicherheitsmodell von SQL Server besitzt jede einzelne Benutzerdatenbank ihr eigenes vollständiges Sicherheitssystem, bestehend aus Datenbankbenutzern, Schemata, Rollen und Berechtigungen für SQL Server-Objekte und T-SQL-Befehle. Datenbankbenutzer und Serverbenutzer sind völlig verschiedene und getrennt verwaltete Objekte. Damit ein neuer Benutzer in einer Datenbank angelegt werden kann, muss immer eine Anmeldung existieren, der dieser zugeordnet wird. Man hat es dabei mit einer 1:1-Beziehung zu tun. Zu einem Serverbenutzer existiert in jeder Datenbank maximal ein zugeordneter Benutzer. Ausnahmen von dieser Regel bilden nur einige von SQL Server selbst verwendete Standardbenutzer, wie *sys* oder *INFORMATION_SCHEMA*. Die kommen ohne einen verknüpften Serverbenutzer aus.

In jeder Datenbank existiert ein Standardbenutzer (*dbo*), der den Datenbankbesitzer (Database Owner) repräsentiert. Der *dbo* ist nach dem Anlegen einer Datenbank immer mit dem *sa*-Konto der Server-Instanz verknüpft und *zusätzlich* mit den Mitgliedern der *sysadmin*-Rolle des Servers assoziiert. Das ist eine kleine Anomalie, die sicherstellt, dass alle Objekte, die von Administratoren einer Server-Instanz in den Benutzerdatenbanken angelegt werden, *immer* den Besitzer *dbo* haben. Der zweite Standardbenutzer, der automatisch in jeder neuen Datenbank vorhanden ist – und genau wie der *dbo* nicht gelöscht werden kann – ist der Benutzer *guest*. Auch dieser verhält sich nicht ganz »normal«. Ist der Benutzer *guest* in einer Datenbank *aktiviert*, dann können auch Serverbenutzer, die ansonsten keinen Zugang zur Datenbank haben, diese mit Gast-Privilegien nutzen. Da das *guest*-Konto zumindest nach dem Anlegen einer Datenbank deaktiviert ist, besteht keine Gefahr, dass hier ein Hintertürchen entsteht. Diesen Zustand sollten Sie am besten auch nicht ändern. Dem Benutzer *sys* in einer Datenbank gehört das gleichnamige Schema *sys*, außerdem alle Systemobjekte wie zum Beispiel die Katalogsichten und Prozeduren. Der vierte Standardbenutzer im Bunde heißt *INFORMATION_SCHEMA*. Auch dieser Systembenutzer existiert, weil ihm ein Schema gehört – das *INFORMATION_SCHEMA* eben, welches die ANSI-kompatiblen Informationssichten beinhaltet.

Das Anlegen eines neuen Datenbankbenutzers kann ganz einfach im Objekt-Explorer durchgeführt werden (Abbildung 13.8). Dabei wählen Sie den entsprechenden Anmeldenamen aus, vergeben einen Namen in der Datenbank und können dem Benutzer gleich seinen vollständigen Satz von Eigenschaften mitgeben wie Rollenmitgliedschaften und Berechtigungen. Beim Festlegen des Benutzernamens ist ausnahmsweise mal *keine* Kreativität gefragt. Der Serveranmeldename und der Benutzername sollten unbedingt übereinstimmen. Warum, darauf komme ich im Abschnitt »Verwaiste Benutzer in einer Datenbank« zu sprechen. Lustiger Weise finden Sie bei näherem Hinschauen im Dialogfeld die Option *Ohne Anmeldenamen*. Diese ist aber ständig deaktiviert. Dennoch können Ihnen Benutzer in der Datenbank begegnen, bei denen diese Option sichtbar ist. Es handelt sich dabei um die verwaisten Benutzer, von denen noch die Rede sein wird.

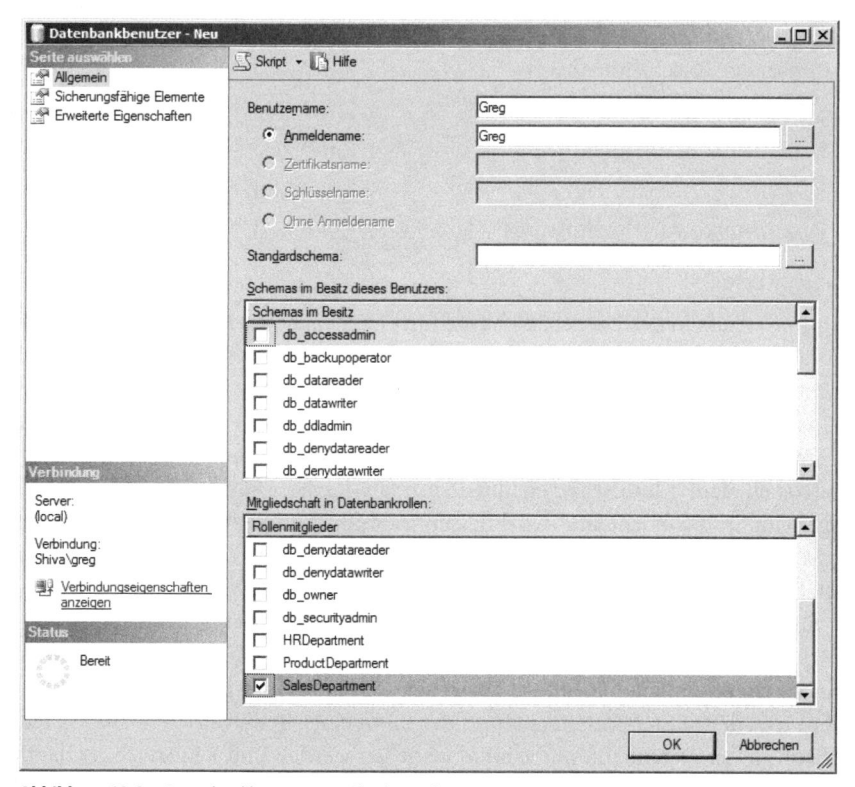

Abbildung 13.8 Datenbankbenutzer im Objekt-Explorer anlegen

In T-SQL legt man neue Benutzer mit dem *CREATE USER*-Kommando an. Auch dabei wird auf einen Server-Anmeldenamen verwiesen. Etwa so:

```
CREATE LOGIN Peter WITH Password = 'sesam'
CREATE LOGIN Paul WITH Password = 'sesam'
CREATE LOGIN Mary WITH Password = 'sesam'
USE netShop
CREATE USER Peter FROM LOGIN Peter
CREATE USER Paul FROM LOGIN Paul
CREATE USER Mary FROM LOGIN Mary
CREATE USER Greg FROM LOGIN Greg
```

Listing 13.12 Neue Benutzer auf dem Server und in der netShop-Datenbank anlegen

Metainformationen zu Datenbankprinzipalen

Genauso wichtig, wie die Beschaffung von Informationen zu Server-Anmeldungen ist es, die in einer Datenbank vorhandenen Benutzer dokumentieren zu können. Schaut man sich in diesem Zusammenhang die Katalogsichten zum Thema Sicherheit an, fällt einem sofort die Sicht *sys.database_principals* ins Auge. Diese ist es dann auch. Mit dem folgenden Skript können Sie sich die Prinzipale anzeigen lassen, die in einer Datenbank vorhanden sind.

```
USE netShop
GO

SELECT
    name,             -- Name des Prinzipals in der Datenbank
    principal_id,     -- Eindeutige ID des Prinzipals
    sid,              -- Security ID aus der master-Datenbank
    type_desc         -- Art des Prinzipal
FROM
    sys.database_principals
WHERE
    is_fixed_role = 0 -- Vordefinierte Rollen ausblenden
```

Listing 13.13 Datenbankprinzipale anzeigen lassen

Der SELECT-Befehl in Listing 13.13 muss in der Datenbank ausgeführt werden, deren Prinzipale untersucht werden sollen. Daher wird zunächst der Datenbankkontext mittels *USE* eingestellt. Die Ausgabe des einfachen SELECT-Befehls liefert interessante Informationen über die in einer Datenbank angelegten Benutzer- und Rollen. Zunächst einmal ist anzumerken, dass mit der Filterbedingung *WHERE is_fixed_role = 0* die Anzeige von Benutzerrollen unterdrückt wird, die in der Datenbank vordefiniert sind (zu diesen festen Benutzerrollen gleich mehr). Neben dem Klartextnamen des Prinzipals in der Datenbank – das ist der Benutzername, der im Management Studio erscheint – wird dessen interne *ID* angezeigt. Diese *ID* ist zwar ein Schlüssel, also eindeutig in der Datenbank, wird aber nach dem Löschen und erneuten Anlegen von Prinzipalen wieder verwendet. Über die *principal_id* verwaltet der Server die Berechtigungen in der Datenbank. Die gespeicherte *sid* ist für die Zuordnung des Datenbankprinzipals zu einem Serverprinzipal zuständig. Sie erinnern sich: Die *sid* kann die aus Windows übernommene *SID* sein, eine von SQL Server selbst generierte *ID* oder sie wird aus einem öffentlichen Schlüssel abgeleitet – je nachdem, wie der Serverbenutzer »zustande kam«. Zwischen der *sid* in der *master*-Datenbank und der *sid* in einer Benutzerdatenbank besteht eine 1:1-Beziehung. Jede *sid* kann in der Datenbank nur einmal vergeben werden und kennzeichnet damit eindeutig einen Datenbank-Prinzipal. Jeder Datenbank-Prinzipal ist eindeutig einem Server-Prinzipal zugeordnet oder gar keinem.

Als weitere Information liefert Ihnen die Abfrage nach Listing 13.13 die Art des Prinzipals. Genau wie auf der Serverebene, stellt ein Benutzerkonto in einer Datenbank nur eine der möglichen Prinzipale dar. Zu den weiteren gehören die Datenbankrollen (feste und benutzerdefinierte) und Applikationsrollen. In der *net-Shop*-Datenbank kann das so aussehen:

```
name                principal_id    sid              type_desc
public              0               0x0105000...     DATABASE_ROLE
dbo                 1               0x01             SQL_USER
guest               2               0x00             SQL_USER
INFORMATION_SCHEMA  3               NULL             SQL_USER
sys                 4               NULL             SQL_USER
Peter               5               0x5FDBC5D2...    SQL_USER
...
Greg                8               0x7FC9B552...    SQL_USER
ProductDepartment   9               0x01050000...    DATABASE_ROLE
Pit                 10              0xCF44E7D4...    SQL_USER
SalesDepartment     11              0x01050000...    DATABASE_ROLE
```

Wenn Sie einen Blick auf diesen Auszug aus *sys.database_principals* werfen, dann fällt Ihnen vielleicht ein alter Bekannter auf: Den Benutzer »Greg« finden Sie auch in der Sicht auf die Serverprinzipale. Vergleichen Sie die Einträge in der Spalte *sid*: Diese sind identisch. Der SQL Server verbindet über die *sid* den Serverbenutzer »Greg« mit dem Datenbankbenutzer »Greg« – auch wenn dieser Gregor oder Georg hieße. Der Klartextname ist nur für den menschlichen Betrachter interessant.

Schemata

Eine sehr gelungene Erweiterung des Sicherheitskonzeptes seit SQL Server 2005 ist die so genannte Benutzer-Schema-Trennung. Nicht dass dies eine völlig neue Erfindung wäre, im Gegenteil – das Konzept der Schemata wird schon im allerersten ANSI-SQL-Standard beschrieben und in mancher Datenbankmanagementsoftware sind Schemata schon lange vorhanden. Allerdings wird der Begriff des Schemas in diesen Produkten häufig als Synonym für »Datenbank« verwendet, während in SQL Server ein Schema eine Zusammenfassung von Objekten *in* einer Datenbank darstellt. Da es in diesem Buch nur um SQL Server geht, verzichte ich auf weitere Vergleiche und steige ohne Umschweife in die Erklärung von SQL Server-Schemata ein.

Es gibt (mindestens) drei verschiedene Anwendungen des Begriffs Schema, die bei SQL Server eine Rolle spielen können. Als *Datenbankschema* bezeichnet man die in einer Datenbank vorhandenen Tabellenstrukturen, also die Gesamtheit der Tabellen und die Abhängigkeiten zwischen diesen. Ein *XML-Schema* dient der Beschreibung einer XML-Dokumentenstruktur und kann bei SQL Server in einer Schemasammlung einer Tabellenspalte hinterlegt sein, um Daten beim Einfügen gegen das Schema zu validieren. Das *Schema* an sich schließlich stellt einen Container dar, der Datenbankobjekte, wie Tabellen oder gespeicherte Prozeduren enthält. Ein SQL Server-Schema ähnelt ein wenig einem Namensraum, vor allem unter dem Aspekt, dass in einer Datenbank problemlos mehrere Objekte gleichen Namens existieren können, solange sie nur zu unterschiedlichen Schemata gehören. Der vollständige Name eines SQL Server-Objekts enthält den Schemanamen und ist damit vierteilig:

```
server.datenbank.schema.objekt
```

Schemata haben in einer SQL Server-Datenbank zwei wesentliche Aufgaben:

- **Einfacheres Rechtemanagement** Benutzern oder Rollen in einer Datenbank können Berechtigungen für ein Schema gegeben werden. Damit erhalten Sie die Rechte für alle Objekte, die in diesem Schema vorkommen. Werden dem Schema zu einem späteren Zeitpunkt neue Objekte hinzugefügt, so gelten die Rechte automatisch auch für diese Objekte, ohne dass explizit etwas unternommen werden muss.
- **Kein direkter Objektbesitz** Im Gegensatz zu früheren SQL Server-Versionen werden Datenbenutzer nie *direkt* Besitzer eines Objekts. Dadurch müssen die Besitzrechte nicht neu vergeben werden, falls ein Benutzer aus der Datenbank entfernt wird. Innerhalb einer Datenbank haben nur Schemata Besitzer, nicht die Objekte.

Das Anlegen eines Schemas wird mit dem *CREATE SCHEMA*-Kommando durchgeführt, dessen (Teil-) Syntax Sie hier sehen:

```
CREATE SCHEMA schema_name_clause [ <schema_element> [ , ...n ] ]
<schema_name_clause> ::=
    {
        schema_name
    | AUTHORIZATION owner_name
    | schema_name AUTHORIZATION owner_name
    }
```

In der einfachsten Form erstellen Sie das Schema, vergeben einen passenden Namen und legen den Besitzer fest:

```
CREATE SCHEMA MySales AUTHORIZATION Greg
```

Listing 13.14 Schema MySales wird angelegt

Es gibt eine erweiterte Form, die es gestattet, dem Schema gleich Objekte hinzuzufügen beziehungsweise Berechtigungen für das Schema zu vergeben.

```
CREATE SCHEMA MySales AUTHORIZATION Greg
    CREATE TABLE NewCustomers (ID int, Name varchar(100))
    CREATE TABLE NewOrders (ID int, Date datetime)
    GRANT SELECT TO Peter
```

Listing 13.15 Schema MySales wird mit Objekten und Berechtigungen angelegt

Dieses vollständige Anlegen eines Schemas mit allen Objekten ist natürlich recht umständlich. Im Normalfall wird man das Anlegen von Schema und Objekten darin trennen. Sie können dann eine Tabelle beim Anlegen einem bestehenden Schema hinzufügen. Das machen Sie ganz einfach, indem Sie dem Tabellenamen den Schemanamen voranstellen. Geben Sie beim Anlegen einer neuen Tabelle kein Schema vor, dann wird automatisch das Schema *dbo* verwendet.

```
CREATE TABLE Sales.NewCustomers
    (ID int, Name varchar(100))
```

Listing 13.16 Anlegen einer Tabelle in einem vorhandenen Schema

Sie können aber genauso gut eine vorhandene Tabelle in ein bestehendes Schema übertragen. Dazu dient das *ALTER SCHEMA*-Kommando. Im folgenden Beispiel wird eine Tabelle zunächst im Standardschema *dbo* angelegt und anschließend in das Schema *MySales* verschoben.

Serverbenutzer, Datenbankbenutzer, Schemata und Rollen

```
CREATE TABLE NewCustomers
    (ID int, Name varchar(100))
GO

ALTER SCHEMA MySales TRANSFER dbo.NewCustomers
```

Listing 13.17 Tabelle einem Schema hinzufügen

Ein Schema können Sie erst dann wieder loswerden, wenn es keine Objekte mehr enthält. Sie müssen also die vorhandenen Objekte transferieren oder löschen, bevor Sie das Schema selbst aus der Datenbank entfernen. Es folgt ein kleines Beispiel:

```
DROP TABLE Sales.NewCustomers
DROP TABLE MySales.NewOrders
DROP SCHEMA Sales
```

Listing 13.18 Objekte und Schema löschen

Namensauflösung

Wenn Sie in T-SQL-Kommandos den voll qualifizierten Namen für ein Objekt verwenden, dann kann eigentlich nichts schiefgehen. Es stellt sich aber die Frage, was passiert, wenn es mehrere Objekte gleichen Namens in verschiedenen Schemata gibt und der Objektname in einer Abfrage *nicht* qualifiziert ist. Das folgende Skript hilft Ihnen bei der Untersuchung dieser Frage, indem es drei Beispieltabellen in verschiedenen Schemata einrichtet.

```
CREATE SCHEMA FirstSchema
GO
CREATE SCHEMA SecondSchema
GO

CREATE TABLE FirstSchema.MyTable (whoami varchar(20))
CREATE TABLE SecondSchema.MyTable (whoami varchar(20))
CREATE TABLE MyTable (whoami varchar(20))

INSERT FirstSchema.MyTable VALUES ('FirstSchema.MyTable')
INSERT SecondSchema.MyTable VALUES ('SecondSchema.MyTable')
INSERT dbo.MyTable VALUES ('dbo.MyTable')

GRANT SELECT ON FirstSchema.MyTable TO Paul
GRANT SELECT ON SecondSchema.MyTable TO Paul
GRANT SELECT ON dbo.MyTable TO Paul
```

Listing 13.19 Tabellen in verschiedenen Schemata

Öffnen Sie zum Ausprobieren ein neues Abfragefenster. Das nächste Skript zeigt so nebenbei, wie in einer Verbindung ein Sicherheits-Kontextwechsel mit dem Kommando *EXECUTE AS* durchgeführt werden kann, und führt ansonsten ein einfaches *SELECT* aus.

```
EXECUTE AS USER = 'Paul'
SELECT * FROM MyTable
```

Listing 13.20 Beispielabfrage im Kontext von Benutzer »Paul«

Im Ergebnis erscheint der Wert *dbo.MyTable*. Nur Tabellen, die dem Schema *dbo* gehören, können ohne Angabe eines Schemas im Objektnamen erreicht werden. Als Alternative gibt es die Möglichkeit, einem Benutzer ein Standardschema zuzuweisen. Nach dem Ausführen des folgenden Beispielskripts wird die Tabelle *FirstSchema.MyTable* gewählt, wenn man die Abfrage nach Listing 13.20 erneut ausführt. Für den Benutzer »Paul« wird in Listing 13.21 ein Standardschema definiert.

```
ALTER USER Paul
    WITH DEFAULT_SCHEMA = FirstSchema
```

Listing 13.21 Ein Standardschema für Paul

Um sich als Entwickler Tipparbeit beim Schreiben des T-SQL-Codes zu sparen, kann man für qualifizierte Namen auch *Synonyme* hinterlegen. Dies geht für zwei-, drei- oder komplette vierteilige Namen. Ein Beispiel:

```
CREATE SYNONYM secMyTable FOR SecondSchema.MyTable
GRANT SELECT ON secMyTable TO Paul
```

Listing 13.22 Synonym für einen Tabellennamen

Auch ein Synonym gehört wieder zu einem Schema. Das soeben angelegte Synonym zum Schema *dbo*, da nichts weiter vereinbart wurde. Ob Paul wohl ein Aufruf in der Art *SELECT * FROM secMyTable* gelingen wird? Die Antwort ist »Ja«, denn SQL Server schaut wiederum im Schema *dbo* nach, nachdem er das Objekt in Pauls Standardschema nicht finden konnte. Da ein Synonym ein sicherungsfähiges Element ist, muss die *SELECT*-Berechtigung wie im Beispiel zu sehen explizit gesetzt werden.

Verwaiste Benutzer in einer Datenbank

Zum Abschluss der Abschnitte über Benutzer möchte ich auf eine »Herausforderung« zu sprechen kommen, die Ihre Aktualität überraschenderweise auch in SQL Server 2008 nicht eingebüßt hat. Es gibt einen Effekt, der beim Verschieben einer Datenbank oder auch beim Desaster-Recovery auftreten kann, und der einen Entwickler, welcher sich zum ersten Mal damit konfrontiert sieht, ganz hübsch ins Grübeln bringen kann. In einer Datenbank können *verwaiste* Benutzer auftreten. Das sind Benutzer, die in einer Datenbank existieren, zu denen es aber kein passendes Login mehr gibt. Dadurch werden diese Benutzereinträge unbrauchbar und mit den Mitteln des SQL Servers Management Studios kann leider keine Zuordnung mehr gemacht werden, ohne dass man die Datenbankbenutzer löscht und neu anlegt. Der Haken dabei ist natürlich der folgende: Sämtliche Einstellungen des Datenbankbenutzers gehen verloren, vor allen Dingen auch die Sicherheitseinstellungen. Das kann ganz schön nerven – es gibt aber seit SQL Server 2005 endlich einen »offiziellen« Patch-Mechanismus. Der ist nur ein bisschen versteckt.

Es gibt verschiedene Anlässe, die zu der Situation verwaister Benutzer führen können. Das fängt banalerweise mit dem Backup (oder Detach) einer Datenbank und dem Restore (oder Attach) auf einem weiteren Server an. Entweder gibt es die entsprechenden Prinzipale auf dem zweiten Server noch nicht oder die Serveranmeldekonten sind vielleicht vorhanden, haben aber unterschiedliche Security-IDs (*SID*s). Damit zeigen die *SID*s der Serveranmeldungen dann sozusagen ins Leere und die Benutzer gelangen über Ihre gewohnten Anmeldungen nicht mehr in die Datenbank. Top-Kandidaten für dieses Problem sind SQL Server-Anmeldungen. Windows-Anmeldekonten sind so lange nicht betroffen, wie das Verschieben einer Datenbank innerhalb der Domäne stattfindet, denn in diesem Fall sind die *SID*s auf jedem Server identisch.

So manchem SQL Server-Verantwortlichen fällt diese Problematik zum allerersten Mal – und dann *sehr unangenehm* – auf, wenn nach einem Server-Crash die Benutzerdatenbanken wieder eingespielt werden, aber keine Sicherung der *master*-Datenbank vorhanden ist. Damit sind dann auf einen Schlag *alle* Benutzer in allen Datenbanken verwaist. Den genauen Ablauf so eines Desasters und wie Sie verwaiste Benutzer an neue Eltern (Server-Anmeldenamen) vermitteln können, zeige ich anhand einiger Skripte. Die ermöglichen Ihnen das Nachvollziehen der Vorgänge und das Durchführen eigener Experimente.

Zur Schaffung einer definierten Ausgangssituation sollen zunächst einmal neue Benutzer auf dem Server und in der *netShop*-Datenbank angelegt werden.

```
CREATE LOGIN Jan WITH PASSWORD = 'sesam'
CREATE LOGIN Hein WITH PASSWORD = 'sesam'
CREATE LOGIN Claas WITH PASSWORD = 'sesam'
USE netShop
CREATE USER Jan FROM LOGIN Jan
CREATE USER Hein FROM LOGIN Hein
CREATE USER Claas FROM LOGIN Class
```

Listing 13.23   Anlegen neuer Benutzer auf dem Server und in der Datenbank

Mit dem nächsten Skript werden ein paar Berechtigungen vergeben. Die Details des Berechtigungssystems in einer SQL Server-Datenbank gibt es zwar erst etwas weiter hinter in diesem Kapitel zu sehen – die T-SQL-Befehle sollten allerdings selbsterklärend sein. Der Benutzer Jan erhält Leseberechtigungen auf drei Tabellen in der Datenbank.

```
GRANT SELECT ON Sales.Customers TO Jan
GRANT SELECT ON Sales.Orders TO Jan
GRANT SELECT ON Sales.OrderDetails TO Jan
```

Listing 13.24   Berechtigungen für Jan

Zur Überprüfung der Berechtigungen können Sie sich mit dem Benutzernamen »Jan« am Server anmelden und eine der Tabellen abfragen. Alles bestens. Nun wird das Verschieben der Datenbank auf einen neuen Server simuliert. Auf diesem sollen die Anmeldenamen noch nicht vorhanden sein. Das Backup und Restore sparen wir uns. Stattdessen werden mit dem nächsten Skript die Serverbenutzer einfach gelöscht. Damit erhält man exakt die Situation nach dem Einspielen oder Anhängen einer Datenbank, da SQL Server bei einem Restore oder Attach nichts in einer Datenbank anfasst oder ändert.

```
DROP LOGIN Jan
DROP LOGIN Hein
DROP LOGIN Claas
```

Listing 13.25   Entfernen der Serverbenutzer

An dieser Stelle ist die Bemerkung wichtig, dass mit dem Löschen einer Server-Anmeldung die zugehörigen Benutzer in den Datenbanken nicht automatisch mit gelöscht werden. Möchten Sie einen Benutzer komplett loswerden, dann ist es *Ihre* Aufgabe die Einträge in den Datenbanken explizit zu entfernen.

Nach Ausführen des Skripts kann sich Jan natürlich nicht mehr am Server anmelden und seine Anwendung benutzen. Da ist dann der Administrator gefragt, der nach einem kurzen Blick auf die Datenbank und den Server feststellt, dass es die Benutzer »Jan«, »Hein« und »Claas« zwar in der Datenbank, nicht aber auf dem Server gibt. Das Management Studio zeigt bei den Eigenschaften der Datenbankbenutzer jeweils an, dass es sich um Benutzer ohne Anmeldenamen handelt. Einen neuen Namen auswählen können Sie leider nicht (das ist *wirklich* schade). Na gut – das Einrichten einer neuen Server-Anmeldung nimmt nur ein paar Sekunden in Anspruch. Probieren Sie es selbst aus. Legen Sie einen neuen SQL Server-Anmeldenamen »Jan« an und versuchen Sie, diesen mit dem Benutzer in der Datenbank zu verknüpfen. Sie erhalten eine Fehlermeldung (Abbildung 13.9) und es geht nicht weiter. Leider gibt es auch hier keine direkte Zuordnungsmöglichkeit zwischen Server- und Datenbankbenutzern. Was tun?

Falls es in der Datenbank nur wenige Benutzer und kein differenziertes Rechtesystem gibt, heißt die Lösung schlicht: Datenbankbenutzer löschen, neu anlegen und Rechte vergeben. Möglicherweise ist ein Einrichtungsskript für die Benutzer vorhanden (das ist generell eine gute Idee). Glücklicherweise gibt es in SQL Server 2008 eine gespeicherte Prozedur, mit der man die Zuordnungen »an der Kommandozeile« wieder herstellen kann: *sp_change_users_login*.

Zunächst einmal kann man mithilfe der Systemprozedur die Lage in einer Datenbank überprüfen.

```
USE netShop
EXEC sp_change_users_login @Action='Report'
```

Listing 13.26 Verwaiste Benutzer anzeigen lassen

Die Ausgabe sieht so ähnlich aus, wie in der nachfolgenden Ausgabe von Listing 13.26 zu sehen. Die problematischen Datenbankbenutzer werden angezeigt.

```
UserName   UserSID
Claas      0xB4E043510F2E314C9B1D30EBD2C1166B
Hein       0x301AA2CD606F7D47BD8CFA7413DBC767
Jan        0xF65DFDC474D4D848815B752C9FCB887F
```

Um den Zusammenhang zwischen dem Server-Prinzipal »Jan« und dem Datenbank-Prinzipal »Jan« wieder herzustellen, benutzen Sie die Prozedur in der folgenden Form.

```
EXEC sp_change_users_login
    @Action='update_one',
    @UserNamePattern='Jan',
    @LoginName='Jan'
```

Listing 13.27 Jan wird wieder eingebunden

Vorher muss der Anmeldename auf dem Server eingerichtet worden sein. Die Prozedur muss für jeden Benutzer in der Datenbank einzeln aufgerufen werden. Wenn Sie sich ein Skript für diese Aufgabe vorbereiten möchten, dann bietet es sich an, einen T-SQL-Cursor und dynamisch generierte Befehle für den Prozeduraufruf zu verwenden.

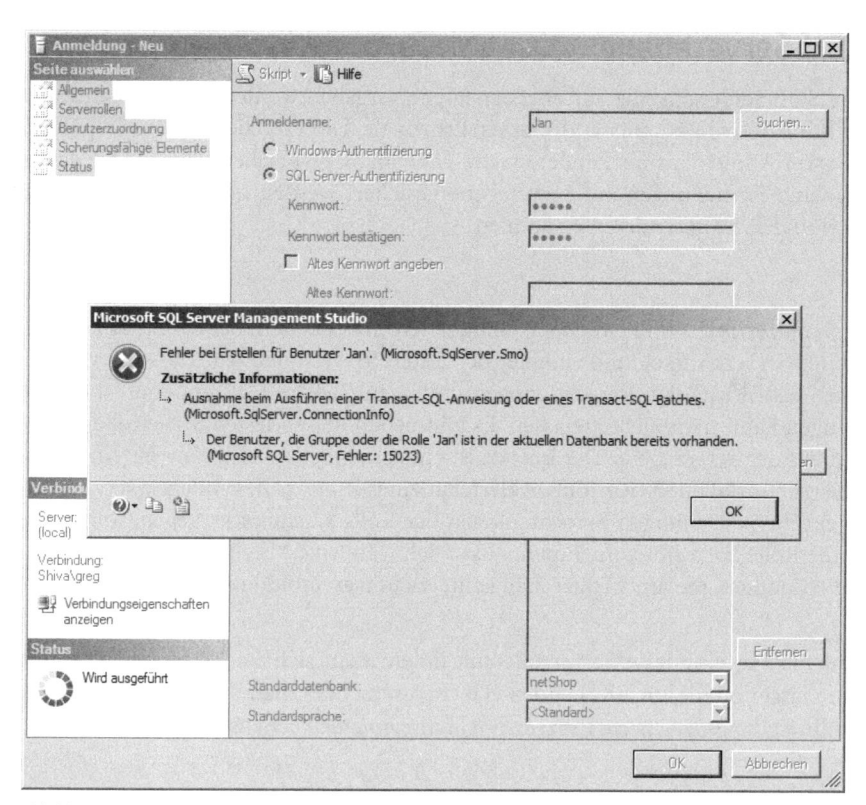

Abbildung 13.9 Die »Fehlermeldung des Todes«

> **HINWEIS** In den Vorgängerversionen von SQL Server 2008 gab es noch die Möglichkeit, Systemtabellen direkt zu patchen. Das ist zwar nicht ganz ungefährlich, konnte aber in »hoffungslosen« Situationen von einem umsichtigen Administrator sinnvoll genutzt werden. Gerade der Fall von verwaisten Benutzern war ein typisches Anwendungsgebiet für Skripte, die Systemtabellen direkt ändern. Durch entsprechende Aktualisierungen (mithilfe von *UPDATE*) konnten komfortable Synchronisationsroutinen zwischen Serveranmeldenamen (auch Windows-basierten) und Datenbankbenutzern relativ kurz und komfortabel geschrieben werden – das Internet ist voll mit entsprechenden Beispielen. Diese Zeiten sind seit SQL Server 2005 definitiv vorbei. Die entsprechende Option *allow updates* für *sp_configure* existiert zwar noch, hat aber keine Wirkung!

Berechtigungen und Rollen

Nachdem die notwendigen Prinzipale auf dem Server und in der Datenbank eingerichtet wurden, geht es um die Rechtevergabe. Es gibt jede Menge sicherungsfähiger Elemente auf der Ebene des Servers und in den Datenbanken. Ich konzentriere mich im Folgenden auf diejenigen Rechte und Objekte, die in nahezu jeder Datenbankanwendung vorkommen. Informationen zu den Berechtigungen, die im Zusammenhang mit .NET-basierten Datenbankobjekten oder dem Service Broker eine Rolle spielen, finden Sie in den betreffenden Kapiteln.

Das Rechtesystem auf Serverebene

Bei den Rechten, die für eine SQL Server-Instanz auf oberster Ebene vergeben werden können, handelt es sich vor allen Dingen um administrative Befugnisse für Server-Prinzipale. Die vergebenen Berechtigungen werden, genau wie die SQL Server Anmeldenamen, in der *master*-Datenbank gespeichert. Denken Sie daran, dass diese Systemdatenbank nach Einstellungen auf Serverebene gesichert werden muss, um nach einem Crash die serverweiten Einstellungen rekonstruieren zu können.

Feste Serverrollen

Die einfachste Möglichkeit, Benutzer mit administrativen Befugnissen für eine SQL Server-Instanz auszustatten, stellt die Zuweisung der Server-Anmeldung zu einer der festen Serverrollen dar. Das sind vordefinierte Rollen, die jeweils einen festen Satz von Berechtigungen umfassen. Tabelle 13.1 gibt eine Übersicht. Den Umfang der Berechtigungen kann man nicht anpassen. Es gibt neben diesen festen Serverrollen keine benutzerdefinierbaren Rollen auf der Serverebene. Der Einsatz ist einfach. Möchte beispielsweise ein Administrator einer großen SQL Server-Installation dem Entwicklerteam eines Projekts das Anlegen von Testdatenbanken gestatten, aber nicht die vollständigen Berechtigungen der Rolle *sysadmin* vergeben, so kann er die Mitglieder des Teams in die Rolle *dbcreator* aufnehmen. Zusätzlich wäre eine Mitgliedschaft in der Rolle *processadmin* sinnvoll. Damit könnten die Entwickler hängende Benutzerverbindungen selbst mit dem Befehl *KILL* löschen.

Einen Serverbenutzer nimmt man in eine feste Serverrolle auf, indem man sich im Management Studio dessen Eigenschaften anzeigen lässt und die entsprechenden Häkchen setzt oder man verwendet T-SQL. Für die Zuweisung einer Serverrolle ist die gespeicherte Prozedur *sp_addsrvrolemember* zuständig.

```
EXEC sp_addsrvrolemember 'Greg', 'sysadmin'
```

Listing 13.28 Greg wird zum sysadmin

Serverrolle	Berechtigungen
sysadmin	Mitglieder können sämtliche administrative Aufgaben in der SQL Server-Instanz durchführen
securityadmin	Dürfen Server-Benutzer verwalten
serveradmin	Dürfen die SQL Server-Instanz konfigurieren
setupadmin	Dürfen Verbindungsserver hinzufügen
processadmin	Dürfen Prozesse beenden
diskadmin	Dürfen Dateien verwalten
dbcreator	Dürfen neue Datenbanken anlegen und Datenbanken verwalten
bulkadmin	Dürfen Massenladevorgänge durchführen

Tabelle 13.1 Die festen Serverrollen

Berechtigungen auf Serverebene

In vielen Fällen reicht das etwas starre Prinzip der festen Serverrollen nicht aus. So kann es für eine Anwendung eventuell notwendig sein, dynamisch neue Endpunkte oder andere Serverobjekte einzurichten. Da ist es natürlich wünschenswert, einem Prinzipal den entsprechenden minimalen Satz von Berechtigungen mitzugeben und möglichst nicht mehr. Unter den sicherungsfähigen SQL Server-Elementen auf Serverebene finden Sie die in der folgenden Liste aufgeführten. Diese stellt nur einen kleinen Ausschnitt dar – die vollständige Übersicht finden Sie in der SQL Server-Dokumentation:

- **DATABASE**   Eine Benutzerdatenbank
- **ENDPOINT**   Ein Kommunikationsendpunkt
- **FULLTEXT CATALOG**   Ein Volltextkatalog, der diverse Volltext-Indizes enthalten kann
- **LOGIN**   Ein Serverbenutzer
- **SERVER**   Die Serverinstanz selbst

Die Berechtigungen, die Sie für diese Elemente vergeben können, unterscheiden sich je nach Typ des Elements. Für die meisten Typen können Sie ein *CREATE* vergeben, für ein *SERVER*-Element natürlich nicht, da eine neue Server-Instanz nur durch ein Setup angelegt werden kann. Es folgen ein paar der Berechtigungen, die Sie auf Serverebene einstellen können:

- **CONTROL**   Der Empfänger der Berechtigung wird dem Besitzer des Objekts gleichgestellt. Ein Serverbenutzer, der *CONTROL*-Berechtigungen für eine Datenbank besitzt, erhält automatisch auch die Berechtigungen für *alle* Objekte darin.
- **ALTER**   Die Eigenschaften des Elements – mit Ausnahme des Besitzes – dürfen geändert werden
- **ALTER ANY**   Beinhaltet die Berechtigungen zum Anlegen, Ändern und Löschen des Elements
- **TAKE OWNERSHIP**   Der Besitz kann übernommen werden
- **IMPERSONATE**   Die Identität eines Serverbenutzers kann angenommen werden
- **CREATE**   Elemente eines bestimmten Typs können angelegt werden
- **VIEW DEFINITION**   Die Metadaten dürfen betrachtet werden
- **BACKUP**   Durchführen von Backups
- **RESTORE**   Durchführen von Restores

Die Syntax für das Vergeben von Berechtigungen auf Serverebene hat die folgende Grundform:

```
GRANT { securable_permission [ ,...n ] }
[ON securable_type :: securable_name]
TO login [ ,...n ]
[ WITH GRANT OPTION ]
```

Der Zusatz *WITH GRANT OPTION* erlaubt dem Besitzer des Rechtes, dieses weiterzugeben. Wenn Sie eine Berechtigung auf der Serverebene einstellen möchten, dann sollte der Ausführungskontext die *master*-Datenbank sein. Ein paar Beispiele machen die Anwendung deutlich. Im ersten wird dem Serverbenutzer Greg erlaubt, Datenbanken auf dem Server zu verwalten.

```
USE master
GRANT ALTER ANY DATABASE TO Greg
```

Listing 13.29   Greg wird zum Verwalter aller Datenbanken

Vielleicht benötigt der Serverbenutzer Greg im Rahmen seiner Tätigkeiten die Möglichkeit, den Server via T-SQL herunterzufahren. Die Erlaubnis dazu bekommt er mit dem nächsten Skript.

```
USE master
GRANT SHUTDOWN TO Greg
```

Listing 13.30 Greg darf ein Shutdown von T-SQL aus durchführen

Falls die Applikation, die von Greg benutzt wird, für spezielle Kommunikationsaufgaben neue Endpunkte einrichten muss, dann benötigt Greg auch dafür die entsprechende Berechtigung.

```
USE master
GRANT CREATE ENDPOINT TO Greg
```

Listing 13.31 Greg darf Endpunkte einrichten

Das nächste Kommando erlaubt Greg den Server-Anmeldenamen »Peter« zu verwalten. In diesem Beispiel wird die Syntaxform gezeigt, die verwendet werden muss, wenn auf ein ganz bestimmtes sicherungsfähiges Element verwiesen wird. Auf das Schlüsselwort ON folgt der Typ des Elements und abgetrennt durch einen Doppel-Doppelpunkt der Objektname.

```
USE master
GRANT ALTER
ON LOGIN::Peter
TO Greg
```

Listing 13.32 Greg darf den Serverbenutzer Peter verwalten

Berechtigungen in der Datenbank verwalten

Viel wichtiger als die Vergabe administrativer Rechte für den gesamten Server ist bei der Applikationsentwicklung das Einstellen der Berechtigungen in der Benutzerdatenbank selbst. Da unterscheidet SQL Server zwei Ebenen: die Datenbank selbst und die Ebene der Datenbankobjekte. Auf Datenbankebene geht es um Verwaltungsfunktionen wie das Administrieren von Speicherplatz und um die Erlaubnis Datenbankobjekte zu *erstellen*. Auf Objektebene geht es vor allen Dingen um das *Benutzen* von Objekten. Die ist für viele Anwendungen die eigentlich interessante Stelle.

Feste Datenbankrollen

Ganz genau wie auf dem Server selbst gibt es in jeder Datenbank eine Anzahl bereits vordefinierter Rollen. Diese haben die in Tabelle 13.2 dargestellten Eigenschaften. Man erkennt auf den ersten Blick, dass es sich teilweise um Berechtigungen auf Datenbankebene (wie *db_accessadmin*) und teilweise um Berechtigungen auf Objektebene (wie *db_datawriter*) handelt.

Datenbankrolle	Berechtigungen
public	Jeder Benutzer wird automatisch Mitglied der Rolle public und kann aus dieser auch nicht mehr entfernt werden. Public besitzt keine vordefinierten Berechtigungen, sondern nur die explizit vergebenen.
db_owner	Darf die Datenbank vollständig administrieren, neue Objekte anlegen und hat vollen Datenzugriff
db_accessadmin	Darf der Datenbank einen neuen Benutzer hinzufügen
db_securityadmin	Darf die Datenbankbenutzer verwalten und Schemata definieren
db_ddladmin	Darf Datenbankobjekte anlegen, ändern und löschen, also sämtliche SQL-DDL-Befehle benutzen
db_backupoperator	Darf eine Sicherung der Datenbank vornehmen. Ein Rücksichern kann dagegen nur von Benutzern der db_owner-Rolle durchgeführt werden.
db_datareader	Darf die Daten sämtlicher Benutzertabellen lesen

Datenbankrolle	Berechtigungen
db_datawriter	Darf die Daten sämtlicher Benutzertabellen verändern
db_denydatareader	Darf keine Daten lesen
db_denydatawriter	Darf keine Daten verändern

Tabelle 13.2 Vordefinierte Datenbankrollen

Interessant im Zusammenhang mit SQL Server-Entwicklungen sind vor allen Dingen die Rollen *db_owner*, *db_datareader* und *db_datawriter*. Arbeiten mehrere Entwickler gemeinsam an einem Projekt, dann sollten sie alle Mitglieder der Rolle *db_owner* sein. Objekte, die ein Mitglied dieser Rolle anlegt, bekommen nicht den aktuellen Benutzernamen als Besitzer zugewiesen, sondern der Standardbenutzer *dbo* wird der Besitzer. Dies vereinfacht die Verwaltung der Objekte erheblich. Außerdem haben die *db_owner*-Benutzer automatisch alle notwendigen Berechtigungen, die man für das Entwickeln in einer Datenbank benötigt. Die beiden anderen Rollen sind für eine vereinfachte Vergabe von Benutzerberechtigungen gedacht. Benötigt man nur eine grobe Aufteilung der Rechte, dann kann man Datenbankbenutzer, die Daten nur lesen sollen, der Rolle *db_datareader* und Benutzer, die tatsächlich mit den Daten arbeiten sollen, *zusätzlich* der Rolle *db_datawriter* zuweisen. Das gilt dann, im Gegensatz zur expliziten Rechtevergabe, praktischerweise auch für solche Objekte, die zu einem späteren Zeitpunkt nachträglich in der Datenbank angelegt werden.

Benutzerdefinierte Rollen

Im Gegensatz zur Rechteverwaltung auf dem Server lassen sich in einer Datenbank auch selbst definierte Rollen verwenden. Das Anlegen geht in der Benutzeroberfläche wieder ganz einfach über den Ordner *Sicherheit / Rollen / Datenbankrollen* im Objekt-Explorer. Erklären muss man da nichts. Auch in T-SQL kommen Sie sicher sehr schnell »zu Potte«. Mit dem folgenden Skript werden Datenbankrollen in der *netShop*-Datenbank angelegt und anschließend gleich die Benutzer aus Listing 13.23 hinzugefügt:

```
USE netShop
GO
CREATE ROLE ProductDepartment AUTHORIZATION dbo
CREATE ROLE SalesDepartment AUTHORIZATION dbo
CREATE ROLE HRDepartment AUTHORIZATION dbo
EXEC sp_addrolemember 'ProductDepartment', 'Peter'
EXEC sp_addrolemember 'SalesDepartment', 'Peter'
EXEC sp_addrolemember 'ProductDepartment', 'Paul'
EXEC sp_addrolemember 'SalesDepartment', 'Paul'
EXEC sp_addrolemember 'HRDepartment', 'Mary'
```

Listing 13.33 Anlegen von Benutzerrollen in der netShop-Datenbank

Ein Datenbank-Prinzipal kann in beliebig viele Rollen aufgenommen werden. Da »Peter« und »Paul« sowohl für den Verkauf, wie auch das Produktmanagement verantwortlich sind, werden sie in die entsprechenden beiden Rollen gesteckt. Wenn Sie unbedingt möchten, können Sie sogar Rollen wieder in Rollen aufnehmen (und dadurch eine etwas unübersichtliche Situation schaffen). Im Sinne einer leicht verständlichen Rechtevergabe sollte man davon aber besser die Finger lassen.

Applikationsrollen

Das schönste Sicherheitskonzept für eine Datenbank kann sich in null Komma nichts in Luft auflösen, wenn Benutzer an dem von Ihnen entwickelten Frontend vorbei auf die Datenbank zugreifen. Ich habe von Kunden schon wunderbare Geschichten darüber gehört, wie sich Benutzer mit Access und den Ihnen bekannten Anmeldeinformationen auf einen SQL Server verbunden haben, um Serienbriefe vorzubereiten. Das Filtern wurde durch das Löschen »überflüssiger« Kundendaten in einer Kontaktdatenbank durchgeführt. Da die Berechtigungen für den verwendeten Anmeldenamen ausreichend waren, um so etwas zu tun, führte der Server das Eliminieren der Daten auch klaglos aus. Schön, wenn man nach solchen Benutzeroperationen ein aktuelles Backup hat.

Es gibt verschiedene Möglichkeiten, so eine Situation zu verhindern. Keine schlechte Variante ist der Einbau einer Verschlüsselung für das SQL Server-Passwort in die eigene Anwendung. Es gibt aber Fälle, in denen sich der Benutzer ja gerade mit einem Werkzeug wie Excel oder Crystal Reports verbinden soll, um Daten auszuwerten, Änderungen aber andererseits nur über die von Ihnen zur Verfügung gestellte Anwendung durchgeführt werden sollen. Auch dafür fällt Ihnen sicher eine eigene Lösung ein – es gibt aber genau für diese Aufgabenstellung ein SQL Server-Angebot, über das Sie nachdenken sollten: die *Anwendungsrollen*.

Diese speziellen Rollen können in einer Datenbank genau wie andere Benutzerrollen angelegt werden, nur enthalten sie keine Mitglieder. Sie sind auch nicht zur Verwendung durch einen menschlichen Benutzer gedacht. Eine Applikationsrolle muss auf dem SQL Server explizit aufgerufen werden und ist nicht automatisch nach dem Herstellen einer Verbindung aktiv. Dies muss die Datenbankapplikation selbst übernehmen. Die einzelnen Schritte sehen so aus:

- Der Benutzer meldet sich über die Client-Anwendung ganz normal auf dem SQL Server an. Er benötigt, wie üblich, einen Benutzernamen auf dem Server und in der Datenbank.

- War die Anmeldung erfolgreich, so muss die Client-Anwendung jetzt die Anwendungsrolle aktivieren. Dies geschieht durch den Aufruf der gespeicherten Systemprozedur *sp_setapprole*. Zusätzlich wird das Passwort übergeben, das die Applikationsrolle beim Anlegen mitgekommen hat.

- Nach dem erfolgreichen Aktivieren der Applikationsrolle sind sämtliche Rechte des angemeldeten Benutzers außer Kraft gesetzt. Für diese Verbindung gelten ausschließlich die Berechtigungen der Applikationsrolle. Dies kann auch für die Lebensdauer der Verbindung nicht mehr geändert werden. Außerdem können Benutzer aus einer durch eine Applikationsrolle geschützten Verbindung nicht auf andere Datenbanken zugreifen.

Dem Benutzer sollte in der Datenbank ein minimaler Satz von Berechtigungen erteilt werden, mit denen er ohne Gefahr direkt mit Standardsoftware arbeiten kann, zum Beispiel Auswertungen machen. Die »gefährlichen« Aktionen sind nur über die aktivierte Anwendungsrolle unter Kontrolle seiner Client-Anwendung möglich. Eine Anwendungsrolle wird in T-SQL in der folgenden Art angelegt:

```
CREATE APPLICATION ROLE netShopSales WITH PASSWORD = '##$5&!>'
```

Listing 13.34 Anlegen einer Anwendungsrolle

Das Passwort muss verschlüsselt in der Anwendung hinterlegt werden. An diese Rolle werden nun alle Berechtigungen vergeben, die zur Ausführung der Applikation notwendig sind. Soll die Rolle aktiviert werden, dann geschieht das mit einer speziellen gespeicherten Prozedur auf dem Server:

```
EXEC sp_setapprole netShopSales, '##$5&!>'
```
Listing 13.35 Aktivieren einer Anwendungsrolle

Nach dem Ausführen von *sp_setapprole* gelten nur noch die Berechtigungen der Anwendungsrolle sowie diejenigen der Standardrolle *public*. Außerdem kann der Datenbankkontext nicht gewechselt werden. Dies bleibt bis zum Ende der laufenden Sitzung so oder bis mit *sp_unsetapprole* die Anwendungsrolle deaktiviert und die ursprünglichen Benutzerrechte wieder eingesetzt werden.

Berechtigungen auf Datenbankebene

Bei den Berechtigungen auf Datenbankebene geht es um administrative Aufgaben in einer Datenbank oder um die Möglichkeit, Objekte anlegen zu können. Dazu gehören unter anderem:

- **ALTER ANY ASSEMBLY** Das Anlegen, Ändern und Löschen von Assemblys in der Datenbank
- **ALTER ANY USER** Das Verwalten von Benutzern in der Datenbank
- **BACKUP DATABASE** Durchführen einer Datensicherung. Das Recht für die Sicherung des Protokolls wird getrennt vergeben. Um eine Rücksicherung durchzuführen braucht der Benutzer die *CREATE DATABASE*-Berechtigung auf der Serverebene.
- **CREATE ASSEMBLY** Das Installieren eines Assemblys in einer Datenbank
- **CREATE TABLE** Das Anlegen einer Tabelle. Denken Sie daran, dass dieses Recht auch dann benötigt wird, wenn es sich nur um eine temporäre Tabelle handelt.
- **CREATE VIEW** Das Anlegen einer Sicht
- **CREATE CERTIFICATE** Das Anlegen eines Zertifikates

Dies ist wieder einmal nur ein kleiner Ausschnitt aus den Möglichkeiten. Zwei Beispiele sollen reichen, um die Anwendung zu demonstrieren. Im ersten wird dem Datenbankbenutzer »Peter« die Berechtigung gegeben, eine Sicherung der Datenbank durchzuführen. Die *WITH GRANT*-Option erlaubt ihm, dieses Recht weiterzugeben (wenn er einmal Urlaub machen möchte).

```
GRANT BACKUP DATABASE TO Peter
WITH GRANT OPTION
```
Listing 13.36 Peter bekommt das Recht der Datensicherung

Falls Peter im Rahmen der Ausführung seiner Applikation temporäre Tabellen anlegen muss, dann benötigt er die Berechtigung *CREATE TABLE*.

```
GRANT CREATE TABLE TO Peter
```
Listing 13.37 Peter darf (temporäre) Tabellen anlegen

Berechtigungen auf Objektebene

Jetzt kommen wir endlich zu dem Punkt, der für viele Entwickler der eigentlich interessante ist. Die Vergabe von Berechtigungen für die Datenbankobjekte wie Tabellen, Sichten, Prozeduren und so weiter. Während die Syntax für das Anlegen und Verwalten von Server- und Datenbankbenutzern einigermaßen wahlfrei ist – in den SQL-Standards gibt es merkwürdigerweise keine Definitionen dazu – so betritt man hier doch wieder etwas besser gesichertes Gebiet. Genau wie für das Anlegen von Schemata gibt es für die Vergabe von Rechten auf Objekten Befehle aus der Teilmenge von SQL, die im Allgemeinen als Data Control Language (DCL) bezeichnet wird. Es gibt genau drei Befehle in der T-SQL-DCL:

- **GRANT** Mit diesem Befehl werden Rechte für den Zugriff auf ein Objekt erteilt
- **REVOKE** Mit diesem Befehl werden gesetzte Rechteeinstellungen rückgängig gemacht. Achtung: In T-SQL können das *GRANT*-Einstellungen, aber auch *DENY*-Einstellungen sein.
- **DENY** Der Zugriff auf ein Objekt wird explizit verboten. Die Existenzberechtigung für diesen Befehl ist darin zu sehen, dass Berechtigungen durch Gruppenmitgliedschaften vererbt werden und möglicherweise für einzelne Prinzipale gezielt entzogen werden müssen.

Die Rechtevergabe in T-SQL ist nicht weiter kompliziert. Es beginnt mit dem Zusichern von Rechten durch *GRANT*. Dies ist die Syntax für Objektberechtigungen:

```
GRANT <permission> [ ,...n ] ON
    [ OBJECT :: ][ schema_name ]. object_name [ ( column [ ,...n ] ) ]
    TO <database_principal> [ ,...n ]
    [ WITH GRANT OPTION ]
    [ AS <database_principal> ]
```

Ein paar einfache Beispiele verdeutlichen die Anwendung. Wenn Sie mit diesen Beispielen arbeiten möchten, dann sollten Sie vorher die Skripte aus Listing 13.12 und Listing 13.33 ausgeführt haben, damit die passenden Benutzer vorhanden und den richtigen Rollen zugeordnet sind. Anschließend können die Rechte verteilt werden. Mit *GRANT SELECT* beispielsweise wird die Leseberechtigung erteilt. In einem Skript sieht das so aus:

```
GRANT SELECT ON Customers TO Peter
```

Listing 13.38 Peter kann die Kundeninformationen lesen

Unter den Berechtigungen (engl. *Permissions*) auf Objektebene befinden sich natürlich die Befehle der T-SQL-DML, also *SELECT, INSERT, UPDATE, DELETE* sowie das *EXECUTE*-Kommando für das Ausführen gespeicherter Prozeduren. Es gibt aber auch ein paar speziellere Fälle, wie zum Beispiel das *RECEIVE* für Service Broker-Warteschlangen. Das Vergeben von Berechtigungen an einen Prinzipal ist nicht weiter schwierig. Mit dem nächsten T-SQL-Skript wird der Benutzer »Peter« mit den notwendigen Berechtigungen für das Bearbeiten von Aufträgen versorgt.

```
GRANT SELECT, INSERT, UPDATE, DELETE ON Customers TO Peter
GRANT SELECT, INSERT, UPDATE, DELETE ON ShipToAdresses  TO Peter
GRANT SELECT, INSERT, UPDATE, DELETE ON Orders TO Peter
GRANT SELECT, INSERT, UPDATE, DELETE ON OrderDetails TO Peter
GRANT SELECT, INSERT, UPDATE, DELETE ON OrdersToOrderTrackingItems TO Peter
GRANT SELECT ON OrderTrackingItems TO Peter
GRANT SELECT ON PayingMethods TO Peter
GRANT SELECT ON ShippingMethods TO Peter
```

Listing 13.39 Berechtigungen für Peter

Wenn Ihnen das ein wenig weitschweifig formuliert vorkommt, so kann ich Ihnen nur zustimmen. Leider kann man in der Syntax dieses Befehls keine Objektliste angeben oder ein Jokerzeichen für mehrere Objektnamen verwenden. Die erste Vereinfachungsmöglichkeit besteht in der Verwendung der Berechtigung *ALL*, falls ein Prinzipal alle möglichen Berechtigungen für ein Objekt bekommen soll. Die Bedeutung von *ALL* ist vom Objekt abhängig, welches referenziert wird. Bei Tabellen schließt *ALL* die Berechtigungen *SELECT, INSERT, UPDATE, DELETE* und *REFERENCES* ein. Mit dem folgenden Befehl erhält »Peter« also die kompletten Berechtigungen (aber nicht die volle Kontrolle) auf die Tabelle *Customers*:

```
GRANT ALL ON Customers TO Peter
```

Listing 13.40 Peter erhält sämtliche Berechtigungen für die Kundentabelle

> **HINWEIS** Mit SQL Server 2008 ist *ALL* leider auf die schwarze Liste der abgekündigten Features gesetzt worden. Verwenden Sie für neue Projekte also besser die ausführliche Form, wie in Listing 13.40.

Selbstverständlich ist es sinnvoll, bei der Rechtevergabe mit benutzerdefinierten Datenbankrollen zu arbeiten, um die Verwaltung einfacher und übersichtlicher zu gestalten. Da Peter in der *netShop*-Datenbankrolle *SalesDepartment* Mitglied ist, erhält er die Berechtigungen für die Verwendung der *Customers*-Tabelle genauso gut über dieses Kommando:

```
GRANT ALL ON Customers TO SalesDepartment
```

Listing 13.41 Berechtigung via Datenbankrolle

Einmal vergebene Berechtigungen werden mit dem *REVOKE*-Kommando zurückgesetzt. So wird beispielsweise mit dem folgenden Kommando die in Listing 13.40 erfolgte Vergabe aller Objektberechtigungen an Peter wieder rückgängig gemacht.

```
REVOKE ALL ON Customers FROM Peter
```

Listing 13.42 Rücksetzen der ALL-Berechtigung auf der Kundentabelle für Peter

Nach dem Ausführen dieses Kommandos besitzt »Peter« keine *direkten* Berechtigungen für die *Customers*-Tabelle mehr. Es könnte aber sein, dass er durch die Mitgliedschaft in Datenbankrollen Rechte auf diese Tabelle erbt. Hat man die Beispiele in diesem Kapitel bis jetzt ausgeführt, dann ist dies genau so der Fall. Durch das explizite Setzen eines Verbots mit *DENY* kann die Situation geklärt werden. Das folgende Skript verbietet die Zugriffe:

```
DENY ALL ON Customers TO Peter
```

Listing 13.43 Explizites Verbot von ALL auf die Kundentabelle für Peter

Die Wirkungen von *REVOKE* und *DENY* zeigt der Abschnitt »Die effektiven Berechtigungen« an einem kleinen Szenario noch en Detail.

> **TIPP** Achten Sie bei der Verwendung von Synonymen in einer Datenbank konsequent darauf, Berechtigungen über diese zu vergeben. Es müssen *keine* Rechte an die Basistabellen vergeben werden. Eine Mischung der Verfahren macht die Lage schnell etwas verwirrend.

Berechtigungen auf Schemaebene

Damit nicht die Berechtigungen für jedes einzelne Objekt vergeben werden müssen, ist es sinnvoll in einer Datenbank Schemata für Objekte mit gemeinsamen Sicherheitsanforderungen zu bilden und die Einstellungen dann über diese vorzunehmen. Das ist in der *netShop*-Datenbank schon vorgesehen. Die Tabellen für die Auftragsverwaltung gehören entweder zum Schema *Sales* oder zum Schema *Management* – wenn es sich um Nachschlagetabellen handelt. Durch die Verwendung von Datenbankrollen auf der einen und Schemata auf der anderen Seite wird die Einstellung der Rechte für die Verkaufsabteilung in der *netShop*-Datenbank erfreulich kurz. Sie müssen nur darauf achten, dass jetzt das *Schlüsselwort SCHEMA* in der Syntax vorkommt:

```
GRANT SELECT, INSERT, UPDATE, DELETE ON SCHEMA::Sales TO SalesDepartment
GRANT SELECT ON SCHEMA::Management TO SalesDepartment
GRANT SELECT ON SCHEMA::Products TO SalesDepartment
```

Listing 13.44 Die kompletten Berechtigungen für das Auftragsmanagement

Da in der *netShop*-Datenbank vernünftige Schemata und Datenbankrollen gebildet wurden, lassen sich die Berechtigungen mit wenigen Befehlen einstellen.

Die effektiven Berechtigungen

In diesem Kapitel wurden verschiedene Wege vorgestellt, auf denen Berechtigungen vergeben werden können. Da kann es manchmal doch recht unübersichtlich werden, wenn es um die effektiven Rechte geht, die ein Datenbankbenutzer für eine ganz bestimmte Tabelle besitzt. Sie haben auch kennen gelernt, dass es verschiedene Ebenen gibt, auf denen etwas eingestellt werden kann. Die Hierarchie beginnt bereits auf der Serverebene. Ein Mitglied der Serverrolle *sysadmin* beispielsweise kann in jeder Datenbank alle Objekte vollständig verwalten und natürlich auch die Daten lesen. Durch die Verwendung der festen Serverrollen lassen sich die administrativen Befugnisse etwas differenzierter kontrollieren – schlimmstenfalls muss mit verschiedenen Serverinstanzen gearbeitet werden, weil es zumindest *einen* Systemadministrator mit *sysadmin*-Rechten geben wird.

Auf der nächsten Ebene geht es um die Verwaltungsrechte in einer Datenbank. Hier ist dem Besitzer und den Mitgliedern der *db_owner*-Rolle alles erlaubt. Weiter geht es mit den festen Datenbankrollen: *db_datawriter* und *db_datareader* können sämtliche Daten lesen beziehungsweise bearbeiten. Über die benutzerdefinierten Datenbankrollen – die ineinander verschachtelt sein können – landet man schließlich beim Benutzer.

Generell gilt, dass es keine Rolle spielt, auf welcher Ebene die Rechte erworben werden. Ein (explizites oder implizites) *GRANT* kann überall erworben werden. Auf der anderen Seite ist es so, dass ein *DENY* – wiederum egal auf welcher Ebene – auf jeden Fall die entsprechende Berechtigung entzieht. Was klar und logisch erscheint, kann für den geneigten Verwalter einer Datenbank, wenn er diese Regeln gerade nicht im Hinterkopf parat hat, etwas verwirrend aussehen. Und dummerweise gibt es dann noch die berühmten Ausnahmen von der Regel. Am besten man macht sich das alles wieder einmal an ein paar praktischen Beispielen klar.

Haben Sie die Demos zu diesem Kapitel über Sicherheit in der Praxis ausprobiert (das würde mich wirklich freuen), dann ist die *netShop*-Datenbank jetzt nicht mehr ganz jungfräulich, was Benutzer, Gruppen und Berechtigungen angeht. Bevor es also noch etwas tiefer in den Clinch mit dem Rechtesystem geht, würde ich vorschlagen, dass Sie das nächste Skript ausführen, um die Testbenutzer und Gruppen zu löschen (dabei werden auch die vorhandenen Berechtigungen rückstandsfrei entfernt) und neu in der Datenbank anzulegen.

```
DROP USER Peter
DROP USER Paul
DROP USER Mary
DROP ROLE ProductDepartment
DROP ROLE SalesDepartment
DROP ROLE HRDepartment
CREATE USER Peter FROM LOGIN Peter
CREATE USER Paul FROM LOGIN Paul
CREATE USER Mary FROM LOGIN Mary
CREATE ROLE ProductDepartment AUTHORIZATION dbo
CREATE ROLE SalesDepartment AUTHORIZATION dbo
```

Berechtigungen und Rollen

```
CREATE ROLE HRDepartment AUTHORIZATION dbo
EXEC sp_addrolemember 'ProductDepartment', 'Peter'
EXEC sp_addrolemember 'SalesDepartment', 'Peter'
EXEC sp_addrolemember 'ProductDepartment', 'Paul'
EXEC sp_addrolemember 'SalesDepartment', 'Paul'
EXEC sp_addrolemember 'HRDepartment', 'Mary'
```

Listing 13.45 Aufräumen in der Beispieldatenbank

Stellen Sie sich vor, Sie wären der Administrator der *netShop*-Datenbank und Sie sollen die Berechtigungen einstellen. Global könnten Sie im Prinzip die Standardrolle *public* einsetzen.

```
GRANT SELECT ON Sales.Customers TO public
```

Listing 13.46 Berechtigungen über die Gruppe public einstellen

Das folgende Test-Skript zeigt, dass Peter jetzt zugreifen darf, da jeder Prinzipal, also auch der Datenbankbenutzer »Peter« Mitglied in *public* ist.

```
EXECUTE AS USER = 'Peter'
SELECT * FROM Sales.Customers
```

Listing 13.47 Test im Kontext von »Peter«

So global werden in vielen Fällen die Berechtigungen nicht verteilt. Daher entfernt das nächste Skript die *GRANT SELECT*-Berechtigung von der *public*-Rolle und fügt sie den benutzerdefinierten Gruppen *SalesDepartment* und *ProductDepartment* hinzu.

```
REVOKE SELECT ON Sales.Customers FROM public
GRANT SELECT ON Sales.Customers TO SalesDepartment
GRANT SELECT ON Sales.Customers TO ProductDepartment
```

Listing 13.48 Rechte über Rollen vergeben

Nun soll den Benutzern aus der Produktabteilung die Leseberechtigung auf die Kundentabelle entzogen werden.

```
REVOKE SELECT ON Sales.Customers FROM ProductDepartment
```

Listing 13.49 Entzug der Leserechte für die Rolle ProductDepartment

Die Schwierigkeit dabei: Es gibt Benutzer, die Mitglied in beiden Rollen sind (Peter und Paul). Über die Mitgliedschaft in *SalesDepartment* bleibt das Leserecht erhalten (bitte testen Sie das einmal selbst mit Listing 13.47). *REVOKE* setzt ja nur zurück, verbietet aber nichts. Da muss ein *DENY* her!

```
DENY SELECT ON Sales.Customers TO SalesDepartment
```

Listing 13.50 Explizites Verbot des Lesens für ProductDepartment

Nun steht beispielsweise auch Peter – der ist ja Mitglied in beiden Gruppen – vor der Tür. Das können Sie mit Listing 13.47 leicht überprüfen. Falls sich jetzt der Benutzer bei Ihnen beschwert, weil er zur Erledigung seiner Arbeit unbedingt auf das Lesen der Kundentabelle angewiesen ist, dann möchten Sie ihm vielleicht persönlich die Operation gestatten. So manch einen Administrator hat schon irritiert, dass das mit dem folgenden Befehl eben nicht funktioniert:

```
GRANT SELECT ON Sales.Customers TO Peter

GRANT INSERT, UPDATE, DELETE ON Sales.Customers TO Peter
```

Listing 13.51 Explizite Erlaubnis des Lesens für Peter (plus Änderungen)

Es gilt eben, was bereits gesagt wurde: Ein *DENY* hat Priorität über alle *GRANT*-Anweisungen und dazu gehören auch diejenigen, welche *direkt* an einen Prinzipal vergeben wurden. Die Operationen INSERT, UPDATE und DELETE kann Peter nach dem Ausführen von Listing 13.51 übrigens ohne Problem durchführen. Denn die wurden nicht durch ein DENY verboten und eine SELECT ist keine Voraussetzung für ein UPDATE. Nun könnte sich der geneigte Administrator fragen, was schiefgelaufen ist und das Management Studio zu Rate ziehen. In den *Eigenschaften* des Benutzers Peter (*Sicherheit / Benutzer* im Objekt-Explorer) findet sich die Seite *Sicherungsfähige Elemente*. Sie müssen zunächst über die Schaltfläche *Suchen* und die Option *Alle Objekte des Typs / Tabellen* eben die anzeigen lassen. Nach einem Klick auf die *Sales.Customers*-Tabelle werden die Rechte von Peter für diese Objekte angezeigt. Und da findet sich tatsächlich *Auswählen* (engl. *SELECT*).

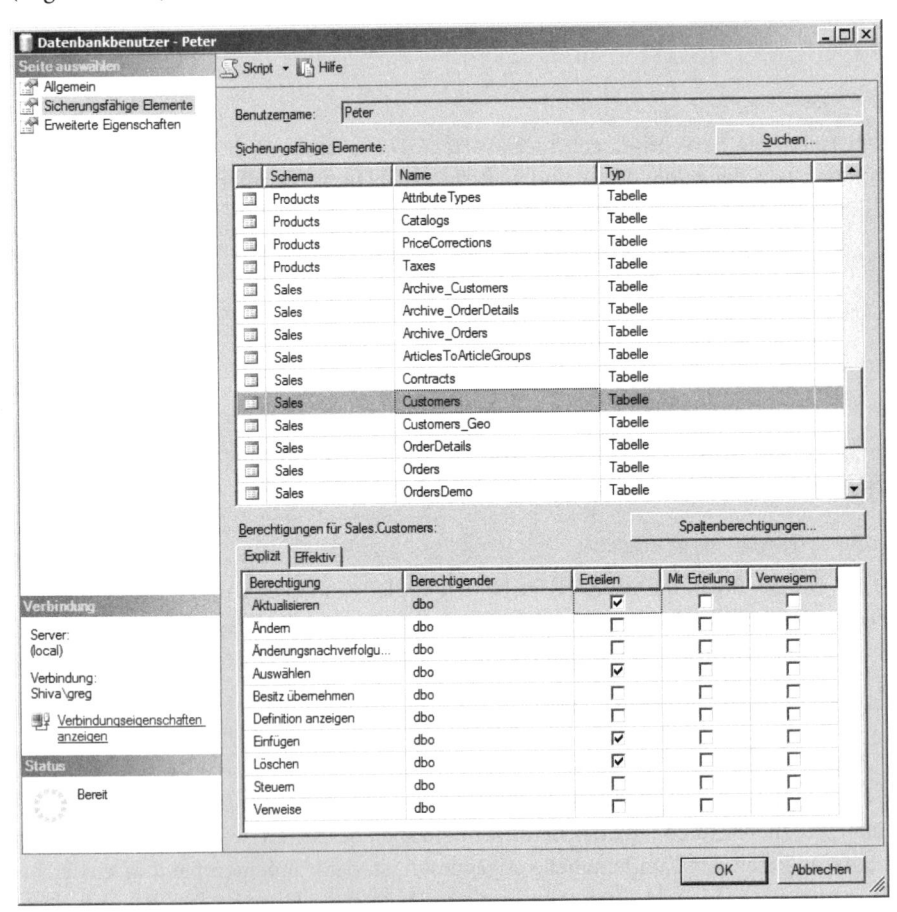

Abbildung 13.10 Rechte von Peter im Management Studio

Da die expliziten Berechtigungen offenbar das Rätsel nicht lösen, bleibt noch die Überprüfung der Rollenmitgliedschaften auf der Seite *Allgemein* und das Auswerten der Rechte dieser Rollen. Gott sei Dank ist im Management Studio eine Abkürzung eingebaut. Die Schaltfläche *Effektive Berechtigungen...* liefert genau das, was ihre Bezeichnung verspricht: das Anzeigen der effektiven Berechtigungen eines Benutzers in Bezug auf ein bestimmtes Objekt. Da fehlt das SELECT in der Liste.

Um dem Benutzer »Peter« das Lesen der Kundendaten zu gestatten, muss zwangsläufig mit *REVOKE SELECT ON Customers FROM ProductDepartment* das mit *DENY* gesetzte Verbot entfernt werden. Im Anschluss daran müssten dann die Rechte individuell eingestellt werden.

Es gibt einen Workaround, mit dem das komplette Aufheben des *DENY* für die Rolle *ProductDepartment* vermieden werden kann. Dieses kann man Ihnen allerdings nicht ruhigen Gewissens empfehlen, da es auf einem »irregulären« Überbleibsel aus früheren SQL Server-Versionen beruht, das vermutlich irgendwann einmal entfernt werden wird.[2] Sie sollten diesen Trick aber gesehen haben, weil es eine der Ausnahmen von den allgemeinen Vorrangregeln darstellt. Es geht darum, dass Berechtigungen auf Tabellen auch auf Spaltenebene definiert werden können. Und die gehen dann tatsächlich vor allen anderen Einstellungen. Ein Beispiel:

```
GRANT SELECT ON Sales.Customers
(ID, Code, Name_1, Name_2, Address, PostalCode, City, Telephone, Fax, eMail)
TO Peter
```

Listing 13.52 Explizite Leserechte für einzelne Spalten der Kundentabelle

Es ist kein Zufall, dass in Listing 13.52 nicht das Synonym *Customers*, sondern der tatsächliche Tabellenname *Sales.Customers* verwendet wird. Der Server verweigert sich hier der Vergabe an das Synonym. Peter ist es jetzt möglich, die angegebenen Spalten zu lesen. Ein »*« in der *SELECT*-Liste ist nicht erlaubt und die Tabelle muss voll qualifiziert werden. Das nächste Kommando jedenfalls »tut es« (Kundeninformation lesen):

```
EXECUTE AS USER = 'Peter'
SELECT ID, Code, Name_1 AS FirstName, Name_2 AS LastName FROM Sales.customers
```

Listing 13.53 Peter kann einzelne Spalten lesen

HINWEIS Denken Sie daran, dass es in einer Datenbank Objekte gibt, die wiederum von anderen Objekten abhängig sein können. Das betrifft vor allen Dingen Sichten und gespeicherte Prozeduren. In SQL Server werden die Berechtigungen von aufeinander aufbauenden Objekten durch so genannte *Besitzrechtsketten* geregelt. Was es damit auf sich hat, erfahren Sie im nachfolgenden Kapitel 14, im Zusammenhang mit den Sichten, da sich dieses Konzept am einfachsten an praktischen Beispielen nachvollziehen lässt.

Metainformationen zu Berechtigungen

Den Zusammenhang zwischen den einzelnen sicherungsfähigen Elementen und den Prinzipalen finden Sie über die Katalogsicht *sys.database_permissions* heraus. Die Sicht liefert die Namen von Objekten und Prinzipalen leider nicht in lesbarer Form. Daher werden im folgenden T-SQL-Kommando die Systemfunktionen *OBJECT_NAME* und *USER_NAME* eingesetzt. Die *WHERE*-Klausel filtert die Ergebnisse nach der Tabelle *SalesDepartment.Customers*.

---

[2] In den aktuellen »Books Online« wird dieses Verhalten beim Thema GRANT noch beschrieben und es wird noch *kein* Termin für die Abschaffung genannt.

```sql
SELECT
    class_desc, object_name(major_id) AS Object, minor_id,
    USER_NAME(grantee_principal_id) AS UserName, permission_name, state_desc
FROM
    sys.database_permissions
WHERE
    major_id = OBJECT_ID('sales.customers')
```

Listing 13.54 Anzeigen der Berechtigungen zur Kundentabelle

Im Ergebnis werden nur die direkt auf die Objekte vergebenen Berechtigungen angezeigt. Die nachfolgende Ausgabe zeigt die Ergebniszeilen, die sich nach dem Ausführen der vorausgegangenen Beispiele ergeben.

class_desc	Object	minor_id	UserName	permission_name	state_desc
OBJECT_OR_COLUMN	Customers	0	SalesDepartment	SELECT	DENY
OBJECT_OR_COLUMN	Customers	0	Paul	SELECT	GRANT
OBJECT_OR_COLUMN	Customers	1	Peter	SELECT	GRANT

Glücklicherweise findet sich unter den Systemfunktionen – etwas versteckt – eine, mit der Sie die effektiven Berechtigungen eines Benutzers herausfinden können. Die Funktion *fn_my_permissions* muss im Sicherheitskontext des Benutzers ausgeführt werden.

```sql
EXECUTE AS USER = 'Peter'
SELECT * FROM fn_my_permissions('sales.customers', 'OBJECT')
```

Listing 13.55 Effektive Berechtigungen von Peter für die Kundentabelle

Auch für dieses Beispiel werden wieder die ersten Zeilen des Ergebnisses dargestellt. Anhand der Ausgabe lässt sich eindeutig feststellen, welche Rechte der Benutzer in Bezug auf das Objekt besitzt.

entity_name	subentity_name	permission_name
salesdepartment.customers		UPDATE
salesdepartment.customers		INSERT
salesdepartment.customers		DELETE
salesdepartment.customers	ID	SELECT
salesdepartment.customers	Code	SELECT

Kryptographie in der Datenbank

Im letzten Teil dieses Kapitels gibt es einen kleinen Ausflug in das Thema Verschlüsselung und Entschlüsselung von Datenbankinformationen. Die Architektur der Verschlüsselungsmechanismen von SQL Server habe ich bereits in Kapitel 2 erläutert. Falls Sie dieses noch nicht durchgearbeitet haben, ist jetzt ein toller Zeitpunkt gekommen, zumindest den Abschnitt über die *Verschlüsselungshierarchie* des Servers zu überfliegen. Dort werden die grundlegenden Begriffe wie Service Master Key, Zertifikate, Symmetrische und Asymmetrische Schlüssel erläutert und die Verwaltung dieser Sicherheitsobjekte durch eine Serverinstanz verdeutlicht.

Die Daten in einer SQL Server-Datenbank sind normalerweise nicht verschlüsselt. Mit einem einfachen Hex-Editor lassen sich daher viele Informationen direkt aus den Dateien lesen (zum Beispiel Daten in *varchar*-Spalten) oder relativ einfach interpretieren (Daten in numerischen Spalten). Können böse Buben die Dateien entwenden oder sich ein Backup-Band besorgen, dann ist es natürlich nicht besonders aufwändig, die Dateien an eine andere Serverinstanz anzuhängen, um die Daten über ein Frontend wie Access oder direkt mit T-SQL auszuwerten. Da der *sa*-Serverbenutzer immer mit dem *dbo*-Datenbankbenutzer verdrahtet ist, stehen Tür und Tor nach einem *Attach* auf einer neuen Instanz offen. Generell sollten die Datendateien einer Datenbank mit den Mitteln des Betriebssystems vor dem Klau geschützt werden, bei besonders sensiblen Daten ist es aber wünschenswert, für den Fall der Fälle das Lesen per Hex-Editor oder das Betrachten auf einer zweiten Serverinstanz zu verhindern.

Die Absicherung der Authentifizierung von Benutzern, die sich an einem der Endpunkte des SQL Servers anmelden, die Verschlüsselung der Kommunikation zwischen Client und Server und das Abschotten der Dateien, die von einer SQL Server-Instanz verwaltet werden, gehören zu den Aufgaben eines Datenbankadministrators. Ob die Verschlüsselung von Daten durch die Anwendung (also dem Programmierer) oder den Administrator geleistet wird ist eine Frage der Edition des SQL Servers. Benutzt man die Enterprise Edition (beziehungsweise die Developer Edition), dann ist die Angelegenheit schnell geklärt: Durch Einschalten der transparenten Datenbankverschlüsselung können Administrator und Entwickler eine komplette Datenbank und die dazu gehörenden Backups schnell und einfach schützen. Hat man es dagegen mit einer anderen Edition zu tun oder sollen nur einzelne Spalten einer Tabelle verschlüsselt werden, dann ist die Verschlüsselung ganz klar eine Aufgabe der Programmierung. Wie bei der transparenten Datenbankverschlüsselung auch müssen zunächst die entsprechenden Zertifikate und Schlüssel generiert werden. Dies könnte noch von einem Administrator geleistet werden. Dann müssen die betreffenden Daten unter Anwendung der Kryptographiefunktionen aber explizit ver- oder entschlüsselt werden. Dieses Vorgehen ist *nicht* transparent für die Anwendung. Der Code für das Schreiben und Lesen der Daten muss vom Entwickler angepasst werden. Das sieht auf den ersten Blick vielleicht etwas umständlich aus, erscheint aber bei näherer Betrachtung durchaus sinnvoll. Es ist so, dass die Verwendung verschlüsselter Daten in nicht unerheblichem Umfang Prozessorlast in Anspruch nehmen kann. Dieser Overhead fällt je nach verwendetem Verfahren unterschiedlich groß aus. Grob gesagt gilt: Je sicherer das Verfahren, desto aufwändiger die Berechnung. Mit den T-SQL-DDL-Befehlen und Funktionen können Sie sehr fein eine passende Methode für das Verschlüsseln relevanter Tabellendaten implementieren und dabei die speziellen Anforderungen der eigenen Anwendung berücksichtigen.

Spalteninformationen in einer Datenbank verschlüsseln

Bei der Verschlüsselung von Spaltendaten in SQL Server 2008 führen viele Wege nach Rom. Ich möchte hier exemplarisch nur einen bestimmten vorstellen. Ziel des Unternehmens soll es sein, die Spalte Kontonummer, die zusammen mit der Kundenadresse in der Tabelle *Customers* gespeichert wird, gegen die gerade beschriebenen Schwachstellen abzusichern. Wir befinden uns auf der dritten Ebene der Verschlüsselungshierarchie. Die ersten beiden bestehen aus Windows selbst und der SQL Server-Instanz. In der Datenbank muss zunächst einmal ein so genannter *Master Key* angelegt werden, falls noch keiner existiert. Mit diesem Schlüssel können dann weitere Schlüssel oder Zertifikate gebildet werden. Die Informationen darüber, welche symmetrischen Schlüssel (der Master Key ist so einer) in einer Datenbank abgelegt wurden, finden Sie in der Metadatensicht *sys.symmetric_keys*. Am Anfang sind noch keinerlei Schlüssel vorhanden. Mit dem folgenden Codeschnipsel legen Sie den Master Key in der *netShop*-Datenbank an. Es ist wohl überflüssig zu erklären, dass das Passwort komplex sein sollte und Sie es unbedingt sicher aufheben müssen.

```
USE netShop
IF NOT EXISTS
    (SELECT * FROM sys.symmetric_keys WHERE name = '##MS_DatabaseMasterKey##')
    CREATE MASTER KEY ENCRYPTION BY PASSWORD = '?2***###is_%ja_guti!'
```

Listing 13.56 Anlegen des Master Key in einer Datenbank

Eine Kleinigkeit muss noch an der Struktur der Tabelle *Sales.Customers* geändert werden, bevor es an die weitere Implementierung gehen kann. Sämtliche T-SQL-Kryptographiefunktionen verwenden als Datentyp für verschlüsselte Werte den Datentyp *varbinary*. Die maximale Länge der verschlüsselten Daten darf 8.000 Byte nicht überschreiten. Mit dem folgenden Skript wird eine passende Spalte an die vorhandene *Customers*-Tabelle angehängt. Diese soll die Kontonummer in verschlüsselter Form aufnehmen.

```
ALTER TABLE Sales.Customers
ADD AccountNoCrypted varbinary(8000)
```

Listing 13.57 Eine Spalte für die Aufnahme verschlüsselter Daten

Bevor es an das eigentliche Verschlüsseln geht, sind noch Zwischenschritte notwendig. Der Master Key einer Datenbank eignet sich nämlich nicht direkt für das Verschlüsseln von Daten einer Spalte. Dazu kann ein Zertifikat, ein symmetrischer Schlüssel oder ein asymmetrischer Schlüssel eingesetzt werden. In diesem Fall soll ein symmetrischer Schlüssel zum Zuge kommen. Der arbeitet deutlich schneller als die anderen Verfahren. Die Algorithmen für symmetrische Kryptographieverfahren sind etwas einfacher gestrickt als diejenigen für asymmetrische. Dieser zweite Schlüssel wird, genau wie der Master Key selbst, verschlüsselt in der Datenbank abgelegt.

Während beim Master Key allerdings nur ein Passwort für die Verschlüsselung eingesetzt werden kann, gibt es hierbei zusätzlich die Möglichkeit einen weiteren Schlüssel oder ein Zertifikat zu verwenden. Ein Zertifikat bietet sich in vielen Fällen an. Die Absicherung durch ein Zertifikat ist deutlich schwerer zu knacken als ein Kennwort und falls im Unternehmen sowieso schon Zertifikate im Einsatz sind, lassen sich diese importieren. Gerade auch wenn die Daten auf einem zweiten Server kontrolliert geöffnet werden sollen, ist die Verwendung eines Zertifikates für das Absichern des symmetrischen Schlüssels sinnvoll.

Sie können über das *CREATE CERTIFICATE*-Kommando ein Zertifikat aus Windows importieren (das ist die Klausel *WITH FILE*) oder von SQL Server einfach ein neues generieren lassen (ein so genanntes *self signed* Zertifikat). Im nächsten T-SQL-Beispiel wird einfach ein solches verwendet, um das Beispiel nicht ausufern zu lassen. Das frisch angelegte Zertifikat kann nicht nur für das Verschlüsseln von Informationen verwendet werden, sondern auch für das Absichern von Endpunkten, das Signieren von gespeicherten Prozeduren und so weiter. Um mithilfe von SQL Server ein neues Zertifikat zu generieren, muss der Hauptschlüssel der Datenbank in der Sitzung mittels *OPEN MASTER KEY* geöffnet werden. Auch das ist in Listing 13.58 zu sehen.

```
OPEN MASTER KEY DECRYPTION BY PASSWORD = '?2***###is_%ja_guti!'
CREATE CERTIFICATE netShopCert
   WITH
      SUBJECT = 'Das gute alte netShop-Zertifikat',
      START_DATE = '01.01.2009',
      EXPIRY_DATE = '01.01.2020'
```

Listing 13.58 Anlegen eines Zertifikats für den netShop

Der notwendige symmetrische Schlüssel ist schnell erzeugt und wird dabei mithilfe des Zertifikates chiffriert.

```
CREATE SYMMETRIC KEY CustomersKey
   WITH ALGORITHM = DES,
      KEY_SOURCE = 'Die Dinge sind nicht das, was sie zu sein scheinen!'
      ENCRYPTION BY CERTIFICATE netShopCert
```

Listing 13.59 Ein symmetrischer Schlüssel wird generiert

Kryptographie in der Datenbank

So, jetzt sind wir schon fast fertig. Für das Verschlüsseln von Daten stellt T-SQL diverse kryptographische Funktionen zur Verfügung. Im Bereich der symmetrischen Verfahren kommt die Skalarfunktion *EncryptByKey* in Betracht. Damit es nicht zu einfach wird, erwartet diese Funktion nicht etwa den Namen des Schlüssels, sondern dessen GUID aus der Datenbank. Freundlicherweise gibt es aber in Form der Funktion *Key_GUID* eine Methode, sich diese GUID zu besorgen.

Innerhalb der Sitzung, in welcher die Funktion *EncryptByKey* verwendet wird, muss der zu benutzende Schlüssel zunächst einmal geöffnet (aktiviert) werden. Dem T-SQL-Befehl *OPEN SYMMETRIC KEY*, der dieses bewerkstelligt, müssen dabei die Informationen mitgegeben werden, die beim Anlegen des Schlüssels verwendet wurden.

```
OPEN MASTER KEY DECRYPTION BY PASSWORD = '?2***###is_%ja_guti!'
OPEN SYMMETRIC KEY CustomersKey
   DECRYPTION BY CERTIFICATE netShopCert

UPDATE Sales.Customers
SET AccountNoCrypted = EncryptByKey(Key_GUID('CustomersKey'), AccountNo)

CLOSE SYMMETRIC KEY CustomersKey
```

Listing 13.60 Verschlüsseln einer Spalte

Sind Sie neugierig und möchten Sie einmal nachschauen, wie der verschlüsselte Wert für die Kontonummer im ersten Datensatz lautet, dann müssen Sie den Binärstring wieder in eine Zeichenkette konvertieren. So, wie im nächsten Beispiel. *Und* – Sie müssen das Ergebnisfenster des T-SQL-Editors in den Textmodus schalten.

```
SELECT LastName, CAST (AccountNoCrypted AS varchar(8000)) AS AccountNoCrypted
FROM Sales.Customers
WHERE ID = 1
```

Listing 13.61 Die verschlüsselten Daten betrachten

Als Ergebnis erhalten Sie etwas in der Art »p,_ƒʻNʹÞVãñdz£_ ´ $SIʻʹ6À'2uø«¥Ê÷uwŸã[|6ÛxʻÙ²-`ñ.X« (Sie müssen die Ausgabe des Abfrageeditors auf *Ergebnisse in Text umschalten*, um überhaupt etwas sehen zu können). Dem einfachen Hex-Editor-Datendiebstahl wäre jetzt schon mal ein Riegel vorgeschoben. Bleibt noch zu klären, wie es in der anderen Richtung aussieht. Das Entschlüsseln einer Information, die mit einem symmetrischen Schlüssel verarbeitet wurde, leistet die Funktion *DecryptByKey*. Auch diese erwartet, dass zunächst der Schlüssel geöffnet wird. Die Angabe der GUID erübrigt sich. Die verschlüsselten Daten enthalten die Information, welcher Schlüssel verwendet wurde. Das Öffnen des Schlüssels muss in derselben Sitzung erfolgen, in welcher das Dechiffrieren stattfindet. Sie finden im nächsten T-SQL-Beispiel den kompletten Code dafür.

```
OPEN MASTER KEY DECRYPTION BY PASSWORD = '?2***###is_%ja_guti!'
OPEN SYMMETRIC KEY CustomersKey
   DECRYPTION BY CERTIFICATE netShopCert

SELECT LastName, CAST (DeCryptByKey(AccountNoCrypted) AS varchar(8000))
FROM Sales.Customers WHERE ID = 1
```

Listing 13.62 Entschlüsseln der Daten

Was ist nun aber mit der zweiten Spionage-Variante, dem Anhängen der Datenbank an einen zweiten Server? Wenn sämtliche Schlüssel und Zertifikate in der Datenbank selbst abgespeichert sind, werden immer noch keine umwerfenden kryptographischen Kenntnisse benötigt, um die Verschlüsselung zu knacken. Das einzige, was dazu auf dem Zielserver geleistet werden muss, ist das Öffnen des Datenbank-Masterkeys mit dem passenden Passwort. Mit einem entsprechenden Generator ist das nur eine Frage der Zeit.

Mein Vorschlag dazu: Speichern Sie das Zertifikat, welches zum Generieren eines Schlüssels verwendet wird, einfach nicht permanent in der Datenbank ab. Halten Sie es getrennt von der Datenbank in einer gut gesicherten Datei und laden Sie es bei Bedarf aus dieser. Verwenden Sie außerdem die asymmetrische Verschlüsselung. In einem Szenario, in dem es nicht auf das letzte bisschen Performance ankommt, spielt die dazu notwendige Extrazeit kaum eine Rolle. Wird beispielsweise ein Online-Shop auf der Basis der *netShop*-Datenbank realisiert, dann wird das Zertifikat genau dann benötigt, wenn ein Käufer seine Kontodaten hinterlegt oder wenn eine bestimmte Bestellung abgewickelt wird. Also relativ selten. Es werden nun ein paar Codefragmente vorgestellt, aus denen Sie Ihre eigenen Kryptographieroutinen mit externem Zertifikat entwickeln können. Zunächst muss ein Backup des *netShop*-Zertifikats vorgenommen werden. Anschließend wird es aus der Datenbank entfernt (dazu muss auch der symmetrische Schlüssel gelöscht werden).

```sql
OPEN MASTER KEY DECRYPTION BY PASSWORD = '?2***###is_%ja_guti!'
BACKUP CERTIFICATE netShopCert TO FILE = 'D:\Keys\nsc'
    WITH PRIVATE KEY ( FILE = 'D:\Keys\nsck',
    ENCRYPTION BY PASSWORD = 'jomeidösises' )

DROP SYMMETRIC KEY CustomersKey
DROP CERTIFICATE netShopCert
```

Listing 13.63 Sichern eines Zertifikats ins Dateisystem

Nun muss vor jedem Verschlüsselungsvorgang das Zertifikat neu geladen werden. Das geschieht nicht etwa mit einem *RESTORE*-Befehl, sondern mit dem schon bekannten *CREATE CERTIFICATE*. Zum Verschlüsseln wird die Funktion *EncryptByCert* verwendet. Obwohl die »Books Online« sehr deutlich auf die höhere Prozessorlast für dieses Verschlüsselungsverfahren hinweisen, wird das Codebeispiel auf meinem Desktop-PC in gerade einmal 3 ms ausgeführt – recht akzeptabel also.

```sql
CREATE CERTIFICATE netShopCert
    FROM FILE = 'D:\Keys\nsc'
    WITH PRIVATE KEY (FILE = 'D:\Keys\nsck',
    DECRYPTION BY PASSWORD = 'jomeidösises')

INSERT Sales.Customers
( Code, Name_1, Name_2, Address, PostalCode, City, AccountNoCrypted, BankCode )
VALUES
( '9999', 'Peter', 'Müller', 'Kudamm', '12a', 'Berlin', EncryptByCert(Cert_ID('netShopCert'),
'1000200300'), '99966999' )

DROP CERTIFICATE netShopCert
```

Listing 13.64 Asymmetrisches Verschlüsseln mit »temporärem« Zertifikat

Den Vorgang des Entschlüsselns können Sie sich sicher schon jetzt vorstellen. Zum schnellen Ausprobieren aber hier noch das notwendige Stück T-SQL-Code:

```sql
CREATE CERTIFICATE netShopCert
    FROM FILE = 'D:\Daten\nsc'
    WITH PRIVATE KEY (FILE = 'D:\Daten\nsck',
    DECRYPTION BY PASSWORD = 'jomeidösises')
```

```
SELECT LastName, CAST (DecryptByCert(Cert_ID('netShopCert'), AccountNoCrypted) AS varchar(8000)) FROM
Sales.Customers WHERE Code = '9999'

DROP CERTIFICATE netShopCert
```

Listing 13.65 Asymmetrisches Entschlüsseln mit »temporärem« Zertifikat

Jetzt wird es für einen Langfinger, der die komplette Datenbank klaut, schon deutlich komplizierter, an die Informationen zu kommen. Ohne tiefere Kryptographiekenntnisse und Werkzeuge wird es schwierig. Das gilt natürlich auch für Sie selbst. Das Zertifikat muss sehr sorgfältig gesichert werden! Vielleicht in einer zweiten Datenbank? Mithilfe der T-SQL-Kryptographiefunktionen können Sie die Verschlüsselung von Daten sehr weit treiben. Seien Sie kreativ und probieren Sie verschiedene Verfahren – vor allem auch in Kombinationen – aus.

> **TIPP** Wenn das Chiffrieren oder Dechiffrieren von Daten mit einer der Kryptographiefunktionen nicht funktioniert, gibt es keine Fehlermeldung! Sie erhalten dann den Wert *NULL* als Ergebnis. Tritt das auf, dann gehen Sie die einzelnen Schritte noch einmal in Ruhe durch und verwenden Sie die verschiedenen Katalogsichten wie *sys.certificates*, *sys.asymmetric_keys* oder *sys.symmetric_keys*, um sich über die erzeugten Objekte zu informieren.

Transparente Datenbankverschlüsselung

Wie bereits erwähnt haben Sie es als stolzer Anwender der SQL Server Enterprise Edition etwas einfacher, was das Schützen der Daten durch Verschlüsselung angeht. Vor allen Dingen ist das Verfahren der transparenten Datenbankverschlüsselung (transparent data encryption, TDE), wie der Name schon sagt, für Anwendungen »unsichtbar«. Die Verschlüsselung kann jederzeit eingeschaltet werden, ohne dass auch nur eine einzige Zeile Code in einer Anwendung geänderte werden müsste. Daher kann die transparente Datenbankverschlüsselung auch jederzeit nachträglich in einer produktiven Datenbank aktiviert werden.

Grundlegendes zur transparenten Datenbankverschlüsselung

Bevor es die wichtigsten Arbeitsschritte im Umgang mit der transparenten Datenverschlüsselung geht folgen an dieser Stelle zunächst einmal die wichtigsten Fakten über TDE.

- **Verschlüsselung von Daten- und Protokolldateien** Die Verschlüsselung der Datendateien erfolgt auf der Basis der einzelnen Datenseiten. Neben den Datendateien werden auch die Dateien des Protokolls verschlüsselt. Das verhindert, dass über entsprechende Tools die im Transaktionsprotokoll gespeicherten DML-Befehle sichtbar gemacht werden können und dadurch Rückschlüsse auf die Datenbankinhalte gezogen werden.

- **Online-Aktivierung** Die transparente Datenbankverschlüsselung kann im laufenden Betrieb ein- oder ausgeschaltet werden. Es ist nicht notwendig die Datenbank offline zu nehmen. Prinzipiell sind sämtliche Benutzeroperationen erlaubt. Diverse Wartungsoperationen an der Datenbank selbst allerdings nicht. Das sollte normalerweise kein Problem sein.

- **Transparenz** Die Verschlüsselung der Daten ist für Anwendungen vollkommen unsichtbar. Sämtliche T-SQL-Befehle können ganz normal ausgeführt werden. Man benötigt keine besonderen Kommandos für das Schreiben oder Lesen der verschlüsselten Daten.

- **Verfahren** SQL Server verschlüsselt Daten, die auf Disk geschrieben werden und entschlüsselt Daten, die von Disk gelesen werden. Das heißt: Daten im Arbeitsspeicher (also im Puffer-Pool) sind immer unverschlüsselt. SQL Server kann derzeit nur auf unverschlüsselten Daten arbeiten. Schlimmstenfalls können durch ein Paging von SQL Server-Seiten unverschlüsselte Daten auf der Festplatte landen.

- **Algorithmen** Für das Verschlüsseln der Datenbankbank kann zwischen verschiedenen Algorithmen gewählt werden. Das sind: AES 128, AES 192, AES 256 oder Triple DES. Die AES-Verschlüsselung ist generell schneller. Beide Verfahren können im Prinzip geknackt werden.[3]

- **Speicherplatz** TDE nimmt keinen zusätzlichen Speicherplatz in Anspruch. Weder in den Datendateien, noch im Protokoll.

- **Performance** Als Faustregel kann an annehmen, dass TDE die Abfragen mindestens um ca. 5% langsamer macht. Steht die SQL Server Instanz allerdings ordentlich »unter Dampf«, dann steigen gleichzeitig auch die Verluste an. CPU- und I/O-Operationen dauern länger. Schlimmstenfalls kann man mit bis zu 30% Overhead rechnen. Untersuchungen zeigen, dass Schreiboperation etwas mehr verlangsamt werden als Leseoperationen. Das Beste ist, Sie führen für das Anwendungsprofil Ihrer Datenbanklösung eigene Messungen mithilfe des Profilers durch.

- **Verschlüsselung und Datenkomprimierung** Verschlüsselte Daten können nur sehr schwer komprimiert werden. Das liegt in der Natur der Dinge – man kann halt nicht alles (gleichzeitig) haben.

- **Auswirkungen auf die tempdb** Verschlüsselung Sie eine Datenbank einer SQL Server-Instanz, dann werden die Inhalte der tempbdb-Datenbank automatisch mit verschlüsselt. Und zwar die Objekte *aller* Datenbanken der betreffenden Instanz, nicht nur die der verschlüsselten. Mit anderen Worten: *tempdb*-Operationen werden für alle Datenbanken langsamer! Behalten Sie das unbedingt im Auge.

- **Sicherung des Zertifikats** Für die transparente Datenbankverschlüsselung legen Sie ein Zertifikat in der *master*-Datenbank an. Dieses müssen Sie *unbedingt* sichern. Sie werden in Kürze erfahren, wie das geht. Haben Sie das Zertifikat nicht gesichert und geht das Originalzertifikat verloren, dann wird es eng. Der Zugriff auf die Daten ist blockiert. Und das Wiederherstellen eines Zertifikats ist schon ein Stück »Raketenwissenschaft«. Außer Sie sind ein Experte beim Thema Verschlüsselung und verfügen über das entsprechende Know-How, sowie die notwendigen Tools.

- **Datensicherungen** Haben Sie TDE für eine Datenbank aktiviert, dann sind die Datenbanksicherungen ebenfalls verschlüsselt. Für das Rücksichern benötigen Sie unbedingt das passende Zertifikat.

TDE für eine Datenbank aktivieren

Die Handhabung der transparenten Datenbankverschlüsselung ist relativ leicht, speziell, wenn Sie sich schon etwas mit der Handhabung von Schlüsseln und Zertifikaten in SQL Server auskennen. Die notwendigen Schritte sind schnell erklärt. Zunächst wird – genau wie bei der spaltenweisen Verschlüsselung – ein Hauptschlüssel (Master Key) benötigt. Der Master Key für die TDE gehört allerdings unbedingt in die *master*-Datenbank (*USE master*).

---

[3] Am besten, Sie informieren sich im Internet über den aktuellen Stand der Dinge. Auf dem Gebiet der Datenverschlüsselung ist jederzeit so viel Bewegung in den Dingen, dass ein *Buch*, wie das vorliegende unmöglich eine Empfehlung geben kann. Ein als sicher geltendes Verfahren kann von heute auf morgen geknackt worden sein. Entscheidend sind der Aufwand und die Verfügbarkeit der Entschlüsselungsalgorithmen.

```
USE master
GO

CREATE MASTER KEY ENCRYPTION BY PASSWORD = '?2>>>!!!is_%ja_guti!'
```
Listing 13.66 Hauptschlüssel für die TDE anlegen

Auch das notwendige Zertifikat wird in der Masterdatenbank angelegt.

```
USE master
GO

CREATE CERTIFICATE netShopTDECert WITH SUBJECT = 'Zertifikat für die TDE-Verschlüsselung'
```
Listing 13.67 Zertifikat für die TDE anlegen

In der Datenbank selbst wird jetzt noch ein Schlüssel benötigt. Im Falle von TDE handelt es sich um den speziellen Typ des »Verschlüsselungsschlüssels für die Datenbank« - im englischen etwas kürzer *Database Encryption Key (DEK)* genannt.

```
USE netShop
GO

CREATE DATABASE ENCRYPTION KEY
WITH ALGORITHM = AFS_128
ENCRYPTION BY SERVER CERTIFICATE netShopTDECert
GO
```
Listing 13.68 Datenbank Verschlüsselungs-Schlüssel für TDE

Freundlicherweise warnt der SQL Server uns an dieser Stelle mit dem folgenden Hinweis, dass noch etwas zu tun ist.

Warnung: Das zum Verschlüsseln des Verschlüsselungsschlüssels für die Datenbank verwendete Zertifikat wurde nicht gesichert. Sie sollten das Zertifikat und den dem Zertifikat zugeordneten privaten Schlüssel sofort sichern. Wenn das Zertifikat nicht mehr verfügbar ist oder wenn Sie die Datenbank auf einem anderen Server wiederherstellen oder anfügen müssen, benötigen Sie Sicherungen des Zertifikats und des privaten Schlüssels. Andernfalls können Sie die Datenbank nicht öffnen.

(1 Zeile(n) betroffen)

Das ist klar und eindeutig! Sichern Sie also am besten das Zertifikat, noch *bevor* Sie die Datenbank damit verschlüsseln.

```
BACKUP CERTIFICATE netShopTDECert TO FILE = 'D:\Keys\nstdec'
    WITH PRIVATE KEY ( FILE = 'D:\Keys\nstdeck', ENCRYPTION BY PASSWORD = 'isjaguti' )
```
Listing 13.69 Das TDE-Zertifikat sichern

Und *jetzt* kann die Datenbank verschlüsselt werden. Das ist ein Klacks.

```
ALTER DATABASE netShop
SET ENCRYPTION ON
```
Listing 13.70 TDE für eine Datenbank aktivieren

Das Verschlüsseln der Datenbank beginnt nun im Hintergrund. Sie können ohne weiteres parallel Abfragen ausführen. Den Zustand der Datenbank können Sie über die Systemsicht *sys.databases* ermitteln. Dazu gleich mehr.

Eine verschlüsselte Datenbank sichern und wiederherstellen

Nachdem Sie eine Datenbankverschlüsselt *und* das Zertifikat gesichert haben (siehe Listing 13.69) können Sie die Datenbank sicher. OK – Sie können die Datenbank auch ohne das vorherige Sichern des Zertifikats sichern, das ist aber, wie gesagt, nicht gerade »Best Practice«. Falls Sie also bereits das Skript für das Sichern des Zertifikats ausgeführt haben können Sie jetzt die Datenbank mit einem ganz normalen BACKUP DATABASE sichern.

```
BACKUP DATABASE netShop TO DISK = 'D:\Backup\netShop.bak'
```

Listing 13.71   Verschlüsselte Datenbank sichern

Nehmen wir einmal an es hätte ein kleines Problem mit Ihrem Datenbankserver gegeben und Sie hätten die Server-Instanz neu aufsetzen müssen. Dann wäre das für die TDE-Entschlüsselung notwendige Zertifikat noch nicht in der *master*-Datenbank vorhanden. Um diesen Zustand einer neu installierten *master*-Datenbank zu simulieren werden das Zertifikat und der Master Key mit dem nächsten Skript einfach gelöscht.

```
USE master
GO

DROP CERTIFICATE netShopTDECert
DROP MASTER KEY
```

Listing 13.72   Zertifikat und Master Key für die TDE verschwinden

Probieren Sie jetzt einmal das Wiederherstellen der Datenbank mittels des nachfolgenden Kommandos aus. Denken Sie daran die überflüssigen Abfragefenster zu schließen. Bei einem Restore dürfen keinerlei Benutzerverbindungen in einer Datenbank existieren.

```
USE master
GO

RESTORE DATABASE netShop FROM DISK = 'D:\Backup\netShop.bak'
```

Listing 13.73   Restore-Versuch

Das Ergebnis ist wenig überzeugend. SQL Server weigert sich, das Backup auszuführen und meldet sich stattdessen mit der folgenden Fehlermeldung.

```
Meldung 33111, Ebene 16, Status 3, Zeile 2
Der Server Zertifikat mit dem Fingerabdruck '0x1E972A668838A88F5F7B55D1B4E35C0325B57B1B' wurde nicht gefunden.
Meldung 3013, Ebene 16, Status 1, Zeile 2
RESTORE DATABASE wird fehlerbedingt beendet.
```

Dumme Sache: Das Zertifikat wird für das Restore benötigt. Gute wäre es, wenn man in dieser Situation entweder eine Sicherung der *master*-Datenbank besitzt, die das Zertifikat enthält und diese einspielen kann. Alternativ kann jetzt natürlich der Zeitpunkt gekommen sein, das gesicherte Zertifikat erneut in der *master*-Datenbank zu installieren.

```
USE master
GO

CREATE MASTER KEY ENCRYPTION BY PASSWORD = '...undnocheinschlüssel...'
```

```
CREATE CERTIFICATE netShopTDECert
    FROM FILE = 'D:\Keys\nstdec'
    WITH PRIVATE KEY (FILE = 'D:\Keys\nstdeck',
    DECRYPTION BY PASSWORD = 'isjaguti' )
```

Listing 13.74 Restore vorbereiten

Jetzt sollte das Restore aus der verschlüsselten Datenbanksicherung kein Problem mehr darstellen und reibungslos funktionieren. Anschließend können Sie sofort mit der durch TDE gesicherten Datenbank weiterarbeiten.

Metainformationen für die transparente Datenbankverschlüsselung

Die Informationen in Bezug auf die TDE finden Sie in den Systemsichten *sys.databases* und *sys.dm_databases_encryption_keys*. Falls Sie sich beispielsweise anzeigen lassen möchten, ob die Verschlüsselung für die Datenbank netShop vollständig abgeschlossen ist, dann können Sie dazu einfach die folgende Abfrage verwenden.

```
SELECT
    d.is_encrypted,
    ddek.encryption_state,
    ddek.percent_complete,
    ddek.key_algorithm,
    ddek.key_length
FROM
    sys.databases d
INNER JOIN
    sys.dm_database_encryption_keys ddek ON d.database_id = ddek.database_id
WHERE
    d.name = 'netShop'
```

Listing 13.75 Verschlüsselungsstatus einer Datenbank abfragen

In der Sicht *sys.databases* befindet sich das Flag *is_encrypted*. Eine 1 zeigt an, dass die Datenbank verschlüsselt ist. Ist dieses noch nicht vollständig der Fall, dann liefert die Spalte *encryption_state* aus *sys.dm_databases_encryption_keys* Aufschluss über den aktuellen Zustand:

- 1 = nicht verschlüsselt
- 2 = Verschlüsselung passiert gerade
- 3 = ist verschlüsselt
- 4 = Verschlüsselungsschlüssel wird gerade geändert
- 5 = Entschlüsselung passiert gerade

Wenn gerade ein Vorgang abläuft, dann kann man an der Spalte percent_complete ablesen, wie weit dieser fortgeschritten ist.

Nachdem die netShop-Datenbank komplett verschlüsselt wurde liefert diese Abfrage das folgende Ergebnis:

is_encrypted	encryption_state	percent_complete	key_algorithm	key_length
1	3	0	AES	128

Kapitel 14

Sichten

In diesem Kapitel:
Mit Sichten arbeiten 527
Performance-Überlegungen 539

Sichten, auch *Views* genannt, sind die Klassiker unter den Datenbankobjekten. Sie stellen die einfachsten Objekte dar, die ein Entwickler in einer Datenbank zusätzlich zu den Tabellen anlegen kann. In der Basisform stellen Sichten nichts anderes als gespeicherte *SELECT*-Abfragen dar. Die Datensätze, die beim Öffnen einer Sicht vom Server geliefert werden, sind also nicht *materialisiert* (permanent gespeichert). Die Definition und der Einsatz von Sichten sind in den SQL-Standards klar und eindeutig definiert. SQL Server folgt dem SQL-92-Standard.

Die Funktion einer Sicht wird durch den Namen dieses Objekts bereits sehr gut beschrieben. Durch Sichten werden unterschiedlichen Benutzergruppen die Datenbestände in einer Datenbank unter verschiedenen Blickwinkeln präsentiert. Im Laufe der Zeit haben sich weitere Einsatzmöglichkeiten herauskristallisiert. Folgende Aufgabenstellungen sind in Datenbanksystemen unter anderem für Sichten denkbar:

- **Komplexität verbergen** Datenbanken bestehen häufig aus dutzenden oder hunderten (bei *ERP*-Systemen auch tausenden) von Tabellen. Benutzer, die auf solche Datenbanken zugreifen müssen, um Berichte und Auswertungen zu generieren, sollen in der Regel nicht selbstständig auf diese Basistabellen zugreifen, um die Daten zu extrahieren. Der Hersteller der Datenbanklösung oder der Administrator stellt in vielen Fällen standardisierte Sichten zur Verfügung, die dem Anwender eine vereinfachte Darstellung der Sachverhalte anbieten. Auf der Client-Seite, im Reporting-Tool oder auch in einer ADO.NET-Programmierumgebung werden Sichten in der Regel wie ganz normale Benutzertabellen präsentiert.

- **Datensicherheit gewährleisten** Sichten können als Sicherheits-Zwischenschicht benutzt werden, um den Tabellenzugriff auf Spaltenebene zu steuern. Sollen nicht alle Benutzer sämtliche Spalten einer Datenbanktabelle einsehen, so können Sichten eingesetzt werden, um Details dieser Tabelle zu verbergen. Auf diese Weise können Felder, die für die Clientprogrammierung wichtig, aber für den Anwender sinnlos sind, verborgen werden.

- **Vorbereiten von Auswertungen** Bei der Erstellung von Berichten müssen oft Daten aus vielen verschiedenen Tabellen miteinander verknüpft werden. Tools wie Crystal Reports oder die Reporting Services fordern dazu oft äußerst umfangreiche Datenmengen von einem Datenbankserver an, um die Auswertung auf der Seite des Client zu erledigen. Dieser Effekt führt in der Praxis oft zu langen Laufzeiten und zu einer hohen Netzwerklast. Um solche Probleme zu vermeiden, bereitet man häufig Reporting-Sichten auf dem Server vor, welche die Tabellenverknüpfungen und die Voraggregation bereits sehr effektiv von der Datenbankmaschine des Servers erledigen lassen und nur die Ergebnisdatensätze zum Clientprogramm schicken.

- **Änderungen von Objekten verbergen** Bei einem neuen Release einer Datenbankapplikation sind häufig Änderungen an der Tabellenstruktur notwendig, die den alten, noch installierten Client-Programmen Schwierigkeiten bereiten. Wurden beispielsweise in Tabellen die Namen von Spalten geändert, so scheitern die Zugriffe auf diese Spalten. Eine Möglichkeit für eine Strukturänderung, die das Austauschen sämtlicher bestehender Clients vermeidet, ist das Anlegen neuer Tabellen unter anderen Namen und das Ersetzen der vorhandenen Tabellen durch Sichten. In diesen werden die neuen Namen nach außen durch die alten Bezeichnungen ersetzt, sodass sich für die benutzenden Programme scheinbar nichts ändert. Diese Technik finden Sie übrigens bei der Metadatenschnittstelle des SQL Server selbst. Die aus Zeiten von SQL Server 2000 stammende Systemtabelle *sysobjects* zum Beispiel wurde bereits in SQL Server 2005 zur Systemsicht *sysobjects*, welche über die gleichen Spalten verfügt wie die alte Systemtabelle, aber auf völlig andere Basisdaten zugreift.

- **Bereitstellung einer Datenschnittstelle** Möchten Sie in Ihrer Datenbankapplikation Tabellendaten für die Nutzung einer anderen Software freigeben, dann sind Sichten eine gute Möglichkeit, eine Schnittstelle zu definieren und über diese auch die Zugriffsberechtigungen zu definieren.

Dies sind die elementaren Einsatzgebiete für Sichten. Microsoft SQL Server kennt noch weitere Möglichkeiten, die in erster Linie mit Performance-Fragestellungen zu tun haben:

- **Optimierung der Abfrageleistung** In der Enterprise Edition von SQL Server können Sichten, die Aggregatfunktionen verwenden, mit Indizes versehen werden. Dadurch werden die Aggregatwerte physisch in der Datenbank materialisiert. Der lesende Zugriff auf die aggregierten Daten wird in komplexen und umfangreichen Abfragen durch diese *indizierten Sichten* stark beschleunigt. Typischerweise werden solche Sichten speziell für das Reporting in großen Datenbanken bis hin zu Data Warehouses eingesetzt. Im Abschnitt am Ende dieses Kapitels stelle ich den Einsatz indizierter Sichten vor.

- **Partitionierte Sichten** Ebenfalls in der Enterprise Edition bietet SQL Server die Möglichkeit an, Daten mithilfe von Check-Einschränkungen und spezieller *UNION*-Sichten automatisiert auf mehrere Tabellen zu verteilen und bei Abfragen wieder zusammenzuführen. Ähnlich wie bei der Partitionierung von Tabellen, die in Kapitel 8 erläutert wurde, helfen *partitionierte Sichten* der Datenbankmaschine dabei, Abfragen in sehr großen Datenmengen effektiver auszuführen. Auch diese Technik wird am Ende des Kapitels vorgestellt.

- **Aufteilung von Tabellen auf verschiedene Server** Über die Technik der so genannten Linked Server können sehr große Datenbestände potenziell über mehrere Maschinen verteilt werden. Dabei sind sogar »gemischte« Installationen aus Datenbanksystemen verschiedener Hersteller denkbar. Eine Möglichkeit für das Verteilen der Daten stellen *INSTEAD OF*-Trigger dar. Solche sich über mehrere Server hinweg erstreckende Tabellen werden über Sichten für den Benutzer transparent zusammengefasst. Diese Art einer *heterogenen* Partitionierung von Sichtdaten ist nur bei *wirklich* umfangreichen Tabellen bis hin zur Terrabyte-Größenordnung sinnvoll.

Sie können in Ihren Projekten Sichten zur Unterstützung der Programmierung einsetzen. Durch Sichten lassen sich T-SQL-Abfragen, die in der Programmierung immer wieder benötigt werden, in logische Einheiten verpacken. Diese können dann im Programmcode selbst wie auch in Berichten als Datengrundlage eingesetzt werden.

Ein Beispiel für eine SQL Server-Sicht ist in Abbildung 14.1 dargestellt. Bei der in der Sicht verpackten Abfrage geht es darum, die Umsätze für jede Warengruppe zu berechnen. In der *netShop*-Datenbank müssen für diese Aufgabenstellung fünf Tabellen abgefragt werden. Das resultierende *SELECT*-Kommando ist daher etwas länglich. Kommt diese spezielle Abfrage an verschiedenen Stellen in der Datenbankapplikation vor, dann lohnt es sich, den SQL-Befehl in einer Sicht zu verpacken. Der Code für den Aufruf dieser Sicht ist viel weniger aufwändig zu schreiben als der originale Befehl. Hier folgt der T-SQL-Code für das *SELECT*:

```
SELECT
    ag.ID, MIN(ag.Name) AS ArticleGroup, MONTH(o.OrderDate)AS Month, SUM(od.Quantity * od.UnitPrice) AS Sales
FROM
    Products.ArticleGroups AS ag
    RIGHT OUTER JOIN Sales.ArticlesToArticleGroups AS aag ON ag.ID = aag.ArticleGroupID
    RIGHT OUTER JOIN Products.Articles AS ar ON aag.ArticleID = ar.ID
    INNER JOIN Sales.OrderDetails AS od ON ar.ID = od.ArticleID
    INNER JOIN Sales.Orders AS ord ON od.OrderID = ord.ID
GROUP BY
    ag.ID, MONTH(o.OrderDate)
```

Listing 14.1 SQL-Befehl ohne Sicht

Die Ausführung einer entsprechenden Sicht ist in einer Zeile codierbar:

```
SELECT * FROM Sales.vwSalesByArticleGroupsAndMonth
```

Listing 14.2 SQL-Befehl mit Sicht

Vergleicht man die Abfragepläne von Listing 14.1 und Listing 14.2 miteinander, so wird man feststellen, dass diese vollkommen identisch sind. Beim Abfragen der Sicht *vwSalesByArticleGroupsSalesByArticleGroupAndMonth* (die sich von Anfang an in der *netShop*-Datenbank befindet) wird eben das hinterlegte SELECT-Kommando »ausgepackt«, analysiert und ausgeführt. Man spricht auch davon, dass eine Sicht *expandiert* wird.

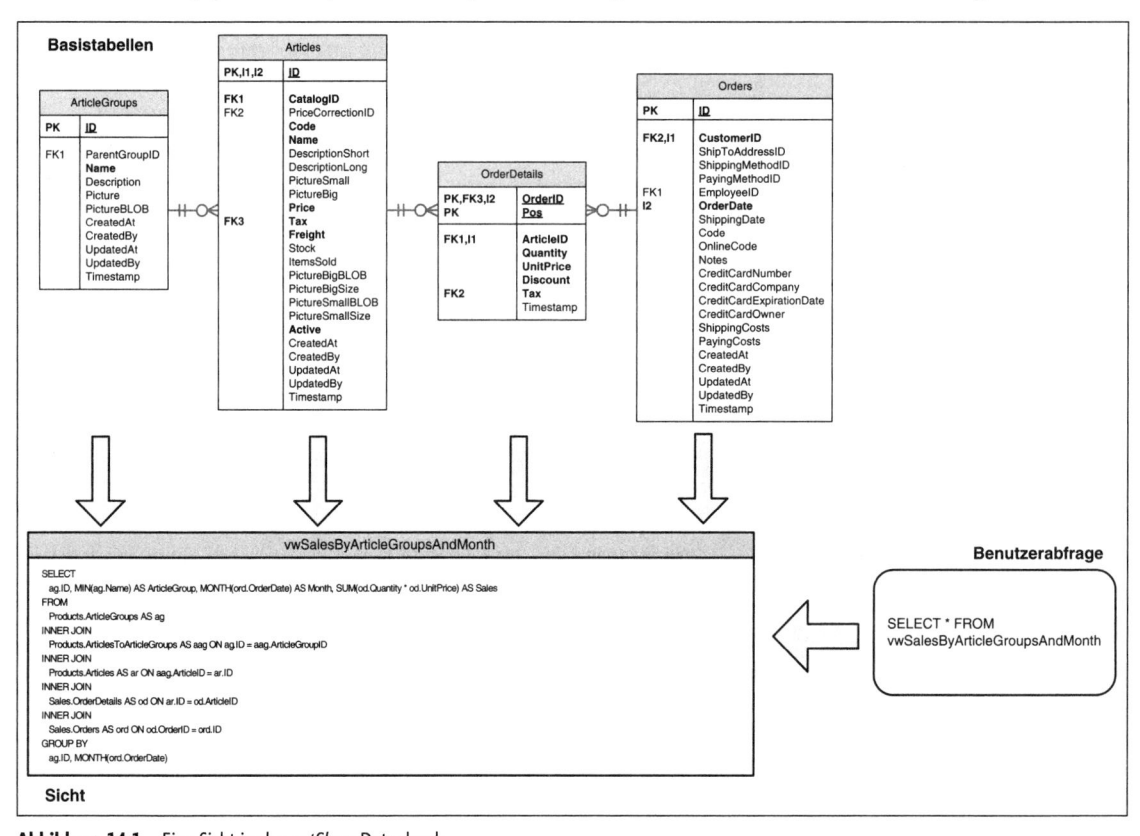

Abbildung 14.1 Eine Sicht in der *netShop*-Datenbank

In den folgenden Abschnitten geht es um das Arbeiten mit Sichten im Management Studio und T-SQL, das Ändern von Daten über Sichten, Berechtigungen und Performance-Fragestellungen.

Mit Sichten arbeiten

Sichten in der Entwicklungsumgebung anlegen

Ob Sie eine Sicht im Visual Studio oder im SQL Server Management Studio anlegen, bleibt vollkommen Ihnen überlassen. Beide Entwicklungsumgebungen stellen exakt dieselben Funktionen zur Verfügung. Im Management Studio legen Sie eine Sicht für eine Datenbank im Objekt-Explorer über *Sichten/Neue Sicht* an. Daraufhin öffnet sich im zentralen Fenster der Sichtdesigner (Abbildung 14.2). Alternativ können Sie eine Sicht natürlich auch direkt im Abfrageeditor anlegen und den allgemeinen Abfrageeditor nutzen, um zumindest die JOIN-Anweisungen zwischen den Tabellen nicht mühselig mit viel Tipparbeit anlegen zu müssen. Sicht-Designer und Abfrageeditor unterscheiden sich allerdings nicht wesentlich. Der Sichtdesigner ermöglicht ein direktes Ausprobieren der Abfrage und die Befehle werden nicht nur als Kontextmenüs, sondern zusätzlich über eine Symbolleiste zur Verfügung gestellt. Das war's dann auch schon. Sind Sie mit Ihrer Sicht zufrieden, dann können Sie deren Definition über das Kommando *Datei / Speichern* des Management Studios direkt in der Datenbank ablegen.

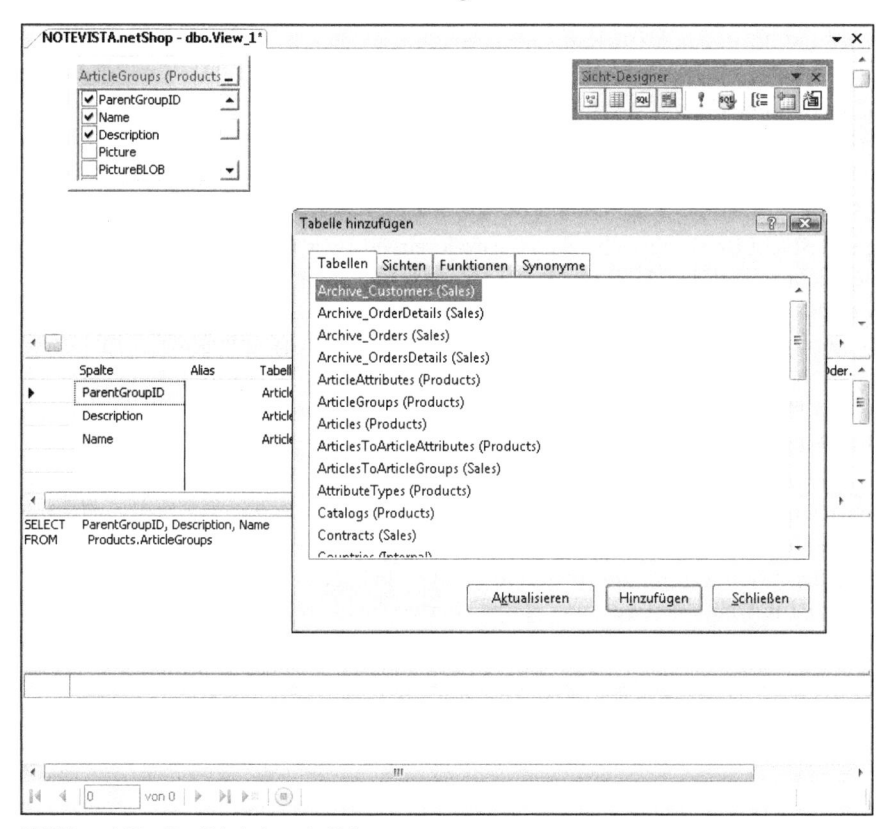

Abbildung 14.2 Der Sichtdesigner in Aktion

Da die Funktionen des Abfragedesigners bereits ausführlich in Kapitel 6 (»Werkzeuge für T-SQL-Entwickler«) vorgestellt wurden, geht es im nächsten Abschnitt darum, wie Sie Sichten in T-SQL anlegen und bearbeiten können.

Sichten mit T-SQL bearbeiten

Eine neue Sicht wird in Transact-SQL mit dem *CREATE VIEW*-Befehl angelegt:

```
CREATE VIEW view_name [ ( column [ ,...n ] ) ]
[ WITH { ENCRYPTION | SCHEMABINDING | VIEW_METADATA } ]
AS
select_statement
[ WITH CHECK OPTION ]
```

Dies ist bereits die vollständige Syntax zur Erstellung einer Sicht, wobei die beiden *WITH*-Klauseln optional zu verstehen sind. Ein einfaches Beispiel für das Erzeugen einer Sicht sieht so aus:

```
CREATE VIEW vwCustomersFonlist
AS
SELECT
   Name_1 AS FirstName, Name_2 AS LastName, City, Telephone, Fax
FROM
   Sales.Customers
```

Listing 14.3 Eine einfache Sicht

Für die Ausführung des *CREATE*-Kommandos benötigen Sie die entsprechenden Berechtigungen in der Datenbank. Wenn Sie als Entwickler in Ihrer eigenen Datenbank arbeiten, so werden Sie das normalerweise als Mitglied der Serverrolle *sysadmin* (Server-Administratoren) beziehungsweise *db_owner* (Besitzer der Datenbank) tun. Damit verfügen Sie automatisch über alle notwendigen Berechtigungen. Wenn Sie nicht als Datenbankbesitzer arbeiten, dann müssen Sie vom Administrator mindestens die *CREATE VIEW*-Berechtigung erteilt bekommen haben.

Wichtig bei der Erstellung einer Sicht ist die Tatsache, dass Sie exakt ein einziges SQL-Statement verwenden dürfen, um die Funktion der Sicht festzulegen. Dabei ist es selbstverständlich möglich, *JOIN* oder *UNION* zu benutzen, um Daten aus verschiedenen Tabellen miteinander zu kombinieren. Die Tabellen, die als Grundlage einer Sicht verwendet werden, bezeichnet man auch als *Basistabellen*. Prinzipiell können Sichten wiederum als Grundlage für weitere Sichten dienen, allerdings nur bis zu einer Verschachtelungstiefe von 32, was natürlich mehr als ausreichend ist. Und die Obergrenze von 1.024 Spalten, die Ihnen zur Verfügung stehen, dürfte in den allermeisten Fällen auch genügen.

Es ist sinnvoll sich zu vergegenwärtigen, was passiert, wenn man mit *CREATE VIEW* eine neue Sicht auf dem Server anlegt. Zunächst wird der SQL-Text vom Server auf Korrektheit überprüft. Das betrifft die Transact-SQL-Syntax und die Bezeichnungen der verwendeten Datenbankobjekte. Ist alles in Ordnung, dann legt der Server die Sichtdefinition, verteilt auf mehreren Systemtabellen, ab. Über die entsprechenden Systemsichten können Sie sich Informationen zu einer gespeicherten Sicht beschaffen. Die Katalogsicht *sys.views* enthält die Liste der in der Datenbank abgelegten Sichten und *sys.columns* die Spaltendefinitionen dazu. Über *sys.sql_modules* können Sie den zur Erstellung der Sicht genutzten Befehl wiederfinden. Mit dem folgenden SQL-Code wird zum Beispiel die abgespeicherte Sichtdefinition aus Listing 14.3 angezeigt:

```
SELECT
   sm.definition
FROM
   sys.views sv INNER JOIN sys.sql_modules sm
ON
   sv.object_id = sm.object_id
WHERE
   sv.name = 'vwCustomersFonlist'
```

Listing 14.4 Befehl zum Auslesen einer Sichtdefinition

Soll die Sicht ausgeführt werden, so liest der Server die Sichtdefinition aus den Systemtabellen, führt das gespeicherte *SELECT*-Statement aus und liefert das Ergebnis zurück. Dieses Verhalten ist für Performance-Betrachtungen interessant. Eine Sicht wird mit jedem Aufruf neu ausgeführt; es ist also nicht etwa so, dass sich SQL Server das Ergebnis »merkt«. Eine Sicht wird nicht schneller ausgeführt als ein direkt eingegebenes SQL-Statement.

Aus der Perspektive der meisten Clients, die über OLEDB oder ODBC auf einen SQL Server zugreifen, stellt sich eine Sicht wie eine ganz normale Datenbanktabelle dar. Dem Benutzer ist überhaupt nicht klar, dass mit einer Sicht und nicht mit einer Basistabelle gearbeitet wird.

In der folgenden Liste finden Sie einige interessante Besonderheiten und Einschränkungen von Sichten.

- Sichten besitzen keine Parameter. Von Clients aus gibt es damit keine Möglichkeit, Werte an eine Sicht zu übergeben, um Berechnungen zu beeinflussen oder eine dynamische *WHERE*-Klausel zu implementieren. Möchten Sie Parameter verwenden, dann sollten Sie gespeicherte Prozeduren oder benutzerdefinierte Funktionen anstelle von Sichten verwenden.

- Es gibt eine Spezialität bei der Sortierung der Daten. Die *ORDER BY*-Klausel kann nur dann einsetzt werden, wenn gleichzeitig das Schlüsselwort *TOP* Verwendung findet. Der Begriff *Sortierung* bezieht sich bei Sichten immer auf ein Zwischenergebnis, welches anschließend mit TOP eingegrenzt wird. Die von einer Sicht *gelieferte* Datensatzmenge ist per Definition *nicht* sortiert. Das ist ein gewichtiger Unterschied von SQL Server 2008 gegenüber Vorgängerversionen! Früher konnte man das Ergebnis einer Sicht sortieren. Lesen Sie dazu den nächsten Abschnitt »ORDER BY und TOP in Sichten« und beachten Sie auch den Hinweis auf den Hotfix, der dieses Verhalten wiederum verändert.

- Sie können keine Sichten auf der Basis temporärer Tabellen einrichten.

- Obwohl Sichten wie Tabellen dargestellt werden, ist es nicht möglich, typische Tabellenmerkmale auf diesen zu definieren. Dies betrifft Einschränkungen, Indizes (mit der Ausnahme des Spezialfalls einer indizierten Sicht) oder *AFTER*-Trigger. Sie können auf einer Sicht *INSTEAD OF*-Trigger definieren. Wozu das gut ist und wie das geht, erläutere ich am Ende dieses Kapitels und genauer in Kapitel 17 (da werden die Trigger vorgestellt).

Aber nun zurück zu T-SQL. Muss eine Sicht geändert werden, dann wird dazu der Befehl *ALTER VIEW* eingesetzt. Das Ergänzen der Sicht *CustomersFonlist* um zusätzliche Spalten funktioniert damit wie folgt:

```
ALTER VIEW CustomersFonlist
AS
SELECT TOP 100 PERCENT
    FirstName, LastName, City, Telephone, Fax, eMail, Active
FROM
    Sales.Customers
ORDER BY
    LastName
```

Listing 14.5 Änderung einer Sichtdefinition

Sie ändern also einfach das *SELECT* entsprechend Ihren Vorstellungen ab und machen aus dem *CREATE* ein *ALTER*. Damit können Sie die auf dem Datenbankserver hinterlegte Sichtdefinition gegen eine vollständig neue austauschen. Falls Sie bereits Berechtigungen für diese Sicht vergeben hatten, so bleiben diese vollständig erhalten. Im Management Studio können Sie eine vorhandene Sicht auch einfach über den Kontextmenübefehl *Ändern* direkt im Sichtdesigner öffnen und anpassen.

Das Löschen einer Sicht ist ein Kinderspiel: Nach dem Absetzen des Kommandos

```
DROP VIEW CustomerFonlist
```
Listing 14.6 Sichtdefinition löschen

existiert diese Sicht nicht mehr auf dem Datenbankserver.

ORDER BY und TOP in Sichten

Es wird den einen oder anderen Leser dieses Buchs geben, der von SQL Server 2000 oder 2005 auf die Version 2008 umsteigt. Und es kann sein, dass ein solcher Leser eine böse Überraschung erlebt, was die Entwicklung von Sichten angeht. Das hat damit zu tun, dass in SQL Server 2008 mit Sichten »sauberer« umgegangen wird, als in früheren Versionen. Es gilt die Regel: Das Ergebnis einer Sicht ist prinzipiell nicht sortiert.

In SQL Server 2000, 2005 und den Vorgängerversionen war es möglich, Sichten durch ein ORDER BY zu sortieren (immer in Verbindung mit TOP) und ein Client konnte sich jederzeit auf diese Sortierung verlassen. SQL Server 2008 garantiert die korrekte Sortierung nicht mehr, auch wenn Sie ORDER BY und TOP korrekt einsetzen. Das können Sie sich in der *netShop*-Datenbank an einem ganz einfachen Beispiel klar machen. Werfen Sie also einen Blick auf das nachfolgende Kommando:

```
CREATE VIEW vwCustomersFonlistOrderByCity
AS
SELECT TOP 100 Percent
   Name_1 AS FirstName, Name_2 AS LastName, City, Telephone, Fax
FROM
   Sales.Customers
ORDER BY
   City
```
Listing 14.7 Sicht-Definition mit einem ORDER BY

Dies ist eine übliche Formulierung für das Erstellen einer sortierten Sicht in SQL Server 2000 oder 2005. Damals wie heute kann man ein ORDER BY in einer Sicht verwenden, muss dann aber gleichzeitig auch TOP einsetzen. Damit das komplette Ergebnis ausgeliefert wird, lässt man von TOP genau 100 Prozent ausgeben. Diese etwas eigenartige Formulierung führte in den älteren SQL Server-Versionen dazu, dass die Ergebnismenge der Sicht tatsächlich sortiert beim Client ankam. Das dem nicht mehr so ist, kann man leicht am Ergebnis einer Abfrage dieser Sicht in SQL Server 2008 ablesen.

FirstName	LastName	City	Telephone	Fax
Franz-Ferdinand	Schmidt	Reinhardshagen	(05544) 10 38 62	(05544) 10 38 62
Marina	Abegg	Meißen	(03521) 41 99 18	(03521) 41 99 18
Yvonne	Peters	Hagenow	(03883) 10 26 21	(03883) 10 26 21
Felix	Abel	Elsfleth	(04404) 20 51 47	(04404) 20 51 47
Julia	Abel	Wieda	(05586) 38 22 93	(05586) 38 22 93

Da stellt sich natürlich die Frage, wieso die Syntax überhaupt ein ORDER BY beim Erstellen einer Sicht erlaubt. Es geht einzig und allein darum, die sinnvolle Anwendung der Ergebniseinschränkung durch TOP zu ermöglichen. TOP funktioniert in einer Sichtdefinition wie gewohnt: Das Ergebnis wird nach einer vorgegebenen Anzahl Zeilen (absolut oder relativ) abgeschnitten. Für die richtige Auswahl der Zeilen muss die abgefragte Datenmenge sortiert sein. Die folgende Sicht zeigt die 10 teuersten Artikel an.

Mit Sichten arbeiten

```
CREATE VIEW vwMostExpensiveArticles
AS
SELECT TOP 30
   Code, Name, Price
FROM
   Products.Articles
ORDER BY
   Price DESC
```

Listing 14.8   Sicht mit TOP-Einschränkung

Fragt man diese Sicht ab, dann erhält man das folgende Ergebnis.

Code	Name	Price
00003	Avocados	31,50
00002	Auberginen	31,50
00059	Auberginen	31,50
00060	Avocados	31,50
00001	Artischocken	22,05
00058	Artischocken	21,00
00005	Birnen	18,90
00028	Zitronen	18,90
00027	Walnüsse	18,90
00062	Birnen	18,90

Dieses Ergebnis erscheint tatsächlich in der Reihenfolge des ORDER BY und das liegt auch nahe, da die Datenbankmaschine einfach das sortierte Ergebnis auswirft. Die Unterschiede zwischen Listing 14.7 und Listing 14.8 kann man auch sehr schön an den Abfrageplänen erkennen, die für das Ausführen der beiden Sichten generiert werden. Wird eine Sicht ausgeführt, die ein TOP 100 PERCENT enthält, dann enthält der Plan keinen Sort-Operator (Abbildung 14.3). Bei allen anderen Angaben für die Festlegung der Größe der Ergebnismenge wird der Sort-Operator in den Plan eingefügt (Abbildung 14.4). Aber auch darauf sollten Sie sich in der Programmierung nicht verlassen. Die Books Online enthalten einen entsprechenden Hinweis, den Sie ernst nehmen sollten.

Es gilt also: Benötigen Sie das Ergebnis einer Sicht in sortierter Form, dann müssen Sie das SELECT, mit welchem Sie die Sicht abfragen, mit einem ORDER BY versehen. Oder – falls ansonsten nichts dagegen spricht – die Sicht durch eine gespeicherte Prozedur ersetzen. Eine T-SQL-Funktion »leidet« dagegen unter der gleichen ORDER BY-Einschränkung wie eine Sicht.

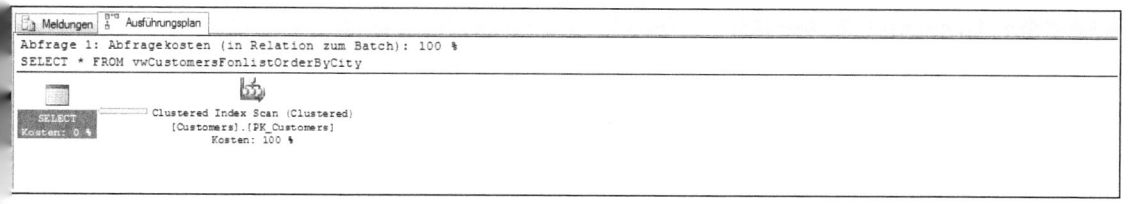

Abbildung 14.3   Abfrageplan für Sichtausführung mit TOP 100 PERCENT

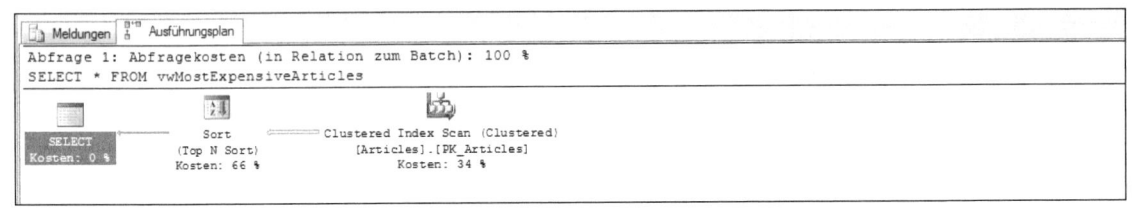

```
Abfrage 1: Abfragekosten (in Relation zum Batch): 100 %
SELECT * FROM vwMostExpensiveArticles
```

Abbildung 14.4 Abfrageplan für Sichtausführung mit TOP 10

HINWEIS Zur Sicherheit: Die Beispiele in diesem Kapitel wurden mit dem Service Pack 1 für SQL Server 2008 getestet. Die Versionsnummer lautet: 10.0.2531.0. Kurze Zeit nach dem Erscheinen von SQL Server 2008 wurde tatsächlich einen Hotfix veröffentlicht, mit dem das gerade beschriebene Verhalten im Sinne von SQL Server 2000 bzw. 2005 »korrigiert« wurde. Sprich: *TOP 100 PERCENT ORDER BY-Sichten* wurden wieder sortiert ausgeliefert. Das lag sicher daran, dass es eine Menge SQL Server-Applikationen gab, die Probleme mit dem neuen Verhalten hatten. Es entstand kurze Zeit der Eindruck, dass SQL Server einen Bug hätte. Die entsprechenden Knowlegde Base-Einträge können immer noch gefunden werden. Inzwischen ist man bei Microsoft aber wieder zur »reinen Lehre« zurückgekehrt und ich denke, das wird sich nicht mehr ändern.

Beispiele für Sichten

Ich möchte an dieser Stelle drei Beispiele für typische Sichten zeigen, um Ihnen Anregungen für Einsatzmöglichkeiten dieses Objekts zu geben. Alle drei Beispiele basieren auf der *netShop*-Datenbank.

Kunden ohne Bestellungen

In der Programmierung der *netShop*-Applikation wird an verschiedenen Stellen die Information benötigt, welche Kunden noch keine Bestellung ausgegeben haben, sich also bisher nur als Interessenten in die Datenbank eingetragen haben. Die hier angegebene Sicht gibt eine entsprechende Liste der Kunden-IDs aus und ist so besonders gut für ein schnelles Nachschlagen geeignet.

```
CREATE VIEW vwCustomersWithOutOrders
AS
SELECT
   Customers.ID
FROM
   Sales.Customers LEFT OUTER JOIN Sales.Orders
ON
   Customers.ID = Orders.CustomerID
WHERE
   Orders.ID IS NULL
```

Listing 14.9 Sicht für Kunden ohne Auftrag

Kunden und Bestellsummen

Für alle möglichen Auswertungen benötigt die *netShop*-Software den Umsatz pro Kunden. Dieser wird durch die folgende Sicht bereits aggregiert zur Verfügung gestellt:

Mit Sichten arbeiten

```
CREATE VIEW CustomersAndSales
AS
SELECT DISTINCT TOP 100 PERCENT
   Customers.ID,
   SUM(OrderDetails.Quantity * OrderDetails.UnitPrice) AS Sales
FROM
   Sales.OrderDetails INNER JOIN Sales.Orders
ON
   OrderDetails.OrderID = Orders.ID RIGHT OUTER JOIN Sales.Customers
ON
   Orders.CustomerID = Customers.ID
GROUP BY
   Customers.ID
ORDER BY
   Customers.ID
```

Listing 14.10 Sicht für Bestellsummen pro Kunden

Kunden und Artikel

Wiederum für Auswertungen, in diesem Fall für so genannte Warenkorb-Analysen, wird der Zusammenhang zwischen Kunden und bestellten Artikeln benötigt. Das *DISTINCT* in der folgenden Sicht verhindert dabei Mehrfachnennungen von Artikeln. Die Aliasnamen *CustomerID* und *ArticleID* müssen übrigens angegeben werden, damit das Feld *ID* nicht doppelt in der Spaltenliste der Sicht erscheint, was SQL Server nicht erlaubt:

```
CREATE VIEW vwCustomersAndArticles
AS
SELECT
     Customers.ID AS CustomerID, Articles.ID AS ArticleID
FROM
   Sales.OrderDetails INNER JOIN Sales.Orders
ON
   OrderDetails.OrderID = Orders.ID
INNER JOIN
   Products.Articles ON OrderDetails.ArticleID = dbo.Articles.ID
RIGHT OUTER JOIN
   Sales.Customers ON Orders.CustomerID = Customers.ID
```

Listing 14.11 Sicht für Kunden und die von ihnen bestellten Artikel

Daten über Sichten ändern

Bindet man Sichten in einen Client ein, so können die dargestellten Daten prinzipiell nicht nur angezeigt, sondern auch geändert werden. Allerdings sind häufig nicht alle Werte bearbeitbar. Dass berechnete Spalten oder Zeilen, die durch Gruppierungen erzeugt wurden, schreibgeschützt sind, dürfte sofort einleuchten. Bemerkenswert ist da schon eher die Tatsache, dass bei Sichten, die auf einer Verknüpfung von mehreren Tabellen beruhen, mit einem einzelnen *UPDATE* oder *INSERT* jeweils nur die Daten aus höchstens einer der Basistabellen aktualisiert werden dürfen. SQL Server unternimmt keinerlei Anstrengungen von sich aus, ein *UPDATE* auf zwei oder mehr Tabellen zu verteilen.

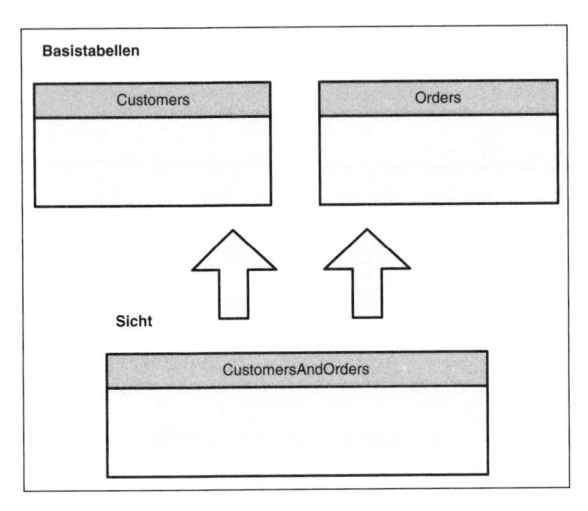

Abbildung 14.5 Datenänderungen sind nur in einer Basistabelle erlaubt

Fassen Sie in einem UPDATE Spalten aus zwei unterschiedlichen Basistabellen an, so wird die Operation nicht durchgeführt und der Server gibt eine Fehlermeldung zurück. Möchten Sie eine Oberfläche entwickeln, in welcher der Anwender Daten für mehr als eine Basistabelle eingeben kann, so ist es Ihre Aufgabe als Programmierer, die Tabellen nacheinander zu füllen. Eine Möglichkeit, Datenänderungen in mehreren Tabellen zu erlauben, ist die Verwendung eines INSTEAD OF-Triggers, welcher den Originalbefehl abfängt und in mehrere einzelne Operationen aufteilt.

Im Zusammenhang mit Datenänderungen ist die WITH CHECK-Option, die am Ende einer Sichtdefinition auftreten darf, erwähnenswert. Sichten dürfen ja durchaus auf einem SQL-Befehl beruhen, in dem eine WHERE-Klausel vorkommt. Die Ergebnismenge ist dann entsprechend dieser Klausel eingeschränkt. Beispielsweise könnte über den folgenden SQL-Befehl eine Sicht angelegt werden, die ausschließlich Datensätze Berliner Kunden aus der Kundentabelle anzeigt:

```
CREATE VIEW CustomersBerlin
AS
SELECT * FROM Sales.Customers WHERE City = 'Berlin'
```

Beim Bearbeiten der Daten in dieser Sicht ist es für den Benutzer trotz der Einschränkung problemlos möglich, neue Kundendatensätze einzugeben, bei denen der Ort ein anderer als Berlin ist. Soll das verhindert werden, kann die Sicht auf die folgende Art und Weise erstellt werden:

```
CREATE VIEW CustomersBerlin
AS
SELECT * FROM Sales.Customers WHERE City = 'Berlin'
WITH CHECK OPTION
```

Listing 14.12 Sicht mit CHECK OPTION

Ab jetzt müssen alle Einfügungen und Änderungen an den Datensätzen der Einschränkung genügen. Dies entspricht der Einstellung *Überprüfungsoption* im Eigenschaftendialogfeld des Sicht-Designers.

Die Sichtdefinition verbergen

Liefern Sie Datenbankapplikationen an Ihre Kunden aus, dann besteht – auch wegen des nicht unerheblichen Erstellungsaufwands – der berechtigte Wunsch, die Server-Objekte vor Missbrauch zu schützen. Im Gegensatz zu Programmen, die Sie als EXE-Dateien ausliefern, liegen die Definitionen für Sichten, gespeicherte Prozeduren und andere Objekte, wie weiter oben beschrieben, in einer Datenbank im Klartext in der Katalogsicht *sys.sql_modules* Ihrer Datenbank vor. Andere Entwickler könnten sich daher leicht Ihrer Ideen bedienen, interessierte Power-User Ihren Quellcode verändern – beides Dinge, die man als Entwickler nicht so wahnsinnig gerne sieht. In Transact-SQL ist daher eine Möglichkeit vorgesehen, mit deren Hilfe Sie die Quelltexte verschlüsseln können. Es geht dabei um einen weiteren optionalen Bestandteil des *CREATE VIEW*-Befehls, bezeihungsweise des *ALTER VIEW*-Befehls. Diese Option lautet: *WITH ENCRYPTION*.

Setzen Sie den folgenden SQL-Programmtext ab:

```
ALTER VIEW vwCustomersFonlist
WITH ENCRYPTION
AS
SELECT
    Name_1 AS FirstName, Name_2 AS LastName, City, Telephone, Fax, eMail, Active
FROM
    Sales.Customers
```

Listing 14.13 Verbergen einer Sichtdefinition

Dann wird die Sicht neu abgespeichert, der SQL-Text allerdings in einem nicht lesbaren Format. Sie können sich davon überzeugen, indem Sie das oben angegebene SQL-Skript Listing 14.4 ablaufen lassen, welches die Definition einer Sicht in den Systemtabellen »enttarnt«. Das Ergebnis ist nach der Verschlüsselung nicht mehr lesbar – die Spalte *Definition* liefert eine *NULL*. Bei der Verwendung der Klausel WITH ENCRYPTION ist jedoch Vorsicht angesagt. Die Verschlüsselung kann nämlich nicht rückgängig gemacht werden. Speichern Sie also den SQL-Text zum Anlegen der Sicht getrennt in einer Datei ab oder erzeugen Sie eine Auslieferungsversion Ihrer Datenbank, in der Sie die Objekte verschlüsseln – und lassen Sie das Original unangetastet.

Sichten mit Schemabindung

Eine Einstellung, die Ihnen im Eigenschaftendialogfeld des Sicht-Designers angezeigt wird, trägt die Bezeichnung *An Schema binden*. Das T-SQL-Äquivalent dazu ist die Option *WITH SCHEMABINDING*, die Sie beim Anlegen einer Sicht verwenden können. Obwohl diese Variante eher zu den etwas exotischeren zählt, hat sie doch in bestimmten Zusammenhängen, unter anderem bei den indizierten Sichten, eine Bedeutung, sodass hier eine kurze Erklärung folgt.

Eine Sicht ist in ihrer Funktion vollständig abhängig von den zu Grunde liegenden Basistabellen. Wird eine dieser Tabellen gelöscht oder der Name einer Spalte geändert, so kann eine Sicht, die sich auf diese Tabelle bezieht, nicht mehr ausgeführt werden. Umgekehrt gilt das übrigens auch, wenn Sie eine Sicht mit dem ***-Platzhalter in der *SELECT*-Liste definieren (Listing 14.14), dann »merkt« diese Sicht nicht, wenn in den unterliegenden Basistabellen neue Spalten hinzugefügt werden. Das liegt daran, dass (wie oben beschrieben) beim Anlegen der Sicht die Definitionen der Ausgabespalten in den Datenbankkatalog eingetragen werden. Diese Metadaten werden erst dann aufgefrischt, wenn Sie die Sicht mittels *ALTER* ändern. Probieren Sie das mit der nachstehenden Sicht einmal aus!

```
CREATE VIEW vwCustomersSorted
AS
SELECT
    *
FROM
    Sales.Customers
```

Listing 14.14 Sicht mit Platzhalter in der SELECT-Liste

Lassen Sie eine Sicht mit Schemabindung erstellen, so sind Änderungen an den Basistabellen, welche sich auf bestehende Sichten auswirken würden, überhaupt nicht mehr gestattet und werden vom Server abgelehnt. Diese an sich gute Funktionalität hat den lästigen Seiteneffekt, dass die Sicht nur noch über einen zweiteiligen Namen (*Schema.Sichtname*) angesprochen werden kann.

Diese Option ist aber dann sehr zu empfehlen, wenn Benutzern oder Entwicklern ausdrücklich erlaubt ist, in der von Ihnen ausgelieferten Datenbank Tabellen eigenständig anzupassen. In diesem Fall verhindert die *WITH SCHEMABINDING*-Option, dass Ihre Sichten durch Änderungen anderer Entwickler möglicherweise unbrauchbar werden.

Sichten und Sicherheit

Sie haben jetzt fast alles kennen gelernt, was man zum Thema Einrichten und Anwenden einer Sicht sagen könnte. Zum Abschluss dieses Abschnitts soll noch ein Blick auf die Sicherheitsaspekte geworfen werden.

Damit die von Ihnen angelegten Sichten überhaupt von den Benutzern verwendet werden können, müssen die Berechtigungen korrekt eingestellt sein. Im ersten Teil dieses Buchs haben Sie ja bereits die Grundlagen des SQL Server-Sicherheitssystems kennen gelernt. Ihnen wird also klar sein, dass für die Benutzung einer Sicht eine *SELECT*-Berechtigung notwendig ist. Da Sichten aber von anderen Objekten, den Basistabellen, weiteren Sichten oder Tabellenwertfunktionen abhängig sein können, stellt sich hier sofort die Frage: Müssen dem Benutzer einer Sicht unbedingt auch die *SELECT*-Berechtigungen auf die unterliegenden Objekte erteilt werden? Falls Sie einmal mit der Jet-Engine programmiert haben, würden Sie diese Frage mit Ja beantworten. Die Antwort für SQL Server lautet überraschenderweise *Nein*!

SQL Server wertet die Sicherheitseinstellungen bei voneinander abhängigen Objekten auf eine sehr eigene Art aus. Das Prinzip sollte man sich unbedingt vergegenwärtigen, um keine bösen Überraschungen zu erleben. Den Schlüssel zum Verständnis bildet der Begriff der *Besitzrechtskette*. Einen einfachen Fall einer solchen finden Sie in Abbildung 14.6 dargestellt.

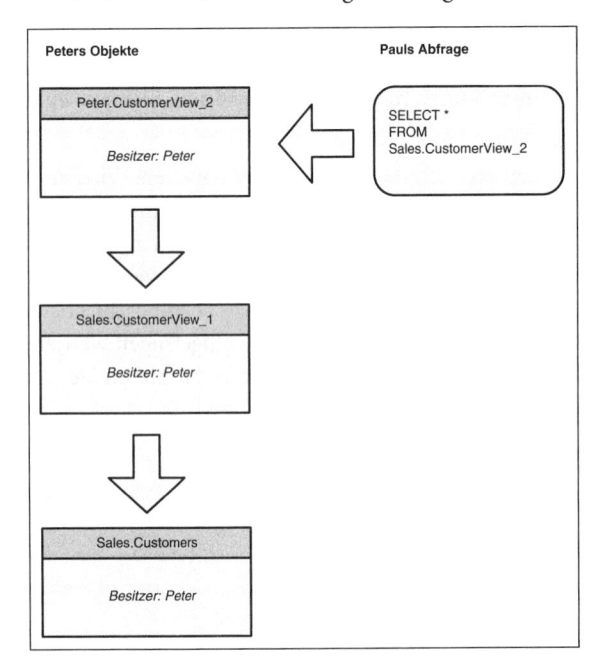

Abbildung 14.6 Objekte in einer geschlossenen Besitzrechtskette

Für SQL Server ist es für die Auswertung von Berechtigungen sehr interessant, wer die Besitzer von Objekten sind, die sich aufeinander beziehen. Im Beispiel der Abbildung ist der Datenbankbenutzer Peter sowohl der Eigentümer der Basistabelle *Customers* wie auch der Sicht *CustomerView_1* und der sich darauf beziehenden Sicht *CustomerView_2*. Sämtliche Objekte haben also ein und denselben Besitzer. Man spricht deshalb auch von einer geschlossenen Besitzrechtskette. Wenn ein weiterer Benutzer auf das oberste Objekt dieser Kette zugreifen will, dann setzt SQL Server ein Abkürzungsverfahren für die Prüfung der Rechte ein: Es reicht aus, wenn der Benutzer eine *SELECT*-Berechtigung für die oberste Sicht besitzt. SQL Server untersucht die Rechte der darunter liegenden Objekte nicht einmal mehr! Er überträgt die Verantwortung in dieser Situation gewissermaßen auf den Besitzer der Objekte. Dieser muss sich eben überlegen, welchen Benutzern er die Rechte an das oberste Objekt und damit seine gesamte Kette vergibt.

Etwas komplizierter sehen die Auswertungen der Berechtigungen im Fall einer unterbrochenen Besitzrechtskette aus. Hier überprüft der Server an jeder Stelle, an der ein Wechsel der Besitzer geschieht, sowohl die Berechtigungen für das obere wie auch das unterliegende Objekt. Im Fall der in Abbildung 14.7 dargestellten Objekte prüft SQL Server die Rechte von Paul sowohl in Bezug auf die Sicht *CustomerView_1* wie auch auf die Basistabelle. Eigentümer von Basistabelle und Sicht sind nicht mehr identisch. Dies erzeugt den Bruch und die zusätzliche Prüfung.

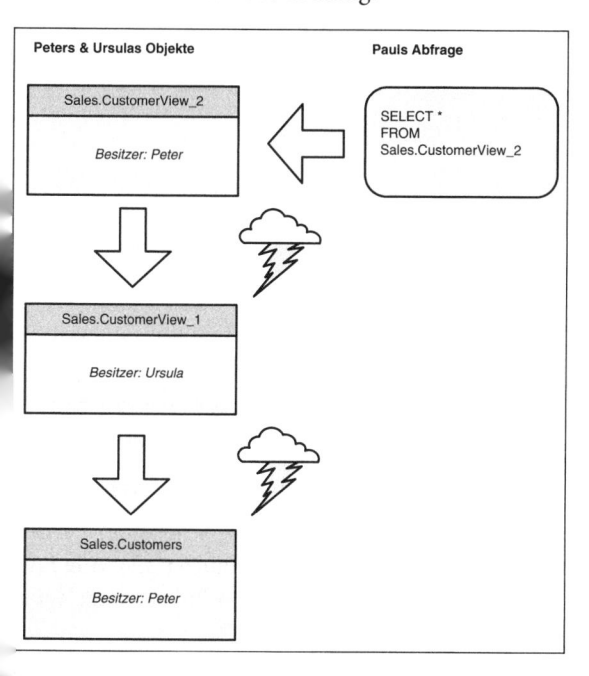

Abbildung 14.7 Eine unterbrochene Besitzrechtskette

Das gerade beschriebene Verhalten des Servers ist in fast allen Fällen sehr vernünftig und erleichtert die Arbeit bei der Implementierung einer Datenbank mit einem komplexen Rechtesystem deutlich. Es sind eben viel weniger Berechtigungen einzustellen. Unter Umständen können durch diese Shortcut-Auswertung allerdings auch Situationen eintreten, die einen leicht an der eigenen geistigen Frische zweifeln lassen.

Ich war jedenfalls ganz schön perplex, als ich zum ersten Mal den nachstehend beschriebenen Effekt erlebt habe. Betrachten Sie einmal Abbildung 14.8. Es handelt sich wiederum um die geschlossene Besitzrechtskette des ersten Beispiels. Die Berechtigungen für den Anwender Paul sind mit den SQL-Befehlen eingestellt worden, die auf der linken Seite der Abbildung zu sehen sind. Hier ist eine Situation dargestellt, in der dem

Benutzer Paul ganz explizit durch ein *DENY* die Benutzung der Basistabelle verboten wurde. Dennoch ist ihm gleichzeitig per *GRANT* erlaubt, die oberste Sicht in dieser geschlossenen Besitzrechtskette zu benutzen. Die Frage lautet nun: Darf er oder darf er nicht (die Daten über das SQL-Kommando anfordern)? Die Antwort ist: Er darf! Nach dem, was in Kapitel 13 über Sicherheit gesagt wurde, liegt die Vermutung nahe, dass das *DENY* den Ausschlag gibt. Ein Verbot geht ja »normalerweise« vor. In diesem Spezialfall trifft das allerdings nicht zu. SQL Server prüft eben im Fall einer nicht unterbrochenen Kette die Verhältnisse nur für das oberste Objekt. Was darunter liegt, spielt keine Rolle und daher wird auch ein explizites Verbot nicht berücksichtigt! Auf diese Art und Weise kann ungewollt der Entzug eines Rechtes umgangen werden. Allerdings passt diese Methode ganz gut zu der Rolle von Sichten als Mittel, die Sicherheit oberhalb der Basistabellen zu verwalten. Was in Sichten eingestellt wird, geht eben vor.

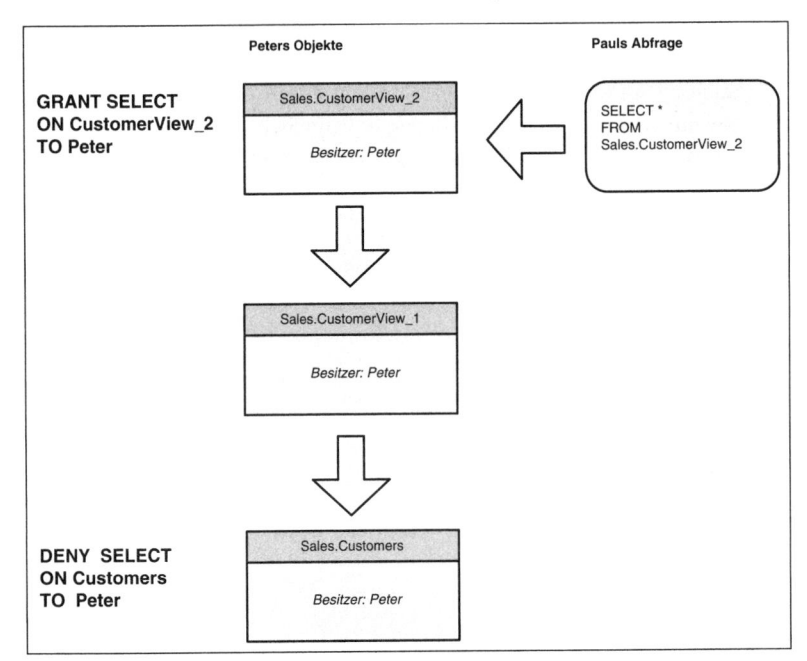

Abbildung 14.8 Widersprüchliche Rechte in der Besitzrechtskette

Zum Abschluss dieses Abschnitts folgen noch zwei Empfehlungen, die man als Entwickler beherzigen sollte:
- Falls Sie nicht durch eine sehr große Datenbankstruktur dazu gezwungen sind, mit Schemata zu arbeiten, verwenden Sie am besten für alle Objekte einer Datenbank als Besitzer den Benutzer *dbo*. Alle Entwickler sollten der Datenbankrolle *db_owner* angehören. In beiden Fällen erhalten die neu angelegten Objekte als Besitzer den Standard-Benutzer *dbo* zugewiesen.
- Verwenden Sie ein möglichst einfaches Berechtigungsschema. Vermeiden Sie die Verschachtelung von Benutzergruppen und versuchen Sie, ohne das explizite Verbot von Objekten auszukommen. Mit anderen Worten: Setzen Sie das *DENY*-Kommando lieber nicht ein.

Die hier angestellten Sicherheitsbetrachtungen für Sichten lassen sich im Übrigen eins zu eins auf die gespeicherten Prozeduren übertragen, welche im nächsten Kapitel behandelt werden.

Performance-Überlegungen

Wenn Sie Sichten einsetzen, dann sollten Sie sich im Klaren darüber sein, wie SQL Server mit diesen umgeht. Sie sollten auch indizierte und partitionierte Sichten kennen lernen. Diese beiden speziellen Arten von Sichten können für Abfragen in großen Datenmengen echte Performance-Booster darstellen. Also los!

Abfrageleistung von Sichten

Sichten können ein schönes Mittel sein, um die Komplexität von Datenbankstrukturen zu verbergen. Bei der Betrachtung der Ausführungsgeschwindigkeit von Standardsichten muss man sich aber immer im Klaren darüber sein, dass SQL Server die als Sicht gespeicherte Abfrage zum Zeitpunkt der Ausführung aus seinen Systemtabellen liest, optimiert und dann ausführt. Das dauert ungefähr genauso lange, als hätte der Programmierer den (vermutlich komplexen) T-SQL-*SELECT*-Befehl in einem Batch über das Netzwerk zur Datenbankmaschine geschickt. Im Allgemeinen bietet eine Sicht keine Vorteile bei der Ausführungsgeschwindigkeit. Wenn eine Sicht in einem T-SQL-Kommando angesprochen wird, dann setzt SQL Server die Sichtdefinition nach dem Parsen in dieses Kommando ein, bevor der Optimierer mit seiner Arbeit beginnt, ein Vorgang, den man als Expandieren einer Sicht bezeichnet. Dadurch kann die Datenbankmaschine in der Regel einen besseren Ausführungsplan entwickeln, als wenn zunächst die Sicht getrennt vorbereitet und ausgeführt würde und anschließend die äußere Abfrage mit dem Ergebnis weiterarbeitet. Das kann man sich leicht klar machen, wenn man daran denkt, dass Teilergebnisse in der expandierten Abfrage vielleicht an verschiedenen Stellen recycelt werden können oder dass eine Einschränkung in einer *WHERE*-Klausel der äußeren Abfrage eventuell die Datenmenge der inneren Sicht reduziert.

In Listing 14.15 wird eine Sicht definiert, die eine Umsatzberechnung in der *netShop*-Datenbank nach Artikeln durchführt. Das ist ein ganz typisches Anwendungsbeispiel für eine Sicht. In Listing 14.16 wird diese Sicht dann aufgerufen und eine Sortierung des Ergebnisses vorgenommen. Die Abfrage in Listing 14.17 fügt noch eine Einschränkung hinzu.

```sql
CREATE VIEW vwTurnOverByArticle
AS
SELECT
    a.ID, a.Name, a.CatalogID, SUM(od.Quantity * od.UnitPrice) AS TurnOver
FROM
    Products.Articles a
INNER JOIN
    Sales.OrderDetails od ON a.ID = od.ArticleID
INNER JOIN
    Sales.Orders o ON od.OrderID = o.ID
GROUP BY
    a.ID, a.Name, a.CatalogID
```

Listing 14.15 Sicht, die die Umsätze pro Artikel berechnet

```sql
SELECT * FROM TurnOverByArticle
ORDER BY [Name]
```

Listing 14.16 SELECT, welches eine Sicht enthält

```sql
SELECT * FROM TurnOverByArticle
WHERE ID IN (1, 2, 3)
ORDER BY [Name]
```

Listing 14.17 Abfrage, welche die Ergebnismenge einschränkt

Vergleichen Sie die Abfragepläne für die beiden letzten Kommandos, dann werden Sie feststellen, dass diese exakt gleich sind. Allerdings werden die Kosten für die Abfrage nach Listing 14.17 geringer geschätzt, da vom Scan der *Sales.OrderDetails*-Tabelle weitaus weniger Datensätze geliefert werden, die dann noch weiter verarbeitet werden müssen.

Definiert man Sichten, die wiederum auf Sichten basieren, dann können dadurch natürlich komplexe Gebilde entstehen. Die folgende Sichtdefinition baut beispielsweise auf der gerade definierten Sicht auf, um die Umsätze pro Katalog zu berechnen.

```
CREATE VIEW vwTurnOverByCatalog
AS
SELECT
    c.ID, c.Name, SUM(toba.TurnOver) AS TurnOver
FROM
    catalogs c
INNER JOIN
    TurnOverByArticle toba ON c.ID = toba.CatalogID
GROUP BY
    c.ID, c.Name
```

Listing 14.18 Verschachtelte Sichten

Das nächste Kommando ruft die verschachtelten Sichten auf. Dass beide Sichten vollständig expandiert werden, kann man sehr schön am Abfrageplan erkennen. Der rechte Bereich ist mit den Plänen aus Listing 14.16 und Listing 14.17 identisch (Abbildung 14.9). Es kommt nur noch eine weitere *JOIN*-Operation dazu.

```
SELECT * FROM vwTurnOverByCatalog
ORDER BY [Name]
```

Listing 14.19 Ausführung einer verschachtelten Sicht

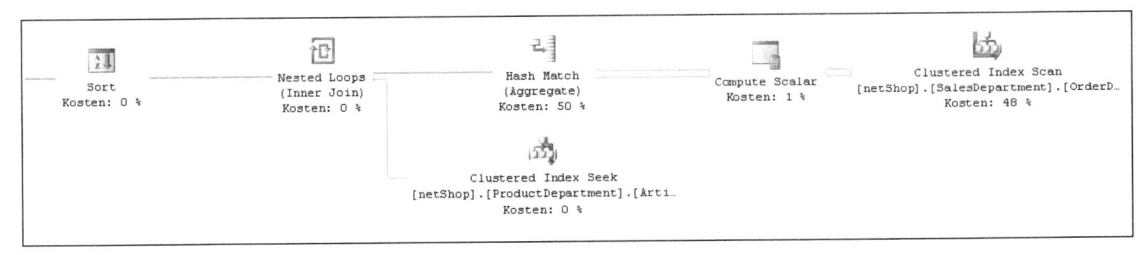

Abbildung 14.9 Abfrageplan für eine verschachtelte Sicht

Wenn Sie diesen Abfrageplan mit demjenigen der Abfrage in Listing 14.20 vergleichen, die den direkten T-SQL-Code enthält, dann werden Sie feststellen, dass es keinen Unterschied macht, ob Sie die Auswertung über verschachtelte Sichten durchführen oder eine große Abfrage dafür verwenden. Die Abfragepläne sind äquivalent.

```
SELECT
    c.ID, c.Name, SUM(od.Quantity * od.UnitPrice) AS TurnOver
FROM
    Products.Catalogs c
INNER JOIN
    Products.Articles a ON c.ID = a.CatalogID
INNER JOIN
    Sales.OrderDetails od ON a.ID = od.ArticleID
```

```sql
INNER JOIN
    Sales.Orders o ON od.OrderID = o.ID
GROUP BY
    c.ID, c.Name
ORDER BY
    c.Name
```

Listing 14.20 SQL Abfrage ohne Sichten

Indizierte Sichten

Indizierte Sichten können eine hervorragende Möglichkeit sein, die Abfrageleistung für Sichten mit aufwändigen Berechnungen zu verbessern. Typischerweise kommen als Einsatzgebiete komplexere Abfragen und Auswertungen durch Reporting in Frage. Es existiert noch eine andere Bezeichnung für diese spezielle Art einer Sicht: *materialisierte View*. In dieser Bezeichnung wird schon ganz anschaulich klar, was eine indizierte Sicht von einer normalen unterscheidet. Während eine Standardsicht aus einem einzelnen SELECT-Statement besteht, welches beim Aufruf der Sicht ausgeführt wird, werden bei einer indizierten Sicht Werte physisch gespeichert. Dabei geht es allerdings nicht um Spalteninhalte der Basistabellen, sondern *immer* um Aggregationen. Dies ist eine Besonderheit materialisierter Views von SQL Server. Auch bei dieser Technik gilt, ganz genau wie bei den »selbst gemachten« mitlaufenden Summen: Was auf der Abfrageseite beim SELECT gewonnen wird, bedeutet einen zusätzlichen Aufwand auf der anderen Aktualisierungsseite (INSERT, UPDATE und DELETE). Die Indexinhalte müssen bei jeder Veränderung in den Basistabellen nachgepflegt werden. Der vielleicht größte Vorteil bei der Verwendung einer indizierten Sicht besteht in der Tatsache, dass diese Technik auch noch nachträglich auf eine bestehende Datenbank angewandt werden kann, ohne dass eine einzige Änderung an den Datenstrukturen notwendig wäre. Nicht einmal bestehende Abfragen müssen angepasst werden. SQL Server findet die Abfrage-Situationen, die von einer indizierten Sicht profitieren würden, problemlos selbst, ohne dass der Programmierer irgendeinen Hinweis auf diese geben müsste. Die in einer indizierten Sicht hinterlegten Aggregatwerte werden automatisch in den Abfrageplan einbezogen, wenn das einen Vorteil bringt. Ein Beispiel soll dies illustrieren.

Über eine Sicht werden in der *netShop*-Datenbank Auswertungen zu den Umsätzen und Versandkosten, bezogen auf die einzelnen Kunden, gemacht. Diese Sicht soll indiziert werden.

```sql
CREATE VIEW vwSalesAndShippingCostsPerCustomer WITH SCHEMABINDING
AS
SELECT
    c.Code,
    MIN(c.Name_2) AS LastName,
    SUM(od.Quantity * od.UnitPrice) AS Sales,
    SUM(ShippingCosts) As SumShippingCosts,
    COUNT_BIG(*) As CountOrders
FROM
    Sales.OrderDetails od
INNER JOIN
    Sales.Orders o ON od.OrderID = o.ID
RIGHT OUTER JOIN
    Sales.Customers c ON o.CustomerID = c.ID
GROUP BY
    c.Code
```

Listing 14.21 Vorbereitung einer indizierten Sicht

In dieser Sichtdefinition werden zwei Regeln deutlich, die eingehalten werden müssen, wenn eine Sicht mit einem Index versehen werden soll. Zum einen *muss* die Sicht mit Schemabindung erstellt werden und zum anderen *muss* auf jeden Fall die SQL-Aggregatfunktion *COUNT_BIG* mit einbezogen werden, auch wenn diese (wie in unserem Beispiel) eigentlich gar nicht benötigt würde. In einer Sicht mit Schemabindung sind außerdem keine Synonyme erlaubt. Daher wird die Schreibweise *Sales.Orders* verwendet. Es gibt noch einige Besonderheiten mehr. So darf für keine der in der Sicht erwähnten Spalten in einer der Basistabellen der Wert *NULL* erlaubt sein. Genügt eine Sicht den Anforderungen, dann kann sie mit einem Index wie diesem belegt werden:

```
CREATE UNIQUE CLUSTERED INDEX IDX_sum_vwSalesAndShippingCostsPerCustomer
ON vwSalesAndShippingCostsPerCustomer (Code)
```

Listing 14.22 Index für eine Sicht

Hier gilt: Der erste Index zu einer Sicht *muss* auf jeden Fall ein gruppierter sein. Anschließend können Sie weitere nicht-gruppierte Indizes anlegen, um zusätzliche Zugriffspfade zu den Indexdaten zu legen. Selbstverständlich könnte man die indizierte Sicht direkt ansprechen. Sie wird sehr schnell ausgeführt, da alle aggregierten Werte ja bereits berechnet in der Datenbank vorliegen. SQL Server erkennt, wie gerade erwähnt, von sich aus, dass sich die Verwendung eines Sicht-Index lohnt, auch wenn die Sicht selbst im T-SQL-Befehl gar nicht explizit aufgeführt ist. Dies kann man anhand der nächsten Abfrage leicht selbst nachvollziehen.

```
SELECT
    SUM (od.Quantity * od.UnitPrice) AS Sales
FROM
    Sales.OrderDetails od
INNER JOIN
    Sales.Orders o ON od.OrderID = o.ID
INNER JOIN
    Sales.Customers c ON o.CustomerID = c.ID
WHERE
    c.Code BETWEEN '0000001' AND '0000010'
```

Listing 14.23 Für diese Abfrage wird die indizierte Sicht genutzt

Der Abfrageplan im Management Studio zeigt, dass anstelle der Tabellen *Sales.OrderDetails*, *Sales.Orders* und *Sales.Customers* die Sicht *vwSalesAndShippingCostsPerCustomer*, besser gesagt der darunterliegende Index, zur Auswertung herangezogen wird (Abbildung 14.10).

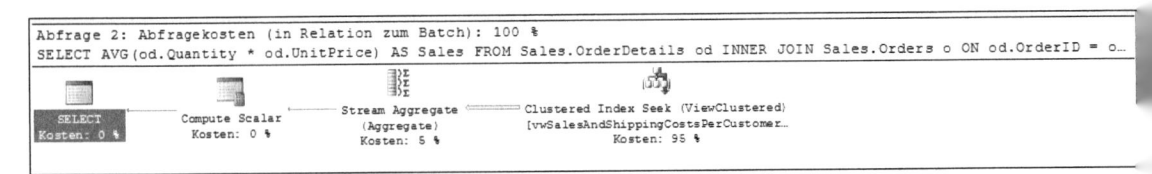

Abbildung 14.10 Abfrageplan unter Einbeziehung der indizierten Sicht

Der Abfrageoptimierer hat keine Probleme den Index zu finden und den sehr kostengünstigen Seek-Operator für die Ausführung auszuwählen. Dadurch wird das sehr teure Join der drei Tabellen und die Berechnung des Aggregats komplett eingespart! Das ist ein deutliches Plus für die Performance. Das Nachmessen mit *SET STATISTICS IO ON* und *SET STATISTICS TIME ON* zeigt deutlich, dass der Leistungsgewinn enorm ist. Braucht der SQL Server zur Auswertung der Abfrage mithilfe der indizierten Sicht au meinem PC gerade einmal ca. 1 ms und muss dazu drei Seiten aus der Datenbank lesen, so steigt die Zei nach dem Löschen der indizierten Sicht auf ca. 25 ms an und der SQL Server muss über 5.000 Seiten lesen. Nicht schlecht – oder? Sie sollten die Verwendung indizierter Sichten immer dann ins Auge fassen, wenn es in Ihrer Anwendung typische Abfragen gibt, die mehrere große Tabellen miteinander verknüpfen und/oder große Aggregate bilden.

Das Anlegen einer indizierten Sicht ist, wie Sie gesehen haben, nicht weiter schwer. Sie müssen nur auf die besonderen Einschränkungen achten, die für die Basistabellen und die Sicht selbst gelten. Der SQL Server weist Sie beim Anlegen einer Sicht durch schlüssige Fehlermeldungen auf Probleme hin, sodass Sie relativ schnell zu einem Ergebnis kommen sollten. In der folgenden Liste finden Sie einige der wichtigsten Regeln für indizierte Sichten.

- Die Sicht darf sich nur auf Basistabellen beziehen. Verschachtelte Sichten sind nicht erlaubt.
- Die Sicht muss mit der Option SCHEMABINDING angelegt werden
- Alle Tabellen der Abfrage müssen aus der lokalen Datenbank stammen
- Es sind nur zweiteilige Tabellennamen erlaubt (also Schema- plus Tabellenname)
- Alle verwendeten Funktionen müssen deterministisch sein (GETDATE() zum Beispiel ist nicht deterministisch)
- Wenn Aggregate gebildet werden, muss immer auch COUNT_BIG(*) verwendet werden
- OUTER JOIN ist nicht erlaubt
- AVG, MAX, MIN, STDEV, STDEVP, VAR und VARP sind nicht erlaubt

Und so weiter, und so weiter. Das sieht auf den ersten Blick abschreckend aus, aber fast alle Schwierigkeiten lassen sich lösen.

HINWEIS Etwas verwirrend und schlecht dokumentiert ist die Tatsache, dass der SQL Server indizierte Sichten in den verschiedenen Editionen unterschiedlich behandelt. Im offiziellen Editionsvergleich heißt es sogar, dass die Standard-Edition des SQL Server indizierte Sichten nicht unterstützt. Das ist nur zum Teil richtig. Sie können in der Standard-Edition durchaus indizierte Sichten anlegen. Der Abfrageoptimierer verwendet diese aber nicht automatisch. Sie müssen die Sichten direkt ansprechen und dabei darauf achten, dass Sie in der Abfrage den NOEXPAND-Hinweis verwenden. Sonst greift SQL Server nicht auf den Index zu, sondern führt die (vermutlich teure) Abfrage aus. Das ist zwar weitaus weniger bequem als die Automatik in der Enterprise Edition, kann in vielen Fällen aber dennoch nützlich sein.

Partitionierte Sichten

Die Technik des Aufteilens von Daten in verschiedene Bereiche, Partitionierung genannt, haben Sie schon einmal in Kapitel 12 (da ging es um das Planen und Anlegen von Indizes und Partitionen) kennen gelernt. Der Clou beim Partitionieren von Daten besteht darin, durch einen Filter die zu durchsuchenden Datenmengen zu verkleinern und Abfragen dadurch schneller ausführen zu können. Eine partitionierte Tabelle wird durch eine Partitionierungsfunktion in verschiedene Bereiche unterteilt, die im Extremfall sogar physikalisch getrennt voneinander gespeichert werden können.

Partitionierten Sichten (genauer: horizontal partitionierte Sichten) gibt es nicht erst seit der Version 2008 von SQL Server, sondern schon seit Version 7.0. Sie verfolgen einen ähnlichen Ansatz wie partitionierte Tabellen, werden aber anders und zwar nicht so transparent wie partitionierte Tabellen implementiert. Partitionierte Sichten sind ein Enterprise-Feature von SQL Server 2008 und für richtig große Datenmengen gedacht. Einige zig Millionen Datensätze sollten es schon sein. Für die meisten Anwendungen, die mit großen Datenmengen zu tun haben, können heutzutage partitionierte Tabellen eingesetzt werden. Diese lassen sich einfacher einrichten und pflegen. Haben Sie es aber mit Daten zu tun, die auf mehrere Server verteilt sind oder treten Sie die Erbschaft einer Datenbank an, in der partitionierte Sichten verwendet werden, dann macht es Sinn, sich mit den Konzepten auseinander setzen. Müssen Sie mit Data Warehouse-Datenmengen umgehen, dann kann es sogar Sinn machen, die Techniken der Tabellen-Partitionierung und der partitionierten Sichten miteinander zu verknüpfen.

Die Grundlagen partitionierter Sichten sind nicht weiter kompliziert. Über eine partitionierte Sicht lassen sich mehrere Basistabellen, die über eine identische Datenstruktur verfügen, zu einer einzigen virtuellen Tabelle zusammenfassen. Der Benutzer, beziehungsweise Entwickler, verwendet die Sicht so, als hätte er es mit einer einzigen großen Tabelle zu tun. Die Daten, die sich in den verschiedenen Tabellen befinden, werden anhand des Inhalts einer gemeinsamen Spalte durch *CHECK*-Einschränkungen auf die verschiedenen Tabellen verteilt. Die Tabellen können entweder von der lokalen Datenbankmaschine verwaltet werden oder von der Datenbankmaschine einer anderen Server-Instanz. Dann hat man es mit einer verteilten partitionierten Sicht zu tun. Es folgen ein paar Codebeispiele, die das Anlegen einer partitionierten Sicht demonstrieren.

Kandidaten für Partitionierung sind natürlich ausgesprochen große Tabellen, da das Anlegen und Verwalten doch ein wenig Aufwand bedeutet. Das soll an einem Beispiel vorgestellt werden. In Kapitel 12 wurde gezeigt, wie eine Partitionierung der Tabelle für das Auftragsarchiv – das ist die Tabelle *Archive_Orders* – durchgeführt werden kann, um die Zugriffe zu beschleunigen. Die Daten sollen nach dem Auftragsjahr getrennt werden, um möglichst schnelle Auswertungen für ein bestimmtes Jahr zu ermöglichen. So etwas lässt sich auch mit der Hilfe partitionierter Sichten lösen. Ein Vorteil ist darin zu sehen, dass das auch in der Standard-Edition funktioniert.

Der Anfang ist allerdings ein wenig aufwändiger. Für jedes Jahr muss eine Kopie der Datenstruktur der Tabelle *Archive_Orders* angelegt werden. Das Skript in Listing 14.24 (das Sie natürlich in *vollständiger* Form im Beispielprojekt zu diesem Kapitel finden) legt diese an. Die einzelnen Tabellen könnten über die Zuweisung an verschiedene Dateigruppen auf unterschiedliche Festplatten verteilt werden. In diesem Fall wird aber erneut die Dateigruppe *Archive* der *netShop*-Datenbank verwendet. Insgesamt werden 11 neue Tabellen angelegt.

```
CREATE TABLE Sales.Archive_Orders_UP_TO_2000
( ID int NOT NULL,
  CustomerID int NOT NULL,
  …
  OrderDate smalldatetime NOT NULL CHECK (OrderDate <= '01.01.2000'),
  … )
GO
CREATE TABLE Sales.Archive_Orders_UP_TO_2001
( ID int NOT NULL,
  CustomerID int NOT NULL,
  …
  OrderDate smalldatetime NOT NULL CHECK (OrderDate > '01.01.2000' AND OrderDate <= '01.01.2001')
  … )
GO

-- und so weiter bis

CREATE TABLE Sales.Archive_Orders_OVER_2010
( …
  OrderDate smalldatetime NOT NULL  CHECK (OrderDate > '01.01.2010'),
  …)
```

Listing 14.24 Anlegen der Teiltabellen

Die erste Besonderheit bei diesen Tabellen ist natürlich die *CHECK*-Einschränkung auf jeder *OrderDate*-Spalte. Diese teilen den Wertebereich der Spalte in disjunkte Teilmengen auf. Dass es Überschneidungen gibt, würde SQL Server nicht stören, aber natürlich führt das zu Problemen. Die zweite Besonderheit ist die spezielle Art und Weise, wie der Primärschlüssel gebildet wird. Die Spalte *OrderDate* wird mit in diesen aufgenommen. Das ist eigentlich überflüssig (sogar eher störend). Es ist aber Pflicht, wenn man eine partitionierte Sicht bauen möchte, die *UPDATE*-fähig ist. Hat man keine Chance, die Partitionierungsspalte im Primärschlüssel unterzubringen, dann kann man einen so genannten *INSTEAD OF*-Trigger auf die Sicht definieren, um die Daten korrekt auf die verschiedenen Tabellen zu verteilen.

In einem zweiten Schritt muss jetzt die Sicht hinzugefügt werden. Eine partitionierte Sicht hat immer den gleichen einfachen Aufbau: Sie besteht aus einem *SELECT* mit *UNION* über sämtliche beteiligte Tabellen.

```
CREATE VIEW Sales.Archive_Orders_Partitioned
AS
SELECT * FROM Sales.Archive_Orders_UP_TO_1999
UNION ALL
SELECT * FROM Sales.Archive_Orders_2000
...
UNION ALL
SELECT * FROM Sales.Archive_Orders_OVER_2010
```

Listing 14.25 Partitionierte Sicht

Damit ist jetzt schon alles vorbereitet. Verwendet man die partitionierte Sicht in Abfragen, dann erkennt die Datenbankmaschine, dass hinter dieser verschiedene Basistabellen stehen, die für verschiedene Wertebereiche zuständig sind. So kann man das folgende *INSERT* durchführen und SQL Server verteilt die Daten automatisch korrekt auf die verschiedenen unterliegenden Tabellen.

```
INSERT Sales.Archive_Orders_Partitioned
SELECT *
FROM Sales.Archive_Orders
```

Listing 14.26 Einfügen in eine partitionierte Sicht

Für einen einfachen Test der Verteilung können Sie die nachfolgenden Befehle ausführen lassen. Sie werden feststellen, dass die erste Abfrage einen Wert liefert, die zweite nicht. Das entspricht den Erwartungen, da die Daten in der *netShop*-Datenbank nur bis in das Jahr 2008 reichen.

```
SELECT COUNT(*) FROM SalesDepartment.Archive_Orders_2008
SELECT COUNT(*) FROM SalesDepartment.Archive_Orders_Over_2010
```

Listing 14.27 Test der Datenverteilung

Um zu testen, was die Partitionierung gebracht hat, soll wieder ein Testskript analog demjenigen aus Kapitel 8 verwendet werden. Sie erinnern sich: Das Skript schaltet zunächst einmal die Ausgabe der statistischen Informationen ein. Dann werden jeweils drei Abfragen gegen die Basistabelle laufen gelassen und drei gegen die partitionierte Sicht.

```
SET STATISTICS IO ON
SET STATISTICS TIME ON

-- 1.
SELECT COUNT(*) FROM Sales.Archive_Orders
WHERE OrderDate = '01.06.2004'
```

```sql
-- 2.
SELECT COUNT(*) FROM Sales.Archive_Orders
WHERE OrderDate = '01.06.2008'
-- 3.
SELECT COUNT(*) FROM Sales.Archive_Orders
WHERE OrderDate = '01.06.2010'
-- 4.
SELECT COUNT(*) FROM Sales.Archive_Orders_Partitioned
WHERE OrderDate = '01.06.2004'
-- 5.
SELECT COUNT(*) FROM Sales.Archive_Orders_Partitioned
WHERE OrderDate = '01.06.2008'
-- 6.
SELECT COUNT(*) FROM Sales.Archive_Orders_Partitioned
WHERE OrderDate = '01.06.2010'
```

Listing 14.28 Testabfragen

Die Ergebnisse in Tabelle 14.1 sind eindeutig. Ohne Partitionierung muss die komplette Tabelle gescannt werden. Bei der Abfrage der partitionierten Sicht wird je nach gesuchtem Wert eine andere Basistabelle gescannt, die nur eine Teilmenge der Daten enthält. Der Performancegewinn ist deutlich sichtbar. In der grafischen Darstellung des Abfrageplans ist dieses Verhalten übrigens nicht eindeutig zu erkennen. Als Operator wird bei den Beispielabfragen jeweils ein *Clusters Index Scan* angezeigt (ganz oder teilweise). Auch bei der Partitionierung von Sichten gilt: In Verbindung mit einer guten Indizierung wird die Partitionierung noch einmal deutlich effektiver. Dummerweise müssen die Indizes in jeder einzelnen Tabelle angelegt werden.

Abfrage-Nr	Ausführungszeit	Gelesene Seiten
1	ca. 30 ms	ca. 4.523
2	ca. 30 ms	ca. 4.523
3	ca. 30 ms	ca. 4.523
4	ca. 2 ms	ca. 151
5	ca. 17 ms	ca. 1.463
6	ca. 0 ms	0

Tabelle 14.1 Vergleich der Abfragen

TIPP Obwohl partitionierte Sichten beim Arbeiten mit großen Datenmengen sehr hilfreich sind, ist die Dokumentation in den Books Online doch eher dürftig und ein paar Fakten werden nicht erwähnt. SQL Server ist ein bisschen mäkelig, was die Struktur der Teiltabellen angeht. Das merken Sie häufig erst dann, wenn Sie ein *INSERT* oder *UPDATE* versuchen und auf einen Fehler laufen oder die Partitionierung bei Abfragen offenbar nicht ausgenutzt wird. Beispielsweise dürfen die Tabellen keine *IDENTITY*-Spalte besitzen, wenn ein *INSERT* versucht wird. Auch wird nicht jeder Ausdruck für die *CHECK*-Einschränkung ohne Weiteres erkannt. Am besten verwenden Sie möglichst einfache Ausdrücke und formulieren diese um, wenn SQL Server behauptet, dass er keine Partitionierungsspalte finden kann.

Bieten sich zwei verschiedene Spalten für die Verwendung als Dimensionen in Partitionierungen an, dann kann eine Tabellenpartitionierung mit einer Indexpartitionierung kombiniert werden. Dazu wieder ein Beispiel aus der *netShop*-Datenbank. Gesetzt den Fall, dass neben dem Auftragsjahr sehr häufig Auswertungen über die Versandmethode gemacht werden müssen, kann es sinnvoll sein, die Basistabellen auf einem entsprechenden Partitionierungsschema zu speichern. Geht man davon aus, dass es sicher nie mehr als 1? verschiedene Versandmethoden geben wird, kann man einigermaßen beruhigt die folgende Partitionierungsfunktion für die Spalte *ShippingMethodID* verwenden:

Performance-Überlegungen

```
CREATE PARTITION FUNCTION fnShippingMethodID (int)
AS RANGE LEFT FOR VALUES
(1,2,3,4,5,6,7,8,9,10)
```

Listing 14.29 Partitionierungsfunktion für die Versandmethode

Das Partitionierungsschema wird wieder auf der Dateigruppe *Archive* eingerichtet.

```
CREATE PARTITION SCHEME scheme_ShippingMethodID
AS PARTITION fnShippingMethodID
ALL TO ( Archive )
```

Listing 14.30 Das passende Partitionierungsschema

Zu guter Letzt werden die Basistabellen der Sicht neu definiert. In den Tabellenstrukturen muss noch eine Kleinigkeit angepasst werden: Die neue Partitionierungsspalte *ShippingMethodID* wird zusätzlich in den Primärschlüssel aufgenommen. Außerdem wird als Speicherort explizit das Partitionierungsschema angegeben. Die Sichtdefinition selbst bleibt unverändert.

```
CREATE TABLE Sales.Archive_Orders_UP_TO_1999
(  ...
   CONSTRAINT PK_1 PRIMARY KEY (ID, ShippingMethodID, OrderDate ))
ON scheme_ShippingMethodID (ShippingMethodID)
GO
CREATE TABLE Sales.Archive_Orders_2001
(  ...
   CONSTRAINT PK_2 PRIMARY KEY (ID, ShippingMethodID, OrderDate))
ON scheme_ShippingMethodID (ShippingMethodID)
GO

-- und so weiter bis

CREATE TABLE Sales.Archive_Orders_OVER_2010
(  ...
   CONSTRAINT PK_12 PRIMARY KEY (ID, ShippingMethodID, OrderDate)
ON scheme_ShippingMethodID (ShippingMethodID)
```

Listing 14.31 Anlegen der Teiltabellen auf dem Partitionierungsschema

Durch die doppelte Partitionierung werden Abfragen wie die folgende, stark beschleunigt. Es muss nur noch ein Bruchteil der Daten durchsucht werden. Das ist gerade für umfangreiche Auswertungen interessant. Durch nicht gruppierte Indizes auf weitere, häufig in Abfragen benutzte Spalten, lässt sich das Tuning bei Bedarf sogar noch weitertreiben.

```
SELECT COUNT(*) FROM Sales.Archive_Orders_Partitioned
WHERE OrderDate = '01.06.2004' AND ShippingMethodID = 1
```

Listing 14.32 Abfrage, die Nutzen aus der doppelten Partitionierung zieht

> **HINWEIS** Sie haben in diesem Abschnitt *lokale* partitionierte Sichten kennen gelernt. Für sehr große Tabellen, die unter hoher (INSERT- oder UPDATE-) Last stehen, gibt es die zusätzliche Möglichkeit, die einzelnen Tabellen in verschiedenen Datenbanken auf verschiedenen Servern unterzubringen. Diese Art einer *horizontalen Skalierung* bezeichnet man auch als Methode der *vereinten Datenbankserver* (Federated Servers). Die einzelnen Tabellen müssen wechselseitig über Verbindungsserver auf den verschiedenen Maschinen eingebunden werden. Auf jedem Server wird dieselbe partitionierte Sicht angelegt. Zusätzlich sollte in jeder Serverinstanz die Konfigurationsoption *lazy schema validation* aktiviert werden

Kapitel 15

Gespeicherte Prozeduren

In diesem Kapitel:
Konzepte: Die Wahrheit über gespeicherte Prozeduren	550
Mit gespeicherten Prozeduren arbeiten	552
Ausnahmebehandlung	576
Beispiele für gespeicherte Prozeduren	584
Performance-Überlegungen	589
Systemprozeduren und erweiterte gespeicherte Prozeduren	599

Konzepte: Die Wahrheit über gespeicherte Prozeduren

Dieses Kapitel stellt Ihnen die wichtigsten Server-Objekte für Transact-SQL-Entwickler vor: die gespeicherten Prozeduren. *Gespeicherte Prozeduren* (*Stored Procedures*) stellen in SQL Server das Pendant zu Subroutinen in prozeduralen Programmiersprachen dar und haben vieles mit diesen gemeinsam. Vor allem bieten sie eine einfache Möglichkeit, Geschäftslogik serverseitig in einer Datenbank zu realisieren. Obwohl T-SQL Ihnen nicht den Komfort einer »richtigen« Programmiersprache bietet, haben gespeicherte T-SQL-Prozeduren doch einen entscheidenden Vorteil: Sie werden unglaublich schnell ausgeführt! Wirklich komplexe Algorithmen können Sie bei Bedarf jederzeit in Prozeduren schreiben, die auf .NET-Assemblys basieren. Da wir uns aber gerade in dem Buchteil befinden, in welchem es um die Arbeit mit Transact-SQL geht, spielt dies (noch) keine Rolle. Der etwas seltsam anmutende Name *gespeicherte Prozedur* ist der Tatsache geschuldet, dass der Programmcode in der Datenbank gespeichert und so ein fester Bestandteil der Datenschicht wird. Analog dazu werden Sichten bisweilen auch als gespeicherte Abfragen bezeichnet.

In einigen Programmiermodellen sollten Sie unbedingt mit gespeicherten Prozeduren arbeiten – in anderen ist es von Ihrer Herangehensweise, dem Projektumfang oder sogar von den Vorlieben und Kenntnissen Ihrer Teammitglieder abhängig, ob Sie mit gespeicherten Prozeduren arbeiten möchten oder nicht. Stellt Ihr Projekt eine klassische Client/Server-Datenbankapplikation dar, dann können Sie mit gespeicherten Prozeduren auf einfache Art eine saubere Datenzugriffsschicht zwischen der Darstellungslogik und der Datenbank selbst einbauen. So können Sie in einem ASP.NET-Webprojekt in vielen Fällen darauf verzichten, eigene Datenzugriffsklassen zu entwickeln. In Entwicklungsumgebungen, die wenig mit .NET zu tun haben, oder den Access-SQL Server-Projekten ist der Einsatz gespeicherter Prozeduren beinahe eine Pflicht. Durch die Kapselung der Datenzugriffslogik in Serverprozeduren können Sie Ihre Anwendung portabel halten. Selbst wenn Sie T-SQL so richtig ausreizen, um die maximale Leistung in den Datenbankzugriffen zu erzielen, und Sprachfeatures verwenden, die es auf anderen Datenbankservern wie Oracle oder DB2 nicht gibt. Natürlich müssen die gespeicherten Prozeduren beim »Umzug« Ihrer Anwendung auf einen anderen Server dann nachimplementiert werden, aber das stellt normalerweise wegen der Einfachheit des serverseitigen Codes keine unüberwindliche Hürde dar. Die wichtigen Datenbankmanagementsysteme – seit einiger Zeit auch MySQL – kennen jedenfalls das Datenbankobjekt *gespeicherte Prozedur* und Datenbankentwickler machen regen Gebrauch davon. Kommt es irgendwann einmal zu einer Portierung der Datenbanklösung, dann unterstützen Werkzeuge der einzelnen Datenbankhersteller den Entwickler bei der Übersetzung des Prozedurcodes. In der SQL Server-Suite gibt es beispielsweise das Tool *SQL Server Migration Assistant* (SSMA), mit dem Sie ORACLE und Sybase-Anwendungen auf die Microsoft-Datenbankplattform hieven können. Für den umgekehrten Weg existieren ebenfalls Werkzeuge, über die wir aber hier aus gutem Grund den Mantel des Schweigens legen möchten.

Für Applikationen, die sehr hohe Anforderungen an das Zeitverhalten des Datenzugriffs stellen – in der Regel sind das Echtzeit- oder Transaktionsanwendungen – und gleichzeitig nicht nur triviale Datenbankoperationen (wie einfache *INSERT*- oder *SELECT*-Anweisungen) durchführen, sind gespeicherte Prozeduren notwendig, um die Geschäftslogik mit maximaler Geschwindigkeit ablaufen zu lassen. Die hohe Ausführungsgeschwindigkeit der Programmtexte von gespeicherten Prozeduren liegt darin begründet, dass sich deren Binärcode (ganz im Widerspruch zum Namen *gespeicherte* Prozedur) ständig im Speicherpool von SQL Server befindet und ohne Umschweife bei Bedarf in dessen Prozessraum ausgeführt werden kann. Die vorbereitenden Schritte, die normalerweise vor der Ausführung von T-SQL-Texten auf einem Prozessor durchlaufen werden, entfallen. Darum wird es in diesem Kapitel noch ausführlicher gehen.

Es gibt es noch weitere wichtige Argumente dafür, sich mit den Grundlagen gespeicherter Prozeduren auseinanderzusetzen. Selbst, wenn Sie nie vorhaben, gespeicherte Prozeduren in T-SQL zu schreiben, sondern dazu eine .NET-Programmiersprache einsetzen möchten, und selbst, wenn Sie vorhaben, *nie* mit gespeicherten Prozeduren zu arbeiten, so hilft das Durcharbeiten dieses Kapitels Ihnen beim Verständnis der Funktionsweise dieses Programmierobjekts. Und dies wiederum ist nützlich, wenn es darum geht, die Abläufe in der Kommunikation von Datenzugriffsbibliotheken wie OLEDB, ODBC, ADO oder ADO.NET mit SQL Server zu untersuchen, bei denen häufig Techniken eingesetzt werden, die auf dem Einsatz gespeicherter Prozeduren beruhen.

In diesem Kapitel stelle ich zunächst die Grundlagen von gespeicherten Prozeduren vor, danach geht es um die Fehlerbehandlung und abschließend folgt als nicht ganz unwichtiger Teil eine Betrachtung von Performanceaspekten. Eine kleine Warnung vorne weg: Während in bestimmten Situationen die bloße Verwendung gespeicherter Prozeduren tatsächlich einen Leistungsgewinn bringt, kann bei unüberlegter Verwendung auch das genaue Gegenteil eintreten – Ihre Prozeduren machen den Datenbankzugriff langsamer! Um zu erfahren, wie es dazu kommt, sollten Sie dieses Kapitel bis zum Schluss lesen.

Damit Sie sich eine erste Meinung zum Einsatz gespeicherter Prozeduren bilden können, sind an dieser Stelle einige der wichtigsten Argumente für deren Einsatz zusammengestellt.

- **Implementierung der Datenzugriffsschicht** Es gibt gute Gründe, die im Applikationsentwurf für die Implementierung einer dedizierten Datenzugriffsschicht sprechen. Mithilfe gespeicherter Prozeduren können Sie diese direkt im Datenbankserver realisieren. Dadurch wird Ihre Anwendung unabhängig von den Implementierungsdetails der Datenbank. Tabellen und Feldnamen können beliebig geändert werden – solange die Schnittstellen der gespeicherten Prozeduren sich nicht ändern, berührt das die Clientprogrammierung nicht. Im Programmcode der serverseitigen Prozeduren können zusätzlich Optimierungen durchgeführt werden, falls einzelne Zugriffe zu langsam erscheinen. Der clientseitige Code wird von umfangreichen (und oft unübersichtlichen) T-SQL-Befehlsstrings befreit und nicht zuletzt lässt sich Ihre Applikation leichter auf einen anderen Datenbankserver portieren.

- **Kapselung der Business-Logik** Gespeicherte Prozeduren sind in Client/Server-Applikationen eine hervorragende Möglichkeit zur klaren Trennung von Programmlogik und Darstellung. Die Geschäftslogik wird in Prozeduren gekapselt und der Client übernimmt vor allen Dingen die Bereitstellung des Benutzer-Interface. Die Wartung des Programmcodes für die Geschäftslogik vereinfacht sich.
  In SQL Server 2008 wird dieses Programmiermodell durch die Möglichkeit der Verwendung einer .NET-Programmiersprache in der CLR-Laufzeitumgebung natürlich um ein Vielfaches attraktiver, als es bei einer serverseitigen T-SQL-Programmierung der Fall ist. In C# oder VB.NET lassen sich Business-Objekte naturgemäß viel geschmeidiger entwickeln als im kargen Transact-SQL. Geht es um den puren Datenzugriff, dann haben die »klassischen«, in T-SQL geschriebenen Prozeduren aber weiterhin die Nase vorn.

- **Verarbeitung auf dem Server** Gespeicherte Prozeduren werden immer komplett auf dem Server verarbeitet. Dadurch steht der Prozedur die vollständige Leistungsfähigkeit einer großen Datenbankmaschine zur Verfügung. Bei komplexen Abfragen und Berechnungen bedeutet dies eine wesentliche Steigerung der Abfrageleistung. Dieses Argument spielt bei einem in einer .NET-Programmiersprache geschriebenen Client allerdings eine untergeordnete Rolle, da hier die Ausführung des SQL-Codes immer so passiert, wie der Programmierer es vorgibt (hoffentlich häufig auf dem Server), bei Datenbankclients wie Visual FoxPro, Crystal Reports oder Access sind Sie durch den Einsatz von gespeicherten Prozeduren immer auf der sicheren Seite. Verwenden Sie die Reporting Services von SQL Server für Ihre Berichte, dann werden Ihre Datenquellen übersichtlicher.

- **Verringerung von Netzwerkverkehr** Da der Client nur den Prozeduraufruf zum Server schickt und anschließend die fertigen Ergebnisse zu sehen bekommt, verringert sich der Netzwerkverkehr zwischen Client und Server. Es gibt diverse Anwendungsfälle bei denen dies deutlich zu spüren ist.
- **Bessere Test- und Optimierbarkeit** Das Testen Ihrer Programmierung wird durch die Verwendung gespeicherter Prozeduren verbessert. Sie benötigen keinerlei Oberfläche für das Ausführen von gespeicherten Prozeduren. Stattdessen können Sie SQL Server-Skripte vorbereiten, über die eine Prozedur unter gesicherten Bedingungen getestet werden kann. Dies ermöglicht ein schnelles und vor allen Dingen sehr einfach wiederholbares Testen. Werkzeuge, wie der *Data Dude* (die korrekte Bezeichnung lautet *Visual Studio Team System Database Edition 2008*), bieten automatisierte Unit-Tests für gespeicherte Prozeduren an. Im Kapitel über Codequalität stelle ich die Möglichkeiten des *Dudes* genauer vor.

  Aufwändigerer T-SQL-Code lässt sich in einer gespeicherten Prozedur einfacher optimieren. Falls Sie auf den Einsatz gespeicherter Prozeduren verzichten, dann kann man nur empfehlen, die Datenzugriffe auf dem Client in Klassen zu kapseln, damit Sie die genannten Vorteile ebenfalls erlangen können.
- **Parametrisierung von Abfragen** SQL Server-Sichten können keine Parameter verarbeiten, dies ist nur in benutzerdefinierten Funktionen oder eben Prozeduren möglich. Gespeicherte Prozeduren sind gegenüber Funktionen etwas einfacher zu implementieren (und zu testen), haben aber den Nachteil, dass die von ihnen gelieferten Ergebnismengen auf dem Server nicht ohne weiteres weiterverarbeitet werden können. Clientseitig sind Prozeduren und parametrisierte Funktion dagegen recht ähnlich in der Anwendung.
- **Schnellere Ausführung** Da eine gespeicherte Prozedur nach der ersten Ausführung in kompilierter Form im Cache von SQL Server vorliegt, wird keine Zeit für das Vorbereiten der darin enthaltenen Befehle mehr benötigt. Wie schon in der Einleitung erwähnt, geht das aber nicht in jedem Fall gut. Warum das so ist und wie Sie Probleme vermeiden können, erläutere ich am Ende dieses Kapitels.

Mit gespeicherten Prozeduren arbeiten

Sie können gespeicherte Prozeduren in den Entwicklungsumgebungen Visual Studio oder SQL Server Management Studio entwerfen. Im Visual Studio ist die Unterstützung durch die Benutzeroberfläche – na, bleiben wir freundlich – etwas rudimentär. In welcher Umgebung Sie arbeiten möchten, ist aber von Ihren persönlichen Vorlieben und der Arbeitsweise abhängig. Als hartgesottener T-SQL-Datenbankprogrammierer werden Sie natürlich das Management Studio bevorzugen, da Sie hier einen viel besseren Zugriff auf sämtliche SQL Server-Objekte haben, IntelliSense Sie unterstützt und Sie Optimierungstools, wie den graphischen Abfrageplan oder den Datenbankoptimierungsratgeber sofort einsetzen können. Visual Studio ist eher dazu geeignet »mal eben« eine gespeicherte Prozedur anzulegen, die Ihnen gerade in der Entwicklung der Datenzugriffsschicht fehlt. Debugging-Möglichkeiten bieten Ihnen beide Umgebungen.

Da Ihnen die GUI-Unterstützung für den Entwickler in beiden Fällen allerdings nicht das Anlegen und auch nur teilweise die Verwaltung der Prozeduren abnimmt , kommen Sie nicht um die Aufgabe herum, sich mit den Möglichkeiten vertraut zu machen, die T-SQL dem Entwickler bietet, um gespeicherte Prozeduren anzulegen und zu bearbeiten. Gerade auch, wenn Sie vorhaben, im Team System mit dem *Data Dude* zu entwickeln, sind diese Kenntnisse überlebenswichtig.

> **HINWEIS** Falls Sie noch SQL Server 2005 einsetzen, dann werden Sie feststellen, dass das Debuggen von T-SQL Programmcode Ihnen im Managementstudio leider nicht zur Verfügung steht. Das ist etwas unschön und leider bleibt Ihnen als Work Around nur der Umweg über das Visual Studio. Im Gegensatz zum neuen Managementstudio in SQL Server 2008 können Sie in Visual Studio allerdings *nur* gespeicherte Prozeduren debuggen und keine allgemeinen T-SQL Skripte.

Gespeicherte Prozeduren anlegen

Da die Schritte beim Anlegen von gespeicherten Prozeduren in den beiden Arbeitsumgebungen nahezu identisch sind, beschränke ich mich bei den Erklärungen im Wesentlichen auf das Management Studio. Um eine neue gespeicherte Prozedur anzulegen können Sie im Ordner *Gespeicherte Prozeduren* des Objekt-Explorers unterhalb von *Programmierbarkeit* den Befehl *Neue gespeicherte Prozedur* aus dem Kontextmenü wählen. Im T-SQL-Editor wird daraufhin ein leeres Fenster mit einer entsprechenden Skript-Schablone angelegt. Neben den allgemeinen Funktionen des Editors, wie IntelliSense oder dem integrierten Abfragedesigner, die bereits in Kapitel 6 (»Werkzeuge für T-SQL-Entwickler«) vorgestellt wurden, gibt es keine spezielle Unterstützung für das Programmieren einer gespeicherten Prozedur. Abbildung 15.1 zeigt solch eine Prozedurschablone.

Da sich der Komfort bei dieser Vorgehensweise in Grenzen hält, können Sie das Anlegen einer neuen gespeicherten Prozedur genauso gut mit einem leeren Abfragefenster starten und das *CREATE PROCEDURE* plus Programmtext direkt eingeben. Eine gute Idee ist die Verwendung einer selbst definierten Schablone, die einen vorgegebenen Prozedurkopf mit Kommentarblock für die Dokumentation enthält. Solch eine Schablone können Sie im Vorlagen-Explorer zur Verfügung stellen. Schauen Sie im Kapitel 6 nach, wenn Sie wissen möchten, wie das geht.

Durch das Ausführen des *CREATE*-Skripts via *Ausführen* wird der Programmtext syntaktisch analysiert und in der Datenbank hinterlegt. Anschließend kann die neue Prozedur mit *EXECUTE* (*EXEC*) gestartet werden.

Eine vorhandene gespeicherte Prozedur können Sie bequem über den Objekt-Explorer bearbeiten. Der Kontextbefehl *Ändern* extrahiert die Definition einer Prozedur aus der Datenbank. Das entsprechende *ALTER*-Skript wird in einem neuen Editorfenster angezeigt. Nachdem Sie die Änderungen im Programmtext vorgenommen und das Skript ausgeführt haben, liegt die neue Version der Prozedur in der Datenbank vor. Der Haken bei dieser »spontanen« Arbeitsweise ist darin zu sehen, dass Sie unter Umständen nicht mehr nachvollziehen können, welche Änderungen es im Laufe der Zeit am Programmcode in der Datenbank gegeben hat. Sie sollten die Änderungsskripte auf jeden Fall abspeichern.

```
SQLQuery1.sql - J...JUPITER\Greg (53))
-- ================================================
-- Template generated from Template Explorer using:
-- Create Procedure (New Menu).SQL
--
-- Use the Specify Values for Template Parameters
-- command (Ctrl-Shift-M) to fill in the parameter
-- values below.
--
-- This block of comments will not be included in
-- the definition of the procedure.
-- ================================================
SET ANSI_NULLS ON
GO
SET QUOTED_IDENTIFIER ON
GO
-- =============================================
-- Author:       <Author,,Name>
-- Create date: <Create Date,,>
-- Description: <Description,,>
-- =============================================
CREATE PROCEDURE <Procedure_Name, sysname, ProcedureName>
    -- Add the parameters for the stored procedure here
    <@Param1, sysname, @p1> <Datatype_For_Param1, , int> = <Default_Value_For_Param1, , 0>,
    <@Param2, sysname, @p2> <Datatype_For_Param2, , int> = <Default_Value_For_Param2, , 0>
AS
BEGIN
    -- SET NOCOUNT ON added to prevent extra result sets from
    -- interfering with SELECT statements.
    SET NOCOUNT ON;

    -- Insert statements for procedure here
    SELECT <@Param1, sysname, @p1>, <@Param2, sysname, @p2>
END
GO
```

Abbildung 15.1 Gespeicherte Prozedur im Management Studio anlegen

Wenn Sie mit einem Sourcecode-Kontrollsystem arbeiten, dann müssen Sie sowieso auf das ursprüngliche Erstellungsskript zurückgreifen und dieses nach dem Auschecken bearbeiten. Nachdem Sie eine neue Version der Prozedur erstellt und getestet haben, liegt nach dem Einchecken die »Wahrheit« dann wieder in der Quellcodeverwaltung.

HINWEIS Niemand kann Sie davon abhalten, Datenbankobjekte direkt in der Datenbank zu ändern, ohne ein Änderungsskript aufzuheben oder die Änderungen des Quellcodes in Ihrem Versionierungssystem ordentlich zu hinterlegen. Erfahrungsgemäß können dadurch Probleme entstehen, gerade wenn Sie im Team arbeiten.

Nachdem Sie eine neue gespeicherte Prozedur angelegt haben erscheint diese unter *Programmierbarkeit/Gespeicherte Prozeduren* im Objekt-Explorer, aber erst (Sie kennen das inzwischen), nachdem Sie eine Aktualisierung der Ansicht durchgeführt haben. Eine sehr nützliche Angelegenheit bei der Programmierung ist natürlich IntelliSense. Das zeigt Ihnen auch für Ihre eigenen Prozeduren die Parameternamen und Datentypen an (Abbildung 15.2). Aber auch hier müssen Sie zunächst etwas aktualisieren: Den IntelliSense-Cache nämlich.

```
SQLQuery2.sql - J...PITER\Greg (56))*   SQLQuery1.sql - J...JUPITER\Greg (55))

    EXEC Products.ArticlesUpdateTax
    netShop2008.Products.ArticlesUpdateTax @TaxOld decimal(4, 2) = NULL, @TaxNew decimal(4, 2) = NULL
    Gespeicherte Prozeduren geben immer INT zurück.
```

Abbildung 15.2 IntelliSense für gespeicherte Prozeduren

Wenn es Ihnen lieber ist, SQL Server-Objekte direkt in Visual Studio anzulegen, dann geht das genau so gut. Öffnen Sie dazu über das Menü *Ansicht* den *Server-Explorer*. In der Datenverbindung zu Ihrer SQL Server-Datenbank finden Sie im Kontextmenü des Ordners *Gespeicherte Prozeduren* den Befehl *Neue Gespeicherte Prozedur hinzufügen*. Nachdem Sie den Prozedurtext eingegeben haben wird über *Datei/Gespeicherte Prozedur speichern* die Prozedur in der Datenbank angelegt. Anschließend können Sie über den Kontextbefehl *Ausführen* die Prozedur testen oder über *Einzelschritt in Gespeicherte Prozedur* den Debugger starten. Details zum Debugging in Visual Studio hatte ich bereits in Kapitel 6 vorgestellt.

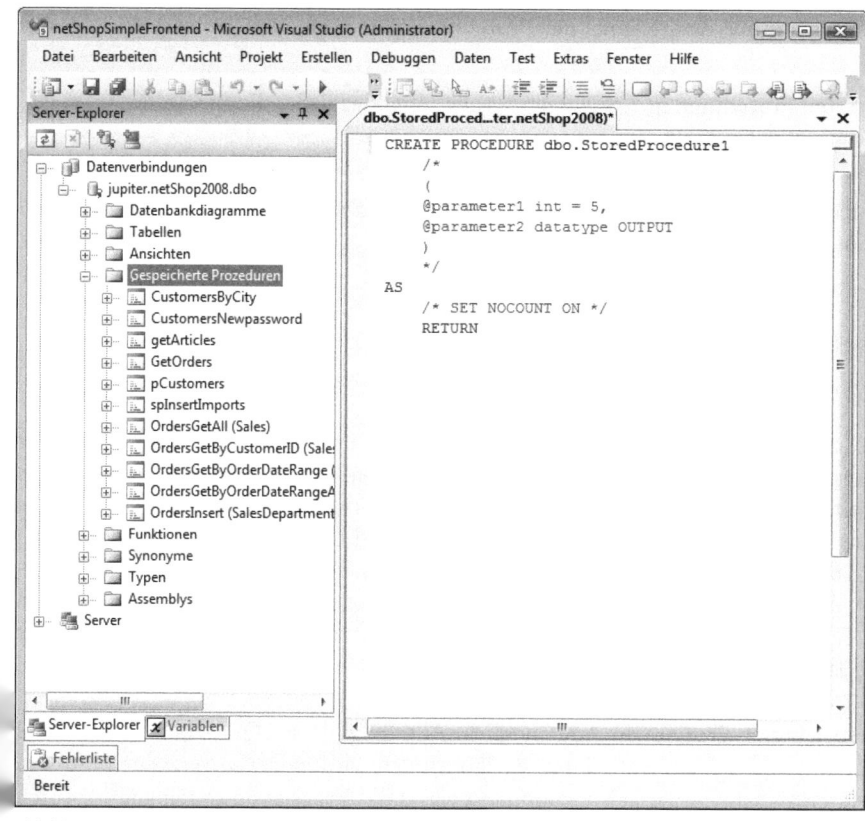

Abbildung 15.3 Gespeicherte Prozedur in Visual Studio anlegen

Gespeicherte Prozeduren in T-SQL bearbeiten

Mit den entsprechenden T-SQL-DDL-Befehlen können Sie gespeicherte Prozeduren anlegen, ändern und ausführen. Für das Erstellen einer neuen Prozedur wird das SQL-Kommando *CREATE PROCEDURE* verwendet, dessen *vereinfachte* Syntax Sie hier sehen:

```
CREATE PROC [ EDURE ] [schema_name.] procedure_name [ ; number ]
    [ { @parameter [ type_schema_name. ] data_type }
    [ VARYING ] [ = default ] [ OUT [ PUT ]]
    [ ,...n ]
[ WITH { RECOMPILE | ENCRYPTION | EXECUTE AS } ]
AS
sql_statement [ ...n ]
```

Lässt man alle optionalen Anteile weg, dann kann eine Prozedur im einfachsten Fall so angelegt werden, wie es hier im ersten Codebeispiel vorgeführt wird:

```sql
CREATE PROCEDURE Sales.spOrdersGetAll
AS
SELECT * FROM Sales.Orders
ORDER BY ID
```

Listing 15.1 Anlegen einer ganz einfachen gespeicherten Prozedur

Der Prozedurkopf besteht hier nur aus dem Namen der Prozedur. Hinter dem Schlüsselwort *AS* folgt der Prozedurrumpf.

Das Aufrufen von gespeicherten Prozeduren in T-SQL selbst erfolgt über das *EXEC*-Kommando:

```
EXEC[UTE] prozedurname
```

Der Prozedurname ist ein teilweise- oder vollqualifizierter Prozedurname. Die Prozedur *Sales.spOrdersGetAll* wird also folgendermaßen aufgerufen:

```
EXEC Sales.spOrdersGetAll
```

Listing 15.2 Ausführen einer gespeicherten Prozedur mit EXECUTE

Dieser Proceduraufruf zeigt alle Aufträge sortiert nach dem Primärschlüssel an.

> **ACHTUNG** SQL Server 2008 zwingt Sie bei der Verwendung von *EXECUTE* nicht zu der Angabe eines Schemanamens. Der vollständige Name der aufzurufenden Prozedur wird dann über Synonyme oder die Regeln zur Findung des Standardschemas gebildet (siehe Kapitel 13 »Sicherheit«). Sie sollten sich allerdings angewöhnen, den Schemanamen mit anzugeben. Dies gilt sowohl bei der T-SQL-Programmierung auf dem Servers wie auch bei Aufrufen vom Client aus. Die Prozedur wird etwas schneller ausgeführt und zusätzliche vermeiden Sie kleinere Probleme, die SQL Server bekommen kann, wenn kein Schemaname verwendet wird. Diese können auftreten, wenn sehr viele Verbindungen ein und dieselbe Prozedur verwenden und kein Schemaname verwendet wird. Eine Beschreibung dieses Problems finden Sie unter dem Stichwort »Compile Locks« in der Knowledge Base oder in den Begleitmaterialien zu diesem Buch.

Verschachtelte Aufrufe gespeicherter Prozeduren sind möglich. Allerdings lässt SQL Server maximal 32 Aufrufe innerhalb einer *EXECUTE*-Kette zu. Auf rekursive Algorithmen wird man also verzichten müssen. Das ist in seltenen Fällen durchaus schade, wird aber, zumindest was das Abfragen von Daten angeht, durch die Möglichkeit der rekursiven *SELECT*-Kommandos mit Common Tables Expressions (CTEs) wettgemacht. Der Server erkennt das Überschreiten der Schachtelungstiefe, noch bevor der erste Befehl ausgeführt wird, und verweigert dann mit einer Fehlermeldung die Ausführung. Dadurch wird zumindest verhindert, dass ein Programmabschnitt nur halb ausgeführt wird.

Da es für Sie sicher kein großes Geheimnis darstellt, dass Prozeduren Parameter besitzen können, folgt auf dem Fuße ein Beispiel dazu. Achten Sie auf den kleinen Syntaxunterschied: *PROC* statt *PROCEDURE* ist eine übliche und erlaubte Abkürzung des Schlüsselworts.

```sql
CREATE PROC Sales.spOrdersGetByCustomerID
(
   @CustomerID AS   int
)
AS
SELECT * FROM sales.Orders
```

```
WHERE
    CustomerID = @CustomerID
ORDER BY OrderDate
```

Listing 15.3 Anlegen einer gespeicherten Prozedur mit Parameter

Und so wird eine parametrisierte gespeicherte Prozedur ausgeführt. Auch für das *EXECUTE* gibt es eine Kurzform: *EXEC*.

```
EXEC Sales.spOrdersGetByCustomerID 1000
```

Listing 15.4 Ausführen einer parametrisierten gespeicherten Prozedur mit EXEC

Der Prozedurkopf besteht in diesem Fall aus dem Namen der Prozedur und einer zusätzlichen Parameterdefinition. Unter dem Namen wird der Prozedurtext in der Datenbank abgelegt. Ein Prozedurname kann, wie jeder andere Objektname, innerhalb einer Datenbank nur ein einziges Mal vergeben werden. Eine Ausnahme stellt die Möglichkeit dar, dass die gleiche Prozedurbezeichnung in zwei verschiedenen Schemata verwendet werden könnte, also etwa *Products.spOrdersGetAll* und *Sales.spOrdersGetAll*. Zusätzlich kennt T-SQL noch den etwas obskuren Fall, dass eine Prozedur unter dem gleichen Namen in verschiedenen *Versionen* existieren kann. Dies wird über eine Nummerierung im Prozedurkopf – genannt *Gruppennummer* – erreicht. Mit den folgenden Befehlen wäre es möglich zwei Versionen der *OrdersGetAll*-Prozedur anlegen:

```
CREATE PROC Sales.spOrdersGetAll; 1
AS ...
CREATE PROC Sales.spOrdersGetAll; 2
AS ...
```

Im Objekt-Explorer werden die verschiedenen Prozeduren gleichen Namens und unterschiedlicher Gruppennummer als *eine* Prozedur unter dem gemeinsamen Namen angezeigt. Sie merken erst, was los ist, wenn Sie sich die Prozedurdefinitionen über den Kontextbefehl *Ändern* anzeigen lassen. Dann werden nämlich die Quelltexte aller vorhandenen Varianten angezeigt. In der wirklichen Welt ist mir dieses Vorgehen bis heute allerdings noch nicht begegnet – vielleicht fällt Ihnen ja eine kluge Anwendung dazu ein.

Eine Prozedurdefinition reicht im T-SQL-Editor von *CREATE* entweder bis zum Ende der Skriptdatei oder bis zum nächsten *GO*, also dem Ende eines Batches. Genau wie bei den Sichten wird bei Prozeduren nach dem Ausführen von *CREATE* die Definition des neuen Objekts in den Systemtabellen abgelegt. Und genau wie bei den Sichten können Sie den Quelltext in Ihrer Datenbank verbergen, wenn Sie die Option *WITH ENCRYPTION* verwenden. Die weiteren Optionen *WITH RECOMPILE* und *EXECUTE AS* erkläre ich weiter unten in den Abschnitten zur Sicherheit und zur Performance.

Die Definitionen der in der Datenbank hinterlegten Prozeduren können Sie, wie vorhin beschrieben, im Management Studio durch den Befehl *Ändern* sichtbar machen, oder Sie verwenden die Skriptingmöglichkeiten des SSMS, um die entsprechenden *CREATE*-Skripte zu generieren. Für Dokumentationszwecke und ähnliche Aufgaben können auch direkt in den internen Datenstrukturen von SQL Server nachschlagen, um zu den Definitionen zu gelangen.

Die in den Metadaten hinterlegten Informationen zu einer gespeicherten Prozedur lassen sich über die Katalogsichten *sys.procedures*, *sys.sql_modules*, *sys.parameters* und *sys.sql_dependencies* ausfindig machen. In *sys.procedures* befindet sich der Katalog der in einer Datenbank vorhandenen Prozeduren – sowohl der vom System, als auch der vom Benutzer definierten. Die Sicht *sys.sql_modules* liefert die Texte, *sys.parameters* die Parameterdefinitionen und *sys.sql_dependencies* die Abhängigkeiten zu Tabellen und anderen Datenbankobjekten.

Durch das nachfolgende T-SQL-Skript werden nacheinander die Definition der Prozedur *spOrdersGetByCustomerID*, die Parameter und die Abhängigkeiten zu anderen Objekten angezeigt.

```sql
DECLARE @object_id int

-- ObjektID besorgen
SET @object_id =
  ( SELECT object_id
      FROM sys.procedures
      WHERE [Name] = 'spOrdersGetAll' )

-- Prozedurtext auslesen
SELECT
   definition
FROM
   sys.sql_modules sm
WHERE
   @object_id = object_id

-- Parameter auslesen
SELECT
   sp.[name] AS ParameterName, st.[name] AS TypeName
FROM
   sys.parameters sp
INNER JOIN
   sys.types st
ON
   sp.system_type_id = st.system_type_id
WHERE
   @object_id  = object_id

-- Referenzierte Objekte auslesen
SELECT
   referenced_class_desc, referenced_schema_name, referenced_entity_name
FROM
   sys.sql_expression_dependencies AS sed
INNER JOIN
   sys.objects AS o ON sed.referencing_id = o.object_id
WHERE
   referencing_id = @object_id
```

Listing 15.5 Anzeige von Informationen zu einer gespeicherten Prozedur via T-SQL Skript

Die Abfrage der Katalogsicht *sys.procedures* dient hier eher der Veranschaulichung. Mit der Systemfunktion *OBJECT_ID* lässt sich die ID eines Objekts einfacher ermitteln. Der Aufruf wäre *OBJECT_ID('Sales.spOrdersGetByCustomerID')*.

Über das Auslesen der Spalte *definition* gelangt man in der Sicht *sys.modules* zum gespeicherten T-SQL-Text der Prozedur. Aus *sys.parameters* kann man alle möglichen Informationen zu den Parametern abrufen. Das Beispiel beschränkt sich auf die Bezeichnung des Parameters und den Datentyp. Um den Datentyp im Klartext auszugeben, wird ein *JOIN* auf die Systemsicht *sys.types* gemacht. Diese enthält die Spezifikationen der von SQL Server bereitgestellten Datentypen.

Der in der vierten Abfrage verwendete Trick besteht in der Verknüpfung der Katalogsicht *sys.objects* mit *sys.sql_expression dependencies*, welche die Abhängigkeiten zwischen Objekten anzeigt. Diese Abhängigkeiten kommen über die T-SQL-Kommandos und -Ausdrücke zustande, die in den Objekten verwendet werden.

Und so sehen die Informationen aus, die mithilfe der Katalogsichten aus den Systemtabellen gezogen werden:

```
Definition
-------------------------------------------------------------------------------------------
------
CREATE PROC Sales.spOrdersGetByCustomerID
(
    @CustomerID AS  int
)
AS
SELECT * FROM sales.Orders
WHERE
    CustomerID = @CustomerID
ORDER BY OrderDate

ParameterName      TypeName
-----------------  ---------------
@CustomerID        int


referenced_class_desc   referenced_schema_name    referenced_entity_name
---------------------   ------------------------  ------------------------
OBJECT_OR_COLUMN        sales                     Orders
```

Ist eine Prozedur einmal angelegt, so wird zum Ändern ihrer Definition das *ALTER*-Kommando eingesetzt. In Listing 15.6 wird die Sortierung der Prozedurausgabe geändert. Mit jedem *ALTER* wird der Prozedurtext einfach komplett ausgetauscht.

```
ALTER PROC Sales.OrdersGetByCustomerID
(
    @CustomerID AS  int
)
AS
SELECT * FROM Sales.Orders
WHERE
    CustomerID = @CustomerID
ORDER BY
    OrderDate, ID
```

Listing 15.6 Ändern der Prozedurdefinition mit T-SQL

Das Löschen geht wie üblich ganz einfach über *DROP PROCEDURE*. Etwaige Abhängigkeiten anderer Objekte von der zu löschenden Prozedur werden nicht geprüft. Wenn Sie auf Nummer sicher gehen wollen, können Sie sich über die Funktion *Abhängigkeiten Anzeigen* im Objekt-Explorer vergewissern, ob es Auswirkungen des Löschens gibt (siehe Abbildung 15.4), oder Sie fragen in T-SQL, analog zum Listing 15.5, die Systemsicht *sys.sql_expression_dependencies* ab. Es folgt der Befehl für das endgültige Entfernen des Objekts *OrdersGetAll*:

```
DROP PROCEDURE Sales.OrdersGetByCustomerID
```

Listing 15.7 Löschen einer gespeicherten Prozedur

In Skripten, die dem Anlegen von SQL Server-Objekten dienen, finden Sie häufig Programmzeilen, mit denen geprüft wird, ob ein Objekt gleichen Namens bereits in der Datenbank existiert – so beispielsweise in Erstellungsskripten, die von Visual Studio vorgeschlagen werden oder in Skripten, die Sie mit dem Skriptgenerator des Management Studios erzeugen können. Eine Möglichkeit, eine bereits vorhandene Prozedur gleichen Namens aus der Datenbank zu entfernen, bevor diese neu angelegt wird, zeigt der folgende Programmschnipsel:

```
IF EXISTS
(SELECT * FROM sys.procedures WHERE [name] = 'OrdersGetByCustomerID' AND schema_id = schema_id('Sales'))
   DROP PROC Sales.OrdersGetByCustomerID
GO
```

Listing 15.8 Entfernen einer vorhanden gespeicherten Prozedur – nur wenn diese existiert

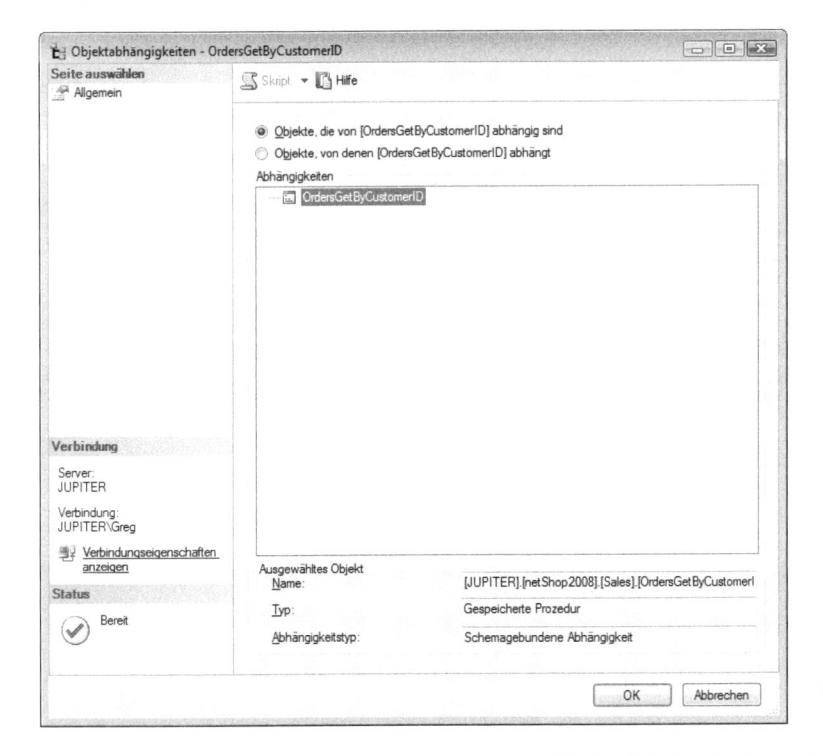

Abbildung 15.4 Abhängigkeiten für eine Prozedur

HINWEIS Der Code in Listing 15.8 prüft, ob die gespeicherte Prozedur in einem bestimmten Schema vorliegt. Da in der Systemsicht *sys.procedures* nur die interne ID des Schemas vorhanden ist, wird die Systemfunktion *schema_id* eingesetzt, um die ID zum Schemanamen zu finden. Wenn Sie die Skriptingmöglichkeiten des SSMS einsetzen, dann werden für das *DROP* Skripte generiert, die nur den Namen der Prozedur, nicht aber das Schema, abfragen. Das kann potenziell sehr irritierende Effekte nach sich ziehen. Versuchen Sie das also im Blick zu behalten.

Sind in einer Datenbank bereits Rechte für die Benutzung der Prozedur vergeben worden, dann dürfen Sie nicht vergessen, diese neu zu setzen, da diese durch das *DROP* natürlich ebenfalls gelöscht werden. Beim Ändern einer Definition mit *ALTER* ist dies nicht notwendig.

Gespeicherte Prozeduren mit einfachen Parametern

Selbstverständlich können gespeicherte Prozeduren mit Parametern versorgt werden. Das erste Prozedurbeispiel in diesem Kapitel enthielt ja bereits einen Parameter. Im einfachstes Fall sind Prozedurparameter die skalaren SQL Server-Basisdatentypen (*int, real, varchar()* usw.). Diese Parametertypen können Ein- oder Ausgabeparameter und auch beides zugleich sein. Zusätzlich kann einer Prozedur ein optionaler Rückgabecode mitgegeben werden. Die Teilsyntax für eine einzelne Parameterdeklaration mit einfachen Datentypen hat die folgende Form:

```
@parameter data_type [ = default ] [ OUTPUT ]
```

Auf diese Art und Weise können Sie auch benutzerdefinierte Datentypen, die mit der SQL Server Common Language Runtime geschrieben wurden (SQLCLR), als Parameter verwenden. Und natürlich funktioniert das auch mit den simplen Benutzerdatentypen, die in T-SQL definiert werden. Benutzerdefinierte Typen lassen sich ebenfalls als In- oder Output-Parameter einsetzen. Details zu Benutzerdefinierten CLR-Datentypen und deren Verwendung in gespeicherten Prozeduren finden Sie in Kapitel 31.

Die Parameter werden direkt hinter dem Prozedurkopf und vor dem Schlüsselwort *AS* angegeben. Optional können Sie die Parameterliste in runde Klammern einschließen. Ob Sie das tun ist eine reine Geschmacksfrage, die meisten T-SQL-Programmierer verzichten darauf.

Genau wie eine lokale T-SQL-Variable wird ein Parameter durch ein vorangestelltes @-Zeichen gekennzeichnet. Ein Parameter kann im Prozedurtext dann auch exakt wie eine lokale Variable eingesetzt werden – also in einem Ausdruck, in einer *SELECT*-Liste oder in einer *WHERE*-Klausel. Auf den Parameternamen folgt in der Definition ein SQL Server-Datentyp, der für ein Argument dieses Parameters verwendet werden soll. Parametertypen sind generell skalar, mit der Ausnahme der Übergabe einer Tabelle. Davon wird im nächsten Abschnitt die Rede sein.

Möchten Sie einen Standardwert für einen Parameter vorsehen, für den beim Prozeduraufruf kein Wert angegeben wird, so geben Sie diesen hinter einem Gleichheitszeichen gleich mit an. Der Standardwert wird für den Parameter eingesetzt, falls beim Aufruf der Prozedur kein aktuelles Argument übergeben wurde. Dummerweise sind nur Konstanten oder der Wert *NULL* erlaubt. Der folgende Programmtext stellt das Erstellungsskript für die netShop-Prozedur *spOrdersGet* dar, die mit zwei Eingabeparametern versehen ist:

```
CREATE PROC Sales.spOrdersGetByPayingMethodAndEmployee
    @PayingMethodID int = 1,
    @EmployeeID int = 1
AS
SELECT * FROM Sales.Orders
WHERE
    PayingMethodID = @PayingMethodID AND EmployeeID = @EmployeeID
ORDER BY ID
```

Listing 15.9 Gespeicherte Prozedur mit zwei Parametern

PayingMethodID steht in der *netShop*-Datenbank für die Bezahlart des Kunden; *EmployeeID* für den internen Schlüssel des Mitarbeiters. Die Prozedur erlaubt in der neuen Form durch die Parametrisierung ein Filtern der Aufträge nach der Bezahlart und dem Mitarbeiter, der die Aufträge verarbeitet hat. Dazu werden die Parameter in der *WHERE*-Klausel verwendet. Wird die Prozedur ohne die Übergabe eines Wertes für *@PayingMethodID* aufgerufen, dann wird automatisch der Standardwert 1 im Kriterium verwendet (dies steht in der Standard-Testdatenmenge des *netShop* für »Bankeinzug«). Analog gibt es einen Standardwert für die *EmployeeID*. Die Übergabe mehrerer Parameter in einem Prozeduraufruf sieht in T-SQL so aus:

```
EXEC Sales.spOrdersGetByPayingMethodAndEmployee 2, 1
```

Listing 15.10   Prozeduraufruf mit Parameterwerten

Da die Prozedur Standardwerte für die Parameter *@PayingMethodID* und *@EmployeeID* besitzt, kann man die Argumente auch weglassen:

```
EXEC Sales.spGetOrdersByPayingMethodAndEmployee
```

Listing 15.11   Prozeduraufruf mit Standardwerten

Jetzt wird nach dem Wert 1 für die Bezahlmethode und den Mitarbeiterschlüssel gefiltert. Bitte beachten Sie: Wenn Sie bei der Prozedurdeklaration auf die Angabe eines Standardwertes für einen Parameter verzichten, dann muss beim Aufruf der Prozedur auch tatsächlich ein Argument übergeben werden. Ansonsten bricht SQL Server die Verarbeitung mit einem Laufzeitfehler ab.

Werden weitere Parameter benötigt, so erweitert man einfach die durch Kommata separierte Liste. Diese Liste ist im Prinzip beliebig lang (na ja, ehrlich gesagt darf sie 2.100 Einträge umfassen, aber damit kommt man normalerweise aus). Unsere Beispielprozedur kann daher wie folgt um neue Parameter erweitert werden:

```
CREATE PROC Sales.spOrdersGet
    @PayingMethodID int = 1,
    @EmployeeID int = 1,
    @ShippingMethodID int = 1,
    @OrderDate date = '0001-01-01',
    @PayingCosts smallmoney = 0
AS
SELECT * FROM Sales.Orders
WHERE
    PayingMethodID = @PayingMethodID AND
    EmployeeID = @EmployeeID AND
    ShippingMethodID = @ShippingMethodID AND
    OrderDate >= @OrderDate AND
    PayingCosts >= @PayingCosts
ORDER BY ID
```

Listing 15.12   Prozedur mit mehreren Parametern

Für den Aufruf einer Prozedur mit mehreren Parametern gibt es in T-SQL verschiedene Möglichkeiten. Die erste Art der Parameterübergabe ist die Angabe der aktuellen Werte in der korrekten Reihenfolge (positionale Übergabe). Zum Beispiel:

```
EXEC Sales.spOrdersGet 2, 1, 1, '2005-09-01', 1
```

Listing 15.13   Positionale Parameterübergabe

Im Gegensatz zum Prozeduraufruf in manchen Programmiersprachen (u.a. Visual Basic.NET) können Sie Argumente nicht so einfach weglassen und »leere« Kommata stehen lassen. Sie dürfen die Argumentenliste nur von hinten nach vorne *ohne Lücken* verkürzen. Das sieht dann so aus:

```
EXEC Sales.spOrdersGet 2, 1, 1
```

Listing 15.14   Verkürzte Parameterliste

Soll ein Wert aus der Mitte der Liste entfallen, dann können Sie entweder explizit den Wert *NULL* übergeben oder mit benannten Parametern arbeiten. Die Übergabe erfolgt dabei durch die Angabe des Parameternamens mit einer Wertzuweisung. Bei dieser Art des Proceduraufrufs können Sie die Argumente in einer beliebigen Reihenfolge angeben und auch beliebige Lücken lassen. Denken Sie aber an die Standardwerte für ausgelassene Parameter! Das nächste Beispiel demonstriert das Verfahren.

```
EXEC sales.spOrdersGet @OrderDate= '2002-09-01', @PayingMethodID = 2
```

Listing 15.15 Parameterübergabe per Namen

Die Variante unter Einsatz von *NULL*-Werten ist umständlicher in der Handhabung, unterstützt aber die Lesbarkeit..

```
EXEC sales.spOrdersGet 3, NULL, NULL, '2006-09-01'
```

Listing 15.16 Parameterauslassung mit NULL-Werten

Dass als Standardwerte für Parameter gespeicherter Prozeduren in T-SQL nur Konstante und keine Ausdrücke verwendet werden dürfen, stellt natürlich eine deftige Einschränkung dar. Es gibt aber einen »klassischen« Workaround, über den Sie feststellen können, ob beim Prozeduraufruf ein bestimmter Parameter nicht gefüllt wurde, und dann im Programm darauf reagieren. Dieses häufig benutzte Verfahren basiert auf dem Vorgehen für nicht benutzte Parameter einen speziellen Standardwert zu verwenden – häufig der Wert *NULL*. Mit diesem Trick lässt sich die Prozedur *sales.spOrdersGet* so umbauen, dass beim Aufruf auch der Parameter *@OrderDate* weggelassen werden kann und dann ein berechnetes Datum als Startwert für die Selektion verwendet wird (ein statisches Datum macht hier ganz offensichtlich wenig Sinn). Mit der nächsten Version der Prozedur werden alle Aufträge selektiert, die höchstens ein Jahr zurückliegen, wenn kein Datum in *@OrderDate* übergeben wird.

```
CREATE PROC Sales.spOrdersGet
    @PayingMethodID int = 1,
    @EmployeeID int = 1,
    @ShippingMethodID int = 1,
    @OrderDate date = NULL,
    @PayingCosts smallmoney = 0
AS
SET @OrderDate = ISNULL( @OrderDate, DATEADD(yy, -1, GETDATE()))

SELECT * FROM Sales.Orders
WHERE
    PayingMethodID = @PayingMethodID AND
    EmployeeID = @EmployeeID AND
    ShippingMethodID = @ShippingMethodID AND
    OrderDate >= @OrderDate AND
    PayingCosts >= @PayingCosts
ORDER BY ID
```

Listing 15.17 Prozedur mit dynamischem Standardwert für Parameter

Probieren Sie die neue Form der Prozedur einmal mit dem folgenden Aufruf aus:

```
EXEC Sales.spOrdersGet
```

Listing 15.18 Aufruf der neuen Prozedur

Die Parameter einer gespeicherten Prozedur sind standardmäßig Eingabeparameter. In üblichen Programmiersprachen wird diese Art der Parameterübergabe Call by Value genannt. Man kann Werte an die Prozedur übergeben und die Prozedur arbeitet mit diesen Werten. Es können aber keine Ergebniswerte an den

Aufrufer zurückgegeben werden. Möchte man Werte aus der Prozedur à la Call by Reference zurückgeben, so werden dafür so genannte *OUTPUT*-Parameter verwendet. Die Deklaration eines *OUTPUT*-Parameters sieht aus, wie im nächsten Beispiel gezeigt:

```
@FirstOrderDate smalldate OUTPUT
```

Den Wert eines Ausgabeparameters legt man durch die Zuweisung eines Ausdrucks an den Parameternamen fest. In der nächsten Ausbaustufe der Beispielprozedur *sales.spGetOrders* werden zwei zusätzliche Parameter verwendet, die den jüngsten und ältesten Auftrag zu einem gegebenen Satz von Argumenten zurückgeben. Die Prozedur liefert in dieser erweiterten Form also sowohl Werte in Form einer Ergebnismenge und gleichzeitig Ergebnisse in den *OUTPUT*-Parametern zurück.

```
CREATE PROC Sales.spOrdersGet
   @PayingMethodID int = 1,
   @EmployeeID int = 1,
   @ShippingMethodID int = 1,
   @OrderDate date = NULL,
   @PayingCosts smallmoney = 0,
   @First.OrderDate date = '0001-01-01' OUTPUT,
   @LastOrderDate  date = '0001-01-01' OUTPUT
AS

SET @OrderDate = ISNULL(@OrderDate, DATEADD(yy, -1, GETDATE()))

-- Abfrage ausführen, Ergebnis zwischenspeichern

SELECT *
INTO #theResult
FROM Sales.Orders
WHERE
   PayingMethodID = @PayingMethodID AND
   EmployeeID = @EmployeeID AND
   ShippingMethodID = @ShippingMethodID AND
   OrderDate >= @OrderDate AND
   PayingCosts >= @PayingCosts
ORDER BY ID

-- Erstes und letztes Auftragsdatum bestimmen

SELECT

   @FirstOrderDate = MIN(OrderDate),
   @LastOrderDate  = MAX(OrderDate)
FROM
   #theResult

-- Ergebnismenge zurückgeben

SELECT * FROM #theResult
```

Listing 15.19   Prozedur mit OUTPUT-Parametern

Um die Ausgabeparameter zu füllen wird aus der Abfrage zunächst eine temporäre Tabelle erzeugt. Zur Erinnerung (in Kapitel 9 finden Sie die Details): Sie können über ein *SELECT*-Kommando *entweder* lokale Variablen (oder eben Parameter) füllen *oder* eine Ergebnismenge generieren, die von SQL Server zum Client geschickt wird. Beides zugleich ist nicht möglich – daher *zwei* Abfragen. Außerdem müssen das älteste und das jüngste Datum über Aggregatfunktionen berechnet werden – auch deswegen ist eine zweite Abfrage notwendig. Die Verwendung der temporären Tabelle vermeidet eine doppelte Abfrage gegen die große Basistabelle. Das ist günstiger, wenn die Abfrage eine relativ kleine Anzahl von Datensätzen zurückliefert. Am Ende der Prozedur wird die Ergebnisdatenmenge durch das *SELECT* an den Aufrufe zurückgegeben.

Soll eine gespeicherte Prozedur mit Ausgabeparametern in T-SQL aufgerufen werden, so muss eine spezielle Syntax verwendet werden. Für die Entgegennahme der Ergebnisse sind beim Aufruf natürlich lokale Variable vorzusehen. Diese müssen, wie die entsprechenden Ausgabeparameter in der Prozedurdeklaration selbst, durch das Schlüsselwort *OUTPUT* gekennzeichnet werden, wenn eine Werterückgabe stattfinden soll. Ein Programmausschnitt, der die gespeicherte Prozedur *Sales.spGetOrders* verwendet, muss damit dem nachfolgenden Beispiel entsprechen. Diese Art eines Proceduraufrufs ist sicherlich nicht übermäßig elegant, dafür ist der T-SQL-Code aber wieder einmal sehr effektiv.

```
DECLARE @theFirstOrderDate smalldatetime
DECLARE @theLastOrderDate smalldatetime

EXEC
    Sales.spGetOrdersGet 2, 1, 1, '2005-09-01', 1, @theFirstOrderDate OUTPUT, @theLastOrderDate OUTPUT

PRINT @theFirstOrderDate
PRINT @theLastOrderDate
```

Listing 15.20   Aufruf einer Prozedur mit Rückgabeparametern

Neben den eigentlichen Parametern können Sie einer gespeicherten Prozedur, ähnlich einer Funktion, zusätzlich einen Ergebniswert mitgeben. Dieser wird häufig dafür eingesetzt, das Ergebnis der Ausführung, also einen Return-Code, zu transportieren. Die Verwendung eines Rückgabewertes muss nicht besonders deklariert werden. Sie können das Schlüsselwort *RETURN* an jeder Stelle des Prozedurrumpfes einsetzen, um die Ausführung einer Prozedur zu beenden und gleichzeitig einen Return-Code zu generieren. Dieser ist immer vom Typ *int*. Der folgende (verkürzte) Codeabschnitt demonstriert den Einsatz des Schlüsselwortes *RETURN* in der *spOrdersGet*-Prozedur. Die vollständige Prozedur finden Sie wieder im Beispielprojekt:

```
CREATE PROC Sales.spOrdersGet
    @PayingMethodID int = 1,
    @EmployeeID int = 1,
    @ShippingMethodID int = 1,
    @OrderDate date = NULL,
    @PayingCosts smallmoney = 0,
    @FirstOrderDate date = '0001-01-01' OUTPUT,
    @LastOrderDate  date = '0001-01-01' OUTPUT
AS

...

-- Erstes und letztes Auftragsdatum bestimmen
SELECT
    @FirstOrderDate = MIN(OrderDate),
    @LastOrderDate  = MAX(OrderDate)
FROM
    #theResult
```

```
-- Wenn es keine Ergebnisse gab, Fehlercode setzen

IF @FirstOrderDate IS NULL OR @LastOrderDate IS NULL
    -- keine Werte gefunden: Fehlercode zurück
    RETURN -1
ELSE
    -- Ergebnismenge zurückgeben
    SELECT * FROM #theResult
    -- alles gut: Code = 0
    RETURN 0
```

Listing 15.21   Gespeicherte Prozedur mit Rückgabewert

Der Aufruf einer gespeicherten Prozedur mit *RETURN*-Wert wird in T-SQL naturgemäß noch einmal ein bisschen klobiger. Da Sie aber in der Regel eine Prozedur viel häufiger via ADO.NET vom Client aus aufrufen werden, kann Ihnen das eigentlich egal sein. Ein Beispiel für den T-SQL-Aufruf folgt auf dem Fuße:

```
...
DECLARE @theReturnCode int

EXEC @theReturnCode = Sales.spOrdersGet 2, 1, 1, '2007-09-01', 1, @theFirstOrderDate OUTPUT,
@theLastOrderDate OUTPUT

PRINT @theReturnCode
...
```

Listing 15.22   Aufruf einer gespeicherten Prozedur mit Rückgabewert

Wie Sie gespeicherte Prozeduren mit oder ohne Parameter und mit gar keiner, einer oder gleich mehreren Ergebnismengen von ADO.NET aus am besten verwenden – das erfahren Sie in Kapitel 22.

Tabellen als Parameter

Lange und schmerzlich vermisst wurde in SQL Server vor der Version 2008 die Möglichkeit Wertelisten (im Volksmund Arrays genannt) an einen Prozedurparameter zu übergeben. Arrays und auch Records gibt es in T-SQL auch weiterhin nicht. Das ist auch nicht so schlimm, denn in relationalen Datenbanksystemen gibt es ein Objekt, welches die Eigenschaften von Arrays und Records miteinander vereint: Die Tabelle. Diese ersetzt zwar schwerlich mehrdimensionale Arrays, aber in sehr vielen Anwendungsfällen geht es eben um *Listen* – also eindimensionale Arrays – und diese lassen sich mit einer Tabelle problemlos darstellen. Wenn Sie mehr wollen, dann können Sie einen benutzerdefinierten Typ in der SQLCLR erstellen.

Für die früheren SQL Server-Versionen existiert ein bunter Strauß von Workarounds für die Übergabe von Wertelisten. Dazu gehören unter anderem Zeichenketten die Trennzeichen-separierte Wertelisten enthalten oder natürlich XML-Darstellungen. Diese Lösungen funktionieren in der Regel sehr gut, haben aber die Nachteile eines erhöhten Programmieraufwands und sind durch den Overhead des Zerlegens des Inputs in ein taugliches relationales Format langsamer, als vergleichbare Lösungen in SQL Server 2008, die mit tabellenwertigen Parametern arbeiten.

Warum ist die Beschränkung auf skalare Datentypen in Prozedurparametern eigentlich so lästig? Betrachten Sie dazu einmal das folgende, sehr typische und sehr praxisnahe Beispiel: In der netShop-Datenbank sollen per Definition alle Zugriffe durch gespeicherte Prozeduren, Funktionen oder Sichten gekapselt sein. Datenänderungen passieren grundsätzliche über Prozeduren. Um eine neue Bestellung einzufügen kann diese, sehr einfache Prozedur verwendet werden.

Mit gespeicherten Prozeduren arbeiten

```
CREATE PROC Sales.spOrdersInsert
    @ID int OUTPUT,
    @CustomerID int OUTPUT,
    @ShipToAddressID int,
    @ShippingMethodID int,
    @PayingMethodID int,
    @OrderDate date,
    @Notes varchar(max)
AS
    INSERT Sales.Orders
    (
        CustomerID, ShipToAddressID, ShippingMethodID, PayingMethodID, Note
    )
    VALUES
    (
        @CustomerID,
        @ShipToAddressID,
        @ShippingMethodID,
        @PayingMethodID,
        @Notes
    )
SET @ID = @@IDENTITY
```

Listing 15.23 Prozedur für das Einfügen eines Auftrags

Die Prozedur liefert im Ausgabeparameter *@ID* den neuen Schlüsselwert für den Auftrag zurück, der über eine *IDENTITY*-Spalte gebildet wird.

Ein Testaufruf der Prozedur sieht folgendermaßen aus:

```
DECLARE @ID int

EXEC Sales.spOrdersInsert   @ID OUTPUT, 1001, NULL, 1, 1, '2009-06-01', ''

PRINT @ID
```

Listing 15.24 Aufruf der Auftragsprozedur

Nun gehören zu einem vollständigen Auftrag natürlich auch die Auftragspostionen. Unter Verwendung rein skalarer SQL Server-Basisdatentypen kann für deren Eintrag in die Datenbank die nächste simple Prozedur angelegt werden.

```
CREATE PROC spOrderDetailsInsert
    @OrderID int,
    @Pos tinyint,
    @ArticleID int,
    @Quantity decimal(7,2),
    @UnitPrice smallmoney,
    @Discount smallmoney,
    @Tax decimal(4,2)
AS
INSERT Sales.OrderDetails
(
    OrderID, Pos, ArticleID, Quantity, UnitPrice, Discount, Tax
)
VALUES
(
    @OrderID,
    @Pos,
    @ArticleID,
    @Quantity,
```

```
    @UnitPrice,
    @Discount,
    @Tax
)
```

Listing 15.25 *Prozedur für das Anlegen einer Auftragsposition*

Da zu einem Auftrag häufig mehr als eine einzige Auftragsposition gehören, muss die zweite Prozedur entsprechend oft aufgerufen werden. Damit beim Eintragen des kompletten Auftrags nichts schiefgehen kann sollte das am besten innerhalb einer Transaktion erfolgen, also in etwa so:

```
DECLARE @ID int

BEGIN TRY

   BEGIN TRANSACTION

      EXEC Sales.spOrdersInsert @ID OUTPUT, 1001, NULL, 1, 1, '2009-06-01', ''
      EXEC Sales.spOrderDetailsInsert @ID, 1, 33, 10, 1.5, 0, 7
      EXEC Sales.spOrderDetailsInsert @ID, 2, 34, 10, 1.5, 0, 7
      EXEC Sales.spOrderDetailsInsert @ID, 3, 35, 10, 1.5, 0, 7
      EXEC Sales.spOrderDetailsInsert @ID, 4, 36, 10, 1.5, 0, 7
      EXEC Sales.spOrderDetailsInsert @ID, 5, 37, 10, 1.5, 0, 7

   COMMIT TRANSACTION

END TRY

BEGIN CATCH

   ROLLBACK TRANSACTION

END CATCH

PRINT @ID
```

Listing 15.26 *Auftrag mit Auftragspositionen einfügen*

Details zum Thema Transaktionen erfahren Sie im Kapitel 18 (»Transaktionen und Sperren«). Die Möglichkeiten der Ausnahmebehandlung lernen Sie noch in diesem Kapitel kennen.

Diese Art des mehrfachen Proceduraufrufs finden Sie an vielen Stellen, wo es um das Einfügen voneinander abhängiger Daten geht, die in 1:N-Beziehungen zueinander stehen. Je nach Anwendungsfall können die Aufrufe noch länger werden. Das ist nicht nur unschön, sondern auch ineffizient. Für jeden Detaildatensatz muss vom Client aus ein Proceduraufruf über das Netzwerk gemacht werden, was eine Menge zeit frisst. Wenn Sie in Ihrer Programmierung dem eigentlich guten Gedanken folgen, gespeicherte Prozeduren als Abstraktionsschicht einzusetzen ist die Notwendigkeit, eine »Schleife« über Detaildaten zu programmieren besonders hässlich. Auch beim Mapping in ein objektrelationales Modell machen sich solche Konstrukte nicht besonders gut.

Falls Sie noch mit SQL Server 2005 arbeiten müssen, zeige ich Ihnen zunächst einmal, wie Sie mit der Hilfe des XML-Datentyps eine Prozedur schreiben können, die eine Bestellung mit allen Bestellpositionen in einem einzelnen Aufruf abhandeln kann. Dies ist ein kleiner Vorgriff auf das Thema XML, welches im fünften Teil dieses Buchs ausführlich behandelt wird. Auch wenn Sie sich mit dem Thema XML in Verbindung mit SQL Server noch nicht beschäftigt haben, sollten Sie dem Beispiel doch problemlos folgen können.

```sql
CREATE PROC Sales.spOrdersInsert

    @ID int OUTPUT,
    @CustomerID int,
    @ShipToAddressID int,
    @ShippingMethodID int,
    @PayingMethodID int,
    @OrderDate date,
    @Note int,
    @OrderDetails xml

AS

DECLARE @handlexml int

INSERT Sales.Orders
(
    CustomerID, ShipToAddressID, ShippingMethodID, PayingMethodID, OrderDate, Note
)
VALUES
(
    @CustomerID, @ShipToAddressID, @ShippingMethodID, @PayingMethodID, @OrderDate, @Note
)

SET @ID = @@IDENTITY

EXEC sp_xml_preparedocument @handlexml OUTPUT, @OrderDetails

INSERT INTO Sales.OrderDetails
SELECT @ID AS OrderID, *
FROM
    OPENXML (@handlexml, '/OrderDetails/OrderDetail')
    WITH ( Pos tinyint '@Pos',
           ArticleID int '@ArticleID',
           Quantity decimal(7, 2) '@Quantity',
           UnitPrice smallmoney '@UnitPrice',
           Discount smallmoney '@Discount',
           Tax decimal(4, 2) '@Tax'
         )
```

Listing 15.27 Auftragsprozedur mit XML-Parameter

Um diese Prozedur verwenden zu können, muss der Client die Bestellpositionen in ein XML-Dokument verpacken. Das geht sowohl in .NET, wie auch in T-SQL relativ leicht. Es folgt das T-SQL-Beispiel:

```sql
DECLARE @ID int
DECLARE @OrderDetails xml

SET @OrderDetails =
'<?xml version="1.0" encoding="UTF-8" standalone="yes"?>
<OrderDetails>
    <OrderDetail Pos="1" ArticleID="33" Quantity="10.00" UnitPrice="1.5000" Discount="0.0000" Tax="0.07" />
    <OrderDetail Pos="2" ArticleID="34" Quantity="10.00" UnitPrice="1.5000" Discount="0.0000" Tax="0.07" />
    <OrderDetail Pos="3" ArticleID="35" Quantity="10.00" UnitPrice="1.5000" Discount="0.0000" Tax="0.07" />
```

```
    <OrderDetail Pos="4" ArticleID="36" Quantity="10.00" UnitPrice="1.5000" Discount="0.0000" Tax="0.07" />
    <OrderDetail Pos="5" ArticleID="37" Quantity="10.00" UnitPrice="1.5000" Discount="0.0000" Tax="0.07" />
</OrderDetails>'

EXEC Sales.spOrdersInsert  @ID OUTPUT, 1001, NULL, 1, 1, '2009-06-01', '', @OrderDetails

PRINT @ID
```

Listing 15.28 Prozeduraufruf mit XML-Übergabe

Schöner wäre natürlich eine Methode, die sich besser in die »Datenbank-Denke« einordnet und den Overhead, der beispielsweise in Listing 15.27 durch das »Shreddern« der XML-Daten entsteht, vermeidet. Genau dafür sind tabellenwertige Parameter (*Table Valued Parameter*) gut. Lassen Sie sich nicht verwirren: In der Onlinedokumentation ist von *Tabellenwertparametern* die Rede, als Abkürzung wird auch *TVP* verwendet. Nachdem diese geklärt wäre, geht es nun um das Arbeiten mit diesem Parametertyp.

Benutzerdefinierte Tabellentypen als Voraussetzung für Tabellenwertparameter

Und schon wieder eine neues Wortungetüm, an das man sich gewöhnen muss: *Benutzerdefinierte Tabellentypen*. Wenn man als T-SQL-Entwickler noch nicht mit tabellenwertigen Parametern zu tun hatte, dann wird man das Konzept der benutzerdefinierten Tabellentypen nicht kennen. Diese speziellen Benutzerdatentypen sind mit SQL Server 2008 eingeführt worden. Genau, wie bei den anderen benutzerdefinierten Typen auch, legen Sie mit der Definition eines benutzerdefinierten Tabellentyps einen neuen Datentyp innerhalb Ihrer Datenbank an. Wie man sich denken kann, geht es bei den benutzerdefinierten Tabellentypen um die Definition einer Tabellenstruktur, die dann für die Deklaration lokaler Tabellenvariablen und eben von Tabellenwertparametern genutzt werden kann.

Was beim Anlegen lokaler Variablen allerdings optional ist – die Deklaration über einen benutzerdefinierten Typ eben – das ist bei den TVPs obligatorisch: Bevor Sie mit Tabellen als Parametern arbeiten können *müssen* Sie einen passenden benutzerdefinierten Tabellentyp definieren. Die Syntax dafür verwendet, wie bei UDTs üblich, den *CREATE TYPE* Befehl. Das Beispiel-Listing zeigt, wie das geht.

```
CREATE TYPE Sales.udtOrderDetails AS TABLE
(
    Pos tinyint NOT NULL,
    ArticleID int NOT NULL,
    Quantity decimal(7, 2) NOT NULL,
    UnitPrice smallmoney NOT NULL,
    Discount smallmoney NOT NULL,
    Tax decimal(4, 2) NOT NULL
)
```

Listing 15.29 Anlegen eines benutzerdefinierten Tabellentyps

Diese Definition des Tabellentyps enspricht, was Spaltennamen und Basisdatentypen angeht, exakt de Tabelle *OrderDetails* in der netShop-Beispieldatenbank. Auch die *NOT NULL*-Spezifikationen sind s angegeben, wie in der Datenbanktabelle. So wird das Fehlen von Daten frühzeitig bemerkt. Einschränkun gen (engl. Constraints) gibt es keine – diese könnten aber angelegt werden, ebenso wie Indizes oder Primär schlüssel. Die Spalte *OrderID* muss nicht übergeben werden, da die Prozedur diese Spalte selbst füllt.

Nachdem ein neuer Tabellendatentyp angelegt wurde, erscheint dieser natürlich auch im Objekt-Explorer des Management Studios (siehe Abbildung 15.5). Durch einen Rechtsklick auf den Namen des Typs können Sie über die Kontextfunktion *Abhängigkeiten anzeigen* sehr schnell herausfinden, in welchen Objekten der benutzerdefinierte Datentyp eingesetzt wird.

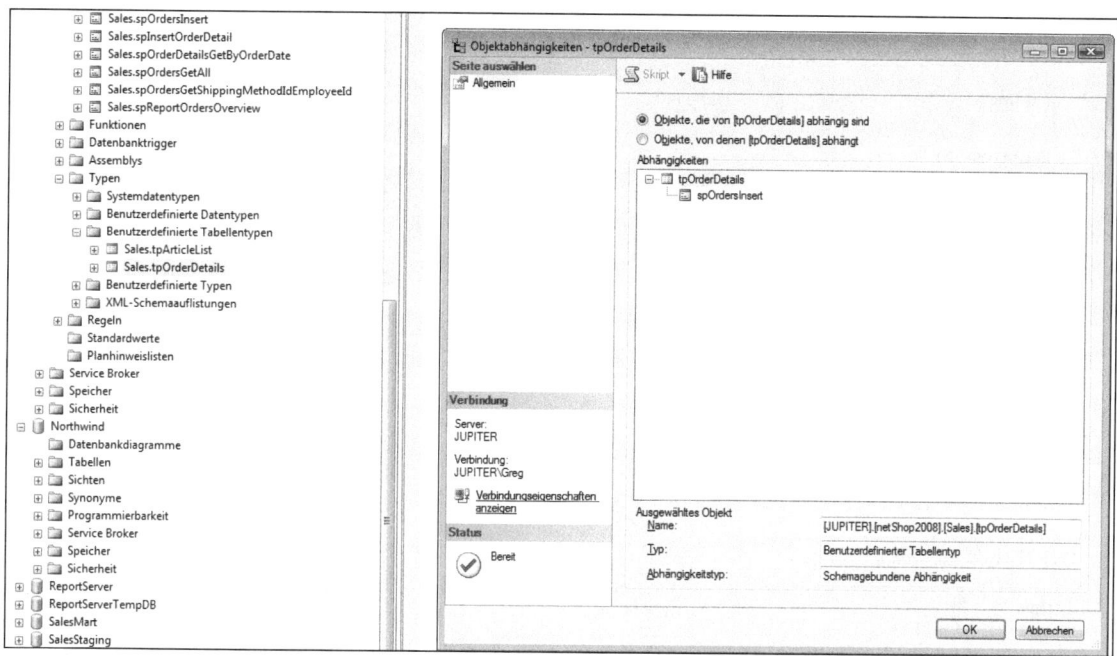

Abbildung 15.5 Tabellentyp im Objekt-Explorer

Prozeduren mit tabellenwertigen Parametern

Nachdem Sie einen passenden Tabellenwerttyp vorbereitet haben, ist das Entwickeln einer Prozedur die diesen als Parameter verwendet, ein Klacks. Mit dem Tabellentyp *Sales.tpOrderDetails* aus dem letzten Beispiel wird im nächsten Listing die neue Version der *spInsertOrder*-Prozedur angelegt.

```
CREATE PROC Sales.spInsertOrder
    @ID int OUTPUT,
    @CustomerID int,
    @ShipToAddressID int,
    @ShippingMethodID int,
    @PayingMethodID int,
    @OrderDate date,
    @Note int,
    @OrderDetails Sales. udtOrderDetails READONLY
AS

BEGIN TRY

    BEGIN TRANSACTION

        INSERT Sales.Orders
```

```
    (
        CustomerID,
        ShipToAddressID,
        ShippingMethodID,
        PayingMethodID,
        OrderDate,
        Note
    )
    VALUES
    (
        @CustomerID,
        @ShipToAddressID,
        @ShippingMethodID,
        @PayingMethodID,
        @OrderDate,
        @Note
    )

    SET @ID = @@IDENTITY

    INSERT INTO Sales.OrderDetails
    SELECT @ID AS OrderID, *
    FROM
    @OrderDetails

    COMMIT TRANSACTION

    RETURN 0

END TRY

BEGIN CATCH

    ROLLBACK TRANSACTION
    RETURN @@error

END CATCH
```

Listing 15.30 Prozedur mit Tabellentyp als Parameter

Auffällig ist die Verwendung des *READONLY*-Schlüsselwortes hinter der Deklaration des *@OrderDetails*-Tabellenparameters. *READONLY* ist verpflichtend. Mit anderen Worten: Tabellenparameter sind *immer* reine Input-Parameter und können keine Werte an den Aufrufer zurückgeben. Ein erster Reflex könnte darin bestehen, zu vermuten, dass dies ein Nachteil ist. Bei genauerer Betrachtung ist das aber vollkommen unproblematisch, da die Ergebnismenge einer Prozedur mittels *SELECT* auf optimale Weise an den Client zurückgeliefert wird.

Auch bei dieser, verbesserten, Version der *spInsertOrder*-Prozedur sind die *beiden* Einfügeoperationen wieder durch eine Transaktion geklammert.

Der Aufruf einer Prozedur mit Tabellenparametern inklusive der Vorbereitung der Parameterdaten ist in T-SQL sehr einfach, speziell wenn man die neue Schreibweise für das *INSERT* benutzt, welche es ermöglicht, beliebig viele Datensätze mit einem einzigen Kommando zu definieren.

```
DECLARE @ID int
DECLARE @OrderDetails Sales. udtOrderDetails

INSERT @OrderDetails
VALUES
( 1, 33, 10, 1.5, 0, 0.07 ),
( 2, 34, 10, 1.5, 0, 0.07 ),
( 3, 35, 10, 1.5, 0, 0.07 ),
( 4, 36, 10, 1.5, 0, 0.07 ),
( 5, 37, 10, 1.5, 0, 0.07 )

EXEC Sales.spOrdersInsert   @ID OUTPUT, 1001, NULL, 1, 1, '2009-06-01', '', @OrderDetails
PRINT @ID
```

Listing 15.31   Prozeduraufruf mit Tabellenübergabe

Auch in ADO.NET ist die Verwendung von Tabellen als Parameter sehr »smart«. Für das Auffüllen kann die ganz normale *DataTable* verwendet werden, die sich ja auch recht einfach an GUI-Controls binden lässt. Im ADO.NET-Teil finden Sie passende Beispiele.

TIPP   Prozeduren mit tabellenwertigen Parametern sind eine feine Sache und hervorragend geeignet typische T-SQL Workarounds zu vermeiden. Sie können TVPs auch für »breite« und auch lange Parametertabellen verwenden. Die Performance ist gut, solange Sie eine Menge von ein paar Tausend Datensätzen nicht überschreiten. Für echte Massenladeoperationen sind weiterhin *BULK INSERT* oder die Integration Services besser geeignet.

Bevor es mit dem Thema *Sicherheit* weiter geht, folgt an dieser Stelle noch ein sachdienlicher Hinweis.

HINWEIS   Tabellenwertige Parameter lassen sich natürlich auch als Eingabeparameter benutzerdefinierter Funktionen verwenden. Das ein oder andere Beispiel dazu finden Sie im nächsten Kapitel. Tabellenwertige Parameter lassen sich aber *nicht* in SQLCLR-Prozeduren verwenden, was ein klein wenig schade ist!

Gespeicherte Prozeduren und Sicherheit

Um eine gespeicherte Prozedur auszuführen, benötigt der Benutzer die *EXECUTE*-Berechtigung für diese Prozedur. Welche Berechtigungen für die in einer Prozedur angesprochenen Objekte gelten, ist vom Ausführungskontext abhängig, der zum Zeitpunkt des Aufrufs gilt. Dies ist *nicht* der Kontext, in welchem der Benutzer in seiner Session mit dem Server arbeitet, sondern – zumindest im Großen und Ganzen – der Kontext, der für den Ersteller der Prozedur gilt. Das können Sie sehr einfach überprüfen, indem Sie einen neuen Benutzer in der *netShop*-Datenbank einrichten, dem Sie überhaupt keine Berechtigungen in der Datenbank geben. Dieser wird per *SELECT* nichts aus der *Orders*-Tabelle lesen dürfen, er kann aber problemlos die im ersten Beispiel des Kapitels angelegte Prozedur verwenden, um die Daten zu lesen. Um Ihnen das Ausprobieren einfacher zu machen, folgen hier zwei Testskripte. Führen Sie als erstes das Skript in Listing 15.32 für das Anlegen eines neuen Logins auf dem Server und eines neuen Benutzers in der Datenbank aus.

```
CREATE LOGIN Pit
WITH
PASSWORD = 'sesam'
USE netShop
CREATE USER Pit FOR LOGIN Pit
GRANT EXECUTE ON Sales.spOrdersGetAll TO Pit
```

Listing 15.32   Anlegen des neuen Benutzers Pit

Öffnen Sie nun ein neues Abfragefenster und melden Sie sich mit dem Benutzernamen *Pit* und dem Passwort *sesam* an. Testen Sie den Zugriff auf die Tabelle *Orders* mit einem entsprechenden *SELECT*-Befehl. Sie müssen den Befehl entweder direkt eintippen oder aus der Beispieldatei in das neue Fenster kopieren, damit er im Kontext von *Pit* ausgeführt wird.

```
SELECT * FROM Sales.Orders
```

Listing 15.33 Zugriff auf die Orders-Tabelle

Jetzt sollte die folgende Meldung erscheinen:

```
Meldung 229, Ebene 14, Status 5, Zeile 1
Die SELECT-Berechtigung wurde für das 'Customers'-Objekt, 'netShop'-Datenbank, 'Sales'-Schema,
verweigert.
```

Pit kann nicht zugreifen (falls doch, sollten Sie die Sicherheitseinstellungen in Ihrer netShop-Datenbank überprüfen). Durch das Ausführen der Prozedur *Sales.spGetAllOrders* kann er aber die Daten der Tabelle *Customers* lesen. Hier ist der Test.

```
EXEC Sales.spOrdersGetAll
```

Listing 15.34 Zugriff auf die Customers-Tabelle via gespeicherter Prozedur

Jetzt stellt der Zugriff kein Problem mehr dar!

Sie werden sich sicher gewundert haben, warum vorhin die Wendung *im Großen und Ganzen* verwendet wurde und es nicht einfach hieß: »Der Kontext entspricht dem Kontext des Erstellers«. Für das Ausführen in der Prozedur vorhandener DML-Kommandos auf bestehende Objekte ist das tatsächlich auch so einfach. Objektberechtigungen werden vom Ersteller einer gespeicherten Prozedur geerbt. Das betrifft die Kommandos *SELECT*, *INSERT*, *UPDATE*, *DELETE* aber auch *EXECUTE*, womit weitere Prozeduren aufgerufen werden könnten. Etwas anders sieht es mit weiteren Datenbankberechtigungen wie *CREATE TABLE* aus (also DDL-Kommandos). Diese stehen nicht automatisch zur Verfügung. Daran muss man denken, wenn in einer Prozedur beispielsweise temporäre Objekte angelegt werden sollen.

Ansonsten gilt, was bei den Sichten (Kapitel 14 »Sichten«) ausführlich erklärt wurde: Entsteht durch das Aufrufen weiterer Prozeduren oder Sichten in der ausgeführten Prozedur eine Besitzrechtskette, dann werden die Berechtigungen für die unterliegenden Objekte nur dann geprüft, wenn ein Besitzerwechsel stattfindet. Einfacher ausgedrückt: Sie müssen dem Benutzer einer gespeicherten Prozedur keinerlei direkten Berechtigungen auf die benutzten Objekte geben, solange die Besitzrechtsketten geschlossen sind – also alle verwendeten Objekte, inklusive der gespeicherten Prozedur selbst, ein und denselben Besitzer haben.

WITH EXECUTE AS in Prozeduren

In SQL Server 2008 können Sie bei Bedarf den Sicherheitskontext, der bei der Ausführung einer gespeicherten Prozedur verwendet werden soll, ganz präzise festlegen. Entweder beim *Aufruf* durch einen expliziten Kontextwechsel über das *Kommando EXECUTE AS* oder fest verdrahtet in der Prozedurdefinition über die *Klausel WITH EXECUTE AS*. Das zweite Verfahren wird auch als impliziter Kontextwechsel bezeichnet. Es stehen die folgenden Varianten zur Verfügung:

- **CALLER** Der Kontext des Aufrufers wird benutzt
- **SELF** Der Kontext des Erstellers wird benutzt
- **OWNER** Der Kontext des aktuellen Besitzers wird benutzt
- *login_name* Es wird explizit ein Server-Benutzerkontext ausgewählt

Eine übliche Anwendung ist die Festlegung des Sicherheitskontextes einer Prozedur auf den Sicherheitskontext des Benutzers (also *EXECUTE AS CALLER*), um sicherzustellen, dass der Benutzer durch die Prozedur nicht zu viele Berechtigungen in der Datenbank »erbt«.

Da die Auswertung der Berechtigungen aber immer auch die Besitzrechtsketten mit einbezieht, kann es zu kleineren Überraschungen kommen, wenn man nicht genau hinschaut. Das möchte ich an kleinen Beispielen erklären, die noch recht übersichtlich sind.

Im folgenden ersten Beispiel wird die *spOrdersGetAll*-Prozedur so angelegt, dass beim Aufruf der Benutzerkontext des aktuell an der Sitzung angemeldeten Benutzers verwendet wird.

```
CREATE PROC Sales.spOrdersGetAll
WITH EXECUTE AS CALLER
AS
SELECT * FROM Customers
ORDER BY ID

GRANT EXECUTE  ON Sales.spOrdersGetAll TO Pit
```

Listing 15.35 Prozedur mit implizitem Kontextwechsel

Jetzt fragt sich natürlich, was passiert, wenn der Benutzer Pit, der keine *direkten* Berechtigungen auf die *Sales.Orders*-Tabelle besitzt, die neue Prozedur ausführt. Testen Sie das einmal selbst mit dem folgenden Script.

```
EXECUTE Sales.spGetAllOrders
```

Listing 15.36 Aufruf der geänderten Prozedur

Pit darf die Daten weiterhin lesen. SQL Server überprüft, ob die Tabelle *Sales.Orders* und die Prozedur *Sales.spGetAllOrders* denselben Besitzer haben. Da dies der Fall ist (geschlossene Besitzrechtskette) und Pit die *EXECUTE*-Berechtigung für die Prozedur besitzt, sowie ein DML-Befehl ausgeführt wird (und kein DDL-Befehl), schaut sich SQL Server die Berechtigungen für die Tabelle gar nicht an, sondern führt sofort das *SELECT* aus. Das mag man zwar überraschend finden, ist aber das definierte Standardverhalten des Servers. Das Ganze sieht sofort ganz anders aus, wenn die Besitzrechtskette unterbrochen ist. Im nächsten Skript wird ein Benutzer *Paul* angelegt. Diesem überträgt der dbo[1] den Besitz der Prozedur *spOrdersGetAll*. Dadurch wird die Besitzrechtskette unterbrochen. Schauen Sie sich an, was passiert.

```
CREATE LOGIN Paul WITH PASSWORD = 'sesam'

USE netShop

CREATE USER Paul FOR LOGIN Paul

-- Paul benötigt Leseberechtigungen für Sales.Orders
GRANT SELECT ON Sales.Orders TO Paul

-- der Besitz wird übertragen
ALTER AUTHORIZATION ON Sales.spOrdersGetAll TO Paul

-- Nach dem Ändern des Besitzers muss die EXECUTE-Berechtigung neu zugewiesen werden
GRANT EXECUTE ON Sales.spOrdersGetAll TO Pit
```

Listing 15.37 Der Besitz der Prozedur wird übertragen

---

[1] Bei allen Beispielen wird davon ausgegangen, dass Sie sich als sysadmin am SQL Server und damit als dbo in der netShop-Datenbank angemeldet haben.

Wenn Pit nun das Listing 15.36 noch einmal ausführt, bekommt er anstelle der Ergebnisse die folgende Fehlermeldung zu sehen:

```
Meldung 229, Ebene 14, Status 5, Prozedur spGetAllOrders, Zeile 4
Die SELECT-Berechtigung wurde für das 'Orders'-Objekt, 'netShop2008'-Datenbank, 'Sales'-Schema,
verweigert.
```

Da die Besitzrechtkette nicht mehr geschlossen ist (die Tabelle *Sales.Orders* gehört dem Besitzer des Schemas *Sales* – das ist der dbo – und die Prozedur *Sales.spOrdersGetAll* gehört Paul) wird die *SELECT*-Berechtigung für Pit explizit geprüft und das schlägt fehl. Uff! Vermutlich werden Sie jetzt verstehen, dass man in Bezug auf die Berechtigungen in einer Datenbank den »Ball besser flach hält«. Nur in seltenen Ausnahmefällen sollten Sie beispielsweise die Besitzer von Objekten in einem Schema explizit zuweisen.

Das Kommando EXECUTE AS

Sehr praktisch ist die Möglichkeit ganz gezielt an *einzelnen* Stellen im Code die Berechtigung eines Benutzers zu erhöhen, um die Ausführung von Befehlen zu gestatten, die normalerweise nicht in dessen Kontext ausgeführt werden dürften. Dafür ist das Kommando *EXECUTE AS* zuständig, welches im Prozedurrumpf eingesetzt werden kann. Die Verwendung von *EXECUTE AS* wird auch als *expliziter Kontextwechsel* bezeichnet.

Einen solchen expliziten Kontextwechsel stellt das Listing 15.38 vor. Vor dem Ausführen des *CREATE TABLE*-Befehls wird der Kontext auf denjenigen des Datenbankbesitzers eingestellt. Anschließend hebt der *REVERT*-Befehl diesen Kontext wieder auf und es gilt der ursprüngliche. Auf diese Art und Weise muss man dem Benutzer in der Datenbank keine *CREATE TABLE*-Berechtigung erteilen, die er auch dann braucht, wenn es nur um das Anlegen temporärer Tabellen geht.

```
CREATE PROC Sales.OrdersGetAll
AS

EXECUTE AS USER = 'dbo'

CREATE TABLE #Orders ( ID int , Name_1 varchar(50), Name_2 varchar(50), City varchar(50) )

REVERT

… usw.
```

Listing 15.38 Expliziter Kontextwechsel in einer gespeicherten Prozedur

Ausnahmebehandlung

Eines ist ja klar: Fehlerbehandlung muss sein – *oder*? Sind Sie sicher, dass Sie in Ihrem SQL Server-Code Ausnahmebehandlung betreiben müssen? Sicher nicht in einfachen Abfragen, eher schon in gespeicherten Prozeduren. Wenn es in diesen aber um die Implementierung von Geschäftslogik geht, die sich vollständig relational beschreiben lässt, dann ist es gut möglich, dass Sie auf Ausnahmebehandlung verzichten können. Schließlich sollten Programmierung und Logik auf dem Server sorgfältig durchgeführt und gründlich getestet sein, bevor eine Prozedur freigegeben wird. Ausnahmebehandlung ist nicht dazu da, *logische Fehler* abzufangen, schon gar nicht auf Datenbankebene. Und Sie werden bei der SQL Server-Entwicklung wirklich ausgesprochen selten mit Ressourcenfehlern zu tun haben (der Server läuft und läuft und läuft…). Falls diese doch einmal auftreten, dann sind sie in der Regel so fatal, dass Ihre gesamte Anwendung »etwas davon hat«: die Serververbindung bricht ab, die Datenbank ist beschädigt. So etwas muss sowieso Ihre Client-Anwendung abfangen.

Dennoch gibt es Argumente für den Einsatz von Ausnahmebehandlung. Ich habe ein paar davon zusammengestellt.

- **Zugriff auf externe Ressourcen** Greifen Sie aus Ihrer Transact-SQL-Programmierung heraus auf externe Ressourcen zu, dann können nahezu immer unerwartete Fehler auftreten. Schicken Sie beispielsweise Remoteabfragen per Linked Server an einen anderen Datenbankserver, dann kann dieser gerade offline sein. Möchten Sie einen Datenimport per *BULK INSERT* durchführen, dann kann die Textdatei im Dateisystem noch nicht generiert worden sein. Hier lohnt sich der Einsatz von Ausnahmebehandlung auf jeden Fall.

- **Aufruf *fremder* Methoden** Verwenden Sie von einem anderen Team geschriebenen Code oder setzen Sie eingekauften Code ein – sei es in Form von .NET-Assemblys oder erweiterten gespeicherten Prozeduren (so genannte XPs – diese sind in COM programmiert – Gott stehe Ihnen bei!), werden Sie sich besser fühlen, wenn Sie die Aufrufe mit Ausnahmebehandlung versehen. Vor allem dann, wenn Sie keinen Zugriff auf den Quelltext der eingesetzten Routinen haben.

- **Explizite Transaktionen** Setzen Sie in Ihrer Datenbankprogrammierung explizite Transaktionen ein, dann ist es sehr wahrscheinlich, dass Sie gleichzeitig auch Ausnahmebehandlung benutzen werden. Transaktionen fangen auf SQL Server per Definition nur schwere Systemfehler ab. Um alles andere müssen Sie sich selbst kümmern und dazu sollten Sie strukturierte Ausnahmebehandlung einsetzen.

- **Schnittstellen zur Clientprogrammierung** Hier benötigen Sie weniger die Funktionen zum Abfangen von Ausnahmen, als eher die Möglichkeit, selbst serverseitige Ausnahmen zu generieren. Setzen Sie gespeicherte Prozeduren und benutzerdefinierte Funktionen als Schicht zwischen einer Datenbank und der Clientprogrammierung ein, dann ist es sinnvoll, Ausnahmen zu *generieren*, falls beispielsweise irgend ein Programmierer versucht, Ihre Prozeduren nicht korrekt zu verwenden. So können Sie den Clients bei falsch parametrisierten Prozeduraufrufen mal ordentlich die Meinung sagen.

TRY-CATCH-Blöcke

An dieser Stelle erwartet Sie eine gute Nachricht: Wenn Sie in Ihrem serverseitigen Code Ausnahmen behandeln möchten, geht das seit SQL Server 2005 endlich strukturiert. Goodbye Inline-Fehlerbehandlung, goodbye *GOTO*, danke Microsoft! Dies ist die grundlegende Syntax für die strukturierte Fehlerbehandlung:

```
BEGIN TRY
     { sql_statement | statement_block }
END TRY
BEGIN CATCH
     { sql_statement | statement_block }
END CATCH
```

Die Regeln für die Anwendung sind einfach und überschaubar. Die wichtigste lautet: *TRY-CATCH*-Blöcke dürfen nur in Batches, gespeicherten Prozeduren und Triggern eingesetzt werden. *Tatsächlich* also nicht in benutzerdefinierten Funktionen! Zwischen dem *TRY*- und dem *CATCH*-Block dürfen keine weiteren Kommandos eingebaut werden und die *TRY-CATCH*-Konstruktion muss sich insgesamt in einem einzigen SQL-Batch befinden. Läuft der T-SQL-Programmcode im *TRY*-Block fehlerfrei, wird die Programmausführung mit den Befehlen hinter dem *END CATCH* ausgeführt, ansonsten erfolgt der Eintritt in den *CATCH*-Befehlsblock. Anschließend geht es auch dann mit den Befehlen hinter *END CATCH* weiter. In vielen Fällen wird die Prozedur in einem *CATCH*-Block allerdings über das *RETURN*-Kommando verlassen und dann wird der Rest des Codes natürlich nicht ausgeführt.

- *TRY-CATCH*-Blöcke können ineinander verschachtelt sein. Tritt in einem inneren *CATCH*-Block ein Fehler auf, dann wird dieser zum übergeordneten *CATCH*-Block hochgereicht. Solch eine *Bubbling* tritt auch dann auf, wenn im *TRY*-Block eine Prozedur aufgerufen wird (die eine Prozedur aufruft, die eine Prozedur aufruft, …), die selbst keine Fehlerbehandlung durchführt. In der ersten Prozedur *mit* Ausnahmebehandlung greift dann der *CATCH*-Block.

Es stellt sich die Frage, was denn überhaupt als behandlungswürdige Ausnahme gewertet wird. SQL Server liefert zu jedem (wirklich jedem) ausgeführten T-SQL-Kommando einen Ergebniscode zurück. Diese Codes sind in verschiedene Schwereklassen aufgeteilt. In Tabelle 15.1 gibt es eine Übersicht dazu. Im Meldungsfenster des T-SQL-Editors sehen Sie bei einer aufgetretenen Ausnahme neben dem Fehlercode und der Beschreibung auch den Schweregrad – hier Ebene genannt:

```
Meldung 2745, Ebene 16, Status 2, Zeile 1
Der Prozess mit der ID 58 hat den Benutzerfehler 50000, Schweregrad 20, ausgelöst. Dieser Prozess wird von SQL Server beendet.
Meldung 50000, Ebene 20, Status 1, Zeile 1
Schlimmer Fehler!
Meldung 0, Ebene 20, Status 0, Zeile 0
Für den aktuellen Befehl ist ein schwerwiegender Fehler aufgetreten. Löschen Sie eventuelle Ergebnisse.
```

Diesem kleinen Beispiel kann man ein paar nützliche Fakten in Bezug auf SQL Server-Fehler entnehmen. Zum einen wird bei einem Fehler des Schweregrades 20 oder höher der Benutzerprozess – also die Datenbankverbindung – aufgehoben. Der Client muss diese bei Bedarf selbsttätig wiederherstellen. Außerdem führen Fehler mit einem Schweregrad von 19 oder höher dazu, dass SQL Server die Verarbeitung des Befehlsstapels abbricht. Bereits ausgelieferte Teilergebnisse machen keinen Sinn mehr und Transaktionen werden im Server automatisch zurückgesetzt.

Und die Antwort auf die ursprüngliche Frage lautet: Bei Meldungen, die einen Schweregrad über 10 und kleiner als 20 aufweisen, wird der *CATCH*-Block aufgerufen. Ansonsten nicht. Bei Fehlern ab Schweregrad 20, welche die Verbindung beenden, wird es erst gar nicht mit *CATCH* versucht und Fehler unter 10 sind keine wirklichen Fehler sondern Informationsmeldungen.

Schwere	Bedeutung
0-10	Dies sind reine Informationsmeldungen
11-16	Benutzerfehler: fehlerhafte Verwendung von T-SQL-Befehlen oder fehlerhafte Programme
17	Mangelnde Ressourcen: Ein Befehl kann nicht ausgeführt werden, weil eine SQL Server-Ressource ausgeschöpft ist. Beispiele sind fehlender Speicherplatz oder keine Verfügbarkeit von Sperren (eine interne SQL Server-Ressource).
18	Mittelschwerer interner Fehler: Problem in der SQL Server-Software. Die Verarbeitung kann dennoch fortgesetzt werden.
19	Schwerer interner Fehler: Ein internes Problem führt dazu, dass die Verarbeitung abgebrochen wird
20-25	Fataler Fehler: Dabei handelt es sich um schwere Integritätsprobleme in der Datenbank oder um einen schweren Prozessfehler (durch das Betriebssystem ausgelöst). Fatale Fehler führen dazu, dass die Verbindung zum Server unterbrochen wird.

Tabelle 15.1 Schwereklassen von SQL Server-Fehlermeldungen

Ein Beispiel für die Ausnahmebehandlung in einer gespeicherten Prozedur wird im nächsten T-SQL-Skript vorgestellt. Es geht darum, einen neuen Artikel in die Datenbank aufzunehmen. Dies geschieht über das Eintragen eines Wertes in die Tabelle *Articles*. Verschiedene Dinge könnten an dieser Stelle schiefgehen: Der Artikelcode ist bereits in der Datenbank vorhanden, die Katalog-*ID* existiert nicht, es wird ein ungültiger Mehrwertsteuersatz übergeben und so weiter. In der Prozedur wird daher das *INSERT* in eine Ausnahmebehandlung eingepackt.

Ausnahmebehandlung

```sql
CREATE PROCEDURE Products.ArticlesInsert
(
    @CatalogID int,
    @Code varchar(50),
    @Name varchar(200),
    @DescriptionShort varchar(2000),
    @Price smallmoney,
    @Tax decimal(4,2),
    @Freight smallmoney,
    @Active bit,
    @ID int OUTPUT
)
AS
    SET NOCOUNT ON

    BEGIN TRY
        INSERT Products.Articles
            (CatalogID, Code, Name, DescriptionShort, Price, Tax, Freight, Active)
        VALUES
            (@CatalogID, @Code, @Name, @DescriptionShort, @Price, @Tax, @Freight, @Active)
        SET @ID = @@IDENTITY

    END TRY

    BEGIN CATCH

        SET @ID = -1

    END CATCH

    SET NOCOUNT OFF
```

Listing 15.39 Prozedur mit TRY-CATCH-Block

Der nachfolgende Codeausschnitt ruft die Prozedur *Sales.ArticleInsert* auf. Dabei wird eine *Catalog-ID* übergeben, die nicht in der Datenbank vorhanden ist. Sprich: Eine Fremdschlüsseleinschränkung wird verletzt. Ohne Ausnahmebehandlung würde der durch das fehlgeschlagene *INSERT* generierte Fehler von der Prozedur an den umgebenden Block durchgereicht. Die Variable *@intNewID* behielte den Wert *NULL*, daher liefert *PRINT* kein Ergebnis. Bei einem Aufruf der Prozedur aus ADO.NET heraus käme es zu einer entsprechenden SQL Server-Ausnahme auf dem Client. Die Ausnahmebehandlung mit *TRY-CATCH* bewirkt, dass sowohl der T-SQL-Code, wie auch eine ADO.NET-Programmierung ungeachtet eines fehlgeschlagenen *INSERT* weiterlaufen können und der Parameter *@ID* den Wert -1 erhält.

```sql
DECLARE @intNewID int
EXEC Products.ArticlesInsert 200, '99999', 'Hokkaido', '...', 2.5, .07, 0.5, 1, @intNewID OUTPUT
PRINT @intNewID
```

Listing 15.40 Aufruf, der einen Fehler liefert

> **HINWEIS** Nicht vergessen: Sie haben jederzeit die Möglichkeit eine gespeicherte Prozedur mit dem T-SQL Debugger zu untersuchen. Da ist gerade dann hilfreich, wenn Sie mit *TRY-CATCH* arbeiten und keine Fehlermeldungen mehr zu sehen bekommen.

Eine Fehlerbehandlungsroutine im *CATCH*-Block benötigt sinnvolle Informationen darüber, was eigentlich schiefgegangen ist. T-SQL stellt ein paar Systemfunktionen zur Verfügung, mit denen man sich die entsprechenden Werte besorgen kann. Dies funktioniert *ausschließlich* im *CATCH*-Block.

- **ERROR_NUMBER** liefert die Fehlernummer
- **ERROR_SEVERITY** liefert den Schweregrad
- **ERROR_PROCEDURE** liefert den Namen der betroffenen Prozedur (des Triggers)
- **ERROR_LINE** liefert die Zeilennummer
- **ERROR_MESSAGE** liefert den Text der SQL Server-Meldung

Mithilfe dieser Funktionen lässt sich der *CATCH*-Block der Beispielprozedur entsprechend erweitern, um über einen Returncode eine genauere Aussage zum aufgetretenen Fehler zu liefern. Ein entsprechender Parameter wird an die Parameterliste angehängt:

```
...
DECLARE @ReturnCode int
SET @ReturnCode = 0

...

BEGIN CATCH

    SET @ID = -1

    IF ERROR_NUMBER() = 515
        -- NOT NULL - Verletzung
        SET @ReturnCode = -1

    IF ERROR_NUMBER() = 547
        -- CONSTRAINT - Verletzung
        SET @ReturnCode = -2

    IF ERROR_NUMBER() = 8152
        -- Zeichenfolge zu lang - Verletzung
        SET @ReturnCode = -3

END CATCH

RETURN @ReturnCode
```

Listing 15.41 CATCH-Block zur Auswertung des aufgetretenen Fehlers

Für die Auswertung des Returncodes muss der Aufruf der Prozedur in T-SQL ein wenig angepasst werden.

```
DECLARE
    @intNewID int,
    @intRetCode int

EXEC
    @intRetCode = Products.ArticlesInsert 200, '99999', 'Hokkaido', '...', 1, 0.07, 1, 1,
    @intNewID OUTPUT

PRINT @intRetCode
PRINT @intNewID
```

Listing 15.42 Aufruf mit Abfangen des Returncodes

Ausnahmebehandlung

Erwartungsgemäß liefert die Prozedur im Parameter *@ReturnCode* den Wert -2 zurück (*Constraint Verletzung*).

Leider sind die T-SQL Fehlercodes in den meisten Fällen nicht differenziert genug, um eine präzise Analyse der aufgetretenen Fehlersituation zu ermöglichen. Einen mehr oder weniger (eher weniger) eleganten Workaround stellt die Untersuchung der Variablen *ERROR_MESSAGE()* dar. In dieser finden Sie mit etwas Glück die Namen der an einem Fehler beteiligten Objekte, Spaltennamen, Bezeichnungen der CHECK-Constraints und so weiter. Ein Beispiel dafür sehen Sie im folgenden T-SQL-Codeausschnitt, der die Ausnahmebehandlung in der Prozedur *Products.ArticleInsert* noch einmal erweitert.

```
BEGIN CATCH
    SET @ID = -1

    IF ERROR_NUMBER() = 515
    -- NOT NULL - Verletzung
    BEGIN
        -- Code darf nicht NULL sein
        IF ERROR_MESSAGE() LIKE '%Code%' SET @ReturnCode = -101
        -- Name darf nicht NULL sein
        IF ERROR_MESSAGE() LIKE '%Name%' SET @ReturnCode = -102
        -- Price darf nicht NULL sein
        IF ERROR_MESSAGE() LIKE '%Price%' SET @ReturnCode = -103
        -- und so weiter...
    END

    IF ERROR_NUMBER() = 547
    -- CONSTRAINT - Verletzung
    BEGIN
        -- Ungültiger Katalog
        IF ERROR_MESSAGE() LIKE '%FK_Articles_Catalogs%' SET @ReturnCode = -201
        -- Ungültiger Steuersatz
        IF ERROR_MESSAGE() LIKE '%FK_Articles_Taxes%' SET @ReturnCode = -202
        -- Preis darf nicht negativ sein
        IF ERROR_MESSAGE() LIKE '%CK_Price%' SET @ReturnCode = -203
        -- und so weiter...
    END

    IF ERROR_NUMBER() = 8152
        -- Zeichenfolge zu lang - Verletzung (keine Details möglich...)
        SET @ReturnCode = -3
END CATCH
```

Listing 15.43 Untersuchung der Systemvariablen ERROR_MESSAGE()

In diesem Fall liefert ein Prozeduraufruf den Returncode -201. Damit ist klar, dass sich die Fremdschlüsselverletzung auf die Tabelle *Catalogs* bezieht.

ACHTUNG Falls Sie im *TRY*-Block dynamischen T-SQL-Code verwenden, der mit *EXEC* ausgeführt wird, dann können Sie Ausnahmen, die aus diesem Code resultieren, *nicht* im *CATCH*-Block behandeln!

RAISERROR

Nachdem Sie nun kennen gelernt haben, wie Sie mithilfe von *TRY-CATCH* Ausnahmen abfangen, die von SQL Server generiert werden, kehren wir nun den Spieß um. Es geht jetzt darum, wie Sie in T-SQL selbst Ausnahmen generieren können. Es ist von Ihrer Entwicklungsstrategie abhängig, auf welche Art und Weise Sie von SQL Server aus mit den Clients »über Probleme reden wollen«. Eine Strategie besteht in der Vermeidung von Ausnahmen, die an die Clientzugriffsschicht durchgereicht werden. Die Kommunikation findet über die Parameter und Returncodes von gespeicherten Prozeduren (T-SQL- oder .NET-basiert) statt. Eine andere Strategie besteht in der bewussten Verwendung von Ausnahmen für die Kommunikation mit den Clients. Anwendungen, die im .NET Framework realisiert sind, legen die zweite Variante nahe, da die Ausnahmebehandlung von .NET sehr gut unterstützt wird.

Der T-SQL-Befehl *RAISERROR* (kein Schreibfehler: es fehlt ein »e«) erzeugt eine SQL Server-Fehlermeldung, die von einem *TRY-CATCH*-Block verarbeitet werden kann oder als Ausnahme an eine Clientapplikation durchgereicht wird. Die Anwendung ist sehr einfach, wie das nächste T-SQL-Beispiel zeigt:

```
RAISERROR ('Ungültiger Parameterwert', 15, 1)
```

Listing 15.44 Generierung eines Fehlerzustands

Führen Sie das Kommando im T-SQL-Editor aus, dann bekommen Sie die folgende Fehlermeldung zu sehen:

```
Meldung 50000, Ebene 15, Status 1, Zeile 3
Ungültiger Parameterwert
```

Die Fehlernummer 50.000 weist darauf hin, dass es sich um einen so genannten benutzerdefinierten Fehler handelt. Die Zahl 15, das zweite Argument beim Beispielaufruf also, steht für den Schweregrad des Fehlers. Sie können hier einen beliebigen Schweregrad von 0 bis 25 frei wählen. Im Normalfall sollten Sie im Bereich von 11 bis 16 bleiben. In diesem Bereich geht es laut Definition ja um logische Fehler. Wenn Sie möchten, können Sie Ihre Anwender (oder Clientprogrammierer) durch das Auslösen eines fatalen Fehlers in Angst und Schrecken versetzen. Allerdings ist hier eine kleine zusätzliche Sperre eingebaut. Sie müssen die Option *WITH LOG* ergänzen. Der Befehl bekommt damit die Form:

```
RAISERROR ('Schwerer Fehler in der netShop Datenbank', 25, 1)
WITH LOG
```

Listing 15.45 Auslösen eines fatalen Fehlers

Nach dem Ausliefern der Fehlermeldung an den Client wird die Verbindung gelöst und die Meldung in das Anwendungsprotokoll des Serverrechners eingetragen. Voraussetzung dafür ist die Berechtigung *WITH TRACE* für den aktuellen Benutzer oder die Mitgliedschaft in der *sysadmin*-Rolle. In ADO.NET oder anderen Zugriffskomponenten werden die mit *RAISERROR* ausgelösten Ausnahmen exakt so behandelt, wie die vom System selbst generierten. Die Meldung und der Schweregrad können mit den üblichen Methoden ausgelesen werden. In Standardclients, wie Access und Excel, erscheinen die Fehlertexte in ganz normalen Meldungsfenstern.

Es gibt noch eine zweite Form des *RAISERROR*-Befehls, bei dem statt des Fehlertextes eine Nummer übergeben wird. Diese Nummer steht für eine Meldung, die bei SQL Server in einer Systemtabelle hinterlegt sein muss. Das Eintragen einer benutzerdefinierten Meldung wird durch die gespeicherte Prozedur *sp_addmessage* des Servers ermöglicht. Eine Meldung, wie die vorhin verwendete, lässt sich mit diesem Aufruf permanent in der *master*-Datenbank hinterlegen.

```
EXEC sp_addmessage 50001, 16, 'Ungültiger Parameterwert', 'us_english'
```

Listing 15.46 Eine benutzerdefinierte Meldung auf dem Server hinterlegen

Lassen Sie sich nicht von dem letzten Argument – 'us_english' – irritieren. SQL Server kann mehrere Sprachversionen von Fehlermeldungen verwalten. Die erste Version *muss* Englisch sein. Falls es aber nur eine Version gibt, wird immer diese ausgegeben, egal wie die Spracheinstellungen für die Benutzerverbindung gerade lauten. Die Anwendung sieht dann einfach so aus:

```
RAISERROR (50001, 15, 1)
```

Listing 15.47 Auslösen einer benutzerdefinierten Meldung

Der Haken bei diesem an sich sinnvollen Vorgehen ist, dass die Meldungen nicht nur für eine Datenbank, sondern für den ganzen Server gelten. Ihr Fehlernummernkreis ist auf einem Server also nicht vor Kollisionen mit den Meldungen einer anderen Applikation sicher. Aus diesem Grund lassen sich nur die Ad-hoc-Fehlermeldungen sinnvoll einsetzen. Eine Ausnahme stellt die Verwendung einer SQL Server Express-Instanz dar, die Sie exklusiv für Ihre Anwendung einsetzen.

Ein gutes Einsatzgebiet für *RAISERROR* ist die Ausgabe von Meldungen, wenn eine gespeicherte Prozedur falsch parametrisiert wird. Die Prozedur *Products.ArticleInsert* lässt sich neu formulieren, sodass dem Aufrufenden durch entsprechende Ausnahmen auf die Finger geklopft wird. Der folgende Codeausschnitt zeigt den Anfang des Programmtextes:

```
...
-- Prüfen der Parameter

IF @Code IS NULL
BEGIN
    RAISERROR ('101 - Parameter "Code" darf nicht NULL sein', 15, 1)
    RETURN -101
END

IF @Name IS NULL
BEGIN
    RAISERROR ('102 - Parameter "Name" darf nicht NULL sein', 15, 1 )
    RETURN -102
END

IF @Price IS NULL
BEGIN
    RAISERROR ('103 - Parameter "Price" darf nicht NULL sein', 15, 1 )
    RETURN -103
END

-- und so weiter...
```

Listing 15.48 Parameter-Check in gespeicherter Prozedur

TIPP Wenn Sie *RAISERROR* in einem *TRY*-Block verwenden, dann gelten die ganz normalen Regeln der strukturierten SQL Server-Ausnahmebehandlung. Mit anderen Worten: Generieren Sie Fehler mit einem Schweregrad von 11 bis 19, dann findet der sofortige Eintritt in den *CATCH*-Block statt, und der *RAISERROR*-Meldungstext wird nicht an den Client ausgeliefert. Einen Aufruf im *CATCH*-Block dagegen bekommt der Client zu sehen. Das können Sie leicht mit einem Skript wie dem folgenden überprüfen. Es wird nur der Text aus dem *CATCH*-Block ausgegeben.

```
BEGIN TRY

    RAISERROR ('Ich bin im TRY-Block', 15, 1)

END TRY

BEGIN CATCH
```

```
    RAISERROR ('Ich bin im CATCH-Block', 15, 1)
END CATCH
```

Listing 15.49 RAISERROR mit TRY-CATCH

Beispiele für gespeicherte Prozeduren

Gespeicherte SQL Server-Prozeduren können in zwei- oder mehrschichtigen Softwarearchitekturen dafür eingesetzt werden, elementare Funktionen für Applikationen zur Verfügung zu stellen und dabei die Basislogik zu kapseln. Anhand einiger vollständiger Prozedurbeispiele aus der *netShop*-Datenbank soll das Gefühl dafür geweckt werden, welche typischen Aufgabenstellungen mögliche Einsatzgebiete für gespeicherte Prozeduren darstellen.

Eine Prozedur für das Aktualisieren von Informationen

Das erste Anwendungsbeispiel aus der *netShop*-Datenbank entspricht einer einfachen Aktualisierungsabfrage mit Parametern. Die Prozedur erlaubt das Anpassen von Mehrwertsteuersätzen in der Artikeltabelle. Es werden ein alter und ein neuer Steuersatz übergeben. In der Parameterüberprüfung wird getestet, ob die Parameter vollständig und auch »erlaubte« Werte übergeben worden sind. Die Geschäftsregeln der *netShop*-Datenbank besagen, dass Mehrwertsteuersätze zunächst in der Tabelle *Products.Taxes* hinterlegt werden müssen, bevor sie in der Tabelle *Products.Articles* verwendet werden dürfen. Per Returncode bekommt der Client im Erfolgsfall mitgeteilt, wie viele Datensätze von der Änderung betroffen sind. Diese Prozedur verwendet die Strategie der expliziten Verwendung von Ausnahmen, die der Client interpretieren kann.

```
CREATE PROC Products.ArticlesUpdateTax
    @TaxOld as decimal (4,2),
    @TaxNew as decimal (4,2)
AS

SET NOCOUNT ON

IF (@TaxOld IS NULL) OR (@TaxNew IS NULL)
    BEGIN
        RAISERROR ('Unvollständige Parameter', 15, 1)
        RETURN -1
    END

IF NOT EXISTS ( SELECT * FROM Products.Taxes WHERE  Tax = @TaxOld )

    BEGIN
        RAISERROR ('Ungültiger Mehrwertsteuersatz in Parameter @TaxOld', 15, 1)
        RETURN -2
    END

IF NOT EXISTS ( SELECT * FROM Products.Taxes WHERE  Tax = @TaxNew )

    BEGIN
        RAISERROR ('Ungültiger Mehrwertsteuersatz in Parameter @TaxNew', 15, 1)
        RETURN -3
    END
```

```
BEGIN TRY

   UPDATE Articles
   SET Tax = @TaxNew
   WHERE Tax = @TaxOld
   RETURN @@rowcount

END TRY

BEGIN CATCH

   RAISERROR ('Fehler beim Aktualisieren', 15, 1)
   RETURN -4

END CATCH
```

Listing 15.50 Gespeicherte Prozedur für das Aktualisieren von Informationen

Mit den Befehlen in Listing 15.51 können Sie die neue Prozedur testen. Durch die Verwendung einer expliziten Transaktion via *BEGIN TRAN ... ROLLBACK TRAN* im dritten Fall wird verhindert, dass sich durch das Testen Daten in der Datenbank ändern. Alles Wissenswerte zum Thema Transaktionen vermittelt Ihnen das achtzehnte Kapitel »Transaktionen und Sperren«.

```
DECLARE @intRetCode int

-- Test 1: Parameter fehlt
EXEC @intRetCode = Products.ArticlesUpdateTax 0.19
PRINT @intRetCode

-- Test 2: Parameterwert falsch
EXEC @intRetCode = Products.ArticlesUpdateTax 0.17, 0.19
PRINT @intRetCode

-- Test 3: Aufruf erfolgreich
BEGIN TRAN

   EXEC @intRetCode = Products.ArticlesUpdateTax 0.07, 0.19
   PRINT @intRetCode

ROLLBACK TRAN
```

Listing 15.51 Test der Prozedur *Products.ArticlesUpdateTax*

Eine Prozedur für das Anlegen eines neuen Artikels

Die zweite *netShop*-Beispielprozedur kümmert sich erneut um das Anlegen eines neuen Artikels in der Tabelle *Articles*. In diesem Fall unter Berücksichtigung einer weiteren *netShop*-Geschäftsregel. Diese besagt, dass sich ein Artikel in mindestens einer Warengruppe befinden muss. Eine Warengruppe wird in der neuen Prozedur dem Artikeldatensatz beim Anlegen gleich mitgegeben. Der Eintrag in die entsprechende Tabelle wird von der Prozedur automatisch durchgeführt. Die Prozedur nutzt die Systemvariable *@@identity*, die den automatisch generierten Schlüsselwert des neuen Artikels enthält. Dieser Primärschlüssel wird von der Prozedur als zusätzlicher *OUTPUT*-Parameter zurückgegeben, sodass der Client gleich damit weiterarbeiten kann.

```
CREATE Procedure Products.ArticlesAddNew

    @CatalogID int,
    @Code varchar(50),
    @Name varchar(150),
    @DescriptionShort varchar(200),
    @Price decimal(4,2),
    @ArticleGroupID int,
    @ID int OUTPUT

AS

SET NOCOUNT ON

BEGIN TRY

    BEGIN TRANSACTION

        -- den Artikel anlegen
        INSERT Products.Articles
            ( CatalogID, Code, [Name], DescriptionShort, Price )
        VALUES
            ( @CatalogID, @Code, @Name, @DescriptionShort, @Price )

        SET @ID = @@identity

        -- die übergebene Warengruppe zuordnen
        INSERT ArticlesToArticleGroups
            ( ArticleID, ArticleGroupID )
        VALUES
            ( @@identity, @ArticleGroupID )

    COMMIT TRANSACTION
    RETURN 0

END TRY

BEGIN CATCH

    ROLLBACK TRANSACTION
    RAISERROR ('Fehler beim Anlegen des Artikel', 15, 1)
    RETURN -1

END CATCH
```

Listing 15.52 Gespeicherte Prozedur für das Anlegen eines neuen Datensatzes

Dem werten Leser wird beim Betrachten des Programmbeispiels nicht entgangen sein, dass in der Prozedur mit einer Transaktion gearbeitet wird. Da zwei *INSERT*-Anweisungen nacheinander durchgeführt werden müssen, stellt die Transaktion die Konsistenz der Einfügeoperation sicher. Die Befehle zur Steuerung der Transaktion (*BEGIN, COMMIT, ROLLBACK TRANSACTION*) und die Ausnahmebehandlung mit *TRY-CATCH* arbeiten Hand in Hand. Tritt bei einer der beiden Operationen ein Problem auf, dann geht die Programmausführung in den *CATCH*-Block über, wo die Transaktion durch ein *ROLLBACK* zurückgesetzt und die Prozedur nach dem Generieren eines benutzerdefinierten Fehlers mit einem passenden Returncode verlassen wird.

Eine Prozedur für das Löschen eines Kunden

Die dritte gespeicherte Prozedur implementiert eine weitere Geschäftsregel. Die gilt in der *netShop*-Datenbank für das Löschen eines Kunden. Es lässt sich trefflich darüber streiten, ob in einer Datenbankanwendung das Löschen von Datensätzen *überhaupt* möglich sein soll. Viele Gründe sprechen dagegen und für die Verwendung von Flags zur Kennzeichnung inaktiver Datensätze. In der *netShop*-Datenbank ist das Löschen von Kundendatensätzen grundsätzlich erlaubt – muss aber gleichzeitig der folgenden Regel genügen: Es dürfen keine aktiven Vorgänge in der Datenbank zu einem Kundendatensatz vorliegen. So müssen beispielsweise sämtliche Bestellungen abgeschlossen sein. Außerdem wird der Kundendatensatz zwar aus dem operationalen Teil der Datenbank entfernt, aber gleichzeitig in eine Archiv-Tabelle verschoben und zusätzlich auch sämtliche Auftragsdaten, die zu dem Kunden gehören (*Sales.Orders* und *Sales.OrderDetails*). Auf diese Art und Weise werden einerseits die aktiven Tabellen klein gehalten, was den lesenden Zugriff deutlich beschleunigt, andererseits stehen die Informationen bei Bedarf dennoch zur Verfügung. Diese, schon etwas komplexere, Aufgabenstellung wird durch die dritte Beispielprozedur erledigt.

```
CREATE PROC Sales.CustomersDelete
    @CustomerID int       -- die ID des Kunden in der Datenbank
AS

-- Gibt es den Kunden überhaupt?

IF NOT EXISTS (SELECT * FROM Sales.Customers WHERE ID = @CustomerID)
RETURN -1

-- Sind alle Bestellungen abgeschlossen. Der Status im OrderTracking muss abgefragt werden.

IF EXISTS
(
    SELECT
        *
    FROM
        Sales.Orders o
    INNER JOIN
        Sales.OrdersToOrderTrackingItems oti ON o.ID = oti.OrderID
    WHERE
        oti.OrderTrackingItemID <> 5       -- 5 = erledigt
    AND
        o.CustomerID = @CustomerID
)
RETURN -2

-- Daten in die Archivtabellen verschieben

BEGIN TRY

    BEGIN TRANSACTION

        INSERT INTO Sales.Archive_Customers
        SELECT * FROM Sales.Customers WHERE ID = @CustomerID

        INSERT INTO Sales.Archive_Orders
        SELECT * FROM Sales.Orders WHERE CustomerID = @CustomerID

        INSERT INTO Sales.Archive_OrderDetails
        SELECT * FROM Sales.OrderDetails WHERE OrderID
        IN
        ( SELECT ID FROM Sales.Orders WHERE CustomerID = @CustomerID )
```

```
        DELETE FROM Sales.Customers WHERE ID = @CustomerID

        COMMIT  TRANSACTION
        RETURN 0

END TRY

BEGIN CATCH

    ROLLBACK TRANSACTION
    RAISERROR ('Fehler beim Löschen des Kunden', 15, 1)
    RETURN -1

END CATCH
```

Listing 15.53 Löschen eines Datensatzes mit Geschäftregeln

In dieser gespeicherten Prozedur werden typische Techniken verwendet, wie man sie in Projekten immer wieder vorfindet. Zunächst muss überprüft werden, ob die übergebene Kunden-*ID* überhaupt zu einem Eintrag der Datenbank gehört. Dies passiert mithilfe einer Unterabfrage:

```
IF EXISTS (SELECT * FROM Customers WHERE ID = @CustomerID)
RETURN -1
```

Anschließend erfolgt die Kontrolle, ob es zu der übergebenen Kunden-*ID* Aufträge gibt, bei denen es im Bestellverlauf (das ist die Tabelle *Products.OrdersToOrderTrackingItems*) noch keinen Eintrag mit dem Wert 5 (d. h. *abgeschlossene Bestellung*) gibt. Ist dies der Fall, dann wird auch hier die Prozedur mit einem negativen *Return*-Wert verlassen, ansonsten geht es mit dem Verschieben der Auftrags- und Kundendaten in die Archiv-Tabellen weiter. Das eigentliche Löschen geschieht abschließend über das *DELETE* des Kundendatensatzes. Um die verknüpften Aufträge und deren Details muss man sich in der *netShop*-Datenbank nicht kümmern, da an die Tabellen *Sales.Orders* und *Sales.OrderDetails* jeweils über *FOREIGN KEY* Beziehungen mit Löschweitergabe verknüpft sind. Schauen Sie im Diagramm der Datenbank nach, um sich davon zu überzeugen. Hat die Prozedur das letzte Kommando ausgeführt, so wird sie mit einem Rückgabewert von 0 verlassen (dies steht für *erfolgreiche Ausführung*). Kommt es vorher zu einem Fehler, so wird durch den Sprung in den Ausnahmebehandlungsteil die Transaktion zurückgesetzt und alle Änderungen werden zurückgenommen.

Eine Prozedur für das Vorbereiten einer Auftragsübersicht

Gespeicherte Prozeduren können auch sinnvoll dafür eingesetzt werden, Berichtsinformationen auf dem SQL Server vorzubereiten. In der Regel müssen für Auswertungen Daten aus verschiedenen Tabellen verknüpft, selektiert und aggregiert werden. Das sollte möglichst auf dem Datenbankserver und nicht im Berichtswerkzeug im Client passieren. Anwender, die beispielsweise mit dem SQL Server-Berichtsgenerator eigene Berichte erstellen möchten, haben es dann deutlich einfacher, weil Sie sich nicht mit Details der Datenbankstrukturen oder Optimierungsfragen herumschlagen müssen.

Die folgende Prozedur liefert eine Übersicht der Aufträge in einem frei wählbaren Zeitraum. Der Prozedur kann eine Artikelliste in Form einer Tabelle übergeben werden. Es wird also ein tabellenwertiger Parameter eingesetzt. Dieser wird im Listing 15.54 durch das Anlegen eines neuen Tabellentyps gleich mit vorbereitet. An diesem Beispiel wird schön deutlich, das tabellenwertige Parameter für die Übergabe einer Schlüsselliste sehr praktisch sind, weil der Parameter direkt in einem Join verwendet werden kann.

```
-- neuer Typ für eine Artikeliste
CREATE TYPE Sales.udtArticleList AS TABLE
(
    ID int
)
GO
CREATE PROC spReportOrdersOverview
    @StartDate datetime,
    @EndDate datetime
    @Articles Sales.ArticleList READONLY
AS

-- Parameter OK?
IF  ( @StartDate IS NULL ) OR ( @EndDate IS NULL ) OR
    ( DATEDIFF(dd, @StartDate, @EndDate) < 0 )
BEGIN
    RAISERROR ( 'Ungültige Parameterwerte', 15 , 1)
    RETURN -1
END

SELECT
    o.Code, o.OrderDate, cu.Code, cu.Name_1, od.Quantity * od.UnitPrice AS TurnOver
FROM
    Orders o
INNER JOIN
    Customers cu ON o.ID = cu.ID
INNER JOIN
    OrderDetails od ON o.ID = od.OrderID
INNER JOIN
    @Articles a ON a.ID = od.ArticleID
WHERE
    o.OrderDate BETWEEN @StartDate AND @EndDate
```

Listing 15.54 Gespeicherte Prozedur für das Reporting

Bei dieser Prozedur lohnt sich auf jeden Fall das Ausprobieren. Listing 15.55 liefert ein Skript dafür. Es werden die Detailumsätze der ersten zehn Artikel angezeigt.

```
DECLARE @Articles Sales.udtArticleList

INSERT @Articles VALUES (1),(2),(3),(4),(5),(6),(7),(8),(9),(10)

EXEC Sales.spReportOrdersOverview '2004-01-01', '2008-31-12', @Articles
```

Listing 15.55 Test der Prozedur *Sales.ReportOrdersOverview*

> **HINWEIS** Prinzipiell könnten Sie für Reporting-Aufgabenstellungen auch benutzerdefinierte Funktionen einsetzen. Diese sind allerdings (etwas) aufwändiger zu schreiben und auch (etwas) aufwändiger im Debugging. Verwenden Sie Funktionen, wenn die Ergebnisse auf dem Server weiterverarbeitet werden sollen – das geht mit dem Output von Prozeduren nicht –, und Prozeduren, wenn das Ergebnis im Client dargestellt werden soll.

Performance-Überlegungen

Da die gespeicherten Prozeduren ein solch wichtiges Konzept in Datenbanken darstellen – das ist nicht nur bei SQL Server der Fall – und so häufig eingesetzt werden, ist es wichtig, sich mit deren Leistungsverhalten auseinanderzusetzen. Dies hilft Ihnen, Performanceschwierigkeiten zu entdecken, Gegenmaßnahmen zu ergreifen und sinnvolle Einsatzszenarien für gespeicherte Prozeduren zu erkennen. In diesem Abschnitt geht es darum zu verstehen, wie SQL Server gespeicherte Prozeduren überhaupt verarbeitet, und anschließend wird das klassische Problem *Parameter Sniffing* mitsamt den Gegenmaßnahmen dazu erläutert. Doch bevor wir in die Tiefen der Prozedurverarbeitung hinabsteigen, wird eine einfache Maßnahme vorgestellt, die »schon was bringen kann«.

SET NOCOUNT ON

In jeder Anwendung, die mit gespeicherten Prozeduren arbeitet gibt es sicherlich einen großen Anteil davon, der keine Ergebnismengen zurückliefert. Das sind typischerweise Prozeduren, die Datenbankänderungen durchführen oder Prozeduren, die ausschließlich über ihre Parameter mit den Clients kommunizieren und in denen kein *SELECT*-Befehl abgesetzt wird, um eine Ergebnismenge als Rowset an den Client zurückzuliefern.

Die T-SQL-DML-Befehle liefern bei der Ausführung eine Information über die Anzahl der »angefassten« Datensätze. Diesen Wert, der auf dem Server über die Systemvariable @@rowcount abgefragt wird, liefert der Server an den Client aus. Bei der Verwendung von ADO.NET bedeutet dies zusätzlichen Netzwerkverkehr, den man leicht einsparen kann. Einige Standardclients lassen sich durch die zusätzlichen Informationen unter Umständen verwirren und erkennen möglicherweise einen Fehler, wo keiner ist, weil Sie nicht mit einem Ergebnis gerechnet hätten.

Beide Situationen lassen sich durch das Setzen von *NOCOUNT* vermeiden. In Prozeduren, die kein Rowset liefern sollen, können Sie durch *SET NOCOUNT ON* gleich am Proceduranfang, hinter dem *AS* verhindern, dass Informationen an den Client geschickt werden. Dass die Microsoft-Entwickler das für eine gute Idee halten, kann man sehr schön daran erkennen, dass in der Management Studio-Schablone für das Anlegen von gespeicherten Prozeduren *SET NOCOUNT ON* verwendet wird. Selbstverständlich können Sie *NOCOUNT ON* auch verwenden, um das Serverfeedback nur in einzelnen Codeabschnitten abzuschalten und es anschließend mit *NOCOUNT OFF* wieder aktivieren.

Mithilfe von Listing 15.56 können Sie das Verhalten von *SET NOCOUNT ON* im Management Studio überprüfen. Erwartungsgemäß liefert das Ausführen des Skripts nur einmal die Meldung

```
(1 Zeile(n) betroffen)
```

zurück.

```
SET NOCOUNT ON

UPDATE Sales.Customers
SET
    Name_2 = 'Schmidt'
WHERE
    ID = 1

SET NOCOUNT OFF

UPDATE Sales.Customers
SET
    Name_2 = 'Schmidt'
WHERE
    ID = 1
```

Listing 15.56   SET NOCOUNT ON

Sicherheitshalber muss erwähnt werden, dass trotz NOCOUNT ON die Servervariable @@rowcount natürlich weiterhin ausgewertet werden kann.

Natürlich führt dies nicht zu riesigen Perfomancegewinnen, die Sie mit dieser Methode erzielen, aber Kleinvieh macht ja auch Mist und wenn es um viele Benutzerverbindungen und Transaktionen geht, dann ist die Verwendung von SET NOCOUNT ON auf jeden Fall sinnvoll.

> **TIPP** Es gibt Datenzugriffsschichten (nicht ADO.NET) die *immer* auf ein Ergebnis nach dem Ausführen eines Kommandos warten und deswegen automatisch beim Öffnen einer Datenverbindung ein SET NOCOUNT OFF abschicken. Diese Einstellung wird durch das SET NOCOUNT ON in einer Prozedur überschrieben. Falls Sie also in Ihrer Entwicklungsumgebung beim Ausführen gespeicherter Prozeduren auf rätselhafte Probleme stoßen, dann probieren Sie einmal aus, ob das an der Unterdrückung der Meldungen liegen könnte.

Lebensphasen einer gespeicherten Prozedur

Als Programmierer ist Ihnen der Begriff der Prozedur natürlich schon lange Zeit bestens bekannt. Falls Sie sich aber noch nicht mit der Programmierung von Datenbankservern auseinandergesetzt haben, dann wird Ihnen die Bezeichnung *Gespeicherte* Prozedur eventuell ein bisschen merkwürdig vorkommen. Was bedeutet eigentlich das Wort *gespeichert* in der Bezeichnung *Gespeicherte Prozedur*. Genauer: *Was* wird denn überhaupt auf dem Server gespeichert? Und *wo*?

Beim Anlegen der Prozedur mit CREATE führt SQL Server zunächst einen Syntaxcheck für den T-SQL-Code durch. Anschließend werden die Spaltennamen und Eigenschaften von Tabellen geprüft, auf die im Prozedurtext Bezug genommen wird. Es gibt hier eine kleine Besonderheit: Wird ein Tabellenname verwendet, der zum Zeitpunkt des Ausführens von CREATE noch nicht in der Datenbank vorhanden ist, dann führt das nicht zu einer Fehlermeldung. In diesem Fall können natürlich auch keine Spaltennamen geprüft werden. Dadurch ermöglicht SQL Server die Programmierung von Prozeduren, die auf dynamisch während der Laufzeit erstellte Objekte, beispielsweise temporäre Tabellen, zugreifen können. Das wird als verzögerte Namensauflösung (*deferred name resolution*) bezeichnet. Ist alles in Ordnung, so werden der Name der Prozedur, Eigenschaften (wie Parameter) und der eigentliche Prozedurtext in die entsprechenden Systemtabellen des Datenbankkatalogs abgelegt. Ansonsten passiert zunächst nichts weiter – die Prozedur gehört jetzt zwar schon zur Datenbank, ist aber noch nicht direkt lauffähig. Je nach Sicherheitsstruktur der Datenbank müssen vom Entwickler jetzt noch die Ausführungsberechtigungen der Benutzer über das GRANT EXECUTE-Kommando eingestellt werden. Weiter ist nichts zu tun.

Beim allerersten Aufruf der neuen Prozedur wird der Quelltext aus dem Datenbankkatalog in den Arbeitsspeicher geladen. Anschließend werden die aktuellen Objektreferenzen überprüft. Jetzt schaut der Server tatsächlich nach, ob jedes einzelne Objekt auch wirklich existiert. Anschließend beginnt der interessanteste Teil der Prozedurausführung: SQL Server ermittelt den optimalen Ausführungsplan für die gegebene Aufgabenstellung. Befinden sich im Prozedurtext DML-Kommandos, werden diese in ein internes Format überführt: den Abfragebaum (bisweilen auch Sequenzbaum genannt). Auf der Grundlage dieser algebraischen Darstellung einer Abfrage optimiert SQL Server die Abfrage, um Ausführungs- und Antwortzeiten zu minimieren. Die *logischen* Operatoren eines Abfragebaums müssen bei der tatsächlichen Ausführung durch die Speichermaschine durch *physikalische* Operatoren ersetzt werden. Dazu sucht der Server bei komplexen Abfragen aus den verschiedenen möglichen Varianten die optimalen Indizes und Zugriffsmethoden aus. Je nach Komplexität des Prozedurtextes werden dabei einige Dutzend Pläne entwickelt, miteinander verglichen und der beste ausgesucht. Ist der Plan gefunden, dann wird dieser kompiliert und in ein binäres Format gebracht, das direkt vom Zielprozessor verarbeitet werden kann. Dann erst kann die Verarbeitung der Prozedur beginnen und die Ergebnisse werden zurückgeliefert.

Ist der Prozedurlauf beendet, dann wird der kompilierte Plan nicht etwa aus dem Arbeitsspeicher entfernt, sondern er bleibt im gemeinsamen Speicherpool des SQL Server für Datenseiten und Ausführungspläne. Der Bereich des Speichers, welcher für die Pläne reserviert ist, wird als *Prozedurcache* bezeichnet. Da ein Plan nicht viel Speicherplatz in Anspruch nimmt, sind die »Überlebenschancen« für diesen relativ hoch, wenn SQL Server über ausreichend Speicher verfügt. Einem Plan wird bei der Kompilierung ein Kostenfaktor mitgegeben. Dieser gibt an, wie »teuer« (im Sinne von Zeitaufwand) es ist, den Plan neu zu kompilieren. Bei jeder Ausführung des Plans wird ein interner Zähler um genau diesen Wert erhöht. Andererseits scannt der Lazywriter-Prozess von SQL Server regelmäßig den Prozedurcache und verringert dabei den Zähler um 1. Wird freier Speicher benötigt und gibt es Pläne, deren »Alterszähler« auf 0 steht, dann entfernt der Lazywriter diese aus dem Prozedurcache. Es ist gar nicht einmal so unwahrscheinlich, dass ein Plan so lange im Speicher verbleibt, bis der Server heruntergefahren oder eine neue Version der Prozedur über *CREATE* oder *ALTER* angelegt wird. Der Vorteil dieses Prinzips besteht natürlich darin, dass bei nachfolgenden Aufrufen derselben Prozedur die Antwortzeit etwas kürzer ist, weil der berechnete Ausführungsplan bereits binär im Speicher vorhanden ist und sofort verwendet werden kann. Dies ist genau die Begründung, die in vielen Situationen für die Verwendung von Prozeduren spricht. Dagegen lässt sich im Prinzip nichts sagen, doch Vorsicht ist angebracht!

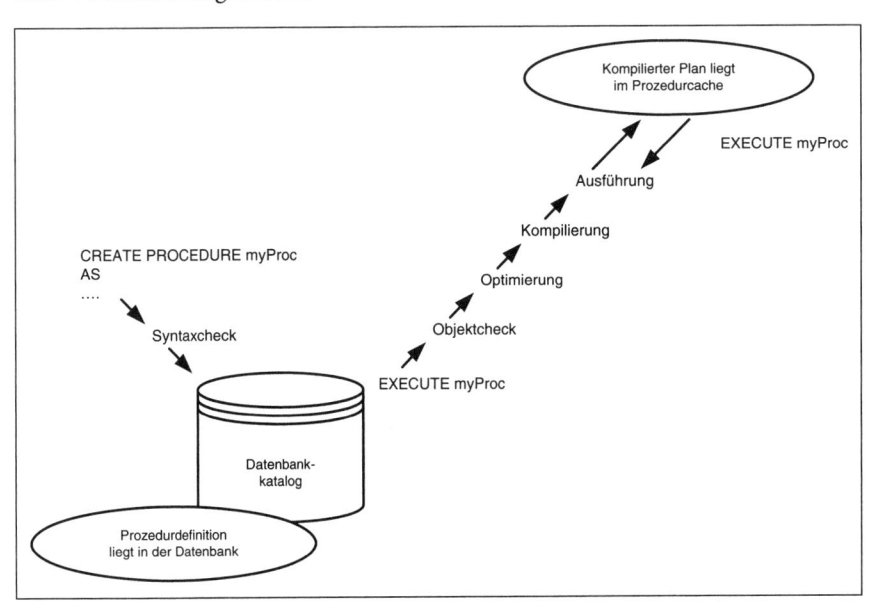

Abbildung 15.6 Lebensphasen einer gespeicherten Prozedur

Performanceprobleme bei gespeicherten Prozeduren

Sie werden immer mal wieder die Aussage hören, dass allein durch den Einsatz von gespeicherten Prozeduren der Datenbankzugriff einer Applikation deutlich beschleunigt wird. Nach der Vorstellung der Lebensphasen einer Prozedur wissen Sie inzwischen, dass die Geschwindigkeitsgewinne dadurch entstehen, dass die in einer Prozedur enthalten DML-Befehle zwischen Aufrufen nicht neu optimiert und kompiliert werden müssen. Während das in vielen Fällen auch stimmt und gespeicherte Prozeduren in großen, stark belasteten Systemen, vor allem auch aus diesem Grund eingesetzt werden, so muss man doch darauf achtgeben, dass sich durch den Prozedureinsatz keine zusätzlichen Performanceprobleme einschleichen. Deren Auswirkungen sind in der Regel *viel* deutlicher spürbar als die Gewinne.

Parameter Sniffing

Das vorhin beschriebene Prinzip der Verarbeitung gespeicherter Prozeduren führt in vielen Fällen zu einer verbesserten Performance, kann aber problematisch sein, wenn parametrisierte Prozeduren verwendet werden. Da der Plan einer Prozedur natürlich stark von den Argumenten abhängt, die beim ersten Aufruf an die Parameter übergeben werden, kann es passieren, dass für diesen *ersten* Aufruf zwar der optimale Plan genutzt wird – für viele andere Aufrufe, mit abweichenden Parameterwerten, aber nicht. Dieses Verhalten kann man sich leicht an einem Beispiel aus der *netShop*-Beispieldatenbank klar machen. Die folgende, harmlos aussehende, gespeicherte Prozedur liefert auf der Grundlage zweier Parameter einen Ausschnitt aus der Tabelle *Sales.OrderDetails* zurück. Es sollen Auftragsdetails angezeigt werden, zu Aufträgen, die aus einem bestimmten Datumsbereich stammen. Um den Datumsbereich auswählen zu können, muss ein Join mit der Tabelle *Sales.Orders* vorgenommen werden, da diese das Auftragsdatum (*OrderDate*) enthält.

Die notwendigen Indizes, welche diese Abfrage unterstützen können, sind vorhanden: Ein nicht gruppierter Index auf der Spalte *OrderDate* in der Tabelle *Sales.Orders (IX_Orders_OrderDate)*. Dieser unterstützt die Suche nach dem Auftragsdatum. Ein nicht gruppierter Index auf der Fremdschlüsselspalte *OrderID* in der Tabelle *Sales.OrderDetails (FK_OrderDetails_Orders)*. Dieser unterstützt das Join zwischen den beiden Tabellen, gemeinsam mit dem Index *PK_Orders* – einem gruppierten Index auf der Primärschlüsselspalte *ID* in der Tabelle *Sales.Orders*.

Und so sieht die Prozedur aus:

```
CREATE PROC Sales.spOrderDetailsGetByOrderDate
    @FromOrderDate date,
    @ToOrderDate date
AS
SELECT
    ArticleID, Quantity, UnitPrice, Discount
FROM
    Sales.Orders o
INNER JOIN
    Sales.OrderDetails od
ON
    o.ID = od.OrderID
WHERE
    OrderDate BETWEEN @FromOrderDate AND @ToOrderDate
ORDER BY
    OrderDate
```

Listing 15.57 Die Prozedur *Sales.spOrderDetailsGetByOrderDate*

Der allererste Aufruf dieser Prozedur erfolgt nun mit den Werten '01.01.2006' und '31.12.2006' für den Datumsbereich, also auf die folgende Art und Weise:

```
SET STATISTICS IO ON
SET STATISTICS TIME ON

EXEC Sales.spOrderDetailsGetByOrderDate '01.01.2006', '31.12.2006'
```

Listing 15.58 Aufruf mit großem Ergebnisbereich

Zur Erinnerung: *SET STATISTICS IO ON* und *SET STATISTICS TIME ON* bewirken, dass zusammen mit dem Abfrageergebnis Informationen über die gelesenen Datenseiten und der verbrauchten Zeit geliefert werden. Die Prozedur benötigt circa 6.600 Lesevorgänge in der Tabelle *Sales.Orders* und ca. 12.000 Lesevorgänge in der Tabelle *Sales.OrderDetails*. Die Ausführungszeit in meinem virtuellen PC beträgt etwa 4 Sekunden.

Betrachtet man den Ausführungsplan (Abbildung 15.7), so stellt man fest, dass vom Abfrageoptimierer zwei Clustered Index Scans gewählt wurden, um die Datensätze zu filtern. Beide Tabellen werden durchsucht. Da der Bereich für die Auftragsdaten relativ groß gewählt wurde, sollte das auch in Ordnung sein.

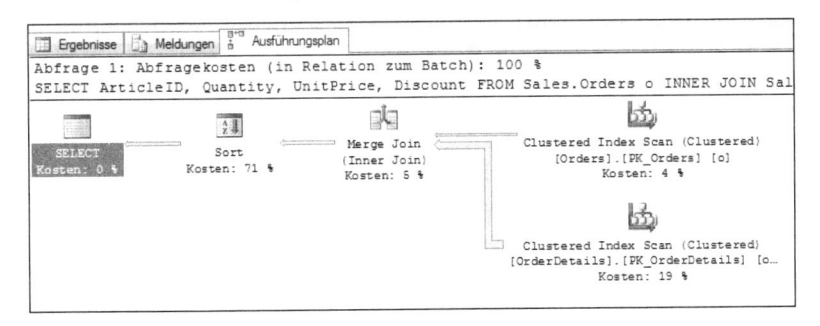

Abbildung 15.7 Abfrageplan der Prozedurausführung – Scans werden verwendet

Führt man die Prozedur mit Parametern aus, die einen *viel* engeren Ergebnisbereich liefern, dann liegt es nahe anzunehmen, dass es in diesem Fall einen Zugriff über den Index *IX_Orders_OrderDate* gibt. Also eine Indexsuche (Index Seek), bei der viel weniger Datenseiten untersucht werden müssten. Dies ist das Beispiel:

```
EXEC Sales.spOrderDetailsGetByOrderDate '01.01.2006', '31.01.2006'
```

Listing 15.59 Aufruf mit verengtem Ergebnisbereich

Es werden also nur noch Datensätze in einem Auftragsmonat gesucht. Verdächtigerweise verändert sich das Ausführungsverhalten überhaupt nicht. Es wird wieder ein kompletter Scan der Tabellen durchgeführt. Die Anzahl der gelesenen Datensätze und die Ausführungszeit entsprechen exakt denen der ersten Ausführung. Und das, obwohl nur noch ca. 20.000 Datensätze gefunden werden, was in etwa nur 0,15 Prozent der Tabellengröße entspricht. Den Grund für dieses Verhalten haben Sie bereits kennen gelernt: SQL Server verwendet weiterhin den Abfrageplan, der bei der ersten Ausführung der Prozedur generiert wurde. Dieser ist noch nicht aus dem Cache verdrängt worden. Davon kann man sich sogar überzeugen, wenn man auf die dynamische Verwaltungssicht *sys.syscacheobjects* zurückgreift und die Ergebnisse nach der korrekten Datenbank-ID sowie der Objekt-ID der gespeicherten Prozedur in der Datenbank filtert. Dann erhält man eine einzelne Ergebniszeile, die der folgenden (in Ausschnitten dargestellten) ähnelt:

bucketid	objtype	cacheobjtype	objid	dbid	dbidexec	uid	refcounts	usecounts	pagesused
5411	Compiled Plan	Proc	837578022	14	14	1	2	2	5

Und so fragt man den Cache ab:

```
SELECT * FROM sys.syscacheobjects
WHERE
    objid = OBJECT_ID('Sales.spOrderDetailsGetByOrderDate')
AND
    dbid = DB_ID('netShop2008')
```

Listing 15.60 Die Prozedur im Cache suchen

Man erkennt hier neben der Tatsache, dass sich die Prozedur tatsächlich im Cache befindet, vor allen Dingen, dass sie zweimal ausgeführt wurde (*usecount = 2*). Genauere Informationen zum Caching von T-SQL-Befehlen durch SQL Server und Monitoringverfahren dazu erhalten Sie übrigens in Kapitel 20 (»Performance-Optimierungen«).

Performance-Überlegungen

Da es in einem SQL Server, der sich auf einem Entwicklungs-PC befindet, sicher nicht zu Speicherengpässen kommen wird, werden die fünf Seiten, welche die kompilierte Prozedur enthalten, vermutlich bis zum Ausschalten des PCs im Speicher bleiben und bei jeder Ausführung wird daher der gleiche Plan verwendet. Um zu überprüfen, wie sich das Abfrageverhalten bei einem indizierten Zugriff via *Seek* ändert, sollten Sie in Listing 15.57 das Kommando *CREATE* einmal gegen ein *ALTER* austauschen, die Prozedur damit neu anlegen lassen und diesmal den Aufruf nach Listing 15.59 als ersten ausführen.

Tatsächlich – jetzt wird ein ganz anderer Abfrageplan verwendet (Abbildung 15.8). Gleichzeitig verringert sich die Ausführungszeit auf gut ein Zentel des ursprünglichen Werts! Damit gab es also einen recht »krassen« Performanceverlust durch den schlechteren Plan. In den nachfolgenden Aufrufen wird jetzt natürlich weiter die Indexsuche verwendet. Lassen Sie das Listing 15.58 (das mit dem großen Ergebnisbereich) noch einmal ablaufen, dann werden Sie feststellen, dass insgesamt ungefähr 190.000 Seiten gelesen werden müssen. Jetzt ist also die andere Abfrage benachteiligt. Die Tabellen-Scans wären etwas günstiger. Erweitern Sie den Ergebnisbereich noch stärker, indem Sie für den zweiten Parameter beispielsweise den Wert '31.12.2008' einsetzen, dann führt die Verwendung der Indexsuche zu einem wirklich katastrophalen Zugriffsverhalten. Es gibt auf einmal über 750.000 Seitenoperationen – gegenüber circa 20.000 bei den Tabellen-Scans. Das ist weniger als sub-optimal!

```
Abfrage 1: Abfragekosten (in Relation zum Batch): 100 %
SELECT ArticleID, Quantity, UnitPrice, Discount FROM Sales.Orders o

SELECT            Nested Loops              Index Seek (NonClustered)
Kosten: 0 %       (Inner Join)              [Orders].[IX_Orders_OrderDate] [o]
                  Kosten: 1 %               Kosten: 0 %

                                            Clustered Index Seek (Clustered)
                                            [OrderDetails].[PK_OrderDetails] [o...
                                            Kosten: 99 %
```

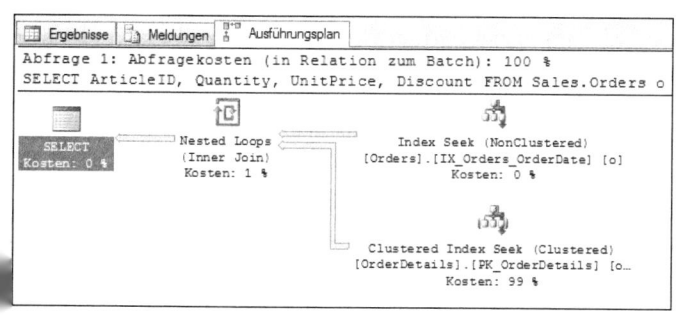

Abbildung 15.8 Ausführungsplan mit Indexsuche

Diese Experimente zeigen, dass der in der Regel nicht üppig große Geschwindigkeitsvorteil, der durch das Caching eines kompilierten Prozedurplans erzielt wird, zu fatalen Verlusten führt, wenn der Plan für die ausgeführten Abfragen nicht passend ist. Das Optimieren des Abfrageplans einer gespeicherten Prozedur auf der Grundlage der beim ersten Aufruf übergebenen Parameter bezeichnet man als *Parameter Sniffing*. Es gibt grundsätzlich zwei verschiedene Ansätze, dem durch unglückliches Parameter Sniffing entstehenden Nachteilen entgegenzuwirken. Eine subtile und eine Brut Force-Methode. Ich beginne mit der subtilen.

Mit SQL Server 2005 wurde ein neuer Query Hint eingeführt: *OPTIMIZE FOR*. Diese Option ermöglicht dem Entwickler die Angabe eines (seiner Meinung nach) möglichst typischen Wertes für eine lokale Variable beziehungsweise einen Parameter, die/der in einer Abfrage vorkommen. Egal, welche Werte tatsächlich übergeben werden, der Abfrageoptimierer legt immer den mittels *OPTIMIZE FOR* festgelegten Wert für seine Arbeit zugrunde. Als Beispiel dient wieder die Prozedur *Sales.spOrderDetailsGetByOrderDate*. Hier der interessante Ausschnitt:

```
...
SELECT
    ArticleID, Quantity, UnitPrice, Discount
FROM
    Sales.Orders o
INNER JOIN
    Sales.OrderDetails od
ON
    o.ID = od.OrderID
```

```
WHERE
    OrderDate BETWEEN @FromOrderDate AND @ToOrderDate
ORDER BY
    OrderDate
OPTION ( OPTIMIZE FOR (@FromOrderDate = '01.01.2006', @ToOrderDate = '31.01.2006') )
```

Listing 15.61 Die Beispielprozedur mit OPTIMIZE FOR-Query Hint

Das Spannende ist natürlich die letzte Zeile. Der Rest der Prozedur ändert sich nicht. Durch das *OPTIMIZE FOR* wird der Wertebereich, für den der Optimierer den Plan erstellen soll explizit auf *'01.01.2006'* bis *'31.01.2006'* festgelegt. Egal mit welchen Startparametern Sie diese Prozedur nun auch aufrufen, es wird immer der Abfragefrageplan unter Verwendung der Indexsuche generiert. Wie Sie gesehen haben, war dieser für einen eng gesetzten Wertebereich auch genau das Richtige. Diese Art der Optimierung unterstellt, dass die Abfrage in fast allen Fällen mit Argumenten versorgt wird, die den vorgeschlagenen typischen Werten ähneln. Ist das nicht gewährleistet, wie es bei unserer Beispielprozedur der Fall sein wird, dann muss eben doch auf die Brut Force-Variante zurückgegriffen werden. Diese wird im nächsten Abschnitt erläutert.

Erzwungene Rekompilierung gespeicherter Prozeduren

Das gerade vorgestellte Problem des Parameter Sniffings macht sehr anschaulich deutlich, dass ein ungünstiger Plan im Prozedurcache für deutliche Performanceeinbußen verantwortlich sein kann. Aber auch nicht parametrisierte Prozeduren können unter Umständen nicht optimal ausgeführt werden. Der Grund ist wiederum im statischen Ausführungsverhalten einer Prozedur nach der allerersten Ausführung zu suchen. Wann ändert sich überhaupt der Plan einer Prozedur im Cache? Dies ist in den folgenden Situationen der Fall:

- Die Prozedurdefinition wird durch das *ALTER*-Kommando neu in der Datenbank abgelegt
- Der Aufbau einer der in der Prozedur verwendeten Tabellen hat sich geändert
- Ein im Abfrageplan verwendeter Index wurde gelöscht
- Die Statistik für einen im Abfrageplan verwendeten Index wurde aktualisiert. Das passiert zum Beispiel bei der Neuerstellung eines Index.

Ein Plan, der sich im Prozedur-Cache befindet, kann im Laufe der Zeit veralten. Wird zum Beispiel der Datenbank ein Index *hinzugefügt*, um Zugriffe zu beschleunigen, so bekommen Prozeduren im Cache davon nichts mit. Für den Administrator einer von Ihnen entwickelten SQL Server-Applikation kann das ein verwirrendes Erlebnis sein. Der Neustart einer SQL Server-Instanz, um die Caches zu leeren, ist sicher im laufenden Betrieb keine gute Idee. Stattdessen könnte der Administrator den Befehl *DBCC FREEPROC-CACHE* verwenden, um den Prozedurcache neu zu initialisieren. Stellt sich nur die Frage, ob der Operator der Datenbank daran denkt, diese Aktion durchzuführen.

Als Programmierer können Sie dem entgegenwirken und gleichzeitig Probleme mit Parameter Sniffing vermeiden, indem Sie *CREATE PROCEDURE* zusammen mit der Option *WITH RECOMPILE* verwenden. Legen Sie eine gespeicherte Prozedur auf diese Art und Weise an, dann wird der Prozedurtext bei jedem Aufruf aufs Neue optimiert und kompiliert und der erzeugte Plan nicht im Cache vorgehalten. Dadurch kann der Abfrageplan jedes Mal an die übergebenen Parameter und die aktuelle Indexsituation in der Datenbank angepasst werden. In extremen Anwendungsfällen, wie Echtzeitapplikationen, müssen Sie als Entwickler beurteilen, ob Sie den durch das Rekompilieren resultierenden Zeitverlust in Kauf nehmen wollen. Die Beispielprozedur gestaltet sich unter Verwendung von *WITH RECOMPILE* folgendermaßen:

```
CREATE PROC Sales.spOrderDetailsGetByOrderDate
   @FromOrderDate date,
   @ToOrderDate date
WITH RECOMPILE
AS
...
```

Listing 15.62 Prozedurdefinition mit RECOMPILE-Option

Möchten Sie bei einer umfangreichen gespeicherten Prozedur vermeiden, dass der *komplette* Prozedurtext bei jeder Ausführung neu kompiliert wird, dann können Sie das *RECOMPILE* auch auf Abfrageebene verwenden. Damit werden dann nur kritische Abschnitte neu kompiliert. So sieht das in der letzten Version der Beispielprozedur aus (wieder im Ausschnitt):

```
...
AS
WHERE
   OrderDate BETWEEN @FromOrderDate AND @ToOrderDate
ORDER BY
   OrderDate
OPTION ( RECOMPILE )
```

Listing 15.63 Rekompilierung auf Abfrageebene

In T-SQL haben Sie zusätzlich die Möglichkeit, beim Aufruf einer Prozedur deren Rekompilierung zu erzwingen. Dazu verwenden Sie *EXECUTE* mit der *RECOMPILE*-Option.

```
EXEC Sales.spOrderDetailsGetByOrderDate '01.01.2006', '31.01.2006' WITH RECOMPILE
```

Listing 15.64 Aufruf mit Rekompilierung

Zu guter Letzt gibt es als weitere Möglichkeiten noch das explizite Anfordern einer Neukompilierung über die Systemprozedur *sp_recompile*. In »üblichen« Datenbankanwendungen spielen diese Varianten allerdings keine Rolle.

Spezielle Prozeduren für Datenschnittstellen

Wenn Sie die Kommunikation eines Clients mit dem SQL Server im Profiler überwachen, dann können Sie feststellen, dass in manchen Fällen gar nicht T-SQL-Befehle im Klartext ausgeführt werden, sondern eine Menge Aufrufe von Systemprozeduren von statten gehen. Der Grund dafür ist darin zu sehen, dass Client-Schnittstellen wie der SQL Server Native Client, OLEDB oder ODBC und vor allen Dingen die darüber liegenden Datenzugriffs-Bibliotheken sich in bestimmten Situationen spezieller API-Prozeduren bedienen, um auf den Server zuzugreifen. Sehr häufig sehen Sie so ein Verhalten, wenn eine Applikation für einen anderen Datenserver geschrieben wurde und nun auf dem SQL Server läuft. In ADO.NET kann man so ein Verhalten erzwingen, indem man die Methode *Prepare* eines SQL Command-Objekts für eine parametrisierte Abfrage verwendet. In diesem Fall wird der SQL-Befehlstext nicht direkt ausgeführt, sondern zunächst einmal auf dem Server *vorbereitet*. Die im *Commandtext* enthaltene Befehlsfolge wird dabei optimiert, kompiliert und im Cache vorgehalten. Anschließend erhält der Client ein Handle für den im Speicher liegenden Ausführungsplan. Wird das Kommando erneut via *ExecuteNonQuery* aufgerufen, dann kann der Provider über dieses Handle direkt auf das vorbereitete Kommando zugreifen und alle ansonsten ablaufenden Schritte des SQL Server werden ignoriert.

Die These hinter diesem Vorgehen ist, dass sich auf diese Weise Batch-Operationen, Schleifen und Cursor effizienter abarbeiten lassen, weil häufige aufeinander folgende Kompilierungen vermieden werden. Für SQL Server 2005 spielt dies allerdings keine so große Rolle mehr, da das automatische T-SQL-Caching in den allermeisten Situationen überflüssige Kompilierungen verhindert. SQL Server führt ein Matching eingehender Befehle gegen Ausführungspläne im Speicher durch und findet, gerade bei schnell nacheinander eintreffenden Kommandos, den Plan im Cache. Nichtsdestotrotz ist die Möglichkeit der Präparierung von SQL Befehlen auch in den OLE DB-Provider des Native Client eingebaut worden und kann vom Programmierer eingesetzt werden. Da die Vorbereitung eines Befehles zusätzliche Zeit in Anspruch nimmt, sollten Sie das Verhalten Ihrer Anwendung gut testen, um herauszufinden, ob sich der Einsatz der Methode *Prepare* wirklich lohnt.

SQL Server stellt drei API-Systemprozeduren zur Verfügung, die das gerade beschriebene Prepare/Execute-Verfahren unterstützen. Mit *sp_prepare* wird eine Abfrage auf dem Server vorbereitet, *sp_execute* führt diese aus und *sp_unprepare* entfernt den Ausführungsplan wieder aus dem Cache. Wohlgemerkt: Diese Prozeduren sind nicht dafür gedacht, dass ein Entwickler sie direkt verwendet – sie stellen standardisierte Funktionen des Servers für Datenprovider dar.

Tatsächlich gibt es noch eine weitere Systemprozedur, die einen ähnlichen Ansatz verfolgt und sich sehr wohl an Programmierer richtet. Ihr Name ist *sp_executesql*. Mit *sp_exeutesql* wird ein Weg eingeschlagen, der irgendwo zwischen dem automatischen Ad-hoc-Caching und der Verwendung gespeicherter Prozeduren liegt. Dies ist die Syntaxbeschreibung für den Aufruf der Prozedur:

```
sp_executesql
[ @stmt = ] stmt
[
    {, [@params=] N'@parameter_name data_type [ [ OUT [ PUT ][,...n]' }
    {, [ @param1 = ] 'value1' [ ,...n ] }
]
```

An *sp_executesql* wird ein Unicode-String übergeben, der einen T-SQL-Batch enthält. Da die SQL-Befehlsfolge parametrisiert sein kann, ist es optional möglich, eine Parameterliste zu übergeben. Die Prozedur wird sinnvollerweise dann eingesetzt, wenn es viele Aufrufe des immer gleichen Batches mit unterschiedlichen Parametern gibt (und wenn dafür keine gespeicherte Prozedur existiert). Im Gegensatz zum Prepare/Execute-Modell wird nur eine einzelne Systemprozedur verwendet, was bedeutet, dass in aufeinander folgenden Aufrufen der SQL-Text immer wieder aufs Neue zum Server geschickt wird. Wenn alles gut geht, wird aber auch hier der SQL-Text nur ein Mal ausgewertet und dann als Ausführungsplan im Cache gehalten. Die Systemprozedur *sp_executesql* kann in Client-Umgebungen zum Einsatz kommen, die das Prepare/Execute-Modell nicht unterstützen. Ein anderes Anwendungsgebiet ist übrigens das Arbeiten mit dynamischen SQL-Befehlen in der serverseitigen T-SQL-Programmierung. Dieses wird durch die Verwendung von *sp_executesql* anstelle von *EXECUTE* etwas performanter, da unter anderem das implizite Konvertieren von Datentypen (der Parameter) wegfällt.

Systemprozeduren und erweiterte gespeicherte Prozeduren

Die von Ihnen selbst angelegten gespeicherten Prozeduren werden im SQL Server-Jargon auch als *benutzerdefinierte Prozeduren* bezeichnet. Sie sind immer Bestandteil der von Ihnen bearbeiteten Datenbank. Jede SQL Server-Installation bringt zusätzlich eine umfangreiche Anzahl vordefinierter Systemprozeduren mit, die von Administratoren oder Programmierern für Verwaltungsaufgaben genutzt werden können. Diese Prozeduren sind in den Systemdatenbanken *master* und *msdb* hinterlegt und gehören in der Regel zum Schema *sys*. Sie können ohne weiteres in jeder beliebigen Benutzerdatenbank genutzt werden. Die Namen der Systemprozeduren beginnen mit der Zeichenfolge »sp_«. Es gilt: Prozeduren, die in der *master*-Datenbank angelegt werden und deren Name mit »sp_« beginnt, werden in jeder Benutzerdatenbank gefunden. Sie können eine Menge über den inneren Aufbau des SQL Server und dessen systemnaher Programmierung lernen, indem Sie den Aufbau der Systemfunktionen untersuchen. Die T-SQL-Texte liegen unverschlüsselt vor und können unter anderem im Management Studio betrachtet werden.

Der Vollständigkeit halber soll zum Abschluss dieses Kapitels noch kurz eine Variante gespeicherter Prozeduren erwähnt werden, die man als erweiterte gespeicherte Prozeduren bezeichnet und denen man in älteren Versionen von SQL Server vor allen Dingen in Form von Systemprozeduren begegnen konnte. Sie werden bei der Beschäftigung mit SQL Server hin und wieder auf diesen Begriff stoßen. Daher an dieser Stelle eine kurze Erläuterung: Erweiterte gespeicherte Prozeduren sind nicht in Transact-SQL programmiert und liegen auch nicht als Methoden von Assemblys vor, sondern werden als COM-Komponenten realisiert. Mit anderen Worten: Es wird eine DLL, zum Beispiel in C++ programmiert, die Methoden enthält, welche dem SQL Server als gespeicherte Prozeduren zur Verfügung gestellt werden sollen. Durch die Systemprozedur *sp_addextendedproc* können Methoden einer DLL, die entsprechend implementiert wurden, in einer Datenbank registriert werden. Es wird sozusagen ein T-SQL-Aufrufwrapper um die COM-Schnittstellen gelegt.

Während Sie als Entwickler wohl kaum auf die Idee kommen werden, eine erweiterte gespeicherte Prozedur zu programmieren, so gibt es in SQL Server 2008 doch immer noch einige davon für Systemaufgaben. Sie finden diese im Ordner *Erweiterte gespeicherte Prozeduren* unter *Programmierbarkeit* in der *master*-Datenbank. Die *master*-Datenbank ist die einzige Datenbank, die über diesen speziellen Ordner verfügt.

Ein Beispiel stellt die Prozedur *xp_sendmail* dar. Mit dieser kann man aus T-SQL heraus via MAPI-Schnittstelle eine E-Mail schicken. Ein einfacher Aufruf sieht folgendermaßen aus:

```
EXEC master..xp_sendmail 'gurban@thecampus.de', 'Eine Testnachricht'
```

Genau wie die anderen erweiterten gespeicherten Systemprozeduren ist *xp_sendmail* vor allen Dingen aus Gründen der Abwärtskompatibilität zu früheren Versionen in SQL Server enthalten. Die aktuelle Variante heißt übrigens *sp_send_dbmail* und verwendet die Datenbankmail-Funktion des Servers.

Lassen Sie sich in der SQL Server Version 2005 die Eigenschaften einer erweiterten gespeicherten Prozedur anzeigen, dann wird Ihnen die DLL präsentiert, über welche die Prozedur realisiert ist. Weitere Informationen zur Implementierung bekommen Sie allerdings nicht zu sehen. In SQL Server 2008 funktioniert das Anzeigen der DLL inzwischen nicht mehr. Erweiterte gespeicherte Prozeduren befinden sich eindeutig auf einem sterbendem Entwicklungsast.

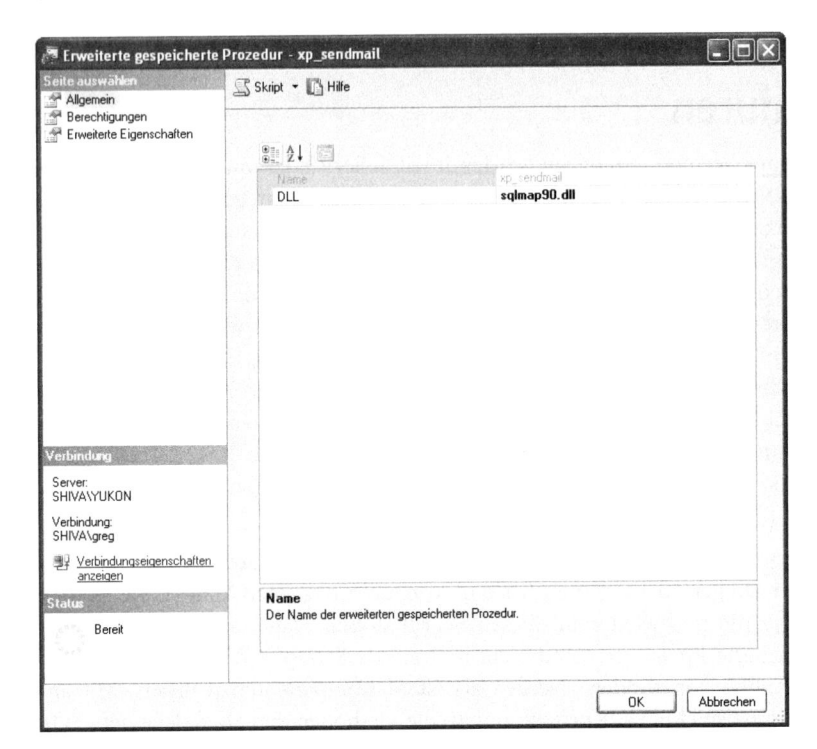

Abbildung 15.9 Eigenschaftenseite einer erweiterten gespeicherte Systemprozedur

Da Sie erweiterte gespeicherte Prozeduren in Ihrer Programmierung unbedingt vermeiden sollten und mit .NET-basierten Prozeduren einen mehr als guten Ersatz dafür haben, gehe ich an dieser Stelle *nicht* auf das Anlegen einer solchen Prozedur ein. Möchten Sie wider Erwarten eine XP anlegen, dann hilft Ihnen die Online Dokumentation weiter.

HINWEIS Mit SQL Server 2008 wurden erweiterte gespeicherte Prozeduren abgekündigt und sollten auch aus diesem Grund vermieden werden.

Kapitel 16

Benutzerdefinierte Funktionen

In diesem Kapitel:
Einsatz benutzerdefinierter Funktionen	602
Skalarwertfunktionen	604
Inline-Funktionen	608
Tabellenwertfunktionen mit mehreren Anweisungen	610
Tabellenwertige Parameter	613
Performance-Überlegungen	614

Einsatz benutzerdefinierter Funktionen

Funktionen kennen Sie natürlich aus Ihrer Lieblings-Programmiersprache, in der Sie normalerweise Ihre Applikationen schreiben. Auch in einer relationalen Datenbanksprache ist der Einsatz von Funktionen sinnvoll, nur dass hier auf natürliche Weise neben den SQL-Basis-Datentypen auch Tabellen als Ergebnisse geliefert werden müssen und sich Funktionen, die in der Programmiersprache T-SQL formuliert sind, in das relationale Konzept integrieren müssen.

Benutzerdefinierte Funktionen in T-SQL

Eine Funktion, die in SQL Server nicht von vornherein vom System bereitgestellt wird, bezeichnet man als *benutzerdefinierte Funktion (User Defined Function – UDF)*. Erstaunlicherweise wurden benutzerdefinierten Funktionen erst mit SQL Server 2000 eingeführt und sind seit der Version 2005 nun noch besser in Transact-SQL integriert, speziell durch den *CROSS APPLY*-Operator, der es gestattet, Funktionen, die ein tabellarisches Ergebnis liefern, in eine *JOIN*-Konstruktion einzubauen.

Benutzerdefinierte Funktionen kommen in SQL Server 2008 in verschiedenen »Geschmacksrichtungen« vor. Die erste Variante ähnelt den Funktionen, die Sie in Kapitel 11 bereits kennen gelernt haben (da ging es um T-SQL als Programmiersprache). Dabei handelt es sich um Funktionen, die exakt einen einzelnen Wert zurückliefern und daher als *Skalarwertfunktionen* bezeichnet werden. Die beiden anderen Varianten liefern jeweils komplette Tabellen – genauer: Rowsets (also virtuelle Tabellen) – als Ergebnis. Es handelt sich bei diesen, je nach Art Ihrer Realisierung, um die sehr einfach aufgebauten *Inline-Funktionen* oder die beliebig komplex aufgebauten *Tabellenwertfunktionen*. Genau wie gespeicherte Prozeduren können Sie benutzerdefinierte Funktionen direkt in T-SQL schreiben oder .NET-Assemblys dafür verwenden.

Bevor es nun ans »Eingemachte« geht, möchte ich Ihnen noch ein paar Beispiele dafür liefern, wie Sie benutzerdefinierte Funktionen in Ihrer Transact-SQL-Entwicklung sinnvoll einsetzen können.

- **Wiederkehrende Berechnungen in der T-SQL-Programmierung** Ähnlich, wie Sie in einer Programmiersprache wie VB.NET eigene Funktionen über das Schlüsselwort *Function* definieren können, um sich wiederholende Berechnungen durchzuführen, ist dies auch in T-SQL möglich. Es lassen sich in einer SQL Server-Datenbank Funktionen mittels *CREATE FUNCTION* anlegen, die dann in T-SQL-Skripten und Prozeduren immer wieder verwendet werden können.

- **Einschränkungen und Standardwerte** Check-Constraints und Defaults für Tabellen können Sie unter Einsatz von Skalarwertfunktionen definieren

- **Berechnungen in SQL-Kommandos** Auch in einzelnen »klassischen« SQL-Kommandos wie *SELECT*, *INSERT*, *UPDATE* und *DELETE* lassen sich benutzerdefinierte Funktionen einsetzen. Beispielsweise kann eine benutzerdefinierte Funktion in einer *SELECT*-Liste verwendet werden, um über einen Ausdruck ein zusätzliches berechnetes Feld zu erstellen. In einem *UPDATE* oder *INSERT* lässt sich ein neuer Feldinhalt berechnen, in einem *DELETE* kann eine benutzerdefinierte Funktion in die *WHERE*-Klausel eingebaut werden (das gilt natürlich auch für die anderen SQL-Befehle, die eine *WHERE*-Klausel ermöglichen).

- **Rückgabe einzelner Ergebnisse an den Client** Über eine benutzerdefinierte Funktion lassen sich skalare berechnete Werte vom Datenbankserver abholen und in ADO.NET auswerten. Das geht zwar prinzipiell auch mittels gespeicherter Prozeduren und zwar über die Verwendung des Transact-SQL Schlüsselwortes *RETURN* – allerdings ist die Verwendung einer Funktion für diese Aufgabenstellung konzeptionell sauberer und »guter Programmierstil«.

- **Erstellung parametrisierter Sichten**   SQL Server-Sichten sind sehr praktisch, haben aber den Nachteil, dass man keine Parameter an diese übergeben kann. Eine benutzerdefinierte Inline-Funktion ermöglicht jedoch genau dies: die Rückgabe einer Ergebnismenge auf der Basis einer *SELECT*-Abfrage, welche entweder in der *SELECT*-Liste oder in der *WHERE*-Klausel Parameter enthält. Dadurch können auf dem Server hinterlegte Abfragen sehr viel dynamischer eingesetzt werden.

- **Funktionen als Datenquellen in einer FROM-Klausel**   Die benutzerdefinierten SQL Server-Tabellenwertfunktionen ermöglichen eine Arbeitsweise, die so einfach mit gespeicherten Prozeduren nicht machbar ist. Sie können eine Tabellenwertfunktion an Stellen einsetzen, wo auch die Verwendung einer Tabelle oder Sicht denkbar ist. Dies sind beispielsweise die *FROM*-Klauseln eines *SELECT*- oder *UPDATE*-Befehls.

- **Funktionen als Partner in einem JOIN**   SQL Server erlaubt die Verwendung von parametrisierten Tabellenfunktionen auch in einer Verknüpfungsoperation – allerdings muss dazu der neue *APPLY*-Operator eingesetzt werden. Dadurch können Sie die Ergebnisse von umfangreichen Abfragen, die in Funktionen gekapselt sind, direkt mit weiteren Tabellen verknüpfen, ohne auf Hilfsmittel wie temporäre Tabellen zurückgreifen zu müssen. Ihr Transact-SQL-Code wird dadurch kürzer und aufgeräumter.

Für verschiedene Aufgabenstellungen lassen sich sowohl Funktionen als auch Prozeduren einsetzen. Ihnen bleibt dann als Entwickler selbst die Wahl zwischen den beiden Möglichkeiten. Programmierer, die schon lange mit SQL Server arbeiten, werden die gewohnte Prozedur-Variante verwenden, andere die Rowset-Funktionen. In Bezug auf die Ausführungsgeschwindigkeit werden Sie keine Unterschiede feststellen. Prozeduren haben in der Entwicklungsumgebung die Nase vorn, weil nur sie durch die Debugger unterstützt werden. Notfalls müssen Sie aus einer Funktion temporär eine gespeicherte Prozedur machen und können dann mit dem Kontextbefehl *Einzelschritt in gespeicherte Prozedur* das Debugging starten, wie ich es im Kapitel über die serverseitigen Prozeduren (Kapitel 15) beschrieben habe.

Viele Dinge, die Sie in den letzten Kapiteln über gespeicherte Prozeduren und Sichten kennen gelernt haben, lassen sich auch auf die benutzerdefinierten Funktionen übertragen. Dies betrifft sowohl die Rechteverwaltung, wie auch das Abspeichern der Funktionen in die SQL Server-Systemtabellen inklusive dem Verbergen des ursprünglichen SQL-Textes mit der Option *WITH ENCRYPTION*.

In den folgenden Abschnitten dieses Kapitels stelle ich zunächst einmal vor, wie Sie benutzerdefinierte Funktionen in den Entwicklungsumgebungen anlegen. Anschließend lernen Sie die drei Funktionsvarianten ausführlich in T-SQL kennen. Neben den Syntaxbeschreibungen und Hinweisen zum Erstellen werden auch hier wieder praktische Einsatzmöglichkeiten am Beispiel der *netShop*-Datenbank vorgestellt. Abschließend folgen Hinweise zu Performance-Fallen bei benutzerdefinierten Funktionen.

Benutzerdefinierte Funktionen im SQL Server Management Studio anlegen

Benutzerdefinierte Funktionen können Sie im Management Studio oder im Visual Studio anlegen. Im Bezug auf den Komfort unterscheiden sich diese beiden Möglichkeiten kaum. Den fehlenden Debugger in beiden Werkzeugen habe ich schon angesprochen. Das SQL Server Management Studio macht es Ihnen leicht, mit benutzerdefinierten Funktionen umzugehen. Im Ordner *Programmierbarkeit/Funktionen* des Objektbaums einer Datenbank finden Sie Unterordner für die verschiedenen Funktionskategorien. Um die Systemfunktionen müssen Sie sich nicht kümmern. Hier liegen die vordefinierten Funktionen von SQL Server fein sortiert in Abteilungen wie *Aggregatfunktionen, Datums- und Zeitfunktionen, Stringfunktionen* und so weiter. Ihre selbstgeschriebenen Funktionen landen in den drei übrigen Ordnern. Die Inline- und Rowset-

Funktionen werden dabei gemeinsam im Ordner *Tabellenwertfunktionen* abgelegt. *Aggregatfunktionen* – dies ist die Bezeichnung des vierten und letzten Ordners – können Sie mit Transact-SQL nicht selbst definieren. Dazu müssen Sie auf die .NET-Programmierung von SQL Server ausweichen, wie das im dritten Teil dieses Buchs beschrieben wird. In diesem Ordner landen Aggregatfunktionen, die Sie per Assembly in SQL Server importiert haben. In T-SQL selbstgemachte Aggregatfunktionen kennt SQL Server also nicht.

Um beispielsweise eine eigene Inline-Funktion zu definieren, wählen Sie aus dem Kontextmenü des Ordners Tabellenwertfunktionen den Befehl *Neue Inline-Tabellenwertfunktion* aus. Dadurch wird eine neue Abfrage in Ihrem Projekt angelegt, welche die entsprechende T-SQL-Schablone enthält. Damit sind Kopf und Rumpf der Funktion bereits vordefiniert. Alternativ können Sie natürlich den Schablonen-Explorer verwenden. Mutige schreiben den Code einfach selbst! Gerade bei der Erstellung von Inline-Funktionen ist übrigens der Abfragedesigner des T-SQL-Editors sehr nützlich, da diese im Wesentlichen aus einem einzelnen *SELECT*-Kommando bestehen.

> **HINWEIS** Die Syntax für die drei verschiedenen Arten Benutzerdefinierter Funktionen ist zum Teil nicht sehr eingängig und schlecht zu merken. Denken Sie daran, dass Ihnen im Management Studio der *Vorlagen-Explorer* zur Verfügung steht, der Ihnen für das Anlegen einer Funktion die passende Schablone zur Verfügung stellen kann. Den Vorlagen-Explorer blenden Sie über *Ansicht / Vorlagen-Explorer* ein oder Sie verwenden den Shortcut Strg+Alt+T. In Kapitel 6 (»Werkzeuge für T-SQL-Entwickler«) erfahren Sie näheres zur Arbeit mit dem Vorlagen-Explorer.

Skalarwertfunktionen

Eine Skalarwertfunktion entspricht am ehesten dem, was ein Programmierer in einer prozeduralen Sprache normalerweise unter dem Begriff einer *Funktion* versteht. Mit diesem Funktionstyp wird auf der Grundlage übergebener Parameterwerte ein einzelner Wert (das Skalar) berechnet und an den aufrufenden Ausdruck zurückgegeben. Da T-SQL bis jetzt leider keine komplexen Datentypen wie Records, Structures oder Arrays unterstützt, entspricht der Typ dieses Skalarwerts einem der T-SQL Basisdatentypen. Ausgeschlossen sind als Rückgabewert die Datentypen *timestamp*, *cursor* und *table*. Erlaubt dagegen CLR-basierte Benutzerdatentypen.

Einfache Beispiele für Skalarwertfunktionen finden sich unter den vordefinierten Funktionen in T-SQL zuhauf. Das folgende Beispiel demonstriert den Aufruf einer skalaren Funktion in der *SELECT*-Liste einer Abfrage.

```
SELECT
    DATEDIFF(dd, OrderDate, ShippingDate ) AS DaysToDelivery
FROM
    Sales.Orders
```

Listing 16.1 Skalarfunktion in einer SELECT-Liste

Die eingebaute Funktion *DATEDIFF* wird hier benutzt, um die Zeitdifferenz zwischen Auftragseingang und Lieferdatum zu berechnen. Skalare Funktionen können überall dort eingesetzt werden, wo in einem T-SQL-Ausdruck die Angabe eines einzelnen Wertes erlaubt ist: bei einer Variablenzuweisung, in der *SELECT*-Liste als Parameter einer Prozedur oder in einer *WHERE*-Klausel. Also unter anderem leider nicht in einer *ORDER BY*-Klausel und an anderen nützlichen Stellen, weil hier nur Konstanten erlaubt sind.

Eine benutzerdefinierte Skalarfunktion legen Sie so an, wie es das folgende Beispiel demonstriert. Es dient der Berechnung eines Brutto-Preises aus dem Netto-Preis und einem Mehrwertsteuersatz:

Skalarwertfunktionen

```sql
CREATE FUNCTION Products.fnGrossPrice
(
    @netPrice money,
    @vat decimal(3,1) = 19
)
RETURNS
    money
AS
BEGIN
    RETURN @netPrice * (1 + @vat / 100)
END
```

Listing 16.2 Anlegen einer Skalarwertfunktion

Im Großen und Ganzen ähnelt der Aufbau einer Funktion recht stark dem einer gespeicherten Prozedur. Es gibt jedoch feine Unterschiede. Der erste betrifft die Parameterliste: Diese muss im Rahmen einer Funktionsdefinition in runde Klammern eingeschlossen werden. Sämtliche Parameter sind Eingabeparameter, das Schlüsselwort *OUTPUT* ist nicht gestattet. Die einzig mögliche Ausgabe ist der Rückgabewert der Funktion. Standardwerte dagegen sind, wie im Beispiel zu sehen, durchaus erlaubt. Über das Schlüsselwort *RETURNS*, das auf die Parameterliste folgt, legen Sie fest, welchen Datentyp der Rückgabewert Ihrer Funktion besitzen soll. Den Programmtext zur Berechnung des Funktionsergebnisses bringen Sie anschließend zwischen einem *BEGIN* und *END* unter. Der T-SQL-Code kann im Prinzip beliebig lang sein. Wichtig ist, dass als letzter Befehl in einer Funktionsdefinition das Schlüsselwort *RETURN* verwendet werden *muss*, damit ein Ergebnis zurückgeliefert wird. Sie können das *RETURN* tatsächlich an keiner anderen Stelle unterbringen, sodass Sie eventuell zu einer Variablen zur Zwischenspeicherung von Werten greifen müssen, die am Ende dem *RETURN* übergeben wird. Dies könnte dann so aussehen:

```sql
ALTER FUNCTION Products.fnGrossPrice
(
    @netPrice money,
    @vat decimal(2,2) = .19
)
RETURNS
    money
AS
    BEGIN
        DECLARE @result money
        IF @vat < 0
            SET @result = 0
        ELSE
            SET @result = @netPrice * (1 + @vat)
        RETURN @result
```

Listing 16.3 Erweiterte skalare Funktion

Recht nahe liegend wäre ja die folgende Formulierung, die weniger aufwändig als die gerade gezeigte daherkommt und mehr den üblichen Programmierer-Erwartungen entspricht:

```sql
...
IF @vat < 0
    RETURN 0
ELSE
    RETURN @netPrice * (1 + @vat)
```

Die T-SQL-Syntax lässt dies jedoch nicht zu und das Anlegen der Funktion endet mit einer Fehlermeldung. Es gibt noch weitere Besonderheiten, die Sie beim Programmieren von Funktionen beachten müssen, darunter zwei besonders wichtige: Der Befehl *RAISERROR* darf innerhalb einer Funktion nicht eingesetzt werden. Eine Funktionsdefinition, die *RAISERROR* enthält, wird von SQL Server nicht verarbeitet. Die zweite Einschränkung bezieht sich auf den Einsatz von gespeicherten Prozeduren innerhalb einer Funktion. Dies ist problemlos möglich, allerdings werden von der Prozedur generierte Ergebnismengen nicht an den Client durchgereicht. Hier wird ein wichtiges Prinzip von Funktionen klar und kompromisslos in T-SQL umgesetzt. Die Ausgabe des Funktionsergebnisses erfolgt ausschließlich über das *RETURN*-Kommando. Es werden keine Meldungen zurückgeliefert, es gibt keine Ausgabeparameter und keine Ergebnismengen. Gespeicherte Prozeduren haben wir da als etwas großzügiger (sprich: flexibler) kennen gelernt. Gut ist natürlich, dass Seiteneffekte vermieden werden.

Die allgemeine Transact-SQL-Syntax für das Anlegen eigener Skalarwertfunktionen stellt sich wie folgt dar:

```
CREATE FUNCTION [ owner_name. ] function_name
  ( [ { @parameter_name [AS] scalar_parameter_data_type [ = default ] }
    [ ,...n ] ] )
RETURNS scalar_return_data_type
[ WITH < function_option> [ [,] ...n] ]
[ AS ]
BEGIN
  function_body
  RETURN scalar_expression
END
```

Beim Aufruf selbst definierter Funktionen ist eine Besonderheit zu beachten: Es reicht nicht aus, den Funktionsnamen anzugeben. Es muss immer auch dasjenige Schema, in dem die Funktion enthalten ist, als Präfix mit angegeben werden. Ein Testaufruf der Beispielfunktion sieht damit so aus:

```
SELECT Products.fnGrossPrice ( 200, .19)
```

Listing 16.4 Aufruf einer benutzerdefinierten Funktion

Die Parameter einer benutzerdefinierten Funktion, die in einer *SELECT*-Liste eingesetzt wird, können direkt aus den Spalten der Abfrage gefüttert werden. Im folgenden T-SQL-Beispiel werden die Daten der Artikeltabelle der *netShop*-Datenbank ausgegeben und über die Funktion *grossPrice* in einer zusätzlichen Spalte der Bruttopreis:

```
SELECT
    Code, [Name], Price, Tax,
    Products.fnGrossPrice(Price, Tax) AS GrossPrice
FROM
    Products.Articles
ORDER BY
    Code
```

Listing 16.5 Benutzerdefinierte Funktion in SELECT-Liste

So in etwa sehen die ersten Zeilen des Ergebnisses aus:

```
Code   Name          Price  Tax   GrossPrice
-----  ------------  -----  ----  ----------
00001  Artischocken  20,00  0.07  20,02
00002  Auberginen    30,00  0.07  30,03
00003  Avocados      30,00  0.07  30,03
```

Eine wunderbare Einsatzmöglichkeit für selbst geschriebene Skalarwertfunktionen ist das Berechnen von aggregierten Werten aus den Inhalten einer Datenbank. Die benutzerdefinierte Funktion *TurnOverForCustomer* berechnet den Brutto-Umsatz aus den Bestellungen zu einem bestimmten Kunden.

```
CREATE FUNCTION Sales.fnTurnOverForCustomer
    (@ID int)
RETURNS money
AS
BEGIN
   RETURN
   (
     SELECT SUM (Quantity * dbo.GrossPrice(UnitPrice, Tax))
     FROM Orders o
     INNER JOIN Sales.OrderDetails od
     ON o.ID = od.OrderID
     WHERE CustomerID = @ID
   )
END
```

Listing 16.6 Funktion zur Berechnung des Kundenumsatzes

Dieser Funktion wird der eindeutige Schlüssel *ID* eines Kunden aus der *netShop*-Datenbank übergeben. Die Berechnung des *RETURN*-Wertes erfolgt über ein einzelnes Sub-*SELECT*. Wie man sieht, ist es problemlos möglich, den Aufruf einer weiteren benutzerdefinierten Funktion in die Definition zu verschachteln. Eine Abfrage, welche die neue Funktion nutzt, um zusätzlich zu den Kundendaten die Umsätze mit auszugeben, sieht so aus:

```
SELECT
    Code, Name_2, City, Sales.fnTurnOverForCustomer(ID) AS TurnOver
FROM
    Sales.Customers
```

Listing 16.7 Einsatz in SELECT-Liste

Auch Funktionen für globale Berechnungen lassen sich sinnvoll einsetzen. Für Auswertungen in der *netShop*-Datenbank wird eine Funktion eingesetzt, die den mittleren Kundenumsatz aus den Datensätzen der *OrdersDetails*-Tabelle berechnet. Sie hat das folgende Aussehen:

```
CREATE FUNCTION Sales.fnAverageTurnOver
    ()
RETURNS money
AS
BEGIN
   RETURN
   (
       SELECT AVG (Quantity * dbo.GrossPrice(UnitPrice, Tax))
       FROM Sales.OrderDetails
   )
END
```

Listing 16.8 Funktion zur Berechnung des mittleren Kundenumsatzes

Diese Funktion berechnet den Brutto-Durchschnittsumsatz über sämtliche Bestellpositionen hinweg. Daher wird kein Parameter benötigt. Dennoch müssen die runden Klammern der Parameterliste angegeben werden, damit der *CREATE*-Befehl ohne Fehlermeldungen durch den Syntax-Checker läuft. Auch beim Aufruf kann auf die Klammern nicht verzichtet werden, wie das nächste Beispiel demonstriert. Durch diesen T-SQL-Text wird für einen Kunden untersucht, ob sein Umsatz über dem Durchschnitt liegt und eine entsprechende Meldung ausgegeben.

```
IF Sales.fnTurnOverForCustomer(1) > Sales.fnAverageTurnOver()
   PRINT 'Kunde liegt über dem Durchschnitt'
ELSE
 PRINT 'Kunde liegt unter dem Durchschnitt'
```

Listing 16.9 Anwendung der Funktionen für ein *Kunden-Ranking*

Das Ändern und Löschen von benutzerdefinierten Funktionen erfolgt über die inzwischen gut bekannten SQL-Kommandos *ALTER* und *DELETE*. Da dies ganz analog zum Vorgehen bei Sichten und Prozeduren verläuft, werde ich es hier nicht weiter erläutern.

Inline-Funktionen

Eine Inline-Funktion ist die einfachste Variante einer tabellenwertigen Funktion. Mit dem folgenden Programmtext wird eine einfache Inline-Funktion in einer Datenbank angelegt:

```
CREATE FUNCTION dbo.CustomerAddress
   ( @CustomerCode varchar(50) )
RETURNS TABLE
AS
RETURN
(
   SELECT Code, Name_2 AS LastName, Name_1 AS FirstName, Address, PostalCode, City
   FROM Customers
   WHERE Code = @CustomerCode
)
```

Listing 16.10 Einfache Inline-Funktion

Inline-Funktionen können Sie überall dort einsetzen, wo Tabellen (präziser: Rowsets) erlaubt sind, also vor allen Dingen in *FROM*-Klauseln. Dies stellt einen großer Vorteil gegenüber den gespeicherten Prozeduren dar und ist ein wichtiger Grund für die Verwendung von Inline-Funktionen, beziehungsweise Tabellenwertfunktionen im Allgemeinen. Der einzige T-SQL-Befehl, der eine *gespeicherte Prozedur* als Rowset-Herkunft verkraftet, ist der *INSERT*-Befehl in der Form: *INSERT tabname EXECUTE procedure*. Prozeduren sind in der Serverprogrammierung als Datenherkunft also nicht gerade flexibel einsetzbar. Die Beispielfunktion aus Listing 16.10 kann man dagegen auch in Verbindung mit einem *SELECT* verwenden, wie es das nachfolgende Skript zeigt. Die Funktion *CustomerAddress* wird über die Server-Variable *@CustomerCode* mit einem Argument versorgt und liefert in der *FROM*-Klausel die Adressdaten des passenden Kunden.

```
DECLARE @CustomerCode varchar(10)
SET @CustomerCode = '0000030'

SELECT
```

```
    *
FROM
   Sales.fnCustomerAddress(@CustomerCode)
```

Listing 16.11 Aufruf einer Inline-Funktion

Die T-SQL-Syntax für das Anlegen einer Inline-Funktion ist recht unkompliziert.

```
CREATE FUNCTION function_name
    ( [ { @parameter_name [AS] scalar_parameter_data_type
        [ =default ] } [ ,...n ] ] )
RETURNS TABLE
[ WITH < function_option> [ [,] ...n] ]
[ AS ]
RETURN [ ( ] select-stmt [ ) ]
```

Hier taucht der Datentyp *table* auf, den wir für den RETURN-Befehl einer Skalarwertfunktion ganz ausdrücklich ausgeschlossen hatten. Der Datentyp *table* wird immer dort verwendet, wo eine Variable oder ein RETURN-Parameter den Inhalt einer kompletten Tabelle enthalten soll. Es handelt sich natürlich um eine virtuelle Tabelle, da diese nur temporär im Speicher des SQL Servers erzeugt wird und das Ergebnis einer Abfrage, einer Sicht oder einer gespeicherten Prozedur sein kann. Da das Ergebnis einer Inline-Funktion eine Menge von Datenzeilen einer virtuellen Tabelle darstellt, spricht man hier von einem Rowset beziehungsweise einer Rowset-Funktion

Inline-Funktionen sind eine hervorragende Alternative zu Sichten, die bekanntlich keine Parameter enthalten können. Inline-Funktionen *sind* tatsächlich parametrisierte Sichten. Die Inline-Funktion aus dem folgenden *netShop*-Beispiel ist als Grundlage für eine Monatsauswertung der Umsätze gedacht. Die Umsätze werden pro Jahr und Monat zusammengefasst. Über die Parameter werden Anfangsmonat und -jahr sowie Endmonat und -jahr der Auswertung festgelegt.

```
CREATE FUNCTION Sales.fnTurnOverByMonth
(
    @StartMonth AS int,
    @StartYear AS int,
    @EndMonth AS int,
    @EndYear AS int
)
RETURNS TABLE
AS
RETURN
SELECT TOP 10
    ISNULL(SUM((Quantity * Unitprice)),0) AS TurnOver,
    a.Code AS ArticleCode
FROM
    Sales.Orders o
INNER JOIN
    Sales.OrderDetails od ON o.ID = od.OrderID
INNER JOIN
    Products.Articles a ON a.ID = od.ArticleID
WHERE
        Month(OrderDate) >= @StartMonth
    AND Year(OrderDate)  >= @StartYear
    AND Month(OrderDate) <= @EndMonth
    AND Year(OrderDate)  <= @EndYear
GROUP BY
    a.Code
ORDER BY
    TurnOver DESC
```

Listing 16.12 Inline-Funktion mit Parametern

Wenn Sie eine Sicht auf diese Art und Weise in eine Inline-Funktion einpacken wollen, dann gilt es, ein paar Regeln zu beachten:

- Soll ein *ORDER BY* eingesetzt werden, dann verlangt SQL Server nach dem *TOP*-Schlüsselwort. Das entspricht ganz genau dem Verhalten bei Sichten. Und genau, wie bei den Sichten ist die Kombination aus ORDER BY und TOP dazu gedacht eine sinnvolle Einschränkung der Ergebnismenge vorzusehen. Durch die Funktion in Listing 16.12 werden beispielsweise nur die zehn umsatzstärksten Artikel ausgegeben.
- Sämtliche Spalten der *SELECT*-Liste müssen Namen bekommen. Da es im Beispiel eine berechnete Spalte gibt, ist für diese ein Aliasname angegeben worden.

Das folgende Beispiel stellt vor, wie eine Inline-Funktion aufgerufen und die Ergebnismenge an eine lokale Tabellenvariable übergeben wird.

```
DECLARE @TurnOversByMonth AS TABLE
(
   TurnOver real,
   ArticleCode varchar(50)
);

INSERT INTO @TurnOversByMonth
SELECT * FROM Sales.fnTurnOverByMonth(1, 2008, 12, 2008)

-- mit der Variable könnte jetzt etwas Schlaues gemacht werden...
-- aber wir geben den Inhalt einfach sortiert aus

SELECT * FROM @TurnOversByMonth ORDER BY ArticleCode
```

Listing 16.13 Aufruf der parametrisierten Inline-Funktion

Das Ergebnis einer Inlinefunktion kann nicht mit dem SET-Kommando an die Variable übergeben werden, sondern muss per INSERT in diese »eingefüllt« werden.

Tabellenwertfunktionen mit mehreren Anweisungen

Die Aufgabenstellung einer Tabellenwertfunktion, deren Definition aus vielen T-SQL-Befehlen besteht, entspricht haargenau der einer Inline-Funktion – die Erzeugung einer Ergebnismenge. Im Funktionsrumpf ist allerdings nicht ein einzelnes *SELECT*-Kommando, sondern ein *BEGIN…END*-Block vorhanden. Dort sind dann, genau wie bei einer gespeicherten Prozedur, beliebig lange Programmtexte erlaubt. Die SQL Server-Dokumentation spricht deshalb auch recht bürokratisch-holperig von einer »Funktion mit mehreren Anweisungen und Tabellenrückgabe«. Der Begriff *Tabellenwertfunktion* bringt es etwas kürzer rüber. Betrachtet man die Syntax einer solchen Funktion, so ist diese erweitert zu:

```
CREATE FUNCTION [ owner_name. ] function_name
   ( [ { @parameter_name [AS] scalar_parameter_data_type [ = default ] }
     [ ,...n ] ] )

RETURNS
   @return_variable TABLE < table_type_definition >
[ WITH < function_option> [ [,] ...n ] ]
[ AS ]
```

Tabellenwertfunktionen mit mehreren Anweisungen

```
BEGIN
    function_body
    RETURN
END
```

Der wesentliche Syntax-Unterschied gegenüber einer Skalarwertfunktion besteht in der *RETURN*-Anweisung. Es wird auf jeden Fall eine Tabelle zurückgegeben. Im Gegensatz zur Inline-Funktion reicht die simple Angabe des Schlüsselworts *TABLE* in diesem Fall nicht aus. Der Aufbau der Ergebnistabelle muss explizit vereinbart werden. Ich möchte dies an einem weiteren Beispiel verdeutlichen. Die nächste Demo-Funktion liefert die Aufträge eines Monats, deren Auftragsvolumen über dem Mittelwert aller Aufträge in eben diesem Monat liegt. Zur Berechnung sollen mehrere Schritte durchgeführt werden, daher wird eine Tabellenwertfunktion eingesetzt:

```sql
CREATE FUNCTION Sales.fnOrdersAboveAverageInMonth
(
    @Month int,
    @Year int
)
RETURNS
    @Orders TABLE
    ( Code varchar(8), OrderDate datetime, TurnOver money )
AS
BEGIN

-- Variable zur Aufnahme des Durchschnittswertes

DECLARE @monAVGTurnover money

-- Unterabfrage berechnet den Durchschnittswert

SET @monAVGTurnover =
(
SELECT
    ISNULL(AVG((Quantity * Unitprice)),0) AS TurnOver
    FROM
    Sales.Orders o
INNER JOIN
    Sales.OrderDetails od
ON
    o.ID = od.OrderID
WHERE
        Month(OrderDate) = @Month
    AND Year(OrderDate)  = @Year
)

-- die Datensätze über dem Durchschnitt werden an die
-- Tabellenvariable übergeben

INSERT @Orders
SELECT
    o.Code,
    o.OrderDate,
    ISNULL(SUM((Quantity * Unitprice)),0) AS TurnOver
```

```
FROM
    Sales.Orders o
INNER JOIN
    Sales.OrderDetails od
ON
    o.ID = od.OrderID
WHERE
        Month(OrderDate) = @Month
    AND Year(OrderDate)  = @Year
GROUP BY
    o.Code,
    o.OrderDate
HAVING
    ISNULL(SUM((Quantity * Unitprice)),0) > @monAVGTurnover
ORDER BY
    o.Code

RETURN

END
```

Listing 16.14 Tabellenwertfunkion

Auch bei der Tabellenwertfunktion gelten jene Einschränkungen für den Funktionsrumpf, die bereits bei der Skalarfunktion besprochen wurden. Es sind nur Befehle ohne Seiteneffekte erlaubt – in dem Sinne, dass eine Werterückgabe ausschließlich über den Parameter erfolgt, der in der RETURN-Klausel definiert wird. Es darf also kein SELECT oder EXEC ohne INSERT INTO geben und kein RAISERROR.

Der Operator APPLY

SQL Server 2008 stellt einen neuen relationalen Operator zur Verfügung, der es ermöglicht, die Rowsets von parametrisierten Tabellenwertfunktionen mit weiteren Tabellen in der Art eines *JOIN* zu verknüpfen. Den *APPLY*-Operator gibt es in zwei Varianten: *CROSS APPLY* und *OUTER APPLY*. Den Operator *APPLY* können Sie, wenn sie unbedingt möchten, auch zwischen zwei Tabellen einsetzen. Das ist allerdings verhältnismäßig sinnlos, da Sie keine *ON*-Klausel angeben dürfen, um die Verknüpfungsbedingungen zu definieren. Mit anderen Worten: Ohne die Verwendung einer benutzerdefinierten Funktion ist *APPLY* mit einem *CROSS JOIN* identisch. Ein kurzes Beispiel zeigt dies.

```
SELECT COUNT(*) FROM Products.Articles CROSS APPLY  Products.ArticleGroups
```

Listing 16.15 APPLY zwischen zwei Tabellen

Dieses T-SQL-Kommando erzeugt das Kreuzprodukt zwischen den Tabellen *Articles* und *ArticleGroups* und liefert die Anzahl der Zeilen zurück. Solch eine Anwendung ist erstens natürlich relativ sinnfrei und kann zweitens, wie gesagt, durch ein *CROSS JOIN* ausgedrückt werden. Wie wird der *APPLY*-Operator aber nun sinnvoll eingesetzt? Die Regeln dafür sind sehr strikt. Als allererstes muss in der *FROM*-Klausel die Tabelle angegeben werden, welche die Argumente für die Parameter der Tabellenwertfunktion liefert. Immer *rechts* davon steht die benutzerdefinierte Funktion. Das kann dann so aussehen, wie es die nächsten Beispiele zeigen. Im ersten Listing wird eine benutzerdefinierte Funktion *CustomerInfo* definiert, die ein paar Berechnungen zu einem Kunden anstellt. Im zweiten Codebeispiel wird diese Funktion dann via *APPLY* eingesetzt, um diese Informationen für diejenigen Kunden anzuzeigen, welche die letzten 20 Bestellungen (Tabelle *Orders*) aufgegeben haben. Dabei liefert die Spalte *CustomerID* aus der Tabelle *Orders* die Argumente für den Funktionsparameter.

```
CREATE FUNCTION Sales.fnCustomerInfo
(
    @ID as int
)
RETURNS
    @Infos table ( NameCity varchar(200), TurnOver money )
AS
BEGIN
    INSERT @Infos
    SELECT Name_2 + ',' + Name_1 + ',' + City AS NameCity, Sales.fnTurnOverForCustomer(ID)
        AS TurnOverTurnOver
    FROM Sales.Customers
    WHERE ID = @ID
    RETURN
END
```

Listing 16.16 Die Tabellenwertfunktion CustomerInfo

```
SELECT TOP 20
    ID, OrderDate, NameCity, TurnOver
FROM
    Sales.Orders
CROSS APPLY
    Sales.fnCustomerInfo (CustomerID)
ORDER BY
    ID DESC
```

Listing 16.17 Einsatz von APPLY in einem JOIN

HINWEIS Sie können diese Anwendung von *APPLY* nicht einfach durch ein *JOIN* ersetzen! Bei der Einbindung von Tabellenwertfunktionen in ein *JOIN* ohne *APPLY* dürfen keine Werte aus Tabellenspalten an eine benutzerdefinierte Funktion übergeben werden.

Es stellt sich dann noch die Frage, wie sich CROSS APPLY und OUTER APPLY voneinander unterscheiden. CROSS APPLY wirkt in Verbindung mit einer Tabellenwertfunktion ähnlich wie ein INNER JOIN. Es werden nur Ergebniszeilen für diejenigen Werte aus der linken Tabelle zurückgegeben, die als Argumente der Tabellenwertfunktion ein nicht leeres Rowset liefern. Ein OUTER APPLY erzeugt dagegen auch Ergebniszeilen für Argumente, bei denen die Tabellenwertfunktion kein Rowset liefert. Die entsprechenden Spalten enthalten dann eine NULL. Mal abgesehen von der wirklich unglücklichen Benennung des CROSS APPLY-Operators im Grunde ganz einfach.

Tabellenwertige Parameter

Ganz genau wie bei den gespeicherten Prozeduren ist es möglich, in der Parameterliste einer benutzerdefinierten Funktion Tabellen zu verwenden. Das Vorgehen ist identisch. Sie müssen zunächst einmal einen passenden Tabellentyp in der Datenbank definieren und dann kann es losgehen. Dazu folgt hier ein schnelles Beispiel:

```
-- Tabellentyp vorbereiten
CREATE TYPE CustomerIDs AS TABLE ( ID int)
GO
```

```
-- Funktion anlagen
CREATE FUNCTION Sales.CustomerInfos
(
    @CustomerIDs AS CustomerIDs READONLY
)
RETURNS
    @Infos table ( NameCity varchar(200), TurnOver money )
AS
BEGIN
    INSERT @Infos
    SELECT Name_2 + ',' + Name_1 + ',' + City AS NameCity, Sales.fnTurnOverForCustomer(ID) AS TurnOver
    FROM Sales.Customers
    WHERE ID IN ( SELECT ID FROM @CustomerIDs )
    RETURN
END

-- Test der Funktion
DECLARE @CustomerIDs AS CustomerIDs
INSERT @CustomerIDs VALUES  (1), (10), (100)

SELECT * FROM Sales.CustomerInfos (@CustomerIDs)
```

Listing 16.18 Benutzerdefinierte Funktion mit tabellenwertigem Parameter

Die neue Funktion ist einer Erweiterung der Funktion aus Listing 16.16. Der Parameter *@CustomerIDs* nimmt eine Tabelle von Kunden-IDs entgegen, über welche die anzuzeigenden Kunden ausgewählt werden.

Performance-Überlegungen

So bequem und nützlich benutzerdefinierte Funktionen auch sind und so sehr man durch ihren Einsatz auch für einen kurzen und übersichtlichen T-SQL-Code sorgt – es kann leider auch zu Performance-Problemen kommen. Genau dies müssen Sie in Ihrem Code unbedingt berücksichtigen. Letzten Endes basieren alle Probleme, die Sie mit benutzerdefinierten Funktionen erleben können, auf ein und derselben gemeinsamen Eigenart bei der Ausführung dieser Funktionen: Der Code wird immer getrennt vom aufrufenden T-SQL-Batch optimiert und ausgeführt. Das ist konzeptionell auch stimmig und wird genauso auch bei gespeicherten Prozeduren gehandhabt. Dadurch, dass der Optimierer aber keinen gemeinsamen Plan entwickelt, gehen manche Optimierungsmöglichkeiten verloren. Außerdem können Performance-Fallen in den Ausführungsplänen schlechter erkannt werden. Bei einem einmaligen Aufruf einer Funktion spielen diese Erwägungen überhaupt keine Rolle. Als Entwickler müssen Sie aber gut darüber nachdenken, wie sich eine Funktion innerhalb eines SQL-Befehls verhält.

Performance-Probleme bei Skalarwertfunktionen

Betrachten Sie einmal die folgende T-SQL-Abfrage. In dieser werden die benutzerdefinierten Funktionen *TurnOverForCustomer* und *AverageTurnOver* eingesetzt, die Sie in den vorherigen Abschnitten kennen gelernt haben. Durch diesen SQL-Befehl werden diejenigen Kunden ausgewählt und angezeigt, deren aggregierter Umsatz über dem durchschnittlichen Umsatz liegt. Durch den Einsatz der Funktionen lässt sich die Abfrage sehr einfach und schnell schreiben

Performance-Überlegungen

```
SELECT
    Code, Name_1 AS FirstName, Name_2 AS LastName, Address, Postalcode, City,
FROM
    Sales.Customers
WHERE
    Sales.fnTurnOverForCustomer(ID) > Sales.fnAverageTurnOver()
```

Listing 16.19 Benutzerdefinierte Funktionen in der WHERE-Klausel

AverageTurnOver berechnet den Durchschnitt aller Umsätze in der Tabelle *OrderDetails* der *netShop*-Datenbank und *TurnOverForCustomer* liefert als Vergleichswert den Umsatz für genau einen Kunden. In Bezug auf die Logik ein Ansatz, der vollkommen in Ordnung ist – von der Seite der Performance her betrachtet – eine totale Katastrophe. Lassen Sie zur Überprüfung diese Abfrage einmal im Abfrageeditor laufen. Auch bei einem leistungsfähigen Rechner werden Sie feststellen, dass die Ausführung sehr lange dauert (Stunden!). Die durch SQL Server genutzten Prozessor-Ressourcen steigen je nach Konfiguration auf deutlich mehr als 50%! Wie kann es sein, dass diese harmlos aussehende Abfrage so aufwändig abgearbeitet wird?

Die Antwort liegt darin begründet, dass die Funktionen für jede einzelne Datenzeile der Kundentabelle aufs Neue ausgeführt werden. Man könnte vermuten, dass die *AverageTurnOver*-Funktion auf der rechten Seite des Vergleichs nur einmal aufgerufen und dann mit dem Ergebnis weitergearbeitet wird. Dem ist aber nicht so. Wohlgemerkt, dies ist kein Manko von SQL Server. Dieser folgt hier nur treu und brav den Anweisungen des Programmierers. Ob eine Optimierung an dieser Stelle erlaubt wäre, ist eine beinahe philosophische Fragestellung, schließlich kann sich der Wert für den durchschnittlichen Umsatz während der Verarbeitung der Abfrage noch ändern – und damit die Ergebnismenge. Auch auf der linken Seite des Vergleichs führt der Einsatz einer Funktion dazu, dass der Server die Abfrage nicht gut optimieren kann. Die Funktion *TurnOverForCustomer* wird für jede Kunden-*ID* erneut aufgerufen. Man hat es plötzlich mit Schleifen zu tun, die ineinander verschachtelt sind.

Die Rechnung für die Testdatenmenge der *netShop*-Datenbank sieht ungefähr so aus: Es gibt ca. 10.000 Kundendatensätze (*Customers*), 100.000 Aufträge (*Orders*) und 500.000 Auftragspositionen (*OrderDetails*). Für *jeden* Kunden wird der Umsatz über die Funktion *TurnOverForCustomer* durch einen *JOIN* zwischen *Orders* und *OrderDetails* berechnet. Im Falle eines optimalen Zugriffsverhaltens (*MERGE JOIN*) addieren sich die Zugriffe auf *Orders* und *OrderDetails* einfach: macht schon mal 600.000 Zugriffe. Die Wirklichkeit ist eventuell nicht ganz so linear. Auf der rechten Seite sieht es nicht besser aus: Der Durchschnittsumsatz wird über jeweils 500.000 Datensätze gebildet und für *jeden* Vergleich mit einem Kundendatensatz erneut berechnet. Das ergibt insgesamt ungefähr 10.000 * (600.000 + 500.000) = 11.000.000.000 Zugriffe. Geht man von einer geschätzten Zugriffszeit von max. 0,01 ms pro Datensatz aus (dies entspricht in etwa dem Wert für die Behandlung von *einem* Kunden auf einem Standard Desktop-PC), so wäre die Operation erst nach fast 24 Stunden beendet! Selbst unter optimalen Bedingungen auf einem schnellen Server benötigt diese Abfrage einige zig Minuten, was nicht tragbar ist.

Da das Problem im wiederholten Ausführen der Berechnung des Durchschnitts besteht, liegt die Lösung des Problems im Herausziehen der Funktion *AverageTurnOver* aus der Abfrage. So sieht das geänderte T-SQL-Skript aus:

```
DECLARE @monAVGTurnOver AS money
SET @monAVGTurnOver = dbo.fnAverageTurnOver()

SELECT
    Code, Name_1 AS FirstName, Name_2 AS LastName, Address, Postalcode, City
```

```
FROM
    Sales.Customers
WHERE
    dbo.fnTurnOverForCustomer(ID) > @monAVGTurnOver
```

Listing 16.20 Optimierte Abfrage

Hier wird die *AverageTurnOver*-Funktion vor dem eigentlichen Ausführen des *SELECT*-Kommandos aufgerufen und in der *WHERE*-Klausel erfolgt der Vergleich jetzt mit einem festen Wert. Diese Form der Abfrage liefert bereits nach ein paar Sekunden das Ergebnis. Der geneigte Leser wird sich an dieser Stelle die Frage stellen, ob sich die Ausführungsgeschwindigkeit noch weiter verbessern lässt. Zum Vergleich folgt hier ein SQL-Kommando, welches ganz ohne benutzerdefinierte Funktionen geschrieben wurde.

```
SELECT
    MIN(cu.Code) AS Code, MIN(Name_1) AS FirstName, MIN(Name_2) AS LastName,
    MIN(Address) AS Address, MIN(Postalcode) AS Postalcode, MIN(City) AS City
FROM
    Sales.Customers cu
INNER JOIN
    Sales.Orders ord
ON
    cu.ID = ord.CustomerID
INNER JOIN
    Sales.OrderDetails od
ON
    ord.ID = od.OrderID
GROUP BY
    cu.ID
HAVING
    SUM(Quantity * Unitprice * (1 + Tax)) >
    ( SELECT AVG (Quantity * UnitPrice * (1 + Tax)) FROM Sales.OrderDetails )
```

Listing 16.21 Abfrage ohne benutzerdefinierte Funktionen

Die Berechnungen wurden aus den benutzerdefinierten Funktionen komplett in die Abfrage verpflanzt. Dadurch kann SQL Server die Abfrageschritte insgesamt optimieren und den besten Abfrageplan entwickeln. Gegenüber der Abfrage in Listing 16.20 halbiert sich die Ausführungszeit noch einmal. An diesen Beispielen wird ein typisches Dilemma deutlich. Der Einsatz von Funktionen räumt T-SQL-Programmtexte ordentlich auf und lässt Sie die Logik der Abfragen leichter formulieren. Wenn es um eine gute Abfrageleistung geht, dann ist das Ergebnis allerdings häufig unbefriedigend. Die schnellste der drei Beispielabfragen ist gleichzeitig die umfangreichste. Einen allgemeingültigen Rat kann man leider nicht geben. Sie müssen versuchen, für Ihre Datenbank und Ihre Applikation das Optimum zu finden. Dabei spielen der Aufbau der Tabellen, die Indizierung und die Logik wichtige Rollen.

Problematiken in der vorgestellten Art kann man als Entwickler leicht übersehen, wenn die Testdatenmenge, mit der bei der Applikationsentwicklung gearbeitet wird, im Vergleich zum »Real Life«-Zustand zu klein ist. Ein echter Klassiker – die Probleme tauchen möglicherweise erst auf, nachdem die Anwendung monatelang im Einsatz war. Testdatengeneratoren können Ihnen da eine Menge Ärger sparen.

Die Performance von APPLY

Nach den Informationen des letzten Abschnitts werden Sie bereits ahnen, dass der *APPLY*-Operator in Verbindung mit einer benutzerdefinierten Tabellenwertfunktion auch nicht »ganz ohne« ist. Die benutzerdefinierte Funktion wird in einem *CROSS APPLY* für jede Ergebniszeile der äußeren Abfrage im Prinzip erneut aufgerufen wird. SQL Server kann zwar durch die Verwendung einer temporären Tabelle den Worst Case einer Schleifenbildung vermeiden, dennoch muss man mit einer langsameren Ausführung gegenüber der Verwendung eines *JOIN*-Operators rechnen. Dieses Verhalten können Sie gut anhand der folgenden Beispielskripte in der *netShop*-Datenbank nachvollziehen.

Mit dem ersten T-SQL-Kommando wird eine vereinfachte Version der Tabellenwertfunktion aus Listing 16.14 angelegt. Diese enthält keinen Aufruf einer Skalarfunktion wie die erstere. Dadurch lassen sich *CROSS APPLY* und *INNER JOIN* einfacher miteinander vergleichen.

```
CREATE FUNCTION Sales.fnCustomerInfoSmall
(
    @ID as int
)
RETURNS
    @Infos table ( NameCity varchar(200) )
AS
BEGIN
    INSERT @Infos
    SELECT LastName + ', ' + Firstname + ', ' + City AS NameCity
    FROM Sales.Customers
    WHERE ID = @ID
    RETURN
END
```

Listing 16.22 Vereinfachte Tabellenwert-Testfunktion

Die Verwendung in einem *CROSS APPLY* kennen Sie bereits.

```
SELECT
    ID, OrderDate, NameCity
FROM
    Sales.Orders
CROSS APPLY
    Sales.fnCustomerInfoSmall (CustomerID)
ORDER BY
    ID DESC
```

Listing 16.23 CROSS APPLY mit der Testfunktion

Dieselbe Abfrage, mit einem *JOIN* formuliert, hat die folgende Form:

```
SELECT
    ord.ID, OrderDate, Name_2 + ', ' + Name_1 + ', ' + City AS NameCity
FROM
    Sales.Orders ord
INNER JOIN
    Sales.Customers cu
ON
    ord.CustomerID = cu.ID
```

Listing 16.24 INNER JOIN anstelle von CROSS APPLY

Lassen Sie die beiden Kandidaten gegeneinander antreten, dann werden Sie feststellen, dass in der Datenmenge der *netShop*-Datenbank die *INNER JOIN*-Abfrage in ungefähr einem Drittel der Zeit ausgeführt wird, welche die *CROSS APPLY*-Abfrage dauert.

Selbstverständlich sollten Sie nicht prinzipiell von benutzerdefinierten Funktionen Abstand nehmen und versuchen, diese generell durch ein *JOIN* zu ersetzen. Gerade, wenn Sie CLR-basierte Funktionen in Ihrer Datenbank implementiert haben, kann sich der *APPLY*-Operator als ausgesprochen nützlich herausstellen. Testen Sie aber die Performance sorgfältig!

Kapitel 17

Trigger und Ereignisbenachrichtigungen

In diesem Kapitel:

Trigger in Datenbanken	620
Konzepte für DML-Trigger	622
Mit Triggern in Transact-SQL arbeiten	626
Tipps für DML-Trigger	637
Einsatzmöglichkeiten und Beispiele für DML-Trigger	640
DDL-Trigger	651
Ereignisbenachrichtigungen statt DDL-Trigger einsetzen	655

In diesem Kapitel geht es um Verfahren, mit denen Sie auf Änderungen im Datenbestand einer Datenbank reagieren können. Trigger sind neben gespeicherten Prozeduren *das klassische Mittel* um Geschäftsregeln in einer Datenbank zu implementieren. SQL Server 2008 erlaubt das Schreiben von Triggern in T-SQL – das wird in diesem Kapitel ausführlich vorgestellt – und auch in .NET-Sprachen. Wie das Schreiben von Triggern mithilfe der SQLCLR funktioniert, können Sie in Teil D dieses Buchs (»Serverobjekte mit .NET programmieren«) nachlesen.

Neben der Überwachung von Datenänderungen in Tabellen stellt SQL Server 2008 aber auch Methoden zur Verfügung, mit denen Sie Änderungen an den *Datenstrukturen* einer Datenbank oder Ereignisse auf dem Server wie das Anlegen eines neuen Logins überwachen können. Dafür kommen entweder die so genannten DDL-Trigger in Frage oder auch die *Event Notifications* (Ereignisbenachrichtigungen), bei denen es weniger um eine direkte Reaktion geht, sondern mehr um einen asynchronen Benachrichtigungsmechanismus. Im letzten Teil dieses Kapitels lernen Sie die DDL-Trigger kennen und es wird ein kurzer Blick auf die Ereignisbenachrichtigungen geworfen.

Trigger in Datenbanken

Was sind Trigger? Kurz gesagt: Trigger sind serverseitige Ereignisbehandlungsroutinen, die auf Änderungen der Inhalte einer Tabelle reagieren. Genau, wie Ihr Programmcode in einer WinForms-Programmierung auf die Ereignisse reagieren kann, die dann auftreten, wenn Benutzer Inhalte in einem Formular ändern, ist es möglich, mit Triggern auf das Ändern von Daten in einer Tabelle zu reagieren. Natürlich ist diese Analogie zwischen Ereignissen in einem Programmiermodell und den Triggern in einem Datenbanksystem sicher nicht zu 100% exakt, macht aber jedem Programmierer sofort anschaulich klar, was sich hinter dem Begriff Trigger verbirgt.

Trigger sind eine großartige Angelegenheit für die serverseitige Datenbankprogrammierung, denn Sie können mithilfe des Trigger-Konzeptes elementare Anforderungen an die Datenkonsistenz und Nachvollziehbarkeit von Datenänderungen auf eine elegante und konsistente Art umsetzen. Trigger ermöglichen es darüber hinaus, gewollte Anomalien (zum Beispiel Redundanzen) in einem Datenmodell zu verwalten, sodass keine Gefahr besteht, durch unachtsame Programmierung ungültige Daten in einer Datenbank zu erzeugen. Die Einsatzmöglichkeiten für Trigger sind sehr vielfältig und einige typische Beispiele finden Sie in der nachfolgenden Übersicht aufgelistet.

- **Durchsetzung von Konsistenzregeln** Die Konsistenzbedingungen, die mit den deklarativen Mitteln von SQL Server kontrolliert werden können (also den Einschränkungen – Constraints), ermöglichen leider nur die Einhaltung eines statischen Wertebereichs, die Prüfung auf Vorhandensein eines Wertes, der von *NULL* abweicht, oder die Überwachung der Einhaltung der referenziellen Integrität. Dies reicht natürlich nicht aus, um die komplizierteren Geschäftsregeln einer Anwendung abzubilden. Solch eine Geschäftsregel könnte beispielsweise darin bestehen, dass das Einfügen einer neuen Bestellung für einen Kunden nur dann möglich ist, wenn dieser Kunde seinen Kreditrahmen nicht überschritten hat. Um diese Prüfung durchzuführen, ist es erforderlich, dass Informationen aus mehreren Tabellen abgefragt und ausgewertet werden. Diese Überprüfungen sollten nach Möglichkeit zentral in der Datenbank und nicht auf der Clientseite durchgeführt werden. Anwendungsprogrammierer neigen dazu, Überprüfungen in dieser Art gerne einmal zu übersehen. Trigger können sicherstellen, dass komplexe Konsistenzbedingungen auf jeden Fall eingehalten werden. Bilden Sie die Geschäftsregeln Ihrer Anwendung in ausprogrammierten Komponenten ab, dann können Sie die Überprüfungen natürlich auch in diesen implementieren. Denken Sie dabei aber daran, dass Trigger ungleich performanter sind, und dass in Trigger gegossene Regeln zu einem festen Bestandteil der Datenbank werden und dadurch auch von einer neuen Applikation, die auf denselben Daten arbeitet, nicht verletzt werden können. In einer zweischichtigen Client/Server-Architektur ist die Verwendung von Datenbanktriggern für die Durchsetzung von Konsistenzregeln meiner Meinung nach sowieso Pflicht!

- **Automatisches Generieren von Standardwerten** Standardwerte für Feldinhalte beim Anlegen neuer Datensätze können bei SQL Server in der Tabellendeklaration nur auf recht simple Art und Weise definiert werden. Die einfachsten Varianten sind die Vergabe einer Konstanten oder einer eingebauten Systemfunktion als Standardwert für eine Tabellenspalte. Zusätzliche Möglichkeiten ergeben sich durch den Einsatz benutzerdefinierter Funktionen. Mit keiner der genannten Möglichkeiten lassen sich allerdings Werte generieren, die auf der Grundlage der neu eingefügten Daten gebildet werden. Dies ist mit Triggern jedoch möglich. So kann z. B. beim *INSERT* eines neuen Kundendatensatzes ein sprechender Kundencode auf der Grundlage des Namens und der Adresse oder beim Einfügen einer neuen Bestellposition die nächste Positionsnummer gebildet werden. Im Gegensatz zu Standardwerten ermöglichen Trigger auch das automatisierte Aktualisieren von Werten in Datensätzen, sobald diese durch ein Update geändert werden.

- **Protokollierung von Datenänderungen** Ein beliebtes Anwendungsgebiet für Trigger sind Protokollfunktionalitäten. In vielen Geschäftsanwendungen sind Aussagen darüber gewünscht, welche Benutzer in welcher Reihenfolge Änderungen an den Daten vollzogen haben. Mithilfe von Triggern können alle Arten von Datenänderungen (*INSERT*, *UPDATE*, *DELETE*) ganz einfach und beliebig ausführlich »mitgeschnitten« werden. Neben diesen so genannten DML-Triggern gibt es seit SQL Server 2008 auch DDL-Trigger, die nicht auf Änderungen der Daten selbst, sondern auf Änderungen an den Datenstrukturen reagieren und damit eine Protokollierung von *CREATE*-, *ALTER*- und *DELETE*-Kommandos ermöglichen

- **Bildung mitlaufender Summen** In einer »ordentlich konstruierten« SQL Server-Datenbank sind Informationen durch die notwendige Normalisierung der Datenstruktur auf viele verschiedene Tabellen verteilt. Dies ist für das Anlegen und die Pflege der Daten sehr gut, steht aber Auswertungen und Berichten häufig im Weg. Sollen beispielsweise in einem Formular zusammen mit einem Kundenstammdatensatz bestimmte Kennzahlen angezeigt werden (wie Anzahl der Bestellungen, Umsatz bis zum aktuellen Datum etc.), so müssen diese Werte ad hoc oder über eine Sicht *berechnet* werden. Wenn Sie inzwischen schon ein wenig mit der netShop-Beispieldatenbank experimentieren konnten, so sollten Sie ein Gefühl dafür entwickelt haben, dass die Zeitspannen für solche Berechnung durchaus spürbar sind. Für die Verbesserung der Abfrageleistung ist es durchaus erlaubt, mitlaufende Summen und andere Aggregatwerte direkt in Tabellen zu hinterlegen – also beispielsweise in einer Kundentabelle den Gesamtumsatz aller Bestellungen für jeden einzelnen Kunden. Damit die positiven Aspekte der Datennormalisierung nicht verloren gehen, muss peinlich genau darauf geachtet werden, dass diese Werte immer auf dem neuesten Stand sind, damit keine Inkonsistenzen in der Datenbank auftreten. Trigger sind eine prächtige Möglichkeit, genau dies sicherzustellen. Sie können mit wenig Aufwand Trigger anlegen, die dann aktiv werden, wenn neue Auftragszahlen für einen Kunden in der Datenbank angelegt werden, und den Wert für den Gesamtumsatz automatisch neu berechnen.

Es gibt noch weitere Gründe dafür, sich als Datenbank-Entwickler ausführlich mit dem Thema Trigger zu beschäftigen. Zum einen verwendet SQL Server selbst Trigger, um bestimmte Aufgabenstellungen zu lösen. Dies ist besonders im Bereich der Replikation der Fall. Zum anderen gibt es das eine oder andere Tool für SQL Server, welches nachträgliche Trigger in Datenbanken einfügt (ja, auch in die Ihre!). Da ist es natürlich hilfreich, beurteilen zu können, ob diese neuen Trigger mit Ihrer Anwendung harmonieren.

Bis jetzt war von Triggern die Rede, die bei einer Datenänderung auslösen. Da diese auf die üblichen Befehle in der Data Manipulation Language (*DML*) eines Datenbankmanagementsystems reagieren – also *INSERT*, *UPDATE* und *DELETE* – werden sie auch als *DML*-Trigger bezeichnet. SQL Server 2008 kennt darüber hinaus noch die DDL-Trigger. Der Name verrät es: DDL-Trigger werden ausgelöst, wenn Befehle der Data Definition Language (*DDL*) eingesetzt werden, um den Aufbau von Datenbankobjekten zu ändern (*CREATE*, *ALTER*, *DROP*). DDL-Trigger können daher in erster Linie dafür eingesetzt werden, um Modifikationen am Datenbankschema zu protokollieren.

Konzepte für DML-Trigger

DML-Trigger sind im Grunde eine spezialisierte Form gespeicherter Prozeduren. Die Deklaration eines Triggers besteht wie eine Prozedurdeklaration aus einem Kopf und einem Rumpf – und insbesondere der Rumpf unterscheidet sich kaum von einem Prozedurrumpf. Allerdings verfügen Trigger entsprechend ihrer Aufgabenstellung über spezielle Eigenschaften:

- **Trigger sind immer mit einer Tabelle verknüpft**   Sie können Trigger nicht »einfach so« anlegen. Trigger gehören fest zu genau einer Tabelle und werden beim Löschen dieser Tabelle auch automatisch entfernt.
- **Trigger werden immer automatisch ausgelöst**   Trigger werden ausschließlich über Ereignisse der Tabelle »ausgelöst«. Sie ähneln, wie gesagt, zwar Ereignisprozeduren, wie Sie Ihnen möglicherweise aus Ihrer Entwicklungstätigkeit bekannt sind. Im Gegensatz zu den .NET-Ereignisprozeduren können Sie Trigger allerdings nicht bei Bedarf explizit ansprechen. Einmal angelegt, können Sie auch die Ausführung von Triggern nicht verhindern. Die klassischen SQL Server-Trigger werden ausgelöst, *nachdem* Daten in eine Tabelle eingefügt, geändert oder gelöscht wurden. Diese Variante nennt man dementsprechend *AFTER*-Trigger. Mit SQL Server 2000 wurden zusätzlich so genannte *INSTEAD OF*-Trigger eingeführt, die *anstelle* des auslösenden Kommandos ausgeführt werden – dazu später mehr. Im Gegensatz zu anderen Datenbanksystemen kennt SQL Server keine *BEFORE*-Trigger, die auslösen, bevor Datenänderungen in eine Tabelle eingetragen werden. Das stellt aber keinen Nachteil dar.
- **Trigger haben spezielle Aufgabenstellungen**   Sie können Trigger entwerfen, die genau dann zur Ausführung kommen, wenn neue Datensätze in eine Tabelle eingefügt werden. Dies wäre ein *INSERT*-Trigger. Ein Trigger kann aber auch dann feuern, wenn sich Datensätze per *UPDATE* ändern oder per *DELETE* gelöscht werden. Bei der Deklaration des Triggers wird festgelegt, welche Rolle er übernehmen soll. Dabei sind auch beliebige Kombinationen möglich. Recht häufig findet man Situationen vor, in denen *INSERT*- und *UPDATE*-Trigger eine Einheit bilden.
- **Trigger haben keine Parameter**   Im Gegensatz zu den gespeicherten Prozeduren oder .NET-Ereignisroutinen gibt es bei Triggern keine Möglichkeit der Werteübergabe per Parameter. Dennoch können sich Trigger problemlos Werte aus der zu Grunde liegenden Tabelle und natürlich speziell aus den neuen oder den geänderten Datensätzen besorgen.
- **Trigger sind immer Bestandteil einer Transaktion**   Ohne dass sich der Programmierer darum kümmern muss, wird durch die Anwendung eines DML-Triggers immer eine Transaktion gestartet, die zusammen mit dem den Trigger auslösenden Befehl eine Einheit bildet. Diese Transaktion kann innerhalb des Triggers mit einem *ROLLBACK* zurückgesetzt werden. Dabei werden nicht nur die Aktionen innerhalb des Triggers rückgängig gemacht, sondern auch die Datenänderungen durch den Befehl, der den Trigger gestartet hat. Über diesen Mechanismus lassen sich innerhalb eines Triggers eine Konsistenzprüfung durchführen und im Fehlerfall die Änderungen rückgängig machen, die zur Verletzung der Regel geführt haben. Ein Trigger kann aber natürlich auch Teil einer expliziten Transaktion sein in welcher der auslösende Befehl gestartet wurde.

Konzepte für DML-Trigger

- **Pro Tabelle sind beliebig viele Trigger möglich** Der SQL Server lässt prinzipiell beliebig viele Trigger für eine einzelne Tabelle zu. Natürlich darf man es mit der »Triggerei« nicht übertreiben, damit die Änderungen in einer Tabelle so schnell wie möglich ausgeführt werden. Die Reihenfolge, in welcher Trigger ausgeführt werden, lässt sich leider nicht einstellen. Sie können nur den ersten und letzten Trigger explizit festlegen. Sie müssen Trigger also so schreiben, dass sie sich nicht gegenseitig beeinflussen.
- **Trigger feuern pro Befehl und nicht pro Datensatz** Diesen Grundsatz müssen Sie immer im Blick behalten, wenn Sie Trigger schreiben. Eine DML-Operation feuert einen Trigger immer genau einmal für den auslösenden DML-Befehl. Mit einem einzelnen *INSERT* können natürlich dutzende oder tausende Datensätze in eine Tabelle eingefügt werden. Beachtet man dies bei der Programmierung eines Triggers nicht, dann kommt es zu ungewollten Ergebnissen oder Laufzeitfehlern.

Zum besseren Verständnis dafür, wie Sie mit Triggern arbeiten können, sollten Sie sich im nächsten Abschnitt damit vertraut machen, wie Trigger überhaupt funktionieren und auf welche Weise SQL Server den DML-Triggern Informationen zur Verfügung stellt. Die Beispiele in diesem Kapitel gehen immer von Triggern aus, die in T-SQL geschrieben sind.

Arbeitsweise von DML-Triggern

Als erstes wird ein Blick auf die Technik, die hinter den Triggern steht, geworfen. Die Funktionsweise soll am Beispiel eines *AFTER INSERT*-Triggers veranschaulicht werden. Wie Sie an der Bezeichnung des Triggers ohne Zweifel abgelesen haben, reagiert dieser Trigger-Typ auf Datenänderungen, die durch das *INSERT*-Kommando ausgelöst werden. Die Abbildung 17.1 stellt den Vorgang schematisch dar.

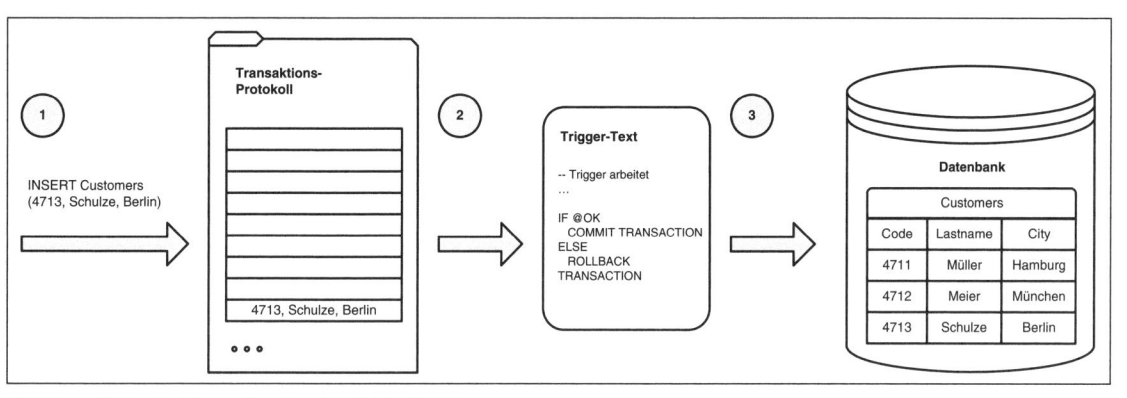

Abbildung 17.1 Funktionsweise eines AFTER INSERT-Triggers

Ist auf einer Tabelle ein Trigger definiert worden, dann überprüft SQL Server das Transaktionsprotokoll der Datenbank darauf, ob das Ereignis eintritt, welches den Trigger auslöst. Im Falle eines *INSERT*-Triggers ist dies eben das Einfügen einer oder auch mehrerer neuer Datenzeilen. Nachdem die Datenänderungen vollständig im Transaktionsprotokoll erschienen sind, wird der *AFTER*-Trigger ausgelöst. Der Programmtext des Triggers wird ausgeführt. In diesem können Befehle enthalten sein, die eine Transaktion übergeben (*COMMIT TRANSACTION*) oder auch rückgängig machen (*ROLLBACK TRANSACTION*). Im ersten Fall wird die *COMMIT*-Marke im Transaktionsprotokoll vermerkt und SQL Server übernimmt die geänderten Daten zur endgültigen Speicherung in die Datenbank. Im zweiten Fall werden sämtliche Datenänderungen des Triggers, aber auch des *INSERT,* aus dem Transaktionsprotokoll entfernt. Der Wert *4713, Schulze, Berlin* verschwindet wieder aus der Tabelle. Wird in einem Trigger kein Befehl für den expliziten Abschluss einer

Transaktion ausgeführt, dann kommt es nach der Beendigung des Triggers zu einem Autocommit und die Änderungen werden festgeschrieben. Weiter Informationen zu diesem Thema finden Sie in Kapitel 18 (»Transaktionen und Sperren«).

Handelt es sich bei dem vereinbarten Trigger nicht um einen AFTER-, sondern um einen INSTEAD OF-Trigger, so wird der letzte Schritt – das Schreiben der Daten in die Datenbank – von SQL Server gar nicht erst in Betracht gezogen. Der Trigger arbeitet jetzt anstelle des ursprünglichen Befehls. Die Änderungsdaten stehen dem Programmierer im Trigger zur Verfügung und es ist völlig in der Hand des Entwicklers, was er damit anfängt.

Sie können sich sicher leicht vorstellen, dass der gerade dargestellte Mechanismus des Auslösens von Triggern und insbesondere auch das Rückgängigmachen von Transaktionen für SQL Server einen zusätzlichen Aufwand darstellen. Dies sollte Sie allerdings auf gar keinen Fall davon abhalten, Trigger einzusetzen. Da Trigger, genau wie gespeicherte Prozeduren, nach dem erstmaligen Ausführen binär im Prozedur-Cache des Servers abgelegt werden, können sie anschließend sehr schnell abgearbeitet werden. Das ROLLBACK von Änderungen durch einen Trigger, der eine Datenregel prüft, ist tatsächlich eine verhältnismäßig »teure« Operation (deren Dauer bei *einzelnen* Datensätzen allerdings immer noch im Millisekundenbereich lieg). Es gibt einen Spezialfall, bei dem Trigger allerdings spürbar hinderlich sein können: Das Laden von sehr großen Datenmengen in eine SQL Server-Tabelle, die über Trigger verfügt. In dieser Situation ist es sinnvoll die Trigger während des Ladevorgangs abzuschalten und anschließend zu reaktivieren. Mit T-SQL stellt dies weiter kein Problem dar.

Daten in Triggern abrufen

Trigger, die keine Informationen darüber besitzen, welche Daten sich in einer Tabelle geändert haben, gelöscht wurden oder neu hinzugekommen sind, wären für die meisten Anwendungen vollkommen nutzlos. Aus diesem Grund muss es für den Datenbankserver eine Möglichkeit geben, dem Trigger mitzuteilen, welche Datensätze durch das letzte UPDATE-, DELETE- oder INSERT-Kommando betroffen waren. Der Weg, den die SQL Server-Entwickler hier beschritten haben, ist besonders effektiv und passt sich hervorragend in die relationale Arbeitsweise ein. Die geänderten Daten werden dem Trigger über virtuelle Tabellen zur Verfügung gestellt. Die Abbildung 17.2 veranschaulicht das Prinzip wiederum am Beispiel eines INSERT-Triggers.

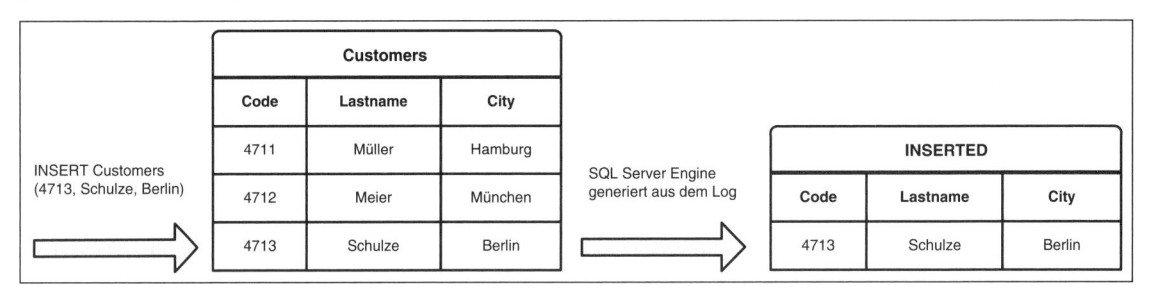

	Customers				INSERTED		
	Code	Lastname	City		Code	Lastname	City
INSERT Customers (4713, Schulze, Berlin)	4711	Müller	Hamburg	SQL Server Engine generiert aus dem Log			
	4712	Meier	München				
	4713	Schulze	Berlin		4713	Schulze	Berlin

Abbildung 17.2 Die Tabelle INSERTED in einem INSERT-Trigger

Beim Einfügen von neuen Datensätzen in eine Tabelle, die über einen INSERT-Trigger verfügt, erzeugt SQL Server eine zusätzliche Tabelle, die nur während der Laufzeit des Triggers existiert und lokal zu diesem ist. Diese Tabelle hat immer den Namen INSERTED und ist nur innerhalb der Trigger-Prozedur sichtbar. Der Programmierer kann sich darauf verlassen, dass keine andere Prozedur mit diesen Daten arbeiten wird. Die von der auslösenden Operation geänderten Daten sowie die Daten der INSERTED-Tabelle sind zudem in eine Transaktion eingebettet. Der Aufbau der virtuellen Tabelle entspricht in der Spaltenreihenfolge und den Datentypen exakt der Ausgangstabelle. Der Inhalt ist eine Kopie der Zeilen, die mit dem INSERT in die

Datenbank gelangt sind. Die *INSERTED*-Tabelle ist zwar virtuell, bietet aber sämtliche Möglichkeiten für Abfragen, welche auch von normalen Basistabellen zur Verfügung gestellt werden: Die Daten können mit *SELECT* abgefragt und gefiltert werden; es ist möglich, die *INSERTED*-Tabelle über einen *JOIN* mit allen vorhandenen Tabellen zu verknüpfen, und so weiter.

SQL Server legt für eine Tabelle, auf der ein *AFTER*-Trigger definiert ist, die geänderten Daten in der *tempdb*-Datenbank ab. Das Verfahren entspricht dem, das der Server auch für die Bildung von Zeilenversionen verwendet, wenn optimistische Sperrverfahren eingesetzt werden (siehe Kapitel 18 »Transaktionen und Sperren«). Darum müssen Sie sich selbstverständlich nicht kümmern. Es ist aber interessant zu wissen, dass sich das Verhalten gegenüber dem alten SQL Server 2000-Verfahren grundlegend geändert hat. SQL Server 2000 hat sich die Datensätze für die virtuellen Tabellen durch Lesevorgänge im Transaktionsprotokoll besorgt. Damit wurde das Transaktionsprotokoll zusätzlich unter Last gesetzt und diese Leseoperationen standen in Konkurrenz zu den parallel stattfinden Schreiboperationen in das Transaktionsprotokoll.

Die Verwendung der *tempdb*-Datenbank als Zwischenspeicher für die virtuellen Tabellen ist ein echter Fortschritt. Sie sollten sich nur im Klaren darüber sein, das für die Trigger-Performance (wie für viele andere Leistungsaspekte des SQL Server) eine schnelle *tempdb*-Datenbank entscheidend ist. RAID 10 ist eine gute Variante für die *tempdb*-Dateien, schnelle Platten helfen ungemein.

Die Bereitstellung von Daten für einen *DELETE*-Trigger funktioniert im Prinzip ganz genauso, wie bei einem *INSERT*-Trigger. Der Name der virtuellen Tabelle lautet hier allerdings *DELETED* und der Inhalt setzt sich konsequenterweise aus den durch ein *DELETE*-Kommando gelöschten Datensätzen zusammen.

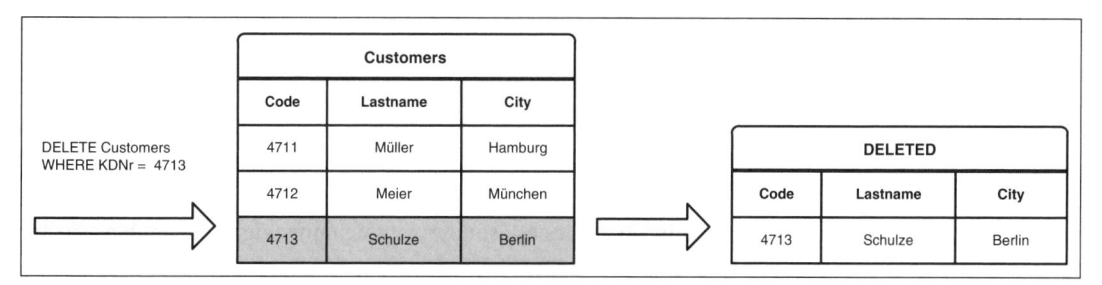

DELETE Customers WHERE KDNr = 4713	Customers				DELETED		
	Code	Lastname	City				
	4711	Müller	Hamburg		Code	Lastname	City
	4712	Meier	München				
	4713	Schulze	Berlin		4713	Schulze	Berlin

Abbildung 17.3 Die Tabelle DELETED in einem DELETE-Trigger

Bleibt noch der *UPDATE*-Fall. Auch hier wird das Prinzip der virtuellen Tabellen auf eine kluge Art und Weise verwendet. In einem *UPDATE*-Trigger stehen dem Programmierer nicht nur eine, sondern zwei zusätzliche Tabellen zur Verfügung. Es handelt sich dabei wieder um die beiden soeben kennen gelernten Tabellen. In der *DELETED*-Tabelle findet man die Werte, die vor den Datenänderungen gültig waren und durch das *UPDATE* gewissermaßen aus der Tabelle gelöscht wurden. In der *INSERTED*-Tabelle findet man analog die durch das *UPDATE* neu in die Tabelle eingetragenen Werte.

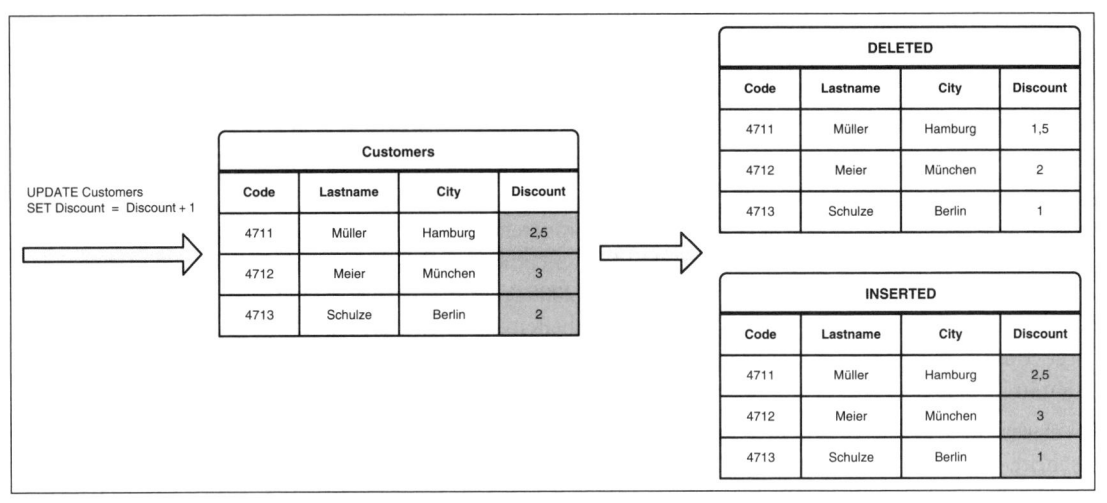

Abbildung 17.4 Die beiden virtuellen Tabellen beim UPDATE

Mit Triggern in Transact-SQL arbeiten

Das Verwenden von T-SQL im Editor des Management Studios ist für Datenbankentwickler der schnellste Weg, Trigger einzurichten. Über die Kontextfunktion *Neuer Trigger* im *Trigger*-Ordner einer im Objekt-Explorer angezeigten Tabelle generieren Sie mittels einer entsprechenden Schablone das T-SQL-Fragment für den neuen Trigger. Dieses Vorgehen kennen Sie schon von den gespeicherten Prozeduren und Funktionen her.

Trigger anlegen

Einen sehr einfachen Trigger, der weiter nichts Sinnvolles tut, sondern einfach nur zeigt, dass er abgearbeitet wird, kann man in T-SQL sehr schnell einrichten:

```
CREATE TRIGGER I_Customers_Test
ON Sales.Customers
AFTER INSERT
AS
PRINT 'Trigger I_Customers_Test wurde ausgelöst'
```

Listing 17.1 Ein erster Trigger

Nachdem dieses *CREATE*-Skript im Abfrageeditor ausgeführt wurde, steht der Trigger in der Kundentabelle zur Verfügung. Ein einfaches *INSERT* wie das folgende löst ihn aus:

```
INSERT Sales.Customers (Code, Name_2, Name_1, Address, PostalCode, City)
VALUES ('99999','Müller', 'Peter', 'Mariannenstrasse 11','1245', 'Berlin')
```

Listing 17.2 Test für den ersten Trigger

Im Abfrageeditor können Sie das Wirken dieses Triggers wunderbar im Meldungsfenster nachvollziehen. Nach dem Ausführen von *INSERT* wird die folgende Ausgabe angezeigt:

```
Trigger I_Customers_Test wurde gefeuert
(1 row(s) affected)
```

Ob die Meldung dieses Triggers auf einem Client sichtbar ist, hängt von dessen Programmierung ab. In ADO.NET müssen Sie dazu die *FireInfoMessageEventOnUserErrors*-Eigenschaft setzen. Für andere Clients wie zum Beispiel Access ist diese Meldung nicht »sichtbar«, da Access den T-SQL *PRINT*-Befehl nicht auswertet.

Der Aufbau dieses *CREATE*-Kommandos ist nicht schwer zu verstehen. Nach der Einleitung durch die Schlüsselworte *CREATE TRIGGER* und der Festlegung des eindeutigen Namens für den Trigger folgt hinter dem Begriff *ON* die Angabe der Tabelle, auf die sich der Trigger beziehen soll. Hierbei müssen Sie darauf achten, dass Sie den Tabellennamen im zweiteiligen Namensmuster (also Schemaname plus Tabellenname) angeben. Synonyme funktionieren an dieser Stelle nicht. Bei welcher Aktion das Auslösen erfolgen soll, geben Sie im Anschluss an das *FOR* an. Sie haben hier die Auswahl zwischen den drei Befehlen zur Datenmanipulation, also *INSERT, UPDATE* und *DELETE,* die ganz genauso, wie Sie dies bereits kennen, geschrieben werden. Dabei ist mindestens eines der Schlüsselworte erforderlich. Sie können allerdings zwei oder auch alle drei Begriffe, durch Kommata getrennt, verwenden. In diesem Fall haben Sie einen Trigger erzeugt, der für mehr als eine Aktion zuständig ist. Genau wie bei den gespeicherten Prozeduren wird der eigentliche Programmtext im Anschluss an ein *AS* geschrieben, welches den Deklarationsteil eines Triggers abschließt. Ein zweites T-SQL-Minibeispiel stellt vor, wie man einen Trigger für *INSERT* und *UPDATE* anlegt.

> **HINWEIS** Lassen Sie sich nicht irritieren: Beim Programmieren eines Triggers bekommen Sie im Management Studio keine Unterstützung durch IntelliSense. Dieses Verhalten können Sie leider nicht beeinflussen – es ist *by Design*.

```
CREATE TRIGGER IU_Customers_Test
ON Sales.Customers
AFTER INSERT, UPDATE
AS
PRINT 'Trigger IU_Customers_Test wurde ausgelöst'
```

Listing 17.3 Ein zweiter Trigger

Mit dem folgenden T-SQL-Befehl kann man diesen Trigger testen. Da es sich um ein *UPDATE* handelt, wird der zuerst angelegte Trigger nicht mit ausgelöst. Dieses *UPDATE* ändert übrigens den Namen des zuletzt eingefügten Kunden:

```
UPDATE Sales.Customers
SET Name_2 = 'Meier'
WHERE ID = ( SELECT Max(ID) FROM Customers )
```

Listing 17.4 Test für den zweiten Trigger

Das Ergebnis entspricht den Erwartungen. Betrachten Sie die Rückmeldung von SQL Server.

```
Trigger IU_Customers_Test wurde gefeuert
(1 Zeile(n) betroffen)
```

Verwenden Sie zum Vergleich jetzt noch einmal das *INSERT* aus dem ersten Trigger-Beispiel, dann erhalten Sie im Abfrageeditor dagegen die folgenden Meldungen:

```
Trigger I_Customers wurde gefeuert
Trigger IU_Customers_Test wurde gefeuert
(1 row(s) affected)
```

Beide Trigger werden nacheinander ausgelöst, da die Bedingungen erfüllt sind. Über die Reihenfolge der Abarbeitung der Trigger lässt sich in T-SQL nicht allzu viel sagen. Trigger werden normalerweise in der

Reihenfolge ausgeführt, in der sie angelegt wurden. Verlassen sollten Sie sich darauf allerdings nicht, sondern Trigger am besten so schreiben, dass es egal ist, wann exakt sie ausgelöst werden.

Ein dritter Test-Trigger soll nun demonstrieren, wie einfach es ist, auf die virtuellen Tabellen zuzugreifen. Dieser hat die Form:

```
CREATE TRIGGER I_Customers_Test_SELECT
ON Sales.Customers
AFTER INSERT
AS
SELECT * FROM INSERTED
PRINT 'Trigger I_Customers_Test_SELECT wurde ausgelöst'
```

Listing 17.5   Trigger, der die INSERTED-Tabelle ausgibt

Wie man unmittelbar sieht, besteht die Hauptaufgabe dieses Triggers darin, die Tabelle *INSERTED* auszulesen. Durch das Beispiel-*INSERT* Listing 17.2 ausgelöst, »meldet« sich der Trigger im Ergebnisfenster mit diesen Ausgaben:

```
ID      Code    LastName    FirstName   Address...
-----   -----   --------    ---------   ----------------------
10001   99999   Müller      Peter       Mariannenstrasse 11...
```

Und im Meldungsfenster erscheinen diese Meldungen:

```
...
(1 Zeile(n) betroffen)
Trigger IU_Customers_Test_SELECT wurde gefeuert
(1 Zeile(n) betroffen)
```

Lassen Sie sich durch die doppelte Angabe *(1 Zeile(n) betroffen)* nicht irritieren. Die erste Meldung bezieht sich auf das *SELECT*, welches vom Trigger eingesetzt wird, um die Tabellen *INSERTED* auszugeben. Die zweite bezieht sich dann auf das ursprüngliche *INSERT* und zeigt an, dass eine neue Tabellenzeile angelegt wurde. Sicherheitshalber möchte ich erwähnen, dass ich hier der Übersichtlichkeit wegen die zusätzlichen Ausgaben der ersten beiden Test-Trigger weggelassen habe, die natürlich auch ausgelöst wurden.

> **HINWEIS**   Nicht vergessen: Sie können Trigger ganz genau so im Debugger untersuchen, wie gespeicherte Prozeduren. Starten Sie einfach das Kommando, welches den Trigger auslöst, über das Symbol *Debuggen*.

Bevor es weitergeht, sollen diese ersten (relativ sinnfreien Trigger) abgeschaltet oder entfernt werden. Im Objekt-Explorer des Management Studios gibt es im Kontextmenü eines Triggers die Funktion *Deaktivieren*. Dies ist praktisch während der Entwicklungsarbeit: Sie können Trigger temporär deaktivieren, ohne diese gleich zu löschen. Der entsprechende T-SQL-Befehl für das Deaktivieren des ersten Beispiel-Triggers sieht folgendermaßen aus:

```
ALTER TABLE Sales.Customers
    DISABLE TRIGGER I_Customers_Test
```

Listing 17.6   Deaktivieren eines Triggers

Wie das Aktivieren per T-SQL aussieht, können Sie sich wahrscheinlich denken (*ENABLE*). Trigger löschen Sie, wie alle SQL Server-Objekte mit dem entsprechenden *DROP*-Kommando. Es ist an der Zeit, die drei Demo-Trigger endgültig loszuwerden:

```
DROP TRIGGER
    Sales.I_Customers_Test,
    Sales.IU_Customers_Test,
    Sales.I_Customers_Test_SELECT
```

Listing 17.7 Löschen von Triggern

Auch hier ist es wieder notwendig, den Schemanamen zu verwenden. Als abhängiges Objekt »erbt« ein Trigger das Schema der Tabelle, für welche er definiert wurde. Sie müssen das Schema beim Anlegen eines Triggers nicht explizit angeben.

Nach diesen einführenden Beispielen ist es nun an der Zeit, sich etwas genauer mit der Syntax des *CREATE TRIGGER*-Kommandos auseinanderzusetzen. So sieht diese (leicht vereinfacht) aus:

```
CREATE TRIGGER trigger_name
ON { table | view }
[ WITH ENCRYPTION   | EXECUTE AS clause ]
{
{ AFTER | INSTEAD OF }
{ [ INSERT ] [ , ] [ UPDATE ] [ , ] [ DELETE ]}
[NOT FOR REPLICATION]
AS { sql_statement   [ ; ] [ ...n ] | EXTERNAL NAME <method specifier [ ; ] > }
```

Nachdem die allgemeine Syntax ja bereits erklärt wurde, folgen nun noch die weiteren Details. Im Kopf eines Triggers wird vereinbart, auf welche Tabelle (oder Sicht) sich dieser beziehen soll. Hier ist nur die Angabe eines einzigen Tabellennamens erlaubt. Bei der Trigger-Deklaration können Sie wie beim Anlegen von gespeicherten Prozeduren oder Sichten vereinbaren, dass der in SQL Server hinterlegte Quellcode nicht als Klartext gelesen werden kann, um Änderungen und »Ideenklau« zu vermeiden. Dafür ist die Option *WITH ENCRYPTION* zuständig. Anschließend geht es um die Art des neuen Triggers. Hierbei sind die Varianten *AFTER* und *INSTEAD OF* denkbar. Lassen Sie, wie in den einführenden Beispielen geschehen, das *INSTEAD OF* weg, so wird automatisch ein *AFTER*-Trigger angelegt. Auf das *AS* folgt der eigentliche T-SQL-Code. Dieser unterscheidet sich überhaupt nicht von dem einer gespeicherten Prozedur – mit einer Ausnahme: ein Trigger kennt keine Parameter. Stattdessen gibt es ja die virtuellen Tabellen.

HINWEIS In der SQL Server-Online-Dokumentation sind noch weitere Syntaxbestandteile aufgeführt. Diese beziehen sich auf ältere SQL Server-Versionen. So wurde beispielsweise ein *AFTER*-Trigger früher durch das Schlüsselwort *FOR* definiert. Das geht zwar immer noch, ist aber seit der Einführung der *INSTEAD OF*-Trigger-Variante nicht mehr erste Wahl. *AFTER* macht besser deutlich, was gemeint ist. Ich habe Ihnen in diesem Abschnitt durchgehend die aktuelle Form des *CREATE TRIGGER*-Kommandos präsentiert.

Die Anzahl der Änderungsdatensätze feststellen

Für viele Operationen in Triggern ist es nützlich, die Anzahl der Datensätze zu kennen, die durch das auslösende DML-Kommando angefasst wurden. Ein Trigger wird auch dann gefeuert, wenn *kein* Datensatz betroffen ist.

Spontan könnte man einfach versucht sein, die Anzahl der Datensätze in einer der virtuellen Tabellen *INSERTED* oder *DELETED* festzustellen, etwas so: *SELECT COUNT(*) FROM INSERTED*. Obwohl das natürlich das korrekte Ergebnis liefert, geht es auch mit weniger Aufwand für den SQL Server. Sie können die Variable *@@rowcount* gleich am Anfang Ihres Triggers abfragen, noch bevor irgendetwas anderes passiert. *@@rowcount* liefert dann die Zahl der vom auslösenden Befehl betroffenen Datensätze. Da ein *DECLARE* die

@@*rowcount*-Variable nicht beeinflusst, können Sie zunächst eine lokale Variable definieren, um die Zeilenzahl aufzunehmen und diese später auswerten. Das Abfragen der Systemvariablem ist natürlich viel weniger aufwändig als das Scannen der Trigger-Tabellen. Ein kleines Beispiel dazu.

Im nächsten Beispiel wird ein Trigger angelegt, der auf ein *INSERT* oder *UPDATE* reagiert und die Anzahl der geänderten Datensätze untersucht.

```
CREATE TRIGGER IU_Customers ON Sales.Customers FOR INSERT, UPDATE
AS

DECLARE @therowcount AS int

SET @therowcount = @@rowcount

IF @therowcount = 0
   BEGIN
      PRINT 'Nichts los hier...'
      RETURN
   END
ELSE
   PRINT 'Anzahl Datensätze: ' + CAST(@therowcount AS varchar(10))
```

Listing 17.8 Auswertung von @@rowcount in einem Trigger

In einem Trigger kann, ganz genau wie in einer gespeicherten Prozedur, die Verarbeitung mit *RETURN* abgebrochen und die Programmausführung an den aufrufenden Code zurückgegeben werden.

Testen kann man das mit dem folgenden Skript:

```
INSERT Sales.Customers (Code, Name_2, Name_1, Address, PostalCode, City)
VALUES
   ('88888', 'Müller', 'Peter', 'Mariannenstrasse 11','1245', 'Berlin'),
   ('77777', 'Paul', 'Fasanenstraße 12','1245', 'Berlin')

UPDATE Sales.Customers SET Name_2 = 'Müller-Lüdenscheid' WHERE ID = -1
```

Listing 17.9 Test für den neuen Trigger

Das *INSERT* fügt zwei neue Datensätze ein während das *UPDATE* keine Auswirkungen hat. Das spiegelt sich in der Ausgabe des Triggers wieder:

```
Anzahl Datensätze: 2

(2 Zeile(n) betroffen)
Nichts los hier...

(0 Zeile(n) betroffen)
```

Die Trigger-Operation feststellen

Bei Triggern, die auf verschiedene DML-Kommandos reagieren können, kann es nützlich sein, festzustellen, welcher T-SQL-Befehl den Trigger gefeuert hat. Auditing-Trigger sind ein gutes Beispiel für diese Anforderung, aber auch in anderen Trigger-Typen ist die Untersuchung, was den Trigger eigentlich gefeuert hat, bisweilen notwendig.

T-SQL-Trigger bieten keine direkte Unterstützung für die Untersuchung dieser Frage an. Ganz im Gegensatz zu SQLCLR-Triggern, bei denen einfach die Eigenschaft *TriggerAction* mit ihren Werten *Update, Insert* und *Delete* abgefragt werden kann. Über die Tabellen *INSERTED* und *DELETED* kann aber eine äquivalente Untersuchung gestartet werden. Das funktioniert natürlich nur, wenn tatsächlich Daten geändert wurden. Allerdings können die allermeisten Trigger auch gleich abgebrochen werden, wenn keine Datensätze geändert wurden.

Auch hier gilt wieder: Vermeiden Sie die Abfrage mit *SELECT **, damit die Trigger-Tabellen nicht gescannt werden müssen. Wie man es richtig macht zeigt das nächste T-SQL Beispiel. Es wird mal wieder eine neue Version eines *Customers*-Trigger angelegt.

```
CREATE TRIGGER Sales.IUD_Customers ON Sales.Customers AFTER INSERT, UPDATE, DELETE
AS
IF EXISTS ( SELECT * FROM INSERTED ) AND NOT EXISTS ( SELECT * FROM DELETED ) PRINT 'Das war ein INSERT'
IF EXISTS ( SELECT * FROM DELETED  ) AND NOT EXISTS ( SELECT * FROM INSERTED ) PRINT 'Das war ein DELETE'
IF EXISTS ( SELECT * FROM INSERTED ) AND EXISTS ( SELECT * FROM DELETED ) PRINT 'Das war ein UPDATE'
```

Listing 17.10 Trigger-Operation feststellen

Sie erinnern sich: Ein *IF EXISTS (SELECT * FROM …)* ist eine sehr schnelle Methode, um festzustellen, ob eine Tabelle einen Inhalt hat. Ein Test:

```
UPDATE Sales.Customers SET Name_2 = 'Schröder' WHERE ID = 1
```

Listing 17.11 Test der Trigger-Operation

Der SQL Server meldet sich mit:

```
Das war ein UPDATE

(1 Zeile(n) betroffen)
```

Herausfinden, welche Spalten geändert wurden

Innerhalb eines Triggers können Sie mithilfe der *UPDATE*-Funktion überprüfen, ob sich eine ganz bestimmte Spalte einer Tabelle geändert hat. Mit dieser Funktion hat es eine besondere Bewandtnis: Sie darf ausschließlich innerhalb eines Triggers verwendet werden, und sie bildet immer eine Einheit mit dem *IF*-Befehl. Die Anwendung ist ansonsten ganz einfach, wie das nächste Beispiel zeigt:

```
CREATE TRIGGER U_Customers_Test_UPDATE
ON Sales.Customers
AFTER UPDATE
AS
IF UPDATE(Name_2)
   PRINT 'Die Spalte Name_2 hat sich geändert!'
ELSE
   PRINT 'Keine Änderung.'
```

Listing 17.12 Trigger mit IF UPDATE()

Die folgenden einfachen Tests demonstrieren das Verhalten dieses Triggers:

```
UPDATE Sales.Customers
SET Name_2= 'Meier'
WHERE ID = ( SELECT Max(ID) FROM Customers )
```

Listing 17.13 Spalteninhalt wird geändert

Dies ergibt die Meldung:

```
Die Spalte Name_2 hat sich geändert!
```

Im Gegensatz dazu wird durch den folgenden Befehl der Trigger zwar ausgelöst; da die Spalte *Name_2* allerdings nicht betroffen ist, ändert sich die Meldung entsprechend:

```
UPDATE Sales.Customers
SET Name_1= 'Peter'
WHERE ID = ( SELECT Max(ID) FROM Customers )
```

Listing 17.14 Spalteninhalt bleibt gleich

Und dies ist das Ergebnis:

```
Keine Änderung.
```

Es stellt sich fast augenblicklich die Frage, wie man bequem herausfinden kann, welche Spalten sich generell durch ein *UPDATE* geändert haben. Dazu bietet SQL Server leider (leider!) nichts Pfiffiges an. Die naheliegende Brute-Force-Methode sieht ganz einfach so aus:

```
IF UPDATE(ID)
    -- tu dies
IF UPDATE(FirstName)
    -- tu das
IF UPDATE(LastName)
    -- tu was anderes
-- und so weiter…
```

Da ist natürlich eine Menge Schreiberei, die Sie bei großen Tabellen sicher vermeiden möchten.

Vielleicht interessiert Sie aber auch nur, ob sich etwas an der Adresse eines Kunden geändert hat. Das könnte mit diesem Ausdruck geprüft werden:

```
IF UPDATE(Address) OR IF UPDATE(City) AND IF UPDATE(PostalCode)
    -- Adresse hat sich geändert
```

Etwas kürzer, wenngleich auch nicht umwerfend elegant, ist die Verwendung der Systemfunktion *COLUMNS_UPDATED()*. Diese Funktion ermittelt, welche Spalten in einer Tabelle sich im Zusammenhang mit einer Triggeroperation geändert haben. Dummerweise wird der Resultatwert als Bitmuster zurückgeliefert und zwar in einem oder mehreren Bytes, je nachdem wie viele Spalten vorhanden sind. Der Rückgabedatentyp ist also *varbinary*. Schauen Sie sich dazu den folgenden T-SQL-Trigger an. Auch in diesem wird geprüft, ob sich eine der drei *Address*-Spalten geändert hat.

```
CREATE TRIGGER U_Customers_Address_Changed
ON Sales.Customers
AFTER UPDATE
AS
IF SUBSTRING(COLUMNS_UPDATED(), 1, 1) & (16 + 32 + 64) > 0
    PRINT 'Adresse hat sich geändert'
```

Listing 17.15 Trigger mit COLUMNS_UPDATED()

Auch in diesem Trigger wird überprüft, ob sich eine der drei *Address*-Spalten geändert hat. Etwas verwirrend ist die Art und Weise, wie SQL Server das Bitmuster bildet. Im ersten Byte (ganz »links«) werden die ersten acht Spalten codiert im zweiten die zweiten acht Spalten der Tabelle und so fort. Dummerweise sind aber in jedem Byte die Spalten dann von rechts nach links abgelegt. O-Ton aus den Books-Online: »Das Bit ganz rechts des Bytes ganz links stellt die erste Spalte in der Tabelle dar.« Alles klar? Die *SUBSTRING*-Funktion ist gut geeignet, ein bestimmtes Byte in einem *varbinary*-Wert zu adressieren. Im Beispiel wird da erste Byte isoliert, weil nach der fünften (*Address*), sechsten (*Postalcode*) und siebten Spalte (*City*) gefahndet wird. Über den bitweise arbeitenden UND-Operator (»&«) wird dann mit dem entsprechenden Vergleichsmuster verknüpft und nachgeschaut, ob dabei ein Ergebnis entsteht. Dann ist mindestens eine der Spalten geändert worden.

Umständlich zwar, aber immerhin – es funktioniert – wie der folgende Testaufruf zeigt.

```
UPDATE Sales.Customers
SET City = 'Berlin'
WHERE ID = ( SELECT Max(ID) FROM Customers )
```

Listing 17.16 Test des COLUMNS_UPDATED-Triggers

Übrigens: Die Spaltennummerierung entspricht dem Wert, der von der *COLUMPROPERTY*-Systemfunktion mit einem übergebenen Parameter *ColumnID* geliefert wird. Mit dem folgenden *SELECT* können Sie mit Sicherheit feststellen, welche Nummer eine bestimmte Spalte besitzt:

```
SELECT COLUMNPROPERTY(OBJECT_ID('SalesDepartment.Customers'),'City', 'ColumnID')
```

An diesem Beispiel wird deutlich, dass die Verwendung der Konstruktion *IF UPDATE()* im Allgemeinen etwas übersichtlicher ist und der Einsatz von *COLUMNS_UPDATED()* in der Regel auf Spezialfälle beschränkt sein wird. In den beispielhaften Trigger-Anwendungen, die später in diesem Kapitel folgen, wird allerdings eine Variante für einen recht praktischen generischen Trigger vorgestellt, über den sich mithilfe von *COLUMNS_UPDATED* ein allgemeines Protokollierungsverfahren für Datenänderungen realisieren lässt.

INSTEAD OF-Trigger

Diesen speziellen Typ eines DML-Triggers verwendet man dann, wenn die durch eine DML-Operation geänderten Daten gar nicht erst in der Tabelle erscheinen sollen. Am Anfang dieses Kapitels wurde beschrieben, dass ein *INSTEAD OF*-Trigger bereits feuert, *bevor* eine Trigger-Aktion ausgeführt werden soll. Der Trigger wird dann anstelle des eigentlichen Kommandos ausgeführt. Die Einsatzmöglichkeiten sind etwas spezieller, aber nichts desto trotz sehr nützlich. Zwei Hauptanwendungen sind die folgenden:

- **Änderbare Sichten mit Joins** Im Kapitel über die Sichten haben Sie gelernt, dass sich Sichten, die aus mehreren Basistabellen bestehen, nicht direkt ändern lassen, wenn es gleichzeitig Änderungen an mehr als einer unterliegenden Tabelle gibt. Ein *INSTEAD OF*-Trigger kann hier die *UPDATE*-Anweisungen abfangen und die Änderungen nacheinander auf den verschiedenen Tabellen ausführen. So können Sichten in einem Client ganz genau wie Tabellen bearbeitet werden.

- **Heterogene partitionierte Tabellen** Bei sehr großen Datenbanksystemen kann es sinnvoll sein, Bereiche einer Tabelle auf verschiedenen Servern unterzubringen. Möglicherweise auch auf unterschiedlichen Datenbanksystemen (daher der Begriff *heterogen*). Mithilfe eines *INSTEAD OF*-Triggers können dazu die *INSERT*-Anweisungen abgefangen werden, und anhand eines Filterkriteriums werden die Datensätze mal auf dem einen, mal auf dem anderen Server gespeichert.

Eine kleine Demo zeigt, wie ein *INSTEAD OF*-Trigger für das *INSERT*-Kommando arbeitet. Dies ist der Trigger:

```
CREATE TRIGGER I_Customers_Test_INSTEAD
ON Sales.Customers
INSTEAD OF INSERT
AS
PRINT 'Dies war ein INSERT in die Customers-Tabelle!'
```

Listing 17.17 Einfacher INSTEAD OF-Trigger

Um zu demonstrieren, dass dieser Trigger verhindert, dass Daten in die *Customers*-Tabelle eingefügt werden, wird zunächst einmal die Anzahl der Datensätze festgestellt:

```
SELECT COUNT(*) FROM Sales.Customers
```

Dies liefert den Wert 10.000 (wenn noch keine neuen Datensätze in die Tabelle eingefügt wurden). Nun wird ein *INSERT* auf diese Tabelle ausgeführt:

```
INSERT Sales.Customers
(Name_2, Name_1, Address, PostalCode, City, Telephone, eMail)
VALUES
('Achelis', 'Lukas', 'Gärtnerstraße 7', '24917', 'Flensburg', '(0461) 59 49 00','alukad@hotmail.com'),
('Schulze', 'Paul', 'Rosenweg 10', '40100', 'Hamburg', '(040) 89 99 21','pschulze@hotmail.com')
```

Listing 17.18 Test für den INSTEAD OF-Trigger

Dies führt zu der folgenden Meldung:

```
Dies war ein INSERT auf die Customers-Tabelle!
(2 Zeile(n) betroffen)
```

Auf den ersten Blick sieht diese Meldung ein bisschen so aus, als ob zwar der Trigger ausgelöst hätte, aber entgegen der Theorie doch zwei neue Zeilen eingefügt worden wären. Die Operation liefert die entsprechende Meldung »2 Zeilen betroffen« zurück. Beim Nachprüfen mit der *COUNT(*)*-Funktion wird man jedoch feststellen, dass sich die Anzahl der Datensätze nicht verändert hat.

Zu den aktualisierbaren Mehrtabellensichten finden Sie in den Trigger-Beispielen weiter unten eine ausführliche Darstellung.

Trigger und Transaktionen

Wie schon angedeutet, beinhaltet die Programmierung mit Triggern eine Eigenart, welche die Implementierung von Geschäftsregeln stark vereinfacht: Trigger erzwingen immer eine Transaktion. Diese setzt sich aus den Änderungen zusammen, die von dem den Trigger auslösenden Kommando durchgeführt wurden, sowie aus den Aktualisierungen, die vom Trigger selbst bewirkt werden. Die Umsetzung des Konzepts ist ein wenig »implizit« und man sollte sich das Verhalten von Triggern in Transaktionen am besten wieder anhand übersichtlicher Beispiele verdeutlichen.

Der folgende Trigger überprüft, ob das übergebene Auftragsdatum in der Zukunft liegt. Ist dies der Fall, dann wird das Aufnehmen der neuen Bestellung verhindert und eine entsprechende Meldung ausgegeben.

```
CREATE TRIGGER I_Orders_Check
ON Sales.Orders
AFTER INSERT
AS
IF EXISTS
(
    SELECT *
    FROM INSERTED
    WHERE DATEDIFF(dd, getdate(), OrderDate) > 0
)
    BEGIN
        RAISERROR ( 'Ungültiges Datum', 15, 1)
        ROLLBACK TRAN
    END
```

Listing 17.19 Trigger mit ROLLBACK TRAN

Im Trigger-Code wird die *INSERTED*-Tabelle verwendet, um auf die eingefügten Datensätze zuzugreifen. Befindet sich in dieser mindestens ein Datensatz, für den die *WHERE*-Klausel gilt, dann wird das *IF*-Kommando gültig und nach einer Fehlermeldung die Transaktion zurückgesetzt. Das kann man leicht durch den folgenden Code überprüfen:

```sql
INSERT Sales.Orders
( CustomerID, OrderDate)
VALUES
( 1, '01.08.2020')
```

Listing 17.20 Test für den ROLLBACK TRAN-Trigger

Das liefert das folgende Ergebnis:

```
Server: Nachr.-Nr. 50000, Schweregrad 15, Status 1,
Prozedur I_Orders_Check, Zeile 7
Ungültiges Datum!
Meldung 3609, Ebene 16, Status 1, Zeile 3
Die Transaktion endete mit dem Trigger. Der Batch wurde abgebrochen.
```

Der neue Datensatz wird nicht eingefügt. Besonders spannend ist der Aufruf des Triggers aus einer explizit programmierten Transaktion heraus, wie das nächste T-SQL-Skript demonstriert:

```sql
BEGIN TRANSACTION
    INSERT Sales.Orders
        (CustomerID, OrderDate)
    VALUES
        (1, '01.08.2020')
COMMIT TRANSACTION
```

Listing 17.21 Explizite Transaktion löst einen Trigger aus

Die Meldung im Abfrageeditor ist mit der des ersten Beispiels identisch. Auch die Kontrolle durch das Nachzählen der Datensätze vor und nach der Transaktion zeigt, dass es nicht zum *INSERT* gekommen ist. Mit anderen Worten: Der Trigger setzt das *COMMIT* der expliziten Benutzertransaktion außer Kraft und übernimmt selbst die Kontrolle über den Abschluss der Transaktion. Dieses Verhalten muss natürlich bei der Programmierung berücksichtigt werden. In der initialen »äußeren« Transaktion könnten zum Beispiel Befehle enthalten sein, die sich auf weitere Tabellen beziehen. Auch diese werden durch das *ROLLBACK* des Triggers zurückgesetzt. Das folgende Skriptbeispiel würde im Erfolgsfall neben dem Eintrag eines neuen Auftrags auch gleich zwei Bestellpositionen einfügen. Durch den Trigger wird dies aber verhindert.

```sql
DECLARE @intOrderID int

BEGIN TRANSACTION
    INSERT Sales.Orders
        (CustomerID, EmployeeID, ShippingCosts, OrderDate)
    VALUES
        ( 1, 5, 0, '01.08.2020')

    SET @intOrderID = @@identity

    INSERT Sales.OrderDetails
    ( OrderID, Pos, ArticleID, Quantity, UnitPrice, Discount, Tax )
    VALUES
    ( @intOrderID, 1, 100, 10, 10, 0, 16 )
```

```
    INSERT Sales.OrderDetails
    ( OrderID, Pos, ArticleID, Quantity, UnitPrice, Discount, Tax )
    VALUES
    ( @intOrderID, 2, 101, 20, 10, 0, 16 )
COMMIT TRANSACTION
```

Listing 17.22 Eine mehrschrittige Transaktion wird zurückgesetzt

Was in diesem Beispiel ein erwünschtes Verhalten ist, weil das Einfügen von Bestellpositionen für eine nicht vorhandene Bestellung verhindert wird, kann in anderen Zusammenhängen zu unerwünschten Seiteneffekten führen. Daher ist ein wenig Sorgfalt beim Einsatz von Tabellen mit Triggern in Transaktionen angebracht.

Verschachtelte und rekursive Trigger

Trigger reagieren nicht nur auf Änderungen, die durch direkte Benutzeraktionen durchgeführt werden, sondern auch auf Datenänderungen durch andere Trigger. Darauf müssen Sie in Ihren SQL Server-Projekten unbedingt achten. Das Aufrufen eines Triggers durch einen anderen Trigger kann natürlich auch dann passieren, wenn sich beide Trigger in ein und derselben Tabelle befinden.

Richtig kompliziert wäre die hier beschriebene Situation, wenn verschachtelte Trigger sich rekursiv selbst aufrufen könnten. Wäre dies erlaubt, so würde sich ein System bei einer Datenänderung sofort ausführlich mit sich selbst beschäftigen. Glücklicher Weise lässt SQL Server dies standardmäßig nicht zu. Rekursive Trigger-Aufrufe werden nicht ausgeführt, und zwar weder im direkten (Trigger ruft sich selbst auf) noch im indirekten Fall (Trigger ruft über einen Umweg von einem oder mehreren Triggern sich selbst auf). Wenn Sie unbedingt möchten, können Sie durch eine Änderung der Datenbankeinstellung *recursive triggers* die Ausführung rekursiver Trigger gestatten.

Sie müssen dabei keine Angst haben, dass Ihr Programm durch rekursive Triggeraufrufe völlig blockiert wird. Genau wie bei den gespeicherten Prozeduren lassen sich Aufrufe von Triggern nicht beliebig tief ineinander verschachteln. Als Obergrenze gilt auch hier: Mehr als 32 verschachtelte Aufrufe sind nicht möglich. SQL Server überprüft dies, noch *bevor* die eigentlichen Trigger-Operationen durchgeführt werden. Stellt der Server fest, dass die Verschachtelungstiefe bei der Ausführung überschritten würde, so wird kein einziger der Trigger ausgeführt und auch die allererste Operation, die zum Aufruf der Triggerkette geführt hat, wieder zurückgesetzt. Normalerweise ist dieses Server-Verhalten unkritisch, da so hohe Abhängigkeiten von Tabellen untereinander selten gegeben ist und 32 Trigger, die Datenänderungen an ein und derselben Tabelle vornehmen würden, auch gar nicht vorkommen sollten. Durch das »Alles-oder-nichts-Prinzip« ist zumindest gewährleistet, dass keine inkonsistenten Daten entstehen. Ein letztes, zugegeben exotisches, Beispiel zeigt das Verhalten des Servers in solch einem Fall und beschließt diesen Abschnitt. Das nachfolgende T-SQL-Skript stellt die Datenbank so ein, dass rekursive Trigger erlaubt sind und definiert einen einfachen Trigger, der zu einer Endlosschleife führen würde:

```
ALTER DATABASE netShop SET RECURSIVE_TRIGGERS ON
GO

CREATE  TRIGGER U_Customers
ON Sales.Customers
FOR
UPDATE
AS
--  das aktuelle Datum
```

```
UPDATE Sales.Customers
   SET UpdatedAt = getdate()
WHERE
   [ID] IN ( SELECT [ID] FROM INSERTED)
```

Listing 17.23 Trigger, der sich selbst rekursiv aufruft

Lässt man im Abfrageeditor einen *UPDATE*-Befehl laufen, der eine Datenänderung in der *Customers*-Tabelle ausführt, wie zum Beispiel den aus Listing 17.24, so bekommt man die folgende Fehlermeldung zu sehen:

Server: Nachr.-Nr. 217, Schweregrad 16, Status 1, Prozedur U_Customers, Zeile 7

Die maximale Schachtelungsebene für gespeicherte Prozeduren, Funktionen, Trigger oder Sichten wurde überschritten (Limit ist 32).

Dieses Kommando löst den Trigger aus.

```
UPDATE Customers
SET Name_2 = 'Meier'
WHERE ID = ( SELECT Max(ID) FROM Customers )
```

Listing 17.24 Test für den rekursiven Trigger

Tipps für DML-Trigger

Bei der Verwendung von *DML*-Triggern gibt es eine Reihe von Besonderheiten zu beachten, auf die man bei der Programmierung immer wieder stoßen wird. An dieser Stelle finden Sie die wichtigsten Hinweise.

Trigger, die Ergebnisse an den Client liefern

Trigger sind »eigentlich« nicht dafür konzipiert, Ergebnismengen an einen Client zurückzuliefern. Ein *SELECT* ohne ein *INTO* hat in einem Trigger nichts verloren. Dennoch können Trigger, ganz genau wie gespeicherte Prozeduren, ein oder mehrere Ergebnismengen ausliefern. Ein Klassiker ist ein vergessenes *SELECT*, welches ein Entwickler für das Debugging eines Triggers eingebaut hat und welches nicht entfernt wurde. Solche überflüssigen Resultsets sind im einfachsten Fall nur schlecht für die Performance, können einen »unvorbereiteten« Client aber auch ganz gehörig aus dem Konzept bringen, da sie möglicherweise das Ergebnis einer gespeicherten Prozedur überlagern.

ACHTUNG Sie könnten in SQL Server durch eine entsprechende Konfiguration der Serverinstanz generell vermeiden, dass Trigger Ergebnisse an die Clients zurückliefern, auch wenn ein *SELECT* vorhanden ist. Die Einstellung nehmen Sie mit dem folgenden Kommando vor.

```
EXEC sp_configure 'disallow results from triggers', 1
RECONFIGURE
```

Listing 17.25 Trigger-Resultate unterdrücken

Die Konfigurationseinstellung *disallow results from triggers* gehört zu den erweiterten Servereinstellungen. Eventuell müssen Sie diese mit dem nächsten Skript erst einmal »freischalten«, wenn das noch nicht passiert ist.

```
EXEC sp_configure 'show advanced options', 1
RECONFIGURE
```

Listing 17.26 Erweiterte Konfigurationen erlauben

Nach dem Ausführen dieser kleinen Skriptdateien ändert die Datenbankmaschine ihr Verhalten. Entsteht in einem Trigger eine Ergebnismenge, dann erscheint diese nicht mehr auf dem Client. Stattdessen bekommt dieser die folgende, wunderbare Fehlermeldung zu Gesicht:

```
Meldung 524, Ebene 16, Status 1, Prozedur I_Customers_Test_SELECT, Zeile 5
Ein Trigger hat ein Resultset zurückgegeben, und die 'disallow_results_from_triggers'-Serveroption ist
TRUE.
```

Um das Abfangen des Fehlercodes 524 müssten Sie sich natürlich immer noch kümmern.

Diese – an sich nützliche - Konfigurationsmöglichkeit sollten Sie nicht mehr verwenden. Sie gehört nämlich zu den »abgekündigten« Funktionen von SQL Server, die in zukünftigen Versionen nicht mehr unterstützt werden. Falls Ihre SQL Server 2000- oder 2005-Anwendungen noch auf dieser Einstellung basieren, sollten Sie diese so anpassen, dass es kein *SELECT* im Trigger-Code gibt.

Trigger, die Meldungen an den Client liefern

Selbst wenn ein Trigger nur treu und brav Datenänderungen ausführt und weder ein Resultset noch abfangbare Fehlermeldungen liefert, kann es immer noch sein, dass er zu »geschwätzig« ist. Bei der Arbeit mit dem Abfrageeditor ist Ihnen ja zweifellos schon aufgefallen, dass SQL Server zu jeder ausgeführten Datenänderung eine Meldung generiert, wie viele Datensätze von dem jeweiligen *INSERT*, *UPDATE* oder *DELETE* betroffen waren. Dieses Verhalten kann unter Umständen wiederum für Verwirrung auf dem Client sorgen. Während solche Ergebnismeldungen beim Aufruf einer gespeicherten Prozedur, zum Beispiel über die ADO.NET-Methode *ExecuteNonQuery*, unproblematisch sind, kann ein impliziter Triggeraufruf zu einer überraschenden Ausnahme führen. Solange Sie mit den Standarddesignern von Visual Studio 2008 arbeiten, wird Ihnen diese Problematik nicht begegnen; schreiben Sie allerdings eigenen Code, um die Ergebnisse eines Updates zu überprüfen, dann müssen Sie mit den zusätzlichen Meldungen rechnen. Clientapplikationen wie Access reagieren in der Regel säuerlich auf Trigger, die Meldungen liefern. Gewöhnen Sie sich an, bei Triggern, genau wie bei gespeicherten Prozeduren, die Option *SET NOCOUNT ON* zu verwenden. Auf diese Weise gehen Sie solchen Problematiken aus dem Weg und gewinnen zusätzlich ein wenig Performance, da die Meldungen nicht mehr an den Client übertragen werden müssen. Das Management Studio unterstützt Sie dabei, da beim Anlegen eines neuen Triggers die entsprechende Schablone die Programmzeile für das Einschalten der *NOCOUNT*-Option bereits enthält.

```
CREATE TRIGGER I_Orders_Check
ON Sales.Orders
AFTER INSERT
AS
SET NOCOUNT ON
...
```

Listing 17.27   Trigger mit NOCOUNT

Den ersten oder letzten Trigger für eine Tabelle festlegen

Im vorliegenden Kapitel haben Sie gelernt, dass SQL Server Ihnen keine Möglichkeit bietet, die Reihenfolge in welche Trigger zünden, festzulegen. Es gibt allerdings eine kleine Ausnahme, speziell für *AFTER*-Trigger von dieser Regel: Sie können sowohl einen Trigger bestimmen, der als erster ausgelöst werden soll, wie auch den letzten. Zur Festlegung der Reihenfolge dient die gespeicherte Systemprozedur *sp_settriggerorder*. Das nachfolgende T-SQL-Kommando legt den Trigger *Customers.U_Customers* als ersten auszulösenden für den *DML*-Befehl *UPDATE* in der *Customers*-Tabelle fest.

```
EXEC sp_settriggerorder
@triggername= 'Sales.U_Customers', @order='First', @stmttype = 'UPDATE'
```
Listing 17.28 Explizites Festlegen eines »ersten Triggers«

Auf diese Art und Weise können Sie beispielsweise erzwingen, dass eine bestimmte Überprüfung *vor* allen anderen Trigger-Operationen oder eine abschließende Protokollierung des geänderten Datensatzes *nach* allen Änderungen am Datensatz stattfindet. Als Werte für den Parameter *@order* kommen *First*, *Last* und *None* in Frage. Da es logischerweise nur einen einzigen ersten beziehungsweise letzten Trigger geben kann, müssen Sie eventuell eine vorhandene Zuordnung aufheben, bevor Sie die gespeicherte Prozedur anwenden.

> **HINWEIS** Seien Sie vorsichtig, wenn Sie in Ihrer Lösung Replikation verwenden. Replikationstrigger müssen immer vor allen anderen ausgelöst werden. Vergewissern Sie sich, dass Sie mit *sp_settriggerorder* keinen Replikationstrigger deaktivieren.

Den Parameter *@triggername* füttern Sie entweder mit dem eigentlichen Triggernamen oder (besser) mit einer Kombination aus dem Namen des Schemas, dem der Trigger angehört, und dem eigentlichen Namen des Triggers.

Trigger und Sicherheit

Trigger werden im Sicherheitskontext des Benutzers ausgeführt, der den Trigger durch Änderungen in einer Tabelle aktiviert. Der Trigger kann also exakt auf diejenigen Objekte zugreifen, auf die der Benutzer entsprechende Berechtigungen besitzt. Eventuell muss man also daran denken, dem Benutzer zusätzliche Berechtigungen zu geben. Dies ist sicher nicht in jeder Situation wünschenswert, da der Benutzer dann natürlich auch direkt Änderungen in den Objekten durchführen kann. Eine Alternative bietet sich, genau wie bei den gespeicherten Prozeduren, in der Verwendung der Option *EXECUTE AS* an. Damit kann dann für die Dauer der Triggerausführung ein anderer Sicherheitskontext vereinbart werden, ohne dass der Benutzer dauerhaft zusätzliche Berechtigungen erhält.

- Noch etwas: Vermeiden Sie unter allen Umständen, dass »gewöhnliche« Benutzer in Ihrer Datenbank Trigger anlegen können. Sie würden damit eine Hintertür öffnen, über die per SQL-Injection sicherheitsrelevanter Code eingeschleust werden könnte!

Trigger und Einschränkungen

Ein »beliebtes« Problem beim Einsatz von Triggern sind Konflikte mit Einschränkungen, die in einer Tabelle vereinbart wurden. Verhindert beispielsweise eine *CHECK*-Einschränkung, dass ein *INSERT* überhaupt ausgeführt wird, dann kommt auch ein *INSERT*-Trigger nicht zum Zuge, da keine Protokolleinträge geschrieben werden. Einschränkungen gehen prinzipiell vor. Das führt unter Umständen zu nicht erwarteten Resultaten. Eventuell macht es Sinn, die Bedingungen der Einschränkungen mit in die betreffenden Trigger aufzunehmen.

Trigger und Replikation

Im ersten Buchteil wurde die SQL Server-Replikation als praktische Möglichkeit vorgestellt, um verteilte Applikationen zu realisieren. Verwenden Sie in einem Replikationsszenario die so genannte *transaktionale Replikation*, so können Sie sich, falls Ihre Datenbank Trigger enthält, diverse Probleme einhandeln, die es zu verhindern gilt. Überwachen Sie beispielsweise das Änderungsdatum eines Datensatzes per Trigger, wie ich es in den Trigger-Beispielen weiter vorn vorgestellt habe, dann löst der Trigger das erste Mal aus, wenn sich ein Datensatz ändert. Er löst aber zusätzlich ein zweites Mal aus, nämlich dann, wenn die Datenänderungen in die replizierte Datenbank übertragen werden. Das kann Stunden nach dem ersten Einfügen der Fall sein und daher die Daten verfälschen. Bei der transaktionalen Replikation werden die Befehle, die auf der Verleger-Datenbank ausgeführt werden, analog in einer Abonnenten-Datenbank wiederholt. SQL Server unterscheidet diese beiden Vorgänge standardmäßig nicht.

Um zu verhindern, dass ein Trigger durch einen Replikationsmechanismus ausgelöst wird, geben Sie beim Anlegen oder Ändern die Option *NOT FOR REPLICATION* an. Auf diese Art eingestellte Trigger ignorieren Datenänderungen, die durch einen Replikationsagenten generiert werden.

Verzögerte Namensauflösung für Trigger

In einer SQL Server-Programmierung kann es vorkommen, dass Tabellen dynamisch angelegt oder während der Laufzeit geändert werden. Dabei kann es sich um ganz normale Tabellen handeln, die dauerhaft in der Datenbank gespeichert werden, oder auch um temporäre Tabellen, die nur eine Zeitlang in der *tempdb*-Datenbank existieren. Wenn es in Ihrer Programmierung Gründe dafür gibt, zunächst einen Trigger und unabhängig davon die Tabelle zu definieren, dann ist dies ohne weiteres möglich. Genau so können Sie sich im Prozedurtext des Triggers auf eine Tabelle beziehen, die eventuell noch gar nicht existiert. Dies ist der so genannten verzögerten Namensauflösung bei der Definition von Triggern geschuldet. Die referenzierten Objekte werden erst beim ersten Auslösen des Triggers gesucht. Im nächsten T-SQL-Beispiel wird ein Trigger angelegt, der Werte in eine globale temporäre Tabelle schreibt. Diese muss beim *CREATE* noch gar nicht vorhanden sein. Erst, wenn ##CustomerStats bei der Triggerausführung nicht gefunden wird, löst SQL Server einen Fehler aus.

```
CREATE TRIGGER I_Customers_Stats
ON
Sales.Customers
AFTER INSERT
AS
UPDATE ##CustomerStats SET Count = Count + 1
```

Listing 17.29 Trigger, der eine nicht vorhandene Tabelle referenziert

Einsatzmöglichkeiten und Beispiele für DML-Trigger

Ich stelle Ihnen nun ein paar typische Einsatzmöglichkeiten für Trigger vor. Die beschriebenen Aufgabenstellungen kommen in fast jedem SQL Server-Projekt vor, sodass Sie die hier beschriebenen Verfahren als Blaupausen für die eigene Trigger-Programmierung verwenden können. Alle Codebeispiele finden Sie natürlich wieder in dem T-SQL-Projekt zu diesem Kapitel.

Trigger für die Protokollierung von Datenänderungen

In vielen Datenbankapplikationen wird gefordert, dass die Änderungen an den Datensätzen nachvollzogen werden können. Im einfachsten Fall werden dabei der Benutzername sowie Datum und Uhrzeit der letzten Änderung in zusätzlichen Feldern der Tabelle festgehalten. Von diesem einfachen Ansatz ist es nur ein kleiner Schritt bis zur Einrichtung eines kompletten Journals für eine Datenbank, in dem die Änderungen an den Tabellen zentral eintragen werden. Beide Ansätze lassen sich auch recht gut miteinander kombinieren: Die zusätzlichen Felder in der Tabelle dienen dann der direkten Anzeige der letzten Änderungen, beispielsweise in einem Formular, und die Journaltabelle wird für ausführliche Berichte herangezogen.

Der folgende *UPDATE*-Trigger führt eine einfache Protokollierung der Änderungen an Kundendatensätzen durch.

```sql
CREATE TRIGGER U_Customers_Log ON Sales.Customers
FOR
UPDATE
AS
-- das aktuelle Datum
UPDATE Sales.Customers
   SET UpdatedAt = getdate()
WHERE
   [ID] IN ( SELECT [ID] FROM INSERTED)
-- der aktuelle Benutzer
UPDATE Sales.Customers
   SET UpdatedBy = user
WHERE
   [ID] IN ( SELECT [ID] FROM INSERTED )
```

Listing 17.30 Trigger für die Protokollierung der letzten Datenänderung

Für die Beschaffung des aktuellen Serverdatums und der Uhrzeit wird die Systemfunktion *GETDATE()* eingesetzt, für die Beschaffung des Namens des aktuell angemeldeten Benutzers die Funktion *USER* (eine der Merkwürdigkeiten in T-SQL ist die Schreibweise der Funktion *USER* ohne runde Klammern). Dies ist weiter kein Problem. Interessanter ist da schon die Fragestellung, wie es sich erreichen lässt, dass tatsächlich nur jene Datensätze der Kundentabelle mit neuen Werten versehen werden, die auch tatsächlich vom *UPDATE*-Befehl betroffen waren. Hier helfen die virtuellen Tabellen eines Triggers. Im Update-Fall stehen sowohl die *INSERTED*- wie auch die *DELETED*-Tabelle zur Verfügung. Da nur die Liste der Schlüssel der geänderten Datensätze benötigt wird, ist es gleich, auf welche der Tabellen man sich bezieht (vorausgesetzt, dass Änderungen an den Schlüsselwerten nicht gestattet sind). Unter Zuhilfenahme eines Sub-*SELECT*, das diese Liste aus der *INSERTED*-Tabelle erstellt, kann dann eine *WHERE*-Klausel gebildet werden, welche die Protokolleinträge auf die Datensätze beschränkt, die vom *UPDATE* des Triggers betroffen waren.

Möchte man die Änderungen an verschiedenen Tabellen in einer zentralen Protokolltabelle nachvollziehen können, so bietet sich eine Lösung in der folgenden Art an: In der netShop-Datenbank existiert eine Tabelle, die die Aufgabe des »Logbuchs« übernimmt: die *Journal*-Tabelle. In diese soll bei Datenänderungen an relevanten Tabellen eingetragen werden, welcher Benutzer die Änderung durchgeführt hat, zu welchem Zeitpunkt dies geschehen ist und welcher Datensatz betroffen war. Für den letzten Punkt wird der Primärschlüssel aus der aktualisierten Tabelle übernommen. Dieser ist in der netShop-Datenbank immer vom SQL Server-Datentyp *int* (oder von einem kleineren ganzzahligen Datentyp). In jede zu überprüfende Tabelle wird ein zusätzlicher Trigger in der folgenden Art eingetragen:

```sql
CREATE TRIGGER IUD_Customers_Journal
ON Sales.Customers
AFTER
INSERT, UPDATE, DELETE
AS

SET NOCOUNT ON

-- 1. INSERT

INSERT Internal.Journal
   ( [Table], Operation, Rowid, ChangedBy, ChangedAt )
```

```
SELECT
    'Customers', 'INSERT', [ID] , USER, GETDATE()
FROM
    INSERTED
WHERE
    [ID]
NOT IN
    ( SELECT [ID] FROM DELETED )

-- 2. UPDATE

INSERT Internal.Journal
    ( [Table], Operation, Rowid, ChangedBy, ChangedAt )
SELECT
    'Customers', 'UPDATE', i.[ID] , USER, GETDATE()
FROM
    INSERTED i
INNER JOIN
    DELETED d
ON
    i.[ID] = d.[ID]

-- 3. DELETE

INSERT Internal.Journal
    ( [Table], Operation, Rowid, ChangedBy, ChangedAt )
SELECT
    'Customers', 'DELETE', [ID] , USER, GETDATE()
FROM
    DELETED
WHERE
    [ID]
NOT IN
    ( SELECT [ID] FROM INSERTED )
```

Listing 17.31 Trigger für das Füllen der Journaltabelle

Dieser Trigger behandelt gleich alle denkbaren Varianten der Datenänderung, also *INSERT, UPDATE* und *DELETE*. Unter Zuhilfenahme der virtuellen Trigger-Tabellen lassen sich die Einträge in die Journal-Tabelle recht einfach mit drei Inserts realisieren: Das erste trägt ausschließlich Datensätze in die Journal-Tabelle ein, die nur in der *INSERTED-*, nicht aber in der *DELETED*-Tabelle vorliegen, das zweite trägt Datensätze ein, die in beiden virtuellen Tabellen vorkommen (dies sind die *UPDATE*-Anweisungen) und das dritte trägt die Datensätze ein, die ausschließlich in der *DELETED*-Tabelle vorkommen. Mit dem folgenden Skript lässt sich der Trigger überprüfen:

```
INSERT Sales.Customers (LastName, FirstName, Address, City)
VALUES ('Müller', 'Peter', 'Mariannenstrasse 11','Berlin')

UPDATE Sales.Customers
SET Lastname = 'Meier'
WHERE ID = ( SELECT Max(ID) FROM Customers )

DELETE Sales.Customers
WHERE ID = ( SELECT Max(ID) FROM Customers )

SELECT * FROM Internal.Journal ORDER BY ChangedAt DESC
```

Listing 17.32 Test des Journal-Triggers

Einsatzmöglichkeiten und Beispiele für DML-Trigger

Es wird ein neuer Kundendatensatz angelegt, geändert und dann wieder gelöscht. So stellt sich der Vorgang in der Journal-Tabelle dar:

```
ID  Table      Operation  Rowid  ChangedBy  ChangedAt
11  Customers  INSERT     10005  dbo        2009-11-01 12:36:00
12  Customers  UPDATE     10005  dbo        2009-11-01 12:36:00
13  Customers  DELETE     10005  dbo        2009-11-01 12:36:00
```

> **HINWEIS** SQL Server kennt standardisierte Überwachungsverfahren für das Protokollieren von Benutzeraktionen. Mit SQL Server 2008 wurden so genannte *Audits* eingeführt, die große Mengen von Überwachungsinformationen mit relativ kleinem Overhead verarbeiten können. In SQL Server 2000 oder 2005 können Sie serverseitige Profiler-Traces verwenden, um eine Überwachung durchzuführen. Beide Verfahren richten sich in erster Linie an den Administrator, können aber natürlich auch von Applikationsentwicklern genutzt werden. Trigger haben demgegenüber zwar einen erhöhten Overhead, bieten aber durch Ihre Programmierbarkeit stark erweiterte Möglichkeiten. In den meisten Fällen wird ein Entwickler für ein »datenbankinternes« Auditing Trigger bevorzugen.

Trigger für die Protokollierung von Spaltenänderungen

Als weiteres Beispiel für die Protokollierung mithilfe von Triggern folgt nun noch ein *UPDATE*-Trigger, mit dessen Hilfe Sie feststellen können, in welchen Spalten einer Tabelle Änderungen vorgenommen wurden. Der Trigger »berechnet« die Spalten mit der Hilfe von Systemfunktionen und gibt die Liste der Spaltennamen aus. Der Trigger setzt die *COLUMNS_UPDATED()*-Systemfunktion ein, die Sie schon weiter vorn in diesem Kapitel kennen gelernt haben. *COLUMNS_UPDATED()* ist ja leider etwas hakelig in der Anwendung, da sie Bitmuster untersuchen müssen. Der Trick in Listing 17.33 besteht einfach darin, die Bits einzeln in einer Schleife zu untersuchen und die Namen der geänderten Spalten aus dem Datenbankkatalog zu fischen. Das Beispiel arbeitet mit Operatoren auf Bitebene und sieht auf den ersten Blick etwas gewöhnungsbedürftig aus. Aber es funktioniert!

```sql
CREATE TRIGGER Sales.U_Customers_COLUMNS_UPDATED
ON Sales.Customers
AFTER UPDATE
AS
SET NOCOUNT ON

DECLARE @Pos AS int                    -- Position der Spalte in der Tabelle
DECLARE @NumberColums AS int           -- Anzahl der Spalten in der untersuchten Tabelle
DECLARE @UpdatedColumns TABLE          -- Liste der geänderten Spalten
    (ColumnName varchar(100) NOT NULL)

-- Wieviele Spalten gibt es?
SET @NumberColums =
  ( SELECT COUNT(*) FROM INFORMATION_SCHEMA.COLUMNS
    WHERE TABLE_SCHEMA = 'Sales' AND TABLE_NAME = 'Customers')

-- Die Spalten durchlaufen und Änderungen feststellen
SET @Pos = 1

WHILE @Pos <= @NumberColums
BEGIN

  IF (SUBSTRING(COLUMNS_UPDATED(),(@Pos - 1) / 8 + 1, 1))
     & POWER(2, (@Pos - 1) % 8) = POWER(2, (@Pos - 1) % 8)
```

```
    INSERT @UpdatedColumns (ColumnName)
    ( SELECT COLUMN_NAME
                FROM INFORMATION_SCHEMA.COLUMNS
                WHERE TABLE_SCHEMA = 'Sales' AND TABLE_NAME = 'Customers'
                AND ORDINAL_POSITION = @Pos )

    SET @Pos = @Pos + 1
END

SELECT * FROM @UpdatedColumns
```

Listing 17.33 Universeller Spaltenprotokoll-Trigger

Der Beispiel-Trigger gibt schlicht und ergreifend die Namen der Spalten aus, die in der Trigger-Operation angefasst wurden. Das ist zwar ganz hübsch, aber in den meisten Fällen wird einen doch eher interessieren, welche Werte in welchen Spalten geändert wurden. Dies wiederum ist ein bisschen tricky und lässt sich auf effektive Weise schwer generisch lösen. Es existiert eine Reihe von Lösungen, die in der Regel auf dem Vergleich der Tabellen INSERTED und DELETED basieren. Die Kunst besteht darin, eine Lösung zu finden, die mit wenig Code auskommt und effektiv verarbeitet werden kann. Eine Programmierung unter Verwendung eines T-SQL-Cursors (siehe Kapitel 19 »Serverseitige T-SQL-Cursor«) hat unter gar keinen Umständen etwas in einem Trigger verloren, außer es kommt auf die Ausführungszeit nicht an. Im folgenden T-SQL-Beispiel werden zwei Themen recht elegant gelöst: Der Vergleich einer beliebigen Anzahl von Tabellenspalten in INSERTED und DELETED, ohne für jede Spalte der Basistabelle einen expliziten Ausdruck schreiben zu müssen und die Konvertierung der Ergebnisse in das passende Journalformat.

Die Variante in Listing 17.35 basiert auf einem Join zwischen der INSERTED- und der DELETED-Tabelle über den Primärschlüssel. Um die weitere Verarbeitung zu vereinfachen wird das Ergebnis pivotiert (siehe Kapitel 9 »Daten abfragen und auswerten«). Der clevere Trick besteht im Anhängen der potentiellen Spaltennamen über ein CROSS JOIN. Dadurch entstehen zwar einige überflüssige Datensätze, die aber in der äußeren Abfrage herausgefiltert werden.[1]

Zunächst muss die Journaltabelle der netShop-Datenbank um entsprechende Spalten ergänzt werden. Diese sind vom Datentyp *sql_variant*. Man könnte genauso gut *nvarchar*-Spalten verwenden.

```
ALTER TABLE Internal.Journal
    ADD ChangedColumn sql_variant, NewValue sql_variant
```

Listing 17.34 Erweiterung des Journalschemas

Und dann kann der neue Trigger angelegt werden.

```
CREATE TRIGGER Sales.U_Customers_Journal ON Sales.Customers AFTER UPDATE
AS

IF @@rowcount = 0 RETURN
SET NOCOUNT ON

-- Tabellenvariable enthält die zu trackenden Spalten

DECLARE @tabColumns AS TABLE(ColName sysname)
```

---

[1] Die Grundidee zu diesem Trigger stammt von Itzig Ben-Gan (siehe Ressourcenverzeichnis auf der CD). Ich habe seinen Code leicht modifiziert und an die netShop-Lösung angepasst.

```sql
-- relevanten Spaltennamen eintragen
INSERT @tabColumns VALUES ('Name_1'), ('Name_2'), ('Address'), ('PostalCode' )

INSERT INTO Internal.Journal
(
    [Table], Operation, Rowid, ChangedColumn, NewValue, ChangedBy, ChangedAt
)
SELECT
    [Table], Operation, ID, ColName, NewValue, ChangedBy, ChangedAt
FROM
    (   SELECT
            'Customers' AS [Table],
            'UPDATE' AS Operation,
            I.ID,
            ColName,
            CASE ColName
                WHEN 'Name_1' THEN CAST (d.Name_1 AS SQL_VARIANT)
                WHEN 'Name_2' THEN CAST (d.Name_2 AS SQL_VARIANT)
                WHEN 'Address' THEN CAST (d.Address AS SQL_VARIANT)
                WHEN 'PostalCode' THEN CAST (d.PostalCode AS SQL_VARIANT)
            END AS OldValue,
            CASE ColName
                WHEN 'Name_1' THEN CAST (i.Name_1 AS SQL_VARIANT)
                WHEN 'Name_2' THEN CAST (i.Name_2 AS SQL_VARIANT)
                WHEN 'Address' THEN CAST (i.Address AS SQL_VARIANT)
                WHEN 'PostalCode' THEN CAST (i.PostalCode AS SQL_VARIANT)
            END AS NewValue,
            USER AS ChangedBy,
            GETDATE() AS ChangedAt
        FROM
            INSERTED i
        INNER JOIN
            DELETED d ON i.ID = d.ID
        CROSS JOIN
            @tabColumns c
    ) AS T
WHERE
    OldValue <> NewValue
OR
    ( OldValue IS NULL AND NewValue IS NOT NULL )
OR
    ( OldValue IS NOT NULL AND NewValue IS NULL )
```

Listing 17.35 Trigger protokolliert Spaltenänderung mit Werten

Sie können den Trigger mit dem folgenden Beispielskript testen.

```sql
UPDATE Sales.Customers
SET Name_2 = 'Müller'
WHERE ID = ( SELECT Max(ID) FROM Customers )

SELECT * FROM Internal.Journal
```

Listing 17.36 Test für den neuen Journaltrigger

Das Ergebnis sieht so aus:

ID	Table	Operation	Rowid	ChangedBy	ChangedAt	ChangedColumn	NewValue
1	Customers	UPDATE	10014	dbo	2009-11-01 16:25:00	Name_2	Müller

Dieser Trigger-Code funktioniert gut, ist aber auf den ersten Blick vielleicht etwas schwer zu verstehen. Wenn Sie nicht sofort damit zurechtkommen, dann empfehle ich Ihnen den Code durch gezieltes Auskommentieren von innen nach außen zu analysieren. Dadurch bekommt man schnell ein intuitives Verständnis für die Funktionsweise der beiden *SELECT*-Anweisungen.

Wie schon gesagt, ist es nicht einfach, eine generische Triggerlösung für diese Art der Protokollierung zu entwickeln. Der vorgestellte Journaltrigger müsste immer dann angepasst werden, wenn neue Spalten an die Tabelle angehängt werden. Allerdings muss dazu nur ein neuer Eintrag an die Tabellenvariable *tabColumns* angehängt werden, und es muss die entsprechende Ergänzung in den beiden *CASE*-Statements passieren. Kompliziert ist das jedenfalls nicht.

Trigger für die Überprüfung von Integritätsbedingungen

Die nächsten Trigger sind wiederum Beispiele aus dem netShop. Es geht darum, komplexere Integritätsbedingen zu implementieren, die man mit einfachen SQL Server-Einschränkungen nicht einrichten könnte.

Beim ersten Trigger handelt es sich um die Durchsetzung einer kleinen aber feinen Integritätsregel, die man mit keiner anderen Methode von SQL Server durchsetzen kann. Es geht um das Feld *Code*, das in den Tabellen *Articles, Customers* und *Orders* vorkommt. Zur Erinnerung: Es handelt sich dabei um den Klartextschlüssel, der die Verbindung des netShop-Systems mit einer Backend-ERP-Lösung sicherstellt. (Zur Erläuterung können Sie das Kapitel 4 »Das Arbeitsbeispiel dieses Buchs«, zurate ziehen). In Bezug auf die Codespalte gibt es die folgende Geschäftsregel: Diese Spalte darf den Wert *NULL* annehmen, wenn ein neuer Datensatz angelegt wird; nachdem aber ein Wert vergeben wurde, darf sich dieser nicht mehr ändern. Diese Invarianz eines Spaltenwertes lässt sich über einen einfachen *UPDATE*-Trigger realisieren:

```sql
CREATE TRIGGER U_Customers_Code ON Sales.Customers
AFTER
UPDATE
AS
IF @@rowcount = 0 RETURN
IF UPDATE(Code)
   BEGIN
      RAISERROR
         ('Die Spalte Code darf nicht geändert werden!', 15, 1)
      ROLLBACK TRAN
   END
GO
```

Listing 17.37 Trigger, der Änderungen an einer Spalte verhindert

Ein Versuch, die Spalte *Code* in der Kundentabelle zu ändern, führt dann zu der folgenden Meldung:

```
Meldung 50000, Ebene 15, Status 1, Prozedur U_Customers_Code, Zeile 10
Die Spalte Code darf nicht geändert werden!
Meldung 3609, Ebene 16, Status 1, Zeile 1
Die Transaktion endete mit dem Trigger. Der Batch wurde abgebrochen.
```

Test des neuen Triggers:

```sql
UPDATE Sales.Customers
   SET Code = 99999
WHERE
   ID = ( SELECT MAX(ID) FROM Sales.Customers )
```

Listing 17.38 Test für den Integritäts-Trigger

Trigger für die Durchsetzung von Geschäftsregeln

Es gibt natürlich sehr viele Integritätsbedingungen, die nicht mit den Standardmethoden von Datenbanksystemen überwacht werden können. Viele der Regeln haben mit der Funktionsweise der Applikationen zu tun und letzten Endes damit, welche Regeln es in der »wirklichen Welt« gibt, für die die Datenbankanwendung geschrieben wurde. Solche Regeln werden gemeinhin als Geschäftsregeln bezeichnet.

Im nächsten Beispiel für das Sicherstellen von Integrität geht es darum, sicherzustellen, dass kein Auftrag physikalisch gelöscht werden darf, der nicht vollständig bezahlt wurde. Im Szenario der netShop-Beispieldatenbank gilt ein Auftrag als vollständig bezahlt, wenn es einen Eintrag in der Spalte *PaymentDate* der Tabelle *Sales.Orders* gibt. Der Trigger kann einfach in der Tabelle *DELETED* nachschlagen, um herauszufinden, ob die Transaktion durchgeführt werden darf.

```
CREATE TRIGGER D_Orders ON Sales.Orders
FOR
    DELETE
AS

IF EXISTS ( SELECT * FROM DELETED WHERE PaymentDate IS NULL )

BEGIN
    RAISERROR ('Auftrag kann nicht gelöscht werden. Es sind noch Zahlungen offen.', 16, 1)
    ROLLBACK TRAN
END
```

Listing 17.39 Trigger setzt eine Geschäftsregel durch

Denken Sie daran, dass es sein kann, dass – je nach der Art der Programmierung – mit einem einzelnen *DELETE*-Kommando sowohl bezahlte, wie auch unbezahlte Aufträge gelöscht werden können. Der Trigger setzt den Befehl immer insgesamt zurück, was der Client berücksichtigen sollte.

Trigger für die Pflege von Datenzusammenhängen

Das letzte Beispiel in diesem Abschnitt behandelt eine Anforderung, wie sie in der Praxis ebenfalls recht häufig anzutreffen ist. Es geht um die Forderung, dass zu einem Datensatz in einer Haupttabelle immer eine bestimmte Anzahl wohl definierter Datensätze in einer abhängigen Tabelle vorhanden sein müssen. Am Beispiel der *netShop*-Datenbank lässt sich diese »aufgebohrte« relationale Abhängigkeit anhand der *Articles-*, *ArticleAttributes-* und *ArticlesToArticleAttributes*-Tabellen aus dem *Sales*-Schema erläutern. Die *ArticleAttributes*-Tabelle verwaltet die Eigenschaften, die grundsätzlich für jeden Artikel definiert sein sollen. Welche das genau sind, hängt davon ab, in welchem Katalog sich ein Artikel befindet (Fremdschlüssel *CatalogID* in *Articles* zur Tabelle *Catalogs*). Man spricht von einem *Open Schema*-Design, da die Anzahl der möglichen Artikelattribute prinzipiell nicht eingeschränkt ist (siehe Kapitel 4 »Das Arbeitsbeispiel dieses Buchs«, oder auch Kapitel 8 »Tabellen planen und einrichten«).

Pro definierter Eigenschaft (sprich: pro Datensatz in *ArticleAttributes*) muss ein Eintrag in der Verknüpfungstabelle *ArticlesToArticleAttributes* gemacht werden. Solch eine Integritätsregel lässt sich mit den normalen SQL Server-Einschränkungen natürlich nicht realisieren. Stattdessen können wiederum Trigger diese Bedingung erzwingen. Ich stelle hier den Trigger vor, der sich in der netShop-Datenbank beim Anlegen eines neuen Artikeldatensatzes darum kümmert, dass die entsprechenden Einträge in der Verknüpfungstabelle gemacht werden. So ganz nebenbei ergibt sich hier eine der seltenen Einsatzmöglichkeiten für ein *CROSS JOIN*: Damit lässt sich die Aufgabe kurz und knapp lösen. Das Skript zeigt ausnahmsweise ein *ALTER*-Kommando, da der Trigger *Products.I_Articles* von Anfang an in der *netShop*-Datenbank existiert.

```
ALTER Trigger Products.I_Articles ON Products.Articles
AFTER INSERT
AS
IF @@rowcount = 0 RETURN
SET NOCOUNT ON

INSERT INTO ArticlesToArticleAttributes
( ArticleID, ArticleAttributeID, Value)
SELECT
    i.ID, aa.ID, NULL
FROM
    INSERTED i CROSS JOIN ArticleAttributes aa
WHERE
    aa.CatalogID = i.CatalogID
```

Listing 17.40 Trigger für das Anlegen von Attributverknüpfungen

Die Verwendung des *CROSS JOIN* ermöglicht diesen kurzen Trigger-Rumpf: Aus den Datensätzen der *INSERTED*-Tabelle und denen der *ArticleAttributes*-Tabelle werden alle möglichen Kombinationen gebildet und in die Verknüpfungstabelle eingetragen. Nach dem Einfügen eines Testdatensatzes (Artikel »Bio-Multivitaminsaft« in Listing 17.40) finden sich in dieser drei neue Datensätze. Zur anschaulicheren Darstellung habe ich diese mit den Daten aus den Haupttabellen verknüpft:

ArticleName	CatalogName	AttributeName	ArticleID	ArticleAttributeID	Value
Bio-Multivitaminsaft	Säfte	Behälter	101	6	NULL
Bio-Multivitaminsaft	Säfte	Inhalt	101	7	NULL

Natürlich muss auch der umgekehrte Fall des Einfügens in die Tabelle *ArticleAttributes* (und ebenso *INSERT*-Anweisungen in der *Catalog*-Tabelle) berücksichtigt werden, wie auch Aktualisierungen der bestehenden Daten. In der netShop-Datenbank finden Sie die entsprechenden Trigger für die Pflege der Tabellenzusammenhänge bereits angelegt. Die Pflege beim Löschen von Datensätzen kann einfach durch den Einsatz der Löschweitergabe beim Anlegen der Tabellenbeziehungen vorbereitet werden.

```
INSERT Articles
(ID, CatalogID, Code, Name, Price, Tax, Freight, Active )
VALUES
( 999, 3, '999', 'Bio-Multivitaminsaft', 1.8, 0.07, 0.5, 1)
```

Listing 17.41 Test des Pflege-Triggers

Trigger für die Bildung von laufenden Summen

Das folgende Beispiel demonstriert, wie Sie mithilfe eines Triggers einen aggregierten Wert in einem Datensatz stets auf dem aktuellen Stand halten können. Eine mitlaufende Summe ist ein hervorragendes Mittel, um die Abfrageperformance in einer Datenbank zu erhöhen. Sollen in einem Formular Ihres Clients Kundeninformationen in einem *DataGridView*-Steuerelement (oder wie auch immer in Ihrer Programmierumgebung so ein Grid auch gerade heißen mag) dargestellt werden, müssen in einer vollständig normalisierten Datenbank die Kundenumsätze über eine Sicht aus mehreren Tabellen – in netShop sind es drei – zusammengefasst werden. Das kann unangenehm lange dauern. Ist dagegen der Wert schon in der anzuzeigenden Tabelle vorhanden, dann besteht der einzige Aufwand im Abrufen der Datensätze. Solch eine gezielte Denormalisierung ist in Datenbanken prinzipiell erlaubt, aber nur dann, wenn die Konsistenz der Daten – hier: der Wert in der Tabelle entspricht dem berechneten Wert aus den Auftragstabellen – stets gewährleistet ist. Durch Trigger lässt sich dies problemlos erreichen, da diese transaktionssicher sind.

In unserem Beispiel wird die neu angelegte Spalte *TurnOver* in der *Customers*-Tabelle bei jeder Änderung der Auftragspositionen durch den Trigger *I_OrderDetails* neu berechnet.

```
-- Spalte für mitlaufende Summe anlegen
ALTER TABLE Sales.Customers
   ADD TurnOver money
GO

-- Trigger für die Pflege der mitlaufenden Summe
CREATE TRIGGER I_OrderDetails ON SalesDepartment.OrderDetails
AFTER  INSERT, UPDATE, DELETE
AS
UPDATE Customers
SET TurnOver = Sales.TurnOverForCustomer([ID])
WHERE
ID IN ( SELECT CustomerID FROM Orders WHERE ID IN
        ( SELECT OrderID FROM  INSERTED ))
```

Listing 17.42 Trigger für die Pflege einer mitlaufenden Summe

Zu diesem Trigger muss man unbedingt ein paar Dinge anmerken. Zunächst einmal wird der Umsatz für einen Kunden über die benutzerdefinierte Funktion *TurnOverForCustomer* berechnet. Diese ist Ihnen in Kapitel 16 »Benutzerdefinierte Funktionen« schon einmal begegnet. Wichtig ist bei diesem Trigger, dass die Aktualisierung auf die Kunden eingeschränkt ist, für die sich Bestelldetails tatsächlich geändert haben. Ohne die *WHERE*-Klausel funktioniert die Berechnung zwar genauso gut, allerdings werden dann überflüssigerweise sämtliche Kundendatensätze angefasst. In der *WHERE*-Bedingung selbst fällt das doppelte Sub-*SELECT* auf. Das innere Sub-*SELECT* liefert die Auftrags-IDs der Bestellpositionen, das äußere die dazu passenden Kunden-IDs. Damit geht es dann in die *Sales.Customers*-Tabelle. Alternativ hätte man die UPDATE FROM-Syntax mit einem *JOIN* verwenden können. Das ist an dieser Stelle reine Geschmackssache. Für die Ausführungsgeschwindigkeit ergibt sich kein Unterschied.

Mit dem nächsten Befehl können Sie den Trigger testen:

```
UPDATE OrderDetails
   SET Quantity = 10
WHERE
   Pos = 1 AND OrderID = 1

SELECT * FROM Sales.Customers
WHERE
   ID IN (SELECT CustomerID FROM Sales.Orders WHERE ID = 1 )
```

Listing 17.43 Test des Summen-Triggers

Trigger für das Aktualisieren von Sichten

Im Kapitel über Sichten haben Sie gelernt, dass Sichten zwar aus mehr als einer Basistabelle zusammengesetzt sein können, dass sich aber ein *UPDATE* einer Zeile in einer Mehrtabellensicht nur auf eine der Basistabellen beziehen darf. In den allermeisten Situationen wird man eine Art Haupt-/Unterformular verwenden, um die zusammenhängenden Daten darzustellen und beide Tabellen editierbar zu machen. Führt der Benutzer Änderungen über solch ein Formular durch, dann erhält SQL Server die *UPDATE*-Kommandos auf jeden Fall nacheinander, ein Konflikt ist ausgeschlossen. Sei's drum: Wenn Sie der Meinung sind, dass Ihre Applikation eine Mehrtabellensicht braucht, die beliebig editierbar ist, dann lässt sich auch dies realisieren, und zwar mithilfe eines *INSTEAD OF*-Triggers. Als Beispiel dient die folgende Sichtdefinition:

```sql
CREATE VIEW Sales.vwOrdersAndDetails
AS
SELECT
    o.ID, o.CustomerID, o.OrderDate,
    od.Pos, od.ArticleID, od.Quantity
FROM
    Sales.Orders o
INNER JOIN
    Sales.OrderDetails od
ON
    o.ID = od.OrderID
```

Listing 17.44 Beispielsicht aus zwei Tabellen

In dieser Sicht werden also Daten aus den Aufträgen und den Auftragspositionen angezeigt. Um das Arbeiten mit dieser Sicht genauer zu untersuchen, soll eine bestimmte Auftragsposition über diese Sicht gelöscht werden. Der T-SQL-Befehl zum Löschen des Datensatzes sieht so aus:

```sql
BEGIN TRAN

DELETE FROM Sales.vwOrdersAndDetails
WHERE ID = 2 AND Pos = 3

ROLLBACK TRAN
```

Listing 17.45 Löschen wird versucht

Werfen Sie einen Blick auf die *WHERE*-Klausel: Durch die Angabe der Spalte *ID* – dies ist der Primärschlüssel der *Orders*-Tabelle – und der Spalte *Pos* – diese bildet gemeinsam mit dem Feld *OrderID* den Primärschlüssel der *OrderDetails*-Tabelle – ist der Datensatz in der Sicht eindeutig festgelegt. Führt man den angegebenen Befehl aus, so meldet sich SQL Server allerdings mit der folgenden Fehlermeldung:

```
Meldung 4405, Ebene 16, Status 1, Zeile 5
Die Sicht oder Funktion 'OrdersAndDetails' ist nicht aktualisierbar, da die Änderung sich auf mehrere
Basistabellen auswirkt.
```

Die Fehlermeldung ist klar und eindeutig: Der Befehl wird von SQL Server abgelehnt. Bevor man einen Trigger konstruiert, der mit diesem *DELETE*-Kommando etwas anfangen kann, muss man sich natürlich die Frage stellen, was überhaupt eine sinnvolle Aktion wäre. Nahe liegend ist die folgende Variante: Es wird ein Datensatz aus der *OrderDetails-Tabelle* gelöscht, und zwar derjenige mit der *OrderID* 2 an der Position 3. Ein Löschen aus der Sicht soll also ein Löschen aus der Detailtabelle bewirken. Der nachfolgende Trigger erledigt genau diese Aufgabe:

```sql
CREATE TRIGGER D_OrdersAndDetails ON Sales.OrdersAndDetails
INSTEAD OF DELETE
AS
DELETE FROM Sales.OrderDetails
FROM
    OrderDetails od
INNER JOIN
    DELETED d
ON
    od.OrderID = d.ID
AND
    od.pos = d.pos
```

Listing 17.46 Ein INSTEAD OF-Trigger

Hier lernen Sie zum ersten Mal einen *INSTEAD OF*-Trigger in Aktion kennen. Wie in den *AFTER*-Triggern stellt SQL Server auch hier die Tabellen *INSERTED* bzw. *DELETED* zur Verfügung. In diesem Fall wird die *DELETED*-Tabelle benutzt, um jene Datensätze aus *OrderDetails* zu identifizieren, die gelöscht werden sollen. Das passiert über einen einfachen Join. Nachdem dieser Trigger angelegt ist, läuft der *DELETE*-Befehl ohne Probleme durch und beim Löschen von Datensätzen aus der Sicht werden immer die entsprechenden Datensätze aus der *OrderDetails*-Tabelle entfernt. Testen können Sie das mit dem Skript in Listing 17.45. Die Rückrollen der expliziten Transaktion mit *ROLLBACK TRAN* verhindert, dass sich die Beispieldatensätze ändern.

DDL-Trigger

Mit SQL Server 2005 wurde eine ganz neue Klasse von Triggern eingeführt, die das ursprüngliche Triggerkonzept um die Möglichkeit erweitert, nicht nur auf die Änderungen von Daten, sondern auch auf Änderungen des Datenbankschemas reagieren zu können. Ich gebe zu, dass diese Möglichkeit in üblichen Geschäftsanwendungen sicher keine überragende Rolle spielen wird, sie bietet aber gute Ansätze für die Überwachung großer Datenbanksysteme, in denen verschiedene Entwickler und Datenbankadministratoren ständig Änderungen an den Objekten vornehmen. Mit den so genannten DDL-Triggern lassen sich bequeme Protokollmechanismen implementieren. Vielleicht möchten Sie ja auch ein revolutionäres neues Administrationswerkzeug für den SQL Server entwickeln, welches die Änderungshistorie an einer Datenbankstruktur präzise dokumentieren kann. Dann sind DDL-Trigger etwas für Sie!

DDL-Trigger anlegen

Die Syntax für das Anlegen eines DDL-Triggers sieht folgendermaßen aus:

```
CREATE TRIGGER trigger_name
ON { ALL SERVER | DATABASE }
[ WITH <ddl_trigger_option> [ ,...n ] ]
{ FOR | AFTER } { event_type | event_group } [ ,...n ]
AS { sql_statement [ ; ] [ ...n ] | EXTERNAL NAME < method specifier > [ ; ] }
```

Ein DDL-Trigger wird folglich ähnlich wie ein *DML*-Trigger angelegt, nur dass hinter dem *ON* der Gültigkeitsbereich des Triggers festgelegt wird und dass anstelle eines DML-Befehls die auslösenden DDL-Kommandos angegeben werden. Beim Gültigkeitsbereich sind *ALL SERVER* für die gesamte Serverinstanz oder auch *DATABASE* für die aktuelle Datenbank möglich. Als Bezeichnungen für die Ereignisse sind Schlüsselworte wie *CREATE_TABLE*, *ALTER_TABLE* oder *CREATE_USER* vorgesehen. Es existiert auch eine Reihe von »Abkürzungen«, in der Syntaxbeschreibung *event_groups* genannt – zum Beispiel *DDL_LOGIN_EVENTS*. Damit werden dann alle *CREATE*-, *ALTER*- und *DROP*-Ereignisse im Zusammenhang mit Server-Logins definiert. Genau wie DML-Trigger können Sie auch DDL-Trigger problemlos mit der Hilfe einer .NET-Assembly implementieren.

Als Beispiel für die Verwendung von DDL-Triggern soll ein allgemeiner DDL-Trigger dienen, mit dem alle denkbaren Änderungen an der Struktur der netShop-Datenbank abgefangen und protokolliert werden können. Hier bietet es sich an, anstelle des expliziten Aufzählens der möglichen Ereignisse auf Datenbankebene eine der *event_group*-Optionen zu verwenden. Mit *DDL_DATABASE_LEVEL_EVENTS* haben Sie alles erfasst, was in einer Datenbank per DDL-Trigger überhaupt nachvollzogen werden kann. Für das Erfassen der Protokolldaten soll in der *netShop*-Datenbank eine Tabelle vorbereitet werden, die wie folgt definiert ist:

```sql
CREATE TABLE Internal.DatabaseChanges
(
    ID int IDENTITY(1,1) NOT NULL PRIMARY KEY,
    LogDate smalldatetime NOT NULL DEFAULT (getdate()),
    LogEntry varchar(max) NOT NULL
)
```

Listing 17.47   Eine Protokolltabelle für DDL-Protokollierung

Warum die Protokolltabelle so und nicht anders aussieht, ist natürlich durch die Funktionsweise von DDL-Triggern begründet. Das wird Ihnen in spätestens zwei Minuten klar werden. Es geht darum, auf welche Weise die auswertbaren Informationen geliefert werden. Speziell werden die Protokollinformationen in einem XML-Format angeboten. Daher der Datentyp *xml* für die Spalte *logentry*. Die in *DML*-Triggern verfügbaren virtuellen Tabellen *INSERTED* und *DELETED* sind in DDL-Triggern nicht bekannt. Stattdessen kann die Systemfunktion *EVENTDATA()* eingesetzt werden. Der Beispieltrigger zeigt, wie diese Funktion verwendet wird.

```sql
CREATE TRIGGER DDL_netShopAll
ON DATABASE
AFTER DDL_DATABASE_LEVEL_EVENTS
AS
INSERT INTO Internal.DatabaseChanges (LogEntry) VALUES (EVENTDATA())
```

Listing 17.48   DDL-Trigger für sämtliche Datenbankereignisse

Um den Trigger auszulösen, muss nun irgendeine DDL-Aktion ausgeführt werden. Das folgende T-SQL-Skript dient als Beispiel:

```sql
CREATE VIEW myView
AS
SELECT
    *
FROM
    Sales.Orders o
WHERE
    YEAR(OrderDate) = 2010
```

Listing 17.49   CREATE VIEW löst den Trigger aus

Sämtliche Informationen stecken abschließend in der Spalte *LogEntry* des vom Trigger neu angelegten Datensatzes. Für das Anlegen der View sieht das dann so aus:

```xml
<EVENT_INSTANCE>
  <EventType>CREATE_VIEW</EventType>
  <PostTime>2009-11-30T16:01:08.890</PostTime>
  <SPID>57</SPID>
  <ServerName>SHIVA</ServerName>
  <LoginName>SHIVA\greg</LoginName>
  <UserName>dbo</UserName>
  <DatabaseName>netShop</DatabaseName>
  <SchemaName>dbo</SchemaName>
  <ObjectName>myView</ObjectName>
  <ObjectType>VIEW</ObjectType>
  <TSQLCommand>
    <SetOptions ANSI_NULLS="ON" ANSI_NULL_DEFAULT="ON" ANSI_PADDING="ON"
    QUOTED_IDENTIFIER="ON" ENCRYPTED="FALSE" />
    <CommandText>
      CREATE VIEW myView
      AS
```

```
        SELECT
           *
        FROM
           Sales.Orders o
        WHERE
           YEAR(OrderDate) = 2010
     </CommandText>
  </TSQLCommand>
</EVENT_INSTANCE>
```

Ob man die Darstellung im XML-Format für wünschenswert hält, ist sicher von persönlichen Vorlieben abhängig. Auf jeden Fall lassen sich so unterschiedliche Datenstrukturen für die verschiedenen, denkbaren DDL-Befehle realisieren, wobei natürlich einige Elemente gleich bleiben, wie *EventType* oder *TSQLCommand*. Auch wenn der Umgang mit *XML*-Daten erst später im entsprechenden Buchteil erläutert wird, sollten Sie keine Probleme haben, das nächste T-SQL-Kommando zu verstehen. Dieses wandelt einen Teil der im *XML*-Format gespeicherten Daten mithilfe so genannter XQuery-Abragen wieder in ein relationales Format um, sodass diese einfach in einem Bericht angezeigt oder weiterverarbeitet werden können.

```
SELECT
   LogDate,
   CAST (LogEntry.query('data(//EventType)') AS varchar(50)) AS Ereignis,
   CAST (LogEntry.query('data(//UserName)') AS varchar(50)) AS Benutzer,
   CAST (LogEntry.query('data(//ObjectName)') AS varchar(255)) AS Objekt,
   CAST (LogEntry.query('data(//ObjectType)') AS varchar(50)) AS Typ,
   CAST (LogEntry.query('data(//CommandText)') AS varchar(1000)) AS [T-SQL]
FROM
   Internal.DatabaseChanges
```

Listing 17.50 SELECT für das Auswerten von DDL-Trigger-Informationen

Trigger für Logon-Ereignisse

Die verbleibende Trigger-Variante, die der SQL Server kennt, sind die *Logon-Trigger*. Diese gibt es, genau wie die DDL-Trigger, seit der SQL Server Version 2005. Logon-Trigger reagieren, wie der Name es nahelegt, auf den Start einer neuen SQL Server-Stizung, die mit dem Logon eines Benutzers beginnt. Die Syntax erinnert stark an die der DDL-Trigger, daher spare ich mir hier die Vorstellung. Stattdessen folgt gleich ein Beispiel. Das sollte eigentlich klar machen, worum es geht.

Das erste Skript legt eine einfache Protokolltabelle an, in welcher die Logon-Ereignisse abgelegt werden können.

```
CREATE TABLE Internal.TraceLogin
(
   ID int IDENTITY(1,1) NOT NULL PRIMARY KEY,
   LoginEvent XML
)
```

Listing 17.51 Tabelle für Logon-Protokollierung

Im zweiten Skript wird der Logon-Trigger definiert. Die Ereignisinformationen werden auch bei Logon-Triggern über die Systemfunktion *EVENTDATA()* zur Verfügung gestellt. Der Trigger ist sehr einfach aufgebaut.

```
CREATE TRIGGER TraceLogin ON ALL SERVER
FOR LOGON
AS
INSERT netShop.Internal.TraceLogin
```

```
  ( LoginEvent )
VALUES
  ( EVENTDATA())
```

Listing 17.52 Logon-Trigger

Sie können den Logon-Trigger sofort testen, indem Sie einfach ein neues Abfragefenster öffnen. Dadurch wird eine neue Verbindung aufgebaut. Das folgende XML-Fragment ist ein Eintrag aus der Trace-Tabelle. Informationen, wie der Anmeldename oder die Zeit der Anmeldung lassen sich leicht daraus extrahieren.

```xml
<EVENT_INSTANCE>
  <EventType>LOGON</EventType>
  <PostTime>2009-11-30T00:20:34.393</PostTime>
  <SPID>74</SPID>
  <ServerName>JUPITER</ServerName>
  <LoginName>JUPITER\Greg</LoginName>
  <LoginType>Windows (NT) Login</LoginType>
  <SID>AQUAAAAAAUVAAAAMkkNYAtNQVcI5uHV7gMAAA==</SID>
  <ClientHost>&lt;local machine&gt;</ClientHost>
  <IsPooled>0</IsPooled>
</EVENT_INSTANCE>
```

Um einen Logon-Trigger loszuwerden benötigen Sie eine besondere Syntaxvariante. So, wie im folgenden Skript.

```
DROP TRIGGER TraceLogin ON ALL SERVER
```

Listing 17.53 Logon-Trigger löschen

Mit einem Logon-Trigger können Sie eine Aufgabenstellung lösen, für die es ansonsten keinen Mechanismus des SQL Server gibt: Sie können Logon-Versuche programmatisch verhindern. Ein Beispiel dazu:

```sql
CREATE TRIGGER CheckLogin ON ALL SERVER
FOR LOGON
AS
DECLARE @LoginEvent xml

SET @LoginEvent = EVENTDATA()

IF CAST ( @LoginEvent.query('data(//ClientHost)') AS varchar(50) ) LIKE '%local machine%'
    ROLLBACK TRANSACTION
```

Listing 17.54 Logon-Trigger zur Unterbindung lokaler Anmeldungen

Der Trigger untersucht, ob der Client, von dem die Verbindung eröffnet wurde in den Ereignisdaten als *local machine* auftaucht. Wenn das der Fall ist, dann wird durch das *ROLLBACK TRANSACTION* die Verbindung wieder geschlossen. Da Sie in einem Logon-Trigger auch T-SQL-Funktionen einsetzen können, stehen Ihnen alle Möglichkeiten offen. Beispielsweise könnte man im Trigger auch die *HOSTNAME()*-Funktion einsetzen, um den Namen des Clients herauszufinden. Allerdings gibt *HOSTNAME()* immer den eigentlichen Namen des Clients zurück und kennt *local machine* nicht, was es für den Beispiel-Trigger unflexibel macht.

Da Logon-Trigger feuern, bevor die Clientkommunikation vollständig aufgebaut ist, können Sie keine Ergebnismenge oder Nachricht an den Client zurückschicken. Stattdessen lösen Sie einen Fehler aus. Funktioniert ein Logonversuch nicht, zum Beispiel, weil ein falsches SQL Server-Kennwort eingegeben wurde, dann feuert ein Logon-Trigger auch nicht. Wenn Sie die Wirkung des Logon-Triggers aus Listing 17.54 im Management Studio durch das Öffnen eines neuen Abfragefensters testen, dann bekommen Sie diese Fehlermeldung zu sehen:

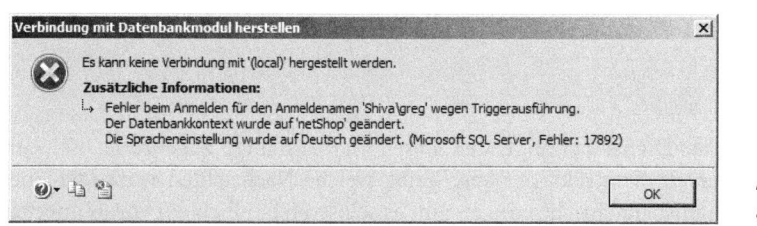

Abbildung 17.5 Durch Logon-Trigger abgebrochener Anmeldeversuch

> **ACHTUNG** Beim Experimentieren mit Logon-Triggern müssen Sie unbedingt aufpassen, dass Sie sich nicht selbst aus dem SQL Server aussperren. Läuft der Trigger auf einen Fehler – beispielsweise, weil er ein Ergebnis generiert, dann wird der Anmeldeversuch abgebrochen. Sie sollten auf jeden Fall noch ein Abfragefenster offen halten, über das Sie ein *DROP TRIGGER* absetzen können.

Ereignisbenachrichtigungen statt DDL-Trigger einsetzen

Falls Sie DDL-Trigger schon ein bisschen exotisch fanden, besteht die Möglichkeit, dass Sie *Ereignisbenachrichtigungen (Event Notifications)* sogar für noch ein klein wenig exotischer halten. Worum geht es? DDL-Trigger sind genau wie DML-Trigger eine synchrone Methode, um Daten- bzw. Strukturänderungen zu behandeln. Dadurch werden die initialen Operationen natürlich ein wenig gebremst. Ereignisbenachrichtigungen liefern, ähnlich wie DDL-Trigger, Informationen über Änderungen an Datenbankenobjekten – sie liefern diese Informationen allerdings an eine Service Broker-Warteschlange (das Kapitel 38 »Service Broker«, liefert die Details). Das Schreiben und Lesen in und aus Service Broker-Warteschlangen ist ein asynchroner Vorgang und bremst zugeordnete Prozesse nicht so stark.

Die Informationen einer Ereignisbenachrichtigung werden in exakt demjenigen XML-Format generiert, welches auch von der Systemfunktion *EVENTDATA()* geliefert wird. Die Syntax zur Definition einer neuen Ereignisbenachrichtigung ist simpel, allerdings benötigen Sie zunächst eine Warteschlange und einen Konsumenten-Service, die Sie beim Anlegen benutzen können.

```
CREATE EVENT NOTIFICATION event_notification_name
ON { SERVER | DATABASE | QUEUE queue_name }
[ WITH FAN_IN ]
FOR { event_type | event_group } [ ,...n ]
TO SERVICE 'broker_service' , { 'broker_instance_specifier' | 'current database' }
```

Über die Argumente *event_type* und *event_group* legen Sie fest, welche Ereignisse Sie nachvollziehen möchten. Einige Ereignistypen und Ereignisgruppen sind: *CREATE_TABLE*, *ALTER_TABLE* oder *CREATE_ASSEMBLY*. Das ist vermutlich selbst erklärend. Am besten wird die Arbeit mit Ereignisbenachrichtigungen sicher wieder an einem kleinen Beispiel klar.

Zunächst muss in der Datenbank der Service Broker aktiviert werden. Das passiert mit dem nächsten Skriptkommando. Bevor Sie dieses ausführen sollten Sie alle weiteren Benutzerverbindungen zur netShop-Datenbank trennen. Eine offene Verbindung verhindert das Aktivieren des Service Brokers.

```
USE master
GO
ALTER DATABASE [netShop] SET ENABLE_BROKER WITH NO_WAIT
GO
```

Listing 17.55 Service Broker in der netShop-Datenbank aktivieren

Als nächstes wird in der netShop-Datenbank eine neue Service Broker-Warteschlange angelegt.

```
CREATE QUEUE myEventQueue
WITH STATUS = ON
```

Listing 17.56 Eine Warteschlange in der netShop-Datenbank

Und dann wird noch ein Service Broker-Dienst benötigt, der dieser Warteschlange zugeordnet ist. Zur Deklaration eines Service gehört immer ein Kontrakt, der beschreibt, welche Nachrichten versendet und empfangen werden können. Für die Ereignisbenachrichtigungen gibt es selbstverständlich ein vordefiniertes Server Broker-Dokument.

```
CREATE SERVICE myEventService
ON QUEUE
    myEventQueue
    ([http://schemas.microsoft.com/SQL/Notifications/PostEventNotification]);
```

Listing 17.57 Ein Service für die neue Warteschlange

Nun ist die Definition der eigentlichen Ereignisbenachrichtigung an der Reihe: In diesem Fall sollen schlicht *alle* möglichen Datenbankereignisse verarbeitet werden.

```
CREATE EVENT NOTIFICATION myDDLEvents
ON DATABASE
FOR DDL_DATABASE_LEVEL_EVENTS
TO SERVICE 'myEventService', 'current database'
```

Listing 17.58 Einrichtung der Ereignisbenachrichtigung

Für das Testen einer Warteschlange können Sie ein Skript wie das in Listing 17.59 einsetzen. Das *WAITFOR*-Kommando überwacht die Warteschlange und füllt die Variable *@event*, sobald eine Nachricht eintrifft. Vorher befindet es sich in einer Wartestellung. Lassen Sie für einen Test das Editorfenster nach dem Start des Skripts geöffnet.

```
DECLARE @event varbinary(max)

WAITFOR
(
    RECEIVE TOP (1)
    @event = message_body
    FROM myEventQueue
)
SELECT CONVERT (nvarchar(max), @event)
```

Listing 17.59 Überwachung der Warteschlange

Zu guter Letzt muss jetzt nur noch ein DDL-Ereignis ausgelöst werden. Mit dem nächsten T-SQL-Beispiel wird eine Dummy-Tabelle angelegt. Nachdem Sie das Skript haben ablaufen lassen, geht es zurück in das letzte Fenster. Dort ist die Nachricht inzwischen angekommen und Sie können das Ergebnis bewundern.

```
CREATE TABLE Test (ID int)
```

Listing 17.60 Befehl für das Testen

Natürlich gibt es noch eine Menge Feinheiten bei einer Konstruktion wie dieser zu berücksichtigen – beispielsweise was Sicherheitseinstellungen angeht oder auch zur Gestaltung einer Anwendung, welche die Ereignisbenachrichtigungen verarbeiten soll.

Kapitel 18

Transaktionen und Sperren

In diesem Kapitel:
Transaktionen 658
Sperren 678

Datenbanksysteme, die zu einem bestimmten Zeitpunkt nur von einem einzelnen Benutzer verwendet werden, bilden eine exotische Ausnahme, sieht man einmal von mobilen Clients, Desktopsystemen und speziellen Anwendungen wie Messwertaufnehmern ab, in denen nur ein einzelner Prozess aktiv ist. In einer Multi-User-Umgebung wie einem relationalen Datenbanksystem greifen in jedem Augenblick möglicherweise sehr viele Benutzer auf dieselben Datensätze zu, um diese zu verändern. Ein Datenbankserver verwendet *Transaktionsmechanismen*, um diese parallelen Zugriffe zu koordinieren. Der Datenbankmaschine stellt sich dabei die anspruchsvolle Aufgabenstellung, dafür zu sorgen, dass die Abläufe in der Datenbank nicht chaotisch werden – die *Konsistenz* der Daten muss *immer* gewährleistet sein, egal *wie viele* Prozesse gleichzeitig Updates durchführen und ganz egal *was* diese tun. Für den einzelnen Benutzer soll es tatsächlich so aussehen, als wäre er allein in der Datenbank. Transaktionen sorgen dafür, dass der Mehrbenutzerbetrieb so gut es eben geht transparent abläuft. Anspruchsvoll wird die Aufgabe des Servers vor allem auch dadurch, dass ihm zur Aufrechterhaltung der Konsistenz nicht beliebig viele Ressourcen wie Speicher und Prozessorzeit zur Verfügung stehen. Aus diesem Grund gibt es leider keine perfekte Welt auf Mehrbenutzersystemen. Durch *Sperren* müssen Ressourcen vor Änderungsanomalien geschützt werden, und das bedeutet Zugriffseinschränkungen.

Große leistungsfähige Applikationen müssen die Transaktionskonzepte und das eng damit zusammenhängenden Sperrverhalten von SQL Server berücksichtigen. Hier gibt es verschiedene Performance-Potenziale oder – andersherum formuliert – Performance-Fallen. Untersucht man Applikationsprobleme in der Praxis, so hat man gar nicht mal so selten mit Situationen zu tun, in denen leistungsfähige Datenbankserver in Kühlschrankgröße mit wenig Prozessorlast vor sich hindümpeln, weil der Durchsatz durch Sperrwartezeiten heruntergezogen wird. Hin und wieder kommt es vor, dass aufgrund eines falsch verstandenen Konkurrenzverhaltens der Datenbankmaschine Transaktionen so ungünstig programmiert werden, dass für den Benutzer lange Antwortzeiten entstehen. Ein typisches Symptom für solch einen Fall ist ein reibungsloses Funktionieren in der Entwicklungsumgebung und ein dramatisches Abfallen der Leistung, sobald im Echtbetrieb auch nur wenige Benutzer parallel auf die Daten zugreifen.

Damit Probleme dieser Art in Ihrer SQL Server-Entwicklerpraxis nicht auftreten, werden in diesem Kapitel die wichtigsten Grundlagen für Mehrbenutzersysteme – eben Transaktionen und Sperren – ausführlich erläutert. Es wird gezeigt, wie SQL Server mit Transaktionen umgeht, was Sie bei der Arbeit mit SQL Server-Transaktionen beachten sollten, wie Datenbankserver und Entwickler mit Sperren umgehen können und wie Sie Performance-Problemen auf die Spur kommen.

Transaktionen

Zunächst einmal sollen einige wichtige Basisinformationen zu Transaktionen erläutert werden. Im Anschluss geht es darum, wie speziell SQL Server mit diesem Thema umgeht.

Transaktionskonzepte

In Ihrer Arbeit als Entwickler werden Sie sich sehr wahrscheinlich schon mit dem Thema Transaktionen auseinandergesetzt haben. Daher erspare ich mir eine langatmige Einführung und möchte nur kurz und knapp die essenziellen Dinge in einer Art Schnelldurchlauf zusammenfassen.

Transaktionen

Wenn Sie sich jetzt sagen: »Um Gottes willen – nicht schon wieder ein Autor, der mir das *ACID*-Prinzip erklären will!« – dann kann ich Ihnen versichern: Es geht schnell und tut nicht weh. Sie können aber gerne zum nächsten Abschnitt vorspulen. In diesem wird erklärt, wie in Transact-SQL mit dem Thema Transaktionen umgegangen wird. *Das* sollten Sie auf jeden Fall lesen. Alle *ACID*-Interessierten lesen bitte *hier* weiter.

Transaktionen und die mit diesen in engem Zusammenhang stehenden Sperren stellen Konzepte dar, um mit Konkurrenz in Systemen umzugehen. Dabei muss es sich nicht unbedingt um *Datenbank*systeme handeln. In Betriebssystemen, in Anwendungssoftware, auch beim Entwurf von Hardware muss berücksichtigt werden, dass es parallele Zugriffe auf Ressourcen und damit verbundene Konflikte gibt.

Datenbank-Transaktionen sollen die Konsistenz der Datenbank zu jedem beliebigen Zeitpunkt sicherstellen. Dabei geht es einerseits um den laufenden Betrieb, in welchem möglicherweise dutzende von Benutzern gleichzeitig auf dieselben Tabellen zugreifen, um Datensätzen zu lesen, ändern oder zu löschen – andererseits geht es auch um Hardware- und Softwarefehler, welche den korrekten Zustand einer Datenbank gefährden. Hier taucht dann der Begriff des Recovery auf. Es wird die Frage gestellt, wie sich ein Datenbanksystem überhaupt von fatalen Fehlern wieder erholen kann.

Was ist überhaupt eine konsistente Datenbank? Das liegt letzten Endes im Auge des Betrachters. Um die Korrektheit einer Datenbank präziser zu definieren, lassen sich Konsistenzregeln aufstellen, die jederzeit in einer Datenbank erfüllt sein müssen, nachdem Transaktionen vollständig abgeschlossen wurden. Solange Transaktion laufen, ist es möglich und vollkommen unproblematisch, dass sich die Daten in einer Datenbank lokal in einem nicht konsistenten Zustand befinden. Solch eine inkonsistente Situation darf allerdings nur innerhalb einer Transaktion sichtbar sein und nach dem Abschluss (der Übergabe) einer Transaktion muss sich die Datenbank wieder vollständig in einem konsistenten Zustand befinden.

Das klassische Beispiel für Aktionen, die in einer Transaktion ablaufen, ist eine Kontenüberweisung *innerhalb* einer Bank: Vor und nach der Verschiebung eines Geldbetrags zwischen zwei Konten muss die Summe der Beträge der Konten mit der Summe vor der Transaktion übereinstimmen sein. Ist dies nicht der Fall, dann ist offensichtlich Geld »verloren gegangen«.

In einer Datenbankanwendung besteht der Vorgang einer Überweisung aus mindestens zwei getrennten Operationen. Beide müssen komplett ausgeführt werden, um die Konsistenz der Datenbank zu gewährleisten. Einzelne Operationen werden daher zu Transaktionen zusammengefasst, für die dann das »Ganz-oder-gar-nicht«-Prinzip gilt. Schlägt in unserem Beispiel das zweite *UPDATE* fehl, weil es beispielsweise zu einem Hardwareausfall kommt, so muss auch die erste Operation rückgängig gemacht werden. Die Transaktion ist damit zwar fehlgeschlagen, aber die Konsistenzregeln wurden nicht verletzt. Nach der Beseitigung der Probleme kann ein erneuter Versuch der Überweisung unternommen werden. Zu beachten ist, dass auch einzelne Befehle in einer Datenbank den Charakter einer Transaktion besitzen. Bei einem einzelnen *INSERT* eines Datensatzes müssen alle Felder aus der Werteliste vollständig in die Datenbank eingetragen werden. Bei einem einzelnen *UPDATE*, das eine Spalte in einer Tabelle mit einem Faktor multiplizieren soll, darf nicht der Fall eintreten, dass nur 1.000 von 10.000 ausgewählten Datensätzen geändert werden und der Rest unberücksichtigt bleibt. Auch in diesen beiden Situationen kann durch das Rückgängigmachen einer fehlerhaften Transaktion die Logik in der Datenbank aufrechterhalten werden.

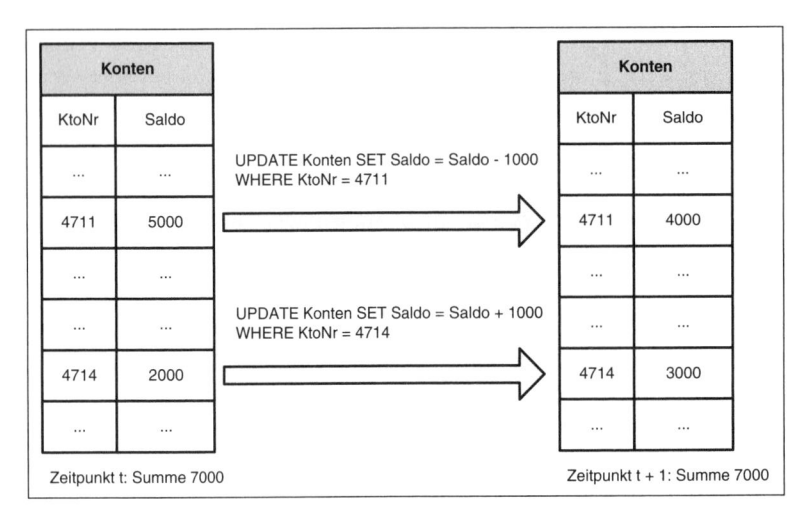

Konten			Konten	
KtoNr	Saldo	UPDATE Konten SET Saldo = Saldo - 1000 WHERE KtoNr = 4711	KtoNr	Saldo
...	...		...	...
4711	5000	⇒	4711	4000
...	...		...	...
...	...	UPDATE Konten SET Saldo = Saldo + 1000 WHERE KtoNr = 4714	...	...
4714	2000	⇒	4714	3000
...	...		...	...
Zeitpunkt t: Summe 7000			Zeitpunkt t + 1: Summe 7000	

Abbildung 18.1 Ein einfaches Transaktionsbeispiel

Die Eigenschaften von Transaktionen lassen sich wunderbar im so genannten *ACID*-Prinzip zusammenfasse. *ACID* steht für die Begriffe:

- **Atomicy:** Die Operationen einer Transaktion sind *unteilbar*, können also nicht unabhängig voneinander und müssen immer insgesamt ausgeführt werden.
- **Consistency:** Die Ausführung einer Transaktion darf zu keinem logisch inkonsistenten Zustand der Datenbank führen. Die Integritätsbedingungen in einer Datenbank müssen jederzeit erhalten bleiben.
- **Isolation:** Gleichzeitig ausgeführte Transaktionen dürfen sich nicht gegenseitig beeinflussen. Die Auswirkungen einer Transaktion müssen für andere Transaktionen unsichtbar bleiben bis die Transaktion erfolgreich beendet wurde.
- **Durability:** Die Änderungen durch eine vollständig ausgeführte Transaktion dürfen durch einen späteren Systemfehler nicht wieder rückgängig gemacht werden. Das DBMS muss durch Recovery-Mechanismen in der Lage sein, durch einen Crash »verloren gegangene« Transaktionsergebnisse wieder herzustellen.

Physikalisch können Transaktionen in einem Datenbankmanagementsystem zwar theoretisch durch verschiedene Mechanismen realisiert werden, doch verwenden die kommerziell verfügbaren Datenbanksysteme heutzutage Sperren von Datenbankressourcen und Transaktionsprotokolle für die Aufzeichnung der Datenänderungen, um das *ACID*-Prinzip zu realisieren. In Kapitel 7 wurde bereits ausführlich beschrieben wie das Transaktionsprotokoll von SQL Server arbeitet und wie Sie dieses verwalten können. Die Funktionsweise von Sperren wird im zweiten Abschnitt dieses Kapitels genauer untersucht. Zunächst einmal soll es um die praktische Arbeit mit Transaktionen unter SQL Server gehen.

Transaktionen in Transact-SQL

Aus der Sichtweise eines Entwicklers, der mit T-SQL umgeht, ist die Arbeit mit Transaktionen von so elementarer Bedeutung, dass es sich empfiehlt, die Grundlagen in Ruhe zu verinnerlichen. Es gibt manches Missverständnis in Bezug auf das Transaktionsverhalten von SQL Server. Die nächsten Abschnitte verschaffen die notwendige Klarheit. Also los!

Autocommit Transaktionen

Teilt man SQL Server nichts anderes mit, so stellen auch einzelne T-SQL-Befehle, die eine Datenänderung bewirken, eine Transaktion dar. Sind die vom Befehl betroffenen Datensätze verarbeitet worden, dann findet eine automatische Übergabe der Transaktion durch einen Eintrag im Transaktionsprotokoll statt. Dieses Verhalten wird als *Autocommit* bezeichnet. Nach dem Abschluss der Änderungen sind diese nicht mehr so ohne weiteres rückgängig zu machen. Ein versehentliches *DROP TABLE* wird von SQL Server entsprechend des *ACID*-Prinzips ganz genau so geschützt wie jedes *DML*-Kommando.

Tatsächlich besteht die einzige Chance in einem so genannten *Backout*. Durch die Rücksicherung aus einer Transaktionsprotokollsicherung bis zu einem von Ihnen definierten Zeitpunkt kann versucht werden, die nicht gewünschten Änderungen aus der Datenbank zu entfernen. SQL Server 2008 bietet im Gegensatz zu einigen älteren Versionen zusätzlich die Möglichkeit, ein *Restore* bis zu einer Transaktionsmarkierung durchzuführen (Transaktionen können mit Bezeichnungen versehen werden). Alternativ lässt sich eine LSN (Log Sequence Number) auswählen. Natürlich müssen Sie dazu herausfinden, welche LSN die fatale Transaktion hatte.

Gibt es kein fortlaufendes Transaktionsprotokoll in der Datenbank, weil das Wiederherstellungsmodell »einfach« gewählt wurde oder weil das Protokoll aus Platzgründen abgeschlossen werden musste, dann besteht keine Hoffnung mehr, die Wirkungen eines per Autocommit übergebenen Kommandos mit den Verwaltungsfunktionen von SQL Server umzukehren.

Explizite Transaktionen

In einer expliziten Transaktion legt der Programmierer selbst ganz genau fest, welche Befehle enthalten sein sollen und unter welchen Bedingungen eine Übergabe oder ein Rollback passieren soll. Die Operationen werden durch T-SQL-Befehle in eine Transaktionsklammer eingeschlossen. Ein typisches Beispiel sieht folgendermaßen aus:

```
--
-- trägt einen neuen Auftrag und eine Lieferadresse ein
--
DECLARE @intShipToAddressID int

BEGIN TRANSACTION NewOrder

INSERT Sales.ShipToAdresses
   ( CustomerID, Name_1, Address, PostalCode, City )
VALUES
   ( 100, 'SPC GmbH', 'Kurfürstendamm 119', '10711', 'Berlin')

SET @intShipToAddressID = @@identity

INSERT Sales.Orders
   ( CustomerID, ShipToAddressID, EmployeeID, OrderDate )
VALUES
   ( 100, @intShipToAddressID, 2, getdate() )

COMMIT TRAN
```

Listing 18.1 Erstes Transaktionsbeispiel

In dieser Transaktion werden zwei Tabellen der *netShop*-Datenbank mit Daten gefüllt, die zu einem neuen Auftrag gehören. Mit dem ersten *INSERT* wird die Lieferadresse eintragen und mit dem zweiten der eigentliche Auftragskopf. Diese Reihenfolge muss eingehalten werden, da in der Tabelle *Orders* der Primärschlüssel aus der *ShipToAdresses*-Tabelle als Fremdschlüssel übernommen wird. Da es sich bei dem Schlüssel (das

Feld *ID* in der Tabelle) um eine Spalte mit der Eigenschaft *Identity* handelt, kann der neue Wert nach dem Eintragen des Datensatzes über die Systemvariable *@@identity* abgefragt werden. Anschließend wird die in der Variablen zwischengespeicherte *ID* in die Auftragstabelle übernommen.

Das explizite Öffnen einer Transaktion hat die folgende Syntax:

```
BEGIN TRAN [ SACTION ] [ transaction_name | @tran_name_variable
   [ WITH MARK [ 'description' ] ] ]
```

Der Name einer Transaktion, der direkt oder über den Inhalt der Variablen angegeben werden kann, hat keine tiefschürfende Bedeutung. Er spielt bei verteilten Transaktionen über mehrere Server hinweg eine Rolle, wenn ein Monitoring durchgeführt werden soll. Der Bezeichner, der optional über die *WITH MARK*-Option vergeben werden kann, liefert eine erweiterte Möglichkeit für das Wiederherstellen einer Datenbank aus einer Transaktionsprotokollsicherung. Sind Markierungen im Protokoll vorhanden, dann kann das Einspielen der Daten bei einer benannten Markierung beendet werden.

Eine geöffnete Transaktion kann entweder an SQL Server zum Abschluss übergeben (wie im obigen Beispiel) oder auch wieder rückgängig gemacht werden. Dafür stehen die folgenden beiden T-SQL-Befehle zur Verfügung:

```
COMMIT [ TRAN [ SACTION ] [ transaction_name | @tran_name_variable ] ]
```

Ein *COMMIT* schließt die Transaktion ab und schreibt die Änderungen in der Datenbank fest. Achtung: Ein angegebener Transaktionsname hat *überhaupt keine* Bedeutung (»... wird von der Datenbankmaschine ignoriert«, heißt es in der Online-Dokumentation). Lassen Sie sich nicht zu der Vermutung hinreißen, dass Sie mit einem *COMMIT* eine ganz bestimmte benannte Transaktion abschließen können. Es wird immer die erste geöffnete Transaktion *komplett* übergeben. Dazu in Kürze mehr. Kurz und knapp formuliert wird eine Transaktion einfach so übergeben:

```
COMMIT TRAN
```

Ebenso knapp formuliert lässt sich eine Transaktion wieder rückgängig machen:

```
ROLLBACK TRAN
```

HINWEIS Die T-SQL-Syntax für Transaktionen entspricht nicht ganz den offiziellen SQL-Standards. Dennoch müssen Sie sich keine Sorgen machen, wenn Sie eine Datenbankprogrammierung, die ANSI SQL-92 folgt auf den SQL Server portieren möchten. Die Datenbankmaschine versteht als Alternative zu *COMMIT TRANSACTION* auch den Befehl *COMMIT WORK*. Das ist die SQL-92 Variante.

Transaktionen verfolgen

Das Transaktionsprotokoll von SQL Server ist binär aufgebaut. Das ist auch kein Wunder, muss es doch große Datenmengen möglichst effektiv verwalten. Die einzelnen Transaktionen im Protokoll einer Datenbank nachzuvollziehen ist ohne eine spezialisierte Drittanbietersoftware eine recht unerquickliche Angelegenheit. Es gibt leider keine dokumentierten Befehle, mit denen das möglich wäre. Wohl aber einen undokumentierten! Mit dem folgenden *DBCC*-Kommando können Sie sich das Transaktionsprotokoll der *netShop*-Datenbank anzeigen lassen.

Transaktionen

```
DBCC LOG ( netShop, type=4 )
```

Listing 18.2 Blick auf das netShop-Transaktionsprotokoll

Ein Ausschnitt aus dem Ergebnis sieht ungefähr so aus, wie die nächste Ausgabe es darstellt. Die Zahl der Spalten ist in diesem Ausschnitt stark reduziert – probieren Sie den Befehl am besten einmal selbst im T-SQL-Editor aus:

Current_LSN	Operation	Context	Log_Record_Length	Description
00000568:0000104b:0001	LOP_BEGIN_XACT	LCX_NULL	72	StartupDB
00000568:0000104b:0002	LOP_MODIFY_ROW	LCX_BOOT_PAGE	80	
00000568:0000104c:0001	LOP_PREP_XACT	LCX_NULL	68	
00000568:0000104d:0001	LOP_COMMIT_XACT	LCX_NULL	52	
00000568:0000104e:0001	LOP_BEGIN_XACT	LCX_NULL	104	fulltext remap sysaltfiles
00000568:0000104e:0002	LOP_DELETE_ROWS	LCX_MARK_AS_GHOST	444	
00000568:0000104e:0003	LOP_SET_BITS	LCX_PFS	56	
00000568:0000104e:0004	LOP_INSERT_ROWS	LCX_CLUSTERED	448	

Einmal davon abgesehen, dass man sich natürlich nicht auf undokumentierte Befehle verlassen sollte,[1] ist die Ergebnismenge ganz offensichtlich mehr oder weniger binär. Neben der *Log Sequence Number* (LSN), die Aufschluss über die Reihenfolge der Transaktionen gibt, finden Sie Startpunkte einzelner Transaktionen (*LOP_BEGIN_XACT* in der Spalte *Operation*) sowie durchgeführte Operationen in der Datenbank (zum Beispiel *LOP_MODIFY_ROW* oder *LOP_DELETE_ROWS*) – allerdings *nicht* die ursprünglichen *DML*-Befehle. Das hilft dann beim Nachvollziehen bestimmter Ereignisse in der Datenbankmaschine. Die erste Transaktion läuft zum Beispiel beim Starten der Datenbank ab. Das zeigt der Kommentar *StartupDB* an.

Wie schon kurz im letzten Abschnitt erwähnt, lässt sich eine explizite Transaktion mit einem Namen und einer Marke versehen. Dadurch lässt sich eine Transaktion in der Ausgabe von *DBCC LOG* viel einfacher identifizieren. Ein Beispiel dazu:

```
BEGIN TRAN MeineTran WITH MARK 'Das ist meine TX'

INSERT Products.Articles
   ( CatalogID, Code, [Name], Price)
VALUES
   ( 1, '4711', 'Testartikel', 9)

-- Hier passiert noch mehr...

COMMIT TRAN
```

Listing 18.3 Benannte Transaktion mit einer Marke

Im Ergebnis von *DBCC LOG* taucht diese Transaktion dann auf, wie im nächsten Abfrageergebnis zu sehen:

Current_LSN	Operation	Context	Log_Record_Length	Description
00000568:0000107e:0002 0x010500000000051500...	LOP_BEGIN_XACT	LCX_NULL	104	MeineTran;
00000568:0000107e:0003	LOP_INSERT_ROWS	LCX_CLUSTERED	196	
00000568:0000107e:0004	LOP_INSERT_ROWS	LCX_CLUSTERED	116	
00000568:0000107e:0005	LOP_COMMIT_XACT	LCX_NULL	80	MeineTran

---

[1] DBCC LOG ist zwar undokumentiert, allerdings ein treuer SQL Server-Begleiter seit der Version 7.0. Die »Dokumentation« finden Sie durch konsequentes »googlen« im Web und in der Materialsammlung auf der Begleit-CD.

Den Namen der Transaktionsmarke findet man im Klartext in der Spalte *Description*. Die Marke selbst ist mal wieder binär. Die eigentliche Aufgabe einer Transaktionsmarke besteht darin, einen Stopp-Punkt für das Einspielen des Transaktionsprotokolls zur Verfügung zu stellen, wenn die Datenbank nur bis zu dieser Transaktion eingespielt werden soll. Das folgende Skriptbeispiel zeigt, wie eine Datenbank aus einer vollständigen und einer Transaktionsprotokollsicherung wiederhergestellt wird. Das *Restore* des Transaktionsprotokolls (*RESTORE LOG*) endet beim Erreichen der Marke.

```
USE MASTER
GO

RESTORE DATABASE netShop
FROM  DISK='D:\Daten\netShop.bak' WITH NORECOVERY, REPLACE
RESTORE LOG netShop
FROM DISK='D:\Daten\netShop_log.bak' WITH STOPATMARK = 'Das ist meine TX', RECOVERY
```

Listing 18.4 Wiederherstellung der Datenbank bis zu einer bestimmten Marke

Weitere Informationen zum Thema Backup und Recovery erhalten Sie in Kapitel 21.

Geht es Ihnen weniger um die Physik des Transaktionsprotokolls, als vielmehr um die Logik des Programmablaufs, dann bieten Ihnen die Trace-Funktionen von SQL Server gute Möglichkeiten zur Überwachung von Transaktionen an. Mit der Unterstützung des Profilers können Sie zusätzlich zum Monitoring von T-SQL-Befehlen Transaktions- und Sperrereignisse überwachen.

Explizite Transaktionen und Fehlerzustände

Auf welche Weise hilft die Beispiel-Transaktion *NewOrder* dem Programmierer eigentlich genau? Mit dieser soll ja offensichtlich die Konsistenzregel in der *netShop*-Datenbank durchgesetzt werden, die besagt, dass es keine verwaisten Lieferadressen geben darf, d.h. keine Lieferadressen ohne dazugehörenden Auftrag. Viele Entwickler gehen intuitiv davon aus, dass mit dem Setzen einer Transaktionsklammer schon alles erledigt ist. Leider ist dem nicht so! Etwas Arbeit bleibt noch übrig. Ich möchte Ihnen zunächst den Fall vorstellen, gegen den Sie durch die Transaktion *NewOrder* bereits geschützt sind.

Transaktionen bei kritischen Fehlern

Zunächst einmal wird betrachtet, wie sich eine Transaktion bei einem schwerwiegenden Systemfehler verhält. SQL Server löst bei ernsthaften Hard- oder Softwareproblemen eine Serverausnahme der Fehlerklasse 19 oder höher aus. Der Grund dafür könnte beispielsweise ein fehlgeschlagener Schreibvorgang oder eine unzureichende Ressource sein. Man spricht hier auch von einem *nicht abfangbaren Fehler*; schließlich hat man als Programmierer keine Möglichkeit, auf solche Fehler Einfluss zu nehmen. Eine solche Ausnahmesituation können wir schlecht herstellen (jedenfalls nicht, ohne die Gesundheit unseres Rechners ernsthaft zu gefährden). Es ist allerdings problemlos möglich, einen kritischen Fehler zu simulieren. Das nächste Transaktionsbeispiel in Listing 18.6 enthält hinter dem ersten *INSERT* das *RAISERROR*-Kommando. Durch dieses wird ein schwerwiegender Fehler simuliert (Fehlerklasse 25). Außerdem wurde das Skript um Befehle ergänzt, mit denen sich die Bestellungen und Lieferadressen für den Kunden mit der Nummer 100 vor und nach der Transaktion betrachten lassen. Um die Vorgänge möglichst einfach überprüfen zu können, löscht man am besten vor dem Ausprobieren die Einträge für den Kunden 100 aus den beiden verwendeten Tabellen.

```
DELETE FROM Sales.ShipToAdresses WHERE CustomerID = 100
DELETE FROM Sales.Orders WHERE CustomerID = 100
```

Listing 18.5 Aufräumen vor dem neuen Beispiel

Jetzt kann es losgehen. Lassen Sie das folgende Skript im T-SQL-Editor laufen, um das Transaktionsverhalten von SQL Server zu überprüfen.

```
SELECT * FROM Sales.ShipToAdresses WHERE CustomerID = 100
SELECT * FROM Sales.Orders WHERE CustomerID = 100

DECLARE @intShipToAddressID int

BEGIN TRANSACTION NewOrder

INSERT Sales.ShipToAdresses
   ( CustomerID, Name_1, Address, PostalCode, City )
VALUES
   ( 10001, 'SPC GmbH', 'Kurfürstendamm 119', '10711', 'Berlin')

SET @intShipToAddressID = @@identity

-- hier passiert etwas fürchterliches…
RAISERROR ( 14265, 25, 1) WITH LOG

INSERT Sales.Orders
   ( CustomerID, ShipToAddressID, OrderDate )
VALUES
   ( 100, @intShipToAddressID, GETDATE() )
COMMIT TRAN

SELECT * FROM Sales.ShipToAdresses WHERE CustomerID = 100
SELECT * FROM Sales.Orders WHERE CustomerID = 100
```

Listing 18.6 Transaktion bei nicht abfangbarem Fehler

Beim Ausführen dieses Skripts in der *netShop*-Datenbank bekommen Sie im Meldungsfenster die folgenden Informationen zu sehen:

```
Meldung 2745, Ebene 16, Status 2, Zeile 17
Der Prozess mit der ID 58 hat den Benutzerfehler 14265, Schweregrad 25, ausgelöst. Dieser Prozess wird von SQL Server beendet.
Meldung 14265, Ebene 25, Status 1, Zeile 17
Der MSSQLServer-Dienst wurde unerwartet beendet. Suchen Sie im SQL Server-Fehlerprotokoll und in den Windows-System- und Anwendungsereignisprotokollen nach möglichen Ursachen.
Meldung 0, Ebene 20, Status 0, Zeile 0
Für den aktuellen Befehl ist ein schwerwiegender Fehler aufgetreten. Löschen Sie eventuelle Ergebnisse.
```

Der T-SQL-Editor führt die Ausführung des Skripts nach dem Auftreten des Serverfehlers weiter durch. Die Verbindung war zwar kurz getrennt, doch verbindet sich der Client sofort neu. Das Ergebnis: Vor und nach der Transaktion gibt es keinerlei Einträge zum Kunden 100. Die Transaktion ist durch die schwere Ausnahme vollständig rückgängig gemacht worden. Der bereits eingetragene Datensatz in der Tabelle *ShipToAdresses* wurde wieder entfernt. Eine Transaktionsklammer schützt also vor Fehlern dieser Art. Sie müssen sich keine Sorgen machen, dass Ihre Transaktion durch einen Hardwaredefekt oder andere nicht abfangbare Fehler beeinträchtigt wird.

Transaktionen bei abfangbaren Fehlern

Ganz anders als bei Systemproblemen verhält sich SQL Server, wenn der Programmierer einen Fehler gemacht hat. Da bei solchen Fehlern die Programmausführung weiterläuft und Gegenmaßnahmen ergriffen werden können, spricht man von abfangbaren Fehlern. Auch dies soll am Beispiel der *NewOrder*-Transaktion demonstriert werden. Das Skript hat fast die ursprüngliche Form (der Übersichtlichkeit halber lasse ich die vier *SELECT*-Anweisungen diesmal aus dem Codeausschnitt weg).

```
DECLARE @intShipToAddressID int

BEGIN TRANSACTION NewOrder

INSERT Sales.ShipToAdresses
   ( CustomerID, Name_1, Address, PostalCode, City )
VALUES
   ( 10001, 'SPC GmbH', 'Kurfürstendamm 119', '10711', 'Berlin')

SET @intShipToAddressID = @@identity

INSERT Sales.Orders
   ( CustomerID, ShipToAddressID, OrderDate )
VALUES
   ( 100, @intShipToAddressID, GETDATE() )

COMMIT TRAN
```

Listing 18.7 Transaktion bei abfangbarem Fehler wird nicht zurückgesetzt

Der Programmierfehler ist in das erste Kommando eingebaut. In der Lieferadresse (dem neuen Datensatz für *Sales.ShipToAdresses*) ist eine nicht vorhandene Kundennummer eingetragen. Das führt zu einem Fremdschlüsselfehler und der Datensatz kann nicht eingetragen werden. Lässt man dieses Skript ausführen, so erhält man die folgende Meldung:

```
Meldung 547, Ebene 16, Status 0, Zeile 10
Die INSERT-Anweisung steht in Konflikt mit der FOREIGN KEY-Einschränkung 'FK_ShipToAdresses_Customers'. Der
Konflikt trat in der 'netShop'-Datenbank, Tabelle 'Sales.Customers', column 'ID' auf.
Die Anweisung wurde beendet
```

Das klingt zunächst einmal ebenfalls nach Abbruch. Die beiden SELECT-Anweisungen am Ende des Codes sagen allerdings etwas anderes aus: Die Tabelle *Sales.ShipToAdresses* enthält einen Datensatz für den Kunden 100, die Tabelle *Sales.Orders* dagegen 0 Datensätze. Die Transaktion ist tatsächlich *halb* ausgeführt worden und eine Konsistenzregel in der *netShop*-Datenbank nicht mehr erfüllt. Ausgesprochen dumm gelaufen!

Dummerweise ist die Lage in SQL Server 2008 ein wenig unübersichtlich geworden. Nicht jeder abfangbarer Fehler wird von der Datenbankmaschine ignoriert. Es gibt durchaus abfangbare Fehler, die eine Transaktion zurücksetzen. Leider ist das genaue Verhalten in der Onlinedokumentation nicht dokumentiert. Im Internet findet man die Versuche ehrenwerter Zeitgenossen, diese Angelegenheit näher zu untersuchen – leider alles höchst unvollständig.

Im nachfolgenden Listing ist ein Beispiel dafür zu finden, dass der SQL Server eine Transaktion zurücksetzt, obwohl der Fehler abfangbar ist. Im Gegensatz zum Beispiel aus Listing 18.7 wird das Auftragsdatum hier nicht automatisch durch ein GETDATE() gebildet, sondern direkt als Konstante angegeben. Allerdings sind Tag und Monat vertauscht. Ein typisches Problem – Datumsformate sind eine übliche Fehlerquelle in einer Datenbankserver-Programmierung. Die Kundennummer für das erste INSERT ist in diesem Fall gültig. Der Fehler ist im zweiten INSERT eingebaut.

```
DECLARE @intShipToAddressID int

BEGIN TRANSACTION NewOrder

INSERT Sales.ShipToAdresses
   ( CustomerID, Name_1, Address, PostalCode, City )
VALUES
   ( 100, 'SPC GmbH', 'Kurfürstendamm 119', '10711', 'Berlin')
```

```
SET @intShipToAddressID = @@identity

INSERT Sales.Orders
   ( CustomerID, ShipToAddressID, OrderDate )
VALUES
   ( 100, @intShipToAddressID, '12.31.2009' )

COMMIT TRAN
```

Listing 18.8 *Transaktion bei abfangbarem Fehler wird zurückgesetzt*

Aus diesen Experimenten lässt sich der folgende Schluss ziehen: Für die Verarbeitung abfangbarer Fehler ist der Programmierer selbst verantwortlich! Er hat zu prüfen, ob ein solcher Fehler aufgetreten ist und muss die Transaktion durch ein *ROLLBACK* explizit rückgängig machen. Es liegt in der Verantwortung des Programmierers, zu entscheiden, welche Transaktionen auf diese Art und Weise zu behandeln sind. Abfangbare Fehler sind oft, wie in unseren Beispielen, auf Schwächen in der Programmierung zurückzuführen. Die Fremdschlüsselverletzung ließe sich durch eine entsprechende Gestaltung der Anwendung leicht verhindern. Dennoch ist die Logik der Datenbankschicht dafür verantwortlich, solche Probleme zu entdecken und zu behandeln.

HINWEIS   Leser, die sich mit SQL Server 2005 gut auskennen, werden sich über das Verhalten von SQL Server 2008 wundern. Tatsächlich waren die Reaktionen auf abfangbare Fehler in den alten Serverversionen (auch in 2000) klar und eindeutig vorhersehbar: Nicht abfangbare Fehler führten zu einem Zurücksetzen der Transaktion, abfangbare Fehler eben nicht. Überprüfen Sie Ihren Code, wenn Sie sich in einer Programmierung darauf verlassen haben!

Abfangbare Fehler in einem TRY-CATCH-Block behandeln

Im Kapitel 15 (»Gespeicherte Prozeduren«) wurden die Fehlerbehandlungsmechanismen ausführlich vorgestellt. Die Verwendung eines TRY-CATCH-Blocks ist auch bei der Transaktionsverarbeitung hilfreich, um den Programmcode »wasserdicht« zu machen.

Eine Erweiterung der ursprünglichen Programmierung der Beispieltransaktion aus Listing 18.7, die sämtliche Unklarheiten über den Ausgang einer Transkation beseitigt, sollte über eine strukturierte Fehlerbehandlung verfügen. Die Transaktion wird in Listing 18.9 als gespeicherte Prozedur formuliert und mit einem *TRY-CATCH*-Block versehen. Auf diese Art sind Sie auf der sicheren Seite und auch vor *logischen* Fehlern gefeit. Das sieht dann wie folgt aus:

```
CREATE PROC Sales.NewOrder

   @intCustomerID int,
   @strShippingName varchar(100),
   @strAddress varchar(100),
   @strPostalCode varchar(10),
   @strCity varchar(50),
   @dtOrderDate varchar(10)
AS
DECLARE @intShipToAddressID int
BEGIN TRANSACTION

   BEGIN TRY
      INSERT Sales.ShipToAdresses
      ( CustomerID, Name_1, Address, City, PostalCode )
      VALUES
```

```
            ( @intCustomerID, @strShippingName, @strCity, @strAddress,
              @strPostalCode )
        SET @intShipToAddressID = @@identity
        INSERT Sales.Orders
            ( CustomerID, ShipToAddressID, OrderDate )
        VALUES
            ( @intCustomerID, @intShipToAddressID, @dtOrderDate )
    END TRY

    BEGIN CATCH
        ROLLBACK TRAN
        RETURN -1
    END CATCH

COMMIT TRAN
RETURN 0
```

Listing 18.9 Behandlung abfangbarer Fehler durch TRY-CATCH

Probieren Sie diese Prozedur mit einem Satz von Argumenten aus, welche einen falschen Fremdschlüssel beinhalten, etwa in der Art *EXEC Sales.NewOrder 10001, 'SPC GmbH', 'Kurfürstendamm 119', '10711', 'Berlin', GETDATE,* dann werden Sie feststellen, dass in diesem Fall die Datenbank sauber bleibt, das heißt überhaupt keine neuen Daten eingefügt werden.

Rollback bei nichtkritischen Fehlern mit XACT_ABORT erzwingen

Sie haben es gerade kennen gelernt – Transaktionen werden nur dann von SQL Server abgebrochen, wenn der Schweregrad des Fehlers mindestens 19 ist oder wenn *bestimmte* abfangbare Fehler auftreten. Um alles andere muss sich der Programmierer selbst kümmern. Es gibt allerdings einen »Trick«, mit welchem Sie ein anderes Verhalten erzwingen können. Das funktioniert über eine Sitzungseinstellung mit dem Befehl *SET XACT_ABORT ON*. Ist diese Einstellung aktiviert, dann führt *jeder* Fehler, unabhängig von der Schwere zu einem Abbruch einer Transaktion. In den meisten Standardfällen werden Sie diese Option nicht einsetzen, sondern mit TRY-CATCH-Blöcken arbeiten. Bei der Arbeit mit verteilten Transaktionen über Verbindungsserver (darauf komme ich gleich zu sprechen) dagegen, sollte XACT_ABORT verwendet werden. Die Wirkung dieses Befehls macht eine kleine Abwandlung von Listing 18.7 deutlich.

```
SET XACT_ABORT ON

DECLARE @intShipToAddressID int

BEGIN TRANSACTION NewOrder

INSERT Sales.ShipToAdresses

-- und so weiter, wie in Listing 18.7
```

Listing 18.10 Rollback trotz abfangbarem Fehler

Wenn Sie die Ergebnisse überprüfen, die dieses Skript liefert, dann werden Sie feststellen, dass es keine neuen Datensätze in den Zieltabellen gibt, obwohl kein *explizites* Rollback in einem Fehlerbehandler durchgeführt wurde. Nach der Aktivierung von *XACT_ABORT* führt SQL Server das Rollback automatisch auch bei allen leichteren Fehlern durch. Denken Sie aber daran, dass eine Sitzungsoption für jedes einzelne Benutzersession gesetzt werden muss.

Nicht COMMIT-fähige Transaktionen

Transaktionen können, wenn das Leben ihnen übel mitspielt, durch die Verwendung der strukturierten Ausnahmebehandlung eines *CATCH*-Blocks in einen Zustand geraten, welcher verhindert, dass sie übergeben werden können. Im Englischen gibt es dafür den wunderschönen Begriff einer *Doomed Transaction*. Diese »dem Untergang geweihten« Transaktionen entstehen dadurch, dass eine Operation, die außerhalb eines *TRY*-Blocks zu einem Abbruch der Transaktion führen würde, innerhalb eines *TRY*-Blocks nicht von SQL Server behandelt wird.

Es gibt zwei Fakten, die in diesem Zusammenhang berücksichtigt werden müssen:

- Die Sperren der verurteilten Transaktion werden in einer Sitzung so lange aufrecht erhalten, bis ein explizites Rollback stattfindet.
- Nachfolgende Versuche, Änderungen an der Transaktion durchzuführen wie weitere *INSERT*-Anweisungen, aber auch das Rollback zu einem Savepoint, führen zu weiteren Fehlern. Das Ausführen von *SELECT* dagegen ist unproblematisch, weil es das Protokoll nicht ändert.

Das Gemeine: Nicht alle Operationen gelangen in solch einen Zustand *und* die SQL Server-Dokumentation schweigt sich darüber aus, welche Befehle betroffen sind. Es sind jedenfalls »die meisten« *DDL*-Befehle, die fehlschlagen und »die meisten« Befehle, die bei eingeschaltetem *XACT_ABORT* schiefgehen. Na gut.

Ein Beispiel: In komplexeren Situationen *könnte* es sein, dass Ihr TRY-CATCH-Block nicht nur ein ROLLBACK, sondern auch einen COMMIT-Zweig enthält. In diesem Fall müssen Sie darauf achtgeben, keine Transaktion zu übergeben, die bereits verworfen wurde. Was gemeint ist, zeigt wiederum ein kleines Beispiel.

```
BEGIN TRY

    BEGIN TRAN

        DECLARE @intShipToAddressID int

        INSERT Sales.ShipToAdresses
            ( CustomerID, Name_1, Address, PostalCode, City )
        VALUES
            ( 10001, 'SPC GmbH', 'Kurfürstendamm 119', '10711', 'Berlin')

        -- und so weiter, das kennen Sie schon…

    COMMIT TRAN

END TRY
BEGIN CATCH
-- …
-- hier steht (potentiell) Code, der die TX auswertet und ein *COMMIT* für eine gute Idee hält

    COMMIT TRAN

END CATCH
```

Listing 18.11 COMMIT im TRY-CATCH-Block stößt auf eine *Doomed Transaction*

Sobald Sie versuchen, dieses Skript auszuführen, bekommen Sie es mit SQL Server zu tun. Dieser beschwert sich mit einer Fehlermeldung:

```
Meldung 3930, Ebene 16, Status 1, Zeile 33
Für die aktuelle Transaktion kann kein Commit ausgeführt werden. Sie unterstützt außerdem keine Vorgänge, die
in die Protokolldatei schreiben. Führen Sie ein Rollback für die Transaktion aus.
```

Die Transaktion befindet sich, sobald der CATCH-Block betreten wird, bereits in einem *doomed state* - sie kann gar nicht übergeben werden. Haben Sie wirklich vor, COMMITs in einem CATCH-BLOCK zu verwenden (und gibt es keine andere Möglichkeit festzustellen ob es »verdammte« Transaktionen gibt) dann können Sie die Funktion XACT_STATE() befragen, die Ihnen Auskunft drüber gibt, wie es in Ihrer Session gerade um die Transaktionszustände bestellt ist. XACT_STATE() liefert die folgenden Ergebnisse:

Resultat	Bedeutung
0	Es gibt keine offene Transaktion
1	Es gibt (mindestens) eine offene Transaktion, die übergeben werden kann
-1	Es gibt eine offene Transaktion, die aber nicht übergeben werden kannst

Tabelle 18.1 Resultatwerte von XACT_STATE() und ihre Bedeutung

Auch dazu ein Beispiel:

```
-- am Anfang des Skripts ändert sich rein gar nichts

BEGIN CATCH

-- Gibt es überhaupt eine offene TX?
IF XACT_STATE() <> 0

   IF XACT_STATE() = 1

      -- Fein. TX kann übergeben werden
      COMMIT TRAN
   ELSE
      -- Nix da. TX ist verdammt & muss erlöst werden
      ROLLBACK TRAN

END CATCH
```

Listing 18.12 TRY-CATCH-Block mit XACT_ABORT-Auswertung

Ich hoffe Sie ahnen jetzt schon, dass Sie es »nie so weit kommen lassen sollten«. Transaktionen sind in der T-SQL-Programmierung natürlich unverzichtbar – sollten aber überschaubar bleiben. In einem CATCH-Block hat ein COMMIT meiner Meinung nach nichts zu suchen. Damit vermeiden Sie unübersichtliche Situationen von vorn herein. Das gehört jedenfalls zu meinen persönlichen Best Practices und ich hoffe auch zu Ihren.

Betrachtet man den Code und die Meldung, dann wird schnell klar, was zu tun ist: Innerhalb des *CATCH*-Blocks *muss* es ein *ROLLBACK* geben, wenn es offene, fehlgeschlagene Transaktionen gibt. Dadurch bekommt die strukturierte Fehlerbehandlung einen standardisierten Aufbau, wenn Transaktionen im Spiel sind. Aber das scheint irgendwie das Schicksal von Fehlerbehandlungsroutinen zu sein.

Implizite Transaktionen

Bei SQL Server lassen sich implizite und explizite Transaktionen unterscheiden. Wie schon erklärt, stellen einzelne T-SQL-Befehle eine Transaktion dar, die automatisch am Ende einer *erfolgreichen* Befehlsausführung übergeben werden. Dieses Autocommit-Verhalten ist für den Programmierer recht bequem. Er muss sich nicht darum kümmern, einzelne Befehle in eine Transaktionsklammer zu setzen. Daneben gibt es die expliziten Transaktionen, die aus mehreren Befehlen bestehen und bei denen Beginn und Ende der Transaktion durch die entsprechenden T-SQL-Befehle ausgelöst werden.

Überraschenderweise gibt es noch eine dritte Möglichkeit, mit Transaktionen umzugehen: *implizite Transaktionen*. Deren Vorhandensein ist im Wesentlichen der Tatsache geschuldet, dass andere DBMS genau diesen Modus verwenden. Dadurch dass SQL Server ebenfalls mit impliziten Transaktionen arbeiten kann, wird die Portierung von Datenbanken und des dazu gehörenden Servercodes viel einfacher. Wie funktioniert dieser Modus? Transaktionen werden automatisch gestartet, wenn ein Befehl ausgeführt wird, der Daten oder Objekte ändert oder auch einfach nur abfragt. Man benötigt kein explizites *BEGIN TRAN*, um eine Transaktion zu starten. Der Abschluss muss aber weiterhin durch ein *COMMIT* oder *ROLLBACK* vom Programmierer eingeleitet werden. Eine implizite Transaktion wird beispielsweise durch die üblichen Befehle zur Datenänderung, also *INSERT, UPDATE, DELETE, TRUNCATE TABLE*, aber auch durch *CREATE, DROP* und ein paar weiter gestartet. Auch durch ein *SELECT* wird eine implizite Transaktion in Gang gesetzt. Wenn diese Befehle verarbeitet werden, treten die zur Aufrechterhaltung der Konsistenz notwendigen Sperrmechanismen in Kraft. Sämtliche Änderungen bleiben vorläufig, bis SQL Server im Rahmen derselben Verbindung ein *COMMIT* erhält. Bei SQL Server muss die Verarbeitung impliziter Transaktionen auf Sitzungsebene eingestellt werden:

```
SET IMPLICIT_TRANSACTIONS ON
```

Listing 18.13 Die Arbeit mit impliziten Transaktionen beginnen

Danach ist das neue Verhalten sofort aktiviert und Transaktionen können so verarbeitet werden, wie es das folgende Skript zeigt.

```
SET IMPLICIT_TRANSACTIONS ON

DECLARE @intShipToAddressID int

INSERT Sales.ShipToAdresses
   ( CustomerID, Name_1, Address, PostalCode, City )
VALUES
   ( 100, 'SPC GmbH', 'Kurfürstendamm 119', '10711', 'Berlin')
SET @intShipToAddressID = @@identity
INSERT Sales.Orders
   ( CustomerID, EmployeeID, ShipToAddressID, OrderDate )
VALUES
   ( 100, 2, @intShipToAddressID, GETDATE())

COMMIT TRAN
```

Listing 18.14 Verarbeitung impliziter Transaktionen

Verschachtelte Transaktionen und Savepoints

Zum Thema verschachtelte Transaktionen in T-SQL lässt sich kurz und knapp sagen: Es gibt sie gar nicht. Das mag ein wenig erstaunen, da man problemlos mehrere *BEGIN TRAN*-Anweisungen nacheinander absetzen kann und SQL Server diese Tatsache auch bemerkt. Verarbeitet werden aber immer »flache« Transaktionen. Mit anderen Worten: Es gibt im Rahmen einer Benutzerverbindung immer nur eine einzige geöffnete Transaktionsklammer und ein *COMMIT* setzt immer gleich die gesamte Transaktion zurück. Nicht etwa die zuletzt geöffnete Transaktion. Das könnte man eventuell als Einschränkung auffassen – doch ist die Wirklichkeit nicht so simpel wie der intuitive Eindruck das nahe legt. Betrachten Sie dazu einmal das folgende (Pseudo-) Codebeispiel:

```
BEGIN TRAN T1
    UPDATE Tabelle1
    BEGIN TRAN T2
        UPDATE Tabelle1
    COMMIT TRAN
COMMIT TRAN
```

Listing 18.15 Verschachtelte Transaktionen im Pseudocode

Der Fall ist einfach und übersichtlich: In der Transaktion T1 wird eine weitere Transaktion T2 gestartet. Bei einem fatalen Fehler während des Updates von *Tabelle2* werden T2, aber auch T1 zurückgesetzt. Scheitert das Update von T1 auf fatale Weise, dann gilt dasselbe. Auch die Ausnahmebehandlung in verschachtelten Transaktionen könnte man sich vorstellen – ein Rollback würde sich immer auf die innere Transaktion beziehen. So in etwa:

```
BEGIN TRY
    BEGIN TRAN T1
        UPDATE Tabelle1
        BEGIN TRY
            BEGIN TRAN T2
                UPDATE Tabelle1
            COMMIT TRAN
        END TRY
        BEGIN CATCH
            ROLLBACK TRAN T2
        END CATCH
    COMMIT TRAN
END TRY
BEGIN CATCH
    ROLLBACK T1
END CATCH
```

Listing 18.16 Verschachtelte Transaktionen mit Fehlerbehandlung im Pseudocode

Soll der Codeausschnitt mit nur einem Fehlerbehandler auskommen, dann *könnte* die Datenbankmaschine Informationen darüber liefern, welche Transaktion fehlgeschlagen ist. Bliebe noch zu klären, ob die Transaktion T1 so ohne weiteres übergeben werden kann, wenn die innere Transaktion T2 zurückgesetzt werden muss. Des Weiteren stellt sich die Frage, ob sich überschneidende Transaktionsklammern erlaubt sind und was diese bedeuten:

Transaktionen

```
BEGIN TRAN T1
    UPDATE Tabelle1
    BEGIN TRAN T2
        UPDATE Tabelle2
    ...
    ROLLBACK T1
    ...
COMMIT TRAN T2
```

Listing 18.17 Überschneidende Transaktionen im Pseudocode

SQL Server hält hier »den Ball flach« – die gerade aufgeworfenen Fragen stellen sich dem Server (und Ihnen als Entwickler) erst gar nicht. Obwohl die Datenbankmaschine von SQL Server keine verschachtelten Transaktionen erlaubt, ist es doch ohne weiteres möglich, mehrere *BEGIN TRANSACTION*-Befehle nacheinander zu verwenden, ohne jede einzelne Transaktionsklammer zu schließen. SQL Server übergibt dann mit dem *COMMIT* alle Operationen vom allerersten *BEGIN TRAN* an. Die Ergebnisse der Operationen werden in der Datenbank persistent gemacht. Ebenso werden durch ein *ROLLBACK* sämtliche Änderungen in der Datenbank vom ersten *BEGIN TRAN* an vergessen. Das ist so weit klar und eindeutig.

Es gibt allerdings eine leicht schizophrene Verhaltensweise von SQL Server, wenn es um die Behandlung mehrerer aufeinander folgender *BEGIN TRAN*-Kommandos geht. Die Datenbankmaschine zählt die geöffneten Transaktionen mit – trotz der Tatsache, dass es keine Verschachtelung gibt. Sie können das durch das Abfragen der globalen Systemvariablen *@@TRANCOUNT* leicht selbst überprüfen. Diese zeigt die Anzahl der »offenen« Transaktionen in einer Benutzerverbindung an. Das nachfolgende T-SQL-Skript verhält sich, wie nach den bisherigen Erklärungen zu erwarten:

```
BEGIN TRAN
BEGIN TRAN
BEGIN TRAN

ROLLBACK TRAN
SELECT @@TRANCOUNT
```

Listing 18.18 ROLLBACK einer Transaktion mit mehreren BEGIN-Befehlen

Die Variable *@@TRANCOUNT* hat nach dem Ausführen des Skriptes den Wert 0. Versuchen Sie nun noch ein weiteres *ROLLBACK* oder ein *COMMIT* auszuführen, meldet SQL Server einen Fehler:

```
Meldung 3903, Ebene 16, Status 1, Zeile 1
Die ROLLBACK TRANSACTION-Anforderung hat keine entsprechende BEGIN TRANSACTION-Anweisung.
```

Irritierenderweise sieht das bei einem *COMMIT* ganz anders aus. Mit einem *COMMIT* wird zwar die vollständige Transaktion übergeben, der Zähler wird jedoch nicht auf 0 gesetzt, sondern nur um Eins heruntergezählt. Das kann man leicht mit dem nächsten Beispielcode überprüfen:

```
BEGIN TRAN
BEGIN TRAN
BEGIN TRAN

COMMIT TRAN
SELECT @@TRANCOUNT
```

Listing 18.19 COMMIT einer Transaktion mit mehreren BEGIN TRAN-Befehlen

Das Skript liefert in diesem Fall den Wert 2 zurück. Ein nachfolgendes *COMMIT* oder *ROLLBACK* wird klaglos durchgeführt – diese Befehle haben allerdings keine Auswirkungen in der Datenbank. Gerade bei der Arbeit mit gespeicherten Prozeduren, die einander aufrufen, kann das zu überraschenden Ergebnissen führen. Darauf komme ich gleich noch zu sprechen.

Gibt es tatsächlich irgendeinen Anlass dafür, in Ihrer Programmierung mit partiellen Transaktionen zu arbeiten – ich kann mir allerdings nur wenige praktische Gründe dafür vorstellen – dann können Sie so genannte *Savepoints* setzen. Ein Savepoint innerhalb einer Transaktion erlaubt die Rücknahme der Operationen bis zu diesem Punkt ohne die davor liegenden Operationen zu beeinflussen. Das Setzen eines Savepoint ist nicht weiter kompliziert. Das zeigt die Syntax:

```
SAVE { TRAN | TRANSACTION } { savepoint_name | @savepoint_variable }
```

Ein Savepoint wird immer innerhalb einer expliziten Transaktion angelegt und muss mit einem Namen versehen werden. Für ein teilweises Rollback wird dann dieser Name mit angegeben. Gibt es mehrere Savepoints mit gleichem Namen, führt SQL Server das Rollback einfach bis zum letzten Savepoint mit diesem Namen aus und ignoriert die anderen. So wie im nächsten Codeschnipsel. Der ist jetzt wieder »echt« (wenn auch ein wenig sinnfrei) und kann in der *netShop*-Datenbank laufen gelassen werden.

```
DECLARE @intShipToAddressID int

BEGIN TRY

    BEGIN TRANSACTION NewOrder

        INSERT Sales.ShipToAdresses
            ( CustomerID, Name_1, Address, PostalCode, City )
        VALUES
            ( 100, 'SPC GmbH', 'Kurfürstendamm 119', '10711', 'Berlin')

    SAVE TRAN ShipToAdressesSave

        SET @intShipToAddressID = @@identity


        INSERT Sales.Orders
                ( CustomerID, ShipToAddressID, OrderDate )
        VALUES
            ( 10001, @intShipToAddressID, GETDATE() )
    COMMIT TRAN
END TRY
BEGIN CATCH

    PRINT 'Fehler beim Anlegen der Bestellung. Bitte überprüfen Sie die Ergebnisse'
    ROLLBACK TRAN ShipToAdressesSave

END CATCH
```

Listing 18.20 Transaktion mit SAVEPOINTS

Nach dem Anlegen der neuen Lieferadresse durch das erste *INSERT* wird das Teilergebnis im Transaktionsprotokoll durch einen Savepoint markiert. Beim Fehlschlagen des Eintragens eines Auftrags wird die Transaktion bis zum Savepoint zurückgefahren. Genau das passiert auch, wenn Sie das Skript laufen lassen. Das *COMMIT* am Ende des TRY-Blocks übergibt die kompletten Änderungen.

> **HINWEIS** Auch bei der Anwendung von Savepoints müssen Sie das Thema »verdammte« Transaktionen beachten. Befindet sich im CATCH-Block eine Transaktionen in einem Zustand, der verhindert, dass sie übergeben werden kann, dann funktioniert auch ein Rollback bis zu einem Savepoint nicht mehr und der einzige Ausweg ist ein komplettes Rollback.

Eine sinnreiche Anwendung von Savepoints ist dann gegeben, wenn auf einem SQL Server in gespeicherten Prozeduren mit Transaktionen gearbeitet wird, die ihrerseits wieder Prozeduren mit Transaktionen aufrufen. Generell keine besonders gute Idee. Am einfachsten wäre es, Aufrufe von Prozeduren, die ein *COMMIT* oder *ROLLBACK* enthalten, aus einer Transaktion heraus zu vermeiden. Warum? Transaktionen stehen in keinem Zusammenhang mit dem Prozedurkontext. Eine Transaktion, die in der einen Prozedur geöffnet wurde, kann in einer zweiten abgeschlossen werden. Und das auch unfreiwillig, da es ja keine Schachtelung von Transaktionen gibt. Zunächst ein (abstraktes aber lauffähiges) Beispiel dafür, was schiefgehen kann, wenn man mit verschachtelten Prozeduren und Transaktionen arbeitet. Zunächst werden zwei neue Prozeduren angelegt.

```
CREATE PROC P2
AS
BEGIN TRAN

ROLLBACK TRAN
GO

CREATE PROC P1
AS
BEGIN TRAN

EXEC P2

COMMIT TRAN
GO
```

Listing 18.21 Zwei verschachtelte Prozeduren mit Transaktionen

Führen Sie die Prozedur P2 mit *EXEC P2* aus, dann arbeitet der Server das klaglos ab. Beginnen Sie aber mit *EXEC P1*, dann laufen Sie auf diesen Fehler:

```
...
Die Transaktionsanzahl nach EXECUTE zeigt an, dass eine COMMIT- oder ROLLBACK TRANSACTION-Anweisung fehlt.
Vorherige Anzahl = 0, aktuelle Anzahl = 1.
Meldung 266, Ebene 16, Status 2, Prozedur P2, Zeile 0
Die Transaktionsanzahl nach EXECUTE deutet auf eine nicht übereinstimmende Anzahl von BEGIN- und COMMIT-
Anweisungen hin. Vorherige Anzahl = 1, aktuelle Anzahl = 0.
Meldung 3902, Ebene 16, Status 1, Prozedur P1, Zeile 9
Die COMMIT TRANSACTION-Anforderung hat keine entsprechende BEGIN TRANSACTION-Anweisung.
```

Das passiert *nicht*, wenn Sie in P2 das *ROLLBACK* durch ein *COMMIT* ersetzen. Dann wird der Zähler der offenen Transaktionen nicht dekrementiert. Diese *COMMIT-Anomalie* hatte ich ja weiter vorn schon erwähnt.

Um Probleme mit geöffneten Transaktionen zu vermeiden, sollten Sie darauf achten, dass Transaktionen innerhalb von aufgerufenen Prozeduren immer nur die lokal durchgeführten Operationen rückgängig machen. Und *dafür* sind Savepoints tatsächlich gut geeignet. In einer neuen Variante von Listing 18.21 habe ich die Prozedur P2 entsprechend angepasst. Wenn durch eine Abfrage von *@@TRANCOUNT* festgestellt wird, dass es noch mindestens eine geöffnete Transaktion gibt, dann wird ein *SAVEPOINT* gesetzt. Ein *ROLLBACK* in P2 wirkt sich nicht auf P1 aus. Gibt es beim Eintritt in P2 *keine* geöffneten Transaktionen, dann wird eine neue begonnen und auch innerhalb der Prozedur abgeschlossen.

```
CREATE PROC P2
AS
DECLARE @IsLocal AS bit

IF @@TRANCOUNT > 0
   BEGIN
      SET @IsLocal = 0
      SAVE TRAN LocalTran
   END
ELSE
   BEGIN
      SET @IsLocal = 1
      BEGIN TRAN
   END

-- mach was...

IF @IsLocal = 1
   ROLLBACK TRAN
ELSE
   ROLLBACK TRAN LocalTran
```

Listing 18.22 Ein Savepoint verhindert Probleme

Die gespeicherte Prozedur *P1* kann jetzt aufgerufen werden, ohne dass eine Ausnahme ausgelöst wird. Diese Art von Transaktionsbehandlung gehört in jede Prozedur, die potenziell aus einer Transaktion heraus aufgerufen werden kann.

Verteilte Transaktionen

Das Arbeiten mit verteilten Daten wurde schon in den Kapiteln 2 und 9 erklärt. Dort ging es um die Einrichtung von Verbindungsservern und das Ausführen von verteilten Abfragen. Verteilte Abfragen dürfen auf Verbindungsservern im Prinzip auch Daten ändern. Die Operationen können sogar im Rahmen von Transaktionen ablaufen – wenn die Verbindungsserver das zulassen. Die verschiedenen Teile einer verteilten Transaktion müssen durch lokale Ressourcenmanager abgewickelt werden, die ein Commit/Rollback-Verhalten aufweisen. Handelt es sich bei dem Verbindungsserver um waschechte Datenbankmanagementsysteme, so ist das prinzipiell sichergestellt (die Feinheiten und Probleme liegen allerdings oft in den OLE DB-Providern beziehungsweise ODBC-Treibern). Mit dem nächsten T-SQL-Skript wird eine zweite SQL Server Instanz als Verbindungsserver definiert.

```
EXEC sp_addlinkedserver
   @server='ExpressServer',
   @srvproduct='',
   @provider='SQLNCLI',
   @datasrc='SHIVA\SQLExpress'
GO

-- Test:
SELECT * FROM ExpressServer.netShop.Sales.Customers
```

Listing 18.23 Einrichten eines Verbindungsservers in T-SQL

Nachdem ein Verbindungsserver erfolgreich angelegt wurde, können Sie auch sofort verteilte Transaktionen mit diesem durchführen. Wichtig: Auf der Windows-Maschine der SQL Server-Instanz, welche die verteilte Transaktion initiiert, muss der Dienst *Distributed Transaction Coordinator (DTC)* gestartet sein. Der DTC dient als Transaktionsmonitor für verteilte Transaktionen (auch über mehrere Maschinen hinweg). Der Spaß beginnt. Sie finden den DTC unter dem Namen *Distributed Transaction Coordinator* utner den Windows Diensten. Wenn Sie nicht lange suchen möchten, dann geben Sie an der Kommandozeile einfach das Kommando *net start msdtc* ein. Der folgende Codeausschnitt startet eine verteilte Transaktion auf zwei Kopien der *netShop*-Datenbank. Der einzige Unterschied im Vergleich zu einer lokalen Transaktion besteht in der Verwendung des Schlüsselwortes *DISTRIBUTED*.

```
SET XACT_ABORT ON

BEGIN DISTRIBUTED TRAN InsertNewCustomer

  -- lokale Operation

  INSERT Sales.Customers
     (Code, Name_1, Name_2, Address, PostalCode , City)
  VALUES
     ( '4711', 'Peter', 'Müller', 'Müllerstrasse 12', '1245', 'Berlin' )

  -- remote Operation

  INSERT ExpressServer.netShop.Sales.Customers
     ( Code, Name_1, Name_2, Address, PostalCode , City)
  VALUES
     ( '4711', 'Peter', 'Müller', 'Müllerstrasse 12', '1245', 'Berlin' )
```

Listing 18.24 Starten einer verteilten Transaktion

Obwohl es noch gar kein *COMMIT* gab, zeigt das Meldungsfenster doch die Durchführung von zwei Inserts an.

```
(1 Zeile(n) betroffen)
(1 Zeile(n) betroffen)
```

Zu diesem Zeitpunkt sind tatsächlich zwei lokale Transaktionen erfolgreich durchgeführt, aber noch nicht übergeben worden. Das melden denn auch die lokalen Ressourcenmanager (in diesem Fall zwei SQL Server-Instanzen) an den Transaktionsmonitor zurück. Davon können Sie sich sogar optisch überzeugen, indem Sie in Windows die entsprechende Managementkonsole öffnen. Die erreichen Sie in Windows7 über *Verwaltung/Komponentendienste*. Arbeiten Sie sich dann bis zu der Transaktionsliste des *Distributed Transaction Coordinators* durch (Abbildung 18.2 zeigt den geöffneten Baum). Voilà: Eine Transaktion *InsertNewCustomer* wird angezeigt.

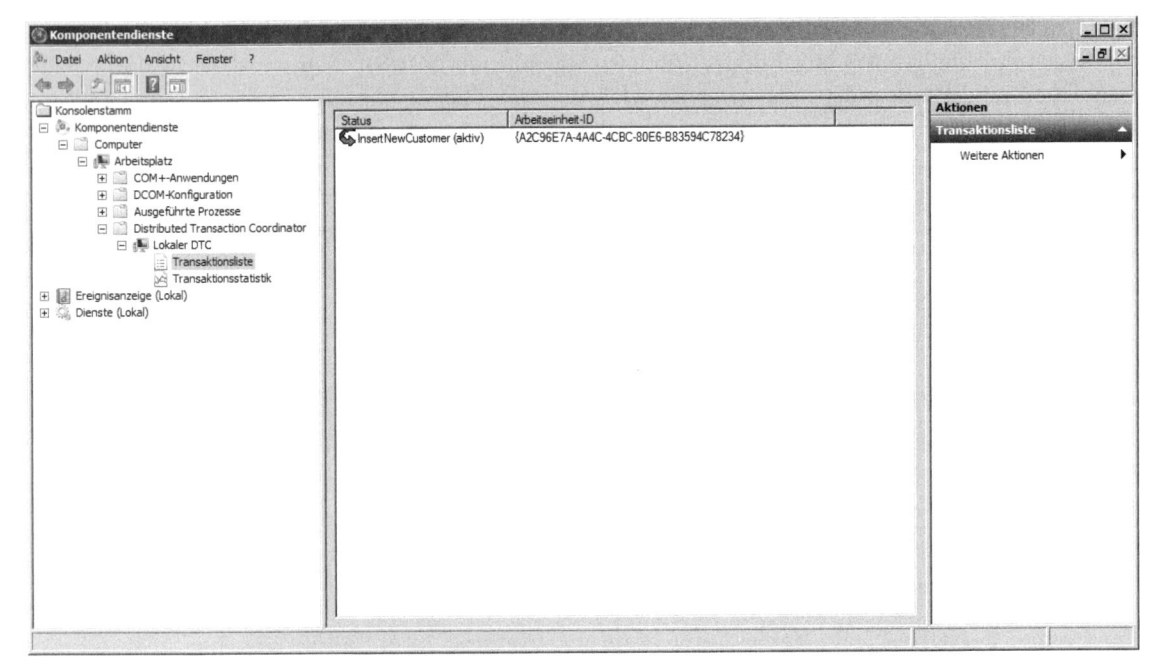

Abbildung 18.2 Verteilte Transaktion im Distributed Transaction Coordinator

Führen Sie nun in der geöffneten Verbindung ein *COMMIT TRAN* durch (ohne das Schlüsselwort *DISTRIBUTED*), dann veranlasst der Transaktionsmonitor die endgültige Übergabe der Teil-Transaktionen durch die lokalen Ressourcen-Manager. Dieses Verfahren bekommt insgesamt den schönen Namen *Two-Phase Commit Protocol (2PC)*.

Sperren

Damit sämtliche *ACID*-Forderungen, die an Transaktionen gestellt werden, erfüllt werden können, ist es notwendig, Datensätze vor wechselseitigen überlappenden Änderungen zu schützen. Dazu werden in Datenbankmanagementsystemen Sperren (*Locks*) benutzt. Bevor es um die Möglichkeiten geht, die SQL Server dem Entwickler an die Hand gibt, sollen zunächst einmal die Probleme des konkurrierenden Datenzugriffs anhand der vier klassischen Fälle erläutert werden, die es im Zusammenhang mit Transaktionen gibt.

Lost Update

Mit einem *Lost Update* wird eine Situation bezeichnet, in welcher die Änderungen des einen Prozesses gnadenlos durch einen zweiten Prozess überschrieben werden. Dieser Fall könnte nur dann eintreten, wenn es gar keine Sperrmechanismen auf einem Datenbankserver gäbe. So etwas gibt es natürlich prinzipiell nicht. SQL Server lässt diesen Zustand gar nicht erst eintreten. Allerdings kann man den Server dazu »überreden«, ein Lost Update zu erlauben. Sie kennen das Problem sicher aus Ihrer alltäglichen Arbeit mit Betriebssystemen und Anwendungsprogrammen: Eine Datei aus einem gemeinsamen öffentlichen Verzeichnis, die Sie verändern und speichern, kann parallel auch von einem zweiten Benutzer zur Bearbeitung geöffnet worden sein. Speichern Sie die von Ihnen geänderte Datei vor dem zweiten Anwender und öffnen Sie diese nach kurzer Zeit wieder, so sehen Sie eventuell Ihre eigenen Änderungen nicht mehr, sondern die Ihres Kollegen. Inzwischen sind die üblichen Office-Programme so clever, dass Sie zumindest eine Warnung erhalten, wenn sich das Dokument während der Zeit, die Sie zur Bearbeitung benötigt haben, ändert – und Sie können selbst überlegen, ob Sie Ihren Kollegen ärgern wollen (Sie überschreiben seine Arbeit) oder einen Rückzieher machen (Sie verzichten auf Ihre eigenen Änderungen). In Dokumentenmanagement- oder Versionisierungssystemen (z. B. Sharepoint Server oder Source Safe) werden diese Update-Probleme dadurch vermieden, dass jeweils nur ein Benutzer zu einem Zeitpunkt das Dokument bearbeiten darf. In der Regel wird dazu ein Check-out-/Check-in-Verfahren verwendet.

Das Beispiel in der Abbildung 18.3 stellt das Lost Update-Problem in einer Datenbank-Umgebung dar. Der hier schematisch dargestellte Vorgang könnte in der Praxis beispielsweise ein Ausschnitt in einer Sequenz von Operationen in einer Lagerhaltungs-Datenbank sein. Zwei Prozesse, die jeweils Bestellungen eines bestimmten Artikels bearbeiten, arbeiten parallel mit dem gleichen Datensatz in einer Bestandstabelle. Nach der Bestellung eines Artikels muss im Fallbeispiel dessen Lagerbestand angepasst werden. Dazu sind drei Teiloperationen nötig: das Lesen des aktuellen Bestandswertes, das Berechnen des neuen Bestandswertes und das Schreiben des neuen Wertes in die Bestandstabelle. Diese Abfolge der Operationen trifft auch dann zu, wenn es sich um einen einzelnen T-SQL *UPDATE*-Befehl handelt (und keine *SELECT-UPDATE*-Folge). Auf der physikalischen Ebene müssen diese Teiloperationen nacheinander ausgeführt werden.

Die Transaktion 1 (T1) liest nun als erste aus dem Datensatz den aktuellen Wert des Felds Bestand (10) und beginnt mit der Berechnung. Währenddessen nimmt T2 die Arbeit auf und liest den noch unveränderten Wert ebenfalls. Nachdem T1 den neuen Wert festgestellt hat, schreibt sie diesen in die Tabelle zurück. Da in T1 10 Stück des Artikels bestellt wurden, wird der neue Wert korrekt zu 10 + 10 = 20 berechnet. Kurz nach T1 ist auch T2 mit der Arbeit fertig. Da in T2 20 Stück des Artikels bestellt wurden, schreibt diese Transaktion den Wert 30 in die Datenbank und überschreibt damit die Änderungen durch T1. Zehn Stück des Artikels sind »verloren gegangen«, der Lagerbestand ist nicht mehr korrekt. Dieses Verhalten von Transaktionen muss unter allen Umständen verhindert werden. Dazu werden Sperren eingesetzt. Der Zugriff auf den Datensatz wird blockiert, bis die erste Transaktion den neuen Wert in die Datenbank zurückgeschrieben hat. Doch auch wenn der Datensatz gesperrt wird, kann noch etwas schiefgehen. Es kommt darauf an, wie die Sperrmechanik im Detail arbeitet. Der nächste Abschnitt stellt das vor.

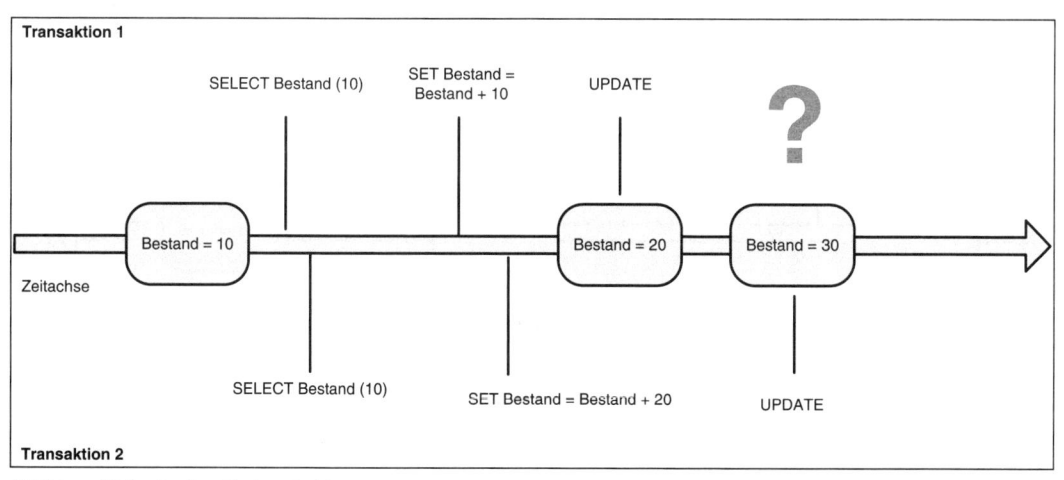

Abbildung 18.3 Das Lost Update-Problem

Dirty Read

Arbeitet man in einem Datenbanksystem mit Sperren, so stellt sich die Frage, wann die blockierten Objekte wieder freigegeben werden können. Das hat natürlich mit der Leistungsfähigkeit des Systems zu tun. Je mehr Operationen parallel auf den gleichen Daten arbeiten, um diese zu verändern, desto mehr wird die Zeit, in der Sperren auf diese Daten gehalten werden, zu einem deutlichen Performance-Problem. Dass dennoch sorgfältig darauf geachtet werden muss, die gesperrten Objekte nicht zu früh freizugeben, zeigt das Problem des *Dirty Read*, welches in der Abbildung 18.4 dargestellt ist.

Eine Sperre im Datenbanksystem verhindert, dass die T2 einen Datensatz lesen kann, sobald dieser von T1 für eine Aktualisierung gelesen wurde. T1 kann nun die Änderungen durchführen und wegschreiben, ohne dass T2 eine Möglichkeit hat, die gespeicherten Werte zu überschreiben. Ein Lost Update ist ausgeschlossen. In einem Dirty Read-Szenario bekommt T2 die Möglichkeit, den geänderten Datensatz zu lesen, sobald T1 das Update beendet hat. Wohlgemerkt: T1 ist dabei noch nicht vollständig beendet. Eventuell sind noch weitere Operationen durchzuführen, bevor T1 die Arbeit mit einem *COMMIT* endgültig abschließt. Dieses Verhalten kann, wie gesagt, aus Performancegründen wünschenswert sein. In vielen Fällen nimmt diese Arbeitsweise auch ein glückliches Ende, es gibt jedoch eine unangenehme Ausnahme: T1 läuft auf einen Fehler und führt ein *ROLLBACK* durch! In diesem Fall hat es die Änderung des Wertes für den Bestand nie gegeben. Nachdem T1 durch *ROLLBACK* beendet wurde, besitzt das Feld wieder den ursprünglichen Wert. T2 führt ihre Operationen nun mit einem Wert durch, den es in der Datenbank nie persistent gegeben hat. Während im Falle des Lost Update der Lagerbestand nach Abschluss der Transaktionen zu hoch erschien, erscheint er in diesem Fall als zu niedrig. Beides ist fatal. Um Dirty Reads zu vermeiden, muss die Sperre bis zur endgültigen Übergabe einer Transaktion aufrechterhalten werden. Die Leistungseinbußen sind in Kauf zu nehmen. SQL Server vermeidet Dirty Reads in einem Standard-Transaktionsverhalten.

Die Sperren an einem Datensatz schützen diesen normalerweise nur vor Veränderungen durch eine zweite Transaktion. Das parallele Lesen bleibt erlaubt. Dies ist wiederum eine Maßnahme für den Erhalt des Durchsatzes im Datenbanksystem. Dass es auch Fälle gibt, in denen dies problematisch sein kann, stellt das nächste Beispiel vor.

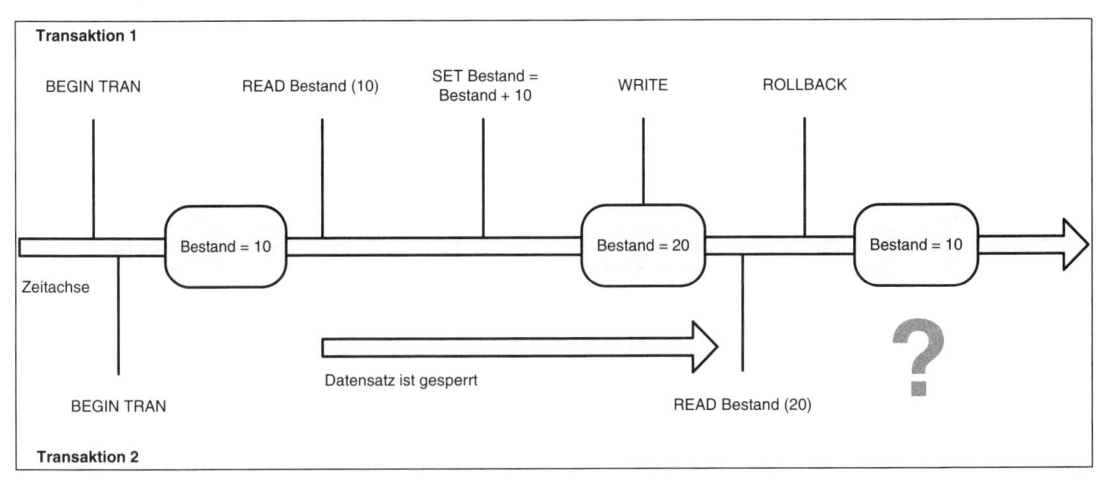

Abbildung 18.4 Das Dirty Read-Problem

Non-Repeatable Read

Die dritte Transaktions-Anormalität gehört eher zur harmloseren Sorte und kann leicht vermieden werden. In diesem Fall greift T2 als erste auf den Wert zu, hat aber nur vor, Daten zu lesen. Da weiterhin ein Transaktionsverhalten unterstellt wird, das möglichst wenig Blockaden erzeugen soll, gibt das Datenbanksystem nach dem Lesen des Datensatzes diesen sofort wieder frei (im Gegensatz zu einem Lesen, welches ein *UPDATE* vorbereiten soll). Die parallele T1 »schnappt« sich jetzt sofort den Datensatz, berechnet den Wert für das Feld *Bestand* neu und schreibt diesen geänderten Wert in die Datenbank. Falls die inzwischen weiter gelaufene T2 nun erneut den Wert aus dem Datensatz abfragt, bekommt sie einen geänderten Wert zu sehen. Dadurch erscheinen die Daten inkonsistent.

Wenn T2 beispielsweise die Aufgabe hatte, Daten für einen Bericht zu liefern, könnte sie in einer ersten Abfrage die Detailinformationen gelesen haben und in einer zweiten Abfrage aggregierte Werte auf dem Server bilden, die dann als Summe in einem Berichtsfuß erscheinen. Taucht der veränderte Bestandswert in beiden Leseoperationen auf, dann wird eine Summe angezeigt, die nicht zu den Detaildatensätzen zu passen scheint. Dieser Effekt eines *Non-Repeatable Read* kann beim Reporting in einer Datenbank, die gerade Transaktionen verarbeitet, abhängig vom Auswertungsverfahren, tatsächlich festgestellt werden. Ein Programmierer kann Non-Repeatable Reads natürlich dadurch verhindern, dass er den gelesenen Wert in einer Variablen zwischenspeichert, beziehungsweise für das Reporting einen statischen Schnappschuss der Daten anlegt, aus dem dann sowohl die Details angezeigt, wie auch die Aggregate gebildet werden.

Non-Repeatable Reads zu verhindern, ist prinzipiell auch mit Mitteln des DBMS ohne Schwierigkeiten machbar, indem Sperren auch für gelesene Datensätze bis zum Ende der Transaktion gehalten werden. Dies hätte dann natürlich dramatisch negative Auswirkungen auf die Leistungsfähigkeit des Gesamtsystems. Transaktionen auf der gleichen Datenmenge würden annähernd sequenziell durchgeführt werden. Die Benutzer müssten jeweils auf den Abschluss einer parallel ablaufenden Transaktion warten – auch wenn sie die Daten nur einsehen wollten. Kein wirklich überzeugendes Verhalten eines Multiusersystems. Daher vermeidet SQL Server Non-Repeatable Reads standardmäßig nicht. Bei Bedarf können Sie das aber erzwingen.

Dass selbst dieses restriktive Verhalten noch Schmutzeffekte gestattet, zeigt das abschließende Beispiel.

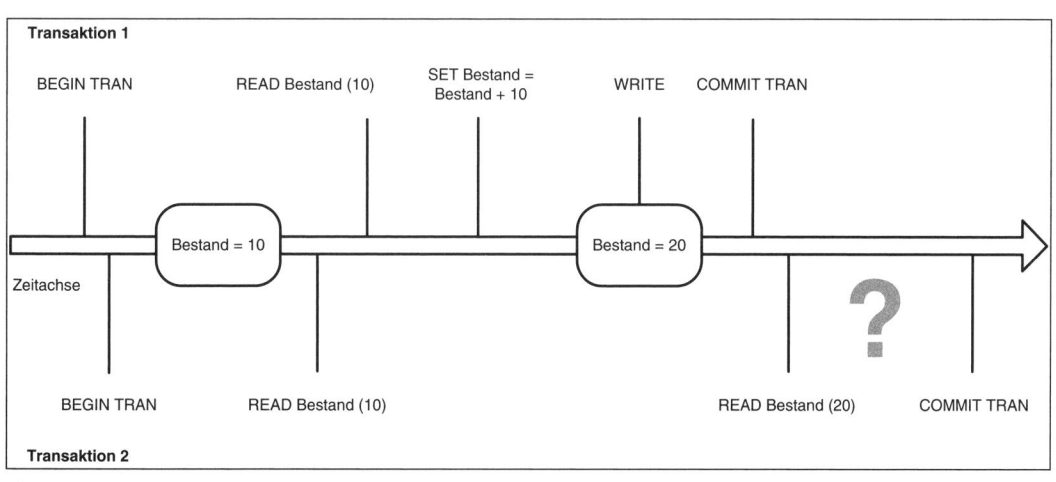

Abbildung 18.5 Das Non-Repeatable Read-Problem

Das Phantom-Problem

Das so genannte *Phantom-Problem* zu verhindern, ist für den Server eine besonders knifflige Herausforderung. Bis jetzt ging es in den Betrachtungen nur um Datensätze, die bereits in der Datenbank vorhanden sind, bevor Transaktionen diese durch ein *UPDATE* verändern wollen. Aber auch ein *INSERT* verändert natürlich den Zustand einer Datenbank und diese Änderungen können ebenfalls zu Problemen führen, allerdings nur in speziellen Situationen. Genauer gesagt geht es darum, dass sich die Ergebnismenge einer *WHERE*-Klausel dadurch ändern kann, dass neue Datensätze in eine Tabelle eingefügt werden. Führt man dieselbe Abfrage innerhalb einer Transaktion mehrfach durch, so kann sich die Anzahl der ausgewählten Datensätze dadurch ändern, dass zwischendurch neue Datensätze durch eine zweite Transaktion hinzugefügt wurden (ein Löschen wäre übrigens nach den bisher geforderten Sperrmechanismen nicht erlaubt). Dieser Effekt kann wiederum bei großen Report-Läufen in einer »lebendigen« Datenbank auftreten.

Es ist tatsächlich möglich, auch diese Phantome zu unterdrücken. Dazu müssen Sperren eingerichtet werden, die sich nicht auf reale Datensätze beziehen, sondern auf Datenbereiche, die durch *WHERE*-Klauseln vorgegeben werden. Diese Sperren werden denn auch als *Bereichssperren* bezeichnet. Dies ist für den Datenbankserver etwas diffiziler und aufwändiger zu verwalten als normale Sperren. Für alle Datensätze, die einer Datenbank hinzugefügt werden sollen, wäre zu überprüfen, ob sie in eine Bereichssperre fallen, und in diesem Fall müsste das *INSERT* blockiert werden, bis die Sperren wieder aufgehoben werden. Alle Operationen, die sich auf die gleichen Datenmengen beziehen, wären nun endgültig sequenziell. Sie ahnen es sicher schon: Auch mit »Phantomen« können Sie beim SQL Server, der sich im Standard-Transaktionsmodus befindet, rechnen.

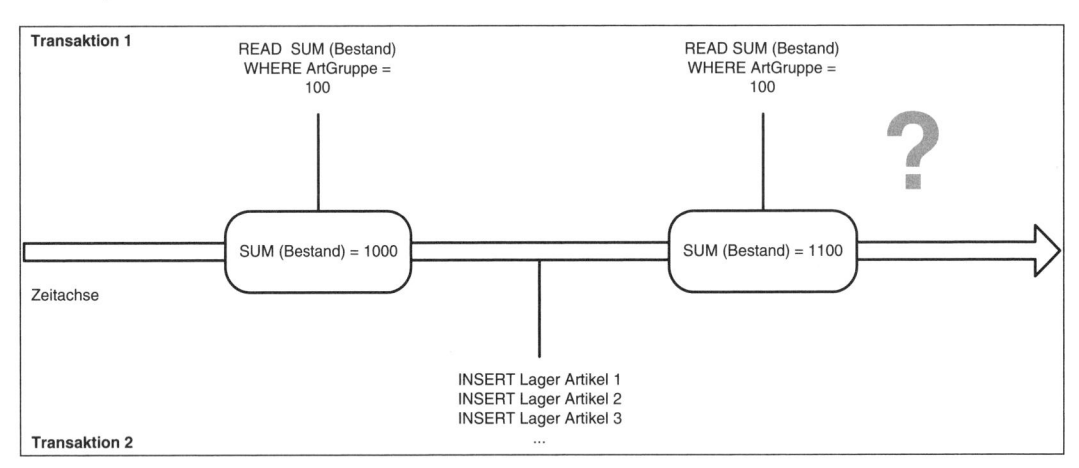

Abbildung 18.6 Das Phantom-Problem

Das Sperrverhalten von SQL Server

Die vier Sperrproblematiken, die im vorletzten Abschnitt vorgestellt wurden, sind ganz genauso im ANSI-SQL-Standard berücksichtigt. Zur Vermeidung dieser unerwünschten Effekte definiert ANSI so genannte Isolationsstufen, die – sobald sie in einer Benutzerverbindung aktiviert werden – durch den Server mittels automatischem Setzen passender Sperren verhindert werden. Eine Isolationsstufe beschreibt, wie unabhängig voneinander Transaktionen ablaufen können. Die Auswahl einer Isolationsstufe entscheidet darüber, wann Sperren gesetzt, welche Art von Sperren verwendet und wann die Sperren wieder freigegeben werden.

SQL Server 2008 geht dabei über das im ANSI-Standard geforderte noch hinaus und definiert eine fünfte Isolationsstufe, wie auch eine Verfeinerung der Standardstufe *Repeatable Read*. Diese *Snapshot-Isolation* stellt für hoch transaktionale Datenbanken eine wirklich tolle Ergänzung dar. Das Famose daran ist, dass Sie die Standardstufe *Serializable* realisiert, aber ohne Blockierungen auskommt. Welche der angesprochenen Probleme durch welche Isolationsstufe vermieden werden, können Sie sich anhand der folgenden Tabelle klarmachen.

Isolationsstufe	Verhindert
READ UNCOMMITED	Lost Updates
READ COMMITED	Dirty Reads und Lost Updates
REPEATABLE READ	Non-Repeatable Reads, Dirty Reads und Lost Updates
SERIALIZABLE	Phantoms, Non-Repeatable Reads, Dirty Reads und Lost Updates
SNAPSHOT	Phantoms, Non-Repeatable Reads, Dirty Reads und Lost Updates

Tabelle 18.2 Isolationsstufen für Transaktionen

Die Standard-Isolationsstufe von SQL Server ist, wie bei anderen Datenbankservern auch, *READ COMMITED*. Dies ist als Kompromiss aus Durchsatz und Fehlerwahrscheinlichkeit zu sehen. Bei Bedarf kann das Verhalten für eine Benutzerverbindung oder auch für einzelne T-SQL-Befehle angepasst werden. Doch bevor es darum geht, soll zunächst das »Out-of-the-Box«-Verhalten des Servers an einem kleinen Beispiel gezeigt werden. Da man im T-SQL-Editor sehr bequem mit zwei Benutzerverbindungen parallel arbeiten kann, lassen sich Konkurrenzsituationen hervorragend simulieren. Dies ist das erste Skript. Lassen Sie es in einem Fenster des T-SQL-Editors laufen:

```
BEGIN TRAN T1
   UPDATE Sales.Customers
      SET Firstname = 'Franz-Ferdinand'
   WHERE
      [ID] = 1
   SELECT * FROM Sales.Customers WHERE [ID] = 1
```

Listing 18.25 Transaktion mit einem einzelnen UPDATE

Dies ist ein Beispiel für den Anfangsteil einer Transaktion, die den ersten Kundendatensatz ändert und den geänderten Datensatz anschließend sofort als Feedback anzeigt. Im Ergebnisfenster des T-SQL-Editors wird als Vorname *Franz-Ferdinand* ausgegeben. Die Transaktion ist bis jetzt noch nicht durch ein *COMMIT* abgeschlossen. Öffnen Sie nun neues Fenster im T-SQL-Editor und verbinden Sie sich neu mit der *netShop*-Datenbank. Durch das Starten des zweiten Skripts simulieren Sie einen Benutzerprozess, der parallel die Kundentabelle einfach nur lesen möchte:

```
BEGIN TRAN T2
   SELECT * FROM Sales.Customers
```

Listing 18.26 Transaktion, die Daten lesen will

Im zweiten Ergebnisfenster passiert – nichts! Sie können ein paar Augenblicke warten und es passiert – immer noch nichts. Die zweite Transaktion muss auf den Abschluss der ersten warten. Dies entspricht einer strikten Implementierung der Read Commited-Isolationsstufe. Man kann hier sehr gut sehen, dass SQL Server im Normalfall kein Timeout für das Warten auf die Freigabe einer durch eine Transaktion angelegten Sperre kennt. Wenn es in einer Anwendung doch zu einer Fehlermeldung kommt, dann dadurch, dass eine Datenzugriffsschicht, also z. B. OLE DB oder ODBC, einen Zeitüberschreitungsfehler generiert, der dann zu einer ADO.NET-Ausnahme führt. Setzt man die erste Transaktion durch ein *ROLLBACK* zurück, dann kann das *SELECT* in der zweiten Transaktion endlich durchgeführt werden. In der vom T-SQL-Editor angezeigten Ergebnismenge wird man im ersten Datensatz den ursprünglichen Wert für den Vornamen finden. Das Lesen einer noch nicht übergebenen Änderung wurde verhindert.

Wenn Sie einmal sehen möchten, welche Datensätze es genau sind, die gesperrt werden, dann ergänzen Sie die Abfrage um eine absteigende Sortierung.

```
BEGIN TRAN T3
   SELECT * FROM Sales.Customers ORDER BY ID DESC
```

Listing 18.27   Noch eine Transaktion, die Daten lesen will

In diesem Fall beginnt SQL Server mit der Ausgabe der Datensätze und kommt dabei bis zum Datensatz mit der ID 11. 9990 Datensätze werden angezeigt, die obersten zehn Datensätze bleiben aber verborgen. Die Datenbankmaschine versucht immer, so wenig Datensätze, wie möglich, zu sperren. Im Optimalfall wäre das natürlich genau ein einziger. In diesem Fall sperrt der SQL Server aber offenbar eine komplette Datenseite, auf der sich zehn Datensätze befinden.

Es gab bereits vor dem Erscheinen der Vorgängerversion von SQL Server 2008 einen lang andauernden Streit zwischen den Anhängern verschiedener Datenbankmanagementsysteme darüber, ob das hier dargestellte Verfahren der Weisheit letzter Schluss ist.[2] ORACLE und Co stellen in Sperrsituationen, wie der dargestellten, so genannte Schattendatensätze (shadow records) zur Verfügung. Das kann Abfragen beschleunigen, aber auch zu logischen Problemen führen. Ab jetzt ist diese Diskussion beendet: Die Transaktionstufe *SNAPSHOT* stellt die SQL Server-Variante dieses so genannten *Versionierungs*-Verhaltens dar. Wie das funktioniert und was dabei zu beachten ist, erfahren Sie in Kürze.

Das Sperrverhalten beeinflussen

Bei der Entwicklung gespeicherter Prozeduren und anderer Server-Objekte können Sie durchaus Einfluss auf das Setzen von Sperren nehmen. Prinzipiell gibt es dafür zwei verschiedene Stellen: Sie können in den Verbindungseigenschaften die Isolationsstufe und weitere Sperreigenschaften von SQL Server einstellen oder in einigen T-SQL-Befehlen das Sperrverhalten modifizieren. Dies sind naheliegenderweise vor allem die Kommandos *SELECT, INSERT, UPDATE* und *DELETE*.

Die Isolationsstufe einstellen

Über das *SET*-Kommando lassen sich bekanntlich Eigenschaften einer Client-Verbindung für die Dauer der Sitzung ändern. Dadurch kann auch das Transaktionsverhalten einer Sitzung eingestellt werden – und zwar über die Option *TRANSACTION ISOLATION LEVEL*. Es stehen dabei die Stufen zur Verfügung, die im letzten Abschnitt bereits erläutert wurden. So sieht der Befehl in T-SQL aus:

```
SET TRANSACTION ISOLATION LEVEL
    { READ UNCOMMITTED
    | READ COMMITTED
    | REPEATABLE READ
    | SNAPSHOT
    | SERIALIZABLE}
```

---

[2] Es gibt einige Whitepapers zu diesem Thema. In den Begleitmaterialien zu diesem Buch finden Sie eine Auswahl.

Die Bezeichnungen entsprechen den offiziellen ANSI-Schlüsselworten, natürlich mit der Ausnahme von *SNAPSHOT*. Diese Stufe ist nur in SQL Server definiert. Es kann durchaus sinnvoll sein, die Isolationsstufe zu wechseln. Beispielsweise wäre es denkbar, in einer überwiegenden Reporting-Applikation Antwortzeiten und Durchsatz dadurch zu beschleunigen, dass man Uncommitted Reads zulässt. Dadurch wären in Berichten gewisse »Schmutzeffekte« denkbar, falls einige der zu lesenden Datensätze sich gerade in Updates befinden. Die Konsistenz der Datenbank ist allerdings nicht gefährdet, wenn die gelesenen Daten nicht für die Berechnung neuer Werte in den Tabellen verwendet werden. Die Wahl dieser Isolationsstufe hätte keinerlei Auswirkungen auf die Ressourcen von SQL Server, ist also sehr effektiv. Als »saubere« Variante, die auch bei parallel stattfindenden Daten ändernden Transaktionen konsistente Werte liefert, bietet sich mit SQL Server 2008 die Snapshot-Isolation an. Bei dieser muss aber auf jeden Fall mit zusätzlichem Ressourceneinsatz (Speicherplatz, Prozessor- und I/O-Leistung) gerechnet werden.

Bei Datenbanken, in denen viele auf zentrale Tabellen bezogene Transaktionen ablaufen, ist das eine oder andere Vorgehen bisweilen notwendig, um Auswertungen in einer vernünftigen Zeit zu erhalten. Das Herabsetzen der Transaktions-Isolationsstufe soll wieder am einführenden Beispiel zum Sperrverhalten demonstriert werden (Listing 18.25). Sie erinnern sich: Eine Transaktion T1 ändert den Namen des ersten Kunden in der *Sales.Customers*-Tabelle von netShop, Transaktion T2 muss warten. Eine Variante für T2, bei der Sperren auf den ersten Kundensatz ignoriert werden, und daher keine Blockierung auftritt, sieht folgendermaßen aus:

```
SET TRANSACTION ISOLATION LEVEL READ UNCOMMITTED
BEGIN TRAN T2
  SELECT * FROM Sales.Customers ORDER BY ID
```

Listing 18.28 Ändern der Transaktions-Isolationsstufe

T2 wird in diesem Fall sofort ausgeführt, obwohl T1 noch nicht das *COMMIT* gegeben hat und es exklusive Sperren auf den ersten Datensatz gibt. T2 sieht den Wert, der von T1 geschrieben, aber noch nicht endgültig übergeben wurde. Möglicherweise stimmt daher in einem auf T2 aufbauenden Bericht der Wert des Felds *Name_1* nicht, nämlich dann, wenn sich T1 doch für ein *ROLLBACK* entscheidet.

Ein Sperren-Timeout einstellen

SQL Server begrenzt normalerweise die Zeit nicht, in der ein Prozess auf die Freigabe einer gesperrten Ressource wartet. Wie bereits erwähnt, sieht das bei einem Client-Zugriff über eine Datenzugriffsbibliothek etwas anders aus. Hier ist generell eine Timeout-Einstellung für die Antwortzeit vorhanden. Serverseitig kann dies ebenfalls Sinn machen, beispielsweise um möglichst schnell festzustellen, dass ein benötigter Datensatz mit einer Sperre belegt ist. Die entsprechende *SET*-Option stelle ich einfach innerhalb einer neuen Variante für T2 vor. In diesem Fall sei wieder das Standard-Sperrverhalten von SQL Server aktiv. Wenn Sie das Beispiel ausprobieren möchten, sollten Sie daher am besten eine neue Verbindung zum Server öffnen (also ein neues Editor-Fenster verwenden) oder das Kommando *SET TRANSACTION ISOLATION LEVEL READ COMMITTED* absetzen, bevor Sie Listing 18.29 ausführen.

```
SET LOCK_TIMEOUT 1000
BEGIN TRAN T2
  SELECT * FROM Sales.Customers ORDER BY ID
```

Listing 18.29 Setzen eines Sperren-Timeouts

Durch das *SET*-Kommando wird die maximale Wartezeit für eine Sperrfreigabe auf 1.000 Millisekunden eingestellt. Lässt man das Skript laufen, während T1 noch aktiv ist, so bekommt man nach einer Sekunde statt eines Ergebnisses die nachstehende Meldung zu sehen:

```
Meldung 1222, Ebene 16, Status 52, Zeile 5
Das Timeout für Sperranforderung wurde überschritten.
```

Denken Sie auch hier wieder daran, dass die SET-Einstellung nur für die aktuelle Benutzersitzung gilt. Einen ähnlichen Effekt könnten Sie instanzweit mit der Server-Konfigurationsoption *query wait (s)* erzielen. Das Kommando *EXEC sp_Configure 'query wait (s)',1* stellt die Ressourcenwartezeit zum Beispiel auf eine Sekunde ein. Damit werden allerdings auch Abfragen abgebrochen, die auf die Zuteilung von Speicher o.ä. warten und nicht nur auf das Freigeben von Sperren. Generell sollten Sie hier besser die Grundeinstellungen beibehalten.

Sperrhinweise in T-SQL-Kommandos verwenden

Vermutlich werden Sie beim Auftreten von Sperrproblematiken in vielen Fällen gezielt eine kritische Stelle bearbeiten wollen, statt die Isolationsstufe global zu ändern. Dazu eignen sich Tabellenhinweise, die in T-SQL-Befehlen verwendet werden können. Setzen Sie diese in Verbindung mit einem *SELECT* ein, so können Sie festlegen, ob die Abfrage auf gesperrte Datensätze warten soll. Mit dem folgenden Kommando ermöglichen Sie das problemlose Ablaufenlassen der *SELECT*-Anweisung in T2 des Eingangsbeispiels.

```
BEGIN TRAN T2
    SELECT * FROM Sales.Customers WITH (READPAST) ORDER BY ID
```

Listing 18.30   READPAST-Sperrhinweis

Der *READPAST*-Hinweis bewirkt, dass die Tabelle *Sales.Customers* gelesen werden kann, wobei Datensätze, die sich noch in einer Sperre durch eine Transaktion befinden, einfach übersprungen werden. Bei der Berechnung einer aggregierten Summe würden deren Werte also fehlen. Es gibt noch eine zweite Variante für den Umgang mit Daten, die sich in einer exklusiven Sperre befinden:

```
BEGIN TRAN T2
    SELECT * FROM Sales.Customers WITH (READUNCOMMITTED) ORDER BY ID
```

Listing 18.31   READUNCOMMITTED-Sperrhinweis

In diesem Fall wird die gesamte Tabelle gelesen, und zwar inklusive der Datensätze, auf denen eine exklusive Sperre liegt. Dabei werden die Datensätze in der neuesten Version (Zustand nach dem *UPDATE*) gelesen. Dies kann unkritisch sein; man muss nur wieder im Hinterkopf behalten, dass die Transaktion noch ein *ROLLBACK* ausführen könnte, und dann hätten Sie es mit einem problematischen Dirty Read zu tun.

HINWEIS   Der Sperrhinweis READUNCOMMITED hieß bis SQL Server 2005 NOLOCK. Sie können derzeit beide Bezeichnungen verwenden. NOLOCK ist auch noch nicht abgekündigt. Für neue Programmierungen sollten Sie sich aber besser an READUNCOMMITED gewöhnen.

Snapshot-Isolation

Bis zum Erscheinen von SQL Server 2005 konnten Blockierungen für lesende Prozesse ausschließlich durch möglichst kurze Transaktionen und die Verwendung von Sperrhinweisen verringert werden, wie das im letzten Abschnitt zu sehen war. Da aber Transaktionen nicht beliebig künstlich verkürzt werden können, ohne die Logik in einer Datenbank zu gefährden, und Sperrhinweise unerwünschte Begleiterscheinungen haben, ist es wünschenswert, elegantere Möglichkeiten zur Verfügung zu haben, um die Lese-Performance einer Datenbankanwendung zu steigern.

Snapshot-Isolation ist eine wunderbare Angelegenheit für Anwendungen, in denen es viele Leseoperationen gibt, die durch Updates in der Datenbank behindert werden. Tatsächlich kann sogar die Isolationsstufe *SERIALIZABLE* erreicht werden, ohne die riesigen Nachteile lange gehaltener Sperren erleiden zu müssen.

Das Prinzip, welches hinter Snapshot-Isolation steht wird als Versionierung von Datensätzen bezeichnet. Anstatt eine lesende Transaktion darauf warten zu lassen, dass gesperrte Datensätze endlich wieder frei gegeben werden, liefert SQL Server ältere, aber vollständig durch ein *COMMIT* übergebene Zustände dieser Datensätze zurück. Die lesende Transaktion kann ohne Zeitverzug weiterarbeiten, durch ein Update werden keine parallel arbeitenden lesenden Transaktionen behindert. Es ist zu 100% sichergestellt, dass die Transaktionskriterien nach dem *ACID*-Prinzip eingehalten werden. Versionierung gefährdet die Transaktionssicherheit in einer Datenbank nicht.

Dennoch gibt es auch hier das berühmte »kostenlose Mittagessen« nicht. Der Einsatz der Snapshot-Isolation kostet nämlich auch etwas. Es wäre ja auch zu schön, um wahr zu sein, und die restlichen Isolationsstufen könnten in den Papierkorb wandern. Leider ist es nicht so einfach. Es gilt ein paar Punkte zu überdenken.

Nicht in jeder Anwendung kann Versionierung bedenkenlos eingesetzt werden. Geht es beispielsweise um die Verwaltung begrenzter Ressourcen, so muss sehr sorgfältig programmiert werden, sobald die Snapshot-Isolation eingesetzt wird. Stellen Sie sich ein Online-Ticket-System vor: Bevor ein Verkauf stattfindet, soll durch ein *SELECT* überprüft werden, ob noch Karten vorhanden sind. Da kann es sein, dass genau in dem Moment, in welchem die Abfrage läuft, parallele Verkäufe stattfinden, die aber nicht »gesehen« werden, weil ein älterer (versionierter) Bestandswert angezeigt wird.

Ganz allgemein gesprochen können das Lesen einer Version und ein anschließendes Ändern des Datensatzes zu Problemen führen. Um ein Lost Update zu verhindern, muss sich SQL Server mit dem Entdecken von Konflikten beschäftigen. Das kostet natürlich Ressourcen.

Auch das Vorhalten der versionierten Datensätze nimmt Speicherplatz und Prozessorlast in Anspruch. Versionierung ist gegenüber dem einfachen Sperren das teurere Verfahren.

Funktionsweise der Snapshot-Isolation

Das hinter dem Begriff Snapshot-Isolation stehende Prinzip der Zeilenversionierung stellt in der Tat eine Alternative zu Sperren dar, um Transaktionssicherheit zu gewährleisten. Während Sperren ein *pessimistisches* Verfahren zur Steuerung gleichzeitiger Zugriffe darstellen, handelt es sich bei der Versionierung um ein *optimistisches* Verfahren. Das bedeutet konkret: Lesende Transaktionen fordern keine Lesesperren an. Daher gibt es auch keine Konflikte mit gleichzeitig existierenden Update-Sperren. Wird ein Datensatz in der Original-Datenbank durch eine Transaktion T1 mit einer exklusiven Sperre belegt, so greift eine lesende Transaktion T2 auf eine ältere übergebene Version dieses Datensatzes in der *tempdb* zu (Abbildung 18.7). T1 wird durch einen Pointer zum versionierten Datensatz umgeleitet.

Die Snapshot-Isolation muss zunächst einmal in der Datenbank aktiviert werden, bevor mit Versionierung gearbeitet werden kann. Die Aktivierung erfolgt entweder auf Befehls- oder auf Transaktionsebene (dazu gleich mehr). Sobald jetzt eine Datenänderung (*UPDATE* oder *DELETE*) auf einem Datensatz durchgeführt werden soll, erzeugt die Datenbankmaschine eine Kopie des letzten durch ein *COMMIT* übergebenen Zustandes des Datensatzes in der *tempdb*-Datenbank. Der Bereich in der *tempdb*-Datenbank, der für die Speicherung dieser Kopien vorgesehen ist, wird als *Version Store* bezeichnet. In der *Version* des Datensatzes wird ein Zeitstempel angelegt. Gleichzeitig mit dem Anlegen der Kopie bekommt der »neue« Datensatz in der Tabelle eine Kennzeichnung mit der *Transaction Sequence Number* sowie einen Pointer auf die Version des Datensatzes. In der Tabelle werden nur 14 Byte zusätzliche Daten benötigt, um die Informationen zu verwalten.

Es ist prinzipiell möglich (wenn es auch sehr selten vorkommen dürfte), dass Transaktionen nacheinander *verschiedene* übergebene Zustände eines Datensatzes lesen. In diesem Fall sind die Versionen in Form einer einfach verketteten Liste miteinander verbunden und die älteste übergebene Version befindet sich am Ende dieser Liste. Bei Snapshot-Isolation auf Transaktionsebene muss sich die lesende Transaktion diejenige Version des Datensatzes besorgen, die zum Zeitpunkt des Starts dieses Transaktion gültig war. Dazu dient der Zeitstempel der Versionen.

Die Versionen der Datenzeilen werden bei der Snapshot-Isolation mit jeder Datenänderung angelegt, egal, ob sie von lesenden Transaktionen benötigt werden oder nicht. Natürlich bedeutet dies einen gewissen Overhead in der Datenbank, der aber vertretbar ist, wenn dadurch Schreib-/Lese-Blockierungen vermieden werden. *tempdb* verdient in versionierenden Datenbanken eine besondere Aufmerksamkeit. Von ihrer Schreib-/Leseperformance ist die gesamte Anwendung jetzt ganz besonders abhängig.

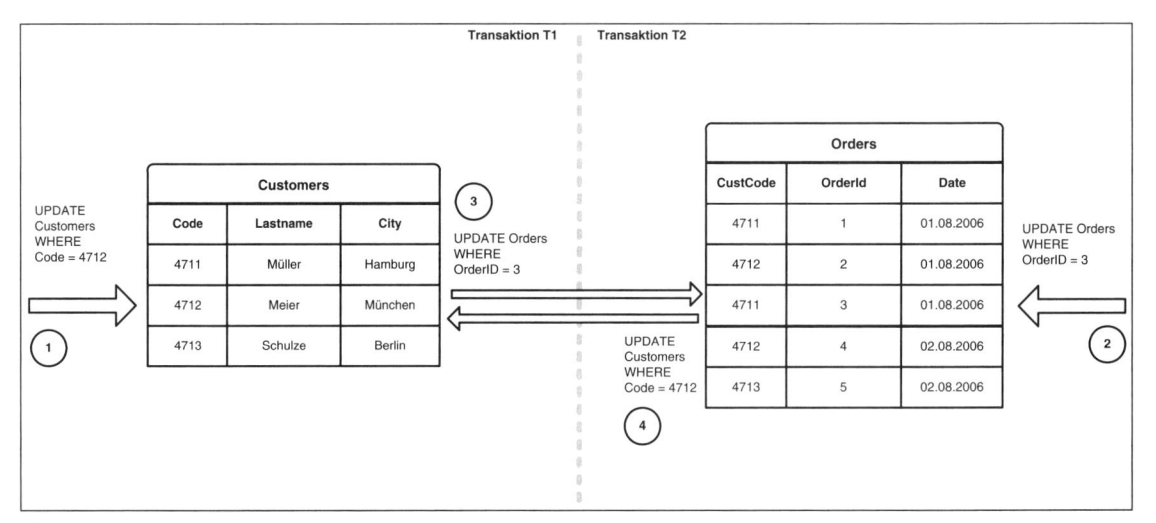

Abbildung 18.7 Transaktionen laufen in Snapshot-Isolation ungestört parallel

Snapshot-Isolation in der Praxis

Damit Snapshot-Isolation in einer Datenbank überhaupt verwendet werden kann, muss eine der entsprechenden Datenbankoption eingeschaltet werden. Ja tatsächlich: es gibt zwei Varianten.

- **READ_COMMITED_SNAPSHOT** Dies ist die einfache Form auf Befehlsebene. Nach der Aktivierung in einer Datenbank werden automatisch Versionen erzeugt, wenn sich die Datenbank in der *READ COMMITED* Isolationsstufe befindet. Es werden die Versionen gelesen, die vor der Ausführung eines einzelnen *Befehls* übergeben wurden. Update-Konflikte werden nicht entdeckt.

- **ALLOW_SNAPSHOT_ISOLATION** Dies ist die komplette Form auf Transaktionsebene. Nach der Aktivierung in einer Datenbank werden Versionen erzeugt, wenn die *SNAPSHOT*-Isolationsstufe durch das Sitzungskommando *SET TRANSACTION ISOLATION LEVEL* explizit eingeschaltet wird. Es werden die Versionen gelesen, die vor der Ausführung einer einzelnen *Transaktion* übergeben wurden. Update-Konflikte werden automatisch entdeckt.

Sperren

Die feinen Unterschiede zwischen den beiden Varianten der Snapshot-Isolation macht man sich am besten durch einfache T-SQL-Beispiele deutlich. Ich beginne mit der Snapshot-Isolation auf Befehlsebene und zeige anschließend die Unterschiede zur Arbeit auf Transaktionsebene. Mit dem nachfolgenden T-SQL-Befehl schaltet man die *READ COMMITED*-Transaktionsstufe mit Snapshot in einer Datenbank ein. Es sollte zum Zeitpunkt der Ausführung keine parallele Aktivität in der Datenbank vorhanden sein. Vor allem darf es keine offenen Transaktionen in der Datenbank geben. Die Option tritt erst dann in Kraft, wenn alle Transaktionen abgeschlossen sind.

```
ALTER DATABASE netShop
  SET READ_COMMITTED_SNAPSHOT ON
```

Listing 18.32 Aktivieren von READ_COMMITED_SNAPSHOT in einer Datenbank

Ab jetzt werden alle Zeilen bei einer Änderung automatisch versioniert. Das kann man leicht mit den nachfolgenden Skripten überprüfen, die wieder in verschiedenen T-SQL-Editor-Fenstern ausgeführt werden müssen, um in unterschiedlichen Sitzungen zu laufen. Das erste Skript stellt eine Transaktion dar, die den Lagerbestand des allerersten Artikels in der *netShop*-Datenbank ändert. Beim Ausführen des Skripts bleibt die Transaktion geöffnet – es gibt kein *COMMIT* oder *ROLLBACK*.

```
BEGIN TRAN T1
  UPDATE Products.Articles
    SET Stock = Stock - 10
  WHERE
    [ID] = 1
  SELECT Stock FROM Products.Articles WHERE [ID] = 1
```

Listing 18.33 Transaktion T1 vermindert den Lagerbestand eines Artikels

Als Ergebnis wird 90 als Wert für die Spalte *Stock* ausgegeben. In einer zweiten Verbindung soll nun der Lagerbestand des ersten Artikels abgefragt werden:

```
SELECT Stock FROM Products.Articles WHERE ID = 1
```

Listing 18.34 Lesen einer Version des Datensatzes

Die Abfrage läuft problemlos durch und wird durch die Update-Sperre nicht aufgehalten. Als Ergebnis wird der Wert 100 zurückgeliefert. Dieser ist in der ursprünglichen Version des Datensatzes enthalten, die beim Ausführen von *T1* in der *tempdb-Datenbank* angelegt wurde. Was passiert, wenn in einer Sitzung eine parallele Änderung des ersten Datensatzes versucht wird?

```
BEGIN TRAN T2
  UPDATE Products.Articles
    SET Stock = Stock - 20
  WHERE
    [ID] = 1
  SELECT Stock FROM Products.Articles WHERE [ID] = 1
```

Listing 18.35 Versuch einer parallelen Änderung

Das Update in der zweiten Verbindung wird blockiert. Für das Durchführen der Aktualisierung wird eine exklusive Sperre angefordert, die aber nicht vergeben werden kann, solange die Transaktion noch läuft. Sobald in der ersten Sitzung ein *COMMIT TRAN* durchgeführt wird, löst SQL Server die Sperren des Datensatzes auf, und das *UPDATE* wie auch das *COMMIT* in *T2* erfolgen kurz nacheinander. Probieren Sie das einmal aus, indem Sie im Editorfenster von Listing 18.33 ein *COMMIT* geben. Die zweite Transaktion liefert dann den Wert 70. Beide Transaktion sind sequenziell nacheinander abgelaufen, ein Lost Update wurde verhindert.

Nicht ganz so gut sieht es leider aus, wenn *T2* etwas anders aufgebaut ist – konkret: wenn das Lesen und das Schreiben des Wertes der Spalte *Stock* in zwei verschiedenen *DML*-Operationen getrennt abläuft. Ist die Datenbankoption *READ_COMMITED_SNAPSHOT* aktiviert, dann erlaubt SQL Server das Ausführen eines *SELECT* ja auf einer alten Version der Daten. Probieren Sie Listing 18.36 aus, um sehen, was passieren kann. Zuvor müssen Sie sich darum kümmern, etwaige offene Transaktionen abzuschließen und den Wert für *Stock* im ersten Datensatz wieder auf 100 zu setzen.

```
BEGIN TRAN T2
   DECLARE @Stock AS int
   SELECT @Stock = Stock FROM Products.Articles WHERE [ID] = 1
   SET  @Stock = @Stock - 20

   UPDATE Products.Articles
      SET Stock = @Stock
   WHERE
      [ID] = 1
COMMIT TRAN

SELECT Stock FROM Products.Articles WHERE [ID] = 1
```

Listing 18.36   Lesen und Schreiben in zwei getrennten DML-Operationen

T1 und *T2* werden jetzt wieder nacheinander gestartet. Zunächst ist kein Unterschied erkennbar, tatsächlich liest aber *T2* den aktuellen Wert über das *SELECT* und wird erst beim *UPDATE* blockiert. Die Variable *@Stock* enthält den Wert 100 – die Version vor dem Start von *T1*. Nach dem *COMMIT* von *T1* kann nun auch *T2* das Update durchführen und schreibt den Wert 80 in die Datenbank. Wie haben es mit einem waschechten Lost Update zu tun! Die Isolationsstufe *READ COMMITED SNAPSHOT* muss also entsprechend umsichtig eingesetzt werden. Nicht jede Art der Programmierung eignet sich dafür.

Zum Aufheben der Snapshot-Isolation auf Befehlsebene muss die entsprechende Datenbankoption jetzt wieder auf *OFF* eingestellt werden. Achten Sie beim Ausprobieren darauf, dass Sie alle weiteren Verbindungen zur Datenbank lösen. Sonst wird der Befehl nicht ausgeführt.

```
ALTER DATABASE netShop
   SET READ_COMMITTED_SNAPSHOT OFF
```

Listing 18.37   Ausschalten von READ_COMMITED_SNAPSHOT in einer Datenbank

Nachdem Sie das *ALTER*-Kommando abgesetzt haben, müssen noch alle aktiven Transaktionen in der Datenbank beendet werden, bevor SQL Server mit der Versionierung der ersten Zeilen beginnt.

```
ALTER DATABASE netShop
   SET ALLOW_SNAPSHOT_ISOLATION ON
```

Listing 18.38   Aktivieren der Snapshot-Isolation in einer Datenbank

Jetzt sollen die Experimente aus Listing 18.33 bis Listing 18.36 unter Einsatz der *Isolationsstufe SNAPSHOT* wiederholt werden. Die Transaktion T1 kennen Sie bereits aus den letzten Beispielen. Hier ändert sich nichts. Zum Erzeugen der Blockierungen kann erneut Listing 18.33 verwendet werden. Zunächst geht es wieder um das parallele Lesen eines Datensatzes. Die Datenbank ist jetzt zwar schon darauf vorbereitet, die Snapshot-Isolation zu verwenden und generiert in Transaktionen die entsprechenden Versionen der geänderten Datensätze, aber erst durch das Einschalten der Isolationstufe *SNAPSHOT* in einer Sitzung werden diese auch verwendet.

```
SET TRANSACTION ISOLATION LEVEL SNAPSHOT
SELECT Stock FROM Products.Articles WHERE ID = 1
```

Listing 18.39 Einschalten der Snapshot-Isolation und Lesen einer Version

Erwartungsgemäß laufen die Befehle ohne Verzug ab und es wird der Wert 100 ausgegeben. Wie sieht es mit einem gleichzeitigen direkten Update aus? Im nächsten Beispiel wird genau das versucht.

```
SET TRANSACTION ISOLATION LEVEL SNAPSHOT
BEGIN TRAN T2
    UPDATE Products.Articles
        SET Stock = Stock - 20
    WHERE
        [ID] = 1
COMMIT TRAN
SELECT Stock FROM Products.Articles WHERE [ID] = 1
```

Listing 18.40 Paralleles UPDATE bei Snapshot-Isolation

Wenn Sie *T1* und *T2* nacheinander starten und dann *T1* abschließen passiert etwas Überraschendes: Die Transaktion T2 wird nicht ausgeführt! Stattdessen liefert der Server die folgende Fehlermeldung:

```
Meldung 3960, Ebene 16, Status 5, Zeile 5
Die Snapshotisolationstransaktion wurde aufgrund eines Updatekonflikts abgebrochen. Die Snapshotisolation kann
nicht für den direkten oder indirekten Zugriff auf die 'Products.Articles'-Tabelle in der 'netShop'-Datenbank
verwendet werden, um eine von einer anderen Transaktion geänderte oder gelöschte Zeile zu aktualisieren, zu
löschen oder einzufügen. Führen Sie die Transaktion erneut aus, oder ändern Sie die Isolationsstufe für die
UPDATE/DELETE-Anweisung.
```

SQL Server hat »Lunte gerochen« – ein Lost Update liegt in der Luft. Okay, okay, in diesem Fall wäre alles gut gegangen, das haben Sie in den letzten Beispielen gelernt. Da ist die Datenbankmaschine etwas übervorsichtig. Aber spätestens im Fall des verzögerten Updates nach Listing 18.36 wären Sie sicher mit dem Verhalten von SQL Server einverstanden gewesen. Die Konfliktbehandlung schlägt auf jeden Fall immer dann Alarm, wenn Daten auf der Basis eines versionierten Wertes geändert werden sollen und der betreffende Datensatz in zwei parallelen Transaktionen angepackt wird. Dass dies in manchen Fällen zu einer überflüssigen Ausnahme führt, lässt sich verschmerzen. Die Konfliktbehandlung »intelligenter« zu programmieren wäre eine recht aufwändige Angelegenheit und es geht hier wie immer in Datenbankmanagementsystemen um einen Kompromiss zwischen Komfort und Effektivität. So freuen wir uns denn, dass in der Transaktionsstufe *SNAPSHOT* keine Lost Updates möglich sind und behalten im Hinterkopf, dass man bei der Verwendung der Datenbankoption *READ_COMMITED_SNAPSHOT* auf so etwas gefasst und entsprechend vorsichtig sein muss.

Sperren im Detail

Natürlich wäre es sinnlos, eine gesamte Tabelle zu sperren, nur weil ein paar Datensätze in dieser bearbeitet werden. Bei SQL Server beginnt das Sperren daher auf der Datensatzebene. Gesperrt werden dabei die Datensätze (Row Locks), aber auch die betroffenen Indexeinträge zu den Datensätzen (Key Locks). Gleichzeitig werden aber *immer* auch so genannte Anzeigesperren auf höheren Ebenen gesetzt: Seiten und Tabellen. Auf die Datenbank selbst hält jeder Prozess immer eine Lesesperre. Es gibt sogar Situationen, in denen sich SQL Server entscheidet, zum Sperren einer ganzen Tabelle überzugehen, wenn er sich davon einen Vorteil in Bezug auf die eingesetzten Ressourcen verspricht. Wie das alles im Detail funktioniert, stellen die nächsten Abschnitte vor.

Sperrtypen

Damit sich Sperren einfacher verwalten lassen, werden verschiedene Arten eingesetzt. Darunter gibt es Typen, die Datensätze tatsächlich exklusiv sperren und andere, die lediglich darauf hinweisen, dass eine exklusive Sperre angefordert, aber noch nicht gegeben wurde. Um Sperrproblemen auf die Schliche zu kommen, ist es gar nicht so unwichtig, sich mit den einzelnen Typen auszukennen. Daher folgt hier eine kleine Übersicht. Ich verwende dabei die üblicherweise verwendeten englischen Begriffe. Über diese erklären sich die Abkürzungen auch viel leichter, die vom Management Studio oder auch in der Ausgabe von T-SQL-Befehlen benutzt werden, um die Art der Sperre eines Objekts anzuzeigen. Diese Kürzel finden Sie hinter der Bezeichnung der Sperren in Klammern. Ich beginne mit den drei wichtigsten Sperrtypen.

- **Shared Lock (S)**

  Dies ist der einfachste Fall. Eine gemeinsame Sperre wird beispielsweise dann gesetzt, wenn Datensätze durch eine *SELECT*-Anweisung gelesen werden sollen. Diese Sperre ermöglicht anderen Prozessen, die ebenfalls nur lesend zugreifen, den gleichzeitigen Zugriff auf die Datensätze. Prozesse, die ändernd auf die Daten zugreifen wollen, müssen warten, bis sämtliche Shared Locks abgearbeitet wurden.

- **Update Lock (U)**

  Eine Aktualisierungssperre kündigt die Änderung eines Datensatzes an. Solange sich der Prozess noch in der Warteschlange befindet, können andere Transaktionen auf die gesperrten Objekte zugreifen. Sobald dann mit dem eigentlichen Update begonnen werden kann, wird aus einem Update Lock ein Exclusive Lock gemacht.

- **Exclusive Lock (X)**

  Eine exklusive Sperre verhindert das gleichzeitige Lesen oder Ändern des gesperrten Objekts durch einen anderen Prozess. Nur eine einzige Transaktion kann zu einem bestimmten Zeitpunkt eine exklusive Sperre auf ein Objekt erhalten.

Die nächsten beschriebenen Sperrtypen sind in erster Linie Arbeitshilfen für SQL Server selbst. Sie dienen der schnellen Koordinierung von Sperranforderungen. Die so genannten Anzeigesperren vereinfachen den Test, ob es innerhalb eines übergeordneten Objekts Unterobjekte gibt, die bereits gesperrt sind. Dazu ein Beispiel: Fordert ein Prozess eine Update-Sperre auf eine Tabelle an, dann müsste SQL Server nicht nur untersuchen, ob es vorhandene Sperren auf Tabellenebene gibt, sondern zusätzlich jeden einzelnen Datensatz auf diesen Umstand hin untersuchen. Eine einzige vorhandene Lesesperre auf einen Datensatz würde bewirken, dass sich der anfordernde Prozess in die Warteschlange einreihen müsste. Um diese Untersuchung zu beschleunigen, wird beim Setzen jeder der oben angegebenen Sperrtypen eine zusätzliche Anzeigesperre auf den höheren Objektebenen gesetzt. Beim Sperren eines einzelnen Datensatzes wird eine Anzeige auf Seitenebene und Tabellenebene eingerichtet.

- **Intent Share (IS)**

  Zeigt auf Tabellen oder Seitenebene an, dass auf einer darunter liegenden Ebene eine gemeinsame Sperre vorhanden ist

- **Intent Exclusive (IX)**

  Zeigt auf Tabellen oder Seitenebene an, dass auf einer darunter liegenden Ebene eine exklusive Sperre vorhanden ist

- **Shared with Intent Exclusive (SIX)**

    Zeigt auf Tabellen oder Seitenebene an, dass auf einer darunter liegenden Ebene sowohl gemeinsame wie auch beabsichtigte exklusive Sperren vorhanden sind

- **Intent Update (IU)**

    Werden nur auf Seitenebene benutzt und schützen Update Locks auf Zeilenebene

- **Shared Intent Update (SIU)**

    Kommen zustande, wenn Prozesse S- und IU-Sperren gleichzeitig halten. Das wird durch eine SIU-Anzeigesperre angezeigt.

- **Update Intent Exclusive (UIX)**

    Auch hier werden von Prozessen verschiedene Sperrtypen gleichzeitig für dieselben Objekte gehalten. In diesem Fall eine Kombination aus U- und IX-Sperren.

Es gibt eine Sorte von Sperren, die SQL Server dann einsetzt, wenn es darum geht, ganze Bereiche von Schlüsselwerten gegen Veränderungen zu schützen. Die so genannten *Key Range Locks* werden vor allen Dingen dann eingesetzt, wenn es darum geht, Phantom-Lesevorgänge zu vermeiden. Key Range Locks machen Transaktionen also komplett serialisierbar. Dazu muss – Sie erinnern sich – vor allem das Einfügen von Schlüsseln in einen Wertebereich verhindert werden. Eine Key Range-Sperre wird immer auf einen Index gesetzt und enthält den ersten und letzten Wert des zu sperrenden Bereichs.

- **Shared range, shared resource lock (RangeS-S)**

    Wird für einen serialisierbaren Bereichsscan verwendet

- **Shared range, update resource lock (RangeS-U)**

    Wir für einen serialisierbaren Update-Scan verwendet

- **Insert range, null resource lock (RangeI-N)**

    Wird für den Test verwendet, ob ein *INSERT* in einen gesperrten Wertebereich fällt

- **Exclusive range, exclusive resource (RangeX-X)**

    Wird für das eigentliche Update eines Keys verwendet

Sie werden Key Range-Sperren immer dann sehen, wenn die Transaktions-Isolationsstufe *SERIALIZABLE* eingeschaltet ist. SQL Server nutzt diesen Sperrtyp dann, um effektiv größere Wertebereiche zu sperren. Beispielsweise trifft dies auch dann zu, wenn der Tabellenhinweis *HOLDLOCK* verwendet wird, denn dieser erzwingt das *SERIALIZABLE*-Verhalten.

Die beiden folgenden Sperrtypen sind für den Applikationsentwickler nicht so interessant. Sie werden dann verwendet, wenn nicht der Inhalt, sondern die Struktur der Datenbank verändert werden soll.

- **Schema Stability (Sch-S)**

    Diese Sperre verhindert, dass eine Tabelle oder eine Zeile (oder andere Schemaobjekte) gelöscht werden können, solange darauf verwiesen wird

- **Schema Modification (Sch-M)**

    Stellt sicher, dass andere Objekte eine Tabelle oder eine Zeile (oder andere Schemaobjekte) nicht benutzen dürfen, während eine Änderung an dieser vorgenommen wird

Das Masseneinfügen von Daten in SQL Server-Tabellen weist verschiedenen Besonderheiten auf, die es von normalen *INSERT*-Anweisungen unterscheidet. So auch bei den Sperren.

- **BU**

  Diese Sperre wird beim Massen-Einfügen von Daten gesetzt, wenn beim entsprechenden *BULK INSERT*-Kommando die Option *tablock* gesetzt ist. Es handelt sich immer um eine Sperre der gesamten Tabelle.

Einige Sperrtypen sind miteinander verträglich, andere nicht. So können auf einem Datensatz problemlos beliebig viele gemeinsame Sperren (Shared Locks) liegen. Sobald aber eine exklusive Sperre vorliegt, werden andere Sperren nicht zugelassen und reihen sich in die Warteschlange ein. Die folgende Tabelle stellt die so genannte *Sperrenkompatibilität* derjenigen Sperrtypen dar, die in den meisten Fällen interessieren. Die komplette Übersicht finden Sie bei Bedarf in den BOL.

	Existierende Sperre					
Angeforderte Sperre	IS	S	U	IX	SIX	X
Intent shared (IS)	Ja	Ja	Ja	Ja	Ja	Nein
Shared (S)	Ja	Ja	Ja	Nein	Nein	Nein
Update (U)	Ja	Ja	Nein	Nein	Nein	Nein
Intent exclusive (IX)	Ja	Nein	Nein	Ja	Nein	Nein
Shared with intent exclusive (SIX)	Ja	Nein	Nein	Nein	Nein	Nein
Exclusive (X)	Nein	Nein	Nein	Nein	Nein	Nein

Tabelle 18.3 Sperren-Kompatibilität

Arten gesperrter Objekte

Der dynamische Sperrmechanismus von SQL Server versucht nach Möglichkeit, Sperren auf einer niedrigen Objektebene wie Datenzeilen zu setzen. Je nach Art der Transaktion und des Aufbaus der Datenbank müssen allerdings viele Objekte gleichzeitig geschützt werden. So gehören zu einer Zeilensperre in einem Heap die zur Tabelle definierten Indizes. In diesen müssen die Indexschlüssel gesperrt werden, bis eine Transaktion Änderungen am Datensatz abgeschlossen hat. Die Tabelle 18.4 gibt Aufschluss über die Objekte (gerne auch Ressourcen genannt), die von der Datenbankmaschine gesperrt werden können. Auf welchen Ebenen SQL Server Sperren für bestimmte Operationen setzt, wird auch als *Sperrgranularität* bezeichnet.

Ressource	Beschreibung
RID	Sperre auf einen Datensatz in einem Heap. Gesperrt wird der Row Identifier.
KEY	Sperre auf einen Datensatz in einem Index. Gesperrt wird der Indexschlüssel.
PAGE	Sperre auf eine Daten- oder Indexseite.
EXTENT	Sperre auf einen Block (8 Seiten) eines Heaps oder Index
HOBT	Sperre auf einen kompletten Heap oder B-Tree (Nonclustered Index)
TABLE	Sperre auf eine komplette Tabelle und alle zu ihr gehörenden Indizes
FILE	Sperre auf eine Datendatei
APPLICATION	Sperre auf eine Ressource, die von einer Applikation definiert wird

Ressource	Beschreibung
METADATA	Sperre auf System-Metadaten
ALLOCATION_UNIT	Sperre auf eine Allozierungs-Einheit einer Datei
DATABASE	Sperre auf die gesamte Datenbank

Tabelle 18.4 Ressourcen, die gesperrt werden können

Die Sperrtypen mit Tabellenhinweisen steuern

Sie haben weiter vorn in diesem Kapitel Möglichkeiten kennen gelernt, die es Ihnen gestatten, das Transaktionsverhalten mit Tabellenhinweisen zu beeinflussen (*READUNCOMMITED, READPAST*). Genauso ist es möglich, SQL Server vorzuschreiben, auf welcher Ebene Sperren gesetzt werden sollen. In den allermeisten Fällen können Sie sich darauf verlassen, dass der Sperrmanager des Servers die optimale Variante wählt, aber es gibt *immer* Ausnahmen von der Regel. Sie haben die folgenden Tabellenhinweise zur Auswahl, um die Granularität der Sperren zu steuern

Tabellenhinweis	Effekt
ROWLOCK	Es werden RID oder Key-Sperren verwendet
PAGLOCK	Daten oder Indexseiten werden gesperrt
TABLOCK	Die gesamte Tabelle wird gesperrt
TABLOCKX	Die gesamte Tabelle wird exklusiv gesperrt

Tabelle 18.5 Ressourcen, die gesperrt werden können

Sie können SQL Server zusätzlich vorschreiben, von welcher Natur die gesetzten Sperren sein sollen.

- **UPDLOCK:** Es werden Update-Sperren verwendet *und* bis zum Ende der Transaktion gehalten.
- **XLOCK:** Es werden exklusive Sperren verwendet *und* bis zum Ende der Transaktion gehalten.

Ein Sperrhinweis wird genau wie andere Tabellenhinweise verwendet. Das folgende Beispiel setzt exklusive Tabellensperren auf die Zieltabellen beim Übertragen von Datensätzen in Archivtabellen. Dadurch soll das parallele Einfügen über eine zweite Transaktion verhindert werden. Bei großen Tabellen ergibt sich der angenehme Nebeneffekt, dass die Operation etwas schneller ablaufen, da der SQL Server weniger Sperren verwalten muss (beim INSERT wird jeder neue Datensatz zunächst gesperrt).

```
BEGIN TRAN
  DELETE FROM  Sales.Archive_OrderDetails WITH (TABLOCKX)
  DELETE FROM  Sales.Archive_Orders WITH (TABLOCKX)
  DELETE FROM  Sales.Archive_Customers WITH (TABLOCKX)

  INSERT Sales.Archive_Customers WITH (TABLOCKX)
     (ID, Code, Name_1, Name_2, Address, PostalCode, City, Telephone, Fax, LoginName, Password, …)
  SELECT
     ID, Code, Name_1, Name_2, Address, PostalCode, City, Telephone, Fax, LoginName, Password, …
  FROM Sales.Customers

  INSERT Sales.Archive_Orders WITH (TABLOCKX)
     ( ID, CustomerID, ShipToAddressID, ShippingMethodID, PayingMethodID, EmployeeID, OrderDate, …)
```

```
SELECT
    ID, CustomerID, ShipToAddressID, ShippingMethodID, PayingMethodID, EmployeeID, OrderDate, …,
FROM Sales.Orders

INSERT Sales.Archive_OrderDetails WITH (TABLOCKX)
    ( OrderID, Pos, ArticleID, Quantity, UnitPrice, Discount, Tax )
SELECT
    OrderID, Pos, ArticleID, Quantity, UnitPrice, Discount, Tax
FROM Sales.OrderDetails
```

Listing 18.41 Erzwingen von Tabellensperren bei DELETE und INSERT

Sperren-Eskalation

Während SQL Server sich in den meisten Fällen mit Sperren auf Datensatzebene (beziehungsweise Schlüsselebene bei Indexsperren) und ein paar Seitensperren begnügt, so werden Sie ihn doch hin und wieder dabei erwischen, wie er ein komplette HOBT-Ressource oder Tabelle sperrt. Der Hintergrund dieser Verhaltensweise ist, dass Sperren Ressourcen verbrauchen: Vor allen Dingen Speicher aber auch Prozessorzeit. Eine Sperre von SQL Server nimmt immerhin 100 Byte Speicher in Anspruch. Das Setzen einzelner *RID*-Sperren auf 1 Millionen Datensätze also ungefähr 100 MByte Hauptspeicher. Bis all diese Sperren eingerichtet wären, würde eine Menge Zeit verbraucht werden.

Die Datenbankmaschine vermeidet solche Situationen durch die so genannte Sperren-Eskalation. Sobald bestimmte Schwellwerte für Sperren in einer Transaktion erreicht sind, wandelt SQL Server gesetzte Anzeigesperren auf Tabellenebene in volle Sperren um. Eskaliert wird also immer gleich in Richtung HOBT. Seiten- oder Blocksperren spielen keine Rolle. Generell versucht SQL Server durch das clevere Setzen der ersten Sperren für eine Transaktion unter Einbeziehung von Seiten- und Blocksperren eine nachträgliche Eskalation zu vermeiden. Trotzdem kommt so etwas vor. Folgende Regeln setzt der Server zum Auslösen einer Eskalation ein:

- Eine einzelne Transaktion, die mindestens 5.000 Sperren hält, löst eine Eskalation aus.
- Wenn die Konfigurationsoption *locks* des Servers auf 0 eingestellt ist, dann wird eine Eskalation ausgelöst, sobald 40% des verfügbaren Speicherplatzes der Datenbankmaschine durch die Sperren beansprucht werden.
- Gibt es einen benutzerdefinierten Wert für die Option *locks*, dann greift die Eskalation, sobald die Anzahl Sperren 40% von diesem Wert erreicht.

Das Umwandeln einer IU-Sperre auf Tabellenebene in eine U-Sperre auf Tabellenebene klappt natürlich in vielen Fällen nicht ganz reibungslos. Parallele Prozesse können bereits nicht-kompatible Sperren gesetzt haben – Shared Locks reichen da ja schon. In so einem Fall fordert die Datenbankmaschine weiter einzelne Sperren an und versucht nach 1.250 neu gesetzten Sperren die Eskalation aufs Neue.

Um das Eskalationsverhalten von SQL Server zu untersuchen, dienen die folgenden Skripte. In diesen wird ein kleiner Trick verwendet, um auch mit einem *SELECT* Sperren zu erzeugen, die bis zum Ende einer Transaktion gehalten werden. Es handelt sich um die Verwendung des Tabellenhinweises *WITH (HOLDLOCK)*. Die Anzahl der Sperren, die in der Datenbank *netShop* gesetzt sind, wird über eine Auswertung der Systemsicht *sys.dm_tran_locks* berechnet. Wie Sie an Informationen zu Transaktionen und Sperren gelangen, stelle ich am Ende des Kapitels vor. Im ersten Skript werden 1.000 Datensätze der *Orders*-Tabelle abgefragt.

```
BEGIN TRAN

SELECT * FROM Sales.Orders WITH (HOLDLOCK) WHERE ID BETWEEN 1 AND 1000

SELECT COUNT(*) from sys.dm_tran_locks
WHERE resource_database_id = db_id('netShop')
```
Listing 18.42 Abfrage ohne Sperren-Eskalation

Das Skript zeigt an, dass etwas über 1.000 Sperren gesetzt sind. Das sind die *KEY*-Sperren für die betreffenden Datensätze. Die Tabelle ist als gruppierter Index mit der Schlüsselspalte *ID* realisiert. In der zweiten Version des Skripts wird die *WHERE*-Klausel einfach weggelassen. Da die Tabelle ca. 100.000 Datensätze enthält, müsste der Schwellwert für die Sperren-Eskalation erreicht werden.

```
BEGIN TRAN

SELECT * FROM orders WITH (HOLDLOCK)

SELECT COUNT(*) from sys.dm_tran_locks
WHERE resource_database_id = db_id('netShop')
```
Listing 18.43 Abfrage mit Sperren-Eskalation

In diesem Fall zeigt das Skript nur noch einer Sperre in der Tabelle an! SQL Server hat tatsächlich eskaliert und die über 1.000 Sperren sind durch eine einzige ersetzt worden.

Gewinnen Sie den Eindruck, dass die Sperren-Eskalation Ihre Anwendung behindert, dann können Sie mit *SNAPSHOT ISOLATION* arbeiten oder durch die Verwendung des Tabellenhinweises *PAGLOCK* SQL Server zwingen, Seitensperren zu verwenden, um die Anzahl der Sperren zu verringern.

TIPP Von SQL Server 2000 war in Verbindung mit den Active Data Objects ein Verhalten bekannt, bei dem die Sperren-Eskalation in bestimmen Situationen zu Problemen führen konnte. Obwohl so etwas bei SQL Server 2008 nicht erwartet wird, möchte ich Ihnen an dieser Stelle doch noch einen Trick verraten, wie Sie das Verhalten des Servers so ändern können, dass er auf die Eskalation verzichtet. Es geht um so genannte Trace-Flags, die für eine Server-Instanz aktiviert werden können. Das Flag 1211 setzt die Eskalation komplett außer Kraft und Flag 1224 unterdrückt die Eskalation bei zu hoher Zahl der gesetzten Sperren. Flag 1211 kann lokal (auf Sitzungsebene) verwendet werden, Flag 1224 nur global (auf Instanzebene). Die dritte Version des Skripts schaltet vor dem Start der Transaktion die Sperren-Eskalation aus.

```
DBCC TRACEON (1211)

BEGIN TRAN
   SELECT * FROM Sales.Orders WITH (HOLDLOCK)
-- e.t.c.
```
Listing 18.44 Unterdrückung der Sperren-Eskalation

Man könnte auf die Idee kommen, dass der *ROWLOCK*-Tabellenhinweis eine Sperren-Eskalation verhindert und Sperren auf Zeilenebene erzwingt. Das stimmt aber nicht – sobald die magische Grenze erreicht wird, eskaliert der Server. Die Traceflags sind die einzige Möglichkeit einzugreifen.

Deadlocks

Eine besonders lästige Angelegenheit in großen Datenbanksystemen im Zusammenhang mit Transaktionen kann das Auftreten so genannter *Deadlocks* sein. Das sind Ressourcen-Sperrungen, die ihre Prozesse wechselseitig am Weiterarbeiten hindern. Bevor ich in knapper Form die Grundlagen von Deadlocks erläutere und zeige, wie SQL Server mit diesen umgeht, noch ein Wort zur Beruhigung: In den meisten Anwendungen, die Sie für den Server entwickeln werden, dürfte das Thema Deadlocks keine größere Rolle spielen. Um einen »Verklemmungszustand« in einem produktiven System zu erhalten, sind in der Regel schon sehr viele Benutzer notwendig, die wechselseitig ändernd auf die gleichen Tabellen zugreifen. In großen *ERP*-Anwendungen beispielsweise müssen Entwickler und Administratoren aber durchaus mit diesem Thema kämpfen. Was also ist ein Deadlock?

Die Abbildung 18.8 stellt den Ablauf zweier Transaktionen dar, der in einer Datenbank zu einer Verklemmung der Sitzungen führt. Das Drama nimmt seinen Anfang damit, dass die erste Transaktion (T1) einen Datensatz aus der Tabelle *Sales.Customers* bearbeitet. Da die Transaktion damit noch nicht abgeschlossen ist, wird die Sperre auf den Datensatz aufrechterhalten. Parallel dazu nimmt eine zweite Transaktion ihre Arbeit auf. In dieser wird ein Auftragsdatensatz (Tabelle *Orders*) aktualisiert. Genau wie T1 ist T2 damit noch nicht beendet und erhält die Aktualisierungssperre auf den Datensatz aufrecht. Im dritten Schritt möchte T1 nun auf den von T2 gesperrten Datensatz zugreifen. Dieser Fall ist an sich noch kein Malheur, es handelt sich um das ganz normale Warten auf die Freigabe einer Sperre. Kniffelig wird es aber dann, wenn jetzt umgekehrt T2 den von T1 gesperrten Datensatz anfordert. Mit den bis jetzt vorgestellten Mechanismen geht es nicht weiter. Wir haben es mit einem Deadlock zu tun. Werden keine Maßnahmen ergriffen, dann warten beide Prozesse wechselseitig auf die Freigabe der Sperre – und diese kann nie erfolgen. Das zwei parallel ablaufende Transaktionen über Kreuz auf exakt dieselben Datensätze zugreifen wollen, wäre natürlich ein großer Zufall. Häufiger ist der Fall, dass Deadlocks auftreten, wenn vom Sperrmanager Seitensperren verwendet werden. Für die Vermeidung von Deadlocks ist es also sinnvoll, Sperren auf einer möglichst niedrigen Ebene zu setzen.

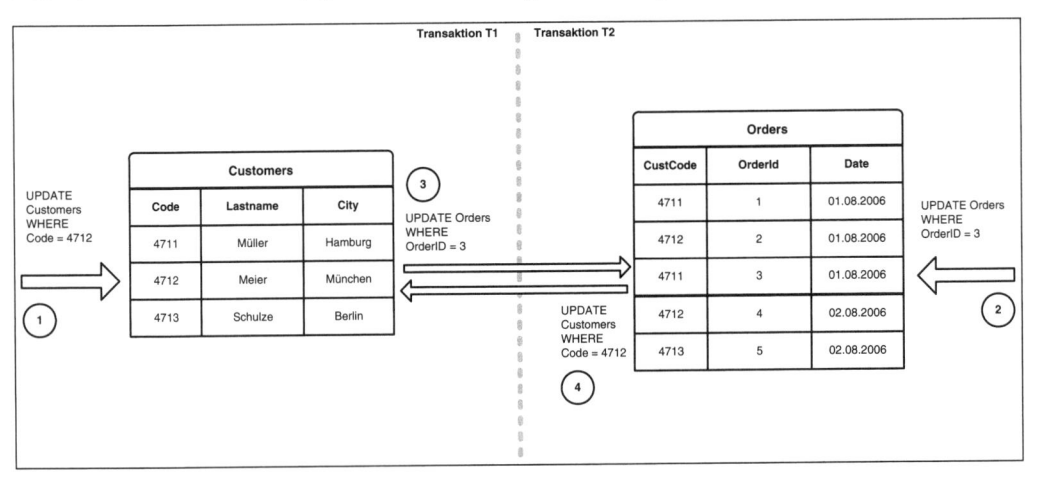

Abbildung 18.8 Deadlock-Situation

Um zu zeigen, wie SQL Server mit Deadlocks fertig wird, sollen erneut zwei Skripte in zwei Fenstern des T-SQL-Editors ausgeführt werden. Diese stehen wiederum für zwei Benutzersitzungen, die gleichzeitig ablaufen. Das Ganze funktioniert so nur im Read Commited Standardmodus des Servers. Wenn Sie das Beispiel nachvollziehen möchten, dann müssen Sie die jeweils zwei Schritte in den Skriptdateien durch Markieren der T-SQL-Befehle getrennt ablaufen lassen. Prozess 1 beginnt mit dem folgenden T-SQL-Befehlsstapel:

```
BEGIN TRAN T1
    UPDATE Sales.Customers
    SET Name_1 = 'Ute'
    WHERE [ID] = 1
```

Listing 18.45 Deadlock – Schritt 1

Das ist nichts Besonderes. T1 nimmt die Arbeit auf und ändert den ersten Kundendatensatz. Der zweite Prozess sieht ähnlich aus:

```
BEGIN TRAN T2
    UPDATE Sales.Orders
    SET OrderDate = '01.02.2002'
    WHERE [ID] = 100
```

Listing 18.46 Deadlock – Schritt 2

Beide Prozesse beeinflussen sich nicht. Es wird im Meldungsfenster des T-SQL-Editors jeweils das erfolgreiche Ändern von einem Datensatz angezeigt. Nun geht es wieder weiter mit Prozess 1 im ersten Fenster:

```
UPDATE Sales.Orders
SET OrderDate = '02.02.2002'
WHERE [ID] = 100
```

Listing 18.47 Deadlock – Schritt 3

Nach dem Abschicken dieses Kommandos passiert zunächst einmal nichts. Der Prozess wartet – die Meldung »Abfrage wird ausgeführt...« wird angezeigt. Nun folgt der letzte Akt der Tragödie: Prozess 2 will auf die durch T1 gesperrte Ressource zugreifen:

```
UPDATE Sales.Customers
SET Name_1 = 'Uta'
WHERE [ID] = 1
```

Listing 18.48 Deadlock – Schritt 4

Auch jetzt passiert eine kurze Zeit lang nichts. Beide Prozesse warten auf die Freigabe von Ressourcen, damit sie weiterarbeiten können. Nach einigen Sekunden allerdings geschieht etwas Unerwartetes: Die Transaktion T2 wird abgebrochen und der T-SQL-Editor zeigt die folgende Meldung an:

Meldung 1205, Ebene 13, Status 51, Zeile 1
Die Transaktion (Prozess-ID 55) befand sich auf Sperre Ressourcen aufgrund eines anderen Prozesses in einer Deadlocksituation und wurde als Deadlockopfer ausgewählt. Führen Sie die Transaktion erneut aus.

Nachdem man das schrecklich verstümmelte Deutsch gnädig ignoriert und den Sinn der Meldung erfasst hat, findet man hier die folgenden Informationen: SQL Server hat selbsttätig die Deadlock-Situation erkannt und einen Prozess als »Opfer« ausgewählt. Eine laufende Transaktion in diesem Prozess wird abgebrochen und zurückgesetzt. Die Verbindung des Client zum Server wird dabei aufrechterhalten. Welcher der zwei ineinander verklemmten Prozesse abgebrochen wird, ist übrigens davon abhängig, wie viele Ressourcen, z.B. CPU-Zeit, ein Prozess zum Deadlock-Zeitpunkt bereits verbraucht hat. Der Prozess mit dem höchsten Verbrauch darf weiterleben. Stellen Sie als Entwickler fest, dass in Ihrer Applikation hin und wieder Deadlocks auftreten, so haben Sie verschiedene Möglichkeiten, damit umzugehen. Zum einen könnten Sie in der Fehlerbehandlung auf den Fehler mit der Nummer 1205 reagieren und genau wie Ihnen das der Server vorschlägt, nach einer entsprechenden Meldung an den Benutzer die Transaktion wiederholen. Sie könnten auch versuchen, eine Deadlock-Situation generell zu vermeiden. Folgende Regeln sind dafür hilfreich:

- Programmieren Sie kurze Transaktionen und solche, die schnell ausgeführt werden können. Dies ist natürlich generell hilfreich, um den Durchsatz von Applikationen in Bezug auf Sperrproblematiken zu verbessern.
- Verwenden Sie ein Client-Zugriffsmodell, das durch die Verwendung eines optimistischen Sperrverfahrens möglichst wenige Ressourcen auf dem Server sperrt. ADO.NET arbeitet auf diese Weise, denn die Daten werden auf dem Client gecached.

Es gibt noch den Tipp: Legen Sie für Updates immer dieselbe Reihenfolge der Objekte fest. Dadurch können Deadlocks erst gar nicht auftreten. Prinzipiell ist das zwar richtig, lässt sich für eine gesamte Applikation aber nur schwer realisieren. Für Tabellen in *Deadlock-Brennpunkten* ist dieser Rat jedoch nicht verkehrt.

Blockierende Prozesse beenden

Hin und wieder kann es vorkommen, dass Prozesse »hängen bleiben«. Die Ursachen dafür sind in der Regel nicht bei SQL Server zu finden, sondern können in einer ungünstig programmierten Client-Anwendung oder auch in Netzwerkschwierigkeiten ihre Ursache haben. Falls Prozesse, die nicht weiterarbeiten können, Ressourcen sperren, verhindern sie natürlich auch, dass andere Prozesse diese verwenden können. SQL Server sieht nicht vor, einzelne Sperren gezielt aufzuheben. Was einem Datenbank-Administrator oder Entwickler als Möglichkeit bleibt, ist das Löschen des blockierenden Prozesses. Im Aktivitätsmonitor geht das manuell und T-SQL sieht dafür den Befehl *KILL* vor. Dem Befehl wird die Session *ID* des zu beendenden Prozesses übergeben – das war's auch schon. Für offene Transaktionen wird ein Rollback durchgeführt. Falls Sie hin wieder mit hängenden Prozessen zu tun haben, dann können Sie mithilfe der dynamischen Management-Sichten, die in Kürze vorgestellt werden, diese ausfindig machen und via Transact-SQL loswerden.

Sperrinformationen anzeigen

Bei der Entwicklung größerer Datenprojekte und beim Troubleshooting von Applikationen wird es immer wieder notwendig sein, die Sperrsituation für bestimmte Objekte in einer Datenbank anzuzeigen und auszuwerten. Außerdem ist das Darstellen der in einer Datenbank vorhandenen Sperren ausgesprochen hilfreich für das Nachvollziehen der kommenden Abschnitte. Daher an dieser Stelle ein paar wichtige Vorgehensweisen und Tipps dazu.

> **HINWEIS** Leider folgt an dieser Stelle eine wirklich schlechte Nachricht für SQL Server-Entwickler. Nachdem der im SQL Server 2005-Managementstudio enthaltene Aktivitätsmonitor endlich ein ausgereiftes Werkzeug war, mit dem man vernünftig Sperren überwachen konnte (der Sperrenmonitor in SQL Server 2000 und früher war mehr so la la) hat Microsoft die Möglichkeit, Sperren im Management GUI zu überwachen *einfach abgeschafft*. Unglaublich. Diese »Verbesserung« wurde in der SQL Server-Gemeinde auch entsprechend »gewürdigt«. Schade, schade – und komplett unverständlich.

Nachdem das Monitoring von Sperren im Management Studio von Microsoft beerdigt wurde, werden Sie also auf T-SQL zurückgreifen (oder auf ein Management Tool eines Drittherstellers). Zum Trost: Die T-SQL-Variante war schon immer detailreicher, flexibler und vor allem dokumentierbar. Nichts desto trotz beginnt dieser Abschnitt mit den (wenigen) Dingen, die Sie an der GUI überwachen können.

Der Aktivitätsmonitor im Management Studio

Der neue Aktivitätsmonitor ist nur über ein Symbol in der Symbolleiste *Standard* erreichbar. Nachdem Sie das Symbol gefunden und den Monitor gestartet haben öffnet sich dieser als neue Registerseite im zentralen Bereich des Management Studios. Im Zusammenhang mit dem Thema Sperren ist ausschließlich der Bereich *Prozesse* interessant. Im Wesentlichen können Sie hier feststellen, welche Prozesse in der Datenbank laufen, was diese zuletzt getan haben, ob sie blockiert sind und welcher Prozess für die Blockierung verantwortlich ist.

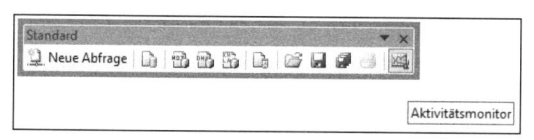

Abbildung 18.9 Das Symbol Aktivitätsmonitor in der Standard-Symbolleiste

Da der Aktivitätsmonitor schnell überfordert ist, wenn auch nur ein klein wenig Traffic auf dem Server passiert, sollten Sie als erstes aus der Drop Down-Liste *Datenbank* den passenden Eintrag auswählen, um die Prozessliste zu reduzieren.

Der Aktivitätsmonitor stellt die Prozesse dann so dar, wie im Screenshot in Abbildung Abbildung 18.10 zu sehen. Sie können erkennen, dass sich vier Prozesse im Zustand *SUSPENDED* befinden. Diese Prozesse warten auf irgendetwas. Der Grund dafür ist in der Spalte *Blockiert von* zu finden. Hier sind die Nummern (das sind die *spids*) von Benutzerprozessen zu finden, die Sperren aufrechterhalten und damit andere Prozesse an der Weiterarbeit hindern. Wenn Sie wissen möchten, wodurch die Blockierung eingetreten ist, dann führen Sie einfach einen Rechtsklick auf die Zeile mit dem blockierenden Prozess aus und lassen sich die *Details anzeigen*. Sie bekommen dann den letzten T-SQL-Befehlsstapel zu sehen, der von dem Prozess auf dem Server ausgeführt wurde (wie in Abbildung 18.11 dargestellt). Sie haben hier die Möglichkeit, den lästigen Blockierer direkt via *Prozess abbrechen* loszuwerden.

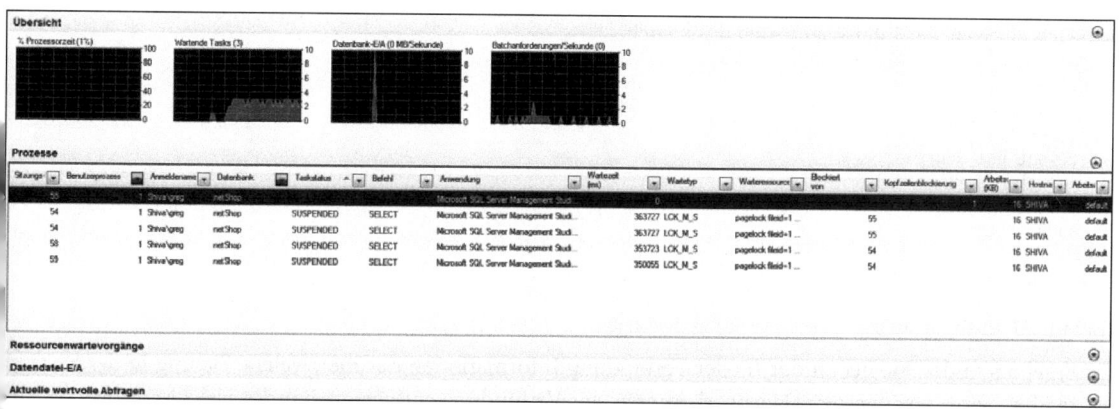

Abbildung 18.10 Prozesse im Aktivitätsmonitor

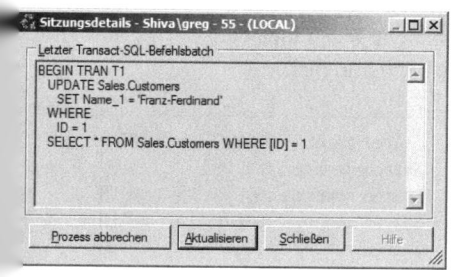

Abbildung 18.11 Anzeige des letzten T-SQL-Befehlsstapels

Prozess-, Transaktions- und Sperrinformationen mit Transact-SQL auswerten

In Form von dynamischen Management-Sichten lassen sich Systemzustände für Prozesse, Transaktionen und Sperren sehr präzise untersuchen. Die Informationen dieser Sichten helfen Ihnen, wenn es darum geht, das Sperrverhalten einer Anwendung zu untersuchen und zu optimieren. Es gibt DMVs, die sich mit Sitzungen und Prozessen beschäftigen, andere haben ihren Schwerpunkt mehr bei den Transaktionen und Sperren. Ich stelle Ihnen an dieser Stelle die Highlights vor und zeige ein paar Anwendungsmöglichkeiten.

Die folgenden Sichten (und die Tabellenfunktion) bieten gute Möglichkeiten an, laufende Benutzerverbindungen, Sitzungen und Abfragen zu untersuchen.

- **sys.dm_exec_connections** Diese Sicht liefert Informationen über die momentan aktiven Verbindungen in einer SQL Server-Instanz.

- **sys.dm_exec_sessions** Wenn Sie genauere Daten zu einer Sitzung brauchen, dann ist diese Sicht genau das Richtige. Im Ergebnis finden Sie die Subprozesse einer Serverinstanz aufgelistet. Es enthält Informationen zur Anwendung und zur Ausführungsumgebung innerhalb von SQL Server.

- **sys.dm_exec_requests** Über dieses Sicht können Sie alle möglichen Angaben über ausgeführte *Requests* auslesen. Das können T-SQL-Batches oder Aufrufe von managed Code sein. Angezeigt werden Dinge wie Ressourcenverbräuche, Wartezustände, Blockierungen und so fort.

- **sys.dm_exec_sql_text** Dies ist tatsächlich gar keine Sicht, sondern eine Tabellenfunktion. Sie liefert zu einem übergeben T-SQL-Handle den Batch in Klartext-Form

Wenn Sie zum Beispiel überprüfen möchten, welche Netzwerkverbindungen zur Serverinstanz gerade aktiv sind, dann können Sie dazu eine Abfrage wie die folgende einsetzen. Wie alle DMVs hat auch die *sys.dm_exec_connections* eine umfangreiche Anzahl von Ausgabespalten. Für das nachfolgende Beispiel habe ich ein paar der interessantesten ausgesucht.

```sql
SELECT
    connection_id,
    session_id,
    client_net_address,
    net_transport,
    protocol_type,
    auth_scheme
FROM
    sys.dm_exec_connections
```

Listing 18.49 Basisinformationen zu eingehenden Verbindungen

Im Ergebnis finden Sie neben der *ID* der Verbindung Informationen darüber, welche Sitzung in der Session ausgeführt wird, von welcher Netzwerkadresse die Verbindung aufgebaut wurde, welches Protokoll auf Transportschicht verwendet wird (hier jeweils *Shared memory*, da sich Client und Server auf ein und derselben Maschine befanden), das verwendete Protokoll auf Anwendungsebene (*TSQL* – derzeit gibt es nur eine zweite Variante: *SOAP*) und schließlich die Art, wie sich der Client gegenüber dem Server authentifiziert hat (*NTLM* steht für Windows-Authentifizierung, außerdem ist *SQL* möglich).

connection_id	session_id	client_net_address	net_transport	protocol_type	auth_scheme
E556B324-B11E-4101-B919-3A99BDC0C955	51	<local machine>	Shared memory	TSQL	NTLM
46E104FC-E690-409F- A431-1D381CCF3EDB	52	<local machine>	Shared memory	TSQL	NTLM
D54D8A8B-F0AB-4041-840E-96D5FF63C4CD	53	<local machine>	Shared memory	TSQL	NTLM
8D0ACF7D-FF5F-4063-9EDD-9423FE1F3F62	55	<local machine>	Shared memory	TSQL	NTLM
5B266EAE-F214-431E-8B85-6E34480BDD18	56	<local machine>	Shared memory	TSQL	NTLM

Sperren

Als zweites Beispiel soll gezeigt werden, wie Sie mit der Hilfe der Management-Sichten herausfinden können, welche Sitzungen auf dem Server gerade blockiert sind, welche Befehle diese zuletzt ausgeführt haben, wie lange die Wertezeit ist und worin die Blockierung genau besteht.

```
SELECT
    des.session_id,           -- Sitzung
    program_name,             -- Anwendungsname
    login_name,               -- Serverbenutzer
    command,                  -- Art des Kommandos
    der.status,               -- Ausführungszustand
    blocking_session_id,      -- durch welche Sitzung blockiert
    wait_type,                -- warum blockiert
    wait_resource,            -- welche Ressource ist blockiert
    dest.text                 -- T-SQL Text, wenn vorhanden...
FROM
    sys.dm_exec_requests AS der
INNER JOIN
    sys.dm_exec_sessions des
ON
    der.session_id = des.session_id
CROSS APPLY
    sys.dm_exec_sql_text(der.sql_handle) AS dest
WHERE
    der.session_id >= 51
AND
    der.database_id = db_id('netShop')
AND
    blocking_session_id > 0
```

Listing 18.50 Informationen zu blockierten T-SQL-Befehlen

Welche Information von welcher Spalte der Ergebnismenge geliefert wird, finden Sie in den Kommentaren des Codebeispiels. Hier ein paar Hinweise zur Abfrage: Die Benutzerprozesse einer SQL Server-Instanz haben immer eine *session_id* über 50 – daher die Einschränkung in der *WHERE*-Klausel. Es sollen nur Sitzungen in der *netShop*-Datenbank angezeigt werden und ausschließlich blockierte Sitzungen. Dafür sorgen die beiden weiteren Einschränkungen. Ein Auszug aus einem Ergebnis sieht dann so aus:

session_id	login_name	command	blocking_session_id	wait_type	wait_ressouce	text
54	...\greg	UPDATE	55	LCK_M_S	PAGE:7:1:5208	SELECT * FROM customer
58	...\greg	SELECT	54	LCK_M_S	PAGE:7:1:5208	SELECT * FROM customers
59	...\greg	SELECT	54	LCK_M_S	PAGE:7:1:5208	SELECT * FROM customers

An diesem Beispiel lassen sich die Sperrmechanismen von SQL Server noch einmal ganz anschaulich aufzeigen. In der Ausgabe sieht man drei ausstehende Batches, die auf ihre Ausführung warten. Die erste Sitzung wartet auf das Zulassen einer Shared-Sperre und wird vom Prozess 55 blockiert. Das ist der Prozess, der die exklusive Sperre für das UPDATE des ersten Datensatzes in der Tabelle *sales.customers* hält. Die beiden weiteren Sitzungen sind hinter der Sitzung 54 eingereiht worden. Sie warten auf exakt dieselbe Ressource – die entsprechenden Befehle sind offenbar später abgesetzt worden. Man kann auch schön erkennen, dass die *SELECT*-Anweisungen jeweils durch eine Sperre auf Seitenebene aufgehalten werden. Das liegt daran, dass durch das (hier nicht sichtbare) *UPDATE* neben einer Sperre auf Zeilenebene zusätzlich eine Anzeigesperre auf Seitenebene gehalten wird.

Wenn es um Untersuchungen an Transaktionen und Sperren geht, dann helfen die nächsten drei Systemsichten weiter:

- **dm_tran_database_transactions** Zeigt eine Übersicht der in einer Datenbank momentan vorhandenen Transaktionen an. Gibt den Typ der Transaktion aus, den aktuellen Zustand (zum Beispiel *Initialisiert* oder *Commited*) bis hin zu vielen Detailinformationen wie der Anzahl der Protokollsätze oder der letzten Savepoint-LSN.

- **dm_tran_current_transaction** Diese Sicht bezieht sich auf die Benutzerverbindung, von der aus sie aufgerufen wird. Sie gibt genau einen Datensatz mit Informationen zum Transaktionszustand in dieser Verbindung an.

- **dm_tran_locks** Wenn es um das Betrachten von gesetzten und angeforderten Sperren geht, dann ist diese Sicht genau das Richtige. Sie liefert genaue Aussagen zu jeder einzelnen Sperre wie Sperrobjekt, Status und Sitzungs-ID der Sitzung, von der diese Sperre aus angefordert wurde.

Für die Untersuchung der aktuellen Sperrsituation dann bietet sich als zentrales Auswertungsinstrument die Systemsicht *sys.dm_tran_locks* an. Über diese Sicht können Sie sozusagen einen direkten Blick auf den Sperrmanager des SQL Server-Betriebssystems werfen. Jede ausgegebene Zeile entspricht einer vergebenen Sperre oder einer Sperranforderung. Die Informationen in der Ergebnistabelle sind, wie bei Systemsichten üblich, ausgesprochen knapp gehalten. Das ist gut für die Ausführungsgeschwindigkeit und belastet das gemessene System weniger. Um zu einer bequem lesbaren Auswertung zu kommen, ist das Mittel der Wahl auch hier wieder das Herstellen von Verknüpfungen zu anderen Systemsichten.

In der nachfolgenden Abfrage werden die gesetzten und angeforderten Sperren in einer Server-Instanz angezeigt. Und zwar nur die für einen Programmierer interessanten. Die Filterung passiert über die Spalte *resource_type*. Etwas kniffelig gestaltet sich das Herausfinden des Namens der Tabelle, auf welche sich die Sperre bezieht. Handelt es sich bei dem gesperrten *resource_type* um ein *Object*, dann ist es einfach: Der Name der Tabelle wird über eine direkte Verknüpfung mit *sys.objects* besorgt – und zwar über die Spalte *resource_associated_entity_id*. Haben wir es dagegen mit einer Sperre auf Indexeinträgen zu tun, dann bedeutet das einen Umweg über die Systemsicht *sys.system_internals_partitions*. In diesem Fall beinhaltet nämlich *resource_associated_entity_id* die interne *ID* einer Partition, die einen Index darstellt. Diese Abfrage macht gut deutlich, wie Sperrinformationen aus Systemsichten aufbereitet werden können, um dokumentierbare Ergebnisse zu liefern.

```
SELECT
    sd.name,                              -- Name der Datenbank
    ISNULL( so.name, pn.name) AS object,  -- Name des Obejektes
    request_owner_type,                   -- Typ des Besitzers
    resource_type,                        -- Typ der Ressource
    resource_description,                 -- Ressourcenhinweise, wie Page ID
    request_mode,                         -- Type der angeforderten Sperre
    request_Status                        -- Status der Sperre
FROM  sys.dm_tran_locks
INNER JOIN sys.databases sd
ON resource_database_id = database_id
LEFT OUTER JOIN sys.objects so
ON
resource_associated_entity_id = object_id
LEFT OUTER JOIN
(
SELECT partition_id, name FROM
```

```
sys.system_internals_partitions ssip INNER JOIN sys.objects so
ON
ssip.Object_id  = so.object_id
) AS pn -- partitions and names

ON
resource_associated_entity_id = pn.partition_id
WHERE
    resource_type
    IN ( 'OBJECT', 'PAGE', 'KEY', 'RID', 'APPLICATION', 'HOBT' )
ORDER BY
    object, request_Status DESC
```

Listing 18.51 Aufbereitete Sperrinformationen

Ein Auszug aus dem Ergebnis dieser Abfrage ist im Anschluss zu sehen. Es zeigt die aktuelle Sicht auf die Sperren in der Tabelle *sales.customers* und stellt die Informationen aus Abbildung 18.10 und Listing 18.50 aus der Sicht des gesperrten Objekts dar.

Name	object	request_owner_type	resource_type	resource_description	request_mode	request_Status
netShop	Customers	TRANSACTION	PAGE	1:5208	S	WAIT
netShop	Customers	TRANSACTION	PAGE	1:5208	S	WAIT
netShop	Customers	TRANSACTION	PAGE	1:5208	S	WAIT
netShop	Customers	TRANSACTION	KEY	(010086470766)	X	GRANT
netShop	Customers	TRANSACTION	OBJECT		IS	GRANT
netShop	Customers	TRANSACTION	OBJECT		IS	GRANT
netShop	Customers	TRANSACTION	OBJECT		IS	GRANT
netShop	Customers	TRANSACTION	OBJECT		IX	GRANT
netShop	Customers	TRANSACTION	PAGE	1:5208	IX	GRANT
netShop	sysschobjs	TRANSACTION	OBJECT		Sch-S	GRANT

> **HINWEIS** In SQL Server 2000 konnten Sie für die Untersuchung von Prozessen und Sperren die Systemprozeduren *sp_who* und *sp_lock* sowie die Systemtabelle *syslockinfo* einsetzen. Diese sind in SQL Server 2008 zwar aus Gründen der Rückwärtskompatibilität noch vorhanden – *syslockinfo* in Form der Kompatibilitätssicht *syslockinfo* – sie sollten aber nicht mehr eingesetzt werden. Nach dem, was Sie soeben über die DMVs in Bezug auf die Sperrinformationen gesehen haben, dürfte Ihnen als SQL Server 2000-Anwender auch klar geworden sein, dass Sie mit den neuen Verfahren *viel* weiter kommen.

Der Aktivitätsmonitor und die vorgestellten Systemsichten sind übrigens nicht die einzigen Möglichkeiten, Sperrinformationen zu verfolgen. Im Windows-Systemmonitor stellt SQL Server passende Objekte und Zähler zur Verfügung, mit denen Sie statistische Informationen zum Sperrverhalten einer Datenbank sammeln können. Und auch der Profiler eignet sich für die Untersuchung von Transaktionen und Sperren. In SQL Server 2008 bietet dieser mit dem Deadlock-Graph sogar eine anschauliche Darstellung der von einem Deadlock betroffenen Ressourcen an.

Kapitel 19

Serverseitige T-SQL-Cursor

In diesem Kapitel:
Ein erster T-SQL-Cursor 709
Mit T-SQL-Cursor arbeiten 712
Beispiele für T-SQL-Cursor 715

In diesem Kapitel geht es überraschenderweise um eine Datenbankserver-Programmiertechnik, die Sie besser gar nicht (mehr) einsetzen sollten! Es geht aber auch um eine Technik, die Sie möglicherweise kennen müssen, weil Sie nämlich eine Datenbank »geerbt« haben, in der serverseitige T-SQL-Cursorprogrammierung eingesetzt wird. Falls Ihr Applikationsdesign stark auf die Implementierung von Geschäftslogik in T-SQL setzt, dann kann es sein, dass Sie an einzelnen Stellen T-SQL-Cursor einsetzen müssen, weil es keine mengenorientierte Lösung für eine bestimmte Aufgabenstellung gibt. Das ist dann auch in Ordnung, wenn Sie es nicht übertreiben und die Cursor nur dort verwenden, wo es wirkliche Vorteile gegenüber einem relationalen Verfahren gibt. Cursor stellen in so einem Fall eine einfache Alternative zur Programmierung mit .NET dar.

Worum geht es überhaupt? SQL ist eine deklarative mengenorientierte Datenbanksprache. Über SQL-Befehle teilen Sie einem Datenbankserver mit, welche Operationen durchgeführt werden sollen, Sie schreiben dem Server aber nicht vor, *wie* er diese Operationen physisch abarbeiten soll. SQL ist hoch optimierbar. Gerade wenn es um komplexe Abfragen über viele Tabellen hinweg geht, kann der Server die Befehle häufig besser optimieren als ein Programmierer. Hin und wieder wird es jedoch erforderlich sein, die Zeilen einer Tabelle (allgemeiner: eines Abfrageergebnisses) in einer bestimmten Reihenfolge zu durchlaufen, um die Datensätze einzeln zu bearbeiten. Dafür wurde Standard-SQL-92 um das Konzept des Cursors erweitert. Diese ANSI SQL-Cursor stehen dem Entwickler auch bei SQL Server zur Verfügung und darüber hinaus gibt es zusätzliche T-SQL-Erweiterungen, welche die Arbeit mit Cursor stark vereinfachen. Die datensatzorientierten Verfahren im ANSI 92-Standard sind unter anderem als eine Reminiszenz an die Verarbeitungskonzepte der Großrechner-Ära zu sehen, bei denen es auch nicht-relationale Datenbanksysteme gab (gibt).

Falls Sie in der Client-Programmierung früher einmal mit den Active Data Objects (ADO) gearbeitet haben – oder auch mit den Data Access Objects (DAO) von Access – dann ist Ihnen das Cursorkonzept sicher gut bekannt. Diese Datenzugriffsbibliotheken stellen nämlich ebenfalls Methoden zur Verfügung, mit denen man in Datensatzmengen navigieren und auf einzelne Datensätze zugreifen kann. Ein *Recordset-Objekt* in ADO ist das Ergebnis einer Datenbankabfrage und stellt eine Ergebnismenge zur Verfügung, in der *navigiert* werden kann. Durch Methoden wie *MoveFirst* oder *MoveNext* können Sie einen ganz bestimmten Datensatz adressieren. Die Position innerhalb eines Recordsets wird durch Cursor verwaltet. Diese sind eine Funktionalität innerhalb der OLE DB, ODBC oder Access Datenzugriffsarchitektur. Dabei können Sie sich entscheiden, die Cursor in einer auf dem Client gecachten Datenmenge zu verwenden (clientseitige Cursor) oder die Cursor auf dem Server realisieren zu lassen. Für serverseitige Cursor stellt SQL Server entsprechende APIs in Form von gespeicherten Systemprozeduren zur Verfügung, die dann von einer Datenzugriffsbibliothek genutzt werden können. Der Begriff *Cursor* kommt also in zwei verschiedenen Bedeutungen vor: Einerseits als Datenbankobjekt in T-SQL auf einer Hochsprachenebene, andererseits als Funktion in Zugriffsbibliotheken im Call Level Interface. In ADO.NET ist der Begriff des Cursors übrigens nicht präsent, da mit einem Dataset (dem zentralen Objekt von ADO.NET) eine Ergebnismenge ja *immer* im Arbeitsspeicher des Clients gecached wird. Einzig der ADO.NET-Datareader erinnert an eine einfache Form eines cursorbasierten Zugriffs.

Es gibt in einer Datenbankanwendung zwei wesentliche Einsatzmöglichkeiten für Cursor:

- **Generierung von Befehlen** Cursor ermöglichen es Ihnen, Tabellen Zeile für Zeile zu durchlaufen und auf der Basis der Tabelleninhalte dynamisch SQL-Ausdrücke zu generieren, bei denen die Inhalte der Tabellenspalten Bestandteile der Ausdrücke werden. Ein Beispiel wäre das dynamische Generieren von Tabellen auf der Grundlage einer *Steuer-Tabelle*.

- **Administrative Aufgaben** Dies ist im Grunde nur eine spezielle Anwendung des ersten Punkts. Gerade bei der Programmierung von gespeicherten Prozeduren, die auf dem SQL Server Wartungsaufgaben erledigen sollen, sind Cursor häufig dazu geeignet, Katalogsichten abzuarbeiten und automatisch

T-SQL-Befehle für systemnahe Dinge zu generieren. Ein Beispiel dafür wäre die automatisierte Rechtevergabe für Benutzerkonten, ein anderes das Trennen sämtlicher Benutzerverbindungen, bevor bestimmte Verwaltungsaufgaben wie die Wiederherstellung in einer Datenbank durchgeführt werden können. Genau diese Anwendung stelle ich in den Beispielen für Cursor ausführlich vor.

> **HINWEIS** Falls Sie sich mit der dynamischen Erzeugung von Kommandos in SQL Server 2000 beschäftigt haben, dann kennen Sie möglicherweise die erweiterte gespeicherte Prozedur *xp_execresultset*, mit der T-SQL-Befehle auf der Basis von Ergebnismengen generiert werden können. Diese Möglichkeit gibt es in SQL Server 2008 nicht mehr. Darüber beschweren werden Sie sich kaum können, da diese Prozedur nicht offiziell dokumentiert war (zugleich aber recht populär). Da sehen Sie, was passieren kann, wenn Sie undokumentierte Features einsetzen! Schreiben Sie also Ihren T-SQL-Code mithilfe serverseitiger Cursor neu.

Eine letzte Warnung muss sein, bevor es in diesem Text um die Deklaration und Anwendung der T-SQL-Cursor geht: Übertreiben Sie den Einsatz dieser Art der Programmierung nicht. Cursor werden von einem Server verhältnismäßig langsam und – je nach Cursortyp – mit einem großen Ressourcenoverhead, vor allem in Bezug auf den Arbeitsspeicher, verarbeitet. Wenn Sie eine SQL-Lösung finden, die Ihre Aufgabe ohne Cursor löst, dann verwenden Sie besser diese. Das gilt vor allem dann, wenn viele Benutzer parallel zugreifen.

Ein erster T-SQL-Cursor

Zunächst soll erläutert werden, was eigentlich hinter diesem Begriff steckt. Kurz gesagt: Cursor lässt sich mit *Datensatzzeiger* übersetzen. Es handelt sich um einen Verweis auf eine ganz bestimmte Datenzeile in einer ganz bestimmten Datensatzmenge. Ein Cursor basiert immer auf einem *SELECT*-Befehl, der Daten aus einer einzelnen oder mehreren durch *JOIN* verbundenen Basis-Tabellen zur Verfügung stellt. Je nach Art des Cursors wird die komplette Ergebnismenge oder eine Menge von Zeigern darauf in einen temporären Arbeitsbereich von SQL-Server gelesen und dort für datensatzorientierte Operationen zur Verfügung gestellt. T-SQL-Befehle wie *FETCH NEXT* oder *FETCH PRIOR* holen jeweils die Daten aus einer Cursor-Zeile ab und laden die Inhalte der Spalten in lokale T-SQL-Variablen. Gleichzeitig wird die Leseposition des Cursors verschoben. Über die globale Systemvariable *@@FETCH_STATUS* haben Sie jederzeit die Möglichkeit, die Grenzen für den Cursor zu erkennen. Wie das alles im Einzelnen funktioniert, stelle ich im folgenden Abschnitt vor.

Für das Arbeiten mit Cursor erhalten Sie wenig Unterstützung in den Entwicklungswerkzeugen. Sie legen einen Cursor also direkt im T-SQL-Editor an. Ganz versteckt findet man übrigens im Vorlagen-Explorer entsprechende Vorlagen unter *Earlier Versions/Using Cursor*. Da Cursor oft Bestandteil von gespeicherten Prozeduren sind, ist der T-SQL-Editor sowieso Mittel der Wahl. Bevor es um das Aufdröseln der T-SQL-Syntax geht, soll zuerst Schritt für Schritt der Einsatz eines Cursors vorgestellt werden. Sie finden das vollständige Beispiel am Ende dieses Abschnitts in Listing 19.1. Die einzelnen Codefragmente sind nicht separat ablauffähig, da die enthaltenen lokalen Variablen nur innerhalb eines kompletten Batches deklariert sind und dort auch verwendet werden müssen.

Vor dem ersten Einsatz muss ein Cursor zunächst einmal wie eine lokale Variable vereinbart werden. Dies kann beispielsweise so aussehen:

```
DECLARE curArticleGroups CURSOR
READ_ONLY
FOR SELECT [ID], [Name] FROM Products.ArticleGroups
```

Auf das Schlüsselwort *DECLARE* folgt der Name, den Sie Ihrem Cursor geben wollen, wiederum gefolgt von einem Schlüsselwort, nämlich *CURSOR*. Im Unterschied zu einer Variablendeklaration müssen Sie den Cursornamen nicht mit einem @-Zeichen einleiten. Das *READ_ONLY* legt den Zugriffsmodus fest. Daten dürfen nur gelesen, aber nicht geändert werden. Für mein Beispiel ist dies ausreichend. Den letzten Abschnitt der Deklaration bildet immer ein *SELECT*-Befehl. Dieser legt die Datenmenge fest, auf welcher der Cursor arbeiten soll, und wird durch ein *FOR* eingeleitet. Das *SELECT* unterscheidet sich nicht von einem normalen *SELECT*, welches Sie auch in einer Sicht einsetzen würden. Es ist ohne weiteres möglich, Daten aus vielen verschiedenen Tabellen abzuholen. Allerdings ist nicht jeder Cursortyp mit jeder beliebigen Datenherkunft kompatibel. Dazu komme ich noch.

Zusätzlich zur eigentlichen Cursor-Deklaration benötigt man in der Regel noch eine lokale Variable, in welche Werte aus dem Cursor übernommen werden können:

```
DECLARE @intID integer
DECLARE @strName varchar(50)
```

Da in diesem Bespiel das automatische Generieren von T-SQL-Befehlen gezeigt werden soll, wird noch eine weitere Variable benötigt, die den generierten Code enthalten wird. Schlagen Sie noch einmal das Kapitel 11 auf, wenn Sie sich über dynamische SQL-Befehle informieren möchten.

```
DECLARE @strSQL varchar(1000)
```

Im nächsten Schritt muss der Cursor *geöffnet* werden. Beim Öffnen wertet SQL Server das *SELECT*-Kommando aus und richtet die Verwaltungsstrukturen für den Cursor ein. Ja nach Typ ist das mehr oder weniger aufwändig. Konnte das *SELECT* fehlerfrei ausgewertet werden, dann kann jetzt über den Cursor auf die Tabelle *Products.ArticleGroups* zugegriffen werden, um die Spalten *ID* und *Name* zu lesen.

```
OPEN curArticleGroups
```

Die Art und Weise, wie in T-SQL Cursor verarbeitet werden, erfordert immer, dass zunächst ein Zugriff versucht wird, um festzustellen, ob der Cursor überhaupt Daten enthält. Es gibt also kein *EOF*-Merkmal (wie in ADO), über welches man feststellen könnte, dass das Ende der Daten erreicht ist. Zwar wird die Anzahl der Datensätze automatisch in der Systemvariablen *@@CURSOR_ROWS* zur Verfügung gestellt, doch kann sich die Anzahl der von einem Cursor erfassten Datensätze ändern, wenn es sich um einen dynamischen Cursor handelt.

```
FETCH NEXT FROM curArticleGroups INTO @intID, @strname
```

Mit diesem Befehl wird die erste Zeile des Cursors gelesen. Sind Daten vorhanden, dann werden die beiden Variablen *@intID* und *@strname* mit den Werten aus dem Datensatz gefüllt. Es ist zu beachten, dass Anzahl, Reihenfolge und Datentypen der Variablen der Definition im *SELECT* entsprechen. Falls es keine Datenzeilen gibt, die der Cursor-Definition entsprechen, dann führt dies nicht zu einem Laufzeitfehler: Die Variablen erhalten den Wert *NULL* und der Cursor bekommt einen entsprechenden Status zugewiesen. Dieser wird in der globalen Variablen *@@fetch_status* zur Verfügung gestellt und kann vom Programm ausgewertet werden, um den weiteren Ablauf zu steuern. Normalerweise werden nun die restlichen Datensätze in einer Programmschleife abgeholt und die Operationen, die auf den Variablen definiert sind, durchgeführt. So sieht das auch im Beispiel aus:

```
WHILE (@@fetch_status <> -1)
BEGIN
   SET @strSQL = 'CREATE TABLE ' + @strname
               + cast( @intID AS varchar(10))
   SET @strSQL = @strSQL
               + '( Property varchar(50), Value varchar(50) ) '
   EXEC (@strSQL)
   FETCH NEXT FROM curArticleGroups INTO @intID, @strname
END
```

Diese Schleife wird durchlaufen, solange noch Datensätze vom Cursor gelesen werden können. Die Variable *@@Fetchstatus* nimmt den Wert -1 an, sobald ein Lesevorgang keine Datenzeile mehr liefert. Innerhalb der Schleife wird ein dynamischer SQL-Befehl konstruiert (*@strSQL*). Dieser Befehl macht Folgendes: Zu jedem Datensatz der Tabelle *Products.ArticleGroups* wird in der Datenbank eine neue Hilfstabelle angelegt, in der Eigenschaften einer Artikelgruppe festgelegt werden können. O. K., dieses Vorgehen ist nicht richtig »relational«. Nehmen Sie diesen Code einfach als Beispiel für Cursor hin. In Kürze folgt Sinnvolleres, versprochen!

Wenn die Verarbeitung eines Cursors abgeschlossen ist, sollte auf jeden Fall noch der Speicherplatz aufgeräumt werden. Ein Cursor belegt Speicherplatz, und den geben Sie durch das *CLOSE*-Kommando wieder frei. Auch die Definition eines Cursors belegt Ressourcen, wenn auch nur in kleinem Umfang. Durch *DEALLOCATE* entfernen Sie die Definition aus dem Arbeitsspeicher. Insgesamt sieht der Abschluss der Verarbeitung damit so aus, wie im vollständigen Beispiel zu sehen (Listing 19.1):

```
CLOSE curArticleGroups
DEALLOCATE curArticleGroups
```

Und dies hier ist der Programmtext des kompletten Beispiels. Zum Ausprobieren im T-SQL-Editor:

```
DECLARE curArticleGroups CURSOR
READ_ONLY
FOR SELECT [ID], [Name] FROM Products.ArticleGroups

DECLARE @intID integer
DECLARE @strName varchar(50)
DECLARE @strSQL varchar(1000)

OPEN curArticleGroups

FETCH NEXT FROM curArticleGroups INTO @intID, @strname

WHILE (@@fetch_status <> -1)
BEGIN
   SET @strSQL = 'CREATE TABLE ' + @strname + '_'
               + cast( @intID AS varchar(10))
   SET @strSQL = @strSQL
               + '( Property varchar(50), Value varchar(50) ) '
   EXEC (@strSQL)
   FETCH NEXT FROM curArticleGroups INTO @intID, @strname
END

CLOSE curArticleGroups
DEALLOCATE curArticleGroups
```

Listing 19.1 Erstes Cursor-Beispiel

Mit T-SQL-Cursor arbeiten

Wie Sie in Transact-SQL mit einem Cursor arbeiten und welche unterschiedlichen Cursor-Arten für verschiedene Einsatzzwecke Sie verwenden können, zeigen die nächsten Abschnitte.

Das Deklarieren eines Cursors

Transact-SQL hält sich beim Thema Cursor an die von ANSI vorgegebenen Standards, erweitert diese Grundlagen aber auf eine umfangreiche Art und Weise. Sie können prinzipiell zwischen zwei Syntax-Varianten wählen: der originalen ANSI-Syntax und der T-SQL-Syntax. Ich stelle hier nur die Letztere vor. Am Anfang steht immer die Deklaration des Cursors. Die komplette Syntax dazu sieht folgendermaßen aus:

```
DECLARE cursor_name CURSOR
[ LOCAL | GLOBAL ]
[ FORWARD_ONLY | SCROLL ]
[ STATIC | KEYSET | DYNAMIC | FAST_FORWARD ]
[ READ_ONLY | SCROLL_LOCKS | OPTIMISTIC ]
[ TYPE_WARNING ]
FOR select_statement
```

Ich möchte dieses SQL-Gemenge für Sie ein wenig entwirren. Die erste Zeile ist bereits aus dem einführenden Beispiel bekannt. Hinter dem *DECLARE* wird ein eindeutiger Name für den Cursor vergeben. Über das nachfolgende optionale Schlüsselwort wird der Gültigkeitsbereich des Cursors festgelegt. *LOCAL* bedeutet, dass der Cursor den Gültigkeitsbereich einer lokalen Variablen erhält. Das heißt, er ist nur in dem Batch, der Prozedur oder dem Trigger bekannt, in dem/der er erstellt worden ist. Ein globaler Cursor ist »überall« sichtbar, allerdings nur innerhalb der Benutzerverbindung, die ihn definiert hat. Der Standardwert für diese Einstellung ist übrigens *GLOBAL*. Die Schlüsselworte in der dritten Zeile legen das Verhalten des Cursors fest. Soll ein Cursor nur ein einziges Mal von oben nach unten durchlaufen werden, dann können Sie das Schlüsselwort *FORWARD_ONLY* einsetzen. Das spart Ressourcen und Ausführungszeit. Möchten Sie dagegen beliebige Positionierungen innerhalb der Cursor vornehmen, dann sollten Sie zu *SCROLL* greifen. Der vierte Abschnitt der Deklaration legt die Art des Cursors fest. Dies ist so interessant und wichtig, dass die Cursor-Typen in Kürze etwas genauer vorgestellt werden.

Hier zunächst die restlichen Schlüsselworte: Mit *READ_ONLY*, *SCROLL_LOCKS* oder *OPTIMISTIC* legen Sie das Sperrverhalten fest. Wobei mit *READ_ONLY* ein Cursor angelegt wird, über den keinerlei Veränderungen mittels *UPDATE* möglich sind. Durch *SCROLL_LOCKS* wird die jeweils aktuelle Cursor-Zeile gegen Änderungen durch konkurrierende Zugriffe geschützt. *OPTIMISTIC* steht für ein Verhalten, bei dem Änderungen zwar möglich sind, die betroffenen Datensätze allerdings nicht durch den Cursor gesperrt werden. Aktualisierungen von Datensätzen können daher potenziell fehlschlagen, wenn diese von einem anderen Prozess ebenfalls geändert wurden. Die allerletzte Option *TYPE_WARNING* legt fest, dass SQL Server eine Meldung sendet, wenn er selbsttätig beschließt, einen Cursor-Typ in einen anderen zu wandeln.

Statische Cursor

Ein statischer Cursor wird über das Schlüsselwort *STATIC* (wer hätte das gedacht) angelegt. Beim Öffnen wird ein Schnappschuss der Datensätze gemacht, die über das *SELECT*-Kommando des Cursors definiert sind. Dies entspricht in etwa einer temporären Tabelle. Und genau wie diese werden die Datensätze eines statischen Cursors physikalisch in der *tempdb*-Datenbank abgelegt. Bei großen Datenmengen kann das einen gehörigen Aufwand an Speicherplatz bedeuten und das Öffnen des Cursors einige Zeit in Anspruch nehmen. Da bei einem statischen Cursor mit einer Kopie der Daten gearbeitet wird, sind Änderungen an den Basistabellen unsichtbar. Das Löschen, Ändern oder Hinzufügen von Datensätzen wirkt sich nicht auf die Datenmenge des Cursors aus. Den Einsatz eines statischen T-SQL-Cursors sollte man nach Möglichkeit nur als allerletzte Variante in Betracht ziehen. In der Regel lässt sich dieser auch vermeiden bzw. durch einen anderen Cursor-Typ ersetzen.

Keyset-Cursor

Bei einem Keyset-Cursor werden, im Gegensatz zum statischen Cursor, keine vollständigen Datensätze in der *tempdb*-Datenbank abgelegt, sondern nur die Schlüsselwerte der ausgewählten Datensätze. Greift ein Programm innerhalb einer Cursor-Verarbeitung auf eine bestimmte Cursor-Zeile zu, dann werden die restlichen Spaltenwerte aus den zu Grunde liegenden Basistabellen abgeholt. Damit erhält man automatisch den aktuellen Zustand eines Datensatzes aus den Basistabellen. Datenänderungen sind also sofort sichtbar. Ein kleiner Nebeneffekt: Auch Spalten, die im *SELECT*-Kommando zur Auswahl der Datensätze des Cursors herangezogen wurden, sind naturgemäß dynamisch, sodass Datensätze, die über den Cursor gelesen werden, eventuell nicht mehr der ursprünglichen Einschränkung entsprechen. Was sich bei Aktualisierungen der Basistabellen jedoch auf keinen Fall ändert, ist die Datenmenge: Lösch- und Einfügeoperationen sind wie beim statischen Cursor unsichtbar. Hier droht ein zweiter Nebeneffekt: Datensätze, auf die über den Cursor zugegriffen wird, können eventuell bereits gelöscht sein. Über den *@@FETCH_STATUS* können Sie allerdings feststellen, ob sich die referenzierte Zeile eventuell bereit im Nirvana befindet.

Dynamische Cursor

Ein dynamischer Cursor legt keine Datenmengen oder Schlüssel in der *tempdb*-Datenbank ab. Stattdessen wird die *WHERE*-Klausel der *SELECT*-Anweisung immer wieder aufs Neue ab der letzten Cursor-Position ausgewertet. Der dynamische Cursor trägt seinen Namen zu Recht. Sämtliche Änderungen an den Daten sind sofort sichtbar, da ja im Grunde immer mit den Originaldaten gearbeitet wird. Auch Löschungen und Einfügungen wirken sich sofort auf den Cursor aus. Bei der Programmierung muss darauf Rücksicht genommen werden: Vorgänger oder Nachfolger können sich während des Programmlaufs ändern. Eine absolute Positionierung ist nicht sinnvoll und wird auch nicht unterstützt. Im Übrigen sollte man darauf achten, dass eine Tabelle, auf der ein dynamischer Cursor definiert ist, einen eindeutigen Index enthält, sonst kann es passieren, dass man nie das Ende des Cursors erreicht.

Fast-Forward-Cursor

Die Eigenschaften der ersten drei Cursor-Typen erlauben ein recht freies Navigieren in der ausgewählten Datensatzmenge. Dies geht allerdings deutlich auf Kosten des Speicherplatzes (vor allem bei einem statischen Cursor) oder der Performance (vor allem beim dynamischen Server). Da es nur in absoluten Ausnahmesituationen notwendig sein wird, in einer serverseitigen Programmierung eine Datenmenge in beliebiger Richtung zu durchqueren oder an den Anfang oder das Ende zu springen, wäre es gut, diese Kosten einsparen zu können. Und tatsächlich besteht diese Möglichkeit. Der *FAST FORWARD*-Cursor stellt die einfachste und zugleich sinnvollste Variante der hier vorgestellten Cursor-Typen dar. Dieser Vorwärts-Cursor stellt nur eingeschränkte Möglichkeiten zur Verfügung: Er kann lediglich in einer Richtung durchlaufen werden und ist immer schreibgeschützt. Die Implementierung ist vom *SELECT*-Kommando abhängig, in den meisten Fällen wird ein Keyset verwendet. Der Fast-Forward-Cursor arbeitet deutlich schneller als die anderen Typen, weil er mit weniger Verwaltungs-Overhead auskommt. Dennoch bietet er genau die Möglichkeiten, die in 99% aller Cursor-Einsatzmöglichkeiten überhaupt infrage kommen: Datensätze können durchlaufen und die Werte der Spalten abgefragt werden. Es fällt einem schwer, sich Situationen vorzustellen, in denen man in einer T-SQL-Programmierung mehr als das benötigt.

> **TIPP** Machen Sie es sich zur Regel, beim Testen einer Cursor-Programmierung die Option *TYPE_WARNING* einzusetzen. Sie können damit feststellen, ob der Server anstelle des von Ihnen vorgesehenen Typs zu einem anderen, vermutlich aufwändigeren, wechselt. Dies kann beispielsweise sein, wenn es in einer der enthaltenen Basistabellen keinen eindeutigen Index beziehungsweise Primärschlüssel gibt. Dann verwendet die Datenbankmaschine anstelle eines *KEYSET*-Cursors einen statischen Cursor. Schließlich gibt es im genannten Fall überhaupt keine Möglichkeit, die Schlüsselmenge zu bilden.

Das Öffnen eines Cursors

Zum Öffnen eines Cursors lässt sich nicht allzu viel sagen. Das *OPEN* hat die folgende Form:

```
OPEN { { [ GLOBAL ] cursor_name } | cursor_variable_name }
```

Entweder wird der in der Deklaration angegebene Name verwendet, oder man gibt den Namen einer Variablen vom Typ *Cursor* an. Zusätzlich kann mit dem Schlüsselwort *GLOBAL* der Cursor explizit als globaler Cursor geöffnet werden. Beim Öffnen wird das *SELECT*-Kommando ausgeführt und die Ergebnismenge, wie oben beschrieben, entweder in Form einer temporären Tabelle oder als Keyset abgelegt. Die Anzahl der Ergebnis-Datensätze kann nach dem Öffnen über die Variable @@CURSOR_ROWS abgefragt werden.

Das Abholen der Ergebnisse

Je nach Art des Cursors stehen verschiedene Befehle zur Verfügung. Im einfachsten Fall wird mit *FETCH_NEXT* die jeweils nächste Zeile abgeholt, bis das Ende erreicht ist. Die weiteren Möglichkeiten findet man in der Syntaxbeschreibung des *FETCH*-Befehls:

```
FETCH
       [ [ NEXT | PRIOR | FIRST | LAST
           ABSOLUTE { n | @nvar }
           RELATIVE { n | @nvar }
         ]
           FROM
       ]
{ { cursor_name | @cursor_variable_name }
[ INTO @variable_name [ ,...n ] ]
```

Insgesamt stehen damit die folgenden *FETCH*-Varianten zur Verfügung:

Befehl	Aktion
FETCH NEXT	Holt die jeweils nächste Zeile ab
FETCH PRIOR	Holt die vorherige Zeile ab
FETCH FIRST	Holt die erste Zeile ab
FETCH LAST	Holt die letzte Zeile ab
FETCH ABSOLUTE n	Holt die n-te Zeile ab. Macht nur bei einem statischen Cursor Sinn
FETCH RELATIVE n	Holt eine Zeile ab, deren Position in Bezug auf die aktuelle Zeile angegeben wird. Das n kann positiv oder negativ sein

Tabelle 19.1 Varianten für das Abholen von Datensätzen

Die Positionierung des Cursors geht immer mit dem Abholen der Ergebnisse einher. Dabei müssen die Werte der aktuellen Cursor-Zeile gleichzeitig *komplett* an lokale Variablen übergeben werden. Anders ausgedrückt: Befinden sich in der *SELECT*-Liste des Cursors beispielsweise drei Spalten, so sind drei Variablen zu definieren und diese bei einem *FETCH* auch einzusetzen. Den Zustand des Cursors nach der letzten Abholaktion erhalten Sie über die Variable @@FETCH_STATUS:

@@FETCH_STATUS	Bedeutung
0	Alles in Ordnung, die Zeile konnte gelesen werden
-1	Die Operation fand außerhalb der Grenzen des Cursors statt
-2	Die angesprochene Zeile ist nicht mehr vorhanden. Dies kann bei einem dynamischen oder Keyset-Cursor passieren, wenn sich die Datenmenge geändert hat

Tabelle 19.2 Mögliche Ergebnisse nach dem Abholen eines Datensatzes

Das Schließen und Entfernen eines Cursors

Die Anweisung für das Schließen eines Cursors ist sehr einfach:

```
CLOSE { cursor_name } | cursor_variable_name }
```

Beim Schließen werden alle Informationen, die für die Verwaltung des Cursors benötigt wurden, entfernt. Dies ist vor allem die temporäre Tabelle, welche die Kopie der Datensätze beziehungsweise den Keyset enthält. Anschließend kann der Cursor bei Bedarf wieder neu geöffnet werden.

Das endgültige Entfernen des Cursors ermöglicht das *DEALLOCATE*-Kommando. Damit wird die Definition des Cursors aus dem Speicher entfernt. Dies geschieht allerdings erst, wenn die letzte Referenz auf diesen Cursor, z. B. in Form einer Cursor-Variablen, entfernt wurde. So sieht der Befehl aus:

```
DEALLOCATE { cursor_name } | @cursor_variable_name }
```

Beispiele für T-SQL-Cursor

Nachfolgend finden Sie in den ersten beiden Demos Cursor-Anwendungen, die so oder ähnlich immer wieder in der Praxis eingesetzt werden können. Das dritte Beispiel stellt den Einsatz eines Cursors in Verbindung mit den T-SQL-Befehlen *UPDATE* und *DELETE* vor.

Aufheben sämtlicher Benutzerverbindungen einer Datenbank

Der folgende Programmausschnitt hat schon so manchen SQL Server-Administrator glücklich gemacht! Aber auch als Programmierer kann man Nutzen daraus ziehen. Worum geht es? Es gibt bestimmte Operationen auf dem SQL Server, die ausschließlich in einer vollständig »benutzerfreien« Datenbank durchgeführt werden dürfen. Darunter fallen das Trennen einer Datenbank, das Ändern bestimmter Datenbankoptionen und das Einspielen einer Datenbank aus einem Backup. Die Oberfläche des Management Studios bietet bei einigen Funktionen die Möglichkeit, das Aufheben der Benutzerverbindungen gleich mit durchzuführen. Inkonsequenter Weise aber nicht bei allen Funktionen. Und dummerweise gibt es keinen allgemeinen GUI-Befehl für das Trennen aller Verbindungen einer Datenbank. Es existiert auch kein T-SQL-Befehl für diese Aufgabe. Mittels T-SQL können Sie genau eine bestimmte Verbindung loswerden. Gerade auch bei der automatisierten Wartung einer Datenbank wäre eine eigene Lösung hilfreich. Hier bietet sich der Einsatz eines Cursors, der sämtliche Benutzerverbindungen durchläuft und diese löscht an. Die Prozedur *sp_DisconnectUsers* leistet dies und hat die folgende Form:

```
CREATE PROC sp_DisconnectUsers

   @dbName as varchar(100),   -- Name der Datenbank
   @status tinyint = 0        -- 0 = keine Änderung,
                              -- 1 = Offline nehmen,
                              -- 2 = nur für dbo
AS
--
-- Vorhandene Connections rauswerfen = User-Prozesse beenden
--
DECLARE @spid int
DECLARE @cmd varchar(100)

DECLARE dbProcs CURSOR FAST_FORWARD
FOR
SELECT spid FROM sys.sysprocesses WHERE dbid = DB_ID(@dbName)

OPEN dbProcs

FETCH NEXT FROM dbProcs INTO @spid

WHILE @@FETCH_STATUS = 0

   BEGIN
      SET @cmd = 'KILL ' + CAST(@spid AS char(4))
      EXECUTE (@cmd)
      FETCH NEXT FROM dbProcs INTO @spid
   END

CLOSE dbProcs
DEALLOCATE dbProcs

--
-- Status der Datenbank ändern
--
IF @status = 1
   BEGIN
      SET @cmd = 'ALTER DATABASE ' + @dbName + ' SET OFFLINE'
      EXEC (@cmd)
   END

IF @status = 2
   BEGIN
      SET @cmd = 'ALTER DATABASE ' + @dbName + ' SET RESTRICTED_USER'
      EXEC (@cmd)
   END
```

Listing 19.2   Trennen aller Benutzerverbindungen mit Cursor

Und so funktioniert die Prozedur: Als Parameter werden der Name der Datenbank und der Status übergeben in dem sich die Datenbank nach dem Trennen der Benutzerverbindung befinden soll. Eine notwendige Restriktion der Datenbankverwendung sollte nämlich am besten direkt nach dem Löschen der Verbindungen erfolgen, damit sich keine neuen Benutzer anmelden können. Für die Arbeit mit dem Cursor wird die lokale Variable *@spid* und für das dynamische SQL-Kommando die Variable *@cmd* verwendet. Es wird ein Fast-

Forward-Cursor eingesetzt, weil dieser am schnellsten abgearbeitet werden kann und in diesem Fall keine Änderungen über den Cursor notwendig sind. Im *SELECT* wird die dynamische Systemsicht *sys.sysprocesses* abgefragt. In dieser zeigt SQL Server die Eigenschaften der aktuellen Benutzerverbindungen an. Natürlich dürfen nicht alle Prozesse zurückgegeben werden, sondern nur diejenigen, welche tatsächlich auf die im Parameter angegebene Datenbank verweisen. Dies wird durch den Einsatz der Systemfunktion *DB_ID()* erreicht. Diese liefert zu einem Datenbanknamen die interne *ID*, welche wiederum in *sys.sysprocesses* verwendet wird. Jeder Verbindung ist eine so genannte Prozess-*ID* zugeordnet, über die eine Verbindung eindeutig identifiziert werden kann. Diese *ID* wird im Schleifendurchlauf abgefragt, der lokalen Variablen *@spid* zugewiesen und daraus der dynamische SQL-Befehl für das Aufheben einer einzelnen Verbindung konstruiert. Das T-SQL-Kommando für das Beenden eines Benutzerprozesses trägt den martialischen Namen *KILL*. Gefolgt wird dieses Schlüsselwort von der Prozessnummer. *EXECUTE* führt den dynamischen Befehl aus.

Nach dem Beenden der Schleife *(@@FETCH_STATUS = -1)* werden die Datenstrukturen des Cursors aufgeräumt. Anschließend wird je nach gewünschtem Datenbankstatus sofort ein *ALTER DATABASE*-Befehl ausgeführt, der die Datenbank in den Offline-Zustand versetzt bzw. nur noch den Zugriff von Datenbank-Administratoren ermöglicht (Restricted Mode).

> **TIPP** Möchten Sie die gerade beschriebene Prozedur in eigenen Projekten einsetzen, sollten Sie darauf achten, dass Sie selbst keine Verbindung zur betreffenden Datenbank aufrechterhalten. Daher sollte die Prozedur in der *master*-Datenbank angelegt werden. In einem Wartungsskript erreichen Sie durch die Verwendungen des Befehls *USE master*, dass nicht aus Versehen eine Verbindung in die Datenbank besteht. In einer ADO.NET-Programmierung sollten Sie ähnlich vorgehen und eine Verbindung zur *master*-Datenbank aufbauen. In dieser können Sie anschließend problemlos die Prozedur aufrufen.

Simulation einer Kreuztabelle

Jetzt folgt ein etwas ausführlicheres Beispiel für den Einsatz eines Cursors. Es soll eine Kreuztabelle erzeugt werden. In Kapitel 9 ist Ihnen ja für diese Aufgabenstellungen der *PIVOT*-Operator vorgestellt worden. Der Haken bei diesem ist die Tatsache, dass die zu pivotierenden Werte nicht dynamisch aus den Spalten der Basistabellen generiert werden. Für viele Anwendungsfälle ein deutlicher Nachteil. Andere relationale Wege für den Aufbau einer Kreuztabelle gibt es nicht. Hier kommen Cursor ins Spiel! Mittels der nachfolgend beschriebenen T-SQL-Programmierung kann eine Kreuztabelle generiert werden. Das ist zwar nicht so einfach und flexibel wie beispielsweise in Access-Datenbanken (oder Excel) möglich, liefert aber doch einen Ausweg, wenn serverseitige Kreuztabellen benötigt werden. Dies ist dann der Fall, wenn es um *richtige* Datenmengen geht. Der Beispielcode stellt gleichzeitig ein hübsches Beispiel für die T-SQL-Programmiertechniken dar, die Sie in diesem Buchteil kennen gelernt haben.

Die folgende Beispielaufgabenstellung aus der *netShop*-Datenbank wird mithilfe der Cursor-Programmierung gelöst: Es soll eine Übersicht entstehen, aus der entnommen werden kann, in welchem Jahr ein bestimmter Artikel wie oft verkauft wurde. Dazu muss die *Articles*-Tabelle pivotiert werden. Mit anderen Worten: Aus den Artikelnamen werden die Spaltennamen der Kreuztabelle. In den Zeilenköpfen sollen die Jahresangaben aus der Auftragstabelle *Orders* stehen. Im Innern der Kreuztabelle findet man die kumulierten Verkaufszahlen eines Artikels zu einem bestimmten Jahr. Betrachten Sie Listing 19.3, um ein Beispiel zu sehen.

Diese Darstellung entspricht dem typischen Aufbau einer einfache Kreuztabelle: Man erhält die Spaltenköpfe des Ergebnisses aus den Werten einer Tabellenspalte, die Zeilenköpfe aus einer zweiten Spalte und aggregiert die Werte in den Schnittpunkten über eine der T-SQL-Aggregatfunktionen. Der Vorteil der dargestellten Cursorlösung besteht darin, dass Sie weder die Artikel noch die Jahre in der Abfrage angeben müssen. Diese dynamische Verwendbarkeit macht den etwas längeren Quelltext mehr als wett.

Der Aufbau der Kreuztabelle geht in drei Schritten vonstatten. Zunächst wird eine passende temporäre Tabelle erzeugt. In diese werden dann die Kreuztabellenwerte per *INSERT* eingefügt und schließlich wird das Ergebnis an den Client ausgeliefert. Der folgende Codeausschnitt erstellt eine temporäre Tabelle mit der gewünschten Struktur. Dabei wird neben der Verwendung eines Cursors die Technik der dynamischen SQL-Befehlsausführung genutzt. Im ersten Codeblock (Listing 19.3) sehen Sie das Anlegen der temporären Tabelle.

```
DECLARE @TableName AS sysname
DECLARE @SQL AS varchar(max)
DECLARE @Name varchar(150)
--
---- Evtl. vorhandene Pivottabelle löschen
IF EXISTS ( SELECT * FROM sys.Tables WHERE [name] = 'tempdb.dbo.ArticlesPivot' )
    DROP TABLE ArticlesPivot

-- Es soll eine Tabelle mit eindeutigem Namen in der tempdb angelegt werden
SET @TableName = 'tempdb.dbo.ArticlesPivot_' + CAST(@@spid AS varchar(3))

-- So fängt der dynamische Befehl an
SET @SQL = 'CREATE TABLE ' + @TableName + ' ( Jahr varchar(4), '

-- Cursor für das Durchlaufen der Artikelnamen

DECLARE curArticles CURSOR READ_ONLY
FOR
SELECT DISTINCT [Name] FROM Products.Articles ORDER BY [Name]

OPEN curArticles

FETCH NEXT FROM curArticles INTO @Name

WHILE (@@fetch_status <> -1)
BEGIN
    -- Aus jedem Artikelnamen wird ein Feld der Tabelle
    SET @SQL = @SQL + '[' + @Name + '] int, '
        FETCH NEXT FROM curArticles INTO @Name
END

-- Letztes Komma der Feldliste entfernen und Liste schließen
SET @SQL = Left(@SQL, Len(@SQL) -1) + ')'

-- Anlegen der Tabelle
EXEC (@SQL)

    CLOSE curArticles
```

Listing 19.3 Vorbereiten der Kreuztabelle mit Cursor

Da in diesem Algorithmus dynamischer T-SQL-Code eingesetzt wird, um eine temporäre Tabelle anzulegen, können die Standardmechanismen leider nicht zum Einsatz kommen (siehe Kapitel 8). Es wird daher eine selbst verwaltete temporäre Tabelle in der *tempdb*-Datenbank angelegt, der als eindeutige Kennung im Namen die Prozess-*ID* der Benutzerverbindung mitgegeben wird. Im *CREATE*-Kommando werden mit der Hilfe eines Cursors aus den Werten der Namensspalte der Artikeltabelle die Spaltenbezeichnungen generiert. Da die Anzahl der verkauften Artikel angezeigt werden soll, ist der Datentyp *int*. Die allererste Spalte der Pivottabelle wird das Jahr anzeigen.

Im zweiten Teil des Beispiels wird die Tabelle *Orders* durchlaufen und für jedes Auftragsjahr (*YEAR(OrderDate)*) berechnet, wie viele Einheiten eines bestimmter Artikels in diesem Jahr bestellt wurden. Dies geschieht in Form zweier ineinander verschachtelter Cursor-Schleifen. Über dynamisch generierte *INSERT*-Anweisungen wird die temporäre Tabelle Zeile um Zeile mit den Ergebnissen gefüllt.

```
DECLARE @OrderYear varchar(150)
DECLARE @OrderID As int
DECLARE @Anz AS int

-- Der Cursor für das Durchlaufen der Aufträge

DECLARE curOrders CURSOR READ_ONLY
FOR
SELECT DISTINCT YEAR(OrderDate)
FROM Sales.Orders
WHERE YEAR(OrderDate) IS NOT NULL
ORDER BY YEAR(OrderDate)

OPEN curOrders

FETCH NEXT FROM curOrders INTO @OrderYear

WHILE (@@fetch_status <> -1)
BEGIN

   -- Anfang des dyn. INSERT-Kommandos
   SET @SQL = 'INSERT ' + @TableName + ' VALUES(''' + @OrderYear + ''','

   -- für jedes Datum die Anzahl bestellter Artikel ausrechnen
   -- dazu wird der Artikel-Cursor verwendet

   OPEN curArticles

   FETCH NEXT FROM curArticles INTO @Name

   WHILE (@@fetch_status <> -1)
   BEGIN
      -- Prüfen, ob Artikel zu best. Datum verkauft wurde

      SET @Anz = ( SELECT COUNT(*)
              FROM Sales.Orders o
              INNER JOIN Sales.OrderDetails od
              ON o.ID = od.OrderID
              INNER JOIN Products.Articles a
              ON od.ArticleId = a.ID
              WHERE
                 YEAR(OrderDate) = @OrderYear
              AND
                 a.[Name] = @Name )

      SET @SQL = @SQL + CAST(@Anz AS varchar(5)) + ','

    FETCH NEXT FROM curArticles INTO @Name

  END

  -- den Artikel-Cursor zurücksetzen
  CLOSE curArticles
```

```
    -- dyn. Befehl abschließen
    SET @SQL = Left(@SQL, Len(@SQL) - 1) + ')'

    -- Datensatz einfügen
    EXEC (@SQL)

    FETCH NEXT FROM curOrders INTO @OrderYear
    PRINT @OrderYear
END

-- fertig: aufräumen
CLOSE curOrders
CLOSE curArticles
DEALLOCATE curOrders
DEALLOCATE curArticles
```

Listing 19.4 Füllen der Kreuztabelle mit Cursor

So, die Arbeit ist fast getan. Der Rest ist einfach. Über ein *SELECT* werden die Ergebnisse aus der Pivottabelle an den Client ausgegeben und die Tabelle anschließend aus der Datenbank gelöscht. Die temporäre Tabelle als Zwischenspeicher wird genau zu diesem Zweck eingesetzt: das Ergebnis mit einem einzelnen *SELECT* zurückgeben zu können. Verzichtet man auf die Tabelle und liefert die Daten über dynamisch generierte *SELECT*-Anweisungen aus, dann erhält man für jedes Verkaufsjahr eine neue Ergebnismenge. Clients, welche die Kreuztabellendaten in einem Bericht oder einer *DatagridView* darstellen wollen, kommen damit nicht zurecht und werden nur den ersten Datensatz anzeigen.

```
EXEC ('SELECT * FROM ' + @TableName)
EXEC ('DROP TABLE ' + @TableName)
```

Listing 19.5 Ausliefern und Aufräumen

Wenn Sie dieses Beispiel im T-SQL-Editor starten, dann sollten Sie sich ein wenig in Geduld üben. Bei der Ausgangsdatenmenge der *netShop*-Datenbank müssen Sie, je nach Leistungsfähigkeit des Rechners, durchaus eine bis mehrere Minuten auf das Ergebnis warten. Sie können sich die Wartezeit damit verkürzen, in der *tempdb*-Datenbank die Pivottabelle zu suchen und mitzuverfolgen, wie diese sich nach und nach mit Datensätzen füllt. Am Ende wird Ihnen dann auch im ursprünglichen Skriptfenster eine Ergebnistabelle präsentiert, die der nachfolgend dargestellten ähnelt. Sie zeigt einen Auszug aus der kompletten *netShop*-Kreuztabelle.

Jahr	Ananas	Ananassaft	Apfelsinen	Artischocken	Auberginen
2004	999	526	998	991	951
2005	2556	1249	2414	2543	2433
2006	3936	1975	4069	4071	3947
2007	7408	3766	7637	7650	7553
2008	9955	4899	9972	9883	10065

Datensatzänderungen auf der Basis eines Cursors

Zu guter Letzt folgt in diesem Kapitel über die Cursorprogrammierung der Vollständigkeit halber in einem letzten Beispiel die Vorführung, wie mit einem Cursor die Datensatzaktualisierungen eines *UPDATE*-Befehls gesteuert werden können. In erster Linie dient dieses Beispiel der Demonstration dieser von ANSI SQL definierten Syntaxvariante. Im Normalfall wird man diese Operation durch einen einfachen, mengenorientierten *UPDATE*-Befehl erledigen lassen. In exotischen Situationen kann so etwas sinnvoll erscheinen, zum Beispiel dann, wenn beim Durchlaufen eines Cursors weitere Tabellen mit synchronisiert werden müssen. Das Beispiel macht zumindest noch einmal anschaulich, mit welchen Einsatzzielen das Cursor-Konzept ursprünglich in ANSI SQL entwickelt wurde.

```
DECLARE @decFactor decimal(2,1)

SET @decFactor = 1.1

DECLARE curArticles CURSOR FORWARD_ONLY DYNAMIC SCROLL_LOCKS
FOR
SELECT [ID] FROM Products.Articles

OPEN curArticles
FETCH NEXT FROM curArticles
WHILE @@FETCH_STATUS <> -1
   BEGIN
      UPDATE Products.Articles SET Price = Price * @decFactor WHERE CURRENT
      OF curArticles
   FETCH NEXT FROM curArticles
END
CLOSE curArticles
DEALLOCATE curArticles
```

Listing 19.6 Update auf der Basis eines Cursors

Wir haben es hier mit einem dynamischen Cursor zu tun, der die ausgewählten Datensätze sequenziell durchläuft und den aktuellen Datensatz mit einer Sperre belegt. Innerhalb der *WHILE*-Schleife wird mittels eines *UPDATE* eine Aktualisierung der Spalte *Price* durchgeführt. Das Besondere hier ist natürlich die Auswahl der zu bearbeitenden Datensätze durch den Ausdruck:

```
WHERE CURRENT OF curArticles
```

Über das Schlüsselwort *CURRENT* kann in *UPDATE*- und *DELETE*-Befehlen auf die aktuelle Zeile eines Cursors Bezug genommen werden. Für die Durchführung von Datenänderungen darf der Cursor in diesem Fall nicht als *READ_ONLY* deklariert worden sein. Eines ist klar: Die hier dargestellte Operation ist in der Cursor-Variante um ein Vielfaches langsamer als in der üblichen direkten *UPDATE*-Schreibweise. Die Möglichkeit der *WHERE CURRENT OF*-Klausel sollte am besten als ein Relikt aus der Vergangenheit von SQL Server (und anderer Datenbankserver) betrachtet und ohne Not nicht eingesetzt werden. Nun – jetzt haben Sie das wenigstens einmal gesehen.

Kapitel 20

Performance-Optimierungen

In diesem Kapitel:
Messwerkzeuge 724
Die Ausführung von T-SQL steuern 751

In den Kapiteln des relationalen Teils dieses Buchs konnten Sie immer wieder Hinweise auf Techniken finden, mit denen sich Datenbanken besonders leistungsfähig gestalten lassen. Das betrifft sowohl das logische wie auch das physikalische Design, aber auch die optimale Gestaltung von Abfragen. Nachdem Sie den Aufbau Ihrer Datenbank nun gründlich geplant, Tabellen nach allen Regeln der Datenbankkunst entworfen und die Programmierung der Client-Datenzugriffsschicht optimal auf die Datenbank abgestimmt haben, kann es dennoch vorkommen, dass im Echtbetrieb Performance-Probleme auftreten. So etwas sollte auf gar keinen Fall an Ihrer Entwickler-Ehre kratzen. Es wird *fast immer* so sein, dass die ersten Implementierungen noch nachgebessert werden müssen. Dummerweise treten Schwierigkeiten häufig erst dann auf, wenn das ursprüngliche Projekt längst abgeschlossen ist (oder erscheint) und die Datenbankapplikationen im schönsten »mission critical«-Einsatz sind. Die Datenmengen sind stark angewachsen, mehr Benutzer als erwartet arbeiten mit dem System, die Bandbreite des Netzwerkes ist nicht so groß, wie ursprünglich angenommen, Authentifizierungsvorgänge dauern unerfreulich lange – es gibt viele Gründe, die eine Anwendung, die im Laborumfeld des Entwicklerteams ein Rennpferd war, in der Praxis zu einer lahmen Ente machen. Ungünstige Randbedingungen decken suboptimale Entwurfsentscheidungen gnadenlos auf.

Im ersten Teil dieses Kapitels geht es um Werkzeuge, die Ihnen helfen, die physische Implementierung eines Datenbanksystems zu verbessern. Dabei kann es um die Datenbank an sich gehen, der möglicherweise noch ein paar Indizes an den richtigen Stellen fehlen. Es kann aber genauso gut möglich sein, dass die Serverhardware nach einem weiteren Prozessor, mehr Speicher oder schnelleren Harddisks verlangt, damit der SQL Server so richtig durchatmen kann. Im zweiten Teile lernen Sie Methoden kennen, mit denen Sie die Ausführung von T-SQL-Befehlen steuern können, falls der Abfrageoptimierer sich doch einmal irrt.

Messwerkzeuge

Beim Monitoring einer SQL Server-Anwendung macht es Sinn, zunächst mal einen Blick auf die Hardware zu werfen, sich dann damit zu beschäftigen, wie die Arbeitslast beschaffen ist, die SQL Server verarbeiten soll und darin enthaltene kritische Abfragen dann ganz genau unter die Lupe zu nehmen. Die im Anschluss vorgestellten Werkzeuge bringen alles mit, was Sie dazu brauchen.

Der Windows Performance-Monitor

Stellen Sie bei einer Datenbankanwendung Performanceprobleme fest, dann lohnt es sich unbedingt, das System mithilfe des Performance-Monitors zu überprüfen. Sie können recht gut feststellen, ob es die Hardware ist, die Probleme bereitet oder die Schwierigkeiten eher in der Datenbankprogrammierung zu suchen sind. Recht häufig führen Messungen mit dem Performance-Monitor zu einer Aussage in der Art: »Das System reicht für die durch die T-SQL-Befehlsstapel erzeugte Last in SQL Server nicht aus!« Dann muss in mehrere Richtungen weitergedacht werden. Einerseits kann überprüft werden, ob sich durch eine Verbesserung in der physikalischen Datenbankstruktur Zugriffe optimieren lassen. Durch gute Indizierung kann zum Beispiel die Last auf die Festplatten beim Lesen von Daten reduziert werden (und Indizes lassen sich relativ leicht im Nachhinein hinzufügen). Zweitens sollte man darüber nachdenken, ob die Client Anwendungen »alles richtig machen«. Ein Programm, das sich seine Daten ausschließlich über serverseitige ODBC-Cursor besorgt und Datensatz für Datensatz von SQL Server zieht, wird nie so richtig schnell sein

Bei ADO.NET (egal, um welche Version es geht) sind Sie da allerdings von vornherein auf der sichereren Seite, da immer mit clientseitigen, nicht verbundenen Datasets gearbeitet wird und die Zugriffe auf den SQL Server Mengenoperationen sind. Drittens kann es natürlich tatsächlich die Serverhardware sein, die unterdimensioniert ist. Wenn Sie also sicher sind, dass in der Datenbank schlanke Zugriffsverfahren benutzt werden (beispielsweise Indexsuchen statt Tabellen-Scans) und die Clientzugriffe sinnvoll sind (Abholen von Rowsets anstelle einzelner Cursorzugriffe), dann kann es an der Zeit sein, über zusätzliche Prozessoren, Speicher, Festplatten oder ein schnelleres Bussystem nachzudenken.

Wo der Flaschenhals sitzt, lässt sich Gott sei Dank verhältnismäßig leicht herausfinden, *wenn man die richtigen* Indikatoren kennt. Im Performance-Monitor findet man eine unendlich große Anzahl von Indikatoren, die teils wirklich exotische Dinge messen. Im Laufe der Zeit hat sich für SQL Server eine Anzahl von Basisindikatoren als sinnvoll herausgestellt, die ich nur für Sie an dieser Stelle exklusiv zusammengestellt habe.[1] Neben den zu untersuchenden Indikatoren finden Sie in der Liste auch Tipps, was als Gegenmaßnahme für ein Problem sinnvoll erscheint.

Mit dem Performance-Monitor arbeiten

Falls Sie noch nicht mit dem Windows Performance-Monitor gearbeitet haben (ein bei Programmierern verbreiteter Zustand), dann finden Sie jetzt die einfachen Schritte, mit denen sich eine Live-Überwachung einrichten lässt und mit denen eine fortlaufende Protokollierung durchgeführt werden kann.

Den Performance-Monitor finden Sie in Windows 7 oder Windows Server 2008 in der Verwaltungskonsole (Systemsteuerung / Verwaltung) unter dem Eintrag *Leistungsüberwachung*, bei Windows XP oder Windows 2003 heißt es *Leistung*. Auf den Client-Betriebssystemen können Sie in den *Eigenschaften von Taskleiste und Startmenü* den Eintrag *Verwaltung* permanent einblenden. Das kann bei der SQL Server-Entwicklung hilfreich sein. Der Performance-Monitor zeigt auf der Startseite (Abbildung 20.1) zunächst allgemeine Hinweise und unter *Systemübersicht* ein paar aktuelle *Leistungsindikatoren*. Da bei einem Monitoring des SQL Server aber Verlaufsdaten viel interessanter sind, wechseln Sie am besten sofort auf die Seite *Leistungsüberwachung*.

Nach dem Öffnen rennt die Live-Ansicht auch gleich los und zeigt den ersten Leistungsindikator (auch Zähler genannt) an: *Prozessorzeit (%)*. Das ist zwar ganz hübsch, reicht aber für Messungen am SQL Server bei Weitem nicht aus. Es werden Informationen zum Arbeitsspeicher des Systems, dem Festplattensubsystem, den Prozessoren und zum SQL Server selbst benötigt.

---

[1] Diese Informationen finden sich teilweise verstreut im Internet, diversen Whitepapers und auf kleinen gelben Zetteln, die an Monitoren kleben.

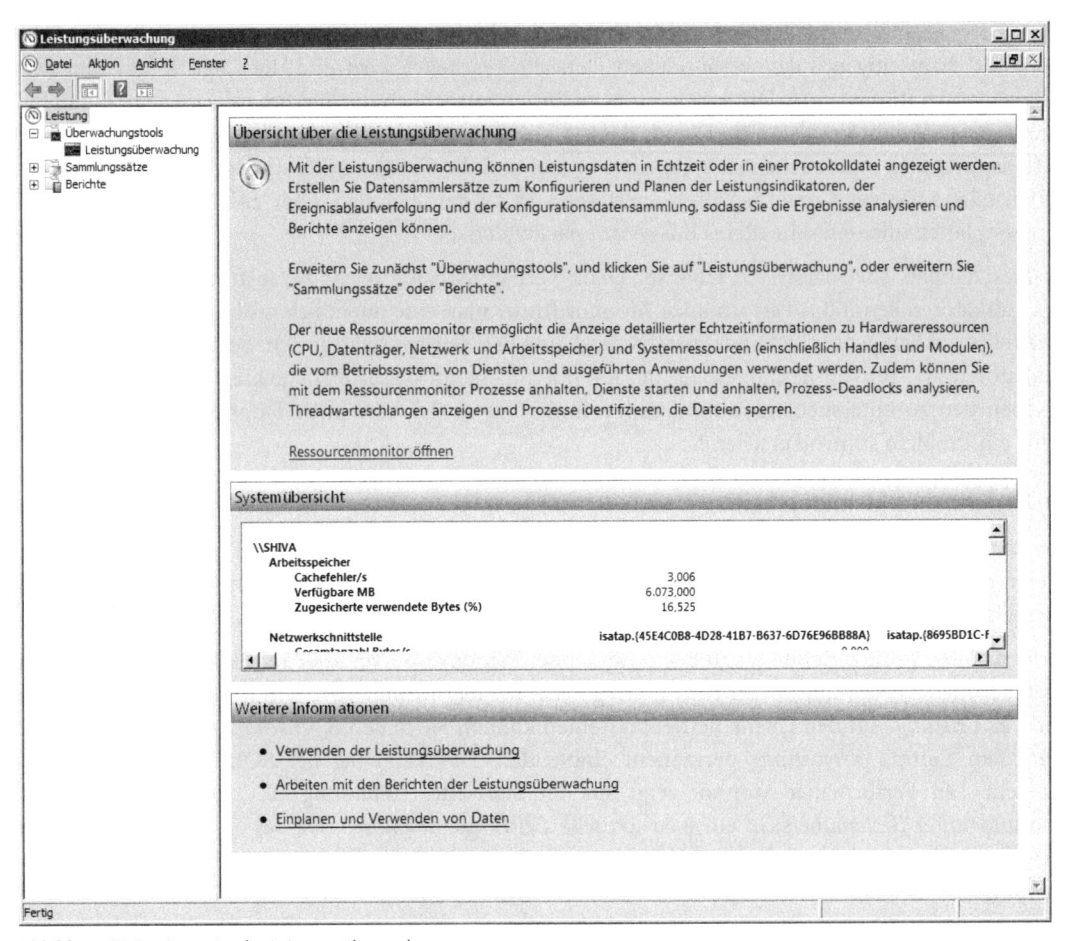

Abbildung 20.1 Startseite der Leistungsüberwachung

Neue Indikatoren fügen Sie einfach durch einen Rechtsklick auf den Diagrammbereich und *Leistungsindikatoren hinzufügen* ein. Haben Sie ausreichende Berechtigungen (als Administrator in Windows *und* SQL Server), dann können Sie Indikatoren von einem zweiten Computer hinzufügen. Das bringt sogar Vorteile, weil das Laufenlassen des Performance-Monitors selbst etwas Leistung verbraucht. Zu den verschiedenen Datenobjekten wie *Prozessor* oder *SQL Server-Sperren* können Sie dann die Indikatoren wählen. Bei vielen gibt es verschiedene *Instanzen*, aus denen ausgewählt werden kann. Bei dem Indikator Prozessorzeit (%) des Datenobjekts *Prozess* (wie in Abbildung 20.2) sind es die auf der Maschine laufenden Prozesse, bei den Festplatten die verschiedenen Laufwerke und so weiter. Über die Schaltfläche *Erklärung* bzw. das Kontrollkästchen *Beschreibung anzeigen* finden Sie zu einigen Indikatoren kurze aber hilfreiche Hinweise. Wichtig ist die Unterscheidung zwischen absoluten und relativen Indikatoren.

Nachdem Sie einen Satz von Indikatoren zusammengestellt haben, können Sie diese direkt beobachten. Für den aktuell ausgewählten Zähler werden der zuletzt gemessene Wert, die Extrema und der Durchschnitt angezeigt. Eventuell macht es Sinn, in den Eigenschaften zu einzelnen Indikatoren den *Faktor* (= Maßstab) anzupassen, um eine sinnvolle Skalierung zu erhalten. Mit der Tastenkombination Strg+H können Sie übrigens den ausgewählten Zähler im Diagramm hervorheben.

Messwerkzeuge

Für die meisten Messungen am lebenden System müssen die Messwerte über einen gewissen Zeitraum gesammelt werden, um zu aussagekräftigen Daten zu kommen. Dazu bietet sich die Protokollierungsfunktion des Performance-Monitors an.

Sie legen ein neues Protokoll an, indem Sie zunächst einmal einen neuen *Sammlungssatz* erstellen. Ein Sammlungssatz ist eine Zusammenstellung von Indikatoren und Ereignissen, die überwacht werden sollen. Für unsere Zwecke erledigen Sie das am besten über einen Rechtsklick auf den Ordner *Benutzerdefiniert* im Ordner *Sammlungssätze* und verwenden den Befehl *Neu / Sammlungssatz*. Geben Sie im ersten Schritt des Assistenten einen passenden Namen ein und wählen Sie am besten im zweiten Schritt die Vorlage *System Performance* aus Abbildung 20.3. Dadurch sparen Sie Zeit bei der späteren Konfiguration ein. Nach *Fertig stellen* wird der neue Sammlungssatz eingetragen und kann weiter bearbeitet werden. Die passenden Leistungsindikatoren können Sie durch einen Rechtsklick auf *Performance Counter* im rechten Fenster auswählen (Abbildung 20.4). An dieser Stelle fügen Sie wie in der Diagrammansicht entweder einzelne Indikatoren hinzu, oder gleich den kompletten Satz von Indikatoren eines Performance-Objekts. Welche Indikatoren für Messungen am SQL Server sinnvoll sind, erklärt der nachfolgende Abschnitt dieses Kapitels.

Andere Grundeinstellungen nehmen Sie wieder im linken Fenster vor: In den Eigenschaften können Sie unter anderem festlegen, in welchem Verzeichnis die Protokolldaten abgelegt werden sollen und ob die Ausführung zeitgesteuert erfolgen soll (Abbildung 20.4). Leider fehlt unter Windows 7 und Windows Server 2008 eine direkte Möglichkeit, die Protokolldaten in den SQL Server zu importieren. Sie beginnen mit der Protokollierung über den Kontextbefehl *Starten*.

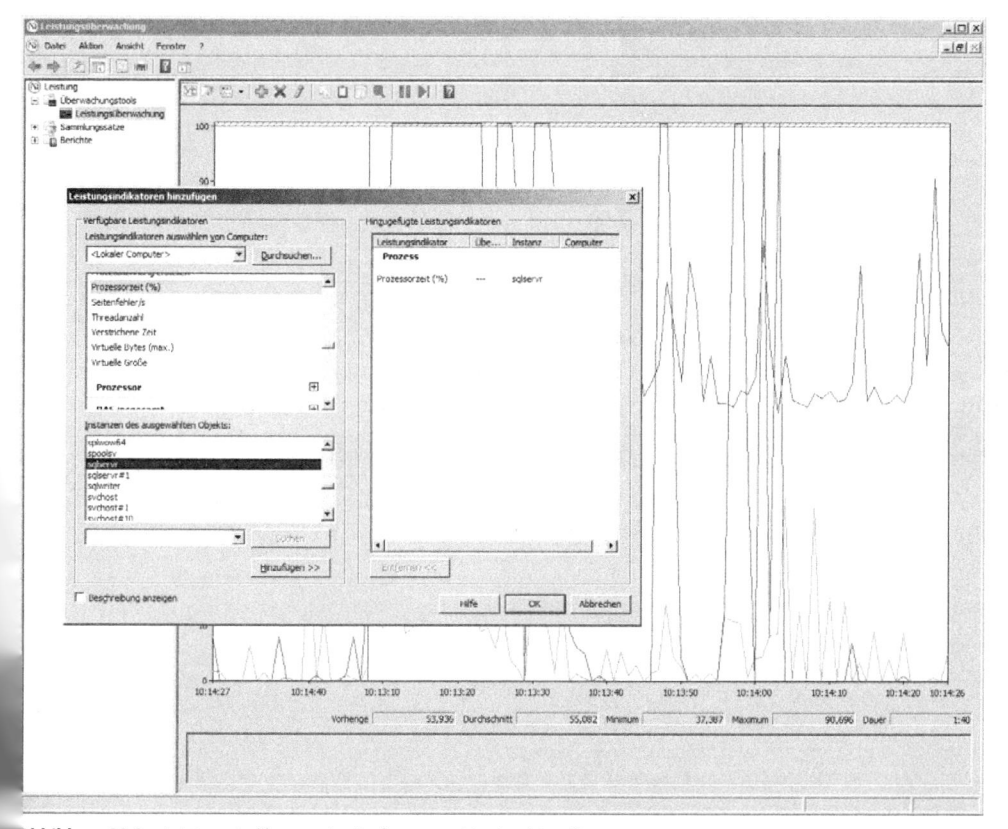

Abbildung 20.2 Leistungsindikatoren im Performance-Monitor hinzufügen

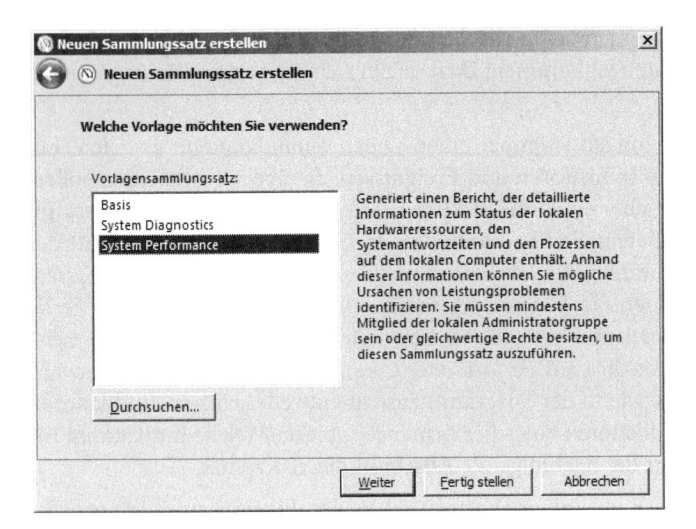

Abbildung 20.3 Vorlage für neuen Sammlungssatz

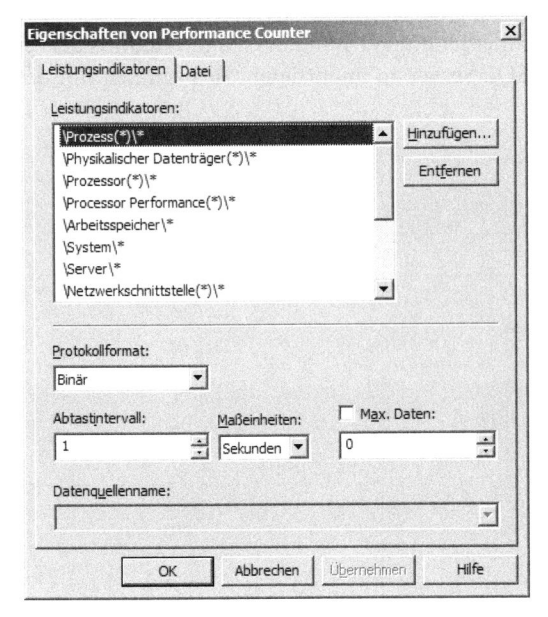

Abbildung 20.4 Leistungsindikatoren zusammenstellen

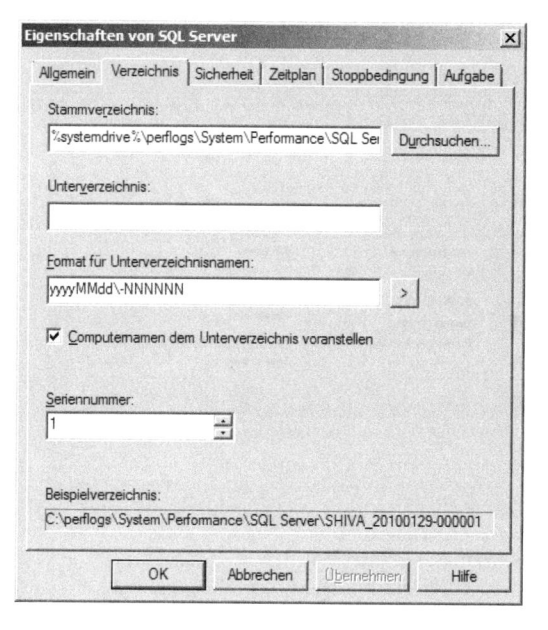

Abbildung 20.5 Eigenschaften eines Sammlungssatzes

Die protokollierten Leistungsdaten können Sie für unterschiedliche Zwecke verwenden. Sie können sich die Daten in der Diagrammansicht anzeigen lassen, um nach kritischen Stellen zu suchen. Dazu öffnen Sie eine Protokolldatei über das entsprechende Symbol oder mit [Strg]+[L]. Tolle Möglichkeiten bieten die Berichte zu den Sammlungsgruppen, in denen Sie eine Zusammenfassung eines Protokollierungslaufes bekommen (Abbildung 20.6). Das Schöne daran ist, dass die Ergebnisse nicht nur präsentiert werden, sondern eine erste Diagnose stattfindet. Finden Sie im Bereich Diagnoseergebnisse eine Warnung, dann können Sie sich über den betreffenden Link Details dazu anzeigen lassen und finden vielleicht bereits auf diese Art erste Hinweise zu einem Problem.

Sie können die Protokolldaten aber auch in den SQL Server Profiler laden, um die Messungen am System mit SQL Server-Ereignissen zu synchronisieren. Zu dieser hervorragenden Möglichkeit gleich mehr. Nun soll es erst einmal darum gehen, *was* Sie messen sollten und *wie* das zu interpretieren ist.

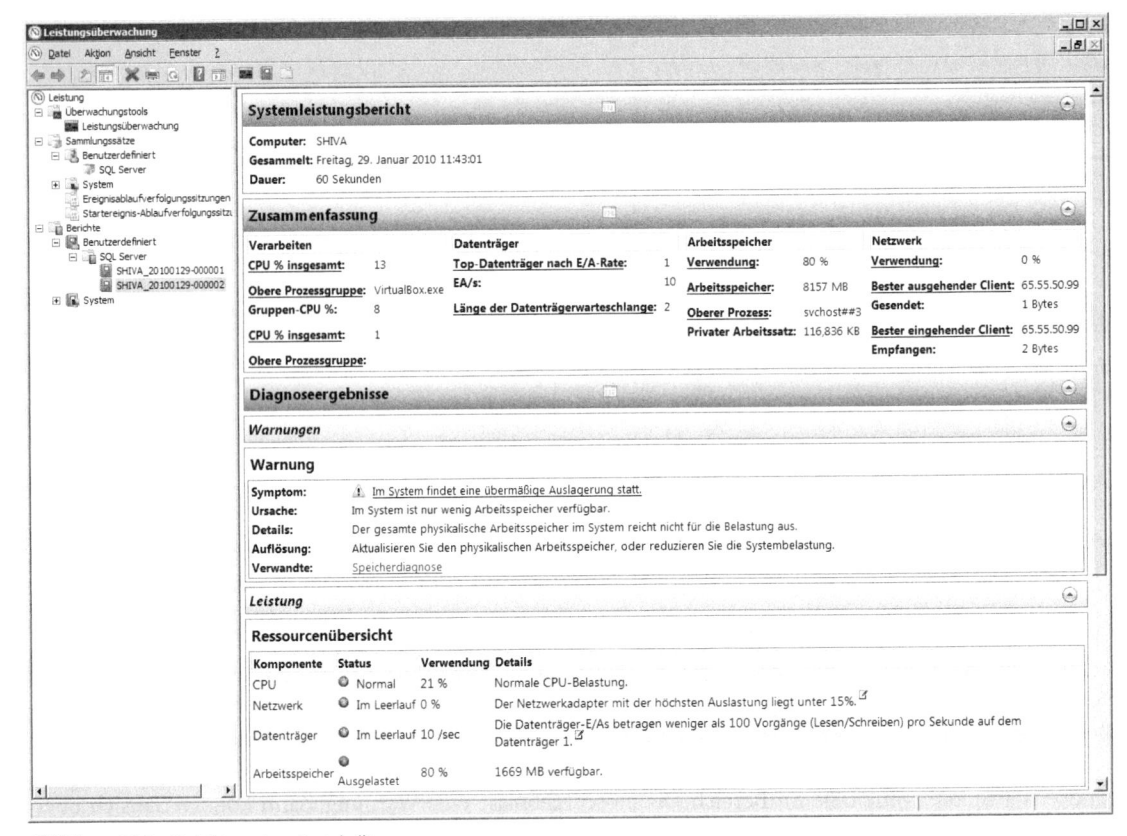

Abbildung 20.6 Bericht zu einer Protokollierung

Performance-Indikatoren für ein SQL Server-System

Die folgenden Datenquellen sollten bei einer Performanceuntersuchung untersucht werden.

Prozessoren

- **Prozessor: % Prozessorzeit**

    Zeigt die Zeit an, in der ein Prozessor aktive Threads verarbeitet.

    Microsoft selbst empfiehlt als Obergrenze für die durchschnittliche Prozessorauslastung den Wert 80%. Ein etwas höherer Wert kann auf einem Datenbankserver durchaus in Ordnung sein und wird inzwischen auch von Prozessorherstellern empfohlen. Der Wert sollte aber nicht ständig gegen 100 laufen. Ein hoher Wert kann in Ordnung gehen, *wenn die drei folgenden Indikatoren* im zulässigen Bereich sind.

- **Prozessor: Privilegierte Zeit (%)**

    Zeigt an, wie hoch der Anteil Prozessorzeit ist, der für die Abarbeitung von Windows-Systemkernel-Kommandos verwendet wird. Auf einem Datenbankserver sind dies typischerweise I/O-Anforderungen. Sollte nur einen geringen Anteil der Gesamtlast ausmachen (< 10%).

    Wenn die Prozessoren zu stark mit Systemaktivitäten belastet sind, sollte untersucht werden, ob es Systemkomponenten gibt, welche diese Last verursachen. So könnte beispielsweise der Austausch der Harddisk-Controller Abhilfe schaffen.

- **Serverwarteschlangen: Warteschlangenlänge**

  Befehlswarteschlange für eine CPU. Sollte im Schnitt maximal 4 betragen.

  Wenn die Prozessorwarteschlangen zu lang sind, dann ist das ein deutliches Indiz für einen Prozessor-Flaschenhals. Überprüfen Sie, ob die Last von einem der SQL Server-Dienste erzeugt wird und ob das so in Ordnung ist. Rechenintensive SQL Server-Operationen sind vor allen Dingen Ausdrücke in Abfragen, Aggregationen und Joins. Sind die Indizes korrekt gesetzt und gibt es keinen Overkill durch Programmierschwächen (zum Beispiel irrwitzig hohe Ausführungszahlen von Berechnungen in korrelierten Unterabfragen), dann ist an der Zeit, über eine Prozessoraufrüstung nachzudenken.

- **System: Kontextwechsel/s**

  Zeigt an, wie oft Wechsel von User- in den Kernelmode und zurück auftreten. Diese werden hauptsächlich durch das Umschalten zwischen Worker-Threads ausgelöst (auch wenn SQL Server das zu vermeiden sucht).

  Wenn dieser Wert bei 1000 * Anzahl der Kernel liegt und *Processor\% Prozessorzeit* konstant fast bei 100% liegt, dann ist das System zu stark mit Wechseln zwischen Threads beschäftigt. Als Gegenmaßnahme kann bei SQL Server der Fiber-Mode-Scheduling-Modus eingeschaltet oder ein weiterer Prozessor eingebaut werden. Das Wechseln in den Fiber-Mode sollte so um die 5-7% CPU Last freisetzen.

- **System: Prozessor-Warteschlangenlänge**

  Zeigt an, wie viele Threads auf die Bearbeitung durch die Prozessoren warten.

  Dieser Wert sollte pro Kernel im Durchschnitt nie viel größer als 10 sein. Ansonsten liegt auf den Prozessoren mehr Workload, als sie verarbeiten können und ihre Leistungsfähigkeit reicht für die Aufgabenstellung nicht aus.

Prozess

- **Prozess: Prozessorzeit (%)**

  Bei einem belasteten Datenbankserver muss die Instanz *sqlservr* den weitaus höchsten Anteil an der Gesamtprozessorzeit bekommen. Sie sollten untersuchen ob es Prozesse gibt, die einen zu hohen Anteil der CPU-Leistung »fressen«.

Speicher

Beim Arbeitsspeicher ist nicht allein die Größe des freien Speichers interessant. Das Objekt *Speicher* verfügt über diverse Indikatoren, mit denen das Paging auf der Maschine untersucht werden kann. Das Auslagern von Seiten ist prinzipiell natürlich nicht erwünscht. Die SQL Server 2000-Option *set working set size*, mit der das Auslagern von Seiten unterdrückt werden konnte, ist in SQL Server 2008 nicht mehr vorhanden.

- **Speicher: Verfügbare MB**

  Zeigt an, wie viel Speicher für sämtliche Prozesse noch zur Verfügung steht. Der Wert sollte immer über 128 MB liegen. Ansonsten steht für das System zuwenig freier Reservespeicher zur Verfügung.

- **Speicher: Seiten/s**

  Zeigt an, wie viele Pages pro Sekunde von/auf Platte gelesen/geschrieben werden, um Hard-Page-Faults aufzulösen. Sollte im Durchschnitt fast bei Null oder maximal 5 liegen. Microsoft gibt 20 als kritische Obergrenze an.

- **Speicher: Seiteneingabe/s**

  Zeigt an, wie viele Pages pro Sekunde wegen Hard-Page-Faults von der Platte gelesen werden. Sollte im Schnitt nicht höher als 5 sein. Ansonsten wird zu stark ausgelagert.

- **Speicher: Seiteneingabe/s dividiert durch Seitenfehler/s**

  Mit diesen beiden Indikatoren lässt sich nach der Formel: Seiteneingabe/s geteilt durch Seitenfehler/s der prozentuale Anteil von so genannten Hard Page Faults berechnen. Der sollte unter 40% liegen.

- **Auslagerungsdatei: Belegung (%)**

  Eine Ausnutzung der Paging-Datei. > 70% ist kritisch.

Wird der Speicher für SQL Server eng, dann hilft tatsächlich nur eins: mehr davon beschaffen. Denken Sie aber daran, dass eine Workgroup-Edition nur bis zu 4 GByte und die Express Edition nur bis zu 1 GByte Speicher ausnutzen kann.

Festplatten

Falls Sie noch unter Windows 2000 arbeiten: Die Überprüfung der Festplatten ist unter Windows 2000 nur für die physikalischen Laufwerke aktiviert. Sollen die logischen Laufwerke untersucht werden, so muss das zunächst mit dem Kommando *DISKPERF* ermöglicht werden (Anwendung siehe *DISKPERF -?*, zum Beispiel *DISKPERF -y* für logische und physische Counter). Unter Windows 2008 sind alle Indikatoren standardmäßig aktiviert.

- **Physikalische Datenträger: Zeit (%)**

  Zeigt an, wie stark die Festplatten ausgelastet sind. Sollte deutlich unter 90% liegen.

- **Physikalische Datenträger: Durchschnittliche Warteschlangenlänge des Datenträgers**

  Zeigt an, ob Daten nicht weggeschrieben oder gelesen werden können. Der Wert sollte im Schnitt unter 2 *pro Disk* liegen.

- **Physikalische Datenträger: Mittlere Sek./Lesevorgänge**

  Dauer von Lesevorgängen auf dem Datenträger. Folgende Werte bilden eine Orientierung:[2]

  Weniger als 10 ms – sehr gut

  Zwischen 10 und 20 ms – in Ordnung

  Zwischen 20 und 50 ms – langsam

  Größer als 50 ms – deutlicher Flaschenhals.

- **Physikalische Datenträger: Bytes gelesen/s und Bytes geschrieben/s**

  Zeigt die Anzahl Disk-Operationen pro Sekunde an. Sollten beide nicht die Grenzen der Festplatten- und Bus-Transferleitung erreichen.

SQL Server

Zunächst ist interessant festzustellen, ob der SQL Server über genügend Speicher verfügt. Dazu können die beiden nächsten Indikatoren befragt werden.

---

[2] Wir schreiben das Jahr 2010. Aussagen in dieser Art haben natürlich eine kurze Halbwertszeit.

- **SQLServer:Buffer-Manager:[3] Free Pages**
  Zeigt an, wie viele Seiten im SQL Server Cache noch frei sind. Sollte nicht unter 640 fallen (zu wenig Speicher für SQL Server).
- **SQLServer:Buffer Manager: Buffer Cache Hit Ratio**
  Zeigt an, wie oft SQL Server angeforderte Datenseiten im internen Cache findet. Sollte im Schnitt immer zwischen 90 und 100% liegen. (Ansonsten hat der SQL Server eindeutig zuwenig Speicher).

Ein wichtiger Wert in Bezug auf die Festplatten-Transfergeschwindigkeit ist die Dauer für das Schreiben von Protokolleinträgen.

- **SQLServer:Databases: Log Flush Wait Time**
  Zeit, die vergeht, bis COMMITs weggeschrieben werden können. Sollte max. 500 ms betragen.

Falls das System ausreichend dimensioniert ist und der SQL Server ausreichend Speicher besitzt, die Leistung aber dennoch nicht ausreichend ist, können noch die Sperren des SQL Server kontrolliert werden:

- **SQLServer:General Statistics: User Connections und SQLServer Locks: Lock Wait Time (ms)**
  Die Wartezeit dividiert durch die Anzahl der aktiven Verbindungen sollte im Millisekundenbereich liegen.
- **SQLServer:Locks: Number of Deadlocks/sec und SQL Server:Locks: Lock Timeouts/sec/**
  Deadlocks und Timeouts für Sperren sollten natürlich nie auftreten. Hier ist der Entwickler gefragt.

Profiler

Um Performance- und anderen Problemen auf die Spur zu kommen, kann sich der Einsatz des SQL Server-Profilers lohnen. Mit diesem können Sie untersuchen, welche Kommandos die Clients zum Server schicken, welche Verbindungen aufgebaut werden und Sie können eine Unmenge von Ereignissen überwachen, die durch die ausgeführten Befehle ausgelöst werden.

In Ihren eigenen Anwendungen sind Ihnen natürlich die SQL-Kommandos bekannt, die von den Datenzugriffs-APIs, wie OLE DB in Verbindung mit dem Native Provider »abgefeuert« werden (oder etwa nicht?). Es ist interessant zu sehen, welche Kommandos von den APIs zusätzlich verwendet werden oder wie das Verbindungs-Pooling von OLE DB oder ODBC in der Praxis funktioniert – so etwas lässt sich mit dem Profiler gut untersuchen. Ein lohnendes Anwendungsgebiet sind dynamisch aufgebaute Kommandos oder Kommandos, die von den Designern in den Entwicklungsumgebungen vorbereitet wurden.

Sie können die Befehle nach ihrer Laufzeit oder dem I/O-Aufwand untersuchen und »verdächtige« Operationen wie Scans finden. Eine wichtige Rolle nimmt der Profiler bei der Optimierung von Indizes ein. Die von ihm erzeugten Datensammlungen können als Input für den Datenbankmodul-Optimierungsratgeber dienen. Spielen in Ihrer Anwendung Komponenten von Drittanbietern eine Rolle, so lässt sich deren Arbeitsweise mithilfe des Profilers analysieren. Sie können den Profiler für die Sicherheitsprotokollierung einsetzen. Die Möglichkeiten sind ausgesprochen vielfältig.

Unter SQL Server 2005 und 2000 gab es die Bezeichnungen der Indikatoren noch in übersetzter Form. In der Reihenfolge der Liste sind das: SQL Server Puffer-Manager: Freie Seiten, SQL Server Puffer-Manager: Puffer-Cache Trefferquote, SQL Server Datenbanken: Wartezeit für Protokoll-Leerung, SQL Server Allgemeine Statistik: Benutzerverbindungen und SQL Server Locks, SQL Server Sperren: Anzahl der Deadlock/Sekunde und SQL Server Sperren: Sperrtimeouts/Sekunde.

Eine Ablaufverfolgung einrichten

Den SQL Server Profiler finden Sie in der Programmgruppe *Leistungstools* des SQL Server 2008 Programmordners oder im Management Studio im Menü *Extras*. Nach dem Starten des Profilers im Management Studio verbinden Sie sich sofort mit einem SQL Server und beginnen mit dem Anlegen einer so genannten *Ablaufverfolgung* (*Trace*). Beim Start als eigenständiges Tool müssen Sie diesen Vorgang selbst einleiten, indem Sie den Befehl *Datei / Neue Ablaufverfolgung wählen...* eingeben. Auf dem ausgewählten SQL Server müssen Sie Administrationsrechte besitzen, um eine Ablaufverfolgung einrichten zu können. Zu den Grundeinstellungen gehören die Möglichkeiten, eine Protokolldatei oder eine Datenbanktabelle zu verwenden, um die Ergebnisse zu sammeln. Bei längeren Untersuchungen fallen eine Menge Daten an; da macht es Sinn, die Daten in einer SQL Server-Tabelle zu speichern. Das ermöglicht komfortable Analysen. Klug ist es natürlich, die Datenbankdatei auf einen zweiten Server zu legen, um die zu überwachende Instanz nicht zusätzlich zu belasten.

Auf dem zweiten Registerblatt geht es um die Auswahl der Ereignisse, die einen Eintrag in der Ablaufverfolgung bewirken sollen. Die vorgegebene Standardauswahl ist ein brauchbarer Anfang. Falls Sie sich allerdings ausschließlich für Messungen an den ausgeführten T-SQL-Befehlen interessieren, dann können Sie alles außer *SQL:BatchCompleted* fortlassen. Dieses Ereignis wird ausgelöst, sobald die Verarbeitung eines Befehlsstapels beendet wurde. Das Ereignis *RPC:Completed* gehört dann zu der Minimalauswahl, wenn mit der Ausführung so genannter Remoteprozeduren gerechnet werden kann. Das kann bei der Verwendung von Verbindungsservern auftreten, aber auch Datenzugriffsbibliotheken verwenden Remoteprozeduren.

Welche Informationen nach dem Auslösen des betreffenden Ereignisses (spalte *Events*) angezeigt werden, können Sie direkt durch das Setzen der entsprechenden Haken in den folgenden Spalten auswählen. Unter den Möglichkeiten befinden sich vor allen Dingen die Spalten: *TextData*, das sind die eigentlichen SQL-Befehle; *Duration*, das ist die Gesamtausführungsdauer für einen Befehlsstapel; *CPU*, das ist die reine Prozessorzeit; sowie *Reads* und *Writes*, also Lese- und Schreibvorgänge. Interessieren Sie sich für einzelne Werte ganz besonders, dann sollten Sie die Bildung von Gruppen in Betracht ziehen, nach denen die Ergebnisse zusammengefasst und sortiert werden. Die Reihenfolge der Spalten und die Bildung von Gruppen legen Sie über das Dialogfeld *Spalten organisieren* fest.

Zum Abschluss der Konfiguration sollten Sie auf jeden Fall einen Blick auf die *Spaltenfilter* werfen. In einer Produktionsumgebung müssen Sie die Ereignisse filtern, da unglaublich viele Daten pro Sekunde anfallen, die sich nicht mehr auswerten lassen. Selbst in Ihrer Entwicklungsumgebung macht es Sinn, zu filtern. Beispielsweise greift der SQL Server-Agent oder ein installierter Reporting-Server regelmäßig auf SQL Server zu und stört so die Auswertungen. Filter können über Anwendungsnamen oder Messwerte definiert werden. Vergeben Sie in der Verbindungszeichenfolge Ihrer Anwendung einen Applikationsnamen. Dann können Sie sehr leicht alle anderen Ereignisquellen ausschließen. Der Filter in Abbildung 20.8 lässt beispielsweise nur T-SQL-Batches zu, die vom Management Studio aus an den SQL Server geschickt wurden. Denken Sie daran, das Sie die ganz normalen T-SQL Wildcards verwenden können, um Filter zu definieren.

Möchten Sie nur die lang andauernden Abfragen untersuchen, um anschließend eine Indexanalyse zu betreiben, dann können Sie einen Filter für die Spalte *Duration* (»größer oder gleich«) setzen. Nach dem Start der konfigurierten Ablaufverfolgung werden die Ereignisse und Werte fortlaufend im Profiler-Fenster dargestellt. Möchten Sie einen Ausschnitt genauer untersuchen, können Sie die Untersuchung stoppen und Schritt für Schritt betrachten. Im unteren Fensterbereich wird der T-SQL-Text angezeigt. Ein interessante

Messwerkzeuge

T-SQL-Befehlsstapel lässt sich hier kopieren und kann dann im Query Analyzer weiter verarbeitet werden. Auch ist das Suchen in einem Trace möglich. Unter den Funktionen des Profilers finden Sie eine praktische Replay-Möglichkeit (Menü *Wiederholen*) erwähnt. Eine gespeicherte Ablaufverfolgungsdatei lässt sich mit dem Profiler wieder öffnen und wie in einem Debugger gezielt abarbeiten, um die Wirkung von Befehlsfolgen nachzuvollziehen.

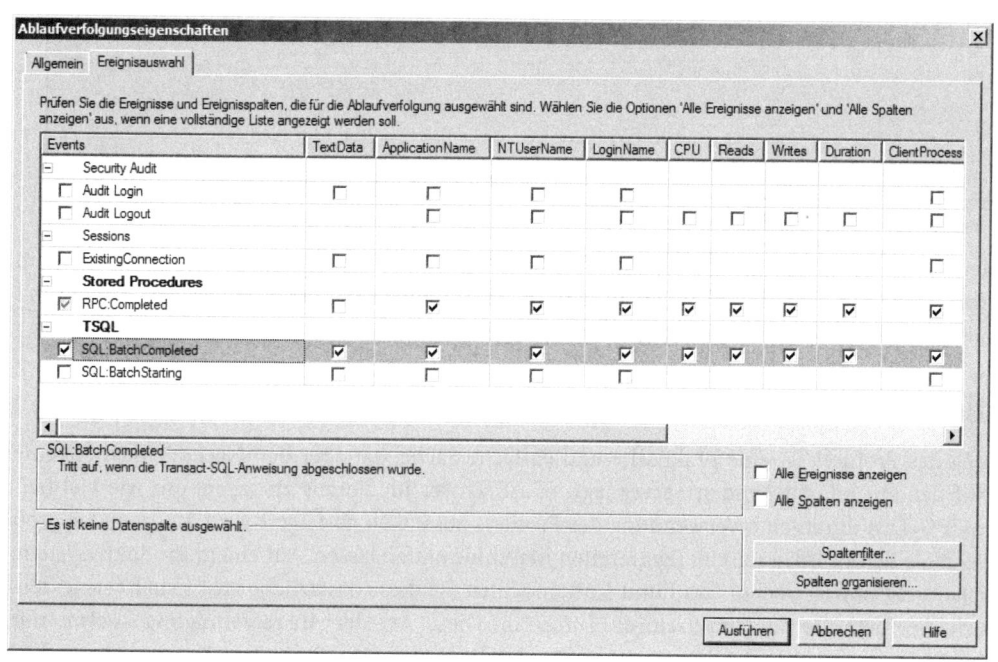

Abbildung 20.7 Eigenschaften einer Ablaufverfolgung einstellen

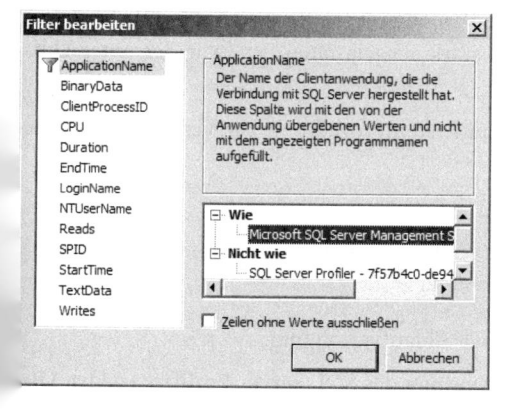

Abbildung 20.8 Spaltenfilter einstellen

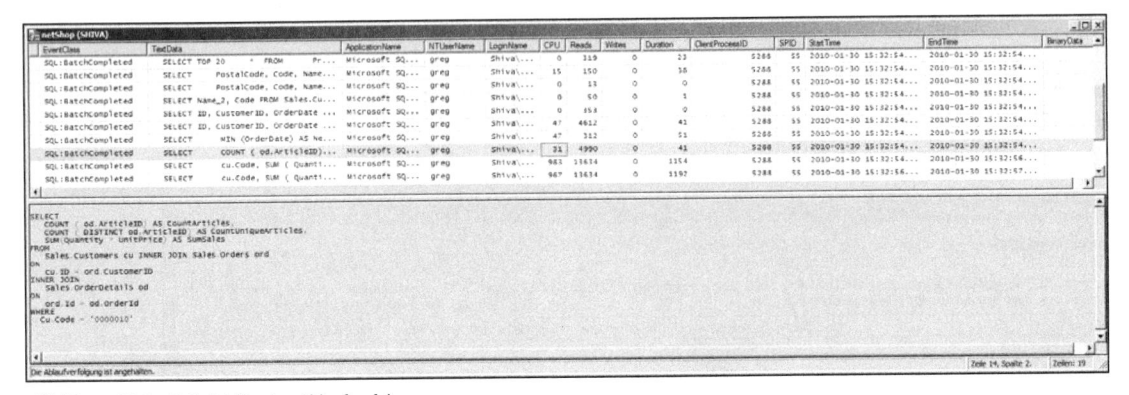

Abbildung 20.9 Beispiel für eine Ablaufverfolgung

Sind Sie mit der Arbeitsweise Ihrer Ablaufverfolgung zufrieden, können Sie diese als Vorlage speichern, um sie später einmal wieder zu verwenden. Schauen Sie sich auch einmal die Standard-Vorlagen an, die mit dem Profiler ausgeliefert werden: Diese geben gute Anregungen für eigene Untersuchungen.

Serverseitige Traces

Die Verwendung des Profilers ist eine praktische und einfache Sache, hat aber den Nachteil, dass Sie eine gewisse Last auf den zu untersuchenden Server legt. Es ist schwer im Voraus zu sagen, um wie viel beispielsweise die CPU-Last durch eine Verwendung des Profilers zusätzlich gesteigert wird. Rechnen Sie grob mit 10-20%, wenn Sie den Profiler auf einer getrennten Maschine laufen lassen. Auf einem Produktivsystem, welches möglicherweise sowieso schon am Limit läuft, möchten Sie diese zusätzliche Last sicher vermeiden. Dazu bietet sich die Methode der *serverseitigen Traces* an. Diese Art der Ablaufverfolgung kommt mit weniger Overhead aus, ist aber etwas unbequemer in der Handhabung.

Das Konzept entspricht dem des SQL Server Profilers, die Daten werden aber lokal gesammelt und es sind weniger Prozesse beteiligt. Es besteht auch weniger die Gefahr, dass Trace-Ereignisse verloren gehen- dieser Effekt taucht bei der Verwendung des Trace Tools und einem stark ausgelasteten Server leider unter Umständen auf.

Für das Arbeiten mit serverseitigen Traces wird eine Reihe von Systemprozeduren zur Verfügung gestellt, deren Namen beinahe schon selbsterklärend sind:

- Mit *sp_trace_create* legen Sie eine neue Ablaufverfolgung an.
- Mit *sp_trace_setevent* fügen Sie dieser Ablaufverfolgung die zu untersuchenden Ereignisse hinzu.
- Mit *sp_trace_setfilter* erstellen Sie einen passenden Filter.
- Mit *sp_trace_setstatus* starten, stoppen oder schließen Sie *eine* Ablaufverfolgung.

Diese Prozeduren spiegeln die Arbeitsreihenfolge bei der Verwendung des SQL Server Profilers wieder. Die Anwendung wird durch das folgende Beispielskript verdeutlicht.

```
DECLARE @rc INT                    -- Ergebnis der Prozeduraufrufe
DECLARE @TraceID INT               -- ID des neuen Traces
DECLARE @maxFileSize bigint        -- Max. Dateigröße
DECLARE @fileName NVARCHAR(128)    -- Name der Protokolldatei
DECLARE @on bit                    -- Flag für das Aktivieren eines Events
```

```
-- Einstellungen
SET @maxFileSize = 5
SET @fileName = 'D:\Daten\netShop'   -- .trc wird automatisch ergänzt
SET @on = 1

BEGIN TRY

    -- Evtl. vorhandene Tracedatei löschen
    EXEC xp_cmdshell 'DEL   D:\Daten\netShop.trc'

    -- Neues Trace anlegen und ID merken
    EXEC @rc = sp_trace_create @TraceID output, 0, @fileName, @maxFileSize, NULL

    -- Ereignis und Datenspalten hinzufügen. 41 = SQL:StmtCompleted
    EXEC sp_trace_setevent @TraceID, 41,  1, @on   -- Spalte Textdata hinzufügen
    EXEC sp_trace_setevent @TraceID, 41, 10, @on   -- Spalte ApplicationName
    EXEC sp_trace_setevent @TraceID, 41, 11, @on   -- Spalte LoginName hinzufügen
    EXEC sp_trace_setevent @TraceID, 41, 14, @on   -- Spalte StartTime hinzufügen
    EXEC sp_trace_setevent @TraceID, 41, 15, @on   -- Spalte EndTime hinzufügen
    EXEC sp_trace_setevent @TraceID, 41, 18, @on   -- Spalte CPU hinzufügen

    -- Filter definieren
    EXEC sp_trace_setfilter @TraceID, 1, 0, 7, N'SQL Profiler'  -- Profiler ignorieren

    -- Trace starten
    EXEC sp_trace_setstatus @TraceID, 1

    -- ID des neuen Trace ausgeben
    PRINT 'Trace mit der ID ' + CAST ( @TraceID  AS varchar(20)) + ' wurde gestartet.'

END TRY
BEGIN CATCH

    PRINT 'Trace konnte nicht angelegt werden!'

END CATCH
```

Listing 20.1 Ein serverseitiges Trace einrichten

TIPP Die Verwendung der Systemprozeduren ist nicht schwierig, es kann aber lästig werden, eine größere Menge von Ereignissen und Filtern anzulegen. Sie müssen dazu die notwendigen Codes in der Onlinehilfe nachschlagen und *eine Menge* Aufrufe von *sp_trace_setevent* eintippen – lästig! Da hilft der folgende Kniff: Bereiten Sie mithilfe des SQL Server Profilers eine Ablaufverfolgung ganz genau so vor, wie Sie sie benötigen und testen Sie diese kurz. Verwenden Sie dann die Exportfunktion des Profilers, die Sie unter *Datei / Exportieren / Skript für Ablaufverfolgungsdefinition erstellen...* finden und lassen Sie sich das Skript für das Anlegen des serverseitigen Traces vom Profiler generieren. Überarbeiten Sie das Skript nach Ihren Erfordernissen und – voilà – Sie können das Trace definieren und starten!

Wenn Sie herausfinden möchten, welche Traces momentan in Ihrer SQL Server-Instanz laufen, dann können Sie dazu die Systemsicht *sys.traces* abfragen. Sie werden feststellen, dass es neben denen, von Ihnen definierten Traces eine zusätzliche Ablaufverfolgung mit der *ID 1* gibt. Dieses Standard-Trace wird beim Installieren des SQL Server angelegt. Es dient unter anderem als *Flight Recorder* - falls eine Instanz des SQL Server abstürzen sollte, lässt sich über dieses Trace nachvollziehen, welche Kommandos zuletzt ausgeführt wurden. Möchten Sie das letzte bisschen Performance aus einer SQL Server-Instanz herausquetschen oder stört es Sie, dass durch dieses Trace Benutzeraktivitäten nachvollzogen werden können, dann entfernen Sie es einfach mittels *sp_trace_setstatus*. Der SQL Server benötigt dieses Trace nicht, um arbeiten zu können.

Datenbankoptimierungsratgeber

Der Datenbankmodul-Optimierungsratgeber hat zwar einen unmöglichen Namen, ist aber eine tolle Hilfe für das Verbessern der Indizierung einer Datenbank oder das Finden weiterer Partitionierungen. Wenn Sie noch nicht mit diesem Werkzeug oder seinem Vorgänger, dem Indexoptimierungs-Assistenten, gearbeitet haben, dann klingt das Versprechen einer automatischen Optimierung Ihrer Datenbank ein wenig nach Science Fiction. Aber es funktioniert tatsächlich! Der Optimierungsratgeber vergleicht viele verschiedene Indizierungs- und Partitionierungsvarianten miteinander und findet häufig noch eine Möglichkeit, die Sie beim Entwurf Ihrer Datenbank vielleicht übersehen haben. Besonders clever verhält er sich beim Aufstöbern von zusammengesetzten Indizes. Sie sollten den Empfehlungen natürlich nicht völlig kritiklos folgen, sondern diese als Anregung entgegennehmen.

Den Datenbankmodul-Optimierungsratgeber können Sie gezielt auf einzelne Abfragen im T-SQL-Editor »loslassen«. Sie finden den entsprechenden Menübefehl unter *Abfrage/Abfrage mit dem Datenbankoptimierungsratgeber analysieren*. Das birgt jedoch die Gefahr in sich, dass zwar genau für diese speziellen Abfragen eine Verbesserung gefunden wird, andere Abfragen jedoch leiden. Es empfiehlt sich daher auf jeden Fall, mit einer umfangreichen Menge von SQL-Abfragen, einem typischen *Workload*, zu arbeiten. Diesen können Sie beispielsweise durch einen Profiler-Trace zusammenstellen, der während einer repräsentativen Arbeitssituation möglichst vieler Anwender eingesammelt wurde. Notfalls können Sie eine eigene Sammlung von SQL-Befehlen in einer Textdatei verwenden, die Sie als typisch bewerten – dies ist allerdings immer ein bisschen gefährlich.

Ich möchte Ihnen die Anwendung des Datenbankmodul-Optimierungsratgebers kurz an einem Beispiel vorstellen. Wenn Sie den Ablauf nachvollziehen möchten, dann können Sie dazu die Trace-Daten (*netShop.trc*) aus dem Projekt-Verzeichnis zu diesem Kapitel verwenden. Das Beispieltrace basiert auf einem selbst definierten Workload lang laufender Abfragen. Die Skriptdatei finden Sie im Beispielprojekt. Ein paar Programmzeilen zeigt Listing 20.2. Sie können das Skript verwenden, um eigene Performance-Experimente mit der *netShop*-Datenbank anzustellen.

```
...
SELECT
    MIN (OrderDate) AS NewestOrder, COUNT (*) AS OrderCount
FROM Sales.Orders
GO

SELECT
    COUNT ( od.ArticleID) AS CountArticles,
    COUNT ( DISTINCT od.ArticleID) AS CountUniqueArticles,
    SUM(Quantity * UnitPrice) AS SumSales
FROM
    Sales.Customers cu INNER JOIN Sales.Orders ord
ON
    cu.ID = ord.CustomerID
INNER JOIN
    Sales.OrderDetails od
ON
    ord.Id = od.OrderId
WHERE
    Cu.Code = '0000010'
GO
-- und so weiter...
```

Listing 20.2 Workload für die *netShop*-Datenbank

Der Datenbankoptimierungsratgeber wird über (*Alle*) *Programme/Microsoft SQL Server 2008/Leistungstools/ Datenbankoptimierungsratgeber* gestartet. Falls Sie sowieso gerade das Management-Studio geöffnet haben, können Sie dort auch über das Menü *Extras* gehen. Im ersten Schritt legen Sie zunächst einmal ein paar Grundeinstellungen fest. Trivial ist die Auswahl der Datenbank und der Arbeitsauslastungsdatei (oder Tabelle). Sie können bei der Gelegenheit gleich den Namen der *Sitzung* anpassen, die der Ratgeber für Sie angelegt hat. Hinter einer Sitzung verbergen sich die Einstellungen für einen Optimierungs-Lauf. Sie können Sitzungen später wieder öffnen, um die Messungen erneut durchzuführen, nachdem sich in Ihrer Datenbank Änderungen ergeben haben. Falls Sie schon wissen, um welche Tabellen es Ihnen geht, dann sollten Sie das dem Ratgeber mitteilen, er untersucht dann auch nur diese, was Zeit spart. Abbildung 20.10 zeigt die Grundeinstellungen.

Besonders interessant sind die Einstellungen auf der Seite *Optimierungsoptionen*. Hier die Kurzanleitung dazu:

- **Optimierungszeit begrenzen**   Eine Sitzung mit dem Ratgeber kann – je nach Anzahl der zu untersuchenden Tabellen und Umfang und Komplexität der zu verarbeitenden Befehle – im Workload *sehr* lange dauern. Starten Sie ruhig mit der Vorgabe von einer Stunde. Falls Sie zu keinem befriedigenden Ergebnis kommen, können Sie versuchen, die Datenmenge zu reduzieren oder nacheinander verschiedene Bereiche eines Datenbankschemas zu untersuchen. Sicherheitshalber sollten Sie aber einen vollständigen Lauf über Nacht oder über das Wochenende durchführen. Optimierungsalgorithmen können extrem viel Zeit in Anspruch nehmen und möglicherweise dann doch nicht das beste Ergebnis finden. Im Allgemeinen wird man dem Optimum aber recht nahe kommen.

  Wenn Sie die Zeit haben, dann sollten Sie dem Ratgeber gestatten, im Zweifelsfall ein paar Stunden zu laufen. Ungeduldige Charaktere geben hier einen End-Zeitpunkt vor. Damit ist das Ergebnis eventuell natürlich unvollständig.

- **Physische Entwurfsstrukturen, die in der Datenbank verwendet werden sollen**   Hier legen Sie fest, über welche Indizes der Ratgeber nachdenken soll. Mit der Standardoption (Abbildung 20.11) werden alle Möglichkeiten erfasst: gruppierte und nicht gruppierte Indizes und indizierte Sichten. Letztere existieren allerdings nur in der Enterprise Edition.

- **Zu verwendende Partitionierungsstrategie**   Wenn Sie für die Enterprise Edition des Servers optimieren, dann macht die Anwendung von Partitionierung unter Umständen Sinn. Die Einstellung *Vollständige Partitionierung* geht vom maximal Möglichen aus. Man muss sich aber im Klaren darüber sein, dass nicht ausgerichtete partitionierte Indizes sich etwas schwerer handhaben lassen und das Umschalten von Partitionen verhindern. Also besser die Variante *Ausgerichtete Partitionierung* verwenden.

- **Physikalische Entwurfsstrukturen, die in der Datenbank beibehalten werden sollen**   Je nach vorhandener Auslastungsdatei könnte der Ratgeber auf die Idee kommen, vorhandene Strukturen zu ändern. Falls es im Workload nur *INSERT*-Anweisungen gibt, würden zum Beispiel Indizes keinen Sinn ergeben. Natürlich sollte man beim Löschen von Indizes, die einmal aus gutem Grund angelegt worden sind, nicht zu voreilig sein. Sie sollten die Voreinstellung aber ruhig übernehmen, denn Sie können sich später noch entscheiden, die Vorschläge des Ratgebers nicht zu übernehmen.

Werfen Sie, bevor es weitergeht, noch ein Blick auf die *Erweiterten Optionen* (Abbildung 20.12). An dieser Stelle kann festgelegt werden, ob Aktionen erlaubt sind, für die die Datenbank offline genommen werden muss. Wenn das nicht möglich ist, dann fallen beispielsweise Partitionierungen von Tabellen unter den Tisch.

Mit *Analyse starten* geht es dann endlich los und Sie können den Ablauf auf dem Registerblatt *Status* verfolgen. Schon allein bei der recht überschaubaren *netShop*-Datenbank und dem kleinen Workload dauert der Optimierungslauf ein paar Minuten. Nach dem Abschluss können Sie die Empfehlungen des Ratgebers beurteilen (Abbildung 20.13). Für den Workload aus dem Trace *netShop.trc* werden tatsächlich ein paar Vorschläge gemacht. Der Ratgeber schlägt unter anderem vor, der Datenbank Indizes hinzuzufügen. Bei den neuen Indizes geht es vor allem um nicht gruppierte Indizes, die *INCLUDE*-Spalten enthalten sollen. Das macht offenbar Sinn, weil in vielen Abfragen des Workloads nur wenige Spalten in der *SELECT*-Liste enthalten sind und abgedeckte Indizes gefunden werden können. Es werden auch eine Menge Löschungen von Indizes vorgeschlagen. Es handelt sich um Indizes, die von den Abfragen nicht genutzt werden. Vom Löschen vorhandener Strukturen sollte man in diesem Fall besser die Finger lassen, da der Workload doch sehr speziell ist. Im Register *Berichte* finden Sie nützliche Auswertungen über die Häufigkeit der Indexverwendung, die angesprochenen Spalten und vieles mehr. In der Spalte *Definition* des Registers *Empfehlungen* können Sie sich durch einen Mausklick eine Vorschau des Änderungsskripts anzeigen lassen, welches vom Ratgeber generiert wurde (Abbildung 20.14).

Eine gute Möglichkeit, die Vorschläge des Ratgebers zu verwenden ist es, nur die sinnvoll erscheinenden Empfehlungen zu markieren und ein T-SQL-Skript für die Datenbankänderungen generieren zu lassen (*Aktionen/Empfehlungen speichern...*). Dann kann man in Ruhe über die neuen Strukturen nachdenken und die Änderungen genau dann vornehmen, wenn es Ihren Benutzern in den Kram passt.

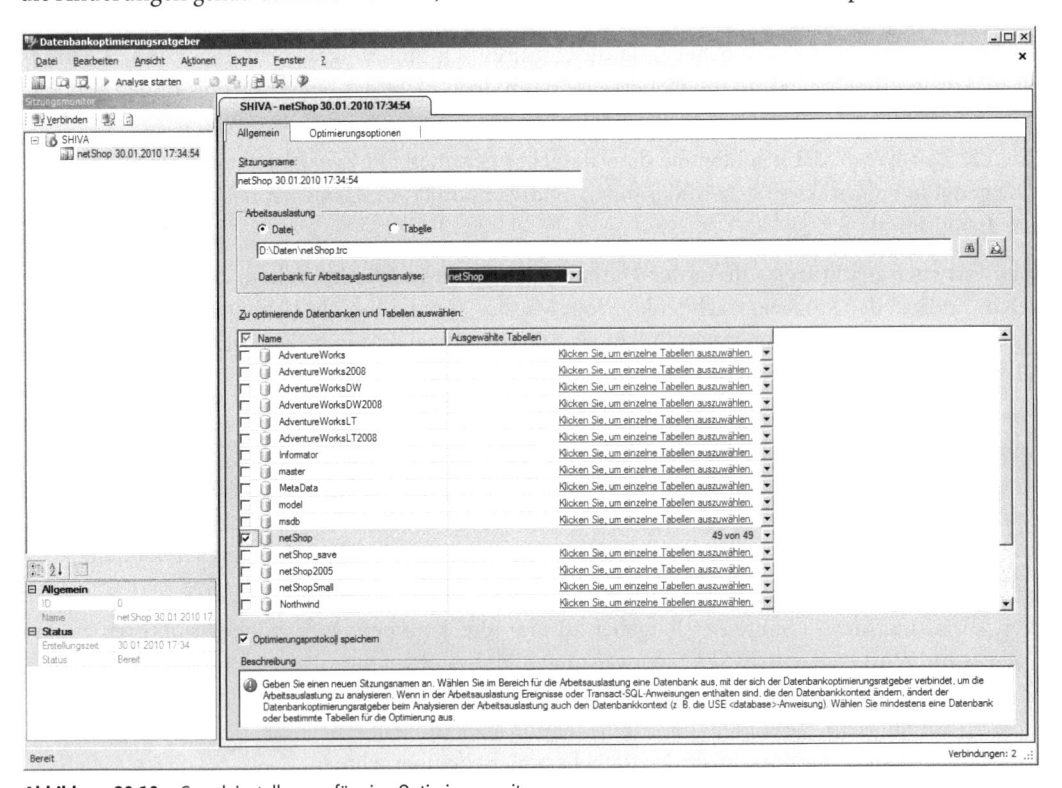

Abbildung 20.10 Grundeinstellungen für eine Optimierungssitzung

Messwerkzeuge

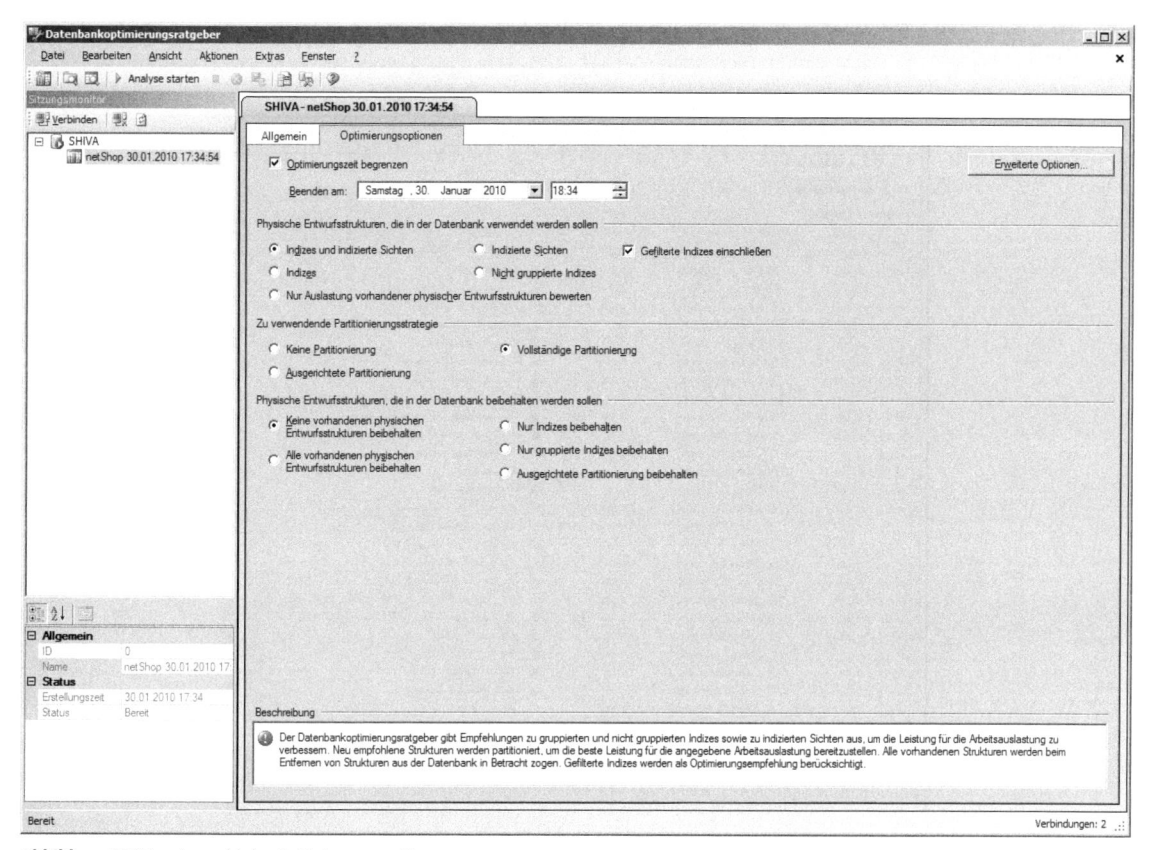

Abbildung 20.11 Auswahl der Optimierungsoptionen

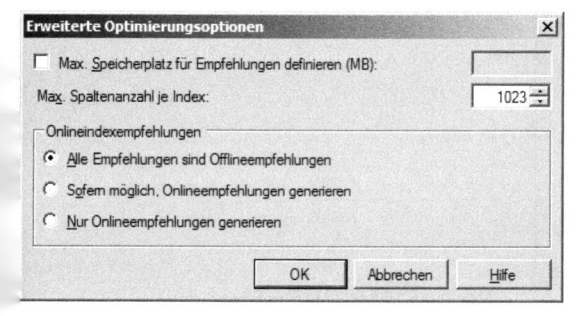

Abbildung 20.12 Erweiterte Optionen

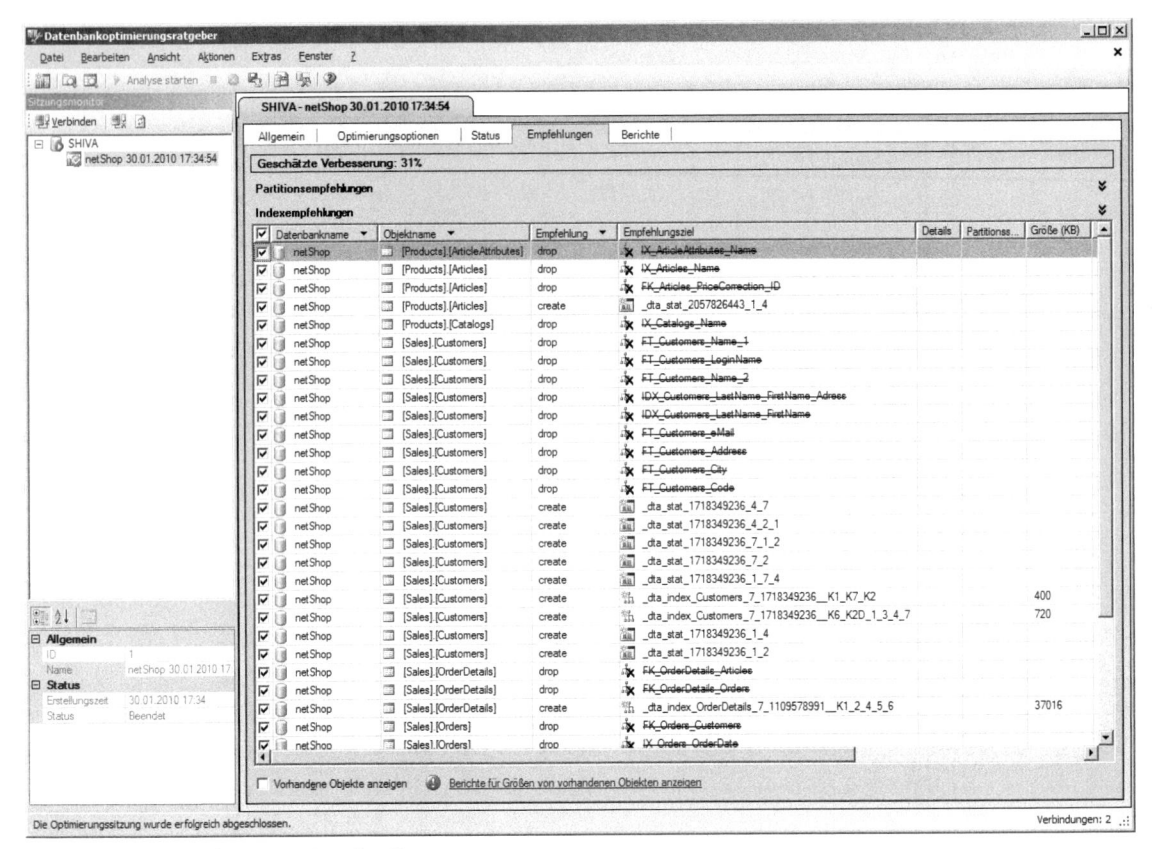

Abbildung 20.13 Ergebnisse einer Ratgeber-Sitzung

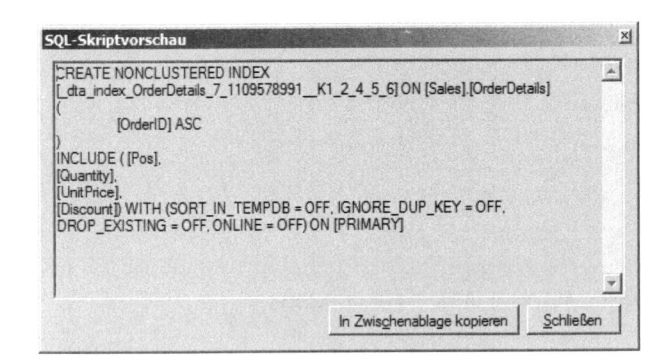

Abbildung 20.14 Indexempfehlung des Datenbankoptimierungsratgebers

Messungen mit Transact-SQL

Die interaktiven Werkzeuge bieten Ihnen schon eine Vielzahl interessanter Möglichkeiten. Mit den dynamischen Management-Sichten von T-SQL können Sie an manchen Ecken aber noch einmal ein bisschen tiefer graben. Ich habe an dieser Stelle drei der wichtigsten Anwendungsmöglichkeiten ausgesucht.[4]

Wiederverwendung von Abfrageplänen

Die Wiederverwendung von optimierten und übersetzten Abfrageplänen *kann* für SQL Server-Anwendungen ein starker Performance-Bringer sein. Abfragepläne werden bei gespeicherten Prozeduren (jedenfalls prinzipiell) *immer* und bei Ad-hoc-Abfragen *höchstwahrscheinlich* wieder verwendet. Das Caching von Plänen bringt dann besonders viel, wenn es um eine große Anzahl von Benutzerverbindungen und eine hohe Anzahl von Abfragen mit identischem Aufbau – aber unterschiedlichen Parametern – geht. Eine hohe Anzahl von Analyseanwendungen, in denen nur wenige, dafür aber umfangreiche Abfragen laufen, profitieren kaum vom Plan-Caching.

Eine praktische dynamische Management-Sicht für die Untersuchung des Cachings ist *sys.dm_exec_query_stats*. Mit der folgenden Abfrage können Sie herausfinden, wie die momentane Caching-Lage auf Ihrem Server aussieht. Über die die Spalte *Text* lassen sich einzelne Abfragen identifizieren.

```sql
SELECT
    sql_text.text        -- der SQL Text der Abfrage
    sql_handle,          -- Pointer zum SQL-Text
    total_worker_time,   -- CPU-Zeit für die letzte Version des Plans
    plan_generation_num, -- wie häufig wurde recompiliert?
    last_execution_time, -- wann wurde der Plan zuletzt ausgeführt?
    execution_count      -- wie oft wurde die letzte Version des Plans ausgeführt?
FROM
    sys.dm_exec_query_stats deqs
CROSS APPLY
    sys.dm_exec_sql_text(sql_handle) AS sql_text
```

Listing 20.3 Untersuchung des Caching-Verhaltens

API-Cursorverwendung

Hier geht es nicht um die T-SQL-Cursor, sondern um die serverseitigen Cursor, die von Clientbibliotheken wie ODBC oder OLE DB verwendet werden. Diese Cursor werden im SQL Server durch die Systemprozeduren *sp_cursoropen*, *sp_cursorfetch* und andere implementiert. Problematisch ist die Verwendung zu kleiner Batch-Größen für das Abholen der Daten. Das resultiert in langatmigen Netzwerk-Roundtrips und überflüssiger CPU-Last. Die schlimmsten Bösewichte sind Cursor, die genau einen Datensatz pro Operation transportieren. Glücklicherweise können Sie diese relativ einfach über die folgende Abfrage mit einer DMV identifizieren.

```sql
SELECT
    decu.*
FROM
    sys.dm_exec_connections deco
CROSS APPLY
    sys.dm_exec_cursors(deco.session_id) decu
```

---

[4] Das Vorstellen aller Möglichkeiten wäre ein Buch für sich. Sie finden in den Materialien zu diesem Buch aber einige schöne Whitepapers, die sich mit Performance-Untersuchungen beschäftigen.

```
WHERE
   decu.fetch_buffer_size = 1
AND
   decu.properties LIKE 'API%'
```

Listing 20.4 Suche nach ungünstigen API-Cursor

Wartezustände

Das Messen und Interpretieren von Wartezuständen ist eine sehr effektive Möglichkeit, Performance-Flaschenhälse aufzuspüren. Es gibt verschiedene Gründe, warum Worker Threads warten müssen. Die beiden wichtigsten sind Sperren aufgrund von Transaktionen und Sperren aufgrund von Systemoperationen. Die Letzteren werden *Latches* genannt (im Gegensatz zu *Locks*) und treten zum Beispiel dann auf, wenn Seiten von der Festplatte über den Bus in den Speicher geladen werden müssen. Hohe Wartezeiten bei den Latches (speziell bei denen vom Typ *PAGEIOLATCH*) deuten auf ein zu langsames Festplatten-Subsystem oder schlecht optimierte Abfragen hin.

Die folgende Abfrage liefert eine Übersicht über die aktuellen Wartezustände, nach der Wartezeit sortiert. Falls Sie ganz oben im Ergebnis Wartezeit-Typen finden, die mit *PAGEIOLATCH* oder *LCK* beginnen, dann lohnt sich eine nähere Untersuchung der Plattenzugriffe und der Datenzugriffe.

```
SELECT
   wait_type,
   waiting_tasks_count,
   wait_time_ms
FROM
   sys.dm_os_wait_stats
ORDER BY
   wait_time_ms DESC
```

Listing 20.5 Überprüfung von Wartezuständen

Das Performance Data Warehouse

In diesem Buch haben Sie schon eine Menge verschiedener Möglichkeiten kennen gelernt, mit denen man Performance-Engpässen auf die Spur kommen kann. Für den Administrator von SQL Server-Installationen ist es häufig nicht ganz einfach, sich in die Materie einzuarbeiten – vor allen Dingen auch, weil er häufig kein dedizierter Datenbank-Admin ist, sondern sich in der Regel um eine ganze Menge Server und Client-PCs kümmern muss. In SQL Server 2008 ist freundlicherweise ein Mechanismus eingebaut, welcher das Sammeln der verschiedenen Performancedaten vereinfacht und vor allen Dingen auch zentralisiert, so dass Daten *aller* im Unternehmen vorhandenen SQL Server an einer Stelle abgelegt und analysiert werden können.

Das Thema *Performance Data Warehouse* reicht schon tief in das Gebiet der SQL Server Administration hinein, so dass es in *diesem* Buch nur angerissen werden soll. Für den Entwickler ist es gut zu wissen, dass es die Möglichkeit der Leistungsüberwachung gibt. Möchte er in Zusammenarbeit mit einem SQL Server Administrator Problemen auf die Spur kommen, so kann ein erster einfacher Schritt sein, die Sammlung von Daten für das Performance Data Warehouse zu aktivieren und eine Zeit lang sammeln zu lassen. Allein schon die Standardberichte können Hinweise auf Probleme in einer SQL Server-Instanz geben. Häufig bietet sich durch sie ein Ansatzpunkt für weitere Untersuchungen.

Die meisten Aktivitäten rund um das Performance Data Warehouse lassen sich an der Benutzeroberfläche des Management Studios erledigen.

Ein Performance Data Warehouse konfigurieren

An dieser Stelle wird kurz vorgestellt, wie man ein Performance Data Warehouse konfiguriert. Auch wenn es nicht gleich um eine ganze Serverfarm geht, kann sich das Einrichten lohnen, um ein grundlegendes Monitoring einer SQL Server-Instanz vorzunehmen. Die Erstkonfiguration nehmen Sie im Management Studio im Objekt-Explorer unter *Verwaltung* vor. Und zwar in einem Ordner, der erstaunlicherweise *Datenauflistung* heißt. Die Bedeutung dieses Begriffes wird in Kürze klar werden.

Ein Rechtsklick auf den genannten Ordner lässt Sie über den Befehl *Verwaltungs-Data Warehouse konfigurieren* den Assistenten starten. Die Konfiguration ist kinderleicht: Nach den üblichen Begrüßungsformalitäten wählen Sie zuerst aus, dass Sie tatsächlich ein *Verwaltungs-Data Warehouse erstellen oder aktualisieren* möchten (und keine Datenauflistung), im zweiten Schritt legen Sie den Server fest, der das Warehouse beinhalten soll, sowie die Datenbank. Im dritten Schritt geht es um die Berechtigungen für die Datensammlungen und das war es auch schon. Das Ziel für die Sammlung der Performance-Daten ist damit konfiguriert.

In einem zweiten Schritt geht es um die Konfiguration einer Datenquelle. Dies beginnt wieder im Ordner *Datenauflistung*. Nur, dass Sie dieses Mal im ersten Schritt dem Assistenten mitteilen, dass es Ihnen um eine Datenauflistung geht. Eine Datenauflistung ist eine Zusammenstellung von Windows- oder SQL Server-Objekten und den dazu gehörigen Messwerten. Die können Performance Monitor-Zähler sein, wenn es um das Betriebssystem geht oder die Ausführungszeiten von Abfragen, wie man Sie mit dem Profiler messen kann. Dem Assistenten müssen Sie jetzt nur noch mitteilen, wo Messdaten zwischengespeichert werden sollen (Sie können dabei einfach die Voreinstellungen beibehalten) und dann sind Sie auch mit diesem Schritt fertig. Der SQL Server beginnt jetzt bereits mit dem Sammeln der Daten und der periodischen Übernahme in das Data Warehouse.

Was hat der Assistent eigentlich angelegt? Das können Sie einfach überprüfen, indem Sie den Ordner *Datenauflistung* betrachten. Dort finden Sie drei Einträge für *Abfragestatistik*, *Datenträgerverwendung* und *Serveraktivität*. Am Beispiel der Abfragestatistik soll die Funktionalität des Performance Data Warehouses vorgestellt werden.

Die Arbeitsweise des Performance Data Warehouses

Betrachten Sie einmal die Eigenschaften für den *Auflistsatz* Abfragestatistik im Objekt-Explorer (Abbildung 20.15). Sie werden feststellen, dass die Daten zu den Abfragen alle 10 Sekunden gesammelt werden. Das passiert durch einen Auflister.[5] Dieser hier ist ein vordefinierter vom Typ *Query Activity Collector*. Die Standard-Auflister sind als externe Kommandozeilenprogramme definiert und verwenden die Standardschnittstellen der Datenbankmaschine, vor allen Dingen die dynamischen Managementsichten. Selbst definierte Auflister können Sie in T-SQL anlegen. Die Daten dieses speziellen Auflistsatzes werden zunächst einmal gesammelt und zwischengespeichert. Das ist effektiver, als sie sofort in das Data Warehouse zu laden – speziell, wenn das Ziel auf einem entfernten Computer liegt.

Wann das Laden in das Data Warehouse passiert, können Sie auf der Seite *Uploads* betrachten. Dort können Sie einen Zeitplan für die Datenübertragung auswählen (Abbildung 20.16). Hinter dem Sammeln und dem Hochladen der Performancedaten stehen SQL Server-Agent-Aufträge. Diese finden Sie an der üblichen

---

[5] Die Deutschen Übersetzungen sind gerade im Bereich des Verwaltungs-Data Warehouse wenig geglückt, finden Sie nicht auch? Es wäre besser gewesen, den ein oder anderen Begriff in der englischen Sprache zu belassen. Dann würden wir jetzt von *Data Collections*, *Data Collection Sets* und einem *Collector* reden. Das wäre wirklich erträglicher.

Stelle im Objekt-Explorer. Schauen Sie sich die Eigenschaften dieser Aufträge ruhig an, ändern Sie aber möglichst nichts. Die Einstellungen sollten immer über die Auflistsätze vorgenommen werden. Sie werden feststellen, dass die Auflister auf einer ausführbaren Datei namens *dcexec* beruhen. Das ist die Laufzeitumgebung für die Auflister. Weitere Jobs kümmern sich um Hausmeistertätigkeiten, wie das Löschen veralteter Daten.

Auf der Zielseite, dem Performance Data Warehouse, sehen Sie nichts weiter außer der neuen Datenbank, die eine Menge Tabellen, Sichten und gespeicherter Prozeduren enthält. Die Namen der Tabellen lassen bereits erahnen, was in ihnen gespeichert wird. So enthält die Tabelle *snapshots. os_wait_stats* Daten zu den Wartezuständen im SQL Server OS.

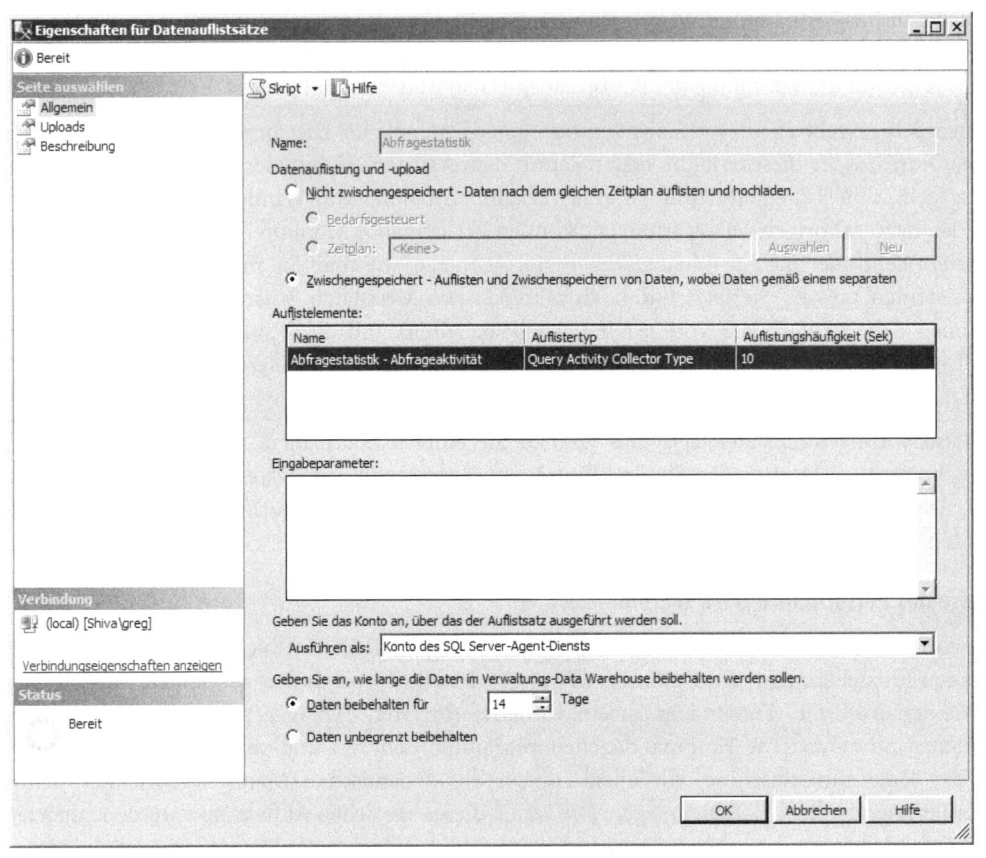

Abbildung 20.15 Eigenschaften eines Auflistsatzes vom Typ Abfragestatistik

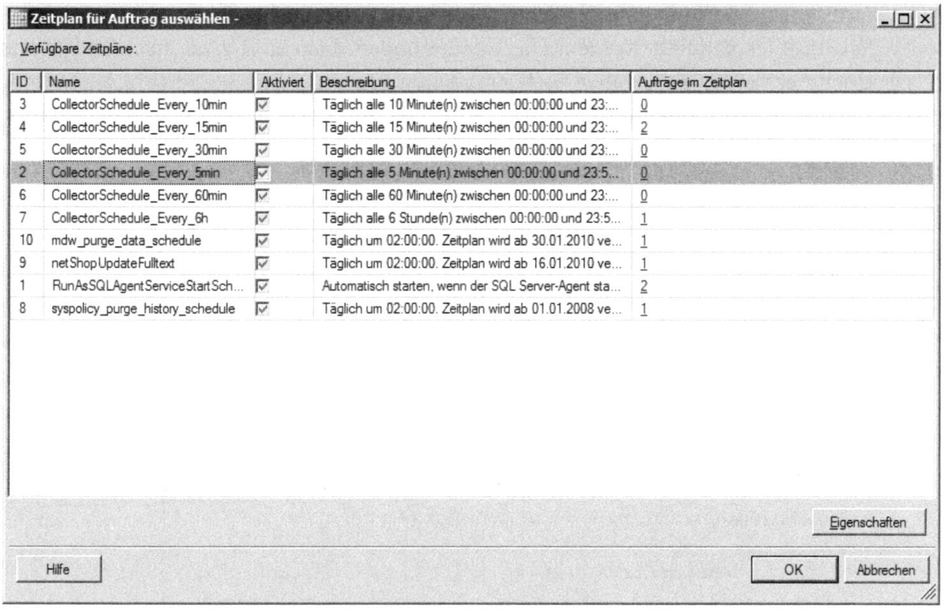

Messwerkzeuge 747

Abbildung 20.16 Zeitpläne für das Laden eines Data Warehouses

Mit den Performance Data Warehouse-Berichten arbeiten

Nachdem Sie eine Zeitlang Daten mittels Auflistsätzen gesammelt haben, ist es an der Zeit für eine erste Untersuchung. Sie finden die vordefinierten Berichte im Objekt-Explorer unter V*erwaltung / Datenauflistung* und zwar im Kontextmenü: *Berichte / Verwaltung Data Warehouse*. Zu jeder der Standard-Auflistungen finden Sie einen passenden Startbericht. Bevor Sie lange suchen: Sie betrachten die Berichte immer vom Quellserver aus, also von demjenigen Server, dessen Daten gesammelt wurden.

Die Abbildung 20.17 zeigt den Startbericht zu den Abfragestatistiken. Für den ausgewählten Zeitraum werden die zehn teuersten Abfragen angezeigt. Auf dieser Ebene können Sie zwischen verschiedenen Betrachtungswinkeln wechseln. Beispielsweise können Sie sich anstatt der CPU-Zeit die teuersten Abfragen für E/A-Zeiten anzeigen lassen. Interessiert Sie eine Abfrage besonders, dann können Sie sich zusätzliche Informationen in einem zweiten Bericht anzeigen lassen. Sie finden hier detaillierte statistische Angaben zu der Abfrage im Berichtszeitraum und können von hier aus einen weiteren Drill Down in die verwendeten Abfragepläne machen (Abbildung 20.18).

Ein besonderes Schmankerl finden Sie in einem anderen Satz von Berichten. Der Bericht *Serveraktivität-Verlauf* zeigt, was in Windows und dem SQL Server während einer bestimmten Periode in Bezug auf die Systemressourcen los war (Abbildung 20.19). Besonders interessant sind hier die Informationen zu den Wartezeiten. Über eine Wartezeitanalyse können Sie vielen Problemen in einer SQL Server-Anwendung, die eher systembedingt sind, besonders einfach auf die Schliche kommen. Vom Diagramm SQL Server-Wartevorgänge aus können Sie durch den Klick zu einem Drill Down-Bericht gelangen, der Ihnen die Top Ten der Gründe für Wartezeiten in einer Periode auflistet (Abbildung 20.20). Im Beispiel-Screenshot kann man sehr leicht erkennen, dass im gewählten Zeitfenster vor allen Dingen auf Netzwerkoperationen gewartet wurde. Das deutet darauf hin, dass Abfrageergebnisse deswegen nicht schnell genug beim Client auftauchten, weil die Kapazitäten der Netzwerkanbindungen für die gelieferten Datenmengen nicht ausreichend waren.

Die Ergebnisse einer Wartezeitanalyse müssen nicht häufig durch zusätzliche Messungen mit dem Performance Monitor oder dem Profiler validiert werden. Die Erläuterungen dazu sind zwar spannend (wenn man ein SQL Server Feinschmecker ist), gehen aber doch ganz schön tief in die Bits des Servers. Dies würde – wie es so schön traurig heißt – den Rahmen dieses Buchs sprengen. Auf der Begleit-CD und der Website finden Sie wieder Materialien, mit denen Sie weiter arbeiten können.

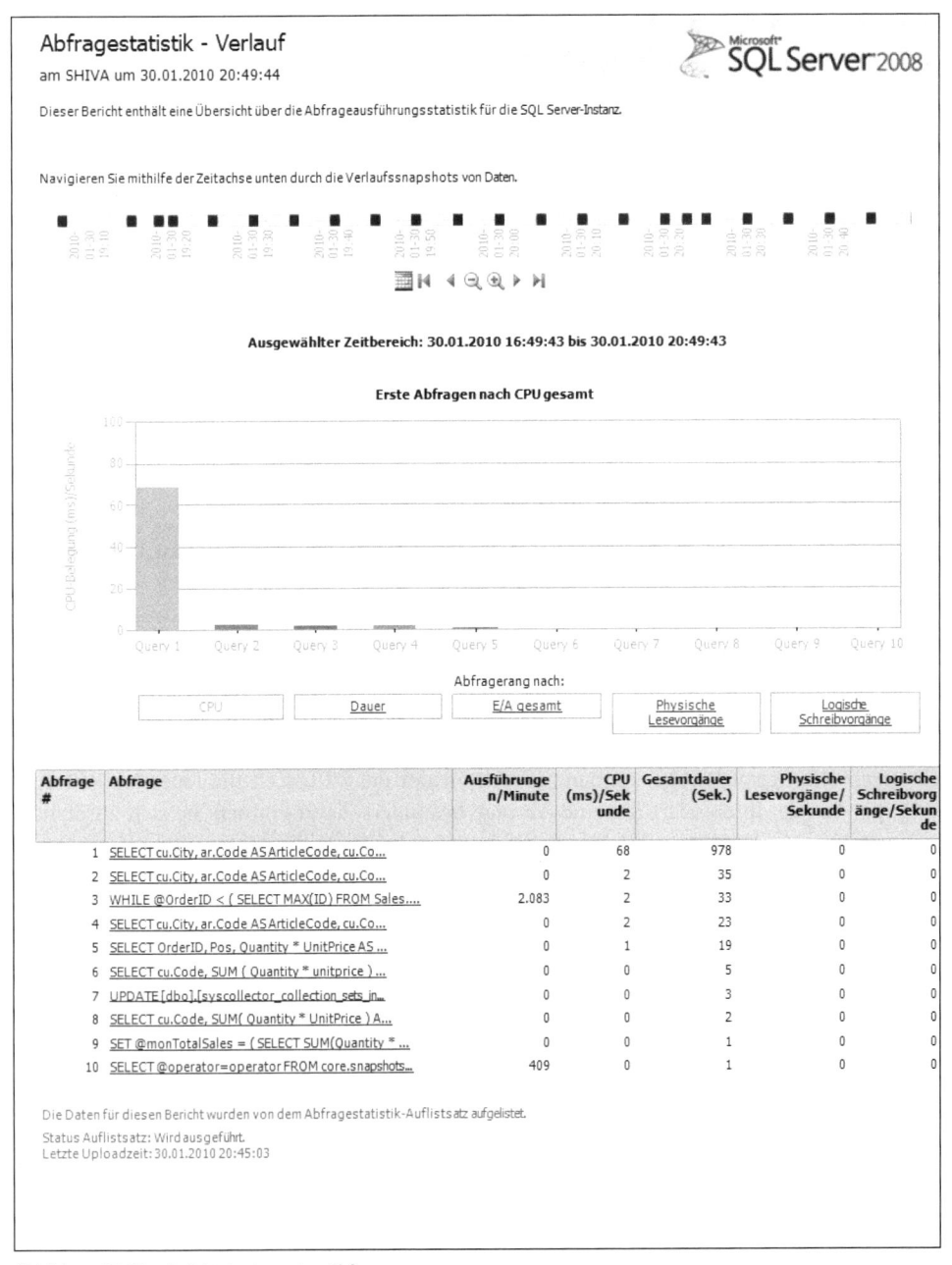

Abfrage #	Abfrage	Ausführungen/Minute	CPU (ms)/Sekunde	Gesamtdauer (Sek.)	Physische Lesevorgänge/Sekunde	Logische Schreibvorgänge/Sekunde
1	SELECT cu.City, ar.Code AS ArticleCode, cu.Co...	0	68	978	0	0
2	SELECT cu.City, ar.Code AS ArticleCode, cu.Co...	0	2	35	0	0
3	WHILE @OrderID < (SELECT MAX(ID) FROM Sales....	2.083	2	33	0	0
4	SELECT cu.City, ar.Code AS ArticleCode, cu.Co...	0	2	23	0	0
5	SELECT OrderID, Pos, Quantity * UnitPrice AS ...	0	1	19	0	0
6	SELECT cu.Code, SUM (Quantity * unitprice) ...	0	0	5	0	0
7	UPDATE [dbo].[syscollector_collection_sets_in...	0	0	3	0	0
8	SELECT cu.Code, SUM(Quantity * UnitPrice) A...	0	0	2	0	0
9	SET @monTotalSales = (SELECT SUM(Quantity * ...	0	0	1	0	0
10	SELECT @operator=operator FROM core.snapshots...	409	0	1	0	0

Abbildung 20.17 Bericht der teuersten Abfragen

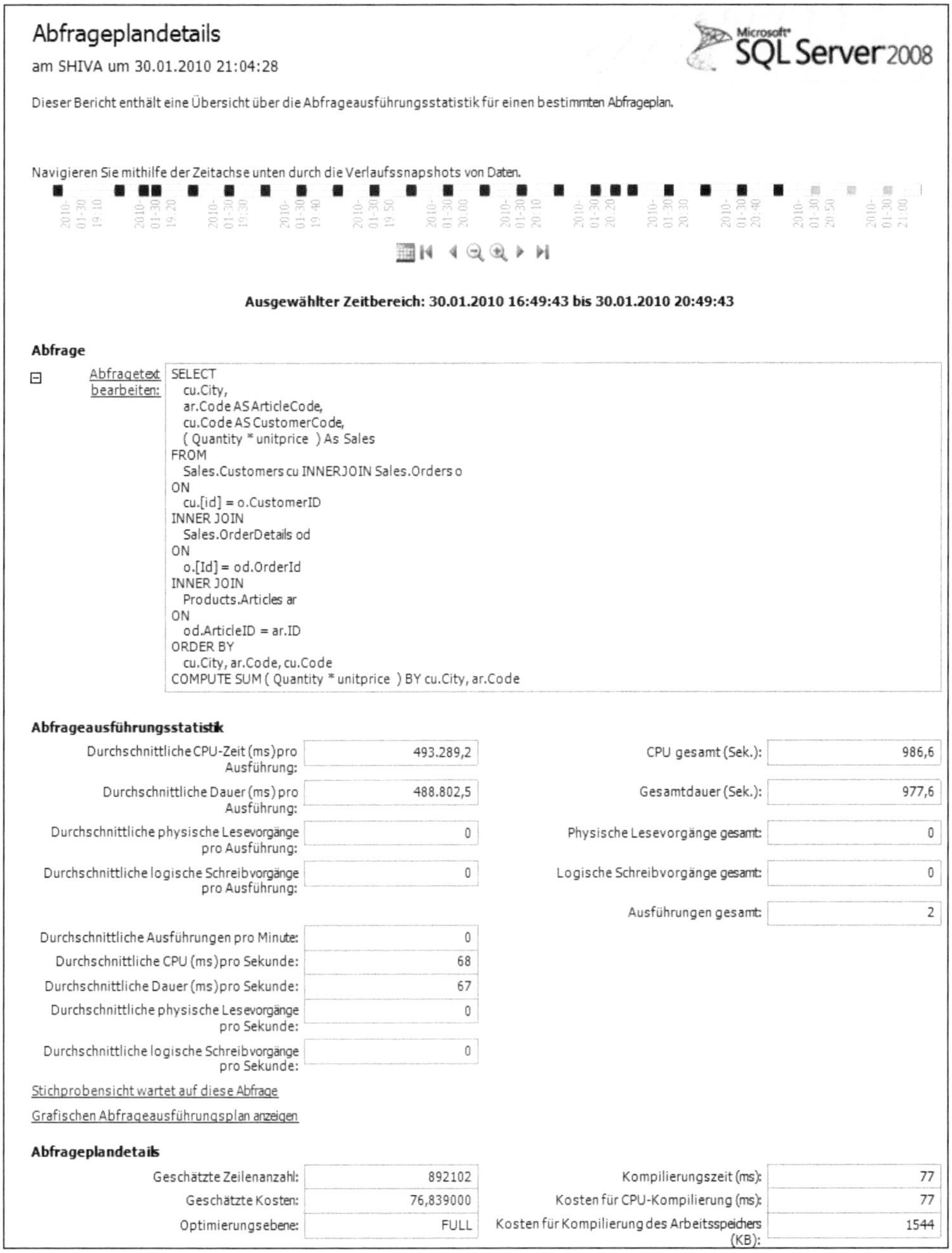

Messwerkzeuge

Abfrageplandetails
am SHIVA um 30.01.2010 21:04:28

Dieser Bericht enthält eine Übersicht über die Abfrageausführungsstatistik für einen bestimmten Abfrageplan.

Navigieren Sie mithilfe der Zeitachse unten durch die Verlaufssnapshots von Daten.

Ausgewählter Zeitbereich: 30.01.2010 16:49:43 bis 30.01.2010 20:49:43

Abfrage

Abfragetext bearbeiten:
```
SELECT
    cu.City,
    ar.Code AS ArticleCode,
    cu.Code AS CustomerCode,
    ( Quantity * unitprice ) As Sales
FROM
    Sales.Customers cu INNER JOIN Sales.Orders o
ON
    cu.[id] = o.CustomerID
INNER JOIN
    Sales.OrderDetails od
ON
    o.[Id] = od.OrderId
INNER JOIN
    Products.Articles ar
ON
    od.ArticleID = ar.ID
ORDER BY
    cu.City, ar.Code, cu.Code
COMPUTE SUM ( Quantity * unitprice ) BY cu.City, ar.Code
```

Abfrageausführungsstatistik

Durchschnittliche CPU-Zeit (ms) pro Ausführung:	493.289,2	CPU gesamt (Sek.):	986,6
Durchschnittliche Dauer (ms) pro Ausführung:	488.802,5	Gesamtdauer (Sek.):	977,6
Durchschnittliche physische Lesevorgänge pro Ausführung:	0	Physische Lesevorgänge gesamt:	0
Durchschnittliche logische Schreibvorgänge pro Ausführung:	0	Logische Schreibvorgänge gesamt:	0
		Ausführungen gesamt:	2
Durchschnittliche Ausführungen pro Minute:	0		
Durchschnittliche CPU (ms) pro Sekunde:	68		
Durchschnittliche Dauer (ms) pro Sekunde:	67		
Durchschnittliche physische Lesevorgänge pro Sekunde:	0		
Durchschnittliche logische Schreibvorgänge pro Sekunde:	0		

Stichprobensicht wartet auf diese Abfrage
Grafischen Abfrageausführungsplan anzeigen

Abfrageplandetails

Geschätzte Zeilenanzahl:	892102	Kompilierungszeit (ms):	77
Geschätzte Kosten:	76,839000	Kosten für CPU-Kompilierung (ms):	77
Optimierungsebene:	FULL	Kosten für Kompilierung des Arbeitsspeichers (KB):	1544

Abbildung 20.18 Details zu einer Abfrage

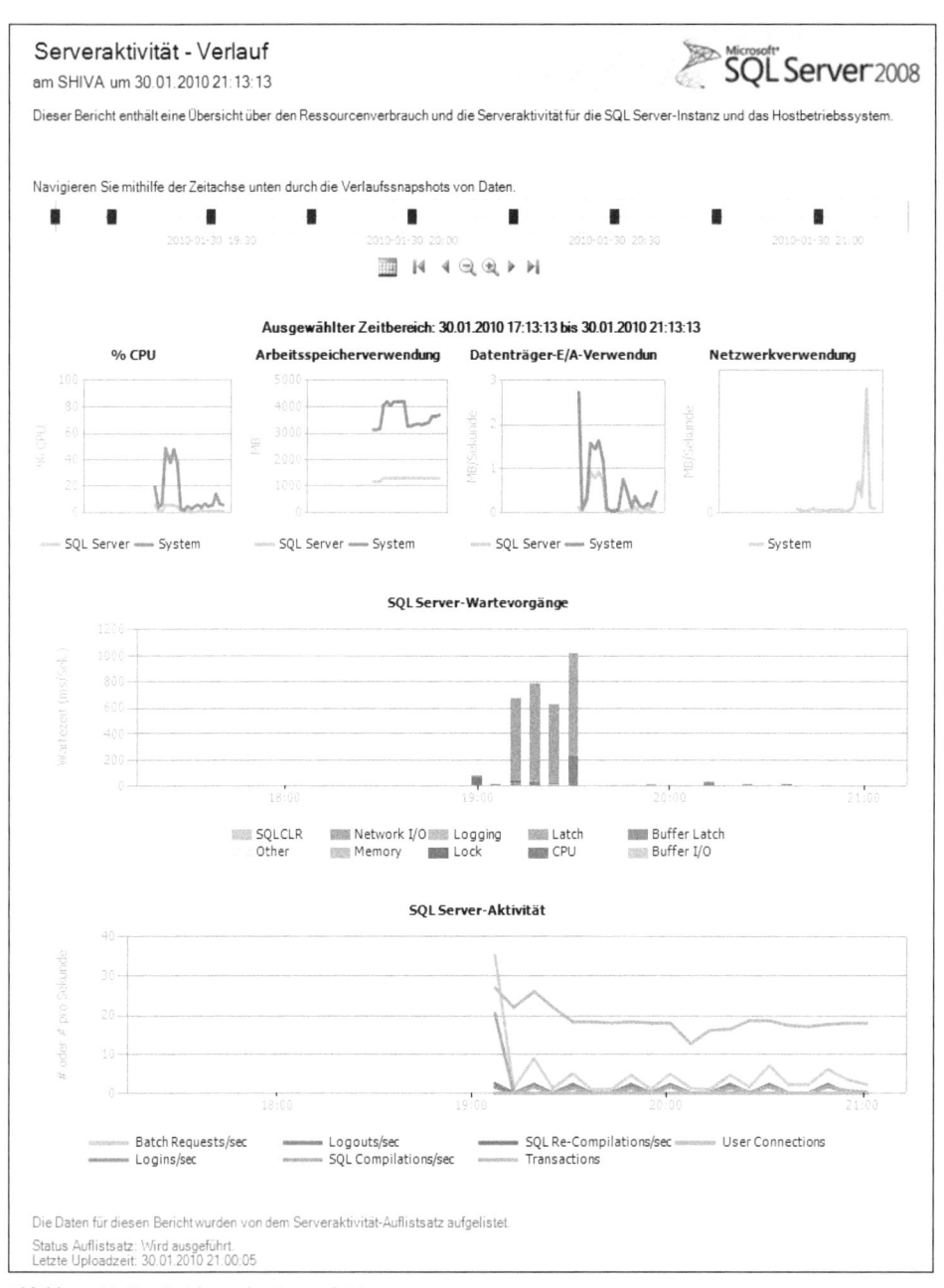

Abbildung 20.19 Bericht zu den Serveraktivitäten

Die Ausführung von T-SQL steuern

SQL Server-Wartevorgänge
am SHIVA um 30.01.2010 21:24:03

Dieser Bericht enthält Details zur SQL Server-Wartestatistik über ein ausgewähltes Zeitintervall.

Navigieren Sie mithilfe der Zeitachse unten durch die Verlaufssnapshots von Daten.

Ausgewählter Zeitbereich: 30.01.2010 19:15:01 bis 30.01.2010 23:15:01

SQL Server-Wartevorgänge

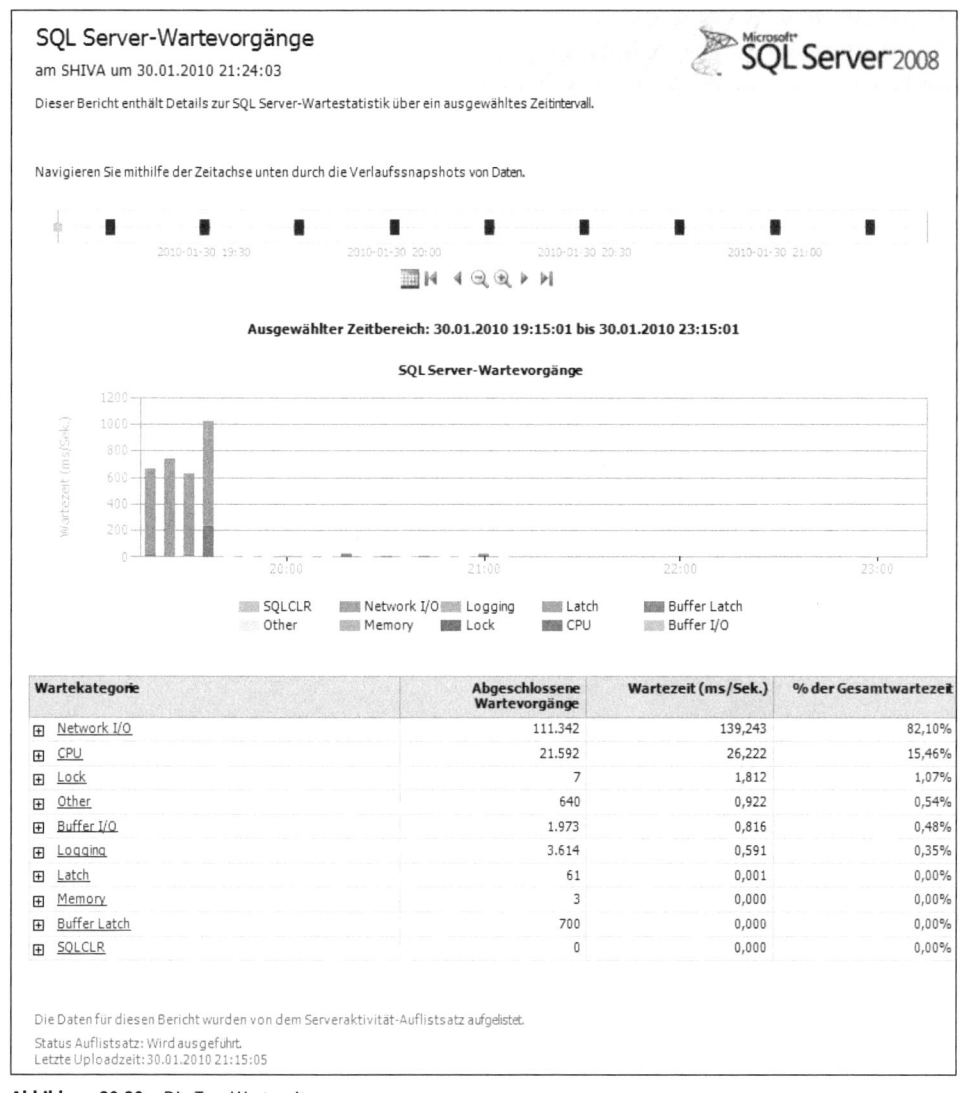

Wartekategorie	Abgeschlossene Wartevorgänge	Wartezeit (ms/Sek.)	% der Gesamtwartezeit
Network I/O	111.342	139,243	82,10%
CPU	21.592	26,222	15,46%
Lock	7	1,812	1,07%
Other	640	0,922	0,54%
Buffer I/O	1.973	0,816	0,48%
Logging	3.614	0,591	0,35%
Latch	61	0,001	0,00%
Memory	3	0,000	0,00%
Buffer Latch	700	0,000	0,00%
SQLCLR	0	0,000	0,00%

Die Daten für diesen Bericht wurden von dem Serveraktivität-Auflistsatz aufgelistet.
Status Auflistsatz: Wird ausgeführt.
Letzte Uploadzeit: 30.01.2010 21:15:05

Abbildung 20.20 Die Top-Wartezeiten

Die Ausführung von T-SQL steuern

In den verschiedenen Kapiteln des Transact-SQL-Teils dieses Buchs haben Sie bereits Tipps bekommen, wie die Verarbeitungsgeschwindigkeit von T-SQL-Abfragen verbessert werden kann. Dabei ging es in erster Linie um eine gute Indizierung und den Umgang mit Transaktionen und Sperren. Indizes und Sperren sind denn auch die wesentlichen Faktoren für Ihre Anwendung. Aber es gibt noch mehr. An dieser Stelle möchte ich die Optionen, die T-SQL für die Optimierung von Abfragen zur Verfügung stellt, noch einmal im Zusammenhang vorstellen und auf die Punkte eingehen, die bis jetzt zu kurz gekommen sind.

Beim Arbeiten mit Transact-SQL überlässt man als Entwickler den Entwurf des Abfrageplans der relationalen Maschine und die Ausführung der Speichermaschine. Sie können aber in speziellen Situationen in einer Abfrage *Hinweise* geben, wie die Datenbankmaschine den Befehl verarbeiten soll. Das ist dann interessant, wenn Sie feststellen, dass der Optimierer doch einmal daneben rät und das Weglassen oder Hinzufügen eines Index zum Abfrageplan Vorteile bringt.

Die Hinweise sind in Transact-SQL in zwei Kategorien unterteilt. Bei den *Tabellenhinweisen* geht es in erster Linie um die Auswahl der Indizes und das Sperrverhalten, bei den *Abfragehinweisen* um die Art und Weise, wie Pläne erstellt und abgearbeitet werden.

> **TIPP** Für alle der vorgestellten Optimierungshinweise gilt: Setzen Sie diese nur dann ein, wenn Sie einen guten Grund dafür haben! Testen Sie die Ergebnisse in Ruhe und überlegen Sie, ob durch die Anwendung eines Hinweises vielleicht nur ein bestimmter Sonderfall optimiert wird und die Abfrage im Allgemeinen möglicherweise sogar langsamer wird.

Tabellenhinweise

So sieht die vollständige Liste der in T-SQL möglichen Tabellenhinweise aus. Die können in T-SQL überall dort eingesetzt werden, wo die Syntax einen *<table_hint>* erlaubt. Das sind im Grunde alle Befehle der DML.

```
<table_hint> ::=
[ NOEXPAND ] {
    INDEX ( index_val [ ,...n ] )
    | FASTFIRSTROW
    | FORCESEEK
    | HOLDLOCK
    | NOLOCK
    | NOWAIT
    | PAGLOCK
    | READCOMMITTED
    | READCOMMITTEDLOCK
    | READPAST
    | READUNCOMMITTED
    | REPEATABLEREAD
    | ROWLOCK
    | SERIALIZABLE
    | TABLOCK
    | TABLOCKX
    | UPDLOCK
    | XLOCK }
```

NOEXPAND

Wird in einer Abfrage *NOEXPAND* angegeben, dann ändert die Datenbankmaschine ihr Verhalten beim Auflösen von indizierten Sichten. Wird in einer Abfrage der Name einer oder mehrerer indizierte Sichten erwähnt, dann *kann* SQL Server die Verwendung eines Sichtindex in Betracht ziehen, wenn das als Vorteil erscheint. Der Optimierer kann aber auch die Sicht expandieren, also die Sichtdefinition in die Abfrage einsetzen und den entstehenden T-SQL-Text als Einheit optimieren und ausführen. Dabei werden die Indizes der Sicht nicht berücksichtigt, wohl aber weitere Indizes, welche die Abfrage unterstützen können. Mit *NOEXPAND* zwingen Sie SQL Server auf jeden Fall, indizierte Sichten zu verwenden (das geht bei mehreren potenziell denkbaren Sichten allerdings nicht selektiv). Wenn der Name einer indizierten Sicht nicht direkt in der Abfrage verwendet wird, dann haben Sie keine Chance den Server zu beeinflussen. Die Datenbankmaschine greift dann auf Sichtindizes zu, wenn das auf der Grundlage seiner Statistiken sinnvoll erscheint. Mehr zum Thema indizierte Sichten gab es in Kapitel 12 (»Indizierung und Partitionierung«) zu lesen.

INDEX

Über den Index-Hinweis können Indizes ausgewählt werden, die der Server bei der Ausführung benutzen soll, um die Abfrage auszuwerten. Die Verwendung von Indizes kann auch abgeschaltet werden. Pro Tabelle kann nur *ein* Index vorgegeben werden. Das Beispiel für diesen Hinweis stammt aus der *PerformanceDB*-Datenbank:

```
SELECT
    *
FROM
    Sales_idx_noncl sa
INNER JOIN
    Stores st ON sa.store_id = st.store_id
WHERE
    sa.product_id = 777
```

Listing 20.6 Abfrageplan ohne Hinweis

Im Abfrageplan (Abbildung 20.21) findet man für die Suche in der Spalte *product_id* einen Indexzugriff. Das erscheint auch vernünftig. Beim Messen von I/O-Aufwand und Ausführungszeit ergeben sich die folgenden Messwerte:

```
'sales_idx_noncl'-Tabelle. Scananzahl 1, logische Lesevorgänge 3254, …
'Stores'-Tabelle. Scananzahl 1, logische Lesevorgänge 1, …

SQL Server-Ausführungszeiten:
, CPU-Zeit = 32 ms, verstrichene Zeit = 555 ms.
```

Falls Sie das Gefühl haben, dass SQL Server ohne die Indexsuche besser zurechtkommt, dann können Sie die Verwendung des Index durch den Hinweis *INDEX(0)* unterbinden.

```
SELECT
    *
FROM
    Sales_idx_noncl sa WITH (INDEX(0))
INNER JOIN
    Stores st ON sa.store_id = st.store_id
WHERE
    sa.product_id = 777
```

Listing 20.7 Tabellenhinweis verbietet Indexbenutzung

Der Abfrageplan ändert sich dadurch dramatisch (Abbildung 20.22). Für den erzwungenen Tabellen-Scan wird ein paralleler Operator angesetzt, da die Datenmenge nicht eben klein ist. Und auch der Operator für den *JOIN* wird parallelisiert. Dieser Versuch, die Abfrageperformance zu retten, bringt aber nichts. Durch den Scan werden die Ausführungswerte deutlich schlechter.

```
'sales_idx_noncl'-Tabelle. Scananzahl 3, logische Lesevorgänge 32895, …
'Stores'-Tabelle. Scananzahl 1, logische Lesevorgänge 1, …

SQL Server-Ausführungszeiten:
, CPU-Zeit = 1296 ms, verstrichene Zeit = 1354 ms.
```

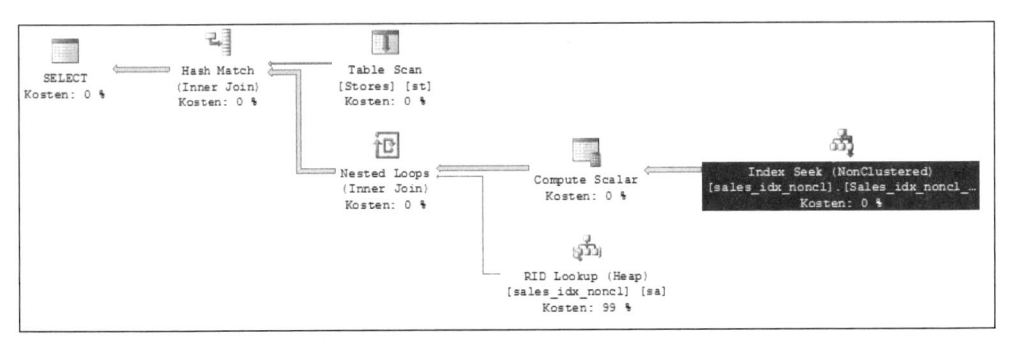

Abbildung 20.21 Abfrageplan mit Indexsuche

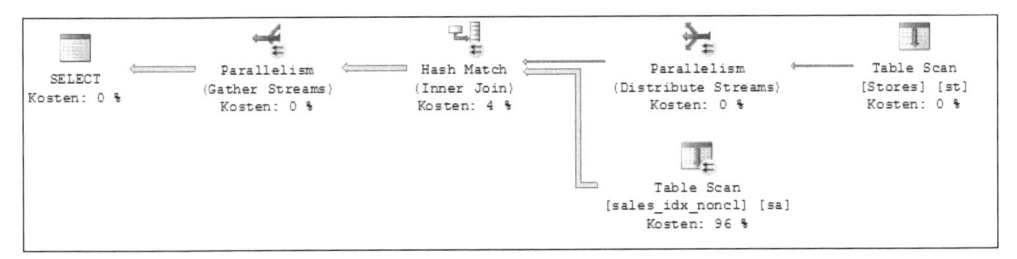

Abbildung 20.22 Abfrageplan mit Tabellen-Scan

FASTFIRSTROW

FASTFIRSTROW kann im Zusammenhang mit einer Tabelle angegeben werden oder in der Form *FAST 1* als Hinweis für eine Abfrage. Worum geht es? Manche Abfragen laufen doch recht lange. Eventuell so lange, dass der Benutzer am »Ende der Leitung« die Nerven verliert oder die Datenzugriffsschicht ein Timeout bekommt. Bei OLE DB ist das, solange die Grundeinstellungen nicht geändert wurden, nach 30 Sekunden der Fall. *FASTFIRSTROW* (beziehungsweise *FAST*) ist ein Workaround für solche Situationen. Der SQL Server baut seine Abfragestrategie so um, dass zunächst einmal möglichst schnell ein (oder mehrere) Datensätze ausgegeben werden und danach die restlichen Datensätze generiert werden.

Ein Beispiel aus der *PerformanceDB*-Datenbank liefert Futter für die nächsten Experimente. Zunächst einmal eine recht banale Abfrage ohne irgendwelche Hinweise.

```
SELECT * FROM Sales WHERE Product_ID = 777
```

Listing 20.8 Abfrage in einer größeren Datenmenge

Der Abfrageplan ist nicht besonders komplex, weist aber einen interessanten Operator auf[6] (Abbildung 20.23). Die Abfrage wird parallelisiert ausgeführt, was den Durchsatz und damit die Dauer der Abfrage optimiert, aber die Antwortzeit etwas verschlechtert. Soll der Server möglichst schnell eine Ergebniszeile liefern, muss man dazu die Abfrage nur leicht ändern.

```
SELECT * FROM Sales WITH (FASTFIRSTROW) WHERE Product_ID = 777
```

Listing 20.9 Abfrage für schnelle Antwortzeit optimiert

---

[6] Die parallelen Operatoren werden Sie beim Ausprobieren natürlich nur dann sehen, wenn Ihr Rechner über die entsprechenden Prozessoren verfügt. In virtuellen Maschinen steht häufig nur ein einzelner Prozessor zur Verfügung.

Der Abfrageplan hat sich geändert (Abbildung 20.24). Aus dem parallelen Scan ist ein single threaded Scan geworden und das Zusammenfassen der Ergebnisströme fällt weg. Dadurch »antwortet« die Abfrage schneller, braucht aber länger für die gesamte Ausführung.

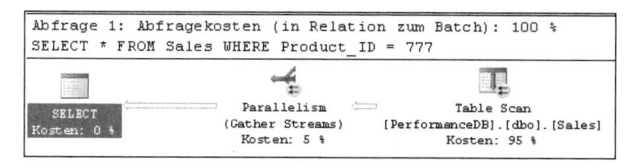

```
Abfrage 1: Abfragekosten (in Relation zum Batch): 100 %
SELECT * FROM Sales WHERE Product_ID = 777

    SELECT          Parallelism           Table Scan
    Kosten: 0 %    (Gather Streams)    [PerformanceDB].[dbo].[Sales]
                    Kosten: 5 %            Kosten: 95 %
```

Abbildung 20.23   Normaler Ausführungsplan

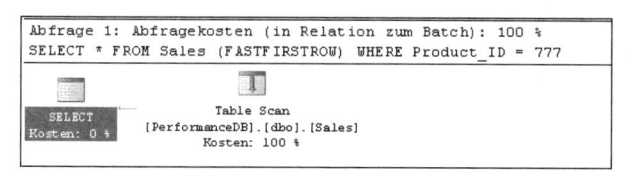

```
Abfrage 1: Abfragekosten (in Relation zum Batch): 100 %
SELECT * FROM Sales (FASTFIRSTROW) WHERE Product_ID = 777

    SELECT              Table Scan
    Kosten: 0 %    [PerformanceDB].[dbo].[Sales]
                        Kosten: 100 %
```

Abbildung 20.24   Ausführungsplan für FASTFIRSTROW

FORCESEEK

Der Hinweis FORCESEEK zwingt den Optimierer dazu, für eine Tabelle eine Indexsuche zu verwenden und weder einen Tabellen- noch einen Indexscan zu versuchen. Optional können Sie durch einen Indexhinweis auch noch den zu verwendenden Index spezifizieren. Falls Sie dem SQL Server die Wahl des passenden Index überlassen wollen, dann achten Sie darauf, dass die Statistiken auf dem neuesten Stand sind.

Hinweise für Sperren

Die restlichen Tabellenhinweise haben sämtlich mit dem Sperrverhalten des Servers zu tun.

Geben Sie NOWAIT an, dann bricht SQL Server sofort die Verarbeitung ab, wenn er auf eine gesperrte Ressource läuft und warten muss. Ansonsten wartet die Datenbankmaschine im Prinzip unendlich lange oder bricht nach der Zeit ab, die mit der Sitzungsvariable LOCK_TIMEOUT festgelegt wurde.

Die Ebene, auf der Sperren gesetzt werden sollen (die Granularität), legen Sie mit einem der Hinweise ROWLOCK, PAGLOCK, TABLOCK oder TABLOCKX fest. Sie können zusätzlich festlegen, dass Lesesperren bis zum Ende der Transaktion gehalten werden sollen – HOLDLOCK – oder dass anstelle einfacher Lesesperren Updatesperren beziehungsweise exklusive Sperren verwendet werden, die ebenfalls bis zum Ende der Transaktion gehalten werden: UPDLOCK oder XLOCK.

Sie können die Isolationsstufe von Transaktionen während der Ausführung von Operationen auf Tabellenebene ändern, indem Sie einen der Hinweise READCOMMITTED, REPEATABLEREAD oder SERIALIZABLE einsetzen. Die Isolationsstufen sind in Kapitel 19 für die Sitzungsebene bereits erläutert worden. Einen Spezialfall stellt der Hinweis READCOMMITTEDLOCK dar. Sie geben dadurch nicht nur vor, dass die Stufe READ COMMITED verwendet werden soll, sondern zusätzlich, dass Sperren eingesetzt werden sollen und nicht die Versionierung von Datensätzen.

Auf der anderen Seite können Sie das Verhalten von lesenden Zugriffen ändern, indem Sie READUNCOMMITTED (entspricht NOLOCK) oder READPAST einsetzen. Auch das wurde schon in Kapitel 19 anhand von Beispielen erläutert.

Abfragehinweise

Jetzt geht es um Hinweise, die nicht für eine einzelne Tabelle, sondern für die gesamte Abfrage gelten. Ein Abfragehinweis wird »am Ende« einer Abfrage, bei einem *SELECT* hinter der *FROM*-Klausel, angegeben. Vor dem <query_hint> steht immer das Schlüsselwort *OPTION*. Auch hier am Anfang die Übersicht:

```
<query_hint > ::=
{ { HASH | ORDER } GROUP
  | { CONCAT | HASH | MERGE } UNION
  | { LOOP | MERGE | HASH } JOIN
  | FAST number_rows
  | FORCE ORDER
  | MAXDOP number_of_processors
  | OPTIMIZE FOR ( @variable_name = literal_constant [ , ...n ] )
  | OPTIMIZE FOR UNKNOWN
  | PARAMETERIZATION { SIMPLE | FORCED }
  | RECOMPILE
  | ROBUST PLAN
  | KEEP PLAN
  | KEEPFIXED PLAN
  | EXPAND VIEWS
  | MAXRECURSION number
  | USE PLAN N'xml_plan'}
```

Hinweise für relationale Operationen

Mit den Hinweisen für *GROUP*, *UNION* und *JOIN* kann man festlegen, mit welchen physikalischen Operatoren SQL Server diese logischen Operatoren auflöst. In den allermeisten Fällen gilt wieder: Es ist nicht einfach, eine bessere Variante zu finden, als der Optimierer der Datenbankmaschine.

- **HASH** Durch das Schlüsselwort *HASH* weisen Sie die Datenmaschine an, den physikalischen Operator *Hash-Match* zu verwenden. Bei einem *JOIN* wird dazu ein Input ausgewählt, um eine Hash-Tabelle aufzubauen. Auf den zweiten Input als Probe wird dann dieselbe Hash-Funktion eingesetzt, um die übereinstimmenden Werte zu finden. Bei einem *GROUP* oder *UNION* ist das Hash-Match eine effektive Möglichkeit, eine Tabelle zu finden, welche die eindeutigen Spaltenkombinationen enthält.

- **ORDER** Gruppen werden durch das Sortieren von Daten gebildet. Das ist nur für kleine Datenmengen interessant.

- **CONCAT** Der *Concatenation-Operator* wird üblicherweise dazu verwendet, ein *UNION ALL* zu realisieren. Dabei werden einfach die Ergebniszeilen aller Inputs als Stream ausgegeben.

- **MERGE** Liegen sortierte Inputs vor – das trifft natürlich auf Tabellen zu, die passende Indizes aufweisen – dann liefert ein Merge Join-Operator eine sehr gute Ausführungsgeschwindigkeit. Die beiden Inputs können dann nur zwei Schleifen (eine pro Tabelle) durchlaufen und verknüpft werden. Auch wenn keine Indizes vorhanden sind, verwendet der Server hin und wieder ein *Merge-Join* und sortiert dann die Inputs *on the fly*.

- **LOOP** Der *Nested Loop-Operator* ist bei großen Datenmengen eine Katastrophe, bei kleinen arbeitet er jedoch sehr gut. Die Datenbankmaschine wählt eine innere Tabelle, die durchlaufen wird, und sucht in der äußeren Tabelle zu jeder Datenzeile der inneren Tabelle in einer Schleife die passenden Werte.

Für die Demonstration der Hinweise für relationale Operatoren benötigen wir ein paar verknüpfte Tabellen. Daher läuft das nächste Beispiel wieder in der guten alten *netShop*-Datenbank.

Die Ausführung von T-SQL steuern

```
SELECT
   cu.City,
   ar.Code AS ArticleCode,
   cu.Code AS CustomerCode,
   SUM ( Quantity * unitprice ) As Sales
FROM
   Sales.Customers cu
INNER JOIN
   Sales.Orders o ON cu.[id] = o.CustomerID
INNER JOIN
   Sales.OrderDetails od ON o.[Id] = od.OrderId
INNER JOIN
   Products.Articles ar ON od.ArticleID = ar.ID
GROUP BY
   cu.City, ar.Code, cu.Code
ORDER BY
   cu.City, ar.Code, cu.Code
```

Listing 20.10 SELECT ohne Hinweise

Der Abfrageplan für diese Anfrage ist nicht gerade klein und würde sich in diesem Buch auf mehrere Screenshots verteilen. Um den Plan »am Stück« besprechen zu können, soll er ausnahmsweise einmal in Textform ausgegeben werden. Sie erreichen das mit dem *SET*-Kommando *SET SHOWPLAN_TEXT ON*. Dieses Verfahren ist gut für die Dokumentation von Ausführungsplänen geeignet.

```
SET SHOWPLAN_TEXT ON
```

Listing 20.11 Ausgabe des Abfrageplans in Textform

Machen Sie diese Einstellung und lassen Sie das *SELECT* anschließend in der gleichen Verbindung laufen. SQL Server liefert dann anstelle des Abfrageergebnisses den Plan in einer Textdarstellung. Es folgt ein Auszug daraus, in dem alle Schritte enthalten sind (aber Details weggelassen wurden):

```
StmtText
-----------------------------------------------------------------------   |--Parallelism(..., ORDER BY:...)
   |--Sort(ORDER BY...)
      |--Hash-Match(Inner Join,...Customers...Orders)
         |--Parallelism(...)
         |--Clustered Index Scan(...PK_Customers)
         |--Parallelism(...)
            |--Hash-Match(...Articles...Orders)
               |--Parallelism(...)
                  |--Hash-Match(Inner Join,...Orders...OrderDetails...)
                     |--Parallelism(...)
                     |--Index Scan(...FK_Orders_Customers...)
                     |--Parallelism(...)
                        |--Hash-Match(Inner Join,...Articles...OrderDetails)
                           |--Parallelism(...)
                           |--Clustered Index Scan(OBJECT...[PK_Articles]))
                           |--Compute Scalar(...)
                              |--Clustered Index Scan(...PK_OrderDetails...)
```

In der Abfrage gibt es keine Einschränkungen. Es werden einfach alle Datensätze aus den beteiligten Tabellen verknüpft. Bemerkenswert ist hier die Tatsache, dass für alle *JOIN*-Operationen der physische Operator Hash-Match gewählt wurde. Das ist deswegen ein wenig überraschend, weil in der *netShop*-Datenbank zu jeder Fremdschlüsselspalte ein Index definiert ist. Da sollte auf den ersten Blick ein Merge-Join eine gute Wahl sein. SQL Server davon zu überzeugen, einen Merge-Join zu verwenden, ist nicht besonders schwierig. An das Listing 20.10 wird einfach *OPTION (MERGE JOIN)* angehängt.

```
SELECT
   ...
FROM
   ...
ORDER BY
   cu.City, ar.Code, cu.Code
OPTION (MERGE JOIN)
```

Listing 20.12 Erzwungenes Merge-Join

SQL Server ändert brav die *JOIN*-Operatoren im Abfrageplan (er hat ja auch keine andere Wahl). Vergleicht man die Ausführungszeiten der verschiedenen Methoden, kommt man zu folgenden Ergebnissen:

Operator	Ausführungszeit
HASH	ca. 5,5 Sekunden
MERGE	ca. 6 Sekunden
LOOP	ca. 8 Sekunden

Tabelle 20.1 Effektivität verschiedener Join-Operatoren

SQL Server hatte also – mal wieder – Recht. Das Hash-Join ist in diesem Fall tatsächlich etwas schneller als das Merge-Join. Am langsamsten ist das Loop-Join, was bei etwas größeren Datenmengen so gut wie immer der Fall ist. Die Interpretation von Abfrageplänen muss sehr vorsichtig vorgenommen werden, weil der Plan letztlich von vielen Faktoren abhängt. Steht SQL Server für die Beispielabfrage nur ein Prozessor zur Verfügung, dann wird zumindest das »große« *JOIN* zwischen den Tabellen *Orders* und *OrderDetails* doch in einem Merge-Join ausgeführt.

Im Zusammenhang mit *JOIN*-Anweisungen gibt es noch den *FORCE ORDER*-Hinweis. Durch diesen geben Sie die Reihenfolge der Tabellenverknüpfungen vor. Dies ist nur in ausgesprochenen Spezialfällen sinnvoll.

Hinweise für die Planerstellung und -verwendung

Den Hinweis *FAST* haben Sie im Abschnitt über Tabellenhinweise in der Variante *FASTFIRSTROW* bereits kennen gelernt. *FAST* beschleunigt die Ausgabe der ersten *number_rows* Datensätze, um dem Client schon einmal ein bisschen Futter zu geben, bis die Datensätze komplett ausgeliefert werden können.

Über *MAXDOP* legen Sie fest, auf wie vielen Prozessoren, beziehungsweise Kernen (oder Hyperthreads) die Abfrage ausgeführt wird. Setzen Sie hier eine 1 ein, um parallele Operatoren zu desaktivieren. Das kann für das Testen von Ausführungsvarianten interessant sein.

Den Hinweis *OPTIMIZE FOR* haben Sie im Kapitel 15 im Zusammenhang mit dem Thema Parameter Sniffing bei gespeicherten Prozeduren bereits kennen gelernt. Auch parametrisierte Abfragen kann man auf bestimmte Werte hin trimmen, um nachfolgende Aufrufe des Plans im Cache zu optimieren. Das ist eine eher exotische Anwendung.

Eine Reihe von Hinweisen, nämlich *RECOMPILE*, *KEEP PLAN* und *KEEPFIXED PLAN* beschäftigt sich damit, wie lange ein Plan von SQL Server aufgehoben und wieder verwendet wird. Bei der Angabe *RECOMPILE* wird ein Plan sofort verworfen, bei *KEEP PLAN* erst dann entfernt, wenn sich die Statistiken geändert haben, und bei *KEEPFIXED PLAN* wird ein Plan erst dann geändert, wenn die Struktur der verwendeten Tabellen geändert wurde.

Haben Sie mit wirklich großen Abfragen zu kämpfen (es geht um Gigabytes von Daten), dann kann es potenziell passieren, dass bestimmte Abfragen nicht mehr ausgeführt werden können. Das hat mit Beschränkungen einiger physischer Operatoren zu tun. Die Probleme werden nicht im Voraus erkannt, sondern erst bei der Ausführung – das hat unter anderem mit der Verwendung variabel langer Spalten zu tun. Durch die Angabe von *ROBUST PLAN* ermuntern Sie SQL Server dazu, nur sichere Operatoren zu verwenden. Die Abfragen werden damit zwar langsamer ausgeführt, aber immerhin: Sie laufen ohne Fehler durch.

Eine etwas alchemistische neuere Funktion von SQL Server ist die Verwendung so genannter Plan Guides. Plan Guides sollen – so sehen es die SQL Server-Entwickler – dort eine Hilfe sein, wo suboptimale Abfragen nicht direkt geändert werden dürfen. Das kann bei Systemen im laufenden Betrieb unter Umständen der Fall sein. Über die gespeicherte Prozedur *sp_create_plan_guide* können in einer Datenbank Abfragehinweise hinterlegt werden, die in SQL-Befehlen berücksichtigt werden sollen. *USE PLAN* funktioniert etwas direkter: Der Abfrageplan wird komplett vorgegeben. Nur, woher kommt der Plan im *XML*-Format? Tatsächlich besteht die Möglichkeit, Abfragepläne aus dem Profiler heraus im passenden Format zu speichern. So könnte man mit Abfragehinweisen spielen, bis der beste Plan gefunden ist, diesen dann hinterlegen und – jetzt kommt's – einer vorhandenen Abfrage den Hinweis über *sp_create_plan_guide* zuweisen. Alles klar? Dann ist es ja gut.

PARAMETERIZATION FORCED lässt sich nur in einem Plan Guide verwenden. Der Hinweis bewirkt, dass sämtliche Konstanten in einer Abfrage als Parameter des Plans behandelt werden, was unter Umständen die Wiederverwendung verbessert.

Da war doch noch was? Ach ja: *EXPAND VIEWS* ist das Gegenteil von *NOEXPAND* – die Indizes indizierter Sichten werden garantiert *nicht* verwendet und *MAXRECURSION* legt die maximale Rekursionstiefe rekursiver Abfragen fest (Kapitel 9). Das wär's.

Einen Abfrageplan vorgeben

Der geneigte Hardcore Tuner träumt vielleicht davon, dem SQL Server 1:1 vorschreiben zu können, wie der Abfrageplan für eine Abfrage aussehen soll. Mit den Tabellen- und Abfragehinweisen ist das nur bis zu einem gewissen Grad möglich. Tatsächlich kann man dem SQL Server nicht bis ins Detail vorschreiben, welchen Plan er verwenden soll, es ist aber möglich ihn zu zwingen, einen einmal gefundenen Plan *immer* zu verwenden. Diese – zugegebenerweise recht exotische Tuningvariante – wird als *Plan Guide* bezeichnet. Sinnvoll ist das Vorgeben eines Abfrageplans besonders dann, wenn Sie die Abfrage selbst nicht verändern können. Beispielsweise dann, wenn es nicht möglich ist, den Code einer bereits ausgelieferten Anwendung anzupassen oder wenn der Anwendungscode gar nicht von Ihnen stammt, sondern von einem Drittanbieter.

Das Anlegen eines Plan Guides verläuft in zwei Schritten: Im ersten Schritt optimieren Sie eine Abfrage durch Hinweise so lange, bis Sie ein optimales Ergebnis erhalten. Im zweiten Schritt erstellen Sie einen Plan Guide auf dem Zielserver mithilfe der Systemprozedur *sp_create_plan_guide*. Es folgt ein übersichtliches Beispiel.

Ein Szenario: Sie haben festgestellt, dass die folgende Abfrage mit den in Listing 20.13 angegebenen Hinweisen auf typischen Systemen Ihrer Kunden am schnellsten ausgeführt wird. Die Aufgabe besteht nun darin, den SQL Server davon zu überzeugen, jedes Mal diese Hinweise zu verwenden, wenn er auf eine Abfrage trifft, die Listing 20.13 entspricht.

```
SELECT
    ArticleID, SUM ( Quantity * UnitPrice ) AS Sales
FROM
    Sales.OrderDetails WITH ( INDEX (0))
```

```
WHERE
    ArticleID IN ( 1, 10, 20, 30 )
GROUP BY
    ArticleID
OPTION ( MAXDOP 1 )
```

Listing 20.13 Zu optimierende Abfrage

Der Trick besteht nun darin, einen Abfrageplan für diese Abfrage zu erzeugen und fest im Plan-Cache zu installieren. Das geschieht mit der gespeicherten Prozedur *sp_create_plan_guide*. Aber zunächst einmal benötigen Sie den Abfrageplan im XML-Format. Dazu ergänzen Sie den Abfragetext im Editor mit SET SHOWPLAN_XML ON und führen die Abfrage aus. Als Ergebnis wird jetzt keine Datensatzmenge, sondern der Abfrageplan im XML-Format angezeigt. Diesen Abfrageplan können Sie kopieren und als Input für *sp_create_plan_guide* verwenden.

```
EXEC sp_create_plan_guide
    @name = 'netShop_Plan_01',
    @stmt = 'SELECT ArticleID, SUM ( Quantity * UnitPrice ) AS Sales FROM Sales.OrderDetails WHERE …',
    @type = 'SQL',
    @module_or_batch = NULL,
    @params = NULL,
    @hints = '<ShowPlanXML xmlns="http://schemas.microsoft.com/sqlserver/2004/07/showplan" Version="1.1…';
```

Listing 20.14 Den Plan für eine Abfrage fixieren

Der Abfrageplan ist nun fest im Plancache verankert und wird vom Optimierer verwendet, sobald er auf eine passende Abfrage trifft.

Die vorhandenen Plan Guides können Sie über die Sicht *sys.plan_guides* finden. Sie können Plan Guides deaktivieren oder löschen, indem Sie die gespeicherte Prozedur *sp_control_plan_guide* verwenden.

HINWEIS Der SQL Server ist sehr pingelig, was das Anlegen von Plan Guides angeht. Der Abfragetext, den Sie beim Anlegen angeben, muss Zeichen für Zeichen mit dem übereinstimmen, der später optimiert werden soll. Eine Möglichkeit, das sicher zu stellen, ist das Abfangen einer Abfrage mit dem SQL Server Profiler und die Ereignisdaten zu extrahieren. Ein einfaches Copy and Paste kann eventuell nicht ausreichen.

Kapitel 21

Administration für Entwickler

In diesem Kapitel:
SQL Server installieren und konfigurieren	762
Datenbanken sichern und wiederherstellen	781
T-SQL-Kommandos für das Prüfen von Datenbanken	790
Administrationsaufgaben automatisieren	792
Ausfallsicherheit konfigurieren	796

Es ist schon klar – dies ist ein Buch für Entwickler von Datenbanklösungen und nicht für deren Administratoren. Dennoch macht es auf jeden Fall Sinn, sich mit einigen Basics der SQL Server-Verwaltung zu beschäftigen. Einerseits weil man sie in der täglichen Arbeit selbst braucht, andererseits, weil die Wartung einer Datenbank, die Datensicherung oder das Herstellen von Verfügbarkeit zum Betrieb einer Anwendung gehören. Da ist es nützlich, wenn Administrator und Entwickler über eine gemeinsame Sprache verfügen – sprich: die Konzepte und Verfahren kennen. Damit können optimale Lösungen für den Betrieb gefunden werden. In diesem Kapitel werden die wichtigsten administrativen Grundaufgaben beschrieben. In kurzer Form – es gibt also keine Ausreden, es nicht zu lesen.

SQL Server installieren und konfigurieren

Für ein derart komplexes Softwaresystem, wie es der SQL Server mit all seinen Komponenten und Diensten darstellt, handelt es sich um ein vergleichsweise einfaches Setup. Vieles, was schiefgehen könnte, fängt das Installationsprogramm bereits durch den Prä-Setup-Check ab, sodass unzureichende Soft- oder Hardwarevoraussetzungen erkannt und korrigiert werden können. Es sind aber immer noch einige Entscheidungen bei der Installation zu treffen. Diese werden in den nächsten Abschnitten beschrieben.

Voraussetzungen

Für den Betrieb von SQL Server sind recht wenige Voraussetzungen notwendig. Über die Minimalanforderungen in Bezug auf die Hardware braucht man sich nicht lange zu unterhalten. Da heißt es schlicht »je mehr (Prozessorleistung, Speicher, Festplatten), desto besser«. Die in der Dokumentation angegebenen Minimalwerte sind für die meisten Praxisanwendungen viel zu knapp bemessen. Im Zweifelsfall können Sie sich über das Dokument »*ReadMe*.htm« schlaumachen. Das finden Sie im Wurzelverzeichnis der Installations-CD des Servers. Die Softwarevoraussetzungen bestehen aus den folgenden Punkten:

- **Internet Explorer** Verschiedene Designer und Anzeigewerkzeuge der SQL Server-Tools benötigen einen korrekt installierten Internet Explorer ab Version 6.0 SP1. Keinen Firefox.

- **.NET Framework 3.5 SP1** Wenn nicht vorhanden, installiert das Setup des SQL Server die .NET 3.5 Laufzeitumgebung. Falls es dabei Probleme geben sollte, dann beschaffen Sie sich einfach die aktuelle .NET-Runtimeversion im Microsoft Download und installieren diese vor dem SQL Server-Setup. In der Regel sind die Schwierigkeiten damit beseitigt.

- **Windows Installer 4.5** Falls diese Version des Windows Installers noch nicht installiert ist, können Sie diesen bei Microsoft downloaden und installieren.

Eine SQL Server 2008-Instanz können Sie unter Windows 2003 (SP2), Windows 2008 , Windows XP (SP2), Windows Vista oder Windows 7 installieren. Sie müssen ein wenig darauf Acht geben, welche SQL Server Version Sie einsetzen. Falls Sie zum Beispiel unbedingt eine Installation auf einer XP Home Edition machen wollen, dann sind Sie gezwungen, auf jeden Fall eine SQL Server Developer Edition einzusetzen. Auf einem Windows 7 Professional PC laufen dagegen alle Editionen, mit Ausnahme der Enterprise Edition. Es ist im Prinzip ohne Probleme möglich, eine 32 Bit SQL Server-Version auf einem 64 Bit Windows (AMD Itanium oder Intel Prozessoren) zu installieren. Natürlich verlieren Sie dabei die 64 Bit-Vorteile, da der SQL Server im Windows on Windows Subsystem ausgeführt wird. Verwenden Sie also am besten die 64-Bit-Version für ein 64-Bit-Betriebssystem.

SQL Server installieren und konfigurieren | 763

> **HINWEIS** Lassen Sie sich bei einer Installation auf Windows 7 nicht von der Meldung irritieren, dass es »bekannte Probleme« mit diesem Programm gibt. Tatsächlich läuft SQL Server 2008 nicht ohne Probleme rund unter einem Windows 7, aber durch das Setup eines Services Packs direkt im Anschluss an die Basisinstallation sind die Schwierigkeiten beseitigt.

Installation des SQL Server

Die Installation sollte immer unter einem *lokalen* Administrationskonto mit den notwendigen Berechtigungen für die Registry durchgeführt werden. Das sollten Sie unbedingt beherzigen. Ansonsten gelingt Ihnen das Setup möglicherweise, aber Sie bekommen später undurchsichtige Probleme, wenn Sie Servereinstellungen ändern möchten.

Wenn Sie SQL Server 2008 unter Windows 7 installieren, dann bekommen Sie sofort die Warnung aus Abbildung 21.1 zu sehen. Klicken Sie hier auf *Programm ausführen*. In einem späteren Abschnitt dieses Kapitels wird vorgestellt, wie Sie nachträglich ein Service Pack installieren, um die Probleme zu beseitigen.

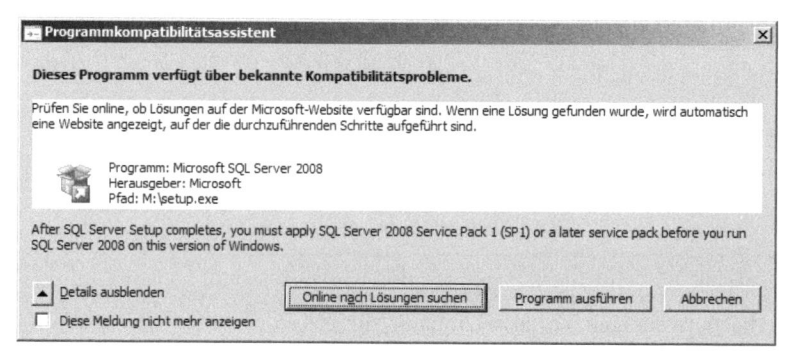

Abbildung 21.1 Setup meckert unter Windows 7

Setup zeigt nun das so genannte Installationscenter an. Hier werden Ihnen alle Optionen zur Verfügung gestellt, die mit der Installation des SQL Server zu tun haben. Ein Klick auf *Installation* bringt Sie zur richtigen Stelle (Abbildung 21.2). Wenn Sie SQL Server das erste Mal installieren, dann ist *Neue eigenständige SQL Server-Installation oder Hinzufügen von Features zu einer vorhandenen Installation* die richtige Wahl. Als nächstes müssen Sie die zu installierende Edition auswählen, den Produktschlüssel eingeben und danach die Lizenzvereinbarungen bestätigen.

> **HINWEIS** In Ihrer Entwicklungsumgebung fällt die Auswahl der richtigen SQL Server-Edition leicht. Installieren Sie einfach die SQL Server Developer Edition. Diese entspricht vom Funktionsumfang her exakt der Enterprise Edition. Falls Sie kein MSDN-Abonnement besitzen, dann können Sie eine Developer Edition für wenige Euro im Handel erwerben. Die mit dem Visual Studio installierte Express Edition erlaubt zwar das Entwickeln von Datenbankcode. Ihr fehlen aber die Funktionen für das Arbeiten mit großen Datenmengen, wie indizierte Sichten oder Partitionierung.

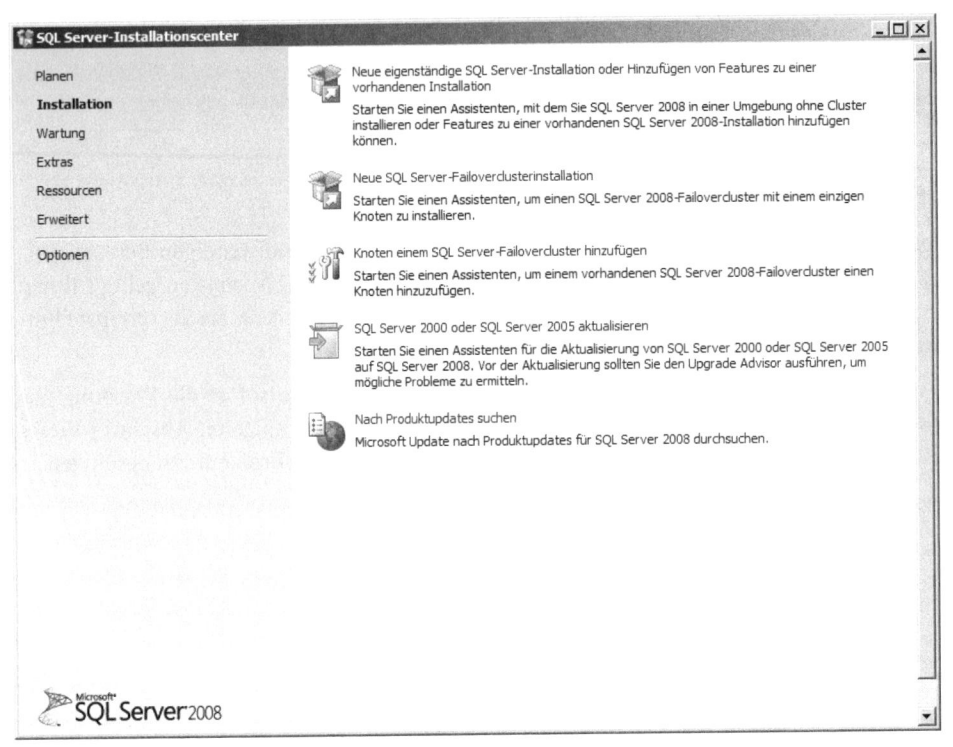

Abbildung 21.2 Installationsoptionen

Setup prüft jetzt, ob es überhaupt die notwendigen Voraussetzungen für das Vorbereiten der Hilfsprogramme vorfindet, die für die nachfolgenden Schritte notwendig sind. Diese Hilfsprogramme werden *Unterstützungsdateien* genannt. Abbildung 21.3 zeigt einen erfolgreichen Check. Es kann beispielsweise vorkommen, das Sie die Windows-Maschine neu starten müssen, bevor es weitergehen kann, weil ein anderes Setup noch nicht komplett abgeschlossen wurde. Im Anschluss an diesen Schritt werden nach *OK* eben diese Unterstützungsdateien installiert.

Es folgt ein zweiter Check der Installationsvoraussetzungen. Dieser geht etwas mehr ins Detail. Obwohl der Titel des Fensters darauf hindeutet, dass es wieder um die Voraussetzungen für die Unterstützungsdateien geht, ist dieses Mal doch der SQL Server selbst gemeint. An dieser Stelle kann es unter anderem zu Problemen kommen, wenn nicht unterstützte ältere SQL Server Versionen (7.0) oder veraltete Werkzeuge auf der Maschine vorhanden sind. Vor einer Installation des SQL Server auf einem Domänen-Controller werden Sie gewarnt, Sie können die Installation aber fortsetzen. In der Regel werden Sie einen Hinweis zur Firewall bekommen. Auch das behindert die Installation und lokales Arbeiten nicht. Behalten Sie aber im Hinterkopf, dass der Zugriff von einem zweiten Rechner aus blockiert sein kann.

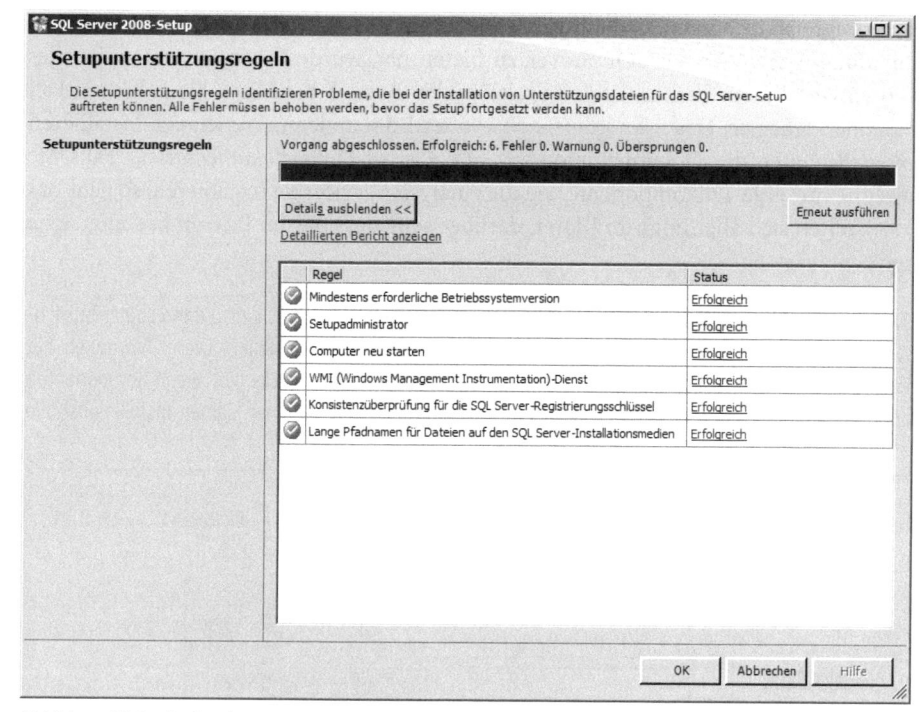

SQL Server installieren und konfigurieren

Setupunterstützungsregeln

Die Setupunterstützungsregeln identifizieren Probleme, die bei der Installation von Unterstützungsdateien für das SQL Server-Setup auftreten können. Alle Fehler müssen behoben werden, bevor das Setup fortgesetzt werden kann.

Setupunterstützungsregeln

Vorgang abgeschlossen. Erfolgreich: 6. Fehler 0. Warnung 0. Übersprungen 0.

Regel	Status
Mindestens erforderliche Betriebssystemversion	Erfolgreich
Setupadministrator	Erfolgreich
Computer neu starten	Erfolgreich
WMI (Windows Management Instrumentation)-Dienst	Erfolgreich
Konsistenzüberprüfung für die SQL Server-Registrierungsschlüssel	Erfolgreich
Lange Pfadnamen für Dateien auf den SQL Server-Installationsmedien	Erfolgreich

Abbildung 21.3 Prüfen der Voraussetzungen für die Unterstützungsdateien

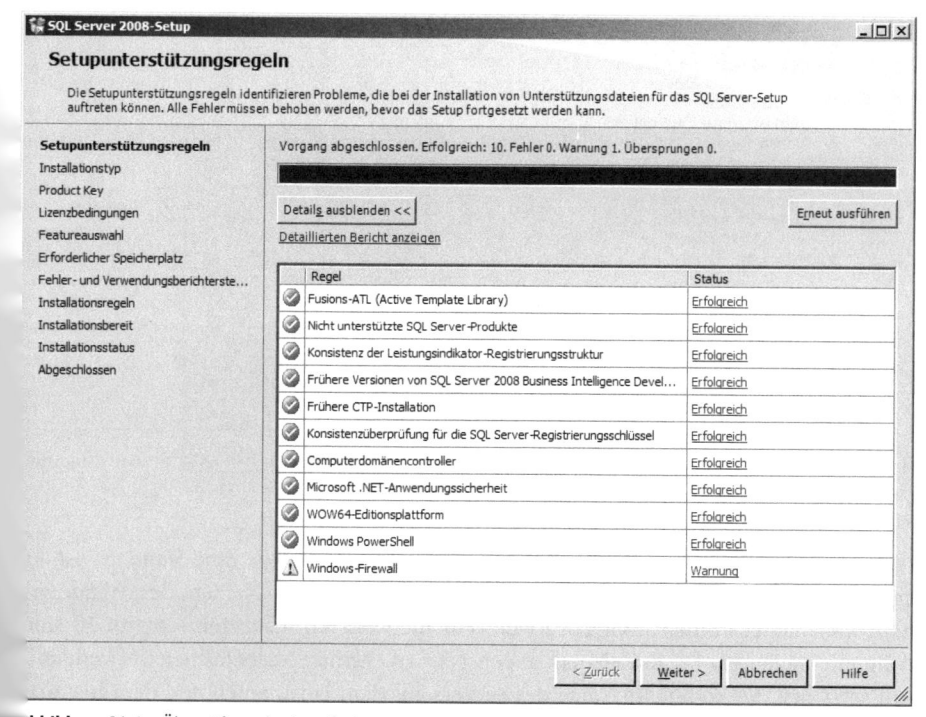

Setupunterstützungsregeln

Die Setupunterstützungsregeln identifizieren Probleme, die bei der Installation von Unterstützungsdateien für das SQL Server-Setup auftreten können. Alle Fehler müssen behoben werden, bevor das Setup fortgesetzt werden kann.

Setupunterstützungsregeln
Installationstyp
Product Key
Lizenzbedingungen
Featureauswahl
Erforderlicher Speicherplatz
Fehler- und Verwendungsberichterste...
Installationsregeln
Installationsbereit
Installationsstatus
Abgeschlossen

Vorgang abgeschlossen. Erfolgreich: 10. Fehler 0. Warnung 1. Übersprungen 0.

Regel	Status
Fusions-ATL (Active Template Library)	Erfolgreich
Nicht unterstützte SQL Server-Produkte	Erfolgreich
Konsistenz der Leistungsindikator-Registrierungsstruktur	Erfolgreich
Frühere Versionen von SQL Server 2008 Business Intelligence Devel...	Erfolgreich
Frühere CTP-Installation	Erfolgreich
Konsistenzüberprüfung für die SQL Server-Registrierungsschlüssel	Erfolgreich
Computerdomänencontroller	Erfolgreich
Microsoft .NET-Anwendungssicherheit	Erfolgreich
WOW64-Editionsplattform	Erfolgreich
Windows PowerShell	Erfolgreich
Windows-Firewall	Warnung

Abbildung 21.4 Überpüfung der Installationsvoraussetzungen

Wurde der Systemcheck erfolgreich durchlaufen, dann geht es jetzt um das Auswählen der zu installierenden Komponenten (Abbildung 21.5). Was der SQL Server zu bieten hat, wurde Ihnen im ersten Teil des Buchs bereits ausführlich vorgestellt. Für das Arbeiten im relationalen Bereich benötigen Sie auf jeden Fall die *SQL Server-Datenbankmoduldienste*. Das *Management Studio* und die anderen Werkzeuge installieren Sie via *Verwaltungstools-Vollständig*, die Dokumentation via *SQL Server-Onlinedokumentation*. Falls Sie vorhaben, auf einer Maschine nur eine Teilkomponente wie die Analysis Services zu installieren, so geht das technisch in Ordnung. Sie sollten sich allerdings im Klaren darüber sein, dass das im Prinzip bedeutet, eine weitere SQL Server-Lizenz einzusetzen.

TIPP Generell gilt: Sie können ruhig *alle* Komponenten des SQL Server installieren. Welche Dienste dann später tatsächlich gestartet werden, lässt sich immer noch über den SQL Server-Konfigurations-Manager einstellen. Dieses Vorgehen hat keine Nachteile, aber den Vorteil, dass es keine Komplikationen in Bezug auf installierte Service Packs gibt, wenn Komponenten nachinstalliert werden (die dann einen anderen Versionsstand besitzen). Das könnte für Sie zu einer kleinen Installationshölle werden.

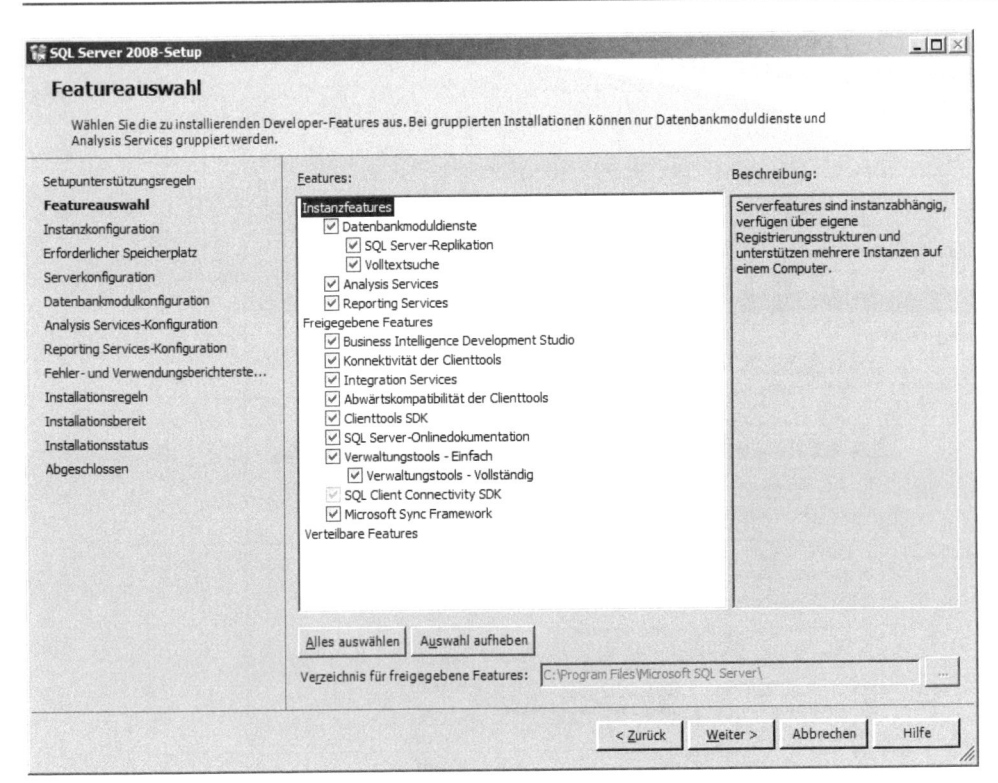

Abbildung 21.5 Auswahl der zu installierenden Features

Im nächsten Dialogfeld wird der Name der zu installierenden Serverinstanz festgelegt. Eine *Standardinstanz* kann nur einmal aufgesetzt werden. Der *Netzwerkname* entspricht dabei dem Namen des Windows-Rechners und der *Instanzname* lautet immer *MSSQLSERVER*. Für die weiteren Instanzen – bis zu 50 sind möglich – können Sie einen eigenen bis zu 16 Zeichen langen Namen (keine Sonderzeichen verwenden!) vergeben. Für den Client setzt sich der komplette Name des Servers aus dem Hostnamen und dem Instanznamen zusammen. Zum Beispiel *Shiva/MyMirror*.

SQL Server installieren und konfigurieren

Nach einem kleinen Ausflug über die Überprüfung des verfügbaren Speicherplatzes werden Sie vom Setup-Programm aufgefordert, sich einen Kopf über die Dienstkonten der einzelnen SQL Server-Dienste zu machen (Abbildung 21.7). Wissen Sie schon jetzt, dass die zu installierende SQL Server-Instanz nicht mit dem Dateisystem, anderen SQL Server-Instanzen oder entfernten Servern kommunizieren muss, dann können Sie es sich einfach machen und das Standard-Windowskonto *Lokales System* verwenden. Ist aber absehbar, dass Replikation eingesetzt werden soll, dass der lokale SQL Server Dateien einlesen wird oder Ähnliches, dann empfiehlt sich ein »richtiges« Dienstkonto zu verwenden. Das kann ein Domänenkonto oder ein lokales Konto sein, je nach Einsatzzweck. Sie brauchen diesem Konto zunächst einmal überhaupt keine Reche zuzuweisen, auch die Mitgliedschaft in der allgemeinen Windows-Gruppe *Benutzer* ist vollkommen ausreichend. Achten Sie nur darauf, dass beim Anlegen des Kontos die Option *Kennwort läuft nie ab* aktiviert ist. Alle notwendigen Berechtigungen, die das Konto für das Starten der SQL Server-Dienste benötigt, vergibt das Setup selbsttätig an dieses. Sie sollten auch zu einem späteren Zeitpunkt das Zuweisen von einem Dienstkonto nicht direkt unter Windows, sondern mit den Möglichkeiten des SQL Server-Konfigurations-Managers vornehmen. SQL Server-Administratoren verwenden als Name für das Dienstkonto gerne *sqlservice*. Das ist keine schlechte Idee, denn so können Sie das Konto schnell identifizieren. Wenn keine speziellen Sicherheitsanforderungen dagegen sprechen, sollten Sie für alle Dienste ruhig ein und dasselbe Konto verwenden. Damit vermeiden Sie speziell in Entwicklungsumgebungen Probleme.

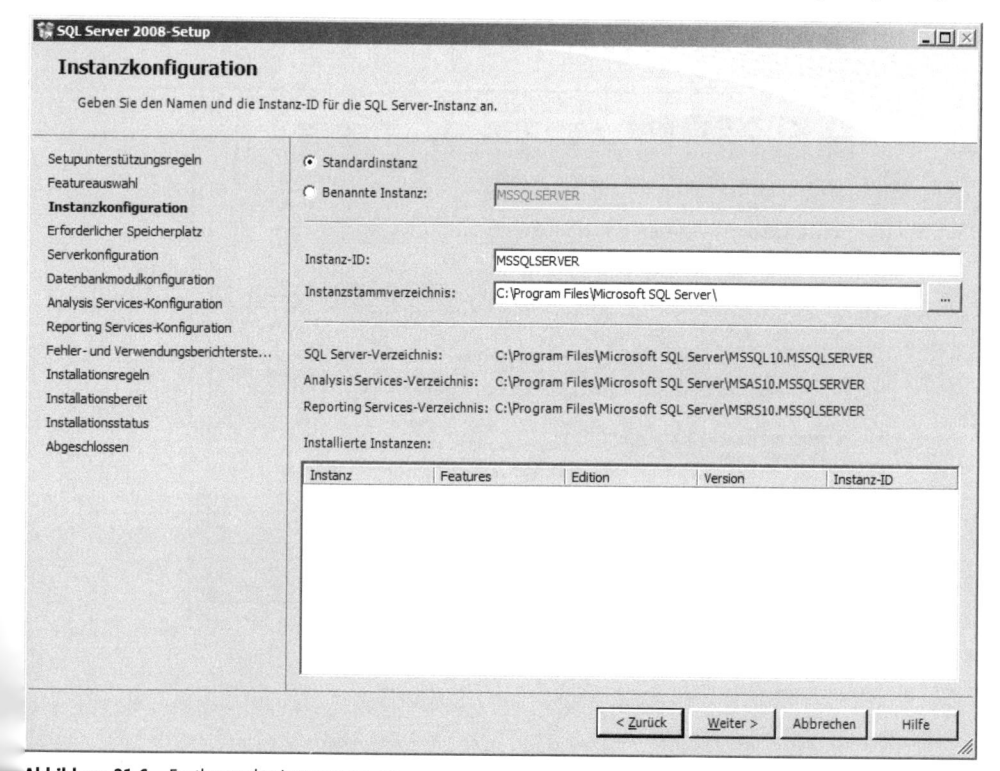

Abbildung 21.6 Festlegen des Instanznamens

Auf demselben Dialogfeld gibt es noch eine zweite Registerkarte: *Sortierung* (Abbildung 21.8). Die Einstellungen, die Sie hier machen, werden auf die Systemdatenbanken angewendet und dienen später auch als Vorgabe beim Anlegen neuer Benutzerdatenbanken. Dabei geht es um die zu verwendenden Codetabellen für das Ablegen von Textinformationen. Die Details verbergen sich hinter der Schaltfläche *Anpassen* (Abbildung 21.9). Tatsächlich können hier vorgenommene Einstellungen die Arbeit mit dem Server beeinflussen. Speziell geht es um die Option *Groß-/Kleinschreibung beachten*. Setzen Sie dort einen Haken, dann wird bei der Authentifizierung über SQL Server-Sicherheit die Schreibung der Benutzernamen plötzlich wichtig: Statt »sa« heißt es nun »SA«. Auch bei der Verwendung von Systemobjekten ist jetzt plötzlich die genaue Schreibweise wichtig. Die anderen Optionen sind nicht so entscheidend, können aber auch zu nervigen Effekten führen, wenn man ungünstige Einstellungen vornimmt. Da man beim Einrichten einer neuen Benutzerdatenbank vielleicht nicht darauf achtet, welche Sortierfolge voreingestellt ist (und *das kann sehr* dramatisch sein), sollten Sie an dieser Stelle keine Experimente vornehmen. Bleiben Sie ruhig beim Sortierungskennzeichen *Latin1_General* und lassen Sie *Unterscheidung nach Akzent* voreingestellt. Damit können Sie in Westeuropa im Grunde nichts falsch machen. Beachten Sie, dass diese Auswahl dem Sortierungsnamen *Latin1_General_CI_AS* entspricht. Mehr zum Thema Sortierungen erfahren Sie im Kapitel 8 »Tabellen planen und einrichten«.

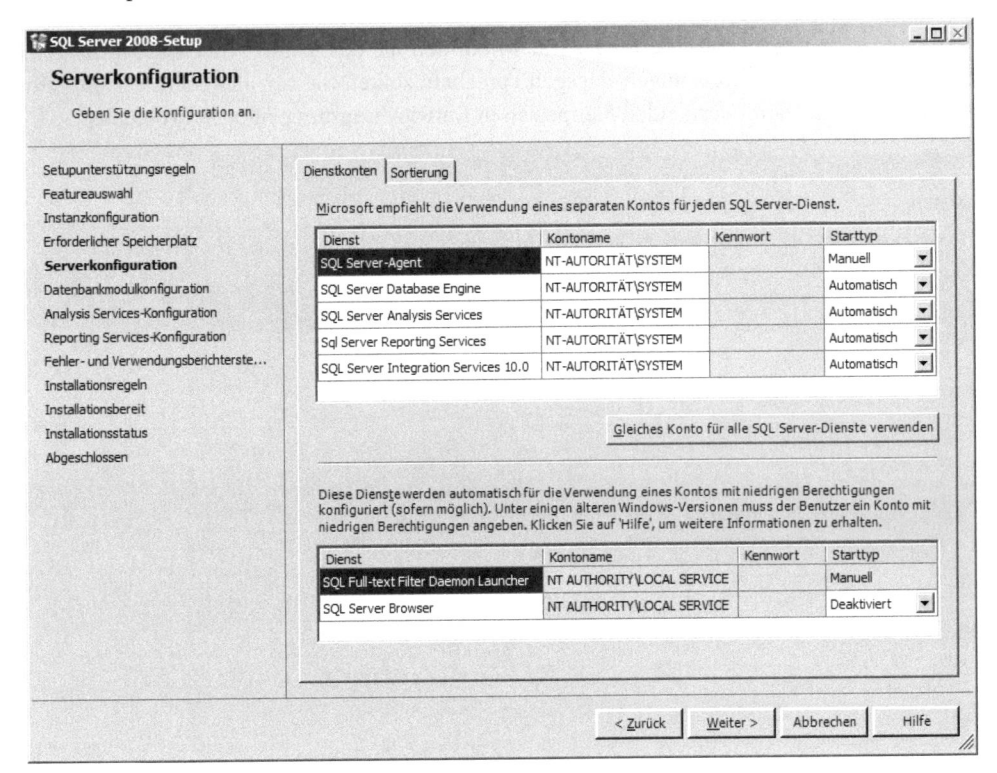

Abbildung 21.7 Dienstkonten festlegen

SQL Server installieren und konfigurieren

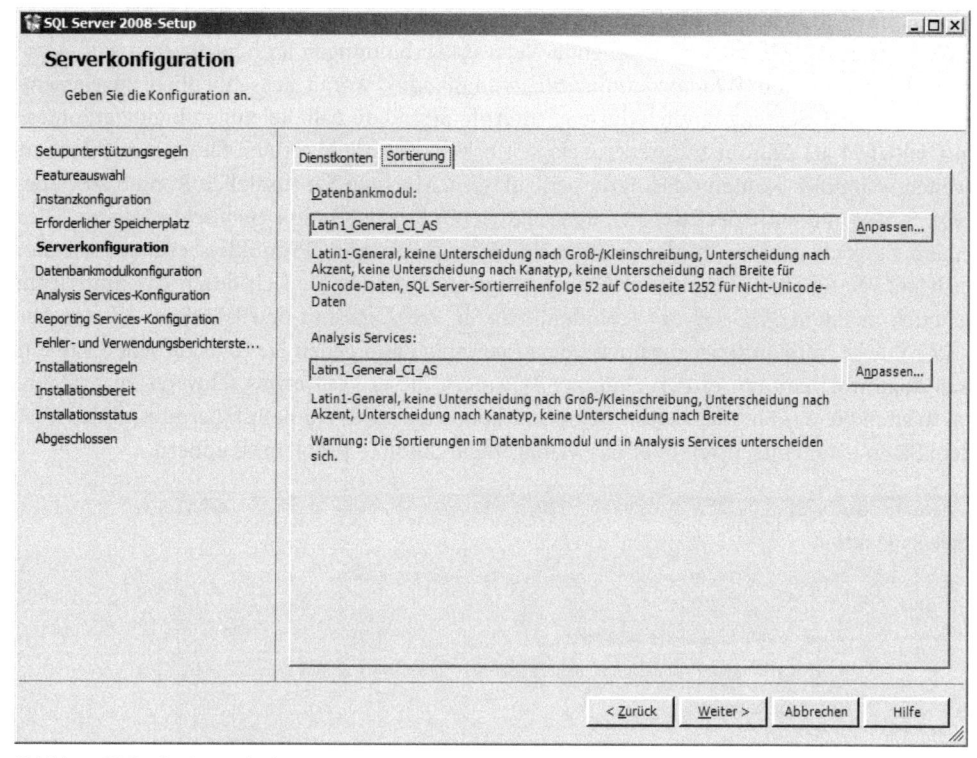

Abbildung 21.8 Sortierung festlegen

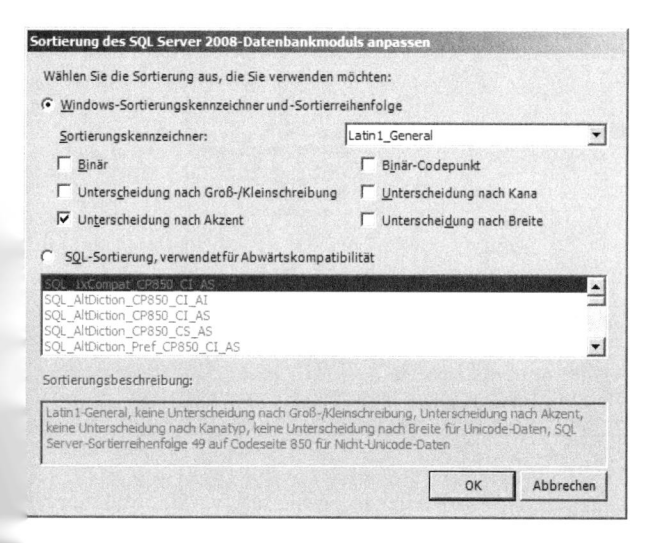

Abbildung 21.9 Auswahl der Sortierungseigenschaften

Im nächsten Schritt nehmen Sie die Grundeinstellungen für die Datenbankmaschine vor. Als erstes *müssen* Sie einen Administrator für die Instanz vergeben. Im einfachsten Fall verwenden Sie dazu den aktuell angemeldeten Benutzer. Möglicherweise haben Sie unter Windows aber schon passende Gruppen vorbereitet. Diese können Sie hier angeben (Abbildung 21.10).

An dieser Stelle legen Sie auch den Authentifizierungsmodus für das Datenbankmodul fest. Dabei geht es um die Art und Weise, wie der SQL Server eingehende Netzwerkverbindungen authentifizieren soll. Aktiviert ist standardmäßig die Option *Windows-Authentifizierungsmodus*, womit ausschließlich zugelassene Windows-Konten auf den SQL Server zugreifen dürfen. Am Anfang sind dies all diejenigen Benutzerkonten, die Sie in diesem Dialogfeld als Administratoren zugelassen haben. Natürlich können Sie im Anschluss an die Installation weitere Windows-Konten oder -Gruppen zulassen. Möchten Sie zusätzlich Konten zulassen, die direkt vom SQL Server authentifiziert werden, dann aktivieren Sie die Option *Gemischter Modus*. Dies kann man auf einem Entwicklerserver immer in Betracht ziehen, auf einem Produktivserver jedoch nur, wenn es tatsächlich notwendig ist. In einer Entwicklungsumgebung können Sie sich durch das hinterlegte Kennwort immer noch mit dem SQL Server verbinden, falls Sie Probleme mit den Windows-Konten bekommen sollten. Wird diese Authentifizierungsmethode ausgewählt, dann geben Sie bitte auf jeden Fall ein Systemadministratorkennwort ein, um es den Slammer-Würmern dieser Welt etwas schwerer zu machen. Besser noch: Deaktivieren Sie das Standard-Administrationskonto »sa«. Der Authentifizierungsmodus lässt sich auch nach dem Setup – am einfachsten über das Management Studio – problemlos ändern.

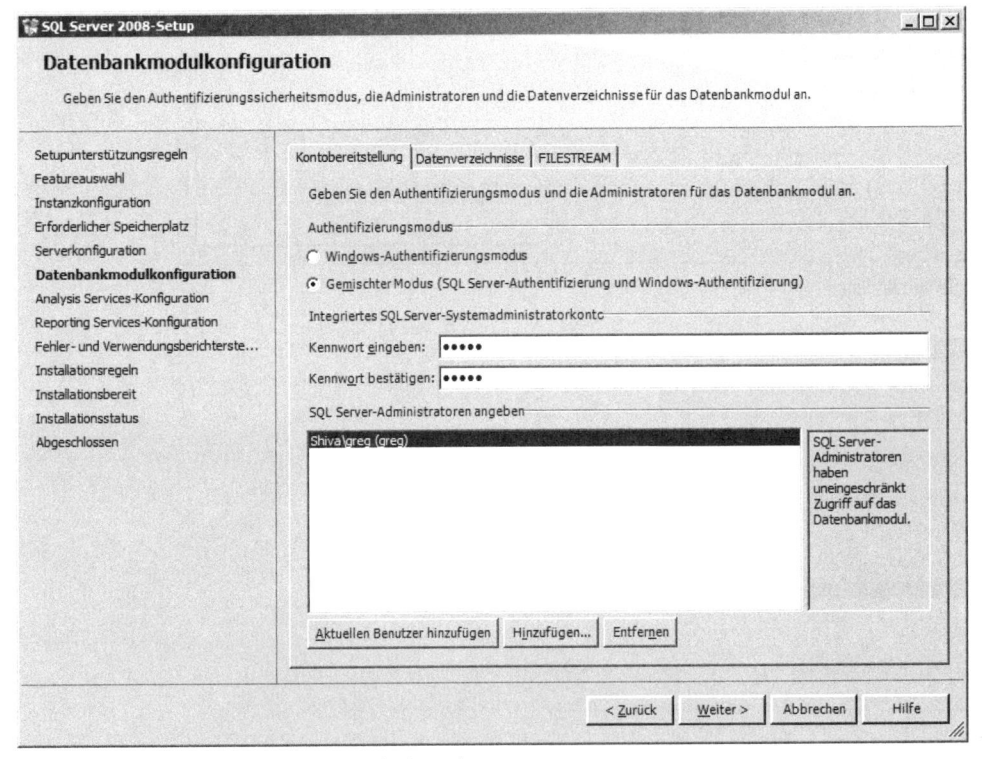

Abbildung 21.10 Einstellungen für die Datenbankmaschine

Eine besondere Beachtung verdient das Register *Datenverzeichnisse*. Hier legen Sie fest, wo der SQL Server seine Systemdaten und die Benutzerdaten speichert (es geht *nicht* um das Verzeichnis für die ausführbaren Dateien – an dieser Stelle sind wir schon vorbeigekommen). Was in der Entwicklungsumgebung auf dem Notebook oder Desktop relativ unproblematisch ist, muss auf einem Produktivserver sorgfältig eingestellt werden. Auch die Systemdaten sollten unbedingt auf einem »ordentlichen Verzeichnis« untergebracht werden und nicht in den Tiefen der C:-Platte. Wichtig (und gerne übersehen) ist auch die Positionierung

SQL Server installieren und konfigurieren

der Dateien für die Systemdatenbank *tempdb*. Diese sollten Sie getrennt von allen anderen Dateien auf separaten Speichermedien ablegen. Das ist entscheidend für die Performance des Gesamtsystems. Als Entwickler können Sie es sich einfach machen und ein sinnvolles *Datenstammverzeichnis* auswählen. Die anderen Verzeichnisse werden automatisch unterhalb von diesem angelegt.

Der dritte Reiter *FILESTREAM* beschäftigt sich mit der Aktivierung von *Filestream*-Zugriffen für Daten, die außerhalb des SQL Server gespeichert werden sollen. Auch hier gilt: Entwickler sollten es sich einfach machen und einfach »alle Haken setzen«. Damit können Sie das Feature später sofort nutzen. Genauer wird das Arbeiten mit Filestream-Daten im Kapitel 33 » Streaming-Daten mit FILESTREAM verarbeiten« behandelt.

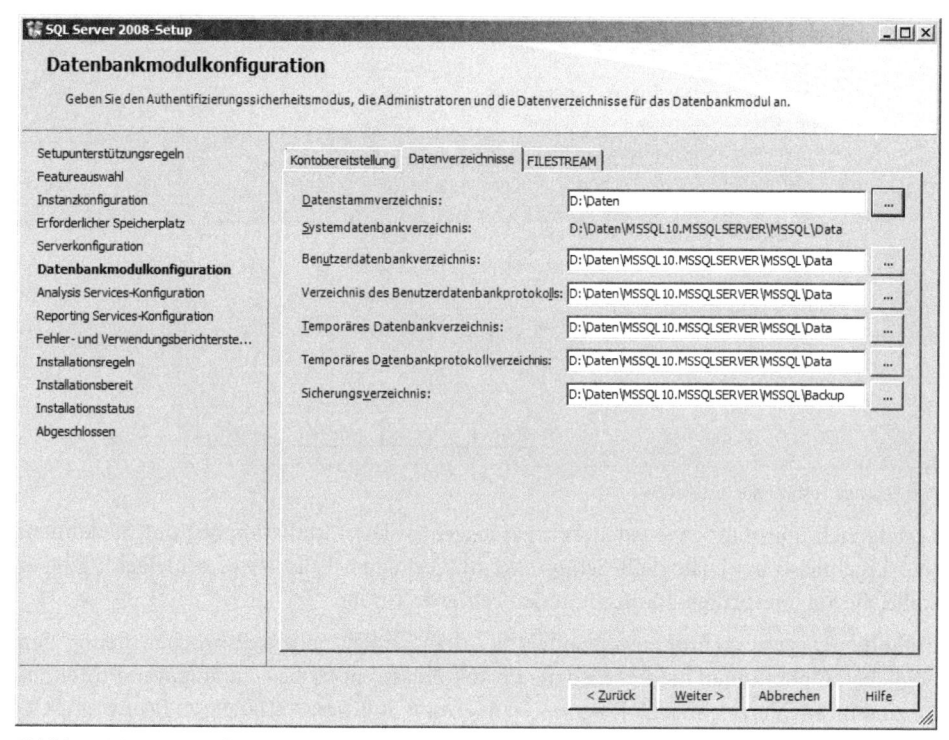

Abbildung 21.11   Verzeichnisse einstellen

Im nächsten Schritt nehmen Sie analog die Grundeinstellungen für die Analysis Services vor. Auch hier legen Sie einen ersten Administrator fest und geben an, wo die Daten der SSAS abgelegt werden sollen. Keine Besonderheiten hier.

Anschließend geht es um die Reporting Services. Wenn Sie noch nichts über diese wissen, dann verwenden Sie einfach die Option *Standardkonfiguration des systemeigenen Modus* verwenden. Damit können Sie im Anschluss an die SQL Server-Installation die Reporting Services über Ihre Standard-Website ansprechen und ausprobieren.

Nachdem Sie dem Setup-Programm mitgeteilt haben, ob Sie Informationen über Ihre Setup-*Experience* an Microsoft schicken lassen möchten, folgt jetzt der abschließende Systemtest, bevor die eigentliche Installation beginnt. Auf Abbildung 21.12 kann man einen Fehler entdecken, der die Installation verhindert: Visual Studio muss noch mit SP1 gepatched werden. *Solch einen* Fehler müssen Sie leider korrigieren, bevor Sie das Setup starten – also noch mal von vorn (das übt ungemein)!

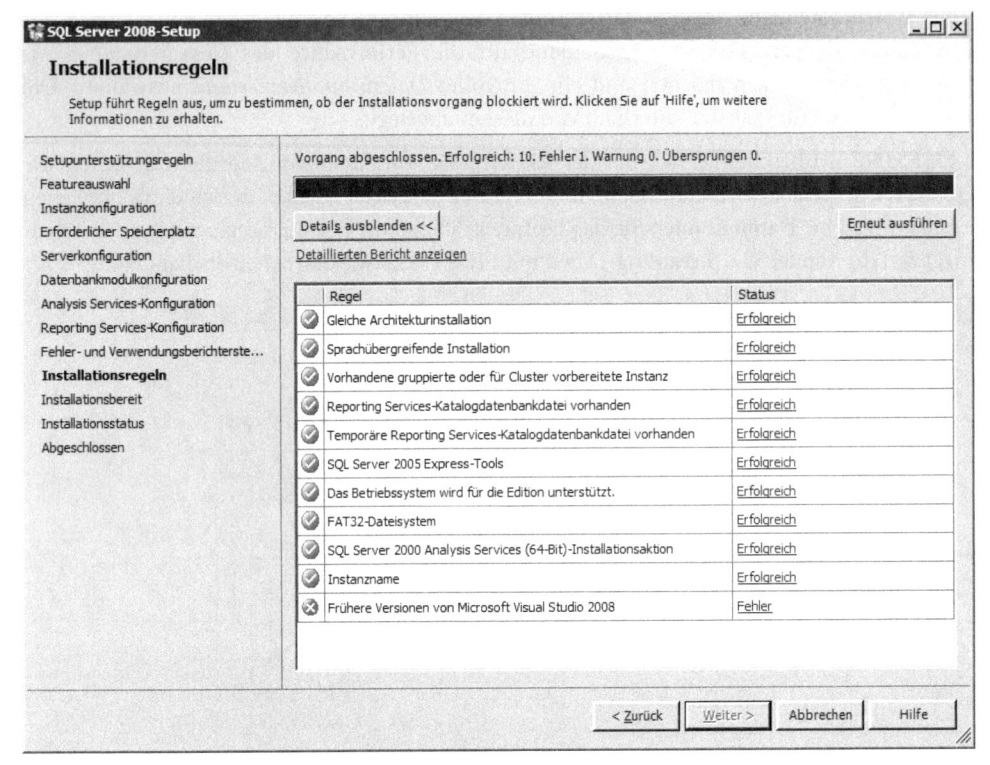

Abbildung 21.12 Der abschließende Test vor der Installation

Nachdem alle Tests erfolgreich überstanden wurden, kann es losgehen! Die Installation beginnt. Sie können den Vorgang und die Ergebnisse im Dialogfeld *Setupstatus* mitverfolgen. Falls etwas schiefgeht, gibt es verschiedene Protokolle, die Sie überprüfen können, um den Fehler zu finden.

- **Installationsprotokolle**   Das Setup-Programm notiert bei der Installation ausgesprochen fleißig den Ausgang aller möglichen Operationen in verschiedene Protokolldateien. In *vielen* und *langen* Protokolldateien um genau zu sein. Im Verzeichnis *C:\Programme\Microsoft SQL Server\100\Setup Bootstrap\LOG* finden Sie eine Datei *Summary.txt*, die eine kurze Zusammenfassung der Schritte der allerletzten Installation enthält. Falls Sie hier eine Fehlermeldung entdecken, ist diese in der Regel klar und eindeutig und der Fehler schnell eingegrenzt. Ansonsten geht Ihre Suche im Unterverzeichnis *Files* weiter. Dort hebt der SQL Server die vollständigen Protokolle der verschiedenen Installationsversuche auf. Es handelt sich um einfache Textdateien, deren Erweiterung *log* lautet. Die Suche nach Fehlerursachen geht sinnvollerweise mit Dateien weiter, in deren Namen Sie den Begriff *Core* finden. Dies sind die zentralen Protokolldateien. Suchen Sie mit Ihrem Texteditor nach Strings in der Art *Error*. Falls das nichts bringt, geht es mit den anderen Protokolldateien weiter. Viel Erfolg!

- **Windows Ereignisanzeige**   Betrachten Sie in der Windows Ereignisanzeige vor allem das Systemprotokoll. Hier finden Sie Hinweise auf einen SQL Server-Dienst, der nicht gestartet werden kann. Mit ein bisschen Glück ist der Windows Service Control Manager vielleicht sogar so freundlich, Ihnen einen Hinweis darauf zu geben, was der Grund für die Startprobleme ist.

- **SQL Server-Protokoll** Falls der Serverdienst installiert und gestartet werden konnte, dann befinden sich jetzt Einträge im SQL Server-Protokoll. Die Fehlerereignisse werden in den SQL Server-Protokollen und parallel dazu im Windows-Anwendungsprotokoll verzeichnet. Die SQL Server-Textprotokolle enthalten aber zusätzlich noch weitere nützliche Informationen und sind eventuell auch noch dann aktiv, wenn das Windows-Ereignisprotokoll voll ist und dort keine Einträge mehr geschrieben werden können. Falls Sie nicht über das Management Studio zugreifen können, dann suchen Sie einfach in dem von Ihnen eingestellten Verzeichnis für die Systemdaten nach einem Ordner *MSSQL10.MSSQLSERVER/MSSQL/LOG*. Dort finden Sie die Dateien *ERRORLOG*, *ERRORLOG.1*, *ERRORLOG.2* und so weiter. In der Datei ERRORLOG finden Sie das Protokoll zum letzten Startversuch.

Installation der Express Edition

Die Installation der Express Edition unterscheidet sich kaum vom Setup des großen Bruders. Es wird dasselbe Setup-Programm verwendet und die Schritte werden in der gleichen Reihenfolge abgearbeitet. Daher spare ich mir Screenshots und Beschreibungen. Es bestehen ein paar Unterschiede, die eine Rolle spielen können:

- Es gibt verschiedene Setup-Pakete für SQL Server Express. Die *SQL Server 2008 Express Edition* enthält ausschließlich die relationale Datenbankmaschine, die *SQL Server Express Management Tools* können separat heruntergeladen und installiert werden, die SQL *Server 2008 Express Edition with Advanced Services* beinhaltet zusätzlich die Reporting Services und die Volltext-Suchmaschine – auch das *Management Studio Express* ist bereits enthalten. Die Dokumentation in Form der *Books Online* ist wieder ein getrenntes Installationspaket. Seit der Version 2008 des SQL Server gibt es keine getrennte Version der Onlinedokumentation mehr.

- Microsoft stellt SQL Server Express-Installationspakete bereit, die das aktuelle Service Pack bereits enthalten. Das ist natürlich gut für das Implementieren eigener Setup-Routinen, weil das zusätzliche Installieren des Service Packs damit entfällt (und das ist Pflicht!).

Ansonsten ist das SQL Server Express Setup natürlich ein wenig kürzer als das der anderen Editionen. Zumindest die Analysis Services und die Integration Services fehlen ja im Installationspaket.

> **HINWEIS** Falls Sie bereits mit SQL Server Express 2005 gearbeitet hatten und den Begriff der Benutzerinstanz kennen, der beim Setup eine Rolle spielte, hier ein Hinweis dazu: Benutzerinstanzen müssen bei SQL Server 2008 nicht extra während des Setups aktiviert werden, sondern können immer benutzt werden. Allerdings wird Microsoft dieses Feature in zukünftigen Versionen von SQL Server abschaffen, sodass Sie darauf in Ihrer Entwicklung nicht mehr bauen sollten.

Den SQL Server aktualisieren

Als Administrator aber auch als Entwickler von SQL Server-Systemen ist es absolut verpflichtend, sich über Service Packs und Patches auf dem Laufenden zu halten, die für den SQL Server erscheinen. Das etwas albern und banal erscheinende »Hast Du es schon mit dem neuesten Service Pack versucht?«, mit dem der nette Kollege unsere drängenden Fragen beantwortet, hat beim SQL Server durchaus seine Berechtigung. Mit Service Packs werden nicht nur eventuelle Sicherheitslöcher gestopft (wie beim legendären SP3a für SQL Server 2000) sondern auch funktionelle Probleme der Datenbankmaschine oder anderer Komponenten beseitigt. Diese treten beim SQL Server zwar ausgesprochen selten auf – aber es gibt sie. Gerade der SQL Server 2008 hatte bei der ersten Auslieferung noch ein paar Schwächen, für die schnell Hotfixes und bald auch schon das erste Service Pack nachgeliefert wurden. Für den SQL Server gilt die goldene Regel: Wenn ein Service Pack erscheint, dann sollte es auch eingesetzt werden. Ein SQL Server, der sich auf dem aktuellen Service Pack-Stand befindet, ist übrigens auch eine Voraussetzung dafür, dass Sie den Microsoft Support einschalten können.

Etwas anderes ist es mit den Updates, die zwischen den Service Packs herausgegeben werden. Diese sollten Sie nur dann einspielen, wenn Sie sich ganz sicher sind, dass Sie dieses Patch auch wirklich benötigen.

TIPP Installieren Sie auf einem *Produktivsystem* ein Servicepack nicht sofort nach dessen Erscheinen. Haben Sie mit keinen akuten Problemen zu kämpfen, dann warten Sie ein paar Tage ab und verfolgen Sie die Informationen auf den Microsoft Webseiten. Unter bestimmten Konfigurationen kann es immer mal wieder Probleme mit Service Packs geben.

Service Packs und Hotfixes

Wie erkennt man überhaupt, ob und welches Service Pack installiert ist? Sie finden die Versionsnummer unter den allgemeinen Servereigenschaften im Management Studio. Ich würde Ihnen allerdings zur Sicherheit empfehlen, einen Versionscheck auf T-SQL-Ebene durchzuführen. Dazu gibt es verschiedene Möglichkeiten: Die globale Systemvariable *@@version*, die Funktion *SERVERPROPERTY* oder die gespeicherte Prozedur *xp_msver*. Ich empfehle die mittlere Variante, da sie die installierte Edition mit ausgeben kann. Benötigen Sie weitere Informationen, wie die Version des Betriebssystems, dann ist *xp_msver* besser geeignet. Die Anwendung ist jeweils recht trivial:

```
SELECT
    SERVERPROPERTY('productversion'),
    SERVERPROPERTY ('productlevel'),
    SERVERPROPERTY ('edition')
```

Listing 21.1 Abfragen von Versionsinformationen – Version 1

Dies liefert ein Ergebnis in der Art:

```
10.0.2531.0  SP1  Developer Edition (64-bit)
```

Detaillierter sind die von *xp_msver* gelieferten Daten.

```
EXEC xp_msver
```

Listing 21.2 Abfragen von Versionsinformationen – Version 2

Im Ergebnis findet man unter anderem die folgenden Informationen:

```
Index   Name            Internal_Value   Character_Value
1       ProductName     NULL             Microsoft SQL Server
2       ProductVersion  589824           10.0.1600.22
3       Language        1031             Deutsch (Deutschland)
4       Platform        NULL             NT INTEL X86
...
13      PrivateBuild    NULL             NULL
14      SpecialBuild    104857622        NULL
```

```
15      WindowsVersion       170393861    6.0 (6001)
16      ProcessorCount       2            2
17      ProcessorActiveMask  3            00000003
18      ProcessorType        586          PROCESSOR_INTEL_PENTIUM
19      PhysicalMemory       2047         2047 (2146676736)
```

Entscheidend ist das Feld *ProductVersion*. In der Versionsnummer sind der Release-Stand und die Service Pack-, beziehungsweise Patch-Informationen verschlüsselt. Zum Zeitpunkt des Schreibens dieses Buchs ist die Versionsnummer 10.0.2710.0 aktuell. Das ist ein kumulativer Update nach dem SP1. Und tatsächlich gibt es in diesem die eine oder andere Kleinigkeit, die für Entwickler wichtig ist. Die wichtigsten Releasestände sind derzeit:

```
Release                   Versionsnummer
RTM                       10.100.1600.0
Service Pack 1            10.100.2531.0
Kumulativer HotFix post SP1  10.0.2710.0
```

Mit den Service Packs werden hin und wieder auch neue und geänderte Funktionen verteilt. Bei der Vorgängerversion, SQL Server 2005, erlangte das Datenbank-Mirroring erst mit dem SP1 Serienreife.

So nervend das auch ist: Eine vollständige Installation des SQL Server besteht aus der Basis-Installation, dem Einspielen des aktuellen Service-Packs und dem Einspielen der aktuellen Hotfixes. Erst damit haben Sie eine SQL Server-Instanz installiert, die technisch auf dem neuesten Stand ist.

Ein Service Pack installieren

Wie Sie es im letzten Abschnitt kennen gelernt haben, müssen Sie so oder so zumindest das Service Pack 1 installieren, nachdem Sie SQL Server auf einem Windows 7 System installiert haben. Also los!

Zunächst müssen Sie sich das Service Pack in der richtigen Sprachversion und in der korrekten 32- oder 64-Bit Ausführung besorgen (*http://www.microsoft.com/downloads*). Service Packs werden als große EXE-Dateien ausgeliefert, die Sie direkt starten können.

Das Setup eines Service Packs beginnt mit einer Untersuchung der lokalen SQL Server-Instanzen. Das Ergebnis wird im Dialogfeld *Features auswählen* angezeigt. Sie können sich hier die Versionsnummer der Komponenten anzeigen lassen und einzelne Komponenten abwählen – *wenn Sie einen guten Grund dafür haben*. Die Versionsnummer *10.0.1600.22* steht für die erste Auslieferungsversion des SQL Server. Anschließend überprüft das Setup, ob es auf alle Dateien zugreifen kann und schon beginnt die Aktualisierung.

Was in einer lokalen Entwicklungsumgebung sehr einfach ist, kann auf einem Test- oder Produktionsserver sehr viel aufwändiger sein. Während einer Service Pack-Installation müssen die SQL Server-Dienste neu gestartet werden, dass will geplant sein. Bei der Installation auf einem Cluster gilt es besonders vorsichtig vorzugehen. Studieren Sie die entsprechenden Dokumente aufmerksam. Möglicherweise möchten Sie vor der Installation eines neuen Clusters zunächst ein Slipstream-Installationsmedium vorbereiten, welches das Basis-Setup *und* ein Service Pack enthält. Konsultieren Sie dazu die Online-Hilfe.

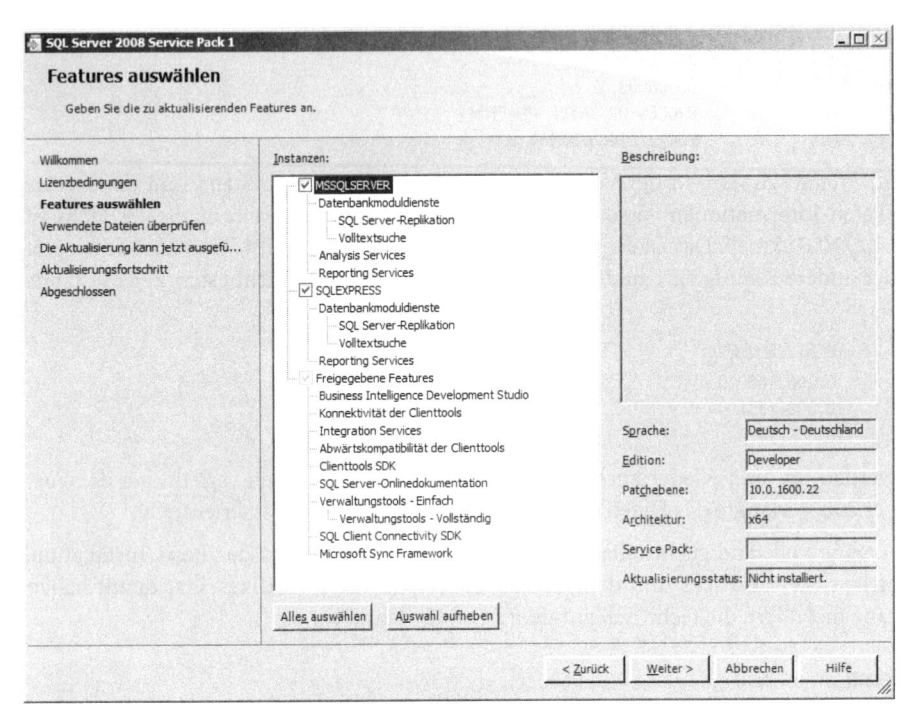

Abbildung 21.13 Komponenten auswählen, die gepatched werden sollen.

HINWEIS Denken Sie – speziell als Entwickler – daran, dass auch die Books Online regelmäßig aktualisiert werden. Wenn Sie eine lokale Kopie brauchen, dann sollten Sie sich auf den Microsoft Download-Seiten danach umsehen.

Basiskonfiguration einer Server-Instanz

Eine der wunderbaren Eigenschaften von SQL Server ist, dass dieser nach einer Installation schon ordentlich und performant läuft. Es sind in der Regel aber noch ein paar Handgriffe notwendig, um benötigte Funktionen frei zu schalten, die deaktiviert ausgeliefert werden oder elementare Einstellungen zu treffen, die der Leistung gut tun.

SQL Server-Konfigurations-Manager

Mit dem SQL Server-Konfigurations-Manager können die grundsätzlichen Einstellungen für die verschiedenen Dienste und Protokolle der SQL Server-Instanzen auf einer Maschine vorgenommen werden. Diese Aussage ist wörtlich zu nehmen. Alles was über die Konfiguration der Dienste, sowie der serverseitigen Netzwerkprotokolle und der Einstellungen zum Native Client hinausgeht, finden Sie im Management Studio, der Oberflächenkonfiguration oder gar in Transact-SQL versteckt. Bei den Diensteigenschaften (Abbildung 21.14) finden Sie unter *Anmelden* und *Dienst* die Einstellungen, die auch die Windows-Management-Konsole *services.msc* bietet, also die Vereinbarung des Dienstkontos und des Startmodus. Im Register *Erweitert* können Sie vor allen Dingen die Startparameter einer Serverinstanz konfigurieren. Nach der Installation finden Sie hier einen Eintrag in der Art:

```
-dC:\Programme\Microsoft SQL Server\MSSQL.1\MSSQL\DATA\master.mdf;
-lC:\Programme\Microsoft SQL Server\MSSQL.1\MSSQL\DATA\mastlog.ldf;
-eC:\Programme\Microsoft SQL Server\MSSQL.1\MSSQL\LOG\ERRORLOG;
```

SQL Server installieren und konfigurieren

Damit werden die Dateien der Masterdatenbank bezeichnet, die verwendet werden sollen, sowie der Pfad zum SQL Server-Fehlerprotokoll. Weitere Parameter sind in den Books Online beschrieben.

Abbildung 21.14 Einstellungen zu einem SQL Server-Dienst

In der Abteilung *SQL Server-Netzwerkkonfiguration* finden Sie die für eine Instanz verfügbaren serverseitigen Netzwerkbibliotheken und können diese aktivieren sowie einfache Einstellungen vornehmen. Die SQL Server-Protokolle *Shared Memory, Names Pipes, TCP/IP* und *VIA* wurden in Kapitel 2 vorgestellt. Im Konfigurations-Manager stellen Sie über einen rechten Mausklick auf den Protokollnamen ein, ob das Protokoll von der Instanz verwendet werden darf, und können bei einigen Protokollen noch Eigenschaften konfigurieren. Abbildung 21.15 zeigt das exemplarisch für TCP/IP. Sie stellen hier für jede IP-Adresse ein, ob diese verwendet werden soll, und können entweder feste oder auch dynamische Ports vorgeben.

HINWEIS Nach der ersten Installation des SQL Server ist zunächst nur die Clientbibliothek *Shared Memory* aktiv. Das heißt, es kann nur lokal gearbeitet werden. Möchten Sie von einem zweiten Rechner aus auf den SQL Server zugreifen, dann müssen Sie mindestens ein weiteres Protokoll freischalten.

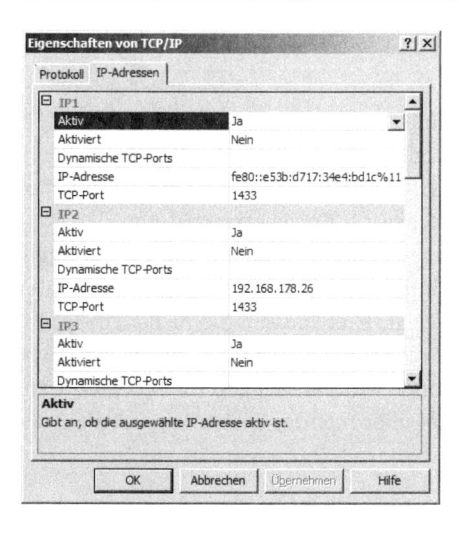

Abbildung 21.15 TCP/IP-Eigenschaften

Grundeinstellungen für eine Serverinstanz

Ist eine SQL Server-Instanz vollständig installiert und läuft fehlerfrei, dann sollten Sie sich noch ein paar Minuten Zeit nehmen, um einige wenige Grundeinstellungen vorzunehmen.

Einstellungen im Betriebssystem

Öffnen Sie in Windows 2008 beziehungsweise Windows 7 zunächst einmal das Symbol *System* in der Systemsteuerung. Klicken Sie anschließend auf *Erweiterte Systemeinstellungen*. Kontrollieren Sie im Dialogfeld *Systemeigenschaften*, ob die Einstellung unter *Erweitert/Leistung/Einstellungen/Erweitert* der in Abbildung 21.16 entspricht. Das ist die Einstellung für einen *Server*. Den SQL Server-Instanzen wird damit mehr Prozessorleistung zugewiesen (*Prozessorzeitplanung/Hintergrunddienste*). Haben Sie den SQL Server auf Ihrem Entwickler-PC installiert, dann lassen Sie die Option auf *Programme* eingestellt. Damit können Sie im Hintergrund Abfragen laufen lassen und im Vordergrund weiter mit Visual Studio arbeiten.

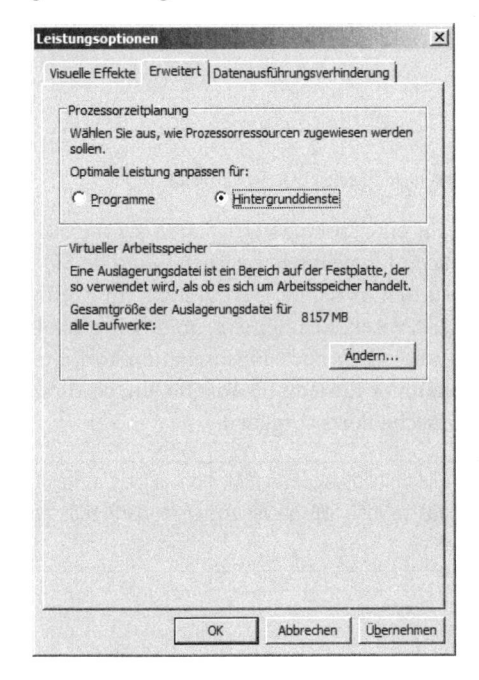

Abbildung 21.16 CPU Last zwischen Anwendungen und Server-Diensten verteilen.

Bei dieser Gelegenheit können Sie gleich einmal nachschauen, was unter *Virtueller Arbeitsspeicher* eingestellt ist. Der SQL Server selbst, aber auch das Betriebssystem oder andere Programme, die auf der Server-Maschine arbeiten, sollten nach Möglichkeit so wenig wie möglich Gebrauch von der Auslagerungsdatei machen. Die Verwendung der Auslagerungsdatei ist immer ein Zeichen für Speichermangel und das Auslagern von Speicherseiten verlangsamt Operationen erheblich. Ein gewisses Maß an Aktivität ist allerdings im normalen Rechnerbetrieb unvermeidlich und geht völlig in Ordnung. Die Größe der Auslagerungsdatei wird von Windows anhand des installierten Arbeitsspeichers festgelegt. Hier müssen Sie nichts einstellen. Sie sollten allerdings darauf achten, dass die Auslagerungsdatei und die SQL Server-Datendateien sich nicht auf dem gleichen Laufwerk befinden. Die Lese- und Schreiboperationen würden sich gegenseitig behindern. Einige Administratoren verwenden den Trick, die Auslagerungsdatei über mehrere Platten zu verteilen. Da müssen Sie vorsichtig sein.

Eine gute Maßnahme auf einem 32-Bit-Windows-Server mit 4 GByte Hauptspeicher ist es, dem SQL Server zu gestatten, mehr als die standardmäßig vorgesehenen 2 GByte zu verwenden. Ergänzen Sie dazu die *boot.ini*-Datei um den Schalter */3GB* und starten Sie Windows neu. Die Änderung können Sie am einfachsten wiederum in den Systemeigenschaften vornehmen. Der Pfad lautet auf einem Windows Server 2003 *Erweitert/Starten und Wiederherstellen/Einstellungen/Standardbetriebssystem/Bearbeiten* (Heissa!). Windows beansprucht anschließend maximal 1 GByte und lässt 3 GByte für den SQL Server zu. Unter einem 64-Bit-Betriebssystem sind solche Klimmzüge natürlich überflüssig.

Einstellungen der SQL Server-Instanz

Über das Management Studio können Sie die wichtigsten Eigenschaften einer Serverinstanz im Objekt Explorer konfigurieren. Für die grundlegenden Leistungseinstellungen sind die beiden Seiten *Arbeitsspeicher* und *Prozessoren* relevant. Zunächst einmal soll es um die Prozessoreinstellungen gehen. Sinnvollerweise betrachtet man an dieser Stelle die folgenden Optionen.

- **Prozessoren aktivieren** Nach der Installation ist SQL Server so eingestellt, dass er die Verwendung sämtlicher vorhandener Prozessoren in Betracht zieht. Dabei wird die Arbeitslast einigermaßen gleichmäßig verteilt. Auf allen CPUs werden Arbeits-Threads des SQL Server ausgeführt, die einzelne SQL-Batches bearbeiten. Sind die Abfragen sehr umfangreich, wie es bei großen Datenbanken mit großen Berichten der Fall sein kann, dann kann sich SQL Server entschließen, eine einzelne Abfrage auf mehr als einem Prozessor abzuarbeiten. Haben Sie es mit einem reinen Datenbankserver zu tun, also einer Maschine, auf der neben den SQL Server-Diensten nichts weiter läuft, dann sollten Sie diese Einstellung möglichst beibehalten. Sie ermöglichen dem SQL Server damit, das Bearbeiten der Benutzerverbindungen zu parallelisieren.

  Falls es Gründe gibt, SQL Server die Benutzung einzelner Prozessoren zu verbieten, entfernen Sie die Haken vor den Begriffen *Prozessor-Affinitätsmaske...* und *E/A-Affinitätsmaske...* und wählen die CPUs explizit aus. Haben Sie beispielsweise vier CPUs im System, dann hat es sich eingebürgert, den Prozessor 0 für Windows zu reservieren (speziell, wenn der Server noch für Windows-Aufgaben, etwa als Anmeldeserver genutzt wird) und die restlichen für den SQL Server. Eventuell macht es Sinn, einem weiteren Dienst einen Prozessor zu überlassen. Starten Sie die Serverinstanz neu. Auf Multiprozessorsystemen *kann* es eventuell Sinn machen, noch genauer festzulegen, *was* ein Prozessor für den SQL Server leisten soll: Mit einem Haken bei *Prozessoraffinität* legen Sie fest, dass Abfragen bearbeitet werden sollen, und mit einem Haken bei *E/A-Affinität* legen Sie fest, dass vor allem E/A-Operation gesteuert werden. Für eine Basiskonfiguration ist es aber zunächst empfehlenswert hier *keine* Unterscheidung zu treffen, sondern den SQL Server beziehungsweise Windows die Verteilung der Threads zu überlassen.

- **SQL Server-Priorität höher stufen** Haben Sie es mit einem dedizierten Datenbankserver zu tun, dann sollten Sie hier auf jeden Fall einen Haken setzen. Nach dem Neustart des SQL Server-Dienstes befindet sich dieser in einer höheren Prioritätsklasse, wodurch ihm zusätzliche Prozessorzeit zugewiesen wird. Die Wirkung können Sie leicht selbst im Task-Manager kontrollieren: Klicken Sie dazu auf der Registerkarte *Prozesse* auf den Dienst *sqlserver* und wählen Sie die Option *Priorität festlegen*. Es wird Ihnen die momentan verwendete Prioritätsklasse angezeigt; diese ist bei Verwendung der Option auf *hoch* eingestellt.

Die anderen Einstellungen sollten Sie erst dann in Angriff nehmen, wenn wirkliche Tuningmaßnahmen erforderlich werden. *Windows-Fibers verwenden* wird dabei die wahrscheinlichere Wahl sein. Diese Option kann sinnvoll sein, wenn Ihr Server mit sehr vielen Benutzerverbindungen zu kämpfen hat. In diesem Fall wird unter Umständen eine Menge Prozessorzeit für das Umschalten zwischen den Threads des SQL

Server-Dienstes aufgebracht. Im so genannten Fiber-Modus übernimmt SQL Server anstelle von Windows das Umschalten zwischen den Subprozessen. Für das Betriebssystem ist dann nur noch ein einzelner Thread sichtbar, in dem intern Fibers (auch *Lightweight Threads* genannt) ablaufen – dies sind stark abgespeckte Threads. Das Umschalten zwischen diesen übernimmt SQL Server selbst, was Zeit für die Kontextwechsel einspart, jedoch das Gesamtsystem instabiler macht. Genauere Richtlinien über den Einsatz dieser Option finden Sie in Kapitel 20, wenn es um das Auswerten von Leistungsindikatoren geht.

WICHTIG Achten Sie darauf, dass es zwei verschiedene Ansichten bei den Eigenschaften gibt. Ist *Ausgeführte Werte* aktiv, dann sehen Sie die Parameter, die momentan tatsächlich verwendet werden. Unter *Konfigurierte Werte* finden Sie neu eingestellte Werte, die aber erst nach dem Neustart der Serverinstanz greifen!

Für die Einstellungen auf der Seite *Arbeitsspeicher* gelten die folgenden Regeln.

- Auf einer dedizierten Datenbankmaschine sollten Sie dem Server das Speichermanagement selbst überlassen. Lassen Sie die beiden Einstellungen *Minimaler Serverarbeitsspeicher (in MB)* und *Maximaler Serverarbeitsspeicher (in MB)* wie voreingestellt. Der Wert von 1.024 MByte für die untere Grenze bedeutet, dass der SQL Server ein 1 GByte Speicher für sich in Anspruch nimmt – aber erst, wenn er überhaupt einmal so viel Speicher alloziert hat. Der SQL Server reserviert bei Bedarf neuen Arbeitsspeicher und hält diesen fest, bis ein anderer Prozess Arbeitsspeicher anfordert, der nicht mehr aus dem freien Pool geliefert werden kann. Sie werden feststellen, dass ein so konfigurierter SQL Server im Laufe der Zeit immer mehr Speicher zugewiesen bekommt. Das ist ein völlig normales Verhalten. Es wird automatisch darauf geachtet, dass für Windows selbst noch genügend Speicherressourcen zur Verfügung stehen. Hin und wieder kann es vorkommen, dass sich eine Applikation, die gemeinsam mit SQL Server auf dem gleichen Rechner läuft, sehr speicherhungrig verhält und den Datenbankserver dadurch einschränkt. Dann ist ein manuelles Tuning sinnvoll. Legen Sie die Untergrenze für den SQL Server höher.

- **AWE für die Zuweisung von Arbeitsspeicher verwenden** Haben Sie auf Ihrer 32-Bit-Windows-Maschine mehr als 4 GByte Arbeitsspeicher zur Verfügung, dann nutzt der SQL Server den erst dann, wenn Sie diese Option aktivieren. Eventuell müssen Sie noch den */PAE*-Schalter in die *boot.ini*-Datei von Windows einbauen.

Die Serverinstanz mit T-SQL konfigurieren

Die Parameter für die SQL Server-Datenbankmaschine können Sie bequem mit der gespeicherten Prozedur *sp_configure* ändern. Ein Aufruf von *sp_configure* ohne die Angabe von Argumenten liefert die aktuellen Einstellungen.

```
EXEC sp_configure
```

Listing 21.3 Aktuelle Servereinstellungen abfragen

Wichtig: Sie sollten nach dem Ausführen von *sp_configure* als allererstes die Ergebniszeile suchen, die den Wert *show advanced options* in der Spalte *Name* enthält. Überprüfen Sie hier, ob der Eintrag für *run_value* eine 1 ist. Nur dann werden wirklich alle Einstellungen angezeigt. Falls Sie eine 0 finden, sollten Sie das folgende Skript ausführen:

```
EXEC sp_configure 'show advanced options', 1
RECONFIGURE
```

Listing 21.4 Erweiterte Konfigurationsoptionen anzeigen lassen

Jetzt zeigt *sp_configure* sämtliche verfügbaren Einstellungen an. Über die Spalten *mininum* und *maximum* können Sie den gültigen Wertebereich feststellen, *config_value* zeigt einen gesetzten, aber noch nicht aktiven Wert und *run_value* den Wert, mit dem die Datenbankmaschine tatsächlich arbeitet. Nachdem Sie mit *sp_configure* eine Einstellung geändert haben, müssen Sie diese nämlich explizit mit dem Kommando *RECONFIGURE* übernehmen und eventuell zusätzlich sogar die Serverinstanz durchstarten. Das ist bei Parametern der Fall, die sich auf den Speicher oder die Prozessoreinstellungen beziehen. Das Listing 21.5 zeigt, wie Sie die SQL Server-Priorität per T-SQL erhöhen. Danach ist ein Neustart fällig.

```
EXEC sp_configure 'priority boost', 1
RECONFIGURE
```

Listing 21.5 Die Priorität des SQL Server-Dienstes erhöhen

Datenbanken sichern und wiederherstellen

Dass eine Datenbank regelmäßig gesichert werden sollte, steht außer Frage. Der SQL Server verfügt über ausgezeichnete Sicherungsmechanismen, deren wesentliche Eigenschaften in der folgenden Liste zusammengestellt sind. Dies sind die wichtigsten Fakten in Bezug auf SQL Server-Backups:

- Ein SQL Server-Backup kann problemlos online – das heißt mit aktiven Benutzern in einer Datenbank – durchgeführt werden. Da ein recht effektives Backup-Verfahren eingesetzt wird, können vollständige Datenbanksicherungen auch großer Datenbanken durchgeführt werden, ohne dass die Benutzer deutlich in ihrer Arbeit gestört werden – eine gute Hardware vorausgesetzt.

- Einige Aktionen sind in einer Datenbank jedoch nicht möglich, solange ein Backup läuft. Dies betrifft unter anderem das Erstellen von Indizes, das Reorganisieren der Datenstrukturen und das Ausführen so genannter nicht protokollierter Operationen.

- Verwenden Sie unter *gar keinen Umständen* Disk Image-Tools zum Sichern der Datenbankdateien, während Benutzer in einer Datenbank arbeiten! Sie können sich absolut sicher sein, dass Sie auf diese Art inkonsistente Daten im Backup erzeugen. Normale Dateisicherungsverfahren, so auch der in Windows eingebaute Backup-Mechanismus, sichern die geöffneten Datenbankdateien (zum Glück) sowieso nicht mit. Verwenden Sie eine spezielle Sicherungssoftware, dann vergewissern Sie sich am besten, dass diese einen geeigneten *Agenten* für SQL Server enthält.

- Als Sicherungsziele kommen Bandlaufwerke, Dateien oder so genannte Named Pipes in Betracht. Bandlaufwerke müssen lokal auf jenem Rechner installiert sein, auf dem sich auch die SQL Server-Instanz befindet, von der aus gesichert werden soll. Die Sicherung in Dateien ist eine sehr schnelle und effektive Möglichkeit. Da das UNC-Namensformat für die Angabe des Sicherungsziels verwendet werden kann, lässt sich eine Dateisicherung auch auf einer anderen Maschine im Netzwerk unterbringen. Der Pfad *\\shiva\backup\netshop.bak* beispielsweise beschreibt die Sicherungsdatei *netshop.bak* auf der Freigabe *backup* des Rechners *herakles*. Denken Sie daran, dass das SQL Server-Dienstkonto Schreibberechtigungen auf dem freigegebenen Ordner benötigt, wenn die Sicherung funktionieren soll.

- SQL Server kennt zwei verschiedene Arten von *Sicherungsmedien*: physikalische und logische. Als *physikalische Sicherungsmedien* werden die gerade aufgezählten Sicherungsziele bezeichnet, also Dateien und Bänder. Ein *logisches Sicherungsmedium* stellt dagegen einen Verweis dar, der sich auf ein physikalisches Medium bezieht. Es dient der Organisation von Datensicherungen und ist im Management Studio sichtbar.

- Eine Datenbanksicherung kann auch eine brauchbare Methode sein, um Datenbanken von einen Server zu einem anderen zu transportieren. In einer Sicherung sind nur die tatsächlich verwendeten Datenseiten vorhanden, während die Kopien der Datenbankdateien sehr viel leeren Platz enthalten können. Allerdings führt der SQL Server keine Komprimierung während einer Datensicherung durch. Die Anwendung eines Komprimierungsprogramms auf eine Sicherungsdatei bringt enorme Platzgewinne.

- In einer Datenbanksicherung sind nicht nur die Benutzerdaten enthalten, sondern auch die Einstellungen der Datenbank, die Benutzer und die Informationen über die verwendeten Datenbankdateien. Dies macht eine Wiederherstellung besonders einfach.

- Denken Sie immer daran, dass neben der Sicherung der eigentlichen Datenbank Ihrer Anwendung immer auch die Systemdatenbanken *master* und *msdb* gesichert werden müssen: Die *master*-Datenbank, weil sich in dieser die SQL Server-Anmeldungen befinden, die zu den Benutzerkonten Ihrer Datenbank gehören, und die MSDB, weil in dieser der Sicherungskatalog, die Definition der SQL Server-Aufträge und weitere Verwaltungsinformationen aufgehoben werden.

- Im Gegensatz zu einer Datenbanksicherung dürfen während einer Rücksicherung keine Benutzer auf die Datenbank zugreifen – vorausgesetzt, diese existiert noch. Es kann daher notwendig sein, die Datenbank vor dem Restore zu trennen.

- Sie können keine einzelnen Datenbankobjekte (zum Beispiel eine bestimmte Tabelle) sichern – leider. Es wird immer die ganze Datenbank oder eine einzelne Datenbankdatei in Betracht gezogen. Selbstverständlich sind inkrementelle Verfahren möglich.

SQL Server kennt für unterschiedliche Arten von Datenbankanwendungen verschiedene Backup-Szenarien. An dieser Stelle gebe ich Ihnen zunächst einmal einen Überblick über die Backup-Varianten und erläutere, in welchen Situationen Sie diese bevorzugt einsetzen sollten. Bevor es um die verschiedenen Methoden geht, lassen Sie uns kurz innehalten und rekapitulieren, wie die Speicherstrukturen einer SQL Server-Datenbank aussehen (ganz genau ist dies in Kapitel 7 beschrieben worden): SQL Server verwaltet die Daten einer Datenbank in Datenseiten (Pages) von 8 KByte Größe, die in Blöcken (Extents) zu je 8 Seiten zusammengefasst werden. Die Datenseiten einer Datenbank können mehr oder weniger gefüllt sein, in einer Datenbank werden auch eine Menge Datenseiten existieren, die zwar bereits alloziert, aber noch nicht verwendet wurden. Zu jeder Datenbank existiert ein Transaktionsprotokoll, in dem SQL Server die Änderungen an den Daten notiert, bevor diese in den Echtdaten durchgeführt werden. Das Transaktionsprotokoll macht es möglich, Transaktionen problemlos zurücksetzen zu können und eine »ge-crashte« Datenbank durch einen Recovery-Prozess wieder in einen konsistenten Zustand zu versetzen.

Und dies sind die drei verschiedenen Backup-Typen, die SQL Server anbietet:

- **Vollständiges Backup** Dies ist die einfachste Form der Datensicherung. Es werden alle nicht leeren Datenseiten in das Backup-Medium geschrieben. Eine Datensicherung ist bei einem laufenden SQL Server jederzeit möglich, auch im vollen Benutzerbetrieb. Es werden *keine* Sperren in der Datenbank gesetzt. Damit eine Datenbank aus einem Full-Backup wieder hergestellt werden kann, nimmt SQL Server noch zusätzlich diejenigen Einträge des Transaktionsprotokolls mit auf das Band, die während des Sicherungslaufs durch Benutzeraktivitäten angefallen sind. Dieses Backup-Verfahren wird als *Fuzzy-Backup* bezeichnet. Beim Einspielen der Datensicherung werden die Änderungen aus dem Protokoll dann in der Datenbank nachvollzogen, sodass alle Transaktionen vollständig auf allen Datenseiten abgeschlossen sind. Dies ist das so genannte *Recovery* einer Datenbank. Um diese Details müssen Sie sich allerdings nicht kümmern, SQL Server führt die notwendigen Aktionen vollautomatisch durch.

- **Inkrementelles Backup** Im SQL Server-Slang wird diese Art der Datensicherung *Transaktionsprotokollsicherung* genannt, weil keine Datenseiten, sondern Einträge des Transaktionsprotokolls gesichert werden. Ausgehend von einem vollständigen Backup als Startpunkt lassen sich dadurch sehr effizient die Änderungen an einer Datenbank sichern – und zwar genau die seit dem letzten inkrementellen Backup aufgetretenen. Eine Transaktionsprotokollsicherung läuft sehr schnell und effektiv ab, da die Datenmenge natürlich wesentlich geringer ist als bei einem Full-Backup (ein paar MB gegenüber ein paar *hundert* MB). Bei der Sicherung werden die inaktiven Teile des Transaktionsprotokolls auf das Sicherungsmedium geschrieben. Das sind diejenigen Transaktionen, die bereits vollständig auf den Datenseiten des SQL Server durchgeführt wurden. Da nun die redundanten Informationen im Transaktionsprotokoll nicht mehr für ein Recovery benötigt werden (vorausgesetzt, Sie gehen sorgfältig mit den Sicherungsmedien um – SQL Server vertraut Ihnen da voll und ganz!), führt SQL Server das Abschneiden des Protokolls durch. Die inaktiven Einträge befinden sich nun ausschließlich in der Sicherungsdatei und die Protokolldatei enthält nur offene Transaktionen.

- **Differenzielles Backup** Die dritte Sicherungsmethode von SQL Server wird als differenzielles Backup bezeichnet. Das Verfahren ist zwischen dem vollständigen und inkrementellen Backup angesiedelt. Es werden Datenseiten gesichert, aber nur diejenigen, die sich seit dem letzten *vollständigen* Backup geändert haben und nicht etwa diejenigen, die sich seit dem letzten *differenziellen* Backup geändert haben! SQL Server führt auf den Datenseiten einen entsprechenden Zeitstempel mit.

Welche Backup-Methode Sie einsetzen können, richtet sich unter anderem nach der eingestellten Wiederherstellungsoption einer Datenbank. Im einfachen Wiederherstellungsmodell ist keine Sicherung von Transaktionsprotokollen möglich. Diese werden dann ja regelmäßig abgeschnitten und SQL Server lässt *niemals* eine Operation zu, die zu einer inkonsistenten Datenbank führen kann.

Backup-Verfahren

Nun soll es darum gehen, wie verschiedene Backup-Strategien unter Verwendung der gerade erläuterten Methoden aussehen können.

Regelmäßiges vollständiges Backup

Bei dieser Methode werden einfach in regelmäßigen Abständen Vollsicherungen der Datenbank durchgeführt. Die Verwendung von Vollsicherungen ist ein sehr einfaches und übersichtliches Verfahren. Bei Datenmengen im Data Warehouse-Umfang und wenn die Anforderungen an ein zeitnahes Recovery hoch sind, sollten Sie die Konfiguration unbedingt gut testen. Wenn Sie beispielsweise Vollsicherungen im Stundentakt durchführen, dann kann im Verlustfall eben maximal die Arbeit der letzten Stunde verloren gehen. Bei Datenbankgrößen im Bereich von Hunderten von Gigabyte werden Sie feststellen, dass Prozessor und Bussystem durch den Datentransfer doch ordentlich ausgelastet werden. Mit anderen Worten: Online-Vollsicherungen sind möglich, aber eventuell spürbar.

Natürlich müssen Sie Ihre Backup-Daten gut organisieren. Hier ein einfacher Vorschlag: Lassen Sie die Sicherungen nacheinander auf das gleiche Sicherungsmedium schreiben und dieses Medium einmal täglich neu initialisieren. So ermöglichen Sie die Wiederherstellung der Arbeitsstände, die innerhalb eines Tages erreicht worden sind. Soll eine längere Versionsgeschichte aufgehoben werden, so können Sie auch für jeden Wochentag ein eigenes Medium verwenden. Auf diese Weise vermeiden Sie auch den »Worst Case«, der genau dann eintritt, wenn Ihre Datenbank das Zeitliche segnet, während Sie gerade das Sicherungsmedium neu beschreiben lassen (denken Sie *immer* an »Murphys Gesetze«). Über das Management Studio lassen sich die Backups bequem so planen, dass mehrere Medien eingesetzt werden können.

Beachten Sie, dass bei dieser Strategie das Transaktionsprotokoll nicht automatisch zurückgeschnitten wird. Sie müssen Maßnahmen ergreifen, damit das Transaktionsprotokoll nicht unendlich wächst. Eine Variante besteht darin, das Transaktionsprotokoll einfach durch einen SQL Server-Agent-Auftrag (am besten nachts) zurückschneiden zu lassen. Nach dem nächsten vollen Backup wächst es dann wieder an und nimmt die Änderungen auf, die die Benutzer den Tag über in der Datenbank verursachen. Ein auf diese Art behandeltes Transaktionsprotokoll kann übrigens beim Recovery dazu verwendet werden, alle Transaktionen, die bis zum Auftreten des Crashs gelaufen sind, wieder zu beleben. Diese Methode, die allerdings ein wenig aufwändiger als das einfache Einspielen der letzten Vollsicherung ist, erkläre ich im nächsten Abschnitt.

Vollständiges und inkrementelles Backup

Dieses Verfahren wird von allen *ERP*-Systemen eingesetzt. Sie können damit eine zeitnahe Wiederherstellung garantieren, ohne Speicherplatz und Performance zu verschwenden. In regelmäßigen Abständen – zum Beispiel nachts, wenn sich wenige Benutzer im System befinden – werden vollständige Sicherungen durchgeführt, in der Produktivzeit in einem Abstand von beispielsweise zehn Minuten Transaktionsprotokollsicherungen. Damit beschränken Sie den maximalen Datenverlust auf die Arbeit von zehn Minuten. Auch hierbei können Sie natürlich sinnvoll mit mehreren Sicherungsmedien operieren und in den Zeitplänen mit Fenstern arbeiten, sodass die Transaktionsprotokolle eventuell nur tagsüber zu Bürozeiten durchgeführt werden.

Vollständiges, differenzielles und inkrementelles Backup

Über eine Backup-Strategie, die mit allen drei Verfahren arbeitet, brauchen Sie wiederum nur bei *richtig großen* Datenbanken nachzudenken. Das Einschieben von differenziellen anstelle vollständiger Backups kann sowohl die Sicherungs- wie auch die Wiederherstellungszeit reduzieren. Auch bei Datenbanken, in die regelmäßig größere Datenmengen geladen werden, können differenzielle Sicherungen sinnvoll nach den Importen eingesetzt werden.

Wiederherstellungsverfahren

Wie der Ablauf der Wiederherstellung einer Datenbank genau aussieht, ist natürlich von der eingesetzten Sicherungsstrategie abhängig. An einem Beispiel, das sämtliche Sicherungsmethoden verwendet, soll dies vorgestellt werden. Werfen Sie dazu einen Blick auf Abbildung 21.17.

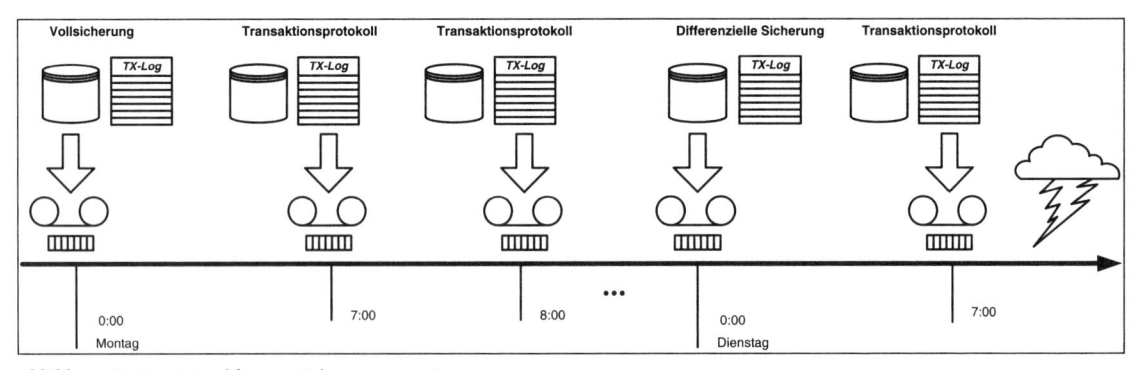

Abbildung 21.17   Beispiel für eine Sicherungsstrategie

In diesem Szenario wird zum Wochenanfang eine vollständige Datensicherung durchgeführt, dazu tagsüber stündlich eine Transaktionsprotokollsicherung und innerhalb der Woche jede Nacht eine differenzielle Sicherung. Der Server crasht am Dienstag um 8:15 h. Das Recovery einer Datenbank beginnt auf jeden Fall mit der letzten verfügbaren vollständigen Datensicherung. Sind differenzielle Sicherungen vorhanden, dann wird auch hier die letzte verfügbare eingespielt. Diese enthält die Inhalte sämtlicher vorhergehender differenzieller Sicherungen, aber auch die Inhalte der vorhergehenden Transaktionsprotokollsicherungen. Abschließend müssen dann noch die Transaktionsprotokolle rückgesichert werden, die *nach* der differenziellen Sicherung erstellt wurden. Gibt es mehrere Transaktionsprotokollsicherungen, dann müssen diese in ihrer korrekten zeitlichen Reihenfolge verwendet werden. Und dies ohne Lücken! Geht eine Transaktionsprotokollsicherung verloren, dann kann das Recovery nur bis zur vorhergehenden durchgeführt werden. Alle weiteren Transaktionsprotokollsicherungen sind verloren! In unserem Beispiel ist die Wiederherstellungsreihenfolge der Backups also diese: *Montag 00:00/Dienstag 00:00/Mittwoch 07:00*.

Wenn beim Crash der Datenbank das aktuelle Transaktionsprotokoll »überlebt« hat, dann kann man auch dieses noch sichern und als allerletzten Teil der Rücksicherung einspielen. Damit hat man dann den Stand der Arbeiten bis kurz vor dem Serverausfall rekonstruiert. Wie all das in der Praxis funktioniert, zeigt der nächste Abschnitt.

WICHTIG Denken Sie immer daran, dass es nicht ausreichend ist, nur die Benutzerdatenbanken zu sichern. Die Systemdatenbanken *master* und *msdb* müssen im Rahmen eines vollständigen Backup-Konzepts ebenfalls gesichert werden. Ohne die Informationen dieser Datenbanken stehen Ihnen die Server-Logins nicht zur Verfügung (*master*), und Sie haben keine Informationen über gelaufene Datenbanksicherungen zur Verfügung (*msdb*), sodass die Wiederherstellung einer Datenbank zum Abenteuer wird, wenn beim Störfall auch die Systemdatenbanken Schaden genommen haben.

Backup und Restore im Management Studio

Nachdem Sie die verschiedenen Konzepte und Verfahren kennen gelernt haben, ist die Umsetzung im SQL Server Management Studio eine wunderbar einfache Angelegenheit. Das Backup einer Datenbank stoßen Sie im Objekt Explorer einfach durch einen rechten Mausklick auf den Namen der Datenbank und den Befehl *Tasks/Sichern...* an. Sie bekommen dann das Dialogfeld für die Datenbanksicherung präsentiert. Die Auswahlmöglichkeiten sind nahezu selbst erklärend. Sie finden hier die oben beschriebenen Sicherungsmethoden wieder (*Sicherungstyp*) und können als Sicherungsziel ein logisches oder physikalisches Medium angeben. Außerdem lässt sich hier ein Ablaufdatum für eine Sicherung vergeben, was das versehentliche Überschreiben bei einer Mehr-Generationen-Sicherung verhindert.

Auf der Seite *Optionen* finden sich noch diverse Feineinstellungen. Hier können Sie einstellen, ob das Sicherungsmedium überschrieben werden soll. Ansonsten werden Sicherungen immer an das Ende der Datei oder des Bandes angefügt. Besonders interessant sind die Einstellungen unter *Zuverlässigkeit*. *Sicherung nach dem Abschluss überprüfen* stellt sicher, dass sich nach dem Backup alle Dateien vollständig auf dem Medium befinden und der Header ordentlich geschrieben wurde – mehr aber auch nicht! Der Haken bei *Vor dem Schreiben auf die Medien Prüfsumme bilden* bringt einen da schon weiter, was die Zuverlässigkeit eines Backups angeht. Ist der Haken gesetzt, dann bildet SQL Server aus den Daten des Backup-Streams eine Prüfsumme, die beim Einspielen verwendet werden kann, um die Gültigkeit des *RESTORE*s zu testen.

Mit dem *OK* auf der Seite *Allgemein* können Sie das Backup sofort starten (Abbildung 21.18). Wenn Sie ein regelmäßiges Backup planen, dann gibt es in SQL Server 2008 dafür zwei Möglichkeiten: Sie können sich nach der Festlegung der passenden Optionen über das Symbol Skript aus den generierten T-SQL-Befehlen einen neuen Auftrag für den Agent anlegen lassen oder Sie verwenden einen Wartungsplan für die regelmäßigen Sicherungen. Das Generieren eines Agent-Auftrags ist ganz einfach: Wählen Sie die Option *Skript für Aktion in Auftrag schreiben*. Daraufhin meldet sich das Management Studio mit dem Dialog *Neuer Auftrag*. Wie es dann weitergeht, beschreibe ich im Abschnitt »Administrationsaufgaben automatisieren« dieses Kapitels (Ordnung muss sein).

> **TIPP** *Logische Sicherungsmedien* sind eine brauchbare Methode, Ordnung unter den verschiedenen Sicherungszielen zu schaffen. Sie können ein logisches Medium mit einer bestimmten Datei oder einem Bandlaufwerk assoziieren. Verwaltet werden die Medien in einer Liste unter dem Knoten *Serverobjekte/Sicherungsmedien*. Ein neues logisches Medium legen Sie hier an, wobei Sie nur einen Namen und das Ziel vereinbaren – das war's. Bandlaufwerke müssen vorher mit einem korrekten Treiber unter Windows installiert worden sein. Sie können jederzeit den Inhalt eines Mediums überprüfen. Für das korrekte Beschriften der Kassetten ist aber weiterhin der Administrator verantwortlich ...

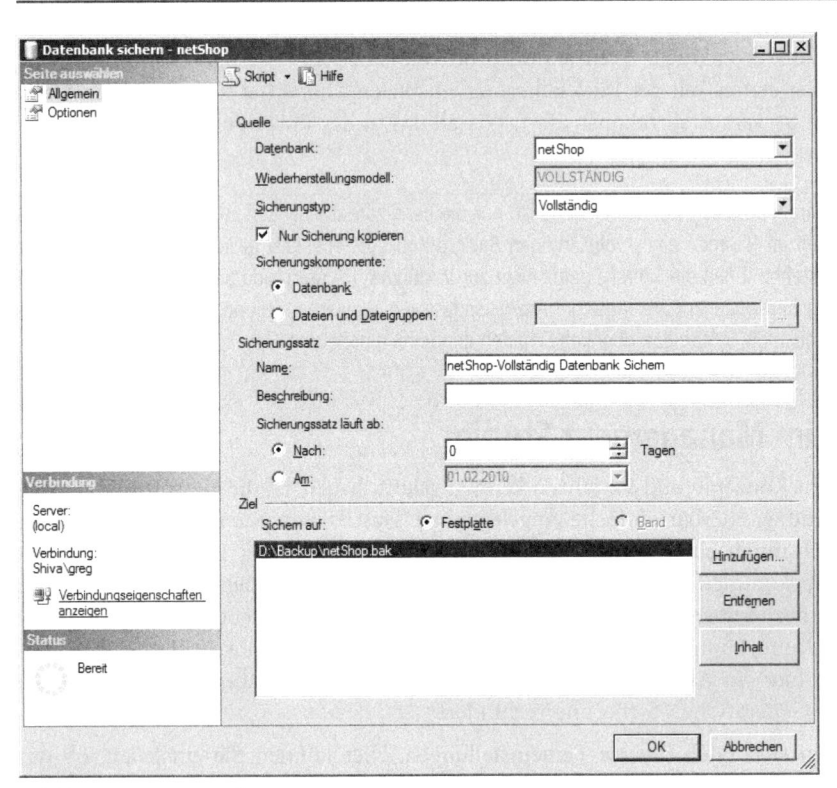

Abbildung 21.18 Datensicherung starten

> **TIPP** In Abbildung 21.18 fällt Ihnen vielleicht die Option *Nur Sicherung kopieren auf*. Diese entspricht dem Zusatz COPY_ONLY des T-SQL-Kommandos BACKUP. Für Entwickler bietet COPY_ONLY die Möglichkeit, ein Backup »außer der Reihe zu machen«. Die Informationen zu diesem Backup werden von SQL Server nicht bei der Erstellung des Restore-Plans verwendet.

Die Wiederherstellung einer Datenbank (das Restore) verläuft im Prinzip genauso einfach wie die Durchführung einer Sicherung. Über *Tasks/Wiederherstellen/Datenbank* gelangen Sie zum entsprechenden Dialogfeld. Sind mehrere Datensicherungen durchgeführt worden, z.B. Vollsicherungen und Transaktionsprotokollsicherungen, dann bekommen Sie einen Vorschlag für die Wiederherstellung zu sehen. Sie können nun selbst Datensicherungen für die Rücksicherung auswählen. Was ein bisschen schade ist: Das Management Studio lässt nicht nur sinnvolle Kombinationen zu. Beispielsweise müssten in einer Rücksicherung entsprechend Abbildung 21.19 die Basissicherung, sowie sämtliche Protokollsicherungen wiederhergestellt werden. Wenn Sie eine Protokollsicherung vor der letzten weglassen, dann kracht es. Allerdings erst, wenn der Server die kritische Stelle erreicht. So laufen Sie zwar keine Gefahr, korrupte Daten zu erzeugen, verlieren aber unter Umständen eine Menge Zeit.

Liegen auf dem Server keine Informationen zu früheren Datenbanksicherungen vor, beispielsweise weil Sie durch die Rücksicherung die Datenbank überhaupt erst auf diesem installieren wollen, dann müssen Sie eine Rücksicherung über die Option *Von Medium* einleiten. Danach wählen Sie das entsprechende Medium aus. Wichtig: Sie müssen den Namen der Datenbank manuell eingeben, und zwar in das Textfeld *In Datenbank*! Stimmt irgendetwas mit den Pfaden der Datenbankdateien nicht, so können Sie bei den Optionen die notwendigen Anpassungen vornehmen. Möchten Sie eine vorhandene Datenbank überschreiben, die unter einem anderen Namen noch existiert, dann ist dazu zunächst einmal die Option *Wiederherstellung über vorhandene Datenbanken erzwingen* zu aktivieren. Diese finden Sie ebenfalls auf der zweiten Seite des Dialogfelds.

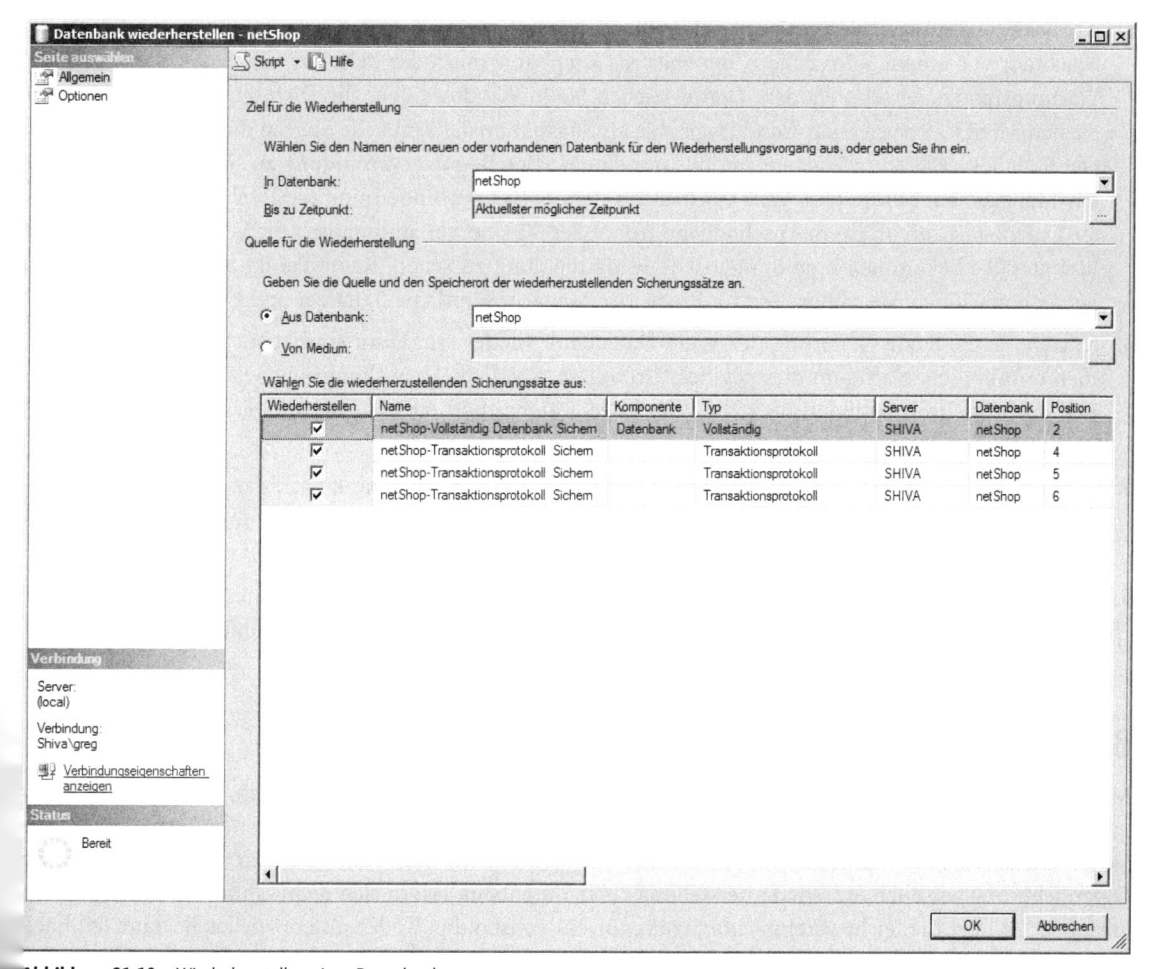

Abbildung 21.19 Wiederherstellen einer Datenbank

Wiederherstellung eines kompletten Servers

Schlägt der Blitz tatsächlich einmal in Ihren Server ein, so kann es natürlich sein, dass Sie die komplette Installation, also Hardware, Betriebssystem und SQL Server wieder herrichten müssen. Wenn Sie einen umfangreichen Server, der viele Benutzer, Datenbanken und Aufträge enthält, rekonstruieren wollen, sollten Sie die ehemalige Systemkonfiguration unbedingt durch das Zurückspielen der *master*- und *msdb*-Datenbank wiederherstellen. Unter Zeitdruck kann das eine stressige Angelegenheit werden. Daher kommt hier die Checkliste der Aufgaben. Sie könnten diese ja neben Ihren Server hängen:

1. Installieren Sie Windows mit sämtlichen Service Packs, die vor dem Crash vorhanden waren, neu.
2. Führen Sie die Installation des SQL Server durch. Gerade hierbei ist es besonders wichtig, dass Sie wirklich alle Service Packs neu installieren, ansonsten lassen sich die Systemdatenbanken nicht einspielen. Nach der Wiederherstellung des Datenbankservers ist dieser vollständig »leer«: Es ist keine einzige Benutzerdatenbank vorhanden und die Serverbenutzer fehlen vollständig. Die jungfräulichen Systemdatenbanken müssen durch die gesicherten ersetzt werden.
3. Als Nächstes müssen Sie die *master*-Datenbank wiederherstellen. Dabei gibt es eine Besonderheit zu beachten: Vor einem Rücksichern der *master*-Datenbank muss der SQL Server in den so genannten Wartungsmodus versetzt werden. Dies erreichen Sie in Windows über die *Diensteinstellungen*. Stoppen Sie den MSSQL-Server-Dienst und tragen Sie als *Startparameter* »-m« ein. Starten die den Dienst wieder. Der SQL Server lässt im Wartungsmodus nur eine einzige Benutzerverbindung zu. Sie können sich über das Management Studio jetzt ganz normal mit dem Server verbinden und die Rücksicherung der *master*-Datenbank durchführen. Anschließend trennt der SQL Server automatisch die Verbindung und fährt herunter. Sie bekommen eine dramatische Fehlermeldung zu sehen. Keine Panik! Starten Sie den SQL Server einfach neu. Sie sollten jetzt im Enterprise Manager sämtliche Benutzer und Datenbanken sehen.
4. Spielen Sie die letzte Sicherung der *msdb*-Datenbank wieder ein. Dazu sind keine speziellen Maßnahmen erforderlich. Nachdem dies geglückt ist, sollten sämtliche Verwaltungsjobs wieder vorhanden sein und auch die Informationen über die gelaufenen Datensicherungen stehen wieder zur Verfügung, was den nächsten Schritt enorm vereinfacht.
5. Mithilfe des Enterprise Manager können Sie nun eine Benutzerdatenbank nach der anderen wiederherstellen. Der Enterprise Manager schlägt eine aus seiner Sicht vernünftige Restore-Reihenfolge vor. Überprüfen Sie diese und starten Sie erst anschließend den Wiederherstellungsvorgang.
6. Es ist sinnvoll, nach dem Abschluss der Datenwiederherstellung den SQL Server neu zu starten. Tun Sie dies und untersuchen Sie anschließend das SQL Server-Protokoll auf mögliche Fehlermeldungen. Ist alles in Ordnung, können Sie jetzt den Server wieder ans Netz gehen lassen.

Backup und Restore mit T-SQL

Möchten Sie ohne Hilfe des Management Studios Datensicherungen durchführen, einen automatisch generierten Sicherungsjob anpassen oder im Rahmen des Setups Ihrer Applikationen Sicherungen per Skript einrichten, dann lohnt es sich, einen Blick auf die Möglichkeiten von T-SQL zu werfen. Sowohl eine Datensicherung wie auch die Wiederherstellung einer Datenbank lassen sich recht einfach programmatisch anstoßen. Es folgt die leicht vereinfachte Syntax für ein vollständiges oder differenzielles Backup. Ich habe eine Menge Optionen weggelassen – die Books Online bringen Aufschluss:

Datenbanken sichern und wiederherstellen

```
BACKUP DATABASE { database_name | @database_name_var }
TO < backup_device > [ ,...n ]
[ [ MIRROR TO < backup_device > [ ,...n ] ] [ ...next-mirror ] ]
[ WITH
    [ [ , ] { CHECKSUM | NO_CHECKSUM } ]
    [ [ , ] COPY_ONLY ]
    | { COMPRESSION | NO_COMPRESSION }
    [ [ , ] DESCRIPTION = { 'text' | @text_variable } ]
    [ [ , ] DIFFERENTIAL ]
    [ [ , ] { FORMAT | NOFORMAT } ]
    [ [ , ] { INIT | NOINIT } ]
    [ [ , ] NAME = { backup_set_name | @backup_set_name_var } ]
]
```

Durch Angabe von *WITH INIT* werden bereits vorhandene Backupsätze auf dem Medium überschrieben. Lassen Sie diese Option weg, dann wird das neue Backup als Letztes an das Medium angehängt. Einen neuen Mediensatz richten Sie über *FORMAT* ein. Dabei können Sie auch ein vorhandenes Band mit einem neuen Label versehen. Genau wie in der Managementoberfläche des Servers können Sie mehrere Sicherungsziele angeben, um dadurch ein Striped-Backup zu erzeugen. Dadurch ist es möglich, ein Backup auf mehrere Platten zu schreiben, um die Geschwindigkeit zu steigern. Denken Sie aber daran, dass Sie für die Rücksicherung dann natürlich auch alle Sicherungssätze unversehrt benötigen. Die Variante mit *MIRROR TO* ermöglicht das Anlegen redundanter Sicherungsdateien. Ein Beispiel für das Durchführen einer Vollsicherung mit T-SQL sieht aus wie in diesem Beispiel:

```
BACKUP DATABASE netShop
TO DISK = 'D:\Backup\netShop.bak'
MIRROR TO DISK = 'E:\Backup\netShop_mirror.bak'
WITH
    FORMAT,                                        -- neuer Mediensatz
    MEDIANAME = 'netShop Sicherungsmedium' ,       -- Name des Mediensatzes
    NAME = 'netShop Vollsicherung',                -- Name des Sicherungssatzes
    STATS = 10                                     -- Ablaufmeldung alle 10%
```

Listing 21.6 Vollständige Datensicherung mit Spiegeldateien

TIPP In der SQL Server 2008 Enterprise-Edition und der SQL Server 2008 R2 Standard-Edition können Sie Backups komprimieren lassen um Zeit und Speicherplatz zu sparen. Sie verwenden dazu die Option COMPRESSION oder setzen im Management Studio den entsprechenden Haken.

Möchten Sie eine inkrementelle Sicherung durchführen, also das Transaktionsprotokoll sichern, dann können Sie die folgende Syntax verwenden (wiederum verkürzt dargestellt):

```
BACKUP LOG { database_name | @database_name_var }
{
    TO < backup_device > [ ,...n ]
    [WITH

        [ [ , ] DESCRIPTION = { 'text' | @text_variable } ]
        [ [ , ] PASSWORD = { password | @password_variable } ]
        [ [ , ] FORMAT | NOFORMAT ]
        [ [ , ] { INIT | NOINIT } ]
        [ [ , ] NO_TRUNCATE ] ] }
```

Die zur Verfügung stehenden Optionen sind mit denen des vollständigen Backups identisch. Zusätzlich können Sie bei einer Sicherung des Transaktionsprotokolls *NO_TRUNCATE* angeben. Diese spezielle Möglichkeit erlaubt Ihnen, auch bei einer schon beschädigten Datenbank eine Sicherung des Protokolls durchzuführen. Im Normalbetrieb wird diese Option nicht verwendet. Das folgende Beispiel zeigt, wie Sie eine inkrementelle Sicherung durchführen:

```
BACKUP LOG netShop TO DISK='D:\Daten\netShopLog.bak'
WITH
NAME = 'netShop Transaktionsprotokollsicherung'
```

Listing 21.7 Transaktionsprotokollsicherung

Volle, inkrementelle und differenzielle Backups lassen sich auf einem Medium problemlos mischen. In einfachen Sicherungsszenarien ist dies sogar recht bequem, weil Sie bei der Rücksicherung alle benötigten Sicherungssätze auf einem einzelnen Medium vorfinden. Gespiegelte oder striped Backupmedien können Sie allerdings nicht mit einfachen mischen.

T-SQL-Kommandos für das Prüfen von Datenbanken

Die gute und regelmäßige Hege und Pflege einer Produktiv-Datenbank trägt nicht unerheblich zu deren Wohlergehen und performanten Client-Applikationen bei. Besonders wichtig ist das regelmäßige Reorganisieren der Indizes beziehungsweise das Aktualisieren der statistischen Informationen. Die entsprechenden Kommandos und Managementsichten haben Sie in Kapitel 12 bereits kennen gelernt. Ebenso die Kommandos für das »Schrumpfen« von Datenbanken und Datenbankdateien in Kapitel 7. An dieser Stelle lernen Sie genau genommen nur ein einziges neues Kommando, beziehungsweise dessen Variationen kennen. Dieses Kommando hört auf den wunderschönen Namen *Database Console Commands – DBCC* (vormals: *Database Consistency Checker*).

Der T-SQL-Befehl *DBCC* ist ganz sicher *das* Kommando für systemnahe Überprüfungen und Tests. Die folgende Liste gibt Ihnen Anregungen für Einsatzmöglichkeiten. Ich stelle ausschließlich die Varianten vor, die für den SQL Server 2008 eine Rolle spielen. Einige *DBCC*-Subkommandos sind nur für ältere Server-Versionen interessant und haben inzwischen keine Wirkung mehr.

Es gibt die folgenden *DBCC*-Überprüfungsanweisungen für Speicherplatz und Objekte:

- **DBCC CHECKALLOC** prüft die Speicherplatzreservierungen für eine Datenbank
- **DBCC CHECKCATALOG** prüft die Konsistenz der Systemtabellen einer Datenbank
- **DBCC CHECKDB** führt eine intensive Überprüfung einer Datenbank durch. Dies umfasst die Tests von *CHECKALLOC* und *CHECKCATALOG* sowie die Prüfung der Integrität der Datenbankobjekte.
- **DBCC CHECKFILEGROUP** entspricht *CHECKDB*, führt die Prüfungen jedoch nur für eine bestimmte Dateigruppe durch
- **DBCC CHECKTABLE** überprüft die Integrität der Daten in einer Tabelle
- **DBCC CHECKIDENT** testet den aktuellen Wert einer Spalte mit der Eigenschaft *IDENTITY* und erlaubt das Festlegen eines neuen Wertes
- **DBCC CHECKCONSTRAINTS** überprüft für die Datensätze einer Tabelle, ob diese den definierten Einschränkungen genügen. Das macht dann Sinn, wenn beispielsweise bei einem Datenimport die Constraints abgeschaltet wurden und vermutet wird, dass fehlerhafte Datensätze eingefügt wurden.

T-SQL-Kommandos für das Prüfen von Datenbanken

Die *DBCC* Check-Kommandos haben ein paar interessante Eigenschaften, die am Beispiel von *DBCC CHECKDB* erläutert werden sollen. Dies ist sowieso das »Kommando der Wahl«, wenn es um die regelmäßige Überpüfung der Strukturen in einer Datenbank geht. Die komplette Syntax für *DBCC CHECKDB* hat das folgende Aussehen:

```
DBCC CHECKDB
 [ [ ( 'database_name' | database_id | 0
       [ , NOINDEX
       | , { REPAIR_ALLOW_DATA_LOSS | REPAIR_FAST | REPAIR_REBUILD } ] ) ]
   [ WITH
       {   [ ALL_ERRORMSGS ]
           [ , NO_INFOMSGS ]
           [ , TABLOCK ]
           [ , ESTIMATEONLY ]
           [ , { PHYSICAL_ONLY | DATA_PURITY }]}]]
```

In der einfachsten Form überprüfen Sie eine Datenbank einfach mit einem Aufruf wie diesem hier:

```
USE master
DBCC CHECKDB ('netShop')
```

Listing 21.8 Vollständige Überprüfung der *netShop*-Datenbank

Einen Systemcheck könnten Sie im Prinzip mit aktiven Benutzern in der Datenbank durchführen. Diese werden während eines *DBCC*-Laufs die Last auf den Prozessor deutlich spüren. Konkurrenzprobleme gibt es nicht, weil *DBCC* als erstes einen internen Snapshot der Datenbank anlegt. Schneller läuft *DBCC* aber ohne diesenShapshot ab. Dann muss mit der Option *TABLOCK* jedoch das Sperren von Tabellen erlaubt werden, was ein paralleles Arbeiten in der Datenbank nahezu ausgeschlossen macht. Während des Prüfvorgangs liefert *DBCC CHECKDB* eine Menge Statusinformationen, wenn Sie Pech haben auch Fehlermeldungen und abschließend eine Zusammenfassung in der Art:

```
Von CHECKDB wurden 0 Zuordnungsfehler und 0 Konsistenzfehler in der 'netShop'-Datenbank gefunden.
Die DBCC-Ausführung wurde abgeschlossen. Falls DBCC Fehlermeldungen ausgegeben hat, wenden Sie sich an den
Systemadministrator.
```

In diesem Fall ist für *DBCC* in der Datenbank alles in Ordnung. Beachten Sie den hübschen Ratschlag, dass Sie sich im Fehlerfall an den Systemadministrator wenden sollen. Gute Idee! Aber was können Sie tun, wenn Sie selbst der Systemadministrator sind? Zum Beispiel die Reparaturfunktionen von *DBCC* ausprobieren.

- **REPAIR_REBUILD**
- **REPAIR_ALLOW_DATA_LOSS**

Die *REPAIR_REBUILD*-Option nimmt kleinere Korrekturen in Systemtabellen und in nicht gruppierten und gruppierten Indizes vor. Diese Aktionen sind immer nicht-destruktiver Art – können also auf jeden Fall ausprobiert werden. So richtig zur Sache geht es bei *REPAIR_ALLOW_DATA_LOSS*. Damit werden auch Reservierungsfehler und ähnliche Probleme bearbeitet. Da dabei eventuell Datensätze verloren gehen können, sollten Sie vor dem Ausführen die Datenbank in einem speziell gekennzeichneten Sicherungssatz sichern. Schlagen alle Reparaturversuche fehl, dann können Sie im Grunde nur noch die Datenbank aus einer Datensicherung rekonstruieren oder versuchen, die bestehenden Daten – zum Beispiel mit den Integration Services – komplett zu exportieren, um zu retten, was zu retten ist, und anschließend die Datenbank neu anlegen.

Wenn Sie *DBCC CHECKDB* regelmäßig laufen lassen möchten (keine schlechte Idee!) und die Ergebnisse protokollieren, dann bietet sich die Ergänzung der Klausel *WITH TABLERESULTS* an. *DBCC* liefert die Meldungen dann in relationaler Form.

Das *DBCC* in großen Datenbanken kann recht lange dauern. Um sich darüber zu informieren, was gerade passiert, können Sie in einer zweiten Sitzung die dynamischen Management-Sichten *sys.dm_exec_requests* abfragen. In der Spalte *command* finden Sie die aktuelle *DBCC* Aktion und in der Spalte *percent_complete* den Stand der Arbeit. Die Abfrage ist einfach:

```
SELECT * FROM sys.dm_exec_requests
WHERE command LIKE 'DBCC%'
```

Listing 21.9 Ausführungsstatus von DBCC abfragen

Administrationsaufgaben automatisieren

Wartungsaufgaben für SQL Server-Datenbanken können Sie auf verschiedene Arten automatisieren. Mit dem Objektmodell der Server Management Objects lassen sich eigene Administrationstools schreiben (Kapitel 32 »Den SQL Server mit .NET verwalten«). Die anderen Wege sind das GUI des SQL Server-Agenten im Management Studio und die Wartungspläne im Ordner *Verwaltung* des Objekt-Explorers. Um die beiden letzten Möglichkeiten geht es jetzt.

Aufträge automatisiert ausführen

An dieser Stelle geht es weiter, wo ich vor ein paar Seiten bei der Beschreibung der Datensicherungen aufgehört habe: mit der Beschreibung des Dialogfelds *Auftrag ausführen* nämlich (Abbildung 21.20). Das bekommen Sie zu sehen, wenn Sie einen neuen Auftrag über das Symbol Skript anlegen lassen oder bei null beginnen, indem Sie den Kontextbefehl *Neu* im Ordner *Aufträge* verwenden.

Auf der Seite *Schritte* finden Sie bei einem automatisch angelegten Auftrag die T-SQL-Definition im ersten und einzigen Schritt. Für eine Standard-Datensicherung ist das zum Beispiel:

```
BACKUP DATABASE [netShop] TO  DISK = N'D:\Backup\netShop.bak' WITH NOFORMAT, NOINIT,  NAME = N'netShop-
Vollständig Datenbank Sichern', SKIP, NOREWIND, NOUNLOAD,  STATS = 10GO
```

Listing 21.10 Vom SQL Server erzeugter Sicherungsauftrag

Der einzige Weg für das Ändern eines bestehenden Auftrags besteht in der *Anpassung* des T-SQL-Texts – und natürlich im Anfügen neuer Schritte. Das können weitere T-SQL-Schritte sein, Betriebssystem-Kommandos, ActiveX-Skripte und ein paar Dinge mehr. Nach dem Festlegen der Schritte und der Reihenfolge zwischen diesen – Sie können einfache Sprünge je nach dem Ausgang eines Schritts einbauen – geht es auf der Seite *Zeitpläne* eben genau um solch einen (Abbildung 21.21). Die Einstellmöglichkeiten sind recht umfangreich und selbst erklärend. Nach dem Speichern des Auftrags führt der Agent-Dienst diesen zur angegebenen Zeit aus. Den Auftragsverlauf können Sie später jederzeit unter *Aufträge/Name des Auftrags/Verlauf anzeigen* kontrollieren.

> **TIPP** Wenn Sie Aufträge auf Ihrem Entwicklungssystem entwickeln und testen und diese später auf einem Zielsystem einrichten möchten, ohne gleich eine .NET-Applikation mit SMO zu schreiben, dann bietet es sich an, Skripte für die Aufträge zu ziehen: *Skript für Auftrag als CREATE in...* aus dem Kontextmenü eines Auftrags bietet genau diese Möglichkeit. Sie werden feststellen, dass es eine Anzahl gespeicherter Systemprozeduren wie *msdb.dbo.sp_add_job* oder *msdb.dbo.sp_add_jobstep* gibt, mit denen ein Auftrag angelegt und konfiguriert werden kann. Die Parameter tragen sinnvolle Namen und sind einigermaßen gut in den Books Online dokumentiert, sodass Sie die generierten Skripte leicht an Ihre Umgebung anpassen können.

Administrationsaufgaben automatisieren

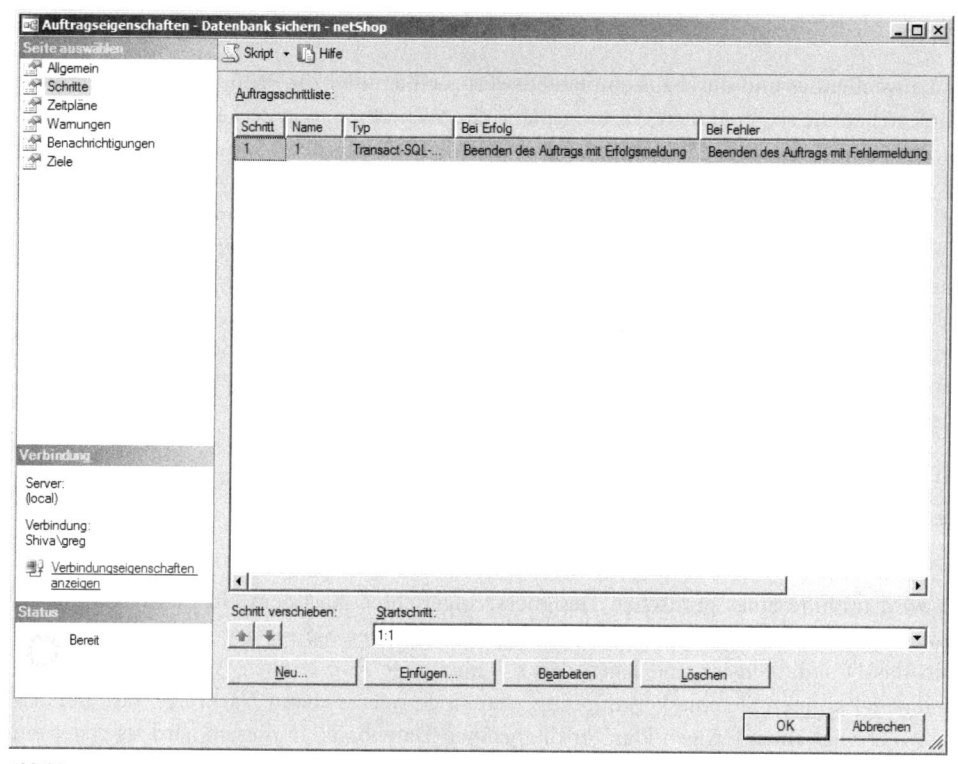

Abbildung 21.20 Agent-Auftrag

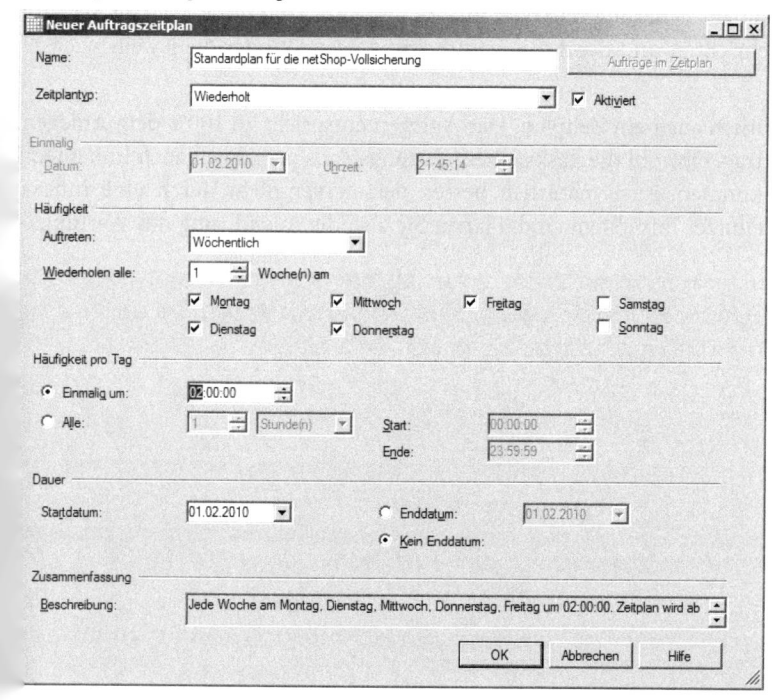

Abbildung 21.21 Zeitplan für einen Sicherungsauftrag

Wartungspläne

Ein ganz einfach anzuwendendes und durchaus empfehlenswertes Hilfsmittel zur Prüfung und Reorganisation einer Datenbank stellen die so genannten Wartungspläne dar. Wenn man möchte, kann auch die Datensicherung Bestandteil eines solchen Wartungsplans werden. In einfachen Szenarien reichen die Möglichkeiten der Wartungspläne aus. Ein Plan ist schnell erstellt, lässt sich allerdings – einmal abgesehen von der Auswahl der zu bearbeitenden Datenbanken und der Reihenfolge der auszuführenden Operationen – nicht besonders weitgehend konfigurieren. Ein fertiger Wartungsplan ist nichts anderes als ein Paket für die SQL Server Integration Services plus ein Auftrag für den SQL Server-Agent, der dieses Paket zeitgesteuert startet. Das bedeutet natürlich, dass sowohl der SSIS-Dienst gestartet sein muss, wie auch der SQL Server-Agent-Dienst. Das bedeutet aber auch, dass Wartungspläne nicht auf den SQL Server Express angewendet werden können.

Dies sind die Aufgaben, die ein Wartungsplan für Sie erledigen kann:

- Datenintegrität prüfen
- Datenstrukturen und Indizes reorganisieren
- Datenbanksicherungen durchführen

Ein Wartungsplan wird mithilfe eines grafischen Designers eingerichtet. Nachdem ein neuer leerer Plan über *Verwaltung/Wartungspläne* im Objekt Explorer angelegt wurde, ziehen Sie aus der Toolbox einfach die benötigten *Tasks* in das Designerfenster und legen deren Reihenfolge fest. Je nach Ausgang eines Tasks (*Erfolg/Fehler/Beendigung*) können Sie eine Verknüpfung zum einen oder anderen Nachfolge-Task herstellen. Die Abbildung 21.22 zeigt einen fertigen Plan für die *netShop*-Datenbank. In diesem wird als erstes ein Integritätstest der Datenstrukturen durchgeführt, dann die Indizes sämtlicher Tabellen reorganisiert und abschließend eine vollständige Datenbanksicherung durchgeführt. Je nach Ausgang der einzelnen Schritte wird ein Operator per E-Mail benachrichtigt und damit die Verarbeitung beendet oder die jeweils nächste Wartungsaufgabe durchgeführt.

Zu einem Wartungsplan gehört natürlich auch ein Zeitplan. Das Anlegen entspricht zu 100% dem Anlegen eines Zeitplans für einen Agent-Auftrag. Obwohl die Tasks eines Wartungsplans prinzipiell auch im laufenden Betrieb durchgeführt werden könnten, ist es natürlich besser, den Server nicht durch eine Index-Reorganisation zu belasten, wenn Benutzer im System sind. Planen Sie also die Ausführung des Wartungsplans in einer benutzerfreien Zeit.

Administrationsaufgaben automatisieren

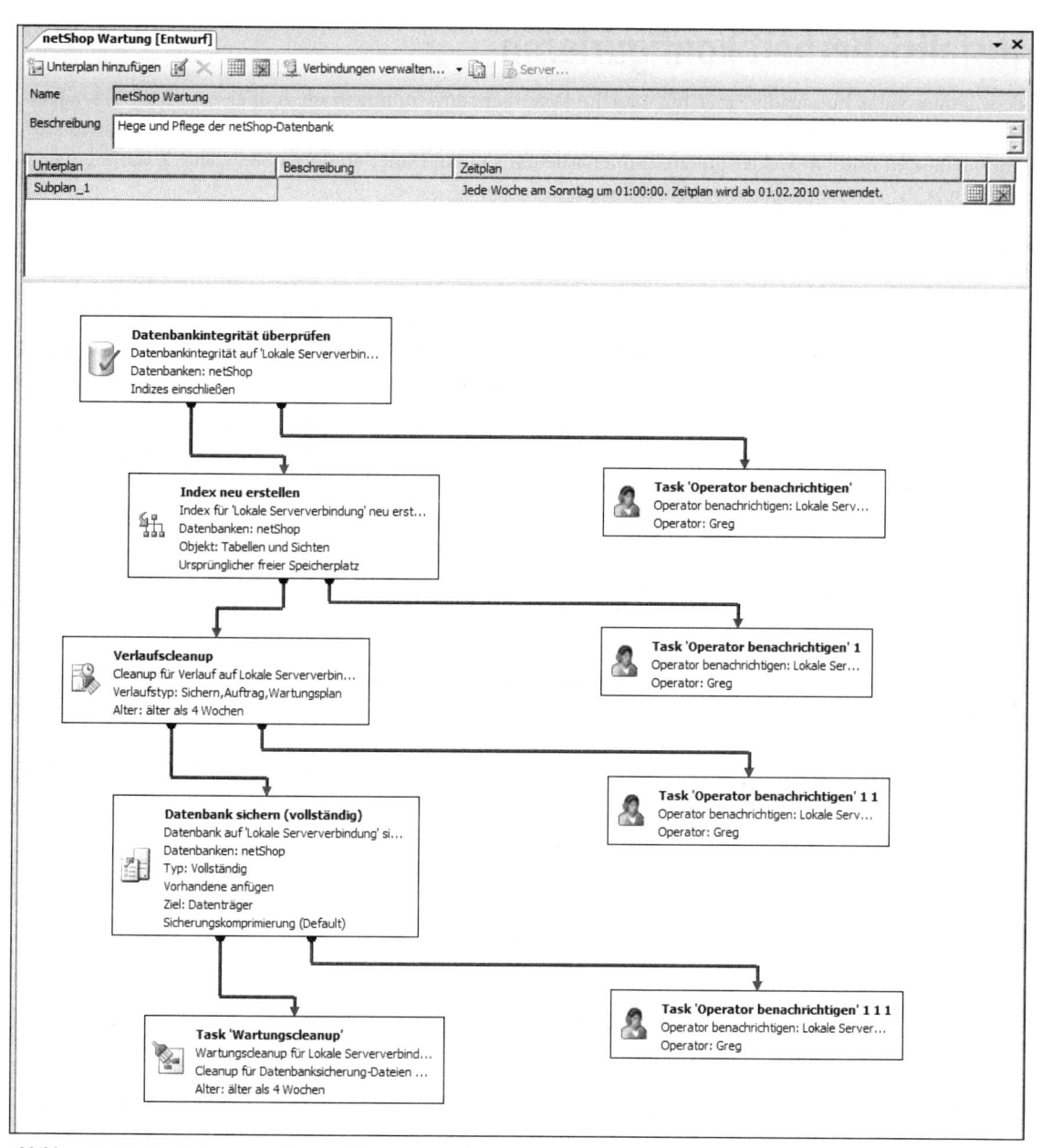

Abbildung 21.22 Ein Wartungsplan für die *netShop*-Datenbank

Schlussendlich können Sie über die Schaltfläche *Protokollierung* noch Einstellungen für das Schreiben und Versenden der Wartungsplan-Protokolldateien festlegen. Damit ist der Plan fertig. Den Agent-Auftrag, der Ihren neuen Plan startet, finden Sie unter *SQL Server-Agent/Aufträge* wieder. Er trägt den Namen des Wartungsplans. Das SSIS-Paket finden Sie im Objekt Explorer, nachdem Sie den entsprechenden SSIS-Server eingeblendet haben, unter dem Knoten *MSDB*.

Ausfallsicherheit konfigurieren

Nicht immer ist es notwendig, aber für manche Datenbankanwendungen muss über eine 24/7-Verfügbarkeit nachgedacht werden. Das Herstellen von Ausfallsicherheit ist eine der typischen Stellen, wo Datenbankadministratoren und Entwickler gut zusammenarbeiten sollten. Daher an dieser Stelle eine kurze Übersicht zu den in SQL Server eingebauten Möglichkeiten.

Eine erhöhte Verfügbarkeit für Datenbankanwendungen lässt sich über verschiedene Methoden erzielen. Welche zum Einsatz kommt, ist von Ihrem Softwarebudget, verfügbarer Hardware, ja auch vom Know-how der Administratoren abhängig sowie der Zeit, die diese für das Implementieren und Testen einer Konfiguration erübrigen können. Natürlich können Sie als Entwickler auch über eine programmierte Lösung nachdenken, sollten sich aber, bevor Sie das Rad neu erfinden, mit Protokollversand, Datenbankspiegelung und Server Clustering vertraut machen. Diese Verfahren lassen sich sicher auch in Ihre Applikation integrieren.

Geht es nur um Teile einer Datenbank oder müssen die Daten partitioniert werden, dann könnte man zusätzlich zu den hier besprochenen Methoden auch noch über Replikation nachdenken. Wer allerdings schon einmal das Vergnügen hatte, Replikation für eine komplex aufgebaute Datenbank zu konfigurieren und dabei Konzepte für das Re-Synchronisieren bei einem Netzwerkausfall und ähnliche Fragen nachzudenken, der wird das mulmige Gefühl kennen, dass einen bei einer solchen Lösung beschleichen kann. Da nicht jede Variante in jeder SQL Server-Edition verfügbar ist, gibt Ihnen Tabelle 21.1 eine Übersicht, welche der vorgestellten Hochverfügbarkeitsfunktionen Sie in welcher Edition des SQL Server finden.

Funktion	Express	Workgroup	Standard	Enterprise
Protokollversand		X	X	X
Datenbankspiegelung			X	X
Datenbanksnapshots				X
Failover Clustering			X	X

Tabelle 21.1 Hochverfügbarkeit in den Server-Editionen

Protokollversand

Die Methode des *Protokollversandes* (*Log Shipping*) basiert auf einem nahe liegenden Konzept. In einer Datenbank, die im vollständigen Wiederherstellungsmodus arbeitet, werden sämtliche Transaktionen in den Protokolldateien aufgezeichnet. Eine Sicherung des Transaktionsprotokolls schreibt die inaktiven Einträge des Logs auf ein Medium und löscht diese gleichzeitig aus den Protokolldateien. Inaktiv nennt man Transaktionen, für die COMMIT-Anweisungen ausgeführt sind und deren Dirty Pages vollständig in die Datenbankdateien zurückgeschrieben wurden (der SQL Server verwendet ja ein Write-Ahead-Protokoll). Durch fortlaufende Protokollsicherungen lässt sich ein inkrementelles Sicherungsverfahren implementieren. Und dies wird beim Protokollversand genutzt. Es werden ganz einfach die einzelnen Protokollsicherungen auf einen zweiten Server verschoben und dort nacheinander in der richtigen Reihenfolge in der Zieldatenbank wiederhergestellt. Abbildung 21.23 zeigt das Konzept.

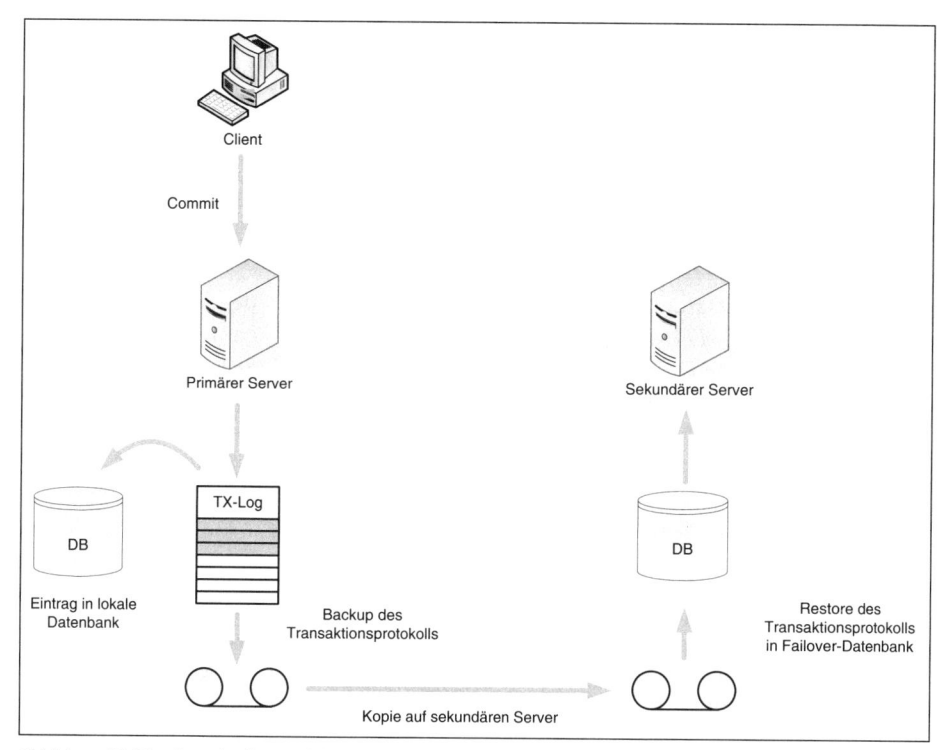

Abbildung 21.23 Datenbank-Protokollversand

SQL Server unterstützt dieses Verfahren von der Workgroup-Edition an aufwärts durch eine Benutzeroberfläche für die einfache Konfiguration sowie einen Satz von Systemtabellen, Agent-Aufträgen und gespeicherten Prozeduren für die Verwaltung der fortlaufenden Synchronisation. Alles, was Sie beim Einrichten eines Protokollversandes manuell vornehmen müssen, ist die Vorbereitung je einer Dateifreigabe auf dem primären und sekundären Server, auf welche die SQL Server-Dienste zugreifen können. Haben Sie dies erledigt, dann können Sie die restlichen Einstellungen auf der Seite *Protokollversand* der Datenbankeigenschaften im Management Studio vornehmen. Der Assistent übernimmt das Sichern der primären Datenbank und die Wiederherstellung auf dem sekundären Server – entweder mit der Option *WITH NORECOVERY* oder *WITH STANDBY*. Die Verwendung einer Failover-Datenbank im Standby-Betrieb bietet sich an, wenn Sie auf der Kopie Read-Only-Operationen ausführen möchten, wie das Erstellen von Berichten mit den Reporting Services oder andere Datenanalysen. Um den fortlaufenden Versand der Protokolle zu gewährleisten, wird auf dem primären Server ein Sicherungsauftrag angelegt und auf dem sekundären Server der Kopier-, sowie der Wiederherstellungsauftrag. Optional lässt sich noch ein Überwachungsauftrag auf einem Monitorserver einrichten, der einen Operator benachrichtigt, wenn der Ablauf außer Takt gerät. Insgesamt hat man es also mit einem robusten *BACKUP-COPY-RESTORE*-Verfahren zu tun.

Besonders verwöhnt wird der Administrator nicht gerade, wenn es um die Überwachung der Abläufe geht. Es gibt keine ausgeprägte Monitoroberfläche, mit dem sich der Zustand einer Protokollversand-Konfiguration auf einen Blick überwachen lässt. Da die beteiligten Agent-Jobs und Vorgänge ja sehr überschaubar sind, reicht aber in den meisten Fällen die Auswertung der Auftragsverläufe aus, um Problemen auf die Schliche zu kommen. Da außerdem die wesentlichen Ereignisse in zusätzlichen Systemtabellen (zum Beispiel *log_shipping_monitor_history_detail* und *log_shipping_monitor_alert*) auf dem Monitorserver abgelegt werden, bietet sich hier ein Ansatz für eigene Überwachungslösungen.

Was passiert nun im Fall der Fälle – dem Ausfall des primären Servers? Die traurige Antwort auf die Frage lautet: verdammt wenig! Es gibt keine direkte *Failure Detection*. Falls Sie Benachrichtigungen für den Überwachungsjob konfiguriert haben, werden Sie irgendwann darüber benachrichtigt, dass keine Protokolle mehr wiederhergestellt werden (das kann natürlich auch andere Ursachen haben). Jetzt heißt es handeln! Das Failover muss vom Administrator selbst durchgeführt werden. Es besteht aus den folgenden Schritten:

- **Retten der letzten Transaktionen** Falls es noch Protokolle gibt, die noch nicht übertragen wurden, diese wiederherstellen. Falls der primäre SQL Server noch zugänglich ist, versuchen, eine letzte Protokollsicherung mit der Option *WITH NO_TRUNCATE* durchzuführen und auch diese noch einzuspielen.
- **Online-Nehmen der Sekundären Datenbank** Das passiert beim Einspielen der letzten Protokoll-Sicherung durch Verwendung von *WITH RECOVERY* oder, falls die Datenbanken noch synchron waren, indem das Kommando *RESTORE DATABASE Datenbankname WITH RECOVERY* abgesetzt wird. Dafür gibt es keinen Befehl im Management Studio! Falls Benutzer die Datenbank lesend benutzen, müssen deren Prozesse zunächst einmal gekillt werden.
- **Umbenennen des sekundären Servers** Damit die Clients sich mit dem Failover-Server verbinden, diesen umbenennen und neu starten. Wenn der primäre Server noch lebt, muss dieser schließlich heruntergefahren werden.

Dieses manuelle Failover ist zweifellos der große »Knackpunkt« beim Protokollversand. Administratoren sollten sich einen *sehr* großen Zettel neben ihre Konsole legen, damit sie im Eifer des Gefechtes nicht einen Schritt übersehen. Protokollversand ist eine einfach zu implementierende Lösung und so stabil, dass man als Entwickler oder Power-Admin sicher auf eine selbst gemachte Variante für den SQL Server Express kommt (für den ja kein fertiges Angebot in der Box ist).

Datenbankspiegelung

Seit SQL Server 2005 wird ein völlig neuartiges Angebot zum Thema Ausfallsicherheit gemacht: *Datenbankspiegelung* (*Database Mirroring*) ermöglicht, der Name sagt es bereits, das Spiegeln einer kompletten Datenbank auf einen zweiten Server. Da die Spiegelung dabei auf Mechanismen beruht, die tief in die Datenbankmaschine integriert sind, ohne besondere Hardware auskommt, gut zu administrieren ist und vor allem ein automatisches Failover bietet, dürfte Mirroring für viele Entwickler eine attraktive Alternative darstellen.

Datenbankspiegelung setzt ähnlich wie Protokollversand beim Write-Ahead-Log des Servers an. Das Verfahren ist allerdings direkter und funktioniert im Prinzip folgendermaßen: Sobald der Server die Einträge für geänderte Datenseiten, die im Protokollpuffer des SQL Server-Speichers enthalten sind, auf die Festplatte schreibt, werden diese parallel dazu an eine zweite SQL Server-Instanz geschickt. Dies passiert nicht über den vorhin beschriebenen Weg *BACKUP-COPY-RESTORE*, sondern über Kommunikationsobjekte, die im Kern des SQL Server-OS liegen, so genannte Endpunkte (Endpoints). Der Transport wird dadurch direkter und effizienter. Empfängt der Spiegelserver die Protokolleinträge, so schreibt er diese sofort im Transaktionsprotokoll fest und nach und nach werden die Änderungen in der Spiegeldatenbank durch ein fortlaufendes Recovery nachgeführt.

Bei einer Datenbankspiegelung können bis zu drei SQL Server-Instanzen beteiligt sein (siehe Abbildung 21.24. Der aktive Server, auf dem die Clients ihre Transaktionen durchführen, wird als Prinzipal bezeichnet. So heißt im Deutschen, etwas arg direkt übersetzt, der primäre Server. Der Server, welcher die kopierten Transaktionen entgegennimmt, wird vernünftigerweise als Spiegelserver bezeichnet. Wird eine automatische *Error Detection/Failover*-Lösung angestrebt, dann braucht es noch einen dritten Server, den Zeugenserver, der als neutrale Instanz darüber entscheidet, ob ein Failover ausgelöst werden muss oder nicht. Falls Sie sich an dieser Stelle bereits Sorgen um die Lizenzen machen: Für den Zeugen (und nur für den) können Sie einen kostenlosen SQL Server Express einsetzen und die übrigen Server können mehrere Rollen einnehmen. Damit können Sie für Sicherheit und Kosten das Optimum finden.

Ausfallsicherheit konfigurieren

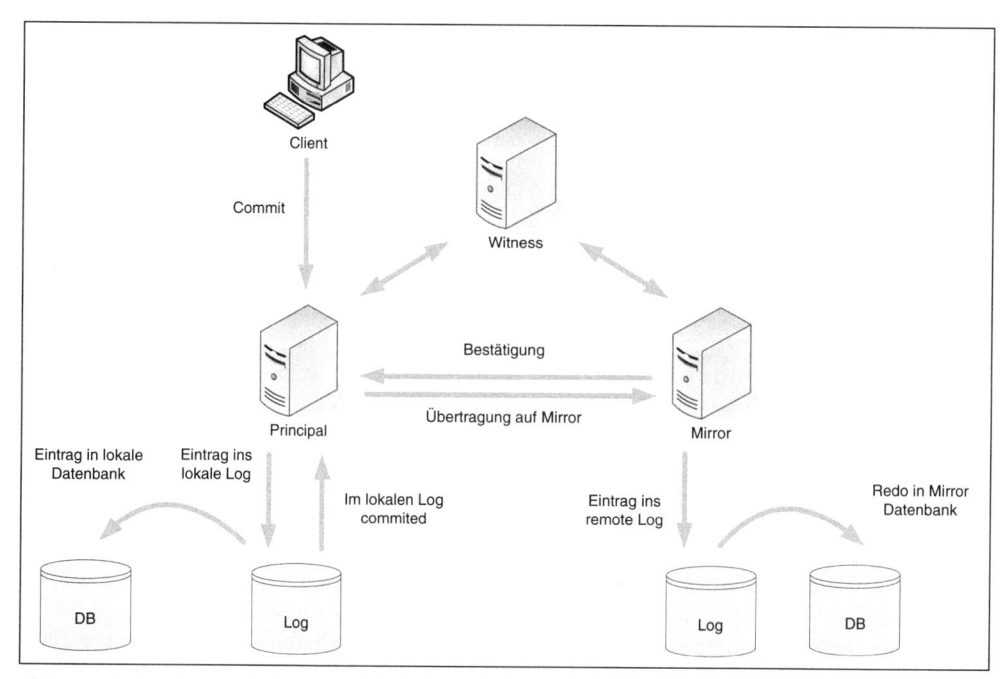

Abbildung 21.24   Datenbankspiegelung mit hoher Verfügbarkeit

Auch aus anderen Perspektiven betrachtet, stellt sich Datenbankspiegelung als flexible Lösung dar. So können Sie bei der Konfiguration die für Ihre Anwendung optimale Einstellung für Performance und Ausfallsicherheit festlegen. Folgende Varianten stehen zur Verfügung:

- **Hohe Verfügbarkeit**   Prinzipal- und Spiegelserver arbeiten synchron. Eine Transaktion gilt erst dann als abgeschlossen, wenn die Logeinträge sicher übertragen und bestätigt wurden. Die Zeugeninstanz garantiert das automatische Failover. Die Spiegeldatenbank ist immer auf dem letzten Stand, Transaktionen können nicht verloren gehen.

- **Hoher Schutz**   Auch hierbei arbeiten die Server synchron. Ein automatisches Failover ist nicht möglich. Datenverlust allerdings auch nicht.

- **Hohe Leistung**   Da es dabei darum geht, die Transaktionen möglichst schnell zu verarbeiten, werden diese ohne Rückbestätigung an den Spiegelserver ausgeliefert und angewendet. Weder automatisches Failover noch garantierter Schutz der Daten bis zur letzten Transaktion sind vorhanden.

Bei einer Datenbankspiegelung befindet sich der Spiegelserver in einem kontinuierlichen Wiederherstellungszustand (*RESTORE* mit *RECOVERY*). Dies bedeutet, dass er sehr schnell online genommen werden kann. Allerdings ist es Out-of-the-Box nicht möglich, auf die restaurierten Daten zuzugreifen, wie das beim Protokollversand der Fall ist. Doch es gibt einen Trick, den ich weiter unten erkläre. Ein manuelles Auslösen eines Failovers geht bequem aus der Oberfläche des Management Studios heraus. Das Neuverbinden der Applikationen mit dem Spiegelserver wird ganz elegant durch den SQL Server Native Client geregelt. Die Verbindungszeichenfolge (engl. *Connectionstring*) für eine Datenquelle, die mit diesem Anbieter arbeitet, kann ein neues Attribut *Failover Partner* enthalten. Der Wert wird beim Anlegen beispielsweise einer ODBC-Datenquelle mitgegeben (Abbildung 21.25). Vergisst der Administrator diese Vorgabe, dann übernimmt der Client beim ersten Verbinden mit dem Prinzipal die Informationen von diesem und hält sie lokal vor. Scheitert ein Verbindungsversuch mit dem Server, der unter *Data Source* angegeben ist, dann wird der

Partnerserver ausprobiert und alles ist gut, wenn dieser durch ein Failover zum neuen Prinzipal hoch gestuft wurde. Das Schöne an diesem Verfahren ist natürlich, dass der Wechsel zum neuen Server sowohl für das Programm wie auch für den Benutzer transparent gehandhabt wird.

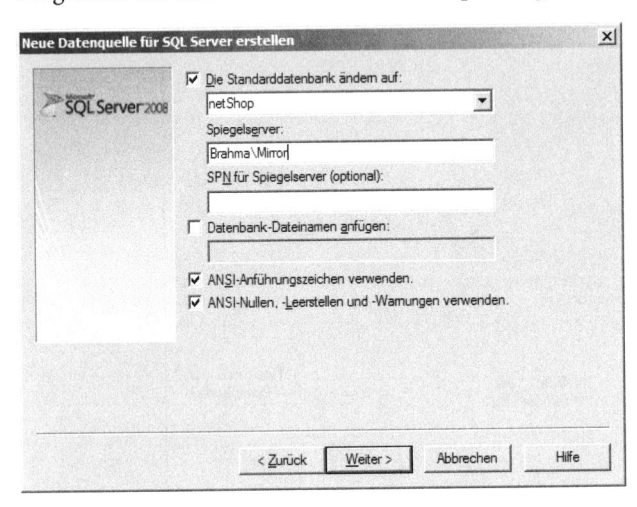

Abbildung 21.25 Spiegelserver in einer Datenquellen-Definition

Auch der Transportweg der Datenbankspiegelung weist spannende Eigenschaften auf. SQL Server 2008 stellt mit den Endpoints eine Kommunikations-Infrastruktur zur Verfügung. Endpunkte werden für die Protokolle HTTP und TCP angeboten. Mit ihnen lassen sich Kommunikationswege für Webservices, T-SQL, Service Broker und eben Mirroring realisieren. Via Endpunkt-Authentifizierung und Verschlüsselung lassen sich spezifische Sicherheitsanforderungen abbilden. Die Partnerserver einer Datenbankspiegelung können beliebig weit auseinander stehen. Lösungen im Extranet stellen kein Problem dar. Einzig Bandbreitenbeschränkungen können sich auf die Performance und damit den gewählten Spiegelmodus auswirken.

Damit Sie ein Gefühl dafür bekommen, wie einfach sich eine Spiegelsitzung einrichten lässt, hier noch die (funktionstüchtige) Kurzversion einer Konfiguration dreier Server in Transact-SQL. Die Server können auch Instanzen sein, die sich auf einer Maschine befinden. Solange die Ports für die Spiegel-Endpunkte säuberlich getrennt bleiben, reicht das zum Ausprobieren erst einmal aus.

Für das Mirroring wird der vollständige Wiederherstellungsmodus benötigt. Aktivieren Sie diesen, wenn notwendig. Wenn Sie mit Windows-Sicherheit arbeiten möchten, dann geben Sie allen Serverinstanzen ein identisches Dienstkonto. Als erstes wird für die Anfangssynchronisation ein komplettes Backup der Datenbank benötigt und zusätzlich eine Transaktionsprotokollsicherung:

```
BACKUP DATABASE netShop TO DISK = 'D:\Backup\netShop_mirror.BAK'
BACKUP LOG netShop TO DISK = 'D:\Backup\netShop_mirror_log.BAK' WITH INIT
```

Listing 21.11 Vollständige Sicherung als Ausgangspunkt für das Mirroring

Auf dem Spiegelserver wird eine Rücksicherung durchgeführt und die Datenbank dabei im Wiederherstellungsmodus belassen:

```
RESTORE DATABASE netShop FROM DISK = 'D:\Daten\netShop_mirror.BAK'
WITH NORECOVERY, STATS = 10,
    MOVE 'netShop_Data' TO 'D:\Daten\netShop_Mirror_Data.mdf',
    MOVE 'netShop_Archive_Data' TO 'D:\Daten\netShop_Archive_Mirror_Data.ndf',
    MOVE 'netShop_BLOB_Data' TO 'D:\Daten\netShop_BLOB_Mirror_Data.ndf',
    MOVE 'netShop_Log' TO 'D:\Daten\netShop_Mirror_Log.ndf'
```

```
RESTORE DATABASE netShop FROM DISK = 'D:\Backup\netShop_mirror_log.BAK'
    WITH NORECOVERY, STATS = 10
```

Listing 21.12 Einspielen der Sicherung auf der Spiegelinstanz

Es bietet sich an, auf dem Prinzipal und dem Spiegel ein identisches Dateilayout zu verwenden. Dies erleichtert vor allem ein späteres Erweitern der Datenbank um neue Dateien, ohne die Spiegelsitzung unterbrechen zu müssen. Durch das Spiegeln werden sämtliche Informationen an den Mirror weitergegeben, auch Systemänderungen – daher werden auch Benutzer, Dateigrößen und so weiter repliziert. Zum Testen können Sie natürlich auch mit *WITH MOVE* arbeiten, um neue Datei-Speicherorte anzugeben.

Nun muss auf jeder beteiligten Instanz ein Endpunkt für die Spiegelung vorbereitet werden. Dabei wird jeder Instanz die passende Rolle zugewiesen. Simulieren Sie eine Spiegelsitzung auf einem einzelnen Rechner, dann achten Sie darauf, verschiedene Ports zu vergeben. Mit dem folgenden T-SQL-Kommando legen Sie einen Endpunkt für die Prinzipal-Instanz fest:

```
CREATE ENDPOINT netShopPrincipal
    STATE = STARTED
    AS TCP ( LISTENER_PORT = 5022 )
    FOR DATABASE_MIRRORING (ROLE=ALL)
```

Listing 21.13 Spiegel-Endpunkt auf dem Prinzipal

Der mit diesem *CREATE* angelegte Endpunkt namens *Spiegelung* verwendet den TCP Port 5022 für die Kommunikation und wird sofort gestartet. Die Zuordnung *ROLE=ALL* ist typisch für den Prinzipal, auf dem Spiegel wird mit analogen Befehlen *ROLE=PARTNER* und auf dem Zeugen *ROLE=WITNESS* festgelegt. Die folgenden Skripte leisten genau dies:

```
CREATE ENDPOINT netShopMirror
    STATE = STARTED
    AS TCP ( LISTENER_PORT = 5023 )
    FOR DATABASE_MIRRORING (ROLE=PARTNER)
```

Listing 21.14 Spiegel-Endpunkt auf dem Mirror

```
CREATE ENDPOINT netShopWitness
    STATE = STARTED
    AS TCP ( LISTENER_PORT = 5024 )
    FOR DATABASE_MIRRORING (ROLE=WITNESS)
```

Listing 21.15 Spiegel-Endpunkt auf dem Zeugen

Nach dem Einrichten der Endpunkte startet man die Spiegelsitzung in zwei Schritten. Zunächst wird auf dem Spiegelserver der Prinzipal bekannt gemacht.

```
ALTER DATABASE netShop SET PARTNER = N'TCP://Shiva:5022'
```

Listing 21.16 Auf dem Spiegel den Prinzipal vereinbaren

Anschließend müssen umgekehrt auf dem Prinzipal der Spiegelserver sowie der Zeuge vereinbart werden.

```
ALTER DATABASE netShop SET PARTNER = N'TCP://Shiva:5023'
ALTER DATABASE netShop SET WITNESS = N'TCP://Shiva:5024'
```

Listing 21.17 Den Prinzipal mit dem Spiegel und dem Zeugen bekannt machen

Das war's auch schon. Die Spiegelsitzung beginnt sofort. Möchte man sich über deren Zustand informieren, dann stehen auf den einzelnen Servern die Katalogsichten *sys.database_mirroring_endpoints*, *sys.database_mirroring* und *sys.database_mirroring_witnesses* zur Verfügung. Für Lastmessungen und Optimierungen gibt es sinnvolle Performance-Counter. Den augenblicklichen Zustand einer Spiegelsitzung kann man natürlich auch im Management Studio unter den Datenbankeigenschaften betrachten (Abbildung 21.26). Dort lässt sich auch ein manuelles Failover auslösen – in T-SQL geht das mit dem folgenden Kommando auf dem Prinzipal:

```
ALTER DATABASE netShop SET PARTNER FAILOVER
```

Listing 21.18 Manuelles Failover in T-SQL

Dieses Kommando liefert das folgende Ergebnis:

```
Für nicht gekennzeichnete Transaktionen wird ein Rollback ausgeführt. Bereits abgeschlossen (geschätzt): 100%.
```

Mit anderen Worten: Das Failover des Mirroring verläuft nicht transparent. Transaktionen können abgebrochen werden. Das müssen Sie bei der Entwicklung Ihrer Anwendungen beachten.

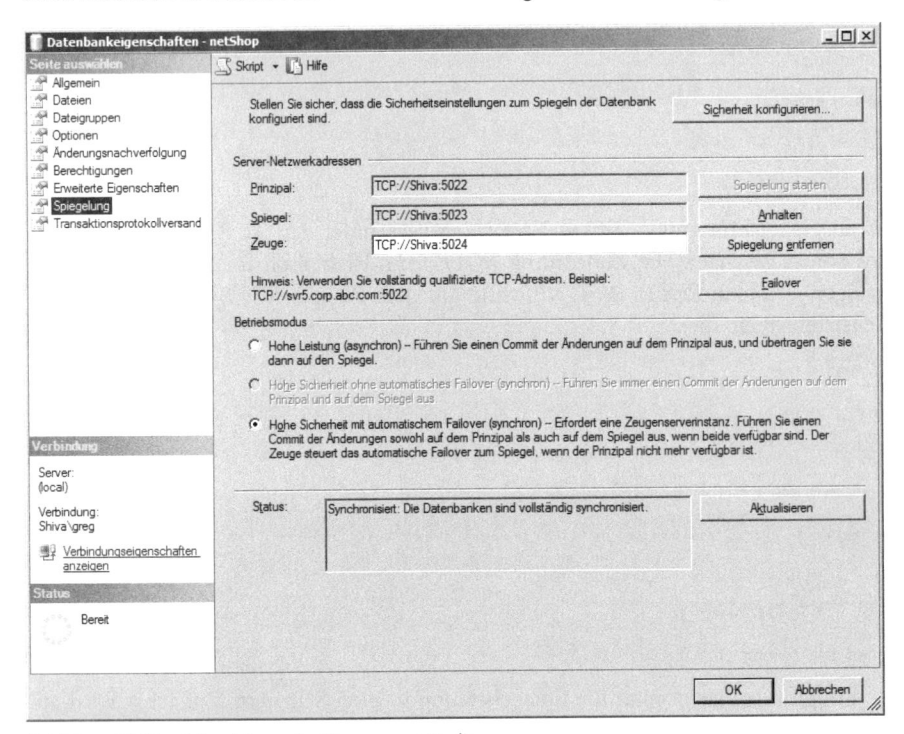

Abbildung 21.26 Spiegelsitzung im Management Studio

In einer Hochverfügbarkeitskonfiguration wird im Fehlerfall ein automatisches Failover zwischen den drei beteiligten Instanzen ausgehandelt. Die Verfügbarkeit wird fortlaufend durch einen Ping-Prozess geprüft (der weit mehr als ein normales Ping ist). Stellt der Spiegelserver durch sein Ping fest, dass der Prinzipal nicht erreichbar oder die Datenbank offline ist, dann erkundigt er sich beim Zeugen, ob dieser die gleiche Situation sieht. Wenn ja, dann bildet er mit diesem ein so genanntes Quorum und übernimmt die Rolle des neuen Prinzipals. Die gespiegelte Datenbank wird wiederhergestellt und sobald die redo-Phase beendet ist, können sich Benutzer neu verbinden. Probieren Sie das einmal aus, nachdem Sie eine Spiegelsitzung konfiguriert haben. Richten Sie eine Datenquelle mit Spiegelserver ein und arbeiten Sie – beispielsweise mit Access – auf der *netShop*-Datenbank. Fahren Sie den Prinzipal brutal herunter und schauen Sie, was passiert. Sie werden feststellen, dass sich der Client nach kurzer Zeit mit dem Failover-Server verbunden hat.

Failover Cluster

Der letzte Kandidat im Schaulaufen der Hochverfügbarkeits-Wettbewerber ist ein echter Klassiker: der Einsatz eines Windows Failover Clusters. Der SQL Server hat Clustering von Beginn an unterstützt. In der 2008er-Version ist das Setup eines Datenbankclusters noch mal einfacher geworden. An den Prinzipien hat sich jedoch wenig geändert. Im Gegensatz zum Log Shipping und zum Mirroring stellt ein Cluster eine Lösung für eine komplette Serverinstanz dar, die eine Datenbankfarm, mit allen Logins, Agent-Jobs und was es noch so gibt, enthalten kann. Auch für die Analysis Services ist Clustering eine Möglichkeit, Ausfallsicherheit zu erzielen.

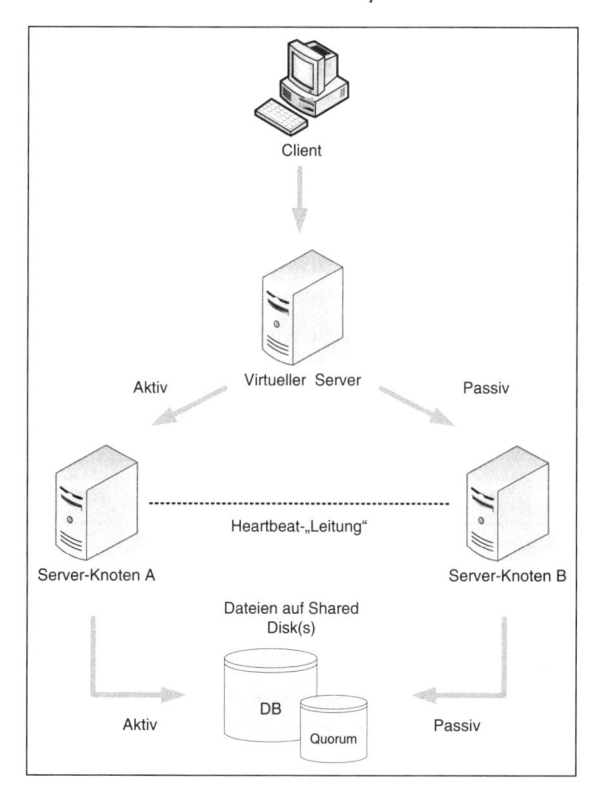

Abbildung 21.27 Aktiv/Passiv-Cluster mit einem SQL Server

Um einen SQL Server Cluster aufzubauen, benötigt man als zusätzliche Hardwarekomponente ein Shared Disk Array (oder *SAN*) mit den entsprechenden Controllern. Für Cluster, die geographisch getrennt sind, wird dann noch mal der Kauf einer Zusatzsoftware fällig. Nativ werden nur lokale Konfigurationen unterstützt. Die Einrichtung eines Windows 2008 Clusters gelingt eigentlich immer – es gibt viele gute Anleitungen und Whitepapers dazu im Technet. Wichtig: Achten Sie im Produktivbetrieb auf die Verwendung zertifizierter Komponenten, damit Sie Ihren Support nicht verlieren. Bei der Installation des SQL Server unterstützt Sie das Setup-Programm nach Kräften. Sobald Sie beim Setup *Neue SQL Server-Failoverclusterinstallation* anklicken, prüft der System Configuration Check die Voraussetzungen für den einzelnen Cluster-Knoten. Während des Setups selbst müssen Sie nur wenige zusätzliche Informationen angeben. Dazu gehört der Name des virtuellen SQL Server, die Zuordnung zu einer Clustergruppe (diese muss auch die Datendisks für die Instanz enthalten), das zu verwendende Netzwerk für Clientzugriffe sowie ein spezielles Cluster-Administrations-Konto und die Angabe, welche Cluster-Knoten verwendet werden sollen. Den Ablauf der Installationen auf den verschiedenen Knoten können Sie gut mitverfolgen.

Beim Clustering gibt es keine redundanten Datenbanken sondern nur eine aktive. Daher sollten Sie Wert auf ein Qualitäts-*RAID*-System legen und sich mit diesem gut vertraut machen (Wie lange hält der batteriegestützte Cache? Wie schnell wechsle ich eine Disk? etc.). Alle Cluster-Knoten, zum Beispiel zwei wie in Abbildung 21.27, bilden nach außen einen virtuellen Server. In einem SQL Server-Cluster gibt es in einer Cluster-Ressourcengruppe immer genau eine aktive Instanz, die auf die Datenbanken zugreifen darf. Die andere Instanz ist heruntergefahren und wird erst bei einem Failover »aufgeweckt«. So erhält man im einfachsten Fall eine Aktiv/Passiv-Konfiguration (Single Instance genannt). Um die teure Hardware besser zu nutzen, kann man auf dem zweiten Knoten eine weitere Instanz konfigurieren, die auf andere Datenbanken zugreift. Dann wird allerdings eine zweite SQL Server-Lizenz fällig.

Während des Betriebes fragen sich die Server eines Clusters über ein privates Netzwerk (Heartbeat) ständig gegenseitig ab (Looks Alive/Is Alive). Bleibt die Antwort aus, dann wird der Zugriff auf die so genannte Quorum-Disk gecheckt. Diese Disk ist von den anderen Platten physisch getrennt und dient dem Aushandeln eines Failovers. Herrscht auch hier Stille, dann wechseln die Ressourcen einer Cluster-Gruppe auf den zweiten Knoten: Der SQL Server wird gestartet und führt dabei das übliche Recovery der Datenbanken durch. Gab es durch den Ausfall des ersten Knotens viele offene Transaktionen, dann kann das ein paar Augenblicke dauern. Die beim Failover getrennten Clients können sich nun wieder neu verbinden, Name und IP-Adresse des virtuellen Servers haben sich ja nicht geändert.

Zum Abschluss des Abschnitts über Hochverfügbarkeit habe ich noch einmal die wichtigsten Merkmale der verschiedenen Verfahren für Sie in einer Tabelle zusammengefasst. SQL Server 2008 macht wirklich gute Angebote – Sie werden sicher das passende Verfahren finden.

Merkmal	Protokollversand	Datenbankspiegelung	Failover Clustering
Failure Detection	Nein	Ja	Ja
Automatisches Failover	Nein	Ja	Ja
Downtime	Beliebig lang	Sehr kurz (Detection plus Failover)	Kurz (Detection plus Failover plus Recovery)
Absicherung gegen Speicherausfall	Ja – redundante Datenbank	Ja – redundante Datenbank	Nein – Shared Disks
Potenzieller Datenverlust	Ja – letztes Protokoll	Im synchronen Modus nicht	Ja – bei Defekt des RAIDs
Hardwareanforderungen	Keine	Keine	RAIDS und Controller
Entfernung	Unbegrenzt	Unbegrenzt	Lokal. Mit Geocluster-Lösung hunderte Meilen
Umfang	Benutzerdatenbank	Benutzerdatenbank	Benutzer- und Systemdatenbanken, Analysis Cubes

Tabelle 21.2 Hochverfügbarkeitsverfahren im Vergleich

TIPP Egal, für welches der hier vorgestellten Hochverfügbarkeitsverfahren Sie sich entscheiden – Sie sollten sich gut damit vertraut machen. Wenn man keine Zeit oder kein Budget hat, einen Cluster oder eine Mirroring-Lösung mit echter Hardware aufzubauen, dann bietet der Hyper-V Server eine hervorragende Laborumgebung für das Ausprobieren verschiedener Konfigurationen. Verwenden Sie eine typische Profiler-Ablaufverfolgung Ihrer Produktivdatenbanken, um die Clientzugriffe zu simulieren. Eine Konfiguration kann sich unter Last deutlich anders verhalten als im Leerlauf. Seien Sie kreativ! »Ziehen Sie die Stecker« und beobachten Sie, wie sich die Lösung verhält. Deaktivieren Sie Netzwerkkarten im laufenden Betrieb, stoppen Sie Maschinen, zerstören Sie Dateien – es ist ja (diesmal) nur virtuell. Viel Spaß dabei!

Teil C

Clients für den SQL Server entwickeln

In diesem Teil:

Datenzugriff mit ADO.NET	807
Transaktionaler Datenzugriff	929
Erweiterte Themen	947
Daten an die Oberfläche binden	979
Einführung in Language Integrated Query (LINQ)	1001
LINQ to SQL	1029
LINQ to Entities – Programmieren mit dem Entity Framework	1067
Mit SQL Server Compact Edition entwickeln	1097

Kapitel 22

Datenzugriff mit ADO.NET

In diesem Kapitel:

Die Architektur von ADO.NET	808
Eine Verbindung zum Server aufbauen	812
Daten ermitteln und manipulieren	822
Das verbindungslose Modell	840
Daten aktualisieren	857
Verwendung von typisierten DataSets	886
Umgang mit binären Daten	912
Umgang mit XML-Daten	915
Fehlerbehandlung	922

In diesem Kapitel geht es um den clientseitigen Datenzugriff mit ADO.NET. Nach einer kurzen Einführung über das ADO.NET Framework lernen Sie die verschiedenen Arten der Datenermittlung kennen. Anschließend widmet sich ein großer Teil dieses Kapitels der Anlage und Aktualisierung von Daten. Hierbei werden Sie auch verschiedene Strategien kennenlernen, die zur Lösung von Konfliktsituationen angewendet werden können. Ein weiteres, zentrales Thema ist die lokale, serverunabhängige Verwaltung von Daten. Aber auch spezielle Aspekte des Datenzugriffs, wie der Umgang mit Binärdaten oder die Verarbeitung von XML werden in diesem Kapitel behandelt. Abschließend werden einige erweiterte Themen, wie der asynchrone Datenzugriff oder serverseitige Benachrichtigungen behandelt.

Die Architektur von ADO.NET

Im ersten Abschnitt dieses Kapitels soll es zunächst um die grundlegende Architektur von ADO.NET gehen. Sie lernen, wie ADO.NET aufgebaut ist und welche Namensräume und Klassen eine Rolle spielen. Aufbauend auf diesen Grundlagen, befassen sich die folgenden Abschnitte dann mit der konkreten Implementierung von Datenzugriffslogik.

ADO.NET als zentrales Framework für den Datenzugriff

ADO.NET ist ein generisches Framework zur Kommunikation mit Datenbanken verschiedener Hersteller. Es teilt sich in ein verbundenes und ein verbindungsloses Modell. Während Ersteres die Kommunikation mit der jeweiligen Datenbank übernimmt, fungiert Letzteres als lokaler Datenspeicher.

Das Framework folgt hierbei dem Paradigma der Zustandslosigkeit, bei dem die Daten nach der Übertragung lokal gespeichert werden und keine ständige Verbindung zum Server aufrechterhalten wird. Anders als bei früheren APIs (*Application Programming Interface*), werden hierbei keine serverseitigen Sperren erzeugt, um die Daten vor konkurrierenden Zugriffen zu schützen. Dies fördert die Skalierung, was gerade im Umfeld von Webanwendungen unabdingbar ist. Nur auf diese Weise ist es möglich, mehrere hundert oder tausend Benutzer gleichzeitig mit Daten versorgen zu können. Zudem vermindert sich durch den zustandslosen Ansatz die Netzwerklast, da keine ständige Kommunikation mit der Datenbank erforderlich ist. Auf der anderen Seite bedeutet dies aber auch, dass sich der Entwickler selbst um das Auflösen von Konkurrenzsituationen beim Aktualisieren von Daten kümmern muss.

Der verbindungslose Teil von ADO.NET ist für die lokale Speicherung der Daten verantwortlich. Hierbei können selbst komplexe Strukturen aus unterschiedlichen Entitäten lokal vorgehalten werden. Dies vermeidet das Absetzen redundanter Abfragen, da die Anwendung auf Daten aus dem lokalen Speicher zurückgreifen kann und nicht zwingend mit der Datenbank kommunizieren muss.

Die lokalen Daten müssen nicht zwingend im Speicher verwahrt werden, sondern können auch in Dateien zwischengespeichert werden. So können Anwendungen theoretisch auch ohne ständige Verbindung zur Datenbank arbeiten. Beispielsweise könnte ein Außendienstmitarbeiter mit seiner Anwendung von unterwegs aus arbeiten und später seine lokalen Änderungen an die Datenbank übertragen.

Im Umfeld der unterschiedlichen .NET-basierten Datenzugriffstechnologien kommt ADO.NET eine zentrale Rolle zu. Denn viele Frameworks, wie beispielsweise *LINQ to SQL* oder das *Entity Framework* basieren intern auf ADO.NET. Daher ist ein gutes Verständnis dieser Technologie von Vorteil, auch wenn Sie später vielleicht ein anderes Framework nutzen. Zudem bietet ADO.NET einige Fähigkeiten, die durch kein anderes Framework unterstützt werden.

Das verbundene Modell von ADO.NET

Für den Datenbankzugriff bietet ADO.NET eine Infrastruktur aus Interfaces und abstrakten Basisklassen, auf deren Basis Datenbankbetreiber entsprechende Datenanbieter implementieren können. Diese kümmern sich um den physischen Zugriff und bieten RDBMS-spezifische Funktionalität.

Anders als frühere Datenzugriffstechnologien wie ODBC oder OLE DB wurde hierbei nicht versucht, eine einheitliche API für alle Datenbanken zu erstellen, sondern für jeden Typ einen spezifischen Anbieter zur Verfügung zu stellen. Hierdurch können datenbankspezifische Eigenschaften besser abgebildet werden. Zudem müssen sich die Systeme nicht in ein gemeinsames Typsystem einpassen, wie dies bei ODBC und OLE DB der Fall war.

Das .NET Framework enthält bereits eine Reihe von Datenanbietern für die wichtigsten Datenbanken beziehungsweise Datenzugriffstechnologien. Hierzu zählen:

- SQL Server
- Oracle
- OLE DB/ADO
- ODBC

Außer dem Oracle-Anbieter sind alle mitgelieferten Datenanbieter in der Assembly *System.Data.dll* beheimatet. Abbildung 22.1 zeigt die Assembly-Aufteilung, sowie die entsprechende Namespace-Organisation.

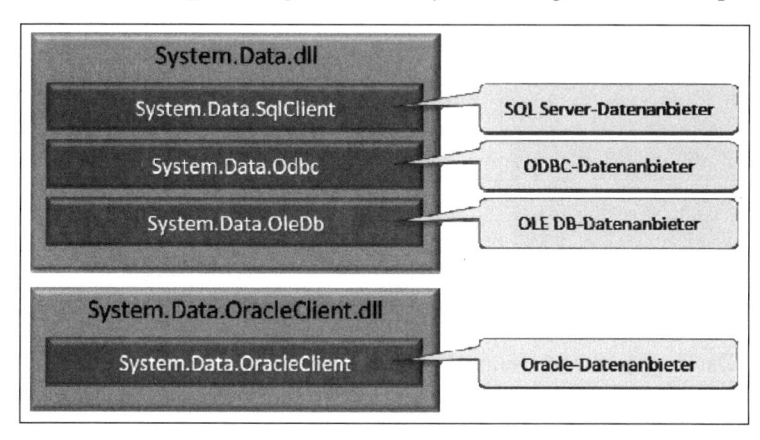

Abbildung 22.1 Die Datenanbieter sind auf mehrere Assemblys und Namespaces verteilt

Ein Datenanbieter besteht im Wesentlichen aus den folgenden Bestandteilen:

- *Connection* repräsentiert eine physische Datenbankverbindung
- *DataReader* ist für schnelle Lesezugriffe ausgelegt, bei denen die Daten nicht zwischengespeichert werden
- *Command* dient zur Erstellung von Abfragen und zur Ausführung von *INSERT-*, *UPATE-* und *DELETE*-Statements, sowie dem Aufruf von gespeicherten Prozeduren. Die Definition erfolgt anhand der Eigenschaften *CommandType*, *CommandText*, sowie der *Parameters*-Auflistung.
- *Parameter* repräsentieren die Parameter einer Abfrage, inklusive Name und Datentyp

- *DataAdapter* kümmert sich um das Ermitteln und Aktualisieren von Ergebnismengen. Hierfür enthält sie *Command*-Objekte für die entsprechenden *SELECT*-, *INSERT*-, *UPATE*- und *DELETE*-Operationen.
- *CommandBuilder* kann auf Grundlage eines *DataAdapter*-Objekts *Command*-Objekte für die entsprechenden *INSERT*-, *UPATE*- und *DELETE*-Operationen generieren
- *Transaction* dient zur transaktionalen Ausführung mehrerer Datenbankoperationen

Abbildung 22.2 zeigt das Zusammenspiel der verschiedenen Klassen in der Übersicht.

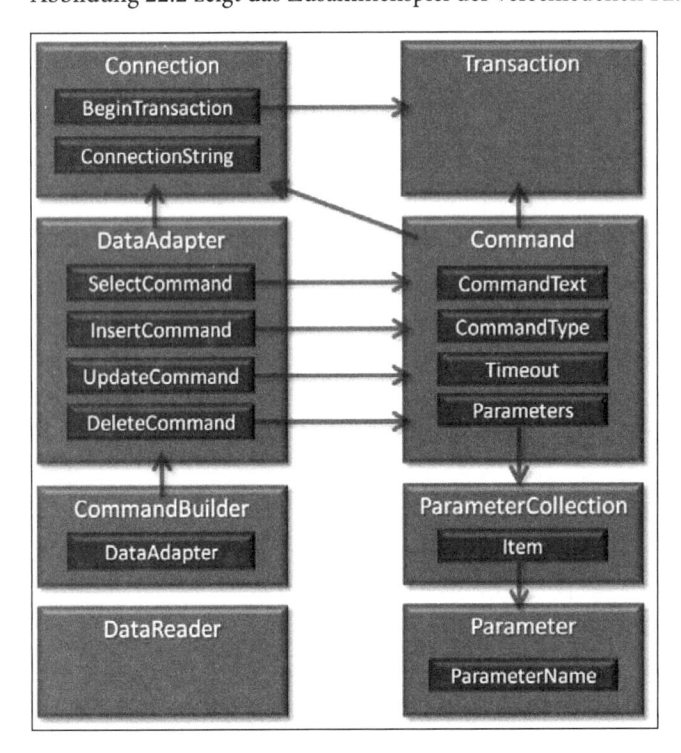

Abbildung 22.2 Aufbau und Zusammenspiel eines ADO.NET Provider-Modells

Laut Namenskonvention hängt jeder Datenanbieter sein Namenkürzel als Präfix vor den jeweiligen Klassennamen. So heißen die Klassen des SQL Server-Datenanbieters beispielsweise *SqlConnection*, *SqlDataReader*, *SqlCommand* und so weiter.

Das verbindungslose Modell von ADO.NET

Für die lokale Speicherung von Daten bietet ADO.NET eine Reihe von Klassen, die eine Datenbank oder Teile davon in einem Objektmodell auf dem Client abbilden können. Die folgenden Klassen spielen hierbei eine wesentliche Rolle:

- *DataSet* repräsentiert eine lokale Datenbank, die Tabellen und Relationen enthalten kann
- *DataTable* bildet eine Datenbanktabelle mit Spalten und Zeilen ab
- *DataRow* entspricht einer Datenzeile
- *DataColumn* entspricht einer Tabellenspalte

Die Architektur von ADO.NET

- *DataRelation* repräsentiert eine einfache 1:n-Relation zwischen zwei *DataTable*-Objekten
- *DataView* ist vergleichbar mit einer Datenbank-Ansicht. Es bietet eine Sicht auf bestimmte Daten einer *DataTable*. Die Daten können hierbei gefiltert, sortiert und aggregiert dargestellt werden. Für eine *DataTable* können mehrere *DataView*-Objekte erzeugt werden.
- *DataRowView* ist vergleichbar einer *DataView*, nur auf Zeilenebene

Abbildung 22.3 zeigt die wichtigsten Bestandteile des verbindungslosen Modells von ADO.NET und deren Zusammenspiel.

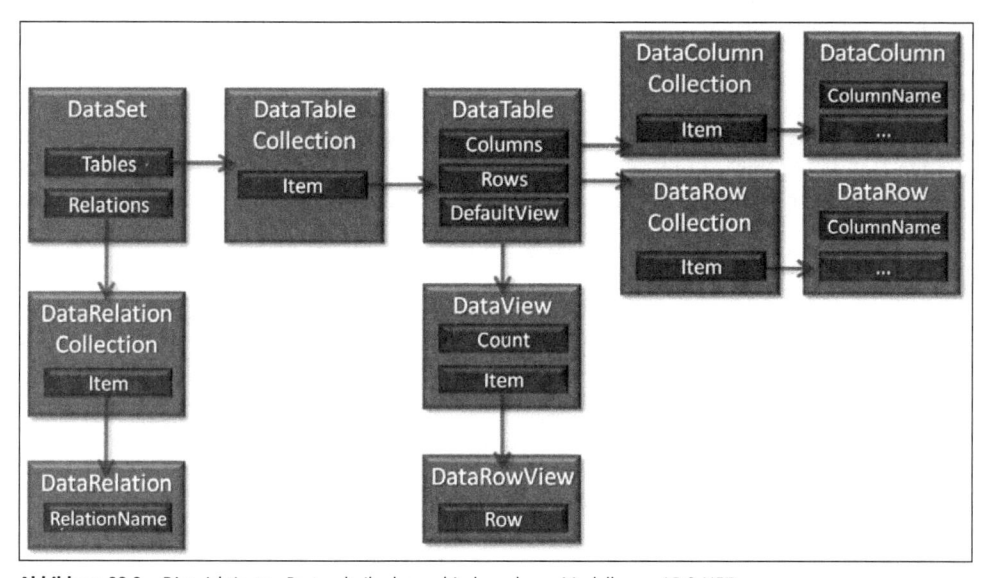

Abbildung 22.3 Die wichtigsten Bestandteile des verbindungslosen Modells von ADO.NET

Das DataSet als lokaler Datenspeicher

Für die lokale Speicherung von Daten bietet ADO.NET die Klasse *DataSet*. Sie ist wie alle Klassen des verbindungslosen Modells im Namensraum *System.Data* zu finden. Sie fungiert als In-Memory-Datenspeicher, in dem die Daten in einer datenbankartigen Struktur aus Tabellen, Spalten und Zeilen organisiert sind. Selbst Relationen zwischen Tabellen und Bedingungen (*Constraints*) können hierbei abgebildet werden.

Nachdem ein *DataSet* initial befüllt wurde, kann es ohne eine ständige Verbindung zur Datenbank die Daten selbständig verwalten. Hierbei überwacht es automatisch den Status und protokolliert durchgeführte Änderungen. Auf Basis des hierbei erzeugten *Change Sets* werden später die Änderungen an die Datenbank übertragen. Zudem können *DataSet*-Objekte persistiert werden, um sie zwischen den Schichten einer verteilten Anwendung zu übertragen oder im Dateisystem zu speichern.

Abbildung von Tabellen

Ein *DataSet* kann mehrere *DataTable*-Objekte enthalten. Ein *DataTable*-Objekt repräsentiert eine Datenbanktabelle oder die Ergebnismenge einer Abfrage. Die Struktur der Tabelle wird hierbei über *DataColumn*-Objekte definiert, die verschiedene Metadaten wie Feldname, Datentyp oder Einschränkungen (*Constraints*) enthalten.

Abbildung von Zeilen

Die eigentlichen Nutzdaten werden in Form von *DataRow*-Objekten abgebildet. Diese enthalten neben den Daten auch Informationen über den Zustand der Zeile. So kann beispielsweise ermittelt werden, ob die Zeile neu angelegt, gelöscht oder geändert wurde.

Sichten auf Tabellen

Zur Anzeige der in einer *DataTable* gespeicherten Daten bietet ADO.NET die *DataView*-Klasse. Sie bietet eine spezifische Sicht auf die Daten. So können die Daten beispielsweise speziell sortiert oder gefiltert angezeigt werden, ohne die Originaldaten manipulieren zu müssen.

Sichten auf Datenzeilen

Die *DataView*-Klasse bildet die Daten in Form von *DataRowView*-Objekten ab. Diese stellen eine Sicht auf die darunter liegenden *DataRow*-Objekte zu Verfügung. Durch diese Abstraktion können Sie die Anzeigedaten beispielsweise um berechnete Spalten erweitern, die sich automatisch aktualisieren, wenn sich die Daten der zugehörigen Zeile ändern.

Relationen

Darüber hinaus bietet ADO.NET mit der *DataRelation*-Klasse einen Mechanismus zur Abbildung einfacher Fremdschlüsseleinschränkungen (*Foreign Key Constraints*). Hierbei werden zwei *DataTable*-Objekte über jeweils ein oder mehrere *DataColumn*-Objekte verbunden. *DataRelation* beherrscht jedoch nur die Abbildung von einfachen 1:n-Verknüpfungen.

Eine Verbindung zum Server aufbauen

In diesem Abschnitt erfahren Sie, wie Sie eine Verbindung zu SQL Server herstellen und konfigurieren. Darüber hinaus geht es darum, wie ADO.NET Verbindungen in einem Pool verwaltet, um zeitaufwändige Verbindungsaufnahmen zu vermeiden. Zudem lernen Sie, wie Sie die vorhanden SQL Server-Instanzen in Ihrem Netzwerk auffinden und was Sie tun können, um Manipulationen beim Zugriff zu unterbinden.

Die Verbindungszeichenfolge

In welcher Weise Sie auf eine Datenbank zugreifen, definieren Sie in Form einer Verbindungszeichenfolge. Sie enthält unter anderem die Adresse des jeweiligen Servers, den Namen der Datenbank und weitere Parameter.

Server und Datenbank bestimmen

Zunächst geben Sie über den *Data Source*-Parameter den Namen oder die IP-Adresse des Servers an, auf den Sie zugreifen wollen. Um auf eine lokale SQL Server-Instanz zuzugreifen, geben Sie *localhost*, *(local)* oder einfach ».« an. Laufen auf dem jeweiligen Rechner mehrere Instanzen von SQL Server, so hängen Sie an den Servernamen, getrennt durch ein Backslash (»\«), den Namen der entsprechenden Instanz an (zum Beispiel *SQL01\SQLINST1*).

Optional können Sie über den Parameter *Initial Catalog* bestimmen, auf welche Datenbank Sie standardmäßig zugreifen wollen. Dies bedeutet nicht, dass Sie auf diese Datenbank beschränkt wären, sondern bestimmt lediglich die Datenbank, in der Sie sich nach dem Verbindungsaufbau befinden. Wie Sie später sehen werden, können Sie die Standarddatenbank nach dem Verbinden jederzeit wechseln. Geben Sie den Parameter *Initial Catalog* nicht explizit an, so greifen Sie automatisch auf die Datenbank *Master* zu.

Eine Verbindung zum Server aufbauen

Kommunikationsart bestimmen

Standardmäßig kommuniziert der SQL Server über das TCP/IP-Protokoll. Darüber hinaus werden eine Reihe weiterer Protokolle unterstützt. Diese können Sie im *Network Library*-Parameter der Verbindungszeichenfolge angeben. Die folgenden Werte sind hierbei zulässig:

- *dbnmpntw* (Named Pipes)
- *dbmsrpcn* (Multiprotocol)
- *dbmsadsn* (Apple Talk)
- *dbmsgnet* (VIA)
- *dbmslpcn* (Shared Memory)
- *dbmsspxn* (IPX/SPX)
- *dbmssocn* (TCP/IP).

Zusätzlich müssen Sie gewährleisten, dass die entsprechende Protokoll-Bibliothek auf Client und Server verfügbar sind, da nicht alle standardmäßig installiert werden. Darüber hinaus muss das entsprechende Protokoll explizit aktiviert werden. Dies können Sie beispielsweise mit dem *SQL Server-Konfigurations-Manager* bewerkstelligen, wie Abbildung 22.4 zeigt.

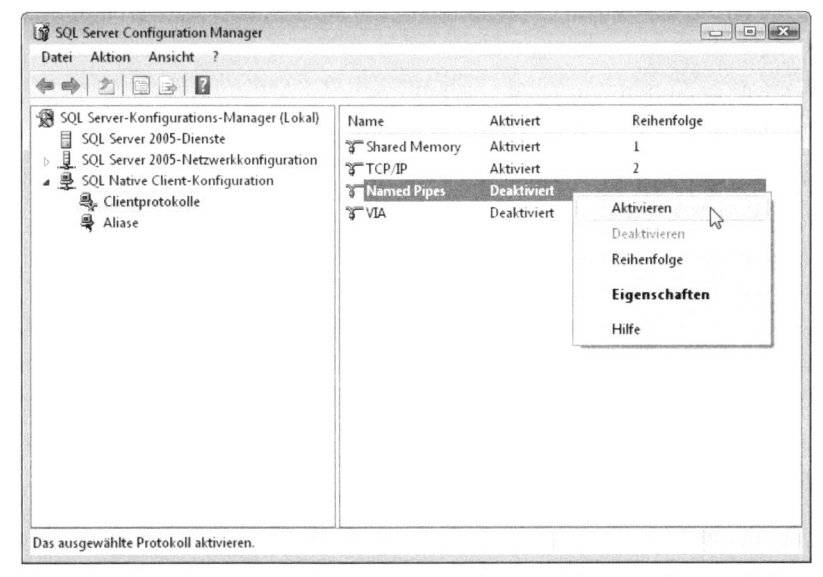

Abbildung 22.4 Im SQL Server-Konfigurations-Manager können Sie die gewünschten Protokolle verwalten

Wenn Sie über TCP/IP zugreifen wollen, müssen Sie den *Network Library*-Parameter nicht explizit angeben, da dies der Standard ist. Greifen Sie auf eine lokale SQL Server-Instanz zu, die auf Ihrem Rechner läuft, wird hingegen standardmäßig das *Shared Memory*-Protokoll verwendet. Wollen Sie stattdessen TCP oder *Named Pipes* nutzen, können Sie dies durch ein Kürzel im *Data Source*-Parameter signalisieren. Beispiel:

```
"Data Source = tcp:(local)"
"Data Source = np:(local)"
```

Authentifizierungsverfahren festlegen

Der Zugriff auf einen Datenbankserver erfordert die Authentifizierung des anmeldenden Benutzers. In welcher Weise sich dieser gegenüber dem SQL Server authentifiziert, legen Sie ebenfalls über die Verbindungszeichenfolge fest. Die folgenden Verfahren werden hierbei unterstützt:

- **Windows-Authentifizierung** Die Zugriffsberechtigung wird über Windows (NTLM oder Active Directory) verwaltet. Hierbei muss in der Verbindungszeichenfolge lediglich der Parameter *Integrated Security* angegeben und mit dem Wert *true* belegt werden.
- **SQL Server-Authentifizierung** Hierbei kümmert sich der SQL um die Verwaltung und Authentifizierung der Benutzer. Hierbei muss der entsprechende Benutzername, sowie das Passwort in der Verbindungszeichenfolge über die Parameter *User ID* und *Password* übergeben werden. Da die Übertragung der Informationen standardmäßig in Klartext erfolgt, gilt dieses Verfahren als relativ unsicher.

Im folgenden Beispiel soll eine Verbindung zur *netShop*-Datenbank aufgebaut werden, welche sich auf dem Server *SQL01* befindet. Hierbei soll das Windows-Authentifizierungsverfahren verwendet werden.

```
string connectionString = "Data Source= SQL01;Initial Catalog=netShop;Integrated Security=True";
```

Weitere Parameter der Verbindungszeichenfolge

Neben den genannten Parametern, können Sie weitere Konfigurationseinstellungen über die Verbindungszeichenfolge vornehmen. Die wichtigsten werden nachfolgend kurz erläutert:

- *Application Name* gibt den Namen der Anwendung an, die sich mit dem SQL Server verbindet
- *Workstation ID* enthält den Namen oder die IP-Adresse des zugreifenden Rechners
- *Asynchronous Processing* signalisiert dem SQL Server-Datenanbieter, dass eine asynchrone Ausführung von Abfragen möglich sein soll (mehr dazu später im Kapitel 24 im Abschnitt »Asynchroner Datenzugriff«)
- *AttachDBFilename* gibt den Namen einer Datenbankdatei an. Diese Option kann nur beim Zugriff auf SQL Server Express-Datenbanken verwendet werden.
- *MultipleActiveResultSets* gibt an, dass mehrere Leseoperationen parallel vollzogen werden können (mehr zu diesem Thema in Kapitel 24 im Abschnitt »Multiple Active Resultsets (MARS)«)
- *Failover Partner* gibt den Namen oder die IP-Adresse des Rechners an, der die Anfragen entgegen nimmt, wenn der primäre Server ausfällt. Hierfür muss auf der Serverseite eine Datenbankspiegelung (*Database Mirroring*) konfiguriert sein.

Verbindungszeichenfolgen und Monitoring

Die Parameter, die Sie in der Verbindungszeichenfolge angeben, sind nicht nur für die Konfiguration der Datenbankverbindung wichtig, sondern dienen auch dem serverseitigen Monitoring. So können Sie beispielsweise durch Angabe des *Application Name*-Parameters auf Serverseite ermitteln, welche Anwendung gerade auf welche Ressourcen zugreift. Dies ist besonders dann hilfreich, wenn Deadlock-Situationen behoben oder lang laufende Operationen abgebrochen werden müssen. Geben Sie den Anwendungsnamen nicht explizit an, würde der Datenbankadministrator in der Liste der laufenden Aktivitäten lediglich den Namen *.NET SQLClient Data Provider* zu sehen bekommen und könnte somit nicht direkt auf die jeweilige Anwendung schließen. Auch bei Performance-Optimierungen ist es wichtig zu wissen, welche Anwendung auf bestimmte Ressourcen zugreift.

Eine Verbindung zum Server aufbauen

Die Angabe des Parameters *Workstation ID* kann hingegen in den meisten Fällen vernachlässigt werden. Er gibt an, von welchem Rechner der entsprechende Benutzer auf die Datenbank zugreift. Der Parameter ist auch nur bei Verwendung der SQL Server-Authentifizierung von Interesse, da der Rechnername beim Windows-Authentifizierungsverfahren automatisch übertragen wird.

In Abbildung 22.5 können Sie sehen, wie verschiedene Parameter der Verbindungszeichenfolge im Aktivitätsmonitor des SQL Servers angezeigt werden.

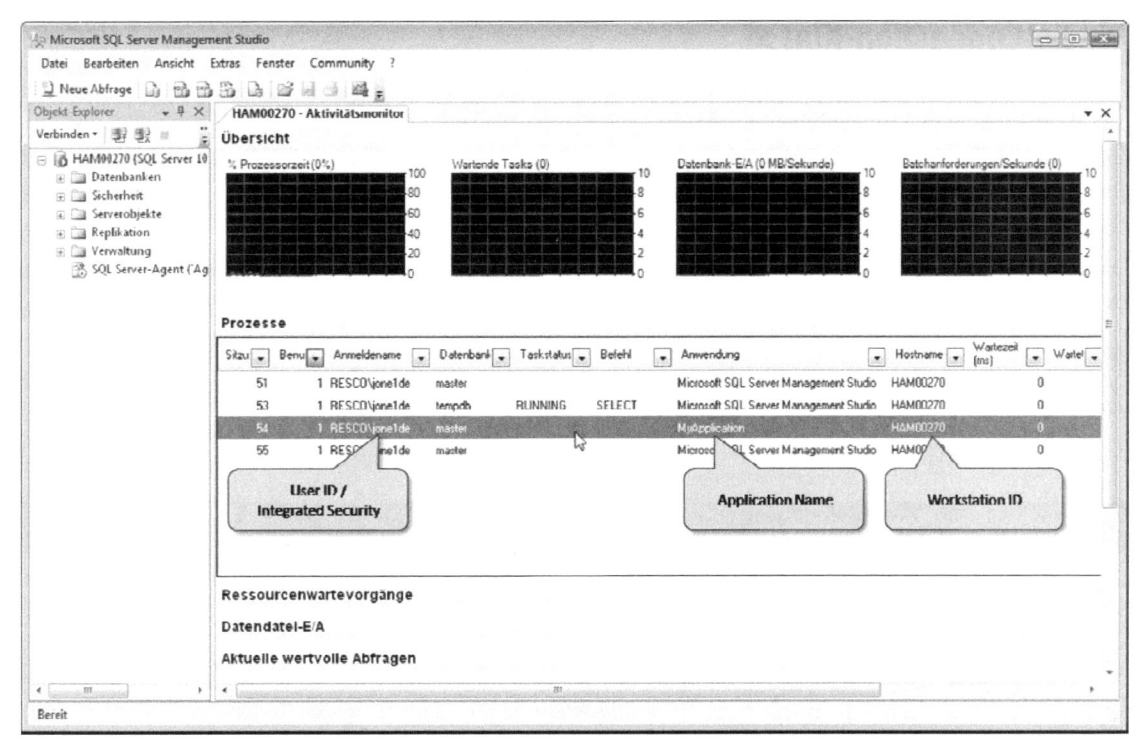

Abbildung 22.5 Parameter der Verbindungszeichenfolge im Aktivitätsmonitor des SQL Server

SQL Server-Version festlegen

Theoretisch kann eine Anwendung ohne spezielle Anpassungen mit unterschiedlichen Versionen des SQL Server arbeiten. Da jede Version jedoch spezifische Erweiterungen mitbringt, die sich auch auf die Clientseite auswirken, kann die Anwendung explizit bestimmen, mit welcher Version sie zusammenarbeitet. Hierzu erweitern Sie Ihre Verbindungszeichenfolge um die *Type System Version*-Option. Die folgenden Werte sind hierbei möglich:

- *SQL Server 2000*
- *SQL Server 2005*
- *SQL Server 2008*
- *Latest*

Die Werte wirken sich in erster Linie auf die Art und Weise aus, wie mit bestimmten Datentypen umzugehen ist. So werden beispielsweise *DateTime*-Werte im SQL Server 2008 anders verarbeitet als im SQL Server 2000. Darüber hinaus können mit SQL Server 2005 und 2008 eigene Typen erstellt werden, die auf dem Client vorhanden sein müssen.

Latest ist der Standardwert. Er bewirkt, dass die Version automatisch aus der eingesetzten Server- und Client-Provider-Version ermittelt wird. In folgendem Beispiel wird die Deklaration des *Type System Version*-Parameters verdeutlicht:

```
Data Source=SQL01; Initial Catalog=netShop; Integrated Security=True;
Type System Version=SQL Server 2008
```

Die SqlConnection-Klasse

Zum Aufbauen einer SQL Server-Verbindung bietet ADO.NET die *SqlConnection*-Klasse. Sie leitet sich von der abstrakten, vom Datenanbieter unabhängigen Klasse *DbConnection* ab und ist im Namensraum *System.Data.SqlClient* zu finden. *SqlConnection* nimmt alle zur Kommunikation nötigen Informationen über eine Verbindungszeichenfolge entgegen, die entweder im Konstruktor oder über die *ConnectionString*-Eigenschaft zugewiesen werden kann.

Daraufhin können Sie die Verbindung mit der *Open*-Methode aufbauen und über *Close* wieder schließen. Das folgende Beispiel demonstriert dies:

```
SqlConnection connection = new SqlConnection("Data Source=SQL01; Initial Catalog=netShop; Integrated Security=True");
connection.Open();
…
connection.Close();
```

Das Disposable-Pattern nutzen

Beim Zugriff auf externe Ressourcen wie eine Datenbank sollten Sie stets den Umstand bedenken, dass Sie diese gegebenenfalls nicht ordnungsgemäß schließen können, beispielsweise weil zuvor eine Exception auftritt. Um dem vorzubeugen, könnten sie den Zugriffscode beispielsweise mit einem *try/catch/finally*-Block umschließen, wobei Sie im *finally*-Zweig das Schließen der Verbindung veranlassen. Eleganter lassen sich solche Situationen jedoch mit dem *Disposable*-Pattern und dem *using*-Schlüsselwort lösen. Das folgende Beispiel demonstriert diesen Ansatz:

```
using (SqlConnection connection = new SqlConnection(connectionString))
{
    connection.Open();
    …
}
```

Das *Disposable*-Pattern kommt immer dann zum Einsatz, wenn auf externe Ressourcen zugegriffen wird. Es schreibt vor, dass die entsprechende Klasse das Interface *IDisposable* implementiert und somit eine *Dispose*-Methode anbieten muss. *SqlConnection* implementiert *IDisposable* und schließt in der *Dispose*-Methode die aktuelle Verbindung, wenn diese noch geöffnet ist. Das *using*-Schlüsselwort sorgt nun dafür, die *Dispose*-Methode aufzurufen, wenn das Programm den *using*-Block verlässt. Das explizite Schließen der Verbindung durch Aufruf der *Close*-Methode ist somit nicht mehr erforderlich.

Versuchen Sie die Verbindung mehrfach über die *Open*-Methode zu öffnen, ohne sie zwischenzeitlich zu schließen, wird eine *InvalidOperationException* ausgelöst. Gleiches gilt, wenn die Verbindung nicht hergestellt werden kann.

Eine Verbindung zum Server aufbauen

Den aktuellen Zustand der Verbindung können Sie über die *State*-Eigenschaft ermitteln. Sie gibt einen Wert der *ConnectionState*-Enumeration zurück. Die folgenden Werte werden hierbei angeboten:

- **Open** Die Verbindung ist geöffnet
- **Connecting** Die Verbindung wird aufgebaut
- **Closed** Die Verbindung wurde geschlossen
- **Broken** Die Verbindung ist defekt
- **Executing** Es wird gerade eine Operation durchgeführt
- **Fetching** Es werden gerade Daten ermittelt

Über den Wechsel des aktuellen Zustands können Sie sich über das *StateChanged*-Ereignis informieren.

Wie bereits erwähnt, legen Sie über den *Initial Catalog*-Parameter die jeweilige Standarddatenbank fest. Zum Wechseln der aktuellen Datenbank bietet *SqlConnection* die *ChangeDatabase*-Methode, welche den Namen der entsprechenden Datenbank entgegennimmt.

> **Connection Timeouts**
>
> Das erstmalige Verbinden kann – je nach Netzwerk und Serverauslastung – mehrere Sekunden in Anspruch nehmen. Wenn die Verbindung nicht in maximal 15 Sekunden aufgebaut werden konnte, löst die *SqlConnection*-Klasse eine *SqlException* aus. Diesen Timeout-Wert können Sie jedoch in der Verbindungszeichenfolge über den *Connection Timeout*-Parameter verändern. Welcher Timeout-Wert gerade verwendet wird, können Sie über die *SqlConnection.ConnectionTimeout*-Eigenschaft abfragen.

Verbindungszeichenfolgen mit der ConnectionStringBuilder-Klasse erstellen

Neben der textuellen Zusammenstellung der Verbindungszeichenfolge, existiert mit *SqlConnectionStringBuilder* eine Klasse, die bei der Konfiguration behilflich ist. Sie bildet alle Parameter der Verbindungszeichenfolge in Form von Eigenschaften ab. So müssen Sie sich nicht jeden Parameter merken, sondern weisen die Werte einfach über die entsprechenden Eigenschaften zu. Zudem hilft die Klasse, Syntaxfehler bei der Deklaration zu vermeiden. Haben Sie alle Einstellungen vorgenommen, können Sie die komplette Verbindungszeichenfolge über die *ConnectionString*-Eigenschaft abfragen.

Das folgende Beispiel demonstriert die Verwendung der *SqlConnectionStringBuilder*-Klasse, die im Namespace *System.Data.SqlClient* zu finden ist.

```
SqlConnectionStringBuilder builder = new SqlConnectionStringBuilder();
builder.DataSource = ".";
builder.InitialCatalog = "netShop";
builder.IntegratedSecurity = true;
builder.ConnectTimeout = 20;
builder.ApplicationName = "MyApp";
Console.WriteLine(builder.ConnectionString);
```

Listing 22.1 Erstellung einer Verbindungszeichenfolge mit der *SqlConnectionStringBuilder*-Klasse

Alternativ können Sie der *SqlConnectionStringBuilder*-Klasse auch eine bereits existierende Verbindungszeichenfolge im Konstruktor übergeben und Änderungen an einzelnen Parametern vornehmen.

```
string connectionString = "Data Source= SQL01;Initial Catalog=netShop;Integrated Security=True";
SqlConnectionStringBuilder builder = new SqlConnectionStringBuilder(connectionString);
builder.DataSource = "localhost";
connectionString = builder.ConnectionString;
```

Listing 22.2 Eine vorhandene Verbindungszeichenfolge anpassen

> **CD-ROM** Das Beispiel finden Sie unter dem Namen *ConnectionDemo* auf der Buch-CD.

Die Rolle des Verbindungspools

Wie bereits erwähnt, kann das Aufbauen einer Datenbankverbindung einige Zeit in Anspruch nehmen. Neben der Erstellung der entsprechenden Verbindung auf Protokollebene, verschlingen das Parsen der Verbindungszeichenfolge, die Authentifizierung des jeweiligen Benutzers und weitere Datenbankoperationen Zeit.

Daher kommt bei Zugriffen über den SQL Server-Provider, aber auch bei ODBC und OLE DB automatisch ein Konzept namens Verbindungspooling (engl. *Connection Pooling*) zum Einsatz.

Hierbei wird die aufgebaute Verbindung automatisch in einem zentralen Pool gespeichert. Werden in der Folge weitere Verbindungen angefordert, so kann auf die bereits vorhandenen Verbindungen aus dem Pool zurückgegriffen werden. Somit entfällt der zeitaufwendige Verbindungsaufbau, da die Verbindungen im Pool die Kommunikation mit der Datenbank aufrecht erhalten. Hierbei wird in der *SqlConnection.Open*-Methode geprüft, ob sich bereits eine Verbindung mit identischer Verbindungszeichenfolge im Pool befindet und verfügbar ist. Ist dies der Fall, kann sie wiederverwendet werden. Beim Aufruf der *Close*-Methode wird die physische Verbindung zur Datenbank nicht geschlossen, sondern lediglich im Pool wieder freigegeben.

Steuern des Verbindungspools

Die minimale Anzahl an Verbindungen die im Pool verwahrt werden sollen, können Sie in der Verbindungszeichenfolge über den *Min Pool Size*-Parameter festlegen. Geben Sie den Parameter nicht explizit an oder belegen ihn mit 0, werden die gespeicherten Verbindungen nach einer gewissen Zeit, in der nicht auf sie zugegriffen wird, automatisch entsorgt. Geben Sie hingegen einen Wert größer als 0 an, werden die Verbindungen permanent vorgehalten.

Auch die maximale Anzahl an Verbindungen im Pool können Sie einstellen. Hierfür geben Sie die gewünschte Zahl über den *Max Pool Size*-Parameter in der Verbindungszeichenfolge, oder über die *MaxPoolSize*-Eigenschaft der *SqlConnectionStringBuilders*-Klasse an. Passen Sie diese Einstellung nicht explizit an, werden maximal 100 Verbindungen im Pool vorgehalten.

```
"Data Source=.;Initial Catalog= netShop; Integrated Security=sspi;
Min Pool Size=5;Max Pool Size=200"
```

Alternativ können Sie die Verwendung des Verbindungspools auch komplett abschalten. Hierzu setzen Sie den *Pooling*-Parameter in der Verbindungszeichenfolge auf *false*. Dies kann beispielsweise dann sinnvoll sein, wenn Sie mit vielen unterschiedlichen Verbindungszeichenfolgen umgehen, die nicht wiederverwendet werden können.

> **Wann werden Verbindungen im Pool wieder freigegeben?**
>
> Wie bereits erwähnt, wird jede geöffnete Verbindung im Pool gespeichert und verbleibt dort auch nach dem Schließen über die *SqlConnection.Close*-Methode. Damit jedoch nicht für unbestimmte Zeit Verbindungen im Pool verbleiben, die nicht mehr verwendet werden, findet zirka alle fünf Minuten ein Bereinigungslauf statt, der alle freien Verbindungen aus dem Pool entfernt. Wurde der *Min Pool Size*-Parameter in der Verbindungszeichenfolge jedoch auf einen Wert größer 0 gesetzt, so verbleibt die angegebene Anzahl an Verbindungen permanent im Pool. Beim Beenden der Anwendung oder dem Entladen der Anwendungsdomäne (engl. Application Domain) werden alle Verbindungen im Pool verworfen.

Darüber hinaus können Sie auch einzelne Verbindungen aus dem Pool entfernen. Hierfür bietet die *SqlConnection*-Klasse die statische Methode *ClearPool* an. Sie nimmt ein *SqlConnection*-Objekt entgegen und entfernt daraufhin alle ungenutzten Verbindungen, die auf der zugehörigen Verbindungszeichenfolge basieren. Um alle ungenutzten Verbindungen aus dem Pool zu entfernen, bietet *SqlConnection* zusätzlich die statische Methode *ClearAllPools* an.

ACHTUNG	Wiederverwendung von SqlConnection-Objekten

In früheren Technologien war es gängige Praxis, die Datenbankverbindung beim Start der Anwendung zu öffnen und das entsprechende *Connection*-Objekt an zentraler Stelle zu speichern, um über dieses die Abfragen auszuführen. Durch den impliziten Einsatz des Verbindungspools ist diese Vorgehensweise nicht mehr nötig. Sie können, ohne Performanceverluste befürchten zu müssen, neue *SqlConnection*-Objekte erzeugen, um auf die Datenbank zuzugreifen. Dieses Vorgehen hat zudem einen angenehmen Nebeneffekt: Bricht die Verbindung zur Datenbank zwischenzeitlich ab, muss die Anwendung nicht neu gestartet werden, wie dies beim *Connection*-Objekt oft der Fall ist.

Vorhandene SQL Server-Instanzen ermitteln

In manchen Fällen kann es vorkommen, dass Ihnen zur Laufzeit der Name des Servers oder der SQL Server-Instanz zu der Sie verbinden wollen, nicht bekannt ist, oder Sie wollen dem Benutzer eine Auswahl vorhandener Instanzen anbieten. In solchen Fällen können Sie die Klasse *SqlDataSourceEnumerator* nutzen, die im Namespace *System.Data.Sql* zu finden ist. Sie ermittelt eine Liste der im Netzwerk verfügbaren SQL Server-Instanzen.

Sie können die Klasse nicht direkt instanziieren, sondern müssen über die *Instance*-Eigenschaft zunächst ein Objekt ermitteln. Das Starten der Suche erfolgt über die *GetDataSources*-Methode. Sie gibt ein *DataTable*-Objekt mit folgenden Spalten zurück:

- *ServerName* gibt den Namen des Servers an
- *InstanceName* gibt den Namen der Instanz an
- *IsClustered* gibt an, ob der Server als Cluster-Ressource konfiguriert wurde
- *Version* gibt die SQL Server-Version an

Hierbei werden sowohl SQL Server 2008, als auch SQL Server 2005 und SQL Server 2000-Instanzen ermittelt. Das folgende Beispiel demonstriert den Einsatz:

```
DataTable table = SqlDataSourceEnumerator.Instance.GetDataSources();
foreach (DataRow row in table.Rows)
{
    string server = row["ServerName"].ToString();
    string instance = row["InstanceName"].ToString();
    Console.WriteLine(server + "\\" + instance);
}
```

Listing 22.3 Ermitteln von SQL Server-Instanzen mit der *SqlDataSourceEnumerator*-Klasse

Das Beispielprogramm *DataSourceEnumDemo* (Abbildung 22.6) verwendet die *SqlDataSourceEnumerator*-Klasse, um dem Benutzer eine Liste der verfügbaren Server anzubieten.

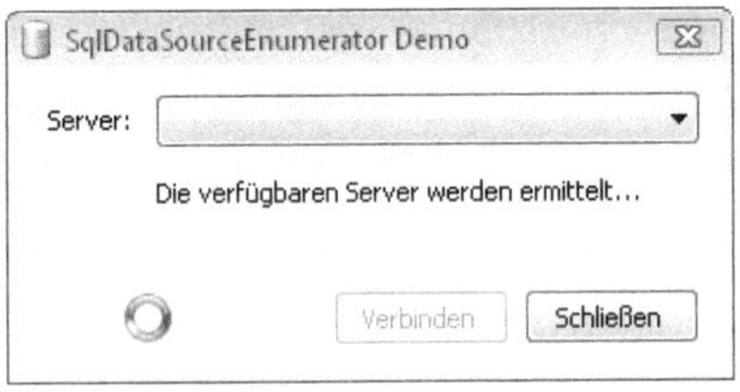

Abbildung 22.6 Das Beispielprogramm *DataSourceEnumDemo* bietet dem Benutzer eine Liste der verfügbaren Server an

Hierbei sollten Sie jedoch bedenken, dass die Suche je nach Netzwerk eine gewisse Zeit in Anspruch nehmen kann.

CD-ROM Das Beispiel finden Sie unter dem Namen *DataSourceEnumDemo* auf der Buch-CD.

Verbindungen mit Berechtigungen steuern

Wie Sie gesehen haben, können Sie den Verbindungsaufbau mit den Klassen *SqlConnectionStringBuilder* und *SqlDataSourceEnumerator* sehr dynamisch gestalten. Trotz dieser Flexibilität sollten Sie jedoch ein gewisses Maß an Kontrolle behalten. Beispielsweise könnten Sie dem Benutzer die Möglichkeit bieten, den Server selbst auszuwählen, während Sie jedoch das Authentifizierungsverfahren fest definieren. Natürlich können Sie dies per Code steuern, sicherer ist es jedoch, feste Regeln für den Zugriff zu definieren. Denn in vielen Fällen befindet sich die Verbindungszeichenfolge nicht direkt im Code, sondern beispielsweise in der *app.config-* oder *web.config*-Datei Ihrer Anwendung und in dieser könnte der Benutzer manuell Änderungen vornehmen.

Nehmen Sie einmal an, Ihr SQL Server ist auf *Mixed Mode*-Authentifizierung eingestellt, sodass sich Clients sowohl mit integrierter Sicherheit, als auch mit Benutzernamen und Passwort anmelden können. Ihre Anwendung ist nun so entworfen, dass sie mit integrierter Sicherheit auf die Datenbank zugreift. Dies haben Sie über die Verbindungszeichenfolge definiert, die sich in Ihrer Anwendungskonfigurationsdatei befindet. Kennt nun ein Anwender den Benutzernamen und das Passwort eines SQL Server-Kontos, so könnte er diese Informationen in der Verbindungszeichenfolge durch Angabe der Parameter *User ID* und *Password* ändern. Wenn das SQL Server-Konto nun eine höhere Berechtigung besitzt als das Windows-Konto des Benutzers, so könnte er unter Umständen über Ihre Anwendung auf Daten zugreifen, für die er eigentlich keine Berechtigung besitzt.

Den Zugriff mit SqlClientPermission einschränken

Um solchen Problemen vorzubeugen, sollten Sie für den Verbindungsaufbau Regeln definieren, die festlegen, welche Teile der Verbindungszeichenfolge variabel und welche unveränderbar sind. Hierfür bietet der SQL Server-Datenanbieter die Klasse *SqlClientPermission*. Sie basiert auf dem *Code Access Security*-Modell von .NET und steuert die Berechtigung für Verbindungszeichenfolgen.

In folgendem Beispiel soll gewährleistet werden, dass Verbindungen ausschließlich über integrierte Sicherheit authentifiziert werden:

```
SqlClientPermission perm = new SqlClientPermission(PermissionState.None);
perm.Add("Integrated Security=true;",
    "Data Source=;Initial Catalog=;",
    KeyRestrictionBehavior.AllowOnly);
perm.PermitOnly();
```

CD-ROM Das Beispiel finden Sie unter dem Namen *SqlClientPermissionDemo* auf der Buch-CD.

Hier wurde zunächst ein neues *SqlClientPermission*-Objekt erstellt und diesem über den Konstruktorparameter *PermissionState.None* jegliche Rechte entzogen. Würden Sie das Objekt in dieser Form aktivieren, so könnte Ihr Code zu keiner SQL Server-Datenbank eine Verbindung aufbauen. Daher müssen Sie nun explizit definieren, zu welcher Art von Verbindungen Sie Ihren Code berechtigen.

Dies geschieht über die *Add*-Methode. Sie nimmt als ersten Parameter eine Zeichenfolge entgegen, die in jeder Verbindungszeichenfolge zwingend enthalten sein muss. In diesem Beispiel wurde festgelegt, dass Benutzer ausschließlich über die integrierte Sicherheit authentifiziert werden müssen.

Im zweiten Parameter können nun die variablen Bestandteile der Verbindungszeichenfolge angegeben werden, die vom Benutzer zur Laufzeit festgelegt werden. Der obere Code definiert beispielsweise, dass der Zugriff auf jegliche Server und Datenbanken erlaubt ist. Hierfür wurden lediglich die Parameter *Data Source* und *Initial Calalog* hinterlegt, ohne sie mit konkreten Werten zu füllen.

Der dritte und letzte Parameter steuert, ob Sie die Berechtigung für diese Art von Verbindungszeichenfolge gewähren bzw. verweigern wollen.

Die Aktivierung des erstellten *SqlClientPermission*-Objekts erfolgt über die *PermitOnly*-Methode. Erst wenn sie aufgerufen wurde, greift die erstellte Regel. Die *SqlConnection*-Klasse prüft nun vor jedem Verbindungsaufbau, ob die jeweilige Verbindungszeichenfolge den definierten Regeln entspricht. Besteht die Verbindungszeichenfolge die Prüfung nicht, wird eine *SecurityException* ausgelöst.

SqlClientPermission ist nicht auf eine einzelne Verbindung beschränkt. Über die *Add*-Methode können Sie beliebig viele Verbindungszeichenfolgenregeln definieren. Dies kann beispielsweise sinnvoll sein, wenn Sie mehrere Server unterstützen wollen, oder aber mehrere Schreibweisen. Beispielsweise erkennt *SqlClientPermission* nicht, dass die Angabe *(local)* mit ».« gleichzusetzen ist. Bei der Definition mehrerer Regeln erfolgt der Verbindungsaufbau nur dann, wenn die jeweilige Verbindungszeichenfolge mindestens einer Regel entspricht.

Was sichert SqlClientPermission ab und was nicht?

Wie der Name suggeriert, kümmert sich die *SqlClientPermission*-Klasse lediglich auf dem Client um die Absicherung der Verbindungsaufnahme. Die Verbindung selbst sichern Sie mit diesem Mechanismus nicht. Auch hat *SqlClientPermission* keinerlei Auswirkungen auf der Serverseite. Die Absicherung Ihrer Datenbanken wird Ihnen somit nicht abgenommen.

Der Geltungsbereich von Berechtigungen

Eine Berechtigung wird nur so lange geprüft, wie das entsprechende *SqlClientPermission*-Objekt besteht. Erstellen Sie beispielsweise in Methode A ein *SqlClientPermission*-Objekt, besteht die Prüfung nur innerhalb der Methode und der Methoden, die von A aufgerufen werden. Außerhalb dieses Bereichs hat die Berechtigung keinen Bestand.

Berechtigungen über Attribute steuern

Als Alternative zum imperativen Modell der *SqlClientPermission*-Klasse, können Sie Berechtigungen auch deklarativ, in Form von Attributen festlegen. So haben Sie mit dem gleichnamigen *SqlClientPermission*-Attribut die Möglichkeit, bestimmte Methoden an eine Berechtigungsprüfung zu binden. Das folgende Beispiel verdeutlicht diesen Weg:

```
[SqlClientPermission(
    SecurityAction.PermitOnly,
    ConnectionString = "Integrated Security=true;",
    KeyRestrictions = "Data Source=;Initial Catalog=;",
    KeyRestrictionBehavior  = KeyRestrictionBehavior.AllowOnly)]
public void DoDataAccessWork()
{
    …
}
```

Auch hierbei gilt die Berechtigung nicht nur für die jeweilige Methode, sondern auch für alle Methoden, die von ihr aufgerufen werden.

> **CD-ROM** Das Beispiel finden Sie unter dem Namen *SqlClientPermissionDemo* auf der Buch-CD.

Daten ermitteln und manipulieren

Zuvor in diesem Kapitel im Abschnitt »Eine Verbindung zum Server aufbauen« haben Sie erfahren, wie Sie eine Verbindung zu SQL Server aufbauen können. Nun soll es darum gehen, Daten abzufragen und zu manipulieren. ADO.NET stellt hierfür die Klassen *SqlCommand* und *SqlDataReader* zu Verfügung. In diesem Kapitel lernen Sie, Abfragen an die Datenbank zu richten und diese mit Parametern zu versehen. Neben der hierfür nötigen Typkonvertierung soll es auch um das Absetzen von DML-Statements sowie den Umgang mit gespeicherten Prozeduren gehen.

T-SQL-Statements mit der Command-Klasse absetzen

Für das Absetzen von T-SQL-Statements stellt ADO.NET die abstrakte Basisklasse *DbCommand* bereit, von der sich die konkrete *Command*-Klasse des jeweiligen Datenanbieters ableitet. Im Falle des SQL Server-Datenanbieters ist dies die Klasse *SqlCommand*, die im Namensraum *System.Data.SqlClient* zu finden ist. Sie nimmt im Konstuktor das auszuführende SQL-Statement sowie das *SqlConnection*-Objekt, das für den Zugriff verwendet werden soll, entgegen. Alternativ können die Angaben auch über die Eigenschaften *CommandText* und *Connection* zugewiesen werden.

```
SqlConnection connection = new SqlConnection("Data Source=SQL01; Initial Catalog=netShop; Integrated
Security=True")
SqlCommand command = new SqlCommand("SELECT ID FROM Sales.Customers ", connection);
```

Hierbei können Sie nicht nur T-SQL absetzen, sondern beispielsweise auch gespeicherte Prozeduren aufrufen. Um welche Art von Abfrage es sich handelt, legen Sie über die *CommandType*-Eigenschaft fest. Die folgenden Werte sind hierbei möglich:

- **TableDirect** Die *CommandText*-Eigenschaft enthält lediglich den Namen der Tabelle, dessen Inhalt ermittelt werden soll
- **Text** Dies ist der Standardwert. Hierbei können Sie SQL-Statements (DDL oder DML) absetzen.
- **StoredProcedure** Die *CommandText*-Eigenschaft enthält den Namen einer gespeicherten Prozedur, die aufgerufen werden soll

> **TIPP Alternative Command-Erstellung**
>
> Alternativ können Sie ein *SqlCommand*-Objekt auch über die *CreateCommand*-Methode der *SqlConnection*-Klasse erstellen. Dies hat den Vorteil, dass die entsprechende Verbindung automatisch zugewiesen wird. Das abzusetzende Statement kann hierbei jedoch nicht im Konstruktor übergeben werden.

Zur Ausführung eines Commands stehen verschiedene Methoden zu Verfügung, die sich nach dem Typ des Statements richten.

- **ExecuteScalar** Dient zur Ausführung von Abfragen, die einen einzelnen Wert zurückgeben
- **ExecuteNonQuery** Dient zur Ausführung von DML-Anweisungen wie *INSERT*, *UPDATE* oder *DELETE*
- **ExecuteReader** Dient zur Ausführung von Abfragen, die eine Ergebnismenge zurückgeben
- **ExecuteXmlReader** Erwartet die Ergebnismenge der Abfrage als XML und gibt diese in Form eines *XmlReader*-Objekts zurück. Nähere Information zum Umgang mit XML erfahren Sie später in diesem Kapitel im Abschnitt »Serialisierung von Objekten«.

Das folgende Beispiel verwendet die *ExecuteScalar*-Methode, um die Anzahl der Kunden aus der *Sales.Customers*-Tabelle zu ermitteln.

```
using System;
using System.Data;
using System.Data.SqlClient;

namespace SqlCommandDemo
{
    class Program
    {
        static void Main(string[] args)
        {
            string conString =
                "Data Source=.;Initial Catalog=netShop; Integrated Security=SSPI";
            using (SqlConnection con = new SqlConnection(conString))
            {
                string sql = "SELECT COUNT(*) FROM Sales.Customers";
                SqlCommand cmd = new SqlCommand(sql, con);
```

```
            con.Open();
            object result = cmd.ExecuteScalar();
            int count = Convert.ToInt32(result);
            Console.WriteLine(count.ToString() + " Kunden ermittelt.");
        }
        Console.Read();
    }
}
```

Listing 22.4 Ermitteln einzelner Werte mit der *ExecuteScalar*-Methode

ExecuteScalar gibt das Ergebnis in Form einer *object*-Instanz zurück und muss somit in den jeweils passenden Typ umgewandelt werden.

Ebenso einfach ist das Absetzen von DML-Statements. In folgendem Beispiel sollen alle Kunden mit der ID »abc« gelöscht werden.

```
using (SqlConnection con = new SqlConnection(conString))
{
    string sql = "DELETE FROM Sales.Customers WHERE ID = 1";
    SqlCommand cmd = new SqlCommand(sql, con);

    con.Open();
    int count = cmd.ExecuteNonQuery();
    Console.WriteLine(count.ToString() + " Kunden wurden gelöscht.");
}
```

Listing 22.5 Absetzen von Statements ohne Ergebnis mit der *ExecuteNonQuery*-Methode.

> **CD-ROM** Das Beispiel finden Sie unter dem Namen *SqlCommandDemo* auf der Buch-CD.

Zum Absetzen des *DELETE*-Statements wurde die *ExecuteNonQuery*-Methode verwendet. Wie der Name vermuten lässt, gibt sie kein Ergebnis zurück. Dies ist jedoch nicht ganz richtig. Zwar werden keine Nutzdaten ermittelt, jedoch gibt sie die Anzahl der von der Abfrage betroffenen Datensätze zurück. So können Sie prüfen, ob und wenn ja, wie viele Zeilen betroffen waren. Im oberen Beispiel wäre dies die Anzahl der gelöschten Datensätze.

Mehrere Statements ausführen

Manchmal haben Sie vielleicht den Fall, dass Sie mehrere DML-Statements hintereinander ausführen möchten. Nun könnten Sie für jedes Statement ein eigenes *SqlCommand*-Objekt erzeugen und dies zur Ausführung bringen. Dies ist jedoch nicht sehr effektiv. Vom Aufwand des Code-Schreibens mal abgesehen, erzeugen Sie unnötige Roundtrips, bei denen der Client wiederholt Statements an den Server sendet und dieser Ergebnisse an den Client zurückmelden muss.

Stattdessen können Sie, so wie Sie es von T-SQL gewohnt sind, die Statements durch ein Semikolon getrennt in einem Batch zusammen fassen. Das folgende Beispiel demonstriert diesen Weg:

```
using (SqlConnection con = new SqlConnection(conString))
{
    string sql =
        "DELETE FROM Sales.Customers WHERE ID = 1;" +
        "DELETE FROM Sales.Customers WHERE ID = 2;" +
        "DELETE FROM Sales.Customers WHERE ID = 3";
    SqlCommand cmd = new SqlCommand(sql, con);
```

```
    con.Open();
    int count = cmd.ExecuteNonQuery();
}
```

Listing 22.6 Das Absetzen von mehreren T-SQL-Statements in einer Batch

Hierbei sollten Sie jedoch beachten, dass *ExecuteNonQuery* beim Absetzen von Batches stets die Gesamtzahl der Änderungen zurückgibt und nicht die der einzelnen Statements. Für diesen Fall bietet die *SqlCommand*-Klasse das *StatementCompleted*-Ereignis an. Es informiert über die Anzahl der von der einzelnen Abfrage betroffenen Zeilen. Das folgende Beispiel demonstriert die Verwendung:

```
static void Main(string[] args)
{
    using (SqlConnection con = new SqlConnection("Data Source=.;Initial Catalog=netShop;Integrated
        Security=True"))
    {
        string sql =
            "DELETE FROM Sales.Customers WHERE ID = 1;" +
            "DELETE FROM Sales.Customers WHERE ID = 2;" +
            "DELETE FROM Sales.Customers WHERE ID = 3";
        SqlCommand cmd = new SqlCommand(sql, con);

        con.Open();
        cmd.StatementCompleted += new
System.Data.StatementCompletedEventHandler(cmd_StatementCompleted);
        int count = cmd.ExecuteNonQuery();
        Console.WriteLine("{0} Zeilen waren insgesamt betroffen.", count);
    }
}

static void cmd_StatementCompleted(object sender, System.Data.StatementCompletedEventArgs e)
{
    Console.WriteLine("{0} Zeilen waren betroffen.", e.RecordCount);
}
```

Listing 22.7 Ermitteln von Ergebnissen einzelner Abfragen in einer Batch

CD-ROM Das Beispiel finden Sie unter dem Namen *BatchCommand* auf der Buch-CD.

Ermitteln von Ergebnismengen

Etwas aufwändiger ist das Ermitteln von Ergebnismengen, da neben *SqlCommand* weitere Klasse erforderlich sind. Wollen Sie beispielsweise eine *SELECT*-Abfrage absetzen, so können Sie die *ExecuteReader*-Methode verwenden. Sie liefert eine *SqlDataReader*-Instanz zurück, mit der die Ergebnismenge zeilenweise ausgelesen werden kann. *SqlDataReader* greift hierbei im so genannten *Firehose*-Modus auf die Datenbank zu. Dieser Modus ist äußerst performant und erzeugt im Gegensatz zu servereigenen Cursorn keine Sperren. Hierbei wird auf dem Server die Ergebnismenge nicht vollständig zum Client geschickt. Stattdessen werden die Ergebnisse noch während der Verarbeitung zeilenweise zurückgegeben. Das folgende Beispiel verdeutlicht den Zugriff.

```
using (SqlConnection con = new SqlConnection(conString))
{
    string sql = "SELECT ID, Name_1 FROM Sales.Customers";
    SqlCommand cmd = new SqlCommand(sql, con);
```

```
    con.Open();
    SqlDataReader reader = cmd.ExecuteReader();
    while (reader.Read())
    {
        Console.WriteLine(reader.GetString(1));
    }
    reader.Close();
}
```

Listing 22.8 *Ermitteln von Ergebnismengen mit der ExecuteReader-Methode*

CD-ROM   Das Beispiel finden Sie unter dem Namen *SqlCommandDemo* auf der Buch-CD.

Zunächst wurde über die *ExecuteReader*-Methode eine *SqlDataReader*-Instanz erzeugt. Das zeilenweise Auslesen der Daten übernimmt daraufhin eine *while*-Schleife, die bei jedem Durchlauf über die *Read*-Methode eine neue Zeile abruft. Gibt diese *false* zurück, wurde das Ende der Ergebnismenge erreicht.

Die Daten können nun, je nach Datentyp, mit verschiedenen *Get*-Methoden ermittelt werden. *GetString* ermittelt beispielsweise eine Zeichenkette, die Sie in der Datenbanktabelle mit dem Datentyp *char*, *nchar*, *varchar* oder *nvarchar* angelegt haben.

Als Parameter geben Sie jeweils den Index der Spalte in der Ergebnismenge an. Wissen Sie die genaue Anzahl der Spalten noch nicht, weil Sie beispielsweise eine Abfrage vom Typ *SELECT ** ausgeführt haben, so können Sie diese über die *FieldCount*-Eigenschaft ermitteln.

Alternativ stellt die *SqlDataReader*-Klasse auch *Get*-Methoden für spezifische SQL Server-Datentypen zu Verfügung. So können Sie beispielsweise über *GetSqlMoney* einen *Money*-Wert ermitteln. Hierbei werden jeweils Datentypen aus dem *System.Data.SqlTypes*-Namespace zurückgegeben (mehr dazu im nächsten Abschnitt). Die Nutzung dieser Methoden kann sinnvoll sein, wenn Sie das genaue Mapping der Datentypen nicht kennen, oder spezifische Eigenheiten der SQL Server-Datentypen berücksichtigen müssen.

Wurde das Ende der Ergebnismenge erreicht, müssen Sie den Reader durch Aufruf der *Close*-Methode explizit schließen. Dies ist besonders wichtig, da standardmäßig nur eine Ergebnismenge gleichzeitig abgerufen werden kann. Daher sollten Sie den Zugriff in einen *try/catch*-Block einbetten, um im Fehlerfall das Schließen des Readers zu gewährleisten. Alternativ können Sie den Zugriff auch in einen *using*-Block einbetten.

```
using (SqlDataReader reader = cmd.ExecuteReader())
{
    while (reader.Read())
    {
        Console.WriteLine(reader.GetString(1));
    }
}
```

In diesem Fall wird der Reader implizit beim Verlassen der unteren, geschweiften Klammer geschlossen. Hintergrund dieses Verfahrens ist das so genannte *Disposable*-Pattern, das bereits früher in diesem Kapitel im Rahmen der Erläuterung der *SqlConnection*-Klasse beschrieben wurde.

Um zu ermitteln, ob Daten vorhanden sind, können Sie die *HasRows*-Eigenschaft abrufen. Dies ist jedoch nicht zwingend erforderlich, da die *Read*-Methode in diesem Fall keine Exception auslöst, sondern ebenfalls *false* zurück liefert.

Zugriffsart bestimmen

Eine Überladung des *SqlDataReader*-Konstruktors nimmt einen Wert der *CommandBehavior*-Enumeration entgegen, über den der Zugriff konfiguriert werden kann. Die folgenden Werte sind hierbei möglich:

- **Default**   Dies ist der Standardwert. Die Abfrage kann eine oder mehrere Ergebnismengen zurückgeben. Mehrere Ergebnismengen können beispielsweise beim Aufruf von gespeicherten Prozeduren anfallen.
- **SingleResult**   Die Abfrage gibt eine einzelne Ergebnismenge zurück
- **SchemaOnly**   Es werden nur Schema- und keine Nutzdaten ermittelt, die den Aufbau der Spalten beschreiben
- **KeyInfo**   Es werden nur Spalten- und Primärschlüsselinformationen ermittelt
- **SingleRow**   Diese Angabe ist sinnvoll, wenn die Abfrage eine einzelne Zeile zurückliefert, da sie positive Auswirkungen auf die Performance hat
- **SequentialAccess**   Bietet einen effizienten Weg zur Ermittlung von großen Binärdaten. Hierbei erfolgt die Übertragung nicht zeilenweise, sondern die Daten werden in Form binärer Blöcke übertragen (*Streaming*).
- **CloseConnection**   Nach der Übertragung der kompletten Ergebnismenge wird die Verbindung automatisch geschlossen

Die einzelnen Werte können über ein logisches *oder* miteinander kombiniert werden. So würde beispielsweise die folgende Abfrage nur Schemainformationen übertragen und die Verbindung im Anschluss schließen.

```
SqlDataReader reader = cmd.ExecuteReader(
    CommandBehavior.SchemaOnly |
    CommandBehavior.CloseConnection);
```

Nähere Informationen zur Ermittlung und Analyse von Schemadaten finden Sie später in diesem Kapitel im Abschnitt »Serialisierung von Objekten«.

Umgang mit NULL-Werten

Gibt die Abfrage den Wert *NULL* zurück, müssen Sie dies gesondert behandeln, da *NULL* in der Datenbank eine andere Bedeutung hat als *null* in C# oder *Nothing* in VB.NET. Während die Datenbank *NULL* als regulären Wert betrachtet, repräsentieren *null* und *Nothing* eine nicht initialisierte Objektinstanz. Zur Darstellung von Datenbank-*NULL*-Werten verwendet ADO.NET die *System.DbNull*-Klasse. Deren statische *Value*-Eigenschaft repräsentiert hierbei den eigentlichen Wert. Die Abfrage eines *NULL*-Werts gestaltet sich somit wie folgt:

```
object result = cmd.ExecuteScalar();
if (result == System.DbNull.Value)
{
    ...
}
else
{
    ...
}
```

Listing 22.9   Abfrage von NULL-Werten

Timeout festlegen

Unter Umständen kann die Ausführung eines Commands einige Zeit in Anspruch nehmen. Dies zieht nicht nur erhöhte Wartezeit auf Clientseite, sondern vor allem einigen Ressourcenverbrauch auf Serverseite nach sich. Daher können Sie über die Eigenschaft *CommandTimeout* eine Zeitspanne (in Sekunden) angeben, nach der die Ausführung abgebrochen werden soll. Der Standardwert liegt hierbei bei 30 Sekunden. Für eine unbegrenzte Wartezeit setzen Sie die *CommandTimeout*-Eigenschaft auf 0. Zum Zurücksetzen des Timeouts auf den Standardwert, können Sie die *SqlCommand.ResetCommandTimeout*-Methode aufrufen.

Parametrisierte Abfragen absetzen

In den meisten Fällen enthalten Abfragen oder DML-Statements einen oder mehrere Parameter, die dynamisch zur Laufzeit gesetzt werden müssen. Zur Definition eines Parameters hinterlegen Sie im jeweiligen SQL-Statement Platzhalter, die mit einem At-Zeichen (@) markiert werden. Beispiel:

```
SELECT Name_1 FROM Sales.Customers WHERE ID=@ID
```

Für diese Platzhalter müssen daraufhin Parameterobjekte erstellt und mit dem jeweiligen *Command*-Objekt verbunden werden. Der SQL Server-Anbieter bietet hierfür die *SqlParameter*-Klasse. Sie enthält Eigenschaften, die den Parameter näher beschreiben. So können Sie beispielsweise den Namen des Parameters, Informationen über dessen Datentyp sowie den entsprechenden Wert angeben.

Die Verknüpfung mit dem Command erfolgt über die *Parameters*-Auflistung der *SqlCommand*-Klasse, wie das folgende Beispiel zeigt:

```
SqlParameter param = new SqlParameter();
param.Name = "ID";
param.SqlDbType = SqlDbType.Int;
param.Value = 1;

command.Parameters.Add(param);
...
```

Listing 22.10 Definition eines Parameters

Da die CLR und der SQL Server unterschiedliche Typsysteme definieren, müssen Sie für jeden Parameter ein Mapping erstellen, über das Sie mitteilen, welchem SQL Server-Datentyp der jeweilige Inhalt entspricht. Den Datentyp geben Sie hierbei über einen Wert der *System.Data.SqlDbType*-Enumeration an. Sie enthält alle Standarddatentypen des SQL Server. Alternativ können Sie den Typ auch datenbankunabhängig angeben. Hierfür existiert die *DbType*-Eigenschaft, die einen Wert der *System.Data.DbType*-Enumeration entgegen nimmt. Dies kann sinnvoll sein, wenn der Datenzugriffscode nicht nur mit dem SQL Server, sondern auch mit anderen Datenbanktypen zusammenarbeiten soll.

In den meisten Fällen ist die explizite Angabe des Datentyps nicht zwingend nötig, da im Zweifel versucht wird, diesen automatisch zu erkennen. Gleiches gilt für die Eigenschaften *Size*, *Precision* und *Scale*, über die Sie weitere Details zum Typ, wie die Maximalgröße oder die Anzahl der Nachkommastellen zur Verfügung stellen können. Am sichersten ist jedoch die explizite Angabe aller Informationen, damit es zu keinem Typkonflikt kommt.

Über die *Direction*-Eigenschaft geben Sie an, ob es sich bei dem Parameter um einen Ein- oder Ausgabeparameter handelt. Dies spielt jedoch nur dann eine Rolle, wenn Sie eine gespeicherte Prozedur aufrufen, da diese verschiedene Parametertypen unterstützt. Die Richtung geben Sie über einen Wert der *ParameterDirection*-Enumeration an. Die folgenden Werte stehen hierbei zu Verfügung:

Daten ermitteln und manipulieren

- **Input** Der Parameter wird übergeben
- **Output** Der Parameter wird von einer gespeicherten Prozedur gefüllt
- **InputOutput** Der Parameter dient gleichzeitig zur Ein- und Ausgabe
- **Return** Es handelt sich um einen Rückgabewert einer gespeicherten Prozedur

Geben Sie die *Direction*-Eigenschaft nicht explizit an, geht *SqlCommand* automatisch von einem Eingabeparameter aus.

Die Beispielanwendung in Abbildung 22.7 demonstriert die Verwendung von Parametern.

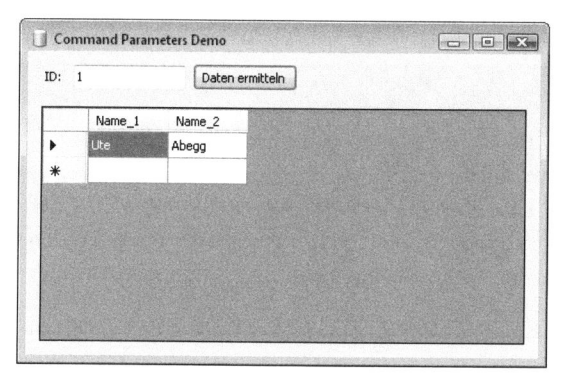

Abbildung 22.7 Die Beispielanwendung demonstriert den Umgang mit Parametern

Die Anwendung nimmt über eine Textbox eine ID der *Sales.Customers*-Tabelle entgegen und füllt daraufhin das *DataGridView*-Steuerelement mit dem angegebenen Datensatz. Der dahinter liegende Code sieht hierbei wie folgt aus:

```
string connectionString = "Data Source=.;Initial Catalog=netShop;Integrated Security=True";
using (SqlConnection connection = new SqlConnection(connectionString))
{
    connection.Open();
    string sql = "SELECT Name_1 FROM Sales.Customers WHERE ID=@ID";
    SqlCommand command = new SqlCommand(sql, connection);
    SqlParameter idParam = new SqlParameter();
    idParam.ParameterName = "ID";
    idParam.SqlDbType = SqlDbType.Int;
    idParam.Direction = System.Data.ParameterDirection.Input;
    idParam..Value = Convert.ToInt32(this.idTextBox.Text);
    command.Parameters.Add(idParam);

    DataTable table = new DataTable();
    table.Load(command.ExecuteReader());
    this.resultsDataGridView.DataSource = table;
}
```

Listing 22.11 Dynamische Abfragen mit Parametern ausführen

CD-ROM Das Beispiel finden Sie unter dem Namen *CommandParametersDemo* auf der Buch-CD.

Hier wurden alle Parameterinformationen explizit angegeben. Bei einem einfachen Parameter wie im obigen Beispiel, können Sie die Definition auch abkürzen. Hierfür bietet die *Parameters*-Auflistung die *AddWithValue*-Methode, welche lediglich den Namen und den Wert des Parameters entgegennimmt. Der folgende Code würde im oberen Beispiel ebenfalls funktionieren:

```
Command.Parameters.AddWithValue("ID", Convert.ToInt32(this.idTextBox.Text));
```

Neben der Möglichkeit, die entsprechenden Werte über die *Value*-Eigenschaft bereitzustellen beziehungsweise zu empfangen, existiert mit der *SqlValue*-Eigenschaft eine weitere Alternative. Im Gegensatz zu *Value* enthält sie statt des CLR-Typs den entsprechenden SQL Server-Datentyp.

> **HINWEIS**   Eine besondere Handhabung erfordern *NULL*-Werte. Wie weiter oben bereits beschrieben, werden Datenbank-*NULL*-Werte über die Klasse *System.DbNull* abgebildet. Daher dürfen Sie kein *null* (C#) oder *Nothing* (VB) angeben, sondern müssen stattdessen *System.DbNull.Value* als Parameterwert verwenden.

Wenn Sie eine gespeicherte Prozedur aufrufen und die Ergebnisse über einen *DataReader* abrufen, sollten sie beachten, dass sowohl Ausgabe- als auch Rückgabeparameter erst verfügbar sind, nachdem dieser geschlossen wurde.

Alternative Parametererstellung

Alternativ können Sie *SqlParameter*-Objekte auch über die *CreateParameter*-Methode der *SqlCommand*-Klasse erstellen. Diese Variante ist besonders dann zu empfehlen, wenn Sie den Zugriff datenbank- beziehungsweise datenanbieterunabhängig gestalten wollen. Dies liegt daran, dass *CreateParameter* von der abstrakten Basisklasse *DbCommand* bereitgestellt wird und daher anbieterunabhängig verwendet werden kann. Mehr zum anbieterunabhängigen Datenzugriff erfahren Sie in Kapitel 24 im Abschnitt »Asynchroner Datenzugriff«.

Umgang mit SQL Server-Datentypen

Der SQL Server und die *Command Language Runtime* (CLR) enthalten unterschiedliche Typsysteme. So kann beispielsweise ein CLR-String bei SQL Server in Form der Typen *char*, *nchar*, *varchar* oder *nvarchar* abgebildet werden. Daher müssen die Typen bei jedem Zugriff konvertiert werden.

Diese Arbeit verrichten die Klassen des SQL Server-Datenanbieters meist automatisch im Hintergrund. Dies kostet jedoch ein wenig Zeit und birgt darüber hinaus die Gefahr von Konvertierungsfehlern. So können beispielsweise Rundungsfehler auftreten oder Zeichenketten abgeschnitten werden.

Daher existiert ab .NET 2.0 der Namensraum *System.Data.SqlTypes*, der für jeden SQL Server-Datentyp eine entsprechende Klasse bereitstellt. Deren interner Aufbau entspricht hierbei exakt dem von SQL Server, was den Zugriff schneller und vor allem sicherer macht.

Darüber hinaus bieten alle Typen eine Unterstützung für *NULL*-Werte. Hierfür implementieren Sie das *INullable*-Interface, welches einzig die *IsNull()*-Methode definiert. Über sie kann abgefragt werden, ob der Inhalt dem Datenbankwert *NULL* entspricht.

Neben den *SqlTypes*-Klassen werden SQL Server-Typen an einigen Stellen auch in Form von *SqlDbType*-Enumerationswerten angegeben. So zum Beispiel, wenn Sie einen Parameter für eine Abfrage definieren.

In Tabelle 22.1 finden Sie eine Liste aller *SqlTypes*-Datentypen mit Ihren SQL Server-Gegenstücken. Darüber hinaus werden die zugehörigen Werte der *SqlDbType*-Enumeration aufgeführt.

System.Data.SqlTypes-Typ	Native SQL Server	SqlDbType-Enumeration
SqlBinary	binary, image, timestamp, varbinary	Binary, Image, TimeStamp, VarBinary
SqlBoolean	bit	Bit
SqlByte	tinyint	TinyInt
SqlDateTime	datetime, smalldatetime	DateTime, SmallDateTime

System.Data.SqlTypes-Typ	Native SQL Server	SqlDbType-Enumeration
SqlDecimal	decimal	Decimal
SqlDouble	float	Float
SqlGuid	uniqueidentifier	UniqueIdentifier
SqlInt16	smallint	SmallInt
SqlInt32	int	Int
SqlInt64	bigint	BigInt
SqlMoney	money, smallmoney	Money, SmallMoney
SqlSingle	real	Real
SqlString	char, nchar, text, ntext, nvarchar, varchar	Char, NChar, Text, Ntext, NVarChar, VarChar
SqlXml	xml	Xml

Tabelle 22.1 Die *SqlTypes*-Datentypen mit ihren entsprechenden SQL Server-Äquivalenten, sowie den zugehörigen Werten der *SqlDbType*-Enumeration

Umgang mit tabellenwertigen Parametern

Gespeicherten Prozeduren können auch Listen in Form von tabellenwertigen Parametern übergeben werden. Ab .NET 3.5 unterstützt auch ADO.NET solche Parametertypen. Der Aufruf einer Prozedur mit tabellenwertigen Parametern vollzieht sich fast so wie bei normalen Prozeduren, jedoch mit folgenden Ausnahmen:

- Es muss eine Liste von Werten und keine einzelnen Wert übergeben werden
- Der Parameterdatentyp wird stets mit dem Wert *SqlDbType.Structured* belegt
- Der benutzerdefinierte Parametertyp muss zusätzlich angegeben werden

In folgendem Beispiel soll die Prozedur *InsertContact* aufgerufen werden, die den benutzerdefinierten Parametertyp *Contact* verwendet. Die Definition der entsprechenden Datenbankobjekte sieht hierbei wie folgt aus:

```sql
CREATE TYPE Contact AS TABLE
(
    ContactID  int            NOT NULL,
    FirstName  nvarchar(50)   NOT NULL,
    LastName   nvarchar(50)   NOT NULL
)
GO

CREATE PROCEDURE InsertContact (@Contact Contact READONLY)
AS
    INSERT INTO Contacts (FirstName, LastName)
    SELECT C.FirstName, C.LastName FROM @Contact C
GO
```

Listing 22.12 Definition von Parametertyp und Prozedur für die Beispielanwendung

CD-ROM Die Skripts finden Sie in der Datei *TableValueParameters.sql* auf der Buch-CD.

Um mit der Prozedur kommunizieren zu können, müssen Sie zunächst ein *DataTable*-Objekt mit der Struktur von *Contact* anlegen, und es mit den gewünschten Daten füllen.

```
DataTable table = new DataTable();
table.Columns.Add("ContactID", typeof(int));
table.Columns.Add("FirstName", typeof(string));
table.Columns.Add("LastName", typeof(string));
table.Rows.Add(new object[] { 1, "Ingo", "Müller" });
table.Rows.Add(new object[] { 2, "Egon", "Meyer" });
table.Rows.Add(new object[] { 3, "Thomas", "Schulze" });
```

Zum Aufruf der Prozedur definieren Sie wie gewohnt ein *SqlCommand*-Objekt, fügen diesem einen Parameter vom Typ *SqlDbType.Structured* hinzu und weisen die *DataTable* zu.

```
string cn = "Data Source=.;Initial Catalog=netShop;Integrated
Security=True;MultipleActiveResultSets=True";
using (SqlConnection con = new SqlConnection(cn))
{
    con.Open();
    SqlCommand cmd = new SqlCommand("dbo.InsertContact", con);
    cmd.CommandType = CommandType.StoredProcedure;
    SqlParameter param = cmd.Parameters.Add("Contact", SqlDbType.Structured);
    param.TypeName = "Contact";
    param.Value = table;

    cmd.ExecuteNonQuery();
}
```

Listing 22.13 Aufruf einer Prozedur mit tabellenwertigen Parametern

Wichtig ist hierbei, dass Sie die *SqlParameter.TypeName*-Eigenschaft auf den Namen des benutzerdefinierten Typs setzen.

CD-ROM Das Beispiel finden Sie unter dem Namen *TableValueParametersDemo* auf der Buch-CD.

Ergebnisse einer Abfrage als Parameter übergeben

Die übergebenen Daten müssen nicht unbedingt manuell zugewiesen werden. Stattdessen können Sie auch eine Abfrage als Quelle angeben. Hierbei definieren Sie zunächst ein entsprechendes *SqlCommand*-Objekt und rufen auf diesem die *ExecuteReader*-Methode auf. Die zurückgegebene *SqlDataReader*-Instanz können Sie daraufhin dem Parameter zuweisen.

```
string cn = "Data Source=.;Initial Catalog=netShop;Integrated
Security=True;MultipleActiveResultSets=True";
using (SqlConnection con = new SqlConnection(cn))
{
    con.Open();

    new SqlCommand("DELETE FROM Contacts", con).ExecuteNonQuery();

    SqlCommand cmd = new SqlCommand("dbo.InsertContact", con);
    cmd.CommandType = CommandType.StoredProcedure;
    SqlParameter param = cmd.Parameters.Add("Contact", SqlDbType.Structured);
    param.TypeName = "Contact";

    SqlDataReader inputReader = new SqlCommand("SELECT ContactID, FirstName, LastName FROM Contacts",
        con).ExecuteReader();
    param.Value = inputReader;
```

```
using (SqlDataReader reader = cmd.ExecuteReader())
{
    while (reader.Read())
    {
        Console.WriteLine(
            reader.GetInt32(0) + ", " +
            reader.GetString(1) + ", " +
            reader.GetString(2));
    }
}
```

Listing 22.14 Übergabe von Datenbankdaten mit *SqlDataReader*

> **CD-ROM**   Das Beispiel finden Sie unter dem Namen *TableValueParametersDemo* auf der Buch-CD.

Diese Technik hat einen angenehmen Nebeneffekt: Die Daten werden hierbei nämlich zeilenweise übertragen und nicht als ein großes Statement abgesetzt. Dies macht sich besonders bei sehr großem Datenvolumen durch eine bessere Performance bemerkbar.

Auch wenn Sie keine Abfrage als Parameterwert definieren, können Sie von diesem Verfahren profitieren. Hierbei füllen Sie zunächst eine *DataTable* mit den Daten und übergeben dieser einer *DataTableReader*-Instanz.

```
...
DbDataReader reader = new DataTableReader(table);
param.Value = reader;
...
```

DataTableReader wandelt die Daten in ein *DbDataReader*-Objekt, welches Sie schließlich als Parameterwert zuweisen können. Bei *DbDataReader* handelt es sich um eine abstrakte Basisklasse, von der die anbieterspezifischen Klassen, wie beispielsweise *SqlDataReader*, abgeleitet werden.

Daten mit dem Client synchronisieren

Manchmal ist es allein mit dem Anlegen eines Datensatzes nicht getan. Oftmals benötigen Sie nach der Anlage auf dem Client serverseitig vergebene Werte wie Primärschlüssel. In diesem Fall sollte die Prozedur den erstellten Datensatz an den Client zurücksenden. Dies können Sie beispielsweise mithilfe der *OUTPUT*-Klausel realisieren. Das folgende Beispiel zeigt eine erweiterte Version der *InsertContact*-Prozedur:

```
CREATE PROCEDURE InsertContact (@Contact Contact READONLY)
AS
INSERT INTO Contacts (FirstName, LastName)
OUTPUT INSERTED.ContactID, INSERTED.FirstName, INSERTED.LastName
SELECT C.FirstName, C.LastName
FROM @Contact C
```

Um die zurückgelieferten Daten auszulesen, müssen Sie die Abfrage mit der Methode *SqlCommand.ExecuteReader* aufrufen. Diese erstellt eine *SqlDataReader*-Instanz, die im Anschluss zeilenweise durchlaufen werden kann. In folgendem Beispiel werden die serverseitig erstellten Daten in die Konsole ausgegeben:

```
string cn = "Data Source=.;Initial Catalog=netShop;Integrated Security=True;MultipleActiveResultSets=True";
using (SqlConnection con = new SqlConnection(cn))
```

```
{
    con.Open();

    new SqlCommand("DELETE FROM Contacts", con).ExecuteNonQuery();

    SqlCommand cmd = new SqlCommand("dbo.InsertContact", con);
    cmd.CommandType = CommandType.StoredProcedure;
    SqlParameter param = cmd.Parameters.Add("Contact", SqlDbType.Structured);
    param.TypeName = "Contact";

    SqlDataReader inputReader = new SqlCommand("SELECT ContactID, FirstName, LastName FROM Contacts",
con).ExecuteReader();
    param.Value = inputReader;

    using (SqlDataReader reader = cmd.ExecuteReader())
    {
        while (reader.Read())
        {
            Console.WriteLine(
                reader.GetInt32(0) + ", " +
                reader.GetString(1) + ", " +
                reader.GetString(2));
        }
    }
}
```

Listing 22.15 Ermitteln von Rückgabedaten

CD-ROM   Das Beispiel finden Sie unter dem Namen *TableValueParametersDemo* auf der Buch-CD.

Objektwerte als Parameter übergeben

Einige Anwendungen verwenden ein eigenes Objektmodell anstelle von generischen *DataTable*-Instanzen. Beispielsweise könnten Sie für den *Contact*-Typ die folgende Klasse erstellen:

```
public class Contact
{
    public int ContactID { get; set; }
    public string FirstName { get; set; }
    public string LastName { get; set; }
}
```

Wenn Sie jedoch ein Objekt vom Typ *Contact* als Parameterwert zuweisen, kommt es zu einer Ausnahme, da lediglich *DataTable*- beziehungsweise *DbDataReader*-Objekte zugewiesen werden dürfen. Sie müssen also zunächst ein *DataTable*-Objekt mit der Struktur von *Contact* erstellen und die Daten entsprechend kopieren.

Diese Aufgabe kann jedoch mithilfe von .NET-Reflection relativ leicht automatisiert werden. In Listing 22.16 sehen Sie die Erweiterungsmethode *ToDataReader<T>*. Sie ermittelt anhand des generischen Parameters *T* den Typ der Datenklasse und ermittelt deren öffentliche Eigenschaften. Auf Basis dieser Information wird daraufhin ein *DataTable*-Objekt erstellt und mit den entsprechenden Daten gefüllt.

```
static class Extensions
{
    public static DbDataReader ToDataReader<T>(this IEnumerable<T> list)
    {
        DataTable table = new DataTable();
        PropertyInfo[] infos = typeof(T).GetProperties(
            BindingFlags.Public | BindingFlags.Instance);
```

Daten ermitteln und manipulieren

```csharp
        foreach (PropertyInfo info in infos)
        {
            table.Columns.Add(
                new DataColumn(info.Name, info.PropertyType));
        }
        foreach (T item in list)
        {
            object[] values = new object[infos.Length];
            for (int i = 0; i < infos.Length; i++)
            {
                PropertyInfo info = infos[i];
                values[i] = info.GetValue(item, null);
            }
            table.Rows.Add(values);
        }
        return new DataTableReader(table);
    }
}
```

Listing 22.16 Die *ToDataReader<T>*-Methode wandelt Datenklassen in ein *DataTable*-Objekt um

ToDataReader<T> ist als so genannte Erweiterungsmethode (*Extension Method*) implementiert. Sie erweitert automatisch alle Klassen, die die Schnittstelle *IEnumerable* implementieren. Auf diese Weise können Sie beispielsweise auf einer *List<Contact>*-Instanz *ToDataReader* aufrufen, wie das folgende Beispiel zeigt:

```csharp
...
SqlCommand cmd = new SqlCommand("dbo.InsertContact", con);
cmd.CommandType = CommandType.StoredProcedure;
SqlParameter param = cmd.Parameters.Add("Contact", SqlDbType.Structured);
param.TypeName = "Contact";

List<Contact> contacts = new List<Contact>()
{
    new Contact{ ContactID=1, FirstName="Ingo", LastName="Müller"},
    new Contact{ ContactID=1, FirstName="Egon", LastName="Meyer"},
    new Contact{ ContactID=1, FirstName="Thomas", LastName="Schulze"}
};
DbDataReader contactReader = contacts.ToDataReader();
param.Value = contactReader;
...
```

Listing 22.17 Übergabe von Objektdaten mit der *ToDataReader*-Extension

CD-ROM Das Beispiel finden Sie unter dem Namen *TableValueParametersDemo* auf der Buch-CD.

Umgang mit benutzerdefinierten Typen

Wie Sie in Kapitel 38 lesen können, erlaubt SQL Server die Erstellung von benutzerdefinierten Typen. In den folgenden Beispielen soll der benutzerdefinierte Typ *ContactName* verwendet werden, der in Listing 22.18 auszugsweise abgebildet ist.

```csharp
[Serializable]
[Microsoft.SqlServer.Server.SqlUserDefinedType(
    Format.UserDefined,
    MaxByteSize = 202)]
public struct ContactName : INullable, IBinarySerialize
{
    private string _firstName;
    private string _lastName;
```

```
    public string FirstName
    {
        get { return _firstName; }
        set { _firstName = value; }
    }

    public string LastName
    {
        get { return _lastName; }
        set { _lastName = value; }
    }

    public override string ToString()
    {
        return _lastName + ", " + _firstName;
    }
...
}
```

Listing 22.18 *Der Benutzertyp ContactName dient zur Speicherung von Kontaktdaten*

Um mit dem *ContactName*-Typ arbeiten zu können, führen Sie das folgende Skript aus, das die Tabelle *MyContacts* in der *netShop*-Datenbank anlegt:

```
USE netShop;
GO

CREATE TABLE [dbo].[MyContacts](
    [ID] [int] NULL,
    [Name] [dbo].[ContactName] NULL
) ON [PRIMARY]

INSERT INTO MyContacts SELECT 1, 'Neumann, Jörg'
```

> **CD-ROM** Die Beispiele finden Sie unter den Namen *UdtDemo* und *UdtClientDemo* auf der Buch-CD.

Für den clientseitigen Zugriff auf die Tabelle haben Sie nun zwei Möglichkeiten. Am einfachsten ist es, wenn Sie im SQL-Statement lediglich eine Methode oder eine Eigenschaft des Typs aufrufen, der einen einfachen Wert zurückliefert, wie in den folgenden Beispielen:

```
SELECT ContactName.ToString() ...
SELECT ContactName.FirstName ...
```

Im ersten Beispiel wird die *ToString()*-Methode des *ContactName*-Typs aufgerufen. Sie gibt eine Zeichenkette zurück, die wie gewohnt in einen .NET-String konvertiert wird. Auch im zweiten Beispiel, in dem die Eigenschaft *FirstName* ausgelesen wird, sind keine besonderen Maßnahmen notwendig, da es sich ebenfalls um einen einfachen Datentyp handelt.

Im folgenden Beispiel wird mit ADO.NET auf die Tabelle *MyContacts* zugegriffen und erneut der Name über die *ToString()*-Methode ermittelt.

```
string cs = "Data Source=.;Initial Catalog=netShop;Integrated Security=True";
using (SqlConnection cn = new SqlConnection(cs))
{
    string sql = "SELECT TOP 1 Name.ToString() FROM MyContacts";
    SqlCommand cmd = new SqlCommand(sql, cn);
```

```
    cn.Open();
    object result = cmd.ExecuteScalar();
    Console.WriteLine(result.ToString());
}
```

Listing 22.19 Auslesen von Benutzertypwerten über die *ToString*-Methode

Wenn Sie die Werte jedoch in Form des benutzerdefinierten Typs empfangen wollen, müssen Sie zunächst die Assembly einbinden, in der dieser hinterlegt ist. Hierbei muss es sich um die gleiche Assembly handeln, die auch zum SQL Server übertragen wurde. Das folgende Beispiel verdeutlicht diesen Ansatz:

```
string cs = "Data Source=.;Initial Catalog=netShop;Integrated Security=True";
using (SqlConnection cn = new SqlConnection(cs))
{
    string sql = "SELECT Name FROM MyContacts";
    SqlCommand cmd = new SqlCommand(sql, cn);
    SqlDataReader reader = cmd.ExecuteReader();
    while (reader.Read())
    {
        ContactName name = (ContactName)reader.GetProviderSpecificValue(0);
        Console.WriteLine(name.FirstName + " " + name.LastName);
    }
}
```

Listing 22.20 Clientseitige Verwendung von Benutzertypen beim Ermitteln von Daten

Hier wurde über die *ExecuteReader*-Methode ein *SqlDataReader* erzeugt und die Ergebnismenge zeilenweise durchlaufen. Zur Ermittlung des benutzerdefinierten Typs wurde die Methode *GetProviderSpecificValue* aufgerufen. Sie liefert einen Wert vom Typ *object* zurück, der in den jeweiligen Benutzertyp gewandelt werden muss. Daraufhin können Sie direkt auf die Eigenschaften und Methoden des Benutzertyps zugreifen.

Command vs. SQL-String

Oftmals werden Abfragen nicht explizit über die *Parameters*-Auflistung des *Command*-Objekts parametrisiert. Ein häufiges Vorgehen ist es, stattdessen den SQL-String dynamisch um die entsprechenden Parameterwerte zu erweitern. Das folgende Beispiel zeigt ein solches Vorgehen:

```
string name = "1";
string sql = "SELECT ID, Name_1 FROM Sales.Customers WHERE Name_1 = '" + name + "'";
...
```

Dies hat jedoch einige Nachteile. Zunächst einmal müssen Sie die Parameter entsprechend ihres Datentyps formatieren. Im oberen Code war beispielsweise die Dekoration der Zeichenkette mit einfachen Hockkommata (') erforderlich. Ähnlich verhält es, sich mit Datums- oder Dezimalwerten. Hier können leicht Fehler passieren. Darüber hinaus ist dies ein beliebtes Einfalltor für bösartige Angriffe, wie das so genannte *SQL Injection*. Hierbei kann ein Angreifer durch geschicktes Setzen von Formatierungszeichen die Abfrage vollkommen umformieren, um die Daten auszuspähen oder zu löschen.

Ein weiterer Nachteil betrifft die Performance. Wenn Sie T-SQL-Statements über die *SqlCommand*-Klasse ausführen, werden diese nicht direkt zum Server geschickt, sondern mithilfe der gespeicherten Systemprozedur *sp_executesql* zur Ausführung gebracht. Die Prozedur bewirkt, dass der Ausführungsplan der Abfrage automatisch gespeichert wird. Wird nun die gleiche Abfrage erneut an den Server geschickt, kann der Ausführungsplan wiederverwendet werden. Und da die Erstellung eines Ausführungsplans – je nach Umfang – einige Zeit in Anspruch nehmen kann, steigert dieses Vorgehen die Performance.

Damit der Ausführungsplan jedoch wiederverwendet werden kann, müssen die Parameter explizit angegeben werden. Schauen Sie sich einmal das folgende Beispiel an:

```csharp
string sql = "SELECT Name FROM MyTable WHERE ID = " + id;
```

Kommt dieses SQL zur Ausführung, schickt der *SqlClient*-Provider folgendes Statement zur Datenbank:

```sql
EXECUTE sp_executesql N'SELECT Name FROM MyTable WHERE ID = 1'
```

Hierbei wird der Ausführungsplan nur dann wiederverwendet, wenn Folgeabfragen den exakt gleichen Parameterwert enthalten.

Schauen Sie sich zum Vergleich nun den »sauberen« Weg an:

```csharp
string sql = "SELECT Name FROM MyTable WHERE ID = @ID";
SqlCommand cmd = new SqlCommand(sql, connection);
SqlParameter employeeParam = new SqlParameter("@ID", SqlDbType.Int);
employeeParam.Value = employeeID;
cmd.Parameters.Add(employeeParam);
```

Hierbei wird das folgende Statement an den Server geschickt:

```sql
EXECUTE sp_executesql
        N'SELECT Name FROM MyTable WHERE ID = @ID',
        N'@ID int',
        @ID = 1
```

Wie Sie sehen, wird der Parameter nun explizit ausgewiesen, sodass eine nachfolgende Abfrage mit gleichem Aufbau aber anderen Parameterwerten den Ausführungsplan wiederverwenden kann.

Gespeicherte Prozeduren aufrufen

Der Aufruf von gespeicherten Prozeduren verläuft sehr ähnlich wie beim Absetzen von SQL-Statements. Zunächst erstellen Sie ein *SqlCommand*-Objekt, geben hierbei jedoch keine Abfrage, sondern den Namen der jeweiligen gespeicherten Prozedur an. Wichtig ist hierbei, dass Sie die *CommandType*-Eigenschaft explizit auf den Wert *StoredProcedure* setzen. Die Parameter der Prozedur werden hierbei genauso wie bei parametrisierten Abfragen deklariert.

In folgendem Beispiel werden Daten über die gespeicherte Prozedur *CustomersByCity* ermittelt. Diese ermittelt alle Kunden, die aus der angegebenen Stadt kommen.

```csharp
string cs = "Data Source=.;Initial Catalog=netShop;Integrated Security=True";
using (SqlConnection con = new SqlConnection(cs))
{
    SqlCommand cmd = new SqlCommand("CustomersByCity", con);
    cmd.CommandType = CommandType.StoredProcedure;
    cmd.Parameters.AddWithValue("City", "Hamburg");
    con.Open();
    using (SqlDataReader reader = cmd.ExecuteReader())
    {
        while (reader.Read())
        {
            Console.WriteLine(
                reader.GetString(reader.GetOrdinal("Name_1")));
        }
    }
}
```

Listing 22.21 Aufruf der gespeicherten Prozedur *CustomersByCity*

Daten ermitteln und manipulieren

CD-ROM   Das Beispiel finden Sie unter dem Namen *SPDemo* auf der Buch-CD.

In diesem Beispiel wurden die Daten mithilfe der *SqlCommand.ExecuteReader*-Methode ermittelt und die Zeilen im Anschluss über die *Read*-Methode der *SqlDataReader*-Klasse abgerufen.

Multiple Ergebnismengen konsumieren

In manchen Fällen kann es vorkommen, dass eine gespeicherte Prozedur mehr als eine Ergebnismenge zurückliefert. In diesem Fall müssen Sie die Ergebnismengen nacheinander durchlaufen. Hierfür bietet die *SqlDataReader*-Klasse die *NextResult*-Methode. Diese liefert *true* zurück, wenn eine weitere Ergebnismenge ermittelt werden konnte. Das folgende Beispiel demonstriert die Vorgehensweise beim Umgang mit mehreren Ergebnismengen:

```
using (SqlDataReader reader = cmd.ExecuteReader())
{
    bool nextResult = true;
    while (nextResult)
    {
        while (reader.Read())
        {
            Console.WriteLine(reader.GetString(reader.GetOrdinal("Name_1")));
        }
        nextResult = reader.NextResult();
    }
}
```

Hier werden zwei *while*-Schleifen ineinander verschachtelt. Die Äußere ermittelt die nächste Ergebnismenge, während die Innere die Datenzeilen abruft.

Alternativ können Sie die *SqlDataAdapter*-Klasse zur Ermittlung verwenden. Diese füllt ein *DataSet* mit der oder den Ergebnismengen eines angegebenen *SqlCommand*-Objekts. Hierzu rufen Sie die *Fill*-Methode auf und übergeben dieser ein *DataSet* oder eine *DataTable*. *SqlDataAdapter* ermittelt daraufhin die Daten und erstellt für die Ergebnismengen entsprechende *DataTable*-Objekte. Das folgende Beispiel demonstriert dies:

```
DataSet ds = new DataSet();
SqlDataAdapter adapter = new SqlDataAdapter(cmd);
adapter.Fill(ds);
```

Nähere Einzelheiten über die *SqlDataAdapter*-Klasse erfahren Sie später in diesem Kapitel im Abschnitt »Serialisierung von Objekten«.

Umgang mit Rückgabewerten und Ausgabeparametern

Manche gespeicherte Prozeduren geben zusätzlich einen Rückgabewert zurück. Um diesen auslesen zu können, definieren Sie einen Parameter und weisen der *SqlParameter.Direction*-Eigenschaft den Wert *ParameterDirection.ReturnValue* zu. Nachdem Sie die Prozedur aufgerufen haben, können Sie den Wert im Anschluss über die *Value*-Eigenschaft auslesen. Das folgende Beispiel demonstriert die Vorgehensweise:

```
SqlCommand cmd = new SqlCommand("MyProc", con);
cmd.CommandType = CommandType.StoredProcedure;
SqlParameter param = cmd.Parameters.Add("ReturnValue", SqlDbType.Int);
param.Direction = ParameterDirection.ReturnValue;
```

```
con.Open();
SqlDataReader reader = cmd.ExecuteReader();
...
int returnValue = Convert.ToInt32(returnParam.Value);
```

CD-ROM Das Beispiel finden Sie unter dem Namen *SPDemo* auf der Buch-CD.

Einige Prozeduren definieren Parameter, über die nicht nur Werte übergeben werden können, sondern die auch zur Rückgabe von Ergebnissen verwendet werden – so genannte Ausgabeparameter. Diese Parameter sind in gespeicherten Prozeduren mit dem *OUTPUT*-Schlüsselwort gekennzeichnet.

Auch diese Art der Ausgabe wird über die *SqlParameter.Direction*-Eigenschaft gesteuert. Weisen Sie dieser den Wert *ParameterDirection.Output* oder *ParameterDirection.InputOutput* zu, werden die Werte nach Beendigung der Prozedur an den Client zurückgeliefert.

Das verbindungslose Modell

Wie Sie früher in diesem Kapitel im Abschnitt »Das verbindungslose Modell von ADO.NET« bereits erfahren haben, liegt eine der Stärken von ADO.NET in dessen verbindungslosem Modell. Es ermöglicht nicht nur die Verwaltung von Offline-Daten, sondern bietet auch eine Reihe von Funktionen zur clientseitigen Manipulation und Darstellung.

Das DataSet als universeller Datenspeicher

Das *DataSet* bildet eine oder mehrere Ergebnismengen in Form eines Datenbankschemas aus *DataTable*-, *DataColumn*-, *DataRow*- und *DataRelation*-Objekten ab. Abbildung 22.8 zeigt den schematischen Aufbau der beteiligten Objekte.

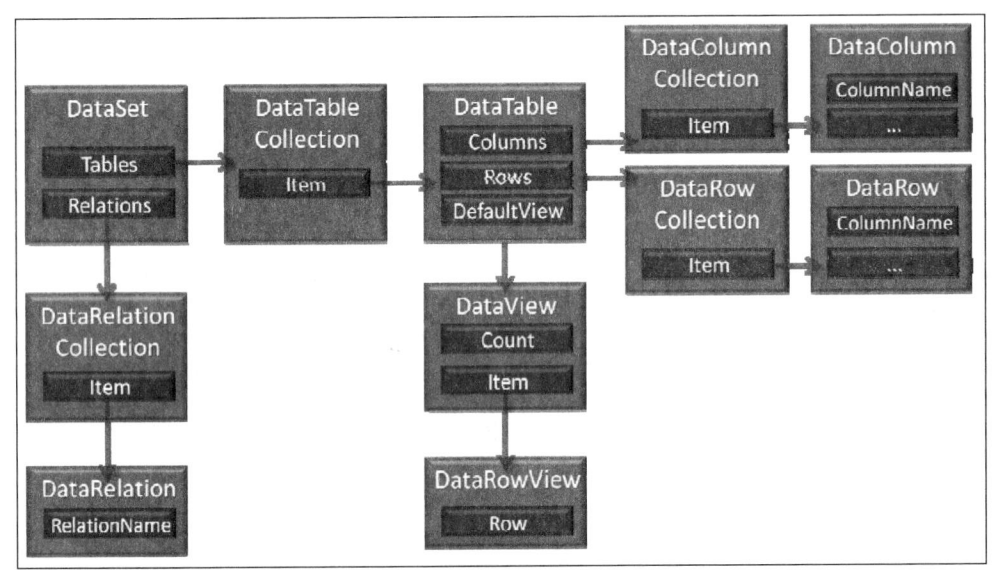

Abbildung 22.8   Das verbindungslose Modell von ADO.NET

Das verbindungslose Modell

Hierbei muss das *DataSet* natürlich nicht den vollständigen Inhalt der realen Tabellen beinhalten. Stattdessen können Sie auch die Ergebnismenge einer Abfrage in Form eines *DataSets* oder einer *DataTable* lokal speichern. Das *DataSet* benötigen Sie hierbei nur dann, wenn Sie mehrere *DataTable*-Objekte über eine *DataRelation* verknüpfen wollen.

Darüber hinaus sind Sie auch nicht zwingend auf eine Datenbank angewiesen, um ein *DataSet* oder eine *DataTable* zu erstellen. Das folgende Beispiel verdeutlicht den programmatischen Aufbau von *DataSet* und *DataTable*-Objekten:

```
DataSet ds = new DataSet();
DataTable table = ds.Tables.Add("Farben");
```

Hier wurde zunächst ein neues *DataSet* erstellt und über die *Add*-Methode der *Tables*-Auflistung um eine Tabelle mit dem Namen *Farben* erweitert. Der Tabellentitel ist hierbei optional.

Spalten definieren

Über die *Columns*-Auflistung der *DataTable*-Klasse kann nun das Schema der Tabelle bestimmt werden. Diese nimmt *DataColumn*-Objekte auf, welche die Spalten beschreiben.

```
DataTable custTable = new DataTable("Customers");
DataColumn idCol = new DataColumn();
idCol.ColumnName = "ID";
idCol.DataType = typeof(int);
custTable.Columns.Add(idCol);
```

Hierbei müssen Sie minimal den Namen und den Datentyp der zu erstellenden Spalte angeben. Alternativ können Sie *DataColumn*-Objekte auch direkt auf der *DataTable* definieren:

```
table.Columns.Add("ID", typeof(int));
table.Columns.Add("Farbe", typeof(string));
```

Die *DataColumn*-Klasse enthält eine Reihe von Eigenschaften, über die Sie die Spalte anpassen können. Hierzu zählen:

- *ReadOnly* legt fest, dass Schreibzugriffe auf die Spalte verhindert werden
- *MaxLength* legt die Maximalgröße für alphanumerische Spaltenwerte fest
- *DefaultValue* legt einen Standardwert fest, der verwendet wird, wenn kein Wert angegeben wurde
- *Ordinal* legt die Position der Spalte innerhalb der *DataTable* fest. Um die Position im Nachhinein zu ändern, können Sie die *SetOrdinal*-Methode verwenden.
- *DateTimeMode* legt fest, in welcher Form Datums- und Zeitangaben bei der Serialisierung abgebildet werden. Dies ist bei verteilten Anwendungen wichtig, die verschiedene Zeitzonen unterstützen.
- *Table* gibt das zugehörige *DataTable*-Objekt zurück
- *Caption* legt den Anzeigetext der Spalte fest
- *ExtendedProperties* definiert eine Auflistung aus Schlüssel-/Wertpaaren, welche die Speicherung von benutzerdefinierten Daten ermöglicht

Primärschlüssel definieren

Wie bei einer richtigen Datenbanktabelle, sollten Sie auch auf der *DataTable* ein oder mehrere Primärschlüsselfelder definieren. Ein *DataColumn*-Objekt signalisiert dies über die Eigenschaften *AllowDBNull* und *Unique*.

```
idColumn.AllowDBNull = false;
idColumn.Unique = true;
```

Bei zusammengesetzten Primärschlüsseln wird hingegen lediglich die jeweilige *AllowDBNull*-Eigenschaft auf *false* gesetzt.

Um nun der *DataTable* den Primärschlüssel mitzuteilen, übergeben Sie der *PrimaryKey*-Eigenschaft das entsprechende *DataColumn*-Array.

```
DataColumn idCol = table.Columns["ID"];
table.PrimaryKey = new DataColumn[] { idCol };
```

Handelt es sich bei Ihrem Primärschlüssel um eine Identitätsspalte (auch *Identity*- bzw. *AutoIncrement*-Spalte genannt), also eine Spalte, die ihren Primärschlüssel automatisch über einen Zähler realisiert, können Sie auch dies abbilden. Hierfür bietet *DataColumn* die Eigenschaft *AutoIncrement*. Zusätzlich können Sie über die Eigenschaften *AutoIncrementSeed*, und *AutoIncrementStep* den Startwert beziehungsweise dessen Schrittweite definieren.

```
idColumn.AutoIncrement = true;
idColumn.AutoIncrementSeed = 1000;
idColumn.AutoIncrementStep = 1;
```

Einschränkungen für Tabellen festlegen

Einige der gerade genannten Eigenschaften zur Eingabereglementierung können Sie auch auf Tabellenebene festlegen. Die *DataTable*-Klasse bietet hierfür die *Constraints*-Eigenschaft, über die Sie sowohl Eindeutigkeits- als auch Fremdschlüsseleinschränkungen festlegen können.

Diese Einschränkungen werden jedoch nur dann durchgesetzt, wenn Sie die *EnforceConstraints*-Eigenschaft der zugehörigen *DataSet*-Instanz auf *true* setzen.

> **CD-ROM** Die nachfolgenden Beispiele finden Sie auf der Buch-CD unter dem Namen *ConstraintsDemo*.

Eindeutigkeitseinschränkung definieren

Wenn Sie die *Unique*-Eigenschaft einer *DataColumn* auf *true* setzen, erstellen Sie zugleich eine Eindeutigkeitseinschränkung (*Unique Constraint*) in der zugehörigen *DataTable*. Alternativ können Sie auch ein *UniqueConstraint*-Objekt über die *Constraints*-Auflistung der *DataTable*-Klasse hinzufügen. Dies kann beispielsweise dann sinnvoll sein, wenn sich die Eindeutigkeitsregel auf mehr als eine Spalte bezieht.

In folgendem Beispiel wird eine Eindeutigkeitseinschränkung für die Spalte *ID* vergeben:

```
DataTable custTable = new DataTable("Customers");
custTable.Columns.Add("ID", typeof(int));
UniqueConstraint con = new UniqueConstraint(custTable.Columns["ID"]);
custTable.Constraints.Add(con);
```

Wenn Sie über die *PrimaryKey*-Eigenschaft einen Primärschlüssel angeben, erstellt die *DataTable*-Klasse automatisch ein entsprechendes *UniqueConstraint*-Objekt, das die Eindeutigkeit gewährleistet.

Fremdschlüsselabhängigkeiten festlegen

Neben den Eindeutigkeitseinschränkungen können Sie für eine *DataTable* auch Fremdschlüsseleinschränkungen (*Foreign Key Constraints*) definieren. Sie gewährleisten auf diese Weise – genauso wie bei SQL Server –, dass kein Datensatz in eine Tabelle eingefügt wird, ohne dass ein Schlüssel für die entsprechend verknüpfte Tabelle angegeben wird. So müssen Sie beispielsweise in der *Sales.Orders*-Tabelle zwingend das Feld *CustomerID* füllen, über das die Verbindung zur *Sales.Customers*-Tabelle hergestellt wird. Verstoßen Sie gegen diese Regel, entweder weil Sie das entsprechende Feld nicht füllen, oder weil Sie es leer lassen, wird eine Ausnahme vom Typ *ConstraintException* ausgelöst.

In Listing 22.22 werden *DataTable*-Objekte für die fiktiven Tabellen *Customers* und *Addresses* erstellt und eine Fremdschlüsseleinschränkung zwischen ihnen definiert.

```
DataSet ds = new DataSet();

DataTable custTable = ds.Tables.Add("Customers");
custTable.Columns.Add("ID", typeof(int));
custTable.Columns.Add("Name1", typeof(string));
custTable.Columns.Add("Name2", typeof(string));
custTable.Rows.Add(new object[] { 1, "Ute", "Abegg" });

DataTable addressTable = ds.Tables.Add("Addresses");
addressTable.Columns.Add("ID", typeof(int));
addressTable.Columns.Add("CustomerID", typeof(int));
addressTable.Columns.Add("Address", typeof(string));
addressTable.Columns.Add("PostalCode", typeof(string));
addressTable.Columns.Add("City", typeof(string));
addressTable.Rows.Add(new object[] { 1, 1, "Sackführerdamm 53", "34357", "Reinhardshagen" });

ForeignKeyConstraint con = new ForeignKeyConstraint("Customers Addresses",
    custTable.Columns["ID"], addressTable.Columns["CustomerID"]);
addressTable.Constraints.Add(con);
```

Listing 22.22 DataTable-Objekte *Customers* und *Addresses* erstellen und Fremdschlüsseleinschränkung definieren

Lösch- und Aktualisierungsregeln festlegen

Darüber hinaus können Sie bei der Definition einer Fremdschlüsseleinschränkung festlegen, in welcher Weise das Löschen eines Datensatzes in der Elterntabelle die zugehörige Kindtabelle beeinflusst. Dies können Sie über die Eigenschaften *UpdateRule* und *DeleteRule* steuern. Sie nehmen jeweils einen Wert der *System.Data.Rule*-Enumeration entgegen.

- *None* hat keine Auswirkungen auf die verbundenen Zeilen.
- *Cascade* ist der Standardwert. Hierbei werden die verbundenen Zeilen der Kindtabelle gelöscht beziehungsweise aktualisiert.
- *SetNull* setzt die verbundenen Zeilen der Kindtabelle auf *DBNull*.
- *SetDefault* setzt die verbundenen Zeilen auf den Standardwert, der über die *DefaultValue*-Eigenschaft der *DataColumn* festgelegt wurde.

Tabellen mit DataRelation verbinden

In den meisten Fällen ist die explizite Anlage einer Fremdschlüsseleinschränkung nicht erforderlich, da dies bei der Erstellung eines *DataRelation*-Objekts automatisch vollzogen wird.

Relationen erstellen

Um eine Relation zwischen zwei *DataTable*-Objekten zu erstellen, müssen Sie im einfachsten Fall zwei *DataColumn*-Objekte angeben – eines das die Primärschlüsselspalte der Elterntabelle und eines das die Fremdschlüsselspalte der Kindtabelle repräsentiert. Hierzu können Sie beispielsweise die folgende Konstruktorüberladung der *DataRelation*-Klasse verwenden:

```
public DataRelation(
    string relationName,
    DataColumn parentColumn,
    DataColumn childColumn);
```

Während der erste Parameter den Namen der Relation entgegennimmt, bestimmen der zweite und dritte die jeweiligen *DataColumn*-Objekte der verbundenen *DataTable*-Objekte. Enthält die Elterntabelle mehr als eine Primärschlüsselspalte, so können Sie eine andere Konstruktorüberladung verwenden, bei der jeweils zwei *DataColumn*-Arrays entgegengenommen werden.

Nachdem Sie ein *DataRelation*-Objekt erstellt haben, müssen Sie es dem entsprechenden *DataSet*-Objekt über die *Relations*-Eigenschaft zuweisen.

In Listing 22.23 wird ein *DataSet* mit zwei *DataTable*-Objekten erstellt und über eine *DataRelation* miteinander verbunden.

```
DataSet ds = new DataSet();

// Elterntabellen
DataTable custTable = ds.Tables.Add("Customers");
custTable.Columns.Add("ID", typeof(int));
custTable.Columns.Add("Name1", typeof(string));
custTable.Columns.Add("Name2", typeof(string));
custTable.Rows.Add(new object[] { 1, "Ute", "Abegg" });
custTable.Rows.Add(new object[] { 2, "Marina", "Abegg" });

// Kindtabelle erstellen
DataTable addressTable = ds.Tables.Add("Addresses");
addressTable.Columns.Add("ID", typeof(int));
addressTable.Columns.Add("CustomerID", typeof(int));
addressTable.Columns.Add("Address", typeof(string));
addressTable.Columns.Add("PostalCode", typeof(string));
addressTable.Columns.Add("City", typeof(string));
addressTable.Rows.Add(new object[] { 1, 1, "Sackführerdamm 53", "34357", "Reinhardshagen" });
addressTable.Rows.Add(new object[] { 2, 2, "Sulzbeckstraße 94", "01654", "Meißen" });

// Relation erstellen
DataRelation rel = new DataRelation("Customers_Addresses",
    custTable.Columns["ID"], addressTable.Columns["CustomerID"]);
ds.Relations.Add(rel);
```

Listing 22.23 Verbinden zweier Tabellen über eine *DataRelation*-Instanz

Einschränkungen steuern

Wie bereits erwähnt, erzeugt die *DataRelation*-Klasse automatisch Fremdschlüsseleinschränkungen für die angegebenen Felder. Dies können Sie jedoch über eine Konstruktorüberladung der *DataRelation*-Klasse steuern:

```
public DataRelation(
    string relationName,
    DataColumn parentColumn,
    DataColumn childColumn,
    bool createConstraints);
```

Über den Parameter *createConstraints* können Sie angeben, ob ein entsprechendes *ForeignKeyConstraint*-Objekt angelegt werden soll.

Um die im oberen Beispiel implizit erzeugten *ForeignKeyConstraint*-Objekte zu ermitteln, könnten Sie wie in Listing 22.24 vorgehen.

```
foreach (DataTable table in ds.Tables)
{
    foreach (Constraint con in table.Constraints)
    {
        Console.WriteLine(con.Table.TableName);
        if (con is ForeignKeyConstraint)
        {
            ForeignKeyConstraint fkCon = con as ForeignKeyConstraint;
            Console.WriteLine("\tFremdschlüsseleinschränkung: " + con.ConstraintName);
            Console.WriteLine("\t  Table: " + fkCon.Table);
            Console.WriteLine("\t  Columns: ");
            foreach (DataColumn col in fkCon.Columns)
                Console.WriteLine("\t    " + col.ColumnName);
            Console.WriteLine("\t  RelatedTable: " + fkCon.RelatedTable);
            Console.WriteLine("\t  RelatedColumns: ");
            foreach(DataColumn col in fkCon.RelatedColumns)
                Console.WriteLine("\t    " + col.ColumnName);
            Console.WriteLine("\t  AcceptRejectRule: " + fkCon.AcceptRejectRule.ToString());
            Console.WriteLine("\t  DeleteRule: " + fkCon.DeleteRule.ToString());
            Console.WriteLine("\t  UpdateRule: " + fkCon.UpdateRule.ToString());
        }
    }
}
```

Listing 22.24 Ermitteln und Ausgeben der implizit erstellten Fremdschlüsseleinschränkungen

CD-ROM   Das Beispiel finden Sie unter dem Namen *DataRelationDemo* auf der Buch-CD.

Wenn Sie das Beispiel starten, sollte sich Ihnen die folgende Ausgabe präsentieren:

```
Customers
Addresses
        Fremdschlüsseleinschränkung: Customers_Addresses
          Table: Addresses
          Columns:
            CustomerID
          RelatedTable: Customers
          RelatedColumns:
            ID
          AcceptRejectRule: None
          DeleteRule: Cascade
          UpdateRule: Cascade
```

Zeilen aus untergeordneten Tabellen ermitteln

Neben der Möglichkeit, eine Relation zwischen zwei Tabellen zu erstellen, bietet ADO.NET einen Mechanismus zur Ermittlung der Daten aus untergeordneten Tabellen an. Hierzu rufen Sie die *GetChildRows*-Methode der *DataRow*-Klasse auf und übergeben hierbei den Namen der jeweiligen Relation. *GetChildRows* gibt daraufhin ein Array von *DataRow*-Objekten zurück, die der jeweiligen Datenzeile untergeordnet sind.

Listing 22.25 demonstriert diesen Weg auf Basis des im vorherigen Abschnitt definierten *DataSet*.

```csharp
foreach (DataRow row in custTable.Rows)
{

    string cust =
        row["ID"].ToString() + " " +
        row["Name_1"].ToString() + " " + row["Name_2"].ToString();
    Console.WriteLine("\n" + cust);

    DataRow[] rows = row.GetChildRows("Customers_Addresses");
    foreach (DataRow addressRow in rows)
    {
        string address =
            addressRow["ID"].ToString() + " " + addressRow["Address"].ToString() + " " +
            addressRow["PostalCode"].ToString() + " " + addressRow["City"].ToString();
        Console.WriteLine("\t" + address);
    }
}
```

Listing 22.25 Ermitteln von Daten der zugehörigen Kindrelation über die Methode *GetChildRows*

> **CD-ROM** Das Beispiel finden Sie unter dem Namen *DataRelationDemo* auf der Buch-CD.

Wenn Sie das Beispielprogramm starten, sollte sich Ihnen die folgende Ausgabe präsentieren:

```
1 Ute Abegg
        1 Sackführerdamm 53 34357 Reinhardshagen

2 Marina Abegg
        2 Sulzbeckstraße 94 01654 Meißen
```

Über die Methoden *GetParentRow* und *GetParentRows* der *DataRow*-Klasse haben Sie zusätzlich die Möglichkeit, von einem Kinddatensatz zum entsprechenden Elternsatz zu navigieren.

Zudem haben Sie über die *SetParentRow*-Methode die Möglichkeit, einen Elterndatensatz explizit zuzuweisen.

Berechnete Spalten erstellen

Die Spalten einer *DataTable* müssen nicht unbedingt auf realen Datenbankfeldern basieren, sondern können auch eine Berechnungsformel zur Grundlage haben. Hierzu weisen Sie dem entsprechenden *DataColumn*-Objekt über die *Expression*-Eigenschaft eine Formel zu.

In folgendem Beispiel soll eine Preisspalte eingefügt werden, deren Werte sich aus der Multiplikation der Bestellmenge und des Einzelpreises errechnet:

```csharp
DataColumn countCol = new DataColumn("Price", typeof(decimal));
countCol.Expression = "OrderCount * UnitPrice";
table.Columns.Add(countCol);
```

Im Ausdruck sind jedoch nur einfache Rechnungen möglich. Aggregatfunktionen, wie Sie sie von T-SQL kennen, werden nicht unterstützt.

Zeilen hinzufügen

Steht das Tabellenschema, können Nutzdaten eingebracht werden. Hierfür enthält die *DataTable*-Klasse die *Rows*-Auflistung. Sie ist vom Typ *DataRowCollection* und enthält alle *DataRow*-Objekte, in denen die Daten gespeichert werden. Sie können ein *DataRow*-Objekt jedoch nicht direkt erstellen, da die Klasse einen privaten Konstruktor definiert. Dies ist eine Vorsichtsmaßnahme, die verhindern soll, dass *DataRow*-Objekte keiner oder mehreren *DataTable* gleichzeitig zugeordnet werden.

Stattdessen müssen Sie neue Zeilen in Form eines *Object*-Arrays einfügen. Die hierbei angegebenen Werte müssen den Datentypen und in der Reihenfolge dem Aufbau der *DataTable* entsprechen. Das folgende Beispiel demonstriert dies:

```
DataTable custTable = new DataTable("Customers");
custTable.Columns.Add("ID", typeof(int));
custTable.Columns.Add("Name1", typeof(string));
custTable.Columns.Add("Name2", typeof(string));
custTable.Rows.Add(new object[] { 1, "Ute", "Abegg" });
```

Alternativ können Sie auch die *NewRow*-Methode der *DataTable*-Klasse nutzen. Sie erstellt eine neue, leere *DataRow*-Instanz und gibt diese zurück. Hierbei weisen Sie die entsprechenden Spaltenwerte über den *Indexer* der *DataRow*-Klasse zu, der entweder den Index der jeweiligen Spalte oder dessen Namen entgegennimmt:

```
DataRow row = custTable.NewRow();
row["ID"] = 1;
row["Name1"] = "Ute";
row["Name2"] = "Abegg";
custTable.Rows.Add(row);
```

Wie Sie später sehen werden, existieren in ADO.NET Klassen, die Ihnen das Füllen von *DataTable*-Objekten mit Daten aus einer Datenbank abnehmen.

Auf das Hinzufügen von Zeilen reagieren

Wenn Sie informiert werden wollen, ob eine neue Datenzeile in die *DataTable* eingefügt wurde, können Sie sich für das Ereignis *TableNewRow* anmelden. Es wird jedoch nur dann ausgelöst, wenn Sie die Zeile über die *NewRow*-Methode der *DataTable* hinzufügen.

In folgendem Beispiel wird eine Ereignisbehandlungsmethode für das *TableNewRow*-Ereignis definiert, in der eine Meldung auf den Bildschirm ausgegeben wird.

```
...
custTable.TableNewRow += new DataTableNewRowEventHandler(custTable_TableNewRow);
...
static void custTable_TableNewRow(object sender, DataTableNewRowEventArgs e)
{
    Console.WriteLine("Eine neue Zeile wurde angelegt.");
}
```

Mithilfe der übergebenen *DataTableNewRowEventArgs*-Instanz kann die eingefügte Zeile ermittelt werden. Da das Ereignis jedoch von der *NewRow*-Methode ausgelöst wird und die Zeile zu diesem Zeitpunkt noch keine Daten enthält, ist das übergebene *DataRow*-Objekt leer.

CD-ROM   Das Beispiel finden Sie unter dem Namen *DataRowDemo* auf der Buch-CD.

Zeilen entfernen

Um Zeilen zu entfernen, rufen Sie die *Remove*-Methode der *DataRowCollection* auf. Hierbei werden die Zeilen jedoch lediglich aus der Auflistung entfernt. Dies ist nicht mit einem Löschen des Datensatzes in einer Datenbank zu vergleichen. Um eine Zeile zum Löschen zu markieren und sie später aus der zugehörigen Datenbanktabelle zu entfernen, müssen Sie die *Delete*-Methode auf dem jeweiligen *DataRow*-Objekt aufrufen.

Auf das Entfernen von Zeilen reagieren

Für das Entfernen von Zeilen definiert die *DataTable*-Klasse gleich zwei Ereignisse: *RowDeleting* und *RowDeleted*. Während Ersteres ausgelöst wird, bevor die Zeile entfernt wird, tritt Letzteres danach auf. Beide übermitteln Argumente vom Typ *DataRowChangeEventArgs*. Dieser bietet zwar über die *Row*-Eigenschaft die Möglichkeit, Informationen über die zu löschende Zeile zu ermitteln, jedoch ist sie im Falle von *RowDeleted* nicht mehr gefüllt.

In folgendem Beispiel wird eine Ereignisbehandlungsmethode für das *RowDeleting*-Ereignis definiert, in der die zu löschende Zeile auf den Bildschirm ausgegeben wird.

```
...
custTable.RowDeleting += new DataRowChangeEventHandler(custTable_RowDeleting);
...
static void custTable_RowDeleting(object sender, DataRowChangeEventArgs e)
{
    Console.WriteLine("Die folgende Zeile wird gelöscht:");
    foreach (DataColumn col in e.Row.Table.Columns)
    {
        Console.Write(e.Row[col.ColumnName].ToString() + " ");
    }
}
```

Um die einzelnen Werte der Zeile auszugeben, wurde die zugehörige *DataTable* über die *Table*-Eigenschaft von *DataRow* ermittelt. Daraufhin werden alle *DataColumn*-Objekte in einer Schleife durchlaufen und die Werte über den *Indexer* von *DataRow* ausgelesen.

Die Ereignisse *RowDeleting* und *RowDeleted* werden sowohl beim Entfernen von Zeilen über die *Remove*-Methode der *DataRowCollection*, als auch durch die *Delete*-Methode der *DataRow*-Klasse ausgelöst.

Zeilen selektieren

Um eine bestimmte Zeile aus der *DataTable* auszulesen, müssen Sie zunächst durch die Hierarchie aus *DataTable*- und *DataRow*-Objekten navigieren und die gewünschte *DataRow*-Instanz auswählen:

```
DataTable table = ds.Tables[0];
DataRow row = table.Rows[0];
string farbe = row["Farbe"].ToString()
```

Hierbei wurde für den Zugriff auf den jeweiligen Spaltenwert der *Indexer* der *DataRow*-Klasse verwendet. Dazu müssen Sie entweder den Index der zugehörigen *DataColumn*-Instanz oder – wie im oberen Beispiel – deren Namen angeben. Durch die verkettete Nutzung der verschiedenen *Indexer* können Sie den Zugriff auch wie folgt verkürzen:

```
string farbe = ds.Tables[0].Rows[0]["Farbe"].ToString();
```

Alternativ können Sie sich die Werte aller Spalten über die *DataRow.ItemArray*-Eigenschaft ermitteln. Diese liefert die Werte als *Object*-Array zurück, das sich an der Reihenfolge der Spalten in der *DataTable* orientiert.

Auf das Ändern von Zeilen reagieren

Wie schon beim Hinzufügen und Entfernen von Zeilen, existieren auch Ereignisse für das Ändern. Hierfür definiert *DataTable* die Ereignisse *RowChanging* und *RowChanged*. Sie werden ausgelöst, bevor und nachdem sich Werte in einem *DataRow*-Objekt geändert haben. Wie auch bei den Ereignissen *TableNewRow* und *RowDeleting* wird ebenfalls ein Objekt vom Typ *DataRowChangeEventArgs* übergeben. Aus diesem können Sie nicht nur die jeweils geänderte Zeile auslesen, sondern auch die jeweils durchgeführte Operation ermitteln. Hierfür definiert die *DataRowChangeEventArgs*-Klasse die *Action*-Eigenschaft, die einen Wert der *DataRowAction*-Enumeration aufnimmt. Die folgenden Werte stehen zu Verfügung:

- **Nothing** Es wurden keine Änderungen an der Zeile vorgenommen
- **Delete** Die Zeile wurde aus der *DataTable* gelöscht
- **Change** Die Zeile hat sich geändert
- **Rollback** Die letzte transaktionale Änderung wurde rückgängig gemacht
- **Commit** Die letzte transaktionale Änderung wurde übernommen
- **Add** Eine Zeile wurde hinzugefügt
- **ChangeOriginal** Die Originalversion der Zeile wurde geändert
- **ChangeCurrentAndOriginal** Die Originalversion und die aktuelle Version der Zeile wurden geändert

Mehr Informationen über die verschiedenen Versionen einer Datenzeile erfahren Sie in diesem Kapitel im Abschnitt »Daten aktualisieren«.

Weitere Möglichkeiten der Selektion

Wie Sie gesehen haben, ist das Auslesen von Werten über die Objekthierarchie aus *DataTable*, *DataColumn* und *DataRow* nicht gerade intuitiv. Zudem eignet sich dieser Weg nur für die Ermittlung einzelner Daten. Wenn Sie beispielsweise alle Zeilen ermitteln wollen, die einem bestimmten Kriterium entsprechen, kommen Sie mit SQL schneller zum Ziel.

Daher bietet die *DataTable*-Klasse eine einfache, filterbasierte Suche in Form der *Select*-Methode an. Ihr übergeben Sie das entsprechende Filterkriterium, analog zur *WHERE*-Klausel in SQL. Hierbei liefert *Select* die Ergebnisse in Form eines *DataRow*-Arrays zurück.

Das folgende Beispiel demonstriert den Einsatz:

```
DataTable table = ds.Tables[0];
DataRow[] resultRows = table.Select("Farbe = 'Gelb'");
```

Zeichenfolgen müssen stets in einfache Hochkommata eingeschlossen werden. Enthalten die angegebenen Spaltennamen Leerzeichen oder reservierte Wörter, wie zum Beispiel *Sum*, *Min* oder *Max*, so müssen sie in eckige Klammern eingeschlossen werden.

Darüber hinaus werden einfache SQL-Klauseln, wie *LIKE* und *IN* unterstützt.

```
DataRow[] resultRows = table.Select("Farbe LIKE 'G%'");
```

In einer *LIKE*-Klausel können Sie sowohl »%« als auch »*« als Wildcard, jedoch keine Platzhalter, wie »?« oder »_« verwenden. Standardmäßig wird bei den Inhalten nicht zwischen Groß- und Kleinschreibung unterschieden. Dieses Verhalten können Sie jedoch über die *CaseSensitive*-Eigenschaft auf dem *DataSet* oder der *DataTable* ändern.

Wenn Sie Filterbedingungen auf Datumsfelder anwenden, so müssen die Werte von einer Raute (»#«) umschlossen werden.

```
table.Select("OrderDate = #2/20/2008#");
```

Der T-SQL-Operator *BETWEEN* ist nicht erlaubt. Hier müssen Sie die Werte mit <= und >= entsprechend einschränken.

Sie können auch mehrere Filterbedingungen angeben, die Sie – analog zu einer *WHERE*-Klausel – mit *AND* und *OR* verknüpfen.

```
DataRow[] resultRows = table.Select("Farbe = 'Gelb' and ID = 1");
```

Darüber hinaus bietet die *Select*-Methode eine weitere Überladung, die zusätzlich ein Sortierkriterium entgegennimmt. Hierüber können Sie bestimmen, nach welcher Spalte die zurückgegebene Ergebnismenge sortiert werden soll. Hierbei können analog zur *ORDER BY*-Klausel in SQL mehrere durch Kommata getrennte Spaltennamen, sowie die jeweilige Sortierrichtung angegeben werden. Die Zeichenfolge *ASC* entspricht dann einer aufsteigenden und *DESC* einer absteigenden Sortierung.

```
table.Select("City = 'Hamburg'", "CompanyName DESC, CITY ASC");
```

Geben Sie die Reihenfolge nicht explizit an, so werden die Daten automatisch in aufsteigender Reihenfolge sortiert.

Eine weitere Überladung der *Select*-Methode nimmt zusätzlich einen Wert der *RowViewState*-Enumeration entgegen. Dies bietet die Möglichkeit, die Zeilen nach einem bestimmten Zustand zu filtern. Wenn Sie beispielsweise auf alle Kunden aus Berlin filtern wollen, die zuletzt geändert wurden, könnte dies wie folgt aussehen:

```
table.Select("City = 'Berlin'", "CompanyName", DataViewRowState.ModifiedCurrent);
```

Was es mit den Statuswerten einer Zeile auf sich hat und wie diese beeinflusst werden, erfahren Sie in diesem Kapitel im Abschnitt »Daten aktualisieren«.

Daten aggregieren

Neben den Filtermöglichkeiten bietet die *DataTable*-Klasse mit der *Compute*-Methode einen einfachen Aggregationsmechanismus. Sie nimmt einen Aggregationsausdruck entgegen und liefert das entsprechende Ergebnis zurück. Darüber hinaus können Sie über eine Filterbedingung die Daten eingrenzen, auf die sich die Aggregation beziehen soll.

Beispiel:

```
decimal avgPrice = (decimal) table.Compute("AVG(UnitPrice)", "ProductGroup = 20");
```

Hier wurde der Durchschnittspreis aller Artikel der Produktgruppe 20 ermittelt. Beachten Sie hierbei, dass Sie den Rückgabewert der *Compute*-Methode explizit in den entsprechenden Datentyp konvertieren müssen. Darüber hinaus können Sie in Ihrem Aggregationsausdruck nur eine einzelne Spalte und keine Spaltenkombinationen angeben.

Die folgenden Aggregatfunktionen werden von der *Compute*-Methode unterstützt:

- *SUM* summiert den angegebenen Ausdruck
- *AVG* berechnet den Durchschnitt des angegebenen Ausdrucks
- *MIN* gibt den Minimalwert des angegebenen Ausdrucks zurück
- *MAX* gibt den Maximalwert des angegebenen Ausdrucks zurück
- *COUNT* ermittelt die Anzahl der Zeilen des angegebenen Ausdrucks

Serialisierung von Objekten

Um *DataSet*- und *DataTable*-Objekte zwischen den Schichten einer verteilten Anwendung oder zwischen den Roundtrips einer Webanwendung zu transferieren, müssen Sie diese serialisieren. Bei der Serialisierung geht es darum, den Zustand eines Objekts zu speichern beziehungsweise zu übertragen. Dies geschieht in .NET mit so genannten *Serializern*, Klassen, die den Objektzustand in einem bestimmten Format abbilden. Hier kommt oft das XML-Format zum Einsatz, da es sehr leicht gelesen und übertragen werden kann. Alternativ bietet ADO.NET die Möglichkeit der binären Serialisierung. Hierbei werden die Daten in einem internen, binären Format abgebildet, das sehr kompakt ist und sich somit äußerst performant übertragen lässt.

Daten als XML exportieren

Das *DataSet* hat eine Reihe von Funktionen, mit denen sich die Struktur und die Daten serialisieren lassen.

XML mit der GetXml-Methode ermitteln

Die einfachste Möglichkeit zum Generieren von XML ist die *GetXml*-Methode der *DataSet*-Klasse. Sie gibt die Daten des *DataSet* in Form einer Zeichenkette zurück, wobei diese ein XML-Dokument darstellt. Listing 22.26 demonstriert dies.

```
DataSet data;
string connectionString = "Data Source=.;Initial Catalog=netShop;Integrated Security=True";
using (SqlConnection connection = new SqlConnection(connectionString))
{
    connection.Open();
    string sql = "SELECT ID, Name_1 FROM Sales.Customers WHERE PostalCode = @PostalCode";
    SqlCommand command = new SqlCommand(sql, connection);
    command.Parameters.AddWithValue("PostalCode", "36427");
    SqlDataAdapter adapter = new SqlDataAdapter(command);
    data = new DataSet();
    adapter.Fill(data);
}
Console.WriteLine(data.GetXml());
```

Listing 22.26 Ausgabe eines *DataSet* in XML-Form

CD-ROM Das Beispiel finden Sie unter dem Namen *DataSetXmlDemo* auf der Buch-CD.

Das Ergebnis sieht hierbei wie folgt aus:

```
<NewDataSet>
  <Table>
    <ID>13</ID>
    <Name_1>Mathias</Name_1>
```

```
    </Table>
    <Table>
      <ID>3247</ID>
      <Name_1>Torsten*</Name_1>
    </Table>
    ...
</NewDataSet>
```

Erzeugtes XML anpassen

Wie Sie sehen, sieht das XML noch etwas »grob« aus: Der Wurzelknoten heißt *NewDataSet* und die Kunden werden in Form von *Table*-Elementen notiert. Dies können Sie jedoch sehr leicht ändern. Zunächst geben Sie dem *DataSet* im Konstruktor einen Namen an. Dieser wird bei der Serialisierung automatisch als Wurzelknotennamen verwendet. Um die Namen der *Table*-Elemente zu ändern, verwenden Sie hingegen die *SqlDataAdapter*-Klasse. Diese bietet über die *TableMappings*-Eigenschaft die Möglichkeit, Aliasnamen für Tabellen zu vergeben. Ändern Sie zum Testen das obere Beispiel wie folgt ab:

```
SqlDataAdapter adapter = new SqlDataAdapter(command);
adapter.TableMappings.Add("Table", "Customer");
data = new DataSet("Customers");
adapter.Fill(data);
```

Das Ergebnis sieht nun wie folgt aus:

```
<Customers>
  <Customer>
    <ID>13</ID>
    <Name_1>Mathias</Name_1>
  </Customer>
  <Customer>
    <ID>3247</ID>
    <Name_1>Torsten*</Name_1>
  </Customer>
  ...
</Customers>
```

Nach diesem Schema können Sie auch die Spaltennamen entsprechend ändern. Hierfür ändern Sie die *ColumnMappings*-Eigenschaft des erstellten *DataTableMapping*-Objekts.

```
DataTableMapping mapping = adapter.TableMappings.Add("Table", "Customer");
mapping.ColumnMappings.Add("ID", "Number");
mapping.ColumnMappings.Add("Name_1", "Name");
```

Eine weitere Möglichkeit der Einflussnahme bietet die *ColumnMapping*-Eigenschaft der *DataColumn*-Klasse. So können Sie beispielsweise durch Angabe des Werts von *MappingType.Hidden* die Spalte von der Serialisierung ausnehmen. *MappingType.Attribute* bewirkt hingegen, dass die Daten der Spalte nicht in Form von Elementen, sondern als XML-Attribute dargestellt werden.

In folgendem Beispiel soll die *Number*-Spalte von der Serialisierung ausgenommen und die *Name*-Spalte als Attribut abgebildet werden:

```
data.Tables[0].Columns["Number"].ColumnMapping = MappingType.Hidden;
data.Tables[0].Columns["Name"].ColumnMapping = MappingType.Attribute;
```

Das Ergebnis sieht nun wie folgt aus:

```
<Customers>
  <Customer Name="Mathias" />
  <Customer Name="Torsten" />
  <Customer Name="Stefanie" />
  <Customer Name="Tom" />
  <Customer Name="Paul" />
</Customers>
```

XML mit der WriteXml-Methode erzeugen

Die *WriteXml*-Methode ist ähnlich der *GetXml*-Methode, mit der Ausnahme, dass die XML-Daten sehr komfortabel weiterverarbeitet werden können. Im einfachsten Fall übergeben Sie einen Dateinamen und die Methode erzeugt eine entsprechende Datei. Darüber hinaus bietet die Methode Überladungen, die eine Instanz von *TextWriter*, *XmlWriter*, oder eine Ableitung der *Stream*-Klasse übergeben. Dies bietet Ihnen die Möglichkeit, das erzeugte XML vor der Speicherung zu ändern.

Der folgende Code entspricht dem vorherigen Beispiel, verwendet jedoch die *WriteXml*-Methode und zeigt das Ergebnis nicht in der Konsole, sondern über ein *WebBrowser*-Steuerelement an.

```
DataSet data;
string connectionString = "Data Source=.;Initial Catalog=netShop;Integrated Security=True";
using (SqlConnection connection = new SqlConnection(connectionString))
{
    connection.Open();
    string sql = "SELECT ID, Name_1 FROM Sales.Customers WHERE PostalCode = @PostalCode";
    SqlCommand command = new SqlCommand(sql, connection);
    command.Parameters.AddWithValue("PostalCode", "36427");

    SqlDataAdapter adapter = new SqlDataAdapter(command);
    DataTableMapping mapping = adapter.TableMappings.Add("Table", "Customer");
    mapping.ColumnMappings.Add("ID", "Number");
    mapping.ColumnMappings.Add("Name_1", "Name");
    data = new DataSet("Customers");
    adapter.Fill(data);
}
data.WriteXml("C:\\Data.xml");
this.webBrowser1.Navigate("file://" + fileName);
```

Listing 22.27 Daten mit der *WriteXml*-Methode schreiben

CD-ROM   Das Beispiel finden Sie unter dem Namen *DataSetWriteXmlDemo* auf der Buch-CD.

In Abbildung 22.9 sehen Sie das Beispiel in Aktion.

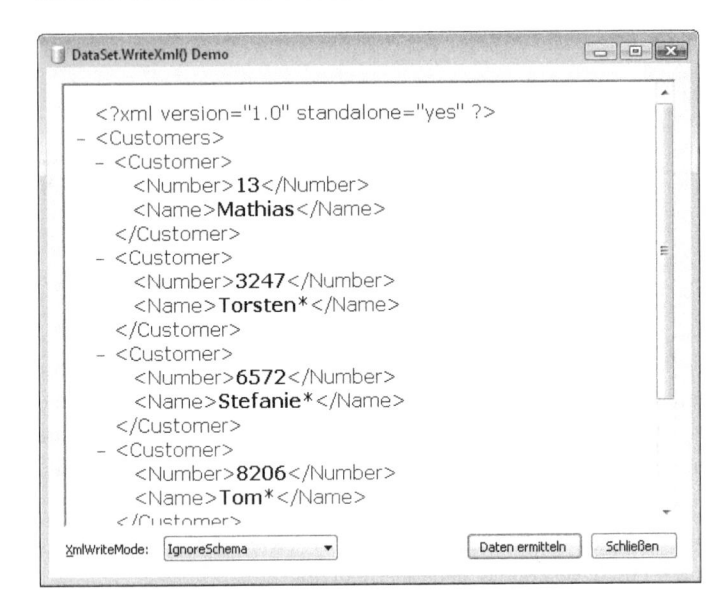

```
<?xml version="1.0" standalone="yes" ?>
- <Customers>
  - <Customer>
      <Number>13</Number>
      <Name>Mathias</Name>
    </Customer>
  - <Customer>
      <Number>3247</Number>
      <Name>Torsten*</Name>
    </Customer>
  - <Customer>
      <Number>6572</Number>
      <Name>Stefanie*</Name>
    </Customer>
  - <Customer>
      <Number>8206</Number>
      <Name>Tom*</Name>
    </Customer>
```

Abbildung 22.9 Daten mit *XmlWriteMode.IgnoreSchema* serialisieren.

Neben dem Speichern bietet die *DataSet*-Klasse mit der *ReadXml*-Methode auch die Möglichkeit, eine XML-Datei zu importieren. Diese muss jedoch zuvor über die *WriteXml*-Methode gespeichert worden sein, damit das Format übereinstimmt. Das entsprechende *DataSet* wird daraufhin mit den gespeicherten Nutzdaten gefüllt.

XML-Schemadaten in die Ausgabe einbetten

Darüber hinaus bietet *WriteXml* eine Überladung, die einen Parameter vom Typ *XmlWriteMode* entgegennimmt. Über diesen können Sie Einfluss auf den XML-Inhalt nehmen. Die *XmlWriteMode*-Enumeration definiert hierfür die folgenden Werte:

- **IgnoreSchema**   Es werden nur die Nutzdaten ohne eingebettete XML-Schemainformationen erzeugt. Dies ist der Standardwert.

- **WriteSchema**   Neben den Nutzdaten werden zusätzlich XML-Schemainformationen in die Ausgabe eingebettet

- **DiffGram**   Die Daten werden im *DiffGram*-Format abgebildet

XML-Schemadaten beschreiben die Datentypen der jeweiligen Spalten. Hierdurch kann ein Programm später ermitteln, in welches Format die Nutzdaten konvertiert werden müssen. Darüber hinaus werden Pflichtfelder, Maximalwerte und einiges mehr gespeichert.

Wie sich der Parameter auf die Ausgabe auswirkt, können Sie mit dem Beispielprogramm *DataSetWriteXmlDemo* nachvollziehen. Es enthält ein Kombinationslistenfeld (*ComboBox*), über das Sie den Wert des *XmlWriteMode*-Parameters ändern können. In Abbildung 22.10 sehen Sie die Ausgabe im Modus *WriteSchema*.

Das verbindungslose Modell

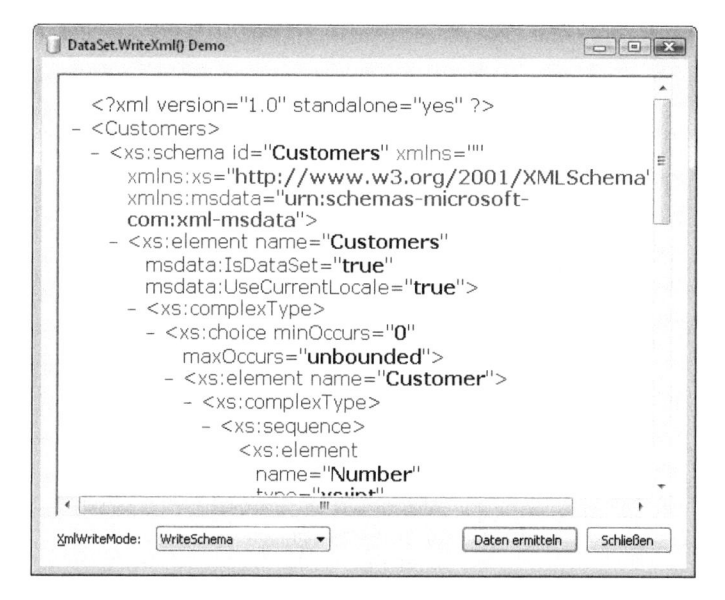

Abbildung 22.10 Daten mit *XmlWriteMode.WriteSchema* serialisieren

> **HINWEIS** Zum Speichern der XML-Schemadaten können Sie auch die *WriteXmlSchema*-Methode verwenden. Sie funktioniert genauso wie *WriteXml*, speichert jedoch nur Schema- und keine Nutzdaten. Zusätzlich bietet die *DataSet*-Klasse die Methode *ReadXmlSchema*, mit der die Struktur eines *DataSet* auf Basis einer XML-Schemadatei erstellt werden kann.

Änderungen als DiffGram speichern

In manchen Fällen wollen Sie Ihre Daten vielleicht temporär zwischenspeichern, da keine Verbindung zum Server besteht. Wenn die Verbindung wieder verfügbar ist, sollen die gespeicherten XML-Daten in ein *DataSet* eingelesen und die Änderungen an den Server übertragen werden. Soviel zur Theorie. In der Praxis funktioniert dies jedoch nicht wirklich, da die *WriteXml*-Methode standardmäßig nur die aktuellen Spaltenwerte in Form von XML speichert – die Originalwerte jedoch nicht. Wenn Sie diese Daten nun wieder importieren und daraus ein *DataSet* erstellen, würde dieses keine Änderungen feststellen, da keine Originalwerte vorliegen.

Genau hier kommt das *DiffGram*-Format ins Spiel. *DiffGram* ist ein spezielles XML-Format, das auf die Speicherung von Datenänderungen spezialisiert ist. Hierbei werden sowohl die aktuellen, als auch die Originalwerte gespeichert. Wenn Sie also den *XmlWriteMode*-Parameter der *WriteXml*-Methode mit dem Wert *DiffGram* belegen, können Sie die Änderungen speichern und später zum Server übertragen. In Abbildung 22.11 sehen Sie ein Beispiel dieses Formats.

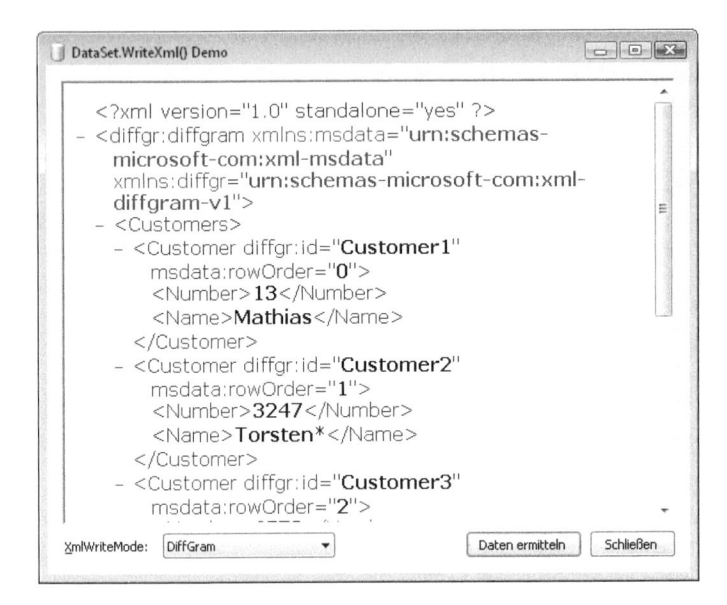

Abbildung 22.11 Daten mit *XmlWriteMode.DiffGram* serialisieren

---

> **HINWEIS** **DataTable-Objekte serialisieren**
>
> Ab Version 2.0 des .NET Framework bietet auch die *DataTable*-Klasse Methoden zur Serialisierung an. Ebenso wie bei der *DataSet*-Klasse, stehen hierbei die Methoden *WriteXml*, *ReadXml*, *WriteXmlSchema* und *ReadXmlSchema* zu Verfügung. Ein Äquivalent zur *GetXml*-Methode existiert jedoch nicht.

Binäre Serialisierung

Wie bereits erwähnt, können Daten nicht nur in Form von XML serialisiert werden. XML ist zwar sehr leicht zu handhaben, da es gut zu lesen ist und problemlos über HTTP übertragen werden kann, es enthält jedoch auch einen gewissen Overhead. Wenn Sie die Daten lediglich lokal speichern oder zwischen zwei Prozessen Ihres Rechners übertragen, ist dieser Overhead unnötig.

Daher bietet die *DataSet*-Klasse ab .NET 2.0 die Möglichkeit der binären Serialisierung. Hierbei werden Daten und Schema in einem internen Binärformat gespeichert. Im Vergleich zu XML wird hierbei weniger Speicher benötigt, was sich gerade bei zunehmender Zeilenanzahl positiv auf die Performance und den Ressourcenverbrauch auswirkt.

Abgebildet wird die binäre Serialisierung über die *RemotingFormat*-Eigenschaft der *DataSet*-Klasse. Sie nimmt einen Wert der *SerializationFormat*-Enumeration entgegen, welche die folgenden Werte definiert:

- **Xml** Die Daten werden im XML-Format serialisiert. Dies ist der Standardwert.
- **Binary** Die Serialisierung erfolgt in einem binären Format

Anders als bei der XML-Speicherung über *WriteXml*, existiert jedoch keine Standardfunktion zur binären Serialisierung. Das .NET Framework bietet mit *BinaryFormatter* jedoch eine vorgefertigte Klasse an, die Sie im Namensraum *System.Runtime.Serialization.Formatters.Binary* finden. Sie interagiert mit der *DataSet*-Klasse und schreibt die binären Daten in ein angegebenes *Stream*-Objekt. Hierdurch können die Daten sowohl in eine Datei (*FileStream*), als auch in den Speicher (*MemoryStream*) oder andere Datenströme exportiert werden.

In folgendem Beispiel wird eine Methode erstellt, die ein *DataSet* in eine binäre Datei serialisiert:

```
private static void WriteBinary(DataSet data, string fileName)
{
    data.RemotingFormat = SerializationFormat.Binary;
    BinaryFormatter formatter = new BinaryFormatter();
    using (FileStream stream = new FileStream(fileName, FileMode.Create))
    {
        formatter.Serialize(stream, data);
    }
}
```

Listing 22.28   Die *WriteBinary*-Methode serialisiert ein *DataSet* in einem binären Format

Hier wurde zunächst die *SerializationFormat*-Eigenschaft des übergebenen *DataSet* auf den Wert *Binary* gestellt. Hierdurch wird signalisiert, dass die folgende Serialisierung in Binärform erfolgen soll. Die eigentliche Arbeit übernimmt nun die *Serialize*-Methode der *BinaryFormatter*-Klasse. Sie bekommt ein *FileStream*-Objekt übergeben, das auf die gewünschte Ausgabedatei verweist.

Nach demselben Schema verläuft auch die Deserialisierung, nur dass hierbei nicht die *Serialize*, sondern die *Deserialize*-Methode aufgerufen wird. Die folgende Methode nimmt den Namen einer Serialisierungsdatei entgegen, liest diese ein und gibt das erstellte *DataSet* zurück:

```
private static DataSet ReadBinary(string fileName)
{
    DataSet data = new DataSet();
    data.RemotingFormat = SerializationFormat.Binary;
    BinaryFormatter formatter = new BinaryFormatter();
    using (FileStream stream = new FileStream(fileName, FileMode.Open))
    {
        data = formatter.Deserialize(stream) as DataSet;
        return data;
    }
}
```

Listing 22.29   Die *ReadBinary*-Methode liest ein binär serialisiertes *DataSet* ein

CD-ROM   Die gezeigten Beispiele zur binären Serialisierung finden Sie auf der Buch-CD unter dem Namen *BinarySerializationDemo*.

Daten aktualisieren

Im Abschnitt »Daten ermitteln und manipulieren« haben Sie gelernt, wie Sie einfache Datenaktualisierungen vornehmen. In diesem Abschnitt soll es darum gehen, ganze Ergebnismengen, die lokal in einem *DataSet* oder einer *DataTable* vorliegen, in der Datenbank zu aktualisieren. Im Vordergrund steht hierbei die Klasse *DataAdapter*, die Sie sich als Mittelsmann zwischen dem lokalen und dem verbindungsorientierten Modell vorstellen können. Sie ist in der Lagee die Änderungen lokaler Daten zu ermitteln und die zur Aktualisierung notwendigen Statements an die Datenbank zu übermitteln.

Darüber hinaus geht es um die *SqlCommandBuilder*-Klasse, die Sie bei der Erstellung der *Insert*-, *Update*- und *Delete*-Anweisungen unterstützt.

Änderungen ermitteln

Bevor die Daten in der Datenbank eingefügt, aktualisiert oder gelöscht werden können, müssen die entsprechenden Änderungen zunächst ermittelt werden. Hierfür bieten die Klassen *DataSet* und *DataTable* die *GetChanges*-Methode. Sie gibt ein *DataSet*- beziehungsweise ein *DataTable*-Objekt zurück, in dem nur die Daten enthalten sind, die sich geändert haben. Diese Methode ist besonders dann sinnvoll, wenn Sie Daten zwischen den Schichten einer verteilten Anwendung transferieren müssen. Wenn Sie beispielsweise eine Webdienstmethode zum Speichern aufrufen, müssen Sie dieser nicht das vollständige Set an Daten, sondern nur die geänderten übertragen. In folgendem Beispiel werden Daten aus der *Sales.Customers*-Tabelle ermittelt und geändert. Im Anschluss werden die Änderungen über die *GetChanges*-Methode abgerufen und in die Konsole ausgegeben.

```
using System;
using System.Data;
using System.Data.SqlClient;

class Program
{
    static void Main(string[] args)
    {
        // Daten ermitteln
        SqlConnection con = new SqlConnection(
            "Data Source=.;Initial Catalog=netShop;Integrated Security=True");
        SqlCommand cmd = new SqlCommand(
            "SELECT ID, Name_1 FROM Sales.Customers WHERE PostalCode = @PostalCode", con);
        cmd.Parameters.AddWithValue("PostalCode", "36427");
        DataTable table = new DataTable();
        SqlDataAdapter adapter = new SqlDataAdapter(cmd);
        adapter.Fill(table);

        // Daten ändern
        foreach (DataRow row in table.Rows)
            row["Name_1"] = row["Name_1"].ToString() + "*";

        // Änderungen ermitteln
        DataTable changes = table.GetChanges();
        foreach (DataRow row in changes.Rows)
            Console.WriteLine("Geändert: {0}", row["Name_1"]);

        Console.WriteLine("\n{0} Datensätze wurden geändert.", changes.Rows.Count);
        Console.ReadLine();
    }
}
```

Listing 22.30 Aktualisieren geänderter Daten durch die *SqlDataAdapter*-Klasse

Wenn Sie das Programm starten, sollten die folgenden Zeilen auf dem Bildschirm ausgegeben werden:

```
Geändert: Mathias*
Geändert: Torsten*
Geändert: Stefanie*
Geändert: Tom*
Geändert: Paul*

5 Datensätze wurden geändert.
```

CD-ROM Das Beispiel finden Sie unter dem Namen *GetChangesDemo* auf der Buch-CD.

Status von Zeilen ermitteln und ändern

Zur Ermittlung der Änderungen durchläuft die *GetChanges*-Methode alle *DataRow*-Objekte und prüft über deren *RowState*-Eigenschaft den jeweiligen Zustand der Zeile. Die folgenden Zustände sind hierbei möglich:

- *Unchanged* – Die Zeile ist unverändert
- *Added* – Die Zeile wurde hinzugefügt
- *Modified* – Die Zeile wurde geändert
- *Deleted* – Die Zeile wurde zum Löschen markiert
- *Detached* – Die Zeile wurde aus der *DataRowCollection* entfernt

Um zu prüfen, ob sich eine Zeile in einem bestimmten Zustand befindet, könnten Sie zum Beispiel wie folgt vorgehen:

```
if (row.RowState == DataRowState.Modified)
{
    ...
}
```

Nach dem Ermitteln der Zeilen aus der Datenbank, befinden sich die *DataRow*-Objekte zunächst im Zustand *Unchanged*. Werden Änderungen vorgenommen, verändert sich der Status automatisch. Änderungen an einem *DataRow*-Objekt können über folgende Methoden durchführt werden:

- *DataRow.Delete* markiert die Zeile als gelöscht
- *DataRow[Spaltenname oder Index]* ändert den Inhalt der angegebenen Spalte
- *DataRow.SetField<T>* ändert den Wert einer Spalte
- *DataRow.ItemArray* für die Zuweisung aller Spaltenwerte

Nachfolgend einige Beispiele für die verschiedenen Varianten:

```
row[0].Delete();
row["Name_1"] = "Berta";
row.SetField<string>("Name_1", "Berta");
row.ItemArray = new object[] { 18, "Berta" };
```

Darüber hinaus können Sie den Staus für *Modified* und *Added* auch manuell setzen:

- *DataRow.SetModified* setzt die Zeile in den Status *Modified*
- *DataRow.SetAdded* setzt die Zeile in den Status *Added*

Häufige Fehler

Es gibt zwei weit verbreitete Fehler, die im Zusammenhang mit dem Status immer wieder auftreten.

- Die *DataTable.Clear*-Methode entfernt alle *DataRow*-Objekte, verändert dabei aber nicht ihren Status. Dies führt jedoch nicht zum Entfernen der entsprechenden Zeilen in der Datenbank, sondern nur zum Leeren der DataTable.
- Das Entfernen von Zeilen über die *Remove*-Methode der *DataRowCollection* setzt den Status auf *Detached* und nicht auf *Deleted*. Zeilen im Status *Detached* werden bei alle Folgeoperationen auf der *DataTable* nicht mehr berücksichtigt, da sie nicht mehr über die *DataTable.Rows* zugreifbar sind.

Die folgenden Zeilen haben somit nur Auswirkungen auf die *DataTable* und nicht auf die Datenbank:

```
table.Rows.Remove(0); // <- entfernt die DataRow-Objekte mit dem angegebenen Index aus der DataTable
table.Clear(); // <- entfernt alle DataRow-Objekte aus der DataTable
```

Daten mit Commands aktualisieren

Ausgestattet mit der oben genannten Funktionalität, können Sie nun sehr leicht Änderungen ermitteln und über die *SqlCommand*-Klasse absetzen. In folgendem Beispiel wurden die Spalten *ID* und *Name_1* aus der Tabelle *Sales.Customers* ermittelt und verändert. Diese Änderungen sollen nun gespeichert werden, wie im Listing 22.31 gezeigt.

```
...
// Update-Command definieren
SqlCommand updateCmd = new SqlCommand(
    "UPDATE Sales.Customers " +
    "SET Name_1 = @Name_1 " +
    "WHERE ID = @ID", con);
updateCmd.Parameters.Add("ID", SqlDbType.Int, 0, "ID");
updateCmd.Parameters.Add("Name_1", SqlDbType.VarChar, 50, "Name_1");

// Änderungen ermitteln
DataTable changes = table.GetChanges(DataRowState.Modified);
int count = 0;
con.Open();
foreach (DataRow row in changes.Rows)
{
    // Änderungen in Datenbank übernehmen
    updateCmd.Parameters["ID"].Value = row["ID"];
    updateCmd.Parameters["Name_1"].Value = row["Name_1"];
    count += updateCmd.ExecuteNonQuery();
}
Console.WriteLine("{0} Datensätze wurden aktualisiert.", count);
```

Listing 22.31 Speichern von Änderungen

CD-ROM Das Beispiel finden Sie unter dem Namen *ManualUpdateDemo* auf der Buch-CD.

Hier wird zunächst ein *SqlCommand*-Objekt erstellt, das später für die Übermittlung der Änderungen sorgt. Das *UPDATE*-Statement definiert die beiden Platzhalter *@ID* und *@Name_1*. Sie werden später durch die ID und den geänderten Namen der jeweiligen Datenzeile ersetzt. Für beide Platzhalter wurde je ein *SqlParameter*-Objekt erzeugt und mit den entsprechenden Metadaten gefüllt. Hierbei wurde jeweils Parametername, Datentyp, Datentypgröße sowie der Name der zugehörigen Spalte in der *DataTable* angegeben.

Welche Daten aktualisiert werden müssen, ermittelt die *GetChanges*-Methode. Da in diesem Beispiel lediglich die geänderten Daten gespeichert werden sollen, wurde ihr zusätzlich der Wert *DataRowState.Modified* übergeben.

Das von *GetChanges* zurückgegebene *DataTable*-Objekt wird daraufhin zeilenweise durchlaufen. Nun kann der eigentliche Zugriff erfolgen. Hierfür werden die Parameter des Commands mit den jeweiligen Zeilenwerten gefüllt. Der Aufruf der *ExecuteNonQuery*-Methode sorgt schließlich für die Aktualisierung in der Datenbank. Die zurückgegebene Anzahl betroffener Zeilen wird hierbei zwischengespeichert, um sie am Ende aggregiert auf dem Bildschirm auszugeben.

Daten mit der SqlDataAdapter-Klasse aktualisieren

Die im vorherigen Beispiel gezeigte Lösung erfordert eine Menge Arbeit. Besonders das Ermitteln der Änderungen und die Zuweisung der jeweiligen Parameterwerte kosten hierbei den meisten Aufwand. Mit der *SqlDataAdapter*-Klasse, die Sie bereits in den vorherigen Abschnitten kennengelernt haben, können Sie sich einen Großteil der Arbeit sparen.

Sie bietet über die *Update*-Methode die Möglichkeit, Änderungen einzelner *DataRow*-Objekte, einer *DataTable* oder eines ganzen *DataSet* in die Datenbank zu übernehmen. Hierbei greift ein Mechanismus, der sehr ähnlich dem des oberen Beispiels funktioniert: Es werden alle Zeilen durchlaufen, und es wird – je nach Status – ein *Insert*-, *Update*- oder *Delete*-Command ausgeführt. Zur Angabe der jeweiligen Commands definiert die Klasse *SqlDataAdapter* die Eigenschaften *InsertCommand*, *UpdateCommand* und *DeleteCommand*. Abbildung 22.12 stellt den Mechanismus noch einmal grafisch dar.

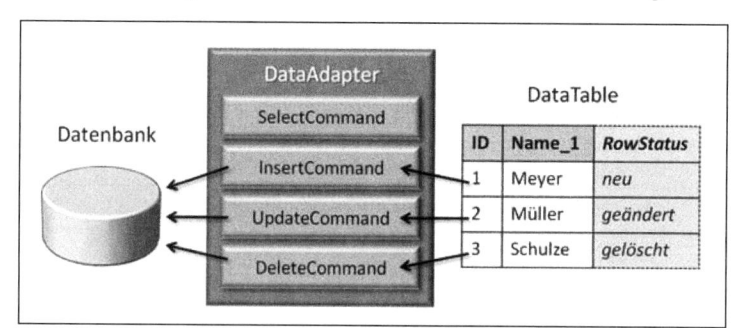

Abbildung 22.12 Das Zusammenspiel von *RowState* und *DataAdapter*

Das Einzige was Sie also tun müssen um Änderungen zu speichern ist, ein *Insert*-, *Update*- und *Delete*-Command zu definieren und die *Update*-Methode aufzurufen. Das folgende Beispiel ist identisch mit dem vorherigen, verwendet jedoch *SqlDataAdapter* für die Aktualisierung:

```
...
// Update-Command definieren
SqlCommand updateCmd = new SqlCommand(
    "UPDATE Sales.Customers " +
    "SET Name_1 = @Name_1 " +
    "WHERE ID = @ID", con);
updateCmd.Parameters.Add("ID", SqlDbType.Int, 0, "ID");
updateCmd.Parameters.Add("Name_1", SqlDbType.VarChar, 50, "Name_1");

// Änderungen speichern
DataTable changes = table.GetChanges(DataRowState.Modified);
SqlDataAdapter adapter = new SqlDataAdapter();
adapter.UpdateCommand = updateCmd;
int count = adapter.Update(table);

Console.WriteLine("{0} Datensätze wurden aktualisiert.", count);
```

Wie Sie sehen, ist der Code durch den Einsatz des *DataAdapters* deutlich geschrumpft. Noch mehr Ersparnis ergibt sich, wenn *Insert*- und *Delete*-Commands dazu kommen.

CD-ROM Das Beispiel finden Sie unter dem Namen *DataAdapterUpdateDemo* auf der Buch-CD.

Parameter für die Aktualisierung definieren

ADO.NET unterscheidet bei der Parametrisierung von Statements nicht zwischen Lese- und Schreiboperationen. Allerdings definiert die *SqlParameter*-Klasse eine Reihe von Eigenschaften, mit denen Sie das Verhalten bei Schreibzugriffen steuern können. In Tabelle 22.2 sehen Sie die Eigenschaften der *SqlParameter*-Klasse, die beim Schreibzugriff von Bedeutung sind.

Eigenschaftsname	Datentyp	Beschreibung
ParameterName	String	Gibt den Namen des Parameters an
DbType	DbType	Gibt den .NET-Datentyp des Parameters an
SqlDbType	SqlDbType	Gibt den SQL Server-Datentyp des Parameters an
Direction	ParameterDirection	Gibt die Richtung des Parameters an. Mögliche Werte sind *Input*, *Output*, *InputOutput* oder *Return*
IsNullable	Boolean	Gibt an, ob der Parameter NULL-Werte akzeptiert
Precision	Byte	Gibt die Präzision für den Parameter an
Scale	Byte	Gibt die Anzahl der Dezimalstellen für den Parameter an
Size	Int32	Gibt die Größe des Parameters an
Value	Object	Gibt den Wert für den Parameter an
SourceColumn	String	Gibt den Namen der Spalte in der *DataTable* an, auf die der Parameter verweist
SourceVersion	DataRowVersion	Gibt die Version der Spalte in der *DataTable* an, auf die der Parameter verweist. Sinnvolle Werte sind *Current* und *Original*.
SourceColumnNullMapping	Boolean	Gibt an, dass es sich um einen Parameter handelt, der auf einen NULL-Wert eines anderen Parameters hinweist. Diese Eigenschaft ist für den *CommandBuilder* wichtig.

Tabelle 22.2 Die wichtigsten Eigenschaften der *SqlParameter*-Klasse

Neben den üblichen Angaben wie Parametername, Datentyp und Größe, dienen die Eigenschaften *SourceColumn*, *SourceVersion* und *SourceColumnNullMapping* zur Steuerung der Aktualisierungsoperation. Sie legen fest, in welcher Weise die *SqlDataAdapter*-Klasse die Parameterwerte zuweist. Über *SourceVersion* und *SourceColumnNullMapping* können Sie hingegen das Verhalten bei konkurrierenden Zugriffen steuern, doch dazu später mehr.

Im vorherigen Beispiel wurden die wichtigsten Eigenschaften der *SqlParameter*-Klasse der *Add*-Methode direkt übergeben.

```
updateCmd.Parameters.Add("ID", SqlDbType.Int, 0, "ID");
updateCmd.Parameters.Add("Name_1", SqlDbType.VarChar, 50, "Name_1");
```

Die hier verwendete Überladung der *Add*-Methode nimmt neben dem Namen des Parameters, den jeweiligen SQL Server-Datentyp, sowie dessen Größe auf. Der letzte Parameter bezieht sich auf die *SourceColumn*-Eigenschaft der *SqlParameter*-Klasse. Er enthält den Namen der zugehörigen Spalte in der *DataTable*. Auf Grund dieser Angabe weiß der *SqlDataAdapter*, aus welcher Spalte der jeweilige Parameterwert ausgelesen werden muss.

Über Ereignisse Einfluss auf die Aktualisierung nehmen

Der Automatismus von *SqlDataAdapter* ist nützlich. Doch in manchen Fällen wollen Sie vielleicht auf die Aktualisierung auf Datensatzebene Einfluss nehmen. Doch auch hierfür hat *SqlDataAdapter* etwas zu bieten. Über die Ereignisse *RowChanging* und *RowChanged* können Sie sich in den Aktualisierungsvorgang integrieren. Sie werden jeweils vor beziehungsweise nach dem Absetzen des entsprechenden Commands ausgelöst. So könnten Sie zum Beispiel im *RowChanging*-Ereignis Standardwerte für bestimmte Spalten definieren.

Listing 22.32 demonstriert die Verwendung von *RowChanging* und *RowChanged*, indem es die IDs der geänderten Zeilen in die Konsole ausgibt:

```csharp
static void Main(string[] args)
{
    // ...

    // Änderungen speichern
    DataTable changes = table.GetChanges(DataRowState.Modified);
    SqlDataAdapter adapter = new SqlDataAdapter();
    adapter.UpdateCommand = updateCmd;
    adapter.RowUpdating += new SqlRowUpdatingEventHandler(adapter_RowUpdating);
    adapter.RowUpdated += new SqlRowUpdatedEventHandler(adapter_RowUpdated);
    int count = adapter.Update(table);

    Console.WriteLine("{0} Datensätze wurden aktualisiert.", count);
    Console.ReadLine();
}

static void adapter_RowUpdating(object sender, SqlRowUpdatingEventArgs e)
{
    Console.WriteLine("Datensatz {0} wird aktualisiert.", e.Row["ID"]);
}

static void adapter_RowUpdated(object sender, SqlRowUpdatedEventArgs e)
{
    Console.WriteLine("Datensatz {0} wurde aktualisiert.", e.Row["ID"]);
}
```

Listing 22.32 Über *RowChanging* und *RowChanged* Einfluss auf die Aktualisierung nehmen

Wenn Sie das Beispiel starten, sollte sich Ihnen die folgende Ausgabe präsentieren:

```
Datensatz 13 wird aktualisiert.
Datensatz 13 wurde aktualisiert.
Datensatz 3247 wird aktualisiert.
Datensatz 3247 wurde aktualisiert.
Datensatz 6572 wird aktualisiert.
Datensatz 6572 wurde aktualisiert.
Datensatz 8206 wird aktualisiert.
Datensatz 8206 wurde aktualisiert.
Datensatz 9171 wird aktualisiert.
Datensatz 9171 wurde aktualisiert.
5 Datensätze wurden aktualisiert.
```

CD-ROM Das Beispiel finden Sie unter dem Namen *DataAdapterUpdateDemo* auf der Buch-CD.

Umgang mit Parallelität

Wenn Sie Datenbankanwendungen erstellen, die von mehreren Benutzern gleichzeitig verwendet werden, kann es zu so genannten *Parallelitätsverletzungen* kommen. Zum Beispiel liest *Benutzer A* einen bestimmten Datensatz. Danach liest *Benutzer B* denselben Datensatz und ändert diesen. Davon bekommt *Benutzer A* zunächst nichts mit. Ändert jedoch auch er den Datensatz, gibt es zwei Fälle, die eintreten können:

- *Benutzer A* überschreibt die Änderungen von *Benutzer B*
- *Benutzer A* erhält eine Fehlermeldung, da sich der Datensatz seit dem Lesen verändert hat

Für solche Situationen bietet der SQL Server einen Sperrmechanismus, der auf serverseitigen Cursorn beruht. Hierbei öffnet ein Benutzer einen Datensatz auf dem Server und sperrt diesen für die Bearbeitung. Versucht nun ein anderer Benutzer den Satz zu öffnen, muss er warten bis der Satz wieder freigegeben wird. Doch wie bereits früher in diesem Kapitel im Abschnitt »Ermitteln von Ergebnismengen« beschrieben, hat diese Vorgehensweise negative Auswirkungen auf die Skalierung einer Anwendung. Daher hat Microsoft die Datenzugriffs-API von ADO.NET vollständig ohne Cursor und serverseitige Sperren entworfen. Dies bedeutet jedoch, dass Sie sich selbst um das Thema Parallelität kümmern müssen.

Grundsätzlich existieren verschiedene Verfahren, um mit Parallelität umzugehen. Die einfachste Lösung besteht darin, keine Parallelität zu unterstützen. Hierfür geben Sie in ihrem DML-Statement lediglich den oder die Primärschlüssel der jeweiligen Tabelle an. Das folgende Beispiel demonstriert diese Vorgehensweise:

```
UPDATE Sales.Customers
SET Name_1 = 'Berta'
WHERE ID = 18
```

Hierbei wird der Name des Kunden mit der ID 18 in jedem Fall geändert, auch wenn die Daten in der Zwischenzeit von einem anderen Benutzer bearbeitet wurden.

Anders verhält es sich bei der so genannten *vollständigen Parallelität*. Hier werden alle Felder der Ergebnismenge in die *WHERE*-Klausel aufgenommen, um zu gewährleisten, dass die Aktualisierung nur dann stattfindet, wenn alle Felder ihre ursprünglichen Werte besitzen.

```
UPDATE Sales.Customers
SET Name_1 = 'Berta'
WHERE ID = 18
AND Name_1 = 'Anna'
```

Hier wird der Kunde nur dann aktualisiert, wenn der Name noch immer »Anna« ist, so wie dies beim Lesen ermittelt wurde. Wurde der Name jedoch in der Zwischenzeit von einem anderen Benutzer geändert, kann der Satz mit dieser *WHERE*-Klausel nicht mehr gefunden werden.

Das vorherige Beispiel ist bewusst sehr einfach gehalten. In der Regel haben Sie jedoch weitaus mehr Felder in Ihrer Ergebnismenge. Hierdurch ergeben sich weitere Alternativen. So wäre es möglich, dass Sie ein Feld ändern, während ein anderer Benutzer ein anderes Feld ändert. Die Änderungen überschreiben sich hierbei nicht gegenseitig. Wenn Sie Ihre Statements jedoch mit vollständiger Parallelität entworfen haben, kommt es trotzdem zu Fehlern. Das folgende Beispiel verdeutlicht dies:

Benutzer A und *Benutzer B* ermitteln sich mit der folgenden Abfrage ihre Daten:

```
SELECT ID, Name_1, Name_2
FROM Sales.Customers
```

Benutzer B ändert nun das Feld *Name_2* und speichert wie folgt den Datensatz:

```
UPDATE Sales.Customers
SET Name_2 = 'Aschenbach'
WHERE ID = 18
AND Name_1 = 'Anna'
AND Name_2 = 'Achenbach'
```

Benutzer A nimmt hingegen eine Änderung am Feld *Name_1* vor und verwendet dasselbe *UPDATE*-Statement zur Speicherung. In diesem Fall können die Daten nicht gespeichert werden, da sowohl das Feld *Name_1*, als auch das Feld *Name_2* in der *WHERE*-Klausel mit ihren jeweiligen Originalwerten abgefragt werden. Anders verhielte es sich jedoch, wenn Sie in die *WHERE*-Klausel nur die Felder aufnehmen, die von Ihnen geändert wurden.

```
UPDATE Sales.Customers
SET Name_1 = 'Berta'
WHERE ID = 18
AND Name_1 = 'Anna'
```

In diesem Fall würden sowohl die Änderung von *Benutzer A*, als auch die von *Benutzer B* gespeichert. Da dies jedoch unter Umständen die Konsistenz der Daten beeinträchtigen kann, wird diese Art der Parallelität eher selten verwendet.

Parallelität mit ADO.NET gewährleisten

Für das Speichern von Änderungen ist neben dem Zeilenstatus eine weitere Eigenschaft wichtig: Die *Version.DataRow*-Objekte können mehrere Versionen eines Werts enthalten. Dies ist wichtig, da beim Speichern unter Umständen nicht nur die aktuellen Werte, sondern auch die jeweiligen Originalwerte benötigt werden, um Parallelitätskonflikte zu vermeiden.

Zur Abfrage von Werten einer bestimmten Version bietet die *DataRow*-Klasse entsprechende Überladungen seiner Lesemethoden an. Hier ein paar Beispiele:

```
string originalName = row[0, DataRowVersion.Original].ToString();
string originalName = row["Name_1", DataRowVersion.Current].ToString();
string originalName = row.Field<string>("Name_1", DataRowVersion.Original);
```

Existieren keine Daten der angegebenen Version, tritt eine *VersionNotFoundException* auf. Sie können jedoch zuvor über die *HasVersion*-Methode prüfen, ob Daten einer bestimmten Version vorhanden sind.

```
if (row.HasVersion(DataRowVersion.Proposed))
{
    originalName = row[0, DataRowVersion.Proposed].ToString();
}
```

Die *SqlDataAdapter*-Klasse prüft ebenfalls die *DataRowVersion*-Eigenschaft, um die jeweilige Version eines Werts zu ermitteln. Der spezifische Wert wird daraufhin in dem zugehörigen Parameter zugeordnet. Abbildung 22.13 stellt den Zusammenhang zwischen *DataRowVersion* und den Parametern grafisch dar.

```
                               ┌────┬────────┬──────────┐
                               │ ID │ Name_1 │ Name_2   │   RowVersion:
                               │ 18 │ Berta  │ Achenbach│   Current
┌──────────────────────────────┤    │        │          │
│ UPDATE SalesDepartment.Customers                      │
│ SET  Name_1 = @Name_1         ┌────┬────────┬──────────┐
│ WHERE ID    = @Original_ID    │ ID │ Name_1 │ Name_2   │   RowVersion:
│ AND  Name_1 = @Original_Name_1│ 18 │ Anna   │ Achenbach│   Original
│ AND  Name_2 = @Original_Name_2│    │        │          │
└──────────────────────────────┴────┴────────┴──────────┘
```

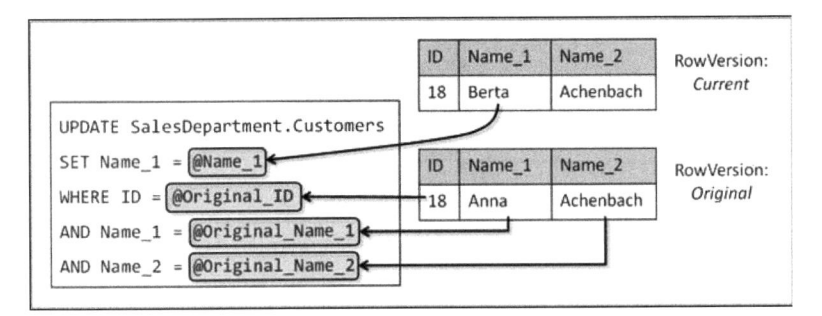

Abbildung 22.13 Die Verknüpfung von Parametern und *DataRow*-Inhalten mit unterschiedlichem Status

Welche Version eines Werts dem Parameter zugewiesen werden soll, legen Sie über die *SourceVersion*-Eigenschaft der *SqlParameter*-Klasse fest, die einen *DataRowVersion*-Wert entgegennimmt.

Listing 22.33 aktualisiert die Spalte *Name_1* in der Tabelle *Sales.Customers* unter Gewährleistung einer vollständigen Parallelität:

```csharp
// Daten ermitteln
SqlConnection con = new SqlConnection(
    "Data Source=.;Initial Catalog=netShop;Integrated Security=True");
SqlCommand cmd = new SqlCommand(
    "SELECT ID, Name_1 FROM Sales.Customers WHERE PostalCode = @PostalCode", con);
cmd.Parameters.AddWithValue("PostalCode", "36427");
DataTable table = new DataTable();
SqlDataAdapter adapter1 = new SqlDataAdapter(cmd);
adapter1.Fill(table);

Console.ReadLine();

// Daten ändern
foreach (DataRow row in table.Rows)
    row["Name_1"] = row["Name_1"] + "*";
    //row.SetModified();

// Update-Command definieren
SqlCommand updateCmd = new SqlCommand(
    "UPDATE Sales.Customers " +
    "SET Name_1 = @Name_1 " +
    "WHERE ID = @Original_ID " +
    "AND Name_1 = @Original_Name_1", con);

SqlParameter idParam = new SqlParameter();
idParam.ParameterName = "Original_ID";
idParam.SqlDbType = SqlDbType.Int;
idParam.SourceColumn = "ID";
idParam.SourceVersion = DataRowVersion.Original;
updateCmd.Parameters.Add(idParam);

SqlParameter nameParam = new SqlParameter();
nameParam.ParameterName = "Name_1";
nameParam.SqlDbType = SqlDbType.VarChar;
nameParam.SourceColumn = "Name_1";
nameParam.SourceVersion = DataRowVersion.Current;
updateCmd.Parameters.Add(nameParam);

SqlParameter originalNameParam = new SqlParameter();
originalNameParam.ParameterName = "Original_Name_1";
originalNameParam.SqlDbType = SqlDbType.VarChar;
```

Daten aktualisieren

```
originalNameParam.SourceColumn = "Name_1";
originalNameParam.SourceVersion = DataRowVersion.Original;
updateCmd.Parameters.Add(originalNameParam);

// Änderungen speichern
DataTable changes = table.GetChanges();
SqlDataAdapter adapter = new SqlDataAdapter();
adapter.UpdateCommand = updateCmd;
adapter.RowUpdating += new SqlRowUpdatingEventHandler(adapter_RowUpdating);
adapter.RowUpdated += new SqlRowUpdatedEventHandler(adapter_RowUpdated);
int count = adapter.Update(table);

Console.WriteLine("{0} Datensätze wurden aktualisiert.", count);
Console.ReadLine();
```

Listing 22.33 Speichern von Änderungen mit vollständiger Parallelität

> **CD-ROM** Das Beispiel finden Sie unter dem Namen *DataAdapterConcurrencyDemo* auf der Buch-CD.

Hier werden zunächst alle Kunden aus der Postleitzahlregion 36427 ermittelt. Daraufhin wird der Inhalt von *Name_1* um das Zeichen »*« erweitert. Die anschließende *Update*-Definition sorgt nun dafür, dass alle Aktualisierungen unter Berücksichtigung vollständiger Parallelität durchgeführt werden. Wenn also zwischen Lese- und Schreiboperation ein anderer Benutzer Änderungen durchführt, schlägt die Aktualisierung fehl. Hierfür wurden in der *WHERE*-Klausel des *UPDATE*-Statements die Platzhalter *Original_ID* und *Original_Name_1* hinterlegt, die mit den jeweiligen Originalwerten der *DataRow* gefüllt werden. Damit dies geschieht, wurde die *SourceVersion*-Eigenschaft der zugehörigen *SqlParameter*-Objekte auf den Wert *Original* gesetzt. Der *SourceVersion*-Wert des *Name_1*-Parameters steht hingegen auf *Current*, damit der jeweils geänderte Name zugewiesen wird.

Um zu prüfen, ob die vollständige Parallelität in diesem Beispiel gewährleistet ist, öffnen Sie das Programm *DataAdapterConcurrencyDemo* von der Buch-CD und starten es zwei Mal. Da es vor der Aktualisierung zunächst auf einen Tastendruck wartet, können Sie zuerst die eine und dann die andere Instanz des Programms die Aktualisierung durchführen lassen. Drücken Sie nun zuerst in der ersten und dann in der zweiten Instanz eine Taste. Bei Letzterer sollte die folgende Fehlermeldung erscheinen:

```
Unbehandelte Ausnahme: System.Data.DBConcurrencyException: Parallelitätsverletzung : Der UpdateCommand
hat sich auf 0 der erwarteten 1 Datensätze ausgewirkt.
```

Dies liegt daran, dass die erste Instanz die Daten geändert hat, *nachdem* die zweite Instanz diese gelesen hat. Somit stimmen die Originalwerte nicht mehr mit den gerade geänderten Daten überein und es kommt zum oben aufgeführten Fehler.

Parallelität mit dem timestamp-Typ sicherstellen

Wenn Ihre Ergebnismenge sehr viele Felder enthält und Sie Änderungen mit vollständiger Parallelität speichern, nimmt auch Ihr *UPDATE*-Statement deutlich an Größe zu. Dies hat nicht nur zur Folge, dass Sie eine ganze Reihe von Parametern im Code definieren müssen, sondern erzeugt auch einen gewissen Overhead bei der Ausführung.

Für solche Fälle wurde der *timestamp*-Datentyp von SQL Server entwickelt. Anders als der Name vielleicht vermuten lässt, ist dieser nicht zur Speicherung eines Datums oder einer Uhrzeit verantwortlich. Stattdessen enthalten *timestamp*-Spalten eindeutige Werte, die beim Einfügen und Aktualisieren von Datensätzen von der Datenbank vergeben werden. Hierbei generiert *timestamp* einen 8 Byte-Binärwert, der auf der Ebene einer Datenbank eindeutig ist und vom SQL Server verwaltet wird.

Ein *timestamp*-Wert könnte beispielsweise wie folgt aussehen:

```
0x0000000000000543
```

Wird die Zeile nun geändert, verändert sich der Wert automatisch:

```
0x0000000000000544
```

Hierbei sollten Sie jedoch nicht davon ausgehen, dass der Wert, wie in diesem Beispiel, immer hochgezählt wird. Daher sollten Sie ausschließlich prüfen, ob sich der Wert verändert hat. Wenn Sie den zuletzt erzeugten Wert einer *timestamp*-Spalte ermitteln wollen, können Sie die *@@DBTS*-Funktion verwenden.

Bei der Definition einer *timestamp*-Spalte müssen Sie keinen Namen angeben, da jede Tabelle nur eine *timestamp*-Spalte enthalten darf. Hierbei bekommt die Spalte automatisch den Namen *timestamp*. In folgendem Beispiel wird die Tabelle *TimestampTable* erstellt und mit einer *timestamp*-Spalte ausgestattet.

```
CREATE TABLE TimestampTable(
    ID int IDENTITY(1,1) PRIMARY KEY,
    Name_1 varchar(50) NOT NULL,
    Name_2 varchar(50) NULL,
    RowLock rowversion NULL)
```

CD-ROM Das Skript finden Sie in der Datei *Create TimestampTable.sql* auf der Buch-CD.

Verwenden Sie hingegen das Management Studio, müssen Sie zwingend einen Spaltennamen angeben. Anstelle von *timestamp* können Sie übrigens auch das Datenbanksynonym *rowversion* verwenden.

Um logische Sperren mithilfe von *timestamp* zu implementieren, nehmen Sie zunächst die *timestamp*-Spalte in Ihre Abfrage auf.

```
SELECT ID, Name_1, RowLock
FROM TimestampTable
```

Um zu prüfen, ob sich der Datensatz in der Zwischenzeit geändert hat, nehmen Sie die *timestamp*-Spalte in die *WHERE*-Klausel auf.

```
UPDATE TimestampTable
SET Name_1 = 'Berta'
WHERE ID = 18
AND RowLock = @RowLock
```

Auf diese Weise können Sie eine vollständige Parallelität gewährleisten, ohne sämtliche von der Abfrage betroffenen Felder in die *WHERE*-Klausel aufnehmen zu müssen.

Alternativ können Sie den *Timestamp*-Wert auch vor der Speicherung durch eine separate Abfrage prüfen, um den Benutzer auf Parallelitätsverletzung hinzuweisen, bevor es zu einem Fehler kommt. Wenn Sie dies tun, sollten Sie den Wert jedoch weiterhin im *UPDATE*-Statement berücksichtigen, da er sich zwischen dem Lesen und Schreiben bereits verändert haben kann.

Am sichersten ist es, die Aktualisierung über eine gespeicherte Prozedur durchzuführen. Dies minimiert nicht nur die Roundtrips, sondern gewährleistet auch, dass zwischen Abfrage und Aktualisierung kein konkurrierender Zugriff stattfindet. Eine solche Prozedur könnte beispielsweise wie Listing 22.34 aussehen:

Daten aktualisieren

```
CREATE PROCEDURE dbo.UpdateName(
    @ID int,
    @Name_1 varchar(50),
    @RowLock timestamp)
AS

    DECLARE @CurrentTimestamp timestamp

    BEGIN TRANSACTION
    SELECT @CurrentTimestamp = RowLock
    FROM TimestampTable
    WHERE ID = @ID

    IF @CurrentTimestamp = @RowLock
        BEGIN
            UPDATE TimestampTable
            SET    Name_1 = @Name_1
            WHERE  ID = @ID
            COMMIT
        END
    ELSE
        BEGIN
            ROLLBACK
            RAISERROR('Der Kunde mit der ID ' + CONVERT(@ContactID, varchar(5)) + ' konnte nicht
aktualisiert werden, da der Datensatz in der Zwischenzeit von einem anderen Benutzer geändert wurde!')
        END
```

Listing 22.34 Parallelitätsverletzungen in einer gespeicherten Prozedur prüfen

CD-ROM   Das Skript finden Sie in der Datei *spUpdateName.sql* auf der Buch-CD.

In Listing 22.34 wurde zunächst der aktuelle *timestamp*-Wert über das fiktive Feld *RowLock* ermittelt und mit dem übergebenen *timestamp*-Wert verglichen. Stimmen beide überein, findet die Aktualisierung statt. Hierbei wurden beide Operationen in einer Transaktion gekapselt, um zu gewährleisten, dass sich der ermittelte *timestamp*-Wert nicht zwischen Abfrage und Aktualisierung ändert. Stimmt der ermittelte Wert jedoch nicht mit dem des *@RowLock*-Parameters überein, wird die Transaktion zurückgerollt und ein Fehler erzeugt, der den Aufrufer über die Parallelitätsverletzung informiert.

Einzelheiten zur Aktualisierung von Daten mithilfe von gespeicherten Prozeduren finden Sie in diesem Kapitel im Abschnitt »Daten aktualisieren«.

Synchronisation von serverseitig generierten Werten

Manche Spalten werden vom Server selbst mit Inhalt versehen. Hierzu zählen:

- Identitätsspalten (*Auto-Increment Columns*)
- Spalten vom Typ *Timestamp*
- Spalten, die einen Standardwert enthalten, der serverseitig vergeben wird, wenn als Wert *NULL* oder *DEFAULT* angegeben wurde.

Die Werte diese Spalten müssen nach dem Einfügen beziehungsweise Aktualisieren mit dem Client synchronisiert werden. Beispielsweise möchte der Benutzer nach dem Anlegen einer Bestellung die Bestellpositionen einfügen. Hierfür benötigt er jedoch die serverseitig vergebene *ID*, da eine Fremdschlüsselabhängigkeit zwischen den Tabellen *Orders* und *OrderDetails* existiert. Bei Aktualisierungen werden hingegen die *Timestamp*-Werte benötigt, um bei einer späteren Speicherung eine Parallelitätsprüfung durchzuführen.

Um die Daten nach der Aktualisierung zu synchronisieren, führen Sie nach der Einfüge- oder Aktualisierungsoperation einen erneuten Lesevorgang durch. Beim SQL Server können Sie dies sehr einfach realisieren, indem Sie dem *INSERT*- oder *UPDATE*-Statement ein *SELECT*-Statement anhängen, welches Sie mit einem Semikolon trennen.

```
INSERT INTO Sales.Customers (ID, Name_1) VALUES (@ID, @Name_1); SELECT ID, Name_1 FROM Sales WHERE ID =
SCOPE_IDENTITY();
```

Die Funktion *SCOPE_IDENTITY()* gibt hierbei den zuletzt vom Server vergebenen Identitätswert zurück.

Damit die *SqlDataAdapter*-Klasse die zurückkommenden Daten entsprechend synchronisiert, müssen Sie auf den entsprechenden *Insert*- und *Update*-Commands die Eigenschaft *SqlCommand.UpdatedRowSource* setzen. Hierbei stehen die folgenden Werte zu Verfügung:

- *FirstReturnedRecord* legt fest, dass die erste Zeile, die von dem Command zurückgegeben wird, mit dem geänderten *DataRow*-Objekt synchronisiert werden soll
- *OutputParameters* gibt an, dass die Zeile mit den Ausgabeparametern einer gespeicherten Prozedur synchronisiert werden soll
- *Both* ist der Standardwert, der angibt, dass sowohl Ausgabeparameter als auch die erste Zeile der zurückgegebenen Ergebnismenge zur Synchronisation verwendet werden sollen
- *None* legt fest, dass keine Synchronisation der *DataRow*-Objekte erfolgen soll

Daten mit gespeicherten Prozeduren aktualisieren

Die *SqlDataAdapter*-Klasse unterstützt ebenfalls die Aktualisierung von Daten mithilfe gespeicherter Prozeduren. Hierbei müssen Sie lediglich die entsprechenden Commands konfigurieren, und *SqlDataAdapter* führt diese zum Einfügen, Aktualisieren und Löschen von Datensätzen aus.

Um Ihre Daten mithilfe gespeicherter Prozeduren aktualisieren zu lassen, müssen Sie zunächst je eine Prozedur zum Einfügen, Aktualisieren und Löschen implementieren. In Listing 22.35 wurde dies für die Tabelle *Sales.Customers* vollzogen. Aus Platzgründen wurden hierbei lediglich die Pflichtfelder der Tabelle berücksichtigt. Zusätzlich wurde eine Prozedur zur Datenermittlung implementiert.

```
-- Kunden ermitteln ---------------------------------------------------------------
CREATE PROCEDURE Sales.spSelectCustomers
AS
SELECT ID, Name_1, Name_2, Address, PostalCode, City, CreatedAt, CreatedBy, timestamp
FROM Sales.Customers
GO

-- Kunde einfügen -----------------------------------------------------------------
CREATE PROCEDURE Sales.spInsertCustomer
(
    @Name_1 varchar(50),
    @Name_2 varchar(50),
    @Address varchar(50),
    @PostalCode varchar(15),
    @City varchar(50),
    @CreatedAt smalldatetime,
    @CreatedBy varchar(50)
)
```

```sql
AS
INSERT INTO [Sales].[Customers] ([Name_1], [Name_2], [Address], [PostalCode], [City], [CreatedAt],
[CreatedBy]) VALUES (@Name_1, @Name_2, @Address, @PostalCode, @City, @CreatedAt, @CreatedBy);

SELECT ID, Name_1, Name_2, Address, PostalCode, City, CreatedAt, CreatedBy, timestamp
FROM Sales.Customers WHERE (ID = SCOPE_IDENTITY())
GO

-- Kunde aktualisieren ------------------------------------------------------------------
CREATE PROCEDURE Sales.spUpdateCustomer
(
    @Name_1 varchar(50),
    @Name_2 varchar(50),
    @Address varchar(50),
    @PostalCode varchar(15),
    @City varchar(50),
    @CreatedAt smalldatetime,
    @CreatedBy varchar(50),
    @Original_ID int,
    @Original_timestamp timestamp,
    @ID int
)
AS
UPDATE [Sales].[Customers] SET [Name_1] = @Name_1, [Name_2] = @Name_2, [Address] = @Address,
[PostalCode] = @PostalCode, [City] = @City, [CreatedAt] = @CreatedAt, [CreatedBy] = @CreatedBy WHERE
(([ID] = @Original_ID) AND ([timestamp] = @Original_timestamp));

SELECT ID, Name_1, Name_2, Address, PostalCode, City, CreatedAt, CreatedBy, timestamp
FROM Sales.Customers WHERE (ID = @ID)
GO

-- Kunde löschen ------------------------------------------------------------------
CREATE PROCEDURE Sales.spDeleteCustomer
(
    @Original_ID int,
    @Original_timestamp timestamp
)
AS
DELETE FROM [Sales].[Customers]
WHERE (([ID] = @Original_ID) AND ([timestamp] = @Original_timestamp))
GO
```

Listing 22.35 Die Prozeduren zur Aktualisierung der *Sales.Customers*-Tabelle.

CD-ROM Das Skript finden Sie in der Datei *Customer-Prozeduren.sql* auf der Buch-CD.

Wie Sie sehen, definieren die Prozeduren *spUpdateCustomer* und *spDeleteCustomer* nicht nur Parameter für die geänderten Werte, sondern auch für ihre jeweiligen Originalwerte. Diese tragen das Präfix *Original_* und werden in den jeweiligen Statements zur Gewährleistung der vollständigen Parallelität verwendet. Alternativ können Sie natürlich auch je einen *timestamp*-Wert zur Prüfung verwenden, oder auf die Parallelitätsprüfung vollständig verzichten.

Listing 22.36 zeigt die Verwendung der Prozeduren. Es ermittelt zunächst alle Kunden über die Prozedur *spSelectCustomers* und führt einige Änderungen an den Daten durch. Daraufhin werden entsprechende *Insert*-, *Update*- und *Delete*-Commands erstellt und dem *SqlDataAdapter* zugewiesen.

```csharp
// Daten ermitteln
string cn = "Data Source=.;Initial Catalog=netShop;Integrated Security=True";
SqlConnection con = new SqlConnection(cn);
SqlCommand selectCmd = new SqlCommand("Sales.spSelectCustomers", con);
selectCmd.CommandType = CommandType.StoredProcedure;
DataTable table = new DataTable();
SqlDataAdapter adapter = new SqlDataAdapter(selectCmd);
adapter.Fill(table);

// Daten ändern
foreach (DataRow row in table.Rows)
    row.SetModified();

// Insert-Command definieren
SqlCommand insertCmd = new SqlCommand("Sales.spInsertCustomer", con);
insertCmd.CommandType = CommandType.StoredProcedure;
insertCmd.Parameters.Add(new SqlParameter("ID", SqlDbType.Int, 0, "ID"));
insertCmd.Parameters.Add(new SqlParameter("Name_1", SqlDbType.VarChar, 50, "Name_1"));
insertCmd.Parameters.Add(new SqlParameter("Name_2", SqlDbType.VarChar, 50, "Name_2"));
insertCmd.Parameters.Add(new SqlParameter("Address", SqlDbType.VarChar, 50, "Address"));
insertCmd.Parameters.Add(new SqlParameter("PostalCode", SqlDbType.VarChar, 15, "PostalCode"));
insertCmd.Parameters.Add(new SqlParameter("City", SqlDbType.VarChar, 50, "City"));
insertCmd.Parameters.Add(new SqlParameter("CreatedAt", SqlDbType.SmallDateTime, 4, "CreatedAt"));
insertCmd.Parameters.Add(new SqlParameter("CreatedBy", SqlDbType.VarChar, 50, "CreatedBy"));

// Update-Command definieren
SqlCommand updateCmd = new SqlCommand("Sales.spUpdateCustomer", con);
updateCmd.CommandType = CommandType.StoredProcedure;
updateCmd.Parameters.Add(new SqlParameter("ID", SqlDbType.Int, 0, "ID"));
updateCmd.Parameters.Add(new SqlParameter("Name_1", SqlDbType.VarChar, 50, "Name_1"));
updateCmd.Parameters.Add(new SqlParameter("Name_2", SqlDbType.VarChar, 50, "Name_2"));
updateCmd.Parameters.Add(new SqlParameter("Address", SqlDbType.VarChar, 50, "Address"));
updateCmd.Parameters.Add(new SqlParameter("PostalCode", SqlDbType.VarChar, 15, "PostalCode"));
updateCmd.Parameters.Add(new SqlParameter("City", SqlDbType.VarChar, 50, "City"));
updateCmd.Parameters.Add(new SqlParameter("CreatedAt", SqlDbType.SmallDateTime, 4, "CreatedAt"));
updateCmd.Parameters.Add(new SqlParameter("CreatedBy", SqlDbType.VarChar, 50, "CreatedBy"));
updateCmd.Parameters.Add(new SqlParameter("Original_ID", SqlDbType.Int, 0, ParameterDirection.Input,
    false, 0, 0, "ID", DataRowVersion.Original, null));
updateCmd.Parameters.Add(new SqlParameter("IsNull_timestamp", SqlDbType.Timestamp, 8,
    ParameterDirection.Input, false, 0, 0, "timestamp", DataRowVersion.Original, null));
updateCmd.Parameters.Add(new SqlParameter("Original_timestamp", SqlDbType.Timestamp, 8,
    ParameterDirection.Input, false, 0, 0, "timestamp", DataRowVersion.Original, null));

// Delete-Command definieren
SqlCommand deleteCmd = new SqlCommand("Sales.spDeleteCustomer", con);
deleteCmd.CommandType = CommandType.StoredProcedure;
deleteCmd.Parameters.Add(new SqlParameter("Original_ID", SqlDbType.Int, 4, ParameterDirection.Input,
    false, 10, 0, "ID", DataRowVersion.Original, null));
deleteCmd.Parameters.Add(new SqlParameter("Original_timestamp", SqlDbType.Timestamp, 8,
    ParameterDirection.Input, false, 0, 0, "timestamp", DataRowVersion.Original, null));

// Daten aktualisieren
adapter.InsertCommand = insertCmd;
adapter.UpdateCommand = updateCmd;
adapter.DeleteCommand = deleteCmd;
int count = adapter.Update(table);
```

Listing 22.36 Aktualisieren von Daten mit gespeicherten Prozeduren

Daten aktualisieren

Wie Sie sehen, vollzieht sich die Definition der Commands für die gespeicherten Prozeduren genauso wie bei der Aktualisierung über DML-Statements. Es gibt jedoch einige weitere Optionen, die Sie beim Aufruf von gespeicherten Prozeduren angeben können.

> **CD-ROM** Das Beispiel finden Sie unter dem Namen *DataAdapterSPUpdateDemo* auf der Buch-CD.

Parameter einer gespeicherten Prozedur definieren

Beim Zugriff auf gespeicherte Prozeduren ist die *Direction*-Eigenschaft von besonderer Bedeutung, da gespeicherte Prozeduren auch Ausgabe- und Rückgabeparameter definieren können. Tabelle 22.3 beschreibt die möglichen Werte der *Direction*-Eigenschaft. Für die Parameter einer gespeicherten Prozedur setzen Sie die Eigenschaft, wie auch bei normalen Abfragen, auf den Wert *Input* (was Sie nicht zwingend müssen, da dies der Standardwert ist). Nur wenn Sie einen Prozedurparameter explizit mit dem *OUTPUT*-Schlüsselwort kennzeichnen, müssen Sie der *Direction*-Eigenschaft den Wert *InputOutput* zuweisen. Hierbei ist zu beachten, dass der SQL Server keine Unterscheidung zwischen Ein-/Ausgabeparametern und reinen Ausgabeparametern kennt – alle Ausgabeparameter können zugleich auch Eingabeparameter sein. Daher sollten Sie die *Direction*-Eigenschaft bei Ausgabeparametern stets auf den Wert *InputOutput* und nicht auf den Wert *Output* setzen.

Jede Prozedur besitzt automatisch einen Rückgabeparameter vom Typ *int*. Dieser enthält entweder einen explizit festgelegten Wert oder den Statuswert 0. Diesen Rückgabeparameter müssen Sie dem *SqlCommand*-Objekt nicht explizit mitteilen. Lassen Sie ihn weg, kann die Abfrage trotzdem ausgeführt werden. Von daher brauchen Sie ihn nur zu konfigurieren, wenn Sie später dessen Wert benötigen. Bei der Deklaration müssen Sie den festen Namen @RETURN_VALUE verwenden und die *Direction*-Eigenschaft auf den Wert *ReturnValue* setzen.

Konstante	Beschreibung
Input	Ist der Standardwert. Der Parameter ist ein Eingabeparameter.
Output	Der Parameter ist ein Ausgabeparameter
InputOutput	Der Parameter ist sowohl ein Eingabe- als auch ein Ausgabeparameter
ReturnValue	Der Parameter enthält den Rückgabeparameter einer gespeicherten Prozedur

Tabelle 22.3 Die Werte der *ParameterDirection*-Enumeration

Umgang mit NULL-Werten in Parametern

Wie Sie bisher gesehen haben, kann durch die Übergabe von Originalwerten eine vollständige Parallelität gewährleistet werden. Bisher wurde jedoch davon ausgegangen, dass die zu aktualisierenden Spalten keine *NULL*-Werte zulassen. Wenn dies doch der Fall ist, müssen Sie noch ein wenig mehr Arbeit investieren. Betrachten Sie einmal das folgende Beispiel:

```
UPATE Sales.Customer SET Name_1 = @Name_1
WHERE ID = @ID AND Name_1 = @Original_Name_1;
```

Wenn der Inhalt des Parameters *@Original_Name_1* jedoch *NULL* ist, funktioniert die Prüfung nicht mehr. Stattdessen müsste die Prüfung wie folgt erfolgen:

```
WHERE ID = @ID AND ((Name_1 = @Original_Name_1)
OR (@Original_Name_1 IS NULL AND Name_1 IS NULL))
```

In der Praxis werden solche Probleme jedoch nicht wie oben gezeigt gelöst. Stattdessen definieren Sie für jeden Parameter, der eine *Nullable*-Spalte repräsentiert, einen zusätzlichen Parameter. Laut Konvention trägt dieser neben dem Namen der entsprechenden Spalte das Präfix *IsNull_*. Er ist vom Typ *int* und enthält 1 oder 0, je nachdem ob der Originalwert *NULL* ist.

Das folgende Beispiel zeigt die Vorgehensweise anhand der fiktiven Prozedur *spUpdatePerson*:

```
CREATE PROCEDURE dbo.spUpdatePerson
(
    @ID int,
    @Original_ID int,
    @Name varchar(50),
    @Original_Name varchar(50),
    @BirthDate datetime,
    @IsNull_BirthDate Int,
    @Original_BirthDate datetime
)
AS
...
```

Hier wurde für die Spalte *BirthDate* der zusätzliche Parameter *IsNull_BirthDate* definiert. Besitzt dieser den Wert 1, weist dies darauf hin, dass der Originalwert von *BirthDate* den Wert *NULL* darstellt. In der *WHERE*-Klausel kann nun geprüft werden, ob die Spalte ihrem Originalwert, oder – wenn der entsprechende *IsNull_*-Parameter den Wert 1 besitzt – ihrem Ursprungswert *NULL* entspricht.

```
...
WHERE ((EmployeeID = @Original_EmployeeID) AND
       (LastName = @Original_LastName) AND
       ((@IsNull_BirthDate = 1 AND BirthDate IS NULL) OR (BirthDate = @Original_BirthDate)));
```

Dieses Verfahren bedeutet ein wenig mehr Aufwand bei der Entwicklung, arbeitet jedoch äußerst effektiv. Zudem ist es unabhängig vom jeweils verwendeten ADO.NET-Datenanbieter. Denn einige Anbieter, wie beispielsweise die für ODBC und OLE DB, unterstützen keine benannten Parameter. Hier entscheidet lediglich die Reihenfolge über die jeweilige Bedeutung, was eine Mehrfachverwendung ausschließt. Nehmen Sie beispielsweise die folgende *WHERE*-Klausel:

```
... WHERE ((@Original_BirthDate IS NULL AND BirthDate IS NULL) OR (BirthDate = @Original_BirthDate)) ...
```

Hier wurde der Parameter *@Original_BirthDate* zweimal verwendet. Unterstützt nun ein Datenanbieter keine benannten Parameter, würde das abgesetzte SQL wie folgt aussehen:

```
... WHERE ((? IS NULL AND BirthDate IS NULL) OR (BirthDate = ?)) ...
```

Das Fragezeichen dient hier als Platzhalter für einen Parameter. Da die Parameter jedoch nicht benannt wurden, zählt allein die Reihenfolge, was dazu führt, dass die Datenbank in diesem Fall von zwei unterschiedlichen Parametern ausgeht.

Aus diesem Grund ist es ratsam, einen zusätzlichen Parameter zur Kennzeichnung eines *NULL*-Werts zu definieren. Wenn Sie Ihre Prozeduren vom DataSet-Designer in Visual Studio erstellen lassen, brauchen Sie sich darum nicht zu kümmern, da dieser die *IsNull*-Parameter automatisch generiert.

Die SourceColumnNullMapping-Eigenschaft

Damit die *SqlDataAdapter*-Klasse dieses Verfahren beim Aktualisieren anwendet, müssen Sie für die entsprechenden *SqlParameter*-Objekte die *SourceColumnNullMapping*-Eigenschaft auf *true* setzen. Hierdurch belegt *SqlDataAdapter* den Wert des *IsNull*-Parameters automatisch mit 1 oder 0, je nachdem ob der Originalwert *NULL* war. Listing 22.37 zeigt, wie Sie die drei Parameter der oberen Beispielspalte *BirthDate* deklarieren müssen:

```
SqlParameter birthDateParam = new SqlParameter();
birthDateParam.ParameterName = "BirthDate";
birthDateParam.SqlDbType = SqlDbType.DateTime;
birthDateParam.IsNullable = true;
birthDateParam.SourceColumn = "BirthDate";
birthDateParam.SourceVersion = DataRowVersion.Current;

SqlParameter originalBirthDateParam = new SqlParameter();
originalBirthDateParam.ParameterName = "Original_BirthDate";
originalBirthDateParam.SqlDbType = SqlDbType.DateTime;
originalBirthDateParam.IsNullable = true;
originalBirthDateParam.SourceColumn = "BirthDate";
originalBirthDateParam.SourceVersion = DataRowVersion.Original;

SqlParameter isNullBirthDateParam = new SqlParameter();
isNullBirthDateParam.ParameterName = "IsNull_BirthDate";
isNullBirthDateParam.SqlDbType = SqlDbType.Int;
isNullBirthDateParam.SourceColumn = "BirthDate";
isNullBirthDateParam.SourceVersion = DataRowVersion.Original;
isNullBirthDateParam.SourceColumnNullMapping = true;
```

Listing 22.37 Definition von Parameter, Original-Parameter und *IsNull*-Parameter

Command-Erstellung mit der SqlCommandBuilder-Klasse automatisieren

Wie Sie bereits wissen, ist die richtige Erstellung von Command-Objekten eine recht aufwändige Angelegenheit. Zum Glück bietet ADO.NET jedoch mit der *SqlCommandBuilder*-Klasse ein nützliches Hilfsmittel, das Ihnen die Aufgabe abnehmen kann.

Die *SqlCommandBuilder*-Klasse ist in der Lage, aus einem *Select*-Command entsprechende *Insert*-, *Update*- und *Delete*-Commands zu erstellen. Hierfür erstellen Sie eine neue Instanz von *SqlCommandBuilder* und übergeben im Konstruktor ein *SqlDataAdapter*-Objekt. Daraufhin können die Commands über die Methoden *GetInsertCommand*, *GetUpdateCommand* und *GetDeleteCommand* generiert werden. Das folgende Beispiel demonstriert die Erstellung eines Insert-Commands.

```
string cn = "Data Source=.;Initial Catalog=netShop;Integrated Security=True";
string sql = "SELECT ID, Name_1 FROM Sales.Customers WHERE PostalCode = @PostalCode";
DataTable table = new DataTable();
SqlDataAdapter adapter = new SqlDataAdapter(sql, cn);
adapter.SelectCommand.Parameters.AddWithValue("PostalCode", "36427");
SqlCommandBuilder builder = new SqlCommandBuilder(adapter);
Console.WriteLine(builder.GetInsertCommand().CommandText);
```

Wenn Sie das Programm starten, erscheint die folgende Ausgabe.

```
INSERT INTO [Sales].[Customers] ([Name_1]) VALUES (@p1)
```

Interessant ist hierbei, dass die *SqlCommandBuilder*-Klasse erkannt hat, dass die *ID*-Spalte serverseitig vergeben wird und somit nicht in das *INSERT*-Statement eingefügt werden darf. Die hierfür nötigen Informationen fragt sie von der Datenbank ab. Wenn Sie parallel den SQL Server-Profiler mitlaufen lassen, können Sie dies sehr gut nachverfolgen:

```
exec sp_executesql N' SET FMTONLY OFF; SET NO_BROWSETABLE ON; SET FMTONLY ON;SELECT ID, Name_1 FROM Sales.Customers WHERE PostalCode = @PostalCode',N'@PostalCode nvarchar(5)',@PostalCode=N'36427'
```

Wie Sie sehen, setzt *SqlCommandBuilder* einfach die Abfrage des *Select*-Commands ab. Hierbei sorgt die Optionen *SET FMTONLY ON* dafür, dass nur die Metadaten der Abfrage und keine Nutzdaten ermittelt werden.

Damit die automatische Generierung funktioniert, müssen jedoch die folgenden Voraussetzungen erfüllt sein:

- Die Abfrage liefert nur Daten einer einzigen Tabelle
- Die Tabelle benötigt einen Primärschlüssel
- Das oder die Primärschlüsselfelder müssen in der Abfrage enthalten sein

Der Aufruf der Methoden *GetInsertCommand*, *GetUpdateCommand* und *GetDeleteCommand* ist nicht zwingend erforderlich. Es reicht völlig aus, wenn Sie ausschließlich Ihren *SqlDataAdapter* im Konstruktor übergeben und dessen *Update*-Methode aufrufen. Die Generierung der fehlenden Commands erfolgt hierbei automatisch. Listing 22.38 demonstriert dieses Vorgehen:

```csharp
string cn = "Data Source=.;Initial Catalog=netShop;Integrated Security=True";
string sql = "SELECT ID, Name_1 FROM Sales.Customers WHERE PostalCode = @PostalCode";
SqlDataAdapter adapter = new SqlDataAdapter(sql, cn);
adapter.SelectCommand.Parameters.AddWithValue("PostalCode", "36427");
DataTable table = new DataTable();
adapter.Fill(table);

// Daten ändern
foreach (DataRow row in table.Rows)
    row.SetModified();

// Änderungen speichern
SqlCommandBuilder builder = new SqlCommandBuilder(adapter);
int count = adapter.Update(table);

Console.WriteLine("{0} Datensätze wurden aktualisiert.", count);
```

Listing 22.38 Die Generierung der fehlenden Commands mit der *SqlCommandBuilder*-Klasse

CD-ROM Das Beispiel finden Sie unter dem Namen *CommandBuilderUpdateDemo* auf der Buch-CD.

Parallelität einstellen

Standardmäßig nimmt die *SqlCommandBuilder*-Klasse bei der Generierung von *Update*- und *Delete*-Statements alle Felder der Ergebnismenge in die *WHERE*-Klausel auf, um vollständige Parallelität zu gewährleisten. Dieses Verhalten können Sie jedoch anpassen. Hierfür bietet *SqlCommandBuilder* die Eigenschaft *ConflictOption*. Sie nimmt einen Wert der *ConflictOption*-Enumeration entgegen, welche die folgenden Werte definiert:

Daten aktualisieren

- *CompareAllSearchableValues* ist der Standardwert. Er fügt alle Spalten der Ergebnismenge in die *WHERE*-Klausel ein und gewährleistet auf diese Weise vollständige Parallelität.
- *OverwriteChanges* sorgt dafür, dass lediglich der oder die Primärschlüsselfelder in die *WHERE*-Klausel aufgenommen werden. Wie der Name suggeriert, wird die Parallelität hierbei nicht berücksichtigt.
- *CompareRowVersion* gewährleistet vollständige Parallelität durch Aufnahme der *timestamp*-Spalte in die *WHERE*-Klausel. Diese muss in der *Select*-Abfrage enthalten sein. Enthält die Tabelle keine *timestamp*-Spalte, werden lediglich die Primärschlüsselfelder berücksichtigt.

Listing 22.39 zeigt, wie unterschiedlich ein *Update*-Statement durch Anwendung der *ConflictOption*-Eigenschaft generiert wird.

```
string cn = "Data Source=.;Initial Catalog=netShop;Integrated Security=True";
string sql = "SELECT ID, Name_1, timestamp FROM Sales.Customers WHERE PostalCode = @PostalCode";
SqlDataAdapter adapter = new SqlDataAdapter(sql, cn);
adapter.SelectCommand.Parameters.AddWithValue("PostalCode", "36427");

SqlCommandBuilder builder = new SqlCommandBuilder(adapter);
builder.ConflictOption = ConflictOption.CompareAllSearchableValues;
Console.WriteLine("ConflictOption.CompareAllSearchableValues:");
Console.WriteLine(builder.GetUpdateCommand().CommandText);

builder.ConflictOption = ConflictOption.OverwriteChanges;
Console.WriteLine("\nConflictOption.OverwriteChanges:");
Console.WriteLine(builder.GetUpdateCommand().CommandText);

builder.ConflictOption = ConflictOption.CompareRowVersion;
Console.WriteLine("\nConflictOption.CompareRowVersion:");
Console.WriteLine(builder.GetUpdateCommand().CommandText);
```

Listing 22.39 Die Generierung eines *Update*-Statements mit verschiedenen *ConflictOption*-Einstellungen

CD-ROM Das Beispiel finden Sie unter dem Namen *CommandBuilderConcurrencyDemo* auf der Buch-CD.

Um die Option *CompareRowVersion* zu testen, müssen Sie zunächst die Tabelle *Sales.Customers* um eine *timestamp*-Spalte erweitern.

```
USE netShop
GO
ALTER TABLE Sales.Customers ADD timestamp
```

CD-ROM Das Skript finden Sie in der Datei *Sales.Customers - Add timestamp.sql* auf der Buch-CD.

Wenn Sie das Programm nun starten, sollte sich Ihnen die folgende Ausgabe präsentieren:

```
ConflictOption.CompareAllSearchableValues:
UPDATE [Sales].[Customers] SET [Name_1] = @p1 WHERE (([ID] = @p2) AND ([Name_1] = @p3))

ConflictOption.OverwriteChanges:
UPDATE [Sales].[Customers] SET [Name_1] = @p1 WHERE (([ID] = @p2))

ConflictOption.CompareRowVersion:
UPDATE [Sales].[Customers] SET [Name_1] = @p1 WHERE (([ID] = @p2) AND ([timestamp] = @p3))
```

Hier können Sie sehr gut nachvollziehen, in welcher Weise die *ConflictOption*-Eigenschaft das generierte *UPDATE*-Statement beeinflusst.

Die SetAllValues-Option

Wenn Sie die Eigenschaft *ConflictOption* auf den Wert *OverwriteChanges* setzen, werden jegliche Änderungen, die anderer Benutzer in der Zwischenzeit auf Ihrem Datensatz durchgeführt haben, durch Ihre Änderung überschrieben. Dies muss jedoch nicht zwingend der Fall sein, denn *SqlComandBuilder* nimmt nur die Spalten in das *UPDATE*-Statement auf, die auch geändert wurden. So kann es vorkommen, dass Sie und ein anderer Benutzer zwei unterschiedliche Spalten eines Datensatzes zur gleichen Zeit ändern und trotzdem beide gespeichert werden.

Hierbei können jedoch Dateninkonsistenzen auftreten, da die unterschiedlichen Spalteninhalte unter Umständen nicht mehr zueinander passen. Nehmen Sie einmal an, Sie ändern die Straße eines Kunden, da Sie eine fehlerhafte Schreibweise festgestellt haben. Gleichzeitig ändert ein Kollege Straße und Ort, weil sich die Adresse des Kunden geändert hat. Sie haben jedoch noch die alte Adresse geändert. Als Sie die Daten speichern, wurde die neue Adresse von Ihrem Kollegen in der Datenbank bereits aktualisiert. Da bei Ihrem Speichervorgang nur die geänderte Spalte berücksichtigt wird, überschreiben Sie die Straße, während Postleitzahl und Ort auf der neuen Adresse beruhen.

Für solche Situationen bietet die *SqlCommandBuilder*-Klasse die Eigenschaft *SetAllValues*. Setzen Sie diese auf *true*, werden stets alle Spalten in das *UPDATE*-Statement aufgenommen, unabhängig davon, ob diese geändert wurden. Listing 22.40 verdeutlicht dies:

```
string cn = "Data Source=.;Initial Catalog=netShop;Integrated Security=True";
string sql = "SELECT ID, Name_1, Name_2 FROM Sales.Customers WHERE PostalCode = @PostalCode";
SqlDataAdapter adapter = new SqlDataAdapter(sql, cn);
adapter.SelectCommand.Parameters.AddWithValue("PostalCode", "36427");
DataTable table = new DataTable();
adapter.Fill(table);
table.Rows[0]["Name_1"] = table.Rows[0]["Name_1"].ToString() + "*";

SqlCommandBuilder builder = new SqlCommandBuilder(adapter);
builder.ConflictOption = ConflictOption.OverwriteChanges;
builder.SetAllValues = true;

adapter.Update(table);
```

Listing 22.40 Verwendung der *SetAllValues*-Eigenschaft der *SqlCommandBuilder*-Klasse

> **CD-ROM** Das Beispiel finden Sie unter dem Namen *CommandBuilderSetAllValuesDemo* auf der Buch-CD.

Hier wurden die Spalten *ID*, *Name_1* und *Name_2* aus der Tabelle *Sales.Customers* ermittelt und daraufhin die Spalte *Name_1* geändert. Über die *SetAllValues*-Eigenschaft wurde festgelegt, dass alle Spalten in das *UPDATE*-Statement aufgenommen werden sollen. Das Setzen dieser Eigenschaft hat jedoch zunächst keinen Einfluss auf das generierte SQL. Wenn Sie *SqlCommandBuilder.GetUpdateCommand.CommandText* abrufen, werden Sie keinen Unterschied feststellen, da zunächst alle Spalten in das Statement aufgenommen werden, unabhängig davon, welchen Wert die *SetAllValues*-Eigenschaft besitzt. Erst wenn die Daten über den Aufruf der *SqlDataAdapter.Update*-Methode zur Datenbank übertragen werden, berücksichtigt *SqlCommandBuilder* die Eigenschaft. Zur Kontrolle können Sie daher nur den *SQL Server Profiler* verwenden, der für das obere Beispiel die folgende Ausgabe produziert:

```
exec sp_executesql N'
UPDATE [Sales].[Customers]
SET [Name_1] = @p1
WHERE (([ID] = @p2))',
N'@p1 varchar(12),@p2 int',@p1='Mathias*',@p2=13
```

Daten aktualisieren

Wie Sie sehen, wurde nur die Spalte *Name_1* in den *SET*-Block des *UPDATE*-Statements eingefügt.

Wenn Sie nun die *SetAllValues*-Eigenschaft auf *false* setzen (was dem Standardwert entspricht), wird hingegen das folgende *UPDATE*-Statement generiert:

```
exec sp_executesql N'
UPDATE [Sales].[Customers]
SET [Name_1] = @p1, [Name_2] = @p2
WHERE (([ID] = @p3))',
N'@p1 varchar(11),@p2 varchar(6),@p3 int',@p1='Mathias*',@p2='Abrath',@p3=13
```

Einschränkungen

Es gibt jedoch auch einen Fall, bei dem die *SqlCommandBuilder*-Klasse ihre Dienste verweigert: Wenn Sie im *Select*-Command eine Abfrage angeben, die Joins enthält. Für die folgende Abfrage kann *SqlComandBuilder* keine *Insert*-, *Update*- und *Delete*-Commands erstellen:

```
SELECT o.OrderDate, c.Name_1
FROM Sales.Orders o
INNER JOIN Sales.Customers c ON o.CustomerID = c.ID
```

Das gleiche gilt für Aggregationen innerhalb der Abfrage. Auch die *UNION*-Klausel müssen Sie vermeiden, wenn *SqlCommandBuilder* für Sie arbeiten soll.

Auch können Sie *SqlCommandBuilder* nicht verwenden, wenn Sie Ihre Aktualisierungen über gespeicherte Prozeduren durchführen wollen.

SqlCommandBuilder und gespeicherte Prozeduren

Wie bereits erwähnt, kann die *SqlCommandBuilder*-Klasse keine Commands, erzeugen, wenn in der zugrunde liegenden Abfrage Joins verwendet wurden. In solchen Fällen bietet es sich an, die Logik zur Aktualisierung der Daten in Form von gespeicherten Prozeduren abzubilden.

Die Erstellung der entsprechenden *Insert*-, *Upate*- und *Delete*-Commands, die Sie zur Aktualisierung benötigen, nimmt Ihnen *SqlCommandBuilder* hierbei nicht ab. Jedoch bietet die Klasse über die statische Methode *DeriveParameters* die Möglichkeit, die Parameter der jeweiligen Prozedur zu ermitteln. Auf diese Weise müssen Sie sich lediglich um die Definition der Command-Objekte, inklusive Name und Typ kümmern und *SqlCommandBuilder* sorgt für das Füllen der entsprechenden Parameter. Listing 22.41 demonstriert die Verwendung.

```
string cn = "Data Source=.;Initial Catalog=netShop;Integrated Security=True";
SqlConnection con = new SqlConnection(cn);
SqlCommand cmd = new SqlCommand("CustomersByCity", con);
cmd.CommandType = CommandType.StoredProcedure;
con.Open();
SqlCommandBuilder.DeriveParameters(cmd);
con.Close();
foreach (SqlParameter param in cmd.Parameters)
{
    Console.WriteLine("Name: {0}", param.ParameterName);
    Console.WriteLine("   Direction: {0}", param.Direction);
    Console.WriteLine("   SqlDbType: {0}", param.SqlDbType);
    Console.WriteLine();
}
```

Listing 22.41 Ermitteln von Parametern gespeicherter Prozeduren mit der *SqlCommandBuilder*-Klasse

Hier wurde zunächst ein *SqlCommand*-Objekt für die gespeicherte Prozedur *CustomersByCity* erstellt. Durch den Aufruf der *DeriveParameters*-Methode werden nun alle benötigten *SqlParameter*-Objekte erstellt und dem übergebenen Command zugewiesen. Wichtig ist hierbei, dass Sie die Verbindung explizit öffnen, bevor Sie die *DeriveParameters*-Methode aufrufen, da die *SqlCommandBuilder*-Klasse zur Ermittlung der Parameter eine Schemadatenabfrage zum SQL Server senden muss.

Wenn Sie das Programm starten (welches Sie unter dem Namen *CommandBuilderProcedureDemo* auf der Buch-CD finden), sollte sich Ihnen die folgende Ausgabe präsentieren:

```
Name: @RETURN_VALUE
   Direction: ReturnValue
   SqlDbType: Int

Name: @City
   Direction: Input
   SqlDbType: VarChar
```

Daten über gespeicherte Prozeduren aktualisieren

Zwar bietet die *SqlCommandBuilder*-Klasse mit der *DeriveParameters*-Methode einen eleganten Weg zur dynamischen Ermittlung von Prozedurparametern, sie ist jedoch nicht in der Lage, eine vollständige Konfiguration vorzunehmen.

Das folgende Beispiel soll zur Veranschaulichung dienen. Zum Ermitteln und Aktualisieren der Daten verwendet es die früher in diesem Kapitel im Abschnitt »Daten mit gespeicherten Prozeduren aktualisieren« erstellten Prozeduren *spSelectCustomers*, *spInsertCustomer*, *spUpdateCustomer* und *spDeleteCustomer*. Die Erstellung der nötigen Parameter erfolgt hierbei über die *DeriveParameters*-Methode, wie in Listing 22.42 zu sehen.

```
// Daten ermitteln
string cn = "Data Source=.;Initial Catalog=netShop;Integrated Security=True";
SqlConnection con = new SqlConnection(cn);
SqlCommand selectCmd = new SqlCommand("Sales.spSelectCustomers", con);
selectCmd.CommandType = CommandType.StoredProcedure;
SqlDataAdapter adapter = new SqlDataAdapter(selectCmd);
DataTable table = new DataTable();
adapter.Fill(table);

// Daten ändern
foreach (DataRow row in table.Rows)
    row.SetModified();

// Commands für gespeicherte Prozeduren erstellen
adapter.InsertCommand = new SqlCommand("Sales.spInsertCustomer", con);
adapter.InsertCommand.CommandType = CommandType.StoredProcedure;
adapter.UpdateCommand = new SqlCommand("Sales.spUpdateCustomer", con);
adapter.UpdateCommand.CommandType = CommandType.StoredProcedure;
adapter.DeleteCommand = new SqlCommand("Sales.spDeleteCustomer", con);
adapter.DeleteCommand.CommandType = CommandType.StoredProcedure;

// Parameter generieren
con.Open();
SqlCommandBuilder.DeriveParameters(adapter.InsertCommand);
SqlCommandBuilder.DeriveParameters(adapter.UpdateCommand);
SqlCommandBuilder.DeriveParameters(adapter.DeleteCommand);
con.Close();
```

```
// Daten aktualisieren
adapter.Update(table);
```

Listing 22.42 Daten mithilfe von gespeicherten Prozeduren aktualisieren

CD-ROM Das Beispiel finden Sie unter dem Namen *DataAdapterSPUpdateDemo* auf der Buch-CD.

Wenn Sie Listing 22.42 ausführen, wird eine *SqlException* mit folgender Meldung ausgelöst:

```
Die Prozedur oder Funktion 'spUpdateCustomer' erwartet den '@Name_1'-Parameter, der nicht bereitgestellt wurde.
```

Zwar füllt die *SqlCommandBuilder*-Klasse die Parameter der Commands, ignoriert dabei jedoch die Eigenschaften *SourceColumn* und *SourceVersion* der *SqlParameter*-Klasse. *SourceColumn* gibt die Spalte in der jeweiligen *DataTable* an, auf deren Basis *SqlDataAdapter* später das Füllen der Parameter vornimmt. *SourceVersion* gibt hingegen an, welche Version des jeweiligen Werts an die Prozedur übergeben werden soll. Standardmäßig steht *SourceVersion* auf dem Wert *Current*. Dies bedeutet, dass der aktuelle Wert übertragen wird. Für die Parameter mit dem Präfix *Original_* werden jedoch die Originalwerte benötigt. Da der *SqlCommandBuilder*-Klasse aber keine Informationen über die jeweilige *DataTable* bekannt sind, ignoriert sie die Eigenschaften *SourceColumn* und *SourceVersion*, was die *SqlDataAdapter*-Klasse an ihrer Arbeit hindert.

Limitationen von SqlCommandBuilder umgehen

Leider gibt es keinen Mechanismus in ADO.NET, um diese Limitation zu umgehen. Mit etwas Aufwand und einigen Regeln lässt sich eine solche Funktionalität jedoch nachbauen. Listing 22.43 zeigt eine mögliche Implementierung:

```
SqlCommand CreateCommand(string connectionString, string procedureName, StoredProcedureType
procedureType, DataTable table)
{
    // Command erstellen
    SqlCommand command = new SqlCommand(procedureName, new SqlConnection(connectionString));
    command.CommandType = CommandType.StoredProcedure;
    if (procedureType == StoredProcedureType.Insert || procedureType == StoredProcedureType.Update)
        command.UpdatedRowSource = UpdateRowSource.FirstReturnedRecord;
    else
        command.UpdatedRowSource = UpdateRowSource.None;

    // Parameter ermitteln und Command zuweisen
    new SqlConnection(connectionString).Open();
    SqlCommandBuilder.DeriveParameters(command);

    // SourceColumn und SourceVersion ermitteln und zuweisen
    foreach (SqlParameter param in command.Parameters)
    {
        // Return-Parameter nicht berücksichtigen
        if (param.ParameterName.Equals("@RETURN_VALUE", StringComparison.CurrentCultureIgnoreCase))
            continue;

        // Zugehörige DataColumns für die Parameter ermitteln
        string columnName = null;
        foreach (DataColumn col in table.Columns)
        {
            if (("@"+col.ColumnName).Equals(param.ParameterName,
tringComparison.CurrentCultureIgnoreCase) ||
```

```
("@Original_"+col.ColumnName).Equals(param.ParameterName,StringComparison.CurrentCultureIgnoreCase)||

("@IsNull_"+col.ColumnName).Equals(param.ParameterName,StringComparison.CurrentCultureIgnoreCase))
            {
                columnName = col.ColumnName;
            }
        }
        // SqlParameter-Objekte erstellen
        if (columnName != null)
        {
            param.SourceColumn = columnName;
            if (param.ParameterName.Contains("@IsNull_"))
            {
                param.SourceVersion = DataRowVersion.Current;
                param.SourceColumnNullMapping = true;
                param.Value = null;
            }
            else if (param.ParameterName.Contains("@Original_"))
                param.SourceVersion = DataRowVersion.Original;
        }
        else
            throw new InvalidOperationException(string.Format(
                "Für den Parameter \"{0}\" konnte keine Spalte gefunden werden.", param.ParameterName));
    }
    return command;
}
```

Listing 22.43 *CreateCommand* erstellt ein Mapping zwischen Spaltenwerten und Parametern

CD-ROM Das Beispiel finden Sie unter dem Namen *CommandBuilderSPUpdateDemo* auf der Buch-CD.

Die *CreateCommand*-Methode erstellt ein *SqlCommand*-Objekt und konfiguriert die Parameter einer gespeicherten Prozedur mithilfe der *SqlCommandBuilder.DeriveParameters*-Methode. Zusätzlich durchläuft sie die Spalten der übergebenen *DataTable* und setzt *SourceColumn* und *SourceVersion* auf die entsprechenden Werte. Hierzu analysiert sie die Namen der Parameter. Fangen diese mit *Original_* an, wird *SourceVersion* auf den Wert *Original* gestellt. Zudem wird bei Parametern, die mit dem Präfix *IsNull* beginnen, die Eigenschaft *SourceColumnNull*-Mapping auf *true* gesetzt (mehr dazu im nächsten Abschnitt).

Über den *procedureType*-Parameter übergeben Sie den Typ der Prozedur (*Insert*, *Update*, *Delete*). Auf Basis dieser Information weist *CreateCommand* die *SqlCommand.UpdatedRowSource*-Eigenschaft zu. Diese gibt an, ob die Prozedur die geänderten Daten erneut abruft und an den Aufrufer zurücksendet, so wie dies bei den Prozeduren *spInsertCustomer* und *spUpdateCustomer* der Fall ist. Hierdurch kann sichergestellt werden, dass serverseitig vergebene Werte, wie Identitätsspalten oder *timestamp*-Werte mit dem Client synchronisiert werden.

Wie Sie sehen, übernimmt die *CreateCommand*-Methode alle notwendigen Schritte, um eine Aktualisierung über gespeicherte Prozeduren ohne viel Aufwand zu realisieren. Damit die Generierung ordnungsgemäß vonstatten geht, müssen Sie bei der Erstellung Ihrer gespeicherten Prozeduren jedoch einige Voraussetzungen erfüllen.

- Die Parameternamen müssen den Spaltennamen der *DataTable* entsprechen
- Parameter, die Originalwerte abbilden, müssen das Präfix *Original_* enthalten
- Parameter, die den *NULL*-Wert einer Spalte signalisieren, müssen das Präfix *IsNull_* enthalten (mehr dazu im nächsten Abschnitt)

- Führt die Prozedur eine Einfüge- oder Aktualisierungsoperation durch, muss diese den eingefügten beziehungsweise geänderten Datensatz zurückgeben
- Eingefügte beziehungsweise aktualisierte Daten werden als Ergebnismenge und nicht in Form von Ausgabeparametern an den Client zurückgeliefert

Wie Sie in einem späteren Abschnitt dieses Kapitels sehen werden, können Sie die Erstellung von gespeicherten Prozeduren, die diesem Schema folgen, mit einem Visual Studio-Designer weitgehend automatisieren.

Zugriff auf gespeicherte Prozeduren automatisieren

Mit dem im vorherigen Abschnitt gezeigten Beispiel können Sie sehr leicht eine Methode implementieren, die das Aktualisieren von Daten über gespeicherte Prozeduren weitgehend automatisiert. Eine solche Methode könnte beispielsweise wie in Listing 22.44 aussehen.

```
public int Update(
    string connectionString,
    string insertProcedureName,
    string updateProcedureName,
    string deleteProcedureName,
    DataTable table)
{
    // Prüfen, ob Änderungen vorhanden sind
    if (table.GetChanges() == null || table.GetChanges().Rows.Count == 0)
        return 0;

    // SqlDataAdapter konfigurieren
    SqlDataAdapter adapter = new SqlDataAdapter();
    adapter.InsertCommand = this.CreateCommand(
        connectionString, insertProcedureName, StoredProcedureType.Insert, table);
    adapter.UpdateCommand = this.CreateCommand(
        connectionString, updateProcedureName, StoredProcedureType.Update, table);
    adapter.DeleteCommand = this.CreateCommand(
        connectionString, deleteProcedureName, StoredProcedureType.Delete, table);

    // Update durchführen
    int count = adapter.Update(table);
    table.AcceptChanges();
    return count;
}
```

Listing 22.44 Die *Update*-Methode aktualisiert eine *DataTable* auf Basis der übergebenen Prozedurnamen

Auf die gleiche Weise könnten Sie eine Methode schreiben, die das Ermitteln von Daten automatisiert:

```
public DataTable Select(
    string connectionString,
    string procedureName)
{
    SqlConnection connection = new SqlConnection(connectionString);
    SqlCommand command = new SqlCommand(procedureName, connection);
    command.CommandType = CommandType.StoredProcedure;

    DataTable table = new DataTable();
    command.Connection.Open();
    table.Load(command.ExecuteReader(CommandBehavior.CloseConnection));
    return table;
}
```

Listing 22.45 Die *Select*-Methode ermittelt die Daten der angegebenen gespeicherten Prozedur

Definiert die Prozedur Parameter, benötigen Sie eine zusätzliche Überladung der *Select*-Methode, welche die entsprechenden Namen und Werte entgegennimmt (Listing 22.46).

```
public DataTable Select(
    string connectionString,
    string procedureName,
    Dictionary<string, object> parameterValues)
{
    SqlConnection connection = new SqlConnection(connectionString);
    SqlCommand command = new SqlCommand(procedureName, connection);
    command.CommandType = CommandType.StoredProcedure;

    // Parameter füllen
    foreach (string paramName in parameterValues.Keys)
    {
        command.Parameters.AddWithValue(paramName, parameterValues[paramName]);
    }

    // Daten ermitteln
    DataTable table = new DataTable();
    command.Connection.Open();
    table.Load(command.ExecuteReader(CommandBehavior.CloseConnection));
    return table;
}
```

Listing 22.46 Die *Select*-Methode ermittelt die Daten der angegebenen gespeicherten Prozedur

Hierbei nimmt *Select* die Parameter in Form von Schlüssel-/Wertpaaren entgegen und erstellt auf dieser Basis entsprechende *SqlParameter*-Objekte.

Die beiden *Select*-Methoden eignen sich jedoch nur zur Ermittlung einer einzigen Ergebnismenge. Gibt die Prozedur mehrere Ergebnismengen zurück, müssen Sie eine separate Methode implementieren, die statt einer *DataTable* ein *DataSet* füllt.

Die oben gezeigten Methoden *GetCommand* sowie *Update* und *Select* wurden im Beispielprogramm *CommandBuilderSpDemo* in die Klasse *StoredProcedureCommandBuilder* ausgelagert.

Das Ermitteln und Aktualisieren von Daten über gespeicherte Prozeduren verkürzt sich durch die gezeigten Methoden dramatisch, wie Listing 22.47 zeigt.

```
// Daten ermitteln
string cn = "Data Source=.;Initial Catalog=netShop;Integrated Security=True";
StoredProcedureCommandBuilder builder = new StoredProcedureCommandBuilder();
DataTable table = builder.Select(cn, "Sales.spSelectCustomers");

// Daten ändern
foreach (DataRow row in table.Rows)
    row.SetModified();

// Daten aktualisieren
Console.WriteLine("Daten werden aktualisiert...");
int count =
    builder.Update(cn, "Sales.spInsertCustomer", "Sales.spUpdateCustomer", "Sales.spDeleteCustomer",
table);
```

Listing 22.47 Ermitteln und Aktualisieren von Daten mit der *StoredProcedureCommandBuilder*-Klasse

CD-ROM Das Beispiel finden Sie unter dem Namen *CommandBuilderSPUpdateDemo* auf der Buch-CD.

Massenaktualisierungen optimieren

Wenn sehr viele Zeilen einer *DataTable* zu aktualisieren sind, werden entsprechend viele, einzelne T-SQL-Statements an den Server gesendet. Die hierdurch entstehenden Roundtrips können einen erheblichen Overhead erzeugen. Daher wurde in ADO.NET 2.0 die Möglichkeit geschaffen, mehrere Aktualisierungen in einem Statement zu senden.

Hierfür setzen Sie die *UpdateBatchSize*-Eigenschaft auf die gewünschte Anzahl. Führen Sie nun die *Update*-Eigenschaft des Adapters aus, werden die Statements in die angegebene Anzahl Stapel zusammengefasst. Standardmäßig steht der Wert der Eigenschaft auf 1, was dem Absetzen eines Einzelstatements gleichkommt. Setzen Sie ihn hingegen auf 0, ist die Anzahl an Statements pro Stapel unbegrenzt. Dies sollten Sie aber vermeiden, da auch ein sehr großer Stapel die Performance negativ beeinflussen kann. Am Besten führen Sie Zeitmessungen zur Ermittlung des optionalen Werts durch. Das Setzen der *UpdateBatchSize*-Eigenschaft macht sich jedoch erst bei sehr großen Datenmengen bemerkbar.

Zudem sollten Sie beachten, dass das Setzen der *UpdateBatchSize*-Eigenschaft Auswirkungen auf das Auslösen des *SqlDataAdapter.RowUpdated*-Ereignisses hat. In diesem Fall wird es nur je einmal pro Stapel und nicht mehr für jede einzelne Zeile ausgelöst. Hierbei können Sie nicht auf die *Row*-Eigenschaft der übergebenen *SqlRowUpdatedEventArgs*-Instanz zugreifen, sondern über die *RowCount*-Eigenschaft lediglich die Anzahl der im Stapel durchgeführten Aktualisierungen ermitteln.

Listing 22.48 demonstriert die Verwendung der *UpdateBatchSize*-Eigenschaft. Hierbei werden zunächst alle Kunden mit der Postleitzahl 36427 ermittelt und der jeweilige Name um einen Stern ergänzt. Bei der nachfolgenden Speicherung wird die *UpdateBatchSize*-Eigenschaft auf 2 gesetzt. Um die Stapelgröße beim Aktualisieren zu prüfen, wird über die Ereignisse *RowChanging* und *RowChanged* der aktuelle Status in die Kommandozeile ausgegeben.

```
using System;
using System.Data;
using System.Data.SqlClient;

class Program
{
    static void Main(string[] args)
    {
        // Daten ermitteln
        string cs = "Data Source=.;Initial Catalog=netShop;Integrated Security=True";
        SqlConnection con = new SqlConnection(cs);
        string sql = "SELECT ID, Name_1 FROM Sales.Customers WHERE PostalCode = @PostalCode";
        SqlCommand cmd = new SqlCommand(sql, con);
        cmd.Parameters.AddWithValue("PostalCode", "36427");
        DataTable table = new DataTable();
        SqlDataAdapter adapter = new SqlDataAdapter(cmd);
        adapter.Fill(table);

        // Daten aktualisieren
        foreach (DataRow row in table.Rows)
            row["Name_1"] = row["Name_1"].ToString() + "*";

        // Änderungen speichern
        SqlCommandBuilder builder = new SqlCommandBuilder(adapter);
        adapter.UpdateBatchSize = 2;
        adapter.RowUpdating += new SqlRowUpdatingEventHandler(adapter_RowUpdating);
        adapter.RowUpdated += new SqlRowUpdatedEventHandler(adapter_RowUpdated);
        adapter.Update(table);
```

```
        Console.ReadLine();
    }

    static void adapter_RowUpdated(object sender, SqlRowUpdatedEventArgs e)
    {
        Console.WriteLine(e.RowCount + " Datensätze wurden akutalisiert.");
    }

    static void adapter_RowUpdating(object sender, SqlRowUpdatingEventArgs e)
    {
        Console.WriteLine("Datensatz " + e.Row["ID"].ToString() + " wird akutalisiert.");
    }
}
```

Listing 22.48   Stapelweises Aktualisieren von Daten mit der *BatchUpdateSize*-Eigenschaft

> **CD-ROM**   Das Beispiel finden Sie unter dem Namen *BatchUpdateSizeDemo* auf der Buch-CD.

Wenn Sie das Programm laufen lassen, sollten die folgenden Meldungen auf Ihrem Bildschirm erscheinen:

```
Datensatz 13 wird akutalisiert.
Datensatz 3247 wird akutalisiert.
2 Datensätze wurden akutalisiert.
Datensatz 6572 wird akutalisiert.
Datensatz 8206 wird akutalisiert.
2 Datensätze wurden akutalisiert.
Datensatz 9171 wird akutalisiert.
1 Datensätze wurden akutalisiert.
```

An den Ausgabezeilen des *RowUpdated*-Ereignis können Sie nachvollziehen, dass die Aktualisierung in Stapeln von je zwei Zeilen stattgefunden hat.

Verwendung von typisierten DataSets

Wie Sie bisher gesehen haben, ist der Datenzugriff mit ADO.NET mitunter recht aufwändig. Zudem können Sie auf Ihre Daten nur untypisiert zugreifen, da *DataSet* und Co. lediglich eine generische API für den Zugriff auf die Datenstrukturen bieten. So müssen Sie beispielsweise beim Auslesen eines Spaltenwerts über die *DataRow*-Klasse den konkreten Datentyp kennen und eine entsprechende Umwandlung vornehmen, da alle Werte in Form von *object*-Instanzen zurückgegeben werden. Treten hierbei Fehler auf, etwa weil Sie einen falschen Datentyp bei der Wandlung angegeben haben oder der Spaltenwert *NULL* (in .NET durch die Klasse *System.DbNull* abgebildet) ist, kommt es zu einem Laufzeitfehler. Idealerweise möchten Sie jedoch während der Kompilierung über mögliche Probleme aufmerksam gemacht werden. Darüber hinaus sollen die Spalten in Form von typisierten Eigenschaften einer Klasse und nicht als generische *DataTable*-Instanz abgebildet werden. All dies bieten *typisierte DataSets*. Sie basieren auf den bekannten Klassen *DataSet* und *DataTable*, bilden die Struktur der Daten jedoch in Form typisierter Eigenschaften ab.

In diesem Kapitel lernen Sie, wie Sie typisierte *DataSets* erstellen, mit Daten füllen und aktualisieren. Zudem kommt mit *TableAdapter* eine weitere, typisierte Klasse zum Einsatz, die den Zugriff auf die Datenbank erleichtert.

Aufbau eines typisierten DataSets

Ein typisiertes DataSet besteht aus einer Klasse, die sich von *DataSet* ableitet. Für den Zugriff auf die enthaltenen Daten bietet sie Eigenschaften, welche die Namen der jeweiligen Spalten tragen und den Wert in Form des entsprechenden Datentyps zurückgeben. Der eigentliche Zugriff wird somit durch eine streng typisierte Schnittstelle abstrahiert.

Das folgende Beispiel verdeutlicht den Vorteil der Typisierung beim Zugriff auf die Daten. Zum Vergleich zunächst ein untypisierter Zugriff:

```
string name = (string)dataSet1.Tables["Customers"].Rows[0]["Name_1"];
```

Nun der Zugriff über ein typisiertes DataSet:

```
string name = dataSet1.Customers[0].Name_1;
```

Wie Sie sehen, ist der Zugriff nicht nur streng typisiert, sondern auch wesentlich intuitiver.

Die Implementierung eines solchen typisierten DataSets könnte beispielsweise wie in Listing 22.49 aussehen:

```
public class TypedDataSet : DataSet
{
    public CustomersTable Customers
    {
        get { return (CustomersTable)base.Tables[0]; }
    }
}
public class CustomersTable : DataTable
{
    public CustomerRow this[int index]
    {
        get { return ((CustomerRow)(this.Rows[index])); }
    }
}
public class CustomerRow : DataRow
{
    public string Name_1
    {
        get { return (string)this["Name_1"]; }
        set { this["Name_1"] = value; }
    }
}
```

Listing 22.49 Beispiel für die Implementierung eines typisierten DataSets

Hier wurde zunächst eine Klasse von *DataSet* abgeleitet und um die Eigenschaft *Customers* ergänzt. Diese ist vom Typ *CustomersTable*, welcher wiederum von *DataTable* abgeleitet ist. *CustomersTable* bietet einen Indexer, über den Sie direkt auf die Zeilen der Tabelle zugreifen können. Die Zeilen werden schließlich über die Klasse *CustomerRow* abgebildet, die von *DataRow* ableitet und alle Spalten der Tabelle in Form streng typisierter Eigenschaften abbildet.

Wie Sie sehen, ist der Zugriff auf typisierte DataSets sehr einfach und intuitiv, deren Implementierung jedoch auch mit einem nicht unerheblichen Aufwand verbunden. Daher bietet Visual Studio einen eigenen Designer, mit dem Sie typisierte DataSets erstellen können. Der entsprechende Code wird hierbei automatisch erzeugt.

TableAdapter und TableAdapterManager

Wenn Sie typisierte DataSets mit Visual Studio erstellen, werden automatisch so genannte *TableAdapter* erstellt. Sie dienen der Kommunikation mit der Datenbank, sprich dem Füllen der DataSets und der Übertragung der Änderungen. Hierbei sind sie mit dem konkreten Schema des jeweiligen DataSet verbunden. Deshalb können alle Datenbankoperationen ebenfalls typsicher erfolgen. *TableAdapter* können Sie sich daher als eine Art typisierte *DataAdapter* vorstellen.

Bei einem *TableAdapter* handelt es sich jedoch nicht um eine konkrete Klasse des .NET Framework. Stattdessen generiert Visual Studio den entsprechenden Code – abgestimmt auf das jeweilige DataSet-Schema. Wenn Sie beispielsweise ein DataSet erstellen, das die Tabelle *Customers* beinhaltet, wird automatisch ein *TableAdapter* mit dem Namen *CustomersTableAdapter* erstellt, welcher die Kommunikation zwischen der Datenbank und der lokalen *Customers*-Tabelle übernimmt.

So stellt die Klasse beispielsweise die *GetCustomers*-Methode zu Verfügung, die ein *CustomersDataTable*-Objekt bereitstellt. Analog dazu übernimmt eine typisierte *Update*-Methode die Synchronisation mit der Datenbank. Darüber hinaus werden optionale Methoden zur direkten Datenbankkommunikation bereitgestellt, über die ein Anlegen, Aktualisieren und Löschen einzelner Datensätze vollzogen werden kann.

Neben dem *TableAdapter* erstellt Visual Studio zusätzlich noch ein Klasse namens *TableAdapterManager*. Diese enthält Referenzen zu allen TableAdaptern und ist für die zentrale Speicherung aller im *DataSet* enthaltenen Tabellen zuständig. Hierfür stellt die Klasse die Methoden *UpdateAll*, *UpdateDeletedRows*, *UpdateInsertedRows* und *UpdateUpdatedRows* zu Verfügung. Mit diesen haben Sie die Möglichkeit, alle Änderungen in den Tabellen oder nur die gelöschten, eingefügten oder aktualisierten Daten an die Datenbank zu senden.

Zum besseren Verständnis zeigt Abbildung 22.14 alle beteiligten Parteien noch einmal grafisch am Beispiel der *Orders*-Tabelle.

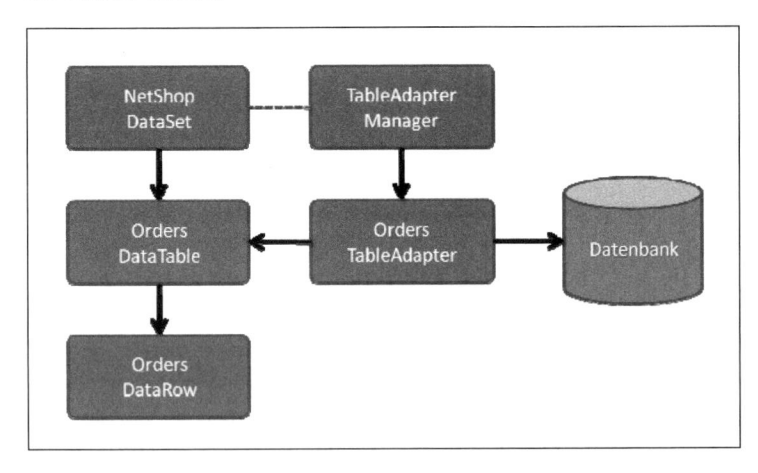

Abbildung 22.14 Alle bei einem typisierten *DataSet* beteiligten Parteien in der Übersicht

Erstellung von typisierten DataSets mit Visual Studio

Für die Erstellung von typisierten DataSets bietet Visual Studio einen eigenen Designer, der alle benötigten Informationen von Ihnen entgegennimmt und daraufhin automatisch den entsprechenden Code erzeugt.

Um ein typisiertes DataSet zu erstellen, gehen Sie wie folgt vor:

1. Zunächst erstellen Sie in Visual Studio ein neues Windows Forms-Projekt. Alternativ können Sie auch einen anderen Projekttyp verwenden, Windows Forms bietet sich in diesem Beispiel jedoch an, da Sie das erstellte DataSet sehr leicht an die Oberfläche binden können.
2. Nun fügen Sie über den Menüpunkt *Projekt/Neues Element hinzufügen* dem Projekt ein neues Element hinzu. Hierbei öffnet sich das in Abbildung 22.15 dargestellte Dialogfeld.

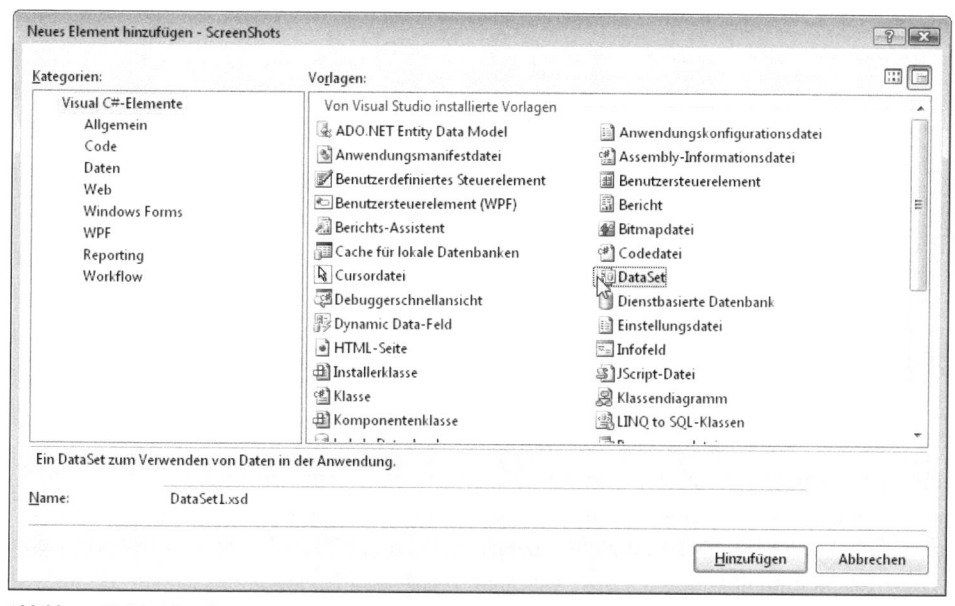

Abbildung 22.15 Hinzufügen eines DataSets zu einem Projekt

Nachdem Sie das DataSet dem Projekt hinzugefügt haben, öffnet sich der *DataSet*-Designer (siehe Abbildung 22.16).

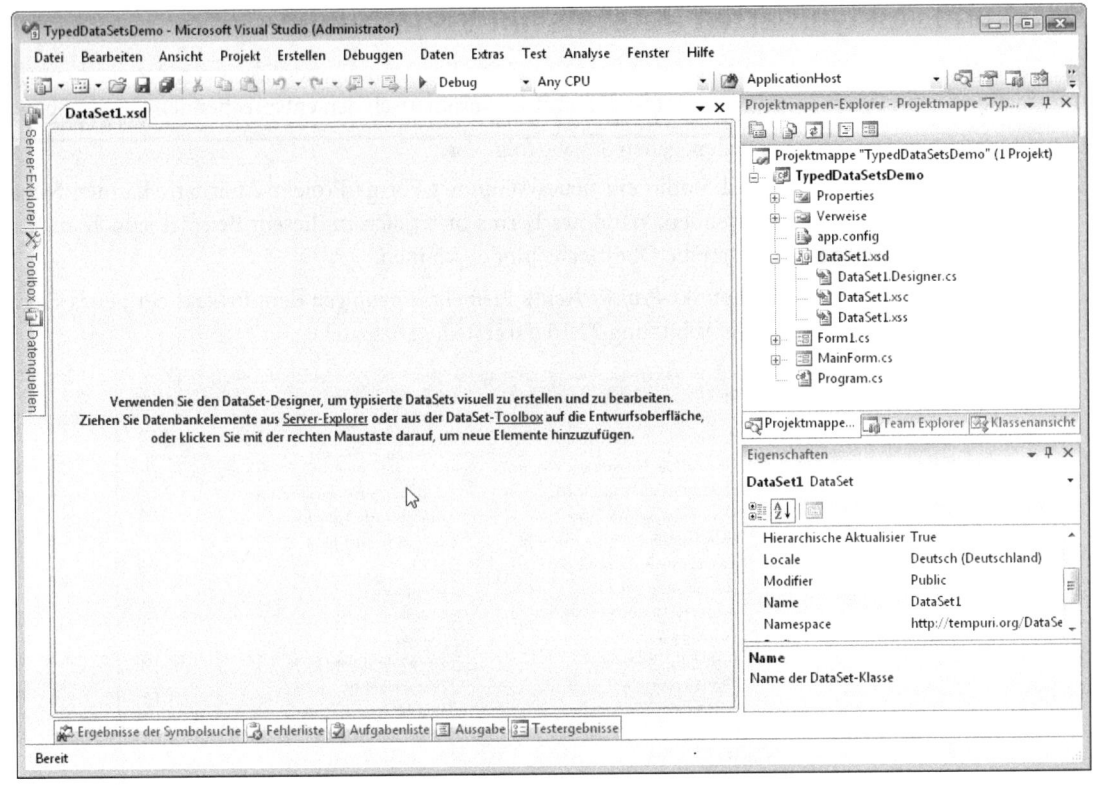

Abbildung 22.16   Der Visual Studio Designer für typisierte DataSets

Zur Definition der Struktur können Sie nun verschiedene Wege gehen. Zum einen haben Sie die Möglichkeit über den Server Explorer eine vorhandene Datenbank zu öffnen und einzelne Tabellen per Drag & Drop auf die Designer-Oberfläche zu ziehen (siehe Abbildung 22.17). Dies bietet sich an, wenn Sie den kompletten Tabelleninhalt benötigen oder wenn Sie einem bereits bestehenden *DataSet* eine weitere Tabelle hinzufügen wollen.

Verwendung von typisierten DataSets

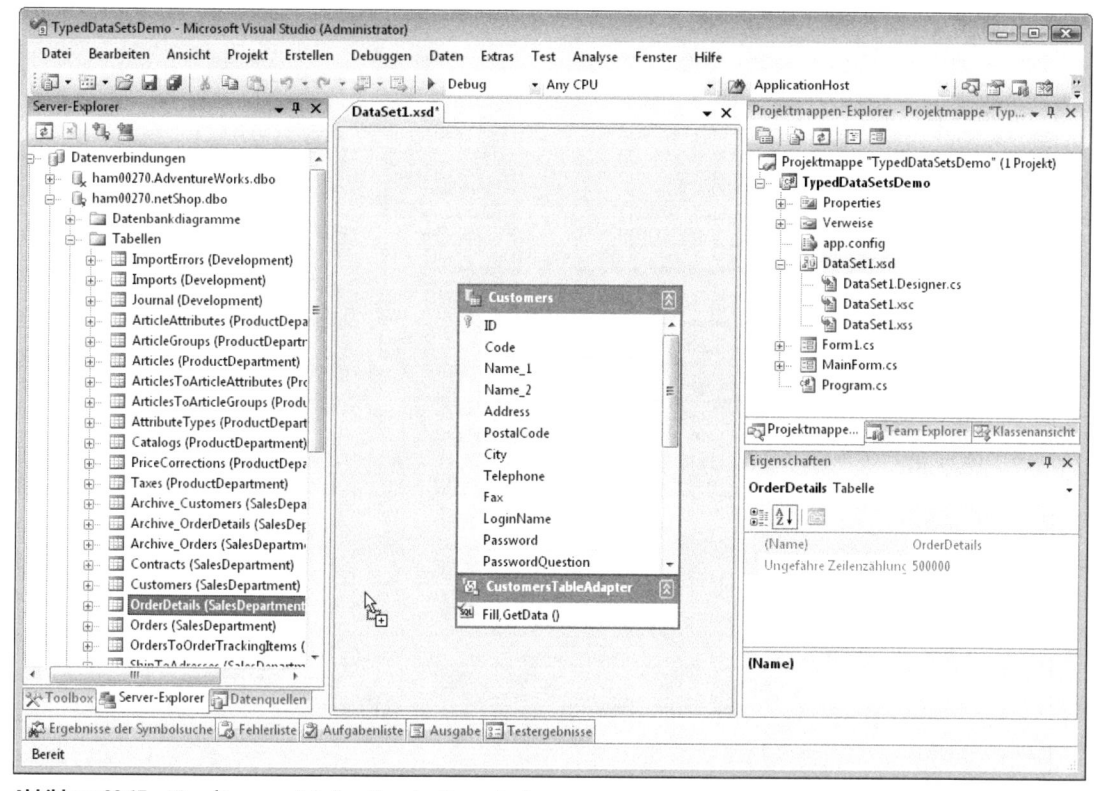

Abbildung 22.17 Hinzufügen von Tabellen über den Server Explorer

3. Soll die Tabelle des *DataSet* hingegen auf einer Abfrage basieren, sollten Sie zunächst einen neuen *TableAdapter* hinzufügen. Dieser verwaltet den Zugriff auf die Datenbank und ist mit der jeweiligen *DataTable* verbunden. Hierfür klicken Sie mit der rechten Maustaste auf die Designer-Oberfläche und wählen aus dem Kontextmenü den Eintrag *Hinzufügen/TableAdapter* (siehe Abbildung 22.18). Alternativ können Sie auch einen *TableAdapter* aus der Toolbox auf die Oberfläche ziehen.

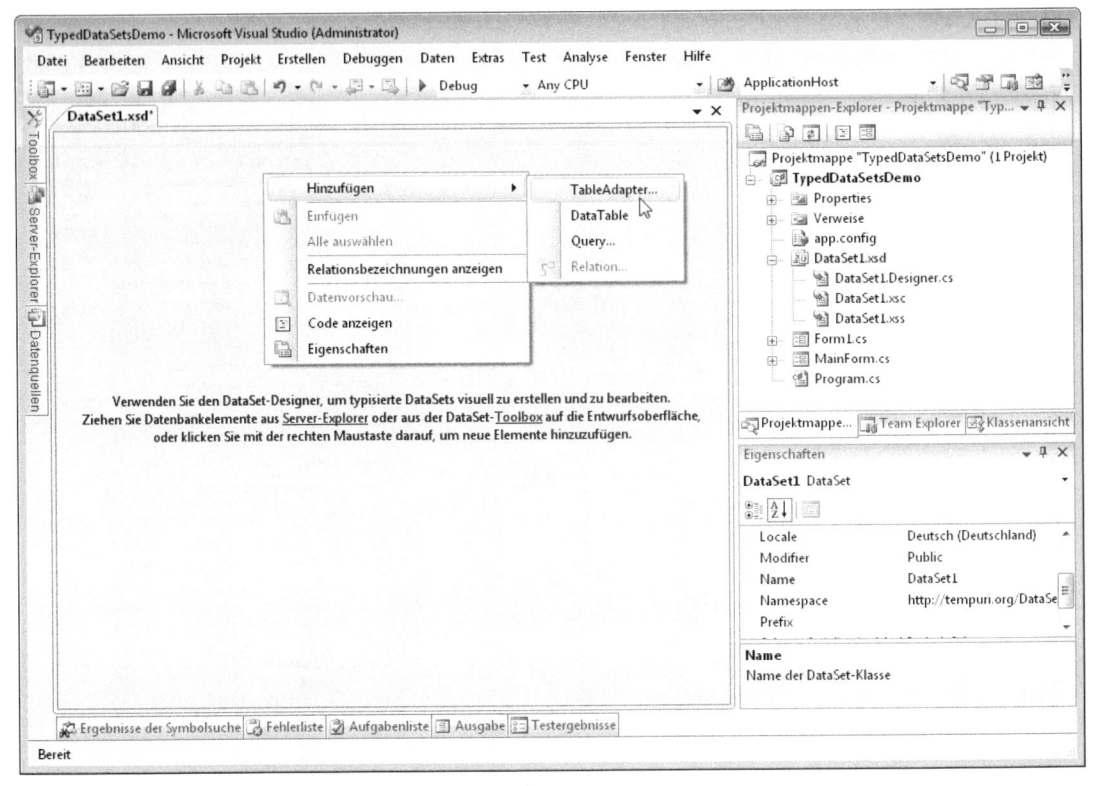

Abbildung 22.18 Der typisierte DataSet-Designer in Visual Studio

Datenbankverbindung festlegen

Daraufhin öffnet sich der in Abbildung 22.19 dargestellte Assistent.

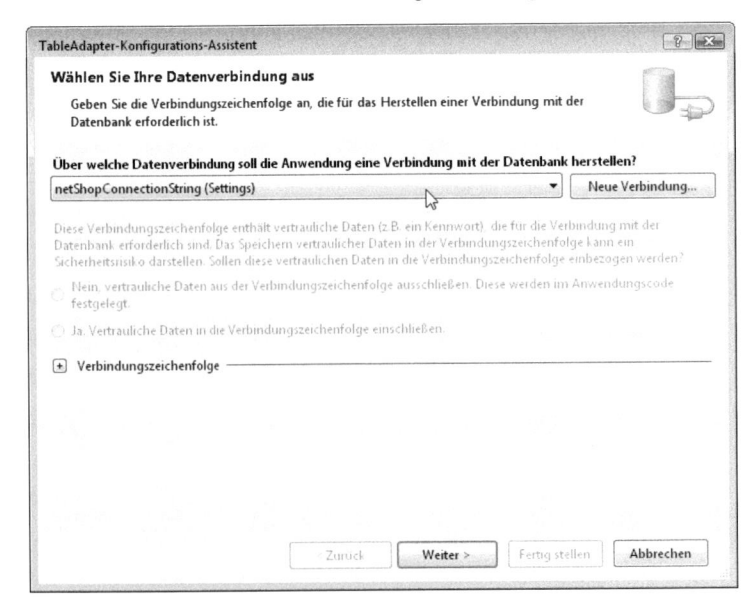

Abbildung 22.19 *TableAdapter*-Assistent: Auswahl der Verbindungszeichenfolge

Verwendung von typisierten DataSets

Auf der ersten Seite legen Sie die Verbindungzeichenfolge der Datenbank fest. Wenn Sie bereits eine Verbindung über den *Server Explorer* von Visual Studio festgelegt haben, können Sie diese auswählen. Haben Sie noch keine festgelegt, haben Sie die Möglichkeit über die Schaltfläche *Neue Verbindung* eine neue zu definieren. In diesem Beispiel soll auf die *netShop*-Datenbank zugegriffen werden, die Sie auf der Buch-CD finden.

> **CD-ROM** Das gezeigte Beispiel finden Sie unter dem Namen *TypedDataSetsDemo* auf der Buch-CD.

Abfragetyp festlegen

Auf der nächsten Seite (Abbildung 22.20) legen Sie fest, ob die *DataTable* auf einer T-SQL-Abfrage oder einer gespeicherten Prozedur basieren soll. Darüber hinaus haben Sie die Möglichkeit, eine neue Datenbankprozedur anzulegen.

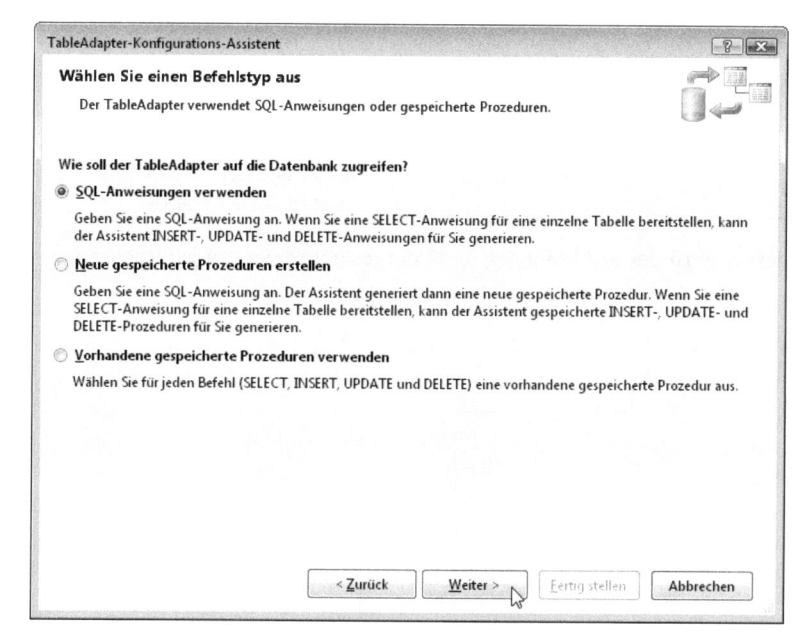

Abbildung 22.20 *TableAdapter*-Assistent: Festlegen des Befehlstyps

Wählen Sie für dieses Beispiel den Punkt *SQL-Anweisungen verwenden* aus.

Abfrage definieren

Auf der nächsten Seite (Abbildung 22.21) definieren Sie die eigentliche Abfrage. Hierzu können Sie die Abfrage entweder textuell eingeben oder über die Schaltfläche *Abfrage-Generator* einen weiteren Assistenten öffnen, der Sie bei der Erstellung unterstützt.

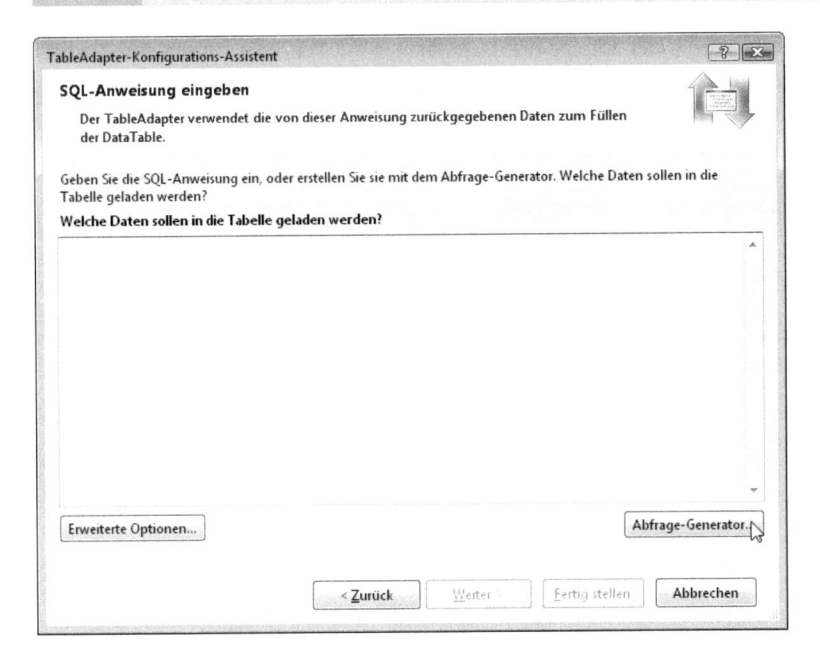

Abbildung 22.21 *TableAdapter-Assistent: Abfrage erstellen*

Wenn Sie auf Abfrage-Generator klicken, wird der in Abbildung 22.22 dargestellte Assistent geöffnet.

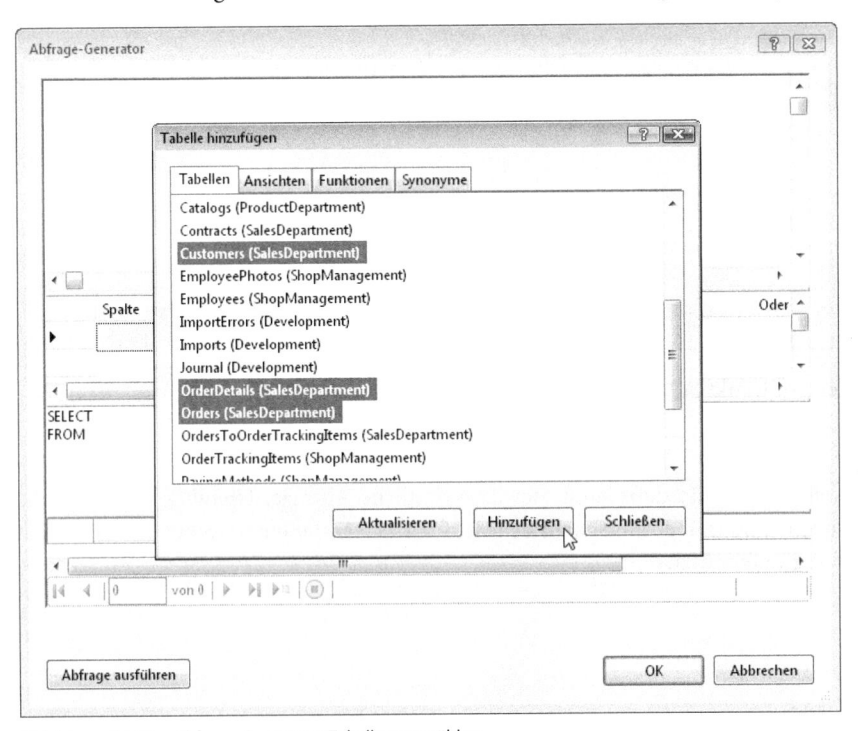

Abbildung 22.22 Abfrage-Generator: Tabellen auswählen

Hier wählen Sie zunächst die Tabellen aus, auf die Sie in der Abfrage zugreifen wollen.

Verwendung von typisierten DataSets

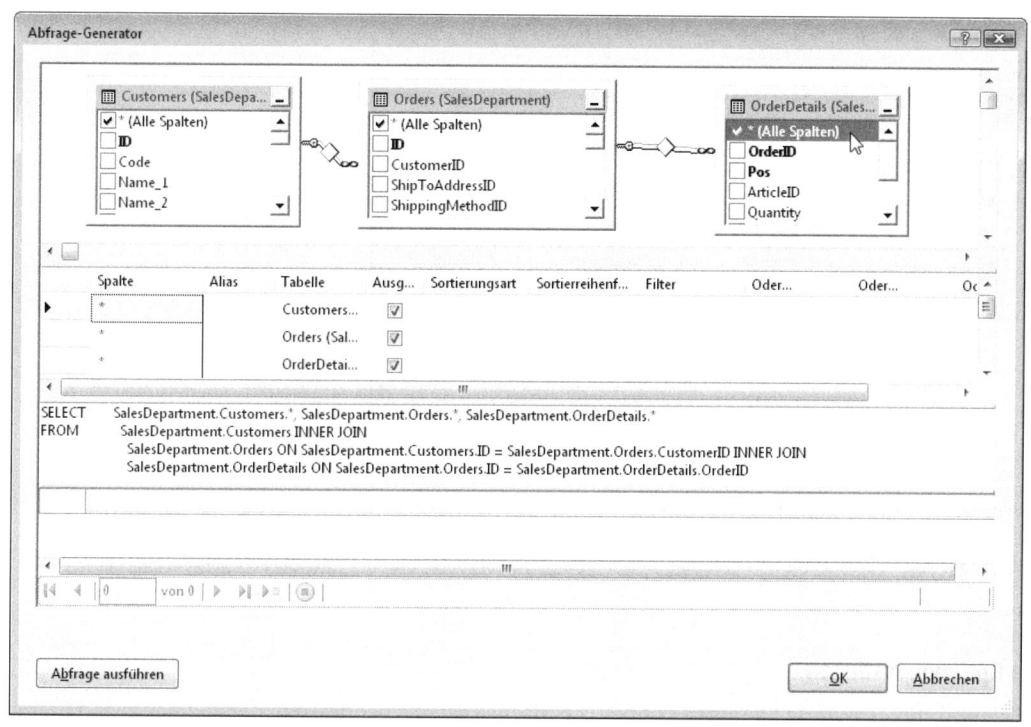

Abbildung 22.23 Abfrage-Generator: Abfrage definieren

Die hinzugefügten Tabellen werden nun im oberen Bereich grafisch dargestellt. Existieren in der Datenbank Fremdschlüsselverknüpfungen zwischen den Tabellen, werden diese automatisch erkannt und durch Verbindungslinien dargestellt. Auf dieser Basis werden die Tabellen per *INNER JOIN* in der Abfrage verbunden. Existieren keine Fremdschlüssel, können Sie Verknüpfungen herstellen, indem Sie eine Spalte per Drag & Drop auf die Spalte der jeweiligen Zieltabelle ziehen.

Jetzt folgt die Auswahl der Tabellenspalten. Hierfür können Sie die entsprechenden Checkboxen vor den Spalten auswählen. Wählen Sie ** (Alle Spalten)* wenn Sie alle Spalten der jeweiligen Tabelle selektieren wollen. Im mittleren Bereich haben Sie die Möglichkeit, zusätzliche Sortier- und Filterkriterien festzulegen, während im unteren Bereich die Abfrage in Klartext angezeigt wird. Um zu prüfen, welche Daten von der erstellten Abfrage zurückgegeben werden, klicken Sie auf die Schaltfläche *Abfrage ausführen*.

Wenn Sie mit der Definition fertig sind, klicken Sie auf *OK*. Daraufhin gelangen Sie zurück in den *TableAdapter*-Assistenten, der die erstellte Abfrage automatisch übernimmt (Abbildung 22.24).

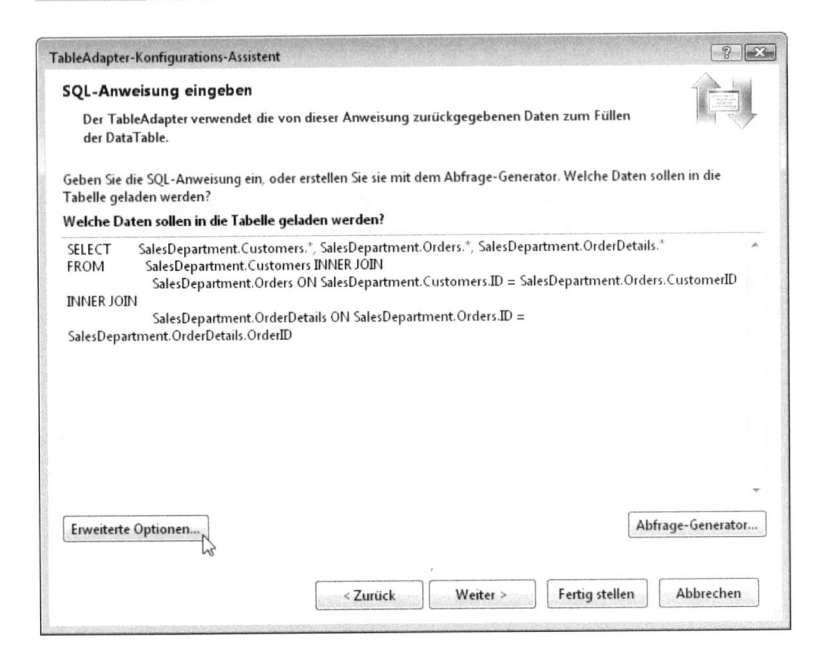

[Abbildung 22.24] **Abbildung 22.24** *TableAdapter*-Assistent: Erweiterte Optionen auswählen

Erweiterte Optionen festlegen

Über die Schaltfläche *Erweiterte Optionen* können Sie Einfluss auf die Code-Generierung nehmen. Hierbei öffnet sich die in Abbildung 22.25 dargestellte Seite.

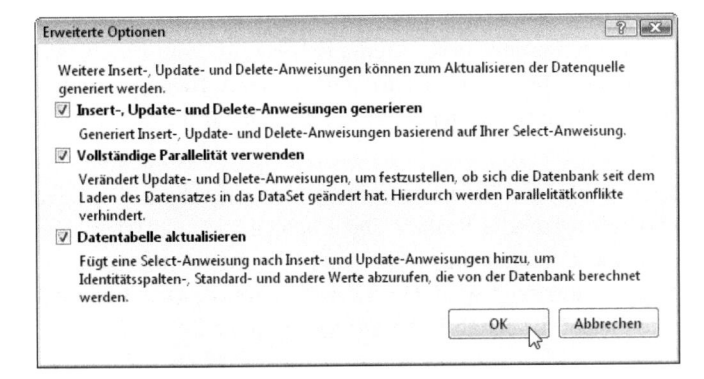

Abbildung 22.25 Erweiterte Optionen für die Code-Generierung auswählen

Hier können Sie beispielsweise festlegen, welche Commands vom Assistenten erstellt werden sollen. Standardmäßig werden sowohl *Select*-, als auch *Insert*-, *Update*- und *Delete*-Commands erstellt. Wenn Sie lediglich einen Lesezugriff über das typisierte *DataSet* vornehmen wollen, können Sie den ersten Punkt deaktivieren. Besteht Ihre Abfrage aus einer Verknüpfung mehrerer Tabellen, kann der Assistent keine *Insert*-, *Update*- und *Delete*-Commands erstellen. In diesem Fall müssen Sie die Erstellung im Anschluss manuell vollziehen.

Verwendung von typisierten DataSets

Der zweite Punkt bezieht sich auf die Parallelität beim Aktualisieren der Daten. Standardmäßig erstellt der Assistent *Insert-*, *Update-* und *Delete-*Commands, in deren *WHERE-*Klauseln die Originalwerte aller Spalten der Abfrage abgefragt werden, um zu gewährleisten, dass zwischen der Datenermittlung und Aktualisierung keine Änderungen durch andere Benutzer durchgeführt wurden. Deaktivieren Sie diesen Punkt, werden lediglich die Primärschlüssel in die *WHERE-*Klausel aufgenommen, was zur Identifizierung der jeweiligen Datensätze ausreichend ist, jedoch keinen wirksamen Schutz vor konkurrierenden Schreibzugriffen gewährleistet. Einzelheiten zu diesem Thema finden Sie in diesem Kapitel im Abschnitt »Daten aktualisieren«.

Mit dem letzten Punkt legen Sie fest, ob nach einer Aktualisierung die Daten erneut aus der Datenbank ermittelt werden sollen. Dies ist immer dann erforderlich, wenn bestimmte Spalten von der Datenbank gefüllt werden, wie beispielsweise Identitätsspalten. Wenn Sie zum Beispiel einen neuen Kunden anlegen, diesen speichern und im Anschluss eine Bestellung für ihn anlegen wollen, benötigen Sie den Primärschlüssel des Kunden. Wurde dieser jedoch von der Datenbank vergeben (was im Falle der *netShop-*Datenbank der Fall ist), muss die ID nach der Anlage des Kunden von der Datenbank an den Client übermittelt werden.

Schließen Sie den Dialog und navigieren Sie im *TableAdapter-*Assistenten auf die nächste Seite.

Methodengenerierung steuern

Nun öffnet sich eine Seite in der Sie festlegen können, welche Methoden für den *TableAdapter* erstellt werden sollen (Abbildung 22.26).

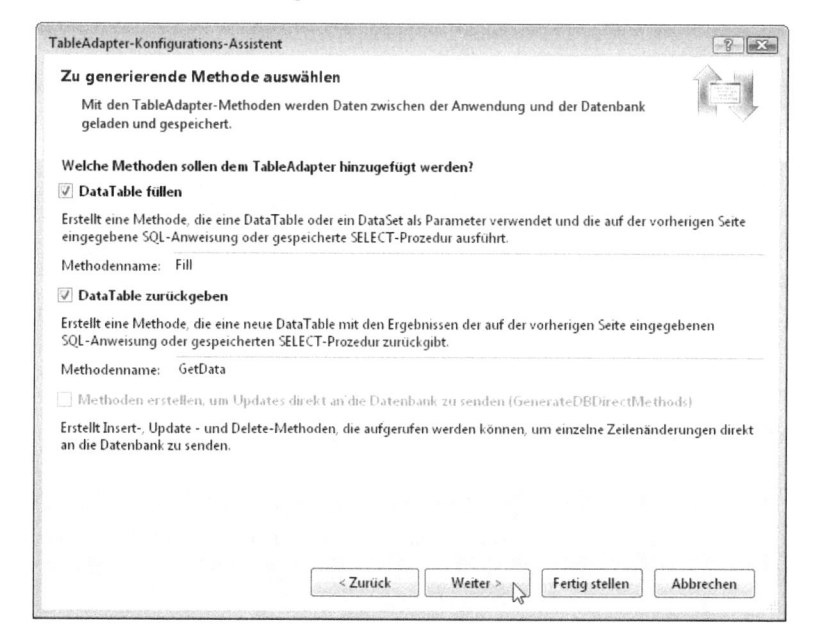

Abbildung 22.26 *TableAdapter-*Assistent: Zugriffsmethoden des *TableAdapter* festlegen

Standardmäßig generiert der Assistent die Methode *Fill*, die ein *DataSet* oder eine *DataTable* entgegennimmt und auf Basis der erstellten Abfrage füllt.

Darüber hinaus können Sie die Methode *GetData* generieren lassen, die ein neu erstelltes *DataTable-*Objekt zurückgibt und ebenfalls die Ergebnisse der Abfrage beinhaltet. In beiden Fällen können Sie die Namen der entsprechenden Methoden den eigenen Wünschen anpassen.

Mit der letzten Option können Sie festlegen, dass Methoden für die direkte Manipulation von Datenbankdaten erstellt werden sollen. Hierbei führen Sie die Änderungen nicht in einem *DataSet* oder einer *DataTable* durch, sondern durch den Aufruf von Methoden des *TableAdapter*. Wenn Sie jedoch eine Abfrage mit mehreren verknüpften Tabellen erstellt haben, steht diese Option nicht zu Verfügung, da der Assistent nicht in der Lage ist, die entsprechenden *Insert-*, *Update-* und *Delete-*Commands zu erstellen.

DataSet-Erstellung starten

Auf der letzten Seite des *TableAdapter*-Assistenten (Abbildung 22.27) werden noch einmal die wichtigsten Optionen zusammengefasst. Wenn es Probleme bei der Generierung gibt, beispielsweise weil das eingegebene T-SQL-Statement fehlerhaft ist, weist Sie der Assistent darauf hin. Hierdurch haben Sie die Möglichkeit, über die Schaltfläche *Zurück* zur entsprechenden Seite zurückzukehren und Ihre Angaben zu ändern.

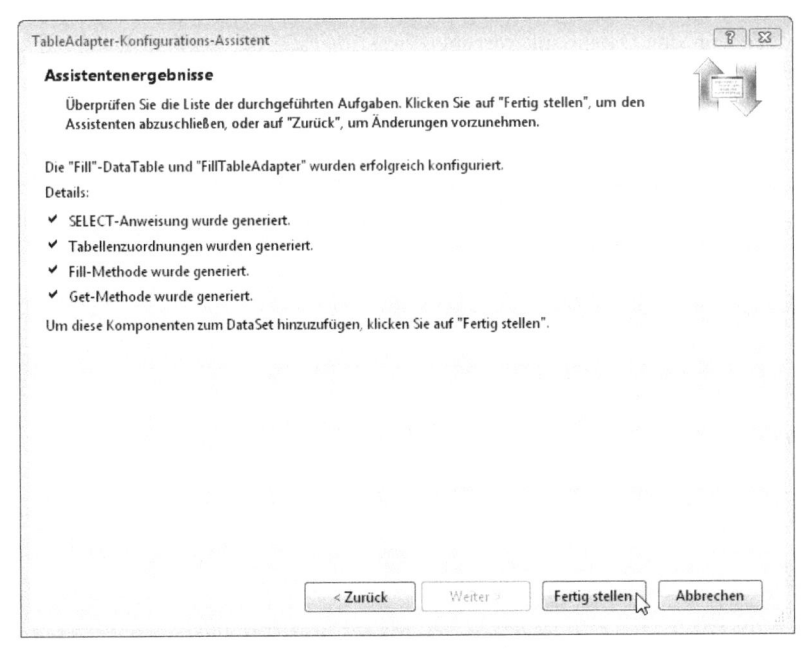

Abbildung 22.27 *TableAdapter*-Assistent: Prüfung der Eingaben

Durch Klicken der *Fertig stellen*-Schaltfläche wird schließlich die Generierung gestartet.

Das erstellte DataSet analysieren

Nach der Erstellung wird der Assistent geschlossen, und Sie können das generierte *DataSet* und den *TableAdapter* im Designer analysieren (Abbildung 22.28).

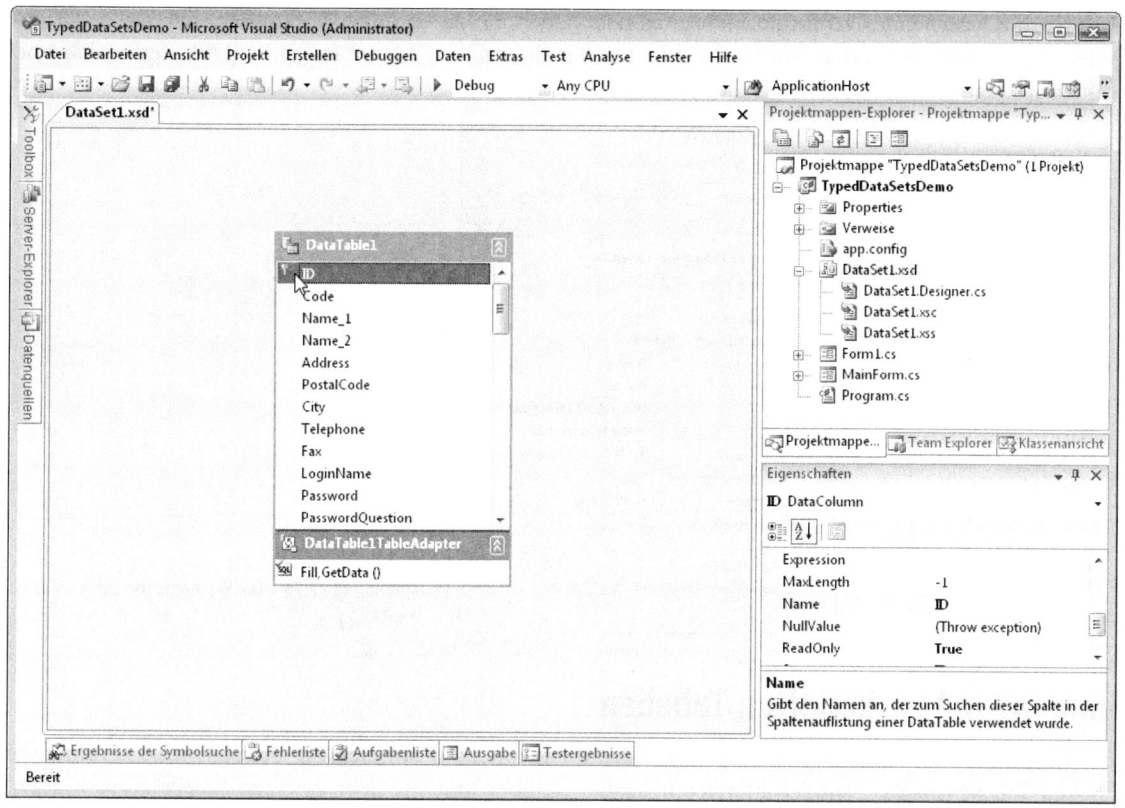

Abbildung 22.28   Das erstellte *DataSet* im Designer

Wenn Sie eine Spalte in der *DataTable* selektieren, werden die entsprechenden Eigenschaften, wie Name oder Datentyp, im Eigenschaftenfenster eingeblendet. Zudem können Sie hier festlegen, welchen Standardwert (*DefaultValue*) die Spalte bei der Neuanlage einer Zeile annehmen soll oder sie mit einem Schreibschutz (*ReadOnly*) versehen.

Im unteren Bereich der *DataTable* ist der zugehörige *TableAdapter* angehängt. Wenn Sie diesen anwählen, können Sie ebenfalls dessen Eigenschaften im Eigenschaftenfenster betrachten (Abbildung 22.29). Hierzu zählen unter anderem die Datenbankverbindung (*Connection*) oder die zugehörigen Commands (*SelectCommand*, *InsertCommand*, *UpdateCommand*, *DeleteCommand*). Neben der reinen Betrachtung ist auch das Ändern der Werte möglich. Dies bietet sich beispielsweise an, wenn der Assistent nicht in der Lage war, *Insert-*, *Update-* und *Delete-*Commands zu erstellen, weil sich die Abfrage auf mehr als eine Tabelle bezog. In diesem Fall könnten Sie die entsprechenden Commands über das Eigenschaftenfenster manuell definieren.

Falls Sie die bestehende Definition ändern wollen, haben Sie zudem die Möglichkeit, den *TableAdapter*-Assistenten erneut zu starten. Hierzu klicken Sie mit der rechten Maustaste in den Adapterbereich und wählen aus dem Kontextmenü den Punkt *Konfigurieren* aus.

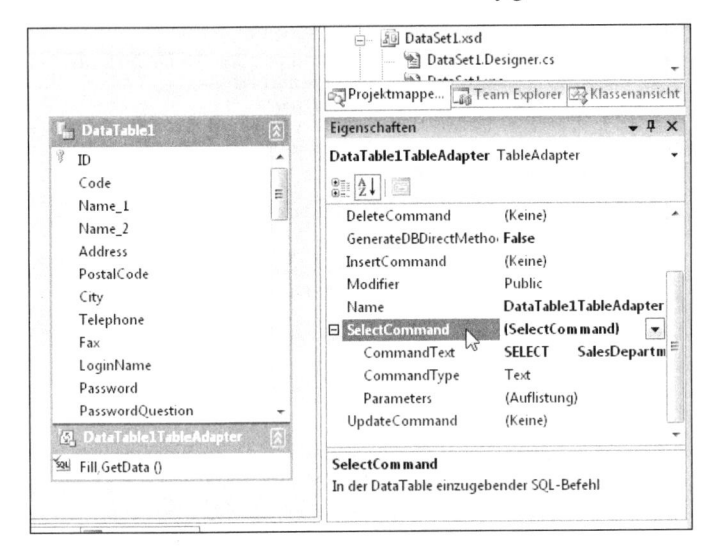

Abbildung 22.29 Die Eigenschaften eines *TableAdapter*

Umgang mit verknüpften Tabellen

Ein typisiertes DataSet kann mehr als eine Tabelle enthalten. So könnten Sie beispielsweise verbundene Lookup-Tabellen in das *DataSet* integrieren, anstatt sie über Joins in einer einzigen Tabelle zu verbinden. Auf diese Weise ist es zum Beispiel später möglich, ein Tabellensteuerelement in einem Dialogfeld zu füllen, in dem die Fremdschlüsselfelder in Form von Auswahlfeldern angezeigt werden. Hätten Sie die Tabellen hingegen über eine Join-Verknüpfung in der Abfrage miteinander verbunden, wäre eine spätere Änderung der Spalte durch den Benutzer nicht ohne Weiteres möglich.

Das *DataSet* in Abbildung 22.30 zeigt mehrere Tabellen, die miteinander verbunden sind.

Verwendung von typisierten DataSets

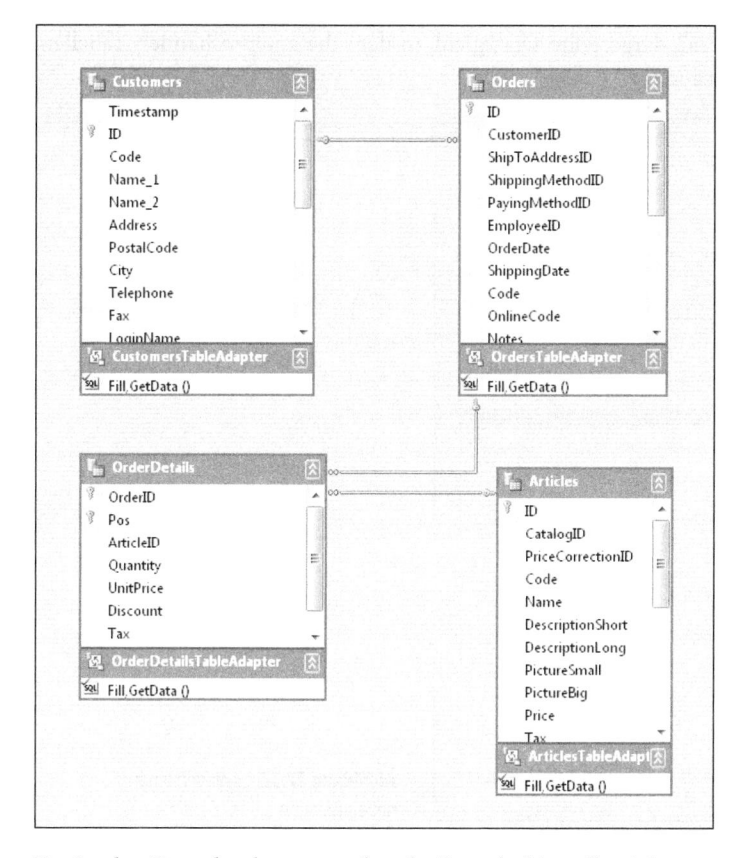

Abbildung 22.30 Verknüpfte Tabellen in einem typisierten DataSet

Da in der Datenbank entsprechende Fremdschlüsselbeziehungen zwischen den Tabellen hinterlegt sind, erstellt der Designer automatisch entsprechende *DataRelation*-Objekte.

Relationen zwischen Tabellen erstellen

Alternativ können Sie die Verbindungen auch manuell erstellen. Hierzu wählen Sie aus der Toolbox ein *Relation*-Element aus und ziehen es auf die Designer-Oberfläche (siehe Abbildung 22.31).

Abbildung 22.31 Manuelles Erstellen einer Relation über die Toolbox

Daraufhin öffnet sich das in Abbildung 22.32 dargestellte Dialogfeld, in dem die entsprechenden Tabellen und Spalten der Verbindung angegeben werden.

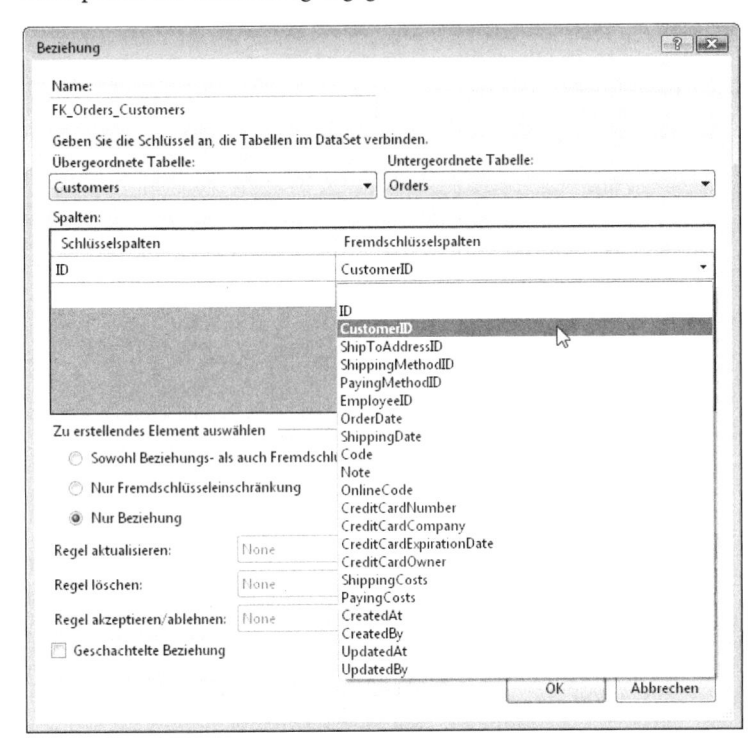

Abbildung 22.32 Anlegen einer neuen Relation

Hierbei können Sie festlegen, ob neben der reinen Verbindung auch eine entsprechende Fremdschlüsseleinschränkung (*Foreign Key Constraint*) erstellt werden soll. Hierbei prüft das *DataSet* beim Aktualisieren der verknüpften Tabelle, ob ein gültiger Fremdschlüssel vergeben wurde. Zudem ist die Konfiguration von kaskadierenden Operationen für die Tabellen möglich. So würde beispielsweise die Fremdschlüsselspalte in der Kindtabelle aktualisiert, wenn sich der Primärschlüssel in der Elterntabelle ändert. Darüber hinaus kann über eine Löschregel festgelegt werden, dass alle Zeilen der Kindtabelle automatisch entfernt werden, wenn der zugehörige Datensatz der Elterntabelle gelöscht wird.

Zugriff auf verbundene Tabellen

Neben den Vorteilen der kaskadierenden Operationen, bieten sich die Relationen jedoch in erster Linie für den programmatischen Zugriff an. Denn wie bereits erwähnt, erstellt der DataSet-Designer automatisch entsprechende *DataRelation*-Objekte. Zudem werden automatisch typisierte Methoden generiert, die den Zugriff auf die verknüpften Tabellen erleichtern. Auf diese Weise ist es beispielsweise möglich, von einem Datensatz der Muttertabelle auf die entsprechenden Kinddatensätze der verbundenen Tabelle zuzugreifen. Das folgende Beispiel verdeutlicht dies:

```
DataSet1 ds = new DataSet1();
DataSet1.OrdersRow[] orders = ds.Customers[0].GetOrdersRows();
```

Hier wurde über die *Customers*-Eigenschaft eines typisierten DataSets auf die Kundentabelle zugegriffen und über dessen Indexer der erste Datensatz ermittelt. Dieser gibt eine typisierte *DataRow*-Instanz zurück, die über die Methode *GetOrdersRows* ein Array der zugehörigen Bestellungen des Kunden anbietet.

Typisierte DataSets an die Oberfläche binden

Visual Studio bietet mit dem so genannten *Datenquellen-Fenster* ein Hilfsmittel an, das Ihnen bei der Bindung von typisierten DataSets an die Oberfläche behilflich ist. Es kann in Visual Studio 2008 jedoch nur in Windows Forms-Projekten verwendet werden. In Visual Studio 2010 werden hingegen auch WPF- und Silverlight-Projekte unterstützt.

Um das *Datenquellen*-Fenster zu aktivieren, wählen Sie im Windows Forms-Designer den Menüpunkt *Daten* und dann *Datenquellen anzeigen* (siehe Abbildung 22.33).

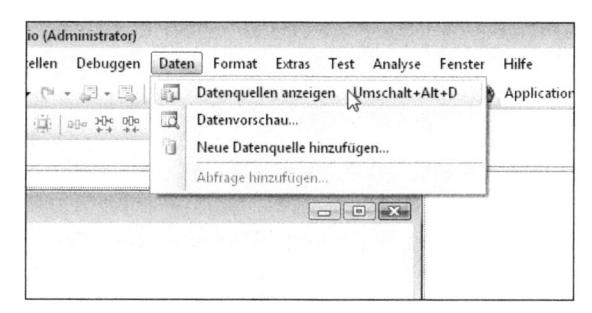

Abbildung 22.33 Das *Datenquellen*-Fenster zur Anzeige bringen

Daraufhin erscheint auf der linken Seite von Visual Studio der in Abbildung 22.34 dargestellte Bereich.

Abbildung 22.34 Das *Datenquellen*-Fenster in Visual Studio

Wenn Sie in Ihrem Projekt bereits typisierte DataSets erstellt haben, werden diese automatisch im *Data Sources*-Fenster angezeigt. Ist dem nicht so, können Sie über die Toolbar des Fensters auch ein neues erstellen. Darüber hinaus bietet das Fenster auch die Möglichkeit, Datenquellen in Form eigener Datenklassen oder Webdienste einzubinden.

Um nun eine Tabelle eines typisierten DataSets an die Oberfläche zu binden, wählen Sie diese zunächst aus. Hierbei erscheint ein Auswahlfeld, über das Sie bestimmen können, welche Darstellungsform die Daten im jeweiligen Dialogfeld annehmen sollen. Standardmäßig stehen *DataGridView* (tabellarische Darstellung) und *Details* (formularbasierte Darstellung) zur Auswahl (siehe Abbildung 22.35).

CD-ROM Das gezeigte Beispiel finden Sie unter dem Namen *TypedDataSetDemo* auf der Buch-CD.

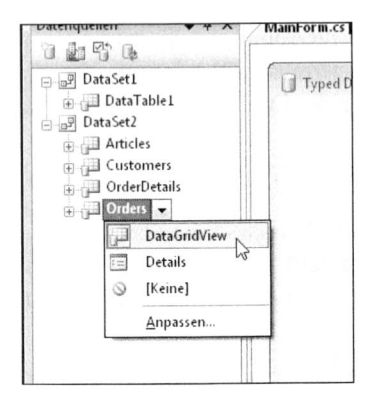

Abbildung 22.35 Vor dem Einfügen einer Datenquelle kann deren Erscheinungsbild ausgewählt werden

Nachdem Sie die gewünschte Darstellungsform ausgewählt haben, ziehen Sie die Tabelle per Drag & Drop in den Windows Forms Designer. In Abbildung 22.36 sehen Sie die eingefügte *Orders*-Tabelle in tabellarischer Darstellung.

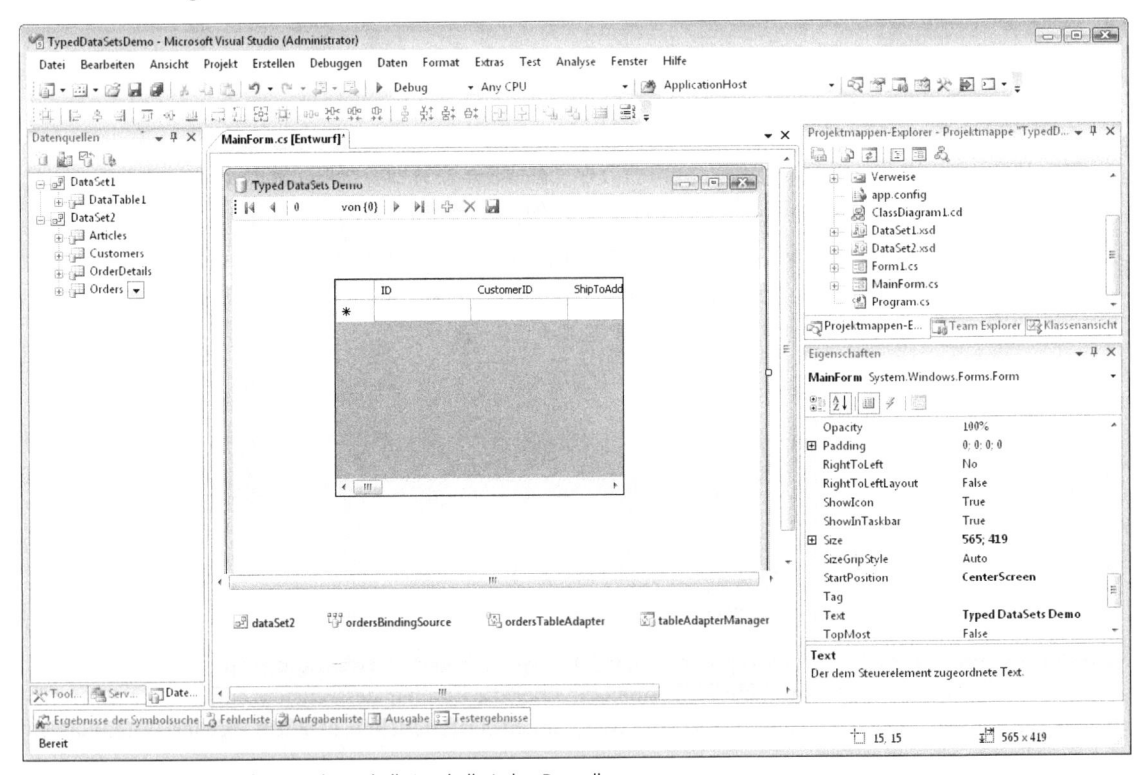

Abbildung 22.36 Die eingefügte *Orders*-Tabelle in tabellarischer Darstellung

Durch die Drag & Drop-Operation wurden die folgenden Komponenten in die Form eingefügt:

- **ordersDataGridView** Ein *DataGridView*-Steuerelement, das mit dem Schema der *Orders*-Tabelle initialisiert wurde. Gebunden ist das Steuerelement über die Eigenschaft *DataSource* an die *ordersBindingSource*-Komponente.

Verwendung von typisierten DataSets

- **ordersBindingSource** Eine *BindingSource*-Komponente, die als Proxy zwischen Datenquelle und Anzeigesteuerelement steht und die Synchronisation zwischen den Parteien übernimmt. Beispielsweise werden Änderungen an der Datenquelle in der Oberfläche aktualisiert, sowie Benutzereingaben an die Datenquelle weitergeleitet. Gebunden ist die Komponente über die Eigenschaften *DataSource* und *DataMember* an das typisierte DataSet (*dataSet2*) beziehungsweise dessen *Orders*-Tabelle.
- **dataSet2** Eine Instanz des typisierten DataSets
- **ordersTableAdapter** Eine Instanz des typisierten TableAdapters der *Orders*-Tabelle. Er dient zum Ermitteln und Speichern von Daten einer Tabelle.
- **tableAdapterManager**: Ein *TableAdapterManager*-Objekt, das ein oder mehrere *TableAdapter* verwaltet. Es wird zur zentralen Speicherung der Änderungen aller *DataTable*-Instanzen im *DataSet* verwendet. Hierbei leitet es die eigentliche Arbeit an die verbundenen *TableAdapter* weiter.
- **ordersBindingNavigator** Eine Toolbar, die mit der *BindingSource*-Komponente verbunden ist und neben der Navigation auch die Neuanlage und das Löschen von Datensätzen über entsprechende Schaltflächen ermöglicht. Alle Aktionen werden hierbei an die verbundene *BindingSource* deligiert.

Zum besseren Verständnis illustriert Abbildung 22.37 noch einmal das Zusammenspiel aller Komponenten auf der Form.

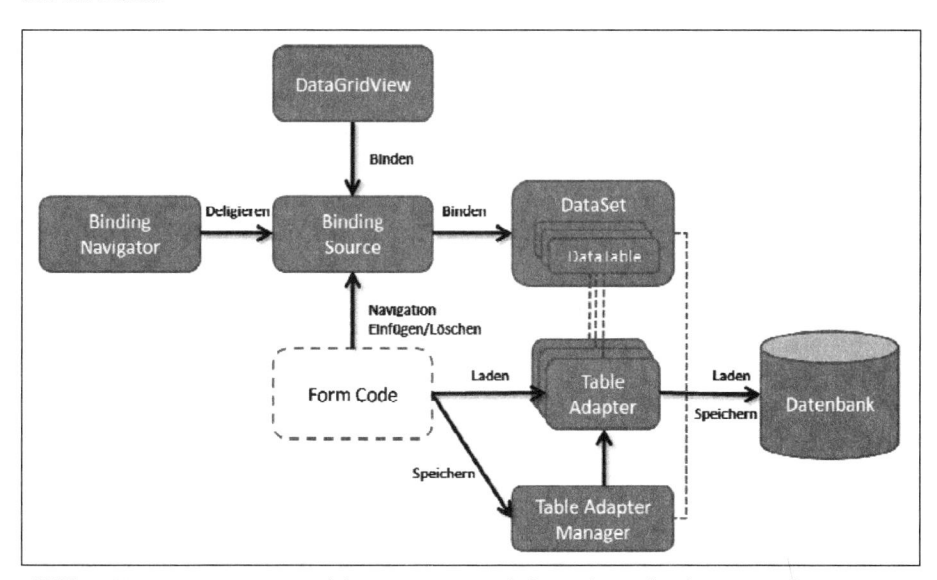

Abbildung 22.37 Das Zusammenspiel der Komponenten nach dem Einfügen über das Datenquellen-Fenster

Neben den Komponenten wurde auch entsprechender Code in der Form hinterlegt. Dieser sorgt beispielsweise dafür, dass die Daten beim Öffnen des Formulars (*Form.Load*-Ereignis) geladen und beim Klicken auf die *Speichern*-Schaltfläche des *BindingNavigators* in der Datenbank aktualisiert werden. Listing 22.50 zeigt den Code, wobei die generierten Stellen mit fetter Schrift markiert sind.

```
public partial class MainForm : Form
{
    public MainForm()
    {
        InitializeComponent();
    }
```

```csharp
private void ordersBindingNavigatorSaveItem_Click(object sender, EventArgs e)
{
    this.Validate();
    this.ordersBindingSource.EndEdit();
    this.tableAdapterManager.UpdateAll(this.dataSet2);

}

private void MainForm_Load(object sender, EventArgs e)
{
    // TODO: This line of code loads data into the 'dataSet2.Orders' table.
    //You can move, or remove
    // it, as needed.
    this.ordersTableAdapter.Fill(this.dataSet2.Orders);
}
}
```

Listing 22.50 Der automatisch generierte Code zur Bindung und Aktualisierung der *Orders*-Tabelle

Zunächst werden in der Ereignisbehandlungsmethode *MainForm_Load* die Daten ermittelt. Hierfür wird die *Fill*-Methode des *TableAdapter* aufgerufen und die Instanz des typisierten DataSets übergeben. Da dieses an die *BindingSource*-Komponente gebunden ist und das *DataGridView*-Steuerelement wiederum an die *BindingSource*, füllt sich dieses nach dem Aufruf automatisch.

In der Methode *ordersBindingNavigatorSaveItem_Click* werden die eingegebenen Daten zunächst validiert. Wurden keine Fehler festgestellt, kann die Eingabe über den Aufruf der *EndEdit*-Methode des *BindingSource*-Objekts beendet werden. Dies ist wichtig, da Änderungen erst dann übertragen werden, wenn der Benutzer die aktuelle Zelle verlässt. Ansonsten kann es Ihnen passieren, dass die letzte Eingabe nicht in der *DataTable* nachvollzogen und somit nicht gespeichert wird. Zuletzt sorgt der Aufruf der *UpdateAll*-Methode des *TableAdapterManager* für die Speicherung. Dieser durchläuft hierbei alle verbundenen *TableAdapter* und veranlasst über sie die Speicherung.

Wie Sie sehen, hat Ihnen Visual Studio bereits die grundlegenden Arbeiten für den Zugriff und die Anzeige der Datenbankdaten abgenommen. Daher können Sie das Projekt ohne weitere Ergänzungen starten und sich die Daten anschauen (siehe Abbildung 22.38).

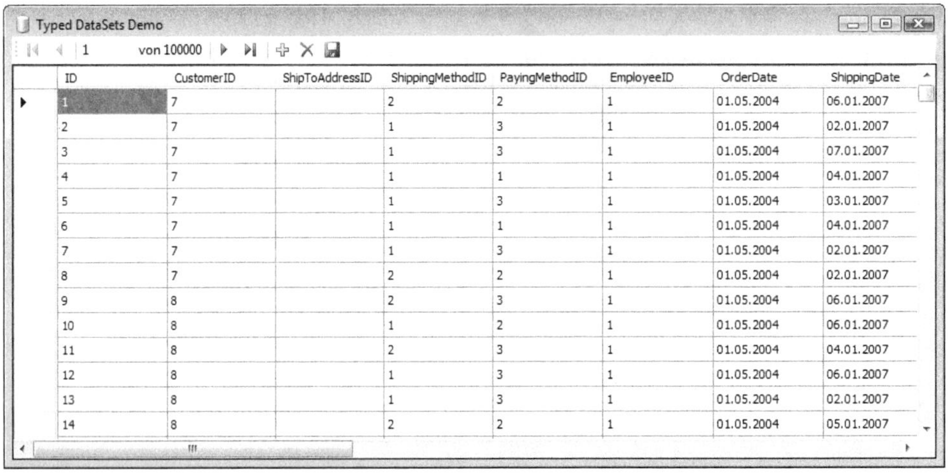

Abbildung 22.38 Nach dem Starten der Anwendung können Sie in den Daten navigieren und Änderungen durchführen

Tabellendarstellung anpassen

Bis hierhin sieht das Ergebnis schon recht passabel aus. Was jedoch sofort auffällt, ist die Anzeige der Fremdschlüsselwerte. So werden beispielsweise in der Spalte *CustomerID* die Nummern statt der Namen der jeweiligen Kunden angezeigt. Gerade wenn der Benutzer in der Tabelle neue Datensätze anlegen soll, benötigt er eine Auswahlliste mit den entsprechenden Namen. Dies ist jedoch ohne größeren Aufwand möglich, da das *DataGridView*-Steuerelement alles hierfür Nötige bereitstellt.

Um die Spalten anzupassen, klicken Sie die Tabelle im Designer an und wählen im unteren Bereich des Eigenschaftenfensters den Punkt *Spalten bearbeiten* aus (Abbildung 22.39).

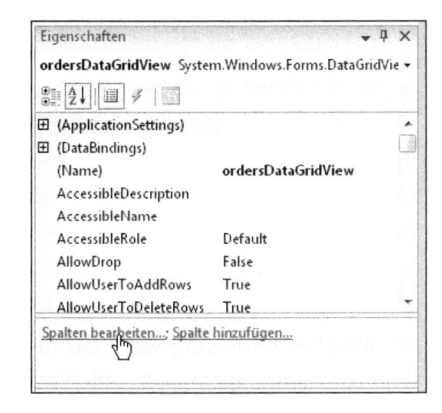

Abbildung 22.39 Über das Eigenschaftenfenster können die Spaltendefinitionen bearbeitet werden

Daraufhin öffnet sich das in Abbildung 22.40 dargestellte Dialogfeld, in dem Sie im linken Bereich eine Spalte auswählen, die Sie im rechten Bereich bearbeiten können. Um nun beispielsweise die Spalte *CustomerID* als *ComboBox* darzustellen, gehen Sie wie folgt vor:

1. Ändern Sie die Eigenschaft *ColumnType* auf den Wert *DataGridViewComboBoxColumn* (siehe Abbildung 22.40).

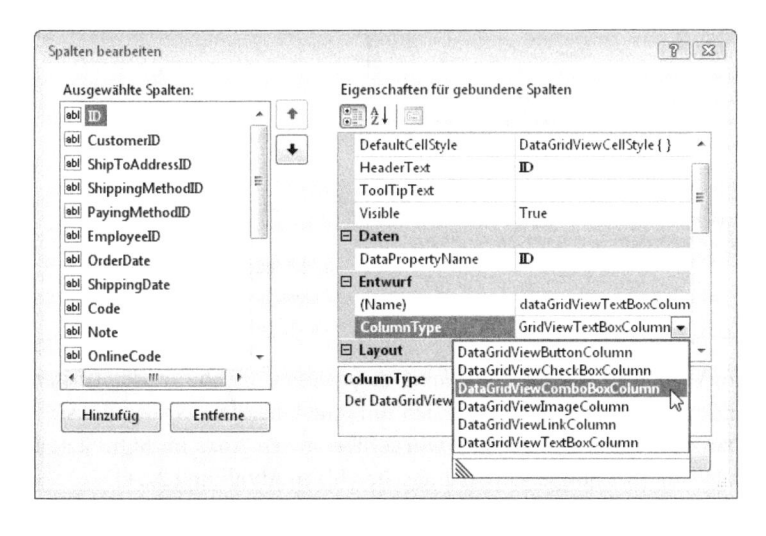

Abbildung 22.40 Ändern des Spaltentyps

2. Weisen Sie der Eigenschaft *DataSource* die Tabelle *Customer* zu. Extrahieren Sie in der Auswahlbox hierzu den Bereich *Weitere Datenquellen/Projektdatenquellen*, und wählen Sie die *Customer*-Tabelle aus dem entsprechenden *DataSet* aus (siehe Abbildung 22.41).

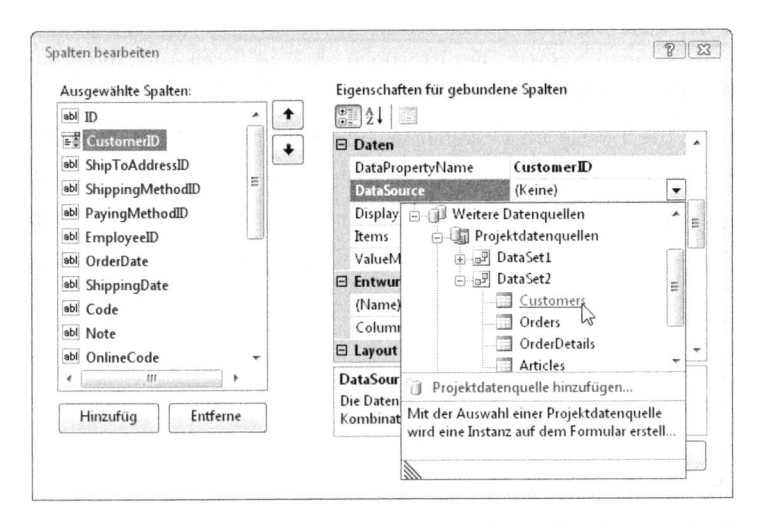

Abbildung 22.41 Auswahl der Datenquelle für die *ComboBox*

3. Wählen Sie in den Eigenschaften *DataMember* und *ValueMember* die Anzeige- beziehungsweise Datenspalte aus. Die Datenspalte stellt hierbei – zusammen mit der *DataPropertyName*-Eigenschaft – die Verbindung zwischen der *Order*- und der *Customer*-Tabelle her (siehe Abbildung 22.42).

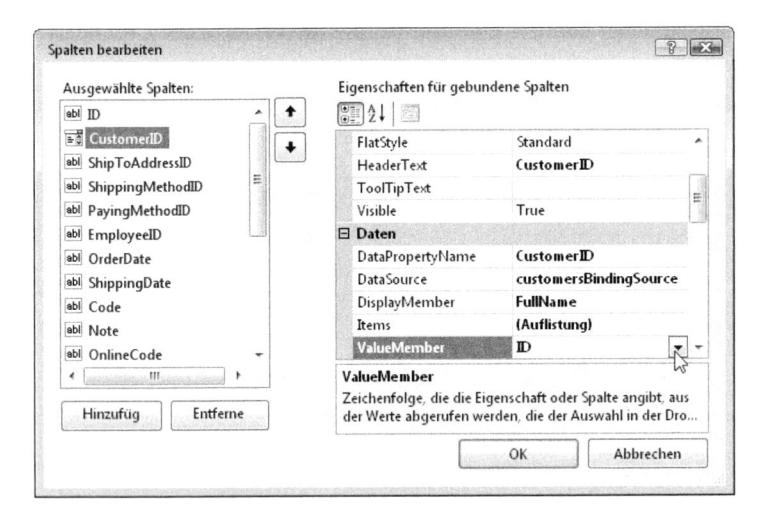

Abbildung 22.42 Festlegen der Eigenschaften *DisplayMember* und *ValueMember*

In diesem Beispiel wurde als *DisplayMember* die Spalte *FullName* zugewiesen, welche in der *Customer*-Tabelle jedoch nicht physisch vorhanden ist. Hierbei handelt es sich um eine künstliche Spalte, die sich aus den Feldern *Name_1* und *Name_2* zusammensetzt. Die Spalte wurde über einen Alias im SQL-Statement der zugehörigen *DataTable* realisiert. Die hierfür nötige Anpassung sehen Sie in Abbildung 22.43.

Verwendung von typisierten DataSets

> **TIPP** Im Dialogfeld *Spalten bearbeiten* können Sie auch den Spaltentitel über die Eigenschaft *HeaderText* ändern. Darüber hinaus können Sie über die Eigenschaften *Visible* und *ReadOnly* steuern, ob die Spalte ausgeblendet werden soll und Änderungen erlaubt sind. Abhängig vom jeweiligen *ColumnType* werden weitere Eigenschaften angeboten.

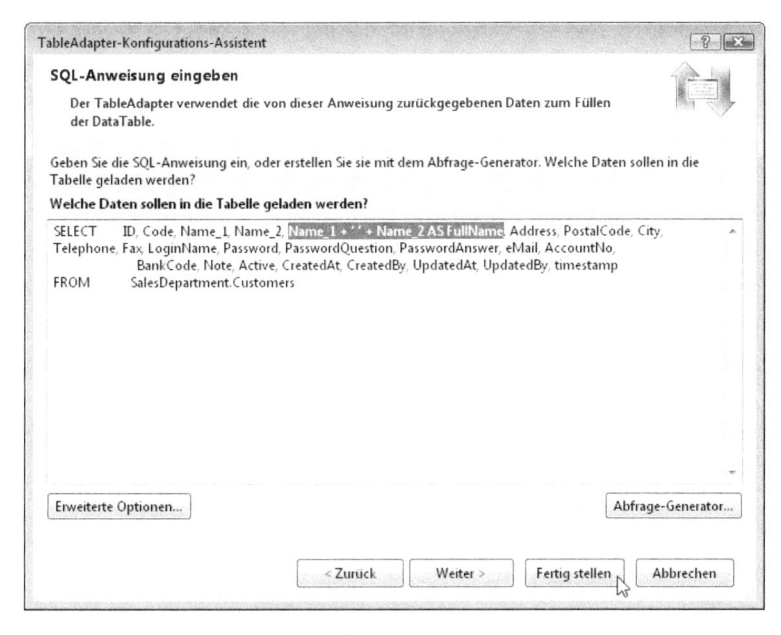

Abbildung 22.43 Erweiterung der *DataTable* um die Spalte *FullName*

Wenn Sie die beschriebenen Änderungen durchgeführt haben, sollte die Anwendung zur Laufzeit wie in Abbildung 22.44 dargestellt aussehen.

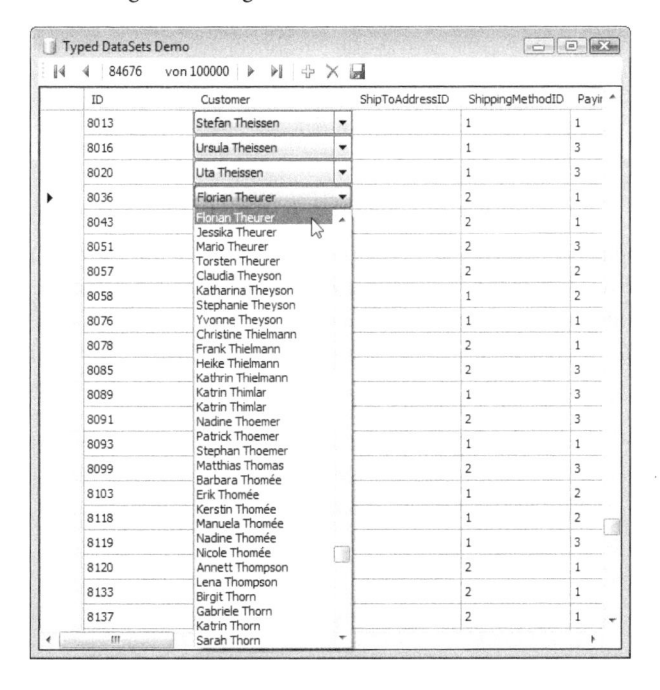

Abbildung 22.44 Die Auswahlliste zur Laufzeit

Daten in formularbasierter Darstellung binden

Alternativ zur tabellarischen Darstellung bietet das Fenster *Datenquellen* auch die Möglichkeit; die Daten in Formularform auf den Bildschirm zu bringen. Hierfür brauchen Sie einfach nur die entsprechende Tabelle im *Datenquellen*-Fenster auf die Darstellungsform *Details* zu stellen (siehe Abbildung 22.45).

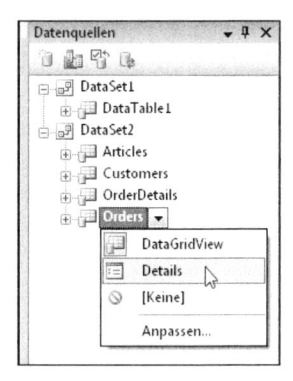

Abbildung 22.45 Ändern der Darstellungsform einer Tabelle im *Datenquellen*-Fenster

Darüber hinaus können Sie für jede Spalte festlegen, in welcher Form (*TextBox*, *ComboBox* usw.) diese dargestellt werden soll (siehe Abbildung 22.46).

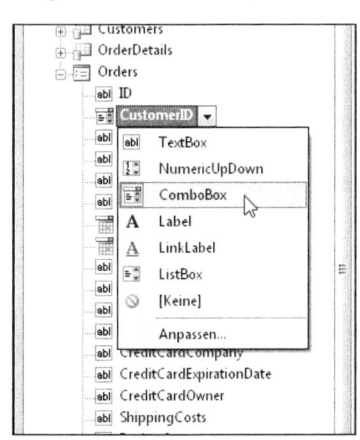

Abbildung 22.46 Ändern der Spaltendarstellungen im *Datenquellen*-Fenster

Wenn Sie alle Spalten entsprechend angepasst haben, können Sie die Tabelle per Drag & Drop auf die Form ziehen. Alternativ ist auch das Einfügen einzelner Spalten möglich. Das Prinzip ist hierbei das gleiche wie bei der tabellarischen Darstellung. Jedoch werden hierbei statt eines *DataGridView*-Steuerelements, entsprechende Detailsteuerelemente, wie Beschriftungs- und Textfelder eingefügt. Abbildung 22.47 zeigt die Form nach dem Einfügen der *Orders*-Tabelle.

Verwendung von typisierten DataSets

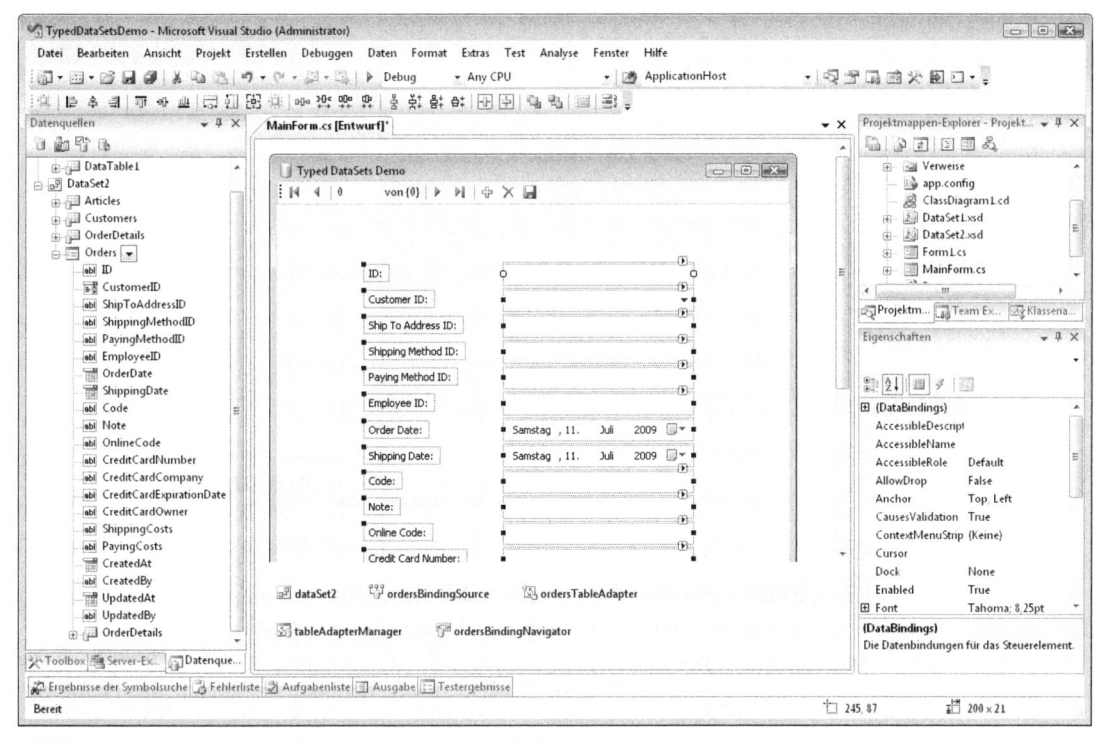

Abbildung 22.47 Die Form nach dem Einfügen der *Orders*-Tabelle

Wie schon bei der tabellarischen Darstellung wird auch in der Detailansicht der nötige Code für die Datenermittlung und Bindung automatisch einfügt..

CD-ROM Das gezeigte Beispiel finden Sie unter dem Namen *TypedDataSetsDemo* auf der Buch-CD.

Detaildarstellung anpassen

Für die Bindung von Kombinationsfeldern (*ComboBox*) müssen Sie jedoch – analog zur Tabellendarstellung – einige zusätzliche Anpassungen vornehmen. Klicken Sie hierfür die jeweilige *ComboBox* an, und bearbeiten Sie im Eigenschaftenfenster die folgenden Eigenschaften:

- **DataSource** Hier müssen Sie die entsprechende Lookup-Tabelle angeben. Wenn Sie wie im oberen Beispiel die *CustomerID*-Spalte als *ComboBox* darstellen wollen, wäre dies die *Customers*-Tabelle.
- **DisplayMember** Der Name der Anzeigespalte aus der Lookup-Tabelle
- **ValueMember** Der Name der Spalte, auf die sich der Fremdschlüssel bezieht. In diesem Beispiel wäre dies die Spalte *ID*, die sich auf die *CustomerID*-Spalte der *Orders*-Tabelle bezieht.

Anders als bei Auswahllisten im *DataGridView* haben Sie bei *ComboBox*-Steuerelementen jedoch keine Eigenschaft *DataPropertyName*, um die Bindung zur jeweiligen Fremdschlüsselspalte festzulegen. Stattdessen wird standardmäßig die *Text*-Eigenschaft des Steuerelements an die entsprechende Spalte der *DataTable* gebunden. Bei einer ComboBox führt dies aber dazu, dass im Textfeld die ID statt des Namens des jeweiligen Kunden angezeigt wird. Daher müssen Sie die Bindung noch ein wenig modifizieren. Expandieren Sie hierzu im Eigenschaftenfenster den Bereich *(DataBindings)* und wählen den Eintrag *(Erweitert)* aus. Daraufhin erscheint das in Abbildung 22.48 dargestellte Dialogfeld.

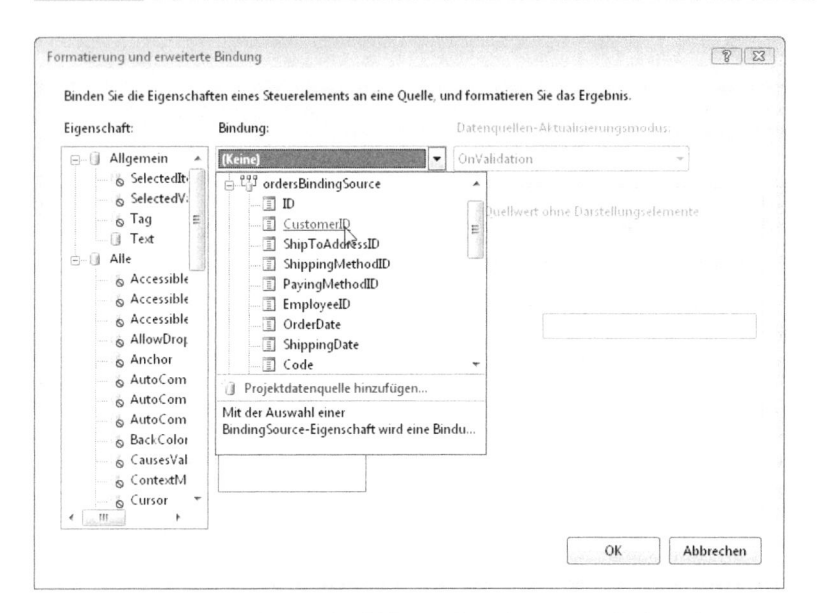

Abbildung 22.48 Anpassen der Eigenschaftenbindung eines Steuerelements

Auf der linken Seite des Dialogfelds werden die Eigenschaften des Steuerelements aufgelistet, die gebunden werden können. Ein kleines Datenbanksymbol vor der Eigenschaft signalisiert hierbei, dass bereits eine Bindung besteht. Wählen Sie nun die bereits gebundene Eigenschaft *Text* aus. Diese wurde standardmäßig an die Spalte *CustomerID* der *Orders*-Tabelle gebunden. Da im Textfeld des Steuerelements jedoch der Name des jeweiligen Kunden und nicht dessen ID angezeigt werden soll, ändern Sie im rechten Bereich unter *Bindung* die Bindung (in diesem Beispiel wählen Sie die *FullName*-Spalte der *Customers*-Tabelle). Damit bei einer Änderung der Auswahl jedoch die entsprechende ID in der *Orders*-Tabelle hinterlegt wird, müssen Sie zusätzlich die Eigenschaft *SelectedValue* mit einer Bindung zur *Orders.CustomerID*-Spalte versehen.

Wenn Sie alle Änderungen durchgeführt haben, sollte Ihre Form zur Laufzeit wie in Abbildung 22.49 dargestellt erscheinen.

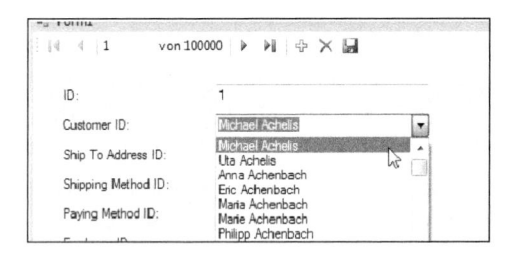

Abbildung 22.49 Die *ComboBox* zeigt nach der Anpassung der Bindung den Namen des Kunden, und nicht dessen ID an

Umgang mit binären Daten

Datenbanken enthalten neben einfachen Texten und Zahlen häufig auch Binärdaten. Dies könnten beispielsweise Dokumente, Mitarbeiterfotos oder Videos sein. SQL Server bietet hierfür eine Reihe von Datentypen, wie *text*, *varbinary* oder *image*. Der Umgang mit diesen Typen ist etwas schwieriger, da die Daten beim Lesen und Schreiben in Form von Byte-Arrays übertragen werden müssen.

CD-ROM Die Beispielanwendung zu diesem Kapitel finden Sie unter dem Namen *BinaryDataDemo* auf der Buch-CD.

Binäre Daten abrufen

Das Ermitteln von Binärdaten funktioniert im Grunde genauso wie das anderer Datentypen. Sie formulieren eine *SELECT*-Abfrage, führen sie mit der *SqlCommand*-Klasse aus und bekommen daraufhin die Daten übergeben. Der eigentliche Aufwand besteht nun darin, die binären Daten in den entsprechenden .NET-Typ umzuwandeln. Schauen Sie sich zunächst einmal das folgende Beispiel an:

```
using (SqlConnection connection = new SqlConnection(CONNECTION_STRING))
{
    string sql = "SELECT PictureBigBLOB FROM Product.Articles WHERE ID=@ID";
    SqlCommand command = new SqlCommand(sql, connection);

    // ID-Parameter
    command.Parameters.AddWithValue("@ID", 1);

    // Abfrage ausführen
    connection.Open();
    byte[] image = (byte[])command.ExecuteScalar();

    // Bild erstellen
    ...
}
```

Listing 22.51 Abfragen von binären Daten

Hier wurde auf die Tabelle *Product.Articles* zugegriffen und aus der Spalte *PictureBigBLOB* das Artikelfoto ermittelt. Da die Abfrage lediglich eine einzige Spalte beinhaltet, können die Daten mit der *ExecuteScalar*-Methode abgerufen werden. Da es sich bei *PictureBigBLOB* jedoch um ein Feld vom Typ *Image* handelt, werden die Daten nicht in einem konkreten Format, sondern lediglich als *Byte*-Array zurückgegeben. Somit müssen die Daten entsprechend konvertiert werden.

Leider kann das Byte-Array nicht direkt in ein *Image* gewandelt werden. Die *Image*-Klasse bietet jedoch die statische Methode *FromStream*. Sie erwartet ein *Stream*-Objekt, über das die Bytes ausgelesen werden können. Da *Stream* eine abstrakte Basisklasse ist, dient sie an dieser Stelle lediglich als Platzhalter für entsprechende Ableitungen, wie beispielsweise *FileStream* oder *MemoryStream*.

Letztere kann verwendet werden, um Binärdaten aus dem Speicher auszulesen, wie dies in unserem Fall erforderlich ist. Hierbei übergeben Sie im Konstruktor neben den Bytes die Startposition im Array, von der mit dem Auslesen begonnen werden soll, sowie die Länge des auszulesenden Bereichs. Im Ergebnis könnte dies nun beispielsweise wie folgt aussehen:

```
using (MemoryStream stream = new MemoryStream(image, 0, image.Length))
{
    this.previewPictureBox.Image = Bitmap.FromStream(stream);
}
```

Alternativ können Sie das Bild auch in einer Datei speichern. Hierzu erstellen Sie eine neue Instanz von *FileStream*, weisen dieser den gewünschten Dateinamen zu und schreiben das *Byte*-Array über die *Write*-Methode:

```
FileStream fs = new FileStream("c:\\Bild.bmp", FileMode.Create);
fs.Write(image, 0, image.Length);
fs.Close();
```

Binäre Daten speichern

Das Speichern von Binärdaten funktioniert im Grunde nach dem gleichen Prinzip wie das Auslesen, nur in umgekehrter Reihenfolge. Zuerst wandeln Sie den entsprechenden Typ in ein Byte-Array und übergeben dieses dann dem entsprechenden *SqlParameter*-Objekt.

In folgendem Beispiel wird ein Bild über den *Datei öffnen*-Dialog abgerufen.

```
// Dateidialogfeld öffnen
OpenFileDialog dialog = new OpenFileDialog();
dialog.Title = "Bild öffnen...";
dialog.Filter = "Windows Bitmap|*.bmp|Alle Dateien|*.*";
if (dialog.ShowDialog(this) == DialogResult.OK)
{
    // Datei einlesen
    byte[] buffer;
    using (FileStream stream =
        new FileStream(dialog.FileName, FileMode.Open, FileAccess.Read))
    {
        buffer = new byte[stream.Length];
        stream.Read(buffer, 0, (int)stream.Length);
    }
    …
}
```
Listing 22.52 Ermitteln von binären Daten

Hat der Benutzer über den Dialog eine Datei angegeben, kann sie mit der *FileStream*-Klasse eingelesen werden. Die Erstellung des *Byte*-Array besteht hierbei lediglich aus der Deklaration einer Variablen, wobei die Größe des Arrays über die *Length*-Eigenschaft des *FileStream*-Objekts ausgelesen werden kann. Durch Aufruf von *FileStream.Read* werden die Bytes daraufhin in ein Array übertragen. Hierbei geben Sie die Startposition im Stream sowie die Länge des auszulesenden Bereichs an.

Nun können die Daten in die Datenbank übertragen werden. Hierfür erstellen Sie eine parametrisierte Abfrage und definieren ein entsprechendes *SqlParameter*-Objekt – in diesem Fall vom Typ *Image*.

```
using (SqlConnection connection = new SqlConnection(CONNECTION_STRING))
{
    string sql = "UPDATE Product.Articles SET PictureBigBLOB=@Photo WHERE ID=@ID";
    SqlCommand command = new SqlCommand(sql, connection);

    // Photo-Parameter
    SqlParameter photoParam =
        command.Parameters.Add("Photo", SqlDbType.Image);
    photoParam.Value = buffer;

    // ID-Parameter
    command.Parameters.AddWithValue("ID", 1);

    // Update ausführen
    connection.Open();
    command.ExecuteNonQuery();
}
```
Listing 22.53 Aktualisieren von Binärdaten in der Datenbank

Wie Sie sehen, besteht die einzige Schwierigkeit beim Umgang mit Binärdaten in der Konvertierung vom jeweiligen Datentyp in ein *Byte*-Array und zurück. Haben Sie diese Hürde erst einmal gemeistert, ist das Ermitteln und Speichern nicht anders als bei »normalen« Datentypen.

Umgang mit XML-Daten

SQL Server bietet die Möglichkeit, Ergebnismengen nicht nur in Form flacher Tabellen, sondern auch als hierarchische XML-Strukturen zurückzugeben. In den folgenden Abschnitten lernen Sie diese Möglichkeiten kennen.

XML-Daten mit der FOR XML-Klausel abrufen

Mit der *FOR XML*-Klausel bietet SQL Server eine sehr komfortable Möglichkeit, Ergebnismengen in XML-Form zu ermitteln. Wie in Kapitel 36 beschrieben, brauchen Sie im einfachsten Fall die jeweilige Abfrage lediglich um die Klausel *FOR XML AUTO* zu erweitern. Beispiel:

```
SELECT ID, Name_1
FROM Sales.Customers
FOR XML AUTO
```

Hierbei gibt SQL Server die Ergebnismenge in Form mehrerer XML-Elemente zurück, die jeweils den Namen der entsprechenden Tabellen tragen. Das Ergebnis sieht dann beispielsweise so aus:

```
<Sales.Customers ID="2" Name_1="Marina" />
<Sales.Customers ID="1" Name_1="Ute" />
<Sales.Customers ID="3" Name_1="Yvonne" />
<Sales.Customers ID="4" Name_1="Felix" />
<Sales.Customers ID="5" Name_1="Julia" />
<Sales.Customers ID="6" Name_1="Karolin" />
<Sales.Customers ID="7" Name_1="Niklas" />
<Sales.Customers ID="8" Name_1="Ralph" />
<Sales.Customers ID="9" Name_1="Sophie" />
<Sales.Customers ID="10" Name_1="Stefanie" />
<Sales.Customers ID="11" Name_1="Anja" />
<Sales.Customers ID="12" Name_1="Eric" />
<Sales.Customers ID="13" Name_1="Mathias" />
<Sales.Customers ID="14" Name_1="Alexander" />
<Sales.Customers ID="15" Name_1="Lukas" />
...
```

In dieser Form lassen sich die Daten jedoch noch nicht gut bearbeiten, da Sie kein gemeinsames Wurzelelement besitzen. Dieses können Sie jedoch sehr leicht erstellen, indem Sie die Abfrage um die *ROOT*-Option erweitern, die den Namen des Wurzelknotens als Parameter entgegennimmt.

```
SELECT ID, Name_1
FROM Sales.Customers
FOR XML AUTO, ROOT('CustomerList')
```

Zum Auslesen von XML-Daten bietet die *SqlCommand*-Klasse die *ExecuteXmlReader*-Methode. Sie liefert eine *System.Xml.XmlReader*-Instanz zurück, mit der die Daten verarbeitet werden können. Den *XmlReader* können Sie nun – analog zum *SqlDataReader* in einer Schleife durchlaufen und die Knoten zeilenweise verarbeiten.

In folgendem Beispiel sollen einige Daten der *Customers*-Tabelle in XML-Form ermittelt und über ein *WebBrowser*-Steuerelement zur Anzeige gebracht werden.

```csharp
string connectionString = "Data Source=.;Initial Catalog=netShop;Integrated Security=True";
using (SqlConnection connection = new SqlConnection(connectionString))
{
    string sql =
        "SELECT ID, Name_1 " +
        "FROM Sales.Customers " +
        "FOR XML AUTO, ROOT('CustomerList')";
    SqlCommand command = new SqlCommand(sql, connection);

    connection.Open();
    string fileName = Path.GetTempFileName() + ".xml";
    using (XmlReader reader = command.ExecuteXmlReader())
    {
        using (XmlWriter writer = XmlWriter.Create(fileName))
        {
            while (reader.Read())
            {
                writer.WriteRaw(reader.ReadOuterXml());
            }
            writer.Close();
        }
        reader.Close();
    }

    if (File.Exists(fileName))
    {
        this.webBrowser1.Navigate("file://" + fileName);
    }
}
```

Listing 22.54 Ermitteln und Anzeigen von XML-Daten

CD-ROM   Das Beispiel finden Sie unter dem Namen *ForXmlDemo* auf der Buch-CD.

Zunächst wird die Abfrage mit der *ExecuteXmlReader*-Methode ausgeführt. Um das XML im *WebBrowser*-Steuerelement anzuzeigen, müssen die Daten in einer temporären Datei zwischengespeichert werden. Die Generierung des temporären Dateinamens übernimmt in diesem Fall die statische *GetTempFileName*-Methode der *Path*-Klasse. Die Ausgabe der XML-Dateien wird mithilfe der *XmlWriter*-Klasse durchgeführt. Zum Füllen der Datei übernimmt die *WriteRaw*-Methode das über den *XmlReader* ausgelesene XML. Das Auslesen erfolgt hierbei in einer *While*-Schleife, die solange durchlaufen wird, bis die *Read*-Methode keine Ergebnisse mehr liefert.

Schließlich kann die erzeugte XML-Datei mit dem *WebBrowser*-Steuerelement angezeigt werden. Hierfür übergeben Sie der *Navigate*-Methode den temporären Dateinamen. Hierbei müssen Sie zusätzlich das Präfix *file://* anhängen.

Das Ergebnis des Beispielprogramms sehen Sie in Abbildung 22.50.

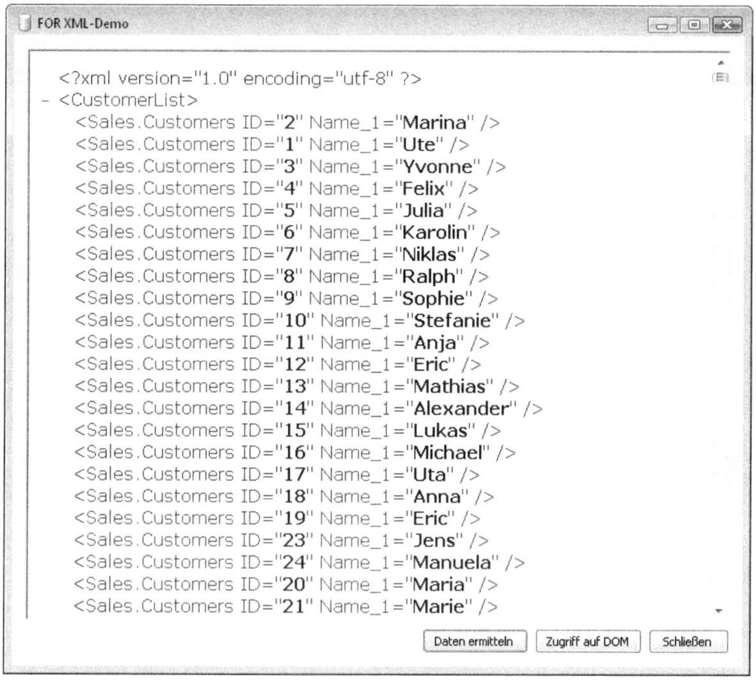

Abbildung 22.50 Das Ergebnis der FOR XML-Abfrage

Auf das ermittelte XML zugreifen

Wenn Sie programmatisch auf das ermittelte XML zugreifen wollen, bietet es sich an, den *XmlReader* in ein *XmlDocument*-Objekt zu überführen. Hierzu erstellen Sie zunächst eine neue Instanz von *XmlDocument* und initialisieren diese über die *Load*-Methode. *Load* liest hierbei die Daten mithilfe der übergebenen *XmlReader*-Instanz und erstellt ein *Document Object Model* (DOM), über das Sie recht komfortabel auf die einzelnen Bestandteile des XML zugreifen können. Dies funktioniert jedoch nur, wenn Sie ein komplettes XML-Dokument mit Ihrer Datenbankabfrage ermitteln, welches ein eindeutiges Wurzelelement enthält.

In folgendem Beispiel wird ein neues *XmlDocument*-Objekt auf Basis eines *XmlReader*s erstellt. Daraufhin wird mit einem *XPath*-Ausdruck das *Name_1*-Attribut des ersten Knotens ermittelt:

```
string connectionString = "Data Source=.;Initial Catalog=netShop;Integrated Security=True";
using (SqlConnection connection = new SqlConnection(connectionString))
{
    connection.Open();
    string sql = "SELECT ID, Name_1 FROM Sales.Customers FOR XML AUTO, ROOT('CustomerList')";
    SqlCommand command = new SqlCommand(sql, connection);
    XmlReader reader = command.ExecuteXmlReader();
    XmlDocument document = new XmlDocument();
    document.Load(reader);
    XmlNode node = document.SelectSingleNode("/CustomerList/Sales.Customers[1]/@Name_1");
    MessageBox.Show(node.InnerText);
}
```

Listing 22.55 Zugriff auf ermittelte XML-Daten über die *XmlDocument*-Klasse

CD-ROM Das Beispiel finden Sie unter dem Namen *ForXmlDemo* auf der Buch-CD.

Umgang mit dem XML-Datentyp

Wenn Sie eine Abfrage ausführen, die in der Ergebnismenge eine XML-Spalte enthält, haben Sie mehrere Möglichkeiten. Enthält die Abfrage nur die XML-Spalte, so können Sie – wie oben beschrieben – mit der *ExecuteXmlReader*-Methode das XML direkt ermitteln. Sind noch andere Spalten enthalten, müssen Sie zunächst den Inhalt der XML-Spalte ermitteln. Diesen können Sie beispielsweise mit der *GetSqlXml*-Methode der *SqlDataReader*-Klasse auslesen.

```
string connectionString = "Data Source=.;Initial Catalog=netShop;Integrated Security=True";
using (SqlConnection connection = new SqlConnection(connectionString))
{
    connection.Open();
    SqlCommand command = new SqlCommand("SELECT ID, CV FROM Management.Employees WHERE ID=1", connection);
    SqlDataReader reader = command.ExecuteReader();
    reader.Read();
    string xml = reader.GetSqlXml(0).Value;
    XmlReader xmlReader = reader.GetSqlXml(0).CreateReader();
    ...
}
```

Listing 22.56 Auslesen einer XML-Spalte mit der *SqlDataReader.GetSqlXml*-Methode

CD-ROM Das Beispiel finden Sie unter dem Namen *XmlDataTypeDemo* auf der Buch-CD.

Hier wurde die Spalte *CV* aus der Tabelle *Management.Employees* ermittelt und über die *GetSqlXml*-Methode ausgelesen. Hierbei wurde der Index der *CV*-Spalte übergeben. *GetSqlXml* gibt ein Objekt von *System.Data.SqlTypes.SqlXml* zurück. Mit diesem können Sie nun auf unterschiedliche Weise arbeiten. Im oberen Beispiel wurde lediglich die *Value*-Eigenschaft abgefragt, die das enthaltene XML in Form einer Zeichenkette zurückgibt. Alternativ können Sie sich auch eine *XmlReader*-Instanz erzeugen lassen, wenn Sie das XML zeilenweise verarbeiten wollen. Hierfür bietet die *SqlXml*-Klasse die *CreateReader*-Methode.

```
...
SqlXml sxml = reader.GetSqlXml(1);
XmlReader xmlReader = sxml.CreateReader();
...
```

XML-Daten transformieren

Einer der Vorteile, wenn Sie mit XML als Datenformat arbeiten, ist die Möglichkeit der Transformation. Denn XML-Daten können mit XSLT in nahezu jedes Format transformiert werden. Eine komplette Abhandlung von XSLT würde an dieser Stelle den Rahmen sprengen, anhand einiger Beispiele werden Sie jedoch sehr schnell den Ablauf einer Transformation verstehen.

Das .NET Framework bietet für XML-Transformationen die Klasse *XslCompiledTransform*. Sie kann ein XML-Dokument auf Basis eines XSL-Stylesheets transformieren und das Ergebnis in eine Datei schreiben. Das folgende Beispiel demonstriert die Verwendung:

```
XslCompiledTransform trans = new XslCompiledTransform();
trans.Load("Transform.xsl");
trans.Transform("input.xml", "output.xml");
```

Hier wurde über die *Load*-Methode zunächst ein XSL-Stylesheet zugewiesen. Über die *Transform*-Methode kann daraufhin die Transformation durchgeführt werden. Hierbei werden lediglich die Namen der Quell- und Zieldatei angegeben.

Wenn Sie das XML jedoch aus der Datenbank ermitteln, wäre es ein gewisser Overhead, das XML in einer Datei zwischenzuspeichern, nur um es im Anschluss transformieren zu können. Daher bietet die *Transform*-Methode eine Überladung, die eine *XmlReader*-Instanz entgegennimmt.

```
public void Transform(XmlReader input, XsltArgumentList arguments, TextWriter results);
```

Neben dem *XmlReader* müssen Sie zusätzlich ein *XsltArgumentList*-, sowie ein *TextWriter*-Objekt übergeben. Während *XsltArgumentList* optionale Argumente für die Transformation definiert, verweist *TextWriter* auf die Ausgabedatei. Mit diesen Informationen könnten Sie eine Methode wie die Folgende schreiben.

```
private void ExecuteAndTransform(SqlCommand command, string xlsFileName, string outputFileName)
{
    using (XmlReader reader = command.ExecuteXmlReader())
    {
        using (TextWriter writer = File.CreateText(outputFileName))
        {
            XslCompiledTransform trans = new XslCompiledTransform();
            trans.Load(xlsFileName);
            trans.Transform(reader, new XsltArgumentList(), writer);
        }
    }
}
```

Listing 22.57 *ExecuteAndTransform()* ermittelt XML-Daten und transformiert sie mit dem angegebenen Stylesheet

CD-ROM Das Beispiel finden Sie unter dem Namen *XmlTransformDemo* auf der Buch-CD.

Die Methode *ExecuteAndTransform* führt eine Abfrage aus und wendet auf dem ermittelten XML eine Transformation an. Hierfür nimmt sie ein *SqlCommand*-Objekt, sowie den Namen der XSL- und der Ausgabedatei entgegen. Zunächst führt sie das übergebene Command über die *ExecuteXmlReader*-Methode aus. Daraufhin wird mit der *CreateText*-Methode der *File*-Klasse ein *TextWriter*-Objekt für die Ausgabe erstellt. Nun findet die eigentliche Transformation mithilfe der *XslCompiledTransform*-Klasse statt. Hierbei liest die *Transform*-Methode den angegebenen *XmlReader* aus und wendet die angegebene Transformation an. Das Ergebnis wird daraufhin über die angegebene *TextWriter*-Instanz in die Zieldatei geschrieben.

Daten in das HTML-Format transformieren

Die *ExecuteAndTransform*-Methode können Sie beispielsweise dazu verwenden, Daten in das HTML-Format zu transformieren. In folgendem Beispiel sollen die Spalten *ID* und *Name_1* der Tabelle *Sales.Customers* ermittelt und das Ergebnis im HTML-Format angezeigt werden.

```
string connectionString = "Data Source=.;Initial Catalog=netShop;Integrated Security=True";
using (SqlConnection connection = new SqlConnection(connectionString))
{
    string sql = "SELECT ID, Name_1 FROM Sales.Customers FOR XML AUTO, ROOT('CustomerList')";
    SqlCommand command = new SqlCommand(sql, connection);

    string htmFileName = Path.GetTempFileName() + ".htm";
    this.ExecuteAndTransform(command, "TransformCustomersHTML.xsl", htmFileName);
    this.webBrowser1.Navigate("file://" + htmFileName);
}
```

Listing 22.58 Aufruf der *ExecuteAndTransform*-Methode zur Transformation von XML-Daten in das HTML-Format

> **CD-ROM** Das Beispiel finden Sie unter dem Namen *XmlTransformDemo* auf der Buch-CD.

Wie Sie sehen, kommt hierbei wieder das *WebBrowser*-Steuerelement zum Einsatz, das nach der Transformation die Ausgabedatei zur Anzeige bringt. Die eigentliche Transformation ist in der Datei *TransformCustomersHTML.xsl* definiert. Sie enthält XSLT-Anweisungen, die speziell auf die Ergebnismenge der Abfrage zugeschnitten sind. Die Datei ist Teil der Beispielanwendung *XmlTransformDemo* und ist wie folgt aufgebaut:

```xml
<?xml version='1.0' encoding='UTF-8'?>
<xsl:stylesheet xmlns:xsl="http://www.w3.org/1999/XSL/Transform" version="1.0">
   <xsl:output method="html"/>
   <xsl:template match = '*'>
       <xsl:apply-templates />
   </xsl:template>
   <xsl:template match = 'Sales.Customers'>
      <TR>
        <TD><xsl:value-of select = '@ID' /></TD>
        <TD><B><xsl:value-of select = '@Name_1' /></B></TD>
      </TR>
   </xsl:template>
   <xsl:template match = '/'>
     <HTML>
       <HEAD>
          <STYLE>th { background-color: #CCCCCC }</STYLE>
       </HEAD>
       <BODY>
          <TABLE border='1' style='width:300;'>
            <TR><TH colspan='2'>Kunden</TH></TR>
            <TR><TH >ID</TH><TH>Name 1</TH></TR>
            <xsl:apply-templates select = 'CustomerList' />
          </TABLE>
       </BODY>
     </HTML>
   </xsl:template>
</xsl:stylesheet>
```

Listing 22.59 Ein Stylesheet zum Transformieren einer Ergebnismenge in das HTML-Format

Wie bereits erwähnt, würde eine vollständige Abhandlung der XSLT-Funktionalität an dieser Stelle zu weit führen. Wenn Sie sich jedoch an den fett markierten Stellen orientieren, können Sie erkennen, wie die Spalten der Ergebnismenge selektiert und transformiert werden.

Das Ergebnis der Transformation sehen Sie in Abbildung 22.51, welche die Beispielanwendung *XmlTransformDemo* in Aktion zeigt.

Umgang mit XML-Daten

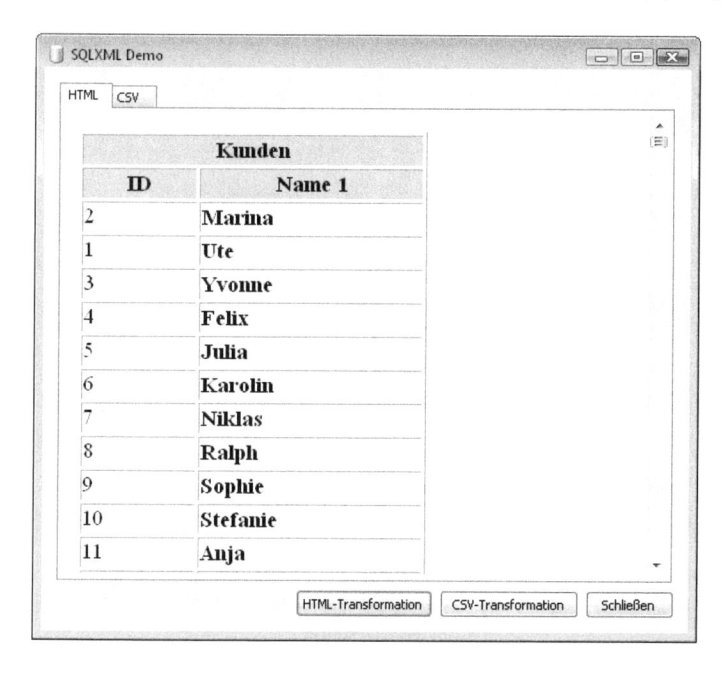

Abbildung 22.51   Die Beispielanwendung *XmlTransformDemo* transformiert die Daten in das HTML-Format

Daten in das CSV-Format transformieren

Nach dem gleichen Schema können Sie die Daten auch in das CSV-Format konvertieren, um sie später mit Microsoft Excel bearbeiten zu können. Der Aufruf entspricht hierbei dem der HTML-Transformation, lediglich das Stylesheet sieht etwas anders aus. Auch hier sind die Namen der Spaltennamen sowie der Tabellenname und der Name des XML-Wurzelelements wieder fett markiert, um Ihnen die Orientierung zu erleichtern.

```xml
<?xml version='1.0' encoding='UTF-8'?>
<xsl:stylesheet xmlns:xsl="http://www.w3.org/1999/XSL/Transform" version="1.0">
    <xsl:output method="text"/>
    <xsl:template match = '*'>
    <xsl:apply-templates />
    </xsl:template>
    <xsl:template match = 'Sales.Customers'>
        <xsl:text>&quot;</xsl:text><xsl:value-of select="@ID"/>&quot;, &quot;<xsl:value-of select="@Name_1"/>&quot;<xsl:text>&#13;&#10;</xsl:text>
    </xsl:template>
    <xsl:template match = '/'>
        <xsl:text>&quot;ID&quot;, &quot;Name&quot;&#13;&#10;</xsl:text>
        <xsl:apply-templates select = 'CustomerList'/>
    </xsl:template>
</xsl:stylesheet>
```

Listing 22.60   Ein Stylesheet zum Transformieren einer Ergebnismenge in das CSV-Format

CD-ROM   Das Beispiel finden Sie unter dem Namen *XmlTransformDemo* auf der Buch-CD.

Das Ergebnis der Transformation sehen Sie in Abbildung 22.52.

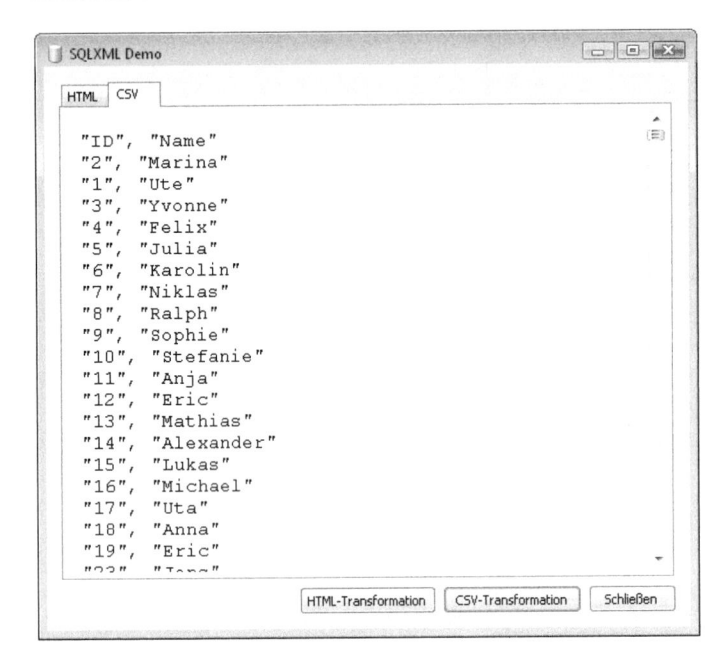

Abbildung 22.52 Die Beispielanwendung *XmlTransformDemo* transformiert die Daten in das CSV-Format

Fehlerbehandlung

Fehlerbehandlung ist gerade bei Datenbankanwendungen ein sehr wichtiges Thema, da bei der Kommunikation mit externen Ressourcen eine wesentlich höhere Anzahl von Abhängigkeiten besteht. Neben lokalen Fehlern können Probleme in der Datenbank oder beim Transport im Netzwerk auftreten. Neben diesen mehr oder wenigen physischen Fehlern, können zudem logische Fehler durch Verletzungen der referenziellen Integrität oder den parallelen Zugriff durch mehrere Benutzer auftreten.

Eine sorgsame Fehlerbehandlung ist daher unabdingbar. In diesem Kapitel lernen Sie die unterschiedlichen Fehlertypen kennen und werden erfahren, dass Sie neben den harten Fehlern auch Warnungen empfangen können.

SQL Server-Fehler verarbeiten

Treten während des Datenzugriffs Probleme auf, löst der SQL Server-Anbieter eine Ausnahme vom Typ *SqlException* aus. Die eigentlichen Informationen werden hierbei durch *SqlError*-Instanzen abgebildet, die über die *Errors*-Auflistung abgerufen werden können.

Über die *Class*-Eigenschaft signalisiert SQL Server den Schweregrad der Meldung. Hierbei wird ein nummerischer Wert geliefert, der zur Klassifizierung verwendet werden kann. Die folgenden Nummernkreise spielen hierbei eine Rolle:

- 1-10: Informationen
- 11-16: Benutzer-generierter Fehler
- 17-25: Software- oder Hardwarefehler

Fehlerbehandlung

> **Welche Auswirkungen hat der Schweregrad auf die Verbindung?**
>
> Bei Fehlern bis zum Schweregrad 19 können Sie die Arbeit fortsetzen, wobei einige Anweisungen möglicherweise nicht ausgeführt werden können. Die zugehörige Verbindung bleibt hierbei jedoch geöffnet. Treten hingegen Fehler mit einem Schweregrad größer als 19 auf, wird die Verbindung automatisch geschlossen. Ein erneutes Verbinden mit der Datenbank sollte in der Regel aber funktionieren.
>
> Aus diesem Grund sollten Sie es vermeiden, eine *SqlConnection*-Instanz zentral zu speichern und mehrfach wieder zu verwenden. Wie bereits früher in diesem Kapitel im Abschnitt »Die Rolle des Verbindungspools« erwähnt wurde, nimmt das Neuverbinden dank des Verbindungspools keine nennenswerte Zeit in Anspruch.

Darüber hinaus bieten *SqlException* und *SqlError* eine Reihe weiterer Eigenschaften, die den Fehler näher beschreiben. So lässt sich beispielsweise über die *Number*-Eigenschaft die SQL Server-Fehlernummer und über *Message* der Fehlertext ermitteln. Sogar Prozedurname und Zeilennummer werden übergeben. Tabelle 22.4 listet die wesentlichen Eigenschaften auf.

Hierbei bezieht sich *SqlException* jeweils auf den zuletzt aufgetretenen Fehler, während über die *SqlError*-Instanzen alle Fehler beschrieben werden.

Eigenschaft	Beschreibung
Source	Enthält den Namen des ADO.NET-Anbieters, der den Fehler generiert hat
Server	Name der SQL Server-Instanz
Class	Ruft den Schweregrad des Fehlers ab
Number	Nummer des Fehlertyps
State	SQL Server-Fehlercode
Procedure	Name der gespeicherten Prozedur, in der der Fehler aufgetreten ist
LineNumber	Zeilennummer innerhalb der Batch oder Prozedur, in der der Fehler aufgetreten ist
Message	Enthält den Fehlertext

Tabelle 22.4 Die Eigenschaften der *SqlError*-Klasse

Das folgende Beispiel demonstriert den Umgang mit der *SqlException*-Klasse:

```
try
{
    string connectionString =
        "Data Source=sql01;Initial Catalog=netShop;Integrated Security=True";
    using (SqlConnection connection = new SqlConnection(connectionString))
    {
        string sql = "SELECT * FROM UnknownTable";
        SqlCommand command = new SqlCommand(sql, connection);
        connection.Open();
        command.ExecuteReader();
    }
}
catch (SqlException ex)
{
    foreach (SqlError error in ex.Errors)
```

```
    {
        Console.WriteLine(
            "Server: " + error.Server + "\n" +
            "Source: " + error.Source + "\n" +
            "Number: " + error.Number.ToString() + "\n" +
            "State: " + error.State + "\n" +
            "Procedure: " + error.Procedure + "\n" +
            "Line: " + error.State + "\n" +
            "Class: " + error.Class + "\n" +
            "Message: " + error.Message);
    }
}
```

Listing 22.61 Behandlung von SQL Server-Fehlern

CD-ROM   Das Beispiel finden Sie unter dem Namen *SqlExceptionDemo* auf der Buch-CD.

Hier wurde versucht, auf die nicht vorhandene Tabelle *UnknownTable* zuzugreifen. Dementsprechend wird eine *SqlException*-Ausnahme ausgelöst, welche im *catch*-Block verarbeitet wird. Hierbei werden alle *SqlError*-Objekte über die *Errors*-Auflistung ausgelesen und im Konsolenfenster ausgegeben. Die Ausgabe sieht hierbei wie folgt aus:

```
Server: sql01
Source: .Net SqlClient Data Provider
Number: 208
State: 1
Procedure:
Line: 1
Class: 16
Message: Ungültiger Objektname 'UnknownTable'.
```

Meldungen und Warnungen verarbeiten

Gespeicherte Prozeduren können neben Fehlern auch Warnungen oder Zusatzinformationen an den Client senden. Für diese werden jedoch keine Exceptions ausgelöst. Stattdessen löst die *SqlConnection*-Klasse das *InfoMessage*-Ereignis aus.

Die Meldungen werden hierbei in Form eines *SqlInfoMessageEventArgs*-Objekts übergeben. Wie die *SqlException*-Klasse bietet auch *SqlInfoMessageEventArgs* eine *Errors*-Eigenschaft, die eine Liste von *SqlError*-Objekten enthält.

Verbindungsunabhängige Fehlerbehandlung

Neben Fehlern und Warnungen, die vom SQL Server ausgelöst werden, können auch clientseitig einige Probleme auftreten. So versucht beispielsweise die *DataSet*-Klasse, Datenintegritätsfehler bereits auf dem Client zu erkennen, bevor die Daten an den Server übertragen werden. Die hierfür nötigen Informationen werden aus den Datenbankschemadaten ermittelt, die beim Zugriff automatisch übertragen werden. Sie enthalten unter anderem Informationen darüber, ob eine Spalte *NULL*-Werte akzeptiert oder die Daten eindeutige Werte enthalten müssen. Mit diesen Informationen kann das *DataSet* bereits während der Eingabe prüfen, ob die Daten gültig sind.

Fehlerbehandlung

Treten Verletzungen der Datenintegrität auf, können verschiedene Exception-Typen ausgelöst werden, die jeweils von *DataException* ableiten. So wird beispielsweise eine *MissingPrimaryKeyException* ausgelöst, wenn eine Zeile ohne einen gültigen Primärschlüsselwert eingefügt wurde.

In Tabelle 22.5 finden Sie eine Liste dieser Typen, welche Klassen sie auslösen und unter welchen Umständen dies geschieht.

Exception	Auslöser	Grund
ConstraintException	DataRow.EndEdit, DataRowCollection.Add	Verletzungen von Einschränkungen, Verletzung der Eindeutigkeit eines Feldinhalts
DeleteRowInaccessibleException	DataRow.BeginEdit DataRow.Item DataRow.Delete	Zugriff auf eine *DataRow*, die gelöscht wurde
DuplicateNameException	DataTableCollection.Add DataColumnCollection.Add ConstraintCollection.Add	Einfügen eines Objekts mit einem bereits bestehenden Namen
InRowChangingEventException	DataRow.EndEdit	Beim Aufruf von *EndEdit* im *RowChanging*-Event
InvalidConstraintException	DataRelationCollection.Add DataRowCollection.Clear DataRow.GetParentRow	Beim fehlerhaften Zugriff auf eine *DataRelation*
InvalidExpressionException	DataColumn.Expression	Beim Zuweisen eines Ausdrucks
MissingPrimaryKeyException	DataRowCollection.Contains DataRowCollection.Find	Ein Primärschlüssel wurde nicht angegeben
NoNullAllowedException	DataRow.Column DataTable.Rows.Add	Ein Feld enthält *DBNull* und *AllowDBNull* ist *false*
ReadOnlyException	DataRow.Column	Schreibender Zugriff auf eine schreibgeschütztes Feld
SyntaxErrorException	DataColumn.Expression	Wenn ein Ausdruck einen Syntaxfehler enthält
RowNotInTableException	DataRow.AcceptChanges DataRow.GetChildRows DataRow.GetParentRow DataRow.GetParentRows DataRow.RejectChanges DataRow.SetParentRows	Zugriff auf eine gelöschte Datenzeile
StrongTypingException	DataRow.Column	Beim Zugriff auf *DBNull*-Inhalte in typisierten DataSets
VersionNotFoundException	DataRow	Beim Zugriff auf eine bestimmte Version einer Datenzeile, die gelöscht wurde oder nicht existiert

Tabelle 22.5 *Exception*-Typen, die clientseitig auftreten können

Logische Fehler

Neben Datenbank- und DataSet-Fehlern, müssen häufig auch logische Fehler behandelt werden. Dies können zum Beispiel Minimal- und Maximalwerte eines Felds oder die Eingrenzung eines bestimmten Datumsbereichs sein. Diese Art der Datenintegrität müssen Sie selbst gewährleisten, ADO.NET unterstützt Sie hierbei jedoch nach Kräften.

So bietet etwa die *DataRow*-Klasse eine Reihe von Methoden, die Sie zum Signalisieren von logischen Fehlern verwenden können. Mit *SetColumnError* können Sie zum Beispiel einen feldspezifischen Fehler erstellen. Hierbei wird die zugehörige *DataRow* als fehlerhaft markiert. Über *HasErrors* können auf *DataRow*-, *DataTable*- und *DataSet*-Ebene logische Fehler abgefragt werden. Informationen über die aufgetretenen Fehler können Sie über die *DataRow.GetColumnsInError*-Methode ermitteln. Sie liefert ein Array der fehlerhaften *DataColumn*-Objekte. Den konkreten Fehlertext des Felds gibt hingegen die *GetColumnError*-Methode zurück.

Alternativ können Sie auch über die *RowError*-Eigenschaft einen Fehlertext für die gesamte Zeile hinterlegen. Fehler auf Zeilenebene werden hierbei der zugehörigen *DataTable*, beziehungsweise dem *DataSet* gemeldet. Über die *GetErrors*-Methode der *DataTable*-Klasse kann darüber hinaus ein Array von fehlerhaften *DataRow*-Objekten abgefragt werden.

In folgendem Beispiel wird geprüft, ob das Feld *Group* einen Wert zwischen 0 und 5 enthält. Falls dem nicht so ist, werden Zeile und Spalte mit einem Fehlertext versehen.

```
foreach (DataRow row in table.GetChanges().Rows)
{
    if ((int)row["Group"] > 5)
    {
        int columnIndex = 1;
        row.SetColumnError(columnIndex, "Inhalt darf nicht größer als 5 sein");
        row.RowError = "Fehlerhafter Wert";
    }
}
```

Listing 22.62 Eine *DataTable* auf logische Fehler prüfen

Später könnten die Fehler dann wie folgt ausgewertet werden.

```
if (table.HasErrors)
{
    foreach (DataRow row in table.GetErrors())
    {
        Console.WriteLine("Fehler: {0}", row.RowError);
        foreach (DataColumn col in row.GetColumnsInError())
        {
            Console.WriteLine("Feld {0}: Fehler: {1}", col.ColumnName, row.RowError);
        }
    }
}
```

Listing 22.63 Fehler auf Feldebene prüfen

Tabelle 22.6 bietet eine Übersicht der für die Analyse von logischen Fehlern relevanten Methoden und Eigenschaften von *DataRow*, *DataTable* und *DataSet*.

Fehlerbehandlung

Klasse	Methode/Eigenschaft	Beschreibung
DataRow	RowError	Setzt einen Fehlertext auf Zeilenebene
	ClearErrors	Setzt den Fehlerstatus der Zeile zurück
	GetColumnError	Gibt den Fehlertext des angegebenen Felds zurück
	GetColumnsInError	Ruft ein Array von Feldern ab, die Fehler enthalten
	HasErrors	Ruft ab, ob die Datenzeile Fehler enthält
	SetColumnError	Bestimmt den Fehlertext des angegebenen Felds
DataTable	GetErrors	Ruft ein Array von Zeilen ab, die Fehler enthalten
	HasErrors	Ruft ab, ob die Tabelle Fehler enthält
DataSet	HasErrors	Ruft ab, ob in einer Tabelle des DataSets Fehler enthalten sind

Tabelle 22.6 Die zur Fehleranalyse relevanten Methoden und Eigenschaften von *DataRow*, *DataTable* und *DataSet*

Ein weiterer Vorteil dieses Verfahrens ist die grafische Unterstützung durch Windows Forms und WPF. So zeigt beispielsweise das *DataGridView*-Steuerelement feld- und zeilenbasierte Fehler in Form eines Symbols an. Navigiert der Benutzer mit der Maus darüber, wird automatisch ein Tooltip mit dem entsprechenden Fehlertext angezeigt (siehe Abbildung 22.53).

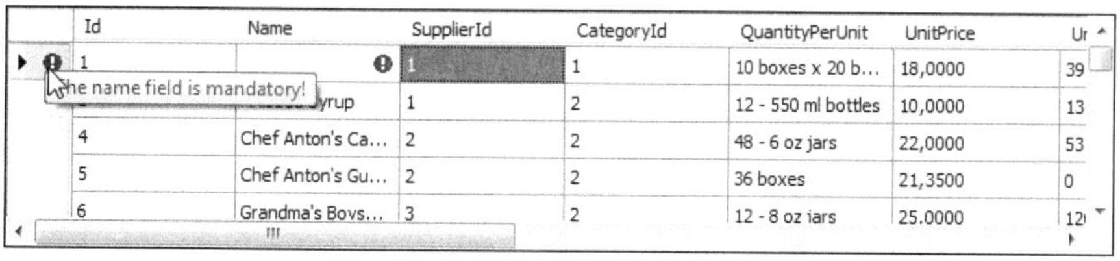

Abbildung 22.53 Das *DataGridView*-Steuerelement stellt benutzerdefinierte Fehler grafisch dar

Kapitel 23

Transaktionaler Datenzugriff

In diesem Kapitel:

Warum clientseitige Transaktionen?	930
Klassische ADO.NET-Transaktionen	930
Das System.Transaction-Modell	933
Fazit	945

In manchen Fällen müssen Sie gewährleisten, dass eine Reihe von Abfragen entweder gemeinsam abgeschlossen oder im Fehlerfall gemeinsam rückgängig gemacht werden. Auf der Serverseite gewährleisten Sie dies durch eine Transaktion, die Sie beispielsweise in einer gespeicherten Prozedur definieren. Auch auf der Clientseite können Sie transaktionalen Code schreiben.

In diesem Kapitel lernen Sie, wie Sie clientseitige Transaktionen schreiben und welche Mechanismen hierbei zum Einsatz kommen. Hierbei werden Sie neben einigen ADO.NET-Klassen auch die generische Transaktions-API *System.Transaction* kennen lernen.

Warum clientseitige Transaktionen?

Transaktionen sorgen für die Wahrung der Datenkonsistenz. Hierfür ist jedoch nicht nur der Server allein zuständig, auch auf der Clientseite sollten Sie stets darauf achten. Stellen Sie sich vor, Sie setzen mehrere Statements auf Clientseite ab, bevor Sie feststellen, dass die Operation nicht vollständig durchgeführt werden konnte. Dann können Sie eigentlich nur noch das Transaktionsprotokoll des Servers wiederherstellen, was bei einem Mehrbenutzerbetrieb nicht wirklich eine Alternative ist.

Daher sollten Sie transaktionsrelevante Statements nach Möglichkeit in gespeicherten Prozeduren unterbringen. Oftmals lassen sich Prozesse jedoch nicht nur über T-SQL abbilden, da neben Datenbankoperationen auch Dateisystemzugriffe oder Statusänderungen in einem Objektmodell vollzogen werden. In solchen Fällen sind clientseitige Transaktionen das Mittel der Wahl. Clientseitig bedeutet hierbei nicht unbedingt, dass der Code auf dem Desktop läuft, auch Middle-Tier-Services und natürlich der SQL Server können hierbei beteiligt sein. In solchen Fällen spricht man von einer verteilten Transaktion, die jedoch vom Client initiiert wurde.

Klassische ADO.NET-Transaktionen

Um eine neue Transaktion auf der Clientseite zu starten, rufen Sie die *BeginTransaction*-Methode der *SqlConnection*-Klasse auf. Diese gibt ein *SqlTransaction*-Objekt zurück, mit dem Sie die Transaktion später abschließen (*Commit*) oder zurückrollen (*Rollback*) können.

Um nun Kommandos mit der Transaktion zu verbinden, müssen Sie das *SqlTransaction*-Objekt den entsprechenden Commands zuweisen. Hierfür enthält die *SqlCommand*-Klasse die *Transaction*-Eigenschaft. Das folgende Beispiel demonstriert das Vorgehen:

```
string connectionString = "Data Source=.;Initial Catalog=netShop;Integrated Security=True";
using (SqlConnection connection = new SqlConnection(connectionString))
{
    connection.Open();
    SqlTransaction transaction = connection.BeginTransaction();

    try
    {
        string sql = "DELETE FROM Sales.Customers WHERE Name_1 = 'Test'";
        SqlCommand cmd = new SqlCommand(sql, connection);
        cmd.ExecuteNonQuery();

        sql = "INSERT INTO Sales.Customers (Name_1, Name_2, Address, PostalCode, City) VALUES
              (@Name1, @Name2, @Address, @PostalCode, @City)";
        SqlCommand cmdInsert = new SqlCommand(sql, connection);
        cmdInsert.Parameters.AddWithValue("Name1", "Test");
        cmdInsert.Parameters.AddWithValue("Name2", "Test");
```

```
            cmdInsert.Parameters.AddWithValue("Address", "Test");
            cmdInsert.Parameters.AddWithValue("PostalCode", "Test");
            cmdInsert.Parameters.AddWithValue("City", "Test");
            cmdInsert.Transaction = transaction;
            cmdInsert.ExecuteNonQuery();
            Console.WriteLine("Kunde wurde eingefügt.");

            string sqlUpdate = "UPDATE Sales.Customers SET Name_2 = 'Test' WHERE Name_1 = 'Test'";
            SqlCommand cmdUpdate = new SqlCommand(sqlUpdate, connection);
            cmdUpdate.Transaction = transaction;
            cmdUpdate.ExecuteNonQuery();
            Console.WriteLine("Kunde wurde aktualisiert.");

            transaction.Commit();
            Console.WriteLine("Transaktion wurde abgeschlossen.");
        }
        catch (Exception ex)
        {
            transaction.Rollback();
            Console.WriteLine(ex.Message);
            Console.WriteLine("Transaktion wurde zurück gerollt.");
        }
        finally
        {
            Console.Read();
        }
    }
}
```

Listing 23.1 Transaktionaler Datenzugriff mit ADO.NET

CD-ROM Das Beispiel finden Sie unter dem Namen *AdoNetTransactionDemo* auf der Buch-CD.

In diesem Beispiel werden nacheinander zuerst ein Kunde und danach eine Bestellung in der Datenbank angelegt. Da vermieden werden soll, dass die Bestellung auch dann eingefügt wird, wenn die Anlage des Kunden fehlgeschlagen ist, werden beide Operationen mit einer gemeinsamen Transaktion verbunden. Die entscheidenden Stellen im Code wurden fett markiert.

Vor dem Ausführen der Abfragen wird zunächst ein neues *SqlTransaction*-Objekt über die *BeginTransaction*-Methode von *SqlConnection* erzeugt. Alle Operationen, die an dieser Transaktion teilnehmen, werden daraufhin über die *SqlCommand.Transaction*-Eigenschaft mit dem *SqlTransaction*-Objekt verbunden. Dieser Schritt ist zwingend notwendig, da nach dem Beginn der Transaktion jedes Command-Objekt explizit einer Transaktion zugeordnet sein muss.

Die endgültige Speicherung der geänderten Daten findet schließlich durch Aufruf der *SqlTransaction.Commit*-Methode statt. Treten hingegen Fehler auf, sorgt die *Rollback*-Methode für das Verwerfen der durchgeführten Änderungen. Wichtig ist hierbei, dass Sie den Zugriff mit einem *try/catch*-Block umschließen, um auf Fehler entsprechend reagieren zu können.

Alternativ können Sie auch das *using*-Schlüsselwort verwenden.

```
using (SqlTransaction transaction = connection.BeginTransaction())
{
    ...
}
```

In diesem Fall würde die Transaktion automatisch zurückgerollt, wenn der geschweifte Klammerblock verlassen wird, ohne dass *SqlTransaction.Commit* aufgerufen wird.

Auch das Verschachteln von Transaktionen ist möglich. Hierfür erstellen Sie mehrere *SqlTransaction*-Objekte und weisen diesen die entsprechenden Commands zu. Zur Identifikation können Sie jeder Transaktion einen eindeutigen Namen geben.

```
using (SqlTransaction transactionA = connection.BeginTransaction("TransaktionA"))
{
    …
    using (SqlTransaction transactionB = connection.BeginTransaction("TransaktionB"))
    {
        …
    }
}
```

Den Isolationslevel festlegen

Jede SQL Server-Verbindung ist mit einem Transaktionsisolationslevel belegt. Dieser regelt, in welcher Form auf Daten zugegriffen werden darf, die von einer laufenden Transaktion betroffen sind. In einer gespeicherten Prozedur können Sie diese Einstellung über die *SET TRANSACTION ISOLATION LEVEL*-Option wie in folgendem Beispiel festlegen:

```
SET TRANSACTION ISOLATION LEVEL REPEATABLE READ
```

Eine detaillierte Beschreibung dieser Option sowie der hierbei möglichen Werte finden Sie in Kapitel 18.

Auch auf Clientseite können Sie den Transaktionslevel festlegen. Die *SqlTransaction*-Klasse bietet hierfür die *IsolationLevel*-Eigenschaft. Sie nimmt einen Wert der *System.Data.IsolationLevel*-Enumeration entgegen. Alternativ können Sie den Wert auch im Konstruktor von *SqlTransaction* übergeben. Das folgende Beispiel macht von dieser Möglichkeit Gebrauch:

```
using (SqlTransaction transaction =
    connection.BeginTransaction(System.Data.IsolationLevel.ReadUncommited))
{
    …
}
```

Hierbei wird festgelegt, dass die von der Transaktion betroffenen Daten bereits gelesen werden können, bevor die Transaktion beendet wurde. Der Standardwert ist *IsolationLevel.ReadCommitted*, der ein Lesen von Daten verhindert, die noch nicht abgeschlossen oder zurückgerollt wurden. Eine vollständige Liste der möglichen *IsolationLevel*-Werte finden Sie in Tabelle 23.1.

Membername	Beschreibung
Unspecified	Es wird ein unspezifizierter Isolationslevel verwendet
Chaos	Die ausstehenden Änderungen von höher isolierten Transaktionen können nicht überschrieben werden
ReadUncommitted	Ein Lesen geänderter Daten ist möglich, auch wenn die Transaktion noch nicht beendet ist. Gegebenenfalls vorhandene Sperren werden hierbei nicht berücksichtigt.
ReadCommitted	Ein Lesen geänderter Daten ist erst möglich, nachdem die Transaktion beendet wurde. Entsprechende Sperren verhindern den Lesevorgang. Die Daten können jedoch vor dem Ende der Transaktion geändert werden, was zu nicht wiederholbaren Lesevorgängen oder Phantomdaten führen kann.
RepeatableRead	Die Sperren gelten für alle in einer Abfrage verwendeten Daten, damit die Daten nicht durch andere Benutzer geändert werden können. Nicht wiederholbare Lesevorgänge werden dadurch verhindert, es sind jedoch weiterhin Phantomzeilen möglich. ▶

Membername	Beschreibung
Serializable	Eine Bereichssperre wird für die *DataSet*-Klasse festgelegt. Dadurch wird verhindert, dass andere Benutzer vor dem Abschluss der Transaktion Zeilen in das DataSet einfügen oder aktualisieren.
Snapshot	Reduziert das Blockieren bei Leseoperationen durch Speichern einer Datenversion, die von einer Anwendung gelesen und von einer anderen geändert werden kann

Tabelle 23.1 Die Werte der *IsolationLevel*-Enumeration

Das System.Transaction-Modell

Bis zur Version 2.0 des .NET Framework gab es viele unterschiedliche Transaktions-APIs. Eine davon war die von ADO.NET. Sie basierte vollständig auf den transaktionalen Fähigkeiten von T-SQL. Dies bedeutete, dass bei einer clientseitig initiierten Transaktion die T-SQL-Befehle *BEGIN TRANS*, *END TRANS*, *COMMIT* und *ROLLBACK* an die Datenbank übertragen wurden.

Dies hatte jedoch einige Nachteile. Verlor beispielsweise der Client während der Transaktion die Verbindung zum Server, so blieb die Transaktion auf dem Server geöffnet. Der SQL Server wartete darauf, dass die Transaktion irgendwann beendet würde. Der Client konnte aber, selbst wenn er die Verbindung erneut aufbaute, die Transaktion nicht mehr steuern, da sie in einer anderen Datenbank-Session erstellt wurde. So blieben die von der Transaktion betroffenen Daten auf unbestimmte Zeit gesperrt. Erst durch das explizite Beenden der Session durch den Administrator konnte diese Situation bereinigt werden.

Ein weiterer Nachteil bestand darin, dass die Transaktions-API von ADO.NET ein geschlossenes System war. Bestand die Transaktion nicht nur aus Datenbankoperationen, konnte dies nicht durch ADO.NET verwaltet werden.

Darüber hinaus war es nicht möglich, verteilte Transaktionen, an denen mehrere Server beteiligt waren, mit ADO.NET zu realisieren. Hierfür musste auf die *Enterprise Services* und das darunter liegende *COM+*-System zurückgegriffen werden. Ein Bestandteil von COM+ ist der *Microsoft Distributed Transaction Coordinator* (*DTC*), der auf das Verwalten verteilter Transaktionen spezialisiert ist. Dieser läuft in Form eines Windows-Dienstes auf allen an der Transaktion beteiligten Rechnern (siehe Abbildung 23.1).

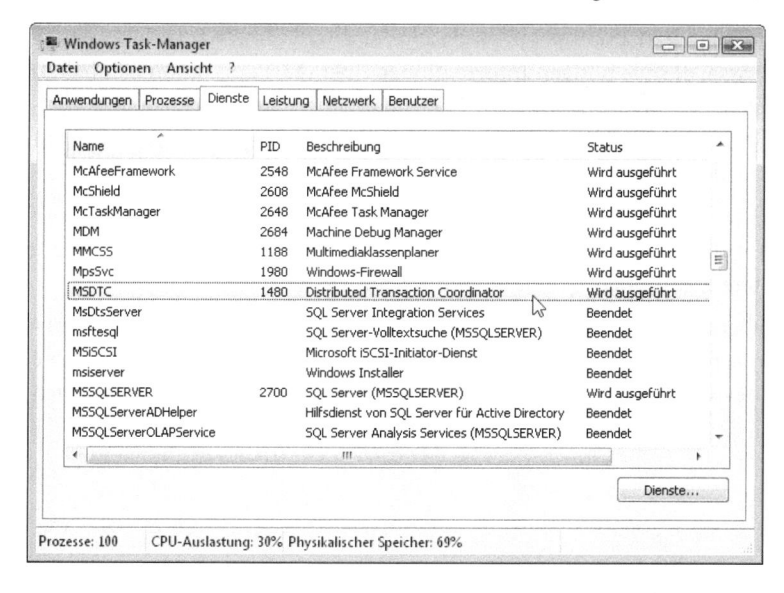

Abbildung 23.1 Der Microsoft *Distributed Transaction Coordinator*-Dienst im Task-Manager

Aufgrund der unterschiedlichen Transaktions-APIs der verschiedenen Frameworks in ADO.NET und den Enterprise Services hat sich Microsoft bereits bei .NET 2.0 dazu entschlossen, ein einheitliches System zu erstellen, das alle Anforderungen beim Umgang mit Transaktionen abdeckt.

Der Lightweight Transaction Manager

Hierzu zählt beispielsweise die Unterstützung für lokale Transaktionen. Microsoft hat hierfür einen speziellen Transaktionsmanager entwickelt – den *Lightweight Transaction Manager (LTM)*. Wie der Name schon vermuten lässt, ist dieser im Vergleich zum DTC sehr leichtgewichtig. So muss beispielsweise kein Windows-Dienst gestartet werden, da er in der Anwendungsdomäne der jeweiligen Anwendung läuft. Der LTM ist in erster Linie für lokale, volatile Ressourcen, wie beispielsweise Objekte im Speicher gedacht. Hierbei kann er alle Ressourcen einer Transaktion verwalten, solange sie sich in derselben Anwendungsdomäne befinden. Wie Sie später noch erfahren werden, ist er jedoch in der Lage, die Kontrolle automatisch an den DTC zu übertragen, wenn aus einer lokalen eine verteilte Transaktion wird.

Transaktionen erstellen

Zur Erstellung und Verwaltung von Transaktionen bietet das *System.Transactions*-Modell drei verschiedene Varianten.

- **Das explizite Modell**   Die an der Transaktion beteiligten Resource-Manager werden explizit mit der jeweiligen Transaktion verbunden
- **Das implizite Modell**   Die Resource-Manager verbinden sich automatisch mit der aktuell laufenden Transaktion
- **Das deklarative Modell**   Die Steuerung des Transaktionsverhaltens eines Resource-Managers wird über .NET-Attribute angegeben

Das explizite Programmiermodell

Zur Verwaltung von Transaktionen definiert *System.Transactions* die Klassen in Abbildung 23.2.

- *Transaction* ist die zentrale Basisklasse, die alle nötigen Informationen über die Transaktion beinhaltet. An ihr melden sich die zugehörigen Resource-Manager an. Hierfür definiert sie verschiedene *Enlist*-Methoden, die von der Art des jeweiligen Resource-Managers abhängen (dazu später mehr). Zudem bietet sie über die *Rollback*-Methode die Möglichkeit, die Transaktion zurückzurollen.

- *CommittableTransaction* leitet sich von der Klasse *Transaction* ab und bietet über die Methoden *Commit*, *BeginCommit* und *EndCommit* die Möglichkeit, die Transaktion abzuschließen. Während Erstere synchron arbeitet, kann über Letztere eine asynchrone Beendigung realisiert werden.

- *DependentTransaction* leitet sich ebenfalls von *Transaction* ab und ist für die Behandlung von Transaktionscode zuständig, der in einem separaten Thread ausgeführt wird. Dies ist notwendig, damit keine Transaktion abgeschlossen wird, bevor nicht alle beteiligten Threads ihre Arbeit beendet haben. Auch dazu später mehr.

Das System.Transaction-Modell

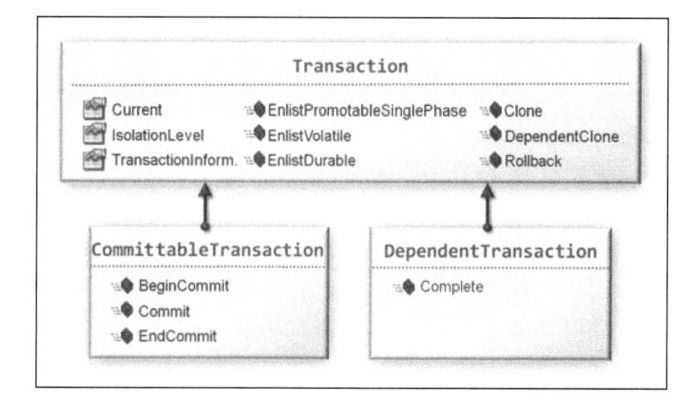

Abbildung 23.2 Das Klassenmodell von *System.Transactions*

Bevor Sie mit den Klassen des *System.Transactions*-Namensraums arbeiten können, müssen Sie zunächst die gleichnamige Assembly in Ihr Projekt einbinden.

Daraufhin können Sie beispielsweise über die Klasse *CommittableTransaction* eine explizite Transaktion starten. Das folgende Beispiel demonstriert dies:

```csharp
using System;
using System.Data.SqlClient;
using System.Transactions;

class Program
{
    static void Main(string[] args)
    {
        string connectionString = "Data Source=.;Initial Catalog=netShop;Integrated Security=True";
        SqlConnection connection = new SqlConnection(connectionString);
        CommittableTransaction trans = new CommittableTransaction();
        connection.Open();
        connection.EnlistTransaction(trans);
        try
        {
            string sql = "DELETE FROM Sales.Customers WHERE Name_1 = 'Test'";
            SqlCommand cmd = new SqlCommand(sql, connection);
            cmd.ExecuteNonQuery();

            sql = "INSERT INTO Sales.Customers (Name_1, Name_2, Address, PostalCode, City) VALUES
                (@Name1, @Name2, @Address, @PostalCode, @City)";
            SqlCommand cmdInsert = new SqlCommand(sql, connection);
            cmdInsert.Parameters.AddWithValue("Name1", "Test");
            cmdInsert.Parameters.AddWithValue("Name2", "Test");
            cmdInsert.Parameters.AddWithValue("Address", "Test");
            cmdInsert.Parameters.AddWithValue("PostalCode", "Test");
            cmdInsert.Parameters.AddWithValue("City", "Test");
            cmdInsert.ExecuteNonQuery();
            Console.WriteLine("Kunde wurde eingefügt.");

            string sqlUpdate = "UPDATE Sales.Customers SET Name_2 = 'Test' WHERE Name_1 = 'Test'";
            SqlCommand cmdUpdate = new SqlCommand(sqlUpdate, connection);
            cmdUpdate.ExecuteNonQuery();
            Console.WriteLine("Kunde wurde aktualisiert.");

            trans.Commit();
            Console.WriteLine("Transaktion wurde abgeschlossen.");
        }
```

```
        catch (Exception ex)
        {
            trans.Rollback();
            Console.WriteLine(ex.Message);
            Console.WriteLine("Transaktion wurde zurück gerollt.");
        }
        finally
        {
            Console.Read();
        }
    }
}
```

Listing 23.2 Beispiel für das explizite Programmiermodell von *System.Transactions*

CD-ROM   Das Beispiel finden Sie unter dem Namen *ExplicitTransactionsDemo* auf der Buch-CD.

Beachten Sie, dass die Verbindung zuerst geöffnet werden muss, bevor sie an die Transaktion angefügt werden kann, da sonst eine *InvalidOperationException* ausgelöst wird.

Alternativ können Sie auch das von .NET 1.x gewohnte Verfahren zur Transaktionssteuerung über die *SqlConnection.BeginTransaction*-Methode verwenden. Die dahinter liegende Implementierung wurde bereits mit .NET 2.0 geändert und verwendet intern das *System.Transactions*-Modell. Somit ist die Funktionsweise des folgenden Codes mit der des oberen Beispiels identisch:

```
string connectionString = "Data Source=.;Initial Catalog=netShop;Integrated Security=True";
using (SqlConnection connection = new SqlConnection(connectionString))
{
    connection.Open();
    SqlTransaction transaction = connection.BeginTransaction();

    try
    {
        string sql = "DELETE FROM Sales.Customers WHERE Name_1 = 'Test'";
        SqlCommand cmd = new SqlCommand(sql, connection);
        cmd.ExecuteNonQuery();

        sql = "INSERT INTO Sales.Customers (Name_1, Name_2, Address, PostalCode, City) VALUES
             (@Name1, @Name2, @Address, @PostalCode, @City)";
        SqlCommand cmdInsert = new SqlCommand(sql, connection);
        cmdInsert.Parameters.AddWithValue("Name1", "Test");
        cmdInsert.Parameters.AddWithValue("Name2", "Test");
        cmdInsert.Parameters.AddWithValue("Address", "Test");
        cmdInsert.Parameters.AddWithValue("PostalCode", "Test");
        cmdInsert.Parameters.AddWithValue("City", "Test");
        cmdInsert.Transaction = transaction;
        cmdInsert.ExecuteNonQuery();
        Console.WriteLine("Kunde wurde eingefügt.");

        string sqlUpdate = "UPDATE Sales.Customers SET Name_2 = 'Test' WHERE Name_1 = 'Test'";
        SqlCommand cmdUpdate = new SqlCommand(sqlUpdate, connection);
        cmdUpdate.Transaction = transaction;
        cmdUpdate.ExecuteNonQuery();
        Console.WriteLine("Kunde wurde aktualisiert.");

        transaction.Commit();
        Console.WriteLine("Transaktion wurde abgeschlossen.");
    }
```

```
    catch (Exception ex)
    {
        transaction.Rollback();
        Console.WriteLine(ex.Message);
        Console.WriteLine("Transaktion wurde zurück gerollt.");
    }
    finally
    {
        Console.Read();
    }
}
```

Listing 23.3 Transaktionaler Datenzugriff nach dem klassischen Programmiermodell

Kompatibilität

In früheren Versionen, vor .NET 2.0 und SQL Server 2005, wurden die clientseitig initiierten Transaktionen über T-SQL-Statements durchgeführt. Dies war nicht optimal, da im Falle eines Verbindungsabbruchs die Transaktion offen blieb. Seit .NET 2.0/SQL Server 2005 werden alle Transaktionen vom DTC überwacht, sodass selbst bei einem Verbindungsabbruch die Transaktion nach einer gewissen Zeit automatisch zurückgerollt wird. Wenn Sie jedoch mit einem .NET 2.0-Client auf SQL Server 2000 zugreifen, kommt nach wie vor das alte Verfahren zum Einsatz. Gleiches gilt beim Zugriff auf SQL Server 2005 oder 2008 mit einem .NET 1.x-Client.

Das implizite Programmiermodell

Das implizite Programmiermodell basiert darauf, dass sich die jeweils beteiligten Resource-Manager automatisch an der aktuell laufenden Transaktion anmelden. In diesem Zusammenhang kommt ein Konzept namens *Ambient Transaction* zum Einsatz. Hierbei existiert eine »umgebende« Transaktion, auf die von überall aus zugegriffen werden kann. Implementiert ist dieses Konzept in Form der *Transaction.Current*-Eigenschaft. Sie liefert die gerade laufende Transaktion oder *null*, wenn keine Transaktion existiert.

Bevor sich die Resource-Manager jedoch an die Transaktion anmelden, müssen sie in einem bestimmten Kontext laufen. Das implizite Modell von *System.Transactions*-Modell sieht hierfür die Klasse *TransactionScope* vor. Sie bildet einen Rahmen für transaktionalen Code. Hierbei kommt das bereits bekannte *Disposable*-Pattern zum Einsatz. Das folgende Beispiel demonstriert den Einsatz:

```
using (TransactionScope scope = new TransactionScope())
{
    // transaktionaler Code…
    scope.Complete();
}
```

Hierbei definieren Sie zunächst einen *using*-Block, in dem Sie eine neue Instanz von *TransactionScope* erstellen. Der Code innerhalb dieses Blocks kann nun an der laufenden Transaktion teilnehmen. Hierfür müssen die entsprechenden Klassen natürlich das *System.Transaction*-Modell unterstützten, sprich sie müssen sich automatisch an der Transaktion anmelden. Vor dem Verlassen des Blocks müssen Sie nun lediglich die *TransactionScope.Complete*-Methode aufrufen, die vergleichbar einer *Commit*-Anwendung ist. Läuft der Code jedoch ohne Aufruf von *Complete* aus dem Block, beispielsweise weil vorher eine Exception ausgelöst wurde, so wird die Transaktion automatisch zurückgerollt. Ein separater *try/catch*-Block wie bei der Verwendung des expliziten Modells ist hierbei nicht erforderlich.

Implizite Transaktionen mit der SqlConnection-Klasse

Die *SqlConnection*-Klasse stellt die Unterstützung für das implizite Modell in seiner *Open*-Methode bereit. Hierin wird geprüft, ob gerade eine Transaktion läuft. Wenn ja, meldet sich *SqlConnection* über die *EnlistPromotableSinglePhase*-Methode der *Transaction*-Klasse an (was es mit der Bezeichnung *Promotable Single Phase* auf sich hat, erfahren Sie später).

Nun können Sie innerhalb des *using*-Blocks einen beliebigen Datenzugriffscode ausführen lassen. Alles läuft automatisch innerhalb einer Transaktion. Das explizite Verbinden der einzelnen *SqlCommand*-Objekte mit der Transaktion ist hierbei nicht erforderlich.

```
string connectionString = "Data Source=.;Initial Catalog=netShop;Integrated Security=True";
using (SqlConnection connection = new SqlConnection(connectionString))
{
    using (TransactionScope scope = new TransactionScope())
    {
        connection.Open();

        string sql = "DELETE FROM Sales.Customers WHERE Name_1 = 'Test'";
        SqlCommand cmd = new SqlCommand(sql, connection);
        cmd.ExecuteNonQuery();

        sql = "INSERT INTO Sales.Customers (Name_1, Name_2, Address, PostalCode, City) VALUES (@Name1, @Name2, @Address, @PostalCode, @City)";
        SqlCommand cmdInsert = new SqlCommand(sql, connection);
        cmdInsert.Parameters.AddWithValue("Name1", "Test");
        cmdInsert.Parameters.AddWithValue("Name2", "Test");
        cmdInsert.Parameters.AddWithValue("Address", "Test");
        cmdInsert.Parameters.AddWithValue("PostalCode", "Test");
        cmdInsert.Parameters.AddWithValue("City", "Test");
        cmdInsert.ExecuteNonQuery();
        Console.WriteLine("Kunde wurde eingefügt.");

        string sqlUpdate = "UPDATE Sales.Customers SET Name_2 = 'Test' WHERE Name_1 = 'Test'";
        SqlCommand cmdUpdate = new SqlCommand(sqlUpdate, connection);
        cmdUpdate.ExecuteNonQuery();
        Console.WriteLine("Kunde wurde aktualisiert.");

        scope.Complete();
    } // <- Beim Verlassen wird die Transaktion autom. zurück gerollt, wenn sie nicht beendet wurde
}
```

Listing 23.4 Implizite Transaktionen mit der *TransactionScope*-Klasse

CD-ROM Das Beispiel finden Sie unter dem Namen *ImplicitTransactionDemo* auf der Buch-CD.

Zum besseren Verständnis zeigt Abbildung 23.3 den internen Ablauf noch einmal in Form von Pseudocode.

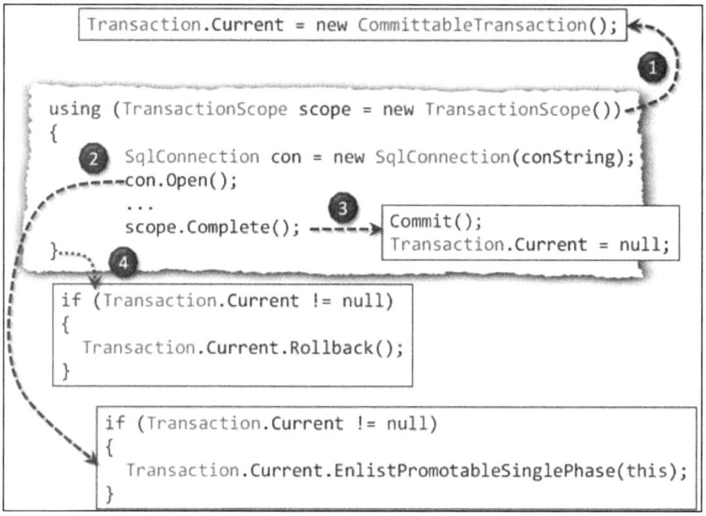

Das System.Transaction-Modell

```
Transaction.Current = new CommittableTransaction();

using (TransactionScope scope = new TransactionScope())
{
    SqlConnection con = new SqlConnection(conString);
    con.Open();
    ...
    scope.Complete();    ----> Commit();
                              Transaction.Current = null;
}
if (Transaction.Current != null)
{
    Transaction.Current.Rollback();
}

if (Transaction.Current != null)
{
    Transaction.Current.EnlistPromotableSinglePhase(this);
}
```

Abbildung 23.3 Der interne Ablauf des impliziten Modells in Pseudocode

TransactionScope steuern

Sowohl *TransactionScope* als auch die *CommittableTransaction*-Klasse ermöglichen Ihnen eine granulare Steuerung der Transaktion. So können Sie beispielsweise den Isolationslevel oder einen Intervall angeben, nach dem ein automatischer Abbruch erfolgen soll.

Darüber hinaus bietet *TransactionScope* einige Einstellungen, mit denen Sie festlegen können, wie mit geschachtelten Transaktionen umgegangen werden soll.

Festlegen, welcher Code in die Transaktion einbezogen werden soll

Eine Überladung des *TransactionScope*-Konstruktors nimmt einen Wert der *TransactionScopeOption*-Enumeration entgegen. Hierüber können Sie steuern, ob und wie sich untergeordnete Funktionen an der Transaktion beteiligen. Hierzu ein kleines Beispiel:

```
using (TransactionScope scope = new TransactionScope())
{
    // Transaktionscode...
    this.InsertCustomer();
    scope.Complete();
}
```

Hier wurde innerhalb des *TransactionScope*-Blocks die Methode *InsertCustomer* aufgerufen, die einen Kunden in die Datenbank einfügt. Die Frage ist nun, ob der Code der Methode ebenfalls in die Transaktion einbezogen werden soll und wenn ja, in welcher Form. Hierzu definiert die *TransactionScopeOption*-Enumeration die folgenden Werte:

- *Required* ist der Standardwert. Er legt fest, dass der Code an der über *TransactionScope* erstellten Transaktion teilnimmt.
- *RequiresNew* legt fest, dass für den Code eine eigene Transaktion erstellt und diese als untergeordnete Transaktion eingebunden wird
- *Suppress* schließt den Code von der Transaktion aus

Manchmal kann es sinnvoll sein, den Code von Untermethoden aus der Transaktion auszuschließen. Beispielsweise, wenn Sie eine Untermethode aufrufen, die Protokolleinträge in die Datenbank schreibt, die nicht entscheidend für die Transaktion sind. Im folgenden Beispiel wird die Teilnahme an der Transaktion für aufgerufene Methoden explizit unterbunden:

```
using (TransactionScope scope = new TransactionScope(TransactionScopeOption.Suppress))
{
    // Transaktionscode...
    this.LogInsert(); // <- nimmt nicht an der Transaktion teil
    scope.Complete();
}
```

Transaktion steuern

Eine weitere Überladung des *TransactionScope*-Konstruktors nimmt ein Objekt vom Typ *TransactionOptions* entgegen. So können Sie beispielsweise über dessen *IsolationLevel*-Eigenschaft steuern, welcher Transaktionsisolationslevel verwendet werden soll. Die folgenden Werte der *IsolationLevel*-Enumeration stehen hierbei zu Verfügung:

- **Serializable** Dies ist der Standardwert, bei dem volatile Daten gelesen aber nicht verändert werden können. Das Hinzufügen neuer Daten ist ebenfalls nicht möglich.
- **RepeatableRead** Volatile Daten können gelesen aber nicht verändert werden. Neue Daten können während der Transaktion hinzugefügt werden.
- **ReadCommitted** Volatile Daten können während der Transaktion nicht gelesen, aber verändert werden
- **ReadUncommitted** Volatile Daten können während der Transaktion gelesen und verändert werden
- **Snapshot** Volatile Daten können gelesen werden. Bevor die Transaktion die Daten ändert, wird überprüft, ob die Daten in der Zwischenzeit geändert wurden. Wenn dies der Fall ist, tritt ein Fehler auf.
- **Chaos** Änderungen können während der Transaktion durchgeführt werden. Hierbei können höherwertige Transaktionen die Werte von Untertransaktionen überschreiben.
- **Unspecified** Ein anderer Isolationslevel als der angegebene wird verwendet, wobei der Level nicht ermittelt werden kann. Nimmt eine Transaktion diesen Wert an, wird eine Exception ausgelöst.

Die meisten Werte beziehen sich lediglich auf volatile Ressourcen, wie beispielsweise Objekte im Speicher. Die *TransactionOptions*-Struktur können Sie übrigens auch verwenden, wenn Sie explizite Transaktionen über die *CommittableTransaction*-Klasse erstellen.

In folgendem Beispiel wird eine neue *TransactionScope*-Instanz erzeugt und über ein *TransactionOptions*-Objekt konfiguriert.

```
TransactionOptions options = new TransactionOptions();
options.IsolationLevel = IsolationLevel.ReadCommitted;
using (TransactionScope scope = new TransactionScope(TransactionScopeOption.Required, options))
{
    // Transaktionscode...
}
```

Listing 23.5 Konfiguration einer Transaktion über die *TransactionOptions*-Struktur

Timeout festlegen

Über ein *TransactionOptions*-Objekt können Sie ebenfalls einen Timeout festlegen, nach dem die Transaktion abgebrochen werden soll. Den Wert geben Sie hierbei über ein *TimeSpan*-Objekt an, wie das folgende Beispiel zeigt:

```
TransactionOptions options = new TransactionOptions();
options.Timeout = new TimeSpan(0, 0, 30);
using (TransactionScope scope = new TransactionScope(TransactionScopeOption.Required, options))
{
    // Transaktionscode...
}
```

Listing 23.6 *Timeout-Wert der Transaktion über die TransactionOptions-Struktur festlegen*

In diesem Beispiel würde die Transaktion nach 30 Sekunden automatisch abbrechen, was zum Auslösen einer *TransactionException* führen würde.

Alternativ können Sie den Timeout-Wert auch direkt im Konstruktor der Klassen *TransactionScope* und *CommittableTransaction* angeben.

```
using (TransactionScope scope =
    new TransactionScope(TransactionScopeOption.Required, new TimeSpan(0,0,30)))
{
    // Transaktionscode...
}
```

Der angegebene Wert übersteuert hierbei alle Timeout-Werte der beteiligten Resource-Manager, wie beispielsweise den der *SqlConnection.Timeout*-Eigenschaft.

Interaktion mit COM+

Eventuell manipulieren Sie innerhalb Ihres *TransactionScope*-Blocks auch Objekte, die über das COM+-System verwaltet werden (in .NET werden diese *Enterprise Services* genannt). In diesem Fall müssen Sie *TransactionScope* mitteilen, in welcher Form es mit dem COM+-Transaktionssystem interagieren soll. Hierfür übergeben Sie im Konstruktor einen Wert der *EnterpriseServicesInteropOption*-Enumeration. Die folgenden Optionen können hierbei angegeben werden:

- **None** Dies ist der Standardwert. Er unterbindet eine Integration mit dem COM+-Transaktionssystem.
- **Automatic** Hierbei wird nach einem aktiven COM+-Kontext gesucht und die Transaktion mit diesem synchronisiert
- **Full** Bewirkt eine volle Synchronisation mit dem COM+-System. Hierbei wird gegebenenfalls ein neuer COM+-Kontext erstellt, wenn keiner vorhanden ist, was einen gewissen Performance-Overhead bedeuten kann.

Automatische Transaktionen über die Verbindungzeichenfolge steuern

In manchen Situationen wollen Sie vielleicht das implizite Modell verwenden, bei einem bestimmten *SqlConnection*-Objekt jedoch die automatische Anmeldung unterbinden. So könnte es beispielsweise sein, dass Sie innerhalb des *using*-Blocks nicht nur schreibende, sondern auch lesende Operationen durchführen, wobei die lesenden Zugriffe über eine separate Verbindung vorgenommen werden. Da die lesenden Operationen nicht transaktional ablaufen müssen, können Sie über die Verbindungszeichenfolge bestimmen, dass keine automatische Anmeldung erfolgen soll. Hierzu deklarieren Sie die *Enlist*-Option und setzen diese auf den Wert *false*.

```
string connectionString =
    "Data Source=.;Initial Catalog=netShop;Integrated Security=True;" +
    "Enlist=false";
```

Leider gibt es bei der Verwendung von *TransactionScope* auch Situationen, in denen sich das transaktionale Verhalten innerhalb des *TransactionScope*-Blocks ändern kann. Wenn beispielsweise ein Command einen Timeout auslöst, findet innerhalb der *SqlConnection*-Klasse ein Rollback statt. In einem solchen Fall wird das *SqlConnection*-Objekt standardmäßig aus der Transaktion entfernt. Alle weiteren Commands, die nun innerhalb des *TransactionScope*-Blocks ausgeführt werden, kommen jedoch noch zur Ausführung. Da sie aber nicht mehr an die Transaktion gebunden sind, laufen sie im *Auto-Commit*-Modus und werden somit in jedem Fall ausgeführt.

Dies ist aber nicht das, was Sie erwarten würden. Aus diesem Grund bietet der SQL Server-Anbieter die Verbindungszeichenfolgenoption *Transaction Binding*. Sie regelt, wann sich *SqlConnection*-Objekte von der Transaktion trennen. Standardmäßig besitzt sie den Wert *Implicit Unbind*, was eine automatische Trennung nach einem Rollback bzw. Commit zur Folge hat. Stellen Sie die Option jedoch auf *Explicit Unbind*, so müssen Sie die Verbindung selbst von der Transaktion trennen. Dies geschieht beispielsweise, indem Sie die *SqlConnection.Close*-Methode aufrufen. Alternativ können Sie natürlich auch hier wieder das *Disposable*-Pattern anwenden, wobei die Verbindung implizit geschlossen wird.

```
string connectionString =
    "Data Source=.;Initial Catalog=netShop;Integrated Security=True;" +
    "Transaction Binding=Implicit Unbind";
using (SqlConnection connection = new SqlConnection(connectionString))
{
    using (TransactionScope scope = new TransactionScope())
    {
        connection.Open(); // <- Automatisches Anmelden an der Transaktion
        // Transaktionscode...
        scope.Complete();
    }
} // <- Implizites Schließen der Verbindung & Abmelden der Transaktion
```

Das Promotion-Konzept

Wie bereits erwähnt, können neben Datenbanken auch lokale Objekte an der Transaktion teilnehmen. Diese als volatile bezeichnete Ressourcen werden vom *Lightweight Transaction Manager* (LTM) verwaltet. Externe Ressourcen werden hingegen vom DTC verwaltet.

Doch was passiert, wenn sowohl volatile als auch externe Ressourcen an einer gemeinsamen Transaktion teilnehmen? Hier kommt ein Konzept Namens *Promotion* zum Einsatz. Hierbei startet die Transaktion zunächst lokal und wird somit vom LTM verwaltet. Kommen nun weitere, externe Ressourcen hinzu, übergibt der LTM die Kontrolle über die Transaktion an den DTC. Dieser Schritt wird vollständig im Hintergrund vollzogen und muss von Ihrem Code in keiner Weise berücksichtigt werden. Das folgende Beispiel verdeutlicht diesen Vorgang:

```
TransactionalPerson person = new TransactionalPerson();
string connectionString = "Data Source=.;Initial Catalog=netShop;Integrated Security=True;";
using (SqlConnection connection = new SqlConnection(connectionString))
{
    using (TransactionScope scope = new TransactionScope())
```

Das System.Transaction-Modell

```
    {
        person.FirstName = "Jörg";  <- Verwaltung durch LTM
        connection.Open(); //       <- Hochstufen zu einer verteilten, vom DTC verwalteten Transaktion
        // Datenbankzugriff ...
        scope.Complete();
    }
}
```

Hier wurde eine Instanz der fiktiven, transaktionalen Klasse *TransactionalPerson* erstellt. Diese meldet sich automatisch an der laufenden Transaktion an und wird vom LTM verwaltet. Im Anschluss wird eine Datenbankverbindung geöffnet, die sich ebenfalls an der Transaktion anmeldet. Da es sich hierbei um eine externe Ressource handelt, findet im Hintergrund ein Heraufstufen von einer lokalen zu einer verteilten Transaktion statt. Da verteilte Transaktionen nicht mit dem LTM verwaltet werden können, übergibt dieser die Kontrolle an den DTC.

Verteilte Transaktionen überwachen

Um zu prüfen, ob die entsprechende Transaktion als verteilte Transaktion durchgeführt und somit durch den DTC verwaltet wird, können Sie den *Component Services Manager* überwachen. Diesen finden Sie in der Regel unter *Systemsteuerung/Verwaltung* unter der Bezeichnung *Komponentendienste*. Arbeiten Sie hingegen mit Windows Vista, müssen Sie das Tool über die Kommandozeile aufrufen, da hier eine entsprechende Verknüpfung fehlt. Der Name der Datei ist *comexp.msc*.

Um mit dem Tool die laufenden Transaktionen zu überwachen, expandieren Sie den Bereich *Komponentendienste\Computer\Arbeitsplatz\Distributed Transaction Coordinator\Lokaler DTC*, wie Abbildung 23.4 zeigt.

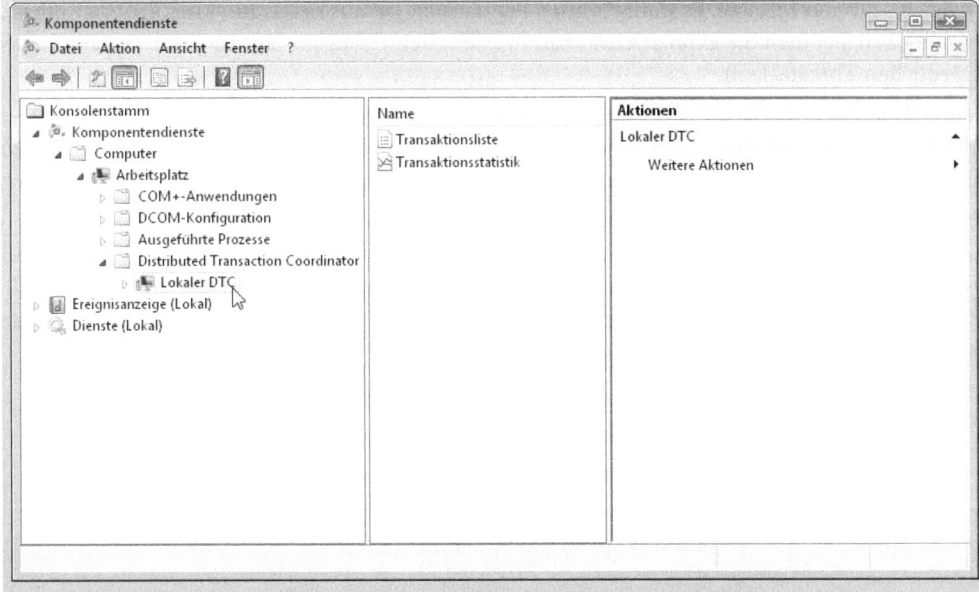

Abbildung 23.4 Der Component Services Manager in Windows Vista

Promotable Single Phase Enlistment

Neben der Übergabe vom LTM zum DTC existiert noch eine weitere Promotion-Option: Das *Single Phase Enlistment*. Zur Verwaltung einer verteilten Transaktion kommt das so genannte *Two Phase Commit*-Protokoll zum Einsatz. Hierbei informiert der Transaktions-Manager zunächst alle Resource-Manager über die Änderungen. In dieser so genannten *Prepare*-Phase ändern die Resource-Manager jedoch noch nicht physisch die Daten, sondern arbeiten mit einer Kopie der Daten. Erst wenn alle Beteiligten den Erfolg der *Prepare*-Phase signalisiert haben, tritt die *Commit*-Phase ein. Hierbei werden nun die vorbereiteten Änderungen an den Daten vorgenommen. Damit zwischen *Prepare*- und *Commit*-Phase keine anderen Transaktionen die Daten lesen oder ändern können, werden die entsprechenden Datenbereiche für den Zugriff gesperrt.

Dieser Vorgang erzeugt einen relativ hohen Overhead. Wenn Sie in Ihrer Transaktion jedoch nur mit einer Datenbank kommunizieren, kann auch ein vereinfachtes Verfahren greifen: Das *Single Phase Enlistment*. Hierbei wird die Transaktionskontrolle an die Datenbank übergeben. Da diese nun gleichzeitig die Rolle des Resource-Managers und des Transaktions-Manager übernimmt, kann auf die *Prepare*-Phase verzichtet werden.

Stellt nun der LTM fest, dass an der Transaktion lediglich ein Resource-Manager beteiligt ist und dieser das *Single Phase*-Protokoll unterstützt, übergibt er dem Manager die Kontrolle über die Transaktion. Auch hierbei startet die Transaktion zunächst lokal und wird beim ersten Zugriff auf einen externen Resource-Manager hochgestuft. Kommen jedoch weitere, externe Ressourcen hinzu, übernimmt der DTC wieder die Kontrolle.

Zurzeit unterstützen jedoch lediglich der SQL Server 2005 und der SQL Server 2008 das *Single Phase Enlistment*-Verfahren.

Umgang mit parallel laufenden Threads

Wie Sie bisher gesehen haben, ist der Umgang mit Transaktionen mit dem *System.Transactions*-System sehr einfach und zugleich sehr komfortabel. Es nimmt Ihnen die meisten Details der Transaktionsverwaltung ab. Es gibt jedoch einen Fall, bei dem Sie explizit etwas tun müssen: Beim Umgang mit transaktionalem Code, der in unterschiedlichen Threads läuft.

Nehmen Sie einmal an, Sie verteilen Ihren Datenzugriffscode auf mehrere Threads, um eine möglichst parallele Abarbeitung zu gewährleisten. Nun sollen jedoch alle Operationen innerhalb einer gemeinsamen Transaktion ablaufen. Doch wie können Sie sicher sein, dass alle Threads ihre Arbeit beendet haben, bevor Sie die Transaktion abschließen?

Hier kommt die Klasse *DependentTransaction* ins Spiel. Sie ist mit der laufenden Transaktion verbunden und kann threadübergreifend den Status der eigenen Arbeit signalisieren. Hierbei lässt der Thread-Code zunächst eine Kopie der aktuellen Transaktion erstellen. Die *Transaction*-Klasse bietet hierfür die Methode *DependentClone*. Sie liefert ein *DependentTransaction*-Objekt zurück, über das die Zugriffe im Thread laufen.

Das folgende Beispiel demonstriert den Umgang mit Transaktionen in unterschiedlichen Threads.

```
using System;
using System.Threading;
using System.Data.SqlClient;
using System.Transactions;

class Program
{
    static void Main(string[] args)
    {
        using (TransactionScope scope = new TransactionScope())
        {
```

```
            ParameterizedThreadStart start = new ParameterizedThreadStart(DeleteCustomer);
            Thread th = new Thread(start);
            DependentTransaction clone = Transaction.Current.DependentClone(
                DependentCloneOption.BlockCommitUntilComplete);
            th.Start(clone);

            scope.Complete();
        }
        Console.ReadLine();
    }

    static void DeleteCustomer(object obj)
    {
        DependentTransaction tran = obj as DependentTransaction;
        string cs = "Data Source=.;Initial Catalog=netShop;Integrated Security=True";
        using (SqlConnection con = new SqlConnection(cs))
        {
            con.Open();
            con.EnlistTransaction(tran);
            string sql = "DELETE FROM Sales.Customers WHERE ID = 100000";
            SqlCommand cmd = new SqlCommand(sql, con);
            cmd.ExecuteNonQuery();
        }
        tran.Complete();
        Console.WriteLine("DeleteCustomer() wurde ausgeführt.");
    }
}
```

Listing 23.7 Aus unterschiedlichen Threads heraus auf eine Transaktion zugreifen

CD-ROM Das Beispiel finden Sie unter dem Namen *TxThreadingDemo* auf der Buch-CD.

Hier wurde zunächst ein *TransactionScope*-Block erstellt. Der eigentliche Datenzugriff erfolgt jedoch in der Methode *DeleteCustomer*. Um diese in einem separaten Thread ausführen zu können, wurde ein *ParameterizedThreadStart*-Delegat erstellt und an die *DeleteCustomer*-Methode gebunden. Als Argument bekommt sie ein *DependentTransaction*-Objekt übergeben, das zuvor über *Transaction.Current.DependentClone* ermittelt wurde. Der Parameterwert *DependentCloneOption.BlockCommitUntilComplete* gibt hierbei an, dass mit dem Abschließen der Transaktion gewartet werden soll, bis der Thread seine Arbeit beendet hat.

In der Methode *DeleteCustomer* meldet sich das *SqlConnection*-Objekt über die *EnlistTransaction*-Methode an die laufende Transaktion an. Nach Beendigung des Datenbankzugriffs signalisiert der Aufruf der *DependentTransaction.Complete*-Methode, dass der Thread seine Arbeit beendet hat und die Transaktion abgeschlossen werden kann.

Fazit

Mit den Möglichkeiten von *System.Transaction* bietet .NET eine sehr einfache, jedoch äußerst mächtige API zur Transaktionssteuerung. Wie Sie gesehen haben, können Sie zwischen unterschiedlichen Programmiermodellen wählen. Zudem haben Sie die Möglichkeit, sowohl klassische Resource-Manager, wie Datenbanksysteme, als auch eigene Klassenmodelle in eine Transaktion mit einzubeziehen. Für die Koordination der Transaktion wird automatisch der effektivste Weg gewählt, je nachdem, ob Sie mit lokalen oder entfernten Ressourcen arbeiten. Auch erweiterte Funktionen, wie das automatische Einbeziehen von aufrufenden Methoden in eine Transaktion, oder die Isolation von Transaktionslogik in separaten Threads werden hierbei berücksichtigt.

Kapitel 24

Erweiterte Themen

In diesem Kapitel:

Multiple Active Resultsets (MARS)	948
Asynchroner Datenzugriff	951
Ergebnisse mit Abfragebenachrichtigungen überwachen	954
Große Datenmengen mit SqlBulkCopy kopieren	961
Anbieterunabhängiger Datenzugriff	963
Abrufen von Datenbankmetadaten	966
Information Schema Views	966
Datenbankschema über SqlConnection ermitteln	968
Die Metadaten einer Abfrage ermitteln	971
Metadaten mit SMO ermitteln	972
Datenzugriffsanalyse	975

In diesem Kapitel lernen Sie einige erweiterte Themen des Datenzugriffs kennen. Hierzu zählt unter anderem der asynchrone Zugriff, also die Ermittlung von Daten in separaten Threads. Zudem werden Sie die so genannten *Abfragebenachrichtigungen* kennen lernen, die es Ihrer Anwendung ermöglichen, aktiv von der Datenbank über Änderungen informiert zu werden. Ein weiteres Thema ist das Importieren von sehr großen Datenmengen, das mit der *SqlBulkCopy*-Klasse äußerst effizient vollzogen werden kann. Zuletzt soll es um den generischen Zugriff auf unterschiedliche Datenbanksysteme gehen. Hierzu stellt ADO.NET die so genannten *Anbieterfactory*-Klassen bereit, die es Ihnen ermöglichen, den eingesetzten Datenanbieter erst zur Laufzeit zu wählen. Zudem lernen Sie, wie Sie Metadaten, welche Informationen über die Struktur von Datenbanken und Ergebnismengen enthalten, ermitteln können. Zuletzt geht es um die Datenzugriffsanalyse, bei der Sie Informationen über den physischen Zugriff auf die Datenbank ermitteln können.

Multiple Active Resultsets (MARS)

Mit SQL Server können Daten auf zwei unterschiedliche Arten abgerufen werden. Mit serverseitigen Cursorn oder im cursorlosen, schreibgeschützten Modus (*Firehose Mode*). Bei ADO.NET kommt einzig der cursorlose Modus zum Einsatz, da er die wenigsten Ressourcen beansprucht und keine Sperren verursacht. Hierbei wird auf Serverseite ein Resultset erzeugt und zeilenweise vom Client abgerufen. Das Problem dieses Modus war bisher, dass er lediglich ein aktives Resultset gleichzeitig ermöglichte. Dies bedeutete zum Beispiel, dass kein *UPDATE*-Statement abgesetzt werden konnte, während ein Resultset abgerufen wurde. Auch das Verschachteln mehrerer Resultsets war nicht möglich. So musste stets ein Resultset komplett abgerufen werden, bevor die nächste Abfrage gestartet werden konnte. In ADO.NET macht sich dieses Verhalten beim Einsatz der *DataReader*-Klasse bemerkbar. Das folgende Beispiel verdeutlicht dies:

```
SqlConnection connection = new SqlConnection(connectionString);
connection.Open();
SqlCommand command1 = new SqlCommand("SELECT …", connection);
SqlDataReader reader1 = command1.ExecuteReader();
while (reader1.Read())
{
    SqlCommand command2 = new SqlCommand("SELECT …", connection);
    SqlDataReader reader2 = command2.ExecuteReader();
    while (reader2.Read())
    {
        …
    }
    reader2.Close();
}
reader1.Close();
```

Listing 24.1 Das Abrufen über gleichzeitig geöffnete *DataReader*-Objekte

CD-ROM   Das Beispiel finden Sie unter dem Namen *MarsDemo* auf der Buch-CD.

Hier wird versucht, zwei *DataReader*-Objekte gleichzeitig zu öffnen und die Daten über verschachtelte Schleifen abzurufen. Beide *DataReader* teilen sich hierbei ein gemeinsames *Connection*-Objekt. Wenn Sie mit diesem Code auf eine SQL Server 2000-Instanz zugreifen, tritt eine *InvalidOperationException* auf, da kein zweiter *DataReader* geöffnet werden kann, während ein anderer noch nicht geschlossen wurde (siehe Abbildung 24.1).

Multiple Active Resultsets (MARS)

```
string sql2 = "SELECT OrderDate FROM Orders WHERE CustomerID = @CustomerID ORDER BY OrderDat
SqlCommand command2 = new SqlCommand(sql2, connection);
command2.Parameters.AddWithValue("CustomerID", customerID);
SqlDataReader reader2 = command2.ExecuteReader();
while (reader2.Read())
{
    Console.WriteLine("\t" + reader2.GetSqlDateTim
}
nsole.ReadLine();
```

Abbildung 24.1   Beim Versuch mehrere *DataReader* gleichzeitig zu öffnen, tritt ein Fehler auf

Zur Lösung dieses Problems musste bisher eine separate Verbindung geöffnet und über diese die zweite Ergebnismenge ermittelt werden.

Daten mit MARS ermitteln

Seit SQL Server 2005 ist diese Limitation dank einer Erweiterung namens *Multiple Active Result Sets* (MARS) behoben. Mit dieser ist es möglich, mehrere Resultsets gleichzeitig über eine Verbindung zu öffnen. Hierbei werden die Ergebnisse gemischt, an den Client gesendet und dort wieder auseinander sortiert. Abbildung 24.2 zeigt diesen Vorgang.

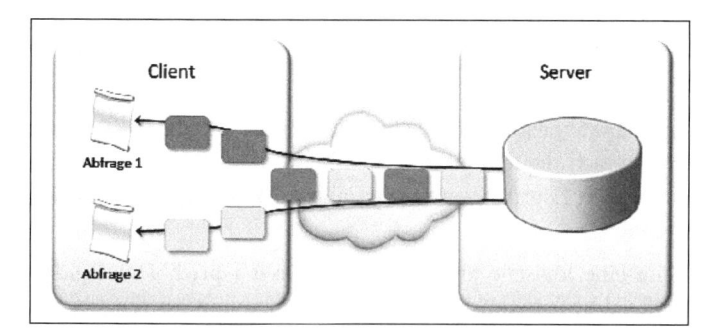

Abbildung 24.2   Das Mischen von Resultsets mithilfe von MARS

Um MARS nutzen zu können, müssen Sie die Verbindungszeichenfolge um die *MultipleActiveResultSets*-Option erweitern. Der folgende Code demonstriert den Einsatz anhand eines einfachen Beispiels:

```
static void Main(string[] args)
{
    string connectionString =
        "Data Source=.;Initial Catalog=netShop;Integrated Security=True;" +
        "MultipleActiveResultSets=True";
    SqlConnection connection = new SqlConnection(connectionString);
    connection.Open();

    string sql1 = "SELECT ID, Name_1 FROM Sales.Customers";
    SqlCommand command1 = new SqlCommand(sql1, connection);
    SqlDataReader reader1 = command1.ExecuteReader();
    while (reader1.Read())
```

```
{
    int customerID = reader1.GetInt32(0);
    Console.WriteLine("Customer: " + reader1.GetSqlString(1));

    string sql2 = "SELECT OrderDate FROM Sales.Orders WHERE CustomerID = @CustomerID ORDER BY OrderDate";
    SqlCommand command2 = new SqlCommand(sql2, connection);
    command2.Parameters.AddWithValue("CustomerID", customerID);
    SqlDataReader reader2 = command2.ExecuteReader();
    while (reader2.Read())
    {
        Console.WriteLine("\t" + reader2.GetDateTime(0).ToShortDateString());
    }
    reader2.Close();
}
reader1.Close();
Console.ReadLine();
```

Listing 24.2 Abrufen von Daten über parallel geöffnete *DataReader*-Instanzen

CD-ROM Das Beispiel finden Sie unter dem Namen *MarsDemo* auf der Buch-CD.

Hier werden im äußeren *DataReader* alle Kunden ermittelt und durchlaufen. In der inneren Schleife kommt ein zweiter *DataReader* zum Einsatz, der die Bestelldaten des jeweiligen Kunden ermittelt. Beide *DataReader* wurden hierbei mit dem gleichen *Connection*-Objekt verbunden, welches über die *MultipleActiveResultSets*-Option entsprechend konfiguriert wurde. Die Option muss explizit eingeschaltet werden, da sie standardmäßig ausgeschaltet ist.

Einschränkungen

Wenn Sie MARS verwenden, sollten Sie einige Punkte beachten. Bei *SELECT*-Abfragen kann MARS zwar die Resultsets mischen, die Abarbeitung erfolgt jedoch sequenziell und nicht parallel. Daher gewinnen Sie keinen Performance-Vorteil gegenüber dem normalen Zugriff. Wenn Sie parallelen Datenzugriff benötigen, sollten Sie weiter mehrere Verbindungen verwenden.

Weiterhin zu beachten ist, dass auf Serverseite eine logische Sitzung pro Resultset (sprich *DataReader*-Instanz) erstellt wird, was einen gewissen Overhead bedeutet. Um diesen Overhead zu minimieren, verwaltet der ADO.NET-Provider für SQL Server die Sitzungen in einem Cache. Dieser kann maximal zehn Sitzungen aufnehmen und wiederverwenden. Hierbei wird beim ersten Zugriff eine Sitzung erstellt und diese nach der Wiederfreigabe im Cache gespeichert. Alle weiteren Anfragen können daraufhin die im Cache befindlichen Sitzungen nutzen. Ist die Maximalanzahl der Sitzungen im Cache überschritten, werden automatisch neue Sitzungen erzeugt, aber nicht mehr gepuffert. Der Cache bezieht sich hierbei auf jeweils eine Verbindung.

Werden neben *SELECT*-Abfragen auch DML-Statements wie *INSERT*, *UPDATE* oder *DELETE* ausgeführt, müssen diese atomar verarbeitet werden. Dies hat zur Folge, dass alle *SELECT*-Abfragen solange blockiert werden, bis die Aktualisierung beendet wurde. Gleiches gilt für Transaktionen, die zum Beispiel über gespeicherte Prozeduren initiiert werden.

Die Verwendung der *WAITFOR*-Klausel innerhalb der Abfrage hat ebenfalls blockierende Wirkung, da hierbei die Daten mehrerer Abfragen nicht gemischt werden können. *WAITFOR* bewirkt, dass alle anderen Statements warten müssen, bis die Daten komplett ermittelt wurden.

Des Weiteren ist zu beachten, dass die *MultipleActiveResultSets*-Option Auswirkungen auf den Verbindungspool hat. Wird eine MARS-Verbindung im Pool gespeichert, kann diese nicht wiederverwendet werden, wenn im Anschluss die Anforderung einer Verbindung ohne MARS erfolgt.

Kompatibilität

Da für MARS Änderungen am TDS-Protokoll (*Table Data Stream*) von SQL Server nötig waren, mussten die Client-Bibliotheken entsprechend angepasst werden. Daher können Sie MARS nur mit neueren SQL Server-Treibern ab der Version 2005 nutzen. Der ADO.NET-Datenanbieter unterstützt MARS seit .NET 2.0.

Um zu ermitteln, ob der jeweilige Server MARS unterstützt, können Sie die *Version*-Eigenschaft der *SqlConnection*-Klasse auslesen. Gibt diese einen Wert von neun oder höher zurück, können Sie sich sicher sein, dass MARS unterstützt wird.

Asynchroner Datenzugriff

Wenn Sie Daten mit ADO.NET abrufen, geschieht dies standardmäßig synchron. Dies bedeutet, der Prozess blockiert so lange, bis die Daten ermittelt wurden. Abbildung 24.3 zeigt diesen Prozess.

Besonders bei Desktop-Anwendungen kann dies zu unschönen Effekten führen, da die Datenzugriffsoperationen vollständig im UI-Thread ausgeführt werden. Hierdurch werden nicht nur notwendige Zeichenoperationen, sondern auch jegliche Maus- und Tastatur-Interaktionen unterbunden.

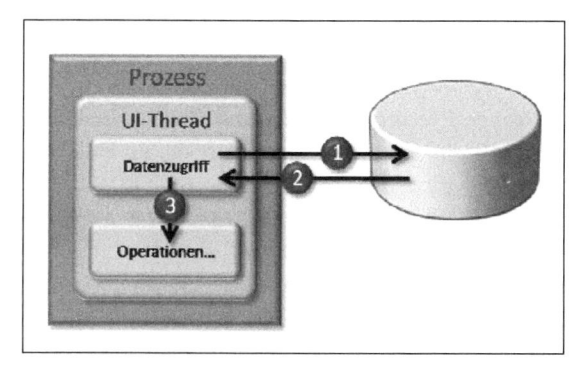

Abbildung 24.3 Programmfluss bei synchronem Datenzugriff

Das folgende Beispiel demonstriert die synchrone Datenermittlung:

```
string connectionString = "Data Source=.;Initial Catalog=netShop;Integrated Security=True";
SqlConnection connection = new SqlConnection(connectionString);
connection.Open();
string sql = "SELECT ID, Name_1 FROM Sales.Customers ORDER BY Name_1";
SqlCommand command = new SqlCommand(sql, connection);
DataTable table = new DataTable();
table.Load(command.ExecuteReader(CommandBehavior.CloseConnection));
```

Hier wurde über die *SqlCommand.ExecuteReader*-Methode ein *DataTable*-Objekt gefüllt. Hierbei kann das Programm erst dann fortgesetzt werden, wenn die Daten vollständig auf der Clientseite verfügbar sind.

Beim asynchronen Datenzugriff werden die Daten hingegen in einem separaten Worker-Thread ermittelt, sodass die Anwendung nicht blockiert wird. Programmfluss und Datenzugriff laufen somit parallel. Abbildung 24.4 illustriert diesen Prozess.

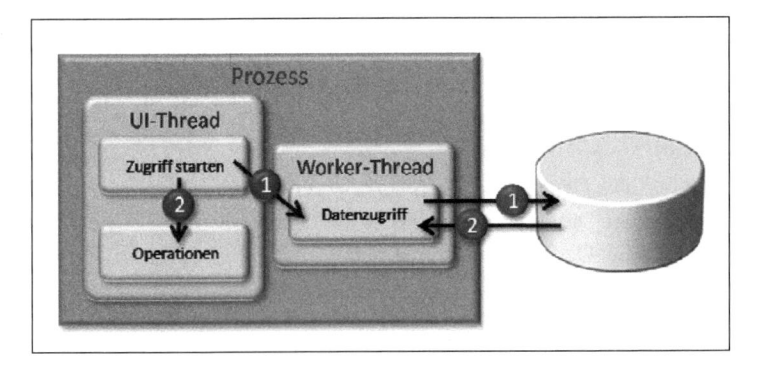

Abbildung 24.4 Programmfluss bei asynchronem Datenzugriff

Die Verbindungszeichenfolge für den asynchronen Zugriff konfigurieren

Bevor Sie den Datenzugriff asynchron durchführen können, müssen Sie zunächst die Verbindungszeichenfolge um die *Asynchronous Processing*-Option erweitern.

```
Data Source=.;Initial Catalog=netShop;Integrated Security=True;Asynchronous Processing=true
```

Hierdurch signalisieren Sie dem ADO.NET-Anbieter, dass alle auf die Verbindung bezogenen Operationen asynchron durchgeführt werden sollen. Dies bedeutet jedoch nicht, dass Sie dies auch zwingend tun müssen. Es ist aber dringend anzuraten, da durch asynchrone Operationen ein gewisser Overhead entsteht.

Die asynchronen Methoden der SqlCommand-Klasse

Die *SqlCommand*-Klasse stellt für die Methoden *ExecuteReader*, *ExecuteXmlReader* und *ExecuteNonQuery* asynchrone Varianten bereit. Diese bestehen jeweils aus einer *Begin*- und einer *End*-Methode. Im Falle von *ExecuteReader* wären dies *BeginExecuteReader* und *EndExecuteReader*.

> **Warum gibt es keine asynchrone Variante von ExecuteScalar?**
>
> Für die Methoden *SqlCommand.ExecuteScalar* und *SqlDataAdapter.Fill* stehen keine asynchronen Varianten zu Verfügung. Microsoft begründet dies damit, dass sie die öffentlichen Schnittstellen nicht unnötig aufblähen wollten – schließlich werden je Methode zwei zusätzliche Varianten benötigt. Daher hat man sich dafür entschieden, nur die Methoden zu unterstützen, die nicht durch die Verwendung anderer Methoden adaptiert werden können. *ExecuteScalar* und *DataAdapter.Fill* lassen sich hingegen durch die Verwendung von *ExecuteReader* nachbilden.

Die Syntax der *BeginExecuteReader*-Methode sieht wie folgt aus:

```
IAsyncResult BeginExecuteReader(AsyncCallback callback, object stateObject);
```

Durch den Aufruf wird ein neuer Worker-Thread erstellt, der parallel zum UI-Thread läuft. Hierbei muss eine Callback-Methode übergeben werden, die den eigentlichen Datenzugriff durchführt. Diese muss der folgenden Signatur entsprechen:

Asynchroner Datenzugriff

```
void AsyncCallback(IAsyncResult result)
```

Das obere Beispiel könnte somit wie folgt umgeschrieben werden:

```
string connectionString =
    "Data Source=.;Initial Catalog=netShop;Integrated Security=True;" +
    "Asynchronous Processing=true";

SqlConnection connection = new SqlConnection(connectionString);
connection.Open();

string sql = "SELECT ID, Name_1 FROM Sales.Customers ORDER BY Name_1";
SqlCommand command = new SqlCommand(sql, connection);

command.BeginExecuteReader(this.GetCustomersCallback, command);
```

Zusätzlich können Sie in der *BeginExecuteReader*-Methode über den *stateObject*-Parameter ein Objekt angeben, das an die Callback-Methode weitergeleitet werden soll. Hier könnten Sie beispielsweise das entsprechende *SqlCommand*-Objekt angeben, mit dem später der Datenzugriff durchgeführt werden soll.

Die Callback-Methode kann daraufhin über den *result*-Parameter auf das Objekt zugreifen, indem es die *AsyncState*-Eigenschaft abruft und eine Wandlung in den entsprechenden Objekttyp vornimmt.

```
private void GetCustomersCallback(IAsyncResult result)
{
    SqlCommand command = result.AsyncState as SqlCommand;
    ...
}
```

Der eigentliche Datenzugriff findet nun durch Aufruf der *EndExecuteReader*-Methode statt:

```
private void GetCustomersCallback(IAsyncResult result)
{
    SqlCommand command = result.AsyncState as SqlCommand;
    SqlDataReader reader = command.EndExecuteReader(result);
    DataTable table = new DataTable();
    table.Load(reader);
    ...
}
```

CD-ROM Das Beispiel finden Sie unter dem Namen *AsyncDemo* auf der Buch-CD.

Threads synchronisieren

Bei diesem Verfahren ist es wichtig zu realisieren, dass die Callback-Methode innerhalb des Worker-Threads läuft und somit keine direkte Verbindung zum UI-Thread besteht. Wenn Sie beispielsweise die Daten im Anschluss an die Oberfläche binden wollen, müssen Sie eine Thread-Synchronisation durchführen.

Hierfür kann die *SynchronizationContext*-Klasse verwendet werden. Dabei wird auf Klassenebene eine Variable vom Typ *SynchronizationContext* deklariert und im jeweiligen Konstruktor instanziiert. Innerhalb der Callback-Methode können Sie nun einen Delegaten vom Typ *SendOrPostCallback* erstellen und diesem über eine anonyme Methode entsprechenden Code zuweisen. Die Ausführung erfolgt schließlich durch Aufruf der *SynchronizationContext.Post*-Methode.

```
SendOrPostCallback del = delegate(object state)
{
    this.dataGridView1.DataSource = table;
};
_syncContext.Post(del, null);
```

Weitere Möglichkeiten

Die *BeginExecuteReader*-Methode gibt ein Objekt vom Typ *IAsyncResult* zurück. Dieses kann vom Aufrufer verwendet werden, um die Operation zu überwachen. So könnten Sie beispielsweise den Rückgabewert in einer Klassenvariablen speichern und zu einem späteren Zeitpunkt über die *IsCompleted*-Eigenschaft abfragen, ob die Operation in der Zwischenzeit beendet wurde.

Darüber hinaus kann über *AsyncWaitHandle* ein Zeiger auf die Callback-Methode ermittelt werden. Dies kann nützlich sein, wenn der Aufrufer den aktuellen Thread für eine bestimmte Zeit, oder bis zur Beendigung des Worker-Threads blockieren möchte. Hierbei erfolgt der Datenzugriff zwar parallel, der Programmfluss setzt sich jedoch erst fort, wenn die Operation beendet, beziehungsweise die Zeit abgelaufen ist.

Ergebnisse mit Abfragebenachrichtigungen überwachen

In den meisten Datenbanken existieren eine Reihe von Lookup-Tabellen, die Daten enthalten, die sich eher selten ändern. In Webanwendungen werden solche Daten häufig in Caches geladen, um unnötige Roundtrips zum Datenbankserver zu verhindern. Die Herausforderung besteht bei solchen Lösungen meist in der Aktualisierung der Caches. In der Regel werden hierfür *Polling*-Mechanismen verwendet, in denen die Anwendung in bestimmten Intervallen auf die Datenbank zugreift und die Caches aktualisiert. Die ist nicht besonders effizient, da diese Verfahren oft unnötig die Datenbank belasten, obwohl sich die Daten nicht geändert haben.

Darüber hinaus entstehen zwischen den Intervallen Lücken, in denen auf nicht aktuelle Daten zugegriffen wird. Dies ist nicht nur im informellen Sinne unschön, sondern führt auch häufig zu Konkurrenzsituationen. Wenn beispielsweise ein Benutzer einen Datensatz bearbeitet, der nicht aktuell ist und vorher jemand mit einer anderen Anwendung die Daten direkt auf dem Server geändert hat, entsteht ein Konflikt. Wenn die Daten also nicht ständig aktualisiert werden, kann sich die Anwendung – oder besser der Anwender – nicht sicher sein, dass sich die Daten in der Zwischenzeit nicht schon wieder geändert haben.

Um diesen Konflikten vorzubeugen und gleichzeitig von den Vorteilen von Caches zu profitieren, bieten sich Verfahren an, bei denen die Datenbank den Anwendungen proaktiv über Änderungen informiert, damit diese einen Aktualisierungslauf durchführen können.

Die Funktionsweise von Abfragebenachrichtigungen

Um genau so ein Verfahren geht es bei den Abfragebenachrichtigungen. Sie basieren auf der Service Broker-Infrastruktur von SQL Server und ermöglichen die aktive Signalisierung von Datenänderungen. Hierbei kommt das bekannte Publisher/Subscriber-Konzept zum Einsatz: Ein oder mehrere Anwendungen abonnieren eine Benachrichtigung für eine bestimmte Abfrage. Ändert sich nun die Ergebnismenge der entsprechenden Abfrage, beispielsweise weil Einfüge-, Lösch- oder Aktualisierungsoperationen für die abhängigen Tabellen durchgeführt wurden, informiert der Server alle Abonnenten.

Dahinter verbirgt sich der gleiche Mechanismus, der auch bei indizierten Sichten zum Einsatz kommt. Hier überwacht die Abfrage-Engine von SQL Server DML-Statements, um Änderungen zu signalisieren. Während die indizierten Sichten diese Benachrichtigungen zur Aktualisierung ihrer Datenkopien verwenden, nutzen die Abfragebenachrichtigungen sie zur Information von Clients. Hierbei werden die Änderungsmeldungen an einen Service Broker-Dienst übergeben, der für die asynchrone Auslieferung zuständig ist.

Auf der Clientseite stellt ADO.NET entsprechende Klassen für das Empfangen und Verwalten der Benachrichtigungen bereit. Das Vorgehen ist hierbei wie folgt:

- Die *SqlCommand*-Klasse stellt die Eigenschaft *Notification* bereit, über die eine Benachrichtigungsanfrage mit der entsprechenden Abfrage verknüpft werden kann
- SQL Server registriert den entsprechenden Client für die Benachrichtigung und führt die Abfrage aus
- In der Folge werden alle SQL-DML-Statements, die das Ergebnis der jeweiligen Abfrage beeinflussen können, überwacht
- Tritt eine Veränderung der Ergebnismenge auf, wird eine Benachrichtigungsmeldung an einen Service Broker-Dienst geschickt
- Dieser versendet die Nachricht entweder direkt zum jeweiligen Client oder speichert sie für einen späteren Abruf in einer Warteschlange

Eine Benachrichtigung tritt immer dann auf, wenn sich Änderungen an der Ergebnismenge ergeben. Dies beinhaltet nicht nur *INSERT*-, *UPDATE*- oder *DELETE*-Statements, die sich auf die abhängigen Tabellen beziehen, sondern auch auf die Tabellen oder deren Spalten bezogene *DROP*- oder *ALTER*-Statements. Hierbei werden weder die Anzahl der Änderungen, noch Informationen über die betroffenen Zeilen mitgeliefert. Daher ist es erforderlich, die entsprechende Abfrage nach Erhalt der Benachrichtigung erneut auszuführen. Darüber hinaus ist zu beachten, dass nach Auslieferung der Benachrichtigung das Abonnement auf dem Server gelöscht wird. Somit ist es nach dem Erhalt einer Nachricht erforderlich, eine erneute Anfrage zu stellen.

Unterstützte Plattformen

Neben dem ADO.NET-Datenanbieter unterstützt auch der OLE DB-Anbieter Abfragebenachrichtigungen. Einzige Voraussetzung ist jedoch ein vollwertiger SQL Server; die Express Edition enthält keinen Service Broker und stellt die Abfragebenachrichtigungen daher nicht zu Verfügung.

Abfragebenachrichtigungen in SQL Server aktivieren

Die Abfragebenachrichtigungen basieren auf dem Service Broker-Dienst *QueryNotificationService* und der Warteschlange *QueryNotificationErrorsQueue*. Abbildung 24.5 zeigt die benötigten Objekte in der *netShop*-Datenbank.

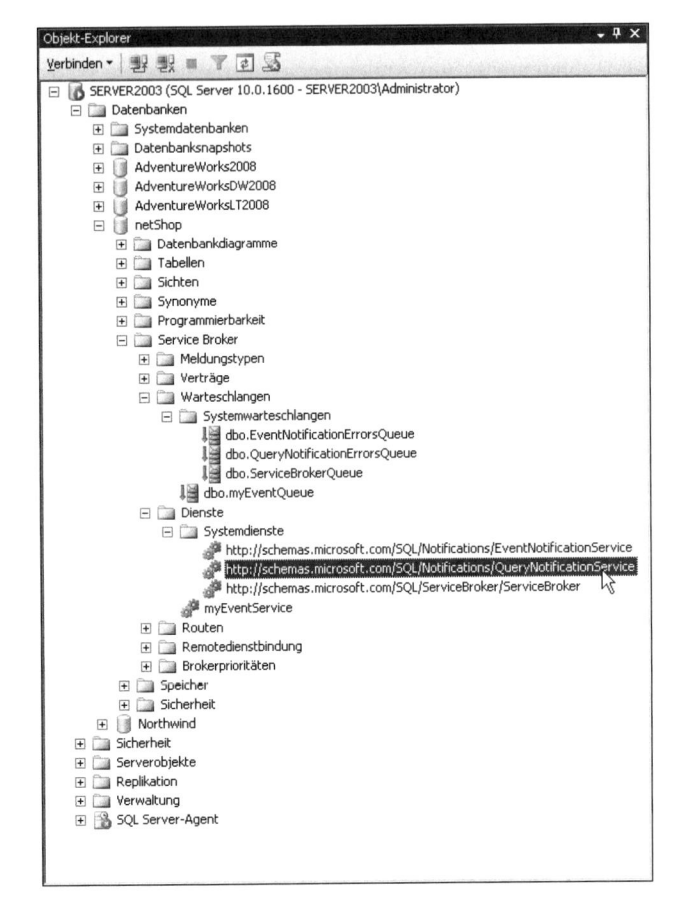

Abbildung 24.5 Die Service Broker-Warteschlangen und Dienste für die Abfragebenachrichtigungen

Da der Service Broker standardmäßig ausgeschaltet ist, muss er jedoch zunächst für die jeweilige Datenbank eingeschaltet werden. Hierzu stellt SQL Server die Option *ENABLE_BROKER* zur Verfügung. Im folgenden Beispiel wird der Service Broker für die *netShop*-Datenbank aktiviert.

```
USE netShop
ALTER DATABASE netShop SET ENABLE_BROKER
GO
```

Um zu prüfen, ob der Service Broker bereits aktiviert wurde, können Sie die folgende Abfrage absetzen:

```
SELECT databasepropertyex('netShop', 'IsBrokerEnabled')
```

Wird hierbei der Wert 1 zurückgegeben, ist der Service Broker aktiv, während der Wert 0 Inaktivität signalisiert.

Darüber hinaus müssen Sie für die Benutzer, Rollen oder Schemas die Berechtigung *SUBSCRIBE QUERY NOTIFICATIONS* vergeben:

```
GRANT SUBSCRIBE QUERY NOTIFICATIONS TO username
```

Zusätzlich muss der Empfänger die *RECEIVE*-Berechtigung für die *QueryNotificationErrorsQueue* besitzen.

```
GRANT RECEIVE ON QueryNotificationErrorsQueue TO login
```

Für die Auslieferung der Nachrichten ist die gespeicherte Prozedur *sp_DispatcherProc* zuständig. Da diese vollständig aus .NET-Code besteht, ist es zwingend erforderlich, die Ausführung von Managed Code zu erlauben.

> **Wann ist der Einsatz von Abfragebenachrichtigungen sinnvoll?**
>
> Die Abfragebenachrichtigungen wurden in erster Line für die Verwendung in ASP.NET-Anwendungen oder Middle-Tier-Services entworfen, in denen eine relativ kleine Anzahl von direkten Datenbankverbindungen bestehen. Diese Technologie ist nicht für Client-Anwendungen mit mehreren Hundert Benutzern ausgelegt, die eine ständige Verbindung zur Datenbank halten. Bei zu vielen aktiven Datenbankverbindungen kann die Performance erheblich leiden. Daher sollten Sie Clientanwendungen gegebenenfalls über einen entsprechenden Middle-Tier-Service benachrichtigen.
>
> Darüber hinaus ist zu beachten, dass die Performance sehr stark von der Anzahl der schreibenden Zugriffe auf die entsprechenden Tabellen abhängt, da für jeden Schreibzugriff eine Benachrichtigung erstellt und ausgeliefert werden muss.

Abfragebenachrichtigungen mit ADO.NET

Für den clientseitigen Einsatz der Abfragebenachrichtigungen stellt ADO.NET die folgenden Klassen bereit:

- *System.Data.SqlClient.SqlDependency* ist eine High-Level-Klasse. Sie wird mit einem *Command*-Objekt verbunden und informiert mithilfe eines Ereignisses über aufgetretene Änderungen. Hierbei ist jedoch eine ständige Verbindung zur Datenbank erforderlich, da die Änderungsnachrichten in diesem Fall direkt zum Client versendet und nicht in einer Warteschlange zwischengespeichert werden.

- *System.Data.Sql.SqlNotificationRequest* ist eine Low-Level-Klasse, die eine sehr feine Steuerung der Benachrichtigung ermöglicht. Hierbei müssen die aufgetretenen Änderungsmeldungen jedoch manuell aus der Warteschlange entnommen werden. Dafür ist jedoch keine ständige Verbindung zur Datenbank erforderlich.

- *System.Web.Caching.SqlCacheDependency* ist eine spezielle Variante zur Aktualisierung von Caches in ASP.NET-Anwendungen

Am einfachsten können Abfragebenachrichtigungen mit der Klasse *SqlDependency* verarbeitet werden. Sie nimmt im Konstruktor ein *SqlCommand*-Objekt entgegen und informiert bei Änderungen über das *OnChange*-Ereignis. Darüber hinaus kann über die statischen Methoden *Start* und *Stop* die Benachrichtigung für alle Abfragen zentral ein- und ausgeschaltet werden.

Das folgende Beispiel verdeutlicht die Verwendung der *SqlDependency*-Klasse.

```
private void GetData()
{
    SqlConnection connection = new SqlConnection(_connectionString);
    string sql = "SELECT ContactID, FirstName, LastName FROM Person.Contact";
    SqlCommand command = new SqlCommand(sql, connection);

    SqlDependency dependency = new SqlDependency(command);
    dependency.OnChange += new OnChangeEventHandler(dependency_OnChange);
```

```
    DataTable table = new DataTable();
    SqlDataAdapter adapter = new SqlDataAdapter(command);
    adapter.Fill(table);

    this.dataGridView1.DataSource = table;
}
```

Listing 24.3 *Abonnieren der Benachrichtigungen über die SqlDependency-Klasse*

CD-ROM   Das Beispiel finden Sie unter dem Namen *IQueryNotification* auf der Buch-CD.

Hier soll eine *DataTable* mit dem Ergebnis einer einfachen Abfrage gefüllt und in einem *DataGridView*-Steuerelement angezeigt werden. Die entscheidende Stelle im Code ist hierbei die Deklaration des *SqlDependency*-Objekts. Dieses bekommt im Konstruktor das entsprechende *SqlCommand*-Objekt übergeben. Dies führt dazu, dass die *Notification*-Eigenschaft des *SqlCommand*-Objekts gesetzt wird. Alternativ können Sie der *Notification*-Eigenschaft auch direkt das *SqlDependency*-Objekt zuweisen.

Zusätzlich wird ein Event-Handler für das *OnChange*-Event registriert. In diesem kann nun auf eingehende Änderungsnachrichten reagiert werden.

```
void dependency_OnChange(object sender, SqlNotificationEventArgs e)
{
    SqlDependency dependency = sender as SqlDependency;
    dependency.OnChange -= dependency_OnChange;
    this.GetData();
}
```

Listing 24.4 *Der Event Handler für das OnChange-Event*

Wie bereits erwähnt, erlischt das Abfragebenachrichtigungs-Abonnement nach dem Erhalt der ersten Nachricht. Daher muss die Abfrage erneut ausgeführt und mit einem neuen *SqlDependency*-Objekt verknüpft werden. Da das alte Objekt somit wertlos geworden ist, wird der registrierte Handler für das *OnChange*-Event abgemeldet. Anschließend führt der Aufruf der *GetData*-Methode zum erneuten Absetzen der Abfrage, sowie zur Neuerstellung des *SqlDependency*-Objekts. Auf diese Weise läuft der Code quasi im Kreis.

Damit der Code jedoch Wirkung zeigt, muss die Abfragebenachrichtigungs-Funktionalität initial gestartet werden. Hierfür stellt *SqlDependency* die statische Methoden *Start* zu Verfügung. Diese nimmt die jeweilige Verbindungszeichenfolge entgegen. Somit bezieht sich der Startvorgang jeweils nur auf die Abfragen der entsprechenden Verbindung. Vor Beenden der Anwendung sollten Sie *SqlDependency.Stop* aufrufen, um die Benachrichtigung zu beenden.

Änderungen analysieren

Um genauere Informationen über die aufgetretene Änderung zu bekommen, können Sie das *SqlNotificationEventArgs*-Objekt des Event-Handlers auswerten. Die Abfragebenachrichtigungen kennen eine Reihe unterschiedlicher Ereignistypen. Welches Ereignis zur Benachrichtigung geführt hat, signalisieren die Eigenschaften *Type*, *Source* und *Info*. Während *Type* und *Source* allgemeine Informationen zum Typ der Benachrichtigung und der Quelle zurückgeben, liefert die *Info*-Eigenschaft Details zum aufgetretenen Ereignis. Die Eigenschaften liefern jeweils Enumerationswerte zurück, die sowohl Ereignisse als auch Fehler signalisieren.

So liefert die *Type*-Eigenschaft beispielsweise den Wert *SqlNotificationType.Change*, wenn sich Änderungen ergeben haben, während der Wert *SqlNotificationType.Subscribe* auf Probleme mit dem Abonnement hinweist.

Mit der *Source*-Eigenschaft können Sie dem Ereignis nun näher auf den Grund gehen. Sie kann beispielsweise den Wert *SqlNotificationSource.Data* annehmen, der Änderungen an den Daten signalisiert, während *SqlNotificationSource.Object* und *SqlNotificationSource.Database* auf Schemaänderungen hinweisen.

Noch mehr Details bekommen Sie über die *Info*-Eigenschaft. Mit ihr können Sie gezielt die Ursache eines Ereignisses filtern. So steht der Wert *SqlNotificationInfo.Insert* beispielsweise für eine Datenänderung, die durch eine INSERT-Operation ausgelöst wurde. Die Werte *SqlNotificationInfo.Alter* und *SqlNotificationInfo.Drop* signalisieren hingegen Schemaänderungen.

Bei welcher Art von Änderungen Sie benachrichtigt werden wollen, können Sie über den *options*-Parameter der *SqlDependency*-Klasse angeben. Darüber hinaus besteht hier die Möglichkeit, einen Timeout zu bestimmen, der steuert, nach welcher Zeit die Auslieferung der Benachrichtigungsmeldung zum Client abgebrochen werden soll.

Die Beispielanwendung *Query Notification Demo* (Abbildung 24.6) demonstriert die Verwendung der *SqlDependency*-Klasse.

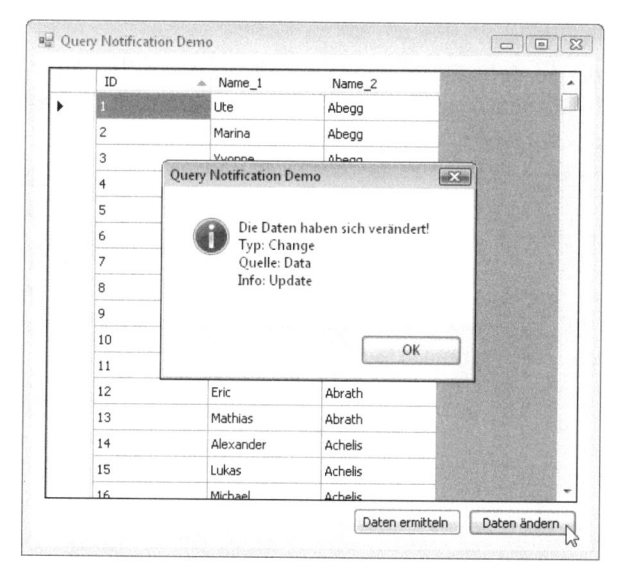

Abbildung 24.6 Die Beispielanwendung reagiert automatisch auf Datenänderungen

> **HINWEIS** Abfragebenachrichtigungen können ausschließlich clientseitig empfangen werden. Gespeicherte Prozeduren in T-SQL oder Managed Code werden nicht unterstützt. Hierbei spielt es auch keine Rolle, ob diese auf dem gleichen oder einem entfernten SQL Server existieren.

> **ACHTUNG** **Nicht jede Abfrage kann überwacht werden!**
>
> Nicht jede *SELECT*-Abfrage kann über Abfragebenachrichtigungen überwacht werden. So darf die Abfrage beispielsweise nur auf normale Benutzertabellen zugreifen. Eine Verknüpfung mit Sichten, Temporärtabellen oder Funktionen ist nicht erlaubt. Darüber hinaus sollten Sie bei der Formulierung der Abfrage die folgenden Punkte beachten:
>
> - Die Tabelle muss stets aus einem zweigeteilten Bezeichner aus Schema- und Tabellennamen bestehen und nicht von einer anderen Tabelle abgeleitet sein

- In der Abfrage darf keine *Rowset*-Funktion oder der *UNION*-Operator verwendet werden
- Es dürfen keine Unterabfragen enthalten sein
- Die Spaltennamen müssen explizit angegeben werden. *SELECT ** ist hierbei nicht erlaubt.
- Die Abfrage darf kein *TOP, DISTINCT, COMPUTE, COMPUTE BY* oder *INTO* enthalten
- Aggregate wie *AVG, MAX, MIN, STDEV, STDEVP, VAR* oder *VARP* sowie *COUNT(*)* sind nicht erlaubt
- Es dürfen keine Spalten vom Typ *text*, *ntext* oder *image* enthalten sein
- Eine vollständige Liste aller Einschränkungen finden Sie in der Visual Studio-Hilfe

Verwendung von Abfragebenachrichtigungen in Windows-Anwendungen

Windows-basierte Anwendungen (Windows Forms, Windows Presentation Foundation) basieren auf einem Single-Thread-Modell. Das heißt, dass jegliche Operationen direkt auf dem UI-Thread ausgeführt werden. Die Abfragebenachrichtigungen informieren die jeweilige Anwendung jedoch stets von einem separaten Worker-Thread aus. Daher müssen Sie Worker- und UI-Thread synchronisieren, wenn Sie im *OnChange*-Event-Handler Aktualisierungen der Oberfläche vornehmen.

In Windows Forms kann dies zum Bespiel mithilfe der *Form.Invoke*-Methode bewerkstelligt werden. Hierbei wird mithilfe eines Delegaten eine Callback-Methode aufgerufen, welche die Aktualisierung der Oberfläche vornimmt. Das folgende Beispiel verdeutlicht das Vorgehen:

```
delegate void RefreshUIHandler();

void dependency_OnChange(object sender, SqlNotificationEventArgs e)
{
    ...
    if (this.InvokeRequired)
    {
        RefreshUIHandler handler = new RefreshUIHandler(this.RefreshUI);
        this.Invoke(handler);
    }
    else
    {
        this.RefreshUI();
    }
}
private void RefreshUI()
{
    ...
}
```

Listing 24.5 Synchronisation von Benachrichtigungs- und UI-Thread in einer Windows Forms-Anwendung

Hier wurde auf Klassenebene ein Delegat deklariert, der die Signatur der Rückrufmethode *RefreshUI* beschreibt. Im Event-Handler kann nun über die *InvokeRequired*-Eigenschaft geprüft werden, ob eine Thread-Synchronisation erforderlich ist. Ist dies der Fall, wird eine neue Instanz des Delegaten erstellt und der *Invoke*-Methode übergeben.

Große Datenmengen mit SqlBulkCopy kopieren

Alternativ können Sie auch die *SynchronizationContext*-Klasse verwenden, die mit .NET 2.0 eingeführt wurde und die Handhabung deutlich erleichtert.

```
public partial class MainForm : Form
{
    private SynchronizationContext _syncContext;

    public MainForm()
    {
        _syncContext = SynchronizationContext.Current;
    }

    void dependency_OnChange(object sender, SqlNotificationEventArgs e)
    {
        …
        SendOrPostCallback del = delegate
        {
            MessageBox.Show(this, "Die Daten haben sich verändert!", this.Text, MessageBoxButtons.OK, MessageBoxIcon.Information);
            this.GetData();
        };
        _syncContext.Post(del, null);
    }
}
```

Listing 24.6 Thread-Synchronisation mit der *SynchronizationContext*-Klasse

CD-ROM   Das Beispiel finden Sie unter dem Namen *QueryNotificationDemo* auf der Buch-CD.

Hier wird zunächst eine *SynchronizationContext*-Instanz auf Klassenebene erstellt und im Konstruktor instanziiert. Im *OnChange*-Event-Handler kann daraufhin mit der Synchronisation begonnen werden. Hierbei erstellen Sie einen Delegaten vom Typ *SendOrPostCallback* und weisen diesem eine anonyme Methode zu, die den entsprechenden Code enthält. Zuletzt erfolgt die Ausführung mithilfe der *SynchronizationContext.Post*-Methode. Sie nimmt den Delegaten sowie optionale Parameter entgegen und führt den entsprechenden Code threadsicher aus.

Große Datenmengen mit SqlBulkCopy kopieren

Das Kopieren und Importieren großer Datenmengen kann einige Zeit in Anspruch nehmen. Die richtige Herangehensweise ist daher von entscheidender Bedeutung. So könnten Sie beispielsweise jeden einzelnen Datensatz per *INSERT*-Statement in die entsprechende Tabelle einfügen. Wenn sie dies mit mehreren hundert Datensätzen machen, dauert dies nicht nur sehr lange, sondern hat noch einige weitere Nachteile:

- Die Performance der Datenbank wird während des Imports vermindert, da Datenintegritätsprüfungen pro Datensatz durchgeführt werden müssen
- Es treten Sperren für Seiten und Tabellen auf, auf die beim Import zugegriffen wird
- Das Transaktionsprotokoll vergrößert sich drastisch, da jeder Datensatz im Log verewigt wird

Zum Kopieren und Importieren von großen Datenmengen bringt SQL Server das Kommandozeilen-Tool *bcp.exe* mit. Es importiert Massendaten auf eine sehr effiziente Weise. So verzichtet *bcp* beispielsweise auf Datenintegritätsprüfungen.

Mit der Klasse *SqlBulkCopy* können Sie die Funktionalität von *bcp* auch in Ihren Programmen nutzen. Sie enthält eine Reihe von Methoden, die nicht nur das Kopieren von Tabellendaten, sondern auch den Import externer Daten unterstützt.

In folgendem Beispiel sollen die Daten der *Sales.Customers*-Tabelle in die Tabelle *CustomersTemp* kopiert werden.

```csharp
string connectionString =
    "Data Source=.;Initial Catalog=netShop;Integrated Security=True;" +
    "MultipleActiveResultSets=True";
using (SqlConnection con = new SqlConnection(connectionString))
{
    con.Open();

    // Transaktionsoption setzen
    SqlCommand cmdTxOption = new SqlCommand("SET XACT_ABORT ON", con);
    cmdTxOption.ExecuteNonQuery();

    // Daten aus Quelltabelle ermitteln
    string sql =
        "SELECT ID, Name_1, Name_2 " +
        "FROM Sales.Customers";
    SqlCommand cmdSelect = new SqlCommand(sql, con);
    SqlDataReader reader = cmdSelect.ExecuteReader();

    // Daten in Zieltabelle kopieren
    using (SqlBulkCopy bcp = new SqlBulkCopy(con))
    {
        bcp.BatchSize = 100;
        bcp.DestinationTableName = "CustomersTemp";
        bcp.ColumnMappings.Add("ID", "CustomerID");
        bcp.ColumnMappings.Add("Name_1", "FirstName");
        bcp.ColumnMappings.Add("Name_1", "LastName");
        bcp.WriteToServer(reader);
    }
}
```

Listing 24.7 Massenaktualisierungen mit der *SqlBulkCopy*-Klasse

Der gesamte Kopiervorgang läuft in einer Transaktion. Treten hierbei Fehler auf, wird diese jedoch nicht automatisch zurückgerollt. Daher ist es erforderlich, vor dem eigentlichen Zugriff die Datenbankoption *XACT_ABORT* auf *ON* zu setzen. Auf diese Weise wird im Fehlerfall automatisch ein Rollback ausgelöst.

Als nächstes werden die zu kopierenden Daten ermittelt. Hierzu formulieren Sie eine *SELECT*-Abfrage, die alle notwendigen Felder enthält und führen diese über *SqlCommand.ExecuteReader* aus.

Nun können Sie sich dem eigentlichen Kopiervorgang widmen. Die *SqlBulkCopy*-Klasse nimmt im Konstruktor das *SqlConnection*-Objekt der Zieldatenbank entgegen. Über die *BatchSize*-Eigenschaft können Sie zudem die Anzahl der Datensätze festlegen, der bei jedem Kopierschritt geschrieben werden soll. Die Beispielanwendung, die Sie unter dem Namen *BulkCopyDemo* auf der Buch-CD finden, demonstriert die Verwendung (Abbildung 24.7).

> **Abfrage und Kopiervorgang mit einem Connection-Objekt durchführen**
>
> Wenn Sie Lese- und Schreibzugriff mit demselben *SqlConnection*-Objekt durchführen, müssen Sie in der Verbindungszeichenfolge die Option *MultipleActiveResultSets=True* explizit setzen. Dies ist wichtig, da die *SqlBulkCopy*-Klasse intern eine weitere *DataReader*-Instanz öffnet.

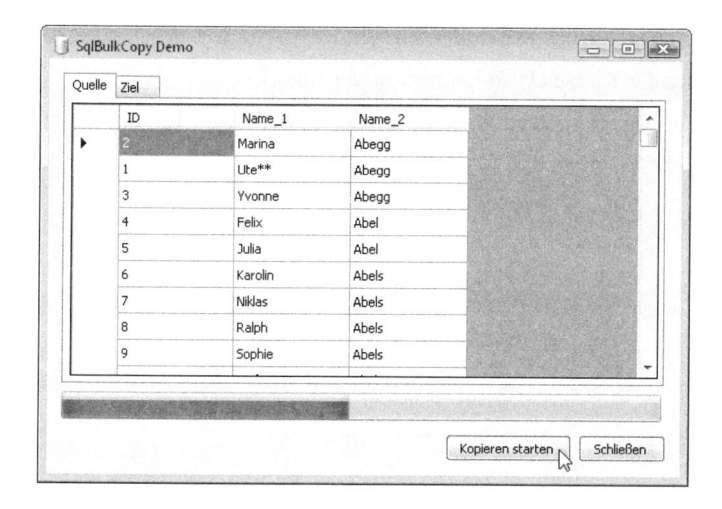

Abbildung 24.7 Die *SqlBulkCopy*-Demoanwendung in Aktion

CD-ROM Das Beispiel finden Sie unter dem Namen *SqlBulkCopyDemo* auf der Buch-CD.

Anbieterunabhängiger Datenzugriff

Manche Anwendungen müssen mehrere Datenbanktypen unterstützen. Gerade bei Standardsoftware ist dies häufig der Fall. Für den Datenzugriff sollte dieser Umstand nach Möglichkeit transparent sein, sodass nicht für jeden Datenbanktyp eine separate Klasse implementiert werden muss.

Ab .NET 2.0 wird der anbieterunabhängige Datenzugriff unterstützt. Hierbei greifen Sie nicht mit spezifischen Datenzugriffsklassen wie *SqlConnection* auf die Datenbank zu, sondern arbeiten mit deren abstrakten Basisklassen. Die jeweils benötigte Ableitung wird hierbei von der Klasse *DbProviderFactory* bereitgestellt. Doch zunächst müssen Sie die statische Methode *DbProviderFactory.GetFactory*-Methode aufrufen, um ein neues Factory-Objekt des angegebenen Providers zu erstellen.

```
DbProviderFactory dbFactory = DbProviderFactories.GetFactory("System.Data.SqlClient");
```

Hierbei übergeben Sie einen String mit dem Namen des jeweiligen Datenanbieters. Über die zurückgelieferte *DbProviderFactory*-Instanz können Sie daraufhin spezifische Datenzugriffsobjekte erstellen lassen.

```
DbConnection connection = dbFactory.CreateConnection();
```

Die *CreateConnection*-Methode liefert beispielsweise ein Objekt vom Typ *DbConnection* zurück. *DbConnection* ist die Basisklasse aller anbieterspezifischen *Connection*-Klassen. Zur Laufzeit wird – je nach Anbieterangabe – die jeweilige Ableitung zurückgegeben. Im oberen Beispiel wäre dies eine *SqlConnection*-Instanz.

Auf die gleiche Weise können Sie auch alle anderen Datenzugriffsobjekte erstellen lassen. Die *DbProviderFactory*-Klasse bietet hierfür die folgenden Methoden:

- *CreateConnectionStringBuilder* gibt eine Ableitung der Klasse *DbConnectionString* zurück
- *CreateCommand* gibt eine Ableitung der Klasse *DbCommand* zurück
- *CreateParameter* gibt eine Ableitung der Klasse *DbParameter* zurück
- *CreateDataAdapter* gibt eine Ableitung der Klasse *DbDataAdapter* zurück
- *CreateCommandBuilder* gibt eine Ableitung der Klasse *DbCommandBuilder* zurück

Im folgenden Beispiel soll auf SQL Server zugegriffen werden, ohne direkt dessen Anbieterklassen zu verwenden.

```
// Gewünschter Provider
string DataProviderName = "System.Data.SqlClient";

// DbProviderFactory erstellen
DbProviderFactory dbFactory = DbProviderFactories.GetFactory(DataProviderName);

// Connection erstellen
using (DbConnection connection = dbFactory.CreateConnection())
{
    connection.ConnectionString =
        "Data Source=localhost;Initial Catalog=netShop;Integrated Security=True";
    connection.Open();

    // Command erstellen
    DbCommand command = connection.CreateCommand();
    command.CommandText =
        "SELECT * FROM Sales.Customers WHERE ID = @ID";

    // Parameter erstellen
    DbParameter param = dbFactory.CreateParameter();
    param.ParameterName = "@ID";
    param.DbType = DbType.Int32;
    param.Direction = ParameterDirection.Input;
    param.Value = 100;
    command.Parameters.Add(param);

    // DataAdapter erstellen
    DbDataAdapter adapter = dbFactory.CreateDataAdapter();
    adapter.SelectCommand = command;
    DataTable table = new DataTable();
    adapter.Fill(table);

    this.dataAccessDataGridView.DataSource = table;
}
```

Listing 24.8 Anbieterunabhängiger Datenzugriff mit der *DbProviderFactory*-Klasse

CD-ROM Das Beispiel finden Sie unter dem Namen *DbProviderFactoryDemo* auf der Buch-CD.

Der Code sieht sehr ähnlich wie beim anbieterspezifischen Zugriff aus. Lediglich die Erstellung der entsprechenden Objekte erfolgt über die *DbProviderFactory*-Klasse.

TIPP Alternativ können Sie anbieterunabhängige *Command*- und *Parameter*-Objekte auch über die Methoden *DbConnection.CreateCommand* oder *DbCommand.CreateParameter* erstellen.

Verfügbare ADO.NET-Datenanbieter ermitteln

Um zu ermitteln, welche ADO.NET-Anbieter auf Ihrem Rechner verfügbar sind, können Sie die statische Methode *DbProviderFactory.GetFactoryClasses* aufrufen. Diese liefert eine *DataTable* mit den entsprechenden Details zurück (siehe Abbildung 24.8).

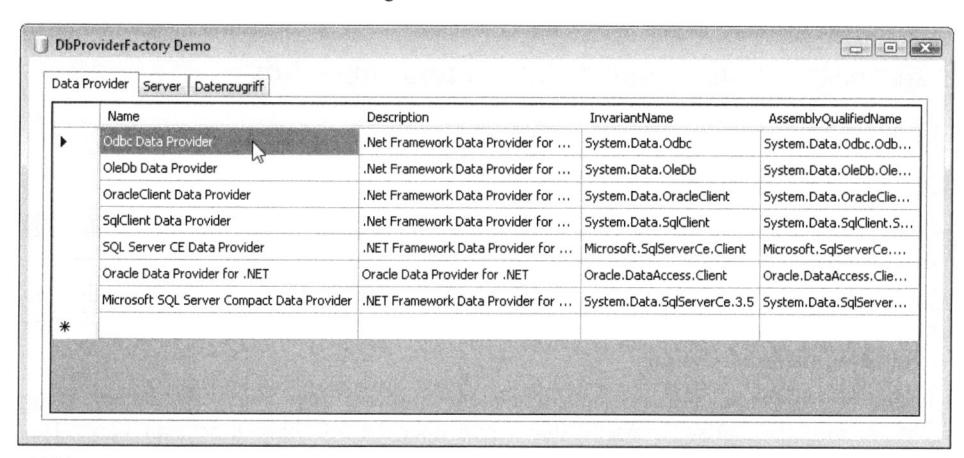

Abbildung 24.8 Die Beispielanwendung ermittelt alle verfügbaren ADO.NET-Datenanbieter

Die Zeichenkette aus der *Name*-Spalte der *DataTable* können Sie der *DbProviderFactory.CreateFactory*-Methode zur Erstellung einer Factory übergeben. Alternativ bietet die Methode eine Überladung, bei der Sie das entsprechende *DataRow*-Objekt übergeben können.

Verfügbare Datenbankserver ermitteln

Darüber hinaus können Sie eine Liste der verfügbaren Datenbankserver abrufen, sofern dies vom jeweiligen Provider unterstützt wird. Zur Prüfung rufen Sie zunächst die *DbProviderFactory.CanCreateDataSourceEnumerator*-Methode auf. Liefert diese *true* zurück, lässt sich über *CreateDataSourceEnumerator* eine *DbDataSourceEnumerator*-Instanz erzeugen. Die Suche können Sie daraufhin über die *GetDataSources*-Methode starten. Diese gibt eine *DataTable* mit folgendem Aufbau zurück:

- **ServerName**   Der Name des Datenbankservers
- **InstanceName**   Der Name der benannten Instanz oder ein Leerstring, wenn es sich um die Standardinstanz handelt
- **IsClustered**   Gibt *Yes* oder *No* zurück, je nachdem ob die Instanz als Cluster-Ressource konfiguriert wurde
- **Version**   Die Versionsnummer der Datenbank

In folgendem Beispiel werden alle SQL Server-Instanzen im Netzwerk ermittelt:

```
DbProviderFactory factory = DbProviderFactories.GetFactory("System.Data.SqlClient");
if (factory.CanCreateDataSourceEnumerator)
{
    DbDataSourceEnumerator instance =
        factory.CreateDataSourceEnumerator();
    DataTable table = instance.GetDataSources();

    foreach (DataRow row in table.Rows)
```

```
    {
        Console.WriteLine("{0}\\{1}",
            row["ServerName"], row["InstanceName"]);
    }
}
```

Listing 24.9 Verfügbare Datenbankserver mit der *DbDataSourceEnumerator*-Klasse ermitteln

CD-ROM Das Beispiel finden Sie unter dem Namen *DbProviderFactoryDemo* auf der Buch-CD.

Abrufen von Datenbankmetadaten

Als Metadaten bezeichnet man Daten, die andere Daten beschreiben, beispielsweise Informationen über die Struktur einer Datenbank (Tabellen, Sichten, Prozeduren usw.). Die Ermittlung solcher Daten ist immer dann interessant, wenn es darum geht, Ad-Hoc-Abfragen zu erstellen, die sich erst zur Laufzeit ergeben. So können Sie dem Benutzer beispielsweise eine Auswahl von Tabellen und Spalten präsentieren, aus der dieser sich seine Abfrage selbst zusammenstellen kann.

In diesem Kapitel lernen Sie die Möglichkeiten der Metadatenermittlung über vier verschiedene Wege kennen. Zunächst geht es um den generischen Metadatenzugriff über die *Information Schema Views*. Danach lernen Sie die Möglichkeiten von ADO.NET kennen und dabei nicht nur die Metadaten von einzelnen Datenbankobjekten, sondern auch, wie Sie diese von Ergebnismengen ermitteln können. Zum Schluss werden Sie mit dem *Server Management Object* in die Lage versetzt, nicht nur lesend, sondern auch schreibend auf Metadaten zugreifen zu können.

Information Schema Views

Eine sehr einfache Möglichkeit, die Metadaten einer Datenbank zu ermitteln, bieten die so genannten *Information Schema Views*. Unter diesem Begriff versteht der *ANSI SQL 92*-Standard einheitliche Sichten auf Metadaten. Durch diese Vereinheitlichung haben Sie die theoretische Möglichkeit, mit einer Abfrage unterschiedliche Datenbanksysteme wie SQL Server, Oracle oder DB2 abzufragen, da alle diesen Standard unterstützen. Dies müssen jedoch nicht, wie der Standard vielleicht vermuten lässt, ausschließlich relationale Datenbanken sein. Microsoft bietet z.B. für die Data Warehouse-Komponenten von SQL Server ebenfalls den Metadatenzugriff über diese Methode an.

Ohne die Information Schema Views müssten Sie direkt auf die Systemtabellen der Datenbank zugreifen, wobei Sie sich nicht nur auf eine spezifische Datenbank festlegen müssen, sondern dieser Weg zudem von den meisten Datenbankherstellern aus Kompatibilitätsgründen nicht empfohlen wird. Zudem können Sie für die einzelnen Sichten dediziert Rechte vergeben und müssen dem Benutzer keinerlei Berechtigung für den Zugriff auf Systemtabellen einräumen.

Aufbau der Information Schema Views

SQL Server stellt alle Information Schema Views in der Master-Datenbank zu Verfügung. Dies hat den Vorteil, dass Sie jederzeit auf sie zugreifen können, egal in welcher Datenbank Sie sich gerade befinden. Die Views sind hierbei dem virtuellen Besitzer *INFORMATION_SCHEMA* zugeordnet, den Sie bei jedem Zugriff explizit angeben müssen. Die Syntax sieht hierbei wie folgt aus:

```
SELECT * FROM Datenbankname.INFORMATION_SCHEMA.Schemaname
```

Datenbankname gibt hierbei die Datenbank an, für die Sie Metadaten ermitteln wollen. Geben Sie keinen Namen an, werden die Daten für die aktuelle Datenbank ermittelt. *Schemaname* gibt den Objekttyp an, über den Sie Informationen anfordern wollen. Dies können Datenbanken, Tabellen, Sichten oder Spalten sein. Eine Liste der wichtigsten Schemanamen finden Sie in Tabelle 24.1.

In folgendem Beispiel werden alle Tabellen der *netShop*-Datenbank ermittelt:

```
SELECT * FROM netShop.INFORMATION_SCHEMA.TABLES
```

Ein Nachteil der Information Schema Views ist jedoch, das sie eine Schnittmenge der Daten aller Hersteller darstellen und somit keine Informationen über datenbankspezifische Objekte enthalten. So können beispielsweise Trigger nicht über die Sichten ermittelt werden.

Sicht (View)	Beschreibung
SCHEMATA	Datenbankinformationen
ROUTINES	Gespeicherte Prozeduren und Funktionen
PARAMETERS	Enthält Parameter von gespeicherten Prozeduren und Funktionen
VIEWS	Informationen über Sichten
VIEW_COLUMN_USAGE	Felder, die in Sichten verwendet werden
VIEW_TABLE_USAGE	Tabellen, die in Sichten verwendet werden
TABLES	Tabelleninformationen
TABLE_CONSTRAINTS	Informationen über Tabelleneinschränkungen
TABLE_PRIVILEGES	Informationen über Tabellenrechte
COLUMNS	Feldinformationen
KEY_COLUMN_USAGE	Felder, die als Schlüsselfelder definiert sind
REFERENTIAL_CONSTRAINTS	Felder, die als Fremdschlüssel definiert sind

Tabelle 24.1 Die wichtigsten *INFORMATION_SCHEMA*-Views und ihr Inhalt

Zugriff auf Information Schema Views

Der Zugriff auf die Information Schema Views vollzieht sich genauso wie bei jedem anderen Datenbankobjekt, nur dass sich die Abfrage auf die jeweilige View bezieht. In folgendem Beispiel werden alle Tabellen der *netShop*-Datenbank ermittelt und in der Konsole ausgegeben:

```csharp
string cs = "Data Source=.;Initial Catalog=netShop;Integrated Security=True";
using (SqlConnection con = new SqlConnection(cs))
{
    string sql = "SELECT TABLE_SCHEMA, TABLE_NAME FROM INFORMATION_SCHEMA.TABLES " +
        "WHERE TABLE_TYPE = 'BASE TABLE' ORDER BY TABLE_SCHEMA";
    SqlCommand cmd = new SqlCommand(sql, con);
    con.Open();
    using (SqlDataReader reader = cmd.ExecuteReader())
    {
        while (reader.Read())
        {
            string name = reader.GetString(0) + "." + reader.GetString(1);
            Console.WriteLine(name);
        }
    }
}
```

Listing 24.10 Ermitteln von Metadaten mithilfe der Information Schema Views

CD-ROM Das Beispiel finden Sie unter dem Namen *InformationSchemaDemo* auf der Buch-CD.

Hier wurde eine Abfrage auf das Schema *TABLES* abgesetzt und die Spalten *TABLE_SCHEMA* und *TABLE_NAME* selektiert. Zudem wurde die Spalte *TABLE_TYPE* auf den Wert *BASE TABLE* gefiltert. Dies ist nötig, da das Schema *TABLES* sowohl Tabellen als auch Sichten beinhalten kann.

HINWEIS Eine detaillierte Beschreibung aller Sichten und deren Spalten finden Sie in der MSDN Library.

Wenn Sie das Programm starten, das Sie unter dem Namen *InformationSchemaDemo* auf der Buch-CD finden, sollten die folgenden Zeilen in der Konsole erscheinen (Auszug):

```
Development.ImportErrors
Development.Imports
Development.Journal
Product.ArticleGroups
Product.ArticleAttributes
Product.Taxes
Product.ArticlesToArticleGroups
Product.PriceCorrections
Product.Catalogs
Product.ArticlesToArticleAttributes
Product.Articles
Product.AttributeTypes
Sales.OrdersToOrderTrackingItems
Sales.Archive_Customers
Sales.Orders
...
```

Datenbankschema über SqlConnection ermitteln

Die *SqlConnection*-Klasse bietet eine einfache Möglichkeit, Metadaten der aktuell verbundenen Datenbank zu ermitteln. Hierfür stellt sie die Methode *GetSchema* zur Verfügung. Sie liefert eine Liste von Metadatenauflistungen zurück. Diese Auflistungen gruppieren die Daten, ähnlich den Information Schema Views. Die folgenden Auflistungen werden von SQL Server angeboten:

- *Databases*
- *ForeignKeys*
- *Indexes*
- *IndexColumns*
- *Procedures*
- *ProcedureParameters*
- *Tables*
- *Columns*
- *Users*
- *Views*
- *ViewColumns*
- *UserDefinedTypes*

Datenbankschema über SqlConnection ermitteln

Darüber hinaus werden weitere Auflistungen zur Verfügung gestellt, die SQL Server-spezifische Informationen enthalten. Um auf eine bestimmte Auflistung zuzugreifen, rufen Sie eine Überladung der *GetSchema*-Methode auf.

```
SqlConnection.GetSchema(string collectionName)
```

Diese nimmt den Namen der gewünschten Collection entgegen und gibt daraufhin die Metadaten in Form eines *DataTable*-Objekts zurück.

In folgendem Beispiel werden alle Datenbanken der lokalen SQL Server-Instanz ermittelt:

```
DataTable results = connection.GetSchema("Databases");
```

Ein mögliches Ergebnis dieser Abfrage sehen Sie in Abbildung 24.9. In den Daten sind neben dem Namen der Datenbank auch dessen ID, sowie das Erstellungsdatum enthalten. Die Struktur der zurückgegebenen *DataTable* ist hierbei stets von der gewählten Auflistung abhängig.

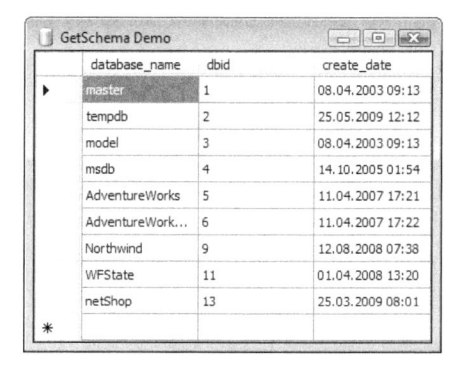

Abbildung 24.9 Das Ergebnis der Datenbankschemaabfrage

CD-ROM Das Beispiel finden Sie unter dem Namen *GetSchemaDemo* auf der Buch-CD.

Wenn Sie nur für ein bestimmtes Datenbankobjekt Informationen benötigen, können Sie die Suche mit Einschränkungen (engl. Restrictions) belegen. Hierfür bietet die *GetSchema*-Methode eine weitere Überladung.

```
SqlConnection.GetSchema(string collectionName, string[] restrictions)
```

Diese nimmt neben dem Auflistungsnamen ein String-Array mit Einschränkungen entgegen. Der Aufbau des Arrays hängt hierbei von der jeweils gewählten Auflistung ab. Wenn Sie beispielsweise auf die Auflistung *Tables* zugreifen, können Sie die folgenden Felder filtern:

- *Catalog*
- *Owner*
- *Table*
- *TableType*

Hierbei geben Sie den jeweiligen Wert an der entsprechenden Position im String-Array an. Wenn Sie beispielsweise auf die Datenbank *netShop* und auf die Tabelle *Articles* bezogen filtern möchten, würde dies wie folgt aussehen:

```
string[] restrictions = new string[4] { "netShop", "", "Articles", ""};
DataTable results = connection.GetSchema("Tables", restrictions);
```

Eine vollständige Liste der Einschränkungen können Sie ebenfalls über die *GetSchema*-Methode ermitteln. Hierfür geben Sie die Auflistung *Restrictions* an. Hierbei können Sie jedoch keine Einschränkungen zur Eingrenzung der Ergebnismenge angeben. Stattdessen müssen Sie die Daten selbst filtern, was Sie beispielsweise mithilfe der *DataView*-Klasse realisieren können:

```
DataTable results = connection.GetSchema("Restrictions");
results.DefaultView.RowFilter = "CollectionName = 'Tables'";
this.dataGridView1.DataSource = results.DefaultView;
```

Das Ergebnis dieser Abfrage sehen Sie in Abbildung 24.10.

Abbildung 24.10 Abfrage der Einschränkungen über die *GetSchema*-Methode

Um einen Überblick der verschiedenen Auflistungen und deren Einschränkungen zu erhalten, können Sie die Demoanwendung *ConnectionGetSchemaDemo* starten (siehe Abbildung 24.11). Sie listet alle verfügbaren Auflistungen und bietet die Möglichkeit der dynamischen Filterung.

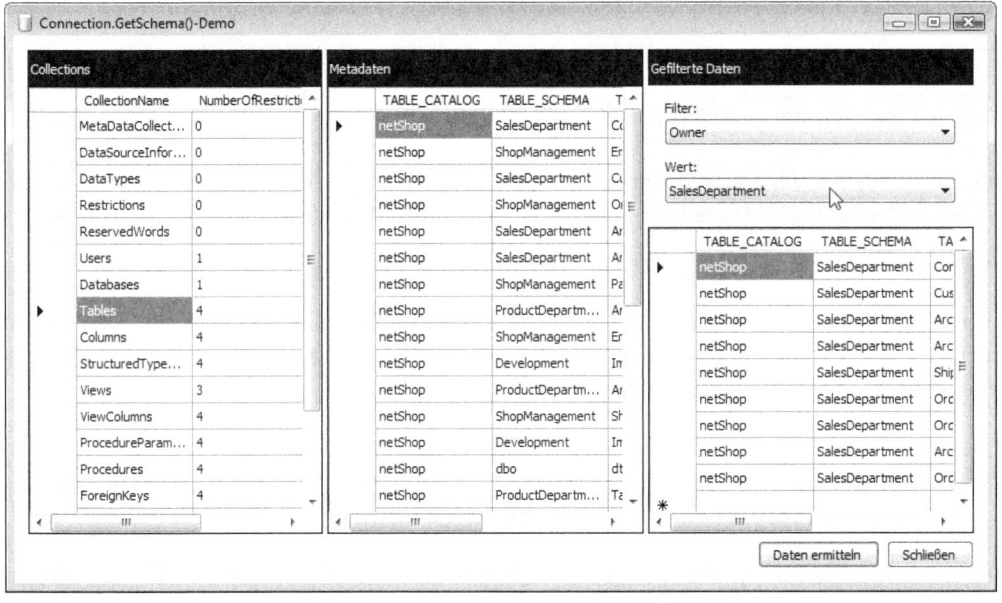

Abbildung 24.11 Die Demoanwendung *ConnectionGetSchemaDemo* liefert einen Überblick über die Auflistungen

CD-ROM Das Beispiel finden Sie unter dem Namen *ConnectionGetSchemaDemo* auf der Buch-CD.

Die Metadaten einer Abfrage ermitteln

In manchen Fällen wollen Sie vielleicht nicht die reinen Metadaten eines Datenbankobjekts, sondern die einer Abfrage ermitteln. Hierfür bietet die *SqlCommand*-Klasse eine sehr einfache Möglichkeit. Die *ExecuteReader*-Methode stellt eine Überladung zur Verfügung, die einen Wert der *CommandBehavior*-Enumeration entgegennimmt. Geben Sie hierbei den Wert *SchemaOnly* an, so bekommen Sie für die angegebene Abfrage lediglich die Metadaten zurück. Das folgende Beispiel demonstriert dies:

```
string cs = "Data Source=.;Initial Catalog=netShop;Integrated Security=True";
SqlConnection con = new SqlConnection(cs);
SqlCommand cmd = new SqlCommand("SELECT * FROM Sales.Customers", con);
con.Open();
SqlDataReader reader = cmd.ExecuteReader(
    CommandBehavior.SchemaOnly | CommandBehavior.CloseConnection);
DataTable table = new DataTable();
table.Load(reader);
BindingSource source = new BindingSource(table.Columns, null);
this.dataGridView1.DataSource = source;
```

Listing 24.11 Abrufen von Metadaten mit der *SqlCommand*-Klasse

CD-ROM Das Beispiel finden Sie unter dem Namen *ExecuteReaderDemo* auf der Buch-CD.

Das auf diese Weise ermittelte *SqlDataReader*-Objekt können Sie daraufhin der *DataTable.Load*-Methode übergeben, was zu einem Füllen des Spaltenschemas führt. Die zusätzliche Angabe von *CommandBehavior.CloseConnection* dient hierbei lediglich dem automatischen Schließen der Verbindung nach der Ermittlung der Daten.

Wenn Sie das Beispielprogramm ausführen, sollten die Daten in Abbildung 24.12 ausgegeben werden.

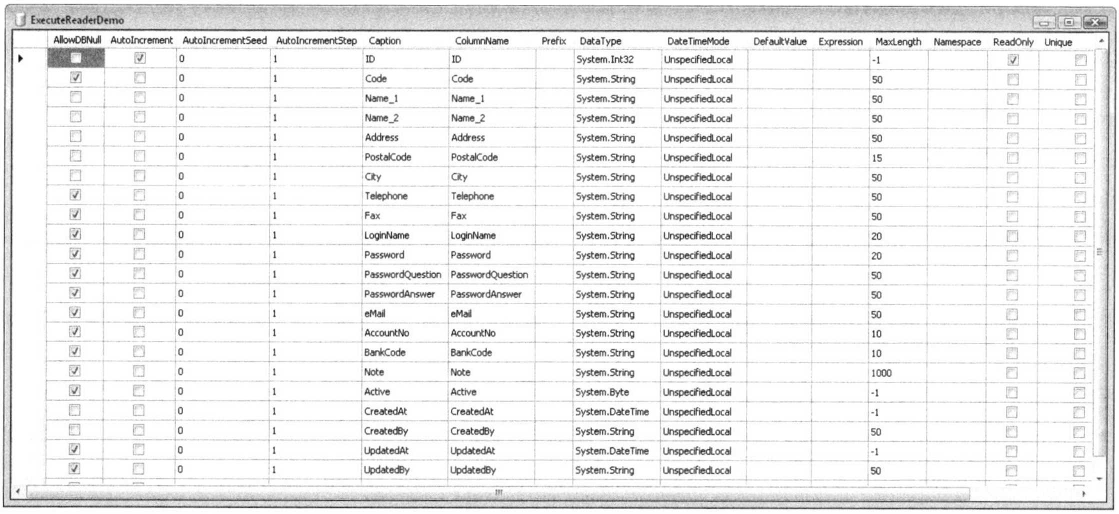

AllowDBNull	AutoIncrement	AutoIncrementSeed	AutoIncrementStep	Caption	ColumnName	Prefix	DataType	DateTimeMode	DefaultValue	Expression	MaxLength	Namespace	ReadOnly	Unique
☐	☑	0	1	ID	ID		System.Int32	UnspecifiedLocal			-1		☑	☐
☑	☐	0	1	Code	Code		System.String	UnspecifiedLocal			50		☐	☐
☐	☐	0	1	Name_1	Name_1		System.String	UnspecifiedLocal			50		☐	☐
☐	☐	0	1	Name_2	Name_2		System.String	UnspecifiedLocal			50		☐	☐
☐	☐	0	1	Address	Address		System.String	UnspecifiedLocal			50		☐	☐
☐	☐	0	1	PostalCode	PostalCode		System.String	UnspecifiedLocal			15		☐	☐
☐	☐	0	1	City	City		System.String	UnspecifiedLocal			50		☐	☐
☑	☐	0	1	Telephone	Telephone		System.String	UnspecifiedLocal			50		☐	☐
☑	☐	0	1	Fax	Fax		System.String	UnspecifiedLocal			50		☐	☐
☑	☐	0	1	LoginName	LoginName		System.String	UnspecifiedLocal			20		☐	☐
☑	☐	0	1	Password	Password		System.String	UnspecifiedLocal			20		☐	☐
☑	☐	0	1	PasswordQuestion	PasswordQuestion		System.String	UnspecifiedLocal			50		☐	☐
☑	☐	0	1	PasswordAnswer	PasswordAnswer		System.String	UnspecifiedLocal			50		☐	☐
☑	☐	0	1	eMail	eMail		System.String	UnspecifiedLocal			50		☐	☐
☑	☐	0	1	AccountNo	AccountNo		System.String	UnspecifiedLocal			10		☐	☐
☑	☐	0	1	BankCode	BankCode		System.String	UnspecifiedLocal			10		☐	☐
☑	☐	0	1	Note	Note		System.String	UnspecifiedLocal			1000		☐	☐
☑	☐	0	1	Active	Active		System.Byte	UnspecifiedLocal			-1		☐	☐
☐	☐	0	1	CreatedAt	CreatedAt		System.DateTime	UnspecifiedLocal			-1		☐	☐
☐	☐	0	1	CreatedBy	CreatedBy		System.String	UnspecifiedLocal			50		☐	☐
☑	☐	0	1	UpdatedAt	UpdatedAt		System.DateTime	UnspecifiedLocal			-1		☐	☐
☑	☐	0	1	UpdatedBy	UpdatedBy		System.String	UnspecifiedLocal			50		☐	☐

Abbildung 24.12 Das Beispielprogramm *ExecuteReaderDemo* zeigt die Metadaten einer Tabelle an

Wie Sie sehen, stellt *ExecuteReader* die verschiedensten Metadaten in sehr übersichtlicher Form zusammen und verwendet nicht die etwas kryptischen Bezeichner der Information Schema Views. Zudem werden Zusatzinformationen, wie der entsprechende .NET-Datentyp angegeben, den Sie beim direkten Zugriff auf die Sichten nicht bekommen.

Metadaten mit SMO ermitteln

SQL Server bietet mit den *Server Management Objects* (SMO) eine weitere, sehr mächtige Möglichkeit, Informationen über Datenbanken und deren Objekte zu ermitteln. Hierbei hat SMO gegenüber den bisher genannten Verfahren einige Vorteile:

- Für alle Objekte werden Klassen bereitgestellt
- Es kann auf spezifische SQL Server-Daten zugegriffen werden
- Ein schreibender Zugriff ist möglich

Darüber hinaus können Sie mit SMO administrative Tätigkeiten, wie das Erstellen von Backups oder das Anlegen von neuen Datenbankobjekten, programmatisch durchführen. Ein gutes Beispiel für die umfangreichen Möglichkeiten bietet das *SQL Server Management Studio*, welches vollständig auf der Basis von SMO realisiert wurde.

Da SMO nicht Teil des .NET Framework ist, müssen Sie, um es in Ihrem Programm nutzen zu können, die entsprechenden Assemblys *Microsoft.SqlServer.Smo.dll* und *Microsoft.SqlServer.ConnectionInfo.dll* zunächst in Ihr Projekt einbinden. Wenn auf Ihrem Entwicklungsrechner ein lokaler SQL Server oder zumindest die Client Tools installiert sind, sollten Sie diese Assemblys im GAC (Global Assembly Cache) oder im Verzeichnis *C:\Programme\Microsoft SQL Server\100\SDK\Assemblies* finden.

Das SMO-Klassenmodell

Wie bereits erwähnt, ist einer der Vorteile von SMO dessen strenge Typisierung. So stellt das System für jeden Metadatentyp eigene Klassen zu Verfügung. Das SMO-System gliedert sich in die folgenden Namensräume:

- **Microsoft.SqlServer.Management.Smo**   Enthält Klassen für das Ermitteln und Manipulieren von Datenbankobjekten
- **Microsoft.SqlServer.Management.Smo.Agent**   Enthält Klassen zur Steuerung des SQL Server-Agenten
- **Microsoft.SqlServer.Management.Smo.Broker**   Enthält Klassen zur Steuerung des SQL Server-Service-Brokers
- **Microsoft.SqlServer.Management.Smo.Mail**   Enthält Klassen zur Steuerung von SQL Server-Mail
- **Microsoft.SqlServer.Management.Smo.RegisteredServers**   Enthält Klassen zur Ermittlung von SQL Server-Instanzen
- **Microsoft.SqlServer.Management.Smo.Wmi**   Enthält Klassen für den Zugriff auf den SQL Server-WMI-Provider

Abbildung 24.13 zeigt einen Ausschnitt aus dem sehr umfangreichen Klassenmodell des SMO-Namensraums.

Metadaten mit SMO ermitteln

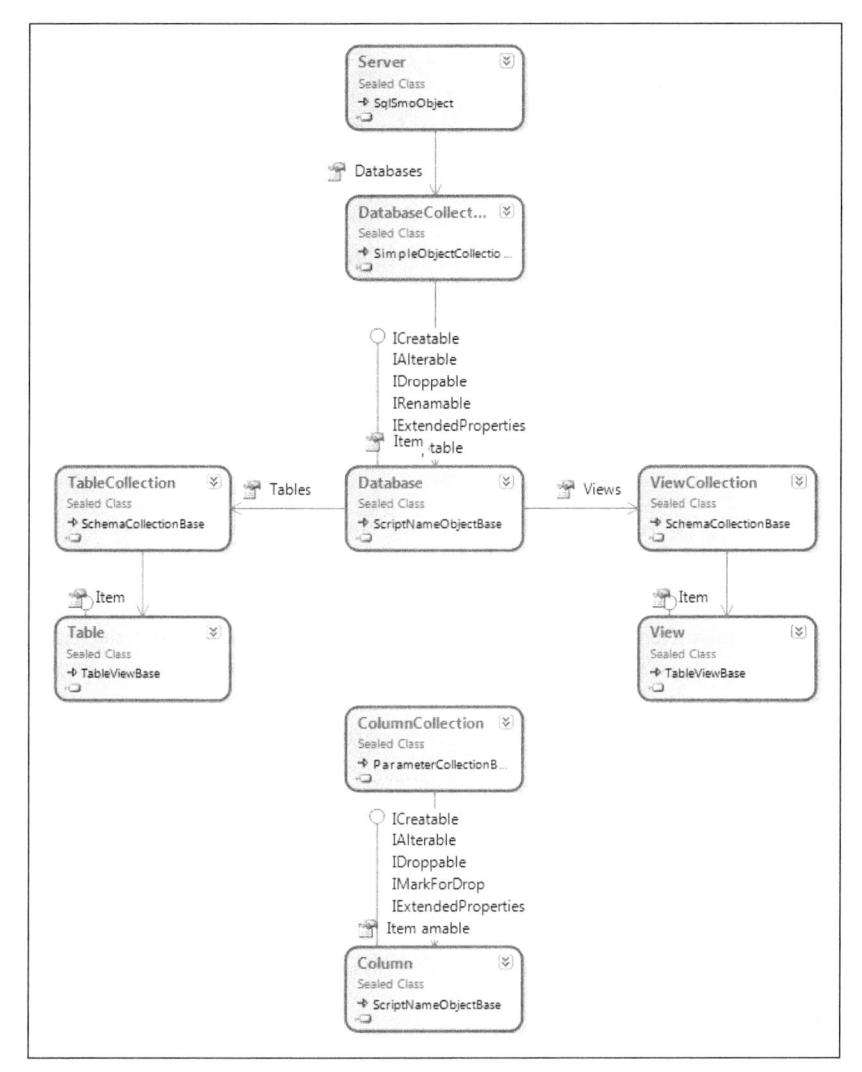

Abbildung 24.13 Auszug aus dem SMO-Objektmodell

Server und Datenbankobjekte ermitteln

Das folgende Beispiel demonstriert die Verwendung des Objektmodells. Zunächst sollen alle verfügbaren SQL Server-Instanzen ermittelt werden. Hierfür stellt die Klasse *SmoApplication* die Methode *EnumAvailableSqlServers* bereit. Sie durchsucht das Netzwerk nach verfügbaren SQL Server-Instanzen.

```
DataTable serversTable = SmoApplication.EnumAvailableSqlServers(true);
foreach (DataRow row in serversTable.Rows)
{
    Console.WriteLine(row["Server"].ToString());
}
```

Listing 24.12 Ermitteln der verfügbaren SQL Server-Instanzen mit der *SmoApplication*-Klasse

Optional können Sie eine Überladung *EnumAvailableSqlServers*-Methode verwenden, welche die Suche auf den lokalen Rechner einschränkt.

> **HINWEIS** Wenn Sie die gezeigten Beispiele ausprobieren möchten, müssen Sie in Ihr Projekt zunächst die Assemblys *Microsoft.SqlServer.Smo.dll*, *Microsoft.SqlServer.ConnectionInfo.dll* und *Microsoft.SqlServer.Management.Sdk.Sfc.dll* referenzieren. Darüber ist die Einbindung des Namensraums *Microsoft.SqlServer.Management.Smo* erforderlich.

Haben Sie die gewünschte Instanz gefunden, können Sie mit dieser verbinden. Dies ist die Aufgabe der *Server*-Klasse, der Sie im Konstruktor den Namen oder die IP-Adresse des gewünschten Servers übergeben. Zum Aufbauen der Verbindung müssen Sie auf die Eigenschaft *ConnectionContext* zugreifen. Sie liefert ein *ServerConnection*-Objekt zurück, das alle verbindungsrelevanten Informationen beinhaltet. Dessen *Connect*-Methode sorgt für die Verbindungsaufnahme.

```
Server server = new Server(".");
server.ConnectionContext.Connect();
```

Steht die Verbindung, können Sie über das *Server*-Objekt auf die Instanz zugreifen. So liefert beispielsweise die *Databases*-Eigenschaft alle verfügbaren Datenbanken oder die *Logins*-Eigenschaft alle registrierten Benutzer-Logins.

Über ein *Database*-Objekt können Sie nun wiederum auf das Schema der jeweiligen Datenbank zugreifen. Hierzu werden die Eigenschaften *Tables*, *Views*, *StoredProcedures* und viele andere zu Verfügung gestellt. Auf diese Weise können Sie die Hierarchie der Objekte herunternavigieren. Hierbei können Sie nicht nur eine Reihe von Eigenschaften für die Objekte ermitteln, sondern viele auch ändern.

Im folgenden Beispiel werden alle Datenbanken inklusive aller enthaltenen Tabellen in die Konsole ausgegeben.

```
Server server = new Server(".");
server.ConnectionContext.Connect();
foreach (Database database in server.Databases)
{
    Console.WriteLine(database.Name);
    Console.WriteLine("\tTabellen:");
    foreach (Table table in database.Tables)
    {
        Console.WriteLine("\t\t" + table.Schema + "." + table.Name);
    }
}
```

Listing 24.13 Alle Datenbanken inklusive Tabellen der lokalen SQL Server-Instanz ermitteln

> **CD-ROM** Das Beispiel finden Sie unter dem Namen *SmoSimpleDemo* auf der Buch-CD.

Darüber hinaus definieren viele Klassen die Methode *Script*, mit der Sie ein T-SQL-Skript des jeweiligen Objekts erstellen lassen können. Die Beispielanwendung *SQL Server Explorer*, die Sie unter dem Namen *SmoDemo* auf der Buch-CD finden, macht hiervon Gebrauch. Es zeigt eine Liste von Datenbanken, sowie der enthaltenen Tabellen, Sichten und Prozeduren an. Klicken Sie auf ein Objekt, werden die jeweiligen Eigenschaften in einem *PropertyGrid*-Steuerelement angezeigt. Zudem wird automatisch ein Skript des Objekts erstellt und in einem Textfeld auf der rechten Seite zur Anzeige gebracht. Abbildung 24.14 zeigt die Anwendung in Aktion.

Datenzugriffsanalyse

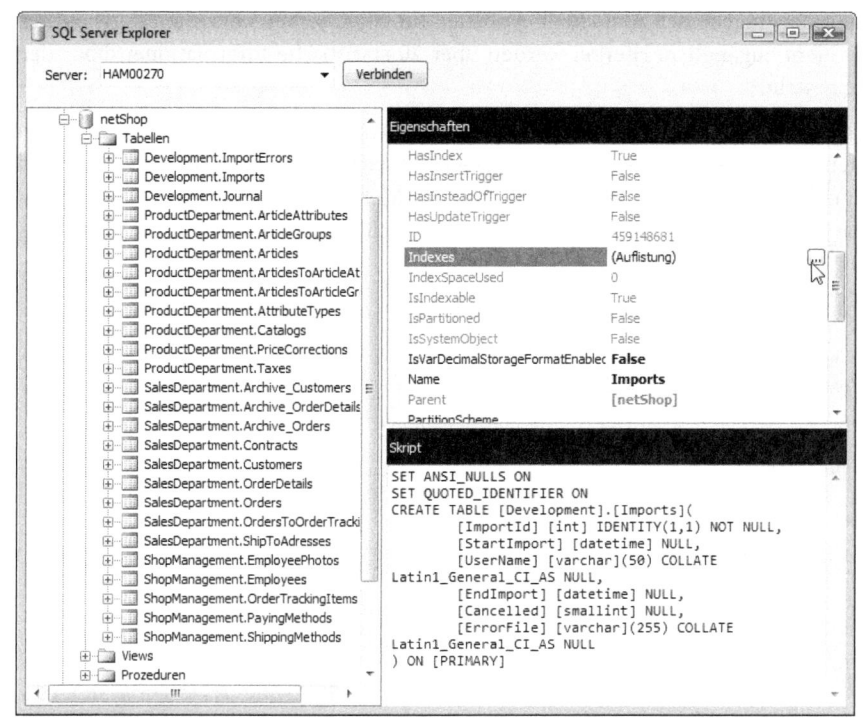

Abbildung 24.14 Die Beispielanwendung SQL Server Explorer demonstriert die Fähigkeiten von SMO

CD-ROM Das Beispiel finden Sie unter dem Namen *SmoDemo* auf der Buch-CD.

Datenzugriffsanalyse

Manchmal treten bestimmte Fehler erst im Produktivbetrieb auf und lassen sich auf der Entwicklungsmaschine nicht reproduzieren. Die Gründe hierfür können vielfältig sein. Von der jeweiligen Betriebssystemversion über die jeweils installierten Datenbanktreiber bis hin zu Locksituationen und Performance-Engpässen. Solchen Problemen auf die Spur zu kommen ist nicht leicht. Zudem treten Datenzugriffsfehler oft nur sporadisch auf und lassen sich nicht optimal reproduzieren.

ADO.NET bietet mit den so genannten *Anbieterstatistiken* jedoch ein Hilfsmittel an, das Informationen über abgesetzte Abfragen liefert.

SQL Server-Anbieterstatistiken

Das Protokollieren von abgesetzten SQL-Statements ist bereits eine große Hilfe bei der Laufzeitanalyse einer Anwendung. Manchmal benötigen Sie jedoch noch mehr Informationen. Vielleicht wollen Sie nicht nur wissen, welches Statement ausgeführt wurde, sondern auch, wie viele Datenzeilen von diesem betroffen waren. Oder es geht Ihnen primär um die Performance-Optimierung. Hierbei benötigen Sie zum Beispiel die Anzahl der Roundtrips zum Server oder die Zeit, die der Client auf eine Antwort vom Server wartet. Aber auch die Anzahl der Bytes, die hierbei über die Leitung geschickt wurden, ist manchmal interessant, da der Engpass auch schlichtweg in der Netzwerkinfrastruktur zu finden sein kann.

Diese und weitere Informationen macht der ADO.NET-Anbieter für SQL Server über die so genannten *Anbieterstatistiken* für den Client zugänglich. Hierbei werden über 20 statistische Informationen über den Datenzugriff zur Verfügung gestellt.

Die *SqlConnection*-Klasse bietet hierfür die Eigenschaft *StatisticsEnabled*. Nachdem diese auf *true* gesetzt wurde, werden Statistikdaten aller Operationen erfasst, die über die Verbindung ausgeführt werden. Im Anschluss an den Datenzugriff können Sie über die *RetrieveStatistics*-Methode die gesammelten Informationen abrufen. Sie liefert eine *IDictionary*-Instanz, welche die Daten in Schlüssel/Wert-Paaren zur Verfügung stellt.

Das folgende Beispiel demonstriert die Vorgehensweise:

```
SqlConnection connection = new
    SqlConnection(connectionString);

// Statistiken einschalten
connection.StatisticsEnabled = true;

// Datenzugriff durchführen
// ...

// Statistiken abrufen
IDictionary results = connection.RetrieveStatistics();
```

Das Auslesen der Information könnte nun beispielsweise so erfolgen:

```
int bytesReceived = Convert.ToInt32(results["BytesReceived"]);
```

Eine Aufstellung der vom SQL Server-Anbieter bereitgestellten Daten finden Sie in Tabelle 24.2.

Eigenschaft	Beschreibung
BuffersReceived	Die Anzahl der Tabular Data Stream-Pakete (TDS), die der Anbieter von SQL Server empfangen hat
BuffersSent	Die Anzahl der Tabular Data Stream-Pakete, die der Anbieter zu SQL Server gesendet hat
BytesReceived	Die Anzahl der Bytes, die der Anbieter von SQL Server empfangen hat
ConnectionTime	Die Zeitspanne, in der eine Datenbankverbindung geöffnet war
CursorFetchCount	Die Anzahl Zugriffe, die auf einem serverseitigen Cursor durchgeführt wurden
CursorFetchTime	Die Zeitspanne, die alle Zugriff auf einen serverseitigen Cursor gedauert haben
CursorOpens	Die Zeit, die für das Öffnen eines serverseitigen Cursors aufgewendet wurde
CursorUsed	Die Anzahl der Zeilen, die über einen Cursor ermittelt wurden
ExecutionTime	Die Gesamtzeit, die der Anbieter zur Verarbeitung benötigt hat, inklusive der Zeit, in der auf eine Antwort der Datenquelle gewartet wurde
IduCount	Die Anzahl an *INSERT*-, *UPDATE*- und *DELETE*-Statements, die über eine Verbindung abgesetzt wurden
IduRows	Die Anzahl der Zeilen, die durch *INSERT*-, *UPDATE*- und *DELETE*-Statements beeinflusst wurden
NetworkServerTime	Die Gesamtzeit, die der Anbieter auf Antworten des Servers gewartet hat
PreparedExecs	Die Anzahl vorbereiteter Kommandos, die über eine Verbindung ausgeführt wurden

Datenzugriffsanalyse

Eigenschaft	Beschreibung
Prepares	Die Anzahl der Statements, die vom Anbieter vorbereitet wurden
SelectCount	Die Anzahl *SELECT*-Statements, die über eine Connection abgesetzt wurden
SelectRows	Die Gesamtzahl der Zeilen, die über *SELECT*-Statements ermittelt wurden
ServerRoundtrips	Die Anzahl an Roundtrips (Anfragen und Antworten), die über eine Verbindung vollzogen wurden
SumResultSets	Die Anzahl der verarbeiteten Ergebnismengen
Transactions	Die Anzahl der Benutzertransaktionen, die vom Client gestartet wurden
UnpreparedExecs	Die Anzahl der unvorbereiteten Statements, die über eine Verbindung ausgeführt wurden

Tabelle 24.2 Die vom SQL Server-Anbieter bereitgestellten Statistikdaten

Um etwas leichter und sicherer an die Statistiken zu kommen, bietet es sich an, die Informationen über eine Hilfsklasse zugänglich zu machen. Eine solche Klasse finden Sie in Listing 24.14. Sie bekommt im Konstruktor eine *IDictionary*-Instanz übergeben und bietet über die in Tabelle 24.2 aufgelisteten Eigenschaften einen einfachen Zugriff.

Eine solche Kapselung hat noch einen weiteren Vorteil. So können Sie die Klasse beispielsweise an ein *PropertyGrid*-Steuerelement binden und auf diese Weise sehr leicht in Ihrer Anwendung anzeigen. Den Umgang mit der Hilfsklasse *SqlServerStatistics* sowie die Bindung an das *PropertyGrid* demonstriert Listing 24.15, während Abbildung 24.15 die Beispielanwendung in Aktion zeigt.

```
class SqlServerStatistic
{
    private IDictionary m_statistics;

    public SqlServerStatistic(IDictionary statistics)
    {
        m_statistics = statistics;
    }

    private System.Int64 GetValue(string name)
    {
        if (m_statistics == null)
        {
            throw new ArgumentNullException("statistics");
        }

        if (m_statistics.Contains(name) &&
            m_statistics[name] != null)
        {
            return Convert.ToInt64(m_statistics[name]);
        }
        return -1;
    }

    public System.Int64 BuffersReceived
    {
      get { return this.GetValue("BuffersReceived"); }
    }

    public System.Int64 BuffersSent
    {
      get { return this.GetValue("BuffersSent"); }
```

```
        }
        ...
}
```
Listing 24.14 Die Hilfsklasse *SqlServerStatistics* kapselt die Statistikinformationen

CD-ROM Das Beispiel finden Sie unter dem Namen *DatabaseStatisticsDemo* auf der Buch-CD.

```
using (SqlConnection connection =
    new SqlConnection(
    "Server=localhost;Integrated security=sspi;"))
{
    // Statistiken einschalten
    connection.StatisticsEnabled = true;

    // Abfrage ausführen
    connection.Open();
    SqlCommand command =
        connection.CreateCommand();
    command.CommandText = "sp_who";
    command.ExecuteNonQuery();

    // Statistiken ermitteln und anzeigen
    IDictionary results =
        connection.RetrieveStatistics();
    SqlServerStatistic stat = new
        SqlServerStatistic(results);
    this.propertyGrid1.SelectedObject = stat;
}
```
Listing 24.15 Die Statistiken werden ermittelt und mithilfe der *SqlServerStatistics*-Klasse an das *PropertyGrid* gebunden

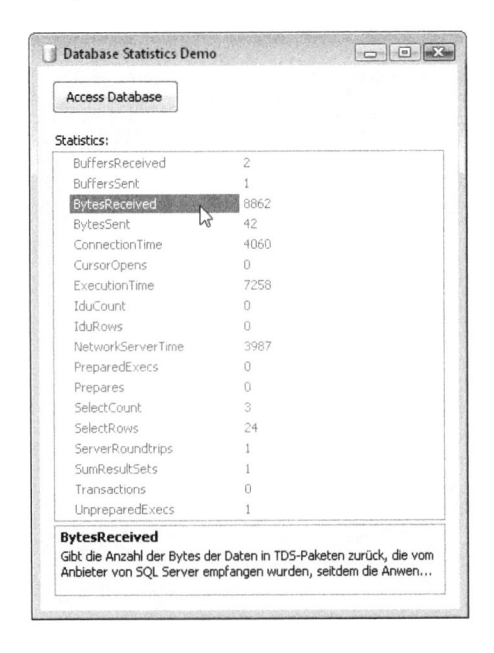

Abbildung 24.15 Die Demoanwendung zeigt detaillierte Informationen über die ausgeführte Datenbankabfrage an

Kapitel 25

Daten an die Oberfläche binden

In diesem Kapitel:
Datenbindung in Windows Forms 980
Bindungsfähige Datenklassen erstellen 990

Bevor Daten bearbeitet werden können, müssen sie erst einmal auf den Bildschirm gebracht werden. Hierfür gibt es die verschiedensten Ansätze, die von der eingesetzten Technologie und der lokalen Datenspeicherung abhängen. In Kapitel 22 konnten Sie bereits erfahren, wie Sie typisierte *DataSets* an die Oberfläche binden können. In diesem Kapitel geht es um die Grundlagen der Datenbindung, die Sie insbesondere dann kennen sollten, wenn Sie nicht-typisierte *DataSets* oder eigene Objektmodelle an die Oberfläche binden wollen.

Datenbindung in Windows Forms

Windows Forms stellt eine einfache und trotzdem sehr effektive Infrastruktur für die Datenbindung zur Verfügung. Hierbei wird zwischen einfacher und komplexer Datenbindung unterschieden.

Einfache Datenbindung

Eine einfache Datenbindung beschreibt eine Punkt-zu-Punkt-Verbindung zwischen zwei Eigenschaften. Hierbei agiert das eine Ende als Datenquelle, während das andere Ende für die Anzeige des entsprechenden Werts verantwortlich ist. So könnten Sie beispielsweise die Eigenschaft *FirstName* der fiktiven Klasse *Person* an die *Text*-Eigenschaft einer Textbox binden. Abbildung 25.1 illustriert diesen Vorgang.

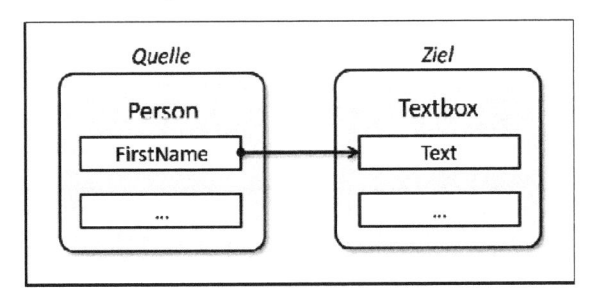

Abbildung 25.1 Beispiel einer einfachen Datenbindung

Eine Datenbindung erstellen

Abgebildet wird eine einfache Datenbindung in Windows Forms über die Klasse *System.Windows.Forms.Binding*. Über diese definieren Sie, welche Eigenschaft im Ziel an welche Datenquelleneigenschaft gebunden werden soll. Die wichtigsten Informationen über die Bindung müssen bereits im Konstruktor angegeben werden.

```
public Binding(
        string propertyName,
        Object dataSource,
        string dataMember
)
```

Das folgende Beispiel demonstriert die Verwendung:

```
Person p = new Person { FirstName = "Jörg", LastName = "Neumann" };
Binding binding = new Binding("Text", p, "FirstName");
this.textBox1.DataBindings.Add(binding);
```

Dem *Binding*-Objekt wurde hierbei der Name der Zieleigenschaft (*Text*), gefolgt von der Datenquelle und der Quelleigenschaft (*FirstName*) angegeben. Die Zuweisung der Bindung erfolgt über die *DataBindings*-Eigenschaft des jeweiligen Steuerelements. Diese ist vom Typ *ControlBindingCollection* und kann eine oder mehrere Bindungen für unterschiedliche Quell- und Zieleigenschaften aufnehmen.

Jede *ControlBindingCollection* ist implizit mit einer Instanz der Klasse *BindingManager* verbunden. *BindingManager* ist für die Verwaltung der Datenquelle verantwortlich.

Aktualisierung von Quelle und Ziel steuern

Neben der reinen Information über Quelle und Ziel kann ein *Binding*-Objekt zusätzliche Informationen über die Bindung enthalten. So können Sie beispielsweise über die Eigenschaft *ControlUpdateMode* festlegen, ob Änderungen der Datenquelle automatisch an das Ziel synchronisiert werden sollen. Hierbei geben Sie einen Wert der *ControlUpdateMode*-Enumeration an. Zur Auswahl stehen die Werte *Never* (nicht synchronisieren) oder *OnPropertyChanged* (synchronisieren, wenn sich die Eigenschaft des Ziels ändert).

Andersherum legt die Eigenschaft *DataSourceUpdateMode* fest, ob Änderungen im Ziel an die Datenquelle übertragen werden sollen. Dies kann beispielsweise dann sinnvoll sein, wenn Sie die Datenquelle gebunden haben und die Daten später programmatisch ändern. Um die Aktualisierung zu steuern, weisen Sie der *DataSourceUpdateMode*-Eigenschaft einen Wert der *DataSourceUpdateMode*-Enumeration zu. Diese stellt, wie auch die *ControlUpdateMode*-Enumeration, die Werte *Never* und *OnPropertyChanged* zur Verfügung. Darüber hinaus besteht mit dem Wert *OnValidation* die Möglichkeit, die Synchronisation erst nach einer erfolgreichen Validierung durchzuführen.

Standardmäßig erfolgt eine volle Synchronisation zwischen Quelle und Ziel. Man spricht in diesem Zusammenhang von einer *Zwei-Wege-Bindung*. *ControlUpdateMode* und *DataSourceUpdateMode* stehen hierbei auf *OnPropertyChanged*.

Stellen Sie beide Eigenschaften jedoch auf den Wert *Never*, so wird der Wert der entsprechenden Eigenschaft nur einmal an das Ziel übertragen. Dies kann in Situationen sinnvoll sein, wenn der Benutzer den Wert nicht ändern kann. Sie können diese Art der Bindung aber auch einstellen, wenn Sie sich selbst um die Synchronisation kümmern wollen. In diesem Fall haben Sie die Möglichkeit, über die Methoden *ReadValue* und *WriteValue* die Werte manuell zu lesen beziehungsweise zu schreiben.

Die Ausgabe formatieren

Darüber hinaus bietet die *Binding*-Klasse mehrere Möglichkeiten der Formatierung an. Um einen Wert speziell formatiert anzuzeigen, müssen Sie zunächst die Eigenschaft *FormattingEnabled* auf *true* setzen. Daraufhin legen Sie die gewünschte Formatierungszeichenfolge über die Eigenschaft *FormatString* fest. In folgendem Beispiel soll das Alter einer Person (*Age*-Eigenschaft) formatiert angezeigt werden:

```
Person p = new Person { FirstName = "Jörg", LastName = "Neumann", Age=38 };
Binding binding = new Binding("Text", p, "Age");
binding.FormattingEnabled = true;
binding.FormatString = "0 Jahre";
this.textBox1.DataBindings.Add(binding);
```

Wenn Sie das Beispiel starten, würde in der Textbox *38 Jahre* stehen. Die Syntax der Formatierungszeichenkette orientiert sich hierbei an den Formatierungskonventionen von .NET, welche Sie in der MSDN Library finden.

Darüber hinaus haben Sie die Möglichkeit, über die Eigenschaft *FormatInfo* die Ausgabe länderspezifisch anzupassen. Sie nimmt ein Objekt vom Typ *IFormatProvider* entgegen. Diese Schnittstelle wird beispielsweise von der Klasse *CultureInfo* implementiert, welche länderspezifische Formatierungen enthält. Wenn Ihre Anwendung beispielsweise auf einem deutschen System läuft, Sie ein Datum jedoch in amerikanischer Formatierung darstellen wollen, könnten Sie wie folgt vorgehen:

```
Person p = new Person { FirstName = null, LastName = "Neumann", Birthday=new DateTime(1971, 7, 29) };
Binding binding = new Binding("Text", p, "Birthday");
binding.FormattingEnabled = true;
CultureInfo info = new CultureInfo("en-US");
binding.FormatInfo = info;
this.textBox1.DataBindings.Add(binding);
```

Auch hierbei ist es wieder wichtig, die Eigenschaft *FormattingEnabled* ebenfalls auf *true* zu setzen, da die Formatierung sonst ignoriert werden würde.

In manchen Fällen können Sie die Formatierung jedoch nicht durch eine einfache Zeichenkette ausdrücken. Wenn beispielsweise ein Wert stets in Großbuchstaben angezeigt werden soll, können Sie dies textuell nicht ausdrücken. Für solche Fälle bietet die *Binding*-Klasse das *Format*-Ereignis. Dieses wird jeweils vor der Übertragung der Werte in die Zieleigenschaft ausgelöst. Das folgende Beispiel demonstriert diesen Weg:

```
Person p = new Person { FirstName = "Jörg", LastName = "Neumann" };
Binding binding = new Binding("Text", p, "FirstName");
binding.Format += new ConvertEventHandler(this.OnFormat);
this.textBox1.DataBindings.Add(binding);
…
void OnFormat(object sender, ConvertEventArgs e)
{
    e.Value = e.Value.ToString().ToUpper();
}
```

Wie Sie sehen, brauchen Sie in der Ereignisbehandlungsmethode lediglich die *Value*-Eigenschaft des *ConvertEventArgs*-Parameters auszulesen und nach Ihren Vorstellungen zu verändern.

Den so formatierten Wert wollen Sie später jedoch nicht in dieser Form in die Datenquelle zurück übertragen. Daher bietet die *Binding*-Klasse über das *Parse*-Ereignis einen umgekehrten Mechanismus, über den Sie die Originalformatierung wiederherstellen können, bevor die Änderungen übertragen werden.

Umgang mit Nullwerten

Enthält die gebundene Eigenschaft der Quelle keinen Wert (*null*), so wollen Sie dies dem Benutzer unter Umständen mitteilen. Hierfür bietet die *Binding*-Klasse die Eigenschaft *NullValue*. Über diese können Sie einen Alternativtext festlegen, der anstelle des *null*-Werts angezeigt werden soll.

```
Person p = new Person { FirstName = null, LastName = "Neumann" };
Binding binding = new Binding("Text", p, "FirstName");
binding.FormattingEnabled = true;
binding.NullValue = "(Kein Wert)";
this.textBox1.DataBindings.Add(binding);
```

Wichtig ist hierbei, dass Sie zusätzlich die Eigenschaft *FormattingEnabled* auf *true* setzen, da nur dann der Alternativtext angezeigt wird.

Komplexe Datenbindung

Unter *komplexer Datenbindung* versteht man Bindungen, die sich nicht auf einzelne Eigenschaften, sondern auf eine Liste von Objekten beziehen. Das Binden einer Liste von *Person*-Objekten an ein *ListBox*-Steuerelement wäre ein Beispiel für eine komplexe Bindung.

Listen binden

Für komplexe Bindungen benötigen Sie nicht zwingend ein *Binding*-Objekt. Stattdessen stellen die jeweiligen Listensteuerelemente wie *ListBox*, *ComboBox* oder *DataGridView* die Eigenschaft *DataSource* bereit. Diese ist zwar vom Typ *object*, nimmt jedoch nur Objekte vom Typ *IList* oder *IListSource* entgegen. Diese Schnittstellen werden jedoch von einer ganzen Reihe von Listenklassen implementiert wie *Array*, *ArrayList*, *BindingList<T>*, *DataTable* oder *DataSet*.

Welche Eigenschaft der Datenquelle im Listensteuerelement angezeigt werden soll, können Sie über die Eigenschaft *DisplayMember* festlegen. Abbildung 25.2 stellt den Vorgang grafisch dar.

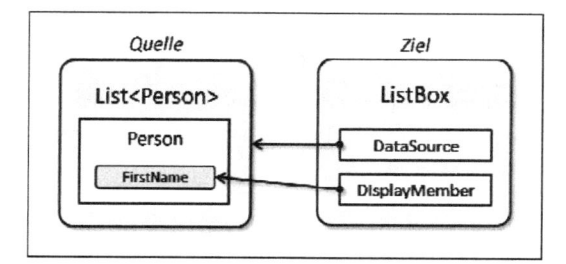

Abbildung 25.2 Aufbau einer Listenbindung

In folgendem Beispiel wird eine Liste von *Person*-Objekten an ein *ListBox*-Steuerelement gebunden:

```
BindingList<Person> persons = new BindingList<Person>()
{
    new Person { Id=1, FirstName="Georg", LastName="Müller" },
    new Person { Id=2, FirstName="Martin", LastName="Schulze" }
};
this.listBox1.DataSource = persons;
this.listBox1.DisplayMember = "FirstName";
```

Die Eigenschaft *DisplayMember* wird jedoch nur von den Steuerelementen *ListBox*, *CheckedListBox* und *ComboBox* zu Verfügung gestellt.

Tabellensteuerelemente binden

Bei der Bindung an ein Tabellensteuerelement wie das *DataGridView*, werden automatisch für alle öffentlichen Eigenschaften der Datenquelle entsprechende Tabellenspalten erstellt. Hierbei sollten Sie jedoch darauf achten, dass die Eigenschaft *AutoGenerateColumns* auf *true* steht, was standardmäßig der Fall ist.

Für die Bindung von *DataSets* stellt *DataGridView* zusätzlich die Eigenschaft *DataMember* zu Verfügung. Über diese können Sie den Namen der gewünschten *DataTable*-Instanz angeben. Dieser zusätzliche Schritt ist notwendig, da ein *DataSet* bekanntlich mehr als ein *DataTable*-Objekt enthalten kann. Abbildung 25.3 verdeutlicht den Zusammenhang zwischen *DataSource* und *DataMember*.

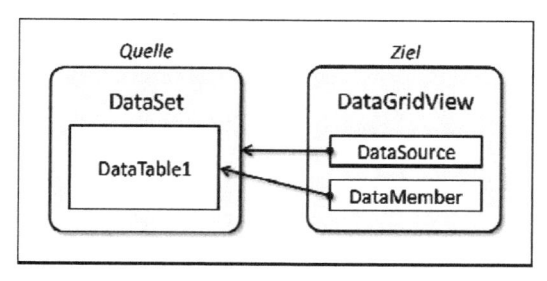

Abbildung 25.3 Die Bindung eines *DataGridView*-Steuerelements an ein *DataSet*

Das folgende Beispiel verdeutlicht die Verwendung von *DataMember*:

```
DataSet ds = new DataSet();
DataTable table = new DataTable("Person");
table.Columns.Add(new DataColumn("FirstName", typeof(string)));
table.Columns.Add(new DataColumn("LastName", typeof(string)));
table.Rows.Add(new object[] { "Jörg", "Neumann" });
ds.Tables.Add(table);
this.dataGridView1.DataSource = ds;
this.dataGridView1.DataMember = "Person";
```

Enthält das *DataSet* jedoch nur eine *DataTable*-Instanz, ist die explizite Angabe über die *DataMember*-Eigenschaft nicht nötig.

HINWEIS   Wenn Sie Ihre *DataTable*-Objekte nicht explizit mit einem Namen versehen haben, tragen diese automatisch den Namen *Table*, gefolgt von einem Index, der sich nach der Reihenfolge richtet, in der die Tabellen dem *DataSet* hinzugefügt wurden. Die erste *DataTable* hätte somit den Namen *Table1*.

ComboBoxen binden

Beim Binden von *ComboBox*-Steuerelementen haben Sie es oftmals mit zwei verschiedenen Datenquellen zu tun. Abbildung 25.4 zeigt dies an einem Beispiel.

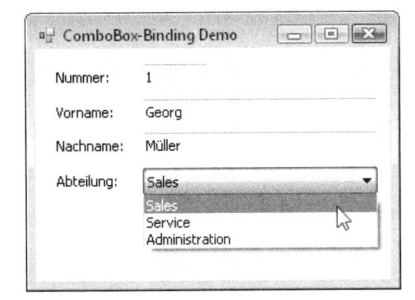

Abbildung 25.4   Beispiel für eine Bindung an ein *ComboBox*-Steuerelement

In diesem Dialogfeld wurden die Klassen *Employee* und *Department* gebunden, deren Definition Sie in Listing 25.1 sehen.

```
class Employee
{
    public int Id { get; set; }
    public string FirstName { get; set; }
    public string LastName { get; set; }
    public int DepartmentId { get; set; }
}

class Department
{
    public int Id { get; set; }
    public string Name { get; set; }
}
```

Listing 25.1   Die Datenklassen *Employee* und *Department*

Datenbindung in Windows Forms 985

Wie Sie sehen, ist die *Employee*-Klasse indirekt mit der *Department*-Klasse über die Eigenschaft *DepartmentId* verbunden. Bei der Bindung muss dieser Umstand natürlich berücksichtigt werden. Wie in Listing 25.1 deutlich wird, ist die *ComboBox* mit der Liste der *Departments* gefüllt, während das ausgewählte Element der *DepartmentId* des aktuellen *Employee*-Datensatzes entspricht. Somit sind zwei Bindungen an separate Datenquellen notwendig.

Für die Bindung der Auswahlliste stellt das *ComboBox*-Steuerelement die bekannten Eigenschaften *DataSource* und *DisplayMember* zu Verfügung. Zusätzlich bietet sie über *ValueMember* die Möglichkeit, den Namen der Eigenschaft anzugeben, über den die Verbindung zur anderen Datenquelle hergestellt werden soll. Im oberen Beispiel wurde daher *ValueMember* mit ID belegt, da diese Eigenschaft dem *DepartmentId*-Wert des *Employee*-Objekts entspricht. Abbildung 25.5 verdeutlicht diesen Zusammenhang.

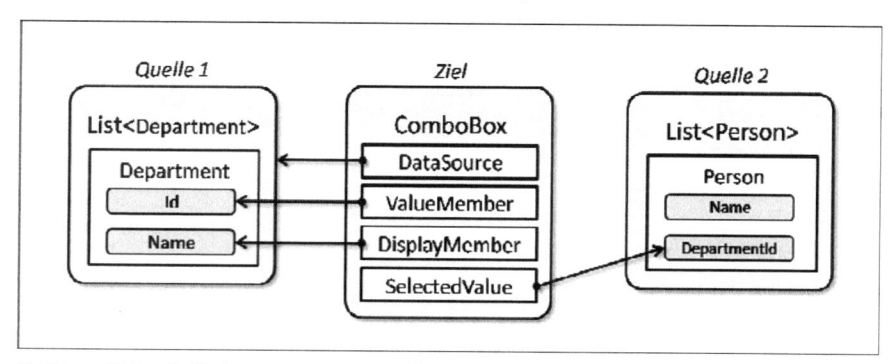

Abbildung 25.5 Die Bindung von zwei Datenquellen an einem *ComboBox*-Steuerelement

Nachdem die Auswahlliste gebunden ist, können Sie die Bindung zum zugehörigen *Employee*-Objekt herstellen. Hierbei stellen Sie eine einfache Bindung mithilfe der *Binding*-Klasse her, indem Sie die Eigenschaften *SelectedValue* (*ComboBox*) und *DepartmentId* (*Employee*) angeben.

Listing 25.2 zeigt den vollständigen Quelltext des oberen Beispiels.

```
BindingList<Department> departments = new BindingList<Department>()
{
    new Department { Id=1, Name="Sales" },
    new Department { Id=2, Name="Service" },
    new Department { Id=3, Name="Administration" }
};
BindingList<Employee> employees = new BindingList<Employee>()
{
    new Employee { Id=1, FirstName="Georg", LastName="Müller", DepartmentId=1 },
    new Employee { Id=2, FirstName="Martin", LastName="Schulze", DepartmentId=2 }
};
this.idTextBox.DataBindings.Add("Text", _employees, "Id");
this.firstNameTextBox.DataBindings.Add("Text", _employees, "FirstName");
this.lastNameTextBox.DataBindings.Add("Text", _employees, "LastName");
this.departmentComboBox.DataSource = departments;
this.departmentComboBox.DisplayMember = "Name";
this.departmentComboBox.ValueMember = "Id";
Binding bind = new Binding("SelectedValue", _employees, "DepartmentId");
this.departmentComboBox.DataBindings.Add(bind);
```

Listing 25.2 Beispiel für die multiple Bindung von *ComboBox*-Objekten

CD-ROM Das Beispiel finden Sie unter dem Namen *ComboBoxBindingDemo* auf der Buch-CD.

In Listen navigieren

In vielen Fällen müssen Sie zwischen den einzelnen Datensätzen navigieren. Klassischerweise werden dem Benutzer hierfür Schaltflächen zu Verfügung gestellt, über die er zum ersten, vorherigen, nächsten oder letzten Datensatz springen kann. Um dies zu realisieren, müssen Sie nicht direkt mit dem jeweiligen Listensteuerelement kommunizieren. Stattdessen stellt Ihnen die Datenbindungsinfrastruktur einen entsprechenden Mechanismus in Form der Klasse *BindingManager* zur Verfügung. Immer wenn Sie eine Datenbindung herstellen, wird automatisch eine Instanz von *BindingManager* erstellt. Sie kümmert sich um die Verwaltung der Datenquelle. Da auf einem Formular mehrere Datenquellen gebunden werden können, existieren auch mehrere *BindingManager*. Diese werden wiederum vom so genannten *BindingContext* verwaltet. Abbildung 25.6 stellt den Zusammenhang grafisch dar.

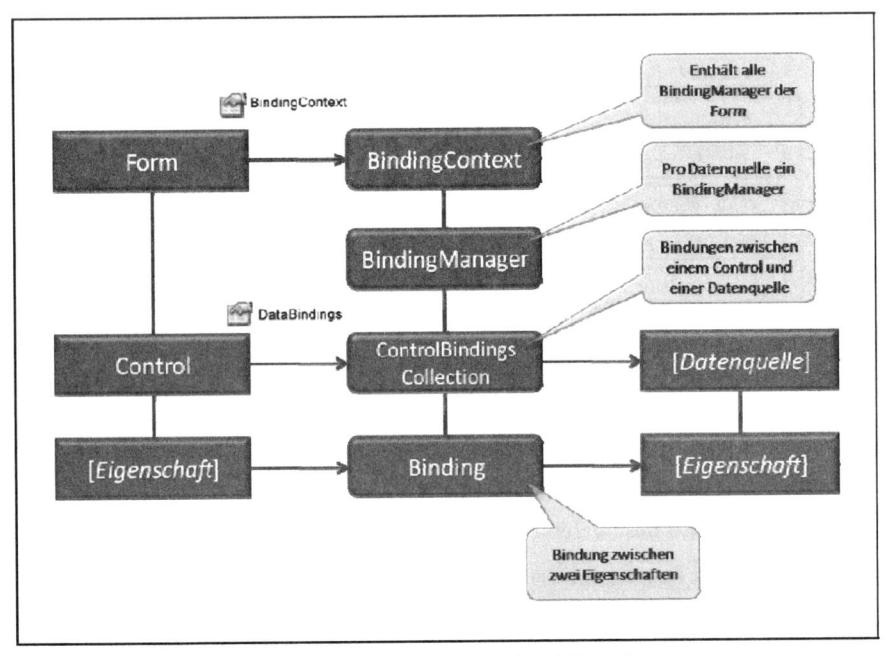

Abbildung 25.6 Die Architektur der Windows Forms-Datenbindungsinfrastruktur

Wie Sie sehen, haben Sie über die *Form-* beziehungsweise die entsprechende *Control-*Klasse Zugriff auf die aktuelle *BindingContext-*Instanz. Um nun auf der Datenquelle navigieren zu können, müssen Sie zunächst den zugehörigen *BindingManager* ermitteln. Diesen können Sie vom *BindingContext* über dessen *Indexer* abfragen, dem Sie die entsprechende Datenquelle als Parameter übergeben.

```
BindingManagerBase manager = this.BindingContext[_employees];
```

Zurückgegeben wird eine Instanz vom Typ *BindingManagerBase*. Da es unterschiedliche *BindingManager* gibt, wird hierbei mit einer gemeinsamen, abstrakten Basisklasse gearbeitet.

Haben Sie den zugehörigen *BindingManager* ermittelt, können Sie nun über dessen *Position-*Eigenschaft navigieren. Wie viele Elemente die Liste enthält, können Sie hierbei über die *Count-*Eigenschaft ermitteln.

```
manager.Position = 0;                          // zum ersten Element springen
manager.Position -= 1;                         // zum vorherigen Element springen
manager.Position += 1;                         // zum nächsten Element springen
manager.Position = manager.Count - 1;          // zum letzten Element springen
```

Auf den aktuellen Datensatz zugreifen

Über die *Current*-Eigenschaft von *BindingManager* haben Sie Zugriff auf das aktuell selektierte Objekt. Da die Eigenschaft vom Typ *object* ist, müssen Sie die Instanz in den jeweiligen Typ wandeln.

```
Employee emp = manager.Current as Employee;
```

Wenn Sie eine Änderung des aktuellen Datensatzes mitbekommen möchten, können Sie das Ereignis *PositionChanged* oder *CurrentChanged* abonnieren. Auch auf Änderungen des aktuellen Satzes können Sie reagieren. Hierfür stellt *BindingManagerBase* das Ereignis *CurrentItemChanged* zur Verfügung.

Bevor Sie die Änderungen speichern, sollten Sie die Methode *EndCurrentEdit* aufrufen. Hierbei wird der zuletzt geänderte Wert aus dem gebundenen Steuerelement in die Datenquelle übertragen.

Datensätze hinzufügen und löschen

Um einen neuen Datensatz anzulegen, brauchen Sie nicht zwingend mit Ihrer Datenquelle zu kommunizieren. Statt dessen können Sie auch auf die *AddNew*-Methode des *BindingManagers* zurückgreifen.

```
manager.AddNew();
```

Ebenso verhält es sich mit dem Entfernen eines Datensatzes. Hierfür bietet der *BindingManager* die Methode *RemoveAt*, die den Index des zu löschenden Datensatzes entgegennimmt. In folgendem Beispiel wird der aktuelle Datensatz gelöscht:

```
manager.RemoveAt(manager.Position);
```

Eingaben validieren

Bevor Sie die eingegebenen Daten in Ihre Datenquelle übertragen, sollten Sie diese validieren, um den Benutzer frühzeitig auf seinen Fehler hinzuweisen. Hierfür definiert die Klasse *Control* das Ereignis *Validating*. Es wird automatisch ausgelöst, wenn das entsprechende Steuerelement den Fokus verliert. In folgendem Beispiel wird überprüft, ob eine gültige Zeichenfolge in einer *Textbox* angegeben wurde:

```
private void textBox1_Validating(object sender, CancelEventArgs e)
{
    TextBox txt = sender as TextBox;
    if (txt.Text.Trim().Length == 0)
    {
        e.Cancel = true;
    }
}
```

Schlägt die Validierung fehl, können Sie durch das Setzen der Eigenschaft *CancelEventArgs.Cancel* auf *true* die Validierung abbrechen. Dies bewirkt, dass der Benutzer das Steuerelement nicht verlassen kann.

Fehler mit dem ErrorProvider anzeigen

Um den Benutzer nun auf seinen Fehler hinzuweisen, haben Sie mehrere Möglichkeiten. Am einfachsten ist es, eine *MessageBox* anzuzeigen, die den Fehlertext enthält. Da dies für den Benutzer jedoch ein eher unschönes Verhalten darstellt, bietet Windows Forms mit dem *ErrorProvider* eine elegantere Alternative. Dieser zeichnet neben dem jeweiligen Steuerelement ein kleines, blinkendes Warnsymbol. Fährt der Benutzer mit der Maus über das Symbol, wird zudem der entsprechende Fehlertext in Form eines Tooltip angezeigt. Abbildung 25.7 zeigt den *ErrorProvider* im Einsatz.

Abbildung 25.7 Der ErrorProvider weist den Benutzer auf fehlerhafte Eingaben hin

Der *ErrorProvider* ist ein so genannter *Extender Provider*, der andere Steuerelemente um zusätzliche Eigenschaften erweitern kann. Wenn Sie die *ErrorProvider*-Komponente aus der Toolbox auf ein Formular ziehen, erscheint diese in der Komponentenleiste, am unteren Rand des Designers. Zusätzlich werden Sie feststellen, dass alle auf dem Formular befindlichen Steuerelemente über die zusätzliche Eigenschaft *Error auf errorProvider1* verfügen (siehe Abbildung 25.8).

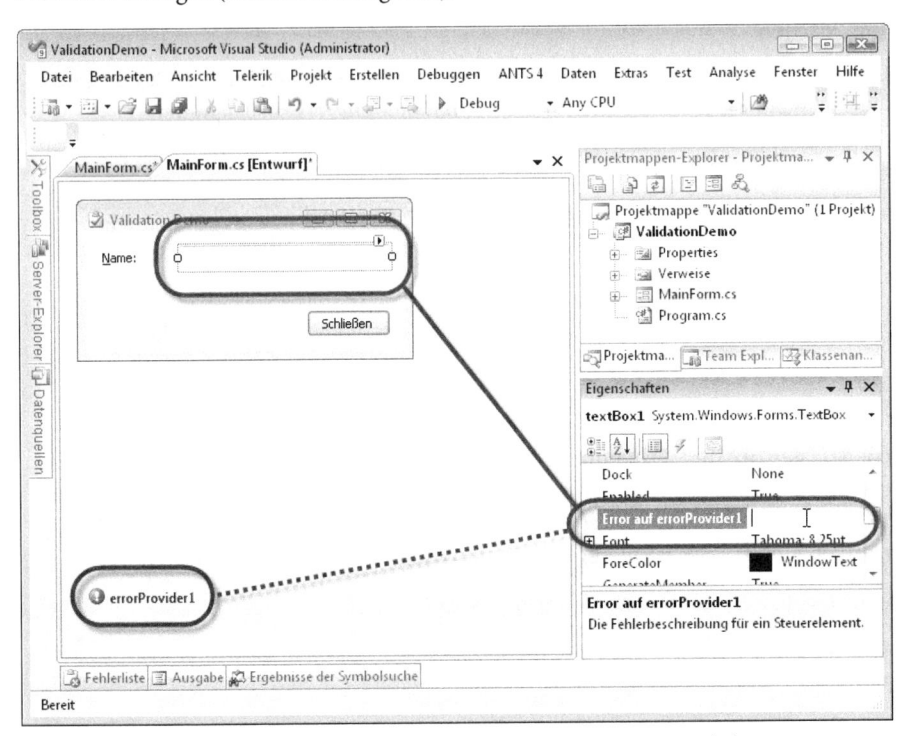

Abbildung 25.8 Der *ErrorProvider* erweitert alle Steuerelemente um eine *Error*-Eigenschaft

Über diese Eigenschaft könnten Sie nun einen entsprechenden Fehlertext für das Steuerelement festlegen. Sinnvoller ist es jedoch, die Zuweisung im *Validating*-Ereignis durchzuführen, da der *ErrorProvider* das Fehlersymbol anzeigt, sobald ein Fehlertext zugewiesen wurde. Das obere Beispiel könnte somit wie folgt umgeschrieben werden:

```csharp
private void textBox1_Validating(object sender, CancelEventArgs e)
{
    TextBox txt = sender as TextBox;
    if (txt.Text.Trim().Length == 0)
    {
        this.errorProvider1.SetError(txt, "Sie haben noch keinen Namen eingegeben!");
        e.Cancel = true;
    }
}
```

```
    else
    {
        this.errorProvider1.SetError(txt, null);
    }
}
```

Wie Sie sehen, erfolgt die Zuweisung der *Error*-Eigenschaft nicht direkt über das jeweilige Steuerelement, sondern über die *ErrorProvider*-Komponente. Hierbei übergeben Sie dessen *SetError*-Methode das jeweilige Steuerelement sowie den Fehlertext. Daraufhin wird automatisch das Fehlersymbol angezeigt. Auf welcher Seite des Steuerelements die Anzeige erfolgen soll, können Sie durch Eigenschaft *IconAlignment* festlegen. Wie lange und in welcher Form das Symbol hierbei blinken soll, können Sie über die Eigenschaften *BlinkStyle* und *BlinkRate* des *ErrorProvider* festlegen. Über die *Icon*-Eigenschaft haben Sie zudem die Möglichkeit, ein alternatives Symbol anzuzeigen.

Übergeben Sie der *SetError*-Methode eine leere Zeichenfolge, wird das Symbol wieder ausgeblendet.

Die Validierung steuern

Wie Sie gesehen haben, erfolgt die Validierung beim Verlassen des entsprechenden Steuerelements. Schlägt die Validierung fehl, kann der Benutzer das Element nicht mehr verlassen. Dieses Verhalten können Sie jedoch steuern. Die Basisklasse *ContainerControl*, von der beispielsweise *Form* und *Panel* ableiten, bietet hierfür die Eigenschaft *AutoValidate*. Ihr können Sie einen Wert der *AutoVaidate*-Enumeration übergeben, welche die folgenden Varianten bereitstellt:

- **Disable**   Es soll keine implizite Validierung erfolgen. Das *Validating*-Ereignis wird hierbei nicht ausgelöst.
- **EnablePreventFocusChange**   Bei einem Fehler darf das Steuerelement nicht verlassen werden. Dies ist der Standardwert.
- **EnableAllowFocusChange**   Auch bei einem Fehler darf das Steuerelement verlassen werden
- **Inherited**   Es wird der *AutoValidate*-Wert des jeweiligen Elternelements verwendet. Bei einem *Panel*-Steuerelement wäre dies beispielsweise das Formular.

Das Setzen der *AutoValidate*-Eigenschaft auf den Wert *Disable* kann beispielsweise dann sinnvoll sein, wenn Sie die Eingaben auf Fensterebene prüfen wollen. Auf diese Weise können Sie gewährleisten, dass alle Änderungen nur dann in die Datenquelle übernommen werden, wenn sämtliche Eingaben erfolgreich validiert werden konnten.

Für die formularweite Validierung stellt die *Form*-Klasse die Methode *ValidateChildren* zur Verfügung. Diese durchläuft rekursiv alle auf dem Formular enthaltenen Steuerelemente und validiert diese durch das Auslösen von dessen *Validating*-Ereignis. Am effektivsten ist es, *ValidateChildren* im *FormClosing*-Ereignis aufzurufen. Somit können Sie sicher sein, dass die Validierung in jedem Fall erfolgt – egal ob der Benutzer das Formular über eine Schaltfläche oder die *Schließen*-Schaltfläche der Titelleiste verlässt.

```
private void MainForm_FormClosing(object sender, FormClosingEventArgs e)
{
    e.Cancel = !this.ValidateChildren();
}
```

Wie Sie sehen, können Sie die Rückgabe von *ValidateChildren* direkt an die Eigenschaft *FormClosingEventArgs.Cancel* binden. Auf diese Weise kann das Fenster erst geschlossen werden, wenn alle Eingaben vollständig valide sind.

ValidateChildren bietet zusätzlich eine Überladung an, die einen Wert der *ValidationConstraints*-Enumeration als Parameter erwartet. Hierüber können Sie explizit festlegen, welche Steuerelemente validiert werden sollen. Dies macht besonders in sehr umfangreichen Formularen Sinn, da das Auslösen der *Validating*-Ereignisse eine gewisse Zeit in Anspruch nehmen kann. Die *ValidationConstraints*-Enumeration definiert die folgenden Werte, die mit einem logischen *oder* verknüpft werden können:

- *None* validiert rekursiv alle Kindelemente
- *Selectable* validiert nur Steuerelemente, die selektiert werden können
- *Enabled* validiert nur Steuerelemente, deren *Enabled*-Eigenschaft auf *true* steht
- *Visible* validiert nur Steuerelemente, deren *Visible*-Eigenschaft auf *true* steht
- *TabStop* validiert nur Steuerelemente, die per Tabulator angesprungen werden können (*TabStop=true*)
- *ImmediateChildren* validiert nur direkte Kindelemente des jeweiligen Containerelements. Steuerelemente, die sich in untergeordneten Containern befinden, werden hierbei ignoriert.

Haben Sie die *AutoValidate*-Eigenschaft hingegen auf einen anderen Wert als *Disabled* gesetzt, sollten Sie vor dem Schließen des Fensters die *Validate*-Methode der Form aufrufen. Dies veranlasst das aktuelle Steuerelement, eine Validierung durchzuführen. Dies ist wichtig, da die Validierung erst beim Verlust des Fokus ausgelöst wird, was beim Schließen der Form über die Titelleiste nicht geschieht.

> **TIPP** Aus Performancegründen können Sie das Auslösen des *Validating*-Ereignisses auch auf Ebene eines Steuerelements unterbinden. Hierfür bietet die *Control*-Klasse die Eigenschaft *CauseValidation* an. Steht diese auf *false*, so wird das Ereignis nicht ausgelöst.

> **CD-ROM** Das Beispiel finden Sie unter dem Namen *ValidationDemo* auf der Buch-CD.

Bindungsfähige Datenklassen erstellen

Die .NET-Datenbindung basiert auf einer klaren Trennung zwischen Daten und Oberfläche. Hierbei ist die Oberfläche lediglich zur Darstellung der Daten und nicht für deren Manipulation oder Speicherung zuständig. Daher muss die Datenquelle neben den reinen Nutzdaten auch einige Funktionalitäten mitbringen, über die die Oberfläche mit ihr kommunizieren kann. Hierzu zählen beispielsweise Navigation, Änderungsverfolgung und Eingabevalidierung.

Wenn Sie die Klassen *DataSet*, *DataTable* oder *DataView* zur lokalen Datenspeicherung verwenden, müssen Sie sich im Grunde keine Gedanken über diese Themen machen, da diese Klassen bereits die nötige Infrastruktur mitbringen. Anders sieht es jedoch aus, wenn Sie Ihre Daten in Form eines eigenen Objektmodells abbilden wollen.

Im Folgenden werden die wichtigsten Schnittstellen und Mechanismen vorgestellt, mit denen Sie Ihr eigenes Objektmodell bindungs- und validierungsfähig machen können. Hierbei können viele der gezeigten Techniken sowohl in Windows Forms als auch in der Windows Presentation Foundation und in Silverlight verwendet werden.

Die Schnittstelle INotifyPropertyChanged

Nehmen wir einmal an, Sie haben eine Klasse *Person*, die Sie mit Daten aus der Datenbank füllen und im Anschluss an die Oberfläche binden wollen. Der Aufbau könnte hierbei wie folgt aussehen:

```csharp
public class Person
{
    private int _id;
    private string _firstName;
    private string _lastName;

    public int Id
    {
        get { return _id; }
        set { _id = value; }
    }

    public string FirstName
    {
        get { return _firstName; }
        set { _firstName = value; }
    }

    public string LastName
    {
        get { return _lastName; }
        set { _lastName = value; }
    }
}
```

Listing 25.3 *Der Aufbau der Klasse Person*

Nun könnten Sie eine Liste von *Person*-Objekten erstellen und beispielsweise an ein *DataGridView*-Steuerelement binden.

```csharp
List<Person> personList = new List<Person>();
// Daten ermitteln …
this.dataGridView1.DataSource = personList;
```

Was Sie zunächst einmal feststellen ist, dass die Daten im *DataGridView* einwandfrei angezeigt werden. Wenn Sie jedoch programmatisch die Daten im Objektmodell ändern, werden die Änderungen nicht automatisch in die Oberfläche übernommen. Auch das programmatische Hinzufügen und Löschen von Objekten spiegelt sich im *DataGridView* nicht wieder.

Was hier fehlt ist ein Mechanismus, über den das Steuerelement mitgeteilt bekommt, dass sich Änderungen in der Datenquelle ergeben haben. Genau so einen Mechanismus bietet die Schnittstelle *INotifyProperty-Changed*.

```csharp
public interface INotifyPropertyChanged
{
    event PropertyChangedEventHandler PropertyChanged;
}
```

Sie definiert einzig das *NotifyPropertyChanged*-Ereignis. Während der Bindung prüft das *DataGridView*, ob *INotifyPropertyChanged* von der Datenquelle implementiert wird. Ist dem so, registriert es sich für das *NotifyPropertyChanged*-Ereignis und wird fortan über Änderungen informiert. Auf diese Weise aktualisiert sich die Oberfläche automatisch, wenn sich etwas an den Daten ändert.

Die Implementierung von *INotifyPropertyChanged* ist recht trivial, da lediglich das *NotifyPropertyChanged*-Ereignis bereitgestellt werden muss. Doch damit es auch ausgelöst wird, ist etwas mehr Arbeit erforderlich. Hierbei müssen Sie nämlich in jedem Eigenschaften-Setter Änderungen signalisieren. Das folgende Beispiel demonstriert dies:

```
public class Person : INotifyPropertyChanged
{
    ...

    public int Id
    {
        get { return _id; }
        set { _id = value; this.OnNotifyPropertyChanged("Id"); }
    }

    ...

    public event NotifyPropertyChangedHandler NotifyPropertyChanged;

    protected virtual void OnNotifyPropertyChanged(string propertyName)
    {
        if (NotifyPropertyChanged != null)
        {
            NotifyPropertyChanged(this, new PropertyChangedEventArgs(propertyName));
        }
    }
}
```

Listing 25.4 *Implementierung der Schnittstelle INotifyPropertyChanged*

> **HINWEIS** Die Schnittstelle *INotifyPropertyChanged* ist sowohl in Windows Forms als auch in der Windows Presentation Foundation und in Silverlight verfügbar.

> **CD-ROM** Das Beispiel finden Sie unter dem Namen *ClientBindingDemo* auf der Buch-CD.

Die Schnittstelle IEditableObject

Eine weitere Schnittstelle zur Kommunikation zwischen Oberfläche und Datenquelle ist *IEditableObject*. Sie bietet eine Transaktionssteuerung, durch die eine Änderung auf Datensatzebene rückgängig gemacht werden kann. Die Definition der Schnittstelle sieht wie folgt aus:

```
public interface IEditableObject
{
    void BeginEdit();
    void CancelEdit();
    void EndEdit();
}
```

IEditableObject wird in den meisten Fällen bei der Bindung an ein Tabellensteuerelement verwendet. So kann der Benutzer eine Datenzeile bearbeiten und durch Drücken der ⎡Esc⎤-Taste die Änderungen wieder verwerfen. Das *DataGridView*-Steuerelement bietet diese Funktionalität standardmäßig an, wenn die Datenquelle *IEditableObject* implementiert.

Bindungsfähige Datenklassen erstellen

Das Prinzip ist hierbei wie folgt: Beim Beginn der Editierphase ruft das Tabellensteuerelement die Methode *BeginEdit()* auf der Datenquelle auf. Diese führt daraufhin eine Zwischenspeicherung ihrer derzeitigen Eigenschaftswerte durch. Drückt der Benutzer nun die Taste ⌈Esc⌉, werden die zuvor gespeicherten Werte durch Aufruf der Methode *CancelEdit()* auf ihren ursprünglichen Wert zurückgesetzt. Verlässt der Benutzer jedoch die Zeile, wird die Eingabe durch Aufruf der Methode *EndEdit()* abgeschlossen und die zwischengespeicherten Werte verworfen. Listing 25.5 zeigt eine Beispielimplementierung auf Basis der *Person*-Klasse.

```csharp
class Person : IEditableObject
{
    private string _firstName;
    private string _firstNameOriginal;
    private string _lastName;
    private string _lastNameOriginal;

    public string FirstName
    {
        get { return _firstName; }
        set { _firstName = value; }
    }

    public string LastName
    {
        get { return _lastName; }
        set { _lastName = value; }
    }

    public void BeginEdit()
    {
        if (_firstNameOriginal == null)
            _firstNameOriginal = _firstName;
        if (_lastNameOriginal == null)
            _lastNameOriginal = _lastName;
    }

    public void CancelEdit()
    {
        this.FirstName = _firstNameOriginal;
        this.LastName = _lastNameOriginal;
        this.EndEdit();
    }

    public void EndEdit()
    {
        _firstNameOriginal = null;
        _lastNameOriginal = null;
    }
}
```

Listing 25.5 Die Implementierung der Schnittstelle *IEditableObject* am Beispiel der Klasse *Person*

Aber auch bei der Bearbeitung von Einzeldatensätzen in der Formularansicht kann die Schnittstelle sinnvoll sein. So können Sie dem Benutzer beispielsweise ein Detaildialogfeld zur Verfügung stellen, in dem er einen einzelnen Datensatz bearbeiten kann (wie in Abbildung 25.9 dargestellt). Drückt der Benutzer nach der Bearbeitung der Daten die Schaltfläche *Abbrechen*, so können die Änderungen mithilfe von *IEditableObject* verworfen werden. Auf diese Weise können Sie sicherstellen, dass Objekte, die zwischen verschiedenen Formularen transferiert werden, stets einen konsistenten Zustand haben.

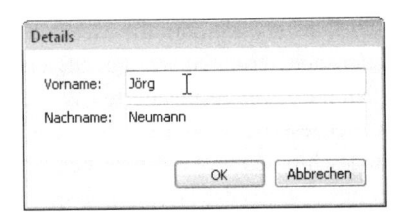

Abbildung 25.9 Beispiel für ein Detaildialogfeld

> **HINWEIS** Die Schnittstelle *IEditableObject* wird zurzeit nur von Windows Forms und von Silverlight 3 unterstützt. In der Windows Presentation Foundation findet sie keine Verwendung.

> **CD-ROM** Das Beispiel finden Sie unter dem Namen *IEditableObjectDemo* auf der Buch-CD.

Die Schnittstelle IDataErrorInfo

In vielen Fällen kann es sinnvoll sein, den Benutzer über eine fehlerhafte Eingabe frühzeitig hinzuweisen. Dies ist die Aufgabe der Schnittstelle *IDataErrorInfo*, welche die folgende Signatur aufweist:

```
public interface IDataErrorInfo
{
    string Error { get; }
    string this[string columnName] { get; }
}
```

Wie Sie sehen, muss zur Implementierung lediglich eine Eigenschaft mit dem Namen *Error*, sowie ein *Indexer* bereit gestellt werden. Während *Error* darüber Auskunft gibt, ob das gesamte Objekt valide ist, kann über den *Indexer* der Wert einer bestimmten Eigenschaft geprüft werden.

Stellt Ihre Datenquelle eine Implementierung von *IDataErrorInfo* bereit, so bietet das *DataGridView*-Steuerelement eine automatische Validierung, sowie die Anzeige von Fehlern an. Verlässt beispielsweise der Benutzer nach einer Änderung die Zelle, ruft *DataGridView* den *Indexer* auf und übergibt dabei den Namen der jeweiligen Spalte. Gibt dieser eine leere Zeichenfolge zurück, war die Eingabe korrekt. Andernfalls gibt der *Indexer* einen entsprechenden Fehlertext zurück. Daraufhin zeigt das *DataGridView*-Steuerelement ein kleines Warnsymbol in der Zelle an, deren *Tooltip* den entsprechenden Fehlertext enthält. Abbildung 25.10 zeigt das Verhalten an einem Beispiel.

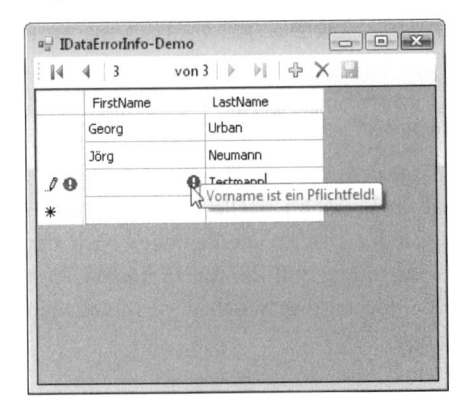

Abbildung 25.10 Das *DataGridView*-Steuerelement interagiert mit der Schnittstelle *IDataErrorInfo*

Bindungsfähige Datenklassen erstellen

Zusätzlich wird über die *Error*-Eigenschaft abgefragt, ob das gesamte Objekt gültig ist. Wenn nicht, wird zu der jeweiligen Zeile ein zusätzliches Symbol angezeigt. Dies ist sinnvoll, da vielleicht der einzelne Wert für sich genommen valide war, jedoch mit anderen Eigenschaftswerten in Konflikt stand. Ein gutes Beispiel hierfür wäre eine Kombination von Start- und Enddatum. Wurde das Enddatum korrekt eingegeben, ergäbe sich kein Zellenfehler, jedoch kann es zu einem Objektfehler kommen, wenn sich das Enddatum vor dem Startdatum befände.

Listing 25.6 zeigt die Implementierung von *IDataErrorInfo* am Beispiel der Klasse *Person*.

```
public class Person : IDataErrorInfo
{
    private string _firstName;
    private string _lastName;

    public Person() : base()
    {
    }

    public string FirstName
    {
        get { return _firstName; }
        set { _firstName = value; }
    }

    public string LastName
    {
        get { return _lastName; }
        set { _lastName = value; }
    }

    string IDataErrorInfo.Error
    {
        get { return ((IDataErrorInfo)this)[""]; }
    }

    string IDataErrorInfo.this[string columnName]
    {
        get
        {
            if (string.IsNullOrEmpty(columnName) || columnName == "FirstName")
            {
                if (string.IsNullOrEmpty(FirstName))
                {
                    return "Vorname ist ein Pflichtfeld!";
                }
            }
            return null;
        }
    }
}
```

Listing 25.6 Eine Beispielimplementierung der Schnittstelle *IDataErrorInfo*

Wie Sie sehen, wurde in der *Error*-Eigenschaft keine Validierungslogik hinterlegt. Stattdessen wird hier an den *Indexer* delegiert. Dabei wird ein Leerstring übergeben. Diese Implementierungsvariante kann sinnvoll sein, wenn Sie keine speziellen Objektregeln, sondern die Validierung lediglich auf Eigenschaftenebene durchführen. So müssen Sie nicht die entsprechende Logik doppelt hinterlegen.

Im *Indexer* wurden die Validierungsregeln aller Eigenschaften hinterlegt. Der Parameter *columnName* enthält hierbei den Namen der zu validierenden Eigenschaft. Wichtig ist hierbei, dass Sie *columnName* nicht nur auf den Eigenschaftennamen, sondern auch auf eine leere Zeichenkette prüfen, da dieser Wert von der *Error*-Eigenschaft übergeben worden sein kann. Denn in diesem Fall sollen alle Eigenschaftenwerte des Objekts geprüft werden.

> **ACHTUNG** Wenn Sie die Schnittstelle *IDataErrorInfo* zur Validierung verwenden, sollten Sie bedenken, dass Ihr Objekt in einen inkonsistenten Zustand gebracht werden kann, da die Validierung erst durchgeführt wird, nachdem der fehlerhafte Wert bereits zugewiesen wurde. Wenn Sie dem Benutzer beispielsweise die Bearbeitung in einem Detaildialogfeld anbieten und dieser das Dialogfeld nach einer fehlerhaften Validierung abbricht, befindet sich das Objekt in einem inkonsistenten Zustand. Um dies zu verhindern, sollten Sie ein Rückgängigmachen der Eingabe durch die Implementierung von *IEditableObject* ermöglichen.

> **HINWEIS** Während die Schnittstelle *IDataErrorInfo* von Windows Forms und der Windows Presentation Foundation unterstützt wird, findet sie in Silverlight zurzeit keine Verwendung.

> **CD-ROM** Das Beispiel finden Sie unter dem Namen *IDataErrorInfoDemo* auf der Buch-CD.

Anzeigeattribute

Wenn Sie eine Liste von Objekten an ein Tabellensteuerelement binden, erstellt dieses pro Eigenschaft eine Spalte. Die Spaltenüberschrift entspricht hierbei standardmäßig dem Namen der jeweiligen Eigenschaft. Ob die Werte der Spalte bearbeitet werden können, richtet sich danach, ob die Eigenschaft einen entsprechenden Setter bereitstellt.

In vielen Fällen entsprechen diese automatisch zugewiesenen Spalteneigenschaften jedoch nicht dem, was Sie sich vorstellen. So sollen die Spaltenüberschriften vielleicht mit einem verständlichen, deutschen Bezeichner versehen werden. Bestimmte technische Spalten, wie Primärschlüssel, wollen Sie oftmals ausblenden, da sie für den Benutzer keine Bedeutung haben. Andere Spalten möchten Sie vielleicht mit einem Schreibschutz versehen, obwohl die zugehörigen Eigenschaften über einen Setter verfügen. Hierbei kann es sich beispielsweise um Zeitstempelfelder handeln, die beim Speichern von der Datenbank vergeben werden.

All diese Eigenschaften können Sie natürlich über die Spaltendefinitionen Ihres Tabellensteuerelements konfigurieren. Alternativ besteht jedoch die Möglichkeit, dass Ihre Datenquelle diese Angaben in Form von Attributen bereitstellt. Das *DataGridView*-Steuerelement ist hierbei in der Lage, diese Informationen auszulesen und auf die entsprechenden Spalten anzuwenden. Die folgenden drei Attribute können Sie auf Ebene einer Eigenschaft bereitstellen:

- *DisplayNameAttribute* bestimmt den Anzeigenamen des Spaltenkopfes
- *ReadOnlyAttribute* bestimmt, ob die Spalte editiert werden kann
- *BrowsableAttribute* bestimmt, ob die Spalte angezeigt werden soll

In folgendem Beispiel werden die Attribute auf die bereits bekannte Klasse *Person* angewendet.

```
class Person
{
    [Browsable(false)]
    public string Id { get; set; }
```

```csharp
    [DisplayName("Vorname")]
    public string FirstName { get; set; }

    [DisplayName("Nachname")]
    public string LastName { get; set; }

    [ReadOnly(true)]
    [DisplayName("Erstellt am")]
    public DateTime CreationDate { get; set; }
}
```

Listing 25.7 Die Verwendung der Anzeigeattribute am Beispiel der Klasse *Person*

Würden Sie nun Objekte dieser Klasse an ein *DataGridView*-Steuerelement binden, so würde die Eigenschaft *Id* nicht als Spalte angezeigt. Zudem hätten die Eigenschaften *FirstName*, *LastName* und *CreationDate* die Spaltenbezeichner *Vorname*, *Nachname* und *Erstellt am*. Die Eigenschaft *CreationDate* könnte darüber hinaus nicht über das Steuerelement bearbeitet werden, obwohl sie einen Setter bereitstellt.

Jetzt werden Sie möglicherweise bemerken, dass die Angabe des Anzeigetextes in den Fällen problematisch ist, in denen die Anwendungen für mehrere Sprachen bereitgestellt werden müssen. Hier können Sie sich jedoch mit einem simplen Trick behelfen: Erstellen Sie einfach eine Ableitung von *DisplayAttribute* und lesen Sie die Anzeigetexte aus einer Ressourcendatei. Wie dies aussehen könnte, sehen Sie in Listing 25.8.

```csharp
[AttributeUsage(AttributeTargets.All)]
internal sealed class DisplayNameResAttribute : DisplayNameAttribute
{
    private bool _replaced;

    public DisplayNameResAttribute(string description)
        : base(description)
    {
    }

    public override string DisplayName
    {
        get
        {
            if (!_replaced)
            {
                _replaced = true;
                base.DisplayNameValue =
Properties.Resources.ResourceManager.GetString(base.DisplayName);
            }
            return base.DisplayName;
        }
    }
}
```

Listing 25.8 Eine lokalisierbare Version von *DisplayNameAttribute*

Nun würden Sie anstelle von *DisplayName* das *DisplayNameRes*-Attribut deklarieren und über dieses den jeweiligen Ressourcenschlüssel angeben.

```csharp
class Person
{
    [DisplayNameRes("FirstName")]
    public string FirstName { get; set; }
```

```
[DisplayNameRes("LastName")]
public string LastName { get; set; }

[DisplayNameRes("CreationDate")]
public DateTime CreationDate { get; set; }
...
}
```

Die entsprechenden Ressourcen können Sie daraufhin über den Ressourceneditor in Visual Studio für die jeweilige Sprache anlegen (siehe Abbildung 25.11).

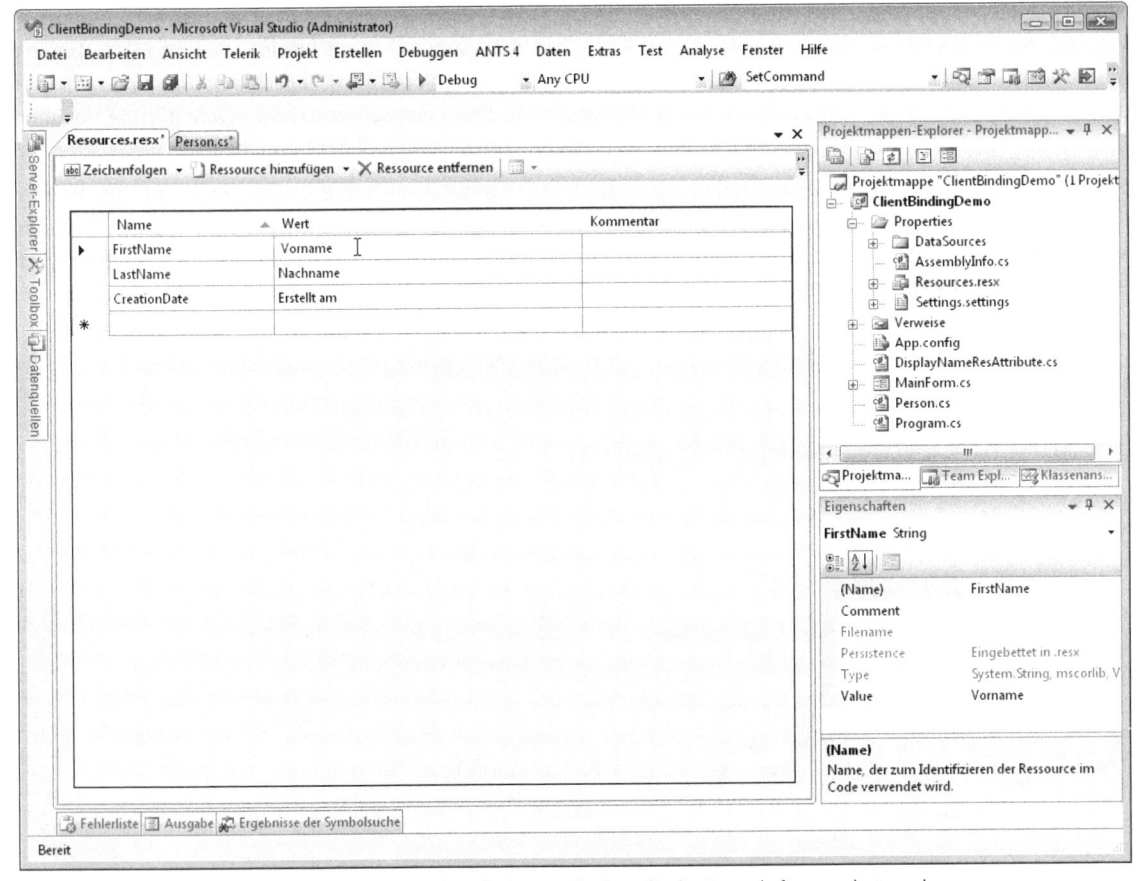

Abbildung 25.11 Mit dem Ressourceneditor in Visual Studio können die Texte für die Eigenschaften angelegt werden

HINWEIS Die Anzeigeattribute werden zurzeit nur von Windows Forms unterstützt.

CD-ROM Das Beispiel finden Sie unter dem Namen *ClientBindingDemo* auf der Buch-CD.

Die Schnittstellen IBindingList und ICollectionChanged

Wie Sie gesehen haben, ist die Schnittstelle *INotifyPropertyChanged* für das Signalisieren von Änderungen auf Objektebene zuständig. Ein solcher Mechanismus wird auch auf Listenebene benötigt, damit das gebundene Listensteuerelement darüber informiert wird, wenn ein neues Element in die Liste aufgenommen beziehungsweise aus der Liste entfernt wird.

In Windows Forms wird dieser Mechanismus über die Schnittstelle *IBindingList* abgebildet. Glücklicherweise müssen Sie diese doch recht umfangreiche Schnittstelle nicht selbst implementieren, sondern können stattdessen die generische Klasse *BindingList<T>* verwenden. Sie informiert in Form des *ListChanged*-Ereignisses über die vorgenommenen Änderungen. Mithilfe des übergebenen *ListChangedEventArgs*-Parameters kann die gebundene Klasse die Art der Änderung ermitteln. Die folgenden Eigenschaften werden hierfür zur Verfügung gestellt:

- *ListChangedType* enthält einen Wert der *ListChangedType*-Enumeration, der den Änderungstyp enthält (*ItemAdded, ItemDeleted, ItemChanged, ...*)
- *NewIndex* gibt den Index des neuen beziehungsweise geänderten Elements zurück
- *OldIndex* gibt den vorherigen Index des Elements an (beim Verschieben innerhalb der Liste)
- *PropertyDescriptor* gibt eine *PropertyDescriptor*-Instanz zurück, die Metadaten über die zuletzt geänderte Eigenschaft enthält

BindingList<T> können Sie sowohl in Windows Forms-, als auch in WPF-Projekten verwenden. WPF bietet darüber hinaus auch eine eigene Schnittstelle. *INotifyCollectionChanged* beziehungsweise deren Standardimplementierung *ObservableCollection<T>* bietet eine sehr ähnliche Funktionalität, konzentriert sich jedoch nur auf die Benachrichtigung von Änderungen, während *IBindingList* weitaus mehr enthält. Während Sie in WPF die Auswahl zwischen den beiden Schnittstellen haben, kennt Silverlight ausschließlich *INotifyCollectionChanged*.

Kapitel 26

Einführung in Language Integrated Query (LINQ)

In diesem Kapitel:

Wie funktioniert LINQ prinzipiell	1005
Der Aufbau einer LINQ-Abfrage	1009
Kombinieren von LINQ-Abfragen und verzögertes Ausführen von LINQ-Abfragen	1015
Verbinden mehrerer Auflistungen zu einer neuen	1020
Gruppieren von Ergebnissen	1023

Falls Sie sich in Ihrer Softwareentwicklungskarriere jemals schon mit Datenbankprogrammierung mit Microsoft-Technologien auseinandergesetzt haben, dann wissen Sie, dass alle Konzepte, die Microsoft in diesem Zusammenhang vorgestellt hat, zwar immer brauchbar, aber – das müssen wir ehrlicherweise zugeben – nie so wirklich das Gelbe vom Ei waren.

Und dabei geht oder ging es vor allen Dingen um das Fehlen einer richtigen Umsetzung eines Konzepts, das man unter dem Schlagwort O/RM kennt. O/RM steht für *Object Relational Mapping*, und dabei handelt es sich um eine Programmiertechnik, um Daten zwischen den beiden verschiedenen, eigentlich nicht kompatiblen Typsystemen »Datenbanken« und denen der objektorientierten Programmierung mehr oder weniger automatisch zu konvertieren.

In der objektorientierten Programmierung verwendet man am besten so genannte Business-Objekte, um mit Daten umzugehen. Unter *Business-Objekt* versteht man im einfachsten Fall eine simple Klasse, die keine weitere Aufgabe hat, als eine Datenentität wie eine Kontaktadresse oder einen Artikel zu speichern oder gegebenenfalls noch Plausibilitätskontrollen bei der Wertezuweisung durchzuführen – etwa wie das folgende Beispiel zeigt:

```
public class Kontakt
{
    // Membervariable(n):
    private DateTime myGeburtsdatum;

    // Selbst implementierende Eigenschaften:
    public string Nachname { get; set; }
    public string Vorname { get; set; }

    //Eigenschaften:
    public DateTime Geburstdatum
    {
        get
        { return myGeburtsdatum; }

        set
        {
            // Eigenschaftenwert nur zuweisen, wenn der Wert ein anderer ist.
            if (value != myGeburtsdatum)
            {
                // Plausibilitätskontrolle: Daten vor dem 1.1.1880 sind nicht sehr wahrscheinlich
                if (myGeburtsdatum < new DateTime(1880, 1, 1))
                    throw new ArgumentException("Unwahrscheinlich, dass der Kontakt so alt ist!");
            }
            else
                // Nur, wenn alles in Ordnung ist, Wert zuweisen.
                myGeburtsdatum = value;
        }
    }
}
```

Mehrere dieser Business-Objekt-Instanzen (Kontakte, Adressen, Artikel) legt man dann in Auflistungen ab, etwa wie in folgendem Beispiel zu sehen:

```
// Kontakte sind eine generische Liste von Kontakten.
public class Kontakte : List<Kontakt>
{
    // Gibt nur eine zusätzliche Methode: Das Sortieren nach Nachnamen.
    public void NachNachnamenSortieren()
    {
        // Die Sort-Funktion der Basis-Klasse aufrufen und mithilfe
        // einer Lambda-Funktion nach dem Nachnamen sortieren.
        base.Sort((item1, item2) => item1.Nachname.CompareTo(item2.Nachname));
    }
}
```

Datenbanken hingegen speichern ihre einzelnen Datensätze (also eine einzelne Adresse oder einen einzelnen Artikel) in Tabellen. In der Regel verwendet man dann hier, wie Sie es ja bereits an mehreren Beispielen kennengelernt haben, SQL-Abfragen, um Daten in verschiedenen Tabellen miteinander zu kombinieren, zu filtern und zu selektieren.

Die Aufgabe einer O/RM ist es nun, diese beiden Welten auf eine möglichst einfache Art und Weise miteinander zu kombinieren – denn bislang war das Aufgabe des Entwicklers, und die sah exemplarisch folgendermaßen aus: Wollte man beispielsweise die Adressen eines bestimmten Postleitzahlenbereichs aus einer SQL Server-Datenbank in einer Windows Forms-Anwendung darstellen (wobei es hier im Folgenden nicht um die konkrete Programmierung sondern nur um das grundlegende Konzept geht), war in etwa Folgendes zu tun:

- Eine Windows Forms-Anwendung baut eine Verbindung zu einer Datenbank auf. Dabei muss sie sich an bestimmte Konventionen halten und vor allem providerspezifische Klassen verwenden, um diese Verbindung herzustellen. Eine Verbindung zu SQL Server erfordert so unter .NET Framework das *SqlConnection*-Objekt, eine Verbindung zu einer Access-Datenbank, das *OleDBConnection*-Objekt und eine Verbindung zu einer Oracle-Datenbank, eben ein *OracleConnection*-Objekt.

- Dieses Objekt überträgt eine Selektierungsabfrage in Form eines *Command*-Objekts. Auch dieses *Command*-Objekt ist wieder providerspezifisch (*OleDbCommand*, *OracleCommand*, *SqlCommand*); zumal können sich die einzelnen Abfragetexte – auch wenn sie alle ANSI-SQL-basierend sind – schon ein wenig voneinander unterscheiden.[1] Um beispielsweise alle Adressen der Postleitzahlengebiete zwischen 50000 und 59999 abzufragen und die Ergebniszeilen nach Ort und Namen zu sortieren, lautet die entsprechende Abfrage:

```
SELECT [Name], [Vorname], [Strasse], [PLZ], [ORT] FROM [Adressen]
WHERE [PLZ]>='50000' AND [PLZ] <='59999'
ORDER BY [Ort], [Name]
```

- Zudem muss der SQL-String, mit dem die Abfragen oder UPDATES gesendet werden, syntaktisch korrekt formuliert werden, d.h. Sie müssen SQL »können«. Die Programmiersprache, mit der Sie arbeiten (C#, Visual Basic), hat aber keinerlei Kenntnis über die korrekte SQL-Syntax der entsprechenden Datenbank, sondern übergibt die Zeichenfolge ohne Überprüfung an die Datenbank. Sollte sich in dieser ein Fehler befinden, so tritt dieser erst zur Laufzeit auf. Die Entwicklungsumgebung, hier also das Visual Studio, hat keine Möglichkeiten, die Syntax bereits zur Entwurfszeit zu überprüfen. Ganz anders ist es aber mit C#- (oder auch Visual Basic-) Code: Schreiben Sie die Zeile

---

[1] Beispiel Datensätze löschen: In Access heißt es DELETE * FROM Tabelle WHERE..., in Oracle DELETE Tabelle WHERE... in SQL Server DELETE FROM Tabelle WHERE... (auch wenn SQL Server auch die Oracle-Syntax »kann«, da das ANSI-SQL ist).

```
dim as Integer=6-+2//8 ' Visual Basic
```

bzw.

```
int=6-+2//8; // C#
```

werden Sie natürlich schon zur Entwurfszeit, also im Moment des Schreibens darüber informiert, dass hier etwas nicht stimmen kann.

- Anschließend können die Daten aus dem, was die Datenbankabfrage zurücklieferte, feldweise ausgelesen werden. Im einfachsten Fall funktioniert das zellenweise – also nacheinander kommen beispielsweise Name des ersten Datensatzes, dann Vorname, dann Straße, dann Postleitzahl und schließlich der Ort. Weiter geht es mit Name des zweiten Datensatzes, usw. Und diese Ergebnistexte, die nacheinander vom SQL Server zurückgeliefert werden, müssen jetzt wiederum irgendwo gespeichert werden – beispielsweise in einer entsprechenden Auflistung, deren einzelne Elemente idealerweise den Schemainformationen der Datenbanktabelle entsprechen (die Eigenschaften eines Elements sollten sich also auf die einzelnen Spalten der Datenbanktabelle abbilden).

- Wenn das Programm den Anwender dann anschließend die Daten in den Business-Objekten hat verändern lassen – beispielsweise indem die Daten in einer Maske editierbar gemacht wurden – müssen sie aus den Masken zurück in die Business-Objekte und schließlich dann zurück in die Datenbank. Dazu muss das Programm alle Business-Objekte durchlaufen, schauen, ob sich die Daten dort geändert haben (dazu sollte es die Ursprungsdaten natürlich auch gespeichert haben, da es sonst ja gar nicht entscheiden kann, ob es Daten an den Business-Objekten gegeben hat), und dann für jedes Business-Objekt, das sich geändert hat, eine entsprechende SQL-INSERT- bzw. UPDATE-Anweisung generieren, damit die Daten auch in den entsprechenden Tabellen der Datenbank aktualisiert werden.

Würde man das alles manuell machen, wäre das ein ziemlicher Coding-Aufwand. Und aus diesem Grund gab es auch bisher schon entsprechende Hilfsmittel – beispielsweise DataSets – mit deren Hilfe sich der ganze Kommunikationsvorgang extrem vereinfachen ließ. Abfragen an den SQL Server waren allerdings immer noch an den SQL Server zu stellen – und das Selektieren oder Sortieren von Business-Daten im Speicher funktionierte damit völlig anders, als die eleganten SQL-Abfragen, die an die verschiedenen SQL Server gestellt wurden.

Das wird mit LINQ anders. Mit LINQ formulieren Sie Abfragen innerhalb des Quellcodes und zwar unabhängig von der benutzten Datenbank und deren spezieller Syntax. Und wenn Sie vorher durch entsprechende Einstellungen festgelegt haben, dass diese sich an eine SQL Server-Datenbank richten sollen, dann sorgt LINQ dafür, dass diese im Quelltext hinterlegte Abfrage eben SQL Server-kompatibel dort hingelangt. LINQ erlaubt es aber mit der gleichen Abfragesyntax, auch XML-Dokumente abzufragen. Oder simple Auflistungen. Oder Inhalte von DataSets.

Diese verschiedenen Dinge, gegen die Sie eine LINQ-Abfrage richten können, nennen sich LINQ-Datenprovider. SQL Server gibt es als LINQ-Datenprovider. Auflistungen (*Collections*) auch. XML kann auch ein solcher sein. Und DataSets können auch LINQ-Datenprovider sein. So gibt es nicht nur LINQ, sondern immer auch etwas, auf das sich LINQ bezieht.

Wie funktioniert LINQ prinzipiell

LINQ erweitert die .NET-Sprachen um Abfrageausdrücke. Was dabei genau abgefragt wird, ist Sache des jeweiligen LINQ-Providers – das haben wir im vergangenen Abschnitt schon erfahren. Das *Wie* ist dabei aber eher entscheidend, denn es ist für alle LINQ-fähigen Datenquellen (Objects, XML, SQL etc.) gleich.

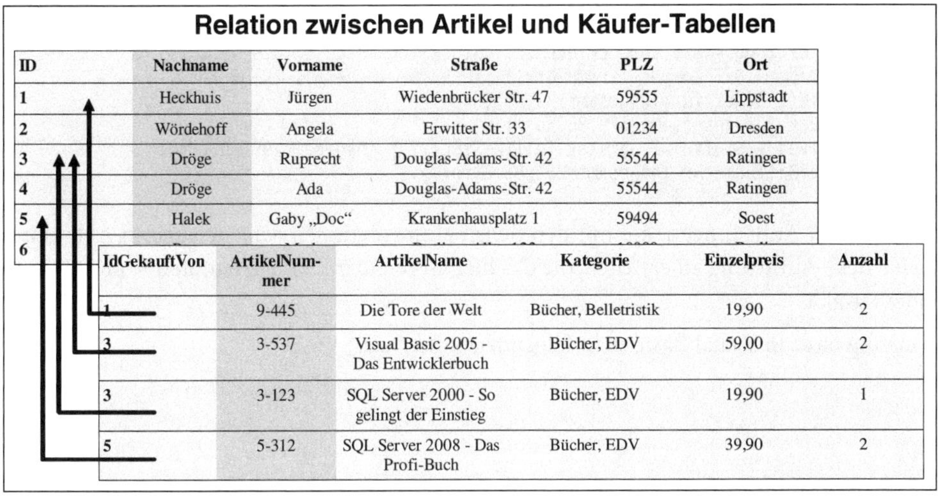

Relation zwischen Artikel und Käufer-Tabellen

ID	Nachname	Vorname	Straße	PLZ	Ort
1	Heckhuis	Jürgen	Wiedenbrücker Str. 47	59555	Lippstadt
2	Wördehoff	Angela	Erwitter Str. 33	01234	Dresden
3	Dröge	Ruprecht	Douglas-Adams-Str. 42	55544	Ratingen
4	Dröge	Ada	Douglas-Adams-Str. 42	55544	Ratingen
5	Halek	Gaby „Doc"	Krankenhausplatz 1	59494	Soest
6					

IdGekauftVon	ArtikelNummer	ArtikelName	Kategorie	Einzelpreis	Anzahl
1	9-445	Die Tore der Welt	Bücher, Belletristik	19,90	2
3	3-537	Visual Basic 2005 - Das Entwicklerbuch	Bücher, EDV	59,00	2
3	3-123	SQL Server 2000 - So gelingt der Einstieg	Bücher, EDV	19,90	1
5	5-312	SQL Server 2008 - Das Profi-Buch	Bücher, EDV	39,90	2

Abbildung 26.1 Das LINQ-Beispielprogramm legt zwei Tabellen an, die nur logisch über die Spalten-ID miteinander verknüpft sind

Das Beispielprogramm definiert ferner eine zweite Tabelle, die Daten mit gekauften Artikeln enthält. In dieser Tabelle ist jedoch der Name des Käufers nicht mehr enthalten; stattdessen gibt es nur eine ID in der Gekaufte-Artikel-Tabelle, mit der man in der ersten nachschlagen und so die eigentlichen Käuferdaten ermitteln kann.

Und jetzt kommt das eigentliche Problem bzw. die eigentliche Aufgabe: Das Programm soll die Daten so aufbereiten, dass die Kunden nicht nur nacheinander nach Nachnamen sortiert angezeigt werden; das Programm soll ebenfalls ermitteln, welcher Kunde wie viel Umsatz gemacht hat, und es soll die gekauften Artikel untereinander auflisten. Dabei soll es aber nur die Kunden berücksichtigen, die mehr als 1.000 Euro erzielt haben und in einem definierten Postleitzahlgebiet wohnen, etwa wie folgt:

```
 5: Lehnert, Theo - 11 Artikel zu insgesamt 1064,10 Euro
    Details:
    1-234: Das Leben des Brian(3 Stück für insgesamt 254,85 Euro)
    1-234: Das Leben des Brian(1 Stück für insgesamt 14,95 Euro)
    3-123: Das Vermächtnis der Tempelritter(1 Stück für insgesamt 29,95 Euro)
    3-537: Visual Basic 2005 - Das Entwicklerbuch(2 Stück für insgesamt 169,90 Euro)
    3-537: Visual Basic 2005 - Das Entwicklerbuch(1 Stück für insgesamt 89,95 Euro)
    5-506: Visual Basic 2008 - Das Entwicklerbuch(1 Stück für insgesamt 79,95 Euro)
    5-518: Visual Basic 2008 - Neue Technologien - Crashkurs(1 Stück für insgesamt 4,95 Euro)
    7-321: Das Herz der Hölle(2 Stück für insgesamt 99,90 Euro)
    9-009: Die Wächter(2 Stück für insgesamt 39,90 Euro)
    9-009: Die Wächter(3 Stück für insgesamt 254,85 Euro)
    9-646: Was diese Frau so alles treibt(1 Stück für insgesamt 24,95 Euro)
10: Weigel, Momo - 14 Artikel zu insgesamt 1118,70 Euro
```

```
Details:
 4-444: Harry Potter und die Heiligtümer des Todes(1 Stück für insgesamt 34,95 Euro)
 1-234: Das Leben des Brian(1 Stück für insgesamt 49,95 Euro)
 2-424: 24 - Season 6 [UK Import - Damn It!](2 Stück für insgesamt 89,90 Euro)
 2-424: 24 - Season 6 [UK Import - Damn It!](3 Stück für insgesamt 74,85 Euro)
 2-424: 24 - Season 6 [UK Import - Damn It!](1 Stück für insgesamt 4,95 Euro)
 3-534: Mitten ins Herz(3 Stück für insgesamt 59,85 Euro)
 3-537: Visual Basic 2005 - Das Entwicklerbuch(3 Stück für insgesamt 74,85 Euro)
 3-543: Microsoft Visual C# 2005 - Das Entwicklerbuch(1 Stück für insgesamt 44,95 Euro)
 3-543: Microsoft Visual C# 2005 - Das Entwicklerbuch(1 Stück für insgesamt 29,95 Euro)
 5-401: Programmieren mit dem .NET Compact Framework(1 Stück für insgesamt 29,95 Euro)
 7-321: Das Herz der Hölle(1 Stück für insgesamt 89,95 Euro)
 9-009: Die Wächter(3 Stück für insgesamt 179,85 Euro)
 9-423: Desperate Housewives - Staffel 2, Erster Teil(2 Stück für insgesamt 99,90 Euro)
 9-445: Die Tore der Welt(3 Stück für insgesamt 254,85 Euro)
```

LINQ ermöglicht es, aus zwei Auflistungen, die mit den Schemainformationen, wie sie auch in Abbildung 26.1 zu sehen sind, *eine* neue Auflistung zu erstellen, die das hier Gezeigte mit den genannten Konventionen einfach hintereinander ausgibt.

Das entsprechende Listing dazu in Visual Basic sieht folgendermaßen aus:

```vb
Module LinqDemo

    Sub Main()

        Dim adrListe = Kontakt.ZufallsKontakte(10)
        Dim artListe = Artikel.Zufallsartikel(adrListe)

        Dim adrListeGruppiert = From adrElement In adrListe _
                                Join artElement In artListe _
                                On adrElement.ID Equals artElement.IDGekauftVon _
                                Select adrElement.ID, adrElement.Nachname, _
                                    adrElement.Vorname, adrElement.PLZ, _
                                    artElement.ArtikelNummer, artElement.ArtikelName, _
                                    artElement.Anzahl, artElement.Einzelpreis, _
                                    Postenpreis = artElement.Anzahl * artElement.Einzelpreis _
                                Order By Nachname, ArtikelNummer _
                                Where (PLZ > "0" And PLZ < "50000") _
                                Group ArtikelNummer, ArtikelName, _
                                    Anzahl, Einzelpreis, Postenpreis _
                                By ID, Nachname, Vorname _
                                Into Artikelliste = Group, AnzahlArtikel = Count(), _
                                    Gesamtpreis = Sum(Postenpreis) _
                                Where Gesamtpreis > 1000

        For Each KundenItem In adrListeGruppiert
            With KundenItem
                Console.WriteLine(.ID & ": " & .Nachname & ", " & .Vorname & " - " & _
                    .AnzahlArtikel & " Artikel zu insgesamt " & .Gesamtpreis & " Euro")
                Console.WriteLine("    Details:")
                For Each ArtItem In KundenItem.Artikelliste
                    With ArtItem
                        Console.WriteLine("     " & .ArtikelNummer & ": " & .ArtikelName & _
                            "(" & .Anzahl & " Stück für insgesamt " _
                            & (.Einzelpreis * .Anzahl).ToString("#,##0.00") & " Euro)")
                    End With
                Next
            End With
        Next
```

```
            Console.ReadKey()
        End Sub
End Module
```

In C# ist die Sache ein wenig komplizierter, da, man muss es leider sagen, der Visual Basic-Compiler im Vergleich zu C# beim Zulassen von komplexen LINQ-Abfragen sehr viel flexibler und vielseitiger ist. In C# benötigt man Erweiterungsmethoden und Lambda-Ausdrücke:

```csharp
using System;
using System.Collections.Generic;
using System.Linq;
using System.Text;

namespace EinfuehrungLinq
{
    class Program
    {
        static void Main(string[] args)
        {
            var adrListe = Daten.Kontakt.ZufallsKontakte(100);
            var artListe = Daten.Artikel.Zufallsartikel(adrListe);

            var adrListeGruppiert = (from adrElement in adrListe
                                     join artElement in artListe on adrElement.ID
                                     equals artElement.IDGekauftVon
                                     select new
                                     {
                                         adrElement.ID,
                                         adrElement.Nachname,
                                         adrElement.Vorname,
                                         adrElement.PLZ,
                                         artElement.ArtikelNummer,
                                         artElement.ArtikelName,
                                         artElement.Anzahl,
                                         artElement.Einzelpreis,
                                         Postenpreis = artElement.Anzahl * artElement.Einzelpreis
                                     }).
                                        OrderBy(o => o.Nachname).ThenBy(o1 => o1.ArtikelNummer).
                                        Where(w => ((w.PLZ.CompareTo("0")==1) &&
                                            (w.PLZ.CompareTo("50000")==-1))).
                                        GroupBy(g => new { g.ID, g.Nachname, g.Vorname }).
                                        Select(s => new
                                        {
                                            ID = s.Key.ID,
                                            Nachname = s.Key.Nachname,
                                            Vorname = s.Key.Vorname,
                                            Artikelliste = s.ToArray(),
                                            AnzahlArtikel = s.Count(),
                                            Gesamtpreis = s.Sum(p => p.Postenpreis)
                                        });
```

```csharp
            foreach (var KundenItem in adrListeGruppiert)
            {
                Console.WriteLine(KundenItem.ID.ToString() + ": " +
                                  KundenItem.Nachname + ", " + KundenItem.Vorname + " - " +
                                  KundenItem.AnzahlArtikel + " Artikel zu insgesamt " +
                                  KundenItem.Gesamtpreis + " Euro");

                Console.WriteLine("    Details:");
                foreach (var ArtItem in KundenItem.Artikelliste)
                {
                    Console.WriteLine("    " + ArtItem.ArtikelNummer + ": " + ArtItem.ArtikelName +
                                      "(" +
                                      ArtItem.Anzahl + " Stück für insgesamt " +
                                      (ArtItem.Einzelpreis * ArtItem.Anzahl).ToString("#,##0.00") +
                                      " Euro)");
                }
            }
            Console.ReadKey();
        }
    }
}
```

Wenn Sie sich diese Listings anschauen, dann geht es Ihnen wahrscheinlich wie jedem, der sich das erste Mal mit SQL-Abfragen oder – wie hier im Beispiel von LINQ – mit an SQL angelehnten Abfragen beschäftigt, und es stellen sich Ihnen zwei Fragen:

- Wie formuliere ich eine Abfrage, um genau das Datenresultat zu bekommen, das ich mir vorstelle?
- Wie funktioniert LINQ, und wie gliedert der Compiler die LINQ-Abfrage in das Klassenkonzept und die Sprachelemente von .NET Framework ein? Wie »baut« er also einen LINQ-Ausdruck so um, dass er einer Reihe von Methodenaufrufen entspricht?

Wir beginnen mit der Beantwortung der letzten Frage, denn die erste wird sich automatisch erledigen, wenn Sie verstanden haben, wie der Compiler diese Art von Abfragen verarbeitet und was im Grunde genommen dabei passiert.

Intern lebt LINQ und leben LINQ-Abfragen von Lambda-Ausdrücken. In Visual Basic sind Sie auf diese vielfach nicht angewiesen, wenn Sie mit LINQ arbeiten – in C# schon, gerade wenn Sie komplexe Abfragen wie das Selektieren und Gruppieren in einem Ausdruck kombinieren möchten.

Und um zu verstehen, wie LINQ funktioniert, sollten Sie Lambda-Ausdrücke, Generics, Auflistungen als solches und gerade auch generische Auflistungen verstanden haben.

Dabei sollten Sie im Auge behalten, dass LINQ für seine Ausdrücke eine Syntax benutzt, die zwar reservierte Worte der SQL Sprache benutzt (*Select*, *From* etc.) aber nicht SQL ist – auch kein SQL-Dialekt! Und auch die Logik, die Art und Weise, wie Abfragen formuliert werden, weicht spätestens bei komplexen Abfragen doch sehr stark von SQL ab.

Der Aufbau einer LINQ-Abfrage

LINQ-Abfragen beginnen stets[2] mit der Syntax

```
from bereichsVariable in DatenAuflistung
```

Das ist deutlich anders als das, was wir von T-SQL-Abfragen kennen, hat aber einen Hintergrund, den Lisa Feigenbaum, Product Manager bei Microsoft im Compiler Team, zu erklären weiß:

»*From*« *deutet auf Quelle oder Ursprungsort hin. Der From-Ausdruck als solcher ist die Stelle, an der man die Abfragequelle bestimmt (beispielsweise den Datenkontext, eine Auflistung im Speicher, XML etc.). Aus diesem Grund fanden wir diesen Terminus als angemessen. Darüber hinaus handelt es sich bei »From« auch um ein SQL-Schlüsselwort. Wir haben uns bei LINQ um größtmöglichen SQL-Erhalt bemüht, sodass LINQ-Neueinsteiger, die bereits über SQL-Erfahrung verfügten, die Ähnlichkeit bereits »erfühlen« konnten.*

Ein interessanter Unterschied zwischen LINQ und SQL, den wir jedoch einbauen mussten, ist die Reihenfolge [der Elemente] innerhalb des Abfrageausdrucks. Bei SQL steht Select vor From. In LINQ ist es genau umgekehrt.

Einer der großen Vorteile von LINQ ist, dass man mit verschiedenen Datenquellen in einem gemeinsamen Modell arbeiten kann. Innerhalb einer Abfrage arbeitet man nur mit Objekten, und wir können IntelliSense für diese Objekte zur Verfügung stellen. Der Grund dafür, dass wir From als erstes benötigen, ist, dass wir als erstes wissen müssen, von woher die Quelle stammt, über die wir die Abfrage durchführen, bevor wir die IntelliSense-Information zur Verfügung stellen können.[3]

Sprachlich zu verstehen ist *from* also im Kontext des gesamten ersten Abfrageteilausdrucks – also quasi *from (bereichsVariable in Auflistung)* – und bezieht sich nicht nur auf die Bereichsvariable, die hinter *from* steht. Und nachdem dieser Ausdruck nun auch sprachlich geklärt ist, fassen wir zusammen:

from leitet eine LINQ-Abfrage ein, und er bedeutet ins »menschliche« übersetzt: »Hier, laufe mal bitte durch alle Elemente, die hinter dem Schlüsselwort *In* stehen, und verwende die Bereichsvariable hinter *from*, um mit deren Eigenschaften bestimmen zu können, wie die Daten der Auflistung selektiert, sortiert, gruppiert und dabei in eine neue Elementliste (mit – bei Bedarf – Instanzen anderer Elementklassen) überführt werden können.

> **WICHTIG** Wichtig für die Profi-T-SQL-ler unter Ihnen ist übrigens: LINQ-Abfragen beginnen *niemals* mit *Select* (in Visual Basic müssen sie noch nicht einmal ein Select aufweisen, in C# ist das *select*-Schlüsselwort *zwingend* erforderlich!)

> **HINWEIS** In Visual Basic beginnen Sprach-Schlüsselwörter in der Regel mit einem großen Buchstaben, in C# mit einem kleinen. Das gilt für LINQ-Schlüsselwörter gleichermaßen. Da die Groß-/Kleinschreibung in Visual Basic keine Rolle spielt, und die Schlüsselwörter nach dem Parsen ohnehin entsprechend formatiert werden, beziehen sich die Texte im Folgenden auf die C#-Schreibweise, Sie finden sie also klein geschrieben.

---

[2] Ausnahmen bilden reine Aggregat-Abfragen, die auch mit der Klausel `Aggregate` beginnen.
[3] Quelle: Lisa Feigenbaum in einer E-Mail vom 01.02.2008.

Lassen Sie uns zunächst das folgende Listing des Beispielprogramms anschauen. Zunächst wieder die Visual Basic-Version:

```vb
Sub LINQAbfragenAufbau()

    Console.WriteLine("Ergebnisliste 1:")
    Console.WriteLine("----------------")

    Dim ergebnisListe = From adrElement In adrListe _
                    Order By adrElement.Nachname, adrElement.Vorname _
                    Select KontaktId = adrElement.ID, _
                            adrElement.Nachname, _
                            adrElement.Vorname, _
                            PlzOrtKombi = adrElement.PLZ & " " & adrElement.Ort _
                    Where KontaktId > 50 And KontaktId < 100 And _
                            Nachname Like "L*"

    For Each ergebnisItem In ergebnisListe
        With ergebnisItem
            Console.WriteLine(.KontaktId & ": " & _
                            .Nachname & ", " & .Vorname & _
                            " - " & .PlzOrtKombi)
        End With
    Next

    Console.WriteLine()
    Console.WriteLine("Ergebnisliste 2:")
    Console.WriteLine("----------------")


    Dim ergebnisListe2 = From adrElement In adrListe _
                Where adrElement.ID > 50 And adrElement.ID < 100 And _
                        adrElement.Nachname Like "L*" _
                Select KontaktId = adrElement.ID, _
                        adrElement.Nachname, _
                        adrElement.Vorname, _
                        PlzOrtKombi = adrElement.PLZ & " " & adrElement.Ort _
                Order By Nachname, Vorname

    For Each ergebnisItem In ergebnisListe2
        With ergebnisItem
            Console.WriteLine(.KontaktId & ": " & _
                            .Nachname & ", " & .Vorname & _
                            " - " & .PlzOrtKombi)
        End With
    Next
End Sub
```

Und das Äquivalent in C#:

```csharp
static void LINQAbfragenAufbau()
{
    Console.WriteLine("Ergebnisliste 1:");
    Console.WriteLine("--------------------------------");
```

Der Aufbau einer LINQ-Abfrage

```csharp
        var ergebnisliste = from adrElement in adrListe
                            orderby adrElement.Nachname, adrElement.Vorname
                            where adrElement.ID>50 && adrElement.ID < 100 &&
                              adrElement.Nachname.ToUpper().StartsWith("L") // 'Like' gibt's nicht
                            select new
                            {
                                KontaktId = adrElement.ID,
                                adrElement.Nachname,
                                adrElement.Vorname,
                                PLZOrtKombi = adrElement.PLZ + " " + adrElement.Ort
                            };

    foreach (var ergebnisItem in ergebnisliste)
    {
        Console.WriteLine(ergebnisItem.KontaktId + ": " +
            ergebnisItem.Nachname + ", " +
            ergebnisItem.Vorname + " - " +
            ergebnisItem.PLZOrtKombi);
    }

    Console.WriteLine();
    Console.WriteLine("Ergebnisliste 2: ");
    Console.WriteLine("-------------------------------");

    var ergebnisliste2 = from adrElement in adrListe
                         where adrElement.ID > 50 && adrElement.ID <100 &&
                             adrElement.Nachname.ToUpper().StartsWith("L") // 'Like' gibt's nicht
                         orderby adrElement.Nachname, adrElement.Vorname
                         select new
                         {
                             KontaktId = adrElement.ID,
                             adrElement.Nachname,
                             adrElement.Vorname,
                             PLZOrtKombi = adrElement.PLZ + " " + adrElement.Ort
                         };

    foreach (var ergebnisItem in ergebnisliste2)
    {
        Console.WriteLine(ergebnisItem.KontaktId + ": " +
            ergebnisItem.Nachname + ", " +
            ergebnisItem.Vorname + " - " +
            ergebnisItem.PLZOrtKombi);
    }

    Console.ReadKey();
} // end LINQAbfragen Aufbau
```

HINWEIS   So ganz wie in Visual Basic funktioniert die Abfrage in C# leider nicht, denn C# kennt leider, anders als Visual Basic, keinen *Like*-Vergleichsoperator für Zeichenfolge. Der Einfachheit halber ersetzen wir den *Like*-Operator in der obigen Abfrage durch die String-Methode *StartsWith*, die in unserem Fall zum gleichen Ziel führt. In der Praxis würden Sie sich hier ersatzweise regulärer Ausdrücke bedienen.

Sie sehen, dass sich die Abfragen syntaktisch und damit auf den ersten Blick schon einmal gar nicht gleichen. Und dennoch, wenn Sie das Beispiel starten, so sehen Sie ein Ergebnis etwa wie im folgenden Bildschirmauszug...

```
Ergebnisliste 1:
----------------
81: Langenbach, Barbara - 78657 Wiesbaden
76: Langenbach, Klaus - 61745 Dortmund
54: Lehnert, Katrin - 82730 Wiesbaden
96: Löffelmann, Barbara - 63122 Rheda
68: Löffelmann, Gabriele - 54172 Bad Waldliesborn

Ergebnisliste 2:
----------------
81: Langenbach, Barbara - 78657 Wiesbaden
76: Langenbach, Klaus - 61745 Dortmund
54: Lehnert, Katrin - 82730 Wiesbaden
96: Löffelmann, Barbara - 63122 Rheda
68: Löffelmann, Gabriele - 54172 Bad Waldliesborn
```

... und obwohl diese Liste laut Codelisting mal definitiv auf zwei verschiedenen Ereignisauflistungen beruht, die aus zwei verschiedenen Abfragen entstanden sind, ist das Ergebnis dennoch augenscheinlich dasselbe. Zufall? Keinesfalls – im Gegenteil, pure Absicht.

Nun lassen Sie uns mal beide Abfragen auseinandernehmen und dabei schauen, wieso so unterschiedlich Formuliertes dennoch zum gleichen Ergebnis führen kann. Los geht's:

- Die erste Abfrage startet, wie jede LINQ-Abfrage, mit der *from*-Klausel, und diese definiert *adrElement* als *Bereichsvariable* für alle kommenden Parameter bis, so vorhanden, zum ersten *Select*. Die Bereichsvariable ist also bis zum ersten *Select*-Befehl die Variable, mit der quasi intern durch die komplette Auflistung hindurch iteriert wird, und an der damit auch die Eigenschaften bzw. öffentlichen Felder der Auflistungselemente »hängen«.

- Es folgt hier im Beispiel (aber natürlich nicht notwendigerweise) die Sortieranweisung *orderby* (*Order By* in Visual Basic), der die Felder bzw. Eigenschaften, nach denen die Elemente der Auflistung sortiert werden sollen, als Argumente über die Bereichsvariable übergeben werden: das sind in diesem Beispiel *adrElement.Nachname* und *adrElement.Vorname*. Die Bereichsvariable dient also dazu, auf die Eigenschaften zuzugreifen, über die durch die *orderby*-Klausel festgelegt werden kann, nach welchen Feldern sortiert wird.

> **TIPP** Wenn nichts anderes gesagt wird, sortiert *orderby (Order By* in Visual Basic) *aufsteigend*. Durch die Angabe des Schlüsselworts *descending* können Sie den Sortierausdruck abändern, sodass die Elementauflistung *absteigend* sortiert wird. Wollte man – um beim Beispiel zu bleiben – die erste Liste nach Namen aufsteigend und nach Vornamen absteigend sortieren, hieße der LINQ-Abfrageausdruck in Visual Basic folgendermaßen:

```
Dim ergebnisListe = From adrElement In adrListe _
                    Order By adrElement.Nachname, adrElement.Vorname Descending _
                    Select KontaktId = adrElement.ID, _
                           adrElement.Nachname, _
                           adrElement.Vorname, _
                           PlzOrtKombi = adrElement.PLZ & " " & adrElement.Ort _
                    Where KontaktId > 50 And KontaktId < 100 And _
                          Nachname Like "L*"
```

Der Aufbau einer LINQ-Abfrage

Das Äquivalent in C#:

```
var ergebnisliste = from adrElement in adrListe
                    orderby adrElement.Nachname, adrElement.Vorname descending
                    where adrElement.ID>50 && adrElement.ID < 100 &&
                      adrElement.Nachname.ToUpper().StartsWith("L") // 'Like' gibt's nicht
                    select new
                    {
                        KontaktId = adrElement.ID,
                        adrElement.Nachname,
                        adrElement.Vorname,
                        PLZOrtKombi = adrElement.PLZ + " " + adrElement.Ort
                    };
```

- Jetzt folgt im Visual Basic-Beispiel ein *select*, und mithilfe der Select-Anweisung bestimmen Sie im Prinzip das Schema der zurückgelieferten Auflistung.

HINWEIS *Select* bestimmt das Schema der zurückgelieferten Auflistung. Bei der einfachsten denkbaren Abfrage würden also

```
Dim einfacheAbfrage = From adrElement In adrListe _
                      Select adrElement
```

bzw. in C#

```
var einfacheAbfrage = from adrElement in adrListe
                      select adrElement;
```

die Elemente der Ergebnisliste das gleiche Schema aufweisen wie die Elemente der Ausgangsliste – in unserem Beispiel also die Elemente in *adrListe* und die sind vom Typ *Kontakt*.

In Visual Basic ist *Select* optional, und das heißt, dass bei fehlendem *Select* in einem LINQ-Ausdruck automatisch das Schema angenommen wird, das durch die Ausgangselementliste (oder Listen bei kombinierten oder *Join*-Abfragen) bestimmt wird. In Visual Basic ist also im Grunde genommen der folgende Ausdruck der einfachste Denkbare:

```
Dim einfacheAbfrage = From adrElement In adrListe
```

In C# ist *select* nicht optional – jede LINQ-Abfrage in C# muss mit *select* abgeschlossen werden! Visual Basic lässt sich, wie hier zu sehen, dadurch flexibler einsetzen. Da nach einem *Select* nicht Schluss ist, können Sie weitere LINQ-Schlüsselwörter auch nach dem Einsatz von *Select* verwenden, wie im Visual Basic-Beispiel zu sehen. Die beiden C#-Beispiele erlauben das Variieren des Abfrageausdrucks nur bis zum *select*.

- Nachdem wir nun in der Visual Basic-Version das *Select* hinter uns gelassen und dem Compiler damit mitgeteilt haben, dass wir nur noch mit *KontaktId*, *Nachname*, *Vorname* und einem *PlzOrtKombi*-Feld weitermachen wollen, können sich weitere LINQ-Abfrageelemente auch nur noch auf diese, durch *Select* neu eingeführte anonyme Klasse beziehen – dementsprechend würde hinter der *Where*-Klausel ein *adrElement.Id* als Argument nicht mehr funktionieren; *Select* hat *adrElement* der Auflistung schließlich durch Instanzen einer anonymen Klasse ersetzt, und die haben nur noch die Eigenschaft *KontaktID*. *Where* dient jetzt dazu, die neue Auflistung mit den Elementen der anonymen Klasse zu filtern: nur Elemente mit *KontaktID > 50* und *KontaktID < 100* sind mit von der Partie, so wie die Elemente, deren Nachname mit »L« beginnt.

> **HINWEIS** *select* erlaubt es, wie hier in den Beispielen für beide Sprachen zu sehen, auch ein ganz neues Schema für die Elemente der Ergebnisliste zu definieren. In diesem Fall wird durch *select* ein so genannter *anonymer Typ* definiert, der über die Eigenschaften verfügt, die durch die Schemabeschreibung im *select*-Schlüsselwort angegeben wurden. Auch hier ist Visual Basic wieder flexibler als C#: In C# darf bei der Definition einer anonymen Klasse das Schlüsselwort *new* nicht fehlen, die Schemainfos müssen in geschweiften Klammern stehen; in Visual Basic schreiben Sie das neue Schema einfach kommagetrennt ohne irgendwelche zusätzlichen Konventionen oder schnörkelige Klammern, von denen man auf einer Tastatur mit deutschem Layout eh nur Sehnenscheidenentzündungen davon trägt, einfach hintereinander weg.

Damit ist die erste Abfrage durch. Und jetzt schauen wir uns die zweite an.

- Hier geht es nach der obligatorischen Festlegung von Auflistung und Bereichsvariable, die als Elementiterator dienen soll, zunächst los mit der *where*-Klausel, die die Elemente auf jene IDs einschränkt, die größer als 50 und kleiner als 100 sind. Die Einschränkung wird dann noch weitergeführt, nämlich auf Nachnamen, die mit dem Buchstaben »L« beginnen. Hier kann *where* direkt auf die Eigenschaften zurückgreifen, die über die Bereichsvariable erreichbar sind, denn sie entsprechen einem Element der Ausgangsauflistung.

- Und anschließend trennen sich dann wieder die Wege der Beispiele in C# und Visual Basic. Da in C# *select* zum Schluss stehen muss, variiert die zweite Abfrage die erste nur begrenzt – eine Schemaänderung, nach der anschließend sortiert werden soll, ist hier mit reinen LINQ-Anweisungen nicht möglich, da *Select* als letztes stehen muss. In Visual Basic geht das ohne Probleme, hier folgt das *Order By* nach dem *Select*, und es verwendet jetzt natürlich die geänderten Schemainformationen zum Bestimmen, nach welchen Eigenschaften der Liste sortiert werden soll.

> **TIPP** Die einzige Möglichkeit, das gegebene Visual Basic-Beispiel wirklich 1:1 in C# zu adaptieren, bestünde darin, zwei *from*-Ausdrücke zu kombinieren. Im ersten würde dann die *where*-Klausel sowie die Schemaänderung stattfinden, die zweite *from*-Klausel würde dann diese Ergebnismenge abfragen und die Sortierung vornehmen. Das Ganze sähe dann folgendermaßen aus:

```
var ergebnisliste = from adrElement2 in (from adrElement in adrListe
                    where adrElement.ID > 50 && adrElement.ID < 100 &&
                        adrElement.Nachname.ToUpper().StartsWith("L")
                    select new
                    {
                        KontaktId = adrElement.ID,
                        adrElement.Nachname,
                        adrElement.Vorname,
                        PLZOrtKombi = adrElement.PLZ + " " + adrElement.Ort
                    })
                    orderby adrElement2.Nachname, adrElement2.Vorname descending
                    select adrElement2;
```

Aber welches der Beispiele in gleich welcher Sprache Sie auch laufen lassen, Sie werden eines feststellen: Auch wenn die Ausführungsreihenfolge der LINQ-Abfragen unterschiedlich ist, letzten Endes führen hier alle Wege zum gewünschten Ergebnis. Wichtig zu wissen ist, dass die einzelnen LINQ-Schlüsselworte intern in entsprechenden Extender-Methoden umgesetzt werden, die die eigentlichen Filter-, Sortierungs- sowie Gruppierungsfunktionalitäten bereitstellen. Und so wird aus der Abfrage

```
Dim einfacheAbfrage = From adrElement In adrListe _
                      Where adrElement.ID > 50 _
                      Order By adrElement.Nachname, adrElement.Vorname
```

vereinfacht ausgedrückt eine Kaskade aus Erweiterungsmethoden, die über die *IEnumerable*-Schnittstelle für jede Auflistung definiert sind, die eben diese Schnittstelle implementieren:

```
Dim einfacheAbfrage = adrListe.Where(Function(item) item.ID > 50).OrderBy( _
                        Function(item) item.Nachname).ThenBy( _
                        Function(item) item.Vorname)
```

Kombinieren von LINQ-Abfragen und verzögertes Ausführen von LINQ-Abfragen

LINQ-Abfragen werden immer verzögert ausgeführt, die Überschrift könnte also insofern in die Irre führen, als dass sie impliziert, der Entwickler, der sich LINQ-Abfragen bedient, hätte eine Wahl. Er hat sie nämlich nicht.

Wann immer Sie eine Abfrage definieren, und sei sie, wie die folgende ...

```
Dim adrListeGruppiert = From adrElement In adrListe _
                        Join artElement In artListe _
                        On adrElement.ID Equals artElement.IDGekauftVon _
                        Select adrElement.ID, adrElement.Nachname, _
                               adrElement.Vorname, adrElement.PLZ, _
                               artElement.ArtikelNummer, artElement.ArtikelName, _
                               artElement.Anzahl, artElement.Einzelpreis, _
                               Postenpreis = artElement.Anzahl * artElement.Einzelpreis _
                        Order By Nachname, ArtikelNummer _
                        Where (PLZ > "0" And PLZ < "50000") _
                        Group ArtikelNummer, ArtikelName, _
                              Anzahl, Einzelpreis, Postenpreis _
                        By ID, Nachname, Vorname _
                        Into Artikelliste = Group, AnzahlArtikel = Count(), _
                             Gesamtpreis = Sum(Postenpreis)
```

... noch so lang; die Abfragen selbst werden nicht zum Zeitpunkt ihrer Definition ausgeführt. Im Gegenteil: In *adrListeGruppiert* wird – um bei diesem Beispiel zu bleiben – im Prinzip ein *Ausführungsbaum (Expression Tree)* generiert, also eine Liste der Methoden, die nacheinander ausgeführt werden, sobald ein Element aus der (noch zu generierenden!) Ergebnisliste abgerufen wird, oder Eigenschaften bzw. Funktionen der Ergebnisliste abgerufen werden, die in unmittelbarem Zusammenhang mit der Ergebnisliste selbst stehen – wie beispielsweise die *Count*-Eigenschaft.

Und es wird noch besser: Verschiedene LINQ-Abfragen lassen sich so nacheinander »aufreihen«, wie das folgende Beispiel eindrucksvoll zeigt.

HINWEIS Achten Sie beim Einrichten dieses Beispiels darauf, die ersten Zeilen des Beispielprojekts folgendermaßen abzuändern:

```
Module LinqDemo

    Private adrListe As List(Of Kontakt) = Kontakt.ZufallsKontakte(500000)
    Private artListe As List(Of Artikel) '= Artikel.Zufallsartikel(adrListe)
 ·
 ·
 ·
```

Bzw. in der C#-Version:

```csharp
class Program
{
    static List<Daten.Kontakt> adrListe = Daten.Kontakt.ZufallsKontakte(500000);
    static List<Daten.Artikel> artListe; // = Daten.Artikel.Zufallsartikel(adrListe);
```

Achten Sie auch darauf, diese Zeilen für die anderen Beispiele später wieder zurückzubauen!

```vb
Sub SerialLinqsCompare()

    Dim hsp As New HighSpeedTimeGauge
    Console.WriteLine("Starte Test")
    hsp.Start()
    Dim ergebnisListe = From adrElement In adrListe _
                        Order By adrElement.Nachname, adrElement.Vorname

    Dim ergebnisListe2 = From adrElement In ergebnisListe _
                         Where adrElement.Nachname Like "L*"

    ergebnisListe2 = From adrElement In ergebnisListe2 _
                     Where adrElement.ID > 50 And adrElement.ID < 200

    Dim erstcAnzahl = ergebnisListe2.Count
    hsp.Stop()
    Dim dauer1 = hsp.DurationInMilliSeconds

    hsp.Reset()
    hsp.Start()
    Dim ergebnisListe3 = From adrElement In adrListe _
                         Order By adrElement.Nachname, adrElement.Vorname _
                         Where adrElement.Nachname Like "L*" And _
                         adrElement.ID > 50 And adrElement.ID < 200
    Dim zweiteAnzahl = ergebnisListe3.Count
    hsp.Stop()
    Dim dauer2 = hsp.DurationInMilliSeconds

    Console.WriteLine("Abfragedauer serielle Abfrage: " & dauer1 & " für " & ersteAnzahl & " 
            Ergebniselemente.")
    Console.WriteLine("Abfragedauer kombinierte Abfrage: " & dauer2 & " für " & zweiteAnzahl & " 
            Ergebniselemente.")
End Sub
```

Hier die C#-Version des gleichen Beispiels:

```csharp
static void SerialLinqsCompare()
{
        HighSpeedtimeGauge hsp =new HighSpeedtimeGauge();
        Console.WriteLine("Starte Test");
        hsp.Start();

        var ergebnisliste= from adrElement in adrListe
                           orderby adrElement.Nachname, adrElement.Vorname
                           select adrElement;
```

```
        var ergebnisliste2 = from adrElement in ergebnisliste
                             where adrElement.Nachname.StartsWith("L")
                             select adrElement;

        ergebnisliste2 = from adrElement in ergebnisliste2
                         where adrElement.ID > 50 && adrElement.ID < 200
                         select adrElement;

        int ersteAnzahl= ergebnisliste2.Count();
        hsp.Stop();
        var dauer1 = hsp.DurationInMilliSeconds;

        hsp.Reset();
        hsp.Start();
        var ergebnisliste3 = from adrElement in adrListe
                             orderby adrElement.Nachname, adrElement.Vorname
                             where adrElement.Nachname.StartsWith("L")
                                   && adrElement.ID > 50 && adrElement.ID < 200
                             select adrElement;

        int zweiteAnzahl = ergebnisliste3.Count();
        hsp.Stop();

        var dauer2 = hsp.DurationInMilliSeconds;

        Console.WriteLine("Abfragedauer serielle Abfrage : " + dauer1 + " für " + ersteAnzahl +
                          " Ergebniselemente.");
        Console.WriteLine("Abfragedauer kombinierte Abfrage : " + dauer2 + " für " + zweiteAnzahl +
                          " Ergebniselemente.");
        Console.WriteLine("Elemente der seriellen Abfrage: " + ergebnisliste2.Count());

        Console.ReadKey();
    }//end SerialLinqsCompare
```

Der zweite, in Fettschrift markierte Block entspricht im Grunde genommen dem ersten, nur dass hier Abfragen hintereinandergeschaltet, aber eben nicht ausgeführt werden. Die eigentliche Ausführung findet statt, wenn auf die zu entstehende Elementauflistung zugegriffen wird – im Beispiel also die *Count*-Eigenschaft der »Auflistung« abgerufen wird, die die Anzahl der Elemente nur dann zurückgeben kann, wenn es eine Anzahl an Elementen gibt.

Dass sich die beiden Ausführungspläne nicht nennenswert unterscheiden, zeigt das folgende Ergebnis ...

```
Starte Test
Abfragedauer serielle Abfrage : 2766 für 16 Ergebniselemente.
Abfragedauer kombinierte Abfrage : 2739 für 16 Ergebniselemente.
Elemente der seriellen Abfrage: 16
```

... das mit 30ms Unterschied bei 500.000 Elementen wirklich nicht nennenswert ist.

WICHTIG Die Ausführungspläne, die Sie durch die Abfragen erstellen, werden jedes Mal ausgeführt, wenn Sie auf eine der Ergebnislisten zugreifen. Wiederholen Sie die letzte fettgeschriebene Zeile im obigen Listing ...

```
        Dim zweiteAnzahl = ergebnisListe3.Count
        zweiteAnzahl = ergebnisListe3.Count
        hsp.Stop()
```

```
            Dim dauer2 = hsp.DurationInMilliSeconds
```

... ergibt sich das folgende Ergebnis:

```
Starte Test
Abfragedauer serielle Abfrage: 2882 für 19 Ergebniselemente.
Abfragedauer kombinierte Abfrage: 5651 für 19 Ergebniselemente.
```

Faustregeln für das Erstellen von LINQ-Abfragen

Die Faustregeln für das Erstellen von Abfragen lauten:

- LINQ-Abfragen bestehen nur aus Ausführungsplänen – die eigentlichen Abfragen werden durch ihre Definition nicht ausgelöst!
- Wenn das Ergebnis einer Abfrage als Ergebnisliste Gegenstand einer weiteren Abfrage wird, kommt der erste Abfrageplan auch nicht zur Auslösung; beide Abfragepläne werden miteinander kombiniert.
- Erst der Zugriff auf ein Element der Ergebnisauflistung bzw. des Ergebniswertes (über *For/Each* oder den Indexer) löst die Abfrage und damit das Erstellen der Ergebnisliste aus.
- Ein erneuter Zugriff auf eine elementeabhängige Eigenschaft oder auf die Elemente selbst löst – und das ist ganz wichtig – abermals das Erstellen der Ergebnisliste aus. Das gilt auch für Abfragen, die durch mehrere Abfragen kaskadiert wurden.

Kaskadierte Abfragen

Das Beispiel, was ich Ihnen im letzten Listing vorgestellt habe, hat nämlich noch zwei weitere, auskommentierte Zeilen, die die Kaskadierungsfähigkeit (das Hintereinanderschalten) von Abfragen eindrucksvoll demonstrieren. Wenn Sie das Ergebnis dieser beiden zusätzlichen Zeilen des Listings ...

```
    adrListe.Add(New Kontakt(51, "Löffelmann", "Klaus", "Wiedenbrücker Straße 47", "59555", "Lippstadt"))
    Console.WriteLine("Elemente der seriellen Abfrage: " & ergebnisListe2.Count)
```

... verstanden haben, dann haben Sie auch das Prinzip von LINQ verstanden!

```
Starte Test
Abfragedauer serielle Abfrage: 2682 für 17 Ergebniselemente.
Abfragedauer kombinierte Abfrage: 5334 für 17 Ergebniselemente.
Elemente der seriellen Abfrage: 18
```

Hier wird der Originalauflistung ein weiteres Element hinzugefügt, das exakt der Kriterienliste der kaskadierten Abfrage entspricht. Durch das Abfragen der *Count*-Eigenschaft von *ergebnisListe2* wird die *komplette Abfragekaskade* ausgelöst, denn von vorher 17 Elementen befinden sich anschließend 18 Elemente in der Ergebnismenge, was nicht der Fall wäre, würde LINQ nur die letzte Ergebnismenge, nämlich *ergebnisListe2* selbst auswerten, denn dieser haben wir das Element nicht hinzugefügt.

Gezieltes Auslösen von Abfragen mit ToArray oder ToList

Nun haben wir gerade erfahren, dass Abfragen bei jedem Zugriff auf die Ergebnisliste mit *For/Each* oder direkt über eine Elementeigenschaft bzw. den Index zu einer neuen Ausführung des Abfrageplans führen. Das kann, wie im Beispiel des vorherigen Abschnitts, durchaus wünschenswert sein; in vielen Fällen können sich daraus aber echte Performance-Probleme entwickeln.

Aus diesem Grund implementierten die Entwickler von LINQ spezielle Methoden, die eine auf *IEnumerable* basierende Ergebnisliste wieder in eine »echte« Auflistung bzw. in ein »echtes« Array umwandeln können.

Am häufigsten wird dabei sicherlich die Methode *ToList* zur Anwendung kommen, die das Ergebnis einer wie auch immer gearteten LINQ-Abfrage in eine generische *List<T>* umwandelt – und dabei ist es völlig gleich, ob es sich um eine *LINQ to Objects*, *LINQ to SQL*, *LINQ to XML* oder eine *LINQ to sonstwas*-Abfrage handelt. Das Ausführen von *ToList* auf eine solche Ergebnisliste hat zwei Dinge zur Folge:

- Die LINQ-Abfrage wird ausgeführt
- Eine *List<T> (List(Of T) in Visual Basic)* wird zurückgeliefert

Die Elemente, die anschließend zurückkommen, sind völlig ungebunden – Sie können sie anschließend sooft indizieren, mit *For/Each* durchiterieren, ihre *Count*-Eigenschaft abfragen wie Sie wollen – mit der ursprünglichen LINQ-Abfrage haben sie nichts mehr zu tun.

ToList funktioniert dabei denkbar einfach:

```
Dim reineGenerischeListe = ergebnisListe.ToList()
```

Und *ToList* ist auch nicht die einzige Methode, mit der Sie eine Ergebnisliste von ihrer Ursprungsabfrage trennen können. Das können Sie – in Form von Ergebnislisten unterschiedlichen Typs – auch mit den folgenden Methoden machen. *t* ist dabei immer der Typ eines Elements der Ausgangsauflistung oder ein anonymer Typ, der in der Abfrage beispielsweise durch die *select*-Klausel entstanden ist.

- **ToList**   Überführt die Abfrageergebnisliste in eine generische *List<T> (List(Of T)* in Visual Basic)
- **ToArray**   Überführt die Abfrageergebnisliste in ein Array vom Typ *t*
- **ToDictionary**   Überführt die Abfrageliste in eine generische Wörterbuchauflistung vom Typ *Dictionary<TKey, TValue> (Dictionary(of KeyType, ValueType)* in Visual Basic). *t.key* muss dabei durch die Angabe eines Lambda-Ausdrucks festgelegt werden, also etwa in C#:

```
var losgelöstesWörterbuch = ergebnisListe.ToDictionary((einKontakt)=> einKontakt.ID);
```

bzw. in Visual Basic:

```
Dim losgelöstesWörterbuch = ergebnisliste.ToDictionary(Function(einKontakt) einKontakt.ID)
```

um beim Beispiel zu bleiben, und die ID zum Nachschlageschlüssel zu machen.

- **ToLookup**   Überführt die Abfrageliste in eine generische Lookup-Auflistung vom Typ *Lookup<TKey, TElement> (Lookup(Of KeyType,ElementType)* in Visual Basic). Die Anwendung ist die gleiche, wie beim Wörterbuch (*ToDictionary*):

```
var nachschlageListe = ergebnisListe.ToLookup((einKontakt)=> einKontakt.Nachname);
```

bzw. in Visual Basic:

```
Dim nachschlageListe = ergebnisliste.ToLookup(Function(einKontakt) einKontakt.Nachname)
```

> **HINWEIS** Die *ToLookup*-Methode gibt ein generisches *Lookup*-Element zurück, ein 1:*n*-Wörterbuch, das Auflistungen von Werten Schlüssel zuordnet. Ein Lookup unterscheidet sich von Dictionary, das eine 1:*1*-Zuordnung von Schlüsseln zu einzelnen Werten ausführt. Der angegebene Lambda-Ausdruck kann also durchaus nicht-eindeutige Elemente zurückliefern.

Verbinden mehrerer Auflistungen zu einer neuen

LINQ kennt mehrere Möglichkeiten, Auflistungen miteinander zu verbinden. Natürlich ist es nicht unbedingt sinnig, das willkürlich zu tun: Die Auflistungen müssen schon in irgendeiner Form miteinander in logischer Relation stehen – dann aber kann man sich durch geschicktes Formulieren eine Menge an Zeit sparen. Wie eine solche Relation ausschauen kann, in der zwei Auflistungen zueinander stehen, haben Sie schon im Abschnitt »Wie funktioniert LINQ prinzipiell« erfahren – und diese Relation soll auch noch mal Gegenstand der Beispiele dieses Abschnitts sein.

Implizite Verknüpfung von Auflistungen

Die einfachste Möglichkeit, zwei Auflistungen zu gruppieren, zeigt die folgende Abbildung:

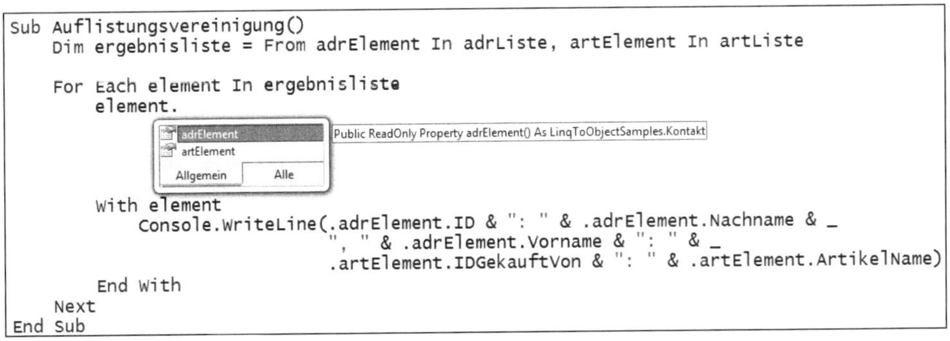

```vb
Sub Auflistungsvereinigung()
    Dim ergebnisliste = From adrElement In adrListe, artElement In artListe

    For Each element In ergebnisliste
        element.
            adrElement    Public ReadOnly Property adrElement() As LinqToObjectSamples.Kontakt
            artElement
            Allgemein  Alle
        With element
            Console.WriteLine(.adrElement.ID & ": " & .adrElement.Nachname & _
                              ", " & .adrElement.Vorname & ": " & _
                              .artElement.IDGekauftVon & ": " & .artElement.ArtikelName)
        End With
    Next
End Sub
```

Abbildung 26.2 Schon mit der *From*-Klausel können Sie zwei Auflistungen per LINQ miteinander kombinieren (hier in VB, in C# funktioniert das äquivalent)

From kombiniert zwei Auflistungen miteinander. Im Ergebnis erhalten Sie eine neue Auflistung, bei der jedes Element der ersten mit jedem Element der zweiten Auflistung kombiniert wurde. Die Ausgabe dieser Auflistung, die über zwei Eigenschaften verfügt, die jeweils Zugriff auf die Originalelemente gestatten, zaubert dann folgendes Ergebnis auf den Bildschirm (aus Platzgründen gekürzt):

```
6: Clarke, Christian: 1: Visual Basic 2008 - Das Entwicklerbuch
6: Clarke, Christian: 1: Das Herz der Hölle
6: Clarke, Christian: 2: Visual Basic 2005 - Das Entwicklerbuch
6: Clarke, Christian: 2: Das Vermächtnis der Tempelritter
6: Clarke, Christian: 3: Das Leben des Brian
6: Clarke, Christian: 3: Die Tore der Welt
.
.
.
7: Ademmer, Lothar: 1: Visual Basic 2008 - Das Entwicklerbuch
7: Ademmer, Lothar: 1: Das Herz der Hölle
```

Verbinden mehrerer Auflistungen zu einer neuen

```
7: Ademmer, Lothar: 2: Visual Basic 2005 - Das Entwicklerbuch
7: Ademmer, Lothar: 2: Das Vermächtnis der Tempelritter
7: Ademmer, Lothar: 3: Das Leben des Brian
7: Ademmer, Lothar: 3: Die Tore der Welt
```

An der Ergebnisliste können Sie erkennen, wie redundant und nicht informativ diese Liste ist, denn jeder Artikel der Artikelliste wird einfach und stumpf mit jedem Kontakt kombiniert.

Wichtiger wäre es, Zuordnungen ausdrücklich bestimmen zu können, um zu sagen, dass ein Artikel mit einer bestimmten ID auch nur dem logisch dazugehörigen Kontakt zugeordnet werden soll. Und das funktioniert folgendermaßen:

```
Sub Auflistungsvereinigung()
    Dim ergebnisliste = From adrElement In adrListe, artElement In artListe _
                Where adrElement.ID = artElement.IDGekauftVon

    For Each element In ergebnisliste
        With element
            Console.WriteLine(.adrElement.ID & ": " & .adrElement.Nachname & _
                    ", " & .adrElement.Vorname & ": " & _
                    .artElement.IDGekauftVon & ": " & .artElement.ArtikelName)
        End With
    Next
End Sub
```

bzw. in C#:

```
static void Auflistungsvereinigung()
{
    var ergebnisliste = from adrElement in adrListe
                        from artElement in artListe
                        where adrElement.ID == artElement.IDGekauftVon
                        select new { adrElement, artElement};

    foreach(var element  in ergebnisliste)
    {
        Console.WriteLine(element.adrElement.ID + ": " + element.adrElement.Nachname + ", " +
                    element.adrElement.Vorname +
                        ": " + element.artElement.IDGekauftVon + ": " +
                    element.artElement.ArtikelName);
    }
    Console.ReadKey();
}//end Auflistungsvereinigung
```

In dieser Version werden durch die *where*-Klausel nur die Elemente in die Auflistung übernommen, die die gleiche *ID* haben wie das korrelierende Element der anderen Auflistung (*IDGekauftVon*). Das Ergebnis, was dann zu sehen ist, ergibt natürlich viel mehr Sinn, da es eine Aussagekraft hat (nämlich: welcher Kunde hat welche Artikel gekauft):

```
7: Sonntag, Uwe: 7: Visual Basic 2008 - Das Entwicklerbuch
7: Sonntag, Uwe: 7: The Da Vinci Code
7: Sonntag, Uwe: 7: O.C., California - Die komplette zweite Staffel (7 DVDs)
7: Sonntag, Uwe: 7: Desperate Housewives - Staffel 2, Erster Teil
7: Sonntag, Uwe: 7: Die Rache der Zwerge
8: Vüllers, Momo: 8: Programmieren mit dem .NET Compact Framework
```

```
9: Tinoco, Daja: 9: Das Herz der Hölle
9: Tinoco, Daja: 9: Mitten ins Herz
9: Tinoco, Daja: 9: The Da Vinci Code
9: Tinoco, Daja: 9: Der Schwarm
9: Tinoco, Daja: 9: Desperate Housewives - Staffel 2, Erster Teil
9: Tinoco, Daja: 9: Harry Potter und die Heiligtümer des Todes
9: Tinoco, Daja: 9: Der Teufel trägt Prada
9: Tinoco, Daja: 9: O.C., California - Die komplette zweite Staffel (7 DVDs)
10: Lehnert, Michaela: 10: Abgefahren - Mit Vollgas in die Liebe
10: Lehnert, Michaela: 10: Das Herz der Hölle
```

> **HINWEIS** Die Verknüpfung zweier oder mehrerer Auflistungen mit *In* als Bestandteil der *From*-Klausel einer Abfrage nennt man implizite Verknüpfung von Auflistungen, da dem Compiler nicht ausdrücklich mitgeteilt wird, welche Auflistung auf Grund welchen Elements mit einer anderen verknüpft wird. Eine ausdrückliche oder explizite Verknüpfung stellen Sie mit *Join* her, das im nächsten Abschnitt beschrieben wird. Explizit oder implizit hier im Beispiel ist aber letzten Endes einerlei – das Ergebnis ist in beiden Fällen dasselbe.

Explizite Auflistungsverknüpfung mit Join

Im Gegensatz zu impliziten Auflistungsverknüpfungen, die Sie, wie im letzten Abschnitt beschrieben, mit *in* als Teil der *from*-Klausel bestimmen, erlaubt Ihnen die *join*-Klausel so genannte explizite Auflistungsverknüpfungen festzulegen. Die generelle Syntax der *join*-Klausel lautet:

```
var ergebnisliste = from bereichsVariable in ersterAuflistung
                    join verknüpfungsElement in zweiterAuflistung
                    on bereichsVariable.JoinKey Equals verknüpfungsElement.ZweiterJoinKey;
```

join verknüpft die erste mit der zweiten Tabelle über einen bestimmten Schlüssel (*JoinKey*, *ZweiterJoinKey*), der beide Tabellen zueinander in Relation stellt. In unserem Beispiel wird für jede Bestellung in der Artikeltabelle ein Schlüssel (ein *Key*, eine *ID*) definiert, der der Nummer der *ID* in der Kontakttabelle entspricht. Das gleicht prinzipiell dem *Left Inner Join* in T-SQL, unterscheidet sich nur in Details bei der Syntax.

Im Vergleich zur impliziten Verknüpfung von Tabellen ändert sich im Ergebnis nichts; die Umsetzung des vorherigen Beispiels mit *join* gestaltet sich folgendermaßen:

```
Sub JoinDemo()
    Dim ergebnisliste = From adrElement In adrListe _
                        Join artElement In artListe _
                        On adrElement.ID Equals artElement.IDGekauftVon

    For Each element In ergebnisliste
        With element
            Console.WriteLine(.adrElement.ID & ": " & .adrElement.Nachname & _
                              ", " & .adrElement.Vorname & ": " & _
                              .artElement.IDGekauftVon & ": " & .artElement.ArtikelName)
        End With
    Next
End Sub
```

bzw. wieder so in C#:

```csharp
    static void JoinDemo()
    {
        var ergebnisliste = from adrElement in adrListe
                            join artElement in artListe
                            on adrElement.ID equals artElement.IDGekauftVon
                            select new {adrElement, artElement};
        foreach (var element in ergebnisliste)
        {
            Console.WriteLine(element.adrElement.ID + ": " + element.adrElement.Nachname + ", "
                              + element.adrElement.Vorname + ": "
                              + element.artElement.IDGekauftVon
                              + " : " + element.artElement.ArtikelName);
        }
        Console.ReadKey();
    }//end JoinDemo
```

Es gibt die Möglichkeit, mit der Klausel *GroupJoin* Verknüpfungen mehrerer Tabellen auf bestimmte Weise in Gruppen zusammenzufassen. Wie das funktioniert, erfahren Sie im Abschnitt »Group Join« ab Seite 1028.

Gruppieren von Ergebnissen

Die Klausel *group by* erlaubt es, Dubletten von Elementen einer oder mehrerer Auflistungen in Gruppen zusammenzufassen. Sie möchten also beispielsweise eine Auflistung von Kontakten nach Nachnamen gruppieren, und dann in einer geschachtelten Schleife durch die Namen und innen durch alle den Namen zugeordneten Kontakte iterieren. Mit der *group by* -Klausel können Sie genau das erreichen, wie das folgende Beispiel zeigt:

```vb
Sub GroupByDemo()
    Dim ergebnisliste = From adrElement In adrListe _
                        Group By adrElement.Nachname Into Kontaktliste = Group _
                        Order By Nachname

    For Each element In ergebnisliste
        With element
            Console.WriteLine(element.Nachname)
            For Each Kontakt In element.Kontaktliste
                With Kontakt
                    Console.WriteLine(.ID & ": " & .Nachname & ", " & .Vorname)
                End With
            Next
            Console.WriteLine()
        End With
    Next
End Sub
```

Das gleiche Beispiel in C#:

```csharp
    static void GroupByDemo()
    {
        var ergebnisliste = from adrElement in adrListe
                            group adrElement by adrElement.Nachname into kontaktliste
                            orderby kontaktliste.Key
                            select kontaktliste;
```

```
            foreach (var element in ergebnisliste)
            {
                Console.WriteLine(element.Key);
                foreach (var kontakt in element)
                {
                    Console.WriteLine(kontakt.ID + ": " + kontakt.Nachname +", " + kontakt.Vorname);
                    Console.WriteLine();
                }
            }
            Console.ReadKey();
        }//end GroupByDemo
```

Sie sehen, dass hier die Syntax in Visual Basic und in C# ein wenig voneinander abweicht. Wörtlich ausformuliert hieße die *group by* -Klausel für das Visual Basic-Beispiel: »Erstelle eine Liste aller Nachnamen (*Group By adrElement.Nachname*) und mache diese unter der Nachname-Eigenschaft in der Liste zugänglich.[4] Fasse alle Elemente der Ausgangsliste in die jeweiligen Auflistungen zusammen, die dem Nachnamen zugehörig sind *(Into ... = Group)*, und mache diese Auflistung über die Eigenschaft *Kontaktliste* verfügbar.«

> **TIPP** Wenn in C# gruppiert wird, dann steht – wie im Beispiel zu sehen – diese Eigenschaft über die Key-Eigenschaft des Ergebnistyps zur Verfügung (fett gedruckte Zeile im oben stehenden C#-Beispiel).

Visual Basic benötigt die Key-Eigenschaft nicht – in Visual Basic können Sie immer über den Eigenschaften-Namen auf das entsprechende Feld zugreifen, und damit wird es einfach, auch zusätzliche Felder der übergeordneten Auflistung in die Ergebnisliste zu übernehmen: Sie müssen die gewünschten Felder lediglich durch Komma getrennt hintereinander wegschreiben, also etwa:

```
Dim ergebnisliste = From adrElement In adrListe _
                    Group By adrElement.Nachname, adrElement.Vorname Into Kontaktliste = Group _
                    Order By Nachname
```

Ein Element der Ergebnisliste würde dann also über die Eigenschaften *Nachname*, *Vorname* und *Kontaktliste* verfügen; unter *Kontaktliste* fänden Sie eine Auflistung mit den untergeordneten Elementen.

Aber auch C# erlaubt das Gruppieren nach mehreren Eigenschaften, in diesem Fall werden die Felder, die zusätzlich im Ergebniselementtyp vorhanden seinen sollen, wie bei *select* mit *new* und einer Feldliste in geschweiften Klammern übergeben, also in etwa folgendermaßen:

```
var ergebnisliste = from adrElement in adrListe
                    group adrElement by new { adrElement.Nachname, adrElement.Vorname } into kontaktliste
                    orderby kontaktliste
                    select kontaktliste;
```

Anders als in Visual Basic sind diese Felder aber wieder nur über die Key-Eigenschaft und nicht direkt mit Namen zugänglich. Sie würden hier also über *ergebnislistenElement.Key.Nachname* auf ein entsprechendes Element zugreifen können, und nicht, wie in Visual Basic, direkt über *ergebnislistenElement.Nachname*.

---

[4] Wenn nichts anderes gesagt wird, heißt das Feld bzw. die Eigenschaft, nach der Sie gruppieren, in der späteren Auflistung so wie das Ausgangsfeld. Wenn Sie das nicht wünschen, können Sie das durch das Davorsetzen eines neuen Namens etwa mit `Group By Lastname = adrElement.Nachname Into Kontaktliste = Group` – an Ihre Wünsche anpassen. Anders als im Beispiel wäre hier Lastname die Eigenschaft, mit der Sie später die Nachnamen abfragen könnten.

Beim Zugriff auf die Untergeordnete Liste können Sie dafür in C# direkt den Enumerator des Elements bemühen (da jedes Element direkt schon eine Auflistung repräsentiert), während Sie in Visual Basic die Auflistung erst über die entsprechende Eigenschaft erreichen – das ist schön zu sehen, wenn Sie die Beispiele der beiden Sprachen miteinander vergleichen.

HINWEIS Falls Sie in Visual Basic keine explizite Aliasbenennung der Gruppe vornehmen (der Ausdruck würde dann einfach

```
Dim ergebnisliste = From adrElement In adrListe _
                    Group By adrElement.Nachname Into Group _
                    Order By Nachname
```

heißen), würde die Eigenschaft, mit der Sie die zugeordneten Elemente erreichen können, ebenfalls einfach *Group* heißen.

Wenn Sie das Beispiel starten, sehen Sie das gewünschte Ergebnis, etwa wie im folgenden Bildschirmauszug (aus Platzgründen gekürzt):

```
Weichelt
19: Weichelt, Anne
39: Weichelt, Gabriele
47: Weichelt, Uta
69: Weichelt, Franz
97: Weichelt, Hans

Weigel
37: Weigel, Lothar
40: Weigel, Rainer
43: Weigel, Lothar
58: Weigel, Hans
60: Weigel, Anja

Westermann
11: Westermann, Margarete
21: Westermann, Alfred
28: Westermann, Alfred
41: Westermann, Alfred
77: Westermann, Guido
98: Westermann, José
100: Westermann, Michaela

Wördehoff
14: Wördehoff, Bernhard
```

Gruppieren von Listen aus mehreren Auflistungen

group by eignet sich auch sehr gut dazu, mit *join* kombinierte Listen zu gruppieren und auszuwerten. Stellen Sie sich vor, Sie möchten eine Liste mit Kontakten erstellen, mit der Sie über jeden Kontakt wieder auf eine Liste mit Artikeln zugreifen können, um auf diese Weise herauszufinden, welche Kunden welche Artikel gekauft haben. Die entsprechende Abfrage und die anschließende Iteration durch die Ergebniselemente sähen dann folgendermaßen aus:

```vb
Sub GroupByJoinedCombined()
    Dim ergebnisliste = From adrElement In adrListe _
                        Join artElement In artListe _
                        On adrElement.ID Equals artElement.IDGekauftVon _
                        Group artElement.IDGekauftVon, artElement.ArtikelNummer, _
                            artElement.ArtikelName _
                        By artElement.IDGekauftVon, adrElement.Nachname, adrElement.Vorname _
                        Into Artikelliste = Group, AnzahlArtikel = Count() Order By Nachname

    For Each kontaktElement In ergebnisliste
        With kontaktElement

            Console.WriteLine(.IDGekauftVon & ": " & .Nachname & .Vorname)
            For Each Artikel In .Artikelliste
                With Artikel
                    Console.WriteLine("   " & .ArtikelNummer & ": " & .ArtikelName)
                End With
            Next
            Console.WriteLine()
        End With
    Next
End Sub
```

Auch hier wieder das Äquivalent in C#:

```csharp
static void GroupByJoinedCombined()
{
    var ergebnisliste = from adrElement in adrListe
                        join artElement in artListe
                        on adrElement.ID equals artElement.IDGekauftVon
                        group new {artElement.IDGekauftVon, Artikelnummer = artElement.ArtikelNummer,
                            artElement.ArtikelName }
                        by new { artElement.IDGekauftVon, adrElement.Nachname, adrElement.Vorname }
                        into Kontaktliste
                        orderby Kontaktliste.Key.Nachname
                        select new
                        {
                            ArtikelListe = Kontaktliste.ToArray(),
                            AnzahlArtikel = Kontaktliste.Count(),
                            IDGekauftVon=Kontaktliste.Key.IDGekauftVon,
                            Nachname=Kontaktliste.Key.Nachname,
                            Vorname=Kontaktliste.Key.Vorname
                        };

    foreach (var kontaktElement in ergebnisliste)
    {
        Console.WriteLine(kontaktElement.IDGekauftVon.ToString() + ": " +
                    kontaktElement.Nachname+", " +
                    kontaktElement.Vorname);
        foreach (var Artikel in kontaktElement.ArtikelListe)
        {
            Console.WriteLine("   " + Artikel.Artikelnummer + ": " + Artikel.ArtikelName);
        }
    }

    Console.ReadKey();
} //end GroupByJoinCombined
```

Hier sehen Sie eine Zusammenfassung dessen, was wir in den letzten Abschnitten kennen gelernt haben. Die Abfrage beginnt mit einem *join* und vereint Artikel und Kundenliste zu einer flachen Auflistung, die sowohl die Namen als auch die Artikel für jeden Namen beinhaltet. Und dann wird gruppiert: Anders als beim ersten Gruppierungsbeispiel, in dem alle Elemente in der untergeordneten Liste einbezogen werden, geben wir hier zwischen *Group* und *By* die Felder an, die in der inneren Auflistung als Eigenschaften erscheinen sollen, wir ändern also, ähnlich dem *select*-Befehl, das Schema der inneren Auflistung. Die Elemente, die wir anschließend hinter dem *by* angeben, sind die, nach denen gruppiert wird, und die damit auch in der äußeren Auflistung verfügbar sind. In der C#-Version passiert dann durch das abschließende *select* das, was in Visual Basic durch die zuvor verwendete Feldangabe implizit geschieht. Das Ergebnis entspricht dann unseren Erwartungen:

```
21: Wördehoff, Theo
    4-444: The Da Vinci Code
    2-424: 24 - Season 6 [UK Import - Damn It!]
    2-134: Abgefahren - Mit Vollgas in die Liebe
    3-534: Mitten ins Herz
    3-333: Der Schwarm
    3-537: Visual Basic 2005 - Das Entwicklerbuch
    4-444: Harry Potter und die Heiligtümer des Todes
    5-554: O.C., California - Die komplette zweite Staffel (7 DVDs)
    2-134: Abgefahren - Mit Vollgas in die Liebe
    7-321: Das Herz der Hölle

75: Wördehoff, Katrin
    2-134: Abgefahren - Mit Vollgas in die Liebe
    2-134: Abgefahren - Mit Vollgas in die Liebe
    2-134: Abgefahren - Mit Vollgas in die Liebe
    3-123: Das Vermächstnis der Tempelritter
    2-134: Abgefahren - Mit Vollgas in die Liebe
    1-234: Das Leben des Brian
    3-543: Microsoft Visual C# 2005 - Das Entwicklerbuch
    3-543: Microsoft Visual C# 2005 - Das Entwicklerbuch
    9-423: Desperate Housewives - Staffel 2, Erster Teil
    7-321: Das Herz der Hölle
    5-506: Visual Basic 2008 - Das Entwicklerbuch
    5-513: Microsoft SQL Server 2008 - Einführung in Konfiguration, Administration, Programmierung
    9-646: Was diese Frau so alles treibt
    5-506: Visual Basic 2008 - Das Entwicklerbuch
    2-321: Die Rache der Zwerge
    9-445: Die Tore der Welt
    4-444: Harry Potter und die Heiligtümer des Todes

77: Wördehoff, Theo
    7-321: Das Herz der Hölle
    1-234: Das Leben des Brian
    9-009: Die Wächter
    3-123: Das Vermächtnis der Tempelritter
    5-518: Visual Basic 2008 - Neue Technologien - Crashkurs
```

> **TIPP** Falls Sie in C# eine Eigenschaft definieren möchten, die die Gruppenelemente abrufbar macht (wie es die *Group*-Klausel selbst in Visual Basic definiert), bedienen Sie sich einfach der entsprechenden *ToArray*-Methode (in den Beispielen fett markiert).

Group Join

Exakt das gleiche Ergebnis bekommen Sie, allerdings mit sehr viel weniger Aufwand, wenn Sie sich in Visual Basic der *Group Join*-Klausel bedienen, die *Join* und *Group By* miteinander kombiniert – das folgende Beispiel zeigt, wie's geht:

```
Sub GroupJoin()
    Dim ergebnisliste = From adrElement In adrListe _
                        Group Join artElement In artListe _
                        On adrElement.ID Equals artElement.IDGekauftVon Into Artikelliste = Group

    For Each kontaktElement In ergebnisliste
        With kontaktElement

            Console.WriteLine(.adrElement.ID & ": " & _
                              .adrElement.Nachname & ", " _
                              & .adrElement.Vorname)
            For Each Artikel In .Artikelliste
                With Artikel
                    Console.WriteLine("    " & .ArtikelNummer & ": " & .ArtikelName)
                End With
            Next
            Console.WriteLine()
        End With
    Next
End Sub
```

In C# ist dem Autor kein Äquivalent dazu bekannt.

Kapitel 27

LINQ to SQL

In diesem Kapitel:

Object Relational Mapper (O/RM)	1030
LINQ to SQL oder LINQ to Entities – was ist besser, was ist die Zukunft?	1032
Wie es bisher war – ADO.NET 2.0 vs. LINQ in .NET 3.5	1036
LINQ to SQL am Beispiel – Die ersten Schritte	1038
Protokollieren der generierten T-SQL-Befehle	1046
Verzögerte Abfrageausführung und kaskadierte Abfragen	1048
Eager- und Lazy-Loading – Steuern der Ladestrategien bei 1:n-Relationen	1049
Trennen des Abfrageergebnisses vom Kontext	1055
Daten verändern, speichern, einfügen und löschen	1056
Transaktionen	1064

Als ich mit den ersten BETA-Versionen meine ersten Gehversuche mit LINQ machte, war ich begeistert. Nur nach und nach stellte ich fest, welche enormen Möglichkeiten sich mir mit LINQ auf einmal boten – und ich hatte zu diesem Zeitpunkt doch noch gar nichts gesehen! Während meiner anfänglichen Gehversuche mit einer der frühen Betas von Visual Studio 2008 wusste ich nämlich zum damaligen Zeitpunkt, irgendwann im April 2007, noch gar nicht, wie sehr ich erst an der Spitze des Eisberges 'rumdokterte.

Doch nach und nach begriff ich, wohin »uns« diese ganze LINQ-Geschichte führen sollte, und irgendwann war es dann auch so weit, dass es die ersten Visual Studio Betas gab, die uns die ersten Versionen von *LINQ to SQL* vorführten. Wir waren alle total begeistert; sollte uns Microsoft mit LINQ to SQL endlich den jahrelang erwarteten O/RM bescheren? So hatte es den Anschein, und LINQ to SQL war nur der Anfang.

Die Idee hinter LINQ to SQL ist eigentlich ganz einfach: Sie »sagen«: »Ich programmiere im Folgenden genau so, wie ich es mit LINQ to Objects gelernt habe, die Quelle meiner Daten ist jedoch keine Auflistung, sondern eine SQL Server-Datenbank. Ansonsten bleibt alles genau so«.

Und so einfach soll das sein? Keine neuen Objekte, Klassen und Verfahren, die man lernen muss? Nichts Spezielles, was man zu beachten hat? Gibt es keine Falltüren, auf die man aufpassen sollte?

Doch, na klar, ein paar gibt es, denn Sie wollen Daten ja nicht nur aus SQL Server »abholen«, Sie wollen sie ja schließlich nach ihrer Verarbeitung auch wieder zurück in den Server bekommen, und dazu musste die reine LINQ-Infrastruktur ein wenig »aufgebohrt« und erweitert werden, damit sie das gestattet. Man muss sich darüber hinaus auch an ein paar bestimmte Konventionen zu halten, die man dazu wiederum kennen muss, damit dann solche Sachen wie Gespeicherte Prozeduren (Stored Procedures) auch berücksichtigt werden müssen.

Die Kehrseite der Medaille ist jedoch: Es gibt nicht nur LINQ to SQL; mit dem Service Pack 1 für Visual Basic 2008 kam ein weiteres LINQ-Produkt, und das nennt sich LINQ to Entities. Diese Tatsache ist für viele Entwickler ein wenig verwirrend, denn in LINQ to Entities und LINQ to SQL gibt es so einige Schnittmengen. Man kann nicht pauschal sagen, LINQ to Entities ist besser als LINQ to SQL; Sie müssen diese Bewertung immer im Kontext dessen sehen, was Sie mit welchen Erweiterungs- bzw. Ausbaumöglichkeiten erreichen wollen. Doch dazu verrät Ihnen der übernächste Abschnitt mehr.

Object Relational Mapper (O/RM)

Ganz so trivial, wie in der Einleitung beschrieben, sind die beiden Technologien LINQ to SQL bzw. LINQ to Entities – auf letztere gehen wir im nächsten Kapitel noch detaillierter ein – natürlich nicht. Denn beide erfüllen die Aufgabe eines so genannten Object Relational Mapper, der gerne auch mit O/RM abgekürzt wird. Und um was geht's dabei?

Prinzipielle Anforderung eines O/RMs ist es, eine Infrastruktur zu bieten, mit der in eine in einer OOP-Sprache wie Visual Basic .NET geschriebene Anwendung ihre Geschäftsobjekte in einer Datenbank ablegen kann bzw. aus dieser auslesen kann. Perfekt würde das aber nur funktionieren, würde man auch tatsächlich auf eine Objektorientierte Datenbank zurückgreifen, bei der Datenbanktabellen wie Objekte in Visual Basic vererbbar wären.

Das entspricht aber leider nicht der Realität, da

- Entwickler auf die Datenbankplattformen zurückgreifen müssen, die sich als quasi Industriestandard durchgesetzt haben, und das sind eben Microsoft SQL Server, Oracle, IBM's DB2 oder MySql (Access und ähnliche dateibasierenden Datenbanksysteme klammere ich hier bewusst aus, den Access bietet keine Datenbank*server*-Funktionalität – Abfragen werden hier auf jedem Client berechnet, während ein Datenbankserver Datenbankoperationen auf seiner (dedizierten) Maschine mit deren Ressourcen durchführt).

- Datenbanken sind in der Regel zunächst vorhanden, und der Entwickler hat durch so genanntes Reverse Mapping die Aufgabe, Klassen in seiner Anwendung zu erstellen (oder eben erstellen zu lassen), mit der sich eine möglichst gute Relation zwischen den so entstehenden Business-Objekten und den Datenbanktabellen bzw. Sichten (Views) der Datenbank ergibt.

- Die verwendeten Datenbanken sind in der Regel eben nicht objektorientiert aufgebaut, sodass besondere Abbildungstechniken dafür sorgen müssen, dass der objektorientierte Anspruch nicht verloren geht. In der Regel passiert bei einer solchen Abbildung/Zuordnung (eben: Mapping) Folgendes:
  - Der O/RM stellt eine grundsätzliche Verwaltungsklasse zur Verfügung, die die Kommunikation mit dem Datenbankserver regelt.
  - Tabellen oder Sichten einer Datenbank werden als Businessobjekte abgebildet. Eine Tabellenzeile (oder eine Datenzeile einer Sicht) entspricht dabei der Instanz einer Klasse. Die Tabellenspalten (also die Datenfelder) mappen zu jeweils einer Eigenschaft dieser Instanz. Eine Tabelle (oder das Ergebnis einer Frage) ist dann eine Auflistung (eine Collection) vom Typ dieser Klasse. Damit wirkliches O/RM möglich wird, gehen viele O/RMs einen Weg über eine Zwischenschicht, den so genannten Conceptual Layer, der eine Art »Umleitungs-Verbindung« schafft zwischen Objekten und der Datenbank, und diese Beziehung eben nicht 1:1 abbildet. Um es vorweg zu nehmen: Das ist der größte Unterschied zwischen LINQ to SQL (1:1) und LINQ to Entities (bietet die Möglichkeit eines Conceptual Layers).

- Die von O/RMs zur Verfügung gestellte Programmierinfrastruktur muss dann zur Laufzeit natürlich auch dafür sorgen, die Verbindung zur Datenbank zu öffnen, die Auflistungen der von ihnen zuvor generierten Businessobjekte mit Daten zu befüllen, Änderungen an ihnen festzustellen und Aktualisierungslogiken bereitzustellen, damit geänderte Daten in den Business-Objekten auch wieder ihren Weg zurück in die Datenbank finden.

Objekt-relationale Unverträglichkeit – Impedance Mismatch

Wenn Sie ein erfahrener objektorientierter Entwickler sind, und auch schon Datenbankanwendungen entwickelt haben, dann wissen Sie, dass O/RM eigentlich immer unvollkommen arbeiten müssen, wenn nicht eine wirkliche objektorientierte Datenbank als Grundlage für die Objektpersistierung (also für die Speicherung der Inhalte der Businessobjekte) vorhanden ist. Objekte einer OO-Programmiersprache und relationale Datenbanken sind einfach komplett unterschiedliche Topologien, bei denen Konstellationen auftreten können, die ein System abbilden können und andere eben nicht.

Denken Sie beispielsweise an eine Datenbank, die Autoren und Bücher verwaltet. Natürlich gibt es eine Menge Bücher und eine Menge Autoren. Würde es ein Gesetz geben, dass verbieten würde, dass ein Buch von mehreren Autoren geschrieben werden kann, gäbe es in Sachen Abbildung Datenbank → Objektmodell keine Probleme. Sie können jedem Buch *einen* Autor zuweisen, und Sie haben damit eine 1:N-Relation zwischen Autor und Büchern geschaffen (ein Autor (1) kann mehrere Bücher (n) schreiben, aber ein Buch kann nur von einem Autor geschrieben werden).

Wenn ich mich allerdings nun dazu entschließe, mit meinem Kumpel Ruprecht Dröge ein Buch zu schreiben, dann kommen wir mit dieser Zuordnung nicht mehr hin – wollten wir unser Buch später in der Datenbank ablegen. Wir brauchen jetzt eine Zuordnung, die viele Bücher (n) mit vielen Autoren (m) verknüpft. In einem Objektmodell ist das kein Problem. Eine Instanz der Klasse Autor hat eine Auflistung Bücher, und eine Instanz der Klasse Buch hat eine Auflistung Autoren. Die Elemente zweier Auflistungen können ohne

Probleme Teile der Auflistung referenzieren. In einer relationalen Datenbank ist das ein Problem: Da eine Tabellenzeile nur einen Verweis auf einen Datensatz einer anderen Tabelle halten kann, muss man eine weitere Datentabelle zu Hilfe nehmen, die die Relation zwischen den Beziehungen »viele Bücher« und »viele Autoren« abbildet. Dies wird dann zumeist durch eine Zwischentabelle realisiert, zu der sowohl die Autoren, als auch die Büchertabelle eine 1:n Beziehung aufbaut. Einen anderen Weg gibt es zurzeit nicht.

Und genau hier unterscheiden sich zum Beispiel die beiden O/RM von Microsoft voneinander: LINQ to SQL ist beispielsweise nicht in der Lage, solche Zwischentabellen so aufzulösen, dass sich wieder zwei abhängige Auflistungsklassen ergeben (denn die reichten ja eigentlich aus!) – LINQ to Entities hat das aber drauf!

LINQ to SQL oder LINQ to Entities – was ist besser, was ist die Zukunft?

Nun wissen Sie auf alle Fälle schon einmal, wann Sie LINQ to SQL verwenden können, und wann nicht. Falls Sie sich allerdings für Microsofts SQL Server entscheiden, bedeutet das im Umkehrschluss nicht, dass Sie auch unbedingt LINQ to SQL verwenden müssen – es gibt nämlich eine ebenbürtige Alternative, LINQ to Entities könnte für Sie ebenfalls in Frage kommen. LINQ to Entities hat einige entscheidende Vorteile gegenüber LINQ to SQL, allerdings auch einige Nachteile. Was die rein technischen Unterschiede zum Zeitpunkt .NET Framework 3.5SP1 anbelangt, dazu soll Ihnen die Tabelle im Abschnitt »LINQ to SQL oder LINQ to Entities – was ist besser, was ist die Zukunft?« ab Seite 10235 bei Ihrer Entscheidung helfen. Doch es gibt einen weiteren Entscheidungspunkt, der ungleich schwerer wiegen könnte.

Hat LINQ to SQL eine Zukunft?

Die Diskussion sollte – abgesehen von den Features, die die eine LINQ-Technologie mitbringt und die andere eben nicht, oder welche der Features in der Schnittmenge beider Technologien einfach besser sind – auch in Richtung Zukunftsorientiertheit gehen.

Und um eine mögliche Aussage dazu vorweg zu nehmen, und diese auch noch politisch klug zu formulieren (oder zumindest einen solchen Formulierungsversuch zu starten): Das Entwicklungsteam von ActiveDevelop[1] stand jüngst ebenfalls vor der Entscheidung, sich für ein großes Softwareprojekt für eine der beiden Technologien entscheiden zu müssen. Die Wahl fiel auf LINQ to Entities, und sie wurde in erster Linie davon geprägt, dass sich, ...

- ... grundsätzlich erstmal alle wesentlichen Problemen in *beiden* Technologien lösen lassen und
- ... damit das Entscheidende ist, welche der beiden Technologien auf Dauer intensiver weiter gepflegt wird!

Es gibt einen schönen Artikel dazu im Blog vom ADO.NET Team (leider nur englischsprachig), den Sie unter dem Link *http://tinyurl.com/345eccj* einsehen können. Nicht nur die Darstellung der Fakten durch das ADO.NET Team selbst war für ActiveDevelop dafür ausschlaggebend, die Entscheidung für LINQ to Entities zu treffen. Aber machen Sie sich selbst ein Bild. Tim Mallalieu, Program Manager LINQ to SQL und LINQ to Entities, entgegnet auf die Frage:

---

[1] Die Entwicklungsfirma des Autors: *www.activedevelop.de*.

> **Hat LINQ to SQL eine Zukunft? – Tim Mallalieu, Program Manager LINQ to SQL/Entities**
>
> *Wir werden basierend auf Kunden-Feedback fortfahren, Einiges in LINQ to SQL zu investieren. Dieser Post (Link http://tinyurl.com/345eccj) diente dazu, unsere Absichten für zukünftige Innovationen klarzustellen und darzulegen, dass ab .NET 4.0 LINQ to Entities unsere Empfehlung für LINQ-zu-relationalen-Szenarien sein wird. Wie schon erwähnt, haben wir auf diese Entscheidung die letzten paar Monate hingearbeitet. Als wir diese Entscheidung trafen, erachteten wir es als erforderlich, die Entwicklergemeinde sofort darüber zu informieren. Wir wussten, dass das ein heftiges Echo seitens der Entwicklergemeinde hervorrufen würde, aber uns war es wichtig, unsere Absichten so transparent wie möglich und so früh wie möglich verfügbar zu machen. Wir möchten, dass diese Information die Entwickler erreicht, damit sie rechtzeitig wissen, wohin wir wollen, wenn sie ihre Entscheidungen für das Entwickeln ihrer zukünftigen .NET-Anwendungen treffen. […].*

Doch an dieser Stelle will ich auf jeden Fall auch eine Lanze für LINQ to SQL brechen: Natürlich gilt auch im Rahmen von LINQ to SQL: Was einmal im Framework drin ist, wird aus der Version, in der es drin ist, auch nicht wieder herausgenommen. Es kann also auf keinen Fall passieren, dass Ihre LINQ-to-SQL-Anwendungen irgendwann nicht mehr laufen. Die Frage ist eigentlich nicht mehr, welche der Technologien wird den Evolutionskampf überleben, denn die Feature-Gegenüberstellung in der nächsten Tabelle zeigt auch, dass die Schnittmenge vergleichsweise groß ist, und welche Technologien, die andere vermutlich überleben wird, zeigt der Blog meiner Meinung nach deutlich. Doch zum derzeitigen Zeitpunkt ist auch klar, dass LINQ to SQL den Bedarf für die nächsten 10 Jahre für viele Ansprüche an ein Datenbank-Entwicklungssystem decken wird, zumal LINQ to Entities sicherlich noch verbesserungswürdig ist, gerade was die Designer-Unterstützung anbelangt. Die Performance von LINQ to SQL ist derzeitig der von LINQ to Entities auf jeden Fall überlegen.

Ach so, und eine Sache kommt bei der Entscheidung auch noch dazu: LINQ to SQL ist in bestimmten Szenarien bis zu 4 mal schneller beim Umgang mit Daten von SQL Server. Das mag zwar nicht immer so relevant sein, denn die wenigsten Anwendungen sollten ständig und immer wieder mehr als 10.000 Datensätze aus den Datentabellen lesen, denn dann passt schon irgendetwas nicht mit der Vorgehensweise des Entwicklers. Bei den Fällen, bei denen das aber aus welchen Gründen auch immer, wirklich notwendig ist, kann es auf jeden Fall ein K.O.-Kriterium für LINQ to Entities sein. Diese Tatsache wird übrigens auch nicht wesentlich besser mit .NET 4.0, das ab dem 2. Quartal des Jahres 2010 zur Verfügung steht.

Jetzt geraten Sie aber bitte nicht in Rage, und schimpfen auf unkoordinierte Microsoft-Entwicklerteams, sondern betrachten Sie die Entstehungsgeschichte dieser Technologien im historischen Kontext. Dass es bei Microsoft überhaupt »so weit kommen« konnte, hat nämlich einen solchen Hintergrund:

Einige unter uns alten Hasen werden sich sicherlich noch an ein, zwei bereits gescheiterte Versuche Microsofts erinnern können, einen O/R-Mapper zu früheren Zeiten der Entwicklergemeinde zur Verfügung zu stellen. Der erste war eine Technologie, die damals unter dem Codenamen *Object Spaces* für Furore sorgte, und diese Technologie schaffte es immerhin bis in eine frühe Whidbey-Version (der damalige Codename von Visual Studio 2005). Parallel gab es die Entwicklung von *Windows Future Storage*, besser bekannt unter seiner Abkürzung WinFs, dem sagenumwobenen und komplett neuartigen Windows-Dateisystem, das erstmalig in Windows Vista und Windows Server 2008 Einzug halten sollte. Auch dieses System kannte eine Plattform für das O/R-Mapping, und es ergab damals keinen Sinn, Object Spaces an WinFs vorbei zu entwickeln, und so wurde es kurzerhand eingestellt.

Das eigentliche LINQ wird aber logischerweise nicht erst seit Visual Basic 2005 entwickelt, sondern dessen Planung gab es ebenfalls schon früher. Und dass eine LINQ to SQL-Implementierung nicht unbedingt nur als O/RM-Ersatz mit LINQ auszuliefern war, ist eigentlich ebenfalls eine logische Schlussfolgerung.

Nur schaffte es leider WinFs dann bekanntermaßen ebenfalls nicht, das Licht der Welt zu erblicken, aber viele Komponenten dieser Technologie wurden zu eigenständigen Plattformen ganz neuer Technologien – so beispielsweise auch der O/R –Mapper von WinFs, der die Basis der heutigen Entity-Technologie von LINQ to Entities wurde. Es gab also quasi LINQ to Entities und LINQ to SQL; beide Produkte sind in der Form also niemals direkt und nebeneinander auf dem Reißbrett entstanden. Microsoft wurde vielmehr von der eigenen Entwicklung überholt, und wie schnell solche Dinge geschehen können, wird jedem klar sein, der bereits größere Softwareproduktentwicklungen über eine längere Zeit mit großen Teams betreut hat. Mir selbst ist es ehrlicherweise sogar schon passiert, dass ich im Abstand von drei Jahren zwei komplett neue Bibliotheken für einen gleichen Zweck implementiert habe, und ich einige Geschehnisse dabei als Déjà-vu abgetan habe...

Man sollte also Microsoft nicht pauschal den Vorwurf machen, unkoordiniert zu arbeiten (auch wenn man das in einigen Fällen sicherlich mit Recht könnte), sondern immer einen derartig problematischen Entwicklungsverlauf aus der Vogelperspektive und mit ausreichend einbezogener Historie betrachten. Es ist keinesfalls so, dass es hier Teams gegeben hätte, die die beiden LINQ-Technologien unabsprachegemäß parallel entwickelt hätten, und »auf einmal« entdeckte jemand, dass es zwei Konkurrenzprodukte aus gleichem Hause gab. »So isses nun nich« – wie wir Westfalen sagen!

Zwischenfazit

Tatsache bleibt: Es gibt diese beiden konkurrierenden Technologien nun einmal, und die Wahrscheinlichkeit, dass LINQ to Entities das evolutionäre Rennen machen wird, ist nach derzeitigem Stand der Dinge einfach viel, viel größer. LINQ to SQL ist aber einfacher zu erlernen, hat zurzeit noch ein paar Vorteile, so zum Beispiel, dass es performantere Abfragen als LINQ to Entities erstellt, und *natürlich* können Sie es bedenkenlos für Datenbank-Anwendungen einsetzen, die Microsoft SQL Server (2000, 2005, 2008) als Datenplattform benötigen.

Entscheidungshilfe – Gegenüberstellung der wichtigsten Features von LINQ to SQL und LINQ to Entities

Trotz aller politischen Diskussion kann LINQ to SQL also dennoch die richtige Wahl für kleinere und mittelkomplexe Anwendungen sein, vor allen Dingen, wenn Entwicklungen schnell passieren müssen. Und hier wird LINQ to SQL erstmal – und erstmal bedeutet aller Voraussicht nach bis .NET 4.0 – auch sicherlich die erste Wahl bleiben, denn natürlich gilt, dass keine Features aus einer vorhandenen Framework-Version wieder entfernt werden. Wir werden also sowieso in .NET Framework 3.5 SP1 und auch im nächsten .NET Framework 4.0 noch in den Genuss einer gepflegten LINQ to SQL-Version kommen. Deswegen macht es durchaus Sinn, der folgenden Feature-Gegenüberstellung ein paar Minuten Denkkraft zu opfern.

> **HINWEIS**   Und denken Sie daran: Diese Liste ist sowieso nur dann für Sie wichtig, wenn Sie sich ohnehin für SQL Server von *Microsoft* als ausschließliche Datenbankplattform entschieden haben. Andere Datenbankserver können Sie zurzeit nur mit LINQ to Entities bedienen.

LINQ to SQL	LINQ to Entities
Grundsätzlich gilt: Beide Technologien erlauben, dass Datenbankschemata für Tabellen und Sichten in Form von Klassen in Ihrem .NET-Projekt gemappt werden. Eine Tabellendatenzeile entspricht dabei vereinfacht gesprochen einer Instanz einer Klasse, wobei die Spalten der Tabelle (natürlich auch einer Sicht) den Eigenschaften dieser Klasse entsprechen.[2] Abfragen passieren bei beiden Verfahren über LINQ, und beide Methoden stellen eine übergeordnete Verwaltungsinstanz zur Verfügung (*DataContext* bei LINQ to SQL, *ObjectContext* bei LINQ to Entities), über die die Tabellen und Sichtdefinitionen einerseits in Form von generischen Auflistungen zur Verfügung gestellt werden, die andererseits die Überwachung von Aktualisierungsbedarf geänderter/gelöschter/hinzugekommener Daten übernimmt. Dazu gehören natürlich auch das Herstellen der Datenbankverbindungen, das Befüllen der Businessobjektauflistungen, das Protokollieren der generierten SQL-Befehle aus den LINQ- oder Aktualisierungskonstrukten sowie das Bemerken und Auflösen von Concurrency-Exceptions (Behandeln von Änderungskonflikten). Dabei sind beide Technologien in der Lage, Tabellen *und* Sichten (Views) von Datenbanken im Objektmodell zu berücksichtigen, und auch Gespeicherte Prozeduren (Stored Procedures) lassen sich entweder zur Abfrage von Daten oder auch für spezielle Aktualisierungslogiken nutzen.	
Vorteil: Vergleichsweise einfach zu erlernen	**Nachteil:** Benötigtes Hintergrundwissen zum Nutzen aller Möglichkeiten ist ungleich größer als bei LINQ to SQL – was danach natürlich von Vorteil ist, weil Entwickler flexibler werden.
Nachteil: Datenbank → Objektmodell-Mappings werden überwiegend 1:1 abgebildet. Eine Tabellenstruktur (Tabellenschema) in LINQ to SQL muss also einer Klasse entsprechen, die entsprechende Eigenschaften aufweist, um mit dem Spaltenschema einer Tabelle kompatibel zu sein.	**Vorteil:** Durch Verwendung des konzeptionellen Datenmodells erlaubt es vereinfacht ausgedrückt ein Zwischenlayer, Relationen zwischen Tabellen und Business-Objekten eben nicht nur 1:1 abzubilden. (Mehr Infos dazu gibt es im nächsten Kapitel) – damit ist es schemaunabhängig.
Nachteil: Auf Microsoft SQL Server beschränkt	**Vorteil:** Bietet die Möglichkeit, weitere auf dem ADO.NET 2.0-Treibermodell basierende Provider zu verwenden, und damit den Zugriffscode auf die darunterliegende Datenbankplattform zu »egalisieren« (Ein Code, unterschiedliche Datenbankplattformen).
Vor- und Nachteil: Sehr einfache Designmöglichkeiten, aber dafür schnell erlernbar	**Vor- und Nachteil:** Weit komplexere Designmöglichkeiten, wie beispielsweise Datentabellenvererbung und Assoziationen, die aber auch eine längere Einarbeitungszeit erfordern.
Nachteil: N:m-Verbindungen werden, wie in der Datenbank, nur durch Zwischentabellen realisiert	**Vorteil:** Auflösung von Zwischentabellen bei N:M-Verbindungen in zwei Objektlisten
Vorteil: Lazy-Loading und Eager-Loading möglich. Tranparentes Lazy-Loading ist standardmäßig aktiviert.	**Nachteil:** Sowohl Lazy- als auch Eager-Loading sind möglich, allerdings ist beim Lazy-Loading nur manuell angestoßenes Nachladen von verknüpften Tabellen möglich
Vorteil: Businessobjekte, die die Tabellenzeilen einer Datentabelle oder einer Sicht widerspiegeln, müssen nicht von einer Basisklasse abgeleitet werden, sondern werden nur über .NET-Attributklassen zugeordnet. POCOs (*Plain Old CLR Objects*, etwa: *gute alte CLR-Objekte*) als Zuordnung zu einem Tabellen- oder Sichtschema sind also möglich. Sie müssen allerdings die Schnittstellen *INotifyPropertyChanging* sowie *INotifyPropertyChanged* einbinden, damit Änderungen an Eigenschaften der Businessobjekte entsprechend nachvollziehbar sind.	**Nachteil:** Im derzeitigen Release-Stand müssen Business-Objekte von *EntityObject* abgeleitet werden, um sich in die Entity-Infrastruktur einzufügen. Reine POCO-Objekte können nicht direkt einem Tabellen- oder Sichtschema zugeordnet werden, weil POCO-Objekte – wie der Name schon sagt – eben nicht von *EntityObject*, sondern gar nicht abgeleitet sind (außer von *Object* selbst natürlich, denn jede Klasse wird implizit von *Object* abgeleitet).

---

[2] Das ist standardmäßig bei LINQ to Entities so, muss aber bei LINQ to Entities nicht so sein, wie dann die spezifischen Gegenüberstellungen auch zeigen.

LINQ to SQL	LINQ to Entities
Vorteil: Forward Mapping ist möglich. Forward Mapping bedeutet, dass Sie ein Objektmodell entwerfen und sich daraus eine Datenbank erstellen lassen können. Reverse Mapping ist zwar die gängigere Methode, bei der also zunächst das Datenbankschema existiert, woraus das Objektmodell erstellt wird – in einigen Szenarien kann aber Forward Mapping durchaus Sinn machen.	**Nachteil:** Nur Reverse Mapping ist im derzeitigen Releasestand möglich. Sie können also ein Entity-Objektmodell nur aus einer vorhandenen Datenbank erstellen lassen, der umgekehrte Weg ist nicht möglich.
Nachteil: Businessobjekte sind zwar selbst serialisierbar, aber Auflistungen mit Verknüpfungen durch Foreign-Key-Relations leider nicht. Der Serialisierungssupport, wenn man Objektbäume also beispielsweise zwischenspeichern oder für Webservices serialisieren muss, ist also quasi nicht vorhanden.	**Vorteil:** Ganze Objektbäume, also Auflistungen mit den entsprechenden Business-Objekten, lassen sich serialisieren. Das gilt allerdings nicht für die *Verwalterklasse ObjectContext*, und auch die XML-Serialisierung funktioniert im gegenwärtigen Release-Stand nur eingeschränkt.
Nachteil: Die Delegation einer Abfrage über WebServices ist nicht möglich.	**Vorteil:** Die ADO.NET Data Services erlauben es, LINQ to Entities-Abfragen über einen Webservice auch auf einem Remote-Server ausführen zu lassen.

Tabelle 27.1 Vergleichstabelle als Entscheidungshilfe zwischen LINQ to SQL und LINQ to Entities

Wie es bisher war – ADO.NET 2.0 vs. LINQ in .NET 3.5

Auch in Visual Studio 2005 war es natürlich schon möglich, Client/Server-Anwendungen auf Basis von SQL Server 2000/2005 zu erstellen. Man bediente sich dabei regelmäßig eines grafischen DataSet-Designers, der es ermöglichte, so genannte typisierte DataSets zu erstellen. Diese übernahmen die Infrastruktur für den Austausch von Daten zwischen Client und SQL Server.

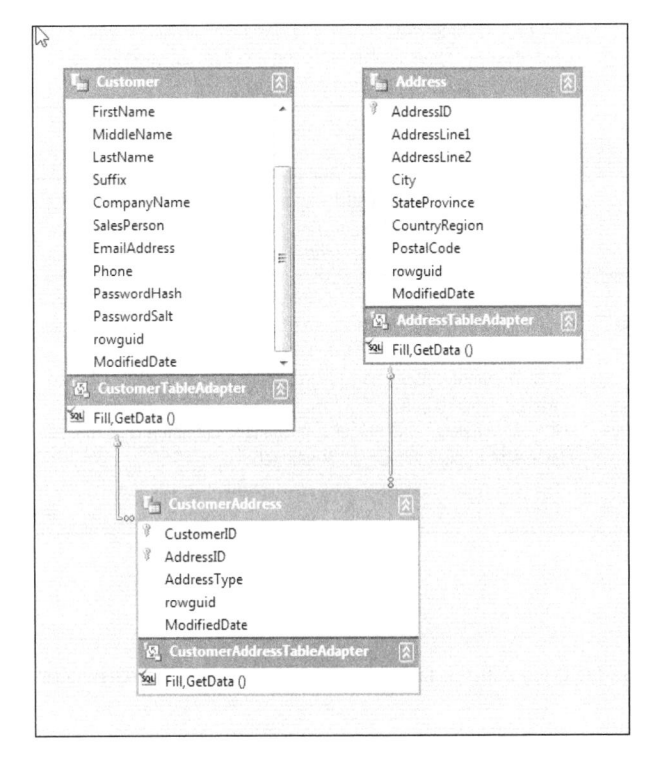

Abbildung 27.1 Der DataSet-Designer von VS 2005 für die *AdventureWorks*-Datenbank

Wie es bisher war – ADO.NET 2.0 vs. LINQ in .NET 3.5

Pro Tabelle wurde eine *DataTable*-Klasse erstellt und zudem noch jeweils eine Klasse mit dem *TableAdapter*. Letzterer enthielt die Methoden, um den Austausch der Daten (Selektieren, Aktualisieren, Einfügen und Löschen) mit SQL Server zu gewährleisten.

> **HINWEIS** Visual Studio 2008 bzw. .NET Framework 3.0 bietet auch die Möglichkeit zu *Linq to DataSets*. Dabei wird die Kommunikation zwischen SQL Server und der Client-Anwendung wie in bisherigen Versionen über *DataTable*-Objekte und *DataSet*-Objekte abgewickelt, und auch die Aktualisierungslogik läuft ganz normal, wie gewohnt, über Datasets. Die Abfrage, Selektierung und Sortierung der Daten *innerhalb* von Datasets und *DataTable*-Objekten kann dann aber über LINQ-Abfragen erfolgen. Durch den fehlendem Platz wollen wir dieses Thema im Rahmen dieses Buchs nicht näher vertiefen.

Auch für LINQ to SQL gibt es einen Designer, der dem seines Vorgängers vergleichsweise ähnlich sieht:

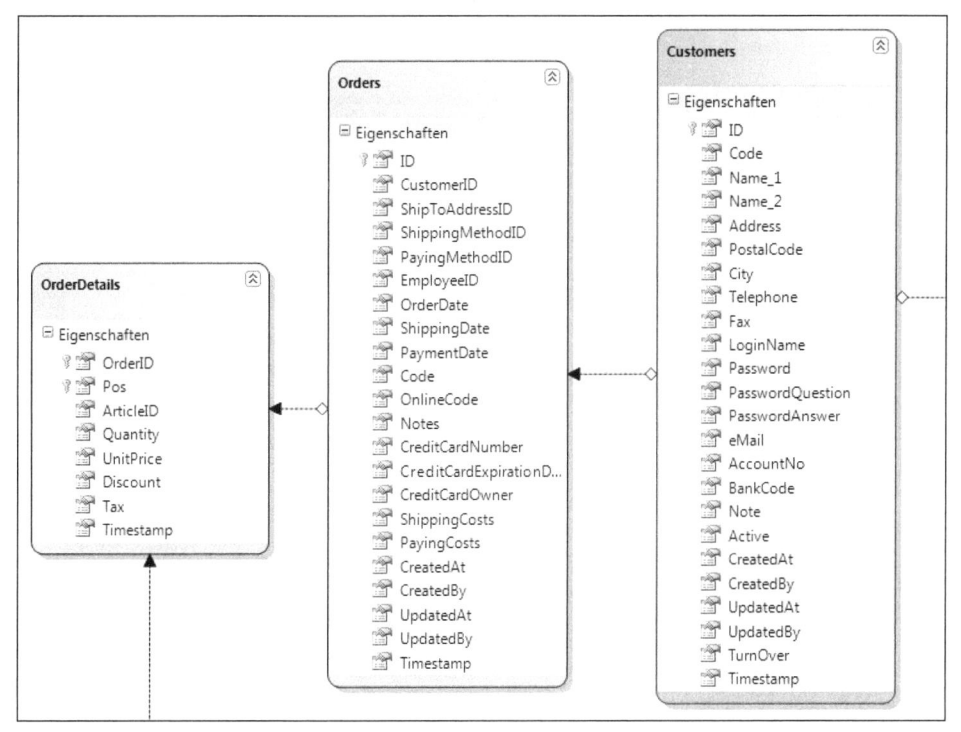

Abbildung 27.2 Der O/R-Designer von VS 2008

Wie Sie sehen, fehlen – mal ganz davon abgesehen, dass es sich im zweiten Fall um anderen Tabellen handelt – in den Zusätzen die jeweiligen TableAdapter, und Verhaltensweisen, die man zuvor über Tabellenattribute einstellen konnte, werden nun über Eigenschaften gesteuert.

Und damit enden die Gemeinsamkeiten auch schon – lassen Sie sich deswegen nicht über die oberflächlichen Ähnlichkeiten hinwegtäuschen: LINQ to SQL verfolgt einen gänzlich anderen Ansatz als die typisierten DataSets (mit denen Sie, falls Sie es wünschten, natürlich auch in dieser Version von C# noch weiterarbeiten könnten).

LINQ to SQL am Beispiel – Die ersten Schritte

Learning by Doing ist immer noch der beste Weg, neue Technologien kennen zu lernen, deswegen lassen Sie uns im Folgenden ein kleines LINQ to SQL-Beispiel erstellen.

1. Erstellen Sie ein neues C#-Projekt (als Konsolenanwendung).
2. Fügen Sie mithilfe des Projektmappen-Explorers ein neues Element in die Projektmappe ein – das entsprechende Dialogfeld erreichen Sie über das Kontext-Menü des Projektnamens –, und wählen Sie für das neue Element, wie in der Abbildung zu sehen, die Vorlage *LINQ to SQL-Klasse* aus.
3. Nennen Sie sie *netShop*.

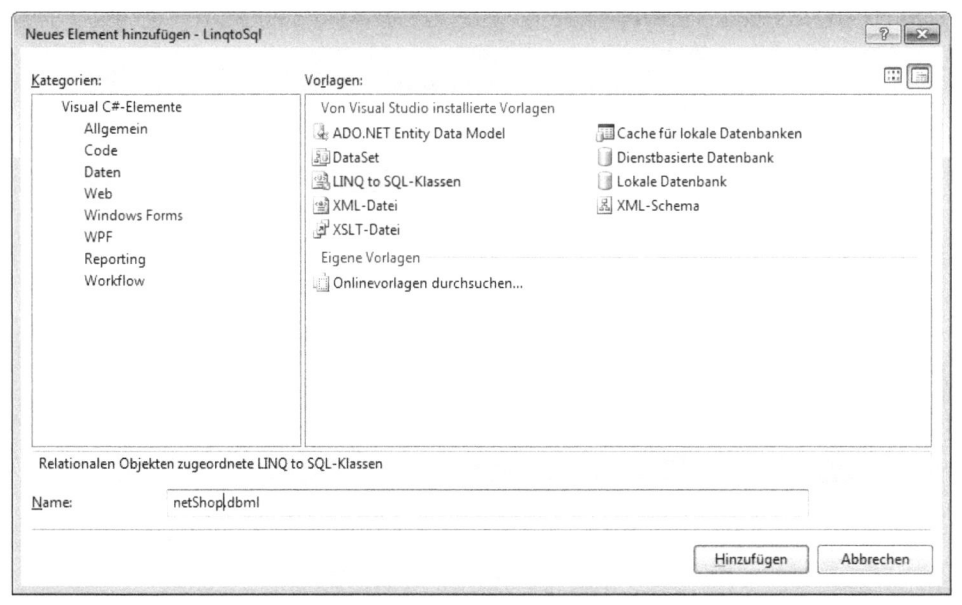

Abbildung 27.3 Hinzufügen einer LINQ to SQL-Klasse

4. Schließen Sie das Dialogfeld mit Mausklick auf *Hinzufügen* ab.
5. Im nächsten Schritt sehen Sie den so genannten Object Relational Designer (O/R-Designer), der es Ihnen gestattet, neue Business-Objektklassen auf Basis von Datenbankobjekten zu entwerfen. Öffnen Sie den Server-Explorer (falls Sie ihn nicht sehen, lassen Sie ihn über das *Ansicht*-Menü anzeigen), öffnen Sie das Kontextmenü von *Datenverbindungen*, und fügen Sie eine neue Verbindung hinzu.

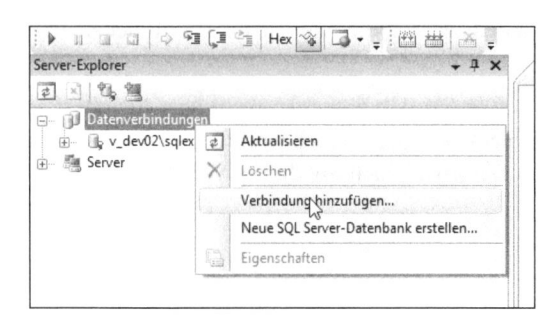

Abbildung 27.4 Erstellen einer neuen Datenverbindung

LINQ to SQL am Beispiel – Die ersten Schritte

6. Wählen Sie in dem nun folgenden Dialogfeld die SQL Server-Instanz sowie die Datenbank netShop aus, die wir im folgenden Beispiel verwenden wollen.

Abbildung 27.5 Auswählen von SQL Server-Instanz und Datenbank

> **HINWEIS** Wenn Sie die Auswahlliste *Servername* öffnen, um einen Netzwerkserver an dieser Stelle auszuwählen, Sie ihn aber nicht sehen, überprüfen Sie, ob a) die Firewall-Einstellungen (Port 1433 für die Standardinstanz bzw. die erste auf dem Rechner installierte Instanz) auf SQL Server die Kommunikation verhindern und b) der Browser-Dienst aktiviert ist. Und c), ganz wichtig: Natürlich müssen auf dem Zielserver auch die entsprechenden Netzwerkprotokolle aktiviert sein; diese sind nach einer Installation nämlich standardmäßig ausgeschaltet. Verwenden Sie, um die Netzwerkprotokolle zu aktivieren, den *SQL Server Configuration Manager*, den Sie in der Programmgruppe *SQL Server 2008* und *Konfigurationstools* finden. Aktivieren Sie die Protokolle *TCP/IP* sowie *Named Pipes*, wie in der folgenden Abbildung zu sehen.

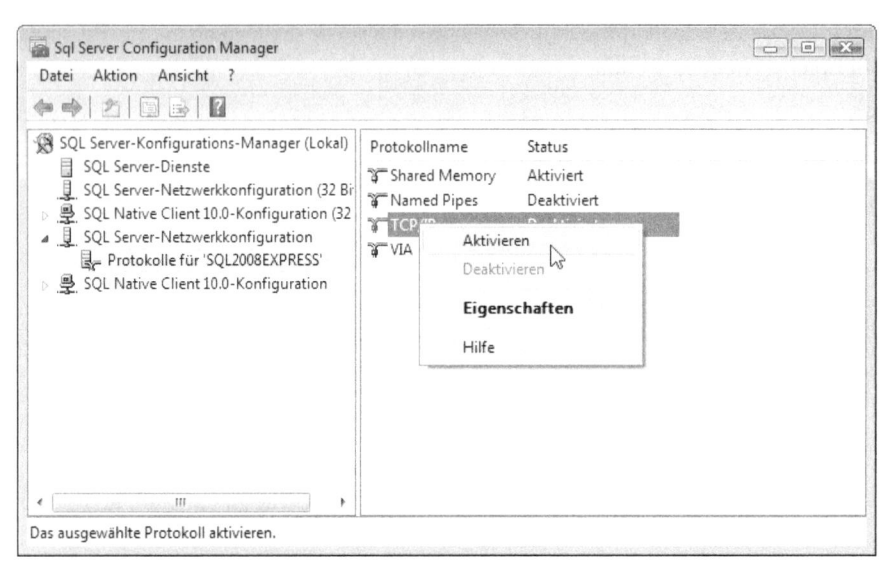

Abbildung 27.6 Damit SQL Server über das Netzwerk erreichbar ist, müssen Sie einstellen, welche Netzwerkprotokolle zur Kommunikation verwendet werden sollen. Denken Sie auch an das Öffnen des entsprechenden Ports (1433) im Firewall!

7. Sobald Sie die Verbindung getestet und das Dialogfeld mit *OK* beendet haben, können Sie sich im *Server-Explorer* durch die Datenbankstrukturen bewegen. Ziehen Sie die Tabellen *Contracts*, *Customers*, *Orders*, *OrderDetails* und *Articles* per Drag and Drop in den O/R-Designer. Sie erhalten eine ähnliche Ansicht wie in Abbildung 27.2.

HINWEIS Das Tabellenschema in der netShop-Datenbank ist in der englischen Sprache gehalten; es gibt zurzeit leider keine lokalisierten Versionen dieser Beispieldatenbank. Deswegen seien Ihnen hier die am wahrscheinlichsten unklaren Begriffe/Bezeichnungen der Datenbank auszugsweise kurz erklärt:

- **Customers** Entspricht *Kunden*. Alle kundenrelevanten Daten werden in Tabellen, die diese Namenkategorie aufweisen, gespeichert.
- **Contracts** Bildet Vertäge ab
- **Orders** Hierbei handelt es sich um Bestellungen. Sie sind einem Kunden zugeordnet.
- **OrderDetails** Diese Tabelle stellt die bestellten Artikel einer Bestellung dar
- **Articles** Es handelt sich um die Beschreibung der jeweiligen Artikel
- **ShipToAdresses** Es handelt sich hierbei um Lieferadressen zu den Bestellungen

Dabei ist es zunächst übrigens völlig gleich, ob Sie Tabellen der Datenbank oder Sichten in den O/R-Designer ziehen – das hat bestenfalls Einfluss auf die entsprechenden generierten Klassen. Auch gespeicherte Prozeduren lassen sich auf diese Weise mit dem O/R-Designer verarbeiten, jedoch landen diese, anders als Sichten oder Tabellen, nicht im Hauptbereich sondern im rechten Bereich des O/R-Designers, wie in Abbildung 27.7 gekennzeichnet.

LINQ to SQL am Beispiel – Die ersten Schritte

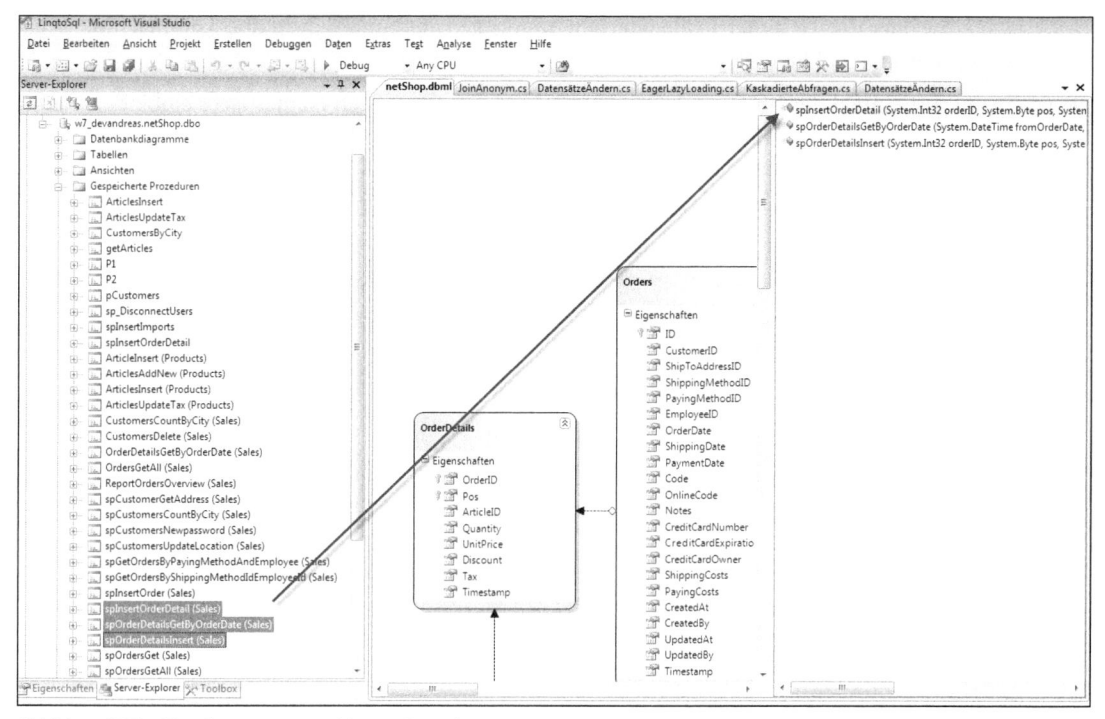

Abbildung 27.7 Hinzufügen von gespeicherten Prozeduren

8. Speichern Sie Ihre Design-Änderungen ab. Wenn Sie mit dem entsprechenden Symbol des Projektmappen-Explorers *Alle Dateien* im Projektmappen-Explorer eingeblendet haben, finden Sie dort eine Datei namens *netShop.designer.cs*.

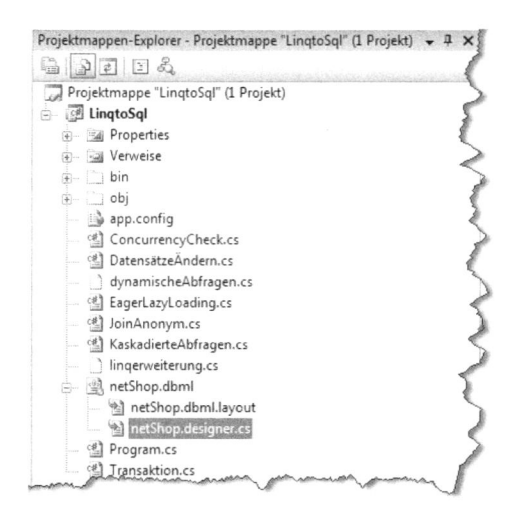

Abbildung 27.8 Der O/R-Designer erstellt eine C#-Codedatei – klicken Sie auf das Symbol *Alle Dateien anzeigen*, falls die Datei nicht zu sehen sein sollte!

Diese Datei beinhaltet unter anderem den Quellcode für den schon erwähnten *DataContext*. Erinnern wir uns: Der DataContext ist die Verwaltungsinstanz bei LINQ to SQL: Der DataContext verwaltet beispielsweise die Verbindungszeichenfolge für den Verbindungsaufbau zur Datenbank, er kümmert sich um die Aktualisierungslogiken und übernimmt die Transaktionssteuerung.

Doch lassen Sie uns die Designer-Codedatei ein wenig genauer unter die Lupe nehmen und schauen, welchen Code der LINQ to SQL-O/R-Designer für uns erzeugt hat:

Da wäre zunächst einmal der Prolog der Codedatei, der die notwendigen Namespaces einbindet. Und dann beginnt die Datei mit der Verwalterklasse, dem *DataContext*:

```
#pragma warning disable 1591
//------------------------------------------------------------------------------
// <auto-generated>
//     Dieser Code wurde von einem Tool generiert.
//     Laufzeitversion:2.0.50727.4927
//
//     Änderungen an dieser Datei können falsches Verhalten verursachen und gehen verloren, wenn
//     der Code erneut generiert wird.
// </auto-generated>
//------------------------------------------------------------------------------

namespace LinqtoSql
{
using System.Data.Linq;
using System.Data.Linq.Mapping;
using System.Data;
using System.Collections.Generic;
using System.Reflection;
using System.Linq;
using System.Linq.Expressions;
using System.ComponentModel;
using System;

[System.Data.Linq.Mapping.DatabaseAttribute(Name="netShop")]
public partial class netShopDataContext : System.Data.Linq.DataContext
{
```

Listing 27.1 Grundstruktur einer generierten *DataContext*-Klasse

Weiter unten erfolgen dann die Definitionen der entsprechenden Tabellen-Eigenschaften, die als generische Auflistung der vom O/RM erstellten Businessobjekte implementiert sind. Also: Für eine Tabellenzeile der Ausgangstabelle *OrderDetails* dient im Objektmodell die Klasse *OrderDetails*. Ein ganzer Tabelleninhalt oder Zeilenergebnisse einer Abfrage dieser Tabelle werden durch eine Auflistung dieses Typs repräsentiert und können durch die Eigenschaft *OrderDetails* abgerufen werden. Das gilt für die anderen Tabellen, die wir in den Designer gezogen haben, gleichermaßen, und deswegen schneiderte der O/R-Designer folgenden Code daraus:

```
public System.Data.Linq.Table<OrderDetails> OrderDetails
{
        get
        {
                return this.GetTable<OrderDetails>();
        }
}

public System.Data.Linq.Table<Orders> Orders
{
        get
        {
                return this.GetTable<Orders>();
        }
}
```

Listing 27.2 Das Framework verwendet generische Klassen für die Tabellenobjekte

LINQ to SQL am Beispiel – Die ersten Schritte

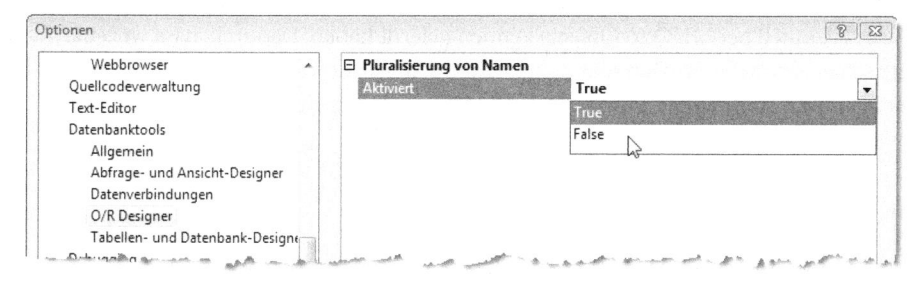

> **TIPP**
>
> **Abbildung 27.9** Im Optionsdialogfeld von Visual Studio können Sie die Pluralisierung von Auflistungseigenschaften beim Tabellen-Mapping ein- und ausschalten
>
> Das ist der Grund, weswegen Sie die Pluralisierung ein- und ausschalten können. Dazu wählen Sie aus dem Menü *Extras* den Befehl *Optionen* und navigieren in der Optionsliste zu *Datenbanktools* und *O/R Designer*. Ändern Sie in der Eigenschaftenliste dann die Pluralisierung von Namen entsprechend.

Sie sehen: Sämtliche Tabellenstrukturen werden in der Ableitung der *DataContext*-Klasse definiert, die in unserem Fall *netShopDataContext* lautet. Der DataContext übernimmt zur Laufzeit übrigens in etwa die Rolle, die *TableAdapter* bei typisierten DataSets spielt – er kümmert sich ebenfalls um die Aktualisierungslogik.

Nun fügen Sie ein einfaches Modul in das Beispiel ein, in dem wir unsere erste kleine Abfrage starten und das Ergebnis in das Konsolenfenster ausgeben.

1. Wechseln Sie daher mithilfe des Projektmappen-Explorers per Doppelklick zur Codedatei *Program.cs*.
2. Als erstes deklarieren wir den benötigten Datenkontext, der in unserem Fall vom Typ n*etShopDataContext* ist:

```
// Neuen Datacontext anlegen
netShopDataContext nSDataContext = new netShopDataContext();
```

Mithilfe von IntelliSense können wir schon jetzt erkennen, wie in der folgenden Abbildung zu sehen, dass die gemappten Tabellen, die wir zuvor im O/R-Designer angelegt haben, jetzt in Form von Eigenschaften über diesen DataContext zu erreichen sind.

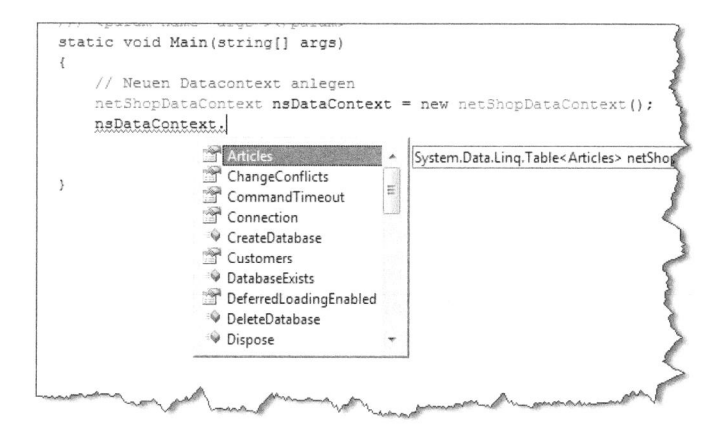

Abbildung 27.10 Die gemappten Tabellen sind in Form von generischen Auflistungen über den Datacontext erreichen

3. Damit haben wir nun die Möglichkeit, beispielsweise die Tabellen der Kunden (Customers) in eine LINQ-Abfrage einzubauen. Und jetzt kommt das Schöne an LINQ: Wir bauen unsere LINQ-Abfragen nun genau so, wie Sie es eventuell bei LINQ to Objects kennen gelernt haben. Dadurch, dass wir eine Tabellenauflistungseigenschaft des netShop-Datenkontext verwenden, wird diese Abfrage automatisch auf den SQL Server »gelenkt«. Probieren wir es. Fügen Sie die folgenden Zeilen ein:

```
class Program
{
    static void Main(string[] args)
    {
        // Neuen Datacontext anlegen
        netShopDataContext nSDataContext = new netShopDataContext();
        var Customerliste=from customeritem in nSDataContext.Customers
                    where customeritem.Name_2.StartsWith("Quin")
                    orderby customeritem.Name_2 select customeritem;

        foreach (Customers customeritem in Customerliste)
        {
            Console.WriteLine(customeritem.ID + ": " + customeritem.Name_2 );
        }
        Console.WriteLine();
        Console.WriteLine ("Taste drücken,  zum Beenden");
        Console.ReadKey();
    }
}
```

4. Übrigens, haben Sie es bemerkt? Auch beim Eingeben der im Listing fett gesetzten eigentlichen LINQ-Abfrage werden Sie wieder proaktiv von IntelliSense unterstützt. Da die Objekte, die wir hier verwenden, aus der Datenbank 1:1 gemappt wurden, brauchen Sie sich um Feldnamen und Typen keine Gedanken mehr zu machen: IntelliSense zeigt Sie Ihnen direkt bei der Ausformulierung der LINQ-Abfrage an – wie auch in der folgenden Abbildung zu sehen:

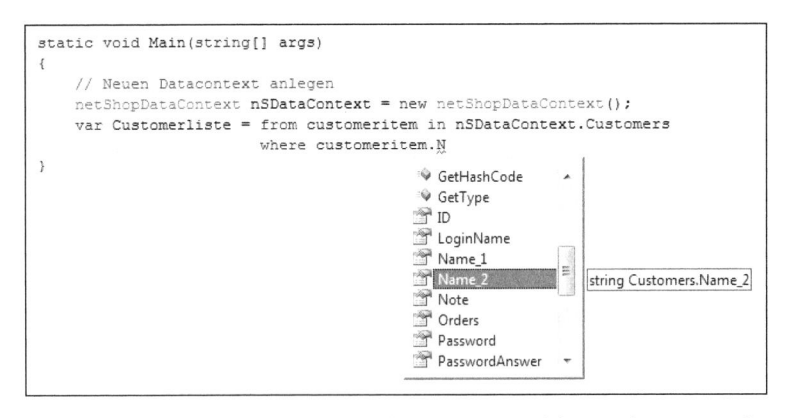

Abbildung 27.11 Auch bei LINQ to SQL gilt – volle IntelliSense-Unterstützung entlastet Sie aktiv. Tabellenschemata in Form von Felddefinitionen und -Typen.

5. Und damit können wir unsere erste kleine LINQ-Abfrage schon ausprobieren. Wenn Sie diese Anwendung laufen lassen (beim ersten Start kann es ein paar Sekunden länger dauern, bevor was passiert, da SQL Server die entsprechenden Datenseite cacht, was bei allen folgenden Starts dann viel schneller geht!).

```
6667: Quincke
6668: Quinn

Taste drücken, zum Beenden
```

6. Das Ergebnis entspricht genau dem, was zu erwarten war!
7. Wechseln Sie nun zur Klasse *JoinAnonym.cs*, und schauen Sie sich die dort vorhandenen Codezeilen an:

```
class JoinAnonym
{
    /// <summary>
    /// Beispiel: Abfragen von Daten mithilfe eines Joins
    /// Das Ergebnis wird in anonymen Typen gespeichert
    /// </summary>
    /// <param name="args"></param>
    static void Main(string[] args)
    {
        netShopDataContext nSDataContext = new netShopDataContext();

        var Orderlist = from ord in nSDataContext.Orders
                        join orddetail in nSDataContext.OrderDetails on ord.ID
                            equals orddetail.OrderID
                                where orddetail.OrderID.ToString().StartsWith("533")
                        join article in nSDataContext.Articles on orddetail.ArticleID
                            equals article.ID
                        join customitem in nSDataContext.Customers on ord.CustomerID
                            equals customitem.ID
                                where customitem.Name_1 == "Stefan"
                        select new {ID =ord.ID,
                                    CustomerID = customitem.ID,
                                    ArticleName=article.Name,
                                    Price = orddetail.UnitPrice,
                                    Name = customitem.Name_1};
        //Console.WriteLine();
        //nSDataContext.Log = Console.Out;

        foreach (var item in Orderlist)
        {
            Console.WriteLine("Bestellnummer: {0}; Kundennummer: {1}; Name: {2}; Artikel: {3}; Preis:
                 {4:#,##0.00} Euro, ",
                        item.ID, item.CustomerID, item.Name, item.ArticleName, item.Price );
        }

        Console.WriteLine();
        Console.WriteLine("Taste drücken zum Beenden");
        Console.ReadKey();
    }
}
```

In dieser Abfrage werden die vier Tabellen *Customers, Articles, Orders* und *OrderDetails* durch eine *Join*-Klausel miteinander verknüpft. Zudem wird die Abfrage auf alle Kunden beschränkt, deren Vorname *Stefan* ist und die Bestellnummer mit *533* beginnt. Für alle gefundenen Datensätze werden anschließend Informationen zu der Bestellung und dem Artikel ausgegeben – für die Ergebnismenge wird dazu mit *Select* eine Auflistung mit Instanzen einer entsprechenden anonymen Klasse erstellt.

Damit das Beispielprojekt jetzt auch mit dieser *Main*-Methode startet, stellen Sie bitte in den Projekteigenschaften das entsprechende Startobjekt ein. Die Projekteigenschaften erreichen Sie, indem Sie im Projektmappen-Explorer auf dem Projektnamen das Kontextmenü öffnen und Eigenschaften auswählen (Sie erhalten folgende Maske).

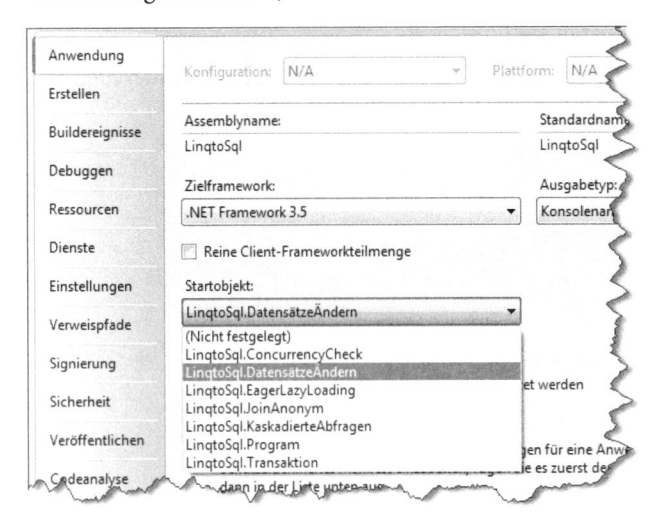

Abbildung 27.12 So bestimmen Sie, in welcher Klasse die *Main*-Methode zum Starten der Anwendung aufgerufen werden soll

Die Ausgabe dieses Programms liefert:

```
Bestellnummer: 53396; Kundennummer: 9276; Name: Stefan; Artikel: Grapefruits; Preis: 16,00 Euro;
Bestellnummer: 53396; Kundennummer: 9276; Name: Stefan; Artikel: Granatäpfel; Preis: 5,00 Euro;
Bestellnummer: 53396; Kundennummer: 9276; Name: Stefan; Artikel: Zwiebeln; Preis: 6,00 Euro;
Bestellnummer: 53396; Kundennummer: 9276; Name: Stefan; Artikel: Avocados; Preis: 30,00 Euro;
Bestellnummer: 53396; Kundennummer: 9276; Name: Stefan; Artikel: Radieschen; Preis: 5,00 Euro;
Bestellnummer: 53396; Kundennummer: 9276; Name: Stefan; Artikel: Walnüsse; Preis: 18,00 Euro;
Bestellnummer: 53396; Kundennummer: 9276; Name: Stefan; Artikel: Orangensaft; Preis: 2,00 Euro;
Bestellnummer: 53396; Kundennummer: 9276; Name: Stefan; Artikel: Artischocken; Preis: 21,00 Euro;
Bestellnummer: 53396; Kundennummer: 9276; Name: Stefan; Artikel: Erdnüsse; Preis: 12,00 Euro;

Taste drücken zum Beenden
```

Protokollieren der generierten T-SQL-Befehle

Und jetzt kommt das Entscheidende: Das Ergebnis dieser Abfrage wird nicht auf dem Rechner ermittelt, auf dem das Programm läuft, sondern aus der LINQ-Abfrage wird ein SQL-Befehl erstellt, zur Datenbank versendet und das Ergebnis wird anschließend von der Datenbank quasi »abgeholt«.

Sie können das einfach überprüfen, indem Sie vor der For/Each-Schleife der *Log*-Eigenschaft des Datenkontexts eine *TextWriter*-Instanz hinzufügen. Wir nutzen hierfür *Console.Out*:

```
nSDataContext.Log = Console.Out;
```

Die Ausgabe des Programms liefert nun etwas mehr Informationen, und verrät das Geheimnis, wie oder vielmehr mit welchen SQL-Statements die Kommunikation zwischen dem Client und SQL Server über den Datenkontext vonstatten geht:

```
SELECT [t0].[ID], [t3].[ID] AS [CustomerID], [t2].[Name] AS [ArticleName], [t1].[UnitPrice] AS [Price],
[t3].[Name_1] AS [Name]
FROM [Sales].[Orders] AS [t0]
INNER JOIN [Sales].[OrderDetails] AS [t1] ON [t0].[ID] = [t1].[OrderID]
INNER JOIN [Products].[Articles] AS [t2] ON [t1].[ArticleID] = [t2].[ID]
INNER JOIN [Sales].[Customers] AS [t3] ON [t0].[CustomerID] = [t3].[ID]
WHERE ([t3].[Name_1] = @p0) AND ((CONVERT(NVarChar,[t1].[OrderID])) LIKE @p1)
-- @p0: Input VarChar (Size = 6; Prec = 0; Scale = 0) [Stefan]
-- @p1: Input NVarChar (Size = 4; Prec = 0; Scale = 0) [533%]
-- Context: SqlProvider(Sql2008) Model: AttributedMetaModel Build: 3.5.30729.4926

Bestellnummer:  53396; Kundennummer: 9276; Name: Stefan;   Artikel: Grapefruits; Preis: 16,00 Euro;
Bestellnummer:  53396; Kundennummer: 9276; Name: Stefan;   Artikel: Granatäpfel; Preis: 5,00 Euro;
Bestellnummer:  53396; Kundennummer: 9276; Name: Stefan;   Artikel: Zwiebeln; Preis: 6,00 Euro;
Bestellnummer:  53396; Kundennummer: 9276; Name: Stefan;   Artikel: Avocados; Preis: 30,00 Euro;
Bestellnummer:  53396; Kundennummer: 9276; Name: Stefan;   Artikel: Radieschen; Preis: 5,00 Euro;
Bestellnummer:  53396; Kundennummer: 9276; Name: Stefan;   Artikel: Walnüsse; Preis: 18,00 Euro;
Bestellnummer:  53396; Kundennummer: 9276; Name: Stefan;   Artikel: Orangensaft; Preis: 2,00 Euro;
Bestellnummer:  53396; Kundennummer: 9276; Name: Stefan;   Artikel: Artischocken; Preis: 21,00 Euro;
Bestellnummer:  53396; Kundennummer: 9276; Name: Stefan;   Artikel: Erdnüsse; Preis: 12,00 Euro;

Taste drücken zum Beenden
```

Listing 27.3 Durch Zuweisung von *Console.Out* auf die Log-Eigenschaft des *DataContext* können die erzeugten SQL-Befehle ausgegeben werden

Wie Sie sehen, werden nur die Daten selektiert, die wir auch in dem *Select*-Ausdruck festgelegt haben. Zudem wird unsere *Where*-Klausel ebenso an SQL Server übermittelt.

Natürlich arbeitet der LINQ to SQL-Provider dabei mit Parametern, und setzt diese nicht als Konstanten direkt in die Abfrage ein. Deswegen ist die WHERE-Klausel auch als

```
(CONVERT(NVarChar,[t1].[OrderID])) LIKE @p1
```

formuliert. Welcher Parameter dann für *@p1* eingesetzt wird, protokolliert das Log in den nächsten beiden fett gesetzten Zeilen in Listing 27.3.

Das hat den Vorteil, dass SQL Server einen so genannten Ausführungsplan erstellen kann. Das bedeutet, dass er einen nicht unerheblichen Aufwand betreibt, die beste Strategie auszuarbeiten, um schnellstmöglich an die abgefragten Daten zu kommen. Lässt man ihn dabei mit Parametern arbeiten, kann er diesen Ausführungsplan wiederverwenden, was nicht möglich wäre, würde man ihm die Abfragekonditionen direkt als Konstanten und nicht als Parameter übergeben.

Diese Umwandlung von LINQ to SQL in eine *Select*-Anweisung wird durch einen datenbankspezifischen LINQ-Provider durchgeführt, und ich mag Ihnen empfehlen, ein wenig mit verschiedenen Abfragen gegen die netShop-Datenbank zu experimentieren, um einerseits ein Gefühl für LINQ to SQL an sich, andererseits aber auch eines für die Umsetzung von lokalem LINQ auf »echtes« T-SQL zu bekommen.

Der Funktionsaufruf von *Convert* ist die T-SQL-Umsetzung von *OrderID.ToString()*, um die numerische OrderID in einen String umzuwandeln. Wie Sie hier weiterhin sehen, wurde für @p1 533% angegeben. Im Code hatten Sie *StartsWith("533")* eingetragen. Aus dem C# Code *StartsWith("533")* wird der T-SQL-Befehl *Like 533%*.

Verzögerte Abfrageausführung und kaskadierte Abfragen

Aufgrund der verzögerten Ausführung von LINQ-Abfragen können sehr einfache und übersichtliche Sub-Select-Abfragen mit LINQ to SQL durchgeführt werden.

Im folgenden Beispiel erstellen wir eine Adressabfrage für alle Kunden aus *Korbach*, die den Artikel *Brandenburger Blond* bestellt haben:

```
static void Main(string[] args)
{
    int gesuchterArtikelNr = 50;      //Brandenburger Blond

    netShopDataContext nsDataContext = new netShopDataContext();

    //Abfrage für die Bestellungen
    var bestellung = from bestellItem in nsDataContext.Orders
                     join bestellDetails in nsDataContext.OrderDetails on bestellItem.ID
                     equals bestellDetails.OrderID
                     where bestellDetails.ArticleID == gesuchterArtikelNr
                     select bestellItem;

    //Abfrage für Kundenadressen erstellen
    var kunde = from kundenItem in nsDataContext.Customers
                where bestellung.Any(c => c.CustomerID == kundenItem.ID) && kundenItem.City == "Korbach"
                select kundenItem;

    //Alle Datenbank-Aktionen auf Console.Out ausgeben
    nsDataContext.Log = Console.Out;

    //Abfrage ausführen (und Objekt von Datakontext trennen!)
    var kundenliste = kunde.ToList();

    //Gefundene Datensätze ausgeben
    foreach (var item in kundenliste)
    {
        Console.WriteLine("Adresse von {0} : {1} {2} {3}", item.Name_2, item.Address, item.PostalCode,
            item.City);
    }

    Console.WriteLine();
    Console.WriteLine("Taste drücken zum Beenden!");
    Console.ReadKey();
}
```

Listing 27.4 *Beispiel einer verzögerten, kaskadierten Abfrage*

HINWEIS Denken Sie daran, das Startobjekt auf die Main-Methode der Klasse *KaskadierteAbfragen* im Beispielprojekt zu ändern, damit dieses Beispiel ausgeführt wird.

Als erstes selektieren wir die Bestellungen, in denen das *Brandenburger Blonde* bestellt wurde. Um das Beispiel einfacher zu gestalten, wird direkt die ArticleID 50 verwendet. Sie können natürlich auch die ID mit einer LINQ-Abfrage ermitteln (entweder per Join in der Abfrage *bestellung*, oder im Vorfeld, z.B. *int gesuchterArtikelNr=from .... Select ArticleID*). Hierzu wird über die *OrderID* ein join zwischen den Tabellen *Orders* und *OrderDetails* hergestellt. Nur die Daten aus der Tabelle *Orders* werden selektiert, diese Abfrage wird in *bestellung* gespeichert – und das ist für den Moment äußerst richtig formuliert. Eine Ergebnismenge liefert *bestellung* erst dann, wenn auf das erste Element zugegriffen würde, denn erst dann führte LINQ und damit der SQL Server die Abfrage aus. Bis das geschieht, ist *bestellung* also quasi nur ein Platzhalter für die bis dahin zusammengestellte Abfrage.

Als nächstes selektieren wir aus der Tabelle *Customers* den Datensatz, der zur CustomerID der gesuchten Bestellung passt und dessen Wohnort *Korbach* ist. Diese Abfrage wird in *kunde* gespeichert.
Wir benutzen dazu die *Any*-Klausel, um den entsprechenden Datensatz zu finden, der den Kriterien entspricht, da die Ausgangsliste natürlich ebenfalls komplett durchsucht werden muss – und das ist genau das, was *Any* leistet: *Any* iteriert durch die Elemente und überprüft, ob wenigstens ein Element der Bedingung entspricht, die durch den angegebenen Lambda-Ausdruck vorgegeben wird.

> **HINWEIS** Noch einmal zur Erinnerung: Das Prinzip der verzögerten Ausführung bestimmt, dass bislang noch keine Abfrage ausgeführt wurde. Es wurden lediglich die Abfragen definiert. Das gilt natürlich gleichermaßen für die Ausführung von *Any*. Erst durch den Aufruf der *ToList()*-Methode werden die drei Abfragen zu einer zusammengesetzt und ausgeführt, weil das *erste Mal* der Versuch gestartet wird, ein Element der Ergebnismenge abzurufen.

Als Ergebnis erhalten wir die Anschrift der gesuchten Kunden (und, da das Logging für die SQL-Abfragegenerierung aktiviert wurde, auch die eigentliche SQL-Abfrage, die an den SQL Server gesendet wird).

```
SELECT [t0].[ID], [t0].[Code], [t0].[Name_1], [t0].[Name_2], [t0].[Address], [t0].[PostalCode],
[t0].[City], [t0].[Telephone], [t0].[Fax], [t0].[LoginName], [t0].[Password], [t0].[PasswordQuestion],
[t0].[PasswordAnswer], [t0].[eMail], [t0].[AccountNo], [t0].[BankCode], [t0].[Note], [t0].[Active],
[t0].[CreatedAt], [t0].[CreatedBy], [t0].[UpdatedAt], [t0].[UpdatedBy], [t0].[Timestamp]
FROM [Sales].[Customers] AS [t0]
WHERE (EXISTS(
    SELECT NULL AS [EMPTY]
    FROM [Sales].[Orders] AS [t1]
    INNER JOIN [Sales].[OrderDetails] AS [t2] ON [t1].[ID] = [t2].[OrderID]
    WHERE ([t1].[CustomerID] = [t0].[ID]) AND ([t2].[ArticleID] = @p0)
    )) AND ([t0].[City] = @p1)
-- @p0: Input Int (Size = 0; Prec = 0; Scale = 0) [50]
-- @p1: Input VarChar (Size = 7; Prec = 0; Scale = 0) [Korbach]
-- Context: SqlProvider(Sql2008) Model: AttributedMetaModel Build: 3.5.30729.4926

Adresse von Davis : Mackenroder Weg 13 34497 Korbach
Adresse von Hammer : Försterweg 33 34497 Korbach
Adresse von vom Draubenthal : Hippmannstraße 2 34497 Korbach
Adresse von Wuennemann : Hogenestweg 62 34497 Korbach

Taste drücken zum Beenden!
```

Listing 27.5 Diese Ausgabe wird durch das Programm aus Listing 27.4 auf *Console.Out* ausgegeben

Eager- und Lazy-Loading – Steuern der Ladestrategien bei 1:n-Relationen

Stellen Sie sich vor, Sie möchten in einer Datenbank häufig Daten einer Tabelle abrufen, die in einer 1:n-Beziehung mit einer anderen Tabelle verknüpft sind. Sie brauchen dazu, wenn Sie die entsprechenden Relationen der Tabellen im O/R-Designer eingefügt haben, dazu keinen zusätzlichen Aufwand zu betreiben, da LINQ to SQL die entsprechenden Maßnahmen für Sie unternimmt.

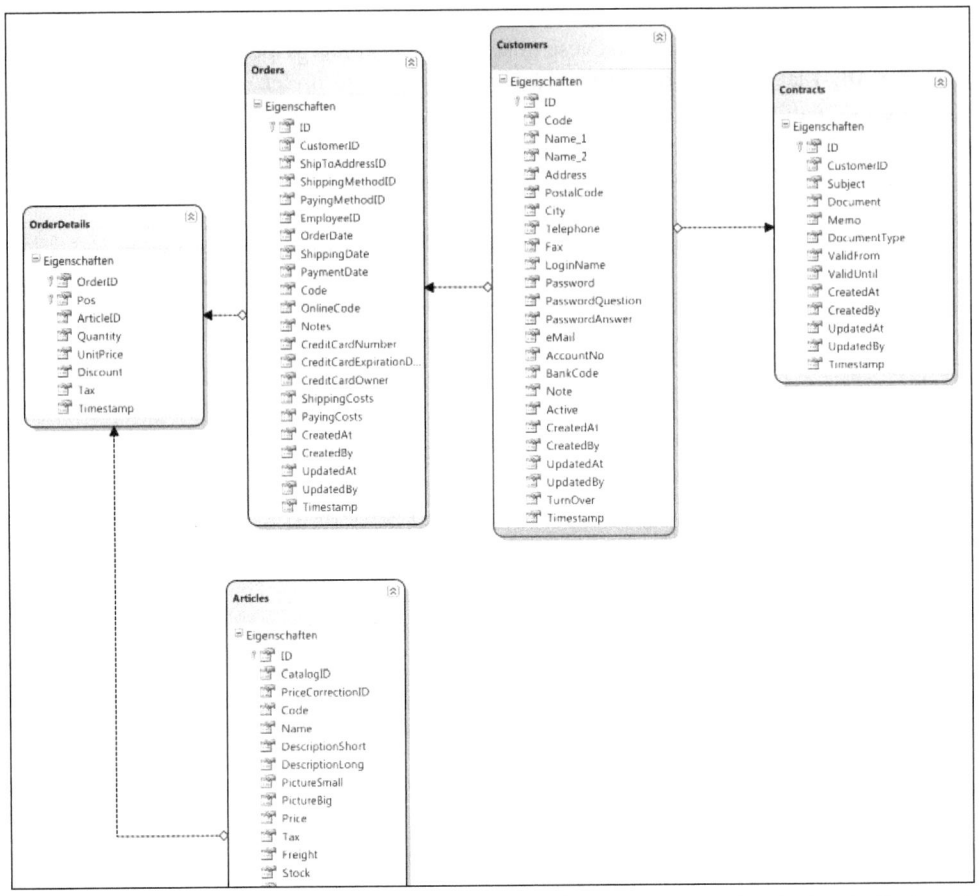

Abbildung 27.13 Um das verzögerte Abfragen von 1:N-Relationen zu demonstrieren, verwenden wir neben den Kunden auch die Bestellungen

So fragt der folgende Codeausschnitt (im Codedatei *EagerLazyLoading* des Beispielprojekts zu finden) alle Kunden ab, deren Nachname *Abel* ist.

```
var kundenliste = from kundenitem in nsDataContext.Customers
                  where kundenitem.Name_2 == "Abel"
                  orderby kundenitem.Name_1
                  select kundenitem;

//Rausfinden, welche Bestellungen macht der Kunde
foreach (var kunde in kundenliste)
{
    Console.WriteLine(kunde.ID + ": " + kunde.Name_2 + ", " + kunde.Name_1);
    Console.WriteLine(new String('=', 70));
    foreach (var order in kunde.Orders)
    {
        Console.Write("ID: " + order.ID + " ");
        Console.WriteLine("Datum: " + order.OrderDate.ToShortDateString());
    }
}
```

Listing 27.6 Die Bestellungen (Orders) werden automatisch nachgeladen, wenn auf die Navigationseigenschaft zugegriffen wird

Eager- und Lazy-Loading – Steuern der Ladestrategien bei 1:n-Relationen

Das Ergebnis dieser Zusammenstellung sieht nun folgendermaßen aus (Ausgabe gekürzt):

```
4: Abel, Felix
================================================================
ID: 5949 Datum: 02.12.2007
ID: 6580 Datum: 12.08.2004
ID: 9850 Datum: 24.06.2008
ID: 21946 Datum: 22.03.2007
ID: 25521 Datum: 11.10.2007
ID: 33985 Datum: 11.07.2005
…
…
…
ID: 189086 Datum: 28.07.2005
ID: 204746 Datum: 16.09.2005
ID: 205058 Datum: 01.09.2007
ID: 211655 Datum: 23.08.2008
ID: 216297 Datum: 20.01.2008
ID: 235948 Datum: 14.06.2006
ID: 238175 Datum: 14.07.2008
5: Abel, Julia
================================================================
ID: 172 Datum: 12.02.2008
ID: 2240 Datum: 11.09.2008
ID: 4966 Datum: 07.06.2008
ID: 35797 Datum: 06.10.2006
ID: 36415 Datum: 08.01.2008
ID: 66534 Datum: 28.10.2007
…
…
…
ID: 157978 Datum: 11.06.2006
ID: 166513 Datum: 27.12.2008
ID: 170351 Datum: 17.05.2008
ID: 185783 Datum: 17.01.2008
ID: 200343 Datum: 23.08.2007
ID: 204657 Datum: 14.07.2008
ID: 211667 Datum: 07.01.2007
ID: 212119 Datum: 30.12.2007
ID: 245065 Datum: 17.10.2008
ID: 248013 Datum: 18.03.2008

Taste drücken zum Beenden
```

Listing 27.7 *Die Bestellungen werden nachgeladen, ohne dass Sie dafür etwas tun müssen*

Soweit ist dieser Vorgang super einfach zu behandeln. Doch wie genau, und noch wichtiger, wann genau erhält die Anwendung die untergeordneten Produktdaten zu jeder Bestellung? Wir können diese Frage vergleichsweise schnell klären, wenn wir das Logging zu dieser Abfrage wieder aktivieren, und uns das Ergebnis im Ausgabefenster anschauen (wegen der großen Zeilenzahl gekürzt):

```
Bestellungen zu jedem Kunden immer direkt laden? [J/N]
SELECT [t0].[ID], [t0].[Code], [t0].[Name_1], [t0].[Name_2], [t0].[Address], [t0].[PostalCode],
[t0].[City], [t0].[Telephone], [t0].[Fax], [t0].[LoginName], [t0].[Password], [t0].[PasswordQuestion],
[t0].[PasswordAnswer], [t0].[eMail], [t0].[AccountNo], [t0].[BankCode], [t0].[Note], [t0].[Active],
[t0].[CreatedAt], [t0].[CreatedBy], [t0].[UpdatedAt], [t0].[UpdatedBy], [t0].[TurnOver],
[t0].[Timestamp]
FROM [Sales].[Customers] AS [t0]
WHERE [t0].[Name_2] = @p0
ORDER BY [t0].[Name_1]
```

```
-- @p0: Input VarChar (Size = 4; Prec = 0; Scale = 0) [Abel]
-- Context: SqlProvider(Sql2008) Model: AttributedMetaModel Build: 3.5.30729.4926

4: Abel, Felix
===================================================================
SELECT [t0].[ID], [t0].[CustomerID], [t0].[ShipToAddressID], [t0].[ShippingMethodID],
[t0].[PayingMethodID], [t0].[EmployeeID], [t0].[OrderDate], [t0].[ShippingDate], [t0].[PaymentDate],
[t0].[Code], [t0].[OnlineCode], [t0].[Notes], [t0].[CreditCardNumber], [t0].[CreditCardExpirationDate],
[t0].[CreditCardOwner], [t0].[ShippingCosts], [t0].[PayingCosts], [t0].[CreatedAt], [t0].[CreatedBy],
[t0].[UpdatedAt], [t0].[UpdatedBy], [t0].[Timestamp]
FROM [Sales].[Orders] AS [t0]
WHERE [t0].[CustomerID] = @p0
-- @p0: Input Int (Size = 0; Prec = 0; Scale = 0) [4]
-- Context: SqlProvider(Sql2008) Model: AttributedMetaModel Build: 3.5.30729.4926

ID: 5949 Datum: 02.12.2007
ID: 6580 Datum: 12.08.2004
ID: 9850 Datum: 24.06.2008
ID: 21946 Datum: 22.03.2007
ID: 25521 Datum: 11.10.2007
...
...
...
ID: 205058 Datum: 01.09.2007
ID: 211655 Datum: 23.08.2008
ID: 216297 Datum: 20.01.2008
ID: 235948 Datum: 14.06.2006
ID: 238175 Datum: 14.07.2008
5: Abel, Julia
===================================================================
SELECT [t0].[ID], [t0].[CustomerID], [t0].[ShipToAddressID], [t0].[ShippingMethodID],
[t0].[PayingMethodID], [t0].[EmployeeID], [t0].[OrderDate], [t0].[ShippingDate], [t0].[PaymentDate],
[t0].[Code], [t0].[OnlineCode], [t0].[Notes], [t0].[CreditCardNumber], [t0].[CreditCardExpirationDate],
[t0].[CreditCardOwner], [t0].[ShippingCosts], [t0].[PayingCosts], [t0].[CreatedAt], [t0].[CreatedBy],
[t0].[UpdatedAt], [t0].[UpdatedBy], [t0].[Timestamp]
FROM [Sales].[Orders] AS [t0]
WHERE [t0].[CustomerID] = @p0
-- @p0: Input Int (Size = 0; Prec = 0; Scale = 0) [5]
-- Context: SqlProvider(Sql2008) Model: AttributedMetaModel Build: 3.5.30729.4926

ID: 172 Datum: 12.02.2008
ID: 2240 Datum: 11.09.2008
ID: 4966 Datum: 07.06.2008
ID: 35797 Datum: 06.10.2006
ID: 36415 Datum: 08.01.2008
...
...
...
ID: 185783 Datum: 17.01.2008
ID: 200343 Datum: 23.08.2007
ID: 204657 Datum: 14.07.2008
ID: 211667 Datum: 07.01.2007
ID: 212119 Datum: 30.12.2007
ID: 245065 Datum: 17.10.2008
ID: 248013 Datum: 18.03.2008

Taste drücken zum Beenden
```

Listing 27.8 Bei dem Zugriff auf die Bestellungen eines Kunden wird jeweils ein SQL-Befehl an den Server gesendet

Sie sehen, dass hier für die Verknüpfung über die insgesamt zwei Tabellen auch drei SQL-Anweisungen erforderlich sind, die dann dafür sorgen, dass beim Zugriff auf die entsprechenden Eigenschaften für die verknüpften Tabellen die dazugehörigen Daten aus dem SQL Server geladen werden.

Das kann unter Umständen für einige Szenarien zu wirklichen Performance-Problemen führen, denn wenn nicht so viele Daten aus Relationen beispielsweise nur ein einziges Mal und möglichst schnell benötigt werden, wäre es sehr viel günstiger, die Abfrage aller Daten mithilfe (aus SQL-Sicht) einer JOIN-Abfrage zu realisieren.

Dazu müssen Sie das Load-Verhalten von Lazy-Loading[3] auf Eager-Loading umstellen, und Sie haben bei LINQ to SQL die Möglichkeit, dieses Verhalten für bestimmte Relationen gezielt zu bestimmen.

HINWEIS   Denken Sie daran, das Startobjekt auf die Main-Methode der Klasse *EagerLazyLoading* im Beispielprojekt zu ändern, damit dieses Beispiel ausgeführt wird.

Betrachten wir das folgende Listing:

```
namespace LinqtoSql
{
    class EagerLazyLoading
    {
        /// <summary>
        ///Beispiel Anwendung Eager- /Lazy Loading
        /// </summary>
        /// <param name="args"></param>
        static void Main(string[] args)
        {
            bool verzögertesLaden = true;

            //Neuen DataContext anlegen
            netShopDataContext nsDataContext = new netShopDataContext();

            //Ladeverhalten abfragen
            Console.Write("Bestellungen zu jedem Kunden immer direkt laden? [J/N] ");
            string Eingabe = Console.ReadLine().ToLower();
            if (Eingabe=="j")
            {
                verzögertesLaden = false;
            }

            //Alle Datenbankaktionen auf Console.Out ausgeben
            nsDataContext.Log = Console.Out;

            if (!verzögertesLaden)
            {
                DataLoadOptions ladeOptionen = new DataLoadOptions();
                ladeOptionen.LoadWith<Customers>(c => c.Orders);
                nsDataContext.LoadOptions = ladeOptionen;
            }

            var kundenliste = from kundenitem in nsDataContext.Customers
                              where kundenitem.Name_2 == "Abel"
```

---

[3] Merken Sie sich die Begriffe am besten so: lazy → faul – westfälischer Spruch dazu: »Kommse heut nich, kommse moagn«. Eager → eifrig. *Streber* auf Englisch heißt *eager beaver*.

```
                    orderby kundenitem.Name_1
                    select kundenitem;

            //Rausfinden welche Bestellungen macht der Kunde
            foreach (var kunde in kundenliste)
            {
                Console.WriteLine(kunde.ID + ": " + kunde.Name_2 + ", " + kunde.Name_1);
                Console.WriteLine(new String('=', 70));
                foreach (var order in kunde.Orders)
                {
                    Console.Write("ID: " + order.ID + " ");
                    Console.WriteLine("Datum: " + order.OrderDate.ToShortDateString());
                }
            }
            Console.WriteLine();
            Console.WriteLine("Taste drücken zum Beenden");
            Console.ReadKey();

        }//end void main

    }//end class
}//end namespace
```

Listing 27.9 Durch die Verwendung von *DataLoadOptions* können Daten auch mit einer Abfrage geladen werden

Hier kann der Anwender zu Beginn der Anwendung bestimmen, ob er die zugeordneten Bestellungen eines Kunden in einem Rutsch beim Laden der Kunden mit ermitteln lassen möchte. Will er das, wird die Steuervariable verzögertes Laden auf *false* gesetzt. Und falls das dann weiterhin der Fall ist (siehe fett markierter Abschnitt in Listing 27.9), definiert die Anwendung eine Instanz der Klasse *DataLoadOptions*. Mithilfe dieser Instanz können Sie definieren, welche Relationen Sie vom Standardverhalten des Lazy-Loading auf Eager-Loading umstellen möchten. Im Beispiel machen wir das für die Kunden -> Bestellung-Relation. Diese Relationen werden übrigens wieder mit Lambda-Ausdrücken realisiert: Sie rufen die *LoadWith()*-Methode wiederholt mit *dem* Typ als Typvariable auf, der die Mastertabelle abbildet und übergeben ihr eine Lambda-Funktion, die nichts weiter macht, als die entsprechende Details-Tabelle zurückzugeben.

Lassen Sie das Programm laufen, und beantworten Sie, um das Standardverhalten zu ändern, die Nachfrage der Anwendung mit *Ja*, sieht die generierte SQL-Anweisung schon ganz anders aus, und ist gerade für dieses Beispiel die weitaus bessere Alternative:

```
Bestellungen zu jedem Kunden immer direkt laden? [J/N] j
SELECT [t0].[ID], [t0].[Code], [t0].[Name_1], [t0].[Name_2], [t0].[Address], [t0].[PostalCode],
[t0].[City], [t0].[Telephone], [t0].[Fax], [t0].[LoginName], [t0].[Password], [t0].[PasswordQuestion],
[t0].[PasswordAnswer], [t0].[eMail], [t0].[AccountNo], [t0].[BankCode], [t0].[Note], [t0].[Active],
[t0].[CreatedAt], [t0].[CreatedBy], [t0].[UpdatedAt], [t0].[UpdatedBy], [t0].[TurnOver],
[t0].[Timestamp], [t1].[ID] AS [ID2], [t1].[CustomerID], [t1].[ShipToAddressID],
[t1].[ShippingMethodID], [t1].[PayingMethodID], [t1].[EmployeeID], [t1].[OrderDate],
[t1].[ShippingDate], [t1].[PaymentDate], [t1].[Code] AS [Code2], [t1].[OnlineCode], [t1].[Notes],
[t1].[CreditCardNumber], [t1].[CreditCardExpirationDate], [t1].[CreditCardOwner], [t1].[ShippingCosts],
[t1].[PayingCosts], [t1].[CreatedAt] AS [CreatedAt2], [t1].[CreatedBy] AS [CreatedBy2], [t1].[UpdatedAt]
AS [UpdatedAt2], [t1].[UpdatedBy] AS [UpdatedBy2], [t1].[Timestamp] AS [Timestamp2], (
    SELECT COUNT(*)
    FROM [Sales].[Orders] AS [t2]
    WHERE [t2].[CustomerID] = [t0].[ID]
    ) AS [value]
FROM [Sales].[Customers] AS [t0]
```

```
LEFT OUTER JOIN [Sales].[Orders] AS [t1] ON [t1].[CustomerID] = [t0].[ID]
WHERE [t0].[Name_2] = @p0
ORDER BY [t0].[Name_1], [t0].[ID], [t1].[ID]
-- @p0: Input VarChar (Size = 4; Prec = 0; Scale = 0) [Abel]
-- Context: SqlProvider(Sql2008) Model: AttributedMetaModel Build: 3.5.30729.492
6

4: Abel, Felix
============================================================
ID: 5949 Datum: 02.12.2007
ID: 6580 Datum: 12.08.2004
ID: 9850 Datum: 24.06.2008
ID: 21946 Datum: 22.03.2007
...
...
ID: 216297 Datum: 20.01.2008
ID: 235948 Datum: 14.06.2006
ID: 238175 Datum: 14.07.2008
5: Abel, Julia
============================================================
ID: 172 Datum: 12.02.2008
ID: 2240 Datum: 11.09.2008
ID: 4966 Datum: 07.06.2008
ID: 35797 Datum: 06.10.2006
...
...
ID: 212119 Datum: 30.12.2007
ID: 245065 Datum: 17.10.2008
ID: 248013 Datum: 18.03.2008

Taste drücken zum Beenden
```

Listing 27.10 Mit Eager-Loading wird nur ein *Select*-Befehl an die Datenbank gesendet

> **HINWEIS** Falls Sie das Standardverhalten des *gesamten* Datenkontexts von Lazy- auf Eager-Loading ändern möchten, setzen Sie einfach seine *DeferredLoadingEnabled*-Eigenschaft auf *False*:

```
nsDataContext.DeferredLoadingEnabled = false;
```

Trennen des Abfrageergebnisses vom Kontext

Wenn Sie mit den aus den Abfragen erhaltenen Daten weiterarbeiten möchten, ohne sie jedes Mal neu zu selektieren, wandeln Sie das Ergebnis der Abfrage in eine Liste oder ein Array um. Dieses erfolgt beispielsweise mit den Methoden *ToList()* oder *ToArray()*.

> **HINWEIS** Das gilt für LINQ to SQL umso mehr, als dass Sie es nur in den wenigsten Fällen wirklich wünschen, dass die eigentliche SQL-Abfrage immer und immer wieder zur Ausführung an den SQL Server übermittelt wird. In den meisten Fällen wird es reichen, die Abfrage ein Mal auszuführen, und die Ergebnisliste schließlich mit *ToArray* bzw. *ToList* von der eigentlichen Abfrage zu trennen.

```
netShopDataContext nsDataContext = new netShopDataContext();

var kunden = from kundenitem in nsDataContext.Customers
             where kundenitem.Name_2.StartsWith("Haba")
             select kundenitem;
nsDataContext.Log = Console.Out;
var kundenAlsListe = kunden.ToList();
```

Listing 27.11 Durch den Aufruf von *kunden.ToList()* wird die Abfrage *kunden* ausgeführt

Sie können jetzt mit der Liste *kundenAlsListe* arbeiten, ohne dass die Daten bei jedem Zugriff neu geladen werden.

ACHTUNG Wenn Sie die Daten auf diese Weise von der Liste getrennt haben, stehen die einzelnen Ergebnisobjekte natürlich auch nicht mehr unter der Schirmherrschaft des Datenkontexts. Achten Sie also darauf, dass Sie nicht den Fehler begehen, Änderungen in den losgelösten Objekten vorzunehmen und zu erwarten, dass diese Objekte dann mit den entsprechenden Anweisungen wieder den Weg in die Datenbank finden. Sie werden es nämlich nicht!

Daten verändern, speichern, einfügen und löschen

Auf welche Weise Sie Daten von einer SQL Server-Datenbank abfragen, haben die letzten Abschnitte nun von verschiedenen Seiten beleuchtet. Doch in einer Datenbankanwendung ist das natürlich nur die halbe Miete, denn Daten müssen auch geändert werden.

Auch dabei hilft Ihnen LINQ to SQL, und unterscheidet sich bei seiner prinzipiellen Arbeitsweise gar nicht so sehr von ADO.NET, denn: Wann immer Sie Daten innerhalb einer Auflistung, die an einen Datenkontext gebunden sind, ändern, merkt sich der Datenkontext nicht nur die neuen sondern auch die alten Eigenschaften. In einer Liste von Geschäftsobjekten müssen dann natürlich bei einem Update der Daten nicht alle Daten dieser Liste zurück in SQL Server übertragen werden, sondern nur die Elemente, deren Eigenschaften sich auch verändert haben. Da der Datenkontext aber alte und neue Werte kennt, kann er diese Entscheidung selbstständig treffen.

In Anlehnung daran funktioniert das auch mit dem Einfügen neuer Datensätze oder dem Löschen von Daten. Vorgänge, die Sie in gemappten Business-Objekten durchführen, werden, sobald Sie es sagen, in SQL Server repliziert.

Auch das Einfügen von verknüpften Daten handelt der Datenkontext ohne Probleme zu machen: Wenn Sie einen neuen Lieferanten hinzufügen wollen, dann erweitern Sie die Adressauflistung und den Lieferanten. Das Übertragen des Fremdschlüssels in die jeweilige Tabelle läuft auch dabei im Hintergrund völlig automatisiert ab.

Und schließlich gibt es entsprechende Überprüfungen für den so genannten Concurrency-Check; wenn in einer Mehrbenutzerumgebung gleiche Datensätze verändert und nun zurückgeschrieben werden – welche Instanz gewinnt dann, und wie soll Ihre Anwendung darauf reagieren. Eine entsprechende Infrastruktur, um auch solche Fälle sauber zu behandeln, finden Sie ebenfalls in den folgenden Abschnitten beschrieben.

Der Beispiel-Code befindet sich in der Datei *DatensätzeÄndern.cs*. Entfernen Sie den Kommentar für den jeweiligen Methodenaufruf und starten Sie das Programm.

```csharp
static void Main(string[] args)
{
    DatensätzeÄndern();
    //DatensätzeEinfügen();
    //VerknüpfteDatensätzeEinfügen();
    //DatensätzeLöschen();

} // End Sub Main
```

Datenänderungen mit SubmitChanges an die Datenbank übermitteln

Schauen wir uns das Beispiel an, dass sich in der Klasse *DatensätzeÄndern* befindet.

HINWEIS Denken Sie auch hier wieder daran, das Startobjekt auf die Main-Methode der Klasse *DatensätzeÄndern* im Beispielprojekt zu ändern, damit dieses Beispiel ausgeführt wird.

Das folgende Beispiel ruft einen Kunden ab (und zwar den Einzigen, dessen Nachname mit *Haba* beginnt), liefert Ihnen diesen aber nicht als Auflistung mit einem Element sondern durch den Einsatz der Methode *Single* (siehe Listing 27.12) bereits als Instanz der Klasse *Customers*:

```csharp
static void DatensätzeÄndern()
{
    //neuen DataContext anlegen
    netShopDataContext nsDataContext = new netShopDataContext();

    //Sämtliche SQL-Kommands auf Console.Out ausgeben
    nsDataContext.Log = Console.Out;

    //Mit FirstOrDefault bekommt man das erste Element der Auflistung zurück, oder Nothing, falls es
    //keines gab.
    var kunde = (from kundenitem in nsDataContext.Customers
                 where kundenitem.Name_2.StartsWith("Haba")
                 select kundenitem).Single();

    Console.WriteLine("Gefunden: " + kunde.Name_2);
    Console.WriteLine("wird nun geändert!");

    //Hin und her ändern, damit es nicht nur einmal funktioniert
    if (kunde.Name_2 == "Haba")
    {
        kunde.Name_2 = "Haban";
    }
    else
    {
        kunde.Name_2 = "Haba";
    }

    //Änderungen zurückschreiben
    nsDataContext.SubmitChanges();

    Console.WriteLine();
    Console.WriteLine("Taste drücken zum Beenden");
    Console.ReadKey();

}
```

Listing 27.12 Daten können sehr einfach verändert werden und mit *SubmitChanges()* fest in die Datenbank geschrieben werden

Im Anschluss daran wird die Eigenschaft *Name_2* der *Customers*-Klasse geändert. Und im Prinzip ist das auch schon alles, was Sie machen müssen, wenn Sie Änderungen von gemappten Tabellen durchführen möchten: Sie ändern lediglich, wie hier im Beispiel, die korrelierende Eigenschaft, die der Tabellenspalte entspricht.

Um die Änderungen anschließend in die Datenbank zurückzuschreiben, rufen Sie lediglich die Methode *SubmitChanges* des Datenkontextes auf – die dafür notwendigen T-SQL-UPDATE-Befehle generiert dann der LINQ to SQL-Provider selbstständig, wie der Bildschirmauszug des Beispiels demonstriert:

```
SELECT [t0].[ID], [t0].[Code], [t0].[Name_1], [t0].[Name_2], [t0].[Address], [t0].[PostalCode],
[t0].[City], [t0].[Telephone], [t0].[Fax], [t0].[LoginName], [t0].[Password], [t0].[PasswordQuestion],
[t0].[PasswordAnswer], [t0].[eMail], [t0].[AccountNo], [t0].[BankCode], [t0].[Note], [t0].[Active],
[t0].[CreatedAt], [t0].[CreatedBy], [t0].[UpdatedAt], [t0].[UpdatedBy], [t0].[TurnOver],
[t0].[Timestamp]
FROM [Sales].[Customers] AS [t0]
WHERE [t0].[Name_2] LIKE @p0
-- @p0: Input VarChar (Size = 5; Prec = 0; Scale = 0) [Haba%]
-- Context: SqlProvider(Sql2008) Model: AttributedMetaModel Build: 3.5.30729.492
6

Gefunden: Haba
wird nun geändert!
UPDATE [Sales].[Customers]
SET [Name_2] = @p2
WHERE ([ID] = @p0) AND ([Timestamp] = @p1)

SELECT [t1].[Timestamp]
FROM [Sales].[Customers] AS [t1]
WHERE ((@@ROWCOUNT) > 0) AND ([t1].[ID] = @p3)
-- @p0: Input Int (Size = 0; Prec = 0; Scale = 0) [2971]
-- @p1: Input Timestamp (Size = 8; Prec = 0; Scale = 0) [SqlBinary(8)]
-- @p2: Input VarChar (Size = 5; Prec = 0; Scale = 0) [Haban]
-- @p3: Input Int (Size = 0; Prec = 0; Scale = 0) [2971]
-- Context: SqlProvider(Sql2008) Model: AttributedMetaModel Build: 3.5.30729.492
6

Taste drücken zum Beenden
```

Listing 27.13   Auch *Update*-Befehle lassen sich ausgeben. Hier im Beispiel wird *Console.Out* als Ausgabekanal verwendet.

Die SELECT-Abfrage ganz am Anfang des Auszugs ermittelt den Datensatz aus der Kundentabelle, die UPDATE-Anweisung sorgt dann dafür, dass sich die Änderungen an unserem gemappten Business-Objekt auch in der Datenbank widerspiegeln. Wie Sie sehen können, wird die *Where*-Klausel des Updates um eine Überprüfung des *Timestamp*-Werts erweitert. Hierbei handelt es sich um eine Kollisionsprüfung, ob die ursprünglich eingelesenen Daten inzwischen von jemand anderem verändert wurden.

Einfügen von Datensätzen mit InsertOnSubmit

Das Einfügen von Datensätzen funktioniert bei LINQ to SQL nicht, wie vielleicht erwartet, weil Sie es vielleicht bei ADO.NET so kennen gelernt haben: Sie werden vergeblich nach einer *Add*-Methode an einer Business-Objektauflistung, die auf *Table<>* basiert, suchen, mit der Sie einen neuen Datensatz hinzufügen können.

Es ist aber auch nicht schwerer, diese Aufgabe mit LINQ to SQL zu lösen, nur anders. Und im Grunde genommen noch einfacher: Sie erstellen eine zunächst völlig losgelöste Instanz Ihres gemappten Business-Objekts, fügen dieses mit *InsertOnSubmit()* der Auflistung hinzu, und wenn dann das nächste *SubmitChanges* erfolgt, generiert LINQ to SQL für Sie die entsprechenden T-SQL-INSERT-Anweisungen, die die neuen Datensätze in der Datenbank gemäß der Vorgaben in die Business-Objekte einfügen, etwa wie folgt:

```
static void DatensätzeEinfügen()
{
    //neuen DataContext anlegen
    netShopDataContext nsDataContext = new netShopDataContext();

    //Sämtliche SQL-Befehle auf Console.Out ausgeben
    nsDataContext.Log = Console.Out;

    //Einen neuen Datensatz einfügen
    //(Der Einfachheit halber nehmen wir für den Code einen Guid-String)
    Customers neuerKunde = new Customers {
        Code = Guid.NewGuid().ToString(),
        Name_1 = "Ramona", Name_2 = "Leenings", Address = "Mülchstrasse 22",
        PostalCode = "59555", City = "Lippstadt",
        CreatedAt = DateTime.Today, CreatedBy = "Class DatensätzeÄndern" };

    //Der Tabelle der Kunden hinzufügen
    nsDataContext.Customers.InsertOnSubmit(neuerKunde);

    //Änderungen zurückschreiben
    nsDataContext.SubmitChanges();

    Console.WriteLine();
    Console.WriteLine("Taste drücken zum Beenden");
    Console.ReadKey();
} // End  Sub DatensätzeEinfügen
```

Listing 27.14 Mithilfe von *InsertOnSubmit* wird ein neuer Kunde angelegt

Auch hier können wir wieder beobachten, welche T-SQL-Anweisungen die Ausführung dieser Routine zur Folge hat:

```
INSERT INTO [Sales].[Customers]([Code], [Name_1], [Name_2], [Address], [PostalCode], [City],
[Telephone], [Fax], [LoginName], [Password], [PasswordQuestion], [PasswordAnswer], [eMail], [AccountNo],
[BankCode], [Note], [Active], [CreatedAt], [CreatedBy], [UpdatedAt], [UpdatedBy], [TurnOver])
VALUES (@p0, @p1, @p2, @p3, @p4, @p5, @p6, @p7, @p8, @p9, @p10, @p11, @p12, @p13, @p14, @p15, @p16,
@p17, @p18, @p19, @p20, @p21)

SELECT [t0].[ID], [t0].[Timestamp]
FROM [Sales].[Customers] AS [t0]
WHERE [t0].[ID] = (SCOPE_IDENTITY())
-- @p0: Input VarChar (Size = 36; Prec = 0; Scale = 0) [13d77316-0a0d-4383-86df-e043760b0385]
-- @p1: Input VarChar (Size = 6; Prec = 0; Scale = 0) [Ramona]
-- @p2: Input VarChar (Size = 8; Prec = 0; Scale = 0) [Leenings]
-- @p3: Input VarChar (Size = 15; Prec = 0; Scale = 0) [Mülchstrasse 22]
-- @p4: Input VarChar (Size = 5; Prec = 0; Scale = 0) [59555]
-- @p5: Input VarChar (Size = 9; Prec = 0; Scale = 0) [Lippstadt]
```

```
-- @p6:  Input VarChar (Size = 0; Prec = 0; Scale = 0) [Null]
-- @p7:  Input VarChar (Size = 0; Prec = 0; Scale = 0) [Null]
-- @p8:  Input VarChar (Size = 0; Prec = 0; Scale = 0) [Null]
-- @p9:  Input VarChar (Size = 0; Prec = 0; Scale = 0) [Null]
-- @p10: Input VarChar (Size = 0; Prec = 0; Scale = 0) [Null]
-- @p11: Input VarChar (Size = 0; Prec = 0; Scale = 0) [Null]
-- @p12: Input VarChar (Size = 0; Prec = 0; Scale = 0) [Null]
-- @p13: Input VarChar (Size = 0; Prec = 0; Scale = 0) [Null]
-- @p14: Input VarChar (Size = 0; Prec = 0; Scale = 0) [Null]
-- @p15: Input VarChar (Size = 0; Prec = 0; Scale = 0) [Null]
-- @p16: Input TinyInt (Size = 0; Prec = 0; Scale = 0) [Null]
-- @p17: Input SmallDateTime (Size = 0; Prec = 0; Scale = 0) [19.02.2010 00:00:00]
-- @p18: Input VarChar (Size = 22; Prec = 0; Scale = 0) [Class DatensätzeÄndern]

-- @p19: Input SmallDateTime (Size = 0; Prec = 0; Scale = 0) [Null]
-- @p20: Input VarChar (Size = 0; Prec = 0; Scale = 0) [Null]
-- @p21: Input Money (Size = 0; Prec = 19; Scale = 4) [Null]
-- Context: SqlProvider(Sql2008) Model: AttributedMetaModel Build: 3.5.30729.4926


Taste drücken zum Beenden
```

Listing 27.15 Die *Insert*-Anweisung kann anhand des *Insert*-Befehls und der übergebenen Parameter verifiziert werden

Ziemlich einfach, finden Sie nicht?

> **TIPP** Verwenden Sie die Methode *InsertAllOnSubmit()*, wenn Sie eine Auflistung aus entsprechenden Business-Objekten übergeben wollen, die alle in einem Rutsch eingefügt werden sollen.

Datensätze in Tabellen mit Foreign Key-Relations einfügen

Viele Szenarien verlangen allerdings, dass Daten nicht nur in einer sondern in einer weiteren, in Relation zur ersten stehenden Tabelle eingefügt werden. Die Vorgehensweise in einem solchen Fall zeigt das folgende Beispiel:

```
static void VerknüpfteDatensätzeEinfügen()
{
    //neuen DataContext anlegen
    netShopDataContext nsDataContext = new netShopDataContext();

    //Sämtliche SQL-Befehle auf Console.Out ausgeben
    nsDataContext.Log = Console.Out;

    //Einen neuen Datensatz einfügen
    Customers neuerKunde = new Customers {
        Code = Guid.NewGuid().ToString(),
        Name_1 = "Klaus", Name_2 = "Löffelmann",
        Address = "Mülchstrasse 22", PostalCode = "59555",
        City = "Lippstadt",
        CreatedAt = DateTime.Today,
        CreatedBy = "Class DatensätzeÄndern"
    };

    //Der Tabelle der Kunden hinzufügen
    nsDataContext.Customers.InsertOnSubmit(neuerKunde);
```

Daten verändern, speichern, einfügen und löschen

```
    Einen neuen Rahmenvertrag mit 1 Jahr Laufzeit erstellen
    Contracts neuerVertrag = new Contracts { Customers = neuerKunde, Subject="mein neuer Rahmenvertrag",
            DocumentType=".doc", ValidFrom=DateTime.Now,ValidUntil=DateTime.Now.AddYears(1) };

    //Der Tabelle der Bestellungen hinzufügen
    nsDataContext.Contracts.InsertOnSubmit(neuerVertrag);

    //Änderungen zurückschreiben
    nsDataContext.SubmitChanges();

    Console.WriteLine();
    Console.WriteLine("Taste drücken zum Beenden");
    Console.ReadKey();

} //End Sub VerknüpfteDatensätzeEinfügen
```

Listing 27.16 Auch Verknüpfungen zwischen Datensätzen lassen sich einfach mit Linq to SQL erstellen

Sie sehen, dass Sie sich hier als Entwickler gar nicht großartig um Foreign-Key-Relations kümmern müssen – jedenfalls um die Entscheidung, welche Datensätze der verschiedenen Tabellen Sie in welcher Reihenfolge zuerst aktualisieren. Wir erstellen hier im Beispiel zunächst einen neuen Kunden, dann eine Instanz, die die Verträge darstellt und fügen sofort der Eigenschaft *Customers* den neuen Kunden zu. Somit ist die Relation Kunde – Vertrag auch in unseren neuen Daten korrekt abgebildet.

Das Hinzufügen dieser Datensätze funktioniert, anders als beim Hauptdatensatz, wie bei jeder anderen Auflistung hier mit *InsertOnSubmit()*. Um die IDs der Fremdschlüsseleinträge brauchen wir uns dabei genau so wenig zu kümmern, wie um die Reihenfolge, in der wir die Eigenschaften der in Relation zueinander stehenden Tabellen zuweisen. Ein Blick auf die generierte SQL-Anweisung zeigt, dass LINQ to SQL uns diese Aufgabe komplett abnimmt:

```
INSERT INTO [Sales].[Customers]([Code], [Name_1], [Name_2], [Address], [PostalCode], [City],
[Telephone], [Fax], [LoginName], [Password], [PasswordQuestion], [PasswordAnswer], [eMail],
[AccountNo], [BankCode], [Note], [Active], [CreatedAt], [CreatedBy], [UpdatedAt], [UpdatedBy],
[TurnOver])
VALUES (@p0, @p1, @p2, @p3, @p4, @p5, @p6, @p7, @p8, @p9, @p10, @p11, @p12, @p13
, @p14, @p15, @p16, @p17, @p18, @p19, @p20, @p21)

SELECT [t0].[ID], [t0].[Timestamp]
FROM [Sales].[Customers] AS [t0]
WHERE [t0].[ID] = (SCOPE_IDENTITY())
-- @p0: Input VarChar (Size = 36; Prec = 0; Scale = 0) [440d251a-55bd-4614-9e57-227906ce42fb]
-- @p1: Input VarChar (Size = 5; Prec = 0; Scale = 0) [Klaus]
-- @p2: Input VarChar (Size = 10; Prec = 0; Scale = 0) [Löffelmann]
-- @p3: Input VarChar (Size = 15; Prec = 0; Scale = 0) [Mülchstrasse 22]
…
…
…
-- @p17: Input SmallDateTime (Size = 0; Prec = 0; Scale = 0) [22.02.2010 00:00:00]
-- @p18: Input VarChar (Size = 22; Prec = 0; Scale = 0) [Class DatensätzeÄndern]

-- @p19: Input SmallDateTime (Size = 0; Prec = 0; Scale = 0) [Null]
-- @p20: Input VarChar (Size = 0; Prec = 0; Scale = 0) [Null]
-- @p21: Input Money (Size = 0; Prec = 19; Scale = 4) [Null]
-- Context: SqlProvider(Sql2008) Model: AttributedMetaModel Build: 3.5.30729.4926
```

```
INSERT INTO [Sales].[Contracts]([CustomerID], [Subject], [Document], [Memo], [DocumentType],
[ValidFrom], [ValidUntil], [CreatedAt], [CreatedBy], [UpdatedAt], [UpdatedBy])
VALUES (@p0, @p1, @p2, @p3, @p4, @p5, @p6, @p7, @p8, @p9, @p10)

SELECT [t0].[ID], [t0].[Timestamp]
FROM [Sales].[Contracts] AS [t0]
WHERE [t0].[ID] = (SCOPE_IDENTITY())
-- @p0: Input Int (Size = 0; Prec = 0; Scale = 0) [10001]
-- @p1: Input VarChar (Size = 24; Prec = 0; Scale = 0) [mein neuer Rahmenvertrag]
-- @p2: Input VarBinary (Size = 0; Prec = 0; Scale = 0) [Null]
...
...
...
-- @p9: Input SmallDateTime (Size = 0; Prec = 0; Scale = 0) [Null]
-- @p10: Input SmallDateTime (Size = 0; Prec = 0; Scale = 0) [Null]
-- Context: SqlProvider(Sql2008) Model: AttributedMetaModel Build: 3.5.30729.4926


Taste drücken zum Beenden
```

Listing 27.17 Automatisch generierte Schlüssel werden nach dem *Insert* automatisch mit einem *Select*-Befehl ermittelt

Die Vorgehensweise beim Erstellen der erforderlichen T-SQL-Anweisungen ist dabei wie folgt:

- Die *INSERT INTO*-Anweisung für den Hauptdatensatz (also hier den Kunden) wird erstellt und ausgeführt
- Nach dem Insert wird der Datensatz direkt neu eingelesen. Der neue Datensatz wird per *SCOPE_IDENTITY()* ermittelt (im Listing 27.17 der erste fett markierte Eintrag).
- Die *INSERT INTO*-Anweisung für das Einfügen des Datensatzes in der Vertrags-Tabelle *Contracts* wird erstellt. Als CustomerID wird die ID des soeben eingefügten Kunden verwendet (hier der Parameter @p0 mit dem Wert *10001*).
- Auch hier dient wieder *SCOPE_IDENTITY()* zum Ermitteln des Auto-ID-Werts des neuen Datensatzes. Der soeben angelegte Vertrag wird ebenfalls direkt im Anschluss an das Insert zurückgelesen.

Daten löschen mit DeleteOnSubmit

Wie beim Einfügen von Daten kennt der Datenkontext auch eine spezielle Anweisung für das Löschen von Daten. Der Name dieser Methode lautet *DeleteOnSubmit*. Die Anwendung dieser Methode ist auch ein Kinderspiel, wie der folgende Listingausschnitt zeigt:

```
static void DatensätzeLöschen()
{
    //Neuen DataContext anlegen
    netShopDataContext nsDataContext = new netShopDataContext();

    //Sämtliche SQL-Befehle auf Console.Out ausgeben
    nsDataContext.Log = Console.Out;

    //Den einen Datensatz ermitteln
    var zulöschenderKunde = (from kundenitem in nsDataContext.Customers
                             where kundenitem.Name_1=="Ramona"
```

Daten verändern, speichern, einfügen und löschen

```
                        && kundenitem.Name_2=="Leenings"
                        && kundenitem.PostalCode=="59555"
               select kundenitem).Single();

//Datensatz löschen
nsDataContext.Customers.DeleteOnSubmit(zulöschenderKunde);

//Änderungen zurückschreiben
nsDataContext.SubmitChanges();

Console.WriteLine();
Console.WriteLine("Taste drücken zum Beenden");
Console.ReadKey();
}
```

Listing 27.18 Konsequent: *DeleteOnSubmit* löscht Datensätze

Hier wird der Datensatz, der gelöscht werden soll, zunächst mit einer LINQ-Abfrage ermittelt und über die Single-Methode als einzelne Business-Objekt-Instanz zurückgeliefert. Dieses Objekt dient anschließend der *DeleteOnSubmit()*-Methode als Parameter, bestimmt also, welcher Datensatz in der Datentabelle von SQL Server gelöscht werden soll. Dieser Löschvorgang wird auch erst wieder dann ausgeführt, sobald die Methode *SubmitChanges* des entsprechenden *DataContext*-Objekts aufgerufen wird, und diese sorgt dann wiederum für die Generierung der korrekten T-SQL-Anweisung, wie der folgende Bildschirmauszug beweist.

```
SELECT [t0].[ID], [t0].[Code], [t0].[Name_1], [t0].[Name_2], [t0].[Address], [t0].[PostalCode],
[t0].[City], [t0].[Telephone], [t0].[Fax], [t0].[LoginName], [t0].[Password], [t0].[PasswordQuestion],
[t0].[PasswordAnswer], [t0].[eMail], [t0].[AccountNo], [t0].[BankCode], [t0].[Note], [t0].[Active],
[t0].[CreatedAt], [t0].[CreatedBy], [t0].[UpdatedAt], [t0].[UpdatedBy], [t0].[TurnOver],
[t0].[Timestamp]
FROM [Sales].[Customers] AS [t0]
WHERE ([t0].[Name_1] = @p0) AND ([t0].[Name_2] = @p1) AND ([t0].[PostalCode] = @
p2)
-- @p0: Input VarChar (Size = 6; Prec = 0; Scale = 0) [Ramona]
-- @p1: Input VarChar (Size = 8; Prec = 0; Scale = 0) [Leenings]
-- @p2: Input VarChar (Size = 5; Prec = 0; Scale = 0) [59555]
-- Context: SqlProvider(Sql2008) Model: AttributedMetaModel Build: 3.5.30729.492
6

DELETE FROM [Sales].[Customers] WHERE ([ID] = @p0) AND ([Timestamp] = @p1)
-- @p0: Input Int (Size = 0; Prec = 0; Scale = 0) [10001]
-- @p1: Input Timestamp (Size = 8; Prec = 0; Scale = 0) [SqlBinary(8)]
-- Context: SqlProvider(Sql2008) Model: AttributedMetaModel Build: 3.5.30729.492
6

Taste drücken zum Beenden
```

TIPP Verwenden Sie die Methode *DeleteAllOnSubmit*, wenn Sie eine Auflistung aus entsprechenden Business-Objekten übergeben wollen, die alle in einem Rutsch gelöscht werden sollen.

HINWEIS Wenn Sie das Beispiel „Datensätze einfügen" mehrfach ausgeführt haben, liefert die *Single*-Methode einen Fehler, da mehr als ein Datensatz gefunden wurde. Ändern Sie dann den Methodenaufruf *Single()* in *First()* ab. Machen Sie sich den Unterschied zwischen *Single()* und *First()* klar.

Transaktionen

Standardmäßig werden Änderungen an die Datenbank durch den Datenkontext automatisch als Transaktion übermittelt, falls keine explizite Transaktion im Gültigkeitsbereich vorgefunden wird. Um eine übergreifende Transaktion zu nutzen, stehen zwei Möglichkeiten zur Verfügung.

TransactionScope (Transaktionsgültigkeitsbereich)

Um Transaktionen mit *TransactionScope* nutzen zu können, muss die *System.Transactions.dll*-Assembly in das Projekt aufgenommen werden.

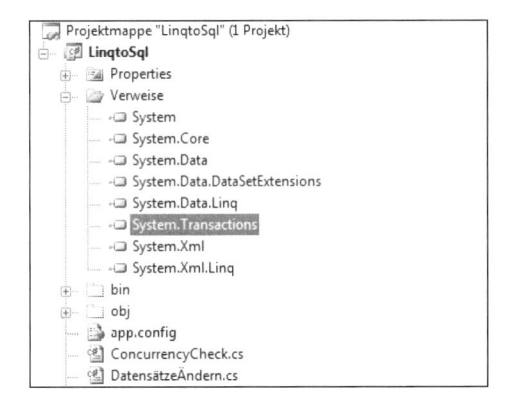

Abbildung 27.14 Einbinden der *System.Transactions.dll*- Assembly

```
netShopDataContext nsDataContext = new netShopDataContext();
// neuen Transaktionsgültigkeitsbereich anlegen
TransactionScope ts = new TransactionScope();
using (ts)
{
    //ShippingCosts einlesen, ändern und speichern
    var firstOrder = (from orderitem in nsDataContext.Orders where orderitem.ID == 10 select
                      orderitem).First();
    firstOrder.ShippingCosts = Convert.ToDecimal(4.99);
    nsDataContext.SubmitChanges();

    ts.Complete();
    Console.WriteLine("Die Änderungen wurden gespeichert. Bitte Return drücken, um Programm zu
                      beenden.");
    Console.ReadKey();
}
```

Listing 27.19 Transaktionssteuerung mithilfe des *TransactionScope*-Objekts

Hier wird das obige Beispiel nochmals innerhalb eines Transaktionsgültigkeitsbereiches durchgeführt. *TransactionScope* sorgt automatisch für das Durchführen eines Rollbacks, falls Fehler in der Transaktion auftreten. Sie müssen lediglich dafür sorgen, dass zum richtigen Zeitpunkt die *Complete*-Methode des *TransactionScope*-Objekts aufgerufen wird, um die geänderten Daten in der Datenbank mit einem *Commit* festzuschreiben.

Verwenden der Transaktionssteuerung des DataContext

Gerade für Anwendungen die noch mehr ADO.NET-orientiert sind, existiert eine weitere Möglichkeit, mit Transaktionen zu arbeiten.

DataContext besitzt eine *Transaction*-Eigenschaft. Es ist ebenso möglich, über diese Eigenschaft Transaktionen zu steuern. Jedoch ist hier ein deutlicher Mehraufwand notwendig – der folgende Codeauszug soll das exemplarisch demonstrieren (zur Ausführung müssen Sie die Prozedur *Main_ADO* in *Transaktion.cs* in *Main* umbenennen):

```
netShopDataContext nsDataContext = new netShopDataContext();
nsDataContext.Connection.Open();
nsDataContext.Transaction = nsDataContext.Connection.BeginTransaction();
nsDataContext.Log = Console.Out;
try
{
   //ShippingCosts einlesen, ändern und speichern
   var firstOrder = (from orderitem in nsDataContext.Orders where orderitem.ID == 10
select orderitem).First();
   firstOrder.ShippingCosts = Convert.ToDecimal(4.99);
   nsDataContext.SubmitChanges();

   nsDataContext.Transaction.Commit();
   Console.WriteLine("Die Änderung wurden gespeichert. Bitte Return drücken, um Programm zu beenden.");
   Console.ReadKey();
}
catch (Exception ex)
{
   nsDataContext.Transaction.Rollback();
   throw ex;
}
finally
{
      nsDataContext.Transaction = null;
}
```

Listing 27.20   Manuelle Steuerung von Transaktionen

Als erstes muss eine neue Transaktion eingeleitet werden. Dazu wird auf dem *Connection*-Objekt des Data-Contexts die *BeginTransaction()*-Methode aufgerufen. Sie erstellt ein neues Transaktionsobjekt. Änderungen am Datenbankhaushalt müssen nun in einem *try-catch*-Block durchgeführt werden. Im Fehlerfall wird eine Ausnahme ausgelöst. Sie muss abgefangen werden, um das Rollback durchzuführen.

Zudem sollte im *finally*-Block das Transaktionsobjekt wieder auf *Nothing* gesetzt werden. So startet der Datenkontext automatisch eine neue Transaktion bei einem *SubmitChanges()*, sofern nicht explizit über *BeginTransaction()* eine neue Transaktion begonnen wird.

Kapitel 28

LINQ to Entities – Programmieren mit dem Entity Framework

In diesem Kapitel:
Voraussetzungen für das Verstehen dieses Kapitels	1069
LINQ to Entities – ein erstes Praxisbeispiel	1071
Abfrage von Daten eines Entitätsmodells	1078
Daten verändern, speichern, einfügen und löschen	1090
Ausblick	1094

Als eine *Entität* bezeichnet man in der Datenmodellierung ein eindeutiges Objekt, dem Informationen zugeordnet werden können, und dass diese Begriffsdefinitionen nicht einer heftigen Abstraktheit entbehrt, impliziert schon, dass es sich bei LINQ to Entities um ein Verfahren handeln muss, das das, was es erreichen will, auf eine sehr flexible Weise macht.

> **HINWEIS** Ebenfalls bei Microsoft Press ist von Thorsten Kansy ein komplettes Buch über ADO.NET Entity Framework 4.0 erschienen (ISBN: 978-3-86645-461-3). Dieses Buch beinhaltet viele wichtige Details von ADO.NET Entity Framework 4.0, LINQ to Entities, der Entity SQL-Abfragesprache, dem *System.Data.EntityClient* und vieles mehr.

Dem ist auch so. Nur: was macht es überhaupt?

Heutzutage werden viele datenorientierte Anwendungen auf der Grundlage von relationalen Datenbanken geschrieben. Diese Anwendungen müssen also irgendwann mit diesen Daten interagieren. Der logisch orientierte Aufbau von Datenbanktabellen und Datensichten eines üblichen Datenbanksystems, wie sie beispielsweise Microsoft *SQL Server*, Oracles *Oracle Database* oder IBMs *DB2* darstellen, bietet allerdings nur eine suboptimale Grundlage, die konzeptionellen Modelle objektorientiert entwickelter Anwendungen abzubilden: *Impedance Mismatch*, in etwa: *objekt-relationale Unverträglichkeit*, ist der Grund, dass Abbildungsversuche zwischen den beiden verschiedenen Welten eigentlich immer unvollkommen sein müssen, wenn nicht eine wirkliche objektorientierte Datenbank als Grundlage für die Speicherung der Anwendungsobjekte vorhanden ist – und das ist bei den großen, genannten kommerziellen Datenbanksystemen eben nicht der Fall.

Das Entitätsdatenmodell (*Entity Data Modell*, kurz: *EDM*) kann hier Abhilfe schaffen, da es ein konzeptionelles Datenmodell beschreibt, welches es erlaubt, durch flexibles Mapping eine Brücke zwischen den beiden Welten zu bauen.

LINQ to SQL macht das im Ansatz ebenso; auch LINQ to SQL hilft dem Anwender, eine Reihe von Business-Objekten zu erstellen, die sich weitestgehend an den Tabellen- bzw- Sichtenschemata der Datenbank orientieren. Für den Entwickler eines Datenbanksystems mittlerer Größenordnung ist das sicherlich oftmals genau die Hilfe, die er benötigt, und in vielen Fällen ausreichend.

Doch die Zuordnungsmöglichkeiten zwischen dem logischen, relationalen Datenmodell der Datenbanken und dem konzeptionellen, objektorientierten Modell in Anwendungen gehen in LINQ to SQL einfach nicht weit genug, sowohl was die Zuordnung von Tabellen zu Businessobjekten anbelangt, als auch was die Abstraktion des oder der darunterliegenden Datenprovider betrifft, denn: LINQ to SQL kann lediglich mit der Microsoft SQL Server-Plattform umgehen (mit den Versionen SQL Server 2000, 2005 und 2008), und Tabellen und Sichten können lediglich 1:1 auf ein Objektmodell abgebildet werden. Der Abschnitt »Objektrelationale Unverträglichkeit – Impedance Mismatch« des vorherigen Kapitels veranschaulicht diesen Sachverhalt an einem praktischen Beispiel.

Diese Unzulänglichkeiten löst LINQ to Entities, indem es eine weitere Schicht zwischen den generierten Business-Objekten und der ursprünglichen Datenbank einführt – der so genannten Konzeptionellen Schicht. Dadurch wird LINQ to Entities gegenüber LINQ to SQL ungleich flexibler, aber auch nicht ganz so einfach zu handhaben wie LINQ to SQL.

Es gibt einige zusätzliche Konzepte, die man zum richtigen Nutzen kennen und begreifen muss. Diese Konzepte jedoch versteht und lernt man am besten mit der Methode Learning by Doing. Und deswegen schauen wir uns in der folgenden Schritt-für-Schritt-Anleitung als erstes einmal an, wie man LINQ to Entities nutzen, um ein konzeptionelles Entitätsmodell für eine Datenbank zu erstellen und dieses anschließend nutzt, um Daten abzufragen.

Die Elemente, die dabei verwendet werden, lernen Sie im entsprechenden Kontext kennen.

Voraussetzungen für das Verstehen dieses Kapitels

Um die recht komplexe Materie dieses Kapitels einfacher verstehen zu können, sind zwei grundsätzliche Dinge erforderlich.

- Sie sollten von technischer Seite her in der Lage sein, die folgenden Beispiele nachzuvollziehen. Dazu benötigen Sie eine erreichbare SQL Server-Instanz, sowie die Beispieldatenbank, die diesen Beispielen zugrunde liegt.
- Es gibt ein paar Fachbegriffe bzw. Grundkonzepte, die im Vorfeld verstanden sein sollten. Ich selber mag es eigentlich nicht, in Vorführungen mir erst stundenlang Theorieabhandlungen anhören zu müssen, bevor es dann an die eigentlichen Beispieldemos geht. Deswegen gelobe ich: So wenig wie möglich Theorie, aber – da müssen wir durch – so viel wie nötig. Aber nur so viel.

Technische Voraussetzungen

Die Beispiele, die Sie im Folgenden beschrieben finden, verwenden wie im vorherigen Kapitel die netShop-Beispieldatenbank auf Basis einer lokal installierten SQL Server Express-Instanz.

Bei der Entscheidungsgrundlage, welche der beiden Techniken zum Entwerfen von Datenbankanwendungen (LINQ to SQL vs. LINQ to Entities) für Sie die besseren sind, lesen Sie den Abschnitt »LINQ to SQL oder LINQ to Entities – was ist besser, was ist die Zukunft?« des vorherigen Kapitels.

ACHTUNG Auch wenn dieser Hinweis bereits in den gerade genannten Abschnitten des vorherigen Kapitels erfolgte, sei hier nochmals explizit darauf hingewiesen: LINQ to Entities ist erst ab Visual Studio 2008 mit Service Pack 1 verfügbar. Ohne die Installation von Service Pack 1 für Visual Basic 2008 gibt's auch kein LINQ to Entities.

Prinzipielle Funktionsweise eines Entity Data Model (EDM)

LINQ to Entities bezeichnet die Möglichkeit, mithilfe der Abfragetechnologie LINQ Datenentitäten abzufragen, die durch ein Entitätsdatenmodell (Entity Data Model) beschrieben werden. LINQ to Entities *ist* aber natürlich nicht das Entitätsdatenmodell, und LINQ to Entities beinhaltet auch nicht die Werkzeuge, dieses Modell zu erstellen.

Zuhause ist ein Entitätsdatenmodell in Entity Framework, oder genauer gesagt, in ADO.NET Entity Framework, und eine Elementvorlage dieses Typs fügen Sie auch ein, wenn Sie ein solches Modell Ihrem Projekt hinzufügen wollen.

Der *Modell*-Teil im Namen impliziert, dass hier ein komplexes Gebilde erschaffen wird, das weit über das hinausgeht, was wir bei LINQ to SQL kennengelernt haben. Bei LINQ to SQL gibt es die Schnittstelle zur Datenbank an einem Ende, das Businessmodell am anderen, und das war es.

Entity Framework möchte in seinem Modell sehr viel mehr erreichen:

- Der Datenprovider, der letzten Endes für die Kommunikation zwischen Ihrer Anwendung und dem Datenbankserver zuständig ist, soll austauschbar sein, ohne dass sich Abfragen gegen das Entity-Modell wirklich ändern müssen
- Die Tabellen, die das Datenbankmodell liefern, müssen sich nicht ausschließlich 1:1 gegen die sich ergebenden Businessobjekte mappen lassen, sondern *beliebig* zuordbar sein

Aus diesen Gründen basiert das Entity-Modell aus drei Einzelmodellen, nämlich aus dem ...

- ... **Physikalischen Speichermodell** (*Storage Model*), das all das abbildet, was sich aus den Schemainformationen der eigentlichen Entitäten (Tabellen, Sichten) der Datenbank ergibt und was zur Kommunikation mit der Datenplattform erforderlich ist
- ... **Konzeptionellen Modell** (*Conceptual Model*), aus dem später die Business-Objekte generiert werden, und gegen das Sie mit LINQ to Entities abfragen
- ... **Mapping**, das die Zuordnungen zwischen den beiden Modellen regelt und definiert

WICHTIG Ganz wichtig zu wissen in diesem Zusammenhang: Diese drei Modelle (bzw. diese zwei Modelle und das Mapping) werden beim Erstellen eines Entitätsdatenmodels (EDM) in Form einer XML-Datei aufgebaut, die die Datei-Endung *.edmx* trägt – für *Entity Data Model eXtended Markup Language*. Beim Erstellen des Projekts landen sie automatisch in drei verschiedenen XML-Dateien, die als eingebettete Ressourcen in der .NET-Assembly abgelegt werden. Auf diese Weise sind die Definitionen zwar nicht frei zugänglich, können aber durch Austauschen der Ressourcen angepasst werden. Und nicht nur das: Mehrere dieser Definitionen können natürlich ebenfalls vorhanden sein, denn der eigentliche Vorgang des Mapping zwischen den beiden Modellen findet nicht zur Compile- sondern zur Laufzeit statt – wie diese drei Dateien dabei zur Verwendung »bestimmt« werden, sehen Sie übrigens gleich, im Praxisteil!

Diese drei Dateien werden übrigens in der Standardeinstellung genau wie der Gesamtcontainer genannt, unterscheiden sich aber durch ihre Dateiendungen:

- **.CSDL** Enthält die XML-Datei, die das Konzeptionelle Modell beschreibt (*Conceptual Schema Definition Language*)
- **.SSDL** Enthält die XML-Datei, die das Physikalische Speichermodell beschreibt (*Store Schema Definition Language*)
- **.MSL** Enthält die Mappingdatei (*Mapping Specification Language*)

TIPP **Einzelne Erzeugung der drei Modell-Dateien:** Falls Sie diese drei Dateien als Projekt-Output doch in separaten Dateien enthalten haben wollen, weil Sie sie beispielsweise für weitere Tools benötigen, öffnen Sie den EDM-Designer. Selektieren Sie das Modell selbst, indem Sie auf einen freien Bereich im Designer klicken. Im Eigenschaftenfenster stellen Sie anschließend die Eigenschaft *Verarbeitung der Metadatenartefakte* auf *In Ausgabeverzeichnis kopieren*.

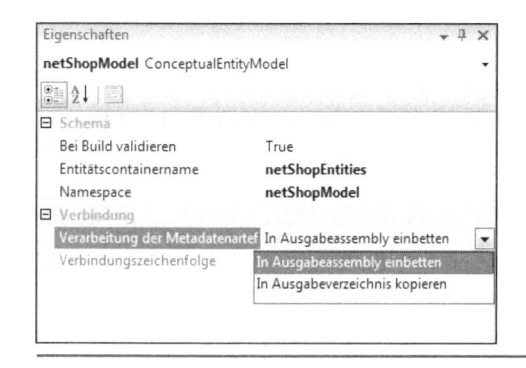

Abbildung 28.1 Um die Erstellung der drei Modell-Dateien ins Ausgabeverzeichnis zu forcieren, wählen Sie diese Einstellung. Ignorieren Sie die anschließende Fehlermeldung in der deutschen Version von Visual Studio – die Einstellung funktioniert!

Mit diesen Vorraussetzungen wissen wir vorerst ausreichend viel, um mit dem Aufbau des ersten Praxisbeispiels beginnen zu können.

LINQ to Entities – ein erstes Praxisbeispiel

Lassen Sie uns der LINQ to Entities mit einem Praxisbeispiel nähern, anhand dessen wir dann die einzelnen Elemente erforschen können.

1. Erstellen Sie ein neues C#-Projekt (als Konsolenanwendung).
2. Fügen Sie mithilfe des Projektmappen-Explorers ein neues Element in die Projektmappe ein – das entsprechende Dialogfeld erreichen Sie über das Kontext-Menü des Projektnamens –, und wählen Sie für das neue Element, wie in der Abbildung zu sehen, die Vorlage *ADO.NET Entity Data Model* aus.
3. Nennen Sie das neue Datenmodell *netShop.edmx*.

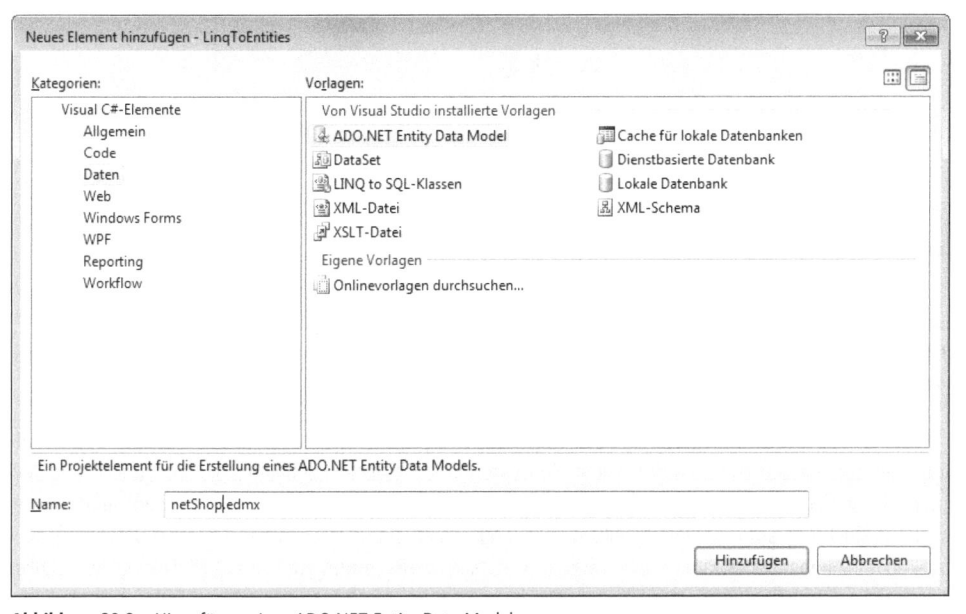

Abbildung 28.2   Hinzufügen eines ADO.NET Entity Data Model

4. Schließen Sie das Dialogfeld mit Mausklick auf *Hinzufügen* ab.
5. Im nächsten Schritt zeigt Visual Studio Ihnen einen Assistenten, der Ihnen hilft, die Modellinhalte entweder aus einer Datenbank generieren zu lassen oder ein leeres Modell zu erzeugen. Wählen Sie hier *Aus Datenbank generieren*.

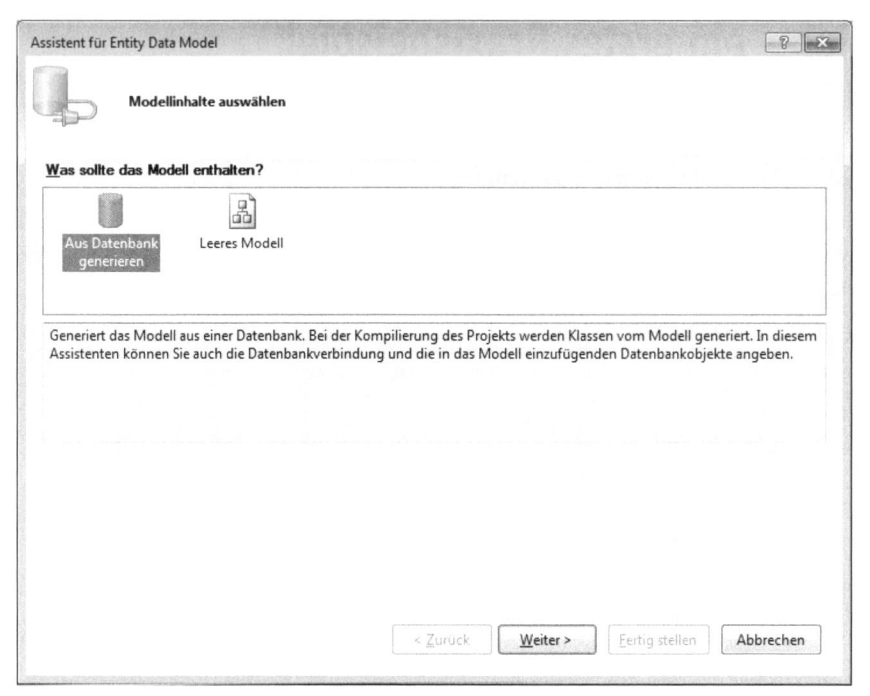

Abbildung 28.3 Bestimmen Sie im ersten Schritt des Assistenten, ob Sie ein Modell aus der Datenbank generieren lassen möchten oder ein leeres Modell verwenden

HINWEIS Falls Sie mit schon mit dem O/R-Designer von LINQ to SQL gearbeitet haben, stellen Sie spätestens an dieser Stelle den beschriebenen Unterschied zwischen den beiden Konzepten fest. Tatsächlich definieren Sie hier zunächst ein Modell, das dann als Vorlage für die Codegenerierung der Business-Objekte dient. Dieses Modell können Sie komplett selbst entwerfen, und dann Stückchen für Stückchen auf eine Datenquelle abbilden, oder eben ein Rahmenmodell aus einer Datenbank generieren lassen. Das ist – so ganz nebenbei erwähnt – eine wirklich bemerkenswerte Leistung des ADO.NET-Teams, denn schließlich müssen die Werkzeuge, die dieses Modell aus dem Datenbankschema erstellen, natürlich nicht nur mit SQL Server klarkommen. Funktionieren dabei müssen auch Informix, Oracle, DB2, MySQl ...[1]

Quintessenz: Das Modell ist in erster Linie für die Generierung der Businessobjekte zuständig, nicht das Schema der Datenbank selbst. Eine erste Modellvorlage *ergibt* sich lediglich aus dem Datenbankschema.

6. Klicken Sie auf *Weiter*.

---

[1] Treiber für andere Datenbankplattformen gibt es zwar zur Zeit der Drucklegung noch nicht von den jeweiligen Herstellern als finale Release-Versionen, die Beta-Versionen, die beispielsweise auf der PDC 2008 zu sehen waren, versprechen aber schon sehr viel!

LINQ to Entities – ein erstes Praxisbeispiel

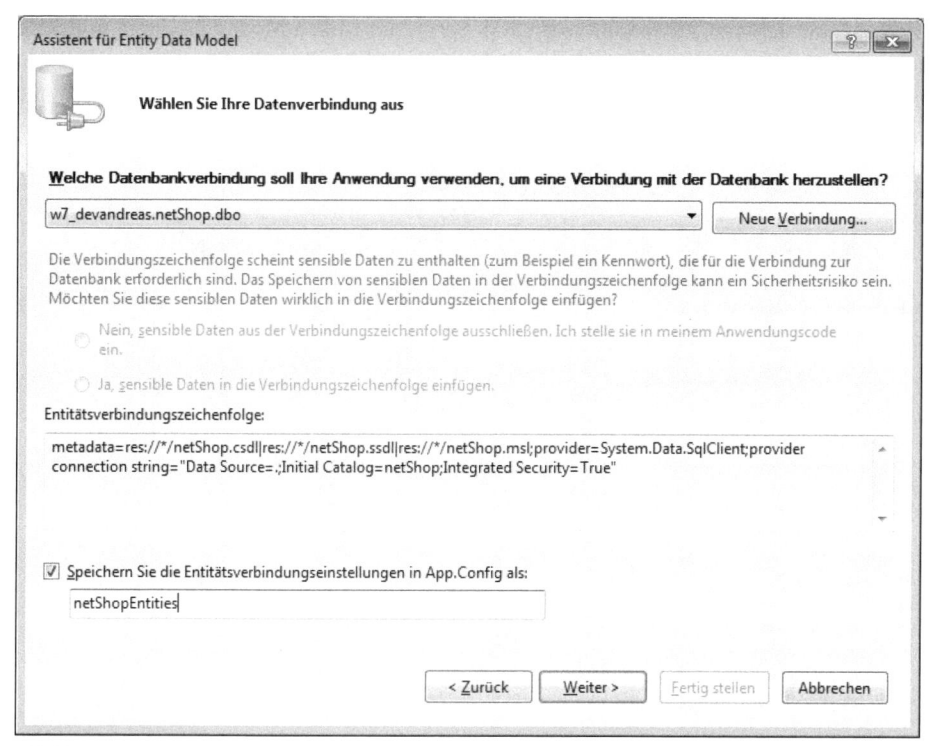

Abbildung 28.4 Bestimmen Sie in diesem Schritt die Entitätsverbindungszeichenfolge, und wie und ob diese Verbindungszeichenfolge hinterlegt werden soll

7. In diesem Assistentenschritt bestimmen Sie nun die Verbindung zu Ihrem Datenprovider. Sobald weitere Treiber verfügbar werden, können Sie mithilfe der Schaltfläche *Neue Verbindung* auch andere Datenbank-Plattformen als den SQL Server-Datenprovider nutzen. Richten Sie Ihre Verbindung zur Datenbank-Instanz ein, und wählen Sie an dieser Stelle die Datenbank aus, die Sie als Grundlage der ersten Schemaerstellung Ihres neuen Entitätsmodells erstellen lassen wollen. Für unser Beispiel verwenden wir wieder die Instanz der netShop-Datenbank, deren Einrichtung am Anfang des vorherigen Kapitels beschrieben wurde.

HINWEIS Sie sehen jetzt in der Vorschau der Entitätsverbindungszeichenfolgenvorschau, wie die Schema- bzw. Spezifikationsdateien des Entitätsmodells und die physische Verbindung zur Datenbankinstanz in einer Verbindungszeichenfolge zusammengefasst werden. Die Verbindungszeichenfolge für das EDMs bestimmt also einerseits Konzeptionelles Modell, Speichermodell und Mapping und obendrein noch die verwendete Datenbank.

Sie können, falls Sie das wünschen, die Entitätsverbindungseinstellungen auch in der *App.Config*-Datei speichern, und brauchen sich dann später, beim Instanziieren des Objektkontextes, der u. A. den Verbindungsaufbau zur Datenbank-Instanz managet, nicht mehr um das Übergeben dieser ellenlangen Zeichenfolge zu kümmern. Sie sollten dann wiederum dieses Verfahren nur dann anwenden, wenn Sie keine sicherheitskritischen Anmeldeinformationen in der Verbindungszeichenfolge verwenden; falls Sie die integrierte Windows-Sicherheit zur Anmeldung an einem Microsoft SQL Server-System verwenden, befinden Sie sich auf der sicheren Seite. Sollten Sie SQL Server im Mixed Mode betreiben, und Anmeldeinformationen in der SQL Server-Verbindungszeichenfolge übergeben müssen, ist es besser, die Verbindungszeichenfolge in der Anwendung zu hinterlegen, oder die entsprechenden sicherheitsrelevanten Abschnitte der *app.config* zu verschlüsseln.[2]

8. Klicken Sie auf Weiter, um zum nächsten Schritt zu gelangen.

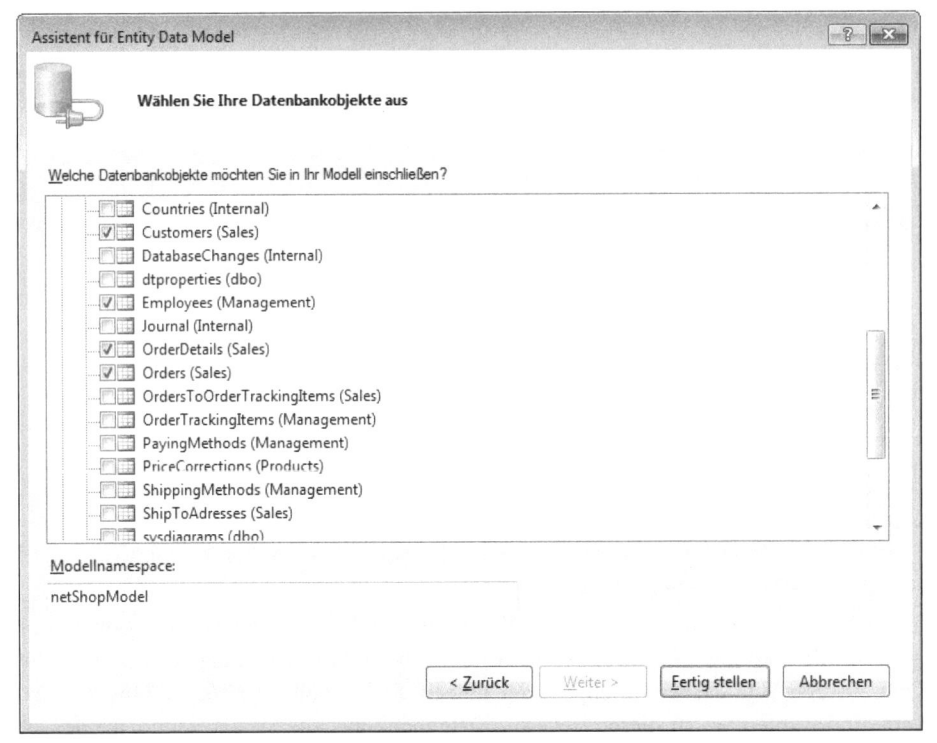

Abbildung 28.5 In diesem Schritt wählen Sie aus, welche Objekte als Grundlage für die Erstellung der Schema- und Mappingdateien dienen sollen

9. In diesem Schritt bestimmen Sie, welche Datenbankobjekte als Grundlage für die Erstellung der Schema- und Mappingdateien dienen sollen. Im einfachsten Fall entspricht die Zuordnung des konzeptionellen Modells über ein 1:1-Mapping genau dem Speichermodell. Ihre Aufgabe im Bedarfsfall wird es dann immer sein, ein entsprechendes Mapping vorzunehmen, dass für das generierte Objektmodell Ihrer Anwendung am besten ist. Für das Beispiel in diesem Kapitel wählen Sie bitte folgende Tabellen aus:

- **Customers** Entspricht Kunden. Alle kundenrelevanten Daten werden in Tabellen, die diese Namenskategorie aufweisen, gespeichert.
- **Contracts** Bildet Vertäge ab
- **Orders** Hierbei handelt es sich um Bestellungen. Sie sind einem Kunden zugeordnet.

---

[2] Dieser MSDN-Forumsbeitrag, den Sie durch den Link *http://social.msdn.microsoft.com/Forums/en-US/netfxbcl/thread/08153cf1-41b6-4472-875b-803f0845a4e1/* erreichen, liefert wertvolle Tipps zur Vorgehensweise.

- **OrderDetails** Diese Tabelle stellt die bestellten Artikel einer Bestellung dar
- **Articles** Es handelt sich um die Beschreibung der jeweiligen Artikel
- **ShipToAdresses** Es handelt sich hierbei um Lieferadressen zu den Bestellungen

10. Klicken Sie auf *Fertig stellen*, wenn Sie Ihre Auswahl getroffen haben. Die Arbeit mit dem Assistenten ist an dieser Stelle abgeschlossen.

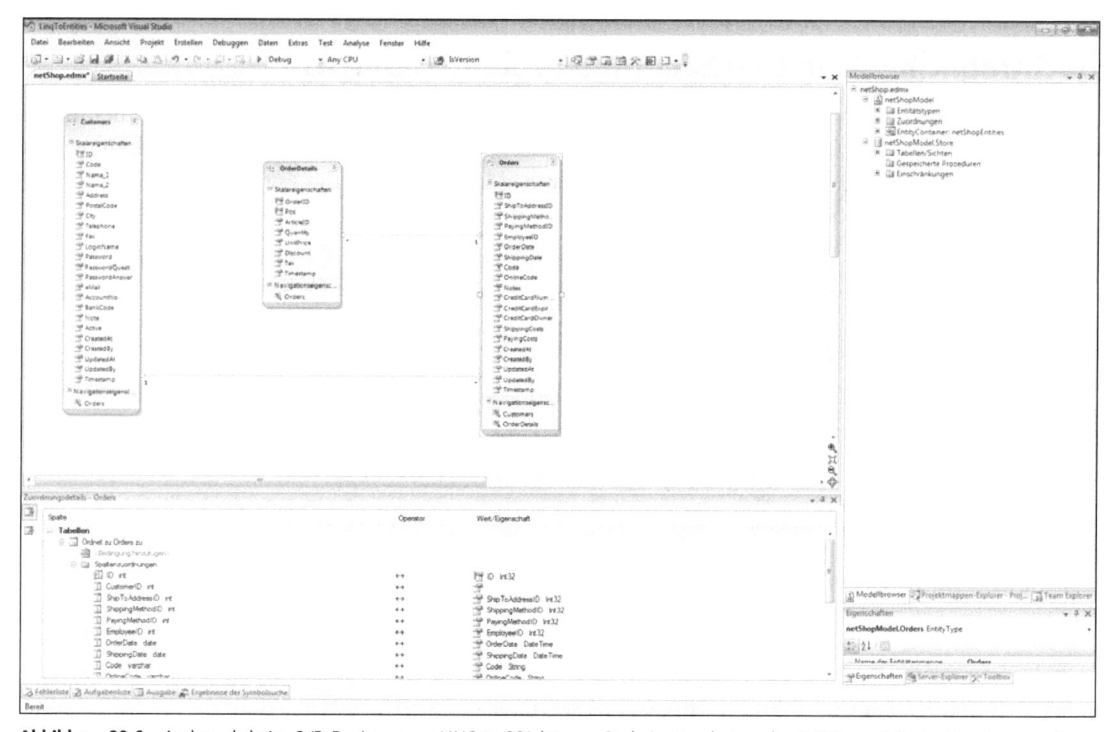

Abbildung 28.6 Anders als beim O/R-Designer von LINQ to SQL können Sie beim Bearbeiten des Entitätsmodells die Zuordnung zwischen Konzeptionellem Modell und Speichermodell beliebig umgestalten

In der Designer-Ansicht können Sie übrigens sehen, dass die Darstellung der Eigenschaften der einzelnen Entitäten wesentlich durchsichtiger ist als bei LINQ to SQL. Neben den Skalareigenschaften, die das Mapping auf die eigentlichen Felder (also Spalten) in der Datenbank ermöglichen, sind die Navigationseigenschaften gesondert aufgeführt. Mithilfe der Navigationseigenschaften einer Entität gelingt beispielsweise später, bei der Programmierung mit den korrelierenden Business-Objekten, der Zugriff auf verknüpfte Tabellen, auf Tabellen also, die durch das Speichermodell beschrieben, in Relation zueinander stehen.

HINWEIS Der Designer ist dabei übrigens so clever, reine Hilfstabellen, die in der Datenbank dem ausschließlichen Zweck dienen, eine n:m-Verbindung herzustellen, komplett durch die Einstellungen in den Zuordnungdetails des Mapping aufzulösen. Das funktioniert natürlich dann nicht mehr, wenn es nur ein weiteres Feld in der Hilfstabelle gibt, das eine Skalareigenschaft enthält, wie es leider bei der netShop-Datenbank durch die *Timestamp*-Eigenschaft in jeder solchen Tabelle geschieht (z. B. in der Tabelle *OrdersToOrderTrackingItems*; dort sind sogar die weiteren Felder *Date* und *Note* vorhanden). Mithilfe der Northwind-Datenbank, die Sie natürlich trotz ihres fortgeschrittenen Alters immer noch an eine SQL Server 2008-Instanz knüpfen können, haben Sie aber die Möglichkeit, dieses automatische Wegmappen einer Hilfstabelle direkt in Aktion zu sehen.

> **TIPP** Ein Skript, das die Northwind-Datenbank ohne Fehlermeldungen unter SQL Server 2005/2008 installiert, findet man unter *http://blogs.sqlserverfaq.de/Lists/Beitraege/Post.aspx?ID=21*.

Und nachdem diese Grundvoraussetzungen erledigt sind, steht wie in der obigen Abbildung zu sehen, das erste Entitätsmodell für unsere zukünftigen Demos, und wir können uns den programmiertechnischen Aspekten zuwenden.

Nachträgliches Ändern des Entitätscontainernamens

In vielen Fällen mögen Sie das EDM so nennen wie auch die Datenbank heißt. In vielen Fällen macht es aber Sinn, den Namen des Entitätscontainers zu ändern, aus denen sich auch der programmtechnische Objektkontext ergibt, den Sie in Ihren Anwendungen benötigen, um auf die Entitätsobjekte des konzeptionellen Modells beispielsweise für die Erstellung von Abfragen mit LINQ to Entities zuzugreifen.

Die Änderung ist dabei vergleichsweise simpel: Sie öffnen den EDM-Designer, klicken auf einen freien Bereich im Designer um das Modell selbst »auszuwählen«, und können dann im Eigenschaftenfenster unter Entitätscontainername einen neuen Namen festlegen.

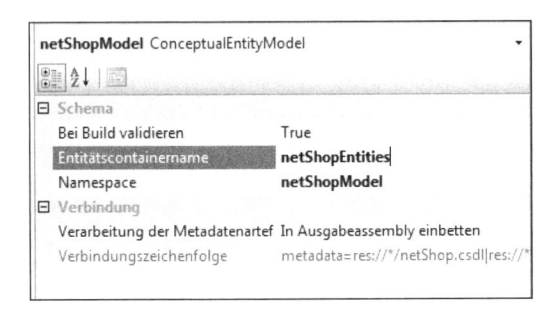

Abbildung 28.7 So ändern Sie den Namen eines Entitätscontainers im EDM-Designer

Gegebenenfalls wird es danach notwendig, auch die *App.Config* anzupassen, falls Sie dort die Verbindungszeichenfolge hinterlegt haben (fett geschrieben im unten stehenden Auszug der Datei).

```xml
<?xml version="1.0" encoding="utf-8"?>
<configuration>
  <connectionStrings>

  <add name="netShopEntities"
connectionString="metadata=res://*/netShop.csdl|res://*/netShop.ssdl|res://*/netShop.msl;provider=System
.Data.SqlClient;provider connection string=&quot;Data Source=.;Initial Catalog=netShop;Integrated
Security=True;MultipleActiveResultSets=True&quot;" providerName="System.Data.EntityClient"
/></connectionStrings>
</configuration>
```

Listing 28.1 Beispiel einer Verbindungszeichenfolge, um sich mit einem SQL Server zu verbinden

> **ACHTUNG** Die Designer-Tools von Entity Framework scheinen an einigen Stellen noch Probleme mit der Konsistenz zu haben. So ist es bei Experimenten ein paar Mal passiert, dass beispielsweise das Löschen einer Entität aus dem Designer nicht alle Referenzen im Speichermodell bzw. im entsprechenden Mapping nach sich zog – Inkonsistenzen und Compiler-Fehler waren dann der Fall; ob das ein Bug oder ein Feature ist, wird die Zukunft zeigen. *Die nicht lokalisierte, englische Version von Visual Studio erwies sich hier übrigens als sehr viel stabiler!*

Seien Sie deswegen schon beim Zusammenstellen der Entitätsobjekte, die aus den Datenbankschemata abgerufen werden, sehr aufmerksam, und überlegen Sie sich gut, welche Tabellen, Sichten und gespeicherten Prozeduren Sie benötigen und welche nicht, wenn Sie nicht in mühsamer Kleinarbeit später die *edmx*-Dateien des Entitätsmodells mit dem XML-Editor nachbearbeiten wollen. Falls dies doch einmal nötig werden sollte: keine Panik, Ruhe bewahren! Klappen Sie den Tisch vor sich hoch, warten Sie bis die Sauerstoffmasken herunterfallen, ... – nein, Scherz beiseite. In diesem Fall schließen Sie einfach den Entitätsdesigner und öffnen die ihm zugrunde liegende Entitätsmodell-XML-Datei einfach mit dem XML-Editor. Dazu wählen Sie aus dem Kontextmenü der *edmx*-Datei *Öffnen mit...* .

Wählen Sie im jetzt erscheinenden Dialogfeld *XML-Editor* aus der Liste aus (siehe nächste Abbildung), und klicken Sie auf *OK*, um das Modell als XML-Datei zu editieren.

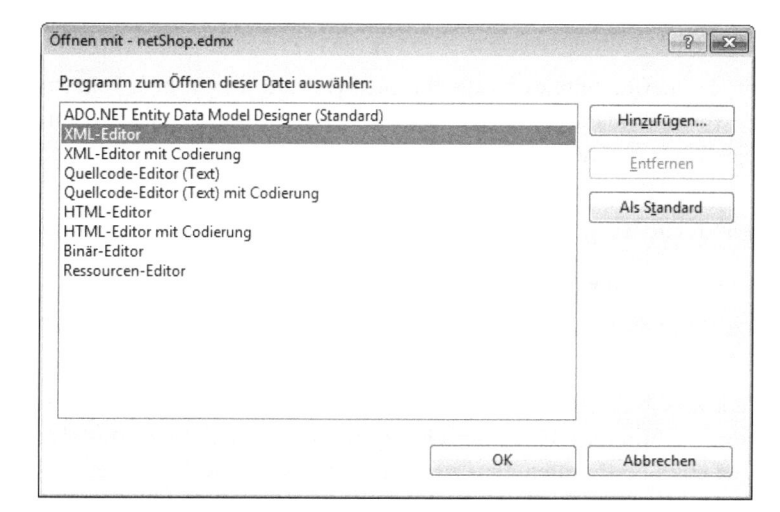

Abbildung 28.8 Falls der Entitätsdesigner einmal streiken sollte oder Dummheiten macht, schließen Sie das EDM in der Designansicht und öffnen Sie die *edmx*-Datei, die Konzeptionelles Modell, Speichermodell und Mapping enthält, mit dem XML-Editor

Abbildung 28.9 Konzeptionelles Modell, Speichermodell und Mapping können Sie im Bedarfsfall auch als XML einsehen und bearbeiten. Bitte nehmen Sie keine Änderungen unterhalb des Abschnitts *EF Designer content* vor!

In der obenstehenden Abbildung sehen Sie die Abschnitte, in denen die Inhalte der SSDL-Datei (Speichermodell), CSDL-Datei (konzeptionelles Modell) und MSL (Mapping), die Sie bedenkenlos editieren können. Lassen Sie aber unbedingt die Finger vom Abschnitt, der sich unterhalb des Kommentars *EF Designer content DO NOT EDIT MANUALLY BELOW HERE* (*AB HIER NICHT MEHR HÄNDISCH BEARBEITEN!*) sollten Sie sehr, sehr wörtlich nehmen!

Abfrage von Daten eines Entitätsmodells

Die Codedateien, die aus dem Konzeptionellen Modell des Entitätsmodells entstehen, werden in einer Codedatei abgelegt, die Sie unterhalb des Datenmodells im Projektmappen-Explorer eingeordnet finden, wenn Sie die Projektmappen-Explorer alle Dateien anzeigen lassen.

Auch bei der Programmierung mit Entity Framework gibt es für die Business-Objekte, die aus dem konzeptionellen Modell entstehen, eine zentrale Verwalterklasse, die sich anders als bei LINQ to SQL nicht Datenkontext sondern konsequenterweise Objektkontext nennt.

```
/// <summary>
/// Es gibt keine Kommentare für netShopEntities im Schema.
/// </summary>
public partial class netShopEntities : global::System.Data.Objects.ObjectContext
{
```

Listing 28.2 Grundstruktur eines generierten Objektkontexts

Der Objektkontext stellt zum einen die Businessobjekt-Abfrageauflistungen in Form von *ObjectQuery<Type>*-Klassen dar. Eine solche generische Klasse, wie im unten stehenden Listing zu sehen, repräsentiert also eine Abfrage, die eine Auflistung von Objekten eines bestimmten Typs zurückliefert, wenn diese Abfrage entweder mithilfe einer so genannten Entity SQL-Anweisung oder einer LINQ-Abfrage erstellt und ausgeführt wird. Dabei führt sie die Abfragen immer dann aus, wenn ...

- ... ihr Iterator verwendet wird, wenn Sie also beispielsweise mit *For/Each* durch die Elemente ihrer Ergebnisauflistung hindurch iterieren,
- ... sie an eine generische Liste (*List<Type>*) zugewiesen wird oder
- ... wenn ihre *Execute*-Methode ausdrücklich aufgerufen wurde.

```
/// <summary>
/// Es gibt keine Kommentare für Customers im Schema.
/// </summary>
public global::System.Data.Objects.ObjectQuery<Customers> Customers
{
    get
    {
        if (this._Customers == null)
        {
            this._Customers = base.CreateQuery<Customers>("[Customers]");
        }
        return this._Customers;
    }
}
```

Die Business-Objekte werden, wie ebenfalls im Listing in der zweiten in Fettschrift gesetzten Zeile zu sehen, so definiert, dass bei der ersten Verwendung automatisch eine Instanz mit einer Abfrage definiert wird, die die gesamten Elemente der zugeordneten Entität (Tabelle, Sicht) abruft.

Abfrage von Daten mit LINQ to Entities-Abfragen

Eine einfache Abfrage zeigt das folgende Listing, das sich in *Program.cs* des im Folgenden verwendeten Beispielprojekts befindet.

```
namespace LinqToEntities
{
    class Program
    {
        static void Main(string[] args)
        {
            //Wir verwenden in den Beispielen die Verbindungszeichenfolge aus der App.Config.
            //Ändern Sie die Zeichenfolge im Abschnitt ConnectionStrings, um die Beispiele
            //auf Ihre SQL Server-Instanz anzupassen. Sie müssen dazu nur den Provider-
            //ConnectionString innerhalb des Gesamt-ConnectionStrings anpassen.

            netShopEntities netShopContext = new netShopEntities();

            var kundenliste = from kundenitem in netShopContext.Customers
                        where kundenitem.Name_2=="Abel"
                        orderby kundenitem.Name_1
                        select kundenitem;

            foreach (var kunde in kundenliste)
            {
                Console.WriteLine(kunde.ID + ": " + kunde.Name_2 + ", " + kunde.Name_1);
                Console.WriteLine(new String('=', 70));

                foreach (var order in kunde.Orders)
                {
                    Console.Write("ID: " + order.ID + " ");
                    Console.WriteLine("Datum: " + order.OrderDate.ToShortDateString());
                }
            }

            Console.WriteLine("Taste drücken zum Beenden");
            Console.ReadKey();
        }
    }
}
```

Listing 28.3 Ein einfaches Beispiel, um mit LINQ to Entities Daten abzufragen

Falls Sie das letzte Kapitel über LINQ to SQL ebenfalls durchgearbeitet haben, wird Ihnen das Beispiel bekannt vorkommen – die Ähnlichkeiten sind frappierend! In folgenden Punkten gibt es allerdings Unterschiede:

- Es gibt – wie eingangs schon gesagt – keinen Datenkontext wie bei LINQ to SQL sondern ein verwaltendes Objekt, das von *ObjectContext* abgeleitet wurde. In unserem Fall ist das die *netShopEntities*-Klasse.

- Die Pluralisierung der Abfrageeigenschaften findet hier nicht automatisch statt. Die Eigenschaften nennen sich also standardmäßig genau so, wie die Entitäten, auf denen sie basieren. Sie können das aber natürlich im EDM-Designer im konzeptionellen Modell entsprechend ändern. Der folgende Abschnitt zeigt, wie es geht.

- Wenn Sie das Programm laufen lassen, werden Sie feststellen, dass es lediglich die folgende Ausgabe auf den Bildschirm zaubert:

```
4: Abel, Felix
================================================================
5: Abel, Julia
================================================================
Taste drücken zum Beenden
```

- Die innere Schleife wird also gar nicht ausgeführt bzw. liefert keine Ergebnisse. Das liegt an der Art und Weise, wie Lazy-Loading in Entity Framework implementiert ist. *Lazy-Loading* (*faules* Laden) ist dabei nämlich eigentlich sogar ein »Lazy-Lazy-Loading«, ein quasi »ganz faules« Laden: Inhalte verknüpfter Entitäten werden nicht nur *nicht* direkt mitgeladen, sie werden *auch nicht* geladen, wenn Sie darauf zugreifen. Der Abschnitt »Generierte SQL-Anweisungen unter die Lupe nehmen« ab Seite 1081 hält mehr zu diesem Thema bereit.

- Zu guter Letzt erlaubt es Entity Framework auch nicht, auf einfache Art und Weise, Debug-Ausgaben auf der Konsole auszugeben. Wenn Sie beispielsweise die Developer-Edition von SQL Server zur Hand haben, können Sie sich hier mit dem SQL Profiler aus der Patsche helfen. Wie Sie den Profiler verwenden, um sich generiertes SQL anzuschauen (Hilfe zur Selbsthilfe kann bei Entity Framework nicht schaden!), finden Sie im Abschnitt »Generierte SQL-Anweisungen unter die Lupe nehmen« ab Seite 1081 beschrieben.

> **HINWEIS** Wie bei LINQ üblich, werden Abfragen auch bei LINQ to Entities verzögert ausgeführt, und sie lassen sich auch kaskadieren. Das LINQ to SQL-Kapitel bietet hier ausreichend Beispiele. Auch bei LINQ to Entities gilt: Sie können eine Abfrageergebnisliste beispielsweise mit *ToList* oder *ToArray* von ihrem Abfrageobjekt lösen. Im Gegensatz zu LINQ to SQL ist die Liste damit aber nicht automatisch von ihrem Datenkontext gelöst, sondern nur von der Abfragekette, die dann unterbrochen ist.

Wie Abfragen zum Datenprovider gelangen – Entity SQL (eSQL)

Anders als LINQ to SQL werden von Entity Framework aus LINQ-Abfragen nicht direkt zum Datenprovider geschickt, der sich übrigens im vollen Namen *ADO.NET Entity Client Data Provider* nennt. Vielmehr haben die Redmonder Entwicklerkollegen einen Dialekt namens Entity SQL entwickelt, der das Konzeptionelle Modell eines EDMs abfragt. Dadurch, dass eSQL nicht direkt auf dem Datenprovider arbeitet, wird eSQL Datenbankplattform-unabhängig – wenn Sie später also Ihre Programme an andere Datenprovider anpassen müssen, ist der Code, der ja gegen das Konzeptionelle Modell des EDM abfragt, davon nicht betroffen. Im günstigsten Fall. Im ungünstigsten Fall kann es sein, dass Sie bei Abfragen gegen Ihr Entitätsmodell Features verwendet haben, die der eine oder andere Datenbanktreiber vielleicht nicht umsetzen kann. Das jedoch ist bei den Providern für die großen Anbieter von Datenbanksystemen (Oracle, IBM, etc.) wohl eher nicht zu erwarten.

Anpassen des Namens der Entitätenmenge

Der Name einer Entitätsmenge ist mit dem Entitätsdesigner übrigens schnell geändert. Wenn es Ihnen nicht passt, dass aus einer Tabelle *Customers* die Abfrageeigenschaft *Customers* des Objektkontexts hervorgegangen ist, und Sie den Namen lieber entpluralisiert hätten, ändern Sie den Namen einfach:

1. Doppelklicken auf das EDM im Projektmappen-Explorer, um den Designer zu öffnen.
2. Klicken Sie die Entität (zum Beispiel *Customers*) an.
3. Ändern Sie die Eigenschaft *Name der Entitätenmenge* im Eigenschaftenfenster dementsprechend.

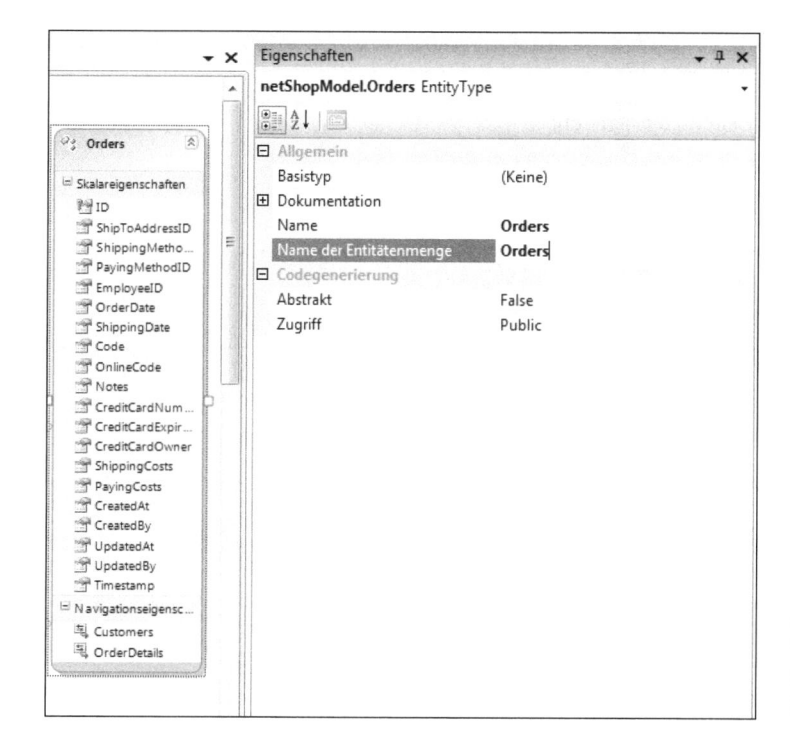

Abbildung 28.10 Der Name einer Entitätenmenge lässt sich mit dem EDM-Designer in Nullkommanichts ändern

> **HINWEIS** Eine automatische Pluralisierung von Auflistungsnamen wie bei LINQ to SQL gilt nicht für Entity Framework, jedenfalls nicht in der gegenwärtigen, deutsch-lokalisierten Version. Sie können dies also nur auf die hier beschriebene Art und Weise erreichen.

Generierte SQL-Anweisungen unter die Lupe nehmen

In LINQ to SQL können Sie es mit so gut wie gar keinem Aufwand erreichen, dass die generierten T-SQL-Abfragen, die sich aus einer LINQ to SQL-Abfrage ergeben, automatisch in einem Protokoll erstellt werden. Mit LINQ to Entities geht das nicht so einfach. Aber es geht. Sie haben zwei Möglichkeiten:

- Sie haben die Möglichkeit, Ihre Abfrage in das ursprüngliche Abfrage-Objekt des Objektkontexts zu casten, und dann die Methode *ToTraceString()* aufzurufen, um herauszufinden, welche Befehle Entity Framework *plant*, zum Datenprovider zu schicken. Sie könnten also das obige Beispielprogramm um diese Zeilen ergänzen…

```
netShopEntities netShopContext = new netShopEntities();

var kundenliste = from kundenitem in netShopContext.Customers
                  where kundenitem.Name_2=="Abel"
                  orderby kundenitem.Name_1
                  select kundenitem;

//Mit diesen Anweisungen können wir rausfinden,
//welcher SQL-Text zur Anwendung kommen wird.
Console.WriteLine(((ObjectQuery<Customers>)kundenliste).ToTraceString());

foreach (var kunde in kundenliste)
  …<weiter geht's mit dem Listing weiter oben> …
```

… um die Ausgabe um folgende Zeilen zu ergänzen:

```
SELECT
[Extent1].[ID] AS [ID],
[Extent1].[Code] AS [Code],
[Extent1].[Name_1] AS [Name_1],
[Extent1].[Name_2] AS [Name_2],
[Extent1].[Address] AS [Address],
[Extent1].[PostalCode] AS [PostalCode],
[Extent1].[City] AS [City],
[Extent1].[Telephone] AS [Telephone],
[Extent1].[Fax] AS [Fax],
[Extent1].[LoginName] AS [LoginName],
[Extent1].[Password] AS [Password],
[Extent1].[PasswordQuestion] AS [PasswordQuestion],
[Extent1].[PasswordAnswer] AS [PasswordAnswer],
[Extent1].[eMail] AS [eMail],
[Extent1].[AccountNo] AS [AccountNo],
[Extent1].[BankCode] AS [BankCode],
[Extent1].[Note] AS [Note],
[Extent1].[Active] AS [Active],
[Extent1].[CreatedAt] AS [CreatedAt],
[Extent1].[CreatedBy] AS [CreatedBy],
[Extent1].[UpdatedAt] AS [UpdatedAt],
[Extent1].[UpdatedBy] AS [UpdatedBy],
[Extent1].[Timestamp] AS [Timestamp]
FROM [Sales].[Customers] AS [Extent1]
WHERE N'Abel' = [Extent1].[Name_2]
ORDER BY [Extent1].[Name_1] ASC
4: Abel, Felix
==================================================================
5: Abel, Julia
==================================================================
Taste drücken zum Beenden
```

- Die zuverlässigere aber aufwändigere Methode, da sie den tatsächlichen IST-Zustand widerspiegelt: Sie verwenden das Profiler-Werkzeug einer großen SQL Server-Version. Wenn Sie beispielsweise die Möglichkeit haben, in Ihrer Firma auf eine Vollversion von SQL Server per Remote-Desktop zuzugreifen, haben Sie auch die Möglichkeit, den Profiler mit der Instanz Ihrer lokalen SQL Express-Version zu verbinden. Das Profiler-Werkzeug gibt Ihnen genau Auskunft über die gesendeten Daten zwischen der Datenbankinstanz und in der auf dem Client geöffneten Session. Ein Beispiel sehen Sie in folgender Abbildung.

Abfrage von Daten eines Entitätsmodells

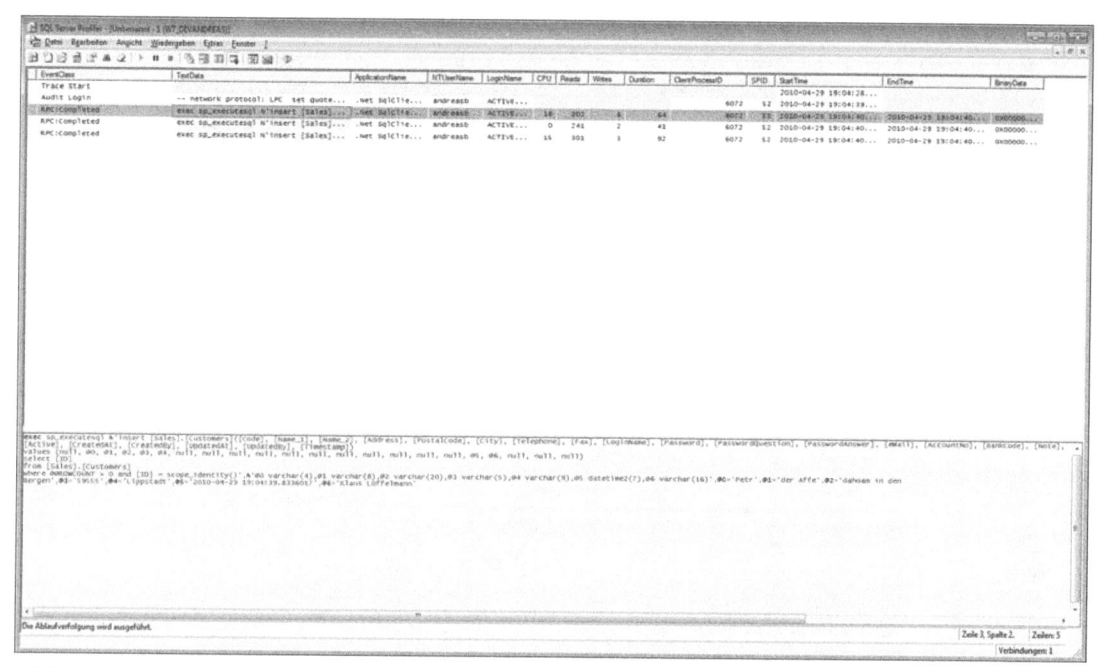

Abbildung 28.11   Das Profiler-Tool eines großen SQL Server können Sie auch auf Ihre Express-Instanz ansetzen. Dabei muss sich der Profiler nicht mal auf der gleichen Maschine befinden – wenn es Ihr Netzwerk und Ihre Einstellungen zulassen.

> **TIPP**   Damit Sie den Profiler des großen Visual Studio mit Ihrer Express-Instanz verbinden können, muss Ihre Firewall das erlauben und Sie müssen natürlich auch die Netzwerkprotokolle entsprechend eingerichtet haben.

Lazy- und Eager-Loading in Entity Framework

Das Ladeverhalten unterscheidet sich von LINQ to SQL ganz erheblich – das haben wir bei dem bislang verwendeten Beispiel schon gesehen. Während bei LINQ to SQL transparentes Lazy-Loading standardmäßig verwendet wird – die Daten, die Sie benötigen, werden also erst im Bedarfsfall vom Provider abgerufen – passiert bei LINQ to Entities gar nichts, wenn Sie auf die untergeordneten Daten einer Tabellenverknüpfung zugreifen. Aber natürlich kommen Sie an die Daten dran – Sie müssen nur ein wenig mehr Aufwand betreiben. Grundsätzlich haben Sie zwei Möglichkeiten:

- Sie laden die Daten, die Sie benötigen, manuell nach.
- Sie verwenden Eager-Loading für bestimmte Relationen.

Daten beim Lazy-Loading manuell nachladen

Im Beispielprojekt der Anwendung finden Sie eine weitere Datei mit dem Namen *LazyEagerLoading.cs*. Sie demonstriert, wie Sie vorgehen müssen, um Daten aus Tabellen-Relationen manuell nachladen zu können.

> **HINWEIS**   Damit das Beispielprojekt jetzt auch mit dieser *Main*-Methode startet, stellen Sie bitte in den Projekteigenschaften das entsprechende Startobjekt ein. Die Projekteigenschaften erreichen Sie, indem Sie im Projektmappen-Explorer auf dem Projektnamen das Kontextmenü öffnen, und Eigenschaften auswählen (Sie erhalten folgende Maske).

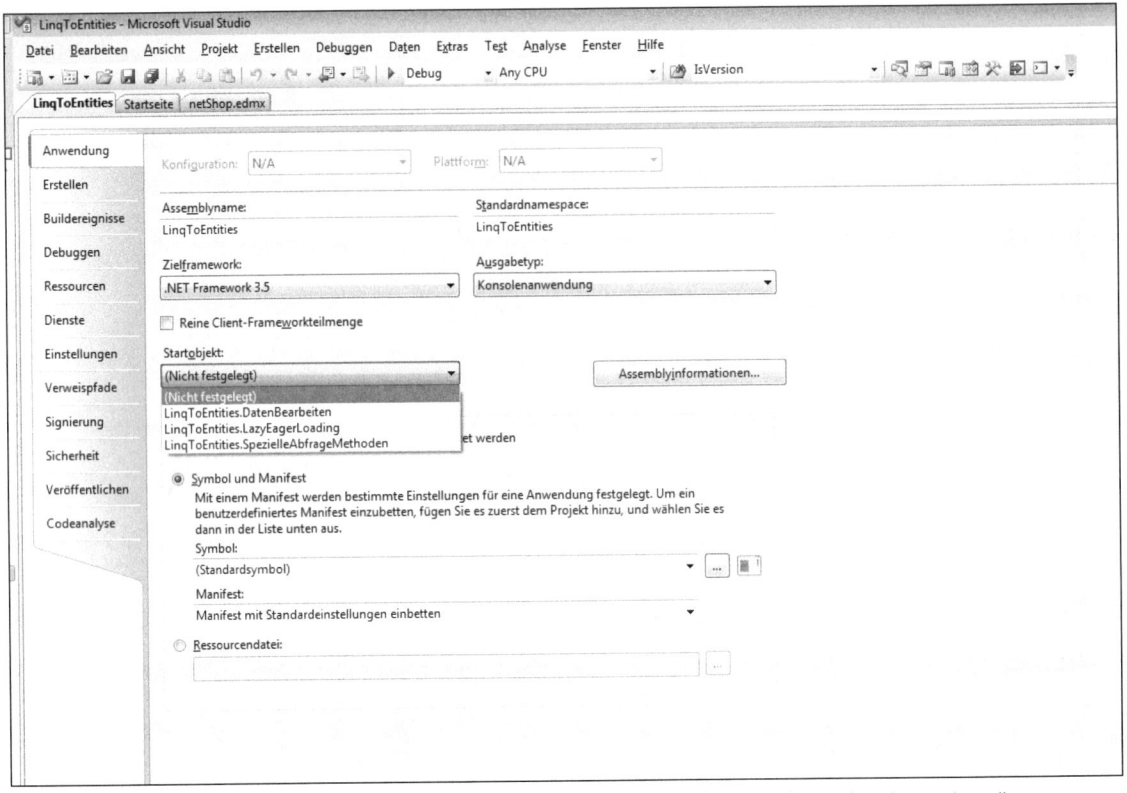

Abbildung 28.12 So bestimmen Sie, in welcher Klasse die *Main*-Methode zum Starten der Anwendung aufgerufen werden soll

```
static void LazyLoading() {

    netShopEntities netShopContext = new netShopEntities();

    var customers = from cust in netShopContext.Customers
                    where cust.Name_2.StartsWith("Hü")
                    orderby cust.Name_2
                    select cust;

    Console.WriteLine(((ObjectQuery<Customers>)customers).ToTraceString());
    foreach (var customer in customers)
    {
        Console.WriteLine(customer.ID + " " + customer.Name_1 + " " +
                          customer.Name_2);
        Console.WriteLine(new string('=', 70));

        if (!customer.Orders.IsLoaded)
        {
            customer.Orders.Load();

            foreach (var order in customer.Orders)
            {
                if (!order.OrderDetails.IsLoaded)
```

```
                {
                    order.OrderDetails.Load();
                    Console.WriteLine();
                    Console.WriteLine("Code: " + order.Code);

                    foreach (var ord in order.OrderDetails)
                    {
                        Console.WriteLine("ArticleID: {0}, Price: {1}",
                                          ord.ArticleID, ord.UnitPrice);
                    }
                }
            }
            Console.WriteLine();

        }
        Console.WriteLine("Taste drücken zum Beenden");
        Console.ReadKey();
    }
```

Listing 28.4 Daten müssen bei LINQ to Entities manuell nachgeladen werden

Von Relevanz sind hier drei Dinge:

- Sie stellen mit *IsLoaded* fest, ob eine bestimmte Entität, die eine Verknüpfung von oder zu einer anderen darstellt, schon geladen wurde.
- Sie laden die Inhalte der Verknüpfung mit der *Load*-Methode nach.
- Zu einem *:1*-Endpunkt besteht immer eine *Referenz*. Das bedeutet, dass Sie nicht die eigentlichen Entitätsnamen-Eigenschaft zum Nachladen der Daten verwenden, sondern den Namen mit der Endung *Reference*. Da hingegen *Customers* und *Orders* 1:*n* verknüpft ist, (erster fettgesetzter Codeblock in Listing 28.4), verwenden Sie hier *nicht* das Postfix *Reference*.

HINWEIS Es gibt übrigens einen Generator der Code generiert, um Unterstützungscode für transparentes Lazy-Loading zu generieren. Es gibt allerdings einen Haken bei der Sache. Er ist experimentell. Falls Sie sich ihn dennoch anschauen wollen: Der Link *http://code.msdn.microsoft.com/EFLazyLoading* verrät mehr.

Eager-Loading für bestimmte Relationen verwenden

Die andere Möglichkeit, die in bestimmten Szenarien sinniger ist – insbesondere dann, wenn vergleichsweise wenig Daten von vornherein zur Verfügung stehen sollen – ist, dass Framework anzuweisen, die Daten für die untergeordneten Tabellen in einem Rutsch durch eine JOIN-Verknüpfung sofort mitzuladen.

Sie erreichen das durch die Verwendung der *Include*-Methode, der Sie den Pfad der untergeordneten Tabellen einfach durch ».« getrennt mitgeben. Wenn Sie also die Tabelle *Customers* abfragen, und möchten, dass *Orders*-Daten und die denen wiederum zugeordneten *OrderDetails*-Daten automatisch mitgeliefert werden, dann lautet der Suchpfad eben *Orders.OrderDetails*.

WICHTIG Die Ausgangstabelle (im Beispiel *Customers*) geben Sie bitte nicht mit im Suchpfad an!

Das auf diese Weise abgeänderte Beispiel sieht dann folgendermaßen aus:

```
static void EagerLoading() {
    netShopEntities netShopContext = new netShopEntities();

    var customers = from cust in
        netShopContext.Customers.Include("Orders").Include("Orders.OrderDetails")
        where cust.Name_2.StartsWith("Hü") orderby cust.Name_2 select cust;

    Console.WriteLine(((ObjectQuery<Customers>)customers).ToTraceString());
    foreach (var customer in customers)
    {
        Console.WriteLine(customer.ID + " " + customer.Name_1 + " " + customer.Name_2);
        Console.WriteLine(new string('=', 70));

        foreach (var order in customer.Orders)
        {
            Console.WriteLine();
            Console.WriteLine("Code: " + order.Code);

            foreach (var ord in order.OrderDetails)
            {
                Console.WriteLine("ArticleID: {0}, Price: {1}",
                                  ord.ArticleID, ord.UnitPrice);
            }
        }
        Console.WriteLine();

    }
    Console.WriteLine("Taste drücken zum Beenden");
    Console.ReadKey();
}
```

Listing 28.5 Mithilfe des *Include*-Methode kann das Eager-Loading-Verhalten konfiguriert werden

Damit ändert sich dementsprechend auch der generierte SQL-Text, der dann wie folgt ausschaut (gekürzt):

```
SELECT
[Project2].[ID] AS [ID],
[Project2].[Code] AS [Code],
[Project2].[Name_1] AS [Name_1],
.
. (* Gekürzt – Schema ist zu umfangreich! *)
.
  WHERE (CAST(CHARINDEX(N'Hü', [Extent1].[Name_2]) AS int)) = 1
)  AS [Project2]
ORDER BY [Project2].[Name_2] ASC, [Project2].[ID] ASC, [Project2].[C4] ASC, [Project2].[ID1] ASC,
[Project2].[C3] ASC

3749 Anna Hübner
======================================================================

Code: 0055103
ArticleID: 31, Price: 12,0000
ArticleID: 7, Price: 5,0000
```

```
. (*Ausgabe gekürzt*)
.
ArticleID: 71, Price: 10,0000
ArticleID: 74, Price: 5,0000

3834 Sara Hüttig
==============================================================

Code: 0231177
ArticleID: 7, Price: 5,0000
ArticleID: 19, Price: 3,0000
.
. (*Ausgabe gekürzt*)
.
ArticleID: 64, Price: 5,0000
ArticleID: 2, Price: 30,0000

Taste drücken zum Beenden
```

Listing 28.6 Wie auch schon bei LINQ to SQL wird nur eine *Select*-Anweisung zur Datenbank gesendet

Anonymisierungsvermeidung bei Abfragen in verknüpften Tabellen

Sie können sowohl bei LINQ to SQL als auch bei LINQ to Entities *Join*-Abfragen verwenden, um Daten aus mehreren Tabellen in einer flachen Ergebnisliste zusammenzuführen. In vielen Fällen möchten Sie aber, dass Sie nur deswegen auf verknüpfte Tabellen zugreifen, um bestimmte Datensätze in der Haupttabelle in Abhängigkeit bestimmter Werte der Tabellen zu selektieren, mit denen die Haupttabelle verknüpft ist. Und in diesen Fällen können Sie *Join* nicht gebrauchen, weil *Join* Ihnen automatisch eine Ergebnisliste auf Basis einer anonymen Klasse zurückliefert. Sie möchten in diesen Fällen aber in der Regel eine Ergebnisliste auf Basis einer konkreten Entitätsklasse zurückgeliefert bekommen.

Ein Beispiel: Angenommen Sie möchten alle Kunden ermitteln, die über mindestens eine Bestellung verfügen, dessen Name mit den Buchstaben *Hü* beginnt. Diese Abfrage mit einer *Join*-Abfrage zu formulieren, wäre sicherlich kein Problem.

Doch das Problem dabei ist: Sie bekommen eine Ergebnisliste auf Basis einer anonymen Klasse zurück. Sie möchten aber eine Ergebnisliste auf Basis von *Customers* (*Kunden*) zurückgeliefert bekommen.

In diesem Fall verwenden Sie eine Abfragemethode, die Sie in der Datei *SpezielleAbfrageMethoden.cs* im Beispielprojekt finden, und die mehrere *FROM*-Abfragen ineinander verschachtelt und schließlich mit *Distinct* dafür sorgt, dass Dubletten in der Ergebnisliste ausgeschlossen werden.

> **HINWEIS** Das folgende Beispiel verwendet übrigens Lazy-Loading mit manuellem Nachladen der Datensätze, wie wir es im vorherigen Abschnitt kennengelernt haben, um die untergeordneten Datensätze zu ermitteln.

```
static void Main(string[] args)
{
    AnonymisierungsvermeidungBeiVerknüpftenAbfragen();
}

static void AnonymisierungsvermeidungBeiVerknüpftenAbfragen()
```

```
{
    netShopEntities netShopContext = new netShopEntities();

    var customers = (from cust in netShopContext.Customers
                     from order in cust.Orders
                     from orderdet in order.OrderDetails
                     where cust.Name_2.StartsWith("Hütti")
                     where cust.ID == order.Customers.ID
                     where orderdet.OrderID == order.ID
                     select cust).Distinct();

    Console.WriteLine(((ObjectQuery<Customers>)customers).ToTraceString());

    foreach (var cust in customers)
    {
        Console.WriteLine();
        Console.WriteLine(cust.ID + " " + cust.Name_1 + " " + cust.Name_2);
        Console.WriteLine(new string('=', 70));

        if (!cust.Orders.IsLoaded)
        {
            cust.Orders.Load();

            foreach (var order in cust.Orders)
            {
                Console.WriteLine();
                if (!order.OrderDetails.IsLoaded)
                {
                    order.OrderDetails.Load();

                    Console.WriteLine();
                    Console.WriteLine("Code: " + order.Code);

                    foreach (var ord in order.OrderDetails)
                    {
                        Console.WriteLine("Price: " + ord.UnitPrice);
                    }
                }
            }
        }
    }
    Console.WriteLine();
    Console.WriteLine("Taste drücken zum Beenden");
    Console.ReadKey();
}
```

Listing 28.7 Beispiel, wie Sie anonyme Klassen vermeiden können

Wenn wir diese Methode laufen lassen, liefert sie die gewünschte Ergebnisliste, wie im folgenden Bildschirmauszug zu sehen:

```
SELECT
[Distinct1].[ID] AS [ID],
[Distinct1].[Code] AS [Code],
[Distinct1].[Name_1] AS [Name_1],
[Distinct1].[Name_2] AS [Name_2],
.
. (* Ausgabe gekürzt *)
.
```

```
    INNER JOIN [Sales].[OrderDetails] AS [Extent3] ON ([Extent2].[ID] = [Extent3].[OrderID])
    AND ([Extent3].[OrderID] = [Extent2].[ID])
    WHERE (CAST(CHARINDEX(N'Hütti', [Extent1].[Name_2]) AS int)) = 1
)   AS [Distinct1]

3829 Diana Hüttig
================================================================

Code: 0192278
Price: 8,0000
Price: 5,0000
.
. (* Ausgabe gekürzt *)
.
Price: 10,0000
Price: 5,0000

3834 Sara Hüttig
================================================================

Code: 0231177
Price: 5,0000
Price: 3,0000
.
. (* Ausgabe gekürzt *)
.
Price: 5,0000
Price: 30,0000

Taste drücken zum Beenden
```

Listing 28.8 Obwohl eine *Join*-Abfrage ausgeführt wird, werden nur die Kundendatensätze ermittelt

Kompilierte Abfragen

LINQ to Entities ermöglicht es aus Gründen der Performance-Optimierung, so genannte optimierte Abfragen einzusetzen. Eine kompilierte Abfrage besteht quasi aus einem Delegaten zu einer vorkompilierten Instanz eines *ObjectQuery<Type>*-Objekts, die dann eine entsprechende Ergebnisliste zurückliefert – natürlich wieder vom Typ *IQueryable<Type>*. Mithilfe des Einsatzes entsprechender Parameter in dem dazu notwendigen Lambda-Ausdruck, der beim Einrichten einer kompilierten Abfrage dem Konstruktor der *CompiledQuery*-Klasse übergeben werden muss, können Sie dabei kompilierte Abfragen für verschiedene Abfrageparameter wieder verwendbar gestalten.

Das folgende Beispiel demonstriert den Einsatz einer kompilierten Abfrage, die Kunden anhand deren Nachnamen ermittelt. Diese Abfrage wird parametrisiert kompiliert, und sie kann durch Übergabe des Anfangsbuchstabens beim Aufruf der Abfrage immer wieder eingesetzt werden:

```
static void Main(string[] args)
{
    //AnonymisierungsvermeidungBeiVerknüpftenAbfragen();
    KompilierteAbfragen();
}
```

```
public static void KompilierteAbfragen()
{
    netShopEntities netShopContext = new netShopEntities();

    var kompilierteAbfrage =
        CompiledQuery.Compile((netShopEntities nse, string kundenNachname) =>
        from kunde in nse.Customers where kunde.Name_2 == kundenNachname select kunde);

    var kundenAbel = kompilierteAbfrage(netShopContext, "Abel");

    foreach (Customers treffer in kundenAbel)
    {
        Console.WriteLine("ID:{0}, Name={1},{2}",
                        treffer.ID, treffer.Name_2, treffer.Name_1);
    }
    Console.WriteLine(new String('-', 70));

    var kundenAders = kompilierteAbfrage(netShopContext, "Aders");
    foreach (Customers treffer in kundenAders)
    {
        Console.WriteLine("ID:{0}, Name={1},{2}",
                        treffer.ID, treffer.Name_2, treffer.Name_1);
    }
    Console.WriteLine(new String('-', 70));
    Console.WriteLine();

    Console.WriteLine("Taste drücken zum Beenden");
    Console.ReadKey();
}
```

Listing 28.9 Mit der Klasse *CompiledQuery* können kompilierte Abfragen erstellt werden

Die erste fett gesetzte Zeile erstellt die kompilierte Abfrage mithilfe einer *CompiledQuery*-Klasse. Diese wird beim Instanziieren auf den Typ des Objektkontexts festgelegt, auf den Typ des Parameters, sowie den Rückgabetyp. Der übergebende Lambda-Ausdruck definiert dann nach diesem Typschema die eigentliche Abfrage, die Sie mit dem Lambda-Ausdruck als LINQ-Abfrage definieren.

HINWEIS   Mit diesem Schritt haben Sie nicht die Abfrage selbst definiert, sondern nur einen Funktions-Delegaten, der eine Abfrage zurückliefert, wenn Sie ihm die entsprechenden Parameter übergeben.

Die Nutzung der Abfrage ist dann anschließend leicht: Sie definieren eine weitere Abfragevariable (die dann natürlich selbst wieder vom Typ *IQueryable<Type>* definiert sein wird), die die vorkompilierte Abfrage zurückliefert, auf die der Funktions-Delegat zeigt, und bei der Zuweisung übergeben Sie die Parameter für die Abfragedurchführung. Wie das in der Praxis genau ausschaut, sehen Sie anhand der beiden weiteren fett gesetzten Codezeilen im Beispiellisting (Listing 28.9).

Daten verändern, speichern, einfügen und löschen

Wie bei LINQ to SQL, ist auch bei LINQ to Entities das Abfragen von Daten das Eine, das Modifizieren von Daten aber eine ganz andere Geschichte. Auf welche Weise Sie Daten abfragen, haben die letzten Abschnitte von verschiedenen Seiten beleuchtet. Alle Operationen, die sich mit dem Ändern von Daten beschäftigen, besprechen die folgenden Abschnitte.

Daten verändern, speichern, einfügen und löschen

LINQ to Entities unterscheidet sich hier von LINQ to SQL. Während bei LINQ to SQL der Datenkontext mit den an ihm hängenden *Table< >*-Auflistungen für die Änderungsverfolgung zuständig ist, übernehmen diese Aufgabe in LINQ to Entities die Entitätsobjekte selbst. Das können sie deswegen, weil diese in LINQ to Entities nicht nur einfache POCOs (*Plain Old CLR Objects* – also reine, nur von *Object* abgeleitete Business-Objekte) darstellen, sondern von der Klasse *EntityObject* abgeleitet sind.

Die folgenden Abschnitte beschreiben, wie Sie mithilfe von Entity Framework Datenänderungen in den durch das EDM vorgegebene Objektmodell programmtechnisch vornehmen, und die entsprechenden Änderungen in der Datenbank festschreiben.

Datenänderungen mit SaveChanges an die Datenbank übermitteln

Schauen wir uns das Beispiel an, dass sich in der Datei *DatenBearbeiten.cs* befindet.

HINWEIS Denken Sie auch hier wieder daran, das Startobjekt auf die Klasse *DatenBearbeiten* im Beispielprojekt zu ändern!

Das folgende Beispiel ruft eine Kundin ab (und zwar die Kundin *Hüttig , Heike*), liefert Ihnen diese aber nicht als Auflistung mit einem Element sondern durch den Einsatz der Methode *First* (siehe Listing 28.10) bereits als Instanz der Klasse *Customers*:

HINWEIS *Single* wie in LINQ to SQL können Sie bei LINQ to Entities-Abfragen *nicht* verwenden. Sie verwenden dazu die *First*-Methode. Die *First*-Methode sorgt bei der SQL Server-Implementierung des Entity Data Providers dafür, dass die TOP 1-Klausel vor der eigentlichen SELECT-Abfrage platziert wird. *First* löst, im Gegensatz zu *Single*, auch keine Ausnahme aus, wenn nicht genau *ein* Datensatz in der Ergebnisliste zurückgeliefert wird.

```
static void Main(string[] args) {
    DatenAendern();
}

static void DatenAendern() {
    netShopEntities netShopContext = new netShopEntities();

    var customer = (from cust in netShopContext.Customers
                    where cust.Name_2.ToLower().StartsWith("Hütti") &&
                          cust.Name_1.ToLower().Equals("Heike")
                    orderby cust.Name_2
                    select cust).First<Customers> ();

    // Console.WriteLine(((ObjectQuery<Customers>) customer).ToTraceString());

    //Hin und her ändern, damit es nicht nur einmal funktioniert:
    if (customer.Name_2 == "Hüttig")
    {
        customer.Name_2 = "Hüttigel";
    }
    else
    {
        customer.Name_2 = "Hüttig";
    }
```

```
netShopContext.SaveChanges();

Console.WriteLine("Name: " + customer.Name_2);

Console.WriteLine("Taste drücken zum Beenden");
Console.ReadKey();
}
```

Listing 28.10 *Änderungen werden durch Aufruf der Methode SaveChanges() festgeschrieben*

Im Anschluss an die Abfrage wird die Eigenschaft *Name_2* der *Customer*-Klasse geändert. Und im Prinzip ist das auch schon alles, was Sie machen müssen, wenn Sie Änderungen durchführen möchten: Sie ändern lediglich, wie hier im Beispiel, die korrelierende Eigenschaft, die der Eigenschaft im konzeptionellen Modell entspricht – das Mapping auf die eigentliche Datenbank erledigt Entity Framework.

Um die Änderungen anschließend in die Datenbank zurückzuschreiben, rufen Sie, anders als bei LINQ to SQL, die Methode *SaveChanges* des Objektkontextes auf – die dafür notwendigen T-SQL-UPDATE-Befehle generiert dann der ADO.NET Entity Data Provider selbstständig.

Einfügen von verknüpften Daten in Datentabellen

Das Einfügen von Daten in Tabellen geschieht durch den Objektkontext bzw. durch die Navigationseigenschaften der Entitätsobjekte. Das heißt im Klartext:

- Sie fügen einen Datensatz in einem Entitätsobjekt ein, indem Sie eine Instanz erstellen, und die *AddToEntitätsname*-Methode des Objektkontextes aufrufen, um sie hinzuzufügen. Ein Land würden Sie also mit *AddToCountries*, einen Kunden mit *AddToCustomer* hinzufügen.

- Sie fügen einen Datensatz in einer Navigationseigenschaft einfach mit der *Add*-Methode ein – also anders als bei LINQ to SQL wirklich mit dem standardmäßigen *Hinzufügen*-Befehl einer klassischen Auflistung. Möchten Sie also beispielsweise im Ergebnis nicht nur einen Kunden der Tabelle *Customers* hinzufügen, sondern auch gleichzeitig die Relation zur Bestellungs-Tabelle herstellen, würden Sie eine neue *Orders*-Instanz mit der *Add*-Methode der *Orders*-Navigationseigenschaft einer *Customers*-Entitätsinstanz hinzufügen. Ebenso legen Sie neue Bestelldetails über die Navigationseigenschaft *OrderDetails* der gerade angelegten Bestellung an.

Auf diese Weise bauen Sie zunächst die Verknüpfungen der neuen Datensätze untereinander auf, und erst ganz zum Schluss sorgen Sie mit der *SaveChanges*-Methode des Objektkontextes dafür, dass die neuen Objekte durch entsprechende SQL-INSERT-Anweisungen in die Datenbank gelangen. Das folgende Beispiel zeigt, wie es geht:

```
static void DatenVerknuepftEinfuegen() {
    netShopEntities netShopContext = new netShopEntities();

    Customers neuerKunde = new Customers
    {   Name_2 = "der Affe", Name_1 = "Petr", Address = "dahoam in den Bergen",
        PostalCode = "59555", City = "Lippstadt", CreatedAt = DateTime.Now,
        CreatedBy = "Klaus Löffelmann" };

    //neue Bestellung des Kunden erstellen
    Orders neueBestellung = new Orders
    {   Customers = neuerKunde, OrderDate = DateTime.Now , ShippingMethodID=1,
        PayingMethodID=4,EmployeeID=4, Code="0004242",
        OnlineCode="TAIS-000000002-DE", ShippingCosts= 10m, PayingCosts=0m};
```

```
//neue Bestellungsdetails erstellen, die mit der Bestellung verknüpft
//sind, welche wiederum mit dem Kunden verknüpft ist.
OrderDetails neueBestellungsDetails = new OrderDetails
    { Pos = 1, ArticleID = 29, Quantity = 10m, UnitPrice = 0.49m,
        Discount = 3m, Tax = 0.07m };

//neuen Kunden hinzufügen
netShopContext.AddToCustomers(neuerKunde);
//dessen Bestellung hinzufügen
neuerKunde.Orders.Add(neueBestellung);
//Bestellungsdetails hinzufügen
neueBestellung.OrderDetails.Add(neueBestellungsDetails);
netShopContext.SaveChanges();

Console.WriteLine(
    "Es wurde ein neuer Kunde mit ID {0} angelegt. Die neue Bestellung hat ID {1}",
    neuerKunde.ID, neueBestellung.ID);
Console.WriteLine("Taste drücken zum Beenden");
Console.ReadKey();
}
```

Listing 28.11 Um Relationen zu erstellen, arbeiten Sie nicht mit Id's, sondern mit den entsprechenden Objekten

Daten aus Tabellen löschen

Auch das Löschen von Objekten aus bestehenden Auflistungen könnte nicht einfacher sein – wie beim Einfügen von Daten spielt die Reihenfolge, mit der Sie Entitätsobjekte von ihren übergeordneten Entitäten trennen, quasi keine Rolle, denn Entity Framework kümmert sich um die Generierung der richtigen Reihenfolge der DELETE-Anweisungen, damit es keine ForeignKey-Verletzungen gibt.

In der Regel werden Sie durch irgendeine Abfrage ein Objekt ermitteln, das es aus einer Datenbanktabelle zu löschen gilt. Und dabei wird es oft vorkommen, dass entsprechende untergeordnete Zeilen in anderen Tabellen direkt mitgelöscht werden müssen.

Das Angenehme bei Entity Framework ist, dass es dabei kaskadierendes Löschen unterstützt. Wenn Sie also einen Datensatz einer Haupttabelle löschen, werden in der Standardeinstellung die durch Foreign-Keys verknüpften Datensätze in untergeordneten Tabellen direkt mitgelöscht.

Im folgenden Beispiel ermitteln wir zunächst einen Kunden anhand seines Vor- und Nachnamens. Wir bekommen also auf diese Weise einen Kunden zurück. Ziel ist es aber nun, nicht nur den Kunden zu löschen, sondern auch die korrelierenden Detailinformationen aus der Tabelle *Orders* sowie die Bestelldetails aus der Tabelle *OrderDetails*.

Wir bedienen uns zur Ermittlung der gesuchten Entitätsobjekte wieder des manuellen Lazy-Loading, speichern dann allerdings die Referenzen auf *Orders*- und *OrderDetails*-Objekt zunächst zwischen. Der Hintergrund: Sie entfernen Objekte mit *DeleteObject* aus den entsprechenden Navigationseigenschaftslisten bzw. aus dem Objektkontext, und lösen damit später die DELETE-Anweisung für den SQL Server aus. Allerdings gehen mit *DeleteObject* auch die .NET-Objektreferenzen[3] der Navigationseigenschaftsobjekte

---

[3] Ich spreche hier bewusst von .NET-Referenzen, um Verwirrungen zwischen logischen Referenzen zwischen Datentabellen und Referenzen auf Objekte aus CLR-Sicht zu vermeiden.

verloren. Aus diesem Grund ist es sinnvoll, die .NET-Referenzen mit Hilfsvariablen zu sichern, und diese dann *DeleteObject* durch die temporären Objektvariablen zu übergeben. Im unten stehenden Beispiel würden Sie anderenfalls eine Ausnahme auslösen.

```
static void DatenLoeschen() {
    netShopEntities netShopContext = new netShopEntities();

    var kunde = (from cust in netShopContext.Customers
                 where cust.Name_2.ToLower().Equals("der Affe") &&
                       cust.Name_1.ToLower().Equals("Petr")
                 select cust).First();

    Customers tmpCustomer = kunde;

    kunde.Orders.Load();

    // Kopie der Orders erstellen, um eine Iteration zu ermöglichen
    Orders[] orderArr= kunde.Orders.ToArray();

    foreach (Orders ords in orderArr)
    {
        Console.WriteLine("Bestellcode: " + ords.Code);
        ords.OrderDetails.Load();
        // Kopie der OrderDetails erstellen, um eine Iteration zu ermöglichen
        OrderDetails[] orderDetailsArr = ords.OrderDetails.ToArray();
        foreach (OrderDetails od in orderDetailsArr)
        {
            Console.WriteLine("Lösche Bestelldetails für die BestellungsID {0}, Pos {1}",
                             od.OrderID, od.Pos);
            netShopContext.DeleteObject(od);
        }

        Console.WriteLine("Lösche Bestellung mit der ID {0}", ords.ID);
        netShopContext.DeleteObject(ords);
    }

    Console.WriteLine("Lösche Kunde mit der ID {0}", kunde.ID);
    netShopContext.DeleteObject(kunde);
    netShopContext.SaveChanges();
    Console.WriteLine("Taste drücken zum Beenden");
    Console.ReadKey();
}
```

Listing 28.12 Datensätze können mithilfe der Methode *DeleteObject* gelöscht werden

Ausblick

Entity Framework ist ein mächtiges Instrument zum Entwickeln auch der komplexesten Datenbankszenarien. Es ist der erste Wurf und dass es deshalb noch in vielerlei Hinsicht verbesserungswürdig ist, mögen wir Microsoft verzeihen – bis hier hin ist es mehr als vielversprechend. Der Zugang zu Entity Framework ist für viele sicherlich schwieriger, als der vergleichsweise leichte Einstieg in LINQ to SQL.

Im Rahmen dieses Buchs konnte ich natürlich nicht auf alle Features von Entity Framework eingehen. In Entity Framework gehört die Verwendung von gespeicherten Prozeduren natürlich zum täglichen Handwerkszeug. Tabellenvererbung und ausgedente Mapping-Funktionalitäten konnten an dieser Stelle aus Platzgründen ebenfalls nicht beschrieben werden, genausowenig wie Transaktionen, die sich aber ganz einfach mithilfe von TransactionScope-Objekten der Enterprise-Services von .NET Framework realisieren lassen.

Ich denke aber, dass dieses Kapitel Sie auf alle Fälle in die richtige Richtung gedreht hat und Sie nun losmarschieren können. Sie haben mit dem hier erworbenen Wissen sicherlich das Zeug, leistungsfähige Datenbanken auf Entity Framework-Basis zu entwickeln, die vor allen Dingen eines sind: zukunftssicher! Es gibt noch viel zu entdecken, viel auszuprobieren, sicherlich nicht nur für Sie – auch für uns Autoren. Und ich jedenfalls habe auf dem Weg hierher schon eines in meinen ersten EDM-Projekten feststellen dürfen: Mit Entity Framework zu programmieren hat mir, bei allen Macken, die es in dieser derzeitigen ersten Version noch hat, schon jetzt enormen Spaß gemacht.

Kapitel 29

Mit SQL Server Compact Edition entwickeln

In diesem Kapitel:

SQL Server Compact in der Übersicht	1099
Mit mobilen SQL Server-Datenbanken arbeiten	1103
Mobile SQL Server-Anwendungen entwickeln	1117
Offline-Clients und das Sync Framework	1127

Eine der großen Stärken von SQL Server ist es seit je her, auf jeder Windows-Plattform vertreten zu sein. Vom Datacenter über den Desktop bis hin zum PDA gibt es die passende Edition. Und mit Windows Mobile und *SQL Server Compact Edition (SQLCE)* können Sie mit Ihrem Smartphone nicht nur fotografieren, spielen oder Musik hören, sondern auch Daten verwalten (ach ja – und *telefonieren* können Sie damit auch).

Während man über den Sinn einer SQL Server-Datenbank in einem Smartphone vielleicht nachgrübeln kann, leuchtet einem die Verwendung eines soliden, transaktionsfähigen Multiuser-Datenbankmanagementsystems in einem eingebetteten System wie einer Gerätesteuerung oder einem Erfassungssystem für RFID-Tags (in einem Container oder Lastwagen) sicher sofort ein. Es gibt jetzt schon elektronische Tachometer, die ihre Intelligenz aus einem mobilen Windows beziehen, da ist der Weg zu einem elektronischen Fahrtenbuch nicht mehr weit. Microsoft hat bereits relativ früh eine »mobile« SQL Server Variante entwickelt, die nur unter einer der mobilen Windows Editionen eingesetzt werden konnte. Da SQL Server in einem Kaffeeautomaten (Sie ahnen gar nicht, was sich da alles messen und auswerten lässt) nicht mehr mit vollem Recht als »mobil« bezeichnet werden kann und auch Desktop-Anwendungen von einer kleinen, leichten Datenbankmaschine profitieren können, hat Microsoft dann aber den nächsten Schritt in Angriff genommen und entwickelte eine neue, universell einsetzbare Datenbankmaschine »light«, die jetzt unter den »großen« Windows-Systemen wie auch im mobilen Windows läuft.

SQL Server Compact – derzeit in der Version 3.5 SP2 verfügbar – ist im Gegensatz zum großen Bruder (und zum Vorgänger »SQL Server 2005 Mobile Edition«) kein richtiger Server, sondern eine In-Process-Datenbanklösung, die sowohl auf Desktop PCs, Tablet PCs wie auch auf mobilen Geräten lauffähig ist. Dies ist kein schlechter Gedanke: SQL Server Compact kann eine attraktive Alternative für Desktop-Anwendungen sein, die eine kleine »private« Datenbasis verwalten müssen und für die SQL Server Express schon eine Nummer zu groß ist. Der Verteilungsaufwand ist gering und SQL Server Compact kann kostenfrei mit einer .NET-Lösung weitergegeben werden. Microsoft selbst verwendet SQL Server Compact in Produkten wie dem Media Player oder auch als Bestandteil des StreamInsight Frameworks. Microsoft bietet SQLCE auch als Bestandteil der neuen Version seiner freien Webentwicklungssoftware *Webmatrix* an.

SQL Server Compact spielt auch da eine Rolle, wo die Verbindung mit einem zentralen Datenbankserver zwar prinzipiell möglich wäre – beispielsweise über Mobilfunkverbindungen – wo aber damit zu rechnen ist, dass die Verbindung instabil ist und abbrechen könnte. Da bietet es sich an, SQLCE als lokalen *Datencache* zu verwenden. Gegen diesen werden dann die Datasets und die Applikationslogik entwickelt. Der Datenabgleich mit dem Server findet dann per Replikation oder Synchronisation statt. Das Stichwort dazu lautet »lose gekoppelte Clients« (*loosely* oder *occasionally coupled clients*).

Der Vorteil für den Entwickler ist klar: Die Datenzugriffe finden in einem vertrauten Programmiermodell, mit vertrauten Sprachelementen statt. Im .NET Compact Framework ist eine ADO.NET-Variante enthalten und für Datenbankabfragen kann T-SQL eingesetzt werden, ganz wie man es von den ausgewachsenen Editionen her gewohnt ist. SQL Server Compact ab der Version 3.5 unterstützt zusätzlich die Arbeit mit dem ADO.NET Entity Framework und LINQ to SQL. Die Verfahrensweisen kommen einem sofort bekannt vor – die Lernkurve ist flach.

In SQL Server Compact Version 3.5 sind neben Verbesserungen in der mobilen Datenbankmaschine vor allen Dingen die Integration der Verwaltungs- und Entwicklungswerkzeuge noch einmal deutlich verbessert worden. Das Entwickeln mobiler Lösungen, die eine SQL Server-Datenbank verwenden, wird beinahe zu einem Kinderspiel. Jedenfalls, wenn man die grundlegenden Konzepte und ein paar Kniffe kennt. Und die können Sie in diesem Kapitel nachlesen.

SQL Server Compact in der Übersicht

Natürlich kann man von einem Mini-Datenbankserver, dessen Memory Footprint nur wenige MB groß ist, keinen riesigen Funktionsumfang erwarten. Erstaunlicherweise sind aber einige der wichtigsten Basisfunktionen eines echten relationalen Systems vorhanden und helfen dem Entwickler bei der Datenhaltung in einer Anwendung für »Devices«. Aus eigener Anschauung traue ich mich zu sagen, dass es noch eine Menge Programmierer gibt, die die Aufgabenstellung der Datenhaltung auf einem Device ohne die Hilfe von SQL Server Compact lösen. Die »klassischen« Varianten sind: Textdateien (suboptimal), XML-Dokument (schon besser) oder serialisierte Datasets (ordentlich).

Es ist sicher nicht sinnvoll, für jede mobile Anwendungen gleich eine SQL Server-Datenbank einzusetzen. Wenn es aber in der Anwendung um mehr als das Abspeichern von ein paar Konfigurationsdaten geht, dann wird man als Entwickler sofort vom Komfort einer, wenn auch »kleinen«, Datenbankmaschine profitieren. Der Abgleich der mobilen Datenbanken mit einem zentralen Datenbanksystem kann über verschiedene Verfahren wirklich elegant gelöst werden und lässt sich wunderbar schnell implementieren. Zwei der Methoden, die Sie in Kürze kennen lernen werden, haben sich bereits in der Vorgängerversion bis hinunter zu SQL Server CE 2.0 gut bewährt und sind sicher und ausgereift: *Merge-Replikation* und *Remote Data Access* (RDA). Dazu kommt mit SQL Server 2008 noch die Möglichkeit, das Microsoft *Sync Framework* einzusetzen und den Datenabgleich damit noch feiner steuern zu können.

Merkmale mobiler SQL Server-Datenbanken

SQL Server Compact ist ein spezialisierter OLE DB Provider und kein Dienst oder ein »richtiger« SQL Server. Es handelt sich um eine Datenbank mit einem leichtgewichtigen DLL-Wrapper und Unterstützung für ADO.NET und OLE DB-Zugriffe. Der Provider läuft im Prozess der Anwendung. Eine Instanz von SQL Server Compact belegt gerade einmal bis zu 2 MByte Speicherplatz für den eigenen Programmcode. In diesen 2 MByte sind eine Menge Funktionen untergebracht. Dieses sind die wichtigsten:

- **Dateien**   Eine SQL Server Mobile-Datenbank besteht immer aus einer einzelnen Datei (die Standard-Namenserweiterung lautet *.sdf*). Es gibt also keine getrennten Transaktionsprotokolle. Es gibt auch keinen zentralen Serverkatalog, wie die *master*-Datenbank einen darstellt.

- **Verschlüsselung**   Die Daten können mit einer 128-Bit-RSA-Verschlüsselung versehen werden

- **Kennwort**   In einer SQL Server Mobile-Datenbank gibt es keine Benutzer und kein Berechtigungssystem. Datenbankdateien lassen sich durch ein Kennwort schützen.

- **Temporäre Datenbanken**   Genau wie der »große Bruder« kann SQL Server Mobile bei verschiedenen Operationen von temporären Objekten Gebrauch machen. Allerdings müssen Sie dieses explizit anfordern. Temporäre Objekte werden in temporären Datenbankdateien gespeichert, die im Normalfall beim Schließen einer Datenbank gelöscht werden. Falls Sie mit temporären Dateien arbeiten, sollte Ihre Anwendung das betreffende Verzeichnisses scannen, da es viele Möglichkeiten gibt, warum temporäre Datenbanken *nicht* gelöscht werden und kostbaren Speicherplatz in Anspruch nehmen.

- **Datenbankobjekte**   Die einzigen Datenobjekte in SQL Server Mobile sind Tabellen. Es gibt keine Sichten, gespeicherten Prozeduren, benutzerdefinierte Funktionen und so weiter. Und deswegen auch keine Objekte, die in .NET programmiert werden könnten. In einer Tabelle können die üblichen T-SQL-Einschränkungen definiert werden: *DEFAULT*, *UNIQUE*, *CHECK*, *PRIMARY KEY* und *FOREIGN KEY*. Auch Spalteneigenschaften wie (*NOT*) *NULL* oder *IDENTITY* lassen sich setzen. Bei der referenziellen Integrität werden kaskadierende Updates und Deletes unterstützt. Schemata kennt SQL Server Compact nicht.

- **Sortierungen** SQL Server Compact 3.5 unterstützt Unicode-Zeichen jedes beliebigen Gebietsschemas, einschließlich chinesischer GB 18030-Zeichen

- **Indizes** Spalten lassen sich für den schnelleren Zugriff indizieren. Es sind auch mehrspaltige Indizes möglich. Bei einer mobilen Lösung sollten Sie etwas sorgfältiger über das Implementieren eines Index nachdenken, als es beim »großen« SQL Server notwendig wäre. Speicherplatz ist rar.

- **Verbindungen** SQL Server Compact lässt mehr als eine Verbindung pro Datenbank zu. In einer Umgebung, in der eine Datenbank von einem einzelnen Benutzer verwendet wird, kann das hilfreich sein, weil es das quasi-parallele Ausführen unabhängiger Operationen zulässt, wie das Abarbeiten eines SQL Befehls auf einer Tabelle, während gleichzeitig eine andere Tabelle mit einem Server synchronisiert wird. In eingebetteten Systemen können mehrere Prozesse gleichzeitig auf eine Datenbank zugreifen. Möchte man das verhindern, dann kann man eine Verbindung auch im exklusiven Zugriffsmodus öffnen. Theoretisch sind bis zu 256 gleichzeitige Verbindungen erlaubt. In der Praxis sind mehr als »ein paar« unrealistisch.

- **Transaktionen** Sogar Transaktionen kennt der kleine SQL Server. Das Transaktionsverhalten unterscheidet sich nicht von dem des großen Bruders. Es gibt implizite Transaktionen, die für jeden Befehl, der Daten ändert, automatisch gestartet und durch ein Autocommit abgeschlossen werden. Es gibt auch explizite Transaktionen, die mit einem *BEGIN TRANSACTION* gestartet werden. Zur Durchsetzung der Isolation werden Sperren eingesetzt. Versionierung von Datensätzen (*SNAPSHOT ISOLATION*) gibt es nicht.

- **Cursor** T-SQL-Cursor sind SQL Server Mobile nicht bekannt. Aber es bietet Unterstützung für API-Cursor an. »Davon habe ich nicht viel, wenn ich ADO.NET einsetze« werden Sie sich sagen. ADO.NET arbeitet bekanntlich mit cursorlosen Datasets, beziehungsweise den nur eingeschränkt nutzbaren Data-Readers. Im Namespace *System.Data.SQLServerCE* existiert allerdings die Klasse *SqlCeResultset*, die an das gute alte ADO-Recordset erinnert und nichts anderes als die Implementierung eines Cursors darstellt. Dieser kann bei Bedarf updatefähig und scrollbar sein. Von einem client- oder serverseitigen Cursor zu sprechen, macht im Zusammenhang mit einer lokalen mobilen Anwendung keinen Sinn, daher fehlen entsprechende Cursoroptionen.

- **T-SQL** Die mobile Datenbankmaschine lässt sich mit einer Untermenge von Transact-SQL programmieren. Es sind die wesentlichen DML-Befehle vorhanden. Einige »Feinheiten« fehlen.

- **Reorganisation** SQL Server Mobile-Datenstrukturen werden nicht automatisch reorganisiert. Dafür steht einfach nicht genügend »Power« zur Verfügung. In einer Anwendung sollte daher die Möglichkeit vorhanden sein, eine über einen längeren Zeitraum durch Löschungen und Updates löchrig gewordene Datenbank durch eine Reorganisation wieder kompakt zu machen. Dafür bedarf es nur eines einzigen Methodenaufrufs.

- **Verteilung** SQL Server Compact wird einfach mit dem MSI-Setup der Anwendung verteilt. Eine Verteilung über Click Once ist genauso gut möglich.

- **Werkzeuge** Sie können sowohl das Management Studio wie auch Visual Studio einsetzen, um mit SQLCE-Datenbanken zu arbeiten.

Natürlich muss es einige Einschränkungen bei einer so »leichten« Datenbankmaschine geben. Sie werden aber feststellen, dass diese gar nicht so dramatisch sind, wie man zunächst vermuten könnte und viele Spezifikationen sogar denen des »großen« SQL Server entsprechen. In der Tabelle 29.1 finden Sie die wesentlichen Einschränkungen.

SQL Server Compact in der Übersicht

Objekt	Technischer Grenzwert
Spalten in einer Tabelle	1024
Zeilengröße	8060
Datenbankgröße	4 GB
Seitengröße	4 KB
Sitzungen	256
Größe von BLOB-Spalten	2 GB
Tabellengröße	unbegrenzt
Bytes in einem Indexschlüssel	512
Spalten in einem Index	16
Anzahl von Einschränkungen oder Indizes auf einer Tabelle	249

Tabelle 29.1 Technische Einschränkungen für SQL Server Compact-Datenbanken

Auch die Anzahl der Datentypen ist in SQL Server Mobile ein wenig reduziert. Da Sie die Eigenschaften der Typen vom großen SQL Server her kennen, gibt es an dieser Stelle einfach nur die Liste. Zeichenketten werden immer in Unicode abgelegt. Die Obergrenze der Anzahl Zeichen bei *nvarchar(n)* liegt bei 2.000.

- *bigint*
- *integer*
- *smallint*
- *tinyint*
- *bit*
- *numeric (p, s)*
- *money*
- *float*
- *real*
- *datetime*
- *nchar(n)*
- *nvarchar(n)*
- *ntext*
- *binary(n)*
- *image*
- *uniqueidentifier*
- *timestamp* (beziehungsweise *rowversion*)

Datenaustausch mit einem SQL Server

In vielen kommerziellen Anwendungsfällen für mobile Geräte besteht die Notwendigkeit, lokal erfasste und bearbeitete Daten irgendwann einmal mit zentralen Systemen abzugleichen. Wenn Ihre Anwendung nicht für sich steht, sondern Daten mit einer Datenbank auf Ihrem Desktop oder einem zentralen SQL Server im Unternehmen austauschen soll, dann müssen Sie sich Gedanken darüber machen, wie die Daten transportiert werden. Das einfachste selbst gemachte Verfahren besteht im Verschieben der Datendatei einer Datenbank in ein Pick-Up-Verzeichnis auf dem Server und einer Anwendung für das Einlesen und den Abgleich mit den zentral gehaltenen Informationen. Sehr viel eleganter ist da schon die Verwendung eines Webservices.

Gott sei Dank geht es auch einfacher, schneller und sicherer. Das SQL Server Mobile-Programmiermodell geht dabei davon aus, dass Ihr Gerät *nicht* jederzeit über eine stabile (Funk-) Netzwerkverbindung mit dem Firmennetzwerk verfügt. Dann wäre eine lokale Datenbank ja auch überflüssig und es könnte direkt auf einem SQL Server gearbeitet werden. Vielmehr werden einfache Verfahren für eine Synchronisation von Daten bereitgestellt, die Offline gesammelt wurden und bei einer bestehenden Verbindung auf effektive Weise ausgetauscht werden sollen. Als Protokoll für die beiden »Klassiker« (*RDA* und *Merge-Replikation*) wird auf jeden Fall HTTP (bzw. HTTPS) eingesetzt, was die Verfahren praktischerweise gleich webfähig macht – allerdings den Einsatz des IIS voraussetzt. Bei dem Einsatz des Sync Frameworks ist man flexibler und HTTP ist nur eine der Optionen.

Es gibt also insgesamt drei Standard-Modelle für den Daten-Abgleich:

- **Remote Data Access (RDA)**   RDA basiert auf einer serverseitigen Komponente – dem *SQL Server Agent für SQL Server Compact* – und ein paar Methoden der Klasse *SqlCeRemoteDataAccess*, welche den Datenaustausch steuern. Man kann Tabellendaten von einem zentralen Server abholen (Pull) oder Daten auf einen Server schieben (Push). Bei dem Push ist es möglich, ausschließlich Daten zu senden, die auch tatsächlich neu auf dem Client angefallen sind oder dort geändert wurden. Dafür steht ein Tracking-Verfahren zur Verfügung. Das Pull kann selektiv Daten aus einer Server-Abfrage beziehen, überschreibt aber etwas ruppig eine vorhandene Tabelle auf dem Gerät vollständig. Auch das Absetzen von SQL-Befehlen auf dem entfernten Server ist via RDA möglich. RDA funktioniert einfach und ordentlich, wird aber inzwischen nicht mehr weiter entwickelt. Denken Sie also besser über die anderen beiden Verfahren nach.

- **Merge-Replikation**   Diese spezielle SQL Server-Replikationsvariante ist hervorragend dafür geeignet, Datenbankänderungen zu verfolgen, die sowohl in der zentralen Datenbank wie auch auf mobilen Geräten passiert sind. Diese werden in einem Mischvorgang zusammengeführt und die dabei entstehenden Konflikte durch parallele Änderungen an gleichen Datensätzen können durch Standardregeln automatisiert gelöst werden. In einem Merge-Replikations-Szenario spielt der SQL Server Agent-Dienst eine wichtige Rolle.

- **Microsoft Sync Framework**   Die ersten beiden Verfahren zur Synchronisation sind nativ in SQL Server beziehungsweise SQL Server Compact eingebaut. Zur Synchronisation zwischen Client und Server lässt sich aber auch das allgemeinere Microsoft Sync Framework einsetzen. Genauer: Das Sync Framework für ADO.NET. Für den SQL Server Compact existieren die entsprechenden Provider (*SqlCeClientSyncProvider* und *SqlCeSyncProvider*) im Namespace *Microsoft.Synchronization.Data.SqlServerCe*. Sehr charmant ist die Tatsache, dass man serverseitig nicht auf SQL Server beschränkt ist, sondern alle Datenbanken anprogrammieren kann, für die ein ADO.NET-Provider existiert. SQL Server 2008 unterstützt das Sync Framework durch die Bereitstellung des *Change Trackings* für Tabellendaten. Dabei können Datenänderungen an Tabellen smarter nachvollzogen werden als bei der Merge-Replikation.

Neben diesen drei in den SQL Server Compact integrierten und mehr oder weniger »out of the box« einsetzbaren Verfahren kann man bei der Verwendung des .NET Compact Framework natürlich auch an den Einsatz von Webservices denken.

- **Webservices** In einem SQL Server 2008 lassen sich sehr leicht Webservices implementieren.[1] Auf der Clientseite lässt sich in einem Visual Studio 2010-Projekt vom Typ Smart Device ein Webverweis ähnlich leicht hinzufügen wie in einem WinForms-Projekt und dadurch der entsprechende SOAP-Proxy generieren. Der Mehraufwand liegt hier eher in der Programmierung der Synchronisationslogik. Den nimmt man aber gerne in Kauf, wenn man die vollständige Kontrolle über den Ablauf des Datenaustauschs braucht.

Die Arbeitsumgebung

Die schlechte Nachricht kommt zuerst: Wenn Sie mit SQLCE, Windows Mobile 6.5, dem Compact Framework und Smart Devices arbeiten wollen, dann fällt Visual Studio als Entwicklungsumgebung aus. Mit Visual Studio 2010 können Sie ausschließlich mobile Anwendungen für Windows Phone OS 7 entwickeln.[2] Sie müssen also (eventuell zusätzlich zu Ihrem VS 2010) ein Visual Studio 2008 installiert haben, um für die Zielplattform Windows Mobile 6.5 entwickeln zu können. Möchten Sie SQL Server Compact für eine Desktop Anwendung einsetzen, dann gibt es keine Einschränkung, was den Einsatz von Visual Studio 2010 angeht. Mit der Schablone *Cache für lokale Datenbanken* erhalten Sie sogar eine Designer-Unterstützung für den Anwendungsfall »lose gekoppelte Clients«.

Wenn Sie mit Visual Studio 2008 Professional entwickeln, dann können Sie sofort loslegen. Sie müssen nur noch Microsoft Active Sync 4.0 oder das Windows Mobile Gerätecenter installieren, damit die Kommunikation zwischen dem mobilen Gerät und dem Desktop hergestellt werden kann. Anschließend können Sie Ihre Anwendung dann wahlweise in einem der installierten Geräteemulatoren debuggen oder direkt aus der Entwicklungsumgebung heraus auf das externe Gerät installieren und starten. Zusätzliche Emulatoren erhalten Sie über den Download des Windows Mobile 6.5 Developer Tool Kit.

Möchten Sie die in SQL Server Mobile vorhandenen Funktionen für die Replikation und den Fernzugriff für Daten nutzen, dann müssen Sie diese zunächst einmal auf Ihrem IIS-System installieren und konfigurieren. Später in diesem Kapitel, im Abschnitt »Das IIS-System vorbereiten« wird gezeigt, wie das geht.

Mit mobilen SQL Server-Datenbanken arbeiten

An dieser Stelle soll in Kürze vorgestellt werden, wie man SQL Server Compact im Zusammenhang mit einer Windows Mobile oder Desktop-Lösung einsetzt. Die Arbeitsschritte unterscheiden sich für die beiden Zielplattformen nicht.

Je nach Aufgabenstellung und den persönliches Präferenzen gibt es viele verschiedene Wege, die Entwicklung einer mobilen SQL Server-Lösung anzugehen. Falls Sie bis jetzt noch kein Projekt für ein Smartphone oder ein anderes »intelligentes Gerät« bearbeitet haben, dann macht es sicher Sinn, wenn Sie bei Ihrem »ersten Mal« dem hier vorgeschlagenen Weg folgen. Sie werden schnell feststellen, wo eine Abweichung für Sie Sinn macht.

---

[1] Allerdings sind die SOAP-Endpunkte für SQL Server abgekündigt worden. Wenn Sie auf Zukunftssicherheit Wert legen, dann können Sie die serverseitigen Webservices als WCF Data Services implementieren.

[2] *Zukünftig* wird es auch eine SQLCE-Version für Windows Phone 7 geben. Diese soll aber erst nach dem Release erscheinen.

Das folgende Szenario stellt verschiedene Methoden vor, wie aus einer .NET Compact Framework-Anwendung heraus auf eine mobile SQL Server-Datenbank zugegriffen werden kann und wie sich Daten mit einem zentralen SQL Server austauschen lassen.

Szenario: Artikeldaten mobil erfassen

Als Ergänzung zur *netShop*-Datenbank soll eine Pocket PC-Lösung implementiert werden, mit der sich Artikeldaten verwalten lassen. Es geht darum, die Lagerbestände von Artikeln möglichst einfach erfassen zu können und zusätzlich sollen neue Artikel aufgenommen werden können.

Für die mobile Artikeldatenerfassung müssen einige, aber nicht alle Spalten der *netShop*-Tabelle *Products.Articles* mit mobilen Geräten synchronisiert werden können. Der Abgleich erfolgt in zwei Richtungen: Der Lagerbestand in der Spalte *Stock* soll zum Server transportiert werden. Die allgemeinen Artikeldaten wie *Name*, *ID* und *Code* vom Server zum Gerät. Bei der Erfassung neuer Artikel (hier wird der Einfachheit halber unterstellt, dass die Geschäftsprozesse das zulassen) geht es auch mal in die andere Richtung. Beim Anlegen eines neuen Artikels auf dem Gerät soll gleich eine Zuordnung zu einem Katalog möglich sein, daher werden auch Daten aus der Tabelle *Products.Catalogs* aus der *netShop*-Datenbank benötigt. Der Austausch der Katalogdaten erfolgt jedoch immer unidirektional vom Server zur mobilen Datenbank.

Die Smart Device-Anwender von *netShop* werden die meiste Zeit über offline arbeiten, da es keine zuverlässige Funk-Netzwerkverbindung zwischen dem zentralen SQL Server und den mobilen Geräten gibt. Der Abgleich der Daten findet immer dann statt, wenn ein Gerät direkt an das Firmennetzwerk angedockt ist, und der Vorgang wird von der mobilen Anwendung aus gestartet. Für die Verwaltung der Anwendungsdaten wird es in der SQL Server Mobile-Datenbank die beiden Tabellen *Articles* und *Catalogs* geben, die jeweils vereinfachte Versionen der Tabellen aus der *netShop*-Datenbank darstellen.

Die Codebeispiele zu diesem Abschnitt finden Sie in dem Projekt *29 -Compact.ssmssqlproj* für das Management Studio.

SQL Server Compact Edition installieren

An dieser Stelle folgen zwei ganz kurze Hinweise, damit Sie beim Entwickeln keinen Frust erleben. Zum einen sollten Sie sich die aktuelle Version von SQLCE besorgen, auch wenn mit Visual Studio die Version 3.5 ausgeliefert wird, ist es besser mit 3.5 SP2 zu arbeiten, da in dieser zum Beispiel der T-SQL-Editor besser unterstützt wird. Installieren Sie außerdem auf einer 64-Bit-Plattform immer die 32-Bit- *und* die 64-Bit-Varianten (*SSCERuntime_x86-DEU.msi* und *SSCERuntime_x64-DEU.msi*) – natürlich in derselben Version. Die Nachfolgeversion - SQLCE 4.0 – lässt sich etwas einfacher auf einem aktuellen IIS (7.0 oder 7.5) installieren. Ziehen Sie diese Version in Betracht, sobald sie verfügbar ist.

Mobile Datenbanken mit dem Management Studio anlegen und verwalten

Es ist nicht gesagt, dass das Anlegen von Tabellen in einer SQL Server Mobile-Datenbank, so wie hier gezeigt, am Anfang einer Anwendungsentwicklung stehen muss. Jedenfalls dann nicht, wenn die Tabellen später sowieso mit einem SQL Server via Merge-Replikation oder dem Sync Framework synchronisiert werden sollen. In solch einem Fall könnten die Tabellen auch durch den Download eines Schnappschusses initialisiert werden. Oder Sie probieren in Ihrem Programm gleich am Anfang das Laden einer Tabelle mithilfe von Remote Data Access aus. Falls Sie aber die Merge-Replikation gar nicht einsetzen möchten oder zunächst einmal die Anwendung entwickeln und erst später die Synchronisationsmechanismen, dann ist es sinnvoll, zunächst die Tabellen vorzubereiten. So wie es im nächsten Abschnitt vorgestellt wird.

Datenbanken und Tabellen einrichten

Das Anlegen einer Datenbank für SQL Server Compact Mobile können Sie ganz bequem in der gewohnten Umgebung des SQL Server Management Studio durchführen. Dazu verwenden Sie die Option *Verbinden* des Objekt-Explorers und aus dem Dropdown-Listenfeld die Option *SQL Server Compact*. Sie geben dann einfach den Speicherort der SDF-Datei an, die Sortierfolge, ein Datenbankkennwort und legen fest, ob die Daten verschlüsselt werden. Als Speicherort sollten Sie das zukünftige Projektverzeichnis auswählen, das Sie in Visual Studio verwenden möchten. Das macht die Auslieferung während der Entwicklungsphase besonders einfach. Natürlich können Sie eine SDF-Datei später noch problemlos verschieben. Es gibt keine *Attach*-Operationen oder Ähnliches. Alle Vorgänge laufen dateibasiert ab. Abbildung 29.1 zeigt, wie die Datenbankdatei für das *netShop*-Beispiel angelegt wird.

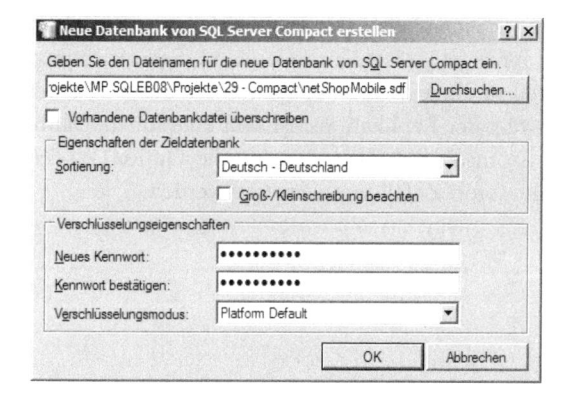

Abbildung 29.1   Mobile Datenbank anlegen

Nach dem Anlegen der Datenbank öffnet sich, wie gewohnt, ein Objektbaum unterhalb des »Servernamens« (dieser ist mit dem Namen der SDF-Datei identisch). Der Baum ist naturgemäß deutlich kleiner als bei einem »richtigen« SQL Server. Anschließend werden Sie es in den meisten Fällen zunächst einmal mit dem Tabellendesigner zu tun haben. Der funktioniert ähnlich wie der schon bekannte Designer für SQL Server. Es gibt zwar ein paar lästige Einschränkungen, wie zum Beispiel die Tatsache, dass sich einmal angelegte Spalten nicht mehr verschieben lassen, dennoch ist die Verwendung einer Oberfläche – gerade am Anfang einer Entwicklung – wirklich hilfreich (Abbildung 29.2). Neben dem Tabellendesigner gibt es natürlich auch einen Abfrage-Editor. Diesen können Sie verwenden, um die beiden Tabellen *Catalogs* und *Articles* einfach per Skript erstellen zu lassen, wenn Sie das Beispiel selbst nachvollziehen möchten. Treten beim Ausprobieren von Abfragen Fehler auf, dann sind die Meldungen häufig leider ein wenig nichtssagend (etwa in der Art: *Hauptfehler 0x80040E14, unbedeutender Fehler 25501*) und auch die Fehlerposition wird nicht exakt eingeschränkt. Bei den Skripts entsprechend Listing 29.1 und Listing 29.2 sollte es aber nicht zu Problemen kommen. Die T-SQL-Skriptdateien bekommen vom Management Studio die Dateiendung *sqlce* zugewiesen. Sie können diese in ein SQL Server-Skriptprojekt aufnehmen. Die Dateien erscheinen zwar im Ordner *Sonstiges*, können aber problemlos gegen eine registrierte SQL Server Compact-Datenbank ausgeführt werden.

Zum Anlegen der Katalogtabelle gibt es nicht viel zu sagen. Sie stellt einfach eine vereinfachte Teilkopie der entsprechenden Tabelle aus der *netShop*-Datenbank dar.

Interessanter ist da schon die Tabelle *Articles*. Zunächst einmal muss festgehalten werden, dass in *diesem speziellen* Szenario die Artikeltabelle auf dem mobilen Gerät durch das Initialisieren einer Merge-Replikation überschrieben werden wird. Das Skript dient hier im Grunde mehr der Verdeutlichung der Struktur der Tabelle, damit Sie sich den Replikationsvorgang besser vorstellen können. In der abgespeckten Version der Tabelle sind nur die Spalten vorhanden, die auch tatsächlich von der mobilen Anwendung benötigt werden, um Speicherplatz zu sparen und die Datenmenge, die bei der Synchronisation transportiert werden muss, klein zu halten. Aufmerksamkeit verdient speziell die zusätzliche Spalte *ReplicationID*. Diese wird später von den Merge-Replikationsmechanismen verwendet, um die Änderungen an den Datensätzen nachvollziehen zu können. Damit die Eindeutigkeit der Datensätze garantiert ist, egal wo diese erzeugt werden, besitzt diese Spalte den Datentyp *uniqueidentifier*. Neue Werte werden durch die Systemfunktion *NEWID()* generiert und außerdem ist die Spalte durch die Eigenschaft *ROWGUIDCOL* als Schlüsselspalte für die Merge-Replikation markiert. Da es solch eine Spalte in der Standardversion der *netShop*-Datenbank auf dem Server noch nicht gibt, muss diese mit dem Skript nach Listing 29.3 auch dort hinzugefügt werden, bevor es an die Einrichtung der Replikation gehen kann. In einer Tabelle, die Bestandteil in einer Merge-Replikation werden soll, wird immer solch eine global eindeutige Spalte benötigt. Notfalls fügt der Replikationsassistent eine hinzu. Dann fehlt Ihnen aber die präzise Kontrolle über Namen und Eigenschaften. Beachten Sie die Option *WITH VALUES*. Diese ist notwendig, damit beim Anlegen der Spalte sofort Zufallswerte erzeugt werden.

```
CREATE TABLE Catalogs
(
    ID int PRIMARY KEY NOT NULL,
    Name nchar(50)   NOT NULL,
    Description nchar(2000) NULL
)
```

Listing 29.1 Anlegen der mobilen Katalogtabelle

```
CREATE TABLE Articles
(
    ID int NOT NULL PRIMARY KEY IDENTITY(1,1),
    ReplicationID uniqueidentifier DEFAULT NEWID() ROWGUIDCOL,
    CatalogID int NOT NULL,
    Code nvarchar(50) NOT NULL,
    Name nvarchar(150) NOT NULL,
    DescriptionShort nvarchar(500),
    Price money NOT NULL,
    Stock int NULL,
    Active bit DEFAULT 0
)
```

Listing 29.2 Anlegen der mobilen Artikeltabelle

```
USE netShop
ALTER TABLE Products.Articles
ADD
    ReplicationID uniqueidentifier DEFAULT NEWID() WITH VALUES ROWGUIDCOL
```

Listing 29.3 Hinzufügen einer Spalte für die Replikation

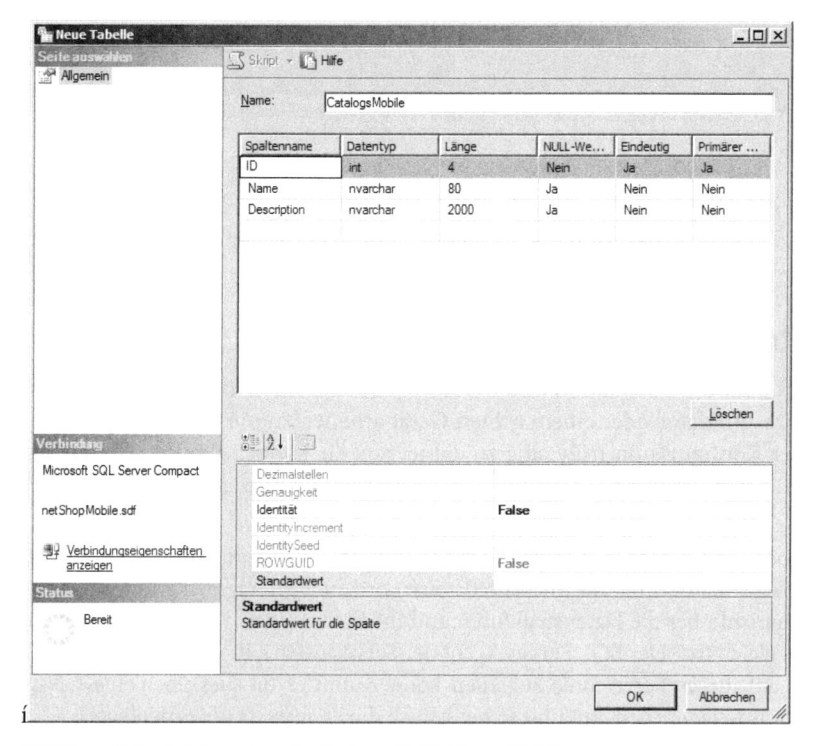

Abbildung 29.2 Tabellenentwurf im Designer für SQL Server Mobile

In der mobilen *netShop*-Anwendung werden die Artikelinformationen später über den Katalogschlüssel gefiltert. Daher wird für diese Spalte in der Artikeltabelle gleich ein Index vorgesehen, auch wenn es bei den paar Dutzend Datensätzen, mit der die *netShop*-Datenbank anfangs gefüllt ist, noch nicht unbedingt notwendig wäre. Bei ein *paar hundert* Datensätzen sollten Sie aber auf jeden Fall an einen Index denken.

```
CREATE INDEX IDX_ArticlesMobile_CatalogID
ON ArticlesMobile (CatalogID)
```

Listing 29.4 Index auf der Artikeltabelle

Dem gewitzten Datenbankentwickler wird sofort ins Auge springen, dass es zwischen den beiden angelegten Tabellen eine relationale Beziehung gibt. In der Beispielanwendung wird es aber dennoch keine *explizite* Überwachung durch eine *FOREIGN KEY*-Einschränkung geben. Das hat mit der Art und Weise zu tun, wie die Daten der Katalogtabelle synchronisiert werden sollen. Die Tabelle wird dabei überschrieben, was bei existierenden abhängigen Datensätzen in der Artikeltabelle zu Konflikten führen würde. Da ein Zwei-Tabellen-Datenbankschema doch sehr übersichtlich ist, wird auf die Einrichtung der Beziehung einfach verzichtet.

Um von Anfang an Testdaten für die Kataloginformationen zur Verfügung zu haben, werden zu guter Letzt noch ein paar Zeilen in die Tabelle *Catalog* eingefügt. Mit denen kann dann gleich entwickelt werden. Leider gibt es im Management Studio keine Möglichkeit, Testdaten über einen Editor einzugeben, Sie benötigen immer ein Skript. Bei diesem müssen Sie übrigens (im Gegensatz zu der Arbeit mit SQL Server) darauf achten, die einzelnen Inserts durch ein *GO* voneinander abzutrennen.

```
INSERT CatalogsMobile
VALUES
( 1, 'Obst und Gemüse',   'Frisches Obst, Früchte, Gemüse.')
```

```
GO
INSERT CatalogsMobile
VALUES
( 2, 'Säfte', 'Leckere Säfte aus unserem Obst- und Gemüseangebot.')
GO
-- u. s. w.
```

Listing 29.5 Auffüllen der Katalogdaten

Mit dem Anlegen der Tabellen und den Testdaten ist die SQL Server Mobile-Beispieldatenbank auch schon fertig.

Die Replikation einrichten

Ich halte es für sehr hilfreich, dass man die Publikation und die Abonnements »im Trockenen« einrichten kann, ohne direkt mit einem Device-Emulator oder einem echten Gerät arbeiten zu müssen. Das spart eine Menge Zeit und hilft, Fehler in der Konfiguration frühzeitig zu entdecken. Sie können die Replikation auf dem Desktop testen und schließen Konnektivitätsprobleme aus, die bei der Entwicklung mit einem Device hin und wieder auftreten können.

Zuallererst sollten Sie ein freigegebenes Verzeichnis erstellen, in welchem der SQL Server den so genannten Snapshot der Merge-Replikation ablegen kann. Über die Snapshotdateien wird eine Anfangssynchronisation für Abonnenten durchgeführt, die noch nicht über die Datenstrukturen und Inhalte verfügen. Also dann: Legen Sie ein Verzeichnis an und geben Sie es gleich frei. Der SQL Server Agent der Serverinstanz, in welcher die Replikation verarbeitet werden soll, muss auf dieses Verzeichnis zugreifen können und er tut dies über eine UNC-Pfadangabe. Ich habe mein Verzeichnis *Repldata* genannt und so heißt auch die Freigabe (*\\shiva\repldata*).

Für bestimmte Replikationsaufgaben wie das Einrichten eines Anfangsschnappschusses und später beim Mischen der Daten zweier Replikationspartner muss der SQL Server Agent gestartet sein. Testen Sie jetzt, ob sich der Agent im Management Studio problemlos »anwerfen« lässt.

> **TIPP** Wenn dies der Zeitpunkt ist, an dem Sie zum ersten Mal mit dem SQL Server Agent arbeiten, werden Sie sich vielleicht über eine Fehlermeldung wundern, die besagt, dass gespeicherte Prozeduren des Agents (so genannte Agent XPs) nicht aktiviert sind. Merkwürdigerweise lassen sich diese XPs nicht über das Oberflächenkonfigurationstool des Servers aktivieren, sondern tatsächlich nur über die Systemprozedur *sp_configure* – etwa so:

```
sp_configure 'Agent XPs', 1
RECONFIGURE
```

O. K. – es kann losgehen. Die Replikationskonfiguration wird jetzt mit dem Management Studio eingerichtet. Zur Dokumentation und Reproduzierbarkeit können Sie sich später ein T-SQL-Skript ziehen. Wenn Sie es lieber programmatisch mögen, dann bieten sich die Replication Management Objects (RMO) an oder die gespeicherten Systemprozeduren, die Sie auch im Erstellungsskript finden. Beim »ersten Mal« ist der Assistent in der Benutzeroberfläche genau die richtige Wahl. Wundern Sie sich nicht, dass viele Eigenschaften nicht geändert werden können. Ist eine SQL Server Compact-Datenbank eingebunden, dann sind die Optionen der Merge-Replikation deutlich reduziert. Sehr verwirrend ist vor allem die Tatsache, dass Sie einige Einstellungen vornehmen können, die dann später zu Fehlern führen. Trauen Sie also der Oberfläche nicht unbedingt. Die genaue Beschreibung der Möglichkeiten finden Sie in der Dokumentation der Replikationsprozeduren in den Books Online.

Es folgt die Schritt-für-Schritt-Anleitung für die Arbeit mit dem Assistenten. Wenn Sie bereits mit Replikation gearbeitet haben oder den SQL Server Agent für den automatischen Start konfiguriert haben, dann fallen die Schritte eins und zwei, beziehungsweise drei, weg.

1. **Start** Sie beginnen das Anlegen einer neuen *Veröffentlichung* am besten im Ordner *Replikation* des SQL Server. Eine Veröffentlichung stellt eine Zusammenfassung von Tabellen dar, die mit einem anderen System synchronisiert werden sollen. Nach der Auswahl des Kommandos *Neu / Veröffentlichung...* meldet sich der *Assistent für neue Veröffentlichung*. Falls die Serverinstanz noch nicht für die Replikation vorbereitet wurde, erledigt der Assistent das Anlegen der notwendigen Hilfsobjekte gleich mit. Dazu gehört unter anderem das Vorbereiten einer neuen Systemdatenbank – *distribution* – in welcher bestimmte Replikationsaufgaben, wie das Mischen der Daten, durchgeführt werden.

2. **Verteiler** In einem Replikations-Szenario gibt es drei verschiedene Rollen. Durch das Anlegen einer lokalen Publikation wird eine Serverinstanz automatisch als *Verleger* gekennzeichnet. Ein *Verteiler* übernimmt die Aufgabe des Verbreitens von Daten und bei einer Merge-Replikation auch die des Mischens der geänderten Datensätze. Bei einer mobilen Anwendung besteht kein Anlass, die Rollen von Verleger und Verteiler zu trennen. Das wäre nur aus Performancegründen bei großen Datenvolumen notwendig. Also bestätigt man die erste Frage des Assistenten einfach mit der Standardeinstellung (Abbildung 29.3). Und *Weiter* geht es.

3. **SQL Server Agent-Start** Im nächsten Schritt bekommen Sie vom Assistenten das Angebot, den Startmodus des SQL Server Agent-Dienstes auf »Automatisch« einzustellen. Da der Agent bei der Replikation an allen möglichen Ecken und Enden benötigt wird, sollten Sie dem unbedingt zustimmen.

4. **Snapshot-Ordner** Hier geben Sie den Netzwerkpfad zu dem von Ihnen festgelegten Verzeichnis an. Sie können natürlich einen UNC-Pfad verwenden (das ist im Allgemeinen auch die sicherere Variante). Auf meinem Rechner wäre das \\shiva\repldata.

5. **Veröffentlichungsdatenbank** Das ist natürlich die *netShop*-Datenbank.

6. **Veröffentlichungstyp** SQL Server kennt viele verschiedene Replikationsarten für unterschiedliche Anwendungsfälle. Mit dem Thema Replikation könnte man problemlos ein weiteres Buch füllen. Der einzige Typ, der für SQL Server Mobile in Frage kommt, ist die Merge-Replikation. Sie wird in der Regel dann eingesetzt, wenn *Abonnenten* lange Zeit offline arbeiten.

7. **Abonnententyp** An dieser Stelle müssen Sie die Option *SQL Server 2005 Mobile. SQL Server Compact 3.1 und höher* auswählen. In erster Linie geht es hier um das Format, in dem die Snapshot-Dateien angelegt werden (Abbildung 29.4).

8. **Artikel** Ein Artikel ist die elementare Informationseinheit für eine Publikation und besteht aus einer Tabelle oder Teilen davon. Auch Prozeduren oder tabellenwertige Funktionen können als Grundlage eingesetzt werden. Über die Schaltfläche *Artikeleigenschaften* könnte man noch eine Menge Feinheiten einstellen – wenn nicht der SQL Server Compact als Client vorgesehen wäre. Andere Eigenschaften können wiederum erst nach dem Abschluss der Einrichtung der Replikation geändert werden. Für das *netShop*-Beispiel sind die Standardeigenschaften vollkommen in Ordnung. Es geht hier nur um die Auswahl der Tabellen und Spalten. Im Beispielszenario werden nur einige Spalten der *Products.Articles*-Tabelle in den Artikel aufgenommen (Abbildung 29.5).

9. **Tabellenzeilen filtern** Durch den Einsatz eines Filters für Tabellenzeilen lassen sich Replikationsartikel horizontal partitionieren. Das kann zum Beispiel eingesetzt werden, wenn es um ein Filialsystem geht. Hier spielt es keine Rolle.

10. **Snapshot-Agent** Hier geht es darum, wie oft neue Anfangs-Snapshots erstellt werden. Die Frequenz ist davon abhängig, wie häufig neue Abonnenten initialisiert werden müssen.

11. **Agentsicherheit** Für eine Live-Umgebung kann es ein Rolle spielen, unter welchem Konto der Agent Replikationsaufgaben durchführt, beispielsweise in den Snapshot-Ordner schreibt. In unserem Beispiel wird das normale Dienstkonto des Agent verwendet.
12. **Aktionen des Assistenten** Uff – fast fertig! An dieser Stelle sollten Sie den Haken bei der Option *Publikation erstellen* gesetzt lassen und zusätzlich *Skriptdatei mit Schritten zur Veröffentlichungserstellung generieren* hinzunehmen.
13. **Eigenschaften der Skriptdatei** Wohin hätten Sie's denn gern?
14. **Assistenten abschließen** Jetzt fehlt nur noch ein passender Name. *netShopMerge* wäre eine Möglichkeit.
15. **Publikation wird erstellt** Warten Sie ab, bis der Assistent alle Schritte ausgeführt hat. Falls ein Fehler gemeldet wird, dann klicken Sie die *Meldung* an, um Details in Erfahrung zu bringen. Häufig sind es Kleinigkeiten wie unzureichende Berechtigungen des Agent, die den Assistenten scheitern lassen. Schön wäre es natürlich, wenn das Feedback so aussieht wie in Abbildung 29.6.

Nachdem die Veröffentlichung und der Artikel eingerichtet wurden, können Sie einige zusätzliche Eigenschaften einstellen. Erforschen Sie das einmal. Sie finden die neue Veröffentlichung im Ordner *Lokale Veröffentlichungen*. Nachdem durch den Assistenten auch der Verteiler vorbereitet wurde, können Sie beispielsweise genauere Aussagen über die Art und Weise machen, wie Konflikte behandelt werden. Auf zwei wichtige Stellen möchte ich Sie hinweisen: Die erste finden Sie bei geöffneten Veröffentlichungseigenschaften unter *Artikel / Artikeleigenschaften*. Hier könnten Sie zum Bespiel entscheiden, ob Änderungen an verschiedenen Spalten einer Zeile zu einem Konflikt führen oder ob ein Konflikt erst durch Änderungen an ein und derselben Spalte entsteht. Normalerweise werden Sie sich für die *Nachverfolgung auf Spaltenebene* entscheiden wollen. Spannend ist auch die Auswahl eines geeigneten Konfliktlösers (*Artikeleigenschaften / Konfliktlöser*) – siehe Abbildung 29.7. Der Standard-Konfliktlöser lässt immer den publizierenden Server gewinnen. Wenn Ihnen das als zu unfair erscheint, dann können Sie beispielsweise ein zeitgesteuertes Verfahren aussuchen oder sogar einen eigenen Konfliktbehandler implementieren. Die verschiedenen Methoden sind in den Books Online beschrieben.

Bevor die Replikation zum ersten Mal getestet werden kann, muss jetzt zunächst noch der IIS vorbereitet werden.

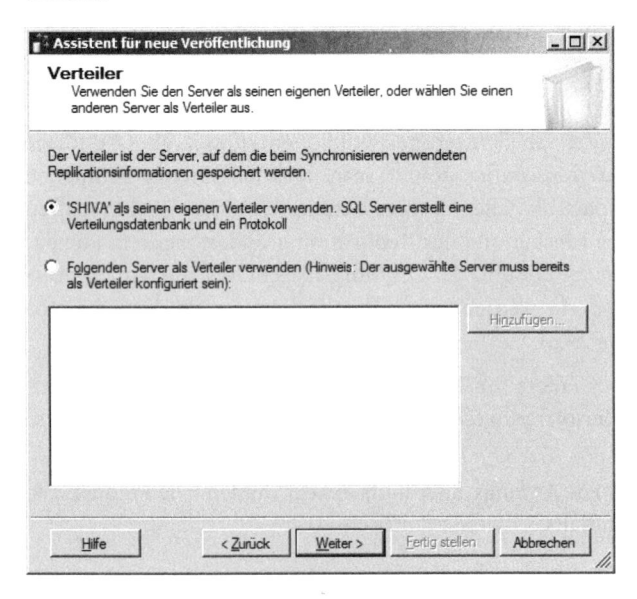

Abbildung 29.3 Festlegen eines Verteilers

Mit mobilen SQL Server-Datenbanken arbeiten

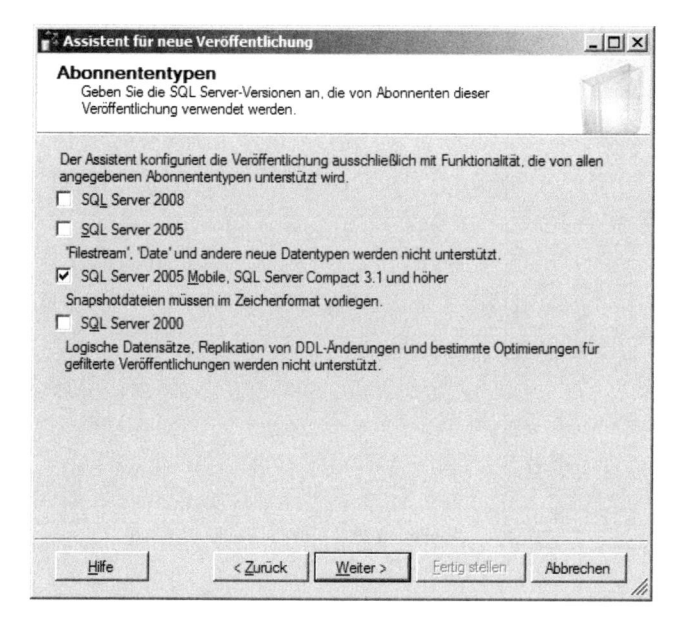

Abbildung 29.4 SQL Server Compact als Abonnententyp wählen

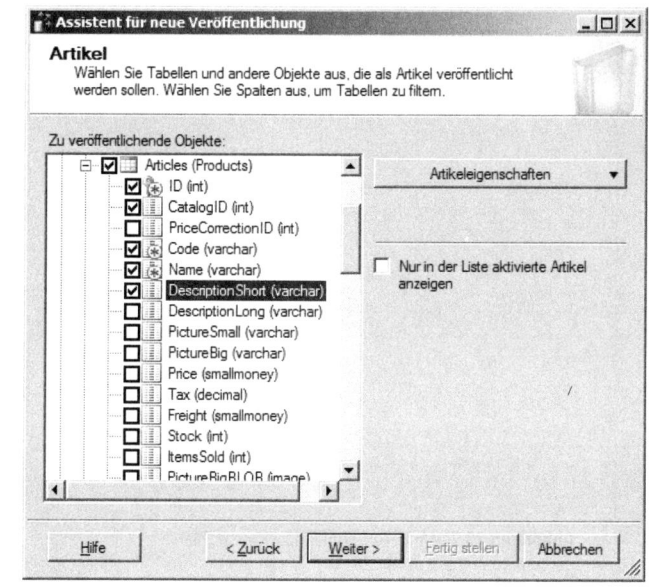

Abbildung 29.5 Einen Artikel konfigurieren

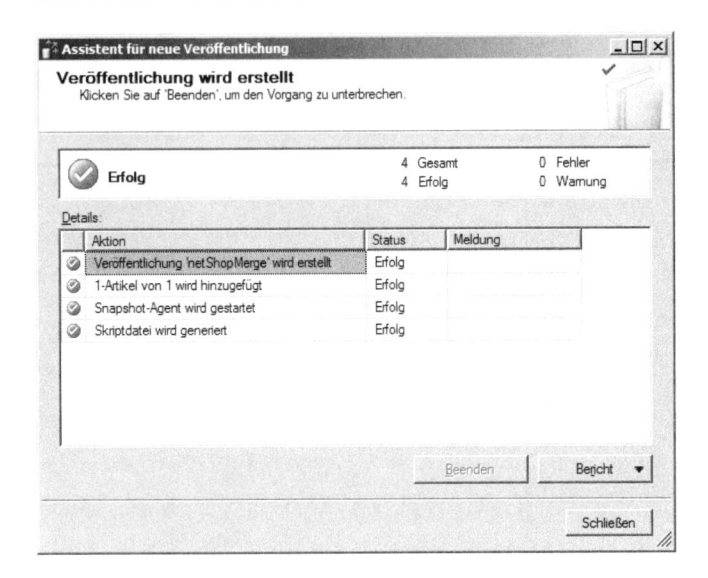

Abbildung 29.6   Die Publikation ist fertig

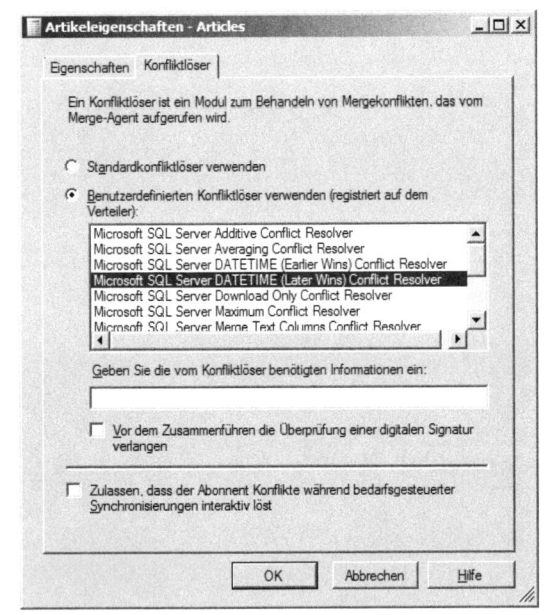

Abbildung 29.7   Anderen Konfliktlöser auswählen

Das IIS-System vorbereiten

Damit der IIS für die Kommunikation mit einem SQL Server Mobile genutzt werden kann, muss zunächst einmal der SQL Server Mobile Agent installiert und konfiguriert werden. Wenn noch nicht passiert, müssen dazu als erstes die *Microsoft SQL Server Compact 3.5 Server Tools* installiert werden. Diese bezieht man über das Microsoft Download Center (das Paket wird nicht mehr mit den SQL Server-Installationsmedien ausgeliefert). Das deutschsprachige Installationspaket hat den Namen *SSCEServerTools-DEU.msi*. Führen Sie das Setup der Server Tools durch einen Doppelklick aus. Vor dem Beginn der Installation des Assistenten sollte der IIS allerdings auf jeden Fall gestartet sein, ansonsten läuft das Setup nicht durch.

Mit mobilen SQL Server-Datenbanken arbeiten

ACHTUNG   Lästig: Haben Sie Ihren IIS unter einer 64-Bit-Version von Windows Server, Windows 7 oder Vista installiert, dann wird dieser vom Setup nicht gefunden und es kommt zu einem Fehler. Sie müssen dann mit einem Workaround arbeiten. Auf einem Server Betriebssystem können Sie die IIS 6.0-Abwärtskompatibilitätskomponenten im Server Manager aktivieren. Unter Vista oder Windows 7 erledigen Sie das in der Systemsteuerung unter *Windows-Funktionen aktivieren oder deaktivieren*. Aktivieren Sie dort alle Einträge zu Kompatibilität mit der IIS 6-Verwaltung. Dummerweise müssen Sie *zusätzlich* einen Registry-Eintrag patchen: In den Registry-Schlüssel *HKEY_LOCAL_MACHINE\Software\Wow6432Node\Microsoft\InetStp\MajorVersion* gehört der Wert *6*. Der Knowlegde Base-Eintrag 955966 beschreibt den Fall.

Nach kurzer Zeit finden Sie einen neuen Programmordner unter *Start / Alle Programme*. Unter *Microsoft SQL Server Compact 3.5* gibt es neben der Dokumentation nur einen weiteren Eintrag und zwar denjenigen für den *Assistent zum Konfigurieren der Websynchronisation*. Den brauchen wir jetzt. Nach dem Start überprüft das Setup zunächst einmal, ob die Umgebung »stimmt« (Abbildung 29.8). Klemmt etwas, dann wird es Zeit, die Voraussetzungen in der Doku nachzuschlagen.

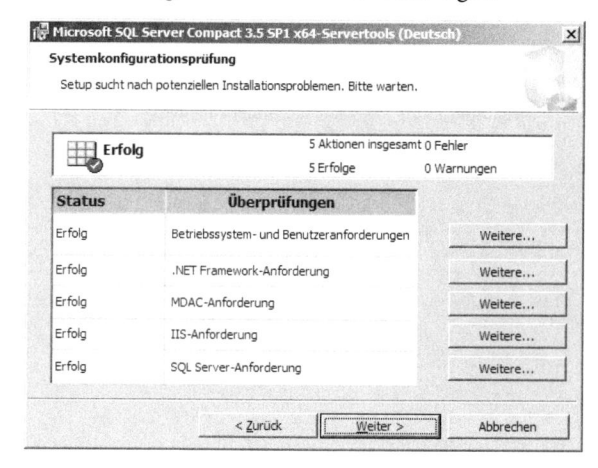

Abbildung 29.8   Systemcheck vor der Installation

Eine Website für die Synchronisation mit dem SQL Server ist schnell erstellt. Im ersten Schritt geben Sie an, mit welchen SQL Server-Versionen die mobilen Datenbanken kommunizieren sollen (Abbildung 29.9), danach legen Sie als Abonnententyp *SQL Server Compact* fest (Abbildung 29.10) und im dritten Schritt den Namen Ihres Webservers und der Website. Unter Windows 7 steht an dieser Stelle nur die Standardwebsite zur Verfügung. Der Dialog sieht so aus, wie in Abbildung 29.11 zu sehen.

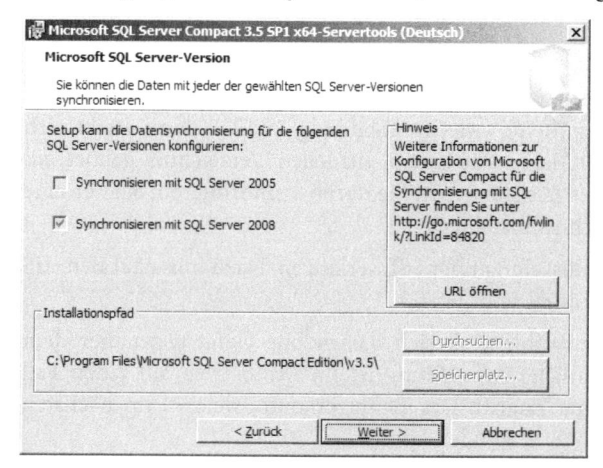

Abbildung 29.9   Auswahl des Servertyps

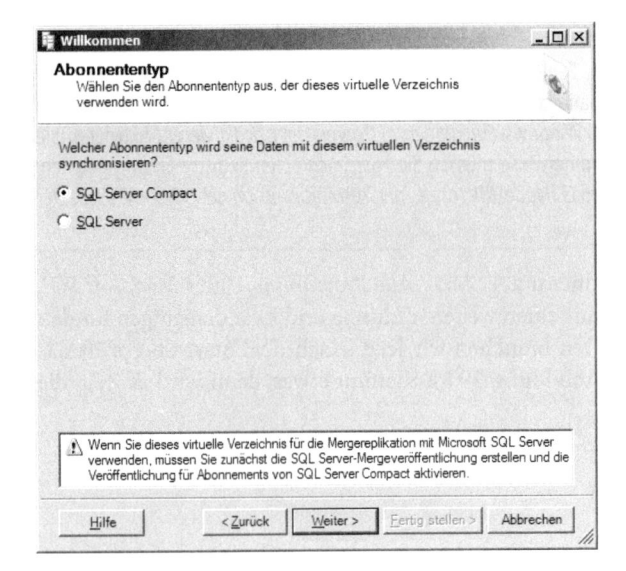

Abbildung 29.10 Auswahl des Abonnententyps

Abbildung 29.11 Auswahl des Webservers und der Website

Über den Namen des virtuellen Verzeichnisses wird festgelegt, unter welchem URL die Serverkomponente erreichbar sein wird. Lautet die Bezeichnung *netShopMerge* (wie in Abbildung 29.12), dann ergibt sich daraus eine Adresse in der Art: *http://shiva/netShopMerge*. Zu jedem virtuellen Verzeichnis gehört ein Wirkliches. Das kann im Prinzip irgendwo liegen. Der Assistent wird Sie darüber informieren, dass er eine Kopie des SQL Server Mobile Agent in diesem Verzeichnis installiert.

Bei Bedarf können Sie im nächsten Schritt die Verschlüsselung über SSL verlangen. Dazu muss auf dem IIS allerdings ein entsprechendes Zertifikat vorbereitet worden sein.

Beim Punkt Client-Authentifizierung können Sie auswählen, ob sich das mobile Gerät gegenüber dem Server authentifizieren muss oder nicht. Eine ordentliche Anmeldung ist im Echtbetrieb auf jeden Fall empfehlenswert, beim Entwickeln reicht der anonyme Zugriff. Das Benutzerkonto, welches im nächsten Dialogfeld angezeigt wird, muss sich mit dem SQL Server verbinden können.

Jetzt kommen Sie an der Abfrage der Snapshot-Freigabe vorbei. Da geben Sie den UNC-Pfad ein, den Sie weiter oben definiert haben (also zum Beispiel \\shiva\repldata). Das war die letzte Information, die Sie eingeben mussten. Der Assistent konfiguriert nun ein neues virtuelles Verzeichnis, das für Synchronisationsaufgaben genutzt werden kann. Auch für den Zugriff über RDA lässt sich dieses Verzeichnis einsetzen.

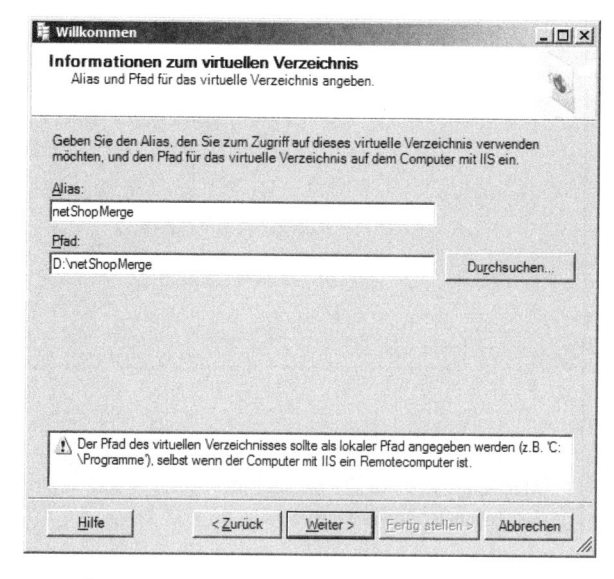

Abbildung 29.12 Festlegen des virtuellen Verzeichnisses

Sie sollten, bevor es weitergeht, unbedingt testen, ob der Agent im neuen virtuellen Verzeichnis läuft und der angeschlossene Pocket PC oder der Emulator das Synchronisationsverzeichnis verwenden können. Geben Sie dazu zunächst in einem Webbrowser einen URL an, der den Pfad inklusive dem Namen der SQL Server Mobile Agent-DLL enthält. Das könnte so aussehen: *http://Shiva/netShopMerge/sqlcesa35.dll*. Im Browserfenster sollte jetzt die Version des Agent angezeigt werden: »SQL Server Mobile Server Agent 3.5«.

Starten Sie jetzt in einem Visual Studio Smart Device-Projekt (das kann zunächst völlig leer sein) den Debug-Modus oder klemmen Sie Ihr Smartphone Pocket PC ans Netzwerk. Starten Sie den Internet Explorer und geben Sie den URL erneut ein. Überprüfen Sie die Netzwerkkonnektivität und die Benutzerberechtigungen, falls Sie auf ein Problem stoßen.

HINWEIS Hapert es mit der Verbindung, dann sollten Sie überprüfen, ob im Pocket PC-Emulator eine Netzkarte ausgewählt wurde. Sie finden diese Einstellung bei einem gestarteten Emulator im Menü *Datei / Konfigurieren*. Sowohl beim Emulator wie auch einem echten Stück Hardware müssen Sie eventuell noch eine Netzwerkverbindung auswählen. *Firmennetzwerk* ist hier die richtige Option unter *Verbindungen* im Menü *Einstellungen*. Falls Sie eine Firewall verwenden, dann sollten Sie noch die entsprechenden Ausnahmen konfigurieren.

Ein Abonnement einrichten und testen

Nun ist der Zeitpunkt gekommen, um im Trockendock die Replikation in der mobilen Datenbank einzurichten und auszuprobieren. Später dann kann die Replikation im Emulator, einem echten Device oder in einer Desktop-Anwendung ausprobiert werden. Im Objekt-Explorer von SQL Server Mobile starten Sie das Anlegen eines neuen Abonnements über das Kontextmenü des Ordners *Replikation / Abonnements*. Die ersten beiden Schritte – das Auswählen einer Veröffentlichung auf einem Verleger und die Vergabe eines Namens für das neue Abonnement – sind sicher selbst erklärend.

Im dritten Schritt werden die Servereinstellungen festgelegt, also der URL für das Replikationsverzeichnis und die Anmeldeinformationen (Abbildung 29.13). Für das Testen reicht eine anonyme Verbindung. Der letzte Schritt dient der Angabe der Verbindungsinformationen mit dem SQL Server. Da nehmen Sie die voreingestellte Windows-Authentifizierung.

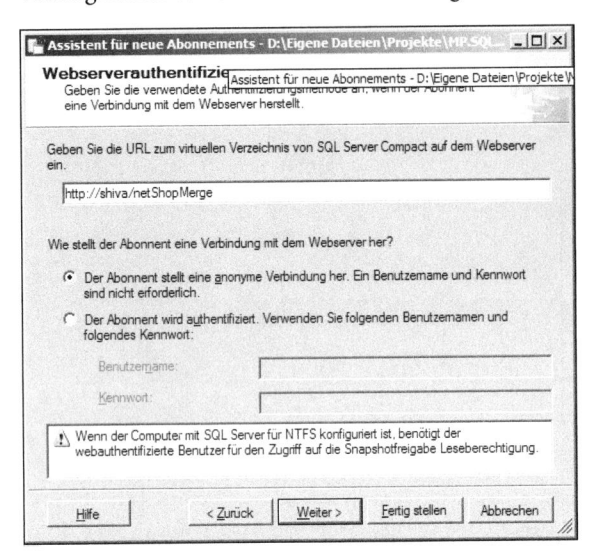

Abbildung 29.13 URL für das virtuelle Replikationsverzeichnis angeben

Nach kurzer Zeit sollte im Objekt-Explorer von SQL Server Mobile ein neues Abonnement erscheinen und die Tabelle *Articles* sollte sich bereits mit den Daten aus der Servertabelle gefüllt haben. Überprüfen Sie das jetzt.

```
SELECT * FROM Articles
```

Listing 29.6   Test der heruntergeladenen Tabelle

Im Ergebnis finden Sie neben den ursprünglichen Spalten aus der Artikeltabelle noch einige zusätzliche Systemspalten, die alle der Verwaltung des Abonnements dienen. Nun soll eine Änderung an den Daten der SQLCE-Tabelle vorgenommen werden.

```
UPDATE Articles
SET Stock = 99 WHERE ID = 1
```

Listing 29.7   Test der Synchronisation

Um die geänderten Daten mit dem Server zu synchronisieren, können Sie den Kontextbefehl *Abonnement synchronisieren* des Abonnements verwenden. Verwenden Sie die Standardeinstellungen und klicken Sie auf OK. Der Vorgang dauert nur ein paar Sekunden. Anschließend hat sich der Wert des Felds *Stock* für den ersten Datensatz in der Originaldatenbank in 99 geändert. Schön!

Datenbanken warten

Eine SQL Server Mobile-Datenbank (sprich: eine *sdf*-Datei) ist naturgemäß sehr viel einfacher aufgebaut als eine SQL Server-Datenbank. Und auch die Datenbankmaschine ist auf ein Minimum reduziert. So fallen bestimmte Automatismen weg, über die man sich bei der Verwendung von SQL Server oder SQL Server Express wenig Gedanken machen muss. Ähnlich wie bei einer Access-Datenbank ist es daher notwendig, dass Sie eine *sdf*-Datei, in der es viele Änderungen gegeben hat, komprimieren, um Speicherplatz freizugeben und die Zugriffe flott zu halten.

Im Management Studio finden Sie die entsprechenden Kommandos auf der Seite *Verkleinern und Reparieren* der *Eigenschaften* einer Datenbank. Die einfachste Variante löscht einfach nur freie Seiten und führt eine grobe Reorganisation durch. Empfehlenswert ist aber eher die Option *Vollständige Datenbankkomprimierung ausführen*. Dabei werden die Seiten neu aufgefüllt und Indizes reorganisiert. Normalerweise werden Sie diese Optionen programmgesteuert ausführen lassen. Zu dem Entwickeln mit SQLCE kommen wir jetzt.

Mobile SQL Server-Anwendungen entwickeln

Es ist soweit! Es darf entwickelt werden. Getreu dem Szenario dieses Kapitels soll eine mobile Erfassungsanwendung für die *netShop*-Datenbank implementiert werden. Diese soll auf einem Gerät laufen, welches der Pocket PC-Spezifikation entspricht. Doch leider wird immer noch kein Code geschrieben. Zunächst einmal geht es darum, eine einfache Anwendung zu gestalten, die Oberfläche einzurichten und ein wenig Code mithilfe der in Visual Studio eingebauten Designer generieren zu lassen. Auch hier gilt: Viele Wege führen nach Rom! Nach Ihrer ersten Smart Device-Anwendung werden Sie Ihren eigenen Stil gefunden haben. Ist das Thema für Sie neu, dann ist ein roter Faden hilfreich.

Ein Projekt einrichten

In Visual Studio 2008 finden Sie unter den Projektschablonen die Abteilung *Intelligentes Gerät* (Abbildung 29.14). Darunter dann eine der installierten Zielplattformen. Ist noch kein weiteres SDK installiert, dann bietet Ihnen Visual Studio hier *Pocket PC 2003, Windows CE, Windows Mobile 5.0 Pocket PC SDK* oder *Windows Mobile 5.0 Smartphone SDK* an. Das Visual Studio-Beispielprojekt zu diesem Kapitel heißt *29-netShopMobile.csproj*. Sie finden es im Unterverzeichnis *netShopMobile*. Es handelt sich um eine kleine Geräteanwendung für einen Pocket PC mit Windows *Mobile 5.0*, die in Visual C# geschrieben wurde.

HINWEIS Möchten Sie eine Anwendung für Windows Mobile 6.5 entwickeln, dann installieren Sie dazu einfach das Windows Mobile 6.5 Professional Developer Tool Kit, welches Sie im Web oder auf der Buch-CD finden.

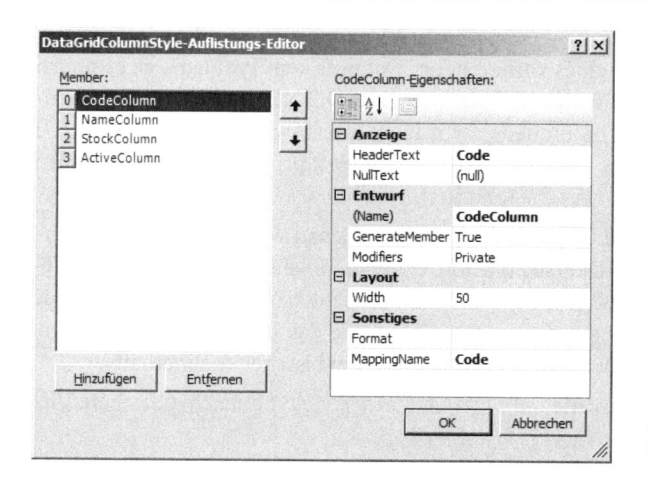

Abbildung 29.14 Eine Geräteanwendung für Windows Mobile erstellen

Datenverbindungen, Verweise und Datenquellen konfigurieren

Als Erstes sollten Sie sich in einem neuen Projekt einen direkten Zugang zu der SQL Server Mobile-Datenbank sichern, die Sie mithilfe des Management Studios angelegt haben. Öffnen Sie dazu den *Server-Explorer* und wählen Sie *Verbindung hinzufügen* im Ordner *Datenverbindungen*. Im darauf geöffneten Dialogfeld erhalten Sie über die Schaltfläche *ändern* die Möglichkeit, *SQL Server Compact 3.5* auszuwählen. Im Anschluss daran müssen Sie bloß noch den Pfad zu der *sdf*-Datei (zum Beispiel *netShopMobile.sdf*) auswählen und das Datenbankkennwort angeben. Damit ist die mobile Datenbank in die Projektumgebung eingebunden. Sie können Änderungen an den Datenbankobjekten jetzt auch direkt in der Visual Studio Entwicklungsumgebung vornehmen.

Für das Arbeiten mit dem mobilen SQL Server benötigen Sie unbedingt einen Verweis auf die Assembly *System.Data.SQLServerCe*.

Möchten Sie die Datenbindungen auf den Formularen mit den Visual Studio Designern verwalten, dann empfiehlt es sich, zunächst einmal Datenquellen – sprich typisierte Datasets – zu hinterlegen, die Sie dann an verschiedenen Stellen Ihrer Anwendung einsetzen können. Sie sollten sich ein möglichst einfaches Zuordnungsschema zwischen Datenobjekten und Datenquellen überlegen und nicht bei Bedarf neue Datenquellen einfügen. Das wird schnell unübersichtlich. Bei der *netShop*-Anwendung ist es leicht: Für jede der beiden Tabellen *Articles* und *Catalogs* wird ein eigenes Dataset verwendet. ADO.NET-Freaks würden das vielleicht anders sehen und *ein* Dataset für beide Tabellen anlegen. Die einfachere Lösung der getrennten Datasets vereinfacht aber die Anwendung.

Das Anlegen einer neuen Datenquelle starten Sie über das Menü *Daten / Neue Datenquelle hinzufügen...* Nach der Auswahl des Datenquellentyps *Datenbank* wählen Sie aus den Datenverbindungen die soeben angelegte neue Verbindung für SQL Server Mobile aus. Das Dataset für die Tabelle *Articles (dsArticles)* enthält alle Spalten, mit Ausnahme von *ReplicationID*. Auf diese Spalte wird nicht per Programmierung zugegriffen, sondern sie unterstützt die Merge-Replikation. Das Dataset für die Tabelle *Catalogs (dsCatalogs)* enthält alle Spalten aus dieser Tabelle. Details zur Arbeit mit Datasets finden Sie bei Bedarf in den ersten Kapiteln dieses Buchteils.

DataGrid für die Anzeige von Artikeldaten einfügen

Die Datenbindung an ein *DataGrid* ist mit der Hilfe eines vorbereiteten Datasets kein Problem. Sie erinnern sich: In Kapitel 22 (»Datenzugriff mit ADO.NET«) wurde erklärt, wie die ADO.NET-Objekte zusammenspielen und in Kapitel 25 (»Daten an die Oberfläche binden«) wurde erläutert, wie Daten in einer GUI dargestellt werden. Der Datenzugriff funktioniert im .NET Compact Framework prinzipiell genauso wie im allgemeinen Framework.

Für die Kommunikation mit den Tabellen in der SQLCE-Datenbank werden genau wie in einer SQL Server-Lösung Tabellenadapter eingesetzt. Diese werden gleich erstellt. Auf der anderen Seite gibt es auch im .NET-Compact Framework Unterstützungsobjekte für das Binden von Steuerelementen an Datenquellen. Diese werden aus der Klasse *System.Windows.Forms.BindingSource* erzeugt. Wenn Sie das im Hinterkopf behalten, können Sie getrost den Kampf mit dem Designer aufnehmen. Der ist nämlich ein bisschen »zauberhaft«.

Im Beispielprojekt können Sie die nachfolgenden Schritte am Formular *ArticlesSelect.cs* nachvollziehen. Viel mehr Spaß machen natürlich eigene Experimente.

Legen Sie zum Ausprobieren ein leeres Formular an und ziehen Sie ein *DataGrid* aus dem Werkzeugkasten auf dieses. Es geht jetzt darum, die Eigenschaft *DataSource* zu konfigurieren, um die Datenbindung herzustellen. Dabei hilft Ihnen der Designer *DataGrid-Aufgaben*, den Sie am oberen rechten Rand des *DataGrid* finden. In der Dropdownliste werden Ihnen die Projektdatenquellen angezeigt. Kämpfen Sie sich über das

Mobile SQL Server-Anwendungen entwickeln

Articles-Dataset bis zur Tabelle *Articles* durch. Wenn Sie diese anklicken, dann erzeugt der Designer in der Klasse des Formulars einen neuen Tabellenadapter und eine neue *BindingSource* (*ArticlesBindingSource*). Die *BindingSource* wird sofort als Datenquelle für das *DataGrid* eingetragen und die Spalten der Tabelle *Articles* aus dem *DataSet* im *DataGrid* dargestellt.

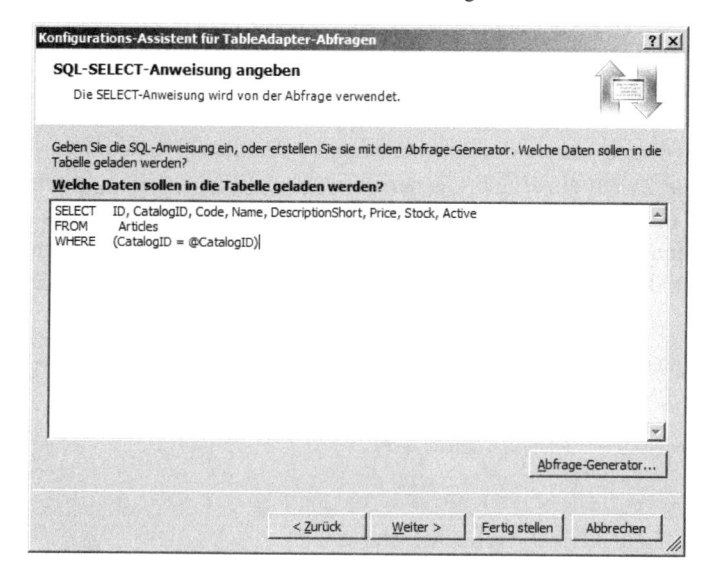

Abbildung 29.15 *DataGrid* an Dataset binden

Sie haben jetzt noch keine Zeile programmiert, doch jede Menge Code erzeugt. Das ist bequem, aber Sie sollten den Designern immer ein wenig auf die Finger schauen. Behalten Sie die Komponentenleiste im Auge. Beim Experimentieren können Sie mit den freundlichen Designern leicht ein paar überflüssige Objekte erzeugen. Die sollten Sie am besten sofort wieder löschen. Es schadet auch nicht, sich gut mit den erzeugten ADO.NET-Objekten auszukennen, um manuelle Anpassungen vornehmen zu können.

Da im *DataGrid* nicht alle Spalten des Datasets angezeigt werden sollen, muss dem Entwurf noch ein neuer *TableStyle* hinzugefügt werden. Der entsprechende Designer verbirgt sich hinter der Eigenschaft *TableStyles* des *DataGrid*. Zu einem *TableStyle* gehört eine Liste von *GridColumnStyles*. Diese enthält pro angezeigter Spalte einen Eintrag. Auch für das Einrichten der Spaltenliste steht ein Designer zur Verfügung, mit dem Sie die Spalten und deren Darstellung auswählen können. Alles klar? Dann los (Abbildung 29.16)!

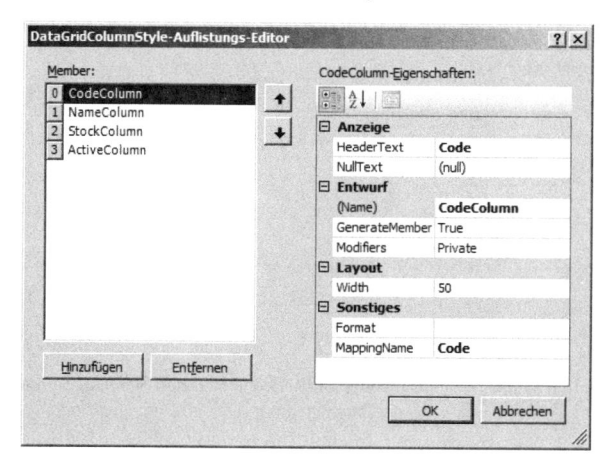

Abbildung 29.16 Tabellenspalten für *DataGrid* definieren

Das DataGrid mit einer Combobox filtern

Damit die Informationen im *DataGrid* nach einem Katalog gefiltert werden können, wird noch eine *ComboBox* eingefügt. Die bekommt eine *BindingSource* auf der Basis des *dsCatalog*-Datasets zugewiesen. Als *DisplayMember* (»Werte anzeigen«) bietet sich die Spalte *Name* aus dem Dataset an und als *ValueMember* (»«) die Spalte *ID*. Wer denkt, dass jetzt endlich programmiert werden kann, der hat sich getäuscht. Auch das Filtern des Datasets kann leicht durch eine neue Methode des Tabellenadapters (*TableAdapter*) erledigt werden und – Sie ahnen es – dafür gibt es einen Designer. Öffnen Sie also das Dataset *dsArticles* in der Entwurfsansicht und aktivieren Sie aus dem Kontextmenü des Tabellenadapters den Befehl *Hinzufügen / Query*. Es soll eine »*SELECT*-Anweisung, die Zeilen zurückgibt« generiert werden (Auswahl im zweiten Designerschritt). Dem *SELECT*-Kommando muss noch eine *WHERE*-Klausel mit einem Parameter hinzugefügt werden *(@CatalogID)* – siehe Abbildung 29.17. Abschließend vergibt man noch einen passenden Namen für die neue Methode, etwa in der Art »FillByCatalogID«, und das war's schon. Der Designer legt die entsprechende Methode an.

Jetzt passiert's doch noch – es werden ein paar Zeilen Code geschrieben. Dieser synchronisiert das *DataGrid*, sobald ein anderer Wert in der *ComboBox* ausgewählt wird.

```
private void cboCatalogs_SelectedIndexChanged(object sender, EventArgs e)
{
    try
    {
        this.articlesTableAdapter.FillByCatalogID(this.dsArticles.Articles,
(int)cboCatalogs.SelectedValue);
    }
    catch (System.Exception ex)
    {
        System.Windows.Forms.MessageBox.Show(ex.Message);
    }
}
```

Listing 29.8 Filtern der *DataGrid*-Daten über das DataSet

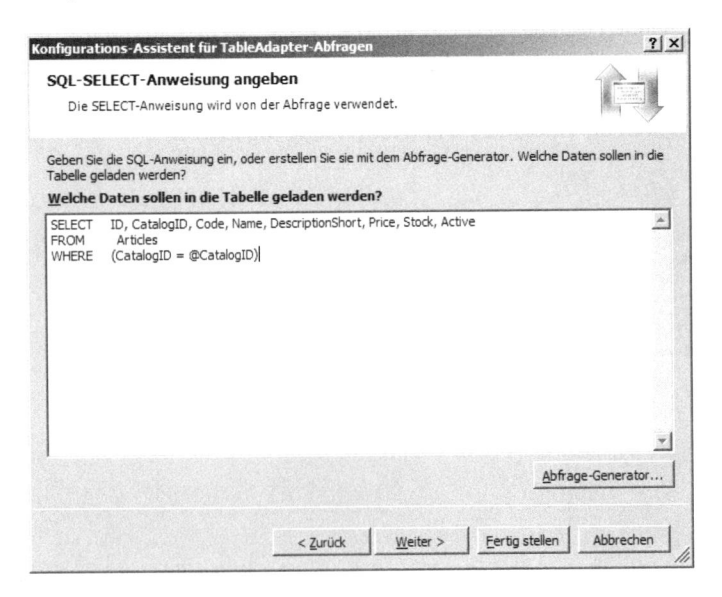

Abbildung 29.17 Parametrisierte Abfrage für die Datenfilterung

Formular für die Datenbearbeitung hinzufügen

In einem mobilen Datagrid können keine Daten eingegeben oder geändert werden. Dazu werden weitere Formulare benötigt – und auch »da werden Sie geholfen«. Es bietet sich an, die Formulare von der Entwicklungsumgebung erstellen zu lassen und danach an die eigenen Erfordernisse anzupassen. Verwenden Sie dazu die entsprechende Funktion aus den *DataGrid-Aufgaben: Datenformulare generieren…*.

Es werden nicht nur passende Formulare für das Eingeben und Ändern angelegt – Abbildung 29.18 zeigt das Standardformular für das Bearbeiten – sondern auch die Datenbindungen vorbereitet *und* der Code für das Verbinden der verschiedenen Formulare eingefügt. Nach dem Anlegen besteht Ihre Aufgabe darin, sofort mit dem Refactoring der Formular- und anderer Namen zu beginnen (falls Ihnen die automatisch generierten Bezeichnungen gefallen, entfällt dieser Schritt) und das Layout der Formulare anzupassen. Der automatisch generierte Code für das *Click*-Ereignis des Datagrids sieht fast so aus wie der im nächsten Listing. In der Demolösung habe ich nur die Namen »hübscher gemacht«. Man sieht, wie man durch die Übergabe des *DatabindingSource*-Objekts den Code knackig kurz halten kann.

```
private void dgrdArticles_Click(object sender, EventArgs e)
{
    netShopMobile.ArticlesSummaryViewDialog articlesSummaryViewDialog =
        netShopMobile.ArticlesSummaryViewDialog.Instance(this.articlesBindingSource);
    articlesSummaryViewDialog.ShowDialog();
}
```

Listing 29.9 Code für das Öffnen des Bearbeitungsformulars

Das Bearbeitungsformular muss die Änderungen spätestens beim Schließen an das Dataset zurückgeben. Auch daran hat der Designer gedacht. Es gibt einen klassischen Einzeiler für eine *DataBindingSource*:

```
private void ArticlesEditViewDialog_Closing(object sender, CancelEventArgs e)
{
    this.articlesBindingSource.EndEdit();
}
```

Listing 29.10 Änderungen im Dataset speichern

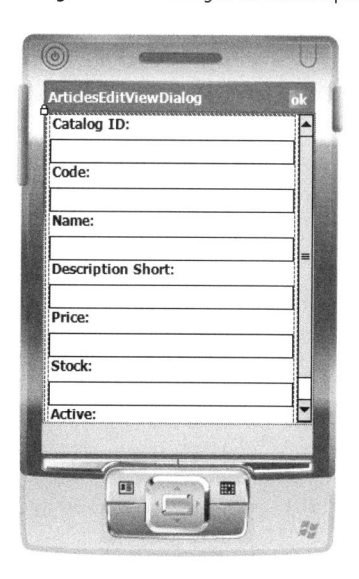

Abbildung 29.18 Generiertes Formular für die Artikelbearbeitung

ADO.NET mit SQL Server Compact verwenden

Um zu zeigen, dass man den SQL Server Compact auch »richtig« anprogrammieren kann, gibt es im Beispielprojekt ein Formular für die Erfassung von Artikeln, welches ohne die Hilfe von Designern entwickelt wurde (Abbildung 29.19). Es sind zwei übersichtliche Aufgaben zu lösen. Das Füllen der *ComboBox* mit den Katalogdaten und das Abspeichern des neuen Artikeldatensatzes.

Der erste Codeausschnitt stellt vor, wie die ComboBox mit Werten aus einer Tabelle belegt wird. Eine beliebte Frage ist: »Kann ich das auch mit einem Datareader erledigen?« Das geht nicht direkt. Verwenden Sie unten stehenden Code als Blaupause für diese Aufgabenstellung:

```
private void ArticlesInsert_Load(object sender, EventArgs e)
{
   SqlCeConnection cn = new SqlCeConnection();
   SqlCeCommand cmd = new SqlCeCommand();
   SqlCeDataAdapter da = new SqlCeDataAdapter();
   DataTable dt = new DataTable();

   cn.ConnectionString = @"Data
Source='\Programme\netShopMobile\netShopMobile.sdf';Password='P@ssw0rd'";
   cmd.CommandType = CommandType.Text;
   cmd.CommandText = "SELECT ID, Name FROM Catalogs ORDER BY Name";
   cmd.Connection = cn;
   cn.Open();
   da.SelectCommand = cmd;
   da.Fill(dt);

   cboCatalog.DataSource = dt;
   cboCatalog.DisplayMember = "Name";
   cboCatalog.ValueMember = "ID";

   cn.Close();
   cn = null;
}
```

Listing 29.11 Füllen der *ComboBox* per Code

Das Zurückspeichern eines neuen Datensatzes wird durch das *Click*-Ereignis der *Speichern*-Schaltfläche gestartet. Zum folgenden Codeschnipsel lässt sich nicht viel sagen, wenn Sie sich bereits mit ADO.NET auskennen. Natürlich sollten Sie die speziellen Klassen von SQL Server Mobile einsetzen wie *SqlCeConnection*. Hier wird gezeigt, wie ein *SqlCeCommand*-Objekt mit Parametern versehen und ausgeführt wird. Diese Vorgehensweise macht die Verarbeitung von Kommandos im Allgemeinen etwas schneller, weil Klarheit über die Datentypen herrscht und der SQL Server-Ausführungsplan besser gecached werden kann. Das gilt auch für SQL Server Mobile!

```
private void btnSpeichern_Click_1(object sender, EventArgs e)
{
   SqlCeConnection cn = new SqlCeConnection();
   SqlCeCommand cmd = new SqlCeCommand();

   cn.ConnectionString = @"Data Source=.\netShopMobile.sdf;Password=P@ssw0rd";
   cmd.CommandType = CommandType.Text;
   cmd.CommandText = @"INSERT INTO Articles (CatalogID, Code, Name, Stock)
                       VALUES ( @CatalogID, @Code, @Name, @Stock)";
   cmd.Connection = cn;
```

```
    cmd.Parameters.Add("@CatalogID", SqlDbType.Int, cboCatalog.SelectedIndex);
    cmd.Parameters.Add("@Code", SqlDbType.NVarChar, 50, txtCode.Text);
    cmd.Parameters.Add("@Name", SqlDbType.NVarChar, 150, txtName.Text);
    cmd.Parameters.Add("@Stock", SqlDbType.Int, Convert.ToInt32(txtStock.Text));

    cn.Open();
    cmd.Prepare();
    cmd.ExecuteNonQuery();
    cn.Close();
    cn = null;
}
```

Listing 29.12 Speichern des neuen Datensatzes

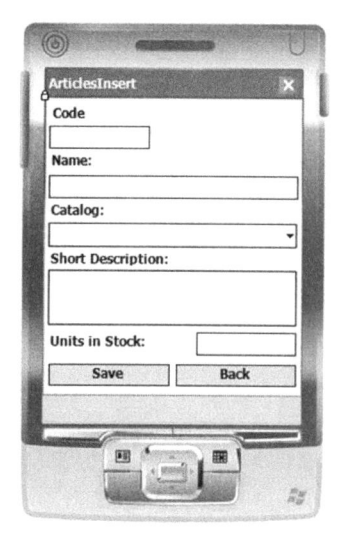

Abbildung 29.19 Formular für die Artikelerfassung

Cursororientiertes Arbeiten mit SqlCeResultSet

Das Arbeiten mit den Klassen des Namensraums *System.Data.SqlServerCe* ähnelt stark dem Arbeiten mit *System.Data.SqlClient*. Es gibt Objekte, wie *SqlCeConnection, SqlCeCommand, SqlCeDataAdapter, SqlCeDataReader* usw., die genauso verwendet werden, wie die entsprechenden Objekte beim großen SQL Server. Eine Besonderheit stellt die Klasse *SqlCeResultSet* dar. Diese stellt einen updatefähigen Cursor dar – etwas, was es ansonsten in ADO.NET nicht gibt. Mithilfe dieser Klasse kann eine Ergebnismenge durchlaufen und gleich verändert werden.

Die Architekten von SQL Server Compact haben diese Möglichkeit vermutlich eingebaut, weil es bei einem DBMS, welches im Prozessraum einer Anwendung ausgeführt wird und welches in der Regel keine oder wenige parallele Tasks bearbeiten muss, »ungefährlich ist« cursororientiert zu arbeiten. So können Sie also getrost die Methoden von *SqlCeResultSet* einsetzen, ohne Performanceverluste zu erwarten. Im Gegenteil: Ein *SqlCeResultSet* hat gegenüber einem Dataset Geschwindigkeitsvorteile. Ein *SqlCeResultset*-Objekt ist sogar bindungsfähig, kann also an datenorientierte GUI-Elemente gebunden werden, um den Inhalt darzustellen.

Im folgenden Beispiel wird eine neue SQLCE-Datenbank angelegt und darin eine leere Kopie der Artikeltabelle vorbereitet. Zu dieser wird ein Dataset erstellt. Anschließend werden die aktuellen Artikeldaten mittels *SqlCeResultSet* abgeholt, jeder dritte Datensatz in das Dataset geschrieben und das Ganze anschließend gespeichert. Das ist zwar kein umwerfend nützliches Beispiel, zeigt aber eine Anwendung, die mit den Standardverfahren von ADO.NET und SQL nur umständlich zu lösen wäre. Sie finden den Code im Beispielprojekt im Formular *ArticlesSqlCeResultSet.cs*.

SqlCeResultSet verfügt über Navigationsmethoden wie *ReadFirst*, *Read*, *ReadAbsolute*, *ReadLast* – die Namen sind selbsterklärend.

```
private void btnDoIt_Click(object sender, EventArgs e)
{
    try
    {
        File.Delete("netShopMobileCopy.sdf");
        SqlCeEngine theSqlCeEngine = new SqlCeEngine("Data Source = 'netShopMobileCopy.sdf'");

        theSqlCeEngine.CreateDatabase();
        SqlCeConnection theSqlCeConnectionCopy = new SqlCeConnection("Data Source = 'netShopMobileCopy.sdf'");
        SqlCeConnection theSqlCeConnectionOriginal =
            new SqlCeConnection(@"Data Source='\Programme\netShopMobile\netShopMobile.sdf';Password='Catch4711!'");

        SqlCeCommand theSqlCeCommandCopy = theSqlCeConnectionCopy.CreateCommand();
        SqlCeCommand theSqlCeCommandOriginal = theSqlCeConnectionOriginal.CreateCommand();

        // neue Datenbank und Tabelle vorbereiten
        theSqlCeConnectionCopy.Open();
        theSqlCeCommandCopy.CommandText =
            "CREATE TABLE ArticlesSample (ID int, Code nvarchar(50), Name nvarchar(150), Stock int)";
        theSqlCeCommandCopy.ExecuteNonQuery();

        // leeren ResultSet abholen, an dem Datensätze angehängt werden können
        theSqlCeCommandCopy.CommandText = "SELECT * FROM ArticlesSample";

        SqlCeResultSet theSqlCeResultSetCopy =
            theSqlCeCommandCopy.ExecuteResultSet(ResultSetOptions.Updatable);

        // Daten aus der mobilen netShop-Datenbank abholen
        theSqlCeConnectionOriginal.Open();
        theSqlCeCommandOriginal.CommandText = "SELECT ID, Code, Name, Stock FROM Articles ORDER BY Code";

        SqlCeResultSet theSqlCeResultSet =
            theSqlCeCommandOriginal.ExecuteResultSet(ResultSetOptions.Scrollable | ResultSetOptions.Updatable);

        if ( theSqlCeResultSet.ReadFirst() )
        {
            bool isOK = true;

            while (isOK)
            {
                isOK = theSqlCeResultSet.ReadRelative(3);

                if (isOK)
                {
                    SqlCeUpdatableRecord theSqlCeUpdatableRecord = theSqlCeResultSet.CreateRecord();
```

```
                    theSqlCeUpdatableRecord.SetSqlInt32(0, theSqlCeResultSet.GetSqlInt32(0));
                    theSqlCeUpdatableRecord.SetSqlString(1, theSqlCeResultSet.GetString(1));
                    theSqlCeUpdatableRecord.SetSqlString(2, theSqlCeResultSet.GetString(2));
                    theSqlCeUpdatableRecord.SetSqlInt32(3, 0);

                    theSqlCeResultSetCopy.Insert(theSqlCeUpdatableRecord);
                }
            }
        }
    }
    catch ( Exception ex )
    {
        // tu was...
    }
}
```

Listing 29.13 SQLCE-Daten mit einem Cursor durchlaufen

Daten mit SQL Server synchronisieren

Viele Anwendungen, die mit SQL Server Compact entwickelt wurden, müssen irgendwann ihre Daten mit einem zentralen Datenbestand synchronisieren: Erfassungsprogramme, Logger, Tracker, usw.

In den folgenden beiden Abschnitten wird gezeigt, wie Daten auf einem mobilen Gerät unkompliziert und mit wenig Programmiereinsatz mit einem zentralen Server ausgetauscht werden können. Es geht hier zunächst einmal um die beiden klassischen Verfahren, die existieren, seit es den mobilen SQL Server gibt: Merge-Replikation und Remote Data Access. Am Ende des Kapitels wird es dann um den Einsatz des Microsoft Sync Frameworks gehen.

Vor dem Aufbau einer Synchronisationsverbindung müssen die Vorbereitungen erledigt worden sein, die weiter vorn in diesem Kapitel beschrieben wurden – speziell die Vorbereitung des IIS. Ist die Netzwerkkonnektivität vorhanden und das virtuelle IIS-Verzeichnis eingerichtet, sowie die Merge-Replikation getestet, dann ist das Entwickeln der Synchronisationsfunktionen eine einfache Angelegenheit.

Daten über Merge-Replikation synchronisieren

Alles, was Sie auf der Clientseite tun müssen, um Daten mithilfe einer vorbereiteten SQL Server Merge-Republikation zu synchronisieren, ist ein Objekt der Klasse *SqlCeReplication* aus dem Namespace *System.Data.SqlServerCe* vorzubereiten, die Eigenschaften einzustellen und die Methode *Synchronize* aufzurufen. Einfach! Je nach den Einstellungen, die bei der Einrichtung der Replikation gemacht wurden, müssen Sie Anmeldenamen für den Webserver und für die Datenbank mitgeben. Eine spartanische, aber ausreichende Variante für das Anstoßen des Merge-Vorgangs finden Sie in Listing 29.14.

```
private void menuItemSyncArticles_Click(object sender, EventArgs e)
{
    // Synchronisation mit der Artikeltabelle auf dem Server

    SqlCeReplication theSqlCeReplication = new SqlCeReplication();

    theSqlCeReplication.SubscriberConnectionString = @"Data
Source='netShopMobile.sdf';Password='P@ssw0rd'";
    theSqlCeReplication.InternetUrl = "http://shiva/netShopMobile/sqlcesa35.dll";
```

```csharp
theSqlCeReplication.Publisher = "shiva";
theSqlCeReplication.PublisherSecurityMode = SecurityType.NTAuthentication;
theSqlCeReplication.PublisherDatabase = "netShop";
theSqlCeReplication.Publication = "netShopMerge";
theSqlCeReplication.Distributor = "shiva";
theSqlCeReplication.DistributorSecurityMode = SecurityType.NTAuthentication;
theSqlCeReplication.Subscriber = "netShopMobile";

theSqlCeReplication.Synchronize();
}
```

Listing 29.14 Synchronisation per Merge-Replikation

Daten über RDA synchronisieren

Im Beispielszenario der *netShop*-Datenbank werden Katalogdaten nur abgeholt und nicht geändert. Das ließe sich auch mit einer Replikation lösen, geht aber mithilfe von RDA schneller. Der Vorgang besteht aus zwei Schritten, da ein Pull via RDA immer eine neue Tabelle anlegen möchte. Zunächst muss also mit dem ganz normalen T-SQL-Kommando *DELETE* die vorhandene Nachschlagetabelle entfernt werden. Anschließend wird ein *SqlCeRemoteDataAccess*-Objekt vorbereitet und das Pull ausgelöst.

```csharp
private void menuItemGetCatalog_Click(object sender, EventArgs e)
{
    SqlCeConnection cn = new SqlCeConnection();
    SqlCeCommand cmd = new SqlCeCommand();
    SqlCeRemoteDataAccess rda = new SqlCeRemoteDataAccess();
    String cnStrClient;
    String cnstrServer;

    cnStrClient = @"Data Source=\Programme\netShopMobile\netShopMobile.sdf;Password=P@ssw0rd";
    cnstrServer = "Provider=SQLOLEDB;Data Source=shiva;Initial Catalog=netShop";

    cn.ConnectionString = cnStrClient;

    cmd.CommandType = CommandType.Text;
    cmd.CommandText = "DROP TABLE Catalogs";
    cmd.Connection = cn;
    cn.Open();
    cmd.ExecuteNonQuery();
    cn.Close();

    rda.InternetUrl = "http://shiva/netShopMerge/sqlcesa35.dll";
    rda.LocalConnectionString = cnStrClient;
    rda.Pull("Catalogs", "SELECT * FROM Catalogs", cnstrServer, RdaTrackOption.TrackingOff);
}
```

Listing 29.15 Tabelle vom Server holen

Die Option *RdaTrackOption.TrackingOff* legt fest, dass es auf der Clientseite keine Nachverfolgung von Änderungen an der Tabelle geben soll. Die kommen im Szenario ja auch nicht vor. Das Einschalten des Trackings ist eine Möglichkeit, bei einem *Push* nur die Daten zum Server zu schicken, die tatsächlich neu sind oder geändert wurden.

Die Synchronisation über RDA ist eine einfache und effektive Methode – wenn keine automatischen Verfahren für das Lösen von Synchronisationskonflikten benötigt werden.

Offline-Clients und das Sync Framework

Das Microsoft Sync Framework (MSF) stellt im Gegensatz zu den bisher vorgestellten Verfahren eine *allgemeine* Plattform für das Synchronisieren von Daten dar. Egal, ob man komplette Dateien oder Datensätze in einer Datenbank an zwei verschiedenen Orten synchron halten will – es stellen sich identische Aufgabenstellungen, die vom Sync Framework adressiert werden. Unter anderem diese:

- Feststellen der Änderungen, die seit der letzten Synchronisation passiert sind
- Das Abgleichen der geänderten Daten
- Auflösen von Synchronisationskonflikten
- Feststellen, ob die Synchronisationspartner gerade verbunden sind
- Robuste Fehlerbehandlung bei unsicheren Verbindungen

Mittels des Sync Frameworks können Sie, wenn Sie einen passenden *SyncProvider* besitzen (oder selbst entwickeln), Daten zwischen beliebigen Datencontainern synchronisieren. Im Kontext unseres Buchs geht es natürlich nur um Datenbanken. Für diese ist eine Untermenge des Sync Frameworks zuständig, die als *Sync Services für ADO.NET* (oder kurz: *Sync Services*) bezeichnet wird.

Die Sync Services sind *viel* offener als die Merge-Replikation und der Remote Data Access. Passende Provider vorausgesetzt, können Sie nicht nur SQL Server-Daten mit einem SQL Server Compact synchronisieren, sondern auch die Daten anderer Datenbanksysteme. Alle Datenbanksysteme, die sich über ADO.NET ansprechen lassen, können eingebunden werden. ORACLE-Provider sind standardmäßig vorhanden. Es ist absehbar, dass das Sync Framework über kurz oder lang zum Microsoft Standard für die Datenbanksynchronisierung wird. Für Microsofts Cloud Datenbank – SQL Azure – gibt es bereits ein Power Pack, welches einen passenden Provider sowie eine Visual Studio-Schablone inklusive eines Konfigurationsassistenten enthält. Merge-Replikation für Azure ist nicht in Sicht (und wird es vielleicht auch nie geben).

Als Entwickler haben Sie – wenn Sie das möchten – viel mehr Eingriffsmöglichkeiten in den Synchronisationsprozess, bis hin zur Entwicklung eigener Provider für eine spezielle Datenquelle, die in Ihrer Anwendung eingesetzt werden soll. Gleichzeitig ist die Entwicklung deutlich programmierlastiger – was Sie als .NET-Entwickler kaum vom Einsatz abhalten wird (als T-SQL-Entwickler aber möglicherweise schon). Bei den Sync Services werden vertraute Begriffe und Verfahren aus ADO.NET eingesetzt, so sollte die Einarbeitung nicht zu schwierig sein.

SQL Server 2008 und SQL Server Compact 3.5 (und höher) sind ein gutes Team, wenn es um den Einsatz der Sync Services geht. Das in SQL Server 2008 eingebaute *Change Tracking* vereinfacht das Nachvollziehen von Datenänderungen deutlich und auch SQL Server Compact 3.5 verfügt über Tracking Mechanismen, die mit den Sync Services zusammenspielen.

Ein paar Grundbegriffe

Je nach Aufgabenstellung können Sie mit dem Sync Framework unterschiedliche Synchronisationsmethoden einsetzen. Als da wären:

- **Snapshot-Download** Dabei werden alle Daten einer Servertabelle komplett auf den Client übertragen. Eine vorhandene Clienttabelle wird dabei ganz einfach überschrieben. Das ist ein sehr einfach einzurichtendes robustes Verfahren, welches natürlich nur für kleinere Datenmengen geeignet ist.

- **Inkrementeller Download** Nach dem ersten, vollständigen Download einer Tabelle vom Server auf den Client, werden bei einer Synchronisation nur noch geänderte Datensätze übertragen. Das ist natürlich wesentlich smarter.
- **Upload** Beim Upload werden die Daten komplett auf den Server übertragen

Das Sync Framework besteht aus einer Anzahl Komponenten, die in der Architektur des Frameworks unterschiedliche Aufgabenstellungen lösen. Der gesamte Aufbau ist nicht sonderlich kompliziert, Abbildung 29.20 gibt eine Übersicht.

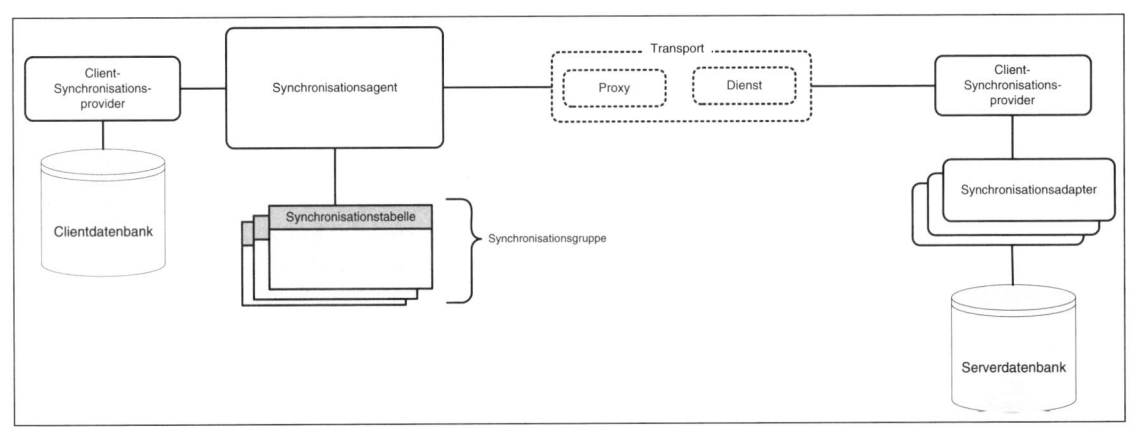

Abbildung 29.20 Komponenten der Sync Services

Die Sync Services gehen von einem Client/Server-Modell aus. Das heißt aber nicht, dass nur Synchronisationen zwischen Clients und einem zentralen Datenbankserver möglich sind. Peer-to-Peer-Topologien sind genauso gut machbar. Bezogen auf einen einzelnen Replikationsvorgang greift das Client/Server-Modell aber. Die Transportkomponente ist im Grunde kein inhärenter Bestandteil der Sync Services. Befinden sich Client und Server in einem stabilen lokalen Netzwerk (oder sind über VPN miteinander verbunden) dann entfällt dieses Komponente. Bei einer Verbindung über HTTP kann der serverseitige Synchronisationsprovider über WCF als Dienst zur Verfügung gestellt werden, der vom Client über einen Proxy konsumiert wird.

Es folgt eine kurze Beschreibung der wichtigsten Komponenten anhand deren Klassennamen:

- **SyncTable** Stellt eine lokale Tabelle dar, die synchronisiert werden soll
- **SyncGroup** Ist eine Zusammenfassung mehrerer *SyncTable*-Objekte. Kann optional eingesetzt werden, damit die Steuerung der Synchronisation möglich ist oder eine Transaktionsklammer um die zu synchronisierende Tabellen gelegt werden kann.
- **SyncAgent** Dies ist das zentrale Objekt. Es steuert die Synchronisation.
- **SqlCeClientSyncProvider** Ist ein Client-Synchronisationsprovider für SQLCE. Stellt für den *Syncadapter* die Schnittstelle zum Client dar. Kapselt die Details der Datenbank. Provider speichern die Informationen zu den Synchronisationstabellen in der Datenbank. Sie stellen die Änderungen seit der letzten Synchronisation zur Verfügung, wenden inkrementelle Änderungen an und entdecken Synchronisationskonflikte. Ab dem Sync Framework 2.0 existiert der neue Provider *SqlCeSyncProvider*. Dieser ermöglicht eine Peer-to-Peer-Synchronisation zwischen zwei SQLCE-Datenbanken.

- **DbServerSyncProvider** Ist ein Server-Synchronisationsprovider. Spielt die gleiche Rolle wie ein Client-Synchronisationsprovider für den Server. Unterstützt werden beliebige Datenbanksysteme. Die Klasse *DbServerSyncProvider* wird von Visual Studio verwendet, wenn der Assistent Code für einen lokalen Datenbankcache generiert. Ab dem Sync Framework 2.0 existiert die spezialisierte Klasse *SqlSyncProvider*. Die Anwendung ist etwas einfacher als beim *DbServerSyncProvider*. Es gibt ein paar erweiterte Funktionen, wie Batching, was die Anwendungsmöglichkeiten dieses aktuelleren Providers irritierenderweise aber deutlich einschränkt, ist die fehlende Unterstützung für SQL Server Change Tracking. Änderungen an Datenzeilen müssen über zusätzliche Spalten verwaltet werden. Das ist nach meiner Meinung (gelinde gesagt) suboptimal.
- **ServerSyncProvicerProxy** Wird in n-tier und servicebasierten Architekturen verwendet, damit der Client einen entfernten *DbServerSyncProvider* referenzieren kann
- **SyncAdapter** Liefert die SQL-Kommandos für das Anwenden der inkrementellen Änderungen. Das erinnert stark an *TableAdapter* in ADO.NET. Über diverse *DbCommand*-Eigenschaften können die T-SQL-Befehle konfiguriert werden. Natürlich funktioniert das auch unter Zuhilfenahme von gespeicherten Prozeduren. Freundlicherweise existiert eine *SqlSyncAdapterBuilder*-Klasse, welche die benötigten Kommandos automatisch generiert. Jede Tabelle benötigt einen SyncAdapter und ein *SyncAdapter* wird über einen *DbSyncProvider* ausgeführt.
- **SyncSession** Liefert während des Ablaufs einer Synchronisation Hilfsinformationen
- **SyncStatistics** Liefert Informationen zu einer beendeten Synchronisations-Session

Die genannten Klassen findet man im Namespace *Microsoft.Synchronization* und dessen untergeordneten Namespaces. Für die Sync Services für ADO.NET sind dies: *Microsoft.Synchronization.Data*, *Microsoft.Synchronization.Data.Server*, *Microsoft.Synchronization.Data.SqlServerCe* und *Microsoft.Synchronization.Data.SqlServer*. Diese Namespaces befinden sich in gleichnamigen DLLs.

Sync Framework versus Merge-Replikation und RDA

Sie können für Ihr Projekt mit einem »lose gekoppelten Client« das moderne Sync Framework oder die gute alte Merge-Replikation einsetzen. Beides funktioniert prinzipiell gut und stabil. Remote Data Access sollten Sie möglichst nicht mehr in Betracht ziehen, da diese Technologie nicht mehr weiter entwickelt wird. Für Projekte mit überschaubarer Lebensdauer ist die einfache Programmierung mit RDA natürlich in Ordnung. Wird es anspruchsvoller, dann müssen Sie sich zwischen Merge-Replikation und Sync Framework entscheiden. Die folgende Tabelle erlaubt eine Übersicht der wichtigsten Eigenschaften der Verfahren.

Eigenschaft	Sync Service	Merge-Replikation	RDA
Synchronisation über Services	Ja	Nein	Nein
Unterstützung heterogener Datenbanken	Ja	Nein	Nein
Inkrementelles Change Tracking	Ja	Ja	Nein
Konflikt-Entdeckung	Ja	Ja	Nein
Automatische Initialisierung von Schema und Daten auf dem Client	Ja	Ja	Ja
Unterstützung großer Datenmengen	Ja	Ja	Ja
Automatische Propagierung von Schemaänderungen	Nein	Ja	Nein
Automatische Repartitionierung von Daten	Nein	Ja	Nein
Kann aus Devices eingesetzt werden	Ja	Ja	Ja

Tabelle 29.2 Vergleich der Synchronisationsverfahren

Falls es keinen technischen Grund gibt, der die Verwendung eines der Verfahren nahelegt, dann können auch die Entwicklervorlieben entscheiden: ».NET-Typen« werden sich eher für die Sync Services entscheiden. »T-SQL-Typen« und Administratoren eher für die Merge-Replikation.

Unidirektionale Synchronisation mit Visual Studio

Nach dem kleinen Theorieabschnitt geht es nun in die Praxis. Zunächst wird vorgestellt, was Visual Studio zu bieten hat, wenn es um die Verwendung eines lokalen Datenbankcaches geht. Der Sync-Designer generiert den Code für einfache Anwendungen fast vollautomatisch. Anschließend wird vorgestellt, wie man eine Synchronisation selbst programmiert. Die fertigen Codebeispiele finden Sie im Projekt *netShopLooselyCoupled*.

Synchronisation mit dem Designer einrichten

Soll es nur in eine Richtung gehen – genauer – soll die Synchronisation nur vom Server zum Client passieren, dann ist eine einfache Lösung unter Einsatz von Visual Studio 2008 oder 2010 schnell entwickelt. Beide Studios haben Projektschablonen eingebaut, mit denen Sie schnell einen lokalen Datenspeicher einrichten und synchronisieren können. Der notwendige Code wird fast vollständig automatisch generiert. Das Entwickeln erinnert daher stark an die Arbeit mit der Merge-Replikation.

Als Beispiel soll dieses Mal eine Desktop-Anwendung dienen. In einer WinForms-Anwendung sollen Artikeldaten lokal vorgehalten werden und bei Bedarf vom Server her mit den Änderungen aktualisiert werden können. Im Client wird SQL Server Compact verwendet und auf dem Server SQL Server 2008.

Eine lokale Datenbank einrichten

Sie können einem Projekt in Visual Studio jederzeit eine lokale SQL Server Compact Datenbank plus vorgefertigten Code für die Datensynchronisation hinzufügen (*Hinzufügen / Neues Element / Cache für lokale Datenbank*). Achten Sie darauf, *nicht* den Menüeintrag *Lokale Datenbank* zu verwenden. Damit würden Sie das Projekt nur um eine *sdf*-Datei und ein leeres Dataset ergänzen und müssten die Synchronisation komplett selbst programmieren.

Vergeben Sie beim Hinzufügen des lokalen Caches einen sinnvollen Namen. Dieser wird nicht nur für die *sync*-Datei verwendet, in welcher der Designer die Einstellungen speichert, sondern auch als Basis für die generierten Code Behind-Klassen, welche die Synchronisationsobjekte enthalten werden. Aus *netShopArticles* wird beispielsweise der Klassenname *netShopArticlesClientSyncProvider* für den abgeleiteten Client-Synchronisationsprovider.

Einmal abgesehen von dem etwas unglücklichen Namen »Cache für lokale Datenbanken« (es handelt sich natürlich um einen Cache für Serverdatenbanken – na gut: Schwamm drüber) erledigt der Sync-Designer, der nun mit seiner Arbeit beginnt, eine Menge Aufgaben für Sie. In dem einzigen Dialogfeld werden Sie aufgefordert, die serverseitige Datenverbindung festzulegen. Das ist eine der hinterlegten Visual Studio-Serververbindungen oder eine der in den Applikationssettings definierten Verbindungen. Die *Clientverbindung* steht für eine SQL Server Compact-Datenbank, die bei Bedarf auch neu angelegt wird. Beim Einsatz von SQL Server 2008 sollten Sie unbedingt den Haken bei *SQL Server-Änderungsnachverfolgung* setzen. Damit lassen Sie serverseitigen T-SQL-Code generieren, der die Änderungen an den ausgewählten Tabellen per *Change Tracking* überwacht und nicht per Trigger (dazu gleich mehr). Außerdem wird passender Clientcode generiert, der in der Lage ist, die geänderten Daten per Change Tracking zu finden. Bei dieser Methode bleibt das SQL Server-Tabellenschema unberührt. Natürlich können Sie auch die Tabellen und Spalten auswählen, die synchronisiert werden sollen.

Möchten Sie eine Tabelle in einem SQL Server 2005 oder einem anderen Datenbanksystem synchronisieren, dann müssen der Tabelle zusätzliche Spalten hinzugefügt werden, in denen das Erstellungsdatum und das Datum der letzten Änderung gepflegt werden. Außerdem wird eine zusätzliche *Tombstone*[3]-Tabelle benötigt, in welche gelöschte Datensätze abgelegt werden (diese stehen in der Originaltabelle ja nicht mehr zur Verfügung). Außerdem wird serverseitiger Code – zum Beispiel in Form von Triggern – benötigt, um die Metainformationen zu pflegen. Für den SQL Server wird dieser Code automatisch generiert.

Die Sync Services-Synchronisation, die Sie mit diesem Assistenten einrichten, verläuft immer vom Server zum Client. Als Verfahren stehen der Snapshot-Download oder der inkrementelle Download zur Verfügung. Details zur Synchronisationsmethode können Sie angeben, nachdem Sie eine der ausgewählten Tabellen markiert haben.

Nach *OK* wird die lokale Cachedatenbank angelegt, die Tabellen und Metatabellen vorbereitet, die lokalen Tabellen schon einmal vom Server gefüllt und der notwendige Designercode für das Sync Framework wird an die *sync*-Datei in der Projektmappe angehängt. Wichtig ist hier vor allem der lokale Sync-Adapter. Der generierte Code ist recht übersichtlich und einfach zu verstehen. Sie können jetzt – basierend auf den Tabellen der SQL Server Compact-Datenbank – beginnen, die Datasets zu definieren und die Oberfläche der Anwendung zu gestalten (der Assistent für das Konfigurieren von Datasets meldet sich sowieso im Anschluss). Anschließend müssen Sie nur noch ein paar Zeilen Code hinzufügen, mit welchem Sie einen Synchronisationslauf starten können. Lustigerweise können Sie auch hier auf das Programmieren fast vollständig verzichten. Im Dialogfeld für die Datensynchronisierung finden Sie einen Link (*Codebeispiel anzeigen...*), der Sie zu einem nützlichen Codesnippet führt. Mit diesem können Sie einen echten Zweizeiler in der folgenden Art bauen:

```
private void btnSync_Click(object sender, EventArgs e)
{
    netShopArticlesSyncAgent syncAgent = new netShopArticlesSyncAgent();
    Microsoft.Synchronization.Data.SyncStatistics syncStats = syncAgent.Synchronize();
}
```

Listing 29.16 Code für das Synchronisieren des Datencaches

Nach dem Instanziieren eines *syncAgent*-Objekts wird die *Synchronize()*-Methode aufgerufen. Das war's auch schon.

Der Synchronisations-Designer ist vollkommen ausreichend, wenn es um das Arbeiten mit schreibgeschützten Referenzdaten geht. Sollen Daten auch hochgeladen werden können oder geht es um eine bidirektionale Synchronisation, dann müssen Sie selbst aktiv werden. Sie können den Designercode recht einfach um eigene partielle Klassen erweitern, in dem Sie die notwendigen Erweiterungen vornehmen. Doch bevor es um die Programmierung der Sync Services geht, soll zunächst ein Blick auf die serverseitigen Mechanismen geworfen werden.

Der Sync-Designer hat nämlich nicht nur clientseitigen Code vorbereitet. Im neuen Verzeichnis *SQLScripts* Ihres Projekts finden Sie Skripte, mit denen man Datenbank und Tabellen für das Change Tracking vorbereiten kann.

---

[3] Tombstone = Grabstein

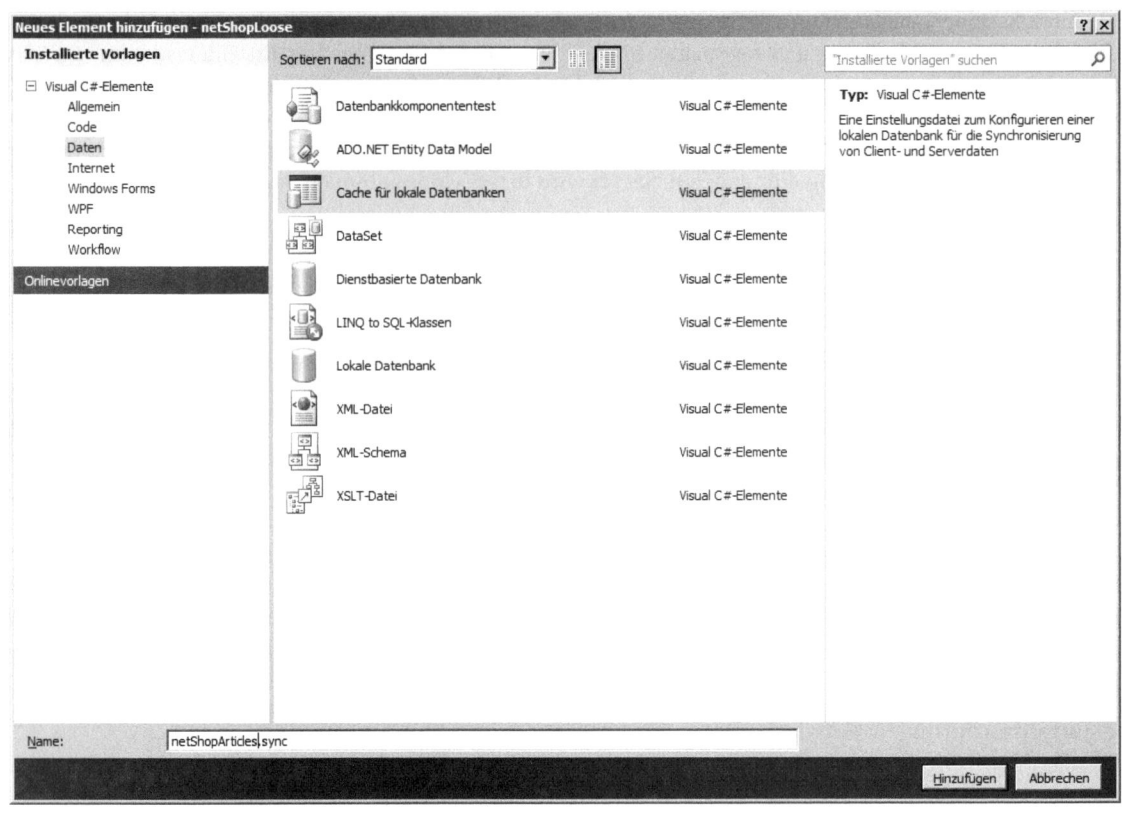

Abbildung 29.21 Einem Projekt eine lokale Datenbank hinzufügen

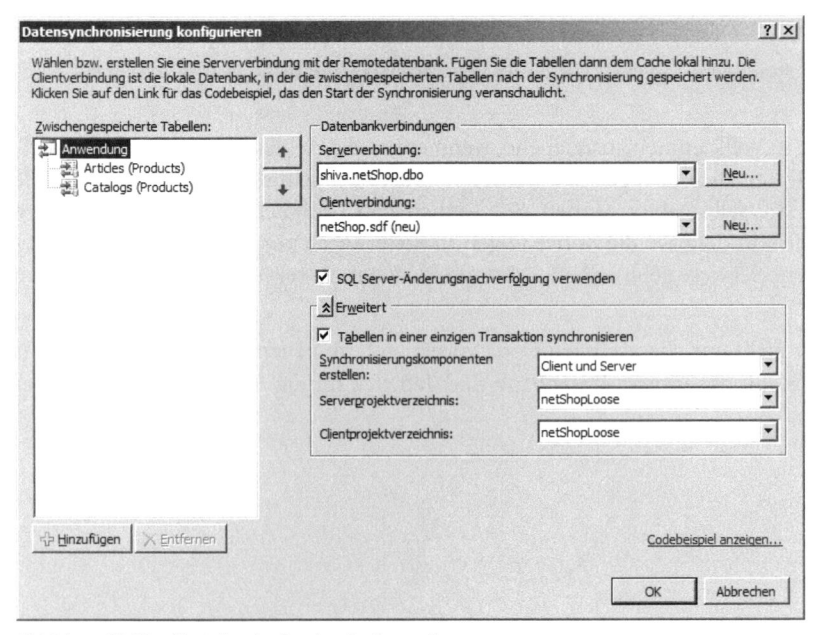

Abbildung 29.22 Einstellen der Synchronisationsoptionen

SQL Server Change Tracking

Mit SQL Server 2008 wurde eine neue Technik eingeführt, die das Nachvollziehen von Änderungen an Datenbanktabellen stark vereinfacht: Das *Change Tracking*. Durch Change Tracking werden Synchronisationsverfahren, wie die des Sync Framework, unterstützt. Dennoch ist Change Tracking ein eigenständiges Verfahren, welches prinzipiell auch unabhängig vom Sync Framework eingesetzt werden könnte. Es gibt übrigens in SQL Server eine weitere Technologie, mit der sich Änderungen an Datenbanktabellen nachvollziehen lassen und die einen ganz ähnlichen Namen besitzt: *Change Data Capture (CDC)*. CDC ist mehr auf große Datenmengen ausgelegt, wie sie beim inkrementellen Beladen eines Data Warehouse anfallen können und es funktioniert nur für den Download. Change Tracking ist dagegen für das Nachvollziehen von Änderungen optimiert, die von lose gekoppelten Clients an einer Tabelle durchgeführt werden und für bidirektionale Operationen gut geeignet ist. Es verwaltet eine Menge Hilfsinformationen, wie zum Beispiel die Versionsstände der Änderungen, was einem Entwickler ein Menge Arbeit abnehmen kann.

Change Tracking lässt sich in einer Datenbank sehr einfach einrichten. Das funktioniert über eine Variante des *ALTER DATABASE*-Kommandos: *ALTER DATABASE database_name SET CHANGE_TRACKING ON*. Als Optionen können Sie zusätzlich angeben, wie lange Änderungen aufgehoben werden sollen und ob veraltete Daten automatisch gelöscht werden sollen. Pro Tabelle, die nachverfolgt werden soll, muss das Change Tracking anschließend durch einen Befehl in der Art *ALTER TABLE table_name ENABLE CHANGE_TRACKING* aktiviert werden.

Visual Studio verwendet genau diese Befehle, wenn Sie einen lokalen Datencache einrichten und dabei die Option *SQL Server-Änderungsnachverfolgung* einsetzen. So sieht das Skript zur Aktivierung des Change Tracking in der *netShop*-Datenbank aus:

```
IF NOT EXISTS (SELECT * FROM sys.change_tracking_databases WHERE database_id = DB_ID(N'netShop'))
   ALTER DATABASE [netShop]
   SET  CHANGE_TRACKING = ON
GO
```

Listing 29.17   Change Tracking in einer Datenbank aktivieren

Für jede einzelne Tabelle, die im lokalen Datencache vorgehalten werden soll, gibt es ein Skript in dieser Art:

```
IF NOT EXISTS (SELECT * FROM sys.change_tracking_tables WHERE object_id = OBJECT_ID(N'[Products].[Articles]'))
   ALTER TABLE [Products].[Articles]
   ENABLE  CHANGE_TRACKING
GO
```

Listing 29.18   Change Tracking für eine Tabelle aktivieren

> **HINWEIS**   Microsoft empfiehlt in Verbindung mit Change Tracking unbedingt, die Snapshot-Isolation einzusetzen. Dadurch werden Blockierungen parallel arbeitender Clients untereinander und von Clients und den Hintergrund-Aufräumtasks vermieden.

Serverseitig ist die Einrichtung des Change Tracking also sehr einfach und schnell erledigt. Die einzige Voraussetzung für Change Tracking ist das Vorhandensein eines Primärschlüssels in der Tabelle. Ein gewichtiger Vorteil des Verfahrens ist, dass die Originaltabellen nicht verändert werden müssen. Weder sind zusätzliche Spalten notwendig, noch Trigger, die die Änderungen nachvollziehen. Die Änderungen werden in so genannten Tracking-Tabellen nachvollzogen, die beim Einrichten des Change Trackings für eine Tabelle automatisch mit angelegt werden.

Change Tracking funktioniert also ohne zusätzlichen Servercode. Das macht es auch effektiv. Natürlich gibt es einen Overhead, aber der ist vergleichbar mit der Pflege eines Indexes zu einer Tabelle.

Die Pflege der Tracking-Tabellen passiert automatisch beim Commit der DML-Befehle, welche Tabelleninhalte ändern. Vorsicht: Änderungen, die *TRUNCATE TABLE* oder *UPDATE TEXT* verursacht, tauchen in diesen Tabellen nicht auf. Die Tracking-Tabellen selbst enthalten nicht etwa die veränderten Datensätze oder zumindest die geänderten Spalteninhalte – es werden nur die minimalen Informationen vorgehalten, die notwendig sind, um Datensynchronisationen korrekt durchzuführen. Das sind vor allen Dingen die Primärschlüssel geänderter Datensätze und eine Versionsnummer, sowie – wenn angefordert – die geänderten Spalten. Die Tracking-Tabellen sind im Management Studio unsichtbar, Sie können sich aber über das folgende Kommando zumindest eine Liste der vorhandenen Tracking-Tabellen anzeigen lassen:

```
select * FROM sys.internal_tables where internal_type_desc = 'CHANGE_TRACKING'
```

Listing 29.19 Anzeige der Tracking-Tabellen in einer Datenbank

Die Tracking-Tabellen bekommen Systemnamen in der Art »change_tracking_2057826443«. Über die *parent_object_id* aus *sys.internal_tables* ließe sich die Verbindung zu der entsprechenden Benutzertabelle herausfinden. Allerdings kann man die Inhalte einer Tracking-Tabelle nur über eine dedizierte Administratorverbindung (DAC) anzeigen lassen. Für den Zugriff auf die Daten stehen Systemsichten und Funktionen zur Verfügung, sodass Sie die Tracking-Tabellen auch garnicht direkt auslesen müssen. Für Neugierige: Eine Tracking-Tabelle enthält nur sechs Spalten, darunter die Spalte *sys_change_xdes_id* mit der Transaktions-ID, die Spalte *sys_change_operation*, welche die Art der Änderung enthält und die Spalte *k_[name]_[ord]*, welche Namen, Position und Inhalt der Primärschlüsselspalte(n) enthält.

Mit der Systemfunktion *CHANGETABLE* lassen sich die Tracking-Informationen zu einer Tabelle herausfinden. Zusätzlich kann man mit der Funktion *CHANGE_TRACKING_CURRENT_VERSION* den aktuellen Versionstand des Change Trackings über alle Tabellen hinweg abfragen. Dazu ein Beispiel. Mit dem folgenden Listing wird das Change Tracking für die *netShop*-Tabellen neu eingerichtet. Dabei wird das automatische Aufräumen aktiviert und für die Tabellen wird das Tracking auf Spaltenebene vorbereitet.

```
-- Change Tracking deaktivieren
ALTER TABLE Products.Articles DISABLE CHANGE_TRACKING
etc.

ALTER DATABASE netShop SET CHANGE_TRACKING = OFF

-- Change Tracking mit 24 Stunden Aufbewahrung
ALTER DATABASE netShop SET CHANGE_TRACKING = ON
(AUTO_CLEANUP = ON, CHANGE_RETENTION = 48 hours)
GO

-- Change Tracking für Tabellen aktivieren. Verfolgung auf Spaltenebene.
ALTER TABLE Products.Articles ENABLE CHANGE_TRACKING WITH (TRACK_COLUMNS_UPDATED = ON)
etc.
```

Listing 29.20 Change Tracking mit Optionen

Mit dem nächsten Skript lassen sich die Versionsnummer des Change Tracking und die Änderungen an der Artikeltabelle abfragen.

```
SELECT CHANGE_TRACKING_CURRENT_VERSION()
SELECT * FROM CHANGETABLE (CHANGES Products.Articles, 1) AS T
```

Listing 29.21 Tracking-Informationen abfragen

Direkt nach dem Einrichten ist die Versionsnummer 1 und *CHANGETABLE* liefert keine Zeilen. Also muss etwas passieren.

```
UPDATE Products.Articles SET Stock = 1 WHERE Code = '00001'
INSERT Products.ArticleGroups ( Name, Description ) VALUES ( 'Whisky', 'Gutes aus Irland' )
UPDATE Products.Articles SET Stock = 10 WHERE Code = '00002'
```

Listing 29.22 Änderungen an getrackten Tabellen

Nach dem Ausführen des Skripts ändert sich die Versionsnummer auf 4 und die *CHANGETABLE*-Funktion liefert dieses Ergebnis:

SYS_CHANGE_VERSION	SYS_CHANGE_CREATION_VERSION	SYS_CHANGE_OPERATION	SYS_CHANGE_COLUMNS	SYS_CHANGE_CONTEXT	ID
2	NULL	U	0x0000000000D000000180000	NUL	1
4	NULL	U	0x0000000000D000000180000	NULL	2

Clients, die sich mit einer Tabelle synchronisieren möchten, führen in der Regel zunächst einen kompletten Abgleich über einen Snapshot durch. Dabei können Sie über *CHANGE_TRACKING_CURRENT_VERSION()* den aktuellen Versionsstand festhalten. Dies nennt man auch einen *Ankerwert (Anchor Value)*. Bei zukünftigen Synchronisationsvorgängen kann dann sehr einfach über den Inhalt der Spalte *SYS_CHANGE_VERSION* festgestellt werden, welche Änderungen synchronisiert werden müssen. Den aktuellen Inhalt der Datensätze, die zu synchronisieren sind, kann man leicht durch einen Join der Basistabelle mit der *CHANGETABLE*-Funktion herausfinden. Im nachfolgenden Skript werden die Datensätze der Artikeltabelle angezeigt, die sich ab der Version 5 des Change Tracking geändert haben.

```
DECLARE @anchorvalue bigint

SET @anchorvalue = 5

SELECT
   CT.SYS_CHANGE_VERSION, CT.SYS_CHANGE_OPERATION, CT.ID, Code, Name, Stock
FROM
   Products.Articles a
RIGHT OUTER JOIN
   CHANGETABLE(CHANGES Products.Articles, 5) AS CT
ON
   a.ID = CT.ID
```

Listing 29.23 Anzeigen der Datensätze, die sich ab einer bestimmten Version geändert haben

> **HINWEIS** Change Tracking lässt sich auch über die GUI des Management Studios verwalten. Die entsprechenden Kommandos finden Sie in den Kontextmenüs der Datenbanken und Tabellen.

Synchronisation selbst programmieren

Wie schon erwähnt: Wenn Sie »mehr wollen«, dann ist endlich doch einmal Programmierung angesagt. So schwer ist es denn auch wieder nicht. Im folgenden Szenario soll Folgendes realisiert werden: Die Kundentabelle der *netShop*-Datenbank soll via Sync Services als Anfangs-Snapshot in die lokale SQL Server Compact-Datenbank heruntergeladen werden können. Auf dem Client sollen Änderungen der Tabelle möglich sein, auch Inserts neuer Datensätze sind erlaubt.

Den Beispielcode finden Sie wieder im WinForms-Projekt *netShopLooselyCoupled*.

Die Beispiel-Listings der folgenden Abschnitte können Sie im Formular *CustomersEdit* nachvollziehen. Kommentare kennzeichnen die Codeabschnitte, die im Text auftauchen. Das Formular erlaubt den Download sämtlicher Datensätze vom Server (*Init !*), das lokale Ändern und Speichern in der SQLCE-Datenbank (*Save Changes*), sowie das Synchronisieren in beide Richtungen (*Sync !*).

Es spricht, wie gesagt, nichts dagegen, die grundlegenden Synchronisationsobjekte mit dem Sync-Designer von Visual Studio anzulegen und dann weiter zu entwickeln. Um aber einmal zu zeigen, wie man eine einfache Synchronisation von Grund auf aufbaut, wird in den nachfolgenden Beispielen alles »von Hand« entwickelt.

ACHTUNG   Lassen Sie sich nicht verwirren: Mit den neuen Versionen des Sync Framework (ab 2.0) haben sich nicht nur Bezeichnungen geändert – (hurra!) – auch die Namespaces sind erweitert worden. Es ist ein neuer Provider für SQL Server herausgekommen, der die Arbeit mit SQL Server-Datenbanken vereinfacht. Es gibt auch neue Klassen und veränderte Verfahren. In Visual Studio 2010 wird aber weiterhin Code mithilfe der »traditionellen« Klassen generiert. Ich gehe in den folgenden Abschnitten ausschließlich auf die Objekte ein, die vom Sync Designer verwendet werden. Beachten Sie die Links und Materialien auf der Begleit-CD, um mehr zu den alternativen Konzepten zu erfahren.

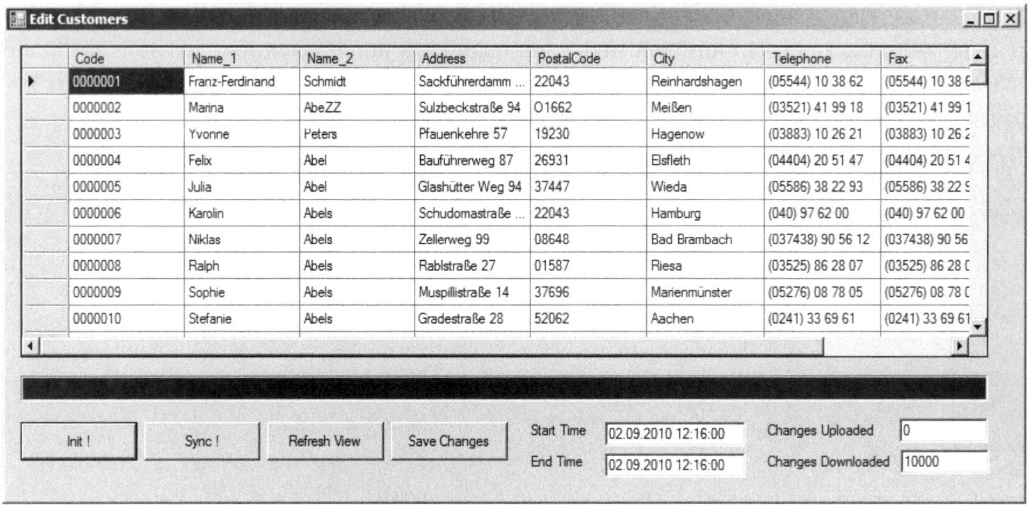

Abbildung 29.23   Beispielformular für bidirektionale Synchronisation

Die Server-Datenbank und Tabelle vorbereiten

Serverseitig ist nicht viel zu tun. Da Change Tracking verwendet werden soll, muss dieses in der Datenbank eingeschaltet und für die Tabelle *Sales.Customers* aktiviert werden. Eigentlich sind bei der Verwendung von Change Tracking keine Änderungen am Schema einer Tabelle notwendig. Da bei der zu implementierenden bidirektionalen Synchronisation aber auch auf der Clientseite neue Datensätze erfasst werden sollen – und das von verschiedenen Clients aus – wird eine veränderte Version der Kundentabelle benötigt. Die Verwendung eines ganzzahligen Primärschlüssels mit der Eigenschaft *IDENTITY(1,1)* führt natürlich zwangsläufig zu Konflikten.

Der Primärschlüssel in einem bidirektionalen Synchronisationsszenario sollte vom Typ *uniqueidentifier* sein. Das stellt sicher, dass es keine Konflikte beim Mischen der Daten geben wird. Damit die vorhandenen Zusammenhänge in der *netShop*-Datenbank nicht verlorengehen, wird eine neue Spalte *SyncID* angelegt und mithilfe der Funktion *NEWID* vorbelegt. Die vorhandene Schlüsselspalte *ID* wird beibehalten. Das Entfernen des Primärschlüssels lässt übrigens die vorhandenen Fremdschlüsselbeziehungen in der Datenbank intakt, der dazugehörende gruppierte Index wird allerdings gelöscht. Soll die Spalte *ID* weiterhin als Schlüssel in Joins genutzt werden, dann sollte der gruppierte Index wieder hergestellt werden. Es ist dagegen *keine* gute Idee, einen *gruppierten* Index auf einer Spalte vom Typ *uniqueidentifier* anzulegen.

Das folgende Skript erledigt die Vorbereitungen in der Serverdatenbank. Neben dem Aktivieren des Change Tracking in der Datenbank wird die Snapshot-Isolation ermöglicht, um Konflikte während der Synchronisation zu minimieren. Das Einschalten des Change Tracking für die Tabelle erfolgt mit der Option *TRACK_COLUMNS_UPDATED*, um Änderungen auf Spaltenebene nachvollziehen zu können, was die Konflikterkennung verfeinert.

```sql
-- Datenbank vorbereiten
ALTER DATABASE netShop SET ALLOW_SNAPSHOT_ISOLATION ON
GO
ALTER DATABASE netShop SET CHANGE_TRACKING = ON
GO

-- den vorhandenen Primärschlüssel entfernen
ALTER TABLE Sales.Customers DROP CONSTRAINT PK_Customers

-- den gruppierten Index auf ID neu anlegen
CREATE CLUSTERED INDEX IX_Customers_ID ON Sales.Customers (ID)

-- die neue Schlüsselspalte
ALTER TABLE Sales.Customers ADD SyncID uniqueidentifier NOT NULL DEFAULT newid() WITH VALUES

-- neuen Primärschlüssel festlegen
ALTER TABLE Sales.Customers ADD CONSTRAINT PK_Customers PRIMARY KEY (SyncID)

-- Change Tracking einschalten
ALTER TABLE Sales.Customers ENABLE CHANGE_TRACKING TRACK_COLUMNS_UPDATED
```

Listing 29.24 Einfügen einer Schlüsselspalte vom Typ *uniqueidentifier*

Die Client-Tabelle vorbereiten

Grundsätzlich können Sie die lokalen Tabellen durch das Herunterladen eines ersten Snapshots vorbereiten. Dabei werden allerdings nur die Spalten angelegt, aber keine Indizes oder Einschränkungen. Also sollten Sie sich die Mühe machen, die Clienttabelle in der mobilen Datenbank vorzubereiten. Damit haben Sie alles unter Kontrolle. Das folgende Skript können Sie in einer SQL Server CE-Datenverbindung ausführen. Es wird eine Teilmenge der Spalten der Kundentabelle verwendet. Natürlich wird auch lokal die Primärschlüsselspalte vom Typ *uniqueidentifier* benötigt.

```sql
CREATE TABLE Customers()
    SyncID uniqueidentifier NOT NULL PRIMARY KEY NONCLUSTERED,
    Code nvarchar(50) NULL,
    Name_1 nvarchar(50) NOT NULL,
    Name_2 nvarchar(50) NOT NULL,
    Address nvarchar(50) NOT NULL,
    PostalCode nvarchar(15) NOT NULL,
    City nvarchar(50) NOT NULL,
    Telephone nvarchar(50) NULL,
    Fax nvarchar(50) NULL,
    Note nvarchar(1000) NULL)
```

Listing 29.25 Lokale Version der Kundentabelle einrichten

Die Anfangssynchronisation implementieren

Bei der Anfangssynchronisation soll die lokale Tabelle vom Server aus gefüllt werden. Dazu wird eine Snapshot-Synchronisation verwendet. Das folgende Listing zeigt die elementaren Sync Services-Klassen in Aktion.

```csharp
private void btnInit_Click(object sender, EventArgs e)
{
    SyncAgent theSyncAgent = new SyncAgent();
    DbServerSyncProvider theDbServerSyncProvider = new DbServerSyncProvider();
    SqlCeClientSyncProvider theSqlCeClientSyncProvider =
        new SqlCeClientSyncProvider(@"Data Source='.\netShopLocal.sdf'", false);
    SqlSyncAdapterBuilder theSqlSyncAdapterBuilder = new SqlSyncAdapterBuilder();
    SyncAdapter CustomersSyncAdapter;
    SyncTable CustomerSyncTable = new SyncTable("Customers");

    // lokale Tabelle vorbereiten
    CustomerSyncTable.CreationOption = TableCreationOption.TruncateExistingOrCreateNewTable;
    CustomerSyncTable.SyncDirection = SyncDirection.Snapshot;
    theSyncAgent.Configuration.SyncTables.Add(CustomerSyncTable);

    // Clientseitigen Syncprovider anhängen
    theSyncAgent.LocalProvider = theSqlCeClientSyncProvider;

    // serverseitigen Adapter vorbereiten
    theSqlSyncAdapterBuilder.Connection =
        new SqlConnection("Data Source=shiva; Initial Catalog=netShop; Integrated Security=true");

    theSqlSyncAdapterBuilder.TableName = "Sales.Customers";
    theSqlSyncAdapterBuilder.SyncDirection = SyncDirection.Snapshot;
    theSqlSyncAdapterBuilder.DataColumns.Add("SyncID");
    theSqlSyncAdapterBuilder.DataColumns.Add("Code");
    usw., bis
    theSqlSyncAdapterBuilder.DataColumns.Add("Note");

    CustomersSyncAdapter = theSqlSyncAdapterBuilder.ToSyncAdapter();
    CustomersSyncAdapter.TableName = "Customers";

    // serverseitigen Syncprovider vorbereiten und anhängen
    theDbServerSyncProvider.SyncAdapters.Add(CustomersSyncAdapter);
    theDbServerSyncProvider.Connection =
        new SqlConnection("Data Source=shiva; Initial Catalog=netShop; Integrated Security=true");
    theSyncAgent.RemoteProvider = theDbServerSyncProvider;

    // Vamos!
    theSyncAgent.Synchronize();
}
```

Listing 29.26 Snapshot-Download für eine Tabelle

Die Sache ist nicht sonderlich geheimnisvoll. Es werden die minimal notwendigen Objekte instanziiert und entsprechend der Blaupause nach Abbildung 29.20 miteinander verbunden. Die einzige Besonderheit stellt die Verwendung der Hilfsklasse *SqlSyncAdapterBuilder* dar. Diese wird einfach mit dem Namen der serverseitigen Tabelle und Spalten versehen und baut daraus einen *SyncAdapter*, der die notwendigen T-SQL-Kommandos für das Abholen und Verarbeiten der Änderungen enthält. Die Namen der verwendeten Eigenschaften der verschiedenen Objekte dürften selbsterklärend sein. Die Eigenschaften *CreationOption* für die *SyncTable Customers* wird auf *TruncateExistingOrCreateNewTable* eingestellt, damit die Tabelle jederzeit komplett überschrieben werden kann. Die Richtung der Synchronisation wird in Tabelle und Adapter mit *SyncDirection.Snapshot* auf einen Snapshot-Download eingestellt. Das war's im Grunde.

Daten bidirektional synchronisieren

Die Erweiterung des Codes zu einer bidirektionalen Lösung ist überraschend einfach: Zum einen muss einfach die *SyncDirection* als *Bidirectional* vereinbart werden. Zum anderen sollte dem serverseitigen Syncprovider mitgeteilt werden, wie er den aktuellen Versionsstand herausfinden kann, damit nur die wirklich notwendigen Änderungen verarbeitet werden. Dazu wird ein so genanntes Anchor-Kommando benötigt, welches Sie konstruieren müssen. Es bietet sich an, die Change Tracking-Hilfsfunktion *CHANGE_TRACKING_CURRENT_VERSION* einzusetzen, die weiter vorn in diesem Kapitel erläutert wurde. Das Kommando ist ansonsten ein ganz normales ADO.NET *SqlCommand*. Es muss über einen Output-Parameter verfügen, über den die Versionsnummer abgeholt werden kann. Clientseitig haben Sie nichts zu tun. Da passiert alles automatisch über den *sqlCeClientSyncProvider*. Das nächste Listing zeigt den geänderten Code in Ausschnitten:

```
private void btnSync_Click(object sender, EventArgs e)
{
    …
    customerSyncTable.SyncDirection = SyncDirection.Bidirectional;
    …
    // das Anchorkommando definieren
    cmdGetAnchor.CommandType = CommandType.Text;
    cmdGetAnchor.CommandText = "SELECT @sync_new_received_anchor = change_tracking_current_version()";
    cmdGetAnchor.Parameters.Add("@sync_new_received_anchor", SqlDbType.BigInt);
    cmdGetAnchor.Parameters["@sync_new_received_anchor"].Direction = ParameterDirection.Output;
    cmdGetAnchor.Connection =
        new SqlConnection("Data Source=shiva; Initial Catalog=netShop; Integrated Security=true");

    theDbServerSyncProvider.SelectNewAnchorCommand = cmdGetAnchor;
    …
}
```

Listing 29.27 Bidirektionale Synchronisation

Synchronisationsstatistiken anzeigen

Dauert's mal wieder etwas länger mit der Synchronisation, dann kann man dem ungeduldigen Benutzer den Fortschritt der Sitzung anzeigen lassen. Die Klasse *SyncAgent* bietet das Event *SessionProgress* an. Es liefert Informationen darüber, zu wie viel Prozent die Synchronisation bereits verarbeitet ist (*PercentCompleted*) und in welcher Phase sich der Vorgang gerade befindet (*SyncStage*). Die Phasen bestehen unter anderem in der Auswahl der Daten und im Hoch- beziehungsweise Herunterladen der Daten. Durch das Abfangen des Ereignisses kann man einen schicken Fortschrittsbalken ansteuern.

Nachdem eine Synchronisation vollständig abgeschlossen wurde, kann man die Eigenschaft *SyncStatistics* des Agenten abrufen. Über diese lässt sich feststellen, wie viele Datensätze verschoben wurden, wie viele Fehler (bzw. Konflikte) aufgetreten sind und anderes mehr. Das folgende Codebeispiel (wieder ein Ausschnitt) zeigt simple Anwendungen von Ereignis und Eigenschaft.

```
…
// Callback für die Fortschrittsanzeige
theSyncAgent.SessionProgress += new
EventHandler<SessionProgressEventArgs>(theSyncAgent_SessionProgress);

…
theSyncAgent.Synchronize();
```

```csharp
// Statistiken anzeigen
textStartTime.Text = theSyncAgent.SyncStatistics.SyncStartTime.ToString();
textEndTime.Text = theSyncAgent.SyncStatistics.SyncCompleteTime.ToString();
textChangesUploaded.Text = theSyncAgent.SyncStatistics.TotalChangesUploaded.ToString();
textChangesDownloaded.Text = theSyncAgent.SyncStatistics.TotalChangesDownloaded.ToString();

…
// Fortschritt der Synchronisation anzeigen
private void theSyncAgent_SessionProgress(object sender, SessionProgressEventArgs e)
{
    progressBar.Value = e.PercentCompleted;
}
```

Listing 29.28 Synchronisationsverlauf und -ergebnis anzeigen

Synchronisationskonflikte behandeln

Während einer Synchronisationssitzung können natürlich Fehler und Konflikte auftreten. Etwa können auf dem Client und dem Server Änderungen an ein und derselben Spalte eines Datensatzes vorgenommen worden sein oder ein Datensatz wurde auf der einen Seite geändert und auf der anderen Seite bereits gelöscht. Die Sync Services helfen Ihnen, Konflikte zu entdecken, und sie unterstützen Sie bei der Programmierung eines eigenen Konfliktlösers.

Der erste Schritt besteht im Aufdecken von Konflikten. Dazu exponieren Synchronisationsprovider das Ereignis *ApplyChangesFailed*. Dieses sollten Sie durch einen Ereignisbehandler abfangen und das Ereignisargument auswerten. Über *Conflict.ConflictType* können sie feststellen, was genau schief gegangen ist und entsprechend reagieren. Beispielsweise indem Sie eine Aktion festlegen, die etwa *ApplyAction.Continue* oder *ApplyAction.RetryApplyingRow* lauten kann.

Möchten Sie genau wissen, um welche Daten es eigentlich geht, dann können Sie auf die Remotedaten über die Eigenschaft *Context* zugreifen. *Context* liefert ein *SynContext*-Objekt, welches wiederum ein *DataSet* liefert. Über den Primärschlüssel können Sie dann auf die lokale Version eines Datensatzes zugreifen, um eine Methode zu implementieren, welche das Synchronisationsergebnis festlegt.

Wie sich ein *SqlCeClientSyncProvider* verhalten soll, wenn ein Problem auftritt, legen Sie in dessen Eigenschaft *ConflictResolver* fest. Sie können standardmäßig den Client oder den Server gewinnen oder eben ein *ApplyChangesFailed*-Ereignis auslösen lassen. Im nächsten Beispiel wird eine einfache Anwendung gezeigt.

```csharp
…
// Art der Konfliktbehandlung einstellen. Wir wollen alles sehen.
theSqlCeClientSyncProvider.ConflictResolver.ClientDeleteServerUpdateAction = ResolveAction.FireEvent;
theSqlCeClientSyncProvider.ConflictResolver.ClientInsertServerInsertAction = ResolveAction.FireEvent;
theSqlCeClientSyncProvider.ConflictResolver.ClientUpdateServerDeleteAction = ResolveAction.FireEvent;
theSqlCeClientSyncProvider.ConflictResolver.ClientUpdateServerUpdateAction = ResolveAction.FireEvent;

theSqlCeClientSyncProvider.ApplyChangeFailed
    +=new EventHandler<ApplyChangeFailedEventArgs>(theSqlCeClientSyncProvider_ApplyChangeFailed);

…
// Konflikte anzeigen
void theSqlCeClientSyncProvider_ApplyChangeFailed(object sender, ApplyChangeFailedEventArgs e)
{
    switch (e.Conflict.ConflictType)
```

```
    {
        case ConflictType.ClientDeleteServerUpdate:
            MessageBox.Show("Server versucht Update auf im Client gelöschten Datensatz!");
            break;
        case ConflictType.ClientInsertServerInsert:
            MessageBox.Show("Server und Client haben denselben Prmärschlüssel eingefügt!");
            break;
        case ConflictType.ClientUpdateServerDelete:
            MessageBox.Show("Client versucht Update auf im Server gelöschten Datensatz!");
            break;
        case ConflictType.ClientUpdateServerUpdate:
            MessageBox.Show("Client und Server versuchen Update auf denselben Datensatz!");
            break;
        case ConflictType.ErrorsOccurred:
            MessageBox.Show("Während der Synchronisation ist ein Fehler aufgetreten!");
            break;
        case ConflictType.Unknown:
            break;
    }
}
```

Listing 29.29 Einfache Behandlung von Synchronisationskonflikten

Daten partitionieren

Eine einfache Methode zur Verhinderung von Synchronisationskonflikten besteht darin, die Daten, die jeder Client verändern kann, aufzuteilen. Das funktioniert natürlich nur dann, wenn es in der Geschäftslogik sinnvoll erscheint. Eine Anwendung, in der jeder Außendienstmitarbeiter nur die Kundendaten für seine eigene Vertriebsregion ändern darf, wäre ein Beispiel. In den Sync Services lassen sich die Synchronisationsdaten filtern, um nur die relevanten Daten lokal vorzuhalten.

Eine Datenfilterung kann über das *SqlSyncAdapterBuilder*-Objekt realisiert werden, indem die Eigenschaft *FilterClause* gesetzt wird, dabei kann auch ein Parameter für dynamische Filterung eingesetzt werden. Etwa in dieser Art: *theSqlSyncAdapterBuilder.FilterClause = »City = '@City'«*. Anschließend muss noch ein *SqlParameter*-Objekt vorbereitet und an die Auflistung *FilterParameters* des *SqlSyncAdapterBuilder*s angehängt werden: *SqlParameter theSqlParameter = new SqlParameter(»@City«, SqlDbType.NVarChar)*. Und natürlich muss dann vor der Synchronisation der konkrete Parameterwert angegeben werden. Das passiert im *SyncAgent*-Objekt über die Eigenschaft *SyncParameters* der *SyncConfiguration*: *theSyncAgent.Configuration.SyncParameters.Add (new SyncParameter(»@City«, »Berlin«))*.

Daten über einen Service synchronisieren

Die bisher vorgestellten Listings funktionieren prachtvoll, solange sich Client und Server in einem lokalen oder getunnelten Netzwerk befinden. Soll der Client über das Internet synchronisiert werden, wird die Angelegenheit deutlich komplexer. Die Sync Services selbst interessieren sich nicht für die Art und Weise, in der der Transport stattfindet und bieten auch keine eingebaute einfache Unterstützung für eine Kommunikation via HTTP an, wie es sie für die Merge-Replikation oder RDA gibt. Die Objekte selbst kennen nur direkte ADO.NET-Datenverbindungen.

Da sind Sie als Entwickler gefragt. Der Trick besteht darin, den Server-Synchronisationsprovider auch tatsächlich auf dem Server (bzw. einer Mittelschicht) laufen zu lassen. In »Sync Service-Sprech« heißt das, dass aus einer Two-Tier-Anwendung eine N-Tier-Anwendung wird. Der lokale Provider und der Synchronisationsagent laufen auf dem Client, Remote Provider und Synchronisationsadapter auf einer zweiten Maschine. Damit das funktionieren kann, müssen Sie sich selbst darum kümmern, den Transport über HTTP (oder ein anderes Protokoll) zu realisieren. Dafür bieten sich ASP.NET-Webservices oder WCF-Services an. Die Implementierung hat an und für sich nichts mit dem Thema Datenbankprogrammierung zu tun, es geht um ASP.NET bzw. WCF »pur«. Deswegen – und weil der Platz in diesem Buch leider begrenzt ist, soll nur ganz kurz angerissen werden, wie man sich die Realisierung vorstellen kann. Sie finden das komplette Beispiel in der Lösung *netShopServiceCoupled*. Diese enthält zwei Projekte: *netShopService* stellt einen Remote-Provider für die *netShop*-Datenbank als WCF-Dienst zur Verfügung. *netShopClient* zeigt, wie man den Service konsumieren kann. Es enthält einen Proxy für den Provider-Dienst und enthält die clientseitige Logik (die sich nur minimal von den vorherigen Beispielen unterscheidet).

Die Implementierung als WCF-Dienst läuft im Prinzip in den folgenden Schritten ab. Sie legen ein neues Visual Studio-Projekt vom Typ WCF-Dienstbibliothek oder WCF-Dienstanwendung an (zu den Unterschieden befragen Sie ein gutes Buch über WCF oder folgen den Links auf der Ressourcen-CD), definieren eine Schnittstelle für Ihren Dienst, machen daraus einen Service-Vertrag und implementieren diesen. Da ein *SyncAgent*, der mit einem serverseitigen Synchronisationsprovider kommunizieren will, natürlich bestimmte Standardmethoden erwartet, sieht der Servicevertrag für einen Remote-Provider immer mehr oder weniger gleich aus. Sie sollten einen Servicevertrag mit den vier Standardoperationen vereinbaren, die im nächsten Listing definiert sind.

```csharp
...
// das brauchen wir auch noch...
using System.Collections.ObjectModel;
using System.Data;
using Microsoft.Synchronization.Data;

namespace netShopService
{
    [ServiceContract]
    public interface InetShopSync
    {
        [OperationContract]
        SyncContext ApplyChanges(SyncGroupMetadata groupMetadata, DataSet dataSet, SyncSession syncSession);

        [OperationContract]
        SyncContext GetChanges(SyncGroupMetadata groupMetadata, SyncSession syncSession);

        [OperationContract]
        SyncSchema GetSchema(Collection<string> tableNames,  SyncSession syncSession);

        [OperationContract]
        SyncServerInfo GetServerInfo (SyncSession syncSession);
    }
}
```

Listing 29.30   Ein Dienstvertrag für einen Synchronisationsprovider-Dienst

Ihrem WCF-Dienstprojekt müssen Sie Verweise auf *Microsoft.Synchronization*, *Microsoft.Synchronization.Data* und *Microsoft.Synchronization.Data.Server* hinzufügen. Vor der Implementierung der Schnittstelle empfiehlt es sich, eine eigene Synchronisations-Providerklasse zu implementieren, die von *DbServerSyncProvider* abgeleitet ist und die die Konfiguration des Providers kapselt. Diese Klasse kann man dann prima in einer Two-Tier-Anwendung testen und dann *ohne* Änderungen in das Dienstprojekt übernehmen. Es folgt ein Beispiel für eine *netShop*-Synchronisationsprovider-Klasse. Die Implementierung entspricht exakt der aus dem Listing 29.27. Es ist nur alles in eine Klasse verpackt.

```csharp
public class netShopServerSyncProvider : DbServerSyncProvider
{
   public void netShopServerProvider()
   {
      SqlSyncAdapterBuilder theSqlSyncAdapterBuilder = new SqlSyncAdapterBuilder();
      SyncAdapter CustomersSyncAdapter;
      SqlCommand cmdGetAnchor = new SqlCommand();

      // Adapter vorbereiten

      theSqlSyncAdapterBuilder.Connection =
         new SqlConnection("Data Source=shiva; Initial Catalog=netShop; Integrated Security=true");
      theSqlSyncAdapterBuilder.TableName = "Sales.Customers";
      theSqlSyncAdapterBuilder.SyncDirection = SyncDirection.Bidirectional;
      theSqlSyncAdapterBuilder.DataColumns.Add("SyncID");
      theSqlSyncAdapterBuilder.DataColumns.Add("Code");
      usw., bis

      theSqlSyncAdapterBuilder.DataColumns.Add("Note");

      // Änderungsnachverfolgung definieren
      theSqlSyncAdapterBuilder.ChangeTrackingType = ChangeTrackingType.SqlServerChangeTracking;

      CustomersSyncAdapter = theSqlSyncAdapterBuilder.ToSyncAdapter();
      CustomersSyncAdapter.TableName = "Customers";

      this.SyncAdapters.Add(CustomersSyncAdapter);
      this.Connection =
         new SqlConnection("Data Source=shiva; Initial Catalog=netShop; Integrated Security=true");

      // das Anchorkommando definieren
      cmdGetAnchor.CommandType = CommandType.Text;
      cmdGetAnchor.CommandText = "SELECT @sync_new_received_anchor = change_tracking_current_version()";
      cmdGetAnchor.Parameters.Add("@sync_new_received_anchor", SqlDbType.BigInt);
      cmdGetAnchor.Parameters["@sync_new_received_anchor"].Direction = ParameterDirection.Output;
      cmdGetAnchor.Connection =
         new SqlConnection("Data Source=shiva; Initial Catalog=netShop; Integrated Security=true");

      this.SelectNewAnchorCommand = cmdGetAnchor;
   }
}
```

Listing 29.31 Ein vorbereiteter Synchronisations-Provider als eigene Klasse

Mit dieser vorbereiteten Providerklasse ist die Implementierung der Schnittstelle ein Klacks:

```csharp
...
using Microsoft.Synchronization.Data;

public class netShopSync : InetShopSync
{
   private netShopServerSyncProvider thenetShopServerSyncProvider;

   public netShopSync()
   {
      this.thenetShopServerSyncProvider = new netShopServerSyncProvider();
   }

   public virtual SyncContext ApplyChanges(SyncGroupMetadata groupMetadata, DataSet dataSet,
      Data.SyncSession syncSession)
```

```
{
    return this.thenetShopServerSyncProvider.ApplyChanges(groupMetadata, dataSet, syncSession);
}

public virtual SyncContext GetChanges(SyncGroupMetadata groupMetadata, SyncSession syncSession)
{
    return this.thenetShopServerSyncProvider.GetChanges(groupMetadata, syncSession);
}

public virtual SyncSchema GetSchema(Collection<string> tableNames, SyncSession syncSession)
{
    return this.thenetShopServerSyncProvider.GetSchema(tableNames, syncSession);
}

public SyncServerInfo GetServerInfo(Microsoft.Synchronization.Data.SyncSession syncSession)
{
    return this.thenetShopServerSyncProvider.GetServerInfo(syncSession);
}
}
```

Listing 29.32 Implementierung des Interfaces für den Dienst

Nachdem Sie Ihren Dienst kompiliert haben und dieser in einem IIS gehostet wird, muss der Client entwickelt werden. Die Änderungen gegenüber einer lokalen Version des Serversynchronisations-Providers sind gering. Nachdem Sie Ihrem Projekt einen Dienstverweis auf Ihren Synchronisations-Providerdienst hinzugefügt haben und von Visual Studio der Proxy generiert wurde, müssen Sie nur die Art und Weise anpassen, wie im *SyncAgent* der *RemoteProvider* vereinbart wird:

```
...
netShopServiceReference.netShopSyncClient theRemoteSyncServerClient = new
    netShopServiceReference.netShopSyncClient();
theSyncAgent.RemoteProvider = new ServerSyncProxy(theRemoteSyncServerClient);
```

Listing 29.33 Ein RemoteProvider wird über eine Dienstreferenz definiert

Auf der Clientseite war's das auch schon! Wenn Sie vorhandenen Code einer Two-Tier-Lösung haben, dann können Sie den unverändert weiter verwenden.

Natürlich gäbe es noch viel zum Thema Synchronisation über Dienste zu sagen. Der Teufel liegt häufig im Detail – oft hapert es an einer Konfigurationseinstellung des IIS, wenn nicht synchronisiert werden kann. Aber keine Sorge – die Probleme haben andere Entwickler auch schon gehabt. Das Internet (bzw. die Buch-CD) hilft in der Regel weiter.

Teil D

Datenbankobjekte mit .NET entwickeln

In diesem Teil:

Mit der SQLCLR arbeiten	1147
Datenbankobjekte mit der SQLCLR entwickeln	1187
Den SQL Server mit .NET verwalten	1257

Kapitel 30

Mit der SQLCLR arbeiten

In diesem Kapitel:

.NET Inside: Die Common Language Runtime im SQL Server	1149
Grundlagen der SQLCLR-Entwicklung	1156
SQLCLR-Objekte mit Visual Studio entwickeln	1164
Ausliefern von SQLCLR-Objekten	1178
Sicherheit	1179
SQLCLR-Datentypen	1184

Mit dem Erscheinen von SQL Server 2005 gab es eine kleine Kulturrevolution in der Welt der Microsoft Datenbankentwicklung: Die .NET-Laufzeitumgebung wurde in die Datenbankmaschine integriert und dadurch das Entwickeln von Datenbankobjekten, wie gespeicherter Prozeduren, in beliebigen .NET-Sprachen ermöglicht. Diese Technologie des Hostings der Common Language Runtime im SQL Server wird als »SQL Server Common Language Runtime« oder kurz SQLCLR bezeichnet (bisweilen auch: SQL CLR).

Nach einem großen Hype um die neuen Möglichkeiten kehrte nach einiger Zeit eine deutliche Beruhigung ein. SQLCLR ist *nicht* geeignet, *komplette* Applikationen im SQL Server zu implementieren. SQL Server wird *nicht* zu einem *Applikationshost* oder einer *Middleware*. Die SQLCLR ist aber *hervorragend* dazu geeignet, komplexe Berechnungen und Geschäftslogik zu implementieren. Berechnungen laufen in der SQLCLR zum Teil schneller ab als in der relationalen Engine. Mit der SQLCLR lässt sich dynamischer serverseitiger Code viel einfacher schreiben, als das mit T-SQL möglich wäre. Sie können als Entwickler auf die allermeisten Klassen der riesigen .NET *Base Class Library* zugreifen und durch die Verwendung einer geeigneten Methode aus der Basisbibliothek jede Menge T-SQL-Codezeilen und Programmierzeit einsparen.

Kurz gefasst: Die SQLCLR ist eine hervorragende *Ergänzung* der klassischen T-SQL-Programmierung und Sie sollten die Möglichkeit, Datenbankobjekte in dieser Umgebung zu entwickeln, unbedingt im Blick behalten. Gerade, wenn es um das Thema benutzerdefinierte Datentypen geht, spielt die SQLCLR ihre ganze Mächtigkeit aus. Das wird nicht zuletzt von den Microsoft-Entwicklungsteams selbst genutzt, welche einige der neuen Standarddatentypen des SQL Server 2008, nämlich *geography*, *geometry* und *hierarchyid*, als SQLCLR-Typen implementiert haben.

Vor dem Erscheinen von SQL Server 2005 hatte man als Entwickler die Möglichkeit, Prozeduren und Funktionen entweder innerhalb der SQL Server-Datenbankmaschine mittels Transact-SQL oder als so genannte erweiterte Prozedur in C beziehungsweise C++ zu schreiben. Leider sind beide Alternativen nicht für jeden Programmierer die optimale Lösung. T-SQL ist nur zum Teil für die komplexe Programmierung von Business-Logik geeignet, wohingegen C-Prozeduren umständlich zu entwickeln und innerhalb der Datenbank nur schwer zu testen und zu debuggen sind. Was bisher fehlte, war also zum einen eine »vollwertige« Programmiersprache, mit genügend Ausdrucksmöglichkeiten für komplexe Logik, wie auch eine Sprache, die leicht innerhalb der Datenbank ausführbar und testbar ist – mit einer möglichst komfortablen Entwicklungsumgebung und ausreichender Performance. Mit Entwicklung der Common Language Runtime (CLR) und des .NET Framework wurden die Grundlagen für solch eine Programmierung geschaffen. In .NET wird der, in einer beliebigen Programmiersprache geschriebene Code, zunächst in die so genannte Common Intermediate Language (CIL) kompiliert. Die dabei entstehende Assembly wird zur Laufzeit in die CLR geladen und in ausführbaren Maschinencode übersetzt, der dann in einer kontrollierten Umgebung ausgeführt wird. Prinzipiell kann jede beliebige Programmiersprache, die einen Compiler für die CLR besitzt, zum Programmieren von Datenbankobjekten verwendet werden, die dann geschützt innerhalb der Datenbank ausgeführt werden.

In diesem Kapitel geht es um die Grundlagen der Integration der Common Language Runtime in die SQL Server Datenbankmaschine, um die grundlegenden Informationen zum Arbeiten mit .NET-Code in der Datenbank und um das praktische Entwickeln mit Visual Studio.

> **HINWEIS** Erweiterte gespeicherte Prozeduren (Extended stored procedures – XPs) sind DLLs, die nicht verwalteten Code enthalten und im Adressraum des SQL Server ausgeführt werden. SQL Server stellt für die Entwicklung von XPs eine spezielle API zur Verfügung. XPs sind definitiv abgekündigt. Falls Sie in irgendeiner Ihrer Anwendungen erweiterte gespeicherte Prozeduren entdecken, dann sollten Sie möglichst schnell einen Plan entwickeln, wie Sie diese Prozeduren durch SQLCLR-Prozeduren ersetzen.

.NET Inside: Die Common Language Runtime im SQL Server

Sie lernen in den folgenden Abschnitten kennen, welche Möglichkeiten Ihnen die SQLCLR als Entwickler bietet und wie die Einbettung von .NET in den SQL Server funktioniert.

Einsatzmöglichkeiten für verwalteten Code in einer Datenbank

Als verwalteter Code wird Programmcode bezeichnet, der für die Common Language Runtime geschrieben und von dieser ausgeführt wird. Sie können die folgenden SQL Server-Programmierobjekte als SQLCLR-Objekte implementieren:

- Gespeicherte Prozeduren
- Trigger
- Benutzerdefinierte Funktionen
- Benutzerdefinierte Aggregate
- Benutzerdefinierte Datentypen

Gespeicherte Prozeduren lassen sich ganz »geradeaus« in .NET realisieren. Bei den Triggern können alle vorhandenen Spielarten, also DML- und DDL-Trigger mittels .NET-Code erstellt werden. Die Konzepte der virtuellen *Deleted-* und *Inserted-*Tabellen haben entsprechende Äquivalente in der SQLCLR .NET-Welt. Bei den Funktionen sind – genau wie in T-SQL – skalare, sowie tabellenwertige Funktionen (TVF) möglich. Eine besondere Stellung nehmen benutzerdefinierte Aggregate ein – hier gibt es keine »klassischen« T-SQL-Äquivalente. Nichtsdestotrotz stellen benutzerdefinierte Aggregate eine prachtvolle Möglichkeit für komplexe Auswertungen dar, bei denen Sie mit den üblichen Aggregatfunktionen (*SUM, MIN, MAX, AVG* etc.) nicht mehr weiter kommen. Die besten Beispiele für die Möglichkeiten, die sich Ihnen als Entwickler von benutzerdefinierten SQLCLR-Datentypen bieten, bringt SQL Server 2008 selbst in Form der neuen Datentypen *geometry*, *geography* und *hierarchyid* mit. Die Methoden, beispielsweise eines *geography*-Werts, basieren auf recht komplexer Mathematik (das ist kein gutes Anwendungsgebiet für T-SQL). Mit SQLCLR-Datentypen lassen sich endlich die Grenzen der bisherigen benutzerdefinierten Datentypen sprengen (siehe Kapitel 9 »Tabellen planen und einrichten«). Sie können vielschichtig strukturierte Datentypen entwickeln und mit »intelligenten« Methoden versehen, die Ihnen in der Anwendungsentwicklung das Leben stark vereinfachen. Im nachfolgenden Kapitel wird zum Beispiel vorgestellt, wie Sie einen Warenkorb-Datentyp für den netShop entwickeln können, der Ihnen in einer ASP.NET-Anwendung viel Arbeit abnehmen kann.

Der Einsatz von verwaltetem Code bietet unter anderem die folgenden Vorteile:

- **Programmiersprache** Sie können Ihre SQL Server-Objekte in der .NET-Programmiersprache Ihrer Wahl entwickeln. Das könnte auch in Delphi passieren, wenn das Ihre absolute Lieblingssprache ist. Visual Studio unterstützt allerdings direkt nur die Verwendung von C# und VB.NET.

- **Typsicherheit** Die Typsicherheit wird durch das Common Type-System unterstützt. Im Gegensatz zu der veralteten Programmiermethode der erweiterten gespeicherten Prozeduren, die in C/C++ implementiert wurden, kann es damit beispielsweise nicht passieren, dass Speicher gelesen wird, der noch nicht geschrieben wurde.

- **Sicherheit** Die Common Language Runtime und die Datenbankmaschine kümmern sich um die verschiedenen Aspekte der Sicherheit. Es kann sowohl die .NET-Codezugriffssicherheit, wie auch die rollenbasierte T-SQL-Sicherheit eingesetzt werden.
- **Schnelle Entwicklung** Die Verwendung der .NET-Basisklassenbibliothek und die komfortable Visual Studio-Entwicklungsumgebung sorgen für eine hohe Produktivität
- **Interoperabilität** Ihr verwalteter Code kann mit anderem verwalteten oder nicht verwaltetem Code innerhalb und außerhalb der Datenbank kommunizieren

Wann SQLCLR einsetzen?

Im Grunde lässt sich ganz einfach entscheiden, wann sich der Einsatz von SQLCLR-Code lohnt. Es gilt: Alle datenorientierten Operationen, die sich direkt mit T-SQL erledigen lassen, sollten Sie auch auf diesem Weg programmieren. Die Performance wird es Ihnen danken. Mit dem Einsatz der SQLCLR sprengen Sie die Grenzen der mengenorientierten T-SQL-Programmierung. Dafür sind viele Anwendungsfälle denkbar. Die folgenden beiden Listen geben einige sachdienliche Hinweise.

Einsatzmöglichkeiten für die SQLCLR

- **Komplexe Berechnungen** Einfache mathematische Funktionen lassen sich natürlich auch in T-SQL entwickeln. Wenn es aber um algorithmische Verfahren geht, bei denen Programmierkonstrukte, wie Schleifen, Verzweigungen, verschachtelte Unterroutinen oder gar Rekursion eine Rolle spielen, dann hängt die SQLCLR die T-SQL-Programmierumgebung locker ab. Nicht nur, was die Mächtigkeit der Sprache und der verfügbaren Basismethoden angeht, sondern tatsächlich auch die Ausführungsgeschwindigkeit betreffend. Im nächsten Kapitel finden Sie im Abschnitt über die Implementierung von Funktionen einen Performancevergleich zwischen einer T-SQL- und einer äquivalenten SQLCLR-Implementierung.
- **Datenzeilenorientierte Verarbeitung** Ich habe es an einer anderen Stelle (im Kapitel 19 »Serverseitige T-SQL-Cursor«) schon einmal gesagt und wiederhole es hier zur Sicherheit noch einmal – für fast alle Aufgabenstellungen gibt es eine relationale Lösung, die sich mit SQL implementieren lässt. In manchen Fällen ist diese aber (zumindest für Normalos wie Sie und mich) nicht leicht zu finden. In anderen Fällen kann es aus konzeptionellen Gründen keine SQL-Lösung geben, weil für die spezielle Aufgabenstellung kein passendes (T-)SQL-Konstrukt existiert. Ein einfaches Beispiel wäre der Aufruf des T-SQL-Befehls *UPDATE STATISTICS* für jeden Eintrag in der Systemsicht *sys.indexes*. Für so etwas ist T-SQL einfach nicht gebaut. Unter Einsatz eines ADO.NET-*Datareaders* oder -*Datasets* können Sie eine Ergebnismenge rasant durchlaufen und Operationen pro Datensatz durchführen. Verwenden Sie für Anforderungen dieser Art, wenn möglich, die SQLCLR anstelle von T-SQL-Cursorn.
- **Dynamischer Code** So manch ein SQL Server-Programmierer hat sich schon gewünscht, dass sich dynamischer Code mit T-SQL einfacher entwickeln ließe. Beispielsweise können Sie in einem T-SQL-*SELECT*-Kommando nur sehr begrenzt Codeanteile parametrisieren. Das geht gerade einmal durch den Einsatz von lokalen Variablen (oder Parametern) in der *Select*-Liste oder in der *Where*-Klausel. Möchten Sie die Auswahl der Quelltabellen oder die *Order By*-Klausel parametrisieren, dann – ja dann sieht es düster aus. Dynamischer Code wird in der T-SQL-Entwicklung in den meisten Fällen durch die Verwendung von Strings, die den ausführbaren Code enthalten, generiert. Das Kommando *EXECUTE* führt den Code in diesen Strings aus. Bei einem Vorgehen in dieser Art entstehen leicht Codemonster, die schwierig zu debuggen sind. Durch die vielfältigen Ausdrucksmöglichkeiten »normaler« .NET-Sprachen stellt die Programmierung von effektivem und gut lesbarem dynamischen Code überhaupt kein Problem dar.

- **Zugriffe außerhalb der Datenbank** Von T-SQL aus auf Dateien, das Active Directory, die Registry, Message Queues, Webdienste und so weiter zuzugreifen ist praktisch nicht möglich – oder nur auf äußerst haarsträubende Weise unter Einsatz der Systemprozeduren *xp_cmdshell* beziehungsweise unter Verwendung von COM-Objekten, die man mit *sp_OACreate* registrieren und deren Methoden man mit *sp_OAMethod* ausführen kann. In der SQLCLR gibt es keine Hürden für externe Zugriffe.

- **Anforderungen, die man in .NET schnell lösen kann** Angenommen, Sie möchten für die Suche in Textspalten reguläre Ausdrücke einsetzen, um komfortablere Suchmöglichkeiten zu entwickeln. In SQL gibt es dafür keinen passenden Operator und von einer Realisierung eines RegEx-Parsers in T-SQL werden Sie sicher Abstand nehmen wollen. Das Schreiben einer Funktion für ein RegEx-Matching ist unter Verwendung der SQLCLR ein echter Dreizeiler. Im nächsten Kapitel gibt es dafür ein Beispiel. In der .NET-Basisklassenbibliothek finden Sie Hunderte von Klassen mit Tausenden Methoden. In denen ist die Lösung Ihres Problems womöglich schon vorhanden – Sie müssen die Methode nur noch in ein T-SQL-Objekt »verpacken« und der Spaß kann beginnen.

- **Schutz des Codes** Die Programmierung in der SQLCLR ist eine gute Möglichkeit, Ihr geistiges Eigentum zu schützen. T-SQL-Objekte lassen sich zwar verschlüsseln, aber es ist vergleichsweise einfacher, diesen Schutz zu knacken (schlagen Sie das mal in BING nach). Letzten Endes lassen sich aber auch SQLCLR-Objekte decompilieren. So genannte Obfuskatoren erschweren den Code-Knackern die Arbeit ein wenig.

- **Komplexe Business Logik** Auch hier gilt – wenn Sie keine einfache relationale Lösung finden, dann ist es besser, auf komplizierte T-SQL-Logik und T-SQL-Cursor zu verzichten und lieber zu einer »richtigen« Programmiersprache zu greifen. Selbstverständlich werden Sie, falls Sie eine kommerzielle Win-Forms-ERP-Anwendung entwickeln, große Teile der Geschäftslogik sowieso in der Clientanwendung realisieren. Denken Sie aber daran, dass es auch viele Anwendungsmöglichkeiten für Lightweight-Clients gibt, die sich selbst nur um die Benutzeroberfläche oder den Workflow kümmern und sich der Logik von Objekten bedienen, die performant in einem Server ablaufen. Webanwendungen und Integrationsanwendungen gehören zu dieser Anwendungsklasse.

Diese Liste ließe sich noch lange fortsetzen. Ich denke aber, Sie ahnen bereits, worum es geht. Die *prozedurale* Welt gehört ganz der SQLCLR.

Gründe, die gegen den Einsatz der SQLCLR sprechen

- **Portabilität** SQLCLR-Objekte laufen nur innerhalb des SQL Server und erschweren die Portierung auf andere Datenbankserver. Das gilt allerdings für viele T-SQL-Befehle – insbesondere die prozeduralen – ganz genauso. Wenn eine Re-Implementierung Ihrer Prozeduren und Funktionen auf einer weiteren Codebasis kein prinzipielles Problem darstellt, dann lassen Sie sich nicht aufhalten.

- **Klassische Datenbankabfragen** Wenn es in einem Stück Programmcode vor allem darum geht, Datenbankdaten abzufragen oder zu manipulieren, dann lassen Sie besser die Finger von der SQLCLR. Es ist sinnlos, Datenzugriffe, die Sie genauso gut in T-SQL realisieren könnten, mittels .NET-Code umzusetzen.

- **SQL Server Azure** SQLCLR-Objekte werden derzeit von »SQL Server in the Cloud« nicht unterstützt. In der 1.0-Version von SQL Azure kann nur klassisches T-SQL verwendet werden. Sobald diese Limitierung aufgehoben ist, spricht natürlich auch hier nichts gegen den Einsatz von .NET-Code in SQL Azure.

- **Technische Einschränkungen** Hin und wieder sind Sie gezwungen auf T-SQL auszuweichen, weil es Hürden in der SQLCLR gibt, die Sie von einem Einsatz abhalten. Leider können Sie in SQLCLR-Objekten keine tabellenwertigen Parameter (TVPs) einsetzen. Das ist wirklich traurig und wird sich hoffentlich irgendwann noch einmal ändern. Andere Einschränkungen sind leichter zu verschmerzen: Zum Beispiel können Sie keine Servertrigger in der SQLCLR implementieren.

- **Programmier-Skills** SQL und T-SQL sind leicht zu erlernende Programmiersprachen. Die Latte für VB.NET und C# hängt da schon etwas höher. Wenn Sie ein Team haben, welches fließend T-SQL spricht, dann nutzen Sie das und setzen Sie die SQLCLR nicht zwanghaft ein.

Die Rolle der Common Language Runtime

Innerhalb des .NET Framework-Stacks (Abbildung 30.1) bildet die Common Language Runtime (CLR) die Basis für alle weiteren Schichten. Sie stellt die standardisierte Laufzeitumgebung zur Verfügung, die von allen .NET-Sprachimplementierungen und übergeordneten Frameworks genutzt werden kann. In der CLR wird Programmcode als Bytecode und nicht als Maschinencode ausgeführt. .NET-Compiler übersetzen Programmtexte, die in einer Hochsprache wie C# oder VB.NET formuliert sind, in den Bytecode der Common Intermediate Language (CIL). Während der Laufzeit überführen die *Just in Time Compiler (JIT-Compiler)* diesen Zwischencode in den Maschinencode des Zielsystems, wo er in der CLR-Laufzeitumgebung ausgeführt wird.

Kurz gefasst hat die Common Language Runtime (Abbildung 30.2) die folgenden Aufgaben zu erfüllen:

- **.NET Framework Class Library Support** Enthält Typen und Libraries, die für das Management von Speicher, Sicherheit, Threading der CLR notwendig sind
- **Thread Support** Stellt Klassen und Interfaces für das Multithreading zur Verfügung
- **COM Marshaler** Unterstützt das marshalling (Umwandeln von Objektformaten) von .NET-Code in Code des Component Objects Models und zurück
- **Type Checker** Überprüft die Typsicherheit des auszuführenden Codes
- **Exception Manager** Stellt die Infrastruktur für die strukturierte Ausnahmebehandlung zur Verfügung
- **Security Engine** Kümmert sich um die Codesicherheit, basierend auf der Identität des Benutzers und der Herkunft des Codes
- **Debug Engine** Ermöglicht das Debugging einer .NET-Anwendung
- **CIL to native compilers** Übersetzen CIL-Code in nativen Zielcode
- **Codemanager** Kümmern sich um die Codeausführung
- **Garbage Collector** Ist für das automatisierte Lifecycle-Management von .NET-Objekten verantwortlich und dabei vor allen Dingen für die Speicherverwaltung
- **Class Loader** Erledigt das Laden von Klassen anhand der Metainformationen

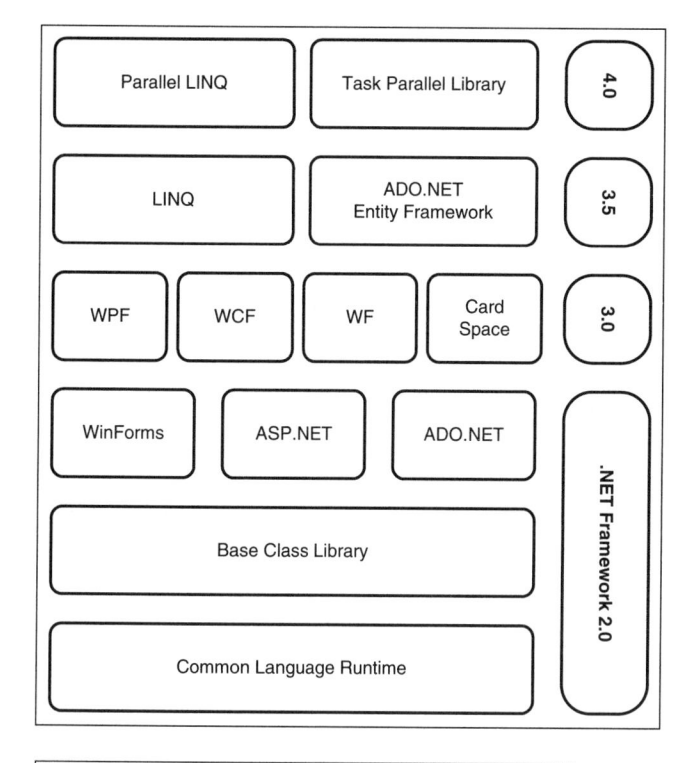

Abbildung 30.1 .NET Framework Stack

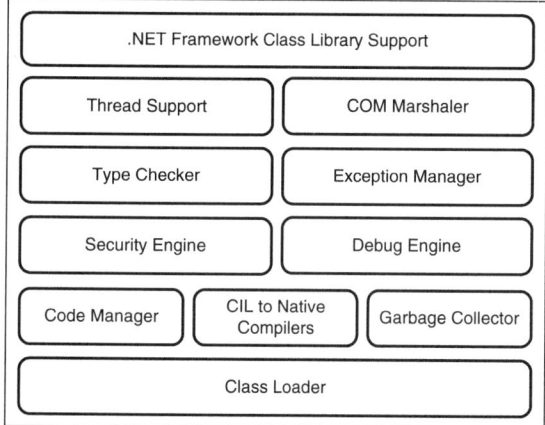

Abbildung 30.2 .NET Common Language Runtime

Der SQL Server als Laufzeithost

Die Common Language Runtime kann seit der Version 2 prinzipiell von einer Softwareumgebung gehostet werden. Dazu hat die CLR Schnittstellen erhalten, über die sie einen Host laden und registrieren kann. SQL Server stellt, genau wie ASP.NET, eine spezielle Hosting-Umgebung mit spezifischen Anforderungen dar.

Das besondere des SQL Server-.NET-Hostings ist die tiefe Integration in die Datenbankmaschine (Abbildung 30.3). Es gibt weitere Datenbankhersteller, wie zum Beispiel IBM, welche die Möglichkeit anbieten, gespeicherte Prozeduren in .NET zu schreiben. Diese werden allerdings außerhalb des Prozesses der Datenbankmaschine ausgeführt, der SQLCLR-Code dagegen innerhalb des SQL Server-Prozessraums.

Durch diese Implementierung in Form von »In Process Hosting« wird die Ausführung von .NET-Code in einer Datenbankanwendung ausgesprochen performant. Code, der hier abläuft, birgt aber gleichzeitig in mehrfacher Hinsicht Risiken, auf die SQL Server vorbereitet sein muss: Falls fehlerhafter Programmcode ausgeführt wird, dürfen auf gar keinen Fall parallele Threads beeinträchtigt oder gar die gesamte Datenbankmaschine zum Absturz gebracht werden. Es darf kein unsicherer Code ausgeführt werden, der dazu benutzt werden könnte, Informationen aus »benachbarten« Datenbanken zu beschaffen oder bösartige Aktionen auf der Servermaschine auszuführen (wie beispielsweise der Versand von Spam-Mails aus dem SQL Server heraus oder dem Auskundschaften der Registry). Um die parallele Ausführung der vielen Tasks, die von der SQL Server-Datenbankmaschine verarbeitet werden, niemals zu gefährden oder zu beeinträchtigen, nimmt SQL Server umfangreich Einfluss auf das Verhalten der Common Language Runtime. Während sich die CLR in einer Windows-Umgebung nahezu vollständig selbst verwaltet, kontrolliert SQL Server einige Aspekte der Ausführung:

- **Laden von Assemblys** Innerhalb der SQLCLR-Laufzeitumgebung darf es nicht möglich sein, beliebige Programme auszuführen. Daher werden SQLCLR-Assemblys beim Laden überprüft und die Verwendung potenziell unsicherer Basisklassen ist erst gar nicht erlaubt. Solch eine Basisklasse wäre *system.threading*. Die Liste der verfügbaren Basisklassen, die von SQL Server standardmäßig geladen werden, sieht derzeit so aus:
    - CustomMarshalers
    - Microsoft.VisualBasic
    - Microsoft.VisualC
    - mscorlib
    - System
    - System.Configuration
    - System.Data
    - System.Data.OracleClient
    - System.Data.SqlXml
    - System.Deployment
    - System.Security
    - System.Transactions
    - System.Web.Services
    - System.Xml
    - System.Core.dll
    - System.Xml.Linq.dll

SQL lädt diese Klassen direkt aus dem globalen Assemblycache (GAC). Diese Klassen werden als sicher betrachtet und wurden in Verbindung mit SQL Server getestet. Sie können bei Bedarf durchaus weitere Klassen hinzu laden. Die entsprechenden Assemblys müssen dann von Ihnen als *Unsafe* markiert werden. Was das bedeutet und wie Sie eine benötigte Assembly in den SQL Server laden, erfahren sie in Kürze.

Außerdem wird der geladene CIL-Code untersucht, ob inkompatible Programmierkonstrukte, wie zum Beispiel nicht-statische globale Variablen benutzt werden. Dann wird die Verwendung in einem Datenbankobjekt nicht zugelassen.

- **Speichermanagement** Die SQLCLR fordert benötigten Speicher bei SQL Server an, und nicht direkt bei Windows. SQL Server kann auf diese Weise die Speicherverwendung durch die SQLCLR-Objekte kontrollieren. Auch die Garbage Collection wird durch SQL Server gesteuert. Kommt es zur Speicherknappheit, dann kann SQL Server die SQLCLR beispielsweise zwingen, die Garbage Collection sofort einzuleiten, um nicht mehr benötigten Speicher freizugeben.

- **Threading** SQL Server verwendet – im Gegensatz zu Windows – ein kooperatives Threadingmodell. Die CLR verwendet dagegen ein präemptives Threadingmodell. Die SQLCLR benutzt nicht die Standardfunktionalität des Betriebssystems für die Verarbeitung von Threads, sondern bedient sich der APIs, die vom SQL Server-Hostinglayer zur Verfügung gestellt werden. Mit dieser API können beispielsweise neue Threads erstellt werden. Der SQL Server kann auf diesem Weg das CLR-Threading mit seinem eigenen Tasksystem synchronisieren und er kann Threads in der SQLCLR, die »verdächtig« erscheinen, zum Beispiel, weil sie sehr lange nicht aktiv waren, niedriger priorisieren oder beenden.

- **Debugging** SQL Server unterstützt das Debugging von SQLCLR-Code. Auch das gleichzeitige Debugging von T-SQL-Code in einer einzigen Debugging-Session ist möglich. So kann ein Entwickler im Visual Studio-Debugger beliebig zwischen T-SQL- und SQLCLR-Code wechseln, wenn die Art der Programmierung dies erfordert. SQL Server stellt einen Debugger-Prozess zur Verfügung, an den sich Visual Studio anhängen kann.

Sie sehen: Es ist schon an vieles gedacht und automatisiert worden, was das Arbeiten mit der SQLCLR sehr einfach macht. Dennoch ist der Entwickler nicht komplett aus dem Schneider. Er sollte sich immer darüber im Klaren sein, dass er im Prinzip eine serverseitige Multiuseranwendung schreibt. Was die Verwendung von Ressourcen angeht, sollte möglichst sparsam gearbeitet werden. SQLCLR-Objekte können eventuell mehrere Dutzend oder hundert Male parallel ausgeführt werden. Da die Speicherverwendung – ungeachtet aller Optimierungen – in der Regel üppiger ausfällt als bei einer reinen T-SQL-Programmierung, kann der Server schnell unter Druck gesetzt werden, wenn man nicht aufpasst. Von Experimenten mit eigenem Synchronisierungsverhalten oder Multithreading sollte man die Finger lassen, auch wenn man schafft, den Code durch die Prüfungen des SQL Server hindurch in die Datenbank zu schleusen.

Die Basis-Funktionalitäten, die zum Schreiben von SQLCLR-Objekten benötigt werden, sind zum größten Teil in der Assembly mit dem Namen *system.data.dll* hinterlegt, die als Teil des .NET Framework 2.0 (oder höher) im Global Assembly Cache (GAC) abgelegt ist. Diese Assembly enthält unter anderem folgende Namespaces, die zum Programmieren von SQLCLR-Objekten verwendet werden können:

Namensraum	Beschreibung
System.Data	Allgemeine Objekte für die clientseitige Programmierung mit Datasets
System.Data.Sql	Enthält Objekte für Abfragebenachrichtigungen und Auflistungen von Instanzen
Microsoft.SqlServer.Server	Hier befinden sich die Objekte, die für die serverseitige Programmierung benötigt werden
System.Data.SqlTypes	Native Datentypen für den SQL Server
System.Data.SqlClient	Die Objekte für die clientseitige Programmierung des SQL Server
System.Data.Common	Allgemeine Objekte für die clientseitige Programmierung
System.Data.Odbc, System.Data.OleDb	Allgemeine Objekte für die clientseitige Programmierung von beliebigen Datenquellen
System.Xml	XmlDataDocument-Objekt zum Bearbeiten von Datasets durch XML

Tabelle 30.1 Namensräume der Assembly *system.data.dll*

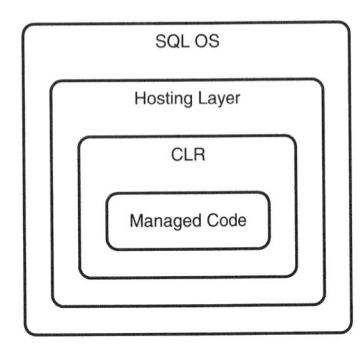

Abbildung 30.3 SQL Server als .NET-Host

Grundlagen der SQLCLR-Entwicklung

Im Folgenden werden die wichtigsten Basistechniken der SQLCLR-Programmierung vorgestellt. Sie lernen dabei unter anderem kennen, wie man für SQL Server eine Funktion ganz ohne Visual Studio schreibt und in einer Datenbank zur Verfügung stellt.

> **HINWEIS** Natürlich gibt es auch zu diesem Kapitel Beispielcode, den Sie direkt ausprobieren können. Im Gegensatz zu den Programmierbeispielen im Buchteil B, in dem es um das Arbeiten mit Transact-SQL ging, liegen die Beispiele aber nicht in einem einzelnen Projekt. Im Zusammenhang mit den Listings gebe ich Ihnen bei Bedarf Hinweise, wo genau Sie die Beispiele im Projektordner *31 – SQLCLR* finden können. Zum Nachvollziehen der C#-Beispiele benötigen Sie natürlich ein installiertes Visual Studio.

Die SQLCLR-Laufzeitumgebung aktivieren

Grundsätzlich ist die CLR-Integration nach der Installation von SQL Server 2008 zunächst abgeschaltet. Das fällt unter das Sicherheitsprinzip des »off by default«. Alle Funktionen, die nicht auf jeden Fall benötigt werden, sind zunächst deaktiviert. Wenn Sie keine Datenbankobjekte verwenden, die von der CLR abhängig sind, so kann das auch getrost so bleiben. Bevor allerdings verwalteter Code innerhalb der Datenbankmaschine ablaufen kann, müssen Sie das in einer SQL Server-Instanz zunächst einmal erlauben. Wie üblich gibt es zwei Wege, dies zu tun: Die GUI des Management Studios und die Verwendung von T-SQL. Mittels der Konfigurationsprozedur *sp_configure* können Sie den entsprechenden Parameter der SQL Server-Instanz per Skript einstellen (*clr enabled*). Nach dem Absetzen des Kommandos *RECONFIGURE* tritt die Änderung sofort in Kraft, ohne den SQL Server-Dienst neu starten zu müssen.

```
EXEC sp_configure 'clr enabled'
RECONFIGURE
```

Listing 30.1 Die SQLCLR-Laufzeitumgebung aktivieren

Die Laufzeitumgebung wird allerdings erst dann geladen, wenn zum ersten Mal ein SQLCLR-Objekt benutzt werden soll. So spart SQL Server ein paar MB Speicher.

Grundlagen der SQLCLR-Entwicklung

Im Management Studio finden Sie die Möglichkeit, für die Aktivierung im Objekt-Explorer nach einem Rechtsklick auf den Instanznamen und dem Ausführen des Kontextkommandos *Facets*.[1] In der Dropdown-Liste *Facet* sollte *Oberflächenkonfiguration* eingestellt sein. Bei der Oberflächenkonfiguration geht es nicht etwa um eine Benutzeroberfläche, sondern um die Angriffsfläche, die SQL Server einer böswilligen Attacke bietet. Durch Einstellen der Eigenschaft *CLRIntegrationEnabled* auf *True* aktivieren Sie die Laufzeitumgebung.

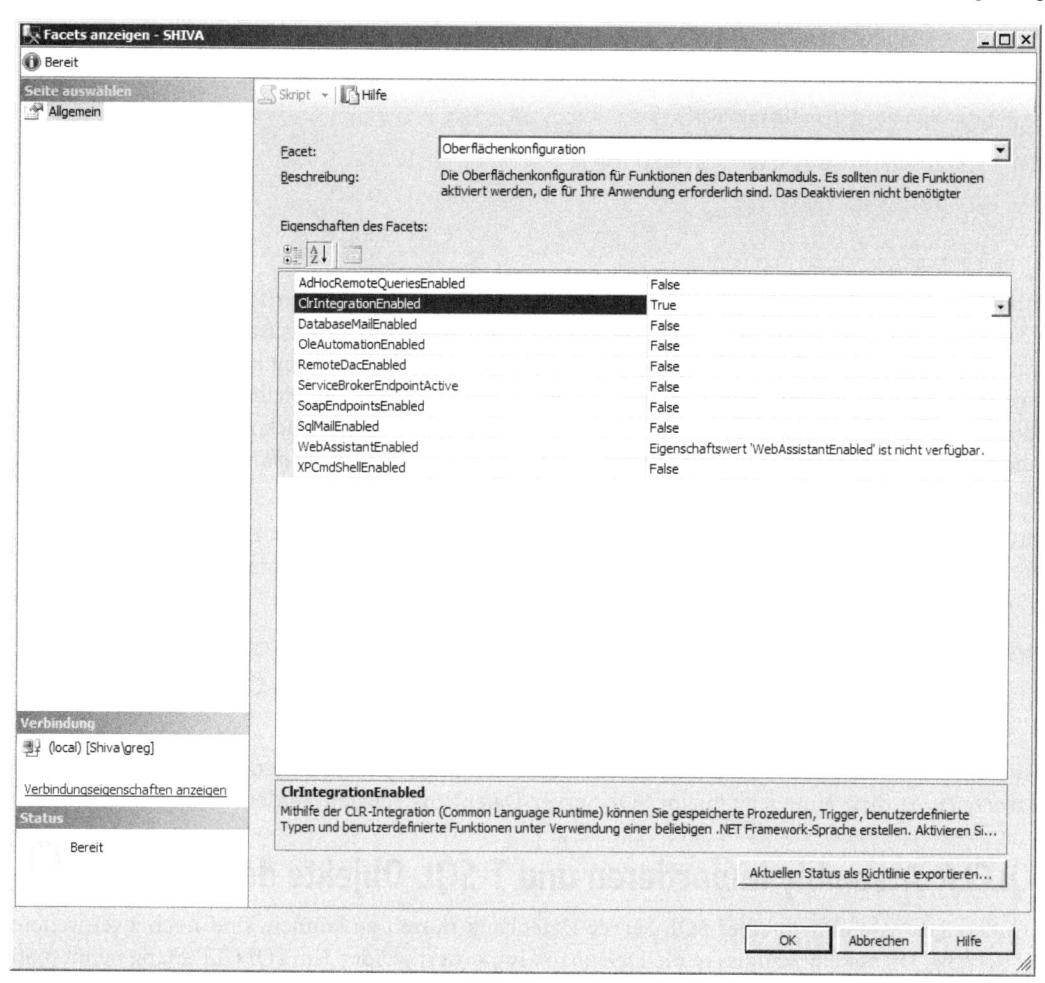

Abbildung 30.4 Einschalten der SQLCLR-Integration in der GUI

---

[1] Der Begriff des »Facets« hat mit dem Konzept der richtlinienbasierten Verwaltung zu tun, welches mit SQL Server 2008 eingeführt wurde. Ein Facet ist die Sammlung von Eigenschaften einer SQL Server-Komponente (wie dem Server selbst oder den Datenbanken) oder einem Teilbereich davon. Manche Facets beziehen sich auch auf abstrakte Objekte, wie eben die »Oberfläche« des Servers.

Eine SQLCLR-Assembly erstellen

Den Code für eine SQLCLR-Assembly können Sie im Prinzip mit jedem beliebigen Texteditor erstellen, auch wenn das nicht der bequemste Weg ist. Mit dem folgenden Listing wird eine simple Klasse *Utilities* mit einer ganz einfachen Funktion *fnGetOSVersion* definiert.

```
using System.Data.SqlTypes;

public class Utilities
{
    public static SqlString fnGetOSVersion()
    {
        return System.Environment.OSVersion.ToString();
    }
}
```

Listing 30.2 Ganz einfache Assembly mit einer Funktion

Die Funktion liefert schlicht und ergreifend die aktuelle Betriebssystemversion zurück. Sie soll später in der *netShop*-Datenbank zu einer skalaren T-SQL-Funktion (UDF) werden. Wichtig ist die Deklarierung der Funktionsmethode als *static* (in VB.NET wäre das *shared*). Nur statische Methoden können später zu .NET-Objekten gemacht werden. Um mit den SQL Server-Datentypen kompatibel zu bleiben, liefert die Funktion das Ergebnis nicht in einem *string*-Datentyp, sondern in einem *SqlString* zurück. Dieser Typ wird über *System.Data.SqlTypes* importiert. Am Code kann man unschwer erkennen, dass *SqlString* und *string* implizit ineinander konvertiert werden können.

Sie finden dieses Mini-Codefragment im Projektverzeichnis des Kapitels in der Datei *31.02 Utitlities.cs*. Kompilieren lässt sich dieser Quelltext auch ohne Visual Studio mithilfe des C#-Compilers aus dem Framework SDK mittels einer Batch-Datei, wie dieser hier:

```
"C:\WINDOWS\Microsoft.NET\Framework\v3.5\csc.exe" /target:library /out:utilities.dll "31.02 Utitlities.cs"
PASUE
```

Listing 30.3 Batch zur Kompilierung der Beispiel-Assembly

Das ist der Inhalt der Datei *31.03 Compile.cmd*. Nach dem Kompilieren finden Sie die Assembly *utilities.dll* im Projektverzeichnis, diese kann jetzt in eine SQL Server-Datenbank geladen werden.

Eine SQLCLR-Assembly importieren und T-SQL-Objekte deklarieren

Um den Code einer Assembly in einer SQL Server-Datenbank nutzen zu können, sind noch zwei weitere Schritte notwendig: Die Assembly muss in die Datenbank importiert werden (im SQLCLR-Slang nennt man das auch *Registrieren* der Assembly) und es müssen T-SQL-Objekte angelegt werden, die den Assembly-Code nutzen. T-SQL kann den Code einer Assembly nicht direkt verwenden, er muss immer erst in eine T-SQL-Schnittstelle verpackt werden.

Das folgende Skript führt diese beiden Aufgaben für die Assembly aus dem letzten Abschnitt durch.

```
USE netShop
GO

-- Schema für Hilfsfunktionen vorbereiten
CREATE SCHEMA LittleHelpers
GO
```

Grundlagen der SQLCLR-Entwicklung

```
-- Assembly importieren
CREATE ASSEMBLY HelperLibrary
AUTHORIZATION dbo
FROM 'C:\SQLEntwicklerbuch08\Projekte\31 - SQLCLR\utilities.dll'
WITH PERMISSION_SET = SAFE
GO

-- Funktion im Schema anlegen
CREATE FUNCTION LittleHelpers.GetOSVersion ()
RETURNS NVARCHAR(50)
AS
EXTERNAL NAME HelperLibrary.Utilities.fnGetOSVersion
GO
```

Listing 30.4 Assembly registrieren und Funktion deklarieren

Das Anlegen des Schemas (*CREATE SCHEMA*) ist natürlich optional. Es dient der Übersichtlichkeit. Über das Kommando *CREATE ASSEMBLY* wird die DLL importiert und, wie gewohnt, wird mit *CREATE FUNCTION* eine T-SQL-Funktion angelegt. Anstelle des normalerweise hinter dem *AS* angegebenen T-SQL-Codes folgt die Klausel *EXTERNAL NAME* mit dem Verweis auf die Methode in der neuen SQLCLR-Assembly.

Nachdem dieses Skript erfolgreich gelaufen ist, kann man die neue Funktion auch schon testen:

```
SELECT LittleHelpers.GetOSVersion()
```

Listing 30.5 Test der SQLCLR-Skalarfunktion

Dieser Aufruf liefert auf meinem PC das Ergebnis *Microsoft Windows NT 6.1.7600.0* zurück, was einem Windows 7 oder einem Windows Server 2008 R2 entspricht. Stimmt so weit.

Die Syntax für das Registrieren einer Assembly ist recht überschaubar:

```
CREATE ASSEMBLY assembly_name
[ AUTHORIZATION owner_name ]
FROM { <client_assembly_specifier> | <assembly_bits> [ ,...n ] }
[ WITH PERMISSION_SET = { SAFE | EXTERNAL_ACCESS | UNSAFE } ]
[ ; ]
```

Für die Assembly können Sie einen beliebigen gültigen T-SQL-Objektnamen verwenden. Hinter *AUTHORIZATION* vereinbaren Sie den Besitzer der neuen Assembly – wenn Sie hier nichts angeben, dann wird der aktuell angemeldete Datenbankbenutzer zum Besitzer. Wenn Sie in der Rolle *db_owner* arbeiten, dann ist der Datenbankbenutzer *dbo* der Besitzer der neuen Assembly. Hinter dem *FROM* wird die Quelle für die Bits der Assembly erwartet. Das kann der vollqualifizierte Pfad zur DLL sein oder ein Bytestring, der die komplette Assembly enthält. Letztere Methode wird beispielsweise von Visual Studio für das Ausliefern einer Assembly verwendet. Zu guter Letzt wird eine Angabe zu den Berechtigungen gemacht, welche die Assembly erhalten soll (*PERMISSION SET*). Die Sicherheitsaspekte von SQLCLR-Assemblys werden in Kürze noch ganz genau erklärt werden.

Um eine Assembly in der Datenbank registrieren zu können, brauchen Sie die Rechte für *CREATE, ALTER* und *DROP ASSEMBLY*. Diese Rechte besitzen standardmäßig nur die Gruppen *sysadmin*, *db_owner* und *ddl_admin*. Sie können diese Rechte natürlich auch Benutzern oder anderen Gruppen zuweisen.

> **HINWEIS** SQL Server erlaubt an dieser Stelle nur die Registrierung von Bibliotheken (*.dll*) und keine direkt ausführbaren Programme (*.exe*).

Für die anschließende Definition von Datenbankobjekten kann nun auf den Aliasnamen der Assembly (in diesem Fall *HelperLibrary*) verwiesen werden. Bei der Registrierung der Assembly führt SQL Server verschiedene Sicherheits-Checks durch, unter anderem abhängig von der angegebenen Berechtigungsstufe. Außerdem werden alle Bits der Assembly in einer Systemtabelle der Datenbank abgelegt. Der Code wird damit Bestandteil der Datenbank und unter anderem mit jedem Backup gesichert. Über diverse Katalogsichten (*sys.assemblies*, *sys.assembly_files*, *sys.assembly_references*, *sys.assembly_modules*, *sys.assembly_types*) kann man sich jederzeit einen Überblick auf die Assemblys in einer Datenabnk verschaffen.

ACHTUNG Wird in der zu registrierenden Assembly auf andere Assemblys verwiesen, so versucht SQL Server, diese ebenfalls zu registrieren, wenn es sich nicht um eine der standardmäßig vorhandenen Assemblys handelt. Die zu registrierenden Assemblys müssen im Verzeichnis liegen, das im *CREATE ASSEMBLY*-Befehl angegeben wird. Natürlich können die benötigten Assemblys auch schon vorher separat auf dem Server registriert werden. Es ist dabei unbedingt darauf zu achten, immer mit der gleichen Version der Assembly zu arbeiten, sonst schlägt die Registrierung fehl. Der SQL Server unterstützt das gleichzeitige Vorhandensein unterschiedlicher Versionen einer Assembly nicht.

Für die Benutzung von SQLCLR-Objekten gelten die gleichen Berechtigungen wie für die bekannten T-SQL-Objekte. Sie benötigen *EXECUTE*-Rechte zum Ausführen und *CREATE*-, *ALTER*- und *DROP*-Rechte zum Anlegen, Verändern und Löschen von Objekten. Auch für die Besitzrechtsketten gelten die gleichen Regeln. Wenn Sie also von einem CLR-Objekt auf ein anderes zugreifen wollen, dann werden die erforderlichen Rechte nur beim Anlegen geprüft, aber nicht mehr beim Ausführen. Jeder Benutzer kann dann das Objekt aufrufen und braucht nur dafür die nötigen Rechte, und nicht für die abhängigen Objekte.

WICHTIG Um eine Assembly von einem Netzwerk- (UNC-)Pfad zu laden, sind bestimmte Rechte nötig. Der SQL Server versucht, mithilfe seines eigenen Dienstbenutzerkontos auf die Assembly zuzugreifen, also nicht mit den Anmeldeinformationen des aktuellen Benutzers. Aus diesem Grund (und vielen anderen) ist es wichtig, ein spezielles Domänenkonto für den SQL-Dienst zu verwenden, das über Zugriffsrechte auf Computer im Netzwerk verfügt.

Sie haben soeben kennen gelernt, wie man mit jeder beliebigen .NET-Programmiersprache eine Assembly für den SQL Server erstellen kann und den Code in den SQL Server importiert. So richtig effektiv wird die SQLCLR-Programmierung aber natürlich erst mit einer voll ausgebauten Entwicklungsumgebung, wie Visual Studio. Dazu gleich mehr.

Assemblys und SQLCLR-Objekte im Objekt-Explorer

Nach dem Registrieren einer Assembly in einer Datenbank und dem Anlegen der passenden T-SQL-Objekte findet man diese natürlich auch im Objekt-Explorer wieder. Beides landet erwartungsgemäß im Ordner *Programmierbarkeit*. Für das Beispiel aus Listing 30.4 bedeutet das: Die Assembly *HelperLibrary* kommt in den Unterordner *Assemblys* und die Funktion *GetOSVersion* in den Ordner *Skalarwertfunktionen*.

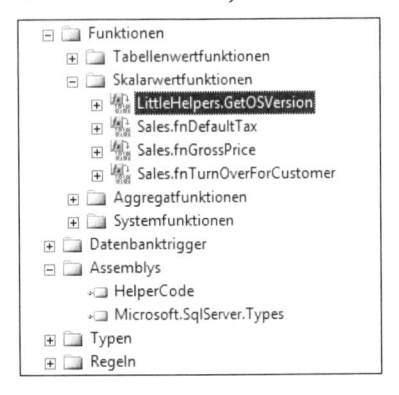

Abbildung 30.5 Assembly und Funktion im Objekt-Explorer

Abgesehen von der Existenz der Assembly werden Sie im Objekt-Explorer nicht viel über sie erfahren. In den Eigenschaften können Sie den Besitzer einstellen und den Berechtigungssatz ändern. Auch bei den SQLCLR-basierten Objekten sieht es ähnlich karg aus. Versuchen Sie mehr über die Assembly zu erfahren und verwenden dazu den Kontextfehl *Skript für Assembly als CREATE in...* dann können Sie sich damit in einem weiteren Abfragefenster das Kommando für das Anlegen der Assembly generieren lassen. Die Skriptdatei enthält den kompletten Inhalt der Assembly als Bytestring.

```
/****** Object:  SqlAssembly [HelperCode]    Script Date: 04/03/2010 15:47:04 ******/
CREATE ASSEMBLY [HelperLibrary]
AUTHORIZATION [dbo]
FROM
0x4D5A90000300000004000000FFFF0000B800000000000000400000000000000000000000000000000000
00000000000000000800000000E1FBA0E00B409CD21B8014CCD21546869732070726F6772616D2063616E6F6F74206265207275
6E20696E2044
...
WITH PERMISSION_SET = SAFE
```

Listing 30.6 Generiertes Skript für das Anlegen der Assembly *HelperCode*

> **HINWEIS** Hin und wieder wird als Argument gegen die Verwendung von .NET-Assemblys die Tatsache genannt, dass Datenbankadministratoren den Code nicht einsehen können. Das stimmt natürlich. Allerdings gilt diese Aussage selbstverständlich für fast jedes Programm (außer Programme in Skriptsprachen), welches ein Administrator installiert. Es ist einfach nur ungewohnt, den Programmcode in einer Datenbank nicht sofort sehen zu können.

Assemblys und SQLCLR-Objekte in den Metadaten

Für Dokumentationszwecke und für das Troubleshooting können Sie Katalogsichten nutzen, die Ihnen jede Menge Informationen zu den Assemblys in einer Datenbank liefern. Eine Übersicht über sämtliche registrierte Assemblys verschafft Ihnen die Katalogsicht *sys.assemblies*:

```
SELECT * FROM sys.assemblies
```

Listing 30.7 Assemblys in einer Datenbank

Das kann dann beispielsweise so aussehen (in Auszügen):

name	Principal_id	Assembly_id	clr_name	Permission_set	permission_set_desc	is_visible	Create_date	modify_date	is_user_defined
Microsoft.SqlServer.Types	4	1	microsoft.sqlserver.types, version=10.0.0.0, culture=neutral, publickeytoken=89845dcd8080cc91, processorarchitecture=msil	3	UNSAFE_ACCESS	1	2008-06-23 18:51:29.827	2008-06-23 18:51:30.217	0
HelperLibrary	6	65537	utilities, version=0.0.0.0, culture=neutral, publickeytoken=null, processorarchitecture=msil	1	SAFE_ACCESS	1	2010-03-18 20:34:33.327	2010-03-18 21:12:59.807	1

Eine weitere Katalogsicht – *sys.assembly_modules* – listet die von den Assemblys bereitgestellten Methoden auf.

```sql
SELECT * FROM sys.assembly_modules
```

Listing 30.8 Methoden von benutzerdefinierten Assemblys

object_id	assembly_id	assembly_class	assembly_method	execute_as_principal_id
667917501	65537	Utilities	fnGetOSVersion	NULL

Die Inhalte und die Herkunft der registrierten Assemblys stellt die Katalogsicht *sys.assembly_files* zur Verfügung. Im Ergebnis erscheint der ursprüngliche Pfad, aus dem die Assembly geladen wurde und der Inhalt als Bytestring.

```sql
SELECT * FROM sys.assembly_files
```

Listing 30.9 Inhalt und Herkunft von Assemblys

assembly_id	name	file_id	content
1	microsoft.sqlserver.types.dll	1	0x4D5A0…
65536	C:\SQLEntwicklerbuch08\Projekte\31 - SQLCLR\utilities.dll	1	0x4D5A900

Weitere Katalogsichten werden im Verlauf dieses und des nächsten Kapitels vorgestellt.

Aktualisieren von Assemblys

Das Aktualisieren von Assemblys durch neuere Versionen ist aufgrund der Tatsache, dass der SQL Server nur jeweils eine Version einer Assembly gleichzeitig registrieren kann, bisweilen eine knifflige Angelegenheit. Normalerweise muss man die alte Assembly komplett entfernen, um dann die neue Version installieren zu können. Das hat für den Fall Konsequenzen, in dem schon Typen in Tabellen oder Methoden in Prozeduren verwendet werden usw. Denn dann müssen zunächst alle Definitionen der SQLCLR-Objekte gelöscht werden. Danach kann die Assembly selbst entfernt werden. Das ist unter Umständen ein mühsames Unterfangen. Wenn Sie genau wissen, dass die Aktualisierung keine Probleme für bereits erstellte SQLCLR-Objekte bereitet, kann man es mit der *ALTER ASSEMBLY*-Methode und der Option *UNCHECKED DATA* versuchen. Im Folgenden finden Sie einen Auszug aus der Syntax der *ALTER ASSEMBLY*-Anweisung:

```
ALTER ASSEMBLY assembly_name
    [ FROM <client_assembly_specifier> | <assembly_bits> ]
    [ WITH <assembly_option> [ ,...n ] ]
    [ DROP FILE { file_name [ ,...n ] | ALL } ]
    [ ADD FILE FROM
    {
      client_file_specifier [ AS file_name ]
      | file_bits AS file_name
    } [,...n ]
    ] [ ; ]
…
<assembly_option> :: =
    PERMISSION_SET = { SAFE | EXTERNAL_ACCESS | UNSAFE }
    | VISIBILITY = { ON | OFF } ]
    | UNCHECKED DATA
```

Mithilfe der *ALTER ASSEMBLY*-Methode können Sie also Einstellungen für eine Assembly ändern, wie die Berechtigungsstufe oder die Sichtbarkeit, Sie können aber auch eine neue Version der Assembly importieren. Setzen Sie *VISIBILITY* auf *OFF* für alle Assemblys, die nicht für CLR-Objekte in der Datenbank verwendet werden sollen, sondern die nur für Verweise genutzt werden. Damit können Sie auch die Businesslogik von den Schnittstellen (Objekten) nach außen trennen.

Grundlagen der SQLCLR-Entwicklung

Im folgenden Listing 30.10 wird eine Assembly aktualisiert, ohne die Abhängigkeit zu eventuell bereits bestehenden Objekten zu überprüfen. Nach dem Aktualisieren stehen die neuen Bytes zur Verfügung. Hat sich an den Signaturen der Methoden nichts geändert, dann arbeiten die definierten T-SQL-Objekte ab sofort mit den neuen Versionen der Methoden.

```
ALTER ASSEMBLY HelperLibrary
FROM 'C:\SQLEntwicklerbuch08\Projekte\31 - SQLCLR\utilities.dll'
WITH PERMISSION_SET = SAFE, UNCHECKED DATA
```

Listing 30.10 Aktualisieren einer Assembly

Wenn Sie dieses Kommando ausprobieren möchten, dann benötigen Sie eine neue Version der DLL. Ansonsten beschwert sich SQL Server mit einer Fehlermeldung, die besagt, dass eine Assembly mit genau dieser vollständigen Versions-ID bereits in der Datenbank existiert. Die Versions-ID vergibt der Compiler. Lassen Sie also die DLL neu kompilieren – danach können Sie das Ersetzen einer Assembly ausprobieren.

Analog zu allen anderen Datenbankobjekten können die .NET-Objekte mittels der *DROP*-Anweisung wieder aus der Datenbank entfernt werden.

```
DROP ASSEMBLY assembly_name [ ,...n ]
[ WITH NO DEPENDENTS ]
[ ; ]
```

Die Option *WITH NO DEPENDENTS* verhindert, dass abhängige Assemblys ebenfalls gelöscht werden. Bevor die Assembly enfernt werden kann, müssen alle abhängigen Objekte bereits gelöscht worden sein. Für das Beispiel der Utility-Assembly sieht das so aus:

```
DROP FUNCTION LittleHelpers.GetOSVersion
DROP ASSEMBLY HelperLibrary
```

Listing 30.11 Löschen der Assembly

Einschränkungen

Es gibt einige Einschränkungen beim Programmieren mit der SQLCLR, eine wichtige davon betrifft die Vererbung. Innerhalb einer .NET-Assembly ist Vererbung natürlich möglich. Andererseits können Sie aber in T-SQL nicht durch Vererbung profitieren. Eine Klasse, die von einer anderen Klasse durch Vererbung abgeleitet wurde, wird von T-SQL immer als eine neue Klasse behandelt. Damit ist es insbesondere in Hinblick auf benutzerdefinierte Datentypen nicht möglich, beispielsweise zwei verschiedene Varianten eines Datentyps in einer Tabellenspalte zu speichern, auch wenn sie bei der Entwicklung die gleiche Basis besitzen.

Verwenden Sie in der Visual Studio-Projektumgebung Verweise auf weitere Assemblys, so ist darauf zu achten, dass diese beim Deployment im SQL Server bereits registriert sind, da ein nachträgliches Registrieren von Assemblys zur Laufzeit vom SQL Server nicht gestattet wird. Auch wenn die Entwicklungsumgebung Visual Studio Verweise gestattet, die zum Beispiel Assemblys aus dem Global Assembly Cache (GAC) referenzieren, so ist dieser Verweis im SQL Server unter Umständen nicht möglich.

Eine weitere Einschränkung betrifft die Verwendung von Webservices. Wenn Sie einen Webservice verwenden wollen und ihn in Visual Studio erstellen, so wird normalerweise eine eigene Serialisierungsassembly erstellt, die für den Transport der Daten zum Webservice und zurück verwendet wird. Der *XmlSerializer* versucht, diese Assembly mithilfe der Funktion *Assembly.Load(byte[])* nachzuladen, was der SQL Server-

Host aus Sicherheitsgründen nicht zulässt. Damit trotzdem eine Verwendung von Webservices möglich ist, muss man diese Assembly mithilfe des Tools *Sgen.exe* erzeugen. Dazu sind folgende Schritte nötig:

1. Aufruf von *Sgen.exe* mit der Assembly des Webservices zum Erzeugen der Serialisierungsklasse.
2. Registrieren der erzeugten Assembly im SQL Server.

Dadurch wird diese Assembly dem SQL Server bekannt und kann von allen anderen Assemblys verwendet werden. Das genaue Verfahren finden Sie im Abschnitt Sicherheit am Ende dieses Kapitels.

SQLCLR-Objekte mit Visual Studio entwickeln

Um die Möglichkeiten, die die SQL Server 2008-SQLCLR für Entwickler bereitstellt, in ihrem ganzen Umfang und Komfort nutzen zu können, ist natürlich die Arbeit mit Visual Studio zu empfehlen. Das ist mit den Versionen 2005, 2008 und 2010 möglich. Bei der Verwendung von Visual Studio 2005 benötigen Sie mindestens das Service Pack 1, um mit SQL Server 2008 kommunizieren zu können. Was die *Edition* angeht, benötigen Sie zumindest eine *Professional*-Variante. Die freien *Express*-Editionen helfen Ihnen nicht weiter.

Bei der Installation von SQL Server 2008 ist Visual Studio in einer eingeschränkten Version (Visual Studio Shell) mit installiert worden, da es sowohl die Grundlage für das SQL Server Management Studio bildet, wie auch die Umgebung für das Entwickeln von Reporting Services-Berichten, Integration Services-Paketen oder Analysis Services-Cubes darstellt. Dieser Version fehlen die Komponenten für das Entwickeln in VB.NET oder C#. Sie müssen also zuerst ein »richtiges« Visual Studio installieren, bevor die Arbeit mit der SQLCLR beginnen kann.

Auch wenn Sie noch nicht mit Visual Studio gearbeitet haben – weil Sie beispielsweise aus der ORACLE/Java- oder aus der mySQL/PHP-Welt kommen – werden Sie sich schnell in der Visual Studio-Entwicklungsumgebung für Datenbankprojekte zurechtfinden.

HINWEIS In den nachfolgenden Screenshots werden Sie Visual Studio 2010 in der Edition Ultimate Beta 2 sehen. Je nach der von Ihnen verwendeten Version / Edition kann die Oberfläche etwas anders aussehen. Allerdings sind die Oberflächen recht ähnlich und die angebotenen Funktionen haben sich über die verschiedenen Visual Studio-Versionen hinweg kaum geändert. Das fertige Visual Studio-Beispielprojekt finden Sie übrigens im Ordner *mySQLCLRTry*.

Ein SQLCLR-Datenbankprojekt anlegen

Die installierte Visual Studio-Vorlage für das Erstellen von SQLCLR-Objekten finden Sie nach dem Start von Visual Studio 2010 unter *Database/SQL Server*. Sie müssen sich anschließend für eine der unterstützten Programmiersprachen, also C# oder Visual Basic, entscheiden. In älteren Visual Studio-Versionen wählen Sie zuerst die Programmiersprache aus und anschließend den Projekttyp. Das ist auch schon der wichtigste Unterschied zwischen diesen Versionen. Wenn Sie partout eine andere Sprache einsetzen möchten, dann bleibt Ihnen nur übrig, wie weiter vorne beschrieben vorzugehen und das Ausliefern Ihres Codes in die Datenbank manuell zu betreiben. Debuggen können Sie den Code in einer weiteren Sprache allerdings nicht.

Achten Sie darauf, dass als Zielframework die Version 3.5 eingestellt ist. Vergessen Sie das beim Anlegen des Projekts, können Sie diese Einstellung später in den Projekteigenschaften problemlos nachträglich ändern. Nach der Angabe des Projektnamens und eventuell des Projektmappennamens kann der Spaß beginnen (Abbildung 30.6).

SQLCLR-Objekte mit Visual Studio entwickeln

Als Erstes hinterlegen Sie in dem neuen Projekt die Verbindung zu Ihrem Entwicklungsserver und der Datenbank, in der Sie arbeiten möchten (Abbildung 30.7). Es handelt sich dabei um eine ganz normale Visual Studio-Datenverbindung. Eine kleine Besonderheit gibt es allerdings doch, wenn Sie die Verbindung mit *OK* anlegen lassen oder eine vorhandene bestätigen: Visual Studio fragt dann nämlich sofort nach, ob Sie für diese Datenverbindung das Debugging von SQLCLR-Code erlauben möchten (Abbildung 30.8). Das wollen Sie mit Sicherheit – also beantworten Sie diese Frage mit *Ja*. Aus Sicherheitsgründen wird das Debugging nicht automatisch aktiviert, sondern muss explizit bestätigt werden. *Falls* Sie sich den Entwicklungsserver mit anderen Benutzern teilen, sollten Sie den Hinweis im Dialogfeld aufmerksam lesen: Beim Aktivieren des SQLCLR-Debuggings wird sämtlicher laufender SQLCLR-Code in der SQL Server-Instanz beendet!

Das war es schon. Ist auf dem SQL Server die .NET Unterstützung aktiviert (siehe weiter vorne), dann können Sie jetzt Ihr erstes »Hallo Welt!« schreiben.

HINWEIS Um mit der SQLCLR für SQL Server 2008 arbeiten zu können, benötigen Sie ein installiertes .NET Framework ab der Version 2.0.x auf Ihrem Rechner. Genauso gut können Sie die Versionen 3.0 und 3.5 verwenden, wenn Sie die aktuellen Möglichkeiten nutzen möchten. Die Version 4.0 wird noch nicht unterstützt.

Den Namen für Ihre neue Assembly stellen Sie in den Projekteigenschaften ein (Rechtsklick auf den Projektnamen), ebenso den Standardnamensraum.

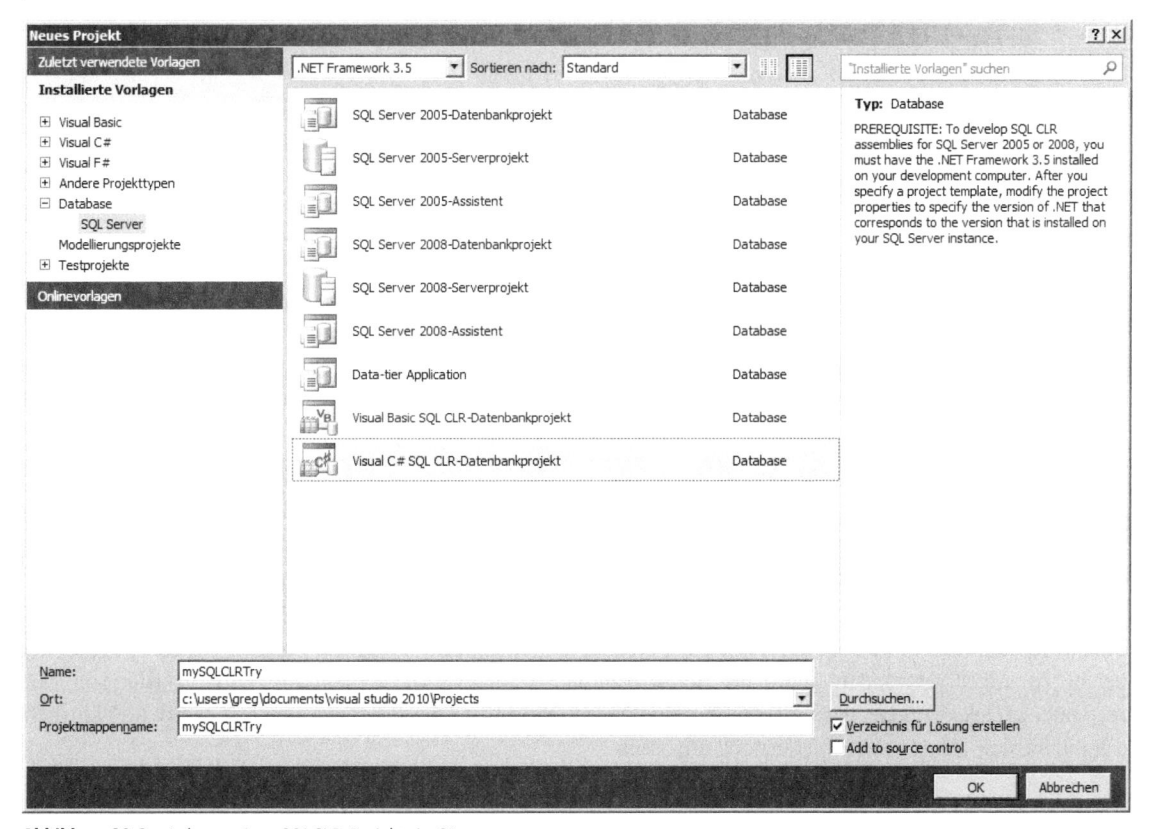

Abbildung 30.6 Anlegen eines SQLCLR-Projekts in C#

Abbildung 30.7 Datenverbindung hinterlegen

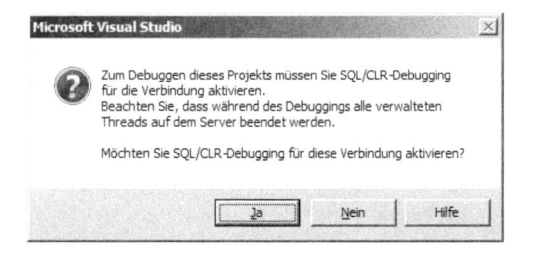

Abbildung 30.8 Aktivieren des Debugging

> **TIPP** Sie sollten Ihren Projekten möglichst schon an dieser Stelle einen beschreibenden Namen geben, das erleichtert das spätere Verwalten. Auch den Speicherort sollten Sie so wählen, dass Sie ihn leicht wiederfinden können, schließlich dienen die Projektdateien auch als Dokumentation der von Ihnen entwickelten Datenbankobjekte.

Eine gespeicherte Prozedur für die SQLCLR schreiben

Sie fügen Ihrer Projektmappe ein neues Objekt über einen Rechtsklick auf den Projektnamen und *Hinzufügen / Neues Element...* hinzu. Visual Studio bietet Ihnen die verfügbaren Objektvorlagen für SQLCLR-Objekte an (Abbildung 30.9). Um Arbeit zu sparen, sollten Sie bei der Wahl des Namens für die Objektdatei gleich denjenigen verwenden, der später in der Datenbank auch für das Objekt verwendet werden soll. Mit der Datei *spHelloWorld.cs* wird also eine gespeicherte Prozedur *spHelloWorld* angelegt werden. Natürlich können Sie den Namen auch später noch anpassen.

SQLCLR-Objekte mit Visual Studio entwickeln

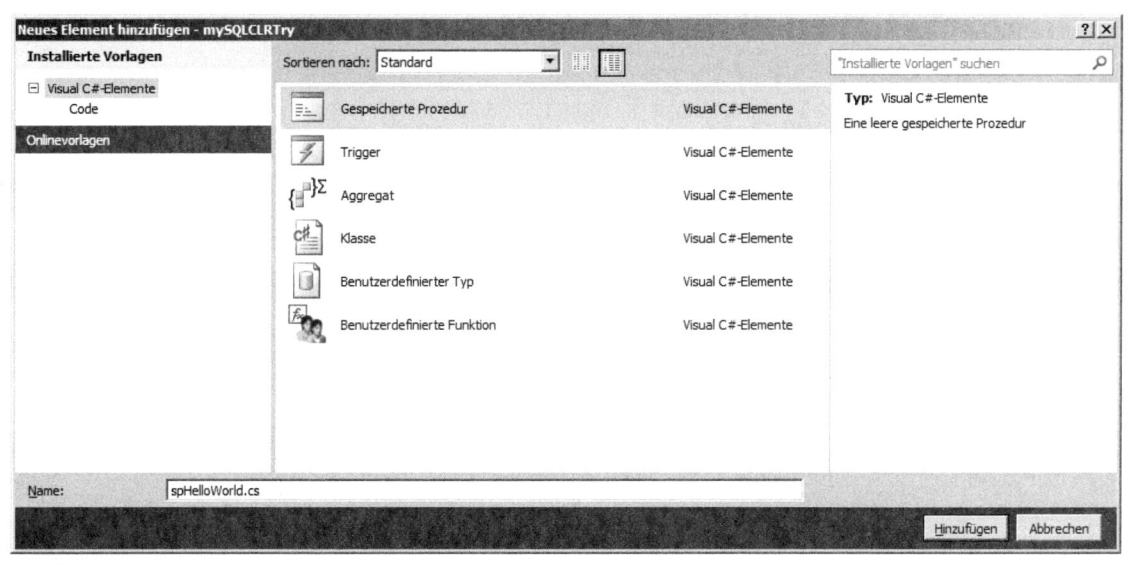

Abbildung 30.9 Vorlagen für SQLCLR-Objekte

Der von der Visual Studio-Vorlage vorbereitete Code ist in der Regel karg, aber funktional. In Abbildung 30.10 können Sie erkennen, dass eine partielle Klasse *StoredProcedures* vorbereitet wurde, die eine statische Methode *spHelloWorld()* besitzt. Besitzt Ihre Prozedur keine Parameter, dann müssen Sie nur noch den Rumpf dieser statischen Methode füllen und Ihre erste SQLCLR-Prozedur ist schon fertig. Auch die für die SQLCLR-Programmierung normalerweise notwendigen .NET Namespaces sind über die passenden *using*-Direktiven bereits eingebunden. Eine partielle Klasse ist übrigens eine Klasse, deren Quellcode sich über mehrere Dateien erstreckt. Da der Name der Klasse bei der späteren Verwendung im SQL Server relevant ist, werden Sie den Standardnamen *StoredProcedures* möglicherweise anpassen wollen.

Achten Sie dann darauf, dass Sie den Klassennamen über alle Dateien hinweg konsistent umbenennen. Das erreichen Sie am besten dadurch, dass Sie den Bezeichner nicht einfach überschreiben, sondern die Visual Studio-Funktion für das Umbenennen verwenden. Diese erreichen Sie im Kontextmenü über *Umgestalten/Umbenennen...* (Abbildung 30.11). Visual Studio präsentiert Ihnen eine Vorschau der einzelnen Aktionen. So können Sie kontrolliert vorgehen. Da für die Referenzierung einer Methode in einer SQLCLR-Assembly ein dreiteiliges Namensschema – *Assemblyname.Klassenname.Methodenname* – verwendet wird, sind Namenskonflikte in der Datenbank nicht möglich. Bei umfangreichen SQLCLR-Projekten, mit vielen Methoden, ist es aber sicherlich sinnvoll, mit sprechenden Klassennamen zu arbeiten. Prinzipiell könnten Sie Ihren Quellcode auch anderes aufteilen, indem Sie beispielsweise mit Klassen arbeiten, deren Code in einer einzelnen Datei liegt. Das bleibt vollkommen Ihnen überlassen. Visual Studio unterstützt die Verwendung partieller Klassen aber ordentlich, und die Unterbringung des Codes in getrennten Dateien macht Ihren Code insgesamt etwas übersichtlicher.

Wie es sich gehört, ist das »Hello World!« schnell geschrieben. Man muss dazu nur wissen, wie man aus einem SQLCLR-Objekt heraus mit dem Aufrufer kommunizieren kann. Dafür steht in der Klasse *SQLContext* das Objekt *Pipe* mit seiner Methode *Send* zur Verfügung. Pipe stellt die Abstraktion des Kommunikationskanals zwischen der Ablaufumgebung im Server und dem Aufrufer dar. *Pipe.Send* entspricht dem *PRINT*-Kommando, welches Sie aus T-SQL kennen.

```csharp
using System;
using System.Data;
using System.Data.SqlClient;
using System.Data.SqlTypes;
using Microsoft.SqlServer.Server;

public partial class myHelloWorldClass
{
    [Microsoft.SqlServer.Server.SqlProcedure]
    public static void spHelloWorld()
    {
        SqlContext.Pipe.Send("Hello World!");
    }
};
```

Listing 30.12 Ein *Hello World!* in Form einer gespeicherten Prozedur

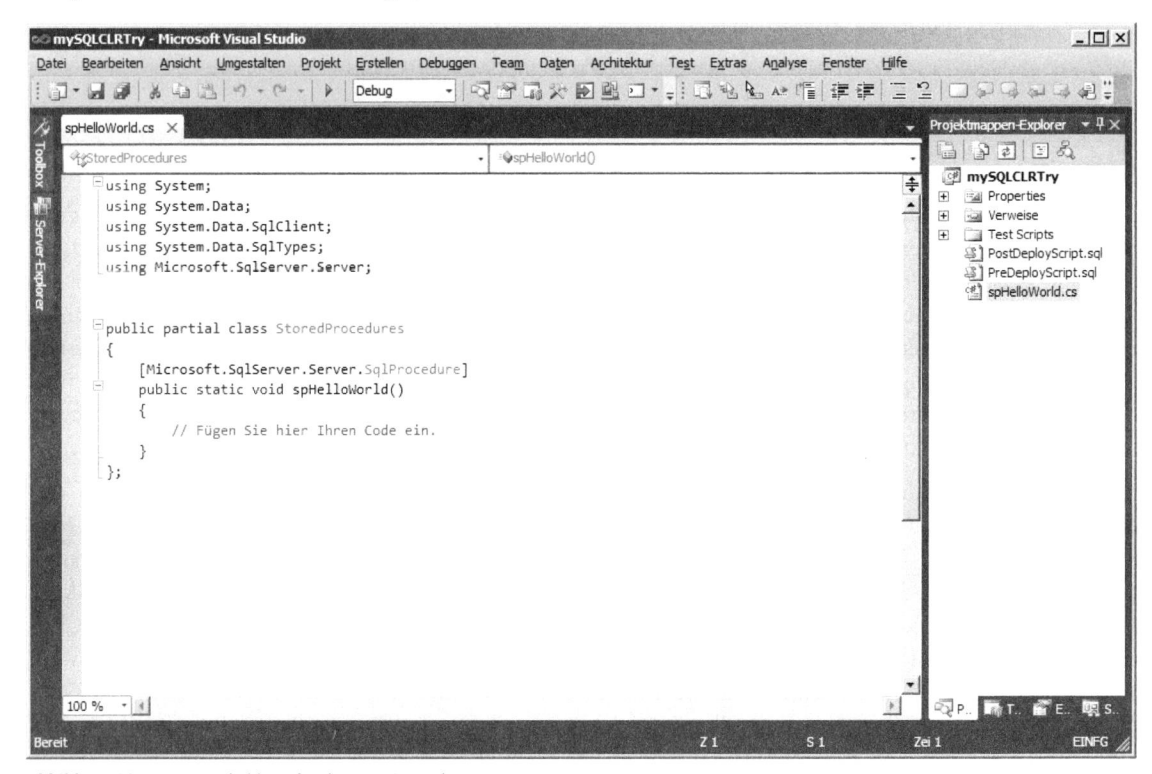

Abbildung 30.10 Die Schablone für die neue Prozedur

Nach Eingabe des Prozedurtexts können Sie das Projekt mit dem Kommando *Erstellen / Projekt erstellen* kompilieren lassen. Der intermediate Code wird erzeugt und in einer DLL abgelegt, die Sie im Ordner *bin\debug* unterhalb Ihres Projektverzeichnisses finden. Das fertige Codebeispiel finden Sie in der Datei *31.12 spHelloWorld.cs*.

Testen können Sie Ihre Datenbankobjekte erst, nachdem diese in Ihre Entwicklungsdatenbank importiert wurden. Genau das passiert beim *Bereitstellen*. Dieses Kommando finden Sie ebenfalls im Menü *Erstellen*. Das Buildsystem von Visual Studio erstellt für die Auslieferung der Assembly ein spezielles SQL Server-Bereitstellungsskript. Es wird nicht etwa einfach nur das *CREATE ASSEMBLY*-Kommando aufgerufen und

SQLCLR-Objekte mit Visual Studio entwickeln

der Dateiname der DLL übergeben, wie man sich das vielleicht vorstellen könnte – das Skript hat noch weitere Aufgaben. Listing 30.13 zeigt einen Ausschnitt des Bereitstellungsskripts für die *mySQLCLRTry*-Assembly. Sie finden das generierte Skript im *Debug*-Verzeichnis des Projekts (*mySQLCLRTry.sql*). Eine wichtige Aufgabe des Skripts ist es, die Funktionsfähigkeit der Datenbank auch im Falle einer fehlgeschlagenen Auslieferung aufrecht zu erhalten. Daher wird die gesamte Operation in eine Transaktion eingeschlossen und das Ergebnis jedes Teilbefehls wird überprüft. Das Skript kümmert sich zusätzlich darum, eine vorhandene Version der Assembly und der darauf definierten Datenbankobjekte zu löschen. Interessanterweise ist die Assembly selbst Teil des Skripts. Hinter dem Kommando *CREATE ASSEMBLY* finden Sie einen langen String, dies sind die Assemblybits. Durch das Einbetten des Bytecodes in das Skript wird dieses portabel – Sie können es auch unabhängig von Visual Studio für das Ausliefern der Assembly verwenden und die Dateiberechtigungen des SQL Server spielen keine Rolle mehr.

```
...
Print N'Alle DDL-Trigger werden deaktiviert....'
GO
DISABLE TRIGGER ALL ON DATABASE

...
SET XACT_ABORT ON
GO
SET TRANSACTION ISOLATION LEVEL READ COMMITTED
GO
BEGIN TRANSACTION
GO
PRINT N'[dbo].[spHelloWorld] wird gelöscht....';
DROP PROCEDURE [dbo].[spHelloWorld];
...

PRINT N'[mySQLCLRTry] wird gelöscht....';
DROP ASSEMBLY [mySQLCLRTry];

PRINT N'[mySQLCLRTry] wird erstellt....';
CREATE ASSEMBLY [mySQLCLRTry] AUTHORIZATION [dbo]FROM 0x4D5A9000030000004000000FFFF0000....
WITH PERMISSION_SET = SAFE;
GO
IF @@ERROR <> 0
    AND @@TRANCOUNT > 0
    BEGIN
        ROLLBACK;
    END

PRINT N'[dbo].[spHelloWorld] wird erstellt....';

CREATE PROCEDURE [dbo].[spHelloWorld]
AS EXTERNAL NAME [mySQLCLRTry].[myHelloWorldClass].[spHelloWorld]
...
IF EXISTS (SELECT * FROM #tmpErrors) ROLLBACK TRANSACTION
GO
IF @@TRANCOUNT>0 BEGIN
    PRINT N'Der transaktive Teil der Datenbankaktualisierung wurde erfolgreich durchgeführt.'
    COMMIT TRANSACTION
END
ELSE PRINT N'Fehler beim transaktiven Teil der Datenbankaktualisierung.'
...
```

Listing 30.13 Ein Bereitstellungsskript für eine SQLCLR-Assembly

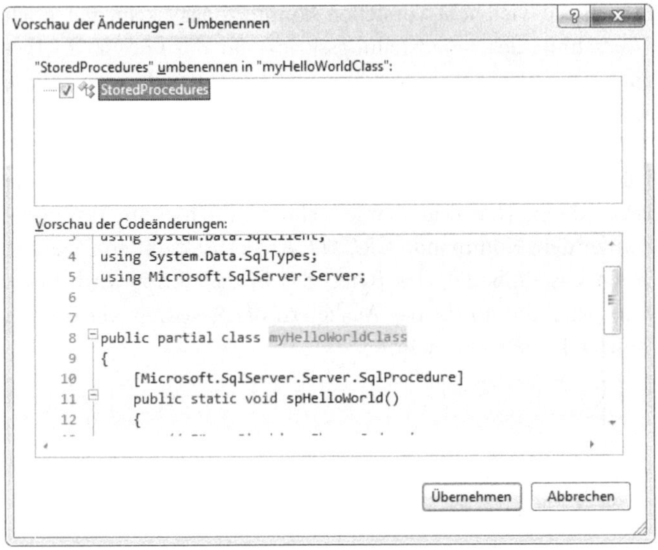

Abbildung 30.11 Umbenennen der Klasse *StoredProcedures*

Nachdem das Bereitstellen der Assembly erfolgreich abgeschlossen wurde, können Sie die neue gespeicherte Prozedur im Management Studio sofort ausprobieren.

```
EXEC dbo.spHelloWorld
```

Listing 30.14 Test der neuen Prozedur

Dieser Ausruf liefert – wie erwartet – das Ergebnis »Hello World«. Heureka!

Attribute

Mithilfe von Attributen legt man die Eigenschaften einer Methode oder Assembly fest und veröffentlicht diese. Bei der Registrierung im SQL Server werden diese Attribute ausgelesen und verarbeitet. Jeder Typ eines CLR-Objekts hat seine eigenen Attribute, die optional oder verpflichtend sein können. Im *Hello World*-Beispiel wird das Attribut *[Microsoft.SqlServer.Server.SqlProcedure]* verwendet. Dieses weist das Visual Studio-Build-Tool an, im Auslieferungsskript T-SQL für das Anlegen einer gespeicherten Prozedur vorzubereiten. Lässt man das Attribut weg, dann wird der Quellcode problemlos kompiliert und die Assembly wird auch ausgeliefert, es wird aber keine gespeicherte Prozedur *spHelloWorld* angelegt. Über Attribute können Sie unter anderem die Parametrisierung präzise steuern und für die Programmierung einer tabellenwertigen Funktion ist die Verwendung eines Attributs verpflichtend, in welchem der Aufbau der Ergebnistabelle definiert wird.

Welche Attribute es im Einzelnen für die verschiedenen Objekttypen gibt und welche Auswirkungen diese haben, wird bei der Erläuterung der jeweiligen Objekte im nächsten Kapitel ausführlicher behandelt.

Ein Testskript vorbereiten

Um eine gespeicherte Prozedur oder ein anderes Objekt, das Sie mit verwaltetem Code entwickelt haben, zu testen, müssen Sie nicht unbedingt in das Management Studio wechseln. Vielmehr können Sie auch mit Testskripten arbeiten, die Sie in Ihrer Visual Studio-Umgebung vorbereiten und starten können.

SQLCLR-Objekte mit Visual Studio entwickeln

Dazu stellt Visual Studio den Ordner *Test Scripts* in der Projektmappe zur Verfügung. Dateien in diesem Ordner, welche eine Endung *sql* besitzen, werden von der T-SQL-Entwicklungsumgebung als Testskript interpretiert. Im Kontextmenü eines Testskripts finden Sie den Befehl *Debugskript*. Führen Sie diesen Befehl aus, dann schickt Visual Studio den im Skript vorhandenen Programmtext an den verbundenen SQL Server (es muss also ausführbarer T-SQL-Code im Skript liegen), startet den SQLCLR-Debugprozess und hängt den Visual Studio-Debugger an diesen Prozess an. Je nach den Einstellungen für das SQL Server-Dienstkonto und dem Konto des angemeldeten Benutzers bekommen Sie davor eine Warnung zu sehen (Abbildung 30.12). Nach Klick auf *Anfügen* wird der T-SQL-Code im Skript gestartet. Wenn dieser den Aufruf einer gespeicherten Prozedur oder einer Funktion beinhaltet, dann wird dieser natürlich brav ausgeführt. Listing 30.15 zeigt eine einfache CLR-Prozedur, die mit dem (noch einfacheren) Testskript aus Listing 30.16 gestartet werden kann. Keine Sorge: Die verwendeten Objekte und Methoden werden im nächsten Kapitel noch ganz genau vorgestellt. Den Beispielcode finden Sie im Visual Studio-Projekt in den Dateien *31.15 spGetCustomersFromBerlin* und *31.16 spHelloWorld_Test.sql*.

```
public partial class StoredProcedures
{
    [Microsoft.SqlServer.Server.SqlProcedure]
    public static void spGetCustomersFromBerlin()
    {
        SqlConnection theSQLConnection = new SqlConnection("context connection = true");
        SqlCommand theSQLCommand = new SqlCommand();

        theSQLCommand.Connection = theSQLConnection;
        theSQLCommand.CommandText = "SELECT Name_2, Postalcode FROM Sales.Customers WHERE City = 'Berlin'";

        theSQLConnection.Open();
        SqlDataReader theSQLDataReader = theSQLCommand.ExecuteReader();
        SqlContext.Pipe.Send(theSQLDataReader);
        theSQLConnection.Close();

    }
};
```

Listing 30.15 Beispielprozedur für ein Testskript

```
EXECUTE spGetCustomersFromBerlin
```

Listing 30.16 Testskript für das Aufrufen der Prozedur

Selbstverständlich kann ein Testskript viel komplizierter aufgebaut sein und vor allen Dingen Parameter für Prozeduren und Funktionen zur Verfügung stellen. Im nachfolgenden Abschnitt über das Debugging finden Sie ein Beispiel dafür.

Sämtlicher Output des Testskripts und des aufgerufenen T-SQL-Codes wird in das Visual Studio-Ausgabefenster geleitet. Hier finden Sie Ergebnismengen, Ausgaben von *PRINT-* und *RAISERROR-*Befehlen, Fehlermeldungen und Informationsmeldungen des Debuggers bunt gemischt (Abbildung 30.13). In diesem Fenster die Korrektheit einer Ergebnismenge zu betrachten oder Fehlermeldungen zu suchen kann mühsam sein. Überprüfen Sie die Ausgaben der untersuchten Objekte besser im Management Studio oder verwenden Sie die Unit Testing-Möglichkeiten für T-SQL-Code, die ein Visual Studio Datenbanktestprojekt mitbringt. Das Vorgehen ist in Kapitel 7 (»Werkzeuge für T-SQL-Entwickler«) beschrieben. Für das Starten des Debuggers sind Testskripte allerdings unerlässlich.

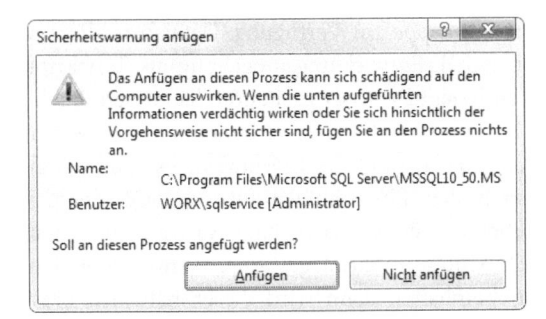

Abbildung 30.12 Warnung vor dem Anhängen an den Debuggerprozess

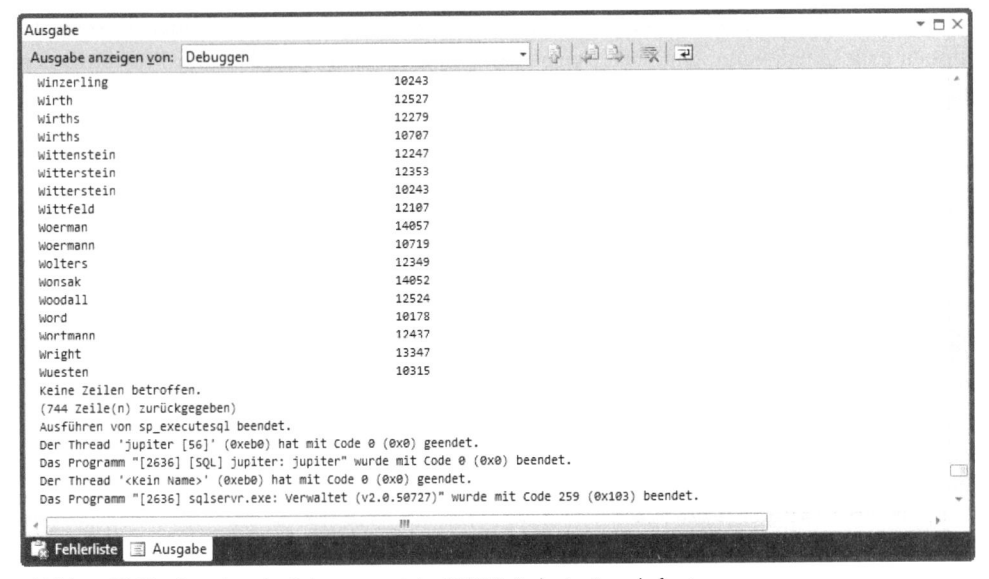

Abbildung 30.13 Ausgaben des Debuggers und des SQLCLR-Codes im Ausgabefenster

> **TIPP** Sollten Sie einmal versehentlich den Ordner *Test Scripts* löschen, dann ist das kein Drama. Legen Sie einfach einen neuen Ordner unter genau diesem Namen an. Danach steht die Testskript-Funktionalität wieder zur Verfügung.

> **TIPP** Die Sicherheitswarnung vor dem Anhängen an den Debuggerprozess wird man gar nicht so einfach los. Gleichzeitig kann das ständige Wegklicken reichlich störend sein. Eine Möglichkeit ist, den SQL Server-Prozess unter dem Konto des angemeldeten Benutzers laufen zu lassen. Das wird aber in vielen Fällen nicht möglich sein. In Visual Studio selbst finden Sie keine Möglichkeit für das Abschalten der Meldung. Es geht aber doch. Dazu starten Sie in der Windows-Systemsteuerung im Ordner *Verwaltung* die Konsole *Lokale Sicherheitsrichtlinie*. Surfen Sie hier zum Eintrag *Lokale Richtlinien/Zuweisung von Benutzerrechten*. Öffnen Sie hier den Eintrag *Debuggen von Programmen* und fügen Sie Ihr Benutzerkonto explizit hinzu. *Falls* das nichts bringen sollte oder falls Sie diesen Eintrag nicht ändern können oder dürfen, dann bleibt als letzter Ausweg noch ein Registry-Hack: Setzen Sie den Wert des Keys *HKEY_CURRENT_USER\Software\Microsoft\VisualStudio\10.0\Debugger | DisableAttachSecurityWarning* auf *1*. So – jetzt sollte Ruhe herrschen.

SQLCLR-Code debuggen

Das Debuggen von SQLCLR-Code ist technisch betrachtet eine anspruchsvolle Aufgabenstellung. Als Visual Studio-Entwickler bekommen Sie davon glücklicherweise nicht viel mit. Das Debuggen klappt normalerweise sehr einfach, wenn die folgenden Randbedingungen gegeben sind:

- Sie müssen Visual Studio als Administrator ausführen, um das Debugging starten zu können. Unter Windows Vista oder Windows 7 klicken Sie dazu auf den Visual Studio-Eintrag im Startmenü und öffnen das Programm über den Kontextmenüeintrag *Als Administrator ausführen*. Wenn Ihnen das zu lästig ist, dann legen Sie am besten einen Shortcut zur Datei *deven.exe* im Unterverzeichnis \common7\ide der Visual Studio-Installation an. In den Eigenschaften der Verknüpfung finden Sie auf dem Register *Verknüpfung* die Schaltfläche *Erweitert*. Hinter dieser verbirgt sich ein kleines Dialogfeld, auf welchem Sie anklicken können, dass Sie das Programm immer als Administrator ausführen möchten (Abbildung 30.14). Dieser Klick macht die Arbeit gleich viel bequemer.[2]

- Auch im SQL Server brauchen Sie die entsprechenden Berechtigungen: Das SQL Server-Login, unter dem gearbeitet wird, muss im Server der Rolle *sysadmin* zugeordnet sein. Da Microsoft das Debuggen als sicherheitsrelevanten Prozess auf dem Datenbankserver sieht, ist das Debuggen ohne *sysadmin*-Rechte nicht möglich! Wichtig ist dabei die Verbindungszeichenfolge für die Datenbankverbindung des Projekts: Ist dort kein eigenes SQL-Benutzerkonto mit Kennwort eingetragen, so wird das Windows-Konto verwendet, mit dem Sie gerade angemeldet sind.

- In der benutzten Visual Studio Datenverbindung muss das Debugging aktiviert sein. Wenn Sie die Aktivierung nicht bereits beim Anlegen der Datenverbindung für das Projekt durchgeführt haben, dann können Sie das jederzeit über den Server-Explorer und den Kontextbefehl *SQL/CLR-Debugging zulassen* durchführen. Bei der Aktivierung des Debugging wird die Windows Firewall automatisch korrekt eingestellt.

- Es kann nur ein Entwickler zu einem Zeitpunkt SQLCLR-Code in einer SQL Server-Instanz debuggen. Paralleles Debugging von T-SQL-Code ist allerdings möglich.

- Grundsätzlich spielt es keine Rolle, ob Sie auf einem lokalen SQL Server oder einem entfernten arbeiten. Die Voraussetzungen für das Debugging sind dieselben, mit einer Ausnahme: In der SQL Server-Instanz muss das TCP/IP-Protokoll eingeschaltet sein. Bei einem lokalen Server spielt es keine Rolle, welche Netzwerkbibliotheken erstellt sind.

Das war es eigentlich schon, was die Vorbereitungen angeht.

WICHTIG Das Debuggen Ihres SQLCLR-Codes sollten Sie ausschließlich in einer Entwicklungsdatenbank durchführen. Sobald das Debuggen gestartet wird, werden alle anderen Threads, die gerade mit der Verarbeitung von verwaltetem Code beschäftigt sind, knallhart gestoppt. Nur Ihr eigener Thread, an den sich der Debugger anhängt, darf weiterlaufen. Auf einem Produktivserver wäre das unter Umständen eine kleine Katastrophe.

---

[2] Natürlich könnten Sie die Einstellung auch gleich im ursprünglichen Eintrag des Startmenüs vornehmen. Das wird von Microsoft allerdings nicht als Best Practise betrachtet, da Sie Visual Studio dann immer mit vollen Administratorberechtigungen nutzen.

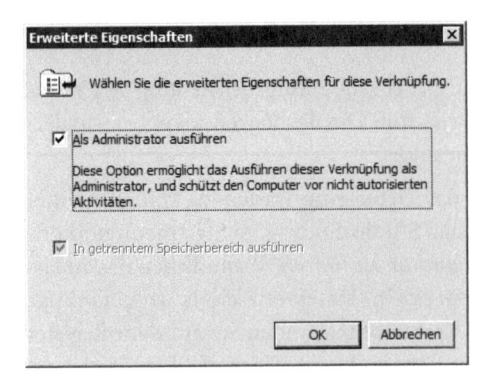

Abbildung 30.14 Visual Studio immer als Administrator ausführen

TIPP Wenn das Remote-Debugging tatsächlich einmal nicht funktionieren sollte, dann könnte es sein, dass mit der SQL Server-Installation irgendetwas nicht stimmt. In manchen Fällen helfen eine Re-Installation von SQL Server und der Service Packs aus der Klemme.

Bevor Sie das Debugging starten, können Sie im Quellcode wie gewohnt Haltepunkte setzen. Anschließend müssen Sie das Objekt, welches untersucht werden soll, durch ein Testskript starten. Als Beispiel dient die folgende Prozedur, die als Parameter einen Ortsnamen entgegennimmt und dazu die passenden Kunden liefert. Details zum Schreiben von gespeicherten Prozeduren in verwaltetem Code erhalten Sie im nächsten Kapitel.

```
[Microsoft.SqlServer.Server.SqlProcedure]
public static SqlInt32 spGetCustomersByCity (ref SqlString strCity)
{
   string   strSQLCommandText;
   SqlConnection theSQLConnection = new SqlConnection("context connection = true");
   SqlCommand theSQLCommand = new SqlCommand();

   // Prarametercheck
   if (strCity.IsNull | strCity.Value == "")
   {
      return -1;
   };

   // SQL Kommando zusammenbauen
   strSQLCommandText = "SELECT Name_2, Postalcode FROM Sales.Customers WHERE City = '" + strCity.Value + "'";

   // Der Spass beginnt...
   theSQLCommand.Connection = theSQLConnection;
   theSQLCommand.CommandText = strSQLCommandText;
   theSQLConnection.Open();
   SqlDataReader theSQLDataReader = theSQLCommand.ExecuteReader();
   SqlContext.Pipe.Send(theSQLDataReader);
   theSQLConnection.Close();

   return 0;
}
```

Listing 30.17 Beispielprozedur für das Debugging

SQLCLR-Objekte mit Visual Studio entwickeln

Das Testskript für den Aufruf der Prozedur können Sie im Prinzip frei gestalten. Der Aufruf der Prozedur muss allerdings auf jeden Fall durch ein *EXECUTE* (oder *EXEC*) passieren. Es gelten die Regeln für T-SQL-Batches, die Sie in diesem Buch bereits kennen gelernt haben. Das Skript ist im Management Studio schnell entwickelt und in das Visual Studio-Testskript eingesetzt. Das folgende Beispiel zeigt ein simples Testskript für den Aufruf der Prozedur aus Listing 30.17. Skriptausgaben durch *PRINT* oder *SELECT* werden im Visual Studio-Fenster *Ausgabe* angezeigt. Testskripts können natürlich beliebig kompliziert aufgebaut sein – beispielsweise eignen sich die Skripte gut, um vor dem Ausführen des Debuggings Testdaten vorzubereiten beziehungsweise zurückzusetzen. Auch innerhalb eines Testskript können Sie bei Bedarf Haltpunkte setzen.

```
DECLARE @return AS int

EXEC @return = spGetCustomersByCity 'Berlin'

PRINT '>>>>>>>>>>> ' + CAST (@return AS varchar(20))
```

Listing 30.18 Testskript mit Parametern und Rückgabewert

Gespeicherte Prozeduren, Funktionen und benutzerdefinierte Aggregate können Sie durch direkten Aufruf testen. Für Trigger und benutzerdefinierte Datentypen ist etwas mehr Aufwand notwendig. Trigger beispielsweise lösen Sie wie gewohnt durch DML-Operationen in der Basistabelle aus. Haben Sie im Trigger einen Haltepunkt gesetzt, dann hält der Debugger die Ausführung dort problemlos an.

Das Debuggen starten Sie durch einen Rechtsklick auf das Testskript und den Kontextbefehl *Debugskript*. Das Projekt wird jetzt noch einmal neu erstellt und ausgeliefert. Anschließend wird der Debugprozeß im SQL Server gestartet und der Visual Studio-Debugger hängt sich an diesen an.

TIPP Wenn Sie längere Zeit mit ein und demselben Testskript arbeiten möchten, dann können Sie dieses über den Kontextbefehl *Als Standardskript zum Debuggen festlegen* zum Defaultskript machen. Ab jetzt lässt sich über das Menü *Debuggen* das Debugging dieses Standardtestskripts starten, oder – einfacher – es über die Taste F5 ausführen.

Wie gewohnt hält der Debugger beim ersten Haltepunkt und es steht Ihnen der volle Komfort der Visual Studio-Debuggingumgebung zur Verfügung. So können Sie im Fenster *Lokal* sofort die Werte der lokalen Variablen und Parameter betrachten (Abbildung 30.15), die nächste Anweisung festlegen, Ausdrücke untersuchen und so fort (Abbildung 30.16). Sie steppen entweder im Einzelschrittmodus F11 oder im Prozedurschrittmodus F10 durch den Quelltext. Für das Arbeiten mit T-SQL gibt es dabei noch ein nettes Schmankerl. Wenn Sie auf einer Anweisung stehen, in der T-SQL-Code ausgeführt wird, wechselt der Debugger automatisch in das Fenster *Dynamisches Transact-SQL* und Sie können kontrollieren, welcher Programmtext ausgeführt werden wird. Besteht der T-SQL-String aus mehreren Anweisungen, dann geht das schrittweise Debuggen im T-SQL-Codeabschnitt weiter, bis der Rücksprung in den verwalteten Code erfolgt (Abbildung 30.17). Sehr praktisch!

Nachdem der Quellcode des SQLCLR-Objekts und auch das Testskript komplett abgearbeitet wurden, werden im Fenster *Ausgabe* zusätzlich zu den Kompilierungs- und Bereitstellungsmeldungen sämtliche Nachrichten angezeigt, die durch den Quellcode oder das Testskript generiert wurden, sowie die Ergebnismengen von *SELECT*-Kommandos.

TIPP Als zusätzliche Quelle für Fehlerinformationen kommt zusätzlich die Ereignisprotokollierung des Datenbankservers in Frage. Im Windows-Startmenü unter *Alle Programme/Verwaltung/Ereignisanzeige* findet man im Anwendungsprotokoll eventuell Einträge von SQL Server, die Hinweise auf die mögliche Fehlerursache geben könnten.

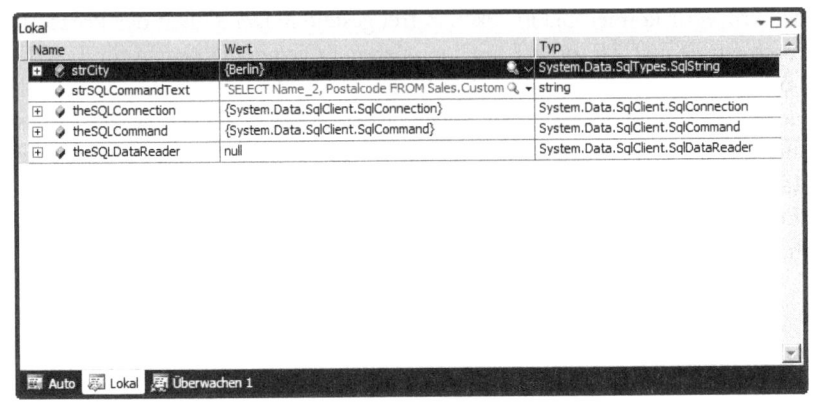

Abbildung 30.15 Werte im Fenster *Lokal*

```csharp
using System;
using System.Data;
using System.Data.SqlClient;
using System.Data.SqlTypes;
using Microsoft.SqlServer.Server;


public partial class StoredProcedures
{
    [Microsoft.SqlServer.Server.SqlProcedure]
    public static SqlInt32 spGetCustomersByCity (ref SqlString strCity)
    {

        string strSQLCommandText;
        SqlConnection theSQLConnection = new SqlConnection("context connection = true");
        SqlCommand theSQLCommand = new SqlCommand();

        // Prarametercheck

        if (strCity.IsNull | strCity.Value == "")
        {
            return -1;
        };


        // SQL Kommando zusammenbauen
        strSQLCommandText = "SELECT Name_2, Postalcode FROM Sales.Customers WHERE City = '" + strCity.Value + "'";

        // Der Spass beginnt...
        theSQLCommand.Connection = theSQLConnection;
        theSQLCommand.CommandText = strSQLCommandText;

        theSQLConnection.Open();

        SqlDataReader theSQLDataReader = theSQLCommand.ExecuteReader();
        SqlContext.Pipe.Send(theSQLDataReader);

        theSQLConnection.Close();

        return 0;

    }
};
```

Abbildung 30.16 Gespeicherte SQLCLR-Prozedur im Debugger

```
Dynamisches Transact-SQL
  SELECT Name_2, Postalcode FROM Sales.Customers WHERE City = 'Berlin'
```

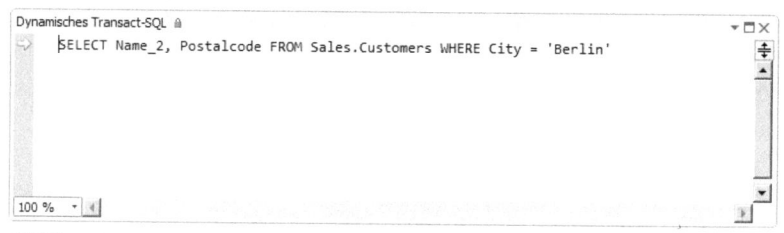

Abbildung 30.17 Fenster Dynamisches Transact-SQL

Projekteigenschaften einstellen

Genau wie in jedem anderen Visual Studio-Projekt, gibt es für SQLCLR-Projekte einige grundlegende Einstellungen, die Sie kennen sollten. Sie finden diese im Ordner *Eigenschaften* der Projektmappe. Über einen Doppelklick oder das Kontextmenü gelangen Sie in das Eigenschaftenfenster (Abbildung 30.18). Glücklicherweise sind es nicht allzu viele Dinge, an die Sie denken müssen. Es folgt eine kurze Übersicht der für die SQLCLR-Entwicklung wichtigen Seiten und Eigenschaften:

- **Anwendung** Hier können Sie den Namen der Assembly anpassen. Dieser wird in der Datenbank verwendet, um den Code zu referenzieren. Bei der automatischen Bereitstellung durch Visual Studio werden die Referenzen der programmierten Objekte auf diesen Namen automatisch angepasst, falls Sie eine Änderung vornehmen. Liefern Sie die Assembly manuell aus, ist es Ihre Aufgabe, die Zuordnung neu vorzunehmen.

- **Buildereignisse** Hier könnten Sie Kommandos hinterlegen, die vor oder nach dem *Build* des Projekts ausgeführt werden sollen. Via *sqlcmd* könnten Sie auch Änderungen in der Datenbank vornehmen. Wenn es um das Ausführen von T-SQL-Befehlen vor oder nach dem *Deployment* der Assembly geht, lässt sich das mit den Prä- und Postdeployment-Skripten im Projekt einfacher bewerkstelligen.

- **Signierung** Es kann eine sehr gute Idee sein, Ihre Assemblys zu signieren – speziell, wenn Sie keine In-House-Anwendungen programmieren, sondern Ihren Code weitergeben möchten. Eine signierte Assembly ist dann notwendig, wenn Sie in den Berechtigungsebenen *Extern* oder *Unsicher* ausgeführt werden soll (dazu gleich mehr). Sie können den Signaturschlüssel an Ort und Stelle erzeugen oder einen vorhandenen auswählen.

- **Datenbank** Auf dieser Seite können Sie die Datenverbindung anpassen. Außerdem legen Sie die Berechtigungsebene fest, mit der Visual Studio die Assembly in der Datenbank registriert.

- **Codeanalyse** Die Codeanalyse ist kein spezifisches SQL Server-Thema, sondern ganz allgemein für die Entwicklung von Programmcode interessant. Aktivieren Sie die Codeanalyse, dann wird vor dem Erstellen des Projekts eine so genannte *statische Codeanalyse* durchgeführt. Ihr Quelltext wird auf die Einhaltung von Regeln überprüft, die (soweit das statisch möglich ist – also ohne die Ausführungspfade zu beurteilen) zur Codequalität beitragen können. Führen Sie beispielsweise eine Codeanalyse für die Prozedur aus Listing 30.17 durch, dann wird zu Recht angemeckert, dass der T-SQL-Quelltext zum Teil aus einem Parameter der Prozedur direkt übernommen und in einem Kommando eingesetzt wird. Der bessere Weg wäre der Aufruf einer gespeicherten Prozedur oder die Verwendung von Kommando-Parametern. So ließe sich verhindern, dass durch *SQL Injection* gefährlicher T-SQL-Code eingeschleust wird.

Die restlichen Seiten sind aus jedem beliebigen Visual Studio-Projekt bekannt und keine Spezialitäten der SQL Server-Entwicklung.

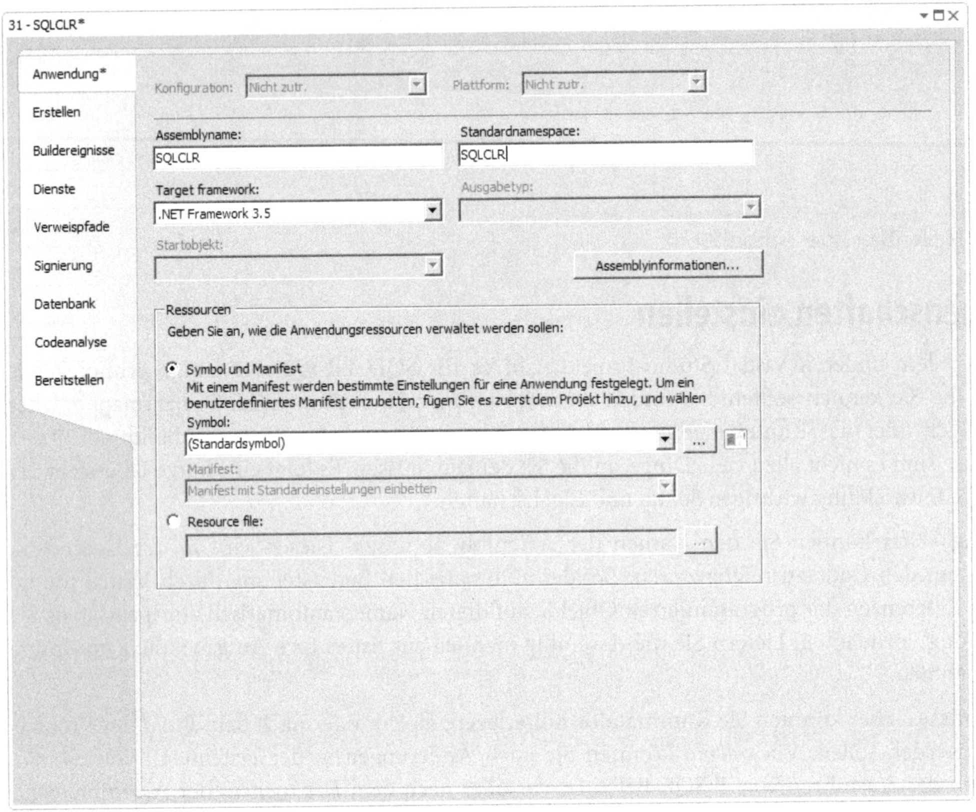

Abbildung 30.18 Projekteigenschaften einstellen

Ausliefern von SQLCLR-Objekten

Sie haben in diesem Kapitel bereits die beiden Wege kennen gelernt, über die Sie SQLCLR-Objekte in eine Datenbank ausliefern können: Durch T-SQL oder durch die automatische Bereitstellung durch Visual Studio. Beim Ausliefern via T-SQL haben Sie den gesamten Prozess komplett in der Hand und Sie können beispielsweise selbst entscheiden, ob die vorhandene Assembly gelöscht oder nur aktualisiert werden soll.

Visual Studio geht bei der automatischen Bereitstellung sehr rustikal vor. Soll eine neue Version einer Assembly ausgeliefert werden, dann wird die vorhandene Version einfach gelöscht und die neue Version registriert. Da dies nur dann möglich ist, wenn es keine T-SQL-Objekte gibt, die diese Assembly verwenden, werden alle Objekte, die durch das Projekt definiert sind, zunächst aus der Datenbank entfernt und nach dem Ausliefern der Assembly einfach neu angelegt. Das klappt allerdings nicht in jedem Fall und sorgt außerdem bisweilen für »Kollateralschäden«. So lassen sich in bestimmten Fällen SQLCLR-Objekte, die in SQL Server-Datenbanken genutzt werden, beispielsweise eine SQLCLR-Funktion in einer T-SQL-Sicht mit Schemabindung, nicht ohne Weiteres löschen. Speziell lässt sich ein benutzerdefinierter Datentyp, der bereits in einer Tabelle eingesetzt wird, nicht mehr löschen, sondern muss zunächst aus der Tabelle entfernt werden. Zu den »Kollateralschäden« des Löschens und Neuanlegens der Objekte gehört unter anderem das Verschwinden sämtlicher Berechtigungen. Um solche »Feinheiten« kümmert sich Visual Studio leider nicht.

Hier ist also der Entwickler selbst gefragt. In jedem SQLCLR-Projekt finden Sie zwei Skriptdateien, mit deren Hilfe Sie Nicht-Standard-Aufgaben im Deployment automatisieren können: *PreDeployScript.sql* und *PostDeployScript.sql*. Die Namen sprechen für sich. Sie können in diesen beiden Dateien T-SQL-Befehle hinterlegen, die vor bzw. nach dem Bereitstellen durch Visual Studio ausgeführt werden sollen. Die Möglichkeiten sind vielfältig. In das Prädeploymentskript gehören Kommandos, die das Bereitstellen des Projekts ermöglichen. Hier löschen Sie Objekte, die von Visual Studio nicht selbst gelöscht werden können, entfernen Spalten aus Tabellen, die auf benutzerdefinierten Datentypen basieren – wobei Sie die Spalteninhalte womöglich sichern und so weiter und so fort. In dieses Skript gehören auch globale Operationen für das Vorbereiten einer Testumgebung. Ein sehr einfaches und narrensicheres (aber möglicherweise etwas langsames) Verfahren ist das Restore der Entwicklungsdatenbank aus einer Datensicherung, um die geänderten Objekte immer auf einer standardisierten Datenbasis testen zu können.

Das Postdeploymentskript ist hervorragend dafür geeignet, gelöschte Spalten wiederherzustellen und die gesicherten Daten zurückzuspielen oder die Berechtigungen auf die Objekte einzustellen. Ich denke, Sie finden selbst noch weitere Anwendungen in Ihren Projekten.

Sicherheit

Das Thema Sicherheit spielt gerade bei verwaltetem Code in der Datenbank eine große Rolle. Mithilfe der passenden .NET Framework-Klassen können Sie auf einem Server (fast) alles tun, wonach Ihnen der Sinn steht. Die Möglichkeiten gehen weit über ein einfaches *xp_cmdshell* in T-SQL hinaus. Das Dateisystem, die Registry, sämtliche Datenbanken auf dem Produktivserver könnten potenziell eingesehen oder verändert werden. Um die Sicherheit in den Griff zu kriegen, wurde für SQLCLR-Assemblys eine zusätzliche Zugriffsschicht in der Datenbankmaschine eingeführt. Diese ermöglicht eine Einschränkung der möglichen Zugriffe aus einer Assembly heraus. Das Verfahren ist gleichzeitig einfach genug, um keinen zusätzlichen Aufwand für die Entwickler und die Administratoren zu erzeugen. Gleichzeitig gelten für die implementierten T-SQL-Objekte die ganz normalen SQL Server-Zugriffsberechtigungen.

T-SQL-Sicherheit für die SQLCLR-Objekte

Um es kurz zu machen: Für die Objekte, die Sie mit der SQLCLR implementiert haben, können Sie alle Informationen anwenden, die Sie im Teil B dieses Buchs zum Thema Sicherheit für Datenobjekte finden können. Damit ein Benutzer eine gespeicherte SQLCLR-Prozedur ausführen kann benötigt er die *EXECUTE*-Berechtigung auf diese Prozedur. Dasselbe gilt für die Funktionen und Aggregate. Ein SQLCLR-Trigger wird dann ausgelöst, wenn der Benutzer in der Basistabelle Änderungen vornehmen darf, für die er die passenden *INSERT*-, *UPDATE*- und *SELECT*-Berechtigungen braucht. Ein benutzerdefinierter Typ erbt die Berechtigungen von der Tabelle, in der er eingesetzt wird. Und schließlich gelten für verschachtelte T-SQL-Objekte, die auf verwaltetem Code basieren, die Regeln für Besitzrechtsketten, von denen die wichtigste lautet: Haben alle Objekte, die aufeinander aufbauen, ein und denselben Besitzer, dann prüft SQL Server die Berechtigungen nur für das oberste Objekt – die Berechtigungen der untergeordneten Objekte werden ignoriert. Alles wie gehabt also.

SQLCLR-Sicherheit

Für jede Art von verwaltetem Code, der auf einem Windows-Rechner ausgeführt wird, wird durch die .NET-Laufzeitumgebung die so genannte Codezugriffssicherheit überwacht. Für alle Assemblys, die auf einem Windows-Rechner laufen, gelten dabei die gleichen Systemrichtlinien (engl. Policies). Diese sind hierarchisch aufgebaut:

1. Machine Policy
2. User Policy
3. Host Policy

Die *Machine Policy* wirkt sich dabei auf jede Assembly aus. Die *User Policy* dagegen gilt immer für ein bestimmtes Windows-Benutzerkonto, in unserem Fall also das SQL Server-Dienstkonto. Auf der untersten Ebene gilt die *Host Policy*, also die Sicherheit, welche der .NET-Host selbst festlegt. Im Fall von SQLCLR-Code ist das SQL Server (bzw. dessen Datenbankmaschine).

Berechtigungssätze

Innerhalb der SQL Server-Hostumgebung kann der Code einer Assembly einen von drei verschiedenen Berechtigungssätzen besitzen. Etwas technischer betrachtet kann die Eigenschaft PERMISSION_SET einer Assembly einen der folgenden drei Werte annehmen:

- **Sicher (SAFE)**   Es sind nur Zugriffe innerhalb der eigenen Datenbank erlaubt. Datenzugriffe über die Datenbankgrenze hinweg führen zu einem Laufzeitfehler. Außerdem sind keinerlei Zugriffe auf Dateien oder andere externe Objekte möglich. Auch das Ändern des aktuellen Benutzerkontextes oder das Anlegen eigener Threads ist verboten.

- **Extern (EXTERNAL_ACCESS)**   Der Zugriff auf externe Objekte, wie Dateien, das Netzwerk, die Registry u. a. m. wird gestattet. Außerhalb der SQL Server-Umgebung gelten die Einschränkungen der Codezugriffssicherheit des Betriebssystems.

- **Unsicher (UNSAFE)**   Dieser Zugriffsatz ermöglicht vor allen Dingen die Ausführung von nicht verwaltetem Code aus SQLCLR-Assemblys heraus. Damit ließe sich ohne Probleme auch die Codezugriffssicherheit umgehen. Der Zugriffsatz hebt aber auch jegliche Einschränkungen auf, die er extern definiert.

Als Synonym für »Berechtigungssatz« finden Sie den Begriff der Berechtigungsebene. Der Berechtigungssatz wird einer Assembly beim Registrieren mitgegeben und kann später jederzeit geändert werden, wenn die Voraussetzungen für die einzustellende Ebene in der Datenbank erfüllt sind. In den folgenden Tabellen werden die einzelnen Berechtigungen detailliert aufgelistet.

Die folgenden Berechtigungen gelten für die Berechtigungsebene *Sicher*:

Berechtigung	Beschreibung
SecurityPermission	Berechtigung zur Ausführung von verwaltetem Code
SqlClientPermission	Beim Datenbankzugriff kann nur die Kontextverbindung verwendet werden, und die Verbindungszeichenfolge kann nur den Wert *"context connection=true"* oder *"context connection=yes"* annehmen. Leere Kennwörter sind nicht zulässig.

Tabelle 30.2   CAS-Berechtigungen für die Ebene *Sicher*

Sicherheit

In der Berechtigungsebene *Extern* werden die folgenden Erweiterungen hinzugefügt:

Berechtigung	Beschreibung
DistributedTransactionPermission	Verteilte Transaktionen sind zulässig
FileIOPermission	Der vollständige Zugriff auf Dateien und Ordner ist zulässig
KeyContainerPermission	Der vollständige Zugriff auf Schlüsselcontainer ist zulässig
NetworkInformationPermission	Die Pingausführung ist zulässig
RegistryPermission	Lässt Leseberechtigungen für HKEY_CLASSES_ROOT, HKEY_LOCAL_MACHINE, HKEY_CURRENT_USER, HKEY_CURRENT_CONFIG und HKEY_USERS zu
SmtpPermission	Ausgehende Verbindungen an den Anschluss 25 des SMTP-Hosts werden zugelassen
SocketPermission	Ausgehende Verbindungen (alle Ports, alle Protokolle) auf einer Transportadresse werden zugelassen
SqlClientPermission	Der vollständige Zugriff auf beliebige Datenquellen über beliebige Verbindungszeichenfolgen ist zulässig
StorePermission	Der vollständige Zugriff auf X.509-Zertifikatspeicher ist zulässig
WebPermission	Ausgehende Verbindungen zu Webressourcen werden zugelassen

Tabelle 30.3 CAS-Berechtigungen für die Ebene *Extern*

In der Zugriffsebene *Unsicher* gilt schließlich die Berechtigung *FullTrust*. Damit ist alles erlaubt, was Sie programmieren können. Für einzelne Berechtigungen, wie *SmtpPermission*, die unter der Berechtigungsebene *Extern* noch Einschränkungen besitzen können (Beschränkung auf den Standardport 25), fallen die Restriktionen weg – hier: sämtliche Ports werden gestattet.

Die unterschiedlichen Berechtigungssätze dienen der Daten- und der Codesicherheit. In der nachfolgenden Tabelle werden die Varianten weniger technisch und mehr aus der Anwendungssicht betrachtet.

Berechtigungsebene	Garantie von Datensicherheit	Schutz vor böswilligem Code	Garantie für Zuverlässigkeit des Codes
Sicher	Ja	Ja	Ja
Extern	Nein	Nein	Ja
Unsicher	Nein	Nein	Nein

Tabelle 30.4 Vergleich der Zugriffsebenen

Die Berechtigungsebene einstellen

Im einfachsten Fall werden Sie mit der Berechtigungsebene *Sicher* arbeiten. Für das Anlegen einer *SAFE*-Assembly benötigen Sie nur die *CREATE ASSEMBLY*-Berechtigung. Der Administrator der Datenbank kann sich sicher sein, dass eine Assembly mit dieser Berechtigungsebene ausschließlich innerhalb der Datenbank aktiv ist.

Zum Festlegen der Rechtestufen *EXTERNAL_ACCESS* oder *UNSAFE* sind zusätzliche Berechtigungen für den Datenbankbesitzer notwendig. Die heißen passenderweise *EXTERNAL ACCESS ASSEMBLY* und *UNSAFE ASSEMBLY*. Arbeiten Sie in der Rolle *sysdamin* in der SQL Server-Instanz (was für einen Entwickler wahrscheinlich ist), dann besitzen Sie diese Berechtigungen automatisch.

Der Berechtigungssatz einer Assembly wird bei der Bereitstellung durch SQL Server überprüft. Soll eine Assembly registriert werden, welche die Stufe *Extern* oder *Unsicher* verwendet, dann muss eine der beiden folgenden Voraussetzungen gegeben sein:

- Die Assembly ist signiert
- Die Datenbank wurde als vertrauenswürdig erklärt

Das Signieren einer Assembly ist zweifellos der beste Weg, um SQL Server mitzuteilen, dass eine Assembly »Safe« ist. Während der Entwicklungsphase kann man aber auch getrost den etwas »schmutzigen« Weg wählen und eine Datenbank schlicht und ergreifend als vertrauenswürdig (*TRUSTWORTHY*) erklären. Damit erlaubt man deklarativ, dass Assemblys mit einer beliebigen Berechtigungsebene registriert und deren Code ausgeführt werden können. In produktiven Datenbanken ist dies ganz offensichtlich nicht die allerbeste Variante. Dazu ein paar Beispiele.

Mit dem folgenden Code wird die Assembly aus dem Visual Studio-Abschnitt dieses Kapitels bereitgestellt und dabei der Berechtigungssatz auf *Unsicher* eingestellt. Der Code der Assembly ist zwar ganz harmlos – zum Beispiel ist die Prozedur *spGetCustomersByCity* vollkommen *Sicher*, da nur Zugriffe innerhalb der Datenbank passieren und kein nicht verwalteter Code ausgeführt wird – aber das interessiert SQL Server zum Zeitpunkt des Registrierens der Assembly noch nicht.

```
IF EXISTS ( SELECT * FROM sys.objects WHERE name = 'spHelloWorld' )
    DROP PROC dbo.spHelloWorld
IF EXISTS ( SELECT * FROM sys.objects WHERE name = 'spGetCustomersFromBerlin' )
    DROP PROC dbo.spGetCustomersFromBerlin
IF EXISTS ( SELECT * FROM sys.objects WHERE name = 'spGetCustomersByCity' )
    DROP PROC dbo.spGetCustomersByCity
IF EXISTS ( SELECT * FROM sys.assemblies WHERE name = 'mySQLCLRtry' ) DROP ASSEMBLY mySQLCLRtry
GO

CREATE ASSEMBLY mySQLCLRtry
FROM 'C:\SQLEntwicklerbuch08\Projekte\31 - SQLCLR\mySQLCLRtry\mySQLCLRtry\bin\Debug\mySQLCLRtry.DLL'
    WITH PERMISSION_SET = UNSAFE;
```

Listing 30.19 T-SQL-Kommando zum Bereitstellen einer Assembly als UNSAFE

Führt man dieses Kommando aus, dann beschwert sich SQL Server mit der folgenden Fehlermeldung:

```
Meldung 10327, Ebene 14, Status 1, Zeile 1
Fehler bei CREATE ASSEMBLY für die ' mySQLCLRtry'-Assembly, weil die 'mySQLCLRtry'-Assembly für PERMISSION_SET
= UNSAFE nicht autorisiert ist. …
```

Um das Registrieren der Assembly zu erlauben, wird mit dem folgenden Skript die Datenbank als vertrauenswürdig erklärt.

```
ALTER DATABASE netShop SET TRUSTWORTHY ON
```

Listing 30.20 Datenbank als vertrauenswürdig erklären

Jetzt klappt's auch mit dem Registrieren der *UNSAFE*-Assembly.

HINWEIS Prinzipiell kann eine Assembly Code enthalten, für dessen Ausführung eine höhere Berechtigungsebene erforderlich ist. Das wird bei der Registrierung der Assembly von SQL Server nicht bemerkt. Der Versuch, den betreffenden Code auszuführen, wird dann zu einem Laufzeitfehler führen. Sie können – wenn es unbedingt sein muss – zur Laufzeit der Assembly überprüfen, ob die Assembly eine bestimmte Berechtigung (zum Beispiel die für den Dateizugriff) besitzt. Dazu dient die .NET-Methode *Assert()*. Effektiver ist aber die Verwendung einer strukturierten Fehlerbehandlung – die werden Sie beim Zugriff auf externe Ressourcen sowieso verwenden wollen – und die Erzeugung einer sinnvollen Fehlermeldung für den Administrator. Der sollte erkennen können, dass er die Berechtigungsebene anders einstellen muss.

> **TIPP** Falls Ihnen die drei Berechtigungsgruppen zu wenig spezifisch sind, weil Sie z.B. nur auf bestimmte Ressourcen zugreifen können, so lässt sich zusätzlich eine eigene Richtlinie auf Maschinenebene anlegen. Ist Ihre Assembly mit einem starken Namen signiert, so können Sie eine eigene Richtlinie für diese anlegen und die nötigen Rechte erteilen oder entziehen.

Mit einer signierten Assembly arbeiten

Durch das Signieren einer Assembly teilen Sie SQL Server mit, dass er der Assembly vertrauen kann und dass der Code seit dem Erstellen der Assembly nicht mehr verändert wurde. Es gibt unterschiedliche Verfahren für das Signieren einer Assembly. Auf jeden Fall ist ein wenig Handarbeit angesagt. Visual Studio unterstützt den Vorgang des Signierens und Bereitstellens einer Assembly nur zum Teil. Ich stelle jetzt eine einfache Methode für das Ausliefern einer signierten Assembly vor.

Zum Signieren einer Assembly erstellen Sie im ersten Schritt eine private Schlüsseldatei mithilfe eines Visual Studio-Tools. Dazu öffnen Sie die Eigenschaften des Projekts und wechseln auf die Seite *Signieren*. Aktivieren Sie das Kontrollkästchen *Assembly signieren* und erstellen Sie über das Dropdown-Listenfeld darunter eine neue Schlüsseldatei, die Sie mit einem ausreichend starken Kennwort absichern (Abbildung 30.19). Die neue Schlüsseldatei mit der Endung *pfx* finden Sie anschließend in Ihrem Projektverzeichnis. Eine PFX-Datei (PFX steht für Personal Information Exchange-Format) enthält sowohl ein Zertifikat, wie auch den privaten Schlüssel dazu und muss über ein Passwort abgesichert werden. Erstellen Sie jetzt das Projekt noch einmal neu, damit die Assembly signiert wird.

Für das Ausliefern der Assembly müssen Sie die PFX-Datei mitgeben. Um eine signierte Assembly in einer SQL Server-Datenbank nutzen zu können, benötigen Sie nun einen speziellen Assemblybesitzer. Dieser Besitzer ist kein echter Benutzer sondern ein SQL Server-Prinzipal, der einen asymmetrischen Schlüssel repräsentiert. Sie können sich bei diesem Vorgang an das nachfolgende Skript halten. Achten Sie darauf, dass sich beim Ausführen des Skripts die PFX-Datei im selben Verzeichnis wie die Assembly-DLL befinden muss:

```
USE master
GO

-- Den asymmetrischen Schlüssel anlegen
CREATE ASYMMETRIC KEY mySQLCLRtry_Key
FROM EXECUTABLE FILE = 'C:\SQLEntwicklerbuch08\Projekte\31 -SQLCLR\...\Debug\mySQLCLRtry.DLL'
GO

-- Ein neues Login aus dem asymmetrischen Schlüssel anlegen
CREATE LOGIN mySQLCLRtry_Login FROM ASYMMETRIC KEY   mySQLCLRtry_Key
GO

-- Dieses Login bekommt das Recht eine Assembly mit UNSAFE zu registrieren
GRANT UNSAFE ASSEMBLY TO mySQLCLRtry_Login
GO

-- In der Datenbank selbst wird ein passender Benutzer benötigt
USE netShop
GO

CREATE USER mySQLCLRtry_User FOR LOGIN mySQLCLRtry_Login
GO
```

```
-- Beim Registrieren der Assembly wird dieser Benutzer nun der Besitzer
CREATE ASSEMBLY mySQLCLRtry  AUTHORIZATION mySQLCLRtry_User
FROM 'C:\SQLEntwicklerbuch08\Projekte\31 - SQLCLR\mySQLCLRtry\mySQLCLRtry\bin\Debug\mySQLCLRtry.DLL'
  WITH PERMISSION_SET = UNSAFE;
```

Listing 30.21 Eine signierte Assembly registrieren

Wird die signierte Assembly durch den speziellen Sicherheitsprinzipal registriert, dann muss die Datenbank nicht als vertrauenswürdig definiert sein. Der kleine, zusätzliche Aufwand beim Setup lässt sich sicherlich verschmerzen.

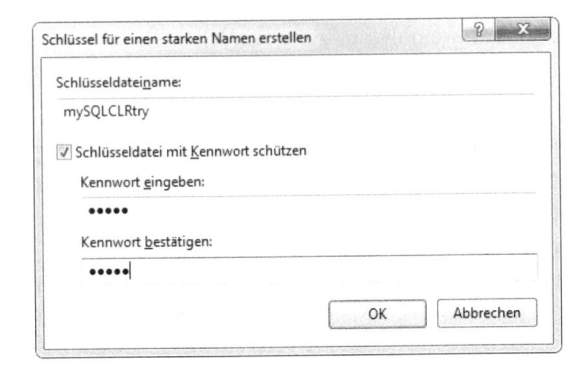

Abbildung 30.19 PFX-Datei erzeugen

SQLCLR-Datentypen

Wenn Sie für die SQLCLR entwickeln, dann müssen Sie darauf achten, dass die Parameterdatentypen Ihrer SQLCLR-Methoden mit der SQL Server-Umgebung harmonisieren. Sie erreichen das am sichersten, indem Sie die Datentypen des .NET-Namensraums *System.Data.SqlTypes* verwenden – obwohl das nicht unbedingt verpflichtend ist. Sie könnten auch mit beliebigen »passenden« .NET-Datentypen arbeiten.

Es gibt eine einige gute Gründe für die Verwendung der Datentypen aus *System.Data.SqlTypes*. Beispielsweise gibt es feine Unterschiede in der Implementierung ähnlicher Datentypen in T-SQL und in .NET. Wichtiger noch sind Performanceaspekte: .NET Datentypen müssten in der SQLCLR-Laufzeitumgebung in die passenden *SqlTypes*-Typen gewandelt werden. Dieses »Boxing« benötigt zusätzliche Prozessorressourcen und würde zu einem deutlichen Overhead in der Verarbeitung führen. Um den Wert eines *SqlTypes*-Typs in einem .NET-Typ zu erhalten, kann man jederzeit die *Values*-Eigenschaft abfragen. Zusätzlich existieren eine Menge »To...«-Methoden, mit denen man gezielt in einen bestimmten anderen *SqlType* konvertieren kann (z.B. *ToBoolean*, *ToSqlByte*, *ToSqlDateTime* usw.).

> **HINWEIS** Um beim Übergang vom .NET-Code zur Datenbank keine Probleme mit den Wertebereichen zu bekommen, sind die Maximal- und Minimalwerte der Datentypen ihrem T-SQL-Äquivalent angepasst. Aus diesem Grund sind eventuell entsprechende Konvertierungen von Datentypen im Code zu berücksichtigen! So hat beispielsweise der SQL-*Decimal*-Datentyp andere Minimal- und Maximalwerte als der *Decimal*-Datentyp in der CLR.

In der folgenden Tabelle sind die SQLCLR-Datentypen und ihre .NET-Äquivalente zusammengestellt.

SQLCLR-Datentypen

SQL Server Datentyp	CLR Datentyp (SQL Server)	CLR Datentyp (.NET Framework)
Varbinary	SQLBytes, SQLBinary	Byte[]
Binary	SQLBytes, SQLBinary	Byte[]
Image	Kein	Kein
Varchar	Kein	Kein
Char	Kein	Kein
Nvarchar(1), Nchar(1)	Kein	Char
Nvarchar	SQLChars, SQLString	String, Char[]
Nchar	SQLChars, SQLString	String, Char[]
Text	Kein	Kein
Ntext	Kein	Kein
Uniqueldentifier	SQLGuid	Guid
Rowversion	Kein	Kein
Bit	SQLBoolean	Boolean
Tinyint	SQLByte	Byte
Smallint	SQLInt16	Int16
Int	SQLInt32	Int32
Bigint	SQLInt64	Int64
Smallmoney	SQLMoney	Decimal
Money	SQLMoney	Decimal
Numeric	SQLDecimal	Decimal
Decimal	SQLDecimal	Decimal
Real	SQLSingle	Single
Float	SQLDouble	Double
Smalldatetime	SQLDateTime	DateTime
Datetime	SQLDateTime	DateTime
SQL_variant	Kein	Object
User-defined type X	Kein	Jede Klasse, die den benutzerdefinierten Typ verwendet
Table	Kein	ISQLResultSet
Cursor	Kein	Kein
Timestamp	Kein	Kein
Xml	SqlXml	Kein

Tabelle 30.5 Vergleich der Datentypen von T-SQL und der CLR

Wichtig bei der Arbeit mit Datenbanken ist der Umgang mit *NULL*-Werten. Es sind in .NET grundsätzlich zwei Arten von Variablen zu unterscheiden. Die *Werttypen* und die *Referenztypen*. Die Werttypen sind einfache Datentypen, die nicht instanziiert werden müssen, aber gleichzeitig auch nie *NULL* werden können. Ein Vergleich der Form *Wert = NULL* endet daher immer mit einer Ausnahme. Deshalb führt die Verwendung eines .NET-Standarddatentyps in einem SQLCLR-Objekt auch zu Problemen, wenn eine Datenbank-Null zugewiesen wird.

Anders dagegen das Verhalten von Referenztypen. Sie sind komplexere Datentypen und müssen daher wie Klassen instanziiert werden. Diese können auch explizit auf *NULL* gesetzt werden. SQL-Typen sind Werttypen, deswegen kann man sie nicht explizit auf *NULL* setzen. In der Datenbank gibt es aber den Wert *NULL* sehr wohl. Deswegen ist in der *SqlTypes*-Klasse für jeden Datentyp ein *NULL*-Wert definiert, der den typischen relationalen Rechenregeln folgt. Außerdem beherrschen die Operatoren den Umgang mit diesen *NULL*-Werten. Auch *Boolean* als Datentyp kann in der Datenbank drei verschiedene Werte annehmen: *Wahr*, *Falsch* oder *NULL*! Zum Überprüfen, ob ein SQL-Typ gleich *NULL* ist, kann die Methode *IsNull* verwendet werden.

```
SqlInt32 i = new SqlInt(0);
i = SqlInt32.Null;
if (i.IsNull)
{
  // Wert ist NULL
}
```

Listing 30.22 Mit *Null*-Werten in einem *SqlType* arbeiten

Auch bei der Verarbeitung von Zeichenketten gibt es Unterschiede zwischen der SQL Server- und der .NET-Welt: Sie wissen ja inzwischen, dass SQL Server für Zeichenkettendaten so genannte Sortierungen verwendet. Die *SqlString*-Klasse berücksichtigt dies über Ihre Eigenschaften *CultureInfo*, *SqlCompareOptions* und *LCID*.

Kurzum: Achten Sie darauf, Ihre SQLCLR-Objekte mit den passenden vordefinierten Datentypen zu versehen. Im nächsten Kapitel geht es nun endlich los mit der Implementierung von gespeicherten Prozeduren, Funktionen, Typen und so weiter in der .NET-Programmierumgebung. Bleiben Sie dran!

> **HINWEIS** Die in den SQL Server eingebauten erweiterten *hierarchyid-*, *geometry-* und *geography-*Datentypen – die ja selbst SQLCLR-Implementierungen darstellen – können nicht als Parameter für SQLCLR-Objekte genutzt werden.

Kapitel 31

Datenbankobjekte mit der SQLCLR entwickeln

In diesem Kapitel:

Klassen für das Arbeiten mit der SQLCLR	1188
Gespeicherte Prozeduren	1200
Trigger	1211
Skalare Funktionen	1216
Tabellenwertige Funktionen	1222
Benutzerdefinierte Aggregate	1228
Benutzerdefinierte Datentypen	1234
Tipps für SQLCLR-Typen in der Clientprogrammierung	1250
Performance	1254

Nachdem Sie im letzten Kapitel die Grundlagen der SQLCLR kennen gelernt haben, geht es nun um das praktische Erstellen von Programmierobjekten in der .NET-Umgebung. Die Strategie dieses Kapitels ist ganz einfach: Zunächst werden Klassen aus der .NET Framework-Klassenbibliothek vorgestellt, die Sie sinnvoll bei der Entwicklung der SQLCLR-Objekte einsetzen können. Danach wird die Programmierung der fünf möglichen Objekte – also gespeicherter Prozeduren, Trigger, Funktionen, benutzerdefinierter Aggregate und benutzerdefinierter Datentypen, vorgestellt und es wird auf die Feinheiten der Implementierung eingegangen. Die Listings können Sie wieder anhand der Beispielprojekte zu diesem Kapitel von der Buch-CD nachvollziehen. Da es um die Entwicklung von SQLCLR-Objekten in Visual Studio, das Einbinden in ADO.NET, wie auch um die Anwendung in T-SQL geht, gibt es dieses Mal insgesamt 3 Projekte, auf die sich die Beispiele verteilen. Die Erstellung von SQLCLR-Objekten wird im umfangreichsten Beispielprojekt *31 - SQLCLR Objekte* demonstriert. Für die bereitgestellten Objekte gibt es jeweils Testskripte im Visual Studio-Projekt. Die Listings im Text dieses Kapitels beziehen sich teilweise auf diese T-SQL-Beispielskripte. Lassen Sie sich nicht verwirren. Die Codebeispiele im Projekt sind, wie immer, entsprechend der Listings durchnummeriert. Das sollte helfen.

Klassen für das Arbeiten mit der SQLCLR

Für das komfortable Arbeiten mit der SQLCLR bekommen Sie vor allen Dingen in den Namensräumen *System.Data.SqlClient*, *System.Data.SqlTypes* und *Microsoft.SqlServer.Server* eine Anzahl nützlicher Klassen zur Verfügung gestellt, mit denen Sie die typische Funktionalität, die bei der Erstellung von Datenbankobjekten benötigt wird, recht einfach realisieren können.

Informationen mit der SqlPipe an den Aufrufer senden

Natürlich muss es möglich sein, von einem SQLCLR-Objekt aus Daten und Meldungen an den Aufrufer zu schicken. In T-SQL senden Sie eine Ergebnismenge bekanntlich mittels *SELECT* und eine Meldung übermitteln Sie mit dem *PRINT*-Befehl. In der CLR-Umgebung des Servers ist für *beides* das Objekt *SqlPipe* zuständig. Dieses ermöglicht es Ihnen, Daten über den In-Process-Provider innerhalb des SQL Server-Prozesses oder über das Tabular Data Stream-Protokoll an externe Empfänger zu verschicken. Sie greifen auf ein *SqlPipe*-Objekt über die Eigenschaft *Pipe* des statischen Objects *SqlContext* aus dem Namensraum *Microsoft.SqlServer.Server* zu.

Eine *SqlPipe* kann daher auf unterschiedliche Art und Weise eingesetzt werden. Das Senden eines Textwerts haben Sie bereits in verschiedenen Beispielen des letzten Kapitels kennen gelernt. In dieser einfachen Form erwartet *Pipe* als Parameterwert einen Textstring. So wie in diesem Beispiel

```
[Microsoft.SqlServer.Server.SqlProcedure]
public static void spPipeSendText()
{
    SqlContext.Pipe.Send("Ich bin eine Nachricht!");
}
```

Listing 31.1 *Pipe* sendet einen Text

Führt man die Prozedur im Management Studio aus, dann erscheint der Text im Meldungsfenster. In einem selbst geschriebenen ADO.NET-Client kann die Nachricht über das Ereignis *InfoMessage* der *SqlConnection*-Klasse abgefangen werden.

Klassen für das Arbeiten mit der SQLCLR

Die einfachste Art ein Abfrageergebnis auszuliefern, ist die Verwendung der Methode *ExecuteAndSend* der *SqlPipe*-Klasse. *ExecuteAndSend* nimmt ein *SqlCommand*-Objekt entgegen, führt dieses aus und sendet das Ergebnis an den Aufrufer zurück. Damit lässt sich wirklich kurzer Code schreiben. Außerdem arbeitet diese Methode sehr effektiv, weil die gelesenen Datensätze ohne ein Zwischenspeichern im Adressraum der SQLCLR gepuffert zu werden, direkt an den Client gehen. Falls Sie also eine SQLCLR-Prozedur entwickeln, welche tatsächlich Daten nur lesen und ausliefern soll, dann denken Sie über diese Variante nach!

```
Microsoft.SqlServer.Server.SqlProcedure]
public static void spPipeExecuteAndSend()
{
    SqlConnection theSQLConnection = new SqlConnection("Context Connection = true");
    SqlCommand theSqlCommand = theSQLConnection.CreateCommand();

    theSQLConnection.Open();

    theSqlCommand.CommandText = "SELECT ID, Name, Price FROM Products.Articles ORDER BY ID";
    theSqlCommand.CommandType = CommandType.Text;

    SqlContext.Pipe.ExecuteAndSend(theSqlCommand);

    theSQLConnection.Close();
}
```

Listing 31.2 *Pipe* führt ein SQL-Kommando aus und sendet das Ergebnis

Sie können mit *SqlPipe* auch ein gefülltes *SqlDatareader*-Objekt versenden. Das bietet gegenüber der *ExecuteAndSend*-Methode allerdings keine Vorteile. Im Gegenteil: Der *SQLDataReader* nimmt mehr Ressourcen in Anspruch und das Ausliefern der Daten erfolgt insgesamt etwas langsamer. Daher nur der Vollständigkeit halber das folgende Beispiel.

```
[Microsoft.SqlServer.Server.SqlProcedure]
public static void spSQLPipeSendDataReader ()
{
    SqlConnection theSQLConnection = new SqlConnection("Context Connection = true");
    SqlCommand theSqlCommand = theSQLConnection.CreateCommand();
    SqlDataReader theSQLDataReader;

    theSQLConnection.Open();
    theSqlCommand.CommandText = "SELECT ID, Name, Price FROM Products.Articles ORDER BY ID";
    theSqlCommand.CommandType = CommandType.Text;
    theSQLDataReader = theSqlCommand.ExecuteReader();

    SqlContext.Pipe.Send(theSQLDataReader);

    theSQLConnection.Close();
}
```

Listing 31.3 *SqlPipe* sendet einen *SqlDataReader*

Sehr viel interessanter ist die vierte Variante, über die Sie mittels des *SqlPipe*-Objekts Daten versenden können. Dabei lesen Sie keine Daten aus der Datenbank und schicken diese an den Aufrufer, sondern Sie generieren Datensätze in Ihrem Code, die dann durch die *Send*-Methode ausgeliefert werden. Das *SqlPipe*-Objekt ist nämlich auch in der Lage, Objekte vom Typ *SqlDataRecord* zu versenden. Diese Möglichkeit lässt sich gut dazu nutzen, Ergebnisse von Berechnungen in Form einer Ergebniszeile oder Ergebnistabelle an den Client zu schicken. Das Listing 31.4 zeigt, wie das mit einem einzelnen Datensatz funktioniert. Für eine Ergebnistabelle ist das einen Tick komplizierter – Beispiel folgt.

Im Codebeispiel wird zunächst ein neues Objekt vom Typ *SqlDataRecord* mit sämtlichen Spaltendefinitionen generiert. Dieses stellt einen (SQL Server) Datensatz dar. Die Datentypen sind dabei natürlich die zu SQL Server kompatiblen Typen aus der Klasse *SqlDBType*. Im zweiten Schritt werden die Datenfelder des neuen Datensatzes über die *Set*-Methoden mit Daten gefüllt und im dritten Schritt wird der neue Datensatz über die *Send*-Methode an den Aufrufer übergeben. Für diesen ist es völlig transparent, woher der Datensatz stammt: Aus einer »echten« Tabelle oder »synthetisch« über ein *SqlDataRecord*-Objekt generiert. Metadaten und Inhalte unterscheiden sich nicht.

```
[Microsoft.SqlServer.Server.SqlProcedure]
public static void spSQLPipeSendDataRecord()
{
    SqlDataRecord theSqlDataRecord;
    SqlConnection theSqlConnection = new SqlConnection ("Context Connection = true");

    // Struktur des Datensatzes definieren
    theSqlDataRecord = new SqlDataRecord
        ( new SqlMetaData("EmployeeID", SqlDbType.Int),
          new SqlMetaData("Lastname", SqlDbType.NVarChar, 20),
          new SqlMetaData("Firstname", SqlDbType.NVarChar, 20),
          new SqlMetaData("StartDate", SqlDbType.DateTime ));

    // Datensatz mit Inhalt füllen
    theSqlDataRecord.SetInt32(0, 4711);
    theSqlDataRecord.SetString(1, "Funke");
    theSqlDataRecord.SetString(2, "Ronald");
    theSqlDataRecord.SetDateTime(3, new DateTime(2010, 12, 31));

    // ...und weg damit!
    theSqlConnection.Open();
    SqlContext.Pipe.Send(theSqlDataRecord);
    theSqlConnection.Close();

}
```

Listing 31.4 *SqlPipe* sendet einen *SqlDataRecord*

Versuchen Sie mehr als eine Datenzeile auf diese Art und Weise zu versenden, dann führt das in der Regel zu Problemen, da *Send* immer eine komplette Ergebnismenge zum Aufrufer schickt. Also zum Beispiel bei 1000 Datenzeilen 1000 Ergebnismengen. Das ist in der Regel nicht das, was gewollt ist.

Wenn Sie als eine aus vielen Datensätzen bestehende Ergebnismenge generieren und versenden möchten, dann sollten Sie mit den Methoden *SendResultsStart*, *SendResultsRow* und *SendResultsEnd* arbeiten. *SendResultsStart* teilt dem Client mit, dass die Übertragung beginnt und sendet schon mal die Metadaten. Nach dem Aufruf von *SendResultsStart* sind nur noch nachfolgende Aufrufe von *SendResultsRow* für das Versenden einer Datenzeile und *SendResultsEnd* für den Abschluss des Versands erlaubt. Anschließend kann über dieselbe *Context Connection* eine neue Ergebnismenge geschickt werden.

Das nächste Beispiel zeigt, wie man mit diesen Methoden einen einfachen Testdatengenerator in .NET implementiert.

```
[Microsoft.SqlServer.Server.SqlProcedure]
public static void spSQLPipeSendDataRecords()
{
    // Definition des Ergebnissatzes
    SqlDataRecord record = new SqlDataRecord(
        new SqlMetaData("ID", SqlDbType.Int),
        new SqlMetaData("Name", SqlDbType.VarChar, 30),
        new SqlMetaData("City", SqlDbType.VarChar, 30));
```

```
// Die Übertragung beginnt
SqlContext.Pipe.SendResultsStart(record);

// 1000 Zeilen schicken
for (int i = 0; i < 1000; i++)
{
    // Die Spalten mit "Inhalt" füllen
    record.SetInt32(0, i);
    record.SetString(1, "abcdefghijklmnopqrstuvwxyz");
    record.SetString(2, "abcdefghijklmnopqrstuvwxyz");

    // den geüllten Datensatz schicken
    SqlContext.Pipe.SendResultsRow(record);
}

// Schluss damit!
SqlContext.Pipe.SendResultsEnd();
}
```

Listing 31.5 *SqlPipe* sendet eine Menge von *SqlDataRecords*

Auf die Umgebung mittels SqlContext zugreifen

Die Klasse *SqlContext* haben Sie in den vorherigen Beispielen bereits implizit über ihre Eigenschaft *Pipe* kennengelernt, welche auf ein *SqlPipe*-Objekt verweist. *SQLContext* ist ansonsten dafür zuständig, elementare Informationen über die Ablaufumgebung des SQLCLR-Codes zur Verfügung zu stellen. Es gibt die folgenden Eigenschaften und Objekte:

- **IsAvailable**   Über diese Eigenschaft können Sie feststellen, ob Ihr Code innerhalb des SQL Server-Prozesses ausgeführt wird. Damit könnten Sie prinzipiell Code schreiben, der sowohl außerhalb wie innerhalb des SQL Server ausgeführt werden kann und mit einer passenden Verbindungszeichenfolge auf die Umgebung reagieren.

- **WindowsIdentity**   Liefert ein Objekt der Art *System.Security.Principal.Windows* mit den so genannten »Credentials« des aufrufenden Benutzers. Diese Benutzerinformationen können Sie dazu verwenden, sich an einem externen System über Windows-Authentifizierung anzumelden. Beispielsweise über einen Webservice.

- **SqlTriggerContext**   Liefert Informationen, die innerhalb eines Triggers nützlich sind. Beispielsweise können Sie feststellen, durch welche Art von Aktion ein Trigger ausgelöst wurde und feststellen, welche Tabellenspalten durch diese Aktion verändert wurden.

- **SqlPipe**   Dient dem Versenden von Informationen über das TDS-Protokoll des SQL Server an den Aufrufer.

Das war's auch schon. Die *SqlContext*-Klasse ist nicht besonders üppig ausgestattet. Die verschiedenen Methoden und Eigenschaften werden Sie im Verlauf dieses Kapitels kennenlernen. Eine wichtige Anwendung stelle ich gleich aber im nächsten Abschnitt vor.

Impersonalisierung mit SqlContext

Wird Ihr SQLCLR-Objekt ausgeführt, dann geschieht das normalerweise im Sicherheitskontext des SQL Server-Prozesses. Greift Ihr Code auf externe Ressourcen zu, dann ist das nicht die beste Variante. Sinnvollerweise sollten diese Zugriffe unter dem Konto des ausführenden Benutzers stattfinden, damit die vorgesehenen Berechtigungen greifen. Mit dem Verfahren der *Impersonalisierung* können Sie Codeabschnitte in Ihrer Programmierung in genau diesem Kontext ausführen lassen. Mithilfe der Methode *Impersonate* des *SqlContext*-Objekts ist das ein Klacks. Das folgende Bespiel zeigt das Muster, nach dem Sie eine Impersonalisierung programmieren können.

Impersonalisierung funktioniert nur, wenn integrierte Windows-Sicherheit verwendet wird. Außerdem müssen Sie sicherstellen, dass nach getaner Arbeit der Sicherheitskontext wieder zurückgesetzt wird. Das erledigen Sie mit der *Undo*-Methode des *WindowsImpersonationContext*-Objekts, welches beim Ausführen der *Impersonate*-Methode als Returnwert geliefert wurde. Um sicher zu gehen, dass das Zurücksetzen auf jeden Fall durchgeführt wird, ist eine Platzierung in einem *Finally*-Block eine gute Idee.

```
public static void spImpersonate()
{
    System.Security.Principal.WindowsImpersonationContext theUser = null;

    try
    {
        theUser = SqlContext.WindowsIdentity.Impersonate();
        // ab hier geht es unter dem Konto des Benutzers weiter...

    }
    catch
    {
        throw;
    }
    finally
    {
        theUser.Undo();
    }
}
```

Listing 31.6 Muster für Impersonalisierung

Serverseitiger Datenzugriff

Viele der SQLCLR-Objekte, die Sie entwickeln werden, müssen früher oder später auf Datenbankdaten zugreifen. Das Verfahren dafür ist überraschend einfach und geradeaus: Es werden exakt diejenige Klassen verwendet, die Sie als Programmierer auch in der clientseitigen Entwicklung einsetzen würden. Die Klassen des Namensraums *System.Data.SqlClient* stehen Ihnen auch in der SQLCLR-Laufzeitumgebung zur Verfügung. Prinzipiell könnten Sie ein und denselben Code in einer Applikation einsetzen, die auf einem Client abläuft, wie auch in einem SQLCLR-Objekt auf dem Server. Der wesentliche Unterschied besteht in der Art und Weise, wie die Verbindung zur Datenbank aufgebaut wird. Serverseitig wird ein spezieller .NET-In-Process-Provider verwendet, der innerhalb des SQL Server-Prozesses ausgeführt wird und die Verbindung zur Datenbankmaschine über eine so genannte *Context Connection* herstellt. Es ist natürlich auch möglich, mit Verbindungen zu arbeiten, die auf eine andere Datenbank in derselben SQL Server-Instanz oder auf eine externe Datenquelle verweisen. Dazu benutzen Sie die Ihnen bekannten Einträge in der Verbindungszeichenfolge. Achten Sie darauf, dass eine Assembly, die auf externe Daten zugreift, den Berechtigungssatz *EXTERNAL_ACCESS* benötigt.

Eine Verbindung zur Datenbank mit SqlConnection herstellen

Für die Verbindung mit einer SQL Server-Datenquelle ist in ADO.NET das Objekt *SqlConnection* zuständig. Das gilt auch in der SQLCLR-Umgebung. Der einfachste und wirkungsvollste Weg, eine Verbindung mit der aktuellen Datenbank herzustellen, besteht in der Verwendung einer speziellen Verbindungszeichenfolge, die angibt, dass man eine serverseitige *Context Connection* aufbauen möchte. Diese Verbindungszeichenfolge lautet schlicht *Context Connection=true*. Fertig. Damit weisen Sie die Laufzeitumgebung an, den speziellen, hocheffizienten Provider für den SQL Server, internen Datenzugriff zu verwenden. Dieser Provider läuft im Prozessraum des SQL Server besonders effektiv ab.

Das folgende Listing stellt ein einfaches erstes Beispiel vor. Es hat die Form einer parameterlosen gespeicherten Prozedur. Dies ist sicherlich das einfachste Objekt, welches Sie mit der SQLCLR realisieren können. Listing 31.7 zeigt, wie man eine Verbindung zur Kontextdatenbank öffnet, sich ein paar Informationen abholt, die vom *SqlConnection*-Objekt geliefert werden können und die Verbindung wieder schließt. Zur Rückgabe der Informationen wird die *Send* Methode des *SqlPipe*-Objekts verwendet.

```
[Microsoft.SqlServer.Server.SqlProcedure]
public static void spSqlConnection ()
{
    SqlConnection theSQLConnection = new SqlConnection("Context Connection = true");

    theSQLConnection.Open();

    SqlContext.Pipe.Send(theSQLConnection.Database);
    SqlContext.Pipe.Send(theSQLConnection.ServerVersion);

    theSQLConnection.Close();
}
```

Listing 31.7 *Context Connection* herstellen

Mit dem folgenden, einfachen T-SQL-Testskript können Sie die Prozedur aufrufen. Es liegt im Ordner *Test Scripts* des Visual Studio Projekts.

```
USE netShop
EXEC spContextConnection
```

Listing 31.8 Testskript für die *spSqlConnection-Prozedur.sql*

Der Aufruf liefert erwartungsgemäß eine Ausgabe in dieser Art:

```
netShop
10.50.1600
```

Eine Frage, die man sich beim Herstellen einer Verbindung in dieser Art stellen könnte, ist die folgende: Wie hängen eigentlich die Verbindung, von der aus das SQLCLR-Objekt mit *EXEC* aufgerufen wird und die Verbindung, die in der SQLCLR-Prozedur über *SqlConnection* geöffnet wird, zusammen? Arbeitet der SQLCLR-Code auf einer neuen Verbindung (= Session) oder handelt es sich um ein und dieselbe Verbindung? Diese Frage ist keineswegs nur von akademischem Interesse, sondern hat einen ganz handfesten Hintergrund: Nur serverseitiger Code, der in derselben Session ausgeführt wird, kann an ein und derselben Transaktion teilnehmen und kann auf die dieselben temporären Objekte – vor allem Tabellen – zugreifen. Die folgenden beiden Beispiele klären den Sachverhalt auf.

Im nächsten Listing wird eine einfache temporäre Tabelle auf Session-Ebene erstellt und anschließend eine gespeicherte Prozedur aufgerufen, welche diese temporäre Tabelle lesen soll.

```
SELECT
    Code, Name, Price
INTO
    #ArticleList
FROM
    Products.Articles

EXEC spContextConnectionReadTempTable
```

Listing 31.9 Anlegen einer temporären Tabelle und Aufruf einer SQLCLR-Prozedur

Die SQLCLR-Prozedur enthält den folgenden Code:

```
public partial class StoredProcedures
{
    [Microsoft.SqlServer.Server.SqlProcedure]
    public static void spContextConnectionReadTempTable()
    {

        SqlConnection theSqlConnection = new SqlConnection("context connection=true");
        SqlCommand theSqlCommand = new SqlCommand();

        theSqlCommand.CommandText = "SELECT Code, Name, Price FROM #ArticleList";
        theSqlCommand.Connection = theSqlConnection;

        theSqlConnection.Open();
        SqlContext.Pipe.ExecuteAndSend(theSqlCommand);
        theSqlConnection.Close();
    }
};
```

Listing 31.10 Prozedur für das Lesen aus einer temporären Tabelle

Sie können sicherlich leicht nachvollziehen, was in dieser gespeicherten Prozedur passiert. Falls nicht, dann schlagen Sie noch mal das Kapitel 22 (»Datenzugriff mit ADO.NET«) nach. Das Besondere an dem Code ist die Art und Weise, wie das vorbereitete *SqlCommand*-Objekt durch die Methode *ExecuteAndSend* des *Pipe*-Objekts ausgeführt und die Ergebnismenge ohne Umschweife direkt an den Aufrufer zurückgeschickt wird. Dieses Verfahren gibt es nur in der serverseitigen Programmierung.

Führen Sie das Testskript in Listing 31.9 aus, dann erhalten Sie ein Ergebnis in der folgenden Form (Ausschnitt):

```
Code   Name                 Price
-----  -------------------  --------
00001  Artischocken         22,0500
00002  Auberginen           31,5000
...
```

Die Übergabe der temporären Tabelle hat funktioniert! Der T-SQL- und der SQLCLR-Code arbeiten also auf ein und derselben Verbindung. Das ist auch gut so, denn dadurch wird die Arbeit mit einer Mischung aus T-SQL und Managed Code wesentlich einfacher.

Ob Ihr Code innerhalb des Servers oder auf dem Client abläuft, können Sie, wie gesagt, mittels des *SqlContext*-Objekts feststellen. Im folgenden Beispiel wird dies genutzt, um wahlweise eine lokale *Context Connection* oder eine Remoteverbindung zur Datenbank herzustellen. Außerdem wird über die *WindowsIdentity*-Eigenschaft von *SqlContext* der Windows-Name des angemeldeten Benutzers festgestellt.

Klassen für das Arbeiten mit der SQLCLR

```csharp
public partial class StoredProcedures
{
    [Microsoft.SqlServer.Server.SqlProcedure]
    public static void spContextGetInfos()
    {

        string theConnectionString;

        if (SqlContext.IsAvailable)
        {
            theConnectionString = "Context Connection = true";
            SqlContext.Pipe.Send("Ich laufe im SQL Server!");
        }
        else
        {
            theConnectionString = "Data Source=localhost;Initial Catalog=netShop;Integrated Security=True";
            SqlContext.Pipe.Send("Ich bin draußen!");
        }

        SqlContext.Pipe.Send("Und Du bist: " + SqlContext.WindowsIdentity.Name);

    }
};
```

Listing 31.11 Lokale Verbindung oder Remoteverbindung herstellen

Daten mit SqlCommand und SqlDatareader abholen

Für das Abfragen von SQL Server-Daten steht die ADO.NET-Klasse *SqlDatareader* zur Verfügung. Prinzipiell könnten Sie auch, wie in Kapitel 22 (»Datenzugriff mit ADO.NET«) beschrieben, Daten mit der Kombination aus *SqlDataAdapter* und *DataDataset* beziehungsweise *DataTable* abholen. Das wird allerdings auf dem SQL Server »nicht gern gesehen«. ADO.NET *DataSets* und *DataTable* sind speziell dafür konstruiert worden, eine Offline-Repräsentation einer Datenmenge zu verwalten und Änderungen bequem an einen Server zurückzumelden. Dafür gibt es in einem Server-Objekt überhaupt keinen Anlass, da Ihnen alle Daten ja direkt zur Verfügung stehen und Sie alle Änderungen direkt in der Datenbank durchführen können. Wenn es dennoch gute Gründe für eine Implementierung mittels *DataSet* oder *DataTable* gibt, dann versuchen Sie zumindest, diese Objekte nicht zu sehr aufzublähen. Sie stehlen damit dem SQL Server wertvollen Speicherplatz, den er für die Abfrageverarbeitung braucht.

HINWEIS Da *DataAdapter/DataSets/DataTables* in einer SQLCLR-Programmierung eigentlich nichts zu suchen haben, gehe ich hier nicht weiter auf diese Objekte ein. Ein Tipp aber doch: Sie können *DataSets/DataTables* nicht direkt via *SqlPipe* versenden. Einzelne Tabellen schicken Sie am besten mit der *SendResultsRow*-Methode in einer Schleife. Alternativ können Sie Ihre Daten auch mittels *WriteXml* serialisieren und den XML-Text über *SqlPipe.Send* ausliefern.

Es folgen ein paar einfache Beispiele für das Abholen von Daten mit den *SqlCommand*- und *SqlDataReader*-Objekten. Diese sind in erster Linie dazu gedacht zu illustrieren, wie ein SQL Kommando zusammengebaut werden kann. In einem »echten« Beispiel würden die Daten natürlich nicht direkt an den Aufrufer ausgeliefert, sondern auf dem Server weiterverarbeitet werden.

Das erste Beispiel zeigt die allereinfachste Methode. Das Kommando bekommt einen Tabellennamen zugewiesen und schon kann es losgehen.

```
Microsoft.SqlServer.Server.SqlProcedure]
public static void spSqlCommandTableName()
{

    SqlConnection theSqlConnection = new SqlConnection("Context Connection = true");
    SqlCommand theSqlCommand = theSqlConnection.CreateCommand();

    theSqlConnection.Open();

    theSqlCommand.CommandText = "Sales.Orders";
    theSqlCommand.CommandType = CommandType.TableDirect;

    SqlContext.Pipe.ExecuteAndSend(theSqlCommand);

    theSqlConnection.Close();
}
```

Listing 31.12 *SqlCommand* mit Tabellennamen

Das vorangegangene Beispiel ist keine Best Practice – denn beim Tabellenzugriff wird ein *SELECT* * generiert. Besser ist es, ein SQL Kommando zu verwenden und die Spalten direkt anzugeben. Natürlich können Sie das benötigte SQL-Kommando dynamisch in einem String zusammenbauen. Falls Sie beispielsweise den Tabellennamen variabel halten wollen, dann ist dies auch genau die richtige Methode. Möchten Sie Elemente eines SQL-Kommandos dynamisch ersetzen, bei denen in T-SQL Parameter erlaubt sind, dann sollten Sie in Ihrem *SqlCommand*-Objekt ebenfalls mit Parametern arbeiten. Dafür stellt ADO.NET das *SqlParameter*-Objekt zur Verfügung. Kann Ihr SQLCLR-Objekt direkt von einem Client oder einer Website aus aufgerufen werden und nimmt es die Parameter direkt von dort entgegen, dann ist es auf jeden Fall sinnvoll, mit Parametern zu arbeiten. Denn dadurch verhindern Sie eine SQL-Injection. Aber auch, wenn Sie das Objekt nur »intern« verwenden, ist die Verwendung von Parametern die beste Wahl. T-SQL-Code, der explizite Parameter verwendet, kann von der Datenbankmaschine viel besser wiederverwendet werden. Der Text wird im Plancache besser gefunden.

Das folgende Beispiel zeigt, wie es geht. »Normalerweise« würden die Parameter des Kommandos natürlich aus den Parametern der Prozedur gefüllt. Das wird hier über lokale Variablen simuliert.

```
…
string theCity = "";           // ich bin ein Parameter
string thePostalcode = "";     // ich bin ein Parameter
//... dies und das passiert

theCity = "Berlin";
thePostalcode = "12049";

theSqlConnection.Open();
theSqlCommand.CommandText =
"SELECT Name_1, Name_2, Address FROM Sales.Custeomers WHERE City = '@City' AND PostalCode =
'@PostalCode' ORDER BY Name_2";
theSqlCommand.CommandType = CommandType.Text;
theSqlCommand.Parameters.AddWithValue("@City", theCity);
theSqlCommand.Parameters.AddWithValue("@PostalCode", thePostalcode);

SqlContext.Pipe.ExecuteAndSend(theSqlCommand);
```

Listing 31.13 *SqlCommand* mit SQL-Text und Parametern

Im dritten und letzten Beispiel wird vorgestellt, wie Sie eine gespeicherte Prozedur mittels *SqlCommand* aufrufen und die von der Prozedur gelieferte Ergebnismenge entgegennehmen. Die Parameter werden ganz genau so bereitgestellt, wie die Parameter für einen SQL-Text. In Listing 31.14 wird das Setzen der Parameter in expliziter »Langform« vorgestellt.

```
…
theSqlConnection.Open();
theSqlCommand.CommandText = "Sales.spCustomersByCityAndPostalcode";
theSqlCommand.CommandType = CommandType.StoredProcedure;

theSqlParameter = new SqlParameter();
theSqlParameter.ParameterName = "@City";
theSqlParameter.SqlDbType = SqlDbType.VarChar;
theSqlParameter.Size = 50;
theSqlParameter.Direction = ParameterDirection.Input;
theSqlParameter.Value = theCity;
theSqlCommand.Parameters.Add(theSqlParameter);

theSqlParameter = new SqlParameter();
theSqlParameter.ParameterName = "@PostalCode";
theSqlParameter.SqlDbType = SqlDbType.VarChar;
theSqlParameter.Size = 50;
theSqlParameter.Direction = ParameterDirection.Input;
theSqlParameter.Value = thePostalcode;
theSqlCommand.Parameters.Add(theSqlParameter);

theSqlParameter = new SqlParameter();
theSqlParameter.SqlDbType = SqlDbType.Int;
theSqlParameter.Direction = ParameterDirection.ReturnValue;
theSqlCommand.Parameters.Add(theSqlParameter);

SqlContext.Pipe.ExecuteAndSend(theSqlCommand);
theSqlConnection.Close();

if ( (Int32)theSqlParameter.Value == 0 )
{
    SqlContext.Pipe.Send ( "Alles ist gut!" );
}
else
{
    SqlContext.Pipe.Send( "Upps!" );
}
```

Listing 31.14 *SqlCommand* mit gespeicherter Prozedur

Transaktionen

Sobald es in Ihren SQLCLR-Objekten darum geht, Daten zu ändern, stellt sich die Frage, ob Sie mit expliziten Transaktionen arbeiten wollen. Die Konzepte entsprechen ganz genau denen, die Sie bei der Arbeit mit Transact-SQL kennen gelernt haben. Schlagen Sie bei Bedarf noch einmal in Kapitel 18 (»Transaktionen und Sperren«) nach, um diese nachzulesen.

Der *SqlClient*-Provider stellt Transaktionen auf zwei verschiedene Arten zur Verfügung: Sie können eine Transaktion explizit in einer Verbindung (*SqlConnection*) über die Methode *BeginTransaction* starten oder Sie können die Klasse *TransactionScope* verwenden, um deklarativ mit Transaktionen zu arbeiten. Die einfachere Variante für den Umgang mit Transaktionen ist sicherlich das Arbeiten mit expliziten Transaktionen. Dafür stehen in den Klassen *SqlConnection* und *SqlTransaction* die folgenden Methoden zur Verfügung:

- **SqlConnection.BeginTransaction**   Öffnet eine neue Transaktion. Ganz genau, wie das *BEGIN TRANSACTION* in T-SQL das tut. Ist in der Verbindung bereits eine Transaktion geöffnet, dann wird der Transaktionszähler um Eins erhöht.

- **SqlTransaction.Commit**   Schließt eine geöffnete Transaktion vom allerersten *BEGIN TRANSACTION* aus ab. Ist also die Methode, mit der auf dem Server die T-SQL-Anforderung *COMMIT TRANSACTION* ausgelöst wird.

- **SqlTransaction.Rollback**   Entspricht dem T-SQL -Kommando *ROLLBACK*. Rollt die Änderungen einer geöffneten Transaktion bis zum allerersten *BEGIN TRANSACTION* zurück oder bis zu einem Savepoint, wenn es einen gibt.

- **SqlTransaction.Save**   Setzt in einer geöffneten Transaktion einen Savepoint, bis zu welchem die Transaktion zurückgesetzt werden kann.

Für einen Transact-SQL-Kenner gibt es hier also keine Überraschungen (für einen ADO.NET-Kenner auch nicht – es werden ja exakt dieselben Objekte und Methoden verwendet, wie in der Clientprogrammierung). Das hat den Vorteil, dass man direkt loslegen kann, um ganz einfach die erste Transaktion zu schreiben. Im nachfolgenden Beispiel sehen Sie, wie die Methoden angewendet werden. In der Beispielprozedur soll ein neuer Kunde mit einer neuen Lieferadresse eingetragen werden. Beide Teiloperationen bilden zusammen die Transaktion. Fehler werden durch den *Try/Catch*-Block abgefangen. Im *Catch*-Abschnitt wird eine fehlgeschlagene Transaktion explizit zurückgesetzt.

```
[Microsoft.SqlServer.Server.SqlProcedure]
public static void spSqlTransaction()
{
    SqlConnection theSqlConnection = new SqlConnection("Context Connection = true");
    SqlTransaction theSqlTransaction;
    SqlCommand theSqlCommand = new SqlCommand();
    string theSqlText;
    Int32 theIdentity;

    // Verbindung öffnen und darin Transaktion starten
    theSqlConnection.Open();
    theSqlTransaction = theSqlConnection.BeginTransaction();

    // Transaktion ausführen und dabei Fehler abfangen
    try
    {
        theSqlText = "INSERT Sales.Customers ( Code, Name_1, Name_2, [Address], PostalCode, City )";
        theSqlText += "VALUES ( '99999', 'Müller', 'Peter', 'Schlossweg 100', 12345, 'Berlin' ) ";
        theSqlText += "SELECT @@IDENTITY";

        theSqlCommand.CommandType = CommandType.Text;
        theSqlCommand.CommandText = theSqlText;
        theSqlCommand.Connection = theSqlConnection;
        theSqlCommand.Transaction = theSqlTransaction;

        theIdentity = Convert.ToInt32(theSqlCommand.ExecuteScalar());

        theSqlText = "INSERT Sales.ShipToAdresses ( CustomerID, Name_1, Name_2, …, City ) ";
        theSqlText += "VALUES ('" + theIdentity.ToString() + "', ";
        theSqlText += "'Müller', 'Peter', 'Packstation 101', '12099', 'Berlin' ) ";
        theSqlText += "--Probs! \r\n RAISERROR ('Huston, wir haben ein Problem...', 19, 1) WITH LOG";
        theSqlCommand.CommandText = theSqlText;
        theSqlCommand.ExecuteNonQuery();
```

```
            theSqlTransaction.Commit();
        }
        catch (SqlException ex)
        {
            SqlContext.Pipe.Send("Transaktion ist fehlgeschlagen");
            SqlContext.Pipe.Send(ex.Message);
            theSqlTransaction.Rollback();
        }
    }
};
```

Listing 31.15 Explizite Transaktion

Das Fehlschlagen der Transaktion wird im Beispiel durch das eingebaute *RAISERROR* ausgelöst. Im *Catch*-Block wird eine passende Meldung generiert, die originale Meldung der SQL-Ausnahme ausgegeben, sowie die Transaktion durch ein Rollback zurückgerollt. Sie können das Beispiel mit dem Test-Skript aus Listing 31.16 testen:

```
EXEC spSqlTransaction
```

Listing 31.16 Testskript für die Transaktion

So sieht der Auszug aus dem Ergebnisfenster aus, der das Fehlschlagen der Transaktion anzeigt.

```
...Eine Ausnahme (erste Chance) des Typs "System.Data.SqlClient.SqlException" ist in System.Data.dll aufgetreten.
Transaktion ist fehlgeschlagen
Houston, wir haben ein Problem...
```

Ausnahmen

Geht in Ihrem SQLCLR-Code etwas schief und fangen Sie den Fehler nicht in Ihrem Code ab, dann wird eine Ausnahme erzeugt und an den SQL Server hochgereicht. Falls der ursprüngliche Aufruf von einem ADO.NET-Client kam, dann wird die Ausnahme natürlich an diesen durchgereicht.

Im folgenden Codeschnipsel gibt es einen kleinen Fehler im SQL-Kommandostring – der Name der Tabelle stimmt nicht.

```
...
public static void spErrorInSQLCLR()

    theSqlCommand.CommandText = "SELECT ID, Name, Price FROM Products.Article ORDER BY ID";
    theSqlCommand.CommandType = CommandType.Text;

SqlContext.Pipe.ExecuteAndSend(theSqlCommand);
```

Listing 31.17 Fehlerhafter SQL-Text in SQLCLR-Code

Führen Sie den Code im SQL Server aus, dann wir eine Ausnahme vom Typ *System.Data.SqlClient.SqlException* geworfen. Diese enthält den Fehler-Stack, den Sie in einem Client auswerten können, um dem Problem auf die Spur zu kommen. Bei einem Aufruf in der T-SQL-Umgebung reagiert die Datenbankmaschine mit der SQL Server-Meldung 6522 *und* mit der ursprünglichen Fehlermeldung:

```
Meldung 208, Ebene 16, Status 1, Zeile 1
Ungültiger Objektname 'Products.Article'.
Meldung 6522, Ebene 16, Status 1, Prozedur spErrorInSQLCLR, Zeile 0
.NET Framework-Fehler beim Ausführen der benutzerdefinierten Routine oder des benutzerdefinierten Aggregats
'spErrorInSQLCLR':
System.Data.SqlClient.SqlException: Ungültiger Objektname 'Products.Article'.
System.Data.SqlClient.SqlException:...
```

Fehlerträchtige Codeabschnitte, zum Beispiel solche mit dynamischem Code oder solche in denen auf Dateien zugegriffen wird, können Sie, wie üblich, durch einen *Try/Catch*-Block absichern, wenn Sie nicht möchten, dass die Codeausführung abgebrochen wird. Umgekehrt kann es sinnvoll sein, den Aufrufer durch eine Ausnahme zu benachrichtigen, wenn etwas im Argen liegt. Dazu lösen Sie gezielt eine Ausnahme (*Exception*) aus, auf die der Client mit seiner Ausnahmebehandlung reagieren kann (in C# machen Sie das mit *throw*). Das eine wie auch das andere Verfahren wird in den nächsten Abschnitten bei der Implementierung von SQLCLR-Objekten eingesetzt werden.

Gespeicherte Prozeduren

Das klassische T-SQL-Programmierobjekt für die Implementierung serverseitiger Geschäftslogik ist natürlich die gespeicherte Prozedur. Das Verhalten einer gespeicherten Prozedur, die in .NET programmiert ist, unterscheidet sich nicht vom Verhalten des Transact-SQL-Vorbilds. Damit ist eine SQLCLR-Prozedur das flexibelste Objekt, welches Sie mit Managed Code realisieren können.

Eine gespeicherte Prozedur kann keine, eine oder mehrere Ergebnismengen an den Aufrufer zurückliefern. Die Prozedur kann In- und/oder Output-Parameter besitzen und zusätzlich noch einen ganzzahligen Return-Wert zurückliefern. Außerdem können Prozeduren Meldungen an den Aufrufer schicken.

Eine gespeicherte Prozedur anlegen

Das Anlegen einer neuen gespeicherten SQLCLR-Prozedur haben Sie bereits im letzten Kapitel kennen gelernt. Jetzt soll etwas genauer betrachtet werden, was passiert und wie Visual Studio Sie bei der Arbeit unterstützt.

Nach dem Anlegen einer gespeicherten Prozedur in einem SQLCLR-Datenbankprojekt über *Hinzufügen / Gespeicherte Prozedur...* erhalten Sie, wenn Sie als Dateinamen *spGetAllFromTable.cs* vergeben haben, den folgenden Prozedurrumpf:

```csharp
using System;
using System.Data;
using System.Data.SqlClient;
using System.Data.SqlTypes;
using Microsoft.SqlServer.Server;

public partial class StoredProcedures
{
    [Microsoft.SqlServer.Server.SqlProcedure]
    public static void spGetAllFromTable()
    {
        // Fügen Sie hier Ihren Code ein.
    }
};
```

Listing 31.18 Rumpf der Prozedur *spGetAllFromTable*

Drei Dinge sind bemerkenswert:

- Visual Studio hat eine partielle Klasse *StoredProcedures* vorbereitet. Wie Sie den Namen der Klasse über mehrere Dateien hinweg konsistent ändern, habe ich bereits im Kapitel 30 (»Mit der SQLCLR arbeiten«) erläutert.

- Es ist eine öffentliche, statische Methode der Klasse *StoredProcedures* angelegt worden. Aus der .NET-Sicht ist eine gespeicherte Prozedur nämlich zunächst einmal nichts anderes. In C# ist es also eine Funktion, die Sie mit *public* und *static* erstellen. In VB.NET ist es eine Prozedur (*Sub*), die Sie mit *Public* und *Shared* kennzeichnen.

- Zusätzlich wurde von Visual Studio vor der Deklaration der Methode ein so genanntes Attribut hinzugefügt. Im Kontext der Entwicklung von SQLCLR-Objekten stellen Attribute deklarative Anweisungen an Visual Studio dar, über welche die Auslieferung und die Installation der Objekte in einer SQL Server-Datenbank gesteuert werden. Genauer: Die Attribute steuern die Art und Weise, in der Visual Studio das Auslieferungsskript generiert (siehe Kapitel 30). Außerdem stellen Attribute der SQLCLR-Laufzeitumgebung Metainformationen über die Objekte zur Verfügung. Ist das Attribut *SqlProcedure* vorhanden, dann werden im Skript T-SQL-Anweisungen generiert, die nach dem Ausliefern der Assembly eine gespeicherte Prozedur anlegen. Attribute gehören bei C# in eckige Klammern (»[]«), in VB.NET in spitze (»<>«).

Soll die gespeicherte Prozedur keine Parameter besitzen, dann fügen Sie noch Ihren Programmcode hinzu und sind dann bereits fertig.

Das folgende Beispiel zeigt eine sehr einfache Prozedur, die den kompletten Inhalt der netShop-Kundentabelle ausgibt.

```csharp
public partial class StoredProcedures
{
    [Microsoft.SqlServer.Server.SqlProcedure]
    public static void spGetAllFromTableCustomers()
    {
        SqlConnection theSqlConnection = new SqlConnection("Context Connection = true");
        SqlCommand theSqlCommand = theSqlConnection.CreateCommand();

        theSqlConnection.Open();
        theSqlCommand.CommandText = "SELECT * FROM Products.Customers ORDER BY ID";
        theSqlCommand.CommandType = CommandType.Text;
        SqlContext.Pipe.ExecuteAndSend(theSqlCommand);
        theSqlConnection.Close();
    }};
```

Listing 31.19 Prozedur *spGetAllFromTableCustomers*

Das Attribut SqlProcedure

Das Attribut *Microsoft.SqlServer.Server.SqlProcedure* ist das einfachste denkbare Attribut für SQLCLR-Objekte. Es weist, wie schon gesagt, die Entwicklungsumgebung an, einen *CREATE PROCEDURE*-Befehl für das Anlegen der Prozedur zu generieren. Lassen Sie das Attribut weg, dann wird die Methode als Teil der Assembly in die Zieldatenbank transportiert, kann dann aber nicht direkt von T-SQL aus aufgerufen werden. Von Ihrem .NET-Code aus könnten Sie diese Methode aber als Hilfsroutine verwenden.

Technisch betrachtet sind die Attribute spezielle Klassen im .NET-Namespace *Microsoft.SqlServer.Server*. Dementsprechend finden Sie die Dokumentation aller Member auch in der Beschreibung der .NET Framework-Klassenbibliothek. Attribute können Eigenschaften besitzen, über welche das Verhalten des Attributs gesteuert wird. Diese Eigenschaften können bei der deklarativen Verwendung des Attributs als Parameter eingesetzt werden. *SqlProcedure* verfügt nur über einen einzigen Parameter, der (vielleicht) von Interesse sein könnte. Über den Attribut-Parameter *Name* lässt sich ein alternativer Name für eine Prozedur vereinbaren. Etwa so:

```
[Microsoft.SqlServer.Server.SqlProcedure(Name="spAUselessNewName")]
public static void spGetAllFromTableCustomersOrderByCode
{
    etc.
```

Listing 31.20 Prozedur wird beim Ausliefern umbenannt

So wirklich aufregend ist das natürlich nicht. Aber keine Sorge: Im Verlauf dieses Kapitels werden Sie noch sehen, dass die Attribute der anderen SQLCLR-Objekte deutlich mehr Funktionalität aufweisen.

HINWEIS Hin und wieder kann man lesen, dass der Parameter *Name* eine Möglichkeit wäre, überladene Methoden zu verwenden und den daraus generierten gespeicherten Prozeduren im SQL Server unterschiedliche Bezeichner zu geben (T-SQL kennt, als Totalverweigerer in Sachen Objektorientierung, das Konzept der Überladung nicht). Das ist leider zu schön, um wahr zu sein: Sobald Sie in Ihrem .NET-Projekt eine Methode überladen, weigert sich Visual Studio standhaft, diese in das Auslieferungsskript mit aufzunehmen. *CREATE PROCEDURE* kommt eben mit überladenen Methoden nicht zurecht.

Parameter

Selbstverständlich ist es möglich, parametrisierte gespeicherte Prozeduren zu programmieren. Im Kapitel 15 (»Gespeicherte Prozeduren«) wurde vorgestellt, dass die Parameter gespeicherter Prozeduren standardmäßig Wertparameter sind. Sollen Werte über Parameter an den Aufrufer zurückgegeben werden können, dann müssen Referenzparameter eingesetzt werden, die in T-SQL über das Schlüsselwort *OUTPUT* zu kennzeichnen sind. Die Erstellung von gespeicherten Prozeduren mit Parametern ist wunderbar einfach: Sie programmieren einfach eine Methode in C# oder VB.NET, die über die entsprechenden Parameter verfügt und Visual Studio kümmert sich automatisch darum, dass das passende *CREATE PROCEDURE* mit der analogen Signatur erzeugt wird.

Für die Parameter gespeicherter SQLCLR-Prozeduren gilt:

- Als Parametertypen sollten Sie die Typen aus dem Namensraum *System.Data.SqlTypes* einsetzen
- Außerdem können Sie benutzerdefinierte SQLCLR-Typen verwenden
- Was nicht geht: Tabellenwertige Parameter (TVP) sind nicht erlaubt. Schade und ein echter Bruch in der Vergleichbarkeit von T-SQL und SQLCLR-Programmierung.

Ein simples Beispiel soll den Einsatz von Parametern verdeutlichen. Die Beispielprozedur wird jetzt so aufgebohrt, dass der Name der zu lesenden Tabelle und die Spaltenliste für das *ORDER BY* als Strings übergeben werden können. Dies ist ein gutes Beispiel für dynamischen Code in einer SQLCLR-Programmierung.

```
[Microsoft.SqlServer.Server.SqlProcedure]
public static void spGetAllFromTableOrderBy
(SqlString theTable, SqlString theOrderByList, ref SqlInt32 theNumRows)
{
    SqlConnection theSqlConnection = new SqlConnection("Context Connection = true");
    SqlCommand theSqlCommand = theSqlConnection.CreateCommand();

    // Anzahl Datensätze in Tabelle
    theSqlConnection.Open();
    theSqlCommand.CommandText = "SELECT COUNT(*) FROM " + theTable.ToString();
    theNumRows = (Int32)theSqlCommand.ExecuteScalar();
```

```
    // Tabelle ausgeben
    theSqlCommand.CommandText =
    "SELECT * FROM " + theTable.ToString() + " ORDER BY " + theOrderByList.ToString();
    theSqlCommand.CommandType = CommandType.Text;
    SqlContext.Pipe.ExecuteAndSend(theSqlCommand);
    theSqlConnection.Close();
}
```

Listing 31.21 Gespeicherte Prozedur mit Parametern

Diese Prozedur können Sie mit dem folgenden Testskript ausprobieren:

```
DECLARE @theNumberOfRows int
EXEC spGetAllFromTableOrderBy 'Sales.Customers', 'City, PostalCode', @theNumberOfRows OUTPUT
PRINT @theNumberOfRows
```

Listing 31.22 Testskript für die parametrisierte Prozedur

Das Umgehen mit Parametern ist also sehr einfach. Sie müssen sich nur um das Schreiben der korrekten Methode kümmern – den Rest erledigt Visual Studio für Sie. Im Auslieferungsskript für die Assembly wird ein *CREATE PROCEDURE*-Kommando in der folgenden Art erzeugt:

```
CREATE PROCEDURE [dbo].[spGetAllFromTableOrderBy]
@theTable NVARCHAR (4000), @theOrderByList NVARCHAR (4000), @theNumRows INT OUTPUT
AS EXTERNAL NAME [SqlClassLibrary].[StoredProcedures].[spGetAllFromTableOrderBy]
```

Listing 31.23 Kommando für das Anlegen der T-SQL-Prozedur

Denken Sie daran: Das Verwenden der passenden Parameterdatentypen aus *System.Data.SqlTypes* macht Ihre Entwicklung leichter. Das liegt unter anderem an der NULL-Fähigkeit dieser Typen. Würden Sie beispielsweise anstelle des Datentyps *SqlInt32* für den Referenzparameter *theNumRows* den Standardtyp *int32* verwenden, dann dürften Sie die Prozedur nicht mit einem leeren Wert für diesen Parameter aufrufen, sondern müssten ihn unsinnigerweise vorbelegen. Genauso wenig könnten Sie einen der Input-Parameter mit einer NULL vorbelegen und diese Belegung dann in Ihrem Code testen. Mit einem passenden SQL-Typ geht das problemlos. Der nächste Codeschnipsel zeigt wie.

```
...
//Parameter testen
if (theTable.IsNull)
{
    SqlContext.Pipe.Send("Der Parameter 'theTable darf nicht NULL sein!");
    return;
};
if (theOrderByList.IsNull)
{
    // nach dem ersten Feld der Ergebnismenge sortieren
    theOrderByList = "1";
}
```

Listing 31.24 Test auf NULL-Werten in Parametern

Abfragen in dieser Art sollten Sie unbedingt in Ihren Code einbauen, wenn die Gefahr besteht, dass Parameter mit einer Datenbank-NULL belegt sein könnten. Lassen Sie den Check und die Behandlung weg, dann wird es in Ihrer Prozedur krachen, sobald ein Zugriff auf solch einen Parameter erfolgt. So aber übersteht Ihre Prozedur Aufrufe in der folgenden Art ohne Probleme.

```
DECLARE @theNumberOfRows int

-- Tabelle wird nicht angeben - Ausführung ist sinnlos
EXEC spGetAllFromTableOrderByCheckNull NULL, 'City, PostalCode', @theNumberOfRows OUTPUT
PRINT @theNumberOfRows

-- Sortierung wird nicht angeben - Ausführung ohne spezielle Sortierung
EXEC spGetAllFromTableOrderByCheckNull 'Sales.Customers', NULL, @theNumberOfRows OUTPUT
PRINT @theNumberOfRows
```

Listing 31.25 Debugskript mit der Übergabe von NULL-Werten

Rückgabewert

T-SQL-Prozeduren haben die für eine Programmiersprache etwas ungewohnte Eigenschaft, dass sie zusätzlich zu der Wertübergabe per Output-Parameter einen Return-Wert an den Aufrufer zurückgeben können. Wie Sie im Kapitel über gespeicherte Prozeduren kennen gelernt haben, ist dieser Return-Wert vor allem dafür geeignet, einen Ausführungsstatus zu transportieren.

Möchten Sie eine SQLCLR-Prozedur mit solch einem Rückgabewert versehen, dann müssen Sie ein wenig umdenken, wenn Sie in VB.NET programmieren, denn dann können Sie keine *Sub*-Routine mehr verwenden, sondern müssen eine Funktion (*Function*) einsetzen. Für C#-Entwickler ändert sich logischerweise nichts – C#-Methoden sind immer Funktionen. T-SQL erwartet als Rückgabewert eine *int*-Zahl. Also sollten Sie für den Rückgabewert den Typ *SqlInt32* vorsehen.

Vervollständigt man die gespeicherte Prozedur aus den letzten Beispielen um eine Fehlerbehandlung für die Ausführung des generierten T-SQL-Codes, was ganz sicher eine sinnvolle Sache ist, dann kann man das sehr schön mit einem Rückgabewert verbinden:

```
[Microsoft.SqlServer.Server.SqlProcedure]
public static SqlInt32
spGetAllFromTableOrderByCheckNullAndSQL(SqlString theTable, SqlString theOrderByList, ref SqlInt32
theNumRows)
{
    SqlInt32 theReturnValue;
    SqlConnection theSqlConnection = new SqlConnection("Context Connection = true");
    SqlCommand theSqlCommand = theSqlConnection.CreateCommand();

    //Parameter testen
    if (theTable.IsNull)
    {
        SqlContext.Pipe.Send("Der Parameter 'theTable darf nicht NULL sein!");
        return -1;
    };
    if (theOrderByList.IsNull)
    {
        // nach dem ersten Feld der Ergebnismenge sortieren
        theOrderByList = "1";
    }

    try // Fehlerhaften T-SQL-Code abfangen
    {
        // Anzahl Datensätze in Tabelle
        theSqlConnection.Open();
        theSqlCommand.CommandText = "SELECT COUNT(*) FROM " + theTable.ToString();
        theNumRows = (Int32)theSqlCommand.ExecuteScalar();
```

```
            // Tabelle ausgeben
            theSqlCommand.CommandText =
            "SELECT * FROM " + theTable.ToString() + " ORDER BY " + theOrderByList.ToString();
            theSqlCommand.CommandType = CommandType.Text;
            SqlContext.Pipe.ExecuteAndSend(theSqlCommand);
            theReturnValue = 0;
        }
        catch
        {
            theReturnValue = -2;
        };
        theSqlConnection.Close();
        return theReturnValue;
}
```

Listing 31.26   Komplette Prozedur mit Fehlerbehandlung und Return-Wert

Beispiele

Zum Abschluss des Abschnitts über gespeicherte SQLCLR-Prozeduren folgen noch drei hübsche Beispiele für deren Einsatz.

Einen Webservice in einer Prozedur verwenden

Webservices sind eine feine Sache. Kommerzielle Anbieter, Organisationen, aber auch private Entwickler stellen über Webservices sinnvolle Dienste zur Verfügung. Teilweise sogar vollkommen kostenlos. Typische Angebote sind Dienste für Wechselkursberechnungen, Börsenticker, die Abfrage von Geoinformationen und vieles andere mehr. Webservices können in T-SQL natürlich nicht direkt aufgerufen werden, in SQLCLR-Projekten ist die Einbettung dagegen nicht sonderlich schwierig, wenn Sie auf ein, zwei Dinge achten. Im folgenden Beispiel wird vorgeführt, wie Sie einen Webservice einbinden, eine Webmethode verwenden und wie Sie es schaffen, die Prozedur im SQL Server zum Laufen zu bringen.

Als Beispiel-Webservice wird ein Währungskonvertierungsdienst verwendet, der frei verfügbar ist und den es schon geraume Zeit gibt. Der Service wird auf der Website *www.WebserviceX.net* angeboten. Die einzige Methode des Service lautet *ConversionRate*. Diese nimmt eine Quell- und eine Zielwährung entgegen und liefert dazu den Umrechnungskurs. Dabei werden die beiden Währungen nicht als Zeichenkette angegeben, stattdessen müssen Werte einer Enumeration (*Currency*) verwendet werden, welche ebenfalls vom Webservice zur Verfügung gestellt wird. Webservices sind in den allermeisten Fällen nicht gut dazu geeignet, im Programmlauf aufgerufen zu werden, da die Latenzzeiten erheblich sein können. Die Beispielprozedur holt daher die Umrechnungsraten für die benötigten Währungen ab und liefert diese in Form einer Tabelle zurück, die dann in der Datenbank gespeichert werden kann.

Der erste Schritt bei der Verwendung eines Webservices besteht im Einrichten der Web-Referenz. In Visual Studio 2008 oder 2010 erreichen Sie diese Funktion über den Kontextbefehl *Dienstverweis hinzufügen...* im Projektmappen-Explorer. Achten Sie darauf, im sich öffnenden Dialogfeld (Abbildung 31.1) die Schaltfläche *Erweitert* zu verwenden, im nächsten Dialogfeld klicken Sie *Webverweis hinzufügen...* an, und erst im dritten Dialogfeld geht es um klassische Webverweise. Hier können Sie die URL der WSDL-Datei eintragen. Im Fall des Währungs-Konverters lautet diese: *http://www.webservicex.net/CurrencyConvertor.asmx?wsdl*.

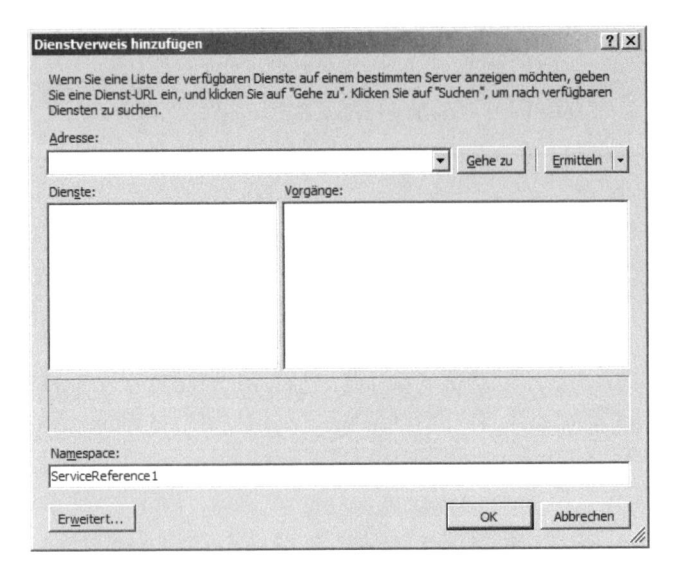

Abbildung 31.1 Dienstverweis hinzufügen

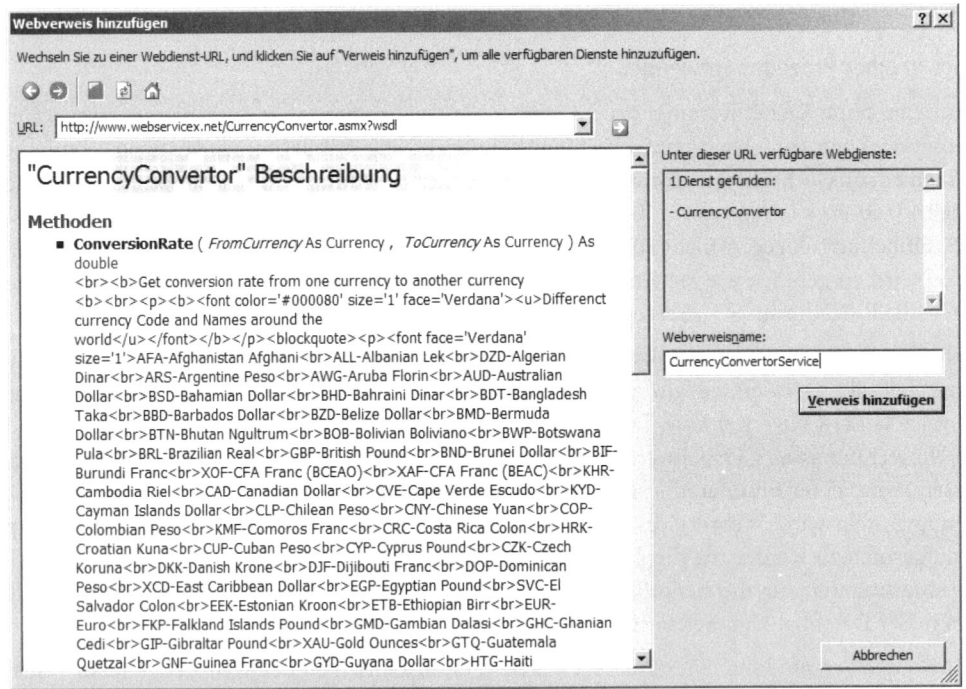

Abbildung 31.2 Webverweis hinzufügen

Sobald Visual Studio die WSDL-Datei gelesen hat, können Sie einen passenden Namen für die Referenz angeben. Aus diesem generiert Visual Studio die Bezeichnung für den Namensraum, in welchem die lokale Proxyklasse für den Webservice angelegt wird. Für das Beispiel wurde der Name *CurrencyConvertorService* verwendet. Visual Studio hat daraus den Namensraum *SQLCLRObjekte.CurrencyConvertorService* gebildet, welcher die Proxy-Klasse *CurrencyConvertor* enthält, die alle Member des Webservice lokal abbildet. Mit diesen Informationen können Sie das nachfolgende Codebeispiel sicherlich ohne Probleme verstehen.

```csharp
…
using netShop.CurrencyConvertorService;
…

public partial class StoredProcedures
{
    // Struct für Enum & Klartext-String
    private struct CurrencyStruct
    {
        public Currency CurrencyEnum;
        public string CurrencyString;

        public CurrencyStruct(Currency theCurrencyEnum, string theCurrencyString)
        {
            CurrencyEnum = theCurrencyEnum;
            CurrencyString = theCurrencyString;
        }
    }

    [Microsoft.SqlServer.Server.SqlProcedure]
    public static void spExchangeRates()
    {
        CurrencyConvertor theCurrencyConvertor = new CurrencyConvertor();

        // Array mit den Währungen vorbereiten, die uns interessieren
        CurrencyStruct[] theCurrencies =
            {
                new CurrencyStruct(Currency.USD, "USD"),
                new CurrencyStruct(Currency.CHF, "CHF"),
                new CurrencyStruct(Currency.GBP, "GBP"),
                new CurrencyStruct(Currency.RUB, "RUB"),
                new CurrencyStruct(Currency.AUD, "AUD"),
            };

        SqlDataRecord theSqlDatarecord = new SqlDataRecord(
            new SqlMetaData("FromCurrency", SqlDbType.Char, 3),
            new SqlMetaData("ToCurrency", SqlDbType.Char, 3),
            new SqlMetaData("Rate", SqlDbType.Float ));

        SqlContext.Pipe.SendResultsStart( theSqlDatarecord );

        // Währungen durchlaufen & Ergebnistabelle bilden
        for (int i = 0; i < theCurrencies.Length; i++)
        {
            theSqlDatarecord.SetString(0, theCurrencies[i].CurrencyString );
            theSqlDatarecord.SetString(1, "EUR");
            theSqlDatarecord.SetDouble(2,
                theCurrencyConvertor.ConversionRate(theCurrencies[i].CurrencyEnum, Currency.EUR )) ;

            // ab dafür…
            SqlContext.Pipe.SendResultsRow(theSqlDatarecord);
        }

        SqlContext.Pipe.SendResultsEnd();
    }
};
```

Listing 31.27 Prozedur, die einen Webservice aufruft

Während Sie in einer WinForms-Programmierung jetzt bereits fertig wären und die Webservice-Methode aufrufen könnten, sind in der SQLCLR-Programmierung noch zwei Dinge zu erledigen. Das liegt daran, dass – wie schon im letzten Kapitel erwähnt – SQL Server keine dynamisch generierte XML-Serialisierungsassembly nachladen kann. Dies ist aber das Standardverfahren, wenn es um XML-Serialisierung geht. Bei der Arbeit mit Webservice-Aufrufen wird XML-Serialisierung auf jeden Fall benötigt – also brauchen Sie einen Workaround.

Die Lösung besteht darin, die Serialisierungsassembly im Voraus zu erstellen und in der Datenbank bereitzustellen. Sie können das Tool *sgen.exe* aus dem Windows SDK verwenden, um diese zusätzliche Assembly auf der Basis der von Ihnen kompilierten SQLCLR-Assembly automatisch generieren zu lassen. Der Aufruf ist ganz simpel: *sgen netShopLibrary.dll* erstellt beispielsweise die XML-Serialisierungsassembly *netShopLibrary.XmlSerializers.dll*. Aus dieser DLL müssen Sie anschließend mit CREATE ASSEMBLY eine Assembly in der Zieldatenbank anlegen. Mehr ist nicht zu tun. Sobald der erste Webmethoden-Aufruf stattfindet, benutzt die SQLCLR-Laufzeitumgebung die importierten Serialisierungsmethoden.

Sie müssen darauf achten, dass nach einer Neukompilation einer SQLCLR-Assembly die dazu gehörende XML-Serialisierungsassembly neu generiert und ausgeliefert werden muss, da diese sich immer auf eine konkrete Version einer Hauptassembly bezieht. Die Zuordnung passiert anhand der Assembly-MVID.

In der Entwicklungsphase eines SQLCLR-Projekts können Sie sich das Leben erleichtern, indem Sie das Generieren und das Installieren der XML-Serialisierungsassembly automatisieren. Sie können den Aufruf von *sgen* an den Visual Studio Build-Prozess koppeln, indem Sie die Einstellung *Erstellen / Serialisierungsassembly* in den Projekteigenschaften auf *Ein* ändern. Zusätzlich ergänzen Sie das *PostDeployScript* um die Codezeilen aus Listing 31.28, um sicherzustellen, dass das frisch generierte Assembly nach dem Ausliefern des SQLCLR-Codes korrekt in der Datenbank installiert wird.

```
IF EXISTS ( SELECT * FROM sys.assemblies WHERE name = 'netShopLibrary.XmlSerializers' )
DROP ASSEMBLY [netShopLibrary.XmlSerializers]

CREATE ASSEMBLY [netShopLibrary.XmlSerializers]
from 'D:\Eigene Dateien\Projekte\MP.SQLEB08\Projekte\31 - SQLCLR Objekte\31 - SQLCLR
Objekte\bin\Debug\netShopLibrary.XmlSerializers.dll'
WITH PERMISSION_SET = SAFE;
GO
```

Listing 31.28 Automatisierte Auslieferung des Serialisierungsassemblys

Eine Datei schreiben

Das zweite Beispiel stellt vor, wie Sie mithilfe von ein paar Zeilen .NET-Code Bilder, die in einer Datenbank gespeichert sind, als Grafikdateien im Dateisystem ablegen können. In der netShop-Datenbank werden Bilder zu den angebotenen Artikeln als BLOBs in der Tabelle *Products.Articles* abgelegt. Die Prozedur im nachfolgenden Listing stellt eine einfache Exportfunktion zur Verfügung. Sie erwartet als Parameter die *ID* des Artikels, sowie die Pfadangabe zum Zielverzeichnis. Dort hinein wird das Artikelbild unter dem ursprünglichen Dateinamen gespeichert. Bei jedem Zugriff auf Ressourcen außerhalb einer Datenbank, wie dem Dateisystem, können potenziell Probleme auftauchen. Daher ist die Prozedur mit einer rudimentären Fehlerbehandlung ausgestattet, die Sie bei Bedarf beliebig verfeinern können.

```
...
using Microsoft.SqlServer.Server;
...
[Microsoft.SqlServer.Server.SqlProcedure]
public static void spExportArticlePicture(SqlInt32 theArticleID, SqlString theFolder)
```

```csharp
{
    SqlConnection theSqlConnection = new SqlConnection("Context Connection = true");
    SqlCommand theSqlCommand = new SqlCommand();
    SqlDataReader theSqlDatareader;
    Int64 theBuffersize;
    FileStream theFileStream;
    BinaryWriter theBinaryWriter;

    theSqlCommand.CommandText = "SELECT PictureBigBLOB, PictureBig FROM Products.Articles WHERE ID = @ID";
    theSqlCommand.Parameters.Add ("@ID", SqlDbType.Int);
    theSqlCommand.Parameters[0].Value = theArticleID;

    theSqlCommand.Connection = theSqlConnection;
    theSqlConnection.Open();

    theSqlDatareader = theSqlCommand.ExecuteReader();
    if (theSqlDatareader.Read())
    {
        // Verzeichnis anlegen, wenn noch nicht vorhanden
        if ( ! Directory.Exists(theFolder.ToString()))
        {
            Directory.CreateDirectory(theFolder.ToString());
        }

        // Datei öffnen
        theFileStream = new FileStream (theFolder.ToString() +
        "\\" + theSqlDatareader["PictureBig"], FileMode.OpenOrCreate, FileAccess.Write );
        try
        {
            // Datei schreiben
            theBinaryWriter = new BinaryWriter(theFileStream);
            try
            {
                theBuffersize = theSqlDatareader.GetBytes(0, 0, null, 0, 0);
                Byte[] theBuffer = new Byte[theBuffersize];
                theSqlDatareader.GetBytes(0, 0, theBuffer, 0, 0);
                theBinaryWriter.Write(theBuffer);
            }
            finally
            {
                theBinaryWriter.Close();
            }
        }
        finally
        {
            theFileStream.Close();
        }
    }
    theSqlDatareader.Close();
    theSqlConnection.Close();
}
```

Listing 31.29 Prozedur schreibt BLOB-Daten in Datei

Dynamisch pivotieren

Mithilfe dynamisch generierter T-SQL-Codes bekommen Sie einige Anforderungen in den Griff, für die es keine direkte Lösung in T-SQL gibt. Zumindest nicht, wenn Sie keine T-SQL-Cursor einsetzen möchten. In T-SQL können Sie mithilfe des PIVOT-Operators ein Ergebnis pivotieren. Das geht allerdings auch in

Standard-SQL ohne diesen Operator – PIVOT vereinfacht das Schreiben des Kommandos nur etwas. Der Nachteil der deklarativen Verfahren ist bekanntlich folgender: Sie müssen die Anzahl der Pivotspalten im Voraus kennen und die Spalten sogar explizit festlegen. Das ist für viele Anwendungen mehr als hinderlich und keine befriedigende Lösung. Im Kapitel 19 (»Serverseitige T-SQL Cursor«) wurde eine Lösung vorgestellt, die mit einem T-SQL Cursor funktioniert. Etwas einfacher wird die Lösung, wenn man auf eine SQLCLR-Prozedur zurückgreift und sich das passende *SELECT*-Kommando generieren lässt. Prinzipiell gibt es diesen Ansatz auch für T-SQL, in einer »ordentlichen Programmiersprache« wie C# oder VB.NET ist die Lösung sehr viel übersichtlicher.

Das folgende Beispiel-Listing stellt eine mögliche Variante vor. Als erster Parameter kann eine Abfrage als Quelle für die Pivotdaten übergeben werden. Der zweite Parameter enthält den Namen der zur pivotierenden Spalte und der dritte Parameter legt die Spalte fest, welche die Aggregate enthält. Die Abfrage, die an die Prozedur übergeben wird, muss eine bestimmte Form aufweisen: Das Aggregat muss darin schon enthalten sein und ansonsten dürfen nur die Pivotspalte und die Spalte für die Zeilenköpfe in der Select-Liste enthalten sein. Die Prozedur übernimmt nur das »Kippen« des Ergebnisses – aber das ist keine große Einschränkung.

Auch bei diesem Beispiel gilt: Um den Programmtext kurz zu halten, ist keine Fehlerbehandlung implementiert. Da ist noch Raum für viele eigene Ideen.

```
[Microsoft.SqlServer.Server.SqlProcedure]
 public static void spPivot(SqlString theSource, SqlString thePivotColumn, SqlString theAggregateColumn)
 {
     SqlConnection theSQLConnection = new SqlConnection("Context Connection = true");
     SqlCommand theSqlCommand = theSQLConnection.CreateCommand();
     SqlDataReader theSqlDataReader;
     StringBuilder theStringBuilder = new StringBuilder();
     string thePivotString;
     string theSqlString;

     theSQLConnection.Open();

     // Die Spaltenliste aufbauen
     theSqlString = "SELECT DISTINCT ArticleName FROM (";
     theSqlString += theSource.ToString();
     theSqlString += ") AS T";

     theSqlCommand.CommandType = CommandType.Text;
     theSqlCommand.CommandText = theSqlString;
     theSqlDataReader = theSqlCommand.ExecuteReader();

     while (theSqlDataReader.Read())
     {
         theStringBuilder.Append ( "[" + theSqlDataReader[thePivotColumn.ToString()].ToString() + "],"
);
     }
     thePivotString = theStringBuilder.ToString(0, theStringBuilder.Length - 1);

     theSqlString = "SELECT * FROM ( ";
     theSqlString += theSource.ToString();
     theSqlString += ") AS T PIVOT ( Min ( ";
     theSqlString += theAggregateColumn.ToString();
     theSqlString += ") FOR ";
     theSqlString += thePivotColumn.ToString();
     theSqlString += " IN ( ";
     theSqlString += thePivotString;
     theSqlString += ") ) AS PVT";
```

```
    theSQLConnection.Close();
    theSqlCommand.CommandText = theSqlString;
    theSQLConnection.Open();

    SqlContext.Pipe.ExecuteAndSend(theSqlCommand);

    theSQLConnection.Close();
}
```

Listing 31.30 Prozedur für das Pivotieren von Daten

Am folgenden Testskript wird deutlich, wie eine Abfrage aufgebaut sein muss, mit der man die Prozedur *spPivot* füttern kann.

```
EXEC spPivot  ' SELECT
                    a.Name AS ArticleName,
                    Year(o.OrderDate) AS OrderYear,
                    SUM (od.Quantity * od.UnitPrice ) AS Turnover
                FROM
                    Products.Articles a
                INNER JOIN
                    Sales.Orders o ON a.ID = o.CustomerID
                INNER JOIN
                    Sales.OrderDetails od ON o.ID = od.OrderID
                GROUP BY a.Name, Year(o.OrderDate)',
                'ArticleName',
                'Turnover'
```

Listing 31.31 Testskript für die Prozedur *spPivot*

> **HINWEIS** Vielleicht ist Ihnen beim Lesen der naheliegende Gedanke gekommen, dass sich die Pivotierung doch besser als tabellenwertige Funktion (TVF) realisieren ließe. Damit könnte man das Ergebnis direkt in einer beliebigen Abfrage weiterverarbeiten und beispielsweise in einem Join verwenden. Dummerweise gilt für TVFs, die in der SQLCLR realisiert werden, dass der Aufbau der Ergebnistabelle zur Entwurfszeit festgelegt werden muss. Damit ist dann natürlich kein dynamisches Pivotieren machbar.

Trigger

Auch Trigger lassen sich mit SQLCLR-Code realisieren. Prinzipiell gilt alles, was in Kapitel 17 (»Trigger«) zum Thema T-SQL-Trigger gesagt wurde, im übertragenen Sinne auch für SQLCLR-Trigger. Lesen Sie dort noch einmal nach, wenn Sie sich grundlegend über die Einsatzmöglichkeiten und die Programmierung von Triggern in SQL Server informieren möchten. Sie können DML- und auch DDL-Trigger in der SQLCLR implementieren. Die geänderten Daten stehen in den Pseudo-Tabellen *Deleted* und *Inserted* zur Verfügung. DML-Trigger sind automatisch Teil der Transaktion, durch die sie ausgelöst wurden. Alles ganz genau so, wie bei den T-SQL-Triggern.

Ein SQLCLR-Trigger ist zunächst einmal nichts anderes, als eine öffentliche statische Methode ohne Parameter und ohne Rückgabewert. Ein sehr einfacher After-Insert-Trigger, der einzig und allein die über ein *INSERT* eingefügten Daten wieder ausgibt, sieht folgendermaßen aus:

```
[Microsoft.SqlServer.Server.SqlTrigger(Name = "trgCustomersInsert", Target = "Customers",
Event = "FOR INSERT")]
public static void trgCustomersInsert()
```

```
{
    SqlConnection theSqlConnection = new SqlConnection("Context Connection = true");
    SqlCommand theSqlCommand = new SqlCommand();

    theSqlCommand.CommandText = "SELECT * FROM INSERTED";
    SqlContext.Pipe.Send("Trigger trgCustomersInsert wurde gefeuert");
    SqlContext.Pipe.ExecuteAndSend(theSqlCommand);
    theSqlConnection.Close();
}
```

Listing 31.32 Simpler Insert-Trigger

Sie legen einen neuen Trigger in Visual Studio ganz analog zum Anlegen einer gespeicherten Prozedur an. Das Kontextkommando im Projektmappen-Explorer lautet: *Hinzufügen / Trigger*. Nichts Auffälliges hier. Die Parameter des speziellen Attributs *Microsoft.SqlServer.Server.SqlTrigger* werden in Kürze erklärt. Es gibt aber doch eine Besonderheit zu beachten, wenn Sie einen SQLCLR-Trigger in Visual Studio erstellen möchten und diese ist so wichtig, dass es Zeit für einen »Achtung«-Kasten wird.

ACHTUNG An dieser Stelle lernen Sie einen unschönen Mangel von Visual Studio kennen, der in der aktuellen Version 2010 immer noch nicht ausgemerzt wurde (was wirklich eine Schande ist). Der Programmtext in Listing 31.32 funktioniert nur, wenn im Parameter *Target* des Attributs *kein* Schemaname verwendet wird. Der Text funktioniert also nicht, wenn als Zieltabelle *Sales.Customers* angegeben wird, wie es bei unserer netShop-Beispieldatenbank eigentlich der Fall sein müsste (mit anderen Worten: Listing 31.32 führt beim Ausliefern in die netShop-Datenbank zu einem Fehler). Ein Trigger, den Sie mit Visual Studio anlegen, wird immer dem Schema *dbo* zugeordnet. Wenn eine Tabelle in einem anderen Schema liegt – wie es sich gehört – dann können Sie die automatische Auslieferung von Visual Studio nicht verwenden, sondern müssen sich selbst um ein korrektes Auslieferungsskript kümmern. Wie, das wird gleich erklärt. Es nützt auch nichts, in der Datenbank für die Zieltabelle ein Synonym zu erstellen. Trigger können nicht auf einem Synonym angelegt werden. Ärgerlich! Im letzten Kapitel hatte ich diese Problematik und die Lösung in Form eines angepassten *PostDeploy*-Skripts schon angedeutet. Nun folgen die Details.

Also gut – Listing 31.32 funktioniert für die netShop-Datenbank nicht. Was also tun? Es gibt den folgenden Workaround: Löschen Sie zunächst einmal das Attribut *Microsoft.SqlServer.Server.SqlTrigger* oder kommentieren Sie es aus. Dadurch wird im Deployment-Skript kein *CREATE*-Befehl für diesen Trigger angelegt. Anschließend ergänzen Sie das *PostDeploy*-Skript des SQL Server-Projekts um das Kommando, mit welchem nach dem Ausliefern der Assembly der Trigger in der Datenbank angelegt werden soll. Ein typisches Beispiel sieht folgendermaßen aus:

```
CREATE TRIGGER trgCustomersInsert
ON Sales.Customers
FOR INSERT
AS   EXTERNAL NAME netShopLibrary.Triggers.trgCustomersInsert
```

Listing 31.33 T-SQL-Kommando für das Anlegen des Triggers

Um das Löschen eines vorhandenen SQLCLR-Triggers müssen Sie sich nicht selbst kümmern. Visual Studio erstellt einen Löschbefehl in der folgenden Art:

```
DROP TRIGGER Sales.trgCustomersInsert
```

Listing 31.34 T-SQL-Kommando für das Löschen des Triggers vor dem Ausliefern

Auf diese Art und Weise können Sie sicherstellen, dass der von Ihnen programmierte Trigger auch wirklich mit jedem neuen Ausliefern der Assembly korrekt mit ausgeliefert wird. Sie müssen nur daran denken, das Kommando im *PostDeploy*-Skript anzupassen, wenn sich etwas an Ihrem Trigger ändert – wenn beispielsweise aus einem Insert- ein Update-Trigger wird.

Das Attribut SqlTrigger

Obwohl das Attribut *SqlTrigger* nicht genutzt werden kann, wenn die Tabelle nicht im Standardschema *dbo* liegt, ist es doch ganz bequem und funktioniert auch reibungslos, wenn Tabelle und Trigger zum Schema *dbo* gehören sollen. Die drei möglichen Parameter des Attributs sind schnell erklärt.

- **Name** Über diesen Parameter wird der Name des Triggers in der Datenbank gesetzt. In Visual Studio 2010 ist dieser Trigger nicht wirklich optional. Lassen Sie ihn fort, dann bekommt der Trigger den Namen »Triggers« – unschön und vermutlich ein Bug. Vergeben Sie also einen passenden Namen.
- **Event** Hier legen Sie fest, bei welchen Operationen der Trigger ausgelöst werden soll. Für DML-Trigger sind das die bekannten Varianten *AFTER INSERT, AFTER UPDATE, AFTER DELETE* sowie *INSTEAD OF INSERT, INSTEAD OF UPDATE, INSTEAD OF DELETE*. Für DDL-Trigger geben Sie den Bezeichner der DDL-Operation an, die abgefangen werden soll; zum Beispiel *CreateTable*. Die vollständige Liste finden Sie in der der .NET Framework-SDK-Dokumentation.
- **Target:** Hier hinein gehört die Tabelle, an welche der Trigger angehängt werden soll

Die Klasse SqlTriggerContext

Die Hilfsklasse *SqlTriggerContext* stellt zur Ausführungszeit eines Triggers nützliche Informationen zur Verfügung. Das sind:

- **ColumnCount** Diese Eigenschaft gibt die Anzahl der Spalten zurück, aus denen die Tabelle besteht, die den Trigger besitzt. Diese Information ist nützlich, wenn die Spalten über eine Schleife durchlaufen werden sollen.
- **EventData** Bei einem DDL-Trigger liefert diese Eigenschaft die Event-Informationen in einem XML-Dokument. *EventData* hat den Datentyp *System.Data.SqlTypes.SqlXml*. Die Informationen entsprechen exakt denen, die Sie im T-SQL Trigger-Kapitel kennen gelernt haben.
- **TriggerAction** Über diese Eigenschaft können Sie feststellen, welches Ereignis den Trigger gefeuert hat. Bei DML-Triggern sind die möglichen Werte: *TriggerAction.Insert., TriggerAction.Update* oder *TriggerAction.Delete*. Bei DDL-Triggern ist das einer der anderen Werte aus der Enumeration *Microsoft.SqlServer.Server.TriggerAction*, wie zum Beispiel: *CreateUser, AlterTable*, etc.
- **IsColumnUpdated** An diese Methode übergibt man einen Spaltenindex. Das Ergebnis sagt dann aus, ob die betreffende Spalte der Basistabelle durch die den Trigger auslösende Operation verändert wurde.

Unter der Verwendung der *SqlTriggerContext*-Klasse kann ein Audit-Trigger geschrieben werden, der die Änderungen an einer Tabelle protokolliert. Der Trigger hält die Operationen fest, die an einer Tabelle durchgeführt wurden und kann diese auch spaltenweise nachvollziehen.

```
public static void trgCustomersJournal()
{
    SqlConnection theConnection = new SqlConnection("Context Connection = true");
    SqlCommand theSqlCommand = theConnection.CreateCommand();
    SqlTriggerContext theSqlTriggerContext = SqlContext.TriggerContext;
    SqlDataReader theSqlDataReaderInserted;

    string theLogEntry;
    int i;

    theLogEntry = "Change at: " + DateTime.Now.ToString() + ": ";
```

```csharp
    // Wer war es? Name des angemeldeten Benutzers besorgen
    theLogEntry += "by " + SqlContext.WindowsIdentity.Name.ToString() + "\n";

    // Art der Operation
    switch (theSqlTriggerContext.TriggerAction)
    {

        case TriggerAction.Delete:
            theLogEntry += "DELETE\n";
            break;

        case TriggerAction.Insert:
            theLogEntry += "INSERT\n";

            // die neuen Zeilen besorgen
            theConnection.Open();
            theSqlCommand.CommandText = "SELECT * FROM inserted";
            theSqlCommand.CommandType = CommandType.Text;
            theSqlDataReaderInserted = theSqlCommand.ExecuteReader();

            while (theSqlDataReaderInserted.Read())
            {
                theLogEntry += "Row: ";
                for (i = 0; i < theSqlDataReaderInserted.FieldCount; i++)
                {
                    theLogEntry += theSqlDataReaderInserted[i].ToString() + "; ";
                }
                theLogEntry += "\n";

            }
            break;

        case TriggerAction.Update:
            theLogEntry += "UPDATE\n";

            // hier interessieren die Spalten
            theLogEntry += "Columns: ";

            // nur die Spaltennamen besorgen, nicht die Daten
            theConnection.Open();
            theSqlCommand.CommandText = "SELECT TOP 0 * FROM inserted";
            theSqlCommand.CommandType = CommandType.Text;
            theSqlDataReaderInserted = theSqlCommand.ExecuteReader(CommandBehavior.SchemaOnly);

            for (i = 0; i < theSqlTriggerContext.ColumnCount; i++)
            {
                if (theSqlTriggerContext.IsUpdatedColumn(i))
                {
                    theLogEntry += theSqlDataReaderInserted.GetName(i) + "; ";
                }
            }

            break;
    }

    SqlContext.Pipe.Send(theLogEntry);
}
```

Listing 31.35 Journal-Trigger

SQLCLR-Trigger zur Überwachung von Geschäftsregeln

Trigger sind ein sinnvolles Werkzeug für die Überwachung und Einhaltung der elementaren Geschäftsregeln in einer Datenbank. Auch hier gilt: Was Sie mithilfe der SQLCLR realisieren können, entspricht dem, was in T-SQL möglich ist – wie zum Beispiel das Rückgängigmachen von Transaktionen, die den Trigger ausgelöst haben. Das folgende, kleine Codebeispiel verhindert durch einen Trigger das Ändern des Kunden-Codes. Es stellt die SQLCLR-Variante zum entsprechenden T-SQL-Trigger aus Kapitel 17 (»Trigger«) dar. Das Rollback einer Transaktion innerhalb eines SQLCLR-Triggers verhält sich graduell anders als das Rollback in einem T-SQL-Trigger: Es wird eine Ausnahme ausgelöst, die Sie unbedingt abfangen müssen, damit der CLR-Code durchläuft. Dann funktioniert das Zurücksetzen der Transaktion auch in einem SQLCLR-Trigger reibungslos. Das Beispiel verwendet die *Transactions*-Klasse aus dem Namensraum *System.Transaction*. Dazu muss ein Verweis auf die gleichnamige Framework-Assembly gesetzt sein.

```
...
using System.Transactions;
...

public static void trgCustomersCodeCheck()
{
    SqlConnection theSqlConnection = new SqlConnection("context connection=true;");
    SqlCommand theSqlCommand = new SqlCommand("SELECT TOP 0 * FROM inserted", theSqlConnection);
    Transaction theTransaction;

    theSqlConnection.Open();

    SqlDataReader theSqlDataReader = theSqlCommand.ExecuteReader(CommandBehavior.SchemaOnly);

    if (SqlContext.TriggerContext.IsUpdatedColumn(theSqlDataReader.GetOrdinal("Code")))
    {
        // Es wird immer eine Ausnahme geben - siehe BOL.
        try
        {
            // Die aktuelle Transaktion besorgen und zurücksetzen
            theTransaction = Transaction.Current;
            theTransaction.Rollback();
        }
        catch (SqlException ex)
        {
            SqlContext.Pipe.Send("Änderungen an der Spalte Code sind nicht erlaubt");
        }
    }
    theSqlDataReader.Close();
    theSqlConnection.Close();
}
```

Listing 31.36 Trigger verhindert Änderung an Schlüsselwert

Wenn Sie sich ausreichend mit dem Thema T-SQL-Trigger beschäftigt haben, dann sollte Ihnen die Implementierung von SQLCLR-Triggern für DML-Operationen kein Problem bereiten. Denken Sie daran: Verwenden Sie die Möglichkeiten der SQLCLR-Programmierung am besten dort, wo die Implementierung mittels T-SQL zu komplex würde oder überhaupt nicht möglich ist. Einen Trigger, wie den in Listing 31.36 können Sie sehr schnell und effektiv in T-SQL realisieren. Und bei der Programmierung von Triggern ist Geschwindigkeit alles!

DDL-Trigger zur Überwachung von Strukturänderungen

Auch DDL-Trigger sind sehr leicht zu implementieren. Der folgende Trigger stellt Änderungen an Tabellen fest und gibt die XML-Ereignisdaten aus.

```
public static void trgTableChanges()
{
    SqlTriggerContext triggContext = SqlContext.TriggerContext;

    switch (triggContext.TriggerAction)
    {
        case TriggerAction.AlterTable:
            SqlContext.Pipe.Send("Tabelle wurde geändert: ");
            SqlContext.Pipe.Send(triggContext.EventData.Value);
            break;
        case TriggerAction.CreateTable:
            SqlContext.Pipe.Send("Tabelle wurde angelegt: ");
            SqlContext.Pipe.Send(triggContext.EventData.Value);
            break;
        case TriggerAction.DropTable:
            SqlContext.Pipe.Send("Tabelle wurde gelöscht: ");
            SqlContext.Pipe.Send(triggContext.EventData.Value);
            break;
    }
}
```

Listing 31.37 Trigger überwacht Änderungen an Datenbanktabellen

Der Trigger muss mit dem folgenden T-SQL-Kommando in der Datenbank angelegt werden:

```
CREATE TRIGGER trgTableChanges
ON DATABASE
AFTER CREATE_TABLE, DROP_TABLE, ALTER_TABLE
AS   EXTERNAL NAME netShopLibrary.Triggers.trgTableChanges
GO
```

Listing 31.38 Anlegen des SQLCLR-DDL-Triggers

Skalare Funktionen

Die Entwicklung skalarer Funktionen ist ein sehr lohnendes Anwendungsgebiet für die SQLCLR. Die .NET-Basisklassen vereinfachen viele Aufgaben, wie Zeichenkettenverarbeitung oder komplexere mathematische Berechnungen wesentlich. SQLCLR-Funktionen ähneln in der Entwicklung natürlich ihrem Pendant – den T-SQL-Funktionen, weisen aber darüber hinaus ein paar Eigenarten auf, die Sie bei der Entwicklung beachten müssen. Insgesamt gelten die folgenden Regeln für die Entwicklung von Funktionen – und diese gelten nicht nur für die Skalarfunktionen, sondern ganz allgemein:

- Verwenden Sie für den Rückgabewert einen der Datentypen aus *System.Data.SqlTypes*. Ein Spezialfall sind tabellenwertige Funktionen, die eine komplette Tabelle an den Aufrufer zurückgeben. Dazu kommen wir in der nächsten Abteilung dieses Kapitels.

- In SQL Server-Funktionen sind keinerlei Seiteneffekte erlaubt. Die Kommunikation findet ausschließlich über die Parameter (Input) und den Rückgabewert (Output) statt. Funktionen dürfen also keine Ergebnismenge zurückliefern, keine Meldungen an den Client schicken und dürfen auch keine Daten in der Datenbank ändern!

- Alle Parameter sind Werteparameter (weil eben keine Seiteneffekte erlaubt sind). Referenzparameter (*ref*/*Byref*) sind tabu!
- Soll eine Funktion Daten in der Datenbank lesen dürfen, dann muss die Funktion über einen Parameter des Attributs *SqlFunction* gekennzeichnet werden (*DataAccess* bzw. *SystemDataAccess*).

Das Attribut SqlFunction

Natürlich gibt es auch für SQLCLR-Funktionen ein passendes Attribut. Dieses heißt *SqlFunction*. Hier folgen in kurzer Form die Parameter, die für *skalare* Funktionen interessant sind (für tabellenwertige Funktionen gibt es weitere Parameter, die später erklärt werden).

- **Name** Das kennen Sie schon – Sie können der Funktion im SQL Server einen anderen Namen geben
- **DataAccess** Über diesen Parameter stellen Sie ein, ob Sie Daten aus Datenbanktabellen lesen möchten (*Read*) oder nicht (*None*).
- **SystemDataAccess** Dieser Parameter regelt den Datenzugriff auf Systemdaten. Auch gibt es die Werte *Read* und *None*.
- **IsDeterministic** Über diesen Parameter teilen Sie SQL Server mit, ob Ihre Funktion deterministisch arbeitet (*true*, *false*). Deterministische Funktionen liefern für dieselben Input-Werte *immer* dieselben Output-Werte. Verwendet der Algorithmus Ihrer Funktion zum Beispiel die Funktionen *RAND* oder *GETDATE*, dann ist die Funktion nicht deterministisch. Der Einsatz nichtdeterministischer Funktionen für berechnete Tabellenspalten oder in Sichten führt dazu, dass diese nicht indiziert werden können.
- **IsPrecise** Dieser Parameter gibt an, dass die Funktion Werte liefert, die präzise sind. Kommen im Code der Funktion Gleitkommaoperationen vor, dann sind diese *nicht präzise*. Gleitkommaoperationen führen in vielen Fällen zu Rundungsfehlern. Der Wert *false* führt dieses Attribut verhindert wiederum die Indizierung.

Also gut, es wird Zeit für das erste, simple Beispiel. Die Funktion im nächsten Listing berechnet den Bruttowert eines Preises. Diese Funktion lässt sich natürlich ganz einfach in T-SQL implementieren. Das entsprechende Beispiel finden Sie im Kapitel 16 (»Benutzerdefinierte Funktionen«). Da nur die Datentypen *SqlMoney* und *SqlDecimal* vorkommen, ist die Funktion präzise und deterministisch ist sie auch.

```
[Microsoft.SqlServer.Server.SqlFunction (IsDeterministic=true, IsPrecise=true)]
public static SqlMoney fnGrossPrice(SqlMoney netPrice , SqlDecimal vat )
{
    return netPrice * (1 + vat.ToSqlMoney() / 100);
}
```

Listing 31.39 Einfache skalare SQLCLR-Funktion

Das Testskript ist trivial:

```
SELECT dbo.fnGrossPrice(100, 19)
```

Listing 31.40 Testskript für die skalare Funktion

T-SQL oder SQLCLR – was ist schneller?

Ein häufig genanntes Argument für den Einsatz von SQLCLR-Code ist der Performancevorteil bei komplexen Berechnungen, Zeichenkettenbearbeitungen und ganz allgemein nicht-trivialen Algorithmen. An dieser Stelle soll einmal ganz konkret anhand eines Beispiels gezeigt werden, welche Implementierungsvariante die Nase vorn hat, wenn es um die Ausführungsgeschwindigkeit geht.

In Listing 31.41 sehen Sie den Testrahmen, der dazu genutzt wird, die verschiedenen Implementierungsvarianten miteinander zu vergleichen. Ich habe bewusst T-SQL gewählt, da SQLCLR-Objekte häufig als Unterstützung serverseitiger T-SQL-Programmierung einsetzt werden. Außerdem lässt sich der Rahmen mit T-SQL sehr schnell einrichten. Der Testrahmen ist bereits mit den Aufrufen der SQLCLR-Funktion aus Listing 31.39 gefüllt.

```
DECLARE @StartTime time
DECLARE @EndTime time
DECLARE @Runs tinyint
DECLARE @Iterations int
DECLARE @Factor tinyint
DECLARE @results table (run tinyint, iterations int, duration decimal(10,2))
DECLARE @i tinyint = 1, @j int = 1

-- Hier Variablen für die Returns erstellen
DECLARE @Result money

-- Hier evtl. Anpassen
SET @Runs = 5
SET @Iterations = 10
SET @Factor = 10

-- Erster Aufruf für das Optimieren & Kompilieren
SET @Result = dbo.fnGrossPrice (1000, 19)

WHILE @i <= @Runs
BEGIN
    SELECT 'Runde ' + CAST(@i AS varchar(3)) + ' läuft.'
    SET @StartTime = GETDATE()
    WHILE @j <= @Iterations
    BEGIN
        SET @Result = Sales.fnGrossPrice (1000, 1)
        SET @j += 1
    END
    SET @EndTime = GETDATE()
    INSERT @results (run, iterations, duration) VALUES( @i, @Iterations, DATEDIFF (MS, @StartTime,
@EndTime))
    SET @Iterations *= @Factor
    SET @i += 1
END

SELECT * FROM @results
```

Listing 31.41 Testrahmen für Performance-Vergleiche von SQLCLR mit T-SQL

Zunächst werden die sehr einfachen Funktionen *dbo.fnGrossPrice* (SQLCLR) und *Sales.fnGrossPrice* (T-SQL) miteinander verglichen. Im letzten Durchlauf der Testschleife werden die Funktionen je 10.000-mal aufgerufen. Erst hier werden Unterschiede deutlich. Die sind zwar nicht atemberaubend groß, aber vorhanden. 10.000 Aufrufe der *fnGrossprice*-Funktion benötigen in der T-SQL-Implementierung im Schnitt 1,42 Sekunden, in der SQLCLR-Implementierung 1,35 Sekunden. Der Unterschied beträgt ca. 5%.

Skalare Funktionen

Nun ist diese Funktion nicht sehr komplex. Es ist zu erwarten, dass bei etwas mehr Logik die SQLCLR-Implementierung deutlichere Vorteile bieten müsste. Dazu ein zweites Beispiel. Die folgende T-SQL-Funktion berechnet zu einer übergebenen Zahl die Fakultät. Dabei werden ein paar Spezialfälle abgefangen, damit ein wenig Programmlogik ins Spiel kommt (daher sieht die Umsetzung etwas »rumpelig« aus, es ginge auch eleganter).

```sql
CREATE FUNCTION dbo.Factorial ( @Number int ) RETURNS float
AS
BEGIN
   DECLARE @i int = 1
   DECLARE @Result float = 1
      IF (@Number IS NULL) SET @Result = -1
      IF ( @Number < 0 ) SET @Result = -2
      IF ( @Number = 0 ) SET @Result = 1
      IF ( @Number BETWEEN 1 AND 2 ) SET @Result = @Number
         ELSE
            WHILE @i <= @Number
               BEGIN
                  SET   @Result *= ( @Number +1 -@i)
                        SET @i = @i + 1
               END
   RETURN (@Result)
END
```

Listing 31.42 T-SQL-Funktion, die die Fakultät berechnet

Die Implementierung der C#-Variante spiegelt die T-SQL-Funktion fairerweise direkt wieder.

```csharp
[Microsoft.SqlServer.Server.SqlFunction(IsDeterministic=true, IsPrecise=true)]
public static SqlDouble fnFactorialCLR(SqlInt32 Number)
{
   int i = 1;
   SqlDouble Result = 1;

   if (Number.IsNull ) { Result = -1; }
   if ( Number < 0 ) { Result = -2;}
   if ( Number == 0) { Result = 1; }
   if ( ( Number == 1 ) | ( Number == 2 )) { Result = Number; }
   else
      while ( i <= Number )
      {
         Result *= ( Number + 1 - i);
         i++;
      }
   return Result;
}
```

Listing 31.43 SQLCLR-Funktion, die die Fakultät berechnet

Damit in den Funktionen verschiedene Codepfade angesprochen werden, werden mehrere Aufrufe mit unterschiedlichen Parametern ausgeführt. Das folgende Listing zeigt den entsprechenden Ausschnitt aus dem Testskript für die T-SQL-Funktion.

```
…
-- hier gehören die Testaufrufe hin
SET @Result = dbo.fnFactorial(NULL)
SET @Result = dbo.fnFactorial(-10)
SET @Result = dbo.fnFactorial(0)
SET @Result = dbo.fnFactorial(100)
…
```

Listing 31.44 *Aufrufe der Funktionen im Testrahmen*

Lässt man diese beiden Funktionen gegeneinander antreten, dann werden die Unterschiede sehr offensichtlich. Auf meinem Testrechner benötigt die T-SQL-Variante für 10.000 Iterationen im Schnitt 13,5 Sekunden, die SQLCLR-Variante dagegen nur 4,9 Sekunden. Das ist eine Verbesserung von ca. 63%. Die SQLCLR hat also *sehr* deutlich die Nase vorn, wenn die die Programmlogik komplexer wird. Die Theorie hat sich bestätigt. Denken Sie an eine Datenbankanwendung, auf die viele Benutzer parallel zugreifen, dann können solche Performancevorteile entscheidend sein.

Geht es um Datenzugriffe, dann haben die T-SQL-Funktionen die Nase vorn. Zwar nicht gravierend, aber es besteht keine Anlass, an die Implementierung in der SQLCLR zu denken – Sie können den direkten T-SQL-Weg beschreiten. Falls Sie in Ihrem SQLCLR-Code aber Datenzugriffe durchführen, dann kommen Sie bitte nicht auf den Gedanken, die Daten abzuholen und die Logik in Ihren .NET-Code abzubilden (zum Beispiel über das Durchlaufen einer Ergebnismenge). Das wäre tödlich für die Ausführungsgeschwindigkeit. Führen Sie alle Berechnungen, soweit möglich, direkt über den SQL Server Context Provider in der Datenbank aus und holen Sie nur die Ergebnisse ab. Dann können Sie unbesorgt auch Datenzugriffe in Ihren SQLCLR-Objekten einsetzen.

Beispiele

Es folgen zwei kurze Beispiele, die zeigen, wie wunderbar leicht sich Aufgaben mit SQLCLR-Funktionen lösen lassen, wenn man die passenden .NET Framework-Klassen einsetzt.

E-Mail-Adressen überprüfen

Die erste Funktion löst eine Standard-Aufgabenstellung beim Erfassen von Adressen. Sie überprüft, ob es sich bei einer Zeichenkette formal um eine E-Mail-Adresse handeln kann. Dazu wird ein regulärer Ausdruck eingesetzt. So wird aus der Überprüfung ein echter Einzeiler, der noch dazu schnell ist. Sie müssen Ihrer Klasse einen Verweis auf den Namespace *System.Text.RegularExpressions* hinzufügen, damit der Code so ausgeführt werden kann, wie im Listing gezeigt.

```
…
using System.Text.RegularExpressions;
…

[Microsoft.SqlServer.Server.SqlFunction]
public static SqlBoolean fnIsVaildEmailAddress (SqlString theEmailAddress)
{
    return new SqlBoolean(Regex.IsMatch(theEmailAddress.ToString(), @"^([\w-\.]+)@((\[[0-9]{1,3}\.[0-…
"));
}
```

Listing 31.45 *Skalare Funktion zum Prüfen einer E-Mail-Adresse*

Die Kunst beim Arbeiten mit der *Regex*-Klasse besteht im Finden des richtigen regulären Ausdrucks. Zum Glück gibt es im Internet umfangreiche Sammlungen, aus denen man sich bedienen kann. Ein Aufruf dieser Funktion kann dann wie im folgenden Testskript passieren:

```
SELECT dbo.fnIsVaildEmailAddress ('peter.mueller@netshop.de')
SELECT dbo.fnIsVaildEmailAddress ('peter.muellernetshop.de')
SELECT dbo.fnIsVaildEmailAddress ('peter.mueller@netshop')
```

Listing 31.46 Testskript für die Funktion *fnIsVaildEmailAddress*

Das Skript liefert korrekt *True, False, False* zurück

Vergleiche mit regulären Ausdrücken.

Die Datenbanksprache T-SQL kann zwar von SQL Server höllisch schnell abgearbeitet werden, ist aber etwas karg, was die Funktionalität angeht. Der Einsatz von SQLCLR-Funktionen bietet Chancen, den einen oder anderen Mangel auszugleichen. Oft wird beispielsweise in T-SQL eine Möglichkeit vermisst, Zeichenketten mithilfe regulärer Ausdrücke zu vergleichen. Die folgende Funktion stellt eine Verallgemeinerung der Funktion aus dem letzten Listing (Listing 31.45) dar.

```
[Microsoft.SqlServer.Server.SqlFunction]
public static SqlBoolean fnLikeRegEx(SqlString theString, SqlString theRegExExpression)
{
    return new SqlBoolean(Regex.IsMatch(theString.ToString(), theRegExExpression.ToString()));
}
```

Listing 31.47 Skalare Funktion zum Stringvergleich mit Regex

Die Funktion funktioniert prachtvoll, wie das folgende Testskript zeigt. Beim Einsatz müssen Sie nur darauf achten, dass Sie einen vollständigen Vergleichsausdruck (zum Beispiel mit »=1«) bilden müssen, obwohl der Return-Wert der Funktion ja *SqlBoolean* lautet. SQL Server kennt aber bekanntlich nur Integer.

```
SELECT dbo.fnLikeRegex('XY12345', 'XY\d{5}')

IF dbo.fnLikeRegex('XY12345', 'XY\d{6}') = 1
    PRINT 'Treffer'
ELSE
    PRINT 'Kein Treffer'


SELECT Name_2, Telephone FROM Sales.Customers
WHERE
    dbo.fnLikeRegex(Telephone, '\(\d{3}\) 99') = 1
```

Listing 31.48 Testskript für die Funktion *fnCompareRegex*

Auf eine Warnung darf nicht verzichtet werden: Die Anwendung einer Funktion, wie *fnLikeRegex,* in einer *WHERE*-Klausel führt zwangsläufig dazu, dass Sie die Suchspalte als Argument dieser Funktion verwenden müssen. Dieses Einschließen der Spalte in einer Funktion verhindert eine Index*suche* in dieser Spalte (Scans funktionieren aber). Das lässt sich vermutlich auch nicht vermeiden, wenn Sie die Funktionalität in T-SQL nachbauen. Daher spricht nichts gegen eine SQLCLR-Funktion.

Tabellenwertige Funktionen

Genau wie in T-SQL gibt es bei der Programmierung mit SQLCLR die Möglichkeit, Funktionen zu programmieren, die eine komplette Tabelle als Ergebnis zurückliefern (Tabellenwertige Funktion – TVF). Solcherlei Funktionen können wunderbar in From-Klauseln von Abfragen eingesetzt werden, Teil eines Joins sein etc. (siehe Kapitel 16 »Benutzerdefinierte Funktionen«). Die .NET-Implementierung gleicht dabei der TVF-Variante »Tabellenwertfunktionen mit mehreren Anweisungen«. Dies bedeutet vor allen Dingen, dass Sie die Metadaten (also Spaltennamen und Datentypen) der Rückgabetabelle definieren müssen. Bei den so genannten Inline-Funktionen in T-SQL, die aus exakt einem *SELECT*-Kommando bestehen, ist das nicht notwendig. Diese Variante ist in .NET aber nicht möglich.

Auch bei der Programmierung tabellenwertiger Funktionen gilt: Es sind keinerlei Seiteneffekte erlaubt. Informationen können einzig und allein über die Ergebnistabelle geliefert werden.

Das Attribut SqlFunction in tabellenwertigen Funktionen

Beim Einrichten einer tabellenwertigen Funktion stehen Ihnen die Parameter des Atibuts *SqlFunction* zur Verfügung, die weiter oben bei den Skalarfunktionen erklärt wurden. Zusätzlich kommen die folgenden beiden Attribute ins Spiel:

- **TableDefinition**   Mit diesem Attribut wird der Aufbau der Ergebnistabelle beschrieben
- **FillRowMethodName**   Sie müssen eine Methode implementieren, die genau eine Ergebniszeile liefert. Hier geben Sie deren Namen an. Die die Methode öffentlich sein muss, gilt es Namenskonflikte zu vermeiden.

Implementierung

Die Implementierung einer tabellenwertigen Funktion ist etwas aufwändiger als die der Skalarfunktion. Das liegt an zwei Dingen: Zum einen müssen Sie im Attribut *SqlFunction* die Ergebnistabelle exakt definieren. Zum anderen müssen Sie eine öffentliche »FillRow«-Methode implementieren, die ganz genau eine Ergebniszeile zurückliefert. Letzteres hat mit der Art und Weise zu tun, wie SQLCLR-Tabellenwertfunktionen intern realisiert werden. Diese müssen nämlich einen Typ zurückgeben, der das .NET-Interface *IEnumerable* implementiert. Damit kann die Datenbankmaschine von SQL Server allerdings nichts anfangen und daher müssen Sie die öffentliche »FillRow«-Methode verwenden, um das Ergebnis in eine ordentliche SQL Server-Datenzeile zu verwandeln.

Implementierung mit Pufferung der Ergebnisse

Ein praktisches Beispiel sollte helfen, den Aufbau einer SQLCRL-TVF zu verstehen. Die erste tabellenwertige Funktion bekommt als Parameter einen Kundencode übergeben und liefert zu diesem alle Aufträge zurück. Sie wissen inzwischen schon, dass man so eine einfache, datenorientierte Aufgabenstellung besser direkt in T-SQL löst. Betrachten Sie diese Funktion als erstes anschauliches Beispiel für den Einsatz einer Tabellenwertfunktion.

```
...
using System.Collections
...

[Microsoft.SqlServer.Server.SqlFunction(
    DataAccess=DataAccessKind.Read,
```

```
            TableDefinition="ID int, Code nvarchar(50), OrderDate datetime, ShippingDate datetime",
            FillRowMethodName = "fnGetOrdersFillRow")]
public static IEnumerable fnGetOrders(SqlInt32 theCustomerID)
{
    SqlConnection theSqlConnection = new SqlConnection("context connection = true");
    SqlCommand theSqlCommand = new SqlCommand();
    SqlDataAdapter theSqlDataAdapter = new SqlDataAdapter();
    DataTable theSqlDataTable = new DataTable();

    theSqlCommand.CommandText =
    "SELECT O.ID, O.Code, O.OrderDate, O.ShippingDate  FROM Sales.Orders O WHERE O.CustomerID = @CustomerID";
    theSqlCommand.Parameters.AddWithValue ("@CustomerID", theCustomerID);
    theSqlCommand.Connection = theSqlConnection;
    theSqlDataAdapter.SelectCommand = theSqlCommand;

    theSqlConnection.Open();
    theSqlDataAdapter.Fill(theSqlDataTable);

     return theSqlDataTable.Rows;
}
public static void fnGetOrdersFillRow
    (Object obj, out SqlInt32 ID, out SqlString Code, out SqlDateTime OrderDate, out SqlDateTime ShippingDate)
{
    DataRow theDataRow = (DataRow)obj;

    ID = (Int32) theDataRow[0];
    Code = (String) theDataRow[1];
    OrderDate = (DateTime) theDataRow[2];
    ShippingDate = (DateTime) theDataRow[3];
}
```

Listing 31.49 Tabellenwertige SQLCLR- Funktion

Ein Aufruf der Funktion mit dem folgenden Testskript liefert die erwartete Ergebnismenge.

```
SELECT * FROM dbo.fnGetOrders(4711)
```

Listing 31.50 Testskript für die TVF

Es folgt eine kurze Erläuterung der wichtigsten Punkte bei der Realisierung dieser Funktion: Im Attribut *SqlFunction* muss der Parameter *DataAccess* auf *DataAccessKind.Read* gesetzt werden, da die Funktion Daten aus der Datenbank lesen soll. Im Parameter *TableDefinition* wird in einem String der Aufbau der Ergebnistabelle festgelegt. Dabei werden die normalen SQL Server-Datentypen verwendet. Allerdings muss man dabei darauf achten, dass nur diejenigen verwendet werden dürfen, zu denen es ein Pendant in den *SqlTypes* gibt. Das bedeutet unter anderem, dass *nvarchar* (und nicht *varchar*) eingesetzt werden muss, sowie *datetime* anstelle von *date*. Der Parameter *FillRowMethodName* bekommt den Namen der Füllmethode zugewiesen.

Die Implementierung der Function selbst erfolgt in zwei Teilen. Die eigentliche Funktion steckt in der öffentlichen statischen Funktionsmethode *fnGetOrders*. Diese *muss* einen Return-Wert vom Typ *IEnumerable* liefern. Sie sollten den Namensraum *System.Collections* importieren, damit der Code wie gezeigt funktinioniert. Die Details der Implementierung des Funktionsrumpfs sollten keine Überraschungen bieten. Die zweite öffentliche statische Funktionsmethode *fnGetOrdersFillRow* ist dafür verantwortlich, jedes einzelne Element des *IEnumerable*-Returnwerts, welches in *obj* übergeben wird, in seine Bestandteile zu zerlegen und diese in Feldern des Output-Parameters zurück zu liefern. Diese müssen exakt der Tabellendefinition in *TableDefinition* entsprechen. Die Signatur der Füllmethode hat also immer einen Parameter mehr, als es Spalten in der Ergebnistabelle gibt, und als erster Parameter wird immer das Objekt erwartet, welches die Datenzeile liefert. Die Umwandlung des Input-Werts in eine Variable vom Typ *DataRow* macht die Zerlegung sehr einfach. Allerdings können die einzelnen Felder nur in die Standard-.NET-Typen gewandelt werden und nicht direkt in die passenden *SqlTypes*. Das kann bei NULL-Werten zu Fehlern führen.

Implementierung als Streaming-Funktion

In Listing 31.49 habe ich einen recht einfachen Weg für die Implementierung der TVF *fnGetOrders* gewählt – und diesen würde ich Ihnen, wenn's passt, auch empfehlen. Im Rumpf der Funktion wird eine Variable vom Typ *DataTable* verwendet, um die Ergebnisse der Abfrage zwischenzuspeichern. Der Einsatz von *DataTable* vermeidet, dass Sie sich selbst um die Konstruktion des *IEnumerable*-Ergebnistyps kümmern müssen. Die Auflistung *Rows* der *DataTable* ist nämlich bereits ein solcher und kann bei der Übergabe an *return* direkt verwendet werden. Mit einem *SqlDataReader* funktioniert das leider nicht *direkt*.

Dieses Verfahren können Sie bedenkenlos anwenden, wenn die Ergebnistabelle, die Sie zurückgeben möchten, nicht sehr umfangreich ist (so in etwa ein paar Dutzend oder paar Hundert Zeilen). Ansonsten bläht die *DataTable* den Speicher auf und das kann SQL Server arg belasten. Sie haben aber immer die Möglichkeit, die Dinge selbst in die Hand zu nehmen und eine SQLCLR-Tabellenfunktion als eine *Streaming*-Funktion zu realisieren. Dazu müssen Sie die *IEnumerable*-Klasse selbst implementieren. Die SQL Server-Datenbankmaschine verwendet beim Aufruf Ihrer Funktionen die Methoden der *IEnumerable*-Klasse, um Datensatz für Datensatz abzuholen. Durch eine geeignete Art der Programmierung können Sie daher auch sehr große Datenmengen ausliefern, ohne dass eine große Menge Speicherplatz reserviert werden müsste. Das *kann* SQLCLR-Funktionen schneller machen als ihre T-SQL-Pendants. Dass eine SQLCLR-TVF einen Datenstrom liefert, ist keine Frage einer Deklaration. Es liegt einzig und allein an Ihrer Implementierung, ob das so ist. Das Beispiel aus Listing 31.46 ist keine Stream-Implementierung, weil zunächst die Datentabelle gefüllt wird, was das Ausliefern der Daten zunächst einmal blockiert.

Zur Verdeutlichung dient das zweite TVF-Beispiel, das eine typische Aufgabenstellung löst. Die Funktion *fnReadFile* liest eine Textdatei ein und liefert die Zeilen als SQL Server-Tabelle zurück. Da fast die gesamte Logik in der *IEnumerable*-Klasse liegt, nimmt diese auch den größten Raum bei der Implementierung ein. Zur Implementierung wird der Namespace *System.IO* benötigt. Da der Code zwar nicht kompliziert, aber lang ist und doch vollständig gezeigt werden soll, folgt hier zunächst der Code für Implementierung der *IEnumerable*-Klasse *FileReader*.

```
public class FileReader : IEnumerable
{
    // Vollständiger Pfad zur Datei
    string filePath;

    // Konstruktor nimmt den Dateipfad entgegen
    public FileReader(SqlString filePath)
    {
        this.filePath = filePath.Value;
    }
    // Gibt den Enumerator an sich zurück
    public IEnumerator GetEnumerator()
    {
        return new FileEnumerator(this);
    }
}
```

```
    // Hilfsklasse
    private class FileEnumerator : IEnumerator
    {
        FileReader reader;
        StreamReader sr;
        string line;

        // Von wem wird aufgerufen?
        public FileEnumerator(FileReader reader)
        {
            this.reader = reader;
            Reset();
        }
        // Current muss das aktuelle Element liefern
        public object Current
        {
            get { return line; }
        }
        // Movenext muss das nächste Element liefern
        public bool MoveNext()
        {
            line = sr.ReadLine();
            // ...war da überhaupt noch eine Zeile
            if (line != null)
                return true;
            else
            {
                sr.Close();
                return false;
            }
        }
        // Reset setzt die Enumeration zurück
        public void Reset()
        {
            if (File.Exists(this.reader.filePath))
                sr = new StreamReader(this.reader.filePath);
            else
                throw new Exception(String.Format("Datei {0} existiert nicht!", this.reader.filePath));
        }
    }
}
```

Listing 31.51 Eine *IEnumerable*-Klasse, die eine Textdatei liest

Nach diesem Vorspiel fällt der Code für die Funktion an sich und die Füllmethode wunderbar kurz aus. Die Füllmethode ist hervorragend dazu geeignet, die Funktionalität der *fnReadFile*-Funktion weiter auszubauen. Hier könnten Sie beispielsweise eine kommaseparierte Datei in einzelne Felder splitten. Im Beispiel werden aus der übergebenen Textzeile einfache Informationen extrahiert.

```
[Microsoft.SqlServer.Server.SqlFunction (
    FillRowMethodName = "ReadFileFillRow",
    TableDefinition = "Line nvarchar(max), CountCharacters int, CountWords int")]

public static IEnumerable fnReadFile(SqlString theFilePath)
{
    return new FileReader(theFilePath);
}
```

```csharp
public static void fnReadFileFillRow
    (object obj, out SqlString Line, out SqlInt32 CountCharacters, out SqlInt32 CountWords)
{
    string line = (string) obj;

    Line = line;
    CountCharacters = line.Length;
    CountWords = line.Split(' ').Length;
}
```

Listing 31.52 Streaming TVF

Beispiele

In den folgenden Listings werden zwei nützliche Helferlein vorgestellt, die Sie mithilfe von tabellenwertigen SQLCLR-Funktionen realisieren können.

Windows-Protokolldaten in eine Tabelle verwandeln

Für Monitoring-Zwecke kann es sehr nützlich sein, Windows-Protokolldaten einlesen und mit T-SQL untersuchen zu können. Genau das leistet das folgende Beispiel, welches die *EventLog*-Klasse aus dem Namespace *System.Diagnostics* benutzt, um eins der Protokolle zu lesen.

```csharp
[Microsoft.SqlServer.Server.SqlFunction(
    FillRowMethodName = "fnReadEventLogFillRow",
    TableDefinition = "timeWritten DateTime, message nvarchar(max), category nvarchar(100),
     InstanceID BigInt")]
public static IEnumerable fnReadEventLog(string theLogname)
{
    return new EventLog(theLogname, Environment.MachineName).Entries;
}

public static void fnReadEventLogFillRow
    (Object obj, out SqlDateTime timeWritten, out SqlString Message, out SqlString Category,
     out SqlInt64 InstanceId)
{
    // DataRow theDataRow = (DataRow)obj;

    EventLogEntry theEventLogEnTry = (EventLogEntry)obj;

    timeWritten = (SqlDateTime)theEventLogEnTry.TimeWritten;
    Message = (SqlString)theEventLogEnTry.Message;
    Category = (SqlString)theEventLogEnTry.Category;
    InstanceId = theEventLogEnTry.InstanceId;
}
```

Listing 31.53 Tabellenwertige Funktion für das Lesen des Windows-Protokolls

Sie können die Funktion mit diesem Testskript testen. Seien Sie dabei geduldig – je nach Größe des Protokolls kann es einige Sekunden dauern, bis das Ergebnis ausgegeben wird

```sql
SELECT TOP 100 *
FROM dbo.fnReadEventLog(N'Application') as T
ORDER BY timeWritten DESC
```

Listing 31.54 Testskript für die Funktion *fnReadEventLogFillRow*

Eine kommabegrenzte Datei als Tabelle ausgeben

Die folgende Funktion ist inzwischen schon ein echter Klassiker der SQLCLR-Programmierung. Sie löst eine Aufgabe, welche speziell in der Zeit vor SQL Server 2008 häufig anstand: Die Umwandlung einer Werteliste aus einer Zeichenkette in eine Tabelle. Damit lassen sich zum Beispiel Schlüssellisten bequem auf den Server schicken und Abfragen einfacher formulieren. Mit SQL Server 2008 sind die tabellenwertigen Parameter eine gute Alternative.

```
[SqlFunction(
    DataAccess = DataAccessKind.None,
    FillRowMethodName = "fnIdTableFillRow",
    IsDeterministic = true,
    IsPrecise = true,
    TableDefinition = "ID int" )]
public static IEnumerable fnIDTable(SqlString theIDString)
{
    string[] theIDs = theIDString.ToString().Split(',');
    DataTable theDataTable = new DataTable ();
    DataRow theDataRow;

    theDataTable.Columns.Add("ID", System.Type.GetType("System.Int32"));

    foreach ( string theString in theIDs )
    {
        theDataRow = theDataTable.NewRow();
        theDataRow["ID"] = Convert.ToInt16(theString);
        theDataTable.Rows.Add(theDataRow);
    }

    return theDataTable.Rows;
}

public static void fnIdTableFillRow(object obj, out SqlInt32 ID)
{
    DataRow theDataRow = (DataRow)obj;

    ID = (Int32)theDataRow[0];
}
```

Listing 31.55 Tabellenwertige Funktion für die Erzeugung einer Tabelle aus einer Werteliste

Die Funktion *fnIDTable* kann in einer Abfrage eingesetzt werden, so wie im folgenden Testskript zu sehen.

```
DECLARE @CustomersKeys AS varchar(100) = '1,2,3,4,5,6,7,8,9,10'

SELECT
    *
FROM
    Sales.Customers c
INNER JOIN
    dbo.fnIDTable(@CustomersKeys) k ON c.ID = k.ID
```

Listing 31.56 Testskript für die Funktion *fnIDTable*

Benutzerdefinierte Aggregate

Im Standard ASNI-SQL sind für die Zusammenfassung von Daten in Gruppierungen eine Reihe von Aggregatfunktionen definiert, die von T-SQL noch ergänzt werden: *SUM, AVG, COUNT* etc. Fehlt Ihnen die passende Aggregatfunktion, dann können Sie versuchen, durch eine geschickte Kombination der vorhandenen Aggregatfunktionen und durch die Bildung von Aggregaten über Ausdrücke zu der gewünschten Aggregierung zu kommen. Es ist aber nicht in jedem Fall möglich, die optimale Lösung in T-SQL zu formulieren und es gibt andere Einschränkungen: Die vordefinierten Aggregate können ausschließlich numerische Werte verarbeiten und vor allen Dingen ist es nicht möglich eine wieder verwendbare Aggregatfunktion zu schreiben. Kommt die Berechnung in verschiedenen Abfragen vor, dann kann die Funktionslogik nur durch »Copy-and-Paste« des Codes »wieder verwendet« werden.

Benutzerdefinierte Aggregate schließen diese Lücken. Sie ermöglichen die Implementierung eigener, wieder verwendbarer Aggregatfunktionen – und sie können nur mittels der SQLCLR programmiert werden. *Benutzerdefinierte Aggregate (User Defined Aggregat – Benutzerdefinierte Aggregate :UDA)* ähneln Funktionen: Sie erwarten Eingabewerte – typischerweise aus einer Spalte einer Datenmenge – und liefern ein Ergebnis. Andererseits werden Aggregate in .NET aber *nicht* als Funktion realisiert, sondern als Struktur oder Klasse. Von der Implementierungsseite her betrachtet sind UDAs mit den benutzerdefinierten SQLCLR-Datentypen verwandt, die am Ende dieses Kapitels untersucht werden. In vielen Fällen werden UDAs als Strukturen realisiert, da diese etwas einfacher geschrieben werden können.

Das Attribut SqlUserDefinedAggregate

Natürlich gibt es auch für das Erstellen eines benutzerdefinierten Aggregats ein passendes Attribut. Und dieses Attribut *Microsoft.SqlServer.Server.SqlUserDefinedAggregate* spielt eine gewichtige Rolle bei der Implementierung. Die Einstellmöglichkeiten über dessen Parameter sind spannend:

- **Name** Überschreibt in der Datenbank den Namen des Aggregats durch einen anderen
- **IsInvariantToDuplicates** Wirken sich doppelte Werte auf das Ergebnis aus? Für die Standard-Aggregatfunktion *MAX* ist das nicht der Fall, für *SUM* aber schon. Durch das Einstellen von *true* oder *false* kann der Optimierer einen besseren Abfrageplan für eine Abfrage entwickeln, die Ihr UDA einsetzt.
- **IsInvariantToNulls** Wirken sich Nullwerte auf das Ergebnis aus? Für die Standard-Aggregatfunktion *MAX* ist das nicht der Fall, für *AVG* aber schon.
- **IsInvariantToOrder** Hübscher Gedanke – soll angeben ob sich das Aggregat ändert, wenn es mit unterschiedlich sortierten Daten aufgerufen wird. Wird allerdings von SQL Server 2008 derzeit nicht ausgewertet.
- **IsNullIfEmpty** Zeigt an, dass das Aggregat zu Null wird, wenn der Input leer ist
- **Format** Da .NET-technisch betrachtet ein Aggregat eine Struktur oder eine Klasse ist, muss es serialisierbar sein (also als Sequenz von z.B. Bytes dargestellt werden können). Der einfachste Fall ist *Format.Native* – damit überlassen Sie die Arbeit der Standardserialisierung der CLR. Falls Sie vorhaben, die Aggregatfunktion als Klasse zu schreiben, dann müssen Sie sich selbst um die Serialisierung kümmern und den Wert des Parameters auf *Format.UserDefined* einstellen. Das gilt auch, wenn Ihre Aggregat-Struktur ein Objekt eines Referenztyps verwendet.

- **MaxByteSize** Dieses Attribut müssen Sie nur dann anlegen, wenn Sie vorhaben, eine benutzerdefnierte Serialisierung einzusetzen. Es gibt die Größe einer serialisierten Instanz an. Vor SQL Server 2008 war der maximale Wert 8.000. Ab SQL Server 2008 können Sie auch -1 angeben. Damit legen Sie fest, dass die Größe bis zu 2 GB sein kann. Doch die Sache hat einen Haken – lesen Sie dazu die Warnung im Kasten!

> **ACHTUNG**   Mit SQL Server 2008 ist glücklicherweise die Begrenzung eines Benutzeraggregats auf eine maximale Größe von 8.000 Bytes entfallen. Die Eigenschaft *SqlUserDefinedAggregate.MaxByteSize* lässt sich auch problemlos auf den in der .NET Framework-Klassenbibliothek angegebenen Wert -1 setzen. Erst damit werden UDAs, die mit Strings operieren, sinnvoll einsetzbar. Allerdings gibt es ein lästiges Problem im Deployment-Skript, welches von Visual Studio erzeugt wird: Auch wenn Sie *MaxByteSize* auf den Wert -1 setzen, wird für das benutzerdefinierte Aggregat der Return-Wert in der folgenden Art definiert: *RETURNS NVARCHAR (4000)*. Damit kann dann das Zwischenergebnis eines Aggregats maximal 2 GB groß werden, mehr als 4.000 Byte in Unicode-Codierung lassen sich aber nicht zurückgeben. Hier müssen Sie tätig werden und das Aggregat im Postdeploy-Sript löschen und mit einem Rückgabeparameter vom Typ *NVARCHAR (max)* neu anlegen! Gleich folgt dazu noch ein Beispiel.

Implementierung

Bevor Sie sich mit der Implementierung eines benutzerdefinierten Aggregats beschäftigen, sollten Sie vor Ihrem geistigen Auge einmal die Anforderungen Revue passieren lassen, die an eine Aggregatfunktion gestellt werden: Es müssen große, teilweise *sehr große* Datenmengen verarbeitet werden. Das bedeutet für Ihre Programmierung, dass diese so effektiv und Speicher sparend wie nur möglich geschehen sollte. Denken Sie daran, dass Ihr Code eventuell mehrere Millionen Mal aufgerufen wird. Die Aggregatfunktion muss in Gruppierungen, sowie sortierten und partitionierten Datenmengen einwandfrei funktionieren: Um diese Dinge kümmert sich zum Glück SQL Server – Ihre Aufgabe als Entwickler ist es nur, die korrekten Berechnungen zu finden. Die Aggregatfunktion muss auch in parallelisierten Abfrageplänen korrekt funktionieren. Aggregate sind für den SQL Server-Optimierer der Top-Kandidat für eine Verarbeitung in mehreren Threads. Auch darum kümmert sich SQL Server. Sie müssen ihm nur dabei helfen, indem Sie die korrekte Methode für das Zusammenführen der Teilergebnisse beisteuern.

Was die Performance angeht: Solange Ihre Aggregatfunktion nur Berechnungen und keine zusätzlichen Datenzugriffe enthält, wird sie wie der Wind arbeiten und manches T-SQL-Verfahren in den Schatten stellen.

Standardmethoden

Sie ahnen vielleicht schon, dass die Implementierung eines Aggregats etwas aufwändiger ist, als die einer Prozedur oder Funktion. Da ist auch etwas dran. Wenn Sie sich aber an den Bauplan eines benutzerdefinierten Aggregrats halten, dann ist das Vorgehen zumindest übersichtlich. Sie legen eine Struktur (oder eine Klasse) in der Lieblingssprache Ihrer Wahl an (C# oder VB.NET) und implementieren exakt vier Methoden, über die ein UDA zwingend verfügen muss. Als da wären:

- **Init** Diese Methode initialisiert die Aggregatbildung. Sie wird beim Beginn des Lesens der Daten aufgerufen, sowie bei jedem Gruppenwechsel. Üblicherweise werden in *Init* die internen Zustandsvariablen zurückgesetzt. Sie *müssen* Ihre Variablen tatsächlich auch in dieser Methode initialisieren, da der SQL Server eine Instanz Ihres UDA wiederverwenden kann und Variableninitialisierungen, die außerhalb von *Init* programmiert wurden, dann eventuell *nicht* durchgeführt werden.

- **Accumulate** Diese Methode wird für jeden einzelnen Datensatz aufgerufen, der von der Aggregatfunktion durchlaufen wird. Die Parameter dieser Methode stellen den Input für die Berechnung des Aggregatwerts dar. Die Methode enthält die Logik für die Berechnung.

- **Merge** Diese Methode wird aufgerufen, wenn die Datenbankmaschine die Pfade eines parallelen Abfrageplans wieder zusammenführt. Hier legen Sie fest, wie sich aus den Teilergebnissen das Gesamtergebnis berechnet. In den meisten Fällen ist dies trivial und wird durch eine Summierung erledigt. Für kompliziertere Fälle sollten Sie im Hinterkopf behalten, dass Sie sich nicht sicher sein können, wie der SQL Server die Datenzeilen für die Berechnung der Teilergebnisse auswählt. Das darf keinen Einfluss auf Ihre *Merge*-Methode haben. Die Implementierung der *Merge*-Methode ist zwar »freiwillig«, da Sie aber immer mit einer Parallelisierung eines Abfrageplans rechnen müssen, im Grunde obligatorisch. Der einzige Parameter von *Merge* ist immer vom Typ des Aggregats selbst.

- **Terminate** Diese Methode wird aufgerufen, wenn die Berechnung eines Aggregats abgeschlossen wird – also nach dem Durchlaufen aller Datenzeilen einer Tabelle oder Gruppe. In *Terminate* geben Sie den Wert des Aggregats zurück (via *return* bzw. *Return*).

Als Datentypen für die Parameter der Methoden und den Return-Wert kommen die SQL Server-Systemdatentypen, aber auch benutzerdefinierte Datentypen in Frage.

Die Einzelheiten der Implementierung werden wieder an einem einfachen Startbeispiel erklärt. In Listing 31.57 ist aber alles enthalten, was Sie bei der Erstellung eines UDA berücksichtigen müssen und außerdem handelt es sich bei diesem Aggregat um einen echten Klassiker. Es geht darum, die Zeichenketten, die sich in einer Spalte befinden, zu konkatenieren und als Liste auszugeben. Eine Funktion, die man sehr nützlich bei Reporting-Aufgabenstellungen einsetzen kann.

Da im Aggregat ein *StringBuilder*-Objekt eingesetzt wird, muss der Namensraum *System.Text* importiert werden und da ein *BinaryReader*-Objekt eingesetzt wird, muss zusätzlich der Namensraum *System.IO* importiert werden.

```
[Serializable]
[Microsoft.SqlServer.Server.SqlUserDefinedAggregate(
    Format.UserDefined,
    MaxByteSize=-1,
    IsInvariantToNulls = true,
    IsInvariantToDuplicates = false,
    IsInvariantToOrder = false )]

public struct agrConcat : IBinarySerialize
{
    private StringBuilder theStringBuilder;

    public void Init()
    { theStringBuilder = new StringBuilder(); }

    public void Accumulate(SqlString theInString)
    { if (! theInString.IsNull)
        {
            theStringBuilder.Append(theInString).Append("; ");
        }
    }

    public void Merge(agrConcat theMergeInput)
    { theStringBuilder.Append(theMergeInput.theStringBuilder); }
```

```csharp
    public SqlString Terminate()
    {
        string theOutputString = "";
        if (theStringBuilder != null && theStringBuilder.Length > 0)
        {
            theOutputString = theStringBuilder.ToString(0, theStringBuilder.Length - 2);
        }
        return new SqlString(theOutputString);
    }
    public void Read(System.IO.BinaryReader r)
    { theStringBuilder = new StringBuilder(r.ReadString()); }

    public void Write(System.IO.BinaryWriter w)
    { w.Write(theStringBuilder.ToString()); }
}
```

Listing 31.57 Benutzerdefiniertes Aggregat

Die Funktionsweise des Aggregats *agrConcat* können Sie mit dem folgenden Testskript überprüfen:

```sql
SELECT
    MIN(c.Name) AS CatalogName,
    dbo.agrConcat(a.Code) AS ArticleCodes
FROM
    Products.Articles a
INNER JOIN
    Products.Catalogs c ON a.CatalogID = c.ID
GROUP BY
    c.ID
ORDER BY
    1
```

Listing 31.58 Testskript für benutzerdefiniertes Aggregat

Als Ergebnis erhalten Sie diese Ausgabetabelle:

```
CatalogName   ArticleCodes
Biere         00047; 00050; 00054; 00101
Brot          00009; 00010; 00011; 00012; 00013; 00066; 00067; 00068; 00069; 00070
Eier          00015; 00072
usw.
```

Benutzerdefinierte Serialisierung

Da die Struktur *agrConcat* ein Objekt der Klasse *StringBuilder* verwendet, um das Ergebnis zwischenzuspeichern, muss die Serialisierung benutzerdefiniert stattfinden – *StringBuilder* ist ein Referenztyp. Aus diesem Grund bekommt das Attribut *SqlUserDefinedAggregate* als ersten Parameter den Wert *Format.UserDefined* zugewiesen und die Struktur erbt von *IBinarySerialize*. Für die Serialisierung reicht es aus, den Inhalt der internen Zustandsvariablen binär wegzuschreiben bzw. zu lesen. Listing 31.57 zeigt wie es geht. Sie überschreiben die Methoden *Read* und *Write* und verwenden dazu die vorgesehenen Klassen *BinaryReader/BinaryWriter*. Das machen Sie einfach für jede einzelne Zustandsvariable, die Sie verwenden. Fertig!

Im Zusammenhang mit der benutzerdefinierten Serialisierung muss *MaxByteSize* gesetzt werden. Damit teilen Sie SQL Server nicht nur mit, mit welchen Datenmengen er es bei der Serialisierung zu tun bekommt – Sie legen damit auch die maximale Speichergröße für das Aggregat fest. Wählen Sie diese Größe zu klein, dann wird die Verarbeitung mit einer Fehlermeldung in der folgenden Art abgebrochen:

```
Meldung 6522, Ebene 16, Status 2, Zeile 1
.NET Framework-Fehler beim Ausführen der benutzerdefinierten Routine oder des benutzerdefinierten Aggregats
'agrConcat':
System.Data.SqlTypes.SqlTypeException: Der Puffer ist unzureichend. Lese- bzw. Schreiboperation fehlgeschlagen.
```

Da die *agrConcat*-Funktion auch auf große Tabellen angewendet werden soll, wird mit -1 die maximale Größe von 2GB eingestellt.

Ausliefern eines benutzerdefinierten Aggregats

Da man sich leider auf Visual Studio nicht hundertprozentig verlassen kann, was das Ausliefern von benutzerdefinierten Aggregaten angeht, folgen hier ganz kurz die sachdienlichen Hinweise für die Anpassungen in den Deployment-Skripts. Der Build-Prozess leistet an sich gute Arbeit – mit einer Ausnahme: Die Rückgabe langer Zeichenketten.

Versuchen Sie die Aggregatfunktion aus dem letzten Beispiel auf der Spalte *Code* der Tabelle *Sales. Customers* (mit 10.000 Datensätzen) anzuwenden, dann bekommen Sie die folgende Meldung zu sehen:

```
Meldung 6522, Ebene 16, Status 1, Zeile 3
.NET Framework-Fehler beim Ausführen der benutzerdefinierten Routine oder des benutzerdefinierten Aggregats
'agrConcat':
System.Data.SqlServer.TruncationException: Es wird versucht, den Rückgabewert oder Ausgabeparameter mit einer
Größe von 179960 Bytes in einen T-SQL-Typ mit einer niedrigeren Größenbegrenzung von 8000 Bytes zu konvertieren.
```

Visual Studio legt für den Typ *SqlString* als Pendant auf der T-SQL-Seite den Typ *varchar(4000)* fest. Das reicht natürlich nicht für jede Anwendung. Um größere Werte zurückgeben zu können, passen Sie das *PostDeploy*-Skript wie im nächsten Codebeispiel zu sehen an. Da das *PostDeploy*-Skript immer an das Standard-Skript angehängt wird, können Sie das angelegte Aggregat einfach löschen und in der richtigen Form neu anlegen.

```
DROP AGGREGATE [dbo].[agrConcat]
GO
CREATE AGGREGATE [dbo].[agrConcat](@theInString NVARCHAR (4000))
    RETURNS NVARCHAR (max)
    EXTERNAL NAME [netShopLibrary].[agrConcat];
GO
```

Listing 31.59 Anpassung im *PostDeploy*-Skript

Beispiele

An dieser Stelle folgen wie gewohnt kleine Beispiele als Fingerübungen für das neue SQLCLR-Objekt. Wenn Sie die Listings als Schablone verwenden, dann kommen Sie recht schnell zu eigenen angepassten Lösungen.

Ein Aggregat für ein gewichtetes Mittel

Möchten Sie anstelle der Standard-Aggregatfunktion *AVG*, welche das arithmetische Mittel berechnet, ein gewichtetes arithmetisches Mittel berechnen lassen, dann bietet sich dafür eine UDA an. Diese Aufgabe lässt sich nicht einfach durch Ausdrücke von Aggregatfunktionen lösen, daher ist eine benutzerdefinierte Aggregatfunktion eine gute und schnelle Alternative.

Die folgende Aggregatfunktion arbeitet mit zwei Parametern in der *Accumulate*-Methode, damit der Wert und die Gewichtung übergeben werden können. Es kann auf benutzerdefinierte Serialisierung verzichtet werden, da nur mit numerischen Variablen gearbeitet wird. Ansonsten ist der Code selbsterklärend.

```
[Serializable]
[SqlUserDefinedAggregate(
    Format.Native,
    IsInvariantToDuplicates = false,
    IsInvariantToNulls = true,
    IsInvariantToOrder = true,
    IsNullIfEmpty = true)]
public struct agrWeightedAVG
{
    private double theSum;
    private double theWeightSum;

    public void Init()
    {
        theSum = 0;
        theWeightSum = 0;
    }

    public void Accumulate(SqlDouble theValue, SqlDouble theWeight)
    {
        if (!theValue.IsNull && !theWeight.IsNull)
        {
            theSum += (double)(theValue * theWeight);
            theWeightSum += (double)theWeight;
        }
    }

    public void Merge(agrWeightedAVG theMergeInput)
    {
        theSum += theMergeInput.theSum;
        theWeightSum += theMergeInput.theWeightSum;
    }

    public SqlDouble Terminate()
    {
        if (theWeightSum > 0)
        {
            Double theValue = theSum / theWeightSum;
            return new SqlDouble(theValue);
        }
        else
        {
            return SqlDouble.Null;
        }
    }
}
```

Listing 31.60 UDA berechnet gewichtetes Mittel

Ein Aggregat das Worte zählt

Neben der Anwendung im statistischen Bereich sind die beiden großen Domänen für benutzerdefinierte Aggregate die Arbeit mit Textinformationen und die Arbeit mit benutzerdefinierten Datentypen. Das folgende UDA zählt die Vorkommen eines bestimmten Wortes in einer Tabellenspalte vom Typ *varchar* – eine Aufgabe, die sich mit T-SQL nur sehr umständlich lösen lassen würde.

```
[Serializable]
[SqlUserDefinedAggregate(
    Format.Native,
    IsInvariantToDuplicates = false,
    IsInvariantToNulls = true,
    IsInvariantToOrder = true,
    IsNullIfEmpty = true)]

public struct agrCountWords
{
    private Int64 theCount;

    public void Init()
    {
        theCount = 0;
    }

    public void Accumulate(SqlString theInput, SqlString theWord)
    {
        if (!theInput.IsNull && !theWord.IsNull)
        {
            Regex theRegEx = new Regex(@"\b" + theWord.ToString() + @"\b");
            theCount += theRegEx.Matches(theInput.ToString()).Count;
        }
    }

    public void Merge(agrCountWords theMergeInput)
    {
        theCount += theMergeInput.theCount;
    }

    public SqlInt64 Terminate()
    {
        return theCount;
    }
}
```

Listing 31.61 UDA zählt Worte in einer Spalte

Benutzerdefinierte Datentypen

Neben den benutzerdefinierten Aggregaten stellen die benutzerdefinierten Datentypen zweifellos einen weiteren Höhepunkt unter den SQLCLR-Objekten dar. Diese sind ein ideales Mittel, um die Basis-Funktionalität des SQL Server zu erweitern. T-SQL selbst bietet bekanntlich keine Möglichkeiten, Strukturen oder Objekte zu definieren, die in Tabellen gespeichert werden könnten und die eigene Methoden mitbringen. Alle T-SQL-Datentypen sind einfache Skalartypen – das gilt auch für die benutzerdefinierten Aliasdatentypen, die in Kapitel 8 (»Tabellen planen und einrichten«) vorgestellt wurden. In der SQLCLR-Programmierung können problemlos komplexe Datentypen entwickelt werden, die in der Regel besondere Funktionalitäten über eigene Methoden realisieren.

Der benutzerdefinierte Datentyp ist das einzige SQLCLR-Objekt, welches nicht nur auf dem Server existieren kann. UDTs können auch auf den Clients bereitgestellt werden. Damit lassen sich die Methoden der Datentypen auch in der clientseitigen Programmierung nutzen. Arbeiten Sie beispielsweise in Ihren Anwendungen mit geographischen Informationen, dann kann es sinnvoll sein, Variablen vom Typ *geometry* zu nutzen, auch wenn überhaupt nicht auf den SQL Server zugegriffen werden soll.

Eine Bemerkung muss noch gemacht werden, bevor es an die Vorstellung der Arbeit mit benutzerdefinierten Datentypen geht: Die UDTs sollen kein Ersatz für die Geschäftsobjekte einer Anwendungsprogrammierung sein. Modellieren Sie die Datenbanken Ihrer Anwendung auf jeden Fall nach den Regeln der relationalen Kunst und betrachten Sie die UDTs als Ergänzung für besondere Fälle. In ADO.NET stehen Ihnen für das objektrelationale Mapping verschiedene Methoden zur Verfügung – vor allem natürlich das Entity Framework. Damit sollten Sie Ihre Businesslogik-Schicht bauen. Stellen Sie sich UDTs als eine Sammlung skalarer Typen ergänzt um sinnvolle Methoden vor.

Gute Beispiele für diese sinnvolle Art des Einsatzes benutzerdefinierter Datentypen stellen die Erweiterungen dar, die Microsoft selbst mit SQL Server 2008 ausliefert. Die Geodatentypen (*geometry* und *geography*) und der Typ *hierarchyId* erweitern den Leistungsumfang der Datenbankmaschine. Benutzerdefinierte Datentypen finden ihre Anwendung häufig in der Entwicklung selbst (als Hilfsklassen) oder in technischen und wissenschaftliche Anwendungen.

Das Attribut SqlUserDefinedType

In der SQLCLR realisierte UDTs sind entweder .NET-Strukturen oder Klassen. Für die Details der Implementierung steht natürlich wiederum ein Attribut zur Verfügung. Es besitzt die folgenden Parameter:

- **Name** Ersetzt den Default-Namen des Typs (das ist der Name der Struktur oder Klasse) durch einen alternativen Namen

- **IsByteOrdered** Damit geben Sie an, dass die binäre Repräsentation eines Werts des Typs garantiert immer auf exakt dieselbe Art serialisiert wird und dass es eine eindeutige (und sinnvolle) Sortierfolge in der Repräsentation gibt. Nur wenn dieser Parameter den Wert *true* erhält, können wichtige Operationen auf Spalten von diesem Typ ausgeführt werden: Indizierung, Sortierung, Gruppierung, das Setzen von CHECK-Einschränkungen und das Anlegen persistierter berechneter Spalten. Außerdem können nur Byte-sortierte Werte mit den Standard-Vergleichsoperatoren miteinander verglichen werden.

- **IsFixedLength** Gibt an, ob die benutzerdefinierte Serialisierung immer ein und dieselbe Länge liefert. Für den SQL Server ist dies interessant in Bezug auf die Speicherung der Werte und für die Abfrageoptimierung.

- **ValidationMethodName** Legt eine (selbst geschriebene) Methode fest, die der SQL Server nutzt, um die deserialisierten Daten zu überprüfen

- **Format** Sie legen hier fest, ob es eine benutzerdefinierte Serialisierung gibt. Es gelten dieselben Regeln wie bei den benutzerdefinierten Aggregaten. Sprich: Sie *müssen* selbst serialisieren, wenn Sie den Typ als Klasse implementieren oder wenn die Struktur ein Objekt eines Referenztyps enthält.

- **MaxByteSize** Bei benutzerdefinierter Serialisierung legen Sie hier die maximale Größe fest. Entweder durch einen Wert von 1 bis 8.000 oder durch -1, wenn bis zu 2 GB genutzt werden sollen (siehe UDA).

Implementierung eines benutzerdefinierten Datentyps

Im Gegensatz zu Funktionen oder Prozeduren sind benutzerdefinierte Datentypen keine einfache Methoden, sondern stellen, genau wie benutzerdefinierte Aggregate, komplette Strukturen oder Klassen in einer .NET-Sprache dar. Dabei werden die Inhalte in einem binären Format in der Datenbank gespeichert und müssen als Zeichenkette ausgegeben werden können.

Bei der Implementierung sind einige Besonderheiten zu berücksichtigen: Die Klasse muss die Schnittstelle *INullable* implementieren, da Datentypen in einer relationalen Datenbank den Wert NULL annehmen können. Der Entwickler muss sich Gedanken darüber machen, wie die Klasse die Anfrage, ob ihr Wert NULL ist, beantwortet. Dazu wird die Eigenschaft *IsNull* implementiert, die vom Datentyp *bool* ist. Zusätzlich muss der NULL-Wert des Datentyps auch tatsächlich bereitgestellt werden.

Die Übergabe von Werten an den Datentyp, also das Schreiben in die Variable oder Spalte, wird durch die Methode *Parse* implementiert. Durch diese werden alle übergebenen Werte entgegengenommen und üblicherweise auf privat lokale Variable verteilt.

Die textuelle Darstellung des Datentyps wird durch die Methode *ToString* realisiert. Bei der Implementierung legt man als Entwickler fest, wie der Inhalt des Datentyps in einer Benutzeroberfläche wie zum Beispiel dem Query Designer, einem WinForms-Formular oder einem Bericht dargestellt werden soll.

Die Serialisierung des Datentyps – für den Fall, dass keine native Serialisierung möglich oder gewünscht ist – wird durch die Methoden *Read()* und *Write()* erledigt. Das kennen Sie noch von den benutzerdefinierten Aggregaten. Es wird wiederum die Schnittstelle *IBinarySerialize* implementiert. Die vorhandenen Daten werden in das binäre Format geschrieben oder gelesen, in welchem es in SQL Server abgelegt wird. Wenn dies clever programmiert ist, dann kann man auch vergleichende Abfragen (wie > oder <) an die Spalte mit dem benutzerdefinierten Datentyp stellen, ohne dass der Wert in eine andere Darstellung konvertiert werden müsste oder spezielle Vergleichsmethoden notwendig wären. Zusätzlich müssen die Eigenschaften *MaxByteSize* und *IsFixedLength* gepflegt werden.

Und dann sind natürlich noch all die Eigenschaften und Methoden zu implementieren, die der Datentyp besitzen soll. Dafür gilt es, bis auf die schon erläuterten Einschränkungen für die Programmierung mit Assemblys unter SQL Server, die folgenden Restriktionen zu berücksichtigen:

- Alle Bezeichner dürfen maximal 128 Zeichen lang sein. Das entspricht natürlich der Regel für T-SQL-Bezeichner.
- Die SQL Server-Namenskonventionen müssen eingehalten werden
- Nur Datentypen mit fester Länge sind zulässig
- Vererbte Methoden oder Eigenschaften sind von T-SQL nicht direkt aufrufbar, können aber intern verwendet werden
- Überladungen sind nur für den Konstruktor zulässig
- Es muss einen Konstruktor geben, der keine Parameter besitzt
- Statische Methoden und Eigenschaften sind nur schreibgeschützt oder als Konstanten zulässig
- Mutatoren (Methoden eines Objekts, die das Objekt selbst verändern) sind gesondert zu handhaben
- UDTs können nur in typisierten Tabellenspalten verwendet werden, also nicht in Spalten vom Typ *sql_variant*

Im folgenden Beispiel wird ein einfacher Datentyp erstellt, der eine Zeitangabe mit Minuten und Stunden abbildet. Seit SQL Server 2008 gibt es ja glücklicherweise den nativen Datentyp *time*, der einen selbstdefinierten Zeitdatentyp prinzipiell überflüssig macht.[1] Es gibt aber dennoch Anwendungen die von einem benutzerdefinierten Datentypen für Zeitangaben profitieren können. Zum Beispiel Anwendungen, die mit einer sehr hohen Auflösung arbeiten müssen und für die die inzwischen erhöhte Auflösung für Zeitangaben immer noch nicht ausreichend ist (so etwas gibt es zum Beispiel bei Kurzzeitmessungen in wissenschaftlich-technischen Anwendungen). Außerdem kann man die eigenen Zeittypen mit erweiterten Funktionen, wie einer automatischen Sommerzeitumstellung, versehen und so weiter.

Das UDT-Programmierbeispiel erstreckt sich über verschiedene kürzere Codeausschnitte, die insgesamt alle zum Listing 31.62 gehören. Dadurch lassen sich die einzelnen Implementierungsschritte besser nachvollziehen. Es beginnt mit der Vereinbarung der Struktur *typeTimeSimple* plus dem Attribut *SqlUserDefinedType*. Bei dieser Gelegenheit werden auch gleich die privaten Variablen zur Speicherung der internen Zustände angelegt. Im folgenden Text werde ich einfach die Bezeichnung *typeTime* verwenden – obwohl in den nachfolgenden Listings verschiedene Versionen des *typeTime*-Typs unter verschiedenen Namen implementiert werden.

```
[Serializable]
[SqlUserDefinedType(
    Format.Native,
    IsByteOrdered = true,
    IsFixedLength = false)]

public struct typeTimeSimple : INullable
{
    private bool isNull;
    private Int16 theMinutes;
```

Im Datentyp *typeTime* soll die Uhrzeit immer in Minuten gespeichert werden (das spart Speicherplatz). Dafür ist die Variable *theMinutes* zuständig. Eine Besonderheit des UDTs stellt die private Variable *isNull* dar. Diese wird als Flag benutzt, das angibt, ob eine Variable vom Typ *typeTime* gerade den Wert NULL angenommen hat. In jedem UDT werden Sie eine analoge Implementierung finden.

Nachdem die Struktur definiert ist, kann es gleich mit der Methode *Parse* weiter gehen. Über *Parse* wird die Umwandlung einer übergebenen Zeichenkette in das interne Format des Datentyps realisiert. Wenn ein Wert von »außen« als Zeichenkette übergeben wird (das passiert beispielsweise durch die Eingabe eines Werts in eine Textbox, die an eine Spalte des UDTs gebunden ist), dann wird die Zeichenfolge in das interne Format gewandelt. Das Ergebnis ist entweder der Wert Null (zu diesem kommen wir gleich noch) oder ein Wert in der korrekten internen Darstellung. In der ersten Version des Beispiel-UDTs wird nur ein sehr einfaches Parsing implementiert. Es werden Zeichenketten in der Art »hh:mm« erwartet, die leicht konvertiert werden können.

```
// Wert als String setzen
public static typeTime Parse(SqlString theInput)
{
    if (theInput.IsNull)
        return Null;
```

---

[1] Es gab bei Microsoft Pläne, die neuen SQL Server 2008 Datentypen *date* und *time* als UDFs zu implementieren. Das wäre wesentlich einfacher gewesen, als diese in die Datenbankmaschine einzubetten. Um die optimale Performance zu gewährleisten, hat man sich dann aber vernünftigerweise doch für das native Verfahren entschieden.

```
    else
    {
        typeTime theTime = new typeTime();

        String[] theSplitString = theInput.ToString().Split(':');
        theTime.theMinutes = Convert.ToInt16(Convert.ToInt16(theSplitString[0]) * 60 +
            Convert.ToInt16(theSplitString[1]));

        return theTime;
    }
}
```

Das Gegenstück zu der Standardmethode *parse* stellt die Methode *ToString* dar, die ein guter Bekannter aus der .NET-Welt ist. Die Implementierung von *ToString* ist der erste Abschnitt der Codeschablone, die von Visual Studio angelegt wird. Die Daten werden in dieser Methode aus der internen Darstellung in ein lesbares Zeichenkettenformat konvertiert und zurückgegeben. Im Beispiel von *typeTime* soll die Uhrzeit wiederum im Format »hh:mm« ausgegeben werden. Die Implementierung von *ToString* ist obligatorisch, da jedes Objekt eine Zeichenkettenrepräsentation besitzen muss – unter anderem weil alle .NET-Objekte von *System.Object* erben und damit *ToString* überschreiben müssen. Natürlich gibt es auch die ganz banale praktische Erwägung, dass Sie den Inhalt einer Tabellenspalte, die Ihren UDT benutzt, banalerweise einfach einmal sehen möchten. Bei jeder Konvertierung in eine Zeichenkette wird diese Methode aufgerufen. Die *ToString*-Methode des *typeTime*-Typs ist sehr einfach:

```
// Serialisierung als Zeichenkette
public override string ToString()
{
    return  (theMinutes / 60).ToString() + ":" + (theMinutes % 60).ToString();
}
```

Über die boolesche Eigenschaft *IsNull* eines UDTs kann festgestellt werden, wann der Datentyp NULL ist. Im Beispielfall also dann, wenn das interne Flag entsprechend gesetzt ist:

```
// die Welt soll wissen, ob ich eine NULL bin
public bool IsNull
{
    get { return (isNull); }
}
```

Die Methode *Null* eines UDTs muss einen expliziten *NULL*-Wert für den Datentyp liefern. Alle privaten Variablen sollten sinnvoll initialisiert werden. Obligatorisch ist natürlich das korrekte Setzen des Werts für das Null-Flag.

```
// das ist die Null des Datentyps
public static typeTime Null
{
    get
    {
        typeTime theTime = new typeTime();
        theTime.theMinutes = 0;
        theTime.isNull = true;
        return (theTime);
    }
}
```

Das war's schon. Der Prototyp des ersten benutzerdefinierten Datentyps ist fertig. Ein einfacher UDT lässt sich also mit wenig Aufwand implementieren. Im folgenden Listing gibt es den vollständigen Code »am Stück« zu sehen.

```csharp
using System;
using System.Data;
using System.Data.SqlClient;
using System.Data.SqlTypes;
using Microsoft.SqlServer.Server;


[Serializable]
[SqlUserDefinedType(
    Format.Native,
    IsByteOrdered = true,
    IsFixedLength = false)]

public struct typeTimeSimple : INullable
{
    private bool isNull;
    private Int16 theMinutes;

    // Serialisierung als Zeichenkette
    public override string ToString()
    {
        return  (theMinutes / 60).ToString() + ":" + (theMinutes % 60).ToString();
    }

    // Wert aus String parsen
    public static typeTimeSimple Parse(SqlString theInput)
    {
        if (theInput.IsNull)
            return Null;
        else
        {
            typeTimeSimple theTime = new typeTimeSimple();

            String[] theSplitString = theInput.ToString().Split(':');
            theTime.theMinutes = Convert.ToInt16(Convert.ToInt16(theSplitString[0]) * 60
            + Convert.ToInt16(theSplitString[1]));

            return theTime;
        }
    }

    // die Welt soll wissen, ob ich eine NULL bin
    public bool IsNull
    {
        get { return (isNull); }
    }

    // das ist die Null des Datentyps
    public static typeTimeSimple Null
```

```
        {
            get
            {
                typeTimeSimple theTime = new typeTimeSimple();
                theTime.theMinutes = 0;
                theTime.isNull = true;
                return (theTime);
            }
        }
    }
};
```

Listing 31.62 Einfacher SQLCLR-Datentyp

Zum Thema Bereitstellung gibt es an dieser Stelle nichts Neues zu vermelden – für die erste Bereitstellung gilt das bisher in diesem Kapitel Gesagte.

Ein einfaches Testskript für den neuen Datentypen könnte so aussehen:

```
DECLARE @Time AS typeTimeSimple

IF @Time IS NULL SELECT 'Eine NULL...'
SET @Time = '15:20'
SELECT @Time.ToString()
SELECT @Time
```

Listing 31.63 Testskript für den benutzerdefinierten Datentyp

Die Ausgabe entspricht den Erwartungen:

```
------------
Eine NULL...
(1 Zeile(n) betroffen)


---------------------------------------
15:20
(1 Zeile(n) betroffen)


--------
0x008398
(1 Zeile(n) betroffen)
```

Prachtvoll. Der simple Zeitdatentyp kann für die Deklaration einer Variable verwendet werden, nimmt ordnungsgemäß nach der Deklaration den Wert NULL an, lässt sich per Zeichenkette mit einem Wert belegen und gibt den Wert auch korrekt aus. Verwenden Sie in einem *SELECT*-Kommando einfach den Namen des Datentyps, dann bekommen Sie die serialisierte interne Darstellung zu sehen. Die Verwendung der Methode *ToString()* stellt die lesbare Variante zur Verfügung.

HINWEIS Bei der Darstellung von Daten benutzerdefinierter Datentypen in Tabellen im Microsoft SQL Server Management Studio wird der Inhalt des Datentyps immer mit der *ToString*-Methode abgerufen.

Wie lassen sich Werte vom Typ *typeTime* miteinander vergleichen? Das kann man schnell untersuchen.

```
DECLARE @Time1 AS typeTimeSimple, @Time2 AS typeTimeSimple

SET @Time1 = '12:00'
SET @Time2 = '12:01'
```

Benutzerdefinierte Datentypen

```
SELECT
    CASE
        WHEN ( @Time1 > @Time2 ) THEN '@Time1 ist größer'
        WHEN ( @Time1 = @Time2 ) THEN 'Beide sind gleich'
    WHEN ( @Time1 < @Time2 ) THEN '@Time2 ist größer'
END
```

Listing 31.64 Testskript für Wertevergleiche mit dem UDT

Auch dieses Testskript liefert die richtigen Ergebnisse. Durch die Art der Implementierung (die zugegeben trivial ist – die native Serialisierung liefert automatisch das Gewünschte) und die Einstellung *IsByteOrdered* = *true* lassen sich Werte des neuen UDTs direkt miteinander vergleichen.

Wie sieht die Anwendung des UDTs in einer Tabelle aus? Das lässt sich durch ein drittes Testskript klären.

```
CREATE TABLE TimeTypeTestTable
( ID int PRIMARY KEY, TimeInfo typeTimeSimple)

DECLARE @i int = 1

WHILE @i <= 24
    BEGIN
        INSERT TimeTypeTestTable ( ID, TimeInfo)
        VALUES ( @i, CAST( @i AS CHAR(2) ) + ':00' )
        SET @i = @i + 1
    END

SELECT ID, TimeInfo.ToString() FROM TimeTypeTestTable

DROP TABLE TimeTypeTestTabl
```

Listing 31.65 Testskript für UDT in einer Tabelle

Das Anlegen der Tabelle erfolgt wie gewohnt. Die Werte werden einfach als Zeichenkette übergeben und dadurch die *Parse*-Methode des Datentyps aufgerufen. Im Management Studio kann die erzeugte Tabelle direkt geöffnet und bearbeitet werden. Ebenso in mit Visual Studio und .NET programmierten Clients. Abbildung 31.3 zeigt, wie ein Wert geändert wird – auch das klappt problemlos, solange die *Parse*-Methode nicht in eine Ausnahme läuft. Dann gibt es eine unschöne .NET-Fehlermeldung zu sehen. Ein wenig Validierung und Fehlerbehandlung täten dem UDT gut. Das wird in Kürze besprochen werden.

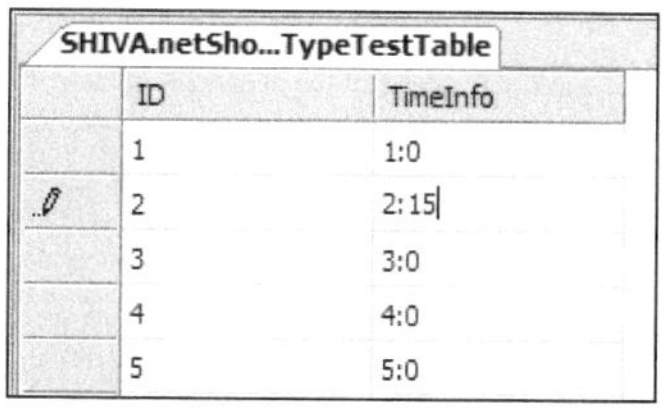

ID	TimeInfo
1	1:0
2	2:15
3	3:0
4	4:0
5	5:0

Abbildung 31.3 Benutzerdefinierter Typ im Management Studio

Im Testskript wird die Tabelle angelegt und gleich wieder gelöscht. Das macht das nächste Ausliefern einfach. Etwas mehr Mühe muss man sich geben, wenn der Datentyp tatsächlich permanent ausgeliefert werden soll.

Aktualisieren eines bereitgestellten UDTs

Sobald Sie einen benutzerdefinierten Datentyp ausgeliefert haben und Datenbankobjekte von diesem abhängig sind, weil der Typ in einer Tabellenspalte oder als Parameter verwendet wird, müssen Sie das beim Ausliefern Ihres Projekts berücksichtigen. Visual Studio stellt das Projekt nicht mehr automatisch bereit und ein manuelles *DROP TYPE* wird aufgrund der Abhängigkeiten nicht mehr ausgeführt. Gespeicherte Prozeduren und benutzerdefinierte Funktionen, die den Typ als Parameter verwenden, können Sie einfach löschen und neu anlegen. Bei der Verwendung in Tabellenspalten ist etwas mehr Arbeit angesagt.

Hier kommen wieder die *PreDeploy-* und *PostDeploy*-Skripte ins Spiel. Vor dem Ausliefern einer neuen Version müssen die vorhandenen Werte aus einer Tabelle gesichert werden. Dann können die betreffenden Spalten und der Datentyp gelöscht werden. Nach der Auslieferung werden die Werte wieder eingefügt. Listing 31.66 liefert ein Beispiel. Das Verfahren macht sich zunutze, dass man einem benutzerdefinierten Typ auch die binär serialisierten Daten zuweisen kann. In diesem Format werden die Inhalte der Tabellenspalte zwischengespeichert. Nach all dem, was Sie in diesem Buch bereits über den Umgang mit T-SQL erfahren haben, sollte das folgende Skript selbst erklärend sein.

```
--
-- Das gehört ins PreDeploy-Skript
--

CREATE TABLE Save_TimeTypeTestTable
( KeyValue int, Value varbinary(max) )

INSERT Save_TimeTypeTestTable
( KeyValue, Value )
SELECT
ID, CAST( TimeInfo AS varbinary(max) )
FROM
dbo.TimeTypeTestTable

ALTER TABLE dbo.TimeTypeTestTable DROP COLUMN TimeInfo

DROP TYPE dbo.typeTimeSimple


--
-- Dies gehört ins PostDeploy-Skript
--

CREATE TYPE dbo.typeTimeSimple
EXTERNAL NAME [SqlClassLibrary].[typeTimeSimple]
GO

ALTER TABLE dbo.TimeTypeTestTable ADD TimeInfo typeTimeSimple

UPDATE dbo.TimeTypeTestTable
SET
   TimeInfo = Value
FROM
   dbo.TimeTypeTestTable
INNER JOIN
   dbo.Save_TimeTypeTestTable ON ID = KeyValue
SELECT
   ID, TimeInfo.ToString()
FROM
   dbo.TimeTypeTestTable

DROP TABLE Save_TimeTypeTestTable
```

Listing 31.66 Skriptbefehle für die Auslieferung einer neuen Version eines Datentyps

> **HINWEIS** Da eine Struktur etwas weniger Overhead als eine Klasse mitbringt, wird in den meisten Beispielen zu benutzerdefinierten Datentypen eine Struktur als Grundlage verwendet. Man sollte aber keinen Glaubenskrieg aus der Frage »Struktur oder Klasse« machen – es gibt keine zwingenden Gründe, die gegen die Verwendung von Klassen sprechen. Klassen geben einem Entwickler die Freiheit, innerhalb des Codes Vererbung zu verwenden und nicht alles lässt sich in Form von Strukturen realisieren.

Benutzerdefinierte Methoden und Eigenschaften

Bis jetzt ging es bei der Implementierung von SQLCLR-Datentypen um die Pflicht: Die Programmierung der zwingend vorgegebenen Methoden und Eigenschaften. Die Kür besteht in der Programmierung eigener Methoden und Eigenschaften, die Ihren Datentyp mit mehr Komfort und Intelligenz versehen.

Eigenschaften werden naheliegenderweise als Eigenschaft der Struktur oder Klasse implementiert, die den Datentyp darstellt. Die Regeln dafür entsprechen den Regeln der verwendeten Programmiersprache. Eine verbreitete Einsatzmöglichkeit ist die Bereitstellung alternativer Verfahren für das Setzen und Abrufen von Werten. Im folgenden Beispiel werden die Eigenschaften *Hours* und *Minutes* für den benutzerdefinierten Datentyp *typeTime* angelegt. Über diese können die Stunden und Minuten direkt abgefragt und manipuliert werden. Außerdem wird die Eigenschaft *TimeStringAmPm* definiert, die nur einen Getter besitzt (also schreibgeschützt ist) und die Uhrzeit im AM/PM-Format zur Verfügung stellt.

```
...
public struct typeTimeWithProps : INullable
...
// Getter/Setter für den Stundenanteil der Zeit
    public SqlInt16 Hours
    {
        get
        {
            return (SqlInt16)(theMinutes / 60);
        }
        set
        {
            // die vorhandenen *Minuten* retten und neue Stunden addieren
            theMinutes = (Int16)((theMinutes % 60) + (Int16)value * 60);
        }
    }

    // Getter/Setter für den Minutenanteil der Zeit
    public SqlInt16 Minutes
    {
        get
        {
            return (SqlInt16)(theMinutes % 60);
        }
        set
        {
            // die vorhandenen *Stunden* retten und neue Stunden addieren
            theMinutes = (Int16)(theMinutes - (theMinutes % 60)  + (Int16)value);
        }
    }

    // Getter für die Zeit im AM/PM-Format
    public SqlString TimeStringAmPm
    {
        get
        {
```

```
            String theSuffix ="";
            if (theMinutes < 720)
            {
                theSuffix = "AM";
            }
            else
            {
                theMinutes -= 720;
                theSuffix = "PM";
            }
            return (theMinutes / 60).ToString() + ":" + (theMinutes % 60).ToString() + " " + theSuffix;
        }
    }
```

Listing 31.67 Benutzerdefinierte Eigenschaften für einen Datentyp

In T-SQL können Sie auf benutzerdefinierte Eigenschaften mittels der gewohnten Punkt-Schreibweise zugreifen. Im nachfolgenden Testskript werden einige einfache Experimente mit den soeben definierten Eigenschaften durchgeführt.

```
DECLARE @Time AS typeTimeWithProps

SET @Time = '12:00'

SELECT @Time.ToString()
SELECT @Time.Hours
SELECT @Time.Minutes

SET @Time.Hours = 13
SET @Time.Minutes = 15

SELECT @Time.ToString()
SELECT @Time.TimeStringAmPm
```

Listing 31.68 Testskript für die benutzerdefinierten Eigenschaften

Die Ergebnisse in der Reihenfolge Ihres Auftretens:

```
12
0
13:15
1:15 PM
```

Alles ist gut.

Benutzerdefinierte Methoden sind natürlich mindestens genauso wichtig wie benutzerdefinierte Eigenschaften. Auch hier gilt prinzipiell: Verwenden Sie einfach die Möglichkeiten der gewählten Programmiersprache, und stellen Sie zusätzliche öffentliche Methoden zur Verfügung. Mit Blick auf den geplanten Einsatz der Methoden in der .NET-Laufzeitumgebung des SQL Server gibt es aber doch ein paar wichtige Dinge zu berücksichtigen:

- **Instanzmethoden versus statische Methoden** Überlegen Sie gut, ob Sie Ihre Methoden als Instanzmethoden oder statische Methoden zur Verfügung stellen möchten. Instanzmethoden benötigen ein instanziiertes Objekt, damit Sie arbeiten können. Statische Methoden sind ohne Instanziierung eines Objekts sofort verfügbar. Welches Verfahren Sie einsetzen entscheidet darüber, wie die Methoden in T-SQL eingesetzt werden können. Die in Kürze folgenden Beispiele machen das anschaulich klar.

- **Instanzmethoden, die Werte verändern** Instanzmethoden, die *keine* Werte verändern, können einen Rückgabewert liefern und dürfen in *SELECT*-Kommandos eingesetzt werden. Instanzmethoden, die Werte verändern, *müssen ohne* Rückgabe vereinbart werden (in C#: *void*) und *müssen* mit dem Attribut

Benutzerdefinierte Datentypen

SqlMethod mit dem Parameterwert *IsMutator = true* gekennzeichnet werden. Soll es *nicht* möglich sein, einen NULL-Wert an die Methode zu übergeben, dann muss zusätzlich der Parameter *OnNullCall* auf *false* gesetzt werden.

In Listing 31.69 werden zwei neue Methoden für den UDT *typeTime* definiert. Die Instanzmethode *TimeAdd* addiert einen als Parameter übergebenen Zeitwert zur aktuell gespeicherten Zeit. Beachten Sie, dass die Bezeichnung »TimeAdd« verwendet wurde, weil »Add«, als reserviertes Wort, nicht verwendet werden kann. Da *TimeAdd* die interne Repräsentierung der Zeit ändert, wird die Methode als *SqlMethod* angelegt und die Verwendung einer NULL als Parameterwert wird explizit durch *OnNullCall = false* verhindert. Die zweite Methode *TimeDiff* wird über das Schlüsselwort *static* als statische Methode deklariert. Sie nimmt zwei Parameter des Zeit-UDTs entgegen und berechnet die Differenz wiederum als Zeit-UDT.

```
...
public struct typeTimeWithPropsAndMethods : INullable
...
    // nicht-statische Methode, für Addieren eines Zeit-Werts
    [SqlMethod(IsMutator = true, OnNullCall = false)]
    public void TimeAdd (typeTimeWithPropsAndMethods theIncrement)
    {

        theMinutes += theIncrement.theMinutes;
        if (theMinutes > 1440)
        {
            theMinutes -= 1440;
        }
    }

    // statische Methode für die Berechnung einer Zeitdifferenz
    public static typeTimeWithPropsAndMethods TimeDiff(
        typeTimeWithPropsAndMethods theFirstTime, typeTimeWithPropsAndMethods theSecondTime)
    {
        typeTimeWithPropsAndMethods theDifference = new typeTimeWithPropsAndMethods();
        theDifference.theMinutes = (Int16)(theFirstTime.theMinutes - theSecondTime.theMinutes);

        if (theDifference.theMinutes < 0) { theDifference.theMinutes = 0 ;}

        return theDifference;
    }
```

Listing 31.69 Benutzerdefinierte Methoden für einen Datentyp

Die Anwendung dieser beiden Methoden zeigt das folgende Testskript:

```
DECLARE @Time1 AS typeTimeWithPropsAndMethods, @Time2 AS typeTimeWithPropsAndMethods

SET @Time1 = '12:00'
SET @Time2 = '1:30'

SET @Time1.TimeAdd (@Time2)
SELECT @Time1.ToString()

SET @Time1 = '12:00'
SET @Time2 = '6:15'

SELECT typeTimeWithPropsAndMethods::TimeDiff (@Time1, @Time2).ToString()
```

Listing 31.70 Testskript für die benutzerdefinierten Methoden

Dies sind die Ergebnisse:

```
13:30
5:45
```

Die Anwendung der *TimeAdd*-Methode in Verbindung mit dem *SET*-Schlüsselwort sieht etwas eigenwillig aus, wird aber von der T-SQL-Syntax so verlangt. Bei der Anwendung einer statischen Methode ist auf den doppelten Doppelpunkt zu achten. Ansonsten ist alles im grünen Bereich.

HINWEIS Beim Umgang mit Variablen ist noch eine kleine und gemeine Besonderheit zu beachten. Nach dem Deklarieren einer Variablen mit *DECLARE* kann man *nicht* sofort mithilfe einer Eigenschaft oder Methode deren Wert verändern, da die Variable zu diesem Zeitpunkt noch nicht initialisiert ist. SQL Server löst einen Fehler aus, der auf diesen Umstand hinweist. Folgende Anweisung funktioniert also nicht:

```
DECLARE @Time AS typeTimeWithProps

SET @Time.Hours = 12
SET @Time.Minutes = 15

SELECT @Time.ToString()
```

SQL Server beschwert sich mit der Meldung:

```
Der Mutator 'Hours' in '@Time' kann nicht für einen NULL-Wert aufgerufen werden.
```

Dagegen läuft folgende Anweisung reibungslos, da der Anfangswert hier über die *Parse*-Methode übergeben wird:

```
DECLARE @Time AS typeTimeWithProps

SET @Time = '00:00'

SET @Time.Hours = 12
SET @Time.Minutes = 15

SELECT @Time.ToString()
```

Benutzerdefinierte Serialisierung

Die Anwendung der benutzerdefinierten Serialisierung entspricht exakt derjenigen, die Sie bei der Konstruktion von UDAs einsetzen. Mit anderen Wort: Sie *müssen* Ihre eigene Serialisierung schreiben, wenn Sie in Ihrem UDT-Typ einen Referenztyp einsetzen. Sie *müssen* selbst serialisieren, wenn Sie Ihren UDT als Klasse implementieren. Sie *müssen* selbst serialisieren, wenn Sie einen Wert für den Parameter *MaxByteSize* setzen – das ist zwangsläufig der Fall, wenn Sie die 8.000 Byte-Grenze sprengen wollen. Ansonsten können Sie sich getrost auf die native Serialisierung verlassen.

Gibt es einen Grund für eine eigene Serialisierung, zum Beispiel, weil Sie eine phantastische Methode gefunden haben, wie sich Ihr Datentyp komprimieren lässt, dann setzen Sie den Parameter *Format* des Attributs *SqlUserDefinedType* auf *UserDefined*. Außerdem muss die *IBinarySerialize*-Schnittstelle implementiert werden, die das Vorhandensein der Methoden *Write* und *Read* vorschreibt. Zu diesem Zweck kann einfach ein *BinaryWriter* -Objekt verwendet werden, mit dem die zu speichernden Werte in einen Binärwert gewandelt werden, um sie beim Lesen dann mit einem *BinaryReader*-Objekt aus dem binären Format in den verwendeten Datentyp zu wandeln. Nachfolgend ein kurzes Beispiel für die binäre Serialisierung des benutzerdefinierten Datentyps *typeTime*. Die Implementierung ist banal – spart aber gegenüber der nativen Variante ein Byte (die private Variable *isNull* wird nicht serialisiert). Der Code für die neue Version des Typs muss durch eine überarbeitete Deklaration des Attributs *SqlUserDefined* eingeleitet werden.

```
[Serializable]
[SqlUserDefinedType(
    Format.UserDefined,
    MaxByteSize=2,
    IsByteOrdered = true,
    IsFixedLength = true)]
public struct typeTimeWithPropsAndMethodsUserSer : INullable, IBinarySerialize
{...

    public void Write (System.IO.BinaryWriter theBinaryWriter)
    {
        {
            theBinaryWriter.Write(theMinutes);
        }
    }
    public void Read (System.IO.BinaryReader theBinaryReader)
    {
        theMinutes = theBinaryReader.ReadInt16();
    }
```

Listing 31.71 Benutzerdefinierte Serialisierung eines UDTs

Validieren der Parameter und Werte

Eines der wichtigsten Ziele bei der Entwicklung von Datenbankobjekten ist sicherlich die Stabilität der Implementierung. Wird ein Wert in einem fehlerhaften Format oder außerhalb des definierten Wertebereichs angegeben, so sollte dies nicht zu einem unkontrollierten Fehler in Ihrem Objekt führen. Die in der *Parse*-Methode übergebenen Zeichenketten sollten auf jeden Fall überprüft werden: Stimmt das Format? Liegen die Werte im Gültigkeitsbereich? Ist es möglich, die Werte des Datentyps über Eigenschaften zu setzen, dann sollten Sie auch in diesen die Wertebereiche überprüfen.

Zur Überprüfung des Eingabeformats eignet sich ein regulärer Ausdruck, die Wertebereichsprüfung richtet sich nach der Art des implementierten Typs, ein zusätzlicher *Try/Catch*-Block bei der Zuweisung der Werte an die internen Variablen schützt Sie vor Überraschungen. Eigentlich eine Brot-und-Butter-Programmierung. Als Anregung folgt hier dennoch eine Variante der *Parse*-Methode für den Zeittyp, welche die textuellen Eingabedaten überprüft. Ein regulärer Ausdruck erledigt die Prüfung vollständig. Durch geschicktes Auslagern des Prüfcodes in eigene Methoden lässt sich die Logik natürlich für alle Eigenschaften und Methoden, die Daten verändern, wieder verwenden. Generell ist es keine schlechte Idee, eine passende Ausnahme zu werfen, etwa so, wie im Beispiel zu sehen.

```
public static typTimeWithPropsAndMethodsAndChecks Parse(SqlString theInput)
{
    if (theInput.IsNull)
        return Null;
    else
    {
        typTimeWithPropsAndMethodsAndChecks theTime = new typTimeWithPropsAndMethodsAndChecks();
        Regex theRegex = new Regex("^([0-1][0-9]|[2][0-3]):([0-5][0-9])$");

        // stimmt das Eingabeformat?
        if ( ! theRegex.IsMatch (theInput.ToString()))
```

```
        {
            // raus hier....
            throw (new FormatException("Ungültiges Format! Verwenden Sie bitte 'hh:mm'."));
        };

        String[] theSplitString = theInput.ToString().Split(':');
        theTime.theMinutes = Convert.ToInt16(Convert.ToInt16(theSplitString[0]) * 60
            + Convert.ToInt16(theSplitString[1]));

        return theTime;
    }
}
```

Listing 31.72 Parameterprüfung für den benutzerdefinierten *Typ.cs*

Ein Test für die neue Version des Typs ist schnell geschrieben:

```
DECLARE @t typeTimeWithPropsAndMethodsAndChecks

SET @t = '12:00'
SET @t = '1:00'
SET @t = '12:00:15'
SET @t = '1200'
SET @t = '25:00'
```

Listing 31.73 Test für die Parameterprüfung

Der SQL Server schluckt nur die erste Zuweisung und beschwert sich ansonsten jeweils mit einer Formatausnahme:

`System.FormatException: Ungültiges Format! Verwenden Sie bitte 'hh:mm'.`

Fehlerhafte innere Zustände eines Datentyps können aber nicht nur dann entstehen, wenn sich eine ungültige Benutzereingabe an Ihrem Prüfcode vorbei in die internen Variablen schleicht und dieser Wert dann in der Datenbank gespeichert wird. Fehlerhafte Werte können auch durch technische Probleme entstehen. Es muss nicht immer gleich ein defekter Sektor auf einer der Festplatten sein, die Ihre Datenbank speichert. Viel unangenehmer können so genannte Bit-Flips im Arbeitsspeicher oder auf dem Speichermedium sein. Diese werden vom Speicher-Subsystem eventuell nicht »gesehen«.

Für die »normalen« relationalen Daten stellt SQL Server verschiedene Prüfmechanismen zur Verfügung, welche in der Lage sind, fehlerhafte Daten zu finden. Dummerweise kennt sich ein Befehl wie *DBCC CHECKDB*, aber nicht mit *Ihrem* benutzerdefinierten Typ aus. Da müssen Sie dem Server ein wenig unter die Arme greifen. Und zwar, indem Sie eine Validierungsmethode schreiben, die in der Lage ist, die interne Repräsentation Ihrer Daten zu testen. Wenn eine solche Methode existiert und Sie dem SQL Server diese Tatsache über den Parameter *ValidationMethodName* des Attributs *SqlUserDefinedType* auch mitgeteilt haben, dann wird SQL Server Ihre Methode immer dann verwenden, wenn die Daten aus dem internen Speicherformat des SQL Server in die Darstellung des UDTs gewandelt – also deserialisiert werden. Eine vollständige Sicherheit zu erreichen ist nicht ganz so einfach: Dazu müssten Sie mit Prüfsummenverfahren oder Ähnlichem arbeiten. Recht leicht lässt sich in der Regel aber überprüfen, ob sich die interne Repräsentation zumindest in den vorgegebenen Grenzen bewegt – der Datentyp also keinen kompletten Unsinn anbietet. Die Validierungsmethode wird in den folgenden Situationen aufgerufen:

- Beim Lesen der Daten
- Nach der Datenübertragung vom Client
- Bei der direkten Änderung der binären Darstellung in der Tabelle
- Beim Ausführen eines der Befehle *DBCC CHECKDB*, *DBCC CHECKFILEGROUP*, *DBCC CHECKTABLE* oder *BULK INSERT*

Beim einfachen Beispiel-UDT fällt zumindest diese Prüfung sehr leicht. Der ganzzahlige Wertebereich für die interne Darstellung der Uhrzeit in Minuten bewegt sich zwischen 0 und 1440. Dieser Test ist schnell geschrieben. Eine tiefer gehende Prüfung könnte beispielsweise mithilfe eines Prüfsummenverfahrens implementiert werden. Der nachfolgende Codeausschnitt zeigt die relevanten Stellen für einen Typ mit Validierung.

```
[Serializable]
[SqlUserDefinedType(
    Format.Native,
    IsByteOrdered = true,
    IsFixedLength = false,
    ValidationMethodName="MyValidator")]
public struct typeTimeWithPropsAndMethodsAndChecksAndValidation : INullable
{…

    public bool MyValidator()
    {
        return ( theMinutes >= 0 && theMinutes < 1440 ) ;
    }
```

Listing 31.74 Validierungsmethode für einen benutzerdefinierten Datentyp

Zum Testen der Validierungsmethode wird im Testskript eine Tabelle mit dem zu testenden Typ angelegt und ein gültiger, sowie ein nicht gültiger Wert übergeben. Das passiert durch direkte Zuweisung des Hex-Werts am Parameter-Check vorbei. In der serialisierten Form (nativ oder benutzerdefiniert) sind die letzten drei Bytes für die Minuten zuständig. Der Wert »5DC« würde für 25 Stunden stehen – etwas, was wir nicht erlauben und was durch die Validierung auch nicht zugelassen wird.

```
DECLARE @t typeTimeWithPropsAndMethodsAndChecksAndValidation

SET @t = 0x008000      -- das ist 01:00
SET @t = 0x0085DC      -- das wäre 25:00
```

Listing 31.75 Testskript für die Validierungsmethode des UDT

Wie zu erwarten funktioniert die erste Zuweisung reibungslos, die zweite führt zu einer Ausnahme der Art *System.Data.SqlServer.Internal.UdtValidationException*. Jetzt klappt's auch mit dem *DBCC CHECKDB*.

TIPP In den restlichen Beispielen dieses Kapitels wird die endgültige Version von *typeTime* genutzt. Sie finden den vollständigen Code im Projekt *31 - SQLCLR Objekte* zu diesem Kapitel. Aus Platzgründen verzichten wir auf den vollständigen Abdruck. Schauen Sie bei Bedarf direkt im Projekt im folgenden Listing nach.

```
…
public struct typeTime : INullable
// jede Menge Code…
…
```

Listing 31.76 Benutzerdefinerter Datentyp – finale Version.cs

Tipps für SQLCLR-Typen in der Clientprogrammierung

Unter den SQLCLR-Objekten sind die UDTs diejenigen, die auch in der Clientprogrammierung eine Rolle spielen können. Es spricht nichts dagegen, UDTs, die Sie für SQL Server programmiert haben, auch in einer Clientprogrammierung anzuwenden. Und für manche Aufgabenstellungen ist das sowieso notwendig.

Eins gleich vorweg: Standarddatenbankclients, wie Access oder Excel kommen mit benutzerdefinierten Typen leider nicht zurecht. Clients, die mit Visual Studio entwickelt werden, können die Typen prinzipiell in ADO.NET nutzen. Aber auch hier gibt es noch mal von einem »Leider« zu berichten: Der Dataset-Designer verweigert auch in Visual Studio 2010 die Arbeit, wenn ein UDT in einer Tabelle enthalten ist. Blöd.

Voraussetzung für die Nutzung eines UDTs ist die Bereitstellung der Assembly auf dem Client, entweder einfach im Verzeichnis Ihrer .NET-Anwendung oder im Global Assembly Cache. Natürlich können Sie Ihrem Projekt auch den Verweis auf Ihre Assembly hinzufügen. Wichtig ist, dass die im SQL Server genutzte Assembly und die auf der Clientseite ein und dieselbe Versionsnummer haben.

UDTs in einem DataReader

Die Verwendung eines benutzerdefinierten SQL Server-Datentyps in einem *DataReader* ist nicht weiter kompliziert. Es folgt ein simples Beispiel. Dazu wird die Tabelle *Sales.Customer* mit einer zusätzlichen Spalte versehen, die den benutzerdefinierten Typ *typeTime* erhält. Die endgültige Version von *typeTime* enthält eine Methode *SetByDateTime*, mit der die Zeit direkt über einen T-SQL *datetime*-Wert eingestellt werden kann.

```
ALTER TABLE Sales.Customers ADD CreatedTime typeTime

UPDATE Sales.Customers SET CreatedTime = '00:00'
UPDATE Sales.Customers SET CreatedTime.SetByDateTime(CreatedAt)
```

Listing 31.77 Version der Order-Tabelle mit dem UDT *typeTime*

Das Abholen von Daten mit einem *DataReader* funktioniert recht geradeaus. Listing 31.78 stellt ein paar Varianten vor. Vorausgesetzt, die Assembly steht zur Verfügung, bedarf es keiner besonderen Vorbereitung für die Verwendung eines UDTs. In der *while*-Schleife, die den *DataReader* liest, werden drei Verfahren gezeigt, mit denen man auf einen UDT zugreifen kann.

Getreu der Devise »ToString geht immer« kann man den als Text serialisierten Wert eines UDTs immer abholen, wie am Beispiel *theSqlDataReader[2].ToString()* vorgeführt wird. Möchte man dagegen die benutzerdefinierten Eigenschaften oder Methoden nutzen, dann muss ein Objekt, basierend auf dem UDT verwendet werden. Daher wird im zweiten Verfahren eine Variable vom Typ *typeTime* verwendet, die den abgeholten Wert aufnimmt. Dabei muss immer explizit konvertiert werden: *theTime = (typeTime)theSqlDataReader[2]*. Im Beispiel wird die Methode *TimeAdd* verwendet, um ein Inkrement zu der gelesenen Zeit zu addieren und die Eigenschaft *TimeStringAmPm* um eine alternative Darstellung zu verwenden. Für die Arbeit mit UDTs in einer .NET-Programmierung sind evtl. kleinere Erweiterungen der Implementierung notwendig. Beispielsweise musste der Typ *typeTime* um einen Konstruktor ergänzt werden, mit welchem der Wert vorbelegt werden kann. Nur so ist die Deklaration *typeTime theIncrement = new typeTime(»01:00«)* möglich. In der T-SQL-Programmierung übernimmt die *Parse*-Methode die Rolle des Konstruktors. Die Einrichtung eines zusätzlichen Konstruktors ist überflüssig, wenn der Datentyp ausschließlich auf dem Server verwendet werden soll.

Wenn Sie Daten einfach nur lesen möchten, dann können Sie es sich aber auch etwas einfacher machen und die T-SQL-Abfrage so formulieren, dass diese nur skalare Typen liefert, die direkt verwendet werden können. Diese ist im Beispiel das dritte Verfahren. In der Abfrage wird direkt auf die Eigenschaft *CreatedTime.Hours* zugegriffen – das lässt SQL Server ja problemlos zu. Im *DataReader* wird dadurch eine Spalte erzeugt, die die Stunden als Integer-Wert enthält.

```
...
using System.Data.SqlClient;
...

SqlConnection theSqlConnection = new SqlConnection( "Data Source=(local);Initial Catalog=netShop;
    Integrated Security=SSPI" );
SqlCommand theSqlCommand =
    new SqlCommand("SELECT TOP 10 Code, City, CreatedTime, CreatedTime.Hours FROM Sales.Customers");
SqlDataReader theSqlDataReader;
typeTime theTime;

theSqlCommand.Connection = theSqlConnection;
theSqlConnection.Open();
theSqlDataReader = theSqlCommand.ExecuteReader();

while (theSqlDataReader.Read())
{
    txtResults.AppendText ( theSqlDataReader[0].ToString() + " - ");
    txtResults.AppendText ( theSqlDataReader[1].ToString() + ": ");

    // Wert als String abholen
    txtResults.AppendText(theSqlDataReader[2].ToString() + "; ");

    // Wert vom Typ typeTime abholen & 1 Stunde addieren
    theTime = (typeTime)theSqlDataReader[2];
    typeTime theIncrement = new typeTime("01:00");
    theTime.TimeAdd(theIncrement);
    txtResults.AppendText(theTime.TimeStringAmPm.ToString() + "; ");

    // skalaren Wert abholen - banal...
    txtResults.AppendText(theSqlDataReader[3].ToString() + "\n");

}
theSqlDataReader.Close();
```

Listing 31.78 UDT in *DataReader*

UDTs disconnected verwenden

DataReader stellen bekanntlich einen verbunden Lesezugriff in einem Vorwärtscursor dar. Möchten Sie Daten clientseitig bearbeiten, dann stellt Ihnen ADO.NET die Objekte *DataTable* oder *DataSet* zur Verfügung, die eine nicht verbundene Datenmenge darstellen, auf der Sie Inserts, Updates und Deletes durchführen können. Wenn Sie in Visual Studio mit solch einem Objekt arbeiten möchten, dessen Datengrundlage SQLCLR einen benutzerdefinierten Typ enthält, dann bleibt Ihnen leider nichts anderes übrig, als die Implementierung selbst vorzunehmen. Sobald Sie versuchen in Visual Studio den Dataset-Designer einzusetzen, dann bekommen Sie die lapidare Fehlermeldung »Benutzerdefinierte Typen werden im Dataset-Designer nicht unterstützt« zu sehen, sobald ein UDT im Spiel ist, sei es in einer Tabelle oder einer Abfrage, die Sie benutzen möchten. Besonders kompliziert ist das codebasierte Arbeiten allerdings auch nicht. Falls Sie so etwas noch nicht gemacht haben sollten, schauen Sie sich das Beispiel in Listing 31.79 einmal genauer an. Es stellt eine einfache, aber funktionale Implementierung einer *DataTable* und eines *DataAdapter* vor, mit dem sich Daten aus der *Sales.Customers*-Tabelle lesen, ändern und auf dem Server updaten lassen. Details zum Arbeiten mit diesen Objekten liefert das Kapitel 22 (»Datenzugriff mit ADO.NET«) in diesem Buch.

Im nachfolgenden Codebeispiel wird ein *DataAdapter* vorbereitet, der auf eine Teilmenge von Spalten der *Sales.Orders*-Tabelle zugreift, darunter die *CreatedTime*-Spalte, die auf dem UDT *typeTime* basiert. Da die Konflikterkennung über die Zeilenversionierung passieren soll, enthält das *Select*-Kommando für das Auffüllen der *DataTable* die Spalte *timestamp*. Da es keine besonderen Anforderungen an den *DataAdapter* gibt, wird die Konstruktion des *Insert-*, *Update-* und *Delete*-Kommandos einem *SqlCommandBuilder* überlassen, welcher die Kommandos anhand der SQL-Abfrage selbständig generiert. Die Eigenschaft *ConflictOption* wird explizit auf *ConflictOption.CompareRowVersion* eingestellt, um die Art der Konflikterkennung festzulegen.

Nach dem Abholen der Daten wird der erste Datensatz geändert, dessen Code gleich »0000010« ist – da die Spalte *Code* in der Tabelle *Sales.Customers* ein Schlüsselkandidat ist (und einen eindeutigen Index besitzt), wird von der *Select*-Methode genau eine *DataRow* gefunden. Das Anzeigen der Werte in Textboxes ist trivial – die *ToString*-Methode des UDTs erledigt das.

Soweit ist dies alles ein ganz normales ADO.NET-Vorgehen. Die einzige Besonderheit finden Sie beim Setzen des neuen Werts für den benutzerdefinierten Typ. Den können Sie *nicht,* wie in T-SQL, einfach direkt zuweisen, sondern Sie müssen ein neues UDT-Objekt instanziieren, welches Sie dem Feld der *DataRow* zuweisen. Damit kriegen Sie das *Update* problemlos hin.

```
SqlConnection theSqlConnection;
SqlDataAdapter theSqlDataAdapter = new SqlDataAdapter();
SqlCommandBuilder theSqlCommandBuilder;
DataTable theDataTable;
DataRow theDataRow;
typeTime theTime;

string strSelectSQL = "SELECT Code, City, CreatedTime, timestamp FROM Sales.Customers";

theSqlConnection = new SqlConnection("Data Source=(local);Initial Catalog=netShop;Integrated Security=SSPI");
theSqlDataAdapter = new SqlDataAdapter();
theDataTable = new DataTable();

theSqlDataAdapter.SelectCommand = new SqlCommand(strSelectSQL, theSqlConnection);
theSqlCommandBuilder = new SqlCommandBuilder(theSqlDataAdapter);
theSqlCommandBuilder.ConflictOption = ConflictOption.CompareRowVersion;

theSqlDataAdapter.Fill(theDataTable);

// vorhandene Zeile für den Kunden mit dem Code "0000010" suchen
theDataRow = theDataTable.Select("Code='0000010'")[0];

// aktuellen Zustand zeigen
txtCode.Text = theDataRow["Code"].ToString();
txtCity.Text = theDataRow["City"].ToString();
txtCreatedTime.Text = theDataRow["CreatedTime"].ToString();

// Datensatz ändern
theDataRow.BeginEdit();
theDataRow["City"] = "Aachen";
theTime = new typeTime("15:00");
theDataRow["CreatedTime"] = theTime;
theDataRow.EndEdit();

// Updates auf dem Server durchführen
theSqlDataAdapter.Update(theDataTable);
```

Listing 31.79 UDT in einer *DataTable* abrufen

> **HINWEIS** Freunde des GUI-orientierten Arbeitens könnten auf die Idee kommen, den DataSet-Designer auszutricksen, indem zunächst Abfragen erstellt werden, die keine UDTs enthalten und den Code anschließend anzupassen. Das ist prinzipiell auch möglich. Man kann sich allerdings schnell in dem Designer-generierten Code »verlaufen«, speziell, wenn Änderungen notwendig werden. Das manuelle Verfahren ist einfach übersichtlicher. Wirklich bitter ist das Versagen der Designer allerdings, wenn es um die Arbeit mit einem ADO.NET Entity Data Model geht. Da bleiben UDTs außen vor – was ihre Einsatzmöglichkeiten dann auf die serverseitige Programmierung einschränkt. Und auch die Databindung an Steuerelemente, wie eine *DataGridView*, lässt zu wünschen übrig: Das Anzeigen funktioniert reibungslos, beim Einfügen oder Aktualisieren eines UDTs steigt der Designer-generierte Code aber aus. Da müssen Sie also leider einen deutlich erhöhten Programmieraufwand in Kauf nehmen und sich Ihre eigene Lösung schaffen – oder Sie verzichten auf eine sofortige Prüfung der Werte Ihres UDTs und arbeiten auf dem Client einfach mit Text, den Sie beim Update wieder in einen »echten« UDT wandeln.

UDTs in Parametern

Nach den teilweise frustrierenden Erfahrungen des letzten Abschnitts gibt es bei der dritten Verwendungsmöglichkeit benutzerdefinierter Typen in ADO.NET – als Parameter nämlich – Erfreulicheres zu berichten. UDTs können problemlos als Parameter für SQL Kommandos, gespeicherte Prozeduren und Funktionen eingesetzt werden. Allerdings gilt es, bei der Definition eines UDT-Parameters, besondere Regeln zu beachten. Ein simples Beispiel soll zeigen, worum es geht. Die folgende T-SQL-Prozedur nimmt einen Parameter vom Typ *typeTime* entgegen.

```sql
CREATE PROC spGetCustomersByCreatedTime
( @CreatedTime typeTime )
AS
SELECT Code FROM Sales.Customers WHERE CreatedTime = @CreatedTime
```

Listing 31.80 Gespeicherte Prozedur mit einem UDT-Parameter

Soll diese Prozedur von ADO.NET aus aufgerufen werden, dann ist darauf zu achten, dass als Parametertyp unbedingt *SqlDbType.Udt* angegeben wird. Zusätzlich muss die Eigenschaft *UdtTypeName* auf den vollqualifizierten Namen des Datentyps gesetzt werden, wie er auf dem SQL Server verwendet wird. Ansonsten funktioniert alles wie gewohnt, wie das Listing 31.81 zeigt.

```csharp
SqlConnection theSqlConnection =
    new SqlConnection( "Data Source=(local);Initial hop;Integrated Security=SSPI" );
SqlCommand theSqlCommand = new SqlCommand();
SqlParameter theSqlParameter;
SqlDataReader theSqlDataReader;
typeTime theTime = new typeTime("15:00");

theSqlCommand.Connection = theSqlConnection;
theSqlCommand.CommandType = CommandType.StoredProcedure;
theSqlCommand.CommandText = "spGetCustomersByCreatedTime";

// Parameter vorbereiten
theSqlParameter = new SqlParameter("@CreatedTime", SqlDbType.Udt);
theSqlParameter.UdtTypeName = "netShop.dbo.typeTime";
theSqlParameter.Direction = ParameterDirection.Input;
theSqlParameter.Value = new typeTime("15:00");
theSqlCommand.Parameters.Add(theSqlParameter);

theSqlConnection.Open();
theSqlDataReader = theSqlCommand.ExecuteReader();
```

```
while (theSqlDataReader.Read())
{
    txtResults.AppendText(theSqlDataReader[0].ToString() + "\n");
}

theSqlDataReader.Close();
```

Listing 31.81 UDT in einem Parameter verwenden

Performance

Über die generellen Performance-Vor- und -Nachteile von SQLCLR-Objekten ist in diesem und im letzten Kapitel ausführlich berichtet worden. Zum Abschluss des Themas SQLCLR folgen noch ein paar nützliche Hinweise zur Überwachung der CLR im SQL Server und zur Leistungsverbesserung benutzerdefinierter Typen.

Monitoring von SQLCLR-Objekten

Richtig programmiert sind SQLCLR-Objekte effektiv und können gegenüber einer T-SQL-Implementierung sogar besser abschneiden. Falls Sie aber das Gefühl haben, dass mit Ihrer SQLCLR-Entwicklung etwas nicht stimmt, dann kann es sinnvoll sein, die Performance Counter zu kennen, die Ihnen helfen, die Ausführung der SQLCLR-Objekte zu überwachen. Im Windows Performance Monitor finden Sie eine Menge Objekte zum Thema .NET CLR – suchen Sie die Performance-Objekte nicht unter den SQL Server-Objekten! Dort gibt es nur einen einzigen Indikator. Unter den relevanten Objekten/Indikatoren befinden sich die folgenden:

- **SQL Server / CLR Execution** Das ist die gesamte Ausführungszeit für SQLCLR-Objekte in allen SQL Server-Instanzen

- **.NET CLR Ausnahmen / Anzahl der ausgelösten Ausnahmen** Geben Sie als Instanz die zu untersuchende SQL Server-Instanz an. Ausnahmen sollten (Nomen est Omen) im Normalbetrieb eigentlich nicht auftreten.

- **.NET CLR Memory** Hier finden Sie diverse Messgrößen zur Speicherverwendung

Sie können alternativ auch Informationen aus Dynamischen Management Sichten ziehen. Im nachfolgenden Skript finden Sie eine Auswahl sinnvoller Abfragen zum Thema SQLCLR. Achten Sie auf die Kommentare im Beispielcode.

```
-- SQLCLR Speichernutzung
SELECT mo.[type]
     , sum(mo.pages_allocated_count * mo.page_size_in_bytes/1024)
         AS N'Current KB'
     , sum(mo.max_pages_allocated_count * mo.page_size_in_bytes/1024)
         AS N'Max KB'
FROM sys.dm_os_memory_objects AS mo
WHERE mo.[type] LIKE '%clr%'
GROUP BY mo.[type]
ORDER BY mo.[type]

-- SQLCLR Warte-Statistiken
SELECT ws.*
FROM sys.dm_os_wait_stats AS ws
WHERE ws.wait_type LIKE '%clr%'
```

```sql
-- Aktuell ausgeführte SQLCLR-Anforderungen
SELECT
   session_id, request_id, start_time, status, command, database_id,
   wait_type, wait_time, last_wait_type, wait_resource, cpu_time,
   total_elapsed_time, nest_level, executing_managed_code
FROM sys.dm_exec_requests
WHERE executing_managed_code = 1

-- Abfrageperformance und Ausführungsdauer in SQLCLR.
SELECT
   (SELECT text FROM sys.dm_exec_sql_text(qs.sql_handle)) AS query_text, qs.*
FROM sys.dm_exec_query_stats AS qs
WHERE qs.total_clr_time > 0
ORDER BY qs.total_clr_time desc
```

Listing 31.82 DMV-Abfragen zur SQLCLR-Ausführung

Indizierung von UDTs

Sollte man Tabellenspalten, die in einem SQLCLR-UDT realisiert sind, indizieren? Na klar – prinzipiell spricht nichts dagegen. Und die Vorteile einer Indizierung liegen auf der Hand. Das einfachste Verfahren ist die Indizierung des UDTs an sich – der serialisierten binären Darstellung also. Das funktioniert aber nur, wenn der Datentyp binär sortierbar ist (*IsByteOrdered = true*). Andernfalls kann der Indexbaum nicht aufgebaut werden. Als Workaround kann man einen Index über eine benutzerdefinierte Eigenschaft oder eine Methode wie *ToString* aufbauen.

Für das folgende Beispiel wird eine neue Version der Tabelle *Sales.Orders* aufgebaut. Es werden nichtindizierte mit indizierten Zugriffen und relationale mit SQLCLR-Zugriffen verglichen. Dazu wird die Tabelle aufgebohrt und zwei weitere Zeitspalten angefügt. Die eine erhält den benutzerdefinierten Datentyp *typeTime* und die andere den »klassischen« Datentyp *time*.

```sql
SELECT
   *
INTO
   Sales.OrdersNew
FROM
   Sales.Orders


ALTER TABLE Sales.OrdersNew ADD OrderTime typeTime

UPDATE Sales.OrdersNew SET OrderTime = '00:00'
UPDATE Sales.OrdersNew SET OrderTime.SetByDateTime(CreatedAt)


ALTER TABLE Sales.OrdersNew ADD OrderTimeRel time
UPDATE Sales.OrdersNew
SET
   OrderTimeRel = OrderTime.ToString()
```

Listing 31.83 Test-Tabelle anlegen

Nun werden die Zugriffszeiten des CLR- und des relationalen Datentyps miteinander verglichen. Und zwar für den nichtindizierten wie auch für den indizierten Fall.

```
SET STATISTICS TIME ON
SET STATISTICS IO ON

-- die relationale Variante
SELECT COUNT(*) FROM Sales.OrdersNew
WHERE
    OrderTimeRel = '12:00'

-- die CLR Variante
DECLARE @OrderTime typTime = '12:00'

SELECT COUNT(*) FROM Sales.OrdersNew
WHERE
    OrderTime = @OrderTime
GO

-- Indizes für die beiden Spalten
CREATE INDEX idxOrdersNew_OrderTimeRel ON Sales.OrdersNew ( OrderTimeRel )
CREATE INDEX idxOrdersNew_OrderTime ON Sales.OrdersNew ( OrderTime )
GO
-- beide Tests werden mit den indizierten Tabellen wiederholt...

-- zum Vergleich: die CLR-Variante ohne Variable
SELECT COUNT(*) FROM Sales.OrdersNew
WHERE
    OrderTime.ToString() = '12:00'
```

Listing 31.84 Wirkung der Indizierung auf UDT-Spalten

Die Ergebnisse dieser Tests lassen sich folgendermaßen zusammenfassen:

- **Ohne Indizierung** Beide Abfragen werden durch Tabellenscans beantwortet – die Anzahl der gelesenen Seiten ist natürlich identisch, aber auch die CPU-Zeiten unterscheiden sich nicht. Ergo ist die Performance von SQLCLR-Typen mit der relationaler Typen vergleichbar (vorausgesetzt, die Implementierungen unterscheiden sich nicht dramatisch in der Anzahl der gespeicherten Bytes).

- **Mit Indizierung** SQL Server verwendet die neu erstellten Indizes in beiden Abfragen für eine Index Seek-Operation. Auch hier sind Zeiten und der IO-Aufwand identisch.

- **CLR-Abfrage ohne Variable** Dass man bei Abfragen, die einen CLR-Typ verwenden, genauso aufpassen muss wie bei der relationalen Variante, zeigt die letzte Abfrage. Das Schreiben der Abfrage ohne die Deklaration und Initialisierung einer lokalen Hilfsvariablen ist verlockend, führt aber zu einem schlechteren Abfrageplan. Der SQL Server greift zu einem Index Scan, was dazu führt, dass der IO-Aufwand um das Dreifache ansteigt und die Abfrage entsprechend langsamer ausgeführt wird.

Zusammenfassend lässt sich sagen, dass benutzerdefinierte SQLCLR-Typen effektiv verarbeitet werden. Das macht Sie zu Kandidaten für den Einsatz auch in sehr großen Tabellen. Indizes bringen, genau wie bei den klassischen Datentypen, viel. Also: Seien Sie kreativ und denken Sie bei der Umsetzung eines Problems in eine SQL Server-Datenstruktur auch über den Einsatz von UDTs nach!

Kapitel 32

SQL Server mit .NET verwalten

In diesem Kapitel:
Grundlagen der Server Management Objects	1261
SMO-Programmierverfahren	1267
Praktische Beispiele	1277

Eines Tages kommt für jede SQL Server-Datenbankanwendung, egal wie sie programmiert wurde, der Augenblick der Wahrheit: die Übergabe an den Kunden. Wenn Sie eine Inhouse-Applikation für Ihre eigene Firma entwickelt haben, dann sollte die Auslieferung keine Probleme bereiten. Die Datenbank wird auf einen Produktionsserver verschoben, die Clientanwendungen über Ihr Softwareverteilungssystem an die Benutzer ausgeliefert – alles läuft (hoffentlich). Arbeiten Sie im Auftrag eines externen Kunden oder kennen Sie Ihren Kunden gar nicht, weil Sie eine Software produzieren, die hunderte oder tausende Male verkauft werden soll, dann kommen ein paar interessante Fragen auf Sie zu: Was ist der beste Weg, die SQL Server-Datenbank zu verteilen? Wie kann der Kunde ohne großen Aufwand Konfigurationsaufgaben selbst durchführen? Wie wird die Wartung sichergestellt? Das Entwickeln eines Setup-Pakets für die Clientsoftware an sich ist verhältnismäßig einfach. In vielen Fällen reichen die Möglichkeiten, die von Visual Studio zur Verfügung gestellt werden, schon aus. Aber was ist mit den Datenbanken?

Gibt es einen Datenbankadministrator, der sich um die SQL Server-Seite Ihrer Anwendung kümmert, reichen (wasserdichte) Setup-Skripte oder ein Datenbankbackup in einfachen Fällen schon aus. Eine gute Dokumentation zur Installation und Einrichtung der Datenbank ist zweifellos hilfreich. Das Servicepersonal Ihres Kunden wird es Ihnen danken. Immer noch (wir schreiben das Jahr 2010) gibt es »in der Welt da draußen« den einen oder anderen Softwareproduzenten, der seinen Kunden nicht einmal eine einfache Handreichung mitgibt, worauf beim Betrieb der neuen SQL Server-Datenbank zu achten ist.

Häufig gehen die Aktivitäten, die zur vollständigen Inbetriebnahme eines Systems notwendig sind, deutlich über ein Restore und das Einrichten von ein paar Benutzerkonten hinaus. SQL Server bringt ja in der Version 2008 eine Menge Features mit, die in einer Anwendung genutzt werden können. Da müssen Volltextindizes angelegt werden, Endpunkte konfiguriert, die Sicherheit von Webdiensten eingestellt, SQL Server-Instanzen konfiguriert werden. Die Aufzählung kann sehr lang sein. Viele dieser Aufgaben kann man sicher nicht mehr so ohne Weiteres den Administratoren überlassen. Die sind in der Regel arg im Stress und können sich nicht in jeder Ecke von SQL Server auskennen. Noch verzwickter wird der Fall, wenn Sie eine Standardanwendung auf der Basis von SQL Server-Express entwickeln, die auf einem weit entfernten Webserver ihren Dienst tun soll oder unbeaufsichtigt im Rahmen des Setups Ihrer Anwendung auf einem »administratorenfreien« Desktop eingespielt und konfiguriert werden muss. Auch professionelle Paketierungssoftware hilft hier nicht weiter. Da sind dann noch mal die Entwickler gefragt.

Eine schöne Möglichkeit zur administrativen Programmierung stellen die *Server Management Objects* (*SMO*) von SQL Server 2008 dar. Mit diesen lassen sich wirklich *alle* Aufgaben erledigen, die zur Inbetriebnahme einer Datenbankanwendung notwendig sind. Sie eignen sich hervorragend zur Automatisierung von Verwaltungsaufgaben und dem Entwickeln von eigenen Administrationsoberflächen, beginnend mit der ersten Einrichtung einer Datenbank, über die fortlaufende Wartung, dem Einspielen von Updates und so weiter. Dem kreativen Entwickler sind kaum Grenzen gesetzt, da SQL Server und alle seine Objekte und Funktionen in den SMO abgebildet sind. Genauer gesagt: in den verschiedenen Management Objects Namespaces. Es gibt nämlich verschiedene »Geschmacksrichtungen«, je nachdem, mit welchen Komponenten von SQL Server Sie sich gerade beschäftigen:

- **SMO – Server Management Objects** Mit den SMO werden fast alle Objekte des relationalen Bereichs, also der Datenbankmaschine, administriert. Dazu kommen die Volltextindizes.
- **AMO – Analysis Services Management Objects** Wie Sie sicherlich unschwer erraten haben, lassen sich mit den AMO die Analysis Services verwalten. Sie können Cubes und Dimensionen einrichten, die Verarbeitung steuern und eine Analysis Services-Instanz »fernsteuern«.

SQL Server mit .NET verwalten

- **RMO – Replication Management Objects** Replikation ist immer ein spezielles Thema. Oft liegt hier der Teufel im Detail. Das drückt sich auch in den Verwaltungsobjektmodellen aus, denn die Replikation hat ein umfangreiches eigenes Modell spendiert bekommen.

- **NMO – Notification Services Management Objects** Die SQL Server Notification Services (SQL-NS) waren als Framework für das Entwickeln umfangreicher Anwendungen für den Nachrichtenversand gedacht. Leider wurden die SQL-NS aus SQL Server 2008 entfernt. Es könnte jedoch passieren, dass Sie auf eine noch existierende SSNS-Anwendung stoßen, die es zu verwalten gilt. Die Notification Services Management Objects stellen dann eine Alternative für Entwickler dar, die sich nicht recht mit den, auf XML-Dateien basierenden, Standard-Konfigurationsverfahren für die SQL-NS anfreunden können. Für die Verwaltung von Nachrichten-Abonnements müssen Sie auf jeden Fall die NMO einsetzen. Hierfür gibt es gar keinen anderen Weg.

- **TMO – Trace Management Objects** Eine etwas exotische Geschmacksrichtung: Mit den TMO können Sie das Profiling einer Datenbankanwendung automatisieren. Keine schlechte Angelegenheit, wenn Sie das Tracing automatisieren möchten und eine Alternative für das etwas umständliche Arbeiten mit den entsprechenden gespeicherten Prozeduren benötigen.

Man hat es also mit einer ganzen Familie von Management Objects zu tun. Noch ist der Begriff »*MO« nicht geprägt – lassen Sie uns an dieser Stelle den Anfang machen! Um einen ersten Eindruck zu bekommen, welche Dinge Sie mit den »*MOs« erledigen können, hier ein paar Anregungen:

- **SQL Server-Instanzen konfigurieren** Für die Verwaltung einer SQL Server-Expressinstallation auf einem Desktop-PC ist es möglich, sämtliche relevanten Konfigurationsoptionen über die SMO abzufragen und natürlich auch zu setzen. Das betrifft alle Serverparameter und auch die Sicherheitseinstellungen. Selbstverständlich gilt das auch für die »großen« Servereditionen.

- **Datenbanken administrieren** Alle Aufgaben, die Sie in diesem Buch zum Thema Datenbanken kennen gelernt haben und noch kennen lernen werden, lassen sich auch mit den Objekten und Methoden aus den SMO erledigen. Sie können neue Datenbanken anlegen, Dateien hinzufügen, den Speicherplatz abfragen und so weiter. Selbstverständlich lassen sich auch Datenbanksicherungen durchführen und sogar T-SQL-Skripte generieren. Sie können dem Anwender eine einfache, individuell programmierte Oberfläche zur Verfügung stellen, mit dem er Aufgaben, wie die Durchführung eines Datenexports, ohne den Einsatz des Management Studios selbst durchführen kann.

- **Replikation einrichten** Geht es in Ihrer Anwendung unter anderem darum, mobile Clients via Replikation Daten mit einem zentralen Server austauschen zu lassen, dann müssen zur Einrichtung einer Replikation diverse administrative Schritte durchgeführt werden. Die Erstsynchronisation der Datenbestände, das »Andocken« des Clients an den Server zwecks Datenaustausch, sogar das Auflösen von Synchronisationskonflikten in einer Merge-Replikation – dies alles können Sie mit den Replication Management Objects (RMO) durchführen.

- **Datenbankschemata anpassen** Mit ADO.NET können Sie wunderbare Datenbankabfragen formulieren und die Ergebnisse als Dataset im Arbeitsspeicher darstellen lassen. Änderungen an den Datensätzen werden via Data Adapter in Form von DML-Befehlen an die Datenbank zurückgegeben. Aber was ist mit DDL-Befehlen? Hier wird in der Regel dann doch direkt auf das gute alte T-SQL zurückgegriffen und *CREATE*- oder *ALTER*-Befehle werden durch ein *Command*-Objekt auf den Server geschickt.

ADO.NET besitzt keine Objekte und Methoden, mit denen sich Schemaänderungen programmieren lassen. In ADO für COM gibt es immerhin den Ableger ADOX (Microsoft ADO Extensions 2.5 for DDL and Security) für diesen Zweck. ADO.NET geht leer aus. Für SQL Server 2005-Anwender überhaupt kein Problem – denn die SMO machen den Job. Das Erstellen und Ändern von Datenbankobjekten bereiten überhaupt keine Schwierigkeiten. Die Auslieferung von Updates Ihrer Datenbanklösung wird dadurch viel einfacher.

- **Aufträge anlegen**   Sollen für den SQL Server Agent programmatisch Jobs eingerichtet werden, können Sie dafür entweder gespeicherte Systemprozeduren einsetzen oder eben SMO. Das Erstellen und Verwalten von Jobs per SMO ist dabei sogar die einfachere und übersichtlichere Variante.

- **Benutzer einrichten**   Je nach Sicherheitsmodell Ihrer Applikation kann es notwendig sein, immer mal wieder Benutzerkonten auf SQL Server oder in der Datenbank Ihres Projekts aus der Applikation heraus anzulegen und deren Eigenschaften einzustellen. Die SMO ermöglichen auch dies.

Letzten Endes gibt es noch ein gewichtiges Argument für die Verwendung der Management Objects in der Programmierung: Ein .NET-Programmierer verlässt mit diesen sein Programmiermodell nicht. Die Mischung von ADO.NET, T-SQL, gespeicherten Prozeduren und Metadatenschnittstellenabfragen zur Erledigung administrativer Aufgaben, die ohne ein Managementobjektmodell für administrative Funktionen herangezogen werden müsste, ist ein gutes Beispiel dafür, was amerikanische Entwickler gerne als »Plumbing« (Klempnern) bezeichnen. Das Zusammenstöpseln von Software mit verschiedenen Programmiersprachen, -Modellen und -Methoden. Das ist nicht generell »Teufelswerk«, aber schöner ist es doch, bei einer Sprache, einem Modell und einer Methode bleiben zu können. Die *MO erlauben das.

> **HINWEIS**   Falls Sie SQL Server 2000-Datenbankapplikationen auf die neue Plattform migrieren möchten, so müssen Sie sich keine Sorgen um eine vorhandene Administrationsanwendung machen, welche auf dem alten, COM-basierten Objektmodell der *Distributed Management Objects* basiert. Die DMO-Objekte funktionieren auch in Verbindung mit SQL Server 2008 noch reibungslos. Da DMO aber nicht weiterentwickelt wurde, lassen sich die neuen SQL Server-Funktionen nicht ansprechen. Natürlich sollten Sie auf gar keinen Fall jetzt noch Arbeit in eine DMO-Programmierung stecken – nutzen Sie die *MO. Die Distributed Management Objects stehen auf der schwarzen Liste der abkündigten Features.

In diesem Kapitel wird es ausschließlich um die SMO gehen. Die anderen Objektmodelle sind ganz ähnlich aufgebaut und zu programmieren. Wenn Sie die Philosophie der SMO inhaliert haben, dann können Sie sich schnell in die anderen Modelle der *MO-Familie hineindenken.

Das Kapitel ist einfach aufgebaut. Im ersten Teil werden die Grundzüge, elementaren Programmiertechniken und Klassen erklärt. Im zweiten Teil geht es dann um eine Handvoll praktischer Beispiele, welche die Management Objekte in Aktion zeigen. Die Demos zu den praktischen Beispielen finden Sie wie immer auf der Begleit-CD und zwar im Projekt »32 – SMO« im gleichnamigen Verzeichnis des Beispielordners zu diesem Buch. Zu jedem Listing gibt es ein spartanisches WinForms-Formular, in dem Sie außer dem im Beispiel vorgestellten Code fast keinen zusätzlichen Programmtext finden werden. Das ist einerseits gut für die Didaktik, weil die Dinge, auf die es ankommt, klar und deutlich sichtbar sind und nicht durch die Komfortprogrammierung verwässert werden. Andererseits ist es gut für mich, weil ich weniger tippen muss (hurra!). Außerdem dürfte es Ihnen dadurch auch besonders leicht fallen, den ein oder anderen hier vorgestellten Codeschnipsel in Ihre eigenen SMO-Projekte zu übernehmen.

Grundlagen der Server Management Objects

Bevor der Einstieg in die Anwendung der Namespaces gemacht wird, hier noch ein paar schnelle Fakten zu den Server Management Objects:

- Mit den SMO lassen sich sämtliche Editionen von SQL Server inklusive der Express-Edition administrieren. Eine Ausnahme bildet die mobile Edition (SQL Server Compact Edition), für die es keine Managementobjekte gibt.
- Auch Vorgängerversionen von SQL Server 2005 können über die Objektmodelle angesprochen werden. Die Abwärtskompatibilität ist ab der Version 2000 gegeben. Eine zu verwaltende Datenbank muss sich in einem passenden Kompatibilitätsgrad von 80 aufwärts befinden.
- Als Voraussetzung für die Verwendung der *MO müssen auf dem Rechner sowohl der SQL Server Native Client wie auch das .NET Framework 2.0 installiert sein. Das sollte bei der Anwendungsverteilung berücksichtigt werden. Dass die entsprechenden Management Objects-Assemblys vorhanden sein müssen, versteht sich von selbst.
- Die Server Management Objects sind die .NET-basierte Weiterentwicklung der Distributed Management Objects (DMO), die mit SQL Server 6.5 eingeführt wurden.
- Das Ziel, den Funktionsumfang von SQL Server vollständig abzudecken, dürften die Entwickler der diversen Management-Objektmodelle sicher erreicht haben: Allein in den SMO werden die Klassen nach Hunderten gezählt.

Die SMO-Klassen sind in verschiedene Namensräume aufgeteilt. Die folgenden stellen nur eine kleine Auswahl der wichtigsten Namespaces dar:

- **Microsoft.SqlServer.Management.Common**   Gemeinsame Basisklassen für AMO, RMO, SMO. Stellt Funktionen wie Connection Handling, Exceptions, Captured SQL zur Verfügung.
- **Microsoft.SqlServer.Management.Smo**   Klassen für die Verwaltung einer Instanz, der Datenbanken, der Backups, usw. Dies ist der umfangreichste und wichtigste Namespace.
- **Microsoft.SqlServer.Management.Smo.Wmi**   Zugriff auf den SQL Server WMI-Provider. Sie haben über diesen Namespace genau diejenigen Objekte und Methoden zur Verfügung, die der SQL Server der Windows Management Instrumentation (WMI) anbietet. Das sind vor allen Dingen die SQL Server-Protokolle und die Diensteigenschaften der Instanzen. Im Grunde handelt es sich um die Optionen, die Sie im SQL Server Konfigurationsmanager einstellen können.
- **Microsoft.SqlServer.Management.Smo.Agent**   Verwaltung des Auftragssystems
- **Microsoft.SqlServer.Management.Smo.Mail**   Verwaltung von Database Mail

Bevor Sie mit der Arbeit an *MO-basierten Programmen beginnen, müssen Sie Ihren Projekten die Referenzen auf die Assemblys der Management Objects mitteilen. Namensräume und Assemblys stehen dabei nur teilweise in einem direkten (logischen) Zusammenhang zueinander. Ich gehe in den folgenden Abschnitten noch näher auf diesen Umstand ein. Wenn Sie es sich einfach machen wollen, dann referenzieren Sie kurzerhand immer die folgenden sieben Assemblys (DLLs), in diesen sind die wesentlichen Klassen vorhanden, die Sie für die Programmierung benötigen werden.

- **Microsoft.SqlServer.ConnectionInfo**
- **Microsoft.SqlServer.Smo**

- Microsoft.SqlServer.SmoExtended
- Microsoft.SqlServer.SMOEnum
- Microsoft.SqlServer.SQLEnum
- Microsoft.SqlServer.RegSrvEnum.dll
- Microsoft.SqlServer.Management.Sdk.Sfc

Möchten Sie den Service Broker mittels SMO administrieren, dann müssen Sie noch an die Assembly *Microsoft.SqlServer.ServiceBrokerEnum* denken und wollen Sie mit den WMI-Eigenschaften arbeiten, dann benötigen Sie außerdem die Assembly *Microsoft.SqlServer.WmiEnum*. Damit sind alle verfügbaren Assemblys genannt. Die Assemblys werden vom SQL Server Setup nicht im globalen Assemblycache installiert. Sie müssen in Ihrem Visual Studio Projekt direkt auf die DLLs verweisen. Diese liegen im Verzeichnis: *C:\Programme\Microsoft SQL Server\100\SDK\Assemblies*.

Stehen in Ihrem Projekt die benötigten Assemblys zur Verfügung, dann kann es losgehen. Am Anfang der Programmierung muss zunächst eine Verbindung zum zu verwaltenden Server aufgebaut werden. Das erinnert stark an eine ganz normale Clientprogrammierung. Ist die Verbindung geglückt, dann können Sie die SQL Server-Instanz und deren Datenbanken nach Herzenslust programmatisch administrieren.

WICHTIG Falls Sie schon in SQL Server 2005 mit den SMO gearbeitet haben, dann gibt es für Sie nicht allzu viel Neues zu entdecken. Allerdings sind die SMO in SQL Server 2008 ein wenig überarbeitet worden, was sich vor allen Dingen darin niederschlägt, dass es neue DLLs gibt und dass sich das Objektmodell an wenigen Stellen etwas geändert hat. Das ist für Ihre Anwendungen nicht weiter tragisch. Sie müssen nur daran denken, die neuen DLLs einzubinden. Um genau zu sein, handelt es sich um die DLLs *Microsoft.SqlServer.SqlWmiManagement.dll* und *Microsoft.SqlServer.SmoExtended.dll*. In letztere Assembly sind einige Klassen der ursprünglichen DLL *Microsoft.SqlServer.SMO* gewandert und entgegen dem Namen »extended« sind es ganz handfeste Klassen, wie *Backup* und *Restore*, die Sie nun dort finden.

Feststellen, welche SQL Server es gibt

Im Rahmen einer Verwaltungsanwendung geht es immer wieder um die Frage, welche SQL Server-Instanzen es überhaupt in einem Netzwerk oder auf dem lokalen Rechner gibt (»lokal« ist der Rechner, auf welchem die Verwaltungsanwendung ausgeführt wird). Die SMO haben für fast alle Standardaufgaben einfache und schnelle Lösungen parat. So auch für diese. Das erste Codebeispiel zeigt, wie die in einem Netzwerk sichtbaren SQL Server-Instanzen in einer WinForms *DataGridView* angezeigt werden können.

Sie benötigen in einem Projekt, das mit SMO arbeiten soll, mindestens einen Verweis auf die Assembly *Microsoft.SqlServer.Management.Smo*. Nachdem Sie diese in ein Projekt eingefügt haben, wird auch der folgende Code problemlos laufen.

```
public partial class _32_01 : Form
{
    public _32_01()
    {
        InitializeComponent();
    }

    private void _32_01_Load(object sender, EventArgs e)
    {
        DataTable theDatatable;
        theDatatable = SmoApplication.EnumAvailableSqlServers();
```

Grundlagen der Server Management Objects

```
        dgrdvwServers.DataSource = theDatatable;
    }
}
```

Listing 32.1 Anzeigen von SQL Server-Instanzen im Netzwerk

Das Ergebnis ist in Abbildung 32.1 dargestellt. Es werden unter anderem der Servername, der Name der Maschine und die Version von SQL Server angezeigt. Die Ausgabe bezieht sich immer auf den relationalen Serverdienst, also die *sqlservr.exe*. Die anderen SQL Server-Dienste wie den Agent oder den Volltext-Indizierungsdienst erreichen Sie in der weiteren Programmierung über diesen Namen und ein SMO-Serverobjekt. Interessanterweise muss der relationale SQL Server-Dienst nicht einmal laufen, damit er im Netzwerk gefunden wird. Das stellt der im SQL Server integrierte Browsing-Mechanismus sicher. Die Methode *EnumAvailableSqlServers* findet die *installierten* Instanzen auf den Servern im Netzwerk.

An dem kleinen Beispiel wird deutlich, dass die SMO, wie viele Microsoft-Objektmodelle, über ein statisches Applikationsobjekt – *SmoApplication* – verfügen, über welches unter anderem die SMO-Ereignisse abgefangen werden können. Eine sehr praktische Eigenschaft vieler SMO-Methoden ist die direkte Bindungsfähigkeit der Ausgaben an Steuerelemente, wie *DataGridView*, *ListBox* oder *ComboBox*. *EnumAvailableSqlServers* liefert sogar eine ADO.NET-*DataTable*. Dies ist der Standard für Methoden, die mit dem Präfix *Enum* beginnen. Sie können in den meisten Fällen zumindest mit Standard-Collections rechnen.

> **TIPP** Wenn Sie unter Windows 7 entwickeln und eine Firewall einsetzen, dann müssen Sie den Port 1434 für das UDP-Protokoll öffnen. Ansonsten können die SQL Server 2008-Instanzen nicht gefunden werden. Außerdem sollte der PC mit einem Netzwerk verbunden sein, damit das Browsing auf jeden Fall funktioniert.

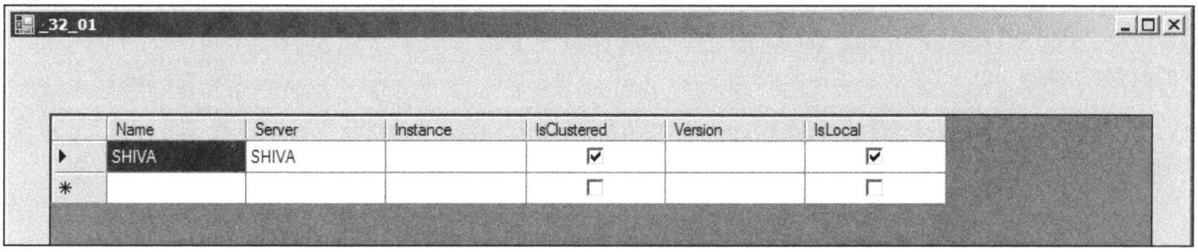

Abbildung 32.1 Eine Serverinstanz in der DataGridView

Möchten Sie gar nicht *alle* Server im Netzwerk finden, sondern nur auf einem lokalen PC überprüfen, ob es installierte SQL Server gibt, dann können Sie eine überladene Variante von *EnumAvailableSqlServers* verwenden. Dieser geben Sie einen booleschen Parameter mit: Ist dieser *true*, dann werden nur die lokal installierten SQL Server angezeigt. In einer dritten Variante geben Sie der Methode einen String mit – dieser enthält den Namen eines Windows Servers im Netzwerk, dessen SQL Server-Instanzen aufgelistet werden sollen.

Das Beispiel aus Listing 32.1 lässt sich sehr schnell entsprechend umformulieren und ohne Umweg über das *DataTable*-Objekt in einer einzigen Zeile codieren (wenn man das Drumherum einmal weglässt).

```
...
dgrdvwServers.DataSource = SmoApplication.EnumAvailableSqlServers(true);
```

Listing 32.2 Anzeigen von SQL Server-Instanzen auf dem lokalen Rechner

> **HINWEIS** Im Objektmodell der SQL Server 2005 SMO gab es eine eigene Klasse für das Herausfinden lokaler Server (*SqlServerRegistrations*), die nicht auf ein funktionierendes Netzwerk angewiesen war. Die Methode *EnumRegisteredServers* las die Informationen direkt aus der Windows-Registrierung. Diese Klasse ist mit SQL Server 2008 abgeschafft worden. Sie können also nur laufende und kommunikationsbereite SQL Server finden.

Eine Verbindung mit einer SQL Server-Instanz herstellen

Nachdem man den gewünschten Server im Netzwerk gefunden hat, muss man sich, bevor es weitergehen kann, erst einmal mit diesem verbinden. Das ähnelt sehr stark dem Vorgehen in ADO.NET. Was dort ein *SQLConnection*-Objekt ist, stellt hier das *ServerConnection*-Objekt dar. Im *ServerConnection*-Objekt werden die Anmeldeinformationen festgelegt. Es ist möglich, weitere Verbindungseigenschaften anzugeben, wie die Größe des Verbindungspools. Transaktionen können gestartet und übergeben werden. Die *ServerConnection*-Klasse ähnelt der *SQLConnection*-Klasse wie ein Ei dem anderen, gehört aber technisch betrachtet zum SMO-Namensraum (weil von der *Microsoft.SqlServer.Management.Common.ConnectionManager*-Klasse vererbt). Wie auch immer: Beim Instanziieren eines SMO-Serverobjekts übergeben Sie an dieses eine vorbereitete *ServerConnection*. Diese wird dann bei der Arbeit mit dem Server verwendet, um eine Verbindung herzustellen und zu verwalten. Das folgende Beispiel demonstriert, wie eine Verbindung zu einem Server hergestellt wird, um einige Serverinformationen abzufragen und anzuzeigen. Es wird SQL Server-Sicherheit für die Authentifizierung eingesetzt. Natürlich klappt das auch mit Windows-Authentifizierung.

```csharp
using Microsoft.SqlServer.Management.Smo;
using Microsoft.SqlServer.Management.Common;
...

private void btnStart_Click(object sender, EventArgs e)
{
    ServerConnection theConnection = new ServerConnection();
    Server theServer = new Server();

    theConnection.ServerInstance = txtServer.Text;      // Name der Serverinstanz
    theConnection.LoginSecure = false;                  // Standardauthentifizierung verwenden
    theConnection.Login = txtLogin.Text;                // Login-Name des Benutzers
    theConnection.Password = txtPassword.Text;          // Passwort des Benutzers

    theServer = new Server(theConnection);

    txtProperties.AppendText("Version: " + theServer.Information.Version.ToString() + "\n");
    txtProperties.AppendText("Clustered: " + theServer.Information.IsClustered.ToString() + "\n");
    txtProperties.AppendText("Windows Version: " + theServer.Information.OSVersion.ToString() + "\n");
}
```

Listing 32.3 Mit dem Server verbinden und Einstellungen abfragen

Der Programmausschnitt dürfte weitgehend selbsterklärend sein. Das *ServerConnection*-Objekt liegt im Namensraum *Microsoft.SqlServer.Management.Common*, der zusätzlich importiert wurde (die Assembly heißt allerdings *Microsoft.SqlServer.ConnectionInfo*). Interessant ist die Eigenart der SMO, eine Verbindung selbstständig zu verwalten. Man findet im Beispiel keine *Open*-Methode und auch kein *Close*. Das ist keine Schlamperei des Democodes: Diese Methoden existieren überhaupt nicht. Eine Verbindung zu einem Server wird genau dann geöffnet, wenn es zum ersten Mal notwendig erscheint. Im Beispiel ist das beim Zugriff auf die Eigenschaft *Information* der Fall. Auch um das Schließen muss man sich nicht kümmern. Das passiert automatisch, sobald die Verbindung nicht mehr benötigt wird. Vor dem Ende des Programmcodes ist die Verbindung bereits wieder geschlossen und in den Verbindungspool gewandert.

Die im Beispiel gezeigte explizite Instanziierung eines *Connection*-Objekts ist nur dann erforderlich, wenn Sie Einstellungen vornehmen wollen, die von den Standards einer Verbindung abweichen. Möchten Sie sich einfach über Windows-Authentifizierung mit einer SQL Server-Instanz verbinden und weiter nichts vorgeben, dann können Sie einfach einen überladenen Konstruktor der *Server*-Klasse verwenden, welcher den Instanznamen als Argument erwartet, zum Beispiel: *Server theServer = new Server(shiva\development);* Unabhängig davon, auf welche Weise Sie eine Verbindung aufbauen, wird Ihnen der Zugriff auf deren Eigenschaften über den *ConnectionContext* eines Server-Objekts gegeben.

Das SMO-Objektmodell

In den Namespaces der SMO finden sich zwei verschiedene Arten von Klassen wieder. Auf der einen Seite gibt es die so genannten *Instanzklassen*, die für die Objekte stehen, die man in SQL Server 2008 finden kann, und auf der anderen Seite gibt es *Hilfsklassen*. Von der letzteren Bezeichnung sollte man sich nicht in die Irre führen lassen. Hilfsklassen stellen hoch interessante Funktionen zur Verfügung. Der Transfer von Objekten zwischen Datenbanken, das Backup und Restore, das Einrichten von Aufträgen, das automatische Generieren von SQL Server-Skripten – das alles sind Fälle für die Hilfsklassen.

Für einen riesigen Vorteil des Instanzklassen-Objektmodells halte ich dessen intuitiven Aufbau. Schaut man sich im Management Studio den Objekt-Explorer an, dann wird verständlich, was ich meine. So wie die Objekte hier angeordnet sind, findet man sie mehr oder weniger auch im Objektmodell wieder. Ausgangspunkt und Wurzel des Objektbaums ist das *Server*-Objekt. Über dessen Eigenschaften und Methoden kann eine SQL Server-Instanz verwaltet werden.

Als erstes Beispiel für die Verwendung des Server-Objekts soll gezeigt werden, wie Sie die Parameter einer Server-Instanz mit den SMO konfigurieren, das heißt die physischen Einstellungen wie Prozessornutzung, Speichergrenzen und so weiter festlegen. In T-SQL wird diese Aufgabe mit der Systemprozedur *sp_configure* erledigt. Im SMO-Objektmodell gelangen Sie über den Zwischenschritt der Server-Eigenschaft *Configuration* zu den verschiedenen Konfigurationsobjekten. Deren Eigenschaften sind schreibgeschützt, bis auf eine: *Configvalue*. Durch das Setzen von *Configvalue* lässt sich ein Konfigurationswert von SQL Server direkt ändern und zwar in den Grenzen, die durch die Eigenschaften *Minimum* und *Maximum* des betreffenden Objekts vorgegeben werden. Im ersten Teil des folgenden Beispielscodes werden zunächst einmal die aktuellen Werte für die Server-Konfigurationsoptionen *PriorityBoost* sowie *MinServerMemory* abgefragt. Anschließend werden die neuen Einstellungen gemacht und mit der Server-Methode *Alter* in der Instanz festgeschrieben. Wichtig: Fast alle Einstellungen werden sofort aktiv und ändern damit auch den *RunValue*. Bei den Prozessoroptionen ist das allerdings nicht so. Die SQL Server-Instanz muss neu gestartet werden, damit die Werte übernommen werden. Das gilt nicht nur für die Konfiguration mit SMO, sondern ganz genau so beim Einsatz des Management Studios. Auch der Neustart des Servers lässt sich mit SMO automatisieren. Den dafür zuständigen Namensraum *WMI* stelle ich ein paar Seiten weiter hinten vor.

```
private void btnStart_Click(object sender, EventArgs e)
{
    Server theServer = new Server(txtServer.Text);

    txtConfiguration.AppendText("PriorityBoost: "
        + theServer.Configuration.PriorityBoost.Minimum + " - "
        + theServer.Configuration.PriorityBoost.Maximum + ": "
        + theServer.Configuration.PriorityBoost.RunValue + "\n");

    txtConfiguration.AppendText("MinServerMemory: "
        + theServer.Configuration.MinServerMemory.Minimum + " - "
        + theServer.Configuration.MinServerMemory.Maximum + ": "
        + theServer.Configuration.MinServerMemory.RunValue + "\n");
```

```
    theServer.Configuration.PriorityBoost.ConfigValue = 1;
    theServer.Configuration.MinServerMemory.ConfigValue = 1024;

    theServer.Alter();
}
```
Listing 32.4 Eine Server-Instanz konfigurieren

In der Abbildung 32.2 ist ein kleiner Ausschnitt aus dem recht umfangreichen SMO-Objektmodell dargestellt (in den Books Online finden Sie die vollständige Übersicht). Wie schon erwähnt, ist der Objektbaum der SMO im Bereich der Instanzklassen weitgehend der Hierarchie der Objekte in einer Datenbank nachempfunden. Das wird gut durch den nächsten Codeschnipsel veranschaulicht, der vorstellt, wie man von der Wurzel des Server-Objekts bis hin zu einer speziellen Eigenschaft einer Tabellenspalte gelangt. Möchten Sie in SMO ein Objekt referenzieren, welches sich nicht im Schema *dbo* befindet, dann müssen Sie den Namen des Schemas im Index mit angeben. Das ist im Beispiel für die Tabelle *Customers* der Fall, die sich im Schema *Sales* befindet.

```
Server theServer = new Server(txtServer.Text);
Database theDatabase;

theDatabase = theServer.Databases["netShop"];
txtMessage.Text = theDatabase.Tables["Customers", "Sales"].Columns["Code"].DataType.ToString();
```
Listing 32.5 Eigenschaft einer Tabellenspalte ausgeben

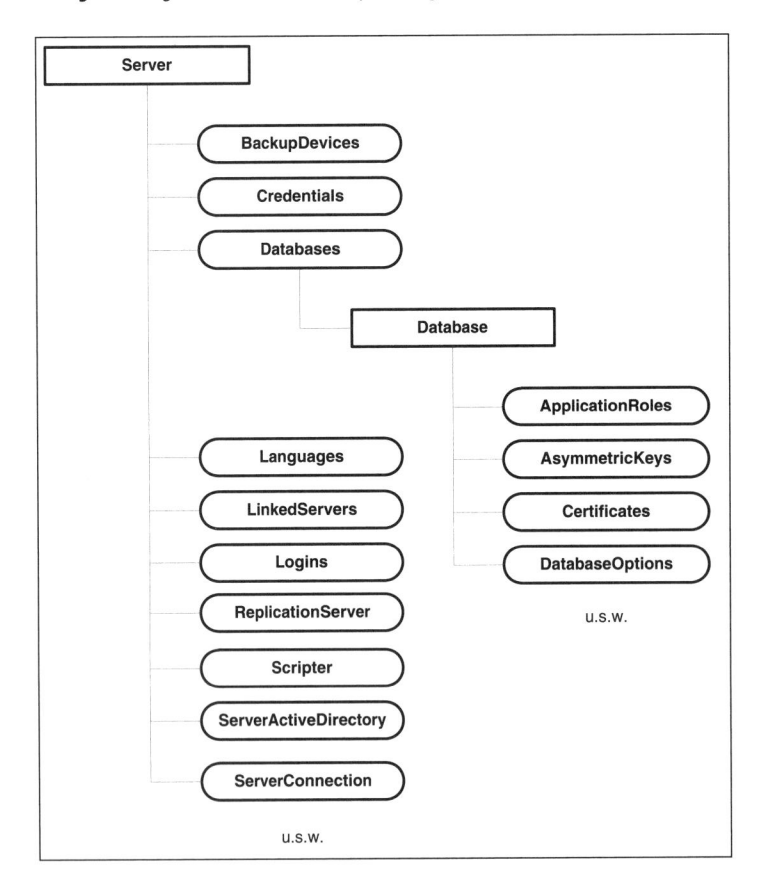

Abbildung 32.2 Ausschnitt aus dem Top-Level-Objektmodell der Instanzklassen

Über die *Hilfsklassen* der SMO kann unter anderem auf die verschiedenen Subsysteme des SQL Server zugegriffen werden. Eines davon ist das Datenbankmail-Subsystem. Dieses ermöglicht das Versenden von E-Mails aus Datenbankanwendungen heraus per T-SQL. Mit SMO lassen sich die E-Mail-Optionen administrieren, beispielsweise ein neues Konto im SQL Server vorbereiten. Dies zeigt das nächste Beispiel. Auch hier bildet das *Server*-Objekt wieder den Ausgangspunkt. Dann geht es natürlich nicht mit der Datenbanken-Auflistung weiter, sondern direkt mit einem *MailAccount*-Objekt, welches konfiguriert und dann mit der *Create*-Methode ins Leben gerufen wird.

```
using Microsoft.SqlServer.Management.Smo;
using Microsoft.SqlServer.Management.Smo.Mail;
...
Server theServer = new Server(txtServer.Text);
MailAccount theMailAccount;

theMailAccount = new MailAccount(theServer.Mail, "netShopMail", "Konto für den netShop", "netShopMail",
    "info@netshop.de");
theMailAccount.Create();
```

Listing 32.6 Database Mail-Konfiguration via SMO

Um Missverständnissen und langem Suchen nach der richtigen Methode vorzubeugen: Die SMO erlauben nur die *Konfiguration* des Mailsystems, nicht das Versenden selbst (leider). Für das Verschicken einer SMTP-Mail aus einer Anwendung heraus muss dann doch wieder auf T-SQL zugegriffen werden – *sp_send_dbmail* ist der Name der entsprechenden Systemprozedur.

SMO-Programmierverfahren

Die meisten Vorgehensweisen im SMO-Programmiermodell ähneln den Verfahren, die von anderen .NET-Objektmodellen her geläufig sind. Vor dem Hintergrund der Aufgabenstellung »SQL Server-Administration« gibt es natürlich einige SMO-Spezialitäten, die in den nachfolgenden Abschnitten beschrieben werden.

Instanziieren und Zerstören von SMO-Objekten

Die Entwickler der Management Objects haben ganze Arbeit geleistet, wenn es darum geht, die Clientanwendungen schlank und effektiv zu halten. Bei dem Vorgängerobjektmodell, also den DMO, war das nicht unbedingt der Fall. Größere SQL Server-Datenbanken können problemlos ein paar tausend Objekte beinhalten, die über diverse Eigenschaften verfügen. Würden größere Auflistungen auf einen Schlag geladen (genau das war früher der Fall), dann dauert erstens das Auslesen aus den SQL Server-Systemdatenstrukturen schon eine geraume Weile – Benutzer des DMO-basierten Enterprise Managers wird das sicher bekannt vorkommen – und es wird ein Menge Platz im Arbeitsspeicher des Client benötigt. Dieser Fußabdruck (Memory Footprint) fällt bei den *MO-Objekten deutlich kleiner aus. Dahinter steckt der folgende Trick: Beim Laden einer Auflistung werden zunächst nur die vermutlich wichtigsten Eigenschaften abgeholt. Bei einer *Tables*-Auflistung zum Beispiel der *Name*. Andere Eigenschaften beziehungsweise abhängige Objekte werden erst dann gefüllt, wenn auf diese zugegriffen wird. Fragen Sie das Erstellungsdatum (*Create-Date*) einer Tabelle ab, dann holt die SMO-Logik diesen Wert, aber auch gleich ein paar andere ab, wie *DateLastModified*, *HasAfterTrigger* und *HasIndex*. Dadurch sollen überflüssige Roundtrips zum Server vermieden werden. Einige Eigenschaften werden prinzipiell getrennt abgerufen: *DataSpaceUsed* und *IndexSpaceUsed* gehören dazu.

Sie ahnen es vielleicht: Wenn Sie über eine Auflistung bestimmte Eigenschaften abrufen möchten, die SQL Server prinzipiell nicht automatisch instanziiert, dann kehrt sich der Vorteil der verzögerten Objektauffüllung in einen Nachteil um. Falls also das Durchlaufen einer Auflistung und die Verarbeitung derselben in Ihrer Programmierung ungebührlich viel Zeit in Anspruch nimmt, dann sollten Sie den SQL Server-Profiler anwerfen und überprüfen, ob es sehr viele einzelne T-SQL-Metadatenabfragen in der Ablaufverfolgung gibt. Dies ist ein sicheres Indiz für eine SMO-Roundtrip-Problematik. Auch an diesen Fall haben die SMO-Entwickler gedacht. Über die Methode *PrefetchObjects* des *Database*-Objekts können Sie Objekte eines bestimmten SMO-Typs, beispielsweise eben *Table*, doch komplett vom Server holen, um die Anzahl der Zugriffe drastisch zu reduzieren. Eine etwas feiner operierende Prefetch-Variante stellt die Methode *SetDefaultInitFields* des *Server*-Objekts zur Verfügung. Mit dieser können Sie festlegen, welche Eigenschaften eines Objekttyps sofort instanziiert werden. Sie sehen – es gibt Möglichkeiten, die Arbeit mit den *MO weiter zu optimieren. Da in den meisten Anwendungsfällen der administrativen Programmierung die Performance aber eine untergeordnete Rolle spielt, lasse ich es an dieser Stelle bei diesen Hinweisen. Weiterführende Informationen erhalten Sie bei Bedarf in den Books Online und den Quellen, die in der Ressourcensammlung auf der CD angegeben sind.

Zum Abschluss noch ein Wort zum Zerstören von *MO-Objekten. Durch das Zerstören eines übergeordneten Elements wie ein *Database*-Objekt werden alle abhängigen Objekte gleich mit entladen. Selbstverständlich kann auch eine Auflistung auf einen Schlag geleert werden. Das ist genau das, was ein .NET-Entwickler von einem ordentlichen Objektmodell erwarten würde. Dieses Verhalten stellt jedoch für DMO-Enwickler eine Neuigkeit dar, da sich dessen Objekte auch hier ganz anders, nämlich statisch, verhalten haben.

Capture-Modus

Sollen umfangreiche Änderungen in einer Datenbank durchgeführt werden, dann können durch das Auslösen vieler kleiner Änderungen, die nacheinander durchgeführt werden, eine Menge Blockierungen auftreten und die Gesamtoperation kann insgesamt recht lange dauern. Um dieses Verhalten zu vermeiden, ist in SMO der so genannte *Capture-Modus* vorhanden. Ist dieser aktiviert, dann werden die von der SMO-Schicht generierten Änderungen nicht mit jedem *Alter* sofort in Form von T-SQL-Befehlen an den Server geschickt. Stattdessen wird der T-SQL-Code zwischengespeichert und kann dann entweder als kompletter Batch ausgeführt oder auch in einer String-Collection abgerufen werden. Dieses Verfahren wird übrigens im Management Studio selbst eingesetzt. Dort haben Sie bei den meisten Kommandos im GUI die Möglichkeit, anstelle der direkten Ausführung ein SQL-Skript ausgeben zu lassen. Dies passiert mit dem hier beschriebenen Capture-Modus.

Das folgende kleine Beispiel zeigt, wie der Capture-Modus über den *ConnectionContext* aktiviert, ein gespeichertes T-SQL-Skript ausgegeben und anschließend direkt auf dem Server ausgeführt wird. Der Code fügt an jede Tabelle einer Datenbank eine zusätzliche erweiterte Eigenschaft an, die der Speicherung von Versionsinformationen dienen soll. In den letzten beiden Zeilen des Codeausschnitts wird der gespeicherte T-SQL-Programmtext dann tatsächlich ausgeführt und der Capture-Modus wieder deaktiviert.

```
using Microsoft.SqlServer.Management.Smo;
using Microsoft.SqlServer.Management.Common;
…
Server theServer = new Server(txtServer.Text);
Database theDatabase;
ExtendedProperty theExtendedProperty;
```

```
theServer.ConnectionContext.SqlExecutionModes = SqlExecutionModes.CaptureSql;
foreach ( Table theTable in theServer.Databases[txtDatabase.Text].Tables )
{
   if ( ! theTable.IsSystemObject )
   {
      theExtendedProperty = new ExtendedProperty(theTable, "VersionNumber");
      theExtendedProperty.Value = "1.0";
      theTable.ExtendedProperties.Add(theExtendedProperty);
      theTable.Alter();
   }
}

foreach ( String strSQL in theServer.ConnectionContext.CapturedSql.Text )
{
 txtScript.AppendText(strSQL + "\n");
}

theServer.ConnectionContext.ExecuteNonQuery(theServer.ConnectionContext.CapturedSql.Text);
theServer.ConnectionContext.SqlExecutionModes = SqlExecutionModes.ExecuteSql;
```

Listing 32.7 Beispiel für den Capture-Modus

Der Beispielcode fügt an jede Benutzertabelle einer Datenbank eine zusätzliche erweiterte Eigenschaft *VersionNumber* an, die dann gleich mit dem Wert *1.0* belegt wird. Diese erweiterte Eigenschaft könnte dann genutzt werden, um den Versionsstand einer Tabelle festzuhalten. Bei solch einer Stapeloperation über viele Objekte in einer Datenbank hinweg macht der Capture-Modus sehr viel Sinn.

Und dieses hier sind die ersten Zeilen der generierten T-SQL-Befehle, die in der Textbox *txtScript* angezeigt werden:

```
USE [netShop]
EXEC sys.sp_addextendedproperty @name=N'VersionNumber', @value=N'1.0' ,
@level0type=N'SCHEMA',@level0name=N'Development', @level1type=N'TABLE',@level1name=N'ImportErrors'
USE [netShop]
EXEC sys.sp_addextendedproperty @name=N'VersionNumber', @value=N'1.0' ,
@level0type=N'SCHEMA',@level0name=N'Development', @level1type=N'TABLE',@level1name=N'Imports'
USE [netShop]
EXEC sys.sp_addextendedproperty @name=N'VersionNumber', @value=N'1.0' ,
@level0type=N'SCHEMA',@level0name=N'HRDepartment', @level1type=N'TABLE',@level1name=N'Employees'
…
```

Scripting

Unerhört stark wurden in den Server Management Objects die Möglichkeiten der automatisierten Generierung von T-SQL-Skripten zur Objekterstellung ausgebaut. Diese Aussage bezieht sich nicht nur auf das Vorgängerobjektmodell DMO, sondern auch auf die Skriptfunktionen im Management Studio, denen ein paar zusätzliche Funktionen gut tun würden.

Vermutlich werden nicht allzu viele Entwickler die Scripting-Möglichkeiten in ihrem vollen Umfang nutzen. Es gibt aber ein paar pfiffige Einsatzmöglichkeiten, welche man zunächst vielleicht übersieht und die wirklich sehr hilfreich sein können. In den Praxisbeispielen dieses Kapitels wird später noch gezeigt, wie man mit einem relativ kurzen SMO-Programmtext das vollständige Schema einer Datenbank automatisiert in ein Erstellungsskript gießen kann. Dies ist eine brauchbare Möglichkeit, die Datenstrukturen eines bestimmten Versionsstandes zu konservieren.

Für das Scripting stehen prinzipiell zwei unterschiedliche Ansätze zur Verfügung. Einerseits verfügen sehr viele Objekte, vor allem in den Instanzklassen, über eine *Script*-Methode, andererseits existiert ein *Scripter*-Hilfsobjekt, welches geeignet ist, gleich komplette Auflistungen von Objekten zu skripten. Zusätzlich gibt es noch die »inoffiziellen« Scriptingmöglickeiten. Die eine, den Capture-Modus, haben Sie gerade kennen gelernt. Dieser erlaubt das Anlegen von Skripten für alle Operationen in einer Datenbank – nicht nur für die *CREATE*- und *DROP*-Kommandos. Ein kurzes Beispiel demonstriert das Erzeugen eines Skripts für eine Datenbankeinrichtung. In diesem Fall wird die *Script*-Methode eingesetzt. Typisch, auch für andere Stellen in SMO, ist die Verwendung eines speziellen Konfigurationsobjekts für die Festlegung der Optionen einer Methode. Über das *ScriptingOptions*-Objekt werden in diesem Fall nur die Ausgabedatei und der Verzicht auf die Sortierungsangabe festgelegt. Natürlich gibt es noch sehr viele weitere Möglichkeiten, die erstellten Skripts zu beeinflussen.

```
using Microsoft.SqlServer.Management.Smo;
…
Server theServer = new Server(txtServer.Text);
Database theDatabase = theServer.Databases[txtDatabase.Text];
ScriptingOptions theScriptingOptions = new ScriptingOptions();

theScriptingOptions.FileName = txtFile.Text;
theScriptingOptions.NoCollation = true;
theScriptingOptions.ExtendedProperties = true;

theDatabase.Script(theScriptingOptions)
```

Listing 32.8 Datenbankerstellungsskript mit SMO generieren

Transaktionen in SMO

Transaktionale Verarbeitung ist in Datenbanksystemen selbstverständlich. Dass aber auch eine *API* für die Verwaltung eines DBMS Transaktionen kennt, ist auf den ersten Blick überraschend, kann aber in speziellen Situationen Sinn machen. Transaktionen dienen dazu, konsistente Zustände von Systemen zu gewährleisten. In SMO können sie zum Beispiel dazu eingesetzt werden, umfangreiche Schemaänderungen an vielen Datenbankobjekten oder die Erstellung komplexer Aufträge aus vielen Schritten entweder ganz oder gar nicht durchzuführen. Besonders bequem ist – ganz genau wie in der Datenbankprogrammierung – die Möglichkeit, beim Auftreten eines Fehlers durch einen Rollback alle Änderungen bis zum Anfang einer Transaktion komplett zurücknehmen zu können. Das Aufräumen wird dadurch sehr einfach.

Probleme können in der SMO-Programmierung unter anderem dann auftreten, wenn Ressourcen durch Benutzer gesperrt sind. Wie in der Datenbankprogrammierung sollten Transaktionen nicht dazu dienen, mögliche Fehler in der eigenen Programmlogik abzufangen. Wie auch immer: Die Arbeit mit Transaktionen ist sehr einfach. Ähnlich der ADO.NET-Programmierung werden Transaktionen über eine Serververbindung gesteuert. In SMO geht das über das *ConnectionContext*-Objekt. *BeginTransaction* startet eine Transaktion, *CommitTransaction* übergibt die Änderungen und *RollBackTransaction* setzt sie komplett zurück. Zwei Bemerkungen sind wichtig: Nicht alle Operationen, die Sie mit SMO durchführen können, lassen sich in eine Transaktion verpacken. Das *DROP* einer Tabelle kann tatsächlich mit einer *RollBackTransaction* rückgängig gemacht werden. Das *DROP* einer Datenbank nicht – wie sich die Objekte verhalten, richtet sich ganz danach, was in T-SQL für diese vorgesehen ist. Außerdem bleibt es dem Programmierer überlassen, sich um das Aufdecken von Fehlern und ein gezieltes *RollBackTransaction* zu kümmern. Etwa so wie in dem nachfolgenden Beispiel. Die ersten drei Tabellen könnten problemlos gelöscht werden, nicht aber die vierte (weil nicht existent). Insgesamt wird wegen der Transaktionsklammer und dem Aufruf von *RollBackTransaction* gar keine Tabelle gelöscht.

```csharp
using Microsoft.SqlServer.Management.Smo;
…
Server theServer = new Server(txtServer.Text);
Database theDatabase = theServer.Databases["netShop"];

theServer.ConnectionContext.BeginTransaction();

try
{
   theDatabase.Tables["Archive_OrderDetails", "Sales"].Drop();
   theDatabase.Tables["Archive_Orders", "Sales"].Drop();
   theDatabase.Tables["Archive_Customers", "Sales"].Drop();
   theDatabase.Tables["Archive_Employees", "Management"].Drop();
   theServer.ConnectionContext.CommitTransaction();
}
catch ( Exception ex )
{
   txtMessage.Text = ex.Message;
   theServer.ConnectionContext.RollBackTransaction();
}
```

Listing 32.9 Eine Transaktion in SMO

Ausnahmebehandlung

Im jedem guten .NET-Klassenmodell müssen Ausnahmen (Exceptions) definiert sein, über die ein Programmierer Ausnahmen abfangen kann (Fehler gibt es ja bekanntlich nicht mehr…). So auch in SMO. Tatsächlich gibt es im Namensraum *Microsoft.SqlServer.Management.Smo* gleich ein ganzes Bündel diverser Exception-Klassen, die aber alle von der gemeinsamen Basisklasse *SmoException* abgeleitet sind. Um SMO-Fehlerzustände abzufangen, schreiben Sie entsprechende Ereignisbehandler. Rückgabewerte für Methodenaufrufe, mit denen Informationen zur Ausführung von Operationen übergeben werden, kennen die Klassen der SMO dagegen nicht.

Ein ganz einfaches Beispiel für einen SMO-Aufruf mit Fehlerbehandlung ist dieses hier:

```csharp
using Microsoft.SqlServer.Management.Smo;
…
Server theServer = new Server(txtServer.Text);
Database theDatabase = theServer.Databases["netShop"];
Table theTable = new Table(theDatabase, "EanCodes", "Products");
Column theColumn;

try
{
   // Spalte "ID" anlegen & anfügen
   theColumn = new Column(theTable, "ID");
   theColumn.DataType = DataType.Int;
   theColumn.Nullable = false;
   theColumn.Identity = true;
   theColumn.IdentitySeed = 1;
   theColumn.IdentityIncrement = 1;
   theTable.Columns.Add(theColumn);

   // Spalte "ID" anlegen & anfügen
   theColumn = new Column(theTable, "EanCode");
   theColumn.DataType = DataType.Char(13);
   theColumn.Nullable = false;
   theTable.Columns.Add(theColumn);
```

```
   //  Vamos!
   theTable.Create();
}
catch ( SmoException smoex )
{
   txtMessage.Text = smoex.Message;
}
catch ( Exception ex )
{
   txtMessage.AppendText(ex.Message);
}
```

Listing 32.10 Einfache Ausnahmebehandlung

Mit diesem Programmschnipsel wird einen kleine, neue Tabelle angelegt. Wenn dieser Programmcode in der *netShop*-Datenbank ausgeführt wird und die Tabelle nicht angelegt werden kann (weil Sie beispielsweise schon vorhanden ist), dann gibt es eine *SmoException* mit der folgenden Nachricht (*Message*) »Fehler bei Erstellen für Tabelle 'Products.EanCodes'.«. Das Abfangen dieser Meldung im *Try/Catch*-Block ist natürlich schon ein Vorteil gegenüber einem unbehandelt auftretenden Fehler – so richtig aussagekräftig ist diese Information aber noch nicht. Es ist typisch für SMO-Ausnahmen, dass diese in einem Fehlerbehandler à la Listing 32.10 recht dürftige Hinweise darauf liefern, was falsch gelaufen ist. *Dass* die Tabelle *EanCodes* nicht angelegt wird, ist die eine Sache. *Warum* sie nicht angelegt werden kann – diese Frage wird den Entwickler beschäftigen. Schließlich kann es viele verschiedene Gründe dafür geben. Unzureichende Berechtigungen oder Fehler in der Definition sind nur zwei der möglichen Gründe. Um mehr über den Anlass einer Ausnahme in Erfahrung zu bringen, muss man etwas tiefer »graben«. Das hat damit zu tun, wie SMO intern Ausnahmen verarbeitet. Fehler können in jeder der SMO-Ausführungsschichten entstehen. Fehler auf einer tieferen Ebene sorgen dabei dafür, dass es Nachfolgefehler auf einer höheren Ebene gibt. »Nach oben hin« werden die Fehlerbeschreibungen dabei immer etwas allgemeiner. Die Abbildung 32.3 stellt den Aufbau der verschiedenen SMO-Schichten dar. Die Aufrufreihenfolge und das »Bubbling« der Exceptions folgen natürlich diesem Modell.

Um von den allgemeinen zu den präziseren Informationen zu gelangen, müssen Sie nun einfach die Kette der Ausnahmen verfolgen. Dies geht wunderbar leicht mithilfe der *InnerException*-Eigenschaft, die Sie sicher von den allgemeinen .NET-Exceptions her kennen. Beginnend mit der Ausnahme, die schlussendlich in Ihrer Applikation für den Eintritt in den *Catch*-Block gesorgt hat, können Sie über *InnerException* jeweils eine Ebene absteigen. Entweder arbeiten Sie dabei mit einer festen Struktur, nämlich dann, wenn Sie schon wissen, welche Fehlerquellen potenziell an einer Programmstelle auftreten können. Oder Sie schreiben gleich eine allgemeine Behandlungsroutine, wie sie im Listing 32.11 vorgestellt wird. Dabei muss man nur darauf achten, dass die *InnerException*-Objekte vom Typ *Exception* (und nicht vom Typ *SmoException*) sind. Ansonsten ist der Fall ganz einfach zu lösen. In Abbildung 32.4 sehen Sie die komplette Ausgabe des Beispiels.

```
...
Exception theException;
int iLevel ;

try
{
   // nichts Neues hier..

}
catch ( SmoException smoex )
{
   iLevel = 1;
   txtMessage.Text = "Wir haben ein SMO-Problem:" + "\n";
```

```csharp
      // in die Meldungen "hineindrillen"
      theException = smoex;
      do
      {
         txtMessage.AppendText( iLevel + ": " + theException.Message + "\n" );
         theException = theException.InnerException;
         iLevel ++;
      }
      while (theException != null );
   }
   catch ( Exception ex )
   {
      txtMessage.AppendText(ex.Message);
   }
```

Listing 32.11 Ausnahmebehandlung mit Verfolgung der Eventkette

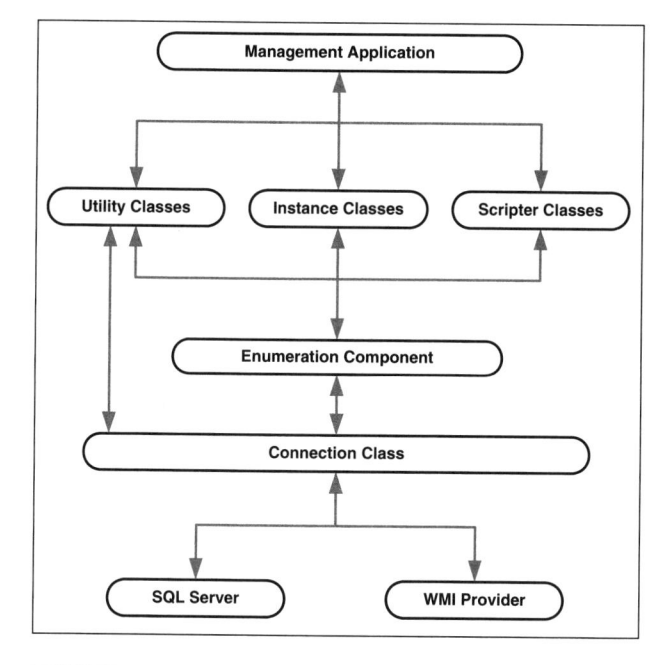

Abbildung 32.3 Architektur der SMO-Schichten

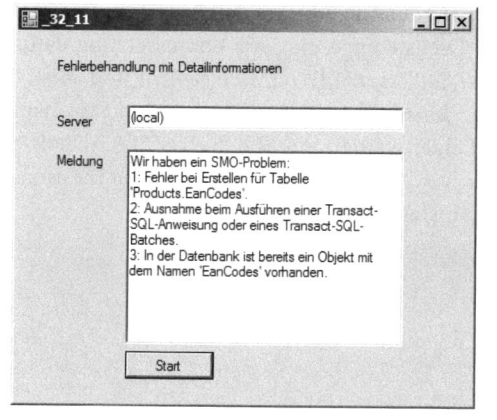

Abbildung 32.4 Ausgabe des Meldungsstapels

Dass das SQL Server Management Studio sich selbst der SMO bedient, kann man schön an den Fehlermeldungen erkennen, die an die Oberfläche durchgereicht werden. In Abbildung 32.4 sehen Sie ein Beispiel. Auch hier wird das »Bubbling« der SMO-Meldungen genutzt.

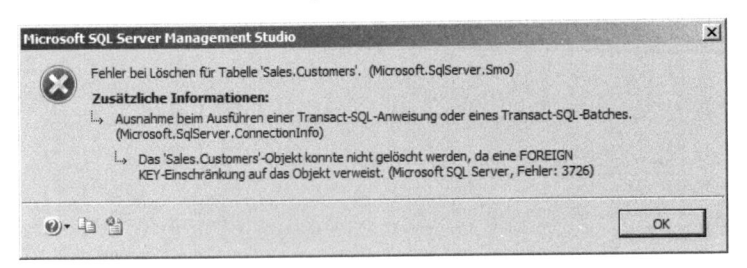

Abbildung 32.5 SMO-Ausnahmen im Management-Studio

SMO und WMI

Die SQL Server-Entwicklerteams haben sich wirklich Mühe gegeben, auch die administrative Programmierung logisch zu gestalten, für manch einen einfachen Entwickler (ich bin so einer) an manchen Stellen ein bisschen zu logisch. Das drückt sich beispielsweise im Namespace *Microsoft.SqlServer.Management.Smo.Wmi* aus. Dieser stellt eine Schnittstelle zur Microsoft Windows Management Instrumentation dar, eine allgemeine Sammlung von *API*s für die Verwaltung von Windows-Systemen. Während im »alten« SQL Server-DMO-Objektmodell Methoden zum Anhalten, Stoppen und Starten von SQL Server direkt im *Server*-Objekt vorhanden waren, sind diese bei SQL Server 2008 in den WMI-Namespace gewandert. Die Differenzierung ist die folgende: Alle Funktionen, die »innerhalb« des Servers liegen, werden über die Instanz- und Hilfsklassen abgebildet. Alles, was zur »Außenbetrachtung« gehört – SQL Server aus Sicht des Betriebssystems sozusagen – gehört zu WMI. Das sind die Dienste und die Kommunikationsmechanismen (vor allem die Protokolle). Im Grunde ist das nicht allzu viel. Wenn Sie sich ein plastisches Bild machen möchten, was man mit der Hilfe der WMI-Klassen programmieren kann, dann müssen Sie nur das SQL Server-Verwaltungstool *Configuration Manager* öffnen. Dieses Werkzeug basiert auf dem WMI-Namespace in SMO und bietet dessen Funktionen: nicht mehr und nicht weniger.

Die Anwendung möchte ich wieder anhand praktischer Beispiele verdeutlichen. Das erste zeigt, wie die auf einem Server verfügbaren verschiedenen SQL Server-Dienste ausgelesen werden können. Basis der Arbeit mit den WMI-Klassen ist immer ein *ManagedComputer*-Objekt. Diesem kann bei der Instanziierung ein Servername plus Anmeldeinformationen mitgegeben werden. So lässt sich eine Verbindung zu einem entfernten Server via RPC aufbauen. Im folgenden Beispielcode werden die Objekte der Auflistung *Services* durchlaufen und ein paar Informationen über die gefundenen Dienste angezeigt. Als Voraussetzung dafür müssen Sie einem Projekt Verweise auf die Assemblys *Microsoft.SqlServer.SqlWmiManagement* und *Microsoft.SqlServer.WmiEnum* hinzufügen und den Namensraum *Microsoft.SqlServer.Management.Smo.Wmi* importieren. Im Demoprojekt ist das natürlich schon passiert. Leider werden nur SQL Server 2005-Dienste (und aufwärts) entdeckt. Die alten Versionen bleiben hier außen vor. Abbildung 32.6 zeigt, welche Informationen für eine gestartete Datenbankmaschine einer SQL Server-Instanz ausgegeben werden.

```
using Microsoft.SqlServer.Management.Smo;
using Microsoft.SqlServer.Management.Smo.Wmi;
…
ManagedComputer theManagedComputer = new ManagedComputer();

foreach ( Service theService in theManagedComputer.Services )
```

SMO-Programmierverfahren

```
{
   MessageBox.Show(theService.Name + " - " + theService.DisplayName + " - " + theService.ServiceState,
      "SQL Server-Dienst" );
}
```

Listing 32.12 Auslesen der SQL Server-Dienste auf dem lokalen Computer

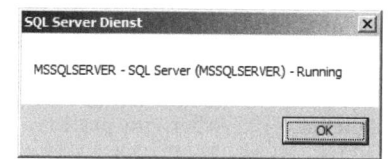

Abbildung 32.6 Servicename, Klartextname und Servicezustand für ein SQL Server-Dienst

Den zweiten Codeschnipsel hatte ich am Anfang dieses Kapitels in Aussicht gestellt. Sie brauchen ihn unter anderem, um Konfigurationsänderungen an einer SQL Server-Instanz wirksam werden zu lassen. Es geht darum, einen laufenden Server zu stoppen und anschließend gleich wieder neu zu starten. Das ist eine einfache Angelegenheit mit WMI:

```
using Microsoft.SqlServer.Management.Smo;
using Microsoft.SqlServer.Management.Smo.Wmi;
...

ManagedComputer theComputer = new ManagedComputer();
Service theService;

theService = theComputer.Services[txtService.Text];

if ( theService.ServiceState == ServiceState.Running )
{
   lblInfo.Text = "Stoppe den Service";
   theService.Stop();

   // warten, bis Dienst heruntergefahren ist
   while ( theService.ServiceState != ServiceState.Stopped )
   {
      theService.Refresh();
   }

// neu starten
theService.Start();
}
else
{
   lblInfo.Text = "Starte den Service";
   theService.Start();
}

// warten, bis Dienst hochgefahren ist
while (theService.ServiceState != ServiceState.Running)
{
   theService.Refresh();
}
lblInfo.Text = "Service läuft";
```

Listing 32.13 Neustart eines SQL Server mit WMI

Das dritte und letzte Beispiel zum Thema WMI zeigt, wie Protokolleinstellungen für eine SQL Server-Instanz durchgeführt werden. Dummerweise müssen hier gleich mehrere Objekte und Auflistungen eingesetzt werden, sodass sich ein Blick auf den Democode wirklich lohnt. Im Beispiel werden alle Protokolle, mit der Ausnahme von TCP/IP abgeschaltet und die Kommunikation wird auf eine bestimmte IP-Adresse, sowie einen statisch vorgegebenen Port festgelegt. Etwas umständlich gestaltet sich diese Operation vor allem durch die Tatsache, dass die Eigenschaften einer IP-Adresse im Objekt *IPAddressProperty* in Form von Name/Wert-Paaren verwaltet werden. Die möglichen Eigenschaften sind nirgendwo dokumentiert. Hier muss man notfalls die vorhandenen Einstellungen abfragen und deren Bedeutung raten (wenigstens sind die Namen selbsterklärend). Hilfreich ist auch ein Blick auf das Eigenschaftendialogfeld für die Protokolleinstellungen im Configuration Manager von SQL Server. Insgesamt gestaltet sich die Arbeit mit der Klassenhierarchie an dieser Stelle etwas umständlich und länglich. Auch das kommt hin und wieder in der Arbeit mit den SMO vor. Eine Lösung finden Sie allerdings (fast) immer.

```csharp
using Microsoft.SqlServer.Management.Smo;
using Microsoft.SqlServer.Management.Smo.Wmi;

ManagedComputer theManagedComputer = new ManagedComputer();

foreach ( ServerProtocol theServerProtocol in theServerInstance.ServerProtocols )
{
   if (theServerProtocol.DisplayName != "TCP/IP")
   {
      theServerProtocol.IsEnabled = false;

      foreach (ServerIPAddress theServerIPAddress in theServerProtocol.IPAddresses)
      {
         if (theServerIPAddress.IPAddress.ToString() == "127.0.0.1")
         {
            foreach (IPAddressProperty theIPAddressProperty in theServerIPAddress.IPAddressProperties)
            {
               if (theIPAddressProperty.Name == "Enabled") theIPAddressProperty.Value = true;
               if (theIPAddressProperty.Name == "TPCPort") theIPAddressProperty.Value = "4711";
            }
         }
         else
         {
            foreach (IPAddressProperty theIPAddressProperty in theServerIPAddress.IPAddressProperties)
            {
               if (theIPAddressProperty.Name == "Enabled") theIPAddressProperty.Value = false;
            }
         }
      }

      theServerProtocol.Alter();
         }
         else
         {
            theServerProtocol.IsEnabled = false;

         }
}
```

Listing 32.14 Einstellung von Protokolleigenschaften

Auch nach diesen Protokolleinstellungen muss der betreffende SQL Server-Dienst gestoppt und neu gestartet werden.

> **TIPP** Der kleine WMI-Namensraum innerhalb des Server Management Objects stellt natürlich nur einen Bruchteil der eigentlichen Funktionalität der Windows Management Instrumentation zur Verfügung. Über WMI-Klassen können Sie einen Rechner komplett administrieren. Für SQL Server-Verwaltungsanwendungen kann es interessant sein, in Erfahrung zu bringen, wie viel Speicherplatz auf den Festplatten eines Servers überhaupt noch vorhanden ist und wie sich dieser auf die Laufwerksbuchstaben verteilt. Über die Klasse *CIM_MediaAccessDevice* stellt Ihnen WMI beispielsweise eine Beschreibung eines physikalischen Laufwerkes zur Verfügung. Über die Klasse *Win32_Logical_Disk* sind die Informationen zu einem logischen Laufwerk abrufbar. Hier finden Sie nützliche Eigenschaften wie *Freespace*, *Size* und *Compressed*, die Sie auswerten können. Im Listing 32.16 gibt es ein praktisches Beispiel dazu.

Praktische Beispiele

Damit Sie die Arbeitsweisen beim Einsatz der SMO einfacher verstehen lernen, sind in den folgenden Abschnitten Lösungsansätze für immer wieder vorkommende Aufgaben zusammengestellt. In diesen finden Sie sicher eine Menge Anregungen für eigene Programme.

Eine neue Datenbank einrichten

Beim Einrichten einer neuen Datenbank müssen Dateigruppen und Dateien vorbereitet werden. Das kennen Sie so aus dem zweiten Teil dieses Buchs und beim Einsatz der SMO gehen Sie in einer ganz natürlichen Reihenfolge vor, wie es das erste Beispiel zeigt. Es werden nacheinander ein *Database*-Objekt, ein *FileGroup*-Objekt, ein *DataFile*-Objekt und ein *LogFile*-Objekt instanziiert. In den Konstruktoren, die jeweils verwendet werden, ist das erste Argument das übergeordnete Objekt. Beim Anlegen eines *Datafile*-Objekts wird beispielsweise die Dateigruppe angeben, in welcher sich die neue Datei befinden soll; beim Anlegen eines *FileGroup*-Objekts die Datenbank. Dieses Vorgehen ist typisch, wenn es in SMO um das Anlegen von Objekten geht, die in einer hierarchischen Beziehung zueinander stehen. Sie finden diese Arbeitsweise an den verschiedensten Stellen wieder. Über die *Parent*-Eigenschaft kann dieses Elternobjekt dann später referenziert werden.

Neben dem Anfang des Beispiels ist ein weiterer Codeabschnitt ebenfalls sehr prägnant für das Vorgehen in SMO. Nachdem die Eigenschaften der Dateien eingestellt sind, geht es um das Anlegen der Datenbank mit der *Create*-Methode. *Bevor* das passiert, muss die Dateigruppe explizit der Auflistung der Dateigruppen der Datenbank, die Datendatei der Auflistung der Dateien dieser Dateigruppe und die Protokolldatei der Auflistung der Protokolldateien hinzugefügt werden. Das mutet ein wenig redundant an, da ja die »Elternteile« bereits ausgewählt wurden. Verzichten Sie allerdings auf das Anfügen der Objekte an die Auflistungen, dann werden diese beim Anlegen der Datenbank ignoriert und SQL Server arbeitet mit Standardeinstellungen.

```
using Microsoft.SqlServer.Management.Smo;
using Microsoft.SqlServer.Management.Common;
...

Server theServer = new Server(txtServer.Text);
Database theDatabase;
FileGroup theFileGroup;
DataFile theDataFile;
LogFile theLogFile;
```

```
theDatabase = new Database(theServer, txtName.Text);
theFileGroup = new FileGroup(theDatabase, "PRIMARY");
theDataFile = new DataFile(theFileGroup, "Data_1");
theLogFile = new LogFile(theDatabase, "Log_1");

theDataFile.FileName = txtPath.Text + "\\" + txtName.Text + "Data_1.ndf";
theDataFile.IsPrimaryFile = true;
theDataFile.Size = 5120;
theDataFile.GrowthType = FileGrowthType.KB;
theDataFile.Growth = 1024;

theLogFile.FileName = txtPath.Text + "\\" + txtName.Text + "_Log_1.ldf";
theLogFile.Size = 512;
theLogFile.GrowthType = FileGrowthType.KB;
theLogFile.Growth = 512;

theDatabase.FileGroups.Add(theFileGroup);
theDatabase.FileGroups["PRIMARY"].Files.Add(theDataFile);
theDatabase.LogFiles.Add(theLogFile);
theDatabase.Create();
```

Listing 32.15 Anlegen einer leeren Datenbank

Die vielleicht wichtigste Information in Bezug auf dieses SMO-Anwendungsbeispiel (in Bezug auf vertane Zeit beim Suchen) ist im Codeausschnitt gar nicht sichtbar: Um die Eigenschaft *GrowthType* und die dazu gehörende Enumeration *FileGrowthType* benutzen zu können, benötigt Ihr Projekt einen Verweis auf die Assembly *Microsoft.SqlServer.SQLEnum*. Das ist ein weiteres Beispiel für die Tatsache, dass der SMO-Namensraum physisch auf verschiedene Assemblys verteilt wurde. In den Books Online sind die Zusammenhänge inzwischen brauchbar dokumentiert. In Visual Studio werden Sie außerdem auf die fehlende Referenz aufmerksam gemacht, sobald Sie die Eigenschaft benutzen wollen.

Belegten und freien Speicherplatz anzeigen

Die SMO bieten in ihrem Objektmodell einen Zugang zu den Metadateninformationen einer Datenbank über die Eigenschaften der Instanzklassen. Für eine automatisierte Verwaltung einer Datenbanklösung kann so zum Beispiel herausgefunden werden, wie viel freier Speicher in den Dateien einer Datenbank noch vorhanden ist. Da es mittels der SMO *nicht* möglich ist, herauszufinden, wie viel freier Platz sich auf den einzelnen Laufwerken, die der Serverinstanz zur Verfügung stehen, noch befindet, habe ich dem nächsten Beispiel ein paar Befehle hinzugefügt, die genau dies leisten. So kann dann leichter entschieden werden, welche Dateien sinnvollerweise vergrößert werden sollen. Um den Codeschnipsel nicht in die Länge zu ziehen, werden nur die Datendateien ausgewertet. Die Erweiterung für die Protokolldateien finden Sie sicher problemlos selbst.

```
using Microsoft.SqlServer.Management.Smo;
using System.Management;
...
const string WMIPATH = "\\root\\cimv2:Win32_LogicalDisk.DeviceID=";

Server theServer = new Server(txtServer.Text);
ManagementObject theManagementObject;

foreach ( FileGroup theFileGroup in theServer.Databases[txtDatabase.Text].FileGroups )
```

```
{
    txtMessage.AppendText ( "Dateigruppe " + theFileGroup.Name + ":" + "\n" );

    foreach ( DataFile theDataFile in theFileGroup.Files )
    {
        theManagementObject = new ManagementObject(WMIPATH + "'" + theDataFile.FileName.Substring(0, 2) +
"'");

        txtMessage.AppendText ( "  Datendatei " + theDataFile.Name + ":" + "\n"
            + "  Datei: " + theDataFile.FileName + "\n"
            + "  Größe: " + theDataFile.Size / 1024 + " MB" + "\n"
            + "  Freier Platz in Datei: " + theDataFile.AvailableSpace / 1024 + " MB" + "\n"
            + "  Freier Platz auf Laufwerk: "
            + Convert.ToInt64( theManagementObject["FreeSpace"] ) / 1048576 + " MB" + "\n");

        theManagementObject = null;
    }
}
```

Listing 32.16 Speicherplatzinformationen abfragen

Ich denke, nach dem, was Sie bis jetzt zum Thema Datenbanken und SMO erfahren haben, ist der Teil des Listing 32.16, der sich mit dem Abrufen der SQL Server-Dateiinformationen beschäftigt, selbst erklärend. Daher hier eine nur eine kurze Erläuterung, wie mittels Windows-WMI-Funktionen der freie Speicherplatz auf den Laufwerken festgestellt werden kann. Das .NET Framework stellt im Namensraum *System.Management* ein paar Hilfsklassen zur Verfügung, die das Arbeiten mit WMI etwas vereinfachen. So die hier verwendete Klasse *ManagementObject*. Dem Konstruktor wird eine so genannte WMI-Abfrage mitgegeben. In diesem Fall bestehend aus einem WMI-Pfad, der bei den logischen Laufwerken endet, und einem Abfrageausdruck, der einen Laufwerksbuchstaben filtert (zum Beispiel »*.DeviceID=D:*«). Konnte das *ManagementObject* auf diese Weise korrekt instanziiert werden, dann ist es möglich, dessen Eigenschaften dynamisch über entsprechende Namensstrings abzufragen. Wie diese heißen, finden Sie in der WMI-Dokumentation. Für die Verwendung des Namensraums *System.Management* muss Ihrem Projekt ein Verweis auf die Assembly *System.Management.dll* hinzugefügt werden.

Und so sieht eine Beispielausgabe des Codes nach Listing 32.16 aus:

```
Dateigruppe Archive:
  Datendatei netShop_Archive_Data:
  Datei: D:\Daten\netShop_Archive_Data.ndf
  Größe: 20 MB
  Freier Platz in Datei: 19,9375 MB
  Freier Platz auf Laufwerk: 4106 MB
Dateigruppe PRIMARY:
  Datendatei netShop_Data:
  Datei: E:\Daten\netShop_Data.mdf
  Größe: 60 MB
  Freier Platz in Datei: 19,625 MB
  Freier Platz auf Laufwerk: 2004 MB
```

Server- und Datenbankbenutzer anlegen

Eine alltägliche Aufgabe beim Management einer Datenbankanwendung ist das Einrichten neuer Benutzer auf dem Server und in Datenbanken sowie die Rechtevergabe. Setzen Sie SMO ein, dann brauchen Sie dafür keinen Administrator zu bemühen. Der Benutzer, welcher über eine SMO *ServerConnection* mit einem SQL Server verbunden ist, muss nur über die notwendigen Berechtigungen in der Instanz verfügen. Und schon kann er einen Programmtext wie den folgenden ausführen, der alles Notwendige automatisch erledigt. In diesem SMO-Beispiel wird zunächst ein neues SQL Server-Login angelegt und anschließend ein passender Benutzer in der *netShop*-Datenbank. Abschließend bekommt der Benutzer die Berechtigungen, sämtliche Tabellen zu lesen und die Daten in ihnen zu ändern sowie sämtliche gespeicherte Prozeduren in dieser auszuführen.

```
using Microsoft.SqlServer.Management.Smo;
...
Server theServer = new Server(txtServer.Text);
Login theLogin = new Login(theServer, txtName.Text);
Database theDatabase;
User theUser;
DatabasePermissionSet theDatabasePermissionSet;

theDatabase = theServer.Databases["netShop"];

// ein neues SQL Server-Login
theLogin.LoginType = LoginType.SqlLogin;
theLogin.Create("Geheim4711!");

// ein neuer Datenbankbenutzer
theUser = new User(theDatabase, txtName.Text);
theUser.Login = txtName.Text;
theUser.Create();

// Berechtigungen
theUser.AddToRole("db_datareader");
theUser.AddToRole("db_datawriter");

theDatabasePermissionSet = new DatabasePermissionSet();
theDatabasePermissionSet.Execute = true;
theDatabase.Grant(theDatabasePermissionSet, txtName.Text);
```

Listing 32.17 Anlegen eines neuen Benutzers und Rechtevergabe

Eine vollständige Datenbanksicherung durchführen

Denkt man vor allem an Desktop-Applikationen, die mit dem SQL Server-Express entwickelt wurden, dann kann es problematisch sein, die Wartung der Datenbanken sicherzustellen. Zwar gibt es für die Express Edition eine eigene Verwaltungsoberfläche, aber für den normal sterblichen Anwender ist das sicher keine Option. Es wäre gut, einfache Funktionen, beispielsweise für das Sichern oder Reorganisieren, auf eine einfache Art und Weise zur Verfügung zu stellen – etwa wie es ein Anwender aus Office-Produkten wie Outlook oder Access kennt. Mit den Möglichkeiten der SMO ist das ein Klacks. Das nachfolgende Beispiel zeigt, wie sehr einfach eine Vollsicherung einer Datenbank erstellt werden kann.

Der erste Teil des Codes ist ganz geradeaus. Es wird »on the fly« ein Backup-Medium eingerichtet und die Eigenschaften der Datensicherung eingestellt. Spannend ist vor allem die Eigenschafteneinstellung *.PercentCompleteNotification = 10*. Durch diese wird ein Callback ermöglicht, welcher es erlaubt, den Fortschritt der Sicherung im GUI anzuzeigen. Die anschließende Einbindung des *Eventhandlers* ist typisch für das Arbeiten mit den SMO und kann auf andere Situationen übertragen werden, die solch eine Benachrichtigung erfordern.

```csharp
using Microsoft.SqlServer.Management.Smo;
...
{
    Server theServer = new Server(txtServer.Text);
    Backup theBackup = new Backup();
    BackupDeviceItem theBackupdeviceItem;

    // Device anlegen
    theBackupdeviceItem = new BackupDeviceItem(txtFile.Text, DeviceType.File);
    theBackup.Devices.Add(theBackupdeviceItem);

    // Backupeigenschaften einstellen
    theBackup.Action = BackupActionType.Database;
    theBackup.BackupSetDescription = "Vollbackup der Datenbank  - " + txtDatabase.Text;
    theBackup.BackupSetName = txtDatabase.Text + " Backup";
    theBackup.Database = txtDatabase.Text;
    theBackup.Initialize = true;
    theBackup.MediaName = "Backup-Satz für " + txtDatabase.Text;
    theBackup.RetainDays = 7;
    theBackup.SkipTapeHeader = true;
    theBackup.PercentCompleteNotification = 10;

    // Eventhandler einklinken
    theBackup.PercentComplete += this.ProgressEventHandler;

    // Vamos!
    txtMessage.AppendText("Backup läuft...\n");
    theBackup.SqlBackup(theServer);
    txtMessage.AppendText("Backup ist beendet!");
}
private void ProgressEventHandler(object sender, PercentCompleteEventArgs e)
{
    txtMessage.AppendText(e.Percent + "%\n");
}
```

Listing 32.18 Ausführen eines vollen Backups mit Fortschrittsanzeige

Eine vorhandene Tabelle ändern

Änderungen am Schema bereits ausgelieferter Datenbankapplikationen sind immer eine etwas kribbelige Angelegenheit. Natürlich könnte man zur Durchführung T-SQL-Updateskripte oder Batches von *DDL*-Befehlen verwenden, die per ADO.NET-Objekten vom Typ *Command* auf den Server geschickt werden. SMO ist auch an dieser Stelle deutlich handlicher und führt zu kürzerem und übersichtlicherem Programmcode. Der nächste Programmschnipsel überprüft, ob in einer Tabelle bestimmte Spalten vorhanden sind und legt dann eine neue Länge für diese fest. Die ganze Operation wird in diesem Fall in eine Transaktion verpackt, damit die Schemaänderung komplett oder gar nicht durchgeführt wird. Man vermeidet dadurch einen ungewissen Versionsstand. Durch Sperren, die zum Ausführungszeitpunkt der *Alter*-Methode auf Zeilen der einen oder anderen Tabelle liegen, kann es vorkommen, dass eine der Änderungen nicht durchgeführt wird. Eine Transaktion vermeidet, dass zusätzlicher Programmcode geschrieben werden muss, um die teilweisen Schemaänderungen wieder rückgängig zu machen. Eine sinnvolle Erweiterung des Beispiels wäre das »Killen« von Benutzerverbindungen in die Datenbank mit der *Server*-Methode *KillProcess* und dem anschließenden Einschränken des Zugriffs.

```
using Microsoft.SqlServer.Management.Smo;
...
Server theServer = new Server(txtServer.Text);
Table theTable;

theServer.ConnectionContext.BeginTransaction();

theTable = theServer.Databases["netShop"].Tables["Articles", "Products"];
if ( theTable.Columns["DescriptionShort"] != null )
{
    theTable.Columns["DescriptionShort"].Properties["Length"].Value = 2000;
}
theTable.Alter();

theTable = theServer.Databases["netShop"].Tables["ArticleGroups", "Products"];
if ( theTable.Columns["DescriptionShort"] != null )
{
    theTable.Columns["Description"].Properties["Length"].Value = 2000;
}
theTable.Alter();

theServer.ConnectionContext.CommitTransaction();
```

Listing 32.19 Änderungen an einer Tabellenstruktur durchführen

> **TIPP** Bei der Identifizierung von Datenbankobjekten ist es notwendig, dass Besitzerschema mit anzugeben, wenn es nicht dem Standardschema *dbo* entspricht. Deswegen wurde im Programmbeispiel auch die überladene Form der *Item*-Methode der *Tables*-Auflistung verwendet, die als Argumente sowohl den Namen wie auch das Schema erwartet. Die einfache Form, bei der nur der Name angegeben wird, funktioniert für *netShop* nicht, weil mit »richtigen« Schemata gearbeitet wird. In der Datenbank vergebene Synonyme für Schema/Namenskombinationen ändern daran übrigens nichts.

Datenbankobjekte in andere Datenbanken kopieren

Für das Verschieben von Objekten zwischen zwei Datenbanken beziehungsweise zwei Servern kann es vielfältige Anlässe geben. Vom Transfer einzelner Objekte in eine Produktivdatenbank bis hin zu einer individuell programmierten Synchronisationslösung reicht die Bandbreite. Die SMO stellen für diese Aufgabenstellungen mit der *Transfer*-Klasse ein gut ausgestattetes Hilfsobjekt zur Verfügung, mit dem sich ganze Datenbanken oder Teile davon recht simpel in eine weitere Serverinstanz kopieren lassen. Das funktioniert sogar nicht nur zwischen SQL Servern der Version 2008, als Zielserver kann auch ein 2000er Server dienen. Die Einschränkungen dabei liegen auf der Hand: Sie können nur Objekte übertragen, die ein SQL Server 2000 versteht, also beispielsweise keine Tabellen, die eine XML-Spalte enthalten. Aber auch dem Transfer zwischen SQL Server 2008-Instanzen sind Grenzen gesetzt, wenn es um speziellere Objekte geht: Service Broker-Objekte, Endpoints und Volltextkataloge, um ein paar zu nennen, sind außen vor. Die vollständige Liste liefern die Books Online. Das *Transfer*-Objekt arbeitet übrigens intern auf der Basis der SQL Server Integration Services (SSIS), die hier unter der Haube tätig sind. Ausgefeilte Transfers wird man sicherlich in Form kompletter SSIS-Pakete vorbereiten, die dann ebenfalls durch ein Benutzerprogramm angestoßen werden können.

Im Beispiel nach Listing 32.20 wird vorgestellt, wie mithilfe des *Transfer*-Objekts Tabellen inklusive Daten in eine zweite Datenbank kopiert werden können. Die Operation transferiert dabei die drei Archivtabellen der *netShop*-Datenbank in eine Datenbank *netShop_Archiv*, die auf der gleichen Serverinstanz vorhanden sein muss wie die Quelldatenbank. Das Vorhandensein der Zieldatenbank wird geprüft, die Datenbank aber nicht automatisch angelegt.

```csharp
using Microsoft.SqlServer.Management.Smo;
...

Server theServer = new Server(txtServer.Text);
Database theDestinationDatabase;
Transfer theTransfer = new Transfer();
TableCollection theTableCollection;
Schema theSchema;

if ( theServer.Databases["netShop_Archive"] == null )
{
    txtMessage.Text = "Zieldatenbank ist nicht vorhanden";
    return;
}
else
{
    theDestinationDatabase = theServer.Databases["netShop_Archive"];
}

// Zielschema anlegen, falls nicht vorhanden
if ( theDestinationDatabase.Schemas["Sales"] == null )
{
    theSchema = new Schema(theDestinationDatabase, "Sales");
    theSchema.Owner = "dbo";
    theSchema.Create();
}

theTableCollection = theServer.Databases["netShop"].Tables;
theTransfer.Database = theServer.Databases["netShop"];              // Quelldatenbank
theTransfer.DestinationServer = txtServer.Text;                     // Zielserver
theTransfer.DestinationDatabase = "netShop_Archive";                // Zieldatenbank
theTransfer.DestinationLoginSecure = true;                          // Trusted Security verwenden
theTransfer.CopyAllObjects = false;                                 // Auswahl transferieren...
theTransfer.ObjectList.Add(theTableCollection["Archive_Customers", "Sales"]);
theTransfer.ObjectList.Add(theTableCollection["Archive_OrderDetails", "Sales"]);
theTransfer.ObjectList.Add(theTableCollection["Archive_Orders", "Sales"]);

theTransfer.TransferData();
```

Listing 32.20 Tabellen in eine zweite Datenbank verschieben

Im Großen und Ganzen besteht die Arbeit in der Konfiguration des *Transfer*-Objekts. Im vorliegenden Fall wird die Eigenschaft *CopyAllObjects* explizit auf *False* gesetzt, weil SQL Server 2008 in der derzeit vorliegenden Version dazu neigt, immer alle Objekte zu kopieren. Die Dokumentation behauptet zwar, dass dieses *False* der Defaultwert sei, das stimmt aber an dieser wie auch anderen Stellen ganz sicher nicht. Die zu kopierenden Objekte werden einfach in die Array-Liste *ObjectList* eingetragen. Bemerkenswert ist vielleicht noch, dass zunächst einmal das notwendige Schema in der Zieldatenbank »zu Fuß« angelegt wird. Dies ist eine Voraussetzung für das *CREATE TABLE*, welches beim Start der Methode *TransferData* als erstes ausgeführt wird.

HINWEIS Wenn Sie das Beispiel ausführen, dann wird Ihnen sicherlich auffallen, dass das Kopieren einige Zeit in Anspruch nimmt. Allein schon die Vorbereitungen brauchen ein paar Sekunden, richtig lange muss man vor allen Dingen auf den Abschluss des *TransferData*-Aufrufs warten. Wird der Vorgang interaktiv ausgeführt, dann ist gerade dieser Teil für den Benutzer eine Black Box. Leider lässt sich dies kaum ändern. Das *Transfer*-Objekt stellt zwar Events zu Verfügung – Mit den öffentlichen Ereignissen *DiscoveryProgress* und *ScriptingProgress* lässt sich die Vorbereitung des Transfers überwachen –, doch dummerweise wird das Ereignis *DataTransferEvent* nur ein einziges Mal ausgelöst. Dann nämlich, wenn der Transfer vollständig ist. Schade – aber nicht zu ändern.

Eine Assembly installieren und eine Funktion einrichten

Es wird sicher in vielen Fällen einmal vorkommen, dass bei der Wartung einer bestehenden Anwendung neue Assemblys in eine SQL Server-Datenbank geladen werden und anschließend die passenden T-SQL-Objekte dazu eingerichtet werden müssen. Das Management Studio bietet rudimentäre Möglichkeiten dazu an, sodass »schlimmstenfalls« ein Administrator die Aufgaben erledigen kann. Die Vorbereitung eines T-SQL-Installationsskripts wäre die eine Möglichkeit, diesem stressgeplagten Mann das Leben zu erleichtern, die Vorbereitung eines Setup-Programms die elegantere, und für .NET-Entwickler letztlich auch einfachere.

Im ersten Teil des Beispielcodes wird zunächst einmal eine eventuell vorhandene Assembly gleichen Namens aus der Datenbank entfernt. Dazu müssen erst einmal möglicherweise vorhandene abhängige Objekte gelöscht werden. Mithilfe der entsprechenden Auflistungen (*Assemblys*, *UserDefinedFunctions*) ist dies überhaupt kein Problem. Im nächsten Schritt wird ein *Assembly*-Objekt vorbereitet und in der Datenbank angelegt. Wichtig ist hierbei, die Assembly-Sicherheit korrekt einzustellen. Was es damit auf sich hat, haben Sie ja in den vorangegangenen Kapiteln gelernt. In diesem Fall wird eine *Safe*-Assembly geladen. Das ist natürlich immer eine gute Wahl. Als Argument der *Create*-Methode wird der Name der Assembly-Datei übergeben. Dabei können Sie einen absoluten Pfad oder einen UNC-Pfad verwenden.

Ist die Assembly jetzt in der Datenbank vorhanden, dann können sofort darauf basierende Objekte erstellt werden. Dazu wird ein Objekt vom Typ *UserDefinedFunction* instanziiert, mit den notwendigen Eigenschaften versehen und in der Datenbank kreiert. Auch hier sind die Einstellungen nicht besonders schwer. In *ImplementationType* vereinbaren Sie, dass es sich um eine CLR-basierte Funktion handeln soll. Der Name der referenzierten Assembly wurde beim Ladevorgang definiert. Namensraum, Klassennamen und Methode natürlich beim Programmieren des Assemblys. Diese Informationen werden an *ClassName* und *MethodName* übergeben. Die *Textmode*-Eigenschaft muss auf *False* eingestellt sein, damit das Implementieren der Funktion so, wie hier gezeigt, komplett mit .NET-Mitteln erfolgen kann, das heißt über das Setzen von Eigenschaftswerten eines *UserDefinedFunction*-Objekts. Alternativ könnte man T-SQL Code mitgeben, welcher den Kopf und den Rumpf der Funktion definiert (in den *TextHeader*- und *TextBody*-Eigenschaften). Das bringt aber in 99% der Fälle keine Vorteile. Im wirklichen Leben muss man sich noch um das korrekte Einstellen der Berechtigungen für die Benutzer kümmern, das war's dann aber schon.

```csharp
using System.IO;
using Microsoft.SqlServer.Management.Smo;
...

Server theServer = new Server(txtServer.Text);
Database theDatabase;
SqlAssembly theAssembly;
UserDefinedFunction theNewUserDefinedFunction;

theDatabase = theServer.Databases["netShop"];

// altes Assembly raus
if ( theDatabase.Assemblies["netShop"] != null )
{
    // Vorhandene Funktionen löschen
    foreach ( UserDefinedFunction theUserDefinedFunction in theDatabase.UserDefinedFunctions )
    {
        if ( theUserDefinedFunction.AssemblyName == "netShop" )
        {
            theUserDefinedFunction.Drop();
        }
    }
```

```csharp
        theDatabase.Assemblies["netShop"].Drop();
}

// die Assembly laden
theAssembly = new SqlAssembly(theDatabase, "netShop");
theAssembly.Owner = "dbo";
theAssembly.AssemblySecurityLevel = AssemblySecurityLevel.Safe;
theAssembly.Create( Path.GetDirectoryName(Application.ExecutablePath) + "\\..\\..\\" +
txtAssembly.Text);

// Und eine Funktion dazu deklarieren
theNewUserDefinedFunction = new UserDefinedFunction(theDatabase, "SayHello");
theNewUserDefinedFunction.ImplementationType = ImplementationType.SqlClr;
theNewUserDefinedFunction.TextMode = false;
theNewUserDefinedFunction.AssemblyName = "netShop";
theNewUserDefinedFunction.ClassName = "UserDefinedFunctions";
theNewUserDefinedFunction.MethodName = "HelloWorld";
theNewUserDefinedFunction.FunctionType = UserDefinedFunctionType.Scalar;
theNewUserDefinedFunction.DataType = DataType.NVarChar(50);
theNewUserDefinedFunction.Create();
```

Listing 32.21 Assembly in eine Datenbank laden und die »passende« Funktion anlegen

Einen Wartungsjob einrichten

Alles, was in den Management Objects mit dem Wartungssystem des SQL Server eine Rolle spielt, also mit Aufträgen und der Zeitplanung, fällt in die Verantwortlichkeit des Namensraums *Agent*. Diesen (*Microsoft.SqlServer.Management.Smo.Agent*) sollten Sie importieren, wenn Sie via .NET Aufträge für Ihre Applikation einrichten möchten. Das nächste SMO-Beispiel zeigt, wie ein SQL Server-Sicherungsjob eingerichtet und mit einem passenden Zeitplan verknüpft wird. Falls Sie sich schon einmal mit dem SQL Server Agent beschäftigt und an der Benutzeroberfläche den einen oder anderen Job eingerichtet haben, dann dürften Ihnen die verwendeten Klassen sofort vertraut vorkommen. Die Bezeichnungen entsprechen fast 1 zu 1 denen im Management Studio. Es werden die zu einem Auftrag gehörenden Datenbankobjekte in der *msdb*-Datenbank angelegt: ein Operator, der Auftrag selbst, ein Auftragsschritt und ein Zeitplan. Der Programmtext erklärt sich problemlos selbst, sodass ich auf O-Töne verzichte. Los geht's.

```csharp
using Microsoft.SqlServer.Management.Smo;
using Microsoft.SqlServer.Management.Smo.Agent;
…
Server theServer = new Server(txtServer.Text);
JobServer theJobserver;
Operator theOperator;
Job theJob = new Job();
JobStep theJobStep;
JobSchedule theJobShedule;

theJobserver = theServer.JobServer;

// der neue Operator
if ( theJobserver.Operators["netShopOperator"] == null )
{
    theOperator = new Operator(theServer.JobServer, "netShopOperator");
    theOperator.EmailAddress = "netshopadmin@worx.de";
    theOperator.Create();
}
```

```csharp
// der neue Job
if ( theJobserver.Jobs["netShopBackup"] == null )
{
    theJob = new Job(theServer.JobServer, "netShopBackup");
    theJob.OperatorToEmail = "netShopOperator";
    theJob.EmailLevel = CompletionAction.Always;
    theJob.Create();

    // Auftragsschritt
    theJobStep = new JobStep(theJob, "DoTheBackup");
    theJobStep.SubSystem = AgentSubSystem.TransactSql;
    theJobStep.Command = "BACKUP DATABASE netShop TO DISK=D:\\Daten";
    theJobStep.OnSuccessAction = StepCompletionAction.QuitWithSuccess;
    theJobStep.OnFailAction = StepCompletionAction.QuitWithFailure;
    theJobStep.Create();

    // Zeitplan hinzufügen
    theJobShedule = new JobSchedule(theJob, "StandardSchedule");
    theJobShedule.FrequencyTypes = FrequencyTypes.Daily;
    theJobShedule.FrequencyInterval = 1;
    theJobShedule.FrequencySubDayTypes = FrequencySubDayTypes.Hour;
    theJobShedule.FrequencySubDayInterval = 1;
    theJobShedule.Create();
}
// Kick off....
theJob.Start();
MessageBox.Show (theJob.LastRunDate + " - " + theJob.LastRunOutcome);
```

Listing 32.22 Einen Wartungsjob für die *netShop*-Datenbank anlegen

Globale Suche nach Objektnamen

Ich weiß nicht, wie es Ihnen geht. Mir passiert es in meinem Entwicklerdasein speziell in den frühen Morgenstunden vor dem zweiten Frühstück des Öfteren, dass ich Datenbankobjekte durch das Ausführen eines Skriptes in der falschen Datenbank anlege. Meistens ist das die *master*-Datenbank. Es können aber auch andere Datenbanken betroffen sein. Um Ordnung zu schaffen, wäre eine Suchfunktion eine feine Sache. Die Filtermöglichkeiten des Management Studios sind zu umständlich und die allgemeine Objektsuche, die es früher noch im Enterprise Manager gab, ist leider aus dem GUI verbannt worden. Auch für das »Erforschen« einer vorhandenen Datenbank ist so eine Funktion hilfreich. Das folgende SMO-Beispiel bietet einen Ansatz für eine allgemeine Suchroutine.

Der Programmschnipsel fällt angenehm kurz aus. Das liegt vor allen Dingen am Einsatz der Methode *EnumObjects*. Diese listet sämtliche Objekte in einer Datenbank auf und liefert praktischerweise eine ADO.NET *Datatable* zurück. Mit der ADO.NET-Methode *merge* lassen sich Datentabellen sehr einfach »addieren«. Auch das wird hier genutzt. Zwar lässt *EnumObjects* als Parameter die Angabe eines Datenbankobjekttyps zu (zum Beispiel *DatabaseObjectTypes.Table*), unsere Suche soll aber universell sein – daher wird *DatabaseObjectTypes.All* eingesetzt. Eine Möglichkeit zum Filtern der zurückgegebenen Objekte gibt es nicht. Aus diesem Grund wird die Ergebnis-*Datatable*, die jetzt sämtliche Objekte aus allen Datenbanken der Serverinstanz enthält, nicht direkt an die *DataGridView* des Formulars gebunden, sondern indirekt über eine *DataView*, die das Filtern nach dem gesuchten Objektnamen ermöglicht.

```csharp
using Microsoft.SqlServer.Management.Smo;
..

Server theServer = new Server(txtServer.Text);
DataTable theDatatable = new DataTable("Objects");
DataView theDataview = new DataView();

foreach ( Database theDatabase in theServer.Databases )
{
    theDatatable.Merge(theDatabase.EnumObjects(DatabaseObjectTypes.All));
}

theDataview.Table = theDatatable;
theDataview.RowFilter = "Name LIKE 'Cust%'";
theDataview.Sort = "DataBaseObjectTypes ASC,Schema ASC";

dgrdObjects.DataSource = theDataview;
```

Listing 32.23 Einen Objektnamen »irgendwo« im Server suchen

HINWEIS Beim Ausführen des letzten Beispiels oder beim Stöbern im SMO-Objektmodell ist Ihnen vielleicht aufgefallen, dass alle Objekte über eine Eigenschaft *Urn* verfügen. Gleichzeitig gibt es eine Methode *GetSmoObject* des *Server*-Objekts, mit der Sie über eine XPath-Abfrage SMO-Objekte adressieren können. Leider ist es nicht möglich, darüber eine globale Suche zu realisieren, das liegt daran, dass die XPath-Implementierung in SMO nicht vollständig ist. Wofür sich allerdings die URNs eignen, ist das direkte Laden eines Objekts aus einer mit einer der *Enum*-Methoden generierten Ergebnistabelle. Diese enthalten *immer* auch eine URN-Spalte. Und zwar genau für diesem Zweck.

Ein Skript für alle Tabellen und Beziehungen generieren

Leider gibt es im Management Studio keine *direkten* Funktionen für die Versionierung der Datenstrukturen einer Datenbank. Da das Management Studio aber mit Quellcodeverwaltungstools wie Visual SourceSafe kommunizieren kann, gibt es unter Einsatz der SMO die Möglichkeit, Versionsstände über die entsprechenden *DDL*-Objekterstellungsskripts zu »materialisieren«. Entweder arbeitet man dabei halbautomatisch und erzeugt regelmäßig Skriptdateien in einem Management Studio-Projekt, die dann manuell eingecheckt werden, oder man programmiert SourceSafe direkt an und checkt die Dateien via Programmcode ein. SourceSafe ist automatisierbar. Eine weitere Möglichkeit stellt die konsequente Verwendung von Visual Studio 2010 und den SQL Server-Datenbankprojekten dar.

Das automatisierte Erstellen von Objekterstellungsskripten aus dem lebenden System heraus hat zusätzlich den Vorteil, dass auch Änderungen dokumentiert werden, die unter sträflicher Missachtung der Regel, dass es nur *eine* Quelle für das Schema geben darf, direkt in der Datenbank durchgeführt wurden.

So – jetzt kommt der Satz, den ich schon immer mal schreiben wollte: Leider würde es den Umfang dieses Buchs sprengen, den kompletten Mechanismus zu erläutern. Sie finden aber in den Materialien zum Buch Verweise auf entsprechende Quellen. Ich beschränke mich an dieser Stelle auf den SMO-Anteil.

Im Objekt-Explorer des Management Studios finden Sie die entsprechende Funktion im Kontextmenü einer Datenbank unter *Tasks / Skripts generieren...* Dort kann man sich einen Überblick über die umfangreichen Optionen verschaffen, die bei der Skripterzeugung möglich sind. Die SMO-Variante gestattet die automatisierte Skriptgenerierung. Das Beispiel im Anschluss erzeugt ein Erstellungsskript für alle Tabellen in einer Datenbank und die Beziehungen zwischen diesen. Es ist beliebig erweiterbar.

```csharp
using System.Collections.Specialized;
using Microsoft.SqlServer.Management.Smo;
...

Server theServer = new Server(txtServer.Text);
Scripter theScripter = new Scripter(theServer);
StringCollection theStringCollection;
SqlSmoObject[] theSQLSmoObjects = new SqlSmoObject[theServer.Databases[txtDatabase.Text].Tables.Count];
Int16 i;

for ( i = 0; i <= theServer.Databases[txtDatabase.Text].Tables.Count - 1; i++  )
{
    theSQLSmoObjects[i] = theServer.Databases[txtDatabase.Text].Tables[i];
}

// Skripter einstellen
theScripter.Options.ScriptDrops = false;
theScripter.Options.ClusteredIndexes = true;
theScripter.Options.Default = true;
theScripter.Options.DriAll = true;
theScripter.Options.DriIndexes = true;
theScripter.Options.Statistics = false;

theStringCollection = theScripter.Script(theSQLSmoObjects);

foreach ( string str in theStringCollection )
{
    txtScript.AppendText(str + "\n");
}
```

Listing 32.24 Tabellenerstellungsskript für ein komplettes Datenbankschema

In diesem Kapitel haben Sie einen interessanten Namensraum des SQL Server kennen gelernt. Die Server Management Objects in ihren verschiedenen Ausprägungen sind eine nützliche Ergänzung zu der client- und serverseitigen Entwicklung in .NET. Sie können vielfältige administrative Aufgabenstellungen mit den verschiedenen *MO-Objektmodellen erledigen. Viel Spaß dabei!

Teil E

Beyond relational

In diesem Teil:

Streaming-Daten mit FILESTREAM verarbeiten	1291
Geoinformationen mit geography und geometry verarbeiten	1307
Hierarchische Daten mit hierachyid verarbeiten	1341
Von XML nach T-SQL und zurück	1359
Der XML-Datentyp	1379
Asynchrone Verarbeitung mit dem Service Broker	1403
Complex Event Processing mit StreamInside	1431

Kapitel 33

Streaming-Daten mit FILESTREAM verarbeiten

In diesem Kapitel:
Grundlagen   1292
FILESTREAM-Speicherung aktivieren   1296
Mit FILESTREAM in T-SQL arbeiten   1298
Filestream-Daten in Clients verwenden   1303
FILESTREAM-Tipps   1305

In diesem Kapitel geht es um richtig große Daten in Tabellen. Es geht nicht um richtig große Daten*mengen* – wie Sie mit sehr langen und sehr breiten Tabellen umgehen, das haben Sie im zweiten Buchteil ausführlich kennen gelernt und sollten mit Ihren Kenntnissen auch »böse große Tabellen« gut in den Griff bekommen. Vielmehr geht es um einzelne Datenentitäten, die sehr umfangreich sein können: Große Dokumente, Film- oder Videodateien, ISO-Images, die mit einer Datenbank verwaltet werden sollen. Solche Daten werden sehr häufig im Streaming-Zugriff genutzt.

Ob solch große Dateien überhaupt in Datenbanken gespeichert werden sollen und nicht doch besser im Dateisystem, das ist ein alter Streit in der Datenbankwelt. Die Vor- und Nachteile werden gleich noch einmal zusammengefasst. Mit SQL Server 2008 ist Ihnen die Qual der Wahl genommen: Das *FILESTREAM*-Attribut für *varbinary(max)*-Spalten ermöglicht es Ihnen, große Daten im Dateisystem abzulegen und diese gleichzeitig in der Datenbankmaschine mittels T-SQL verwalten zu können. *FILESTREAM*-Daten gehen dabei vollkommen im T-SQL-Programmiermodell auf: Transaktionen und die üblichen Funktionen und Operatoren können angewendet werden. Damit erhalten Sie das Beste aus beiden Welten: Die effektivere Verwaltung und Auslieferung großer Dateien im Dateisystem und die transaktionssichere und einfache Programmierung in T-SQL.

Für den Entwickler gibt es aber doch einen Unterschied: Der clientseitige Zugriff passiert über eine spezielle *OpenSqlFilestream* Win32-API, für die im .NET Framework eine Kapselung in Form der *SqlFileStream*-Klasse existiert (.NET Framework 3.5 SP1 und höher).

Filestream-Datenspeicherung stellt für viele Datenbankanwendungen, bei denen es um die Speicherung von unstrukturierten Dateien geht, eine sehr effektive und zudem einfach zu programmierende Alternative dar.

Grundlagen

Zunächst geht es um die wichtigsten Eigenschaften der Filestream-Speicherung. Dieser Abschnitt soll Ihnen dabei helfen, zu entscheiden, ob die Verwendung des *FILESTREAM*-Attributs das Richtige für Ihre Anwendung ist.

Speicheroptionen für große Dateien (BLOBs)

Lassen Sie uns kurz rekapitulieren, wo die Vorteile und Knackpunkte der beiden Speichermodelle – dateibasiert und datenbankbasiert – für die Speicherung unstrukturierter Daten liegen. Bei der dateibasierten Speicherung enthält die Datenbank nur einen Verweis auf den Dateipfad.

- **Performance** Das Ausliefern von Dateien aus einem Datenbankserver heraus kann – speziell, wenn die Daten gestreamed werden sollen – deutlich langsamer sein als das Ausliefern aus dem Dateisystem heraus. Das hat verschiedene Gründe: Zum einen ist das native SQL Server Tabular Data Stream-Protokoll (TDS) für das Ausliefern tabellarischer Daten optimiert. Datenbankschnittstellen, wie OLE DB oder ODBC sind ebenfalls nicht optimal auf das Ausliefern von Streaming-Daten ausgelegt. Außerdem müssen alle Daten, die der SQL Server ausliefert, immer durch dessen Puffer-Cache wandern. Das ist nicht nur ein zusätzlicher Verarbeitungsschritt, die gelesenen Seiten verringern den verfügbaren Cache für die eigentlichen Datenbankdaten. Bei einer sehr großen Anzahl von gespeicherten Dateien kann anderseits ein Dateisystem – wie NTFS – bei der Verwaltung der Dateien langsam werden. Am Ende dieses Kapitels gibt es ein paar Tipps für das Tuning von NTFS.

Grundlagen

- **Fragmentierung** Im Laufe der Zeit führen Operationen im Dateispeicher zu Fragmentierung. Dateisysteme kommen besser mit der Fragmentierung bei der Speicherung von BLOBs zurecht als die SQL Server-Speicherstrukturen. Möchten Sie BLOBs in SQL Server-Tabellen abspeichern, dann verwenden Sie dafür zumindest eigene Dateigruppen und halten Sie die BLOB-Daten getrennt von den anderen Tabellendaten.

- **Programmierbarkeit** Werden die Daten einer Anwendung sowohl in einer Datenbank wie auch parallel in Dateien gehalten, dann haben Sie es mit unterschiedlichen Programmiermodellen zu tun. Lästiger noch ist die Notwendigkeit, die Daten innerhalb und außerhalb der Datenbank durch eine eigene Programmierung synchron halten zu müssen. Dabei müssen alle möglichen Fehlerquellen berücksichtigt werden, wie das Fehlschlagen von Schreibvorgängen, Namenskonflikte und so fort. Liegen die Daten ausschließlich in einem Datenbanksystem, dann kümmert sich dieses durch die eingebaute Transaktionsverarbeitung um die Konsistenz der Daten.

- **Verwaltbarkeit** Bei einer verteilten Datenspeicherung muss bei administrativen Aufgaben, wie der Datensicherung oder dem Verschieben der Daten auf einen anderen Server, immer daran gedacht werden, dass die Dateisystemdaten »mitgenommen« werden müssen. Eine Speicherung in der Datenbank vereinfacht diese Aufgaben.

In der folgenden Tabelle sind diese und weitere Aspekte der BLOB-Speicherung noch einmal übersichtlich zusammengefasst und um die Speicherung mit *FILESTREAM* ergänzt.

Eigenschaft	Dateisystem	SQL Server	FILESTREAM
Maximale BLOB-Größe	NTFS-Volumengröße (16 EB)	2 GB -1	NTFS-Volumengröße
Streaming Performance	Sehr gut	Schlecht	Sehr gut
Sicherheit	Manuell verwaltete ACLs	Integriert	Integriert und automatisch verwaltet ACLs
Kosten pro GB	Niedrig	Hoch	Niedrig
Verwaltbarkeit	Komplex	Integriert	Integriert
Integration mit strukturierten Daten	Niedrig	Hoch	Hoch
Programmierbarkeit	Komplex	Einfach	Einfach
Vermeidung von Fragmentierung	Gut	Schlecht	Gut
Update Performance	Sehr gut	Mittel	Schlecht

Tabelle 33.1 Vergleich von BLOB-Speichertechnologien

Das FILESTREAM-Konzept

Die Filestream-Speicherung von SQL Server ermöglicht es, Tabellendaten als Dateien außerhalb von SQL Server zu speichern und dazu ganz normale T-SQL-Syntax zu verwenden. Dazu wird kein neuer Datentyp eingesetzt, sondern der bereits vorhandene Typ *varbinary(max)* durch ein spezielles Attribut erweitert: *FILESTREAM*. Werden Daten in eine Spalte vom Typ *varbinary(max) FILESTREAM* gespeichert, dann legt SQL Server in einem vorbereiteten Verzeichnis, einem so genannten Filestream-Container, eine neue Datei an und speichert die Daten in dieser Datei. Auf Filestream-Spalten können alle T-SQL-Kommandos angewandt werden, die auch für *varbinary(max)* verwendet werden können – mit der Ausnahme von Chunked Updates« via *UPDATE.Write*. Damit *könnten* Teile eines BLOBs aktualisiert werden. In der Praxis wird man darauf gut verzichten können.

Aus Performancegründen wird man von einem Client aus an der SQL Server-Datenbankmaschine vorbei auf die Streaming-Dateien zugreifen wollen. Durch die Verwendung der *SqlOpenFileStream*-API passiert dies voll transaktional. Abbildung 33.1 gibt eine Übersicht.

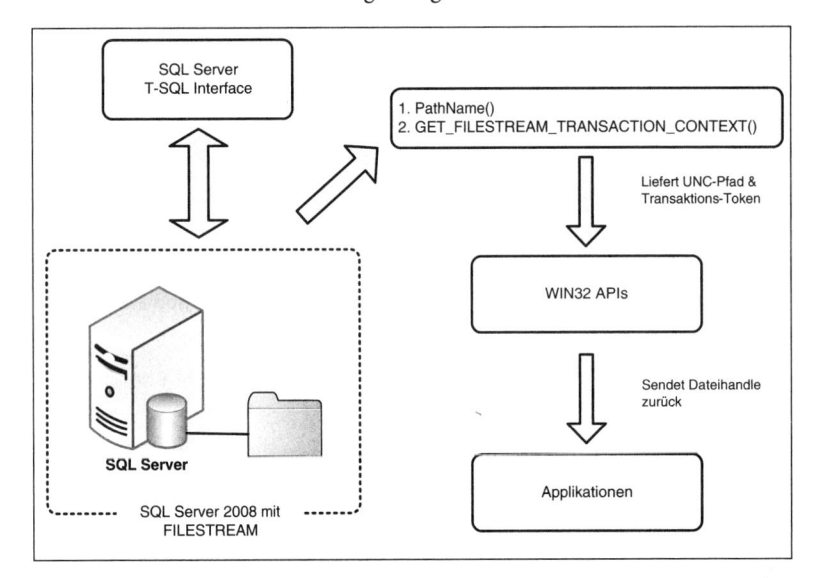

Abbildung 33.1 SQL Server Filestream-Speicherung

Kompatibilität mit anderen SQL Server-Features

Bei der Verwendung von *FILETREAM*-Daten gibt es die ein oder andere technische Einschränkung für die Datenbank. Bevor Sie über den Einsatz von *FILESTREAM* nachdenken, sollten Sie die folgende Liste durchgehen, um festzustellen, ob sich *FILESTREAM* mit einer Funktion beißt, die Sie für Ihre Datenbank unbedingt benötigen.

- **Replikation** Filestream-Daten sind kompatibel mit transaktionaler Replikation und Merge-Replikation, solange alle Teilnehmer SQL Server 2008 (oder aufwärts) sind. Es gibt ein paar Feinheiten und besondere Einstellungen zu beachten, die alle gut dokumentiert sind.
- **Failover Clustering** *FILESTREAM* ist vollständig clusterfähig. Natürlich muss *FILESTREAM* auf jedem Knoten aktiviert sein und die Daten müssen auf Shared Drives abgelegt werden.
- **Database Mirroring** *FILESTREAM* wird *nicht* unterstützt
- **Log Shipping** *FILESTREAM* wird voll unterstützt
- **Database Snapshots** *FILESTREAM* wird *nicht* unterstützt
- **Volltext-Suche** Filestream-Daten können Volltext-indiziert werden. Es gelten die ganz normalen Regeln und Verfahren.

- **Backup und Restore** FILESTREAM arbeitet mit allen Wiederherstellungsmodellen zusammen und alle Backup-Verfahren werden unterstützt. Durch Angabe von Dateigruppen beim Backup können Sie Filestream -Daten explizit in eine Sicherung ein- oder aus einer Sicherung ausschließen.
- **Verschlüsselung** Filestream-Daten werden vom SQL Server nicht verschlüsselt
- **Indizes, Statistiken, PRIMARY KEY, FOREIGN KEY und UNIQUE-Einschränkungen** Sind auf Filestream-Daten nicht möglich
- **Sicherheit** Für den Filestream-Zugriff muss sich ein Client über integrierte Sicherheit mit dem SQL Server verbinden, wenn die *SqlOpenFileStream*-API genutzt werden soll
- **SQL Server Express** FILESTREAM wird voll unterstützt. Die gespeicherten Dateien spielen bei der Berechnung der maximalen Datenbankgröße keine Rolle.

Wann FILESTREAM einsetzen?

Mit der Einführung des *FILESTREAM*-Attributs hat die Speicherung von BLOBs innerhalb der SQL Server Datenstrukturen keineswegs seine Berechtigung verloren. Ob Sie *FILESTREAM* verwenden sollten, hängt einerseits von der Größe der zu speichernden Daten ab, andererseits von der Art des Zugriffs.

Vergleicht man verschiedene Dateigrößen und Zugriffsverfahren miteinander (Abbildung 33.2), dann stellt man fest, dass Dateien oberhalb einer Dateigröße von 1,5 MB bei der Verwendung der *SqlOpenFileStream*-API gegenüber »traditionellen« Verfahren die Oberhand gewinnt.[1] Dateigrößen ab diesem Wert sprechen also für die Verwendung des Filestreamings, wenn es um die Leseperformance geht.

Ein nicht zu unterschätzender Aspekt bei der Verwendung von Filestream-Daten sind die Auswirkungen auf das Backup-Verhalten. Hat SQL-Server es mit vielen kleineren Filestream-Daten zu tun, dann können Backups erschreckend langsam werden. Der Zugriff auf die vielen einzelnen Dateien und die Integration in ein SQL Server Backup nehmen eine Menge Zeit in Anspruch. *FILESTREAM* ist daher nicht sehr gut für die Implementierung eines Dokumenten-Managementsystems geeignet.

Der dritte Faktor bei der Beurteilung der Einsatzmöglichkeiten von *FILESTREAM* betrifft Daten, die sich häufig ändern: Updates von Filestream-Daten in SQL Server sind sehr langsam, und teilweise Änderungen an einer Streaming-Datei sollten Sie erst gar nicht in Betracht ziehen (aber Sie wollen Ihre Video-Streams ja auch sicher nicht mit T-SQL editieren, oder?).

Zusammengefasst lässt sich also sagen, dass *FILESTREAM* am besten für Dateien geeignet ist, die

- mindestens 1,5 MB groß sind, oder auch *viel* größer
- insgesamt noch ein Backup in einer vernünftigen Zeit erlauben (auf der verwendeten Hardware testen!)
- besonders schnell gelesen werden müssen
- nur abgelegt und ohne Veränderungen wieder gelesen werden.

---

[1] Die Grafik stammt aus dem Microsoft Artikel »FILESTREAM Storage in SQL Server 2008«, den Sie auch auf der Buch-CD finden.

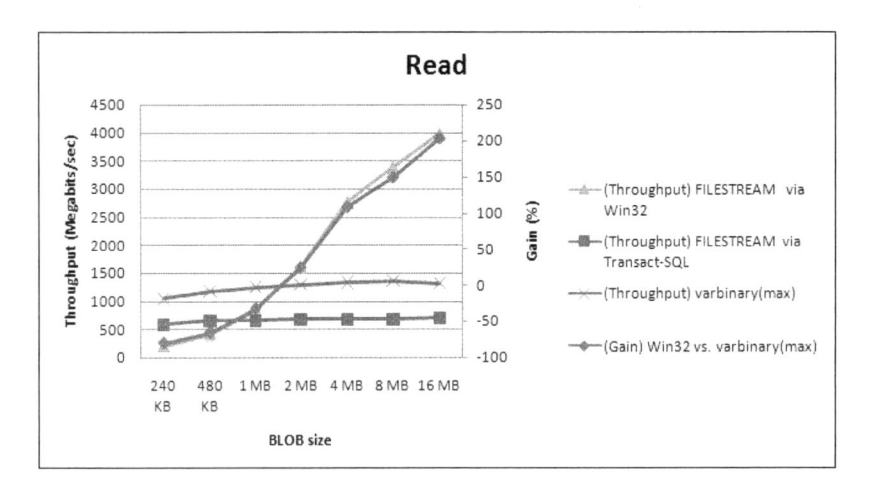

Abbildung 33.2
Datendurchsatz, Zugriffsverfahren und Dateigröße

FILESTREAM-Speicherung aktivieren

Die SQL Server Filestream-Speicherung ist, wie andere Features von SQL Server, zunächst einmal deaktiviert. Vor der Verwendung müssen Sie Ihre SQL Server-Instanz erst einmal für *FILESTREAM* bereit machen.

Das FILESTREAM-Feature aktivieren

Per Design muss die Filestream-Speicherung auf zwei Ebenen eingerichtet werden: Auf der Ebene des SQL Server Window-Dienstes und innerhalb einer SQL Server-Instanz. Die Filestream-Speicherung ist das einzige SQL Server-Feature, welches auf diese Art aktiviert werden muss. Die Aktivierung im Windows-Dienst kann bereits beim Setup erfolgen oder nachträglich im SQL Server-Konfigurations-Manager. Aus T-SQL ist das nicht möglich, auch nicht über SMO. Das SQL Server Storage-Team hat ein Skript auf Codeplex[2] bereitgestellt, welches zeigt, wie man das Filestream-Feature in Windows aktiviert. Dieses finden Sie auf der CD zum Buch.

FILESTREAM im SQL Server Windows-Dienst aktivieren

Starten Sie den SQL Server-Konfigurations-Manager und lassen Sie sich die Eigenschaften der SQL Server-Instanz anzeigen, in welcher Sie Filestream-Speicherung ermöglichen wollen. Sie finden die Einstellungen in einem Extra-Register (Abbildung 33.3). Es existieren vier verschiedene Sicherheitsstufen für die Arbeit mit *FILESTREAM* – wenn man die Deaktivierung mitzählt. Diese Stufen sind prinzipiell mit denen identisch, die Sie auch innerhalb einer SQL Server-Instanz verwenden können und werden im nächsten Abschnitt genauer erläutert. Sie geben auf der Ebene des Windows-Dienstes das mit *FILESTREAM* maximal Machbare vor. In der SQL Server-Instanz kann durch die Verwendung einer niedrigeren Stufe der Zugriff wieder eingeschränkt werden. Die Idee hinter diesen Verfahren ist, dass reine Windows-Administratoren, die keinen Zugriff auf die SQL Server-Administration haben, den *FILESTREAM*-Zugriff steuern können. Beispielsweise könnte ein lokaler Zugriff von Clients aus ermöglicht werden, von Remoteclients aus aber verboten sein.

---

[2] Codeplex ist eine Plattform zur Entwicklung und Verbreitung von Open Source-Windows-Software.

Soll von Clients aus auf Filestream-Daten zugegriffen werden – was wahrscheinlich ist – dann muss ein Windows-Freigabename vereinbart werden. Dieser Freigabename erlaubt einem Filestream-Client den Zugriff in der Art einer UNC-Pfadangabe. Wird der Freigabename *MSSQLSERVER* verwendet (dies ist der Standardwert für die SQL Server-Standardinstanz), dann lautet der UNC-Pfad *servername**mssqlserver*. Da die Freigabe von allen Datenbanken einer Instanz verwendet wird, ist es keine schlechte Idee, den Instanznamen zu verwenden. Die Freigabe ist übrigens *keine* echte *Dateifreigabe*. Versuchen Sie mit Windows-Mitteln auf die Freigabe zuzugreifen, dann werden Sie keinen Erfolg haben. Der Zugriff ist ausschließlich via SQL Server-Streaming-API möglich.

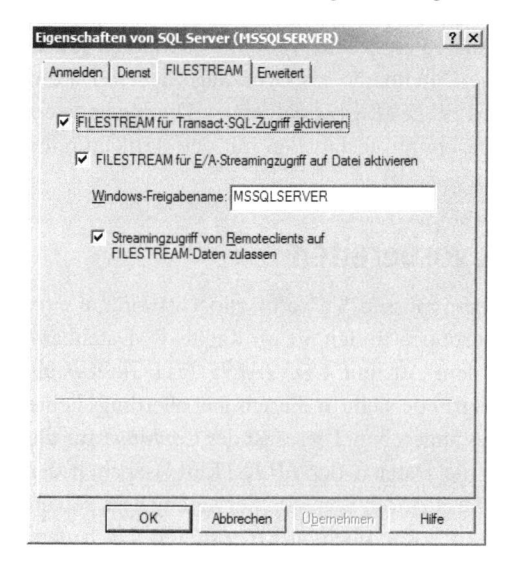

Abbildung 33.3 FILESTREAM-Optionen im Konfigurations-Manager von SQL Server

FILESTREAM in einer SQL Server-Instanz aktivieren

In einem zweiten Schritt muss *FILESTREAM* innerhalb der SQL Server-Instanz aktiviert werden. Das sollte passieren, nachdem die Aktivierung in Windows durchgeführt wurde, und möglich ist es mittels T-SQL.

Dies sind die Optionen:

- 0 – *FILESTREAM* ist deaktiviert
- 1 – *FILESTREAM* ist für T-SQL-Zugriff aktiviert
- 2 – *FILESTREAM* ist für T-SQL- und Win32 Streaming-Zugriff aktiviert

Ihrem scharfen Blick wird nicht entgangen sein, dass es in Windows eine zusätzliche Option gibt. Sie können dort festlegen, ob nur Clients, die sich auf derselben Maschine befinden, die Filestream-Freigabe benutzen können oder ob auch entfernte Clients diese benutzen können. Die Option 2 wird sozusagen feiner unterteilt.

Die Einstellung innerhalb der SQL Server-Instanz nehmen Sie auf die übliche Art und Weise vor.

```
EXEC sp_configure filestream_access_level, 2
RECONFIGURE
```

Listing 33.1 FILESTREAM in einer SQL Server-Instanz aktivieren

Mit FILESTREAM in T-SQL arbeiten

Nachdem Sie *FILESTREAM* in Ihrer SQL Server-Instanz aktiviert haben, kann der Spaß beginnen. Als nächstes geht es darum, den Speicherplatz für die Dateispeicherung vorzubereiten, danach können Filestream-Spalten in Tabellen angelegt und gefüllt werden.

Das Beispielszenario

Die Beispiele in den folgenden Abschnitten implementieren das folgende Szenario: In einer Anwendung, die die *netShop*-Datenbank benutzt, soll eine Verwaltung von Mediadaten eingebaut werden. Die Medien sollen als Werbemittel auf Websites eingesetzt werden, die die *netShop*-Datenbank als Grundlage haben. Da die verwendeten Videoclips in der Regel mehrere MB groß sind, wird *FILESTREAM* eingesetzt. Die Mediadaten werden in einer neuen Tabelle gespeichert. Diese könnte über Verknüpfungstabellen mit den Artikeln oder Artikelgruppen verbunden werden (das wird hier allerdings nicht gezeigt).

Filestream-Speicherung in einer Datenbank vorbereiten

Damit Sie Filestream-Daten in einer Datenbank speichern können, müssen Sie dafür zunächst einmal eine eigene Dateigruppe vorbereiten (Details zum Arbeiten mit Dateigruppen finden Sie im Kapitel 7 »Datenbanken einrichten und verwalten«). Diese Dateigruppe wird mit dem Attribut *CONTAINS FILEGROUP* als Container für Filestream-Daten gekennzeichnet. Hinter der Dateigruppe steht in diesem Fall allerdings keine Datei (bzw. keine Dateien), sondern es wird ein lokales Verzeichnis angegeben. Dieses ist der *Container* für die Filestream-Daten. In diesem Verzeichnis verwaltet SQL Server die Dateien der *FILESTREAM*-Spalten der Datenbank. Das Verzeichnis muss noch nicht existieren, es wird automatisch von SQL Server angelegt, sobald zum ersten Mal Filestream-Daten abgelegt werden sollen. Es darf sogar noch nicht existieren. Nach dem Anlegen sichert SQL Server das Verzeichnis so ab, dass nur Benutzer der Gruppe *SQLServerMSSQLUser* und Administratoren zugreifen können. In *SQLServerMSSQLUser* ist standardmäßig das SQL Server-Dienstkonto enthalten. Als *Entwickler* brauchen Sie sich nicht weiter um dieses Verzeichnis zu kümmern. Als *Administrator* sollten Sie sicherstellen, dass niemand unbefugt auf die Dateien in diesem Verzeichnis zugreifen kann.

Das Anlegen einer Filestream-Dateigruppe für die *netShop*-Datenbank kann durchgeführt werden, wie im folgenden Skript vorgestellt.

```
-- das geht leider nicht, wenn FILESTREAM aktiviert werden soll!
ALTER DATABASE netShop
ADD FILEGROUP Streaming CONTAINS FILESTREAM
```

Listing 33.2 Filestream-Dateigruppe vorbereiten

Nun muss noch das Verzeichnis angegeben werden, welches für die Speicherung genutzt werden soll. Diese geschieht durch eine Dateispezifikation, die auf dieses Verzeichnis weist. Pro Filestream-Dateigruppe ist nur die Angabe von genau einer Datei (also eine einzige Dateispezifikation) erlaubt.

```
ALTER DATABASE netShop
ADD FILE
(   NAME = netShop_Streaming,
    FILENAME = 'D:\netShopStreaming' )
TO FILEGROUP Streaming
```

Listing 33.3 Verzeichnis für Filestream festlegen

Nach dem Ausführen des Kommandos hat SQL Server das Verzeichnis angelegt und abgesichert. Es enthält jetzt eine *filestream.hdr*-Datei, die Metainformationen enthält und ein Verzeichnis *$FSLOG*. Dieses Verzeichnis ist das Filestream-Äquivalent zum Transaktionsprotokoll der Datenbank. Genauer: Es unterstützt die Filestream-Protokollierung des Transaktionsprotokolls, sodass möglichst wenige Daten zu *FILESTREAM* in diesem aufgenommen werden müssen.

HINWEIS Viele Entwickler würden es bevorzugen, die Filestream-Daten auf einem entfernten Server zu speichern und diese einzubinden. Das geht im Moment leider nicht. Microsoft bietet ein alternatives Verfahren an: *SQL Remote Blob Storage (RBS)*. RBS ähnelt konzeptionell *FILESTREAM*, wird aber über eine spezielle API programmiert, die nicht komplett mit *FILESTREAM* kompatibel ist. Eine Vereinheitlichung ist noch nicht in Sicht – aber geplant.

Filestream-Daten in einer Tabelle verwenden

Damit Daten in einer Tabelle gespeichert werden können, müssen bestimmte Voraussetzungen gegeben sein. Zunächst einmal benötigt die Tabelle eine Spalte vom Typ *uniqueidentifier*. Diese Spalte darf keine NULLen erlauben und muss entweder eine UNIQUE oder eine PRIMARY KEY-Einschränkung besitzen. Außerdem muss durch die Verwendung des *ROWGUIDCOL*-Attributs bekannt gemacht werden, dass diese Spalte der eindeutige Kennzeichner in jedem Datensatz ist. Über die zusätzliche Spalte wird der Zusammenhang zwischen einer externen Filestream-Datei und dem Datensatz in der SQL Server-Tabelle hergestellt.

```
CREATE TABLE Sales.Media
(
    ID int IDENTITY PRIMARY KEY,
    StreamingID  uniqueidentifier NOT NULL ROWGUIDCOL UNIQUE DEFAULT NEWID(),
    Name varchar(100),
    Description varchar(1000),
    StreamFile varbinary(max) FILESTREAM NULL,
)
FILESTREAM_ON Streaming
```

Listing 33.4 Tabelle zur Speicherung von Streaming-Daten

Eine Tabelle kann ohne Probleme mehrere Filestream-Spalten enthalten. Diese müssen dann nur in ein und derselben Dateigruppe liegen.

Nach dem Anlegen der Tabelle gibt es im Filestream-Verzeichnis ein weiteres Unterverzeichnis – benannt mit einer GUID – welches die Filestream-Daten für diese Tabelle enthalten wird. Pro Spalte mit *FILESTREAM*-Attribut existiert in diesem Verzeichnis ein weiteres Unterverzeichnis – ebenfalls mit einer GUID bezeichnet – in diesem landen dann endlich die eigentlichen Dateien.

HINWEIS Möchten Sie *FILESTREAM* in einer Tabelle benutzen, für die gleichzeitig Merge-Replikation genutzt werden soll, spielt die *ROWGUIDCOL* auch darin eine Rolle. Sie sollten die Standardwerte dann durch die Funktion *NEWSEQUENTIALID* erzeugen lassen.

Daten mit T-SQL bearbeiten

Sie können mit T-SQL neue Filestream-Daten anlegen oder ändern. In der Praxis wird das Auffüllen mit den eigentlichen Streaming-Daten über die Filestream-API passieren. Einen neuen Datensatz für Filestream-Daten legen Sie aber immer mit T-SQL an. So, wie im nächsten Beispiel zu sehen.

```sql
INSERT INTO Sales.Media
    VALUES (DEFAULT, 'Die Kunst eine Mango zu schälen', 'Lore ipsum dolor...', NULL);

-- Datei mit leerem Inhalt
INSERT INTO Sales.Media
    VALUES (DEFAULT, 'Spass mit Obst & Gemüse', 'Lore ipsum dolor...', CAST ('' as varbinary(max)));

-- "richtiger" Inhalt. "Jede Menge" davon
INSERT INTO Sales.Media
VALUES (DEFAULT, 'Wie isst man eine Papaya?', 'Lore ipsum dolor...', CAST(
' Papaya, Papaya!
XXXXXXXXXXXXXXXXXXXXXXXXXXXXXXXXXXXXXXXXXXXXXXXXXXXXXXXXXXXXXXXXX
XXXXXXXXXXXXXXXXXXXXXXXXXXXXXXXXXXXXXXXXXXXXXXXXXXXXXXXXXXXXXXXXXXXXXXXXXX
…
XXXXXXXXXXXXXXXXXXXXXXXXXXXXXXXXXXXXXXXXXXXXXXXXXXXXXXXXXXXXXXXXXXXXXXXXXXX'
as varbinary(max)));
```

Listing 33.5 Filestream-Daten mit T-SQL einfügen

Wie werden diese Daten abgespeichert? Für die beiden Streaming-Daten, deren Wert nicht *NULL* ist, wird jeweils eine Datei angelegt. Die Dateigröße der Datei für das dritte Datum beträgt ca. 4 KB. Sie können die Datei jederzeit problemlos im Dateisystem öffnen beispielsweise mit Notepad und auch bearbeiten, der SQL Server würde das nicht bemerken und auch nicht meckern (Abbildung 33.4 und Abbildung 33.5). Das ist aber nicht im Sinne des Erfinders. Änderungen sollten ausschließlich über eine Anwendung vorgenommen werden.

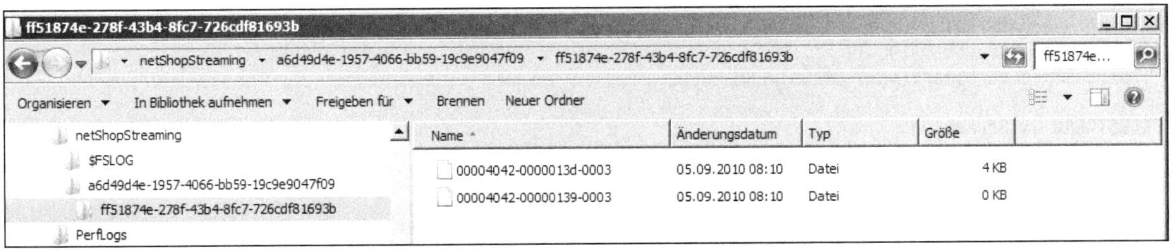

Abbildung 33.4 Inhalt des Filestream-Verzeichnisses nach dem Anlegen der Datensätze

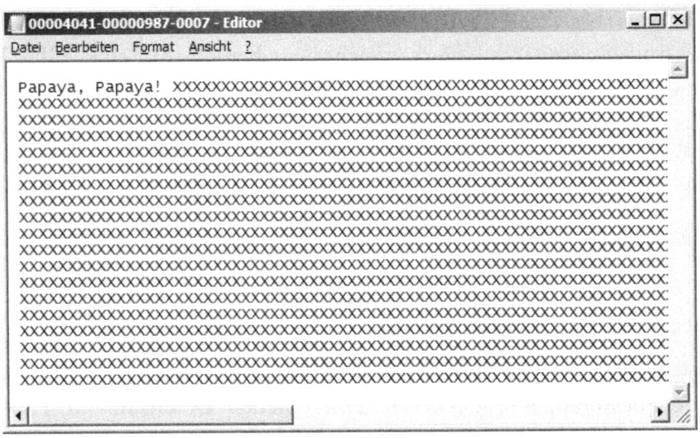

Abbildung 33.5 Inhalt der Filestream-Datei für den dritten Datensatz

Die Filestream-Daten können in T-SQL ganz normal abgefragt (und weiterverarbeitet) werden. Nichts Besonderes hier:

```
SELECT
    ID, Name, StreamingID, StreamFile
FROM
    Sales.Media
```

Listing 33.6   Filestream-Daten abfragen

Das Ergebnis sieht dann so aus:

ID	Name	StreamingID	StreamFile
1	Die Kunst eine Mango zu schälen	C99E8589-83FD-474E-B51A-...	NULL
2	Spass mit Obst & Gemüse	3E3F4977-8BDC-46C4-AE37-...	0x
3	Wie isst man eine Papaya?	FD827CBB-59A6-4B38-BE34-...	0x0D0A205061706179612C205061706179612...

Die internen Filestream-Metainformationen, die zur Verwaltung der externen Dateien verwendet werden, können nicht direkt abgefragt werden. Allerdings lässt sich der Pfad, inklusive Dateiname, über eine der einzigen beiden T-SQL-Filestream-Funktionen – *PathName* – herausfinden.

```
SELECT
    ID, Name, LEN(StreamFile), StreamFile.PathName()
FROM
    Sales.Media
```

Listing 33.7   Pfad zu den Filestream-Daten abfragen

Die Verwendung der T-SQL-Funktion *LEN* im Beispiel, welche die Größe der Streaming-Daten anzeigt, dient einfach nur der Veranschaulichung, dass die üblichen Systemfunktionen eingesetzt werden können. Der Dateiname wird in UNC-Schreibweise dargestellt: \\<server_name>\<share_name>\v1\<db_name>\<schema-Name>\<table_name>\<col_name>\<guid>. Im Beispiel ist dies der Pfad zu der gefüllten Datei: \\SHIVA\MSSQLSERVER\v1\netShop\Sales\Media\StreamFile\D17A14F5-5268-44BE-9DF2-D2F30D850C70.

FILESTREAM – Garbage Collection und Logging

Wenn Sie Filestream-Daten löschen oder ganze Spalten oder Tabellen entfernen, dann werden Sie feststellen, dass die Dateien nicht sofort verschwinden. Es gibt einen speziellen Garbage Collection-Thread, der sich um das Löschen nicht mehr benötigter Daten kümmert. Dieser Thread ist an den SQL Server Checkpoint-Prozess gebunden.

Sie können die Arbeitsweise der Filestream-Garbage Collection nicht direkt beeinflussen. Wenn Sie tatsächlich einmal das Bedürfnis verspüren explizit »aufzuräumen«, dann können Sie nur das Transaktionsprotokoll sichern oder abschneiden und *CHECKPOINT* ausführen – und das eventuell zweimal nacheinander. Danach sollten nicht mehr benötigte Dateien verschwinden.

Die Protokollierung von *FILESTREAM*-Operationen passiert auf eine besondere Art und Weise. Das *$FSLOG*-Verzeichnis enthält Daten, die bei *INSERT*- und *UPDATE*-Befehlen entstehen. So wird das Transaktionsprotokoll nicht zugemüllt. Die Daten des *$FSLOG*-Verzeichnisses werden bei einem Backup oder Recovery eingesetzt. Löschungen werden ausschließlich im Transaktionsprotokoll vermerkt.

Transaktionen mit FILESTREAM-Daten

Operationen auf Filestream-Daten sind vollständig transaktional. Dazu ein Beispiel:

```
BEGIN TRAN

    UPDATE Sales.Media
    SET StreamFile = StreamFile +  CAST ('Hier kommt der Abspann...' as varbinary(max))
    WHERE ID = 3
    GO

    DELETE Sales.Media
    WHERE ID = 2

COMMIT TRAN
```

Listing 33.8 Transaktion mit Filestream-Daten

Wenn Sie diese Abfrage einmal ohne das Commit ausführen lassen, dann werden Sie feststellen, dass Sie drei Dateien sehen, anstelle einer einzigen, wie man das erwarten könnte. Das hat mit dem Verhalten des Updates auf Filestream-Daten zu tun. Die vorhandenen Daten werden bei einem *UPDATE* tatsächlich nicht geändert. Stattdessen wird eine neue Datei erzeugt, welche die geänderten Daten enthält und die alte Version wird gelöscht. Dass die beiden gelöschten Dateien (die des *DELETE*-Kommandos und die des *UPDATE*-Kommandos) nicht sofort verschwinden, liegt an der Garbage Collection. Warten Sie nach dem endgültigen *COMMIT* noch ein paar Augenblicke – dann bleibt nur eine Datei übrig.

Arbeiten Sie ausschließlich in T-SQL, dann verträgt sich das Arbeiten mit Filestream-Daten mit allen verfügbaren Isolationsstufen. Soll allerdings von einem Client aus per API zugegriffen werden, dann ist die einzige verfügbare Isolationsstufe READ COMMITED. Sie bekommen das schon zu spüren, wenn Sie eine Filestream-Dateigruppe in einer Datenbank einer SQL Server-Instanz anlegen möchten, für die der Win32 Streaming-Zugriff aktiviert ist. SQL Server würde das nicht zulassen, wenn in der Datenbank *READ_COMMITTED_SNAPSHOT* oder *ALLOW_SNAPSHOT_ISOLATION* aktiviert wäre.

Mit Transaktionen hat übrigens auch die zweite der beiden Filestream-Funktionen zu tun: *GET_FILESTREAM_TRANSACTION_CONTEXT*. Diese Funktion liefert ein Token, mittels dessen sich ein Client an die Transaktion anhängen kann. Dazu gleich mehr.

Konsistenz von FILESTREAM-Daten testen

Die Überprüfung von Filestream-Daten ist in die relevanten DBCC-Kommandos integriert worden. Bei einem Lauf von *DBCC CHECKDB* & Co wird getestet, ob alle Dateien vorhanden sind, es wird auch getestet, ob es keine *zusätzlichen* Dateien in den Verzeichnissen gibt. Es kann aber nicht getestet werden, ob die Inhalte konsistent sind oder etwa außerhalb von SQL Server geändert wurden (siehe oben). Ein kleines Experiment zeigt dies: Wenn Sie in einem Filestream-Container eine zusätzliche Datei anlegen, zum Beispiel eine Textdatei, und anschließend die Dateigruppe, welche die Filestream-Daten enthält mit dem nachfolgenden Kommando überprüfen lassen, dann bekommen Sie einen entsprechenden Konsistenzfehler zu sehen.

```
DBCC CHECKFILEGROUP
```

Listing 33.9 Filestream-Daten überprüfen

Mit diesem Kommando überprüfen Sie die Standard-Dateigruppe einer Datenbank. Den Namen einer Filestream-Dateigruppe können Sie übrigens nicht *direkt* angeben. Das DBCC-Ergebnis enthält die folgende Meldung:

```
Meldung 7908, Ebene 16, Status 1, Zeile 1
Tabellenfehler: Die Datei '\ff51874e-278f-43b4-8fc7-726cdf81693b\Test.txt' in der Rowsetverzeichnis-ID
a6d49d4e-1957-4066-bb59-19c9e9047f09 ist keine gültige FILESTREAM-Datei.
```

Filestream-Daten in Clients verwenden

Große binäre Arrays können Sie in einer Anwendung prinzipiell auf unterschiedlichen Wegen vom Client zum Server und zurück transportieren. Eine Möglichkeit ist die Verwendung eines *SqlParamter*-Objekts mit dem Datentyp *varbinary*. Wie schon am Anfang des Kapitels erläutert, ist aber der Transport über TDS und die Datenbank-APIs eventuell für große Datenmangen zu langsam. Hier kommt die .NET Framework-Klasse *SqlFileStream* ins Spiel. *SqlFileStream* ist von *System.IO.Stream* abgeleitet, daher wird Ihnen die Arbeit mit dieser Klasse sicher bekannt vorkommen. Sie finden die Klasse im Namespace *System.Data.SqlTypes*.

HINWEIS *SqlFileStream* ist etwas verspätet herausgekommen. Sie müssen das .NET Framework 3.5 SP1 installiert haben, um die Klasse nutzen zu können. Da SQL Server 2008 zusammen mit dem .NET Framework 3.5 auf den Markt kam, finden Sie in Artikeln und Büchern noch jede Menge Codebeispiele, in denen die Win32-Funktion *OpenSqlFileStream* direkt genutzt wird. Dazu muss diese API in .NET-Code importiert und gekapselt werden. Ab .NET Framework 3.5 SP1 können Sie diese Klimmzüge getrost vergessen.

Im Projekt *FileStreamUploader* finden Sie ein einfaches Beispiel für ein Formular, mit dem Sie Filestream-Daten in eine SQL Server-Tabelle einfügen können (Abbildung 33.6). Wie immer ist der Quellcode sehr knapp gehalten – es gibt keine Fehlerbehandlung etc. Es ist aber nicht weiter schwierig, aus diesem Beispiel einen kompletten und »wasserdichten« Uploader zu bauen.

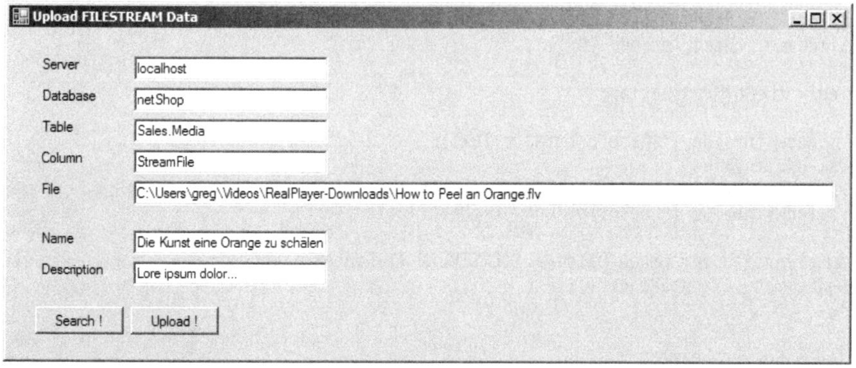

Abbildung 33.6 Formular für das Upload von Filestream-Daten

Die Anwendung der *SqlFileStream*-Klasse ist einfach: Sie teilen dieser den serverseitigen Pfad zur Datei und den aktuell gültigen Filestream-Transaktionskontext mit. Außerdem legen Sie die Richtung der Übertragung fest. Danach können Sie dann mit den Methoden *Write* oder *Read* die Daten schreiben oder abholen. Das passiert *immer* in einer Transaktion – auch beim Lesen.

Durch die Randbedingungen ist das Vorgehen bei der Entwicklung bereits mehr oder weniger festgelegt. In Listing 33.10 finden Sie den kompletten Code für ein Upload. Nach dem Starten einer Transaktion muss zunächst einmal ein Datensatz in die Tabelle eingefügt werden, der in der Regel die Metadaten (Name, Dateiname etc.) zu der Filestream-Datei enthält. Damit die Datei auch tatsächlich angelegt wird – wir brauchen in Kürze den Dateinamen, der von SQL Server generiert wurde – wird der Inhalt mit einem »leeren« Byte initialisiert. Das Kommando zum Anlegen des Datensatzes gibt über eine *OUTPUT*-Klausel gleich den Server-Pfad (*PathName*) und den Transaktionskontext zurück (*GET_FILESTREAM_TRANSACTION_CONTEXT*). Das spart einen zweiten Roundtrip zum Server.

Das Bytearray wird auf einen Schlag mit den Dateidaten gefüllt (hier sollten Sie bei wirklich großen Dateien besser mit Puffern arbeiten) und das *SqlFileStream*-Objekt wird mit dem Dateipfad und dem Transaktionskontext versehen. Nach dem Wegschreiben mit *Write* und dem Schließen der geöffneten Objekte ist schon alles erledigt. Den umgekehrten Weg vom Server zum Client können Sie sich sicher leicht selbst vorstellen.

```csharp
private void btnUpload_Click(object sender, EventArgs e)
{
   SqlConnection theSqlConnection =
      new SqlConnection("Data Source=localhost;Initial Catalog=netShop;Integrated Security=true");
   SqlCommand theSqlCommand = new SqlCommand();
   SqlTransaction theSqlTransaction;
   SqlFileStream theSqlFileStream;
   SqlDataReader theSqlDatareader;
   byte[] fileData;

   theSqlCommand.Connection = theSqlConnection;
   theSqlConnection.Open();

   // wir brauchen eine Transaktion
   theSqlTransaction = theSqlConnection.BeginTransaction();

   // Den Datensatz auf dem Server vorbereiten
   theSqlCommand.Connection = theSqlConnection;
   theSqlCommand.CommandType = CommandType.Text;
   theSqlCommand.CommandText = "INSERT INTO Sales.Media ( [Name], FileName, Description, StreamFile) "
      + "OUTPUT inserted.StreamFile.PathName(), GET_FILESTREAM_TRANSACTION_CONTEXT() "
      + "VALUES (@Name, @FileName, @Description, (0x))";

   theSqlCommand.Transaction = theSqlTransaction;

   theSqlCommand.Parameters.AddWithValue ("@Name", txtName.Text);
   theSqlCommand.Parameters.AddWithValue
      ("@FileName", txtStreamFile.Text.Substring( txtStreamFile.Text.LastIndexOf('\\') + 1 ));
   theSqlCommand.Parameters.AddWithValue ("@Description", txtDescription.Text);

   // Datensatz einfügen & Serverpfad der neuen Datei + FILESTREAM TX-Kontext abholen
   theSqlDatareader = theSqlCommand.ExecuteReader();
   theSqlDatareader.Read();

   // ...und die Bytes auf den Server beamen
   fileData = System.IO.File.ReadAllBytes(txtStreamFile.Text);

   theSqlFileStream = new SqlFileStream(theSqlDatareader[0].ToString(),
                   (byte[])theSqlDatareader[1],
                   System.IO.FileAccess.Write );
   theSqlFileStream.Write(fileData, 0, fileData.Length);
   theSqlFileStream.Close();
```

```
    // das war's
    theSqlDatareader.Close();
    theSqlTransaction.Commit();
    theSqlConnection.Close();
    }
}
```

Listing 33.10 Upload von SQL Server Filestream-Dateien

FILESTREAM-Tipps

Seitens der Programmierung ist die Arbeit mit *FILESTREAM* so einfach, dass kaum Möglichkeiten zur Optimierung bestehen. In Ihrer Umgebung könnten Sie mit verschiedenen Puffergrößen für *SqlFileStream.Write* und *SqlFileStream.Read* experimentieren, um die beste Leistung für die Übertragung zu erzielen.

Auf der Seite der Infrastruktur bieten sich für eine Filestream-Anwendung, die so richtig »unter Dampf steht«, allerdings Potenziale für Leistungsverbesserungen. Hier ein paar sachdienliche Hinweise:

- **Antivirus-Software** Kann die Leistung herabsetzen und Probleme verursachen, wenn sie Dateien sperrt. Filestream-Container am besten ausschließen.

- **Disk Performance** Optimieren Sie die Schreib- und Leseperformance durch schnelle Platten. SCSI-Platten sind (immer noch) performanter. Verwenden Sie schnelle RAID-Level – RAID 5 verlangsamt zum Beispiel das Schreiben deutlich.

- **Defragmentierung** Defragmentieren Sie die Filestream-Container regelmäßig

- **Separierung** Trennen Sie verschiedene Filestream-Container (für verschiedene Tabellen) nach Möglichkeit

- **NTFS 8.3-Namensbildung** Schalten Sie in NTFS die Bildung von 8.3 Namen aus. Das spart Zeit beim Anlegen von Dateien – *fsutil behavior set disable8dot3 1*

- **NTFS-Update des Updatezeitstempels** Deaktivieren Sie die Aktualisierung der letzten Zugriffszeit mit dem Kommando *fsutil behavior set disablelastaccess 1*

- **NTFS-Clustergröße** Eine Clustergröße von 64 KB reduziert die Fragmentierung

Diese Empfehlungen sollten Sie in Betracht ziehen, wenn es in Ihren Filestream-Containern nicht mehr um ein paar Hundert, sondern um einige Zehntausend Dateien geht. Da spielt die NTFS-Performance eine gewichtige Rolle.

Kapitel 34

Geoinformationen mit geography und geometry verarbeiten

In diesem Kapitel:

Geodaten und der SQL Server	1308
Geodaten in SQL Server-Datenbanken verwenden	1311
geometry und geography im Detail	1322
Indizes für Geodaten	1331
Daten geocodieren	1334
Geodaten visualisieren	1336

Geodaten sind »in«! Lange Zeit war das Gebiet der Geoinformationssysteme allerdings von teuren Spezialanwendungen beherrscht, die in erster Linie dazu dienten, Geoinformationen in Form von Landkarten zur Verfügung zu stellen – sei es in elektronischer oder gedruckter Form. Nach und nach kamen Anwendungen für den Massenmarkt dazu, wie zum Beispiel Routenplanungsanwendungen. Mit der Verfügbarkeit preiswerter GPS-Chips hat sich ein riesiger Markt für Positionierungs-, Tracking-, Logging- und Navigationsanwendungen entwickelt. Jeder kann heutzutage eine Navigationssoftware »in die Tasche stecken« und mit seinem Handy navigieren oder mit einem preiswerten GPS-Empfänger Geocaching betreiben oder sich selbst am Erstellen von Open Source-Landkarten beteiligen.[1]

In Geosystemen fallen für die Basis- und »Bewegungsdaten« recht große Datenmengen an, die verarbeitet werden wollen. Das schreit nach einer Datenbank. Und zwar nach einer Datenbank, die eine gewisse Grundintelligenz in Bezug auf das optimale Speichern, Suchen und Verarbeiten von räumlichen Daten aufweist. Mit dem einfachen Abspeichern eines X/Y-Koordinatenpaares ist es nicht getan. Geodatenverarbeitung ist komplex und Datenbankentwickler, die Ihre Anwendungen damit bereichern möchten, können jede Menge Unterstützung gebrauchen. Andere Datenbankhersteller, wie ORACLE und IBM haben Ihre Software schon vor längerer Zeit um entsprechende Funktionalität erweitert und auch Open Source-DBMS, wie PostGres und MySQL sind (die einen mehr, die anderen weniger) – »fit for geo«.

Mit der Version 2008 des SQL Server ist es endlich so weit: Jetzt können auch hartgesottene T-SQL-Entwickler in die Welt der geographischen Datenverarbeitung eintauchen. SQL Server bietet robuste und performante Funktionen für Geodaten an. Dieses Kapitel stellt vor, wie das Arbeiten mit »spatial data« (so lautet die englische Bezeichnung für räumliche Daten) im SQL Server funktioniert.

Geodaten und der SQL Server

Die Geo-Erweiterungen von SQL Server 2008 kommen in Form zwei neuer .NET-Benutzerdatentypen daher. Microsoft hat sich bei der Implementierung der Eigenschaften und Methoden dieser Datentypen recht eng an die Vorschläge des *Open Geospatial Consortium* angelehnt (*OGC*), sodass die Geodaten im Großen und Ganzen reibungslos mit vorhandenen Geoinformationssystemen (GIS) oder »geo enabled« DBMS anderer Hersteller ausgetauscht werden können. Die großen GIS-Toolanbieter haben in Ihren Systemen inzwischen bereits Schnittstellen für SQL Server implementiert und es gibt auch schon komplette GIS, die SQL Server für die Datenhaltung einsetzen. Ein erstaunlicher »Zoo« nützlicher Tools (Freeware oder lizenzpflichtig) ist für SQL Server und ganz allgemein für die Arbeit mit Geodaten verfügbar. Für den T-SQL-Entwickler oder -Administrator ist eindeutig der Zeitpunkt gekommen, sich mit dem Thema Geodatenverarbeitung in SQL Server zu beschäftigen.

Einsatzgebiete

Wenn Sie jetzt gleich abwinken und sagen »in meiner Datenbank benötige ich keine Geofunktionen«, dann denken Sie noch mal kurz darüber nach. Vielleicht existiert unter den Tabellen Ihres Warenwirtschaftssystems ja eine, die die Adressen der Kunden enthält (darauf würde ich sogar eine Wette abschließen). Voila: Da hätten wir schon ein paar nützliche Geodaten. Diese sind zwar noch nicht in einer der üblichen Standarddarstellungen codiert, aber mithilfe eines Geocoding-Webdienstes ist diese Aufgabe schnell erledigt. Dazu später mehr.

---

[1] Das populärste Projekt ist sicherlich »OpenStreetMap«: *http://www.openstreetmap.de*

Es gibt eine Menge Einsatzszenarien in einem typischen Unternehmen:

- Für die Serviceabwicklung wird es interessant sein, schnell festzustellen, welcher Außendienstmitarbeiter sich gerade am nächsten zu einem Kunden befindet. Durch eine räumliche Abfrage lässt sich das rasch feststellen.
- Für das Management von Verkaufsregionen ist es häufig hilfreich, diese nicht nach Postleitzahlgebieten aufteilen zu müssen, sondern geographisch frei definieren zu können. Neue Kunden sollten anhand Ihres Standorts automatisch zu einer Region zugewiesen werden können.
- Geographische Auswertungen der Umsätze lassen Potenziale oder Schwierigkeiten in bestimmten Regionen aufdecken.
- Ein Tracking der Routen der Lieferfahrzeuge ermöglicht eine Optimierung der Routenplanung.
- Sie können Kunden auf Ihrer Website anzeigen lassen, welche Niederlassungen sich in einem Umkreis von x Kilometern um Ihren Wohnort herum befinden und das auch auf einfachem Weg visualisieren.

Und so weiter. Wenn Sie als Softwarehaus Umweltinformationssysteme oder Katasteranwendungen entwickeln, dann ist Ihnen der Sinn eines schnellen und bezahlbaren Geoframeworks in einem DBMS sowieso schon lange klar.

Standards für Geodaten in der Datenbank

Dem Microsoft SQL Server ist, was die Geodatenverarbeitung angeht, so etwas wie die Gnade der späten Geburt wiederfahren.

Andere Hersteller, die mit Ihrer Geoimplementierung frühzeitig auf dem Markt waren, haben zu Beginn häufig eigene Methoden und Standards für die Verarbeitung von geografischen Informationen implementiert. Das hätte im Laufe der Zeit natürlich zu einer Menge untereinander inkompatibler Geodaten-Inseln geführt.

Glücklicherweise wurde Mitte der neunziger Jahre die Organisation Open Geospatial Consortium (OGC) ins Leben gerufen. Die Mitglieder des OGC kommen aus dem akademischen Bereich, aus Regierungsorganisationen und natürlich aus der Industrie. Alle großen Softwareproduzenten sind vertreten. In den *OpenGIS*-Spezifikationen des OGC werden alle möglichen Standards für die softwaretechnische Behandlung von Geoinformationen definiert. Das reicht vom elementaren Datentyp, über diverse XML-Geo-Beschreibungssprachen (Beispiel: *GML – Geographic Markup Language*) bis hin zur Definition standardisierter Webdienste für das Anbieten von Services im Internet (Beispiel: *WMS – Web Mapping Service*).

Besonders wichtig für Datenbanksysteme ist die Spezifikation »OpenGIS Implementation Specification for Geographic information - Simple feature access - Part 2: SQL option«. Darin geht es darum, wie Datenbanksysteme um Geofunktionen zu ergänzen sind, welche Merkmale die verwendeten Objekte besitzen sollten und wie die Programmierung zu gestalten ist. Die SQL Server-Implementierung lehnt sich stark an die Vorschläge des OGC an – aber natürlich sind auch die anderen DBMS-Hersteller inzwischen standardkonform. Der Umfang der implementierten Funktionalität variiert allerdings stark. Ebenso die Performance. Je nach Produkt oder sogar Edition (Package, Blade) wird man die eine oder andere (böse) Überraschung erleben. Bei den Nicht-Open-Source-Produkten muss die Geofunktionalität häufig als »Option« zusätzlich erworben werden. Microsoft macht es den Entwicklern so einfach wie möglich: Die Geo-Funktionalität ist in allen Editionen von SQL Server identisch vorhanden, auch in der kostenfreien Express Edition. Es gibt – SQL Server typisch – keinerlei zusätzliche Lizenzgebühren für dieses Entwicklerfeature.

Wenn Sie sich einmal in die Spezifikationen des Open Geospatial Consortiums vertiefen möchten: Auf der Begleit-CD-ROM finden Sie die entsprechenden PDF-Dateien.

Die Erde ist rund – oder nicht? Referenzsysteme

Wäre die Erde eine perfekte Kugel, dann hätten es Entwickler von Geoinformationsystemen relativ leicht, geographische Informationen zu speichern und Methoden für die Verarbeitung zu entwickeln – solide Grundkenntnisse in sphärischer Geometrie vorausgesetzt. Leider ist die Wirklichkeit viel komplizierter. Die Erde ähnelt einem Sphäroiden, das ist so etwas wie ein Rugbyball von der Seite betrachtet (oder auch: eine um die kurze Achse rotierende Ellipse). Ein Sphäroid lässt sich mathematisch und algorithmisch gut in den Griff kriegen und daher versuchen die Geodäten seit langer Zeit, die Form der Erde durch passende Sphäroide (je nach Zusammenhang auch Ellipsoide genannt) in den Griff zu bekommen (siehe Abbildung 34.1). Berge und Ozeane (letztere sind wegen Gravitationseffekten auch eher hügelig) machen die Sache nicht einfacher. Aus diesem Grund gibt es sehr viele nur lokal verwendbare Sphäroide. Ein bekanntes Beispiel ist der Bessel-Ellipsoid von 1841, der Eurasien gut beschreibt und für die Landvermessung in den alten Bundesländern genutzt wird.

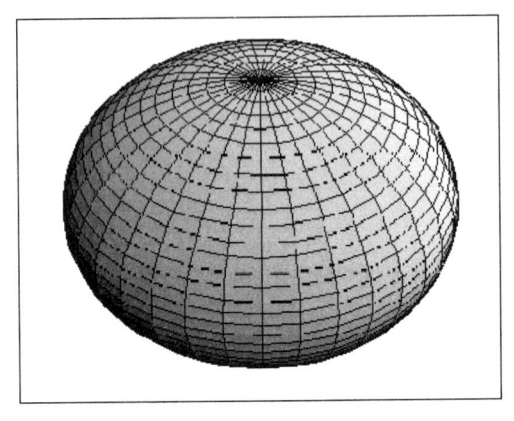

Abbildung 34.1 Ein Rotationsellipsoid

Eine geographische Ortsangabe besteht also nicht nur aus einer Koordinate (X/Y oder eher: Längengrad und Breitengrad), sondern enthält auch die Angabe des Referenzellipsoiden. Die Berechnungen, zum Beispiel für den Abstand zwischen zwei Punkten, müssen die Form dieses Ellipsoiden mit einbeziehen. Aber es werden noch weitere Angaben benötigt, um die Ortsangabe eindeutig zu machen und die Rechenoperationen korrekt ausführen zu lassen. Den vollständigen Satz dieser Angaben bezeichnet man als *Geographisches Referenzsystem*.

Ein Geographisches Referenzsystem fügt dem Sphäroid noch ein Koordinatensystem, Bezugspunkte zur Fixierung der Position des Referenz-Ellipsoiden und Maßeinheiten hinzu. In Deutschland gilt (noch) das *Deutsche Hauptdreiecksnetz (DHDN). Koordinatensysteme* legen fest, wie die Lage eines Punktes im Referenzsystem angegeben wird. Bei geographischen Referenzsystemen wird ein beliebiger Punkt auf der Erdoberfläche durch ein Paar aus Längengrad und Breitengrad festgelegt. Diese Koordinaten werden entweder Dezimal oder als Gradzahl angegeben und diese definieren eine Position im dreidimensionalen Raum. Die kürzeste Verbindung zwischen zwei Punkten wird als *Geodäte* bezeichnet und ist nur in Spezialfällen ein Kreisbogen (sondern zum Beispiel leicht S-förmig)

Zusätzlich gibt es noch *projizierte* Koordinatensysteme. Diese beschreiben Ortsangaben in der zweidimensionalen Ebene. Bildlich gesprochen: Während ein geographisches Koordinatensystem Punkte auf der Oberfläche eines Globus festlegt, legt ein projiziertes Koordinatensystem Punkte auf einer Landkarte fest. Hier kann mit einfachen kartesischen Koordinaten gearbeitet werden. Die kürzeste Verbindung zwischen zwei Punkten ist eine Strecke und Koordinaten können in linearen Einheiten, wie Metern, angegeben werden.

Seit der Einrichtung des *Global Positioning Systems (GPS)* hat man es für viele Aufgaben ein wenig einfacher, was die Wahl eines Referenzsystems angeht, weil einheitlicher. Das Referenzsystem WGS84 beschreibt den gesamten Globus und wird neben dem Einsatz im GPS, in populären Anwendungen wie Virtual Earth und Google Earth genutzt. Das *World Geodetic System 84* wurde 1984 (wer hätte das gedacht?) ins Leben gerufen. Es dient der Festlegung einheitlicher Koordinaten auf der Erde und im erdnahen Weltraum. In WGS84 ist neben einem Referenzellipsoiden zusätzlich ein so genanntes *Geoid* definiert, welches den Erdkörper etwas genauer beschreiben kann, außerdem sind die Koordinaten von zwölf *Fundamentalstationen* festgelegt. Diese können die Position von Satelliten in Bezug auf festgelegte Vermessungspunkte sehr genau bestimmen. Sie ahnen schon: Die Sache mit der Geodatenverarbeitung hat so ihre technischen Tiefen.

SQL Server bietet eine Menge Referenzsysteme an, die sämtlich von der *European Petroleum Survey Group (EPSG)* definiert wurden. Diese stellen einen weit verbreiteten Standard für Georeferenzsysteme dar. Daher finden Sie die Abkürzung EPSG in der Bezeichnung der in SQL Server verwenden Referenzsysteme. Auch, wenn aus der Organisation EPSG inzwischen die Organisation *OPG (International Association of Oil and Gas Producers)* geworden ist, wird im Allgemeinen immer noch das Kürzel ESPG verwendet.

Zur Kennzeichnung eines Referenzsystems werden in SQL Server standardisierte *SRID*-Nummern verwendet (*Spatial Reference ID*). Das Standardreferenzsystem des SQL Server hat beispielsweise die SRID 4326 und entspricht dem WGS84. Alles klar? Wenn Sie überprüfen möchten, welche Referenzsysteme derzeit im SQL Server verfügbar sind, dann fragen Sie dazu einfach die Katalogsicht *sys.spatial_reference_systems* ab. Sie werden 390 Einträge finden. Die Dokumentation zu diesen Referenzsystemen finden Sie nicht in den »Books Online«, sondern in externen Quellen wie der OPG-Website (siehe Link auf der Buch-CD-ROM). Vor dort können Sie auch die Originalbeschreibungen der Referenzsysteme als Access-Datei laden.

So fragen Sie die in SQL Server vorhandenen Referenzsysteme ab:

```
SELECT spatial_reference_id, well_known_text FROM sys.spatial_reference_systems
```

Listing 34.1 Die Georeferenzsysteme des SQL Server

Und dies ist ein Auszug aus den Ergebnissen, die Sie erhalten werden:

spatial_reference_id	well_known_text
4231	GEOGCS["ED87", DATUM["European Datum 1987", ELLIPSOID["International 1924", 6378388, 297]], PRIMEM["Greenwich", 0], UNIT["Degree", 0.0174532925199433]]
4269	GEOGCS["ED87", DATUM["European Datum 1987", ELLIPSOID["International 1924", 6378388, 297]], PRIMEM["Greenwich", 0], UNIT["Degree", 0.0174532925199433]]
4326	GEOGCS["WGS 84", DATUM["World Geodetic System 1984", ELLIPSOID["WGS 84", 6378137, 298.257223563]], PRIMEM["Greenwich", 0], UNIT["Degree", 0.0174532925199433]]

Die Spalte *spatial_reference_id* enthält natürlich die SRID und die Spalte *well_known_text* enthält eine standardisierte Beschreibung des Referenzsystems.

Geodaten in SQL Server-Datenbanken verwenden

Nach dem kurzen Abriss der wunderbaren Welt der Geoinformationen geht es jetzt um die praktischen Anwendungen in SQL Server-Datenbanken. In SQL Server 2008 gibt es vier wesentliche Bausteine für das Entwickeln mit Geodaten: Die beiden benutzerdefinierten Datentypen *geometry* und *geography* für das Speichern der Daten, 76 Methoden zur Verarbeitung, ein spezieller Indextyp und die Möglichkeit, Geodaten in Reporting Services-Berichten zu visualisieren. Dies alles soll es auch Entwicklern, die sich noch nicht ausführlich mit Geoprogrammierung beschäftigt haben, ermöglichen, Geofunktionen in ihre Anwendungen einzubauen.

Das Szenario dieses Kapitels stellt vor, wie eine Datenbank um Geoinformationen erweitert wird. In der *netShop*-Datenbank sollen zukünftig beliebig gestaltete Verkaufsgebiete verwaltet werden können, denen die Kunden über ihren Ort zugewiesen werden und es sollen diverse geographische Abfragen und Auswertungen ermöglicht werden.

Die Datentypen geometry und geography

SQL Server 2008 bietet die Geofunktionalität überraschenderweise in Form *zweier* neuer Basistypen an: *geometry* und *geography*. Überraschend, weil das laut OGC-Spezifikationen nicht notwendig wäre. Die OGC-Standards kennen tatsächlich nur den Typ *geometry* und in anderen Datenbanksystemen ist auch nur dieser vorhanden. In der praktischen Arbeit ist die Unterteilung aber durchaus sinnvoll, da die beiden Typen unterschiedliche Charakteristika aufweisen.

Der Typ *geography* ist für die Arbeit mit sphärischer Geometrie gedacht: Die Erde ist rund (siehe Abbildung 34.2). Geography setzt zwingend die Angabe einer SRID voraus. Der Typ *geometry* dagegen ist für die Arbeit mit planaren Daten gedacht. Die Erde ist flach (Abbildung 34.3). Diese Ansicht wird heutzutage wohl nur noch von Bewohnern der »Scheibenwelt«[2], Investmentbankern oder Mitgliedern der »Flat Earth Society«[3] vertreten.

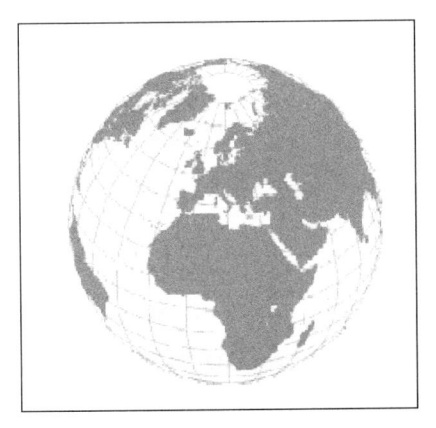

Abbildung 34.2 geography – Die Erde ist rund

Beide Datentypen enthalten in ihren Eigenschaften eine Positionsangabe (Längengrad/Breitengrad bzw. X/Y-Wert), optional eine Höhe Z und eine Maßzahl M. Gerechnet wird aber immer zweidimensional. Die natürliche Domäne von *geometry* ist auf den ersten Blick 2D CAD oder die Abbildung von Objekten, die aufgrund ihrer räumlichen Ausdehnung kaum den Effekten der Erdkrümmung unterliegen (Gebäudepläne etc.).

---

[2] Detaillierte Beschreibungen der Scheibenwelt finden Sie in den Büchern von Terry Pratchet.

[3] Die »Flat Earth Society« bekämpft seit dem 19. Jahrhundert den Irrglauben, dass die Erde eine »Kugel« ist.

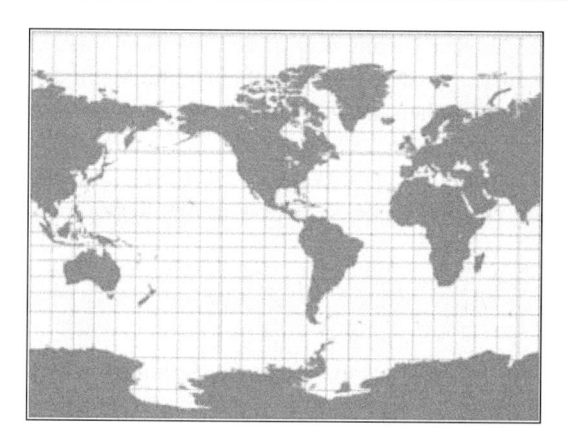

Abbildung 34.3 geometry – Die Erde ist flach

Aber auch der *geometry*-Datentyp kommt für das Speichern von Ortsinformationen in Frage. Diese müssen dann *projiziert* sein. Die Projektion räumlicher Daten in eine ebene Darstellung ist eine übliche Operation für Geodaten. In Ihrem alten Schulatlas sind die Landkarten projizierte Darstellungen der Erde. Auch Abbildung 34.2 und Abbildung 34.3 stellen verschiedene Projektionen der Erde dar. Eine klassische Projektion ist die Mercator-Projektion, welche den Globus auf einen Zylinder projiziert, der dann abgerollt wird. Diese Projektion ist ein wenig politisch inkorrekt, da Gegenden am Äquator (in der Regel »Entwicklungsländer«) im Verhältnis kleiner dargestellt werden als Länder, die mehr in Richtung der Pole liegen. Heutzutage schauen wir ja mehr auf mehr Bildschirme und weniger auf Papier. Dennoch muss projiziert werden: Bing Maps und Google Earth verwenden je eine Mercator-Projektion.

Wenn in einer *geometry*-Spalte solcherlei Daten gespeichert werden sollen, dann benötigen Sie die SRID eines projizierten Referenzsystems. Ansonsten verlangt *geometry* keine SRID-Angabe. Beispielsweise, wenn per se zweidimensionale Darstellungen, wie Platinenlayouts, Stoffmuster, etc. abzulegen sind.

In Spalten der räumlichen Datentypen lassen sich unterschiedliche Geoobjekte ablegen, die von den beiden Basistypen abgeleitet sind. Die Ausprägungen unterscheiden sich bei *geometry* und *geography* nicht und die Namen sind nahezu selbsterklärend: *Point*, *LineString* und *Polygon* stellen die einfachen Objekte dar. In einer Spalte können auch Sammlungen dieser Objekte gespeichert werden: *Multipoint*, *MultiLineString* und *MultiPolygon*. Sammlungen *unterschiedlicher* Objekttypen fassen Sie in einer *GeomCollection* zusammen. Abbildung 34.4 zeigt das Objektmodell für *geometry*. Das für *geography* ist identisch aufgebaut.

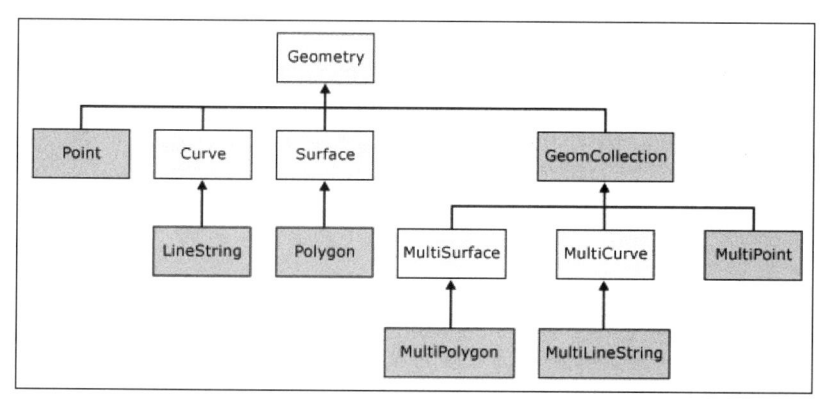

Abbildung 34.4 Das Objektmodell von geometry

Die Implementierung der Datentypen ist so eng an die Standards angelehnt, dass in den Books Online auf die offizielle Dokumentation des OGC verwiesen wird. Ansonsten werden die Eigenschaften und Methoden der Klassen eher karg beschrieben. Immerhin ist dies ein gutes Zeichen, was die Einhaltung von Standards angeht (allerdings ein weniger gutes Zeichen, was den Fleiß der Autoren der Books Online angeht – die offizielle OGC-Dokumentation ist, wie viele Standards, stellenweise nicht besonders einfach zu lesen). Auf der Begleit-CD-ROM zum Entwicklerbuch finden Sie die entsprechenden Dokumente im Ressourcen-Verzeichnis »Geodaten«.

Geodaten in Tabellen verwalten

Wie arbeitet man nun in der Praxis mit den Geodatentypen? Das soll anhand kleiner Experimente vorgestellt werden, die Sie natürlich wieder leicht mit dem Beispielcode auf der Buch-CD-ROM im entsprechenden T-SQL-Projekt (*34 - Geodaten*) nachvollziehen können.

Nachdem Sie sich entschieden haben, welcher der vorhandenen Geobasisdatentypen für Ihre Anwendungen der geeignete ist (also *geometry* oder *geography*), können Sie sofort loslegen und Ihre Tabellen um entsprechende Spalte erweitern. Im folgenden T-SQL-Skriptbeispiel Listing 34.2 wird die Kundentabelle *Sales.Customers* der *netShop*-Datenbank um die Spalte *AddressLocation* erweitert und die Tabelle *Management.Employees* um die Spalte *SalesRegion*. Beide Spalten sind vom Typ *geography*, da geocodierte Informationen in diesen Spalten abgelegt werden sollen. Die Spalte *AddressLocation* wird die Koordinaten der Adresse eines Kunden enthalten. Im Sinne der SQL Server-Geoobjekte ist das ein Punkt (*POINT*). In der Spalte *SalesRegion* werden die Geometrien der Verkaufsregionen der *netShop*-Verkaufsmitarbeiter verwaltet. Diese lassen sich als Polygone auffassen (*POLYGON*). Zusätzlich bekommt die Tabelle *Employees* eine Spalte *SalesRegionName*. Diese soll die Klartextbezeichnung der Verkaufsregion aufnehmen (z.B. »Nordwesten«). Die Erweiterung der Tabellen ist simpel:

```
ALTER TABLE Sales.Customers
ADD
    AddressLocation geography

ALTER TABLE Management.Employees
ADD
    SalesRegion geometry,
    SalesRegionName varchar(100)
```

Listing 34.2 Tabellen um Spalten mit Geodaten erweitern

Das war auch schon alles. Welches der möglichen Geoobjekte (wie *POINT*, *MULTIPOINT*, *LINESTRING*, etc.) konkret in einen Datensatz abgelegt wird, entscheidet sich erst beim *INSERT*. So kann in einem Datensatz der Tabelle eine *POINT*, im nächsten ein *MULTIPOINT* usf. gespeichert sein. Dasselbe gilt für das Bezugssystem. Sie können, wenn Sie möchten, in jedem Datensatz eine unterschiedliche SRID vergeben. Ob das sinnvoll ist, hängt vollständig von der Anwendung ab.

Geodaten einfügen

Das folgende Codebeispiel stellt vor, wie Sie mit der Hilfe der statischen Standardmethode *STGeomFromText* Objekte vom Typ *POINT* erstellen können. Die Koordinaten werden als so genannter *Well Known Text (WKT)* angegeben. WKT ist eines der von der OGC definierten Standardformate für den Austausch von Geoinformationen. In Listing 34.3 werden die ersten drei Kundendatensätze mit Geodaten versorgt.

```
-- Kunde in Reinhardshagen
UPDATE Sales.Customers
   SET AddressLocation = geography::STGeomFromText('POINT(9.600796  51.493063)', 4326)
   WHERE ID = 1

-- Kunde in Meißen
UPDATE Sales.Customers
   SET AddressLocation =  geography::STGeomFromText('POINT(13.47183  51.159259)', 4326) WHERE ID = 2

-- Kunde in Berlin
UPDATE Sales.Customers
   SET AddressLocation =  geography::STGeomFromText('POINT(13.411400  52.523405)', 4326) WHERE ID = 3
```

Listing 34.3 Erzeugen von Punkt-Informationen und Abspeichern in einer Tabelle

Die WKT-Koordinaten werden vom Datentyp *geography* als Längen- und Breitengrad interpretiert und müssen in dieser Reihenfolge angegeben werden und zwar als Dezimalwert (nicht als Gradangabe). Über den zweiten Parameter der Methode *STGeomFromText* wird die SRID des verwendeten Referenzsystems angegeben. 4326 (=WGS84) stellt dabei den Standardwert dar und könnte prinzipiell auch weggelassen werden.

WICHTIG Überlegen Sie beim Ablegen von Geodaten gut, welches Referenzsystem Sie verwenden wollen. Geodaten zweier verschiedener Referenzsysteme sind nicht miteinander kompatibel und können beim derzeitigen Stand der Geodatenverarbeitung des SQL Server auch nicht in ein anderes Referenzsystem transformiert werden. Entscheiden Sie sich also am besten am Anfang eines Projekts für ein passendes Referenzsystem, welches Sie durchgängig verwenden. Für allgemeine Anwendungen und die Verarbeitung von GPS-Daten ist das System WGS84 natürlich eine naheliegende und gute Wahl.

Einzelne Koordinaten von Orten können Sie sich in Programmen wie Microsoft MapPoint besorgen. MapPoint zeigt die aktuelle Koordinate des Mauszeigers am unteren rechten Bildschirmrand an. Koordinaten können Sie leider nicht direkt exportieren, es gibt aber (kostenlose) Hilfsprogramme, die das tun (siehe Hinweise auf der Buch-CD-ROM). In Bing Maps können Sie Pins setzen und dann über *Speichern / Exportieren* die Koordinaten der Punkte in das so genannte *KML*-Format exportieren. KML ist die von Google Earth erfundene »Keyhole Markup Language«, inzwischen ein weiteres gängiges Industrieformat für das Speichern von Geoinformationen. KML ist ein einfach zu interpretierendes XML-Format. Sie finden die Koordinaten der Punkte in den *Placemark*-Elementen. Weiter hinten in diesem Kapitel wird verraten, wie Sie das Kodieren von Geodaten automatisieren können.

Vorhandene Geodaten können Sie in T-SQL wie alle anderen Datentypen behandeln, solange keine spezifischen Geomethoden benötigt werden. Allerdings sind *geometry* oder *geography*-Werte nicht sortierbar. Das folgende Kommando füllt die Spalte *AddressLocation* der Kunden-Tabelle aus der Hilfstabelle *Internal.Locations* auf, in der die Ortskoordinaten für die *netShop*-Städte hinterlegt sind.

```
UPDATE Sales.Customers
SET
   AddressLocation = ( SELECT Location FROM Internal.Locations WHERE City = Sales.Customers.City )
```

Listing 34.4 Zuweisen von Koordinaten aus einer Referenztabelle

Im nächsten Listing wird vorgestellt, wie ein Polygon konstruiert und in der Tabelle *Employees* ablegt wird. Auch hierfür wird die Standardmethode *STGeomFromText* eingesetzt. Das Polygon beschreibt die Verkaufsregion für den neuen Verkäufer Paul Meyer. Das Polygon besteht aus über 700 Punkten, von denen hier nur ein kleiner Auszug wiedergegeben ist.

```
INSERT INTO Management.Employees
( FirstName, LastName, ManagerID, SalesRegionName, SalesRegion )
VALUES
( 'Paul', 'Meyer', 1, 'Berlin',  geography::STGeomFromText('POLYGON
  ((
      13.0925 52.422157, 13.094592 52.413959, 13.101623 52.411559, 13.103174 52.413532, …
      13.110624 52.41219, 13.111334 52.415622, 13.113667 52.415275, 13.114509 52.413815, …
      …
      … 13.10346 52.427538, 13.103296 52.426413, 13.101848 52.425351, 13.0925 52.422157
  ))', 4326))
```

Listing 34.5 Einfügen eines Datensatzes mit einem Polygon

Polygone bestehen aus Ringen, die geschlossen sein müssen – daher entspricht in Listing 34.5 die letzte Koordinate exakt der ersten. Jedes Polygon darf dabei durchaus aus mehreren Ringen bestehen – die Definition jedes einzelnen Rings muss in runde Klammern eingeschlossen sein. Für das Anlegen geografischer Objekte gibt es weitere einfache Regeln, die im nachfolgenden Abschnitt erläutert werden.

Tabelleneinschränkungen für Geodaten

Durch die Verwendung von Tabelleneinschränkungen können Sie zusätzliche Kontrolle über die Inhalte von Spalten gewinnen, die die *geometry* oder *geography*-Datentypen verwenden. Das folgende Listing zeigt, wie Sie erreichen können, dass in jedem Eintrag in einer »Geospalte« immer ein und dieselbe SRID verwendet wird. In der Einschränkung wird die Standardfunktion *STSrid* verwendet, welche die SRID eines Geoobjekts liefert. Mehr zu den Methoden, die Ihnen SQL Server zur Verfügung stellt, finden Sie im Abschnitt »geometry und geography im Detail«.

```
ALTER TABLE Management.Employees
ADD CONSTRAINT CHK_Employees_SalesRegion_SRID
CHECK ( SalesRegion.STSrid = 4326 )
```

Listing 34.6 Einschränkung zur Kontrolle der SRID

Wird jetzt versucht, ein *INSERT* mit einer anderen SRID als *4326* durchzuführen, dann schlägt das fehl. Sie können das mit dem nächsten Codeausschnitt testen. Hier wird die SRID 4937 verwendet, die für ein lokales, europäisches Referenzsystem steht.

```
INSERT INTO Management.Employees
(FirstName, LastName, ManagerID, SalesRegionName, SalesRegion)
VALUES
( 'Carlo', 'Schröder', 1, 'USA West',
  geography::STGeomFromText('POLYGON((
    -102.5484260476256  49.002355502083155,
    -99.501984092881486 27.53090452533937,
    …
    -102.5484260476256  49.002355502083155))', 4937))
```

Listing 34.7 INSERT mit nicht erlaubter SRID

Führen Sie den Code aus Listing 34.7 aus, dann erhalten Sie die folgende Fehlermeldung:

```
Meldung 547, Ebene 16, Status 0, Zeile 2
Die INSERT-Anweisung steht in Konflikt mit der CHECK-Einschränkung 'CHK_Employees_SalesRegion_SRID'. Der
Konflikt trat in der 'netShop2008'-Datenbank, Tabelle 'Management.Employees', column 'SalesRegion' auf.
Die Anweisung wurde beendet.
```

Alles bestens! Eine andere SRID als die 4326 kann nicht mehr verwendet werden. Damit sind die Inhalte der Spalte *SalesRegion* kompatibel zueinander und Ausdrücke und Berechnungen liefern gültige Ergebnisse. Zusätzlich erscheint es noch sinnvoll, nur *geography*-Objekte vom Typ *POLYGON* oder *MULTIPOLYGON* zuzulassen. Multipolygone müssen übrigens berücksichtigt werden, weil Bundesländer wie Schleswig-Holstein, keine äußere Grenze besitzen, die sich als Polygon darstellen lassen – denken Sie an die Nordseeinseln. Auch für diese Aufgabenstellung lässt sich ganz einfach eine passende Einschränkung mithilfe einer Standardmethode des Datentyps *geography* definieren. Die Funktion *STGeometryType* liefert Auskunft über den Typ eines Objekts.

```
ALTER TABLE Management.Employees
ADD CONSTRAINT CHK_Employees_SalesRegion_Polygon
CHECK ( SalesRegion.STGeometryType() = 'Polygon' OR SalesRegion.STGeometryType() = 'MULTIPOLYGON' )
```

Listing 34.8   Einschränkung zur Kontrolle des Objekttyps

Und auch zu dieser Einschränkung folgt ein kleines Testskript. Die Ausführung des Codes in Listing 34.9 schlägt aufgrund des neuen Constraints fehl, da anstelle des Objekttyps *POLYGON* ein *POINT* konstruiert wird.

```
INSERT INTO Management.Employees
(FirstName, LastName, ManagerID, SalesRegionName, SalesRegion)
VALUES
( 'Carlo', 'Schröder', 1, 'USA West',
  geography::STGeomFromText('POINT( -102.5484260476256   49.002355502083155 )', 4326))
```

Listing 34.9   INSERT mit nicht erlaubtem Objekttyp

Wie Sie sehen, lässt sich mithilfe der verschiedenen Standardfunktionen der Geodatentypen der Inhalt von »Geospalten« auf einfache Weise in den Griff kriegen. Für komplexere Überprüfungen können Sie natürlich auch Trigger einsetzen.

Formate für Geodaten

Als Entwickler ist es natürlich wichtig zu wissen, welche der unzähligen Datenformate der SQL Server überhaupt »versteht«. Das sind nicht allzu viele. Um genau zu sein gibt es diese drei Varianten:

- **Well Known Text (WKT)**   Ein sehr einfaches, von der OGC spezifiziertes Textformat. Dies ist ein Beispiel für die Definition eines Punktes in WKT: POINT(13.411400 52.523405). Well Known Text kann recht einfach verstanden und visuell »durch Anschauen« geprüft werden.

- **Well Known Binary (WKB)**   Ebenfalls von der OGC definiert, stellt WKB die Repräsentation von Geoobjekten als Bytestream dar. Ein Punkt in WKB-Darstellung sieht folgendermaßen aus: 0x010100000018265305A3D22A400CC85EEFFE424A40. Well Known Binary ist ein sinnvolles Format für den effektiven Austausch von Geodaten. Es spart gegenüber den anderen beiden Formaten Speicherplatz ein und speichert Koordinaten als Fließkommazahl ab. Das führt beim Export oder Import von Geodaten zu viel weniger Rundungsfehlern.

- **Geography Markup Language (GML)**   GML ist eine XML-basierte Darstellung von Geodaten und wird vom OGC in Zusammenarbeit mit der ISO spezifiziert. GML ist wie KML sehr einfach zu verstehen. Das Punkt-Beispiel hat in GML das folgende Aussehen: *<Point xmlns=»http://www.opengis.net/gml«><pos>52.523405 13.4114</pos></Point>*.

Möchten Sie Daten aus anderen Formaten in den SQL Server importieren, dann hilft Ihnen nur die Verwendung zusätzlicher Software weiter. Haben Sie Zugriff auf eine GIS-Software, dann sollte die Bereitstellung im richtigen Format und im richtigen Referenzsystem kein Problem darstellen. Ansonsten finden Sie im Web eine Menge Open Source- und Freeware-Software. Geht es darum, auf einfache Art und Weise die äußerst populären ESRI Shapefile-Daten zu laden, dann schauen Sie sich nach dem Tool Shape2SQL um. Für Entwicklungszwecke ist dies ausreichend. In einer Produktivumgebung könnten Sie ein gutes kostenfreies Open Source-GIS wie MapWindow einsetzen. Auf der Buch CD-ROM finden Sie weitere Tipps und Links.

Für das Einfügen und die Ausgabe von Geodaten in den verschiedenen Standardformaten werden jeweils eigene Methoden verwendet. Im nächsten Codebeispiel wird vorgestellt, wie Punkte mittels unterschiedlicher Methoden eingefügt werden können.

```
-- Kunde in Reinhardshagen - WKT
UPDATE Sales.Customers
   SET AddressLocation = geography::STPointFromText('POINT(9.600796 51.493063)', 4326) WHERE ID = 1

-- Kunde in Meißen - WKB
UPDATE Sales.Customers
   SET AddressLocation =  geography::STPointFromWKB( 0x01010000001A8BA6B393F12A40FD4B529962944940, 4326)
WHERE ID = 2

-- Kunde in Berlin - GML
UPDATE Sales.Customers
   SET AddressLocation =  geography::GeomFromGml('<Point xmlns="http://www.opengis.net/gml">
   <pos>52.523405 13.4114</pos></Point>', 4326)
WHERE ID = 50
```

Listing 34.10 Methoden für das Einfügen von Geodaten in verschiedenen Formaten

Diese drei Methoden erzeugen jeweils einen Punkt aus einem Standardformat. Die *allgemeine* Methode zum Konstruieren eines Objekts haben Sie bereits in Listing 34.3 und Listing 34.5 gesehen: *STGeomFromText*. Es folgt die vollständige Liste der verfügbaren Konstruktionsmethoden:

- STGeomFromText(text, SRID)
- STPointFromText(text, SRID)
- STLineFromText(text, SRID)
- STPolyFromText(text, SRID)
- STMPointFromText(text, SRID)
- STMLineFromText(text, SRID)
- STMPolyFromText(text, SRID)
- STGeomCollFromText(text, SRID)
- STGeomFromWKB(wkb, SRID)
- STPointFromWKB(wkb, SRID)
- STLineFromWKB(wkb, SRID)
- STPolyFromWKB(wkb, SRID)
- STMPointFromWKB(wkb, SRID)

- STMLineFromWKB(wkb, SRID)
- STMPolyFromWKB(wkb, SRID)
- STGeomCollFromWKB(wkb, SRID)
- Parse(input)
- GeomFromGML(input, SRID)
- Point (x, y)

Alle Methoden lassen sich sowohl für *geometry*- wie auch *geography*-Daten einsetzen.

Geodaten abfragen

Die SQL Server-Geodatentypen lassen sich direkt oder unter Verwendung einer der Exportmethoden abfragen. Im folgenden Codebeispiel werden einige typische Verfahren vorgestellt. Die in Listing 34.5 eingefügten Daten zum Vertriebsgebiet werden wieder ausgelesen.

```
DECLARE @Polygon AS geography

SELECT
   @Polygon = SalesRegion
FROM
   Management.Employees
WHERE
   LastName = 'Meyer'


-- Rohformat
SELECT @Polygon AS PolygonData

-- WBK
SELECT @Polygon.STAsBinary()   AS PolygonWKN

-- GML
SELECT @Polygon.AsGml() AS PolygonGML

-- So geht es immer
SELECT @Polygon.ToString() AS PolygonToString

-- Fläche?
SELECT @Polygon.STArea() / 1000000 AS PolygonArea

-- Wieviele Punkte?
SELECT @Polygon.STNumPoints() AS PolygonCountPoints

-- Wie was für einem Objekt haben wir zu tun?
SELECT @Polygon.STGeometryType() AS ObjectType

-- Breitengrad / Längengrad eines Punktes
SELECT CAST(@Polygon.STStartPoint().Lat AS varchar(20))+ ' N  ' +CAST(@Polygon.STStartPoint().Long AS
varchar(20))+ ' O' AS PolygonStartPoint
```

Listing 34.11 Geodaten abfragen

Die einfachste Variante ist die direkte Angabe einer Variable oder einer Spalte eines Geodatentyps in einer Abfrage: *SELECT @Polygon()*. Auf diese Art wird ganz einfach die interne Darstellung eines Geodatums byteweise ausgegeben: *0xE610000001047E...* Das ist für Zuweisungen nützlich, für Ausgaben an eine Anwendung eher ungeeignet. *SELECT @Polygon.STAsBinary()* ergibt die offizielle WKB-Darstellung des *geography*-Werts: *0x0103000000010....* Wenig überraschend liefert *SELECT @Polygon.AsGml()* die GML-Ausgabe: *<Polygon xmlns=»http://www.opengis.net/gml«> <exterior> <LinearRing>   <posList>52.422157 13.0925 52.413959* und so weiter.

Jeder benutzerdefinierte Datentyp des SQL Server verfügt über die Methode *ToString*. So auch die Geodatentypen. Bei diesen liefert *ToString* vernünftigerweise die WKT-Darstellung der Daten: *POLYGON ((13.0925 52.422157, 13.094592 52.413959, 13.101623 52.411559, ..., 13.0925 52.422157))*.

Natürlich lassen sich mithilfe einer der Geodaten-Methoden auch berechnete Werte ausliefern. *STArea* gibt die Fläche eines Objekts in Quadratmetern aus. *SELECT @Polygon.STArea() / 1000000* zeigt die Fläche des Polygons also in Quadratkilometern an: *879,02*. *STNumPoints* zählt die Anzahl der Punkte in einem Objekt und *STGeometryType* gibt Auskunft über die Art eines gespeicherten Objekts.

Das letzte Abfragebeispiel ist etwas komplizierter: *SELECT CAST(@Polygon.STStartPoint().Lat AS varchar(20))+ ' N ' +CAST(@Polygon.STStartPoint().Long AS varchar(20))+ ' O' AS PolygonStartPoint*. Hier liefert die Methode *STStartPoint* den allerersten Punkt des Objekts und die beiden Punkt-Methoden *Lat* und *Long* geben den Breitengrad und denLängengrad dazu aus.

Dies ist die komplette Liste der Exportfunktionen:

- AsTextZM()
- AsGml()
- STAsText()
- ToString()
- STAsBinary()

Geodaten im Management Studio darstellen

Das Arbeiten mit Geodaten macht Spaß und ist mithilfe der beiden Geodatentypen des SQL Server sowie deren Methoden auch keine »Raketenwissenschaft«. Hin und wieder kann die Programmierung aber auch etwas knifflig werden. Da ist es gut, eine einfache Visualisierungsmöglichkeit direkt im Management Studio zur Verfügung zu haben. Enthält ein Abfrageergebnis Geodaten in der unformatierten Rohdarstellung, dann wird das erkannt und ein Geodatenviewer meldet sich. Natürlich ist der Viewer im Management Studio kein Ersatz für die ausgereifte Oberfläche eines GIS. Wenn Sie aber beispielsweise einmal überprüfen möchten, ob sich zwei Objekte auch wirklich nicht überlappen, dann sollten Sie diese Frage mit dem Viewer gut lösen können.

Dazu ein Beispiel: In der *netShop*-Datenbank befindet sich eine Hilfstabelle *Internal.Countries*. In dieser sind die Umrisse der Deutschen Bundesländer datensatzweise als *geography*-Daten abgelegt. Die folgende Beispielabfrage liefert Name, Fläche und die Geodaten an sich:

```
SELECT
    ID, Name, Region.STArea() / 1000000 AS Area, Region
FROM
    Internal.Countries
```

Listing 34.12 Geodaten der Bundesländer

Geodaten in SQL Server-Datenbanken verwenden

Da in der letzten Spalte der *SELECT*-Spaltenliste die Daten im Rohformat ausgegeben werden (*Region*), öffnet sich im Ergebnisfenster des SQL-Editors eine zusätzliche Registerkarte, welche die Visualisierung der Daten enthält (Abbildung 34.5). Sie können nun mit dem Mausrad plus `Strg` oder über den Schieberegler *Zoom* in die Daten hineinzoomen. Falls es mehr als eine mögliche Quellspalte für die Geodatendarstellung gibt, können Sie die anzuzeigende Spalte auswählen, ebenso eine Bezeichnungsspalte für Ihre Daten.

Räumliche Daten vom Typ *geography* müssen einer Projektion unterzogen werden, damit sie angezeigt werden können. Es stehen vier Varianten zur Verfügung:

- **Equirectangular** Diese zylindrische Projektion funktioniert ganz simpel durch die Übernahme der Gradzahlen auf die X- und Y-Achse der projizierten Karte. Diese Art der Projektion wird auf üblichen Karten eher selten eingesetzt, da die Verzerrungen besonders in der Nähe der Pole beträchtlich sind. Das können Sie im Management Studio sehr schön ausprobieren.

- **Mercator** Eine der am weitesten verbreiteten Projektionen. Wie bereits weiter vorn beschrieben, ist die Mercator-Projektion eine Zylinderprojektion.

- **Robinson** Die Robinson-Projektion versucht, die Verzerrungen möglichst gleichmäßig über die gesamte Fläche zu verteilen. Damit soll ein möglichst »naturgetreues« Abbild der Erde erreicht werden. Dr. Arthur Robinson, Erfinder dieser Projektionsart, verwendete keine mathematischen Funktionen, sondern eine Tabelle der projizierten Koordinatenwerte.

- **Bonne** Ist eine klassische kartographische Projektion, die eher historisch interessant ist. Die Breitenkreise werden längengetreu dargestellt.

Für Daten vom Typ *geometry*, die ja bereits projiziert sind, kann keine Projektionsart ausgewählt werden.

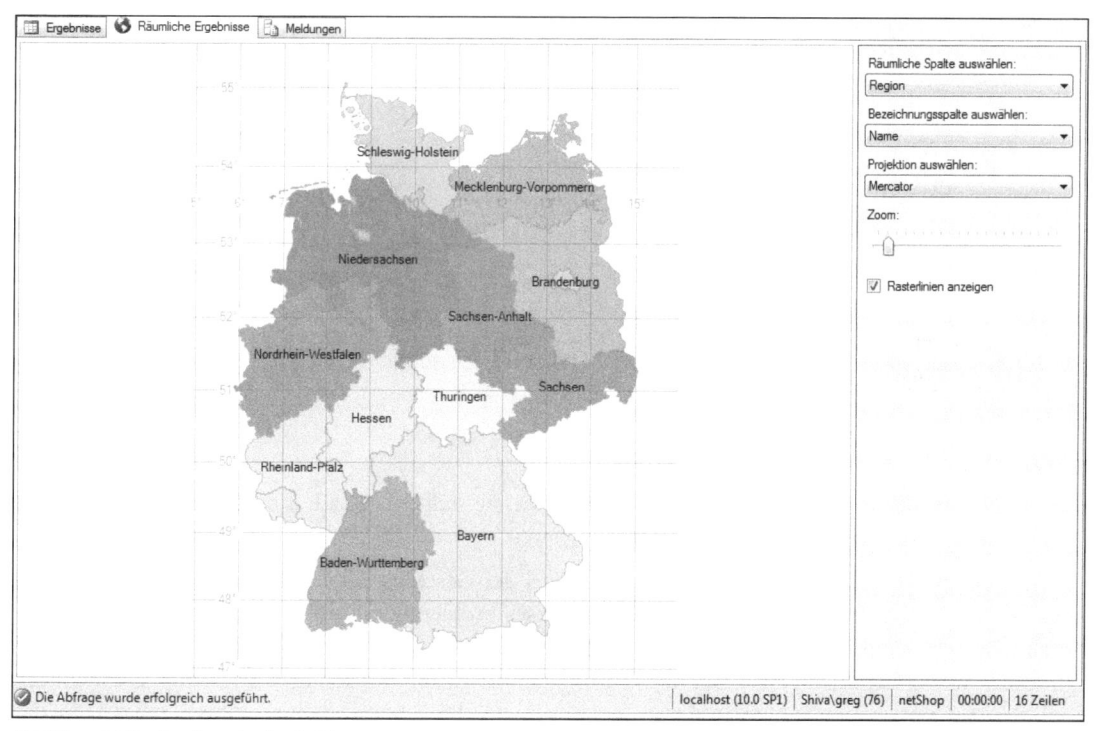

Abbildung 34.5 Geodaten im Ergebnisfenster

geometry und geography im Detail

Nachdem Sie die grundlegenden Prinzipien der Verarbeitung geographischer Daten in SQL Server kennen gelernt haben, geht es nun um wichtige Aspekte bei der Arbeit mit den Geodatentypen.

Einschränkungen und Randbedingungen

Die Implementierung der Datentypen *geometry* und *geography* unterliegt gewissen Beschränkungen, die Sie kennen sollten, um keine unliebsamen Überraschungen zu erleben. Glücklicherweise sind es nicht allzu viele.

Speicherplatz

Als in .NET realisierte benutzerdefinierte Datentypen, unterliegen die Typen *geometry* und *geography* den ganz normalen Speicherplatzlimitierungen für UDTs. In einer Spalte vom Typ *geometry* oder *geography* können Sie bis zu 2GB Daten speichern. Damit lassen sich allerdings schon sehr komplexe Geometrien ablegen.

Validität

Das OGC hat in OpenGIS Regeln definiert, die von Geoobjekten einzuhalten sind, damit Sie als *valide* betrachtet werden. Nicht-valide Objekte können vom SQL Server nicht erzeugt werden (wohl aber gespeichert). Beispielsweise muss jeder Ring eines Polygons geschlossen sein, das Polygon darf keine Schleifen beinhalten und die Ringe eines Polygons dürfen sich nicht überlappen. Schauen Sie sich dazu einmal das folgende Beispielskript an:

```sql
-- einfaches Polygon, ist OK
DECLARE @Polygon geography
SET @Polygon = geography::STPolyFromText('POLYGON((0 0, 10 0, 10 10, 0 10, 0 0))', 4326)
SELECT @Polygon
GO

-- Dieser Ring nicht geschlossen. Passiert leicht bei Rundungsfehlern. Fehlermeldung ist "schön".
DECLARE @Polygon geography
SET @Polygon = geography::STPolyFromText('POLYGON((0 0, 10 0, 10 10, 0 10, 0
0.0000000000000000000000000001 ))', 4326)
SELECT @Polygon
GO

-- OGC sagt: Überlappen verboten. Diese Fehlermeldung ist leider etwas "vage".
DECLARE @Polygon geography
SET @Polygon = geography::STPolyFromText('POLYGON((0 0, 10 0, 10 10, 0 10, 0 0),(-0.0001 0 , 1 9, 9 9, 9 1, -0.0001 0))', 4326)
SELECT @Polygon
```

Listing 34.13 Probleme in Geoobjekten

In dem Beispiel werden simple Polygone konstruiert. Das erste stellt ein Quadrat dar. Da alle Regeln erfüllt sind, wird es im Geodatenviewer angezeigt (Abbildung 34.6).

Das zweite Polygon kommt nicht zustande, weil die Regel der Geschlossenheit nicht eingehalten wird: Der Anfangs- und der Endpunkt stimmen nicht überein. Dieses Problem könnte Ihnen häufiger begegnen. Die Koordinaten eines Geoobjekts werden in SQL Server als Gleitkommazahlen abgelegt und diese sind bekanntlich fast nie vollkommen genau. Bei der Prüfung der Gültigkeit werden allerdings auch die kleinsten Abweichungen bemerkt. Speziell, wenn Sie mit Geokoordinaten Berechnungen durchführen, müssen Sie das berücksichtigen.

Die Fehlermeldung, die angezeigt wird, ist glücklicherweise aussagekräftig:

```
Meldung 6522, Ebene 16, Status 1, Zeile 2
System.FormatException: 24306: Die Polygon-Eingabe ist nicht gültig, da Start- und Endpunkt des Rings nicht
übereinstimmen. Jeder Ring muss übereinstimmende Start- und Endpunkte aufweisen.
```

Das dritte Polygon des Beispiels besteht aus zwei Ringen, die sich überlappen. Da dies ebenfalls nicht erlaubt ist, kommt es zu der folgenden – leider nicht mehr so eindeutigen – Fehlermeldung:

```
System.ArgumentException: 24200: Die angegebene Eingabe stellt keine gültige geografische Instanz dar.
```

Für den Datentyp *geography* gibt es in SQL Server noch eine weitere Einschränkung, die in den offiziellen OGC-Spezifikationen so nicht vorkommt: Die Ringe eines Polygons müssen eine sinnvolle Orientierung aufweisen. Worum geht es?

Abbildung 34.6 Einfaches Polygon

Polygone, die auf einer Sphäre konstruiert werden, können Mehrdeutigkeiten aufweisen, was die von Ihnen umschlossene Fläche angeht. Ein ganz einfaches Beispiel macht das sofort deutlich. In Abbildung 34.7 ist ein Polygonring zu sehen, der einen Äquator darstellt. Die Frage ist nun: Welche Fläche ist durch den Ring definiert? Die untere oder die obere? Beide gleichzeitig können es nicht sein, denn dann wäre das Polygon sinnlos. Nach OGC spielt diese Frage keine Rolle – das kann aber zu Missverständnissen führen. SQL Server ist da genauer und kümmert sich um eine Definition. Betrachtet man die Abfolge der einzelnen Punkte, die den Polygonring definieren, als Pfad, dann liegt die vom Polygon umschlossene Fläche *links* dieses Pfades. Nach dieser Definition lässt sich eindeutig klären, welche Fläche jeweils gemeint ist (Abbildung 34.8). Die Richtung, in welcher der Pfad verläuft, bezeichnet man als Ringorientierung.

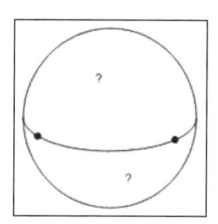

Abbildung 34.7 Welche Fläche ist gemeint?

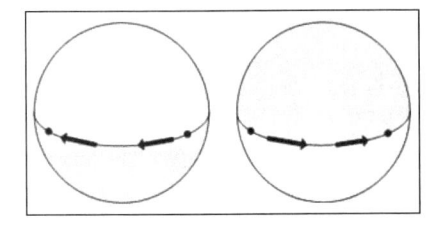

Abbildung 34.8 Eindeutigkeit durch Ringorientierung

Besteht ein Polygon aus mehreren Ringen, die ineinander verschachtelt sind, dann müssen diese sorgfältig konstruiert werden, damit ein sinnvolles Objekt entsteht. Alles ist Ordnung, wenn ein innerer Ring in Bezug auf einen äußeren Ring eine gegenläufige Orientierung besitzt. Entweder ist dann eine Fläche definiert, die sich zwischen den Ringen befindet (Abbildung 34.9) oder es sind zwei Flächen definiert, von denen sich die eine innerhalb des inneren und die zweite außerhalb des äußeren Rings befindet. Könnte das Polygon eine Schlaufe bilden (was aber sowieso verboten ist) oder haben zwei ineinander verschachtelte Polygone eine gleichläufige Orientierung, dann führt die »Linke-Hand-Regel« zu Problemen. Es kann nicht mehr eindeutig gesagt werden, welche Flächen gemeint sind. SQL Server betrachtet die Objekte daher nicht als valide.

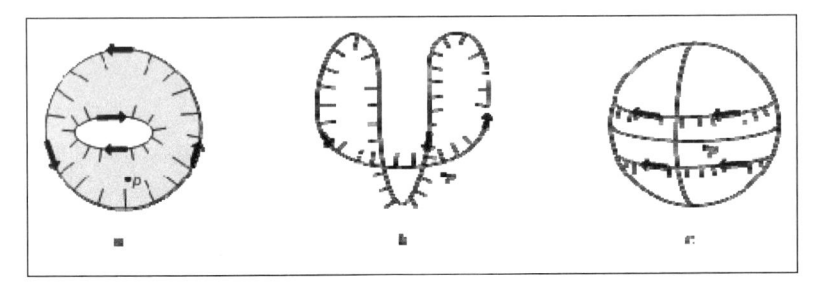

Abbildung 34.9 Valide und nicht valide Ringorientierungen

Auch zum Thema Ringorientierung soll es ein Beispiel geben, welches sich leicht nachvollziehen lässt:

```
-- Ein Polygon mit zwei Ringen - ist OK. Kleineres Polygon ist umgekehrt orientiert.
DECLARE @Polygon geography
SET @Polygon = geography::STPolyFromText('POLYGON((0 0, 10 0, 10 10, 0 10, 0 0),(1 1, 1 9, 9 9, 9 1, 1 1))', 4326)
SELECT @Polygon
GO

-- So geht das nicht. Beide Polygone haben die gleiche Orientierung.
DECLARE @Polygon geography
SET @Polygon = geography::STPolyFromText('POLYGON((0 0, 10 0, 10 10, 0 10, 0 0),(1 1, 9 1, 9 9, 1 9, 1 1))', 4326)
SELECT @Polygon
```

Listing 34.14 Ringorientierung in geography

Das erste Polygon ist valide. Es stellt zwei ineinander verschachtelte Quadrate dar (Abbildung 34.10). Das zweite Polygon kann dagegen nicht konstruiert werden. Würden Sie für das zweite Polygon den Datentyp *geometry* verwenden, dann wäre das ohne Schwierigkeiten möglich, da sich *geometry* nicht um die Ringorientierung schert.

geometry und geography im Detail

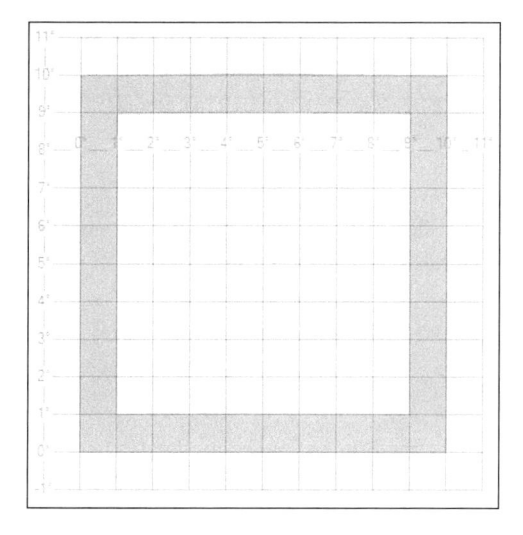

Abbildung 34.10 Polygon mit korrekten Ringorientierungen

Beschränkung auf eine Hemisphäre

Die bisher angeführten Einschränkungen waren logischer Natur. Sie sollen verhindern, dass nicht interpretierbare Geoobjekte konstruiert werden können. Dummerweise kennt SQL Server 2008 aber noch eine zusätzliche Einschränkung technischer Natur: Die Ausmaße eines Geoobjekts dürfen maximal eine Hemisphäre (Halbkugel) umfassen. Wo genau die Hemisphäre auf der Erdhalbkugel angesiedelt ist, spielt dabei keine Rolle. Diese Einschränkung kann sehr störend sein, wenn Ihre Anwendung tatsächlich »global denkt«. Aber schon beim Anlegen eines vermeintlich sehr kleinen Polygons können Sie die Hemisphären-Regel verletzen. Stellen Sie sich vor, Sie legen ein kleines Polygon an, dessen Ringorientierung gegen den Uhrzeigersinn verläuft. Dann liegt die definierte Fläche innerhalb des Polygons und die Welt ist in Ordnung. Legen Sie die Punkte dagegen mit dem Uhrzeigersinn an, dann liegt die definierte Fläche außerhalb des Polygons und – zack – umfasst die gesamte Erdkugel. Was nicht erlaubt ist. SQL verweigert das Anlegen des Polygons.

Im nächsten Listing folgen drei Beispiele:

```
-- das geht grad so... Mal anschauen.
DECLARE @Polygon geography
SET @Polygon = geography::STPolyFromText('POLYGON((0 0, 179 0, 179 1, 0 1, 0 0))', 4326)
SELECT @Polygon
GO

-- und das nicht mehr
DECLARE @Polygon geography
SET @Polygon = geography::STPolyFromText('POLYGON((0 0, 180 0, 180 1, 0 1, 0 0))', 4326)
SELECT @Polygon
GO

-- das hier ist erstaunlicherweise riesig! (mit dem Uhrzeigersinn definiert - ein Loch in der Welt).
DECLARE @Polygon geography
SET @Polygon = geography::STPolyFromText('POLYGON((0 0, 0 1, 1 1, 1 0, 0 0))', 4326)
SELECT @Polygon
```

Listing 34.15 Verletzung der Hemisphärenregel

Das erste Polygon lässt sich reibungslos erzeugen (Abbildung 34.11). Die beiden anderen scheitern jeweils an ihrer Größe mit der folgenden Fehlermeldung:

```
Microsoft.SqlServer.Types.GLArgumentException: 24205: Die angegebene Eingabe stellt keine gültige geografische
Instanz dar, da sie eine einzelne Hemisphäre überschreitet. Jede geografische Instanz muss in eine einzelne
Hemisphäre passen. Eine häufige Ursache für diesen Fehler besteht darin, dass ein Polygon eine falsche
Ringausrichtung aufweist.
```

Der in der Fehlermeldung enthaltene Hinweis trifft ganz genau auf das dritte Polygon zu. Das hat auf der ersten Blick zwar nur geringe Ausmaße, ist aufgrund der »Linke-Hand-Regel« aber riesig.

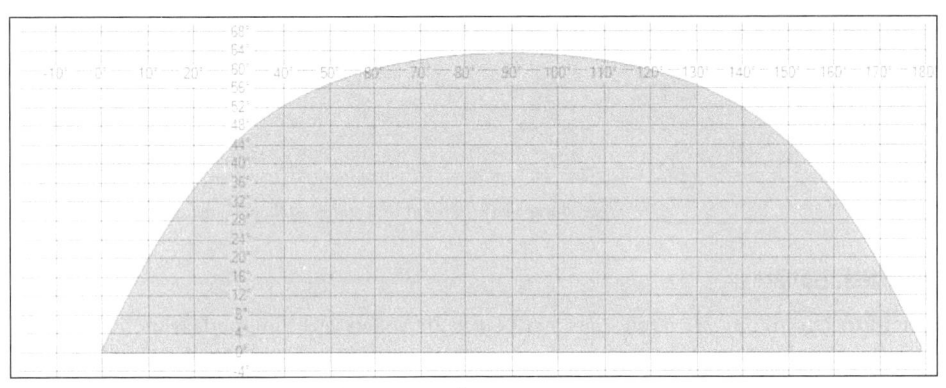

Abbildung 34.11 Polygon umfasst beinahe eine Hemisphäre

Methoden für Geodatentypen

Es folgt eine kurze Übersicht über die verfügbaren Methoden für die Geodatentypen. An den Bezeichnungen der Methodennamen lässt sich erkennen, ob die Methode von OGC definiert wurde oder eine SQL Server-Ergänzung darstellt. Methoden, die mit »ST« beginnen, sind offizielle OGC-Methoden, die anderen stellen Ergänzungen dar. Die Funktion einiger der OGC-Methoden ist nicht ganz trivial. Die exakte Erläuterung finden Sie im Zweifelsfall in den OGC-Spezifikationen (und nicht in den Books Online). Wenn nichts anderes gesagt wird, sind die Methoden sowohl für *geometry* wie auch *geography*-Instanzen gültig.

Die Methoden sind nach Ihrer Anwendung zu Gruppen zusammengefasst. Die meisten werden aus Platzgründen nur kurz erklärt. Die Übersicht soll Ihnen in erster Linie ein Gefühl dafür vermitteln, »was in SQL Server geht«.

Die ersten beiden Sätze von Geomethoden haben Sie bereits in den Abschnitten »Geodaten einfügen« und »Geodaten abfragen« dieses Kapitels kennen gelernt. Dies waren die Funktionen zur Erzeugung von Geoinstanzen und zum Export in eines der verfügbaren Standardformate. Diese Methoden sollen hier nicht wiederholt werden.

Denken Sie daran, dass Funktionen, die zwei Instanzen als Argumente entgegennehmen, nur dann ein Ergebnis liefern, wenn beide Instanzen ein und dieselbe SRID verwenden.

Elementare Auskunftsfunktionen

Eine Anzahl von Methoden ist dazu geeignet, Informationen über Geoobjekte zu liefern. Diese Methoden sind besonders interessant, wenn Sie Instanzen importieren möchten und für die weitere Verarbeitung untersuchen müssen, welche Eigenschaften diese aufweisen. Als da wären:

- **STDimension**   Liefert die höchste Dimension in einer Geoinstanz. Da SQL Server nur zweidimensionale Daten verarbeiten kann, ist das entweder 0 (Punkt), 1 (Linienzug) oder 2 (Polygon).
- **STGeometryType**   Liefert den duch OGC definierten offiziellen Typnamen zurück
- **STSrid**   Liefert den Spatial Reference Identifier einer Instanz
- **STIsSimple**   Zeigt an, ob eine Instanz nach OGC »einfach« ist. Ein Linienzug ist beispielsweise einfach, wenn er sich nicht selbst schneidet (siehe Listing 34.16).
- **STIsRing**   Zeigt an, ob eine *LineString*-Instanz geschlossen und einfach ist
- **STIsClosed**   Zeigt an, ob Anfangs- und Endpunkt einer Instanz identisch sind. Bei einer Collection muss das für jedes einzelne enthaltene Objekt gelten.
- **InstanceOf**   Testet, ob die Instanz einem bestimmten Typ entspricht
- **STIsEmpty**   Zeigt an, ob eine Instanz komplett leer ist. Leere Instanzen lassen sich mit dem Schlüsselwort *EMPTY* erzeugen.

Das folgende Codebeispiel zeigt, wie ein Objekt auf Einfachheit getestet wird:

```
DECLARE @Linestring geometry;
SET @Linestring = geometry::STGeomFromText('LINESTRING(0 0, 2 2, 0 2, 2 0)', 0);
SELECT @Linestring.STIsSimple();
```

Listing 34.16   Einfachheit testen

Der Linienzug ist *nicht* einfach, da er eine Schlaufe enthält.

Eigenschaften von Punkten

Punkte sind die einfachsten Objekte, aus denen sich die komplexeren zusammensetzen. Ein Punkt besitzt eine Anzahl einfacher Grundeigenschaften.

- **STX**   Stellt die X-Koordinate einer Instanz dar
- **STY**   Stellt die Y-Koordinate einer Instanz dar
- **Lat**   Gilt nur für *geography*-Typen und stellt den Breitengrad dar
- **Long**   Gilt nur für *geography*-Typen und stellt den Längengrad dar
- **M**   Liefert den M-Wert einer Instanz. M steht für »Measure«. Was Sie mit dieser Eigenschaft anfangen, bleibt vollkommen Ihnen überlassen. SQL Server speichert diesen Wert einfach nur.
- **Z**   Liefert den Z-Wert einer Instanz. Z stellt die »Höhe« dar. Auch diese Eigenschaft wird (im Moment) von SQL Server ignoriert und nur gespeichert.

Ein Beispiel für das Auswerten von Punkteigenschaften haben Sie schon in Listing 34.11 kennen gelernt. Dort wurden Längen- und Breitengrad ausgegeben.

Räumliche Beziehungen auswerten

Der nächste Satz von Methoden dient dazu herauszufinden, in welchem Verhältnis Geoobjekte zueinander stehen.

- **STEquals**   Stellt fest, ob die Punktmenge zweier Instanzen identisch ist. Die Objekte selbst können unterschiedlich sein.
- **STDisjoint**   Stellt fest, ob die Schnittmenge der Punkte zweier Instanzen leer ist

- **STIntersects**   Stellt fest, ob sich zwei Instanzen überschneiden. Überschneiden bedeutet, dass die Instanzen mindestens einen gemeinsamen Punkt besitzen. Die genaue Art der Beziehung kann durch weitere Methoden untersucht werden.

- **Filter**   Hat dieselbe Aufgabe wie *STIntersects*, verwendet aber einen vorhandenen Index. Der Haken: Es können falsche Überschneidungen angezeigt werden. Das hat mit der Art und Weise zu tun, wie Geoindizes funktionieren (dazu gleich mehr). Es kann aber schnell und zuverlässig geprüft werden, dass sich zwei Instanzen nicht überschneiden.

- **STTouches**   Stellt fest, ob sich zwei Instanzen in einzelnen Punkten berühren, aber nicht die Innenbereiche überschneiden

- **STWithin**   Stellt fest, ob sich eine Instanz vollständig innerhalb einer anderen Instanz befindet.

- **STCrosses**   Stellt fest, ob sich zwei Instanzen überkreuzen. Der Unterschied zu *STOverlaps* besteht darin, dass die Dimensionen der entstehenden Schnittmenge immer kleiner sind als die höchste Dimension der Ursprungsinstanzen. Also: Zwei Polygone können sich überlappen. Ein Polygon und ein Linienzug können sich kreuzen.

- **STContains**   Stellt fest, ob eine Instanz eine andere vollständig enthält

- **STOverlaps**   Stellt fest, ob sich zwei Instanzen überlappen. Überlappen bedeutet, dass beide Instanzen vom selben Typ sind und einige innere Punkte gemeinsam haben.

- **STRelate**   Diese Funktion ist etwas für »Geo-Profis«. Im Grunde funktioniert sie zwar ähnlich wie *STIntersects*, *STCrosses*, *STContains* usw., stellt also fest, ob sich zwei Instanzen überschneiden – der Entwickler kann die Natur der Überschneidung(en) aber fein definieren.

Die folgende Abfrage wählt Datensätze von Kunden aus, die sich auf der Koordinate befinden, die in der *netShop*-Datenbank für den Ort Berlin gewählt wurde.

```
SELECT
    Name_2, City
FROM
    Sales.Customers
WHERE
    AddressLocation.STEquals( geography::STPointFromText( 'POINT(13.3769951015711 52.5160659849644)',
                        4326 ) ) = 1
```

Listing 34.17   Kunden in Berlin über die Geoinformation finden

Metriken

Das Messen von Abständen, Längen und Flächen ist eine naheliegende Aufgabenstellung bei der Arbeit mit Geodaten. Dafür sind die folgenden Methoden zuständig.

- **STDistance**   Stellt die Entfernung zwischen den beiden naheliegendsten Punkten zweier Instanzen fest

- **STArea**   Berechnet die Fläche einer Instanz

- **STLength**   Berechnet die Länge einer Instanz. Bei einem Polygon ist das der Umfang.

Die erste Beispielabfrage zeigt die Entfernung von Kunden zum Berliner Hauptquartier in Kilometern an. Durch die *Where*-Klausel wird die maximale Entfernung auf 500 km eingeschränkt.

geometry und geography im Detail

```
DECLARE @HeadQuarterLocation AS geography

-- Berlin, Friedrichstraße 128
SET @HeadQuarterLocation = geography::STPointFromText('POINT(13.387349 52.525331)', 4326)

SELECT DISTINCT
    City, AddressLocation.STDistance(@HeadQuarterLocation) / 1000 AS DistanceInKM
FROM
    Sales.Customers
WHERE
    AddressLocation.STDistance(@HeadQuarterLocation) / 1000 < 500    -- Umkreis begrenzen
ORDER BY
    DistanceInKM DESC
```

Listing 34.18 Entfernungen von Kunden zur Zentrale

In der zweiten Abfrage werden Umsätze in einem Umkreis um jeweils 50 km um drei verschiedene Ortskerne herum miteinander verglichen.

```
DECLARE @Locations AS TABLE (City varchar(50), Location geography)

INSERT @Locations
VALUES
( 'Berlin', geography::STPointFromText('POINT(13.387349 52.525331)', 4326)),
( 'Hamburg', geography::STPointFromText('POINT(9.994004  53.572822)', 4326)),
( 'Düsseldorf', geography::STPointFromText('POINT(6.779168 51.218968)', 4326) )

SELECT
    L.City, COUNT(*) AS CountCustomers, SUM(Quantity * UnitPrice) AS Sales
FROM
    Sales.Customers C
INNER JOIN
    Sales.Orders O ON C.ID = O.CustomerID
INNER JOIN
    Sales.OrderDetails OD ON O.ID = OD.OrderID
INNER JOIN
    @Locations L ON C.AddressLocation.STDistance(L.Location) < 50000
GROUP
    BY L.City
ORDER BY
    Sales DESC
```

Listing 34.19 Auswertungen über Umkreissuchen

Das Ergebnis sieht folgendermaßen aus:

City	CountCustomers	Sales
Düsseldorf	144157	14305010.500000
Hamburg	132407	13109250.500000
Berlin	103618	10292287.000000

Mengenoperationen

Sie können mithilfe des nächsten Satzes von Methoden neue Objekte aus vorhandenen »nach Art der Mengenlehre« konstruieren.

- **STIntersection** Gibt ein Objekt zurück, das die Überschneidung zweier Instanzen darstellt
- **STUnion** Konstruiert ein neues Objekt aus der Vereinigung der Punktmengen zweier Instanzen

- **STDifference** Liefert ein Objekt, welches aus den Punkten konstruiert wird, die sich nicht innerhalb einer anderen Instanz befinden
- **STSymDifference** Bildet die »symmetrische« Differenz zweier Instanzen. Das neue Objekt enthält die Punkte, welche sich entweder in der einen oder in der anderen Instanz befinden – und nicht die, die sich in beiden Instanzen befinden.

Die Methode *STUnion* wird im nächsten Skript genutzt, um aus den Geodaten der Bundesländer, die in der Tabelle *Internal.Countries* hinterlegt sind, vier Vertriebsgebiete zu konstruieren.

```
-- Region Norden
DECLARE @RegionNorth geography

SET @RegionNorth = ( SELECT Region FROM Internal.Countries WHERE Name = 'Bremen' )
SET @RegionNorth =
   @RegionNorth.STUnion( ( SELECT Region FROM Internal.Countries WHERE Name = 'Niedersachsen' ) )
SET @RegionNorth =
   @RegionNorth.STUnion( ( SELECT Region FROM Internal.Countries WHERE Name = 'Mecklenburg-Vorpommern' ) )
SET @RegionNorth =
   @RegionNorth.STUnion( ( SELECT Region FROM Internal.Countries WHERE Name = 'Hamburg' ) )
SET @RegionNorth =
   @RegionNorth.STUnion( ( SELECT Region FROM Internal.Countries WHERE Name = 'Schleswig-Holstein' ) )

-- Region Süden
DECLARE @RegionSouth geography

SET @RegionSouth =
    ( SELECT Region FROM Internal.Countries WHERE Name = 'Bayern' )
SET @RegionSouth =
    @RegionSouth.STUnion( ( SELECT Region FROM Internal.Countries WHERE Name = 'Baden-Wurttemberg' ) )

usw.

-- die Gebiete an die Mitarbeiter zuweisen
UPDATE Management.Employees SET SalesRegionName = 'North', SalesRegion = @RegionNorth
    WHERE LastName = 'Schröder' AND FirstName = 'Carlo'
UPDATE Management.Employees SET SalesRegionName = 'South', SalesRegion = @RegionSouth
    WHERE LastName = 'Braun-Wieshöller' AND FirstName = 'Thomas'
UPDATE Management.Employees SET SalesRegionName = 'Ost', SalesRegion = @RegionEast
    WHERE LastName = 'Meyer' AND FirstName = 'Paul'
UPDATE Management.Employees SET SalesRegionName = 'West', SalesRegion = @RegionWest
    WHERE LastName = 'Schmidt' AND FirstName = 'Christian'
```

Listing 34.20 Vertriebsgebiete anlegen

Dekonstruktion

Mit den folgenden Methoden können Elemente gezählt oder aus einer Instanz herausgelöst werden.

- **STExteriorRing** Gibt den äußeren Ring eines Polygons zurück
- **STNumInteriorRing** Liefert die Anzahl der inneren Ringe eines Polygons
- **STInteriorRingN** Gibt den N-ten inneren Ring eines Polygons zurück
- **NumRings** Gibt die Gesamtzahl der Ringe einer Polygon-Instanz zurück
- **RingN** Gibt den N-ten Ring eines Polygons zurück
- **STNumPoints** Liefert die Anzahl aller Punkte in einer Instanz
- **STPointN** Gibt den N-ten Punkt einer Instanz zurück – in der Reihenfolge, in der die Punkte angelegt wurden

- **STStartPoint**   Gibt den ersten Punkt einer Instanz zurück
- **STEndPoint**   Gibt den letzten Punkt einer Instanz zurück
- **STNumGeometries**   Gibt die Anzahl der Objekte zurück, die in einer Instanz enthalten sind
- **STGeometryN**   Gibt das N-te Objekt einer MultiPoint-, MultiLineString-, MultiPolygon- oder GeometryCollection-Instanz zurück

Geometrien verändern

Ein weiterer Satz von Methoden beschäftigt sich damit, aus vorhandenen Instanzen neue zu erstellen.

- **STEnvelope**   Konstruiert ein minimales Rechteck um eine *geometry*-Instanz herum
- **EnvelopeCenter**   Findet das Zentrum des mit *STEnvelope* gebildeten Rechtecks
- **EnvelopeAngle**   Findet den Winkel zwischen dem Mittelpunkt einer *geography*-Instanz und dem Punkt, der am weitesten vom Mittelpunkt entfernt ist
- **STBoundary**   Berechnet die Grenzen einer Instanz. Punkte haben keine Grenze. Die Grenze eines Linienzuges ist durch den ersten und letzten Punkt definiert. Die Grenze eines Polygons ist durch die Linienzüge definiert, aus denen sich die Ringe zusammensetzen.
- **STConvexHull**   Konstruiert die konvexe Hülle zu einer Instanz – das ist das kleinste konvexe Polygon, welches die Instanz enthält
- **STPointOnSurface**   Gibt einen beliebigen Punkt auf der Oberfläche einer Instanz zurück
- **STCentroid**   Gibt das Zentrum einer *geometry*-Instanz zurück, das aus einem oder mehreren Polygonen besteht
- **STBuffer**   Konstruiert ein Objekt um ein vorhandenes, durch Punkte, die in einem vorgegebenen Abstand liegen
- **BufferWithTolerance**   Konstruiert ein Objekt um ein vorhandenes, durch Punkte, die in einem vorgegebenen Abstand, aber innerhalb einer bestimmten Toleranz liegen. Dadurch wird die Anzahl der notwendigen Punkte für die Konstruktion des Puffers vermindert.
- **Reduce**   Erzeugt eine vereinfachte Version einer Instanz

Validität prüfen oder herstellen

Die beiden nächsten Methoden dienen dem Test von Instanzen auf OGC-Konformität .

- **STIsValid**   SQL Server kann selbst nur valide Instanzen erzeugen, aber nicht-valide Instanzen speichern oder abrufen. *STIsValid* überprüft eine Instanz auf OGC-Validität.
- **MakeValid**   Diese Methode versucht durch Verschiebung von Punkten aus einer nicht-validen Instanz eine valide zu machen.

Indizes für Geodaten

In den letzten Abschnitten haben Sie das Handwerkszeug kennen gelernt, mit dem Sie im SQL Server Geodaten verarbeiten können. Als gelernter Datenbankentwickler wird Ihnen eine Tatsache schon sonnenklar sein: Geodaten speichern zu können ist die eine Sache. Geodaten so schnell wie möglich in der Datenbank finden zu können, eine andere. Die Frage, wie man beispielsweise in einer *WHERE*-Klausel ein Polygon findet, das sich mit einem bestimmten Linienzug schneidet, ist natürlich viel aufwändiger als zum

Beispiel eine Bereichssuche in Integer-Werten. Die Daten in einer Spalte eines Geodatentyps können recht kompliziert sein und eine ad hoc-Auswertung, die jeden Tabellenwert algorithmisch untersucht, sehr »teuer« – besonders in Bezug auf die Prozessorzeit. Von den ganz normalen Schmerzen eines Tabellenscans in großen Tabellen einmal ganz abgesehen.

Im Kapitel über Indizierung haben Sie kennen gelernt, wie Sie mit »klassischer« Indizierung die Zugriffe in Tabellen beschleunigen können. Und glücklicherweise kennt SQL Server Indizes für Spalten, die Geodaten beinhalten. Naturgemäß müssen diese Indizes etwas cleverer sein als die üblichen SQL Server B*-Bäume, und eine Auswahl der Geomethoden unterstützen können. Dazu gehören: *STIntersect*, *STDistance* oder *STContains*.

Der SQL Server verwendet für Geodaten so genannte Grid-Indizes. Existiert ein solcher Index, dann wertet SQL Server eine Abfrage in zwei Schritten aus. Im ersten Schritt werden mithilfe des Index die Datensätze eliminiert, die garantiert keine Übereinstimmung aufweisen können. In der Treffermenge sind dann noch überflüssige Datensätze enthalten, die anschließend auf »teurem« Wege algorithmisch ausgeschlossen werden müssen.

Wie funktioniert nun ein räumlicher Grid-Index? Sollen *geography*-Daten indizierte werden, so werden diese durch eine Projektion planar gemacht. Anschließend wird ein Raster aus gleich großen Kacheln über die Flächen der Objekte gelegt. Abbildung 34.12 zeigt das Prinzip. Die graue Fläche stellt ein Polygon dar (welches aus zwei Ringen besteht). Darüber liegt ein 2x2 Raster. *Kein* Teil des Polygons liegt in der linken oberen Ecke, sodass bei einem *Intersect* dieses Polygons mit einer Menge von Punkten, diejenigen sofort ausgeschlossen werden können, deren Koordinaten sich in diesem Quadrat befinden. In den anderen drei Quadranten ist die Lage nicht so übersichtlich, also werden diese weiter zerlegt. Das Ergebnis in Abbildung 34.13 zeigt drei neue »weiße Flecken«, in denen einfach eliminiert werden kann. Das Verfahren wird fortgesetzt, bis die vierte Ebene erreicht ist oder keine Verfeinerungen mehr möglich sind (Abbildung 34.14). Beim Anlegen eines räumlichen Indexes mit *CREATE SPATIAL INDEX* kann der Entwickler vorgeben, wie fein das Raster auf jeder Ebene des Index sein soll und wie viele Zellen für ein Objekt maximal aufgewendet werden sollen. Indizes für den *geography*-Datentyp umfassen generell den gesamten Globus, bei *geometry*-Feldern wird vereinbart, über welche Fläche sich der Index erstrecken soll (*Bounding Box*).

Listing 34.21 zeigt das Anlegen eines Index für die Koordinaten der Kunden-Orte. Das Schlüsselwort *HIGH* bedeutet, dass ein 16x16 Raster verwendet wird. Andere Werte sind *LOW* (4x4) oder *MEDIUM* (8x8). Die Wahl der Parameter ist stark vom Typ und von der Struktur der gespeicherten Objekte abhängig. Um Indexgröße und Performance zu optimieren, helfen im Zweifelsfall praktische Performancemessungen am besten weiter.

```
CREATE SPATIAL INDEX IX_Customers_AddressLocation ON Sales.Customers (AddressLocation)
WITH ( GRIDS = ( HIGH, HIGH, HIGH, HIGH ))
```

Listing 34.21 Index für die Verkaufsregionen anlegen

Als Voraussetzung für das Anlegen eines Geoindex muss nur gegeben sein, dass die Tabelle einen gruppierten Primärschlüssel enthält.

Der kostenbasierte SQL Server-Abfrageoptimierer schätzt für einen räumlichen Index, wie hoch der Abfrageaufwand mit oder ohne dessen Verwendung ist und entscheidet dadurch über dessen Verwendung.

Mit dem nachfolgenden Skript können indizierte und nicht indizierte Zugriffe miteinander verglichen werden. Die indizierte Variante ist um den Faktor 10 schneller und belastet die CPU deutlich weniger. Die nichtindizierte Variante können Sie übrigens durch das Entfernen des Kommentars vor *WITH (INDEX(0))* testen.

```
DECLARE @region geography
SET @region = (SELECT Region FROM Internal.Countries WHERE Name = 'Brandenburg')

SELECT
   Name_2, City
```

```
FROM
    Sales.Customers   -- WITH (INDEX(0))
WHERE
    AddressLocation.STIntersects(@region) = 1
ORDER BY
    City
```

Listing 34.22 Nicht-indizierter und indizierter Zugriff auf Geodaten

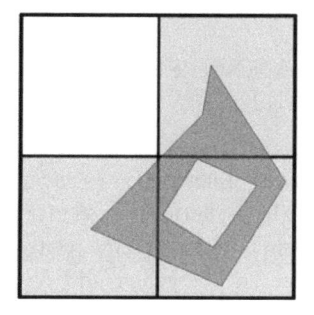

Abbildung 34.12 Raster für Geoindex – erste Ebene

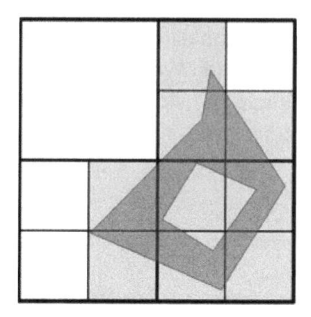

Abbildung 34.13 Raster für Geodaten – zweite Ebene

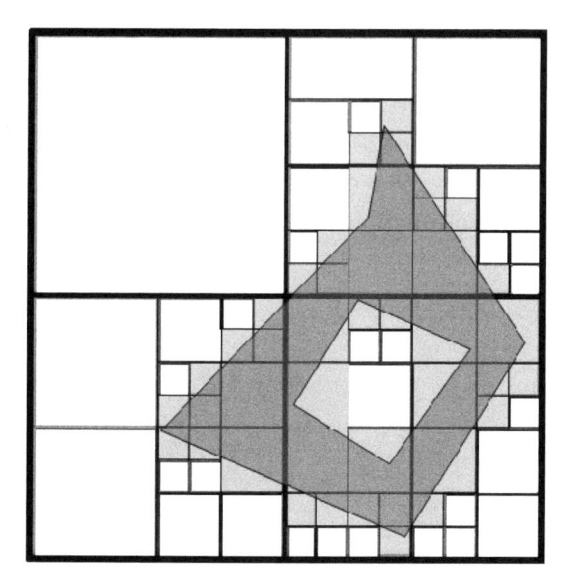

Abbildung 34.14 Raster für Geoindex – vierte Ebene

Daten geocodieren

Datensätze, in denen sich Adressinformationen befinden, die aber noch keine Koordinaten beinhalten, müssen zunächst einmal geocodiert werden, damit Sie überhaupt mit diesen arbeiten können. In der *netShop*-Datenbank gibt es Kundendatensätze, welche die Adresse des Kunden beinhalten. Um diese Adressen schnell und einfach Verkaufsregionen zuordnen zu können, ist es praktisch, die Adressen um die Geokoordinaten zu ergänzen. Die Adresse eines Kunden kann dabei einfach als ein Punkt in einem Koordinatensystem aufgefasst werden.

Einem Kunden, mit der Adresse »Wildenbruchplatz 4; D 12045 Berlin« werden beispielsweise die Koordinaten 52.483877896765286 Grad Breite und 13.444175720214831 Grad Länge zugewiesen.

SQL Server besitzt leider selbst keine Funktionen, mit denen Adressen in Geodaten gewandelt werden können. Das erledigen entweder (nicht ganz billige) GIS-Systeme oder Webservices, unter denen es sogar frei zugängliche gibt. Microsoft bietet Entwicklern die Möglichkeit an, die Bing Maps-Plattform kostenfrei zu benutzen, solange die gewonnenen Daten nicht für den produktiven Einsatz genutzt werden. Eine relativ simple C#-Funktion kann benutzt werden, um eine Adresse an den Webservice zu übergeben und das Koordinatenpaar entgegenzunehmen. Das Referenzsystem ist WGS84.

Bevor Sie mit den Bing Maps-Diensten experimentieren können, müssen Sie sich zunächst einmal ein Entwicklerkonto besorgen (»Bing Maps Developer Account«). Sie können sich auf der Website *https://www.bingmapsportal.com* ganz einfach registrieren. Unter dieser Webadresse können Sie sich nach Ihrer Anmeldung auch einen »Bing Maps Key« generieren lassen. Den benötigen Sie, um sich gegenüber den Webservices zu authentifizieren.

Bing Maps stellt verschiedene Dienste zur Verfügung, als da wären:

- Geocode Service
- Imagery Service
- Route Service
- Search Service

Diese Dienste stehen jeweils als SOAP- oder als REST-Service zur Verfügung. Für das Geokodieren ist natürlich der Geocode Service verantwortlich. Die Entwickler-Version dieses Dienstes erreichen Sie unter der Adresse *http://dev.virtualearth.net/webservices/v1/geocodeservice/geocodeservice.svc*.

Nachdem Sie Ihrem Visual Studio-Projekt diesen Dienstverweis hinzugefügt haben, ist es leicht, eine Funktion in der folgenden Art zu schreiben:

```
...
using GeoCoder.GeocodeService;

public String CodeIt(string theQueryAddress)
{
    string theResult;                                              // Koordinaten werden als String geliefert
    string theKey = "ApxZ98M7_dWTwM_6Rj…PXq5O4RUFPxLABSQ8ysAqJPY";  // das ist der Key für mein Konto
    GeocodeRequest theGeocodeRequest = new GeocodeRequest();       // das wesentliche Objekt

    // Die Credentials über einen Bing Mapy Key festlegen
    theGeocodeRequest.Credentials = new GeocodeService.Credentials();
    theGeocodeRequest.Credentials.ApplicationId = theKey;
```

```
    // Die Abfrage besteht einfach aus einer Freitext-Adresse
    theGeocodeRequest.Query = theQueryAddress;

    // Durch einen Filter kann gesteuert werden, mit welcher "Sicherheit" gearbeitet wird
    ConfidenceFilter[] theFilters = new ConfidenceFilter[1];
    theFilters[0] = new ConfidenceFilter();
    theFilters[0].MinimumConfidence = GeocodeService.Confidence.Medium;

    // Filter an die Optionen des Requests anhängen
    GeocodeOptions theGeocodeOptions = new GeocodeOptions();
    theGeocodeOptions.Filters = theFilters;
    theGeocodeRequest.Options = theGeocodeOptions;

    // Den Request ausführen
    GeocodeServiceClient theGeocodeServiceClient =
        new GeocodeServiceClient("BasicHttpBinding_IGeocodeService");

    GeocodeResponse theGeocodeResponse = theGeocodeServiceClient.Geocode(theGeocodeRequest);

    if (theGeocodeResponse.Results.Length > 0)

        theResult = String.Format("Latitude: {0}\nLongitude: {1}",
            theGeocodeResponse.Results[0].Locations[0].Latitude,
            theGeocodeResponse.Results[0].Locations[0].Longitude);

    else

        theResult = "Nix gefunden!";

    return theResult;
}
```

Listing 34.23 Einfache Funktion für das Geocoding

Die Funktion nimmt eine Adresse wie »Berlin, Wildenbruchplatz 4« entgegen und liefert die WGS84-Koordinaten als String. Diese lassen sich leicht in einen *POINT*-Typ umwandeln. Die Bing Maps-API ist leicht verständlich, sodass Sie mithilfe der Kommentare in Listing 34.23 das Beispiel sicher ohne Probleme nachvollziehen können.

Es wäre natürlich naheliegend, die Kodierfunktion in SQLCLR-Code zu implementieren, es gibt aber zwei Gründe, die dagegen sprechen. Zum einen ist der Aufruf des Geocode-Webservice nicht gerade flott: Es können durchaus mehrere Sekunden vergehen, bis die Antwort eintrifft. Es empfiehlt sich also, asynchron zu arbeiten und die Funktion in einer Anwendung einzusetzen, die von einem Scheduler angesteuert wird. Eine sehr gute Möglichkeit ist eine Einbettung in die Integration Services – als so genannte Skript-Komponente. Die SSIS können dann die Funktion mit neu angefallenen Adressen füttern und die Koordinaten in die Tabellen zurückschreiben. Das zweite Argument gegen eine SQLCLR-Funktion ist die Tatsache, dass die SQL Server-Laufzeitumgebung nicht besonders gut geeignet ist, WCF-Dienste einzusetzen. Auch wenn Sie es geschafft haben, sämtliche fehlenden .NET Framework-Assemblys nach zu installieren, laufen die Aufrufe häufig sehr unrund.

Den Beispielcode finden Sie übrigens im WinForms-Projekt *GeoCoder* im Verzeichnis *34 – Geodaten*.

> **TIPP** Nach dem Einbinden des Dienstverweises in Visual Studio 2010 werden Sie vermutlich beim Kompilieren eine Fehlermeldung mit einem Verweis auf eine fehlerhafte Konfigurationsoption *decompressionEnabled=»true«* bekommen. Entfernen Sie in diesem Fall dieses Attribut einfach aus der *app.config*-Datei. Durch einen Bug in Visual Studio 2010 gerät dieses Attribut leider in die Konfiguationsdatei.

Geodaten visualisieren

Die Möglichkeit Geodaten in SQL Server speichern zu können, ist natürlich eine feine Sache. Ein Entwickler benötigt darüber hinaus natürlich noch Möglichkeiten, Geodaten in Anwendungen anzeigen oder auch eingeben zu können.

Geodaten in den Reporting Services

Möchten Sie Geodaten nur anzeigen lassen, dann haben Sie es glücklicherweise sehr leicht: Ab der Version 2008 R2 können die Reporting Services des SQL Server mit Geodaten umgehen. Ihnen ist es als Entwickler möglich, Daten aus ESRI-Shapefiles einzubinden oder auch die Daten anzuzeigen, die in Ihrer Datenbank in Spalten vom Typ *geography* gespeichert sind. Hier ist wieder einmal das Referenzsystem WGS84 gefragt. Die Anwendung ist nicht weiter schwierig. Dazu folgt jetzt ein Beispiel, welches auf den *netShop*-Geoinformationen basiert.

Für die Darstellung von Werten in einer analytischen Karte werden zwei Abfragen benötigt: Die erste Abfrage liefert die Karteninformationen, die zweite liefert die anzuzeigenden Werte. Die beiden Abfragen müssen über eine gemeinsame Spalte verfügen, über welche die Zahlenwerte den geographischen Regionen zugeordnet werden können.

Dies ist die Abfrage, welche die Umrisse der Bundesländer liefert:

```
SELECT
    Name, Region
FROM
    Internal.Countries
```

Listing 34.24 Grenzen der Bundesländer

Die folgende Abfrage gibt die Umsätze in den Bundesländern aus:

```
SELECT
    CO.Name, SUM(Quantity * UnitPrice) AS Sales
FROM
    Sales.Customers C
INNER JOIN
    Sales.Orders O ON C.ID = O.CustomerID
INNER JOIN    Sales.OrderDetails OD ON O.ID = OD.OrderID
INNER JOIN
    Internal.Countries CO ON C.AddressLocation.STIntersects(CO.Region) = 1
GROUP BY
    CO.Name
```

Listing 34.25 Umsätze in Bundesländern

Die Verbindung zwischen den beiden Ergebnismengen wird über die Spalte *Name* hergestellt.

In den Reporting Services hinterlegt man die beiden Abfragen in Form von *DataSets*. Deren Namen könnten *DataCountries* und *DataSales* lauten. Mithilfe des Assistenten für Karten ist eine erste Version einer Karte, welche die Umsätze in den Bundesländern visualisiert, schnell erstellt.

Nach dem Einfügen eines Karten-Objekts in einen Bericht meldet sich der Assistent und fragt nach der Quelle für die Geodaten (Abbildung 34.15). Wählen Sie hier *SQL Server-Abfrage* aus, dann können Sie im nächsten Schritt das DataSet auswählen, welches die Geodaten liefert. Im dritten Schritt wird die Karte bereits dargestellt und Sie können den anzuzeigenden Ausschnitt bestimmen, sowie einen Bing Maps-Layer hinzufügen (Abbildung 34.16). Dadurch können Sie auf Ihrer Karte Straßen und Orte anzeigen lassen. Danach wählen Sie den Typ der Karte aus (Abbildung 34.17), legen das DataSet fest, aus welchem die Werte stammen und geben an, über welche Spalte die Karte mit den Werten verbunden wird. Zum Schluss geht es noch um das Farbschema, das Verfahren für die Einfärbung und die Auswahl der Spalte, aus welcher die Werte für das Einfärben stammen. Das war es im Grunde schon (Abbildung 34.18). Ein gutes Konzept der Reporting Services-Karten ist, dass Sie einer Karte jederzeit weitere Ebenen mit zusätzlichen Geoinformationen hinzufügen können.

In eigene Anwendungen können die fertigen Karten über das Reporting Services Control eingebunden werden, welches für WinForms oder WebForms zur Verfügung steht.

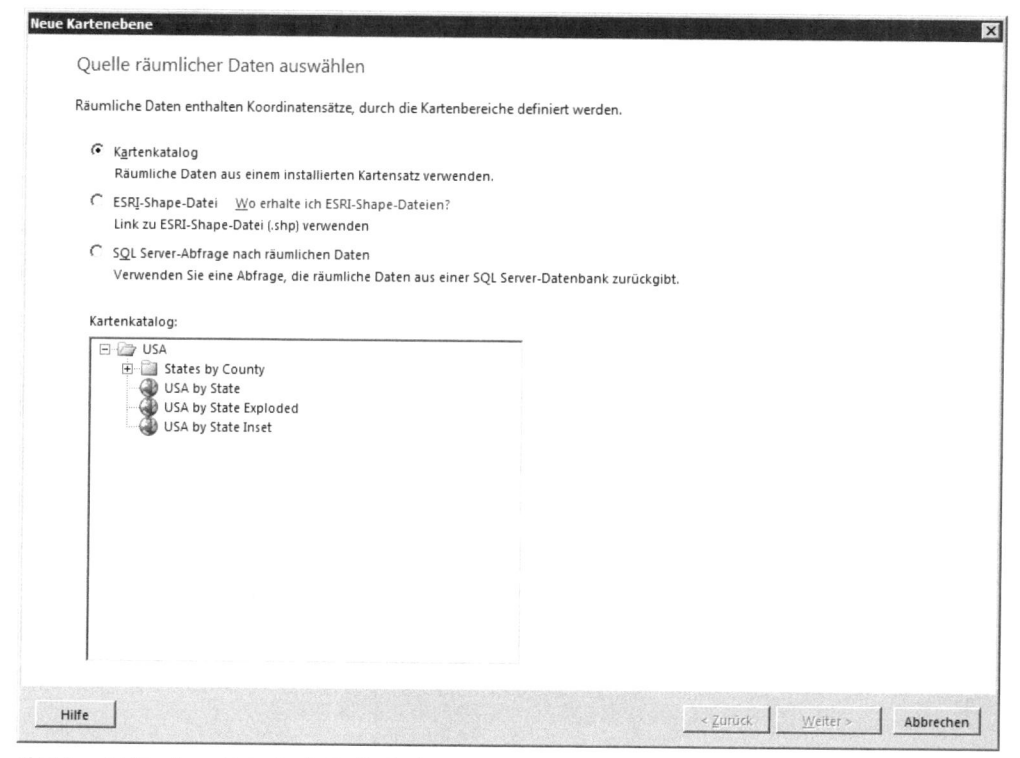

Abbildung 34.15 Auswahl der Quelle für die Geodaten

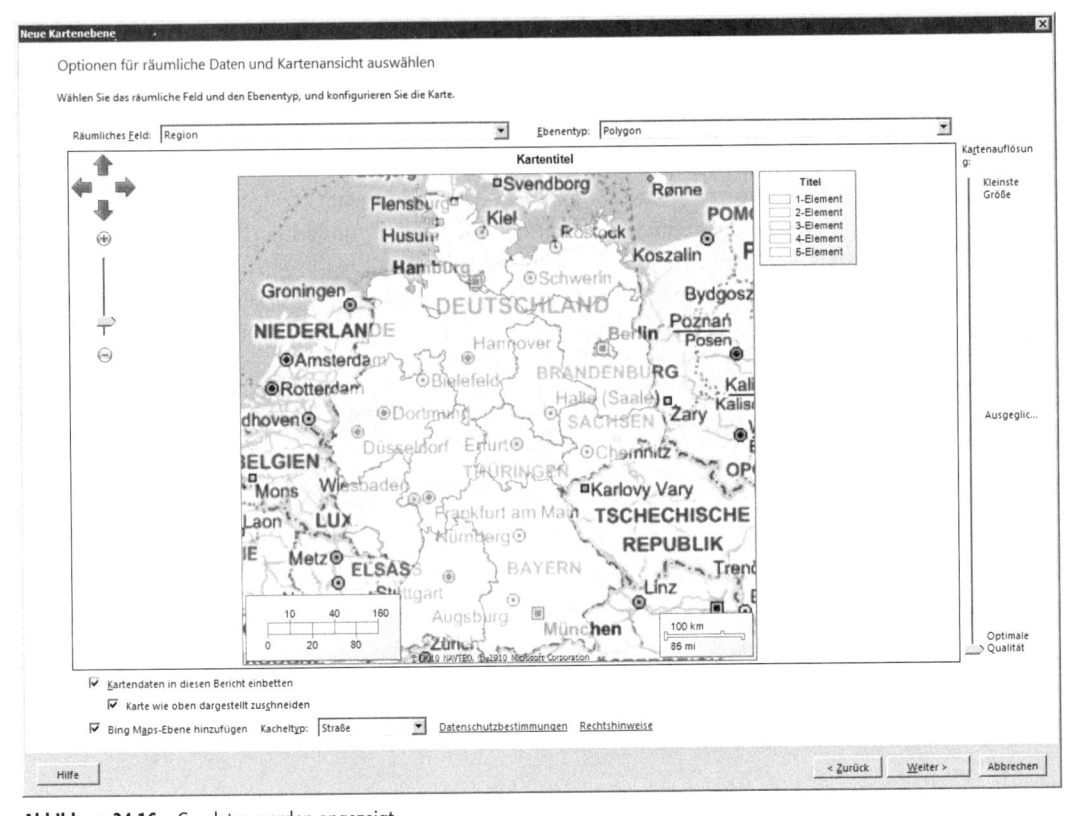

Abbildung 34.16 Geodaten werden angezeigt

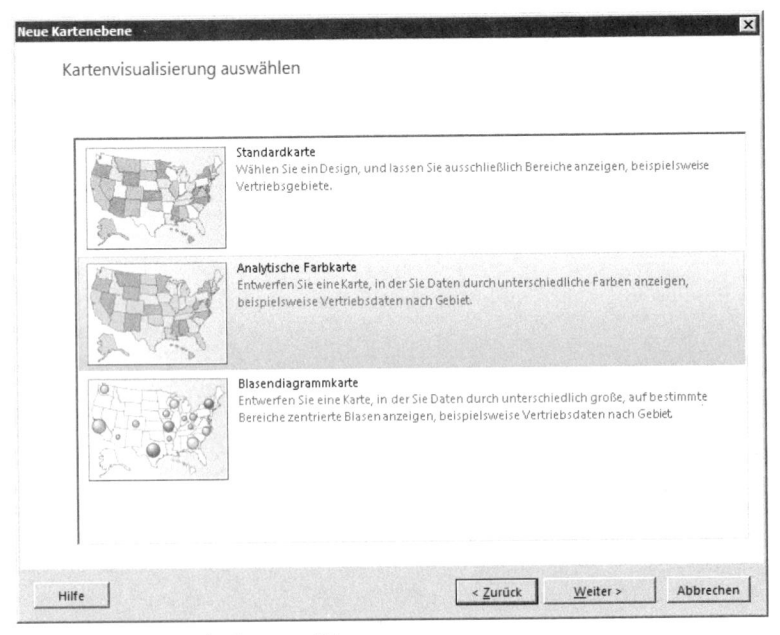

Abbildung 34.17 Art der Karte auswählen

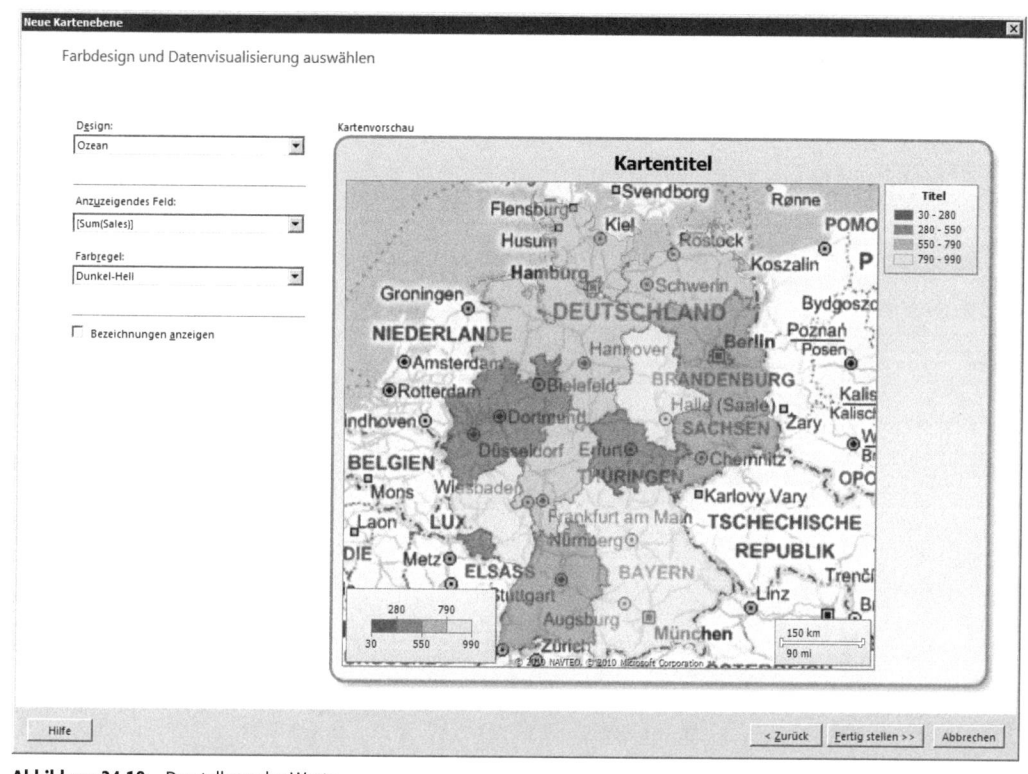

Abbildung 34.18 Darstellung der Werte

Geodaten in Anwendungen

Eine Oberfläche für die (visuelle) Eingabe von Geodaten zu programmieren ist nicht ganz so einfach und die genaue Erläuterung sprengt ganz klar den Rahmen dieses Buchs. Es folgen daher nur ein paar kurze Tipps, die Ihnen bei Ihren Nachforschungen helfen sollen.

Die einfachsten Varianten, wenn es um Webanwendungen geht, sind die Verwendung der Bing Maps-Ajax- oder Bing Maps-Silverlight-Webcontrols. Diese können Sie über das Bing Maps-SDK beziehen. Mit den Controls lassen sich elementare Funktionen programmieren, wie das Hinzufügen von Pins und Linienzügen zu einer Karte. Die Koordinaten dieser Objekte könnten Sie dann in Ihrer Datenbank speichern. Für das Silverlight-Control gibt es auf Codeplex als Ergänzung den Open Source-*Data Connector*, der die Verbindung zwischen dem Silverlight Control und SQL Server vereinfacht.

Wenn es um WinForms-Anwendungen geht, sieht es leider nicht ganz so gut aus. Microsoft bietet hier kein eigenes Control an. Wiederum auf Codeplex findet man das Projekt *Bing Maps Winforms User Control* als potenzielle Möglichkeit – oder man greift auf kommerziell verfügbare Controls zurück, die es inzwischen auch gibt. Mit Silverlight 4 ist es möglich, das Bing Maps-Control auch in Windows-Clients einzusetzen. Das wäre eine weitere Möglichkeit. Hier müssen Sie Ihren eigenen Weg suchen. Viel Erfolg dabei!

Kapitel 35

Hierarchische Daten mit hierarchyid verarbeiten

In diesem Kapitel:
(T-)SQL und hierarchische Daten   1342
Mit hierarchischen Daten arbeiten   1344

In diesem dritten Kapitel des Buchteils über non-relationale Datenverarbeitung mit dem SQL Server geht es um eine klassische Lücke in SQL. Diese existiert generell – nicht etwa nur in T-SQL. Es handelt sich um die Verarbeitung hierarchischer Informationen. Diese Schwachstelle hat mit den Ursprüngen von SQL und den relationalen Datenbanksystemen an sich zu tun. In einem mengenorientierten Konzept lassen sich Beziehungen zwischen Elementen problemlos in Form von Relationen abbilden. In SQL findet sich dieses Konzept direkt in der FOREIGN KEY-Einschränkung wieder. Für hierarchische Beziehungen existiert leider kein vergleichbares standardisiertes Konzept. Der Datentyp *hierarchyid* ist angetreten, den Entwicklern das Leben zu erleichtern, wenn es um die Arbeit mit baumartigen Strukturen in SQL Server-Tabellen geht. Im Text dieses Kapitels und im Beispielprojekt *34 – hierarchyid* wird vorgestellt, wie Sie den Datentyp *hierarchyid* einsetzen können.

(T-)SQL und hierarchische Daten

In der Entwicklerpraxis geht es immer wieder um das Thema Hierarchien. Baumartige Strukturen finden sich da, wo zum Beispiel Organisationsstrukturen, Konten, Kostenstellen, Foren-Threads, Artikel, Bauteilelisten und so weiter elegant gespeichert und schnell durchsucht und verarbeitet werden sollen.

Es gibt eine Myriade »Work Arounds« für den Umgang mit hierarchischen Strukturen in Standard-SQL. Es gibt sogar ganze Bücher allein zu diesem Thema.

Alternativen zu hierarchyid

Das populärste Format für die Abbildung hierarchischer Datenstrukturen in der IT ist natürlich XML – in den Kapiteln 36 (»Von XML nach T-SQL und zurück«) und 37 (»Der XML-Datentyp«) werden Sie lernen, wie Sie im SQL Server mit XML-Daten umgehen.

Hierarchische Daten lassen sich aber auch ohne die Verwendung von XML in relationalen Tabellen ablegen. Es gibt dafür (mindestens) die folgenden Verfahren:

Parent/Child-Relationen

In jedem Datensatz einer Tabelle, die eine Parent/Child-Relation enthält, ist eine zusätzliche Spalte vorhanden, in welcher auf den Vorgänger-Datensatz verwiesen wird. In der *netshop*-Datenbank ist die Beziehung zwischen den Angestellten und den Vorgesetzten in der Tabelle *Management.Employees* auf diese Art und Weise abgebildet. In der Spalte *ManagerID* befindet sich ein Wert, der sich auf die Primärschlüsselspalte *ID* bezieht. Zusätzlich ist in der Tabelle *Management.Employees* eine Fremdschlüsseleinschränkung definiert, die sicherstellt, dass nur vorhandene Primärschlüsselwerte in die Spalte *ManagerID* eingetragen werden können. Die Tabelle referenziert sich also selbst. Ein Auszug aus der Tabelle zeigt, wie die Datensätze zusammenhängen:

```
ID    ManagerID    LastName
1     NULL         Schirmer
2     1            Hermann
3     1            Dröge
4     1            Jungbluth
5     1            Köller
6     2            Urban
7     2            Müller
```

Der Mitarbeiter *Schirmer* steht also an der Spitze der Hierarchie, der Mitarbeiter *Müller* ist dem Mitarbeiter *Herrmann* unterstellt und so fort. Das Verfahren, Hierarchien durch Parent/Child-Relationen darzustellen, ist äußerst beliebt. Für viele Entwickler stellen die verketteten Datensätze einen vertrauten Anblick dar, der an eine Pointer-Lister erinnert. Man hat es im Grunde mit der Realisierung einer so genannten Adjazenzliste zu tun (adjacency list) und bisweilen wird auch die hier beschriebene relationale Technik auch so bezeichnet.

Die Verfahren für das Abfragen einer Parent/Child-Relation lassen sich am einfachsten rekursiv formulieren. Seit SQL Server die Common Table Expressions (CTE) kennt, ist das auch in T-SQL möglich (siehe Kapitel 9 »Daten abfragen und auswerten«). Gespeicherte Prozeduren sind nicht geeignet, wenn die maximale Schachtelungstiefe von 32 überschritten wird. SQL-Dialekte ohne CTE müssten auf cursorbasierte Verfahren zurückgreifen, was tödlich für die Performance ist. Nicht jede Abfrage lässt sich ohne CTEs effektiv formulieren. Schwierig ist zum Beispiel das Finden aller Elemente auf einer bestimmten Ebene. Das Einfügen eines neuen Knotens auf der Blattebene einer Parent/Child-Relation ist eine leichte Übung. Das Einfügen innerhalb des Baums und das Verschieben eines Knotens sind dagegen sehr aufwändig.

Materialisierter Pfad

Eine bequeme Alternative zu Parent/Child-Relationen ist die Verwendung eines materialisierten Pfads. Dabei erhält jeder Datensatz eine zusätzliche Spalte – typischerweise von einem Zeichen- oder Binärdatentyp. In dieser Spalte ist der komplette Pfad von der Wurzel bis zum Knoten, der für den Datensatz steht, abgelegt. In einer einfachen zeichenbasierten Variante werden die IDs der Knoten durch Trennzeichen voneinander abgegrenzt. So könnte das in der Beispieltabelle *Management.Employees* aussehen:

ID	LastName	Path
1	Schirmer	1
2	Hermann	1.1
3	Dröge	1.2
4	Jungbluth	1.3
5	Köller	1.4
6	Urban	1.2.1
7	Müller	1.2.2

Materialisierte Pfade sind relativ leicht zu erzeugen und zu verwalten. Die Abfragen können in einfachem SQL ohne Rekursion formuliert werden. Haben Sie es mit einer großen Menge von Datensätzen (= Knoten) zu tun, dann hängt alles davon ab, dass die Operationen für das Einfügen, Suchen und Verschieben effektiv genug sind. Bei ein paar Tausenden Datensätzen können Sie sich noch gut auf die ganz normalen T-SQL-Funktionen für Zeichenketten verlassen. Materialisierte Pfad-Verfahren sind in der Regel schneller als vergleichbare Verfahren für Parent/-Child-Relationen. Der SQL Server-Datentyp *hierarchyid* stellt übrigens eine effiziente Implementierung eines materialisierten Pfades dar.

Nested Sets

Nested Sets sind vom legendären SQL-Autor John Celko entwickelt worden, um die Nachteile der Parent/Child-Relationen zu vermeiden. Nested Sets weisen denn auch gegenüber diesem Verfahren eine Menge Vorteile auf. Genau wie bei materialisierten Pfaden lassen sich alle Operationen in Standard-SQL formulieren. Nested Sets sind ein cleveres Verfahren, bei dem es – wie der Name schon sagt – um das Verschachteln von Mengen ineinander geht. Nested Sets sind deutlich weniger intuitiv und offensichtlich zu programmieren wie die anderen beiden Verfahren. So sähen die Beispieldaten der *Management.Employees*-Tabelle als Nested Set implementiert aus:

ID	LastName	LeftVal	RightVal
1	Schirmer	1	14
2	Hermann	2	7
3	Dröge	8	9
4	Jungbluth	10	11
5	Köller	12	13
6	Urban	3	4
7	Müller	5	6

Achtung: Die Werte in den Spalten *LeftVal* und *RightVal* beziehen sich auf die angezeigten Datensätze. Die Beispieltabelle ist in Wirklichkeit größer, was zu einer anderen Nummerierung führen würde. Der Einfachheit halber konzentrieren wir uns hier auf die gezeigten sieben Datensätze.

Nested Sets werden über zwei zusätzliche Spalten in einer Tabelle realisiert. Diese werden üblicherweise als »L« und »R« oder »LFT und »RGT« bezeichnet, stehen also ganz offensichtlich für eine linke und rechte Grenze. Durch die beiden Werte wird angezeigt, wie die Teilmengen eines Nested Sets ineinander verschachtelt sind. Die Teilmengen entsprechen dabei den Teilbäumen einer Baumstruktur. Jeder Datensatz (= jeder Knoten) steht dabei für eine Teilmenge. Die Regeln für die Definition der Teilmengen über die Spalten *LeftVal* und *RightVal* sind im Grunde sehr einfach: Der linke Wert ist immer kleiner als der rechte Wert. Die linken und die rechten Werte der Elemente einer Untermenge sind immer größer als die linken Werte der Obermengen und kleiner als deren rechten Werte. Die Sortierung der Datensätze ergibt sich durch den linken Wert. Anhand von Beispielen kann man sich die Funktion leicht klarmachen:

- Der Datensatz für *Schirmer* ist die Obermenge aller Teilmengen, da der linke Wert *1* kleiner als die Werte von *LeftVal* und *RightVal* in allen Datensätzen ist und der rechte Wert *14* größer als alle Werte von *LeftVal* und *RightVal* in allen Datensätzen ist
- Die Datensätze für *Urban* und *Müller* bilden eine Untermenge zu *Hermann*, da ihre Werte innerhalb der *LeftVal*- und *RightVal*-Werte von *Hermann* liegen usw.

Für die meisten Operationen auf Nested Sets lassen sich einigermaßen übersichtliche SQL-Abfragen finden. Das Nested Sets-Verfahren ist in dem Sinne sehr elegant, dass es den mengenorientierten Ansatz von SQL hervorragend nutzt. Andererseits ist es nicht unbedingt schneller als das Verfahren des materialisierten Pfads. Allerdings kann ein materialisierter Pfad Probleme bei *sehr großen* Datenmengen bekommen und die Performance ist stark von der Implementierung und sogar dem verwendeten Datenbankmanagementsystem abhängig. Das macht direkte Vergleiche zwischen den beiden Verfahren schwierig.

Die drei beschriebenen Methoden sind sicher die populärsten, wenn es um das Verwalten von Hierarchien geht. Es gibt noch weitere Methoden, wie zum Beispiel »Nested Intervals« – aber hier soll es jetzt endlich darum gehen, wie Sie mit der Unterstützung des Datentyps *hierarchyid* »Bäume pflanzen können«.

Mit hierarchischen Daten arbeiten

In den folgenden Abschnitten dieses Kapitels geht es darum, wie Sie Hierarchien aufbauen, bearbeiten, abfragen und optimieren können.

Der Datentyp hierarchyid

hierarchyid ist einer der neuen SQL-Datentypen, die als benutzerdefinierte SQLCLR-Typen realisiert wurden (UDT). SQLCLR-Typen speichern bekanntlich nicht nur Daten in cleveren Formaten, sondern bringen eigene Methoden mit, um diese Daten zu manipulieren.

Die Liste der Methoden, die in *hierarchyid* implementiert wurden, ist überraschend kurz. Es folgt eine schnelle Übersicht:

- **GetRoot**   Wird benötigt, um die Wurzel eines neuen Baums anzulegen
- **GetDescendant**   Wird benötigt, um einen untergeordneten Knoten anzulegen
- **GetAncestor**   Liefert den N-ten Vorgänger zu einem Knoten
- **GetLevel**   Zeigt die Ebene an, auf welcher sich der Knoten befindet
- **IsDescendant**   Prüft, ob ein Knoten Nachfolger eines anderen Knotens ist
- **GetReparentedValue**   Ändert den Vaterknoten eines Knotens
- **Parse**   Ist die Standardmethode eines UDTs, die aus einer Zeichenkette einen Wert des Typs erzeugt
- **ToString**   Ist die Standardmethode eines UDTs für die Serialisierung als String
- **Read**   UDT-Standardmethode, die von der Datenbankmaschine benutzt wird
- **Write**   UDT-Standardmethode, die von der Datenbankmaschine benutzt wird

Es gibt also tatsächlich nur acht Methoden, die ein Entwickler nutzen kann und darin sind nur sechs Nicht-Standard-Methoden enthalten. Falls Ihnen das etwas wenig vorkommt, liegen Sie genau richtig – Sie werden im weiteren Verlauf dieses Kapitels sehen, dass *hierarchyid* zwar sehr nützlich, aber auch karg ausgestattet ist. Die eine oder andere Lücke, die von den Methoden gelassen wird, müssen Sie selbst füllen.

Szenario

In der *netShop*-Datenbank sollten die Artikelgruppen in Baumstrukturen aufgebaut werden können. Ein Ausschnitt aus einer Beispielstruktur könnte aussehen wie in Abbildung 35.1 zu sehen. Es gibt in der Datenbank drei Artikel-Hauptgruppen, die jeweils einen Baum bilden. In den nachfolgenden Beispielen wird diese Struktur aufgebaut und modifiziert werden.

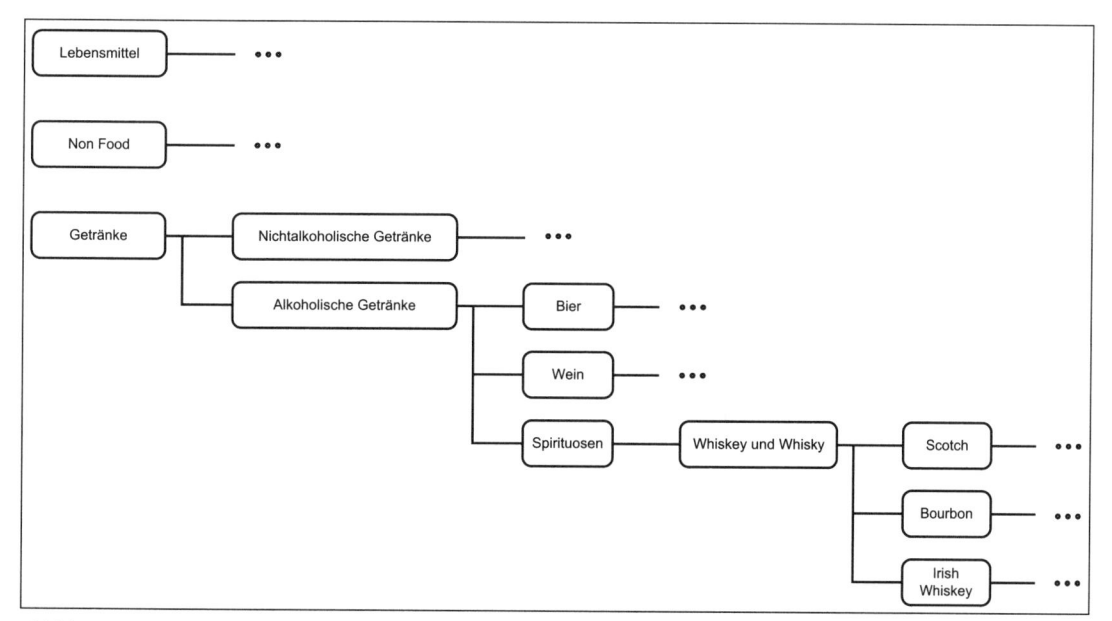

Abbildung 35.1   Artikelgruppenbäume für die netShop-Datenbank

In einer Parent/Child-Relation lassen sich die angezeigten Daten wie in Tabelle 35.1 abspeichern. Dass es in der Struktur nicht nur einen einzigen eindeutigen Baum, sondern gleich mehrere gibt, muss in einer Parent/Child-Relation nicht besonders behandelt werden.

ID	ParentID	ArticleGroupName
1	NULL	Lebensmittel
2	NULL	Non Food
3	NULL	Getränke
4	3	Nichtalkoholische Getränke
5	3	Alkoholische Getränke
6	5	Bier
7	5	Wein
8	5	Spirituosen
9	8	Whiskey und Whisky
10	9	Scotch
11	9	Bourbon
12	9	Irish Whiskey

Tabelle 35.1 Artikelgruppenbäume in einer *Parent/Child*-Relation

Hierachische Spalten anlegen

Es gibt keine speziellen Regeln für das Anlegen einer *hierarchyid*-Spalte. Sie können problemlos mehrere *hierarchyid*-Spalten in einer Tabelle anlegen und Sie müssen keine speziellen Standardwerte oder Einschränkungen definieren.

So wird der Tabelle *Product.ArticleGroups* eine Spalte vom Typ *hierarchyid* hinzugefügt:

```
ALTER TABLE Products.ArticleGroups
ADD NodeLevel hierarchyid
```

Listing 35.1 *hierarchyid*-Spalte hinzufügen

Die Daten in einer *hierarchyid*-Spalte können ohne Weiteres Duplikate enthalten. Das sollten Sie nicht als Mangel empfinden, es ermöglicht unter anderem das Anlegen mehrerer Hierachien in einer Spalte. Bei Bedarf können Sie der Spalte einfach eine *UNIQUE*-Einschränkung hinzufügen, wenn Ihre Anwendung dies benötigt.

```
ALTER TABLE Products.ArticleGroups ADD CONSTRAINT UQ_ArticleGroups UNIQUE (NodeId)
```

Listing 35.2 *hierarchyid*-Spalte eindeutig machen

Jetzt kann es in der Spalte nur noch eine Hierarchie geben und die Knoten sind immer eindeutig definiert.

Werte einfügen

Nun werden verschiedene Methoden vorgestellt, mit denen Sie einer Hierarchie neue Knoten hinzufügen können.

Eine neue Wurzel mit GetRoot einfügen

Am Anfang des Arbeitens mit einer neuen Hierarchie steht in allen Fällen das Anlegen einer neuen Wurzel. Generell gilt für das Anlegen eines neuen Knotens (egal ob Wurzel oder nicht), dass sich der Entwickler zunächst über eine der Methoden des Datentyps *hierarchyid* einen passenden Wert besorgen muss, mit dem er diesen Knoten füllt. Für das Anlegen eines Wurzelknotens ist das die Methode *GetRoot*.

Bevor Sie mit dem Anlegen einer neuen Struktur beginnen, sollten Sie kurz innehalten und darüber nachdenken, ob Sie in der *hierarchyid*-Spalte mit *einer* oder mit *mehreren* Hierarchien arbeiten werden. Soll es mehr als eine Hierarchie sein, dann haben Sie eine Design-Entscheidung zu treffen. Wie schon erwähnt, interessiert es SQL Server nicht, ob es in einer Spalte doppelte Hierarchiewerte gibt. Dadurch werden mehrere parallele Hierarchien möglich. Er unterstützt den Entwickler allerdings auch nicht bei der Differenzierung der verschiedenen Hierarchien. Wenn Sie also mehr als eine Wurzel anlegen wollen und anschließend Kindknoten, dann ist nicht klar, zu welcher Wurzel diese gehören. Um die Abtrennung müssen Sie sich selbst kümmern. Es gibt mindestens drei Verfahren:

- **Anlegen einer zusätzlichen Spalte** In dieser findet eine Zuordnung zu einer Hierarchie statt – per Namen oder Code. In jede Abfrage muss diese Spalte mit einbezogen werden, um die Hierarchien zu trennen.
- **Anlegen einer Pseudo-Wurzel** Die eigentlichen Hierarchien beginnen dann auf der ersten Ebene unterhalb des Knotens. Die Abfragen ändern sich nicht – es muss nur daran gedacht werden, dass die Nummerierung der Ebenen um eine verschoben ist.
- **Verwenden mehrerer Hierarchie-Spalten** Pro Hierarchie wird eine getrennte Spalte verwendet. Je nach Anwendung kann das etwas sperrig in der Anwendung sein. Es kann aber auch das effektivere Verfahren sein und ist sowieso notwendig, wenn ein Datensatz zu mehreren Hierarchien gehören kann.

Für unser Beispielszenario soll das Verfahren des künstlichen Wurzelknotens verwendet werden. Es passt sicherlich am besten zum *hierarchyid*-Typ, da es keinen zusätzlichen Overhead durch die Verwaltung zusätzlicher Felder erforderlich macht.

Das nachfolgende Codebeispiel zeigt, wie man ein Wurzelelement anlegt.

```
INSERT INTO Products.ArticleGroups
   ( Name, NodeId )
VALUES
   ( ' Artikelgruppen', hierarchyid::GetRoot())
```

Listing 35.3 Wurzelknoten für eine Hierarchie anlegen

GetRoot ist eine statische Methode des benutzerdefinierten Datentyps *hierarchyid*. Die Aufruf-Syntax (»::-Schreibweise«) dürfte Ihnen inzwischen geläufig sein.

Wenn Sie eine *hierarchyid*-Spalte abfragen, dann können Sie das direkt oder durch Aufruf der *ToString*-Methode tun:

```
SELECT
    Name, NodeId, NodeId.ToString() AS Path
FROM
    Products.ArticleGroups
ORDER BY
    NodeId
```

Listing 35.4 hierarchyid-Werte abfragen

Die einfache Angabe des Spaltennamens liefert die binäre Darstellung des Wertes. Interessanter ist die *ToString*-Serialisierung. Diese liefert eine Pfad-Darstellung des Knoteninhalts. Für die Wurzel ist dieser zunächst einmal »/«. So sieht der erste Knoten im Ergebnisraster aus:

ID	Name	NodeId	Path
1	Artikelgruppen	0x	/

Nachfolgerknoten mit GetDescendants anlegen

Sind bereits Knoten in einer Hierarchie vorhanden und geht es darum, Kindknoten an diese anzuhängen, dann kommt die Instanzmethode *GetDescendants* ins Spiel. Mithilfe von *GetDescendant* wird ein neuer *hierarchyid*-Wert angelegt, der dem direkten Nachfolger des Knotens entspricht, von dem aus *GetDescendant* aufgerufen wurde. Beim Anlegen neuer Knoten wird berücksichtigt, dass jede Ebene der entstehenden Baumstruktur sortiert sein kann (nicht: sein muss). *GetDescendant* besitzt daher zwei Parameter: Der erste gibt den Vorgängerknoten in der Sortierfolge einer Ebene an, der zweite gibt den Nachfolger in der Sortierfolge der Ebene an. Das Anlegen des ersten Kindknotens ist naturgemäß simpel.

```
INSERT INTO Products.ArticleGroups
    ( Name, NodeId )
VALUES
    ( 'Lebensmittel',
    CAST (( SELECT NodeId FROM Products.ArticleGroups WHERE ID = 12 ) AS hierarchyid).GetDescendant(NULL, NULL))
```

Listing 35.5 Ersten Kindknoten anlegen

Für die Anwendung der *GetDescendant*-Methode muss man sich zunächst einmal den Wert des Elternknotens besorgen. Das klappt ganz elegant über eine Unterabfrage. In vielen Codebeispielen zum Datentyp *hierarchyid* (auch in den Books Online) finden Sie ein prozedurales Verfahren für das Anlegen von Kindknoten. Zum Vergleich wird im nächsten Codebeispiel einmal auf diese Art vorgegangen.

```
DECLARE @ParentId AS hierarchyid
DECLARE @SiblingId AS hierarchyid
DECLARE @NewChildId As hierarchyid

SET @ParentId = ( SELECT NodeId FROM Products.ArticleGroups WHERE ID = 1 ) -- 1
SET @SiblingId = ( SELECT NodeId FROM Products.ArticleGroups WHERE ID = 2 ) -- 3

SET @NewChildId = @ParentId.GetDescendant( @SiblingId, NULL )

INSERT INTO Products.ArticleGroups
    ( Name, NodeId )
VALUES
    ( 'Getränke', @NewChildId )
```

Listing 35.6 Zweiten Kindknoten als Nachfolger des ersten Kindknotens anlegen

Noch einmal kurz zurück zum Thema multiple Hierarchien. Die beiden Knoten *Lebensmittel* und *Getränke* auf der zweiten Ebene der Hierarchie stellen die eigentlichen Wurzeln für die gleichnamigen *ArtikelGruppen*-Hierarchien dar. Fragt man die Tabelle noch einmal mit dem Kommando nach Listing 35.4 ab, dann erhält man im Moment den folgenden Zustand:

ID	Name	NodeId	Path
1	Artikelgruppen	0x	/
2	Lebensmittel	0x58	/1/
3	Getränke	0x68	/2/

Einen Knoten zwischen vorhandenen einfügen

Zwischen zwei vorhandenen Knoten lässt sich jederzeit ein neuer Knoten einfügen. Dazu müssen nur die Parameter von *GetDescendant* richtig gesetzt werden.

```
INSERT INTO Products.ArticleGroups
    ( Name, NodeId )
VALUES
    ( 'Non Food',
      CAST (( SELECT NodeId FROM Products.ArticleGroups WHERE ID = 1 ) AS hierarchyid ).GetDescendant(
        CAST (( SELECT NodeId FROM Products.ArticleGroups WHERE ID = 2 ) AS hierarchyid ),
        CAST (( SELECT NodeId FROM Products.ArticleGroups WHERE ID = 3 ) AS hierarchyid )))
```

Listing 35.7 Kindknoten zwischen zwei vorhandene Knoten einfügen

Betrachtet man den Inhalt des neuen Knotens, dann ergibt sich folgendes Bild:

ID	Name	NodeId	Path
4	Getränke	0x62C0	/1.1/

Der als String serialisierte Pfad sieht etwas eigenartig aus. Der neue, zwischen dem Knoten mit dem Pfad */1/* und dem Knoten mit dem Pfad */2/* eingefügte Knoten liefert den Pfad */1.1/* zurück. Würde man zwischen diesem und dem Knoten */2/* einen weiteren einfügen, dann hätte dieser den Pfad */1.2/*. Ein neuer Knoten zwischen */1.1/* und */1.2/* schließlich bekäme den Pfad */1.1.1/* zugewiesen. Legen Sie zwischen zwei Knoten einer Hierarchie zweimal nacheinander einen neuen Knoten an, dann bekommen beide Knoten exakt denselben Wert zugewiesen.

Der Pfad eines Knotens ist eine direkte Interpretation seines binären Werts. Dieser bleibt unverändert, auch wenn links neben ihm ein neuer Wert eingefügt wird. Der Pfad des neu eingefügten Knotens verlängert sich gegenüber dem linken Knoten, wenn bei einem Pfad gleicher Länge kein ganzzahliger Wert mehr existiert, der zwischen linken und rechten Knoten passt. Das ist etwas gewöhnungsbedürftig und kann dazu führen, dass Sie bei Abfragen einer *hierarchyid*-Spalte eigene Nummerierungen – zum Beispiel mittels *ROW_NUMBER* – verwenden werden.

Dass es mit der Reihenfolge der Knoten seine Richtigkeit hat, kann man ganz einfach mit einem Vergleichsoperator testen, da *hierarchyid* über eine eindeutige Reihenfolge verfügt. Für die vier Knoten, die in den vorherigen Beispielen eingefügt wurden, liefert die folgende Abfrage die Meldung »Ist OK!«.

```
IF  ( SELECT NodeId FROM Products.ArticleGroups WHERE ID = 1 ) <
    ( SELECT NodeId FROM Products.ArticleGroups WHERE ID = 2 )
AND
    ( SELECT NodeId FROM Products.ArticleGroups WHERE ID = 2 ) <
    ( SELECT NodeId FROM Products.ArticleGroups WHERE ID = 3 )
```

```
AND
   ( SELECT NodeId FROM Products.ArticleGroups WHERE ID = 4 ) <
   ( SELECT NodeId FROM Products.ArticleGroups WHERE ID = 3 )

   PRINT 'Ist OK!'
ELSE
   PRINT 'Hier stimmt was nicht!'
```

Listing 35.8 Reihenfolge der Knoten testen

So weit, so gut.

Eine Hilfsprozedur für das Anlegen neuer Knoten

Bei den bisherigen Beispielen für das Einfügen neuer Knoten wurden jeweils die Schlüsselwerte der Spalte *ID* von vorhandenen Knoten genutzt, um über eine Unterabfrage die notwendigen *hierarchyid*-Werte für *GetDescendant* zu besorgen. Das ist in vielen Fällen auch in Ordnung so – beispielsweise, wenn die T-SQL-Kommandos von einem Client aus aufgerufen werden. Dem sollten die Primärschlüssel bekannt sein. Es gibt aber auch Situationen, in denen Einfügeoperationen automatisch erfolgen sollen. Zum Beispiel immer als letztes Element in der »Kinderschar« eines bestimmten Knotens. Da die Ausstattung des *hierarchyid*-Typs mit Methoden etwas karg ausgefallen ist (siehe weiter vorn), muss man sich an der einen oder anderen Stelle mit etwas T-SQL behelfen.

Die folgende gespeicherte Prozedur bekommt die ID eines Eltern-Knotens übergeben und legt dazu einen Kind-Knoten an, der immer als letzter Knoten seiner Ebene angefügt wird. Der linke Nachbar muss dazu nicht bekannt sein, sondern wird automatisch gefunden.

```
CREATE PROC spArticleGroupsAddAsLastChild
(
   @ID int,
   @Name varchar(100)
)
AS
   DECLARE @ParentNodeId hierarchyid
   DECLARE @LeftSiblingNodeId hierarchyid

   -- wir stellen sicher, dass es keine Kollision geben wird
   SET TRANSACTION ISOLATION LEVEL SERIALIZABLE
   BEGIN TRANSACTION

   -- hierarchyid des Elternknotens besorgen
   SET @ParentNodeID = ( SELECT NodeId FROM Products.ArticleGroups WHERE ID = @ID )

   -- der linke Nachbar ist der Kind-Knoten mit dem höchsten Wert
   SET @LeftSiblingNodeId =
      ( SELECT MAX(NodeID) FROM Products.ArticleGroups WHERE NodeId.GetAncestor(1) = @ParentNodeID )

   INSERT INTO Products.ArticleGroups
      ( Name, NodeId )
   VALUES
      ( @Name,
        @ParentNodeID.GetDescendant( @LeftSiblingNodeId, NULL ) )

   COMMIT TRANSACTION
   SET TRANSACTION ISOLATION LEVEL REPEATABLE READ

   RETURN @@IDENTITY
```

Listing 35.9 Prozedur für das Anlegen eines Knotens als letztes *Child*-Element

Die Prozedur enthält eine Besonderheit: Da zunächst die Werte von Vater- und Bruderknoten mit zwei Befehlen abgeholt und dann erst mit einem dritten Befehl der neue Knoten eingefügt wird, könnte es passieren, dass durch eine parallel ablaufende Operation dieselben Werte gelesen und verwendet werden, was die gewünschte Struktur des Baums zerstören würde. Daher sind diese drei Befehle in eine Transaktion verpackt, die serialisierbar ist. Mit anderen Worten: Keine parallele Transaktion kann auf die verwendeten Daten zugreifen – nicht einmal lesend.

Sie sehen in dieser Prozedur zum ersten Mal die Funktion *GetAnchestor* in Aktion. Diese liefert zu einem übergebenen Knoten die Vorgängerknoten, in einem Abstand von N Ebenen. Der Abfrageausdruck *NodeId.GetAncestor(1) = @ParentNodeID* findet also diejenigen Knoten, die ein und denselben Vorgänger haben – sprich die Brüder des neuen Knotens. Mit *MAX(NodeID)* lässt sich dann ganz einfach der Bruderknoten »ganz rechts« finden.

Als Test der Prozedur werden noch ein paar neue Artikel-Untergruppen angelegt:

```
DECLARE @theNewID int

EXEC spArticleGroupsAddAsLastChild 3, 'Nichtalkoholische Getränke'
EXEC @theNewID = spArticleGroupsAddAsLastChild  3, 'Alkoholische Getränke'

EXEC spArticleGroupsAddAsLastChild @theNewID, 'Bier'
EXEC spArticleGroupsAddAsLastChild @theNewID, 'Wein'
EXEC spArticleGroupsAddAsLastChild @theNewID, 'Spirituosen'
```

Listing 35.10 Anlegen neuer Datensätze mithilfe der Prozedur *spArticleGroupsAddAsLastChild*

Nachfolgerknoten mit Parse anlegen

Als Alternative zu *GetDescendant* können Sie die *Parse*-Methode verwenden, über die *hierarchyid* - wie jeder ordentliche benutzerdefinierte Datentyp – verfügt. Das hat den Vorteil, dass Sie sich das Auslesen des *hierarchyid*-Werts sparen können, wenn Sie bereits genau wissen, an welcher Stelle der Hierarchie die neuen Werte liegen und wie die Pfad-Darstellung als String lautet. Im folgenden Beispiel werden neue Artikel-Untergruppen zu den *Spirituosen* batchartig angelegt.

```
INSERT INTO Products.ArticleGroups
    ( Name, NodeId )
VALUES
    ( 'Whiskey und Whisky', hierarchyid::Parse('/2/2/3/1/')),
    ( 'Scotch', hierarchyid::Parse('/2/2/3/1/1/')),
    ( 'Bourbon', hierarchyid::Parse('/2/2/3/1/2/')),
    ( 'Irish Whiskey', hierarchyid::Parse('/2/2/3/1/3/'))
```

Listing 35.11 Knoten mit *Parse* anlegen

In Hierarchyid-Daten navigieren

Nach dem Ausführen der Kommandos in den bisherigen Listings hat die Tabelle *Products.ArticleGroups* den folgenden Inhalt.

ID	Name	NodeId	Path
1	Artikelgruppen	0x	/
2	Lebensmittel	0x58	/1/
4	Non Food	0x62C0	/1.1/
3	Getränke	0x68	/2/
5	Nichtalkoholische Getränke	0x6AC0	/2/1/
6	Alkoholische Getränke	0x6B40	/2/2/
7	Bier	0x6B56	/2/2/1/
8	Wein	0x6B5A	/2/2/2/
9	Spirituosen	0x6B5E	/2/2/3/
10	Whiskey und Whisky	0x6B5EB0	/2/2/3/1/
11	Scotch	0x6B5EB580	/2/2/3/1/1/
12	Bourbon	0x6B5EB680	/2/2/3/1/2/
13	Irish Whiskey	0x6B5EB780	/2/2/3/1/3/

Die direkte Abfrage einer *hierarchyid*-Spalte mit einer Abfrage wie in Listing 35.4 ist natürlich trivial. In einem Baum muss man aber auch navigieren können. Darum soll es jetzt gehen.

Die Ebene eines Knotens mit GetLevel bestimmen

Sie können die Ebene, auf der sich ein Knoten befindet, mit der *GetLevel*-Methode bestimmen. Die Wurzel zählt dabei als 0, die Ebene der Nachfolgeknoten als 1 und so fort. Die Unterelemente der Artikelgruppe *Whiskey und Whisky* finden sich beispielsweise auf der fünften Ebene. Die Knoten dieser Ebene fragen Sie mit dem folgenden Kommando ab.

```
SELECT
    ID, Name, NodeId.ToString() AS Path
FROM
    Products.ArticleGroups
WHERE
    NodeId.GetLevel() = 5
ORDER BY
    NodeId
```

Listing 35.12   Die Elemente einer Ebene anzeigen

Das liefert dieses Ergebnis:

ID	Name	Path
11	Scotch	/2/2/3/1/1/
12	Bourbon	/2/2/3/1/2/
13	Irish Whiskey	/2/2/3/1/3/

Denken Sie daran, dass in unserem Beispiel die Ebene 0 den künstlichen Wurzelknoten enthält und die eigentlichen Artikelgruppen damit auf der Ebene 1 beginnen. Die Höhe eines Baums finden Sie einfach über einen Ausdruck in der Art *MAX(NodeId.GetLevel())* heraus.

Die Nachfolger eines Knotens herausfinden mit IsDescendant

Eine häufige Aufgabe bei der Arbeit mit Baumstrukturen ist das Herausfinden von Nachfolgern eines Knotens. Dafür ist die Methode *IsDescendant* zuständig. Mit dem folgenden Codebeispiel finden Sie sämtliche Nachfolger der Artikelgruppe *Getränke* auf allen Ebenen heraus.

```
SELECT
    ID, Name, NodeId.GetLevel() AS Level, NodeId.ToString() AS Path
FROM
    Products.ArticleGroups
WHERE
    NodeId.IsDescendantOf( ( SELECT NodeId FROM Products.ArticleGroups WHERE Name = 'Getränke' ) ) = 1
ORDER BY
    NodeId.GetLevel() DESC, NodeId DESC
```

Listing 35.13 Die Nachfolger zu einem Knoten anzeigen

In der *ORDER BY*-Klausel wird festgelegt, dass die Elemente Ebene für Ebene und auf jeder Ebene sortiert dargestellt werden und zwar jeweils absteigend sortiert.

Vorgänger eines Knotens finden: GetAncestor

Dummerweise gibt es für das Durchlaufen einer Baumstruktur »von unten nach oben« keine analoge Methode zu *IsDescendant*. Für einfache Aufgaben kann die Methode *GetAncestor* verwendet werden, die ja eigentlich für die Konstruktion einer Hierarchie gedacht ist. *GetAnchestor* liefert den N-ten Vorgänger eines Knotens. Das folgende Beispiel geht von der Untergruppe »Irish Whiskey« nacheinander fünf Schritte hinauf bis zur Wurzel.

```
DECLARE @NodeId hierarchyid

SET @NodeId = ( SELECT NodeId FROM Products.ArticleGroups WHERE Name = 'Irish Whiskey' )

SELECT
    ID, Name, NodeId.GetLevel() AS Level, NodeId.ToString() AS Path
FROM
    Products.ArticleGroups
WHERE
    NodeId IN (
            @NodeId.GetAncestor(1),
            @NodeId.GetAncestor(2),
            @NodeId.GetAncestor(3),
            @NodeId.GetAncestor(4),
            @NodeId.GetAncestor(5)
            )
ORDER BY
    NodeId.GetLevel() DESC
```

Listing 35.14 Pfad bis zur Wurzel verfolgen

So sieht der umgedrehte Teilbaum aus....

```
10    Whiskey und Whisky      4    /2/2/3/1/
9     Spirituosen             3    /2/2/3/
6     Alkoholische Getränke   2    /2/2/
3     Getränke                1    /2/
1     Artikelgruppen          0    /
```

Da mit *GetAncestor* Mengenoperationen schwer durchgeführt werden können, muss man für viele Aufgabenstellungen, wie »finde den ersten gemeinsamen Vorgänger zweier Knoten« auf prozedurale Verfahren zurückgreifen. Da diese Algorithmen häufig am einfachsten rekursiv formuliert werden können, bietet sich die Implementierung in der SQLCLR an.

Die Wurzel von Bäumen finden

Um die Wurzel einer Hierarchie auszugeben setzen Sie einfach die *GetRoot*-Methode ein.

```
SELECT
   ID, Name, NodeId, NodeId.ToString() AS Path
FROM
   Products.ArticleGroups
WHERE
   NodeId = hierarchyid::GetRoot()
```

Listing 35.15 Die Wurzel einer Hierarchie ausgeben

Wenn die Hierarchie so strukturiert ist wie in unserem *netShop*-Beispiel, dann liefert dieses Kommando immer allerdings den wenig spannenden Pseudoknoten »Artikelgruppen«. Die eigentlichen Artikelgruppenbäume liegen darunter. Wenn Sie beispielsweise herausfinden möchten, zu welcher Artikelhauptgruppe das Produkt »Irish Whiskey« gehört, dann müssen Sie die verfügbaren Funktionen geschickt kombinieren. Der folgende Codeschnipsel sucht nach dem Vorgänger eines Knotens auf der N-1-Ebene. Das ist nach der *netShop*-Definition die Wurzel des Teilbaums der Artikelgruppe, in welcher sich der Knoten befindet.

```
DECLARE @NodeId hierarchyid

SET @NodeId =  ( SELECT NodeId FROM Products.ArticleGroups WHERE Name = 'Irish Whiskey' )

SELECT
   ID, Name, NodeId.GetLevel() AS Level, NodeId.ToString() AS Path
FROM
   Products.ArticleGroups
WHERE
   NodeId = ( @NodeId.GetAncestor(@NodeId.GetLevel() -1) )
```

Listing 35.16 Die Wurzel eines Teilbaums bestimmen

Die Strukturen einer Hierarchie verändern

Selbstverständlich muss eine aufgebaute Hierarchie nachträglich noch verändert werden können. Das Verlagern eines Knotens mitsamt des dazugehörigen Teilbaums sollte bequem und effizient möglich sein. Der Datentyp *hierarchyid* hat hier ein passendes Angebot.

Einen Knoten mit einem neuen Vorgänger versehen: GetReparentedValue

Sie können die Position eines Knotens in einer Hierarchie mithilfe der *GetReparentedValue*-Methode neu festlegen. Die Methode bestimmt einen neuen Elternknoten für ein Element. Dazu werden als Parameter der alte und der neue Elternknoten übergeben. Im Prinzip ist das sehr einfach:

```
UPDATE Products.ArticleGroups
SET
   NodeId =
      NodeId.GetReparentedValue( NodeId.GetAncestor(1),
                         ( SELECT NodeId FROM Products.ArticleGroups WHERE Name = 'Lebensmittel' )
)
WHERE
   Name = 'Getränke'
```

Listing 35.17 Einen Knoten mit einem neuen Vorgänger versehen

Dieses Codebeispiel macht aus der Artikelgruppe *Getränke* eine Untergruppe zu *Lebensmittel*. Wie sieht die Hierarchie jetzt aus?

```
ID   Name                         NodeId    Path
1    Artikelgruppen               0x        /
2    Lebensmittel                 0x58      /1/
3    Getränke                     0x5B40    /1/2/
4    Non Food                     0x62C0    /1.1/
5    Nichtalkoholische Getränke   0x6AC0    /2/1/
6    Alkoholische Getränke        0x6B40    /2/2/
7    Bier                         0x6B56    /2/2/1/
...
```

Die *Getränke* (/1/2/) sind korrekt unter den *Lebensmitteln* (/1/) angeordnet. Dann folgt die Überraschung: Die Nachfolgerknoten sind nicht mitgewandert! Die Baumstruktur ist zerstört worden. Das Umhängen eines kompletten Teilbaums müssen Sie durch das Ändern sämtlicher Knoten veranlassen. Glücklicherweise ist das nicht weiter kompliziert.

Einen Teilbaum umhängen

Wenn man die Funktion *GetReparentedValue* genauer untersucht, dann stellt man fest, dass diese nicht nur die direkten Vorgänger eines Knotens ändern kann, sondern den gesamten Pfad, ausgehend von einem alten Vorgängerknoten (der erste Parameter von *GetReparentedValue*) in einen Pfad ändert, der den neuen Vorgängerknoten enthält (der zweite Parameter von *GetReparentedValue*). Damit lässt sich das Umhängen eines kompletten Teilbaums bequem mit einem einzelnen Kommando realisieren. Doch bevor das entsprechende Codebeispiel folgt, soll der Knoten *Getränke* wieder an seine alte Position zurückbewegt werden.

```
UPDATE Products.ArticleGroups
SET
   NodeId =
   NodeId.GetReparentedValue( NodeId.GetAncestor(1),
                      ( SELECT NodeId FROM Products.ArticleGroups WHERE Name = 'Artikelgruppen' ) )
WHERE
   Name = 'Getränke'
```

Listing 35.18 Die alte Hierarchie wird wieder hergestellt

Da das Umhängen die Änderung aller Knoten für den Teilbaum *Getränke* bedingt, werden diese durch die Funktion *IsDescendantOf* selektiert. Im Ergebnis ist übrigens der Knoten *Getränke* selbst enthalten (als Nachfolger der Ebene 0). Die Parameter für *GetReparentedValue* bestehen einfach aus dem alten Vorgänger der Wurzel des *Getränke*-Teilbaums und dem gewünschten neuen Vorgänger *Lebensmittel*. Die Änderungen werden problemlos an alle Elemente des Teilbaums durchgereicht.

```
UPDATE Products.ArticleGroups
SET
   NodeId =
     NodeId.GetReparentedValue (
        ( SELECT NodeId FROM Products.ArticleGroups WHERE Name = 'Artikelgruppen' ),
        ( SELECT NodeId FROM Products.ArticleGroups WHERE Name = 'Lebensmittel' ) )
WHERE
   NodeId.IsDescendantOf ( ( SELECT NodeId FROM Products.ArticleGroups WHERE Name = 'Getränke') ) = 1
```

Listing 35.19 Einen kompletten Teilbaum umhängen

Jetzt ist der Baum in der richtigen Form:

```
ID   Name                        NodeId      Path
1    Artikelgruppen              0x          /
2    Lebensmittel                0x58        /1/
3    Getränke                    0x5B40      /1/2/
5    Nichtalkoholische Getränke  0x5B56      /1/2/1/
6    Alkoholische Getränke       0x5B5A      /1/2/2/
7    Bier                        0x5B5AB0    /1/2/2/1/
…
4    Non Food                    0x62C0      /1.1/
```

> **HINWEIS** In den Books Online ist die Funktion *GetReparentedValue* etwas unklar auf eine Weise erklärt, die nahelegt, dass man nur die direkten Vorgänger eines Knotens ändern kann. Jetzt wissen Sie es besser. Das Umhängen eines Teilbaums wird in den Beispielen der Online-Dokumentation durch einen Cursor bewerkstelligt. Das ist natürlich überhaupt nicht empfehlenswert.

Die Position eines Knotens in einer Ebene verändern

Um einen Knoten innerhalb einer Ebene zu verschieben, können Sie dieselbe Methode für das Einschieben eines Knotens zwischen zwei vorhandene verwenden, die schon in Listing 35.7 gezeigt wurde. Sie müssen nur das *INSERT* in ein *UPDATE* umformulieren. Da SQL Server nur den internen Wert des zu verschiebenden Knotens ändern muss, ist das Verfahren sehr effektiv.

```
UPDATE Products.ArticleGroups
SET
   NodeId =
   CAST (( SELECT NodeId FROM Products.ArticleGroups
          WHERE Name = 'Whiskey und Whisky' ) AS hierarchyid ).GetDescendant(
      CAST (( SELECT NodeId FROM Products.ArticleGroups WHERE Name = 'Bourbon' ) AS hierarchyid ),
      CAST (( SELECT NodeId FROM Products.ArticleGroups WHERE Name = 'Irish Whiskey' ) AS hierarchyid ))
WHERE
   Name = 'Scotch'
```

Listing 35.20 Einen Knoten in einer Ebene verschieben

Hierarchische Spalten indizieren

Wenn es um mehr als ein paar Dutzend Knoten in Ihren hierarchischen Daten geht, dann sollten Sie eine Indizierung in Betracht ziehen. Für den *hierarchyid*-Datentyp existieren keine speziellen Indizes, wie es sie etwa für XML oder geographische Daten gibt. Sie verwenden also die ganz normalen Indizes, die Sie in Kapitel 12 (»Indizierung & Partitionierung«) kennen gelernt haben. Es gibt aber verschiedene Indizierungs-*Methoden*, die Sie kennen sollten. Wie Sie indizieren, ist von der Art und Weise abhängig, wie sich die Hierarchien entwickeln – mehr in die Tiefe oder mehr in die Breite – und wie bevorzugt auf die Daten in einer Hierarchie zugegriffen wird – auch hier: mehr in die Tiefe oder mehr in die Breite.

Ist zu erwarten, dass die Baumstruktur stark in die Tiefe wächst, benötigt man häufig die Knoten eines Teilbaums im Zusammenhang und setzt dazu die Funktion *IsDescendantOf* ein. Verwendet man umgekehrt häufig *GetAnchestor* oder auch T-SQL-Methoden, um den Baum in die Tiefe zu durchlaufen, dann bietet sich eine *Depth First*-Indizierung an. Diese besteht ganz schlicht darin, eine *hierarchyid*-Spalte mit einem eindeutigen Index zu versehen. Der entstehende B*-Indexbaum unterstützt die genannten Operationen ganz automatisch, da in ihm die *hierarchyid*-Knoten der Teilbäume auf den Indexseiten eng beieinander liegen.

```
CREATE UNIQUE INDEX IX_ArticleGroups_NodeId
ON Products.ArticleGroups(NodeId)
```

Listing 35.21 Ein Depth First-Index für eine hierarchische Spalte

Ist zu erwarten, dass die Baumstruktur stark in die Breite wächst und geht es häufig darum, benachbarte Knoten zu finden (zum Beispiel via *GetLevel*) oder soll der Baum häufig ebenenweise traversiert werden (das entspricht einem *ORDER BY* nach einer *hierarchyid*-Spalte), dann ist ein *Breadth First*-Index hilfreich. In einem *Breadth First*-Index sollen die Knoten einer Ebene zusammengehalten werden. Um das zu erreichen, bedient man sich eines Tricks: In die Tabelle wird eine zusätzliche berechnete Spalte eingefügt, in der die Ebene abgelegt wird, auf welcher sich der Knoten befindet. Die Spalte muss nicht materialisiert werden.

```
ALTER TABLE Products.ArticleGroups
ADD
   NodeLevel AS NodeId.GetLevel()
```

Listing 35.22 Hilfsspalte für Ebeneninfo hinzufügen

Der neue Index besteht dann aus der Hilfsspalte an erster Position und der eigentlichen *hierarchyid*-Spalte. Die Hilfsspalte *NodeLevel* hält die Indexeinträge einer Ebene zusammen.

```
CREATE UNIQUE INDEX IX_ArticleGroups_NodeLevel_NodeId
ON Products.ArticleGroups(NodeLevel, NodeId)
```

Listing 35.23 Ein *Breadth First*-Index für eine hierarchische Spalte

Es spricht überhaupt nichts dagegen, »sicherheitshalber« beide Indexvarianten zu implementieren. Da der Datentyp *hierarchyid* sehr sparsam mit Speicherplatz umgeht, ist der Speicherhunger vergleichsweise gering. Wie bei jeder anderen Indizierung auch, gilt, dass man die gewonnene Abfrageperformance gegen den zusätzlich Update- und Pflegeaufwand des Index abwägen muss. Das ist aber eine individuelle Entscheidung, die im Einzelfall zu untersuchen ist.

Kapitel 36

Von XML nach T-SQL und zurück

In diesem Kapitel:
Die OPENXML-Methode 1361
Die FOR XML-Klausel 1364

In den meisten Produktivumgebungen führen XML und relationale Datenbanken eine leicht angespannte Beziehung. Solange es nur um den Transport oder den Austausch von Informationen geht, hat XML klare Vorteile auf seiner Seite, kommt es aber zur Verknüpfung oder Auswertung, hat ein relationales Datenbanksystem die Nase vorn. So wird es also auf kurz oder lang zu einem Miteinander beider Formate kommen und damit die Anforderung entstehen, ein XML-Dokument in eine Datenbank hinein- und am Ende auch wieder herauszubekommen. Der SQL Server 2008 hat in diesem Bereich Einiges zu bieten, wobei einige Möglichkeiten auch schon vom SQL Server 2000 oder 2005 unterstützt wurden. Serverseitig stehen dazu die *OPENXML*-Methode und die *FOR XML*-Klausel zur Verfügung.

Bevor wir aber tiefer in die Materie einsteigen, möchte ich kurz auf ein kleines Problem eingehen, vor dem viele bei den ersten Gehversuchen mit XML und dem SQL Server stehen. Wie bekommt man ein externes XML Dokument in den SQL Server hinein?

TIPP Um ein externes Dokument in den SQL Server zu laden, ist die *OPENROWSET*-Methode geeignet. Das gilt natürlich nicht nur für XML Dokumente, sondern für jegliche Art von externen Daten (wie z. B. Access-Datenbanken oder Textfiles), und damit bietet sie sehr mächtige Möglichkeiten.

Schaut man sich die Definition der Methode in Listing 36.1 an, so erkennt man viele verbindungsspezifische Parameter, die für unsere Aufgabe nicht relevant sind, schließlich wollen wir ja direkt aus einer Datei lesen und uns nicht mit anderen Datenquellen verbinden.

```
OPENROWSET
( { 'provider_name' , { 'datasource' ; 'user_id' ; 'password'
    | 'provider_string' }
      , { [ catalog. ] [ schema. ] object
        | 'query' 
      }
  | BULK 'data_file' ,
      { FORMATFILE = 'format_file_path' [ <bulk_options> ]
        | SINGLE_BLOB | SINGLE_CLOB | SINGLE_NCLOB }
} )
```

Listing 36.1 Definition der OPENROWSET-Methode

Somit können wir unsere Aufmerksamkeit getrost auf den hinter dem Schlüsselwort *BULK* folgenden Teil beschränken. In der Zeichenkette *data_file* wird der absolute Pfad zur XML-Datei übergeben, und um Komplikationen mit der Umwandlung der Codepage zu verhindern, wählt man am besten die Formatierungsoption *SINGLE_BLOB*.

Damit haben wir alle nötigen Informationen, um ein XML-Dokument zu laden.

```
UPDATE Management.Employees
SET CV = xmlCV
FROM (SELECT *
      FROM OPENROWSET (BULK 'C:\temp\CV.xml', SINGLE_BLOB)
          AS xmlCV)
AS R(xmlCV)
WHERE ID = 2)
-- ODER GLEICH IN EINE VARIABLE LADEN
DECLARE @xml xml
SELECT @xml = xmlCV
FROM (SELECT *
      FROM OPENROWSET (BULK 'C:\temp\CV.xml', SINGLE_BLOB)
          AS xmlCV)
AS R(xmlCV)
SELECT @xml
```

Listing 36.2 Einlesen eines XML-Dokuments

Nachdem der erste Schritt getan ist, können wir in die Verarbeitung von XML in relationalen Tabellen einsteigen.

Die OPENXML-Methode

Die *OPENXML*-Methode gibt es schon seit dem SQL Server 2000. Mit ihr ist es möglich, eine relationale Abbildung einer XML-Variable im Arbeitsspeicher zu erzeugen. Haben wir also ein einfach strukturiertes XML als Variable und müssen dies innerhalb der Datenbank mit anderen Daten verknüpfen, so kann man innerhalb einer Abfrage aus einer XML-Variablen eine temporäre Tabelle erzeugen, und diese dann wie gewohnt weiter verarbeiten. Die Definition der Methode ist recht übersichtlich:

```
OPENXML( idoc int [ in ] , rowpattern nvarchar [ in ] , [ flags byte [ in ] ] )
[ WITH ( SchemaDeclaration | TableName ) ]
```

Listing 36.3 Definition von OPENXML

Die *OPENXML*-Methode erwartet als ersten Parameter den Handle auf eine im Arbeitsspeicher befindliche XML-Repräsentanz, die zuvor mit *sp_xml_preparedocument* erzeugt werden muss. Um nun dieses XML in eine Tabelle umzuformen, muss die *OPENXML*-Methode wissen, wie sie aus den Elementen wiederholende Informationen extrahieren kann, die später die Zeilen der Tabelle repräsentieren. Dazu wird ein entsprechender XPath-Ausdruck als zweiter Parameter erwartet. Der letzte Parameter bestimmt, wie die Elemente und Attribute in Spalten umgesetzt werden.

Byte	Beschreibung
0	Attribute werden in Spalten umgewandelt (Attribut-zentriert)
1	Zuerst werden die Attribute in Spalten umgewandelt, anschließend eventuell vorhandene Elemente (bei Verwendung von *XML_ELEMENTS*)
2	Die Elemente werden in Spalten umgewandelt (Element-zentriert). Bei Verwendung von *XML_ATTRIBUTES* werden evtl. vorhandene Attribute zuerst umgewandelt.
8	Wird mit *XML_ATTRIBUTES* und *XML_ELEMENTS* in einem logischen *ODER* verknüpft

Tabelle 36.1 Umwandlungs-Flag bei OPENXML

Natürlich reichen diese Informationen meistens nicht aus, die gewünschte Tabellenstruktur umzusetzen. Dafür sind die optionalen Parameter gedacht, die hinter der WITH-Klausel angegeben werden können. Hier wird die Zielstruktur der Tabelle hinterlegt. Wie bei einer Tabellendefinition kann hier der Spaltenname und der Datentyp angegeben werden. Stimmt dieser mit den Attribut- bzw. Elementnamen (wie durch das Umwandlungs-Flag angegeben) überein, so wird die entsprechend strukturierte Tabelle erstellt und gefüllt.

Das Verhalten der Methodenparameter wird am besten anhand eines Beispiels deutlich. Ein XML-Dokument mit Attributen und Elementen soll in eine Tabelle gewandelt werden:

```
DECLARE @XmlHandle int
DECLARE @XmlDocument nvarchar(1000)
SET @XmlDocument = N'<Kundeninfo>
  <Kunde ID="1" Name="Abegg, Uta">
    <Adresse>
      <Strasse>Sackführerdamm</Strasse>
      <Stadt>Reinhardshagen</Stadt>
      <PLZ>34357</PLZ>
    </Adresse>
    <Kontakt>
      <Telefon>(05544) 10 38 62</Telefon>
```

```
        </Kontakt>
    </Kunde>
    <Kunde ID="2" Name="Abegg, Marina">
        <Adresse>
            <Strasse>Sulzbeckstraße</Strasse>
            <Stadt>Meißen</Stadt>
            <PLZ>01654</PLZ>
        </Adresse>
        <Kontakt>
            <Telefon>(03521) 41 99 18</Telefon>
        </Kontakt>
    </Kunde>
</Kundeninfo >'
-- Internes XML-Dokument erstellen
EXEC sp_xml_preparedocument @XMLHandle OUTPUT, @XmlDocument
-- Attribute in Tabelle laden
SELECT *
FROM OPENXML (@XmlHandle, '/Kundeninfo/Kunde',1)
      WITH (ID     varchar(10),
            Name varchar(20))
-- Ergebnis:
-- ID      Name
-- 1       Abegg, Uta
-- 2       Abegg, Marina
-- Nun die Elemente auslesen
SELECT *
FROM OPENXML (@XmlHandle, '/Kundeninfo/Kunde/Adresse',2)
      WITH (Strasse varchar(20),
            PLZ varchar(5),
            Stadt varchar(20))
-- Ergebnis:
-- Strasse          PLZ     Stadt
-- Sackführerdamm   34357   Reinhardshagen
-- Sulzbeckstraße   01654   Meißen
EXEC sp_xml_removedocument @XmlHandle
```

Listing 36.4 Verwendung von OPENXML

Ist keine direkte und eindeutige Zuordnung von Element- bzw. Spaltennamen möglich oder gewünscht, so kann nach dem Datentyp noch ein XPath-Ausdruck für das zugeordnete XML-Element hinterlegt werden. Nimmt man das obige Beispiel, um sowohl Elemente als auch Attribute gemeinsam auszulesen, so muss die Abfrage nur erweitert werden:

```
(...)
EXEC sp_xml_preparedocument @XMLHandle OUTPUT, @XmlDocument
SELECT *
FROM OPENXML (@XMLHandle, '/Kundeninfo/Kunde',3)
      WITH (KundenID int '@ID',
            Name varchar(20) '@Name',
            PLZ varchar(5) 'Adresse/PLZ',
            Telefon varchar(20) 'Kontakt/Telefon')
-- Ergebnis:
-- KundenID  Name           PLZ     Telefon
-- 1         Abegg, Uta     34357   (05544) 10 38 62
-- 2         Abegg, Marina  01654   (03521) 41 99 18
EXEC sp_xml_removedocument @XmlHandle
```

Listing 36.5 Verwendung von OPENXML mit optionalem ColPattern

Die OPENXML-Methode

Wird keine WITH-Klausel angegeben, so wird als Ergebnis eine so genannte Rahmentabelle erzeugt, die die Werte und Strukturabhängigkeiten des XML-Dokuments enthält. Wendet man folgende Abfrage auf das XML an, so kann man sehr schön die Struktur erkennen, wie sie ein Parser sieht.

```
SELECT *
FROM    OPENXML (@XMLHandle, '/Kundeninfo/Kunde',2)
```

Listing 36.6 Erzeugen einer Rahmentabelle mit OPENXML

Das Ergebnis der Abfrage ist in Tabelle 36.2 zu sehen:

id	parentid	nodetype	localname	prefix	namespace	datatype	prev	text
2	0	1	Kunde	NULL	NULL	NULL	NULL	NULL
3	2	2	ID	NULL	NULL	NULL	NULL	NULL
20	3	3	#text	NULL	NULL	NULL	NULL	1
4	2	2	Name	NULL	NULL	NULL	NULL	NULL
21	4	3	#text	NULL	NULL	NULL	NULL	Abegg, Uta
5	2	1	Adresse	NULL	NULL	NULL	NULL	NULL
6	5	1	Strasse	NULL	NULL	NULL	NULL	NULL
22	6	3	#text	NULL	NULL	NULL	NULL	Sackführerdamm
7	5	1	Stadt	NULL	NULL	NULL	6	NULL
23	7	3	#text	NULL	NULL	NULL	NULL	Reinhardshagen
8	5	1	PLZ	NULL	NULL	NULL	7	NULL
24	8	3	#text	NULL	NULL	NULL	NULL	34357
9	2	1	Kontakt	NULL	NULL	NULL	5	NULL
10	9	1	Telefon	NULL	NULL	NULL	NULL	NULL
25	10	3	#text	NULL	NULL	NULL	NULL	(05544)103862
11	0	1	Kunde	NULL	NULL	NULL	2	NULL

Tabelle 36.2 Ausschnitt aus der Rahmentabelle

In der Rahmentabelle sind deutlich die Hierarchien (id / parentid), die Elementtypen und -namen, die Reihenfolgen sowie die eigentlichen Werte zu erkennen. Auch Prefixe und Namensräume werden hier erhalten und können weiterverwendet oder extrahiert werden. Durch die Rahmentabelle wäre es zum Beispiel möglich, unbekannte XML-Dokumente manuell zu parsen und in Tabellen zu hinterlegen, ohne relevante Informationen zu verlieren.

Zusammenfassung

Mit der *OPENXML*-Methode können externe XML-Dokumente oder -Variablen relational verarbeitet werden, indem das Dokument in eine interne relationale Tabellenform gebracht wird. Diese Zwischentabelle kann dann weiter relational verwendet werden, z.B. durch entsprechende DML-Befehle.

Die FOR XML-Klausel

Einführung

Seit SQL Server 2000 gibt es eine Erweiterung der T-SQL-Syntax, die es ermöglicht, clientseitig das Ergebnis einer *SELECT*-Abfrage in ein XML-Format zu konvertieren. Dies wird durch die *FOR XML*-Klausel erreicht. Die *FOR XML*-Klausel erlaubte schon in SQL Server 2000 drei verschiedene Möglichkeiten der Formatierung.

Die XML RAW-Option

Mit der *RAW*-Formatierung wird für jede Zeile, die zurückgegeben wird, ein *row*-Element erzeugt, das alle vorhandenen Spalten als Attribute darstellt. So könnte eine einfache Abfrage wie folgt aussehen:

```
SELECT ID, LastName, FirstName, Address, PostalCode, City
FROM Sales.Customers WHERE ID < 5 FOR XML RAW

<row ID="1" LastName="Abegg" FirstName="Uta" Address="Sackführerdamm" PostalCode="34357"
City="Reinhardshagen" />
<row ID="2" LastName="Abegg" FirstName="Marina" Address="Sulzbeckstraße" PostalCode="01654"
City="Meißen" />
<row ID="3" LastName="Abegg" FirstName="Yvonne" Address="Pfauenkehre" PostalCode="19224" City="Hagenow"
/>
<row ID="4" LastName="Abel" FirstName="Felix" Address="Bauführerweg" PostalCode="26925" City="Elsfleth"
/>
```

Listing 36.7 Abfrage und Ergebnis eines einfachen FOR XML RAW-Statements

Mithilfe der jetzt in SQL Server 2005 zusätzlich vorhandenen Option *ELEMENTS* werden die Spalten nicht mehr als Attribute sondern als untergeordnete Elemente dargestellt. Zusätzlich kann jetzt auch der Name des Zeilen-Elements festgelegt werden.

```
SELECT ID, LastName, FirstName, Address, PostalCode, City
FROM Sales.Customers
WHERE ID < 5
FOR XML RAW('Tab'), ELEMENTS

<Tab>
  <ID>1</ID>
  <LastName>Abegg</LastName>
  <FirstName>Uta</FirstName>
  <Address>Sackführerdamm</Address>
  <PostalCode>34357</PostalCode>
  <City>Reinhardshagen</City>
</Tab>
<Tab>
  <ID>2</ID>
  <LastName>Abegg</LastName>
  <FirstName>Marina</FirstName>
  <Address>Sulzbeckstraße</Address>
  <PostalCode>01654</PostalCode>
  <City>Meißen</City>
</Tab>
<Tab>
  <ID>3</ID>
  <LastName>Abegg</LastName>
```

Die FOR XML-Klausel

```
      <FirstName>Yvonne</FirstName>
      <Address>Pfauenkehre</Address>
      <PostalCode>19224</PostalCode>
      <City>Hagenow</City>
   </Tab>
   <Tab>
      <ID>4</ID>
      <LastName>Abel</LastName>
      <FirstName>Felix</FirstName>
      <Address>Bauführerweg</Address>
      <PostalCode>26925</PostalCode>
      <City>Elsfleth</City>
   </Tab>
```

Listing 36.8 FOR XML RAW ELEMENTS-Abfrage und Ergebnis

Für einfache Abfragen mag dieses Format ausreichen, jedoch wird für die meisten Fälle ein speziellerer Aufbau der XML-Fragmente erforderlich sein. Dabei hilft die *FOR XML AUTO*-Option.

Die XML AUTO-Option

Bei der Formatierung mit *FOR XML AUTO* wird für jede Zeile ein Element mit dem Namen der Tabelle erzeugt. Mithilfe der *ELEMENTS*-Option wird auch hier aus jeder Spalte ein Unterelement:

```
SELECT ID, LastName, FirstName, Address, PostalCode, City
FROM Sales.Customers WHERE ID < 11 FOR XML AUTO, ELEMENTS

<SalesDepartment.Customers>
   <ID>1</ID>
   <LastName>Abegg</LastName>
   <FirstName>Uta</FirstName>
   <Address>Sackführerdamm</Address>
   <PostalCode>34357</PostalCode>
   <City>Reinhardshagen</City>
</SalesDepartment.Customers>
<SalesDepartment.Customers>
   <ID>2</ID>
   <LastName>Abegg</LastName>
   <FirstName>Marina</FirstName>
   <Address>Sulzbeckstraße</Address>
   <PostalCode>01654</PostalCode>
   <City>Meißen</City>
</SalesDepartment.Customers>
<SalesDepartment.Customers>
   <ID>3</ID>
   <LastName>Abegg</LastName>
   <FirstName>Yvonne</FirstName>
   <Address>Pfauenkehre</Address>
   <PostalCode>19224</PostalCode>
   <City>Hagenow</City>
</SalesDepartment.Customers>
<SalesDepartment.Customers>
   <ID>4</ID>
   <LastName>Abel</LastName>
   <FirstName>Felix</FirstName>
   <Address>Bauführerweg</Address>
   <PostalCode>26925</PostalCode>
   <City>Elsfleth</City>
</SalesDepartment.Customers>
```

Listing 36.9 FOR XML AUTO ELEMENTS-Abfrage mit Ergebnis

Dieses Ergebnis ist jedoch nur ein XML-Fragment. Um die Wohlgeformtheit für ein XML-Dokument zu erfüllen, benötigen Sie auf jeden Fall noch ein Wurzelelement. Dieses kann man über die ROOT-Direktive erzeugen. Ohne weitere Angaben wird ein Wurzelelement mit dem Namen *root* erzeugt, aber Sie können auch einen eigenen Elementnamen übergeben:

```sql
SELECT ID, LastName, FirstName, Address, PostalCode, City
FROM Sales.Customers
WHERE ID < 5
FOR XML AUTO, ELEMENTS, ROOT('CustomerTab')

<CustomerTab>
  <SalesDepartment.Customers>
    <ID>1</ID>
    <LastName>Abegg</LastName>
    <FirstName>Uta</FirstName>
    <Address>Sackführerdamm</Address>
    <PostalCode>34357</PostalCode>
    <City>Reinhardshagen</City>
  </SalesDepartment.Customers>
  <SalesDepartment.Customers>
    <ID>2</ID>
    <LastName>Abegg</LastName>
    <FirstName>Marina</FirstName>
    <Address>Sulzbeckstraße</Address>
    <PostalCode>01654</PostalCode>
    <City>Meißen</City>
  </SalesDepartment.Customers>
  <SalesDepartment.Customers>
    <ID>3</ID>
    <LastName>Abegg</LastName>
    <FirstName>Yvonne</FirstName>
    <Address>Pfauenkehre</Address>
    <PostalCode>19224</PostalCode>
    <City>Hagenow</City>
  </SalesDepartment.Customers>
  <SalesDepartment.Customers>
    <ID>4</ID>
    <LastName>Abel</LastName>
    <FirstName>Felix</FirstName>
    <Address>Bauführerweg</Address>
    <PostalCode>26925</PostalCode>
    <City>Elsfleth</City>
  </SalesDepartment.Customers>
</CustomerTab>
```

Listing 36.10 FOR XML AUTO ELEMENTS ROOT-Abfrage und Ergebnis

Mithilfe der FOR XML AUTO-Klausel kann man auf die oben beschriebene Weise also sehr einfach wohlgeformte XML-Dokumente aus Abfragen von relationalen Tabellen erzeugen. Der Client, der diese Abfrage sendet, erhält damit die Möglichkeit, den Rückgabe-Stream direkt als XML weiterzuverarbeiten.

Die XML EXPLICIT-Option

Für weitere Anpassungen kann man auch ein komplexeres Format für das XML-Dokument vorgeben. Das geschieht über die *FOR XML EXPLICIT*-Klausel. Dort wird die Struktur durch eine spezielle Formulierung der SELECT-Abfrage mit einer »Knoten-Syntax« erstellt. Dazu wird jedes XML-Element durch folgende Notation beschrieben:

```
ElementName!TagNumber!AttributeName!Directive
```

Nehmen wir einmal an, Sie wollten eine Bestellung als *OrderHeader*-Element darstellen, mit Bestellnummer, Bestelldatum und Kundennummer als Attribute, und die Bestelldetails und den Bearbeiter als Unterelemente, so kann das folgendermaßen aussehen:

```
SELECT  1                   as Tag,
        0                   as Parent,
        ID                  as [OrderHeader!1!SalesOrderID!id],
        OrderDate           as [OrderHeader!1!OrderDate],
        CustomerID          as [OrderHeader!1!CustomerID],
        NULL                as [SalesPerson!2!SalesPersonID],
        NULL                as [OrderDetail!3!SalesOrderID!idref],
        NULL                as [OrderDetail!3!TotalPrice],
        NULL                as [OrderDetail!3!ProductID],
        NULL                as [OrderDetail!3!Quantity]
FROM    Sales.Orders
WHERE   ID=55 or ID=56
UNION ALL
SELECT 2 as Tag,
       1 as Parent,
       ID,
       NULL,
       NULL,
       EmployeeID,
       NULL,
       NULL,
       NULL,
       NULL
FROM    Sales.Orders
WHERE   ID=55 or ID=56
UNION ALL
SELECT 3 as Tag,
       1 as Parent,
       SOD.OrderID,
       NULL,
       NULL,
       EmployeeID,
       SO.ID,
       UnitPrice * Quantity,
       ArticleID,
       Quantity
FROM    Sales.Orders SO,Sales.OrderDetails SOD
WHERE   SO.ID = SOD.OrderID
AND     (SO.ID=55 or SO.ID=56)
ORDER BY [OrderHeader!1!SalesOrderID!id], [SalesPerson!2!SalesPersonID],
         [OrderDetail!3!SalesOrderID!idref],[OrderDetail!3!TotalPrice]
FOR XML EXPLICIT, XMLDATA
```

Listing 36.11 FOR XML EXPLICIT-Anweisung

Wenn man nun diese Abfrage gegen unsere Datenbank laufen lässt, so erzeugt der SQL Server als Ergebnis einen XML-Stream mit einem entsprechenden Inline-Schema für das Dokument:

```xml
<Schema name="Schema1" xmlns="urn:schemas-microsoft-com:xml-data" xmlns:dt="urn:schemas-microsoft-com:datatypes">
  <ElementType name="OrderHeader" content="mixed" model="open">
    <AttributeType name="SalesOrderID" dt:type="id" />
    <AttributeType name="OrderDate" dt:type="dateTime" />
    <AttributeType name="CustomerID" dt:type="i4" />
    <attribute type="SalesOrderID" />
    <attribute type="OrderDate" />
    <attribute type="CustomerID" />
  </ElementType>
  <ElementType name="SalesPerson" content="mixed" model="open">
    <AttributeType name="SalesPersonID" dt:type="i4" />
    <attribute type="SalesPersonID" />
  </ElementType>
  <ElementType name="OrderDetail" content="mixed" model="open">
    <AttributeType name="SalesOrderID" dt:type="idref" />
    <AttributeType name="TotalPrice" dt:type="number" />
    <AttributeType name="ProductID" dt:type="i4" />
    <AttributeType name="Quantity" dt:type="number" />
    <attribute type="SalesOrderID" />
    <attribute type="TotalPrice" />
    <attribute type="ProductID" />
    <attribute type="Quantity" />
  </ElementType>
</Schema>
<OrderHeader xmlns="x-schema:#Schema1" SalesOrderID="55" OrderDate="2002-04-22T00:00:00" CustomerID="6">
  <OrderDetail SalesOrderID="55" TotalPrice="24.00" ProductID="6" Quantity="4.00" />
  <OrderDetail SalesOrderID="55" TotalPrice="65.00" ProductID="7" Quantity="13.00" />
  <OrderDetail SalesOrderID="55" TotalPrice="72.00" ProductID="5" Quantity="4.00" />
  <OrderDetail SalesOrderID="55" TotalPrice="80.00" ProductID="4" Quantity="8.00" />
  <OrderDetail SalesOrderID="55" TotalPrice="450.00" ProductID="3" Quantity="15.00" />
  <SalesPerson SalesPersonID="1" />
</OrderHeader>
<OrderHeader xmlns="x-schema:#Schema1" SalesOrderID="56" OrderDate="2004-12-08T00:00:00" CustomerID="6">
  <OrderDetail SalesOrderID="56" TotalPrice="14.00" ProductID="13" Quantity="7.00" />
  <OrderDetail SalesOrderID="56" TotalPrice="150.00" ProductID="4" Quantity="15.00" />
  <SalesPerson SalesPersonID="2" />
</OrderHeader>
...
```

Listing 36.12 FOR XML EXPLICIT-Ergebnis

Leider ist diese Art der Abfrage sehr komplex und umständlich. Mit den Erweiterungen der *FOR XML*-Klausel seit dem SQL Server 2005 kann man die gleichen Ergebnisse wesentlich einfacher erreichen.

Neue FOR XML-Features

Die komplette Syntax der *FOR XML*-Klausel sehen Sie hier:

```
[ FOR { BROWSE | <XML> } ]
<XML> ::=
XML
    {
        { RAW [ ('ElementName') ] | AUTO }
```

Die FOR XML-Klausel

```
            [
                <CommonDirectives>
                [ , { XMLDATA | XMLSCHEMA [ ('TargetNameSpaceURI') ]} ]
                [ , ELEMENTS [ XSINIL | ABSENT ]
            ]
        | EXPLICIT
            [
                <CommonDirectives>
                [ , XMLDATA ]
            ]
        | PATH [ ('ElementName') ]
            [
                <CommonDirectives>
                [ , ELEMENTS [ XSINIL | ABSENT ] ]
            ]
    }

<CommonDirectives> ::=
    [ , BINARY BASE64 ]
    [ , TYPE ]
    [ , ROOT [ ('RootName') ] ]
```

Listing 36.13 Syntax der FOR XML-Klausel

Die *FOR XML*-Klausel ist gegenüber SQL Server 2000 erweitert und verbessert worden. Dazu zählen die Darstellung des *timestamp*-Datentyps als numerischer Wert anstatt eines *base64*-Binärwerts, und die Rückgabe des Ergebnisses als eine *nvarchar(max)*-Zelle, also eine Zeile mit nur einer Spalte.

TYPE-Direktive

Für den Fall, dass Sie die Daten als XML weiterverarbeiten wollen, kann man mithilfe der *TYPE*-Direktive dafür sorgen, dass das Ergebnis als *xml*-Datentyp anstatt des *nvarchar(max)*-Datentyps zurückgegeben wird. Das ist besonders nützlich bei verschachtelten Abfragen:

```
SELECT (SELECT * FROM Sales.Customers WHERE ID < 20 FOR XML AUTO, TYPE).query( '<doc>{ for $c in /
Sales.Customers return <Person name="{data($c/@Name_1)}"/> }</doc>')
```

Auf die gleiche Art und Weise können Sie auch das Ergebnis einer Abfrage mit der *FOR XML*-Klausel direkt in eine XML-Spalte einer Tabelle einfügen:

```
CREATE TABLE T(i int, x XML)
INSERT INTO T SELECT 1, (SELECT * FROM Sales.Customers WHERE ID < 20 FOR XML AUTO, TYPE))
```

Durch das Verschachteln einer entsprechenden *SELECT*-Abfrage können Sie nun auf die komplizierte Syntax der *FOR XML EXPLICIT*-Anweisung verzichten und entsprechend einfacher strukturieren:

```
SELECT ID as "CustomerID",
(SELECT ID as "OrderID" FROM Sales.Orders "Order"
        WHERE "Order".CustomerID = Customer.ID FOR XML AUTO, TYPE),
(SELECT DISTINCT LastName as "LastName" FROM Management.Employees Employee
        JOIN Sales.Orders "Order" ON "Order".EmployeeID = Employee.ID
        WHERE Customer.ID = "Order".CustomerID FOR XML AUTO, TYPE)
FROM Sales.Customers Customer FOR XML AUTO, TYPE
```

Das Ergebnis sieht dann auszugsweise so aus:

```xml
<SalesDepartment.Customers CustomerID="145">
  <salesdepartment.orders OrderID="1464" />
  <salesdepartment.orders OrderID="1465" />
</SalesDepartment.Customers>
<SalesDepartment.Customers CustomerID="146">
  <salesdepartment.orders OrderID="1466" />
  <salesdepartment.orders OrderID="1467" />
</SalesDepartment.Customers>
<SalesDepartment.Customers CustomerID="147">
  <salesdepartment.orders OrderID="1468" />
  <salesdepartment.orders OrderID="1469" />...
```

PATH-Direktive

Mithilfe der *PATH*-Direktive können Sie jetzt auch noch viel einfacher direkt einen XPath-Ausdruck angeben, der die Elemente definiert, an denen das Ergebnis der Abfrage eingehängt wird. Dabei wird durch ein *Alias* für jedes einzelne Element festgelegt, an welcher Stelle relativ zum »Zeilenelement« das jeweilige Element einzuhängen ist. Im folgenden Beispiel werden aus der *Customers*-Tabelle die Daten wie Vor- und Zuname, Adresse und Telefon- sowie Faxnummern abgerufen und strukturiert als XML-Dokument zurückgegeben:

```sql
SELECT ID as "@KundenID",
Name_1 as "Name/Nachname",
Name_2 as "Name/Vorname",
Address as "Adresse/Strasse",
City as "Adresse/Stadt",
PostalCode as "Adresse/PLZ",
Telephone as "Kontakt/Telefon",
Fax as "Kontakt/Fax"
FROM Sales.Customers
FOR XML PATH('Kunde'),
ROOT('Kundeninfo')
```

Das Ergebnis der Abfrage sieht dann wie folgt aus:

```xml
<Kundeninfo>
  <Kunde KundenID="1">
    <Name>
      <Nachname>Abegg</Nachname>
      <Vorname>Uta</Vorname>
    </Name>
    <Adresse>
      <Strasse>Sackführerdamm</Strasse>
      <Stadt>Reinhardshagen</Stadt>
      <PLZ>34357</PLZ>
    </Adresse>
    <Kontakt>
      <Telefon>(05544) 10 38 62</Telefon>
    </Kontakt>
```

Die FOR XML-Klausel

```
      </Kunde>
      <Kunde KundenID="2">
        <Name>
          <Nachname>Abegg</Nachname>
          <Vorname>Marina</Vorname>
        </Name>
        <Adresse>
          <Strasse>Sulzbeckstraße</Strasse>
          <Stadt>Meißen</Stadt>
          <PLZ>01654</PLZ>
        </Adresse>
        <Kontakt>
          <Telefon>(03521) 41 99 18</Telefon>
        </Kontakt>
      </Kunde>
      …
</ Kundeninfo >
```

Listing 36.14 FOR XML PATH-Direktive

Dabei können die Spalten auf Attribute (»@Attributname«), Elemente («Elementname«), Elementstruktur (»Element1/Element2«), Elementinhalt (»*«), Textknoten (»text()«) oder Dateninhalt (»data()«) gemappt werden. Im folgenden Beispiel wird die Verwendung des Textknotens und Dateninhalts gezeigt:

```
SELECT ID as "@ID",
 (SELECT ID as "data()" FROM Sales.Orders
WHERE Customers.ID=Orders.CustomerID
FOR XML PATH('')) as "@Bestellnummern",
Name_1 + ', ' + Name_2 as "Name/text()",
PostalCode as "Adresse/@PLZ",
Address as "Adresse/Strasse",
City as "Adresse/Ort"
FROM Sales.Customers
FOR XML PATH('Kunde'),
ROOT('Bestellinfos'))

Ausschnitt aus dem Ergebnis:

<Bestellinfos>
  <Kunde ID="1" Bestellnummern="1 2 3 4 5 6 7 8 9 10 11 12">
    <Kundenname>Abegg, Uta</Kundenname>
    <Adresse PLZ="34357">
      <Strasse>Sackführerdamm</Strasse>
      <Ort>Reinhardshagen</Ort>
    </Adresse>
  </Kunde>
  <Kunde ID="2" Bestellnummern="13 14 15 16 17 18 19 20 21 22 23 24 25 26 27 28">
    <Kundenname>Abegg, Marina</Kundenname>
    <Adresse PLZ="01654">
      <Strasse>Sulzbeckstraße</Strasse>
      <Ort>Meißen</Ort>
    </Adresse>
  </Kunde>
  …
</Bestellinfos>
```

Listing 36.15 FOR XML PATH mit der Verwendung von *data*

Durch die innere Abfrage werden die *OrderIDs* abgerufen, die zunächst als reine Werteliste (»data()«) in einem unbenannten Element abgelegt werden. Da an dieser Stelle keine *TYPE*-Direktive verwendet wird, ist das Ergebnis eine durch Leerzeichen getrennte Zeichenkette (*nvarchar(max)*). Diese Liste wird anschließend als Attribut an den *Kunde*-Knoten gehängt.

Namensräume

Das Verwenden von Namensräumen innerhalb von XML-Dokumenten wird immer wichtiger und mehr verbreitet. Durch Namensräume können bestimmte Elemente eines Dokuments ausgezeichnet und verschiedenen Bereichen oder Schemata zugeordnet werden. Mit den Möglichkeiten von SQL Server 2000 war die Einbindung von Namensräumen nur unter großem Aufwand mit dem *EXPLICIT*-Modus möglich.

Um dieses Verhalten in SQL Server 2005 zu verbessern, wurde die *WITH XMLNAMESPACE*-Klausel eingeführt. Damit wird vor der eigentlichen Abfrage die Zuordnung zwischen den Namensräumen und den Präfixen der Elemente definiert.

```
WITH XMLNAMESPACES
( DEFAULT 'urn:NetShop2005.com/default' ,
  'urn:NetShop2005.com/Customers' as "c" ,
  'urn:NetShop2005.com/Orders' as "o" )
SELECT ID AS "@ID",
(SELECT ID AS "@OrderID" FROM Sales.Orders
   WHERE Customers.ID=Orders.CustomerID
  FOR XML PATH('o:Bestellung'), TYPE) AS "c:Bestellung",
Name_1 + ', ' + Name_2 AS "c:Kontaktname/text()",
PostalCode AS "c:Adresse/@PLZ",
Address AS "c:Adresse/c:Strasse",
City AS "c:Adresse/c:Ort"
FROM Sales.Customers FOR XML PATH('c:Kunde'),
 ROOT('Root')
```

Durch die Definition eines Namensraumes am Anfang der Abfrage wird jedes Element eindeutig mit einem Namensraum gekennzeichnet. So ist aus den Daten klar ersichtlich, welche Informationen aus der *Orders*-Tabelle und welche aus der *Customers*-Tabelle stammen.

```
<Root xmlns:o="urn:NetShop2005.com/Orders" xmlns:c="urn:NetShop2005.com/Customers"
 xmlns="urn:NetShop2005.com/default">
  <c:Kunde ID="1">
    <c:Bestellung>
      <o:Bestellung xmlns:o="urn:NetShop2005.com/Orders" xmlns:c="urn:NetShop2005.com/Customers"
        xmlns="urn:NetShop2005.com/default" OrderID="1" />
      <o:Bestellung xmlns:o="urn:NetShop2005.com/Orders" xmlns:c="urn:NetShop2005.com/Customers"
        xmlns="urn:NetShop2005.com/default" OrderID="2" />
      <o:Bestellung xmlns:o="urn:NetShop2005.com/Orders" xmlns:c="urn:NetShop2005.com/Customers"
        xmlns="urn:NetShop2005.com/default" OrderID="3" />
      <o:Bestellung xmlns:o="urn:NetShop2005.com/Orders" xmlns:c="urn:NetShop2005.com/Customers"
        xmlns xmlns="urn:NetShop2005.com/default" OrderID="4" />
      <o:Bestellung xmlns:o="urn:NetShop2005.com/Orders" xmlns:c="urn:NetShop2005.com/Customers"
        xmlns xmlns="urn:NetShop2005.com/default" OrderID="5" />
      <o:Bestellung xmlns:o="urn:NetShop2005.com/Orders" xmlns:c="urn:NetShop2005.com/Customers"
        xmlns xmlns="urn:NetShop2005.com/default" OrderID="6" />
      <o:Bestellung xmlns:o="urn:NetShop2005.com/Orders" xmlns:c="urn:NetShop2005.com/Customers"
        xmlns xmlns="urn:NetShop2005.com/default" OrderID="7" />
      <o:Bestellung xmlns:o="urn:NetShop2005.com/Orders" xmlns:c="urn:NetShop2005.com/Customers"
        xmlns xmlns="urn:NetShop2005.com/default" OrderID="8" />
```

```xml
      <o:Bestellung xmlns:o="urn:NetShop2005.com/Orders" xmlns:c="urn:NetShop2005.com/Customers"
        xmlns xmlns="urn:NetShop2005.com/default" OrderID="9" />
      <o:Bestellung xmlns:o="urn:NetShop2005.com/Orders" xmlns:c="urn:NetShop2005.com/Customers"
        xmlns xmlns="urn:NetShop2005.com/default" OrderID="10" />
      <o:Bestellung xmlns:o="urn:NetShop2005.com/Orders" xmlns:c="urn:NetShop2005.com/Customers"
        xmlns xmlns="urn:NetShop2005.com/default" OrderID="11" />
      <o:Bestellung xmlns:o="urn:NetShop2005.com/Orders" xmlns:c="urn:NetShop2005.com/Customers"
        xmlns xmlns="urn:NetShop2005.com/default" OrderID="12" />
    </c:Bestellung>
    <c:Kontaktname>Abegg, Uta</c:Kontaktname>
    <c:Adresse PLZ="34357">
      <c:Strasse>Sackführerdamm</c:Strasse>
      <c:Ort>Reinhardshagen</c:Ort>
    </c:Adresse>
  </c:Kunde>
  <c:Kunde ID="2">
    <c:Bestellung>
      <o:Bestellung xmlns:o="urn:NetShop2005.com/Orders" xmlns:c="urn:NetShop2005.com/Customers"
        xmlns xmlns="urn:NetShop2005.com/default" OrderID="13" />
      <o:Bestellung xmlns:o="urn:NetShop2005.com/Orders" xmlns:c="urn:NetShop2005.com/Customers"
        xmlns xmlns="urn:NetShop2005.com/default" OrderID="14" />
      <o:Bestellung xmlns:o="urn:NetShop2005.com/Orders" xmlns:c="urn:NetShop2005.com/Customers"
        xmlns xmlns="urn:NetShop2005.com/default" OrderID="15" />
      <o:Bestellung xmlns:o="urn:NetShop2005.com/Orders" xmlns:c="urn:NetShop2005.com/Customers"
        xmlns xmlns="urn:NetShop2005.com/default" OrderID="16" />
      <o:Bestellung xmlns:o="urn:NetShop2005.com/Orders" xmlns:c="urn:NetShop2005.com/Customers"
        xmlns xmlns="urn:NetShop2005.com/default" OrderID="17" />
      <o:Bestellung xmlns:o="urn:NetShop2005.com/Orders" xmlns:c="urn:NetShop2005.com/Customers"
        xmlns xmlns="urn:NetShop2005.com/default" OrderID="18" />
      <o:Bestellung xmlns:o="urn:NetShop2005.com/Orders" xmlns:c="urn:NetShop2005.com/Customers"
        xmlns xmlns="urn:NetShop2005.com/default" OrderID="19" />
      <o:Bestellung xmlns:o="urn:NetShop2005.com/Orders" xmlns:c="urn:NetShop2005.com/Customers"
        xmlns xmlns="urn:NetShop2005.com/default" OrderID="20" />
      <o:Bestellung xmlns:o="urn:NetShop2005.com/Orders" xmlns:c="urn:NetShop2005.com/Customers"
        xmlns xmlns="urn:NetShop2005.com/default" OrderID="21" />
      <o:Bestellung xmlns:o="urn:NetShop2005.com/Orders" xmlns:c="urn:NetShop2005.com/Customers"
        xmlns xmlns="urn:NetShop2005.com/default" OrderID="22" />
     <o:Bestellung xmlns:o="urn:NetShop2005.com/Orders" xmlns:c="urn:NetShop2005.com/Customers"
        xmlns xmlns="urn:NetShop2005.com/default" OrderID="23" />
      <o:Bestellung xmlns:o="urn:NetShop2005.com/Orders" xmlns:c="urn:NetShop2005.com/Customers"
        xmlns xmlns="urn:NetShop2005.com/default" OrderID="24" />
      <o:Bestellung xmlns:o="urn:NetShop2005.com/Orders" xmlns:c="urn:NetShop2005.com/Customers"
        xmlns xmlns="urn:NetShop2005.com/default" OrderID="25" />
      <o:Bestellung xmlns:o="urn:NetShop2005.com/Orders" xmlns:c="urn:NetShop2005.com/Customers"
        xmlns xmlns="urn:NetShop2005.com/default" OrderID="26" />
      <o:Bestellung xmlns:o="urn:NetShop2005.com/Orders" xmlns:c="urn:NetShop2005.com/Customers"
        xmlns xmlns="urn:NetShop2005.com/default" OrderID="27" />
      <o:Bestellung xmlns:o="urn:NetShop2005.com/Orders" xmlns:c="urn:NetShop2005.com/Customers"
        xmlns xmlns="urn:NetShop2005.com/default" OrderID="28" />
    </c:Bestellung>
    <c:Kontaktname>Abegg, Marina</c:Kontaktname>
    <c:Adresse PLZ="01654">
      <c:Strasse>Sulzbeckstraße</c:Strasse>
      <c:Ort>Meißen</c:Ort>
    </c:Adresse>
  </c:Kunde>
</Root>
```

Listing 36.16 *WITH XMLNAMESPACE-Klausel*

Mithilfe des *DEFAULT*-Schlüsselwortes kann der Namensraum für alle Elemente, die ohne Präfix verwendet werden, festgelegt werden.

Die *WITH XMLNAMESPACE*-Klausel kann nur in Verbindung mit *FOR XML RAW*, *AUTO* oder *PATH* verwendet werden. *EXPLICIT* wird nicht unterstützt, ebenso wenig wie *XMLSCHEMA* und *XMLDATA*. Außerdem kann mit ihrer Hilfe auch der Namensraum für den Umgang mit dem *xml*-Datentyp festgelegt werden.

Im Zusammenhang mit *FOR XML RAW* und *AUTO* gibt es die Möglichkeit, einen Standardnamensraum mit einem Inline-Schema zu integrieren. Dazu wird die *XMLSCHEMA*-Direktive verwendet.

```
SELECT ID, Name_1 AS Nachname,
Name_2 AS Vorname,
Address AS Adresse,
PostalCode AS PLZ,
City AS Ort
FROM Sales.Customers
WHERE ID < 5
FOR XML RAW('Kunde'),
ELEMENTS,
XMLSCHEMA('urn:netshop2005.com'),
ROOT('Kunden')

<Kunden>
  <xsd:schema targetNamespace="urn:netshop2005.com" xmlns:xsd="http://www.w3.org/2001/XMLSchema"
    xmlns:sqltypes="http://schemas.microsoft.com/sqlserver/2004/sqltypes" elementFormDefault="qualified">
    <xsd:import namespace="http://schemas.microsoft.com/sqlserver/2004/sqltypes"
      schemaLocation="http://schemas.microsoft.com/sqlserver/2004/sqltypes/sqltypes.xsd" />
    <xsd:element name="Kunde">
      <xsd:complexType>
        <xsd:sequence>
          <xsd:element name="ID" type="sqltypes:int" />
          <xsd:element name="Nachname">
            <xsd:simpleType>
              <xsd:restriction base="sqltypes:varchar" sqltypes:localeId="1033"
                sqltypes:sqlCompareOptions="IgnoreCase IgnoreKanaType IgnoreWidth">
                <xsd:maxLength value="50" />
              </xsd:restriction>
            </xsd:simpleType>
          </xsd:element>
          <xsd:element name="Vorname" minOccurs="0">
            <xsd:simpleType>
              <xsd:restriction base="sqltypes:varchar" sqltypes:localeId="1033"
                sqltypes:sqlCompareOptions="IgnoreCase IgnoreKanaType IgnoreWidth">
                <xsd:maxLength value="50" />
              </xsd:restriction>
            </xsd:simpleType>
          </xsd:element>
          <xsd:element name="Adresse">
            <xsd:simpleType>
              <xsd:restriction base="sqltypes:varchar" sqltypes:localeId="1033"
                sqltypes:sqlCompareOptions="IgnoreCase IgnoreKanaType IgnoreWidth">
                <xsd:maxLength value="50" />
              </xsd:restriction>
            </xsd:simpleType>
          </xsd:element>
          <xsd:element name="PLZ" minOccurs="0">
            <xsd:simpleType>
```

```xml
            <xsd:restriction base="sqltypes:varchar" sqltypes:localeId="1033"
              sqltypes:sqlCompareOptions="IgnoreCase IgnoreKanaType IgnoreWidth">
                <xsd:maxLength value="15" />
            </xsd:restriction>
          </xsd:simpleType>
        </xsd:element>
        <xsd:element name="Ort">
          <xsd:simpleType>
            <xsd:restriction base="sqltypes:varchar" sqltypes:localeId="1033"
              sqltypes:sqlCompareOptions="IgnoreCase IgnoreKanaType IgnoreWidth">
                <xsd:maxLength value="50" />
            </xsd:restriction>
          </xsd:simpleType>
        </xsd:element>
      </xsd:sequence>
    </xsd:complexType>
  </xsd:element>
</xsd:schema>
<Kunde xmlns="urn:netshop2005.de">
  <ID>1</ID>
  <Nachname>Abegg</Nachname>
  <Vorname>Uta</Vorname>
  <Adresse>Sackführerdamm</Adresse>
  <PLZ>34357</PLZ>
  <Ort>Reinhardshagen</Ort>
</Kunde>
<Kunde xmlns="urn:netshop2005.de">
  <ID>2</ID>
  <Nachname>Abegg</Nachname>
  <Vorname>Marina</Vorname>
  <Adresse>Sulzbeckstraße</Adresse>
  <PLZ>01654</PLZ>
  <Ort>Meißen</Ort>
</Kunde>
<Kunde xmlns="urn:netshop2005.de">
  <ID>3</ID>
  <Nachname>Abegg</Nachname>
  <Vorname>Yvonne</Vorname>
  <Adresse>Pfauenkehre</Adresse>
  <PLZ>19224</PLZ>
  <Ort>Hagenow</Ort>
</Kunde>
<Kunde xmlns="urn:netshop2005.de">
  <ID>4</ID>
  <Nachname>Abel</Nachname>
  <Vorname>Felix</Vorname>
  <Adresse>Bauführerweg</Adresse>
  <PLZ>26925</PLZ>
  <Ort>Elsfleth</Ort>
</Kunde>
</Kunden>
```

Listing 36.17 Verwendung der *XMLSCHEMA*-Direktive

Rekursive XML-Dokumente

Mithilfe von benutzerdefinierten Funktionen können Sie auch XML-Dokumente rekursiv zusammenbauen. Damit kann man dann relativ einfach hierarchische Abhängigkeiten darstellen. Grundlage dafür ist eine Tabelle mit einer Selbstreferenz, d.h. einer ID-Spalte und einer weiteren ID-Spalte, die auf die übergeordnete ID in der Hierarchie verweist, sowie eine Funktion, die XML als Rückgabe verwendet. Im Listing 36.18 wird zunächst eine Tabelle *Angestellte* mit einer entsprechenden Selbstreferenz erstellt. Anschließend wird eine benutzerdefinierte Funktion definiert, die sich in Abhängigkeit von der übergeordneten *ID*-Spalte selbst rekursiv aufruft. Bei jedem Aufruf der Funktion wird ein entsprechendes XML-Fragment mit dem Namen *Hierarchie*, der ID und dem Namen des Angestellten erzeugt. Durch die abschließende Abfrage können entweder alle oder nur bestimmte Teile der Hierarchie abgefragt werden.

```
CREATE FUNCTION AngestelltenAufstellung(@No int)
RETURNS XML
WITH RETURNS NULL ON NULL INPUT
BEGIN
RETURN (
SELECT ID as "@id",
LastName as "@name",
CASE WHEN ManagerID=@No THEN dbo.AngestelltenAufstellung(id)
END
FROM Management.Employees
WHERE ManagerID=@No FOR XML PATH('Hierarchie'), TYPE)
END

SELECT id AS "@id",
LastName AS "@name",
dbo.AngestelltenAufstellung(id)
FROM Management.Employees
-- Wenn gewünscht dann nur für die ID = 1
WHERE id=1
FOR XML PATH('Hierarchie'), TYPE
```

Listing 36.18   Rekursive XML-Abfrage

Das Ergebnis der Abfrage sieht dann wie folgt aus:

```
<Hierarchie id="1" name="Braun-Wieshöller">
  <Hierarchie id="2" name="Hermann">
    <Hierarchie id="6" name="Urban" />
    <Hierarchie id="7" name="Müller" />
  </Hierarchie>
  <Hierarchie id="3" name="Dröge" />
  <Hierarchie id="4" name="Jungbluth" />
  <Hierarchie id="5" name="Köller">
    <Hierarchie id="8" name="Meyer">
      <Hierarchie id="9" name="Christian" />
    </Hierarchie>
  </Hierarchie>
</Hierarchie>
```

XSINIL-Direktive

Vielleicht haben Sie sich schon einmal darüber gewundert, dass leere Elemente von der *FOR XML*-Klausel nicht ausgegeben werden. In der folgenden Abfrage besitzt der Kunde keinen Eintrag für eine Faxnummer, und das Ergebnis sieht wie folgt aus:

```
SELECT ID as "@ID",
Name_1 as "Name/Nachname",
Name_2 as "Name/Vorname",
Address as "Adresse/Strasse",
City as "Addresse/Ort",
PostalCode as "Addresse/PLZ",
Telephone as "Kontakt/Telefon",
Fax as "Kontakt/Fax"
FROM Sales.Customers
WHERE ID = 2
FOR XML PATH('Kunde'),
ROOT('Kunden')

<Kunden>
  <Kunde ID="2">
    <Name>
      <Nachname>Abegg</Nachname>
      <Vorname>Marina</Vorname>
    </Name>
    <Adresse>
      <Strasse>Sulzbeckstraße</Strasse>
    </Adresse>
    <Addresse>
      <Ort>Meißen</Ort>
      <PLZ>01654</PLZ>
    </Addresse>
    <Kontakt>
      <Telefon>(03521) 41 99 18</Telefon>
    </Kontakt>
  </Kunde>
</Kunden>
```

Listing 36.19 Kundenabfrage ohne Faxnummer

Natürlich können auf diese Art und Weise sehr Platz sparende XML-Dokumente erstellt werden. Doch unter Umständen *möchten* Sie auch leere XML-Elemente ausgeben. Dafür gibt es eine spezielle Definition von der W3C: das *xsi:nil*-Attribut. Dieses wird für ein leeres Element einfach auf *true* gesetzt. Mithilfe der *XSINIL*-Direktive kann die Darstellung von leeren Elementen in einem XML-Dokument auf diese Weise erzwungen werden. Im Beispiel sieht das wie folgt aus:

```
SELECT ID as "@ID",
Name_1 as "Name/Nachname",
Name_2 as "Name/Vorname",
Address as "Adresse/Strasse",
City as "Addresse/Ort",
PostalCode as "Addresse/PLZ",
Telephone as "Kontakt/Telefon",
Fax as "Kontakt/Fax"
FROM Sales.Customers
WHERE ID = 2
FOR XML PATH('Kunde'),
ELEMENTS XSINIL,
ROOT('Kunden')
```

Das Ergebnis der Abfrage:

```xml
<Kunden xmlns:xsi="http://www.w3.org/2001/XMLSchema-instance">
  <Kunde ID="2">
    <Name>
      <Nachname>Abegg</Nachname>
      <Vorname>Marina</Vorname>
    </Name>
    <Adresse>
      <Strasse>Sulzbeckstraße</Strasse>
    </Adresse>
    <Addresse>
      <Ort>Meißen</Ort>
      <PLZ>01654</PLZ>
    </Addresse>
    <Kontakt>
      <Telefon>(03521) 41 99 18</Telefon>
      <Fax xsi:nil="true" />
    </Kontakt>
  </Kunde>
</Kunden>
```

Listing 36.20 *Verwendung von XSINIL in FOR XML-Abfragen*

Zusammenfassung

Mithilfe der FOR XML-Klausel ist es möglich, relationale Daten aus der Datenbank in ein XML-Format zu bringen. Für Entwickler von Client-Anwendungen kann das eine große Erleichterung darstellen, da sie die Logik zur Umwandlung der relationalen Daten in ein XML-Format direkt in der Datenbank hinterlegen können. Durch entsprechend mit FOR XML-Klauseln definierte gespeicherte Prozeduren kann der Anwendungsprogrammierer dann ohne weitere Kenntnisse der Datenbankstruktur mit XML-Dokumenten arbeiten.

Kapitel 37

Der xml-Datentyp

In diesem Kapitel:

Der xml-Datentyp	1380
Abfragen aus xml-Datentypen	1384
XML-Indizierung	1398
Zusammenfassung	1401

Bis zum SQL Server 2000 hatte man nur zwei Möglichkeiten, mit XML-Dokumenten in SQL Server umzugehen: Zum einen konnte man das gesamte XML in eine Zeichenkette umwandeln und somit als Ganzes in einer Tabelle persistieren, oder aber mithilfe der OPENXML-Methode in eine Hilfstabelle konvertieren, um dann die dort enthaltenen Informationen in entsprechende Tabellen einzufügen. Für viele Dokumente mag das brauchbar sein, aber je stärker die Daten strukturiert sind, desto schwieriger wird eine vernünftige Umsetzung. Betrachten Sie einmal das XML-Beispiel in Listing 37.1, hier bereitet die relationale Darstellung des Lebenslauf-Knotens einige Probleme.

```
<Lebenslauf>
  <Name>Walter Müller</Name>
  <Geburtstag>12.6.43</Geburtstag>
  <Geburtsort>Düsseldorf</Geburtsort>
  <Eltern>
    <Vater>
      <Name>Egon Müller</Name>
      <Geburtsort>Bern</Geburtsort>
    </Vater>
    <Mutter>
      <Name>Marga Müller</Name>
      <Mädchenname>Meier</Mädchenname>
      <Geburtsort>München</Geburtsort>
    </Mutter>
  </Eltern>
</Lebenslauf>
```

Listing 37.1 Einfach strukturiertes XML-Fragment

Name, Geburtstag und -ort lassen sich ja noch einfach in der Employees-Tabelle als eigene Spalten abbilden – aber für die Eltern wäre dies sicher nicht so sinnvoll, da diese selbst wieder einen Geburtsort und ihnen eventuell weitere Informationen zugeordnet sind. Man würde in diesem Fall eine weitere Tabelle für die Eltern anlegen. Als Alternative bietet sich hier das vollständige Speichern des XML-Dokuments mit seiner gesamten Struktur in einer Tabelle an. Seit SQL Server 2005 gibt es nun einen eigenen Datentyp für XML.

Der xml-Datentyp

Der *xml*-Datentyp kann zum Speichern von kompletten XML-Dokumenten oder Fragmenten verwendet werden. Einzige Einschränkung dabei: Die maximale Größe eines Dokuments darf 2 GByte nicht überschreiten. Intern speichert SQL Server 2008 den *xml* -Datentyp nämlich als BLOB, also ein Binary Large Object, das wiederum der 2 GByte-Beschränkung unterliegt.

Natürlich stellt sich hier die Frage, welchen Vorteil nun dieser spezielle Datentyp gegenüber einer klassischen *text*-Spalte hat.

Bis zum SQL Server 2005 konnte man zum Speichern nur eine *varchar*()- oder *text*-Spalte benutzen. Das Ein- und Auslesen der Daten mit anschließendem Weiterverarbeiten der enthaltenen Informationen war dann aber sehr aufwändig. Um nach einer speziellen Information innerhalb des XML-Dokuments zu suchen, musste man die Zeichenkette auslesen und die Informationen dann entsprechend parsen, was meistens auf einem Client mit entsprechendem XML-Parser geschieht. Wenn man dies für alle Zeilen einer Tabelle tun muss, kommt keine Freude auf, von einer vernünftigen Geschwindigkeit ganz zu schweigen. Mit dem *xml*-Datentyp gehören solche Umstände der Vergangenheit an. Jedes XML innerhalb dieses Datentyps steht für beliebige Abfragen zur Verfügung, der Parser ist gleich eingebaut und alle Annehmlichkeiten der klassischen Datentypen stehen auch hier zur Verfügung: Standardwerte, Trigger und sogar Indizierungen sind nun eine Kleinigkeit.

Die Verwendung von *xml*-Datentypen innerhalb von Tabellen orientiert sich an dem üblichen Vorgehen anderer Datentypen in SQL Server. So benutzt man zum Definieren einer *xml*-Spalte in der Employees-Tabelle folgende Anweisung:

```
ALTER TABLE Management.Employees
  ADD CV xml NULL
```

Listing 37.2 *xml*-Spalte einer Tabelle hinzufügen

Einschränkungen und Standardwerte

Wie bei anderen Datentypen üblich, kann man auch bei *xml*-Spalten einen Standardwert hinterlegen, mit dem die Spalte befüllt wird, wenn beim Einfügen einer neuen Zeile für die Spalte kein Wert explizit übergeben wird. Auf diese Weise kann man ein Grundgerüst für die weitere Verarbeitung der XML-Inhalte bereitstellen. Beim Neuanlegen eines Datensatzes könnte man also schon das Grundelement für das künftige Lebenslauf-Dokument einfügen, sodass man später nur noch einzelne Elemente in das Dokument einzufügen braucht. Ein möglicher Ansatz dafür ist in Listing 37.3 zu finden.

```
ALTER TABLE Management.Employees
  ADD CONSTRAINT DF_Employees_CV DEFAULT N'<Lebenslauf></Lebenslauf>'
  FOR CV
```

Listing 37.3 Standardwert in *xml*-Spalten

Darüber hinaus können Sie auch Einschränkungen an die *xml*-Spalte binden, um die zulässigen Werte für den Lebenslauf noch genauer festzulegen.

Sie können den *xml*-Datentyp auch in Sichten verwenden. Einzige Einschränkung hierbei: Es werden keine partitionierten Sichten auf *xml*-Spalten unterstützt!

Verwendung von Triggern und berechneten Spalten

Mithilfe von Triggern ist es ein Leichtes, auch automatisch relationale Spalten aus einem XML-Dokument zu extrahieren. Nehmen wir einmal an, im Lebenslauf-Dokument gibt es ein Element »Geburtstag«, das Sie auch in anderen Anwendungen verwenden möchten. Wenn Sie nun eine eigene *Birthday*-Spalte in die *Employee*-Tabelle einfügen, können Sie den dazugehörigen Wert gleich aus dem *Lebenslauf*-Dokument auslesen. Definieren Sie dazu einfach einen Trigger, der den Inhalt des Geburtstags-Elements aus dem XML-Dokument ermittelt und füllen Sie mit diesem Wert die *Birthday*-Spalte in Ihrer Tabelle. Damit wird automatisch der Wert in dieser Spalte aktualisiert, wenn sich das XML-Dokument ändert. In Listing 37.4 finden Sie ein Beispiel für so einen Trigger.

```
ALTER TRIGGER Management.InsertBirthday
   ON  Management.Employees
   AFTER INSERT, UPDATE
AS
  SET NOCOUNT ON;
  DECLARE @dt smalldatetime, @ID int
  -- Nur Aufrufen wenn die CV-Spalte verändert wurde
```

```
   IF UPDATE(CV)
   BEGIN
      -- Der folgende XQuery-Ausdruck ruft den Inhalt des Geburtstags-Elements ab
      SELECT @dt = CAST(CV.query('//Geburtstag/text()') AS varchar(10))
         , @ID = ID
      FROM inserted
      -- Nun die Birthday-Spalte aktualisieren
      UPDATE Management.Employees
      SET HiredDate = @dt
      WHERE ID = @ID
   END
GO
```

Listing 37.4 Trigger zum Aktualisieren redundanter Daten aus einer *xml*-Spalte

Sollten Sie statt redundanter Spalten lieber berechnete Spalten verwenden wollen, können Sie das wie beim folgenden Beispiel tun.

```
CREATE FUNCTION BirthdayFromCV(@var xml) returns smalldatetime
AS BEGIN
RETURN @var.value('(//Geburtstag/text())[1]' , 'varchar(10)')
END
Go
-- Employee-Tabelle mit berechneter Spalte erweitern
ALTER TABLE Management.Employees
ADD BirthdayCV as dbo.BirthdayFromCV(CV)
Go
```

Listing 37.5 Berechnete Spalte aus XML-Daten

Typisierte xml-Spalten

Ein wichtiges Mittel zum Sicherstellen einer konsistenten Datenbank stellen entsprechende Einschränkungen auf den Spalten dar. Um die Gültigkeit eines XML-Dokuments sicherzustellen, können Schemata in so genannten Schemaauflistungen in der Datenbank hinterlegt werden. Jedes XML-Dokument, das in eine *xml*-Spalte mit hinterlegtem Schema eingefügt wird, wird automatisch gegen das Schema geprüft und ein fehlerhaftes Dokument wird abgewiesen. Diese Spalten nennt man typisierte *xml*-Spalten. Im Listing 37.6 wird das Schema des Lebenslauf-Dokuments in einer Schemaauflistung in der Datenbank hinterlegt. Anschließend kann dann für jede beliebige weitere *xml*-Spalte das entsprechende Schema in dieser Schemaauflistung hinterlegt werden. Im Beispiel wird dazu eine typisierte CV-Spalte namens *TypCV* der *Employees*-Tabelle hinzugefügt.

```
CREATE XML SCHEMA COLLECTION CVSchemaCollection
AS
N'<xs:schema attributeFormDefault="unqualified" elementFormDefault="qualified"
xmlns:xs="http://www.w3.org/2001/XMLSchema">
   <xs:element name="Lebenslauf">
      <xs:complexType>
         <xs:sequence>
            <xs:element name="PersönlicheDaten">
               <xs:complexType>
                  <xs:sequence>
                     <xs:element name="Geburtstag">
                        <xs:complexType>
                           <xs:simpleContent>
                              <xs:extension base="xs:string">
                                 <xs:attribute name="Ort" type="xs:string" use="required" />
```

```xml
          </xs:extension>
        </xs:simpleContent>
      </xs:complexType>
    </xs:element>
    <xs:element name="Geburtsort" type="xs:string" />
    <xs:element name="Eltern">
      <xs:complexType>
        <xs:sequence>
          <xs:element name="Vater" type="xs:string" />
          <xs:element name="Mutter" type="xs:string" />
        </xs:sequence>
      </xs:complexType>
    </xs:element>
  </xs:sequence>
 </xs:complexType>
</xs:element>
<xs:element name="Schulbildung">
  <xs:complexType>
    <xs:sequence>
      <xs:element maxOccurs="unbounded" name="Schule">
        <xs:complexType>
          <xs:sequence>
            <xs:element name="Name" type="xs:string" />
            <xs:element name="Ort" type="xs:string" />
            <xs:element name="Eintrittsjahr" type="xs:unsignedShort" />
            <xs:element name="Austrittsjahr" type="xs:unsignedShort" />
            <xs:element minOccurs="0" name="Abschluss" type="xs:string" />
          </xs:sequence>
        </xs:complexType>
      </xs:element>
    </xs:sequence>
  </xs:complexType>
</xs:element>
<xs:element name="Ausbildung">
  <xs:complexType>
    <xs:sequence>
      <xs:element maxOccurs="unbounded" name="Ausbildungsstätte">
        <xs:complexType>
          <xs:sequence>
            <xs:element name="Name" type="xs:string" />
            <xs:element name="Ort" type="xs:string" />
            <xs:element name="Bereich" type="xs:string" />
            <xs:element name="Eintrittsjahr" type="xs:unsignedShort" />
            <xs:element name="Austrittsjahr" type="xs:unsignedShort" />
            <xs:element name="Abschluss" type="xs:string" />
          </xs:sequence>
        </xs:complexType>
      </xs:element>
    </xs:sequence>
  </xs:complexType>
</xs:element>
<xs:element name="BeruflicherWerdegang">
  <xs:complexType>
    <xs:sequence>
      <xs:element maxOccurs="unbounded" name="Arbeitsstätte">
        <xs:complexType>
          <xs:sequence>
            <xs:element name="Name" type="xs:string" />
            <xs:element name="Ort" type="xs:string" />
            <xs:element name="Position" type="xs:string" />
            <xs:element name="Eintrittsjahr" type="xs:unsignedShort" />
            <xs:element name="Austrittsjahr" type="xs:unsignedShort" />
```

```
            </xs:sequence>
          </xs:complexType>
        </xs:element>
      </xs:sequence>
    </xs:complexType>
  </xs:element>
 </xs:sequence>
 <xs:attribute name="Id" type="xs:unsignedInt" use="required" />
  </xs:complexType>
 </xs:element>
</xs:schema>'

ALTER TABLE Management.Employees
  ADD TypCV xml(CVSchemaCollection)
```

Listing 37.6 Erzeugen einer *SchemaCollection* und einer typisierten Spalte

Falls Ihre XML-Dokumente über mehrere Namensräume verfügen, so können Sie in der Schemaauflistung für jeden Namensraum auch ein Schema hinterlegen. Wenn Sie nun versuchen, ein XML-Dokument einzufügen, das nicht dem hinterlegten Schema entspricht, das zum Beispiel ein »Vatter«- anstatt eines »Vater«-Elements besitzt, so wird der Vorgang mit einer Fehlermeldung wie in Listing 37.7 abgebrochen.

```
Meldung 6965, Ebene 16, Status 1, Zeile 1
XML-Überprüfung: Ungültiger Inhalt. Erwartete Elemente: :Vater, angegeben wurde das Element 'Vatter'.
Ort: /*:Lebenslauf[1]/*:PersönlicheDaten[1]/*:Eltern[1]/*:Vatter[1].
```

Listing 37.7 Fehlermeldung bei ungültigem XML-Dokument

Umwandeln bestehender varchar()- oder text-Spalten in xml-Spalten

Vielleicht verfügen Ihre Datenbanken ja bereits über Tabellen, die XML-Daten in *text*- oder *varchar*-Feldern speichern. Mithilfe der *ALTER TABLE*-Anweisung, wie in Listing 37.8 zu sehen, können Sie diese Spalten nachträglich in eine *xml*-Spalte mit all den neuen nützlichen Eigenschaften umwandeln. Dabei wird gleich geprüft, ob es sich bei den bereits gespeicherten Inhalten um wohlgeformte XML-Dokumente handelt. Falls Sie ein Schema mit der Tabelle verbunden haben, können Sie auch gleichzeitig die in den *xml*-Spalten abgelegten XML-Dokumente gegen dieses Schema validieren lassen.

```
ALTER TABLE Management.Employees
ALTER COLUMN OldXmlDocuments xml
```

Listing 37.8 Ändern des Datentyps einer *varchar()*-Spalte in eine *xml*-Spalte

Abfragen aus xml-Datentypen

Die größte Stärke des xml-Datentyps zeigt sich aber erst, wenn man die Inhalte eines XML-Dokuments in einer SQL-Abfrage verwenden möchte. Der *xml*-Datentyp ist nicht nur zum Speichern von XML-Daten bzw. -Dokumenten ausgelegt, er bietet darüber hinaus auch verschiedene Methoden an, die für die Auswahl von Daten in XML-Inhalten nützlich sind. Anstatt aufwändig die Daten zunächst aus der Tabelle auszulesen, zu verarbeiten und wieder in die Tabelle zurückzuschreiben, werden die Methoden direkt in der Spalte verarbeitet. In Tabelle 37.1 sind die möglichen Methoden aufgeführt, die mit einer *xml*-Spalte verbunden sind.

Methode	Beschreibung
query	Einfache Abfrage
value	Wert abrufen
exist	Prüfen auf NULL-Werte
modify	Updates mithilfe von XML-DML
nodes	Knoten auslesen

Tabelle 37.1 Methoden des *xml*-Datentyps

Es ist also möglich, ohne weitere Hilfsmittel direkt Abfragen auf die XML-Dokumente in einer *xml*-Spalte auszuführen, bestimmte Werte oder XML-Fragmente zu extrahieren und auf die Existenz bestimmter Elemente oder Attribute zu prüfen. Darüber hinaus ist es sogar möglich, das XML-Dokument direkt in der Spalte zu verändern, ohne dass die Daten komplett ausgelesen und wieder zurückgeschrieben werden müssen.

Für die folgenden Beispiele werden Grundkenntnisse in XML vorausgesetzt, damit der Schwerpunkt des Kapitels auf die erweiterten Möglichkeiten von SQLXML 4.0 gelegt werden kann. Wenn Sie also vermehrt mit XML-Dokumenten zu tun haben und einen dafür strukturierten Speicherort suchen, der schon die wichtigsten XML-Parser-Eigenschaften mitbringt, lohnt sich der Blick auf die Fähigkeiten des SQL Server 2008.

Grundsätzliches zur Verwendung von Namensräumen

Es ist bei typisierten *xml*-Spalten, also Spalten, die ein hinterlegtes Schema zur Validierung der XML-Dokumente verwenden, durchaus üblich, Elemente aus unterschiedlichen Bereichen mit verschiedenen Namensräumen zu unterscheiden. Beim Zugriff auf diese Dokumente ist es deshalb unbedingt nötig, diese Namensräume »mitzuführen«. Das mag auf den ersten Blick etwas umständlich und aufwändig erscheinen, und es bleibt auch auf den zweiten Blick so. Aber es hat durchaus handfeste Vorteile, sich mit diesem Thema etwas ausführlicher auseinanderzusetzen. Sehen Sie sich als Beispiel doch einmal das *Lebenslauf*-Dokument mit mehreren Namensräumen in Listing 37.9 an.

```xml
<?xml version="1.0" encoding="iso-8859-2" ?>
<Lebenslauf xmlns:pe="http://www.NetShop.com/person"
  xmlns:sc="http://www.NetShop.com/school"
  xmlns:ed="http://www.NetShop.com/education"
  xmlns:wo="http://www.NetShop.com/work"
  Id="12345678">
  <pe:PersönlicheDaten>
    <pe:Geburtstag Ort="Hannover">12.4.1966</pe:Geburtstag>
    <pe:Geburtsort>Hannover</pe:Geburtsort>
    <pe:Eltern>
      <pe:Vater>Karl Muster</pe:Vater>
      <pe:Mutter>Luise Muster</pe:Mutter>
    </pe:Eltern>
  </pe:PersönlicheDaten>
  <sc:Schulbildung>
    <sc:Schule>
      <sc:Name>Paul-Ernst-Grundschule</sc:Name>
      <sc:Ort>Berlin</sc:Ort>
      <sc:Eintrittsjahr>1972</sc:Eintrittsjahr>
      <sc:Austrittsjahr>1978</sc:Austrittsjahr>
```

```xml
      </sc:Schule>
    </sc:Schulbildung>
    <ed:Ausbildung>
      <ed:Ausbildungsstätte>
        <ed:Name>TU Berlin</ed:Name>
        <ed:Ort>Berlin</ed:Ort>
        <ed:Bereich>Informatik</ed:Bereich>
        <ed:Eintrittsjahr>1985</ed:Eintrittsjahr>
        <ed:Austrittsjahr>1997</ed:Austrittsjahr>
        <ed:Abschluss>Dipl.-Inf.</ed:Abschluss>
      </ed:Ausbildungsstätte>
    </ed:Ausbildung>
    <wo:BeruflicherWerdegang>
      <wo:Arbeitsstätte>
        <wo:Name>Nordwind GmbH</wo:Name>
        <wo:Ort>Berlin</wo:Ort>
        <wo:Position>Systemadministrator</wo:Position>
        <wo:Eintrittsjahr>1997</wo:Eintrittsjahr>
        <wo:Austrittsjahr>2001</wo:Austrittsjahr>
      </wo:Arbeitsstätte>
    </wo:BeruflicherWerdegang>
</Lebenslauf>
```

Listing 37.9   »Lebenslauf«-Dokument mit Namensräumen

Sie fragen sich sicher, wozu dieser Aufwand betrieben wird. Wenn wir jedoch auf die Namensräume verzichten, so tritt in unserem Dokument das *Name*-Element in mehrfacher Bedeutung auf. Einmal als Name der Schule, als Name der Ausbildungsstelle oder als Name der Arbeitsstätte. Beim Austausch von Informationen ist dies aber ein klares K.o.-Kriterium! Wir brauchen doch gerade hier eine eindeutige Identifikation der Elemente, um sie später richtig zuordnen zu können. Natürlich kann man aufgrund der Position des Elements Rückschlüsse auf den Inhalt ziehen, aber das ist auf Dauer relativ schwierig umzusetzen. Besser ist hier die Verwendung der Namensräume. So wird für jeden »logischen« Bereich des Dokuments ein möglichst klar bezeichneter Namensraum definiert, also für die persönlichen Daten, die schulischen, usw. Das Ergebnis sehen Sie in Listing 37.9. Wenn wir nun für dieses Dokument ein Schema erstellen, so sieht dieses recht umfangreich aus. Für jeden Namensraum wird dabei ein eigenes Schema geschrieben. In Listing 37.10 sehen Sie, wie die Schemaauflistung für den Lebenslauf dann aussieht.

```sql
CREATE XML SCHEMA COLLECTION CV_NS_SchemaCollection
AS
N'<?xml version="1.0" ?>
<xs:schema xmlns:sc="http://www.NetShop.com/school" xmlns:wo="http://www.NetShop.com/work"
xmlns:pe="http://www.NetShop.com/person" xmlns:ed="http://www.NetShop.com/education"
attributeFormDefault="unqualified" elementFormDefault="qualified"
xmlns:xs="http://www.w3.org/2001/XMLSchema">
  <xs:import namespace="http://www.NetShop.com/person" />
  <xs:import namespace="http://www.NetShop.com/school" />
  <xs:import namespace="http://www.NetShop.com/education" />
  <xs:import namespace="http://www.NetShop.com/work" />
  <xs:element name="Lebenslauf">
    <xs:complexType>
      <xs:sequence>
        <xs:element ref="pe:PersönlicheDaten" />
        <xs:element ref="sc:Schulbildung" />
        <xs:element ref="ed:Ausbildung" />
        <xs:element ref="wo:BeruflicherWerdegang" />
      </xs:sequence>
```

```xml
        <xs:attribute name="Id" type="xs:unsignedInt" use="required" />
      </xs:complexType>
    </xs:element>
</xs:schema>
<xs:schema xmlns:tns="http://www.NetShop.com/person" attributeFormDefault="unqualified"
elementFormDefault="qualified" targetNamespace="http://www.NetShop.com/person"
xmlns:xs="http://www.w3.org/2001/XMLSchema">
  <xs:element name="PersönlicheDaten">
    <xs:complexType>
      <xs:sequence>
        <xs:element name="Geburtstag">
          <xs:complexType>
            <xs:simpleContent>
              <xs:extension base="xs:string">
                <xs:attribute name="Ort" type="xs:string" use="required" />
              </xs:extension>
            </xs:simpleContent>
          </xs:complexType>
        </xs:element>
        <xs:element name="Geburtsort" type="xs:string" />
        <xs:element name="Eltern">
          <xs:complexType>
            <xs:sequence>
              <xs:element name="Vater" type="xs:string" />
              <xs:element name="Mutter" type="xs:string" />
            </xs:sequence>
          </xs:complexType>
        </xs:element>
      </xs:sequence>
    </xs:complexType>
  </xs:element>
</xs:schema>
<xs:schema xmlns:tns="http://www.NetShop.com/school" attributeFormDefault="unqualified"
elementFormDefault="qualified" targetNamespace="http://www.NetShop.com/school"
xmlns:xs="http://www.w3.org/2001/XMLSchema">
  <xs:element name="Schulbildung">
    <xs:complexType>
      <xs:sequence>
        <xs:element maxOccurs="unbounded" name="Schule">
          <xs:complexType>
            <xs:sequence>
              <xs:element name="Name" type="xs:string" />
              <xs:element name="Ort" type="xs:string" />
              <xs:element name="Eintrittsjahr" type="xs:unsignedShort" />
              <xs:element name="Austrittsjahr" type="xs:unsignedShort" />
              <xs:element minOccurs="0" name="Abschluss" type="xs:string" />
            </xs:sequence>
          </xs:complexType>
        </xs:element>
      </xs:sequence>
    </xs:complexType>
  </xs:element>
</xs:schema>
<xs:schema xmlns:tns="http://www.NetShop.com/education" attributeFormDefault="unqualified"
elementFormDefault="qualified" targetNamespace="http://www.NetShop.com/education"
xmlns:xs="http://www.w3.org/2001/XMLSchema">
  <xs:element name="Ausbildung">
    <xs:complexType>
      <xs:sequence>
        <xs:element maxOccurs="unbounded" name="Ausbildungsstätte">
          <xs:complexType>
```

```
              <xs:sequence>
                <xs:element name="Name" type="xs:string" />
                <xs:element name="Ort" type="xs:string" />
                <xs:element name="Bereich" type="xs:string" />
                <xs:element name="Eintrittsjahr" type="xs:unsignedShort" />
                <xs:element name="Austrittsjahr" type="xs:unsignedShort" />
                <xs:element name="Abschluss" type="xs:string" />
              </xs:sequence>
            </xs:complexType>
          </xs:element>
        </xs:sequence>
      </xs:complexType>
    </xs:element>
</xs:schema>
<xs:schema xmlns:tns="http://www.NetShop.com/work" attributeFormDefault="unqualified"
elementFormDefault="qualified" targetNamespace="http://www.NetShop.com/work"
xmlns:xs="http://www.w3.org/2001/XMLSchema">
    <xs:element name="BeruflicherWerdegang">
      <xs:complexType>
        <xs:sequence>
          <xs:element maxOccurs="unbounded" name="Arbeitsstätte">
            <xs:complexType>
              <xs:sequence>
                <xs:element name="Name" type="xs:string" />
                <xs:element name="Ort" type="xs:string" />
                <xs:element name="Position" type="xs:string" />
                <xs:element name="Eintrittsjahr" type="xs:unsignedShort" />
                <xs:element name="Austrittsjahr" type="xs:unsignedShort" />
              </xs:sequence>
            </xs:complexType>
          </xs:element>
        </xs:sequence>
      </xs:complexType>
    </xs:element>
</xs:schema>'
GO
ALTER TABLE Management.Employees
  ADD TypNSCV xml(CV_NS_SchemaCollection)
```

Listing 37.10 *SchemaCollection* für das Lebenslauf-Dokument

Wollen Sie nun auf ein Element in einem solchen typisierten Lebenslauf zugreifen, so ist immer der entsprechende Namensraum mitzuführen. Das geschieht durch eine entsprechende Deklaration vor der eigentlichen Abfrage. Schauen Sie sich dazu das Beispiel in Listing 37.11 an.

```
-- Abfrage ohne Namensraumangabe auf die typisierte Spalte
SELECT TypNSCV.query('//Name')
FROM Management.Employees
WHERE ID = 1
-- Ergebnis der Abfrage
Meldung 2260, Ebene 16, Status 1, Zeile 1
XQuery [Management.Employees.TypNSCV.query()]: Es ist kein Element mit dem Namen 'Name' vorhanden.
-- Neue Abfrage mit Namensraum
SELECT
TypNSCV.query('declare namespace wo="http://www.NetShop.com/work";
//wo:Name')
FROM Management.Employees
WHERE ID = 1
-- Abfrage ist OK, liefert nur die Namen der Arbeitsstätten zurück
```

Listing 37.11 Abfrage von Elementen mit Namensraum

Abfragen aus xml-Datentypen

HINWEIS Der Bezeichner des Namensraums muss dabei natürlich genau mit der Definition im Schema übereinstimmen, also bitte hier auf Groß- und Kleinschreibung achten!

Mit diesen Informationen können Sie die folgenden Beispiele natürlich auch immer auf typisierte *xml*-Spalten anwenden, indem Sie die entsprechenden Namensräume innerhalb des jeweiligen Statements mit der *declare namespace*-Anweisung mitführen.

query-Methode

Mithilfe der *query*-Methode können Sie einfache XQuery-Abfragen an den *xml*-Datentyp übergeben. Dazu wird einer *xml*-Variablen oder -Spalte in Klammern die Abfrage in Hochkommata übergeben, wie Listing 37.12 demonstriert.

```
declare @myDoc xml
set @myDoc =
'<Lebenslauf>
  <Name>Walter Müller</Name>
  <Geburtstag Ort="Bern">12.6.43</Geburtstag>
  <Eltern>
    <Vater>
      <Name>Egon Müller</Name>
      <Geburtsort>Bern</Geburtsort>
    </Vater>
    <Mutter>
      <Name>Marga Müller
        <Mädchenname>Meier</Mädchenname>
      </Name>
      <Geburtsort>München</Geburtsort>
    </Mutter>
  </Eltern>
</Lebenslauf>'
SELECT @myDoc.query('/Lebenslauf/Eltern/Vater')

-- Ergebnis der Abfrage
<Vater>
  <Name>Egon Müller</Name>
  <Geburtsort>Bern</Geburtsort>
</Vater>
```

Listing 37.12 Verwendung der *query*-Methode mit einer *xml*-Variablen

Im nachfolgenden Abfrageergebnis wird die gleiche Methode anstelle mit einer Variablen auf eine komplette *xml*-Spalte angewendet:

```
SELECT
CV.query('//Schule) AS Schulen,
CV.query('//Ausbildungsstätte) AS Ausbildungsstätten
FROM Management.Employees
WHERE ID = 3

-- Ergebnis der Abfrage
```

Das Ergebnis der Abfrage sieht folgendermaßen aus:

```
Schulen                                    Ausbildungsstätten
<Schule>                                   <Ausbildungsstätte>
  <Name>Paul-Ernst-Grundschule</Name>        <Name>TU Berlin</Name>
  <Ort>Berlin</Ort>                          <Ort>Berlin</Ort>
  <Eintrittsjahr>1972</Eintrittsjahr>        <Bereich>Informatik</Bereich>
  <Austrittsjahr>1978</Austrittsjahr>        <Eintrittsjahr>1985</Eintrittsjahr>
</Schule>                                    <Austrittsjahr>1997</Austrittsjahr>
<Schule>                                     <Abschluss>Dipl.-Inf.</Abschluss>
  <Name>Ludwig-Baum-Gymnasium</Name>        </Ausbildungsstätte>
  <Ort>Berlin</Ort>                        <Ausbildungsstätte>
  <Eintrittsjahr>1978</Eintrittsjahr>        <Name>Nordwind GmbH</Name>
  <Austrittsjahr>1985</Austrittsjahr>        <Ort>Berlin</Ort>
  <Abschluss>Abitur</Abschluss>              <Bereich>Werksstudent Informatik</Bereich>
</Schule>                                    <Eintrittsjahr>1996</Eintrittsjahr>
                                             <Austrittsjahr>1996</Austrittsjahr>
                                             <Abschluss />
                                           </Ausbildungsstätte>
```

Wie Sie sehen, ist es ebenfalls möglich, mehrere Elemente innerhalb des Dokuments zu ermitteln. Leider ist das damit entstehende XML-Fragment nicht wohlgeformt, da es mehrere Elemente auf der obersten Ebene enthält. Glücklicherweise ist es möglich auch konstanten Text in die Abfrage zu übernehmen. Dazu wird die eigentliche *XQuery*-Anweisung in geschweifte Klammern gesetzt, und der konstante Text einfach darum herum geschrieben, wie das kommende Abfrageergebnis zeigt. Durch die geschweifte Klammer wird also der Kontext zwischen konstantem und berechnetem Teil umgeschaltet. Das funktioniert übrigens auch mehrfach hintereinander.

```
SELECT
CV.query('<Schulen>{//Schule}</Schulen>') AS Schulen,
CV.query('<Ausbildungsstätten>{//Ausbildungsstätte}</Ausbildungsstätten>') AS Ausbildungsstätten
FROM Management.Employees
WHERE ID = 3

-- Ergebnis der Abfrage
```

```
Schulen             Ausbildungsstätten
<Schulen>           <Ausbildungsstätten>
<Schule>            <Ausbildungsstätte>
  ...                 ...
</Schule>           </Ausbildungsstätte>
<Schule>            <Ausbildungsstätte>
  ...                 ...
</Schule>           </Ausbildungsstätte>
</Schulen>          </Ausbildungsstätten>
```

value-Methode

Die *value*-Methode ruft den Inhalt eines XML-Elements oder -Attributes ab. Dabei wird der Wert gleich in einen entsprechenden SQL-Datentyp konvertiert. Wie bei der *query*-Methode wird in Klammern zunächst ein XQuery-Ausdruck erwartet, der genau ein Element oder Attribut des XML-Dokuments liefert, und als zweiten Parameter den SQL-Datentyp als Zeichenkette. Dabei sind die Regeln der expliziten Konvertierung von Datentypen zu beachten, die man von der *CAST*-Anweisung unter T-SQL kennt. In Listing 37.13 wird der Umgang mit einer *xml*-Variablen verdeutlicht.

```
DECLARE @myDoc xml
, @Geburtsort varchar(50)
SET @myDoc =
'<Lebenslauf>
  <Name>Walter Müller</Name>
  <Geburtstag Ort="Bern">12.6.43</Geburtstag>
  <Eltern>
    <Vater>
      <Name>Egon Müller</Name>
      <Geburtsort>Bern</Geburtsort>
    </Vater>
    <Mutter>
      <Name>Marga Müller
        <Mädchenname>Meier</Mädchenname>
      </Name>
      <Geburtsort>München</Geburtsort>
    </Mutter>
  </Eltern>
</Lebenslauf>'

SET @Geburtsort = @myDoc.value('(/Lebenslauf/Geburtstag/@Ort)[1]', 'varchar(50)' )
SELECT @Geburtsort
```

Listing 37.13 Verwendung der *value*-Methode mit einer XML-Variable

Wichtig bei der Verwendung der *value*-Methode ist, dass auch tatsächlich genau ein Element als Ergebnis der Abfrage geliefert wird. Aus diesem Grund wird an den XQuery-Ausdruck (hier also */Lebenslauf/Geburtstag/@Ort*) einfach ein Index mit dem Wert *1* angehängt, also das erste Auftreten dieses Werts. Lässt man den Index an dieser Stelle weg, so meldet der SQL Server folgerichtig folgenden Fehler, da er ja nicht sicher wissen kann, welches Element genau gemeint ist:

```
Meldung 2389, Ebene 16, Status 1, Zeile 21
XQuery [value()]: 'value()' erfordert ein Singleton (oder eine leere Sequenz). Ein Operand vom
'xdt:untypedAtomic *'-Typ wurde gefunden.
```

Leider ist der Parser nicht so schlau, bei typisierten *xml*-Spalten zu prüfen, ob ein Element nur einmal auftreten kann. Man darf also nie auf den Index verzichten. In Listing 37.14 finden Sie noch ein Beispiel für die Verwendung der *value*-Methode in Zusammenhang mit einer *xml*-Spalte.

```
SELECT ID,
FirstName + LastName AS Name,
CV.value('(//Vater)[1]', 'varchar(50)') AS Vater,
CV.value('(//Mutter)[1]', 'varchar(50)') AS Mutter
FROM Management.Employees
```

Listing 37.14 Verwendung der *value*-Methode mit einer *xml*-Spalte

exist-Methode

Möchte man nach bestimmten Elementen oder Attributen innerhalb eines XML-Dokuments suchen, kann man dazu die *exist*-Methode verwenden. Der Methode wird ein XQuery-Ausdruck als Parameter übergeben, der das gesuchte Element zurückliefert. Als Ergebnis gibt die *exist*-Methode *1* bei positivem Ergebnis, und *0* bei negativem Ergebnis zurück. Ist das gesuchte Element *NULL*, so liefert die Methode auch *NULL* zurück. Listing 37.15 zeigt die Verwendung mit einer *xml*-Variablen.

```
declare @myDoc xml
set @myDoc =
'<Lebenslauf>
  <Name>Walter Müller</Name>
  <Geburtstag Ort="Bern">12.6.43</Geburtstag>
  <Eltern>
    <Vater>
      <Name>Egon Müller</Name>
      <Geburtsort>Bern</Geburtsort>
    </Vater>
    <Mutter>
      <Name>Marga Müller
        <Mädchenname>Meier</Mädchenname>
      </Name>
      <Geburtsort>München</Geburtsort>
    </Mutter>
  </Eltern>
</Lebenslauf>'
DECLARE @f bit
SET @f = @myDoc.exist('//Geburtstag[@Ort="Bern"]')
SELECT @f
```

Listing 37.15 *exist*-Methode des *xml*-Datentyps

In einer typischen Abfrage wird die *exist*-Methode natürlich in der *WHERE*-Klausel eingesetzt. Im Listing 37.16 wird eine zusammengesetzte Bedingung verwendet, wobei geprüft wird, ob der Vater »Karl Muster« heißt und die Mutter eine geborene »Meier« ist.

```
SELECT ID,
FirstName + LastName AS Name,
CV.query('/Lebenslauf/PersönlicheDaten/Eltern')
FROM Management.Employees
WHERE
CV.exist ('//Eltern[Vater="Karl Muster"]/Mutter[Mädchenname="Meier"]') = 1
```

Listing 37.16 Verwenden von *value*- und *exist*-Methode

modify-Methode

Mithilfe der *modify*-Methode können Sie den *xml*-Datentyp mithilfe der XML-DML (Data Manipulation Language)-Funktionen manipulieren. Wie die klassische SQL-DML besteht auch die XML-DML aus den Methoden *insert*, *update* und *delete*.

insert

Das einfache Einfügen von Elementen in ein bestehendes XML-Dokument geschieht durch die *insert*-Methode. Dabei ist die in Listing 37.17 dargestellte Syntax zu berücksichtigen.

```
insert
  Expression1
  (
     {as first | as last} into | after | before
     Expression2
  )
```

Listing 37.17 *Syntax der insert-Methode*

Es ist also möglich, ein beliebiges XML-Element ganz am Anfang, ganz am Ende, oder unter, hinter oder vor einem anderen Element zu platzieren. In Listing 37.18 wird das gekürzte Lebenslauf-Dokument nacheinander zusammengesetzt.

```
declare @myDoc xml
set @myDoc =
'<Lebenslauf>
</Lebenslauf>'
SELECT @myDoc
-- Geburtstag-Element einfügen
SET @myDoc.modify('
insert <Geburtstag>12.6.43</Geburtstag>
into (/Lebenslauf)[1]')
SELECT @myDoc
-- Name-Element soll an erster Stelle erscheinen
set @myDoc.modify('
insert <Name>Walter Müller</Name>
as first
into (/Lebenslauf)[1]
')
SELECT @myDoc
-- Eltern-Element mit untergeordnetem Vater-Element als letztes einfügen
SELECT @myDoc
SET @myDoc.modify('
insert <Eltern>
    <Vater>
      <Name>Egon Müller</Name>
      <Geburtsort>Bern</Geburtsort>
    </Vater>
  </Eltern>
as last
into (/Lebenslauf)[1]
')
SELECT @myDoc
-- Zum Schluß noch das Mutter-Element einfügen
SELECT @myDoc
set @myDoc.modify('
insert <Mutter>
    <Name>Marga Müller
      <Mädchenname>Meier</Mädchenname>
    </Name>
    <Geburtsort>München</Geburtsort>
  </Mutter>
after (/Lebenslauf/Eltern/Vater)[1]
')
SELECT @myDoc;
GO
```

Listing 37.18 *Einfügen von Elementen in ein XML-Dokument*

Auch Attribute lassen sich durch die *insert*-Methode erzeugen. Dazu gibt es das spezielle *attribute*-Schlüsselwort, wie in Listing 37.19 gezeigt.

```
SET @myDoc.modify('
insert attribute Ort {"Bern"}
into (/Lebenslauf/Geburtstag)[1]')
SELECT @myDoc;
```

Listing 37.19 Einfügen von Attributen

Eine weitere Besonderheit stellt das Einfügen von Werten in bestehende Elemente dar. Mithilfe des *text*-Schlüsselwortes wird dafür der Textknoten an das spezifizierte Element gehängt. Es wird hierbei übrigens nicht etwaiger Inhalt überschrieben, sondern der neue Wert wird mit *as first* an den Anfang vor den eventuell bestehenden Inhalt geschrieben, mit *as last* dahinter.

```
SET @myDoc.modify('
 insert text{"Meier"}
 as first into (//Mädchenname)[1]
')
SELECT @myDoc
```

Listing 37.20 Einfügen von Textknoten in bestehende XML-Dokumente

delete

Das Löschen von Elementen in XML-Dokumenten geschieht durch die *delete*-Methode. Diese erwartet wieder einen XQuery-Ausdruck zur Selektion der zu löschenden Knoten aus dem XML-Dokument, wobei es sich natürlich auch um die Werte von Elementen oder Attribute handeln kann. Besitzt ein Knoten weitere Unterknoten, so werden diese ebenfalls gelöscht; wenn Sie also das Wurzelelement löschen, so wird konsequenterweise das gesamte Dokument gelöscht. Listing 37.21 zeigt die Verwendung der *delete*-Methode beispielhaft.

```
declare @myDoc xml
set @myDoc =
'<?xml version="1.0" ?>
<Lebenslauf>
  <Name>Walter Müller</Name>
  <Geburtstag Ort="Bern">12.6.43</Geburtstag>
  <Eltern>
    <Vater>
      <Name>Egon Müller</Name>
      <Geburtsort>Bern</Geburtsort>
    </Vater>
    <Mutter>
      <Name>Marga Müller
        <Mädchenname>Meier</Mädchenname>
      </Name>
      <Geburtsort>München</Geburtsort>
    </Mutter>
  </Eltern>
</Lebenslauf>'

-- Löschen des Ort-Attributes
SET @myDoc.modify('
  delete /Lebenslauf/Geburtstag/@Ort
')
SELECT @myDoc
```

Abfragen aus xml-Datentypen

```
-- Löschen aller Name-Elemente
SET @myDoc.modify('
  delete //Name
')
SELECT @myDoc

-- Löschen des Werts des Geburtsorts der Mutter
SET @myDoc.modify('
  delete /Lebenslauf/Eltern/Mutter/Geburtsort/text()
')
SELECT @myDoc

-- Löschen des Wurzelelements löscht das ganze Dokument
SET @myDoc.modify('
  delete /Lebenslauf
')
SELECT @myDoc
```

Listing 37.21 Löschen von Elementen aus XML-Dokumenten

Häufiger wird die *delete*-Methode wohl in Abfragen von *xml*-Spalten verwendet werden, wie in Listing 37.22 zu sehen.

```
SELECT CV.query(' //Ausbildung')
FROM Management.Employees
WHERE ID = 3
-- Löschen der zweiten Ausbildungsstätte
UPDATE Management.Employees
SET CV.modify('delete /Lebenslauf/Ausbildung/Ausbildungsstätte[2]')
WHERE ID = 3
-- Kontrolle
SELECT CV.query(' //Ausbildung')
FROM Management.Employees
WHERE ID = 3
```

Listing 37.22 Löschen von Elementen aus *xml*-Spalten

replace value of

Mithilfe der Methode *insert text{...}* ist es möglich, den Wert von Elementen zu ändern, indem man einen weiteren Wert am Anfang oder Ende einfügt. Dies ist natürlich nur in den seltensten Fällen eine wirklich praktikable Methode. Um nun den Wert eines Elements direkt zu verändern, verwendet man die *replace value*-Methode. Dies entspricht praktisch dem *UPDATE*-Befehl im T-SQL. Die Syntax dieser Methode (siehe Listing 37.23) orientiert sich deshalb auch an der des normalen *UPDATE*:

```
replace value of
      Expression1
with
      Expression2
```

Listing 37.23 Syntax der *replace value*-Methode

Es ist dabei wieder zu beachten, dass der erste Ausdruck ein XQuery-Ausdruck mit einem eindeutigen Element als Rückgabe sein muss. Dies wird wieder über die Verwendung eines eindeutigen Index erzwungen, wie in Listing 37.24 zu erkennen.

```
DECLARE @myDoc xml
SET @myDoc =
'<Lebenslauf>
  <Name>Walter Müller</Name>
  <Geburtstag Ort="Bern">12.6.43</Geburtstag>
  <Eltern>
    <Vater>
      <Name>Egon Müller</Name>
      <Geburtsort>Bern</Geburtsort>
    </Vater>
    <Mutter>
      <Name>Marga Müller
        <Mädchenname>Meier</Mädchenname>
      </Name>
      <Geburtsort>München</Geburtsort>
    </Mutter>
  </Eltern>
</Lebenslauf>'
SELECT @myDoc
-- Aktualisieren des Namen-Elements des Vaters
SET @myDoc.modify('
  replace value of (/Lebenslauf/Eltern/Vater/Name/text())[1]
  with "Friedrich Müller"
')
SELECT @myDoc
-- Aktualisieren des Ort-Attributes
SET @myDoc.modify('
  replace value of (/Lebenslauf/Geburtstag/@Ort)[1]
  with "Berlin"
')
SELECT @myDoc
```

Listing 37.24 Aktualisieren von Elementen und Attributen in XML-Dokumenten

Natürlich liegt auch bei dieser Methode die hauptsächliche Verwendung wohl eher bei der Manipulation von XML-Dokumenten in Spalten. Interessant ist auch hier die Möglichkeit, Bedingungen in der XQuery zu formulieren.

```
SELECT CV.query('//Schule')
FROM Management.Employees
WHERE ID = 2
-- Ändern des Schulnamens
UPDATE Management.Employees
SET CV.modify('
  replace value of (/Lebenslauf/Schulbildung/Schule/Name[./text()="Ludwig-Baum-Gymnasium"]/text())[1]
  with (
        if (count(/Lebenslauf/Schulbildung/Schule) > 1) then
          "2. Schule"
        else
          "1. Schule"
  )
')
WHERE ID = 2
-- Kontrolle
SELECT CV.query('//Schule')
FROM Management.Employees
WHERE ID = 2
```

Listing 37.25 Bedingungen in Aktualisierungen von *xml*-Spalten

In Listing 37.25 wird der Schulname des *Ludwig-Baum-Gymnasiums* entweder durch *1. Schule* oder *2. Schule* ersetzt, je nachdem, ob es ein oder mehrere Schul-Elemente im Dokument gibt.

nodes-Methode

Mithilfe der *nodes*-Methode können Sie bestimmte Elemente innerhalb eines XML-Dokuments identifizieren und mit Schleifen durchlaufen, um z.B. eine Zuordnung zu relationalen Tabellen zu erhalten. Dabei erzeugt die *nodes*-Methode zunächst ein Rowset mit den durch die XQuery identifizierten XML-Elementen. Listing 37.26 erzeugt also ein Rowset mit allen Namen-Elementen und deren eventuell vorhandenen Unterelementen.

```
DECLARE @myDoc xml
SET @myDoc =
'<Lebenslauf>
  <Name>Walter Müller</Name>
  <Geburtstag Ort="Bern">12.6.43</Geburtstag>
  <Eltern>
    <Vater>
      <Name>Egon Müller</Name>
      <Geburtsort>Bern</Geburtsort>
    </Vater>
    <Mutter>
      <Name>Marga Müller
        <Mädchenname>Meier</Mädchenname>
      </Name>
      <Geburtsort>München</Geburtsort>
    </Mutter>
  </Eltern>
</Lebenslauf>'
SELECT T.c.query('.') AS Namen
FROM   @myDoc.nodes('//Name') T(c)

-- Ergebnis der Abfrage
<Name>Walter Müller</Name>
<Name>Egon Müller</Name>
<Name>Marga Müller
  <Mädchenname>Meier</Mädchenname></Name>
```

Listing 37.26 *nodes-Methode erzeugt Rowset mit allen Namen des Lebenslauf-Dokuments*

Angewandt auf eine *xml*-Spalte sind damit auch mehrfache Schleifen durch die von der *nodes*-Methode erzeugten Rowsets möglich. Dazu verwendet man die *CROSS-APPLY*-Klausel einer SELECT-Abfrage, um auf die jeweiligen Rowsets zu referenzieren, wie Listing 37.27 zeigt.

```
SELECT ID,
       School.value('./Name[1]','varchar(50)') as Schulname,
       Werte.query('.') as Element,
       Werte.query('./text()') as Werte
FROM Management.Employees
CROSS APPLY CV.nodes('/Lebenslauf/Schulbildung/Schule') as T1(School)
CROSS APPLY T1.School.nodes('./*') as T2(Werte)
WHERE ID = 1
```

Listing 37.27 Verwenden der *nodes*-Methode mit SQL-Spalten

Zusammenfassung

Mithilfe der zur Verfügung stehenden Methoden für den *xml*-Datentyp in SQL Server 2008 lassen sich die meisten Operationen, die im Umgang mit XML-Dokumenten auftreten, direkt in der Datenbank ausführen – mit allen Vorteilen für die Performance. Gleichzeitig wird die nötige Bandbreite für die Anwendung reduziert, da XML-Dokumente nicht mehr zwischen Client und Server ausgetauscht werden müssen.

XML-Indizierung

Das Durchsuchen von XML-Dokumenten kann sehr aufwändig sein. Gerade bei großen Dokumenten muss viel Arbeitsspeicher für die Bildung der Knotenstruktur verwendet werden, damit das Dokument dann durchsucht werden kann. Wenn Sie jetzt die *xml*-Spalte einer Tabelle nach einem bestimmten Schlüsselwort durchsuchen, so müsste die Datenbank jedes Dokument in jeder Zeile erst im Arbeitsspeicher öffnen, um es dann zu durchsuchen. SQL Server 2008 geht dabei schon wesentlich optimierter an die Sache. Er verwendet intern einen XML Reader mit dem für die Suche verwendeten XQuery-Ausdruck und geht die Dokumente sequenziell durch, bis er auf Treffer stößt. Dadurch werden die Abfragen deutlich beschleunigt. Um diesen Prozess noch weiter zu unterstützen, ist es möglich, einen eigenen Index für eine *xml*-Spalte zu erstellen. In diesem Index werden die Elemente, Attribute und Inhalte des XML-Dokuments einzeln indiziert und ermöglichen so das gezielte Auffinden von Informationen.

Primärer Index

Den ersten *xml*-Index einer Spalte nennt man auch *primärer xml-Index*. Für jedes Element des XML-Dokuments wird eine Zeile im Index erzeugt, mit dem Namen des Knotens, dem Knotentyp (z. B. Element oder Attribut), Wert und Pfad zur Wurzel des Dokuments. Zusätzlich wird der Primärschlüssel der Tabelle eingetragen. Bei einer Abfrage werden dann alle Zeilen des Index sequenziell nach einem Treffer durchsucht, ohne dass die Spalte mit dem XML-Dokument selbst verwendet werden müsste.

Der Aufbau der Indextabelle sieht folgendermaßen aus:

Spaltenname	Beschreibung	Datentyp
id	KnotenID im Ordpath-Format	varbinary(900)
nid	Knotenname (als Token)	int
tagname	Elementname	nvarchar(4000)
taguri	Namensraum des Elements	nvarchar(4000)
tid	Knotentyp (als Token)	int
value	Knotenwert	sql_variant
lvalue	Knotenwert für große Werte (Zeiger)	nvarchar(max)
lvaluebin	Knotenwert für große Werte (binary, als Zeiger)	varbinary(max)
hid	Pfad (als Token)	varchar(900)
xsinil	Ist der Wert NULL (xsi:nil)?	bit
xsitype	Benutzt das Element xsi:type?	bit
pk1	Primärer Schlüssel der Tabelle	int

Tabelle 37.2   Primärer XML-Index

Unter Umständen ist aber diese Art der Indizierung nicht optimal für die jeweilige Art von Abfragen. Für diesen Fall gibt es die so genannten sekundären Indizes. Dabei werden drei Arten von sekundären Indizes unterschieden:

- *XML PATH*-Index
- *XML VALUE*-Index
- *XML PROPERTY*-Index

Sekundärer XML Path-Index

Der sekundäre XML Path-Index erstellt auf Grundlage des primären Index einen weiteren B-Baum-Index, der die möglichen Pfade innerhalb eines XML-Dokuments als Schlüssel verwendet. Wird in der *WHERE*-Klausel der Abfrage eine *exist*-Methode mit einer XQuery-Angabe verwendet, so kann nach diesem Pfad gezielt gesucht werden.

Sekundärer XML Value-Index

Wird in der Bedingung hauptsächlich nach Knotenwerten mithilfe von Platzhaltern in der Pfadangabe gesucht, kann der sekundäre *XML Value*-Index verwendet werden. Bei ihm sind die Knotenwerte indiziert und mit dem primären Index verknüpft.

Sekundärer XML Property-Index

Als letzter Index kann ein *XML Property*-Index angelegt werden. Er indiziert die Schlüsselwerte des primären Index, sodass z.B. gezielt nach bestimmten Attribut- oder Elementwerten gesucht werden kann.

Erstellung und Pflege von XML-Indizes

Die Syntax zur Erstellung eines XML-Index mit der *CREATE XML INDEX*-Anweisung lautet:

```
CREATE [ PRIMARY ] XML INDEX index_name
    ON <object> ( xml_column_name )
    [ USING XML INDEX xml_index_name
        [ FOR { VALUE | PATH | PROPERTY } ]
    [ WITH ( <xml_index_option> [ ,...n ] ) ]
[ ; ]

<object> ::=
{
    [ database_name. [ schema_name ] . | schema_name. ]
        table_name
}

<xml_index_option> ::=
{
    PAD_INDEX  = { ON | OFF }
  | FILLFACTOR = fillfactor
  | SORT_IN_TEMPDB = { ON | OFF }
  | STATISTICS_NORECOMPUTE = { ON | OFF }
  | DROP_EXISTING = { ON | OFF }
  | ALLOW_ROW_LOCKS = { ON | OFF }
  | ALLOW_PAGE_LOCKS = { ON | OFF }
  | MAXDOP = max_degree_of_parallelism
}
```

Listing 37.28 Syntax des *CREATE XML INDEX*-Befehls

Die meisten Optionen für das Erstellen eines Index sind analog zu den Einstellungen beim Anlegen eines ganz »normalen« Datenbanktabellen-Index. Beim Anlegen eines XML-Index sind jedoch auch einige Einschränkungen zu beachten:

- Es muss bereits ein gruppierter Index in der Tabelle vorhanden sein, dessen Schlüssel für den primären XML-Index verwendet werden kann
- Der Primärschlüssel kann nicht verändert werden, ohne dass alle XML-Indizes vorher gelöscht worden sind
- Es darf nur einen primären XML-Index pro Spalte geben
- Die Namen aller Indizes (XML oder Nicht-XML) einer Tabelle müssen eindeutig sein
- XML-Indizes können nicht einer speziellen Dateigruppe oder Partitionierung zugeordnet werden. Sie sind immer mit der Tabelle verknüpft.
- Mit der Option *DROP_EXISTING* kann nur ein primärer in einen primären oder ein sekundärer in einen sekundären Index geändert werden
- Die Namen von XML-Indizes besitzen die gleichen Einschränkungen wie Sichtnamen
- Wenn Sie ein Schema an eine nicht typisierte *xml*-Spalte binden, müssen Sie den Index löschen und neu erstellen
- Die Option *ARITHABORT* muss für alle Änderungen an einer *xml*-Spalte auf *ON* festgelegt werden

Wenn alle diese Bedingungen berücksichtigt sind, können Sie mit dem Erstellen eines Index für die Lebensläufe beginnen. Das Anlegen eines Index für die CV-Spalte in der *Employees*-Tabelle wird in Listing 37.29 beschrieben.

```
-- Anlegen des primären xml-Index,
-- Ein gruppierter Index muss schon vorhanden sein.
CREATE PRIMARY XML INDEX PrimIdx_Emp_CV
ON Management.Employees(CV)
GO
-- Ein Blick in den entsprechenden Systemview für xml-Indizes
SELECT *
FROM sys.xml_indexes
WHERE object_id = object_id('Management.Employees')
AND name='PrimIdx_Emp_CV'
```

Listing 37.29 Anlegen des primären *xml*-Index in der *Employees*-Tabelle

Eine einfache Abfrage auf die Tabelle kann zur Überprüfung dienen, ob der neue Index auch verwendet wird. Die in Listing 37.30 aufgeführte Abfrage wird gegen die Datenbank gestartet, und anschließend wird der Ausführungsplan untersucht.

```
SELECT ID, CV
FROM Management.Employees
WHERE CV.value('(/Lebenslauf/@Id)[1]', 'int') = '8'
```

Listing 37.30 Einfache Abfrage für die CV-Spalte

Et voilà – es wird tatsächlich der neue Index verwendet, und zwar zusammen mit dem primären Index auf der *ID*-Spalte. Beliebige Abfragen auf die CV-Spalte laufen dadurch unter Umständen schneller ab als ohne diesen Index. Aber wir können jetzt noch weitere Optimierungen vornehmen. Mit der Abfrage in Listing 37.31 erstellen Sie die sekundären Indizes für die CV-Spalte.

```
CREATE XML INDEX Idx_Emp_CV_PATH ON Management.Employees(CV)
USING XML INDEX PrimIdx_Emp_CV
FOR PATH
GO
CREATE XML INDEX Idx_Emp_CV_VALUE ON Management.Employees(CV)
USING XML INDEX PrimIdx_Emp_CV
```

Zusammenfassung

```
FOR VALUE
GO
CREATE XML INDEX Idx_Emp_CV_PROPERTY ON Management.Employees(CV)
USING XML INDEX PrimIdx_Emp_CV
FOR PROPERTY
GO
SELECT * FROM sys.xml_indexes
GO
```

Listing 37.31 Erstellen der sekundären Indizes für die CV-Spalte

Durch den Aufruf der Systemsicht *sys.xml_indexes* können Sie nun alle angelegten *xml*-Indizes untersuchen. Die Spalte *type* beschreibt dabei den Typ des Index (3 für xml), und *secondary_type* den Indextyp für sekundäre Indizes (P für Path, R für Property und V für Value). Auch der Verweis auf den zugrunde liegenden primären Index findet sich dort. Wenn Sie sich den Ablaufplan für die Abfrage in Listing 37.32 anschauen, so erkennen Sie, dass in dieser Abfrage alle sekundären Indizes verwendet werden.

```
SELECT CV
FROM Management.Employees
WHERE CV.exist ('/Lebenslauf/Ausbildung/Ausbildungsstätte/Name[./text()="TU Berlin"]') = 1
AND CV.exist ('//Geburtsort[./text()="Paris"]') = 1
```

Listing 37.32 Abfrage mit Verwendung aller sekundären Indizes

Dabei wird für die erste Bedingung, in der nach dem Namen einer bestimmten Ausbildungsstätte gesucht wird, sowohl der XML Property-Index als auch der XML Path-Index verwendet, da hier nach einem speziellen Pfad im Dokument gesucht wird. In der zweiten Bedingung, die den *Geburtsort* verwendet, wird der XML Property-Index und der XML Value-Index benutzt, da hier nur der Wert eines Elements ohne bestimmten Pfad gesucht wird.

Das Ändern und Löschen erfolgt wie bei allen anderen Datenbankobjekten auch durch die entsprechenden *ALTER INDEX-* und *DROP INDEX*-Anweisungen.

In Listing 37.33 finden Sie ein Beispiel für das Erstellen und Löschen der sekundären und primären XML-Indizes, die in der *CV*-Spalte der *Employees*-Tabelle angelegt wurden. Dabei ist zu beachten, dass Sie immer zuerst alle sekundären XML-Indizes löschen müssen, bevor Sie den primären XML-Index löschen können.

```
-- Löschen des sekundären PATH XML Index
DROP INDEX Idx_Emp_CV_PATH ON Management.Employees
-- Löschen des sekundären VALUE XML Index
DROP INDEX Idx_Emp_CV_VALUE ON Management.Employees
-- Löschen des sekundären PROPERTY XML Index
DROP INDEX Idx_Emp_CV_PROPERTY ON Management.Employees

-- Löschen des primären XML Index
DROP INDEX PrimIdx_Emp_CV ON Management.Employees
```

Listing 37.33 Löschen der sekundären und primären Indizes

Zusammenfassung

Durch den *xml*-Datentyp in SQL Server 2008 ist ein entscheidender Schritt vorwärts in der Speicherung, dem Zugriff und der Bearbeitung von XML-Dokumenten gelungen. Dies hat große Auswirkungen auf das Design von entsprechenden Client-Anwendungen, die aufgrund dieser Neuerungen wesentlich schlanker und damit auch performanter entwickelt werden können.

Kapitel 38

Asynchrone Verarbeitung mit dem Service Broker

In diesem Kapitel:

Grundlagen	1404
Konversation	1405
Datenbankobjekte	1406
Sicherheit	1416
Beispielanwendung	1421

SQL Server 2008 Service Broker bietet eine asynchrone Kommunikationsarchitektur zum Versenden von Nachrichten zwischen Datenbankinstanzen und Programmen. Damit können Anwendungen entwickelt werden, die lose gekoppelte, aber trotzdem durch Transaktionen geschützte Abhängigkeiten besitzen. Dabei werden die Nachrichten innerhalb der Datenbank abgelegt und gespeichert.

Grundlagen

Bei der Integration von verschiedenen Anwendungen gibt es verschiedene Lösungsansätze, wie diese miteinander kommunizieren. Wie im richtigen Leben gibt es die Möglichkeit, direkt mit dem anderen zu sprechen, zum Beispiel in persönlichen Treffen, per Telefon oder Chat. Oder man verlässt sich auf die Dienste einer Zwischeninstanz und verschickt einen Brief oder eine E-Mail. Natürlich gibt es noch wesentlich mehr Ausprägungen der Kommunikation, in Abhängigkeit vom gewählten Medium zum Beispiel. Doch grundsätzlich wollen wir hier die ersten beiden vergleichen, also die unmittelbare Verbindung und die nachrichtenbasierte Kommunikation. Jede der beiden Formen hat ihre Vor- und Nachteile. So hat das persönliche Gespräch natürlich immer den Vorzug der direkten Rückkopplung, wohingegen häufig die räumliche Distanz eine zeitliche Flexibilität beider Partner erfordert. Beim Versenden von Nachrichten nimmt man dagegen einen gewissen zeitlichen Verzug in Kauf, hat dafür aber die Sicherheit, dass der Empfänger die Nachricht auch erhält, sobald er dafür bereit ist (und der übermittelnde Dienst zuverlässig ist).

Für viele Anwendungen ist die direkte Kommunikation die einfachste Art, Daten auszutauschen, aber dafür geraten die Partner dieser Kommunikation auch in eine starke Abhängigkeit zueinander. So müssen sie immer verfügbar sein, und die Verarbeitung muss relativ zügig von statten gehen, da sich sonst die Anwendungen gegenseitig blockieren könnten.

Dieser Punkt ist der größte Vorteil von nachrichtenbasierter Kommunikation. Hier benachrichtigt eine Anwendung die andere über eine Nachricht, ohne direkt auf eine Antwort zu warten. Der Partner wiederum antwortet mit einer Nachricht, sobald er den Auftrag abgearbeitet hat. Auf diese Art und Weise ist eine optimale Verwendung der Ressourcen durch Entzerrung des Zeitfensters für die Antwort möglich, d.h. die Partner entscheiden, wann sie genügend Zeit für die Verarbeitung haben, ansonsten bleibt die Nachricht einfach so lange liegen, bis sie abgearbeitet wird.

Diese Art der Kommunikation erfordert natürlich einen viel größeren Aufwand bei der Implementierung, und es muss für den produktiven Einsatz sichergestellt werden, dass einmal versandte Nachrichten auch tatsächlich übermittelt werden, und nicht zwischendurch verloren gehen. Diese Aufgabe der gesicherten und transaktionsgestützten Übertragung von Nachrichten übernimmt der Service Broker-Dienst. Die Nachrichten werden dabei in so genannten Warteschlangen abgelegt und verbleiben dort, bis sie abgerufen werden. Jede Anwendung, die auf diese Warteschlangen zugreifen kann und die entsprechenden Berechtigungen besitzt, kann dort Nachrichten einstellen oder auslesen. Sollte die Anwendung den Vorgang des Auslesens abbrechen oder die entsprechende Transaktion später rückgängig machen, so wird die Nachricht in die Warteschlange zurückgelegt.

In den nachfolgenden Abschnitten wird zunächst der Aufbau der Datenbankobjekte beschrieben, die für den Betrieb einer Service Broker-Anwendung erforderlich sind. Grundsätzlich werden dafür die Komponenten für die Konversationen, der Dienste und der Netzwerksicherheit unterschieden. Anschließend wird die Gesamtfunktionalität anhand eines Beispiels erläutert.

Konversation

Die Grundlage aller Funktionalität des Service Brokers stellt die eigentliche Kommunikation dar. Sie besteht aus Nachrichten, die in einem definierten Format ausgetauscht werden.

Nachrichten

Zur Kommunikation zwischen Anwendungen werden Nachrichten verwendet. Diese sind durch eine Konversationsidentität und eine Sequenznummer gekennzeichnet. Der Inhalt der Nachricht wird von der Anwendung festgelegt. Der Service Broker-Dienst prüft den Inhalt einer Nachricht auf Zulässigkeit und speichert sie als *varbinary(max)* in einer Tabelle.

Dialoge

Kommunizieren zwei Dienste miteinander, so entsteht ein dauerhafter Dialog, der aus den einzelnen Nachrichten der Konversation besteht. Der Dialog wird zwischen dem Sender oder Initiator und dem Empfänger oder Ziel aufgebaut. Dabei erzeugen der Service Broker des Initiators und der des Ziels jeweils einen Konversationsendpunkt, sobald die erste Nachricht versendet wird. Es gibt die Möglichkeit, eine maximale Lebensdauer für einen Dialog anzugeben. Dabei kontrolliert der Service Broker die Einhaltung der Lebensdauer und sperrt die Endpunkte für neue Nachrichten, sobald die Lebensdauer abgelaufen ist. Der Dialog bleibt aber auf jeden Fall solange bestehen, bis einer der Teilnehmer die Konversation explizit mit der *END CONVERSATION*-Anweisung beendet.

Innerhalb eines Dialogs kann eine Anwendung an einem Endpunkt einen Konversationszeitgeber starten, der nach einer festgelegten Zeitspanne eine Nachricht in die eigene Warteschlange stellt. Auf diese Nachricht kann die Anwendung beliebig reagieren, der andere Endpunkt bekommt von dieser Nachricht nichts mit.

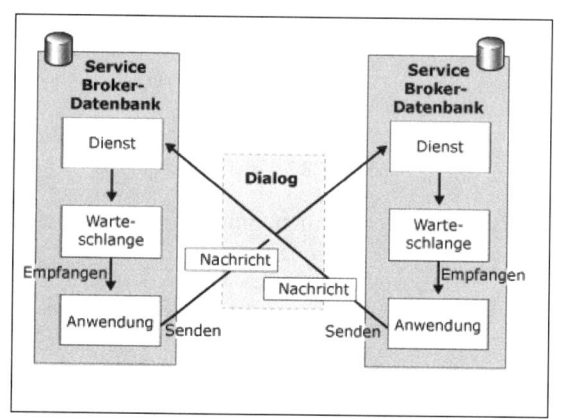

Abbildung 38.1 Dialog des Service Brokers

Damit die Nachrichten gesichert übertragen werden können, sorgt der Service Broker mithilfe von automatischen Empfangsbestätigungen für einen konsistenten Datenstrom. Diese internen Nachrichten werden nicht extra in der Warteschlange abgelegt.

Konversationsgruppen

Mithilfe von Konversationsgruppen können Sie mehrere Konversationen zusammenfassen. Das ist insbesondere für Anwendungen interessant, die die Kommunikation mit mehreren Endpunkten verwalten müssen. Sobald eine Nachricht innerhalb einer Kommunikation empfangen oder gesendet wird, werden alle Konversationen innerhalb der Konversationsgruppe gesperrt. Somit wird sichergestellt, dass immer nur eine Nachricht nacheinander innerhalb der Konversationsgruppe unterwegs sein kann. Auf diese Weise kann eine Anwendung mehrere Dienste verwenden und dabei jede Nachricht genau einer Transaktion zuordnen. Um die Konversationen innerhalb einer Konversationsgruppe zu identifizieren, wird der jeweiligen Nachricht ein Konversationsgruppenbezeichner hinzugefügt. Über eine Statustabelle wird dann der Stand der Konversation kontrolliert.

Datenbankobjekte

Um eine Anwendung mit Service Broker aufzubauen, werden verschiedene Datenbankobjekte benötigt. Diese werden individuell definiert und beschreiben die Form, Richtung und Art der Nachrichten und Warteschlangen.

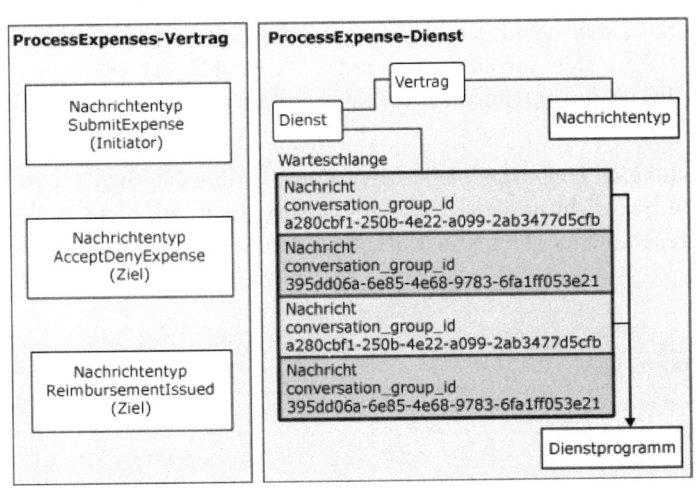

Abbildung 38.2 Service Broker-Dienst

Bevor Sie aber in einer Datenbank den Service Broker-Dienst verwenden können, müssen Sie ihn aktivieren. Dies geschieht über folgendes T-SQL-Statement:

```
USE master;
GO

ALTER DATABASE netShop SET ENABLE_BROKER ;
GO
```

Listing 38.1 Service Broker in der Datenbank aktivieren

Anschließend ist der Dienst in der Datenbank verfügbar.

Nachrichtentypen

Das wichtigste Element in einer Service Broker-Architektur ist die Nachricht. Damit zwei Anwendungen Daten austauschen können, müssen sie sich auf eine bestimmte Art von Nachrichten einigen. Der Nachrichtentyp definiert, ob und wie die Nachricht von SQL Server überprüft wird. Entspricht die Nachricht nicht der Definition, so gibt der Service Broker dem Absender eine Fehlermeldung zurück. Auf beiden Seiten der Konversation müssen die gleichen Nachrichtentypen definiert werden.

Eine Nachricht wird mithilfe des folgenden SQL-Statements definiert:

```
CREATE MESSAGE TYPE message_type_name
    [ AUTHORIZATION owner_name ]
    [ VALIDATION = {   NONE
                     | EMPTY
                     | WELL_FORMED_XML
                     | VALID_XML WITH SCHEMA COLLECTION
                                            schema_collection_name
                   } ]
[ ; ]
```

Der Name des Nachrichtentyps muss den SQL-Standardnamenskonventionen entsprechen. Über das *AUTHORIZATION*-Attribut wird der Besitzer festgelegt.

Über das *VALIDATION*-Attribut wird festgelegt, welche Art von Nachricht definiert wird. Dabei steht *NONE* für eine beliebige binäre Nachricht, die nicht validiert wird. *EMPTY* definiert eine leere Nachricht, *WELL_FORMED_XML* erwartet eine wohlgeformte XML-Nachricht und mit *VALID_XML WITH SCHEMA COLLECTION* wird zusätzlich ein Schema für die Nachricht hinterlegt. Für ein kleines Beispiel würde natürlich eine einfache Nachricht ohne definierten Aufbau ausreichen, doch in einer wirklichen Anwendung im Produktivsystem sollten schon klare Regeln für das Aussehen von Nachrichten herrschen. Nur mithilfe eines hinterlegten Schemas prüft der SQL Server Service Broker schon beim Erhalt einer Nachricht, ob sie den definierten Regeln entspricht, ansonsten prüft er nur nach, ob es sich um ein wohlgeformtes XML-Dokument handelt oder um überhaupt nichts.

Die einfachste Form einen Nachrichtentyp zu definieren, ist damit die Anweisung in Listing 38.2.

```
CREATE MESSAGE TYPE
    [TestMessage]
    VALIDATION = NONE
```

Listing 38.2   Einfacher Nachrichtentyp

Da Sie aber meist eher ein XML-Dokument mit definiertem Aussehen verwenden werden, wird als Beispiel eine Nachricht verwendet, wie in Listing 38.3 dargestellt.

```
<PaymentCheckRequest>
        <CustomerID>5</CustomerID>
        <OrderID>12</OrderID>
        <Amount>123.45</Amount>
</PaymentCheckRequest>
```

Listing 38.3   Anfrage- und Antwort-Nachrichten

Mithilfe der folgenden T-SQL-Anweisung wird ein XML-Schema für die verschiedenen Nachrichten und der dazugehörige Nachrichtentyp definiert.

```sql
-- Erzeugen des Schemas der Anfrage-Nachricht
CREATE XML SCHEMA COLLECTION PaymentCheckRequestSchema AS
N'<?xml version="1.0" encoding="UTF-16" ?>
  <xsd:schema xmlns:xsd="http://www.w3.org/2001/XMLSchema"
     elementFormDefault="qualified"
  >
    <xsd:complexType name="PaymentCheckRequest">
       <xsd:sequence>
          <xsd:element name="CustomerID" type="xsd:int"/>
          <xsd:element name="OrderID" type="xsd:int"/>
          <xsd:element name="Amount" type="xsd:decimal"/>
       </xsd:sequence>
    </xsd:complexType>
  </xsd:schema>' ;
GO

-- Erzeugen des Anfrage-Nachrichtentyps
CREATE MESSAGE TYPE
   [http://www.NetShop.com/SalesDepartment/PaymentCheckRequest]
   VALIDATION = VALID_XML WITH SCHEMA COLLECTION PaymentCheckRequestSchema ;
GO

-- Erzeugen des Antwort-Nachrichtenschemas
CREATE XML SCHEMA COLLECTION PaymentCheckAckSchema AS
N'<?xml version="1.0" encoding="UTF-16" ?>
  <xsd:schema xmlns:xsd="http://www.w3.org/2001/XMLSchema"
     elementFormDefault="qualified"
  >
    <xsd:complexType name="PaymentCheckAck">
       <xsd:sequence>
          <xsd:element name="CustomerID" type="xsd:int"/>
          <xsd:element name="OrderID" type="xsd:int"/>
          <xsd:element name="Amount" type="xsd:decimal"/>
          <xsd:element name="AckTyp" type="xsd:string"/>
       </xsd:sequence>
    </xsd:complexType>
  </xsd:schema>' ;
GO

-- Erzeugen des Antwort-Nachrichtentyps
CREATE MESSAGE TYPE
   [http://www.NetShop.com/SalesDepartment/PaymentCheckAck]
   VALIDATION = VALID_XML WITH SCHEMA COLLECTION PaymentCheckAckSchema ;
```

Listing 38.4 Nachrichtentyp mit Schema

Nach dem Anlegen des Schemas und der Nachricht selber finden Sie mithilfe der Systemsichten in Listing 38.5 die entsprechenden Einträge in den Systemtabellen zur Kontrolle wieder.

```sql
select * from sys.service_message_types
select * from sys.xml_schema_collections
select * from sys.message_type_xml_schema_collection_usages
```

Listing 38.5 Abfragen der Systemsichten zu der angelegten Nachricht

Mithilfe der entsprechenden Anweisungen *ALTER MESSAGE TYPE* und *DROP MESSAGE TYPE* können die Nachrichtentypen später wieder verändert und gelöscht werden. Dies ist die Syntax der beiden Befehle:

```
ALTER MESSAGE TYPE message_type_name
    VALIDATION =
    {   NONE
      | EMPTY
      | WELL_FORMED_XML
      | VALID_XML WITH SCHEMA COLLECTION schema_collection_name }

DROP MESSAGE TYPE message_type_name
```

Das Löschen der soeben angelegten Nachrichtentypen und Schemata geschieht durch die Anweisungen in Listing 38.6.

```
DROP MESSAGE TYPE [http://www.NetShop.com/SalesDepartment/PaymentCheckRequest]
DROP MESSAGE TYPE [http://www.NetShop.com/SalesDepartment/PaymentCheckAck]
DROP XML SCHEMA COLLECTION PaymentCheckRequestSchema
DROP XML SCHEMA COLLECTION PaymentCheckAckSchema
```

Listing 38.6 Löschen eines Nachrichtentyps

Verträge

Über die Verträge werden die verwendeten Nachrichtentypen und Dienste definiert, die diese Nachrichten versenden. Es kann darüber also genau festgelegt werden, wer welche Nachrichten in welche Richtung versenden darf. Die Syntax sieht folgendermaßen aus:

```
CREATE CONTRACT contract_name
   [ AUTHORIZATION owner_name ]
      (  {   message_type_name SENT BY { INITIATOR | TARGET | ANY }
         | [ DEFAULT ] } [ ,...n] )
```

Über die *SENT BY*-Option können folgende Zuordnungen definiert werden:

SENT BY-Option	Zuordnung
INITIATOR	Die Nachricht kann nur vom Initiator der Konversation versendet werden
TARGET	Die Nachricht kann nur vom Ziel der Konversation versendet werden
ANY	Jeder darf diese Nachricht versenden

Tabelle 38.1 *SENT BY*-Optionen

Wird kein spezieller Nachrichtentyp angegeben, so wird als Standardwert die Nachricht *[DEFAULT] SENT BY ANY* angenommen.

```
CREATE CONTRACT
   [http://www.NetShop.com/SalesDepartment/PaymentCheckSubmission]
   ( [http://www.NetShop.com/SalesDepartment/PaymentCheckRequest]
        SENT BY INITIATOR,
     [http://www.NetShop.com/SalesDepartment/PaymentCheckAck]
        SENT BY TARGET
   ) ;
```

Listing 38.7 Erzeugen eines Vertrages mit Nachrichtentypen

> **HINWEIS** Zum Anlegen von Verträgen sind standardmäßig nur die Rollen *ddl_admin*, *db_owner* und *sysadmin* berechtigt. Zusätzlich brauchen Sie *REFERENCES*-Rechte für die verwendeten Nachrichtentypen.

Mithilfe der entsprechenden *DROP CONTRACT*-Anweisung können Sie die Verträge jederzeit wieder löschen, wie in Listing 38.8 gezeigt.

```
DROP CONTRACT [http://www.NetShop.com/SalesDepartment/PaymentCheckSubmission]
```

Listing 38.8 Löschen eines Vertrages

Warteschlangen

Der Service Broker legt Nachrichten in Warteschlangen ab. Die Dienste der Anwendung können diese Warteschlange mithilfe von *SELECT*-Abfragen auslesen, da diese wie Tabellen behandelt werden. So sieht die Syntax der *CREATE QUEUE*-Anweisung aus:

```
CREATE QUEUE <object>
   [ WITH
      [ STATUS = { ON | OFF }  [ , ] ]
      [ RETENTION = { ON | OFF } [ , ] ]
      [ ACTIVATION (
         [ STATUS = { ON | OFF } , ]
          PROCEDURE_NAME = <procedure> ,
          MAX_QUEUE_READERS = max_readers ,
          EXECUTE AS { SELF | 'user_name' | OWNER }
          ) ]
      [ ON { filegroup | [ DEFAULT ] } ]
[ ; ]

<object> ::=
{
   [ database_name. [ schema_name ] . | schema_name. ]
       queue_name
}

<procedure> ::=
{
   [ database_name. [ schema_name ] . | schema_name. ]
       stored_procedure_name
}
```

Option	Beschreibung
STATUS	ON – Warteschlange ist aktiv (Standard)
	OFF – Warteschlange ist nicht aktiv
RETENTION	ON – Behält alle Nachrichten einer Konversation für Überwachungszwecke in der Warteschlange
	OFF – Nachrichten werden nach dem Abrufen aus der Warteschlange gelöscht (Standard) ▶

Option	Beschreibung
ACTIVATION	Informationen für die gespeicherte Prozedur, die für die Verarbeitung der Nachrichten verwendet wird
STATUS (unterhalb von ACTIVATION)	ON – Aktiviert die angegebene gespeicherte Prozedur bei eingehenden Nachrichten (Standard) OFF – Es wird keine Prozedur aufgerufen
PROCEDURE_NAME	Name der gespeicherten Prozedur, die durch eingehende Nachrichten aufgerufen wird
MAX_QUEUE_READERS	Anzahl der maximalen Instanzen der gespeicherten Prozedur (0 bis 32767)
EXECUTE AS	Kontext für die gespeicherte Prozedur, kann ein SQL Server – oder Windows-Benutzerkonto sein
SELF	Benutzer, der die CREATE QUEUE-Prozedur aufruft
OWNER	Besitzer der Warteschlange
ON filegroup	Dateigruppe, in der die Warteschlange erstellt wird (Standard ist die Standarddateigruppe, oder DEFAULT)

Tabelle 38.2 Optionen der CREATE QUEUE-Anweisung

Eine Warteschlange ist ein Datenbankobjekt, das in der Katalogsicht *sys.service_queues* erscheint. Mit der folgenden Anweisung können Sie die Warteschlangen anzeigen.

```
SELECT * FROM sys.service_queues
```

Listing 38.9 Warteschlangen anzeigen lassen

Service Broker-Objekte werden im Objekt Explorer im Ordner *Service Broker* angezeigt. Dort finden Sie auch die Warteschlangen. Da eine Warteschlange aber nichts anderes als eine spezialisierte SQL Server Systemtabelle ist, kann sie sie wie eine Tabelle mit *SELECT * FROM <Warteschlangenname>* abgerufen werden. In der nachfolgenden Tabelle werden alle Spalten einer Warteschlangentabelle dargestellt.

Spaltenname	Datentyp	Beschreibung
status	tinyint	Status der Nachricht. Für Nachrichten, die vom RECEIVE-Befehl zurückgegeben werden, ist der Status immer 1. Nachrichten in der Warteschlange können einen der folgenden Werte enthalten: 0 = Nachricht empfangen 1 = Bereit 2 = Noch nicht abgeschlossen 3 = Gesendete Nachricht wurde beibehalten
queuing_order	bigint	Fortlaufende Nummer der Nachricht innerhalb der Warteschlange
conversation_group_id	uniqueidentifier	Bezeichner für die Konversationsgruppe, zu der diese Nachricht gehört
conversation_handle	uniqueidentifier	Handle der Konversation, von der diese Nachricht ein Teil ist
message_sequence_number	bigint	Sequenznummer der Nachricht innerhalb der Konversation
service_name	nvarchar(512)	Name des Dienstes, an den die Konversation gerichtet ist
service_id	int	SQL Server-Objektbezeichner des Dienstes, an den die Konversation gerichtet ist

Spaltenname	Datentyp	Beschreibung
service_contract_name	nvarchar(256)	Name des Vertrags, dem die Konversation entspricht
service_contract_id	int	SQL Server-Objektbezeichner des Vertrags, dem die Konversation entspricht
message_type_name	nvarchar(256)	Name des Nachrichtentyps, der die Nachricht beschreibt
message_type_id	int	SQL Server-Objektbezeichner des Nachrichtentyps, der die Nachricht beschreibt
validation	nchar(2)	Für die Nachricht verwendete Überprüfung E = Leer N = Keine X = XML
message_body	varbinary(MAX)	Inhalt der Nachricht
message_id	uniqueidentifier	Eindeutiger Bezeichner für die Nachricht

Tabelle 38.3 Aufbau einer Warteschlangen-Tabelle

Jede Nachricht in der Warteschlange wird durch eine Zeile in der Tabelle repräsentiert. Die Nachrichten werden immer in der Reihenfolge, in der sie eintreffen, an die zugehörige Anwendung weitergegeben.

Um eine einfache Warteschlange anzulegen, die aktiviert ist und maximal 5 parallele Instanzen gleichzeitig zulässt und dabei ein spezielles SQL Server-Benutzerkonto verwendet, ist folgendes T-SQL-Statement nötig:

```
CREATE QUEUE ExpenseQueue
    WITH STATUS=ON,
    ACTIVATION (
        PROCEDURE_NAME = expense_procedure,
        MAX_QUEUE_READERS = 5,
        EXECUTE AS 'ExpenseUser' ) ;
```

Listing 38.10 Anlegen einer Warteschlange

Für das Beispiel werden zwei Warteschlangen angelegt. In einer realen Umgebung könnte das auch in verschiedenen Datenbanken geschehen. Für eine einfache Darstellung werden die Warteschlangen in Listing 38.11 aber nur in der *netShop*-Datenbank angelegt. Beide Warteschlangen aktivieren je eine gespeicherte Prozedur, die natürlich zum Zeitpunkt des Anlegens der Warteschlange schon existieren muss. An dieser Stelle wird deshalb erst einmal nur ein Prozedurrumpf implementiert, da das Verarbeiten der Nachrichten erst an späterer Stelle erläutert wird.

```
CREATE PROCEDURE dbo.sp_PaymentCheckRequest
AS
RETURN 0
GO
CREATE PROCEDURE dbo.sp_PaymentCheckAck
AS
RETURN 0
GO
CREATE QUEUE PaymentCheckRequestQueue
    WITH STATUS=ON,
```

```
        ACTIVATION (
            PROCEDURE_NAME = sp_PaymentCheckRequest,
            MAX_QUEUE_READERS = 5,
            EXECUTE AS SELF ) ;
GO
CREATE QUEUE PaymentCheckAckQueue
    WITH STATUS=ON,
    ACTIVATION (
        PROCEDURE_NAME = sp_PaymentCheckAck,
        MAX_QUEUE_READERS = 5,
        EXECUTE AS SELF ) ;
```

Listing 38.11 Anlegen der *PaymentCheck*-Warteschlangen

Dienste

Die Kommunikation läuft immer zwischen zwei Diensten ab. Der Dienst verknüpft eine Warteschlange mit einem oder mehreren Verträgen. Durch den Dienst wird das Ziel der Konversation definiert. Wenn ein Dienst keine Nachrichten empfängt, sondern nur versenden möchte, so brauchen Sie bei der Definition des Dienstes keine Verträge anzugeben. Die Syntax für die *CREATE SERVICE*-Anweisung sieht wie folgt aus:

```
CREATE SERVICE service_name
    [ AUTHORIZATION owner_name ]
    ON QUEUE [ schema_name. ]queue_name
    [ ( contract_name | [DEFAULT] [ ,...n ] ) ]
```

Nachfolgend werden zwei Dienste eingerichtet, die jeweils eine Warteschlange mit einem Vertrag kombinieren.

```
CREATE SERVICE [http://www.NetShop.com/SalesDepartment/PaymentCheckRequestService] ON QUEUE
PaymentCheckRequestQueue
    ([http://www.NetShop.com/SalesDepartment/ PaymentCheckSubmission])
GO
CREATE SERVICE [http://www.NetShop.com/SalesDepartment/PaymentCheckAckService] ON QUEUE
PaymentCheckAckQueue
    ([http://www.NetShop.com/SalesDepartment/ PaymentCheckSubmission])
```

Listing 38.12 Definition eines Dienstes

Die Berechtigungen zum Erstellen eines Dienstes haben standardmäßig nur die Rollen *ddl_admin*, *db_owner* und *sysadmin*.

Senden und Empfangen von Nachrichten

Mit den Informationen in den bisherigen Abschnitten können wir nun einen ersten Test für die Übermittlung von Nachrichten durchführen. Damit Sie leichter den Überblick behalten, ist ein vereinfachtes Skript für die Erstellung der nötigen Service Broker-Objekte aufgeführt.

```
CREATE MESSAGE TYPE
    SimpleMessage
    VALIDATION = WELL_FORMED_XML ;
```

```
Geschäftsregeln durchsetzen   647CREATE CONTRACT
    SimpleSubmission
    (SimpleMessage
         SENT BY INITIATOR
    ) ;

CREATE QUEUE
    SimpleQueue1
    WITH STATUS = ON

CREATE QUEUE
    SimpleQueue2
    WITH STATUS = ON

CREATE SERVICE
    SimpleService1
    ON QUEUE SimpleQueue1
    (SimpleSubmission)

CREATE SERVICE
    SimpleService2
    ON QUEUE SimpleQueue2
    (SimpleSubmission)
```

Listing 38.13 Erstellen der benötigten Service Broker-Objekte

Um Nachrichten an Warteschlangen senden zu können, verwendet man den *SEND*-Befehl. Die Syntax des Befehls ist in Listing 38.14 zu sehen.

```
SEND
    ON CONVERSATION conversation_handle
    [ MESSAGE TYPE message_type_name ]
    [ ( message_body_expression ) ]
[ ; ]
```

Listing 38.14 Syntax des SEND-Befehls

Zum Senden brauchen Sie also ein Handle für die Konversation, den Namen des verwendeten Nachrichtentyps und die zu übermittelnde Nachricht selbst. Das Handle erhalten Sie beim Öffnen der Konversation durch die *BEGIN DIALOG CONVERSATION*-Anweisung, deren Syntax so aussieht:

```
BEGIN DIALOG [ CONVERSATION ] @dialog_handle
    FROM SERVICE initiator_service_name
    TO SERVICE 'target_service_name'
        [ , { 'service_broker_guid' | 'CURRENT DATABASE' } ]
    [ ON CONTRACT contract_name ]
    [ WITH
    [   { RELATED_CONVERSATION = related_conversation_handle
        | RELATED_CONVERSATION_GROUP = related_conversation_group_id } ]
    [ [ , ] LIFETIME = dialog_lifetime ]
    [ [ , ] ENCRYPTION = { ON | OFF } ] ]
[ ; ]
```

Über die *BEGIN DIALOG CONVERSATION*-Anweisung wird festgelegt, zwischen welchen beiden Diensten eine Konversation begonnen wird, und welcher Vertrag für die Nachrichten verwendet wird.

> **ACHTUNG** Der Name des auslösenden Dienstes wird direkt angegeben, da er in der lokalen Datenbank definiert sein muss. Der Name des empfangenen Dienstes wird aber als Zeichenkette (also mit einfachem Hochkomma) übergeben, da er meist auf einer anderen Datenbank definiert sein wird. Diese wird erst zur Laufzeit, also wenn eine Nachricht versandt wird, entsprechend aufgelöst und über das Routing (siehe später in diesem Kapitel den Abschnitt »Routen«) lokalisiert. Dabei wird auch die Groß- und Kleinschreibung beachtet!

Über die Parameter RELATED_CONVERSATION und RELATED_CONVERSATION_GROUP kann eine Beziehung zu einer bestehenden Konversation bzw. Konversationsgruppe hergestellt werden. Wird der RELATED_CONVERSATION_GROUP-Parameter weggelassen, so wird eine neue Konversationsgruppe angelegt.

Zusätzlich ist es möglich, eine Lebensdauer für eine Konversation (in Sekunden) anzugeben, nach Ablauf dieser Zeitspanne wird die Konversation auch ohne explizites Beenden durch die beiden Konversationspartner abgeschlossen.

Für den Versand von Nachrichten an Remotesysteme ist es möglich, die Nachricht explizit verschlüsseln zu lassen. Dazu muss in der Datenbank aber ein Schlüssel vorhanden sein, sonst löst der Service Broker einen Fehler aus. Innerhalb der eigenen Datenbank werden Nachrichten nicht verschlüsselt übertragen.

> **HINWEIS** Ist kein Schlüssel in der Datenbank vorhanden, und setzt man den ENCRYPTION-Parameter auf ON oder lässt ihn weg (was die gleiche Wirkung hat, da ON der Standardwert für diesen Parameter darstellt), so wird entweder eine Fehlermeldung durch den Service Broker in die Warteschlange gestellt (wenn die Warteschlangen in unterschiedlichen Datenbanken liegen) oder keine Nachricht versandt.

In Listing 38.15 finden Sie ein Skript für einen einfachen Versand einer Nachricht innerhalb einer Datenbank.

```
-- Senden einer Nachricht
DECLARE @Handle uniqueidentifier;
DECLARE @MessageBody XML;
SET @MessageBody = '<Test>Hallo</Test>';

BEGIN DIALOG CONVERSATION @Handle
FROM SERVICE SimpleService1
TO SERVICE 'SimpleService2'
ON CONTRACT SimpleSubmission
WITH ENCRYPTION = OFF;

SEND ON CONVERSATION @Handle
MESSAGE TYPE SimpleMessage
(@MessageBody)
GO
SELECT * FROM SimpleQueue1
SELECT * FROM SimpleQueue2
```

Listing 38.15 Einfaches Senden einer Nachricht

Nachdem die Nachricht gesendet ist und in der Warteschlange des Zieldienstes abgelegt worden ist, kann man sie auch wieder aus der Warteschlange abrufen. Dies geschieht durch die RECEIVE-Anweisung:

```
[ WAITFOR ( ]
    RECEIVE [ TOP ( n ) ]
        <column_specifier> [ ,...n ]
        FROM <queue>
```

```
            [ INTO table_variable ]
            [ WHERE { conversation_handle = conversation_handle
                    | conversation_group_id = conversation_group_id } ]
[ ) ] [ , TIMEOUT timeout ]
[ ; ]

<column_specifier> ::=
{   *
  | { column_name | [ ] expression } [ [ AS ] column_alias ]
  |   column_alias = expression
}     [ ,...n ]

<queue> ::=
{
    [ database_name . [ schema_name ] . | schema_name . ]
       queue_name
}
```

Durch das Abrufen einer Nachricht wird diese aus der Warteschlange entfernt. Auch hier kann man wieder Bezug auf eine bestehende Konversation oder Konversationsgruppe nehmen.

WICHTIG Sind *SEND* oder *RECEIVE* nicht die ersten Anweisungen in einer Prozedur, so muss nach der vorhergehenden Anweisung oder direkt vor dem *SEND* bzw. *RECEIVE* ein Semikolon als Trennzeichen für SQL-Anweisungen gesetzt werden.

```
-- Abrufen der Nachricht
DECLARE @handle UNIQUEIDENTIFIER,
        @message_body XML

;WAITFOR(
   RECEIVE TOP(1) @handle=conversation_handle,
        @message_body=message_body FROM SimpleQueue2),
   TIMEOUT 5000 ;

SELECT @handle, @message_body
```

Listing 38.16 Einfaches Abrufen einer Nachricht

```
DECLARE @handle UNIQUEIDENTIFIER,
        @message_body XML
;WAITFOR(
   RECEIVE TOP(1) @handle=conversation_handle,
        @message_body=message_body FROM PaymentCheckAckQueue),
   TIMEOUT 5000 ;
SELECT @handle, @message_body
```

Listing 38.17 Abrufen einer Nachricht aus der *PaymentCheckAck*-Warteschlange

Sicherheit

Um zu gewährleisten, dass alle Nachrichten zuverlässig zwischen den Diensten ausgetauscht werden können, bietet der Service Broker verschiedene Elemente wie Verschlüsselung, Routing und Endpunkte an.

Remotedienstbindungen

Die Authentifizierung der Kommunikationspartner innerhalb einer Service Broker-Konversation kann über Zertifikate sichergestellt werden. Zu diesem Zweck können Sie eine Remotedienstbindung erstellen, wenn die Kommunikation mit einem Remoteserver erfolgt. Sie legt den Empfänger einer Nachricht fest, für den ein Zertifikat auf der Empfängerdatenbank vorhanden sein muss. Für interne Kommunikation auf einer SQL Server-Instanz ist die Remotedienstbindung nicht notwendig.

```
CREATE REMOTE SERVICE BINDING binding_name
   [ AUTHORIZATION owner_name ]
   TO SERVICE 'service_name'
   WITH  USER = user_name [ , ANONYMOUS = { ON | OFF } ]
```

Listing 38.18 Syntax von CREATE REMOTE SERVICE BINDING

Über *user_name* wird der Datenbankbenutzer mit gültigem Zertifikat übergeben. Alle Nachrichten an den unter *service_name* angegebenen Dienst werden mit dem Zertifikat authentifiziert und verschlüsselt übertragen. Durch die Option *ANONYMOUS = ON* kann festgelegt werden, dass die anonyme Authentifizierung verwendet wird. Alle Zugriffe finden unter der festen Serverrolle *public* statt.

Folgendes SQL-Statement definiert eine Remotedienstbindung für den Benutzer *PaymentCheckUser* und erlaubt auch anonymen Zugriff über die *public*-Rolle:

```
CREATE REMOTE SERVICE BINDING PaymentCheckBinding
    TO SERVICE 'http://www.NetShop.com/SalesDepartment/PaymentCheckRequestService'
    WITH USER = PaymentCheckUser, ANONYMOUS=ON ;
```

Listing 38.19 Binden eines Benutzers mit einem Service Broker-Dienst

Um dieses Statement auszuführen, sind Sie entweder der in der *WITH USER*-Klausel genannte Datenbankbenutzer oder Mitglied in einer der Rollen *db_owner*, *ddl_admin* oder *sysadmin*.

Natürlich können Sie auch die Einstellungen jederzeit über eine *ALTER REMOTE SERVICE BINDING*-Anweisung ändern oder über *DROP REMOTE SERVICE BINDING* wieder entfernen.

```
ALTER REMOTE SERVICE BINDING PaymentCheckBinding
    WITH USER = 'PaymentCheckUser2';
DROP REMOTE SERVICE BINDING PaymentCheckBinding;
```

Listing 38.20 Ändern und Löschen von Bindungen

Für die nötige Einrichtung von Zertifikaten in der Remotedatenbank wird die *CREATE CERTIFICATE*-Anweisung verwendet.

Routen

Um die Warteschlange für eine Konversation zu finden, versucht der Service Broker den dafür zuständigen Dienst auf der lokalen Instanz oder remote zu finden. Diese Suche läuft über Routingtabellen, die in der Tabelle *sys.routes* entweder in der jeweiligen Quelldatenbank oder in *msdb* abgelegt werden. Standardmäßig gibt es in jeder *sys.routes* einen Eintrag *AutoCreatedLocal*, der die lokale Instanz nach Diensten durchsucht.

Durch Hinzufügen oder Manipulation von Einträgen in diesen Tabellen durch die *CREATE ROUTE*- und *ALTER ROUTE*-Anweisungen können Sie in einer Umgebung mit mehreren Datenbanken eine Weiterleitung oder Lastverteilung für den Nachrichtenverkehr des Service Brokers einrichten.

sys.routes ist wie folgt aufgebaut:

Spaltenname	Datentyp	Beispiel (Standardeintrag)
name	nvarchar(128)	AutoCreatedLocal
route_id	int	65536
principal_id	int	1
remote_service_name	nvarchar(256)	NULL oder Servicename
broker_instance	nvarchar(128)	NULL oder 81b1d3d0-288e-4d2c-b1d3-456cbb944b4f
lifetime	datetime	NULL
address	nvarchar(256)	LOCAL oder tcp://partner1.NetShop.com:4022/
mirror_address	nvarchar(256)	NULL oder tcp://mirror.NetShop.com:4022/

Tabelle 38.4 *sys.routes*

Am interessantesten sind dabei die Spalten *remote_service_name*, *broker_instance* und *address* bzw. *mirror_address*.

remote_service_name

Diese Spalte gibt den Dienstnamen an, an den die Zielwarteschlange gebunden ist. Ist die Spalte leer, wird hier jeder Dienstname akzeptiert.

broker_instance

In dieser Spalte steht die *GUID* (*service_broker_guid*) der Datenbank, in der der Dienst zu finden ist. Auch hier gilt, wenn die Spalte leer ist, dann werden alle lokalen Datenbanken durchsucht.

address

Adresse des Zielservers, entweder über einen UNC_Pfad oder IP-Adresse mit Port-Angabe. An diese Adresse wird die Anfrage weitergeleitet, wenn *remote_service_name* und *broker_instance* zutreffen.

mirror_address

Wie die *address*-Spalte, nur dass hier der Service Broker eine Art Lastverteilung durchführt, indem er Anfragen zunächst an beide Server in der Spalte *address* und *mirror_address* weiterleitet, um den Prinzipal (aktiver Server) zu ermitteln. Meldet sich der Prinzipal, so werden alle Nachrichten an diesen gesendet. Schlägt die Nachrichtenübermittlung fehl oder ändert sich der Prinzipal, so wird die Adresse des Spiegelservers für die eingehenden Nachrichten verwendet.

Sicherheit

Ist eine Konversation aufgebaut, indem eine gültige und erreichbare Route gefunden wurde, so werden alle folgenden Nachrichten über den gleichen Weg geleitet. Dies gilt auch für Spiegelserver.

Wird keine Route gefunden oder ist der Dienst nicht erreichbar, so wird die Nachricht als *DELAYED* gekennzeichnet und die Suche wird nach einem Timeoutintervall wiederholt.

Die Manipulation der Einträge in der *sys.routes*-Tabelle erreicht man durch die *CREATE ROUTE*-Anweisung:

```
CREATE ROUTE route_name
[ AUTHORIZATION owner_name ]
WITH
   [ SERVICE_NAME = 'service_name', ]
   [ BROKER_INSTANCE = 'broker_instance_identifier' , ]
   [ LIFETIME = route_lifetime , ]
   ADDRESS = 'next_hop_address'
   [ , MIRROR_ADDRESS = 'next_hop_mirror_address' ]
```

Parameter	Beispiel	Beschreibung
route_name	Route1	Name der erstellten Route
AUTHORIZATION	dbo	Name des Besitzers der Route
SERVICE_NAME	Service1	Name des Service; Groß- und Kleinschreibung wird beachtet!
BROKER_INSTANCE	81b1d3d0-288e-4d2c-b1d3-456cbb944b4f	Die GUID des Service Broker in der jeweiligen Datenbank. Kann mit *SELECT service_broker_guid FROM sys.databases WHERE database_id = DB_ID()* abgerufen werden.
LIFETIME	NULL oder 36000	Zeitraum in Sekunden, in dem die Route gültig ist. Danach läuft sie ab und verbleibt inaktiv in der Routingtabelle. Kann durch *ALTER ROUTE* wieder aktiviert werden.
ADDRESS	LOCAL oder TRANSPORT oder tcp://partner1.NetShop.com:4022/	Adresse für den Remote-Server in der Form *TCP://{ dns_name	netbios_name	ip_address } : port_number* Der Eintrag *LOCAL* zeigt auf die lokale Datenbankinstanz, *TRANSPORT* erfordert eine Netzwerkadresse im Dienstnamen.
MIRROR_ADDRESS	NULL oder tcp://mirror.NetShop.com:4022/	Adresse für den Spiegelserver in der Form *TCP://{ dns_name	netbios_name	ip_address } : port_number*.

Tabelle 38.5 Parameter der *CREATE ROUTE*-Anweisung

In Listing 38.21 finden Sie einige Beispiele für die Verwendung der *CREATE ROUTE*-Anweisung.

```
-- Route mit Servernamen
CREATE ROUTE PaymentCheckRequestRoute
    WITH
    SERVICE_NAME = 'http://www.NetShop.com/SalesDepartment/PaymentCheckRequestService',
    BROKER_INSTANCE = 'D8D4D268-00A3-4C62-8F91-634B89C1E315',
    ADDRESS = 'TCP://SERVER02:1234' ;

GO
-- Route mit IP-Adresse:
CREATE ROUTE PaymentCheckRequestRoute
```

```
    WITH
    ADDRESS = 'TCP://192.168.10.2:1234';

-- Route mit Timeout
CREATE ROUTE PaymentCheckRequestRoute
    WITH
    SERVICE_NAME = 'http://www.NetShop.com/SalesDepartment/PaymentCheckRequestService',
    LIFETIME = 259200,
    ADDRESS = 'TCP://services. NetShop.com:1234' ;

-- Route mit Spiegelserver:
CREATE ROUTE PaymentCheckRequestRoute
    WITH
    SERVICE_NAME = 'http://www.NetShop.com/SalesDepartment/PaymentCheckRequestService',
    BROKER_INSTANCE = '69fcc80c-2239-4700-8437-1001ecddf933',
    ADDRESS = 'TCP://services.NetShop.com:1234',
    MIRROR_ADDRESS = 'TCP://services-mirror. NetShop.com:1234' ;

-- Route mit Dienstnamen zur Ermittlung der Netzwerkadresse:
CREATE ROUTE PaymentCheckRequestRoute
    WITH ADDRESS = 'TRANSPORT' ;
```

Listing 38.21 Definitionsmöglichkeiten von Routen

Mithilfe der *ALTER ROUTE*-Anweisung können Sie eine bestehende Route jederzeit verändern:

```
ALTER ROUTE route_name
WITH
    [ SERVICE_NAME = 'service_name' [ , ] ]
    [ BROKER_INSTANCE = 'broker_instance' [ , ] ]
    [ LIFETIME = route_lifetime [ , ] ]
    [ ADDRESS = 'next_hop_address' [ , ] ]
    [ MIRROR_ADDRESS = 'next_hop_mirror_address' ]
```

Nachfolgend noch ein Beispiel für die Verwendung:

```
ALTER ROUTE PaymentCheckRequestRoute
    WITH
        BROKER_INSTANCE = 'D8D4D268-00A3-4C62-8F91-634B89B1E317',
        ADDRESS = 'TCP://www.NetShop.com:1234'
```

Listing 38.22 Verwendung der *ALTER ROUTE*-Anweisung

Mit der *DROP ROUTE*-Anweisung werden Routen wieder komplett aus der Routingtabelle entfernt:

```
DROP ROUTE PaymentCheckRequestRoute;
```

Endpunkte

Mithilfe von Endpunkten definieren Sie, wie der Service Broker auf einem Remote-Server erreicht werden kann. Das Anlegen eines Endpunkts folgt der folgenden Syntax:

```
CREATE ENDPOINT endPointName [ AUTHORIZATION login ]
STATE = { STARTED | STOPPED | DISABLED }
AS { HTTP | TCP } (
    <protocol_specific_arguments>
        )
FOR { SOAP | TSQL | SERVICE_BROKER | DATABASE_MIRRORING } (
    <language_specific_arguments>
        )
```

```
<FOR SERVICE_BROKER_language_specific_arguments> ::=
FOR SERVICE_BROKER (
   [ AUTHENTICATION = {
           WINDOWS [ { NTLM | KERBEROS | NEGOTIATE } ]
        | CERTIFICATE certificate_name
        | WINDOWS [ { NTLM | KERBEROS | NEGOTIATE } ] CERTIFICATE certificate_name
        | CERTIFICATE certificate_name WINDOWS [ { NTLM | KERBEROS | NEGOTIATE } ]
   } ]
   [ , ENCRYPTION = { DISABLED | SUPPORTED | REQUIRED }
       [ ALGORITHM { RC4 | AES | AES RC4 | RC4 AES } ]
   ]
   [ , MESSAGE_FORWARDING = { ENABLED | DISABLED* } ]
   [ , MESSAGE_FORWARD_SIZE = forward_size ]
)
```

Parameter	Beispiel	Beschreibung
endPointName	Endpunkt1	Name des Endpunktes
AUTHORIZATION	dbo	Besitzer des Endpunktes
STATE	STARTED STOPPED DISABLED	Start, stoppt oder aktiviert den Endpunkt
AS	HTTP TCP	Gibt das Übertragungsprotokoll an
FOR	SERVICE_BROKER	Gibt die Dienstart an, in diesem Fall SERVICE_BROKER
AUTHENTICATION	WINDOWS NTLM oder CERTIFICATE Zertifikatsname	Bestimmt den Authorisierungsmechanismus (NTLM oder Kerberos) für den Endpunkt. Standard ist WINDOWS NEGOTIATE. Der Wert NEGOTIATE besagt, dass Windows aushandelt ob es NTLM oder Kerberos verwendet. Zusätzlich oder alternativ kann ein eigenes Zertifikat festgelegt werden.
ENCRYPTION	DISABLED SUPPORTED REQUIRED ALGORITHM RC4 AES	Aktiviert oder deaktiviert die Verschlüsselung für den Endpunkt. Standard für den Algorithmus ist RC4.
MESSAGE_FORWARDING	ENABLED DISABLED	Aktiviert oder deaktiviert die Weiterleitung an externe Dienste
MESSAGE_FORWARD_SIZE	10	Speicherplatz in MB für den Endpunkt

Tabelle 38.6 Parameter der CREATE ENDPOINT-Anweisung

Beispielanwendung

Bei der Erstellung einer Anwendung für den Service Broker-Dienst ist ein Großteil der Entwicklungsarbeit für die Verwaltung von Konversationen und Nachrichten notwendig. Die Nachrichten müssen in die Warteschlangen eingestellt und ausgelesen werden, was entsprechende SELECT- und INSERT-Befehle an die Datenbank erfordert. Da man ja nicht ständig das Rad neu erfinden muss, könnte man auf die Idee kommen, diese grundlegenden Funktionen in einer eigenen Klasse abzulegen und für beliebige Anwendungen, die die Funktionalität des Service Brokers verwenden wollen, zur Verfügung zu stellen. Dies hat Microsoft beispielsweise in dem in SQL Server 2008-Beispielen enthaltenen *ServiceBrokerInterface*-Projekt umgesetzt. Das nachfolgende Beispiel verwendet diese Klasse. Um exemplarisch die Verwendung aufzuzeigen, werden hierbei zwei verschiedene Nachrichten von einer Client-Applikation versendet, einmal eine Anfrage nach der aktuellen Zeit und einmal nach dem aktuellen Datum. Natürlich könnten hier auch bestimmte Informationen aus einer Datenbank abgefragt werden, damit lässt sich dieses Beispiel einfach erweitern und anpassen.

Nachdem der Client seine Nachrichten versandt hat, wartet er eine bestimmte Zeitspanne auf eine Antwort. Sobald diese eintrifft, zeigt er den Inhalt der Nachricht an und beendet sich wieder.

Die eigentlichen Informationen für die Antworten erzeugt ein kleiner Service, der auf dem SQL Server registriert wird. Er unterscheidet die beiden verschiedenen Nachrichten und sendet dann entweder die Uhrzeit oder das Datum als Antwort an die Warteschlange.

Anhand dieses Beispiels werden im Folgenden die grundlegenden Aufgaben für die Programmierung einer Service Broker-Anwendung erläutert.

Datenbankobjekte

Die Grundlage für den Service Broker-Dienst sind die entsprechenden Datenbankobjekte für die Nachrichtentypen, Verträge und Warteschlangen. Damit das Beispiel unabhängig von bestehenden Installationen funktioniert, wird eine eigene Datenbank für die Warteschlangen angelegt.

```
USE master;
GO
-- Anlegen der Datenbank
CREATE DATABASE TestServiceBroker;
GO
USE TestServiceBroker;
GO
```

Listing 38.23 Neue Beispieldatenbank anlegen

Anschließend werden die vier Nachrichtentypen für Anfrage und Antwort erzeugt.

```
CREATE MESSAGE TYPE TimeRequest VALIDATION = None;
CREATE MESSAGE TYPE ActualTime VALIDATION = None;
CREATE MESSAGE TYPE DateRequest VALIDATION = None;
CREATE MESSAGE TYPE ActualDate VALIDATION = None;
GO
```

Listing 38.24 Nachrichtentypen anlegen

Es gibt in diesem Beispiel nur zwei Verträge die festlegen, welche Antwort auf welche Anfrage des Senders erwartet wird.

```
CREATE CONTRACT SyncTime (
        TimeRequest SENT BY INITIATOR,
        ActualTime SENT BY TARGET
);
CREATE CONTRACT SyncDate (
        DateRequest SENT BY INITIATOR,
        ActualDate SENT BY TARGET
);
GO
```

Listing 38.25 Verträge anlegen

Die Warteschlange soll später direkt eine Prozedur aufrufen, die die eingehende Nachricht entgegennimmt und die Antwort erzeugt. Der Code dafür ist in C# entwickelt und wird etwas später beschrieben. An dieser Stelle wird die aus dem C#-Code erzeugte Assembly registriert, und es wird die darin definierte *ServiceProc*-Prozedur erzeugt, die nach dem Erhalt einer Nachricht aufgerufen wird. Da die Assembly auf Funktionen der oben erwähnten *ServiceBrokerInterface*-Assembly zurückgreift, muss diese als erstes im SQL Server registriert werden.

```
-- Installieren des Interfaces
CREATE ASSEMBLY BrokerLibraryAssembly
FROM
'C:\Buch\CD\Projekte\ServiceBrokerInterface\cs\ServiceBrokerInterface\bin\Debug\ServiceBrokerInterface.dll'
GO
-- Installieren des Service
CREATE ASSEMBLY ServiceBrokerAssembly
FROM 'C:\Buch\CD\Projekte\ServiceBrokerServer\ServiceBrokerServer\bin\Debug\ServiceBrokerServer.dll'
GO
```

Listing 38.26 Anlegen der Assembly

Nun kann aus der *ServiceBroker*-Assembly die gewünschte *ServiceProc*-Prozedur für die Warteschlange erzeugt werden.

```
CREATE PROCEDURE ServiceProc
AS
EXTERNAL NAME ServiceBrokerAssembly.[Netshop.ServiceBrokerService].ServiceProc
GO
```

Listing 38.27 Prozedur für das Lesen der Warteschlange

Die Warteschlange des Empfängers wird so definiert, dass sie automatisch die soeben erzeugte Prozedur aufruft, sobald eine Nachricht eintrifft. Für die zweite Warteschlange – die des Senders – sind keine weiteren Parameter nötig; der Client versucht selbst nach einer bestimmten Zeitspanne die Antwort auszulesen.

```
CREATE QUEUE ServiceQueue
        WITH
        STATUS = ON,
        RETENTION = ON,
        ACTIVATION (
                STATUS = ON,
                PROCEDURE_NAME = ServiceProc,
                MAX_QUEUE_READERS = 4,
                EXECUTE AS SELF
        )
        ON [default];
GO

CREATE QUEUE ClientQueue;
GO
```

Listing 38.28 Anlegen der Warteschlangen

Nun fehlt nur noch der Dienst für beide Warteschlangen, der sie mit den entsprechenden Verträgen verbindet.

```
-- Service für die Anfrage erstellen
CREATE SERVICE ServiceBrokerService ON QUEUE ServiceQueue (
        SyncTime, SyncDate);
GO
-- Service für die Antwort erstellen
```

```
CREATE SERVICE ServiceBrokerClient ON QUEUE ClientQueue (
        SyncTime, SyncDate);
GO
-- CLR aktivieren
EXEC sp_configure 'clr enabled', 1
GO
RECONFIGURE WITH OVERRIDE
GO
```

Listing 38.29 Anlegen der Datenbankobjekte für die Beispielanwendung

Damit sind alle benötigten Datenbankobjekte für das Beispiel angelegt. Anschließend werfen wir einen Blick auf die Service-Anwendung, die durch den Empfang der Nachricht angesprochen wird. Wie schon gesagt, verwendet diese die *ServiceBrokerInterface*-Assembly, um sich den größten Teil der Entwicklungsarbeit zu sparen. Damit wird diese Applikation recht übersichtlich. Sie besteht neben dem Konstruktor aus den Methoden *SayHello*, *EndConversation* und *ServiceProc*.

Durch die Warteschlange wird die *ServiceProc*-Methode aufgerufen, die dann den *HelloWorldService* als neuen Dienst aus der *ServiceBrokerInterface*-Assemby instanziiert. Das Auslesen der Nachrichten aus der Warteschlange wird durch die *Run*-Methode gestartet, die die aktuellen Verbindungsinformationen als Parameter erwartet.

Die anderen Methoden sind durch spezielle Attribute gekennzeichnet und werden später durch die *ServiceBrokerInterface*-Assembly für das Erzeugen der Antwort bzw. der Abschlussnachricht aufgerufen.

```
using System;
using System.IO;
using System.Text;
using System.Data;
using System.Data.SqlClient;
using System.Data.SqlTypes;
using Microsoft.Samples.SqlServer;
using System.Security;
using System.Collections.Generic;

namespace Netshop
{
// Die Service-Klasse erbt aus dem ServiceBrokerInterface
    public class ServiceBrokerService : Service
    {
        public ServiceBrokerService(SqlConnection conn)
            :
            base("ServiceBrokerService", conn)
        {
            WaitforTimeout = TimeSpan.FromSeconds(1);
        }
// Über die BrokerMethod wird festgelegt, dass hier die TimeRequest-Nachricht erzeugt wird
        [BrokerMethod("SyncTime", "TimeRequest")]
        public void AnswerTime(
            Message msgReceived,
            SqlConnection connection,
            SqlTransaction transaction)
        {
            // Erzeugen des Nachrichteninhalts (in diesem Fall die Zeit)
            MemoryStream body = new
                MemoryStream(Encoding.ASCII.GetBytes(DateTime.Now.ToString("HH:mm:ss")));
            Message msgSend = new Message("ActualTime", body);
            Conversation conversation = msgReceived.Conversation;
            // Senden der Nachricht
```

```csharp
            conversation.Send(msgSend, connection, transaction);
        }

        // Über die BrokerMethod wird festgelegt, dass hier die DateRequest-Nachricht erzeugt wird
        [BrokerMethod("SyncDate", "DateRequest")]
        public void AnswerDate(
            Message msgReceived,
            SqlConnection connection,
            SqlTransaction transaction)
        {
            // Erzeugen des Nachrichteninhalts (in diesem Fall das Datum)
            MemoryStream body = new
                MemoryStream(Encoding.ASCII.GetBytes(DateTime.Now.ToString("dd.MM.yyyy")));
            Message msgSend = new Message("ActualDate", body);
            Conversation conversation = msgReceived.Conversation;
            // Senden der Nachricht
            conversation.Send(msgSend, connection, transaction);
        }

        // Nachricht zum Beenden des Dialogs
        [BrokerMethod(Message.EndDialogType)]
        public void EndConversation(
            Message msgReceived,
            SqlConnection connection,
            SqlTransaction transaction)
        {
            Conversation conversation = msgReceived.Conversation;
            conversation.End(connection, transaction);
        }

        public static void ServiceProc()
        {
            Service service = null;
            SqlConnection conn = null;

            try
            {
                // Es wird die aktuelle Verbindung genutzt
                conn = new SqlConnection("context connection=true");

                conn.Open();

                // Instanziieren des Service
                service = new ServiceBrokerService(conn);

                // Es wird immer eine Nachricht nacheinander verarbeitet
                service.FetchSize = 1;

                // Starten des Service zum Abrufen der Nachrichtenschlange
                service.Run(true, conn, null);
            }
            catch (ServiceException svcex)
            {
                Conversation conversation = svcex.CurrentConversation;
                if (conversation != null)
                {
                    conversation.EndWithError(1,
                        "Der Dialog wurde mit folgendem Fehler beendet: " +
                            svcex.InnerException.Message,
                        svcex.Connection, svcex.Transaction);
                }
```

```
                    SqlTransaction transaction = svcex.Transaction;
                    if (transaction != null)
                    {
                        transaction.Commit();
                    }
                }
                catch (Exception ex)
                {
...
                }
                finally
                {
                    conn.Close();
                }
            }
        }
    }
}
```

Listing 38.30 Code für den Broker-Service

Der Client sendet die erste auslösende Nachricht und wartet anschließend auf die Antwort der Service Broker-Anwendung des Empfängers. Im Beispiel ist dies eine einfache Konsolenanwendung, im realen Umfeld kann dies aber natürlich auch eine WinForms-Applikation sein.

In der *Main*-Methode wird zunächst eine Verbindung zur Datenbank etabliert.

```
using System;
using System.IO;
using System.Text;
using System.Data;
using System.Data.SqlTypes;
using System.Data.SqlClient;
using Microsoft.Samples.SqlServer;

namespace Netshop
{
    class ServiceBrokerClient
    {
        static void Main()
        {
            SqlConnection con = null;
            SqlTransaction tran = null;
            TextReader reader = null;

            try
            {
                con = new SqlConnection(
                    "Initial Catalog=TestServiceBroker; Data Source=localhost;Integrated
                        Security=SSPI;");
                con.Open();

                // Transaktion starten
                tran = con.BeginTransaction();
                Console.WriteLine("1. Transaktion gestartet...");

                // Instanziieren des Service über das ServiceBrokerInterface
                Service client = new Service("ServiceBrokerClient", con, tran);

                // Nur jeweils eine Nachricht auf einmal verarbeiten...
                client.FetchSize = 1;
```

```csharp
// Dialog einrichten
Conversation dialog = client.BeginDialog(
    "ServiceBrokerService",
    null,
    "SyncTime",
    TimeSpan.FromMinutes(1),
    false,
    con,
    tran);

// Anfrage erstellen und senden (ohne Inhalt)
Message request = new Message("TimeRequest", null);

dialog.Send(request, con, tran);
Console.WriteLine("Nachricht '" + request.Type + "' wird gesendet...");

tran.Commit(); // Transaktion beenden
Console.WriteLine("Transaktion beendet!");

// 2. Transaktion zum Erhalt der Antwort
tran = con.BeginTransaction();
Console.WriteLine("\n2. Transaktion gestartet...");

// Warten auf die Antwort
Console.WriteLine("Warten auf die Antwort ...");

client.WaitforTimeout = TimeSpan.FromSeconds(10);
if (client.GetConversation(dialog, con, tran) == null)
{
    Console.WriteLine("Die Antwort wurde innerhalb des Timeout nicht erhalten!");
    dialog.EndWithError(1, "Timeout abgelaufen...", con, tran);
    tran.Commit();
    Console.WriteLine("2. Transaktion abgeschlossen!");
    con.Close();
    return;
}

// Nachricht aus der Tabelle lesen...
Message response = dialog.Receive();

// Nachricht ausgeben
Console.WriteLine("Nachricht vom Typ '" + response.Type + "' erhalten!");
if (response.Body != null)
{
    Console.Write("Inhalt: ");
    reader = new StreamReader(response.Body);
    Console.WriteLine(reader.ReadToEnd());
}

// Abschluss des Dialogs...
dialog.End(con, tran);
Console.WriteLine("Dialog abgeschlossen!");

tran.Commit();
Console.WriteLine("2. Transaktion abgeschlossen!");

// ---------------------------------------------------------------
// Abfrage des Datums
// 3. Transaktion starten
tran = con.BeginTransaction();
Console.WriteLine("3. Transaktion gestartet...");
```

```csharp
            // Dialog einrichten
            dialog = client.BeginDialog(
                "ServiceBrokerService",
                null,
                "SyncDate",
                TimeSpan.FromMinutes(1),
                false,
                con,
                tran);

            // Anfrage erstellen und senden (ohne Inhalt)
            request = new Message("DateRequest", null);

            dialog.Send(request, con, tran);
            Console.WriteLine("Nachricht '" + request.Type + "' wird gesendet...");

            tran.Commit();
            Console.WriteLine("3. Transaktion beendet!");

            // 4. Transaktion zum Erhalt der Antwort
            tran = con.BeginTransaction();
            Console.WriteLine("\n4. Transaktion gestartet...");

            // Warten auf die Antwort
            Console.WriteLine("Warten auf die Antwort ...");

            client.WaitforTimeout = TimeSpan.FromSeconds(10);
            if (client.GetConversation(dialog, con, tran) == null)
            {
                Console.WriteLine("Die Antwort wurde innerhalb des Timeout nicht erhalten!");
                dialog.EndWithError(1, "Timeout abgelaufen...", con, tran);
                tran.Commit();
                Console.WriteLine("2. Transaktion abgeschlossen!");
                con.Close();
                return;
            }

            // Nachricht aus der Tabelle lesen...
            response = dialog.Receive();

            // Nachricht ausgeben
            Console.WriteLine("Nachricht vom Typ '" + response.Type + "' erhalten!");
            if (response.Body != null)
            {
                Console.Write("Inhalt: ");
                reader = new StreamReader(response.Body);
                Console.WriteLine(reader.ReadToEnd());
            }

            // Abschluss des Dialogs...
            dialog.End(con, tran);
            Console.WriteLine("Dialog abgeschlossen!");

            tran.Commit();
            Console.WriteLine("4. Transaktion abgeschlossen!");

            con.Close();
        }
        catch (ServiceException e)
        {
            Console.WriteLine("Ausnahme ist aufgetreten - {0}\n", e.ToString());
            if (tran != null)
```

```
            {
                tran.Rollback();
                Console.WriteLine("Transaktion wird rückgängig gemacht!");
            }
            if (con != null)
            {
                con.Close();
            }
        }
        finally
        {
            if (reader != null)
                reader.Close();

            Console.WriteLine();
            Console.WriteLine("Weiter mit Return...");
            Console.ReadLine();
        }
    }
}
```

Listing 38.31 Client für den Service Broker

Besonderes Augenmerk ist beim Client auf die korrekte Verwendung der Transaktionen zu legen, da die Nachrichten in der Warteschlange erst nach Abschluss der Transaktionen zur Verfügung stehen. Ansonsten aber kann mithilfe der Eigenschaften der Nachrichten-Objekte sehr einfach eruiert werden, um welchen Typ von Nachrichten es sich handelt und welche Informationen die Nachricht übermittelt.

Mithilfe des Service Broker-Interface aus den Microsoft SQL Server 2008-Beispielanwendungen ist es sehr einfach, eine eigene kleine Applikation für den Service Broker zu schreiben. Damit lässt sich sehr schön die asynchrone Kopplung von Anwendungen und Datenbanken realisieren, ohne großen Entwicklungsaufwand in das Nachrichtenhandling stecken zu müssen.

Kapitel 39

Complex Event Processing mit StreamInside

In diesem Kapitel:

Installationsvoraussetzungen	1433
Programmiermodelle	1433
Beispiel	1434
Ereignisse	1435
Adapter	1436
Datenströme	1439
Abfragen	1441
Deployment	1443
Monitoring	1445
Zusammenfassung	1446

Ein kleines aber feines Spezialgebiet sind die Anwendungen für das sogenannte Complex Event Processing. Dabei handelt es sich um ereignisgesteuerte Programmierung, was ja an sich nichts Neues ist. Jede Windowsanwendung mit einer Benutzeroberfläche wird von Ereignissen gesteuert, sei es ein Klick auf eine Schaltfläche oder eine Eingabe über die Tastatur. Wozu also braucht man nun noch eine komplexe Variante davon?

Nehmen wir zum Beispiel die Steuerung einer Kraftwerksanlage. Sekündlich werden Sensordaten erfasst und weitergeleitet, die alle wichtigen Parameter eines Kraftwerks erfassen. Sobald bestimmte Schwellwerte überschritten werden, könnte nun eine entsprechende Warnmeldung ausgegeben werden. Das lässt sich noch relativ leicht bewerkstelligen. Aber manchmal reicht die Analyse eines einzelnen Ereignisstromes nicht aus, um ein sich anbahnendes Problem zu erkennen. Erst die Kombination oder Aggregation von Ereignissen innerhalb eines bestimmten Zeitfensters könnte ein wichtiger Hinweis auf ein Problem sein. Dies lässt sich mit standardisierten Mitteln einer Datenbank erst mit einiger zeitlicher Verzögerung erreichen, und dabei fällt unter Umständen eine große Datenmenge an.

Immer mehr Anwendungen erzeugen einen immer größer werdenden Datenstrom, und es wird dabei immer schwieriger, den Blick auf die wirklich wichtigen Informationen nicht zu verlieren. Auch ein Sammeln der Datenflut hilft hier nur begrenzt weiter, sie müssen auch analysiert und bewertet werden, um in möglichst kurzen Zeiträumen auf spezielle Ereignisse reagieren zu können.

Mit StreamInsight stellt Microsoft eine Plattform für die Verarbeitung solcher »Ereignisströme« in nahezu Echtzeit und ohne großen Speicherbedarf zur Verfügung.

Mögliche Anwendungsgebiete für CEP sind:

- Überwachung von Anlagen oder Systemen (Sensornetzwerke)
- Überwachung von Geschäftsprozessen (Business Activity Monitoring)
- Überwachung von Marktdaten wie z. B. Aktien- oder Rohstoffpreisen
- Analyse von Benutzerverhalten (z. B. auf Webseiten)
- Logistik und Telekommunikation

Die eigentliche Entwicklung vollzieht sich dabei in mehreren Schritten. Zunächst werden die zu erfassenden Ereignisse definiert, insbesondere von welchem Typ sie sind und welche relevanten Informationen sie transportieren. Im nächsten Schritt werden so genannte Adapter definiert, die die Anwendung mit den Datenströmen verbindet. Der aufwändigste Teil stellt dann das Entwickeln der nötigen Abfragen dar, also das Extrahieren der einzelnen Ereignisse aus dem Datenstrom. Zum Schluss werden alle Komponenten miteinander verbunden und in die Anwendung integriert.

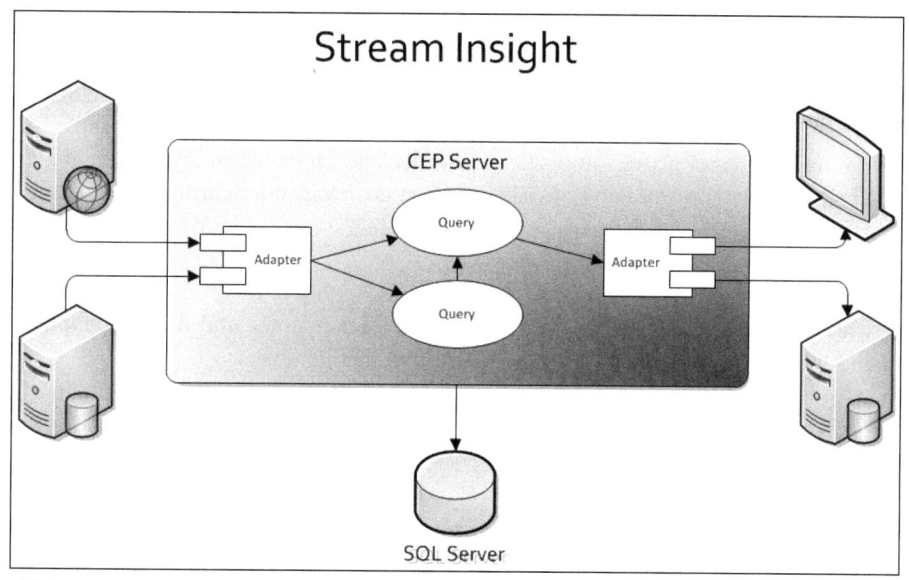

Abbildung 39.1 StreamInsight-Konzept

Installationsvoraussetzungen

Um StreamInsight auf einem Rechner zu installieren, sind nur wenige Voraussetzungen zu erfüllen. Zu unterscheiden ist in jedem Fall zwischen dem Server und dem Client. Für den Server ist ein SQL Server 2008 R2 Key erforderlich, der auch über die Version von StreamInsight entscheidet, die installiert wird. Bei einer Lizenz für die Datacenter, Developer oder Evaluation Edition vom SQL Server 2008 R2 wird die sogenannte Premium Edition von StreamInsight Server installiert, die gegenüber der Standard Edition über erweiterte Kapazitäten verfügt. Für die Installation der Client-Komponenten ist keine SQL Server 2008 R2-Lizenz erforderlich, lediglich eine .NET Framework 3.5 SP1-Installation wird vorausgesetzt.

Als Betriebssysteme werden Windows XP Service Pack 2 und Windows Server 2003 Service Pack 2 (jeweils als x86 und x64-Version) sowie deren Nachfolger unterstützt.

Programmiermodelle

Grundsätzlich sieht Microsoft für die Entwicklung von CEP-Anwendungen drei Programmiermodelle vor:
- Implicit Server
- Explicit Server
- IObservable/IObserver

Implicit Server

Implicit Server ist das einfachste Programmiermodell, das die Entwicklung auf das Entwerfen der Abfragelogik konzentriert. Es ist damit sehr gut als Einstieg in die Entwicklung von CEP-Anwendungen geeignet.

Der StreamInsight Server fungiert hierbei als ein impliziter Host, der alle für die Ausführung benötigten Objekte erzeugt und im Arbeitsspeicher hält. Für den Entwickler bleiben noch folgende Schritte abzuarbeiten:

- Binden der Adapter an Datenquelle und -ziel
- Erstellen der Abfrage

Alle anderen Aufgaben, wie das Erzeugen der Eventtypen, Registrieren der Adapter und Abfragetemplates und das Verwalten der benötigten Objekte (Create/Dispose) übernimmt der Server.

Explicit Server

Beim Explicit Server Modell werden alle Objekte, wie schon der Name sagt, explizit vom Entwickler angelegt und kontrolliert. Es bietet damit die größte Kontrolle bei der Entwicklung und ist deshalb vor allem für erfahrene Entwickler geeignet. Um die Wiederverwendung von Abfragen, Adaptern und Eventtypen zu ermöglichen, führt aber kein Weg an diesem Programmiermodell vorbei.

Die Aufgaben des Entwicklers reicht hier vom Erstellen der Eventtypen, Adapter und Abfragevorlagen über die eigentliche Instanziierung und Verarbeitung der Objekte bis hin zu der Entscheidung, ob der Server seine Metadaten lokal auf der Festplatte speichert und ob er als lokaler Dienst oder remote als Webservice fungiert.

IObservable/IObserver

IObservable/IObserver ist ein bekanntes und weit verbreitetes Programmiermodell, das es ermöglicht, Objekte (Observer) über die Zustandsänderung eines anderen Objekts (Observable) zu informieren. Dieses Modell lässt sich recht einfach auf das Eventprocessing übertragen, indem das Observable Objekt die Funktion des Adapters übernimmt. Änderungen im Zustand des entsprechenden Objekts erzeugen Ereignisse, die vom StreamInsight Server verarbeitet werden können. Dies entspricht im weitesten Sinne der Verwendung von Events in üblichen Windowsanwendungen, die damit als Quelle für die Echtzeitverarbeitung oder -analyse verwendet werden können.

Implementiert eine Klasse, deren Events man auswerten möchte, das IObservable-Interface, so verwendet der StreamInsight Server diese Klasse als Adapter für die entsprechenden IObserver-Klassen, und erzeugt die benötigten Abfragen und Bindungen dafür automatisch.

Beispiel

Da die Beschreibung aller Programmierobjekte und -techniken von StreamInsight bei weitem den Umfang dieses Kapitels sprengen würde und ein eigenes Buch gut füllen würde, möchte ich an dieser Stelle die Grundfunktionalitäten anhand eines einfachen Beispiels aufzeigen.

Als Szenario soll dabei die Anforderung dienen, Daten aus einer Datenbank auszuwerten und zu verarbeiten. In diesem Fall liegen die Daten in einer Tabelle vor, natürlich könnte es sich hier auch um einen Datenbestand aus einem Datenexport in einer Datei oder einen Datenstrom aus aktuellen Daten handeln.

Zunächst muss das Gesamtkonzept geplant werden. Welche Daten sollen wie verarbeitet und ausgewertet werden? In diesem Fall sollen Bestelldaten analysiert werden, indem die einzelnen Bestellpositionen gruppiert werden und die Gesamtsumme der Bestellung ermittelt werden soll. Anschließend sollen die Ergebnisse in eine andere Datenbank überspielt werden.

Die einfachste und damit gleich am Anfang zu erledigende Aufgabe ist das Definieren des benötigten Ereignisses.

Ereignisse

Im Zentrum des CEP stehen natürlich die Ereignisse, auch Events genannt. Dabei werden drei verschiedene Ereignistypen unterschieden:

- punktuelle Ereignisse (Point)
- Ereignisse mit einer festen Intervalllänge (Interval)
- Ereignisse mit einer unbestimmten Intervalllänge (Edge)

Jedes dieser Ereignisse kann verschiedene Informationen transportieren, die in Abhängigkeit vom Ereignistyp unterschiedliche Ausprägungen besitzen können. Diese Informationen (Payloads) sind öffentliche Eigenschaften von einem skalaren, einfachen Typ. Es können maximal 32 Eigenschaften mitgeführt werden.

Point

Das punktuelle Ereignis besitzt außer seiner Payload noch den Startzeitpunkt als Zeitstempel. Dieser definiert den Augenblick, für den die Werte des Ereignisses gültig sind. Der Endzeitpunkt wird dabei automatisch auf einen Tick nach dem Startzeitpunkt gesetzt.

Interval

Das Interval-Ereignis besitzt sowohl einen Startzeitpunkt als auch einen Endzeitpunkt. Innerhalb dieses Zeitraumes sind die Informationen des Ereignisses gültig.

Edge

Das erste Edge-Ereignis (Edge Type = ‚Start') besitzt zwar einen Startzeitpunkt, der Endzeitpunkt ist aber zunächst auf einen Maximalwert festgelegt. Erst ein zugehöriges zweites Ereignis (Edge Type = ‚End') enthält zusätzlich zu dem Startzeitpunkt noch einen gültigen Endzeitpunkt, um den Gültigkeitszeitraum der transportierten Informationen zu definieren.

CTI

Ein spezielles Ereignis stellt das CTI (Current Time Element) dar. Es fungiert als eine Art Zeitstempel, der den Datenstrom in definierte Intervalle unterteilt. Das CTI enthält außer der aktuellen Zeit keine weiteren Informationen. Dieses Ereignis ist grundlegend für den Stream Insight Server und damit zwingend erforderlich. Üblicherweise wird das CTI automatisch über den Adapter konfiguriert und erzeugt, es kann aber auch explizit angelegt oder durch einen eigenen Datenstrom (Synchronisation) definiert werden.

Für unser Beispiel brauchen wir die Inormationen einer Bestellung, um sie auswerten und verarbeiten zu können. Da die Daten klar definiert in einer Datenbank vorliegen, kann man sie mit einem punktuellen Ereignis abbilden. Wir definieren uns zunächst eine einfache Datenstruktur für die eingehenden Ereignisse (Order) und auch gleich für die ausgehenden.

```
public class Order
    {
        public Order(int orderId, decimal quantity, decimal unitPrice, decimal discount, decimal tax, decimal sum)
        {
            this.OrderID = orderId;
            this.Quantity = quantity;
            this.UnitPrice = unitPrice;
            this.Discount = discount;
            this.Tax = tax;
            this.Sum = sum;
        }
        public int OrderID { get; set; }
        public decimal Quantity { get; set; }
        public decimal UnitPrice { get; set; }
        public decimal Discount { get; set; }
        public decimal Tax { get; set; }
        public decimal Sum { get; set; }
    }
public class SalesByOrderId
    {
        public long OrderId;
        public decimal TotalSales;
        public SalesByOrderId()
        {
        }
        public SalesByOrderId(long orderid, decimal totalsales)
        {
            this.OrderId = orderid;
            this.TotalSales = totalsales;
        }
    }
```

Listing 37.1 Definition von Ereignisklassen

Wir lesen also Bestelldaten ein und schreiben entsprechend gruppierte und berechnete Verkaufsdaten wieder heraus.

Um auf unsere Datenquelle zugreifen zu können, brauchen wir einen entsprechenden Adapter. Natürlich sollte man in diesem Zuge auch gleich einen zweiten Adapter für das Datenziel einplanen.

Adapter

Adapter stellen die Verbindung zwischen dem ursprünglichen Datenstrom und den auswertenden Abfragen her, indem sie aus dem Datenstrom Ereignisse erzeugen und die vordefinierten Eigenschaften der Ereignisse mit entsprechenden Werten füllen. Die Anbindung an bestimmte Datenquellen und –ziele erfolgt dabei dynamisch zur Laufzeit.

Bei der Entwicklung von Adaptern identifiziert man zunächst die Eventtypen, die als Grundlage dienen sollen. Außerdem muss man klären, welche Informationen die Ereignisse mitführen sollen. Daraus ergibt sich die entsprechende Adapterbasisklasse, die man entweder typisiert oder nicht typisiert umsetzen kann.

Adaptertyp	Input Adapter Base	Output Adapter Base
Typed Point	TypedPointInputAdapter	TypedPointOutputAdapter
Untyped Point	PointInputAdapter	PointOutputAdapter
Typed Interval	TypedIntervalInputAdapter	TypedIntervalOutputAdapter
Untyped Interval	IntervalInputAdapter	IntervalOutputAdapter
Typed Edge	TypedEdgeInputAdapter	TypedEdgeOutputAdapter
Untyped Edge	EdgeInputAdapter	EdgeOutputAdapter

Tabelle 37.1   Adapterbasisklassen

Der eigentliche Adapter wird aus der entsprechenden Factory gebildet.

```
public class SqlTypedPointInput : TypedPointInputAdapter<Order>
{
    public SqlTypedPointInput(SqlInputConfig configinfo)
    {
        // Im Konstruktur wird die eigentliche Datenbankabfrage definiert und durchgeführt
        string sql = @"SELECT [OrderID],[Quantity],[UnitPrice],[Discount],[Tax] FROM " +
                    " [Sales].[OrderDetails] ORDER BY OrderID";
        ctiFrequency = configinfo.CtiFrequency;
        connection = new SqlConnection(configinfo.ConnectionString);
        connection.Open();
        SqlCommand command = new SqlCommand(sql, connection);
        reader = command.ExecuteReader();
    }
    public override void Start()
    {
        Read_OrderDetails();
    }
    public override void Resume()
    {
        Read_OrderDetails();
    }
    protected override void Dispose(bool disposing)
    {
        base.Dispose(disposing);
    }
}
```

Listing 37.2   Beispiel für einen Adapter

Nicht typisierte Adapter werden zur Laufzeit über Parameter konfiguriert. Pro Instanz wird damit nur ein Ereignistyp unterstützt.

Aufgrund ihrer Natur müssen Input-Adapter so entwickelt werden, dass sie die erwartete Anzahl an Ereignissen in der entsprechenden Latenzzeit verarbeiten können. Um die gesammelten Ereignisse zu erfassen, wird entweder das Push- oder das Pull-Prinzip verwendet. Beim Push bietet der Adapter eine Callback-Methode an, die von der entsprechenden Quelle aufgerufen werden kann. Beim Pull kann der Adapter selbst synchron oder asynchron lesend auf die Daten zugreifen.

Analoge Betrachtungen kann man auch zu einem Output-Adapter anstellen. Bei performanten Datensenken benutzt man einen synchronen Schreibmechanismus, so dass die Ereignisse mit der größtmöglichen Geschwindigkeit übertragen werden. Ist das Datenziel langsamer, so kann der Adapter ebenfalls eine Callback-Methode anbieten, die vom Ziel abgerufen wird.

Enqueuing

Die ankommenden Ereignisse müssen nun einzeln in Reihenfolge in einer Warteschlange (Queue) verarbeitet und dann den entsprechenden Ereignistypen zugeordnet werden. Kommen die Ereignisse schneller an, als sie verarbeitet werden können, so sollte man eine entsprechende Callback-Möglichkeit vorsehen. Können die Ereignisse nicht schnell genug verarbeitet werden, so stoppt der Server den Adapter mit dem Status »Full«. Aus diesem Grund ist es sinnvoll, eine Möglichkeit zum Begrenzen der Anzahl der Ereignisse vorzusehen, bevor der Adapter angehalten wird.

```
hasRow = reader.Read();
if (hasRow)
  {
    currEvent = CreateInsertEvent();
    currEvent.StartTime = DateTime.Now;
    currEvent.Payload = new Order(
    reader.GetInt32(reader.GetOrdinal("OrderID")),
    reader.GetDecimal(reader.GetOrdinal("Quantity")),
    reader.GetDecimal(reader.GetOrdinal("UnitPrice")),
    reader.GetDecimal(reader.GetOrdinal("Discount")),
    reader.GetDecimal(reader.GetOrdinal("Tax")),
    0
    );
    pendingEvent = null;
  }
...
  result = Enqueue(ref currEvent);
  if (EnqueueOperationResult.Full == result)
    {
      // Warteschlange ist voll, bitte warten...
      PrepareToResume(currEvent);
      Ready();
      return;
    }
  else
    {
      // erfolgreich eingefügt
      _eventsEnqueued++;
      pendingEvent = null;
      // steht ein CTI Ereignis an?
      if (0 == (_eventsEnqueued % ctiFrequency))
        {
          DateTimeOffset currCtiTime = currEventTime.AddTicks(Numberofticks);
          Console.WriteLine("Input: CTI|" + currCtiTime + "|");
          result = EnqueueCtiEvent(currCtiTime);
        }
    }
```

Listing 37.3 Arbeiten mit Warteschlangen

Auch beim Output-Adapter ist die Geschwindigkeit der Datensenke für die Entwicklung relevant. Ist sie schnell genug können die Ereignisse synchron oder asynchron in den entsprechenden Output-Eventtypen umgewandelt und an die Senke weitergeleitet werden. Langsamere Ziele werden über eine Callback-Methode bedient, in diesem Fall sollte ein entsprechender Cachingmechanismus auf dem Adapter implementiert werden.

Adapter-Factory

Die Adapter-Factory ist eine serialisierbare Containerklasse, die alle Ressourcen und Konfigurationen für die Erzeugung der Adapter besitzt. Sie implementiert die Methoden Create und Dispose, die vom Server verwendet werden. Um sie flexibler zu gestalten, können die Konfigurationsinformationen dem Konstruktur übergeben werden, es ist aber natürlich auch möglich, diese aus einer Konfigurationsdatei zu lesen oder direkt im Quellcode zu hinterlegen. Auch die Einstellung für die CTIs (Frequenz, Timecode) können hier gesteuert werden.

Eine rudimentäre Adapter-Factory sieht in unserem Beispiel wie folgt aus.

```
public struct SqlInputConfig
{
    public string ConnectionString { get; set; }
    public int CtiFrequency { get; set; }
}
public class SqlInputFactory : ITypedInputAdapterFactory<SqlInputConfig>
{
    public InputAdapterBase Create<TPayload>(SqlInputConfig configinfo, EventShape eventshape)
    {
        InputAdapterBase adapter = default(InputAdapterBase);
        adapter = new SqlTypedPointInput(configinfo);
        return adapter;
    }
    public void Dispose()
    {
    }
}
```

Listing 37.4 Adapter-Factory

Nach dem nun die Objekte für die Verbindungen nach außen erstellt sind, kann man sich nun auf die eigentliche Verarbeitung der Daten konzentrieren.

Datenströme

Unter Datenströmen versteht man die klassischen Streams, die man beim Zugriff auf externe Daten kennt. Das Datenmodell von StreamInsight erlaubt dabei verschiedene Umgangsweisen mit solchen Streams.

Die einfachste Form eines Streams ist der CEPStream. Er transportiert die vorher definierte Ereignisklasse und kann direkt aus der Factory abgerufen werden.

```
CepStream<Order> producer = CepStream<Order>.Create("TypedSqlInPointOutPoint", typeof(SqlInputFactory),
    inputConfig, EventShape.Point);
```

Ist die Datenquelle vom Typ *IObservable*, kann direkt aus dem Objekt ein CEPStream erzeugt werden.

```
CEPStream<PayloadType> inputStream =
    myObservableSource.ToCepStream<PayloadType>(
        e => e.myTimeStamp);
```

Einen solchen Datenstrom kann man nun beliebig filtern, kombinieren oder bearbeiten. Um den Zugang so einfach und effizient wie möglich zu gestalten, kann hier auf LINQ, die Abfragesprache des .NET Framework ab Version 3.5, zurückgegriffen werden. Im Beispiel erstellen wir den CEPStream direkt aus dem entsprechend konfigurierten Adapter.

```
// Konfiguration der Adapter
  SqlInputConfig inputConfig = new SqlInputConfig();
  inputConfig.CtiFrequency = freq;
  inputConfig.ConnectionString = @"integrated security = true; database = Netshop";
// Erzeugen des Streams aus der Factory und Binden an den Input-Adapter
  CepStream<Order> producer = CepStream<Order>.Create("TypedSqlInPointOutPoint"
    , typeof(SqlInputFactory), inputConfig, EventShape.Point);
```

Listing 37.5 Stream aus einem Adapter erzeugen

Um Aggragationen wie Summen, Durchschnittswerte oder Maximal- bzw. Minimalwerte zu betrachten, sind sogenannte Fenster nötig, also die Definition von Zeitabschnitten, über die aggregiert werden kann.

Es gibt verschiedene Arten von Fenstern. Das sogenannte Hopping Window definiert ein Intervall und eine Länge, für das es gültig ist.

```
var snapshotAgg = from w in inputStream.HoppingWindow
          (TimeSpan.FromHours(1),
           TimeSpan.FromMinutes(10))
        select new { sum = w.Sum(e => e.i) };
```

Als Vereinfachung davon kann das Tumbling Window angesehen werden, in dem Intervall und Größe gleich groß sind.

```
var snapshotAgg = from w in inputStream.TumblingWindow
          (TimeSpan.FromHours(1))
        select new { sum = w.Sum(e => e.i) };
```

Das einfachste Fenster ist das Snapshot Window, das sich direkt an einem Ereignis orientiert.

```
var snapshotAgg = from w in inputStream.Snapshot()
        select new { sum = w.Sum(e => e.i) };
```

Über sogenannte Policies kann das Verhalten eines Fensters zur Laufzeit beeinflusst werden. So kann zum Beispiel die Start- oder Endzeit eines Intervalls überschrieben werden. Dies ist besonders dann sinnvoll, wenn man erst zur Laufzeit Intervalllängen beeinflussen will, um z.B. bei Aggregationen Ereignisse in bestimmten Fenstern zu plazieren.

Für das Beispiel wird ein Fensterintervall von 20 Sekunden definiert.

```
// Abfrage mit Gruppierung
        CepStream<SalesByOrderId> orderProducer =
          from e in producer.AlterEventDuration(e => TimeSpan.FromSeconds(20))
          group e by e.OrderID into eachSalesGroup
          from win in eachSalesGroup.SnapshotWindow(SnapshotWindowOutputPolicy.Clip)
          select new SalesByOrderId { OrderId = eachSalesGroup.Key
            , TotalSales = win.Sum(e => e.UnitPrice * e.Quantity) };
```

Abfragen

Abfragen erzeugen aus dem Datenstrom die eigentlichen Ereignisse. An dieser Stelle liegt die hauptsächliche Entwicklungsarbeit des Programmierers, die je nach Entwicklungsmodell variieren.

Beim Implicit Server Modell werden einfache LINQ-Abfragen verwendet. Man spart sich also die Erstellung eines speziellen Templates und verbindet Eingangs- und Ausgangsdatenstrom direkt über diese Abfrage.

Die benötigten Adapterinformationen werden dann beim Definieren des Query-Objekts übergeben.

```
CepStream<PayloadType> outputStream
    = from e in inputStream
        where e.value < 10
        select e;
Query query = outputStream.ToQuery<ResultType>(
    typeof(MyOutputAdapterFactory),
    outputConf,
    EventShape.Interval,
    StreamEventOrder.FullyOrdered);
```

Listing 37.6 Definieren einer Query

Interessieren bei Abfragen nur bestimmte Top-Ereignisse, so lässt sich das recht einfach filtern. Dafür wird die Take-Methode verwendet, die im Zusammenspiel mit einem *orderby* und einem entsprechenden Zeitfenster eine definierte Anzahl an Elementen zurückgibt.

```
var topfive = (from window in inputStream.Snapshot()
               from e in window
               orderby e.f ascending, e.i descending
               select e).Take(5);
```

Hat man in den Informationen der Ereignisse ein entsprechendes Kriterium, so ist auch ein Gruppieren danach möglich. Wichtig dabei ist die Variation des Fensters für die Ereignisse, da sich hier die Gruppierung im Gegensatz zu einem GROUP BY in der Datenbank immer nur auf ein bestimmtes Zeitintervall beziehen kann. Aus diesem Grund ist es also möglich, zu einem Gruppierungskriterium mehrere Ergebniszeilen zu erhalten.

```
CepStream<SalesByOrderId> orderProducer =
    from e in producer.AlterEventDuration(e => TimeSpan.FromSeconds(20))
    group e by e.OrderID into eachSalesGroup
    from win in eachSalesGroup.SnapshotWindow(SnapshotWindowOutputPolicy.Clip)
    select new SalesByOrderId { OrderId = eachSalesGroup.Key
        , TotalSales = win.Sum(e => e.UnitPrice * e.Quantity) };
```

Auch eine Kombination aus mehreren Gruppierungen sowie ein Einfügen in den ursprünglichen Datenstrom (über ein Union) ist möglich. Gerade dieses Zusammenfassen von Ereignissen über einen bestimmten Zeitraum ist bei der Arbeit mit StreamInsight sehr interessant. So können z.B. leicht Aussagen über die Entwicklung von bestimmten Kennzahlen über eine zeitliche Abfolge getroffen werden, auf die dann in der weiteren Programmierung zurückgegriffen werden kann.

```
var deviceGroups = from e in sensorStream
                   group e by e.SensorId;

var result = deviceGroups.ApplyWithUnion(
  applyIn => from eLeft in applyIn
             join eRight in applyIn.Snapshot().Select(
                win => new { sum = win.Sum(e => e.usage) })
             on true equals true
             select new { eRight.sum, eLeft.usage },
                    e => new { e.Payload.sum,
                               e.Payload.usage,
                               e.Key });
```

Listing 39.7 Verarbeiten eines Streams

Wem die Standardmöglichkeiten nicht ausreichen, kann das StreamInsight-Objektmodell beliebig erweitern. Vorgesehen sind benutzerdefinierte Operatoren, Funktionen und Aggregate, aber natürlich können auch beliebige andere Erweiterungen integriert werden.

Templates

Wer viel mit der Auswertung von Datenströmen beschäftigt ist, kann z.B. eigene Funktionsbibliotheken anlegen, die an verschiedenen Stellen wiederverwendet werden können, wie zum Beispiel benutzerdefinierte Aggregate oder Templates für Abfragen.

```
QueryTemplate qt =
    application.CreateQueryTemplate("samplequerytemplate",
                                    outputStream);

Query query = sampleProducer.ToQuery(myApp, "sampleConsumer", "Test", typeof(SqlOutputFactory),
outputConfig, EventShape.Point, StreamEventOrder.ChainOrdered);
```

Bindungen

Die Verknüpfung der Datenquelle mit dem CEP-Server stellt die Bindung dar. Dabei muss nicht zwangsweise ein Objekt vom Typ *QueryBinder* verwendet werden, in vielen Fällen werden Adapter und Abfrage direkt miteinander verknüpft, z.B. über die entsprechende *ToQuery*-Methode des Adapters.

```
Query query =
    orderProducer.ToQuery(myApp, "sampleConsumer", "Test", typeof(SqlOutputFactory), outputConfig
    , EventShape.Point, StreamEventOrder.ChainOrdered);
```

Beim Explicit Server Model wird dagegen ein entsprechender *QueryBinder* verwendet, der mit Hilfe von *BindProducer* an den Inputadapter und *AddConsumer* an einen Outputadapter gebunden werden kann. Bei diesem Ansatz wird auch deutlich, wie man mehrere angeschlossene Adapter mit Daten versorgen kann.

```
InputAdapter myInputAdapter =
   application.CreateInputAdapter<TextFileInputFactory>
       ("CSV Input", "Reading tuples from a CSV file");
OutputAdapter myOutputAdapter =
   application.CreateOutputAdapter<TextFileOutputFactory>
       ("CSV Output", "Writing result events to a file");

QueryBinder myQuerybinder = new QueryBinder(qt);
myQuerybinder.BindProducer("querysource", myInputAdapter,
                           inputConf, EventShape.Point);
myQuerybinder.AddConsumer("queryresult", myOutputAdapter,
                          outputConf, EventShape.Point,
                          StreamEventOrder.FullyOrdered);

Query query = application.CreateQuery
       ("query", myQuerybinder, "Beschreibender Text");
```

Listing 37.8 Binden eines Adapters

Auch das Binden von mehreren Datenquellen gleichzeitig ist möglich. Damit lassen sich Datenströme vergleichen und auswerten.

```
CepStream<SensorReading> sensorStream =
    CepStream<SensorReading>.Create("sensorInput");
CepStream<LocationData> locationStream = CepStream<LocationData>.Create("locationInput");
// ...
InputAdapter csvInput =
    application.CreateInputAdapter<TextFileInputFactory>
        ("CSV Input", "Einlesen der Vergleichsdaten aus Textdatei…");
qb.BindProducer<SensorReading>("sensorInput",inputAdapter,
                               sensorInputConf,
                               EventShape.Interval);
qb.BindProducer<LocationData>("locationInput",
                              inputAdapter,
                              locationInputConf,
                              EventShape.Edge);
```

Listing 37.9 Binden mehrerer Datenquellen

Deployment

Beim Deployment entscheidet der Entwickler, ob er das StreamInsight-Objektmodell komplett in eine bestehende Applikation integrieren möchte, indem er die entsprechende DLL referenziert und verwendet, oder ob der StreamInsight-Server als eigenständiger Server auf einem eigenen Rechner laufen soll. Die zweite Variante ist dabei natürlich wesentlich flexibler als die erste, da man hier auch für mehrere Applikationen und für mehrere Benutzer eine skalierbare Architektur erzeugen kann.

Gehostete DLL

Die gehostete DLL eignet sich besonders für kleine und einfache Anwendungen, die das implizite Server- oder das IObservable/IObserver-Modell verwenden. Der CEP Server steht somit nur dieser Anwendung zur Verfügung.

Für verteilte Szenarien, in denen mehrere Applikationen den Zugriff auf eine Datenquelle von Ereignissen benötigen, ist dieses Modell nicht geeignet.

Stand-alone Server

Für alle Szenarien, in denen sich mehrere Applikationen Adapter, Eventtypen, Abfragen und Datenströme teilen, ist das Stand-alone Server Modell gedacht. Der Server läuft dabei in einem eigenständigen Host, der selbst erstellt oder standardmäßig die StreamInsightHost.exe ist.

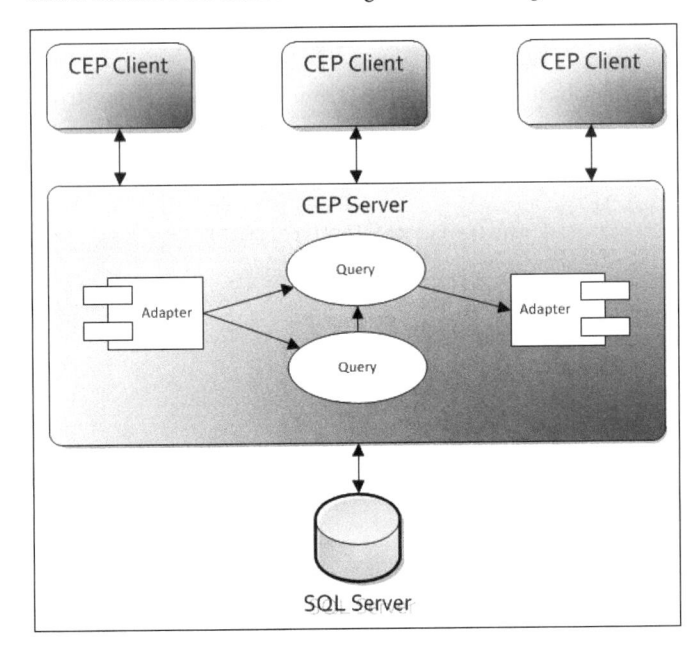

Abbildung 39.2 Stand-alone Server

Andere Szenarien

Natürlich sind auch beliebige andere Szenarien denkbar, die sich als Kombination der oben genannten ergeben. Denkbar wäre die Installation auf einem Mobile-Device, um zum Beispiel einem Servicetechniker die Möglichkeit zu geben, sich an beliebigen Punkten in einen Datenstrom zu hängen und die auftretenden Ereignisse zu analysieren.

Für die Analyse von Datenbeständen ist eine Auswertung auf der Datenbank denkbar, die Altdaten nach bestimmten Mustern durchsucht und KPIs generiert.

Monitoring

Das Monitoring einer StreamInsight-Anwendung konzentriert sich auf den allgemeinen Funktionszustand der Applikation sowie die Performance der Abfragen. Dazu kann man die mitgelieferte ManagementService API verwenden, die sich im Übrigen auch per PowerShell abfragen lässt.

Folgende Methoden stehen zur Verfügung:

- GetDiagnosticView()
- SetDiagnosticSettings()
- ClearDiagnosticSettings()

Die möglichen Bereiche des Monitoring betreffen die Abfrageperformance, den Speicherverbrauch sowie Details zu den eigentlichen Abfragen über alle StreamInsight-Objekte.

PowerShell

Über die PowerShell kann zur Laufzeit bequem ein Blick in den aktuellen Zustand einer StreamInsight-Anwendung geworfen werden. Am Besten man speichert sich die entsprechenden Abrufe als Skripte und hat sie so im aktuellen Betrieb immer schnell zur Hand.

```
PS C:\> [System.Reflection.Assembly]::LoadWithPartialName("Microsoft.ComplexEventProcessing")
PS C:\> $server = [Microsoft.ComplexEventProcessing.Server]::Connect("http://localhost/StreamInsight")
PS C:\> $server | gm  TypeName: Microsoft.ComplexEventProcessing.Server
PS C:\> $dv = $server.GetDiagnosticView("cep:/Server/EventManager")
PS C:\> $dv = $server.GetDiagnosticView("cep:/Server/PlanManager")
PS C:\> $dv = $server.GetDiagnosticView("cep:/Server/Application/ObjectModelSample/Query/SensorQuery")
```

Event Flow Debugger

Der Event Flow Debugger ist eine komfortable Oberfläche zur Analyse von Ereignissen über einen zeitlichen Verlauf. Er folgt dabei jedem Ereignis über alle Stufen eines Streams hinweg und bietet so die Möglichkeit, den Zustand zu jedem Zeitpunkt zu beobachten um damit Problemen bei der Ereignisverarbeitung auf die Spur zu kommen. Zusätzlich lassen sich auch statistische Informationen anzeigen.

Um den Debugger verwenden zu können, muss ein sogenannter ServiceHost instanziiert werden. Dieser stellt einen Serviceendpunkt zur Verfügung, der wie ein Webservice verwendet werden kann. Mit diesem Endpunkt verbindet sich der Debugger oder andere Tools, die zum Monitoring verwendet werden können.

```
// Der Host stellt die Schnittstelle für den Debugger zur Verfügung
   ServiceHost host = new ServiceHost(server.CreateManagementService());
   host.AddServiceEndpoint(typeof(IManagementService),
       new WSHttpBinding(SecurityMode.Message),
       "http://localhost/StreamInsight/TestSQL");
   host.Open();
```

Beim Starten des Event Flow Debuggers muss nun noch die Adresse des Endpunktes angegeben werden. Im Explorerfenster sollte dann eine Liste der laufenden Applikationen und deren Abfragen erscheinen, die man entsprechend auswerten kann.

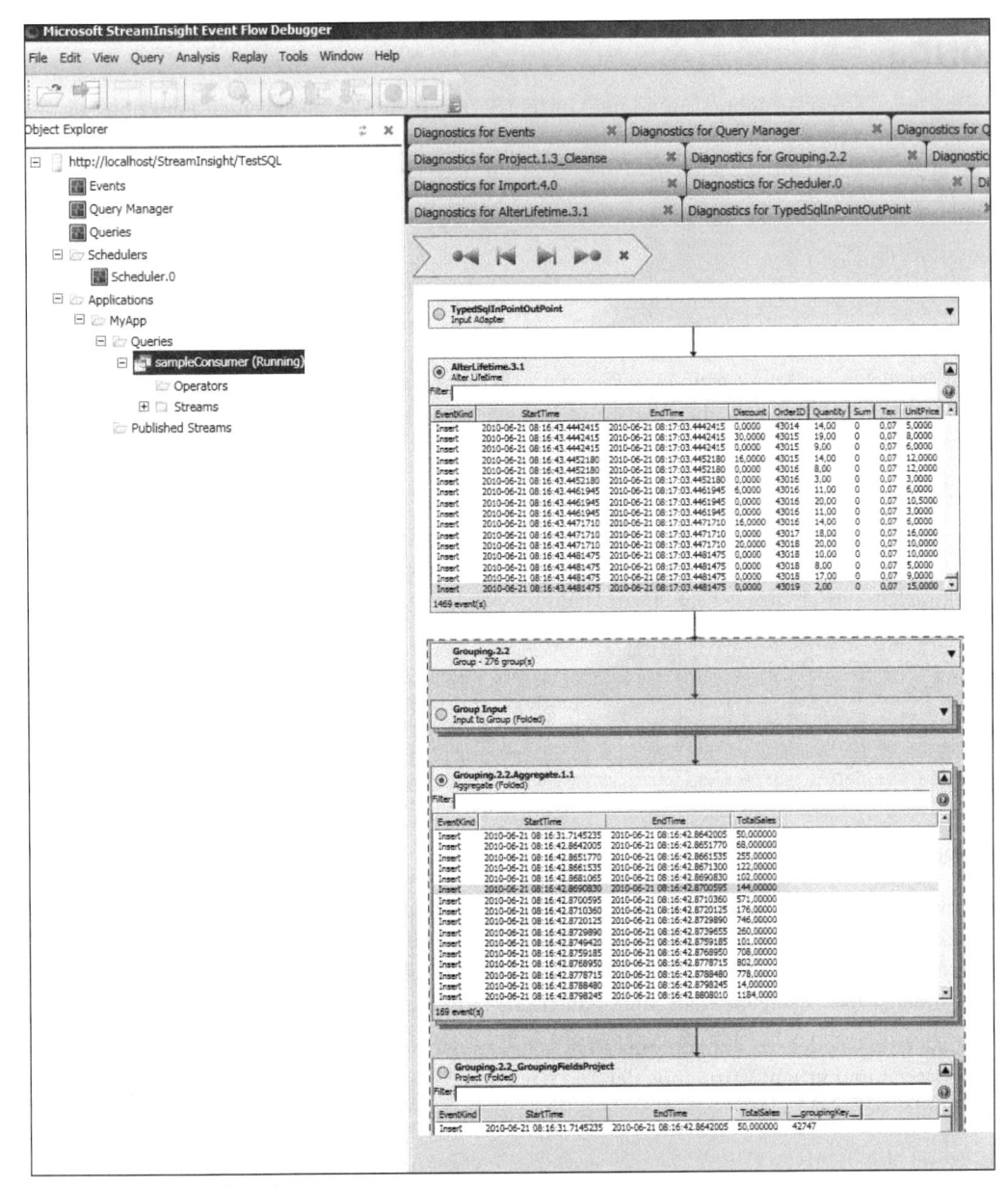

Abbildung 39.3   Event Flow Debugger

Zusammenfassung

Mit StreamInsight stellt Microsoft ein mächtiges und flexibles Framework für die Entwicklung von Complex Event Processing-Anwendungen zur Verfügung. Durch die Integration in die bekannt komfortable Oberfläche des Visual Studio und die Kombination mit einer leistungsstarken Abfragesprache wie LINQ braucht sich StreamInsight nicht vor der etablierten Konkurrenz in diesem Segment zu verstecken.

Stichwortverzeichnis

- 392
-- 377
249
$FSLOG 1299
% 392
& 393
* 263, 392
*/ 377
/ 392
/* 377
@@CURSOR_ROWS 710
@@DBTS 383
@@FETCH_STATUS 709, 713, 715
@@IDENTITY 353, 383
@@LANGID 383
@@LANGUAGE 383
@@MAX_PRECISION 383
@@ROWCOUNT 383
@@SERVERNAME 383
@@SERVICENAME 383
@@TIMEOUT 383
@@TRANCOUNT 673
@@VERSION 383
| 393
~ 393
+ 392, 393
< 393
<= 393
<> 393
= 393
> 393
>= 393
2PC 678

A

Abfragedesigner 112
Abfragehinweise 752
Abfrageplan 36, 417
Abgedeckter Index 462
abgeleitete Tabelle 329
Abgeleitete Tabellen 326
Ablaufverfolgung 734
ABS 407

ABSOLUTE 714
Access Methods 36
ACID-Prinzip 659
Ad hoc hoc-Remoteabfragen 347
AddNew-Methode 987
address 1418
Address Windowing Extension 44
AddWithValue()-Methode 829
adjacency list 1343
Adjazenzliste 1343
ADO 809
ADO.NET 808
  verbindungsloses Modell 810
  verbundenes Modell 809
ADO.NET Entity Framework 1069
ADOX 1259
After-Image 163
AFTER-Trigger 622
Aggregatfunktionen 292
Aktivitätsmonitor 701
Aktualisierungssperre 692
Algebraizer 35
Aliasdatentyp 203
ALL 320, 321, 396
ALLOCATION 695
Allocation Unit 421
ALLOW_SNAPSHOT_ISOLATION 688
ALTER ASSEMBLY 1162
ALTER DATABASE 174, 177, 186, 191, 717
ALTER FULLTEXT INDEX 454
ALTER LOGIN 488
ALTER PROCEDURE 559
ALTER SCHEMA 494
ALTER VIEW 529
ALTER_TABLE 651
Ambient Transaction 937
AMO 1258
Analysis Services 16
Analysis Services Management Objects 1258
Anbieterstatistiken 976
AND 396
Änderbare Sichten 633

Änderungsverfolgung 990
Anhängen 192
Anmeldeinformation 490
  Geheimnis 490
  Identität 490
ANSI 92 5
ANSI SQL-Cursor 708
ANY 320, 321, 396
API 808
Apple Talk 813
APPLICATION 694
Application Name-Parameter
  siehe Verbindungszeichenfolge
Application Programming Interface, 808
Applikationsrolle 504
APPLY 612
Array-Klasse 983
ArrayList-Klasse 983
ASC 268
ASCII 402
AsGml 1320
Assembly
  Aktualisieren 1162
  Entfernen 1163
  Vererbung 1163
  Verweise 1160
  Webservices 1163
AsTextZM 1320
Asynchroner Datenzugriff 951
Asynchronous Processing-Parameter siehe Verbindungszeichenfolge
AsyncState-Eigenschaft 953
AsyncWaitHandle 954
Attach 192
AttachDBFilename-Parameter
  siehe Verbindungszeichenfolge
Audit 483
Auditing 45
Aufbau von LINQ-Abfragen 1009
Auffrischen des Visio-Modells 136
Auflistungen in Relation setzen 1020, 1022, 1025, 1028
Ausfallsicherheit 796

Ausnahmebehandlung 576
Authentifizierung 55, 479
Authentifizierungsmethoden 479
　festlegen 480
Authentifizierungsverfahren 820
AUTHORIZATION 1159
Auto Increment-Spalte 842
AUTO_CREATE_STATISTICS 442
AUTO_UPDATE_STATISTICS 442
AUTO_UPDATE_STATISTICS_ASYNC 442
Autocommit 661, 671
AutoGenerateColumns-Eigenschaft 983
AutoIncrementSeed siehe DataTable-Klasse
AutoIncrementStep-Eigenschaft siehe DataTable-Klasse
AutoVaidate-Enumeration 989
AutoValidate-Eigenschaft 989, 990
AVG 292
AVG() 851
AVG_RANGE_ROWS 431
AWE 44

B

Backout 661
BACKUP DATABASE 789
BACKUP LOG 789
Balancierter Baum 420
Basisdatentyp 203
Basiskonfiguration 776
Batch 5, 374
BatchCompleted 734
Batches 29
Batch-Größe 375
B-Baum 420
BCP 359
Befehlsstapel 29
Before-Image 163
BEFORE-Trigger 622
BEGIN 377
BEGIN TRANS 933
BEGIN TRANSACTION 662
BEGIN...END 610
BeginCommit()-Methode siehe CommittableTransaction-Klasse
BeginEdit()-Methode 993

BeginExecuteReader()-Methode siehe SqlCommand-Klasse
BeginTransaction 1197, 1270
BeginTransaction()-Methode siehe SqlConnection-Klasse
Benutzer 478
Benutzerdefinierte Aggregate 1228
　Accumulate 1230
　Init 1229
　Merge 1230
　Terminate 1230
Benutzerdefinierte Datentypen 1234
　.NET CLR Ausnahmen / Anzahl der ausgelösten Ausnahmen 1254
　.NET CLR Memory 1254
　In Parametern 1253
　Indizierung 1255
　Instanzmethoden 1244
　Monitoring 1254
　Serialisierung 1246
　SQL Server / CLR Execution 1254
　statische Methoden 1244
　Validierung 1247
Benutzerdefinierte Funktion 602
Benutzerdefinierte Rolle 503
Benutzerdefinierte Serialisierung 1231
Benutzerdefinierte Typen 835
Berechnete Spalten 242
Berechtigungen 56, 821
Besitzrechtskette 536
BETWEEN 396
Bezeichner 98
bigint 205, 206
binary 218
BinaryFormatter-Klasse 856
BinaryReader 1246
BinaryWriter 1246
BindingContext-Klasse 986
Binding-Klasse 980, 981
　ControlUpdateMode-Eigenschaft 981
　DataSourceUpdateMode-Eigenschaft 981
　Format-Ereignis 982
　FormatInfo-Eigenschaft 981
　FormatString-Eigenschaft 981
　FormattingEnabled-Eigenschaft 981
　NullValue-Eigenschaft 982
　Parse-Ereignis 982
　ReadValue-Methode 981
　WriteValue-Methode 981

BindingList<T>-Klasse 983, 999
BindingManagerBase-Klasse 986
　AddNew-Methode 987
　Count-Eigenschaft 986
　CurrentChanged-Ereignis 987
　Current-Eigenschaft 987
　CurrentItemChanged-Ereignis 987
　PositionChanged-Ereignis 987
　Position-Eigenschaft 986
　RemoveAt-Methode 987
BindingManager-Klasse 981, 986
BindingNavigator-Komponente 905
BindingSource-Komponente 905
　EndEdit()-Methode 906
Bing Maps 1334
bit 205
Blattebene 422
BlinkRate-Eigenschaft 989
BlinkStyle-Eigenschaft 989
Blöcken 160
Blockierender Prozess 700
Bonne 1321
Bookmark Lookup 412
Bounding Box 1332
Breadth First-Index 1357
broker_instance 1418
BrowsableAttribute-Klasse 996
Browser-Dienst 48
BU 694
Buffer Managers 34
BuffersReceived 976
BuffersSent 976
BufferWithTolerance 1331
Bulk Copy Program 359
BULK INSERT 358
Bulk Insert Administrator 500
bulkadmin 500
Byte-Array 913
BytesReceived 976

C

CALLER 574
CancelEdit()-Methode 993
CancelEventArgs-Klasse 987
CanCreateDataSourceEnumerator()-Methode siehe DbProviderFactory-Klasse
CASE 400
CAST 378, 398
CATCH 90
CauseValidation-Eigenschaft 990
CEILING 407

Stichwortverzeichnis

CEP 1432
  Abfragen 1441
  Adapter 1436
  Adapter-Factory 1439
  CTI 1435
  Datenströme 1439
  Deployment 1443
  Ereignisstypen 1435
  Event Flow Debugger 1445
  Explicit Server 1434
  Implicit Server 1434
  IObservable/IObserver 1434
  Monitoring 1445
CEPStream 1439
Change Tracking 1102, 1133
CHANGE_TRACKING_CURRENT_VERSION 1134
CHANGETABLE 1134
char 215, 217
CHAR 402
CHARINDEX 402
CHECK 225, 241
CHECKPOINT 164
CHECKSUM_AGG 292
CIL *siehe* Common Intermediate Language
CIM_MediaAccessDevice 1277
ClassName 1284
Clear()-Methode *siehe* DataRow-Klasse
CLOSE 711, 715
CloseConnection 827
CLR *siehe* Common Language Runtime
CLR Integration 1156
CLRIntegrationEnabled 1157
Clustered Index 425
Clustered Index Insert 419
Clustered Index Seek 412
Clustering Keys 426
Code Access Security 821
Codesicherheit 57
COLLATE 181, 269
Collections 969
Column Sets 258
ColumnCount 1213
ColumnMappings-Eigenschaft 852
ColumnType-Eigenschaft 907, 909
COM+ 933, 941
ComboBox 983, 984
  SelectedValue-Eigenschaft 985
  ValueMember-Eigenschaft 985
ComboBox-Steuerelement 911

Command Language Runtime 830
CommandBehavior-Enumeration 827, 971
  CloseConnection 971
CommandText-Eigenschaft *siehe* SqlCommand-Klasse
CommandTimeout-Eigenschaft *siehe* SqlCommand-Klasse
CommandType-Eigenschaft *siehe* SqlCommand-Klasse
COMMIT 933
COMMIT TRANSACTION 662
Commit()-Methode *siehe* CommittableTransaction-Klasse
Commit-Phase 944
CommittableTransaction-Klasse 934
  BeginCommit()-Methode 934
  Commit()-Methode 934
  EndCommit()-Methode 934
CommitTransaction 1270
Common Criteria 57
Common Intermediate Language 1148
Common Language Runtime 1148
  NULL-Werte 1186
  Verweise 1160
Common Table Expression 5, 100, 290, 328, 556, 1343
Complete()-Methode *siehe* DependentTransaction-Klasse *siehe* TransactionScope-Klasse
Component Services Manager 943
COMPUTE BY 308, 310
Compute Scalar 417
CONCAT 756
Conceptual Model 1070
Configvalue 1265
ConflictOption 1252
ConflictOption.CompareRowVersion 1252
ConflictOption-Eigenschaft *siehe* SqlCommandBuilder-Klasse
Connect()-Methode 974
Connection Pooling 818
ConnectionContext 1265
ConnectionContext-Eigenschaft 974
ConnectionState-Enumeration *siehe* SqlConnection-Klasse
ConnectionTime 976
ConstraintException 843, 925
Constraints 204, 223, 811
Constraints-Eigenschaft *siehe* DataTable-Klasse

ContainerControl-Klasse 989
  AutoValidate-Eigenschaft 989
CONTAINS 452, 456
CONTAINSTABLE 452, 457
ControlBindingCollection-Klasse 980
Control-Klasse
  CauseValidation-Eigenschaft 990
  Validating-Ereignis 987
ControlUpdateMode-Eigenschaft 981
ControlUpdateMode-Enumeration 981
CONVERT 380, 398
ConvertEventArgs-Klasse 982
CopyAllObjects 1283
COUNT 292
COUNT DISTINCT 295
COUNT() 851
COUNT_BIG 293
Count-Eigenschaft 986
Covered Indizes 462
CPU-Zeit 414
Create 1277
CREATE ASSEMBLY 1168
CREATE CERTIFICATE 514
CREATE CREDENTIAL 490
CREATE DATABASE 172
CREATE EVENT NOTIFICATION 655
CREATE FULLTEXT CATALOG 453
CREATE FULLTEXT INDEX 453
CREATE FUNCTION 605, 606, 610
CREATE INDEX 435, 463
CREATE PROCEDURE 555
CREATE SCHEMA 494
CREATE SERVICE 1413
CREATE SYMMETRIC KEY 514
CREATE SYNONYM 496
CREATE TABLE 236, 237
CREATE TRIGGER 626, 629
CREATE VIEW 528
CREATE_TABLE 651
CREATE_USER 651
CreateCommand()-Methode *siehe* DbProviderFactory-Klasse *siehe* SqlConnection-Klasse
CreateCommandBuilder()-Methode *siehe* DbProviderFactory-Klasse
CreateConnection()-Methode *siehe* DbProviderFactory-Klasse

CreateConnectionStringBuilder()-Methode *siehe* DbProviderFactory-Klasse
CreateDataAdapter()-Methode *siehe* DbProviderFactory-Klasse
CreateDataSourceEnumerator()-Methode *siehe* DbProviderFactory-Klasse
CreateFactory()-Methode *siehe* DbProviderFactory-Klasse
CreateParameter()-Methode *siehe* DbProviderFactory-Klasse
Credential 490
CROSS APPLY 602, 612
Cross Join 287
CROSS JOIN 648
CSV-Format 921
CTE 100, 290, 328, 556, 1343
  Rekursive CTE 331
Cube 309
CUBE 308
CultureInfo-Klasse 981
currency 207
CURRENT 721
CurrentChanged-Ereignis 987
Current-Eigenschaft 987 *siehe* Transaction-Klasse
CurrentItemChanged-Ereignis 987
Cursor 220
  Mit UPDATE 720
CursorFetchCount 976
CursorFetchTime 976
CursorOpens 976
CursorUsed 976

D

DAC 32
Data Control Language 96
Data Definition Language 94
Data Manipulation Language 97
Data Provider 809
  Command 809
  CommandBuilder 810
  Connection 809
  DataAdapter 810
  DataReader 809
  Parameter 809
  Transaction 810
Data Source-Parameter *siehe* Verbindungszeichenfolge
Data Sources-Fenster 903, 910
DataAccess 1223
DataAccessKind.Read 1223

DATABASE 695
Database Console Commands 790
Database Creator 500
Database Encryption Key 519
Database Manager 34
Database Mirroring 798, 814
Database Owner 490
Databases-Eigenschaft 974
DataColumn 810
DataColumn-Klasse 840
  AllowDBNull-Eigenschaft 842
  Caption-Eigenschaft 841
  DateTimeMode-Eigenschaft 841
  DefaultValue-Eigenschaft 841
  ExtendedProperties-Eigenschaft 841
  MaxLength-Eigenschaft 841
  Ordinal-Eigenschaft 841
  ReadOnly-Eigenschaft 841
  SetOrdinal()-Methode 841
  Table-Eigenschaft 841
  Unique-Eigenschaft 842
DataContext
  Logging 1046
DataContext (LINQ to SQL) 1043
DataException 925
DataFile 1277
DataGridView 983
  AutoGenerateColumns-Eigenschaft 983
  DataMember-Eigenschaft 983
  DataSource-Eigenschaft 983
DataGridViewComboBoxColumn-Klasse 907
DataGridView-Steuerelement 904, 907, 991, 994, 996
DataMember-Eigenschaft 905, 908, 983
DataPropertyName-Eigenschaft 908
DataReader-Klasse 948
DataRelation 811
DataRelation-Klasse 812, 840, 844, 901
DataRow 810
DataRowAction-Enumeration 849
DataRowChangeEventArgs-Klasse 849
DataRowCollection 847
DataRowCollection-Klasse 859
DataRow-Klasse 840
  Clear()-Methode 859
  DataRowState-Eigenschaft 860
  DataRowVersion-Eigenschaft 865

  Delete()-Methode 848, 859
  GetChildRows()-Methode 846
  GetColumnError()-Methode 926
  GetColumnsInError()-Methode 926
  GetParentRow()-Methode 846
  HasErrors-Eigenschaft 926
  HasVersion()-Methode 865
  Indexer 859
  ItemArray-Eigenschaft 848, 859
  Parallelität 865
  RowError-Eigenschaft 926
  RowState-Eigenschaft 859
  SetAdded()-Methode 859
  SetColumnError()-Methode 926
  SetField<T>()-Methode 859
  SetModified()-Methode 859
  SetParentRow()-Methode 846
DataRowState-Eigenschaft *siehe* DataRow-Klasse
DataRowVersion-Eigenschaft *siehe* DataRow-Klasse
DataRowView 811
DataSet 810, 811
DataSet Designer 889
DataSet-Klasse 840, 983
  CaseSensitive-Eigenschaft 849
  EnforceConstraints-Eigenschaft 842
  GetChanges()-Methode 858
  GetErrors()-Methode 926
  GetXml()-Methode 851
  HasErrors-Eigenschaft 926
  ReadXml()-Methode 854
  ReadXmlSchema()-Methode 855, 856
  RemotingFormat-Eigenschaft 856
  WriteXml()-Methode 853
  WriteXmlSchema()-Methode 856
DataSets an die Oberfläche binden 903
DataSource-Eigenschaft 905, 908, 911, 983
DataSourceUpdateMode-Eigenschaft 981
DataTable 810
DataTable-Klasse 840, 983
  Add()-Methode 841
  AutoIncrement-Eigenschaft 842

Stichwortverzeichnis

DataTable-Klasse (*Fortsetzung*)
AutoIncrementSeed-Eigenschaft 842
AutoIncrementStep-Eigenschaft 842
CaseSensitive-Eigenschaft 849
Compute()-Methode 850
Constraints-Eigenschaft 842
GetChanges()-Methode 858
GetErrors()-Methode 926
HasErrors-Eigenschaft 926
NewRow()-Methode 847
PrimaryKey-Eigenschaft 842
RowDeleted-Ereignis 848
RowDeleting-Ereignis 848
Rows-Eigenschaft 859
Select()-Methode 850
TableNewRow-Ereignis 847
DataTableNewRowEventArgs-Klasse 847
DataTableReader-Klasse 833
DataTransferEvent 1283
DataView 811
DataView-Klasse 990
date 208
DATEADD 406
Dateigruppe 166, 167, 174
Archive 167
Primary 167
DATENAME 406
Datenbank wiederherstellen 786
Datenbankbenutzer 490
Datenbankberichte 137
Datenbankbesitzer 490
Datenbankdiagramm 230
Anpassung der Tabellenansicht 233
mit Assistent erstellen 231
Tabelle einfügen oder löschen 234
Tabellenbeziehung definieren 234
Datenbanken sichern 781
Datenbanken wiederherstellen 781
Datenbank-Erstellungsskript 108
Datenbankkataloge 50
Datenbankmaschine 26
Datenbankmodelldiagramm 131
Datenbankmoduloptimierungsratgeber 738
Datenbankoptionen 175
Automatisch schließen 176
Automatisch verkleinern 176
CheckSum 176
Datenbank schreibgeschützt 176

Statistiken automatisch aktualisieren 176
Statistiken automatisch erstellen 176
Status 176
TornPageDetection 176
Wiederherstellung 176
Zugriff beschränken 176
Datenbanksnapshot 194, 796
Datenbankspiegelung 796, 798
Datenbanktests 150
Datenbindung 980
Einfach 980
Datendatei 158
Datensätze aktualisieren (LINQ to SQL) 1043
Datentypen 203
binär 217
Datum und Zeit 207
numerisch 205
sql_variant 219
timestamp 218
uniqueidentifier 219
Zeichenketten 215
DATEPART 406
datetime 208
datetime2 212
datetimeoffset 213
Datum 276
DAY 406
db_accessadmin 502
db_backupoperator 502
db_datareader 502
db_datawriter 503
db_ddladmin 502
db_denydatareader 503
db_denydatawriter 503
DB_ID() 717
db_owner 502
db_securityadmin 502
DBCC 790
DBCC CHECKALLOC 790
DBCC CHECKCATALOG 790
DBCC CHECKCONSTRAINTS 790
DBCC CHECKDB 790
DBCC CHECKFILEGROUP 790
DBCC CHECKIDENT 790
DBCC CHECKTABLE 790
DBCC DBREINDEX 441
DBCC DROPCLEANBUFFERS 416
DBCC FREEPROCCACHE 596
DBCC INDEXDEFRAG 441
DBCC LOG 166, 663

DBCC PAGE 160
DBCC SHOW_STATISTICS 431
DBCC SHRINKDATABASE 188
DBCC SHRINKFILE 189
DBCC TRACEON 160
DbCommandBuilder-Klasse 964
DbCommand-Klasse 822, 830, 964
DbConnection-Klasse 816, 963
DbConnectionString-Klasse 964
dbcreator 500
DbDataAdapter-Klasse 964
DbDataReader-Klasse 833
DbDataSourceEnumerator-Klasse 965
GetDataSources()-Methode 965
dbo 490
DbParameter-Klasse 964
DbProviderFactory-Klasse 963
CanCreateDataSourceEnumerator()-Methode 965
CreateCommand()-Methode 964
CreateCommandBuilder()-Methode 964
CreateConnection()-Methode 963
CreateConnectionStringBuilder()-Methode 964
CreateDataAdapter()-Methode 964
CreateDataSourceEnumerator()-Methode 965
CreateFactory()-Methode 965
CreateParameter()-Methode 964
GetFactory()-Methode 963
GetFactoryClasses()-Methode 965
DbServerSyncProvider 1129
DbType-Eigenschaft *siehe* SqlParameter-Klasse
DCL 96, 505
DDL 94
DDL_DATABASE_LEVEL_EVENTS 651
DDL_LOGIN_EVENTS 651
DDL-Trigger 620, 651
Deadlock 698
DEALLOCATE 711, 715
Debugger für gespeicherte Prozeduren 126
decimal 205, 206
DECLARE 379
DECLARE CURSOR 712
DecryptByKey 515

Dedicated Administrator Connection 32
Default 827
DEFAULT 225, 240, 350
DEFAULT VALUES 351
DEFAULT_DATABASE 488
DEK 519
DELETE 357
   mit Unterabfrage 357
Delete()-Methode *siehe* DataRow-Klasse
DeleteCommand-Eigenschaft *siehe* SqlDataAdapter-Klasse
DELETED 361
DELETED-Tabelle 625
DeleteOnSubmit (LINQ to SQL) 1062
DeleteRowInaccessibleException 925
DeleteRule 843
Denormalisierung 648
DENSE_RANK 90, 312
Density 431
DENY 96, 506
DependentClone()-Methode *siehe* Transaction-Klasse
DependentCloneOption-Enumeration 945
DependentTransaction-Klasse 934, 944
   Complete()-Methode 945
Depth First-Index 1356
DeriveParameters()-Methode *siehe* SqlCommandBuilder-Klasse
DESC 268
Deserialisierung 857
Deserialize()-Methode 857
Detach 157, 192
Deutsche Hauptdreiecksnetz 1310
DHDN 1310
Dichte 431
DIFFERENCE 403
Differenzielles Backup 783
DiffGram 854
Direction-Eigenschaft *siehe* SqlParameter-Klasse
Dirty Page 163
Dirty Read 680
DISABLE 440
DiscoveryProgress 1283
Disk Administrator 500
diskadmin 500
DisplayMember-Eigenschaft 908, 911, 983

DisplayNameAttribute-Klasse 996
Disposable-Pattern 816, 826, 937, 942
DISTINCT 267
DISTINCT_RANGE_ROWS 431
DISTRIBUTED 677
Distributed Management Objects 1260
Distributed Transaction Coordinator 677
DistributedTransactionPermission 1181
distribution-Datenbank 50
dm_tran_current_transaction 704
dm_tran_database_transactions 704
dm_tran_locks 704
DML 97
DML-Statement 822
DMO 1260
DMV 31
Document Object Model 917
DOM *siehe* Document Object Model
Doomed Transaction 669
DROP 241
DROP COLUMN 242
DROP DATABASE 194
DROP EXISTING 441
DROP INDEX 437
DROP PROCEDURE 559
DROP VIEW 530
DTC *siehe* Microsoft Distributed Transaction Coordinator
DuplicateNameException 925
Dynamic Management Views 31
Dynamic Management Views und Funktionen 42
Dynamische Cursor 713

E

E/A-Affinität 779
E/A-Affinitätsmaske 779
Eager-Loading 1049, 1083
EDM 1068
Eindeutigkeit 224
Eingabevalidierung 990
Einschränkungen -> s. Constraints 204
ELSE 386
ENABLE_BROKER 956
EncryptByKey 514
END 377
END TRANS 933

EndCommit()-Methode *siehe* CommittableTransaction-Klasse
EndEdit()-Methode 993
EndExecuteReader()-Methode *siehe* SqlCommand-Klasse
Endpoints 39
Endpunkte 39
EnforceConstraints-Eigenschaft *siehe* DataSet-Klasse
Enlist-Parameter *siehe* Verbindungszeichenfolge
EnlistPromotableSinglePhase()-Methode *siehe* Transaction-Klasse
Enterprise Services 933, 941
EnterpriseServicesInteropOption-Enumeration 941
Entitätsmodell 1068
Entity Data Model
   abfragen 1078
   Conceptual Model 1070
   CSDL-Datei (Conceptual Model) 1070
   Designer 1075
   Entitätscontainernamen ändern 1076
   Erstellen 1071
   Funktionsweise 1069
   Konzeptionelles Modell 1070
   Mapping 1070
   MSL-Datei (Mapping) 1070
   Physikalisches Speichermodell 1070
   POCO 1091
   Praxisbeispiel 1071
   SSDL-Datei (Storage Model) 1070
   Storage Model 1070
Entity Framework 808, 1069
   Ändern, Daten 1090
   Datenänderungen übermitteln 1091
   Einfügen, Datensätze 1092
   kaskadiertes Löschen 1093
   Löschen, Datensätze 1093
   SaveChanges 1091
   SQL Profiler verwenden 1080
Entity SQL (eSQL) 1080
EnumAvailableSqlServers 1263
EnumAvailableSqlServers()-Methode 973
EnumObjects 1286
EnvelopeAngle 1331
EnvelopeCenter 1331
EPSG 1311

EQ_ROWS 431
EQUI JOIN 280
Equirectangular 1321
Ereignisbenachrichtigungen 655
Ergebnis- und Meldungsfenster 111
Ermittlung von SQL Server-Instanzen 972
ERROR 383
ERROR_LINE() 580
ERROR_MESSAGE() 580, 581
ERROR_NUMBER() 580
ERROR_PROCEDURE() 580
ERROR_SEVERITY() 580
Error-Eigenschaft 994
ErrorProvider-Klasse 987
　　BlinkRate-Eigenschaft 989
　　BlinkStyle-Eigenschaft 989
　　IconAlignment-Eigenschaft 989
　　Icon-Eigenschaft 989
　　SetError-Methode 989
Erweiterte gespeicherte Prozeduren 1148
ESRI-Shapefiles 1336
European Petroleum Survey Group 1311
Event Notifications 655
event_groups 651
EVENTDATA 652
EVENTDATA() 655
EventLog 1226
Excel *siehe* Microsoft Excel
EXCEPT 90, 291
Exclusive Lock 692
Exclusive range, exclusive resource 693
EXEC 556
EXECUTE 382, 388, 716
EXECUTE AS 495, 574, 576
ExecuteAndSend 1189
ExecuteNonQuery()-Methode *siehe* SqlCommand-Klasse
ExecuteReader() 971
　　CommandBehavior-Enumeration 971
ExecuteReader()-Methode *siehe* SqlCommand-Klasse
ExecuteScalar()-Methode *siehe* SqlCommand-Klasse
ExecuteXmlReader()-Methode *siehe* SqlCommand-Klasse
ExecutionTime 976
EXISTS 320, 322, 396
exklusive Sperre 692
EXP 407

EXPAND VIEWS 759
Expliziten Transaktion 661
expliziter Kontextwechsel 576
Extended Events 46
Extended stored procedures 1148
Extender Provider 988
Extension Methods 835
EXTENT 694
Extents 160
EXTERNAL_ACCESS 1180, 1192

F

Facet 1157
Failover Cluster 803
Failover Clustering 796
Failover Partner-Parameter *siehe* Verbindungszeichenfolge
Failure Detection 798
FAST 1 754
FASTFIRSTROW 754
Fast-Forward-Cursor 713
Faustregeln für LINQ-Abfragen 1018
Feldeigenschaften 222
　　Identität 223
　　Null / Not Null 222
　　RowGuid 223
　　Sortierung 222
Feste Datenbankrolle 502
Feste Serverrolle 500
FETCH 714
FETCH ABSOLUTE 714
FETCH FIRST 714
FETCH LAST 714
FETCH NEXT 709, 714
FETCH NEXT 710
FETCH PRIOR 709, 714
FETCH RELATIVE 714
Fibers 27
FILE 694
FileGroup 1277
FileGrowthType 1278
FileIOPermission 1181
Filestream
　　Garbage Collection 1301
　　Transaktionen 1302
FileStream
　　Write()-Methode 913
FILESTREAM 1292
filestream.hdr 1299
filestream_access_level 1297
FileStream-Klasse 856, 913
　　Read()-Methode 914
　　Write()-Methode 913

Fillfactor 428
FILLFACTOR 436
FillRow 1222
Filter 1328
Firehose Mode 825, 948
FireInfoMessageEventOnUserErrors 627
FIRST 714
first_iam_page 421
float 205, 206
FLOOR 407
fn_helpcollations 180
fn_my_permissions 512
FOR XML-Features 1368
FOR XML-Klausel 915, 1364
　　FOR XML AUTO 915
　　ROOT()-Option 915
FORCESEEK 755
FOREIGN KEY 224, 238, 358
Foreign Key Constraint *siehe siehe* Fremdschlüsseleinschränkung
ForeignKeyConstraint-Klasse 845
Form.Load-Ereignis 905
FORMAT 789
Format-Ereignis 982
FormatInfo-Eigenschaft 981
FormatString-Eigenschaft 981
FormattingEnabled-Eigenschaft 981
FormClosing-Ereignis 989
FormClosingEventArgs-Klasse 990
Form-Klasse 989
　　FormClosing-Ereignis 989
　　ValidateChildren-Methode 989
　　Validate-Methode 990
FORWARD_ONLY 712
FREETEXT 452, 457
FREETEXTTABLE 452, 457
Fremdschlüssel 224
Fremdschlüsseleinschränkung 812, 843, 902
FROM 262
FromStream()-Methode *siehe* Image-Klasse
FULL 454
FULL JOIN 286
Füllfaktor 428
FULLSCAN 442
FullTrust 1181

G

Gast-Privilegien 491
Gefilterter Index 464
gemeinsame Sperre 692

Geocodieren 1334
Geodäte 1310
Geographic Markup Language 1309
Geographisches Referenzsystem 1310
geography 219, 1311, 1312
Geography Markup Language 1317
geometry 219, 1311, 1312
GeomFromGML 1319
Gepsiecherte Prozedur
    RETURN 565
German_Phonebook_CS_AI 178
Geschätzter Ausführungsplan 118
Gespeicherte Prozedur 374, 535
    Ausführungskontext 574
    Ausgabeparameter 564
    Call by Reference 563
    Call by Value 563
    Parameterdeklaration 561
    Performance 589
    Performanceprobleme 592
    Positionale Paramaterübergabe 562
    Rückgabewert 565
Gespeicherte Prozeduren 5
GET_FILESTREAM_TRANSACTION_CONTEXT 1304
GetAncestor 1345, 1351, 1353
GetChanges()-Methode siehe DataTable-Klasse siehe DataSet-Klasse
GetColumnError()-Methode siehe DataRow-Klasse
GetColumnsInError()-Methode siehe DataRow-Klasse
GetDataSources()-Methode siehe DbDataSourceEnumerator-Klasse
GETDATE 406, 641
GetDeleteCommand()-Methode siehe SqlCommandBuilder-Klasse
GetDescendant 1345, 1348
GetFactory()-Methode siehe DbProviderFactory-Klasse
GetFactoryClasses()-Methode siehe DbProviderFactory-Klasse
GetInsertCommand()-Methode siehe SqlCommandBuilder-Klasse
GetLevel 1345
GetReparentedValue 1345, 1354
GetRoot 1345, 1347

GetSmoObject 1287
GetSqlMoney()-Methode siehe SqlDataReader-Klasse
GetSqlXml()-Methode siehe SqlDataReader-Klasse
GetString()-Methode siehe SqlDataReader-Klasse
GetTempFileName()-Methode siehe Path-Klasse
GetUpdateCommand()-Methode siehe SqlCommandBuilder-Klasse
GETUTCDATE 406
GetXml()-Methode 851
Global Assembly Cache 972
Global Positioning Systems 1311
Global Unique Identifier 219
GML 1309, 1317
GO 375
GOTO 388, 577
GPS 1308, 1311
GRANT 96, 506
    ALTER ANY ASSEMBLY 505
    ALTER ANY USER 505
    BACKUP DATABASE 505
    CREATE ASSEMBLY 505
    CREATE CERTIFICATE 505
    CREATE TABLE 505
    CREATE VIEW 505
Grid-Index 1332
GROUP BY 297
Group By-Methode 1023
GROUPING 293
Grouping Sets 302
Gruppennummer 557
Gruppieren in LINQ-Abfragen 1023
Gruppierter Index 412, 425
guest 491
GUID siehe Global Unique Identifier 219

H

HAS_DBACCESS 409
Has_perms_by_name 409
HasRows-Eigenschaft siehe SqlDataReader-Klasse
HasVersion()-Methode siehe DataRow-Klasse
HAVING 297, 301
HeaderText-Eigenschaft 909
Heap 412, 420
Hemisphäre 1325

Heterogene verteilte Abfragen 347
hierarchyid 219, 1342
Histogramm 431
HOBT 694
HOLDLOCK 693
HTML-Format siehe XML-Transformation

I

IAM 420
IAsyncResult-Interface 954
IBinarySerialize 1231, 1246
IBindingList-Schnittstelle 999
IconAlignment-Eigenschaft 989
Icon-Eigenschaft 989
IDataErrorInfo-Schnittstelle 994
    Error-Eigenschaft 994
    Indexer 994
IDENT_CURRENT 353
Identitätsspalten 869
IDENTITY 352
IDisposable-Interface 816
IduCount 976
IduRows 976
IEditableObject-Interface 996
IEditableObject-Schnittstelle 992
    BeginEdit()-Methode 993
    CancelEdit()-Methode 993
    EndEdit()-Methode 993
IEnumerable-Interface 835
IF 385
IFormatProvider-Schnittstelle 981
IGNORE_DUP_KEY 436
IgnoreSchema 854
IList-Schnittstelle 983
IListSource-Schnittstelle 983
image 218
Image-Datentyp 912, 914
Image-Klasse 913
    FromStream()-Methode 913
Impedance Mismatch 1031
ImplementationType 1284
Implizite Transaktion 671
Impliziter Kontextwechsel 574
IN 320, 321, 396
IN_ROW_DATA 420
INCLUDE 463
INCREMENTAL 454
Index 204, 412
    Allgemein/Eindeutig 433
    Allgemein/Indexschlüsselspalten 433
    Allgemein/Indextyp 433
    Anlegen 432

Stichwortverzeichnis

Index (*Fortsetzung*)
  Berechnete Spalten 464
  Im Management Studio anlegen 433
  Include-Spalten 463
  Maximalen Grad an Parallelität festlegen 434
  Optionen/Bei Indexzugriffen Seitensperren verwenden 434
  Optionen/Bei Indexzugriffen Zeilensperren verwenden 434
  Optionen/Doppelte Werte ignorieren 433
  Optionen/Füllfaktor festlegen 434
  Optionen/Index verwenden 434
  Optionen/Onlineverarbeitung... 434
  Optionen/Statistiken automatisch neu berechnen 433
  Optionen/Zwischenergebnis von Sortierungen in tempdb speichern 434
  Planen 434, 461
  Technische Grenzen 432
  Wartung 439
Index Allocation Map 420
Index Insert 419
Index Seek 412
Indexer 994
Index-Hinweis 753
Indexschlüssel 420
Indexstatistik 430
Indexwurzel 422
Indizierte Sicht 358, 525, 541
InfoMessage 1188
InfoMessage-Ereignis *siehe* SqlConnection-Klasse
Information Schema Views 42, 966
INFORMATION_SCHEMA 491, 966
Initial Catalog-Parameter *siehe* Verbindungszeichenfolge
Inkrementelles Backup 783
Inline-Funktion 602, 608
In-Memory-Datenspeicher 811
Inner Join 280
InnerException 1272
INotifyCollectionChanged-Schnittstelle 999

INotifyPropertyChanged-Interface 991
  NotifyPropertyChanged-Ereignis 991
INotifyPropertyChanged-Schnittstelle 991
InRowChangingEventException 925
INSERT
  in IDENTITY-Spalte 353
INSERT INTO 350
  mit gespeicherter Prozedur 352
  mit SELECT 352
Insert range, null resource lock 693
InsertCommand-Eigenschaft *siehe* SqlDataAdapter-Klasse
INSERTED 361
INSERTED-Tabelle 624
InsertOnSubmit (LINQ to SQL) 1058
INSERT-Trigger 622
InstanceOf 1327
Instanz 26
INSTEAD OF-Trigger 622, 624, 633, 651
int 205, 206
Integrated Full-text Search 450
Integrated Security-Parameter *siehe* Verbindungszeichenfolge
integrierte Volltextsuche 450
Intent Exclusive 692
Intent Share 692
Intent Update 693
INTERSECT 90, 289
INullable 1236
INullable-Interface 830
InvalidConstraintException 925
InvalidExpressionException 925
InvalidOperationException 948
Invoke()-Methode 960
InvokeRequired-Eigenschaft 960
IPAddressProperty 1276
IPX/SPX 813
IS 692
IS_MEMBER 409
IS_SRVROLEMEMBER 409
IsByteOrdered 1241
IsDescendant 1345, 1352
IsDescendantOf 1355
ISNULL 399
IsNull()-Methode 830
IsolationLevel-Eigenschaft *siehe* TransactionOptions-Klasse, *siehe* SqlTransaction-Klasse

IsolationLevel-Enumeration 932, 940
Isolationsstufe 684
ItemArray-Eigenschaft *siehe* DataRow-Klasse
iTFS 450
IU 693
IX 692

J

John Celko 1343
JOIN 279
  über mehr als eine Spalte 282
Just in Time Compiler 1152

K

Kaskadierende Operationen 902
Kaskadiertes Löschen (LINQ to Entities) 1093
Katalogsichten 42
KEEP PLAN 758
KEEPFIXED PLAN 758
KEY 694
Key Locks 691
Key Range Locks 693
Key_GUID 514
KeyContainerPermission 1181
Keyhole Markup Language 1315
KeyInfo 827
Keyset-Cursor 713
KILL 700, 716, 717
KML 1315
Kompatibilität 175
Kompatibilitätssichten 42
Kompilierte Abfragen 1089
Konkurrierende Zugriffe 808
Kooperativer Scheduler 28
Korrelierte Unterabfragen 323
Kreuztabellenabfragen 5
Kryptographie 58, 512

L

Ladenverhalten (Entity Framework) 1083
Ladestrategien (LINQ to SQL) 1049
Lambda-Ausdrücke
  in LINQ-Abfragen 1008
Langsam veränderlichen Dimension 365

Language integrated Query *siehe* LINQ
Language Integrated Query 86
LAST 714
Lat 1320, 1327
Latin1_General_CI_AS 178
Lazy-Loading 1049, 1083
Leaf-Level 422
LEFT 403
Leistungsindikator 725, 726
  Auslagerungsdatei Belegung (%) 732
  Bytes gelesen/s und Bytes geschrieben/s 732
  Durchschnittliche Warteschlangenlänge des Datenträgers 732
  Mittlere Sek./Lesevorgänge 732
  Zeit (%) 732
  Prozessorzeit (%) 731
  % Prozessor Time 730
  Privilegierte Zeit (%) 730
  Warteschlangenlänge 731
  Seiten/s 731
  Seiteneingabe/s 732
  Seiteneingabe/s dividiert durch Seitenfehler/s 732
  Verfügbare MB 731
  Buffer Manager
    Free Pages 733
    Buffer Cache Hit Ratio 733
  General Statistics
  User Connections und Lock Wait Time (ms) 733
  Lock Timeouts/sec/ 733
  Kontextwechsel/s 731
  Prozessor-Warteschlangenlänge 731
LEN 403
Lightweight Threads 780
Lightweight Transaction Manager 934, 942
LIKE 275, 396
LineString 1313
Linked Server 43
LINQ
  Abfragen gezielt ausführen 1019
  Abfragen kombinieren 1015
  Aufbau einer Abfrage 1009
  Auflistungen gruppieren 1023
  Auflistungen in Relation setzen 1020, 1022, 1025, 1028
  Auflistungen mit From verbinden 1020
  Auflistungen verbinden 1020

DataContext 1043
Einführung 1002
Elemente von Abfrage trennen 1019
Faustregeln für Abfragen 1018
generelle Funktionsweise 1005
Group By-Methode 1023
Gruppieren 1023
Join, Explizit 1022
Join, Implizit 1020
Kaskadierte Abfragen 1015, 1018, 1048
Lambda-Ausdrücke 1008
O/RM 1003
Relation von Auflistungen 1020, 1022, 1028
Relation von gruppierten Auflistungen 1025
SQL Server-Kommunikation 1046
SQL-Daten aktualisieren 1043
SQL-Klartext 1046
Sub-Selects 1048
to DataSets 1037
ToArray-Methode 1019
ToDictionary-Methode 1019
ToList-Methode 1019
ToLookup-Methode 1019
Verzögerte Ausführung 1015
LINQ to Entities 1068
  abfragen, EDM 1078
  Ändern, Daten 1090
  Conceptual Model 1070
  Designer, EDM 1075
  Eager-Loading 1083
  EDM 1068
  EDM erstellen 1071
  Einfügen, Datensätze 1092
  Entitätsmodell 1068
  Entity SQL 1080
  Impedance Mismatch 1031
  kaskadiertes Löschen 1093
  Kompilierte Abfragen 1089
  Konzeptionelles Modell 1070
  Lazy-Loading 1083
  Löschen, Datensätze 1093
  Mapping 1031
  Objektkontext 1078
  Physikalisches Speichermodell 1070
  POCO 1091
  Praxisbeispiel 1071
  SaveChanges 1091
  SQL Profiler verwenden 1080
  Storage Model 1070

Technologieentscheidungen 1032
T-SQL-Umsetzung 1081
Verwalterklasse 1078
vs. LINQ to SQL 1032
LINQ to SQL 808
  Abfrage vom Kontext trennen 1055
  Aktualisierungslogik 1043
  Änderungen übertragen 1057
  Beispiel, erstes 1038
  DataContext 1043
  DataContext-Klasse 1041
  Daten ändern 1057
  DeleteOnSubmit 1062
  Eager-Loading 1049
  Einfügen, Daten 1058
  Einfügen, Daten in verknüpften Tabellen 1060
  Ergebnisliste, unabhängig 1055
  Impedance Mismatch 1031
  InsertOnSubmit 1058
  Kaskadierte Abfragen 1048
  Ladestrategien 1049
  Lazy-Loading 1049
  Löschen, Daten 1062
  Mapping 1031
  O/R-Designer 1037
  O/RM 1030
  Objektnamen-Pluralisierung 1043
  SubmitChanges 1057
  Technologieentscheidungen 1032
  TransactionScope 1064
  Transaktionen 1064
  Transaktionssteuerung, DataContext 1065
  T-SQL-Klartext 1046
  Verwalterklasse 1041
  vs. DataSets 1036
  vs. LINQ to Entities 1032
  Zukunft, über 1032
List<T>-Klasse 835
ListBox 983
ListChangedEventArgs-Klasse 999
ListChangedType-Enumeration 999
LOB_COMPACTION 440
LOB-DATA 420
Lock 678
Lock Manager 5
Lock Memory 33
LOG 407
Log Manager 34
Log Sequence Number 661

Stichwortverzeichnis

Log Shipping 796
log_shipping_monitor_alert 797
log_shipping_monitor_history_detail 797
LOG10 407
LogFile 1277
Logins-Eigenschaft 974
Logische Lesevorgänge 414
Logisches Sicherungsmedium 781
Logon-Trigger 653
Lokale Variable 253
Long 1320, 1327
LOOP 756
LOP_BEGIN_XACT 663
LOP_DELETE_ROWS 663
LOP_MODIFY_ROW 663
Lost Update 678
LOWER 403
LSN 661
LTM *siehe* Lightweight Transaction Manager
LTRIM 403

M

M 1327
MakeValid 1331
ManagedComputer 1274
Management Studio
   Anlegen einer Datenbank 169
   Datenbank vom Server trennen 191
   Datenbanken vergrößern und anfügen 186
   Wiederherstellungsmodelle 182
Management Studio 103
   Abhängigkeiten Anzeigen 559
   Backup und Restore 785
   Datenbank Offline schalten 190
   Datenbanken verkleinern und löschen 187
   Sperrinformationen 700
Manipulieren von Datenbankobjekten 972
Mapping (Entity Data Model) 1070
MappingType 852
MARS *siehe* Multiple Active Resultsets
master 157
Master Data File 159
Master Key 513
Master-Datenbank 49, 157
MAX 293

Max Pool Size-Parameter *siehe* Verbindungszeichenfolge
MAX() 851
MAXDOP 758
MDF 157
MDX 18
Memory Clerks 33
MemoryStream-Klasse 856, 913
Mercator 1321
MERGE 756
MERGE JOIN 757
Merge-Replikation 1102, 1125, 1294
   Einrichten 1108
METADATA 695
Metadaten 966
MethodName 1284
Microsoft Distributed Transaction Coordinator 677, 933
Microsoft Excel 921
Microsoft SQL Server Compact 3.5 Server Tools 1112
Microsoft.SqlServer.ConnectionInfo 1261
Microsoft.SqlServer.ConnectionInfo.dll 972
Microsoft.SqlServer.Management.Common 1261
Microsoft.SqlServer.Management.Sdk.Sfc 1262
Microsoft.SqlServer.Management.Smo 972, 1261
Microsoft.SqlServer.Management.Smo.Agent 972, 1261
Microsoft.SqlServer.Management.Smo.Broker 972
Microsoft.SqlServer.Management.Smo.Mail 972, 1261
Microsoft.SqlServer.Management.Smo.RegisteredServers 972
Microsoft.SqlServer.Management.Smo.Wmi 972, 1261, 1274
Microsoft.SqlServer.RegSrvEnum.dll 1262
Microsoft.SqlServer.Server 1188
Microsoft.SqlServer.Server.SqlTrigger 1212
Microsoft.SqlServer.ServiceBrokerEnum 1262
Microsoft.SqlServer.Smo 1261
Microsoft.SqlServer.Smo.dll 972
Microsoft.SqlServer.SMOEnum 1262
Microsoft.SqlServer.SQLEnum 1262

Microsoft.SqlServer.WmiEnum 1262
MIN 293
Min Pool Size-Parameter *siehe* Verbindungszeichenfolge
MIN() 851
MIRROR TO 789
mirror_address 1418
MissingPrimaryKeyException 925
Mixed Mode-Authentifizierung 820
model-Datenbank 50
money 206, 207
MONTH 406
msdb 49
MultiLineString 1313
Multiple Active Resultsets 948
MultipleActiveResultSets-Parameter *siehe* Verbindungszeichenfolge
Multipoint 1313
MultiPolygon 1313
Multiprotocol 813

N

Named Pipes 37, 813
Namespace 1155
National Computer Security Center 482
Navigation 990
nchar 216, 217
NCHAR 403
NCSC 482
NDF 159
Nested Intervals 1344
Nested Sets 1343
netShop-Datenbank 73
   ArticleAttributes 77
   Articles 76
   ArticlesToArticleAttributes 77
   Catalogs 77
   Customers 75
   DevelopmentDepartment 80
   Employees 75
   Journal 79
   OrderDetails 75
   Orders 75
   OrdersToOrderTrackingItems 75
   OrderTrackingItems 75
   PayingMethods 75
   PriceCorrections 78
   ProductDepartment 80
   SalesDepartment 80

netShop-Datenbank (*Fortsetzung*)
  ShippingMethods 75
  ShipToAdresses 75
  ShopManagement 80
  Tabellenschema 73
Network Library-Parameter *siehe*
  Verbindungszeichenfolge
NetworkInformationPermission
  1181
NetworkServerTime 976
NEWID 1106
NEWSEQUENTIALID 1299
NEXT 714
Nicht gruppierter Index 412
Nichtgruppierter Index 422
NMO 1259
NO_TRUNCATE 789
NOEXPAND 752
Non Equi Join 283
Non Preemptive Scheduler 29
Non Uniform Memory
  Architecture 30
NONCLUSTERED 435
Nonclustered Index 425
Non-Repeatable Read 681
NoNullAllowedException 925
NOT 396
NOT FOR REPLICATION 629
Notification Services Management
  Objects 1259
Notification-Eigenschaft *siehe*
  SqlCommand-Klasse
Notifications 954
NotifyPropertyChanged-Ereignis
  siehe INotifyPropertyChanged-
  Interface
ntext 217
NTFS 8.3 3-Namensbildung 1305
NTILE 90, 312
NULL 294, 340
NullValue-Eigenschaft 982
NULL-Werte 1186
numeric 206
NumRings 1330
nvarchar 216, 217
nvarchar(max) 90

O

O/R-Designer 1037
  Entity Data Model 1075
  Pluralisierung 1043
O/RM
  Funktionsweise 1003
O/R-Mapping 834

Object Relational Mapper 1030
OBJECT_NAME 511
ObjectList 1283
Objekt-Explorer 104
Objektkontext
  LINQ to Entities 1078
ObservableCollection<T>-Klasse
  999
ODBC 809
OGC 1308
  Methoden 1326
OLAP 15, 17
OLE DB 809
ONLINE 440
Online Analytical Processing 17
OPEN 710, 714
Open Geospatial Consortium
  1308
OPEN MASTER KEY 514
Open Schema 78, 254
OPEN SYMMETRIC KEY 515
Open()-Methode *siehe*
  SqlConnection-Klasse
OpenGIS 1309
OPENQUERY 43, 347
OPENROWSET 348, 1360
OpenSqlFilestream 1292
OPENXML 10, 1361
OPTIMISTIC 712
OPTIMIZE FOR 595
Optimizer 35
OR 396
ORDER 756
ORDER BY 263, 268
OUTER APPLY 612
Outer Join 285
OUTPUT 361, 564, 585
OUTPUT-Klausel 833
OWNER 574

P

PAD_INDEX 428, 436
Page 159
PAGE 694
Page-ID 425
PAGLOCK 695
Panel-Klasse 989
Parallelism 417
Parallelitätsverletzungen 864
Parameter Sniffing 593, 595
ParameterDirection.InputOutput
  840
ParameterDirection.Output 840

ParameterDirection.ReturnValue
  839
ParameterDirection-Enumeration
  828, 873
PARAMETERIZATION FORCED
  759
ParameterizedThreadStart-Klasse
  945
Parametrisierte Abfragen absetzen
  828
Parent 1277
Parent/Child-Relation 1343
Parse 1237, 1319, 1345
Parse-Ereignis 982
Partitionierte Sicht 525
Partitionierte Tabellen 633
Partitionierung
  ausgerichtete 473
Partitionseliminierung 472
Passthrough-Abfrage 43
Password-Parameter *siehe*
  Verbindungszeichenfolge
PATH-Direktive 1370
Path-Klasse 916
  GetTempFileName()-Methode
  916
PATINDEX 403
PERCENT 269
Performance 614
Performance Counter 727
Performance Data Warehouse 744
Performance Monitor 724
PerformanceDB 413
PERMISSION SET 1159
PFX-Datei 1183
Phantom 682
Physikalische Lesevorgänge 119
Physikalisches Sicherungsmedium
  781
Physischer Operator 417
PID 425
Pipe 1167, 1191
Pipe.Send 1167
PIVOT 5, 90, 333
Plan Caching 5
Plan Guide 759
Plancache 33
Pluralisierung 1043
POCO 1091
Point 1313, 1319
Policy 1180
Polygon 1313
Pooling-Parameter *siehe*
  Verbindungszeichenfolge
PositionChanged-Ereignis 987
Position-Eigenschaft 986

Postdeployment-Skript 1179
PostDeployScript.sql 1179
PostGres 1308
POWER 407
Prädeployment-Sskript 1179
PreDeployScript.sql 1179
Preemptiver Scheduler 28
PrefetchObjects 1268
PreparedExecs 976
Prepare-Phase 944
Prepares 977
Primäre Datei 157
Primärschlüssel 224, 237, 842
Primary 167
PRIMARY KEY 224
PRINT 378
Prinzipal 478
PRIOR 714
Process Administrators 500
processadmin 500
Profiler 733
Profiling 45
Projizierte Koordinatensysteme 1310
Promotion 942
PropertyDescriptor-Klasse 999
PropertyGrid-Steuerelement 974
Protokoll Cache 33
Protokollversand 796
Provider-unabhängiger Datenzugriff 963
Prozedurkopf 557
Prozessor-Affinitätsmaske 779
Prüfpunkt 164
public 502
Puffercache 33, 163

Q

Query Notifications 954
Query Parallelism 5
Query Plan 36
QueryNotificationErrorsQueue 955, 956
QueryNotificationService 955
QUOTENAME 403

R

Rahmentabelle 1363
RAISERROR 581, 606, 664
RAND 407
RANGE_HI_KEY 431
RANGE_ROWS 431

RangeI-N 693
RangeS-S 693
RangeS-U 693
RangeX-X 693
RANK 90, 312
Ranking Functions 5
RDA 1099, 1102, 1126
Read 1231, 1345
READ COMMITED 683
READ UNCOMMITED 683
Read()-Methode *siehe* FileStream-Klasse *siehe* SqlDataReader-Klasse
READ_COMMITED_SNAPSHOT 688
Read-Ahead 34
READCOMMITTEDLOCK 755
ReadOnlyAttribute-Klasse 996
ReadOnly-Eigenschaft 909
ReadOnlyException 925
ReadValue-Methode 981
ReadXml()-Methode 854
ReadXmlSchema()-Methode 856
real 206
REBUILD 440
RECEIVE-Berechtigung 956
RECOMPILE 758
RECONFIGURE 781
Reduce 1331
Refactoring 148
Reflection 834
RegistryPermission 1181
Relation von Auflistungen 1020, 1022, 1028
Relation von gruppierten Auflistungen 1025
Relational Engine 35
Relationale Maschine 35
Relation-Element 901
Relationen 812
RELATIVE 714
Remote Data Access 1099, 1102
remote_service_name 1418
Remoteabfragen 345
RemotingFormat-Eigenschaft 856
RemoveAt-Methode 987
REORGANIZE 440
REPAIR_ALLOW_DATA_LOSS 791
REPAIR_REBUILD 791
REPEATABLE READ 683
REPLACE 403
REPLICATE 403
Replication Management Objects 1108, 1259
Replikation 14
  Merge-Replikation 14

Reporting Services 15
Reservierte Worte 98
ResetCommandTimeout()-Methode *siehe* SqlCommand-Klasse
resource-Datenbank 49
Ressource Manger 934
Ressource Monitor 33
Ressourceneditor 998
Restrictions 969
RetrieveStatistics()-Methode *siehe* SqlConnection-Klasse
RETURN 390, 565, 605
REVERSE 403
Reverse Engineering 131
REVERT 576
REVOKE 96, 506
RID 422, 694
RIGHT 403
RingN 1330
Ringorientierung 1324
RMO 1108, 1259
Robinson 1321
ROBUST PLAN 759
ROLL FORWARD 165
ROLLBACK 165, 933
ROLLBACK TRANSACTION 662
Rollback()-Methode *siehe* SqlTransaction-Klasse
RollBackTransaction 1270
Rollen 478
ROLLUP 308
root 422
ROUND 407
Roundtrips 824
Row Locks 691
ROW_NUMBER 90, 312, 1349
ROW_OVERFLOW_DATA 420
RowChanged-Ereignis *siehe* SqlDataAdapter-Klasse
RowChanging-Ereignis *siehe* SqlDataAdapter-Klasse
RowError-Eigenschaft *siehe* DataRow-Klasse
ROWGUIDCOL 1106, 1299
Row-ID 422
ROWLOCK 695
RowNotInTableException 925
Rows sampled 431
Rowset 37, 608
RowState-Eigenschaft *siehe* DataRow-Klasse
rowversion 218, 220, 868
RowViewState-Enumeration 850

RPC
    Completed 734
RTRIM 403
Rücksicherung 782
Rule-Enumeration 843

S

sa 478
SAFE 1180
Sammlungssatz 727
SAMPLE 442
SAVE TRANSACTION 674
Savepoint 674
Schema 99, 493
Schema Modification 693
Schema Stability 693
Schemabindung 535
SchemaOnly *siehe*
    CommandBehavior-
    Enumeration
Schemata 478
Schlüsselspalte 420
Sch-M 693
Schwereklassen 578
SCOPE_IDENTITY() 353, 870
Script 1270
Script()-Methode 974
Scripter 1270
ScriptingOptions 1270
ScriptingProgress 1283
SCROLL 712
SCROLL_LOCKS 712
Secondary Data File 159
Security Administrator 500
securityadmin 500
SecurityException 821
SecurityPermission 1180
Seiten-Header 159
Seiten-ID 425
sekundäre Datendateien 159
SELECT 262
    Abfrageergebnisse
        Nummerieren 311
    Ausdrücke in SELECT-Liste
        265
    Duplikate im Ergebnis
        vermeiden 267
    Ergebnisse pivotieren 332
    Rekursive Abfragen 328
    Relationale Operatoren 279
    Spalten-Alias 265
    Stichprobe ohne Tablesample
        344

SELECT INTO 278
SelectCount 977
SelectedValue-Eigenschaft 985
SELECT-Liste
    T-SQL-Variablen 266
SelectRows 977
SELF 574
Send 1167, 1190
SendOrPostCallback-Klasse 953,
    961
SendResultsEnd 1190
SendResultsRow 1190, 1195
SendResultStart 1190
SEQUEL 87
Sequence-Operator 419
SequentialAccess 827
Serialisierung 851
SERIALIZABLE 683, 693
SerializationFormat-Enumeration
    856
Serialize()-Methode 857
Server Administrator 500
Server Management Objects 972,
    1258
Server Network Interface 37
serveradmin 500
Server-Anmeldung 488
ServerConnection-Klasse 974
Server-Explorer 125
ServerRoundtrips 977
Serverseitige Traces 736
ServerSyncProviderProxy 1129
Service Broker 12, 954
    Beispielanwendung 1421
    Dialoge 1405
    Dienste 1413
    Endpunkte 1420
    Konversation 1405
    Konversationsgruppen 1406
    Nachrichten 1405
    Nachrichten empfangen 1413
    Nachrichten senden 1413
    Nachrichtentypen 1407
    Remotedienstbindungen 1417
    Routen 1417
    Sicherheit 1416
    Verträge 1409
    Warteschlangen 1410
Service Oriented Architecture 11
SET 353, 390
SET ANSI_DEFAULTS 391
SET DATEFIRST 391
SET DATEFORMAT 210, 391
SET FMTONLY ON 876
SET IDENTITY_INSERT 391

SET IMPLICIT_TRANSACTIONS
    ON 671
SET LANGUAGE 210
SET LOCK_TIMEOUT 685
SET NOCOUNT 390
SET NOCOUNT OFF 590
SET NOCOUNT ON 590
SET ROWCOUNT 391
SET STATISTICS IO 119, 414
SET STATISTICS TIME 119
SET TEXTSIZE 391
SET TRANSACTION
    ISOLATION LEVEL 932
SetAdded()-Methode *siehe*
    DataRow-Klasse
SetAllValues-Eigenschaft *siehe*
    SqlCommandBuilder-Klasse
SetColumnError()-Methode *siehe*
    DataRow-Klasse
SetDefaultInitFields 1268
SetError-Methode 989
SetField<T>()-Methode *siehe*
    DataRow-Klasse
SetModified()-Methode *siehe*
    DataRow-Klasse
Setup Administrator 500
setupadmin 500
shadow records 684
Shape2SQL 1318
Shared Intent Update 693
Shared Lock 692
Shared Memory 37, 813
Shared range, shared resource lock
    693
Shared range, update resource lock
    693
Shared with Intent Exclusive 693
show advanced options 780
Sicherungsfähiges Element 478
Sicherungsstrategien 183
    Inkrementelle in Kombination
        mit differentiellen Backups
        185
    Regelmäßige vollständige und
        inkrementelle Backups 184
    Regelmäßiges vollständiges
        Backup 183
Sicht 524
    Daten ändern 533
    expandieren 526
Sichten 812
    Sicherheit 536
sid 492
SIGN 408
Silverlight 990

Stichwortverzeichnis

Stichwortverzeichnis

Single Phase Enlistment 944
SingleResult 827
SingleRow 827
SIU 693
SIX 693
Skalarwertfunktionen 602
Skript 374
Slot 428
Slowly Changing Dimension 365
smalldatetime 208
smallint 205
smallmoney 206
SMO *siehe* Server Management
 Objects
  Assembly installieren 1284
  Ausnahmebehandlung 1271
  Benutzer 1279
  Capture-Modus 1268
  Datenbank einrichten 1277
  Datenbankobjekte kopieren
   1282
  Datenbanksicherung 1280
  Hilfsklassen 1265
  Instanzklassen 1265
  Scripting 1269
  Skript generieren 1287
  Speicherplatz anzeigen 1278
  Suche 1286
  Tabellenschema ändern 1281
  Transaktionen 1270
  Transfer 1282
  Wartungsjob 1285
  WMI 1274
SmoApplication 1263
SmoApplication-Klasse 973
SmoException 1271
SmtpPermission 1181
SNAPSHOT 683
Snapshot-Isolation 686
Snapshot-Replikation 14
SNI 37
SOA 11
SocketPermission 1181
SOME 396
Sortierung 98, 222
 case insensitive 179
 case sensitive 179
Sortierungen 178
Sortierungen des SQL Server 178
SOUNDEX 403
SourceColumnNullMapping-
 Eigenschaft *siehe*
 SqlParameter-Klasse
SourceVersion-Eigenschaft *siehe*
 SqlParameter-Klasse
sp_addlinkedsrvlogin 346

sp_addsrvrolemember 500
sp_configure 780, 1297
sp_control_plan_guide 760
sp_cursorfetch 743
sp_cursoropen 743
sp_detach_db 193
sp_DispatcherProc 957
sp_executesql 598
sp_executesql()-Prozedur 837
sp_fulltext_service 455
sp_lock 705
sp_password 488
sp_send_dbmail 45, 599, 1267
sp_serveroption 346
sp_setapprole 504
sp_settriggerorder 639
sp_tableoption 237
sp_trace_setevent 45
sp_trace_setstatus 45
sp_unsetapprole 505
sp_who 705
sp_xml_preparedocument 1361
SPACE 403
Spalte mit geringer Dichte 256
Spalten 202
Spalten-Alias 265
Spalteneigenschaften 203
Spaltensatz 258
SPARSE 256
SPARSE DATA 253
Sparse-Attribut 256
Sparse-Spalte 256
spatial data 1308
Spatial Reference ID 1311
Speichermaschine 35
Speicherseite 159
Speicherverwaltung 157
Sperre 678
Sperren-Eskalation 696
Sperrenkompatibilität 694
Sperren-Timeout 685
Sperrgranularität 694
Sperrhinweise 686
spid 28
Sprachintegrierte Abfragen *siehe*
 LINQ
SQL 4
SQL CLR 1148
SQL Datenbankmail 45
SQL Full-text Filter Daemon
 Launcher 48
SQL generieren (LINQ to SQL)
 1046
SQL Server 2008 Express
 Netzwerkkonfiguration 1039
SQL Server Agent 48, 972
 Aktivieren 1108

SQL Server Analysis Services 48
SQL Server Audit 46, 483
SQL Server-Authentifizierung 814
SQL Server Browser 48
SQL Server Common Language
 Runtime 31, 1148
SQL Server Compact Edition 1098
 Cache für lokale Datenbanken
  1103
 Einschränkungen 1100
 Merge-Replikation 1099
 sqlce-Dateiendung 1105
 SSCERuntime_x64-DEU.msi
  1104
 SSCERuntime_x86-DEU.msi
  1104
SQL Server Configuration
 Manager 813
SQL Server Express Edition 19
SQL Server Integration Services
 13, 48
SQL Server Mail 972
SQL Server Mobile
 Daten mit Server
  synchronisieren 1125
 Datenbanken warten 1116
 IIS vorbereiten 1112
SQL Server Mobile-Datenbank
 1099
SQL Server Native Client 41
SQL Server Operating System 31
SQL Server Profiler 45
SQL Server Reporting Services 48
SQL Server Service Broker 972
SQL Server Setup 762
SQL Server Überwachung 483
SQL Server-Authentifizierung 479
SQL Server-Cache 414
SQL Server-Dienst 47
SQL Server-Instanzen 972
SQL Server-Konfigurations-
 Manager 776
SQL Server-Prozess 28
SQL Trace 45
sql_variant 219, 220
SQL-92 204
SQLBinary 1185
SQLBoolean 1185
SqlBulkCopy 961
SqlBulkCopy-Klasse 962
 BatchSize-Eigenschaft 962
SQLByte 1185
SqlCacheDependency-Klasse 957
SQLCE 1098
sqlCeClientSyncProvider 1139

SqlCeClientSyncProvider 1102, 1128
SqlCeCommand 1122
SqlCeConnection 1122
SqlCeDataAdapter 1123
SqlCeDataReader 1123
SqlCeRemoteDataAccess 1126
SqlCeResultSet 1100, 1123
SqlCeSyncProvider 1102
SQLChars 1185
SqlClientPermission 1180, 1181
SqlClientPermission-Attribut 822
SqlClientPermission-Klasse 821
　　PermitOnly()-Methode 821
SQLCLR 31, 1148
　　Debugging 1155
　　Speichermanagement 1155
　　Threading 1155
SQLCLR Hosting Layer 36
SQLCLR-Debugprozess 1171
SQLCLR-Projekt 1177
　　Anwendung 1177
　　Buildereignisse 1177
　　Codeanalyse 1177
　　Datenbank 1177
　　Signierung 1177
sqlcmd 374
SqlCommandBuilder-Klasse 875
　　ConflictOption-Eigenschaft 876
　　DeriveParameters()-Methode 879
　　GetDeleteCommand()-Methode 875
　　GetInsertCommand()-Methode 875
　　GetUpdateCommand()-Methode 875
　　SetAllValues-Eigenschaft 878
SqlCommand-Klasse 810, 822, 860, 913, 915, 971
　　BeginExecuteReader()-Methode 952
　　CommandText-Eigenschaft 822
　　CommandTimeout-Eigenschaft 828
　　CommandType-Eigenschaft 823
　　CreateParameter()-Methode 830
　　EndExceuteReader()-Methode 952
　　ExecuteNonQuery()-Methode 823, 860
　　ExecuteReader()-Methode 823, 825, 833, 971
　　ExecuteScalar()-Methode 823, 913

ExecuteXmlReader()-Methode 823, 915, 918, 919
Notification-Eigenschaft 955
Parameters-Eigenschaft 829
SqlCommand.ResetCommandTimeout()-Methode 828
StatementCompleted-Ereignis 825
Transaction-Eigenschaft 930
UpdatedRowSource-Eigenschaft 870
SqlConnection 1193
　　BeginTransaction 1198
SqlConnection-Klasse 810, 816, 822, 968
　　BeginTransaction()-Methode 930, 936
　　ChangeDatabase()-Methode 817
　　ClearAllPools()-Methode 819
　　ClearPool()-Methode 819
　　Close()-Methode 816
　　ConnectionState-Enumeration 817
　　ConnectionString-Eigenschaft 816
　　ConnectionTimeout-Eigenschaft 817
　　CreateCommand()-Methode 823
　　GetSchema()-Methode 968
　　InfoMessage-Ereignis 924
　　Open()-Methode 816, 938
　　RetrieveStatistics()-Methode 976
　　StateChanged-Ereignis 817
　　StatisticsEnabled-Eigenschaft 976
　　Timeout-Eigenschaft 941
　　Version-Eigenschaft 951
SqlConnectionStringBuilder
　　MaxPoolSize-Eigenschaft 818
SqlConnectionStringBuilder-Klasse 817, 820
SQLContext 1191
　　Impersonalisierung 1192
　　IsAvailable 1191
　　SqlPipe 1191
　　SqlTriggerContext 1191
　　WindowsIdentity 1191
SqlDataAdapter-Klasse 861
　　DeleteCommand-Eigenschaft 861
　　Fill()-Methode 952

InsertCommand-Eigenschaft 861
RowChanged-Ereignis 863, 885
RowUpdated-Ereignis 885
TableMappings-Eigenschaft 852
Update()-Methode 861
UpdateBatchSize-Eigenschaft 885
UpdateCommand-Eigenschaft 861
SqlDataReader-Klasse 810, 825, 915, 971
　　GetSqlMoney()-Methode 826
　　GetSqlXml()-Methode 918
　　GetString()-Methode 826
　　HasRows-Eigenschaft 826
　　Read()-Methode 826
SqlDataRecord 1189
SqlDataSourceEnumerator-Klasse 819
　　GetDataSources()-Methode 819
SQLDateTime 1185
SqlDbType.Structured 831
SqlDbType-Enumeration 828, 830
SQLDecimal 1185
SqlDependency-Klasse 957
　　OnChange-Ereignis 957
　　Start()-Methode 957
　　Stop()-Methode 957
SQLDouble 1185
SqlError-Klasse 922
　　Class-Eigenschaft 923
　　Errors-Eigenschaft 922
　　LineNumber-Eigenschaft 923
　　Message-Eigenschaft 923
　　Number-Eigenschaft 923
　　Procedure-Eigenschaft 923
　　Server-Eigenschaft 923
　　Source-Eigenschaft 923
　　State-Eigenschaft 923
SqlException-Klasse 817, 922
SqlFileStream 1292, 1303
SqlFileStream.Read 1305
SqlFileStream.Write 1305
SqlFunction
　　TableDefinition 1222
SqlFunction 1217, 1222
　　DataAccess 1217
　　IsDeterministic 1217
　　IsPrecise 1217
　　Name 1217
　　SystemDataAccess 1217
SqlFunction
　　FillRowMethodName 1222

Single Phase Enlistment 944
SingleResult 827
SingleRow 827
SIU 693
SIX 693
Skalarwertfunktionen 602
Skript 374
Slot 428
Slowly Changing Dimension 365
smalldatetime 208
smallint 205
smallmoney 206
SMO *siehe* Server Management Objects
　Assembly installieren 1284
　Ausnahmebehandlung 1271
　Benutzer 1279
　Capture-Modus 1268
　Datenbank einrichten 1277
　Datenbankobjekte kopieren 1282
　Datenbanksicherung 1280
　Hilfsklassen 1265
　Instanzklassen 1265
　Scripting 1269
　Skript generieren 1287
　Speicherplatz anzeigen 1278
　Suche 1286
　Tabellenschema ändern 1281
　Transaktionen 1270
　Transfer 1282
　Wartungsjob 1285
　WMI 1274
SmoApplication 1263
SmoApplication-Klasse 973
SmoException 1271
SmtpPermission 1181
SNAPSHOT 683
Snapshot-Isolation 686
Snapshot-Replikation 14
SNI 37
SOA 11
SocketPermission 1181
SOME 396
Sortierung 98, 222
　case insensitive 179
　case sensitive 179
Sortierungen 178
Sortierungen des SQL Server 178
SOUNDEX 403
SourceColumnNullMapping-Eigenschaft *siehe* SqlParameter-Klasse
SourceVersion-Eigenschaft *siehe* SqlParameter-Klasse
sp_addlinkedsrvlogin 346

sp_addsrvrolemember 500
sp_configure 780, 1297
sp_control_plan_guide 760
sp_cursorfetch 743
sp_cursoropen 743
sp_detach_db 193
sp_DispatcherProc 957
sp_executesql 598
sp_executesql()-Prozedur 837
sp_fulltext_service 455
sp_lock 705
sp_password 488
sp_send_dbmail 45, 599, 1267
sp_serveroption 346
sp_setapprole 504
sp_settriggerorder 639
sp_tableoption 237
sp_trace_setevent 45
sp_trace_setstatus 45
sp_unsetapprole 505
sp_who 705
sp_xml_preparedocument 1361
SPACE 403
Spalte mit geringer Dichte 256
Spalten 202
Spalten-Alias 265
Spalteneigenschaften 203
Spaltensatz 258
SPARSE 256
SPARSE DATA 253
Sparse-Attribut 256
Sparse-Spalte 256
spatial data 1308
Spatial Reference ID 1311
Speichermaschine 35
Speicherseite 159
Speicherverwaltung 157
Sperre 678
Sperren-Eskalation 696
Sperrenkompatibilität 694
Sperren-Timeout 685
Sperrgranularität 694
Sperrhinweise 686
spid 28
Sprachintegrierte Abfragen *siehe* LINQ
SQL 4
SQL CLR 1148
SQL Datenbankmail 45
SQL Full-text Filter Daemon Launcher 48
SQL generieren (LINQ to SQL) 1046
SQL Server 2008 Express Netzwerkkonfiguration 1039
SQL Server Agent 48, 972
　Aktivieren 1108

SQL Server Analysis Services 48
SQL Server Audit 46, 483
SQL Server-Authentifizierung 814
SQL Server Browser 48
SQL Server Common Language Runtime 31, 1148
SQL Server Compact Edition 1098
　Cache für lokale Datenbanken 1103
　Einschränkungen 1100
　Merge-Replikation 1099
　sqlce-Dateiendung 1105
　SSCERuntime_x64-DEU.msi 1104
　SSCERuntime_x86-DEU.msi 1104
SQL Server Configuration Manager 813
SQL Server Express Edition 19
SQL Server Integration Services 13, 48
SQL Server Mail 972
SQL Server Mobile
　Daten mit Server synchronisieren 1125
　Datenbanken warten 1116
　IIS vorbereiten 1112
SQL Server Mobile-Datenbank 1099
SQL Server Native Client 41
SQL Server Operating System 31
SQL Server Profiler 45
SQL Server Reporting Services 48
SQL Server Service Broker 972
SQL Server Setup 762
SQL Server Überwachung 483
SQL Server-Authentifizierung 479
SQL Server-Cache 414
SQL Server-Dienst 47
SQL Server-Instanzen 972
SQL Server-Konfigurations-Manager 776
SQL Server-Prozess 28
SQL Trace 45
sql_variant 219, 220
SQL-92 204
SQLBinary 1185
SQLBoolean 1185
SqlBulkCopy 961
SqlBulkCopy-Klasse 962
　BatchSize-Eigenschaft 962
SQLByte 1185
SqlCacheDependency-Klasse 957
SQLCE 1098
sqlCeClientSyncProvider 1139

SqlCeClientSyncProvider 1102, 1128
SqlCeCommand 1122
SqlCeConnection 1122
SqlCeDataAdapter 1123
SqlCeDataReader 1123
SqlCeRemoteDataAccess 1126
SqlCeResultSet 1100, 1123
SqlCeSyncProvider 1102
SQLChars 1185
SqlClientPermission 1180, 1181
SqlClientPermission-Attribut 822
SqlClientPermission-Klasse 821
    PermitOnly()-Methode 821
SQLCLR 31, 1148
    Debugging 1155
    Speichermanagement 1155
    Threading 1155
SQLCLR Hosting Layer 36
SQLCLR-Debugprozess 1171
SQLCLR-Projekt 1177
    Anwendung 1177
    Buildereignisse 1177
    Codeanalyse 1177
    Datenbank 1177
    Signierung 1177
sqlcmd 374
SqlCommandBuilder-Klasse 875
    ConflictOption-Eigenschaft 876
    DeriveParameters()-Methode 879
    GetDeleteCommand()-Methode 875
    GetInsertCommand()-Methode 875
    GetUpdateCommand()-Methode 875
    SetAllValues-Eigenschaft 878
SqlCommand-Klasse 810, 822, 860, 913, 915, 971
    BeginExecuteReader()-Methode 952
    CommandText-Eigenschaft 822
    CommandTimeout-Eigenschaft 828
    CommandType-Eigenschaft 823
    CreateParameter()-Methode 830
    EndExecuteReader()-Methode 952
    ExecuteNonQuery()-Methode 823, 860
    ExecuteReader()-Methode 823, 825, 833, 971
    ExecuteScalar()-Methode 823, 913
    ExecuteXmlReader()-Methode 823, 915, 918, 919
    Notification-Eigenschaft 955
    Parameters-Eigenschaft 829
    SqlCommand.ResetCommandTimeout()-Methode 828
    StatementCompleted-Ereignis 825
    Transaction-Eigenschaft 930
    UpdatedRowSource-Eigenschaft 870
SqlConnection 1193
    BeginTransaction 1198
SqlConnection-Klasse 810, 816, 822, 968
    BeginTransaction()-Methode 930, 936
    ChangeDatabase()-Methode 817
    ClearAllPools()-Methode 819
    ClearPool()-Methode 819
    Close()-Methode 816
    ConnectionState-Enumeration 817
    ConnectionString-Eigenschaft 816
    ConnectionTimeout-Eigenschaft 817
    CreateCommand()-Methode 823
    GetSchema()-Methode 968
    InfoMessage-Ereignis 924
    Open()-Methode 816, 938
    RetrieveStatistics()-Methode 976
    StateChanged-Ereignis 817
    StatisticsEnabled-Eigenschaft 976
    Timeout-Eigenschaft 941
    Version-Eigenschaft 951
SqlConnectionStringBuilder
    MaxPoolSize-Eigenschaft 818
SqlConnectionStringBuilder-Klasse 817, 820
SQLContext 1191
    Impersonalisierung 1192
    IsAvailable 1191
    SqlPipe 1191
    SqlTriggerContext 1191
    WindowsIdentity 1191
SqlDataAdapter-Klasse 861
    DeleteCommand-Eigenschaft 861
    Fill()-Methode 952
    InsertCommand-Eigenschaft 861
    RowChanged-Ereignis 863, 885
    RowUpdated-Ereignis 885
    TableMappings-Eigenschaft 852
    Update()-Methode 861
    UpdateBatchSize-Eigenschaft 885
    UpdateCommand-Eigenschaft 861
SqlDataReader-Klasse 810, 825, 915, 971
    GetSqlMoney()-Methode 826
    GetSqlXml()-Methode 918
    GetString()-Methode 826
    HasRows-Eigenschaft 826
    Read()-Methode 826
SqlDataRecord 1189
SqlDataSourceEnumerator-Klasse 819
    GetDataSources()-Methode 819
SQLDateTime 1185
SqlDbType.Structured 831
SqlDbType-Enumeration 828, 830
SQLDecimal 1185
SqlDependency-Klasse 957
    OnChange-Ereignis 957
    Start()-Methode 957
    Stop()-Methode 957
SQLDouble 1185
SqlError-Klasse 922
    Class-Eigenschaft 923
    Errors-Eigenschaft 922
    LineNumber-Eigenschaft 923
    Message-Eigenschaft 923
    Number-Eigenschaft 923
    Procedure-Eigenschaft 923
    Server-Eigenschaft 923
    Source-Eigenschaft 923
    State-Eigenschaft 923
SqlException-Klasse 817, 922
SqlFileStream 1292, 1303
SqlFileStream.Read 1305
SqlFileStream.Write 1305
SqlFunction
    TableDefinition 1222
SqlFunction 1217, 1222
    DataAccess 1217
    IsDeterministic 1217
    IsPrecise 1217
    Name 1217
    SystemDataAccess 1217
SqlFunction
    FillRowMethodName 1222

Stichwortverzeichnis

SQLGuid 1185
SqlInfoMessageEventArgs-Klasse 924
SQLInt16 1185
SQLInt32 1185
SQLInt64 1185
SQLMoney 1185
SqlNotificationEventArgs-Klasse 958
SqlNotificationInfo-Enumeration 959
SqlNotificationRequest-Klasse 957
SqlNotificationSource-Enumeration 959
SqlNotificationType-Enumeration 959
SqlOpenFileStream 1294
SQLOS 31
SqlParameter-Klasse 828, 860, 862, 914
   DbType-Eigenschaft 828, 862
   Direction-Eigenschaft 828, 839, 862, 873
   IsNullable-Eigenschaft 862
   ParameterName-Eigenschaft 862
   Precision-Eigenschaft 828, 862
   Scale-Eigenschaft 828, 862
   Size-Eigenschaft 828, 862
   SourceColumn-Eigenschaft 862
   SourceColumnNullMapping-Eigenschaft 862, 875
   SourceVersion-Eigenschaft 862, 866
   SqlDbType-Eigenschaft 862
   SqlValue-Eigenschaft 830
   TypeName-Eigenschaft 832
   Value-Eigenschaft 830, 839, 862
SqlPipe 1188
SqlProcedure 1201
SqlRowUpdatedEventArgs-Klasse 885
SQLServer
   Databases
      Log Flush Wait Time 733
SQLServerMSSQLUser 1298
SqlServerRegistrations 1264
SQLSingle 1185
SQLString 1185
SqlSyncAdapterBuilder 1138
SqlSyncProvider 1129
SqlTransaction
   SqlTransaction
      Rollback 1198

SqlTransaction 1197
   Commit 1198
   Save 1198
SqlTransaction-Klasse 930
   Commit()-Methode 930
   IsolationLevel-Eigenschaft 932
   Rollback()-Methode 930
SqlTrigger 1213
   Event 1213
   Name 1213
   Target 1213
SqlTriggerContext 1213
   EventData 1213
   IsColumnUpdated 1213
   TriggerAction 1213
SqlUserDefinedAggregate 1228
   Format 1228
   IsInvariantToDuplicates 1228
   IsInvariantToNulls 1228
   IsInvariantToOrder 1228
   IsNullIfEmpty 1228
   MaxByteSize 1229
   Name 1228
SqlUserDefinedType 1235
   Format 1235
   IsByteOrdered 1235
   IsFixedLength 1235
   MaxByteSize 1235
   Name 1235
   ValidationMethodName 1235
SqlXml-Klasse 918
SQRT 408
SQUARE 408
SRID 1311, 1315
SSCEServerTools-DEU.msi. 1112
SSIS 13
Standardskript 1175
Standardwert 225
Stapel 5
STArea 1320, 1328
STAsBinary 1320
STAsText 1320
StateChanged-Ereignis *siehe* SqlConnection-Klasse
StatementCompleted-Ereignis *siehe* SqlCommand-Klasse
Statischer Cursor 712
STATISTICS TIME 414
STATISTICS_NORECOMPUTE 436
StatisticsEnabled-Eigenschaft *siehe* SqlConnection-Klasse
Statistik 176
   Automatische Aktualisierung 442
STBoundary 1331

STBuffer 1331
STCentroid 1331
STContains 1328
STConvexHull 1331
STCrosses 1328
STDEV 293
STDEVP 293
STDifference 1330
STDimension 1327
STDisjoint 1327
STDistance 1328
STEndPoint 1331
STEnvelope 1331
STEquals 1327
Steuerung des SQL Server Agents 972
Steuerung des SQL Server Service Brokers 972
Steuerung von SQL Server Mail 972
STExteriorRing 1330
STGeomCollFromText 1318
STGeomCollFromWKB 1319
STGeometryN 1331
STGeometryType 1320, 1327
STGeomFromText 1314, 1318
STGeomFromWKB 1318
STInteriorRingN 1330
STIntersection 1329
STIntersects 1328
STIsClosed 1327
STIsEmpty 1327
STIsRing 1327
STIsSimple 1327
STIsValid 1331
STLength 1328
STLineFromText 1318
STLineFromWKB 1318
STMLineFromText 1318
STMLineFromWKB 1319
STMPointFromText 1318
STMPointFromWKB 1318
STMPolyFromText 1318
STMPolyFromWKB 1319
STNumGeometries 1331
STNumInteriorRing 1330
STNumPoints 1330
Stopwortlisten 458
Storage Engine 35
Storage Model 1070
Stored Procedure 550
StoredProcedure 823
StorePermission 1181
STOverlaps 1328
STPointFromText 1318
STPointFromWKB 1318

STPointN 1330
STPointOnSurface 1331
STPolyFromText 1318
STPolyFromWKB 1318
STR 403
Stream Aggregat 417
Streaming-Funktion 1224
StreamInsight 1432
Stream-Klasse 913
STRelate 1328
StrongTypingException 925
Structured Query Language 4, 5
STSrid 1327
STStartPoint 1320, 1331
STSymDifference 1330
STTouches 1328
STUFF 403
STUnion 1329
STWithin 1328
STX 1327
STY 1327
SubmitChanges (LINQ to SQL) 1057
SUBSCRIBE QUERY NOTIFICATIONS 956
Subselect 316
Sub-Selects 1048
SUBSTRING 403
SUM 293
SUM() 851
SumResultSets 977
SWITCHOFFSET 215
Sync Framework 1099, 1102, 1127
Sync Services 1127
Sync Services für ADO.NET 1127
SyncAdapter 1129, 1138
SyncAgent 1128
SyncGroup 1128
SynchronisationContext-Klasse 961
SynchronizationContext-Klasse 953
    Post()-Methode 953
SyncSession 1129
SyncStatistics 1129
SyncTable 1128, 1138
Synonym 496
SyntaxErrorException 925
sys 491
sys.assemblies 1161
sys.assembly_files 1162
sys.assembly_modules 1162
sys.asymmetric_keys 517
sys.certificates 517
sys.database_files 157
sys.database_permissions 511

sys.database_principals 492
sys.databases 157
sys.dm_db_index_physical_stats 424, 438
sys.dm_exec_connections 702
sys.dm_exec_query_stats 743
sys.dm_exec_requests 702, 792
sys.dm_exec_sessions 702
sys.dm_exec_sql_text 702
sys.dm_tran_locks 696
sys.fulltext_document_types 455
sys.index_columns 424
sys.parameters 557
sys.partitions 421
sys.plan_guides 760
sys.procedures 557
sys.routes 1419
sys.server_principals 489
sys.servers 346
sys.spatial_reference_systems 1311
sys.sql_dependencies 557, 559
sys.sql_logins 489
sys.sql_modules 528, 557
sys.symmetric_keys 513
sys.syscacheobjects 594
sys.sysprocesses 717
sys.system_internals_allocation_units 421
sys.views 528
sysadmin 500
sysdatabases 157
System Administrator 500
System Threads 30
System.Data 811
System.Data.dll 809
System.Data.SqlClient 1188
System.Data.SqlClient.SqlException 1199
System.Data.SqlServerCe 1123, 1125
System.Data.SQLServerCe 1118
System.Data.SQLServerCE 1100
System.Data.SqlTypes 830, 1158, 1184, 1188
System.DbNull-Klasse 827, 830
System.Diagnostics 1226
System.Text.RegularExpressions 1220
System.Transactions-Namensraum 934
System.Windows.Forms.BindingSource 1118
SYSTEM_USER 409
Systemprozeduren 599
Systemrichtlinien 1180

T

Tabellenausdrücke 326
Tabellendesigner 225
Tabellenhinweis 695, 752
Tabellenvariablen 248
Tabellenwertfunktionen 602, 610
Tabellenwertige Parameter 831
table 220
TABLE 694
Table Adapter 888
Table Data Stream 951
Table Expressions 326
Table Insert 419
Table Scan 412, 414
Table Spool 419
Table Valued Subqueries 326
TableAdapter-Klasse
    Fill()-Methode 906
TableAdapterManager-Klasse 888
    UpdateAll()-Methode 888
    UpdateDeletedRows()-Methode 888
    UpdateInsertedRows()-Methode 888
    UpdateUpdatedRows()-Methode 888
TableDirect 823
TableMappings-Eigenschaft 852
TABLESAMPLE 343
TABLOCK 695
TABLOCKX 695
Tabular Data Stream 37
Tastenkombinationen 123
TCP/IP 37, 813
TCP/IP-Protokoll 813
TDE 517
TDS 37
TDS-Protokoll siehe Table Data Stream
Technische Daten 46
tempdb 49
    Platzierung 200
TEMPDB 440
Temporäre Tabellen 248
text 217
Text 823
TextBox-Steuerelement 910
Text-Datentyp 912
Textmode 1284
TextWriter-Klasse 853, 919
Threads 27
Threads synchronisieren 953
time 208
Timeout-Eigenschaft siehe SqlConnection-Klasse

timestamp 218
timestamp-Datentyp 867
tinyint 205
TMO 1259
TODATETIMEOFFSET 215
TOP 269
Top N Query 271
ToString 1240, 1320, 1345
TPC 45
Trace 734
Trace Management Objects 1259
Traceflag 160
Tracing 45
Transact-SQL
    Anlegen einer Datenbank 172
Transaction Binding-Parameter
    siehe Verbindungszeichenfolge
Transaction Manager 944
Transaction Processing Councils 45
Transaction-Eigenschaft siehe
    SqlCommand-Klasse
TransactionException 941
Transaction-Klasse 934
    Current-Eigenschaft 937
    DependentClone()-Methode 944
    EnlistPromotableSinglePhase()-Methode 938
    Rollback()-Methode 934
TransactionOptions-Klasse 940
    IsolationLevel-Eigenschaft 940
Transactions 977
TransactionScope 1197
TransactionScope-Klasse 937
    Complete()-Methode 937
TransactionScopeOption-Enumeration 939
Transact-SQL 4, 87
    Ausdrücke 392
    Batch 374
    Bitweise Operatoren 393
    Codeblöcke 377
    Datenbank einhängen 193
    Datenbank löschen 194
    Datenbank vom Server trennen 193
    Datenbanken offline nehmen 191
    Datenbanken vergrößern und anfügen 186
    Datenbanken verkleinern und löschen 188
    Datenbankoptionen 177
    Datentypenkonvertierung 396

Datums- und Zeitfunktionen 405
Dynamische Befehlsausführung 388
Eingebaute Funktionen 402
Gespeichert Prozedur 374
Kommentare 377
Logische Operatoren 396
Lokale Variable 381
Mathematische Funktionen 407
Mathematische Operatoren 392
Operatoren 392
Schleife 387
Sicherheitsfunktionen 408
Skript 374
Sprungmarke 388
Systemvariable 382
Tabellen anlegen 236
Tabellen bearbeiten 235
Variablen 379
Vergleichsoperatoren 393
Verknüpfungsoperator für Zeichenfolgen 393
Verzweigung 385
Zeichenketten-Funktionen 402
Transact-SQL Projekte 116
Transaktion 161, 586, 622, 658
    Abfangbarer Fehler 665
    Kritischer Fehler 664
    Nicht COMMIT-fähig 669
Transaktionale Replikation 1294
Transaktionen 930
    Gültigkeitsbereich 1064
    Transaktionssteuerung für DataContext 1065
Transaktionen (LINQ to SQL) 1064
Transaktionsprotokoll 161, 175, 181, 623
Transfer 1283
TransferData 1283
transparent data encryption 517
Transparente Datenbankverschlüsselung 517
Trennen 192
Trigger 204, 358, 620
    Aktualisierung von Sichten 649
    Einschränkungen 639
    Geschäftsregeln durchsetzen 647
    Integritätsbedingungen 646
    Laufende Summen 648
    Meldungen an den Client 638
    Mit Resultsets 637
    Namensauflösung 640
    Protokollierung 640

Reihenfolge 638
rekursive 636
Rekursive Aufrufe 636
Replikation 639
Sicherheit 639
sp_settriggerorder 638
Transaktionen 634
Verschachtelte Trigger 636
TRUNCATE TABLE 358
TRUSTWORTHY 1182
TRY 90
TRY-CATCH 577, 667
T-SQL-Editor 108
    Lesezeichen 109
    Tastenkombinationen 123
Two Phase Commit-Protokoll 944
Two-Phase Commit Protocol 678
Type System Version-Parameter
    siehe Verbindungszeichenfolge
TYPE_WARNING 712
TYPE-Direktive 1369
Typisierte DataSets 886

U

Überlaufbereiche 420
Überwachung 57, 483
UDF 602
UDT 203
Uhrzeit 276
UI-Thread 952, 960
UIX 693
UNCHECKED DATA 1162
Unicode 216
UNICODE 403
UNION 288
UNION ALL 289
UNIQUE 224, 241, 433, 435
Unique Constraints 843
UniqueConstraint-Klasse 843
uniqueidentifier 219, 220, 1106
Uniquifier 427
Unit Tests 151
UNPIVOT 90, 333, 339
UnpreparedExecs 977
Unrestricted Join 287
UNSAFE 1180
Unterabfrage
    In WHERE-Klausel 319
Unterabfragen 316
    In Select-Liste 318
UPDATE 354
    mit FROM 356
    mit SELECT 355
    mit Unterabfrage 356

Update Intent Exclusive 693
Update Lock 692
UPDATE STATISTICS 442
Update()-Methode *siehe*
 SqlDataAdapter-Klasse
UpdateBatchSize-Eigenschaft
 siehe SqlDataAdapter-Klasse
UpdateCommand-Eigenschaft
 siehe SqlDataAdapter-Klasse
UpdatedRowSource-Eigenschaft
 siehe SqlCommand-Klasse
UpdateRule 843
UPDATE-Trigger 622
UPDLOCK 695
UPPER 403
USE 376
USE PLAN 759
USER 409
User Defined Function 602
User ID-Parameter *siehe*
 Verbindungszeichenfolge
User Mode Scheduler 28
USER_NAME 511
UserDefinedFunction 1284
using-Schlüsselwort 816

V

ValidateChildren-Methode 989
Validate-Methode 990
Validating-Ereignis 987
ValidationConstraints-
 Enumeration 990
Validität 1322
ValueMember-Eigenschaft 908,
 911, 985
VALUES 351
VAR 293
varbinary 218
varbinary(max) 90
varbinary(max)-Spalten 1292
Varbinary-Datentyp 912
varchar 216, 217
varchar(max) 90
vardecimal 206
VARP 293
Verbindung
 nichtvertraute 479
 vertraute 479
Verbindungsserver 43, 345
Verbindungszeichenfolge 812
 Application Name-Parameter
 814
 Asynchronous Processing-
 Parameter 952

AttachDBFilename-Parameter
 814
Data Source-Parameter 812
Failover Partner-Parameter
 814
Initial Catalog-Parameter 812
Integrated Security-Parameter
 814
Max Pool Size-Parameter 818
Min Pool Size-Parameter 818
MultipleActiveResultSets-
 Parameter 814, 949
Network Library-Parameter
 813
Pooling-Parameter 818
Type System Version-
 Parameter 815
Workstation ID-Parameter 815
Verbindungszeichenfolge 814
 Application Name-Parameter
 814
 Asynchronous Processing-
 Parameter 814
 Enlist-Parameter 941
 Password-Parameter 814
 Transaction Binding-Parameter
 942
 User ID-Parameter 814
 Workstation ID-Parameter 814
Vergleich von Daten 148
Vergleich von Schemata 147
Verschachtelte Transaktionen 672
Verschieben von
 Datenbankdateien 192
Verschlüsselungsschlüssel für die
 Datenbank 519
Versionierung 684
VersionNotFoundException 865,
 925
Verteilte Abfragen 14, 345
Verteilte Transaktion 676, 943
Verwaiste Benutzer 491, 496
Verzögerte Ausführung, LINQ-
 Abfragen 1015
VIA 37, 813
View 524
Virtueller Arbeitsspeicher 778
VISIBILITY 1162
Visible-Eigenschaft 909
Visio 129
 Reverse Engineering-
 Funktionen 131
Visual Studio 998
Visual Studio 2008-
 Datenbankprojekt 124
Visual Studio 2010 903

Visual Studio Team Edition for
 Database Professionals 138
Vollständige Parallelität 864
Vollständiges Backup 782
Volltextabfragen 456
Volltextindex 443
 Aktivieren 449
 Änderungsnachverfolgung 446
 Anlegen 445
 Dokumente indizieren 454
 Expansion Set 451
 Gatherer 447
 NO POPULATION 453
 PDF 456
 Replacement Set 451
 Synonym 451
 Thesaurus 451
 WITH CHANGE_TRACKING
 OFF 453
Volltextkatalog 447
Volltextsuche 443
Vorlagen-Explorer 122

W

WAITFOR 656
WAITFOR-Klausel 951
WAL 33
Wartezustände 744
Wartungsplan
 Datenstrukturen 794
Wartungsplan 794
 Datenbanksicherungen 794
WartungsplanDatenintegrität 794
Web Mapping Service 1309
WebBrowser-Steuerelement 915,
 920
 Navigate()-Methode 916
WebPermission 1181
Webservices 11, 1163
Well Known Binary 1317
Well Known Text 1314, 1317
Wertebereich 225
WGS84 1311
WHERE 262, 272
 Vergleichsoperatoren 272
WHERE CURRENT OF 721
WHILE 387, 711
Wiederherstellungsmodell 182
 Einfach 182
 Massenprotokolliert 182
 Vollständig 182
Wiederherstellungsoptionen 181
Win32_Logical_Disk 1277

Windows Presentation Foundation 990
Windows-Authentifizierung 479, 814
WindowsImpersonationContext 1192
WITH CHECK OPTION 534
WITH ENCRYPTION 557, 603, 629
WITH EXECUTE AS 574
WITH GRANT 505
WITH INIT 789
WITH MARK 662
WITH MOVE 801
WITH NO DEPENDENTS 1163
WITH NORECOVERY 797
WITH RECOMPILE 596
WITH SCHEMABINDING 535
WITH STANDBY 797
WITH TABLERESULTS 791
WITH VALUES 1106
WITH-Klausel 328
WKB 1317
WKT 1314, 1317
WMI-Provider 972
WMS 1309
Worker Threads 27
Worker-Thread 960
Workspace Memory 33
Workstation ID-Parameter *siehe* Verbindungszeichenfolge
World Geodetic System 84 1311
WPF *siehe* Windows Presentation Foundation
Write 1231, 1345
Write Ahead Protocol 33
Write Ahead-Protokollierung 165
Write()-Methode *siehe* FileStream-Klasse
WriteRaw()-Methode *siehe* XmlWriter-Klasse
WriteSchema 854

WriteValue-Methode 981
WriteXml()-Methode 853
WriteXmlSchema()-Methode 856

X

XACT_ABORT 668, 962
XACT_STATE() 670
XE 46
XLOCK 695
xml 218
　Namensräume 1372
XML 9, 851, 915
XML AUTO-Option 1365
XML EXPLICIT-Option 1367
XML RAW-Option 1364
XML-Attribute 917
xml-Datentyp 1380
　Abfragen 1384
　berechnete Spalten 1381
　delete 1394
　exist-Methode 1392
　Indizierung 1398, 1399
　insert 1392
　modify-Methode 1392
　Namensräume 1385
　nodes-Methode 1397
　Path Index 1399
　Primärer Index 1398
　Property Index 1399
　query-Methode 1389
　replace value of 1395
　Schemaauflistung 1382, 1386
　Sekundärer Index 1398
　Standardwert 1381
　typisierte xml-Spalten 1382
　Value Index 1399
　value-Methode 1390
XmlDocument-Klasse 917
　Load()-Methode 917
XML-Dokument 917

XML-Fragmente 10
XMLNAMESPACE 1372
XmlReader-Klasse 915, 917
XMLSCHEMA 1374
XML-Transformation 918, 920
　CSV-Format 921
　HTML-Format 920
　XSL-Stylesheet 918
XmlWriteMode-Enumeration 854
XmlWriter-Klasse 853, 916
　WriteRaw()-Methode 916
XP 1148
xp_execresultset 709
xp_Sendmail 599
XPath 917
XSINIL-Direktive 1377
XslCompiledTransform-Klasse 918, 919
　Load()-Methode 919
　Transform()-Methode 919
XSL-Stylesheet *siehe* XML-Transformation
XSLT *siehe* XML-Transformation
XsltArgumentList-Klasse 919

Y

YEAR 406

Z

Z 1327
Zeile 204
Zeilenoffsettabelle 159
Zugriff auf den SQL Server WMI-Provider 972
Zugriffsmethoden 36
Zugriffsoperatoren 429
Zugriffspfade 412
Zwei-Wege-Bindung 981

Über die Autoren

Georg Urban

Georg Urban arbeitet als selbständiger Berater, Entwickler und Trainer in Berlin und anderswo. Seine Lieblingsthemen sind die Hege und Pflege von Datenbank- und Business Intelligence-Anwendungen mit SQL Server und den Microsoft-Technologien »drum herum« – wie ASP.NET, SharePoint und Access. Wenn er daran denkt, dass er nun schon über zwei Jahrzehnte in der IT arbeitet, kommt er sich ein bisschen wie ein EDV-Dinosaurier vor (obwohl sich gar nicht so *fühlt*). Alles begann im letzten Jahrtausend in einem Rechenzentrum mit stabilen »Roheisen«-Großrechnern und schwer verständlichen Programmiersprachen. Daher die Liebe zu sehr großen Datenmengen.

Mit Software-Entwicklung und Datenbanksystemen hat er sich dann in seinem Studium und in der Praxis immer weiter beschäftigt. Seine »Affäre« mit SQL Server begann mit der Version 6.0 und er hat ihm bis heute die Treue gehalten (und wird es weiter tun…).

Sie können Georg Urban als Technologieberater bei der *Microsoft GmbH* treffen, als Sprecher auf SQL Server-Veranstaltungen und in seiner Heimatbasis Berlin auch im *the campus*-Technologiecenter als Workshopleiter. *Lesen* können Sie von ihm regelmäßig im databasepro-Magazin. Um sich von den Bits und Bytes zu erholen, zupft er gerne seinen Bass (laut!) oder auch mal das Unkraut im Garten seines »Landsitzes« in der Prignitz (leise!). Drängende Fragen können Sie an ihn über *www.sqlentwicklerbuch.de* oder XING loswerden.

Jörg Neumann

Jörg Neumann ist Principal Consultant bei der Acando GmbH in Hamburg und Associate bei thinktecture. Er berät seit vielen Jahren Unternehmen bei der Technologieauswahl und der Architektur komplexer Anwendungen. Hierbei hat er sich auf die Themen Client- und Datenbank-Technologien im Microsoft-Umfeld spezialisiert. Für sein Engagement im Bereich der Client-Technologien wurde er von Microsoft mehrfach mit dem Most Valuable Professional Award im Bereich »Client App Dev« ausgezeichnet. Sein Wissen vermittelt er regelmäßig in Form von Büchern, Beiträgen in Fachzeitschriften, sowie als Sprecher und Trainer auf Konferenzen und Seminaren. Sie erreichen ihn über *www.Acando.de*, *www.thinktecture.com* oder seinen Blog *headwriteline.blogspot.com*.

Klaus Löffelmann

Klaus Löffelmann ist Microsoft MVP für Visual Basic .NET, seit über 20 Jahren professioneller Softwareentwickler und Autor von über 30 Büchern rund um die Softwareentwicklung. Mit 15 hatte er seinen ersten Computerkontakt, und zwar mit einem Texas Instruments 99/4A. Seither war er von Computern so fasziniert, dass er nicht nur schon ein Jahr später und zusammen mit einigen Mitschülern sein erstes Computerbuch – *Das Grafikbuch zum Commodore 128* – verfasste sondern auch sein gesamtes weiteres Berufsleben der Computerei und insbesondere der Softwareentwicklung widmete. Er ist als Berater und Entwicklungskoordinator an diversen großen Softwareprojekten beteiligt, bringt Entwickler in Schulungen auf den Stand der Technik und koordiniert in seiner Firma Vertrieb und Entwicklung von Softwareprodukten zur Zeiterfassung, BDE und Prämienlohnsystemen.

Mit seiner Freundin Adriana liebt er es, die nähere und weitere Umgebung in Autos ohne Dach zu verunsichern, und darüber hinaus sind beide bekennend sushi-süchtig und deswegen begeisterte Sushi-Selbstmacher. Sie erreichen Klaus Löffelmann über seine Web-Site *www.activedevelop.de*.

Alexander Köller

Angefangen beim legendären Commodore Amiga ließ ihn die Programmierung und Administrierung von Computern während der Schul- und Studienzeit nicht zur Ruhe kommen. Nachdem ihm an der Universität der Umgang mit Servern schmackhaft gemacht wurde, war sein weiterer Werdegang festgelegt. Er absolvierte erfolgreich alle Prüfungen zum MCSE, MCDBA, MCSD und MCT und wurde Trainer für SQL Server, Windows-Serversysteme, .NET-Entwicklung und XML.

Nach mehreren Jahren Schulungs- und Beratertätigkeit ist er nun bei der SD&C Solutions Development & Consulting GmbH (*www.sd-c.de*), für die er in seinem Lieblingsgebiet Datenbanken und BI als Senior Consultant tätig ist. Dort entwickelt er Konzepte für den Einsatz von SQL Server, Biztalk Server und SharePoint und implementiert Lösungen mit C#.

Seine Erfahrungen mit den verschiedenen Serversystemen von Microsoft und serviceorientierten Architekturen, die er in vielfältigen Projekten gesammelt hat, gibt er gerne auf Konferenzen und Schulungen weiter. Dabei liegt sein Fokus auf den neuesten Technologien im Umfeld von Datenbanken und BI.

Wissen aus erster Hand

Das umfassende Arbeitsbuch zur Programmierung mit Visual C# 2010. Dieses Buch behandelt die Programmierung von Windows- und Webanwendungen mit C# und Visual Studio 2010. Schwerpunkte des Buches sind: die Sprache C#, die GUI-Programmierung mit Windows Forms und WPF, die Vermittlung weiterführender Techniken und natürlich der effiziente Umgang mit der Visual Studio 2010-Entwicklungsumgebung mit ihren vielfältigen Funktionen und Möglichkeiten.

Autor	Louis, Strasser, Kansy
Umfang	1230 Seiten, 2 CD
Reihe	Das Entwicklerbuch
Preis	49,90 Euro [D]
ISBN	978-3-86645-529-0

http://www.microsoft-press.de

Microsoft Press-Titel erhalten Sie im Buchhandel.

Wissen aus erster Hand

Visual Basic 2010 bedeutet in Sachen Sprache, Benutzeroberfläche und .NET Framework viel grundlegend Neues, und dieser Titel bietet Ihnen dazu einen umfassenden Einstieg. Mit dem Umbau der Entwicklungsumgebung in Visual Studio 2010 auf die Windows Presentation Foundation und das .NET Framework 4.0 setzt Microsoft ein deutliches Zeichen, dem das Buch durch den Fokus auf diese neuen Technologien entspricht. Dazu gehören u.a. Entwicklung auf Basis von Windows Forms und WPF, Datenabfragen mit LINQ und Nutzung aller Leistungsressourcen eines modernen Computers durch die Task Parallel Library.

Autor	Löffelmann, Purohit
Umfang	960 Seiten
Reihe	Entwicklerbuch
Preis	Euro [D]
ISBN	978-3-86645-535-1

http://www.microsoft-press.de

Microsoft Press

Microsoft Press-Titel erhalten Sie im Buchhandel.